물류관리사
한권으로 끝내기

1권 | 물류관리론

시대에듀

물류관리사
한권으로 끝내기

저자 약력

황사빈
- 현) 시대에듀 물류·유통관리사 전임강사
- 현) 인하대학교 경영학 교수
- 현) 에듀윌 유통·물류관리사 강사

이영표
- 현) 윈플스 행정법 강의
- 현) 남부행정고시학원 행정법 전임
- 현) 광주 패스고시학원 경찰학개론 강의

유범진
- 현) 시대에듀 물류·유통관리사 전임강사
- 현) 고용노동부 NCS확인강사(무역·유통관리, 생산관리, 증권·외환)
- 현) 스터디채널 보세사·국제무역사 1급 강사

Always with you

사람의 인연은 길에서 우연하게 만나거나 함께 살아가는 것만을 의미하지는 않습니다.
책을 펴내는 출판사와 그 책을 읽는 독자의 만남도 소중한 인연입니다.
시대에듀는 항상 독자의 마음을 헤아리기 위해 노력하고 있습니다. 늘 독자와 함께하겠습니다.

보다 깊이 있는 학습을 원하는 수험생들을 위한
시대에듀의 동영상 강의가 준비되어 있습니다.
www.sdedu.co.kr → 회원가입(로그인) → 물류관리사

편집진행 김준일·남민우·우지영 | **표지디자인** 김도연 | **본문디자인** 하한우·신지연

※ 이 책은 저작권법에 의해 보호를 받는 저작물이므로 동영상 제작 및 무단전재와 복제를 금합니다.

물류관리사 한권으로 끝내기

머리말 PREFACE

국제화·세계화 시대에 경쟁력을 키우기 위한
최대의 조건은 물류관리의 합리화

우리나라는 21세기 동북아 물류중심국가를 지향하고 있다. 최근 물류산업이 비약적으로 발전하고 있지만, 기업경영의 글로벌화로 인해 더욱 고도화된 글로벌 물류서비스를 요구하고 있다.

최근 물류산업은 운송, 하역, 보관 등 전통적인 물류서비스의 범주를 벗어나 물류전략의 수립에서부터 조달, 생산, 보관, 운송, 회수에 이르는 고객지향적인 통합 공급사슬관리(SCM)서비스 수준까지 지향하고 있다. 국내물류는 물론 국제물류에 있어서 통합 SCM은 이제 필요불가결한 사항이 되고 있다.

이러한 시대적 흐름에 맞추어 우선 우리나라의 경쟁력을 키우기 위한 최대의 조건은 물류관리의 합리화라 할 수 있다. 더욱 중요한 것은 날로 발전하는 물류산업에 신속히 대응하고 글로벌한 물류경영에 적합한 인재를 길러내는 것이다. 기업과 정부 모두 물류관리의 효율화를 제3의 이익원으로 인식하고 있으며 전문 물류인력을 배출하기 위해 노력하고 있다.

본서는 물류관리사를 준비하는 수험생들을 위한 핵심이론 및 문제풀이 교재이다. 수험준비에 있어서 핵심이론을 정리하고 최근 출제문제를 분석하는 것만큼 좋은 학습방법은 없는 것 같다. 시간에 쫓기는 수험생들에게 시험의 출제경향을 파악할 수 있게 하였고, 시험 마무리 단계에서도 최종마무리용으로 활용해도 무리가 없도록 구성하였다.

물류관리사를 준비하는 수험생들을 위한 교재로 본서의 특징은 다음과 같다.

첫 째 총 13개년(2013년~2025년)의 기출문제를 완벽하게 분석하여 실제 시험 출제경향에 최적화된 이론으로 구성하였다.

둘 째 과년도 기출문제를 기반으로 적중률 높은 필수문제, OX문제, 기출유형문제를 구성하였다.

셋 째 2025년 최신 기출문제를 상세한 해설과 함께 수록하여 실제 시험에 적응할 수 있도록 하였다.

넷 째 방대한 도서의 분량을 과목별 총 5권으로 분권하여 간편하게 휴대하여 학습할 수 있도록 하였다.

끝으로, 본서가 물류관리사 자격 취득을 이루고자 하는 수험생들에게 조금이나마 도움을 줄 수 있기를 바라며, 모든 수험생들이 합격의 기쁨을 안을 수 있기를 기원한다.

편저자 씀

자격시험 안내 INTRODUCTION

물류관리사 한권으로 끝내기

응시자격

제한 없음

※ 단, 부정행위로 인해 시험 무효처분을 받은 자는 3년간 물류관리사 시험에 응시할 수 없음

시험과목 및 방법

교시	시험과목	세부사항	문항수	시험시간	시험방법
1	물류관리론	물류관리론 내의 「화물운송론」, 「보관하역론」 및 「국제물류론」은 제외	과목당 40문항 (총 120문항)	120분 (09:30~11:30)	객관식 5지선택형
1	화물운송론	-			
1	국제물류론	-			
2	보관하역론	-	과목당 40문항 (총 80문항)	80분 (12:00~13:20)	
2	물류관련법규	「물류정책기본법」, 「물류시설의 개발 및 운영에 관한 법률」, 「화물자동차운수사업법」, 「항만운송사업법」, 「유통산업발전법」, 「철도사업법」, 「농수산물유통 및 가격안정에 관한 법률」 중 물류 관련 규정			

※ 물류관련법규는 시험 시행일 현재 시행 중인 법령을 기준으로 출제함(단, 공포만 되고 시행되지 않은 법령은 제외)

합격기준

매 과목 100점을 만점으로 하여 매 과목 40점 이상, 전 과목 평균 60점 이상 득점한 자

관련부처

국토교통부

시행기관

한국산업인력공단

응시수수료(물류정책기본법 시행규칙 제13조 제2항)

20,000원

※ 시험 관련 정보는 변경될 수 있으므로 국가자격시험 물류관리사 홈페이지(www.Q-net.or.kr)에서 확정된 내용을 확인하시기 바랍니다.

물류관리사 한권으로 끝내기

5개년 출제빈도표 ANALYSIS

1과목 물류관리론

출제영역	2021	2022	2023	2024	2025	합계	비율(%)
제1장 물류관리총론	15	11	12	13	12	64	31.5
제2장 물류 경영과 마케팅	1	6	5	5	7	24	12
제3장 물류표준화와 물류공동화	7	6	6	6	5	30	15
제4장 물류회계	3	2	3	4	4	16	8
제5장 물류정보화	7	3	5	5	3	23	11.5
제6장 정보화시대의 물류혁신기법	7	12	9	7	9	44	22
합계(문항 수)	40	40	40	40	40	200	100

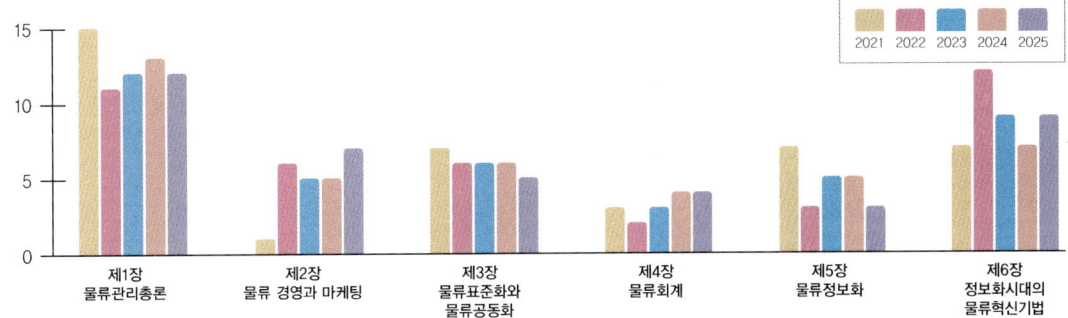

영역별 평균 출제비율

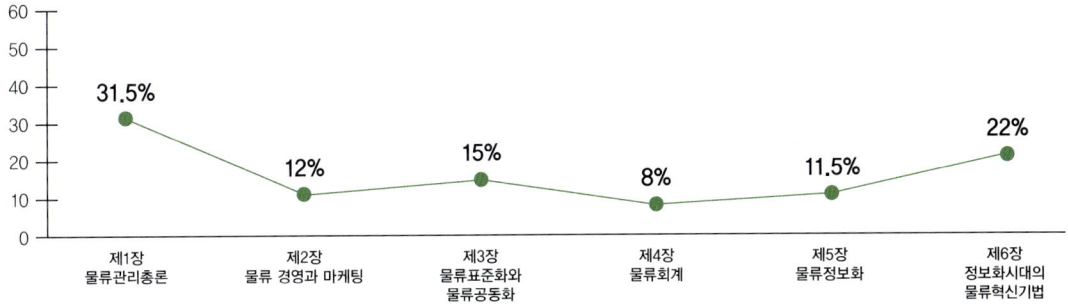

최신 출제경향

2025년 기출 영역은 2024년 기출과 영역별로 한두 문제 차이는 있었으나 전반적으로 비슷한 출제비중을 유지하였다. 단 '제6장 정보화시대의 물류혁신기법' 영역 문항 수가 전년 대비 올랐으며, 해당 영역에서 기존에 출제되지 않았던 3D 프린팅 기술이나 AGV, CAM 등 물류에 적용되고 있는 신기술이 선지로 제시되는 경향이 늘어나는 추세이므로 시험에 출제되지 않은 물류 관련 신기술에 대해서도 관심을 기울일 필요가 있다.

물류관리사 한권으로 끝내기

5개년 출제빈도표 ANALYSIS

2과목 화물운송론

출제영역	2021	2022	2023	2024	2025	합계	비율(%)
제1장 화물운송의 기초	4	9	9	6	8	36	18
제2장 화물자동차(공로)운송	12	9	11	12	12	56	28
제3장 철도운송	4	4	3	2	4	17	8.5
제4장 해상운송	7	5	4	3	4	23	11.5
제5장 항공운송	3	2	3	5	2	15	7.5
제6장 복합운송	1	1	1	4	3	10	5
제7장 단위적재운송시스템(ULS)	1	3	1	2	0	7	3.5
제8장 수·배송시스템의 합리화	8	7	8	6	7	36	18
합계(문항 수)	40	40	40	40	40	200	100

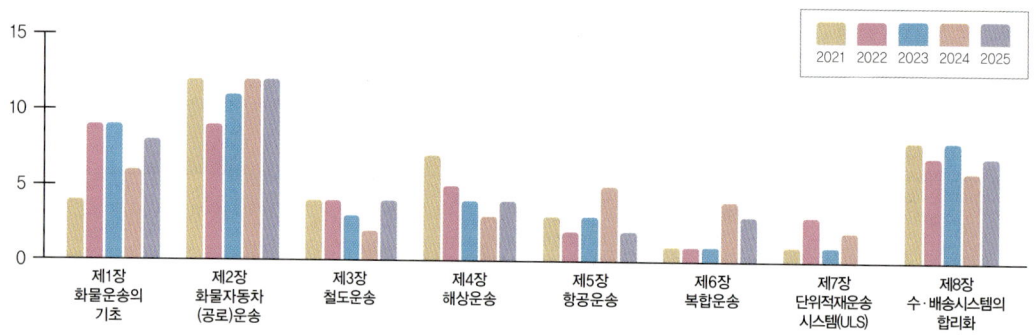

영역별 평균 출제비율

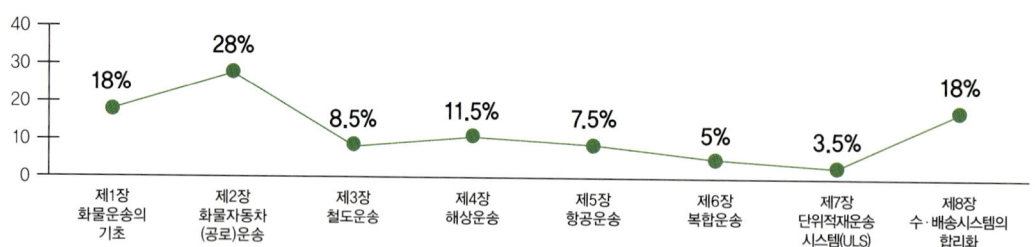

최신 출제경향

2025년에는 2024년에 비해 영역별로 1~3문제 정도의 출제 비중 차이를 보였으며, 단위적재운송시스템(ULS) 영역에서는 출제되지 않았다. 계산 문제는 빈출되는 유형인 운송수요의 운임탄력성, 채트반 공식을 이용한 화물자동차운송과 철도운송의 경제효용거리 분기점, 운영지표의 값, 최소비용법과 보겔추정법, 최단경로법 등 총 8문제가 출제되었다. 또한 물류관련법규와 택배 표준약관에서 각각 3개가 출제되어 관련 내용의 암기가 필요하다.

3과목 국제물류론

출제영역	2021	2022	2023	2024	2025	합계	비율(%)
제1장 국제물류관리	5	2	6	6	5	24	12
제2장 국제무역개론 및 무역실무	5	5	7	7	7	31	15.5
제3장 국제해상운송	19	22	19	15	14	89	44.5
제4장 국제항공운송	6	6	4	6	7	29	14.5
제5장 국제복합운송과 물류보안	5	5	4	6	7	27	13.5
합계(문항 수)	40	40	40	40	40	200	100

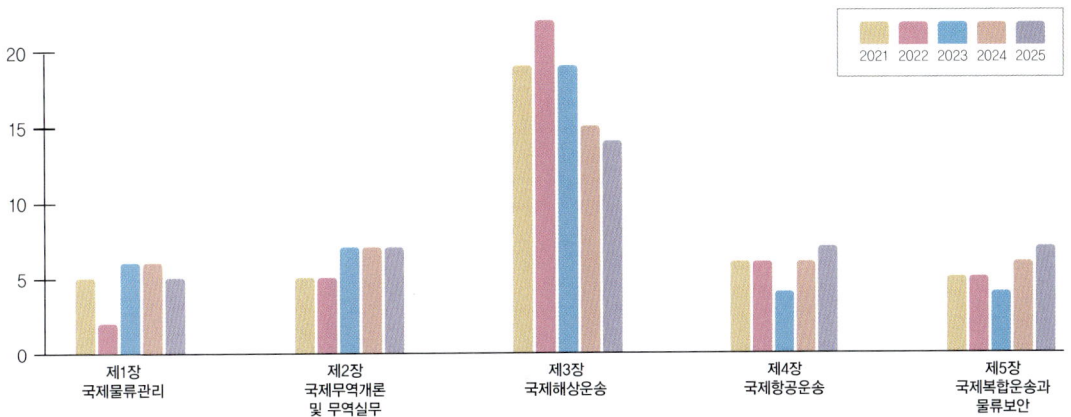

영역별 평균 출제비율

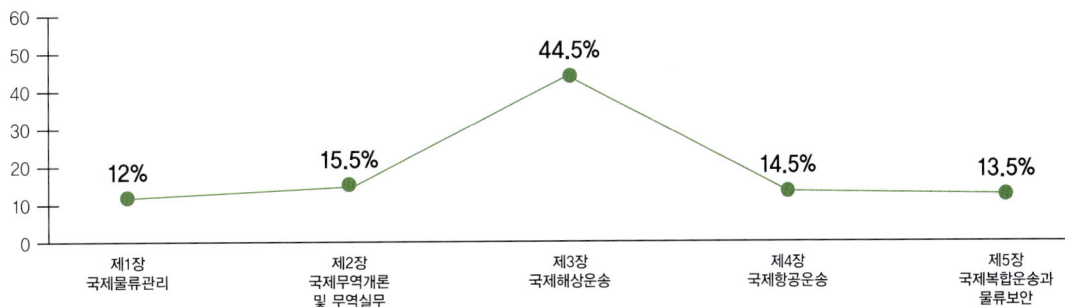

최신 출제경향

2025년에는 2024년에 비해 국제무역개론 및 무역실무를 제외하고는 장별로 한 문제씩 증감이 있었다. '항공화물의 사고 유형' 문제가 2024년에 이어 2025년에도 출제된 것이 눈에 띈다. 최근에는 대다수 문제에서 5지선다 항목이 한글 표기 없이 영어로만 제시되고 있으므로 관련 핵심용어의 영어 풀이에 익숙해져야 한다.

5개년 출제빈도표 ANALYSIS

물류관리사 한권으로 끝내기

4과목 보관하역론

출제영역	2021	2022	2023	2024	2025	합계	비율(%)
제1장 보관 및 창고	7	7	7	9	7	37	18.5
제2장 물류 운영	8	9	10	7	8	42	21
제3장 하역론	17	16	16	16	13	78	39
제4장 재고관리	8	8	7	8	12	43	21.5
합계(문항 수)	40	40	40	40	40	200	100

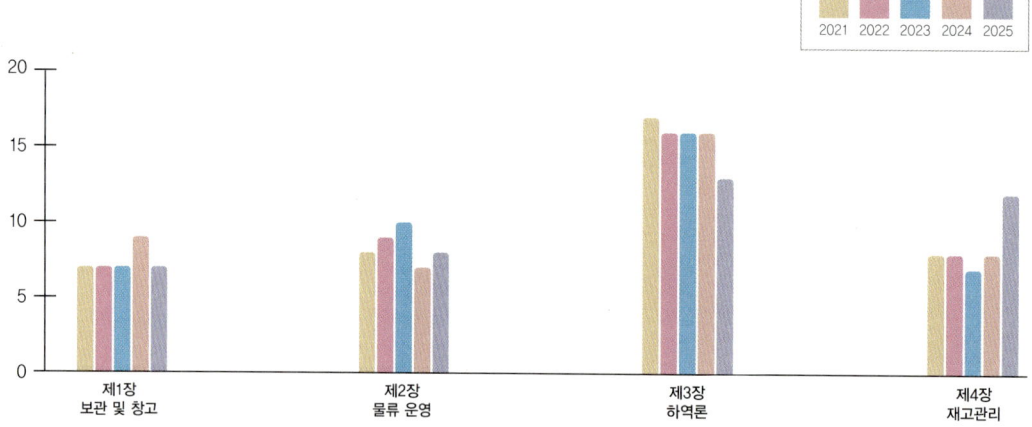

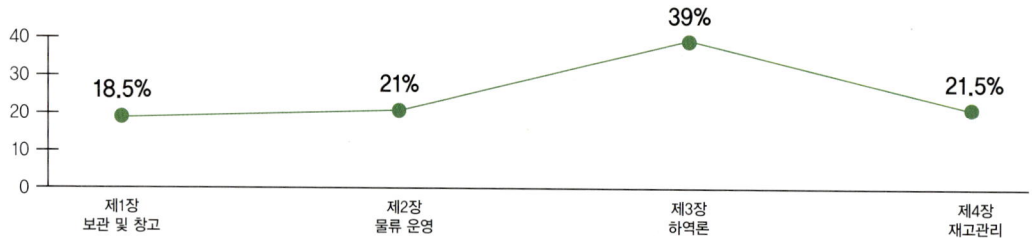

최신 출제경향

2025년에는 2024년에 비해 재고관리 영역에서의 계산문제가 많이 출제되었다. 거의 해마다 출제되는 지수평활법을 이용한 판매예측치 계산문제에 더해, 난이도는 높지 않았지만 재고회전율, 재주문점, 연간재고유지비, EOQ(경제적 주문량), 순소요량 등 다양한 재고관리지표를 구하는 문제가 출제되었으므로 관련 계산공식을 반드시 익혀두어야 한다. 제1장 보관 및 창고에서는 오더피킹의 출고형태 중 제4형태를 묻는 문제가 새롭게 출제되었고, 하역 및 재고관리 영역에서는 단편적인 지식을 묻기보다는 한 문제에서 해당 개념의 정의, 종류, 장단점 등을 전반적으로 다루는 문제들이 출제되었으므로, 주요 개념들의 특징을 구별해서 익혀두어야 한다.

5과목 물류관련법규

출제영역	2021	2022	2023	2024	2025	합계	비율(%)
제1장 물류정책기본법	8	8	8	8	8	40	20
제2장 물류시설의 개발 및 운영에 관한 법률	8	8	8	8	8	40	20
제3장 화물자동차 운수사업법	10	10	10	10	10	50	25
제4장 유통산업발전법	5	5	5	5	5	25	12.5
제5장 항만운송사업법	3	3	3	3	3	15	7.5
제6장 철도사업법	4	4	4	4	4	20	10
제7장 농수산물 유통 및 가격안정에 관한 법률	2	2	2	2	2	10	5
합계(문항 수)	40	40	40	40	40	200	100

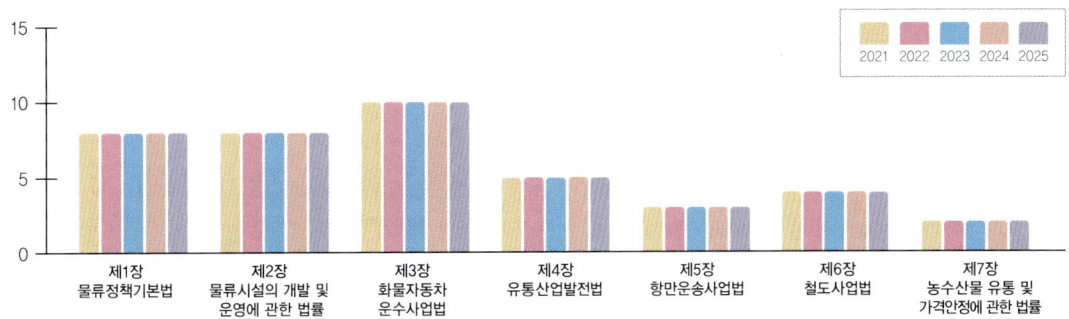

영역별 평균 출제비율

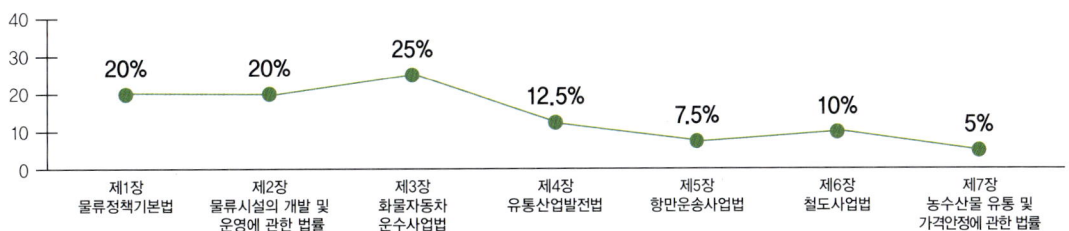

최신 출제경향

이 과목은 7개 법규와 시행령, 시행규칙을 모두 학습해야 하므로 수험생의 입장에서는 방대한 학습량에 당황하고 어려움을 느낄 수 있다. 그러나 각 법령별로 자주 출제되는 항목이 있으므로, 본서의 구성에 따라 학습한다면 시간과 수고를 절약할 수 있다. 우선 출제비중이 가장 높은 화물자동차 운수사업법, 물류정책기본법, 물류시설의 개발 및 운영에 관한 법률은 빈출되는 유형을 분석하여 세부 내용(시행령, 시행규칙)을 법규와 연결하여 이해하는 집중적 학습법이 요구된다. 출제영역 비중이 적은 나머지 법규들은 연속 출제되는 분야를 위주로 공부하는 선별적인 학습법을 선택하는 것을 추천한다.

물류관리사 한권으로 끝내기

합격 수기 SUCCESS STORY

 직장인 합격수기(2025년 제29회 합격자 박*민)

1

물류회사를 다니고 있었고, 이직을 준비하는 과정에서 물류관리사 자격증이 있다면 큰 메리트가 될 것 같아서 시험을 준비하게 되었습니다. 과목별 학습의 경우 저는 순서대로 준비했습니다. 물류관리론을 시작으로 순서대로 학습하다가 시험 1개월 전쯤부터 나머지 4과목 전체를 병행하면서 물류관련법규를 시작했습니다.

물류관리론은 처음에 교재로만 학습하다가 빠른 내용 이해를 위해 시대에듀 강의를 수강하게 되었습니다. 한번 이론을 학습해서인지 인강으로 쭉 정리하는 느낌이었습니다.

화물운송론은 테마강의(3강) 들으면서 필기 한번 쭉 하고 자주 봤습니다. 그리고 기출을 계속 풀면서 감을 익혔습니다. 계산문제에 걱정이 많았는데, 수포자도 할 수 있게끔 선생님께서 아주 쉽게 가르쳐주십니다!

컨테이너 쪽 일을 하고 있어서 낯설진 않았는데, 국제물류론은 영어 지문이 나와도 어렵고 생각보다 기출을 풀었을 때 점수가 잘 안 나와 다소 어려웠습니다. 근데 국제물류도 2과목이랑 같은 강사님이셨는데 뭔가 계속 기억나게끔 설명해주시는 점이 저랑 너무 잘 맞았습니다. 국제물류론은 어려운 만큼 강의를 여러 번 듣고 기출 + 회독 연습이 답인 것 같습니다.

보관하역론은 1회독 때 너무 어려웠는데 시험이 다가올수록 합격에 큰 도움이 되는 과목으로 변해갔습니다. 여기도 계산문제가 있는데 여러 번 반복하고 전략적으로 몇 개는 포기했지만 기출을 많이 보고, 또 암기한 내용이 휘발될 때쯤이면 강의를 봤습니다.

물류관련법규는 걱정을 제일 많이 한 과목이었습니다. 1개월 전부터 기본강의 다 듣고, 압축강의까지 다 들었습니다. 개정되는 부분도 있고, 어디서 튀어나올지 모르기 때문이라 생각하여 기출은 혼자 회독했고, 강의 중심으로 전체적인 내용을 많이 보려고 노력했습니다. 5과목은 기출로 감을 잡고 회독이 정답인 과목이라 생각합니다.

1~4과목은 이론부터 시작하기보다는 기출로 감을 잡고 이론을 무한회독하는 것을 추천드립니다. 저는 직장을 병행하며 퇴근하고 공부할 때가 많았는데 너무 피곤할 때마다 강의라도 들으면서 회독하자는 방식으로 시험을 준비했습니다. 특히 많이들 고민이신 5과목 법규의 경우 저 또한 고민이 많았지만, 시험 2주 전부터는 출퇴근 시에도 강의를 틀어놓고 일상에서도 계속 들었습니다. 이번 시험 법규 난이도가 너무 높아서 시험 내내 잘 풀고 있는지 아리송했지만 그래도 회독 덕분인지 5과목 점수가 높게 나왔습니다. 공부할 때는 지겨워도 이번처럼 난이도가 높은 시험이라면 법규는 무조건 회독을 추천드립니다.

한번에 합격해서 너무 기쁘고 시대에듀 덕분이라고 생각합니다! 감사합니다.

직장인 합격수기(2025년 제29회 합격자 권*만)

업무 관련 제반지식 취득을 목적으로 생산관리(자재 및 출하) 관련 업무 전반을 다루고 있는 물류관리사 시험을 준비하게 되었습니다.

물류관리사는 비교적 높은 합격률을 보이는 국가전문자격 중의 하나입니다만 또 만만히 보긴 힘든 과목들이 있습니다. 특히 국제물류론과 물류관련법규 과목은 생소한 내용들이 많아 공부하기가 상당히 까다롭고 내용이 방대하여 무작정 외우기도 힘든 과목입니다. 이런 과목일수록 강의를 들으며 핵심 내용을 정리하고 반복하는 것이 중요합니다. 물류관리론, 화물운송론, 보관하역론은 비교적 상식과 업무 관련 내용들이 많아서 내용들을 빠르게 훑어보고 이해하며 공부하면 좋습니다.

물류관리사 시험 범위가 생각보다 넓고 방대해서 저는 기본이론 인강을 겨우 1회 완주하였고 기출문제 2회분을 풀어보고 시험을 봤습니다. 기출문제를 풀어보면서 합격 점수가 나오는 것을 확인하고 나니 어느 정도 마음이 놓이더군요. 그리고 어느 과목이 확실히 부족한지 확인해볼 수 있었습니다. 시험 직전까지는 점수가 낮은 두 과목을 집중적으로 공략해서 안정적으로 합격하리라 생각했지만 막상 더 어려운 문제에 많이 당황했던 것 같습니다.

일단 기본이론은 전체적으로 한번 훑어보면 좋습니다. 그러나 짧은 시간에 공략하고 싶다면 먼저 기출문제 위주로 모의테스트를 해보길 추천합니다. 자신의 지식 수준을 체크해본 후 부족한 부분 위주로 기본이론에 집중하면 전략적인 자격 취득이 가능하다 생각합니다. 국제물류론과 법규는 최소 두 번 이상 완독을 추천드립니다. 25년 법규 과락률이 63%, 국제물류론 과락률이 20%로 상당히 높습니다. 법규는 제일 마지막에 강사님이 짚어주는 핵심 내용과 함께 본인만의 개인 필기노트를 만들어가며 내용 정리하시길 추천드립니다.

시대에듀 교재의 장점으로는 일단 가장 어려운 물류관련법규 내용이 깔끔하게 잘 정리되어 있는 것입니다. 그리고 국제물류론은 유범진 강사님 덕분에 비교적 쉽고 깔끔하게 내용 정리할 수 있었습니다. 그리고 다른 강사님들의 기본이론 강의도 많은 도움이 되었습니다. 기출문제집이 다른 출판사 문제집에 비해 두껍고 무거웠지만 실제 시험지와 비슷하게 되어있어서 실제 시험을 보는 데도 많은 도움이 됐습니다.

짧은 기간이었지만 시대에듀 덕분에 오랜만에 공부하는 즐거움을 찾을 수 있었고 공부에 대한 자신감도 찾게 되었습니다. 개인적으로 준비하는 과정을 계획처럼 다 하진 못했지만 그래도 좋은 결과를 얻을 수 있어서 기쁩니다.

감사합니다.

물류관리사 한권으로 끝내기

도서 활용법 COMPOSITION

필수문제

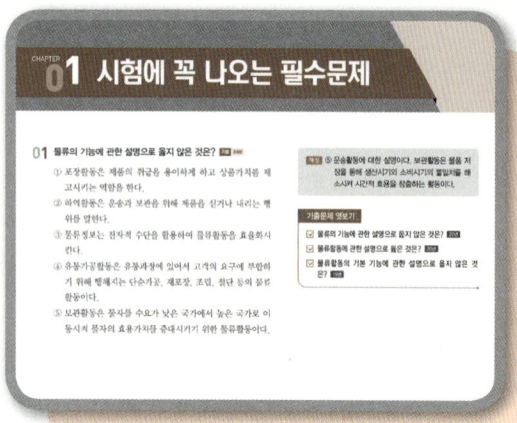

실제 시험에 빈출되었던 기출문제를 챕터별로 선별하여 학습 전 출제경향을 파악할 수 있도록 하였습니다.

핵심 포인트

- ☑ 선박의 종류별 특징, 선박의 구성·주요치수·톤수, 항만
- ☑ 정기선운송과 부정기선운송의 특징 비교
- ☑ 선적절차 및 하역절차 관련 서류
- ☑ 해상운송 운임의 형태, 해상운임 부대비용의 종류

해당 챕터에서 꼭 짚고 넘어가야 할 출제 포인트를 정리하여 효율적인 학습이 가능하도록 하였습니다.

기출표시

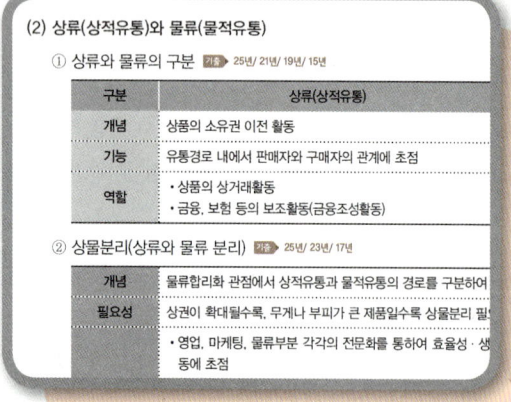

해당 이론에 기출연도를 표시하여 중요도에 따라 선별적으로 학습할 수 있도록 하였습니다.

연습 문제

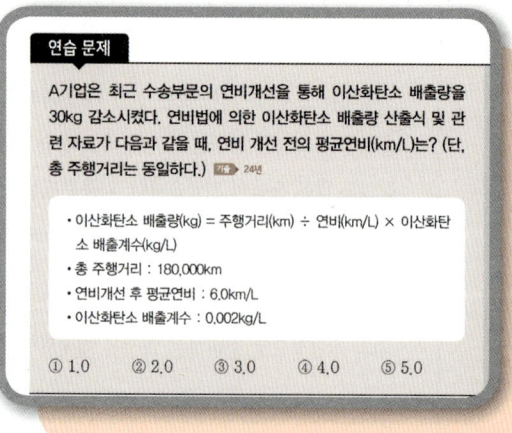

계산문제는 암기한 공식을 문제에 적용시켜 볼 수 있도록 관련 이론 아래 연습 문제 박스를 삽입하였습니다.

더알아보기

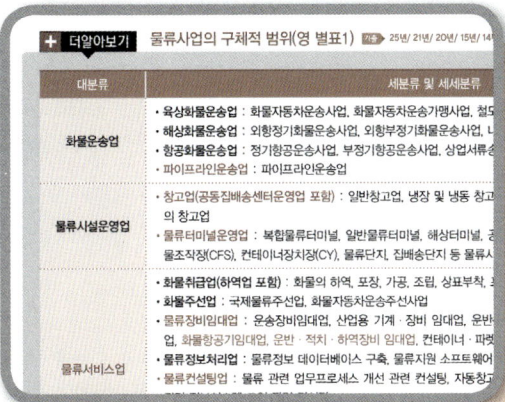

이론과 관련하여 추가적으로 알아야 할 내용은 더알아보기 박스를 넣어 빈틈없이 학습할 수 있도록 하였습니다.

OX 문제

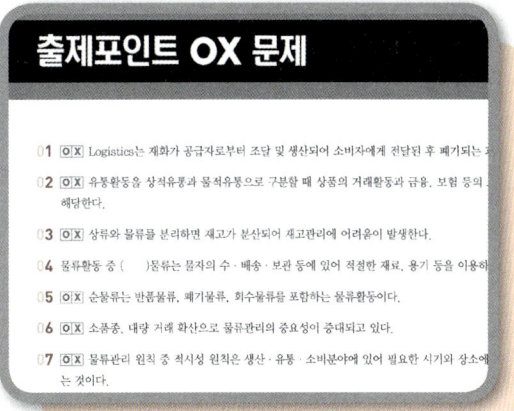

이론을 학습한 후에 중요 내용은 놓치지 않도록 기출 지문을 토대로 출제포인트 OX 문제를 구성하였습니다.

덧말 형광펜 효과

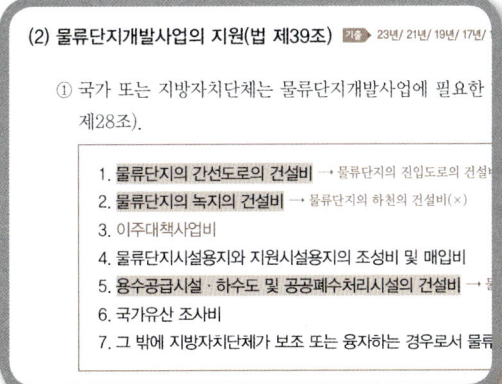

5과목에서는 해당 법규가 어떤 방식으로 출제되었는지를 세부적으로 파악할 수 있도록 중요 내용에 형광펜 표시를 하여 덧말로 삽입하였습니다.

기출유형문제

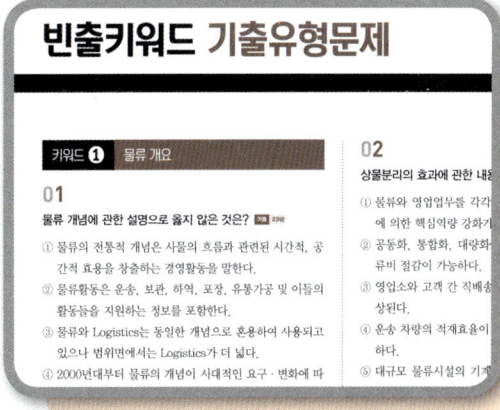

빈출키워드별로 선별된 기출유형문제를 통해 학습한 내용을 복습하고 출제유형을 파악할 수 있도록 하였습니다.

물류관리사 한권으로 끝내기

과목별 합격전략 STRATEGY

1과목 물류관리론

1과목 물류관리론은 나머지 과목의 기본 바탕이 되는 과목이므로 물류용어에서부터 물류관리, 물류합리화, 물류정보시스템 등 전반적인 개념을 제대로 이해하고 있느냐가 중요 포인트입니다. 또한 1과목에서 가볍게 언급했던 내용을 4과목에서는 더 자세히 다루기도 하는 등 4과목 보관하역론과 겹치는 내용도 있기 때문에 이와 연계되어 출제되기도 합니다. 또한 최근 물류환경 변화와 물류추세, 물류비 계산과 분류체계에 대한 내용도 많이 출제되고 있기 때문에 충분히 학습하고 넘어가야 합니다.

2과목 화물운송론

2과목 화물운송론은 공로운송, 철도운송, 해상운송, 항공운송으로 크게 나누어 각각의 특징과 장단점을 파악하고, 화물을 단위화하여 운송하는 단위적재운송의 전반적인 시스템을 이해해야 합니다. 운송의 수배송시스템의 여러 모형과 산출법을 이해하여 공부하는 것도 중요 포인트입니다. 이 과목에서는 전문적인 용어가 많이 나오기 때문에 각 용어에 대한 정확한 개념을 파악한다면 문제풀이에 큰 도움이 될 것입니다.

3과목 국제물류론

3과목 국제물류론은 2007년도에 처음 물류관리사 시험에 추가된 과목입니다.
화물운송론의 육상, 해상, 항공운송, 복합운송의 범위를 확대하여 국제 간의 무역을 중심으로 출제되는 영역입니다. 국제무역실무의 용어나 규칙 등의 내용을 이해하고 INCOTERMS 2020, 각종 약관, 조항, 협약 등과 관련된 내용은 영문을 해석할 수 있도록 대비해야 합니다.

4과목 보관하역론

4과목 보관하역론의 보관이나 하역은 운송 전후에 이루어지는 작업이기 때문에 화물운송론과 연계된 부분이 많은 과목입니다. 또한, 보관과 하역을 따로 생각할 것이 아니라 보관과 하역이 효율적으로 이루어지기 위한 재고관리, 자재관리, 포장 등의 연결고리를 정리해야 하며, 수요예측기법과 관련된 계산문제를 풀기 위한 공식도 체계적으로 정리하여 학습해야 합니다.

5과목 물류관련법규

5과목 물류관련법규는 수험생들이 제일 어려워하는 부분입니다. 법 관련용어들도 이해하기 생소하고 출제영역인 7개 법의 내용도 상당히 방대하기 때문입니다. 처음에 전체 법을 다 외우려고 공부를 시작했다가는 얼마가지 않아 포기하기 쉽습니다. 따라서 이 과목은 기출문제를 바탕으로 출제경향이 어떤지 분석하고 파악한 후 주로 출제되는 분야를 우선적으로 학습하는 것이 좋습니다. 또한 무조건 처음부터 외울 생각으로 접근하지 말고 먼저 법의 큰 제목을 보고 그 흐름을 파악한 후에 세부 사항에는 어떤 것이 있는지 이해하며 학습해야 합니다.

물류관리사 한권으로 끝내기
이 책의 차례 CONTENTS

CHAPTER 01 물류관리총론

시험에 꼭 나오는 필수문제 · 04
Core 01 물류의 개요 · 06
Core 02 물류관리 · 11
Core 03 물류합리화 · 14
Core 04 물류시스템 · 16
Core 05 물류 아웃소싱 · 17
Core 06 물류산업의 동향 · 19
출제포인트 OX 문제 · 27
빈출키워드 기출유형문제 · 29

CHAPTER 02 물류 경영과 마케팅

시험에 꼭 나오는 필수문제 · 36
Core 01 경영과 물류조직 · 38
Core 02 물류와 마케팅 · 41
Core 03 수요예측기법 · 44
Core 04 유통경로 · 46
Core 05 물류와 고객서비스 · 52
출제포인트 OX 문제 · 55
빈출키워드 기출유형문제 · 57

CHAPTER 03 물류표준화와 물류공동화

시험에 꼭 나오는 필수문제 · 62
Core 01 물류표준화 · 64
Core 02 물류모듈(Module)화 · 65
Core 03 물류공동화 · 68
출제포인트 OX 문제 · 72
빈출키워드 기출유형문제 · 73

CHAPTER 04 물류회계

- 시험에 꼭 나오는 필수문제 · 76
- Core 01 물류비 · 78
- Core 02 물류비 계산 · 81
- Core 03 기타 물류회계 개념 · 85
- 출제포인트 OX 문제 · 87
- 빈출키워드 기출유형문제 · 88

CHAPTER 05 물류정보화(물류정보시스템)

- 시험에 꼭 나오는 필수문제 · 92
- Core 01 물류정보와 물류정보시스템 · 94
- Core 02 물류정보시스템 운영기법 · 96
- Core 03 바코드 · 101
- Core 04 무선주파수식별법(RFID : Radio Frequency Identification) · 104
- 출제포인트 OX 문제 · 107
- 빈출키워드 기출유형문제 · 108

CHAPTER 06 정보화시대의 물류혁신기법

- 시험에 꼭 나오는 필수문제 · 114
- Core 01 공급사슬관리(SCM : Supply Chain Management) · 116
- Core 02 물류혁신기법 · 124
- 출제포인트 OX 문제 · 129
- 빈출키워드 기출유형문제 · 130

2025년 제29회 기출문제

- 1과목 물류관리론 · 136

물류관리사 한권으로 끝내기

PART 1

물류관리론

CHAPTER 01 물류관리총론
CHAPTER 02 물류 경영과 마케팅
CHAPTER 03 물류표준화와 물류공동화
CHAPTER 04 물류회계
CHAPTER 05 물류정보화
CHAPTER 06 정보화시대의 물류혁신기법

2025년 제29회 기출문제(1과목)

1 물류관리론

- 물류관리총론
- 물류 경영과 마케팅
- 물류표준화와 물류공동화
- 물류회계
- 물류정보화
- 정보화시대의 물류혁신기법

2021

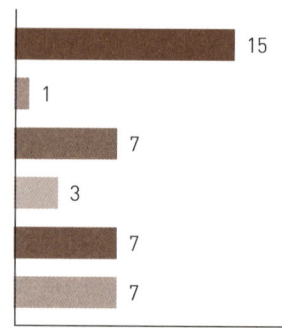

- 15
- 1
- 7
- 3
- 7
- 7

(출제문항수)

출제기준	유형 구분	중요도
CHAPTER 01 물류관리총론	Core 01 물류의 개요	★★
	Core 02 물류관리	★★★
	Core 03 물류합리화	★★★
	Core 04 물류시스템	★★
	Core 05 물류 아웃소싱	★★
	Core 06 물류산업의 동향	★★★
CHAPTER 02 물류 경영과 마케팅	Core 01 경영과 물류조직	★★★
	Core 02 물류와 마케팅	★★
	Core 03 수요예측기법	★★
	Core 04 유통경로	★★
	Core 05 물류와 고객서비스	★★
CHAPTER 03 물류표준화와 물류공동화	Core 01 물류표준화	★★★
	Core 02 물류모듈(Module)화	★
	Core 03 물류공동화	★★★

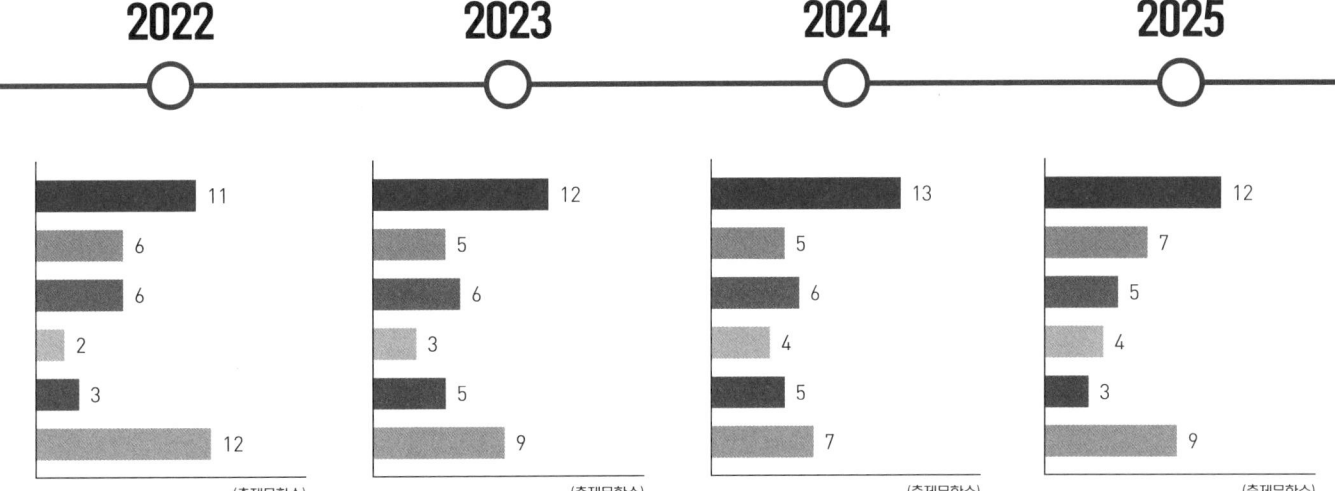

출제기준	유형 구분	중요도
CHAPTER 04 물류회계	Core 01 물류비	★★
	Core 02 물류비 계산	★★★
	Core 03 기타 물류회계 개념	★
CHAPTER 05 물류정보화	Core 01 물류정보와 물류정보시스템	★★
	Core 02 물류정보시스템 운영기법	★★★
	Core 03 바코드	★★
	Core 04 무선주파수식별법(RFID)	★★★
CHAPTER 06 정보화시대의 물류혁신기법	Core 01 공급사슬관리(SCM)	★★★
	Core 02 물류혁신기법	★★★

CHAPTER 01 시험에 꼭 나오는 필수문제

01 물류의 기능에 관한 설명으로 옳지 않은 것은? <small>기출 24년</small>

① 포장활동은 제품의 취급을 용이하게 하고 상품가치를 제고시키는 역할을 한다.
② 하역활동은 운송과 보관을 위해 제품을 싣거나 내리는 행위를 말한다.
③ 물류정보는 전자적 수단을 활용하여 물류활동을 효율화시킨다.
④ 유통가공활동은 유통과정에 있어서 고객의 요구에 부합하기 위해 행해지는 단순가공, 재포장, 조립, 절단 등의 물류활동이다.
⑤ 보관활동은 물자를 수요가 낮은 국가에서 높은 국가로 이동시켜 물자의 효용가치를 증대시키기 위한 물류활동이다.

해설 ⑤ 운송활동에 대한 설명이다. 보관활동은 물품 저장을 통해 생산시기와 소비시기의 불일치를 해소시켜 시간적 효용을 창출하는 활동이다.

기출문제 엿보기
- ☑ 물류의 기능에 관한 설명으로 옳지 않은 것은? <small>22년</small>
- ☑ 물류활동에 관한 설명으로 옳은 것은? <small>20년</small>
- ☑ 물류활동의 기본 기능에 관한 설명으로 옳지 않은 것은? <small>19년</small>

02 물류의 영역에 관한 설명으로 옳지 않은 것은? <small>기출 22년</small>

① 사내물류 – 완제품의 판매로 출하되어 고객에게 인도될 때까지의 물류활동이다.
② 회수물류 – 판매물류를 지원하는 파렛트, 컨테이너 등의 회수에 따른 물류활동이다.
③ 조달물류 – 생산에 필요한 원료나 부품이 제조업자의 자재창고로 운송되어 생산공정에 투입전까지의 물류활동이다.
④ 역물류 – 반품물류, 폐기물류, 회수물류를 포함하는 물류활동이다.
⑤ 생산물류 – 자재가 생산공정에 투입될 때부터 제품이 완성되기까지의 물류활동이다.

해설 ① 사내물류는 완제품 출하시부터 판매를 위한 보관창고에 이르기까지의 물류활동을 말한다.

기출문제 엿보기
- ☑ 기업물류의 영역별 분류에 관한 설명으로 옳지 않은 것은? <small>24년</small>
- ☑ 물류의 영역별 분류에 해당하지 않는 것은? <small>23·18년</small>
- ☑ 다음 설명에 해당하는 물류 영역은? <small>21년</small>
- ☑ 회수물류의 대상 품목에 해당하지 않는 것은? <small>19년</small>
- ☑ 물류의 범위와 영역에 관한 설명으로 옳지 않은 것은? <small>16년</small>
- ☑ 물류의 영역 중 생산물류에 관한 설명으로 옳지 않은 것은? <small>14년</small>

03 4자물류에 관한 설명으로 옳은 것을 모두 고른 것은? 기출 22년

ㄱ. 3자 물류업체, 물류컨설팅 업체, IT업체 등이 결합한 형태
ㄴ. 공급사슬 전체의 효율적인 관리와 운영
ㄷ. 참여 업체 공통의 목표설정 및 이익분배
ㄹ. 사이클 타임과 운전자본의 증대

① ㄱ, ㄴ
② ㄴ, ㄷ
③ ㄷ, ㄹ
④ ㄱ, ㄴ, ㄷ
⑤ ㄴ, ㄷ, ㄹ

해설 ㄹ. 사이클 타임 단축과 재고 감소를 통한 운전자본의 감소

기출문제 엿보기

- 4자물류에 관한 설명으로 옳지 않은 것은? 23년
- 4자물류(4PL : Fourth Party Logistics)의 특징으로 옳지 않은 것은? 21년
- 4PL(Fourth Party Logistics)에 관한 설명으로 옳은 것을 모두 고른 것은? 20년
- 제4자물류(4PL : Fourth Party Logistics) 기업의 유형에 관한 설명으로 옳은 것은? 17년

04 물류 환경변화에 관한 설명으로 옳지 않은 것은? 기출 23년

① 경제규모 확대에 따른 화물량 증가로 사회간접자본 수요는 급증하는 반면 물류기반시설은 부족하여 기업의 원가 부담이 가중되고 있다.
② 정보기술 및 자동화기술의 확산으로 물류작업의 고속화 및 효율화, 적정 재고관리 등이 추진되고 있다.
③ 소비자 니즈(Needs)의 다양화에 따라 상품의 수요패턴이 소품종, 대량화되고 있다.
④ 기후변화 및 친환경 물류정책에 따라 운송활동 등 물류부문에서 탄소배출을 줄이는 방향으로 변화되고 있다.
⑤ 소비자 니즈(Needs)의 다양화와 제품 수명주기의 단축에 따라 과잉재고를 지양하려는 경향이 심화되고 있다.

해설 ③ 소비자 니즈(Needs)의 다양화에 따라 상품의 수요패턴이 다품종, 소량화되고 있다.

기출문제 엿보기

- 물류환경의 변화에 관한 설명으로 옳지 않은 것은? 24년
- 물류환경의 변화와 발전에 관한 설명으로 옳지 않은 것은? 21년
- 21세기 물류 추세로 옳지 않은 것은? 18년
- 최근의 물류환경 변화에 관한 내용으로 옳지 않은 것은? 18년
- 택배수요에 영향을 미치는 유통산업의 환경 및 유통채널 변화에 관한 설명으로 옳지 않은 것은? 17년
- 물류환경의 변화 추세에 관한 설명으로 옳지 않은 것은? 16년

01 ⑤ 02 ① 03 ④ 04 ③

CHAPTER 01 물류관리총론

> **핵심 포인트**
> - ☑ 유통과 물류
> - ☑ 상류(상적유통)와 물류(물적유통)
> - ☑ 물류관리 전략과 기본원칙
> - ☑ 외주 아웃소싱, 3자물류, 4자물류
> - ☑ 물류시스템의 개념, 목적, 설계 및 구축 방향
> - ☑ 최근 물류산업의 동향

CORE 01 물류의 개요

1. 물류의 정의와 개념

(1) 유통과 물류 기출▶ 23년/ 22년/ 17년/ 16년

① 유통

일반적 의미	· 생산자로부터 소비자에게 상품(재화 · 물품 · 제품)과 용역(서비스) 이전을 통해 장소(place), 시간(time), 소유(possession), 형태(form)의 효용을 강조하는 활동 · 생산과 소비를 이어주는 중간기능 · 생산품의 사회적 이동과 관계되는 모든 경제활동
넓은 의미	물류이동을 의미하는 물적유통, 정보처리 및 광고 · 통신의 유통을 말하는 정보유통, 금융 · 보조활동을 포괄하는 상업활동

② 물류 기출▶ 24년/ 23년/ 22년/ 20년/ 17년/ 16년/ 10년/ 07년/ 05년/ 04년

- ㉠ 물적유통(Physical Distribution)의 줄임말 → 생산에서 소비에 이르는 판매영역 중심의 물자의 흐름
- ㉡ 전통적 개념 → 사물의 흐름과 관련된 시간적 · 공간적 효용을 창출하는 경영활동
- ㉢ 군사용어인 '병참', 즉 로지스틱스(logistics)라는 개념 도입 → 판매물류뿐만 아니라 조달물류, 생산물류, 회수물류를 포함한 총체적인 물자의 흐름으로 확대

> **+ 더알아보기** 로지스틱스(Logistics)
>
> · 로지스틱스는 원료준비, 생산, 보관, 판매에 이르는 전과정에서 물적유통을 가장 효율적으로 수행하는 시스템이다.
> · 로지스틱스는 종합적 시스템으로, 물적유통보다 관리범위가 넓다.
> · 로지스틱스는 기업 내 물류효율화와 정보시스템 통합을 추구하고, 물적유통은 물류부문별 효율화를 추구한다.

- ㉣ 기업이 상품을 생산하여 고객에게 배달하기까지 전 과정에서 장소와 시간의 효용을 창출하는 제반 활동 → 기업 이윤의 극대화를 위해 물자의 흐름을 시 · 공간적으로 효율화하여 계획 · 집행 · 통제하는 일련의 프로세스

ⓗ 생산단계에서 소비단계로의 전체적인 물적 흐름 → 재화가 공급자로부터 조달·생산되어 수요자에게 전달되거나 소비자로부터 회수되어 폐기될 때까지 이루어지는 운송, 보관, 하역 등과 이에 부가되어 가치를 창출하는 가공, 조립, 분류, 수리, 포장, 상표부착, 판매, 정보통신 등의 모든 활동

(2) 상류(상적유통)와 물류(물적유통)

① 상류와 물류의 구분 기출▶ 25년/ 21년/ 19년/ 15년

구분	상류(상적유통)	물류(물적유통)
개념	상품의 소유권 이전 활동	물류 경로상에서 이동 또는 보관 중인 물품에 대한 관리 활동
기능	유통경로 내에서 판매자와 구매자의 관계에 초점	시간적·공간적 효용가치를 창출
역할	• 상품의 상거래활동 • 금융, 보험 등의 보조활동(금융조성활동)	• 화물정보의 전달 및 활용(화물수송활동 등) • 보관, 판매를 위한 상품의 포장(보관활동, 유통가공활동 등)

② 상물분리(상류와 물류 분리) 기출▶ 25년/ 23년/ 17년

개념	물류합리화 관점에서 상적유통과 물적유통의 경로를 구분하여 운영하는 것 → 물류활동의 전문화
필요성	상권이 확대될수록, 무게나 부피가 큰 제품일수록 상물분리 필요성 증대
효과	• 영업, 마케팅, 물류부분 각각의 전문화를 통하여 효율성·생산성 증대 → 상류는 판매자와 구매자 관계, 물류는 물품 관리활동에 초점 • 지점, 영업소 수주 통합 → 배송차량 적재율 향상, 조달기간(Lead Time) 단축 • 물류거점을 통한 운송으로 수송단계 통합과 대형차량 이용 가능 → 운임 절약 • 물류활동을 편리하게 수행할 수 있는 물류거점 확보 → 하역 기계화, 창고 자동화 추진 가능 • 재고의 집중적 관리 → 재고 편재 및 과부족 해소 가능 • 기계화, 자동화 촉진과 비용 감소 및 서비스 향상 → 물류합리화 이룩

2. 물류의 기본적 기능과 역할

(1) 물류의 기본적 기능 기출▶ 18년/ 16년/ 13년

① **장소적 기능** : 재화의 유통을 원활하게 함 → 생산과 소비의 장소적 거리 조정
② **시간적 기능** : 재화를 적기에 제공 → 생산과 소비의 시간적 거리 조정
③ **수량적 기능** : 재화 수량의 집하·중계·배송 등 → 생산과 소비의 수량적 거리 조정
④ **품질적 기능** : 재화의 가공·조립·포장 등 → 생산자와 소비자 재화의 품질적 거리 조정
⑤ **가격적 기능** : 물류활동 원활화를 통해 제품원가 절감 및 가격협상을 용이하게 수행 → 생산과 소비의 가격적 거리 조정
⑥ **인격적 기능** : 대고객서비스 향상을 통해 생산자와 소비자 사이의 인간적인 유대를 강화 → 인격적 거리 조정

(2) 물류의 중요성이 부각되는 이유 기출▶ 18년

① 전자상거래 확대로 주문횟수의 급격한 증가
② 고객욕구의 다양화와 고도화
③ 운송시간 및 비용 상승
④ 제조부분 원가절감의 한계
⑤ 경쟁력 강화를 위해 물류부분 우위 확보 필요

(3) 물류의 역할 `기출` 21년/ 15년

국민 경제적 관점	• 상류의 합리화를 통해 상거래의 대형화 유발 • 물류비 절감으로 기업 체질 개선, 소비자 및 도매물가 상승 억제 • 정시배송 실현으로 서비스 향상에 이바지하여 소비자에게 양질의 서비스 제공 • 효율적인 물류체계 구축 시 지역 간의 균형 있는 발전 촉진 및 인구의 지역적 편중 방지 • 사회간접자본 및 물류시설에 대한 투자 증대로 도시생활 환경 개선 및 경제성장 촉진
사회 경제적 관점	• 물류는 유·무형을 불문하고 모든 경제재의 흐름을 말하는 것으로 산업구조상 큰 비중 차지 • 사회 경제적 관점에서 본 물류활동은 물리적 흐름에 관한 경제활동으로, 운송통신활동과 상업활동을 주체로 이를 지원하는 제 활동을 포함
개별 기업적 관점	• 생산과 소비 사이에 존재하는 시간적·공간적 간격을 극복하는 물류 기능으로 판매 촉진 • 신속한 주문처리, 정확하고 규칙적인 배송 등 물류관리를 통해 재고량 감소 • 물류비용의 절감으로 기업의 실질적인 이윤 증대 • 고객 요구에 부응하는 물류서비스 제공을 통해 판매에서 경쟁우위 확보

3. 물류활동

(1) 물류활동의 기능별 분류 `기출` 24년/ 23년/ 22년/ 21년/ 20년/ 19년/ 18년/ 17년/ 15년/ 12년/ 11년

운송활동 (수송+배송)	• 물자를 효용가치가 낮은 장소에서 높은 장소로 이동시켜 물자의 효용가치를 증대시키기 위한 물류활동 → 생산지역과 소비지역의 공간적 상이함 해결 • 생산과 소비의 장소적 차이에 의한 거리 조정 • 수송은 국가물류비용 중 가장 큰 비중을 차지하는 활동 　*수송 : 물류거점 간, 대량화물, 장거리운송 　*배송 : 물류거점에서 수취인으로, 소량화물, 단거리 운송
보관활동	• 물품 저장을 통해 생산과 소비의 시간적 간격을 해소시켜 시간적 효용을 창출하는 활동 → 생산시기와 소비시기 불일치 해결 • 생산과 소비, 공급과 수요의 시점 및 수량적 차이 조정 • 생산한 제품을 보관함으로써 안정적인 생산·판매의 조정 및 완충역할 수행
포장활동	• 물자의 수·배송, 보관, 거래, 사용 등에 있어서 그 가치 및 상태를 유지하기 위해 적절한 재료, 용기 등을 사용하여 보호하는 물류활동 • 생산의 종착점으로서 표준화, 모듈화 대상 • 제품 취급을 용이하게 하고 상품 가치를 제고시키는 역할 • 한국산업표준에 따라 낱포장, 속포장, 겉포장 3가지로 나누어짐
하역활동	• 물류센터 내에서 일어나는 활동 중 보관, 포장, 유통가공을 제외한 나머지 인력에 의해서 피킹* 분배, 분류, 상하차 등의 제품을 취급하는 모든 활동 　*피킹 : 출고할 상품을 물류 창고의 보관 장소에서 꺼내는 일 • 운송(수송), 보관 및 포장의 물자 취급과 관련된 보조적 활동 → 물품을 취급하거나 상하차하는 행위 등 총칭 • 기계화, 자동화의 대상
물류정보활동 (정보처리)	• 물류활동 관련 정보를 제공, 운송·보관·포장·하역 등 모든 기능을 전자적인 수단으로 연결시켜 종합적인 물류관리 효율 향상 • **주된 업무** : 물류센터와 거래처 간에 발생하는 수·발주 활동 • 운송, 보관, 하역, 포장 등 모든 활동 진행 시 발생되는 각종 데이터의 정보처리활동 포함
유통가공활동	• 물자의 유통과정에서 이루어지는 제품의 단순 가공, 재포장, 조립, 절단 등 • **유통가공활동의 목적** : 판매촉진, 생산효율지원, 물류합리화

(2) 물류활동의 영역별 분류 기출 ▶ 24년/ 23년/ 22년/ 21년/ 20년/ 19년/ 18년/ 16년/ 15년/ 14년/ 13년/ 12년/ 11년/ 10년/ 09년/ 08년/ 07년/ 06년/ 05년

① 순물류와 역물류

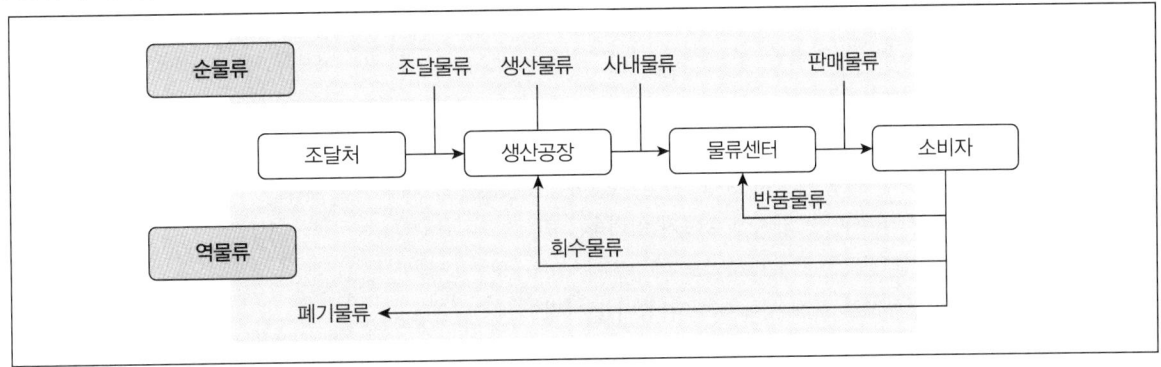

② 순물류(Forward Logistics)
   ㉠ 개요 : 원산지부터 소비지까지 원자재, 재공품, 완성품 및 관련 정보의 흐름을 효율적이고, 비용면에서 효과적으로 계획·실행·관리하는 과정
   ㉡ 특징 : 동종제품의 포장형태 균일, 가격 동일, 물류계획의 수립 및 실행 용이, 재고관리 편리·정확, 제품수명주기 관리 가능, 속도의 중요성 인지
   ㉢ 종류

조달물류	• 물자가 조달처로부터 운송되어 매입자의 보관창고에 입고·보관 후 생산공정에 투입될 때까지의 물류활동 • 공급자 선정, 구매주문 발주, 입하, 검수, 원자재 재고관리 및 품질관리, 구매협상, 원자재 원가산정 등 포함 • 제조업자의 원재료 및 기계·자재 조달, 도소매업자의 재판매를 위한 상품 구입도 포함 • 구매(purchasing) → 조달(procurement) → 공급망(supply chain) 개념으로 진화 • 과거에는 조달물류 기능이 주로 기업의 생산 보조수단으로 활용됨 • 공급자와 밀접한 관계유지, 글로벌 조달, 공급자의 신제품 개발 참여 등 구매 관리 방법이나 환경이 과거와 달라짐 → 조달물류의 전략적 중요성 증대
생산물류	• 물자가 생산공정에 투입되어 제품으로 만들어지기까지의 물류활동 • **생산물류활동** : 창고에 보관 중인 자재의 출고작업부터 자재를 생산공정에 투입하고 생산된 완제품을 보관창고에 입고하기까지 수반되는 운반, 보관, 하역, 재고관리 등 사내에서 이루어지는 물류활동 → 재공품의 보관 및 운송, 유통가공 통제, 생산계획 및 자재소요계획 수립지원 등 • 원자재·중간재 등을 사용한 제품 생산과정에서 수행 → 제품 생산과정 리드타임 단축 및 재고량 감축이 핵심과제이므로 공장 내 운반, 하역 및 창고의 자동화 등이 중요 • 제품생산 단계에서도 다양한 물류활동이 수반되므로 철저한 사전계획 아래 물류활동 수행 필요
사내물류	• 생산업자의 완제품 출하 시부터 물류창고에 이르기까지의 물류활동 • 물류센터 입·출고 및 물류센터에서의 재고유지 등 사내시설 간의 이동·보관활동 포함
판매물류	• 제품이 소비자에게 전달되는 과정과 관련된 활동 • 완제품의 판매를 위해 출고 시부터 고객 인도 시까지의 물류 • 제품창고에서 출고하는 과정, 배송센터까지의 수송, 고객에게까지 배송하는 작업

③ **역물류(Reverse Logistics)** 기출 ▶ 25년/ 23년/ 22년/ 18년/ 16년/ 15년
   ㉠ 개요 : 물류활동을 통해 소비자에게 전달된 제품이 고객에게 더 이상 필요없는 상황이 발생했을 때 그 제품을 회수하여 상태에 따라 최적의 처리를 수행하는 과정 → 녹색물류의 일환
   ㉡ 대상 : 수명종료로 폐기되는 상품, 계약기간 종료 후 반품되는 상품, 제품의 이상으로 리콜대상인 상품, 상품에 문제는 없으나 고객이 교환한 상품 → 순물류와 반대 방향으로 이동

ⓒ 특징
- 동종제품의 포장형태와 가격이 상이
- 물류계획의 수립 및 실행뿐만 아니라 재고관리가 어렵고 부정확
- 제품수명주기 관리의 어려움
- 상품처리의 중요성 인지
- 순물류에 비해 수작업 비중이 높고 자동화가 어려움
- 반환되는 화물 수량 및 화물의 상태, 회수되는 시기를 정확하게 예측할 수 없음
- 반환되는 화물의 추적 및 가시성 확보가 어려움
- 역물류활동이 환경오염을 유발하기도 함
- 강화되는 환경규제로 인해 이에 관한 관심이 높아짐
- 폐기비용 감소, 부품 재활용, 고객들의 환경친화적 제품 요구로 제조기업들이 기술 도입 및 활발한 네트워크 구축

ⓔ 종류

폐기물류	• 원자재와 제품 포장재 및 수 · 배송 용기 등 폐기물을 처분하기 위한 물류활동 • 제품의 파손 또는 기능 소멸 등과 관련된 것은 폐기물류임(예 사용이 완료된 소모성 자재)
반품물류	• 고객에게 판매된 제품이 제품상의 하자 등의 이유로 교환되거나 공장으로 되돌아올 때까지의 물류활동 → 소비자에게 판매된 제품의 하자로 발생하는 상품 교환, 소비자의 클레임 제기 등으로 이미 판매된 제품의 반품 • 최근 전자상거래(온라인 쇼핑) 확산으로 판매된 제품이 주문과 상이하거나, 제품 하자에 따른 교환 등 증가 추세 → 기업 서비스 및 비용절감 측면에서 반품물류의 중요성 날로 증대
회수물류	• 상품의 생산에서 소비로 향하는 통상의 흐름과 반대의 흐름 • 상품의 판매물류 이후에 부수적으로 발생하는 물류용기의 재사용 · 재활용 및 차량 · 전자제품 등의 리콜과 관련된 물류활동 • 환경물류, 녹색물류 • 폐기물 감소 및 환경보호 관심 확산으로 새로운 물류 분야로 중요한 역할을 담당 • **회수물류 대상 품목** : 음료용 알루미늄 캔, 화물용 T-11 파렛트, 주류용 빈병, 운송용 컨테이너 등

④ 순물류와 역물류의 차이점 기출▶ 20년

구분	순물류	역물류
품질 측면	제품 품질이 일정함	제품 품질이 상이함
가격 측면	제품 가격이 일정함	제품 가격이 상이함
제품수명주기	제품수명주기의 관리가 용이함	제품수명주기의 관리가 어려움
회계 측면	물류비용 파악이 용이함	물류비용 파악이 어려움
구성원 측면	공급망 구성원 간의 거래조건이 단순함	공급망 구성원 간의 거래조건이 복잡함

+ 더알아보기 국가과학기술표준분류체계 물류기술(EI10)의 8가지 소분류 항목 기출▶ 21년

- EI1001. 물류운송기술
- EI1003. 하역기술
- EI1005. 물류시스템 운용기술
- EI1007. 물류표준화기술
- EI1002. 보관기술
- EI1004. 물류정보화기술
- EI1006. 교통수단별 물류운용기술
- EI1099. 달리 분류되지 않는 물류기술

CORE 02 물류관리

1. 물류관리 개요

(1) 물류관리의 개념과 목표

① **물류관리의 개념** 기출▶ 25년/ 24년/ 23년/ 18년/ 17년
  ㉠ 상적유통과 구분되는 물류의 의미 → 마케팅의 물적유통(physical distribution)
  ㉡ 물류효율화를 위한 제품설계, 공장입지선정, 생산계획 등에 관한 관리를 포함하는 활동 → 원자재 및 부품의 조달, 구매상품의 보관, 완제품 유통 등도 물류관리 대상
  ㉢ 기업의 물류관리는 구매, 생산, 마케팅 등의 활동과 밀접한 관련이 있음
  ㉣ 물류관리활동은 고객서비스 향상과 물류비용의 절감이라는 상반된 목표를 추구하므로 수송, 보관, 포장, 하역 등 여러 기능의 종합적 고려 필요
  ㉤ 물류관리의 진화된 기법으로 참여기업 간 조정과 협업을 강조하는 공급사슬관리의 중요성 증가

② **물류관리의 중요성** 기출▶ 25년/ 23년/ 18년/ 15년

제3의 이익원	생산·인사관리(제1의 이익원), 마케팅관리(제2의 이익원) 등을 통한 원가절감 한계 도달 → 제3의 이익원으로 물류관리의 중요성 대두
국제환경 변화	• 국제적인 경제환경의 변화로 물류관리에 대한 중요성 증대(글로벌화로 인한 물동량 증가 등) • 공급사슬 전체 효율성을 높여 글로벌 경쟁력을 강화하기 위해 물류관리 중요성 증대
비용 절감	• 제품 수명 단축과 차별화된 제품생산 요구 증대, 제조부문 원가절감 한계로 물류비용 감소 필요 • 기업활동의 특성상 판매비나 일반관리비에 비하여 물류비 절감 필요
운송시간 절감	• 온라인쇼핑 증가로 배송의 중요성 증가 • 물품을 신속, 저렴, 안전, 확실하게 거래 상대방에게 전달해야 함에 따라 운송시간 절감 중요성 증대
매출액 증대	• 물류관리로 비용절감, 서비스 수준의 향상, 판매촉진 등을 꾀할 수 있음 • TV 홈쇼핑과 온라인상에서 다양한 형태의 재고정보를 제공함으로써 매출액 증가를 가져올 수 있음
고객서비스 중요성	전자상거래 확대로 다품종 소량 다빈도 주문 횟수 증가, 고객주문의 다양화·고도화 등 고객서비스가 중요해지면서 물류의 중요성 부각

③ **물류관리의 대상과 목표** 기출▶ 24년/ 23년/ 22년/ 21년

대상	고객 서비스 관리, 재고관리, 주문정보관리, 운송관리
목표	• 고객서비스 향상을 통해 고객 요구에 대한 대응 수준 향상 • 물류비용 감소를 통해 기업 이익 추구(물류비용은 가격경쟁력에 영향) • 물류활동 계획·실행·성과·평가 전체 관리로 기업경쟁력·공급사슬 효율성 추구 • 물류비 감소와 고객서비스 수준의 향상 간에는 상충관계(Trade-off)가 있음 → 물류관리 목표는 비용절감과 서비스 향상 중 어느 쪽에 더 중점을 두느냐에 달려 있음

(2) 물류관리의 발전 기출▶ 25년/ 24년/ 23년/ 21년

물적 유통(물류) → 로지스틱스(logistics) → 공급사슬관리(SCM)

물적 유통(물류)	• 과거 1960년대 물류는 운송·보관·하역·포장 등 기능적 물류활동 중심 • 부문별 효율화, 비용절감의 최적화 추구 → 기업의 물류생산성 제고
로지스틱스(logistics)	• 로지스틱스 개념 도입으로 판매물류뿐만 아니라 조달·생산·회수물류를 포함한 총체적 물자의 흐름으로 확대 → 기능적 물류활동 + 전략적 고객서비스 • 기업 내 전체 물류효율화 추구 → 물류영역 전반의 최적화
공급사슬관리	• 제품의 생산과 유통 과정을 하나의 통합망으로 관리하는 경영전략시스템 • 공급사슬관리 등장으로 기업 내·외부의 수요 및 공급을 통합하여 물류를 최적화하는 통합적 물류관리 개념으로 확장 → 로지스틱스 + 공급망 전체 통합 시스템 • 공급자, 제조업자, 도소매점, 고객 등 공급사슬 전반의 효율화 추구 → 통합적 물류관리

2. 물류관리의 원칙

(1) 물류관리의 기본 원칙 기출 24년/17년/16년

신뢰성 원칙	생산, 유통, 소비에 필요한 물량을 원하는 시기와 장소에 공급하여 사용할 수 있도록 보장하는 원칙
적시성 원칙	필요한 수량만큼 필요한 시기에 공급하여 고객의 만족도를 향상시키고 재고비용을 최소화하는 원칙
경제성 원칙	최소한의 자원으로 최대한의 물자공급 효과를 추구하여 물류관리비용을 최소화하는 원칙
균형성 원칙	생산, 유통, 소비에 필요한 물자의 수요와 공급 및 조달과 분배의 균형을 유지하는 원칙
집중지원 원칙	생산, 유통, 소비분야에서 물자가 요구되는 상황에 따라 물량, 장소, 시기 등의 우선순위별로 집중하여 제공하는 원칙
보호 원칙	생산·유통·소비 분야의 물자 저장시설을 보호하고, 물자수송 또는 운반과정에서도 도난·망실·화재·파손으로부터 보호되어야 하는 원칙
간편성(단순성) 원칙	• 물류조직, 물류계획, 물류수급체제 및 절차 등은 가장 간단명료하고 단순화해야 능률적이고 체계적이라는 원칙 • 불필요한 중간 유통과정을 제거하여 물자지원체제를 단순화하는 원칙
추진지원 원칙	생산, 유통, 소비분야 현장에서 본연의 임무에만 전념하도록 중앙에서는 지방으로, 후방현장에서는 일선현장으로 지원하는 원칙

(2) 3S 1L 원칙과 7R 원칙 기출 24년

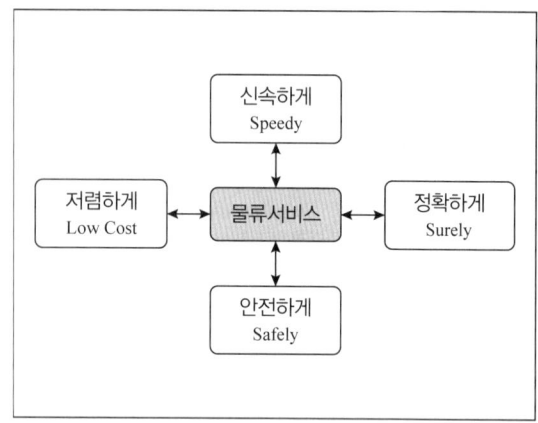

▲ 3S 1L 원칙

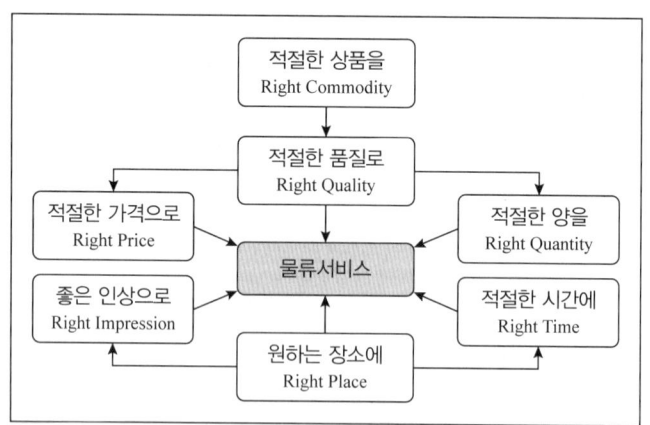

▲ 7R 원칙(E.W. Smykey 교수 제안)

① 3S 1L 원칙 [기출] 14년/ 13년

물품을 신속하게(Speedy), 안전하게(Safely), 정확하게(Surely), 저렴하게(Low Cost) 소비자에게 공급하는 원칙

② 스마이키(Smykey)의 7R 원칙 [기출] 23년/ 21년/ 20년/ 18년/ 14년

고객이 요구하는 적절한 상품(Right Commodity)을, 고객이 요구하는 적절한 품질(Right Quality)로 유지하며, 고객이 요구하는 적절한 수량(Right Quantity)을, 고객이 요구하는 적절한 시기(Right Time)에, 고객이 요구하는 적절한 장소(Right Place)에, 고객에게 좋은 인상(Right Impression)의 상품 상태로, 가격결정기구에 의해 적정한 가격(Right Price)으로 고객에게 전달하는 것

3. 물류관리전략 및 물류계획

(1) 물류관리전략 개요 [기출] 25년/ 23년/ 22년/ 19년

① 물류관리전략의 의의
  ㉠ 고객의 요구를 충족시키기 위해 제품, 서비스, 정보를 효과적으로 계획·통제하는 활동을 수행하는 것
  ㉡ 서로 반대 관계에 있는 물류비용과 고객서비스의 수준을 적절하게 조절하여 물류효율성을 제고하는 것
  ㉢ 기업은 효율적인 물류관리활동을 통해 원가를 절감하고, 이를 바탕으로 시장 점유율 제고 및 수익률 증대 추구

② 물류관리 전략 시 고려 사항 [기출] 22년/ 21년
  ㉠ 최우선 고려 사항 : 고객의 니즈(Needs) 파악
  ㉡ 효과적인 물류관리전략 : 유연성을 유지하면서 고객의 다양한 요구를 저렴한 비용으로 충족시키는 것
  ㉢ 고객서비스를 평가하는 중요 척도 : 주문 후 인도 시까지의 소요시간, 고객 주문에 대한 제품의 가용성, 주문 처리
  ㉣ 물류관리전략 목표 : 비용절감, 서비스 개선 등
  ㉤ 물류관리계획 수립 : 전략계획, 전술계획, 운영계획으로 구분하여 단계적 수립
  ㉥ 고객서비스 달성 목표를 높이기 위해 물류비용이 증가할 수 있음
  ㉦ 제품수명주기에 따라 물류관리전략을 차별화할 수 있음

(2) 물류관리전략의 수립 [기출] 16년

1단계	물류환경의 분석	관련 산업·업계·경쟁사·자사의 물류환경, 하드웨어, 소프트웨어, 기술 및 법규 등 분석
2단계	물류목표의 설정	소비자의 니즈(Needs), 필요수량과 시기, 요구하는 제품 디자인·품질·가격 등의 분석 및 예측
3단계	물류전략의 수립	제품설계 및 개발, 원자재 및 부품조달, 생산 및 조립, 일정계획, 재고관리, 운송 등 소비자에게 제품이 인도될 때까지의 활동을 계획하고 필요한 여러 자원 검토
4단계	물류운영 및 성과 반영	물류관리전략에 따른 물류시스템의 운영과 성과측정을 통하여 이를 기업의 경영전략에 다시 반영

(3) 물류관리전략 추진단계 [기출] 24년/ 22년/ 20년

① 구조적 단계 : 원·부자재의 공급에서 생산과정을 거쳐 완제품의 유통과정까지의 흐름을 최적화하기 위해 유통경로 및 물류네트워크를 설계하는 단계
② 전략적 단계 : 고객이 원하는 것이 무엇인지를 파악하는 동시에 회사이익 목표를 달성할 수 있는 최적의 고객서비스 수준을 정하는 단계
③ 기능적 단계 : 물류거점 설계 및 운영, 운송·수송관리, 자재 및 재고관리를 하는 단계
④ 실행 단계 : 정보화 구축에 관련된 정책 및 절차 수립, 정보화 설비와 장비를 도입·조작·변화관리를 하는 단계

(4) 물류계획

① 물류의 의사결정
  ㉠ 전략·전술·운영의 3단계 계획으로 구성
  ㉡ 구체적인 계획실행순서의 결정, 물류관련 투자의 자금계획, 물류담당자의 채용·훈련계획
  ㉢ 단기·중기·장기 수준에서 이루어짐

② 전략·전술·운영적 의사결정(계획)의 비교 기출▶ 21년/ 20년/ 19년/ 18년/ 15년/ 14년/ 13년

운영적 계획	주 단위, 일 단위의 단기계획	• 일상 운영에서 실행하는 구체적인 계획 • 주문처리, 제품 포장, 주문품 발송 등
전술적 계획	1년 이내의 중기계획	• 전략을 조직의 각 부문에서 실행할 수 있도록 구체화하는 단계 • 마케팅 전략, 재고통제, 창고관리, 고객서비스 요구사항 등
전략적 계획	1년 이상의 장기계획	• CEO와 같은 가장 높은 차원에서 실시하는 계획 • 시설 입지계획, 창고입지 결정, 수송수단 선택 등

CORE 03 물류합리화

1. 물류합리화 개요

(1) 물류합리화 개념 기출▶ 15년

① 운송, 보관, 하역, 포장 등 물류 하부기능을 통합하여 전체 흐름을 합리화하는 것
② 물류합리화를 위해 시스템적 접근에 의한 물류활동 전체의 합리화 추진 필요
③ 물류합리화 수행을 위해 총비용적인 관점에서 접근하는 사고 필요
④ 일반적으로 비용절감과 적정 서비스 수준 유지를 동시에 달성할 수 있어야 함
⑤ 운송, 보관, 포장, 하역뿐만 아니라 물류조직도 대상
⑥ 환경 분석, 목표 설정, 전략 수립의 단계로 추진

(2) 물류합리화 필요성 기출▶ 17년/ 14년

① 경제규모 증대, 물류비 증대 및 노동력 수급상의 문제점 등으로 물류합리화 필요성 증대
② 고객요구의 다양화·전문화·고도화로 인해 다품종 소량생산 체제가 가속화되며 물류서비스의 차별화 요구
③ 제조원가 절감을 통한 이익 증대가 어려워지면서 물류 효율성 제고 필요성 증가 → 물류비용 절감을 통한 이윤 추구
④ 기술혁신에 의한 물류영역 발전 가속화, 물류거점의 집약화 등 산업계 변화에 대응
⑤ 상류합리화에 기여하며, 상거래 규모의 증가 유도
⑥ 물류합리화를 통한 물류비 절감은 소매물가와 도매물가 상승 억제에 기여

(3) 물류거점 집약화의 효과 `기출` 20년

① 공장과 물류거점 간 운송경로 통합으로 대형차량 이용 가능
② 운송차량의 적재율 향상 가능
③ 물류거점과 고객 배송단계에서 지점과 영업소 수주 통합으로 안전재고 감소
④ 물류거점의 기계화, 창고의 자동화 추진 가능
⑤ 물류거점에서 재고집약 및 재고관리를 시행하여 재고 편재 해소
⑥ 최소 재고만 보유하여 과부족 발생가능성 감소

(4) 물류활동 간 상충관계(trade-off) `기출` 25년/ 24년/ 13년

① 물류비용과 고객서비스 간 상충관계
  ㉠ 물류비용을 절감할수록 고객서비스 수준 저하
  ㉡ 재고량을 적게 하면 보관비는 감소하지만 고객서비스 수준은 일반적으로 저하(재고수준이 높아지면 고객서비스 수준 향상)
  ㉢ 운송리드타임을 단축하면 물류서비스는 향상되지만 운송비용은 상승
② 보관시설과 운송비용 간 상충관계 : 물류거점(창고, 물류센터) 수를 증가시키면 창고유지비용은 증가하나 운송비는 하락하고 고객서비스 수준은 향상
③ 물류합리화는 비용과 서비스 사이의 트레이드오프(Trade-Off) 관계를 고려하여, 그 수준을 적정하게 조정해야 함

2. 물류합리화의 유형과 방안

(1) 물류합리화 유형 `기출` 25년/ 18년

생력(省力)형	• 인력의 절감을 목적으로 하는 유형 • 인력을 기계로 대체하는 것을 목적으로 함
생지능(省知能)형	• 물류합리화가 단순히 인력에서 기계로 대체되는 단계에서 인간의 지적 판단에 따라 결정되는 단계로 이행하는 것 • 인공지능형, 물류 전반에 대한 지식 기능을 갖춘 자동화(예 지능형 자동화 기계 도입)
비용(費用)절감형	• 물류의 전사적 수준에서의 합리화에 기반을 두는 것 • 생력형보다 광범위한 의미

(2) 물류합리화 방안 `기출` 19년

운송	차량이나 창고공간의 활용을 극대화해서 유휴부문 최소화
보관	재고관리방법의 개선
하역	하역의 기계화 및 자동화
포장	포장규격화를 고려한 제품설계
물류정보	인터넷을 통한 물류정보의 수집 및 활용
물류조직	물류조직 효율화와 물류시설 가동률 제고

CORE 04 물류시스템

1. 물류시스템 개요 기출 22년/ 18년/ 17년/ 12년/ 10년/ 08년/ 06년

(1) 물류시스템의 개념

생산지점에서 소비지점으로 재화를 이동시키기 위해 필요한 수송, 보관, 하역, 정보활동 등을 체계적으로 관리하고 수행하는 요소들의 체계적인 집합체

(2) 물류시스템 구축 목적

① 다양한 고객 니즈 충족을 위하여 신속하고 효율적인 물류시스템을 구축하고 고객 주문 시 신속하게 물류서비스 제공
② 화물 분실, 오배송 빈도를 줄여 운송기능의 신뢰성 제고
③ 화물 변질, 도난, 파손 빈도를 줄여 보관기능의 신뢰성 제고
④ 최적의 서비스를 제공할 수 있는 물류서비스 수준 결정 및 달성을 위한 물류비용 최소화
⑤ 하역의 합리화를 통해 운송과 보관기능 향상

(3) 물류시스템의 구성

물류시스템의 하부시스템	운송시스템, 보관시스템, 하역시스템, 포장시스템, 정보시스템 등
물류시스템의 자원	인적 자원, 물적 자원, 재무적 자원, 정보적 자원 등

2. 물류시스템 구축

(1) 물류시스템 구축 방향 기출 15년

① 수·배송, 포장, 보관, 하역 등 주요 부문의 유기적 연계
② 기업 이익을 최대화할 수 있는 방향으로 설계
③ 물류시스템에 장기적이고 전략적인 사고 도입
④ 물류 전체를 통합적인 시스템으로 구축하여 상충관계에서 발생하는 문제점 해결 방안 모색
⑤ 현행 시스템 분석, 사례연구 등을 통해 갭분석, 벤치마킹 등 가능
⑥ 물류정보시스템 구축의 성공요인 : 고객의 요구 및 만족도를 정확히 파악하는 것

(2) 물류시스템 구축 요건 기출 15년/ 13년

① 물류정보시스템의 구축에는 상품코드의 표준화가 선행되어야 함
② 물류정보를 효율적으로 입력하고 관리하기 위해서는 바코드나 RFID 정보 등을 활용하는 물류기기와 연동되게 할 필요가 있음
③ 처리결과에 대한 정보를 실시간으로 제공해야 함

CORE 05   물류 아웃소싱

1. 물류 아웃소싱(Outsourcing) 개요   기출▶ 25년/ 23년/ 13년/ 11년/ 10년/ 09년/ 05년

(1) 개념
- ① 물류활동의 일부 또는 전부를 외부 물류전문업자에게 위탁하여 수행하도록 하는 물류전략
- ② 주로 보관, 하역, 수송과 창고관리 아웃소싱

(2) 장 · 단점   기출▶ 24년/ 19년

장점	• 유연성 있는 고용형태, 급여체계 실현 가능 • 제조업체의 물류거점에 대한 자본투입 최소화 및 전문 물류업체 인프라 전략적 활용 가능 • 물류업체의 규모의 경제를 통한 효율의 증대를 꾀할 수 있음
단점	• 물류 전 과정에 대한 통제 상실 가능성 • 제조업체 핵심정보 유출 가능성 • 제조업체의 내부 전문가 상실 및 사내에 물류전문지식 축적의 어려움 • 제조업체 고객 불만에 대한 신속한 대처 어려움 • 환경변화에 대한 대응력 저하 우려

2. 물류 아웃소싱 종류

(1) 제2자물류(2PL : Second Party Logistics)
- ① 화주기업이 사내 물류 조직을 분리하여 자회사로 독립시키는 경우를 말함
- ② 모회사의 물류전략을 이해하고 실천할 수 있는 물류자회사 독립으로 비용 저하 및 효과적인 서비스 제공

(2) 제3자물류(3PL : Third Party Logistics)
- ① 3자물류의 개념   기출▶ 19년
  - ㉠ 포장, 운송, 보관, 하역, 물류가공, 물류정보처리 등 일련의 공급사슬에서 요구되는 활동을 외부의 전문업체에게 위탁함으로써 자사의 물류를 효율화하는 방식
  - ㉡ 외주물류보다 더 포괄적이고 종합적인 서비스 제공(물류 프로세스의 대부분을 수행)
  - ㉢ 기업들은 3자물류를 통해 핵심부분에 집중하고 물류를 전문업체에게 아웃소싱하여 규모의 경제, 전문화 및 분업화 등의 효과를 거둘 수 있음
  - ㉣ 세계적인 3자 물류업체 및 컨설팅회사들은 다른 물류기업들과의 인수합병을 통해 글로벌 차원으로 확대하면서 4자 물류서비스 제공
- ② 3자물류의 장점   기출▶ 15년

화주기업 관점		물류업체 관점
• 기업의 핵심역량에 집중 • 물류관리비용 절감 • 유연성의 향상 • 물류 아웃소싱에 따른 세제 혜택	• 선진 물류기법 활용 • 고객서비스 향상 • 물류자본에 대한 투자 감소 • 인력 절감	• 규모의 경제 실현 • 다양한 물류고객 확보 가능 • 물류를 핵심사업군으로 양성 가능 • 물류서비스 수요변동에 대처 가능 • 물류전문인력 양성 가능 • 물류전문업체 양성에 따른 지원 혜택 • 경험을 통한 글로벌 물류시장 진출

③ 제3자물류와 외주물류의 차이점 기출▶ 23년

구분	제3자물류	외주물류
화주와의 관계	전략적 제휴	수발주 관계, 거래기반
관계내용	중장기적 협력 관계	단기적 관계
운영 측면	원가절감, 경쟁우위 확보의 목표	원가절감의 목표
서비스 범위	종합적인 물류서비스 지향	수송, 보관 등 기능별 서비스 지향
정보공유	필수적	불필요
도입결정권한	최고경영층	중간관리층
도입방법	경쟁계약 형태	수의계약 형태

④ 3자물류의 활용을 위한 물류 아웃소싱 기출▶ 15년/ 14년
   ㉠ 화주기업은 물류 아웃소싱을 통하여 핵심역량에 집중할 수 있어 기업경쟁력 제고에 유리
   ㉡ 화주기업은 고객 불만에 대한 신속한 대처 곤란, 사내에 물류전문지식 축적의 어려움을 겪을 수 있음
   ㉢ 화주기업은 물류 아웃소싱 이전에 자사의 물류비현황을 정확히 파악해야 함
   ㉣ 물류 아웃소싱의 주된 목적과 전략은 조직 전체의 전략과 일관성 유지 필요
   ㉤ 성공적인 물류 아웃소싱 전략을 위해 아웃소싱 업체에 대한 적극적이고 직접적인 지휘통제체계 탈피, Win-Win 전략에 따른 횡적 유대관계 유지 필요

(3) 제4자물류(4PL : Fourth Party Logitics) 기출▶ 24년/ 23년/ 22년/ 20년/ 19년/ 16년
   ① 개념
      ㉠ 물류 아웃소싱이 활성화되면서 3자물류가 더욱 발전된 개념 → 3자물류 + IT · 컨설팅 솔루션 제공 능력 = 4자물류
      ㉡ 물류의 기본기능과 함께 전자상거래가 발전되면서 공급체인에 대한 효율적인 지원, 해결책 제시 → 변화 · 관리능력 및 전략적 · 컨설팅을 포함하는 통합서비스
      ㉢ 물류 컨설팅과 네트워크 개선 등에 관한 조언 가능
      ㉣ 대표적인 형태 : 네트워크형 물류조직

> **➕ 더알아보기** 네트워크형 물류조직
> • 기업의 내부영역 및 외부영역이 네트워크로 연결되어 외부자원의 효과적 활용을 통해 환경변화에 신속하게 대응하려는 대규모 아웃소싱에 의한 조직
> • 다양한 기업이 파트너로 참여하는 혼합조직 형태인 4자물류에 적합

   ② 4자물류의 특징 기출▶ 21년
      ㉠ 다양한 기업이 파트너로 참여하는 혼합조직 형태로 상호 보완관계에 있는 IT업체, 운송업체 등 타 물류업체와 연합하여 서비스 제공
      ㉡ 장기간의 전략적 제휴형태 또는 합작기업으로 설립한 별도의 조직을 통해 종합적인 서비스 제공
      ㉢ 이익분배를 통한 공급사슬 구성원 공통의 목표 설정
      ㉣ 4자물류 서비스 제공자는 공급사슬 전체를 관리하고 운영하며 다양한 기업을 파트너로 참여시킴
      ㉤ 공급사슬 전체를 관리 · 운영하며 공급사슬에 대한 탁월하고 지속적인 개선 효과를 발휘하는 것을 목적으로 함

③ 4자물류 기업의 유형 기출▶ 17년

거래파트너 (trading partner)	화주와 서비스제공자 간의 조정·통제의 역할 수행
시너지플러스 (synergy plus)	복수의 화주에게 물류서비스를 제공하는 서비스제공업체의 브레인 역할을 수행
솔루션통합자 (solution integrator)	복수의 서비스제공업체를 통합하여 화주에게 물류서비스를 제공
산업혁신자 (industry innovator)	복수의 서비스제공업체를 통합하고 산업군에 대한 통합서비스를 제공하여 시너지효과를 유발

3. 기업소모성자재(MRO : Maintenance, Repair & Operation) 기출▶ 17년/ 11년

(1) 개념
① 기업의 각종 용품의 구입 및 관리를 전문업체에 위탁함으로써 직접 구매하고 관리하는 데 따른 비효율성과 인적 낭비를 제거하려는 것
② MRO 의미 : 원자재를 제외한 회사 경영·관리·유지 등에 필요한 소모성 자재나 설비
③ MRO 사업자 : 구매자에게 신뢰성 있는 제품정보 제공을 위해 철저한 공급업체 관리 필요
④ 품목 표준화 및 표준화된 상품DB 구축으로 제품 탐색 및 주문관리 효율성 증진

(2) MRO사업의 성공요건
① 시스템의 확장성 및 통합성 확보
② 비계획 구매에 대한 효과적인 대응
③ 철저한 공급업체의 관리
④ MRO 자재에 대한 토탈서비스의 제공

CORE 06 물류산업의 동향

1. 최근 물류환경의 변화 기출▶ 25년/ 24년/ 23년/ 22년/ 21년/ 20년/ 18년/ 17년/ 16년/ 14년/ 13년

(1) 기업 물류환경의 변화 및 관심 요인
① 기업 물류환경의 변화

고객 니즈 다양화	• 고객 요구의 고도화·다양화로 유통의 소량·다빈도화가 초래되면서 일반 소화물의 다빈도 정시운송은 물론, 서비스 영역도 'door to door' 단계를 지나 'desk to desk' 단계까지 점점 확대 • 소비자 니즈에 신속하게 대응하기 위하여 물류시스템 재구축 • 고객 수요 충족을 위한 수요예측 등 종합적 물류계획 수립 및 관리 중요성 확산
전자상거래 확대	• 기업 간 전략적 제휴 및 파트너십을 통한 전국인 네트워크 구축과 기업들의 글로벌 네트워크 구축으로 전자상거래 확대, 특히 B2C의 확대는 물류의 중요성 더욱 부각 • 유통배송단계가 점점 축소되고 있음 • 전자상거래(온라인 쇼핑)·홈쇼핑 성장으로 택배시장 확대

아웃소싱 확산, 3PL 활용	물류서비스 향상, 비용절감 등 기업경쟁력 강화를 위해 기업 내에서 전담하던 물류기능의 일부 또는 전부를 물류전문업체에게 아웃소싱하거나 3PL 활용 형태 확산
최종 사용자 중심 물류 등장	최종 사용자 중심의 부가가치 개념을 중시하여 e-Logistics, e-SCM, 물류 e-Marketplace 등 등장
정보기술을 활용한 물류관리체계 기법 도입	• CRM(Customer Relationship Management), SCM(Supply Chain Management) 등 정보기술(IT)을 활용한 다양한 물류관리체계 합리화 기법 도입 • 하역의 로봇화, 화물의 단위적재 등을 도입하여 물류의 신속화 · 자동화 추구
공급사슬의 복잡화	유통채널 파워가 제조기업에서 유통기업으로 이동하면서 공급사슬의 복잡화 가중
유통마케팅 전략 변화	유통기업들이 싱글채널(Single-channel) → 다채널(Multi-channel) → 옴니채널(Omni-channel) 마케팅전략으로 전환하는 추세

② 기업경영상 물류에 대한 관심이 높아지는 요인
  ㉠ 생산과 판매의 국제화로 물류관리의 복잡성 증대
  ㉡ 수발주 단위의 소량 · 다빈도화에 대한 대응의 필요성 증가
  ㉢ 운송보안에 대한 서류 및 절차 강화로 추가비용 발생
  ㉣ 시장환경 변화에 유연하게 대응할 수 있는 재고관리의 필요성 증대

(2) 물류환경의 변화 기출▶ 23년/ 22년/ 16년

① 시장의 변화
  ㉠ 소비자 니즈(Needs)의 다양화에 따라 상품의 수요패턴이 다품종, 소량화로 변화되고 있음
  ㉡ 소비자 니즈(Needs)의 다양화와 제품 수명주기의 단축에 따라 과잉재고를 지양하려는 경향이 심화되고 있음
  ㉢ 도시의 과밀화와 교통사정의 악화 등으로 물류업계의 협업화가 대안으로 제시되고 있음

② 정보기술의 발전
  ㉠ 정보기술 발전으로 물류부문의 아웃소싱이 증가하여 제3자물류가 증대되고 풀(Pull) 방식의 활용이 늘어나는 등 물류산업이 변화되고 있음
  ㉡ 정보기술 및 자동화기술의 확산으로 물류작업의 고속화 및 효율화, 적정 재고관리 등이 추진되고 있음

③ 물류비 절감 필요성 확산
  ㉠ 경제규모 확대에 따른 화물량 증가로 사회간접자본 수요가 급증하는 반면 물류기반시설은 부족하여 기업의 원가부담이 가중되고 있음
  ㉡ 노동력 부족, 공해 발생, 교통 문제, 지가 상승 등 사회적 환경변화로 인해 물류비 절감의 중요성이 증가하고 있음
  ㉢ 전자상거래의 확산으로 인해 라스트마일(Last Mile) 물류비가 증가하고 있음

④ 녹색물류의 대두
  ㉠ 환경문제가 중시되는 가운데 그린물류(녹색물류)에 대한 관심이 높아지고 있음
  ㉡ 기후변화 및 친환경 물류정책에 따라 운송활동 등 물류부문에서 탄소배출을 줄이는 방향으로 변화되고 있음
  ㉢ 녹색물류에 대한 관심이 높아짐에 따라 물류활동으로 인한 폐기물의 최소화가 요구됨

⑤ 물류의 글로벌화
  ㉠ 기업의 글로벌 전략으로 인해 국제물류의 중요성이 증가하고 있음
  ㉡ 물류산업의 국제화가 진행되어 국내시장에서도 세계적인 물류기업과의 경쟁이 심화되고 있음

2. 물류산업의 발전 동향

(1) 국내외 물류산업의 발전 동향 기출 19년/14년

① 제조업체에서 유통업체로 채널파워 이동
② 글로벌 경제활동으로 공급사슬의 복잡화
③ 물류비 절감과 매출증대 중요성으로 중소기업들의 물류비 절감 및 경쟁력 향상을 위한 공동물류체계 구축 추세
④ 전자상거래 비중 증가로 신속하고 신뢰성 높은 저비용 물류체계 구축 중요성 증대
⑤ 물류인프라 확충, 정보화 및 표준화를 통한 물류선진화의 물류정책 추구로 환경과 안전을 중시하는 경향 증가
⑥ 물류산업의 국제화 진전으로 국제 표준화에 대한 적응 및 국가 간 규제에 대한 대응력 강화 필요
⑦ 당일배송 서비스 확대 등 물류의 스피드 경쟁 가속화
⑧ 에너지 절감, 친환경 물류, 안전·보안을 강화한 물류 필요성 증가
⑨ 종합물류기업 인증제 도입 등 물류산업 육성을 위한 정책적 지원 강화

(2) 4차 산업혁명과 스마트물류 기출 24년/22년/19년/17년

4차 산업혁명 개념	빅데이터, 인공지능, 사물인터넷, 클라우드 컴퓨팅 등 다양한 핵심 기술 융합 기반으로 모든 것이 상호 연결되고 보다 지능화된 사회로 변화한다는 것
4차 산업혁명 특징	• 초연결성(Hyper-connected) 사회 • 개별 공정 산업체계 • 초지능화(Hyper-intelligent)된 시스템 • 자율화(Autonomous)된 장비 • 예측가능성 증가 • 공유경제
4차 산업혁명 시대의 물류	• **물류분야의 발전 단계** : 운송과 하역기술의 기계화·자동화 → 물류시스템의 정보화 → 물류의 스마트화 단계 • **스마트 물류 발전** : 인공지능, 사물인터넷, 물류로봇, 가상현실, 빅데이터 등 다양한 기술 활용으로 운영 효율성, 고객만족을 제고하려는 물류기업 증가 • 라스트 마일 배송, 드론을 이용한 배송 등 수·배송 기술 향상
스마트 물류	• **블록체인** : 공급사슬 전체와 반품 등의 물류과정을 효과적으로 처리할 수 있도록 추적 및 관리하는 기술 • **빅데이터** : 공급사슬시스템이 생성한 데이터의 효과적 수집·저장·처리·분석·시각화하는 기술 • **클라우드 서비스** : 물류 IT 인프라 임대, IaaS, PaaS, SaaS 등으로 구분 • **사물인터넷(IoT)** : 물류 현장 전체를 연결·자동화해 사람의 개입이 없어도 데이터를 수집하고 운영에 대한 결정을 지원하는 사물 공간 연결망 • **스마트팩토리** : 제품의 기획, 설계, 생산, 유통, 판매의 전 과정을 자동화·지능화하여 최소비용·최소시간으로 다품종 대량생산이 가능한 미래형 공장 • **라스트 마일(Last Mile)** 기출 22년 　– 본래 사형수가 집행장까지 걸어가는 마지막 거리를 뜻하나, 통신과 유통·운송업계에서는 소비자·목적지에 도착하기까지 마지막 단계, 마지막 걸음 의미 → 상품을 최종 소비자에게 전달하기 위한 배송의 마지막 단계 　– 온라인 시장 확대, IT기술 발달, 고객 니즈 변화, 신선식품 수요 확대 등으로 부상 　– 기업에서는 마지막 단계이지만 고객 입장에서는 상품을 제공받는 시작 단계가 될 수 있으므로 어떤 질 좋은 서비스를 제공하느냐에 따라 기업 이미지 좌우에 중요한 요소로 작용 • **콜드체인** 기출 17년

개념		대상 화물의 온도를 관리하는 공급사슬
구분	기능	냉장 운송시장 / 냉장 보관시장
	품목	식품·농산물 콜드체인 / 바이오·의약품 콜드체인
관리 목적	식품 콜드체인	식품 안전, 식품 맛 유지, 식자재 폐기물 발생 억제 등
	농산품 콜드체인	식품 특성에 따라 농장에서부터 소비자 식탁에 이르기까지 전 과정의 온도 등 관리

3. 물류보안제도 기출 18년/ 13년

(1) 물류보안제도 개요
① '물류보안'이란 공항·항만과 물류시설에 폭발물, 무기류 등 위해물품을 은닉·반입하는 행위와 물류에 필요한 시설·장비·인력·조직·정보망 및 화물 등에 위해를 가할 목적으로 행하여지는 불법행위를 사전에 방지하기 위한 조치를 말함(물류정책기본법 제2조 제13호)
② 제품의 생산부터 소비자 전달까지 원자재 공급·생산·보관·운송 등 물류 전 구간을 보호하는 완벽한 보안시스템을 구축하는 것
③ 적용범위에 따라 공급사슬의 특정 구간을 적용대상으로 하는 제도와 공급사슬의 전 구간을 적용대상으로 하는 제도로 구분

(2) 물류보안 프로그램
① 컨테이너 안전 협정(CSI : Container Security Initiative) 기출 25년/ 23년/ 21년/ 20년/ 18년/ 13년
   ㉠ 9·11테러 이후 반 테러 프로그램의 일환으로 미국 세관·국경보호국(CBP : Customs and Border Protection)이 도입한 제도
   ㉡ 외국항만에 미국 세관원을 파견하여 미국으로 수출할 컨테이너화물에 대한 위험도를 사전에 평가하는 컨테이너 보안협정
② 대 테러 세관 무역업자 간 파트너십(C-TPAT : Customs Trade Partnership Against Terrorism) 기출 23년/ 22년/ 21년/ 16년/ 13년
   ㉠ 미국 세관·국경보호국(CBP)이 도입한 반 테러 민·관 파트너십 제도
   ㉡ 미국 수입업자, 선사, 항공사, 터미널 운영사, 포워더, 통관중개인 등을 적용대상으로 함
   ㉢ 9·11테러 이후 테러수단의 미국 내 유입 차단을 위한 민관협력제도로, 자국에 드나드는 수입화물에 대한 통관시스템을 개선하여 보안을 강화하고자 함
   ㉣ 물류 보안관리시스템 통제의 일정 부분을 정부가 아닌 민간업체의 자율시스템에 맡김
   ㉤ 미국 세관이 제시하는 보안기준 충족 시 통관절차 간소화 등 혜택 제공
③ 수입자 화물 내역서(ISF : Importer Security Filing) 기출 23년/ 20년/ 13년
   ㉠ 화물 밀수 방지 및 보안 유지를 위해 자국으로 반입되는 컨테이너화물에 대해 선적지에서 출항 24시간 전, 미국 세관에 온라인으로 신고하도록 한 제도
   ㉡ '수입자로부터 10가지 정보 + 운송사(선사)가 신고할 2가지 정보' 총 12가지 정보를 작성해야 하므로 10 + 2 Rule이라고도 함
④ 국제선박 및 항만시설 보안규칙(ISPS Code : International Ship and Port Facility Security Code)
   기출 25년/ 24년/ 23년/ 21년/ 20년
   ㉠ 국제해사기구(IMO)가 채택한 규칙
   ㉡ 해상에서의 테러를 예방하기 위해 각국 정부와 항만관리당국 및 선사들이 갖추어야 할 보안 관련 조건들을 명시하고, 보안사고 예방에 대한 가이드라인 제시
   ㉢ 선박 안전 확보, 항만시설 보안 유지, 선사 및 정부에서 해야 할 사항 등의 내용으로 구분

⑤ 위험물 컨테이너 점검(CIP : Container Inspection Program) 기출▶ 25년
  ㉠ 컨테이너에 적재된 해상운송 위험물에 대한 사고를 예방하기 위해 수입되는 위험물 컨테이너에 대한 국제해상위험 물규칙(IMDG Code)의 준수여부를 점검하고 위반사항에 대하여는 시정조치토록 계도하여 선박 및 항만의 안전 확보 및 해양환경을 보호하기 위한 제도
  ㉡ 1990년대 말 위험물 컨테이너에 의한 해상사고 빈발로 국제해사기구(IMO)에서 각국에 CIP 제도 시행을 강력히 촉구하였으며, 이를 계기로 유럽과 북미 등의 선진국을 시작으로 시행
⑥ 항만보안법(SPA : SAFE Port Act) 기출▶ 24년
  ㉠ 미국에서 해상 공급망 보안을 강화하기 위하여 제정한 물류 보안법으로, CSI, SFI*, C-TPAT 등에 법적인 근거 부여
    *SFI(화물안보구상, Secure Freight Initiative) : 미국 등 주요국의 해상화물에 대한 핵·방사성 물질 테러를 차단하기 위한 화물검색제도
  ㉡ 미국 세관·국경보호국(CBP)이 컨테이너 운송과정에서 일어날 수 있는 테러 방지를 위해 미국 외부 주요 항만에 세관원을 파견하여 위험도가 높은 컨테이너를 사전 검사하는 제도
  ㉢ 컨테이너를 통해 이동하는 위험화물을 사전에 통제하는 데 필요한 거의 모든 조치를 포함

(3) 물류보안 인증제도

① 수출입안전관리우수공인업체(AEO : Authorized Economic Operator) 기출▶ 25년/ 22년/ 20년/ 16년/ 15년
  ㉠ 세관에서 물류기업이 일정 수준 이상 기준 충족 시 세관 통관절차 등을 간소화해주는 제도
  ㉡ 세계관세기구(WCO)가 무역의 안전 및 원활화를 조화시키는 표준협력제도로서 도입한 것으로 AEO의 화물에 대해서는 입항에서 통관까지 세관절차가 하나로 통합
  ㉢ 상호인증협정(Mutual Recognition Arrangement)을 통해 자국뿐만 아니라 상대방 국가에서도 통관상의 혜택을 받을 수 있음
② 물류보안경영시스템(ISO 28000) 기출▶ 24년/ 22년/ 21년/ 18년/ 17년/ 16년
  ㉠ 공급망을 위한 보안관리시스템(SMS : Security Managment System)의 요구사항에 관한 국제표준
  ㉡ 국제표준화기구(ISO)가 2007년 국제적으로 공인규격인 ISO 28000(2007. 9. 15. 제정)시리즈 공표
  ㉢ 기업이 공급망 내 보안 위협 요인을 분석하고 위협 발생 시 이를 관리할 수 있도록 함
  ㉣ 공급사슬 전반에 걸친 보안을 보장하기 위해 제조업자뿐만 아니라 창고보관업자, 운송업자, 서비스업자 등 공급사슬에 참여하는 모든 조직의 보안 사항을 심사하여 인증하는 제도

> **+ 더알아보기** ISO 국제표준화 기구 기출▶ 25년/ 24년/ 17년
>
> • ISO 9000 : 품질경영시스템 시리즈
> • ISO 10000 : 품질기준시리즈
> • ISO 14000 : 국제 환경경영시스템
> • ISO 22000 : 식품안전경영시스템
> • ISO 26000 : 기업의 사회적 책임(CSR : Corporate Social Responsibility) 표준
> • ISO 28000 : 물류(공급사슬)보안경영시스템
> • ISO 50001 : 에너지경영시스템

4. 녹색물류(친환경물류) 기출▶ 25년

(1) 녹색물류 개요 기출▶ 17년/ 14년/ 13년

① 지구온난화 등 환경문제 대두로 물류분야도 대처방안 수립의 중요성 증대 → 조달·생산, 판매, 반품·회수·폐기 등 물류 전 과정에서 발생하는 환경오염 감소를 위한 모든 물류활동
② 물류활동을 통하여 발생되는 제품 및 포장재의 감량과 폐기물의 발생을 최소화하는 방법
③ 녹색물류활동을 통해 비용절감 및 기업의 사회적 이미지 제고
④ 기후변화의 영향으로 자원재생형 녹색물류의 중요성 증대
⑤ 환경보전을 위한 포장으로 감량화(Reduce), 재사용(Reuse), 재활용(Recycle)을 중요시
⑥ 자원의 재사용 및 재활용률 향상을 위해 자원순환형 물류체계를 구축할 수 있도록 생산기업과 소비자 간에 협력체제가 형성되는 유기체적인 사회시스템이 중요
⑦ 물류활동의 모든 과정에서 환경에 대한 부정적 영향을 줄이는 방향으로 물류의사결정이 이루어지기 때문에 이산화탄소의 배출을 고려한 수송수단 선택도 녹색물류의 일종

(2) 지속가능 경영을 위한 기업의 녹색물류 추진방향 기출▶ 20년/ 19년

① 수송포장의 합리화를 위해 화주와 물류기업 간의 협력을 강화하는 등 공동 수·배송 추진
② 트럭수송 위주에서 철도 등 대량화물 수송수단 활용도를 높이는 등 모달 시프트(modal shift) 추진
③ 제품의 설계단계부터 포장표준화, 포장재료 재활용을 고려하는 등 회수물류 활성화
④ 운송을 통한 온실가스 저감대책 수립 및 실행(저공해 운송수단 도입, 탄소배출 저감장치 확대보급 등)
⑤ 과도한 단납기 및 소량납품 물류조건 개선
⑥ 녹색물류 인증제도 : 기업의 환경부하 저감사업 실적을 평가하여 인증하는 제도

> **+ 더알아보기 모달 시프트(modal shift)**
> - 기존에 도로(트럭)를 통해 운송하던 여객 또는 화물을 친환경 운송수단인 철도 또는 연안해운으로 운송수단을 전환하는 것을 말한다.
> - 도로 중심 운송체계는 온실가스 배출량도 많고, 교통혼잡·도로파괴 등의 문제점을 유발하기 때문에 이를 철도나 연안해운 운송으로 전환하게 되면 사회적 비용을 절감할 수 있다.

(3) 온실가스 감축 기출▶ 24년/ 17년

① 6대 온실가스 : 교토의정서에서 이산화탄소(CO_2), 메탄(CH_4), 아산화질소(N_2O), 수소불화탄소(HFCs), 과불화탄소(PFCs), 육불화황(SF_6) 6가지 가스로 정의
② 온실가스 감축 이행계획
   ㉠ 2020 물류분야 온실가스 감축 이행계획
     • 국토교통부에서 2020년까지 물류분야 온실가스 1,192만톤을 감축하기 위해 발표하였으며, 온실가스배출전망치(BAU : Business As Usual)* 대비 30% 감축 목표
     • 2020 물류분야 온실가스 감축목표치가 가장 높은 사업 : 철도·연안해운 전환수송(515만톤), 3PL 및 공동물류 활성화(358만톤) 순, 그 외 녹색물류전환사업, Green Port, 경제운전활성화, ITS 구축, LNG 화물차량 개조 등
   ㉡ 제1차 기후변화대응 기본계획 및 2030 국가온실가스감축 기본로드맵 : 2030년 목표로 30년 BAU 대비 온실가스 배출 37% 감축 목표 수립
   *온실가스배출전망치(BAU) : 추가적인 감축 노력을 하지 않고 현재 추세로 진행할 때 예측되는 미래의 온실가스 배출 전망치를 말함

ⓒ 국가 탄소중립 · 녹색성장 기본계획 기출▶ 24년
- 우리나라는 2050년 탄소중립을 선언, 이와 연계하여 국가온실가스 감축목표 상향
- 2030년까지 2018년 배출량 대비 40% 감축 목표

③ 연비법에 의한 이산화탄소 배출량 산출식 기출▶ 25년/ 24년/ 23년/ 22년/ 18년

$$\text{이산화탄소 배출량(kg)} = \text{주행거리(km)} \div \text{연비(km/L)} \times \text{이산화탄소 배출계수(kg/L)}$$

연습 문제

A기업은 최근 수송부문의 연비개선을 통해 이산화탄소 배출량을 30kg 감소시켰다. 연비법에 의한 이산화탄소 배출량 산출식 및 관련 자료가 다음과 같을 때, 연비 개선 전의 평균연비(km/L)는? (단, 총 주행거리는 동일하다.) 기출▶ 24년

- 이산화탄소 배출량(kg) = 주행거리(km) ÷ 연비(km/L) × 이산화탄소 배출계수(kg/L)
- 총 주행거리 : 180,000km
- 연비개선 후 평균연비 : 6.0km/L
- 이산화탄소 배출계수 : 0.002kg/L

① 1.0   ② 2.0   ③ 3.0   ④ 4.0   ⑤ 5.0

해설
- 30kg 감축 후 이산화탄소 배출량
 = 180,000 ÷ 6 × 0.002 = 60kg
- 30kg 감축 전 이산화탄소 배출량
 = 60kg + 30kg = 90kg
- 30kg 감축 전 이산화탄소 배출량
 = 90 = 180,000 ÷ 감축 전 평균연비 × 0.002
- 감축 전 평균연비 = 180,000 ÷ 90 × 0.002 = 4

정답 ④

(4) 녹색물류 관련제도 기출▶ 24년/ 21년

구분	내용
기후위기 대응을 위한 탄소중립 · 녹색성장기본법	기후위기의 심각한 영향을 예방하기 위하여 온실가스 감축 및 기후위기 적응대책을 강화하고 탄소중립 사회로의 이행 과정에서 발생할 수 있는 경제적 · 환경적 · 사회적 불평등을 해소하며 녹색기술과 녹색산업의 육성 · 촉진 · 활성화를 통하여 경제와 환경의 조화로운 발전을 도모함으로써, 현재 세대와 미래 세대의 삶의 질을 높이고 생태계와 기후체계를 보호하며 국제사회의 지속가능발전에 이바지하는 것을 목적으로 함
온실가스 · 에너지 목표관리제	기후위기 대응을 위한 탄소중립 · 녹색성장기본법에 따른 국가 중기 온실가스 감축 목표(2030년의 국가 온실가스 총배출량을 2018년의 온실가스 총배출량 대비 40퍼센트만큼 감축)를 달성할 수 있도록 일정 수준 이상의 온실가스를 배출하고 에너지를 소비하는 업체 및 사업장을 관리업체로 지정하여 온실가스 감축목표, 에너지 절약목표를 설정하고 관리하기 위한 제도
탄소배출권 거래제도	• 이산화탄소 등 온실가스를 배출할 권리를 사고팔 수 있도록 한 제도 • 국가가 기업별로 탄소배출량을 미리 나눠준 뒤 할당량보다 배출량이 많으면 탄소배출권 거래소에서 배출권을 사야 함 • 반대로 남은 배출권을 거래소에서 팔 수도 있음
생산자책임재활용제도 (EPR)	• 자원 절약과 재활용을 촉진하도록 재활용이 가능한 폐기물의 일정량 이상을 재활용하도록 생산자에게 의무를 부여하는 제도 • 해당 연도 출고 · 수입량에 비례해 재활용 의무가 부여

(5) 국제환경협약 기출 16년/15년

몬트리올의정서	CFC(염화불화탄소) 등 오존층 파괴물질 생산 및 사용 규제
RoHS (Restriction of Hazardous Substances)	• 유해물질 사용 제한지침 • 납, 크롬, 카드뮴, 수은 등 6개 물질 사용규제 조항
WEEE (Waste Electrical and Electronic Equipment)	EU가 제정한 생산자의 전기·전자제품 폐기물에 관한 처리지침
교토의정서	에너지 사용 관련 협약으로 지구온난화 물질에 대한 규제
바젤협약	유해폐기물의 국가 간 이동을 금지
ISO 14001 (Environmental management systems)	환경경영시스템 국제규격으로, 기업의 운영활동·제품·서비스 등 기업의 모든 활동과 관련된 환경 문제를 관리하기 위한 시스템
EuP(Energy-using Product)	에너지 사용 제품에 환경친화적인 디자인(에코디자인) 반영을 의무화하는 지침
REACH(Registration, Evaluation, Authorization and Restriction of Chemicals : 신화학 물질 관리제도)	• EU 내 연간 1톤 이상 제조물질에 대해 제조·수입량과 위해성에 따라 등록·평가·허가 및 제한을 받도록 하는 화학물질 관리규정 • 기존 EU 내 화학물질 관련 법령을 통합한 제도 • 기한 내 사전등록하지 않는 기업은 대 EU 수출이 사실상 불가능 • REACH 등 국제환경규제의 도입으로 공급사슬상의 협력업체 간 상호 의존성 더욱 심화 • 국내 기업이 EU로 수출할 경우 연간 1톤 이상 제조·수입되는 기존 화학물질과 완제품 내의 위해성 정보 등록 필요 • 우리나라에서는 REACH에 대응하기 위해 「화학물질의 등록 및 평가 등에 관한 법률」 등을 제정

출제포인트 OX 문제

01 OX Logistics는 재화가 공급자로부터 조달 및 생산되어 소비자에게 전달된 후 폐기되는 과정을 포함한다.

02 OX 유통활동을 상적유통과 물적유통으로 구분할 때 상품의 거래활동과 금융, 보험 등의 보조활동은 물적유통에 해당한다.

03 OX 상류와 물류를 분리하면 재고가 분산되어 재고관리에 어려움이 발생한다.

04 물류활동 중 (   )물류는 물자의 수·배송·보관 등에 있어 적절한 재료, 용기 등을 이용하여 보호하는 기술이다.

05 OX 순물류는 반품물류, 폐기물류, 회수물류를 포함하는 물류활동이다.

06 OX 소품종, 대량 거래 확산으로 물류관리의 중요성이 증대되고 있다.

07 OX 물류관리 원칙 중 적시성 원칙은 생산·유통·소비분야에 있어 필요한 시기와 장소에 필요한 수량을 공급하는 것이다.

08 OX 7R 원칙은 적절한 상품(Right Commodity), 적절한 품질(Right Quality), 적절한 수량(Right Quantity), 적절한 시기(Right Time), 적절한 장소(Right Place), 좋은 인상(Right Impression), 적정한 가격(Right Price)을 말한다.

09 OX 물류관리전략 설정 시 우선적인 고려 사항은 고객의 니즈(Needs) 파악이다.

10 물류관리의 의사결정 중 수요예측, 주문처리 등은 (   ) 의사결정에 해당한다.

11 OX 물류합리화의 대상으로는 운송, 보관, 하역뿐 아니라 물류조직까지 포함된다.

12 인력의 절감 및 노동의 대체를 목적으로 한 기계화는 물류합리화의 유형 중 (   )형에 속한다.

13 OX 물류서비스 합리화 방안으로 비용과 무관한 물류서비스 수준 최대화를 추구한다.

14 OX 물류시스템과 관련된 비용과 고객서비스는 상충 관계에 있다.

15 OX 물류시스템 설계단계 중 경로설계와 물류네트워크전략은 구조수준에 해당한다.

16 OX 물류정보시스템은 다른 시스템의 간섭 없는 독자적인 처리 프로세스를 갖추어야 한다.

17 OX 3자물류 활용 시 화주기업의 물류비 및 초기자본투자가 증가한다.

18 OX 물류 아웃소싱 시 기업 핵심정보의 유출 가능성이 있다.

19 ⓞⓧ 4자물류의 대표적인 형태는 네트워크형 물류조직이다.

20 4자물류 기업 유형 중 (   ) 유형은 복수의 서비스제공업체를 통합하여 화주에게 물류서비스를 제공한다.

21 ⓞⓧ MRO사업자는 표준화된 상품DB를 구축해야 한다.

22 ⓞⓧ 전자상거래 확산으로 라스트마일 물류비가 증가하고 있다.

23 ⓞⓧ 기업 경쟁력 강화를 위해 물류기능을 직접 수행하는 화주기업이 증가하고 있다.

24 (   )물류는 역물류(Reverse Logistics)의 한 형태로, 고객요구 다양화 및 클레임 증가, 유통채널 간 경쟁 심화, 전자상거래 확대 등에 따라서 중요성이 커지고 있다.

25 ⓞⓧ ISO 28000은 국제표준화기구에 의해 국제적으로 보안상태가 유지되는 기업이라는 것을 인증하는 보안경영 인증제도이다.

26 ⓞⓧ EU의 REACH는 기존 EU 내 화학물질 관련 법령을 통합한 제도이다.

정답 및 해설

01 ○
02 × ▶ 상적유통에 해당한다.
03 × ▶ 재고의 편재 및 과부족을 해소함으로써 재고관리를 효율적으로 할 수 있다.
04 포장
05 × ▶ 역물류에 대한 설명이다.
06 × ▶ 다품종 소량 거래가 확대되고 있다.
07 ○
08 ○
09 ○
10 운영적
11 ○
12 생력
13 × ▶ 동일한 효능 시 저비용 품목을 선택하는 최저원가 선택을 추구한다.
14 ○
15 ○
16 × ▶ 다른 시스템과 유기적으로 통합되어야 한다.
17 × ▶ 물류비 및 초기자본투자를 절약할 수 있다.
18 ○
19 ○
20 솔루션통합자
21 ○
22 ○
23 × ▶ 기업 내에서 전담하던 물류기능의 일부 또는 전부를 물류전문업체에 아웃소싱하는 형태가 확산되고 있다.
24 반품
25 ○
26 ○

빈출키워드 기출유형문제

키워드 ❶ 물류 개요

01

물류 개념에 관한 설명으로 옳지 않은 것은? 기출 23년

① 물류의 전통적 개념은 사물의 흐름과 관련된 시간적, 공간적 효용을 창출하는 경영활동을 말한다.
② 물류활동은 운송, 보관, 하역, 포장, 유통가공 및 이들의 활동들을 지원하는 정보를 포함한다.
③ 물류와 Logistics는 동일한 개념으로 혼용하여 사용되고 있으나 범위면에서는 Logistics가 더 넓다.
④ 2000년대부터 물류의 개념이 시대적인 요구·변화에 따라 점차 그 영역을 확대하여 SCM(공급사슬관리)으로 변천되어 왔다.
⑤ 생산단계에서 소비단계로의 전체적인 물적 흐름으로 조달부문을 제외한 모든 활동이다.

해설 ⑤ 생산단계에서 소비단계로의 전체적인 물적 흐름으로 판매물류뿐만 아니라 조달물류, 생산물류, 회수물류를 포함한 모든 활동이다.

02

상물분리의 효과에 관한 내용으로 옳지 않은 것은? 기출 23년

① 물류와 영업업무를 각각 전담부서가 수행하므로 전문화에 의한 핵심역량 강화가 가능하다.
② 공동화, 통합화, 대량화에 의한 규모의 경제 효과로 물류비 절감이 가능하다.
③ 영업소와 고객 간 직배송이 확대되므로 고객서비스가 향상된다.
④ 운송 차량의 적재효율이 향상되어 수송비용 절감이 가능하다.
⑤ 대규모 물류시설의 기계화 및 자동화에 의해 효율 향상이 가능하다.

해설 ③ 상물분리를 통해 상류와 물류의 흐름을 분리시켜 지점이나 영업소 등에서 처리하고 있던 물류활동을 배송센터나 공장의 직배송 등을 통해 수행하므로, 대량수송이 가능해지고 수·배송 시간을 단축할 수 있으며 최소재고화로 고객서비스를 향상시키고 물류비 절감을 가져올 수 있다.

키워드 ❷ 물류의 기능과 분류

03

물류의 기능에 관한 설명으로 옳지 않은 것은? 기출 24년

① 포장활동은 제품의 취급을 용이하게 하고 상품가치를 제고시키는 역할을 한다.
② 하역활동은 운송과 보관을 위해 제품을 싣거나 내리는 행위를 말한다.
③ 물류정보는 전자적 수단을 활용하여 물류활동을 효율화시킨다.
④ 유통가공활동은 유통과정에 있어서 고객의 요구에 부합하기 위해 행해지는 단순가공, 재포장, 조립, 절단 등의 물류활동이다.
⑤ 보관활동은 물자를 수요가 낮은 국가에서 높은 국가로 이동시켜 물자의 효용가치를 증대시키기 위한 물류활동이다.

해설 ⑤ 운송활동에 대한 설명이다. 보관활동은 물품 저장을 통해 생산시기와 소비시기의 불일치를 해소시켜 시간적 효용을 창출하는 활동이다.

04

다음에서 설명하는 물류활동에 해당하는 것은? 기출 23년

- 녹색물류의 일환으로 출하된 상품 또는 원부자재를 반품, 폐기, 회수하는 물류를 의미한다.
- 강화되는 환경규제로 인해 이에 관한 관심이 높아지고 있다.
- 폐기비용 감소, 부품의 재활용, 고객들의 환경 친화적 제품 요구 등으로 인해 제조기업들의 기술 도입 및 관련 네트워크 구축이 활발해지고 있다.

① Forward Logistics
② Cross Docking
③ Reverse Logistics
④ Gatekeeping
⑤ Life Cycle Assessment

해설 ① Forward Logistics(순물류) : 원산지부터 소비지까지 원자재, 재공품, 완성품 및 관련 정보의 흐름을 효율적, 비용면에서 효과적으로 계획·실행·관리하는 과정이다.
② Cross Docking(크로스 도킹) : 공급사슬상의 각 단계 간에 제품이동시간을 줄이기 위해 창고나 물류센터에서 수령한 상품을 입고와 동시에 출고하여 바로 배송하는 시스템이다.
④ Gatekeeping(게이트키핑) : 다양한 뉴스 소재거리들 중에서 미디어 조직이 어떤 것을 선택하여 대중들에게 노출하고 어떤 것을 노출하지 않을지를 결정하는 과정이다.
⑤ Life Cycle Assessment(전 과정평가) : 제품이나 서비스의 전 과정에 걸친 투입물과 배출물에 의해 발생되는 잠재적인 환경 영향을 정량적으로 산출하고 평가하는 방법론을 의미한다.

05

공공적, 사회경제적, 개별기업 관점에서 물류의 역할 또는 기능으로 옳지 않은 것은? 기출 21년

① 물류 생산성 향상 및 비용절감을 통해서 물가상승을 억제한다.
② 물류 합리화를 통해 유통구조 선진화 및 사회간접자본 투자에 기여한다.
③ 고객요구에 따라서 생산된 제품을 고객에게 전달하고 수요를 창출한다.
④ 생산자와 소비자 사이의 인격적 유대를 강화하고 고객서비스를 높인다.
⑤ 공급사슬관리를 통해 개별 기업의 독자적 경영 최적화를 달성한다.

해설 ⑤ 공급사슬관리는 원료공급자로부터 최종소비자까지 이르는 전체 과정에 걸친 기업들의 공동전략을 의미한다.

키워드 ❸ 물류관리

06
물류관리에 관한 설명으로 옳지 않은 것은? 기출 23년

① 최근 전자상거래 활성화에 따라 물동량은 증가하는 반면 물류관리의 역할은 줄어들고 있다.
② 물류관리의 목표는 비용절감을 통한 제품의 판매촉진과 수익증대라고 할 수 있다.
③ 기업의 물류관리는 구매, 생산, 마케팅 등의 활동과 상호 밀접한 관련이 있다.
④ 물류비용 절감을 통한 이익창출은 제3의 이익원으로 인식되고 있다.
⑤ 원자재 및 부품의 조달, 구매상품의 보관, 완제품 유통도 물류관리의 대상이다.

해설 ① 최근 전자상거래 활성화에 따라 물동량이 증가하면서 물류관리의 역할과 중요성이 증대되고 있다.

07
물류에 관한 설명으로 옳지 않은 것은? 기출 20년

① 생산에서 소비에 이르는 물적인 흐름이다.
② 7R 원칙이란 적절한 상품(Commodity), 품질(Quality), 수량(Quantity), 경향(Trend), 장소(Place), 인상(Impression), 가격(Price)이 고려된 원칙이다.
③ 3S 1L 원칙이란 신속성(Speedy), 안전성(Safely), 확실성(Surely), 경제성(Low)이 고려된 원칙이다.
④ 기업이 상품을 생산하여 고객에게 배달하기까지, 전 과정에서 장소와 시간의 효용을 창출하는 제반 활동이다.
⑤ 원료, 반제품, 완제품을 출발지에서 소비지까지 효율적으로 이동시키는 것을 계획·실현·통제하기 위한 두 가지 이상의 활동이다.

해설 ② 7R 원칙이란 적절한 상품(Commodity), 품질(Quality), 수량(Quantity), 시기(Time), 장소(Place), 인상(Impression), 가격(Price)이 고려된 원칙이다.

키워드 ❹ 물류관리전략 수립과 전략적 의사결정

08
물류관리전략 수립에 관한 설명으로 옳지 않은 것은? 기출 22년

① 고객서비스 달성 목표를 높이기 위해서는 물류비용이 증가할 수 있다.
② 물류관리전략의 목표는 비용절감, 서비스 개선 등이 있다.
③ 물류관리의 중요성이 높아짐에 따라 물류전략은 기업전략과 독립적으로 수립되어야 한다.
④ 물류관리계획은 전략계획, 전술계획, 운영계획으로 나누어 단계적으로 수립한다.
⑤ 제품수명주기에 따라 물류관리전략을 차별화할 수 있다.

해설 ③ 물류관리의 효율화를 추구하기 위해 물류전략은 기업전략과 통합적으로 수립되어야 한다.

09
물류관리의 의사결정에 관한 설명으로 옳은 것은? 기출 19년

① 물류의사결정은 전략·전술·운영의 3단계 계층으로 구성된다.
② 수요예측, 주문처리 등은 전략적 의사결정에 해당한다.
③ 운영절차, 일정계획 등은 전술적 의사결정에 해당한다.
④ 마케팅 전략, 고객서비스 요구사항 등은 운영적 의사결정에 해당한다.
⑤ 전략, 전술, 운영의 세 가지 의사결정은 상호 간에 독립적으로 이루어져야 한다.

해설 ② 수요예측, 주문처리 등은 운영적 의사결정에 해당한다.
③ 운영절차, 일정계획 등은 운영적 의사결정에 해당한다.
④ 마케팅 전략, 고객서비스 요구사항 등은 전술적 의사결정에 해당한다.
⑤ 전략, 전술, 운영의 세 가지 의사결정은 상호 간에 보완적으로 이루어져야 한다.

키워드 ❺ 물류 아웃소싱

10

외주물류(아웃소싱)와 3자물류에 관한 설명 중 옳지 않은 것을 모두 고른 것은? 기출 23년

> ㄱ. 외주물류는 주로 운영 측면에서 원가절감을 목표로 하는 반면, 3자물류는 원가절감과 경쟁우위 확보 등을 목표로 한다.
> ㄴ. 외주물류는 중장기적 협력 관계를 기반으로 이루어지는 반면, 3자물류는 단기적 관계를 기반으로 운영된다.
> ㄷ. 외주물류는 주로 최고경영층의 의사결정에 따라 경쟁계약의 형태로 진행되는 반면, 3자물류는 중간관리층의 의사결정에 따라 수의계약 형태로 주로 진행된다.
> ㄹ. 서비스 범위 측면에서 외주물류는 기능별 서비스(수송, 보관) 수행을 지향하는 반면, 3자물류는 종합물류를 지향한다.

① ㄱ, ㄴ
② ㄴ, ㄷ
③ ㄷ, ㄹ
④ ㄱ, ㄴ, ㄹ
⑤ ㄱ, ㄷ, ㄹ

해설 ㄴ. 3자물류는 중장기적 협력 관계를 기반으로 이루어지는 반면, 외주물류는 단기적 관계를 기반으로 운영된다.
ㄷ. 3자물류는 주로 최고경영층의 의사결정에 따라 경쟁계약의 형태로 진행되는 반면, 외주물류는 중간관리층의 의사결정에 따라 수의계약 형태로 주로 진행된다.

11

물류 아웃소싱의 장·단점을 설명한 것으로 옳지 않은 것은? 기출 19년

① 제조업체는 물류거점에 대한 자본투입을 최소화하고 전문 물류업체의 인프라를 전략적으로 활용할 수 있다.
② 제조업체는 고객 불만에 대한 신속한 대처가 어렵다.
③ 제조업체는 물류전문지식의 사내 축적이 비교적 용이하다.
④ 제조업체는 기존 사내 물류인력의 실업과 정보의 유출이 발생할 수 있다.
⑤ 물류업체는 규모의 경제를 통한 효율의 증대를 꾀할 수 있다.

해설 ③ 기업의 정보가 유출될 가능성이 있고, 사내에 물류전문지식을 축적하기가 어렵다.

12

4PL(Fourth Party Logistics)에 관한 설명으로 옳지 않은 것은? 기출 24년

① 3PL(Third Party Logistics), 물류컨설팅업체, IT업체 등이 결합한 형태이다.
② 이익분배를 통하여 공급사슬 구성원 공통의 목표를 관리한다.
③ 공급사슬 전체의 관리와 운영을 대상으로 한다.
④ 수입증대, 운영비용 감소, 운전자본 확대, 고정자본 확대를 목적으로 한다.
⑤ 기존 물류업체의 한계를 극복하고 지속적인 개선효과 창출을 목적으로 한다.

해설 ④ 제품 품질 향상과 고객서비스 향상 등을 통한 수입증대, 운영효율 향상과 구매비용 절감 등을 통한 운영비용 감소, 재고감소 및 사이클타임 단축을 통한 운전자본 감소, 자산의 공동이용을 통한 고정자본의 감소를 목적으로 한다.

키워드 6 | 물류합리화

13
다음에 해당하는 물류합리화의 유형으로 옳게 짝지어진 것은? 기출 18년

> ㄱ. 물류 전반에 걸쳐 지식기능을 갖춘 자동화
> ㄴ. 인력의 절감 및 노동의 대체를 목적으로 한 기계화

① ㄱ : 생력(省力)형, ㄴ : 생지능(省知能)형
② ㄱ : 비용(費用)절감, ㄴ : 생지능(省知能)형
③ ㄱ : 생지능(省知能)형, ㄴ : 생력(省力)형
④ ㄱ : 생지능(省知能)형, ㄴ : 비용(費用)절감형
⑤ ㄱ : 비용(費用)절감형, ㄴ : 생력(省力)형

> **해설** ㄱ. 생지능(省知能)형 : 물류합리화가 단순히 인력에서 기계로 대체되는 단계에서 인간의 지적 판단에 따라 결정되는 단계로 이행하는 것을 말하며, 인공지능형이라고 할 수 있다.
> ㄴ. 생력(省力)형 : 인력을 기계로 대체하여 인력을 절감하는 것을 목적으로 한다.

14
물류합리화에 관한 설명으로 옳지 않은 것은? 기출 15년

① 물류합리화를 위해서는 시스템적 접근에 의한 물류활동 전체의 합리화를 추진하여야 한다.
② 물류 수발주 처리의 전산화 등 물류정보의 전달체계 개선은 물류합리화 대상이 되지 않는다.
③ 경제규모의 증대, 물류비의 증대 및 노동력 수급상의 문제점 등은 물류합리화의 필요성을 증대시킨다.
④ 차량이나 창고공간의 활용을 극대화해서 유휴부문을 최소화하는 것도 물류합리화 대책이 될 수 있다.
⑤ 물류합리화는 운송, 보관, 포장, 하역뿐만 아니라 물류조직도 그 대상이 된다.

> **해설** ② 물류합리화는 물류활동 전체의 합리화를 의미하므로 물류정보의 전달체계 개선도 그 대상에 포함된다.

키워드 7 | 물류시스템 구축과 설계

15
James & William이 제시한 물류시스템 설계단계는 전략수준, 구조수준, 기능수준, 이행수준으로 구분한다. 기능수준에 해당하는 것을 모두 고른 것은? 기출 22년

> ㄱ. 경로설계   ㄴ. 고객서비스
> ㄷ. 물류네트워크 전략   ㄹ. 창고설계 및 운영
> ㅁ. 자재관리   ㅂ. 수송관리

① ㄱ, ㄴ
② ㄴ, ㄹ
③ ㄷ, ㄹ, ㅁ
④ ㄷ, ㅁ, ㅂ
⑤ ㄹ, ㅁ, ㅂ

> **해설** ㄱ. 경로설계 : 구조수준, ㄴ. 고객서비스 : 전략수준, ㄷ. 물류네트워크 전략 : 구조수준

16
물류시스템의 구축 목적에 관한 설명으로 옳지 않은 것은? 기출 17년

① 고객 주문 시 신속하게 물류서비스를 제공한다.
② 화물 분실, 오배송 등을 감소시켜 신뢰성 높은 운송기능을 수행할 수 있게 한다.
③ 화물 변질, 도난, 파손 등을 감소시켜 신뢰성 높은 보관기능을 수행할 수 있게 한다.
④ 물류서비스의 향상과 관계없이 물류비를 최소화하는 것이다.
⑤ 하역의 합리화로 운송과 보관 등의 기능이 향상되도록 한다.

> **해설** ④ 물류시스템 구축 목적은 물류서비스의 향상과 더불어 물류비를 최소화하는 데 있다.

키워드 ⑧ 물류산업의 동향과 물류보안제도

17

물류환경의 변화에 관한 설명으로 옳지 않은 것은? 기출 24년

① 전자상거래와 홈쇼핑의 성장으로 택배시장이 확대되고 있다.
② 글로벌 물류시장 선도를 위해 국가 차원의 종합물류기업 육성정책이 시행되고 있다.
③ 소비자 중심 물류로의 전환으로 인하여 소품종 대량생산의 중요성이 증가하고 있다.
④ 고객 수요 충족을 위해 수요예측 등 종합적 물류계획의 수립과 관리의 중요성이 높아지고 있다.
⑤ 물류서비스의 수준향상과 원가절감을 위해 아웃소싱과 3PL이 활용되고 있다.

해설 ③ 고객요구의 다양화·전문화·고도화로 다품종 소량생산 체제가 가속화되고 있다.

18

스마트물류에 관한 설명으로 옳지 않은 것은? 기출 24년

① 스마트물류의 특징은 초연결성, 초지능화, 공유경제로 설명할 수 있다.
② 블록체인은 공급사슬 전체와 반품 등의 물류과정을 효과적으로 처리할 수 있도록 추적 및 관리할 수 있는 기술이다.
③ 사물인터넷(IoT)은 논리적인 문제해결뿐만 아니라 자연어처리, 시각적 및 인지적 인식 등의 물류정보처리를 위한 의사결정 기술이다.
④ 빅데이터는 공급사슬시스템이 생성하는 데이터를 효과적으로 수집, 저장, 처리, 분석, 시각화하는 기술이다.
⑤ 클라우드 서비스는 물류 IT 인프라를 임대하는 IaaS, PaaS, SaaS 등으로 구분할 수 있다.

해설 ③ 사물인터넷(IoT)은 물류 현장의 전체 데이터를 연결하고 물류 전체 흐름을 실시간으로 관리하는 물류 자동화 기술로, 물류 현장의 다양한 요소를 연결하고 자동화해 사람의 개입이 없어도 데이터를 수집하고 운영에 대한 결정을 지원하는 사물 공간 연결망이다.

19

다음 설명에 해당하는 물류관련 보안제도를 바르게 연결한 것은? 기출 22년

ㄱ. 국제표준화기구에 의해 국제적으로 보안상태가 유지되는 기업임을 인증하는 보안경영 인증제도
ㄴ. 세계관세기구의 기준에 따라 물류기업이 일정 수준 이상의 기준을 충족하면 세관 통관절차 등을 간소화시켜주는 제도
ㄷ. 미국 세관이 제시하는 보안기준 충족 시 통관절차 간소화 등의 혜택이 주어지는 민관협력 프로그램

① ㄱ : ISO 6780, ㄴ : AEO, ㄷ : C-TPAT
② ㄱ : ISO 6780, ㄴ : C-TPAT, ㄷ : AEO
③ ㄱ : ISO 6780, ㄴ : AEO, ㄷ : ISO 28000
④ ㄱ : ISO 28000, ㄴ : AEO, ㄷ : C-TPAT
⑤ ㄱ : ISO 28000, ㄴ : C-TPAT, ㄷ : AEO

해설 ㄱ. ISO 28000(물류보안경영시스템) : 공급망을 위한 보안관리시스템(SMS : Security Management System)의 요구사항에 관한 국제표준으로, 기업이 공급망 내 보안 위협 요인을 분석하고 위협 발생 시 이를 관리할 수 있도록 한다.
ㄴ. AEO(수출입안전관리우수공인업체) : 세관에서 물류기업이 일정 수준 이상의 기준을 충족하면 통관절차 등을 간소화시켜주는 제도이다.
ㄷ. C-TPAT(대 테러 세관 무역업자 간 파트너십) : 세관·국경보호국(CBP : Customs and Border Protection)이 도입한 반 테러 민·관 파트너십제도이다.
※ ISO 6780 : 국제표준파렛트 규격

키워드 ⑨ 녹색물류

20
기후변화와 환경오염에 대응하는 녹색물류체계와 관련 있는 제도에 해당하지 않는 것은? 기출 21년

① 저탄소녹색성장기본법
② 온실가스・에너지목표관리제
③ 탄소배출권거래제도
④ 생산자책임재활용제도
⑤ 제조물책임법(PL)

해설 ⑤ 제조물책임법(PL) : PL(Product Liability)법이라고도 하며, 기업이 제작・유통한 제조물에 대해 안전을 보장하고 결함에 의한 사고에 대하여 책임지도록 법률로 규정한 것이다.

21
EU의 REACH(Registration, Evaluation, Authorization and Restriction of Chemicals)에 관한 설명으로 옳지 않은 것은? 기출 16년

① 기존 EU 내 화학물질 관련 법령을 통합한 제도이다.
② 기한 내 사전등록을 하지 않는 기업은 대 EU 수출이 사실상 불가능하다.
③ REACH 등 국제환경규제의 도입으로 공급사슬상의 협력업체 간 상호 의존성이 더욱 심화되고 있다.
④ 국내에서는 REACH에 대응하기 위한 법률이 제정되어 있지 않다.
⑤ 국내 기업이 EU로 수출할 경우에 연간 1톤 이상 제조・수입되는 기존 화학물질과 완제품 내의 위해성 정보를 등록해야 한다.

해설 ④ 우리나라에는 REACH에 대응하기 위한 「화학물질의 등록 및 평가 등에 관한 법률」 등이 제정되어 있다.

22
친환경 물류에 관한 설명으로 옳지 않은 것은? 기출 24년

① ISO 9000 시리즈는 환경경영을 기본방침으로 한다.
② 생산자책임재활용(EPR)은 효율적인 자원이용과 폐기물 발생을 줄이고 재활용을 촉진하는 환경 보전에 기여하는 방안이다.
③ 1997년 교토의정서에서 6대 온실가스를 이산화탄소(CO_2), 메테인(메탄 : CH_4), 아산화질소(N_2O), 수소불화탄소(HFCs), 과불화탄소(PFCs), 육불화황(SF_6)으로 정의하였다.
④ 우리나라는 2050년 탄소중립을 선언하였고 2030년까지 국가온실가스 감축목표를 2018년 대비 40%로 감축하도록 노력하고 있다.
⑤ 국내 육상운송부문에서 이산화탄소의 절감 대책으로 친환경 운송수단으로 전환되고 있다.

해설 ① ISO 국제표준 중 국제 환경경영시스템은 ISO 14000 시리즈이다.

CHAPTER 02 시험에 꼭 나오는 필수문제

01 다음 설명에 해당하는 물류조직은? 기출 21년

- 다국적 기업에서 많이 찾아 볼 수 있는 물류조직의 형태이다.
- 모회사 물류본부의 스태프부문이 여러 자회사의 해당부문을 횡적으로 관리하고 지원하는 조직형태이다.

① 라인과 스태프형 물류조직
② 직능형 물류조직
③ 사업부형 물류조직
④ 기능특성형 물류조직
⑤ 그리드형 물류조직

해설 ① 라인과 스태프형 : 직능형 조직의 단점을 보완하기 위하여 라인과 스태프의 기능을 세분화한 조직형태이다.
② 직능형 : 라인부문과 스태프부문이 분리되지 않은(미분화된) 조직형태이다.
③ 사업부형 : 기업 규모가 커지면서 사업단위별 성과를 극대화하기 위해 생긴 조직형태이다.
④ 기능특성형 : 물류활동을 하나의 기능으로 취급하는 형태의 조직이다.

기출문제 엿보기
- ☑ 사업부형 물류조직에 관한 설명으로 옳지 않은 것은? 20년
- ☑ 물류조직의 형태에 관한 설명으로 옳지 않은 것은? 19년
- ☑ 다음 설명에 해당하는 물류조직의 유형은? 18년
- ☑ 매트릭스형 조직의 특징에 관한 설명으로 옳지 않은 것은? 13년

02 제품수명주기에 따른 단계별 물류관리전략에 해당되지 않는 것은? 기출 23년

① 성숙기 전략　② 쇠퇴기 전략
③ 수요기 전략　④ 성장기 전략
⑤ 도입기 전략

해설 도입기, 성장기, 성숙기, 쇠퇴기 전략으로 구분된다.

기출문제 엿보기
- ☑ 제품수명주기 중 도입기의 물류전략에 관한 설명으로 옳은 것은? 20년
- ☑ 제품수명주기 단계 중 성장기 전략의 특성이 아닌 것은? 18년
- ☑ 다음은 제품수명주기의 어느 단계에 관한 설명인가? 16년
- ☑ 제품수명주기와 고객서비스 전략에 관한 설명으로 옳지 않은 것은? 14년

03 다음 설명에 해당하는 소매업태는? 기출 22년

- 할인형 대규모 전문점을 의미한다.
- 토이저러스(Toys 'R' Us), 오피스디포(Office Depot) 등이 대표적이다.
- 기존 전문점과 상품구색은 유사하나 대량구매, 대량판매 및 낮은 운영비용을 통해 저렴한 가격의 상품을 제공한다.

① 팩토리 아웃렛(Factory Outlet)
② 백화점(Department Store)
③ 대중양판점(General Merchandising Store)
④ 하이퍼마켓(Hypermarket)
⑤ 카테고리 킬러(Category Killer)

해설 ① 팩토리 아웃렛(Factory Outlet) : 제조업체가 유통라인을 거치지 않고 직영체제로 운영하는 상설할인매장을 말한다.
② 백화점(Department Store) : 상품 계열별로 부문 조직화된 대규모 소매상이다.
③ 대중양판점(General Merchandising Store) : 백화점과 슈퍼마켓의 장점을 살려 쾌적한 분위기로 싸게 파는 소매점을 말한다.
④ 하이퍼마켓(Hypermarket) : 초대형가격할인 슈퍼마켓으로, 주로 교외에 위치한다.

기출문제 엿보기

☑ 다음 설명에 해당하는 가맹점 사업의 종류는? 20년
☑ 다음 설명에 해당하는 유통업종은? 19년
☑ 최근에 급속히 성장하고 있는 무점포 소매상(non-store retailer)에 관한 설명으로 옳지 않은 것은? 18년
☑ 가격파괴형 소매형태 중 직매입한 상품을 정상 판매한 이후 남은 비인기상품과 이월상품 등을 정상가보다 저렴하게 판매하는 곳은? 17년

04 물류서비스 품질을 결정하는 요인을 고객서비스 시행 전, 시행 중, 시행 후로 나눌 때, 시행 중의 요인에 해당하는 것을 모두 고른 것은? 기출 23년

ㄱ. 재고수준   ㄴ. 주문의 편리성
ㄷ. 시스템의 유연성   ㄹ. 시스템의 정확성
ㅁ. 고객서비스 명문화   ㅂ. 고객클레임 · 불만

① ㄱ, ㄴ
② ㄱ, ㄴ, ㄹ
③ ㄱ, ㄷ, ㅁ
④ ㄴ, ㄹ, ㅂ
⑤ ㄷ, ㅁ, ㅂ

해설 시스템의 유연성, 고객서비스 명문화는 시행 전 요인이며 고객클레임 · 불만은 시행 후 요인이다.

기출문제 엿보기

☑ LaLonde & Zinszer가 제시한 물류서비스 요소 중 거래 시 요소(Transaction Element)에 해당하는 것을 모두 고른 것은? 22년
☑ 기업의 고객서비스 측정요소 중 거래 시(transaction) 서비스 요소에 해당하지 않는 것은? 20년
☑ 물류서비스 품질을 결정하는 요인을 서비스 시행 전 · 중 · 후로 나눌 때, 서비스 시행 중의 요인에 해당하는 것을 모두 고른 것은? 19년
☑ 기업의 고객서비스 측정요소 중 거래 전(pre-transaction) 요소에 해당하는 것을 모두 고른 것은? 18년

CHAPTER 02 물류 경영과 마케팅

핵심 포인트
- ☑ 물류조직의 이해 및 발전형태
- ☑ 물류 관련 마케팅(제품수명주기, 단계적 물류관리전략)
- ☑ 제품 조달(조달전략, 구매조직, 구매방법, 업체 선정)
- ☑ 수요예측기법
- ☑ 유통경로의 종류, 형태
- ☑ 고객물류서비스

CORE 01 경영과 물류조직

1. 물류조직의 이해 및 발전형태

(1) 물류조직 개요

① 개념 : 기업 내 물류활동을 전문적으로 관리하고 그 물류활동에 관한 책임과 권한을 가지는 체계화된 조직

② 물류조직의 관점별 분류 〔기출〕 22년

구조 관점	비공식적 조직, 준공식적 조직, 공식적 조직
영역 관점	개별형 조직, 조달형 조직, 마케팅형 조직, 종합형 조직, 로지스틱스형 조직
형태 관점	사내조직, 독립자회사
관리 관점	분산형 조직, 집중형 조직, 집중분산형 조직
기능 관점	라인업무형 조직, 스태프업무형 조직, 라인스태프겸업무형 조직, 매트리스형 조직

(2) 물류조직의 변천 과정 〔기출〕 24년/ 22년

분산형 → 집중형 → 독립부문형 → 독립채산형 → 자회사형

① 분산형 : 물류활동이 각 공장 및 영업분야, 운송분야, 총무분야 등에 분산되어 있는 형태
② 집중형 : 기업의 생산분야와 판매분야가 지역적으로 떨어져 있을 경우에 이를 구분하여 집중적으로 관리하는 형태
③ 독립부문형 : 전사적으로 통합되어 있는 형태
④ 독립채산형 : 물류비용의 비중이 커짐으로 인해 발전하게 된 물류조직
⑤ 자회사형 : 전문화로 인해 이윤을 추구하는 기업으로 발전하게 된 물류조직

(3) 물류조직의 발전형태   기출▶ 25년/ 21년/ 20년/ 19년/ 18년/ 16년/ 15년/ 13년/ 10년/ 09년/ 08년/ 07년

> 직능형 조직 → 라인&스태프형 조직 → 사업부형 조직 → 그리드형 조직

① 직능형(기능형) 조직

개념	라인부문과 스태프부문이 분리되지 않은(미분화된) 조직형태
단점	물류활동이 다른 부문 활동 속에 포함되어 물류계획, 물류전문화, 물류전문가 양성이 어려움

② 라인&스태프형 조직

개념	• 직능형 조직의 단점 보완을 위해 라인과 스태프의 기능을 세분화한 조직형태 • 라인과 스태프를 분리함으로써 실시기능과 지원기능을 명확히 구별함
특징	• 라인은 스태프로부터 조언을 받고, 스태프는 라인을 지원 • 스태프는 물류전략 수립, 물류예산관리 및 채산성 분석 등 수행 • 라인 활동은 제품 또는 서비스의 생산과 판매 활동에 상당한 영향을 미침 • 기업규모 확대에 따라 사업부형이나 그리드형 조직 형태로 발전 가능
단점	• 규모가 큰 물류기업에 부적합한 형태 • 물류현장에 대한 이해 없는 스태프가 계획 수립 시, 탁상계획이 되기 쉬움 • 책임 권한이 없고, 물류조직 관련 사항이 영업부문에 속해 물류부문 직접관리 곤란 • 현장을 지나치게 의식하면 혁신적 · 창조적 아이디어나 계획이 어려움

③ 사업부형 조직

개념	• 가장 일반적인 물류조직 형태 • 제품별 사업부, 지역별 사업부, 제품별 · 지역별 사업부 절충 형태 등
특징	• 기업 규모가 커지면서 각 사업단위의 성과를 극대화하기 위해 생긴 조직 • 물류조직이 하나의 독립된 회사와 같이 운영됨(독립채산제) • 라인&스태프형 조직과 같은 집권조직에 비해 분권적인 조직임 • 각 사업부 내에 라인과 스태프 부문이 동시에 존재
장점	• 사업부제가 원활히 유지될 경우 신속한 의사결정과 사업별 경쟁체제를 통해 기업목적을 효과적으로 달성할 수 있음 • 사업부별로 모든 물류활동을 책임지고 직접 관할하므로 물류관리의 효율화 및 물류전문인력 육성 가능
단점	• 수직적 조직이므로 수평적인 제휴와 교류가 쉽지 않음 • 사업부 간 인력 및 정보교류가 경직되어 효율적 이용이 어려움 • 전사적 관점에서 통합성이 결여될 수 있음 • 전사적인 설비투자나 연구개발 등의 합리성 결여로 경영효율을 저해할 수 있음

④ 그리드형 조직   기출▶ 21년

개념	• 다국적 기업에서 많이 볼 수 있는 조직형태 • 모회사의 권한을 자회사에게 이양하는 형태로, 모회사의 스태프 부문이 자회사의 해당 물류부문을 관리 및 지원
특징	자사의 경영자와 모회사 물류본부의 지시를 받는 이중구조

(4) 기능특성별 분류

① 기능형 조직

개념	물류활동을 하나의 기능으로 취급하는 형태의 조직
특징	• 타 기능과 원활한 연계가 곤란하여 물류의 최적화 달성이 어려움 • 물류는 교차적인 성격이 존재하기 때문에 단일 기능의 조직형태는 비효율적임

② 매트릭스형 조직

개념	물류담당자들이 평상시에는 자기부서에서 근무하다가 필요시 해당부서의 인원들과 함께 문제를 해결하기 위해 구성된 조직
특징	• 항공우주산업, 물류정보시스템 개발과 같이 복잡성이 높은 첨단기술 분야에서 효과적인 물류조직 형태 • 기능형과 프로그램형의 중간 형태
장점	• 동시에 여러 개의 프로젝트 수행이 가능하여 여러 프로젝트가 동시에 운영되는 동시에 여러 기능을 담당하는 부서들로 유지 가능 • 프로젝트 완료 시까지 프로젝트별 자율 운영 가능
단점	이중직제구조로 명령계통 간 혼선이 유발될 수 있음(예 기능부서와 프로젝트 팀에서 상반되는 지시가 올 경우 역할 갈등 발생)

③ 네트워크형 조직

개념	• 기업의 내부영역과 외부영역이 네트워크로 연결 • 외부자원의 효과적 활용을 통해 환경변화에 신속하게 대응하려는 대규모 아웃소싱에 의한 조직
특징	• 상황 혹은 목적에 따라 조직의 구성 및 해체가 유연함 • 전통적 조직의 경직성을 배제한 수평적 관계에서 자유로운 의사소통, 신속한 업무처리 가능

④ 프로젝트형 조직

개념	불확실한 기업환경에서 급작스럽게 발생하는 문제 해결을 위해 한시적으로 구성하는 임시 조직
특징	• 특정 프로젝트 수행을 위해 여러 부서에서 파견된 전문가들 간의 집단문제 해결방식으로 목표지향적 특징을 지님 • 임시적 · 탄력적 조직, 기동성 · 환경적응성이 높은 조직형태

⑤ 프로그램형 조직

개념	물류를 하나의 프로그램으로 보고 기업 전체가 물류관리에 참여하는 조직형태
특징	• 비용 최소화를 통해 이익의 최대화를 추구 • 수요창출이나 생산과정은 물류시스템에 기여하는 하나의 기능에 불과함

2. 물류자회사

(1) 개념과 특징 기출 ▶ 16년

① 개념 : 모회사의 물류관리 업무의 전부 또는 일부를 수행하기 위해 설립된 회사

② 물류자회사의 특징
  ㉠ 물류관리 책임 및 물류비 관리대상이 명확
  ㉡ 제3자 물류회사와 같은 물류전문기업으로 발전 가능
  ㉢ 모회사의 물류관리 업무 외에도 외부로 물류업무를 확대하여 수익성 추구
  ㉣ 물류자회사를 위한 전략사업부(SBU : Strategy Business Unit), 벤처사업부(VBU : Venture Business Unit) 제도 등 도입

(2) 모회사에서 본 물류자회사 활용 장·단점 기출▶ 14년

장점	• 모회사에서 추구하는 핵심사업에 역량을 집중할 수 있는 여건 확립 • 고임금 물류관련 종업원을 자회사로 전환, 임금수준 조절 가능한 완충지대 역할 • 모회사의 물류전략을 잘 이해하고 실천할 수 있는 물류자회사 설립으로 전체적인 비용 절감 및 효과적인 서비스 제공 가능 • 외부 물류기업에 의뢰하기보다는 물류자회사를 설립하여 운영한다면 현금유출 축소 및 물류·판매관련 정보수집이 신속·용이
단점	• 자회사와 모회사의 의사소통이 어렵거나 지연가능성 • 물류전략 편성 시 모회사와 자회사 간 충돌가능성 • 모회사의 자회사에 대한 고이익·고배당 억제, 낙하산식 인사, 하청기업화로 자회사의 생산성 향상 저해

CORE 02 물류와 마케팅

1. 마케팅 개요 기출▶ 24년/ 18년/ 13년/ 07년

(1) 마케팅 개념
① 생산자가 상품 또는 서비스를 소비자에게 유통시키는 데 관련된 모든 체계적 경영활동
② 마케팅 믹스를 이용해 소비자 욕구를 파악하고 이를 충족시켜 소비자를 만족시키는 것

(2) 마케팅 믹스와 4P

마케팅 믹스		• 제품을 시장에 내놓으면서 마케팅 목표를 최대한 효과적으로 달성하기 위해 분야별 방법들을 균형있게 디자인하는 것 • 보통 4P를 기본으로 기획
4P	제품 (Product)	제품의 구색, 이미지, 상표, 포장 등에 관한 의사결정 예 어떤 상품을 거래할 것인지, 포장과 상표는 어떻게 할 것인지에 대한 결정
	가격 (Price)	상품가격의 수준 및 범위, 가격결정기법, 판매조건 등에 관한 의사결정 예 물류센터 설비투자비용이나 운송비 등
	촉진 (Promotion)	광고, 인적판매, PR, 판매촉진 등을 고객에게 전달하는 의사결정 예 어디에 광고를 게재하고 어떤 브랜드로 차량홍보를 할 것인지에 대한 결정
	유통 (Place)	유통경로의 설계, 물류 및 재고관리, 도·소매상 관리를 위한 계획의 수립 등에 관한 의사결정 예 백화점, 할인점, 전철역 매점 등 어디에서 팔 것인지에 대한 결정

(3) 물류와 마케팅의 관계 기출▶ 25년/ 23년
① 물류는 포괄적인 마케팅 개념에 속하며 마케팅 4P 중 Place, 즉 유통채널과 관련 깊음
② 물류는 포괄적인 마케팅에 포함되면서 물류 자체의 마케팅활동을 실천해야 함
③ 마케팅전략은 물류를 포함한 상호 의존성 있는 마케팅 믹스를 유기적으로 결합, 경영전략의 일환으로 추진
④ 물류역량이 강한 기업일수록 본래 마케팅 기능이었던 수요 창출 및 조절에 유리
⑤ 기술혁신으로 품질과 가격 면에서 평준화가 이루어진 상태에서는 고객서비스가 마케팅 및 물류에서 중요한 비중 차지
⑥ 최근의 물류는 마케팅뿐만 아니라 산업공학적 측면, 무역학적 측면 등 광범위하게 확대

(4) 성공적인 물류관리 실현을 위한 경영활동 『기출』 17년

① 물류환경이 공급자 중심에서 소비자 중심으로 전환 → 경쟁력 강화를 위한 화주기업과 물류기업의 전략적 제휴 증가
② 경영활동에서 생산활동, 판매활동, 구매활동, 마케팅활동 등이 전체 물류경로로 통합·연결되어 수행
③ 물류관리 중요성이 강조되며 일부 기업에서 판매와 생산부문까지 총괄하는 물류담당 임원(CLO : Chief Logistics Officer) 제도 도입
④ 기업들의 생산부분 원가절감 한계로 물류부분 원가절감 활동 강화

2. 제품수명주기(PLC : Product Life Cycle) 『기출』 25년/ 23년/ 20년/ 18년/ 16년/ 14년

(1) 개요

① 하나의 제품이 처음 시장에 출시된 때부터 쇠퇴하여 시장에서 사라지기까지의 과정
② 제품이 시장에 처음 등장하는 도입기, 판매량이 증가하는 성장기, 판매증가율이 둔화되는 성숙기, 판매가 감소되는 쇠퇴기로 구분

(2) 제품수명주기 단계

도입기	• 수요와 공급이 불확실하며, 이익은 낮거나 손실이 발생하는 단계 • 판매망이 소수의 지점에 집중되고 제품의 가용성은 제한되므로 물류서비스는 높은 수준의 재고가용성과 유연성을 확보하는 전략 필요
성장기	• 제품에 대한 고객들의 관심이 높아지면서 제품가용성을 넓은 지역에 걸쳐 증가시키게 되는 단계 • 대량생산을 통한 가격인하로 시장 규모 확대 • 가격인하 경쟁에 대응하고 수요를 자극하기 위한 촉진비용이 많이 소요 • 장기적인 수요에 대비한 유통망의 확대가 필요하나, 제품의 판매량이 현저히 증가하게 되고, 물류센터의 수와 재고수준을 정하는 데 필요한 정보 부족으로 물류계획 수립에 어려움이 있음 → 물류관리자의 판단에 따른 물류 계획 필요 • 규모의 경제를 고려하여 비용과 서비스 간의 상충관계를 적극 고려하는 전략 필요
성숙기	• 제품이 일반화되고 수요증대에 맞추어 가격은 하향 조정되기 시작하며, 수익은 평준화되다가 감소하기 시작하는 단계 • 제품의 유통지역이 가장 광범위해지며, 시장에서 제품가용성을 높이기 위해 많은 수의 재고거점이 필요한 시기 • 매출액이 체감적으로 증가하거나 안정된 상태를 유지하고, 많은 기업들의 진출 및 과잉 생산능력으로 경쟁이 심화되는 시기이므로 고객별로 차별화·집중적인 물류서비스 전략 필요
쇠퇴기	• 가격이 평준화되고 판매량은 감소하며, 이에 따라 이익도 감소하기 시작하는 단계 • 재고보유 거점 수가 줄어들어 제품의 재고가 소수의 지점에 집중하게 되므로 제품의 이동 형태와 재고 배치의 수정 필요 • 비용 최소화보다 위험 최소화 전략 필요

3. 제품 조달방법

(1) 현대의 조달(구매) 전략 『기출』 23년

① 목표 : 적기에 필요한 품목을 필요한 양만큼 확보하는 JIT(Just-in-Time) 구매
② 구매전략 : 공급자 수를 줄이는 물량 통합, 공급자와의 운영 통합
③ 구매자의 경영목표를 달성하기 위해 공급자와 정보공유 필요성 증대
④ 공급자와의 밀접한 관계유지, 글로벌 조달, 공급자의 신제품 개발 참여 등 구매 관리방법·환경 변화로 단순한 구매단가 인하보다 총소유비용 절감을 위한 협상전략이 더 중요
⑤ 구매자는 구매 품질 보장을 위해 공급자와 공급자 활동의 안정적 수행을 위한 협력 필요

(2) 기업의 구매관리 [기출] 25년/ 16년

① 마케팅, 생산, 엔지니어링, 재무 등의 다른 기능들과 함께 수립되고 종합적으로 다루어짐
② 자재 조달을 위한 시장정보 수집·분석 및 결과를 판매계획에 반영하고 원가경쟁력을 가진 제품을 설계가 가능하도록 하는 등 구매활동 영역이 경영 전반에 확장되어 가고 있음
③ 물품조달의 지원기능에 한정되었던 과거와 달리 최근에는 전략적 구매를 중시하여 기업이익을 창출하는 기능 강조
④ 구매관리의 대상 : 원자재, 부품, 가공품, 기계설비, 상품 등 다양, 기타 생산 및 판매 활동을 지원하기 위한 용역도 포함
⑤ 장기적 협력관계를 유지할 수 있는 공급업체의 특징
  ㉠ 건전한 재무 상태
  ㉡ 안정적인 노사 관계
  ㉢ 유연한 공급 능력
  ㉣ 일관된 품질의 제품을 안정적으로 공급
  ㉤ 정보시스템의 높은 상호운용성

(3) 구매조직 구분 [기출] 17년

중앙집중식 구매조직	• 수요를 통합하여 주문 • 중앙집중식 구매로 비용의 절감 및 양질의 공급서비스 획득 • 구매인력 및 기능 집중화로 구매 전문성 향상 • 효율적인 구매전략 수립 및 분석 가능 • 구매집중화가 이루어져 부서 내 구매경쟁 문제 방지
분권식 구매조직	• 수요를 분산하여 주문 • 타 부서와의 유기적 공조 운영으로 신속하고 유연한 대응 가능 • 각 사업장의 운영과 이익에 대한 전적인 책임과 권한 • 지역 공급사의 전략적 활용으로 물류비 절감 • 관료주의적 행태를 줄여 신속한 대응 가능

(4) 구매방법의 유형 : 집중구매와 분산구매 [기출] 24년/ 21년/ 20년

구분	집중구매	분산구매
개요	• 하나 혹은 소수의 공급업체를 통해 집중적으로 구매하는 것 • 통합적인 경영관리시스템을 적용하는 경우 유리	• 다수의 공급업체와 거래하여 구매 위험을 분산시키는 것 • 목표시장 변화에 대한 유연성 증가 • 제품개발·기술개발·상품공급에 대한 독립성 증가
적용품목	수요량이 큰 품목, 전사의 공통품목, 표준화된 품목, 구매량에 따라 가격할인이 가능한 품목	소량·소액 품목, 구매량과 가격 간 관계가 없는 품목
장점	• 공통자재 일괄구매, 대량거래로 가격과 거래조건 유리 • 구매절차의 단순화·표준화가 용이	• 사업장의 특수 요구사항을 반영한 자율적 구매 가능 • 구매절차가 간단하여 긴급수요의 경우 유리
단점	• 자재의 긴급조달이 어려움 • 수속이 복잡하며 사업장·구매부서별 자주성이 없음	• 구입경비가 많이 발생 • 수량할인이 있는 품목에 불리

CORE 03 수요예측기법

1. 수요예측(Demand forecasting) 개요

(1) 수요예측 개념
① 기업활동에 관한 여러 가지 장·단기 계획을 수립하는 데 필요한 기초자료 제공
② 물류시설계획, 생산계획, 재고관리 등 물류운용계획 관련 의사결정의 대부분은 미래수요예측이 필수적으로 선행되어야 함

(2) 수요예측기법의 종류
① 정성적 수요예측기법 : 주관적인 의견·판단을 중시하므로 주로 중·장기적인 예측에 활용
② 정량적 수요예측기법 : 객관적인 데이터를 중시하므로 주로 단기적인 예측에 활용

2. 정성적·정량적 수요예측기법

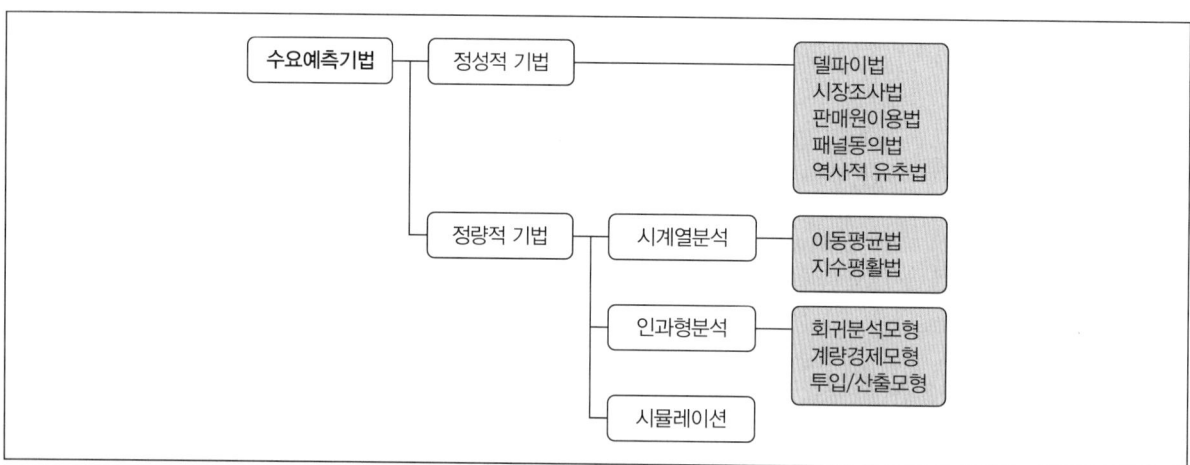

▲ 수요예측기법의 구분

(1) 정성적 수요예측기법 기출 ▶ 23년/ 22년/ 21년/ 18년/ 16년/ 13년

델파이법	• 전문가들을 한 자리에 모이지 않고 일련의 질의서를 통해 각자의 의견을 취합하여 중기 또는 장기 수요의 종합적인 예측결과를 도출해 내는 기법 • 전문가들을 한 자리에 모이지 않는 것은 다수의견이나 유력자의 발언 등에 의한 영향력 배제를 위해서임 • 예측에 불확실성이 크거나 과거의 자료가 없는 경우에 유용한 기법이지만, 시간과 비용이 많이 드는 단점이 있음
시장조사법	• 제품과 서비스에 대하여 고객의 심리, 선호도, 구매동기 등을 조사하는 기법 • 정성적 수요예측기법 중 가장 계량적이고 객관적인 방법
판매원이용법	자사에 소속된 판매원들로 하여금 각 담당지역의 판매예측을 산출하게 한 다음 이를 모두 합산하여 회사 전체의 판매 예측액을 산출하는 방법
패널동의법	경영자, 판매원, 소비자 등으로 패널을 구성하여 자유롭게 의견을 제시하게 함으로써 예측치를 구하는 방법
역사적 유추법	신제품과 같이 과거자료가 없는 경우에 이와 비슷한 기존 제품이 과거에 시장에서 어떻게 도입기, 성장기, 성숙기를 거치면서 수요가 변화해 왔는지에 입각하여 예측하는 방법

(2) 정량적 수요예측기법 [기출] 24년/ 23년/ 22년/ 16년

① 시계열(Time series) 분석

  ㉠ 개요
  - 일정한 시간, 간격에 나타나는 관측치를 가지고 분석하는 방법
  - 과거 일정한 기간, 간격 동안 나타난 수요의 형태나 패턴이 미래에도 비슷하게 이루어질 것이라는 가정을 토대로, 과거에 관측된 패턴을 기준으로 미래의 수요 예측

  ㉡ 시계열 구성요소

추세변동(T : Trend Movement)	장기변동의 전반적인 추세를 나타냄
순환변동(C : Cyclical Fluctuation)	일정한 주기 없이 사이클 현상으로 반복되는 변동
계절변동(S : Seasonal Variation)	1년 주기로 계절에 따라 되풀이되는 변동
불규칙변동(R : Random Movement)	돌발적인 원인이나 불명의 원인에 의해서 일어나는 우연변동으로, 자료의 행태(Pattern)를 인식할 수 없는 것을 말함

  ㉢ 시계열 분석의 종류

이동평균법	단순이동평균법	• 예측하고자 하는 기간의 직전 일정기간(N기간)의 실제 판매량들의 단순평균치를 구하는 방법 • 최근 몇 기간 동안의 시계열 관측치 평균을 내고, 이 평균치를 다음 기간 예측치로 사용
	가중이동평균법	• 직전 N기간의 자료치에 합이 1이 되는 가중치를 부여한 다음, 가중 합계치를 예측치로 사용하는 방법 • 최근의 값에 가중치를 좀 더 주고, 그 값을 예측치로 사용 • 최신의 자료와 오래된 자료가 동일한 영향력을 끼치게 되는 단순이동평균법의 문제점 보완
지수평활법 [기출] 22년		• 과거 수요에 입각하여 미래 수요를 예측하는 방법 • 시간에 따라 변화하는 현상을 일정한 간격으로 관찰할 때 얻어지는 관측치 사용 • 수많은 복잡한 예측 모형에 비해 수식이 단순하여 계산량이 적으며, 예측 능력이 크게 떨어지지 않기 때문에 많은 종류의 수요를 일별, 주별 등 매우 빈번하게 예측해야 하는 모델관리에 적합 • 지수적으로 감소하는 가중치를 이용하여 최근 자료일수록 더 큰 비중, 오래된 자료일수록 더 작은 비중을 두어 미래수요를 예측

② 인과형 분석

  ㉠ 개요 : 수요를 종속변수(결과변수)로, 수요에 영향을 미치는 요인들을 독립변수(원인변수)로 하여 양자의 관계를 파악하는 수요예측기법

  ㉡ 종류

회귀분석모형	종속변수인 수요에 영향을 미치는 독립변수를 파악하고, 양 변수 간의 함수관계를 통계적으로 추정(회귀방정식으로 추정)하여 미래의 수요를 예측하는 분석방법
계량경제모형	각 경제변수에 수치를 주어 정량화하고 변수 간에 관계를 설정한 후 경기예측모형을 만들어 경기를 예측하는 방법
투입/산출모형	산업부문 간의 상호의존관계를 파악하여 투입변수와 산출변수 간의 관계를 분석하는 방법

CORE 04 유통경로

1. 유통경로 개요

(1) 개념
① 생산에서 최종 소비에 이르기까지의 전 과정
② 유통경로의 기능 : 제품 및 서비스의 전달, 커뮤니케이션, 금융 등
③ 유통담당자들이 수행하는 유통경로 효율화는 기업물류비 절감에 직결
④ 유통경로는 시간적 · 장소적 효용뿐만 아니라 소유적 · 형태적 효용도 창출
⑤ 다른 3가지 마케팅 믹스 요소와 달리 결정 후 다른 유통경로로 전환이 가장 어려운 항목

(2) 유통경로 구성원

중심기능 구성원	제품에 대한 소유권을 보유하고 실질적인 위험을 감수하는 유통경로 구성원으로, 도매 및 소매기관이 해당됨
특화기능 구성원	중심기능 구성원이 원활하게 기능할 수 있도록 지원하는 금융기관, 물류업체 등

(3) 유통경로의 역할 기출▶ 13년

교환과정 촉진	중간상의 존재로 인해 시장에서 개별적으로 이루어지던 복잡한 거래를 단순화시켜 거래를 촉진
거래 효율성 증대	시간, 장소 · 거리적, 소유적 효용성 증가
제품구색 불일치 완화	중간상은 생산자와 소비자 간의 욕구 차이에서 발생하는 제품구색 및 구매량의 불일치 조절
정보제공	• 중간상은 생산자에 비해 더 많은 소비자들의 욕구 파악 가능 • 소비자에게 한 장소에서 다양한 제품에 대한 정보 제공
고객서비스 제공	중간상은 생산자를 대신해 소비자에게 제품의 배달, 설치 및 사용방법 교육 등 판매 후 서비스를 제공하기도 함
거래의 정형화	거래 과정에서 제품, 가격, 구입단위, 지불조건 등을 표준화시켜 시장에서 거래를 용이하게 해줌
생산과 소비 연결	생산자와 소비자 사이의 지리적 · 시간적 · 정보적 불일치 해소
쇼핑의 즐거움 제공	소비자의 쇼핑동기 및 욕구 충족을 위해 물적 요인(점포의 위치, 인테리어, 휴식 및 문화공간 등), 인적 요인(판매원의 표정, 용모, 복장, 언행 등) 제공

(4) 유통경로 구조의 결정이론 기출▶ 15년

연기-투기이론 (Postponement-speculation Perspective)	• 경로구성원들 중 누가 재고보유에 따른 위험을 감수하느냐에 따라 경로구조 결정 • 고객이 요구하는 시점까지 최종 제품의 생산 공급을 가능한 한 연기시킴으로써 경로효율성 확보 • **연기** : 재고 보유에 따른 위험과 불확실성을 다른 구성원에게 전가하는 방법 • **투기** : 처음 생산단계에서부터 차별화를 꾀하는 전략
기능위양이론 (Functional Spin-off Perspective)	경로구성원들 가운데서 특정 기능을 가장 저렴한 비용으로 수행하는 구성원에게 그 기능이 위양된다는 이론
게임이론 (Game Theory)	수직적으로 경쟁관계에 있는 제조업체와 중간상이 각자 자신의 이익을 극대화하기 위해 자신과 상대방의 행위를 조정하는 과정에서 유통경로구조 결정
사용자-대리이론 (Agency Theory)	대리인이론의 목적함수는 주인의 대리인비용 최소화로, 대리인비용을 최소화하기 위해 주인과 대리인의 이해관계가 연계된 인센티브 시스템과 통제시스템 등을 개발하게 되고, 이로 인해 효율적인 조직구조가 설계됨

거래비용분석이론 (Transaction Cost Analysis)	• 기업이 시장을 통해 독립된 경로구성원과 거래관계를 맺는 것보다 모든 경로 관련활동을 직접 수행함으로써 시장에서의 거래비용을 줄일 수 있다는 이론 • 코즈(Coase)의 이론 : 기업 존재 이유는 시장을 통한 거래비용이 기업조직을 통한 경제활동비용에 비해 훨씬 높기 때문이라고 설명하는 이론 • 윌리엄슨의 거래비용이론 : 코즈의 이론을 더욱 발전시킨 이론으로, 거래비용이 증가하는 원인과 그 해결방안을 수직적 통합으로 나타낸 이론
체크리스트법	경로구조 결정 시 시장요인, 제품요인, 기업요인, 경로구성원요인, 통제요인 등을 고려

2. 유통기관의 종류

(1) 소매상

① 개념 : 최종소비자에게 물건을 판매하는 상인

② 소매상의 종류 기출 25년/ 24년/ 22년/ 19년/ 18년/ 17년/ 16년/ 13년

카테고리 킬러	• 한정된 제품계열(Category)에서 깊이 있는 상품 구색으로 전문점과 유사하나 저렴한 가격(Killer price)으로 판매하는 전문유통업체(할인형 전문점) • 대형화, 대량판매, 다점포화, 셀프서비스 방식 채택 • 중간 정도의 상품 구색을 갖춘 전통적 소매점 쇠퇴 및 소매점 양극화 추세로 인해 주목받고 있음
할인점 (DS : Discount Store)	대량매입, 대량진열, 대량판매 등을 통해 구매·물류·인원배치 등 여러 요소의 경비를 절감하여 내구성 소비재를 저가로 판매하는 소매형태
하이퍼마켓 (HM : Hyper Market)	• 초대형 가격할인 슈퍼마켓 • 주로 교외에 위치
기업형 슈퍼마켓 (SSM)	• 동네슈퍼보다 크고 대형마트보다 작은 300~3,000㎡ 규모의 유통매장 • 개인이 아닌 기업이 체인 형태로 운영하는 슈퍼마켓
아웃렛 (Outlet)	• 직매입한 상품의 정상 판매 후 남은 이월상품, 비인기상품, 잔품(재고품) 등을 할인가격으로 저렴하게 판매하는 가격파괴형 소매형태 • 최근 이런 점포들을 한곳에 모아놓은 쇼핑센터 증가 • 관광단지 등에 위치하는 경우가 많음
오프 프라이스 스토어	• 브랜드 상품을 시가(市價) 반값 정도에 판매하는 것이 특징 • 메이커직영점은 아웃렛 스토어로도 불림
편의점 (Convenience Store)	• 24시간 운영, 프랜차이즈시스템 형태, 소규모 소매형태 • 시간 편의성, 접근이 쉬운 공간 편의성, 다품종 소량 상품을 취급하는 상품 편의성
회원제 창고형 할인점	매장을 단순화해 창고형으로 꾸미고 일정회원을 대상으로 회전율이 높은 상품만을 집중 판매하는 신종 유통업태
무점포 소매상 (Non-store retailer)	• 시간·장소 제한 없이 이용할 수 있는 소매상 형태 • 판매자와 소비자 간 쌍방향 커뮤니케이션에 의한 1:1 마케팅 • 전 세계를 대상으로 한 다양한 상품 매매 가능 • 최근 인터넷 사용 증가와 정보기술 발달로 무점포 소매상 간 경쟁 심화

③ 가맹점 사업의 종류 기출▶ 20년

볼런터리 체인 (Voluntary Chain)	• 독립자본으로 운영되는 다수 소매점이 모여 특정한 기능을 체인본부에 위탁하는 체인시스템(임의연쇄점) • 체인 본부에 최소한 기본적인 기능만 요구되므로 재정적 부담이 적음
레귤러 체인 (Regular Chain)	동일 자본에 속하는 여러 개의 점포가 각지에 분산되어 있으면서 중앙의 본부로부터 통일적으로 관리되는 대규모 소매조직
프랜차이즈 체인 (Franchise Chain)	상품의 소매업 등에서 본부가 가맹점에 대하여 경영·판매·관리 등의 방법을 제공하여 통제하고, 간판이나 수수료를 받아들이는 계약을 하여 개업하는 연쇄점
협동형 체인 (Cooperative Chain)	규모가 비슷한 소매점의 동업자끼리 공동으로 체인본부를 설치하는 것

④ 소매상 진화 발전 이론 기출▶ 18년

㉠ 소매상 수레바퀴 이론(Wheel of Retailing)

개념	사회·경제적 환경의 변화에 따른 소매상의 진화와 발전을 설명하는 대표적인 이론
진화 과정	도입기 (소매업의 혁신자적 형태) 저가격, 저서비스, 제한적 상품 구색 → 성장기 (전통적 소매형태) 고가격, 차별적 서비스 → 취약기 저가격, 저마진, 저서비스, 수익 감소
한계점	비가격적인 요소들은 설명하지 못함

㉡ 소매점 아코디언 이론(Retail Accordion Theory)

개념	소매점의 진화(변천) 과정을 가격이 아니라 상품구색의 변화를 기초로 하여 '소매점에서 취급하는 상품믹스의 확대 → 수축 → 확대' 과정으로 설명
진화 과정	다양한 상품구색을 갖춘 점포로 시작 → 점차 전문화·한정된 상품계열을 취급하는 소매점 형태로 진화 → 다시 다양하고 전문적인 상품 계열을 취급하는 소매점으로 진화
한계점	저관여상품 소매업태와 고관여상품 소매업태의 발전과정을 구분하지 못하며, 상품구색 이외의 변화요인을 설명하지 못함

㉢ 변증법적 과정(Dialectic Process)

개념	소매점의 진화과정을 변증법적 유물론에 입각하여 해석
진화 과정	정 고가격, 고마진, 고서비스, 저회전율의 특징을 가지고 있는 백화점 출현 → 반 저가격, 저마진, 저서비스, 고회전율 등 반대적 특징을 가진 할인점이 백화점과 경쟁 → 합 백화점과 할인점의 특징이 절충된 새로운 형태의 소매점인 할인 백화점으로 진화

ⓔ 소매상 수명주기이론(Retail Life Cycle Theory)

구분	도입기	성장기	성숙기	쇠퇴기
판매량	저	고성장	저성장	쇠퇴
이익	극소	급성장	정점	낮거나 없음
고객	혁신층	대중층	대중층	보수층
경쟁사	소수	증가	다수	감소
전략의 초점	시장확대	시장침투	점유율 유지	생산성
마케팅 비용	고	고	하락	저
유통경로	확보단계	집약적	집약적	선택적
가격	고	저	최저	유지, 인상

ⓜ 소매상의 적응행동 이론(Adaptive Theory)
- 소매변천의 원인을 환경적 변수에서 찾는 이론
- 자연도태설 : 환경에 적응하는 소매상만이 생존·발전하게 된다는 이론

ⓗ 진공지대 이론(Vacuum Zone Theory) : 기존의 소매업태가 다른 유형의 소매로 변화할 때 그 빈자리, 즉 진공지대를 새로운 형태의 소매업태가 메운다는 이론

(2) 도매상 기출 25년/ 24년/ 22년/ 20년/ 19년

① 개념 : 소비자가 아니라, 소매점 등 다른 상인에게 물건을 판매하는 상인
② 도매상의 종류
  ㉠ 상인도매상(Merchant Wholesaler)

개념	취급하는 제품의 소유권을 가지는 독립된 사업체의 도매상으로 상품을 직접 구매하여 판매함	
종류	• **산업유통업자** : 소매상보다는 생산자에게 판매하는 상인도매상 • **완전기능(완전서비스)도매상(Full-service wholesaler)** : 고객들을 위하여 수행하는 서비스 중 필요한 광범위한 서비스를 제공	
	종합상인도매상	고객들이 요구하는 거의 모든 상품을 판매하는 도매상
	전문상인도매상	한정된 전문계열의 상품을 판매하는 도매상
	• **한정기능(한정서비스)도매상(Limited Service Wholesaler)** : 도매상의 기능 중 일부만을 수행하는 도매상	
	현금판매-무배달도매상 (Cash and Carry Wholesaler)	• 주로 소규모의 소매상에 싼 가격으로 상품을 공급 • 소매상들은 직접 이들을 찾아와서 제품 주문·인수
	트럭도매상 (Truck Jobber)	• 고정적인 판매루트를 통해 트럭이나 기타 수송수단을 이용하여 판매와 동시에 배달 • 머천다이징, 촉진지원은 하지만 사용판매를 하지 않음 • 운영비는 높은 편, 평균 판매액은 낮은 편
	직송도매상 (Drop Shipper)	이동·보관이 어려운 원자재(목재, 석탄 등)에 해당하는 제품들을 제조업자나 공급업자가 직접 고객들에게 직송하는 도매상
	선반(진열)도매상 (Rack Jobber)	• 소매점의 진열선반 위에 상품을 공급하는 도매상 • 선반에 전시되는 상품에 대한 소유권은 도매상이 가지고 있음
	우편주문도매상 (Mail Order Wholesaler)	• 소규모 소매상에게 제품 목록을 통해 판매하는 도매상

ⓒ 대리도매상(Agent)

개념	제품에 대한 소유권 없이 제조업자나 공급업자 대신 제품을 판매하는 도매상
종류	• **제조업자대리인** : 여러 제조업자의 위탁으로 제품을 대신 판매하는 도매상 • **판매대리인** : 계약상 모든 마케팅 활동 결과에 대한 책임을 지며, 판매조건에 관한 결정권한은 있으나 제품에 대한 소유권을 제외한 모든 도매기능 수행 • **수수료상인** : 공급자가 제시한 가격의 범위 내에서 구매자와 가격 협상 진행, 판매 후 판매가에서 수수료 및 기타 경비 제외 • **거간(Broker)** : 구매자와 판매자를 만나게 해주고 단지 판매에 대한 협상을 진행해주므로 가격설정권 없음

ⓒ 제조업자도매상 : 제조업자가 직접 도매기능을 수행할 뿐만 아니라 입지 선정부터 점포 내의 판매원 관리까지 모든 업무를 직접 관리

ⓔ 벤더(Vendor) : 첨단전산시스템과 각종 설비를 갖추고 체인화된 현대식 소매업체들에게 분야별로 특화된 상품들을 하루 또는 이틀 간격으로 공급하는 다품종 소량 도매업자

③ 도매물류사업(도매상)의 기능 기출 ▶ 20년

생산자(제조업자)를 위한 기능	판매자(소매상)를 위한 기능
• 시장동향정보 파악(생산조절) • 물류의 대형집약화센터 설립 • 판매의 집약광역화 대응 • 재고유지, 주문처리 • 고객지원 대행	• 소매상을 위한 서비스 제공 • 제품 공급선 • 구색편의, 소분판매 • 기술지원, 조언

3. 유통경로의 형태 기출 ▶ 25년/ 23년/ 19년

(1) 전통적 유통경로시스템

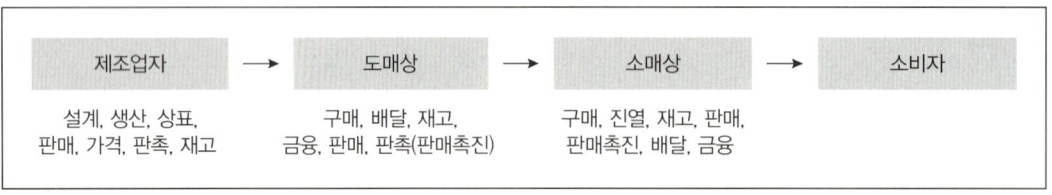

① 개념 : 제조업자가 독립적인 유통업자인 도매상과 소매상을 통해 상품을 유통시키는 일반적인 유통방법으로, 자기들에게 주어진 마케팅 기능만 수행
② 장점 : 경로구성원들 간의 연결이 느슨해 구성원들의 유통경로로의 진입과 철수 용이
③ 단점 : 경로구성원들 간의 결속력이 매우 약하고, 공통의 목표를 거의 가지고 있지 않음

(2) 수직적 유통경로시스템(VMS : Vertical Marketing System) 기출 ▶ 24년/ 20년/ 15년

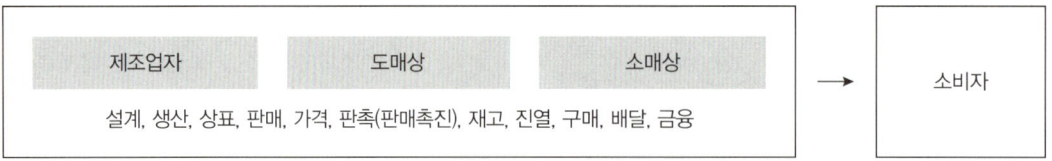

① 개념
  ㉠ 상이한 단계에서 활동하는 경로구성원들을 중앙(본부)에서 전문적으로 관리·통제하는 네트워크 형태의 경로조직
  ㉡ 생산에서 소비에 이르기까지의 유통과정을 통합·조정하여 하나의 통합된 체계를 유지

② 도입 이유
  ㉠ 유통비용의 절감과 날로 심화되는 업태 간의 경쟁에 효과적으로 대응하기 위함
  ㉡ 대량생산으로 인한 대량판매를 대비하여 도·소매상을 자사의 판매망으로 구축하기 위함

③ 장·단점

장점	단점
• 물류비 및 거래비용 절감 • 자원·원재료의 안정적 확보 가능 • 혁신적인 기술 보유 가능	• 초기에 막대한 자금 소요 • 시장이나 기술 변화에 기민한 대응이 어려움 • 각 유통단계에서의 전문화 상실 • 수직적 통합의 정도가 강할수록 신규 기업에게는 높은 진입장벽으로 작용

④ 유형

회사형	유통경로상의 한 구성원이 다음 단계의 구성원을 법적 소유에 의해 지배하는 형태 • **전방통합**: 제조업체가 도·소매업체 소유 혹은 도매업체가 소매업체 소유 • **후방통합**: 도·소매업체가 제조업체 소유 혹은 제조업체가 부품공급업체 소유
계약형	• 생산이나 유통활동에서 상이한 수준의 독립적인 유통기관들이 상호 경제적인 이익 달성을 위해 계약을 체결하고 그 계약에 따라 수직적 계열화를 꾀하는 형태 • 종류 {표}
관리형	• 경로 리더에 의해 생산 및 유통단계가 통합되는 형태 • 일반적으로 경로구성원들 목표가 상이하여 이를 조정·통제하기에 어려움 존재
동맹형	둘 이상의 경로구성원들이 대등한 관계에서 상호 의존성을 인식하고 긴밀한 관계를 자발적으로 형성하여 통합된 시스템

도매상 후원 자유연쇄점	도매상이 후원하고 다수의 소매상들이 계약으로 연합하여 수직 통합하는 형태
소매상 협동조합	독립된 소매상이 연합하여 임의 조직을 결성한 후 공동으로 구매·광고·판촉활동 등을 수행하다가 최종적으로 도매활동이나 소매활동을 하는 기구로 수직 통합하는 형태
프랜차이즈 시스템	모회사·본부 등이 가맹점에게 특정 지역에서 일정 기간 동안 영업할 수 있는 권리·특권 부여, 그 대가로 로열티를 받는 형태

⑤ 경로구성원에 대한 통합 또는 통제력의 강도

> 회사형(기업형) VMS > 계약형 VMS > 관리형 VMS > 동맹형 VMS

(3) 수평적 유통경로시스템

① 동일한 경로단계에 있는 두 개 이상의 기업이 대등한 입장에서 자원과 프로그램을 결합하여 일종의 연맹체를 구성하고 공생·공영하는 시스템
② 한 회사만으로는 자본, 노하우, 생산 및 마케팅 설비를 모두 감당하기 곤란하거나 이러한 위험을 회피하고자 할 때 도입
③ 연맹관계를 통해 상당한 시너지 효과를 기대할 수 있을 때 도입

4. 경로파워

(1) 개요
한 경로구성원이 주어진 유통경로 내의 다른 유통단계에 있는 경로구성원에게 영향력을 행사할 수 있는 능력

(2) 프렌치(French)와 레이븐(B.H.Raven)이 제시한 5가지 파워의 유형 기출 22년

보상적 파워	한 경로구성원이 다른 경로구성원에게 여러 가지 물질적 또는 심리적인 도움을 줄 수 있을 때 형성되는 영향력
강압적 파워	한 경로구성원의 영향력 행사에 대해서 구성원들이 따르지 않을 때 처벌이나 부정적 제재를 받을 것이라고 지각하는 경우에 미치는 영향력
합법적 파워	다른 구성원들에게 영향력을 행사할 정당한 권리를 갖고 있고 상대방도 당연히 그렇게 해야 한다고 내재적으로 지각할 때 미치는 영향력
준거적 파워	한 경로구성원이 바람직한 특별한 자질을 가지고 있어 다른 경로구성원이 그를 존경하거나 동일시하려는 경우에 발생하는 영향력으로, 상대에 대해 일체감을 갖기를 바라는 정도가 클수록 커짐
전문적 파워	한 경로구성원이 특별한 전문지식이나 경험을 가졌다고 상대방이 인지할 때 가지게 되는 영향력

CORE 05 물류와 고객서비스

1. 고객서비스 개요 기출 24년/ 21년/ 19년/ 17년/ 13년

(1) 고객서비스 개념
① 고객 주문의 접수, 처리, 배송, 대금 청구, 후처리 업무에 필요한 모든 활동으로, 고객의 요구를 만족시키는 활동
② 물품을 이동하는 마지막 단계로서 부가상품(Augmented Product)의 역할을 함

(2) 고객물류서비스의 특성
① 물류서비스와 물류비용 사이에는 상충관계(Trade-Off) 존재
② 전자상거래 확산으로 유통배송단계 점점 축소, 고객맞춤형 물류서비스 강조 추세
③ 물류관리자는 이익 창출을 위해 비용 절감과 물류서비스의 향상에 주력해야 함
④ 고객서비스 수준 미결정 시 수익 및 비용을 동시에 고려하여 최적의 서비스 수준 결정 과정 선행 필요
⑤ 기업들이 최대의 부가가치를 창출하려면 비용을 줄이면서 고객이 만족하는 서비스 수준에 도달할 수 있는 물류시스템 구축 필요

2. 고객서비스 관련 요인

(1) 고객서비스 요소 기출▶ 23년/ 22년/ 20년/ 19년/ 18년/ 16년/ 14년

거래 전(시행 전) 요소	거래 중(시행 중) 요소	거래 후(시행 후) 요소
• 고객서비스에 관한 기업 정책과 연관 • 기업에 대한 고객인식, 고객의 총체적인 만족에 큰 영향	• 고객에게 제품을 인도하는 데 직접 관련된 서비스 요소 • 제품과 배달의 신뢰도 등	일반적으로 제품보증, 부품 및 수리서비스, 고객의 불만에 대한 처리절차 및 제품의 교환 등을 가리킴
1. 명시된 회사 정책 2. 회사에 대한 고객의 평가 3. 회사조직 4. 시스템의 유연성 5. 기술적인 서비스 6. 목표배송일	1. 재고품절 수준 2. 백오더(back order) 이용가능성 3. 주문정보 4. 주문주기의 일관성 5. 주문의 편리성 6. 배달의 신뢰성 7. 시스템의 정확성 8. 시간 9. 환적(transshipment) 10. 제품 대체성	1. 설치, 보증, 변경, 수리, 부품 2. 제품추적 3. 고객클레임, 불만 4. 제품포장 5. 수리 도중 일시적인 제품 대체

(2) 고객물류서비스의 서비스 품질모형(SERVQUAL) 기출▶ 24년/ 19년/ 15년

① 물류서비스 품질과 고객 만족도
　㉠ 물류서비스 품질 : 고객과 서비스 제공자 간의 상호작용에 의해서 결정
　㉡ 고객 만족도 : 고객의 기대(Expectation) 수준과 성과(Performance) 수준의 차이

② 서비스 품질모형(SERVQUAL)의 5가지 차원(RATER) 기출▶ 24년

신뢰성 (Reliability)	고객과의 약속된 서비스를 정확하게 수행하는 능력 예 신속·정확한 수주정보 처리, 조달 리드타임 단축, 제품 가용성(Availability) 정보 제공, 재고관리 정확도 향상 등
확신성 (Assurance)	고객에게 전반적인 업무수행에 대해 확신을 주는 능력 예 서비스직원의 지식·예절, 신뢰성·자신감을 전달하는 능력 등
유형성 (Tangibles)	물리적 시설·도구·종업원 등 외관으로 확인 가능한 설비 예 화주기업에게 차량, 장비 등 물류서비스를 원활히 제공할 수 있는 능력
커뮤니케이션, 공감성 (Empathy)	고객에게 주의를 기울이고 개별화된 서비스를 제공하는 능력 예 화주기업과의 원활한 의사소통 능력
신속성, 응답성 (Responsiveness)	고객의 요구에 대해 신속하게 반응하는 능력 예 화주기업에게 신속하게 물류서비스를 제공할 수 있는 능력

(3) 고객서비스 수준의 결정요인 기출▶ 24년/ 15년

① 일반적으로 물류비용의 책정은 공헌이익이 최대가 되는 시점에서 결정되어야 함
② 서비스 수준은 총비용이 최소화되는 시점에서 결정해야 함
③ 물류서비스 수준 향상은 고객과의 장기적인 관계 형성에 도움이 됨
④ 물류서비스 수준 결정을 위해서는 시장 환경이나 경쟁 환경 등을 고려해야 함
⑤ 물류서비스 향상의 효율적 실행을 위해 3S1L 원칙과 7R원칙을 고려해야 함
⑥ 고객서비스 수준은 수익과 비용을 동시에 고려하여 최적의 서비스 수준을 결정해야 함

(4) 신규 물류서비스 도입 시 추진 순서 기출 19년

> 고객 목표시장(Target Market) 선정 → 고객 니즈(Needs)에 부합하는 물류서비스 개발 → 물류서비스 실행을 위한 운영전략 수립 → 물류서비스 제공시스템 구축

3. 고객서비스 주문주기시간(Order Cycle Time)

(1) 개념 기출 22년
① 주문주기시간 : 주문을 처리한 기간으로, 주문을 접수한 시점에서 고객이 물건을 받을 때까지 걸리는 총시간
② 고객주문이 완성되는 시간으로, 고객서비스 만족에 중요한 영향을 끼침

(2) 주문주기시간 구성요소 기출 25년/ 23년/ 22년/ 20년/ 18년/ 16년/ 14년
① 주문주기시간의 순서

> 주문전달시간(order transmittal time) → 주문처리시간(order processing time) → 오더 어셈블리(주문조립) 시간(order assembly time) → 재고가용성(stock availability) → 인도시간(delivery time)

② 주문주기시간 구성요소

구분	내용
주문전달시간 (order transmittal time)	주문을 주고받는 판매 사원, 우편, 전화, 전자송달(컴퓨터 등)에 사용되는 시간
주문처리시간 (order processing time)	적재서류의 준비, 재고기록의 갱신, 신용장의 처리작업, 주문확인, 주문정보를 생산·판매·회계부서 등에 전달하는 활동에 소요되는 시간
오더 어셈블리(주문조립) 시간 (order assembly time)	주문을 받아서 주문정보를 발송부서나 창고에 전달한 후부터 주문받은 제품의 발송을 준비하는 데 걸리는 시간
재고가용성(stock availability)	창고에 보유하고 있는 재고가 없을 때 생산지의 재고로부터 보충하는 데 소요되는 시간
인도시간 (order delivery)	• 주문품을 재고지점에서 고객에게 전달하는 활동 • 창고에 재고가 있는 경우에는 공장을 거치지 않고 곧바로 고객에게 전달하는 데 걸리는 시간

(3) 주문처리시간에 영향을 미치는 요소 기출 18년
① 주문처리에서 오류가 발생하면 확인 및 재처리로 인해 주문처리시간이 증가하므로 오더필링(order filling)의 오류 발생을 줄이기 위해 노력해야 함
② 주문처리 우선순위는 주문처리시간에 영향을 미침
③ 병렬처리(parallel processing) 방식은 순차처리(sequential processing) 방식보다 총 주문처리시간 단축 가능
④ 주문을 모아서 일괄처리하면 주문처리비용은 줄일 수 있으나, 주문처리시간이 늘어날 수 있음
⑤ 물류정보시스템을 활용한다면 초기 투자비용이 증가하지만 주문처리시간을 줄일 수 있음

출제포인트 OX 문제

01 ⓞⓧ 물류조직은 구조관점에서 비공식적, 준공식적, 공식적 조직으로 분류할 수 있다.

02 (　　) 물류조직은 기업 규모가 커지고 최고 경영자가 기업의 모든 업무를 관리하기 어려워짐에 따라 등장했다.

03 ⓞⓧ 매트릭스형 물류조직은 기능별 권한과 프로젝트별 권한이 혼재되어 권한 및 책임의 한계가 불분명하고 갈등이 발생할 수 있다.

04 ⓞⓧ 물류자회사의 경우 독립채산제를 취하기 때문에 물류비용 관리가 명확하지 않다.

05 ⓞⓧ 물류는 마케팅 4P 중 유통채널과 가장 밀접한 관계가 있다.

06 ⓞⓧ 제품수명주기 중 도입기는 경쟁이 심화되는 단계로, 고객별 차별화된 물류서비스를 제공한다.

07 ⓞⓧ 현대의 구매 전략의 경우, JIT 구매를 목표로 한다.

08 ⓞⓧ 중앙집중식 구매의 경우, 부서 내 구매경쟁 문제를 방지할 수 있다.

09 ⓞⓧ 회귀분석모형은 종속변수인 수요에 영향을 미치는 독립변수를 파악하고, 양 변수 간의 함수관계를 통계적으로 추정하는 방법이다.

10 ⓞⓧ 지수평활법은 정량적 예측방법으로, 최근 실적치에 가장 큰 가중치를 부여하여 단기 예측하는 방법이다.

11 ⓞⓧ 시계열 구성요소로는 추세변동, 순환변동, 불규칙변동, 시장변동이 있다.

12 델파이법, 시장조사법, 패널조사법은 수요의 (　　)적 예측방법이다.

13 ⓞⓧ 델파이법은 전문가들을 한자리에 모으지 않고 질의서로 의견을 취합하여 중기나 장기 수요의 종합적 예측 결과를 도출해 내는 기법이다.

14 (　　)은/는 특정 상품계열에 대해 전문점과 같이 다양하고 풍부한 구색을 갖추고 낮은 가격에 판매하는 소매형태이다.

15 ⓞⓧ 하이퍼마켓은 초대형 가격할인 슈퍼마켓으로 주로 교외에 위치한다.

16 ⓞⓧ 대리 도매기관은 일반 도매기관과 달리 상품에 대한 소유권이 없다.

17 ⓞⓧ 수직적 유통경로시스템은 수직적 통합의 정도가 강할수록 신규 구성원의 진입이 용이하다.

18 ⓞⓧ 보상적 파워는 한 경로구성원이 다른 경로구성원에게 여러 물질적·심리적 도움을 줄 수 있을 때 형성되는 영향력이다.

19 ⓞⓧ 고객서비스 수준이 높아지면 물류비가 증가한다.

20 ⓞⓧ 시스템의 유연성, 고객서비스 명문화는 고객서비스 시행 전 요인이다.

21 (　　　)은/는 고객이 제품을 주문해서 받을 때까지 걸리는 총 시간을 말한다.

22 ⓞⓧ 주문을 모아 일괄처리하면 주문처리비용은 단축할 수 있으나 주문처리시간은 증가할 수 있다.

23 ⓞⓧ 물류서비스의 신뢰성을 높이는 방안으로 생산 및 운송 로트 대량화가 있다.

정답 및 해설

01 ○
02 사업부형
03 ○
04 × ▶ 물류관리 책임 및 물류비용 관리 대상이 명확하다.
05 ○
06 × ▶ 성숙기에 해당한다.
07 ○
08 ○
09 ○
10 ○
11 × ▶ 시계열 구성요소로는 추세변동, 순환변동, 계절변동, 불규칙변동이 있다.
12 정성
13 ○
14 카테고리킬러
15 ○
16 ○
17 × ▶ 수직적 통합 정도가 강할수록 신규 구성원에게 높은 진입장벽으로 작용한다.
18 ○
19 ○
20 ○
21 주문주기시간
22 ○
23 × ▶ 생산 및 운송 로트 대량화는 물류서비스의 효율성 및 물류비용 절감 방안에 해당한다.

빈출키워드 기출유형문제

키워드 ❶ 물류와 마케팅의 관계

01

물류와 마케팅의 관계에 관한 설명으로 옳지 않은 것은?

기출 23년

① 물류역량이 강한 기업일수록 본래 마케팅의 기능이었던 수요의 창출 및 조절에 유리하다.
② 물류와 마케팅 기능이 상호작용하는 분야는 하역관리와 설비관리 등이 있다.
③ 물류는 마케팅뿐만 아니라 생산관리 측면 등까지 광범위하게 확대되고 있다.
④ 물류는 마케팅의 4P 중 Place, 즉 유통채널과 관련이 깊다.
⑤ 물류는 포괄적인 마케팅에 포함되며 물류 자체의 마케팅 활동을 할 수도 있다.

해설 ② 물류와 마케팅 기능이 상호작용하는 분야는 공장입지, 구매계획, 제품생산계획 등이 있다.

02

물류와 마케팅에 관한 설명으로 옳지 않은 것은? 기출 24년

① 마케팅 믹스(4'P)는 제품, 가격, 유통, 촉진으로 구성된다.
② 마케팅 믹스(4'P) 중 유통은 물류와 관련성이 높은 요인이다.
③ 탁월한 고객서비스를 제공하는 마케팅은 고객만족을 증대시킨다.
④ 고객만족을 위해 물류서비스 수준을 높이면 물류비는 절감된다.
⑤ 효과적인 물류관리를 위해서는 기능별 개별 물류비 절감보다 총물류비를 줄이는 것이 중요하다.

해설 ④ 물류서비스 수준 향상과 물류비 감소 간에는 상충관계(trade-off)가 있어 고객서비스 수준이 높아지면 물류비가 증가할 수 있다.

01 ② 02 ④

키워드 ❷ 기업의 조달(구매) 전략

03

집중구매의 장점으로 옳지 않은 것은? 기출 21년

① 구입절차를 표준화하여 구매비용이 절감된다.
② 대량구매로 가격 및 거래조건이 유리하다.
③ 공통자재의 표준화, 단순화가 가능하다.
④ 긴급수요 발생 시 대응에 유리하다.
⑤ 수입 등 복잡한 구매 형태에 유리하다.

해설 ④ 분산구매의 장점이다.

04

현대의 구매 혹은 조달 전략에 관한 설명으로 옳지 않은 것은? 기출 23년

① 최근에는 총소유비용 절감보다 구매단가 인하를 위한 협상 전략이 더 중요해졌다.
② 구매자의 경영목표를 달성하기 위한 공급자와의 정보공유 필요성이 커졌다.
③ 적기에 필요한 품목을 필요한 양만큼 확보하는 JIT(Just-in-Time) 구매를 목표로 한다.
④ 구매의 품질을 높이기 위해서 구매자는 공급자의 활동이 안정적으로 수행되도록 협력한다.
⑤ 구매전략에는 공급자 수를 줄이는 물량통합과 공급자와의 운영통합 등이 있다.

해설 ① 단순한 구매단가 인하보다 총소유비용 절감을 위한 협상 전략이 더 중요해졌다.

키워드 ❸ 수요예측기법

05

인과형 예측기법의 하나로 종속변수인 수요에 영향을 미치는 독립변수를 파악하고, 독립변수와 종속 변수 간의 함수관계를 통계적으로 추정하여 미래의 수요를 예측하는 방법은? 기출 23년

① 회귀분석법
② 델파이법
③ 지수평활법
④ 수명주기예측법
⑤ 가중이동평균법

해설 ② 델파이법 : 전문가들을 한자리에 모으지 않고 일련의 질의서를 통해 각자의 의견을 취합하여 중기 또는 장기 수요의 종합적인 예측결과를 도출해 내는 기법이다.
③ 지수평활법 : 지수적으로 감소하는 가중치를 이용하여 최근 자료일수록 더 큰 비중, 오래된 자료일수록 더 작은 비중을 두어 미래수요를 예측하는 방법이다.
④ 수명주기예측법 : 시간의 흐름에 따라 도입기, 성장기, 성숙기, 쇠퇴기 단계로 구분하여 매출 및 이익 변화를 분석하는 방법이다.
⑤ 가중이동평균법 : 최신의 자료와 오래된 자료가 똑같은 영향력을 끼치게 되는 단순이동평균법의 문제점을 해결하기 위해 직전 N 기간의 자료치에 합이 1이 되는 가중치를 부여한 다음, 가중 합계치를 예측치로 사용하는 방법이다.

06

다음 설명에 해당하는 수요예측기법은? 기출 22년

- 단기 수요예측에 유용한 기법으로 최근 수요에 많은 가중치를 부여한다.
- 오랜 기간의 실적을 필요로 하지 않으며 데이터 처리에 소요되는 시간이 적게 드는 장점이 있다.

① 시장조사법
② 회귀분석법
③ 역사적 유추법
④ 델파이법
⑤ 지수평활법

해설 ⑤ 지수평활법은 과거 수요에 입각하여 미래 수요를 예측하는 방법으로 수식이 단순하여 계산량이 적다.

키워드 ❹ 유통경로 : 도매상

07
도매상과 소매상에 관한 설명으로 옳지 않은 것은? 기출 24년

① Broker는 구매자와 판매자 간 거래의 중개가 주된 기능이므로 제품에 대한 소유권을 가지지 않는다.
② Rack Jobber는 완전서비스 도매상(Full-service wholesaler)에 속한다.
③ Factory Outlet은 상설할인매장으로서 제조업체의 잉여상품, 단절상품 또는 재고상품을 주로 취급한다.
④ Category Killer는 특정 상품군을 전문적으로 취급하고 저렴한 가격으로 판매하는 소매업이다.
⑤ Supermarket은 식료품, 일용품 등을 주로 취급하며 셀프서비스를 특징으로 하는 소매업이다.

해설 ② 진열 도매상(Rack Jobber)은 소매점의 진열선반 위에 상품을 공급하는 도매상으로, 도매상 기능 중 일부만을 수행하는 한정서비스 도매상(Limited Service Wholesaler)에 속한다.

08
유통경로상에서는 경로파워가 발생할 수 있다. 다음 설명에 해당하는 경로파워는? 기출 22년

- 중간상이 제조업자를 존경하거나 동일시하려는 경우에 발생하는 힘이다.
- 상대방에 대하여 일체감을 갖기를 바라는 정도가 클수록 커진다.
- 유명상표의 제품일 경우 경로파워가 커진다.

① 보상적 파워
② 준거적 파워
③ 전문적 파워
④ 합법적 파워
⑤ 강압적 파워

해설 ② 준거적 파워는 한 경로구성원이 바람직한 특별한 자질을 갖고 있어 다른 경로구성원이 이를 존경하거나 동일시하려는 경우에 발생하는 영향력이다.

키워드 ❺ 제품수명주기 단계적 물류관리전략

09
수직적 유통경로(VMS : Vertical Marketing System)에 관한 설명으로 옳지 않은 것은? 기출 24년

① 기업형 VMS의 수직적 통합의 정도는 관리형 VMS보다 높다.
② 계약형 VMS의 수직적 통합의 정도는 관리형 VMS보다 높다.
③ 기업형 VMS의 대표적 유형은 프랜차이즈 시스템이다.
④ 전통적 유통경로에 비하여 전후방적 통합의 정도가 높다.
⑤ 전통적 유통경로에서 발생하던 경로구성원들 각각의 이익극대화 추구 현상이 줄어들 수 있다.

해설 ③ 프랜차이즈 시스템은 계약형 VMS의 유형이다.

10
유통경로의 구조에 관한 설명으로 옳지 않은 것은? 기출 23년

① 전통적 유통경로시스템은 자체적으로 마케팅 기능을 수행하는 독립적인 단위들로 구성된다.
② 전통적 유통경로시스템은 수직적 시스템에 비해 구성원 간 결속력은 약하지만 유연성이 높다.
③ 수직적 유통경로시스템은 신규 구성원의 진입이 상대적으로 용이한 개방형 네트워크이다.
④ 도소매기관 지원형 연쇄점, 소매기관 협동조합, 프랜차이즈 등은 계약형 유통경로 구조에 해당한다.
⑤ 기업형 유통경로 구조는 특정 유통경로가 다른 유통경로를 소유하고 통제하는 형태이다.

해설 ③ 수직적 유통경로시스템은 수직적 통합의 정도가 강할수록 신규 구성원에게는 높은 진입장벽으로 작용하므로 진입이 상대적으로 어렵다.

키워드 ❻ 물류서비스와 고객서비스

11
고객서비스와 물류서비스에 관한 설명으로 옳지 않은 것은? 기출 21년

① 고객서비스의 목표는 고객만족을 통한 고객감동을 실현하는 것이다.
② 물류서비스의 목표는 서비스 향상과 물류비 절감을 통한 경영혁신이다.
③ 경제적 관점에서의 최적 물류서비스 수준은 물류활동에 의한 이익을 최대화하는 것이다.
④ 고객서비스 수준은 기업의 시장점유율과 수익성에 영향을 미친다.
⑤ 일반적으로 고객서비스 수준이 높아지면 물류비가 절감되고 매출액은 증가한다.

해설 ⑤ 일반적으로 물류비의 감소와 고객서비스 수준의 향상 간에는 상충관계(Trade-off)가 있기 때문에 고객서비스 수준이 높아지면 물류비가 증가한다.

12
물류서비스의 신뢰성(Reliability)을 높이기 위한 방안에 해당하지 않는 것은? 기출 19년

① 신속 정확한 수주정보 처리
② 생산 및 운송 로트(Lot) 대량화
③ 조달 리드타임(Lead time) 단축
④ 제품 가용성(Availability) 정보 제공
⑤ 재고관리의 정확도 향상

해설 ② 생산 및 운송 로트 대량화는 물류서비스의 효율성과 물류비용 절감을 위한 방안에 해당한다. 물류서비스의 신뢰성은 필요로 하는 물자를 원하는 시기, 장소 등에 사용·공급을 보장하는 것과 관련이 있으므로 ①·③·④·⑤는 신뢰성을 높이기 위한 방안이다.

키워드 ❼ 주문주기시간

13
고객이 제품을 주문해서 받을 때까지 걸리는 총 시간을 의미하는 것은? 기출 22년

① 주문주기시간(Order Cycle Time)
② 주문전달시간(Order Transmittal Time)
③ 주문처리시간(Order Processing Time)
④ 인도시간(Delivery Time)
⑤ 주문조립시간(Order Assembly Time)

해설 ② 주문전달시간(Order Transmittal Time) : 주문을 주고받는 판매 사원, 우편, 전화, 전자송달(컴퓨터 등)에 사용되는 시간이다.
③ 주문처리시간(Order Processing Time) : 적재서류의 준비, 재고기록의 갱신, 신용장의 처리작업, 주문확인, 주문정보를 생산·판매·회계부서 등에 전달하는 활동에 소요되는 시간이다.
④ 인도시간(Delivery Time) : 창고에 재고가 있는 경우에는 공장을 거치지 않고 곧바로 고객에게 전달하는 데 걸리는 시간을 말한다.
⑤ 주문조립시간(Order Assembly Time) : 주문을 받아서 발송부서나 창고에 전달 후 발송받은 제품을 준비하는 데 걸리는 시간이다.

14

주문주기시간(order cycle time)에 관한 설명으로 옳지 않은 것은? 기출 18년

① 주문주기시간은 재고정책의 개선활동을 통하여 단축될 수 있다.
② 주문전달(order transmittal)은 적재서류 준비, 재고기록 갱신, 신용장 처리작업, 주문 확인 등의 활동이다.
③ 재고 가용성(stock availability) 확보시간은 창고에 보유하고 있는 재고가 없을 때 생산지의 재고로부터 보충하는 데 소요되는 시간이다.
④ 주문인도(order delivery)는 주문품을 재고지점에서 고객에게 전달하는 활동이다.
⑤ 오더피킹(order picking)은 재고로부터 주문품 인출·포장·혼재 작업과 관련된 활동이다.

해설 ② 주문전달(order transmittal)은 주문을 주고받는 판매원, 우편, 통신, 전자송달에 사용되는 방법이다. 적재서류 준비, 재고기록 갱신, 신용장 처리작업, 주문 확인 등의 활동은 '주문처리(order processing)'를 의미한다.

키워드 ⑧ 고객서비스 품질 측정 요소 및 결정 요인

15

서비스품질모형(SERVQUAL)의 5가지 차원에 해당하지 않는 것은? 기출 24년

① 신뢰성(Reliability)
② 대응성(Responsiveness)
③ 무형성(Intangibility)
④ 확신성(Assurance)
⑤ 공감성(Empathy)

해설 서비스 품질모형(SERVQUAL)의 5가지 차원(RATER)은 유형성(Tangibles), 신뢰성(Reliability), 확신성(Assurance), 공감성(Empathy), 응답성(Responsiveness)이다.

16

물류서비스의 품질 측정 구성요소로 옳지 않은 것은? 기출 15년

① 화주기업에게 차량, 장비 등 물류서비스를 원활히 제공해 줄 수 있는 능력
② 화주기업에게 전반적인 업무수행에 대해 확신을 주는 능력
③ 화주기업에게 정확하고 신속하게 물류서비스를 제공할 수 있는 능력
④ 화주기업과의 원활한 의사소통 능력
⑤ 화주기업의 영업이익률을 높여 줄 수 있는 능력

해설 물류서비스 품질 측정의 구성요소에는 유형성, 확신성, 신속/적시성, 커뮤니케이션, 반응성, 효율성 등이 있다. ⑤의 영업이익률은 수익성 지표로 품질 측정 구성요소에 속하지 않는다.
① 유형성
② 확신성
③ 신속/적시성
④ 커뮤니케이션

17

슈메네(Schmenner)는 고객과의 상호작용(개별화정도)과 노동집중도(노동집약 형태)에 따라 서비스 프로세스를 분류하였다. 다음 중 상대적으로 노동집중도가 높은 조직에서 인적자원 관리를 위한 의사결정 시 고려사항으로 옳지 않은 것은? 기출 14년

① 직무수행의 방법과 통제
② 고용 및 훈련계획
③ 인력자원 운영에 대한 스케줄링
④ 토지, 시설 및 설비에 대한 투자결정
⑤ 복리후생

해설 ④ 노동집중도가 낮은 조직에서의 고려사항이다.

11 ⑤ 12 ② 13 ① 14 ② 15 ③ 16 ⑤ 17 ④

CHAPTER 03 시험에 꼭 나오는 필수문제

01 물류표준화에 관한 설명으로 옳지 않은 것은? 기출 24년

① T-11형 파렛트는 11톤 트럭에 최대 12매가 적재되도록 물류모듈 배수관계가 정립되어 있다.
② T-11형 파렛트에 1,100mm(길이)×275mm(폭) 포장박스를 1단에 4개 적재할 때 적재효율은 100%이다.
③ 물류모듈은 물류시설 및 장비들의 규격이나 치수가 일정한 배수나 분할 관계로 조합되어 있는 집합체로 물류표준화를 위한 기준치수를 의미한다.
④ 대표적인 Unit Load 치수에는 NULS(Net Unit Load Size)와 PVS(Plan View Size)가 있다.
⑤ 하역·운송·보관 등을 일관화하고 합리화할 수 있다.

해설 ① 11톤 트럭에 최대 16매의 파렛트가 적재된다.

기출문제 엿보기
- ☑ 물류표준화에 관한 설명으로 옳지 않은 것은? 22·15년
- ☑ 물류표준화의 목적에 해당하지 않는 것은? 19년
- ☑ 물류표준화에 관한 설명으로 옳은 것은? 14년

02 물류표준화 관련 하드웨어 부문의 표준화에 해당하는 것을 모두 고른 것은? 기출 22년

```
ㄱ. 파렛트 표준화
ㄴ. 포장치수 표준화
ㄷ. 내수용 컨테이너 표준화
ㄹ. 물류시설 및 장비 표준화
ㅁ. 물류용어 표준화
ㅂ. 거래단위 표준화
```

① ㄱ, ㄴ
② ㄱ, ㄷ, ㄹ
③ ㄴ, ㄷ, ㅁ
④ ㄴ, ㄷ, ㄹ, ㅁ
⑤ ㄷ, ㄹ, ㅁ, ㅂ

해설 ㄴ. 포장치수 표준화, ㅁ. 물류용어 표준화, ㅂ. 거래단위 표준화는 소프트웨어 부문 표준화에 해당한다.

기출문제 엿보기
- ☑ 물류표준화의 대상이 아닌 것은? 21년
- ☑ 물류표준화 효과 중 자원 및 에너지의 절감 효과에 해당하는 것은? 21년
- ☑ 물류표준화의 대상 분야에 해당하는 것을 모두 고른 것은? 20년
- ☑ 물류표준화 내용 중 소프트웨어 표준화에 해당하는 것을 모두 고른 것은? 19년

03 물류공동화의 장·단점에 관한 설명으로 옳지 않은 것은? 기출 24년

① 새로운 공동배송센터, 정보시스템 등의 투자에 따른 위험 부담이 존재한다.
② 공동배송센터의 경우 입고에서 출고까지 일관물류시스템의 최적화가 가능하다.
③ 참여기업의 기밀유지 문제가 발생할 가능성이 낮아진다.
④ 참여기업 간 포장, 전표, 용기 등의 표준화가 용이하지 않을 경우 효율이 저하될 수 있다.
⑤ 참여기업 간 이해 조정, 의사소통, 의사결정 지연 등의 문제점이 존재한다.

해설 ③ 매출, 고객명단 등 기업비밀 누출에 대한 우려가 있다.

기출문제 엿보기
- 물류공동화에 관한 설명으로 옳지 않은 것은? 21년
- 많은 기업들이 물류공동화를 추진하고 있는 상황 속에서 물류공동화의 일반적인 장점에 관한 설명으로 옳지 않은 것은? 17년
- 물류공동화의 대상에 해당하는 것을 모두 고른 것은? 15년
- 물류공동화에 관한 설명으로 옳지 않은 것은? 14년

04 공동수·배송의 효과에 관한 설명으로 옳지 않은 것은? 기출 22년

① 차량 적재율과 공차율이 증가한다.
② 물류업무 인원을 감소시킬 수 있다.
③ 교통체증 및 환경오염을 줄일 수 있다.
④ 물류작업의 생산성이 향상될 수 있다.
⑤ 참여기업의 물류비를 절감할 수 있다.

해설 ① 차량 적재율이 증가하고 공차율은 감소한다.

기출문제 엿보기
- 수·배송 공동화의 효과에 관한 설명으로 옳지 않은 것은? 24년
- 공동수·배송의 기대 효과를 모두 고른 것은? 23년
- 공동 수·배송 도입에 따른 기대효과로 옳지 않은 것은? 18년
- 공동 수·배송의 효과에 관한 설명으로 옳지 않은 것은? 17년
- 수·배송 공동화의 효과로 옳지 않은 것은? 14년

CHAPTER 03 물류표준화와 물류공동화

핵심 포인트

- ☑ 물류표준화
- ☑ 물류모듈화
- ☑ 유닛로드시스템
- ☑ 공동수·배송시스템
- ☑ 공동수·배송 운영방식
- ☑ 물류공동화의 주요시설

CORE 01 물류표준화

1. 물류표준화 개요

(1) 개념 기출▶ 22년/ 15년/ 14년/ 10년

① 물류의 시스템화를 전제로 단순화, 규격화 및 전문화를 통해 물류활동에 공통의 기준을 부여하는 것 → 하역보관의 기계화, 자동화 등을 위한 필수적인 선결과제
② 물류체계의 효율화에 필요한 사항을 물류표준으로 통일하고 단순화하는 것으로, 표준화의 주요 내용으로는 포장 표준화, 수송용기 및 장비의 표준화, 보관시설의 표준화, 물류정보 및 시스템 표준화 등이 있음
③ 화물유통 장비와 포장의 규격, 구조 등을 통일하고 단순화하는 것 → 물류활동의 각 단계에서 사용되는 기기, 용기, 설비 등의 구성요소 간 호환성과 연계성을 확보하는 유닛로드시스템을 구축하는 것

(2) 물류표준화의 목적 기출▶ 24년/ 19년/ 15년/ 14년/ 10년

① 단순화, 규격화, 단위화물체계 보급 등으로 물류활동의 기준을 부여하여 물류기기와의 연계성을 향상시키는 등 물류활동의 효율성을 높임
② 일관성 및 경제성 확보로 물류비 절감
③ 물류표준화로 기업차원의 미시적 물류뿐만 아니라 국가차원의 거시적 물류 효율성 제고
④ 효율적인 물류표준화를 위해 개별기업 단위 표준화 이전에 국가 단위 표준화 선행 필요

2. 물류표준화의 대상 및 효과

(1) 물류표준화 대상 기출> 22년/ 21년/ 20년/ 19년

물류 부분의 표준화	소프트웨어 부문의 표준화	하드웨어 부문의 표준화
• 포장 표준화 • 운송용기 및 장비 표준화 • 물류정보·시스템 표준화 • 보관시설 표준화 • 물류용어, 물류회계 표준화	• 물류용어 표준화 • 거래단위 표준화 • 포장치수 표준화 • 표준코드 사용	• 파렛트 표준화 • 내수용 컨테이너 표준화 • 물류시설(랙, 건물사양 등) 표준화 • 장비(지게차, 트럭적재함 등) 표준화

(2) 물류표준화의 효과 기출> 21년

자원 및 에너지 절감 효과	물류기기의 표준화 효과	포장의 표준화 효과
• 재료의 경량화 • 적재효율의 향상 • 일관수송으로 에너지 절약 • 단순화 • 작업의 표준화 • 물류생산성 향상	• 각 사의 사양 통일 • 호환성 및 교체성 용이 • 모든 기기와의 높은 유연성 • 모든 기기를 안전하게 사용 • 부품 공용성으로 수리 용이 • 물류비 절감	• 포장공정의 단순화 • 기계화로 보관효율 증가 • 포장재 비용의 감소 • 제품파손의 감소 • 인건비 절약 • 제품의 물류비 절감

(3) 포장표준화 기출> 23년

개념	사용되는 용기·기기 등의 치수, 강도, 재료, 기법의 4요소를 통일시키는 것
필요성	포장이 표준화되어야 기계화, 자동화, 파렛트화, 컨테이너화 등 용이 → 유닛로드시스템 사용 시 선결 조건(수송, 보관, 하역 등 물류 제반기능 및 단계에서 일관된 연결작업 가능)
방법	• 치수표준화 및 통일화와 강도표준화가 핵심 • **치수표준화**: 각 기업들의 다양한 포장치수를 통일해야 하므로 효과가 나타나기까지 장기간 소요되나, 일단 표준화가 완료되면 비용절감 및 물류 효율성이 크게 증대됨 • **강도표준화**: 주로 포장재료 적정화로 비용절감 효과가 빠르게 나타남
장점	포장비·포장재료비·포장작업비 등 절감, 하역비 능률 향상으로 유통비용 절감, 파렛트·컨테이너 규격, 구조 등을 통일하여 물류비 절감

CORE 02 물류모듈(Module)화

1. 물류모듈화

(1) 물류모듈화 개요 기출> 24년/ 22년/ 20년/ 15년/ 13년

① 개념
  ㉠ 물류시스템의 각종 요소의 규격, 치수에 관한 기준척도와 대칭계열을 의미
  ㉡ 물류설비의 규격이나 치수가 일정한 배수나 분할관계로 조합되어 있는 집합체

② 파렛트화
　㉠ 유닛로드시스템(ULS)은 파렛트를 기본으로 함 → 물류표준화를 위한 기준치수
　㉡ 유닛로드시스템의 치수표준화를 위해 랙, 파렛트 트럭(화물자동차), 컨테이너, 운반승강기 등은 파렛트화된 화물과 정합성을 고려할 필요가 있음
　㉢ 파렛트 사용의 장점 : 하역 및 작업능률 향상, 물품보호, 재고조사의 편의성, 상하차 작업시간 단축으로 트럭 운행 효율 향상
　㉣ 한국산업표준(KS)에서 규정한 우리나라 유닛로드용 파렛트 표준 2종

> - T-11형 : 1,100 × 1,100mm
> - T-12형 : 1,200 × 1,000mm

③ 컨테이너화
　㉠ 여러 형태의 화물을 국제적으로 규격이 통일된 컨테이너를 이용하여 수송하는 것
　㉡ ISO 표준컨테이너의 종류별 크기 [기출] 20년

20피트 컨테이너	높이 2.4m × 폭 2.6m × 길이 6m
40피트 컨테이너	높이 2.4m × 폭 2.6m × 길이 12m
45피트 컨테이너	높이 2.4m × 폭 2.6m × 길이 13m

④ 포장의 모듈화 [기출] 24년/ 23년/ 16년
　㉠ 하역, 보관, 운송 등의 합리화를 위해 제품의 치수에 최적화된 포장 치수 및 파렛트 치수 선택
　㉡ 유닛로드시스템(ULS : Unit Load System)의 파렛트화나 컨테이너화를 가능하게 함
　㉢ 하역작업의 기계화 및 자동화, 화물파손방지, 적재의 신속화 등 물류합리화에 기여

(2) 물류모듈의 분류 [기출] 25년/ 24년/ 22년/ 21년/ 20년/ 18년/ 17년

분할치수 모듈시스템 (포장치수)	• **분할계열치수** : 실제 물동량의 평면 치수인 NULS(Net Unit Load Size) 1,100 × 1,100mm를 기준으로 한 치수 • 한국산업표준(KS)으로 제정된 표준치수로서, 1,100mm × 1,100mm(일관수송용 표준파렛트 규격)인 T-11형 파렛트를 정수(1/2, 1/3, 1/4, …)로 분할하여 가로와 세로의 치수들을 합산하여 1,100mm가 되는 숫자들에 맞춘 박스(box)를 적재함에 적재하는 방법 • 적재량 　- 220mm × 220mm : 1단 적재수 5 × 5, 적재율 100% 　- 366mm × 220mm : 1단 적재수 3 × 5, 적재율 99.8% 　- 550mm × 275mm : 1단 적재수 2 × 4, 적재율 100% 　- 550mm × 366mm : 1단 적재수 2 × 3, 적재율 99.8% • **표준파렛트 T-11형과 T-12형 모두 적용되는 포장모듈 치수** : 600mm × 500mm, 550 × 366mm, 500 × 300mm, 440 × 330mm
배수치수 모듈시스템 (물류설비치수)	• **배수계열치수** : PVS(Plan View Size) 1,140mm × 1,140mm를 기준으로 한 치수[정방형 규격은 유닛로드 사이즈 (1,140mm × 1,140mm) 기준] • 최대 허용공차 −40mm를 인정하며, 이를 배수로 하여 물류시설이나 장비들의 표준치수를 설정함 • 적재량 　- 화물트럭 : 8톤 트럭에 12매, 11톤 트럭에 16매 파렛트 적재 　- 컨테이너 : 20ft 컨테이너에 10매(2단 20매), 40ft 컨테이너에 20매(2단 40매) 파렛트 적재

(3) 파렛트 적재 방법 `기출` ▶ 22년

블록(Block) 적재	물건을 홀수단과 짝수단 모두 같은 방향으로 적재하는 패턴으로, 봉적재라고도 함
벽돌(Brick) 적재	한 단은 화물의 종방향과 횡방향으로 조합하여 적재하고, 다음 단은 그 방향을 180° 바꾸어 홀수단과 짝수단을 교차적으로 적재
스플릿(Split) 적재	벽돌 적재를 하는 경우에 화물과 파렛트의 치수가 일치하지 않는 경우 물건 사이에 부분적으로 공간을 만드는 패턴
교대배열(Row) 적재	홀수단은 물품을 모두 같은 방향으로 적재하고, 짝수단은 90°로 회전 후 적재하여 교대로 겹쳐 쌓은 방식
풍차형(Pinwheel) 적재	파렛트 중앙부에 공간을 만들고 이 공간을 감싸듯 풍차형으로 화물을 적재하는 패턴으로, 홀수단과 짝수단의 방향을 바꾸어 적재

2. 유닛로드시스템(Unit Load System) `기출` ▶ 25년/ 23년/ 19년/ 16년

(1) 개념
① 하역작업의 혁신을 통한 수송합리화 도모를 위해 화물을 일정한 표준의 중량 또는 체적으로 단위화시켜 기계 이용을 통한 하역·수송·보관 등을 하는 시스템
② 협동일관수송의 전형적인 수송시스템으로 하역작업의 기계화 및 작업화, 화물파손방지, 적재의 신속화, 차량회전율 향상 등 물류비를 절감하는 최적의 방법
③ 단위 화물(Unit Load)이 생성된 후 해당 상품의 운반 및 하역 실시

(2) 특성

전제조건	물류 거래단위 표준화 : 장단위치수, 파렛트, 운반·하역장비, 보관설비, 수송장비 적재함 규격 표준화
도입효과	• 작업효율 향상, 적재효율 향상, 운반 활성화, 포장비용 절감, 물류비용 감소 등 기대 • 하역의 기계화, 운송·보관 등을 일관화·합리화 • 하역 및 운송으로 인한 화물 손상 감소 • 운송 및 보관업무의 효율적 운영
단점	파렛트화 혹은 컨테이너화에 의해 적재효율이 감소하고 추가비용 발생 가능
ISO 표준 파렛트 종류	• 국가별로 사용하는 표준 파렛트의 규격이 다름 • 일관수송용(Unit Load System) 국가표준 파렛트 – 우리나라 : 1,100mm × 1,100mm의 정사각형 파렛트(T-11형) – 미국 : 1,200mm × 1,000mm – 유럽 : 1,200mm × 800mm

CORE 03 물류공동화

1. 물류공동화

(1) 개요 기출▶ 24년/ 21년/ 14년

① 2개 이상의 기업이 수·배송 효율을 높이고 비용 절감을 위해 공동으로 물류활동을 수행
② 자사와 타사의 물류시스템을 공유·연계시켜 하나의 시스템으로 운영하는 것
③ 제조업체는 공급업체의 납품물류를 통합하는 공동물류센터 운영으로, 유통업체는 제조업체와의 협업으로 물류공동화의 실현 가능
④ 공동배송센터의 경우 입고에서 출고까지 일관물류시스템의 최적화 가능
⑤ 수평적 물류공동화 : 동종 제조업체 간 정보 네트워크 공유로 공동 물류업무 처리

(2) 물류공동화의 목적·대상·전제조건·필수 성공요인

목적(효과) 기출▶ 25년/ 19년/ 17년	• 물류자원 최대 활용, 중복투자 감소, 운송비용 감소 → 화주의 단위당 물류비 절감(규모의 경제 효과) • 화물 적재율 향상, 수·배송 효율 향상 → 물류작업의 생산성 향상 • 안정적인 물류서비스 제공 • 운수업자의 물류정보시스템 구축 촉진 • 유사부품의 공동 관리
대상 기출▶ 15년	• 수·배송 공동화 • 보관 공동화 • 하역 공동화 • 유통가공 공동화 • 정보처리 공동화
전제조건 기출▶ 21년/ 18년/ 14년/ 13년	• 자사 물류시스템과 외부 물류시스템과의 연계 필요 • 자사 물류시스템의 개방성을 높여야 함 • 일관 파렛트화 추진과 표준물류심벌 및 업체통일전표, 외부와의 교환이 가능한 파렛트 등의 물류용기 사용 • 서비스 내용의 명확화·표준화 • 통일된 기준에 근거, 물류비의 명확한 산정 및 체계화

(3) 물류공동화의 문제점 기출▶ 25년/ 24년/ 15년/ 13년

화주	물류업체
• 매출, 고객명단 등 기업비밀 누출 우려 • 영업부문의 반대 • 물류서비스 차별화 한계 • 비용 및 이윤배분에 대한 분쟁발생 소지 • 공동물류시설비 및 관리비용 증대 우려 • 공동배송 실시 주체자의 관리운영의 어려움 • 참여기업 간 이해조정, 의사소통·결정 지연	• 요금 덤핑에 대처 곤란 • 배송순서 조절 및 자율적인 배송 스케줄 조절의 어려움 발생 • 물량 파악의 어려움 • 상품관리의 어려움 • 포장, 전표, 용기 등 표준화가 용이하지 않을 경우 효율 저하

2. 공동수·배송시스템 기출▶ 25년

(1) 개념 기출▶ 21년

① 자사 및 타사의 원자재나 완제품을 공동으로 수·배송하는 것
② 소량·다빈도 배송의 증가로 수·배송 공동화의 필요성 증대

(2) 도입 필요성 기출▶ 23년/ 21번/ 16년

① 상권 확대 및 빈번한 교차수송, 화물자동차 이용의 비효율성
② 도시지역 물류시설 설치 제약 및 보관·운송 물류인력 확보 곤란
③ 주문단위의 다빈도 및 소량화와 이로 인한 화물량 증가로 도로혼잡 및 환경오염 문제 발생
④ 일관된 물류서비스 제공을 통한 신뢰성 제고 필요

(3) 공동수·배송 도입의 기대효과 기출▶ 23년/ 22년/ 18년/ 17년/ 14년/ 13년

① 설비 및 차량의 가동률과 적재효율 향상
② 중복·교차수송의 배제로 물류비 절감과 교통체증 완화, 환경오염 감소, 물가상승 억제에 기여
③ 운송수단의 활용도를 높여 차량 운행효율 향상
④ 화물량의 안정적인 확보
⑤ 물류 아웃소싱을 통한 핵심역량 집중 가능
⑥ 소량화물 혼적으로 규모의 경제효과 추구

(4) 공동수·배송의 전제조건(추진 여건) 기출▶ 24년/ 23년/ 22년/ 15년

① 배송조건이 유사하고 표준화(화물형태 규격화)가 가능할 경우 공동수·배송의 추진 용이
② 공동수·배송을 위한 주관기업(중심업체)이 있을 경우 공동수·배송의 추진 용이
③ 일정지역 내 공동수·배송에 참여할 수 있는 복수기업 존재 시 공동수·배송의 추진 용이
④ 공동수·배송 참가 기업들 간 이해관계가 일치할수록(공동의 목표) 공동수·배송의 추진 용이

(5) 수·배송 공동화의 관점별 장점 기출▶ 19년

관점	장점
납품업체 관점	• 저렴한 운임에 의한 물류비 절감 • 물류서비스 향상을 통한 판매기능 강화 • 규모의 경제로 유닛로드시스템(Unit Load System)의 구축을 통한 제품포장 규격 통일화 • 화물손상 감소, 입·출고 시간의 단축, 납품대행으로 인한 사무 간소화, 자사시설의 효율적 이용 가능
거래처 관점	• 공동배송으로 납품의 다빈도화 실현 가능(동일 지역 내에 공동물류센터가 없어도 공동수·배송 실시 가능) • 재고의 감소로 인한 물류비 절감 • 수취자의 차량혼잡 완화에 따른 검품·하역 등 수취작업의 간소화 • 교차수송에 따른 차량감소로 환경개선 도모
운송업자 관점	• 운송수단 활용도의 증가로 배송비용 감소와 경영의 안정적 기반 제공 • 계획집하·배송에 따른 시간 단축 및 운송차량의 적재·운행 효율 향상 • 운송화물의 대단위화로 인한 규모의 경제성 • 물류시설의 효율적 이용과 작업의 기계화 및 자동화 가능 • 표준화에 따른 작업능률 향상과 업무처리의 합리화 효과
사회적 환경 관점	• 교통량 감소로 인한 에너지 절감 • 환경오염방지 등의 외부불경제를 줄임으로써 사회비용 감소 • 물류비 절감에 따른 물가상승 억제 • 물류센터 등 시설의 집적화로 토지의 효율적 이용 가능

(6) 공동수·배송의 유형(운영방식) 기출▶ 25년/ 24년/ 22년/ 21년/ 20년

배송공동형	• 화물거점 시설까지 각 화주 또는 개개의 운송사업자가 화물을 운반하고 배송만을 공동화하는 것 • 대부분 화주와 운송사업자 주도로 이루어짐
집·배송공동형	• 보관의 공동화 또는 집하의 집약화를 전제로 집하와 집배를 공동화하는 유형 • 동일 화주가 조합이나 연합회를 만들어 공동화하는 특정화주 공동형과 운송업자가 불특정 다수의 화물에 대처하는 운송업자 공동형의 2가지 형태 존재
공동수주·공동배송형	• 운송업자가 협동조합을 설립하고 화주로부터 수주를 받아 조합원에게 배차를 지시하는 방식 • 고객의 주문처리에서 화물의 보관, 운송, 배송까지의 모든 업무를 공동화
노선집하공동형	• 종래 개개의 노선사업자가 집하해 온 노선화물의 집하 부분만 공동화하는 것 • 복수의 화주가 공동화하여 집하업자 1개를 지정한 후 집하 및 분류를 시켜 각 노선사업자에 화물을 인계하는 것
납품대행형	• 운송업자가 납입선을 대신하여 납품하는 형태 • 화물의 집하, 유통가공, 분배, 납품 등 일련의 작업을 포함

(7) 공동수·배송 참여를 기피하는 경우
① 차별화된 배송 서비스를 경쟁 전략으로 설정한 기업
② 긴급 수요에 대한 대응 능력 저하를 꺼리는 기업

(8) 배송부문 핵심성과지표(KPI) 기출▶ 21년
① 공동수·배송 시 참여기업에 대해 통합된 수·배송 핵심성과지표(KPI : Key Performance Indicator) 제공 가능
② 배송 핵심성과지표 계산식

$$납기준수율(정시배송률) = \frac{요청납기일\ 내\ 배송완료\ 건수}{배송계획\ 건수} \times 100$$

연습 문제

(주)한국물류의 배송부문 핵심성과지표(KPI)는 정시배송률이고, 배송완료 실적 중에서 지연이 발생하지 않은 비율로 측정한다. 배송자료가 다음과 같을 때 7월 17일의 정시배송률은? 기출▶ 21년

번호	01	02	03	04	05
배송예정 일시	7월 17일 14:00	7월 17일 15:00	7월 17일 17:00	7월 17일 16:00	7월 17일 17:30
배송완료 일시	7월 17일 13:30	7월 17일 14:00	7월 17일 16:45	7월 17일 17:00	7월 17일 17:45

① 25% ② 40%
③ 50% ④ 60%
⑤ 75%

해설

④ 납기준수율(정시배송률)
$= \dfrac{요청납기일\ 내\ 배송완료\ 건수}{배송계획\ 건수} \times 100$
$= \dfrac{3}{5} \times 100 = 60\%$

정답 ④

3. 물류공동화 시설 기출 23년/ 17년/ 14년

(1) 공동집배송센터

개념	유사한 업종의 제품유통을 위해 대규모 단지를 조성하고, 도매·검수·포장 등과 같은 가공기능·정보처리시설 등을 갖추어 체계적으로 공동관리하는 물류단지
역할	• 물류정보를 종합관리 및 활용하는 물류정보센터 • ICD(Inland Container Depot)와 통관기능을 갖춘 간선물류거점
기능	• 공동배송, 공동가공처리 기능 • 상품 가격안정에 기여

(2) 복합물류터미널

개념	화물의 집화(集貨), 하역(荷役) 및 이와 관련된 분류, 포장, 보관 등에 필요한 기능을 갖춘 시설물
역할	집배송단지와 달리 순수한 물류시설로 화물과 운송수단이 효율적으로 연계되도록 지원하는 물류인프라 역할 수행
기능	• 화물자동차의 주차장, 대기장소(터미널)의 기능 • 상품 세트화 재포장을 위한 트랜스폼 기능 • 정보센터 기능 • 상품 가치 보존 및 유지를 위한 유통가공기능 구비

(3) 기타 물류시설의 유형

① 집배송 관련 시설

물류터미널	화물의 집화(集貨), 하역(荷役) 및 이와 관련된 분류, 포장, 보관 등에 필요한 기능을 갖춘 시설물로, 화물과 운송수단이 효율적으로 연계되도록 지원하는 물류인프라 역할을 수행
집배송센터	물자를 한 곳에 모아 여러 곳에 나누어 보내주는 하역과 보관, 배송정보 등과 관련한 시설을 갖춘 곳
공동배송센터	제조업체, 유통업체, 물류업체 등이 공동 출자해 설립한 물류거점으로, 이해당사자들이 시간표(다이어그램) 배송 및 분류작업 등을 공동 수행

② 창고류

데포 (Depot)	국내용 2차 창고나 수출화물을 집화·분류·운송하는 내륙CFS(Container Freight Station)와 같이 공급처에서 수요처로 대량으로 통합운송된 화물을 일시적으로 보관하는 창고
내륙기지 (Inland Depot)	항만터미널과 내륙운송 수단과 연계가 편리한 산업지역에 위치한 컨테이너장치장이나 컨테이너화물에 통관기능까지 부여된 컨테이너 통관기지 장소
고층랙창고 (High Stowage/ Storage Rack Warehouse)	고층의 선반에 상품을 넣거나 꺼내는 작업을 컴퓨터와 로봇 및 자동컨베이어를 조합시킨 통제작업시스템으로 하는 자동화창고
공공창고 (Public Warehouse)	국가 또는 지방공공단체가 공공의 이익을 목적으로 건설한 창고 예 하치용 장치장, 보세장치장, 정부창고 등
컨테이너 야적장 (Container Yard)	컨테이너의 하역작업을 위한 컨테이너의 인수·인도·보관을 위해 컨테이너를 쌓아두는 장소

출제포인트 OX 문제

01 [O X] 거래전표와 물류용어의 통일 등은 물류표준화 대상에 포함되지 않는다.

02 [O X] 재료의 경량화, 적재효율 향상, 단순화 등은 물류표준화 효과 중 자원 및 에너지 절감효과에 해당한다.

03 [O X] 치수표준화는 비용절감효과가 나타나기까지 오랜 시간이 걸린다.

04 포장의 모듈화는 제품 치수에 맞추어 포장치수와 (   ) 치수를 선택하여 ULS의 (   )화나 컨테이너화를 가능하게 한다.

05 [O X] 분할계열치수는 NULS(Net Unit Load Size) 1,100mm×1,100mm를 기준으로 한 치수이다.

06 (   ) 적재는 물건을 홀수단과 짝수단 모두 같은 방향으로 적재하는 방법으로, 봉적재라고도 한다.

07 [O X] 유닛로드시스템의 경우, 모든 국가에서 사용하는 표준 파렛트 종류 및 규격이 동일하다.

08 [O X] 물류모듈은 물류설비의 규격이나 치수가 일정한 배수나 분할 관계로 조합되어 있는 집합체이다.

09 [O X] 공동수·배송은 자사 및 타사의 원자재나 완제품을 공동으로 수·배송하는 것이다.

10 [O X] 물류공동화를 통해 화물의 품질을 높일 수 있다.

11 [O X] 물류공동화 추진 시 기업 비밀 노출, 물류 서비스 차별화 한계 등 문제점이 발생할 수 있다.

12 [O X] 공동수·배송을 통해 운송차량의 공차율을 감소시킬 수 있다.

13 (   )은/는 운송업자가 납입선을 대신하여 납품하는 형태이다.

정답 및 해설

01 × ▶ 소프트웨어 부분 물류표준화에 포함된다.
02 ○
03 ○
04 파렛트, 파렛트
05 ○
06 블록(Block)
07 × ▶ 국가별로 사용하는 표준 파렛트 종류 및 규격이 다르다.
08 ○
09 ○
10 × ▶ 물류공동화는 수·배송 효율을 높이기 위한 것이다.
11 ○
12 ○
13 납품대행형

빈출키워드 기출유형문제

키워드 ❶ 물류모듈화

01

다음 ( )에 들어갈 수치는? 기출 21년

> 물류모듈 시스템은 크게 배수치수 모듈과 분할치수 모듈로 나뉜다. 배수치수 모듈은 1,140mm×1,140mm 정방형 규격을 Unit Load Size 기준으로 하고 최대 허용공차 ( )mm를 인정하고 있는 Plan View Unit Load Size를 기본 단위로 하고 있다.

① -30
② -40
③ -50
④ -60
⑤ -70

해설 ② 배수계열치수는 PVS(Plan View Size : 1,140mm×1,140mm)를 기준으로 한 치수로, 유닛로드사이즈 1,140mm×1,140mm를 기준으로 하고 최대 허용공차 -40mm를 인정하며, 이를 배수로 하여 물류시설이나 장비들의 표준치수를 설정한다.

02

다음 설명에 해당하는 물류 용어는? 기출 24년

> 하역, 보관, 운송 등의 합리화를 위해 제품에 최적화된 포장치수를 선택함으로써 포장의 단위화를 가능하게 하고, 하역작업의 기계화 및 자동화, 화물파손방지 등의 물류합리화에 기여할 수 있다.

① 이송장비의 표준화
② 파렛트 표준화
③ 파렛트 풀 시스템
④ 컨테이너 표준화
⑤ 포장의 모듈화

해설 ⑤ 포장의 모듈화는 제품 치수에 맞추어 포장 치수를 선택함으로써 유닛로드시스템의 파렛트화나 컨테이너화를 가능하게 하고 하역작업의 기계화·자동화, 화물파손방지, 적재의 신속화 등 물류합리화에 기여한다.

03

화물을 일정한 중량이나 체적으로 단위화시켜 하역과 수송의 합리화를 도모하는 것은? 기출 23년

① 유닛로드시스템(Unit Load System)
② 파렛트풀시스템(Pallet Pool System)
③ 파렛트 표준화(Pallet Standardization)
④ 포장의 모듈화(Packaging Modularization)
⑤ 일관파렛트화(Palletization)

해설 ② 파렛트풀시스템(Pallet Pool System) : 파렛트의 규격과 척도 등을 표준화하고 상호 교환성이 있도록 한 후, 이를 서로 연결하여 사용하는 제도이다.
③ 파렛트 표준화(Pallet Standardization) : 파렛트 규격을 표준화하여 수송장비 적재함 크기 표준화, 포장단위치수 표준화, 운반·하역장비 표준화, 창고 및 보관시설 표준화를 추구하는 것이다.
④ 포장의 모듈화(Packaging Modularization) : 포장 요소의 규격, 치수에 대한 기준척도와 대칭계열을 의미한다.
⑤ 일관파렛트화(Palletization) : 파렛트를 기본용구로 하여 과학적, 합리적 방법으로 하역을 기계화하고 수송, 보관, 포장의 각 기능을 합리화하기 위한 수단이다.

04

표준 파렛트 T-11형을 ISO 규격의 20피트(feet) 해상컨테이너에 2단으로 적입할 경우, 컨테이너 내에 적입할 수 있는 최대 파렛트 수량은? 기출 20년

① 10개
② 14개
③ 16개
④ 18개
⑤ 20개

해설 ⑤ 20피트 컨테이너의 크기는 높이 2.4m × 폭 2.6m × 길이 6m로, 20피트 컨테이너에 T-11형(1,100mm×1,100mm) 표준 파렛트 1단을 적입할 경우에는 2열씩 10개를 적입할 수 있으므로 2단으로 적입할 경우에는 20개를 적입할 수 있다.

🔒 01 ② 02 ⑤ 03 ① 04 ⑤

키워드 ❷ 물류공동화

05

물류공동화를 위한 전제조건으로 옳지 않은 것은? 기출 18년

① 일관 파렛트화 추진 및 업계의 통일전표 사용
② 자사 물류시스템과 외부 물류시스템의 연계
③ 물류서비스 내용의 명확화 및 표준화
④ 자사만의 독자적인 물류비 적용 기준의 확립
⑤ 통일된 외장표시 및 표준 물류 심벌(symbol) 사용

해설 ④ 물류공동화는 개별기업 자체의 독자적인 물류운영 한계를 극복하기 위해 필요하다.

06

물류공동화의 목적으로 옳지 않은 것은? 기출 19년

① 대량 처리를 통한 물류비 절감
② 인력부족에 대한 대응
③ 수·배송 효율의 향상
④ 중복투자의 감소
⑤ 참여 기업별로 차별화된 물류서비스 제공

해설 ⑤ 물류공동화를 위해서는 자사의 물류시스템을 완전히 개방해야 하며 서비스 내용을 명확하게 표준화해야 한다.

키워드 ❸ 공동수·배송

07

수·배송 공동화의 효과에 관한 설명으로 옳지 않은 것은? 기출 24년

① 화물의 규격, 포장, 파렛트 규격 등의 물류표준화가 선행될 때 효과가 높다.
② 공동 수·배송에 참여하는 기업들은 개별적인 차원보다 공동의 목표를 가져야 효과가 높다.
③ 일정 지역 내에 공동 수·배송에 참여하는 복수의 화주가 존재해야 효과가 높다.
④ 공동 수·배송을 주도할 수 있는 중심업체가 있어야 효과가 높다.
⑤ 화물형태가 일정하지 않은 비규격품, 목재, 골재, 위험물 등은 공동배송에 효과가 높다.

해설 ⑤ 화물의 표준화(화물형태 규격화)가 가능할 경우 공동수·배송 추진이 용이하다.

08

공동수·배송시스템 관련 설명으로 옳지 않은 것은? 기출 22년

① 화물형태가 규격화된 품목은 공동화에 적합하다.
② 참여 기업 간 공동수·배송에 대한 이해도가 높고 서로 목표하는 바가 유사해야 한다.
③ 자사의 정보시스템, 각종 규격 및 서비스에 대한 공유를 지양해야 한다.
④ 화물의 규격, 포장, 파렛트 규격 등의 물류표준화가 선행되어야 한다.
⑤ 배송처의 분포밀도가 높으면 배송차량의 적재율 증가로 배송비용을 절감할 수 있다.

해설 ③ 정보공유의 기피는 공동수·배송 추진의 장애요인이 되므로 자사의 정보시스템, 각종 규격 및 서비스에 대한 공유를 지향해야 한다.

09

공동수·배송의 필요성에 관한 설명으로 옳지 않은 것은? 기출 23년

① 소비자 욕구의 다양화로 다빈도 소량주문 증가
② 화물량 증가에 따른 도로혼잡 및 환경오염 문제 발생
③ 능률적이고 효율적으로 물류활동 개선 필요
④ 새로운 시설과 설비 투자에 따른 위험부담 감소 필요
⑤ 소비자의 물류서비스 차별화 요구 증가

해설 ⑤ 일관된 물류서비스 제공으로 신뢰성을 제고하기 위해 공동수·배송이 필요하다.

키워드 ❹ 물류공동화

10

다음 설명에 해당하는 공동 수·배송 운영방식은? 기출 24년

- 화주가 협동조합 및 연합회를 조직하여 공동화하는 형태가 있다.
- 운송업자가 공동화하여 불특정 다수의 화물에 대하여 공동화하는 형태가 있다.
- 물류센터에서의 배송뿐만 아니라 화물의 보관 및 집하업무까지 공동화하는 것이다.

① 집배송공동형
② 배송공동형
③ 노선집하공동형
④ 공동수주·공동배송형
⑤ 납품대행형

해설 ② 배송공동형 : 화물거점 시설까지 각 화주 또는 개개의 운송사업자가 화물을 운반하고 배송만을 공동화하는 것이다.
③ 노선집하공동형 : 종래 개개의 노선사업자가 집하해 온 노선화물의 집하 부분만 공동화하는 것이다.
④ 공동수주·공동배송 : 운송업자가 협동조합을 설립하고 화주로부터 수주를 받아 조합원에게 배차를 지시하는 방식이다.
⑤ 납품대행형 : 운송업자가 납입선을 대신하여 납품하는 형태이다.

11

다음 설명에 해당하는 물류 시설은? 기출 23년

국내용 2차 창고 또는 수출 화물의 집화, 분류, 운송을 위한 내륙CFS(Container Freight Station)와 같이 공급처에서 수요처로 대량으로 통합운송된 화물을 일시적으로 보관하는 창고

① 물류터미널
② 집배송센터
③ 공동집배송단지
④ 물류센터
⑤ 데포(Depot)

해설 ① 물류터미널 : 화물의 집화(集貨), 하역(荷役) 및 이와 관련된 분류, 포장, 보관 등에 필요한 기능을 갖춘 시설물이다.
② 집배송센터 : 하역과 보관, 배송 정보 등과 관련한 시설을 갖춘 곳이다.
③ 공동집배송단지 : 유사한 업종의 제품유통을 위해서 대규모 단지를 조성하고, 도매·검수·포장 등과 같은 가공기능과 정보처리 시설 등을 갖추어 체계적으로 공동관리하는 물류단지이다.
④ 물류센터 : 물자 유통경로상 최적 장소에 설치한 유통창고로 적기 배송을 위한 시설이다.

12

다음은 무엇에 관한 설명인가? 기출 17년

제조업체, 유통업체, 물류업체 등이 공동출자해 설립한 물류거점으로서 이해당사자들이 다이어그램(시간표) 배송과 분류작업 등을 공동으로 수행하는 곳이다.

① 공동배송센터(Joint Distribution Center)
② 고층랙창고(High Stowage/Storage Rack Warehouse)
③ 공공창고(Public Warehouse)
④ 내륙기지(Inland Depot)
⑤ 컨테이너 야적장(Container Yard)

해설 ② 고층랙창고 : 컴퓨터와 로봇 및 자동컨베이어로 고층의 선반에 있는 상품을 넣거나 꺼내는 자동화창고이다.
③ 공공창고 : 국가 또는 지방공공단체가 공공의 이익을 목적으로 건설한 창고이다.
④ 내륙기지 : 컨테이너 장치장이나 컨테이너 화물에 통관기능까지 부여된 컨테이너 통관기지 장소이다.
⑤ 컨테이너 야적장 : 컨테이너의 하역작업을 위해 컨테이너를 쌓아 두는 장소이다.

CHAPTER 04 시험에 꼭 나오는 필수문제

01 물류비에 관한 설명으로 옳지 않은 것은? 기출 20년

① 물류활동을 실행하기 위해 발생하는 직접 및 간접 비용을 모두 포함한다.
② 영역별로 조달, 생산, 포장, 판매, 회수, 폐기 활동으로 구분된 비용이 포함된다.
③ 현금의 유출입보다 기업회계기준 및 원가계산준칙을 적용해야 한다.
④ 물류활동이 발생된 기간에 물류비를 배정하도록 한다.
⑤ 물류비의 정확한 파악을 위해서는 재무회계방식보다 관리회계방식을 사용하는 것이 좋다.

해설 ② 영역별로 조달, 생산, 사내, 판매, 리버스(반품·회수·폐기) 활동으로 구분된 비용이 포함된다.

기출문제 엿보기
- ☑ 물류비의 정의와 분류에 관한 설명으로 옳지 않은 것은? 19년
- ☑ 물류비를 관리하는 목적으로 옳지 않은 것은? 17년
- ☑ 물류비를 계산하고 관리하는 목적으로 옳지 않은 것은? 15년

02 일반기준에 의한 물류비 분류에서 기능별 물류비에 해당하지 않는 것은? 기출 23년

① 위탁비   ② 운송비
③ 보관비   ④ 포장비
⑤ 하역비

해설 ① 위탁비 : 지급형태별 물류비

기출문제 엿보기
- ☑ 물류비의 분류체계에서 기능별 비목에 해당하지 않는 것은? 21년
- ☑ 역물류비에 관한 설명으로 옳은 것은? 20년
- ☑ 기업물류비의 분류체계 중 기능별 물류비가 아닌 것은? 18년
- ☑ 세목별 물류비 분류 항목으로 옳지 않은 것은? 16년

03 일반기준에 의한 물류비 계산방식에 관한 설명으로 옳지 않은 것은? 기출 13년

① 물류비의 인식기준은 원가계산준칙에서 일반적으로 채택하고 있는 발생기준을 준거로 한다.
② 시설부담이자와 재고부담이자에 대해서는 기회원가의 개념을 적용한다.
③ 물류비의 계산은 먼저 관리항목별 계산을 수행한 후 비목별 계산을 수행한다.
④ 자가물류비는 자사 설비나 인력을 사용하여 물류활동을 수행함으로써 소비되는 비용으로 재료비, 노무비, 경비 등이 포함된다.
⑤ 관리항목별 계산은 조직별, 지역별, 고객별, 활동별로 물류비를 집계하는 것이다.

해설 ③ 물류비의 계산은 먼저 비목별(영역별 → 기능별 → 지급형태별 → 세목별)로 계산을 수행한 후 관리항목별, 조업도별로 계산을 수행한다.

기출문제 엿보기
- 물류비 산정의 일반기준에 해당하지 않는 것은? 14년
- 간이기준에 의한 물류비 산정방식에 관한 설명으로 옳은 것은? 13년

04 활동기준원가계산(ABC)에 관한 설명으로 옳지 않은 것은? 기출 22년

① 기업이 수행하고 있는 활동을 기준으로 자원, 활동, 원가대상의 원가와 성과를 측정하는 원가계산방법을 말한다.
② 전통적 원가계산방법보다 제품이나 서비스의 실제 비용을 현실적으로 계산할 수 있다.
③ 활동별로 원가를 분석하므로 낭비요인이 있는 업무 영역을 파악할 수 있다.
④ 임의적인 직접원가 배부기준에 의해 발생하는 전통적 원가계산방법의 문제점을 극복하기 위해 활용된다.
⑤ 소품종 대량생산보다 다품종 소량생산 방식에서 유용성이 더욱 높다.

해설 ④ 간접지원비용을 인위적인 기준으로 배분하여 제품이나 서비스 원가를 왜곡하는 전통적인 원가계산방법의 문제점을 해결하고자 하는 것이 활동기준원가계산(ABC)이다.

기출문제 엿보기
- 물류 분야의 활동기준원가계산(ABC : Activity Based Costing)에 관한 설명으로 옳지 않은 것은? 21년
- 활동기준원가계산(Activity-Based Costing)에 관한 설명으로 옳지 않은 것은? 13년

01 ② 02 ① 03 ③ 04 ④

CHAPTER 04 물류회계

> **핵심 포인트**
> - ☑ 물류비 분류항목
> - ☑ 물류비 산정
> - ☑ 물류비 계산 방식
> - ☑ 재고자산, 선입선출·후입선출
> - ☑ 손익분기점

CORE 01 물류비

1. 물류비 개요 기출▶ 20년/ 19년/ 12년/ 08년

(1) 물류비 개념

① 정의 : 원재료 조달, 완제품 생산, 거래처 납품 그리고 반품, 회수, 폐기 등 제반 물류활동에 소요되는 모든 경비
② 물류비를 상세하게 파악하기 위해 개별기업의 특성에 적합하도록 제품, 지역, 고객, 운송수단 등과 같은 관리항목을 정의하여 구분

(2) 물류비 산정 기출▶ 22년/ 19년/ 17년/ 15년

「기업물류비 산정지침」에 따른 목적	기업물류비 산정지침은 「물류정책기본법」 제26조 및 영 제18조의 규정에 따라 물류기업 및 화주기업의 물류비 계산을 위한 절차와 방법에 대한 기준을 제공함으로써 개별기업의 물류회계표준화를 도모하고 물류비 산정의 정확성과 관리의 합리성을 제고하는 데 있음
내용	• 물류비 산정방법 　– 일반기준에 의한 물류비 산정방법 : 관리회계 방식으로 계산 　– 간이기준에 의한 물류비 산정방법 : 기업의 재무제표를 중심으로 한 물류비 과목 분류 　– 물류비 실태 파악을 위해 영역별, 기능별, 지급형태별, 세목별 구분 　– 물류비 관리를 위해 관리항목별, 조업도별로 분류 • **물류비 계산범위** : 국내에서 발생하는 물류비로 제한
물류비 산정(관리)의 목적	• 물류관리의 기본 척도로 활용 • 물류비 산정을 통해 물류의 중요성 인식 • 물류활동의 계획, 관리 및 실적 평가에 활용 • 경영 관리자에게 필요한 원가자료 제공 • 물류활동에 대한 비용정보를 파악하여 기업 내부의 합리적인 의사결정을 위한 정보 제공 • 물류활동의 문제점을 도출하고 개선하여 기업의 물류비 절감 및 생산성 향상 도모

2. 물류비 분류 기출▶ 25년/ 23년/ 21년/ 20년/ 18년/ 16년/ 12년/ 11년/ 07년/ 05년

(1) 전체 분류체계

과목		영역별	기능별	지급형태별	세목별	관리항목별	조업도별
계정	비목	• 조달물류비 • 생산물류비 • 사내물류비 • 판매물류비 • 리버스물류비(역물류비) : 반품, 회수, 폐기)	• 운송비 • 보관비 • 포장비 • 하역비(유통가공비 포함) • 물류정보 · 관리비	• 자가물류비 • 위탁물류비(2PL, 3PL)	• 재료비 • 노무비 • 경비 • 이자	• 제품별 • 지역별 • 고객별 • 조직별 • 운송수단별	• 고정물류비 • 변동물류비

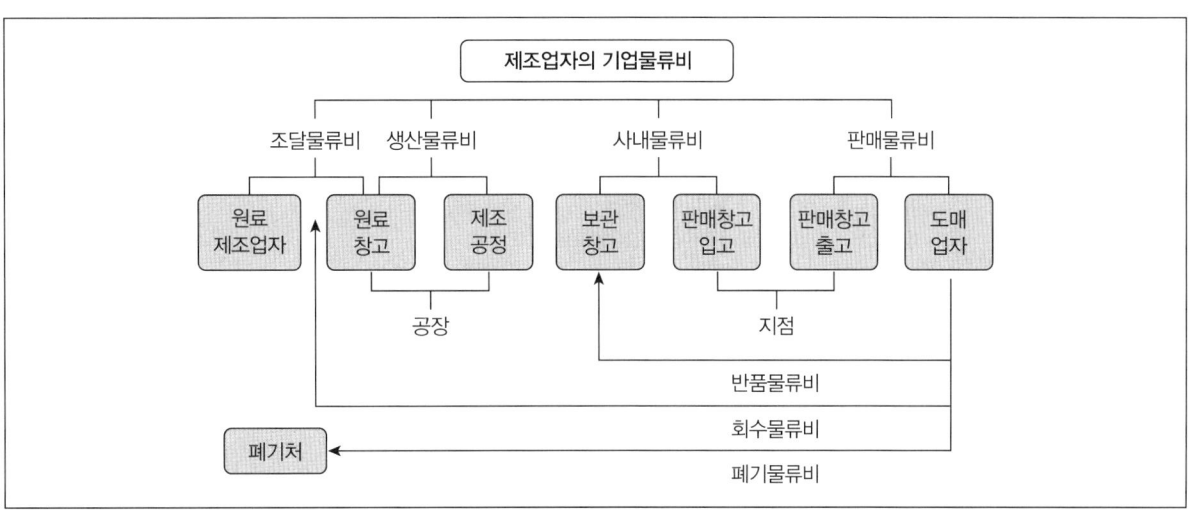

▲ 제조업 영역별 물류비 분류

(2) 세부 분류체계

① 영역별 분류 기출▶ 24년

순물류비	조달물류비	원재료(공용기, 포장재료 포함)의 조달에서 구매자에게 납입할 때까지의 물류에 소요된 비용
	생산물류비	원재료 입하 후 생산공정에서 가공을 실시하여 제품으로 완성될 때까지의 물류에 소요된 비용
	사내물류비	• 매입물자의 보관창고에서 완제품 등의 판매를 위한 장소까지의 물류활동에 따른 비용 • 재료의 생산이나 제품 제조 공정 내에서 발생하는 비용은 생산원가 · 제조원가에 산입되므로 제외
	판매물류비	판매창고에서 보관한 완제품 또는 매입한 상품이 고객에게 인도될 때까지의 비용
역물류비	반품물류비	• 고객에게 판매된 제품의 반품 과정에서 물류에 소요된 비용 • 반품과정에서 발생하는 운송, 검수, 분류, 보관, 하역 등의 제반 비용은 포함되지만, 반품 자체에 따른 환불과 위약금은 해당되지 않음
	회수물류비	제품이나 상품의 판매물류에 부수적으로 발생하는 파렛트, 컨테이너 등과 같은 빈 물류용기와 판매와 관련하여 발생되는 빈 판매용기의 회수 및 재사용비용
	폐기물류비	• 제품 및 포장비 또는 운송용 용기, 자재 등을 폐기하기 위해서 물류에 소요된 비용 • 폐기 자체의 비용이나 공해방지 처리비용은 포함되지 않음

② 기능별 분류

운송비	물자를 물류거점 간 또는 소비자까지 이동시키는 활동에서 소비된 비용
보관비	• 물자를 창고 등의 물류시설에 보관하는 활동에 따른 물류비 • 상품을 단순히 보관하는 데 소비되는 비용뿐만 아니라 재고물품에 대해 발생하는 비용도 포함
포장비	물자 이동과 보관을 용이하게 하기 위한 상자, 골판지, 파렛트 등을 사용한 물류포장 활동에 따른 물류비
하역비	물자의 운송과 보관활동에 수반되어 동일시설 내에서 물자를 상하좌우로 이동시키는 활동에 소비된 비용
유통가공비	• 물자의 유통과정에서 물류효율 향상을 위해 이를 가공하는 데 소비된 비용 • 스티커 부착, 제품 품질검사 및 분류, 기획포장이나 묶음포장 등 포함
물류정보·관리비	• **물류정보비** : 물류 프로세스를 전략적으로 관리하고 효율화하기 위해 컴퓨터 등 전자적 수단을 사용하여 지원하는 활동에 따른 물류비 • **물류관리비** : 물류활동 및 물류기능의 합리화·공동화를 위해 계획·조정·통제하는 등의 물류관리 활동에 따른 물류비

③ 지급형태별 분류

자가물류비	• 자사 설비나 인력을 사용하여 물류활동을 수행함으로써 소비되는 비용 • 재료비, 노무비, 경비, 이자 등
위탁물류비	• 물류활동의 일부 또는 전부를 타사에 위탁하여 수행함으로써 소비된 비용 • 물류자회사 지급분과 물류전문업체 지급분으로 구분 • 포장료, 운송료, 입·출고료, 수수료 및 기타 관련 비용 포함

④ 세목별 분류

재료비		물류와 관련된 재료의 소비에서 발생(예 포장이나 운송기능)
노무비		물류활동 수행을 위한 노동력 비용(예 운송, 보관, 포장, 하역 관리 등의 전반적인 기능과 조달, 사내, 판매 등의 전 영역)
경비		재료비, 노무비 이외에 물류활동과 관련된 제비용(예 물류관리, 회계 및 관리 등의 계정과목 전부)
이자 기출 13년		• 물류시설이나 재고자산에 대한 이자발생분(예 금리 또는 투자보수비) • 이자의 종류
	시설부담이자	• 물류시설에 투자된 자금에 대한 이자부담분만큼의 기회손실 • 시설부담이자 = 시설물의 잔존가치 × 이자율 (시설물의 잔존가치 = 시설물의 취득원가 − 감가상각누계액)
	재고부담이자	• 재고자산이 존재하여 발생하는 재고자산 가치에 대한 이자부담분만큼의 기회손실 • **재고 보관비에만 포함**(재고 : 영업창고에 보관중인 원자재, 부품 및 제품 일체) • 재고부담이자 = 재고의 평균잔액 × 이자율

⑤ 관리항목별 분류

㉠ 물류비를 보다 세분하여 파악하기 위한 목적으로 분류하는 항목

㉡ 제품별, 지역별, 고객별, 조직별, 운송수단별 등으로 분류

⑥ 조업도별 분류

물류고정비	물류조업도의 증감과 관계없이 발생하거나 소비되는 비용이 일정한 물류비
물류변동비	물류조업도의 증감에 따라 발생하거나 소비되는 비용이 비례하여 변화되는 물류비

+ 더 알아보기 감가상각비 계산 공식 기출 14년

감가상각비 = (취득원가 − 잔존가치) / 내용연수

연습 문제

물류센터를 운영하고 있는 A사는 2013년 다음과 같은 자산을 구입하였다. 이 회사는 감가상각방법으로 정액법을 채택하고 있다. A사가 3년 동안 매년 기록할 감가상각비는 얼마인가? 기출 14년

자산	취득원가	잔존가치	내용연수
건물	320백만원	20백만원	40년
기계장치	110백만원	10백만원	10년

① 17.5백만원/년 ② 18.5백만원/년
③ 19.5백만원/년 ④ 20.5백만원/년
⑤ 21.5백만원/년

해설

- 건물의 1년 감가상각비 = $\frac{(320-20)}{40}$ = 7.5백만원/년
- 기계장치의 1년 감가상각비 = $\frac{(110-10)}{10}$ = 10백만원/년
- ∴ 감가상각비 = 7.5백만원 + 10백만원 = 17.5백만원/년

정답 ①

CORE 02 물류비 계산

1. 물류비 계산 방법 기출 23년/ 20년/ 19년/ 18년/ 16년/ 15년/ 14년

(1) 목적별 계산 방법

물류비 실태 파악을 위한 계산	원칙	영역별, 기능별, 지급형태별로 분류하여 계산
	세부 방법	• 물류활동과 관련하여 발생된 것으로 비정상적인 물류비는 제외 • 물류비 계상에 있어서 발생기준에 따라 측정 • 원가회계방식에 의해 별도로 파악된 원가자료로부터 영역별, 기능별, 지급형태별로 집계 • 물류활동의 부수적·간접적으로 발생되는 물류비는 주된 물류활동과 관련하여 합리적인 배부기준에 따름 • **물류비 배분기준** : 물류관련 금액, 인원, 면적, 시간, 물량 등을 고려하여 원천별, 항목별, 대상별 등으로 구분 후 설정
물류비 관리 목적을 위한 계산	원칙	물류관리의 의사결정을 지원하기 위해 조업도별, 관리항목별로 구분하여 계산
	세부 방법	• 물류활동 및 물류기능과 관련하여 발생 • 기능별 물류비를 물류변동비와 물류고정비로 구분하여 집계(물류조업도 변화에 따른 물류비 변화 분석을 위해) • 조직별, 지역별, 고객별, 활동별 등 관리항목별로 물류비 집계 → 관리항목별로 직접귀속 가능한 직접비는 직접 부과, 직접귀속 불가능한 간접비는 적절한 물류비 배부기준 이용하여 배부 • **시설부담이자·재고부담이자** : 별도의 자산명세서·재고명세서 등 객관화된 자료 및 권위 있는 기관에서 발표되는 이자율 등 고려

(2) 비목별 계산 기출 25년/ 23년/ 18년/ 20년/ 19년/ 18년/ 16년/ 15년/ 14년

① 비용항목별(영역별, 기능별, 지급형태별, 세목별)로 물류비를 집계하는 것
② 비목별 계산 절차

제1단계	물류비 계산욕구의 명확화	• **물류비 계산 목표 작성** : 해당 기업의 물류비 관리 필요성이나 목표에 의거, 명확하게 작성 • **물류비 계산대상 결정** : 물류관리자는 물류비 계산욕구를 토대로 물류비 절감목표와 관련하여 결정 • **물류비 계산범위 설정** : 기업의 물류비 규모 결정에 매우 중요한 사항, 물류비를 어느 범위까지 계산하면 되는지 결정
제2단계	물류비 자료의 식별과 입수	• **회계부문에서 기본적인 회계자료 입수** : 물류비 계산을 위해 물류활동으로 발생한 기본적인 회계자료와 관련 자료를 계산대상별로 식별 후 입수 • 기본적인 회계자료는 해당 기업의 계정과목을 중심으로 제공(세목별 물류비의 기초자료) • 시설·재고 부담이자 계산을 위한 기회원가 관련 자료도 별도로 입수

제3단계	물류비 배부기준의 선정	• 회계부문으로부터 물류비 관련 회계자료 입수 후 계산대상별 물류비 계산을 위해 물류비 배부기준·배부방법 선정
		• 영역별, 기능별, 관리항목별(제품별, 지역별, 고객별 등)로 계산하기 위해 먼저 물류비를 직접물류비와 간접물류비로 구분
		• 배부기준에 의한 물류비산정
		
		    총물류비: 운송비, 보관비, 하역비, 포장비, 기타 물류비 등 각 물류비 항목들의 총합에 각 비목별 비용을 나눠서 계산
		    비목별 물류비: 운송비, 보관비, 하역비, 포장비, 기타 물류비 등을 개별 산정

제4단계	물류비 배부와 집계	• 제2단계에서 입수된 물류비 관련 자료를 사용하고, 제3단계의 배부기준 및 배부방법으로 물류비를 배부하여 집계하는 단계
		• 물류비 배부 방법
		
		    직접물류비: 전액을 해당 계산대상별로 직접 부과
		    간접물류비: 적절한 배부기준과 배부방법에 의하여 물류비를 계산대상별로 일정액 또는 일정률 배부·집계하여 합산

제5단계	물류비 계산의 보고	• 물류비 계산의 실시에 따른 보고서를 계산대상별로 작성 후 종합하여 물류활동에 관한 물류비 보고서 제출 • **물류비 보고서** : 물류비 계산서 합산, 전사 물류비 보고서로 작성 • 필요에 따라서 영역별·기능별·지급형태별 물류비 보고서, 물류센터별·제품별·지역별 등의 관리항목별 물류비 보고서, 조업도별 물류비 보고서 등을 작성하면 산출된 물류비 정보를 물류의사결정이나 물류업적평가에 유용하게 활용 가능

연습 문제

다음은 제품 A와 B를 취급하는 물류업체의 연간 물류비의 비목별 자료이다. 이에 관한 설명으로 옳은 것은? 기출▶ 19년

구분	운송비	보관비	포장비	하역비	합계
금액(만원)	6,000	1,000	1,000	2,000	10,000
배부기준	물동량	보관면적	출고물량	입·출고 물량	-

제품	물동량(km·ton)	보관면적(㎡)	입고물량(개)	출고물량(개)
A	6,000	3,000	400	600
B	4,000	2,000	900	600
합계	10,000	5,000	1,300	1,200

① 제품 A의 물류비는 5,000만원이다.
② 제품 B의 물류비는 4,500만원이다.
③ 제품 A의 운송비로 6,000만원이 배부된다.
④ 제품 B의 보관비로 600만원이 배부된다.
⑤ 제품 A와 B의 하역비는 동일하게 배부된다.

해설

② 제품 B의 물류비
$= 6,000 \times \frac{4,000}{10,000} + 1,000 \times \frac{2,000}{5,000} + 1,000 \times \frac{600}{1,200} + 2,000 \times \frac{1,500}{2,500}$
$= 2,400 + 400 + 500 + 1,200 = 4,500$만원

① 제품 A의 물류비
$= 6,000 \times \frac{6,000}{10,000} + 1,000 \times \frac{3,000}{5,000} + 1,000 \times \frac{600}{1,200} + 2,000 \times \frac{1,000}{2,500}$
$= 3,600 + 600 + 500 + 800 = 5,500$만원

③ 제품 A의 운송비로 3,600만원이 배부된다.
④ 제품 B의 보관비로 400만원이 배부된다.
⑤ 제품 A의 하역비는 800만원, 제품 B의 하역비는 1,200만원이다.

정답 ②

(3) 물류비 관리 및 절감이 기업에 미치는 영향 기출▶ 20년/ 19년/ 18년/ 17년/ 16년/ 14년

① 기업의 물류비 관리 목적

㉠ 물류관리 기본 척도로 활용

㉡ 물류활동의 문제점을 도출하고 개선하여 기업 물류비 절감 및 생산성 향상

㉢ 물류활동 계획·관리·실적평가에 이용

㉣ 물류활동 관련 비용 정보를 파악하고 기업 내부의 합리적인 의사결정에 이용

② 물류비 절감이 기업에 미치는 영향

㉠ 기업의 물류비가 10% 절감되면 회사의 매출액은 그 이상 증대되는 효과가 있음

㉡ 이익증가분 투자 시 이자비용, 위험비용 감소 등 부가적인 가치가 더해지는 효과가 있음

㉢ 물류비 절감을 통해 기업활동에 영향을 미치는 제3의 이익원 창출

2. 물류비 계산 기준

(1) 일반기준과 간이기준 기출 14년/ 13년

① 개념

일반기준 (원가회계방식)	• 원가회계방식에 의한 물류비 계산기준 → 물류비를 상세하게 원천적으로 계산하는 방식 • **목적** : 개별기업의 물류비에 대한 실태를 상세히 파악하고, 개별기업이 물류비를 효율적으로 관리하도록 지원하기 위하여 원가회계방식에 의한 원가자료로부터 실적물류비를 발생요인별로 계산함에 있음 • **물류비 인식기준** : 원가계산준칙에서 일반적으로 채택하고 있는 발생기준을 준거로 함 • 상세한 물류비 정보 입수를 위해 사용되는 기준이므로 일정 이상의 물류비 관리수준을 가지고 있는 기업에서 활용 • 시설부담이자와 재고부담이자에는 기회원가의 개념 적용
간이기준 (재무회계방식)	• 재무회계방식에 의한 물류비 계산기준 → 회계장부와 재무제표로부터 간단하게 추산하는 방식 • **목적** : 개별기업의 물류비에 대한 실태를 추정할 목적으로 재무회계방식에 의하여 기존의 회계장부와 재무제표로부터 기능별, 지급형태별로 계산함에 있음 • 상세한 물류비 정보보다 개략적 물류비 정보나 자료 정도로도 만족하는 중소기업 등 비교적 물류비 관리 수준이 낮거나 물류비 산정 초기단계의 기업에서 활용 • 제조원가명세서 및 손익계산서 계정항목별 물류비 추계 · 계산

② 일반기준과 간이기준의 비교

구분	일반기준(관리회계방식)	간이기준(재무회계방식)
계산의 기본적 관점	• 물류목표의 효과적 달성을 위한 활동에 관여하는 인력, 자금, 시설 등의 계획 및 통제에 유용한 회계정보 작성 • 기능별, 관리목적별 업적평가나 계획수립 가능	• 기업활동의 손익상태(손익계산서)와 재무상태(대차대조표) 중심 • 회계제도 범주에서 물류활동에 소비된 비용항목을 대상으로 1회계 기간의 물류비총액 추정
계산방식	물류활동 관리 및 의사결정에 필요한 회계정보 입수를 위해 영역별, 기능별, 관리목적별로 구분하여 비용 집계	재무회계의 비용항목 중 물류활동에 소비된 비용의 항목별 배부기준에 근거하여 해당 회계기간의 물류비 추산
장점	• 영역별 · 기능별 · 관리목적별 물류비의 필요시기, 장소에 따른 계산 가능 • 물류활동의 개선안과 개선항목을 보다 명확하게 파악 가능	• 개략적인 물류비총액 계산에서 별도의 물류비 분류, 계산 절차 등 불필요 • 전담조직이나 전문지식이 부족해도 계산 가능
단점	상세한 물류비 분류 및 계산을 위한 사무절차와 작업량이 많으므로 정보시스템 구축 전제 필요	• 상세한 물류비 파악 곤란으로 구체적 업무 평가나 개선목표 달성에 한계 • 물류비절감 효과 측정에 한계

(2) 활동기준 원가계산(ABC : Activity Based Costing) 기출 22년/ 21년/ 13년

① 개요
  ㉠ 기업이 수행하고 있는 활동을 기준으로 자원, 활동, 원가대상의 원가와 성과를 측정하는 원가 계산 방법
  ㉡ 수익 창출 과정에서 원가가 발생하는 원인을 체계적으로 분석하여 자원과 활동 및 제품 사이의 인과관계에 따라 원가를 배분함으로써 개별 제품의 정확한 원가 계산
  ㉢ 임의적인 간접원가 배부기준에 의해 서비스 원가가 왜곡되는 전통적 원가계산방법의 문제점을 극복하기 위해 활용
  ㉣ 업무를 활동단위로 세분하여 원가 산출
  ㉤ 기존의 재료비, 노무비, 경비 등 원가귀속방식에서 더 나아가 원가가 발생하게 된 원인을 분석하여 비제조원가도 원가동인에 의해 배부

② 효과
  ㉠ 정확한 원가 정보를 제공하여 제조 간접 원가에 대한 원가 왜곡 현상 방지
  ㉡ 제품이나 서비스의 실제 비용을 전통적 원가계산방법보다 현실적으로 계산
  ㉢ 활동에 관한 정보를 제공하여 낭비요인이 있는 업무영역 파악 및 비가치 활동 제거에 도움
  ㉣ 산정원가를 바탕으로 원가유발요인분석 및 성과측정 가능
  ㉤ 물류서비스별, 활동별, 고객별, 유통경로별, 프로세스별 수익성 분석 가능
  ㉥ 소품종 대량생산보다 다품종 소량생산 방식에서 더욱 유용

CORE 03 기타 물류회계 개념

1. 재고 관련 기출▶ 20년/ 18년/ 16년

(1) 재고자산 산정 방법 기출▶ 17년

선입선출법 (FIFO : First In First Out)	• 재고자산 중 가장 먼저 취득된 것부터 순차적으로 판매하는 방법 • 재고자산 단가 결정 시 먼저 입고된 것부터 차례로 출고되는 것으로 보고 기말재고액을 평가하는 방법
후입선출법 (LIFO : Last In First Out)	• 재고자산 중에서 나중에 입고된 것부터 판매하는 것 • 단, 후입선출법으로 기말재고 평가 시 과소평가되어 당기순이익이 과소계상될 수 있음

(2) 현금전환주기(CCC : Cash-to-Cash Cycle) 기출▶ 24년

① 기업이 재고를 위해 공급자에게 현금 지급 후 고객으로부터 현금을 받는 기간
② 기업의 제품 판매 시 현금이 얼마나 빨리 회수되는지 나타내주는 지표
③ 현금전환주기 계산식

> 현금전환주기 = 재고자산 회전기간 + 매출채권 회전기간 − 매입채무 회전기간

연습 문제

A기업의 물류성과지표가 다음과 같을 때 현금전환주기(Cash-to-Cash Cycle)는? 기출▶ 24년

- 재고기간(Days of inventory) : 3개월
- 매출채권 회수기간(Days of accounts receivable) : 2개월
- 매입채무 지급기간(Days of accounts payable) : 3개월

① 2개월 ② 3개월
③ 4개월 ④ 6개월
⑤ 8개월

해설
- 현금전환주기 계산식 = 재고자산 회전기간 + 매출채권 회전기간 − 매입채무 회전기간
- A기업의 현금전환주기 = 재고기간 3개월 + 매출채권 회수기간 2개월 − 매입채무 지급기간 3개월 = 2개월

정답 ①

2. 손익분기점(BEP : Break Even Point) 분석

(1) 개요
① 손익분기점 : 총수익과 총비용이 일치하게 되는 판매수량 혹은 매출액(이익도 손실도 없게 되는 매출수준)
② 손익분기점 분석 : 손익분기점을 파악하기 위해 비용 및 매출액 수준과 이익 사이의 관계를 분석하는 기법

(2) 손익분기점 관련 공식 기출 25년/ 24년/ 23년/ 22년/ 21년

① 손익분기점 판매량 = $\dfrac{고정비}{단위당판매가격 - 단위당변동비}$

② 목표이익을 달성하기 위한 판매량 = $\dfrac{고정비 + 목표이익}{단위당판매가격 - 단위당변동비}$

연습 문제

A기업의 연간 고정비는 10억원, 단위당 판매가격은 10만원, 단위당 변동비는 판매가격의 50%이다. 연간 손익분기점 판매량 및 손익분기 매출액은? 기출 22년

① 10,000개, 10억원
② 15,000개, 20억원
③ 20,000개, 20억원
④ 25,000개, 25억원
⑤ 30,000개, 25억원

해설

손익분기점 판매량 = $\dfrac{고정비}{단위당판매가격 - 단위당변동비}$

= $\dfrac{10억원}{10만원 - 5만원}$ = 20,000개

따라서 손익분기 매출액 = 20,000개 × 10만원 = 20억원

정답 ③

출제포인트 OX 문제

01 OX 물류비를 영역별로 분류할 때 포장물류비가 포함된다.

02 OX 관리회계 방식이 재무회계 방식보다 상세하고 정확하게 물류비를 산정할 수 있다.

03 OX 역물류비는 회수물류비, 폐기물류비, 반품물류비로 세분화한다.

04 OX 재료비는 물류비 분류체계에서 세목별 비목에 해당한다.

05 물류비를 지급형태별로 분류할 때 (   )와 (   )로 분류된다.

06 OX 실태 파악을 위한 물류비는 영역별, 기능별, 지급형태별로 계산한다.

07 OX 직접물류비는 계산대상별로 직접 부과한다.

08 OX 재무회계방식은 기업활동의 손익계산서와 대차대조표를 중심으로 작성한다.

09 (   )은/는 기업이 수행하고 있는 활동을 기준으로 자원, 활동, 원가대상의 원가와 성과를 측정하는 원가계산방법이다.

10 재고자산 산정 방법 중 (   )은/는 재고자산 중 나중에 입고된 것부터 판매하는 것이다.

11 OX 손익분기점은 총수익과 총비용이 일치하게 되는 판매수량 혹은 매출액을 말한다.

12 OX 현금전환주기는 기업이 재고를 위해 공급자에게 현금을 지급하는 기간이다.

13 OX 물류비 계산기준 중 일반기준은 재무회계방식에 의한 물류비 계산기준을 말한다.

정답 및 해설

01 × ▶ 영역별 물류비 분류는 조달, 생산, 사내, 판매, 리버스(반품·회수·폐기) 물류비로 나뉜다.
02 ○
03 ○
04 ○
05 자가물류비, 위탁물류비
06 ○
07 ○
08 ○
09 활동기준 원가계산(ABC)
10 후입선출법(LIFO)
11 ○
12 × ▶ 현금전환주기는 기업이 재고를 위해 공급자에게 현금 지급 후 고객으로부터 현금을 받는 기간이다.
13 × ▶ 재무회계방식에 의한 물류비 계산기준은 간이기준이다.

빈출키워드 기출유형문제

키워드 ❶ 물류비 산정

01

국토교통부 기업물류비 산정지침에 관한 설명으로 옳지 않은 것은? 기출 22년

① 영역별 물류비는 조달물류비·사내물류비·판매물류비·역물류비로 구분된다.
② 일반기준에 의한 물류비 산정방법은 관리회계 방식에 의해 물류비를 계산한다.
③ 간이기준에 의한 물류비 산정방법은 기업의 재무제표를 중심으로 한 재무회계방식에 의해 물류비를 계산한다.
④ 간이기준에 의한 물류비 산정방법은 정확한 물류비의 파악을 어렵게 한다.
⑤ 물류기업의 물류비 산정 정확성을 높이기 위해 개발되었으므로 화주기업은 적용대상이 될 수 없다.

해설 ⑤ 기업물류비 산정지침은 「물류정책기본법」제26조 및 영 제18조의 규정에 따라 물류기업 및 화주기업의 물류비 계산을 위한 절차와 방법에 대한 기준을 제공한다.

02

2008년에 개정된 정부의 기업물류비 산정지침상의 물류비 과목분류 중 지급형태별 구분에 해당하는 비용항목으로 옳은 것은? 기출 17년

① 위탁물류비 : 물류활동의 일부 또는 전부를 타사에 위탁하여 수행함으로써 소비된 비용
② 조달물류비 : 물자의 조달처로부터 운송되어 매입자의 보관창고에 입고, 관리되어 생산공정에 투입되기 직전까지의 물류활동에 따른 비용
③ 사내물류비 : 매입물자의 보관창고에서 완제품 등의 판매를 위한 장소까지의 물류활동에 따른 비용
④ 판매물류비 : 생산된 완제품 또는 매입한 상품을 판매창고에서 보관하는 활동부터 고객에게 인도될 때까지의 비용
⑤ 역(reverse)물류비 : 회수물류비, 폐기물류비, 반품물류비로 세분화하며, 판매된 상품의 반품과정에서 발생하는 운송, 검수, 분류, 보관, 하역 등의 비용

해설 ②·③·④·⑤ 조달물류비, 사내물류비, 판매물류비, 역물류비는 영역별 구분에 해당하는 비용항목이다.

키워드 ❷ 물류비 관련 계산

03

K물류센터의 6월 비목별 간접물류비와 품목별 배부를 위한 자료가 다음과 같다. 간접물류비 배부기준이 운송비는 (운송물량×운송거리), 보관비는 (보관공간×보관일수), 하역비는 (상차수량 + 하차수량)일 때, 품목별 간접물류비 배부액(단위 : 천원)은? 기출 23년

비목	운송비	보관비	하역비
금액(천원)	10,000	2,000	1,000

품목	운송물량(ton)	운송거리(km)	보관공간(m³)	보관일수(일)	상차수량(개)	하차수량(개)
P1	15	250	500	3	4,000	5,000
P2	10	125	300	15	600	400
합계	25	375	800	–	4,600	5,400

① P1 : 8,000, P2 : 5,000
② P1 : 8,300, P2 : 4,700
③ P1 : 8,600, P2 : 4,400
④ P1 : 8,900, P2 : 4,100
⑤ P1 : 9,200, P2 : 3,800

해설
- P1의 배부액
$$= \frac{15 \times 250}{(15 \times 250)+(10 \times 125)} \times 10,000 + \frac{500 \times 3}{(500 \times 3)+(300 \times 15)}$$
$$\times 2,000 + \frac{4,000+5,000}{4,600+5,400} \times 1,000$$
$$= 7,500 + 500 + 900 = 8,900$$
- P2의 배부액
$$= \frac{10 \times 125}{(15 \times 250)+(10 \times 125)} \times 10,000 + \frac{300 \times 15}{(500 \times 3)+(300 \times 15)}$$
$$\times 2,000 + \frac{600+400}{4,600+5,400} \times 1,000$$
$$= 2,500 + 1,500 + 100 = 4,100$$

04

A기업의 작년 매출액은 500억원, 물류비는 매출액의 10%, 영업이익률은 매출액의 15%이었다. 올해는 물류비 절감을 통해 영업이익률을 20%로 올리려고 한다면, 작년에 비해 추가로 절감해야 할 물류비는? (단, 매출액과 다른 비용 및 조건은 작년과 동일한 것으로 가정한다.) 기출 20년

① 10억원 ② 15억원
③ 20억원 ④ 25억원
⑤ 30억원

해설 ④ A기업의 작년 물류비 = 500억 × 0.1 = 50억, 작년 영업이익 = 500억 × 0.15 = 75억, 올해 영업이익 목표액 = 500억 × 0.2 = 100억
물류비 절감을 통해 작년 영업이익 75억에서 올해 목표 영업이익 100억으로 총 25억을 올려야 하므로 작년에 비해 추가로 절감해야 할 물류비는 25억원이다.

05

A기업은 공급업체로부터 부품을 운송해서 하역하는 데 40만원, 창고입고를 위한 검수에 10만원, 생산공정에 투입하여 제조하는 데 30만원, 완제품출고검사에 20만원, 완제품포장에 50만원, 트럭에 상차하여 고객에게 배송하는 데 30만원을 지불하였다. A기업의 판매 물류비는? 기출 24년

① 50만원 ② 70만원
③ 80만원 ④ 100만원
⑤ 180만원

해설 ④ 판매 물류비는 생산된 완제품 또는 매입한 상품을 판매 창고에서 보관하는 활동부터 고객에게 인도될 때까지의 비용이므로, '완제품출고검사 20만원 + 완제품포장비 50만원 + 고객배송비 30만원 = 총 100만원'이 된다.

01 ⑤ 02 ① 03 ④ 04 ④ 05 ④

06

물류비의 비목별 계산과정으로 옳은 것은? 기출 18년

> ㄱ. 물류비 자료의 식별과 입수
> ㄴ. 물류비 배부기준의 선정
> ㄷ. 물류비 계산의 보고
> ㄹ. 물류비 배부와 집계
> ㅁ. 물류비 계산 욕구의 명확화

① ㄱ - ㄴ - ㄷ - ㄹ - ㅁ
② ㄱ - ㅁ - ㄴ - ㄹ - ㄷ
③ ㄱ - ㅁ - ㄷ - ㄹ - ㄴ
④ ㅁ - ㄱ - ㄴ - ㄷ - ㄹ
⑤ ㅁ - ㄱ - ㄴ - ㄹ - ㄷ

해설 물류비의 비목별 계산과정
ㅁ. 제1단계 : 물류비 계산 욕구의 명확화 - ㄱ. 제2단계 : 물류비 자료의 식별과 입수 - ㄴ. 제3단계 : 물류비 배부기준의 선정 - ㄹ. 제4단계 : 물류비 배부와 집계 - ㄷ. 제5단계 : 물류비 계산의 보고

07

물류비 절감효과에 관한 것이다. ( )에 들어갈 값은? 기출 18년

> A기업은 매출액이 200억원이고 매출액 대비 이익률은 2%, 물류비는 매출액의 9%이다. A기업이 물류비를 10% 절감한다고 가정할 때, 이 물류비 절감효과와 동일한 이익을 내기 위해서는 매출액을 ( )억원 증가시켜야 한다.

① 30   ② 45
③ 60   ④ 75
⑤ 90

해설
매출액 대비 이익 = 200억원 × 0.02 = 4억원
물류비 = 200억원 × 0.09 = 18억원
물류비 절감액 = 18억원 × 0.1 = 1.8억원
매출액 증가액을 x라 하면, 200억원 : 4억원 = x : 1.8억원
$x = \dfrac{200억원 \times 1.8억원}{4억원} = 90억원$

키워드 ③ 기타 물류회계

08

다음은 A상사의 입·출고 자료이다. 6월 9일에 제품 25개를 출고할 때 선입선출법(FIFO : First In, First Out)으로 계산한 출고금액과 후입선출법(LIFO : Last In, First Out)으로 계산한 출고금액의 차이는? (단, 6월 2일 이전의 재고는 없음) 기출 17년

일자	적요	단가(원)	수량(개)	금액(원)
6월 2일	입고	1,000	10	10,000
6월 5일	입고	1,500	20	30,000
6월 9일	출고	-	25	-

① 1,500원   ② 2,000원
③ 2,500원   ④ 3,000원
⑤ 3,500원

해설
- 선입선출법
  6월 2일 입고된 상품 10개 출고 1,000 × 10 = 10,000원
  6월 5일 입고된 상품 중 15개 출고 1,500 × 15 = 22,500원
  ∴ 10,000 + 22,500 = 32,500원
- 후입선출법
  6월 5일 입고된 상품 20개 출고 1,500 × 20 = 30,000원
  6월 2일 입고된 상품 중 5개 출고 1,000 × 5 = 5,000원
  ∴ 30,000 + 5,000 = 35,000원

그러므로 선입선출법과 후입선출법의 금액 차이는 35,000 - 32,500 = 2,500원이다.

09

물류기업 K는 제품의 포장 및 검사를 대행하는 유통가공 서비스의 경제적 타당성을 검토하고 있으며, 관련 자료는 다음과 같다. K사 유통가공 서비스의 연간 손익분기 매출액(단위 : 만원)은? 기출 23년

- 서비스 가격 : 10만원/개
- 고정비 : 10,000만원/년
- 변동비 : 7.5만원/개

① 1,000
② 4,000
③ 10,000
④ 20,000
⑤ 40,000

해설 손익분기 판매량

$$= \frac{고정비}{단위당 판매가격 - 단위당 변동비} = \frac{10,000}{10 - 7.5} = 4,000$$

따라서 손익분기 매출액 = 4,000 × 10 = 40,000

10

예비창업자 A씨의 사업계획서를 분석한 결과 연간 2천만원의 고정비가 발생하였고, 제품 1개당 판매가격은 1만원, 제품 1개당 변동비용은 판매가격의 80%일 때 손익분기점이 되는 제품 판매량은? 기출 24년

① 2,000개
② 5,000개
③ 10,000개
④ 15,000개
⑤ 20,000개

해설
손익분기점 판매량(개)

$$= \frac{고정비}{단위당 판매가격 - 단위당 변동비} = \frac{20,000,000원}{10,000원 - 8,000원}$$

$$= \frac{20,000,000원}{2,000원} = 10,000개$$

11

유통가공을 수행하는 A물류기업의 당기 고정비는 1억원, 개당 판매가격은 10만원, 변동비는 가격의 60%이며 목표이익은 1억원이다. 당기의 손익분기점 판매량(ㄱ)과 목표이익을 달성하기 위한 판매량(ㄴ)은 몇 개인가? 기출 21년

① ㄱ : 1,000개, ㄴ : 3,500개
② ㄱ : 1,500개, ㄴ : 4,000개
③ ㄱ : 2,000개, ㄴ : 5,000개
④ ㄱ : 2,500개, ㄴ : 5,000개
⑤ ㄱ : 2,500개, ㄴ : 6,000개

해설
- 손익분기점 판매량

$$= \frac{고정비}{단위당 판매가격 - 단위당 변동비} = \frac{1억원}{10만원 - 6만원}$$

$$= 2,500개$$

- 목표이익을 달성하기 위한 판매량

$$= \frac{고정비 + 목표이익}{단위당 판매가격 - 단위당 변동비} = \frac{1억원 + 1억원}{10만원 - 6만원}$$

$$= 5,000개$$

CHAPTER 05 시험에 꼭 나오는 필수문제

01 물류정보의 개념과 특징에 관한 설명으로 옳지 않은 것은? `기출 23년`

① 생산에서 소비에 이르기까지의 물류기능을 유기적으로 결합하여 물류관리 효율성을 향상시키는 데 활용된다.
② 운송, 보관, 하역, 포장 등의 물류활동에 관한 정보를 포함한다.
③ 원료의 조달에서 완성품의 최종 인도까지 각 물류기능을 연결하여 신속하고 정확한 흐름을 창출한다.
④ 기술 및 시스템의 발전으로 인해 물류정보의 과학적 관리가 가능하다.
⑤ 정보의 종류가 다양하고 규모가 크지만, 성수기와 평상시의 정보량 차이는 작다.

[해설] ⑤ 물류정보는 성수기와 비수기의 정보량에 차이가 크다.

기출문제 엿보기
- ☑ 물류정보의 특징으로 옳지 않은 것은? `21·16년`
- ☑ 물류정보의 종류에 관한 설명으로 옳지 않은 것은? `19년`

02 다음 설명에 해당하는 물류정보관리 시스템은? `기출 23년`

- 대표적인 소매점 관리시스템 중 하나로서, 상품의 판매 시점에 발생하는 정보를 저장 가능하다.
- 실시간으로 매출을 등록하고, 매출 자료의 자동정산 및 집계가 가능하다.
- 상품의 발주, 구매, 배송, 재고관리와 연계가 가능한 종합정보관리 시스템이다.

① POS(Point of Sale)
② KAN(Korean Article Number)
③ ERP(Enterprise Resource Planning)
④ GPS(Global Positioning System)
⑤ DPS(Digital Picking System)

[해설]
② KAN(Korean Article Number) : 한국에서 사용하는 EAN 바코드이다.
③ ERP(Enterprise Resource Planning) : 기업 내 경영 활동 프로세스들을 통합적으로 연계해 관리하고, 기업 정보들을 서로 공유하며, 새로운 정보 생성 및 빠른 의사결정을 도와주는 통합 시스템이다.
④ GPS(Global Positioning System) : 화물 또는 차량의 자동식별과 위치추적을 위해 사용하는 항법지원시스템이다.
⑤ DPS(Digital Picking System) : 물류센터의 랙(Rack)이나 보관 장소에 점등장치를 설치하여 출고할 물품의 보관구역과 출고 수량을 알려주고, 출고가 완료되면 신호가 꺼져 작업이 완료되었음을 자동으로 알려주는 시스템이다.

기출문제 엿보기
- ☑ 다음 ( )에 들어갈 물류정보시스템 용어를 바르게 나열한 것은? `22년`
- ☑ 다음 설명에 해당하는 정보기술은? `20년`
- ☑ POS 시스템으로부터 얻을 수 있는 정보를 모두 고른 것은? `19년`
- ☑ POS(Point of Sales)시스템 도입 효과가 아닌 것은? `16년`

03 바코드 시스템에 관한 설명으로 옳지 않은 것은? 기출 18년

① QR 코드는 2차원 바코드 중 하나이다.
② 바코드는 표준 바코드와 비표준 바코드로 나눌 수 있다.
③ POS(Point of Sales)는 바코드를 이용하는 대표적인 소매관리시스템이다.
④ 바코드는 보안에 취약하므로 포인트 적립, 할인 등의 수단에만 사용 가능하고 결제시스템에는 사용될 수 없다.
⑤ EAN-14는 업체 간 거래단위인 물류단위, 주로 골판지박스에 사용되는 국제표준물류 바코드이다.

해설 ④ 최근에는 스마트폰 내 QR코드, 바코드를 이용한 결제시스템이 사용되고 있다.

기출문제 엿보기

☑ 2차원 바코드에 해당하는 것은? 24년
☑ 바코드에 관한 설명으로 옳은 것은? 19년
☑ 바코드에 관한 설명으로 옳지 않은 것은? 15년

04 RFID에 관한 설명으로 옳지 않은 것은? 기출 24년

① 무선주파수 식별기법으로서 Radio Frequency Identification 기술을 말한다.
② 바코드와 스캐닝 기술 기반으로 구축된다.
③ 태그에 접촉하지 않아도 인식이 가능하다.
④ 태그에 데이터 추가 또는 변경이 가능하다.
⑤ 주파수 대역에 따라 태그 인식 거리 및 인식 속도의 차이가 발생한다.

해설 ② 데이터가 입력되는 IC칩 및 안테나로 구성된 전자태그(Tag)에 물품 관련 전 과정에 대한 정보를 담고 이를 판독할 수 있는 판독기를 이용하여 정보를 읽은 후 이를 인공위성이나 이동통신망과 연계하여 정보를 활용하는 무선주파수 인식기술이다.

기출문제 엿보기

☑ RFID의 특징을 설명한 것으로 옳지 않은 것은? 22년
☑ 능동형 RFID(Radio Frequency IDentification) 시스템에 관한 설명으로 옳지 않은 것은? 23년
☑ 바코드와 비교한 RFID(Radio Frequency Identification)의 특징으로 옳지 않은 것은? 21년
☑ RFID의 주파수대역별 특징에 관한 설명으로 옳지 않은 것은? 19년
☑ 수동형 RFID의 특징으로 옳은 것은? 19년
☑ 다음에서 설명하는 RFID(Radio Frequency Identification) 태그의 유형(type)은? 17년
☑ RFID(Radio Frequency Identification) 태그의 사용주파수 대역별(bandwidth) 특징에 관한 설명으로 옳지 않은 것은? 16년

01 ⑤ 02 ① 03 ④ 04 ②

CHAPTER 05 물류정보화(물류정보시스템)

> **핵심 포인트**
> ☑ 물류정보의 개념과 특징, 종류
> ☑ 물류정보관리시스템의 개념과 도입효과
> ☑ 물류정보시스템 운영기법
> ☑ 물류정보기술
> ☑ 바코드의 개념과 종류
> ☑ RFID의 개념과 구성, 장·단점

CORE 01 물류정보와 물류정보시스템

1. 물류정보 [기출] 23년/ 21년/ 16년/ 11년/ 10년/ 07년

(1) 개념 [기출] 23년

① 수송, 운반, 포장, 하역, 보관, 유통가공 등 물류활동과 관련한 모든 정보를 의미하는 것으로, 특정 상황에서 현재 또는 미래의 특정 목적을 위해 특정 사용자에게 가치를 주는 자료
② 물류정보는 물류활동의 현재 상황 인식 및 판단, 미래의 방향 설계에 도움을 주며, 관련 조직·부서·기업들 간의 협력을 이끌어내어 기업의 경영목표 달성에 기여함

(2) 물류정보의 특징 [기출] 23년/ 21년/ 16년

① 물류정보는 성수기와 비수기의 정보량 차이가 큼
② 영업, 생산, 운송 등 타 부분과의 관련성이 큼
③ 정보의 발생원이 넓게 분포되어 있음
④ 정보의 처리부문과 전달대상이 넓게 분산되어 있음
⑤ 정보의 절대량이 많고 다양함
⑥ 정보의 흐름과 화물의 흐름에 동시성이 요구됨

(3) 물류정보의 종류 [기출] 19년

화물운송정보	실시간 차량·화물추적정보, 차량운행정보, 수·배송정보, 교통상황정보, 지리정보 등
수출화물검사정보	검량정보, 검수정보, 선적검량정보 등
화물통관정보	수출입신고정보, 관세환급정보, 항공화물통관정보 등
화주정보	화주성명, 전화번호, 화물의 종류 등
항만정보	항만관리정보, 컨테이너추적정보, 항만작업정보 등

2. 물류정보시스템(LIS : Logistics Information System)

(1) 개요 기출 24년/ 21년/ 19년/ 12년/ 11년/ 10년/ 09년/ 08년/ 07년/ 05년

① 운송, 보관, 하역, 포장 등 전체 물류기능을 효율적으로 관리할 수 있게 해주는 정보시스템
② 원재료 구입으로부터 완제품 유통에 이르기까지 제품의 흐름 과정 및 이와 관련되어 발생하는 사실, 자료를 물류관리 목적에 알맞게 처리·가공하는 컴퓨터를 기반으로 함
③ 물류정보의 수집·저장·가공·유통을 처리하는 컴퓨터 하드웨어 및 소프트웨어, 업무 프로세스, 사용자 등의 집합체
④ 물류정보시스템의 정보는 발생원, 처리장소, 전달대상 등이 넓게 분산되어 있음 → 처리해야 할 정보가 많을수록 물류관리의 효율성·정확성 증대
⑤ VAN(Value Added Network), EDI(Electronic Data Interchange), CALS/EC(Computer Aided Logistics Support/Electronic Commerce) 등의 정보통신망이 기업의 물류정보시스템 지원
⑥ 물류정보와 상류정보 시스템화는 밀접한 관계 → 물류정보의 시스템화는 상류정보의 시스템화가 선행되어야 가능
⑦ 물류정보시스템 목적 : 물류서비스 향상 및 물류비 절감, 적정 고객 서비스를 최소 비용으로 달성할 수 있도록 지원

(2) 장점(도입효과) 기출 17년/ 14년

① 물동량이 증가해도 신속한 물류처리 가능
② 신속한 수주처리와 즉각적인 고객대응으로 판매기능 강화 가능
③ 판매 및 재고정보가 신속하게 집약되어 생산·판매에 대한 조정 가능
④ 재고관리 정확도 향상 및 재고 과부족으로 발생하는 물류비용 절감
⑤ 운송정보시스템으로 장거리·단거리 운송 모두 효율적 관리
⑥ 효율적 수·배송 관리로 운송비 절감

(3) 구성요소 및 하위시스템

① 물류정보시스템의 구성요소 기출 18년

재고관리 모듈	재고계획, 재고배치 등
주문처리 모듈	주문관리, 출하처리 등
수·배송관리 모듈	수·배송 계획, 화물추적, 배차계획, 출하계획 등
창고관리 모듈	작업관리, 입·출고기록, 랙관리 등
물류정보관리 모듈	물류모델의 구성, 시뮬레이션, 물류예산편성, 물류비 실적 집계, 평가 및 분석 등

② 물류정보시스템의 하위 시스템(물류정보시스템의 종류) 기출 24년/ 19년/ 15년

주문관리시스템 (OMS : Order Management System)	• 고객의 주문에 최초로 대응하며 고객이 주문한 제품의 가용성을 파악하고, 고객에 대한 신용조회 등의 기능을 수행하는 시스템 • 주문의 진행상황을 통합·관리
창고관리시스템 (WMS : Warehouse Management System)	• 제품 입·출고, 보관, 재고관리(재고 이동정보), 품질보전, 보관효율, 창고비, 운송지원, 정보처리 등을 포함하는 시스템 • 최저비용으로 창고의 공간, 작업자, 하역설비 등을 유효하게 활용하여 서비스수준 제고 목적 • '입고 → 피킹 → 출하' 프로세스 자동화로 운반관리 효율화
운송관리시스템 (TMS : Transportation Management System)	• 주문 상황에 대해 적기에 배송체제를 확립하고, 최적 운송 계획 수립 기능을 수행하는 시스템 • 최적 수송 수단 및 최적 수송경로 계획, 운송계획 및 차량 일정 관리, 화물 추적, 운임계산의 자동화 등 기능 수행
재고관리시스템 (IMS : Inventory Management System)	재고자산에 대한 효율적 계획 및 통제기능 제공 시스템
생산관리시스템 (MES : Manufacturing Execution System)	생산을 수행하기 위한 제반활동(스케쥴링, 작업지시, 품질관리, 작업 실적 집계 등)을 지원하기 위한 시스템

CORE 02 물류정보시스템 운영기법

1. 주문 및 발주 관리 시스템

EOS 자동발주시스템 (Electronic Ordering System) 기출 20년/ 14년	• **매장 재고관리 지원 시스템** : 재고량이 재주문점에 도달하게 되면 자동발주가 이루어짐 • 발주시간 단축, 발주오류 감소로 발주작업 효율성 제고 가능 • EOS를 도입한 소매점의 경우 상품코드에 의한 정확한 발주 가능 • 한정된 매장 공간에 보다 많은 종류의 상품 진열 가능 • EOS를 위한 발주작업의 표준화 및 매뉴얼화는 신속한 발주체계 확립에 기여
CAO 자동발주시스템 (Computer Assisted Ordering) 기출 13년	• 상품판매대의 재고가 소매점포에서 설정한 기준치 이하로 떨어지면 자동으로 보충주문이 발생하는 시스템 • 컴퓨터를 이용한 통합 분석 후 자동으로 주문서 작성 • 자동화된 주문관리로 수요관리 효율성 도모 • 판매단위를 기본으로 한 수량관리로 단품관리가 쉬워져 판매예측과 판매결과 차이 최소화
디지털피킹시스템 (DPS : Digital Picking System) 기출 25년/ 24년/ 13년	• 무인창고에서 오더정보에 의해 상품을 꺼내오는 창고관리 시스템 • 고객의 발주 내역에 따라 출고품목 종류 및 수량을 표시하여 창고 작업자가 신속·정확하게 집품하여 납품을 준비하도록 지원하는 반자동화 시스템 • 물류센터의 랙(Rack)이나 보관 장소에 점등장치를 설치하여 출고할 물품의 보관구역과 출고 수량을 알려주고, 출고가 완료되면 신호가 꺼져 작업이 완료되었음을 자동으로 알려줌 • 표시기(Indicator)를 사용하여 물류센터 및 자재창고 등에서 주문출하와 관련된 피킹(Picking)과 분배작업 지원 • **장점** : 출하와 재고관리 동시 가능, 다품종 소량품목 피킹에 유용, 검색시간 단축, 피킹의 신속성·정확성으로 작업 생산성과 서비스 향상
OMS (주문관리시스템, Order Management System) 기출 24년	• 주문 정보(결제, 배송, 주문취소, 반품 등) 수집 및 판매 현황을 통합적으로 처리·관리하여 주문 관리 전 과정을 지원하는 전산 시스템 • 판매자에게 실시간 주문 상황 제공 및 효율적인 재고관리, 고객 서비스 향상 지원

2. 판매시점정보관리시스템(POS : Point Of Sales) 기출▶ 23년/ 22년/ 21년/ 19년/ 18년/ 16년/ 14년/ 13년/ 10년/ 05년

(1) POS시스템 개요
① 판매장의 판매시점에서 발생하는 판매정보를 컴퓨터로 자동 처리하는 시스템
② 판매정보의 입력을 쉽게 하기 위해 상품포장지에 고유 마크나 바코드를 인쇄 또는 부착시켜 스캐너를 통과할 때 해당 상품의 각종 정보가 자동으로 입력
③ 상품별 판매정보가 컴퓨터에 보관된 발주, 매입, 재고 등 정보와 결합, 필요한 부문에 활용
④ 상품 판매동향 분석을 통해 인기상품 및 비인기상품의 신속한 파악 가능

(2) POS시스템의 활용

유통업체	POS시스템을 활용하여 매출동향 파악, 적정재고 유지, 인기상품 진열 확대 등 효과적인 상품관리 및 업무자동화 가능
제조업체	POS시스템을 통해 확보한 정보분석 결과를 생산계획에 즉각 반영할 수 있음

(3) POS시스템의 구성과 운용과정 기출▶ 25년

① **구성** : POS터미널(POS Terminal, POS단말기), 바코드 스캐너(Bar Cord Scanner), 스토어 컨트롤러(Store Controller, 메인서버)로 구성
② **운용과정**
  ㉠ 상품 정산 시 계산대에 있는 직원이 스캐너를 이용하여 상품바코드를 판독(판매 시점에 발생하는 정보 저장)
  ㉡ 판매관련 정보가 스캐너에서 POS터미널로 전송된 후 다시 스토어 컨트롤러에 전송됨
  ㉢ 스토어 컨트롤러에 상품명, 가격, 재고 등의 각종 파일이 있어서 송신된 자료를 처리·가공
  ㉣ POS터미널로부터 스토어 컨트롤러에 수집된 판매정보(예 단품별 정보, 고객정보, 가격정보, 매출정보 등)를 다시 POS터미널로 전송
  ㉤ POS터미널에서는 고객에게 영수증 발급, 판매상황을 감사테이프에 기록, 고객용 표시장치에는 상품의 구입가격이 표시됨
  ㉥ 영업 종료 후 스토어 컨트롤러는 영업 당일의 상품별 목록, 발주상품별 목록 등의 각종 표 작성(영업 중에도 판매상황 및 각종 판매정보 확인 가능)

(4) POS시스템으로부터 얻을 수 있는 정보 기출▶ 19년

기본데이터	연·월·일 시간대별 데이터, 점별·부문별 데이터, 상품코드별 데이터, 판매실적 데이터, 고객별 데이터, 거래·지불방법 데이터
원인데이터	상권속성, 점포속성, 매장연출, 매체연출, 판촉연출, 상품속성, 매대별 데이터, 담당자별 데이터

(5) POS시스템 도입 효과 기출▶ 16년

계산·판매업무 노동력 절감	데이터 수집능력 향상	점포 운영의 합리화
• 계산시간의 단축 • 피크타임 시 처리시간 단축 • 등록오류 감소 • 판매원 교육시간 단축 • 정산시간의 단축 • 매출전표 삭감 • 현금관리의 합리화	• 정보발생시점에서 자료수집 가능 • 정보의 신뢰성 향상 • 컴퓨터 입력 작업의 노동력 감소 • 데이터 수집의 생력화·신속화	• 판매대관리 생산성 향상 • 가격표 부착 작업 감소, 가격변환 작업의 신속화 • 현금보유고 수시파악 • 검수데이터 입력작업 생력화 • 전표삭감 • 점포 사무작업의 간소화

3. 운송관리시스템

(1) 운송(수·배송)관리시스템(TMS : Transportation Management System) 기출▶ 24년

① 출하되는 화물의 양과 목적지(수·배송처)의 수송 및 배차 가능한 차량을 이용하여 가장 효율적인 배차방법, 운송차량의 선정, 운송비의 계산, 차량별 운송실적 관리 등 화물자동차의 운영 및 관리를 위해 활용되는 물류정보시스템

② 최적 수송 수단 및 최적 수송경로를 계획하고, 운송계획 및 차량의 일정을 관리하며, 화물 추적, 운임계산의 자동화 등의 기능을 수행

(2) 첨단화물운송시스템(CVO : Commercial Vehicle Operation) 기출▶ 24년/ 22년/ 20년

① 화물 및 화물차량에 대한 위치를 실시간으로 추적·관리하여 각종 부가정보를 제공하는 시스템

② 하부시스템 : 화물 및 화물차량관리(FFMS), 위험물차량관리(HMMS)

(3) 철도운영정보시스템(KROIS : Korean Railroad Operating Information System) 기출▶ 24년/ 22년

① 1996년부터 운영되어 온 철도운영정보시스템으로 2011년 말 차세대 철도운영정보시스템으로 발전

② L-Net(한국물류정보통신)과 연계되어 EDI로 운용

③ 서비스 대상 : 철도공사·화주·운송업체·터미널 등

④ 하부시스템 : 차량열차운용시스템, 화물운송시스템, 고객지원시스템, 운송정보시스템 등

(4) 지능형 교통시스템(ITS : Intelligent Transportation) 기출▶ 22년

① 도로, 차량, 신호시스템과 같은 기본 교통체제에 전자, 제어, 통신 등 지능형 기술을 접목시켜 교통 흐름을 최적화하고 안전을 강화한 차세대 교통체제

② 하부 시스템 : 첨단교통관리시스템(ATMS), 첨단운전자정보시스템(ATIS), 첨단대중교통정보시스템(APTS), 화물운송시스템(CVO), 첨단차량도로시스템(AVHS) 등

(5) 해운항만물류정보시스템(PORT-MIS) 기출▶ 24년/ 20년

① 선박 입출입, 선박 안전 항행 관련 항만운영정보처리시스템

② 참여 및 구축 : 수출입관련 정부기관(해양수산부 등), 물류업체(화주·선사·부두운영회사), 정보중개업자(KL-Net)

③ 운영 : 해양수산부, 항만공사

4. 물류정보통신시스템

(1) 전자문서교환(EDI : Electronic Data Interchange) 기출▶ 25년/ 23년/ 21년/ 20년/ 18년/ 14년

① 전자문서교환 방식 : 거래업체 간 상호 합의된 전자문서 표준을 이용하여 컴퓨터 간에 구조화된 데이터 교환
② EDI 도입 시 국내 기업 간 거래는 물론 국제무역에서 각종 서류의 신속·정확한 전송이 가능하여 시간·비용 절감, 제품 주문·생산·납품·유통 전 단계에서 생산성 획기적 향상

(2) 주파수 공용통신시스템(TRS : Trunked Radio System) 기출▶ 22년

① 중계국에 할당된 여러 개의 채널을 공동으로 사용하는 무선통신시스템
② 무전기가 진화한 기술 : 휴대폰처럼 멀리 떨어진 사람과 통화 가능, 무전기처럼 여러 사람에게 동시에 같은 음성 전달 가능, 화물 트럭 기사에게 필수적 도구
③ 화물운송이 필요한 화주(貨主)가 화물정보센터에 일을 의뢰하면, 센터는 해당 지역에 공차(空車) 상태로 있는 복수의 트럭기사에게 일감 정보를 제공

(3) 위성추적시스템(GPS : Global Positioning System) 기출▶ 25년/ 18년/ 14년

① 미국 정부가 군사용으로 개발한 항법지원시스템으로, 화물 또는 차량의 자동식별과 위치추적을 위해 사용하는 방식
② 인공위성과의 무선교신을 이용하여 실시간 이동체 위치추적 가능, 운행차량 관리·통제에도 쉽게 활용
③ 인공위성으로 신호를 보낼 수는 없고 인공위성에서 보내는 신호를 받을 수만 있음
④ 이동차량의 목적지까지 최단경로 검색에 효율적
⑤ 물류정보시스템에 응용하여 화물추적서비스 제공 용이

(4) 부가가치통신망(VAN : Value Added Network) 기출▶ 21년/ 20년

① 회선을 직접 보유하거나 통신사업자의 회선을 임차 혹은 이용하여 단순한 전송기능 이상의 부가가치를 부여한 음성·데이터 등을 정보로 제공하는 광범위·복합적 서비스의 집합
② 제3자(데이터 통신업자)를 매개로 하여 기업 간 자료를 교환하는 부가가치통신망
③ 불특정 다수를 대상으로 서비스 제공, 컴퓨터의 고도 이용 촉진
④ 1973년 세계 최초의 VAN 사업자가 미국에서 등장하여 1975년에 텔레넷(TELENET)이, 1977년에는 타임넷(TYMNET)이 서비스를 개시하면서 본격적인 VAN의 시대 개막
⑤ 변환장치 사용으로 기종이 다른 단말 장치 간 정보 교환도 가능하게 하여 중소기업에서도 활용가능성이 높아지고 있음

(5) 기타 정보통신망 기출▶ 24년/ 21년/ 20년

ISDN (Intergrate Service Digital Network)	기존 전화망에서 한 차원 발전된 차세대 기간 통신망
LAN(Local Area Network)	한정된 지역 내에 분산된 장치들을 통신회선으로 연결하여 정보를 공유하거나 교환하는 근거리 통신망
WAN(Wide Area Network)	원격지를 통신회선으로 연결한 통신망
한국무역정보통신 (KT-NET : Korea trade Network)	• 무역정보화를 통한 국가 경쟁력 강화를 목적으로 개발된 무역정보망 • 무역 자동화 서비스, 유통 EDI 서비스, 시스템 통합서비스, 네트워크 연구·개발 등 제공
한국물류정보통신 (KL-NET : Korea Logistics Network)	• 우리나라 물류업무의 온라인화를 위해 개발된 물류정보망 • 우리나라 물류업무 전 부분의 자동화·정보화 담당

5. 4차 산업 관련 정보통신기술 기출▶ 24년/ 22년/ 20년/ 19년/ 18년

구분	내용
IoT(사물인터넷) 기출▶ 22년/ 14년	인간과 사물, 서비스의 세 가지로 분산된 환경요소에 대해 인간의 명시적 개입 없이 상호 협력적으로 센싱(Sensing), 네트워킹, 정보처리 등 지능적 단계를 형성하는 사물 공간 연결망
유비쿼터스 (Ubiquitous)	• 사용자가 컴퓨터나 네트워크 의식 없이 언제 어디서나 자유롭게 네트워크에 접속할 수 있는 환경 • USN(Ubiquitous Sensor Network) : 사물에 전자태그를 부착하여 사물 · 환경을 인식하고 무선 네트워크로 실시간 정보를 구축하는 기술
블록체인 (Block Chain) 기출▶ 25년/ 22년/ 20년/ 19년	• 다수의 상대방과 거래할 때 데이터를 중앙 서버가 아니라 사용자들의 개인 디지털 장비에 분산 · 저장하여 공동으로 관리하는 분산형 정보기술로, 분산원장 혹은 공공거래장부라고도 함 • 모두에게 개방돼 누구나 참여할 수 있는 퍼블릭 블록체인, 기관 또는 기업이 운영, 사전에 허가받은 사람만 사용할 수 있는 프라이빗 블록체인, 퍼블릭 블록체인과 프라이빗 블록체인 요소를 결합하여 소수의 주체가 검증자 역할을 하는 컨소시엄 블록체인으로 구분 • 전자결제나 디지털 인증뿐만 아니라 화물 추적 시스템, P2P 대출, 원산지부터 유통까지 전 과정 추적, 예술품 진품 감정, 위조화폐 방지, 전자투표, 전자시민권 발급, 차량 공유, 부동산 등기부, 병원 간 공유되는 의료기록 관리 등 신뢰성이 요구되는 다양한 분야에 활용 • 물류에 있어서 공급사슬관리의 가시성과 투명성을 향상시킬 수 있음
CALS (Continuous Acquisition and Life cycle Support) 광속상거래 기출▶ 24년	• 물류의 연속적 구매 및 제품 라이프사이클 동안 물류지원을 할 수 있는 시스템 • 제품 생산에서 폐기까지의 전 과정에서 발생하는 모든 정보를 실시간으로 디지털화하고 데이터를 통합하여 제조업체 · 협력업체 등 관련 기업들이 단일 통신망으로 공유하는 첨단경영시스템 • 컴퓨터에 의한 조달 및 물류업무 지원(computer aided acquisition and logistic support)의 개념에서 점점 확대되어 최근에는 광속상거래(Commerce At the Light Speed)로 발전
ASP (Application Service Provider) 기출▶ 18년	• 기업 운영에 필요한 각종 소프트웨어를 인터넷을 통하여 제공하는 새로운 방식의 비즈니스 • 정보시스템 자체 개발에 비해 구축기간 및 비용 절감 가능
CIM (Computer Integrated Manufacturing)	• 컴퓨터에 의한 통합 제조(생산) • 컴퓨터의 정보시스템을 활용하여 제조, 개발, 판매, 물류 등 일련의 과정을 통합하여 관리하는 생산관리시스템
빅데이터	기존 데이터베이스 관리도구의 능력을 넘어서는 대량의 정형 또는 비정형 데이터 집합을 포함한 데이터로부터 가치를 추출하고 결과를 분석하는 기술
클라우드 서비스	각종 자료를 외부 클라우드 서버에 저장한 뒤 다운로드받는 서비스

➕ 더알아보기   3D 프린팅 기출▶ 25년

- 3D 디지털 설계를 기반으로 재료를 층층이 쌓아나가는 적층 방식을 통해 신속 · 정확하게 물체를 제조하는 기술로, 레이저와 파우더를 이용하여 신속하게 형상을 제작하는 쾌속조형(Rapid Prototyping)에서 유래
- 제조절차와 생산 제품을 혁신시켜 제조업과 공급사슬 전반에 비즈니스 혁명을 가져올 것으로 예상됨
- **장점** : 금형 제작 설계부터 시제품 생산까지 시간 및 비용 절감, 다품종 소량생산에 최적, 재고수준 하락

CORE 03 바코드

1. 바코드 개요 기출▶ 19년/ 15년

(1) 바코드 개념
① 영문이나 숫자, 특수글자를 기계가 읽을 수 있는 형태로 표현하기 위해 굵기가 다른 수직 막대들의 조합으로 나타내어 광학적으로 판독이 가능하도록 한 코드
② 스캐너 광원에 의해 발사되는 빛의 반사량 측정을 통해 아날로그 데이터를 전송받아 0과 1의 디지털 데이터로 이용

(2) 바코드 구조

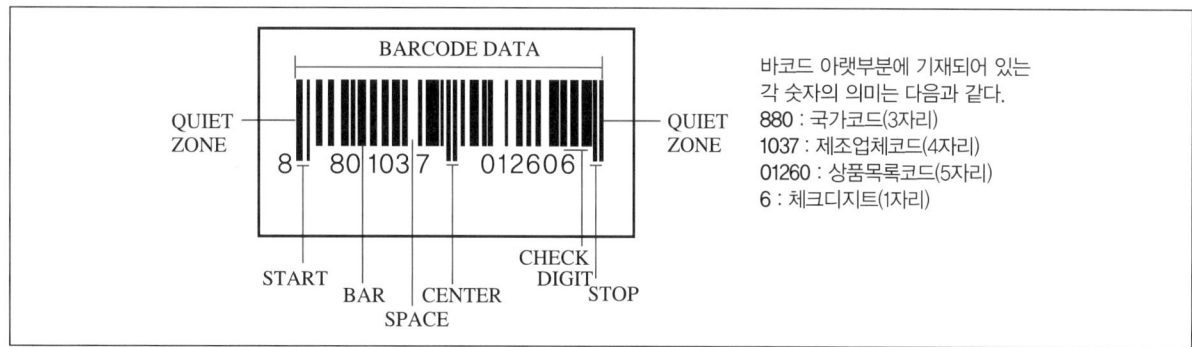

▲ 바코드의 구조

Quiet Zone	바코드의 공백부분을 가리키며 바코드의 시작 및 끝을 명확하게 구현하기 위한 필수적인 요소
Start/Stop Character	• **시작문자** : 심벌의 맨 앞부분 문자로 데이터의 입력방향과 바코드의 종류를 바코드 스캐너에 알려주는 역할 • **멈춤문자** : 바코드의 심벌이 끝난 것을 알려 주어 바코드 스캐너가 양쪽 어느 방향에서든지 데이터를 읽을 수 있게 해줌
Check Digit(검사문자)	메시지가 정확하게 읽혔는지 바코드 오류와 부정 검출
Interpretation Line	사람의 육안으로 식별 가능한 정보(숫자, 문자, 기호)가 있는 바코드의 윗부분 또는 아랫부분
Bar/Space	바코드는 간단하게 넓은 바, 좁은 바와 스페이스로 구성됨
Inter-Character Gaps	문자들 사이의 간격

(3) 바코드의 장 · 단점 기출▶ 19년/ 15년

장점	• 제작이 용이하고 비용 저렴 • 응용범위 다양 • 오독률이 낮아 높은 신뢰성 확보 • 컨베이어상 직접 판독이 가능하여 신속한 데이터 수집 가능
단점	• 인쇄된 바코드는 정보의 변경이나 추가 불가능 • 읽기(판독)는 가능하지만 쓰기는 불가능

(4) 바코드 종류 기출 24년/ 18년/ 15년/ 11년/ 07년/ 05년

① 1차원 바코드와 2차원 바코드

1차원 바코드	• 흰색 바탕에 검은색 바 모양으로 유통, 물류 등에서 흔히 볼 수 있는 바코드 • 막대선의 굵기(바코드의 밀도)에 따라 가로 방향으로만 정보 표현 • 데이터베이스와 연동된 정보만을 제공

2차원 바코드
기출
25년/ 24년/ 22년/ 17년
	• 점자식, 모자이크식 정사각형 모양의 코드(예 QR코드)
	• 가로와 세로 방향 모두 정보를 표현하여 1차원 바코드 정보용량보다 100배가량 많은 고밀도 정보 저장 가능
	• 바코드 자체로 파일 역할을 수행하므로 기존 바코드와 달리 데이터베이스와 연동되지 않아도 해당 정보 파악 용이
	• 오류 정정 기능이 내장되어 정보가 훼손돼도 상당부분 복구 가능
	• 360도 방향에서 스캔 인식 가능
	• 한국어뿐만 아니라 외국어도 코드화 가능
	• 문자, 숫자 등 텍스트뿐 아니라 사진, 그래픽 등 다양한 데이터 수록 가능
	• 데이터 구성방법에 따라 다층형과 매트릭스 형으로 구분
	  – 다층형 바코드(Stacked Bar Code) : Code 16K, PDF-417, Code 49
	  – 매트릭스형 코드(Matrix Code) : Data Matrix Code, QR Code, Maxi Code, Code one

＋ 더알아보기 QR코드 기출 25년/ 20년

- 2차원 바코드로 점자식, 모자이크식 정사각형 모양의 코드이다.
- 흑백 격자무늬 패턴으로 정보를 나타내며, 가로와 세로 방향 모두 정보를 표현하므로 1차원 바코드보다 많은 양의 정보를 수용할 수 있다.
- 1차원 바코드에 비해 오류복원 기능이 높아 정보가 훼손되어도 상당부분 복구 가능하다.
- 일본의 덴소웨이브 사에 의해 1994년 개발되었다.

② 1차원 바코드와 2차원 바코드의 비교

구분	1차원 바코드	2차원 바코드
데이터 용량	소용량(부호화)	대용량(Data File화)
데이터 밀도	높음	보통
바코드 모양	BAR와 SPACE 조합으로 1LINE	흑백요소의 모자이크 배열
심볼종류	CODE 3 of 9, CODE 128, Interleaved 2 of 5, UPC/EAN, KAN 등	DATA-MATRIX, CODE 1, VERICODE, MAXICODE, QR, DOT CODE 등
적용분야	제조, 유통, 물류, POS, 병원 등 다양한 시스템에 적용	반도체, 소형부품 등 라벨을 부착하기 어려운 분야에 적용

2. 국내 표준 바코드와 국제 표준 바코드

(1) 국내 표준 바코드 - KAN(Korean Article Number) 기출▶ 23년/ 14년/ 13년

① 개념
  ㉠ 한국에서 주로 사용하는 표준 바코드로 표준형과 단축형으로 구분
  ㉡ 백화점, 마트, 슈퍼마켓, 편의점 등 유통업체에서 최종 소비자에게 판매되는 상품에 사용
  ㉢ 대한상공회의소 유통물류진흥원에서 KAN 코드 부여

② 바코드 종류

표준형 (KAN-13)	KAN-13 표준형(A)	• 의류 등 다품목 취급업체에 부여 • **13자리로 구성** : 국가식별코드(3) + 제품 제조업체코드(4) + 상품품목코드(5) + 검증코드/체크디지트(1) • 우리나라 국가식별코드는 880
	KAN-13 표준형(B)	식품, 화장품, 잡화 등 소스마킹*을 요하는 업체에 부여 *소스마킹 : 제조업체에서 자사 상품에 바코드를 인쇄하여 부착하는 것
단축형(KAN-8)		구성 : 국가코드(3) + 제조업체코드(3) + 상품코드(1) + 검증코드(1)
EAN-13 (GS1-13=KAN-13) 기출▶ 22년/20년		국내 표준형 바코드(13자리)는 1990년대까지 KAN-13으로 불렸으나 2000년 전후반부터는 EAN-13으로 불렸으며, 2005년 코드관리기관 EAN과 UCC의 통합으로 GS1(Global Standards One)이라는 통합명칭이 사용되어 최근에는 GS1-13으로 부름

③ GS1(Global Standard No.1) : 상품의 식별과 상품정보 교류를 위한 국제표준 상품코드의 관리·보급의 전담기관으로 세계 100여 개국이 넘는 국가가 가입한 국제기구

(2) 국제바코드

① 통합된 국제표준바코드 기출▶ 23년

UPC (Universal Product Code) 기출▶ 21년	• 북미지역에서 개발된 체계로 미국과 캐나다에서만 사용 • 12개의 캐릭터로 구성되어 숫자(0~9)만 표시가 가능 • Version A(표준형, 12자리), Version E(단축형, 8자리) 등이 있음 • UPC 코드의 관리기관인 UCC(Uniform Code Council)에서 각 제조업체에 제조업체코드 5자리 부여 ※ 최근 UCC와 EAN이 통합되며 북미에서도 점차 EAN/UPC 통합 바코드를 사용하는 추세임
EAN (European Article Number) 기출▶ 22년/ 21년/ 20년	• 유럽에서 1976년 채택한 코드로, 북미지역 제외 세계 전 지역에서 사용 • EAN-13(13개의 문자를 포함하는 표준형)과 EAN-8(8개의 문자를 포함하는 단축형), EAN-14 등이 대표적으로 사용 • 한국은 국제상품코드관리협회로부터 국가번호 '880'을 부여받아 KAN(Korean Article Number)으로 사용

② 국제거래단품식별코드(GTIN : Global Trade Item Number) 기출▶ 21년

GTIN-8	소형상품에 사용되는 단축형 상품식별코드
GTIN-12	북미지역에서 사용되는 상품식별코드
GTIN-13	전 세계에서 널리 사용되고 있는 표준형 상품식별코드
GTIN-14	주로 포장된 골판지 박스에 사용되는 국제표준 물류식별코드

③ 물류식별코드(EAN-14 = ITF-14) 기출▶ 23년/ 21년

  ㉠ 주로 골판지 박스에 사용되는 국제표준 물류바코드로, 생산공장 · 물류센터 · 유통센터 등의 입 · 출하 시점에서 판독되는 표준바코드
  ㉡ GTIN-14를 나타내기 위해 사용(개별 상품에 붙는 바코드인 EAN-13과 구별)
  ㉢ 물류식별코드 외에 국가식별코드 3자리, 제조업체코드 4자리, 상품품목코드 5자리, 체크디지트 1자리 등으로 구성
  ㉣ 물류센터 내에서는 검품, 거래처별 · 제품별 소팅, 로케이션관리 등의 자동화에 활용
  ㉤ 생산에서 배송까지 제품이동의 신속화 및 정확화가 가능해져, 수주에서 납품까지 리드타임 단축 등 물류단위 중심의 EDI 거래 촉진

④ ISBN(International Standard Book Number)과 ISSN(International Standard Serial Number) 기출▶ 18년/ 15년/ 13년

ISBN (국제표준도서번호, International Standard Book Number)	• 국제표준도서번호 시스템은 국제적으로 통합된 표준도서번호를 각 출판사가 펴낸 각각의 도서에 부여하여 국제 간의 서지정보와 서적유통업무의 효율성을 높이기 위해 제작 • **10자리 숫자로 구성된 바코드 체계** : 그 도서가 출판된 국가, 발행자, 서명식별번호와 체크디지트(C/D, Check Digit)로 구성 • **ISBN 표기 시** : OCR 문자로 된 ISBN과 EAN의 바코드 함께 사용, 이때 10자리인 ISBN과 13자리인 EAN의 자리수를 맞추기 위해 ISBN의 앞에 978을 붙여 단행본임을 표시 • ISSN이 부여되는 출판물을 제외한 정부간행물, 교과서, 학습참고서, 만화, 팸플릿 등 모든 도서는 물론 멀티미디어 출판물, 점자자료, 컴퓨터소프트웨어 등에도 적용 • ISBN은 도서의 표지와 도서의 판권지에 동시에 인쇄 • 표지에 표시되는 ISBN은 도서유통정보관리를 위한 것으로, ISBN과 함께 EAN 바코드를 표시하며, 판권지에 표시되는 ISBN은 서지정보관리를 위한 것으로 통상 ISBN만 표시
ISSN (International Standard Serial Number)	• 국제표준연속간행물 번호로, 모든 연속간행물에 국제적으로 표준화된 코드 부여 • ISSN은 8자리로 구성되어 있으나 맨 앞에 연속간행물을 표시하는 숫자 977을 넣고, 예비기호 2자리를 포함함으로써 EAN과 호환

CORE 04 무선주파수식별법(RFID : Radio Frequency Identification)

1. RFID 개요

(1) RFID(Radio Frequency Identification) 개념 기출▶ 24년/ 20년/ 13년

  ① 판독기를 이용하여 태그(Tag)에 기록된 정보를 판독하는 무선주파수 인식기술
  ② 전자태그(Tag)를 사물에 부착하여 사물의 주위상황을 인지하고, 이 정보를 기존 정보시스템과 실시간으로 교환하여 처리
  ③ 물품에 붙이는 전자태그에 생산, 수 · 배송, 보관, 판매, 소비의 전 과정에 관한 정보를 담고, 자체 안테나를 통하여 리더(Reader)로 하여금 정보를 읽은 후, 인공위성이나 이동통신망과 연계하여 정보를 활용함
  ④ 주파수대역에 따라 다양한 분야에 응용 가능

(2) 물류부분 도입 가능성 [기출] 15년

① 장기적 관점에서 채찍효과 억제에 기여
② 컨테이너에 RFID 기반 전자태그를 부착하여 제품 정보의 보안성·이동성·가시성·추적성 구현 → 최근 수출입 컨테이너의 신속통관 및 화물추적에 이용 중
③ 자동차 제조공정, 창고관리 등에도 적용 가능
④ 개별 상품에 부착하여 관리하려면 상품의 가치 및 태그 가격을 살펴봐야 함

(3) 장점과 한계점 [기출] 25년/ 24년/ 22년/ 21년/ 15년/ 14년

구분	내용
RFID의 장점	• 바코드와 달리 태그에 접촉 없이 인식 가능 • 장거리 정보의 송·수신이 가능하여 원거리 및 고속이동 시에도 인식 가능 • 여러 개의 정보를 동시에 판독·수정 가능 • 가시대역 내에서 스캐닝하지 않아도 되는 편리함으로 활용 범위 확대 • 나무·직물·플라스틱 등의 장애물 투과기능이 있어 교통 분야 적용 가능 • 반영구적인 사용 가능 • 태그에 데이터 반복저장·추가·변경 가능, 일시에 다량의 정보를 빠르게 판독 • 기존 바코드에 기록할 수 있는 가격, 제조일 등의 정보 외 다양한 정보 인식 • 바코드나 스마트카드에 비하여 대용량 정보 저장 가능 • 데이터 신뢰도가 높음 • 태그 정보 변경 및 추가 용이, 태그를 다양한 형태·크기로 제조 가능 • 태그에 온도계, 고도계, 습도계 등 다양한 센서기능 부가 가능, 부착 용이
RFID의 한계점	• 비싼 가격(경제적 문제) • 정보 노출 위험성 존재(보안상 문제) • 인식의 한계(기술적 문제) • 전파가 인체에 유해할 가능성(안전성 문제) • 금속, 액체 등의 전파장애 가능성 • RFID 확산의 법적 대응책 필요 • 국가별 주파수 대역 및 국제적 표준화 문제점 존재

(4) 바코드와 RFID 비교 [기출] 21년

구분	바코드	RFID
인식방법	광학식(Read Only)	무선(Read/Write)
정보량	수십 단어	수천 단어
인식거리	최대 수십cm	3~5m
인식속도	개별 스캐닝	수십~수백 개/초
관리레벨	상품그룹	개별상품

2. RFID 구성 기출 23년

RFID TAG, 각종 형태의 안테나, 성능별 리더, 리더를 지원하는 Local Host, 각종 케이블링 및 네트워크 연결로 구성

(1) 태그(TAG)

① 상품에 부착되며 데이터가 입력되는 IC칩과 안테나로 구성
② 리더와 교신하여 데이터를 무선으로 리더에 전송
③ 태그의 전원공급 여부에 따른 분류 기출 23년/19년/17년

수동형 (Passive Type)	• 전지가 없어 자신의 전파를 송신하지 못하기 때문에 수신된 전파를 통해 유도전류를 생성하여 수동적으로 송신 • 구조가 간단하고, 판독기의 전파신호로부터 전원을 공급받아 반영구적으로 사용 가능
반수동형 (Semi-passive Type)	• 배터리를 내장하고 있지만, 판독기로부터 신호를 받을 때까지는 작동하지 않아 오랜 시간 동안 사용 가능 • 지속적인 식별이 필요하지 않은 상품에 사용하기 용이
능동형 (Active Type)	• 자체적으로 전지 및 전력공급을 받아 전파 송신 • 3m 이상의 장거리 전송이 가능하고, 센서와 결합할 수 있음 • 배터리에 의한 가격 상승과 동작시간에 상대적으로 제한이 있음

④ 태그의 사용주파수 대역별 구분 기출 24년/19년/16년

구분	저주파(Low-Frequency IDentification)	고주파(High-Frequency IDentification)
주파수 영역	100~500kHz	850~950MHz 2.4~5.8GHz
인식 거리	약 45cm	약 5m
인식 속도	저속	고속
태그 크기	대형	소형
시스템 구축비용	낮음	높음
적용 분야	출입통제, 동물관리, 공정자동화	차량인식, 수화물 관리, 대여물품 관리, 교통카드, 물류운송관리 등

(2) 안테나(Antenna)

① 무선주파수를 발사하며 태그로부터 전송된 데이터를 수신하여 리더로 전달함
② 다양한 형태와 크기로 제작 가능하며 태그의 크기를 결정하는 중요한 요소

(3) 리더(Reader)

① 주파수 발신을 제어하고 태그로부터 수신된 데이터 해독
② 안테나 및 RF회로*, 변·복조기, 실시간 신호처리 모듈, 프로토콜* 프로세서 등으로 구성

  *RF회로 : 무선주파수회로
  *프로토콜 : 통신시스템이 데이터를 교환하기 위해 사용하는 통신 규칙

(4) 호스트(Host)

① 한 개 또는 다수의 태그로부터 읽어들인 데이터 처리
② 분산되어 있는 다수의 리더 시스템을 관리
③ 리더로부터 발생하는 대량의 태그 데이터를 처리하기 위한 에이전트 기반의 분산계층 구조

출제포인트 OX 문제

01 [OX] 물류정보는 정보의 발생원, 처리장소, 전달대상 등이 한 곳에 집중되어 있다는 특징을 가진다.

02 [OX] 물류정보 중 검량정보, 검수정보, 선적검량정보 등은 수출화물검사정보에 속한다.

03 [OX] 생산관리 모듈은 물류정보시스템 구성요소에 속하지 않는다.

04 (   )은/는 재고량이 재주문점에 도달하게 되면 자동발주가 이루어지는 시스템이다.

05 [OX] POS 시스템은 매출 등록, 매출 자료 자동정산, 집계 등이 실시간으로 가능하다.

06 [OX] KROIS는 차량열차운용시스템, 화물운송시스템, 고객지원시스템, 운송정보시스템 등의 하부시스템으로 구성된다.

07 [OX] EDI 시스템은 거래업체 간 서로 합의된 의사전달 양식을 통해 컴퓨터 간 교환하는 전자문서 교환양식이다.

08 [OX] ITS는 화물 및 화물차량에 대한 위치를 실시간으로 추적·관리하여 각종 부가정보를 제공하는 시스템이다.

09 [OX] 13자리 바코드의 처음 세 자리는 국가코드이다.

10 [OX] ITF-14 코드는 주로 골판지 박스에 사용되는 국제표준 물류바코드이다.

11 (   )코드는 흑백 격자무늬 패턴으로 정보를 나타내는 정사각형의 2차원 바코드이다.

12 [OX] 수동형 RFID는 반영구적으로 사용 가능하다.

13 [OX] 바코드는 읽기만 가능하지만 RFID는 읽고 쓰기가 가능하다.

14 [OX] RFID는 고주파일수록 인식속도가 고속이나, 시스템 구축비용이 저주파보다 높다.

정답 및 해설

01 × ▶ 정보의 발생원, 처리장소, 전달대상 등이 넓게 분산되어 있다.
02 ○
03 ○
04 EOS
05 ○
06 ○
07 ○
08 × ▶ CVO(첨단화물운송시스템)에 대한 설명이다.
09 ○
10 ○
11 QR
12 ○
13 ○
14 ○

빈출키워드 기출유형문제

키워드 ❶ 물류정보관리시스템 개요

01
물류정보시스템에 관한 설명으로 옳지 않은 것은? 기출 24년

① 영어식 약어 표현으로는 LIS라고 한다.
② 물류정보의 수집 · 저장 · 가공 · 유통을 가능하게 하는 컴퓨터 하드웨어와 소프트웨어, 업무프로세스, 사용자 등의 집합체이다.
③ 개별 물류활동들의 통합을 통한 전체 최적화보다는 특정한 물류활동의 최적화를 위하여 구축한다.
④ 처리해야 할 정보가 많을수록 수작업에 비하여 물류관리의 효율성과 정확성이 증대되는 효과가 있다.
⑤ 물류서비스 향상 및 물류비 절감을 목적으로 구축한다.

해설 ③ 개별 물류활동의 통합을 통해 전체 물류기능을 효율적으로 관리할 수 있게 해준다.

02
물류정보시스템의 구성 요소가 아닌 것은? 기출 18년

① 수 · 배송관리 모듈
② 창고관리 모듈
③ 생산관리 모듈
④ 물류정보관리 모듈
⑤ 주문처리 모듈

해설 ③ 물류정보시스템의 구성요소로는 재고관리 모듈, 수 · 배송관리 모듈, 창고관리 모듈, 물류정보관리 모듈, 주문처리 모듈이 있다.

03
물류정보시스템의 장점에 관한 설명으로 옳지 않은 것은? 기출 17년

① 물동량이 증가하여도 신속한 물류처리가 가능하다.
② 신속한 수주처리와 즉각적인 고객대응으로 판매기능을 강화할 수 있다.
③ 판매와 재고정보가 신속하게 집약되므로 생산과 판매에 대한 조정이 가능하다.
④ 재고 과 · 부족으로 발생하는 물류비용을 절감할 수 있다.
⑤ 단거리 운송에 적합하고 운임은 탄력적으로 계산이 가능하다.

해설 ⑤ 화물자동차 운송의 장점에 대한 설명이다. 물류정보시스템은 거리와 시간제약 없이 업무를 처리해야 한다.

키워드 ❷ 물류정보시스템 운영기법

04
다음 ( )에 들어갈 물류정보시스템 용어를 바르게 나열한 것은? 기출 22년

- 주파수공용통신 : (ㄱ)
- 지능형교통정보시스템 : (ㄴ)
- 첨단화물운송시스템 : (ㄷ)
- 철도화물정보망 : (ㄹ)
- 판매시점관리 : (ㅁ)

① ㄱ : CVO, ㄴ : ITS, ㄷ : POS, ㄹ : KROIS, ㅁ : TRS
② ㄱ : CVO, ㄴ : KROIS, ㄷ : TRS, ㄹ : ITS, ㅁ : POS
③ ㄱ : ITS, ㄴ : POS, ㄷ : CVO, ㄹ : TRS, ㅁ : KROIS
④ ㄱ : ITS, ㄴ : TRS, ㄷ : KROIS, ㄹ : CVO, ㅁ : POS
⑤ ㄱ : TRS, ㄴ : ITS, ㄷ : CVO, ㄹ : KROIS, ㅁ : POS

해설 ㄱ. 주파수 공용통신시스템(TRS : Trunked Radio System) : 중계국에 할당된 여러 개의 채널을 공동으로 사용하는 무선통신시스템이다.
ㄴ. 지능형교통시스템(ITS : Intelligent Transport System) : 도로와 차량, 사람과 화물을 정보네트워크로 연결하여 교통체증의 완화와 교통사고의 감소, 환경문제의 개선 등을 실현할 수 있는 시스템이다.
ㄷ. 첨단화물운송시스템(CVO : Commercial Vehicle Operation) : 화물 및 화물차량에 대한 위치를 실시간으로 추적·관리하여 각종 부가정보를 제공하는 시스템이다.
ㄹ. 철도화물정보망(KROIS : Korean Railroad Operating Information System) : KL-Net(한국물류정보통신)과 연계되어 EDI로 운용되고 철도공사, 화주, 운송업체, 터미널 등이 서비스 대상이다.
ㅁ. 판매시점관리(POS : Point Of Sales) : 판매장의 판매시점에서 발생하는 판매정보를 컴퓨터로 자동 처리하는 시스템이다.

05

물류정보시스템에 관한 설명으로 옳지 않은 것은? 기출 21년

① EDI(Electronic Data Interchange)는 표준화된 상거래 서식으로 작성된 기업 간 전자문서교환 시스템이다.
② POS(Point of Sales)는 소비동향이 반영된 판매정보를 실시간으로 파악하여 판매, 재고, 고객관리의 효율성을 향상시킨다.
③ 물류정보시스템의 목적은 물류비가 증가하더라도 고객서비스를 향상시키는 것이다.
④ 물류정보의 시스템화는 상류정보의 시스템화가 선행되어야만 가능하며, 서로 밀접한 관계가 있다.
⑤ 수주처리시스템은 최소의 주문입력(order entry) 비용을 목표로 고객서비스를 달성하는 것이 목적이다.

해설 ③ 물류정보시스템의 목적은 적정고객서비스를 최소한의 비용으로 달성할 수 있도록 지원하는 것이다.

06

다음 설명에 해당하는 물류정보시스템은? 기출 24년

물류센터의 랙이나 보관장소에 전자 표시기를 설치하여 출고할 물품의 보관구역과 출고수량을 작업자에게 알려주고 출고가 완료되면 신호가 꺼져 작업이 완료되었음을 자동으로 알려주는 시스템

① CALS
② TMS
③ SIS
④ OMS
⑤ DPS

해설 ⑤ 디지털피킹시스템(DPS : Digital Picking System) : 표시기(Indicator)를 사용하여 창고 등에서 주문출하와 관련된 피킹과 분배작업을 지원하는 시스템이다.
① 광속상거래(CALS : Continuous Acquisition and Life cycle Support) : 제품 생산에서 폐기까지의 전 과정에서 발생하는 모든 정보를 실시간으로 디지털화하고 데이터를 통합하여 제조업체·협력업체 등 관련 기업들이 단일 통신망으로 공유하는 첨단경영시스템이다.
② 운송관리시스템(TMS : Transportation Management System) : 주문 상황에 대하여 적기에 배송체제를 확립하고, 최적 운송 계획을 수립하는 기능을 수행하는 운송관리시스템이다.
③ 전략정보시스템(SIS : Strategic Information System) : 라이벌 조직에 대한 경쟁우위를 달성하기 위해 전략적으로 구축하는 정보시스템이다. 판매, 물류, 생산관리와 같은 개별시스템부터 전사적인 토털 시스템까지 구축 대상이 될 수 있다.
④ 주문관리시스템(OMS : Order Management System) : 주문 정보(결제, 배송, 주문취소, 반품 등)를 수집하고 판매 현황을 통합적으로 처리·관리하는 전산 시스템이다.

01 ③ 02 ③ 03 ⑤ 04 ⑤ 05 ③ 06 ⑤

07

물류정보망에 관한 설명으로 옳은 것은? 기출 24년

① KT-NET은 물류거점 간의 원활한 정보 및 물류 EDI 서비스를 제공한다.
② KROIS는 철도운영정보시스템이다.
③ PORT-MIS는 항만 및 공항에 관한 정보를 제공하며 국토교통부에서 관리하는 정보망이다.
④ CVO는 Common Vehicle Operations의 약어이다.
⑤ KL-NET은 우리나라 최초의 무역정보망으로서 무역자동화 서비스를 제공한다.

> 해설 ① KT-NET(한국무역정보통신)은 무역정보망으로 무역 자동화 서비스, 유통 EDI 서비스 등을 제공한다.
> ③ PORT-MIS(해운항만물류정보시스템)은 선박 입출입, 선박 안전 항해 관련 항만운영정보처리시스템으로, 해양수산부와 항만공사에서 운영한다.
> ④ CVO(첨단화물운송정보시스템)는 Commercial Vehicle Operation의 약어이다.
> ⑤ 무역자동화 서비스를 제공하는 정보통신망은 KT-NET(한국무역정보통신)이다. KL-NET(한국물류정보통신)은 물류업무 부분의 자동화·정보화를 담당한다.

키워드 ❸ 물류정보통신망

08

물류 EDI(Electronic Data Interchange) 시스템에 관한 설명으로 옳지 않은 것은? 기출 23년

① 거래업체 간에 상호 합의된 전자문서표준을 이용한 컴퓨터 간의 구조화된 데이터 전송을 의미한다.
② 상호 간의 정확한, 실시간 업무 처리를 가능하게 하여 물류업무의 효율성을 향상시킬 수 있다.
③ 종이문서 수작업 및 문서처리 오류를 감소시킬 수 있다.
④ 국제적으로는 다양한 EDI 시스템이 존재하지만, 국내 EDI 시스템 개발 사례는 존재하지 않는다.
⑤ 전자적 자료 교환을 통해 기업의 국제 경쟁력을 강화시킬 수 있다.

> 해설 ④ 93년~94년 2년간 국내 EDI 시스템 개발이 완료된 사례가 존재한다.

09

VAN(Value Added Network)에 관한 설명으로 옳은 것은? 기출 21년

① 한정된 지역의 분산된 장치들을 연결하여 정보를 공유하거나 교환하는 것이다.
② 컴퓨터 성능의 발달로 정보수집 능력이 우수한 대기업에 정보가 집중되므로 중소기업의 활용 가능성은 낮아지고 있다.
③ 1990년대 미국의 AT&T가 전화회선을 임대하여 특정인에게 통신 서비스를 제공한 것이 효시이다.
④ 부가가치를 부여한 음성 또는 데이터를 정보로 제공하는 광범위하고 복합적인 서비스의 집합이다.
⑤ VAN 서비스는 컴퓨터 성능 향상으로 인해 이용이 감소되고 있다.

해설 ① 한정된 지역 내에 분산된 장치들을 통신 회선으로 연결하여 정보를 공유하거나 교환하는 것은 LAN(근거리 통신망)이다.
② VAN은 같은 업종의 기업 간 정보 교환을 통해 공동 업무 처리를 할 수 있도록 하며, 변환장치 사용으로 기종이 다른 단말 장치 간 정보 교환도 가능하게 하여 중소기업에서도 활용가능성이 높아지고 있다.
③ 1973년 세계 최초의 VAN 사업자가 미국에서 등장하여 1975년에 텔레넷(TELENET)이, 1977년에는 타임넷(TYMNET)이 서비스를 개시하면서 본격적인 VAN의 시대가 개막되었고, 불특정 다수를 대상으로 서비스를 제공한다.
⑤ VAN은 컴퓨터의 고도 이용촉진뿐만 아니라 앞으로의 고도정보화 사회에 다각적인 정보 활용 수단을 제공한다는 점에서 중요한 의미를 갖고 있으므로 각 업계에서는 업무연락의 신속, 정확성, 일관성을 위하여 VAN을 공동으로 구축하여 이용 중이다.

키워드 ❹ 4차산업 물류정보기술

11

물류정보기술에 관한 설명으로 옳은 것은? **기출 22년**

① ASP(Application Service Provider)는 정보시스템을 자체 개발하는 것에 비해 구축기간이 오래 걸린다.
② CALS 개념은 Commerce At Light Speed로부터 Computer Aided Acquisition & Logistics Support로 발전되었다.
③ IoT(Internet of Things)는 인간의 학습능력과 지각능력, 추론능력, 자연언어의 이해능력 등을 컴퓨터 프로그램으로 실현한 기술을 의미한다.
④ CIM(Computer Integrated Manufacturing)은 정보시스템을 활용하여 제조, 개발, 판매, 물류 등 일련의 과정을 통합하여 관리하는 생산관리시스템을 말한다.
⑤ QR코드는 컬러 격자무늬 패턴으로 정보를 나타내는 3차원 바코드로서 기존의 바코드보다 용량이 크기 때문에 숫자 외에 문자 등의 데이터를 저장할 수 있다.

해설 ① ASP(Application Service Provider)는 자체 개발하는 것에 비해 구축기간 및 비용을 절감할 수 있다.
② CALS는 Computer Aided Acquisition and Logistic Support에서 개념이 확대되어 최근 Commerce At Light Speed로 발전되고 있다.
③ IoT(Internet of Things)는 인간과 사물, 서비스의 세 가지로 분산된 환경요소가 상호 협력적으로 센싱(Sensing), 네트워킹, 정보처리 등 지능적 단계를 형성하는 사물 공간 연결망이다.
⑤ QR코드는 2차원 바코드이다.

10

물류정보망에 관한 설명으로 옳은 것은? **기출 20년**

① CVO는 Carrier Vehicle Operations의 약어로서, 화물차량에 부착된 단말기를 이용하여 실시간으로 차량 및 화물을 추적·관리하는 방식이다.
② KL-NET는 무역정보망으로서, 무역정보화를 통한 국가경쟁력 강화를 목적으로 개발되었다.
③ KT-NET는 물류정보망으로서, 물류업무의 온라인화를 위해 개발된 정보망이다.
④ PORT-MIS는 항만운영관리시스템으로서, 한국물류협회가 개발 및 운영하는 시스템이다.
⑤ VAN은 Value Added Network의 약어로서, 제3자(데이터 통신업자)를 매개로 하여 기업 간 자료를 교환하는 부가가치통신망이다.

해설 ① CVO는 Commercial Vehicle Operation(첨단화물운송시스템 : CVO)의 약어이다.
② KL-NET는 한국 물류정보통신으로 해운·항만 물류 정보화 전문기업이다.
③ KT-NET는 한국 무역정보통신으로 인터넷의 모든 기능을 비즈니스 측면에서 구현하여 국내 거래는 물론 국제 거래의 정보 제공 매체의 역할을 담당한다.
④ PORT-MIS는 항만운영정보시스템으로, 해양수산부에서 개발 및 가동 중인 선박 입출항 등 항만운영정보에 관한 종합적인 전산화 체계이다.

12

블록체인(Block Chain)에 관한 설명으로 옳은 것을 모두 고른 것은? 기출 22년

> ㄱ. 신용거래가 필요한 온라인 시장에서 해킹을 막기 위해 개발되었다.
> ㄴ. 퍼블릭(Public) 블록체인, 프라이빗(Private) 블록체인, 컨소시엄(Consortium) 블록체인으로 나눌 수 있다.
> ㄷ. 화물의 추적·관리 상황을 점검하여 운송 중 발생할 수 있는 문제에 실시간으로 대처할 수 있다.
> ㄹ. 네트워크상의 참여자가 거래기록을 분산 보관하여 거래의 투명성과 신뢰성을 확보하는 기술이다.

① ㄱ, ㄴ
② ㄷ, ㄹ
③ ㄱ, ㄴ, ㄷ
④ ㄱ, ㄷ, ㄹ
⑤ ㄱ, ㄴ, ㄷ, ㄹ

해설 ㄱ. 여러 대의 컴퓨터가 기록을 검증하여 해킹을 막는다.
ㄴ. 모두에게 개방돼 누구나 참여할 수 있는 형태인 퍼블릭 블록체인, 기관 또는 기업이 운영하며 사전에 허가를 받은 사람만 사용할 수 있는 프라이빗 블록체인, 소수의 주체가 검증자 역할을 하는 컨소시엄 블록체인으로 구분된다.
ㄷ. 전자 결제나 디지털 인증뿐만 아니라 화물 추적 시스템, P2P 대출, 원산지부터 유통까지 전 과정을 추적할 수 있다.
ㄹ. 거래 때마다 모든 거래 참여자들이 정보를 공유하고 이를 대조해 데이터 위조나 변조를 할 수 없도록 되어 있다.

13

물류정보기술에 관한 설명으로 옳은 것은? 기출 20년

① RFID(Radio Frequency Identification)는 태그 데이터의 변경 및 추가는 불가능하나, 능동형 및 수동형 여부에 따라 메모리의 양을 다르게 정의할 수 있다.
② USN(Ubiquitous Sensor Network)은 센서 네트워크를 이용하여 유비쿼터스 환경을 구현하는 기술이며, 사물에 QR코드를 부착하여 정보를 인식하고 관리하는 정보기술을 말한다.
③ CALS의 개념은 Commerce At Light Speed로부터 Computer Aided Logistics Support로 발전되었다.
④ ASP(Application Service Provider)란 응용소프트웨어 공급서비스를 뜻하며 사용자 입장에서는 시스템의 자체 개발에 비하여 초기 투자비용이 더 많이 발생하는 단점이 있다.
⑤ IoT(Internet of Things)란 사람, 사물, 공간, 데이터 등이 인터넷으로 서로 연결되어 정보가 생성·수집·활용되게 하는 사물인터넷 기술이다.

해설 ① RFID(Radio Frequency Identification)는 태그 정보의 변경 및 추가가 용이하고, 태그의 전원공급 여부에 따라 능동형 및 수동형으로 분류할 수 있다.
② USN(Ubiquitous Sensor Network)은 사물에 전자태그를 부착해 사물과 환경을 인식하고 무선 네트워크를 통해 실시간 정보를 구축하는 정보기술이다.
③ CALS는 제품의 설계, 제작 과정과 보급, 조달 등 운용과정의 컴퓨터 정보통합 자동화(Computer Aided Acquisition and Logistic Support)로부터 개념이 확대되어 최근에는 광속교역(Commerce At Light Speed)으로까지 발전되고 있다.
④ ASP(Application Service Provider)는 개인이나 기업이 응용프로그램을 직접 설치하는 방식이 아니라 인터넷을 이용해 응용프로그램을 임대·관리해 주는 사업자를 뜻하며, 서비스 사용자는 높은 구입비용 대신 일정 서비스 요금만 지급하고 사용할 수 있어 별도의 유지보수 비용, 관리인력 등이 필요 없다.

키워드 ❺ 바코드

14
표준 바코드의 한 종류인 EAN(European Article Number)-13 코드에 관한 설명으로 옳지 않은 것은? 기출 23년

① EAN-13(A)와 EAN-13(B)의 국가식별코드는 2~3자리 숫자로 구성된다.
② 제조업체코드는 EAN-13(A)의 경우 4자리, EAN-13(B)의 경우 6자리로 구성된다.
③ 상품품목코드는 EAN-13(A)의 경우 5자리, EAN-13(B)의 경우 3자리로 구성된다.
④ EAN-13(A)와 EAN-13(B) 모두 물류용기에 부착하기 위한 물류식별코드를 가지고 있다.
⑤ EAN-13(A)와 EAN-13(B) 모두 체크 디지트를 통해 스캐너에 의한 판독 오류를 방지한다.

해설 ④ 물류식별코드를 가지고 있는 것은 EAN-14(ITF-14)이다.

15
다음의 ( )에 들어갈 용어는? 기출 21년

> 국제표준 바코드는 개별 품목에 고유한 식별코드를 부착해 정보를 공유하는 국제표준체계이다. 현재 세계적으로 사용되는 GS1 표준코드는 미국에서 제정한 코드 (ㄱ)와(과) 유럽에서 제정한 코드 (ㄴ) 등을 표준화한 것이다.

① ㄱ : UPC, ㄴ : EAN
② ㄱ : UPC, ㄴ : GTIN
③ ㄱ : EAN, ㄴ : UPC
④ ㄱ : EAN, ㄴ : GTIN
⑤ ㄱ : GTIN, ㄴ : EAN

해설 ㄱ. UPC : 북미지역에서 개발된 체계로 미국과 캐나다에서만 사용된다.
ㄴ. EAN : 유럽에서 1976년 채택한 코드로 북미지역을 제외한 세계 전 지역에서 사용된다.
※ 국제거래단품식별코드(GTIN : Global Trade Item Number) : 국내 또는 국외로 유통되는 상품을 식별하기 위해 사용하는 유통표준코드이다.

16
QR코드에 관한 설명으로 옳지 않은 것은? 기출 20년

① 코드 모양이 정사각형이다.
② 1차원 바코드에 비하여 오류복원 기능이 낮아 데이터 복원이 어렵다.
③ 1차원 바코드에 비하여 많은 양의 정보를 수용할 수 있다.
④ 흑백 격자무늬 패턴으로 정보를 나타내는 2차원 형태의 바코드이다.
⑤ 1994년 일본의 덴소웨이브 사(社)가 개발하였다.

해설 ② 정보가 훼손되어도 상당부분 복구 가능하다.

17
2차원 바코드에 해당하는 것은? 기출 24년

① PDF-417
② EAN-8
③ EAN-13
④ ITF-14
⑤ GS1-128

해설 ① 2차원 바코드 중 다층형 바코드에 속한다.
②·③·④·⑤ 흰색 바탕에 검은색 바 모양의 1차원 바코드로, 유통·물류 등에서 흔히 볼 수 있는 바코드이다.

CHAPTER 06 시험에 꼭 나오는 필수문제

01 채찍효과(Bullwhip Effect)의 발생 원인이 아닌 것은? 기출 23년

① 공급사슬 구성원들의 독립적 수요예측
② 경제성을 고려한 일괄주문
③ 판촉활동, 수량할인 등에 따른 가격변동
④ 제품 생산 및 공급 리드타임 단축
⑤ 공급부족에 따른 과다 주문

해설 ④ 리드타임 단축은 채찍효과의 해결방안에 해당한다.

기출문제 엿보기

☑ 채찍효과(Bullwhip Effect)에 관한 설명으로 옳지 않은 것은? 22·15년
☑ 채찍효과(Bullwhip Effect)의 원인이 아닌 것은? 21년
☑ 채찍효과를 감소시키기 위한 대응방안으로 옳지 않은 것은? 19년
☑ 채찍효과(Bullwhip Effect)의 개선방안으로 옳은 것은? 14년

02 다음 설명에 해당하는 개념은? 기출 21년

- 거래파트너들이 특정시장을 목표로 사업계획을 공동으로 수립하여 공유한다.
- 제조업체와 유통업체가 판매 및 재고 데이터를 이용, 협업을 통해서 수요를 예측하고 제조업체의 생산계획에 반영하며 유통업체의 상품을 자동 보충하는 프로세스이다.

① Postponement
② Cross-Docking
③ CPFR
④ ECR
⑤ CRP

해설 ① Postponement : 제품 생산공정을 전공정과 후공정으로 나누고, 마지막까지 최대한 전공정을 지연시키는 전략이다.
② Cross-Docking : 공급사슬상의 각 단계 간에 제품이동시간을 줄이기 위해 창고나 물류센터에서 수령한 상품을 창고에서 재고로 보관하지 않고 입고와 동시에 출고하여 바로 배송할 수 있도록 하는 시스템이다.
④ ECR : 소비자에게 보다 나은 가치를 제공하기 위해 유통업체와 공급업체들이 밀접하게 협력하는 식료품업계의 전략이다.
⑤ CRP : 주문량에 근거하여 공급업체로 주문하던 방식(Push방식)과 달리 실제 판매데이터와 예측 수요데이터를 근거로 상품을 보충시키는 시스템(Pull방식)이다.

기출문제 엿보기

☑ 다음 설명에 해당하는 공급사슬관리(SCM) 기법의 명칭을 바르게 연결한 것은? 19년
☑ SCM기법 중 하나인 CPFR(Collaborative Planning, Forecasting & Replenishment)을 도입하는 기업들이 가장 먼저 해야 할 일은? 17년
☑ CPFR(Collaborative Planning Forecasting & Replenishment)에 관한 설명으로 옳지 않은 것은? 14년

03 TOC(Theory of Constraints)에 관한 설명으로 옳은 것은? [기출 22년]

① Drum, Buffer, Rope는 공정 간 자재의 흐름 관리를 통해 재고를 최소화하고 제조기간을 단축하는 기법으로서 비제약공정을 중점적으로 관리한다.
② Thinking Process는 제약요인을 개선하여 목표를 달성하는 구체적 해결방안을 도출하는 기법으로서 부분 최적화를 추구한다.
③ Critical Chain Project Management는 프로젝트의 단계별 작업을 효과적으로 관리하여 기간을 단축하고 돌발 상황에서도 납기수준을 높일 수 있는 기법이다.
④ Throughput Account는 통계적 기법을 활용한 품질개선 도구이다.
⑤ Optimized Production Technology는 정의, 측정, 분석, 개선, 관리의 DMAIC 프로세스를 활용한다.

해설
① Drum, Buffer, Rope는 전체 공정 중 가장 약한 것을 찾아 능력제약자원으로 두고, 이 부분이 최대한 100% 가동될 수 있도록 공정 속도를 조절하여 흐름을 관리하는 기법이다.
② Thinking Process는 제약요인을 개선하여 목표를 달성하는 구체적 해결방안을 도출하는 기법으로서 전체 최적화를 추구한다.
④ 통계적 기법을 활용한 품질개선 도구는 6시그마이며, Throughput Account는 기업의 경영활동에 대해 기존의 원가회계를 대체하는 새로운 성과측정방법을 제안한 것이다.
⑤ 정의, 측정, 분석, 개선, 관리의 DMAIC 프로세스를 활용하는 것은 6시그마이며, Optimized Production Technology는 애로 공정을 규명하여 생산흐름을 동시화하는 데 주안점을 둔 일정계획시스템이다.

기출문제 엿보기
☑ 제약이론(TOC)에서 다음 설명에 해당하는 개념은? [24년]
☑ 제약이론(TOC : Theory of Constraints)의 지속적 개선 프로세스를 순서대로 옳게 나열한 것은? [23년]
☑ 다음 ( )에 들어갈 용어를 바르게 나열한 것은? [19년]
☑ 제약이론(Theory of Constraints : TOC)에 관한 설명으로 옳지 않은 것은? [18 · 13년]

04 물류혁신을 위한 6시그마 기법의 DMAIC 추진 단계들 중 다음 설명에 해당하는 것은? [기출 23년]

> 통계적 기법을 활용해서 현재 프로세스의 능력을 계량적으로 파악하고, 품질에 결정적인 영향을 미치는 핵심품질특성(CTQ : Critical to Quality)의 충족 정도를 평가한다.

① Define
② Measure
③ Analyze
④ Improve
⑤ Control

해설
② Measure(측정) : 현재 불량수준을 측정하여 수치화하는 단계
① Define(정의) : 몇 개월 내 측정 가능한 목표가 달성될 수 있게 문제 범위를 좁히는 단계
③ Analyze(분석) : 불량의 발생 원인을 파악하고 개선대상을 선정하는 단계
④ Improve(개선) : 개선과제를 선정하고 실제 개선작업을 수행하는 단계
⑤ Control(관리) : 개선결과를 유지하고 새로운 목표를 설정하는 단계

기출문제 엿보기
☑ 6시그마 기법에 관한 설명으로 옳지 않은 것은? [24 · 14년]
☑ 6-시그마 물류혁신 프로젝트에서 다음 설명에 해당하는 추진 단계는? [21년]
☑ 6-시그마(6-σ)에 관한 설명으로 옳지 않은 것은? [18년]

01 ④ 02 ③ 03 ③ 04 ②

CHAPTER 06 정보화시대의 물류혁신기법

> **핵심 포인트**
> - ☑ 공급사슬관리(SCM)의 개념과 필요성
> - ☑ 채찍효과
> - ☑ SCM 응용기법
> - ☑ SCM 전략
> - ☑ 물류혁신기법

CORE 01 공급사슬관리(SCM : Supply Chain Management)

기출 ▶ 20년/ 19년/ 18년/ 17년/ 15년/ 14년/ 13년/ 11년/ 10년/ 09년/ 08년/ 07년

1. 공급사슬관리(SCM) 개요

(1) 공급사슬과 공급사슬관리

① 개념 기출 ▶ 24년/ 21년

공급사슬 (SC : Supply Chain)	• 제품이 원재료 공급자로부터 공장과 창고를 거쳐 소비자에게 전달되는 전 과정에서의 물자 · 정보 · 지불 · 서비스 등의 흐름 • 공급자 ↔ 생산기업 ↔ 유통기업 ↔ 최종소비자 간 공급활동의 연쇄적 구조
공급사슬관리 (SCM : Supply Chain Management)	• 원재료 구매부터 최종고객까지의 전체 물류흐름을 계획하고 통제하는 통합적인 관리 방법 • **기원** : 1980년대 미국 의류제품 부문에서 도입된 QR(Quick Response) • 원료 공급자로부터 최종소비자까지 전 과정에 걸친 기업들의 공동 전략 • 각 기업들이 외부의 다른 회사 사이에 일어나는 거래에서 서로 관련 있는 업무처리를 상호협력하여 단순화시킴 • 공급사슬 통합의 핵심은 상호작용과 협업이므로 공급사슬관리가 효과적으로 운영되기 위해서는 파트너들 간의 상호협력과 신뢰가 중요

② SCM 등장 배경 기출 ▶ 24년/ 23년/ 21년/ 15년

㉠ 기업의 경영환경 글로벌화 및 물류관리 복잡성 증대로 통합적 물류관리 필요성이 높아짐

㉡ 기업경쟁력 제고를 위해 기업 내부보다 공급망 전체의 최적화를 통한 물류관리가 중요해짐

㉢ 수요정보의 왜곡현상을 줄이고 그에 따른 안전재고 증가를 예방하기 위해 등장

㉣ 인터넷, EDI, ERP 등 정보통신기술 발전으로 공급사슬 계획 · 운영을 지원하는 IT 솔루션이 개발되고 있으며 공급망 관리를 통한 기업 간 프로세스 통합이 가능하게 됨

㉤ 고객 요구 다양화로 제품 수명주기가 단축되고 있음

③ 공급사슬상의 경영환경변화 기출 21년
  ㉠ 공급사슬상 위치한 조직 간 상호 의존성 증대 추세
  ㉡ 정보통신기술의 발전으로 새로운 시장 등장 및 기업경영방식 변화 초래
  ㉢ 기업활동의 글로벌화로 물자 이동이 국내뿐 아니라 국외로도 확대되어 물류의 복잡성 증가
  ㉣ 고객의 다양한 니즈에 맞추기 위해 생산·납품 등 활동 필요성 증대
  ㉤ 기업 간의 경쟁 심화로 비용절감 및 납기개선의 중요성 증대
④ 도입 필요성 기출 24년/19년/17년
  ㉠ 리드타임 증가 : 기업 활동이 글로벌화되면서 물류의 복잡성이 증가하고, 공급사슬의 지리적 거리와 리드타임(조달기간)이 길어지고 있어 이에 대응해야 함
  ㉡ 채찍효과 발생 : 기업 간 정보 공유·협업으로 채찍효과(bullwhip effect)를 감소시켜야 함
  ㉢ 불확실성 증대 : 정보 왜곡, 제품수명주기 단축 등 다양한 요인으로 수요의 불확실성 증대
  ㉣ 통합적 관리 필요 : 기업내부의 조직·기능별 관리만으로는 경쟁력 확보 어려움
  ㉤ 고객대응력 확보 : 경쟁력 있는 가치 제공으로 비용 절감 및 고객 대응력 확보 필요
⑤ 공급사슬관리의 효과 기출 20년
  ㉠ 생산자·공급자 간 협력으로 수요정보의 중앙집중화 및 정보교환 원활 → 경쟁우위 확보
  ㉡ 생산자·공급자 간 협력으로 수익성 개선 등 효익이 발생하여 Win-Win 전략 구축
  ㉢ 공급사슬 파트너십을 통해 재고품절 위험 감소, 공급망 관점의 재고관리 강화 가능
  ㉣ 공급사슬 파트너십을 통해 물류비용 절감
  ㉤ 공급사슬 파트너십을 통해 소비자만족 극대화
  ㉥ 채찍효과가 감소하여 공급사슬 전·후방에 걸쳐 수요변동성이 줄어듦
⑥ 공급사슬 취약성의 증가요인 : 수요의 변동성 증가, 글로벌화 전략, 아웃소싱 전략 기출 18년
⑦ 공급사슬관리시스템의 효율적 설계 및 운영 기출 20년
  ㉠ 구성원들이 시스템에 관한 목표를 명확히 정의하여 시스템의 목표를 달성하는 방향으로 의사결정을 내리게 유도
  ㉡ 소비자에 대한 서비스 수준 향상에 기여할 수 있는 성과측정 장치 개발
  ㉢ 공급사슬 간의 정보공유를 통해 의사결정을 내리기 위해 부서 간의 협동이 중요
  ㉣ 물류기업의 물류 하부구조 등에 대한 적극적 투자 수행, 이를 통한 미래 확장가능성 대비
  ㉤ 아웃소싱의 적극적 활용으로 비용·시간 절감, 물류기업 경쟁력을 최대화하는 방향으로 물류기업의 자원을 서로 결합

(2) **채찍효과** 기출 25년/22년/15년
  ① 개념 : 최종 고객(공급사슬 하류)으로부터 공급망의 상류로 갈수록 판매예측정보가 왜곡되는 현상 → 공급사슬의 최종단계에서 수요와 재고의 불안정 확산
  ② 발생원인 기출 23년/21년/19년

부정확한 수요예측	수요예측이 소비자의 실제 수요에 기반하지 않고 거래선의 주문량에 근거하여 이루어지기 때문(예 구매자의 사전구매(Forward Buying)로 발생)
정보의 불일치	제조업자, 유통업자, 고객 사이에서 제품 거래와 관련된 정보의 불일치에 기인
가격변동의 심화	프로모션 등 가격정책의 영향으로 제품가격 변동이 심화되기 때문
리드타임의 증가	과도한 통제에 따른 리드타임이 증가하기 때문
일괄주문처리 (Order Batching)	• 각각의 단계에서 주문이 일괄처리되기 때문 • 규모의 경제를 고려한 일괄주문으로 인해 발생

③ 해결방안 기출▶ 19년/ 14년/ 13년

전략적 파트너십	공급사슬 내 정보 공유를 위해 많은 전략적 파트너십에 참여하여 공급망 관점의 재고관리 강화
불확실성 최소화	공급망 전반에 걸쳐 수요정보를 중앙집중화하고 정보를 실시간 공유, 상호 공유하여 불확실성 최소화
수요 변동 최소화	상시저가전략(EDLP : Everyday Low Price) 등 가격안정화 정책 도입으로 가격 변동 폭을 줄임으로써 수요 변동을 감소
리드타임 단축	EDI(Electronic Data Interchange)를 이용, 제품 공급 리드타임 단축

(3) 공급사슬 성과지표

① 성과지표 기출▶ 23년/ 17년

현금화 사이클 타임 (cash-to-cash cycle time)	회사가 원자재를 현금으로 구입한 시점부터 제품 판매로 현금을 회수한 시점까지의 시간 평가
주문충족 리드타임 (order fulfillment lead time)	고객의 주문 요구에 신속한 서비스로 대응한 시점까지의 측정 평가
총공급사슬 관리비용 (total supply chain management cost)	제조사 및 공급업체의 공급망 프로세스와 관련된 고정 및 운영비용 등의 측정치 평가
완전주문충족(률) (perfect order fulfillment)	고객에게 정시에, 완전한 수량으로, 손상 없이, 정확한 문서와 함께 인도되었는지의 여부를 평가하는 성과지표
공급사슬 대응시간 (supply chain response time)	공급망이 시장 수요에 신속하게 대응할 수 있는 시간을 측정하여 평가

② 균형성과표(BSC : Balanced Score Card)의 4가지 성과측정 지표 기출▶ 22년/ 21년/ 17년

재무 관점	기업 경영을 통한 기업의 손익개선을 나타내는 재무성과 측정지표
고객 관점	품질, 서비스, 비용, 시간 등 고객의 관심사항을 반영한 측정지표
내부 프로세스 관점	고객의 기대에 부응하기 위한 업무프로세스와 경쟁우위 요소인 자사의 핵심역량을 측정하는 지표
학습과 성장 관점	기업의 비전달성과 연관된 조직의 학습방법과 개선사항을 측정하는 지표

③ 물류 네트워크 창고(물류센터)의 수와 물류비용 혹은 성과지표 간의 관계 기출▶ 23년
  ㉠ 창고 수가 늘어나면 재고비용은 증가하나, 주문대응시간은 줄어든다.
  ㉡ 창고 수가 늘어나면 수송비용은 증가하나 배송권역의 크기가 줄어 배송비용은 감소한다.
  ㉢ 창고 수가 늘어나면 창고 관리 비용도 늘어난다.
  ㉣ 창고 수가 늘어나면 배송 리드타임이 단축되며 서비스 수준이 올라간다.

(4) 공급자관계관리(SRM : Supplier Relationship Management) 기출▶ 17년

① 외부 공급자와 사용기업 사이의 관계를 개선하고 공급망의 확장 및 통합으로 전체의 효율을 높이기 위한 방안
② SRM 솔루션은 내부 사용자와 외부 파트너를 위해 다수 부서와 프로세스를 포괄할 수 있도록 설계되며, 도입기업과 공급자 간 거래 프로세스 자동화에 기여
③ SRM 소프트웨어 도입을 통해 공급자와 사용기업 정보 및 프로세스 흐름의 가시화 수준을 높일 수 있음
④ SRM 전략실행으로 고객중심 대안을 신속히 제공하고 시장변화에 대한 대응력 향상

2. 공급사슬관리(SCM)의 응용기법 기출▶ 24년/ 23년/ 19년/ 18년/ 17년/ 15년/ 13년/ 12년/ 11년/ 10년/ 09년/ 08년/ 05년

(1) 효율적 고객대응(ECR : Efficient Consumer Response) 기출▶ 24년/ 23년/ 21년/ 15년/ 14년/ 13년

구분	내용
ECR의 개념	• 소비자에게 보다 나은 가치를 제공하기 위해 유통업체와 공급업체들이 밀접하게 협력하는 식료품업계의 전략 • 매장의 판매정보가 온라인으로 공급자에게 전달되어 현재의 재고상태를 파악할 수 있도록 함
주요 전략요소	• 효율적인 매장 진열 관리 • 효율적인 재고 보충 • 효율적인 판매 촉진 • 효율적인 신제품 도입 및 소개
구현 원칙	• 전체시스템의 효과성과 잠재적 보상이 명확하도록 일관성 있는 성과측정과 보상시스템을 사용하여야 함 • 제품의 흐름이 생산 및 포장에서부터 소비자에 이르기까지 효율적으로 이루어져야 함 • 대외적인 EDI 표준과 대내적인 경영정보시스템을 통해 정보의 정확성을 향상시켜야 함 • 생산, 마케팅 및 물류기능과 연계된 의사결정을 효과적으로 지원하여 소비자에게 보다 나은 가치를 제공할 수 있어야 함

+ 더알아보기

- EHCR(Efficient Healthcare Consumer Response) : 의료공급체인을 효율적, 효과적인 방법으로 관리하여 공급체인 내에서 발생하는 모든 비효율적 요소들을 제거하여 관련비용을 최소화하려는 의약품산업의 전략
- EFR(Efficient Food service Response) : 신선식품을 효율적, 효과적으로 공급하고 재고를 최소화하기 위한 신선식품 부문의 전략

(2) QR(Quick Response) 기출▶ 25년/ 24년/ 23년/ 19년/ 15년/ 14년/ 13년

구분	내용
개념	• 제품 제조에서 소비자에게 전달되기까지의 제조 과정을 단축시키고, 소비자의 욕구 및 수요에 적합한 제품을 공급함으로써 제품 공급사슬의 효율성을 극대화하는 시스템 • 미국의 의류업계에서 개발한 공급망 관리 기법 • 기업 간 정보공유를 통한 신속ㆍ정확한 납품, 생산ㆍ유통기간 단축, 재고 감축, 반품 로스 감소 등을 실현하는 의류분야의 신속대응시스템 • 생산 및 유통업자가 전략적으로 협력하여 소비자의 선호 등을 즉시 파악하고, 시장변화에 신속하게 대응함으로써 시장에 적합한 제품을 적시ㆍ적소에 적절한 가격으로 제공하는 것이 원칙 • QR을 실행하기 위해서는 EDI, 바코드, POS 등의 유통정보 기술 요구
장점	• 제조업자는 주문량에 맞추어 유연생산이 가능하고, 공급자 수를 줄일 수 있으며, 높은 자산회전율을 유지할 수 있음 • 시스템 측면에서 낭비 제거, 효율성 향상, 신속성 향상
구현원칙	• 생산 및 포장에서부터 소비자에게 이르기까지 효율적인 제품 흐름 추구 • 제조업체와 유통업체 간 표준상품코드로 데이터베이스 구축, 고객의 구매성향을 파악ㆍ공유하여 적절한 대응 필요 • 조달, 생산, 판매 등 모든 단계에 걸쳐 시장정보를 공유하여 비용을 줄이고, 시장변화에 신속하게 대처하기 위한 시스템 • 저가격을 고수하는 할인점, 브랜드 상품을 판매하는 전문점, 통신판매 등을 연계하여 철저한 중앙관리체제로 소매점업계 경영합리화 추구

(3) 공급자 주도형 재고관리(VMI : Vendor Managed Inventory) 기출▶ 25년/ 24년/ 23년/ 20년/ 15년

개념	• 공급업체(제조업체)가 주도적으로 재고를 관리하는 방식 • 유통업체 발생 재고를 제조업체가 전담 관리(공급자가 부품공급업체라면 부품을 공급받는 완제품 제조업자 생산계획을 공유받아 재고 관리) • 상품보충시스템이 실행될 때마다 판매와 재고정보가 유통업체에서 제조업체로 전송
성공적인 VMI 도입을 위한 선결과제	• 자재창고의 재고정보가 정확해야 함 • 생산계획 대(對) 실적의 전산시스템화가 되어야 함 • 정보인프라 구축을 통한 실판매정보의 공유가 이루어져야 함 • 자재코드의 체계화(표준화)가 되어 있어야 함

(4) 지속적인 상품보충 혹은 자동재고보충프로그램(CRP : Continuous Replenishment Process) 기출▶ 25년/ 24년/ 23년/ 21년/ 19년/ 13년

개념	• 상품을 실제 판매데이터와 예측수요데이터에 근거하여 유통소매점에 공급하는 풀(pull) 방식 • 제조업체나 물류센터의 보충발주를 자동화하는 시스템 • 전자문서교환방식(EDI)에 근간을 두고 있음 • 공급자재고관리(VMI)가 가장 보편적인 형태로 사용됨
특징	• 공급업자와 소매업자 간 POS 정보를 공유하여 별도 주문 없이 공급업자가 제품 보충 가능 • 전반적인 유통공급과정에서 상품주문기능과 상품흐름을 향상시킴 • 재고데이터와 점포별 주문데이터를 공급업체에 전송 → 공급업체가 주문업무 책임

(5) 협력적 예측, 보충 시스템(CPFR : Collaborative Planning Forecasting and Replenishment)
기출▶ 25년/ 24년/ 23년/ 21년/ 19년/ 18년/ 17년/ 14년

개념	• 유통업체인 Walmart와 Warner-Lambert사 사이에 처음 시도 • 유통업체와 공급업체가 긴밀한 협업을 통해 판매계획을 수립하고, 수요예측 및 재고관리를 공동으로 진행하는 프로세스 • 수요예측이나 판매계획 정보를 유통업체와 제조업체가 공유하여, 생산-유통 전 과정의 자원 및 시간의 활용을 극대화하는 비즈니스 모델 • 결품으로 인한 고객만족도 저하현상에 대응하기 위한 안정적 재고관리 수단
특징	• 생산 및 수요예측에 대해 제조업체와 유통업체가 공동 책임 • CPFR 도입을 위해 기업들은 협업관계 개발을 가장 먼저 시행해야 함 • 협업적 계획수립을 위해 모든 거래 파트너들의 주문정보에 대한 실시간 접근 가능이라는 전제조건 필요 • 모든 참여자들은 공통된 하나의 스케줄에 따라서 운영활동 수행

(6) 크로스 도킹(Cross Docking) 기출▶ 25년/ 24년/ 23년/ 22년/ 18년/ 15년/ 13년/ 10년/ 09년

개념	• 공급사슬상의 각 단계 간에 제품이동시간을 줄이기 위해 창고나 물류센터에서 수령한 상품을 창고에서 재고로 보관하지 않고 입고와 동시에 출고하여 바로 배송할 수 있도록 하는 시스템 → 통과형 물류센터 • 미국의 월마트에서 도입한 공급망 관리 기법 • **크로스 도킹 전략을 가장 효율적으로 활용하는 업종** : 유통업, 도매배송업 및 항만터미널 운영업 등
전제조건	• 크로스 도킹 전략의 효율적 구현을 위해 사전에 활동원가분석(ABC 분석)을 실시하는 것이 좋음 • EAN/UCC 표준, EDI 등을 통한 정보교환체제가 잘 구축되어 있어야 함 • ASN(Advanced Shipping Notice)과 JIT(Just In Time) 환경 필요 • EDI, 바코드, RFID 등 정보기술 활용을 통해 보다 효과적인 실현 가능
특징	• **기대 효과** : 재고의 효율적 통제를 통한 창고 비용 절감, 유통업체의 결품률 감소, 입·출고 시간 및 비용 감소 등 • **업종** : 주문한 제품이 물류센터에서 재분류되어서 각각의 점포로 즉시 배송되어야 하는 신선식품에 보다 적합 • **장점** : 물류센터가 보관거점의 기능에서 탈피할 수 있으며, 물류센터에 제품이 머무르는 시간의 감소 가능

(7) 대량고객화(Mass Customization) 기출 18년/16년/15년/14년/13년

① 대규모 고객집단의 개별적 요구에 맞춰 대응하는 개념으로, 가능한 한 다양한 수요를 충족시키는 대량생산 방식
② 종래의 표준화된 제품을 대량생산해서 판매하던 방식에서 대부분의 고객들이 공통적으로 요구하는 특징을 정확히 파악하고 범주화시켜서 개별 고객의 요구에 맞춰 제조 납품하는 방식
③ 개별 고객의 다양한 요구와 기대를 충족시키면서도 대량생산에 못지않은 낮은 원가를 유지하는 경영혁신 기법
④ 비용, 효율성, 효과성을 희생시키지 않고 개별 고객들의 욕구를 파악하여 충족시키는 전략

(8) 유통망관리(DRP : Distribution Resource Planning) 기출 25년/16년

개념	생산이 완료된 제품에 대한 판매관리시스템
목적	고객과 가장 가까운 곳에서 수요데이터 획득, 수요 예측 후 생산계획 수립에 빠르게 반영, 완제품 출고 이후 소매점 혹은 도매점에 이르는 유통망상 재고 축소

(9) 전사적자원관리(ERP : Enterprise Resource Planning) 기출 25년/22년/17년/16년/13년

① 정보기술을 활용하는 경영전략의 하나
② 기간 업무뿐만 아니라 기업 활동에 필요한 모든 자원을 하나의 체계로 통합하여 운영하고 기업의 업무 처리 방식을 선진화시킴으로써 한정된 기업의 인적·물적 자원을 효율적으로 관리하여 생산성을 극대화하려는 기업 리엔지니어링 기법
③ 생산, 판매, 구매, 인사, 재무, 물류 등 기업업무 전반을 통합 관리하는 경영관리시스템의 일종으로 기업이 보유하고 있는 모든 자원에 대해서 효과적인 사용 계획과 관리를 위한 시스템
④ 공급사슬 계획 및 실행 시스템에 필요한 정보 제공
⑤ 성공적인 도입을 위해 업무의 표준화가 중요함

더알아보기 Co-petition 기출 16년 / CAM 기출 25년

- Co-petition : cooperation(협동)과 competition(경쟁)의 합성어로, 기업 간 극단적 경쟁에서 야기될 수 있는 위험요소를 줄이고 상호 협력을 통해 서로 윈-윈 하자는 비즈니스 성공전략
- CAM(Computer Aided Manufacturing) : 제품의 생산 및 제조 과정에 컴퓨터를 도입하여 자동화를 지원하는 시스템화 기술

(10) E-SCM 기출 21년/16년

개념	• e-Business의 범위에서 원자재 조달, 생산, 수·배송, 판매 및 고객관리 프로세스의 물류흐름과 관련 활동의 통합적인 관리기법을 인터넷에 기반하여 실시간으로 신속하고 효율적으로 처리하는 것 • 디지털 환경의 공급자, 유통채널, 도소매 관련 물자, 자금, 정보흐름 등을 신속하고 효율적으로 관리하는 활동이 e-Business 환경에서 적용되는 것
도입효과	• 인터넷을 통해 고객들이 원하는 맞춤서비스 제공 가능 • 공급자와 구매자 간 신속한 의사소통이 가능해짐 • 중간유통업체 배제로 직거래 활성화, 공급체인 길이가 짧아져 리드타임 단축 • 실시간 재고관리 가능으로 안전재고의 적정수준 유지 가능 • 원자재 공급업체, 생산업체, 물류업체 간 핵심정보의 피드백이 원활하게 됨

e-Procurement (전자조달) 기출 25년	• 구매 요청, 승인, 입찰, 계약에 이르는 일련의 프로세스를 대면방식이 아닌 인터넷을 기반으로 수행하는 비대면방식의 시스템 • 비대면의 공식적인 시스템 : 구매자와 판매자 간 밀접한 관계 구축 어려움 • 장점 : 구매업무 처리시간 절감, 실시간 정보로 재고와 예산 관리, 프로세스 자동화로 조달가격과 운영비용 절감 및 조달 효율성 개선, 문서처리 비용 감소 등 • 단점 : 사이버 보안 위협(데이터 유출, 해킹 등)으로 인한 신용정보 및 거래정보 유출 가능성

(11) 고객관계관리(CRM : Customer Relationship Management) 기법 기출 22년/18년

개념	• 고객의 데이터베이스 정보를 기업의 마케팅에 활용하는 기법 • 추가비용 최소화 및 고객과의 상호작용 가치를 높여 이익을 증대시키는 개념 • 수익성 높은 고객과의 관계 창출·지원으로 매출 최적화 및 고객기반 확충 전략 • 고객 성향·욕구를 파악하여 이를 충족시키면서 기업 목표를 달성하려는 전략
특징	• 고객관계관리 단계 : 고객관계 형성, 고객관계 유지, 고객관계 강화로 구성 • 우수고객을 어떻게 파악·획득·유지시켜 고객 평생가치를 높일 수 있는지 분석 필요 • 고객관련 데이터를 어떻게 획득하고 축적하며, 분석하고 서비스할 것인가에 관한 고객 전략수립 및 인프라 구축에 대한 이해 필요 • 동일하지 않은 고객 분류 후 고객 분류별로 차별화된 제품과 서비스 제공 필요

3. SCM 전략

(1) 수요의 불확실성에 따른 전략

① 효율적 공급사슬(Efficient Supply Chain)과 대응적 공급사슬(Responsive Supply Chain) 기출 25년/22년/18년/17년

구 분	효율적 공급사슬	대응적(반응적) 공급사슬
개념	수요가 안정적이고 예측가능한 경우 자재와 서비스 흐름의 적절한 조화로 재고 최소화 및 비용 절감을 이루고, 공급사슬상에서 기업의 효율을 극대화하는 것	불확실한 수요에 대비할 수 있게 재고와 생산 능력을 적절히 조절하여 시장 수요에 신속히 대응하게 하는 것
목표	최저가격으로 예측 가능한 수요에 효율적으로 공급	예측 불가능한 수요에 신속하게 대응
제품 전략	기능적 제품, 비용 최소화	혁신적 제품, 모듈러 디자인
가격 전략	가격이 주요 경쟁 무기, 저마진	가격이 주요 경쟁 무기 아님, 고마진
생산 전략	재고생산, 대량생산, 표준화	주문조립, 주문생산, 고객화
공급자 선정 전략	저가격, 일관된 품질, 적기공급	속도, 유연성, 고품질, 신뢰성
재고 전략	높은 재고회전율, 재고 최소화	부품 및 완제품 안전재고 유지
리드타임 전략	비용증가 없이 리드타임 단축(비용절감이 더 중요)	비용이 증가되더라도 리드타임 단축
운송 전략	저비용 수단	신축성, 대응성이 높은 수단
여유생산능력	낮음, 높은 설비이용률	높음, 유연성

② 리스크풀링(Risk Pooling) 전략 기출 24년/22년/20년/19년

㉠ 기업 내에 분포되어 있는 불확실성을 하나로 모음으로써 기업 전체의 불확실성에 효율적으로 대처하는 기법

㉡ 공급망에서 변동성을 다루는 가장 강력한 도구 중 하나로, 여러 지역 수요를 하나로 통합했을 때 수요 변동성이 감소한다는 것을 의미 → 지역별로 다른 수요를 합쳤을 때, 특정 고객으로부터의 높은 수요 발생을 낮은 수요의 다른 지역에서 상쇄할 수 있어 가능

ⓒ 분산 운영되던 물류거점의 통합 관리를 통해 적은 양의 재고로 수요의 불확실성을 대처할 수 있어 안전재고 감소
ⓓ 예를 들어 제조업체들이 재고자산을 여러 창고나 공장에 분산 보유하는 것보다 중앙 창고에 집중 보관하는 것이 재고자산을 줄이는 더 좋은 방법 → 적정 재고 수준을 더 정확하게 예측할 수 있기 때문

(2) 지연, 혼재 표준화 전략 기출 24년/ 22년/ 19년/ 14년

지연전략 (Postponement) 기출 25년	• 제품 생산공정을 전공정과 후공정으로 나누고, 마지막까지 최대한 전공정을 지연시키는 전략 • 차별화 지연(Delayed Differentiation)이라고도 함 • 최종 제품 조립 시점을 최대한 고객 가까이 가져가 주문에 맞는 제품을 만드는 생산 리드타임을 단축하여, 시장 변화에 반응하는 능력을 키움(Delay formation of the final product as long as possible) • 공장에서 제품을 완성하는 대신 시장 가까이로 제품의 완성을 지연시켜 소비자가 원하는 다양한 수요를 만족시키는 전략적 지연 예 의류업체 A기업은 원사를 색상별로 염색한 후 직조하는 방식으로 의류를 생산하였으나 색상에 대한 소비자 기호의 변동성이 높아서 색상별 수요예측에 어려움을 겪었다. 이후 염색되지 않은 원사로 의류를 직조한 이후에 염색하는 방식으로 제조공정을 변경하여 예측의 정확성을 높이고 재고를 감소시켜 고객서비스를 향상시킬 수 있었다.
혼재 (Consolidation)	소량화물을 다수의 화주로부터 집하여 이것을 모아서 대량화물로 만드는 것을 의미(Smaller shipment sizes have disproportionately higher transportation cost)
표준화 (Standardization)	재고를 증가시키는 상품 다양성을 피하는 것을 의미(Avoid product variety since it adds to inventory)

> **+ 더알아보기** 제품 생산전략 기출 22년
>
> • Make-To-Stock(재고생산) : 생산을 수요보다 선행하여 항상 재고를 가져가면서 수요 증가에 대비하는 방식
> • Make-To-Order(주문생산) : 고객 맞춤형 제품이거나 고가 제품, 수요 예측이 어려운 경우 고객이 주문한 후 제품을 생산하는 방식

(3) 글로벌 가치사슬전략 기출 16년

개념	• 제품 기획·생산·조립·마케팅·고객서비스 등 제품 가치창출을 위한 일련의 기업활동이 국제적으로 이루어지는 것 • 글로벌 가치사슬의 심화로 국제생산 분할이 활발하게 이루어져 국경을 초월한 중간재 가공 생산구조로 변화 중
발전 배경	• ICT 기술발전 및 표준 확산 • 수송기술 발전 • WTO 체제 발족
장점	글로벌 가치사슬의 형성으로 가치창출을 위한 일련의 활동을 최적 분배하고 이는 기업의 생산성을 향상시킴
단점	• 개별국가의 법적 규제나 가치사슬상 리더 기업이 적용한 제품 및 프로세스 기준이 기술무역장벽으로 작용할 수 있음 • 생산단계 세분화로 관세의 부정적 효과 증폭

(4) 공급사슬의 유연성(flexibility)과 신속성(speed) 기출 18년

개념	• 초기 공급사슬은 재고 감축을 통한 비용절감이 목표였으나, 최근에는 유연성 및 고객지향을 추구하는 전략으로 변경하고 있음 • 고객의 개별적 요구 대응을 위해 기획·생산·판매·배송 등 기업활동 전 과정에서 주문에 유연(flexibility)하고 신속(speed)하게 대응 가능한 시스템 필요
달성 방법	• 모듈(module) 개념 도입 • 수요의 조절능력 확보 • 직접 주문 방식 도입(중간유통단계 생략) • 주문에 따른 실시간 생산 능력 확보 • 전략적 지연 • 전자결제 방식 도입 • JIT(Just In Time) 구매와 협력적 파트너십 구축 • 기계, 설비의 교체시간, 부품 및 작업자의 작업 준비시간 단축

(5) SCM 관리철학 기출 13년

린 생산방식 (Lean Supply Chain = JIT II)	• 개념 : 과잉생산, 과잉재고, 보관기간, 운송시간 등 낭비적 요소를 제거해 종래의 공급사슬의 문제점을 해결하는 전략 • 목표 : 낭비를 제거하고 재공품 재고를 줄여 공정 및 제조의 리드타임을 단축함으로써 궁극적으로 공급망의 속도와 흐름을 높이는 것
애자일 생산방식 (Agile Supply Chain)	• 고객들이 원하는 바를 파악해 이를 개발한 후 시장에 내놓고 반응을 살피는 것으로, 소규모 인원이 신속하게 제품을 개발하고 지속적으로 이를 업데이트하는 전략 • 제품 생산주기 시간을 단축하고 설계의 빠른 변경을 통해 시장과 제품 수요에 신속한 대응 가능

CORE 02 물류혁신기법

1. 제약이론(TOC : Theory of Constraints) 기출 24년/ 22년/ 18년/ 17년/ 16년/ 15년/ 13년/ 08년/ 07년

(1) 개념

① 골드렛(Biyahu M. Goldratt)이 제안한 개념으로, 기업의 여러 가지 활동 중 취약한 활동요인(제약요소)의 효율성을 제고함으로써 기업의 성과를 극대화한다는 것임
② 제약요소는 조직의 전체적인 성과를 지배하므로 보다 많은 이익을 얻기 위해서는 제약요소를 중심으로 모든 관리가 집중되어야 한다는 경영과학이론
③ 제약요인인 병목공정이 전체 생산량을 결정하므로 병목공정을 집중관리하여 병목의 생산성(처리량)을 증대시키는 것이 생산성 증대 핵심
④ 경쟁력 제고 수단으로 생산 최적화를 위해서는 외부 공급자의 역할이 중요하게 되므로 SCM(공급체인경영)에 응용 가능
⑤ 자원, 부서, 인식, 환경 등 제약이 되는 모든 것이 개선 대상에 포함

(2) 구성요소 기출 19년

① 제약이론의 세 가지 개념

현금창출공헌이익 (Throughput)	• 기업이 판매를 통해 벌어들인 이익 • 현금창출공헌이익 = 매출액 – 재료비 • 변동원가계산의 공헌이익과 유사하나 직접노무비가 차감되지 않는 점에서 차이
재고 (Inventory)	• 판매하려는 물품을 생산·구매하는 데 투자한 총액(기존 회계의 투자액 개념) • 건물, 대지, 설비 등 유형자산 및 기존 재고자산을 포함한 개념 • 판매를 목적으로 보유하는 기존 재고자산과는 차이가 있음
운영비용 (Operating Expense)	• 재고를 현금창출공헌이익으로 전환 시 발생하는 총비용 • 노무비, 제조간접비, 판매비, 관리비 등을 모두 포함

② 투자수익률(ROI)

㉠ $\text{ROI} = \dfrac{(\text{현금창출공헌이익} - \text{운영비용})}{\text{재고}}$

㉡ 현금창출공헌이익을 늘리고 재고 및 운영비용을 줄이면 순이익, 생산성, 투자수익률, 재고회전율을 높일 수 있어 기업 운영 전략에 도움

+ 더알아보기 ROI(투자수익률, 총자본순이익률) 기출▶ 24년

- 투자가 수익 창출에 얼마나 효과적인지 측정
- 순이익을 투자액(투자비용)으로 나눈 것으로, 총자본에 대한 순이익의 비율로 표시
- $\dfrac{순이익}{총자본}$ = 매출액순이익률 × 총자본회전율(매출액순이익률 = $\dfrac{순이익}{매출액}$, 총자본회전율 = $\dfrac{매출액}{총자본}$)

(3) 제약이론(TOC)의 지속적 개선을 위한 5단계 프로세스(TOC 5 Step Process) 기출▶ 23년

1단계	제약자원 식별	시스템에서 가장 큰 제약자원(병목요인, 제한요소)을 찾음
2단계	제약자원 최대 활용	제약자원을 최대한 활용할 수 있는 방법을 찾음
3단계	비제약자원을 제약자원에 종속화	제약자원이 원활하게 작동하도록 다른 모든 자원을 종속시킴
4단계	제약자원 개선	제약을 해결하여 제약자원의 기능을 개선함
5단계	개선 프로세스 반복	문제 해결 후 처음으로 다시 돌아가 프로세스를 반복함

(4) DBR(Drum, Buffer, Rope) 기출▶ 24년

① 제약조건이론 중 전체 공정의 종속성과 변동성을 관리하는 기법
② 전체 공정 중 가장 약한 것을 찾아 능력제약자원으로 두고, 이 부분이 최대한 100% 가동될 수 있도록 공정 속도를 조절하여 흐름을 관리하는 기법
③ 프로세스 전체의 흐름에서 드럼을 두드려 전체 생산 프로세스를 병목의 속도에 맞추고(D : Drum), 병목 앞 공정은 병목이 쉬지 않도록 버퍼를 형성하며(B : Buffer), 병목 이후의 공정은 병목과 일정한 속도를 맞추어 흐름이 이어지도록 하여(R : Rope), 프로세스 전체를 최적화

Drum (생산속도)	• Drum으로 행군속도(생산속도) 결정 • 병목현상이 있는 공정(제약조건)이 Drum의 역할
Buffer (안전재고)	• 걸음이 가장 느린 병사(제약조건)에 맞추기 위해 간격 설정 • 병목공정 앞 생산에 지정이 없을 만큼 유지
Rope (자재투입, 통제)	• 선두와 걸음이 느린 병사(제약조건)를 Rope(줄)로 연결 • 제약조건과 선행작업(자재투입)을 이어주는 역할, 원재료 주입시기 통제

2. 6시그마(6-Sigma)

(1) 개념 기출▶ 24년/ 18년/ 17년/ 16년/ 14년

① 모토롤라의 해리(M.Harry)가 창안
② 무결점 품질을 목표로 고객에게 인도되는 재화 및 서비스 불량을 줄이는 것뿐만 아니라 회사 내 전 분야에 걸쳐 발생되는 불량의 원인을 찾아 제거하고 품질을 향상시키는 경영기법
③ 시그마는 통계학에서 표준편차를 의미 → 제품의 설계, 제조, 서비스 품질편차를 최소화하여 규격상한과 하한이 목표 품질 중심으로부터 6시그마 이내에 있도록 하는 것
④ 통계적 기법을 이용한 품질개선 운동으로 모든 현상을 숫자로 표시하고 관리 → 수치데이터를 통한 분석적인 접근방식, 오픈마인드 수행 요구

⑤ 프로세스 중시형 접근방식 → 제품 혹은 프로세스 100만개 중 허용되는 불량 또는 오류 수가 3.4개(3.4PPM=3.4DPMO)로, 거의 제로 수준으로 제품 공정을 혁신하자는 것
⑥ 6시그마에 접근할수록 불량률이 낮아지며, 시그마 수준이 낮을수록 불량률이 커짐(예 2시그마 수준이 3시그마 수준보다 불량률이 높음)
⑦ 최종생산품의 부적합뿐만 아니라 생산과정의 부적합에도 주목
⑧ 제품·서비스의 리드타임 단축 및 재고감축 효과가 있음
⑨ 상의하달 방식으로 강력하게 추진하는 것이 효과적

(2) 6시그마의 프로세스(DMAIC) 기출▶ 25년/ 24년/ 23년/ 21년

① 개념 : DMAIC라는 프로세스 과정을 통해 6시그마의 기준에 도달하는 것이 목표
② DMAIC 추진 단계

정의(Define)	결함 발생 요인을 정의하여 문제를 명확히 하고, 몇 개월 내에 측정 가능한 목표가 달성될 수 있도록 문제 범위를 좁히는 단계
측정(Measure)	현재 불량수준을 측정하여 수치화하는 단계
분석(Analyze)	불량의 발생 원인을 파악하고 개선대상을 선정하는 단계
개선(Improve)	개선과제를 선정하고 실제 개선작업을 수행하는 단계
관리(Control)	개선결과를 유지하고 새로운 목표를 설정하는 단계

3. 자재관리 시스템 : MRP, JIT

(1) 자재소요계획 시스템(MRP : Material Requirement Planning) 기출▶ 25년/ 24년/22년/16년/15년

① 개념
  ㉠ 전산화 프로그램으로 재고관리와 생산일정을 계획·통제하고, 적량의 품목을 적시에 주문하여 적정 재고수준을 통제하는 시스템 → Push 시스템
  ㉡ 기업의 자재구매 및 자재소요량을 관리하기 위해 만들어진 자재소요계획(MRP : Material Requirement Planning)에서 출발 → 자재뿐 아니라 생산에 필요한 모든 자원을 효율적으로 관리하기 위한 생산자원계획(MRP-II)으로 확대 → 회사의 모든 자원을 계획·관리하는 전사적 자원관리(ERP)로 발전

② 구성요소

주생산일정계획 (MPS : Master Production Schedule)	• 전체적인 생산계획을 나누어 실행시킬 목적으로 구체화시키는 일정계획 • 품목별 생산량을 생산일정(월별 또는 주별)에 맞추어 계획하며, 아울러 부하와 능력을 생산일정별로 제시
자재명세서 (BOM : Bill of Materials)	• 제품을 구성하는 모든 부품들에 대한 목록 • 부품이 복잡한 요소들로 구성되어 있는 조립품인 경우에는 계층적인 구조로 작성될 수 있음
재고기록철 (IRF : Inventory Records File)	• 자재관리 대상품목의 입·출고에 관한 내역, 재고보유품목, 발주품목, 생산품목에 관한 사항을 기록하는 것 • 재고기록은 생산예정 품목의 순소요량을 파악하는 데 사용되므로 품목의 재고에 대한 최신 정보를 유지해야 함

③ MRP의 특징
  ㉠ 완제품의 수요예측부터 시작
  ㉡ 일괄적으로 처리되어 완제품 형태로 만들어지는 배치(batch)제품, 조립품 생산 등에 적합한 자재관리기법
  ㉢ MRP는 MPS, 생산물 구조기록, 재고기록상태 등이 기본적으로 입력되어야 하므로 기업의 구성요소에 의해 MPS를 수시로 변경해야 함

④ MRP와 MRP-II

MRP (Material Requirement Planning)	· 자재소요량계획 · 기업의 원활한 자재구매 및 자재소요량을 합리적으로 관리하기 위한 재고관리 영역에 국한된 전산화된 관리시스템
MRP-II (Manufacturing Resources Planning)	· 생산자원계획 · 자재뿐만 아니라 생산에 필요한 모든 자원을 효율적으로 관리하기 위한 것으로 MRP가 확대된 개념 · 소품종 대량생산에서 다품종 소량생산으로의 환경변화에 따른 고객지향업무의 부각에 따라 탄생 · 기존 MRP에 자동화된 공정데이터의 수집, 수주관리, 재무관리, 판매관리의 기능을 추가하여 구체적으로 실현 가능한 생산계획을 제시하는 제조활동 시스템

(2) 적시생산시스템(JIT : Just In Time) 기출▶ 24년/ 15년/ 14년/ 11년/ 09년/ 07년

① 개념
  ㉠ 단위 시간당 필요한 자재를 소요량만큼만 조달하여 재고 최소화, 다양한 재고감소 활동 전개로 비용절감, 품질개선, 작업능률 향상 등을 통해 생산성을 높이는 생산시스템
  ㉡ 필요한 시기에 필요한 수량만큼 조달하여 낭비적 요소를 근본적으로 제거
  ㉢ 도요타(Toyota)에서 개발되어 도요타식 생산방식이라고도 함
  ㉣ 핵심이 되는 칸반(Kanban)방식이 정보시스템의 주축을 이루고 있으며, 발주점 방식 응용
  ㉤ 재고 최소화를 위해 눈으로 보는 관리방식 채용, 요구량만 확보 → Pull 시스템

② 운영 특성
  ㉠ 생산소요시간 감소 및 각 공정 간 작업부하의 균일화를 위해 소규모 로트(lot) 필요
  ㉡ 재고를 최소로 유지하기 위해 불량 없는 품질관리가 중요
  ㉢ 공급되는 부품의 품질, 수량, 납품시기 측면에서 공급업체와의 신뢰성 구축 및 긴밀한 협조체제 요구
  ㉣ 원활한 활동을 위해 노동력의 유연성과 팀워크 요구
  ㉤ 정확한 시간에 정확한 수량으로 정확한 납품 요구
  ㉥ 납품 차질로 인한 생산지연에 대한 비용은 공급자가 부담
  ㉦ 재고비용의 낭비요소를 줄일 수 있고, 발주자의 구매업무 및 인력 절감

③ 도입 목표
  ㉠ 제조준비시간의 단축과 수요변화에 대한 신속한 대응
  ㉡ 재고투자의 극소화와 리드타임의 단축
  ㉢ 자재취급 노력의 경감
  ㉣ 불량품의 최소화와 품질의 향상
  ㉤ 생산성과 마케팅의 향상

④ JIT-II 시스템 기출▶ 22년/ 15년
  ㉠ 미국의 보스(Bose)사에서 처음 도입한 시스템으로, 공급회사의 영업과 발주회사의 구매를 묶어 하나의 가상기업으로 간주하여 효율을 꾀하는 경영기법
  ㉡ 공급회사의 전문요원이 공급회사와 발주회사 간 구매·납품 대행
  ㉢ Pull 전략에 기반한 공급망관리 기법
  ㉣ 장기적인 계약관계가 아닌 상호 파트너십 관계라는 것에서 JIT와 차이

4. 전사적 품질경영(TQM : Total Quality Management) 기출▶ 17년/ 16년/ 11년

개념	제품 및 서비스의 품질을 향상시켜 장기적인 경쟁우위를 확보하기 위해 기존의 조직문화와 경영관행을 재구축하는 것
특징	• 품질관리 활동이 전사적으로 이루어져야 함 • 고객중심의 품질개념을 도입한 것 • 품질에 대해 지속적인 개선이 이루어짐 • 관리대상은 최종제품뿐만 아니라 조직 내의 모든 활동 및 서비스 포함

5. 업무절차혁신(BPR : Business Process Reengineering) 기출▶ 24년/ 19년/ 16년/ 15년

① 한 기업 내의 경영활동을 혁신하고자 하는 경영혁신기법
② 궁극적인 목적은 고객중심의 경영체계를 만드는 것
③ 기업의 활동과 업무상의 여러 단계들을 통합하고 단순화하여 근본적으로 재설계하고 프로세스 중심으로 재편
④ 대상 프로세스에 관련된 부서를 주축으로 해야 함

출제포인트 OX 문제

01 ○X 공급사슬관리(SCM)의 기원은 1980년대 미국의 의류제품 부문에서 도입된 QR이다.

02 ○X 공급사슬관리를 통해 채찍효과가 감소하여 수요변동성이 줄어든다.

03 ○X 채찍효과 감소를 위해 일회 주문량을 증가시켜 운송비용을 절감한다.

04 공급사슬 성과지표 중 (　　)은/는 회사가 원자재를 현금으로 구입한 시점부터 제품 판매로 현금을 회수한 시점까지의 시간을 평가하는 것이다.

05 ○X 크로스 도킹은 창고나 물류센터로 입고되는 상품을 보관하지 않고 즉각 소매점포에 배송하는 시스템이다.

06 ○X 대량고객화는 다품종 대량생산을 추구한다.

07 ○X 효율적 공급사슬은 리드타임 단축보다 비용최소화를 중요시한다.

08 (　　)전략은 제품 생산공정을 전·후공정으로 나누어 마지막까지 최대한 전공정을 지연시키는 것이다.

09 ○X E-SCM을 도입하면 리드타임 단축이 가능하다.

10 ○X CRM은 고객 데이터베이스 정보를 기업 마케팅에 활용하는 기법이다.

11 TOC 요소개념 중 (　　)은/는 판매에 의한 기업의 현금 창출 정도를 나타낸다.

12 ○X 6시그마 기법의 DMAIC 추진 단계 중 Analyze는 불량 발생 원인을 파악하고 개선 대상을 선정하는 단계이다.

13 ○X JIT 시스템은 도요타에서 개발되었으며 칸반시스템이라고도 한다.

14 ○X MRP에서 주생산일정계획(MPS)은 한번 입력되면 변경될 수 없다.

15 ○X TQM의 관리대상에서 조직 내의 활동은 포함되지 않는다.

정답 및 해설

01 ○
02 ○
03 × ▶ 실제 수요가 아닌 주문량에 근거한 수요 예측은 채찍효과의 발생 원인이 된다.
04 현금화 사이클 타임
05 ○
06 ○
07 ○
08 지연
09 ○
10 ○
11 스루풋(Throughput), 현금창출공헌이익
12 ○
13 ○
14 × ▶ 구성요소에 의해 수시로 변경할 수 있다.
15 × ▶ TQM의 관리대상은 최종제품뿐 아니라 조직 내 모든 활동 및 서비스를 포함한다.

빈출키워드 기출유형문제

키워드 ❶   SCM 개요

01

SCM 등장배경에 관한 설명으로 옳지 않은 것은? 기출 23년

① 부가가치의 60~70%가 제조공정 외부 공급망에서 발생한다.
② 부품 및 기자재의 납기 및 품질, 주문의 납기 및 수요 등 외부의 불확실성이 점점 더 심화되고 있다.
③ 공급망 하류로 갈수록 정보가 왜곡되는 현상이 심화되고 있다.
④ 기업활동이 글로벌화되면서 공급망상의 리드타임이 길어지고 불확실해졌다.
⑤ 글로벌화 및 고객요구 다양성 증대에 따라 대량고객화가 보편화되고 있다.

> **해설** ③ 공급망 상류로 갈수록 정보가 왜곡되는 현상이 심화되고 있다.

02

공급사슬관리(SCM)의 도입 배경과 필요성에 관한 설명으로 옳지 않은 것은? 기출 24년

① 기업 간 경쟁심화로 비용절감과 납기준수가 중요해지고 있다.
② 공급사슬 상류로 갈수록 수요정보가 증폭되어 왜곡되는 현상이 나타난다.
③ 공급사슬 계획과 운영을 지원하는 IT 솔루션이 개발되고 있다.
④ 글로벌화로 인해 부품공급의 리드타임이 짧아지고 있다.
⑤ 고객 요구가 다양해지고 제품의 수명주기가 단축되고 있다.

> **해설** ④ 글로벌화로 물류의 복잡성이 증가하고 공급사슬의 지리적 거리가 늘어나면서 부품공급의 리드타임이 길어지고 있다.

03

공급사슬관리(SCM : Supply Chain Management)의 효과에 관한 설명으로 옳지 않은 것은? 기출 20년

① 생산자와 공급자 간의 협력을 통하여 경쟁우위를 확보할 수 있다.
② 생산자와 공급자 간의 협력을 통하여 이익 평준화를 실현할 수 있다.
③ 공급사슬 파트너십을 통하여 재고품절 위험을 감소시킬 수 있다.
④ 공급사슬 파트너십을 통하여 물류비용을 절감할 수 있다.
⑤ 공급사슬 파트너십을 통하여 소비자 만족을 극대화할 수 있다.

> **해설** ② 생산원가를 절감하면서 공급상품의 수급조절을 개선하고, 더 좋은 가격으로 공급하면서도 사업 수익성을 개선하는 등의 효익이 발생하여 생산자와 공급자 사이에 Win-Win 전략이 구축될 수 있다.

키워드 ❷ 공급사슬 성과지표, 균형성과표(BSC)

04
공급사슬 성과지표 중 원자재 구매비용을 지불한 날부터 제품 판매대금을 수금한 날까지 소요되는 시간을 측정하는 것은? 기출 23년

① 주문주기시간(Order Cycle Time)
② 현금화 사이클타임(Cash-to-Cash Cycle Time)
③ 공급사슬 배송성과(Delivery Performance to Request)
④ 주문충족 리드타임(Order Fulfillment Lead Time)
⑤ 공급사슬 생산유연성(Upside Production Flexibility)

해설 ② 회사가 원자재를 현금으로 구입한 시점부터 제품 판매로 현금을 회수한 시점까지의 시간을 평가한다.

05
BSC(Balanced Score Card)에 관한 설명으로 옳지 않은 것은? 기출 22년

① 기업의 재무성과뿐만 아니라 전략실행에 필요한 비재무적 정보를 제공해준다.
② 기업의 전략과 관련된 측정지표의 집합이라고 볼 수 있다.
③ 무형자산을 기업의 차별화 전략이나 주주가치로 변환시킬 수 있는 효과적인 기법이다.
④ 기업의 성과를 비재무적 관점, 고객 관점, 내부 비즈니스 프로세스 관점, 학습 및 성장 관점에서 측정한다.
⑤ 단기적이고 재무적 성과에 집착하는 경영자의 근시안적 사고를 균형 있게 한다.

해설 ④ 기업의 성과를 재무적 관점, 고객 관점, 내부 비즈니스 프로세스 관점, 학습 및 성장 관점에서 측정한다.

06
물류기업들이 성공을 위해 비전, 전략, 실행, 평가가 정렬되도록 균형성과표(BSC : Balanced Score Card)를 도입한다. 이에 관한 설명으로 옳지 않은 것은? 기출 17년

① 균형성과표는 조직의 전략을 성과측정이라는 틀로 바꾸어서 전략을 실행할 수 있도록 도와준다.
② 균형성과표의 측정지표는 구성원들에게 목표달성을 위한 올바른 방향을 제시해 준다.
③ 균형성과표는 재무 관점, 고객 관점, 내부 프로세스 관점, 학습과 성장 관점에서 성과지표를 설정한다.
④ 균형성과표는 성과측정, 전략적 경영관리, 의사소통의 도구로 사용된다.
⑤ 균형성과표의 성공은 실무자의 노력보다 전적으로 경영자 및 관리자의 노력에 달려 있다.

해설 ⑤ 균형성과표는 단기성과가 아닌 미래 이익에 선행하는 비재무적 성과도 관리하므로 실무자와 경영자 및 관리자의 노력이 함께 요구된다.

키워드 ❸ SCM의 응용기법

07

다음 ( )에 들어갈 내용으로 옳게 짝지어진 것은? 기출 23년

> SCM은 산업별로 다양한 특성과 니즈에 적합한 형태로 발전되어 왔다. 의류부문에서 시작된 (ㄱ), 식품부문에서 시작된 (ㄴ), 의약품부문에서 시작된 (ㄷ) 등은 특정 산업에 적용된 후 관련산업으로 확산되어 활용되고 있다.

① ㄱ : ECR, ㄴ : QR, ㄷ : EHCR
② ㄱ : QR, ㄴ : ECR, ㄷ : EHCR
③ ㄱ : ECR, ㄴ : EHCR, ㄷ : QR
④ ㄱ : EHCR, ㄴ : QR, ㄷ : ECR
⑤ ㄱ : QR, ㄴ : EHCR, ㄷ : ECR

해설 ㄱ : QR – 기업 간의 정보공유를 통한 신속·정확한 납품, 생산·유통기간의 단축, 재고감축, 반품 로스 감소 등을 실현하는 의류분야의 신속대응시스템이다.
ㄴ : ECR – 유통업체와 공급업체들이 밀접하게 협력하는 식료품업계의 전략으로 효율적 매장구색, 효율적 재고보충, 효율적 판매촉진 및 효율적 신제품 개발 등이 핵심적 실행전략이다.
ㄷ : EHCR – 의료공급체인을 효율적이고 효과적인 방법으로 관리함으로써 공급체인 내에서 발생하는 모든 비효율적인 요소들을 제거하여 관련비용을 최소화하려는 전략이다.

08

다음에서 설명하는 공급사슬관리(SCM) 기법은? 기출 24년

> 식자재유통업체 A사는 물류센터에 공급업체와 소매업체 차량이 약속한 시간에 도착하고, 지체 없이 공급업체의 식자재를 소매업체 차량으로 이동하도록 하여 물류센터의 보관작업이 불필요한 시스템을 도입하였다.

① Cross Docking
② Delayed Differentiation
③ Outsourcing
④ Postponement
⑤ Risk Pooling

해설 ① 크로스 도킹(Cross Docking)은 미국의 월마트에서 도입한 공급망 관리 기법으로 공급사슬상의 각 단계 간에 제품이동 시간을 줄이기 위해 창고나 물류센터에서 수령한 상품을 창고에서 재고로 보관하지 않고 입고와 동시에 출고하여 바로 배송할 수 있도록 하는 시스템이다.
②·④ 차별화 지연(Delayed Differentiation)은 제품 생산공정을 전공정과 후공정으로 나누고, 마지막까지 최대한 전공정을 지연시키는 전략으로 지연전략(Postponement)이라고도 한다.
③ 아웃소싱(Outsourcing)은 기업 활동의 일부 또는 전부를 외부 전문업자에게 위탁하여 수행하도록 하는 전략이다.
⑤ 리스크풀링(Risk Pooling)은 기업 내에 분포되어 있는 불확실성을 하나로 모음으로써 기업 전체의 불확실성에 효율적으로 대처하는 기법이다.

09

공급사슬관리(SCM)에 관한 설명으로 옳은 것은? 기출 18년

① 크로스 도킹(cross docking)은 미국의 Amazon.com에서 최초로 개발하고 실행하여 성공을 거둔 공급사슬관리 기법이다.
② 채찍효과(bullwhip effect)는 공급사슬 내 각 주체 간의 전략적 파트너십보다는 단순 계약 관계의 구축이 채찍효과 감소에 도움이 된다.
③ CRM(Customer Relationship Management)은 솔루션의 운영을 통하여 공급자와 구매기업의 비즈니스 프로세스가 통합되어 모든 공급자들과 장기적인 협업관계 형성을 목표로 한다.
④ CPFR(Collaborative Planning Forecasting and Replenishment)은 공장에서 제품을 완성하는 대신 시장 가까이로 제품의 완성을 지연시켜 소비자가 원하는 다양한 수요를 만족시키는 것이다.
⑤ 대량고객화(mass customization)는 비용, 효율성 및 효과성을 희생시키지 않고 개별 고객들의 욕구를 파악하고 충족시키는 전략이다.

해설 ① 크로스 도킹(cross docking)은 미국 Walmart에서 도입한 공급사슬관리 기법이다.
② 채찍효과(bullwhip effect)는 단순 계약 관계의 구축보다는 공급사슬 내 각 주체 간의 전략적 파트너십 구축이 채찍효과 감소에 도움이 된다.
③ CRM(Customer Relationship Management)은 고객의 데이터베이스정보를 기업 마케팅에 활용하는 기법이다.
④ 전략적 지연(postponement)에 대한 설명이다. CPFR은 제조업체와 유통업체가 판매 및 재고 데이터를 이용, 협업을 통해서 수요를 예측하고 제조업체의 생산계획에 반영하며 유통업체의 상품을 자동 보충하는 프로세스이다.

10

QR(Quick Response)의 구현원칙에 관한 설명으로 옳지 않은 것은? 기출 14년

① 생산 및 포장에서부터 소비자에게 이르기까지 효율적인 제품의 흐름을 추구한다.
② 제조업체와 유통업체 간에 표준상품코드로 데이터베이스를 구축하고, 고객의 구매성향을 파악·공유하여 적절히 대응하는 전략이다.
③ 조달, 생산, 판매 등 모든 단계에 걸쳐 시장정보를 공유하여 비용을 줄이고, 시장변화에 신속하게 대처하기 위한 시스템이다.
④ 저가격을 고수하는 할인점, 브랜드 상품을 판매하는 전문점, 통신판매 등을 연계하여 철저한 중앙관리 체제를 통해 소매점업계의 경영합리화를 추구하는 전략이다.
⑤ 고객정보의 신속한 파악을 통하여, 필요할 때에 소량을 즉시 보충할 수 있도록 개발된 식품유통 분야의 대응시스템이다.

해설 ⑤ QR은 의류분야의 대응시스템이며, 식품유통 분야의 대응시스템은 ECR이다.

11

기업물류 환경변화의 하나인 대량고객화(Mass Customization)에 관한 설명으로 옳은 것은? 기출 14년

① 다품종 대량생산
② 다품종 소량생산
③ 저원가 고비용 생산
④ 소품종 대량생산
⑤ 소품종 소량생산

해설 ① 대량고객화는 품종의 다양화와 대량화(규모의 경제)를 동시에 추구하여 한계비용을 감소시킴으로써 이익을 극대화한다.

키워드 ④ SCM 전략

12
효율적(Efficient) 공급사슬 및 대응적(Responsive) 공급사슬에 관한 설명으로 옳은 것을 모두 고른 것은? 기출 22년

> ㄱ. 효율적 공급사슬은 모듈화를 통한 제품 유연성 확보에 초점을 둔다.
> ㄴ. 대응적 공급사슬은 불확실한 수요에 대해 빠르고 유연하게 대응하는 것을 목표로 한다.
> ㄷ. 효율적 공급사슬의 생산운영 전략은 가동률 최대화에 초점을 둔다.
> ㄹ. 대응적 공급사슬은 리드타임 단축보다 비용최소화에 초점을 둔다.

① ㄱ, ㄴ ② ㄱ, ㄹ
③ ㄴ, ㄷ ④ ㄷ, ㄹ
⑤ ㄱ, ㄴ, ㄷ

해설 ㄱ. 대응적 공급사슬은 모듈화를 통한 제품 유연성 확보에 초점을 둔다.
ㄹ. 효율적 공급사슬은 리드타임 단축보다 비용최소화에 초점을 둔다.

13
공급사슬의 유연성이나 신속성을 달성하는 방법으로 옳지 않은 것은? 기출 18년

① 비용절감
② 직접 주문 방식 도입
③ 전략적 지연
④ 파트너십 구축
⑤ 모듈러 디자인

해설 ① 초기 공급사슬은 재고 감축을 통한 비용절감이 목표였으나 최근에는 유연성 및 고객지향을 추구하는 전략으로 변경하고 있다.

14
다음 ( )에 들어갈 용어는? 기출 22년

> 공통모듈 A를 여러 제품모델에 적용하면 공통모듈 A의 수요는 이 모듈이 적용되는 개별 제품의 수요를 합한 것이 되므로, 개별 제품의 수요변동이 크더라도 공통모듈 A의 수요 변동이 적게 나타나는 ( ) 효과를 얻을 수 있다.

① Risk Pooling
② Quick Response
③ Continuous Replenishment
④ Rationing Game
⑤ Cross Docking

해설 ① 리스크 풀링(Risk Pooling) : 기업 내에 분포되어 있는 불확실성을 하나로 모음으로써 기업 전체의 불확실성에 효율적으로 대처하는 기법으로 여러 지역의 수요를 하나로 통합했을 때 수요 변동성이 감소한다는 것을 의미한다.

15
A사는 프린터를 생산·판매하는 업체이다. A사 제품은 전 세계 고객의 다양한 전압과 전원플러그 형태에 맞게 생산된다. A사는 고객 수요에 유연하게 대응하면서 재고를 최소화하기 위한 전략으로 공통모듈을 우선 생산한 후, 고객의 주문이 접수되면 전력공급장치와 전원케이블을 맨 마지막에 조립하기로 하였다. A사가 적용한 공급사슬관리 전략은? 기출 22년

① Continuous Replenishment
② Postponement
③ Make-To-Stock
④ Outsourcing
⑤ Procurement

해설 ② 지연전략(Postponement) : 공장에서 제품을 완성하는 대신 시장 가까이로 제품의 완성을 지연시켜 소비자가 원하는 다양한 수요를 만족시키는 전략적 지연을 의미한다.

16

e-조달의 장점으로 옳지 않은 것은? 기출 21년

① 운영비용이 절감된다.
② 조달효율성이 개선된다.
③ 조달가격이 절감된다.
④ 문서처리 비용이 감소된다.
⑤ 구매자와 판매자 간에 밀접한 관계가 구축된다.

해설 ⑤ e-Procurement(전자조달)는 대면방식이 아닌 인터넷을 기반으로 수행하는 비대면방식의 시스템이기 때문에 구매자와 판매자 간에 밀접한 관계가 구축되지는 않는다.

키워드 ❺ 물류혁신기법

17

다음 설명에 해당하는 물류관리기법은? 기출 22년

- Bose사가 개발한 물류관리기법
- 공급회사의 영업과 발주회사의 구매를 묶어 하나의 가상기업으로 간주
- 공급회사의 전문요원이 공급회사와 발주회사 간의 구매 및 납품업무 대행

① JIT
② JIT-II
③ MRP
④ ERP
⑤ ECR

해설 ① JIT : 도요타사가 개발한 방식으로 다양한 재고감소 활동을 전개하여 생산성을 높이는 생산시스템
③ MRP : 전산화프로그램으로 적정 재고수준을 통제하기 위한 시스템
④ ERP : 생산, 판매, 구매, 인사, 재무, 물류 등 기업업무 전반을 통합 관리하는 경영관리시스템
⑤ ECR : 소비자에게 보다 나은 가치를 제공하기 위해 유통업체와 공급업체들이 밀접하게 협력하는 식료품업계의 전략

18

자재관리에 관한 설명으로 옳지 않은 것은? 기출 24년

① MRP는 MRP-II로 확장되었다.
② JIT는 최소의 재고유지를 통한 낭비제거를 목표로 하는 적시생산시스템이다.
③ JIT는 칸반(Kanban) 시스템이라고도 불린다.
④ 자재소요계획 시스템은 MRP로부터 ERP로 발전되었다.
⑤ JIT-II는 일본 도요타 자동차가 개발한 시스템이다.

해설 ⑤ 일본 도요타 자동차가 개발한 시스템은 JIT이며, JIT-II는 미국의 보스(Bose)사에서 처음 도입했다.

19

6시그마 기법에 관한 설명으로 옳지 않은 것은? 기출 24년

① 미국 기업 모토로라에서 처음으로 도입하였다.
② 대표적인 추진 방법론은 DMAIC이다.
③ 2시그마 수준은 3시그마 수준보다 불량률이 크다.
④ 시그마(σ)는 통계학의 표준편차를 의미한다.
⑤ 6시그마 수준은 불량률 4.3PPM을 의미한다.

해설 ⑤ 6시그마 수준은 불량률 3.4PPM(100만개 중 허용되는 불량 또는 오류수가 3.4개)을 의미한다.

제29회 기출문제
2025년 7월 26일 시행

01 역물류에 관한 설명으로 옳지 않은 것은?

① 사용이 완료된 일회용 소모성 자재는 회수물류의 대상이다.
② 역물류에는 폐기물류, 반품물류, 회수물류 등이 포함된다.
③ 역물류는 순물류와 반대 방향으로 이동하는 물류흐름이다.
④ 온라인 쇼핑의 증가로 인하여 반품물류의 중요성이 증가하고 있다.
⑤ 회수물류에는 파렛트, 컨테이너 등 물류용기의 재활용을 위한 회수가 포함된다.

해설 사용이 완료된 일회용 소모성 자재는 폐기물류의 대상이다. 회수물류는 상품의 판매물류 이후 부수적으로 발생하는 물류용기의 재사용, 재활용과 관련된 물류활동으로, 회수물류 대상 품목으로는 음료용 알루미늄 캔, 화물용 T-11 파렛트, 운송용 컨테이너, 주류용 빈 병 등이 있다.

02 유통활동을 상적유통과 물적유통으로 구분할 때 물적유통에 해당하는 것을 모두 고른 것은?

ㄱ. 보관활동	ㄴ. 상거래활동
ㄷ. 금융조성활동	ㄹ. 화물수송활동
ㅁ. 유통가공활동	

① ㄱ, ㄴ, ㄷ
② ㄱ, ㄷ, ㅁ
③ ㄱ, ㄹ, ㅁ
④ ㄴ, ㄷ, ㄹ
⑤ ㄷ, ㄹ, ㅁ

해설
ㄱ. 보관활동 : 물적유통
ㄴ. 상거래활동 : 상적유통
ㄷ. 금융조성활동 : 상적유통
ㄹ. 화물수송활동 : 물적유통
ㅁ. 유통가공활동 : 물적유통

03 물류의 개념에 관한 설명으로 옳지 않은 것은?

① 시대의 흐름에 따라서 물류의 범위는 물적유통, 로지스틱스(Logistics), SCM으로 확대되었다.
② 물적유통은 주로 수송, 보관, 하역, 포장 등의 부문별 효율화를 추구하였다.
③ 로지스틱스(Logistics)는 조달, 생산, 판매 등 기업 내 물류효율화를 목표로 한다.
④ SCM은 공급자, 제조업자, 도소매점, 고객 등 공급사슬 전반의 효율화를 목적으로 한다.
⑤ 물류는 통합적 물류관리의 개념에서 출발하여 물류영역 전반의 최적화를 거쳐 최종적으로 개별 기업의 물류생산성 제고의 차원으로 발전하였다.

해설 물류는 운송·보관·포장·하역 등 판매물류의 기능적 물류활동과 비용절감을 목적으로 출발하여 판매물류뿐 아니라 조달·생산·회수물류를 포함한 물류영역 전반의 최적화를 거쳐 최종적으로 제품의 생산과 유통 과정을 하나의 통합망으로 관리하는 통합적 물류관리의 개념으로 확장하였다.

04 물류환경 변화에 관한 설명으로 옳지 않은 것은?

① 온라인쇼핑의 확대로 택배시장이 확대되고 있다.
② 소비자 니즈(needs)의 다양화·고도화로 유통의 소량·다빈도화가 초래되었다.
③ 하역의 로봇화, 화물의 단위적재 등을 도입하여 물류의 신속화 및 자동화를 추구하고 있다.
④ 물류서비스 향상, 비용절감을 위하여 물류 아웃소싱과 3PL이 활성화되고 있다.
⑤ 물류의 중요성이 증가하여 상물일치의 개념이 확대되고 있다.

해설 물류합리화 관점에서 물류활동의 전문화를 위해 상적유통과 물적유통의 경로를 구분하여 운영하는 상물분리의 개념이 확대되고 있다.

05 물류관리의 중요성에 관한 설명으로 옳지 않은 것은?

① 공급사슬 전체의 경쟁력 강화를 위하여 물류관리의 중요성이 대두되고 있다.
② 생산부문 원가절감의 한계로 인하여 물류관리의 중요성이 부각되고 있다.
③ 소비자 니즈(needs)의 다양화로 소품종 대량생산이 증가하여 물류관리의 중요성이 증가하고 있다.
④ 온라인쇼핑의 증가로 배송의 중요성이 부각되어 물류관리의 중요성이 증가하였다.
⑤ 글로벌화로 인한 물동량의 증가로 물류관리의 중요성이 증가하였다.

해설 소비자 니즈(needs)의 다양화로 다품종 소량생산이 증가하고 있다.

06 물류관리에 관한 설명으로 옳지 않은 것은?

① 기업의 물류관리는 구매, 생산, 마케팅 등과 밀접한 관계가 있다.
② 물류관리를 위한 계획은 전략계획, 전술계획, 운영계획으로 나누어 단계적으로 수립한다.
③ 원자재 및 부품의 조달, 구매상품의 보관, 완제품 유통도 물류관리의 대상이다.
④ 물류비용 절감을 통한 이익창출은 제3의 이익원으로 인식되고 있다.
⑤ 물류는 마케팅 믹스의 4P 중 제품(product)과 가장 밀접한 관계가 있다.

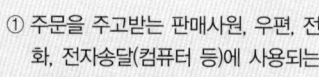

해설) 물류는 마케팅 믹스의 4P 중 Place, 즉 유통채널과 가장 밀접한 관계가 있다.

07 주문정보를 창고나 발송부서에 전달한 후부터 주문받은 제품의 발송을 준비하는 데 걸리는 시간은?

① 주문전달시간(Order Transmittal Time)
② 주문처리시간(Order Processing Time)
③ 주문확정시간(Order Confirmation Time)
④ 주문조립시간(Order Assembly Time)
⑤ 재고가용성(Stock Availability)

해설)
① 주문을 주고받는 판매사원, 우편, 전화, 전자송달(컴퓨터 등)에 사용되는 시간이다.
② 적재서류의 준비, 재고기록의 갱신, 신용장의 처리작업, 주문확인, 주문정보를 생산·판매·회계부서 등에 전달하는 활동에 소요되는 시간이다.
③ 주문이 접수된 후 판매자에 의해 최종 확정된 시간이다.
⑤ 창고에 보유하고 있는 재고가 없을 때 생산지의 재고로부터 보충하는 데 소요되는 시간이다.

08 물류서비스에 관한 설명으로 옳지 않은 것은?

① 물류 EDI(Electronic Data Interchange)를 도입하면 주문처리, 물품추적, 반품 등의 영역에서 고객 만족도가 향상된다.
② 물류 리드타임이 짧아지면 고객서비스 수준이 향상된다.
③ 재고수준이 높아지면 고객서비스 수준이 향상된다.
④ 물류거점의 수가 증가하면 고객서비스 수준이 향상된다.
⑤ 고객서비스 수준이 높아지면 물류비가 절감되고 매출액은 증가한다.

해설) 고객서비스 수준의 향상과 물류비 감소 간에는 상충관계(Trade-off)가 있어 고객서비스 수준이 높아지면 물류비가 증가할 수 있다.

09 다음의 물류전략이 필요한 제품수명주기는?

- 물류거점의 수나 재고수준을 결정하기 위한 정보가 많지 않으므로 물류관리자의 판단에 따른 물류계획이 필요
- 규모의 경제 달성을 위한 물류활동이 필요하고 비용과 서비스 간의 상충관계를 본격적으로 고려해야 하는 시기

① 도입기
② 성장기
③ 성숙기
④ 쇠퇴기
⑤ 퇴출기

해설) 성장기는 판매량이 증가하는 시기로, 제품에 대한 고객들의 관심이 높아지면서 제품가용성을 넓은 지역에 걸쳐 증가시키게 되는 단계이다. 성장기에는 장기적인 수요에 대비한 유통망의 확대가 필요하나, 제품의 판매량이 현저하게 증가하게 되고 물류센터의 수와 재고수준을 정하는 데 필요한 정보가 부족하여 물류계획을 수립하는 데 어려움이 있어 물류관리자의 판단에 따른 물류계획이 필요하다.

10 다음 설명에 해당하는 물류조직의 유형은?

- 각 사업단위의 성과를 극대화하기 위한 조직이다.
- 독립채산제로 운영되며, 물류 전문 인재를 양성하기 용이하다.
- 전사적 관점에서 통합성이 결여될 수 있다.

① 사업부형 물류조직
② 라인·스태프형 물류조직
③ 직능형 물류조직
④ 그리드형 물류조직
⑤ 매트릭스형 물류조직

해설)
② 직능형 조직의 단점을 보완하기 위해 라인과 스태프의 기능을 분리하여 실시기능과 지원기능을 구별한 조직형태로, 기업규모 확대에 따라 사업부형이나 그리드형 조직 형태로 발전할 수 있다.
③ 라인부분과 스태프 부분이 분리되지 않은 조직형태로, 물류활동이 다른 부문 활동 속에 포함되어 물류전문화, 물류전문가 양성이 어렵다.
④ 모회사 물류본부의 스태프 부문이 여러 자회사의 해당 부분을 횡적으로 관리하고 지원하는 조직형태로, 다국적 기업에서 많이 찾아볼 수 있는 물류조직의 형태이다.
⑤ 물류 담당자들이 평상시에는 자기 부서에서 근무하다가 필요시 해당 부서의 인원들과 함께 문제를 해결하기 위해 구성되는 조직으로, 항공우주산업, 물류정보시스템 개발과 같이 복잡성이 높은 첨단기술 분야에서 효과적인 형태이다.

11 3자물류(3PL : Third Party Logistics)에 관한 설명으로 옳지 않은 것은?

① 화주와 물류업체 간의 전략적, 장기적 협력관계를 추구한다.
② 3자물류 업체는 운송과 보관을 포함한 물류 프로세스의 대부분을 수행한다.
③ 자가물류 방식에 비해 화주의 정보 유출 우려가 적다.
④ 3자물류에 IT, 컨설팅 등이 결합된 통합서비스는 4자물류로 정의된다.
⑤ 화주 입장에서는 내부의 물류 전문가 육성 및 사내 전문지식 축적이 어려울 수 있다.

해설: 3자물류는 화주(기업)가 포장, 운송, 보관, 하역, 물류가공, 물류정보처리 등 일련의 공급사슬에서 요구되는 활동을 외부 전문업체에게 위탁하는 방식으로, 자가물류 방식에 비해 화주의 정보 유출이 발생할 가능성이 높다.

12 6시그마를 추진하는 DMAIC 각 단계에 관한 설명으로 옳지 않은 것은?

① Do는 새로운 품질 개선 아이디어를 환류(Feedback)하는 단계이다.
② Measure는 프로세스의 현재 상태를 파악하는 단계이다.
③ Analyze는 품질을 저하시키는 근본 원인을 발견하는 단계이다.
④ Improve는 품질 개선 활동을 실행하고 그 결과를 수치화하는 단계이다.
⑤ Control은 개선 결과를 문서화하고 개선된 프로세스가 지속적으로 유지되도록 통제하는 단계이다.

해설: DMAIC의 다섯 단계 중 Define(정의)은 결함 발생 요인을 정의하여 문제를 명확히 하고, 몇 개월 내에 측정 가능한 목표가 달성될 수 있도록 문제 범위를 좁히는 단계이다.

13 제약이론(TOC)에 관한 설명으로 옳지 않은 것은?

① 골드랫(E. M. Goldratt)이 제안하였다.
② 제약을 찾아 집중적으로 개선하는 경영이론이다.
③ 개선 대상에는 자원, 부서, 인식, 환경 등 제약이 되는 모든 것이 포함된다.
④ 산출회계(Throughput Accounting)는 통계적 기법을 활용한 품질 개선 도구이다.
⑤ 재고는 판매를 위하여 재화에 투자된 자금으로 정의된다.

해설: 통계적 기법을 활용한 품질 개선 도구는 6시그마이다. 6시그마는 회사 내 전 분야에 걸쳐 발생되는 불량의 원인을 찾아 제거하고 품질을 향상시키는 경영기법으로, 모든 현상을 숫자로 표시하고 관리하며 수치 데이터를 통한 분석적인 접근 방식을 취한다. 산출회계(Throughput Accounting)는 기업의 경영활동에 대해 기존의 원가회계를 대체하는 새로운 제약이론의 성과측정방법이다.

14 제품 A의 개당 판매 가격은 10만원이고, 당기 고정비가 2억원, 변동비는 가격의 75%이다. 당기 손익분기점에 해당하는 제품 A의 판매량(개)은?

① 6,000
② 7,000
③ 8,000
④ 9,000
⑤ 10,000

해설

손익분기점 판매량(개)

$= \dfrac{\text{고정비}}{\text{단위당 판매가격} - \text{단위당 변동비}}$

$= \dfrac{200,000,000}{100,000 - (100,000 \times 75\%)}$

$= \dfrac{200,000,000}{100,000 - 75,000}$

$= \dfrac{200,000,000}{25,000}$

$= 8,000\text{(개)}$

---

15 다음 표는 제품 A와 제품 B를 취급하는 물류업체의 연간 비목별 물류비와 기능별 물류지표에 관한 자료이다. 이에 관한 설명으로 옳은 것은? (단, 자료에서 제시한 것 외의 사항은 고려하지 않는다.)

[연간 비목별 물류비]

구분 \ 비목	운송비	보관비	포장비	하역비	합계
금액(만원)	6,000	2,000	2,000	3,000	13,000
배부 기준	물동량	보관면적	출고물량	입·출고물량	–

[기능별 물류지표]

물류지표 \ 제품	물동량 (km·ton)	보관면적(m²)	입고물량(개)	출고물량(개)
A	8,000	3,000	900	600
B	4,000	2,000	400	600
합계	12,000	5,000	1,300	1,200

① 제품 A의 운송비로 3,000만원이 배부된다.
② 제품 B의 물류비는 4,000만원이다.
③ 제품 B의 보관비로 1,000만원이 배부된다.
④ 제품 A에 배부된 포장비와 제품 B에 배부된 포장비는 같다.
⑤ 제품 A에 배부된 하역비는 제품 B에 배부된 하역비의 2배이다.

해설

④ 포장비 배부 기준은 '출고물량'인데, 제품 A와 제품 B의 출고물량은 600개로 동일하므로 포장비도 같다.

① $\dfrac{6,000 \times 8,000}{12,000} = 4,000\text{(만원)}$

② $\dfrac{6,000 \times 4,000}{12,000} + \dfrac{2,000 \times 2,000}{5,000}$
$+ \dfrac{2,000 \times 600}{1,200} + \dfrac{3,000 \times 1,000}{2,500}$
$= 5,000\text{(만원)}$

③ $\dfrac{2,000 \times 2,000}{5,000} = 800\text{(만원)}$

⑤ • 제품 A의 하역비
$= 3,000 \times \dfrac{900 + 600}{1,300 + 1,200}$
$= 1,800\text{(만원)}$
• 제품 B의 하역비
$= 3,000 \times \dfrac{400 + 600}{1,300 + 1,200}$
$= 1,200\text{(만원)}$
• 제품 A에 배부된 하역비(1,800만원)는 제품 B에 배부된 하역비(1,200만원)의 1.5배이다.

16 물류비 분류체계에서 세목별 비목에 해당하는 것은?

① 노무비
② 포장비
③ 하역비
④ 보관비
⑤ 물류정보 · 관리비

해설: 세목별 비목 : 재료비, 노무비, 경비, 이자
② · ③ · ④ · ⑤ : 기능별 비목

17 A기업의 작년 매출액은 400억원, 물류비는 매출액의 20%, 영업이익은 20억원이었다. 올해 물류비를 매출액의 15%로 절감한다면, 올해 매출액 대비 영업이익의 비율(%)은? (단, 매출액과 다른 비용 및 조건은 작년과 동일한 것으로 가정한다.)

① 5
② 10
③ 15
④ 20
⑤ 25

해설:
- A기업의 작년 물류비
  = 400억원 × 20% = 80억원
- A기업의 올해 물류비
  = 400억원 × 15% = 60억원
- A기업의 올해 영업이익
  = (80억원 − 60억원) + 20억원
  = 40억원
- A기업의 올해 매출액 대비 영업이익률
  = $\frac{40억원}{400억원}$ × 100 = 10%

18 수직적 유통경로시스템(VMS : Vertical Marketing System)에 관한 설명으로 옳지 않은 것은?

① 유통경로상의 한 주체에서 계획된 프로그램에 의해 경로구성원들을 전문적으로 관리 · 통제하는 시스템이다.
② 기업형 VMS는 한 경로구성원이 다른 경로구성원들을 법적으로 소유 · 관리하는 시스템이다.
③ 경로구성원에 대한 통제력은 관리형 VMS가 기업형 VMS보다 더 강하다.
④ 계약형 VMS의 대표적인 형태에는 프랜차이즈 시스템이 있다.
⑤ 계약형 VMS는 경로구성원들이 각자가 수행해야 할 유통기능들을 계약에 의해 합의함으로써 공식적 경로관계를 형성하는 시스템이다.

해설: 경로구성원에 대한 통제력은 기업형 VMS가 관리형 VMS보다 더 강하다.

19 구매관리에서 장기적 협력관계를 유지할 수 있는 공급업체의 특징이 아닌 것은?

① 건전한 재무상태
② 유연한 공급 능력
③ 안정적인 노사관계
④ 정보시스템의 높은 상호운용성
⑤ 품질의 높은 변동성

> 공급업체가 변동성을 최소화하고 일관된 품질의 제품을 안정적으로 공급할 수 있어야 장기적 협력관계를 유지할 수 있다.

20 e-조달의 장점이 아닌 것은?

① 구매업무 처리시간이 절감된다.
② 프로세스 자동화로 구매비용이 절감된다.
③ 문서처리 비용이 절감된다.
④ 신용정보 및 거래정보의 유출 위험이 없다.
⑤ 실시간 정보로 재고와 예산을 관리할 수 있다.

> e-Procurement(전자조달)는 구매 요청, 승인, 입찰, 계약에 이르는 일련의 프로세스를 대면방식이 아닌 인터넷을 기반으로 수행하는 시스템으로, 데이터 유출이나 해킹 등과 같은 사이버 보안 위협 위험으로 인한 신용정보 및 거래정보의 유출 가능성이 존재한다.

21 다음 설명에 해당하는 소매상 유형은?

- 대형화, 다점포화된 할인형 전문점을 의미한다.
- 특정 계열 상품에 대해 풍부한 구색을 갖추고 있다.
- 중간 정도의 제품 구색을 갖춘 전통적 소매점이 쇠퇴하고 소매업이 양극화되면서 주목받고 있다.

① 카테고리 킬러(Category Killer)
② 팩토리 아웃렛(Factory Outlet)
③ 백화점(Department Store)
④ 수퍼센터(Super Center)
⑤ 하이퍼마켓(Hypermarket)

> ② 제조업체가 유통라인을 거치지 않고 직영체제로 운영하는 상설할인매장을 말한다.
> ③ 선매품을 중심으로 생활필수품, 전문품에 이르기까지 다양한 상품 계열을 취급하며 대면판매, 현금정찰판매, 풍부한 인적·물적 서비스로써 판매활동을 전개하는 상품 계열별로 부문 조직화된 대규모 소매상이다.
> ④ 대형 슈퍼마켓과 할인점을 결합한 형태의 대형 소매점이다.
> ⑤ 초대형가격할인 슈퍼마켓으로, 주로 교외에 위치한다.

22 다음 중 도매기관 유형에 해당하는 것을 모두 고른 것은?

> ㄱ. 상인 도매기관(merchant wholesaler)
> ㄴ. 대리 도매기관(agent wholesaler)
> ㄷ. 제조업자 도매기관(manufacturer wholesaler)
> ㄹ. 라스트마일 도매기관(last-mile wholesaler)
> ㅁ. 옴니채널 도매기관(omni-channel wholesaler)

① ㄱ, ㄴ
② ㄱ, ㄴ, ㄷ
③ ㄱ, ㄹ, ㅁ
④ ㄴ, ㄷ, ㄹ
⑤ ㄷ, ㄹ, ㅁ

해설
ㄹ. 라스트마일(last-mile)은 상품을 최종 목적지, 즉 고객에게 전달하기 위한 마지막 단계를 말한다.
ㅁ. 옴니채널(omni-channel)은 온오프라인 채널의 유기적 통합을 통해 고객이 어떤 채널에서든 같은 매장을 이용하는 것처럼 느낄 수 있도록 한 매장의 쇼핑환경을 말한다.

23 2차원 바코드에 관한 설명으로 옳지 않은 것은?

① 1차원 바코드에 비해 대량의 데이터를 표현할 수 있다.
② 1차원 바코드보다 훼손이나 오염 시 오류를 쉽게 정정할 수 있다.
③ 데이터를 구성하는 방법에 따라 다층형과 매트릭스형으로 나눌 수 있다.
④ 2차원 바코드의 하나인 QR코드는 미국의 UPS사가 개발하였다.
⑤ 텍스트는 물론 그래픽, 사진 등 다양한 정보도 저장할 수 있다.

해설
2차원 바코드의 하나인 QR 코드는 일본의 덴소웨이브 사에 의해 1994년 개발되었다.

24 전사적 자원관리(ERP)에 관한 설명으로 옳지 않은 것은?

① 생산, 판매, 구매, 인사, 재무, 물류 등 기업업무 전반을 통합 관리하는 정보시스템이다.
② 공급사슬 계획 및 실행 시스템을 위해 필요한 정보를 제공한다.
③ 기업 활동에 소요되는 인적, 물적 자원을 효율적으로 관리하는 역할을 수행한다.
④ 성공적인 도입을 위해서는 업무의 표준화가 중요하다.
⑤ 1970년대 생산현장 관리를 위해 개발된 MES(Manufacturing Execution System)에서 유래하였다.

해설
기업의 자재구매 및 자재소요량을 관리하기 위해 만들어진 자재소요계획(MRP : Material Requirement Planning)이 확대되어 자재뿐 아니라 생산에 필요한 모든 자원을 효율적으로 관리하기 위한 생산자원계획(MRP-II)이 만들어졌으며, 생산자원계획(MRP-II)은 회사의 모든 자원을 계획·관리하는 전사적 자원관리(ERP)로 발전하였다.

25 물류정보기술에 관한 설명으로 옳지 않은 것은?

① POS는 상품의 판매 시점에 발생하는 정보를 저장한다.
② EDI는 거래업체 간 상호 합의된 전자문서표준을 이용하여 컴퓨터 간 구조화된 데이터를 전송하는 기술이다.
③ RFID는 데이터의 변경 및 추가가 가능하나 여러 개의 태그를 동시에 판독하는 것은 불가능하다.
④ GPS는 인공위성과의 무선교신을 이용하여 차량, 선박 등의 위치를 파악하는 시스템이다.
⑤ Block Chain은 공급사슬관리의 가시성과 투명성을 향상시킬 수 있다.

> RFID는 판독기를 이용하여 태그(Tag)에 기록된 정보를 판독하는 무선주파수 인식기술로 태그에 데이터 반복저장 및 추가·변경이 가능하며, 여러 개의 태그를 동시에 판독할 수 있으므로 일시에 다량의 정보에 대한 빠른 판독이 가능하다.

26 다음에서 설명하는 공급사슬관리 전략은?

> 의류제조업체인 베네통(Benetton)사는 고객 수요에 유연하게 대응하면서 재고를 최소화하기 위한 전략으로 원사를 염색한 후 직조하던 제조공정을 직조 후 염색하는 공정으로 개선하였다.

① Postponement
② Cross Docking
③ Quick Response
④ Collaborative Forecasting
⑤ Continuous Replenishment

> ① 소비자 수요를 만족시키고 재고를 최소화하기 위해 제품 생산공정을 전공정과 후공정으로 나누고, 마지막까지 최대한 전공정을 지연시키는 전략이다. 의류업체가 색상에 대한 소비자 기호의 변동성에 대응하고 예측의 정확성을 높이기 위해 제조공정을 직조 후 염색하는 공정으로 개선한 것은 지연전략을 사용한 예이다.

27 공급사슬을 혁신하기 위한 신기술인 3D 프린팅에 관한 설명으로 옳지 않은 것은?

① 레이저와 파우더를 이용하여 신속하게 형상을 제작하는 쾌속조형(Rapid Prototyping)에서 유래하였다.
② 다품종 소량생산에 유리하다.
③ 재고수준을 낮출 수 있다.
④ 고가의 금형제작 비용이 발생한다.
⑤ 시제품 제작시간을 단축시킬 수 있다.

> 3D 프린팅은 3D 디지털 설계를 기반으로 재료를 층층이 쌓아나가는 적층 방식을 통해 신속·정확하게 물체를 제조하는 기술로, 많은 시간과 고가의 제작비용을 사용해야 하는 전통적 제작방식인 금형 제작의 설계부터 제품 생산에 이르기까지의 시간과 비용을 줄일 수 있다.

28 수요업체가 정보공유시스템을 활용하여 자신의 재고 보충 책임을 공급업체에게 이전함으로써 재고관리의 효율성을 높이는 방식은?

① Material Requirements Planning
② Computer Aided Manufacturing
③ Distribution Resource Planning
④ Enterprise Resource Planning
⑤ Vendor Managed Inventory

해설

⑤ 공급업체(제조업체)가 유통업체의 발생 재고를 주도적으로 관리하는 방식이다.
① 전산화 프로그램으로 재고관리와 생산일정을 계획·통제하고, 적량의 품목을 적시에 주문하여 적정 재고수준을 통제하는 시스템이다.
② 제품의 생산 및 제조 과정에 컴퓨터를 도입하여 자동화를 지원하는 시스템화 기술이다.
③ 생산이 완료된 제품에 대한 물류와 재고 관리시스템이다.
④ 정보기술을 활용하는 경영전략의 하나로, 기간 업무뿐만 아니라 기업 활동에 필요한 모든 자원을 하나의 체계로 통합하여 운영하고 기업의 업무 처리 방식을 선진화시킴으로써 한정된 기업의 자원을 효율적으로 관리하여 생산성을 극대화하려는 기업 리엔지니어링 기법이다.

29 효율적 공급사슬에 관한 설명으로 옳은 것을 모두 고른 것은?

> ㄱ. 리드타임 단축보다는 비용을 절감하는 데 중점을 둔다.
> ㄴ. 공급사슬 전반의 재고를 최소화하는 것이 중요하다.
> ㄷ. 공급자 선정과정에서 비용보다는 공급의 유연성을 우선적으로 고려한다.
> ㄹ. 모듈화를 통한 제품 다양성 확보에 초점을 둔다.

① ㄱ, ㄴ
② ㄷ, ㄹ
③ ㄱ, ㄴ, ㄷ
④ ㄴ, ㄷ, ㄹ
⑤ ㄱ, ㄴ, ㄷ, ㄹ

해설

ㄷ. 효율적 공급사슬은 재고 최소화 및 비용 절감을 통해 기업의 효율을 극대화하는 공급사슬관리 전략으로, 공급자 선정과정에서 공급의 유연성보다는 비용 최소화를 우선적으로 고려한다.
ㄹ. 효율적 공급사슬의 경우, 제품 다양성보다는 비용을 최소화한 기능적 제품 확보에 초점을 둔다. 시장의 불확실한 수요에 신속하게 대비할 수 있도록 모듈화를 통한 제품 다양성 확보에 초점을 두는 전략은 반응적 공급사슬이다.

30 채찍효과(Bullwhip Effect)에 관한 설명으로 옳지 않은 것은?

① 공급사슬 하류의 수요변동이 상류로 갈수록 증폭되는 현상이다.
② 구매자의 사전구매(Forward Buying)로 인해 발생할 수 있다.
③ 규모의 경제를 고려한 일괄(batch)주문으로 인해 발생할 수 있다.
④ 참여기업들의 개별적 수요 예측을 통해 완화할 수 있다.
⑤ 상시저가전략을 이용해 완화할 수 있다.

해설: 참여기업들의 개별적 수요 예측은 불확실성으로 인한 수요 변동성을 증대시키는 원인이 되므로 채찍효과를 증가시킬 수 있다. 공급망 전반에 걸쳐 수요 정보를 중앙집중화하고 상호공유하여 불확실성을 최소화해야 채찍효과를 완화할 수 있다.

31 물류 합리화에 관한 설명으로 옳지 않은 것은?

① 제조원가 절감을 통한 이익 증대가 어려워짐에 따라 물류 효율성 제고 필요성이 증가하였다.
② 제조업체가 핵심역량인 제조에 집중하기 위해서는 자가물류의 확대가 필요하다.
③ 물류 합리화 추진 시 내부 기능 간 또는 기업 간 상충관계(trade-off)가 발생할 수 있다.
④ 물류 합리화는 환경 분석, 목표 설정, 전략 수립의 단계로 추진한다.
⑤ 지능형 자동화 기계를 물류 업무에 도입하는 것은 생지능형(省知能形) 합리화이다.

해설: 제조업체가 핵심역량인 제조에 집중하기 위해서는 물류를 전문업체에게 아웃소싱하여 전문화 및 분업화를 꾀하는 전략이 필요하다.

32 단위적재시스템(ULS : Unit Load System)에 관한 설명으로 옳지 않은 것은?

① 화물을 일정하게 단위화하고 하역, 수송, 보관 등을 기계화, 합리화하는 시스템이다.
② ULS 도입을 위해서는 물류 거래단위가 표준화되어야 한다.
③ 서비스 수준을 높이기 위해 고객이 지정한 규격의 파렛트를 구비하여 활용한다.
④ ULS 도입에 의해 포장비용을 절감하고 적재 효율을 높일 수 있다.
⑤ 단위 화물(Unit Load)이 생성된 후 해당 상품의 운반과 하역을 실시한다.

해설: 단위적재시스템은 수송합리화를 위해 화물을 일정한 표준의 중량 또는 체적으로 단위화시켜 기계를 이용하여 하역·수송·보관 등을 하는 시스템으로, 이를 위해 수송 전 단계의 기기·용기·설비 등의 규격을 표준화하여 호환성과 연계성을 확보해야 한다.

33 물류 모듈에 관한 설명으로 옳은 것은?

① Unit Load의 최대허용치수(Maximum Plan View Size)는 1,100mm × 1,100mm이다.
② 상품성을 높이기 위해서 상품의 포장 치수를 물류 모듈과 독립적으로 결정하는 것이 바람직하다.
③ 적재함 폭이 2,340mm인 8톤 트럭에는 일관수송용 T-1 표준파렛트 16매가 적재된다.
④ 물류 모듈은 물류 시설이나 장비의 규격에 관한 기준척도와 대칭계열로서, 배수나 분할관계로 정의한다.
⑤ 한국산업표준(KS)으로 제정된 수송포장계열치수는 1,140mm를 정수로 나눈 배수모듈 시스템이다.

① Unit Load의 최대허용치수(Maximum Plan View Size)는 1,140mm × 1,140mm이다.
② 포장화물의 유통합리화를 위해 물류 모듈의 규격에 따라 포장 치수를 체계화하여야 한다.
③ 8톤 트럭에는 12매, 11톤 트럭에 16매의 표준파렛트가 적재된다.
⑤ 한국산업표준(KS)으로 제정된 수송포장계열치수는 Unit Load의 최대허용치수인 1,140mm × 1,140mm에서 공차 40mm를 뺀 1,100mm × 1,100mm를 정수로 분할한 분할포장 모듈시스템이다.

34 물류공동화의 장점으로 옳은 것을 모두 고른 것은?

ㄱ. 규모의 경제 효과로 화주의 단위당 물류비 절감
ㄴ. 화주 측면에서의 고객에 대한 서비스 수준 향상
ㄷ. 운수업자의 물류정보시스템 구축 촉진
ㄹ. 운수업자의 자율적인 배송 스케줄 조정이 용이함

① ㄱ, ㄴ
② ㄱ, ㄷ
③ ㄴ, ㄷ
④ ㄱ, ㄷ, ㄹ
⑤ ㄱ, ㄴ, ㄷ, ㄹ

ㄴ. 공동으로 물류활동을 수행하므로 화주 측면에서의 물류서비스 차별화에 한계가 있다.
ㄹ. 공동배송으로 인해 배송순서 조절에 어려움이 발생한다.

35 불특정 다수의 화주를 대상으로 복수의 운송사업자가 지역을 분담하여 집화 및 배송을 수행하는 공동수·배송 시스템 유형은?

① 특정 화주 공동형
② 운송사업자 공동형
③ 개별입고 공동배송
④ 공동집하 개별배송
⑤ 개별입고 개별수송

① 동일업종의 화주가 특정화주의 주도로 집화 및 배송을 공동 수행하는 유형이다.
③ 화물거점 시설까지는 각 화주 또는 개개의 운송사업자가 화물을 개별적으로 운송하고 이후의 배송업무는 공동화하는 것이다.
④ 여러 회사가 공동으로 화물을 집하하고 배송은 개별적으로 하는 유형이다.
⑤ 각 회사가 모든 물류를 독립적으로 처리하는 유형이다.

36 공동수·배송에 관한 설명으로 옳지 않은 것은?

① 차별화된 배송 서비스를 경쟁전략으로 설정한 기업은 공동수·배송 참여를 기피할 수 있다.
② 전자상거래 확대에 따른 다빈도·소량 수·배송 증가로 공동수·배송의 필요성이 커졌다.
③ 공동수·배송은 교통혼잡을 완화하고 물가 상승을 억제하는 데 기여한다.
④ 긴급 수요에 대한 대응 능력이 저하되어 공동수·배송 참여를 기피하는 경우도 있다.
⑤ 동일 지역 내에 공동물류센터가 없으면 공동수·배송을 실시할 수 없다.

37 다음 설명에 해당하는 물류보안 제도는?

> 컨테이너에 적재되어 해상으로 운송되는 위험 화물에 의한 사고를 예방하기 위하여 수입되는 위험물 컨테이너에 대한 국제해상 위험물 규칙(IMDG Code) 준수여부를 점검하는 제도

① AEO(Authorized Economic Operator)
② CIP(Container Inspection Program)
③ CSI(Container Security Initiative)
④ ISPS(International Ship & Port Facility Security)
⑤ ISO 9000

38 물류활동과 환경의 관계에 관한 설명으로 옳지 않은 것은?

① 기후변화의 영향으로 물류 분야에서는 자원재생형 녹색물류가 중요해지고 있다.
② 수 · 배송 공동화 등 공동 물류활동의 확산은 환경오염을 촉진한다.
③ 운송에 의한 온실가스 저감대책 수립 및 실행은 녹색물류활동에 해당한다.
④ 녹색물류는 순물류(Forward Logistics)와 역물류(Reverse Logistics)를 포괄한다.
⑤ 녹색물류인증은 기업의 환경부하 저감사업 실적을 평가하여 인증하는 제도이다.

39 창고관리 시스템에서 고객의 발주 내역에 따라 출고할 품목의 종류와 수량을 표시함으로써 창고작업자가 신속, 정확하게 집품하여 납품을 준비하도록 지원하는 반자동화 시스템은?

① AGV(Automatic Guided Vehicle)
② ASRS(Automated Storage & Retrieval System)
③ DAS(Digital Assorting System)
④ DPS(Digital Picking System)
⑤ ERP(Enterprise Resource Planning)

40 A국가는 이산화탄소 배출량(kg)에 비례해서 환경부담금을 부과하고 있다. K사는 환경부담금을 절감하기 위해 기존 차량 매각 후 친환경 차량 도입을 검토하고 있다. 연비법에 의한 이산화탄소 배출량 및 환경부담금 산출 관련 자료가 다음과 같을 때, 친환경 차량 도입이 경제적으로 불리하지 않다는 판단을 내리기 위한 최소 주행거리(km)는? (단, 제시된 조건 이외의 사항은 고려하지 않음)

- 이산화탄소 배출량(kg)
  = 주행거리(km) ÷ 연비(km/L) × 이산화탄소 배출계수(kg/L)
- 이산화탄소 배출계수 : 0.002kg/L
- 환경부담금 산출계수 : 50만원/kg
- 기존 차량 연비 : 5km/L
- 친환경 차량 연비 : 10km/L
- 친환경 차량 도입 비용 : 1,500만원

① 50,000
② 100,000
③ 150,000
④ 200,000
⑤ 250,000

해설

- 환경부담금 = 이산화탄소 배출량(kg) × 환경부담금 산출계수
- 기존 차량의 이산화탄소 배출량(kg) = 주행거리(km) ÷ 5(km/L) × 0.002(kg/L)
- 기존 차량의 환경부담금 = [주행거리(km) ÷ 5 × 0.002] × 50(만원/kg)
- 친환경 차량의 이산화탄소 배출량(kg) = 주행거리(km) ÷ 10(km/L) × 0.002(kg/L)
- 친환경 차량의 환경부담금 = [주행거리(km) ÷ 10 × 0.002] × 50(만원/kg)
- 환경부담금 절감액 = 기존 차량의 환경부담금 − 친환경 차량의 환경부담금
  = [{주행거리(km) ÷ 5 × 0.002} × 50] − [{주행거리(km) ÷ 10 × 0.002} × 50]
  = 주행거리(km) × 0.01
- 최소 주행거리 : 환경부담금 절감액과 친환경 차량 도입 비용(1,500만원)이 같아지는 지점
- 주행거리(km) × 0.01 = 1,500
- 주행거리(km) = 150,000

이성으로 비관해도 의지로써 낙관하라!

– 안토니오 그람시 –

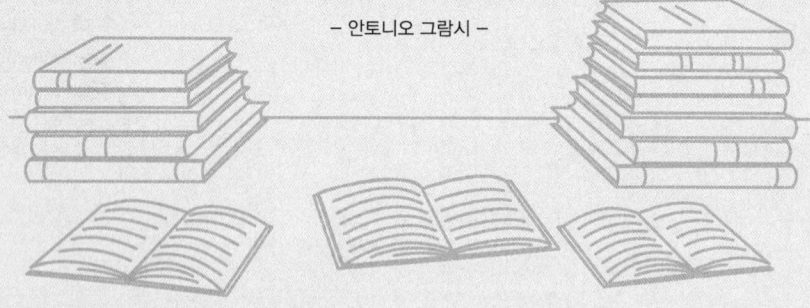

33.38%

2025년 물류관리사 합격률

CBT 모의고사로 최종 합격 점검!

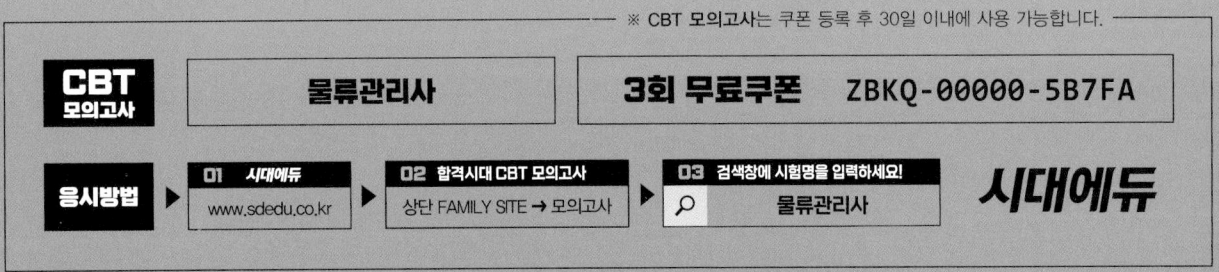

물류관리사
한권으로 끝내기

[판매량] YES24 "물류관리사" 부문 월별/주별 베스트셀러 1위
08년 12월 / 09년 7,8,10~12월 / 10년 1~3,7,11,12월 / 11년 1,11,12월 / 12년 1월 1주 / 13년 1월 3,4주, 2월 2주, 6월 1,4주, 8월 2주, 12월 4,5주 /
14년 1,11,12월 / 15년 1,12월 / 16년 1~3,9,12월 / 17년 1월 / 18년 2,5,10~12월 / 19년 1~9월 / 20년 1월, 2월 4주, 6월 4주, 7월 2,3주, 8월 3주 /
21년 2~6월 / 22년 1월 2~3주, 2월 2주, 8월 2~3,5주, 9월 1~2,4주, 10월 1~3주, 11월 4주 / 23년 8월 3주, 10월 3~4주 /
24년 11월 2,4~5주, 12월 1~3주 / 25년 7월 3주

[선호도] 물류관리사 시리즈, 22년간 15만 부 판매

시대에듀

발행일 2026년 1월 5일 | **발행인** 박영일 | **책임편집** 이해욱
편저 황사빈 · 이영표 · 유범진 | **발행처** (주)시대고시기획
등록번호 제10-1521호 | **대표전화** 1600-3600 | **팩스** (02)701-8823
주소 서울시 마포구 큰우물로 75 [도화동 538 성지B/D] 9F
학습문의 www.sdedu.co.kr

※ 이 책은 저작권법에 의해 보호를 받는 저작물이므로 동영상 제작 및 무단전재와 복제를 금합니다.

NEXT STEP

THE NEXT STEP IN SUCCESS
성공의 다음 단계, 시대에듀와 함께라면 가능합니다.

물류관리사 부문
베스트셀러 1위
산출근거 후면표기

편저 황사빈 · 이영표 · 유범진

◀ 온라인 동영상 강의

2026

출제경향을 반영한 이론 및 문제 구성
2025년 최신 기출 수록
빈출키워드 소책자 제공
편리한 휴대를 위한 분권형 구조

물류관리사
한권으로 끝내기

2권 | 화물운송론

CBT 모의고사
3회 무료쿠폰 제공

시대에듀

물류관리사
한권으로 끝내기

2권 | 화물운송론

시대에듀

물류관리사
한권으로 끝내기

Always **with you**

사람의 인연은 길에서 우연하게 만나거나 함께 살아가는 것만을 의미하지는 않습니다.
책을 펴내는 출판사와 그 책을 읽는 독자의 만남도 소중한 인연입니다.
시대에듀는 항상 독자의 마음을 헤아리기 위해 노력하고 있습니다. 늘 독자와 함께하겠습니다.

보다 깊이 있는 학습을 원하는 수험생들을 위한
시대에듀의 동영상 강의가 준비되어 있습니다.

www.sdedu.co.kr ➜ 회원가입(로그인) ➜ 물류관리사

물류관리사 한권으로 끝내기

이 책의 차례 CONTENTS

CHAPTER 01 화물운송의 기초

- 시험에 꼭 나오는 필수문제 · · · · · 04
- Core 01 운송(Transportation) · · · · · 06
- Core 02 운송수단(Mode) · · · · · 12
- Core 03 우리나라의 운송사업 · · · · · 16
- 출제포인트 OX 문제 · · · · · 20
- 빈출키워드 기출유형문제 · · · · · 21

CHAPTER 02 화물자동차(공로)운송

- 시험에 꼭 나오는 필수문제 · · · · · 30
- Core 01 화물자동차운송의 개요 · · · · · 32
- Core 02 화물자동차 · · · · · 34
- Core 03 화물자동차운송 운영 및 운영관리 · · · · · 41
- Core 04 화물자동차 운임 · · · · · 46
- Core 05 택배서비스 · · · · · 49
- Core 06 택배 표준약관 · · · · · 53
- 출제포인트 OX 문제 · · · · · 61
- 빈출키워드 기출유형문제 · · · · · 63

CHAPTER 03 철도운송

- 시험에 꼭 나오는 필수문제 · · · · · 76
- Core 01 철도운송의 개요 · · · · · 78
- Core 02 철도화물 운송 · · · · · 80
- Core 03 철도운송의 운임 · · · · · 84
- Core 04 우리나라 철도운송 · · · · · 86
- 출제포인트 OX 문제 · · · · · 87
- 빈출키워드 기출유형문제 · · · · · 88

CHAPTER 04 해상운송

- 시험에 꼭 나오는 필수문제 · · · · · 92
- Core 01 해상운송의 개요 · · · · · 94
- Core 02 해상운송의 방식 · · · · · 96
- Core 03 해상운송계약(Contract of Carriage by Sea) · · · · · 98
- Core 04 해상운임 · · · · · 102
- Core 05 선박(Ship, Vessel) · · · · · 105
- Core 06 선박의 국적과 연안해안 · · · · · 110
- 출제포인트 OX 문제 · · · · · 111
- 빈출키워드 기출유형문제 · · · · · 112

CHAPTER 05 항공운송

시험에 꼭 나오는 필수문제 · 120
Core 01 항공운송의 개요 · 122
Core 02 항공기, 단위탑재용기(ULD) 등 · · · · · · · · · · · 123
Core 03 항공운송사업 · 126
Core 04 항공화물운송장(AWB : Air Waybill) · · · · · · · 128
Core 05 항공운임(Airfare) · 130
Core 06 항공관련 국제기구 및 조약 · · · · · · · · · · · · · · 134
Core 07 항공운송화물 사고처리/항공운송과 보험 · · · · 136
출제포인트 OX 문제 · 138
빈출키워드 기출유형문제 · 140

CHAPTER 06 복합운송

시험에 꼭 나오는 필수문제 · 148
Core 01 복합운송의 개요 · 150
Core 02 복합운송인(Freight Forwarder) · · · · · · · · · · 152
Core 03 국제복합운송경로 및 복합운송증권 · · · · · · · · 154
출제포인트 OX 문제 · 156
빈출키워드 기출유형문제 · 157

CHAPTER 07 단위적재운송시스템(ULS)

시험에 꼭 나오는 필수문제 · 160
Core 01 단위적재운송시스템(ULS)의 개요 · · · · · · · · · 162
Core 02 일관컨테이너화 운송시스템 · · · · · · · · · · · · · 163
Core 03 컨테이너 터미널 · 168
출제포인트 OX 문제 · 172
빈출키워드 기출유형문제 · 173

CHAPTER 08 수·배송시스템의 합리화

시험에 꼭 나오는 필수문제 · 176
Core 01 공동 수·배송시스템 · · · · · · · · · · · · · · · · · · 178
Core 02 수·배송시스템의 설계 · · · · · · · · · · · · · · · · · 180
Core 03 수·배송시스템의 합리화 · · · · · · · · · · · · · · · 182
Core 04 수·배송 최적화 기법 · · · · · · · · · · · · · · · · · · 183
출제포인트 OX 문제 · 199
빈출키워드 기출유형문제 · 200

2025년 제29회 기출문제

2과목 화물운송론 · 216

물류관리사 한권으로 끝내기
PART 2

화물운송론

CHAPTER 01 화물운송의 기초

CHAPTER 02 화물자동차(공로)운송

CHAPTER 03 철도운송

CHAPTER 04 해상운송

CHAPTER 05 항공운송

CHAPTER 06 복합운송

CHAPTER 07 단위적재운송시스템(ULS)

CHAPTER 08 수·배송시스템의 합리화

2025년 제29회 기출문제(2과목)

2 화물운송론

2021

- 화물운송의 기초: 4
- 화물자동차(공로)운송: 12
- 철도운송: 4
- 해상운송: 7
- 항공운송: 3
- 복합운송: 1
- 단위적재운송시스템(ULS): 1
- 수·배송시스템의 합리화: 8

(출제문항수)

출제기준	유형 구분	중요도
CHAPTER 01 화물운송의 기초	Core 01 운송(Transportation)	★★
	Core 02 운송수단(Mode)	★★★
	Core 03 우리나라의 운송사업	★
CHAPTER 02 화물자동차(공로)운송	Core 01 화물자동차운송의 개요	★
	Core 02 화물자동차	★★★
	Core 03 화물자동차운송 운영 및 운영관리	★★★
	Core 04 화물자동차 운임	★★★
	Core 05 택배서비스	★★
	Core 06 택배 표준약관	★★★
CHAPTER 03 철도운송	Core 01 철도운송의 개요	★★
	Core 02 철도화물 운송	★★★
	Core 03 철도운송의 운임	★★
	Core 04 우리나라 철도운송	★
CHAPTER 04 해상운송	Core 01 해상운송의 개요	★
	Core 02 해상운송의 방식	★★
	Core 03 해상운송계약(Contract of Carriage by Sea)	★★★
	Core 04 해상운임	★★★
	Core 05 선박(Ship, Vessel)	★★★
	Core 06 선박의 국적과 연안해안	★★

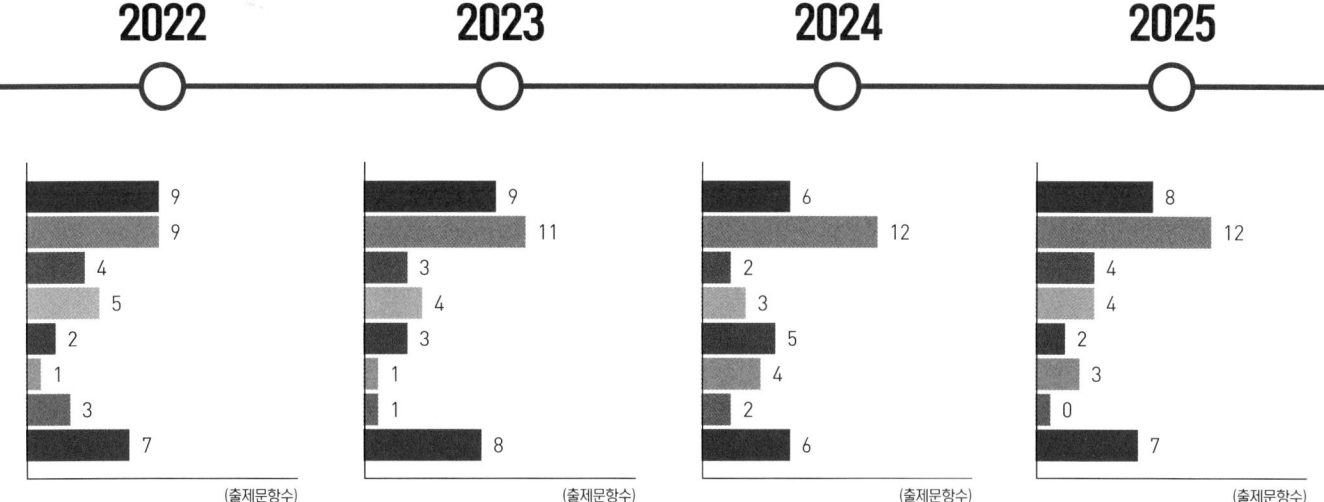

출제기준	유형 구분	중요도
CHAPTER 05 항공운송	Core 01 항공운송의 개요	★★
	Core 02 항공기, 단위탑재용기(ULD) 등	★★
	Core 03 항공운송사업	★★
	Core 04 항공화물운송장(AWB)	★★★
	Core 05 항공운임(Airfare)	★★★
	Core 06 항공관련 국제기구 및 조약	★★
	Core 07 항공운송화물 사고처리/항공운송과 보험	★
CHAPTER 06 복합운송	Core 01 복합운송의 개요	★★
	Core 02 복합운송인(Freight Forwarder)	★★★
	Core 03 국제복합운송경로 및 복합운송증권	★★★
CHAPTER 07 단위적재운송시스템(ULS)	Core 01 단위적재운송시스템(ULS)의 개요	★
	Core 02 일관컨테이너화 운송시스템	★★
	Core 03 컨테이너 터미널	★★★
CHAPTER 08 수·배송시스템의 합리화	Core 01 공동 수·배송시스템	★★★
	Core 02 수·배송시스템의 설계	★★
	Core 03 수·배송시스템의 합리화	★★
	Core 04 수·배송 최적화 기법	★★★

CHAPTER 01 시험에 꼭 나오는 필수문제

01 운송서비스의 특징에 관한 설명으로 옳지 않은 것은? `기출 23년`

① 운송이란 생산과 동시에 소비되는 즉시재이다.
② 운송공급은 비교적 계획적이고 체계적인 반면, 운송수요는 상대적으로 무계획적이고 비체계적이다.
③ 개별적 운송수요는 다양하므로 운송수요는 집합성을 가질 수 없다.
④ 운임의 비중이 클수록 운임상승은 상품수요를 감소시킴으로써 운송수요를 줄이게 되어 운송수요의 탄력성이 더욱 커지게 된다.
⑤ 운송수단 간 대체성이 높아 운송수요에 대한 탄력적 대응이 가능하다.

[해설] ③ 운송수요는 지역, 시기, 산업 등의 환경요인에 의하여 집합을 이루면서 어느 정도의 규칙성이나 법칙성을 가진 일정한 운송수요 패턴을 보이기도 한다.

기출문제 엿보기
- [ ] 운송에 관한 설명으로 옳지 않은 것은? `22·21·16년`
- [ ] 화물운송에 관한 설명으로 옳지 않은 것은? `20년`
- [ ] 화물운송서비스의 특징으로 옳지 않은 것은? `19년`
- [ ] 운송의 특징에 관한 설명으로 옳지 않은 것은? `15년`

02 화물자동차운송과 철도운송 조건이 다음과 같을 때 채트반공식을 이용한 자동차의 한계 경제효용거리(km)는? `기출 21년`

- 화물자동차의 ton·km당 운송비 : 900원
- 철도의 ton·km당 운송비 : 500원
- 톤당 철도 부대비용(철도발착비 + 하역비 + 배송비 등) : 50,000원

① 122 ② 123
③ 124 ④ 125
⑤ 126

[해설] 채트반 공식

$$L = \frac{D}{T-R} = \frac{50{,}000원}{900원 - 500원} = 125(km)$$

- L : 화물자동차의 한계 경제효용거리
- D : 톤당 철도운송 부대비용
- T : 화물자동차의 ton·km당 운송비
- R : 철도의 ton·km당 운송비

기출문제 엿보기
- [ ] 다음과 같은 화물자동차운송과 철도운송 조건에서 채트반(Chatban) 공식을 이용한 두 수송수단 간 경제효용거리 분기점은? `25년`
- [ ] 다음 조건에서 채트반공식을 이용한 화물자동차운송과 철도운송의 경제효용거리 분기점은? `24년`
- [ ] 다음과 같은 화물자동차운송과 철도운송 조건에서 두 운송수단 간 경제적 효용거리 분기점은? `23년`
- [ ] 다음은 A기업의 화물운송 방식이다. 채트반(Chatban)공식을 이용하여 운송할 때 그 결과에 관한 설명으로 옳지 않은 것은? `18년`

03 운송수단별 특성에 관한 설명으로 옳은 것을 모두 고른 것은?

기출 20년

> ㄱ. 트럭운송은 Door to Door 운송서비스가 가능하고 기동성이 높은 운송방식이다.
> ㄴ. 해상운송은 물품의 파손, 분실, 사고 발생의 위험이 적고 타 운송수단에 비해 안전성이 높다.
> ㄷ. 항공운송은 중량에 크게 영향을 받지 않고 운송할 수 있다.
> ㄹ. 철도운송은 트럭운송에 비해 중·장거리 운송에 적합하다.

① ㄱ, ㄴ
② ㄱ, ㄹ
③ ㄴ, ㄷ
④ ㄴ, ㄹ
⑤ ㄷ, ㄹ

해설 ㄴ. 해상운송은 충격, 해수, 장기간 운송 등으로 물품의 파손, 분실, 사고 발생의 위험이 타 운송수단에 비해 많고, 안전성이 낮아 파손 위험이 비교적 낮은 화물이나 대량화물의 중·장거리에 주로 이용된다.
ㄷ. 항공운송은 항공기 항복(plane's space)의 한계로 중량과 용적의 제약으로 대량·장척 물품보다는 소량·경량화물의 신속한 운송에 적합하다.

기출문제 엿보기

☑ 운송수단의 특징에 관한 설명으로 옳지 않은 것은? 25년
☑ 운송수단에 관한 내용으로 옳지 않은 것은? 24년
☑ 운송수단별 특징에 관한 설명으로 옳은 것은? 23·13년
☑ 운송방식에 관한 설명으로 옳지 않은 것은? 16년
☑ 운송수단과 그 특징으로 옳게 짝지어진 것은? 15년

04 최근 운송시장의 변화에 관한 내용으로 옳지 않은 것은?

기출 21년

① 운송화물의 소품종 대형화
② 환경규제의 강화
③ 물류보안의 중요성 증대
④ 정보시스템의 활용 증가
⑤ 구매 고객에 대한 서비스 수준의 향상

해설 ① 최근 소품종·대량생산에서 다품종·소량생산으로 변화하면서 소량화물·다빈도 배송에 대한 운송수요가 증가하고 있다.

기출문제 엿보기

☑ 다음은 최근 운송산업의 변화에 관한 설명이다. (   ) 내용으로 옳은 것은? 23년
☑ 운송시장의 환경변화에 관한 설명으로 옳지 않은 것은? 18년
☑ 운송시장의 환경변화에 해당하지 않는 것은? 17년
☑ 운송시장의 환경과 운송형태의 변화에 따른 설명으로 옳지 않은 것은? 16년
☑ 운송시장의 환경변화 요인으로 옳지 않은 것은? 15년
☑ 정보기술의 발달에 따른 화물운송의 변화에 관한 설명으로 옳지 않은 것은? 14년

🔒 01 ③ 02 ④ 03 ② 04 ①

CHAPTER 01 화물운송의 기초

핵심 포인트

- ☑ 운송과 운송수요의 특징
- ☑ 운송의 3요소와 기본원칙
- ☑ 운송수단별 특징 및 선택기준
- ☑ 경제적 효용거리 분기점(채트반공식)
- ☑ 운임 비용 및 종류
- ☑ 운송시장의 환경변화 및 대응 방안

CORE 01 운송(Transportation)

1. 운송의 개요

(1) 운송의 개념 기출 ▶ 19년/ 12년

① 운송의 의의
  ㉠ 공간적 · 물리적 행위 : 운송수단을 이용하여 재화 · 용역을 효용가치가 낮은 장소로부터 높은 장소로 이동
  ㉡ 재화와 용역의 효용 창출(가치 상승)
  ㉢ 물류활동의 목표인 비용 절감과 고객서비스의 향상 추구
  ㉣ 물품의 생산지와 소비지 사이에 공간적 거리의 불일치 극복
  ㉤ 소비자의 물품 사용 기회와 생산자의 물품 판매 기회를 확대

② 운송의 기능 기출 ▶ 23년/ 19년/ 17년/ 14년
  ㉠ 운송의 3대 기능 : 이동, 보관, 조정
  ㉡ 운송의 주요 기능
   • 물류계획과 실행이 일치하도록 하는 기능
   • 운송 중 운송수단에 일시적으로 재화를 보관
   • 수주에서 출하까지의 작업 효율성을 높이는 기능
   • 판매와 생산을 조정하여 원활하게 생산계획을 추진
   • 정해진 장소와 시간에 재화를 고객에게 정확하게 전달

③ 운송 관련 용어 기출 ▶ 21년
  ㉠ 수송 : 공장과 물류센터 간의 운송
  ㉡ 배송 : 배송센터에서 고객까지 운송
  ㉢ 운수 : 행정 또는 법률상의 운송
  ㉣ 운반 : 제한된 범위 내의 운송

(2) 운송의 역할 및 중요성

① 운송의 역할 〔기출〕▶ 19년/ 17년/ 15년/ 14년
  ㉠ 운송의 발달은 분리된 지역의 통합 촉진
  ㉡ 운송은 분업을 촉진하여 국제무역의 발전에 기여
  ㉢ 운송의 발달로 교역이 촉진되면 제품의 시장가격 차이를 없애줌
  ㉣ 물류관리에 영향을 주기 때문에 제품의 수익 및 경쟁우위와 관련 있음
  ㉤ 제품 운송으로 소비자들은 원하는 것을 가까운 소매점에서 구할 수 있음
  ㉥ 저렴한 운송비와 대량운송 기술 발달은 시장을 확대하여 대량생산·대량소비 가능

② 운송의 경제적 역할
  ㉠ 물품의 교환 촉진(유통 효율화)
  ㉡ 가격의 안정화·평준화
  ㉢ 지역적 분업화와 도시화 촉진
  ㉣ 경쟁 조성
  ㉤ 전자상거래 활성화
  ㉥ 자본 효율화
  ㉦ 시장가격 및 재고수준을 낮춤

③ 운송의 중요성
  ㉠ 운송은 물류활동 중 가장 큰 비중을 차지하며, 운송 효율화는 물류비 감소와 직결
  ㉡ 다품종 소량생산에 따른 소량 다빈도 배송에 대한 고객 욕구 증대
  ㉢ 기업은 고객이 원하는 운송서비스를 제공하지 않으면 다른 기업과 경쟁할 수 없게 되어 운송비의 절감과 고객 만족을 위해 노력하고 있음
  ㉣ 운송은 재화의 장소적 이동을 넘어 관리·개선하여 물류시스템을 합리화하기 위한 중요한 요소로 인식

(3) 운송의 특징 〔기출〕▶ 15년/ 14년/ 11년

① 기본적으로 무형 재화(용역·서비스)로서 물리적인 형태를 지니지 않음(단, 운송에 사용되는 수단은 유형재)
② 수요자의 요청에 따라 공급이 이루어지는 즉시재(Instantaneous Goods)
③ 소비자들에게 다양한 제품을 선택할 수 있는 기회를 제공하며, 효율적인 운송으로 인해 빠르고 저렴하게 재화를 획득할 수 있음
④ 포장, 보관, 하역, 정보통신 등과 연계하여 물류관리의 합리화 도모
⑤ 제품의 경제적 가치, 가격 결정에 영향 미침
⑥ 운송에 소요되는 비용은 기능별 전체 물류비에서 차지하는 비중이 약 50~60% 정도로 매우 높음
⑦ 경제규모의 확대와 국제무역의 활성화로 인하여 운송의 대형화, 신속화, 안전화를 위한 지속적인 운송 효율성 추구
⑧ 모달 시프트(Modal Shift) 등 수송체계의 다변화, 운송업체의 대형화 등을 통해 시스템의 합리화 가능
⑨ 운송수단 중에서 기술적으로 대체 가능하다면 가장 저렴한 수단 선택
⑩ 운송은 어떤 방식을 적용하느냐에 따라 재화의 흐름을 빠르게 또는 느리게 하여 운송비용, 재고수준, 리드타임 및 고객서비스 수준을 합리적으로 조정할 수 있음

(4) 운송의 효용 기출▶ 20년/ 17년/ 11년

① 운송의 장소적 효용 : 생산과 소비의 공간적 거리의 격차 해소

분업화	생산과 소비의 각각의 기능을 유기적으로 분담하는 것을 촉진
광역화	원격지 간의 생산과 판매를 촉진하여 유통의 범위와 기능 확대
집중과 분산	생산과 소비지를 광역화하여 시장 활성화와 상공업 지역을 분산시키는 기능을 함으로써 도시개발 촉진
가격안정화	지역 간 유통을 활성화시켜 재화의 가격 조정 및 안정화 도모
유통의 효율화	유통활동의 간소화와 가격 안정을 통하여 유통의 효율화 촉진
자본의 효율화	• 지역 간 거리해소로 자원과 자본을 효율적으로 배분하고 회전율 제고 • 지역 간, 국가 간 경쟁을 유발하여 재화의 시장가격과 상품의 재고수준 낮춤

② 운송의 시간적 효용 : 운송의 시간적 효용은 '보관'의 시간적 효용과 유사하게 생산과 소비의 시간적 격차를 조정하여 제품을 필요한 시점까지 보관하였다가 수요에 따라 공급하는 과정에서 운송의 효용 달성

2. 운송수요

(1) 운송수요의 특징 기출▶ 25년/ 23년/ 19년/ 17년/ 16년/ 15년/ 14년

① 이질적·개별적 수요 : 운송수요는 이질적인 개별수요로 발생 → 운송서비스 형태의 유동성이 높음
② 집합수요 : 운송 수요는 개별적으로 발생하지만, 개별적 수요가 산업, 지역, 시기 등 환경에 의하여 합쳐져 집합을 이뤄 어느 정도의 규칙성이나 법칙성을 가진 수요패턴을 가짐
③ 종합수요 : 운송수단의 활용뿐만 아니라 보관, 창고, 포장, 하역 및 정보활동 등 물류활동이 종합적으로 작용
④ 파생적 수요 : 생산과 소비에 종속적으로 발생하여 파생적이고 지원적인 성격
⑤ 비분리성 : 운송수단으로 화물을 이동하는 순간에 운송서비스가 창출되기 때문에 생산과 동시에 소비되는 동시적 성격

(2) 운송수요의 (운임)탄력성 기출▶ 25년

① 운임의 변화율에 대한 운송수요의 변화율의 비
② 운임에 가장 많이 영향을 받으며, 운임의 비중이 클수록 운송수요의 탄력성은 탄력적
③ 운임 외에도 운송에 소요되는 원가에도 영향을 받음
④ 대체 화물이나 운송수단이 다양하게 존재하면 운송수요는 운임에 대해 탄력적
⑤ 판매단가가 높은 상품은 운임부담력이 높아 운임이 상승하더라도 운송수요가 크게 감소하지 않음
⑥ 운송수요의 탄력성 공식 기출▶ 17년

$$\text{운송수요의 탄력성} = \frac{\frac{\text{수요변화폭}}{\text{수요수준}}}{\frac{\text{운임변화폭}}{\text{운임수준}}} = \frac{\text{운송수요의 변화율(\%)}}{\text{운임의 변화율(\%)}}$$

3. 운송의 3요소 기출 25년/ 24년/ 22년/ 21년/ 20년/ 19년/ 11년

운송방식(Mode)	• 운송을 직접적으로 담당하는 수단 • 화물자동차, 선박, 항공기, 화물열차, 파이프라인(pipeline) 등
운송경로(Link)	• 운송수단의 운행에 이용되는 운송경로(통로) • 공로(지방도로, 국도, 고속도로), 철도, 해상 항로, 항공로 등
운송연결점(Node)	• 운송의 대상인 화물을 효율적으로 처리하기 위한 장소나 시설 • 물류단지, 물류센터, 제조공장, 화물터미널, 항만, 공항, 역 등

4. 운송의 종류

(1) 국내운송과 국제운송

① 국내운송 : 국경을 통과하지 않고 운송의 범위가 자국 내 지역의 창고나 공장에서 선적항만, 공항까지로 한정된 운송
② 국제운송 : 운송의 범위가 국경을 넘어 국가 간으로 확대된 운송

(2) 단일운송(Single Transport)과 복합운송(Multimodal Transport)

① 단일운송 : 육·해·공로상의 일정 운송 구간을 한 가지의 운송수단만을 이용하여 운송
② 복합운송 : 서로 상이한 2가지 이상의 운송수단을 결합한 운송

(3) 자가운송과 영업운송 기출 16년/ 13년

① 자가운송 : 화주가 차량을 구입하고 자신의 화물을 운송
② 영업운송 : 불특정 다수의 타인 화물을 유상으로 운송

(4) 기타

① FCL(Full Container Load)운송 : 하나의 컨테이너에 한 화주의 화물을 채워서 운송
② LCL(Less-than Container Load)운송 : 하나의 컨테이너에 여러 화주의 화물을 혼재하여 운송
③ 정형(개체)운송 : 파렛트나 컨테이너와 같은 적재용기를 이용하여 물품을 단위화하여 운송
④ 비정형(벌크, Bulk)운송 : 유류, 가스 등 단위화할 수 없는 물품을 특수한 시설과 구조를 갖춘 운송수단으로 운송
⑤ 정기운송 : 물동량에는 상관없이 정해진 시간에 맞추어 운송
⑥ 비정기운송 : 일정량의 물동량이 있을 때 이용되는 운송
⑦ 일관운송 : 화물을 발송지에서 도착지까지 해체하지 않고 연계하여 운송
⑧ 부적운송 : 차량 전체 운임이 지급되지만, 적재공간이 일부 비어있는 상태로 운송
⑨ 복화운송(연계운송) : 화물을 A에서 B로 운송 후 되돌아오는 길에 B에서 다른 화물을 받아 운송

5. 운송의 원칙

(1) 운송의 기본원칙 기출▶ 20년/ 19년/ 16년/ 15년/ 14년/ 13년

규모의 경제 원칙	• 화물의 단위가 클수록 운송단위당 부담하는 평균비용이 체감하면서 이익 발생 • 대형화된 운송수단일수록 연료 효율성이 높아질 뿐만 아니라 인력 생산성이나 관리의 효율성도 높음 • 가능한 대형 운송수단을 이용하여 대량으로 운송하는 것이 경제적
거리의 경제 원칙	• 운송원가를 구성하는 요소 중 고정비의 작용(상하차비용, 운행시간 측면)으로 동일한 운송수단을 이용하더라도 운송거리가 증가할수록 ton · km 단위당 운송비용이 낮아짐 • 동일한 거리를 이동시킬 때 여러 구간으로 나누어 운송하기보다는 한 번에 운송하여 운송비를 낮추는 것이 경제적

(2) 운영효율화 원칙 기출▶ 24년/ 22년/ 21년/ 20년/ 19년/ 14년/ 11년

① 대형화의 원칙 : 일반적으로 화물운송은 대형화된 운송수단에 의해 대량으로 운송하는 것이 운송비용면에서 경제적
② 영차율 극대화의 원칙(공차율 최소화)
  ㉠ 영차율 : 전체 운행거리에서 화물을 적재하고 운행한 비율
  ㉡ 공차율을 최대한 낮추고 계획운송, 복화운송, 순회운송 등으로 영차율을 최대한 높여야 한다는 원칙
③ 회전율 극대화의 원칙(운송횟수 극대화)
  ㉠ 회전율 : 일정시간 내에 화물을 운송한 횟수
  ㉡ 운송단위당 고정비 원가를 낮추기 위해서는 회전율을 높여야 한다는 원칙
④ 적재율 극대화의 원칙(적재량 최대화)
  ㉠ 적재율 : 운송수단의 적재 적량 대비 실제 적재 화물운송량
  ㉡ 적정한 운송수단의 선택, 적재방법의 개선, 콘솔 운송 등을 통해 적재율을 극대화해야 한다는 원칙
⑤ 가동률 극대화의 원칙(운송장비의 가동시간 극대화)
  ㉠ 가동률 : 일정기간 동안 특정 운송수단이 실제 운행한 시간과 목표운행 시간과의 비율
  ㉡ 운송장비의 가동상태 유지 · 관리, 충분한 운송물량의 확보 등을 통하여 가동률을 극대화해야 한다는 원칙

6. 소화물 일관운송

(1) 소화물 일관운송의 의의

① 특송이나 택배, 문전배달제 서비스제도로 도시 내 소화물 운송에 적합
② 화주로부터 1건 또는 1개 이상의 소형, 소량의 화물운송 등을 의뢰받아 송화인 문전에서 수화인 문전까지 운송
③ 화물의 집하, 포장, 운송, 배달에 이르기까지 운송인의 책임하에 화물운송 및 모든 서비스를 신속하고 정확하게 제공하여 주는 편익 위주의 운송시스템

(2) 소화물 일관운송의 특징 기출▶ 18년/ 13년

① 규격화된 포장과 단일운임체계
② 소형 · 소량화물에 대한 운송서비스
③ 불특정 다수의 이용자들을 대상으로 서비스 제공
④ 복잡한 도시 내 집배송에 적합한 운송 서비스 제공
⑤ 문전(Door)에서 문전(Door)까지 일관된 운송서비스체계

⑥ 운송업자가 모든 운송상의 책임을 부담하는 일관책임체계
⑦ 송화인의 요청에 따라 운송인이 물품을 직접 집화, 포장까지 수행

7. 운송 관련 물류시설

(1) 물류시설의 정의(「물류시설의 개발 및 운영에 관한 법률」 제2조 제1호)
① 화물의 운송·보관·하역을 위한 시설
② 화물의 운송·보관·하역과 관련된 가공·조립·분류·수리·포장·상표부착·판매·정보통신 등의 활동을 위한 시설
③ 물류의 공동화·자동화 및 정보화를 위한 시설
④ ①부터 ③까지의 시설이 모여 있는 물류터미널 및 물류단지

(2) 물류터미널
① 물류터미널의 정의 : 집화·하역 및 이와 관련된 분류·포장·보관·가공·조립 또는 통관 등에 필요한 기능을 갖춘 시설물
② 물류터미널의 기능 [기출▶ 16년]
  ㉠ 도매시장의 기능
  ㉡ 화물보관의 기능
  ㉢ 유통가공의 기능
  ㉣ 운송수단 간 연계 기능
  ㉤ 화물운송의 중계기지 기능

(3) 물류단지(Node)
① 물류단지의 정의 : 물류단지시설과 지원시설을 집단적으로 설치·육성하기 위하여 지정·개발하는 일단의 토지 및 시설
② 물류단지의 기능 : 적하기능, 보관기능, 개별결합기능, 유통가공·조립기능, 기타(사무실기능, 도매시장, 전시장, 은행 정보처리시설, 의료시설, 식당, 매점 등)

CORE 02 운송수단(Mode)

1. 운송수단의 종류

(1) 공로운송(Public Road Transport) 기출▶ 24년/ 23년/ 20년/ 18년/ 16년/ 15년/ 14년

① 공로(도로)를 이용하여 화물자동차 등으로 재화를 출발지에서 목적지까지 운송

② 공로운송의 장·단점

장점	• 문전에서 문전까지(Door to Door) 신속·정확하게 일관수송이 가능 • 운송의 자기완결성 높음 • 다양한 고객의 요구를 충족시킬 수 있고, 수취가 매우 편리 • 단거리 운송에 적합하고 경제적이며, 운임은 탄력적으로 계산 가능 • 비교적 간단한 포장으로 운송 가능 • 운송물량의 변동에 유연하게 대처 가능하고, 단위포장 시 파렛트 이용 가능 • 필요시 즉시 배차가 가능하므로 배차의 탄력성 높음 • 다른 운송수단에 비해 투자 용이
단점	• 장거리 운송 시 운임이 높고 안정성 떨어짐 • 운송 시 진동으로 인한 화물의 손상률이 높은 편 • 적재중량에 제한이 많아 대량운송에 부적합 • 에너지 효율 떨어짐 • 도로혼잡, 교통사고 등의 문제 발생 • 타 운송수단에 비해 변동비 높음 • 소음, 진동, 배기가스 등의 공해문제로 환경오염 우려

(2) 철도운송(Train Transport) 기출▶ 24년/ 23년/ 20년/ 17년/ 16년/ 15년/ 14년

① 송화인의 화물발송지부터 수화인의 배송지까지 철도와 기관차(화차)를 이용한 운송

② 철도운송의 장·단점

장점	• 대량의 화물을 동시에 효율적이고 안전하게 운송 • 화물의 중량에 크게 영향을 받지 않음 • 배기가스나 소음이 적어 친환경적 • 정시성 확보에 유리해 사전에 계획운송 가능 • 전국적인 네트워크(철도운송망)를 보유 • 전천후적인 운송수단으로 날씨의 영향 적음 • 중·장거리 운송일수록 운송비 저렴 • 왕복운송에 따른 유리한 운송할인제도가 존재
단점	• 문전에서 문전(door-to-door)수송 불가능 • 완결성 부족으로 적재와 하역 시 많은 단계 필요 • 객차 및 화차의 소재 관리 곤란 • 터널과 다리 등을 통과하므로 적재화물의 크기에 대한 제한 • 운행시간의 탄력적 운용 어려움 • 운임체계가 비탄력적 • 적합차량을 적절한 시기에 배차하기 어려움(배차의 탄력성이 낮음) • 적재중량당 용적량이 매우 적음 • 초기 구축비용 등 고정비용이 많이 듦 • 근거리 운송 시 상대적으로 운임비율이 높고, 운임설정이 경직적

(3) 해상운송(Ocean Transport) 기출▶ 24년/ 22년/ 20년/ 16년/ 15년/ 14년

① 해로 및 내수면로 위를 운항할 수 있는 선박을 이용하는 대량화물 장거리 운송

② 해상운송의 장·단점

장점	• 환경성 측면에서 우수 • ULS(단위화물적재시스템) 적용 용이 • 화물의 용적 및 중량에 대한 제한 적음 • 대량화물의 장거리 운송 시 운임이 가장 저렴 • 육상운송수단과 연계해서 해·공 복합운송의 주축
단점	• 항구에서의 화물인수로 인한 불편함이 따름 • 기후의 영향을 많이 받음(악천후 시 운행 제약) • 육상운송수단과 연계가 필요하고, 운송의 완결성 낮음 • 운송속도가 비교적 느리며, 운송이 완료되기까지 장기간 소요 • 항만시설에 하역기기 등의 설치로 인한 기간이 소요되며, 하역비 비쌈 • 물품의 파손, 분실, 사고 발생의 위험도가 높고, 타 운송수단에 비해 안전성 낮음

(4) 항공운송(Air Transport) 기출▶ 25년/ 24년/ 23년/ 20년/ 16년/ 15년/ 14년

① 일정한 항공로와 항공기를 이용한 운송으로 부가가치가 높은 화물에 이용

② 항공운송의 장·단점

장점	• 해상운송에 비해 안전도가 높음 • 타 운송수단에 비해 운송시간이 짧음 • 소량 및 경량 물품의 원거리 운송에 가장 적합 • 화물의 손상, 분실 또는 조난 사고 발생 가능성 적음 • 당일 운송을 통한 재고조정이 가능하고, 수요 변화에 빠르게 대응 • 수송속도가 신속하여 계절성·유행성·신선도 유지 상품의 수출 가능 • 포장최소화에 따라 포장비 절감, 보관비, 보험료, 이자 등의 비용 절감
단점	• 위험물에 대한 제한이 많음 • 공항을 갖춰야 하므로 지역이 제한적 • 공항에서의 물품인수로 인한 불편함이 따름 • 기후의 영향을 많이 받음(악천후 비행 제한 받음) • 타 운송수단에 비해 운임이 가장 비싸고 매우 비탄력적 • 항복의 한계로 인해 대량·장척의 물품 수송이 어려움(중량과 용적에 제한)

(5) 파이프라인운송(Pipeline Transport) 기출▶ 24년/ 22년/ 20년/ 15년/ 14년/ 13년

① 파이프를 통하여 특정 화물(액체·분체·가스)만을 전용으로 수송하기 위한 운송

② 파이프라인운송의 장·단점

장점	• 연속·대량 운송이 가능하며, 유지비가 저렴 • 용지 확보에 유리 • 컴퓨터시스템을 활용한 운송의 완전자동화 가능 • 운송 중 사고발생률이 낮아 안전성 높음 • 운송 시 환경오염이 거의 없는 환경친화적 운송 방법
단점	• 이용가능 화물이 한정적(주로 유류, 가스 등 에너지 자원의 수송에 이용) • 특정 장소에 한정(운송경로에 대한 제약 큼) • 높은 초기 시설비용이 소요(고정비 지출규모 큼)

2. 운송수단의 선택

(1) 운송수단의 선택기준 〔기출〕 23년/ 22년/ 19년/ 18년/ 16년/ 13년

① 화물의 특성 : 화물의 종류 및 특성, 화물의 중량 및 용적, 화물의 가치(운임부담력), 화물 고유의 성질, 화물의 발차시간·납기, 운송거리, 로트(Lot)의 크기, 운송경로, 고객의 중요도, 기타 고객의 요구사항 등
② 운송수단의 특성 : 이용 가능성, 신속성, 확실성, 안전성, 편리성, 신뢰성, 경제성

(2) 운송수단의 선택 시 고려사항 〔기출〕 24년

신속성 (Speed)	• 발송부터 도착까지의 시간은 짧은가? • 빠른 주행 속도인가?
확실성 (Surety)	• 지정기일 내 인도가 가능한가? • 정시운행이 가능한가?
안전성 (Safety)	• 클레임 발생빈도가 높게 나타나는가? • 사고에 의한 화물손상은 적은가? • 멸실, 손상 등에 대한 보상처리가 정확히 이행되는가?
경제성 (Low cost)	• 절대평가에서 비용 단가가 저렴한가? • 상대적으로 신속하고 저렴한가? • 자사 운송수단보다 이용면에서 저렴한가?
신뢰성 (Reliability)	• 안전성은 보장되는가? • 장기적인 거래 관계는 있는가?
편리성 (Convenience)	• 물류네트워크 연계점에서의 연결이 용이한가? • 운송절차와 송장서류 작성이 간단한가?

(3) 운송수단별 운송비의 비교 및 결정 〔기출〕 19년

① 운송수단별 운송비의 비교
  ㉠ One Lot의 용적이 큰 경우 : 선박 > 철도 > 트럭 > 항공
  ㉡ One Lot의 용적이 작은 경우 : 항공 > 노선트럭 > 구역트럭 > 컨테이너 > 철도차급
  ㉢ 경량화물의 경우 : 화물자동차 > 컨테이너 > 철도차급
② 경제적 운송수단의 결정
  ㉠ 화물자동차 : 운송구간이 약 300km 이하인 경우에 가장 경제적
  ㉡ 철도 : 운송구간이 약 300~500km인 경우에 가장 경제적
  ㉢ 선박 : 운송구간이 약 500km 이상인 경우에 가장 경제적
③ 운송수단별 화주측면에서의 선호도 순위
  ㉠ 신속성 : 항공 > 화물자동차 > 철도 > 선박 > 파이프라인
  ㉡ 운송량 : 파이프라인 > 선박 > 철도 > 화물자동차 > 항공
  ㉢ 소요비용 : 파이프라인 > 선박 > 철도 > 화물자동차 > 항공

(4) 운송수단 간 속도와 비용의 관계 기출 19년/ 17년/ 12년

① 속도가 높은 운송수단일수록 운송의 빈도수가 더욱 높아지기 때문에 수송비 증가
② 속도가 낮은 운송수단일수록 운송의 빈도수가 더욱 낮아지기 때문에 보관비(재고유지비용) 증가
③ 수송비와 보관비의 관계는 상충관계(Trade-off)이기 때문에 두 비용을 모두 고려하여 총비용의 관점에서 운송수단 선택

(5) 주요 운송수단 간 기능의 적합성 비교 기출 20년/ 19년/ 16년/ 15년

구분	공로운송	철도운송	해상운송	항공운송
운송속도	빠름	느림	매우 느림	매우 빠름
운송거리	중·단거리	원거리	원거리	원거리
운송비용	단거리 운행 시 유리	중거리 운행 시 유리	원거리 운행 시 유리	가장 높음
화물 중량	소·중량화물	대량화물	대·중량화물	소·중량화물
중량 제한	O	×	×	O
기후 영향	조금 받음	거의 받지 않음	많이 받음	매우 많이 받음
전천후 운송	×	O	×	×
안정성	조금 낮음	높음	낮음	비교적 높음
일관수송체계	용이	다소 어려움	어려움	어려움

(6) 화물자동차와 철도의 선택(채트반공식) 기출 25년/ 24년/ 23년/ 22년/ 21년

① 채트반(Chatban)공식

$$L = \frac{D}{T-R}$$

- L : 화물자동차의 한계 경제효용거리(분기점)
- D : 톤당 추가되는 철도운송 비용(철도발착비 + 배송비 + 하역비 + 포장비 + 기타비용)
- T : 화물자동차의 톤·km당 운송비
- R : 철도의 톤·km당 운송비

㉠ 화물자동차의 경쟁가능거리의 한계(분기점)를 비용요소를 이용해 계산
㉡ 화물자동차운송과 철도운송 중 어느 것이 경제적으로 유리한지 판단할 수 있으며 산출된 분기점 이내에서는 화물자동차운송이 철도운송보다 유리함

② 선택 시 유의사항
㉠ 일반적으로 장거리·대량화물의 경우에는 철도가 유리하지만, 근거리·소량화물의 경우 화물자동차가 경제적
㉡ 철도운임은 운송거리에 비례하여 증가하나 화물자동차운임은 운송거리에 체감하여 증가
㉢ 철도운임은 지역에 관계없이 운송거리에 비례하나 화물자동차운임은 지역에 따라 운임이 다르게 형성
㉣ 철도운임은 이용하는 차량의 크기에 관계없이 운송거리에 비례하나 화물자동차운임은 차량의 크기에 따라 운임단가의 차이가 큼
㉤ 철도운임은 운송수요에 관계없이 일정한 수준을 유지하나 화물자동차운임은 수요에 따라 큰 폭으로 변동

연습 문제

다음과 같은 화물자동차운송과 철도운송 조건에서 두 운송수단 간 경제적 효용거리 분기점은?

- 철도 운송비 : 40원/ton · km
- 화물자동차 운송비 : 80원/ton · km
- 철도 부대비용(철도발착비, 하역비 등) : 10,000원/ton

해설

경제적 효용거리 분기점
$$= \frac{철도\ 부대비용}{화물자동차\ 운송비 - 철도\ 운송비}$$
$$= \frac{10,000원}{80원 - 40원} = 250(km)$$

정답 250(km)

CORE 03 우리나라의 운송사업

1. 우리나라의 각종 운송사업

(1) 화물자동차 운수사업(「화물자동차 운수사업법」)

① 화물자동차 운수사업의 유형 기출 25년/ 17년

화물자동차 운송사업	다른 사람의 요구에 응하여 화물자동차를 사용하여 화물을 유상으로 운송하는 사업 • **일반화물자동차 운송사업** : 20대 이상의 범위에서 대통령령으로 정하는 대수(20대) 이상의 화물자동차를 사용하여 화물을 운송하는 사업 • **개인화물자동차 운송사업** : 화물자동차 1대를 사용하여 화물을 운송하는 사업으로서 대통령령으로 정하는 사업
화물자동차 운송주선사업	• 다른 사람의 요구에 응하여 유상으로 화물운송계약을 중개 · 대리하는 사업 • 화물자동차 운송사업 또는 화물자동차 운송가맹사업을 경영하는 자의 화물 운송수단을 이용하여 자기 명의와 계산으로 화물을 운송하는 사업 • 화물이 이사화물인 경우에는 포장 및 보관 등 부대서비스를 함께 제공하는 사업
화물자동차 운송가맹사업	• 다른 사람의 요구에 응하여 자기 화물자동차를 사용하여 유상으로 화물을 운송하는 사업(일반화물 운송사업) • 화물정보망을 통하여 소속 화물자동차 운송가맹점에 의뢰하여 화물을 운송하게 하는 사업(운송주선업)

② 화물자동차 운수사업을 경영하려는 자는 법으로 정하는 바에 따라 국토교통부장관의 허가를 받아야 함

(2) 철도운송사업(「철도사업법」)

① 철도사업 : 다른 사람의 수요에 응하여 철도차량을 사용하여 유상(有償)으로 여객이나 화물을 운송하는 사업
② 철도사업을 경영하려는 자는 법에 따라 국토교통부장관의 면허를 받아야 함
③ 철도사업의 면허를 받을 수 있는 자는 법인으로 함

(3) 해상운송사업(「해운법」, 「항만운송사업법」)

① 해상운송사업의 유형

해운업
(면허 · 등록)
	• **해상여객운송사업** : 해상이나 해상과 접하여 있는 내륙수로에서 여객선 또는 수면비행선박으로 사람 또는 사람과 물건을 운송하거나 이에 따르는 업무를 처리하는 사업으로 항만운송관련사업 외의 사업
	• **해상화물운송사업**
	  – 해상이나 해상과 접하여 있는 내륙수로에서 선박으로 물건을 운송하거나 그 수반 업무(용대선*을 포함)를 처리하는 사업으로 항만운송사업 외의 사업
	    *용대선 : 사람 또는 물건을 운송하기 위하여 선박의 전부 또는 일부를 용선(傭船)하거나 대선(貸船)하는 것
	  – 수산업자가 어장에서 자기의 어획물이나 그 제품을 운송하는 사업은 제외
	• **해운중개업** : 해상화물운송의 중개, 선박의 대여 · 용대선 또는 매매를 중개하는 사업
	• **해운대리점업** : 해상여객운송사업이나 해상화물운송사업을 경영하는 자(외국인 운송사업자를 포함)를 위하여 통상 그 사업에 속하는 거래를 대리하는 사업
	• **선박대여업** : 해상여객운송사업이나 해상화물운송사업을 경영하는 자 외의 자 본인이 소유하고 있는 선박(소유권을 이전받기로 하고 임차한 선박을 포함)을 다른 사람(외국인을 포함)에게 대여하는 사업
	• **선박관리업**
	  – 국내외의 해상운송인, 선박대여업을 경영하는 자, 관공선 운항자, 조선소, 해상구조물 운영자, 그 밖의 선박소유자로부터 기술적 · 상업적 선박관리, 해상구조물관리 또는 선박시운전 등의 업무의 전부 또는 일부를 수탁하여 관리활동을 영위하는 사업
	  – 국외의 선박관리사업자로부터 그 업무의 전부 또는 일부를 수탁하여 행하는 사업을 포함

항만운송사업 (등록)	• 항만하역사업 • 검수사업 • 감정사업 • 검량사업
항만운송관련사업 (등록 · 신고)	• 항만용역업 • 선용품공급업(사업을 하고자 할 경우 → 해양수산부장관에 신고) • 선박연료공급업(사용 장비 추가 또는 사업계획 변경 시 → 관리청에 변경신고) • 선박수리업 및 컨테이너수리업

② 해운업 중에서 해상여객운송사업은 면허제로 운영되고, 나머지 사업들은 등록제로 운영

③ 항만운송사업을 하려는 자는 사업의 종류별로 관리청에 등록

④ 항만운송관련사업을 하려는 자는 원칙적으로 항만별 · 업종별로 해양수산부령으로 정하는 바에 따라 관리청에 등록

(4) 항공운송사업(「항공사업법」)

항공운송사업	국내항공 운송사업	• **국내 정기편 운항** : 국내공항과 국내공항 사이에 일정한 노선을 정하고 정기적인 운항계획에 따라 운항하는 항공기 운항 • **국내 부정기편 운항** : 국내에서 이루어지는 국내 정기편 운항 외의 항공기 운항
	국제항공 운송사업	• **국제 정기편 운항** : 국내공항과 외국공항 사이 또는 외국공항과 외국공항 사이에 일정한 노선을 정하고 정기적인 운항계획에 따라 운항하는 항공기 운항 • **국제 부정기편 운항** : 국내공항과 외국공항 사이 또는 외국공항과 외국공항 사이에 이루어지는 국제 정기편 운항 외의 항공기 운항
	소형항공 운송사업	타인의 수요에 맞추어 항공기를 사용하여 유상으로 여객이나 화물을 운송하는 사업으로서 국내항공운송사업 및 국제항공운송사업 외의 항공운송사업
항공운송관련 사업	항공운송 총대리점업	항공운송사업자를 위하여 유상으로 항공기를 이용한 여객 또는 화물의 국제운송계약 체결을 대리(사증을 받는 절차의 대행은 제외)하는 사업
	상업서류송달업	타인의 수요에 맞추어 유상으로 「우편법」 제1조의2 제7호 단서에 해당하는 수출입 등에 관한 서류와 그에 딸린 견본품을 항공기를 이용하여 송달하는 사업
	항공기취급업	타인의 수요에 맞추어 항공기에 대한 급유, 항공화물 또는 수하물의 하역과 그 밖에 국토교통부령으로 정하는 지상조업을 하는 사업
	도심공항 터미널업	「공항시설법」 제2조 제4호에 따른 공항구역이 아닌 곳에서 항공여객 및 항공화물의 수송 및 처리에 관한 편의를 제공하기 위하여 이에 필요한 시설을 설치·운영하는 사업

(5) 국제물류주선업(「물류정책기본법」)

① **국제물류주선업** : 타인의 수요에 따라 자기의 명의와 계산으로 타인의 물류시설·장비 등을 이용하여 수출입화물의 물류를 주선하는 사업
② 국제물류주선업을 등록한 자를 '국제물류주선업자'라 하며, 일반적으로 포워더(Forwarder)를 지칭
③ **국제물류주선업의 등록**
　㉠ 국제물류주선업을 경영하려는 자는 국토교통부령으로 정하는 바에 따라 시·도지사에게 등록
　㉡ 국제물류주선업의 등록을 하려는 자는 3억원 이상의 자본금(법인이 아닌 경우에는 6억원 이상의 자산평가액)을 보유하고 그 밖에 대통령령으로 정하는 기준을 충족해야 함
　㉢ 국제물류주선업자는 등록기준에 관한 사항을 3년이 경과할 때마다 국토교통부령으로 정하는 바에 따라 신고해야 함

2. 운송시장 환경변화와 화물운송 합리화

(1) 최근 운송시장의 환경변화 기출 ▶ 21년/ 18년/ 17년/ 16년/ 15년/ 14년

① 전자상거래의 증가
② 운송시장의 경쟁 격화
③ 운송물의 다품종 소량화
④ 국제복합운송의 증가
⑤ 글로벌 아웃소싱 시장의 확대
⑥ 물류보안 및 환경 관련 규제의 강화
⑦ 정보화 · 시스템화 사회의 진전
⑧ 고객욕구(Needs)의 다양화
⑨ 구매고객에 대한 서비스 수준 향상
⑩ 공동 수 · 배송시스템의 활용도 향상

(2) 화물운송의 합리화 방안 기출 ▶ 25년/ 22년/ 19년/ 17년/ 14년/ 12년

① 차량운행 경로의 최적화 추진
② 운송수단의 대형화, 신속화, 표준화
③ 모달 시프트(Modal Shift) 등 수송체계의 다변화
④ 일관파렛트화(Palletization)*를 위한 국가적 지원 강화

> *일관파렛트화(Palletization) : 발송인으로부터 화물이 발송되어 수취인에게 도착될 때까지 화물의 형태를 변형시키지 않고 전 운송과정을 일관하여 파렛트로 운송

⑤ 기업 간 업무제휴나 M&A를 통한 운송업체의 대형화, 전문화 유도
⑥ 과학적 관리에 입각한 계획수송체계의 강화
⑦ Link-Node-Mode를 연계한 물류네트워크 구축
⑧ 물류 아웃소싱(Outsourcing)의 활성화
⑨ 적재효율을 높이기 위하여 영차율 최대화
⑩ 복합운송체계의 도입, 공동 수 · 배송 활성화, 물류기기의 개선, 정보시스템의 정비 등

출제포인트 OX 문제

01 O X 운송은 재화의 효용가치가 높은 장소로부터 낮은 장소로 이동시키는 속성을 가진다.

02 O X 운송은 물류활동 중 가장 큰 비중을 차지한다.

03 O X 운송의 발달로 인해 상품의 지역 간 이동을 유발하여 지역 간 상품 가격의 차이를 감소시키는 역할을 한다.

04 O X 수요의 운임탄력성이 낮은 경우 운임이 변화하면 운송수요가 크게 변화한다.

05 O X 운송경로는 운송수단의 운행에 이용되는 통로로서 공로, 철도, 해상항로, 항공로 등이 있다.

06 운송의 3요소에는 운송방식, 운송경로, (　　)이/가 있다.

07 O X 운송은 생산과 소비의 공간적 거리의 격차를 해소하는 역할을 한다.

08 O X 운송의 효율성을 향상하기 위해 공차율을 극대화해야 한다.

09 O X 해상운송과 공로운송은 장거리 운송에 적합하다.

10 O X 철도운송은 화물의 중량에 제한이 없지만, 화물자동차운송은 화물의 중량에 제한받는다.

11 (　　)공식은 운송거리에 따른 화물자동차와 철도 중 선택기준으로 활용되며, $L = \dfrac{D}{T-R}$ 식으로 나타낸다.

12 국제물류주선업자는 등록기준에 관한 사항을 (　　)년이 경과할 때마다 신고하여야 한다.

13 O X 최근 운송시장은 물류 보안 및 환경 규제가 완화되는 추세이다.

정답 및 해설

01 × ▶ 운송은 재화나 용역의 효용가치가 낮은 장소로부터 높은 장소로 이동시키는 속성을 가진 행위이다.
02 ○
03 ○
04 × ▶ 수요의 운임탄력성이 낮은 경우 운임이 변화하면 운송수요의 변화가 크지 않으며, 운임탄력성이 높은 경우 운임이 변화하면 운송수요가 크게 변화한다.
05 ○
06 운송연결점
07 ○
08 × ▶ 운송의 효율을 향상하기 위해서는 공차율을 최소화하고, 영차율을 극대화해야 한다.
09 × ▶ 해상운송은 장거리 운송, 공로운송은 중·단거리 운송에 적합하다.
10 ○
11 채트반
12 3
13 × ▶ 최근 운송시장은 물류 보안 및 환경 관련 규제가 강화되는 추세이다.

빈출키워드 기출유형문제

키워드 ❶ 운송의 개념

01
운송에 관한 설명으로 옳지 않은 것은? 기출 22년

① 운송은 화물을 한 장소에서 다른 장소로 이동시키는 기능이 있다.
② 운송 중에 있는 화물을 일시적으로 보관하는 기능이 있다.
③ 운송 효율화 측면에서 운송비용을 절감하기 위해 다빈도 소량운송을 실시한다.
④ 운송은 장소적 효용과 시간적 효용을 창출한다.
⑤ 운송 효율화는 생산지와 소비지를 확대시켜 시장을 활성화한다.

해설 ③ 일반적으로 대형화된 운송수단으로 대량 운송하는 것이 운송비용 측면에서 더 경제적이다.

02
화물운송의 3요소에 해당하는 것은? 기출 22년

ㄱ. Link ㄴ. Load
ㄷ. Mode ㄹ. Node
ㅁ. Rate

① ㄱ, ㄴ, ㄷ   ② ㄱ, ㄴ, ㄹ
③ ㄱ, ㄷ, ㄹ   ④ ㄴ, ㄷ, ㅁ
⑤ ㄴ, ㄹ, ㅁ

해설 ㄱ. Link(운송경로) : 운송수단의 운행에 이용되는 경로
ㄷ. Mode(운송방식) : 운송을 직접적으로 담당하는 수단
ㄹ. Node(운송연결점) : 운송의 대상인 화물을 효율적으로 처리하기 위한 장소나 시설

키워드 ❷ 운송의 기능

03
운송의 기능에 관한 설명으로 옳지 않은 것은? 기출 23년

① 보관과 배송을 연결하는 인적 조절기능이 있다.
② 한계생산비의 차이를 극복하는 장소적 조절기능이 있다.
③ 원재료 이동을 통한 생산비 절감기능이 있다.
④ 운송의 효율적 운용을 통한 물류비 절감기능이 있다.
⑤ 지역 간 경쟁력 있는 상품의 생산과 교환, 소비를 촉진시키는 기능이 있다.

해설 ① 운송은 운송수단을 이용해 재화와 용역의 효용가치가 낮은 장소로부터 높은 장소로 이동시키는 공간적·물리적 조절기능을 통해 효용을 창출한다.

04
운송의 주요기능에 관한 설명으로 옳지 않은 것은? 기출 19년

① 판매와 생산을 조정하여 생산계획의 원활화를 도모한다.
② 약속된 장소와 기간 내에 화물을 고객에게 전달한다.
③ 물류계획과 실행을 일치시킨다.
④ 수주에서 출하까지의 작업효율화를 도모한다.
⑤ 유통재고량을 최대로 유지시킨다.

해설 ⑤ 운송은 효율적인 수·배송 계획을 수립함으로써 유통재고량을 적절하게 유지시키는 기능을 수행한다.

키워드 ❸ 운송의 특징

05

화물운송 서비스의 특징으로 옳지 않은 것은? `기출 19년`

① 운송수단으로 화물을 이동하는 순간에 운송서비스가 창출되기 때문에 생산과 동시에 소비된다.
② 운임 비중이 클 경우에 운임상승은 운송수요를 감소시킨다.
③ 운송수단 중에서 기술적으로 대체가능하다면 가장 저렴한 수단을 선택한다.
④ 운송시기와 목적지에 따라 수요가 합해지고 이에 따라 운송서비스 공급이 가능하다.
⑤ 운송수요는 많은 이질적인 개별수요로 구성되어 있기 때문에 계획적이고 체계적인 특성이 있다.

> **해설** ⑤ 운송수요는 많은 이질적인 개별수요로 구성되어 있어 유동적인 특성이 있다.

06

운송의 특징에 관한 설명으로 옳지 않은 것은? `기출 15년`

① 효율적인 운송으로 인해 소비자들은 보다 빠르고 저렴하게 재화를 획득할 수 있다.
② 운송이란 물리적인 형태를 가지고 있는 유형재이다.
③ 운송은 제품의 경제적 가치 결정에 영향을 미친다.
④ 장소적 이동이 곧 운송서비스의 생산이므로 운송이 창출하는 장소 효용은 고객이 원하는 제품을 원하는 장소에 도착하게 할 때 발생한다.
⑤ 운송이 창출하는 시간 효용은 고객에게 제품을 고객이 필요한 제시간에 정확히 배송될 때 발생한다.

> **해설** ② 운송은 기본적으로 무형재로 물리적인 형태를 지니지 않는다. 다만 화물차량, 항공기 등 운송에 사용되는 수단은 유형재이다.

07

소화물 일관운송의 특징으로 옳은 것을 모두 고른 것은? `기출 18년`

> ㄱ. 소형·소량화물에 대한 운송체계
> ㄴ. 운송업자가 모든 운송상의 책임을 부담하는 일관책임체계
> ㄷ. 송화인이 물품을 직접 집화, 포장까지 수행하는 운송서비스체계
> ㄹ. 터미널에서 터미널까지 일관된 운송서비스체계
> ㅁ. 규격화된 포장과 단일운임체계

① ㄱ, ㄴ, ㄷ
② ㄱ, ㄴ, ㅁ
③ ㄱ, ㄴ, ㄷ, ㄹ
④ ㄱ, ㄷ, ㄹ, ㅁ
⑤ ㄴ, ㄷ, ㄹ, ㅁ

> **해설** ㄷ. 송화인의 요청에 따라 운송인이 물품을 직접 집화, 포장까지 수행하는 운송서비스체계
> ㄹ. 문전(Door)에서 문전(Door)까지 일관된 운송서비스체계

키워드 ④ 운송효용

08
운송효용 측면에서 '생산과 소비의 시간적 격차 조정'에 해당되는 것은? 기출 19년

① 지역 간 거리해소로 자원의 효율적 배분이 가능하다.
② 원격지 간의 생산과 판매를 촉진하여 유통의 범위와 기능을 확대시킨다.
③ 지역 간 유통으로 상품가격의 조정 및 안정화를 도모한다.
④ 유통활동의 간소화와 가격안정을 통하여 유통의 효율화를 촉진시킨다.
⑤ 제품을 필요한 시점까지 보관하였다가 수요에 따라 공급하는 과정에서 운송효용이 달성된다.

해설 ⑤ 운송의 시간적 효용은 생산과 소비의 시간적 격차를 조정하는 것을 말한다. 즉, 제품을 필요한 시점까지 보관하였다가 수요에 따라 공급하는 과정에서 운송효용이 달성된다.

09
운송의 장소적 효용에 관한 설명으로 옳지 않은 것은? 기출 17년

① 운송은 생산과 소비의 기능을 유기적으로 분담하는 것을 촉진한다.
② 운송은 원격지 간 생산과 판매를 촉진하여 유통의 범위와 기능을 확대한다.
③ 운송은 지역 간 유통을 활성화시켜 재화의 가격조정과 안정을 도모한다.
④ 운송은 자원과 자본을 효율적으로 배분하고 회전율을 제고한다.
⑤ 운송은 재화의 일시적 보관기능을 수행한다.

해설 ⑤ 재화의 일시적 보관기능은 장소적 효용이 아니라 '시간적 효용'을 창출한다. 운송의 시간적 효용은 생산과 소비의 시간적 격차를 조정한다.

키워드 ⑤ 운송수요

10
운송수요에 관한 설명으로 옳지 않은 것은? 기출 15년

① 운송수요는 이질적 개별수요의 성격을 나타낸다.
② 운송수요는 운송수단의 대체가능 여부에 따라 증감하게 된다.
③ 운송수요는 본원적 수요로서 서비스 가격(운임)의 변동에 대해 매우 탄력적으로 반응한다.
④ 운송수요는 운송수단뿐만 아니라 보관, 창고, 포장, 하역 및 정보활동 등과 결합되어야 제대로 충족될 수 있다.
⑤ 운송수요는 제품별로 계절적 변동성을 나타내는 경우도 있다.

해설 ③ 운송수요는 파생적 수요에 해당한다.

11
다음은 운임에 따른 운송수요의 탄력성을 나타내는 수식이다. 수식에 들어갈 각 항목을 순서대로 나열한 것은? 기출 17년

$$탄력성 = \frac{\frac{C}{D}}{\frac{A}{B}}$$

① A : 수요변화폭, B : 수요수준, C : 운임변화폭, D : 운임수준
② A : 수요수준, B : 수요변화폭, C : 운임수준, D : 운임변화폭
③ A : 운임변화폭, B : 운임수준, C : 수요수준, D : 수요변화폭
④ A : 운임수준, B : 운임변화폭, C : 수요수준, D : 수요변화폭
⑤ A : 운임변화폭, B : 운임수준, C : 수요변화폭, D : 수요수준

해설 운송수요의 탄력성은 운임의 변화율에 대한 운송수요의 변화율의 비로 나타낸다.

키워드 ⑥ 운송수단의 운영 효율화

12

운송수단의 운영 효율화를 위한 원칙으로 옳은 것은? 기출 21년

① 소형차량을 이용하는 소형화 원칙
② 영차율 최소화 원칙
③ 회전율 최소화 원칙
④ 가동률 최대화 원칙
⑤ 적재율 최소화 원칙

> 해설 ① 대형차량을 이용하는 대형화 원칙
> ② 영차율 최대화 원칙
> ③ 회전율 최대화 원칙
> ⑤ 적재율 최대화 원칙

13

화물자동차의 운송 효율화 방안에 관한 내용으로 옳지 않은 것은? 기출 24년

① 화물자동차의 수리 및 정비 등을 통한 가동성 향상
② 신규 화주와의 계약으로 화물자동차의 적재율 향상
③ 새로운 운송방법 도입으로 화물자동차의 공차율 극대화
④ 대형차량을 이용한 운송단위의 대형화
⑤ 대기시간 단축, 상하차시간 단축 등을 통한 운송시간 단축

> 해설 ③ 새로운 운송방법 도입은 화물자동차의 공차율을 최소화(영차율 극대화)하여 물류비를 절감하고 운송 효율성을 향상할 수 있다.

키워드 ⑦ 운송수단별 특징

14

운송수단별 특징에 관한 설명으로 옳은 것은? 기출 23년

① 철도운송은 장거리, 대량운송에 유리하지만 운송시간이 오래 걸리고 초기인프라 설치관련 진입비용이 낮다.
② 해상운송은 대량화물의 장거리운송에 적합하지만 정기항로에 치우쳐 유연성과 전문성이 떨어진다.
③ 항공운송은 장거리를 신속하게 운송하며 항공기의 대형화로 운송비 절감을 가져왔다.
④ 공로운송은 접근성이 가장 뛰어나지만 1회 수송량이 적어 운임부담력이 상대적으로 낮다.
⑤ 연안운송은 초기 항만하역시설투자비가 적은 편이고 해상경로가 비교적 짧은 단거리 수송에 유리하다.

> 해설 ① 철도운송은 장거리·대량운송에 유리하지만, 초기인프라 설치관련 진입비용이 높다.
> ② 해상운송은 대량화물의 장거리운송에 적합하며, 정해진 항로를 정기적으로 운행하는 정기선과 선주와 화주 간에 용선 계약에 의해 운항하는 부정기선이 있어 유연성과 전문성을 갖출 수 있다.
> ④ 공로운송은 접근성이 가장 뛰어나지만, 1회 수송량이 적어 운임부담력이 상대적으로 높다.
> ⑤ 연안운송은 초기 항만하역시설투자비가 많이 필요하다.

15

운송수단에 관한 내용으로 옳지 않은 것은? 기출 24년

① 화물자동차는 필요시 즉시배차가 가능하다.
② 화물자동차에 비해 철도는 단거리 운송에 유리하다.
③ 선박은 기후의 영향을 많이 받는다.
④ 항공기는 중량 및 용적에 제한이 있다.
⑤ 파이프라인은 연속대량 운송이 가능하다.

> 해설 ② 철도는 원거리 운송일수록 수송비용이 낮아지는 경향이 있어, 화물자동차에 비해 중·장거리 운송에 유리하다.

키워드 ❽ 운송수단 선택

16
다음은 운송수단 선택 시 고려해야 할 사항이다. 이에 해당하는 요건은? 기출 22년

- 물류네트워크 연계점에서의 연결이 용이한가?
- 운송절차와 송장서류 작성이 간단한가?
- 필요시 운송서류를 이용할 수 있는가?

① 안전성
② 신뢰성
③ 편리성
④ 신속성
⑤ 경제성

해설 운송수단의 선택 시 고려사항

신속성 (Speed)	• 발송부터 도착까지의 시간은 짧은가? • 빠른 주행 속도인가?
확실성 (Surety)	• 지정기일 내 인도가 가능한가? • 정시운행이 가능한가?
안전성 (Safety)	• 클레임 발생빈도가 높게 나타나는가? • 사고에 의한 화물손상은 적은가? • 멸실, 손상 등에 대한 보상처리가 정확히 이행되는가?
경제성 (Low cost)	• 절대평가에서 비용 단가가 저렴한가? • 상대적으로 신속하고 저렴한가? • 자사 운송수단보다 이용면에서 저렴한가?
신뢰성 (Reliability)	• 안전성은 보장되는가? • 장기적인 거래 관계는 있는가?
편리성 (Convenience)	• 물류네트워크 연계점에서의 연결이 용이한가? • 운송절차와 송장서류 작성이 간단한가?

17
철도와 화물자동차운송의 선택기준에 관한 설명으로 옳지 않은 것은? 기출 22년

① 장거리·대량화물은 철도가 유리하다.
② 근거리·소량화물은 화물자동차가 경제적이다.
③ 채트반(Chatban)공식은 운송거리에 따른 화물자동차운송과 철도운송의 선택기준으로 활용된다.
④ 채트반공식은 비용요소를 이용하여 화물자동차 경쟁가능거리의 한계(분기점)를 산정한다.
⑤ 채트반공식으로 산출된 경계점 거리 이내에서는 화물자동차운송보다 철도운송이 유리하다.

해설 ⑤ 채트반공식으로 산출된 경계점 거리는 화물자동차의 경제효용거리의 분기점으로 경계점 거리 이내에서는 철도운송보다 화물자동차운송이 유리하다.

18
운수수단을 선택할 때의 고려사항으로 옳지 않은 것은? 기출 19년

① 화물의 종류 및 중량
② 운임부담력
③ 화물 운송구간의 소요시간
④ 로트 사이즈(Lot Size)
⑤ 화물 납품처의 매출 규모

해설 ⑤ 운송수단 선택 시 화물의 종류, 화물의 중량 및 용적, 화물 고유의 성질, 화물의 가치(운임부담력), 운송거리, 로트의 크기, 소요시간, 납기 등을 고려한다. 화물 납품처의 매출 규모는 운송수단을 선택할 때의 고려사항에 해당하지 않는다.

키워드 ❾ 운송수단별 비용

19
운송수단별 비용 비교에 관한 설명으로 옳지 않은 것은?

기출 22년

① 철도운송은 운송기간 중의 재고 유지로 인하여 재고유지비용이 증가할 수 있다.
② 운송수단별 운송물량에 따라 운송비용에 차이가 있어 비교우위가 다르게 나타난다.
③ 항공운송은 타 운송수단에 비해 운송 소요시간이 짧아 재고유지비용이 감소한다.
④ 해상운송은 장거리 운송의 장점을 가지고 있지만, 대량화물을 운송할 때 단위비용이 낮아져 자동차운송보다 불리하다.
⑤ 수송비와 보관비는 상관관계가 있으므로 총비용 관점에서 운송수단을 선택한다.

해설 ④ 해상운송은 장거리 운송에 적합하며, 대량화물을 운송할 때 단위비용이 낮아져 자동차운송보다 유리하다.

20
운송 효율화 측면에서 '운송수단과 비용 간의 관계'에 관한 설명으로 옳지 않은 것은? 기출 19년

① 운송수단의 선정 시 운송비용과 재고유지비용을 고려한다.
② 운송수단별 운송물량에 따라 운송비용에 차이가 있다.
③ 항공운송은 리드타임(Lead Time)이 짧기 때문에 재고유지비용이 증가한다.
④ 해상운송은 운송기간 중에 재고유지비용이 증가한다.
⑤ 속도가 느린 운송수단일수록 운송 빈도가 낮아져 보관비가 증가한다.

해설 ③ 항공운송은 리드타임이 짧아 창고시설의 투자자본, 임차료, 관리비 등의 재고유지비용이 절감된다.

키워드 ❿ 채트반(Chatban)공식

21
다음은 A기업의 화물운송 방식이다. 채트반(Chatban)공식을 이용하여 운송할 때 그 결과에 관한 설명으로 옳지 않은 것은? 기출 18년

- 자동차운송비 : 8,000원/ton · km
- 철도운송비 : 7,500원/ton · km
- 톤당 철도운송 부대비용(철도 발착비 + 배송비 + 화차 하역비 등) : 53,000원

① A기업은 80~100km 구간에서 자동차운송이 유리하다.
② A기업은 100~120km 구간에서 철도운송이 유리하다.
③ 100km 지점에서 톤당 철도운송의 부대비용이 50,000원일 때, 자동차운송비와 철도운송비가 동일하다.
④ A기업은 106km 지점에서 자동차운송비와 철도운송비가 동일하다.
⑤ A기업의 자동차운송의 경제적 효용거리는 106km이다.

해설 **채트반공식**

$$\text{자동차운송의 경제적 효용거리(km)} = \frac{D}{T-R}$$

- D : 톤당 철도운송 부대비용(철도 발착비 + 배송비 + 화차 하역비 등)
- T : 자동차운송비
- R : 철도운송비

자동차운송의 경제적 효용거리(km)
$$= \frac{53,000원}{8,000원 - 7,500원} = 106(km)$$

즉, A기업 자동차운송의 경제적 효용거리는 106km이다. 106km 이상 구간에서는 철도운송이 유리하다.

22

다음 조건에서 채트반공식을 이용한 화물자동차운송과 철도운송의 경제효용거리 분기점은? [기출 24년]

- 화물자동차운송비 : 10,000원/ton · km
- 철도운송비 : 5,000원/ton · km
- 톤당 철도운송 부대비용(철도역 상하차 비용 등) : 500,000원/ton

① 50km
② 75km
③ 100km
④ 125km
⑤ 250km

해설

경제효용거리 분기점 = $\dfrac{\text{철도운송 부대비용}}{\text{화물자동차운송비} - \text{철도운송비}}$

= $\dfrac{500{,}000원}{10{,}000원 - 5{,}000원}$ = 100(km)

키워드 ⑪ 우리나라 운송사업

23

국내 화물운송의 특징으로 옳지 않은 것은? [기출 23년]

① 공로운송은 운송거리가 단거리이기 때문에 전체 운송에서 차지하는 비중이 낮다.
② 화물운송의 출발/도착 관련 경로의 편중도가 높다.
③ 한국의 수출입 물동량 중 항만을 이용한 물동량이 가장 큰 비중을 차지하며 특정 수출입항만의 편중도가 높다.
④ 화물자동차운송사업은 영세업체가 많고 전문화, 대형화가 미흡하여 운송서비스의 질이 위협받고 있다.
⑤ 화주기업과 운송인과의 협업적 관계가 미흡하여 제3자 물류나 제4자물류로 발전하기 위한 정부의 정책적 지원 확대가 필요하다.

해설 ① 공로운송은 문전(Door-to-door) 운송과 높은 접근성 등으로 국내 화물운송에서 차지하는 비중이 가장 높다.

24

우리나라 운송사업의 실태에 관한 설명으로 옳지 않은 것은? [기출 17년]

① 공로운송업체는 영세한 소형업체가 많다.
② 철도운송에 비해 육상운송이 발달되어 있다.
③ 복합운송의 발달로 컨테이너 연안운송이 활발히 이루어지고 있다.
④ 파렛트 보급 확대로 하역(상차 및 하차 포함)의 효율화가 진전되고 있다.
⑤ 전체 물류비 중 화물운송비가 가장 높은 비중을 차지하고 있다.

해설 ③ 컨테이너 운송이 활발해짐에 따라 복합운송이 발달하였다. 컨테이너화에 의한 화물의 복합운송은 연안운송보다는 해상운송뿐만 아니라 육상운송과 항공운송에서 일관수송으로 활발히 이루어지고 있다.

25

화물자동차 운송가맹사업의 허가기준에 관한 설명으로 옳지 않은 것은? 기출 23년

① 허가기준대수 : 400대 이상(운송가맹점이 소유하는 화물자동차 대수를 포함하되, 8개 이상의 시·도에 50대 이상 분포되어야 한다)
② 화물자동차의 종류 : 일반형·덤프형·밴형 및 특수용도형 화물자동차 등 화물자동차운수사업법 시행규칙 제3조에 따른 화물자동차(화물자동차를 직접 소유하는 경우만 해당한다)
③ 사무실 및 영업소 : 영업에 필요한 면적
④ 최저보유차고 면적 : 화물자동차 1대당 그 화물자동차의 길이와 너비를 곱한 면적(화물자동차를 직접 소유하는 경우만 해당한다)
⑤ 그 밖의 운송시설 : 화물정보망을 갖출 것

해설 ① 허가기준대수 : 50대 이상(운송가맹점이 소유하는 화물자동차 대수를 포함하되, 8개 이상의 시·도에 각각 5대 이상 분포되어야 한다)(화물자동차운수사업법 시행규칙[별표5])

키워드 ⑫ 운송시장의 환경변화

26

다음은 최근 운송산업의 변화에 관한 설명이다. ( )의 내용으로 옳은 것은? 기출 23년

- 철도운송은 철도르네상스를 통하여 시간적 제약을 극복하면서 도심으로의 접근성에 대한 우수한 경쟁력으로 (ㄱ)운송의 대체수단으로 떠오르고 있다.
- 운송수단의 대형화, 신속화 추세에 따라 (ㄴ) 간의 경쟁이 심화되면서 (ㄴ)의 수는 줄어들고 그 기능이 복합화되어 가는 새로운 지역경제협력시대를 열고 있다.
- 기후변화와 관련된 운송수단의 (ㄷ) 기술혁신은 조선업의 새로운 부흥시대를 열고 있다.
- 미국과 중국 간의 정치적 갈등은 글로벌공급망의 재편과 관련하여 최저생산비보다 (ㄹ) 공급망을 중시하는 방향으로 협업적 관계를 강조하고 있다.

① ㄱ : 해상, ㄴ : 경로, ㄷ : 친환경, ㄹ : 효율적인
② ㄱ : 해상, ㄴ : 운송방식, ㄷ : 인공지능, ㄹ : 안정적인
③ ㄱ : 항공, ㄴ : 경로, ㄷ : 인공지능, ㄹ : 효율적인
④ ㄱ : 항공, ㄴ : 거점, ㄷ : 친환경, ㄹ : 안정적인
⑤ ㄱ : 공로, ㄴ : 거점, ㄷ : 인공지능, ㄹ : 효율적인

해설 최근 운송산업의 변화
- 철도운송은 철도르네상스를 통하여 시간적 제약을 극복하면서 도심으로의 접근성에 대한 우수한 경쟁력으로 항공운송의 대체수단으로 떠오르고 있다.
- 운송수단의 대형화, 신속화 추세에 따라 거점 간의 경쟁의 심화로 거점의 수는 줄어들었다.
- 기후변화에 대응하기 위한 친환경 기술혁신이 이루어지고 있다.
- 정치적 갈등으로 글로벌 공급망은 안정적인 공급망을 중시하는 방향으로 재편되었다.

27
운송시장의 환경변화 요인으로 옳지 않은 것은? 기출 15년

① 정보화 사회의 진전
② 운송화물의 다품종 대량화
③ 운송시장의 국제화
④ 아웃소싱 시장의 확대
⑤ 보안관련 규제 강화

해설 ② 생산 방식이 소품종·대량생산에서 다품종·소량생산체제로 전환되면서 운송화물이 다품종·소량화되고 있다.

28
운송시장의 환경변화에 해당하지 않는 것은? 기출 17년

① 화주의 요구가 고도화·다양화되고 있다.
② 보안 및 환경관련 규제가 완화되고 있다.
③ 운송화물이 다품종·소량화되고 있다.
④ 운송시장의 경쟁이 심화되고 있다.
⑤ 전자상거래가 증가하고 있다.

해설 ② 최근 운송시장은 물류보안 및 환경 관련 규제가 강화되고 있다.

29
국내 화물운송의 합리화 방안에 관한 설명으로 옳지 않은 것은? 기출 23년

① 과학적 관리에 입각한 계획수송체계의 강화
② 운송수단의 대형화, 신속화, 표준화
③ 적재율 감소를 통한 물류합리화
④ 공동수·배송 체계의 활성화
⑤ 운송업체의 대형화, 전문화

해설 ③ 적재율을 향상하는 것이 화물운송의 합리화 방안에 해당한다.

30
물류활동 및 운송합리화를 위한 3S1L의 기본원칙으로 옳지 않은 것은? 기출 23년

① 저비용
② 대체성
③ 안전성
④ 정확성
⑤ 신속성

해설 3S1L 원칙은 신속성(Speed), 정확성(Surety), 안전성(Safety), 저비용(Low cost)이다.

25 ① 26 ④ 27 ② 28 ② 29 ③ 30 ②

CHAPTER 02 시험에 꼭 나오는 필수문제

01 특장차에 관한 내용으로 옳지 않은 것은? `기출 24년`

① 합리화특장차는 적재 및 하역작업의 합리화를 위해 특수기기를 장착한다.
② 액체운송차는 콘크리트를 섞으면서 건설현장 등으로 운송하는 차량이다.
③ 전용특장차는 자체의 동력을 이용하여, 장착된 기계장치를 직접 가동시켜 화물 하역 및 운반할 수 있다.
④ 분립체운송차는 시멘트, 곡물 등 분립체를 자루에 담지 않고 운반하기 위해 설계되어 있다.
⑤ 덤프트럭은 적재함 높이를 경사지게 하여 적재물을 하역한다.

[해설] ② 믹서트럭에 관한 설명이다. 액체운송차는 석유류 등 각종 액체 상태의 다양한 화물을 운송할 수 있도록 탱크 형식의 적재함을 장착한 차량이다.

기출문제 엿보기

- ☑ 화물자동차의 구조에 의한 분류에서 전용특장차에 해당하는 차량을 모두 고른 것은? `25년`
- ☑ 화물자동차의 구조에 의한 분류상 전용특장차로 옳은 것을 모두 고른 것은? `22년`
- ☑ 전용특장차에 관한 설명으로 옳지 않은 것은? `20년`
- ☑ 특장차에 관한 설명으로 옳지 않은 것은? `19년`
- ☑ 화물대를 기울여 적재물을 중력으로 내리는 적재함 구조의 전용특장차는? `18년`

02 다음에서 설명하는 화물자동차 운송정보시스템은? `기출 23년`

> 출하되는 화물의 양(중량 및 부피)에 따라 적정한 크기의 차량선택과 1대의 차량에 몇 개의 배송처의 화물을 적재할 것인지를 계산해 내고, 화물의 형상 및 중량에 따라 적재함의 어떤 부분에 화물을 적재해야 가장 효율적인 적재가 될 것인지를 시뮬레이션을 통하여 알려주는 시스템

① WMS(Warehouse Management System)
② Routing System
③ Tracking System
④ VMS(Vanning Management System)
⑤ CVO(Commercial Vehicle Operating system)

[해설] ① WMS(창고관리시스템): 제품이 입고되어 적재되는 것으로부터 선택되어 출하되는 모든 작업과정과 그 과정상에서 발생되는 물류데이터를 자동적으로 처리하는 시스템이다.
② Routing System(경로배정 시스템): 화물자동차의 최종 배송지에 대한 최적의 운송경로를 설정하는 운송경로 시스템이다.
③ Tracking System(트래킹 시스템): 전자상거래를 통해 주문한 상품의 주문·배송추적 시스템이다.
⑤ CVO(상용차량 운행관리시스템/화물정보망): 화주의 화물운송정보와 차주의 공차정보를 위성위치정보(GPS)·휴대폰 등 통신망을 이용하여 연결하는 서비스(정보플랫폼)이다.

기출문제 엿보기

- ☑ 화물자동차운송정보시스템에 관한 설명으로 옳지 않은 것은? `17년`
- ☑ 운송시스템의 합리화를 위하여 검토해야 할 사항으로 옳지 않은 것은? `17년`
- ☑ 효율적인 화물자동차 운송시스템 설계를 위한 기본 요건에 관한 설명으로 옳지 않은 것은? `16년`

(3) MLB(Mini Land Bridge) 기출▶ 21년/ 18년/ 17년/ 12년

① 1972년, Seatrain이 찰스톤을 경유해 유럽에서 캘리포니아로의 MLB 수송을 개시하였고, 이 수송의 귀항로를 이용해서 극동에서 미국 동쪽 해안으로 화물을 운반한 것이 미국과 극동 간의 복합운수송의 발단이 되었음
② 극동아시아에서 미국의 서부연안까지 해상운송이 이루어지고 미국 서해안에서 철도에 환적된 다음 미국 대서양 연안 및 걸프지역 항만까지 운송하는 복합운송 서비스
③ 수송시스템을 실현하기 위해서 Seatrain사는 2개의 철도회사와 낮은 운임계약을 맺고 MLB수송을 시작
④ 1984년 미 해운법의 발효와 컨테이너선의 선복과잉에 의한 선사 간의 과당경쟁, 부가가치 운송서비스의 요구에 대해 정기선사가 국제종합물류관리를 목표로 하여 미국 내륙까지의 일관수송체제의 구축에 힘을 기울였고, 선사의 정요일 서비스*에 부합되는 유닛열차서비스(Unit Train Service)*의 확립과 경제효율이 높은 이단적재열차(DST : Double Stack Train)의 개발은 선사에 의한 복합운송을 더욱 촉진시켰음

*정요일서비스 : 매주 고정요일에 선박을 배선하는 서비스
*유닛열차서비스(Unit Train Service) : 한 종류의 화물을 운송하는 열차서비스

(4) IPI(Interior Point Intermodal) 기출▶ 22년/ 20년/ 19년/ 17년

① 미국 내륙으로부터 최소 2개의 운송수단을 이용한 일관된 복합운송서비스[MLB(Mini Land Bridge)는 Port to Port*운송]로, Micro Land Bridge라고도 함

*Port to Port : 선적항과 도착항까지 항구 간

② 극동지역의 항만에서 북미의 서해안 항만까지 해상운송한 후, 북미 대륙의 횡단철도를 이용하여 화물 인도
③ MLB(Mini Land Bridge)가 미 동안(東岸)으로의 해상운송서비스로 한정된 반면, IPI는 내륙 지점까지를 목적지로 하는 복합일관운송
④ IPI는 선사 자신이 내륙까지의 B/L을 발급하고 철도에서 트럭으로의 연결, 최종목적지로의 인도까지 모두 선사가 수배
⑤ 최근에는 화주 문전(Door)까지 운송을 수배하는 Store Delivery Service도 수행

(5) RIPI(Reverse Interior Point Intermodal) 기출▶ 15년

극동 아시아 출항, 파나마 운하 경유, 미국 동안(東岸) 또는 걸프 지역의 항까지 해상운송한 후 그곳에서 미국 내륙지역(중계지 경유 포함)까지 철도나 트럭으로 복합운송하는 방식

출발지	수송수단	중계지	수송수단	중계지	수송수단	목적지
극동 주요 항	배 (해상)	뉴욕 노보크 찰스톤 뉴올리언즈	철도 → 트럭	미국 내륙도시트럭 터미널	트럭	• 철도역 인도 → 수화주 • 트럭터미널 인도 → 수화주

(6) CLB(Canadian Land Bridge) 기출▶ 18년/ 17년

① 1979년 일본의 포워더가 개발한 루트로 극동에서 캐나다를 거쳐 유럽으로 운송하는 경로
② ALB가 선사 주도인 반면 CLB는 포워더 주도형의 서비스
③ SLB, ALB와 같이 구주운임동맹의 관할권 외에 있고 태평양, 대서양항로의 해상운임에 대해서도 동맹운임(Tariff)의 적용 외에 있기 때문에 한때는 상당수의 구주운임동맹의 계약화주도 이용했지만, 세계적인 선복과잉과 맹외선사(Outsides)의 급격한 진출로 해상운임이 하락한 데 반해, CLB는 수차례의 환적*에 의한 운송비 상승으로 최근 이용률 하락

*환적 : 해상운송에서 운송중 화물을 다른 운송수단에 옮겨 싣는 것

③ 복합운송증권(FIATA FBL)의 약관 중 패러마운트(Paramount Clause) 약관 기출▶ 17년
  ⊙ 본 약관은 본 FBL이 증명하는 운송계약에 적용되는 국제조약 또는 국내법에 저촉되지 않는 범위 내에서만 효력을 가짐
  ⊙ 1924년 제정된 헤이그규칙 또는 1968년 제정된 헤이그-비스비규칙이 선적국에서 법제화되어 이미 발효 중인 나라에서는 헤이그-비스비규칙이 모든 해상 물품운송과 내수로 물품운송에도 적용되고, 또 그러한 규정은 갑판적이든, 창내적이든 불문하고 모든 물품운송에 적용됨
  ⊙ 미국 해상물건운송법(US COGSA)이 복합운송증권에 강행적으로 적용되는 경우 갑판적 또는 선창적을 불문하고 해상물건운송에 적용되며, 그 외의 경우에는 복합운송증권상의 기재에 따라 갑판위에 운송되는 물건을 제외하고 적용됨

④ 복합운송증권(FIATA FBL)의 약관 중 Method and Route of Transportation 기출▶ 24년
  ⊙ 포워더는 화주에게 고지하지 않고 화물을 갑판적 또는 선창적할 수 있음
  ⊙ 화물의 취급, 적부, 보관 및 운송에 따른 수단, 경로 및 절차를 자유로이 선택 또는 대체할 수 있는 재량권(liberty)을 가짐

4. 국제복합운송의 형태

(1) 랜드 브릿지(Land Bridge) 기출▶ 12년

① 해륙복합운송의 실현으로 해상-육상-해상으로 이어지는 운송구간 중 중간구간인 육로운송구간을 의미
② 해상운송을 주체로 하여 대륙 횡단 철도나 도로를 가교(Bridge)로 이용하는 복합운송 형태
③ 운송비용 절감과 전체 소요시간 감소를 위한 것임
④ 비용절감 가능성은 해상운송업자들이 내륙운송망에 접근하기 쉬운 소수의 항만에 화물량을 집중하게 함
⑤ 랜드 브릿지로 모든 여정이 단일운송수단의 통제와 책임하에 놓이게 됐으며, 전체 운송과정을 선사 또는 비선박운항업자(NVOCC)가 발행하는 단일 선하증권으로 커버할 수 있음

(2) ALB(American Land Bridge) 기출▶ 18년/ 17년/ 15년/ 14년

① 1972년 Sea Train사가 개발한 경로
② 운송경로 : 극동 → 미국 → 유럽
  극동에서 선적한 화물을 미국 태평양 연안의 오클랜드나 로스앤젤레스 등의 항구(서부지역)로 해상운송한 후, 미국 동부의 대서양 연안이나 멕시코 만의 항구까지 철도로 운송하여 이곳에서 다른 선박에 환적하여 유럽의 앤트워프, 함부르크, 로테르담, 브레멘 등 각 항구까지 해상운송하는 경로
③ 1978년 Sea-Land, 1980년 APL, 1982년 Lykes Lines가 참가, 특히 Sea-Land와 APL은 미국 내에서의 이단적재컨테이너전용열차(DST : Double Stack Train)에 의한 Intermodal System을 완비하여 서비스 수행

출발지	수송수단	중계지	수송수단	중계지	수송수단	목적지	소요일수
극동 주요 항	배 (해상)	오클랜드	철도	찰스톤	배 (해상)	앤트워프, 함부르크, 로테르담, 브레멘 등	27~32일
		로스앤젤레스	철도	뉴올리언스	배 (해상)	로테르담	

④ 복합운송증권과 통선하증권의 비교

구분	복합운송증권	통선하증권
운송수단의 조합	이종운송수단과의 조합만 가능	동종수단과 이종운송수단과의 조합
운송계약 형태	복합운송계약(하청형태)	형태불문, 최종목적지까지 일관운송만으로 가능
운송인의 책임형태	전 구간 단일책임	각 운송인 분할책임
1차운송인과 2차운송인의 관계	• 1차 운송인 : 원청운송인 • 2차 운송인 : 하청운송인	2차 운송인에 대한 1차 운송인의 지위는 화주의 단순한 운송대리인에 불과
증권의 발행인	발행인의 특별한 제한이 없어 운송주선업자도 가능 (FIATA B/L에 한함)	선박회사와 그 대리인
증권의 형식	B/L 이외 형식도 존재	B/L 형식
On Board Notation	Taking in Charge* 증명 *Taking in Charge : 수탁, 수취	선적선하증권(Shipped B/L)으로서 특정 선박에의 적재 증명

(4) 복합운송서류

① CTD : Combined Transport Document
  ㉠ ICC에서 1975년에 제정한 '복합운송증권에 관한 통일규칙(Uniform Rules for A Combined Transport Document)'에서 규정하는 복합운송증권
  ㉡ 모든 복합운송구간을 포괄하기 때문에 각 운송구간에 대한 별도의 운송서류가 필요 없으며, 유통가능한(Negotiable) 형태와 유통불가능한(Non-Negotiable) 형태로 발행

② MTD : Multimodal Transport Document
  ㉠ 'UN 국제복합운송조약'에 준거한 복합운송증권으로 그 조약이 아직 발효되지 못하여 실제 사용된 경우 없음
  ㉡ 조약의 법체계가 화주 중심이기 때문에 MTD는 복합운송인에 대하여 엄격한 책임원칙을 정한 것이 특징

(5) FIATA(국제운송주선인협회 연맹)

① FIATA 운송주선인 화물운송증권과 FIATA 운송주선인 화물수령증은 비유통성 서류로 신용장에 별도의 허용이 있어야만 수리 가능

② 복합운송증권(FIATA FBL*)의 운임 및 요금(Freight and Charge) 약관의 중요 내용 기출▶ 13년
  *FBL : 운송주선인발행선하증권
  ㉠ 선불 또는 후불에 관계없이 클레임, 역클레임, 상계를 이유로 운임이 할인되거나 그 지급이 연기됨이 없이 운임은 현금으로 지급해야 함
  ㉡ 운임 및 기타 FBL에 기재된 모든 요금은 본 FBL에 지정된 통화 또는 포워더의 선택에 따라 발송지 또는 목적지 국가의 통화로 지급해야 함
  ㉢ 선불운임에 대해서는 발송일의 발송지 또는 목적지의 은행 일람불당좌어음에 적용되는 가장 높은 환율이 적용됨
  ㉣ 후불운임에 대해서는 화주의 화물도착통지 접수일과 화물인도지시서 회수일의 환율 중 더 높은 환율을 적용하거나, 포워더의 선택에 따라 본 FBL 발행일의 환율이 적용됨
  ㉤ 불가항력 또는 기타 사유로 인하여 이로(Deviation), 지연 또는 추가 비용이 발생한 경우 포워더가 하주에게 추가 운임을 청구할 수 있음
  ㉥ 불법행위에 대한 적용 : 계약이행과 관련하여 운송주선인을 상대로 한 불법행위를 포함한 모든 손해배상청구에 적용 기출▶ 24년

3. 복합운송증권(복합운송장)

(1) 복합운송증권(CTD : Combined Transport Document)의 의의 기출▶ 18년/ 14년

① 복합운송에 의하여 물품이 인수된 사실과 계약상의 조항에 따라 물품을 인도할 것을 약속한 복합운송계약을 증명하는 증권을 말함
② 운송물품 인수에 의해 발행되는 서류로, 현재 복합운송증권은 선하증권 형식으로 발행
③ 제5차 개정 신용장통일규칙에서는 신용장에 별도의 명시가 없는 한 은행은 복합운송서류 수리를 명시함으로써 복합운송증권을 중요한 운송서류에 포함함
④ 복합운송증권 중에서 국제운송주선인협회연맹 복합운송선하증권은 복합운송선하증권양식을 이용하며, 유통성을 지닌 유가증권으로 은행이 수리
⑤ **복합운송증권의 법적 성질** 기출▶ 25년
　㉠ 상환증권 : 증권과 상환으로 물품의 인도를 청구할 수 있음
　㉡ 요식증권 : 법률에 의해 일정한 화물 및 운송에 대한 기재사항이 요구되는 증권임
　㉢ 지시증권 : 증권이 지시식으로 발행된 경우 배서에 의해 양도 가능
　㉣ 요인증권 : 선적 화물의 수령을 전제로 증권 발행
　㉤ 문언증권 : 증권에 기재가 없는 사항에 대해서 책임을 부담하지 않음
⑥ **복합운송증권의 발행** 기출▶ 25년
　㉠ 유통성으로 발행된 경우에는 배서·교부함으로써 양도가 가능함
　㉡ 본선 적재 전에 화물을 수취·인수한 상태에서 발행됨
　㉢ 비유통성으로 발행된 경우에는 지명된 수화인을 증권에 기재하여야 함
　㉣ UCP 600에 의하면, 은행은 상품의 발송, 수취 또는 선적이 명시되어 있고 복합운송인 또는 그 대리인이 발행한 운송서류를 수리할 수 있음
　㉤ FIATA B/L이 널리 사용되고 있고 유통식과 비유통식 중에서 선택할 수 있음

(2) 복합운송증권의 특징 기출▶ 21년/ 19년/ 15년

① 도로·철도·내수로·해상 또는 항공운송이 결합된 복합운송이 상이한 운송인에 의하여 이루어지더라도 복합운송증권은 전 운송구간을 커버하는 서류
② 본선적재 전 복합운송인이 수탁 또는 수취한 상태에서 발행되는 서류
③ 운송인뿐만 아니라 운송주선인(Freight Forwarder)에 의해서도 발행됨
④ 복합운송증권은 화주에게 통운송(Through Transport)의 전체적인 책임을 지고, 어느 구간에서 발생하였든 화물의 멸실이나 손상에 대해 책임을 지는 복합운송인이 발행하나, 통선하증권(Through Bill of Lading)은 해상운송인이 발행

(3) 선하증권 형식의 복합운송증권 기출▶ 14년

① 복합운송증권은 'Bill of Lading(B/L)'이라는 선하증권 형식의 'Combined Transport Bill of Lading'이 주로 사용됨
② 선하증권 형식의 복합운송증권은 'Combined Transport B/L', 'Multimodal Transport B/L', 'Through B/L' 등 다양한 명칭을 사용하며, 이런 증권은 그 명칭에 복합운송을 의미하는 문언이 기재되는 것이 특징
③ Through B/L은 선적지로부터 도착지까지 하나의 운송계약에 여러 운송인이 서로 연결하여 운송하는 형태에서 발행되는 증권으로 최초 운송인이 모든 운송구간에 대하여 책임 부담

② 주요업무 기출 ▶ 21년/ 19년/ 17년

화주에 대한 전문적 조언자	• 화주의 요청에 따라 해상, 철도, 도로운송의 스케줄과 소요비용, 서비스 내역, 경제성 등을 고려하여 가장 적절한 운송로 제시 • 운송에 필요한 포장 관련사항, 각종 운송규칙을 알려주고, 운송서류를 용이하게 작성할 수 있도록 조언
화물 집화·분류·혼재 (Consolidation) 기출 ▶ 18년	운송화물이 LCL화물*일 경우 국제운송주선업자가 소량의 단위화물을 여러 화주로부터 인수받아 이를 동일한 목적지별로 분류하고 혼재하여 FCL화물*로 만들어 선박회사에 전달 *LCL화물 : 컨테이너 하나를 완전히 채우지 못한 화물 *FCL화물 : 컨테이너 하나를 만재시킨 화물
Co-Loading 기출 ▶ 20년	• 포워더 상호 간에 이루어지는 소량화물 공동집화 • 어느 한 포워더가 단독으로 소량 화물을 FCL로 집화할 수 없는 경우에 다른 포워더와 협조하여 공동으로 FCL화하는 것 • Co-Loading을 의뢰한 포워더에게서 Forwarder's B/L을 발급받는데, 이 Forwarder's B/L은 은행에서 Negotiation이 가능한 복합운송 선하증권(Combined Transport B/L)과 비슷한 기재사항을 담고 있으며, 선사가 발행하는 Master B/L의 성격을 가짐
화물 Pick-up	화물을 화주로부터 인수하여 항구에 정박하고 있는 선박에 적재를 위해 화물을 항구까지 운송하거나 공항까지 Pick-up 운송
선복예약 및 운송계약 체결	국제운송주선업자는 통상 자신의 명의로 운송계약을 체결하지 않으나 때에 따라 특정 화주의 운송계약 대리인으로 운송계약 체결 가능
운송서류 작성 및 적재업무	물품이 항구에 도착 시 선박회사나 그의 대리점으로부터 선적허가서나 부두수취증(D/R), 선하증권(B/L)을 수령하고, 수출허가서(E/L)가 필요한 경우 수출허가신청서도 작성해야 함
보험의 수배	화주를 대신해서 보험계약 체결, 이 경우 화주는 화물에 가장 적합한 보험형태, 보험금액, 보험조건 등에 대한 사전지식 없이도 보험업무를 손쉽게 이행할 수 있음
운임 및 기타 운송관련 비용 견적	국제운송주선업자는 국내외 여러 선사와 업무협정을 맺고 업무를 수행하므로, 송화인/수화인은 국제운송주선업자를 통해 운송구간의 운임 및 그 밖의 시설 이용에 따른 소요비용에 대한 견적 요구 가능
포장 및 보관	• 화물의 성질에 따라 가장 적절한 포장형태에 대해 조언 • 독자적인 포장회사를 운영하는 경우도 있음 • 운송화물 보관에 필요한 업무를 서비스함
통관 및 유통	• 화주의 요청 시 화주 대신 통관에 필요한 업무를 서비스함 • 수입화물에 대해 다수 화주 대상으로 물품의 직접 유통업무 수행
해외시장조사	수입지의 제휴 국제운송주선업자를 통하여 고객인 화주에게 해외시장정보를 제공하거나 해외 거래 알선업무 수행

ⓒ 복합운송인의 책임체계

이종책임체계 (Network Liability System) 기출▶ 22년/17년/13년/08년	• 복합운송인이 전 운송구간에 걸쳐서 책임을 지지만 그 책임은 운송구간 고유의 원칙에 따르는 것을 의미	
	해상운송 구간	헤이그규칙 또는 헤이그-비스비규칙
	항공운송 구간	바르샤바조약
	도로운송 구간	국제도로물품운송조약(CMR) 또는 각국의 일반화물자동차 운송약관
	철도운송 구간	국제철도물품운송조약(CIM)
	• 손해발생 구간이 확인되지 않으면 운송구간이 가장 긴 해상운송구간에서 발생한 것으로 간주, 헤이그규칙 또는 헤이그-비스비규칙 등 별도로 정해진 기본책임 적용	
단일책임체계 (Uniform Liability System) 기출▶ 17년	• 복합운송인이 전 운송구간에 걸쳐 전적으로 동일 내용의 책임을 부담하는 책임체계 • 운송품의 손해가 복합운송인이 화물을 인수한 운송구간에서 발생한 경우 운송구간과 운송수단을 불문하고 동일한 운송 원칙에 따라 책임 부담	
변형 통합책임체계 (Modified Uniform Liability System)	• 단일책임체계와 이종책임체계의 절충방식 • UN 국제물품복합운송협약에서는 손해발생 구간의 확인여부에 관계없이 동일한 책임원칙을 적용하지만, 손해발생구간 책임한도액이 UN 협약의 책임한도액보다 높을 경우는 높은 한도액 적용	

➕ 더알아보기 UNCTAD/ICC 복합운송증권통일규칙(1992) 기출▶ 25년

- 복합운송인 책임체계 : 변형단일책임체계
- 책임한도
  - 1포장당 666.67SDR 또는 1kg당 2SDR 중에서 높은 금액 적용
  - 해상구간이 없는 경우, 1kg당 8.33SDR 적용

(2) 프레이트 포워더(Freight Forwarder, 복합운송주선인/국제물류주선업자)

① 의의

정의	• 복합운송체계의 전문적 운송지식과 노하우로 화주의 운송업무 대행 • 국제간 교역화물을 송화인의 생산공장에서 수화인의 창고까지 여러 단계의 운송과정과 제반절차를 신속하고 원활하게 접속하여 일관운송서비스를 제공
역할	• 국제운송에서 화주를 위하여 운송인과의 운송계약 체결을 주선·대리·중개 • 운송서류 작성·조달, 화물의 통관·보관·포장·인도 등 운송에 부가된 각종 업무 처리 • 각종 운송수단을 결합하여 자기의 명의로 문전에서 문전까지(Door to Door)의 일관운송을 직접 인수하여 스스로 운송인의 역할 수행
기능 기출▶ 18년	• 운송에 대한 전문적인 조언　　　　　• 운송수단의 수배 • 본선과 화물의 인수 또는 인도　　　　• 통관업무의 수행 • 포장 및 창고보관 업무　　　　　　　• 보험수배 • 소량화물의 혼재(Consolidation) 및 분배　• 복합운송 • **운송관계서류 작성** : 선하증권, 선복예약서(S/R), 선적허가서, 부두수령증(D/R), 수출입허가서

2. 복합운송인과 복합운송주선인

(1) 복합운송인

① 복합운송인의 개념 기출▶ 25년

㉠ 이종 및 동종 수송수단을 조합하여 수송하는 운송인

㉡ 명칭

> - TCM조약 : CTO(Combined Transport Operator)
> - 유엔조약 : MTO(Multimodal Transport Operator)
> - 미국 : ITO(Intermodal Transport Operator)

㉢ 송화인에 대하여는 운송계약의 당사자
- 복합운송인은 송화인과 복합운송계약을 체결하고 송화인에 대하여 계약주체가 됨
- 전 운송구간에 대하여 책임을 지는 자
- 개별운송구간에 대하여는 실제운송인(Actual Carrier)과 하청계약 체결 가능

㉣ 복합운송인은 반드시 운송수단을 보유할 필요는 없음

㉤ 복합운송인은 LCL화물을 집화·분류·혼재한 후 House B/L을 발행함

② 복합운송인의 유형 기출▶ 23년/ 22년/ 18년/ 15년/ 12년

실제운송인형 (캐리어)		· UNCTAD/ICC 복합운송증권규칙 제2조·제3조에서는 실제운송인을 '복합운송인과 동일인 여부와 상관없이 실제로 운송의 전부 또는 일부를 이행하거나 또는 그 이행을 인수하는 자'로 규정 · 직접 운송수단을 보유하고 있는 선박회사, 항공회사, 철도회사 등
계약운송인형 (포워더)		· 운송수단(예 선박, 항공기, 화차, 트럭 등)을 보유하지 않으면서도 실제 운송인처럼 운송 주체자로서의 기능과 책임 등을 수행하는 복합운송인(통관업자도 해당함)
	프레이트 포워더형	· 법적 실체화 : 1963년 미국 FMC General Order · International Freight Forwarder, Ocean Freight Forwarder, Aircargo Freight Forwarder 등이 있음 · 복합운송주선인이 여기에 해당함
	무선박운송인형 [NVOCC (Non-Vessel Operating Common Carrier)]	· 계약운송인형 복합운송인을 법적으로 실체화한 개념 · 1984년 해운법 제3조 제17항 : NVOCC란 해상운송에 있어서 자기 스스로 선박을 직접 운항하지 않으면서 해상운송에 대해서는 화주의 입장이 되는 것이라 규정 · 화주에게는 운송인의 입장이 됨 · 자체 Tariff(자체 운임률표)를 가질 수 있음 · 자기 명의로 B/L(선하증권)을 발행할 수 있음

③ 복합운송인의 책임

㉠ 복합운송인의 책임원칙 기출▶ 23년/ 20년

과실책임 (liability for negligence) 원칙	선량한 관리자로서 복합운송인의 적절한 주의의무를 다하지 못한 경우 화물에 발생한 손해에 대해서만 책임을 지는 것
무과실책임 (liability without negligence) 원칙	· 운송인의 과실 여부를 불문하고 배상책임을 지는 원칙 · 불가항력, 화물고유의 성질, 통상의 소모 또는 누손 등으로 인한 손해에 대해서는 면책 인정
엄격책임 (strict liability) 원칙	· 불가항력 등의 면책을 인정하지 않음 · 화물 손해에 대한 절대적 책임을 지는 것

ⓒ 물품을 어느 한 국가의 지점에서 수탁하여 다른 국가의 인도지점까지 최소 두 가지 이상의 운송방식에 의하여 이루어지는 운송

③ 복합운송의 특징 기출▶ 25년

㉠ 컨테이너를 이용하여 '문전 인수로부터 문전 인도까지(Door to Door)'의 일관 운송 가능
㉡ 복합운송과 통운송은 복수의 운송수단이 개입된다는 점에서 같으나 이질적 운송수단이 동원된다는 점이 다름
㉢ 복합운송의 기본 요건으로 단일 운송책임, 단일 운송계약, 단일 운임, 이종의 복수 운송수단, 복합운송증권 발행 등이 있음
㉣ 북미 및 시베리아 횡단철도와 해상운송을 연계하는 복합운송경로의 개척에 힘입어 해륙복합운송이 발달하였음
㉤ 컨테이너 복합운송은 재래식 운송방식에 비해 하역비, 포장비, 보관비 등에서 경제적 효과가 있음
㉥ 화물 트럭이나 트레일러를 철도 화차에 적재, 운송하는 방식을 Piggy-Back 방식이라고 함
㉦ 복합운송과 부분운송 또는 구간별 운송 비교

복합운송	부분운송 또는 구간별 운송
하나의 계약에 의해 운송의 시작으로부터 종료에 이르기까지 전 과정에 걸쳐 운송물이 적어도 두 가지 이상의 서로 다른 운송수단에 의해 운송되는 것	특정 화물의 운송을 위해 여러 운송수단이 이용될 때, 수 개의 운송계약 체결과 운송증권이 발행된 경우

④ 해공(Sea & Air) 복합운송 서비스의 장점 기출▶ 24년

㉠ 화주는 해상운송 기간을 단축하여 경쟁력을 높일 수 있음
㉡ 전(全)구간 해상운송보다 수송기간이 짧고, 전(全)구간 항공운송보다 운임이 저렴함
㉢ 해상운송에 비해 수송기간이 짧아 재고비용이 절감되며 자본비용도 낮출 수 있음
㉣ 생산일정과 수입상의 창고 및 시장 상황에 맞춰 적시(JIT)납품을 결정할 수 있게 되어 기업의 물류관리 측면에서 융통성이 많아지게 됨

(2) 복합운송의 요건 기출▶ 21년/ 20년/ 15년

하나의 운송계약	• 운송에 대한 전 책임이 복합운송인에게 집중되기 때문에 송화인은 복합운송인을 상대로 계약 체결 • 복합운송인이 운송의무를 이행하기 위하여 각 구간운송인과 체결하는 하청운송계약은 복합운송계약과는 무관하기 때문에 송화인과 무관
하나의 책임주체	운송(전체운송 또는 부분운송 등)의 이행 여부와 관계없이 복합운송인이 전체운송에 대한 책임을 짐
단일의 운임	운송 대가로 구간별 분할운임이 아닌 전 운송구간에 대한 단일운임[일괄운임(through rate)은 국제복합운송의 기본요건]
운송수단의 다양성	• 서로 다른 여러 운송수단에 의해 이행되어야 함 • 운송수단이 각각 다른 법적인 규제를 받아야 함(예 우리 상법의 경우 도로, 철도, 내수로 운송에 모두 육상운송법이 적용될 경우는 복합운송×). • 다양한 운송수단의 이용이 반드시 계약상 명시되어야 하는 것은 아니고, 운송의 제반 여건상 여러 운송수단이 이용되면 복합운송에 해당
복합운송증권의 발행	복합운송계약 성립요건으로 대부분 학자는 복합운송인 운송의무의 증권화 견해를 취하며, 유통성이 있는 증권 발행을 해야 한다고 봄

CHAPTER 05 국제복합운송 및 물류보안

> **핵심 포인트**
> - ☑ 복합운송의 개념, 복합운송의 요건, 복합운송인의 유형, 복합운송의 결합형태
> - ☑ 복합운송인의 책임체계, 복합운송증권의 특징 및 형태, 복합운송에 관한 국제규칙
> - ☑ 프레이트 포워더의 주요업무 및 기능, 국제복합운송경로의 유형별 특징
> - ☑ 국제물류보안

CORE 01 국제복합운송

1. 국제복합운송의 개요

(1) 복합운송(Multimodal Transport)의 의의 기출▶ 21년/ 16년/ 15년/ 12년

① 국제운송의 형태 기출▶ 20년

도로운송	• 세계적으로 가장 널리 이용되는 운송 형태 • 근거리 운송에 있어서 다른 운송수단에 비해 비교우위를 가짐 • 취급품목 다양 • 운송의 탄력성과 완결성이 가장 높음
철도운송	• 철로와 화차를 이용한 운송 • 화물의 중량이 무겁거나 중장거리 운송일 경우 가장 적합한 수단 • 비교적 비용 저렴
항공운송	일정한 항공로와 항공기를 이용하여 운송의 신속성과 안전성을 최대의 장점으로 하는 고가의 운송수단
해상운송	• 해로 및 내수면로 위를 운항할 수 있는 선박 이용 • 다른 운송수단에 비해 이용상 많은 제약이 있으나 컨테이너의 발달로 대량화물의 장거리 운송이 가능해지면서 높은 운송 효율성으로 가장 널리 이용
파이프라인운송	• 천연가스, 원유 등 에너지 자원의 수송에 이용 • 구축을 위해서는 대규모 자본투자가 필요 • 구축되면 이를 운영하기 위한 변동비용은 크지 않고, 인적 노동력이 거의 필요하지 않은 운송

② 복합운송의 개념
  ㉠ 복합운송이라는 용어는 1929년 바르샤바 조약에서 출발, 1956년 4월 해륙복합운송용 컨테이너가 개발되면서 실질적인 개념으로 발전
  ㉡ 복합운송 전에는 통운송(Through Transport)이나 승계운송(Successive Transport)의 개념으로 이해되고, 운송계약이 체결되었음

03 다음에서 설명하는 복합운송경로는? 기출 23년

> 극동에서 선적된 화물을 파나마 운하를 경유하여 북미 동안 또는 US걸프만 항구까지 해상운송을 한 후 내륙지역까지 철도나 트럭으로 운송하는 복합운송방식

① Micro Land Bridge
② Overland Common Point
③ Mini Land Bridge
④ Canada Land Bridge
⑤ Reverse Interior Point Intermodal

해설 ⑤ Reverse Interior Point Intermodal은 극동 아시아 출항, 파나마 운하 경유, 미국 동안(東岸) 또는 걸프 지역의 항까지 해상운송한 후 그곳에서 미국 내륙지역(중계지 경유 포함)까지 철도나 트럭으로 복합운송하는 방식을 의미한다.

기출문제 엿보기
- ☑ 다음에서 설명하는 복합운송경로는? 25년
- ☑ 해륙복합운송 경로에 관한 설명으로 옳지 않은 것은? 22년
- ☑ 다음 설명에 해당하는 복합운송경로는? 21·20·19년
- ☑ 한국, 일본 등 극동지역에서 파나마운하를 통과하여 미국 동부지역으로 해상운송한 후 미국 내륙지점까지 운송하는 복합운송방식은? 18년
- ☑ TSR(Trans Siberian Railway)에 관한 설명으로 옳지 않은 것은? 18년
- ☑ 다음 그림에 제시된 복합운송경로는? 17년
- ☑ 국제복합운송시스템의 유형과 경로에 관한 설명으로 옳은 것은? 16년

04 다음 설명에 해당하는 국제물류 보안제도는? 기출 24년

> 해상뿐만 아니라 항공, 철도, 트럭 등의 운송수단을 통해 미국으로 수입되는 화물에 대한 정보를 미국 관세청(세관)에 제출하게 하는 규정으로, 이 규정을 통하여 항공, 철도, 트럭운송을 통한 화물에 대한 사전정보도 확보할 수 있게 되었다.

① CSI
② 24-Hour Rule
③ Trade Act of 2002 Final Rule
④ ISPS Code
⑤ C-TPAT

해설 ① CSI : 미국 세관 직원이 수출국 항구에 파견되어 수출국 세관 직원과 합동으로 미국으로 향하는 컨테이너 화물 중 위험요소가 큰 컨테이너 화물을 선별하여 선적 전에 미리 화물 검사를 시행하게 하는 컨테이너 보안 협정이다.
② 24-Hour Rule : 미국으로 수출하는 적하목록을 적재 24시간 전에 미국 관세청에 신고하도록 한 규정이다.
④ ISPS Code : 선박과 항만시설에 대한 국제보안 코드로서 주요 내용으로는 선박 보안, 회사의 의무, 당사국 정부의 책임, 항만 시설 보안, 선박의 심사 및 증서 발급에 관한 사항 등이 있다.
⑤ C-TPAT(Customs-Trade Partnership Against Terrorism) : 2002년 미국 세관이 도입한 민관 협력 프로그램으로 수입업자와 선사, 운송회사, 관세사 등 공급사슬의 당사자들이 적용대상이며 프로그램에 참여하여 인증을 받은 업체에는 세관검사 축소 등 통관상의 혜택이 주어진다.

기출문제 엿보기
- ☑ 국제물류 보안에 관한 설명으로 옳지 않은 것은? 25년
- ☑ 다음 설명에 해당하는 국제물류 보안제도는? 23년
- ☑ 다음에서 설명하는 물류보안제도는? 22·21년
- ☑ 다음에서 설명하는 물류보안 관련 용어는? 20년

01 ④ 02 ⑤ 03 ⑤ 04 ③

CHAPTER 05 시험에 꼭 나오는 필수문제

01 국제복합운송에 관한 설명으로 옳지 않은 것은? 기출 23년

① 컨테이너의 등장으로 인해 비약적으로 발전하였다.
② 단일 운송계약과 단일 책임주체라는 특징을 가지고 있다.
③ 두 가지 이상의 상이한 운송수단이 결합하여 운송되는 것을 말한다.
④ UN국제복합운송조약은 복합운송증권의 발행 여부를 송화인의 선택에 따르도록 하고 있다.
⑤ 복합운송증권의 발행방식은 유통식과 비유통식 중에서 선택할 수 있다.

> **해설** ④ UN국제복합운송조약에 따르면 복합운송인이 화물을 자기의 보관으로 인수한 때에는 송화인의 선택에 따라서 유통성 증권 형태 혹은 비유통성 증권 형태의 복합운송증권을 발행하여야 한다.

기출문제 엿보기
- ☑ 국제복합운송에 관한 설명으로 옳지 않은 것은? 25년
- ☑ 국제복합운송에 관한 설명으로 옳지 않은 것은? 22·20·18·15년
- ☑ 국제복합운송에 관한 설명으로 옳은 것은? 21년

02 복합운송증권 기능에 관한 설명으로 옳지 않은 것은? 기출 22년

① 복합운송증권은 물품수령증으로서의 기능을 가진다.
② 복합운송증권은 운송계약 증거로서의 기능을 가진다.
③ 지시식으로 발행된 복합운송증권은 배서·교부로 양도가 가능하다.
④ 복합운송증권은 수령지로부터 최종인도지까지 전(全)운송구간을 운송인이 인수하였음을 증명한다.
⑤ UNCTAD/ICC규칙(1991)상 복합운송증권은 유통성으로만 발행하여야 한다.

> **해설** ⑤ UNCTAD/ICC규칙(1991)상 복합운송증권은 유통성 또는 비유통성으로 발행할 수 있다고 규정하고 있다.

기출문제 엿보기
- ☑ 복합운송증권(MTD)에 관한 설명으로 옳지 않은 것은? 19·18·14년

17

항공운송인의 책임을 규정한 국제조약에 관한 설명으로 옳지 않은 것은? 기출 20년

① 1929년 체결된 Warsaw Convention은 국제항공운송인의 책임과 의무를 규정한 최초의 조약이다.
② 1955년 채택된 Hague Protocol에서는 여객에 대한 운송인의 보상 책임한도액을 인상했다.
③ 1966년 발효된 Montreal Agreement에서는 화물에 대한 운송인의 보상 책임한도액을 인상했다.
④ 1971년 채택된 Guatemala Protocol에서는 운송인의 절대책임이 강조되었다.
⑤ Montreal 추가 의정서에서는 IMF의 SDR이 통화의 환산단위로 도입되었다.

해설 ③ 1966년 발효된 Montreal Agreement에서는 화물뿐만 아니라 승객, 수화물과 같이 비행기로 운송되는 것의 보상에 대해 운송인의 책임한도액을 인상하기로 합의한 협정이다.

18

국제민간항공기구(ICAO)에 관한 설명으로 옳지 않은 것은? 기출 23년

① 1944년에 결의된 Chicago Conference를 기초로 하고 있다.
② 회원국의 항공사 대표들이 참석하는 국제연합(UN) 산하의 전문기관이다.
③ 국제항공법회의에서 초안한 국제항공법을 의결한다.
④ 국제민간항공의 안전 확보와 항공 시설 및 기술발전 등을 목적으로 하고 있다.
⑤ 항공기 사고 조사 및 방지, 국제항공운송의 간편화 등의 업무를 하고 있다.

해설 ② 국제민간항공기구(ICAO)는 국제민간항공협약(시카고협약)에 기초하여, 국제민간항공의 평화적이고 건전한 발전을 도모하기 위하여 1947년 4월에 발족된 국제연합(UN) 전문기구이다. 총회는 3년마다 개최되며 시카고협약 가입 시 자동으로 ICAO 회원국이 된다. ICAO 이사국은 항공선진국으로 구성된 1그룹(11개국), 항공산업의 규모가 큰 2그룹(12개국), 지역 대표성이 강한 3그룹(13개국) 등 모두 3개 그룹 36개국으로 구성되어 있다.

19

국제항공의 안정성 확보 및 항공질서 감시를 위한 UN 산하 기구는? 기출 16년

① 국제민간항공기구(ICAO)
② 국제항공운송협회(IATA)
③ 국제항공연맹(FAI)
④ 국제운송주선인협회(FIATA)
⑤ 국제상업회의소(ICC)

해설 국제민간항공기구(ICAO)
• 국제연합 산하 전문기구로 국제항공 운송에 필요한 원칙과 기술 및 안전에 관해 연구한다.
• 안전한 비행 확보, 항공로, 공항, 항공시설의 발달, 과당 경쟁으로 인한 경제적인 손실 방지 등 전 세계 항공업계의 정책과 질서를 총괄하는 국제기구이다.

20

항공운송 관련 국제규범으로 옳은 것을 모두 고른 것은? 기출 24년

| ㄱ. Guatemala Protocol | ㄴ. CIM |
| ㄷ. CMR | ㄹ. Montreal Agreement |

① ㄱ, ㄴ
② ㄱ, ㄷ
③ ㄱ, ㄹ
④ ㄴ, ㄷ
⑤ ㄴ, ㄹ

해설 ㄴ. CIM : 국제철도물품운송조약
ㄷ. CMR : 국제도로물품운송조약

키워드 ❺ 항공화물 사고

14
항공화물 손상(damage) 사고로 생동물이 수송 중 폐사되는 경우를 뜻하는 용어는? 기출 22년

① Breakage ② Wet
③ Spoiling ④ Mortality
⑤ Shortlanded

> 해설 Mortality
> 수송 중 동물이 폐사되었거나 식물이 고사된 상태를 의미한다.

15
항공화물사고 중 하나인 지연(Delay)의 요인이 아닌 것은? 기출 13년

① Non-delivery ② Cross Labelled
③ Overcarried ④ Shortlanded
⑤ Shortshipped

> 해설 지연(Delay)의 요인
>
> | | |
> |---|---|
> | Shortshipped(SSPD) | 적하목록에는 기재되어 있으나 화물이 탑재되지 않은 경우 |
> | Offload(OFLD) | 출발지나 경유지에서 탑재 공간 부족으로 인하여 의도적이거나 실수로 하역한 경우 |
> | Overcarried(OVCD) | 하역지점을 지나서 운송된 화물 |
> | Shortlanded(STLD) | 적하 목록에는 기재되어 있으나 화물이 도착하지 않은 경우 |
> | Cross Labelled | 라벨이 바뀌거나 운송장 번호, 목적지 등을 잘못 기재한 경우 |

키워드 ❻ 항공운송 관련 국제조약 및 기구

16
국제운송조약 중 항공운송과 관련되는 조약을 모두 고른 것은? 기출 22년

ㄱ. Hague Protocol(1955)
ㄴ. CMR Convention(1956)
ㄷ. CIM Convention(1970)
ㄹ. CMI Uniform Rules for Electronic Bills of Lading(1990)
ㅁ. Montreal Convention(1999)
ㅂ. Rotterdam Rules(2008)

① ㄱ, ㄹ ② ㄱ, ㅁ
③ ㄱ, ㄴ, ㅁ ④ ㄴ, ㄷ, ㅂ
⑤ ㄴ, ㄷ, ㄹ, ㅂ

> 해설 항공운송 관련 조약은 ㄱ과 ㅁ이다. ㄱ. Hague Protocol(1955)은 바르샤바협약 내용 일부를 수정한 의정서이다. ㅁ. Montreal Convention(1999)은 항공운송 관련 국제협정을 통합하기 위해 1999년 ICAO 국제항공법회의에서 채택되어 2003년에 발효된 국제조약이다.
> ㄴ. CMR Convention(1956) : 국제도로물품운송조약
> ㄷ. CIM Convention(1970) : 국제철도물품운송조약
> ㄹ. CMI Uniform Rules for Electronic Bills of Lading(1990) : 국제해사법위원회(CMI)가 1990년에 채택한 전자식 선하증권에 관한 규칙
> ㅂ. Rotterdam Rules(2008) : UNCITRAL이 제정한 국제해상물건운송계약에 관한 조약

12

항공화물운송장에 관한 설명으로 옳지 않은 것은? 기출 14년

① 송하인이 항공화물운송장에 보험금액과 보험부보사실을 기재하는 화주보험을 부보한 경우에는 항공화물운송장은 보험계약의 증거가 된다.
② 항공화물운송장은 일반적으로 화물이 항공기에 적재된 이후에 발행된다.
③ 항공화물운송장은 송하인이 작성함이 원칙이나 항공사나 항공사의 권한을 위임받은 대리점에 의해 작성될 수 있다.
④ 항공화물운송장은 일반적으로 기명식으로 발행된다.
⑤ 항공화물운송장은 비유통성이다.

> **해설** 항공화물운송장(Air waybill, Air consignment note)
> 항공화물 운송을 위한 가장 기본적인 서류로, 해상운송에서 선하증권(B/L)과 같은 기본적인 증권을 말하며, 화물을 인수한 후 발행된다.

13

다음은 항공화물운송장과 선하증권을 비교한 표이다. ( )에 들어갈 내용을 순서대로 나열한 것은? 기출 22년

구분	항공화물운송장	선하증권
주요 기능	화물수취증	유가증권
유통 여부	(ㄱ)	유통성
발행 형식	(ㄴ)	지시식(무기명식)
작성 주체	송화인	(ㄷ)

① ㄱ : 유통성, ㄴ : 기명식, ㄷ : 송화인
② ㄱ : 유통성, ㄴ : 기명식, ㄷ : 운송인
③ ㄱ : 비유통성, ㄴ : 지시식, ㄷ : 송화인
④ ㄱ : 비유통성, ㄴ : 지시식, ㄷ : 운송인
⑤ ㄱ : 비유통성, ㄴ : 기명식, ㄷ : 운송인

> **해설** 항공화물운송장(AWB)과 선하증권(B/L)의 차이점
>
> | 항공화물운송장(Air Waybill) | 선하증권(Bill of Lading) |
> |---|---|
> | 유가증권이 아닌 단순한 화물운송장 (화물수취증) | 유가증권 |
> | 비유통성(Non-Negotiable) | 유통성(Negotiable) |
> | 기명식 | 지시식(무기명식) |
> | 수취식(항공화물을 창고에서 수취하고 항공화물운송장 발행) | 선적식(화물을 본선에 선적한 후 선하증권 발행) |
> | 상환증권 × | 상환증권(수려증권) |
> | 송화인이 작성 | 선박회사(운송인)가 작성 |

08

다음 항공화물에 적용되는 운임은? 기출 17년

- 무게 : 30kg
- 크기 : 가로 80cm × 세로 50cm × 높이 60cm
- 항공운임 : kg당 US $5
- 운임부과 중량 환산기준 : 6,000cm³ = 1kg

① US $80
② US $120
③ US $150
④ US $180
⑤ US $200

해설
- 용적 계산 : 가로 × 세로 × 높이
- 운임부과 중량 환산기준 : 6,000cm³ = 1kg
따라서, (80 × 50 × 60)/6,000 = 40kg
항공운임은 kg당 US $5이므로
∴ 항공운임 = 40kg × US $5/kg = US $200

09

항공화물의 품목분류요율(Commodity Classification Rate)은 일반화물요율보다 높게 설정되는 할증품목(Surcharge Item)과 낮게 설정되는 할인품목(Reduction Item)으로 구분된다. 다음 중 할증품목을 모두 고른 것은? 기출 15년

- ㄱ. 비동반 수하물
- ㄴ. 생동물
- ㄷ. 귀중품
- ㄹ. 맹인용 점자책
- ㅁ. 자동차

① ㄱ, ㄴ, ㄷ
② ㄱ, ㄴ, ㄹ
③ ㄴ, ㄷ, ㄹ
④ ㄴ, ㄷ, ㅁ
⑤ ㄷ, ㄹ, ㅁ

해설 품목분류요율

할인품목	• 신문, 잡지, 정기간행물, 서적, 카탈로그, 점자책 • 화물로 운송되는 개인의류 및 개인용품
할증품목	• 금괴, 화폐, 유가증권, 다이아몬드 등의 귀중화물 • 시체(human remains), 생동물 • 자동차

키워드 ❹ 항공화물운송장

10

항공화물운송장의 설명으로 옳지 않은 것은? 기출 21년

① 항공화물운송장의 원본은 적색, 청색, 녹색 3통이 발행된다.
② 항공화물운송장 원본 2는 적색으로 발행되며, 송화인용이다.
③ 항공화물운송장은 수출입신고 및 통관자료로 사용될 수 있다.
④ 항공화물운송장 원본 3은 화물수취증의 기능을 가진다.
⑤ 항공화물운송장 사본 4는 수화인의 화물수령 증거가 된다.

해설 ② 항공화물운송장 원본 2는 적색으로 발행되며, 수화인용이다.

11

AWB의 전면약관에는 표기되어 있으나, B/L 전면약관에는 없는 기재항목으로만 나열된 것은? 기출 18년

- ㄱ. Shipper
- ㄴ. Currency
- ㄷ. Amount of Insurance
- ㄹ. Gross Weight
- ㅁ. Declared value for carriage
- ㅂ. Consignee
- ㅅ. Prepaid/Collect

① ㄱ, ㄴ, ㄷ
② ㄴ, ㄷ, ㅁ
③ ㄴ, ㄹ, ㅂ
④ ㄷ, ㅁ, ㅂ
⑤ ㄹ, ㅁ, ㅅ

해설 Currency(운임이 적용되는 화폐단위), Amount of Insurance(보험금액), Declared Value for Carriage(송하인의 운송신고가격)는 AWB의 전면약관에는 표기되어 있으나 B/L 전면약관에는 없는 기재항목이다.

04

항공화물운송의 탑재방식에 관한 설명으로 옳지 않은 것은? 기출 21년

① 컨테이너와 파렛트는 항공화물의 단위탑재에 사용된다.
② 항공화물의 단위탑재 시 고급의류는 컨테이너에 적재하는 것이 적합하다.
③ 여객기에 탑재하는 벨리카고(Belly Cargo)는 파렛트를 활용한 단위탑재만 가능하다.
④ 항공화물의 단위탑재 시 기계부품은 파렛트에 적재하는 것이 적합하다.
⑤ 이글루(Igloo)도 항공화물의 단위탑재 용기이다.

해설 ③ 벨리카고(Belly Cargo)는 동체 하단부 전체를 화물칸으로 운영하는 방식으로 파렛트, 이글루, Certified Aircraft Containers 등을 활용하여 단위탑재가 가능하다.

05

공항터미널에서 사용되는 조업장비가 아닌 것은? 기출 22년

① High Loader
② Transporter
③ Tug Car
④ Dolly
⑤ Transfer Crane

해설 ① High Loader(하이 로더) : 항공화물을 여러 층으로 높게 적재하거나, 항공기 화물실에 화물을 탑재하는 항공기 전용탑재기이다.
② Transporter(트랜스포터) : 적재작업이 완료된 항공화물의 단위탑재용기(ULD)를 터미널에서 항공기까지 수평 이동시키는 자체동력 장비이다.
③ Tug Car(견인차) : 일반항공화물이나 ULD가 적재된 Dolly를 항공기로 이동시키는 지상조업장비로 동력원이 없어 스스로 움직이지 못하는 장비를 견인할 때에도 사용한다.
④ Dolly(달리) : 트랜스포터와 동일한 작업 기능을 수행하나 자체 동력원이 없는 무동력 장비로 견인차(Tug car)에 연결하여 사용한다.
⑤ Transfer Crane(트랜스퍼 크레인) : 전용부두에서 사용되는 하역장비이다.

06

엔진이 장착된 차량으로서 적재완료된 단위탑재용기(ULD)를 올려놓은 상태에서 항공화물터미널에서 항공기까지 수평이동을 가능하게 하는 장비는? 기출 19년

① Pallet Scale
② Lift Loader
③ Transporter
④ Contour Gauge
⑤ Cargo Cart

해설 Transporter(트랜스포터)
공항터미널에서 사용하는 조업장비 중 하나로, 적재작업이 완료된 항공화물의 단위탑재용기(ULD)를 터미널에서 항공기까지 수평 이동시키는 자체동력 장비이다.

키워드 ❸ 항공화물운임

07

특정 구간의 특정 품목에 대하여 적용되는 요율로서 보통 일반화물요율에 대한 백분율로 할증(S) 또는 할인(R)되어 결정되는 항공화물운임은? 기출 17년

① Commodity Classification Rate
② Specific Commodity Rate
③ Bulk Unitization Charge
④ General Cargo Rate
⑤ Valuation Charge

해설 ① Commodity Classification Rate(CCR : 품목별 분류 운임률) : 특정 품목에 대하여 적용하는 할인 또는 할증운임률로, 할인운임(R)은 신문·잡지·정기간행물·서류·카탈로그 등에 적용하고, 할증운임(S)은 금·보석·화폐·증권 등에 적용
② Specific Commodity Rate(특정 품목 할인요율) : 특정의 대형화물에 대해 운송구간 및 최저중량을 지정하여 적용하는 할인운임
③ Bulk Unitization Charge(단위탑재용기요금) : 파렛트, 컨테이너 등 단위탑재용기(ULD)별로 중량을 기준으로 요금을 미리 정해놓고 부과하는 방식
④ General Cargo Rate(일반화물요율) : 모든 항공화물 운송요금의 산정 시 기본, SCR 및 CCR의 적용을 받지 않는 모든 화물운송에 적용하는 요율
⑤ Valuation Charge(종가운임) : 화물의 가격을 기준으로 일정률을 운임으로 부과하는 방식

01 ④　02 ②　03 ④　04 ③　05 ⑤　06 ③　07 ①

빈출키워드 기출유형문제

키워드 ❶ 항공화물운송의 특성

01
항공화물운송의 특성에 관한 설명으로 옳은 것은? 기출 21년

① 국내항공화물운송과 달리 국제항공화물운송은 대부분 왕복운송형태를 보이고 있다.
② 국제항공화물운송은 송화인이 의뢰한 화물을 그대로 벌크 형태로 탑재하기 때문에 지상조업이 거의 필요하지 않다.
③ 항공화물운송은 주간운송에 집중되는 경향이 있다.
④ 신문, 잡지, 정기간행물 등과 같이 판매시기가 한정된 품목도 항공화물운송의 주요 대상이다.
⑤ 해상화물운송과 달리 항공화물운송은 운송 중 매각을 위해 유통성 권리증권인 항공화물운송장(Air Waybill)이 널리 활용되고 있다.

해설 ① 항공화물운송은 편도운송의 비중이 높다.
② 국제항공화물운송은 벌크화물을 항공기의 탑재에 적합하도록 설계한 화물운송용 용기, 즉 단위탑재수송용기로 탑재하기 때문에 이러한 단위탑재용기를 터미널에서 항공기까지 이동시키거나 단위탑재용기를 탑재 또는 하역할 때 사용하는 지상조업 설비가 필요하다.
③ 항공화물운송은 야간운송에 집중되는 경향이 있다.
⑤ 항공화물운송장은 유가증권이 아닌 단순한 비유통성 화물운송장이다.

02
최근 국제항공화물운송의 환경 변화에 관한 설명으로 옳지 않은 것은? 기출 21년

① 송화인의 항공화물운송 의뢰는 대부분 항공화물운송주선인(Air Freight Forwarder)에 의해 이루어지고 있다.
② 코로나19 등으로 인해 항공화물운송료가 급등하고 있어 전체 물동량은 줄어들고 있다.
③ 아마존과 같은 국제전자상거래업체의 성장으로 GDC(Global Distribution Center) 관련 항공화물이 증가하고 있다.
④ 국제항공화물운송에서 신선화물이 증가하고 있다.
⑤ 우리나라 인천국제공항의 국제항공 환적화물 비중이 크게 증가하고 있다.

해설 ② 항공화물운송료는 코로나19 발생 이후 급격히 상승하였으며, 코로나19로 인해 해상운송 정체가 발생하면서 항공운송 수요가 치솟아 전체 물동량은 늘어나고 있다.

키워드 ❷ 항공화물운송의 탑재방식 및 조업·운송장비

03
항공화물운송에서 단위탑재용기 요금(BUC)의 사용제한품목이 아닌 것은? 기출 23년

① 유해
② 귀중화물
③ 위험물품
④ 중량화물
⑤ 살아있는 동물

해설 ④ 단위탑재용기 요금(BUC : Bulk Unitization Charge)은 귀중품, 동물, 사체 및 IATA 위험품 규칙에 있는 제한품목을 제외하고 모든 화물의 운송에 적용된다.

출제포인트 OX 문제

01 (　　)은/는 엔진이 장착된 차량으로서 적재완료된 단위탑재용기(ULD)를 올려놓은 상태에서 항공화물터미널에서 항공기까지 수평 이동을 가능하게 하는 장비이다.

02 OX 잡지는 항공화물의 품목분류요율(CCR) 중 할증요금 적용품목이다.

03 OX Currency란은 AWB 발행국 화폐단위 Code를 기입하며 Currency란에 나타난 모든 금액은 AWB에 표시되는 화폐단위와 일치한다.

04 OX 항공화물운송장은 선하증권과 마찬가지로 유가증권의 기능이 있다.

05 OX 항공화물운송장은 기명식으로 발행되기 때문에 기재되어 있는 수화인이 아니면 화물을 인수할 수 없다.

06 (　　)은/는 항공화물 손상(damage) 사고로 생동물이 수송 중 폐사되는 경우를 뜻한다.

07 항공화물의 사고 유형 중 (　　)은/는 실제 적하목록에 기재된 항공화물운송장 번호와 다른 라벨이 붙어있는 경우를 뜻한다.

08 OX ICAO는 항공기 사고 조사 및 방지, 국제항공운송의 간편화 등의 업무를 한다.

09 OX IATA(International Air Transport Association)는 정부 간 국제협력기구로서 UN 산하의 전문기관이다.

10 OX 국제항공운송인의 책임과 의무를 규정한 최초의 조약은 Warsaw Convention이다.

정답 및 해설

01 Transporter
02 × ▶ 잡지는 할인요금 적용품목이다.
03 ○
04 × ▶ 항공화물운송장은 유가증권의 기능이 없다.
05 ○
06 Mortality
07 MSLB(Miss-Labelled)
08 ○
09 × ▶ IATA(국제항공운송협회)는 순수 민간의 국제협력단체이다.
10 ○

③ 공중 운송을 수행하는 비행기에 의해 운반되는 무료 운송에도 동일하게 적용
④ 여객에 대한 운송인의 보상 책임한도액을 인상한 협정으로, 화물뿐만 아니라 승객, 수화물과 같이 비행기로 운송되는 것의 보상에 대해 운송인의 책임한도액을 인상하기로 합의한 협정

(6) 몬트리올 협약(Montreal Convention) 기출▶ 23년

① 항공운송 관련 국제협정을 통합하기 위해 1999년 ICAO 국제항공법회의에서 채택되어 2003년에 발효된 국제조약
② 바르샤바협약/와르소조약(Warsaw Convention)을 기반으로 항공운송인의 손해배상책임을 강화한 협약
③ ICAO는 2019년 전체 내용 검토 및 개정 시 항공사들의 화물 운송 관련 최대 배상책임한도를 22SDR(특별인출권)로 변경·적용, 이에 따라 항공화물에 대한 배상책임한도액을 22SDR로 인상

2. 국제항공기구

(1) 국제민간항공기구(ICAO : International Civil Aviation Organization) 기출▶ 23년/ 21년/ 20년/ 19년/ 18년/ 16년/ 12년/ 09년

① 캐나다 몬트리올에 본부를 둔 국제연합(UN) 산하의 전문기구로 국제항공운송에 필요한 원칙과 기술 및 안전에 대해 연구
② 제2차 세계대전 이후 민간항공기의 발전에 따라 1944년 국제민간항공조약(통칭 시카고조약)에 근거해 1947년 4월 4일에 발족
③ 설립 목적 : 국제민간항공에 관한 원칙을 제정하고 기술을 개발하여 항공분야 발달에 기여
④ 주요 활동
  ㉠ 총회, 이사회, 사무국과 보조기관 등 복수의 위원회로 구성
  ㉡ 국제민간항공의 안전과 발전을 위한 정보교환 및 협력, 평화적 목적을 위한 항공기의 설계 및 운송기술 장려 등의 업무를 수행
  ㉢ 시카고 조약을 비준하는 각국의 운수 안전 당국의 준거가 되는, 항공기 사고 조사에 관한 조약을 정함

(2) 국제항공운송협회(IATA : International Air Transport Association) 기출▶ 25년/ 21년/ 20년/ 18년/ 15년/ 13년

① 세계항공운송에 관한 각종 절차와 규정을 심의·제정·결정하는 순수 민간의 국제협력단체
② 설립 목적 : 운임, 운항, 정비, 정산업무 등 상업적·기술적 활동
③ 주요 활동
  ㉠ 항공권의 약관을 포함한 항공권의 규격 및 발권 절차 등의 통일 도모
  ㉡ 항공사 간 과당경쟁을 방지하기 위해 운임협정 및 서비스 내용을 다룸
  ㉢ 항공운송장의 표준서식 및 약관 제정
  ㉣ 각국 항공사들의 대표가 참석하며, 국제민간항공기구(ICAO)의 협력기구

CORE 05 국제조약 및 국제항공기구

1. 국제조약/규범 기출 24년

(1) 바르샤바협약/와르소조약(Warsaw Convention) 기출 19년/ 17년/ 15년

① 제1차 세계대전 이후 급속도로 발달한 항공운송이 국제적으로 운영되고, 이에 따라 국제적 적용법규와 여객이나 운송인에 대한 최소한의 보장이 요청됨에 따라 1929년 10월 바르샤바(Warsaw)의 제2회 국제항공법회의에서 체결된 협약
② 정식 명칭 : 국제항공운송에 있어서의 일부규칙의 통일에 관한 협약(Convention for The Unification of Rules Relating to Int'l Carriage by Air : Warsaw Convention)
③ 국제항공운송인의 책임과 의무를 규정한 최초의 조약 : 국제항공운송인의 민사책임에 관한 통일법을 제정하여 동 사건에 대한 각국 법의 충돌을 방지하고 국제항공인의 책임을 일정하게 제한하여 국제 민간항공운송업의 발전을 도모한 최초의 국제규범
④ 화물에 대한 책임한도액

여객사망 한도액		12만 5,000프랑(francs)
화물 책임한도액 기출 20년	위탁수하물	250프랑/1kg(250 francs per kilogram)
	휴대수하물	5,000프랑/1인당

(2) 헤이그의정서(Hague Protocol) 기출 25년/ 22년/ 19년

① 바르샤바협약 체결 이후 항공산업 발전과 항공기 자체의 안전도가 많이 증대되어 조약체결의 목적인 항공산업을 보호해야 할 필요성이 크게 줄어들었음
② 1955년 9월 헤이그에서 열린 국제항공사협의회에서 1929년 10월 바르샤바 협약의 내용을 일부 수정한 의정서
③ 여객에 대한 운송인의 보상 책임한도액을 인상

(3) 과달라하라 협약(Guadalajara Convention) 기출 18년/ 17년

① 운송인의 종류는 여객·화주와 운송계약을 체결한 계약운송인과 실제로 운송의 일부 또는 전부를 담당하는 실제 운송인으로 구분
② 실제 운송인이 운송을 담당을 하는 경우, 누구에게 협약을 적용하는가에 대하여 맥시코의 과달라하라에서 개최된 외교회의에서 '계약담당자가 아닌 운송인이 이행한 국제항공운송 관련 일부규칙의 통일을 위한 바르샤바조약의 보충협약'으로 채택(1961년 9월 18일) 및 발효(1964년 5월 1일)

(4) 과테말라의정서(Guatemala Protocol)

① 1965년 7월 국제민간항공기구(ICAO) 총회에서 개정된 바르샤바협약상 운송인의 책임한도액을 재개정할 필요성이 제기된 후 ICAO의 법률위원회에서 초안한 내용을 1971년에 과테말라 외교회의에서 통과시킨 의정서
② 운송인의 절대책임 강조

(5) 몬트리올 협정(Montreal Agreement) 기출 20년/ 18년/ 14년/ 13년/ 11년

① 국제항공운송협회(IATA)는 여객의 책임한도에 불만을 가진 미국 정부와 1966년 5월 4일 몬트리올에서 협정을 맺었음
② 모든 국제운송 승객, 수하물 혹은 짐으로 비행기에 의해 운송되는 것의 보상에 대해 적용

OFLD (Off-Load)	출발지나 경유지에서 탑재공간 부족으로 인하여 의도적이거나, 실수로 화물을 내린 경우
OVCD (Over-Carried)	화물이 하기되어야 할 지점을 지나서 내려진 경우
STLD (Short-Landed)	적하목록에는 기재되어 있으나 도착지 공항에 화물이 도착하지 않은 경우
MSLB (Miss-Labelled)	실제 적하목록에 기재된 항공화물운송장 번호와 다른 라벨이 붙어있는 경우
Cross Labelled	라벨이 바뀌거나 운송장 번호, 목적지 등을 잘못 기재한 경우
MSCN (Miss-connected)	화물이 다른 곳으로 발송된 경우
Missing	탑재 및 하역 · 창고보관 · 화물인수 · 타 항공사 인계 시 분실된 경우

2. 운송인에 대한 손해배상(Claim) 청구 기출 13년

(1) 클레임 제기 기간

클레임의 제기나 의사통보는 규정된 기간 내에 서면으로 제기

화물파손 및 손상	화물을 인수한 날로부터 14일(2주) 이내
지연	인수권을 가진 사람이 도착통지를 받아 물품을 처분할 수 있는 날로부터 21일(3주) 이내
분실	항공운송장 발행일로부터 120일(4개월) 이내
제소기한(提訴期限)	운송화물의 사고에 관한 소송을 제기할 수 있는 기한은 항공기 도착일 또는 항공기의 운송중지일로부터 2년 이내

(2) 클레임 제기에 필요한 서류

① 항공운송장 원본 및 운송인발행 항공운송장
② 상업송장 및 포장명세서
③ 검정증명서
④ 파손, 지연, 손실 계산서와 클레임이 청구된 총계
⑤ 지연으로 인한 손해비용 명세

부본7	제2항공회사용 (For Second Carrier)	백색	운송에 참가한 항공회사가 운임청산에 사용
부본8	제1항공회사용 (For First Carrier)	백색	운송에 참가한 항공회사가 운임청산에 사용
부본9	발행대리점용 (for Issuing Carrier's Agent)	백색	발행대리점의 보관용으로 사용
부본10 부본11	예비용(Extra Copy)	백색	필요에 따라 사용

(4) 항공화물운송장의 작성방법 기출 ▶ 25년/ 24년

작성란	내용
Declared Value for Carriage란	• 송화인의 운송신고가격 기재 • 무가격 신고는 NVD(No Value Declared)라고 기재
Amount of Insurance란	• 화주가 보험에 가입하는 경우 보험금액을 기재 • 보험에 부보하지 않을 때는 공백으로 둠
Chargeable Weight란	• 화물의 실제 중량과 부피 중량 중 높은 쪽 중량 기재 • 최저운임이 적용될 경우 기재할 필요가 없음
Declared Value for Customs란	세관통관 목적을 위해 송화인의 세관 신고 가격을 기재
Currency란	• AWB 발행국의 화폐단위 코드를 기재 • 모든 금액은 AWB에 표시되는 화폐단위와 일치
Consignment Details and Rating란	화물요금과 관련된 세부사항 기재

CORE 04 항공운송화물 사고처리 및 손해배상 청구

1. 항공운송화물 사고처리

(1) 화물사고의 의미

화물사고는 운송인의 책임기간 중 화물의 파손 및 손상으로 상품의 가치가 일부 또는 전부 상실되거나, 지연운송에 따른 인도지연 및 분실로 인한 인도불능 상태가 되어 손해를 초래하게 된 것을 말함

(2) 항공화물의 사고 유형 기출 ▶ 25년/ 22년/ 13년

사고 유형	내용
Mortality	수송 중 동물이 폐사되었거나 식물이 고사한 상태
Spoiling	내용물이 부패/변질되어 상품 가치를 잃게 되는 경우
SSPD (Short-Shipped)	적하목록에는 기재되어 있으나 화물이 탑재되지 않은 경우

3. 항공화물운송장의 양식과 구성

(1) 항공화물운송장의 양식 기출▶ 16년

① 국제항공화물운송은 세계의 항공사가 서로 관련하는 것이므로 항공화물운송장은 공통의 디자인과 형식을 취하지 않으면 효과적인 연계운송이 어려움
② IATA(국제항공운송협회)는 통일된 양식 제정
③ 비 IATA항공회사
    ㉠ IATA항공회사와 연계운송하므로 항공화물운송장 양식은 IATA의 것과 동일 디자인 사용
    ㉡ IATA회원(Member) 항공회사 상호 간에는 연대운송계약이 체결되어 있어 IATA를 통하지 않고 개별적으로 체결되는 경우도 있음

(2) 항공화물운송장의 구성(바르샤바 협정)

① 항공화물운송장은 송화인이 원본 3통을 작성하여 화물과 함께 교부

제1의 원본	'운송인용'으로 기재, 송화인이 서명
제2의 원본	'수화인용'으로 기재, 송화인 및 운송인이 서명, 화물과 함께 송부
제3의 원본	• 운송인이 서명, 운송인이 화물을 인수한 후 송화인에게 교부하도록 규정 • 실제로는 항공화물대리점이 화물 인도를 받은 후 송화인용 원본에 서명하거나 항공회사가 서명해서 송화인에게 교부

② 원본(Original) 3통, 부본(Copy) 6통 발행이 원칙, 추가 부본은 5장까지 발행 가능
③ 각 원본 및 부본에는 그 용도가 정해져 있으며 식별을 쉽게 하도록 색 용지 사용

(3) IATA가 정한 표준양식의 국제항공화물운송장의 구성 기출▶ 21년

구분	용도	색깔	기능
원본1	발행항공회사용 (For Issuing Carrier)	녹색	• 운송인(발행항공회사)용으로 운임이나 요금 등의 회계처리를 위하여 사용 • 송화인과 운송인과의 운송계약체결의 증거
원본2	수화인용(For Consignee)	적색	출발지에서 목적지에 보내 당해 화물운송장에 기재된 수화인에게 화물과 함께 인도됨
원본3	송화인용(For Shipper)	청색	• 출발지에서 항공회사(운송인)가 송화인으로부터 화물을 수취하였다는 것을 증명하는 수취증 • 송화인과 운송인과의 운송계약체결 증거서류 • '수화인용' 원본에 기재된 수화인에게 화물을 인도하는 경우 수화인이 '송화인용' 원본을 소지하고 있는가를 묻지 않으므로 이 원본은 송화인의 운송품 처분권을 제한하는 효력을 가지고 있을 뿐임 • 환어음 결제에서는 이 원본으로 결제하므로 외국환은행은 취급하는 데 주의하여야 함
부본4	인도항공회사 화물인도용 (Delivery Receipt)	황색	• 운송인(인도항공회사 비치용)이 도착지에서 수화인과 화물을 상환할 때 수화인이 이 부본에 서명하고 인도항공회사에 돌려주는 것 • 화물인도증명서 및 운송계약이행의 증거서류
부본5	도착지 공항용 (For Third Carrier)	백색	화물과 함께 도착지 공항에 보내져 세관통관용 기타 업무에 사용
부본6	도착지 공항용 (For Third Carrier)	백색	운송에 참가한 항공회사가 운임청산에 사용

(2) 지시증권 및 처분권(Right of Disposition)

지시증권	• 송화인이 운송인에게 운송계약 이행에 필요한 세부사항을 항공화물운송장을 통하여 지시한다는 의미
	• 지시의 내용
	  – 수화인 지정, 부보 여부, 통지처 지정 등을 의미
	  – 운송인이 송화인의 지시를 따르지 않아 손해를 입히면 무한책임을 져야 함

처분권	• 송화인의 처분권
	  – 송화인에게는 처분권 인정
	  – 수화인은 극히 제한된 처분권만 인정(불완전한 처분증권)
	• **수화인의 처분권** : 항공운송에 있어 수화인의 처분권은 계약상 청구권(증권상 처분권 ×)

(3) 증거증권

① 항공화물운송장은 증거증권 내지는 화물수령증(재산권×, 유통성×, 유가증권×)이므로, 다른 문서로써 운송계약의 내용을 입증해야 함
② 증거증권의 의미
  ㉠ 항공운송계약이 존재한다는 사실
  ㉡ 운송인이 운송을 위해 화물을 인수하였다는 사실
  ㉢ 화물운송조건에 관한 증거
③ 항공화물운송장은 화물을 수령했다는 증거이므로 운송장에 서명이 된 후에는 화물을 수령하지 않았음에 대한 거증책임은 운송인에게 있음

(4) 면책증권과 요식증권

면책증권	항공화물운송장은 면책증권이므로 정당한 증권소지자에게 화물을 인도하면 그 책임을 면할 수 있음
요식증권	• 항공화물운송장의 작성이 항공화물운송계약의 성립요건은 아님 • 운송장 기재에 결함이 있더라도 그 자체가 무효×(기재의 책임 있는 당사자가 그에 따른 불이익을 받음) • 대부분 항공사가 IATA 표준항공화물운송장을 이용(꼭 사용 ×) • 표준운송장을 수정·변경하여 사용하더라도 항공화물운송장의 법적 성질은 변하지 않음

➕ 더알아보기 항공화물운송장과 선하증권의 차이점 기출▶ 22년/ 21년/ 20년/ 19년/ 15년/ 09년

항공화물운송장(Air Waybill)	선하증권(Bill of Lading)
유가증권이 아닌 단순한 화물운송장	유가증권
비유통성(Non-Negotiable)	유통성(Negotiable)
기명식 기출▶ 25년	지시식(무기명식)
수취식 (항공화물을 창고에서 수취하고 항공화물운송장 발행)	선적식 (화물을 본선에 선적한 후 선하증권 발행)
상환증권×(단순 화물수취증)	상환증권(수령증)
송화인이 작성	선박회사(운송인)가 작성

(2) 항공화물운송장의 기능과 성격 기출 25년/ 24년/ 14년/ 13년/ 10년

운송계약서	• 송화인과 항공운송인 간의 항공화물 운송계약의 성립 입증 • 총 12매인 운송장 중 송화인용 원본 No.1이 계약서에 해당
화물수취/수령증	• 항공운송인이 송화인으로부터 화물을 수취한 것을 증명 • 원본 No.3가 이에 해당
송장	• 항공화물운송장에서의 송장은 운송계약서가 아님 • 화물과 함께 목적지에 보내 수화인이 도착화물 및 운임을 대조 · 검증하는 데 사용되는 통지장의 성격을 가짐 • 항공화물운송장은 화주가 작성하는 것이 원칙이나 일반적으로 항공화물대리점이 운송장을 작성하여 화물을 인수한 후 발행 • 원본 No.2가 이에 해당
보험계약증서	• 송화인이 항공화물운송장에 보험금액 및 보험료를 기재한 화주보험(Air Waybill 보험)을 부보한 경우 • 원본 No.3가 보험계약증서가 됨
청구서 (요금계산서)	• 화물과 함께 목적지에 보내져 수하인이 운임과 요금을 계산하는 근거 자료로 사용 • 선불 운임의 송화인에 대한 청구서 자료(원본 No.3)로 사용 • 후불 운임의 수화인에 대한 청구서 자료(원본 No.2)로 사용
수출입신고서 및 수입통관자료 (세관신고서)	• 항공화물운송장에 의한 수출신고 가능 화물에 대해 수출신고서로 사용 • 수입신고서로도 사용 가능 • 과세가격이 되는 CIF가격 중 항공운임, 보험료의 증명자료로서 항공화물운송장을 수입신고서에 첨부 가능
운송인에 대한 송화인의 지시서	항공화물운송장은 화물과 함께 보내져 화물의 출발지, 경유지, 목적지 등의 각 지점에서 화물이 적절하고 원활하게 취급, 인도, 정산되도록 필요한 모든 사항이 기재됨
사무정리용 서류	• 항공화물운송장의 발행회사(First Carrier), 제2운송회사(Second Carrier) 이후의 각 후속운송인, 항공화물 대리점에서의 운임 정산, 회계용 자료 등 사무정리용 서류로 사용 • 항공화물운송장의 부본 No.5, No.6, No.7, No.8이 이에 해당 • 부본 No.9는 대리점용 정리자료
수화인에의 화물인도증서	• 도착지에서 화물이 수화인에게 인도되었을 때의 증명자료가 됨 • 수화인의 화물 수령 서명 또는 날인을 받음 • 부본 No.4가 이에 해당

2. 항공화물운송장의 법적 성질 기출 22년/ 21년/ 17년/ 16년

(1) 유통성

① 선하증권과 달리 양도성 · 유통성을 가지지 않음
② 'Non Negotiable'이라고 표시(유통이 금지된 '비유통증권'으로 발행)

원본 1	항공사용	항공사가 운송계약 증거로 보관(유통 목적 유가증권 ×)
원본 2	수화인용	화물과 함께 도착지에 보내져 항공사가 수화인에게 교부 (유통 목적 ×)
원본 3	송화인용	도착지에서 수화인이 항공사에 화물의 인도를 청구할 때 원본의 제시를 필요로 하지 않음(송화인의 화물처분권에는 효력을 미침)

③ 항공화물운송장에 유가증권 자격을 부여하지 않는 이유는 항공화물을 신속하게 운송하여 수화인에게 전달하기 위함
④ 해상화물은 장시간 수송되므로 상품의 매매거래를 신속히 하기 위하여 증권 자체를 매매의 대상으로 인정하는 것

> Pivot Charge(기본운임/최저요금) + Over Pivot Charge(초과중량요율/최저중량 초과요금)
> *Over Pivot Charge
> = [화물의 중량 − Pivot Weight(정액한계중량)] × 1kg당 Over Pivot Charge

⑥ 항공화물 부대운임

Disbursement fee (입체지불수수료) 기출▶ 24년	• 송하인 또는 그 대리인이 선지급한 비용으로 수하인이 부담하는 육상운송료, 보관료, 통관수수료 등을 말함 • 운송인은 송하인 요구에 따라 AWB를 통해 수하인에게 징수
Charges collect fee (착지불수수료)	항공화물운송장의 운임과 종가요금을 수하인이 납부하도록 기재된 화물에 대하여 그 두 가지를 더한 금액에서 일정한 비율에 해당하는 금액을 징수
Pick up service charge (픽업수수료)	화주가 지정한 장소에서 화물을 Pick-up하여 올 때 발생하는 차량 운송비

(3) 운임산출 중량방법 기출▶ 17년/ 10년/ 09년/ 08년

실제 중량에 의한 방법		• 화물중량은 kg으로 측정(미국은 1lb로 측정) • 운임산출량 : 0.5kg 미만 화물은 0.5kg, 0.6kg 이상 1kg 미만의 화물은 1kg
용적(부피) 중량에 의한 방법	용적 계산	• 가로 × 세로 × 높이 • 직육면체 · 정육면체가 아닌 경우 → 최대 가로 × 최대 세로 × 최대 높이
	용적 운임부과 중량 환산기준	• 1kg = 6,000cm³ • 1CBM = 1m³ = (100 × 100 × 100)cm = 166.66kg(약 167kg)
고중량 저운임 적용방법		높은 중량단계의 낮은 요율을 적용하여 운임이 낮아질 경우 그대로 이 운임을 적용함

CORE 03 항공화물운송장

1. 항공화물운송장의 의의

(1) 항공화물운송장(AWB : Air Waybill)의 개념 기출▶ 18년/ 11년

① 해상운송의 선하증권에 해당하는 항공운송의 기본서류로 항공화물수탁서(Air Consignment Note)라고도 함
② 발행 주체에 따른 운송장 용어
  ㉠ 항공회사가 발행하는 항공화물운송장 : Master Air Waybill
  ㉡ 혼재업자가 발행하는 항공화물운송장 : House Air Waybill
③ 송화인과 운송인 사이에 운송계약체결의 증거서류 및 송화인이 화물을 수령한 증빙서류

(2) 항공운송 운임요율 기출▶ 18년/ 16년/ 13년/ 11년

① 일반화물요율(GCR : General Commodity Rate) 기출▶ 18년/ 17년
  ㉠ 모든 항공화물 운송요금 산정 시 기본이 됨
  ㉡ SCR 및 CCR의 적용을 받지 않는 모든 화물운송에 적용하는 요율임

최저운임 (Minimum Rate)	• 한 건의 화물운송에 적용할 수 있는 가장 적은 운임, 즉 화물의 중량운임이나 용적운임이 최저운임보다 낮은 경우 적용되는 운임 • 요율표에 'M'으로 표시
기본요율 (Normal Rate)	• 모든 화물의 요금에 기준이 되는 요율로 45kg 미만에 적용 • 요율표에 'N'으로 표시
중량단계별 할인요율 (Chargeable Weight)	• 45kg 이상은 무게에 따라 다른 요율 적용 • 운항 구역 또는 구역 간에 대하여 45kg 미만, 100kg, 200kg, 300kg, 500kg 이상의 각종 중량단계별로 운임 설정 • 일반적으로 중량단계가 높아짐에 따라 운임률 절감(중량이 많아짐에 따라 낮은 요율 적용)

② 특정품목 할인요율(SCR : Specific Commodity Rate) 기출▶ 18년/ 17년
  ㉠ 특정의 대형화물에 대해서 운송구간 및 최저중량을 지정하여 적용하는 할인운임
  ㉡ 화물운송의 유형상, 특정구간에서의 동종품목의 반복적 운송에 대하여 수요 제고를 목적으로 특정품목에 GCR보다 낮은 요율을 설정한 요율

③ 품목분류요율(CCR : Commodity Classification Rate, Class Rate) 기출▶ 22년/ 17년/ 16년/ 15년
  ㉠ 특정품목에 대하여 적용하는 할인 또는 할증운임률

할인운임(R)	신문, 잡지, 정기간행물, 서류, 카탈로그, 비동반 수하물 등
할증운임(S)	금, 보석, 화폐, 증권, 자동차, 생동물 등

  ㉡ 특정지역 간 또는 특정지역 내에서만 적용되는 경우도 있음
  ㉢ 일반화물요율(GCR)의 백분율에 의한 할인 또는 할증으로 표시

④ 종가운임(Valuation Charge) 기출▶ 17년
  ㉠ 화물의 가격을 기준으로 일정률을 운임으로 부과하는 방식
  ㉡ 항공화물운송장에 화물의 실제가격을 신고하면 화물운송사고가 발생했을 때 손해배상을 받는데, 이때 화물가액의 일정비율로부터 종가요금이 가산되므로 결국 종가운임은 손해배상과 직접적인 관련이 있는 요금방식임

$$종가요금 = \left[운임신고가격 - \begin{matrix} 총중량 \times USD\ 20/kg \\ 총중량 \times USD\ 9.07/lb \end{matrix} \right] \times 0.5\%$$

⑤ 단위탑재용기요금(BUC : Bulk Unitization Charge) 기출▶ 23년/ 18년/ 17년/ 16년
  ㉠ 파렛트, 컨테이너 등 단위탑재용기(ULD)별 중량 기준으로 요금을 미리 정해놓고 부과하는 방식
  ㉡ ULD 타입별로 한계중량을 설정한 후 요금을 책정하여 지불하게 하는 요금방식
  ㉢ BUC는 탑재용기의 형태 및 크기에 따라 상이하게 적용
  ㉣ BUC의 사용제한품목 : 유해, 귀중화물, 위험물품, 살아있는 동물 기출▶ 23년
  ㉤ BUC[Bulk Unitization Charge(팔레트-컨테이너 운임)] 계산식 기출▶ 25년
    Pivot Charge 초과 시 화물의 중량과 Pivot Weight(정액한계중량)의 차액에 1kg당 요율로 표시된 Over Pivot Charge를 곱한 운임을 Pivot Charge에 가산하여 전체운임으로 함

④ 특수화물의 취급 기출▶ 15년

중량·대형화물 (HEA : Heavy/Out-Sized Cargo)	중량화물 (Hea : Heavy Cargo)	1개의 포장 단위당 무게가 150kg을 초과하는 화물
	대형화물 (BIG : Out-Sized Cargo)	ULD Size를 초과하는 화물
부패성 화물 (PER : Perishables)		• 부패·변질이 쉽거나 운송 도중 가치가 손상되기 쉬운 화물(우유, 버터, 화훼, 백신 등)로, 각각의 포장에 'Perishable*' 라벨 붙임 *Perishable : 썩는 제품
귀중화물 (VAL ; Valuable Cargo)		• 신고가격이 미화(USD) 1,000$을 초과하는 화물(에 보석, 화폐, 유가증권 등) • 항공화물운송장 건당 신고가격이 50만불 초과 또는 항공기당 운송신고가격 총액이 800만불 초과할 경우 사전 승인 필요 • 항공화물운송장의 Handling Information란에 'VAL'이라고 기재
생동물 (AVI : Live Animals)		건강상태 양호, IATA 생동물규정(IATA Live Animals)에 따른 포장 여부, 수송 전 구간에 대한 예약 확인 후 수송 가능
위험화물 (DGR : Dangerous Goods) 기출▶ 25년		• 항공운송 중 발생하는 기압, 온도의 변화, 기체의 흔들림 등으로 항공기, 인명, 인접 화물 등에 피해를 줄 우려가 있는 화물을 의미함 • 화주신고서(shipper's declaration for dangerous goods) 작성 및 서명은 화주(송화인)가 함 • IATA의 위험물 취급규정(DGR : Dangerous Goods Regulations)에 수송여부 및 제한 사항이 규정되어 있음 • IATA DGR의 위험품목은 9개 부류(9 class)로 구분하고 송화인의 책임을 규정하고 있음 • 화주(송화인)는 IATA DGR에 명시된 절차에 따라 분류, 인식, 포장, 마킹, 라벨링 작업을 하고, 서류를 작성하여야 함

3. 항공화물 운임

(1) 운임결정의 일반원칙 기출▶ 16년/ 12년

① 우리나라는 국제항공운송협회(IATA)의 The Air Cargo Tariff Ⅰ&Ⅱ 및 Tariff Coordinating Conference Regulation에 따라 항공화물 운임산출
② 요율, 요금 및 그와 관련된 규정의 적용은 운송장의 발행 당일에 유효한 것을 적용
③ 항공운임산출의 일반규칙 기출▶ 15년

　㉠ 항공화물의 요율은 공항에서 공항까지의 운송만을 위하여 설정된 것이며 부수적으로 발생하는 이적, 통관, 집화, 인도, 창고, 보관 혹은 그와 유사한 서비스에 대한 요금은 별도 계산
　㉡ 항공화물의 요율은 출발지국의 현지 통화로 설정, 출발지로부터 목적지까지 한 방향으로만 적용
　㉢ 별도로 규정이 설정된 경우를 제외하고는 요율과 요금은 가장 낮은 것으로 적용
　㉣ 운임은 출발지에서의 중량(Chargeable Weight)에 kg/lb당 적용요율을 곱하여 산출
　㉤ 모든 화물요율은 kg당 요율로 설정하고 있으나 미국 출발화물의 요율은 lb(파운드)당 및 kg당 요율로 설정하며, 단위탑재용기요금(BUC : Bulk Unitization Charge)의 경우 미국 출발화물도 kg당 요율로 설정
　㉥ 운임 및 종가요금(Valuation Charge)은 두 가지가 함께 선불이거나 도착지 지불로 함
　㉦ 화물의 실제 운송경로는 운임산출 시 근거로 한 경로와 반드시 일치할 필요는 없음
　㉧ IATA Tariff Coordinating Conference에서 결의하는 구간별 요율은 해당 정부의 승인을 얻은 후에야 유효한 것으로 이용 가능

2. 항공화물의 의의 및 운송절차

(1) 항공화물(Air Cargo)의 의의

① 항공화물(Air Cargo)의 개념
- ㉠ 항공기에 의하여 수송되는 화물
- ㉡ 일반적으로 항공화물운송장에 의해 수송되는 화물만을 지칭
- ㉢ 승객의 수하물(Passenger's Baggages)과 우편물(Mail)은 제외

② 항공화물의 주요품목 기출▶ 21년

긴급수요가 발생한 것	선박, 항공기, 공장 등 기계의 공장부품 대체품, 혈청 등 의학상 급송물품, 상용견품, 납기지연상품, 계절유행상품, 투기상품, 재해지에 대한 긴급구호 물자 등
물품의 성질상 단기간 운송이 필요한 것	생선, 식료품, 생동물, 생화, 방사성 물질 등
판매시기를 놓치면 상품가치가 없어지는 것	뉴스 필름, 신문, 잡지, 정기간행물 등
여객의 별송품 등 급송을 요하는 것	이삿짐, Sample 등
중량에 비해 고액이고, 중요한 품목으로서 운임 부담력이 있는 것	귀금속, 미술품, 시계, 전자제품, 광학제품, 약품, 각종 부품, IC관련기기, 컴퓨터, 통신기기 등
물류관리나 마케팅전략의 요청에 의한 것	• 경쟁상품보다 신속하게 공급하여 고객에 대한 서비스체제를 강화하고 자사제품의 시장경쟁력을 높일 목적으로 이용 • 상품 스톡포인트(Stock Point)*의 집중화와 재고투자 절감에 의한 항공화물의 대상 품목의 확대 *스톡포인트(Stock Point) : 물품 보관거점, 즉 유통창고
기타	항공운송수단이 다른 운송수단보다 싸거나 동일한 정도인 것

(2) 항공화물(Air Cargo) 운송절차

① 항공운송계약

화물의 예약	수출상은 항공화물대리점이나 운송주선인을 통하여 항공사에 화물운송을 의뢰한 후, 선적신청서를 받아 기재하고 상업송장, 포장명세서, 수출승인서를 첨부하여 제출
화물의 인수	운송대리인은 해당 화물을 송화인으로부터 인수하여 항공기 적재공항의 항공화물터미널(Air Cargo Terminal)로 수송하여 보세창고에 반입
화물의 검사 및 통관	• 보세구역에 반입된 물품은 지정된 검량업체의 검량을 받은 후 수출통관절차를 밟아 항공기에 적재 • 이때 위험물과 동물의 취급은 관계당국의 관계법과 ICAO/IATA가 제정한 규정에 따르도록 되어 있음
항공화물운송장의 발급 기출▶ 14년	• 항공화물운송장은 화주가 작성, 항공회사/대리점에 제출이 원칙 • 실제로는 화주가 제출한 운송지시서와 상업송장에 의거하여 항공화물대리점이 운송장을 작성하여 화물을 인수한 후 발행
화물의 운송 및 인수	• 운송서류를 화물과 함께 송부하면 목적지에 있는 대리점이 인수하여 수화인에게 화물도착통지를 함 • 수화인은 도착된 서류를 가지고 수입통관절차를 밟아 화물을 인수

② 항공운송 수출화물의 취급절차 : 장치장 반입 → 수출신고 → 수출심사 → 화물검사 → 수출허가 → 항공화물운송장 및 화물의 인계 → 적재작업 → 탑재작업 → 항공기 출발 기출▶ 11년

③ 항공운송 수입화물의 취급절차 : 전문접수 → 항공기 도착 → 서류분류 및 검토 → 창고 배정 → 화물분류 및 입고 → 도착 통지 → 항공화물운송장 인도

(3) 혼재업자(Air Cargo Consolidator) 기출▶ 15년

① 개념 : 타인의 수요에 응하여 유상으로 자기명의로 항공사의 항공기를 이용하여 화물을 혼재(Consolidate)·운송해주는 사업

② 역할
  ㉠ 항공운송주선인으로 화주의 운송대리인
  ㉡ 송화인과 House Air Waybill을 이용하여 운송계약을 체결하는 업자
  ㉢ 수출입 통관 및 보험에 관한 화주의 대리인

③ 주요 서비스

수출항공화물	화물을 혼재하여 항공회사와 운송계약을 체결하고 화물의 출발, 환적(Transit), 도착 등 일련의 화물이동을 추적(Following-up)
수입항공화물	수입통관 및 방문배달(Door to Door Delivery)과 수화인(수입업자)을 위한 수입관세 지급을 주선하고, 재수출업자 상품을 재문서화(Re-Documentation)하고 수입항공화물의 보세운송 주선

④ 혼재화물 인수대리점(Break Bulk Agent)
  ㉠ 혼재업자가 각 목적지에 지정한 대리점으로서 혼재화물을 수화인 단위로 분류(해체)
  ㉡ 혼재화물 인수대리점의 업무는 혼재업자들이 취급하는 가장 중요한 업무
  ㉢ 각 지역 혼재화물 인수대리점이 서로 업무제휴관계를 맺고 혼재화물이 목적지에 도착하면 항공회사로부터 항공화물운송장을 받아 대리점별로 수화인 화물을 분류하여 수화인의 통관절차 대행(주선)

(4) 항공화물운송대리점과 항공운송주선업자의 차이

구분	항공화물운송대리점	항공운송주선업자(Consolidator)
활동영역	국내수출입과 관련 컨테이너 만재화물 취급	국내외 수출입 컨테이너 미만 소화물 취급
운임	항공사 운임률표(Tariff) 사용	자체 운임률표(Tariff) 사용
운송약관	항공사 약관에 준함	자체 약관 사용
수화인	매 건당 수화인이 있음	혼재화물 인수대리점이 수화인
수입	IATA(국제항공운송협회)의 5% Commission을 받거나 기타 수수료를 받음	IATA의 5% 이외에 중량 절감에 의해 화주로부터 영수한 금액과 항공지불운임과의 차액을 수입으로 받음
항공운송장	항공사의 Master AWB* 사용, One AWB 사용 *AWB : 항공운송장	고객단위로 자체 House AWB 사용, Two AWB 사용
화주에 대한 책임	항공사 책임	주선업자 책임

CORE 02 항공화물운송사업의 개요

1. 항공화물운송사업의 의의

(1) 항공화물운송사업(Air Carrier)의 개념
① 항공운송사업은 타인의 수요에 응하여 항공기를 사용하여 유상으로 여객 또는 화물을 운송하는 사업
② 항공운송사업의 분류
  ㉠ 정기항공운송사업 : 한 지점과 다른 지점 사이에 노선을 정하고 정기적으로 항공기를 운항하는 항공운송사업
  ㉡ 부정기항공운송사업 : 정기항공운송사업 외의 항공운송사업

(2) 항공화물운송대리점(Air Cargo Agent) 기출▶ 15년
① 역할
  ㉠ 항공사 또는 총대리점을 대리하여 항공회사의 운송약관 및 관세(Tariff)에 따라 항공화물 수집
  ㉡ 항공화물운송장의 발행 및 이에 부수되는 업무수행으로 항공회사로부터 항공운임의 5%를 대가로 받음
  ㉢ 수출입화물의 판매 및 유치(Selling Transportation), 즉 항공사를 대신하여 세계 각국으로 수출입되는 화물의 운송수요를 개발·유치하고 체결
② 활동
  ㉠ 운송을 위한 준비(Ready for Carriage) : 항공화물의 중량, 크기, 품목 등을 미리 확인하고 항공화물운송장 작성, 운송서류 준비

화주의 지시서 (Shipper's Letter of Instruction)	• 화물운송에 있어서 송화인이 발행하는 화물취급지시서 • 이 양식에 따라 화물서류 준비 및 Forwarding*을 함 　*Forwarding : 물류에 있어서 수출입, 통관 등을 의미 • 통상 인쇄된 양식으로 화주(송화인)에게 제공되며 운송할 화물에 대한 모든 세부사항이 송화인에 의하여 기록되어 화물운송대리점에 인도됨
상업송장 (Commercial Invoice)	• 출발지와 도착지의 세관이 요구하는 각종 통관서류 • 화물의 성질에 따라 작성하는 서류

  ㉡ 포장 표기(Marking of Package) : 항공화물운송장의 화주 성명, 주소와 일치되게 각 포장 단위로 정확히 표기
  ㉢ 포장(Packing) : 화물 내용에 적합하게 정상적인 항공운송이 가능하도록, 위험물과 생동물은 관련 규정에 따라 포장
  ㉣ 수출입 통관절차 대행 : 수출화물에 대한 통관절차(송화인 요청)와 수입화물의 통관절차(수화인 요청) 대행
  ㉤ 운송비용(Trucking) : 화물의 항공운송 이전·이후의 인수(Pick-up) 및 인도(Delivery)를 위해서 대리점은 지상 Trucking을 주선함
  ㉥ 기타 서비스 활동

상담가(Consultant)	고객들에게 수출입 규정과 항공화물 관련 전문지식 제공
보험(Insurance)	고객에게 항공화물보험의 부보서비스 제공
물품점검(Tracing)	항공화물이 정해진 Route에 따라 움직이고 있는가를 점검

ⓜ 종류

Aircraft ULD	IATA*의 허가하에 각종 비행기의 화물칸에 맞도록 만들어낸 것 *IATA : 국제항공운송협회	
	Pallet (파렛트)	• 알루미늄 합금으로 제작된 평판 • 화물을 실은 후 네트나 이글루로 고정 가능
	Certified Aircraft Containers (컨테이너)	파렛트가 항공기에 고정되는 장치와 동일한 방법으로 컨테이너 밑바닥이 항공기에 고정되도록 제작되어 별도의 보조장비가 불필요한 ULD
	Igloo(이글루)	밑바닥이 없는 형태로, 알루미늄과 Fiberglass*로 만들어진 항공화물을 넣는 특수한 덮개 *Fiberglass : 유리섬유
Non-Aircraft ULD	화물의 종류에 맞추어 화물칸의 탑재상태와는 상관없이 만든 비(非)항공용 Box를 말함	

② 벨리카고(Belly Cargo)
  ㉠ 동체 하단부 전체를 화물칸으로 운영하는 방식
  ㉡ 파렛트, 이글루, Certified Aircraft Containers 등을 활용하여 단위탑재 가능

(3) 항공화물별 적합한 단위탑재

① 항공화물의 단위탑재 시 고급의류 : 컨테이너에 적재하는 것이 적합함
② 항공화물의 단위탑재 시 기계부품 : 파렛트에 적재하는 것이 적합함

(4) 화물 운송장비 기출▶ 21년/ 19년

① Work Station : 항공화물터미널에서 화물을 파렛트에 적재(Build-up)하거나 해체(Break down)할 때 사용되는 설비
② 공항터미널에서 사용되는 조업장비 기출▶ 24년

Transporter (트랜스포터)	적재작업이 완료된 항공화물의 단위탑재용기(ULD)를 터미널에서 항공기까지 수평 이동시키는 자체동력 장비
Dolly (달리)	Transporter(트랜스포터)와 동일한 작업 기능을 수행하나 자체 동력원이 없는 무동력 장비로 견인차(Tug car)에 연결하여 사용하는 장비
High Loader (하이 로더)	항공화물을 여러 층으로 높게 적재하거나, 항공기 화물실에 화물을 탑재하는 항공기 전용탑재기
Nose Dock (노즈 독)	주기장과 항공기와 터미널을 직접 연결시켜 탑재와 하역을 용이하게 함
Tug Car (견인차)	파렛트 트레일러를 연결하여 이동하는 차량이며, 일반항공화물이나 ULD가 적재된 Dolly를 항공기로 이동시키는 지상조업장비로 동력원이 없어 스스로 움직이지 못하는 장비를 견인할 때에도 사용함

(4) 국제항공화물운송의 환경변화 기출▶ 21년

① 송화인의 항공화물운송 의뢰는 대부분 항공화물운송주선인(Air Freight Forwarder)에 의해 이루어짐
② 아마존과 같은 국제전자상거래업체의 성장으로 GDC(Global Distribution Center) 관련 항공화물 증가
③ 국제항공화물운송에서 신선화물의 증가
④ 우리나라 인천국제공항의 국제항공 환적화물 비중이 크게 증가
⑤ 항공화물운송료가 코로나19 발생 이후 급격히 상승, 코로나19로 인해 해상운송 정체가 발생하면서 항공운송 수요가 치솟아 전체 물동량은 늘어나고 있음

2. 항공기 및 화물 운송장비

(1) 항공기

① 항공기의 정의 : 사람이 탑승·조종하여 항공에 사용하는 비행기, 비행선, 활공기(滑空機), 회전익(回轉翼) 항공기 및 그 밖에 이와 유사한 비행기구로서 대통령령으로 정하는 것을 말함(지방세법 제6조 제9호)
② 항공기 화물실의 구조와 명칭

Deck	• 항공기 화물실 바닥을 말하며, 갑판이 2개 이상인 경우 Deck에 의해 내부공간이 Upper Deck, Main Deck, Lower Deck으로 구분 • 승객이 탑승하는 Main Deck을 Cabin이라 함
Hold	• 천장, 바닥, 격벽으로 구성되어 여객과 화물을 수송할 수 있는 내부공간 • 여러 개의 Compartment로 구성
Compartment	홀드 내에 스테이션(Station)별로 지정된 공간
Section	Compartment 중 ULD*를 탑재할 수 없는 공간의 세부적 구분 *ULD : 단위탑재용기
Bay	Compartment 중 ULD를 탑재할 수 있는 공간의 세부적 구분

(2) 항공화물운송의 탑재방식 기출▶ 21년

① 단위탑재용기(ULD : Unit Load Device) 기출▶ 21년 / 11년
  ㉠ 항공운송에만 사용되는 항공화물용 컨테이너와 파렛트 및 이글루를 말함
  ㉡ 종래의 Bulk 화물*을 항공기의 탑재에 적합하도록 설계한 일종의 화물 운송용 용기
    *Bulk 화물 : 다발로 묶지 않고 흩어지게 막 쌓아놓은 화물
  ㉢ 피스톤엔진과 터보-프로펠러 항공기가 제작되면서 사용되었음
  ㉣ 항공기 구조물의 일부로 간주되며, 항공기의 Hold나 Desk의 Floor는 탑재를 쉽게 하기 위해 Roller Tray와 Restraint System(안전장치)이 장착됨

(3) 항공화물운송의 장점 기출▶ 20년

① 직접원가면의 장점
  ㉠ 최소의 포장만을 함으로 포장비(재료비·인건비) 절감
  ㉡ 포장을 경량화함으로써 운임비 절약
  ㉢ 신속하고 안전하므로 보험료 저렴
  ㉣ 운송 중인 상품에 대한 자본비용(투입자본의 이자) 절감
  ㉤ 수요에 맞춘 적시 발송 및 적량을 신속하게 자주 발송할 수 있어 발착지 및 중계지 등에서 보관비 절감
  ㉥ 운송 기간이 짧아 화물 취급(Handling)이 줄어 도난·훼손 등이 적음

② 간접원가면의 장점
  ㉠ 신속운송으로 효율적인 자본회전을 도모할 수 있음
  ㉡ 재고품의 진부화, 변질 등에 의한 손실을 감소시킴
  ㉢ 발착지에서의 보관 기간이 짧아 보관시설에 대한 투자, 임차료, 관리비 등 절감

③ 기타 장점
  ㉠ 선도를 생명으로 하는 상품의 시장 확대
  ㉡ 원격지 시장에 대한 유행품·계절품의 판매경쟁력 향상
  ㉢ 급격한 수요변화에 신속히 대응 가능
  ㉣ 정시발착이 가능하고 화물의 소재파악이 쉬우며 신뢰도가 높음
  ㉤ 생산설비의 부품을 신속히 조달할 수 있고, 가동률이 향상됨

➕ 더알아보기 항공운송과 해상운송 비교

구분	항공운송	해상운송
운임	해상운임의 20배이며 비탄력적	장거리 수송 중에는 가장 저렴하며 비교적 탄력적
중량	중량 제한을 많이 받음	중량 제한을 완전히 받지 않음
안전성	안전도가 비교적 높음	안전도가 비교적 높지 않음 • 충격에 의한 손상 • 장기운송에 따른 파손·도난·원형 변질 • 해수에 의한 부식
신속성	해상운송보다 수십 배 빠름 (예 북미·유럽 : 2일)	수송시간이 상당히 소요 (예 북미 : 12~15일, 유럽 : 4~5주)
경제성	포장비 저렴, 보험료 낮음, 운임 외 부대비용 낮음	포장비 높음, 보험요율 높음, 장기운송에 따른 기타 변동비 추가 발생
수송화물	중·소량, 고부가가치 화물	대·중량화물

CHAPTER 04 국제항공운송

핵심 포인트
- ☑ 항공운송의 특성과 장점 및 항공화물의 주요품목 정리
- ☑ 항공기 화물실의 구조와 명칭, 단위탑재수송용기(ULD)
- ☑ 항공화물운송장의 기능과 성격, 선하증권(B/L)과의 차이점
- ☑ 항공운송요금의 종류
- ☑ 항공운송 수출입절차
- ☑ 국제조약 및 국제항공기구

CORE 01 항공화물운송의 개요

1. 항공화물운송의 의의

(1) 항공화물운송(Air Transportation)의 개념

① 항공기의 항복(Plane's Space)에 승객, 우편물 및 화물을 탑재하고 국내외 공항에서 공로(Air Route)로 다른 공항까지 운송하는 운송시스템

② 항공산업의 발전, 화물전세기 등장, 신속한 운송요구에 따라 항공운송 비중 점차 증가

③ 항공운송을 선호하는 이유
  ㉠ 경제의 질적 발전과 고부가가치의 소형 경량 화물(예 반도체, 전자제품, 시계 등)은 비싼 운임 지급도 채산성이 있음
  ㉡ 신속한 운송

(2) 항공화물운송의 특성 기출 23년/ 21년/ 15년

① 적시성
  ㉠ 신속성을 바탕으로 정시서비스(On-Time Operation Service) 가능
  ㉡ 야간의 운행으로 화물 인도(Over Night Delivery) 가능
  ㉢ 화물을 저녁때까지 집하하여 탑재한 후, 다음 날 아침에 수화인에게 인도할 수 있어 긴급화물이나 부패성 화물의 운송에 가장 적합한 운송수단

② 비계절성 : 항공화물은 여객에 비해 계절적인 영향을 적게 받음(단, 꽃·패션 제품·크리스마스 상품 등 계절적 유행 상품은 예외).

③ 서비스의 완벽성 : 화주는 집하·인도·화물추적의 용이성, 특수취급을 요하는 위험 물품과 귀중품 등의 안전성, 기타 보험이나 클레임 업무의 편리성 등을 요구하는데 이에 대한 서비스가 타 운송보다 우수함

03 항공화물운송장에 관한 설명으로 옳지 않은 것은? 기출 22년

① 송화인은 항공화물운송장 원본 3통을 1조로 작성하여 화물과 함께 운송인에게 교부하여야 한다.
② 제1원본(녹색)에는 운송인용이라고 기재하고 송화인이 서명하여야 한다.
③ 제2원본(적색)에는 수화인용이라고 기재하고 송화인 및 운송인이 서명한 후 화물과 함께 도착지에 송부하여야 한다.
④ 제3원본(청색)에는 송화인용이라고 기재하고 운송인이 서명하여 화물을 인수한 후 송화인에게 교부하여야 한다.
⑤ 송화인은 항공화물운송장에 기재된 화물의 명세·신고가 정확하다는 것에 대해 그 항공화물운송장을 누가 작성했든 책임을 질 필요가 없다.

해설 ⑤ 항공화물운송장의 작성이 항공화물운송계약의 성립요건은 아니므로, 운송장 기재에 결함이 있더라도 그 자체가 무효가 되는 것이 아니라, 기재에 책임 있는 당사자(송화인)가 그에 따른 불이익을 받는다.

기출문제 엿보기

☑ 항공화물운송장에 관한 설명으로 옳은 것은? 25년
☑ 항공화물운송장의 작성방법에 관한 설명으로 옳지 않은 것은? 24년
☑ 항공화물운송장 기능과 내용으로 옳은 것을 모두 고른 것은? 24년
☑ 항공화물운송장의 설명으로 옳지 않은 것은? 21·17년

04 항공운송관련 국제협정을 통합하기 위해 1999년 ICAO 국제항공법회의에서 채택되어 2003년에 발효된 국제조약은? 기출 23년

① Hague Protocol
② Guadalajara Convention
③ Guatemala Protocol
④ Montreal Convention
⑤ Montreal Agreement

해설 ④ Montreal Convention(몬트리올 협약)은 바르샤바협약/와르소조약(Warsaw Convention)을 기반으로 항공운송인의 손해배상책임을 강화한 협약이다.

기출문제 엿보기

☑ 항공운송 관련 국제규범으로 옳은 것을 모두 고른 것은? 24년
☑ 국제운송조약 중 항공운송과 관련되는 조약을 모두 고른 것은? 22년
☑ 항공운송에 관한 국제조약으로 옳은 것은? 19년
☑ 항공운송과 관련되는 국제규범으로 옳은 것은? 18년
☑ 다음에서 설명하는 항공운송 관련 국제규범은? 17년

01 ③ 02 ③ 03 ⑤ 04 ④

CHAPTER 04 시험에 꼭 나오는 필수문제

01 항공화물운송의 특성에 관한 설명으로 옳지 않은 것은? 기출 23년

① 대부분 야간에 운송이 집중된다.
② 신속성을 바탕으로 정시 서비스가 가능하다.
③ 여객에 비해 계절에 따른 운송수요의 탄력성이 크다.
④ 화물추적, 특수화물의 안정성, 보험이나 클레임에 대한 서비스가 우수하다.
⑤ 적하를 위하여 숙련된 지상작업이 필요하다.

해설 ③ 항공화물은 여객에 비해 계절적인 영향을 적게 받기 때문에 계절에 따른 운송수요의 탄력성이 작다.

기출문제 엿보기

☑ 항공화물운송의 특성에 관한 설명으로 옳은 것은? 21년
☑ 항공화물운송에 관한 설명으로 옳지 않은 것은? 20년
☑ 항공화물운송에 관한 설명으로 옳은 것은? 16년
☑ 항공화물운송의 특성에 관한 설명으로 옳지 않은 것은? 15년

02 항공화물의 품목분류요율(CCR) 중 할증요금 적용품목으로 옳지 않은 것은? 기출 22년

① 금괴
② 화폐
③ 잡지
④ 생동물
⑤ 유가증권

해설 ③ 잡지는 할인요금 적용품목이다.

- 할인운임(R) : 신문, 잡지, 정기간행물, 서류, 카탈로그, 비동반 수하물 등
- 할증운임(S) : 금, 보석, 화폐, 증권, 자동차, 생동물

기출문제 엿보기

☑ 항공화물의 품목분류요율(Commodity Classification Rate) 중 할인요금 적용품목으로 옳지 않은 것은? 16년
☑ 항공화물의 품목분류요율(Commodity Classification Rate)은 일반화물요율보다 높게 설정되는 할증품목(Surcharge Item)과 낮게 설정되는 할인품목(Reduction Item)으로 구분된다. 다음 중 할증품목을 모두 고른 것은? 15년

해설 ㄱ. IACS는 국제선급연합회로 선급 간 협력 및 기술 규칙 통일을 도모하기 위해 세계 주요 선급들이 조직한 모임이다.
ㄹ. IMO는 해운과 조선에 관한 국제적인 문제, 즉 해사안전 및 오염방지 대책, 국제해사 관련 협약의 시행 및 권고 등을 위해 설립된 UN 산하의 정부 간 기구이다.

키워드 ⓕ 기타

53

해운동맹 운영 수단 중 그 성격이 다른 것은? 기출 16년

① 운임협정(rate agreement)
② 항해협정(sailing agreement)
③ 공동계산협정(pooling agreement)
④ 계약운임(contract rate system)
⑤ 공동운항(joint service)

해설 ④ 계약운임(contract rate system)은 동맹의 외부규제에 해당한다.

52

해상운송 관련 국제기구에 관한 설명으로 옳은 것은? 기출 18년

① ISF : 해사법과 해사관행 및 관습의 통일을 위해 설립되었다.
② FIATA : 선주의 이익 증진을 위하여 국제적인 문제에 대해 의견을 교환하고 정책을 수립하기 위해 설립되었다.
③ BIMCO : 국제상거래법의 단계적인 조화와 통일을 목적으로 설립되었다.
④ CMI : 국제해운의 안전성 확보를 위하여 1944년 시카고 조약으로 설립이 합의되었다.
⑤ IMO : 정부 간 해사기술의 상호협력, 해사안전 및 해양오염방지대책 수립 등을 목적으로 설립되었다.

해설 ① ISF : 선원문제에 관한 선주의 권익보호와 자문을 위해 1909년 창설된 민간기구
② FIATA : 국제운송인을 대표하는 비정부기구로 전 세계 운송주선인의 통합, 운송주선인의 권익보호, 운송주선인의 서류통일과 표준거래조건의 개발 등을 목적으로 한다.
③ BIMCO : 순수한 민간단체로 국제해운의 경제적·상업개입 협조에 주력하고, 발틱해와 백해지역 선주들의 이익을 위하여 창설
④ CMI : 해상법(海商法)·해사관련 관습·관행 및 해상실무의 통일화에 기여하기 위하여 1897년 벨기에 앤트워프에서 창설된 민간국제기구

54

1998년 미국 외항해운개혁법(OSRA)의 주요 내용으로 옳지 않은 것은? 기출 22년

① FMC에 선사의 태리프(Tariff) 신고의무를 폐지하였다.
② 우대운송계약(Service Contract)을 허용하되 서비스계약 운임률, 서비스 내용, 내륙운송구간, 손해배상 등 주요 내용을 대외비로 인정해주고 있다.
③ 비슷한 조건의 화주가 선사에게 동등한 조건을 요구할 수 있는 'me-too'조항을 삭제하여 선사의 화주에 대한 차별대우를 인정해 주었다.
④ NVOCC의 자격요건을 강화하여 해상화물운송주선인과 동일하게 FMC로부터 면허취득을 의무화하였다.
⑤ 컨소시엄, 전략적 제휴 등 공동행위 및 경쟁제한 행위를 금지시켰다.

해설 ⑤ 연방해사위원회에 신고한 공동행위는 허용되었다.

49
로테르담 규칙의 내용에 관한 설명으로 옳지 않은 것은?

기출 19년

① 해공복합운송 및 해륙복합운송에 대해서도 적용된다.
② 해상화물운송장 및 전자선하증권이 발행되는 경우에도 적용된다.
③ 인도 지연으로 인한 손해에 대해서는 규정하고 있지 않다.
④ 운송인은 항해과실로 인해 발생한 손해에 대해서도 책임을 부담한다.
⑤ 운송인의 감항능력주의 의무는 전체 해상운송기간에 대해서까지 확대된다.

해설 ③ 로테르담 규칙은 UNCITRL이 제정한 국제해상물건운송계약에 관한 조약으로 복합운송(Door to Door)에 부응하는 해결책 제공과 운송인의 운송물에 대한 책임을 강화한 규칙이다. 화물관련 운송인의 의무에 수령 및 인도가 추가되었으며, 당사자 간의 합의된 기간 내에 인도가 되지 않은 경우 운임의 2.5배를 최고한도로 보상이 가능하다.

키워드 ⑭ 해상운송 국제기구

50
다음 중 해상운송과 관련된 국제조약을 모두 고른 것은?

기출 23년

> ㄱ. Hague Rules(1924)
> ㄴ. Warsaw Convention(1929)
> ㄷ. CMR Convention(1956)
> ㄹ. CIM Convention(1970)
> ㅁ. Hamburg Rules(1978)
> ㅂ. Rotterdam Rules(2008)

① ㄱ, ㄴ, ㄷ
② ㄱ, ㅁ, ㅂ
③ ㄴ, ㄷ, ㄹ
④ ㄷ, ㄹ, ㅁ
⑤ ㄷ, ㄹ, ㅂ

해설 ㄴ. Warsaw Convention(1929) : 항공운송과 관련된 국제조약
ㄷ. CMR Convention(1956) : 국제도로물품운송조약
ㄹ. CIM Convention(1970) : 국제철도물품운송조약

51
해상운송과 관련된 국제기구의 설명으로 옳은 것을 모두 고른 것은? 기출 20년

> ㄱ. IACS는 국제적인 대리업의 확장에 따른 제반 문제점을 다루기 위해 설립된 운송주선인의 민간기구이다.
> ㄴ. BIMCO는 선주들의 공동이익을 위해 창설된 민간기구이다.
> ㄷ. ICS는 선주들의 권익보호와 상호협조를 위해 각국 선주협회들이 설립한 민간기구이다.
> ㄹ. IMO는 국제무역과 경제발전을 촉진할 목적으로 설립된 국제연합의 전문기구이다.

① ㄱ, ㄷ
② ㄱ, ㄹ
③ ㄴ, ㄷ
④ ㄴ, ㄷ, ㄹ
⑤ ㄱ, ㄴ, ㄷ, ㄹ

46

해상손해의 종류 중 물적손해에 해당하지 않는 것은?

기출 23년

① 보험목적물의 완전한 파손 또는 멸실
② 보험목적물의 일부에 발생하는 손해로서 피보험자 단독으로 입은 손해
③ 보험목적물에 해상위험이 발생한 경우 손해방지의무를 이행하기 위해 지출되는 비용
④ 보험목적물이 공동의 안전을 위하여 희생되었을 때 이해관계자들이 공동으로 분담하는 손해
⑤ 선박의 수리비가 수리후의 선박가액을 초과하는 경우

해설 물적손해는 보험목적물 그 자체가 멸실이나 훼손됨으로 인하여 피보험자가 입는 손해를 말하며, 직접손해라고도 한다. 전손(현실전손, 추정전손)과 분손(단독해손, 공동해손)으로 나뉜다.

47

ICC(A)(2009)의 면책위험에 해당하지 않는 것은? 기출 22년

① 보험목적물의 고유의 하자 또는 성질로 인하여 발생한 손상
② 포획, 나포, 강류, 억지 또는 억류(해적행위 제외) 및 이러한 행위의 결과로 발생한 손상
③ 피보험자가 피보험목적물을 적재할 때 알고 있는 선박 또는 부선의 불감항으로 생긴 손상
④ 동맹파업자, 직장폐쇄노동자 또는 노동쟁의, 소요 또는 폭동에 가담한 자에 의하여 발생한 손상
⑤ 피보험목적물 또는 그 일부에 대한 어떠한 자의 불법행위에 의한 고의적인 손상 또는 고의적인 파괴

해설 ⑤ ICC(A)의 담보위험, ICC(B)와 ICC(C)의 면책위험에 해당한다.

키워드 ⑬ 해상운송 국제조약

48

Hamburg Rules(1978)상 청구 및 소송에 관한 내용이 옳게 나열된 것은? 기출 22년

- No compensation shall be payable for loss resulting from delay in delivery unless a notice has been given in writing to the carrier within (ㄱ) consecutive days after the day when the goods were handed over to the (ㄴ).
- Any action relating to carriage of goods under this Convention is time-barred if judicial or arbitral proceedings have not been instituted within a period of (ㄷ) years.

① ㄱ : 30, ㄴ : consignee, ㄷ : two
② ㄱ : 30, ㄴ : consignor, ㄷ : three
③ ㄱ : 60, ㄴ : consignee, ㄷ : two
④ ㄱ : 60, ㄴ : consignor, ㄷ : three
⑤ ㄱ : 90, ㄴ : consignee, ㄷ : three

해설
- 인도지연의 기준 : 인도지연으로 발생한 손실에 대해서는 물건이 (수화인)에게 인도된 일로부터 연속 (60)일 이내에 서면으로 운송인에게 통고를 하지 않는 한 손해배상을 할 수 없다.
- 소송의 제기기한 : 소송절차 또는 중재절차가 (2)년의 기간 내에 개시되지 아니하는 한, 이 조약에 의한 물건운송에 관한 어떠한 소송도 무효가 된다.

44

해상보험에서 피보험이익에 관한 설명으로 옳지 않은 것은? 기출 17년

① 피보험이익은 적법하여야 한다.
② 피보험이익은 보험계약을 체결할 당시 반드시 확정되어 있어야 한다.
③ 피보험이익은 선적화물, 선박 등 피보험목적물에 대하여 특정인이 갖는 이해관계를 말한다.
④ 해상보험계약에서 보호되는 것은 피보험목적물이 아니라 피보험이익이라 할 수 있다.
⑤ 피보험이익은 경제적 이익, 즉 금전으로 산정할 수 있어야 한다.

> 해설 피보험이익은 계약체결 당시에 확정되어 있어야 하는 것은 아니지만, 적어도 보험사고가 발생할 때까지는 확정할 수 있어야 한다.
>
> **피보험이익(Insurable Interest)**
> - 피보험목적물과 특정인, 즉 피보험자와의 이해관계가 있는 목적물이 보험보호의 대상이 된다.
> - 불확실한 사고로부터 재산상의 손해를 보상받을 수 있는 이익을 피보험이익이라 한다.
> - 피보험이익이 없다면 보험계약을 체결할 수 없고, 보험계약 형식을 갖췄다고 해도 그 계약의 효력은 발생할 수 없다.

45

Marine Insurance Act(1906)에서 비용손해에 관한 설명으로 옳은 것은? 기출 22년

① 특별비용은 공동해손과 손해방지비용을 모두 포함한 비용을 말한다.
② 제3자나 보험자가 손해방지행위를 했다면 그 비용은 손해방지비용으로 보상될 수 있다.
③ 특별비용은 보험조건에 상관없이 정당하게 지출된 경우 보험자로부터 보상받을 수 있다.
④ 보험자의 담보위험 여부에 상관없이 발생한 손해를 방지하기 위해 지출한 구조비는 보상받을 수 있다.
⑤ 보험목적물의 안전과 보존을 위하여 구조계약을 체결했을 경우 발생하는 비용은 특별비용으로 보상될 수 있다.

> 해설 ① 특별비용은 공동해손비용과 구조비 이외의 비용을 의미한다.
> ② 손해방지비용은 위험 발생가능성이 있는 경우에 보험목적물에 손해 방지 또는 경감을 위하여 피보험자 또는 그 사용인 및 대리인이 지출한 비용을 말한다.
> ③ 특별비용은 보험조건에 따라 정당하게 지출된 경우 보험자로부터 보상받을 수 있다.
> ④ 담보위험에 의해 발생한 손해를 방지하기 위해 지출된 비용만을 보상받을 수 있다.

41

운송관련 서류 중 선적지에서 발행하는 서류가 아닌 것은? 기출 21년

① 수입화물선취보증장(Letter of Guarantee)
② 파손화물보상장(Letter of Indemnity)
③ 선하증권(Bill of Lading)
④ 선적예약확인서(Booking Note)
⑤ 적화목록(Manifest)

> **해설** 수입화물선취보증장(Letter of Guarantee)
> 수입 화물은 목적항에 도착하였으나 운송서류 미도착으로 화물의 인수가 불가능할 때, 동 화물의 인수와 관련한 모든 책임을 은행이 진다는 내용의 보증서로서, 수입상과 신용장 개설은행이 연대 보증한 서류를 선박회사에 제출하여 수입 화물을 인도받을 수 있도록 한다.

42

다음에서 설명하는 서류는? 기출 17년

> 선하증권보다 수입화물이 목적항에 먼저 도착하여 화물 인수 지연에 따른 화물 변질, 보관료 증가, 판매기회 상실 등의 부담이 발생할 우려가 있을 때, 이러한 불편을 해소하기 위해 수하인이 사용할 수 있는 서류

① L/G(Letter of Guarantee)
② D/O(Delivery Order)
③ S/R(Shipping Request)
④ M/R(Mate's Receipt)
⑤ L/I(Letter of Indemnity)

> **해설** ② 화물인도지시서(D/O : Delivery Order) : 수입상이 선사에 B/L 원본을 제출하고 운임을 지불하면 수입상이 보세구역에서 수입화물을 찾을 수 있도록 선사가 수입상에게 발행하는 서류
> ③ 선적의뢰서(S/R : Shipping Request) : 화물의 선적업무 대행 시 제출하는 화물의 반출 · 선적사항 등을 적은 의뢰서
> ④ 본선수취증(M/R : Mate's Receipt) : 본선이 M/R에 기재된 상태로 화물을 수취하였음을 인정하는 영수증
> ⑤ 파손화물보상장(L/I : Letter of Indemnity) : 화주(수출업자)가 실제로는 고장부 선하증권(Foul B/L)임에도 불구하고 무사고 선하증권(Clean B/L)으로 바꾸어 받을 경우, 선박회사에 제시하는 보상장이며 향후 화물에 문제가 발생하더라도 선박회사에 책임을 전가하지 않는다는 취지의 각서

키워드 ⑫ 해상보험과 해상손해

43

위부(Abandonment)에 관한 설명으로 옳지 않은 것은? 기출 21년

① 위부의 통지는 피보험자가 손해를 추정전손으로 처리하겠다는 의사표시이다.
② 위부는 피보험자가 잔존물에 대한 모든 권리를 보험자에게 이전하고 전손보험금을 청구하는 행위이다.
③ 피보험자의 위부통지를 보험자가 수락하게 되면 잔존물에 대한 일체의 권리는 보험자에게 이전된다.
④ 피보험자가 위부통지를 하지 않으면 손해는 분손으로 처리된다.
⑤ 보험목적물이 전멸하여 보험자가 회수할 잔존물이 없더라도 위부를 통지하여야 한다.

> **해설** ⑤ 현실전손의 경우(보험목적물이 현실적으로 전멸되거나 그 손해 정도가 상품가치를 완전히 상실해서 회복할 수 없는 경우)에는 위부 통지를 할 필요가 없다.

39

선하증권의 법정(필수) 기재사항이 아닌 것은? 기출 14년

① 운송물품의 거래가격
② 운송인의 표시
③ 선하증권의 발행지와 발행일자
④ 선적항 및 양륙항
⑤ 수통의 선하증권을 발행한 때에는 그 수

해설 선하증권의 법정기재사항(상법 제853조 제1항)
- 선박의 명칭·국적 및 톤수
- 송하인이 서면으로 통지한 운송물의 종류, 중량 또는 용적, 포장의 종별, 개수와 기호
- 운송물의 외관상태
- 용선자 또는 송하인의 성명·상호
- 수하인 또는 통지수령인의 성명·상호
- 선적항
- 양륙항
- 운임
- 발행지와 그 발행연월일
- 수통의 선하증권을 발행한 때에는 그 수
- 운송인의 성명 또는 상호
- 운송인의 주된 영업소 소재지

키워드 ⑪ 선하증권 대체서류

40

해상화물운송장을 위한 CMI통일규칙(1990) 내용의 일부이다. ( )에 들어갈 내용을 올바르게 나열한 것은? (단, 대/소문자는 고려하지 않는다.) 기출 23년

> ○ These Rules may be known as the CMI Uniform Rules for Sea Waybills.
> In these Rules :
> - (ㄱ) and (ㄴ) shall mean the parties so named or identified in the contract of carriage.
> - (ㄷ) shall mean the party so named or identified in the contract of carriage, or any persons substituted as (ㄷ) in accordance with Rule 6.

① ㄱ : carrier, ㄴ : shipper, ㄷ : consignee
② ㄱ : carrier, ㄴ : consignee, ㄷ : master
③ ㄱ : shipper, ㄴ : carrier, ㄷ : master
④ ㄱ : shipper, ㄴ : consignee, ㄷ : carrier
⑤ ㄱ : shipper, ㄴ : master, ㄷ : carrier

해설 ① ㄱ : carrier, ㄴ : shipper, ㄷ : consignee
CMI통일규칙(1990)
1. Scope of Application
   These Rules shall be called the CMI Uniforms Rules for Sea Waybills.
   They shall apply when adopted by a contract of carriage which is not covered by a bill of lading or similar document of title, whether the contract be in writing or not.
2. Definitions
   In these Rules : "Contract of carriage" shall mean any contract of carriage subject to these Rules which is to be performed wholly or partly by sea.
   "Goods" shall mean any goods carried or received for carriage under a contract of carriage.
   ("Carrier" and "Shipper") shall mean the parties named in or identifiable as such from the contract of carriage.
   ("Consignee") shall mean the party named in or identifiable as such from the contract of carriage, or any person substituted as (consignee) in accordance with Rule 6(i).
   "Right of Control" shall mean the rights and obligations referred to in Rule 6.

37

선하증권 이면에 표기되어 있는 다음 약관에 해당하는 것은? 기출 18년

> Any reference on the face hereof to marks, numbers, descriptions, quality, quantity, gauge, weight, measure, nature, kind, value and any other particulars of the Goods is as furnished by the Merchant, and the Carrier shall not be responsible for the accuracy thereof. The Merchant warrants to the Carrier that the particulars furnished by him are correct and shall indemnify the Carrier against all loss, damage, expenses, liability, penalties and fines arising or resulting from inaccuracy thereof.

① New Jason Clause
② Both to Blame Clause
③ Unknown Clause
④ Paramount Clause
⑤ Lien Clause

해설 **부지약관(Unknown Clause)**
이 증권 전면에 나와 있는 기호, 번호, 명세, 품질, 수량, 치수, 중량, 부피, 성질, 종류, 가액 및 기타 물품의 명세는 상인이 신고한 대로이며, 운송인은 그것의 정확성에 대해서 책임을 지지 않는다. 상인은 그가 신고한 상세명세가 정확하다는 것을 운송인에게 담보하며, 그것의 부정확성으로 인하여 발생하는 모든 멸실, 손해, 비용, 책임, 벌과금, 과태료에 대해서 운송인에게 보상한다.

38

다음에서 설명하는 내용에 부합하는 선하증권은? 기출 17년

> - 부산에 소재하는 중계무역상 A가 일본에 있는 B로부터 물품을 구매하여 영국에 있는 C에게 판매하고자 한다.
> - 이를 위해 동경에서 부산으로 물품을 반입하여 포장을 변경한 다음 영국행 선박에 적재하였다.
> - A는 이 물품에 대해 송하인과 수하인, 통지처 등의 사항을 변경한 선하증권을 선사로부터 다시 발급받았다.

① Switch B/L
② Red B/L
③ Transhipment B/L
④ Surrender B/L
⑤ Countersign B/L

해설 ① Switch B/L : 주로 중계무역에서 사용. 중계무역업자가 실공급자와 실수요자를 모르게 하기 위하여 수출자를 자신의 이름으로 바꾸어 발행하는 선하증권
② Red B/L : 보통의 선하증권과 보험증권을 결합한 것으로서 이 증권에 기재된 화물이 항해 중에 사고가 발생하면 이 사고에 대하여 선박회사가 보상해주는 선하증권
③ Transhipment B/L : 목적지까지 운송도중 중간항에서 화물을 다른 선박에 환적하여 최종목적지까지 운송하는 경우 발행되는 환적선하증권
④ Surrender B/L : 서류의 지연으로 인해 화물 인수 지연이나 추가 비용이 발생하는 수입자의 불편함을 덜어주기 위해 발행하는 증권
⑤ Countersign B/L : 해운 화물이 도착지 지불운임 혹은 다른 부수 채무가 있는 경우 물품의 인수자는 채무 대금을 선박회사에 지불하고 화물을 수취하는데, 이때 선박회사가 채무 결제의 종결을 증명하기 위해 선하증권에 이서한 증권

키워드 ⑩ 선하증권

36
다음에 해당하는 선하증권(Bill of Lading)을 순서대로 나열한 것은? 기출 21년

ㄱ. 선하증권의 수화인란에 수화인의 상호 및 주소가 기재된 것으로 화물에 대한 권리가 수화인에게 귀속되는 선하증권
ㄴ. 선하증권의 권리증권 기능을 포기한 것으로서 선하증권 원본 없이 전송받은 사본으로 화물을 인수할 수 있도록 발행된 선하증권
ㄷ. 선하증권의 송화인란에 수출상이 아닌 제3자를 송화인으로 표시하여 발행하는 선하증권

① ㄱ : Straight B/L
　ㄴ : Surrendered B/L
　ㄷ : Third Party B/L
② ㄱ : Straight B/L
　ㄴ : Short form B/L
　ㄷ : Negotiable B/L
③ ㄱ : Order B/L
　ㄴ : Groupage B/L
　ㄷ : Third Party B/L
④ ㄱ : Order B/L
　ㄴ : House B/L
　ㄷ : Switch B/L
⑤ ㄱ : Charter Party B/L
　ㄴ : Surrendered B/L
　ㄷ : Switch B/L

해설

- **Short form B/L(약식 선하증권)** : B/L 뒷면에 선박회사에서 일방적으로 정한 인쇄약관이 생략된 채 앞면에 필요사항만 기재한 B/L이며 부정기항로(Tramper) 이용 시 선사와 화주가 개별적으로 운송계약을 체결하는 경우에 많이 발행한다.
- **Negotiable B/L(유통 선하증권)** : 은행에 제시할 수 있는 원본 선하증권으로, 수하인란에 특정인을 기재하지 않고 지시식으로 발행된다(양도 가능).
- **Order B/L(지시식 선하증권)** : B/L의 수화인란에 특정의 수화인명이 기재되지 않고, 단순히 "to order", "to order of shipper", "to order of……bank"와 같이 지시인(Order)만 기재하여 유통을 목적으로 한 선하증권이다.
- **Groupage B/L** : 여러 개의 소량 화물을 모아 하나의 그룹으로 만들어 선적할 때 발행하는 선하증권으로 선박회사가 운송주선인에게 발행한다.
- **House B/L** : 운송주선인(포워더)이 선사에게서 발급받은 Master B/L을 근거로 소량화물(LCL 화물)의 선적을 요청한 화주에게 개별적으로 발행한다.
- **Switch B/L** : 주로 중계무역에서 사용하는 선하증권으로, 중계무역업자가 실공급자와 실수요자를 모르게 하기 위하여 수출자를 자신의 이름으로 바꾸어 발행한다.
- **Charter Party B/L(용선계약 선하증권)** : 화주가 살물화물형태의 대량화물을 운송하기 위하여 특정한 항로 또는 일정기간 동안 부정기선을 용선하는 경우, 화주와 선박회사 사이에 체결된 용선계약(charter party)에 의하여 발행되는 선하증권을 말한다.

> 해설 용적 및 장척할증료(Bulky/Lengthy Surcharge)
> - 화물의 부피가 너무 크거나 길이가 너무 긴 화물에 부과되는 할증료
> - 용적물과 장척물이 일정한도 이상인 경우에 일정률의 할증을 부과하는 운임

34
다음 설명에 해당하는 부정기선 운임은? 기출 23년

> ㄱ. 원유, 철광석 등 대량화물의 운송수요를 가진 대기업과 선사 간에 장기간 반복되는 항해에 대하여 적용되는 운임
> ㄴ. 화물의 개수, 중량, 용적과 관계없이 항해 또는 선복을 기준으로 일괄 부과되는 운임

① ㄱ : Long Term Contract Freight
  ㄴ : Lump sum Freight
② ㄱ : Long Term Contract Freight
  ㄴ : Dead Freight
③ ㄱ : Pro Rate Freight
  ㄴ : Lump sum Freight
④ ㄱ : Pro Rate Freight
  ㄴ : Dead Freight
⑤ ㄱ : Consecutive Voyage Freight
  ㄴ : Freight All Kinds Rate

> 해설
> - Long Term Contract Freight(장기운송계약운임) : 원유, 철광석 등 대량화물의 운송수요를 가진 대기업과 선사 간에 장기간 반복되는 항해에 적용되는 부정기선 운임으로, 특정 선박으로 연속하여 항해를 되풀이하는 연속항해운임과 유사
> - 선복운임(Lump sum Freight) : 선복(ship's space)이나 항해(trip)를 단위로 지급되는 부정기선 운임, 즉 화물의 개수·중량·용적을 기준으로 하는 경우와 화물의 양(量)과 관계없이 항해(trip)·선복을 단위로 운임을 계산하는 경우, 항해·선복 단위의 용선계약 시 지불하는 운임

35
운송되는 화물의 수량에 관계없이 항해(Voyage)를 단위로 해서 포괄적으로 계산하여 부과하는 운임은? 기출 14년

① Dead Freight
② Advanced Freight
③ Lump Sum Freight
④ Back Freight
⑤ Pro Rate Freight

> 해설 ① Dead Freight(부적운임, 공적운임) : 용선 시 일정량의 운송화물을 계약하였는데 화주가 그 계약 수량을 선적하지 못하였을 때, 선적하지 않은 화물량에 대해 지급하는 부정기선 기본운임으로 일종의 위약 배상금
> ② Advanced Freight(선급운임) : CFR, CFI 등의 거래조건에서 수출업자가 미리 운임을 지급하는 것이다.
> ④ Back Freight(반송운임) : 목적항에 화물이 도착하였으나 화물 인수를 거절할 경우 반송에 부과되는 운임, 또는 원래의 목적지가 아닌 변경된 목적지로 운송해야 할 때 지불하는 추가운임
> ⑤ Pro Rate Freight(비례운임) : 선박이 항해 중 불가항력, 기타 원인에 의하여 항해의 계속이 불가능하게 되어 운송계약의 일부만을 이행하고 화물을 인도한 경우에 그때까지 행한 운송비율에 따라 선주가 취득하는 운임(부분 인도된 화물의 운임)으로, 항로상당액운임(Distance Freight)이라고도 한다.

31 ④ 32 ⑤ 33 ① 34 ① 35 ③

키워드 ❾ 운임

31

다음 설명에 해당하는 정기선 운임은? 기출 22년

> 화폐, 보석, 유가증권, 미술품 등 고가품의 운송에 있어서 화물의 가격을 기초로 일정률을 징수하는 운임

① Special Rate
② Open Rate
③ Dual Rate
④ Ad Valorem Freight
⑤ Pro Rate Freight

해설 ④ Ad Valorem Freight(종가운임)에 대한 내용이다.
① Special Rate(특별운임) : 해운동맹이 비동맹과 화물유치경쟁을 할 때 일정한 화물에 대해 일정조건을 갖춘 경우 인하된 특별요율로 화물을 인수하는 운임
② Open Rate(경쟁운임) : 자동차, 시멘트, 비료, 광산물과 같은 선적 단위가 큰 대량화물의 경우, 해운동맹이 요율을 별도로 정하지 않고 동맹가입선사(Member)가 임의로 적용하여 경쟁력을 높이는 데 적용되는 운임
③ Dual Rate(이중운임) : 동맹의 표준운임률에 계약운임률과 비계약운임률을 설정하여 화주가 동맹선에만 선적할 것을 계약하면 운임률을 낮게 적용하고 그렇지 않으면 고율의 운임을 적용하는 방식
⑤ Pro Rate Freight(비례운임) : 선박이 항해 중 불가항력, 기타 원인에 의하여 항해의 계속이 불가능하게 되어 운송계약의 일부만을 이행하고 화물을 인도한 경우에 그때까지 행한 운송비율에 따라 선주가 취득하는 운임(부분 인도된 화물의 운임)으로, 항로상당액운임(Distance Freight)이라고도 한다.

32

해상운송화물의 운임체계에 관한 설명으로 옳지 않은 것은? 기출 19년

① 원칙적으로 운송인은 운임부과기준에 대한 재량권을 가진다.
② FAK는 화물의 종류에 관계없이 일률적으로 부과되는 운임이다.
③ Dead Freight는 화물의 실제 적재량이 계약수량에 미달할 경우 그 부족분에 대해 지불하는 일종의 위약금이다.
④ FIO조건은 선적과 양륙과정에서 선내 하역인부임을 화주가 부담하는 조건이다.
⑤ Detention Charge는 CY에서 무료장치기간(free time)을 정해두고 그 기간 내에 컨테이너를 반출해가지 않을 경우 징수하는 부대비용이다.

해설 ⑤ 지체료(Detention Charge)는 화주가 허용된 시간 이내에 반출해 간 컨테이너를 지정된 선사의 CY로 반환하지 않을 경우 지불하는 비용이다.

33

정기선 할증운임에 관한 설명으로 옳지 않은 것은? 기출 18년

① Bulky/Lengthy Surcharge : 본선 출항전까지 양륙항을 지정하지 못하거나 양륙항이 복수일 때 항만 수 증가에 비례하여 부과된다.
② Port Congestion Surcharge : 양륙항의 체선이 심해 장기간의 정박이 요구되어 선사에 손해가 발생할 때 부과된다.
③ Heavy Cargo Surcharge : 초과 중량에 따라 기본운임에 가산하여 부과된다.
④ Bunker Adjustment Factor : 선박의 주연료인 벙커유 가격 인상으로 발생하는 손실을 보전하기 위해 부과된다.
⑤ Currency Adjustment Factor : 환율변동에 따른 환차손을 보전하기 위해 부과된다.

28

국제물류주선업자가 소량의 LCL화물을 집화하여 FCL화물로 만드는 과정을 뜻하는 용어는? 기출 18년

① Clearance
② Consolidation
③ Tariff filing
④ Import inspection
⑤ Quarantine

> **해설** Consolidation
> 운송화물이 LCL화물일 경우 국제운송주선업자가 소량의 단위화물을 여러 화주로부터 인수받아 이를 동일한 목적지별로 분류하고 혼재하여 FCL화물로 만들어 선박회사에 전달하는 과정을 말한다.

29

컨테이너화물의 하역절차에 필요한 서류를 모두 고른 것은? 기출 23년

ㄱ. Shipping Request	ㄴ. Booking Note
ㄷ. Shipping Order	ㄹ. Arrival Notice
ㅁ. Delivery Order	ㅂ. Mate's Receipt

① ㄱ, ㄴ
② ㄱ, ㄷ
③ ㄷ, ㄹ
④ ㄹ, ㅁ
⑤ ㅁ, ㅂ

> **해설** ㄱ. Shipping Request(선적요청서) : 선적을 담당하는 사람에게 선적의 사용을 미리 예약하기 위해 발송하는 서류
> ㄴ. Booking Note(선복예약서) : 선박회사가 해상운송계약에 의한 운송을 인수하고 그 증거로서 선박회사가 발급하는 서류
> ㄷ. Shipping Order(선적지시서) : 화주가 선박에 화물 선적을 위하여 선사로부터 발급받는 서류
> ㄹ. Arrival Notice(화물도착통지서) : 운송계약조건에 따라 운수업체가 화물의 도착을 수입자에 알리는 통지서
> ㅁ. Delivery Order(화물인도지시서) : 물품의 보관자에 대해 그 물품을 증권의 정당한 소지인에게 인도해야 하는 것을 지시하는 대표적인 증서
> ㅂ. Mate's Receipt(본선수취증) : 기재된 상태대로 화물을 수령하였음을 인정하는 증서

30

선적절차와 관련된 서류에 관한 설명으로 옳지 않은 것은? 기출 15년

① Equipment Interchange Receipt는 컨테이너 트랙터 기사가 공컨테이너를 화주에게 전달할 때 사용되는 서류이다.
② Container Load Plan은 LCL화물의 경우 CFS 운영업자가 작성하는 서류이다.
③ Dock Receipt는 CY에 반입된 화물의 수령증으로 발급되며, 선사는 이를 근거로 컨테이너 선하증권을 발행한다.
④ Shipping Request는 화주가 선박회사에 제출하는 선적의뢰서로서, 선적을 의뢰하는 화물을 선적할 수 있는 공간을 확보하기 위한 서류이다.
⑤ Letter of Guarantee는 화주가 선박회사에 대해 발행하는 서류로, 향후 화물에 문제가 발생하더라도 선박회사에 책임을 전가시키지 않는다는 취지의 각서이다.

> **해설** ⑤는 파손화물보상장(Letter of Indemnity : L/I)에 대한 설명이다. Letter of Guarantee(수입화물선취보증서)는 해상 무역거래에서 화물이 선적서류보다 먼저 도착했을 때, 수입업자가 화물을 먼저 받기 위해 은행의 보증을 받아 선박회사에 제출하는 서류이다.

25

컨테이너 화물운송에 관한 설명으로 옳지 않은 것은? 기출 23년

① 편리한 화물취급, 신속한 운송 등의 이점이 있다.
② 하역의 기계화로 하역비를 절감할 수 있다.
③ CY(Container Yard)는 컨테이너를 인수, 인도 및 보관하는 장소로 Apron, CFS 등을 포함한다.
④ CY/CY는 컨테이너의 장점을 최대로 살릴 수 있는 운송형태로 door to door 서비스가 가능하다.
⑤ CY/CFS는 선적지에서 수출업자가 LCL화물로 선적하여 목적지 항만의 CFS에서 화물을 분류하여 수입업자에게 인도한다.

해설 ⑤ CY/CFS는 선적지에서 수출업자가 FCL화물로 선적하고, 목적지의 CFS에서 컨테이너를 개봉하여 화물을 분류한 후 여러 수입업자에게 인도한다.

26

컨테이너운송에 관한 설명으로 옳은 것은? 기출 21년

① 컨테이너운송은 1920년대 미국에서 해상화물운송용으로 처음 등장하여 군수물자의 운송에 사용된 것이 시초이다.
② 컨테이너의 성격과 구조에 관하여는 일반적으로 함부르크 규칙(1978)에서 규정하고 있다.
③ 특수컨테이너의 지속적인 개발로 컨테이너화물의 운송비중은 현재 전 세계 물동량의 약 70%에 달하고 있다.
④ 탱크(Tank) 컨테이너는 유류, 술, 화학약품, 고압가스 등의 액체화물을 운송하기 위해 설계된 컨테이너를 말한다.
⑤ 컨테이너화물의 하역에는 LO-LO(Lift On/Lift Off) 방식만 적용 가능하다.

해설 ① 컨테이너운송은 1920년대 미국의 철도화물운송에서 처음 등장하였으며, 해상운송에서는 제2차 세계대전 중 미 군수물자의 수송에 처음 사용되었다.
② 컨테이너의 성격과 구조에 관하여는 일반적으로 CSC(컨테이너안전협약)에서 규정하고 있다. CSC는 컨테이너의 구조상 안전요건을 국제적으로 통일하기 위하여 1972년에 UN(국제연합)과 IMO(국제해사기구)가 공동으로 채택한 국제협약이다.
③ 글로벌 해운 물동량에서 컨테이너화물의 운송비중은 2019년 기준 약 20%이다.
⑤ 컨테이너화물의 하역에는 LO-LO(Lift On/Lift Off)뿐만 아니라 RO-RO(Roll On/Roll Off), FO-FO(Float On/Float Off) 방식 등을 적용할 수 있다.

키워드 ❽ 해상운송화물 선적

27

다음은 FCL 컨테이너화물의 선적절차이다. 순서대로 올바르게 나열한 것은? 기출 21년

> ㄱ. 공컨테이너 반입요청 및 반입
> ㄴ. D/R(부두수취증)과 CLP(컨테이너 내부 적부도) 제출
> ㄷ. Pick-up 요청과 내륙운송 및 CY 반입
> ㄹ. B/L(선하증권) 수령 및 수출대금 회수
> ㅁ. 공컨테이너에 화물적입 및 CLP(컨테이너 내부 적부도) 작성

① ㄱ → ㄴ → ㄷ → ㅁ → ㄹ
② ㄱ → ㅁ → ㄴ → ㄷ → ㄹ
③ ㄱ → ㅁ → ㄷ → ㄴ → ㄹ
④ ㅁ → ㄱ → ㄷ → ㄴ → ㄹ
⑤ ㅁ → ㄷ → ㄱ → ㄴ → ㄹ

해설 공컨테이너 반입요청 및 반입 → 공컨테이너에 화물적입 및 CLP(컨테이너 내부 적부도) 작성 → Pick-up 요청과 내륙운송 및 CY 반입 → D/R(부두수취증)*과 CLP(컨테이너 내부 적부도) 제출 → B/L(선하증권) 수령 및 수출대금 회수

*D/R : 선적을 하기 위해 화물을 선박회사가 지정하는 장소(도크)에 인도했을 경우 선박회사가 화물의 수취를 증명하여 화주에게 교부해주는 화물수취증

22

정기용선계약에 관한 설명으로 옳은 것은? 기출 20년

① 선박 자체만을 빌리는 선박임대차계약이다.
② 용선계약기간은 통상 한 개의 항해를 단위로 한다.
③ 용선자가 선장 및 선원을 고용하고 관리·감독한다.
④ 선박의 유지 및 수리비를 용선자가 부담한다.
⑤ 기간용선계약이라고도 하며, 선박의 보험료는 선주가 부담한다.

해설 ① 정기용선계약은 모든 장비가 갖추어져 있고 선원이 승선해 있는 선박을 일정기간 정하여 사용하는 계약이다.
② 통상 한 개의 항해를 단위로 계약하는 것은 항해용선계약이다.
③ 용선자가 아닌 선주가 선장을 임명하고 지휘·감독한다.
④ 용선자는 연료비, 항구세, 하역비 등 운항비를 부담하고, 선주는 선원비, 수리비, 선용품, 보험료 등 직·간접비를 부담한다.

키워드 ❼ 컨테이너운송

23

다음 설명에 해당하는 컨테이너는? 기출 23년

> 기계류, 철강제품, 판유리 등의 중량화물이나 장척화물을 크레인을 사용하여 컨테이너의 위쪽으로부터 적재 및 하역할 수 있는 컨테이너로, 천장은 캔버스 재질의 덮개를 사용하여 방수 기능이 있음

① Dry container
② Open top container
③ Flat rack container
④ Solid bulk container
⑤ Hanger container

해설 ② Open top container(천장개방형 컨테이너)에 대한 내용이다.
① Dry container(건화물 컨테이너) : 온도조절이 필요 없는 일반잡화를 적부하여 운송하는 컨테이너로 밀폐식으로 제작된다.
③ Flat rack container(플랫 랙 컨테이너) : 목재, 승용차, 기계류 등과 같은 중량화물을 운송하기 위해 사용되며, 건화물 컨테이너의 지붕과 벽을 제거하고 기둥과 버팀대만 두어 전후좌우 및 쌍방에서 하역할 수 있는 특징을 가진 컨테이너이다.
④ Solid bulk container(분체용 벌크 컨테이너) : 가축사료, 콩, 쌀, 보리 등 곡물류나 가루형 화물 등의 산화물 운송에 적합하도록 제작된 단열성과 기밀성(air tightness)을 갖춘 컨테이너이다.
⑤ Hanger container(행거 컨테이너) : 의류를 운송할 때 구겨지지 않도록 옷걸이(Hanger)에 걸어 수입지에서 그대로 판매할 수 있도록 만들어진 컨테이너이다.

24

컨테이너 분류에 관한 설명으로 옳지 않은 것은? 기출 22년

① 크기에 따라 ISO 규격 20feet, 40feet, 40feet High Cubic 등이 사용되고 있다.
② 재질에 따라 철재컨테이너, 알루미늄컨테이너, 강화플라스틱컨테이너 등으로 분류된다.
③ 용도에 따라 표준컨테이너, 온도조절컨테이너, 특수컨테이너 등으로 분류된다.
④ 알루미늄컨테이너는 무겁고 녹이 스는 단점이 있으나 제조원가가 저렴하여 많이 이용된다.
⑤ 냉동컨테이너는 과일, 야채, 생선, 육류 등의 보냉이 필요한 화물을 운송하기 위한 컨테이너이다.

해설 ④ 알루미늄컨테이너는 가볍고 견고한 장점이 있으나, 가격이 비싼 것이 단점이다.

19

항해용선계약의 하역비 부담조건으로 옳은 것을 모두 고른 것은? 기출 20년

구분	부담조건	내용
ㄱ	Liner(Berth) Term	적하 시와 양하 시의 하역비를 선주가 부담
ㄴ	FIO	적하 시와 양하 시의 하역비를 화주가 부담
ㄷ	FI	적하 시는 선주가 부담, 양하 시는 화주가 부담
ㄹ	FO	적하 시는 화주가 부담, 양하 시는 선주가 부담

① ㄱ, ㄴ
② ㄴ, ㄷ
③ ㄷ, ㄹ
④ ㄱ, ㄴ, ㄷ
⑤ ㄱ, ㄴ, ㄷ, ㄹ

해설 ㄷ(×). FI – 적하 시는 화주가 부담, 양하 시는 선주가 부담
ㄹ(×). FO – 적하 시는 선주가 부담, 양하 시는 화주가 부담

20

Gencon Charter Party(1994)와 관련된 정박시간표(time sheet)의 기재사항으로 옳지 않은 것은? 기출 22년

① 도착일시 및 접안일시
② 하역준비완료일시 및 하역준비완료통지서 제출일시
③ 하역개시일시 및 하역실시기간
④ 용선계약서에 약정된 하역률 및 허용정박기간
⑤ 7일 하역량 및 누계

해설 ⑤ 7일 하역량 및 누계는 약정된 화물량을 기재한다. 당사자가 특정 수량을 선적하기로 약정하지 않는 한, 일반적으로 용선자는 용선한 선박에 만재화물을 공급하고, 선박소유자는 이를 운송할 의무가 있다.

21

항해용선계약(Gencon C/P)상 정박기간과 체선료에 관한 조건이 아래와 같을 때 용선자가 선주에게 지불해야 하는 체선료는? 기출 19년

- 정박기간 : 5일
- 하역준비완료통지(Notice of Readiness) : 6월 1일 오후
- 체선료 : US$ 2,000/일
- 하역완료 : 6월 9일 오후(6월 1일에서 9일까지 기상조건은 양호한 상태였음. 6월 6일은 현충일로 휴무일)
- 정박기간 산정조건 : WWD SHEX

6월								
월	화	수	목	금	토	일	월	화
1	2	3	4	5	6	7	8	9

① 체선이 발생하지 않아 체선료를 지불하지 않아도 됨
② US$ 2,000
③ US$ 4,000
④ US$ 6,000
⑤ US$ 8,000

해설 ② 체선료는 초과정박일에 대한 용선자 또는 화주가 선주에게 지급하는 보수로 1일 24시간을 기준하여 계산하지만, WWD(Weather Working Day)의 경우에는 주간하역, 즉 1일 12시간으로 계산하기도 한다. 문제에서 정박기간 산정조건이 WWD SHEX이고 6월 1일 오후에 하역준비완료통지를 하였으므로 정박기간은 2일 주간부터 기산하여, 현충일인 6일과 일요일인 7일을 제외한다. 따라서 명시한 정박기간은 5일(2, 3, 4, 5, 8일)이므로 용선자는 초과정박일인 6월 9일 화요일 주간시간 하루에 대한 체선료 US$ 2,000을 지불하면 된다.

15

다음 설명에 해당하는 용선은? 기출 23년

> 용선자가 일정기간 선박 자체만을 임차하여 자신이 고용한 선장과 선원을 승선시켜 선박을 직접 점유하는 한편, 선박 운항에 필요한 선비 및 운항비 일체를 용선자가 부담하는 방식

① Bareboat charter
② Partial charter
③ Voyage charter
④ Time charter
⑤ Lumpsum charter

해설 ① Bareboat charter(나용선계약)에 대한 내용이다.
② Partial charter(일부용선계약) : 선주로부터 선복(Ship's space)의 일부만을 빌려 사용하는 계약이다.
③ Voyage charter(항해용선계약) : 어느 한 특정 항구에서 다른 특정 항구까지 한 번의 항해를 위해서 화주와 선주 간에 체결되는 용선계약이다.
④ Time charter[정기(기간)용선계약] : 모든 장비를 갖추고, 선원이 승선해 있는 선박을 일정기간 정하여 사용하는 조건으로 체결되는 용선계약이다.
⑤ Lumpsum charter(선복용선계약) : 한 선박의 선복 전부를 한 선적으로 간주하고 실제 적재수량과 관계없이 운임총액을 정하는 방식이다.

16

항해용선계약에 포함되지 않는 내용은? 기출 22년

① Laytime
② Off Hire
③ Demurrage
④ Cancelling Date
⑤ Despatch Money

해설 ② Off Hire : 용선 기간 중 용선자의 귀책 사유가 아닌, 선체의 고장이나 해난 등의 불가항력과 같은 특정 사유로 선박의 이용이 방해되는 기간에는 용선자의 용선료 지급의무를 중단하도록 하는 정기(기간)용선계약의 조항이다.

17

정박기간에 관한 설명으로 옳지 않은 것은? 기출 24년

① WWD는 하역이 가능한 기상조건의 작업일만을 정박기간에 포함한다.
② WWDSHEX는 일요일과 공휴일에 작업을 하면 정박기간에서 제외한다.
③ WWDSHEXUU는 일요일과 공휴일에 작업을 하면 정박기간에 포함한다.
④ CQD는 항구의 관습적 하역방법이나 하역능력 등에 따라 가능한 한 빨리 하역하도록 약정하는 것으로, 일요일과 공휴일에 작업을 하면 모두 정박기간에서 제외한다.
⑤ Running Laydays는 하역이 시작된 날로부터 종료시까지를 정박기간으로 산정하며, 특약이 없는 한 일요일과 공휴일에 작업을 하면 모두 정박기간에 포함한다.

해설 ④ CQD(관습적 조속하역조건)는 정박기간을 한정하지 않는다.

18

양하 시 하역비를 화주가 부담하지 않는 운임조건을 모두 고른 것은? 기출 22년

> ㄱ. Berth Term
> ㄴ. FI Term
> ㄷ. FO Term
> ㄹ. FIO Term
> ㅁ. FIOST Term

① ㄱ, ㄴ
② ㄱ, ㄹ
③ ㄴ, ㄷ
④ ㄷ, ㅁ
⑤ ㄷ, ㄹ, ㅁ

해설 ㄱ. Berth Term : 적하·양하 모두 선주가 부담하는 조건
ㄴ. FI Term : 적하 시는 화주가 부담하고 양하 시는 선주가 부담
ㄷ. FO Term : 적하 시는 선주가 부담하고 양하 시는 화주가 부담
ㄹ. FIO Term : 적하·양하 모두 화주가 부담하는 조건
ㅁ. FIOST Term : 적하·양하·본선 내의 적부, 선창 내 화물정리비 모두 화주가 부담하는 조건

키워드 ❺ 해상운송 형태

11
정기선 해상운송의 특징에 관한 내용으로 올바르게 연결되지 않은 것은? 기출 23년

① 운항형태 − Regular sailing
② 운송화물 − Heterogeneous cargo
③ 운송계약 − Charter party
④ 운송인 성격 − Common carrier
⑤ 운임결정 − Tariff

해설 ③ 용선계약(Charter party)은 대량화물을 부정기선에 의해 운송하는 경우에 이용된다.

12
부정기선 운송에 관한 설명으로 옳지 않은 것은? 기출 21년

① 화주는 용선계약에 따라 항로와 운항일정의 자유로운 선택이 가능하다.
② 선박회사 간의 과다한 운임경쟁을 막기 위해 공표된 운임을 적용하는 것이 일반적이다.
③ 용선계약에 의해서 운송계약이 성립되고, 용선계약서를 작성하게 된다.
④ 운임부담능력이 적거나 부가가치가 낮은 화물을 대량으로 운송할 수 있다.
⑤ 주요 대상화물은 곡물, 광석, 유류 등과 같은 산화물(Bulk cargo)이다.

해설 ② 부정기선 운송은 완전경쟁운임을 적용한다. 선박회사 간의 과다한 운임경쟁을 막기 위해 공표된 운임을 적용하는 것은 정기선 운송에 관한 설명이다.

13
정기선사들의 전략적 제휴에 관한 설명으로 옳지 않은 것은? 기출 20년

① 공동운항을 통해 선복을 공유한다.
② 화주에게 안정된 수송서비스 제공이 가능하다.
③ 광석, 석탄 등 벌크 화물 운송을 중심으로 이루어지고 있다.
④ 제휴선사 간 상호 이해관계를 조정하기 위해 협정을 맺고 있다.
⑤ 제휴선사 간 불필요한 경쟁을 회피하는 수단으로 활용되고 있다.

해설 ③ 광석이나 석탄 등 벌크화물 운송을 주로 하는 것은 부정기선이다.

키워드 ❻ 해상운송 계약

14
개품운송계약에 관한 설명으로 옳지 않은 것은? 기출 23년

① 불특정 다수의 화주로부터 개별적으로 운송요청을 받아 이들 화물을 혼재하여 운송하는 방식이다.
② 주로 단위화된 화물을 운송할 때 사용되는 방식이다.
③ 법적으로 요식계약(formal contract)의 성격을 가지고 있기 때문에 개별 화주와 운송계약서를 별도로 작성하여야 한다.
④ 해상운임은 운임률표에 의거하여 부과된다.
⑤ 일반적으로 정기선해운에서 사용되는 운송계약 형태이다.

해설 ③ 개품운송계약의 운송계약서는 따로 작성하는 것이 아닌, 선적 후 운송인이 발행하는 선하증권에 의하여 운송계약이 성립된다.

08
내륙컨테이너기지(ICD)에 관한 설명으로 옳지 않은 것은? 기출 23년

① 항만 또는 공항이 아닌 내륙에 설치된 컨테이너 운송관련 시설로서 고정설비를 갖추고 있다.
② 세관통제하에 통관된 수출입화물만을 대상으로 일시저장과 취급에 대한 서비스를 제공한다.
③ 수출입 화주의 유통센터 또는 창고 기능을 한다.
④ 소량화물의 혼재와 분류작업을 수행하는 공간이다.
⑤ 철도와 도로가 연결되는 복합운송거점의 기능을 한다.

해설 ② 내륙컨테이너기지(ICD)는 통관절차를 내륙으로 이동함으로써 내륙통관기지 역할을 하며, 화물의 일시적 저장과 취급에 대한 서비스를 제공한다.

키워드 ④ 선박

09
다음 내용에 해당하는 선박은? 기출 21년

- 선수, 선미 또는 선측에 램프(ramp)가 설치되어 있어 화물을 이 램프를 통해 트랙터 또는 지게차 등을 사용하여 하역하는 방식의 선박
- 데릭, 크레인 등의 적양기(lifting gear)의 도움 없이 자력으로 램프를 이용하여 Drive On/Drive Off할 수 있는 선박

① LO-LO(Lift On/Lift Off) Ship
② RO-RO(Roll On/Roll Off) Ship
③ FO-FO(Float On/Float Off) Ship
④ Geared Container Ship
⑤ Gearless Container Ship

해설 ① LO-LO(Lift On/Lift Off) Ship : 하역방식에 의한 컨테이너선의 분류 중의 하나로서, 컨테이너를 크레인 등을 사용하여 하역하고 화물창구(Hatch Opening)를 통하여 상하로 오르내리게 하는 방식의 선박이다.
③ FO-FO(Float On/Float Off) Ship : 부선에 화물을 적재하여 본선에 설치된 크레인으로 바지선 자체를 적재 및 하역하는 방식이다.
④ Geared Container Ship : 조준 컨테이너선
⑤ Gearless Container Ship : 본선상에 컨테이너 하역용 갠트리 크레인을 장치하지 않은 컨테이너선으로 하역은 컨테이너 터미널 안벽에 설치된 육상 갠트리 크레인에 의해 행해진다.

10
선박의 톤수에 관한 설명으로 옳지 않은 것은? 기출 21년

① 총톤수(Gross Tonnage)는 선박이 직접 상행위에 사용되는 총 용적으로 주로 톤세, 항세, 운하 통과료, 항만시설 사용료 등을 부과하는 기준이 되고 있다.
② 순톤수(Net Tonnage)는 선박의 총톤수에서 기관실, 선원실 및 해도실 등의 선박운항과 관련된 장소의 용적을 제외한 것으로 여객이나 화물의 수송에 직접 사용되는 용적을 표시하는 톤수이다.
③ 배수톤수(Displacement Tonnage)는 선체의 수면아래 부분의 배수용적에 상당하는 물의 중량을 말한다.
④ 재화용적톤수(Measurement Tonnage)는 화물선창내의 화물을 적재할 수 있는 총 용적으로 선박의 화물적재능력을 용적으로 표시하는 톤수이다.
⑤ 재화중량톤수(Dead Weight Tonnage)는 선박의 만재흘수선에 상당하는 배수량과 경하배수량의 차이이며, 선박의 최대적재능력을 나타낸다.

해설 ① 총톤수는 선박 내부의 총 용적으로 갑판 아래의 적량과 갑판 위의 밀폐된 장소의 적량을 합한 것으로 선박의 안전과 위생에 사용되는 부분의 적량을 제외한 것이다. 주로 상선이나 어선의 크기를 표시하고 각국 해운력 비교의 자료, 각종 통계 및 관세, 등록세, 도선료, 계선료 및 각종 검사료 등의 과세와 수수료 산출기준이 되고 있다.

05 ⑤ 06 ③ 07 ② 08 ② 09 ② 10 ①

키워드 ❸ 항만

05

항만의 시설과 장비에 관한 설명으로 옳지 않은 것은?

기출 23년

① Quay는 해안에 평행하게 축조된, 선박 접안을 위하여 수직으로 만들어진 옹벽을 말한다.
② Marshalling Yard는 선적할 컨테이너나 양륙완료된 컨테이너를 적재 및 보관하는 장소이다.
③ Yard Tractor는 Apron과 CY 간 컨테이너의 이동을 위한 장비로 야드 샤시(chassis)와 결합하여 사용한다.
④ Straddle Carrier는 컨테이너 터미널에서 양다리 사이에 컨테이너를 끼우고 운반하는 차량이다.
⑤ Gantry Crane은 CY에서 컨테이너를 트레일러에 싣고 내리는 작업을 수행하는 장비이다.

해설 ⑤ 갠트리 크레인(Gantry Crane)은 컨테이너 터미널에서 컨테이너선에 컨테이너를 선적하거나 양륙하기 위한 전용크레인으로 에이프런(Apron)에 부설된 철도 위를 이동하여 컨테이너를 선적 및 양하하는 데 사용하는 대형 기중기이다.

06

아래 하역기기에 관한 설명으로 옳지 않은 것은? 기출 18년

① Gantry Crane 또는 Container Crane으로 불린다.
② 컨테이너터미널 내의 하역기기 중 가장 크다.
③ 타이어로 된 바퀴가 설치되어 있어 컨테이너 터미널 내 자유로운 이동이 가능하다.
④ 컨테이너의 본선 작업에 사용되는 하역 장비이다.
⑤ 컨테이너 선박의 대형화에 따라 아웃리치(Outreach)가 길어지는 추세이다.

해설 ③ 갠트리 크레인은 컨테이너를 옮기기 위해 레일을 따라 움직이거나 타이어로 움직이는 캔틸레버식 거더와 기둥이 있는 들어올림 장치로 레일 위에서 움직이기 때문에 자유로운 이동은 불가능하다.

07

컨테이너터미널 구성요소에 관한 명칭과 설명으로 옳지 않은 것은? 기출 18년

① 안벽 : 선박이 접안하기 위한 계선시설
② 마샬링야드 : 안벽에 접한 부분으로 안벽 크레인이 주행할 수 있도록 레일이 설치된 장소
③ 컨테이너 야드 : 수출입 컨테이너의 반입, 장치, 보관이 이루어지는 장소
④ 컨트롤타워 : 컨테이너터미널 전체 작업을 관리·감독하는 장소
⑤ 컨테이너화물조작장 : 컨테이너 화물의 혼재작업이 이루어지는 장소

해설 ② 안벽에 접한 부분으로 안벽 크레인이 주행할 수 있도록 레일이 설치된 장소는 에이프런(Apron)이다. 마샬링야드(Marshalling Yard)는 컨테이너선에 컨테이너를 선적하거나 양륙하기 위해 작업순서에 따라 컨테이너를 정렬시켜 놓은 넓은 공간으로 에이프런과 이웃해 있다.

빈출키워드 기출유형문제

키워드 ❶ 해상운송의 환경변화

01
최근 정기선 시장의 변화에 해당하지 않는 것은? 기출 22년

① 항로안정화협정 또는 협의협정체결 증가
② 선사 간 전략적 제휴 증가
③ 선박의 대형화
④ 글로벌 공급망 확대에 따른 서비스 범위의 축소
⑤ 해운관련 기업에서 블록체인 등 디지털 기술의 도입

해설 ④ 글로벌 공급망 확대에 따라 서비스의 범위도 확대되었다.

02
최근 선박대형화가 해운항만에 미치는 영향으로 옳지 않은 것은? 기출 18년

① 하역장비의 대형화
② Hub & Spoke 운송시스템의 감소
③ 대형선박 투입으로 기항항만 수 감소
④ 항만생산성 제고 압력 증대
⑤ 항만운영에 있어서 자본투입 증가

해설 ② 최근 선박대형화로 인해 비용절감 및 수송시간 단축을 위한 주요 거점항만 및 공항을 중심으로 Hub & Spoke 운송시스템 구축이 증가하고 있다.

키워드 ❷ 해상운송 용어

03
해상운송과 관련된 용어의 설명으로 옳지 않은 것은? 기출 23년

① 선박은 선박의 외형과 이를 지탱하기 위한 선체와 선박에 추진력을 부여하는 용골로 구분된다.
② 총톤수는 관세, 등록세, 도선료의 부과기준이 된다.
③ 재화중량톤수는 선박이 적재할 수 있는 화물의 최대중량을 표시하는 단위이다.
④ 선교란 선박의 갑판 위에 설치된 구조물로 선장이 지휘하는 장소를 말한다.
⑤ 발라스트는 공선 항해 시 선박의 감항성을 유지하기 위해 싣는 짐으로 주로 바닷물을 사용한다.

해설 ① 용골은 선박 하단의 중앙부를 앞뒤로 가로지르는 배의 중심축으로, 선체를 받치는 기능을 한다.

04
만재흘수선과 관련된 설명으로 옳지 않은 것은? 기출 20년

① 만재흘수선 마크는 TF, F, T, S, W, WNA 등이 있다.
② 만재흘수선 마크는 선박 중앙부의 양현 외측에 표시되어 있다.
③ 선박의 항행대역과 계절구간에 따라 적용범위가 다르다.
④ Reserved buoyancy란 선저에서 만재흘수선까지 이르는 높이를 말한다.
⑤ 선박의 안전을 위하여 화물의 과적을 방지하고 선박의 감항성이 확보되도록 설정된 최대한도의 흘수이다.

해설 ④ 선저에서 만재흘수선까지 이르는 높이는 최대만재흘수라 한다. 최대만재흘수는 안전항해를 저해하지 않는 선에서 허용된 최대 흘수이다.

🔒 01 ④ 02 ② 03 ① 04 ④

18 ☐X Rotterdam Rules(2008)에서 정한 운송인의 책임한도는 포장당 또는 선적단위당 875SDR 또는 kg당 3SDR 중 높은 금액이다.

19 ☐X CMI는 해상실무 등을 통일하기 위해 설치된 UN전문기구이다.

20 (   )은/는 각국 선주협회들이 선주의 권익 옹호 및 상호협조를 목적으로 1921년 런던에서 설립한 국제민간기구이며, 우리나라 선주협회는 1979년에 정회원으로 가입하였다.

정답 및 해설

01 ○
02 × ▶ 운임톤은 실제운임을 부과하는 기준으로, 중량과 용적 중에서 운임이 높게 계산되는 편을 택하여 표시하는 것이다.
03 Quay(안벽)
04 갠트리 크레인
05 × ▶ CQD는 정박기간을 한정하지 않는다.
06 Free In and Out
07 × ▶ 알루미늄컨테이너는 제조원가가 비싸다.
08 ○
09 파손화물보상장(L/I : Letter of Indemnity)
10 Pro Rata Freight
11 × ▶ Dead Freight는 부정기선운임이다.
12 ○
13 ○
14 × ▶ 특별비용은 공동해손비용과 구조비 이외의 비용을 의미한다.
15 ICC(A)
16 ICC(C)
17 60
18 ○
19 × ▶ CMI(Committee Maritime International, 국제해사법위원회)는 민간국제기구이다.
20 ICS(International Chamber of Shipping, 국제해운회의소)

출제포인트 OX 문제

01 OX 내륙컨테이너기지(ICD)는 소량화물의 혼재와 분류작업을 수행하는 공간이다.

02 OX 운임톤(Revenue Ton)은 직접 상행위에 사용되는 용적으로 톤세, 항세, 항만시설 사용료 등의 부과기준이 된다.

03 (   )은/는 해안 및 하안에 평행하게 축조된 석조제로서 선박 접안을 위하여 수직으로 만들어진 옹벽이다.

04 (   )은/는 컨테이너터미널에서 컨테이너선에 컨테이너를 선적하거나 양륙하기 위한 전용크레인이다.

05 OX CQD는 일요일과 공휴일에 작업하면 모두 정박기간에서 제외한다.

06 (   )은/는 용선자가 선적항과 양하항에서의 하역비용을 모두 부담하는 하역비 운임조건이다.

07 OX 알루미늄컨테이너는 가볍고 녹이 슬지 않으며 제조원가도 저렴하다.

08 OX CFS/CFS는 LCL화물을 수출지 CFS에서 혼재하여 FCL화물로 만들어 수입지 CFS까지 운송된다.

09 (   )은/는 화물에 문제가 발생해도 선박회사에 책임을 전가하지 않는다는 취지의 각서이다.

10 (   )은/는 선박이 항해 중 불가항력적 사유로 더는 항해를 할 수 없을 때, 그때까지 실제 운송된 거리에 따라 받는 정기선운임을 말한다.

11 OX Dead Freight는 용선자가 계약한 화물량보다 적은 화물량을 선적하였을 때 선적하지 않은 화물량에 대하여 선주에게 지급하는 정기선운임을 말한다.

12 OX 선하증권은 유통이 가능하나 해상화물운송장은 유통이 불가능하다.

13 OX York-Antwerp Rules는 공동해손이 발생한 경우 손해·비용의 처리를 위해 사용되는 국제규칙이다.

14 OX 해상손해의 비용손해 중 특별비용에는 공동해손비용과 구조비 등이 포함된다.

15 신협회적하약관에서 포괄담보방식을 택하고 있는 조건은 (   )이다.

16 신협회적하약관에서 보험자가 지진·화산의 분화·낙뢰를 담보하지 않는 조건은 (   )이다.

17 함부르크 규칙상 인도지연으로 발생한 손실에 대해서는 물건이 수화인에게 인도된 일로부터 연속 (   )일 이내에 서면으로 운송인에게 통고를 하지 않는 한 손해배상을 할 수 없다.

2. 해상운송 국제기구 기출 21년/ 20년/ 18년/ 14년/ 11년

기구	내용
국제해사기구 (IMO : International Maritime Organization) 기출 15년	• 해운과 조선에 관한 국제 문제를 다루기 위해 설립된 국제연합 산하기관, 각국 정부만 회원자격이 있는 정부 간 기구 • 설립목적 : 정부 간 해사기술의 상호협력, 해양오염방지대책 수립, 해사안전대책 수립, 국제해사관련 협약의 시행 및 권고
국제해사법위원회 (CMI : Committee Maritime International) 기출 25년	해상법(海商法)·해사 관련 관습·관행 및 해상실무 통일화를 위해 1897년 벨기에 앤트워프에서 창설된 민간국제기구(우리나라는 1981년 가입)
국제연합무역개발회의 (UNCTAD : United Nations Conference on Trade and Development)	1964년 UN총회의 결의에 의거하여 개발도상국의 경제발전을 촉진할 목적으로 설립된 UN 산하 전문기구
아시아·태평양 경제이사회 (ESCAP : UN Economic & Social Commission for Asia & Pacific)	1947년 극동지역국가들의 경제부흥을 목적으로 설치된 UN경제사회이사회 산하의 4개 지역 경제위원회 중 하나
국제해운회의소 (ICS : International Chamber of Shipping) 기출 20년	• 각국 선주협회들이 선주의 권익 옹호 및 상호협조를 목적으로 1921년 런던에서 설립한 국제 민간기구 • 우리나라 선주협회는 1979년에 정회원으로 가입
국제해운연맹 (ISF : International Shipping Federation) 기출 18년	• 선원 문제에 관한 선주의 권익 보호와 자문을 위해 1909년 창설된 민간기구로, 선원의 모집, 자격규정, 사고방지, 노동조건 등 여러 가지 선원 문제에 대해 각국 선주의 의견 집약 • 유럽 선진해운국의 선주협회 중심의 구성이었으나 1919년 국제노동기구(ILO) 창설 이후 국제운수노동자연맹(ITF)의 활동에 효율적으로 대처하기 위해 그 기능과 조직을 대폭 개편
발틱국제해사협의회 (BIMCO : Baltic and International Maritime Conference) 기출 20년/ 18년	• 1905년, 발틱해와 백해 지역* 선주들의 이익을 위하여 창설 *백해 지역 : 러시아 서북부의 바다로 겨울에는 얼어 흰 눈이 덮여 있음 • 순수 민간단체, 국제해운의 경제적·상업적 개입 협조에 주력, 해운정보 제공 및 자료 발간 • 1906년 정기(기간)용선계약서 양식 'Baltime Form' 제정
국제표준화기구 (ISO : International Organization for Standardization)	• 1947년 영국 런던에 설립된 비정부 간 기구 • 국제품질인증규격(ISO 9000), 국제환경인증규격(ISO 14000), 국제환경표준화제도(ISO 18000) 등
국제운수노동자연맹 (ITF : International Transport worker's Federation)	편의치적선에 승선하는 선원의 보호와 임금과 노동조건에 관한 국제협약을 체결하고 공정한 실행 여부에 관한 검사 활동 및 국제협약의 준수상황을 점검하는 역할 수행
국제선급연합회 (IACS : International Association of Classification Society) 기출 20년	선급 간 협력 및 기술 규칙 통일을 도모하기 위해 세계 주요 선급들이 조직한 모임
국제운송주선인협회연맹 (FIATA : International Federation of Freight Forwarders Associations) 기출 18년	• 국제운송인을 대표하는 비정부기구 • 국가별 대리점협회와 개별 대리점으로 구성 • 1926년 비엔나에서 국제적인 대리점업의 확장에 따른 제반 문제점을 다루기 위해 설립 • 전 세계 운송주선인의 통합, 운송주선인의 권익 보호, 운송주선인의 서류통일과 표준거래조건의 개발 및 대리점업 이익을 국제적으로 보호하여 대리점조직과 연관업체의 협조 관계 유지를 목적으로 함

③ 함부르크 규칙(Hamburg Rules) 기출▶ 23년/ 19년/ 17년/ 16년/ 14년/ 10년

㉠ 개발도상국들이 화주들의 권익 보장을 UN 무역개발회의(UNCTAD)에서 주장하였고, 1978년 3월 독일에서 'Hamburg Rules'라 불리는 'UN해상물품운송조약(United Nations Convention on the Carriage of Goods by Sea, 1978)' 채택

㉡ 1924년에 제정된 선하증권에 관한 통일조약이 개도국 측 요구로 1978년 3월에 함부르크에서 컨테이너(Container) 조항 등을 대폭 개정하였는데, 이것을 또는 함부르크 규칙(UN해상운송법)이라고 함

㉢ 해상운송에서 약자의 위치에 있는, 선박을 소유 또는 운영하지 아니하는 개발도상국 화주의 입장을 강화함으로써 운송인의 책임 강화

㉣ 함부르크 규칙(Hamburg Rules)에 정의한 운송인(Carrier)의 개념 기출▶ 17년

> "Carrier" means any person by whom or in whose name a contract of carriage of goods by sea has been concluded with a shipper.
>
> "운송인"은 송하인과 해상화물운송계약을 체결한 자 또는 자기 명의로 그러한 계약을 체결한 자이다.

㉤ 헤이그 규칙과의 차이점 기출▶ 22년/ 17년

- 운송인 책임구간 : 운송인의 책임구간을 운송품의 수취로부터 인도까지 확대
- 화물의 멸실 : 인도 지연에 대한 운송인의 책임을 명기(인도기간이 경과한 후 60일 이내 인도되지 않으면 화물이 멸실된 것으로 취급)
- 운송인의 책임한도 인상(총운임의 범위 내에서 해당 화물운임의 2.5배로 제한)
- Claim의 통지기간을 연장, 출소기간을 2년으로 개정
- 운송인의 항해과실면책, 선박취급상 과실면책, 선박에 있어서 화재의 면책조항 등을 폐지

④ 로테르담 규칙(Rotterdam Rules) 기출▶ 23년/ 19년/ 17년

㉠ 국제해상물건운송계약에 관한 UN협약으로 정식명칭은 United Nations Convention on Contracts for the International Carriage of Goods Wholly or Partly by Sea

㉡ 유엔 산하 기구인 유엔국제거래법위원회(UNCITRAL : United Nations Commission on International Trade Law)가 2008년 7월 미국 뉴욕 회의에서 확정

㉢ 복합운송(Door to Door)에 부응하는 해결책 제시

㉣ 운송인의 운송물에 대한 책임을 강화한 규칙

㉤ 대량 정기화물 운송계약에 대한 당사자 간 계약자유 허용

㉥ 항해과실 면책의 폐지 및 책임한도액의 인상

(2) 국제조약상 운송인의 책임한도 기출▶ 24년

국제협약 · 법령	손해배상 한도
Hague Rules(1924)	포장당 또는 선적단위당 100파운드 또는 동일 금액의 타국통화
Hague-Visby Rules(1968)	포장당 또는 선적단위당 666.67SDR 또는 kg당 2SDR 중 높은 금액
Hamburg Rules(1978)	포장당 또는 선적단위당 835SDR 또는 kg당 2.5SDR 중 높은 금액
Rotterdam Rules(2008)	포장당 또는 선적단위당 875SDR 또는 kg당 3SDR 중 높은 금액
우리나라 상법(2020)	포장당 또는 선적단위당 666.67SDR 또는 kg당 2SDR 중 높은 금액

CORE 05 해상운송 국제조약 및 국제기구

1. 해상운송 국제조약

(1) 국제조약의 종류 및 특징

① 헤이그 규칙(Hague Rules) 기출▶ 23년/ 17년/ 16년/ 14년/ 12년/ 11년/ 09년
  ㉠ 선주와 화주의 이해관계를 조정하고 해상운송에 관해 국제적인 통일을 기하기 위해 국제법협회(International Law Association), 국제해사위원회(International Maritime Committee) 등이 중심이 되어 국제통일법의 제정 촉구 결의
  ㉡ 1921년 네덜란드의 수도 헤이그에서 선하증권의 이면약관에 삽입하도록 권장
  ㉢ 1924년 제5차 해상법에 관한 국제회의에서 '선하증권에 관한 통일규칙을 위한 국제조약(International Convention for the Unification of Certain Rules of Law Relating to Bills of Lading)' 채택
  ㉣ 1931년 6월 2일부터 이를 비준한 국가 간에는 이 선하증권에 관한 통일조약이 유효하게 되었고, 이 조약은 Hague 규칙이 모체가 된 연혁 때문에 오늘날까지 헤이그 규칙으로 불림
  ㉤ 헤이그 규칙의 내용
   • 해상운송인의 책임을 상업상 과실(엄격한 책임 O)과 항해상 과실(책임 ×) 두 가지로 나눔
   • 선하증권의 문언성을 부정하고 단순히 일단의 증거력을 인정하는 등 선주와 화주 간의 이해관계 대립의 조정을 내용으로 함
   • 운송인의 화물에 대한 배상책임한도에 관하여 선하증권통일조약은 화물의 '포장물 또는 단위(Package or Unit)' 당 100 Sterling Pound 또는 이와 동등한 금액으로 정함
   • 운반인은 선주 또는 화주와 운반 계약을 맺은 용선 계약자를 포함

   > Carrier includes the owner or the charterer who enters into a contract of carriage with a shipper.

② 헤이그-비스비 규칙(Hague-Visby Rules) 기출▶ 17년/ 16년/ 14년
  ㉠ 운송인과 운송인의 사용인의 책임을 규정한 국제규칙
  ㉡ 헤이그 규칙 이후 운송인의 책임한도액을 정한 Poincare Franc의 환산에 관한 분쟁이 계속되자 이를 SDR(Special Drawing Rights)로 대체하자는 논의가 있었고, 1979년, 이에 관한 개정의정서(선하증권에 관한 법률의 약간의 규칙에 관한 국제협약 개정의정서) 채택
  ㉢ 운송인의 책임에 관하여 면책을 규정함
  ㉣ 운송품 선적 · 수급 · 적부 · 운송 · 보관 · 관리 · 양륙 등에 관한 (상업) 과실은 면책특약 무효
  ㉤ 운송인의 포장당 책임한도액을 기존 100파운드에서 1만 프랑(Franc)으로 인상하고, 화물중량 1kg에 대하여 30프랑으로 계산된 총액을 산출하여 많은 쪽을 운송인의 책임한도로 삼음
  ㉥ 운송인의 배상책임 제한은 물품의 파손이 운송인의 의도적인 작위 또는 부작위에 의하여 발생한 경우, 운송인이 물품의 파손을 예측하는 경우에는 적용되지 않음

(4) 기타 부가 및 특별약관

① 부가약관 기출▶ 18년
- ㉠ 도난·발하·불착 위험(Theft, Pilferage&Non-Delivery) : 도난, 좀도둑, 분실을 원인으로 한 포장 전체의 불착
- ㉡ 우담수손(Rain and/or Fresh Water Damage) : 빗물·담수로 인한 손해를 담보하는 조건(WA조건하에서 Sea Water Damage는 보상되지만, Rain and Fresh Water Damage는 보상 안 됨)
- ㉢ 타 화물과의 접촉위험(Contact with Oil and/or Other Cargo) : 기름, 니토, 산 등의 주로 선내의 청소 불충분으로 인한 오손 및 타 화물과의 접촉으로 인한 손해 담보
- ㉣ 파손(Breakage) : 파손으로 발생한 손해를 담보하는 조건
- ㉤ 누손·중량 부족 위험(Leakage and/or Shortage) : 보험가입 화물의 누손, 화물의 수량·중량 부족으로 인한 손해 담보조건, 벌크화물에 주로 많이 발생

② 기타 특별약관
- ㉠ 원산지 손해약관(Country Damage Clause) : 수입면화의 원산지 손해를 담보하는 약관
- ㉡ 기계류수선 특별약관(Special Replacement Clause) : 기계를 보험목적으로 하는 모든 계약에 첨부된 약관
- ㉢ 냉동기관약관(Refrigerating Machinery Clause) : 주로 육류·생선 등이 운송 동안에 냉동기의 고장 및 파열에 연유해서 생기는 모든 멸실이나 손상을 담보 기출▶ 18년
- ㉣ 생동물약관(Livestock Clause) : 생동물 사망을 담보하는 약관으로, 검역소에서 30일 한도 담보, 최종목적지 수화주에게 인도될 때까지와 도착 후 7일 동안 발생한 사망위험까지 담보
- ㉤ 상표약관(Label Clause) : 캔, 통조림, 병조림, 술 등 라벨이 붙은 화물에는 원칙적으로 이 약관 첨부
- ㉥ 갑판적 약관(On Deck Clause) : 위험요소가 큰 갑판적 화물에 적용하는 특별약관으로, 발화성 액체, 독가스 등의 위험화물, 원목, 철강재, 격리운송 동물과 식물에 적용
- ㉦ 소손해 면책약관(Franchise) : 경미하게 발생한 손해는 보험자가 보상하지 않도록 규정한 특별약관 기출▶ 14년

③ 확장담보조건
- ㉠ 내륙운송 확장담보조건(Inland Transit Extension) : 육상운송 중의 위험을 적하보험증권에서 추가로 담보하는 조건
- ㉡ 내륙보관 확장담보조건(Inland Storage Extension) : 통상적인 운송과정에서 중간창고나 보세창고 보관 중의 위험을 적하보험증권에 명시된 기간(예 수출은 하역 후 60일, 수입은 하역 후 30일) 이상으로 연장할 경우 담보하는 조건

⟨협회적하약관 A, B, C 담보위험 및 면책사항 비교⟩

구분	내용	(A)	(B)	(C)
담보 위험	1. 화재, 폭발	○	○	○
	2. 선박의 좌초, 교사, 침몰, 전복	○	○	○
	3. 육상운송도구의 전복, 탈선	○	○	○
	4. 선박과 물 이외 타 물체와의 충돌, 접촉	○	○	○
	5. 피난항에서의 화물의 양하	○	○	○
	6. 지진, 분화, 낙뢰	○	○	×
	7. 공동해손희생	○	○	○
	8. 투하	○	○	○
	9. 갑판유실	○	○	×
	10. 선박 및 보관장소에서 해수, 하천수 유입	○	○	×
	11. 선적, 하역작업 중 바다에 떨어지거나 갑판에 추락한 포장당 전손	○	○	×
	12. 상기 이외의 보험목적에 멸실 또는 손상을 발생시키는 일체의 위험	○	×	×
	13. 공동해손, 구조료(면책사항에 관련된 것은 제외)	○	○	○
	14. 쌍방과실충돌	○	○	○
면책 사항	1. 피보험자의 고의적인 위법행위	×	×	×
	2. 통상의 누손, 중량·용적의 통상의 감소, 자연소모	×	×	×
	3. 포장, 준비의 불완전	×	×	×
	4. 보험목적의 고유의 하자, 성질	×	×	×
	5. 선박·부선의 불내항, 선박·부선·운송용구·컨테이너·리프트밴의 부적합	×	×	×
	6. 지연	×	×	×
	7. 선주·관리자·용선자·운항자의 파산, 재정상의 채무불이행	×	×	×
	8. 모든 또는 개개인의 악의가 있는 행위로 인하여 전체 또는 일부의 의도적인 손상, 파괴	○	×	×
	9. 원자핵분열 또는 원자핵융합 또는 동종의 반응 또는 방사능 또는 방사능물질을 이용한 병기의 사용에 의하여 발생한 멸실·손상 또는 비용	×	×	×

① ICC(A) : 포괄책임주의(포괄담보방식)을 택하고 있으며 제4조, 5조, 6조 및 제7조의 면책위험을 제외하고 피보험목적물에 발생한 멸실, 손상 또는 비용 일체 담보 기출▶ 22년

일반면책위험 (제4조) 기출▶ 19년/ 14년	• 피보험자의 고의적인 비행에 기인한 멸실 · 손상 또는 비용 • 보험목적물의 통상 누손, 중량/용적상의 통상 손실 · 자연소모 • 보험목적물의 포장 또는 준비의 불완전 또는 부적합으로 인하여 발생한 멸실 · 손상 또는 비용 • 보험목적물의 고유 하자/성질로 발생한 멸실 · 손상 또는 비용 • 지연의 피보험이익으로 인하여 발생된 경우일지라도 지연을 근인으로 하여 발생한 멸실 · 손상 또는 비용 • 본선의 소유자, 관리자, 용선자 또는 운항자의 지불 불능 또는 재정상의 채무불이행으로부터 생긴 멸실 · 손상 또는 비용 • 원자력, 핵 분열 · 융합, 이와 유사한 반응, 방사능/방사성물질 응용 무기의 사용으로 인하여 발생한 멸실 · 손상 또는 비용
불내항 및 부적합면책위험 (제5조)	본선 또는 부선의 불내항 또는 피보험목적물의 안전운송에 부적당한 물품, 합법적이지 못한 물품
전쟁면책위험 (제6조)	• 전쟁, 내란, 혁명, 반역, 반란 등으로 인한 국내전투 또는 교전국에 의한 적대행위 • 포획, 나포, 억지 또는 억류와 이러한 행위 결과 • 유기된 기뢰, 어뢰, 폭탄, 기타 전쟁무기에 의한 발생
동맹파업면책위험 (제7조)	• 동맹파업, 직장폐쇄, 노동쟁의, 폭동 또는 소요에 가담한 자에 의한 발생 • 동맹파업, 직장폐쇄, 노동쟁의, 폭동 또는 소요의 결과 • 테러리스트나 정치적 동기에 의해 행동하는 자에 의한 손해

② ICC(B) : 열거책임주의(열거담보방식)을 택하고 있으며, 이 약관은 제4, 5, 6 및 제7조에 규정된 면책위험을 제외, 제1조에 열거된 위험에 의한 손해는 면책비율에 관계없이 담보
  ㉠ 화재 또는 폭발
  ㉡ 선박 또는 부선의 좌초, 침몰, 교사(Grounding) 또는 전복
  ㉢ 육상운송용구의 전복 또는 탈선
  ㉣ 선박, 부선 또는 운송용구와 물 이외의 다른 물질과의 충돌 또는 접촉
  ㉤ 피난항에서의 화물의 하역
  ㉥ 지진, 낙뢰, 화산의 분화
  ㉦ 공동해손희생손해
  ㉧ 투하 또는 파도에 의한 갑판상의 유실
  ㉨ 선박, 부선, 선창, 운송용구, 컨테이너, 지게차 또는 보관 장소에 해수 또는 호수, 강물의 유입
  ㉩ 선적 또는 하역작업 중 해수면으로 낙하하여 멸실되거나 추락하여 발생된 포장 1개당 전손

③ ICC(C) 기출▶ 25년/ 24년/ 20년/ 18년
  ㉠ 열거책임주의(열거담보방식)를 취하고 있으며, 제4, 5, 6조 및 제7조에 규정된 면책위험을 제외하고, 제1조에 열거된 위험에 의한 손해는 면책비율에 관계없이 담보
  ㉡ ICC(B)의 위험 가운데 지진, 화산의 분화, 낙뢰, 갑판유실, 선박 · 부선 · 선창 · 운송용구 · 컨테이너 · 지게차 또는 보관장소에 해수 또는 호수 · 강물의 유입, 추락손 등은 담보되지 않음

5. 협회적하약관

(1) 협회적하약관(ICC : Institute Cargo Clause)의 개념
① 런던보험자협회(I.L.U.)가 제정한 표준보험약관
② 해상적하보험의 담보범위에 관한 보험조건 규정
③ 구 협회적하약관(구 약관, 1963년 제정)과 신 협회적하약관[신 약관, 1982년 제정(2009년 개정)]이 있음

(2) 구협회적하약관 기출 14년
① S. G. Policy와 ICC약관을 합하여 하나의 보험증권 구성
② 보험자 담보위험은 S. G. Policy상의 담보위험과 협회적하보험약관 제5조인 담보위험약관에 따라 결정
③ 제5조의 약정사항에 따른 분류

분손부담보조건 (FPA조건)	단독해손부담보조건이므로 S. G. Policy상의 담보위험으로 야기된 손해 중 현실전손, 추정전손, 공동해손 및 비용손해를 보상. 단독해손은 원칙적으로 보상하지 않음
분손담보조건 (WA조건)	보험자가 보통의 항해에 있어서 입는 보통 해상손해의 전부를 담보하는 보험조건
전위험담보조건 (A/R조건)	All Risks 담보조건이라도 '외부적 사고' 및 '우발적 사고'가 가져오는 위험에 의한 손해(화물의 멸실·손상 또는 비용)에 해당하지 않는 손해는 담보하지 않음

(3) 신협회적하약관 기출 14년/ 10년/ 08년

구분	조항	약관명
담보위험	1	위험약관(Risks Clause)
	2	공동해손약관(General Average Clause)
	3	쌍방과실충돌약관(Both to Blame Clause)
면책위험	4	일반면책약관(General Exclusion Clause)
	5	불내항부적합면책약관(Unsea Worthiness and Unfitness and Exclusion Clause)
	6	전쟁면책약관(War Exclusion Clause)
	7	동맹파업면책약관(Strike Exclusion Clause)
보험기간	8	운송약관(Transit Clause)
	9	운송계약종료약관(Termination of Contract of Carriage Clause)
	10	항해변경약관(Change of Voyage Clause)
보험금 청구	11	피보험이익약관(Insurable Interest Clause)
	12	계반비용약관(Forwarding Charge Clause)
	13	추정전손약관(Constructive Total Loss Clause)
	14	증액약관(Increase Clause)
보험이익	15	보험이익 불공여약관(Not to Inure Clause)
손해경감	16	피보험자의무약관(Duty of Assured Clause)
	17	포기약관(Waiver Clause)
지연방지	18	긴급조치약관(Reasonable Despatch Clause)
법률관습	19	영국 법 및 관습(English Law and Practice)

(5) MIA[Marine Insurance Act, 1906(영국해상보험법)] 기출▶ 20년/ 18년

① 해상보험계약은 그 계약에 의해 합의한 방법과 범위 내에서 해상손해, 즉 해상사업과 수반하는 손해를 보험자가 피보험자에게 보상할 것을 인수하는 계약이라고 규정

② 중요 용어 기출▶ 24년

㉠ 선명미상보험증권(A floating policy) : 보험계약에 관한 개괄적인 조건을 기술한 후 선박의 명칭과 그 밖의 항목은 추후 확정통지에 의해 확정되게 하는 보험증권으로, 추후 확정통지는 보험증권의 배서나 통상적인 방식으로 할 수 있음

> A floating policy is a policy which describes the insurance in general terms, and leaves the name of the ship or ships and other particulars to be defined by subsequent declaration. The subsequent declaration or declarations may be made by indorsement on the policy, or in other customary manner.

㉡ 현실전손(An actual total loss) : 보험목적물이 파괴되거나 보험에 가입된 종류의 물건으로서 존재할 수 없을 정도로 손상을 입은 경우, 또는 피보험자가 회복할 수 없도록 보험목적물의 점유를 박탈당했다면 현실전손이 있는 것임

> Where the subject-matter insured is destroyed, or so damaged as to cease to be a thing of the kind insured, or where the assured is irretrievably deprived thereof, there is an actual total loss.

㉢ 공동해손행위(A general average act) : 공동의 해상사업에 있어서 위험에 직면한 재산을 보존할 목적으로 위험의 작용 시에 어떠한 이례적인 희생 또는 비용이 임의로 또는 합리적으로 초래되거나 지출되는 경우에, 공동해손행위가 있는 것으로 함

> There is a general average act where any extraordinary sacrifice or expenditure is voluntarily and reasonably made or incurred in time of peril for the purpose of preserving the property imperilled in the common adventure.

㉣ 구조비(Salvage charges) : 구조 계약 유무에 관계없이 구조업자가 해상법하에서 취득할 수 있는 비용으로 부보가액을 초과하여 별도 보상되지 않음

㉤ 특별비용(Particular charges) 기출▶ 22년
- 공동해손비용 및 구조비 이외의 보험목적물의 안전과 보전을 위해 지출된 비용
- 보험목적물의 안전과 보존을 위하여 구조계약을 체결했을 경우 발생하는 비용은 특별비용으로 보상될 수 있음

> "Salvage charges" means the charges recoverable under maritime law by a salvor independently of contract. They do not include the expenses of services in the nature of salvage rendered by the assured or his agents, or any person employed for hire by them, for the purpose of averting a peril insured against. Such expenses, where properly incurred, may be recovered as particular charges or as a general average loss, according to the circumstances under which they were incurred.

(3) 비용손해

구조비 (Salvage) 기출▶ 18년	• 구조자가 구조계약과 상관없이 해상법상으로 회수 가능한 비용 • 구조행위 대상에는 선박·의장용구·화물·난파물·운임 등이 있으며, 화물은 표류화물·투하화물·부표를 달아 투하한 화물 등 포함
특별비용 (Particular Charge) 기출▶ 18년	• 보험목적물의 안전 또는 보존을 위해 피보험자에 의하여 또는 피보험자를 위하여 소요되는 비용 • 공동해손비용과 구조비 이외의 비용을 의미
손해방지비용 (Sue and Labour Charge) 기출▶ 16년/ 13년	• 위험 발생 가능성이 있는 경우 보험목적물에 손해 방지 또는 경감을 위해 피보험자 또는 그 사용인 및 대리인이 지출한 비용 • 특약이 없어도 당연히 보험자가 부담하는 것이 원칙 • **피보험자의 손해방지 및 경감의무** : 손해보험에서는 피보험자들이 보험목적물의 손해방지를 위하여 최선의 노력을 기울이도록 의무화함

(4) 책임손해

① 항해단체의 공동위험을 면하기 위하여 다른 화주의 화물 또는 선체 및 선용품을 희생하도록 하거나 비용을 지출함으로써 피보험자의 화물이 안전하게 목적지에 도달할 수 있었던 경우 그 공동해손희생이나 비용손해에 대한 분담책임을 피보험자가 지는데 이러한 책임손해를 공동해손분담금이라 함

② 충돌손해배상책임

  ㉠ 충돌손해배상책임의 개념

손해배상책임 (Liability Loss)		자신의 과실, 과오, 부주의 등으로 인하여 제3자가 입은 손해에 대해 법적으로 배상해 줄 책임
선박충돌의 유형	무과실충돌	선박의 충돌이 불가항력으로 발생하거나 충돌의 원인이 명백하지 않은 경우
	일방과실충돌	어느 일방의 과실로 인하여 충돌이 일어날 경우
	쌍방과실충돌	쌍방의 과실로 선박이 충돌하는 경우

  ㉡ 충돌손해배상에 대한 책임 제한 : 선주는 선박의 충돌사고로 인한 법적 배상책임이 원칙적으로 무한책임이나, 선주의 고의적인 과실이 없는 한 선주의 책임을 법적으로 제한함

  ㉢ 충돌손해배상책임약관 : 현재 선박보험에서는 충돌손해배상책임약관에 근거, 부보선박이 선원의 과실이나 부주의로 다른 선박과 충돌하여 상대방 선주에게 입힌 손실을 피보험자(선주)를 대신하여 보험자가 보상

  ㉣ 충돌손해배상금의 산정

단일책임주의	선박의 충돌로 양쪽이 모두 손해를 입었을 경우 손해를 덜 입은 선주가 상대방 선주에게 단독으로 손해를 배상하는 방식
교차책임주의	상호손실률만큼 상대방 선주에게 각각 배상하는 방식

ⓒ 추정전손(Constructive Total Loss) 기출 17년/ 16년/ 13년
- 화물의 전멸이 추정되는 경우의 손해를 말함
- 피보험자는 그 손해를 분손*으로 처리할 수 있고, 보험목적물을 보험자에게 위부하여 그 손해를 현실전손으로 준하여 처리할 수 있음
  *분손 : 보험계약이 체결된 화물의 일부만 손해가 발생한 경우
- 위부 통지를 정당하게 행하면 피보험자의 권리는 보험자가 위부의 승낙을 거부한다 해도 피해를 입지 않음

화물의 추정전손	화물의 소유권 박탈, 화물의 손상
선박의 추정전손	선박의 소유권 박탈, 선박의 손상

② 분손
  ㉠ 단독해손(Particular Average) : 보험목적물이 일부 멸실 또는 손상되어 그 손해를 피보험자가 단독으로 부담하는 손해 기출 17년

적하품 단독해손	• 악천후에 의한 선박으로의 해수 유입 • 선박의 장애물과의 접촉 • 화재에 의한 화물의 분손 • 악천후에 의한 화물의 파손과 누손에 의한 손해
선박의 단독해손	• 악천후에 의한 해수의 유입으로 갑판이 유실되어 선체에 입힌 손해 • 선내 화재로 인한 선박장비의 멸실과 선체에 미친 손해

  ㉡ 공동해손(General Average) 기출 22년/ 20년/ 14년/ 13년/ 10년

개념	• 항해단체(선박, 화물 및 운임 중 둘 이상)에 공동위험이 발생한 경우 그 위험을 피하거나 경감하기 위하여 선체, 장비, 화물 일부를 희생시키는 것 • 항해단체에 필요한 손해·경비를 이해관계자들이 공동으로 분담하는 것 • 요크-엔트워프 규칙(York-Antwerp Rules) : 공동해손이 발생한 경우 손해·비용의 처리를 위해 사용되는 국제 규칙으로, 공동해손에 관한 국제적 통일규정이 필요하게 되어 1890년에 제정 기출 21년	
성립요건 기출 17년	이례성	공동해손행위로 발생하는 선체, 장비, 화물 등의 희생손실이나 비용손실은 이례적일 것
	임의성	공동해손행위는 어떤 목적을 가지고 자발적으로 이루어질 것(우연히 일어나는 행위는 인정 ×)
	합리성	공동해손행위와 그에 기인한 손해와 비용은 모두 합리적일 것(선박이나 적하에 대한 불합리한 행위는 인정 ×)
	위험의 현실성	현재 절박하게 닥쳐오는 위험이나 이미 발생한 위험일 것
	위험의 공통성	현실적인 위험은 해상사업에 관련되는 모든 단체에 위협적일 것(어느 한 당사자의 위험은 인정 ×)
적격범위	공동해손 희생손해	공동의 안전을 위해 희생된 보험목적물(예 선체, 장비, 화물 등)의 전부 또는 일부를 희생시킴으로써 발생한 손실 • 적하의 투하 • 투하로 인한 손상 • 선박의 소화 작업 • 기계 및 기관손해 • 임의 좌초 • 하역작업 중 발생하는 손해 • 운임의 희생손해
	공동해손 비용손해	구조비, 피난항 비용, 임시수리비, 자금조달비용 등

4. 해상손해

(1) 해상손해의 개념 [기출] 23년

① 정의 : 해상손해는 보험의 목적인 적하, 선박 또는 운임 등에 해상위험이 발생하여 보험의 목적이 멸실, 손상되거나 점유를 상실함으로써 생기는 피보험자의 재산상의 불이익을 의미

② 해상손해의 분류 기준과 종류

분류 기준	종류
담보위험과 손해의 인과관계	직접손해와 간접손해
손해의 정도	전손과 분손
손해의 성격	공동해손과 단독해손
피보험이익의 종류	물적손해, 비용손해, 책임손해

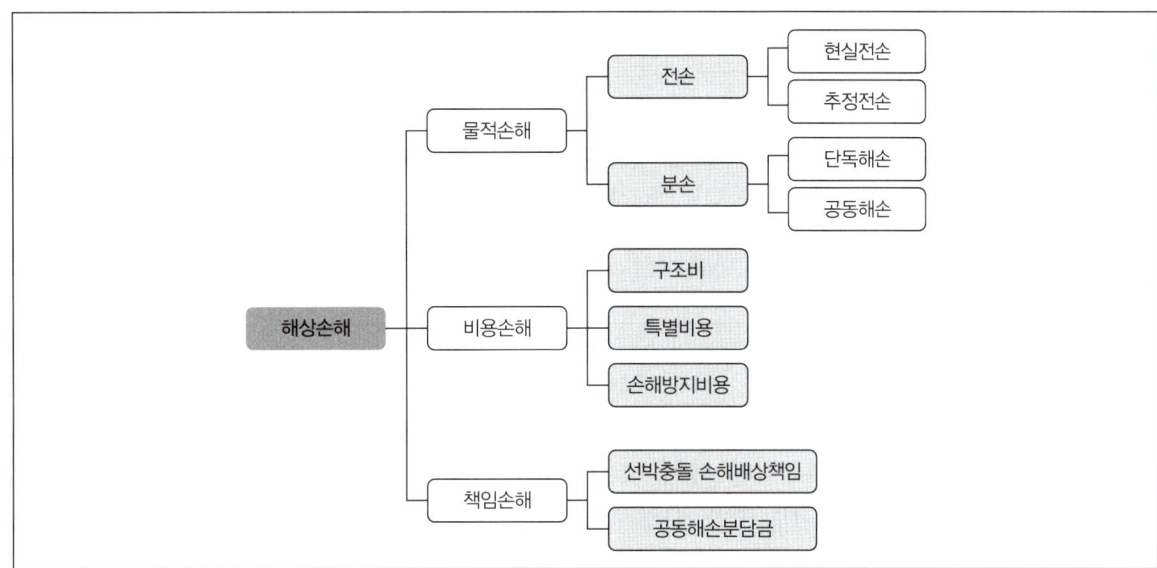

▲ 해상손해의 종류

(2) 물적손해

① 전손

  ㉠ 현실전손(Actual Total Loss) [기출] 21년/ 20년/ 19년/ 17년/ 16년/ 11년

   • 해상보험의 목적물이 현실적으로 전멸되거나 그 손해 정도가 상품 가치를 완전히 상실해서 회복할 수 없는 경우 (화재로 인한 선박의 전소, 해수로 인해 굳어버린 시멘트 등)
   • 선박 등이 상당한 기간 행방불명되어 보험목적물의 점유권을 상실한 경우
   • 위부 통지를 할 필요 없음

화물의 현실전손	선박의 현실전손으로 화물의 전손, 화물의 투하 · 매각, 화물인도의 과실
선박의 현실전손	선박의 침몰, 선박의 좌초, 선박의 화재, 선박의 행방불명
운임의 현실전손	화물의 전손, 선박의 전손 및 항해 불능

3. 해상위험

(1) 해상위험의 정의 및 종류

① 해상위험의 정의
  ㉠ 항해에 기인하고 항해에 부수하여 발생하는 사고를 의미함
  ㉡ MIA[Marine Insurance Act, 1906(영국해상보험법)]에서는 해상위험을 항해에 기인 또는 부수하는 위험 또는 보험증권에 기재되는 기타의 모든 위험을 포함한다고 정의함

② 해상위험의 종류 기출▶ 11년

해상고유의 위험 (Perils of the Sea)	침몰, 좌초, 충돌, 풍파의 이례적인 활동, 행방불명
항해에 부수적으로 발생하는 해상위험 (Perils on the Sea)	화재, 투하, 선장·선원의 악행, 강도, 해적행위 및 표도* *표도: 남을 협박하여 빼앗음
전쟁위험	군함, 외적, 습격 및 해상탈취, 군왕·군주·인민의 강류, 억지, 억류 등

(2) 위험부담의 방식

열거책임주의	• 담보 가능한 해상위험을 열거함으로써 특정하는 방식 • 열거하지 않은 사항은 담보에서 제외
포괄책임주의	• 담보 가능한 해상위험을 열거하지 않는 방식 • 일체의 해상위험 또는 일체의 항해 위험으로 규정하는 방식 • 면책위험을 규정하여 그 책임을 제한함

(3) 담보위험과 면책위험

① 담보위험 기출▶ 14년
  ㉠ 당해 위험으로 발생한 손해에 대해 보험자가 보상하기로 약속한 위험
  ㉡ 해상보험계약은 구체적인 담보위험을 대상으로 하며, 그 손실만을 보상하는 계약임
  ㉢ 담보위험의 범위는 보험조건에 따라 달라지며 그 범위가 넓을수록 보험자의 책임이 많아지기 때문에 보험요율 증가
  ㉣ 현행 적하보험의 B약관(ICC, Clause B)과 C약관(ICC, Clause C)은 열거책임주의 원칙을 택함

② 면책위험(Excepted Perils) 기출▶ 14년
  ㉠ 손해가 발생해도 보험자가 책임지지 않는 위험
  ㉡ 담보위험이 아닌 위험은 자동으로 면책위험이 됨
  ㉢ 법정면책위험은 대부분 보험약관에 수용됨
  ㉣ 보험사고 발생 시 사고 원인이 면책위험에 속함을 보험자가 입증하면 보험자의 면책 인정

③ 보험증권 상 명시
  ㉠ 열거책임주의하에서는 담보위험 명시
  ㉡ 포괄책임주의하에서는 면책위험 명시

⑥ 보험료(Insurance Premium) : 보험자가 위험을 담보하는 대가로 피보험자 또는 보험계약자가 보험자에게 지급하는 금전 기출▶ 16년/ 15년
⑦ 보험기간(Duration of Risk)
　㉠ 보험기간은 보험자의 위험부담책임의 존속기간
　㉡ 보험자는 보험기간 내에 발생한 담보위험에 의하여 야기된 손해를 보상
　㉢ 보험자가 피보험목적물에 대하여 자신의 위험부담책임이 존속되는 시간적·공간적 한계
⑧ 위험(Risk)과 손해(Loss or Damage)
　㉠ 위험 : 피보험목적물에 손해를 초래할 가능성이 있는 요소
　㉡ 손해 : 위험의 결과로 피보험목적물의 전부 또는 일부가 소멸하거나 손상을 입는 것
⑨ 공동보험(Coinsurance) : 여러 명의 보험자가 보험가입자의 위험에 대해 공동으로 책임을 지는 경우로 보험가액이 보험금액의 합계액을 초과하는 경우를 말함 기출▶ 15년
⑩ 중복보험(Double Insurance) : 다수의 보험자가 같은 피보험이익에 대해 공통으로 손해보험을 체결한 경우 그 보험금의 총액이 보험가액을 초과하는 경우를 말함 기출▶ 15년
⑪ 담보(Warranty) : 보험계약자(피보험자)가 반드시 지켜야 할 약속을 말함
⑫ 고지의무(Duty of disclosure) : 피보험자 등이 보험자에게 보험계약 체결에 영향을 줄 수 있는 모든 중요한 사실을 알려 주어야 할 의무를 말함
⑬ 보험기간(Duration of insurance) : 보험자의 위험부담책임이 시작되는 때로부터 종료까지의 기간
⑭ 위부와 대위 기출▶ 21년/ 16년/ 15년/ 13년

위부(Abandonment)	추정전손이 발생했을 때 피보험자가 보험목적물에 대해 갖는 일체의 권리를 보험자에게 이전하여 보험금의 전액을 청구하는 제도
대위(Subrogation)	보험자가 보험금을 지급한 경우 피보험자가 보험의 목적에 대해 가지는 권리 또는 제3자에게 가지는 권리를 보험자가 승계하는 행위

(3) 해상보험요율 산정 요소 기출▶ 16년

① 적하보험
　㉠ 보험조건 : 보험자의 담보위험과 보상범위의 조건에 따른 보험요율 차이
　㉡ 화물의 종류, 성질, 포장상태, 적부 방법 등
　㉢ 운송용구(선박) : 선박의 상태는 요율산정에 있어 가장 중요한 요소
　㉣ 운송구간, 계절, 출항일도 위험측정의 요소
　㉤ 기타 : 그 밖에 출항항 및 도착항의 항만상태, 환적의 회수 및 방법, 도착지의 사정 등
② 선박보험 : 보험조건, 선박의 상태, 운항구역 등 여러 가지 요인에 따라 산정
　㉠ 피보험자 : 선박사고는 선박 자체 결함보다 이를 운용하는 사람에 기인하는 경우가 많음
　㉡ 선박상태 : 선명, 건조연월일, 선종, 선령, 톤수, 재질, 국적, 선급 등 선박에 관한 사항
　㉢ 운항구역 : 해난의 위험도가 높은 지역으로 항해하는가의 여부에 따라 요율의 차이가 있으며, 특수위험수역 항해 시 추가보험료 납부
　㉣ 보험가액 : 보험목적물인 선박의 가치를 뜻하며, 대개 선박의 시장가격 기준
　㉤ 보험금액 : 실제로 보험에 가입된 금액으로서 사고 발생 시 보험자가 보상해주는 최고금액

담보의 종류	명시담보	담보의 내용이 보험증권에 기재되거나 첨부되는 담보(예 협회담보, 안전담보, 중립담보, 선원 수에 관한 담보, 보험목적물의 부보상한선에 관한 담보 등)
	묵시담보	담보의 내용이 보험증권에 명시되어 있지 않으나 피보험자가 묵시적으로 제약을 받는 담보(예 내항성담보)

③ 인과관계 : 해상보험에서 손해의 원인인 위험과 그 결과인 손해 사이의 필연적 관계로 손해발생 시 보험자의 책임 유무를 결정하는 중요한 기준이 되고, 해상보험에서 보험자가 보상하는 손해는 보험증권에서 담보된 위험이나 그것에 근인한 손해여야 하는 것을 근인설이라 함

2. 해상보험의 의의

(1) 해상보험의 개념
① 해상보험은 해상운송 도중에 발생하는 사고에 대하여 보험자가 손해를 보상하여 줄 것을 약속하고 피보험자는 그 대가로서 보험료를 지급할 것을 약속하는 보험
② 오늘날 해상보험은 해상구간뿐 아니라 육상운송, 항공운송에서 발생하는 손해까지 보상

(2) 해상보험계약 용어 기출▶ 25년/ 23년/ 16년

① 보험증권(Insurance Policy)과 약관(Clauses)

보험증권	보험계약 성립과 그 내용을 증명하기 위해 계약 내용을 기재하고 보험자가 기명날인하여 보험계약자에게 교부하는 증권으로, 계약 성립요건도 아니며 보험자만 기명날인하는 것이므로 계약서도 아님
보험약관	보험자가 미리 작성한 보험계약의 내용을 이루는 조항으로, 일반적·표준적인 것은 보통약관, 별도로 특정 사항을 약정한 약관은 특별보험약관

② 피보험목적물과 피보험이익 기출▶ 17년/ 14년

피보험목적물 (Subject Matter Insured)	• 위험 발생의 객체 • 해상보험에서는 화물 또는 선박
피보험이익 (Insurable Interest)	• 피보험자가 보험의 목적에 대하여 가지는 권리 또는 이익, 피보험자와 보험의 목적과의 경제적 이해관계 • 금전으로 산정할 수 있는 경제적 이익이어야 함 • 피보험목적물과 특정인, 즉 피보험자와의 이해관계가 있는 목적물이 보험 보호의 대상 • 불확실한 사고로부터 재산상 손해를 보상받을 수 있는 이익, 피보험이익이 없다면 보험계약을 체결할 수 없고, 보험계약 형식을 갖췄다고 해도 그 계약의 효력 발생 불가 • 피보험이익은 적법해야 하며, 해상보험계약에서 보호되는 것은 피보험목적물이 아니라 피보험이익 • 피보험이익은 계약체결 당시 확정되어 있어야 하는 것은 아니나 최소 보험사고 발생 시까지는 확정할 수 있어야 함

③ 피보험자(Insured) : 피보험이익의 주체로서 보험사고 발생으로 인하여 손해를 입은 경우 보상받을 권리를 갖는 자
④ 보험가액(Insurable Value) : 피보험이익의 평가액으로서 피보험이익에 대하여 발생할 수 있는 경제적 손해의 최고한도액
⑤ 보험금액(Insured Amount)과 보험금
　㉠ 보험금액 : 보험자가 1회 사고에 대해 손해의 보상책임을 부담하는 금액의 최고한도
　㉡ 보험금 : 실질적인 보상금액, 해상보험에서 보험계약자가 전부보험(Full Insurance)으로 부보하고 화물이 전손을 당하면 보험금은 보험금액과 동일

CORE 04 해상운송보험

1. 보험의 개요

(1) 보험의 법적 성질

낙성계약	당사자 쌍방의 의사표시 합치만으로 성립하고, 계약 성립을 위하여 당사자 간에 아무런 급여를 요하지 않는 계약
불요식계약	보험계약은 청약과 승낙에 특별한 요식행위를 요하지 않고 구두, 서면, 일부 서면, 일부 구두로도 가능
유상·쌍무계약	• 보험계약자가 보험료를 부담하고 보험자는 보험사고가 발생할 경우 보상금(보험금)을 지급할 의무가 있는 계약 • 보험계약자와 보험자가 서로 구속 관계에 있는 계약
사행계약 (Aleatory Contract)	보험자는 우연히 발생하는 보험사고에 대해서만 그 손실을 보상하므로 보험자의 보험금 지급은 우연성에 좌우됨
최대선의 계약 (Utmost Good Faith)	당사자들의 신의성실 원칙에 입각하여 체결
부합계약 (Contract of Adhesion)	계약 내용이 당사자 일방에 의해 정해지고 상대방은 그 내용을 포괄적으로 승인함으로써 효력이 발생하는 계약
상행위	보험회사나 개인보험업자들도 이윤을 추구하기 위하여 보험을 인수하고 보험계약을 체결함
계속계약	보험자와 보험계약자의 관계는 보험기간 동안 지속함

(2) 보험의 원리

① 고지의무 기출▶ 16년

고지의무의 내용		• 피보험자 또는 보험계약자가 알고 있는 중요한 사실 모두를 계약이 성립되기 이전에 보험자에게 알리는 것 • 해상보험에서 보험자는 보험계약체결 시 피보험목적물에 대하여 조사하지 않고 보험계약자가 고지 또는 표시하는 사실만을 토대로 보험을 인수 • **최대선의의 원칙(Utmost Good Faith)** : 보험계약자는 사실을 진실하게 고지 또는 표시
고지내용	고지사항	보험자가 보험을 인수할 때 인수여부를 결정하거나, 보험료를 확정하는 데 영향을 줄 수 있는 모든 사항
	비고지사항	위험감소요인, 보험자가 알 수 있는 것으로 간주되는 사항, 보험자에 의하여 면제된 사항, 명시 또는 묵시담보로 고지할 필요가 없는 사항
고지의무 위반	불고지	피보험자가 중요한 사항을 고의(은폐)로든 실수(불고지)로든 알리지 않은 것
	부실고지(허위진술)	고지의무를 진실하게 표시해야 하는데 그렇지 못한 경우
	불고지와 부실고지의 효력	보험 상대방은 보험계약을 취소할 수 있음

② 담보의 원리 : 담보란 피보험자가 지켜야 할 약속

담보의 위반	담보는 반드시 충족되어야 하며, 만약 피보험자가 담보를 위반하면 보험자는 보험계약 해지 가능
담보위반의 허용	• 사정의 변경으로 담보가 계약에 적합하지 않을 경우 • 담보를 충족하는 것이 그 후의 법률에 의하여 위법이 될 경우 • 담보위반이 보험자에 의하여 묵인될 경우
담보위반의 효과	담보는 중요성 불문 원칙에 따라 정확하게 충족되어야 하며, 충족되지 않으면 보험증권에 별도 규정이 없는 한 보험자는 담보위반 시점으로부터 책임 면제

③ 발급신청
- ㉠ 인수도조건(D/A : Documents against Acceptance)의 추심방식 : 수입화물선취보증서의 발급은 원칙적으로 수출국의 추심의뢰은행으로부터 운송서류 송달 또는 송달 확약을 추심은행이 확인한 경우에 한하여 발급
- ㉡ 화환신용장방식(Documents Credit Basis)
  수입상은 다음의 발행은행 양식의 서류를 구비하여 L/G 발급신청으로 발급받을 수 있음

  - 수입화물선취보증장(L/G) 발급신청서
  - 수입상의 각서
  - 선박회사의 화물도착통지서
  - 운송서류 등의 사본 등

④ 효과
- ㉠ 수입화물선취보증장이 발급되면 차후에 도착한 운송서류에 하자가 있어도 신용장의 발행은행은 이를 이유로 지급 또는 인수를 거절할 수 없음
- ㉡ 일람 후 정기출급 환어음인 경우에는 선취보증장의 발급일로부터 환어음의 만기일 확정
- ㉢ 수입화물선취보증장은 원칙적으로 선하증권의 건수만큼 발급되지만 필요한 경우에는 단일 선하증권하에도 분할발급 가능

(3) 전자식 선하증권(Electronic Bill of Lading)

① 기존 선하증권을 EDI(Electronic Data Interchange : 전자자료교환)시스템으로 전환한 것
② 선사가 선하증권을 발행하는 대신 그 내용을 컴퓨터에 입력시켜 보존하고, 송화인 또는 수화인에게 EDI로 통신하여 화물에 대한 권리의 이전 및 화물을 인도하는 방법
③ 국제해사법위원회(CMI)는 1990년에 전자식 선하증권에 관한 CMI규칙 채택

5. 선하증권 대체서류

(1) 해상화물운송장(SWB : Sea Waybill) 기출▶ 21년

① 개념
  ㉠ 해상화물운송장은 운송계약의 추정적 증거서류
  ㉡ 해상화물운송장에는 그 운송장과 상환으로 물품을 인도한다는 취지의 문언이 없음
  ㉢ 송화인은 수화인이 인도를 청구할 때까지 수화인을 자유롭게 변경할 수 있음
  ㉣ 해상화물운송장 사용 시 그 운송장의 제출 없이도 운송인은 수화인에게 화물 인도 가능
  ㉤ 해상화물운송장을 이용한 화물의 전매는 불가능

② 선하증권과 해상화물운송장 비교 기출▶ 08년

구분	선하증권	해상화물운송장
기능	운송물품에 대한 권리증권	물품 적재사실 통지서
운송계약증거	가능	가능
물품영수증	가능	가능
유가증권성	유가증권이며 권리증권임	유가증권도 권리증권도 아님
권리행사자	적법한 소지인	수화인
유통성	유통 가능	유통 불가능
수화인	변경 가능	변경 가능
결제담보	매입은행의 결제의 물적 담보	물적 담보가 불가하므로 은행은 무담보 어음 매입
사용용도	일반적 거래	소량, 견본거래, 본·지사 간 거래
UCP400	허용	인코텀즈 1990 수용 및 운송업계 요청
UCP500	허용	–
신설동기	해당 없음	–

(2) 수입화물선취보증장(L/G : Letter of Guarantee) 기출▶ 19년/ 17년/ 11년

① 개념 기출▶ 21년/ 19년
  ㉠ 수입화물은 도착하였으나 운송서류 미도착으로 화물의 인수가 불가능할 때, 동 화물의 인수와 관련한 모든 책임을 은행이 진다는 내용의 보증서
  ㉡ 수입상과 신용장 개설은행이 연대 보증한 서류를 선박회사에 제출하여 수입화물을 인도받을 수 있도록 하는 서류

② 내용
  ㉠ 선하증권이 도착하면 이를 지체 없이 선박회사에 제출할 것을 명시
  ㉡ 수입화물선취보증서에 의해 인도된 화물에서 발생되는 모든 손해는 화주 및 보증은행 책임
  ㉢ 양륙지에서 지급되는 추가운임 및 기타 비용과 선적지에 있어서의 미납선임 및 비용일체를 부담할 것 등을 신용장 발행은행이 보증하는 내용

   ⓒ 수취선하증권은 운송인이 운송물을 수취하고 선적하기 전에 발행
   ⓓ 실무에서는 수취선하증권상의 선박명란에 선적 예정인 선박명을 기재하고, 그 선박명과 함께 "or subsequent vessel"이라고 기재하여 발행
   ⓔ 수취선하증권을 허용하는 경우, 선박의 명칭을 "intended vessel name"으로 기재해도 수리한다고 규정
   ⓕ 선적선하증권도 통상 선적완료의 부기(On Board Notation)에 의하여 선박명이 추가됨
 ⑩ 운송품의 수취지(Place of Receipt) : 운송품 수취지는 해상운송의 운송수단인 선박에 선적하기 위하여 운송인이 송화인으로부터 화물을 수취한 장소
 ⑪ 선적항 및 선적의 연월일
   ㉠ 선적선하증권의 경우는 현실적으로 화물을 선적한 항구명, 선적 연월일 기입
   ㉡ 선적선하증권의 선적 연월일은 일반적으로 선하증권 작성일과 동일한 것으로 해석
 ⑫ 양륙항(Port of Discharge) : 양륙항의 기재는 선하증권의 상환증권성 및 화물인도청구권 때문에 불가결한 법정 기재사항, 양륙항과 인도지가 다를 때에는 양쪽을 기재할 필요가 있음
 ⑬ 운송인에 의한 운송물 인도지
   ㉠ 운송인에 의하여 운송물이 인도되는 최종장소
   ㉡ 선하증권의 경우 운송물 인도지로 기재되는 장소는 특정 지명이 붙은 CFS, CY, RY, RFS 또는 Terminal 등이 있음
   ㉢ Ocean B/L*인 경우에는 양륙항과 운송물 인도지가 동일하며, Combined Transport B/L*의 경우에는 양륙항과 운송물 인도지가 동일한 경우 혹은 다른 경우도 있음

   *Ocean B/L : 해양선하증권
   *Combined Transport B/L : 복합운송선하증권

 ⑭ 운임(Freight and charges) **기출** 17년
   ㉠ 운임 : 기본운임(Basic Ocean Freight) 및 추가할증료(Surcharge), 기타 요금(Charges)
   ㉡ 선하증권의 운임란에는 운임 합계액 외에 다음 사항 기재

> - 운임 계산의 기초가 되는 숫자(예 용적, 중량, 신고가격)
> - 운임률(Freight Rate : Tariff Rate)
> - 할증료(Surcharge)
> - 운임지급지 등
> - 운임계산단위
> - 운임액(Freight Amount)
> - 환산액(외화표시의 경우)

 ⑮ 선하증권의 발행통수
   ㉠ 운송인은 선하증권의 발행통수란에 그 발행통수를 기재
   ㉡ 현재 실무상 3통의 선하증권을 서명하여 교부
   ㉢ 동일 선적화물에 대하여 선하증권 2통 이상이 서명·발행되는 경우, 전통이 원본(Original)이고, 그 중 1통에 의하여 화물이 인도되는 경우 함께 발행된 다른 증권은 무효
   ㉣ 선하증권의 발행통수는 송화인이 결정하여 청구
   ㉤ 선박회사는 이미 정당한 선하증권 원본에 대하여 화물을 인도한 것이 증명(이미 회수된 선하증권을 제시)되면 제3자에 대하여 화물의 인도를 거절할 수 있음
 ⑯ 선하증권의 작성지 및 작성 연월일
 ⑰ 선하증권의 기명날인

② 중량 및 용적(Weight or Measurement)
   ㉠ 개품운송계약의 운임산정기준은 중량톤 또는 용적톤 중 큰 쪽을 선택하게 되어 있어서 선하증권에 중량과 용적을 함께 기재
   ㉡ 운송물 중량과 용적은 포장물 포함 총중량(Gross Weight)과 총용적(Gross Measurement) 기재
   ㉢ 선하증권상의 중량은 운송인의 손해배상책임 기준이 됨

③ 포장의 종류 및 개수(Package and Number)
   ㉠ 송화인의 운송물이 손상·멸실되거나, 과부족 등이 발생했을 때, 운송인에게 손해배상을 청구하는 데는 선하증권에 기재된 운송물 개수가 산정기준이므로 운송인은 송화인으로부터 인수한 화물의 개수를 필수적으로 선하증권에 기재해야 함
   ㉡ 화물의 개수가 손실 또는 멸실하였을 때 운송인의 책임한도는 국제조약에 따름

④ 운송품의 기호(Marks) : 특정 화물의 식별을 쉽게 하려고 각 운송물에 고유 화인을 기입하는 것으로 기호는 국제조약에서 'Marks' 또는 'Marks & Number'라고 선하증권에 기재함

⑤ 외관상 운송품의 상태
   ㉠ 운송인의 책임은 선적선하증권(On Board B/L)의 경우는 선적에서 양륙항까지, 수취선하증권(Received B/L)의 경우는 통상 수취에서 인도까지이고 이 이전 화물의 사고 발생에 대해서 운송인은 책임을 지지 않음
   ㉡ 운송인이 선적 또는 수취할 때 외관상으로 점검하여 이상이 없으면 그 책임을 지지 않음
   ㉢ 일반적으로 선하증권에는 표면본문 약관 첫머리에 "Shipping(or Received) in apparent good order and condition"이라고 표시

⑥ 송화인의 성명 또는 상호
   ㉠ 송화인(Shipper)은 운송인과 운송계약을 체결하는 당사자이므로 선하증권에 기재하는 것은 당연하며, 신용장의 수익자(Beneficiary)와 다를 수 있음
   ㉡ 운송계약자를 송화인으로 하거나, 실제의 화주를 송화인으로 해도 유효함
   ㉢ 오해나 분쟁을 방지하기 위해 신용장이나 매매계약서에 "Third Party Bills of Lading are acceptable" 또는 "Neutral Party Bills of Lading are acceptable" 등을 기재함

⑦ 수화인의 성명 또는 상호
   ㉠ 선하증권상의 수화인은 목적지에서 선하증권을 제시하고 운송인에게 증권상에 기재된 화물의 인도를 청구할 수 있는 채권자임
   ㉡ Hamburg Rules는 수화인을 목적지에서 자기명의로 운송물을 인도받을 권리를 가진 자라고 규정함
   ㉢ 수화인은 운송계약의 당사자는 아니지만 운송물의 수령권을 가진 자로서 우리나라 상법 및 Hamburg Rules도 선하증권의 법정 기재사항으로 규정함

⑧ 운송인의 성명 또는 상호
   ㉠ 선하증권은 원래 운송인, 선장 또는 운송인의 대리인이 서명·발행하는 것이므로 운송인명이 기재됨
   ㉡ 운송인의 성명 또는 상호를 표시하지 않거나 운송책임의 부담자인 운송인이 불분명한 선하증권은 존재하지 않음
   ㉢ 선하증권에는 반드시 발행자가 서명해야 하고 서명자가 비록 대리인이라도 결국 서명에 의하여 운송책임자의 존재는 명백하게 함

⑨ 선박의 명칭 및 국적
   ㉠ 우리나라 상법은 선박의 명칭을 법정 기재사항으로 규정하고 있는데, 수취선하증권(Received B/L)인 경우와 선적선하증권(On Board B/L)의 경우로 구분

4. 선하증권 기재사항

(1) 법정 기재사항

상법 제853조 제1항 기출 24년/14년	• 선박의 명칭·국적 및 톤수 • 송하인이 서면으로 통지한 운송물의 종류, 중량 또는 용적, 포장의 종별, 개수와 기호 • 운송물의 외관상태 • 용선자 또는 송하인의 성명·상호 • 수하인 또는 통지수령인의 성명·상호 • 선적항 • 양륙항 • 운임 • 발행지와 그 발행연월일 • 수통의 선하증권을 발행한 때에는 그 수 • 운송인의 성명 또는 상호 • 운송인의 주된 영업소 소재지
헤이그 규칙 제3조 제3항 기출 21년	• 물품의 동일성 표시에 필요한 주요한 화인 • 송하인이 서면으로 제출한 포장 물품의 개수, 수량 또는 중량 • 물품의 외관 상태

(2) 임의 기재사항 기출 25년

① 통지처(Notify Party)
② 본선의 항차 번호(Voyage No.)
③ 운임의 지불지 및 환율
④ 선하증권번호(B/L No.)
⑤ 일반약관(General Clause) 또는 면책약관(Exceptions)
⑥ 스탬프약관(Stamp Clause)
⑦ 비고(Remark)

> **더알아보기** 선하증권 이면에 표기된 부지약관(Unknown Clause) 기출 18년
>
> • 이 증권 전면에 있는 기호, 번호, 명세, 품질, 수량, 치수, 중량, 부피, 성질, 종류, 가액 및 기타 물품 명세는 상인이 신고한 대로이며, 운송인은 그것의 정확성에 책임을 지지 않음
> • 상인은 그가 신고한 상세명세가 정확하다는 것을 운송인에게 담보하며, 그것의 부정확으로 인해 발생하는 모든 멸실, 손해, 비용, 책임, 벌과금, 과태료에 대해서 운송인에게 보상함

(3) 법정 기재사항의 세부 내용

① 운송품의 종류(Description)
  ㉠ 선적한 특정 화물을 목적항에서 인도하는 목적으로 작성되는 한, 그 화물을 식별할 수 있는 충분한 명세가 선하증권상에 기재되어야 함
  ㉡ 신용장 거래에 있어서는 신용장상의 물건과 모순되지 않는 일반적인 용어로 기술 가능
  ㉢ 송화인이 운송인에게 허위의 신고를 한 경우 또는 포장상에 표시한 기호가 항해 종료 때까지 판독할 수 없는 경우 등으로 발생한 손해에 대해서는 운송인은 책임을 지지 않음

② 제3자 선하증권(Third Party B/L) : 운송계약의 주체인 화주와 L/C상의 Beneficiary*가 다른 선하증권을 제3자 선하증권이라 함 기출 21년/ 15년/ 14년

*Beneficiary : 수혜자, 수령인

> 예 미국 수출업자가 중국으로 수출 시 수출물품을 미국이 아닌 일본에서 조달하여 수출할 경우, L/C상의 Beneficiary는 미국의 수출업자, 선하증권상의 화주는 일본에 있는 제3업체가 되므로 오해나 분쟁 방지를 위해 신용장이나 매매계약서에 "Third party bills of lading are acceptable"이라는 문구를 기재

③ 국제운송주선인협회 선하증권(FIATA B/L) 기출 15년/ 09년
  ㉠ 혼재선하증권(House or Forwarder's B/L)의 일종으로, 운송주선인이 운송계약 주체가 되어 발행하는 선하증권
  ㉡ 국제운송주선인협회연맹(FIATA)이 제정한 증권(FIATA B/L)으로, 이 연맹에 가입한 회원만이 본 증권 발행 가능
  ㉢ 단일 또는 다수의 운송수단을 사용하는 경우 적용(통상 복합운송에 이용)
  ㉣ 화물에 대한 권리를 표창하며, 배서에 의하여 소지인은 증권 면에 표시된 화물을 수령 또는 양도할 권리를 가짐
  ㉤ 국제상업회의소(ICC)가 인정한 서류나 UCP 600에서는 운송인 또는 그 대리인의 자격을 갖추지 않은 운송주선인이 발행한 운송서류는 국제운송주선인협회가 발행한 운송서류라 하더라도 수리가 거절되도록 규정함

④ Stale B/L
  ㉠ 선적일로부터 21일이 경과한 선하증권
  ㉡ 모든 신용장은 운송서류의 특정 기간을 명시해야 하며, 만일 기간약정이 없는 경우 은행은 발행일자 이후 21일이 경과한 서류는 거절하도록 규정되어, 특별히 신용장면에 'Stale B/L Acceptable'이란 조항이 없이는 이를 수리하지 않음

⑤ Red B/L 기출 17년
  ㉠ 보통의 선하증권과 보험증권을 결합한 것
  ㉡ 이 증권에 기재된 화물이 항해 중 사고가 발생하면 이 사고에 대하여 선박회사가 보상해주는 선하증권이며, 이 경우 선박회사는 모든 Red B/L 발행 화물을 일괄 부보하게 되므로 보험회사가 손해를 부담하나 운임에 보험료 포함이어서 결과적으로 보험료는 운송계약자 부담

⑥ Port B/L : 선적될 물건이 선박회사의 보관하에 있고, 지정된 선박에는 적재되지 않는 경우 발행되는 선하증권

⑦ Switch B/L : 주로 중계무역에서 사용. 중계무역업자가 실공급자와 실수요자를 모르게 하기 위하여 수출자를 자신의 이름으로 바꾸어 발행 기출 17년

⑧ Surrender B/L 기출 21년/ 19년/ 18년/ 17년/ 13년
  ㉠ 서류 지연으로 화물인수 지연이나 추가비용이 발생하는 수입자의 불편을 덜기 위해 발행
  ㉡ 수출자는 선박회사에게서 원본B/L을 발급받아야 하나 실제 발급을 받지 않고 송화인이 배서하여 운송인에게 반환함으로써, B/L의 유통성(Negotiable)이 소멸되는 선하증권

⑨ Forwarder's B/L : B/L의 발행인이 선박회사가 아닌 수출상의 대리인인 화물운송주선인(Forwarder)인 경우 운송주선인이 발행한 선하증권

⑩ Countersign B/L : 해운 화물이 도착지 지불운임 혹은 다른 부수 채무가 있는 경우 물품의 인수자는 채무 대금을 선박회사에 지불하고 화물을 수취하는데, 이때 선박회사가 채무 결제의 종결을 증명하기 위해 부서한 선하증권

ⓒ 최근 미국계 선박회사를 중심으로 사용하고 있는 선하증권의 일종
ⓓ 정식 선하증권(Long Form B/L) 상의 선박회사와 화주의 권리와 의무에 따르도록 다음과 같은 문언을 규정함

> "All the terms of the carrier's regular long form of Bill of Lading are incorporated herein with like force and effect as if they were written at length herein. A copy of such Bill of Lading may be obtained from the carrier, its agent, or the master."

(5) 발행주체

① Groupage B/L(Master B/L) 기출▶ 21년/ 17년/ 14년
  ㉠ 여러 개의 소량 화물을 모아 하나의 그룹으로 만들어 선적할 때 발행하는 선하증권으로 선박회사가 운송주선인에게 발행
  ㉡ 운송주선인은 선박회사로부터는 정상적인 Groupage B/L을 발급받고, 개개 화주에게는 House B/L이라는 일종의 선적증명서를 발급함
  ㉢ 여러 종류의 물품을 소량 운송하므로 화주가 다수 존재

② House B/L 기출▶ 21년/ 15년/ 14년
  ㉠ 운송주선인(포워더)이 선사에게서 발급받은 Master B/L을 근거로 소량화물(LCL 화물)의 선적을 요청한 화주에게 개별적으로 발행
  ㉡ 무선박운송인(NVOCC) 또는 복합운송인이 화주와 선박회사 사이에 개재하여 선박회사로부터는 Groupage B/L을 받고, 화주에게는 House B/L을 발행

(6) 발행구간

① 화물의 운송이 해운과 육운을 모두 통과하는 경우에 최초의 운송인과 화주 간에 체결되는 운송계약에 의거하여 발행되는 선하증권인 동시에 철도의 화물수취증[예 영국(Way Bill), 미국(Railroad Bill of Lading)]
② 통선하증권(Through B/L)은 최초의 운송인만이 서명하여 그가 수화인 또는 B/L 소지인에 대하여 운송상의 모든 책임을 부담

(7) 기타

① 환적선하증권(Transhipment B/L) : 목적지까지 운송 도중 중간항에서 화물을 다른 선박에 환적하여 최종목적지까지 운송하는 경우 발행되는 선하증권 기출▶ 21년/ 17년/ 08년

> Transhipment means unloading from one means of conveyance and reloading to another means of conveyance(whether or not in different modes of transport) during the carriage from the place of dispatch, taking in charge or shipment to the place of final destination stated in the credit.
>
> 환적이란 신용장에 기재된 발송지, 수탁지 또는 선적지로부터 최종목적지까지의 운송과정에서 한 운송수단으로부터 양하되어 다른 운송수단으로(운송방법이 다른지 여부에 관계없이) 재적재되는 것을 말한다.

3. 선하증권의 분류 기준 및 종류

(1) 발생시기/인수시점 기출 21년/ 14년/ 13년/ 12년/ 10년

① 선적선하증권(Shipped B/L)
  ㉠ 화물이 실제로 본선에 적입이 된 후에 발행되는 것으로 가장 많이 이용
  ㉡ 증권 면에 "Shipped…", "Shipped on board…", 또는 "Received on board…"와 같이 선적선하증권임을 표시함

② 수취선하증권(Received B/L)
  ㉠ 선적 전이라도 화물의 선박회사 창고 반입 시 화주 요청에 따라 선박회사가 선하증권 발행
  ㉡ 형식적으로는 증권면에 "Received for Shipment…" 또는 "Received to Be Transported by Steamer" 등으로 기입되므로 수취선하증권(Received B/L)이라 함
  ㉢ 수취선하증권이 발행되어도 화물이 선적되었다는 사실과 선적일을 기입하고, 운송인이나 그의 대리인이 서명하면 선적선하증권과 동일하게 취급

(2) 화물상태 기출 21년/ 08년

① 무사고 선하증권(Clean B/L)
  ㉠ 선적화물의 상태가 양호하여 약정 수량의 전부가 그대로 선적되면 선박회사는 선하증권면의 적요란(Remarks)에 사고 문언이 없는 선하증권을 발행
  ㉡ 선하증권 면에 "Shipped on board in apparent good order and condition"으로 기재

② 사고부 선하증권(Foul B/L, Dirty B/L)
  선적된 화물의 포장이나 수량 또는 기타 화물이 외견상 불완전한 상태일 때 선박회사가 선하증권의 적요란에 사고문언을 기재하여 발행하는 선하증권

(3) 수화인 지명방식 기출 21년/ 20년/ 19년/ 18년

① 기명식 선하증권(Straight B/L)
  ㉠ 수화인란에 수화인(Consignee)의 성명이 명백히 기입된 선하증권
  ㉡ 수화인으로 기명된 수입상만이 물품인도를 청구할 수 있을 뿐이므로 송금결제방식이나 청산결제방식의 거래에 한하여 이용

② 지시식 선하증권(Order B/L)
  ㉠ 선하증권의 수화인으로 "Order", "Order of Shipper", "Order of…(Buyer)", "Order of…Negotiation Bank"로 표시하여 발행되는 선하증권
  ㉡ Shipper, Buyer, Negotiation bank 등이 이서하면 유통시킬 수 있는 선하증권

(4) 기재사항(이면약관의 기재 여부) 기출 16년

① 정식 선하증권(Long Form B/L)
  ㉠ 앞부분에 필수사항 기재, 뒷부분에 선사의 운송약관 전문 기재
  ㉡ 이면약관 전부 인쇄

② 약식 선하증권(Short Form B/L)
  ㉠ 앞부분에 필수사항 기재, 뒷부분은 기재 생략
  ㉡ 이면약관이 전부 인쇄되지 않음

(9) Equipment Receipt(E/R)
① 컨테이너, 샤시 등 기기류의 CY 또는 ICD 반출입 시 인계인수를 증명하는 서류
② 터미널 또는 ICD operator에 의해 작성

(10) CLP(Container Load Plan, 컨테이너적입도) 기출▶ 19년/ 14년
① 컨테이너에 적입된 화물의 명세서이며, 유일하게 컨테이너마다 화물의 명세를 밝힌 서류
② FCL 화물의 경우 송화인이 작성하며, CY에서 본선 적재할 때와 양륙지에서 컨테이너를 보세운송할 때 사용되는 서류
③ LCL 화물의 경우 CLP는 대개 CFS Operator나 이와 계약관계에 있는 검수회사가 선적계약 시 화주가 제출한 제반 서류를 기초로 작성
④ 화물이 화주, 검수인 또는 CFS Operator에 의해 컨테이너에 적입되어, 이들에 의해 CLP가 작성되면 CY Operator에게 전해짐

2. 선하증권의 개요

(1) 선하증권(B/L : Bill of Lading)의 개념 기출▶ 08년
① 일정한 운송계약하에 송화인으로부터 물품을 수취하여 이것을 계약지정의 양륙지에서 수화인에게 본 증권과 상환으로 물품을 인도할 것을 약속한 유가증권
② 선박회사가 화물을 수취한 것을 확인한 다음 양륙항에서 그 선하증권의 소지인에게 이것과 교환하여 화물을 인도할 것을 약속한 수취증이며, 선박회사와 화주 간의 운송계약서

(2) 선하증권의 법적 성질 기출▶ 22년
① 권리증권
　㉠ 유통성 선하증권으로서의 일정요건을 갖추면 권리증권(Document of Title)으로서의 자격을 지님
　㉡ 선의의 소지인에 대하여 그것과 상환으로 선적화물을 인도할 것을 확약한 권리증권으로서 이 증권과 상환이 아니면 선적화물의 인도는 물론 인도청구도 할 수 없음
② 선적화물수취증
　㉠ 운송계약의 성립을 전제로 하여 선박회사가 발행한 선적화물의 수취증임
　㉡ 선적화물에 대하여 본선으로부터 교부된 본선수취증이 선박회사가 화물을 본선상에서 수취하였음을 입증하는 증권
③ 요인증권 : 운송계약에 의해 화물의 선적을 전제로 하여 발행되는 법률상의 요인증권
④ 채권증권 : 선하증권의 소지인은 화물의 인도를 청구할 수 있어 채권효력을 갖는 채권증권이며, 운송화물의 처분에는 반드시 선하증권을 사용해야 하므로 처분증권의 성질도 포함
⑤ 요식증권 : 상법에 규정된 법정기재사항의 기재를 필요로 하는 요식증권
⑥ 문언증권 : 해상운송계약에 따른 선박회사와 화주의 의무이행이나 권리주장은 이 증권상에 기재된 문언에 따르게 되는 문언증권
⑦ 유통증권 : 화물을 표창하는 유가증권으로서 배서 또는 양도에 의해 소유권이 이전되는 유통증권
⑧ 지시증권 : 선하증권발행인이 배서금지의 뜻을 기재하지 않는 한 배서에 의해 양도될 수 있으므로 지시증권의 성질도 포함

CORE 03 해상운송 서류

1. 정기선 운송 관련 서류 기출 23년/ 15년

(1) Shipping Request(S/R, 선적요청서)
① 선적 담당자에게 선적 사용을 예약하기 위해 발송하는 서류
② 화주가 선사에 제출하는 운송의뢰서로서 화물의 명세 기재

(2) Booking Note(B/N, 선복예약서)
① 선박회사가 해상운송계약에 의한 운송을 인수하고 그 증거로서 선박회사가 발급하는 서류
② 화주가 제출한 S/R에 기초해 선사가 선적 관련 사항을 화주별로 작성
③ 화물의 명세, 필요 컨테이너 수, pick-up 요청일시 등 기재

(3) Shipping Order(선적 승낙/지시서)
① 화주가 선박에 화물 선적을 위하여 선사로부터 발급받는 서류
② 선적 요청을 받은 선사가 송하인에게 교부하는 선적 승낙서
③ 선사가 본선의 선장에게 송하인의 화물을 선적하도록 지시하는 선적지시서

(4) Arrival Notice(화물도착통지서)
운송계약조건에 따라 운수업체가 화물의 도착을 수입자에게 알리는 통지서

(5) Delivery Order(화물인도지시서) 기출 13년
물품의 보관자에 대해 그 물품을 증권의 정당한 소지인에게 인도해야 하는 것을 지시하는 대표적인 증서

(6) Mate's Receipt(M/R, 본선수취증) 기출 16년
① 기재된 상태대로 화물을 수령하였음을 인정하는 증서
② 선적 완료 후 검수집계표(Outturn Report)에 근거하여 일등항해사(Chief Mate)가 선적화물과 선적지시서(S/O)를 대조하여 송하인(Shipper)에게 교부

(7) Boat Note(화물인수증) 기출 13년
화물 양륙 시 하역업자가 양륙화물을 적하목록과 대조하여 본선에 교부하는 서류

(8) 파손화물보상장(L/I : Letter of Indemnity) 기출 22년/ 17년/ 15년/ 14년/ 12년
① 화주가 선박회사에 대해 발행하는 서류로, 향후 화물에 문제가 발생하더라도 선박회사에 책임을 전가하지 않는다는 취지의 각서
② 선사는 화주가 하자 있는 화물을 선적할 경우 Foul B/L을 발행, 은행은 Foul B/L을 수리하지 않기 때문에 화물의 손상에 대해서는 화주가 책임을 지며 도착항에서 선박회사가 수화인으로부터 손해의 배상을 요구받아도 선박회사는 면책된다는 뜻을 기재한 보상장을 제시하고 무사고 선하증권(Clean B/L)을 교부받음
③ 화주가 실제로는 고장부 선하증권(Foul B/L)임에도 무사고 선하증권(Clean B/L)으로 바꾸어 받을 경우, 선박회사에 제시하는 보상장

③ 지급 시기에 따른 운임

Advance Freight 또는 Freight Prepaid (선급운임)	• 선적과 동시에 송화인이 지급하는 운임 • 실무상 대부분 선하증권이나 용선계약서에는 "운임은 선적 시에 지급해야 하며 운송 중 화물이 상실되어도 전액 받을 수 있는 것으로 간주한다"고 기재되어 있음(선급이 원칙) • CIF나 CFR계약에서는 일반적으로 선급운임, 이 경우 선적지에서 선하증권(B/L) 발급일, 즉 운임지급일의 환율 적용
후불운임 (Freight Collect) 기출 19년/ 14년/ 08년	• 양륙지에서 매수인이 화물을 수령할 때 지급 • FOB계약에서는 후불운임이 지급되고 양륙지에서 화물인도지시서(D/O : Delivery Order) 발급일, 즉 운임지급일의 환율을 적용

(3) 해상운송 운임의 산정기준

① 화물의 중량기준(Weight Basis) 기출▶ 13년
  ㉠ 용적(부피)은 작지만 중량이 높은 화물(예 철강제품, 화학제품 등)은 중량을 기준운임으로 책정
  ㉡ 1 Long Ton = 2,240lbs(1,016kg), 1 Short Ton = 2,000lbs(907kg), 1 Metric Ton = 2,204lbs(1,000kg) 중에서 어느 것을 사용하느냐는 선적지역이나 화물종류에 따라 각각 다르지만 실무상 Metric Ton이 보편화
  ㉢ 화물의 중량은 포장이 포함된 총중량(Gross Weight)으로 계산

② 화물의 용적기준(Measurement Basis) 기출▶ 16년/ 10년
  ㉠ 용적이 큰 화물은 용적이 운임산정의 기준이 됨
  ㉡ Cubic Meter(CBM) : 용적(부피)을 재는 단위는 Feet(cft)인데, CBM이 실무상 보편화되어 있으며, 컨테이너 화물 운송업무의 기초가 되는 단위임
  ㉢ 화물의 포장명세서, 선적요청서 등에 W/M이라고 표기된 것은 Weight/Measurement를 의미함
  ㉣ 중량과 용적의 두 가지 중 어느 쪽이든 높은 (큰)쪽의 톤수가 운임산정의 기준이 되며, 이때 운임산정의 기준이 된 톤수를 운임톤이라 함

③ 종가기준(Ad Valorem) 기출▶ 22년
  ㉠ 종가 : 가격에 따름(According to The Price)
  ㉡ 종가화물은 운송에 특별한 주의를 요하며, 운송사고 발생 시 운송인의 배상책임도 큼
  ㉢ 헤이그 규칙(Hague Rules) : 포장당 화물의 손해배상 청구액을 100파운드로 확정하여 이 금액을 초과하는 고가품은 종가운임률 적용에 한해 그 화물가격에 상응하는 손해배상을 함

④ 개수기준
  화물의 관습상 포장방법이 일정하고 내용물의 용적 또는 중량이 일정한 화물은 단위를 기준으로 하여 운임액을 책정함(예 석유, 방적용 실 등은 1상자, 1bale 등)

⑤ 적하량 기준 : 해상운임 산출의 기준
  ㉠ 선적지 적하량으로 하는 경우 : Intaken Quantity Basis
  ㉡ 양륙지 적하량으로 하는 경우 : Outturn Quantity Basis
  ㉢ 운송 도중에 화물의 과부족이 일어나기 쉬운 쌀, 밀, 철광석, 석탄 등의 제1차 상품의 거래에는 특히 주의해야 함

인플레할증료 (IAF : Inflation Adjustment Factor)	통상 인플레가 있으면 운임인상이 이루어지고, 또 한편으로는 각국의 물가상승률 차이가 환율에 반영되지만, 특정 지역의 인플레가 심한데도 일괄운임 인상이 이례적으로 늦어져, 운항원가의 상승으로 선사의 적정이윤이 유지되지 못할 때 부과하며 매우 드물게 적용됨
양륙항선택화물할증료 (Option/Optional Surcharge)	화물 선적 시 양륙항이 지정되지 않고, 출항 후 화주가 편리한 양륙지를 선택하여 그 항구에서 양륙하여 화물을 인도하는 경우 부과되는 운임
우회기항화물에 대한 부가율	예정 기항지 이외에 적하 혹은 양하를 위해서 기항을 하는 화물에 대해서는 특별한 운임 부가율 설정
전쟁위험할증료(War Risk Premium)	전쟁 위험 지역이나 전쟁지역에서 적·양하되는 화물에 부과되는 할증료
통화물(Through Cargo)에 의한 Arbitrary* *Arbitrary : 추가운임	통운송계약에 의한 통화물(Through Cargo) 선적은 1통의 통선하증권(Through B/L)이 발행됨

ⓒ 부대비용(할증운임으로 볼 수 있음) 기출▶ 18년/ 17년/ 13년/ 09년

부두사용료 (Wharfage)	해운항만청 고시에 의하여 부과
터미널화물처리비 (THC : Terminal Handling Charge) 기출▶ 25년/ 24년	화물이 컨테이너터미널에 입고된 순간부터 본선의 선측까지, 반대로 본선 선측에서 CY의 게이트를 통과하기까지 화물의 이동 비용
CFS Charge	컨테이너 하나의 분량이 되지 않는 소량화물을 운송하는 경우, 선적지 및 도착지의 CFS(Container Freight Station)에서 화물의 혼재(적입) 또는 분류작업 시 발생하는 비용
컨테이너세 (Container Tax)	1992년부터 항만배후도로를 이용하는 컨테이너 차량에 대해 징수하는 지방세
서류발급비 (Documentaion Fee)	선사의 선하증권(B/L)·화물인도지시서(D/O) 발급 비용
도착지화물인도비용 (DDC : Destination Delivery Charge)	북미수출의 경우 도착항에서의 하역 및 터미널 작업비용을 해상운임과는 별도로 징수
지체료 (Detention)	화주가 허용된 시간(Free Time) 이내에 반출해 간 컨테이너를 지정된 선사의 CY로 반환하지 않을 경우 지불하는 비용
보관료 (Storage Charge)	• CFS 또는 CY로부터 화물 또는 컨테이너를 무료기간(Free Time) 내에 반출하지 않으면 내는 비용 • 무료기간 종료 후 일정 기간이 지나도 인수하지 않으면 선사는 공매 처리할 권리를 가지며, 창고료 및 부대비용 일체를 화주로부터 징수함

② 부정기선운임의 종류 기출▶ 22년/ 17년/ 14년/ 10년

Spot 운임 (Spot Tariff)	계약직후 아주 짧은 기간 내에 선적이 개시될 수 있는 상태에서 선박에 대하여 지불되는 운임
선복운임 (Lump Sum Freight) 기출▶ 24년	선복(ship's space)이나 항해(trip)를 단위로 지급되는 운임, 즉 화물의 개수·중량·용적을 기준으로 하는 경우와 화물의 양(量)과 관계없이 항해(trip)·선복(ship's space)을 단위로 운임을 계산하는 경우, 항해·선복 단위의 용선계약 시 지불되는 운임
공적/부적운임 (Dead Freight) 기출▶ 25년	용선자가 계약한 화물량보다 적은 화물량을 선적하였을 때 선적하지 않은 화물량에 대하여 선주에게 지급하는 운임
연속항해운임 (Consecutive Voyage Freight)	어느 특정 항로를 반복·연속하여 항해하는 경우에 약정한 연속 항해의 전부에 대하여 적용하는 운임률
장기운송계약운임 (Long Term Contract Freight)	원유, 철광석 등 대량화물의 운송수요를 가진 대기업과 선사 간에 장기간 반복되는 항해에 적용되는 운임으로, 특정 선박으로 연속하여 항해를 되풀이하는 연속항해운임과 유사

(2) 해상운송 운임의 종류 기출 16년/ 15년

① 정기선운임의 종류 기출 22년/ 17년/ 14년/ 10년

⊙ 기본운임

기준	종류	특징
부과 방법	품목별 운임 (Commodity Rate)	화물을 품목별로 분류하여 차등 적용하는 운임
	박스 운임 (Box Rate)	화물의 양(부피)에 상관없이 무조건 컨테이너 하나당 적용하는 운임 예 Class별 박스 운임, 품목별 박스 운임
	종가운임 (Ad Valorem Freight) 기출 22년	화폐, 보석, 유가증권, 미술품 등 고가품의 운송에 있어서 화물의 가격을 기초로 일정률(해당 상품가격의 2~5% 정도)을 징수하는 운임
	무차별운임 (FAK : Freight All Kinds Rate)	화물의 종류·내용과 관계없이 중량과 용적에 따라 동일하게 부과하는 운임
	최저운임 (Minimum Rate)	용적 또는 중량이 운임산출톤에 미달하는 화물에 B/L*이 발행되는 경우, 화물의 종류에 관계없이 B/L 한 건당을 단위로 하여 특정하게 설정하는 운임 *B/L : 선하증권
운송 구간	통운임 (Through Freight)	한 배에서 다른 배로, 또는 해상과 육상이 접속하는 등 2개 이상 운송기관에 의한 운송 운임을 모두 합친 운임
	비례/비율운임 (Pro Rata Freight) 기출 21년	선박이 항해 중 불가항력적 사유로 더는 항해를 할 수 없을 때, 그때까지 실제 운송된 거리에 따라 받는 운임으로 항로상당액운임이라고도 함
	반송운임 (Back Freight)	목적항에 화물이 도착하였으나 화물인수를 거절할 때 반송에 부과되는 운임, 또는 원래의 목적지가 아닌 변경된 목적지로 운송해야 할 때 지불하는 추가운임
	지역/구간운임 (Local Freight)	기항하는 항구와 기항하지 않는 항구 사이에 있는 지역에서 화물을 운송할 경우의 운임
물량	우대운송계약운임 (Service Contract Rate)	우대운송계약에 따른 운임요율표상의 운임보다 저렴하게 부과되는 운임
	기간별 물량별 운임 (TVR : Time Volume Rate)	선박회사 또는 해운동맹이 일정기간 일정하게 정해진 품목을 선적한다는 조건부로 화주에게 할인 혜택을 주는 운임

ⓒ 할증운임(할증료) 기출 25년

종류	특징
용적 및 장척할증료 (Bulky/Lengthy Surcharge) 기출 18년	• 화물의 부피가 너무 크거나 길이가 너무 긴 화물에 부과되는 할증료 • 용적물과 장척물이 일정 한도 이상(예 길이 35척 이상)인 경우 일정률의 할증을 부과하는 운임
중량할증료 (Heavy Cargo Surcharge)	초과 중량에 따라 기본운임에 가산하여 부과
체선할증료 (Port Congestion Surcharge)	양륙항의 체선이 심해 장기간 정박이 요구되어 선사에 손해가 발생할 때 부과
통화할증료 (CAF : Currency Adjustment Factor)	통화의 변동에 따른 환차손을 화주에게 부담시키는 할증료
유류할증료 (BAF : Bunker Adjustment Factor) 기출 18년	유류가격의 인상으로 발생하는 손실을 보전하기 위한 할증료

② 동맹의 외부규제(대화주 구속수단) 기출▶ 14년

계약운임제 (Contract Rate System)	• 2중운임제(Dual Rate System)라고도 함 • 동맹의 표준운임률에 계약운임률과 비계약운임률을 설정하여 화주가 동맹선에만 선적할 것을 계약하면 운임률을 낮게 적용하고 그렇지 않으면 고율의 운임을 적용하는 방식 • 동맹선에만 선적하기로 계약한 화주가 계약 위반 시, 일정한 위약금을 지불하거나 이후의 계약을 거부하는 등의 조치를 취함 • 계약운임제 대상에서 제외된 화물을 비동맹화물 또는 자유화물(Open Cargo)이라 함
운임할려제 (Fidelity Rebate System)	• 일정 기간 자기 화물을 모두 동맹선에만 선적한 화주에게 그 기간 내에 선박회사가 받은 운임의 일정 비율을 기간 경과 후 환불하는 제도 • 유보 기간 없이 일정 기간 경과 후 환불금 전액을 한번에 지급 • 동맹 측의 일방적인 선언으로 하는 것이므로 화주가 맹외선을 사용한 경우에도 환불금의 청구권은 상실하지만 위약금은 지급하지 않음
운임연환불제 (Deferred Rebate System)	• 일정 기간(통상 6개월) 동맹선에만 선적한 화주에 대해서 그 지급한 운임 일부를 환불하는데, 환불에 있어서 그 기간에 이어 계속해서 일정 기간 동맹선에만 선적할 것을 조건으로 하여 그 계속되는 일정 기간이 경과된 후 환불되는 제도 • 화주가 선적화물에 대한 환불금 전액을 받기 위해서는 영구히 동맹선에만 선적해야 되므로 가장 교묘하고도 가혹한 방법 • 공정거래를 해친다는 이유로 현재 일부 지역을 제외하고 금지됨
경쟁억압선 (Fighting Ship)	• 특정의 선박을 맹외선*의 운항 일정에 맞춰 배선하고 맹외선의 운임보다도 훨씬 저렴한 운임으로 수송함으로써 적극 그 집하를 방해하는 방법 　*맹외선 : 해운동맹에 가입하지 않고 정기항로에 끼어드는 회사의 선박 • 경쟁억압선*에 의하여 발생하는 손해는 동맹회원이 공동으로 부담하는 것이 통례이나, 맹외자를 압박하는 힘이 너무나 강하기 때문에 각국 해상운송법에서는 이를 금지 　*경쟁억압선 : 정기해운회사 또는 해운동맹이 특정 항로에서 다른 해운회사(맹외선)를 몰아내려고 사용하는 선박

6. 해상운송 운임

(1) 해상운송 운임의 특징

① 정기선운임의 특징 기출▶ 24년
　㉠ 해운동맹(Shipping Conference)에 의해 협정된 독점가격
　㉡ 해운시황의 변동에 영향을 받지 않아 비교적 안정적
　㉢ 운임률표(Tariff) : 각 품목의 운임부담력이나 용적, 중량 등의 비율 등을 고려하여 결정되며 화주에 대하여 균등한 운임을 부과
　㉣ 중량이 유리하면 중량운임이며, 용적이 유리하면 용적운임
　㉤ 하역비 부담조건(Berth Term 또는 Liner Term)
　㉥ 일정한 운항 예정표(Schedule)에 따라 운항

② 부정기선운임의 특징
　㉠ 광석, 곡물, 석탄, 목재, 설탕 등 대량화물을 대상으로 해운시황에 따라 선사와 화주 사이의 자유계약에 의해 결정되는 자유운임이 원칙
　㉡ 운송수요와 선복의 공급과 관련하여 크게 변동하는 특징이 있음

④ 해운동맹의 효과

긍정적 효과	부정적 효과
• 안정적 자본투자로 서비스의 개선 촉진 • 합리적 배선으로 경쟁에 의한 낭비를 방지하고 원가 절감 • 모든 화주에게 협정운임을 적용함으로써 계획적인 수출입과 선물계약이 가능 • 해운동맹선사들은 해운동맹을 통하여 투자자본의 안전성 유지 • 화주들은 해운동맹선사들이 정기선 배선에 따른 운항의 규칙성을 유지하여 원활한 국제거래 수행 • 정기선 항로에 적격선을 배치함으로써 신속한 안전운항으로 보험료 절감효과 • 동맹의 가입을 통해 영세선사도 생존 가능 • 발착일이 정확, 빈번, 규칙적이며 운송기간이 확정되어 있어 무역거래 편리	• 화주들은 해운동맹의 독점으로 인해 불합리한 운임책정(예 과대이윤, 서비스의 저하, 클레임의 회피, 보복적 차별우대 등)에 대항 불가 • 운임이 낮은 경쟁선사가 등장해도 해운동맹의 운영수단으로 인해 이를 이용 불가 • 기항수를 가급적 줄이려는 경향이 강해 화주들의 불편 가중 • 폐쇄형 해운동맹의 경우에는 새로운 해운선사들이 해운동맹선의 항로에 취항 불가 • 운임환불제, 계약운임제 등이 모두 선사의 일방적 통제하에 이루어짐

(2) 해운동맹의 운영수단 기출 ▶ 16년

① 동맹의 내부규제

운임협정 (Rate Agreement)	• 해운업 경쟁은 운임에 관한 경쟁이므로 이것을 규제하는 운임협정은 모든 해운동맹에 공통되는 기본적인 협정 • 동맹회원은 운임률표에 정해진 품목별 운임률을 충실하게 준수하는 의무를 지고 이를 변경하는 경우는 다른 회원의 동의 필요 • 항로 사정에 따라서는 특정 화물의 운임을 Tariff*로부터 제외하고 자유운임(Open Rate)으로서 그 운임을 각 회원이 자유롭게 결정 　*Tariff : 관세
항해협정(배선협정) (Sailing Agreement)	• 특정 항로에 있어 배선 선복량*을 조절·제한하고 선복과잉에 의한 과당경쟁을 방지하려는 것 　*선복량 : 배에 실을 수 있는 화물의 총량 • 생산업자 간의 수량 카르텔*에 해당 　*카르텔 : 기업 상호 간의 담합 • 일정한 항로에 있어서 항해 수, 기항지, 운항 스케줄 등을 규제하고 각 항로 사정에 따라 이 중 하나 또는 둘 이상을 조합하여 실시
공동계산협정 (Pooling Agreement)	• 각 동맹 선사가 일정 기간 번 운임을 사전에 정한 배분율에 따라 배분 • 일정 기간의 운임수입에서 소정의 비용을 공제한 금액 전부나 일부를 공동계산하여 일정 비율(Pooling Point)로 각사에 나누어주는 형식 • 내부경쟁의 제한 수단 중 가장 강력함
공동운항 (Joint Service)	경비의 절감, 합리적인 배선을 목적으로 동맹사들이 특정 항로의 경영을 일시적으로 통합하는 운항방법
중립감시기구 (Neutral Body)	동맹회원 선사 간 건전한 상거래 질서의 유지를 위하여 설립한 감시기구

ⓒ 하선장소에 반입된 컨테이너 수입물품은 내장된 상태로 10일이 경과되면 물품을 컨테이너로부터 적출하여 수출입화물집화장(CY/CFS) 또는 보세구역에 반입시켜야 함

ⓔ 단, 컨테이너 수입물품이 컨테이너에서 적출하여 수출입화물집화장이나 다른 보세구역에 반입하기 곤란(예 고철, 원피, 원면, 살물* 등)하거나 물품검역 등에 장시간이 소요되는 물품 및 기타 부득이한 사유가 있는 경우 20일 범위 내에서 세관장에게 장치기간 연장신청 가능

*살물 : 벌크화물

⑦ 수입통관 [기출] 22년/ 17년/ 15년

ⓐ 원칙적으로 적화목록이 제출된 이후에 세관이 수입상으로부터 수입신고를 접수받아 수입심사 후 수입신고필증 교부

ⓑ 세관은 수입신고서 및 서류가 접수되면 이를 검토하여 즉시수리, 심사대상, 물품검사대상 여부 등 결정

⑧ 화물인도지시서 발행 [기출] 17년/ 10년/ 08년

ⓐ 수입상이 선하증권 원본을 제출하면 선박회사는 그에 따라 화물인도지시서(D/O : Delivery Order) 발급

ⓑ CY나 보세장치장 등은 선사 또는 포워더가 발행한 원본 선하증권이나 화물인도지시서를 소지하고 있는 화주에게 화물을 인도하며, 기타 비용(예 운임과 창고료 등)을 영수하고, 화물인도지시서 장부에 화물인도지시서 수취 및 화물 인출사항 기록

⑨ 공컨테이너 반납 [기출] 15년/ 10년

ⓐ 화주가 인수한 컨테이너는 Full Container를 Pick-up했던 ODCY로 반납하는 것이 원칙

ⓑ 예외적으로 선사가 지정한 내륙 컨테이너 데포(Depot)나 CY에 반납할 수 있음

ⓒ 이때 선사가 정한 Free Time을 경과하여 반환하는 경우에는 컨테이너 지체료가 부과됨

5. 해운동맹(Shipping Conference : Freight Conference)

(1) 해운동맹의 의의

① 해운동맹의 개념

특정 정기항로에 배선한 선박회사들이 국제카르텔(Cartel)*을 형성, 운송협정을 맺은 것으로, 운임동맹 또는 항로동맹이라 함

*국제카르텔(Cartel) : 기업의 연합

② 해운동맹의 유형

개방식 동맹 (Open Conference)	미국의 선사가 중심이 된 태평양동맹, 뉴욕동맹과 같이 가입을 희망하는 선박회사는 무조건 가맹시키는 해운동맹
폐쇄식 동맹 (Closed Conference)	영국이나 구주제국의 선사가 주도권을 갖고 있는 구주극동동맹과 같이 신규가입에 회원 전체의 동의를 요구하는 해운동맹

③ 해운동맹운임표 [기출] 13년

특정한 항로 구간에 있어서 취항선이 정기적으로 반복 운항하는 항구에는 해운동맹운임표가 통상 기본운임(Base Rate)의 역할을 함

⑪ 컨테이너터미널에 반입한 수출화물컨테이너는 선박이 지정 선석에 정박하기 전에 미리 마샬링야드에 대기하였다가 선박이 정박하면 해당 선박에 적재
⑫ 수출화물 선적이 완료되면 선박회사는 선적지 관할세관에 수출화물 선적보고

(7) 수입화물의 내륙운송절차

① 수출국으로부터 선적정보 입수
  ㉠ 수입국 선사는 수출국 선사로부터 컨테이너선적목록(Container Loading List), B/L목록, 선박출항보고서(Vessel Departure Report) 등을 텔렉스나 팩스 등을 통하여 접수
  ㉡ 위의 내용 외에도 B/L 사본, 적화목록(Manifest : M/F), 위험화물목록(Dangerous Cargo Manifest), 식물화물목록(Botanical Cargo List), 최종본선적부계획(Final Stowage Plan), 컨테이너적부도(Container Load plan), 컨테이너번호목록(Container Number List) 등 입수

② 선사의 입수정보 검토
  ㉠ 선사는 B/L*과 적화목록상의 데이터가 서로 부합하는지 여부 검토
    *B/L : 선하증권
  ㉡ 컨테이너 선적목록 또는 본선적부계획(Stowage Plan) 및 B/L상의 컨테이너 번호 체크

③ 화물도착일정 통지
  ㉠ 선사는 화주가 도착화물을 신속히 인수할 수 있도록 해당 선박이 도착하기 전에 화주에게 화물의 도착을 알리는 도착통지서를 발송함
  ㉡ 이는 체선료(Demurrage)의 발생을 방지하고 양하된 컨테이너화물을 내륙지역까지 원활하게 수송하며, 컨테이너와 운송차량의 효율적인 관리를 위한 것임

④ 보세구역 배정처 지정
  ㉠ 화물도착통지를 받은 수입상은 화물을 어느 창고에 입고할 것인지를 지정함
  ㉡ 선사는 수입상이 지정한 배정처를 적화목록에 기재하여 세관에 입항신고를 함
  ㉢ 만약 수입상이 화물 배정처를 지정하지 않을 경우 선사에서 임의적으로 배정함

⑤ 선박입항 및 하선
  ㉠ 선박은 일반적으로 외항으로부터 도선사와 예인선의 도움을 받아 입항하는데 선사는 선박입항 24시간 전에 입항보고서, 적화목록 등을 세관에 제출해야 함
  ㉡ 선사는 하선 전에 Master B/L 단위의 적화목록을 기준으로 하선장소를 기재한 하선신고서를 세관에 함께 제출한 후 화물을 양하
  ㉢ 중국, 일본 등 근거리에서 입항하는 경우는 선박 입항 시까지 세관에 제출함
  ㉣ 컨테이너화물의 하선장소는 부두 내 또는 부두 밖 CY가 되는데, 수입화물을 입항 전에 수입신고하거나 하선 전에 보세운송신고를 하여 부두에서 직반출하는 경우 또는 부두장치 후 직반출할 경우는 당해 화물을 적재한 선박이 입항하기 전에 선사 및 대리점에 당해 화물을 부두 내 하선하거나 본선에서 차상반출*하도록 세관에 부두하선요청을 함
    *차상반출 : 하선 신고 전에 보세운송신고를 하면 선박에서 컨테이너를 내림과 동시에 보세창고로 운송

⑥ 화물의 장치 및 보세운송
  ㉠ 적화목록 하선신고서에 따라 하선신고일로부터 7일 이내에 하선장소에 물품 반입
  ㉡ 하선장소 보세구역 설영인*은 반입 즉시 보세구역 반출입요령에 의해 반입신고를 해야 함
    *설영인 : 설치·운영하는 사람

(5) FCL(Full Container Load) 수출화물의 선적 및 육상운송절차

① 선적절차 : 공컨테이너 반입요청 및 반입 → 공컨테이너에 화물적입 및 CLP(컨테이너 내부 적부도) 작성 → Pick-up 요청과 내륙운송 및 CY 반입 → D/R(부두수취증)과 CLP(컨테이너 내부 적부도) 제출 → B/L(선하증권) 수령 및 수출대금 회수 `기출` 21년

② 육상운송절차 `기출` 21년/ 17년/ 15년/ 09년
  ㉠ 수출상은 선복예약 시 선적의뢰서(S/R : Shipping Request)와 포장명세서(Packing List), 상업송장(Commercial Invoice) 등의 서류를 선박회사에 제출함
  ㉡ 화물 Door작업을 위해 공컨테이너를 수출상 창고(공장)로 투입 요청, 시간·장소를 정확히 알려주어야 함
  ㉢ 통관(수출신고)은 원칙적으로 장치장소에 장치한 후에 이행함
  ㉣ 수출상이 상품제조 전에 수출신고를 하고자 하는 경우 제조·가공완료 예정일 기준으로 수출신고가 가능함
  ㉤ 선박회사는 육상운송회사에 수출화물을 수령(Pick-up)하여 선적지 컨테이너 야적장(CY)까지 내륙운송을 지시하고 수출화주가 희망하는 장소에 공컨테이너 투입을 요청
  ㉥ 수출통관이 완료되고 수출신고필증이 발급되면 화주는 컨테이너에 화물을 적입하고, 작업이 끝나면 컨테이너 투입 시 함께 전달된 봉인을 직접 컨테이너에 장착
  ㉦ 컨테이너터미널에 직접 인도되거나 ODCY(Off Dock Container Yard)에 반입됨
  ㉧ ODCY 반입 후 컨테이너 야적장 운영업자로부터 장치확인을 받아 선적지관할세관에 보세화물 도착 보고를 함
  ㉨ ODCY에서 컨테이너터미널의 마샬링야드까지의 단거리 운송을 셔틀운송이라 하며, 보통 본선 입항 3일 전부터 출항 12시간 전까지만 반입 가능
  ㉩ 컨테이너터미널에 반입한 수출화물컨테이너는 선박이 지정 선석(Berth)에 정박하기 전에 미리 마샬링야드(M/Y)에 대기하였다가 선박이 정박하면 해당 선박에 적재함
  ㉪ 수출화물의 선적이 완료되면 선박회사는 선적지 관할세관에 수출화물 선적보고를 함

(6) LCL(Less Container Load) 수출화물의 육상운송절차

① 선적의뢰서(S/R)와 포장명세서, 상업송장 등의 서류를 선박회사에 제출하여 선복예약을 함
② 선박회사는 육상운송인에게 연락하여 수출화물을 수령하여 선적지 CFS까지 내륙운송할 것을 지시하며, 이때 수출상은 직접 운송하여 CFS에 인도 가능
③ 육상운송회사는 수출상이 지정하는 창고(공장)로 차량을 배정
④ 차량에 수출화물을 적재하는 것은 수출상의 의무이며, 수출상은 차량이 도착하는 즉시 신속하고 안전하게 적재해야 함
⑤ 육상운송회사의 물품수령인은 수출화물을 선적지 컨테이너화물집화장(CFS)까지 도로로 운송하여 지정된 CFS에 화물을 반입
⑥ LCL화물의 통관은 선적지로 운송 후 세관이 지정하는 CFS에서 통관
⑦ 수출통관이 완료되고 수출신고필증이 발급되면 CFS운영업자는 화물을 목적지별로 선별하여 집화한 후, 컨테이너를 배정받아 컨테이너에 화물을 적입한 후 직접 컨테이너에 봉인/장착
⑧ LCL화물을 혼재한 컨테이너는 CFS에서 반출하여 컨테이너터미널에 직접 인도되거나 ODCY에 반입되며, 이때 컨테이너터미널 또는 CY의 담당자는 선박회사에 화물수령을 증명하는 화물인수도증(FCR)을 발행
⑨ 컨테이너 야적장 운영업자로부터 장치확인을 받아 선적지 관할세관에 보세화물 도착보고
⑩ ODCY에서 컨테이너터미널의 마샬링야드(M/Y)까지 셔틀운송을 함

(3) 컨테이너운송의 형태 `기출` 25년/ 15년/ 13년/ 08년

① 물품의 양이 1개의 컨테이너에 가득 채워지는 경우(FCL : Full Container Load) : 화주의 창고나 공장에서 화주의 책임하에 직접 적입하여 컨테이너 야적장(CY : Container Yard)으로 운송되며 본선에 적재됨

② 물품의 양이 1개의 컨테이너에 미달하는 경우(LCL : Less Container Load) : 화주의 창고나 공장으로부터 컨테이너 화물장치장(CFS : Container Freight Station)에 운반되어 거기서 목적지별로 다른 화물과 함께 컨테이너에 혼재되어 컨테이터 야적장(CY)으로 보내면 본선에 적재

CY/CY (FCL/FCL)	• 수출지 CY에서 수입지 CY까지 FCL형태로 운송(일관수송형태) • 컨테이너 장점을 최대로 살릴 수 있는 방식으로 Door to Door 서비스 가능 • 운송 도중 컨테이너 개폐 없이 수송 • 운송의 3대 원칙인 신속성, 안전성, 경제성을 최대한으로 충족시켜 컨테이너의 목적을 완전하게 달성시키는 운송형태
CFS/CFS (LCL/LCL)	• 선적항 CFS에서 목적항 CFS까지 컨테이너에 의해 운송되는 가장 기본적인 운송방법 • 여러 화주의 소량 컨테이너화물(LCL)을 CFS에서 혼재(Consolidation) · 선적하고 목적지 CFS에서 컨테이너를 개봉하여 화물을 분류한 후 여러 수입업자에게 인도하는 방법이며, 이런 혼재업무는 프레이트포워더가 함 (Forwarder's Consolidation) • Pier to Pier 운송이라고도 부르며 운송인이 여러 화주의 화물을 컨테이너로 운송하여 목적항의 컨테이너화물장치장(CFS)에서 여러 수화인에게 화물을 인도하는 방법 • 송화인과 수화인이 여러 사람으로 구성되며, 운송인은 선적항과 목적항 간의 해당 해상운임만을 징수하고, 운송책임도 선적항 CFS에서 목적항 CFS까지로 함
CFS/CY (LCL/FCL) `기출` 10년/ 11년	• 운송인이 지정한 선적항 CFS로부터 목적지 CY까지 컨테이너에 의해 운송되는 형태로, 운송인이 여러 송화인(수출업자)들로부터 화물을 CFS에서 집하하여 목적지의 수입업자 창고 또는 공장까지 운송(Buyer's Consolidation) • CFS/CFS에서 발전한 운송방법으로, 현재 우리나라에서 많이 이용 • 대규모 수입업자가 여러 송화인들의 각 LCL 화물들을 인수하여 일시에 자기지정창고까지 운송하고자 하는 경우에 이용
CY/CFS (FCL/LCL) `기출` 23년/ 22년/ 21년/ 13년	• 선적항 CY에서 목적항 CFS까지 컨테이너에 의해서 운송되는 방법 • 선적지에서 수출업자가 FCL화물로 선적하고, 목적지의 CFS에서 컨테이너를 개봉하여 화물을 분류한 후 여러 수입업자에게 인도 • 한 수출업자가 수입국의 여러 수입업자에게 일시에 화물을 운송하고자 할 때 많이 이용

(4) 컨테이너 리스료

① 부과방식 `기출` 13년

Rental Charge	1일 또는 1개월 기준 컨테이너 1개당 리스료
DPP Premium	Damage Protection Plan으로 임대 시 손상된 컨테이너의 수리비를 약정된 만큼 보전해주는 조건
Interchange Ratio	반납률, 기간 중 임대 컨테이너의 반납률이 높으면 리스료가 올라감
Geography Table	반납예정표로서 통상 1지점에서 1개월 동안 반납해야 할 최대수량을 기록한 표

② Master Lease : 컨테이너 임차 시 임차료, 임차 및 반납조건 등을 포괄적 계약조건으로 정한 후 계약기간 내에서는 자유롭게 임차/반납을 허용하는 컨테이너 리스 형태 `기출` 14년

② 일반용도에 따른 분류 기출▶ 20년/ 10년

건화물 컨테이너 (Dry Container)	• 온도조절이 필요 없는 일반잡화를 적부하여 운송하는 컨테이너 • 밀폐식으로 제작		
통풍 컨테이너 (Ventilated Container)	과일, 채소, 식물 등의 수송 시에 호흡작용을 돕기 위해 측면에 통풍 구멍을 낸 컨테이너		
서멀 컨테이너 (Thermal Container)	냉동 · 보냉이 필요한 물품의 운송에 활용되는 컨테이너		
	냉동(Reefer) 컨테이너	육류, 어류 등 냉장 · 냉동식품 운송 컨테이너	
	보냉 컨테이너	과일, 채소 등의 수송 시 온도상승을 방지하기 위해 제작된 컨테이너	
	단열 컨테이너 (Insulated Container)	과일, 채소 등의 선도유지에 적절한 단열구조를 갖춘, 통상 드라이아이스 등을 냉매로 사용하는 보냉 컨테이너	

③ 특수용도에 따른 분류 기출▶ 23년/ 21년

분체용 벌크 컨테이너 (Solid Bulk Container)	가축 사료, 콩, 쌀, 보리 등 곡물류나 가루형 화물 등의 산화물 운송에 적합하도록 제작된 단열성과 기밀성(air tightness)을 갖춘 컨테이너
액체용 벌크 컨테이너 (Liquid Bulk Container) 기출▶ 22년	위험물, 석유화학제품, 화공약품, 유류, 술 등의 액체화물을 운송하기 위하여 내부에 원통형의 탱크(Tank)를 위치시키고 외부에 철재 프레임으로 고정한 컨테이너
의류 운송용 컨테이너 (Garment Container) 기출▶ 24년	정장의류 및 실크 · 밍크 등 고급의류를 옷걸이에 걸어 구겨지지 않게 운송하여 다림질(ironing)하지 않고 진열 · 판매할 수 있도록 한 컨테이너
탱크 컨테이너 (Tank Container)	액체상태의 화물을 운반하는 유조 형태의 컨테이너
천장 개방형 컨테이너 (Open Top Container)	기계류, 철강제품, 판유리 등의 중량화물이나 장척화물을 크레인을 사용하여 컨테이너의 위쪽으로부터 적재 및 하역할 수 있는 컨테이너로, 천장은 캔버스 재질의 덮개를 사용하여 방수 기능이 있음
하드 탑 컨테이너 (Hard Top Container)	Open Top Container와 비슷하지만, 캔버스 덮개를 방수가 되는 패널로 대체한 컨테이너
사이드 오픈 컨테이너 (Side Open Container)	컨테이너의 후미 부분만 개방할 수 있었던 기존 컨테이너와 달리 측면을 개방할 수 있도록 만든 컨테이너
하이드 컨테이너 (Hide Container)	동물의 피혁 등과 같이 악취가 나는 화물을 운송하기 위해 통풍장치를 설치한 컨테이너

④ 재질에 따른 분류

분류	특징/장점	단점
강철 컨테이너 (Steel Container)	• 강철로 용접하여 제작한 컨테이너 • 파손 위험 적음	무거움
알루미늄 컨테이너 (Aluminium Container)	• 가벼움 • 녹이 슬지 않음	제조원가가 비쌈
FRP 컨테이너 (Fiberglass Reinforced Plastic Container)	• 강철 프레임과 합판 양면에 FRP를 부착 • 두께가 얇고 잘 부식되지 않음 • 열전도율이 낮음	• 무거움 • 재료비가 비쌈

③ 컨테이너운송의 장·단점 기출▶ 24년/20년

장점	단점
• 신속하고 안전한 화물의 환적 가능 • 화물의 중간적입 또는 적출작업 불필요 • 하역의 기계화로 시간과 비용 절감 • 문전에서 문전까지(Door to Door) 일관운송으로 적하 시간과 비용 절감 • 운송 기간의 단축으로 수출대금 회수가 빨라져 교역 촉진 가능 • 화물의 손상과 도난위험 감소 • 화물의 단위화로 포장 및 장비사용의 효율성 향상 • 노동생산성 향상과 창고·재고관리비 절감 • 특수 컨테이너 이용으로 특수화물 취급 가능 • 해상운송을 위한 내륙터미널시설 이용 가능 • 필요한 서류의 간소화	• 컨테이너 전용선, 하역장비, 컨테이너용기 등에 대한 대단위 투자 필요 • 컨테이너의 유휴 등 고가 설비의 효율적 활용이 쉽지 않음 • 컨테이너선의 운항관리와 경영이 일반 재래선에 비해 복잡하고, 고도의 전문적인 지식과 기술 요구 • 컨테이너에 적입할 수 있는 화물의 종류가 제한적(모든 화물을 컨테이너화할 수 없음) • 컨테이너 하역시설이 갖추어진 항구에서만 하역 가능 • 컨테이너 용량이 커서 소량화물은 혼재해야 함 • 왕항, 복항 간 물동량의 불균형으로 벌크선과는 달리 공(空)컨테이너 회수문제 발생

(2) 컨테이너의 종류 기출▶ 22년/17년/16년/10년

① 컨테이너의 크기별 분류

㉠ 해상운송에서 주로 사용되는 컨테이너 : 20FT(20'×8'×8'6"), 40FT(40'×8'×8'6"), 40FT High Cubic(40'×8'×9'6") 등

㉡ 국제적으로 유통되는 컨테이너는 국제표준기구(ISO : International Organization for Standardization)의 표준규격 사용 권고

〈컨테이너 내 화물적재 사양〉 기출▶ 17년/10년

구분		20FT DRY	40FT DRY
내장규격 (m)	길이	5,896 ~ 5,905	12,023 ~ 12,057
	폭	2,348 ~ 2,352	2,234 ~ 2,362
	높이	2,372 ~ 2,393	2,359 ~ 2,359
	최대용적(CBM)	32.8 ~ 33.2	66.2 ~ 67.8
무게(톤)	자체 중량	2,210 ~ 2,340	3,900 ~ 4,220
	적재 가능 중량	18,015 ~ 21,710	26,260 ~ 29,580
	총중량	24,000	30,480

㉢ 20FT 컨테이너, 40FT 컨테이너는 물동량의 산출을 위한 표준적인 단위이며, 이는 컨테이너 선박 적재능력의 표시 기준임

㉣ 화물을 적입한 컨테이너 총중량 − 컨테이너 자체 중량 = 컨테이너에 적재 가능한 화물의 최대중량이 됨

㉤ ISO기준 컨테이너의 최대적재중량은 20FT 컨테이너가 24톤, 40FT가 30톤이나 이는 단지 컨테이너 제작 시 내구성을 규정한 것임

㉥ 우리나라는 도로법상 과적차량 단속기준으로 20FT는 17.5톤, 40FT는 20.0톤까지 적재할 수 있도록 제한함

구분	내용
적하종류의 제한	• 적법화물(Lawful Merchandise)인 이상, 종류를 제한하지 않음 • 위험화물 적재 시 사전에 선주의 승인을 얻어야 하며, 갑판에 적재 시에는 선장의 지시에 따라야 함
항행에 관한 제한	계약에 따라 본선의 항해구역이 제한되며, 항해구역이라 하더라도 위험해역에 대해서는 미리 선주의 승낙을 받음
재용선	• 용선자는 계약상 별도의 금지조항이 없고, 용선계약의 범위 내에서 다른 사람에게 재용선 가능 • 용선자는 재용선계약을 한 경우 선주에게 통지해야 하며, 선주는 어떠한 경우에도 최초 용선계약상의 선주의 의무를 초과한 범위에서는 책임이 없음

+ 더 알아보기 항해용선계약의 하역비 부담조건 기출▶ 25년/ 22년/ 20년/ 15년/ 14년

구분	내용
Liner or Berth Term Charter	적양하 모두 선주가 부담하는 조건(정기선의 하역비 부담조건)
FIO(Free In and Out) Term Charter	적양하 모두 화주가 부담하는 조건
FI Term Charter	적하 시는 화주가 부담하고 양하 시는 선주가 부담
FO Term Charter	적하 시는 선주가 부담하고 양하 시는 화주가 부담
Gross Term Charter	항비, 하역비, 검수비 모두를 선주가 부담하는 조건
Net Term Charter	항비, 하역비, 검수비 모두를 화주가 부담하는 조건

4. 컨테이너운송

(1) 컨테이너운송의 의의 기출▶ 24년/ 21년

① 컨테이너의 개념

㉠ 컨테이너(Container)란 화물운송의 단위화(Unitarization)가 목적인 수송도구

㉡ 1920년대 미국의 철도화물운송에서 처음 등장

㉢ 해상운송에서는 제2차 세계대전 중 미 군수물자의 수송에 처음 사용

㉣ 물적 유통부문의 포장, 수송, 하역 및 보관 등 운송 전 과정에 있어 혁신적인 수송 도구

㉤ 현재 국가 간 화물수송의 주종을 담당

② 컨테이너의 철도운송방식과 육상운송방식 기출▶ 18년/ 15년

컨테이너 철도운송방식	• COFC, TOFC, Double stack train, Rail car service 등 • 우리나라에서 철송 기지 역할을 하는 ICD는 의왕과 양산이 대표적임
컨테이너 육상운송방식	세미 트레일러 방식(Semi-trailer combination) 등

3. 정기[기간]용선계약(Time Charter) 기출▶ 16년/ 13년

(1) 개념
① 일정 용선 기간에 따라 용선자가 용선주에게 용선료를 용선 개시 전 선지급하는 계약형태
② 용선주
    ㉠ 선박·설비·용구를 갖추고 선원을 승선시킨 상태에서 일정 기간에 걸쳐 용선자에게 임차함
    ㉡ 계약 기간 중 선원비 및 보험료와 같은 통상적 선비 부담
③ 용선자
    ㉠ 연료비, 항세 및 용선료 등 부담
    ㉡ 다른 화주로부터 받은 운임과 용선료의 차액을 이윤으로 얻음

(2) 주요 조항

Employment and Indemnity Clause (사용약관과 보상약관)	선장은 본선의 사용, 대리점업무 등에 관여하여 용선자의 명령·지시에 따라야 하는 의무가 있는데, 이것 때문에 발생한 모든 결과 또는 손해에 대하여 용선자가 선주에게 보상하는 것을 약정한 약관
Off hire Clause(휴항 조항)	용선 기간 중 용선자의 귀책 사유가 아닌, 선체의 고장이나 해난 등의 불가항력과 같은 특정한 사유로 선박의 이용이 방해되는 기간에는 용선자의 용선료 지급의무를 중단하도록 하는 조항

(3) 주요 내용

용선 기간		• 용선료 계산의 기준이 되는 중요한 계약조항 • 통상 3개월, 6개월 또는 9개월 등 월수 기초, 역월 기준
본선의 인도와 반선		• 선박을 선주가 용선자에게 인도하여 개시, 선주에게 반환하여 종료 • 용선자는 반환예정일 및 반환항구를 최소한 10일 이전에 통지, 인수 당시와 동일·양호한 상태로 영업시간 중에 반환
항행구역		• 당사자 약정에 따라 용선 기간 중 용선자가 본선을 운항할 수 있는 구역 • 용선자는 약정된 구역 외 항행이나, 보험구역과 일치하지 않는 항행구역 내 운행은 선주의 승인을 얻어야 하며, 이에 따른 위험과 할증보험료 부담
경비의 분담	선주 부담	선장·선원의 급식비와 기타 제비용, 선박보험료, 본선의 수리비와 제세공과금, 갑판부와 기관부에 속하는 선용품비 등
	용선자 부담	운송에 관한 운항비로서 연료·보일러물 비용, 적하에 관련된 제비용, 화물적재·하역에 관한 제비용, 출입항의 항비·도선료·운하통행료 등
선주의 책임과 면책		• 선박 사용은 용선자에게 있으나 항해에 관한 책임은 선주에게 있으므로 운송품의 선적·적부·양륙 등에서 별도의 특약이 없는 한 선주의 책임 • 선주의 책임은 선장에게 법적 대리권이 부여되어 항해를 계속하면서 신속하게 수행해야 하지만 선주는 용선자의 조력을 얻기 위해 항해 중의 사항을 용선자에게 통보해야 함 • 선주는 내항담보에 관한 상당한 주의의 결여 또는 선주 자신의 과실에 의한 경우 이외에는 일반적으로 면책
용선료		• 1역월(Calendar Month)에 중량 단위로 결정하는 것이 일반적임 • 지급방법은 1개월분 또는 6개월분씩 선불하는 것이 보통이지만 당사자 약정에 따라 후불도 가능 • 용선료 지불이 이행되지 않으면 선주는 법원의 개입이나 기타 소송수속 없이 용선자로부터 선박을 회수할 권리를 가짐
용선료 지급중단		• 용선기간 중 용선자의 책임이 아닌 사유로 사고 발생 시, 용선료의 지불의무자의 지급의무를 중단 • 본선이 24시간 이상 사용 불가능한 경우, 그 상실 기간에 대해서는 용선료를 지불할 의무가 없으며 선불한 용선료는 이에 따라 정산함

⑧ General Average Clause(공동해손조항) : 공동해손에 관하여는 요크-엔트워프 규칙(York-Antwerp Rules)을 적용한다고 규정한 조항

(4) Gencon Charter Party(1994)와 관련된 정박시간표(time sheet)의 기재사항 기출▶ 22년

① 도착일시 및 접안일시
② 하역준비완료일시 및 하역준비완료통지서 제출일시
③ 하역개시일시 및 하역실시기간
④ 용선계약서에 약정된 하역률 및 허용정박기간

(5) Gencon C/P, 1994 서식(기재사항) 기출▶ 22년/ 17년

Shipbroker (선박중개인)	Place and date (용선계약 체결장소와 날짜)
Owners/Place of business (선주명/사업소재지)	Charterers/Place of Business (용선자/사업소재지)
Vessel's name (선박명)	GT/NT (총톤수/순톤수)
DWT all told on summer load line in metric tons (하계 만재흘수선 미터톤으로 표시)	Present position (본선의 현재 위치)
Expected ready to load (본선의 선적가능예정일)	Loading port or place (선적항 또는 선적장소)
Discharging port or place (양륙항 또는 양륙장소)	Cargo(also state quantity and margin in Owner's option : if full and complete cargo not agreed state "part cargo") (화물의 명세, 수량, 선주의 재량범위/만선화물의 합의가 없으면 부분화물 표기)
Freight rate(also state whether freight prepaid or payable on delivery) (중량톤당 또는 용적톤당 운임률)	Freight payment(state currency and method of payment : also beneficiary and bank account) (운임의 결제 통화, 지불 방법, 수령인 및 은행구좌)
State if vessel's cargo handling gear shall not be used (본선의 하역기기 소유 여부와 그 기기의 사용 여부)	Laytime(정박기간) • Laytime for loading(적양항 별산) • Laytime for discharging(적양항 합산) • Total laytime for loading and discharging(정박기간의 개시)
Shippers/Place of business (송화인명/사업소 소재지)	Agents(loading) (선적항의 선주대리점)
Agents(discharging) (양륙항의 선주대리점)	Demurrage rate and manner payable(loading and discharging) (상환율 및 지급방식)
Cancelling date (해약선택권 발생 날짜)	General Average to be adjusted at (공동해손의 정산장소)
Freight Tax(state if for the Owner's account) [운임세금(선주 부담일 경우)]	Brokerage commission and to whom payable (중개수수료와 이를 부담할 당사자)
Law and Arbitration (준거법 및 중재장소)	Additional clauses covering special provisions, if agreed (별도의 추가약관 및 첨부사항)

작업하기 좋은 기간 (WWD : Weather Working Days)	하역이 가능한 기상조건의 작업일만 정박기간에 포함
WWDSHEX	일요일과 공휴일에 작업을 하면 정박기간에서 제외
WWDSHEXUU	일요일과 공휴일에 작업을 하면 정박기간에 포함

ⓒ 개시와 종료 기출 15년

- 하역준비완료통지서(N/R : Notice of Readiness) 통지 후 일정 기간이 지나면 정박기간 개시, 오전 통지 시 오후 1시부터, 오후 화주 영업시간 내 통지 시 다음날 오전 6시부터 기산
- 하역 기간의 종기는 일반적으로 하역이 완료되는 때임
- 종료 시 정박일계산서(Laydays Statement, 정박일수 기재) 작성, 선장/화주가 서명

⑤ Demurrage(체선료 조항) 기출 18년
  ㉠ 용선계약에 약정된 정박기간을 초과해 선적·양륙한 시간에 대해 용선자가 선주에게 지급하기로 약정한 금액
  ㉡ 운송계약 시 체선료율을 정하지 않고 현실적으로 발생한 실손액을 계산하여 청구하는 방법
  ㉢ 선적 및 양륙을 분리하여 따로 계산(Laydays Not Reversible)하는 것이 원칙이나 용선자의 선택하에 합산하여 계산(Laydays Reversible)할 수 있음
  ㉣ 1일 24시간을 기준으로 계산(WWD의 경우 주간하역, 즉 1일 12시간으로 계산하기도 함)
  ㉤ 선적항 및 양륙항에서의 체선료는 1일당 또는 1일 미만의 경우에는 그 비율에 따라 20란(Box 20)에 표시된 체선료율과 지급 방법에 의거하여 지급
  ㉥ 체선료는 확정손해이며, 지연손해금은 불확정손해로서 만약 당사자 사이에 분쟁이 생겨 중재에 회부되거나 소송이 제기되면 각각 중재인 및 법원이 그 손해액을 결정
  ㉦ 96시간 내 지급되지 않는 경우 선주는 용선계약을 언제든지 중지시키고 그것으로 인해 발생한 어떤 손실에 대해 소송을 제기할 권한이 있음
  ㉧ 용선계약을 종료시킬 수 있는 권리는 선적항에서 발생할 수 있음

⑥ Lien Clause(선취특권조항) : 화주인 용선자가 운임 및 기타 부대경비를 지급하지 아니할 때 선주는 그 화물을 유치할 수 있는 권한이 있다는 조항

⑦ Cancelling Clause(해약조항) 기출 24년/ 16년
  ㉠ 용선선박이 용선계약 상에 명시된 날짜까지 선적준비를 하지 못할 경우 용선자에게 용선계약의 취소여부에 관한 선택권을 부여하는 조항
  ㉡ 선택권은 요청이 있을 때 본선 선적예정일의 최소 48시간 이전에 통고
  ㉢ 본선이 해손으로 지연 시 신속히 용선자에게 통고하되 적재준비정돈예정일을 10일 이상 초과할 때 용선자는 계약의 해제선택권을 가지며 이의 적용은 해약기일(Cancelling Date)을 약정할 때에 한함
  ㉣ 해약기일

- 본선의 선적지 회항이 예정일보다 지연될 때 화주는 선적 준비상 손해를 입으므로, 해약기일을 약정하고 기일이 넘으면 해약권 발동 가능
- 해약기일은 C/P면에 기재, 보통 본선 사정상 예정일로부터 약 10~20일 정도 여유 가짐
- 해약기일이 도래하더라도 선박의 운항이 일기나 고장 수리 등으로 방해를 받는 수가 많기 때문에 Gencon Form에서는 입항하기 48시간 전에 화주에게 통고하도록 함

③ 개품운송과 용선운송 비교

구분	개품운송	용선운송
형태	여러 화주로부터 개별적으로 선적 요청을 받은 개개화물 운송	특정 화주의 특정 화물을 싣기 위해 선박(복)을 빌려주는 형태로 운송
선박	정기선	부정기선
화물	주로 컨테이너화물 및 Unit화물	철광석, 석탄, 곡물 등의 대량화물
계약서	B/L	C/P
운임	공표된 운임	수급상황에 따라 변동
하역조건	Berth Term(Liner Term)	FIO, FI, FO

2. 항해용선계약(Voyage Charter) 기출 14년/ 12년/ 09년

(1) 개념
① 어느 항구에서 어느 항구까지의 일 항 차 또는 수 개항 차에 걸쳐 용선자인 화주와 선박회사 사이에 체결되는 운송계약
② 용선자는 용선주에게 운임 지급, 용선주는 선박 운항에 따른 비용 부담
③ 용선자는 선복만 이용, 일정 항해를 기초로 용선료를 부담한다는 점에서 정기[기간]용선·나용선계약과 구별
④ 화주가 용선주에게 지급하는 용선료는 항차 단위로 화물 운송량에 따른 톤당 금액 기준
⑤ 다양한 항해용선계약서가 있으나 보편적으로 'Gencon C/P' 서식 사용

(2) 변형

선복용선계약 (Lumpsum Charter)	한 선박의 선복 전부를 한 선적으로 간주하고 실제 적재수량과 관계없이 운임총액을 정하는 방식
일대용선계약 (Daily Charter)	기간을 하루 얼마로 용선요율을 정하여 선복을 임대하는 계약방식

(3) 중요 조항
① Not Before Clause : 선박이 도착예정일보다 늦게 도착하거나 빨리 도착하는 경우 부선료나 하역대기료 등 화주에게 손실이 발생하게 되며, 본선이 선적준비완료 예정일 이전에 도착하여도 하역을 하지 않는다는 조항 기출 24년
② Dispatch/Despatch Money(조출료) : 용선계약 상 허용된 정박기간 종료 전 하역이 완료되었을 때 그 절약된 기간에 대해 선주가 용선자에게 지급하는 일종의 상여금(보통 체선료의 반액이지만 때에 따라서는 1/3로도 함)
③ Deviation Clause(항로이탈조항) : 선박은 어떤 목적으로든 모든 항구에 정박할 권리가 있다는 것을 명시한 조항
④ Laytime(정박기간 조항) 기출 24년/ 21년/ 10년
㉠ 화주가 계약화물을 용선한 선박에 적재·양륙하기 위하여 그 선박을 선적항 또는 양륙항에 있게 할 수 있는 기간
㉡ 약정방법

관습적 조속하역 (CQD : Customary Quick Dispatch)	정박기간을 한정하지 않고 항구의 관습적 하역방법이나 하역능력 등에 따라 가능한 한 빨리 하역하도록 약정
연속정박기간 (Running Laydays)	• 정박기간 한정, 24시간을 1일로 함 • 하역이 시작된 날로부터 종료 시까지를 정박기간으로 산정 • 특약이 없는 한 일요일과 공휴일에 작업해도 정박기간에 포함

ⓐ **각 용선계약의 비교** 기출 20년/ 15년/ 14년/ 13년/ 09년

구분	항해용선계약	정기[기간]용선계약	나용선계약
계약의 본질	운송행위의 제공	운송능력의 제공	운송수단의 제공
운송주체 및 감독, 항해지휘권자	선박소유자	선박소유자	선박임차인, 나용선자
선장, 선원교체 청구권자	선박소유자가 판단 · 처리	용선자의 요청 시 선박소유자는 필요 시 교체 (불만약관)	선박소유자의 승낙을 필요로 하며 선박소유자의 요청 시 용선자는 즉시 교체
운송물의 종류, 수량의 결정	항해용선자	정기용선자	관련약관 없음
용선 기간	선적항에서 선적준비가 완료되어 양륙지에서 양륙 완료될 때까지	약정기일의 용선개시일부터 반선 때까지	약정기간의 용선 인도 시부터 반선 때까지
용선료	운송행위의 보수, 선적량 또는 총액운임	운송행위능력에 관한 보수 · 기간 운임	운송수단인 선박의 임차료
감항능력 유지시기	선적항 출항 시	용선계약 개시 및 용선 기간 중	선박 인도 시
선하증권의 발행	선박소유자, 선장, 그 대리인인 용선인의 지시에 따라 서명한 경우 보상약관의 적용을 받음	선박소유자, 선장, 그 대리인인 용선인의 지시에 따라 서명한 경우 보상약관의 적용을 받음	임차인, 용선인, 선장, 대리인
선박정비	선박소유자	선박소유자	임차인, 보험수선에 관해서는 선박소유자의 승낙 필요
선장고용책임	선주가 선장임명 및 지휘 감독	선주가 선장임명 및 지휘 감독	임차인이 선장임명 및 지휘 감독
책임 한계	용선자는 선복 이용, 선주는 운송행위	용선자는 선복 이용, 선주는 운송행위	임차인이 선박을 일정 기간 사용 및 운송행위
운임 결정 기준	선복으로 결정	기간에 의하여 결정	임차료는 기간을 기초로 결정
감항담보	용선자는 재용선자에 대하여 감항 담보책임 없음	용선자는 재용선자에 대하여 감항 담보책임 없음	임차인은 화주 또는 용선자에 대하여 감항담보책임 있음
선주의 비용 부담	선원급료, 식대, 윤활유, 유지비 및 수선료, 보험료, 감가상각비, 항비, 하역비, 예선비, 도선료 등	선원급료, 식대, 윤활유, 유지비 및 수선료, 보험료, 감가상각비	감가상각비, 보험료
용선자의 비용 부담	없음	운항비 (연료비, 하역비, 도선료, 항세 등)	직접 선비, 선박 보험료 (용선계약의 경우), 용선비 중 감가상각비 외 비용

해운동맹 가입 여부	• 해운동맹주도 • 자율적 경쟁제한	• 비동맹 • 완전경쟁에 접근
해상운임	• 운임률표(Tariff) 보유 • 부정기선에 비해 높은 운임	• 별도 운임률표 없음 • 선박 수요·공급에 의한 탄력적 결정 • 비교적 운임 저렴
하역조건	• Berth Term* *Berth Term : 운송인인 선박 운항자가 화물 적재항에서부터 양륙항 간 발생하는 제반 비용과 위험 부담을 책임지는 하역조건	• FIO, FI, FO

(2) 해상운송의 계약방식

① 개품운송계약(Contract of Affreightment) 기출▶ 25년/ 23년/ 16년/ 15년

㉠ 운송회사가 다수의 수출상으로부터 물품을 인수하여 이를 목적항 및 물품의 특성에 따라 분류한 뒤 선박에 적재하여 운송하기로 하는 계약

㉡ 일반적으로 정기선(Liner)을 이용하며 단위화된 화물을 운송할 때 사용하는 방식

㉢ 불특정 다수의 화주로부터 화물을 집화하여 혼재 운송

㉣ 일반적으로 컨테이너 해운에서 사용되는 운송계약형태

㉤ 별도의 운송계약서는 작성하지 아니하고 선하증권 발급

㉥ 약정기일에 운송계약에 따라 수출상이 계약 물품을 선박회사에 인도하면 선박회사·선적브로커·운송인의 대리인들은 선하증권(B/L)에 서명, 이를 수출상에게 발행

㉦ 수출상이 선적을 목적으로 운송인에게 물품을 인도해 주었으나, 미선적 시 수취선하증권(Received B/L) 발행, 물품이 실제로 선박 적재 시 선적 선하증권(Shipped B/L) 발행

② 용선계약(C/P : Charter Party) 기출▶ 19년

㉠ 특정 항해 구간/기간에 대하여 선복(Shipping Space)의 전부나 일부를 일정 조건 아래서 임대차하는 운송계약으로, 주로 부정기선 이용

㉡ 송화인은 용선계약자가 되며, 송화인과 용선주의 관계는 용선계약에 의해 구속됨

㉢ 계약체결 시 용선주와 용선자 사이에 용선계약서(Charter Party) 작성

㉣ 유형 기출▶ 25년

총용선 계약 (Gross Term Charter)	선주가 하역비와 항비 일체를 부담하는 계약
나용선 계약 (Bareboat Charter)	• 선박만 용선하고 용선자가 선장 이하 선원을 고용하는 계약 • 용선자가 선박 이외의 선장, 선원, 장비 및 소모품에 대하여 모든 책임을 지는 계약 • 우리나라는 외국 선박을 나용선하여 선원과 장비를 갖추고 다른 나라에 재용선(Sub Charter)하여 외화 획득
정기(기간)용선 계약 (Time Charter)	일정 기간 용선자가 선주로부터 선박운항권을 양도받고 그에 대한 급부로서 용선료를 지급하는 계약
항해용선 계약 (Voyage Charter)	특정 항구에서 다른 항구까지 화물 운송을 위한 용선자와 선주 간에 체결되는 계약

CORE 02 해상운송의 형식

1. 해상운송의 형태와 계약방식

(1) 해상운송의 형태

① 정기선운송 기출▶ 24년/ 22년

의의	• 운송 일정 및 운임률표 공시, 화물의 다소에 관계없이 고정 항로로써 규칙 운항 • 일반화물, 즉 다수 화주의 소량화물 및 컨테이너화물, 여객, 우편물 등이 운송대상 • 선박 고가, 화물도 완제품/반제품인 2차 상품이 주종이어서 운임이 높음 • 해운동맹(Shipping Conference) 결성 • 많은 선박·대규모 경영조직 필요, 대자본을 요하는 위험도 높은 사업 • 일반운송인(Common Carrier), 공중운송인(Public Carrier)이 수행
특징 기출▶ 12년	• 반복되는 항해 　　　　• 공공서비스 제공 　　　　• 부정기선보다 고가 운임 • 표준화된 계약 　　　　　• 운임률표(Tariff) 　　　　　• 대형조직 • 위험도 높은 사업
최근 정기선 시장의 변화 기출▶ 22년	• 항로안정화협정/협의체결 증가 및 선사 간 전략적 제휴 증가 • 선박 대형화 및 해운 관련 기업에서 블록체인 등 디지털 기술 도입 • 글로벌 공급망 확대에 따라 서비스 범위도 확대

② 부정기선운송 기출▶ 21년/ 17년/ 13년/ 09년

의의	• 운송수요가 급증하는 화물을 운송 • 운임 부담력이 약한 철광석, 곡물, 원당·원면·원목(원료화물), 비료 등의 대량 산화물(Bulk Cargo)을 주로 운송 • 운임은 그 당시의 수요와 공급에 의하여 결정되고 일반적으로 용선계약(Charter Party)에 의하여 운송계약 체결 • 고정된 기항항구가 없고, 운임도 낮은 요율 적용, 운임 변동폭 큼 • 정기선운송이 운용 면에서 한계성이 있으므로 상호보완적이면서 특징적인 활동 분야를 가짐
특징 기출▶ 17년	• 이용항로의 자유성 　　　　　　　　　• 완전경쟁 운임의 적용 • 소자본으로 운영 가능 　　　　　　　• 해운동맹 결성 곤란 • 원료화물, 곡물 등이 주종 　　　　　• 비교적 낮은 운임 수준 • 용선계약서 이용 　　　　　　　　　• 선복 수배 및 집화 시 중개인 이용 • 이용 화주는 특정 소수로 구성되며 운송화물은 소종 다량품 • 선복의 공급이 매우 비탄력적이므로 수요와 공급 간의 불균형

③ 정기선운송과 부정기선운송 비교 기출▶ 25년/ 20년

구분	정기선운송	부정기선운송
화물유형	• 이종화물/완제품, 반제품(소량화물) • 고가품 화물이 주종	• 동종화물/대량의 벌크화물 • 저가품 화물이 주종
이용화주	불특정다수	대기업 및 종합상사
운송계약 형태	• 개품운송계약 체결 • 선하증권(B/L)	• 용선계약 체결 • 용선계약서(Charter Party)
선박(구조)	컨테이너선(복잡)	벌크운반선(단순)
운항항로	사전에 정해진 기항항로를 규칙적으로 운항	항로를 자유롭게 선택
운송인	대형조직, 일반운송인/공중운송인	소형조직, 일반운송인/개인운송인

③ 선박의 검사
  ㉠ 선박의 감항성 유·무는 선주, 화주, 보험회사 등 이해당사자들에게 주요한 관심 사항이 되므로 선급을 계속 유지하기 위해서는 정기적인 검사를 받을 필요가 있음
  ㉡ 검사의 종류 : 정기검사, 중간검사, 임시검사, 임시항행(航行)검사, 특별검사 등

(8) 선명과 선박의 국적

① 선명(船名) : 국문이나 외래어로 작명, 선박법에 따라 관할 해운관청에 등록
② 선박의 국적
  ㉠ 1851년 영국에서 선포된 항해조례에서 유래
  ㉡ 최초 선박국적 취득 : 선박제조주의, 소유자주의, 승무원주의 등 3가지 사항 전제
  ㉢ 현재 : 소유자주의 중심으로 승무원주의 적용
  ㉣ 선박법상 한국 국적 선박

> • 국유 또는 공유에 속하는 선박
> • 대한민국 국민이 소유하는 선박
> • 대한민국 법률에 의하여 설립된 상사 법인이 소유하는 선박
> • 대한민국에 주사무소를 두고 대한민국 법률에 의하여 설립된 상사 법인이 소유하는 선박 이외의 법인으로서 그 대표자(공동 대표인 경우에는 그 전원)가 대한민국 국민인 경우 그 법인이 소유하는 선박

  ㉤ 편의치적(便宜置籍, FOC : Flag of Convenience) 기출 24년/ 19년/ 16년

> • 세금부담 경감, 인건비 절감 등을 위해 소유 선박을 자국이 아닌 국적부여조건이 엄격하지 않은 외국에 등록하는 제도
> • 선주가 선박 운항에 관한 자국의 엄격한 규제, 세금 등을 회피할 목적으로 파나마, 리베리아, 온두라스, 오만 등과 같은 조세도피지 국가에 선적을 둔 선박을 가리킴

  ㉥ 제2치적제도

> • 자국 선주가 소유한 선박을 자국의 특정 자치령·속령에 치적할 경우 기존 편의치적선에 제공되는 수준의 선원고용상·세제상의 융통성을 부여하여 자국 선박의 해외 이적을 막고자 하는 제도
> • 일종의 자국 내 편의치적제도, 우리나라는 1997년 7월 국제선박등록법을 제정하여 도입

② **중량톤(Weight Tonnage)** : 배수톤수와 배수톤수에서 파생되는 경하중량, 재화중량을 말하는데, 경하중량은 선박 자체의 무게, 재화중량은 선박의 안전 항행이 가능한 최대 적재량을 의미함

배수톤수 (DT : Displacement Tonnage)	• 선박이 밀어낸 물의 무게를 배수량이라고 하고 이는 선박의 무게가 됨 • 선박이 밀어낸 물의 부피(선박의 물속에 잠긴 부분의 부피)에 그 물의 비중을 곱함 • 선체의 부피는 선도(Lines Drawing)에서 구할 수 있음 • 선체가 잠긴 깊이는 선체 선수미부에 표시된 흘수표시로 확인함 • 화물의 적재상태에 따라 배수량이 변하므로 상선에서는 사용치 않음 • 화물적재의 용도가 없고 세금과도 무관한 군함의 크기를 나타내는 용도로 주로 사용
재화중량톤수 (DWT : Dead Weight Tonnage) 기출 ▶ 22년/ 19년	• 선박이 적재할 수 있는 화물의 최대중량을 나타냄 • 선박의 매매나 용선료를 산출하는 기준이 됨 • 만재 배수량(Loaded Displacement)과 경하 배수량의 차이, 즉 적재할 수 있는 화물의 중량을 의미함 • 재화중량에는 연료, 식량, 용수, 음료, 창고품, 승선 인원 및 그 소지품 등이 포함되어 있으므로, 실제 수송할 수 있는 화물톤수는 재화중량에서 이들의 중량을 차감한 것 • 화물선의 최대 적재능력을 표시하는 기준으로 영업상 가장 중요시되는 톤수이며 국제관습상 Long Ton(L/T) 사용

③ **운임톤(R/T : Freight ton or Revenue ton)** : 실제운임을 부과하는 기준톤, 중량과 용적 중에서 운임이 높게 계산되는 편을 택하여 표시함

(7) 선급제도(Ship's Classification) 기출 ▶ 24년/ 12년

① 개념
  ㉠ 선박의 감항성(seaworthiness)*에 관한 객관적 · 전문적 판단을 위해 생긴 제도
    *감항성(seaworthiness) : 안전성을 확보하기 위해 갖추어야 할 능력
  ㉡ 선박이 목적항구까지 소정의 화물을 싣고 항해를 무사히 종료할 수 있는지 종합적인 능력을 객관적으로 판단하기 위한 제도
  ㉢ 선박이 특정 선급을 얻기 위해서는 선급검사관(surveyor)의 엄격한 감독하에 동 선급규칙에 맞춰 건조되어야 함

② 선급협회(Classification of Societies)
  ㉠ 해상 보험업자나 화주(荷主)의 편의를 도모하기 위하여 일정 기준에 따라 검사하여 배에 선급을 매기며, 기타 배의 손상 따위를 심사하여 결정하는 비영리 특수 법인
  ㉡ 주요업무

  > • 선박의 검사와 선급의 등록
  > • 냉방장치 및 소방시설의 검사 및 등록
  > • 만재흘수선의 지정 및 검사
  > • 선용기관, 의장품, 선용품 등의 검사
  > • 선체, 기관, 의장품, 선용품 등 구조재료의 검사 · 시험
  > • 국제조약에 기준한 선박의 검사 및 조약증서의 발행
  > • 선급 등록 선명 등의 간행 및 선박에 대한 정부의 대행검사
  > • 양화장치의 제한중량 등의 지정검사

  ㉢ 한국선급협회 : 국제선급협회 정회원, 영국 적하보험 선급약관에 등재
  ㉣ 로이드 선급(Lloyd's register) 기출 ▶ 24년
    • 런던에 있는 세계 최고의 역사와 최대의 업무 규모를 갖춘 비영리 선급협회
    • 주요 업무는 선박의 선급 관리

ⓒ 종류

원유운반선 (Crude Oil Tanker)	• 원유는 대량저장 가능, 해상(Off-Shore)의 적양구(Head)까지 파이프로 연결되어 흘수 등의 제약을 받지 않고 해상하역이 가능하므로 선박 대형화하여 대량수송 • Dirty Tanker라고 함
정제유운반선 (Product Tanker)	• 휘발유, 석유, 경유, 기타 정제유를 운송하는 선박(원유운반선보다 작음) • 여러 종류의 정제유를 운송할 수 있도록 여러 개의 탱크로 분할되어 있어 배관(Piping) 시스템이 복잡하며, 일부 선박은 화공품도 운반 가능 • Clean Tanker라고 함
화공품운반선 (Chemical Tanker)	• 부식성, 인화성, 유독성 등을 지닌 액상화공품을 적재하는 전용선 • 현대에 이르러 화공품의 탱커 수송 매우 증가
가스운반선 (Gas Tanker)	• 각종 가스를 액화하여 운반하는 특수전용선 • 액화가스를 운송할 수 있는 선박은 유지해야 할 압력 및 온도에 따라 세 가지로 분류(유압상온형, 유압냉각형, 무압냉각형)

③ 전용선(Specialized ship)
 ㉠ 부정기선의 일종이며, 특정한 화물을 운송하기 위해 특수시설을 갖추고 있는 선박
  예 냉동선, 유조선, LNG선, 자동차 전용선, 목재 전용선 등
 ㉡ 대표적인 전용선 : 건산물선(대형 산화물 운송에 적합한 선형으로 탱커와 같은 부정기선), 광석전용선(철광석, 보크사이트, 석회석 등을 운반하는 선박)

④ 겸용선(Combination Carrier)
 ㉠ 탱커나 산물선의 편도수송 문제점을 해결하기 위해 유류와 건화물을 선택적으로 수송할 수 있는 겸용선 개발
 ㉡ 종류

O/O선(Ore/Oil Carrier)	철광석과 원유를 수송	
O/B/O선(Ore/Bulk/Oil Carrier)	광석, 산화물, 원유를 수송	
C/B선(Car/Bulk Carrier)	자동차와 산화물을 수송	
Container/Bulker	왕항(往航, Outbound)	컨테이너 운송
	복항(復航, Inbound)	산화물 운송

⑤ 특수선(Special cargo ship) : 냉동선(Refrigerated Carrier), 중량물운반선(Heavy Cargo Carrier), 바지 운반선(Barge Carrying Ship), 래시선(Lighter Aboard Ship) 등

(6) 선박의 톤수 기출 22년/ 21년/ 20년/ 18년/ 16년/ 15년/ 12년

① 용적톤 : 등록톤수, 선박 용적을 톤으로 환산 시 100ft=1톤(화물 용적을 톤으로 환산 시 40ft=1톤)

총톤수	• 선박 내부의 총용적, 갑판 아래 적량과 갑판 위 밀폐된 장소 적량 합함 • 선박의 안전과 위생에 사용되는 부분의 적량을 제외 • 상선이나 어선의 크기를 표시하고 각국 해운력 비교 자료, 각종 통계 및 관세, 등록세, 도선료, 계선료 및 각종 검사료 등의 과세와 수수료 산출기준
순톤수	• 선박의 총톤수에서 기관실, 선원실 및 해도실 등의 선박운항과 관련된 장소의 용적을 제외한 것으로 여객이나 화물의 수송에 직접 사용되는 용적을 표시하는 톤수 • 선주나 용선자의 상행위와 관련된 용적이기 때문에 항만세, 톤세, 운하통과료, 등대사용료, 항만시설사용료 등의 모든 세금과 수수료의 산출기준
재화 용적 톤수	• 각 선창의 용적과 특수화물창고 등 선박의 화물적재능력을 용적톤으로 표시 • Long Ton(L/T)을 주로 사용

(5) 선박의 종류

① 컨테이너선(Container Ship)

　㉠ 재래선(Conventional ship)과 같이 일반화물선(General Cargo Ship)에 속함

　㉡ 컨테이너화란 하역시간 단축, 하역비용 절감을 위해 화물을 컨테이너(용기)에 넣어 운송하는 것을 말함

　㉢ 분류

일반 컨테이너선	컨테이너를 효율적으로 수송하기 위해 건조된 선박
무개 컨테이너선	작업 편리를 위해 컨테이너선에 선창 덮개가 없는 선박

　㉣ 장점

- 전천후 하역 가능
- 하역능률이 높아 정박일수가 단축됨으로써 선박의 가동률 제고
- 정박시간 단축으로 선형의 대형화 가능
- 하역률 향상과 정박시간 단축으로 인한 수송원가 절감
- 컨테이너의 육상연계수송으로 문전 서비스(Door-to-Door) 가능
- 재래선과 비교할 때 수송 거리가 짧고 그 횟수가 많으며, 육상과의 연계운송이 필요한 항로일수록 더 유리

　㉤ 컨테이너 화물의 종류

- 대부분 컨테이너는 잡화운송에 이용되나 컨테이너선이 운송할 수 있는 화물의 종류가 매우 다양함
- 냉동 · 냉장 화물을 위한 냉동 · 냉장 컨테이너
- 액상 화물 또는 화공품을 위한 탱크 컨테이너
- 기계류 등을 위한 특수 컨테이너

　㉥ 컨테이너선의 종류

로로선 (Roll On/ Roll Off) 기출▶ 12년	• 지게차(Fork Lift)에 실을 수 있는 화물(Pallet, Bale, Container, Packaged, Timber 등)과 바퀴 달린 화물(Car, Loaded Truck or Trailer 등) 수송에 적합 • 데릭, 크레인 등 적양기(Lifting Gear) 없이, 램프(Ramp Link Span)를 이용해 Drive On/Drive Off를 할 수 있음 • 하역시간이 짧아 본선 회전율(Turn-Round) 제고 가능 • 화물손상을 최소화, 일관운송(Through Transit)에 편리
고속 컨테이너선 (Fast Ships)	• 선박의 고속화는 강력한 소형엔진의 개발 또는 선박 자체의 소형화를 통해 가능하므로 미래의 선박은 대형화와 함께 소형화에 의한 고속화의 추진을 예상할 수 있음 • 고성능 엔진을 부착해야 하므로 건조비 · 운영비가 비싸고 적재능력이 적어 대부분 여객선으로 사용(화물선 드묾)

② 탱커(Tanker)

　㉠ 원유, 정제유(Oil Products), 화공품, 액화가스 등 액상 화물을 선창 내에 직접 산적(Drum 등의 용기에 넣지 않고)하여 운송하는 선박으로, 선체 중앙 또는 후미에 설치된 강력한 펌프의 힘으로 각 탱크에 연결된 파이프를 통해 선적 및 양륙

　㉡ 점차 거대화, 맘모스탱커 출현(초대형 원유운반선, 유조선)

(3) 선박의 구조

전장(全長, LOA : Length Over All)	선체에 붙은 모든 돌출물을 포함한 배 앞부분부터 맨 뒷부분까지의 수평거리로, 조선·수리 등을 위한 입거 시, 접안 및 파나마운하 통과 시 반드시 이 길이가 고려됨
수선 간 길이(垂線間, LBP : Length Between Perpendicular)	• 화물을 만재했을 때 선박과 수면이 접촉한 직선 길이, 만재흘수선상의 선수(船首) 수선으로부터 타주의 중심을 지나는 선미(船尾) 수선까지의 수평거리로, 전장(LOA)보다 짧음 • 선박의 길이는 일반적으로 이것을 사용
전폭(全幅, Extreme Breadth)	• 선체의 제일 넓은 부분에서 측정한 외판의 외면에서 반대편 외판까지의 수평거리로, 조선·수리 등을 위한 입거 시 고려됨 • 파나마 운하 통과 시는 반드시 이 넓이가 고려됨
형폭(型幅, Moulded Breadth)	• 선체의 제일 넓은 부분에서 측정한 Frame의 외면에서 외면까지 수평거리로, 선박법상 배의 폭에 이용함 • 전폭에서 양쪽 외벽판의 두께를 제외한 길이에 해당
선심(형심)	• 선체 중앙에 있어 상갑판 가로 들보 상단에서 용골(배의 중심축, 선체를 받치는 기능) 상단까지의 수직거리로, 선박법상 배의 깊이에 해당함 • 선박법 및 국제 만재흘수선 조약 등에서 선박 깊이에 사용
건현(乾舷, Freeboard)	• 배의 중앙에서 측정한 만재흘수선에서 상갑판 위까지의 수직거리 • 배의 깊이에서 흘수 부분을 뺀 길이 • 건현이 크면 예비부력이 커져 배의 안정성이 커짐
흘수(吃水, Load Draft) 기출 19년	• 선박의 물속에 잠긴 부분을 수직으로 잰 길이로, 운하·강 등의 선박 통행 가능 여부, 항구 등 출입 가능 여부 등 결정 주요기준 • 선박자체 부력과 밀접한 연관성이 있으므로 선박의 안전과도 직결되는 중요한 제원* 　*제원 : 성능과 특성을 나타낸 지표 • 모든 선박은 선수와 선미에 20cm의 간격을 두고 흘수 눈금과 아라비아숫자로 된 해당 흘수 표시

(4) 만재흘수선 기출 20년/16년

① 배가 물에 잠기는 정도가 떠 있는 물의 비중에 따라 다르고, 물의 비중은 해수와 담수 간에 차이가 있으며 온도에 따라 변하기 때문에 그 상태를 몇 가지로 분류하여 기준을 정한 것
② 물의 비중 상태와 관계없이 항상 동일한 적재중량을 유지하기 위한 선
③ 선박 안전을 위해 화물 과적 방지, 선박의 감항성이 확보되도록 설정된 최대한도의 흘수

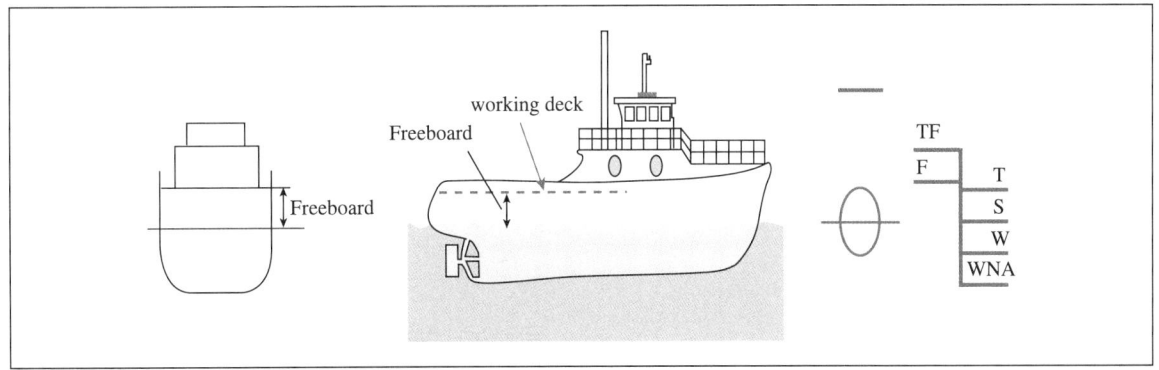

▲ 건현과 만재흘수선

④ 내륙컨테이너기지(ICD : Inland Container Depot) 기출▶ 25년/ 21년
　㉠ 컨테이너화물이 항만물류터미널을 떠나 내륙으로 이동되어 내륙운송수단(도로/철도)과 연계되는 대규모 지점(Depot), 주로 항만터미널 및 내륙운송수단과 연계가 편리한 지역에 위치
　㉡ 내륙운송 연계시설과 컨테이너 야드(CY), 컨테이너 화물조작장(CFS) 등을 갖춤
　㉢ 컨테이너화물의 적입 · 적출, 통관 · 배송 · 보관 · 집화 등 수행 및 소량화물의 혼재와 분류작업 수행 공간
　㉣ 철도와 도로가 연결되는 복합운송거점으로서 대량운송을 통해 운송비를 절감할 수 있음
　㉤ 본래는 내륙통관기지(Inland Clearance Depot)를 의미하였으나 컨테이너화의 확산으로 내륙컨테이너기지로 성장
　㉥ 화물의 대단위에 의한 운송효율의 향상과 항만지역의 교통 혼잡을 줄일 수 있음

3. 선박

(1) 선박의 개념
① 수상에서 사람 또는 물건을 싣고, 이것들을 운반하는 데 쓰이는 구조물
② 부양성, 적재성, 이동성의 3요소를 동시에 갖춘 구조물
③ 해운상의 선박 : 상행위, 기타 영리를 목적으로 화물 및 여객의 운송에 사용되는 부양성, 적재성, 이동성을 갖춘 구조물

(2) 선박의 구성

구분	설명
Anchor (Anchorage)	• 닻(앵커), 선박의 정박을 위한 필수장비 • Windlass라 불리는 Winch에 의해 조작(대형선은 Capstan으로 조작)
Ballast (밸러스트)	화물 선적 없이 운항할 때 선박에 일정한 배의 흘수(Draft)나 트림(Trim)을 조정하기 위하여 중량을 적재함으로써 선박의 감항성 유지
Bilges	• 칸막이 방마다 만들어진 폐수, 기름 등 폐기물(펌프로 퍼낼 수 있음) • 선미의 중지탱크(Double Bottom Tanks)를 이용하는 경우도 많음 • 선박은 화물 선적 전(특히 식량 선적 전) 엄격하게 검사받음
Derricks(Cranes)	일반화물선의 적 · 양하용 장비로, 용량은 통상 5~10톤의 양력을 가지나, 경우에 따라 중량물 취급이 쉬운 데릭(Derrick)를 가짐
Hatch Way	선박 갑판에 있는 개구(창구), 이곳을 통해 선창에 화물을 적재 · 양하
Dunnage	나뭇 조각 · 고무 주머니 등, 화물 사이에 끼우는 화물손상 방지 재료

에이프런(Apron) 기출 18년/15년	• 안벽에 접한 야드 부분에 위치한 하역작업을 위한 공간 • 부두에서 바다와 가장 가까이 접한 곳 • 폭은 시설에 따라 다르며 30~50m 정도 • 갠트리 크레인이 설치되어 있음 • 일정 폭으로 레일이 뻗어 컨테이너 적·양하가 이루어짐
마샬링야드 (M/Y : Marshalling Yard) 기출 18년/15년	• 선적해야 할 컨테이너를 하역 순서대로 정렬하는 장소 • 에이프런과 이웃 • 마샬링야드에는 컨테이너 크기에 맞추어 바둑판처럼 백색 또는 황색 구획선이 있는데 그 1칸을 슬로트(Slot)라 함
게이트(Gate) 기출 15년	컨테이너 이상 유무, 통관봉인(Seal) 유무, 컨테이너 중량, 화물 인수에 필요한 서류 등 확인
	Terminal Gate : 터미널을 출입하는 화물이나 빈 컨테이너 등이 통과하는 출입구
	CY Gate : 컨테이너 및 컨테이너 화물 인수·인도 장소
통제탑 (Control Tower, Control Center)	• Container Yard 전체를 내려다볼 수 있는 위치에 설치되어 CY 전체의 작업을 총괄하는 지령실 • 본선하역 작업은 물론 CY 내의 작업계획, 컨테이너 배치계획 등을 지시·감독하는 곳
정비소 (Maintenance Shop)	CY에 있는 여러 종류의 하역기기나 운송 관련기기를 점검, 수리, 정비하는 곳

③ 컨테이너터미널 장비

갠트리 크레인 (Gantry Crane, Wharf Crane) 기출 18년	• 컨테이너선에 컨테이너를 선적하거나 양륙하기 위한 전용 크레인 • 에이프런(Apron)에 부설된 철도 위를 이동하여 컨테이너를 선적 및 양하하는 데 사용하는 대형 기중기
스트래들 캐리어 (Straddle Carrier) 기출 18년	컨테이너 야적장에서 컨테이너를 양각 사이에 끼우고 운반하는 차량으로서 기동성이 좋은 대형 하역기기
컨테이너 섀시 (Chassis)	• 육상을 운행하는 밴 트레일러에서 컨테이너를 탑재하는 부분 • 트랙터에 연결되어 이동
트랙터	컨테이너 야적장에서 Chassis를 끄는 트럭
윈치 크레인 (Winch Crane)	• 컨테이너를 섀시 또는 트럭에 적재/양하할 때 사용하는 기중기 • 좌우로 회전 가능, 작업장까지 자력으로 이동하는 기중기
포크 리프터 (Fork Lifter, Top Handler)	• 컨테이너 화물을 트럭에 적재/양하할 때 사용하는 기중기 • 대형과 소형 2가지로, 차체 뒤에 화물적재용 포크 또는 하역취급용 부착물(Attachment)을 갖추고 이것을 승강시키는 유압장치로 화물을 운반하는 대형 하역기계
스프레더 (Spreader)	• 컨테이너를 전용으로 하역하기 위한 지게차의 부속장치 • 통상 유압으로 작동, 운전실에서 원격조작 가능

갠트리 크레인   스트래들 캐리어   탑 핸들러

▲ 컨테이너 터미널 기기

항만하역시설	• 선박 기동능력에 큰 영향을 미치는 항만의 경제적 가치 결정 요소 • 부선(Lighter, Barge), 해상기중기(Floating), 고정식 · 이동식 육상기중기(Crane) 등 모든 운반기기와 벨트 컨베이어(Belt Conveyor) 등
컨테이너처리장	CFS, CY 등

(3) 컨테이너터미널(Container Terminal)

① 컨테이너터미널의 정의

㉠ 컨테이너선에 화물적재/하역을 원활히 · 신속히 하게 하는 유통작업 장소 및 설비 전체

㉡ 컨테이너운송에 있어서 해상 및 육상운송의 접점인 부두에 위치

㉢ 본선하역, 화물보관, 육상운송기관에의 컨테이너 및 컨테이너화물 인수 · 인도 장소

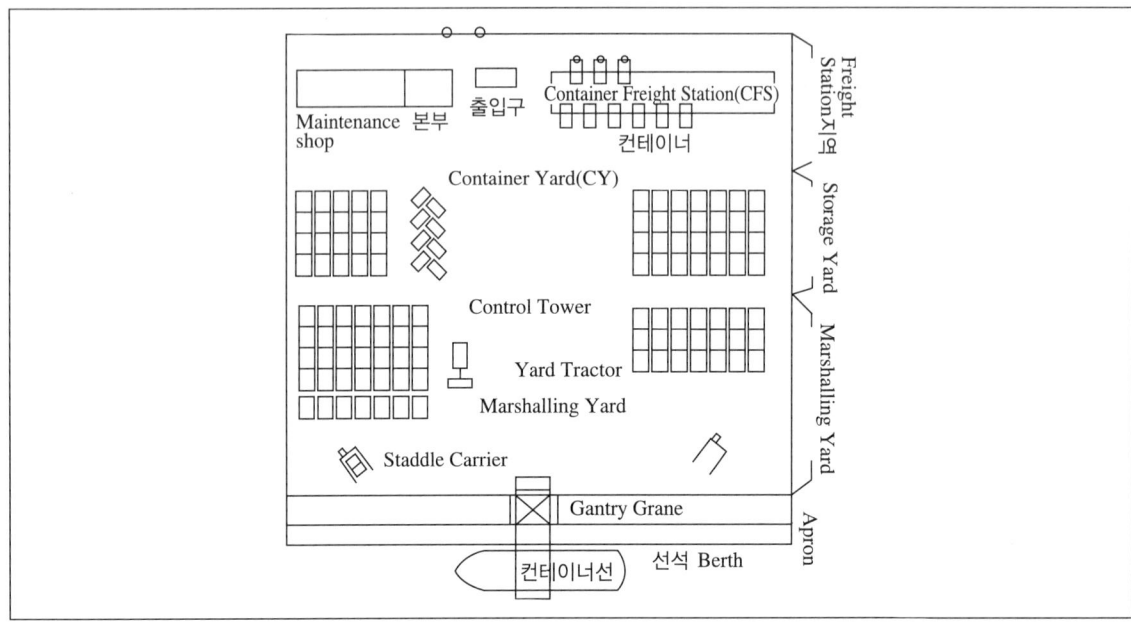

▲ 컨테이너 터미널 구조

② 컨테이너터미널의 주요시설 기출▶ 17년/ 15년/ 13년/ 12년/ 11년/ 08년

컨테이너 화물집하장 (CFS : Container Freight Station)	화물로 컨테이너 1개를 채울 수 없는, 소량 단위의 LCL화물들을 인수 · 인도 · 보관 · 분류(동일 목적지별)하여 컨테이너에 적입 또는 하역작업을 하는 장소
컨테이너 야적장 (CY : Container Yard) 기출▶ 15년	• 컨테이너를 인수 · 인도하고 보관하는 장소 • 선박회사나 그 대리점이 화주에 의해 화물이 적입된 컨테이너를 선적하기 위하여 화주로부터 인수하거나 양륙된 컨테이너를 화물이 적입된 채로 화주에게 인도하기 위한 장소 • On-Dock CY와 Off-Dock CY로 구분
선석(Berth) 기출▶ 17년/ 15년	• 선박이 접안하여 화물의 하역작업이 이루어질 수 있도록 구축된 구조물 • 보통 표준선박 1척을 직접 정박시키는 설비 • 선석 내에는 계선 중인 선박의 동요를 막기 위해 정박로프를 고정시킬 수 있는 계선주(Bit)가 설치되어 있음

2. 항만

(1) 항만의 개념

① 해륙수송의 중계지

② 육상으로 운송된 화물의 선적과 해상으로 수송된 화물의 원활한 양륙시설을 갖춘 장소

(2) 항만시설 기출▶ 24년/ 10년

① 수역시설

내항항로	• 내항의 부두, 계류지 및 묘박지와 외항을 연결하는 선박의 통행로 • 선박이 항행할 수 있는 충분한 수심과 선박에 대한 조류의 영향을 최소화할 수 있는 조류의 방향과 작은 각도를 이루게 해야 함 • 항로(Access Channel)는 바람과 파랑의 방향에 대해 30°~60°의 각도를 갖는 것이 좋으며 조류방향과 작은 각도를 이루어야 함
묘박지/정박지 (Anchorage)	• 선박이 닻을 내리고 접안을 위해 대기하는 수역 • 수면이 잔잔하고 닻을 내리기 좋은 지반이어야 함
선회장 (Turning Basin)	• 선박이 방향을 전환할 수 있는 장소로서 예선의 유무, 바람, 조류의 영향 등을 고려한 안전한 수면을 확보해야 함 • 대개 자선의 경우 대상 선박 길이의 3배를 직경으로 하는 원, 예선이 있을 경우에는 대상 선박 길이의 2배를 직경으로 하는 원으로 함

② 계류시설

안벽(Quay) 기출▶ 19년/ 18년	• 화물의 하역, 여객의 승하선이 직접 이루어지는 구조물 • 선박이 접안할 수 있도록 육상높이와 같이 해저에서 수직으로 구축된 일종의 벽과 그 부속물의 총칭
펜더(Fender)	선박의 접안 시 또는 접안 중에 선박이 접촉하더라도 선박이 파손되지 않도록 안벽의 외측에 부착시켜 두는 고무재
계선주(Bitt)	• 선박의 계선밧줄 고정을 위해 안벽에 설치된 석재나 강철재의 짧은 기둥 • Mooring Post, Bollard라고도 함
캡스탄(Capstan)	선거의 갑문 또는 안벽에 설치되어 선박의 입·출항 시 선박의 계선줄을 기계로 감아올리는 장치
잔교(Pier)	• 해안선과 직각의 형태로 돌출된 교량형 간이구조물 • 선박의 접안과 화물의 적·양하 작업, 선원 및 여객의 승하선에 이용 • 목재, 철재, 석재로 된 기둥을 해저에 박은 뒤 기둥의 윗부분을 콘크리트로 굳힌 후 이 위에 교량형 구조물을 설치하여 육지와 연결한 형태

③ 기타 시설

외곽(外廓)	방파제, 방사제, 도류제, 제방, 호안, 수문 및 갑문 등
임항철도(臨港鐵道)	선박과 철도에 의한 연계수송을 위해 간선 철로에서 항만까지 연결된 철도 인입선
부두 (Wharf)	• 항만 내 화물 하역과 여객 승하선을 위한 여러 가지 구조물 총칭 • 광의로는 부두광장, 임해철도, 창고 및 장치장, 각종 하역설비 등이 상설된 부수지역 전부를 지칭 • 항구의 환경, 구조, 설비 여하에 따라 Quay, Pier, Dock 등 다양한 명칭 사용
상옥 (Transit Shed)	중간창고로, 안벽, 잔교, 양륙장 등에 있어서 운송작업과 보관작업 사이에 중간작업을 하는 장소
사일로 창고 (Silo Warehouse)	곡물과 같은 산화물(bulk cargo)을 장치할 목적으로 만들어 지은 특수창고
해분/선거(船渠) (Basin, Dock)	조수 간만이 심한 항만에서 한쪽에 갑문을 설치하여 바닷물 저장과 수심 평균을 유지하게 하여 선박의 정박작업을 용이하게 하는 수역

(3) 해상운송의 환경변화 기출 21년/09년

① 컨테이너 선박의 대형화와 고속화

② 항만 수심의 증심(增深)

③ Post Panamax Crane*의 증대

   *Post Panamax Crane : 파나마 운하를 통과하기에는 너무 큰 컨테이너선에서 컨테이너를 적재하거나 내릴 수 있는 크레인

④ 소수의 대형 기항항만(Calling Port)*

   *기항항만(Calling Port) : 항해 중인 선박이 중간에 들르는 항구

⑤ 부정기선*의 전용화(Specialized Ship)

   *부정기선 : 일정한 항로나 화주를 정하지 않은 화물을 운송하는 선박

⑥ 정기선사 간 전략적 제휴 확대

(4) 해상운송의 최근 추세 기출 22년/20년

① 정기선 중 컨테이너전용선의 독주

② 부정기선의 전용선, 겸용선화

③ 선박의 고속화·대형화

④ 편의치적선*의 증가세 둔화

   *편의치적선 : 선박에 부과하는 세금과 기타 편의 등을 제공해주는 국가에 배를 등록하고 있는 선박

⑤ 거대 동맹(Super Conference)의 등장, 전통적 해운동맹의 기능 약화

⑥ 정기선운송사업자의 운송영역 확대 및 경영방법 변화

   ㉠ 중소규모 선사들 간의 공동운항(Joint Service)*

   *공동운항(Joint Service) : 같은 항로에 둘 이상의 선박회사가 배선을 통일하여 운항하는 것

   ㉡ 대형 컨테이너 선사들 간 제휴체제(Alliance)의 등장 : 동맹(Alliance)은 특정 항로로 제한되어 있지 않다는 점에서 공동운항과 구분

   ㉢ 컨테이너선사의 국제복합운송기업화, 종합물류기업화

   ㉣ 정기선사들의 전략적 제휴

> • 공동운항을 통해 선복을 공유
> • 화주에게 안정된 수송서비스 제공
> • 공동배선을 통한 컨테이너 수송 중심으로 제휴 활발
> • 제휴 선사 간 상호 이해관계 조정을 위한 협정체결
> • 제휴 선사 간 불필요한 경쟁을 회피하는 수단으로 활용

⑦ 아시아 지역 국가(중국, 대만, 싱가포르, 일본, 한국 등)의 해운세력 급성장

⑧ 통신기술(IT)의 발달에 기인하는 전자식 선하증권에 대한 관심 증대

⑨ 해상운송에 관련된 국제조약이나 규칙 등에 화주 측의 요구가 반영되는 폭이 점차 증가

CHAPTER 03 국제해상운송

핵심 포인트

- ☑ 선박의 종류별 특징, 선박의 구성 · 주요치수 · 톤수, 항만시설의 명칭
- ☑ 정기선운송과 부정기선운송의 특징 비교
- ☑ 선적절차 및 하역절차 관련 서류
- ☑ 해상운송 운임의 형태, 해상운임 부대비용의 종류
- ☑ 선하증권(B/L), 선하증권(B/L)의 대체서류
- ☑ 해상보험, 해상손해
- ☑ 해상운송에 관한 국제조약과 기구

CORE 01 해상운송의 개요

1. 해상운송의 의의

(1) 해운과 해상운송의 개념

① 해운(Shipping, Ocean Transportation) : 해상에서 선박을 이용하여 사람 · 재화를 운송하고 그 대가로 운임을 받는 상행위를 말함

② 해상운송(Carriage by Sea) : 해상에서 선박으로 하여 상업적 목적하에 화물 및 여객을 운송하게 하는 것을 말함

(2) 해상운송의 장 · 단점 기출▶ 25년

① 장점 : 대량화물 운송, 장거리 운송, 저렴한 운송비, 국제성이 높음, 자유로운 운송로

② 단점
  ㉠ 해상속력이 늦음(정기선 : 18~30knot, 부정기선 : 12~18knot)
  ㉡ 하역 장비 필요
  ㉢ 운행횟수가 적음(대량, 장거리수송)
  ㉣ 계획운송의 곤란(날씨)
  ㉤ 거액의 투자비용(대규모 항만시설)
  ㉥ 화물손상사고의 책임 범위 복잡

03 해상보험계약의 용어 설명으로 옳지 않은 것은? 기출 23년

① Warranty란 보험계약자(피보험자)가 반드시 지켜야 할 약속을 말한다.
② Duty of disclosure란 피보험자 등이 보험자에게 보험계약 체결에 영향을 줄 수 있는 모든 중요한 사실을 알려 주어야 할 의무를 말한다.
③ Insurable interest란 피보험자가 보험의 목적물에 대하여 가지는 권리 또는 이익으로 피보험자와 보험의 목적과의 경제적 이해관계를 말한다.
④ Duration of insurance란 보험자의 위험부담책임이 시작되는 때로부터 종료될 때까지의 기간을 말한다.
⑤ Insured amount란 피보험위험으로 인하여 발생한 손해를 보험자로부터 보상받는 대가로 보험계약자가 보험자에게 지급하는 수수료를 말한다.

해설 ⑤ Insured amount(보험금액)란 보험자가 1회의 사고에 대해 손해의 보상책임을 부담하는 금액의 최고한도를 말한다.

기출문제 엿보기

☑ 해상보험의 용어에 관한 설명 중 옳지 않은 것은? 25년
☑ 위부(Abandonment)에 관한 설명으로 옳지 않은 것은? 21년
☑ Marine Insurance Act(1906)에 규정된 용어의 설명이다. ( ) 안에 들어갈 용어들이 옳게 나열된 것은? 18년
☑ 해상보험에서 피보험이익에 관한 설명으로 옳지 않은 것은? 17년
☑ 해상보험 관련 용어에 관한 설명으로 옳지 않은 것은? 16년
☑ 해상보험 용어에 관한 설명으로 옳지 않은 것은? 15년

04 해상운송과 관련된 국제기구에 관한 설명으로 옳지 않은 것은? 기출 21년

① IMO는 정부 간 해사기술의 상호협력, 해사안전 및 해양오염방지대책, 국제간 법률문제 해결 등을 목적으로 설립되었다.
② FIATA는 국제운송인을 대표하는 비정부기구로 전 세계 운송주선인의 통합, 운송주선인의 권익보호, 운송주선인의 서류통일과 표준거래조건의 개발 등을 목적으로 한다.
③ ICS는 선주의 이익증진을 목적으로 설립된 민간 기구이며, 국제해운의 기술 및 법적 분야에 대해 제기된 문제에 대해 선주들의 의견교환, 정책입안 등을 다룬다.
④ BIMCO는 회원사에 대한 정보제공 및 자료발간, 선주의 단합 및 용선제도 개선, 해운업계의 친목 및 이익 도모를 목적으로 설립되었다.
⑤ CMI는 선박의 항로, 항만시설 등을 통일하기 위해 설치된 UN전문기구이다.

해설 ⑤ 국제해사법위원회(CMI : Committee Maritime International)는 해상법(海商法)·해사 관련 관습·관행 및 해상실무의 통일화에 기여하기 위하여 1897년 벨기에 앤트워프에서 창설된 민간국제기구이다.

기출문제 엿보기

☑ 국제해사관련기구와 역할이 옳지 않은 것은? 25년
☑ 해상운송과 관련된 국제기구의 설명으로 옳은 것을 모두 고른 것은? 20년
☑ 해상운송 관련 국제기구에 관한 설명으로 옳은 것은? 18년
☑ 최근 국제연합(UN) 산하기구인 국제해사기구(IMO)의 사무총장으로 사상 처음 한국인이 선출되었다. 다음 중 국제해사기구(IMO)의 설립목적과 거리가 먼 것은? 15년
☑ 해운 관련 국제협약 또는 기구가 아닌 것은? 14년

CHAPTER 03 시험에 꼭 나오는 필수문제

01 다음 설명에 해당하는 정기선 할증운임은? `기출 23년`

> 해상운송 계약 시 화물의 최종 양륙항을 확정하지 않고 기항 순서에 따라 몇 개의 항구를 기재한 후, 화주가 화물 도착 전에 양륙항을 선택할 수 있도록 할 때 부과하는 할증료

① Port congestion surcharge
② Transhipment additional surcharge
③ Optional surcharge
④ Bunker adjustment surcharge
⑤ Currency adjustment surcharge

해설 ③ Optional surcharge(양륙항선택화물할증료)에 대한 내용이다.
① Port congestion surcharge(체선할증료) : 양륙항의 항만사정이 혼잡할 때 받는 할증료
② Transhipment additional surcharge(환적할증료) : 송화인이 환적을 요청하는 경우 그에 따른 추가비용을 보전하기 위해 부과하는 할증료
④ Bunker adjustment surcharge(유류할증료) : 유가인상분에 대한 추가비용을 보전하기 위해 부과되는 할증료
⑤ Currency adjustment surcharge(통화할증료) : 선주가 환율의 급격한 변동에 따른 운항비 보전을 위해 만든 할증료

기출문제 엿보기

☑ 정기선 할증운임에 관한 설명으로 옳지 않은 것은? `25년`
☑ 다음 설명에 해당하는 정기선운임은? `22년`
☑ 정기선 할증운임에 관한 설명으로 옳지 않은 것은? `18년`
☑ 정기선운임에 관한 설명으로 옳지 않은 것은? `15년`

02 우리나라 상법상 선하증권 법정기재사항을 모두 고른 것은? `기출 24년`

> ㄱ. 선박의 명칭, 국적 및 톤수
> ㄴ. 운임지불지 및 환율
> ㄷ. 선하증권번호
> ㄹ. 본선항해번호
> ㅁ. 용선자 또는 송하인의 성명 · 상호
> ㅂ. 수하인 또는 통지수령인의 성명 · 상호

① ㄱ, ㄴ, ㄷ
② ㄱ, ㄷ, ㄹ
③ ㄱ, ㅁ, ㅂ
④ ㄴ, ㄹ, ㅂ
⑤ ㄴ, ㅁ, ㅂ

해설 ㄴ, ㄷ, ㄹ은 선하증권 임의기재사항이다.

기출문제 엿보기

☑ 다음 중 선하증권의 임의 기재사항을 모두 고른 것은? `25년`
☑ 다음 중 헤이그규칙상의 선하증권 법정기재사항으로 옳은 것을 모두 고른 것은? `21년`
☑ 선하증권의 법정(필수) 기재사항이 아닌 것은? `14년`

37

무역구제제도(Trade Remedy)에 관한 설명으로 옳지 않은 것은? 기출 24년

① 긴급관세(세이프가드)제도는 수출국의 공정한 수출행위에 의한 수입이지만 특정물품의 수입이 급격히 증가하여 국내산업에 심각한 피해를 받거나 받을 우려가 있을 때 조사를 실시하여 긴급관세를 인하한다.
② 상계관세제도는 수출국 정부로부터 보조금을 받아 수출경쟁력이 높아진 물품이 수입되어 국내산업이 실질적인 피해를 받거나 받을 우려가 있을 때 조사를 실시하여 보조금 범위 내에서 상계관세를 부과한다.
③ 반덤핑관세제도는 외국물품이 정상가격 이하로 덤핑수입되어 국내산업이 실질적인 피해를 받거나 받을 우려가 있을 때 조사를 실시하여 정상가격과 덤핑가격의 차액 범위 내에서 반덤핑 관세를 부과한다.
④ 긴급관세(세이프가드)를 부과하는 경우에는 이해당사국과 긴급관세부과의 부정적 효과에 대한 적절한 무역보상방법에 관하여 협의할 수 있다.
⑤ 무역구제제도는 공정한 경쟁을 확보하고 국내산업을 보호하는 제도이다.

> **해설** ① 긴급관세(세이프가드)제도는 특정 품목의 수입이 급격히 증가하여 수입국의 국내산업이 심각한 피해를 보거나 입을 우려가 있을 때, 그러한 수입을 일시적으로 제한하거나 긴급관세를 인상한다.

35

비엔나협약(CISG, 1980)에서 승낙의 효력에 관한 설명으로 옳은 것은? 기출 22년

① 분쟁해결에 관한 부가적 조건을 포함하고 있는 청약에 대한 회답은 승낙을 의도하고 있는 경우 승낙이 될 수 있다.
② 청약에 대한 동의를 표시하는 상대방의 진술뿐만 아니라 침묵 또는 부작위는 그 자체만으로 승낙이 된다.
③ 승낙을 위한 기간이 경과한 승낙은 당사자 간의 별도의 합의가 없더라도 원칙적으로 계약을 성립시킬 수 있다.
④ 서신에서 지정한 승낙기간은 서신에 표시되어 있는 일자 또는 서신에 일자가 표시되지 아니한 경우에는 봉투에 표시된 일자로부터 계산한다.
⑤ 승낙기간 중 기간의 말일이 승낙자 영업소 소재지의 공휴일 또는 비영업일에 해당하여 승낙의 통지가 기간의 말일에 청약자에게 도달할 수 없는 경우에도 공휴일 또는 비영업일은 승낙기간의 계산에 산입한다.

해설 ① 승낙을 의도하고 있으나, 추가, 제한 또는 기타 변경을 포함하고 있는 청약에 대한 회답은 청약의 거절이면서 또한 반대청약을 구성한다(CISG 제19조).
② 침묵 또는 부작위는 그 자체만으로 승낙이 되지 않는다(CISG 제18조).
③ 지연된 승낙은 청약자가 지체 없이 피청약자에게 유효하다는 취지를 구두로 알리거나 그러한 취지의 통지를 발송하는 경우에는 승낙으로서의 효력을 갖는다(CISG 제21조). 즉, 승낙을 위한 기간이 경과한 승낙은 당사자 간의 별도의 합의가 있어야 계약을 성립시킬 수 있다.
⑤ 승낙기간 중의 공휴일 또는 비영업일은 기간의 계산에 산입한다. 단, 승낙기간의 말일이 청약자의 영업소 소재지에서 공휴일 또는 비영업일에 해당하여 승낙의 통지가 기간의 말일에 청약자에게 도달될 수 없을 경우 그 기간은 그 다음의 최초 영업일까지 연장된다(CISG 제20조).

36

비엔나협약(CISG, 1980)의 적용 제외 대상으로 옳지 않은 것은? 기출 20년

① 경매에 의한 매매
② 강제집행 또는 기타 법률상의 권한에 의한 매매
③ 주식, 지분, 투자증권, 유통증권 또는 통화의 매매
④ 선박, 항공기의 매매
⑤ 원유, 석탄, 가스, 우라늄 등의 매매

해설 ⑤ 원유, 석탄, 가스, 우라늄 등의 매매는 비엔나협약(CISG, 1980)의 적용 제외 대상에 해당하지 않는다.

32
상사중재에 관한 설명으로 옳지 않은 것은? 기출 22년

① 중재인은 해당분야 전문가인 민간인으로서 법원이 임명한다.
② 비공개로 진행되어 사업상의 비밀을 그대로 유지할 수 있다.
③ 중재합의는 분쟁발생 전후를 기준으로 사전합의방식과 사후합의방식이 있다.
④ 뉴욕협약(1958)에 가입된 국가 간에는 중재판정의 승인 및 집행이 보장된다.
⑤ 중재판정은 법원의 확정판결과 동일한 효력을 가지며 중재인은 자기가 내린 판결을 철회하거나 변경할 수 없다.

> 해설 ① 당사자에게 스스로 중재인을 선임할 권리가 부여된다.

33
( )에 들어갈 클레임 해결 방법은? 기출 18년

> ( )은/는 분쟁의 자치적 해결방법 중의 하나로 중재절차에 의한 판정을 거치지 않고, 당사자 합의 하에 조정인을 개입시켜 분쟁을 해결하는 방식이다.

① 소송　　　　② 중재
③ 조정　　　　④ 화해
⑤ 청구권의 포기

> 해설 ① 국가공권력(사법재판)에 의한 분쟁해결 방법
> ② 당사자 간의 중재합의로 그 분쟁을 중재인에게 맡기고, 중재인의 판단에 양 당사자가 절대 복종함으로써 최종적으로 해결하는 방법
> ④ 당사자 간의 자주적인 교섭과 양보로 분쟁을 해결하는 방법
> ⑤ 피해자가 상대방에게 청구권을 행사하지 않는 경우로서 상대방이 사전 또는 즉각적으로 손해배상 제의를 통해 해결하는 방법

키워드 ⑩ 기타

34
국제물품매매계약에 관한 UN 협약(CISG, 1980)에서 매도인의 계약위반에 대한 매수인의 구제방법이 아닌 것은? 기출 24년

① 의무의 이행 청구
② 대체물의 인도 청구
③ 하자보완 청구
④ 손해배상 청구
⑤ 권한쟁의 심판 청구

> 해설 ⑤ 권한쟁의 심판 청구는 CISG에 없는 제도이다.
> 비엔나협약(CISG)상 매수인의 구제권리는 특정이행청구권, 대체품인도청구권, 하자보완청구권, 추가기간지정권, 대금감액청구권, 손해배상청구권, 계약해제권이 있다.

28

보세구역의 종류에 관한 설명으로 옳지 않은 것은? 기출 19년

① 세관검사장은 통관을 하고자 하는 물품을 검사하기 위한 장소로서 세관장이 지정하는 지역을 말한다.
② 보세건설장은 산업시설의 건설에 소요되는 외국물품인 기계류 설비품 또는 공사용 장비를 장치 · 사용하여 해당 건설공사를 할 수 있다.
③ 보세공장은 외국물품을 원료 또는 재료로 하거나 외국물품과 내국물품을 원료 또는 재료로 하여 제조 · 가공 기타 이와 유사한 작업을 할 수 있다.
④ 보세전시장에서는 박람회 · 전람회 · 견본품 전시회 등의 운영을 위하여 외국물품을 장치 · 전시 또는 사용할 수 있다.
⑤ 보세창고는 통관을 하고자 하는 물품을 일시 장치하기 위한 장소로서 세관장이 지정하는 구역을 말한다.

해설 ⑤ 지정장치장에 대한 설명이다(관세법 제169조).

29

관세법상 보세운송에 관한 설명으로 옳지 않은 것은? 기출 21년

① 보세운송을 하려는 자는 물품의 감시 등을 위하여 필요하다고 인정하여 대통령령으로 정하는 경우 세관장에게 보세운송신고를 하여야 한다.
② 보세운송의 신고는 화주의 명의로 할 수 있다.
③ 세관장은 보세운송물품의 감시 · 단속을 위하여 필요하다고 인정될 때에는 관세청장이 정하는 바에 따라 운송통로를 제한할 수 있다.
④ 보세운송 신고를 한 자는 해당 물품이 운송목적지에 도착하였을 때 도착지의 세관장에게 보고하여야 한다.
⑤ 수출신고가 수리된 물품은 관세청장이 따로 정하는 것을 제외하고는 보세운송절차를 생략한다.

해설 ① 보세운송을 하려는 자는 관세청장이 정하는 바에 따라 세관장에게 보세운송의 신고를 하여야 한다. 다만, 물품의 감시 등을 위하여 필요하다고 인정하여 대통령령으로 정하는 경우에는 세관장의 승인을 받아야 한다(관세법 제213조 제2항).

키워드 ❾   무역클레임의 해결

30

우리나라 중재법상 중재에 관한 설명으로 옳지 않은 것은? 기출 21년

① 중재합의의 당사자는 중재절차의 진행 중에는 법원에 보전처분을 신청할 수 없다.
② 중재인의 수는 당사자 간의 합의로 정하되, 합의가 없으면 3명으로 한다.
③ 당사자 간에 다른 합의가 없으면 중재인은 국적에 관계없이 선정될 수 있다.
④ 당사자 간에 다른 합의가 없는 경우 중재절차는 피신청인이 중재요청서를 받은 날부터 시작된다.
⑤ 중재절차의 진행 중에 당사자들이 화해한 경우 중재판정부는 그 절차를 종료한다.

해설 ① 중재합의의 당사자는 중재절차의 개시 전 또는 진행 중에 법원에 보전처분을 신청할 수 있다.

31

무역분쟁해결 방법에 관한 설명으로 옳지 않은 것은? 기출 23년

① ADR(Alternative Dispute Resolution)에는 타협, 조정, 중재가 있다.
② 중재판정은 당사자간에 있어서 법원의 확정판결과 동일한 효력을 가진다.
③ 소송은 국가기관인 법원의 판결에 의하여 분쟁을 강제적으로 해결하는 방법이다.
④ 뉴욕협약(1958)에 가입한 국가 간에는 중재판정의 승인 및 집행이 보장된다.
⑤ 상사중재의 심리절차는 공개되므로 공정한 판정을 기대할 수 있다.

해설 ⑤ 상사중재의 심리절차는 비공개로 진행되므로, 영업상 비밀이 누설되지 않는다.

해설 **수입으로 보지 아니하는 소비 또는 사용(관세법 제239조)**
- 선박용품 · 항공기용품 또는 차량용품을 운송수단 안에서 그 용도에 따라 소비하거나 사용하는 경우
- 선박용품 · 항공기용품 또는 차량용품을 세관장이 정하는 지정보세구역에서 출입국관리법에 따라 출국심사를 마치거나 우리나라에 입국하지 아니하고 우리나라를 경유하여 제3국으로 출발하려는 자에게 제공하여 그 용도에 따라 소비하거나 사용하는 경우
- 여행자가 휴대품을 운송수단 또는 관세통로에서 소비하거나 사용하는 경우
- 이 법에서 인정하는 바에 따라 소비하거나 사용하는 경우

키워드 ❽ 보세구역과 보세운송

27

관세법상 특허보세구역에 관한 설명으로 옳은 것은? 기출 22년

① 보세전시장에서는 박람회 등의 운영을 위하여 외국물품을 장치 · 전시하거나 사용할 수 있다.
② 보세창고의 경우 장치기간이 지난 내국물품은 그 기간이 지난 후 30일 내에 반출하면 된다.
③ 보세공장에서는 내국물품은 사용할 수 없고, 외국물품만을 원료 또는 재료로 하여 제품을 제조 · 가공할 수 있다.
④ 보세건설장 운영인은 보세건설장에서 건설된 시설을 수입신고가 수리되기 전에 가동해도 된다.
⑤ 보세판매장에서 판매하는 물품의 반입, 반출, 인도, 관리에 관한 사항은 산업통상부령으로 정한다.

해설 ② 내국물품으로서 장치기간이 지난 물품은 그 기간이 지난 후 10일 내에 그 운영인의 책임으로 반출하여야 한다(관세법 제184조).
③ 보세공장에서는 외국물품을 원료 또는 재료로 하거나 외국물품과 내국물품을 원료 또는 재료로 하여 제조 · 가공하거나 그 밖에 이와 비슷한 작업을 할 수 있다(관세법 제185조).
④ 보세건설장 운영인은 보세건설장에서 건설된 시설을 수입신고가 수리되기 전에 가동하여서는 아니 된다(관세법 제194조).
⑤ 보세판매장에서 판매하는 물품의 반입, 반출, 인도, 관리에 필요한 사항은 대통령령으로 정한다(관세법 제196조).

26

수출입통관과 관련하여 관세법상 내국물품이 아닌 것은?

기출 23년

① 보세공장에서 내국물품과 외국물품을 원재료로 하여 만든 물품
② 우리나라의 선박 등에 의하여 공해에서 채집 또는 포획된 수산물
③ 입항전수입신고가 수리된 물품
④ 수입신고수리 전 반출승인을 얻어 반출된 물품
⑤ 수입신고 전 즉시반출신고를 하고 반출된 물품

해설 **관세법상 내국물품(관세법 제2조 제5호)**
- 우리나라에 있는 물품으로서 외국물품이 아닌 것
- 우리나라의 선박 등이 공해에서 채집하거나 포획한 수산물 등
- 입항전수입신고가 수리된 물품
- 수입신고 수리 전 반출승인을 받아 반출된 물품
- 수입신고 전 즉시반출신고를 하고 반출된 물품

23

Incoterms® 2020의 CIF 규칙에 관한 설명으로 옳지 않은 것은? 기출 20년

① 물품의 멸실 및 손상의 위험은 물품이 선박에 적재된 때 이전된다.
② 매수인은 자신의 운송계약상 목적항 내의 명시된 지점에서 양하에 관하여 비용이 발생한 경우에 당사자 간에 달리 합의되지 않는 한, 그러한 비용을 매도인으로부터 별도로 상환받을 권리가 없다.
③ 해상운송이나 내수로운송에만 사용된다.
④ 해당되는 경우에 매도인이 물품의 수출통관을 해야 한다.
⑤ 매수인은 매도인에 대하여 운송계약을 체결할 의무가 없다.

해설 ② CIF 규칙은 운임·보험료포함인도조건으로, 매도인(매수인×)은 자신의 운송계약상 목적항 내의 명시된 지점에서 양하에 관하여 비용이 발생한 경우에 당사자 간에 달리 합의되지 않는 한, 그러한 비용을 매수인(매도인×)으로부터 별도로 상환받을 권리가 없다. 본래 매도인은 수입항에서 양하할 의무는 없으므로, 당사자 간의 합의가 되지 않은 상태에서 매도인이 그 비용을 부담했다면, 매수인에게 그 비용을 청구할 권리가 없다. 따라서 해당 비용이 발생할 것으로 예상될 경우 매도인은 매수인과의 계약에서 미리 해당 내용에 관해 합의해야 한다.

키워드 ❼ 수출입 통관

24

관세법상 수출입통관에 관한 설명으로 옳지 않은 것은? 기출 23년

① 물품을 수출입 또는 반송하고자 할 때에는 당해 물품의 품명·규격·수량 및 가격 등 기타 대통령령이 정하는 사항을 세관장에게 신고하여야 한다.
② 당해 물품을 적재한 선박 또는 항공기가 입항하기 전에 수입신고를 할 수 있다.
③ 세관장은 수출입 또는 반송에 관한 신고서의 기재사항이 갖추어지지 아니한 경우에는 이를 보완하게 할 수 있다.
④ 관세청장은 수입하려는 물품에 대하여 검사대상, 검사범위, 검사방법 등에 관하여 필요한 기준을 정할 수 있다.
⑤ 수입신고와 반송신고는 물품의 화주 또는 완제품공급자나 이들을 대리한 관세사 등의 명의로 해야 한다.

해설 ⑤ 수출·수입 또는 반송의 신고는 화주 또는 관세사 등의 명의로 하여야 한다. 다만, 수출신고의 경우에는 화주에게 해당 수출물품을 제조하여 공급한 자의 명의로 할 수 있다(관세법 제242조).

25

관세법상 수입통관에 관한 설명으로 옳지 않은 것은? 기출 22년

① 여행자가 외국물품인 휴대품을 관세통로에서 소비하거나 사용하는 경우는 수입으로 본다.
② 우편물은 수입신고를 생략하거나 관세청장이 정하는 간소한 방법으로 신고할 수 있다.
③ 세관장은 수입에 관한 신고서의 기재사항에 보완이 필요한 경우 해당물품의 통관을 보류할 수 있다.
④ 관세청장은 수입하려는 물품에 대하여 검사대상, 검사범위, 검사방법 등에 관하여 필요한 기준을 정할 수 있다.
⑤ 수입하려는 물품의 신속한 통관이 필요한 때에는 해당물품을 적재한 선박이나 항공기가 입항하기 전에 수입신고할 수 있다.

해설 ② DPU는 목적국의 지정목적지(at the named place of destination)에서 물품을 도착운송수단에서 양하된 상태(unloading)로 매수인의 처분 하에 놓거나 그렇게 인도된 물품을 조달한 때를 인도시점으로 보는 조건이므로, ⓒ에서 loading → unloading으로, port → place가 되어야 한다.

> [해석] 매도인은 물품을 지정목적지까지 가져가서, 그곳에서 물품을 양하하는 데 수반되는 모든 위험을 부담한다. 따라서 본 Incoterms® 규칙에서 인도와 목적지의 도착은 동일하다. DPU는 매도인이 목적지에서 물품을 양하하도록 하는 유일한 Incoterms® 규칙이다. 따라서 매도인은 자신이 지정된 장소에서 양하할 수 있는 입장에 있는지를 확실히 해야 한다.

키워드 ❻ 해상운송과 내수로운송에 적용되는 규칙

21

Incoterms® 2020 규칙상 해상운송이나 내수로운송의 경우에만 사용되어야 하는 거래조건으로 옳은 것은? 기출 24년

① FAS, FOB, CFR, CIF
② FOB, CIF, CPT, DPU
③ FAS, FOB, CPT, CIP
④ CFR, CIF, CPT, CIP
⑤ FOB, DAP, DPU, DDP

해설 ① 해상운송이나 내수로운송의 경우에만 사용되어야 하는 거래조건은 FAS(선측인도조건), FOB(본선인도조건), CFR(운임포함인도조건), CIF(운임·보험료포함인도조건)이다.

22

Incoterms 2020에 관한 설명으로 옳지 않은 것은? 기출 21년

① FCA규칙에서는 매수인이 자신의 운송수단으로 물품을 운송할 수 있고, DAP규칙, DPU규칙 및 DDP규칙에서는 매도인이 자신의 운송수단으로 물품을 운송할 수 있다.
② '터미널'뿐만 아니라 어떤 장소든 목적지가 될 수 있는 현실을 강조하여 기존의 DAT규칙이 DPU규칙으로 변경되었다.
③ CFR규칙에서는 인도장소에 대한 합의가 없는 경우, 인천에서 부산까지는 피더선으로, 부산에서 롱비치까지는 항양선박(Ocean Vessel)으로 운송한다면 위험은 인천항의 선박적재 시에 이전한다.
④ 선적전 검사비용은 EXW규칙의 경우 매수인이 부담하고, DDP규칙의 경우 매도인이 부담한다.
⑤ FOB규칙에서 매수인에 의해 지정된 선박이 물품을 수령하지 않은 경우 물품이 계약물품으로서 특정되어 있지 않더라도 합의된 인도기일부터 매수인은 위험을 부담한다.

해설 ⑤ FOB(본선인도조건) 규칙은 지정선적항에서 매수인에 의하여 지정된 본선에 적재하여 인도하거나 이미 그렇게 인도된 물품을 조달하는 경우 인도된 것으로 보는 조건으로, 매도인이 약속한 화물을 매수인이 지정한 선박에 적재하고, 본선 상에서 화물의 인도를 마칠 때까지의 일체의 비용과 위험을 부담한다. 즉, 지정된 선박에 물품이 적재되지 않았다면 여전히 매도인이 물품의 멸실 및 손상의 위험을 부담한다.

키워드 ⑤ 모든 운송방식에 적용되는 규칙

18

Incoterms® 2020 규칙의 내용이다. ( )에 들어갈 용어로 옳은 것은? 기출 24년

> (ㄱ) means that the seller delivers the goods—and transfers the risk—to the buyer by handing them over to the carrier contracted by the seller or by procuring the goods so delivered.
> (ㄴ) may do so by giving the carrier physical possession of the goods in the manner and at the place appropriate to the means of transport used.

① ㄱ : CPT, ㄴ : The buyer
② ㄱ : DDP, ㄴ : The seller
③ ㄱ : CPT, ㄴ : The seller
④ ㄱ : DDP, ㄴ : The buyer
⑤ ㄱ : FOB, ㄴ : The buyer

해설 ③ ㄱ : CPT, ㄴ : The seller
(ㄱ : 운송비지급인도)는 매도인이 매도인과 계약을 체결한 운송인에게 물품을 교부함으로써 또는 그렇게 인도된 물품을 조달함으로써 매수인에게 물품을 인도하고 위험을 이전하는 것을 의미한다.
(ㄴ : 매도인)은 사용되는 운송수단에 적합한 방법으로 그에 적합한 장소에서 운송인에게 물품의 물리적 점유를 이전함으로써 물품을 인도할 수 있다.

19

다음 매도인의 의무를 모두 충족하는 Incoterms® 2020 규칙으로 옳은 것은? 기출 22년

> • 목적지의 양하비용 중에서 오직 운송계약상 매도인이 부담하기로 된 비용을 부담
> • 해당되는 경우에 수출국과 통과국(수입국 제외)에 의하여 부과되는 모든 통관절차를 수행하고 그에 관한 비용을 부담

① CFR ② CIF
③ FAS ④ DAP
⑤ DDP

해설 ① CFR(운임포함인도) : 상품이 선적항의 본선상에 인도될 때 매도인의 인도의무는 완료되나 매도인은 목적항까지의 운임(비용)을 부담(FOB + 목적항까지의 운임)한다.
② CIF(운임·보험료포함인도) : 보험손해 발생 시 선적 전의 손해는 매도인에게 보상청구권리가 있고 선적 후 발생하는 보험손해의 청구권리는 매수인에게 있다.
③ FAS(선측인도) : 지정 선적항에서 매수인이 지정한 본선의 선측에 물품이 인도되어 놓여진 때부터 물품에 대한 비용과 위험은 매수인이 부담한다.
⑤ DDP(관세지급인도) : 매도인은 물품이 목적지에 도착할 때까지 모든 운송비용과 위험을 부담하고 수입통관에 대한 의무도 부담한다.

20

다음은 Incoterms® 2020의 DPU 규칙에 관한 내용이다. 밑줄 친 부분 중 옳지 않은 것은? 기출 20년

> ㉠ The seller bears all risks involved in bringing the goods to ㉡ and loading them at the named port of destination. ㉢ In this Incoterms® rule, therefore, the delivery and arrival at destination are the same. ㉣ DPU is the only Incoterms® rule that requires the seller to unload goods at destination. ㉤ The seller should therefore ensure that it is in a position to organise unloading at the named place.

① ㉠ ② ㉡
③ ㉢ ④ ㉣
⑤ ㉤

16

Incoterms® 2020에서 물품의 인도에 관한 설명으로 옳은 것은? 기출 22년

① CPT 규칙에서 매도인은 지정선적항에서 매수인이 지정한 선박에 적재하여 인도한다.
② EXW 규칙에서 지정인도장소 내에 이용 가능한 복수의 지점이 있는 경우에 매도인은 그의 목적에 가장 적합한 지점을 선택할 수 있다.
③ DPU 규칙에서 매도인은 물품을 지정목적지에서 도착운송수단에 실어둔 채 양하준비된 상태로 매수인의 처분하에 둔다.
④ FOB 규칙에서 매수인이 운송계약을 체결할 의무를 가지고, 매도인은 매수인이 지정한 선박의 선측에 물품을 인도한다.
⑤ FCA 규칙에서 지정된 물품 인도 장소가 매도인의 영업구내인 경우에는 물품을 수취용 차량에 적재하지 않은 채로 매수인의 처분 하에 둠으로써 인도한다.

해설 ① CPT 규칙에서 매도인은 매도인과 계약을 체결한 운송인에게 물품을 교부함으로써 또는 그렇게 인도된 물품을 조달함으로써 매수인에게 물품을 인도하고 위험을 이전하는 것을 의미한다.
③ DPU 규칙에서 매도인은 물품을 지정목적지에서 도착운송수단으로부터 양하한 상태로 매수인의 처분하에 놓거나 그렇게 인도된 물품을 조달한 때를 인도시점으로 보는 조건이다.
④ FOB 규칙에서 매도인은 매수인이 지정한 본선상에 물품을 인도하거나 이미 인도된 물품을 조달하고, 매수인은 물품이 선박에 적재된 순간부터 모든 위험과 비용을 부담하게 된다. 즉, FAS 조건이 선측에 인도하고 매도인의 의무가 완료된다면, FOB 조건은 선박 위에 올려야 인도가 완료된다는 차이점이 있다.
⑤ FCA 규칙에서 지정된 장소가 매도인의 영업구내인 경우에는 물품을 매수인이 준비한 운송수단에 적재하고 매수인의 처분하에 둠으로써 인도한다.

17

Incoterms 2020에서 물품의 양륙에 관한 설명으로 옳지 않은 것은? 기출 21년

① FCA규칙에서 매도인의 구내가 아닌 그 밖의 장소에서 물품의 인도가 이루어지는 경우 매도인은 도착하는 운송수단으로부터 물품을 양륙할 의무가 없다.
② FOB규칙에서 목적항에서 물품의 양륙비용은 매수인이 지급한다.
③ CPT규칙에서 목적지에서 물품의 양륙비용을 운송계약에서 매도인이 부담하기로 한 경우에는 매도인이 이를 부담하여야 한다.
④ DAP규칙에서 매도인이 운송계약에 따라 목적지에서 물품의 양륙비용을 부담한 경우 별도의 합의가 없다면 매수인으로부터 그 양륙비용을 회수할 수 있다.
⑤ DPU규칙에서 목적지에서 물품의 양륙비용은 매도인이 부담하여야 한다.

해설 ④ DAP 규칙에서 당사자 간에 별도의 합의가 없는 경우 매도인이 양륙비용을 부담했다면 그러한 비용을 매수인으로부터 상환받을 권리가 없다.

13

다음에서 Incoterms® 2020 규칙이 다루고 있는 것을 모두 고른 것은? 기출 23년

> ㄱ. 관세의 부과
> ㄴ. 매도인과 매수인의 비용
> ㄷ. 매도인과 매수인의 위험
> ㄹ. 대금지급의 시기, 장소 및 방법
> ㅁ. 분쟁해결의 방법, 장소 또는 준거법

① ㄱ, ㄴ
② ㄴ, ㄷ
③ ㄱ, ㄴ, ㄷ
④ ㄱ, ㄹ, ㅁ
⑤ ㄴ, ㄷ, ㄹ, ㅁ

해설 ② Incoterms® 2020 규칙은 매도인과 매수인의 의무, 비용 및 위험을 규정한다. 그러나 Incoterms® 2020 규칙은 관세의 부과, 매매계약 위반에 대한 구제수단, 매매계약에 따른 물품의 소유권 이전, 분쟁해결의 방법, 장소 또는 준거법, 매매대금 지급의 시기, 장소 및 방법 등에 대해서는 다루지 않는다.

14

Incoterms® 2020에 관한 설명으로 옳지 않은 것은? 기출 20년

① Incoterms는 이미 존재하는 매매계약에 편입된(incorporated) 때 그 매매계약의 일부가 된다.
② 대금지급의 시기, 장소, 방법과 관세부과, 불가항력, 매매물품의 소유권 이전 문제를 다루고 있다.
③ 양극단(two extremes)의 E규칙과 D규칙 사이에, 3개의 F규칙과 4개의 C규칙이 있다.
④ CPT와 CIP 매매에서 위험은 물품이 최초운송인에게 교부된 때 매도인으로부터 매수인에게 이전된다.
⑤ A1/B1에서 당사자의 기본적인 물품제공/대금지급의무를 규정하고, 이어 인도 조항과 위험이전조항을 보다 두드러진 위치인 A2와 A3으로 각각 옮겼다.

해설 ② Incoterms® 2020은 대금지급의 시기, 장소, 방법과 관세부과, 불가항력, 매매물품의 소유권 이전 문제를 다루고 있지 않으며, 무역거래 계약에 있어서 매도인과 매수인의 의무, 비용, 위험을 규정한다.

키워드 ❹ 인코텀즈 2020 소개문

15

Incoterms® 2020 소개문의 일부이다. ( )에 들어갈 용어로 올바르게 나열된 것은? 기출 23년

> ICC decided to make two changes to (ㄱ) and (ㄴ). First, the order in which the two Incoterms® 2020 rules are presented has been inverted, and (ㄴ), where delivery happens before unloading, now appears before (ㄱ). Secondly, the name of the rule (ㄱ) has been changed to (ㄷ), emphasising the reality that the place of destination could be any place and not only a "terminal".

① ㄱ : DAP, ㄴ : DAT, ㄷ : DDP
② ㄱ : DAP, ㄴ : DAT, ㄷ : DPU
③ ㄱ : DAT, ㄴ : DDP, ㄷ : DPU
④ ㄱ : DAT, ㄴ : DAP, ㄷ : DPU
⑤ ㄱ : DAT, ㄴ : DAP, ㄷ : DDP

해설 ④ ㄱ : DAT, ㄴ : DAP, ㄷ : DPU
Incoterms® 2020의 주요 개정사항
DAT 조건이 DPU로 변경되었다. DAT(Delivered at Terminal)는 터미널에서 양하·인도해주는 조건이었고, DAP(Delivered at Place)는 지정된 장소까지 가져다주지만 짐을 내리지 않고 인도하는 조건으로, 이 두 조건을 명확히 구분하여 사용하는 사람도 적을 뿐더러 헷갈리는 조건이라고 판단해 DAT를 DPU(Delivered at Place Unloaded)로 변경하고, 순서는 DAP, DPU, DDP 순으로 재정렬하였다.

[해석] ICC는 (ㄱ : DAT)와 (ㄴ : DAP)에서 두 가지를 변경하기로 결정하였다. 첫째, 이러한 두 인코텀즈 2020 규칙의 등장 순서가 서로 바뀌었고, 양하 전에 인도가 일어나는 (ㄴ : DAP)가 이제는 (ㄱ : DAT) 앞에 온다. 둘째, (ㄱ : DAT) 규칙의 명칭이 (ㄷ : DPU)로 변경되었고, 이는 '터미널'뿐만 아니라 어떤 장소든지 목적지가 될 수 있는 현실을 강조하기 위함이다.

10

UCP 600에서 다음과 같이 환적을 정의하고 있는 운송서류와 관련이 있는 것을 모두 고른 것은? 기출 21년

> Transhipment means unloading from one vessel and reloading to another vessel during the carriage from the port of loading to the port of discharge stated in the credit.

ㄱ. 적어도 두 가지 다른 운송방식을 표시하는 운송서류 (Transport document covering at least two different modes of transport)
ㄴ. 선하증권(Bill of lading)
ㄷ. 비유통성 해상화물운송장(Non-negotiable sea waybill)
ㄹ. 용선계약 선하증권(Charter party bill of lading)
ㅁ. 항공운송서류(Air transport document)

① ㄱ, ㄴ
② ㄴ, ㄷ
③ ㄷ, ㄹ
④ ㄷ, ㅁ
⑤ ㄹ, ㅁ

해설 ② 지문에서 선박(vessel), 선적항(port of loading), 하역항(port of discharge)이라는 단어가 나오므로 해상운송 관련 운송서류라는 것을 알 수 있다. 용선계약은 선주와 용선자가 협의한 운송조건에 따라 운항할 것을 약정한 것으로 환적을 전제로 하지 않는다.
ㄴ(○). 선하증권(Bill of lading)은 전 운송이 하나의 동일한 운송서류에 의해 취급된다는 전제하에 물품이 환적되거나 될 수 있다는 것을 명시할 수 있다(UCP 600 제20조).
ㄷ(○). 비유통성 해상화물운송장(Non-negotiable sea waybill)은 하나의 같은 비유통 해상화물운송장이 전체 화물을 취급한다는 전제하에 물품이 환적되거나 될 수 있다는 것을 명시할 수 있다(UCP 600 제21조).

키워드 ❸ Incoterms 2020의 주요 개정

11

Incoterms® 2020의 개정 내용에 관한 설명으로 옳지 않은 것은? 기출 23년

① FCA에서 본선적재 선하증권에 관한 옵션 규정을 신설하였다.
② FCA, DAP, DPU 및 DDP에서 매도인 또는 매수인 자신의 운송수단에 의한 운송을 허용하고 있다.
③ CIF규칙은 최대담보조건, CIP규칙은 최소담보조건으로 보험에 부보하도록 개정하였다.
④ 인코텀즈 규칙에 대한 사용지침(Guidance Note)을 설명문(Explanatory Note)으로 변경하여 구체화하였다.
⑤ 운송의무 및 보험비용 조항에 보안관련 요건을 삽입하였다.

해설 ③ CIF규칙은 최소담보조건, CIP규칙은 최대담보조건으로 보험에 부보하도록 개정하였다.

12

Incoterms® 2020 규칙에 관한 설명으로 옳지 않은 것은? 기출 24년

① "도착지인도"(DAP)란 매도인이 물품을 지정목적지까지 또는 지정목적지 내의 합의된 지점에서 도착운송수단에 실어둔 채 매수인 처분하에 두어야 하는 것을 말한다.
② "선측인도"(FAS)란 매도인이 지정 선적항에서 매수인이 지정한 선박의 선측에 물품이 놓인 때까지만 물품의 멸실 또는 훼손의 위험 의무를 부담하는 것을 말한다.
③ "운임 보험료 포함인도"(CIF)란 물품이 선박에 적재된 때 물품의 멸실 또는 훼손의 위험이 매도인에서 매수인에게 이전되는 것을 말한다.
④ "공장인도"(EXW)란 매도인이 계약물품을 공장이나 창고 같은 지정장소에서 매수인의 처분상태로 둘 때 인도하는 것을 말한다.
⑤ Incoterms® 2020 규칙은 그 자체로 매매계약이다.

해설 ⑤ Incoterms® 2020 규칙 그 자체는 매매계약이 아니며, 매매계약을 대체하지도 않는다. Incoterms는 이미 존재하는 매매계약에 편입된(incorporated) 때 그 매매계약의 일부가 된다.

07

신용장통일규칙(UCP 600) 제23조에 규정된 항공운송서류의 수리요건이 아닌 것은? 기출 23년

① 운송인의 명칭이 표시되고, 운송인 또는 그 대리인에 의하여 서명되어야 한다.
② 물품이 운송을 위하여 인수되었음이 표시되어야 한다.
③ 신용장에 명기된 출발 공항과 목적 공항이 표시되어야 한다.
④ 항공운송서류는 항공화물운송장(AWB)의 명칭과 발행일이 표시되어야 한다.
⑤ 신용장에서 원본 전통이 요구되더라도, 송화인용 원본이 제시되어야 한다.

> **해설** ④ 항공운송서류의 명칭은 반드시 항공화물운송장(AWB)일 필요는 없다. 항공운송서류에는 운송인 또는 그의 지정대리인에 의한 서명이 있어야 하며, 발행일과 발행장소를 기재하여야 한다.

08

신용장통일규칙(UCP 600) 제20조의 선하증권 수리 요건에 관한 설명으로 옳지 않은 것은? 기출 20년

① 운송인의 명칭이 표시되어 있고, 지정된 운송인뿐만 아니라 선장 또는 그 지정대리인이 발행하고 서명 또는 확인된 것
② 물품이 신용장에서 명기된 선적항에서 지정된 선박에 본선적재 되었다는 것을 인쇄된 문언이나 본선적재필 부기로 명시한 것
③ 운송조건을 포함하거나 또는 운송조건을 포함하는 다른 자료를 참조하고 있는 것
④ 용선계약에 따른다는 표시를 포함하고 있는 것
⑤ 단일의 선하증권 원본 또는 2통 이상의 원본으로 발행된 경우에는, 선하증권상에 표시된 대로 전통인 것

> **해설** ④ 선하증권상 용선계약에 따른다는 어떤 표시도 포함하지 않아야 한다(UCP 600 제20조 a항 vi호).

09

다음은 신용장통일규칙(UCP 600) 제22조 용선계약 선하증권 내용의 일부이다. ( )에 들어갈 내용을 올바르게 나열한 것은? 기출 23년

> ○ A bill of lading, however named, containing an indication that it is subject to a charter party(charter party bill of lading), must appear to:
> be signed by:
> • the (ㄱ) or a named (ㄴ) for or on behalf of the (ㄱ), or
> • the (ㄷ) or a named (ㄴ) for or on behalf of the (ㄷ), or

① ㄱ : master ㄴ : charterer ㄷ : agent
② ㄱ : master ㄴ : agent ㄷ : consignee
③ ㄱ : master ㄴ : agent ㄷ : owner
④ ㄱ : owner ㄴ : agent ㄷ : consignee
⑤ ㄱ : owner ㄴ : charterer ㄷ : agent

> **해설** ○ 명칭에 관계없이, 용선계약(용선계약 선하증권)의 대상이 된다는 표기를 포함한 선하증권은 다음 조건을 충족하여야 한다. 다음의 자에 의해 서명되어야 한다.
> • 선장(ㄱ : master) 또는 선장(ㄱ : master)을 대리하는 지명 대리인(ㄴ : agent)
> • 선주(ㄷ : owner) 또는 선주(ㄷ : owner)를 대리하는 지명 대리인(ㄴ : agent)

키워드 ❷ 신용장통일규칙(UCP 600)

05

신용장통일규칙(UCP 600)의 내용에 관한 설명으로 옳은 것은? 기출 19년

① 발행된 신용장에 취소불능(irrevocable)이라고 표시하지 않으면 취소가능신용장이다.
② 선적 기간을 정하기 위하여 사용하는 "to", "from", "after"란 용어는 언급된 당해일자를 포함한다.
③ 신용장은 이용 가능한 해당 은행과 모든 은행을 이용할 수 있는지 여부를 명시하지 않아도 된다.
④ 신용장은 발행의뢰인을 지급인으로 하는 환어음에 의하여 이용할 수 있도록 발행되어야 한다.
⑤ 지정은행, 필요한 경우의 확인은행 및 발행은행은 서류가 문면상 일치하는 제시를 나타내는지를 결정하기 위해서는 서류만으로 심사하여야 한다.

> 해설 ① 신용장상에 'Irrevocable'의 명시가 있거나 취소 여부에 대한 아무런 명시가 없는 신용장은 모두 취소불능신용장에 속하는 것으로 규정하고 있다.
> ② 선적 기간을 정하기 위하여 to, until, till, from, between은 (기간에) 언급된 당해일자를 포함하고, before, after는 언급된 당해일자를 제외한다.
> ③ 신용장은 이용 가능한 해당 은행과 모든 은행을 이용할 수 있는지 여부를 명시해야 한다.
> ④ 신용장은 개설은행(발행은행)을 지급인으로 하는 환어음에 의하여 이용할 수 있도록 발행되어야 한다.

06

다음은 신용장통일규칙(UCP 600) 제3조 내용의 일부이다. ( )에 들어갈 내용을 올바르게 나열한 것은? 기출 20년

> - The words "to", "until", "till", "from" and "between" when used to determine a period of shipment (ㄱ) the date or dates mentioned, and the words "before" and "after" (ㄴ) the date mentioned.
> - The words "from" and "after" when used to determine a maturity date (ㄷ) the date mentioned.

① ㄱ : include   ㄴ : exclude   ㄷ : exclude
② ㄱ : include   ㄴ : exclude   ㄷ : include
③ ㄱ : include   ㄴ : exclude   ㄷ : exclude
④ ㄱ : exclude   ㄴ : include   ㄷ : include
⑤ ㄱ : exclude   ㄴ : include   ㄷ : exclude

> 해설 신용장통일규칙(UCP 600) 제3조
> - 선적기간을 정하기 위하여 "to", "until", "till", "from", 그리고 "between"이라는 단어가 사용된 경우 해당 일자 또는 언급된 일자를 포함하고(ㄱ : include), "before"와 "after"와 같은 단어가 사용될 경우 언급된 일자를 제외한다(ㄴ : exclude).
> - 만기일을 정하기 위하여 "from"과 "after"가 사용되면 언급된 일자는 제외한다(ㄷ : exclude).

03

무역계약 조건에 관한 설명으로 옳은 것은? 기출 17년

① GMQ 품질조건은 곡물매매에서 많이 사용되며, 선적지에서 해당 계절 출하품의 평균중등품을 표준으로 한다.
② Tale Quale의 조건은 인도물품의 품질이 계약과 일치하는지의 여부를 목적항에서 물품을 양륙한 시점에 판정하는 조건이다.
③ 양륙품질조건의 경우에는 매도인에게 품질수준의 미달 또는 운송 도중의 변질에 대한 입증책임이 귀속된다.
④ 무역계약서의 수량조건에서 "100 M/T, but 3% more or less at seller's option"이라 표현되었다면, 매도인은 98 M/T 수량을 인도해도 계약위반이 아니다.
⑤ 과부족용인규정에 따른 정산 시 정산기준가격에 대한 아무런 약정을 하지 않았을 경우 도착일 가격에 의해 정산하는 것이 일반적인 상관례이다.

해설 ④ 무역계약서의 수량조건에서 "100M/T, 매도인의 선택에 따라 3% 이상 또는 감소"라 표현되었다면, 과부족용인 규정에 따라 97M/T~103M/T 3% 범위 내에서 매도인의 인도는 계약위반이 아니다.
① 선적지에서 해당 계절 출하품의 평균중등품을 표준으로 하는 것은 FAQ(Fare Average Quality) 품질조건이다. GMQ(Good Merchantable Quality) 품질조건은 물품인도 시에 그 품질이 당해 품질의 성질과 상관습에 비추어 판매가 가능한 것, 즉 판매 적격성을 지닌 것임을 매도인이 보증하는 품질조건이다.
② 인도물품의 품질이 계약과 일치하는지의 여부를 목적항에서 물품을 양륙한 시점에 판정하는 조건은 양륙품질조건이다. TQ(Tale Quale Terms) 품질조건은 곡물의 선적품질조건이 되며, 매도인은 선적 시의 품질은 보증하나 양륙 시의 품질상태에 대하여는 책임을 지지 않는다.
③ 양륙품질조건의 경우에는 매수인에게 품질수준의 미달 또는 운송 도중의 변질에 대한 입증책임이 귀속된다.
⑤ 과부족용인규정에 따른 정산 시 정산기준가격에 대한 아무런 약정을 하지 않았을 경우, 수량은 5%의 과부족변동을 매도인의 임의선택으로 허용하는 것이 일반적인 상관례이다.

04

무역계약의 품질조건에 관한 설명으로 옳지 않은 것은? 기출 16년

① Sales by Sample은 거래될 물품의 견본에 의하여 품질을 결정하는 방법이다.
② Rye Terms는 호밀(rye) 거래에서 사용되기 시작한 것으로 물품 도착 시 손상되어 있는 경우 그 손해를 매도인이 책임지는 양륙품질조건이다.
③ FAQ는 양륙지에서 해당 연도에 생산되는 동종의 수확물 가운데 평균적이며, 중등의 품질을 표준으로 하여 거래물품의 품질을 결정하는 방법이다.
④ Sales by Specification은 기계류나 선박 등의 거래에서 거래대상 물품의 소재, 구조, 성능 등에 대해 상세한 명세서나 설명서 등에 의하여 품질을 결정하는 방법이다.
⑤ GMQ는 목재, 원목, 냉동어류 등과 같이 물품의 잠재적 하자나 내부의 부패 상태를 알 수 없는 경우, 상관습에 비추어 수입지에서 판매가 가능한 상태일 것을 전제조건으로 하여 거래물품의 품질을 결정하는 방법이다.

해설 FAQ(Fair Average Quality)
과일, 천연산물, 농산물 등의 상품거래 시 당해 계절 수확물의 평균적인 중등품을 품질 인도조건으로 하는 방식으로, 선적 시 품질을 결정한다.

빈출키워드 기출유형문제

키워드 ❶ 무역계약의 조건

01

무역계약의 주요 조건에 관한 설명으로 옳은 것은? 기출 20년

① D/P(Documents against Payment)는 관련 서류가 첨부된 기한부(Usance) 환어음을 통해 결제하는 방식이다.
② 표준품 매매(Sales by Standard)란 공산품과 같이 생산될 물품의 정확한 견본의 제공이 용이한 물품의 거래에 주로 사용된다.
③ 신용장 방식에 의한 거래에서 벌크 화물(bulk cargo)에 관하여 과부족을 금지하는 문언이 없는 한, 5%까지의 과부족이 용인된다.
④ CAD(Cash Against Document)는 추심에 관한 통일규칙에 의거하여 환어음을 추심하여 대금을 영수한다.
⑤ FAQ(Fair Average Quality)는 양륙항에서 물품의 품질에 의하여 품질을 결정하는 방법이다.

> **해설** ① D/P(Documents against Payment)는 관련 서류가 첨부된 일람불환어음(sight draft)을 통해 결제하는 방식이고, D/A(Documents against Acceptance)는 기한부환어음(usance draft)을 통해 결제하는 방식이다.
> ② 표준품 매매(Sales by Standard)는 수확예정 농산물, 벌채예정 원목, 채굴예정 광물과 같이 무역계약 체결 시 현품이나 견본을 제공하기 어려운 경우, 특정 시점의 표준품을 기준으로 품질조건을 정하는 방식이다.
> ④ D/P(Documents against Payment), D/A(Documents against Acceptance)는 추심에 관한 통일규칙에 의거하여 환어음을 추심하여 대금을 영수한다.
> ⑤ FAQ(Fair Average Quality)는 과일, 곡류 등의 선물거래에서 당해 계절 수확물의 평균중등품일 것을 품질조건으로 하는 방식으로, 선적 시 품질을 결정한다.

02

무역계약 조건 중 선적조건에 관한 설명으로 옳은 것은? 기출 21년

① 계약에서 선적횟수와 선적수량을 구체적으로 나누어 약정한 경우를 분할선적이라고 한다.
② UCP 600에서는 신용장이 분할선적을 금지하고 있더라도 분할선적은 허용된다.
③ UCP 600에서는 동일한 장소 및 일자, 동일한 목적지를 위하여 동일한 특송운송업자가 서명한 것으로 보이는 둘 이상의 특송화물수령증의 제시는 분할선적으로 보지 않는다.
④ UCP 600에서는 신용장이 환적을 금지하고 있다면 물품이 선하증권에 입증된 대로 컨테이너에 선적된 경우라도 환적은 허용되지 않는다.
⑤ UCP 600에서는 신용장이 환적을 금지하고 있는 경우에는 환적이 행해질 수 있다고 표시하고 있는 항공운송서류는 수리되지 않는다.

> **해설** ① 계약에서 선적횟수와 선적수량을 구체적으로 나누어 약정한 것은 할부선적이다.
> ② 신용장에서 분할선적을 금지하지 않는 한, 분할선적은 허용된다.
> ④ 환적이 행해지거나 행해질 수 있다는 것을 명시하는 선하증권은 해당 선하증권에 의하여 물품이 컨테이너, 트레일러, 래시바지에 선적되었다는 것이 증명되는 경우 신용장이 환적을 금지하더라도 수리 가능하다(UCP 600 제20조).
> ⑤ 환적이 행해지거나 행해질 수 있다는 것을 명시하는 항공운송서류는 신용장이 환적을 금지하더라도 수리 가능하다(UCP 600 제23조).

16 관세법상 보세운송의 신고는 (　　), 보세운송업자, 관세사 등의 명의로 할 수 있다.

17 O X 우리나라 중재법상 중재합의의 당사자는 중재절차의 진행 중에는 법원에 보전처분을 신청할 수 없다.

18 상사중재의 절차는 중재계약 → 중재신청 → 중재비용 (　　) → 등록통지 → (　　) → 심리 및 (　　)이다.

19 (　　)은/는 분쟁의 자치적 해결방법 중의 하나로 중재절차에 의한 판정을 거치지 않고, 당사자 합의하에 조정인을 개입시켜 분쟁을 해결하는 방식이다.

20 Incoterms® 2020에서 FCA, DAP, DPU, DDP 규칙은 매수인 또는 매도인 자신의 (　　) 사용을 허용한다.

정답 및 해설

01 ○
02 × ▶ D/P는 선적서류 지급인도조건으로 수출자가 운송서류와 환어음을 거래은행에 제시하고 수입자는 대금을 지급해야 운송서류를 받을 수 있는 결제방식이다.
03 표준품 매매
04 ○
05 × ▶ 신용장상에 'irrevocable'의 명시가 있거나 취소여부에 대한 아무런 명시가 없는 신용장은 모두 취소불능신용장에 속하는 것으로 규정하고 있다.
06 구상무역
07 용선계약
08 신용장
09 ○
10 × ▶ EXW 규칙은 매도인이 물품을 (공장이나 창고와 같은) 지정장소에서 매수인의 처분하에 두는 때 물품을 인도하는 것을 의미한다. 즉, 운송인에게 넘겨줄 필요가 없다.

11 ○
12 최소, 최대
13 본선적재
14 × ▶ 수출·수입 또는 반송의 신고는 화주 또는 관세사 등의 명의로 하여야 한다. 다만, 수출신고의 경우에는 화주에게 해당 수출물품을 제조하여 공급한 자의 명의로 할 수 있다(관세법 제242조).
15 × ▶ 세관장은 보세운송물품의 감시·단속을 위하여 필요하다고 인정될 때에는 관세청장이 정하는 바에 따라 운송통로를 제한할 수 있다(관세법 제216조).
16 화주(관세법 제214조 제1호)
17 × ▶ 중재합의의 당사자는 중재절차의 개시 전 또는 진행 중에 법원에 보전처분을 신청할 수 있다.
18 선납, 중재인 선정, 판정
19 조정
20 운송수단

출제포인트 OX 문제

01 OX 신용장 방식에 의한 거래에서 벌크 화물(bulk cargo)에 관하여 과부족을 금지하는 문언이 없는 한, 5%까지의 과부족이 용인된다.

02 OX D/P(Documents against Payment)는 관련 서류가 첨부된 기한부(Usance) 환어음을 통해 결제하는 방식이다.

03 (   )은/는 수확 예정인 농수산물이나 광물과 같은 1차 산품의 거래에 사용된다.

04 OX 내국신용장은 수출신용장을 가진 수출업자가 국내에서 수출용 원자재나 완제품을 조달하고자 할 때 사용하는 증서를 말한다.

05 OX 발행된 신용장에 취소불능(irrevocable)이라고 표시하지 않으면 취소가능신용장이다.

06 (   )에 사용되는 신용장은 동시개설신용장, 토마스신용장, 기탁신용장이다.

07 선하증권의 수리요건은 선하증권상 (   )에 따른다는 어떤 표시도 포함하지 않아야 한다.

08 신용장통일규칙(UCP 600) 제23조의 항공운송서류의 수리요건은 (   )에 명기된 출발 공항과 목적 공항이 표시되어야 한다.

09 OX Incoterms® 2020은 FCA에서 본선적재 선하증권에 관한 옵션 규정을 신설하였다.

10 OX Incoterms® 2020 EXW 규칙은 매도인이 자신의 영업장 또는 합의된 장소에서 매수인이 지정한 운송인이나 제3자의 처분하에 놓인 때에 인도하는 것을 의미한다.

11 OX Incoterms® 2020은 '터미널'뿐만 아니라 어떤 장소든 목적지가 될 수 있는 현실을 강조하여 기존의 DAT 규칙이 DPU규칙으로 변경되었다.

12 Incoterms® 2020에서 CIF 규칙은 (   )담보조건, CIP규칙은 (   )담보조건으로 보험에 부보하도록 개정하였다.

13 Incoterms® 2020 개정에서 FCA 규칙에서 (   ) 표기가 있는 선하증권 발행 조건을 신설했다.

14 OX 관세법상 수입신고와 반송신고는 물품의 화주 또는 완제품공급자나 이들을 대리한 관세사 등의 명의로 해야 한다.

15 OX 보세운송 중에는 세관의 감시·단속을 일시 벗어나게 되므로 운송통로와 운송 기간을 제한하지 않고 있다.

(4) 상사중재 기출▶ 22년/ 14년

① 당사자에게 스스로 중재인을 선임할 권리가 부여됨
② 비공개 원칙 : 심문 절차나 그 판정문에 대해 비공개 원칙을 견지하여 사업상의 비밀을 그대로 유지할 수 있음
③ 중재합의는 분쟁발생 전후를 기준으로 사전합의방식과 사후합의방식이 있음
④ 중재는 단심제이고 한번 내려진 중재판정은 중재절차에 하자가 없는 한 확정력을 가짐
⑤ 중재판정은 법원의 확정판결과 동일한 효력을 가지며 중재인은 자기가 내린 판결을 철회하거나 변경할 수 없음
⑥ 당사자에 의한 무역클레임 해결방법에는 클레임 포기, 타협, 화해 등이 있고, 제3자에 의한 해결방법으로는 알선, 조정, 중재, 소송 등이 있음
⑦ 뉴욕협약(1958)에 가입된 국가 간에는 중재판정의 승인 및 집행이 보장됨

➕ 더알아보기   뉴욕협약(New York Convention) 기출▶ 23년/ 18년/ 16년

- The term "agreement in writing" shall include an arbitral clause in a contract or an arbitration agreement, signed by the parties or contained in an exchange of letters or telegrams.
  '서면 동의'라는 용어는 양 당사자들에 의해 서명되거나 전자적 문서 교환에 의해 계약서에 기재된 중재조항이나 중재합의를 포함한다.
- The term "arbitral awards" shall include not only awards made by arbitrators appointed for each case but also those made by permanent arbitral bodies to which the parties have submitted.
  '중재판정'이라는 용어는 각 사건을 위하여 선정된 중재인이 내린 판정뿐만 아니라 당사자들이 부탁한 상설 중재기관이 내린 판정도 포함한다.

⑧ 상사중재의 절차 기출▶ 25년

중재계약 체결 → 중재 신청(신청서 제출, 중재비용 선납) → 등록 통지 → 중재인 선정 → 심리 및 판정(법원 확정판결과 동일한 효력)

- ⓒ 양 당사자가 공정한 제3자를 조정인으로 선임하고 조정인이 제시하는 해결안(조정안)에 양 당사자가 합의함으로써 분쟁을 해결
- ⓒ 중재판정과 동일한 효력이 있으나 실패하면 30일 내에 조정절차는 폐기되며, 중재규칙에 의한 중재인을 선정, 중재절차가 진행됨
- ⓔ 당사자의 약정에 의하여 기간을 연장할 수 있음

③ 중재(Arbitration) 기출 21년/ 20년/ 09년
- ㉠ 당사자 간의 중재합의로 그 분쟁을 중재인에게 맡기고, 중재인의 판단에 양 당사자가 절대 복종함으로써 최종적으로 해결하는 방법
- ㉡ 조정은 당사자 일방의 요청도 가능하나, 중재는 당사자 간 중재합의가 필수적
- ㉢ 중재합의의 당사자는 중재절차의 개시 전 또는 진행 중에 법원에 보전처분 신청 가능
- ㉣ 중재인의 수는 당사자 간의 합의로 정하되, 합의가 없으면 3명으로 함
- ㉤ 당사자 간에 다른 합의가 없으면 중재인은 국적에 관계없이 선정될 수 있음
- ㉥ 당사자 간에 다른 합의가 없는 경우 중재절차는 피신청인이 중재요청서를 받은 날부터 시작
- ㉦ 중재절차의 진행 중에 당사자들이 화해한 경우 중재판정부는 그 절차를 종료
- ㉧ 중재는 중재인의 판정에 절대 복종해야 하는 강제성뿐 아니라 그 효력도 당사자 간에는 법원의 확정판결과 동일
- ㉨ 중재에 관한 뉴욕협약에 가입한 외국에서도 집행을 보장·승인해 주므로 소송보다도 더 큰 효력

④ 소송(Litigation)
- ㉠ 국가공권력(사법재판)에 의한 분쟁해결 방법
- ㉡ 외국과의 사법협정이 체결되어 있지 않아서 소송으로 클레임을 해결하려는 경우는 피제기자가 거주하는 국가에서 현지 변호사를 법정대리인으로 선임하여 소송절차를 진행

(3) 중재제도 기출 23년/ 22년

① 중재 : 계약당사자 간에 제3자를 중재인으로 하여 제한적인 관할권을 부여하고, 그 위임된 분쟁에 한해 중재인이 최종 결정을 내리면 당사자는 이에 구속을 받는 분쟁해결 방안

② 중재합의(중재계약)의 형식 기출 14년
- ㉠ 분쟁발생 전에 계약서에 중재조항(Arbitration Clause)을 삽입하는 방식
- ㉡ 실제로 분쟁이 발생한 후에 당사자 간에 분쟁의 해결을 중재에 부탁한다고 합의하여 부탁계약(Submission to Arbitration)을 서면으로 작성한 후 체결하는 방식
- ㉢ 대부분의 경우, 분쟁 발생 후에는 중재부탁 계약의 체결이 어려우므로 당초 계약체결 시 중재조항에 의하여 합의를 하는 것이 좋음

③ 중재합의는 당사자들의 주장·증거에 입각하여 최종 결정을 내리는 분쟁해결 방식이므로 법원에의 직소가 금지됨

④ 소송과 중재의 비교 기출 17년/ 08년

소송	중재
상대편의 합의 없이 일방적인 제소 가능	계약당사자의 중재에 관한 합의가 필요
2심·3심에 항소·상고가 가능	단심제
분쟁해결에 많은 비용과 시간 소요	분쟁이 신속·경제적으로 해결 가능
공권력에 의한 해결	공정한 제3자(중재인)에 의한 사적 분쟁해결
공개 진행되므로 비밀유지가 불가능	원칙적으로 비공개이므로 비밀 유지가 가능

(3) 무역클레임 제기

① 물품검사와 통지의무
  ㉠ 매수인은 물품 수령 시 그 물품이 계약목적에 합치되는지를 외견상 검사를 하여, 하자 발견이나 수량 부족 시 매도인에게 통지
  ㉡ 검사와 통지는 매수인의 필수적인 권리·의무이므로 해태하면 법률적 청구권 상실
② 무역클레임 제기기간
  ㉠ 클레임 제기기간에 관한 약정은 클레임의 포기조항을 수반하므로 일종의 면책조항
  ㉡ 클레임 제기기간 설정은 그 물품의 성질상 합리적으로 요구되는 하자발견 및 통지기간보다 짧으면 그 효력이 부인되므로 그 기간 설정 시 주의
③ 무역클레임 제기서류
  ㉠ 클레임 사실진술서
  ㉡ 청구액에 대한 손해명세서 : 손해액과 제비용(예 운송료, 관세, 창고료, 은행이자, 검사료 등)
  ㉢ 검사보고서 : 품질 불량, 색상 상이, 성능미달, 수량 부족 등일 때 반드시 첨부(예 국제공인검정기관의 보고서)
  ㉣ 기타 : 거래사실을 입증할 수 있는 계약서, 선하증권, 신용장 등

2. 무역클레임의 해결방법 기출▶ 23년/ 18년/ 13년/ 11년

(1) 당사자 간의 해결

① 당사자 간에 직접 교섭하여 우의적(友誼的)으로 해결
② 무역클레임은 당사자 간에 해결함이 가장 바람직
③ **청구권의 포기(Waiver of Claim)** : 피해자가 상대방에게 청구권을 행사하지 않는 경우로서 상대방이 사전 또는 즉각적으로 손해배상 제의를 통해 해결될 경우
④ 타협, 화해
  ㉠ 당사자 간의 자주적인 교섭과 양보로 분쟁을 해결
  ㉡ 당사자가 협의를 통해 상호 타협점을 찾아 화해계약을 체결

> **＋ 더알아보기** 화해의 의의(민법 제731조)
> 화해는 당사자가 상호양보하여 당사자 간의 분쟁을 종지할 것을 약정함으로써 그 효력이 생긴다.

(2) 제3자의 개입에 의한 해결

① 알선(Intercession) 기출▶ 20년
  ㉠ 공정한 제3자(예 상사중재원)가 당사자의 일방 또는 쌍방의 요청에 의하여 사건에 개입, 원만한 타협이 이루어지도록 협조하는 방법
  ㉡ 강제력은 없으나, 알선수임기관의 역량에 따라 그 실효성이 나타나 대한상사중재원에 의뢰된 건 중 90% 이상 처리
② 조정(Conciliation, Mediation) 기출▶ 20년/ 18년
  ㉠ 분쟁의 자치적 해결방법 중의 하나로 중재절차에 의한 판정을 거치지 않고, 당사자 합의 하에 조정인을 개입시켜 분쟁을 해결하는 방식

ⓒ 이 경우 보세운송업자가 다른 보세운송업자 또는 보세운송업자로 등록되지 아니한 자에 대하여 보세운송업과 관련되는 지시를 하는 경우에도 또한 같음

CORE 05 무역클레임

1. 무역클레임

(1) 무역클레임의 개요

① 무역클레임의 개념 : 무역 거래에서 당사자 간의 거래계약에 따라 이행하면서 그 계약의 일부 또는 전부의 불이행으로 발생되는 손해를 상대방에게 청구할 수 있는 권리

② 무역클레임의 분류 [기출 19년]

일반적 클레임	수출업자와 수입업자 중 어느 한쪽이 매매계약의 내용에 따른 이행을 하지 않았을 때에 그로 인하여 입은 손해를 당사자가 상대방에게 손해배상을 청구하는 것
마켓클레임	무역계약의 성립 후 수입지 상품의 시황이 좋지 않아 매도인의 사소한 실수나 하자를 이유로 매수인으로부터 받게 되는 클레임
운송클레임	운송 중인 화물이 사고에 의하여 입은 손해에 대하여 피해자가 선박회사, 보험회사 등에 대하여 손해배상을 청구하는 것
보험클레임	해상운송 중 화물이 각종 사고로 인하여 멸실 또는 손상된 경우 화주가 보험회사에 손해배상을 청구하는 것

(2) 무역클레임 원인

① 간접적 원인
  ㉠ 무역통신의 특유한 용어들은 오랜 실무상의 경험과 숙달이 필요하므로 당사자 간에 의견의 차이가 발생할 수 있음
  ㉡ 계약당사자 간 다른 언어·법·관습, 신용조사의 불비(不備), 운송 중의 위험, 가격덤핑, 나라마다 서로 다른 도량형, 상대국의 식품위생법이나 독과점법, 공업소유권 등이 원인이 됨

② 직접적 원인
  ㉠ 무역계약의 체결과정에서 과실, 오해, 착오, 부주의 등에 의하여 무역클레임이 발생할 수 있으므로 계약체결 시 전문가(변호사 등)의 자문을 얻어서 체결해야 분쟁을 예방할 수 있음
  ㉡ 계약서에 당사자명, 품명, 품목, 품종, 규격, 수량, 단가, 금액, 포장조건, 선적시기, 결제조건, 신용장 조건(개설일자), 보험조건, 면책조항, 클레임 통지기한 등을 명확히 약정해야 함
  ㉢ 장래에 발생될지 모르는 분쟁의 해결을 위하여 계약서에 중재조항 등을 삽입하고, 당사자가 기명날인
  ㉣ 이행과정에서 품질불량, 수량부족, 고장불량, 선적불이행, 불완전 보험계약체결, 대금 지불지연이나 지불거절, 신용장을 개설하지 않거나 지연함, 거래알선에 따른 수수료 미지급 등이 클레임의 직접적 요인으로 작용

+ 더알아보기 무역클레임의 내용

금전 청구 무역클레임	손해배상청구, 대금지급거절, 대금감액 요청
금전 이외의 청구 무역클레임	화물의 인수거절, 계약이행청구, 잔여계약분의 해제요청

3. 보세운송

(1) 보세운송의 개요 기출 21년/14년

① 보세운송의 개념
  ㉠ 개항에 입항한 선박에서 하역한 외국물품을 관세법의 규정에 따라 내륙지에 있는 보세창고로 운송하는 절차
  ㉡ 외국물품이 통관되지 않은 상태에서 물류터미널 이외의 지역으로 수송될 경우 보세운송허가를 받아야 함
  ㉢ 항공화물의 보세운송은 간이보세운송과 특별보세운송으로 구분

② 관세법상 보세운송의 신고 기출 25년/21년
  ㉠ 보세운송을 하려는 자는 관세청장이 정하는 바에 따라 세관장에게 보세운송의 신고를 하여야 한다. 다만, 물품의 감시 등을 위하여 필요하다고 인정하여 대통령령으로 정하는 경우에는 세관장의 승인을 받아야 함(관세법 제213조 제2항)
  ㉡ 보세운송의 신고는 화주, 관세사, 보세운송업자의 명의로 할 수 있음(관세법 제214조)
  ㉢ 세관장은 보세운송물품의 감시·단속을 위하여 필요하다고 인정될 때에는 관세청장이 정하는 바에 따라 운송통로를 제한할 수 있음(관세법 제216조 제1항)
  ㉣ 보세운송 신고를 하거나 승인을 받은 자는 해당 물품이 운송 목적지에 도착하였을 때에는 관세청장이 정하는 바에 따라 도착지의 세관장에게 보고하여야 함(관세법 제215조)
  ㉤ 수출신고가 수리된 물품은 관세청장이 따로 정하는 것을 제외하고는 보세운송절차를 생략함(관세법 제213조 제4항)

③ 관세법상 보세운송통로(관세법 제216조) 기출 25년
  ㉠ 세관장은 보세운송물품의 감시·단속을 위하여 필요하다고 인정될 때에는 관세청장이 정하는 바에 따라 운송통로를 제한할 수 있음
  ㉡ 보세운송은 관세청장이 정하는 기간 내에 끝내야 한다. 다만, 세관장은 재해나 그 밖의 부득이한 사유로 필요하다고 인정될 때에는 그 기간을 연장할 수 있음
  ㉢ 보세운송을 하려는 자가 운송수단을 정하여 신고를 하거나 승인을 받은 경우에는 그 운송수단을 이용하여 운송을 마쳐야 함

(2) 보세운송업자

① 보세운송업자는 일반보세운송업자와 간이보세운송업자로 구분되며, 간이보세운송업자는 다시 일반간이보세운송업자, 특정물품간이보세운송업자로 구분됨
② 일반보세운송업자
  ㉠ 보세운송업자로 등록한 보세운송업자
  ㉡ 일반보세운송업자가 보세운송을 하고자 할 때 세관장은 물품을 검사하거나 담보를 제공
③ 간이보세운송업자

일반간이보세운송업자	보세운송 등록업자 중 일정한 요건을 갖춘 경우 보세운송 물품의 검사생략과 담보제공의 면제를 받을 수 있는 자로 세관장이 지정한 보세운송업자
특정물품간이보세운송업자	보세운송 등록업자 중 특정한 요건을 구비할 경우 관리대상화물 등 특정물품을 보세운송할 수 있는 자로 세관장이 지정한 보세운송업자

④ 보세운송업자의 의무(보세운송에 관한 고시 제54조 제1항)
  ㉠ 보세운송업자는 등록된 다른 보세운송업자 또는 등록되지 아니한 자로 하여금 유상 또는 무상으로 자기의 명의를 사용하여 영업소 설치 등 보세운송업을 경영하게 할 수 없음

② **특허보세구역** : 일반개인(기업)의 신청에 의해 세관장이 심사 후 특허해 주는 보세구역으로, 보세창고, 보세공장, 보세판매장, 보세건설장, 보세전시장이 있음 기출▶ 22년/ 18년

보세창고	• 가장 일반적인 보세구역으로 통관하고자 하는 물품을 장치하기 위한 장소 • **영업용 보세창고** : 수출입화물을 보관하는 것을 업으로 하는 것 • **자가용 보세창고** : 운영인이 소유하거나 사용하는 자기 화물을 보관하기 위한 곳
보세공장	• 가공무역의 진흥이나 관세행정 목적을 위하여 설치된 장소 • 보세 상태에서 제조·가공 등의 작업을 하여 생산된 제품 등을 외국으로 수출하거나 국내에서 사용할 목적으로 국내로 수입할 수 있도록 특허된 구역
보세판매장	외국물품을 우리나라를 출국할 여행자에게 판매하거나, 우리나라에 있는 외교관 등 면세권자에게 판매할 목적으로 설치된 판매장
보세건설장	산업시설의 건설에 사용될 외국물품인 기계류, 설비품 또는 공사용 장비를 장치하거나 사용하여 보세상태에서 건설공사를 완료하고 수입통관을 하게 되는 구역
보세전시장	국내에서 개최되는 박람회, 전람회 등을 위하여 반입되는 외국물품을 보세상태에서 장치, 전시하거나 사용할 수 있는 곳

더알아보기 관세법상 특허보세구역 기출▶ 22년

- 보세전시장에서는 박람회, 전람회, 견본품 전시회 등의 운영을 위하여 외국물품을 장치·전시하거나 사용할 수 있다(관세법 제190조).
- 내국물품으로서 장치기간이 지난 물품은 그 기간이 지난 후 10일 내에 그 운영인의 책임으로 반출하여야 한다(관세법 제184조).
- 보세공장에서는 외국물품을 원료 또는 재료로 하거나 외국물품과 내국물품을 원료 또는 재료로 하여 제조·가공하거나 그 밖에 이와 비슷한 작업을 할 수 있다(관세법 제185조).
- 보세건설장 운영인은 보세건설장에서 건설된 시설을 수입신고가 수리되기 전에 가동하여서는 아니 된다(관세법 제194조).
- 보세판매장에서 판매하는 물품의 반입, 반출, 인도, 관리에 필요한 사항은 대통령령으로 정한다(관세법 제196조).

③ **종합보세구역** 기출▶ 18년/ 14년/ 11년/ 10년/ 09년
  ㉠ 관세청장이 지정하는 보세구역
  ㉡ 특허보세구역의 모든 기능(보관, 제조, 건설, 전시, 판매) 중 둘 이상의 기능을 수행
  ㉢ 종합보세구역 제도 : 일반기업이 종합보세구역에 입주하여 세관장에게 종합보세사업장 설치·운영신고

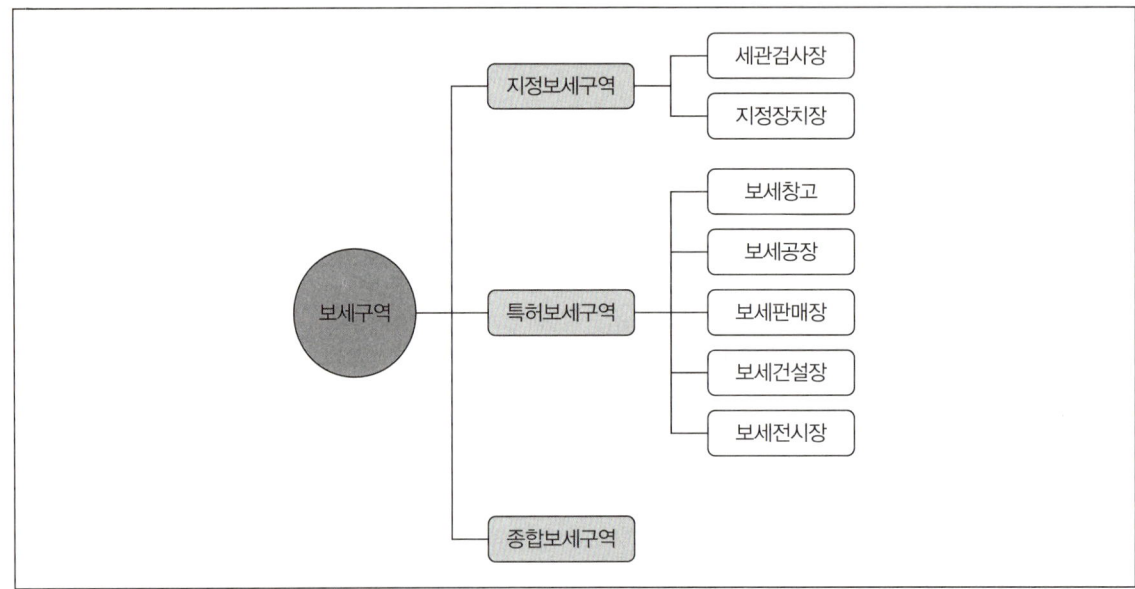

▲ 보세구역의 종류

② 내국물품 기출▶ 24년/ 23년/ 20년
  ㉠ 우리나라에 있는 물품으로서 외국물품이 아닌 것
  ㉡ 우리나라의 선박 등이 공해에서 채집하거나 포획한 수산물 등
  ㉢ 입항 전 수입신고가 수리된 물품
  ㉣ 수입신고수리 전 반출승인을 받아 반출된 물품
  ㉤ 수입신고 전 즉시 반출신고를 하고 반출된 물품

(6) 관세법상 수입으로 보지 아니하는 소비 또는 사용(관세법 제239조) 기출▶ 25년/ 22년
  ① 선박용품·항공기용품 또는 차량용품을 운송수단 안에서 그 용도에 따라 소비하거나 사용하는 경우
  ② 선박용품·항공기용품 또는 차량용품을 세관장이 정하는 지정보세구역에서 출입국관리법에 따라 출국심사를 마치거나 우리나라에 입국하지 아니하고 우리나라를 경유하여 제3국으로 출발하려는 자에게 제공하여 그 용도에 따라 소비하거나 사용하는 경우
  ③ 여행자가 휴대품을 운송수단 또는 관세통로에서 소비하거나 사용하는 경우
  ④ 이 법에서 인정하는 바에 따라 소비하거나 사용하는 경우

2. 보세구역

(1) 보세구역의 개요
  ① 보세화물 : 우리나라에 도착한 외국물품에 대하여 수입신고 수리가 완료되지 않은 상태의 화물
  ② 보세구역
    ㉠ 보세화물을 장치, 검사, 제조·가공, 전시, 건설, 판매, 운송할 수 있도록 세관장이나 관세청장이 지정 또는 특허한 장소
    ㉡ 수출입 및 반송 등 통관을 하고자 하는 외국물품을 보관하거나, 외국물품 또는 외국물품과 내국물품을 원재료로 한 제조·가공·기타 유사한 작업, 외국물품의 전시, 외국물품을 사용하는 건설, 외국물품의 판매, 수출입 물품의 검사 등을 하는 곳
    ㉢ 보세구역 배정처 지정
      • 화물도착통지를 받은 수입상은 화물을 어느 창고에 입고할 것인지를 지정
      • 선사는 수입상이 지정한 배정처를 적화목록에 기재하여 세관에 입항신고를 함
      • 수입상이 화물 배정처를 지정하지 않을 경우 선사에서 임의적으로 배정

(2) 보세구역의 종류 기출▶ 19년/ 18년/ 14년/ 11년/ 10년/ 09년
  ① 지정보세구역 : 국가 또는 지방자치단체 등의 공공시설이나 장소 등 일정 구역을 세관장이 보세구역으로 지정한 지역으로, 지정장치장과 세관검사장이 있음

지정장치장	• 통관하고자 하는 물품을 일시 장치하기 위한 장소로 세관 구내창고, 공항·항만을 관리하는 법인이 운영하는 창고 등을 말함 • 물품의 장치와 검사를 할 수 있으며, 장치기간은 6개월의 범위에서 관세청장이 정함 다만, 관세청장이 정하는 기준에 따라 세관장은 3개월의 범위에서 그 기간을 연장할 수 있음
세관검사장	• 통관하고자 하는 물품을 반입하여 세관의 검사만을 받도록 한 장소로 세관장이 지정 • 세관검사장에 반입되는 물품의 채취, 운반 등에 필요한 비용은 화주가 부담

> **+ 더알아보기** 수출 · 수입 또는 반송의 신고(관세법 제241조 제2항) 기출▶ 21년
>
> 다음 물품은 수출 · 수입 또는 반송의 신고를 생략하게 하거나 관세청장이 정하는 간소한 방법으로 신고하게 할 수 있다.
> - 휴대품 · 탁송품 또는 별송품
> - 우편물
> - 관세가 면제되는 물품
> - 보고 또는 허가의 대상이 되는 운송수단. 다만, 다음에 해당하는 운송수단은 제외
>   - 우리나라에 수입할 목적으로 최초로 반입되는 운송수단
>   - 해외에서 수리하거나 부품 등을 교체한 우리나라의 운송수단
>   - 해외로 수출 또는 반송하는 운송수단
> - 국제운송을 위한 컨테이너

(3) 통관제한 및 통관보류

① 통관제한

수출입 금지 (관세법 제234조)	• 헌법질서를 문란하게 하거나 공공의 안녕질서 또는 풍속을 해치는 서적 · 간행물 · 도화, 영화 · 음반 · 비디오물 · 조각물 또는 이에 준하는 물품 • 정부의 기밀을 누설하거나 첩보활동에 사용되는 물품 • 화폐 · 채권이나 그 밖의 유가증권의 위조품 · 변조품 또는 모조품
지식재산권 등의 보호 (관세법 제235조)	상표권, 저작권과 저작인접권, 품종보호권, 지리적 표시권 또는 지리적 표시, 특허권, 디자인권, 방위산업기술에 해당하는 지식재산권을 침해하는 물품은 수출하거나 수입할 수 없음

② 통관보류(관세법 제237조 제1항)
  ㉠ 수출 · 수입 또는 반송에 관한 신고서의 기재사항에 보완이 필요한 경우
  ㉡ 제출서류 등이 갖추어지지 아니하여 보완이 필요한 경우
  ㉢ 법에 따른 의무사항(대한민국이 체결한 조약 및 일반적으로 승인된 국제법규에 따른 의무를 포함)을 위반하거나 국민보건 등을 해칠 우려가 있는 경우
  ㉣ 안전성 검사가 필요한 경우
  ㉤ 안전성 검사 결과 불법 · 불량 · 유해 물품으로 확인된 경우
  ㉥ 세관장에게 강제징수 또는 체납처분이 위탁된 해당 체납자가 수입하는 경우
  ㉦ 그 밖에 이 법에 따라 필요한 사항을 확인할 필요가 있다고 인정하여 대통령령으로 정하는 경우

(4) 관세법상 통관

수입통관	외국물품을 보세구역에 장치한 후에 수입신고수리를 거치는 것
수출통관	내국물품을 수출신고 내용과 일정 요건 확인 후 외국으로 반출을 허용하는 것
반송통관	국내에 반입되어 보세구역에 장치 중인 외국물품을 수입신고를 하지 않고 보세구역에서 다시 외국으로 되돌려 보내는 것

(5) 관세법상 외국물품과 내국물품(관세법 제2조 제4호, 제5호)

① 외국물품
  ㉠ 외국으로부터 우리나라에 도착한 물품(외국의 선박 등이 공해에서 채집하거나 포획한 수산물 등을 포함)으로서 수입신고가 수리되기 전의 것
  ㉡ 수출신고가 수리된 물품

(2) 수입통관 기출 22년/ 17년/ 15년

① **수입** : 외국물품을 우리나라에 반입하거나 우리나라에서 소비 또는 사용하는 것
② **수입통관** : 수입하고자 하는 물품을 세관장에게 신고하고, 세관장은 관세법 및 기타 법령에 따라 적법하고 정당하게 이루어진 경우에 이를 신고수리하고 신고인에게 수입신고필증을 교부하여 수입물품이 반출될 수 있도록 하는 일련의 과정
③ **수입신고**
  ㉠ 신고자 : 관세사, 자가통관업체(화주)
  ㉡ 신고시기
    • 출항 전, 입항 전, 입항 후 보세구역 도착 전, 보세구역 도착 후
    • 지정장치장 또는 보세창고에 반입한 자는 반입일 또는 장치일로부터 30일 이내에 수입신고를 해야 함
  ㉢ 세관에 보고하는 총신고가격 : CIF 기준의 가격
    • 수입신고가 수리된 물품은 수입신고 수리일로부터 15일 이내에 관세를 납부해야 함
    • 수입관세 납부 시 환율은 주요 외국환은행이 전 주 월요일부터 금요일까지 매일 최초 고시하는 전신환매도율을 평균하여 결정
④ **수입신고 시 제출서류**

기본제출서류	수입신고서(전산시스템으로 전송)
요구제출서류*	INVOICE, PACKING LIST, B/L, C/O, 검사(검역증) 등 *요구제출서류는 세관에서 확인이 필요한 경우 제출하도록 요구

⑤ **수입통관 흐름도** 기출 15년

물품반입(장치장) → 요건구비(수입화주) → 수입신고(수입인) → 신고처리(세관) → 담보제공 or 관세 사전납부 → 신고수리 → 물품반출 → 관세 사후납부(수입화주)

⑥ **관세**
  ㉠ 관세 : 관세선을 통과하는 물품에 부과하는 조세
  ㉡ 우리나라는 수입물품에 대한 관세만 부과함
  ㉢ 관세 계산

관세	관세 = 과세가격* × 관세율 *과세가격 : CIF 가격(제품가격 + 수입항까지 운송료 + 보험료)
부가세	부가세 = (과세가격 + 관세) × 10%

> **+ 더알아보기 무역구제제도(Trade Remedy)** 기출 24년
>
> • 무역구제제도는 공정한 경쟁을 확보하고 국내 산업을 보호하는 제도
> • 긴급관세(세이프가드)제도
>   – 특정 품목의 수입이 급격히 증가하여 국내 산업에 심각한 피해를 주거나 줄 우려가 있을 때 긴급관세를 인상하거나 수입을 제한하는 제도
>   – 긴급관세(세이프가드)를 부과하는 경우, 이해당사국과 긴급관세 부과의 부정적 효과에 대한 적절한 무역보상 방법에 관하여 협의할 수 있음
> • **상계관세제도** : 수출국 정부로부터 보조금을 받아 수출경쟁력이 높아진 물품이 수입되어 국내 산업이 실질적인 피해를 받거나 받을 우려가 있을 때 조사를 실시하여 보조금 범위 내에서 상계관세를 부과하는 제도
> • **반덤핑관세제도** : 외국물품이 정상가격 이하로 덤핑수입되어 국내 산업이 실질적인 피해를 받거나 받을 우려가 있을 때 조사를 실시하여 정상가격과 덤핑가격의 차액 범위 내에서 반덤핑 관세를 부과하는 제도

CORE 04 통관

1. 통관 기출> 23년

(1) 수출통관

① **수출** : 내국물품을 외국으로 반출하는 것
② **수출통관** : 수출하고자 하는 물품을 세관에 수출신고를 하고 신고수리를 받아 물품을 우리나라와 외국 사이를 왕래하는 운송수단에 적재하기까지의 절차
③ **수출신고**
  ㉠ 신고자 : 수출품의 화주(완제품공급자 포함), 관세사, 관세사법인, 통관법인
  ㉡ 신고 시기 : 수출물품 확보 후 적재하기 전까지 수출물품이 장치된 물품소재지를 관할하는 세관장에게 신고
  ㉢ 수출 총신고 가격 : FOB 기준의 가격으로, 물품이 선반에 적재될 때까지의 가격이 수출실적으로 인정됨
  ㉣ 수출신고가격을 산정하기 위한 외국통화의 환산율(수출환율)은 주요 외국환은행이 전 주 월요일부터 금요일까지 매일 최초 고시하는 대고객 전신환매입률을 평균하여 결정
  ㉤ 수출신고가 수리된 물품은 수출신고 수리일로부터 30일 이내에 우리나라와 외국 사이를 왕래하는 운송수단에 적재해야 하지만, 1년 이내의 범위 내에서 적재기간의 연장승인을 받을 수 있음
④ **수출절차 및 통관흐름도**
  ㉠ 수출절차

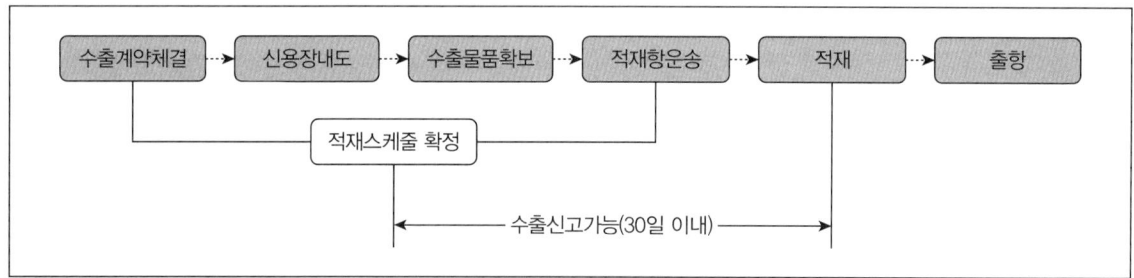

  ㉡ 수출통관흐름도

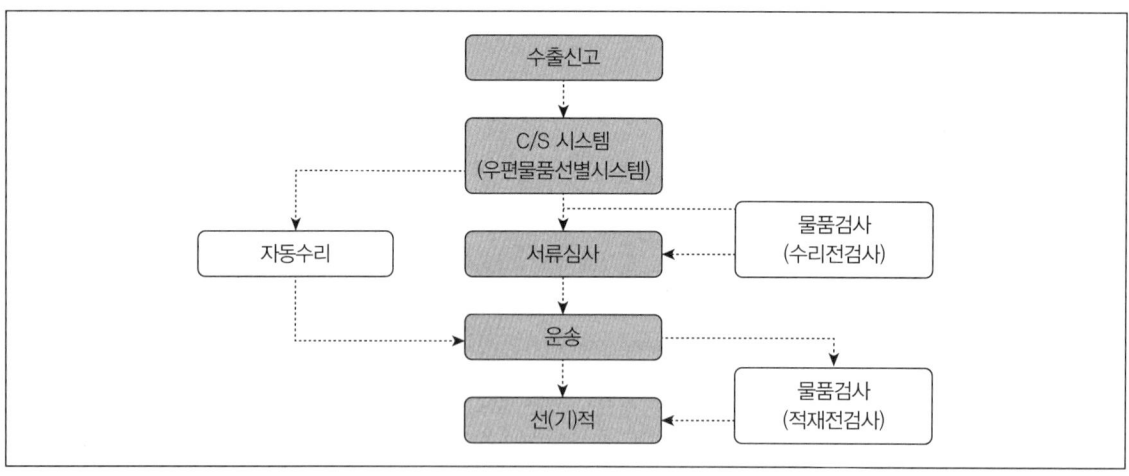

ⓒ 보험

> The seller must also contract for insurance cover against the buyer's risk of loss of or damage to the goods from the port of shipment to at least the port of destination. This may cause difficulty where the destination country requires insurance cover to be purchased locally : in this case the parties should consider selling and buying under CFR.
> The buyer should also note that under the CIF Incoterms 2020 rule the seller is required to obtain limited insurance cover complying with Institute Cargo Clauses (C) or similar clause, rather than with the more extensive cover under Institute Cargo Clauses (A). It is however, still open to the parties to agree on a higher level of cover.
>
> 매도인은 또한 선적항부터 적어도 목적항까지 매수인의 물품의 멸실 또는 훼손 위험에 대하여 보험계약을 체결하여야 한다. 이는 목적지 국가가 자국의 보험자에게 부보하도록 요구하는 경우에는 어려움을 야기할 수 있다. 이러한 경우에 당사자들은 CFR로 매매하는 것을 고려하여야 한다.
> 매수인은 또한 Incoterms 2020 CIF 하에서 매도인은 협회적하약관의 (A) 약관에 의한 보다 광범위한 담보조건이 아니라 협회적하약관의 (C) 약관이나 그와 유사한 약관에 따른 제한적인 담보조건으로 부보하여야 한다는 것을 유의하여야 한다. 그러나 당사자들은 여전히 더 높은 수준의 담보조건으로 부보하기로 합의할 수 있다.

ⓓ 수출/수입통관

> CIF requires the seller to clear the goods for export, where applicable. However, the seller has no obligation to clear the goods for import or for transit through third countries, to pay any import duty or to carry out any import customs formalities.
>
> CIF에서는 해당되는 경우에 매도인이 물품의 수출통관을 하여야 한다. 그러나 매도인은 물품의 수입을 위한 또는 제3국 통과를 위한 통관을 하거나 수입 관세를 납부하거나 수입통관절차를 수행할 의무가 없다.

ⓔ 위험·비용 분기점
- 위험 분기점 : 선적항에서 물품이 본선의 갑판상에 적치된 때
- 비용 분기점 : 목적항
- 위험·비용 분기점이 다름

ⓕ 주요 의무

운송계약 의무	매도인
보험계약 의무	매도인(만약 매도인이 보험부보가 불가능하다면 CFR로 변경)
수출통관 의무	매도인
수입통관 의무	매수인

⑩ 위험·비용 분기점
　• 위험 분기점 : 선적항에서 물품이 본선의 갑판상에 적치된 때
　• 비용 분기점 : 목적항
　• 위험·비용 분기점이 다름
⑪ 주요 의무

운송계약 의무	매도인
보험계약 의무	없음(매수인이 자신을 위해서 보험에 드는 것이 바람직)
수출통관 의무	매도인
수입통관 의무	매수인

④ CIF(Cost Insurance and Freight, 운임·보험료포함인도) 기출 ▶ 25년/ 24년/ 21년/ 20년/ 19년/ 16년/ 15년

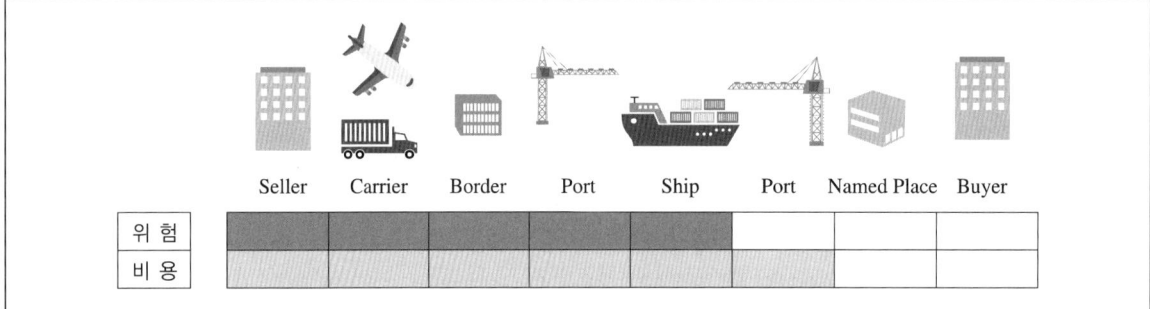

㉠ CIF 조건은 CFR 조건 가격에 보험료(운송)를 추가한 규칙
㉡ 인도와 위험

> "Cost Insurance and Freight" means that the seller delivers the goods to the buyer on board the vessel or procures the goods already so delivered.
> The risk of loss of or damage to the goods transfers when the goods are on board the vessel, such that the seller is taken to have performed its obligation to deliver the goods whether or not the goods actually arrive at their destination in sound condition, in the stated quantity or, indeed, at all.

> '운임, 보험료 포함인도'는 매도인이 물품을 선박에 적재하거나 이미 그렇게 인도된 물품을 조달하여 매수인에게 인도하는 것을 의미한다.
> 물품의 멸실 또는 훼손의 위험은 물품이 선박에 적재된 때 이전하고, 그에 따라 매도인은 명시된 수량의 물품이 실제로 목적지에 양호한 상태로 도착하는지를 불문하고 또는 사실 물품이 전혀 도착하지 않더라도 그의 물품인도의무를 이행한 것으로 된다.

③ CFR(Cost and FReight, 운임포함인도) 기출▶ 19년/ 14년

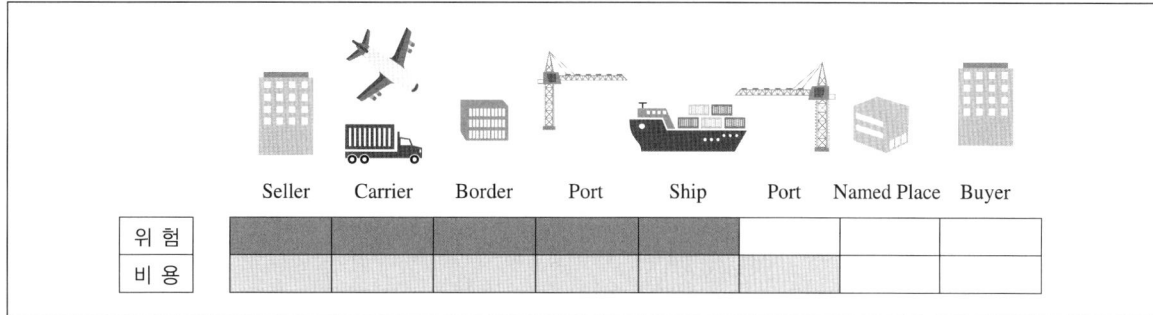

㉠ FOB 조건과 같이 상품이 선적항의 본선상에 인도될 때 매도인의 인도의무는 완료되나 매도인은 목적항까지의 운임(비용)을 부담(FOB + 목적항까지의 운임)함

㉡ 위험과 인도

> "Cost and Freight" means that the seller delivers the goods to the buyer on board the vessel or procures the goods already so delivered.
>
> The risk of loss of or damage to the goods transfers when the goods are on board the vessel, such that the seller is taken to have performed its obligation to deliver the goods whether or not the goods actually arrive at their destination in sound condition, in the stated quantity or, indeed, at all. In CFR, the seller owes no obligation to the buyer to purchase insurance cover : the buyer would be well-advised therefore to purchase some cover for itself.
>
> '운임포함인도'는 매도인이 물품을 선박에 적재하거나 이미 그렇게 인도된 물품을 조달하여 매수인에게 인도하는 것을 의미한다.
> 물품의 멸실 또는 훼손의 위험은 물품이 선박에 적재된 때 매수인에게 이전되고, 그에 따라 매도인은 명시된 수량의 물품이 실제로 목적지에 양호한 상태로 도착하는지를 불문하고 또는 사실 물품이 전혀 도착하지 않더라도 그의 물품인도 의무를 이행한 것으로 된다. CFR에서 매도인은 매수인에 대하여 부보의무가 없다. 따라서 매수인은 스스로 부보하는 것이 좋다.

㉢ 운송(매도인의 의무)

> The seller must contract or procure a contract for the carriage of the goods from the agreed point of delivery, if any, at the place of delivery to the named port of destination or, if agreed, any point at that port.
>
> 매도인은 인도장소로부터, 그 인도장소에 합의된 인도지점이 있는 때에는 그 지점으로부터 지정목적항까지 또는 합의가 있는 때에는 그 지정목적항의 어느 지점까지 물품을 운송하는 계약을 체결하거나 조달하여야 한다.

㉣ 수출/수입통관

> CFR requires the seller to clear the goods for export, where applicable. However, the seller has no obligation to clear the goods for import or for transit through third countries, to pay any import duty or to carry out any import customs formalities.
>
> CFR에서는 해당되는 경우에 매도인이 물품의 수출통관을 하여야 한다. 그러나 매도인은 물품의 수입을 위한 또는 제3국 통과를 위한 통관을 하거나 수입관세를 납부하거나 수입통관절차를 수행할 의무가 없다.

② FOB(Free On Board, 본선인도) 기출 25년/ 21년/ 19년/ 16년/ 14년/ 08년

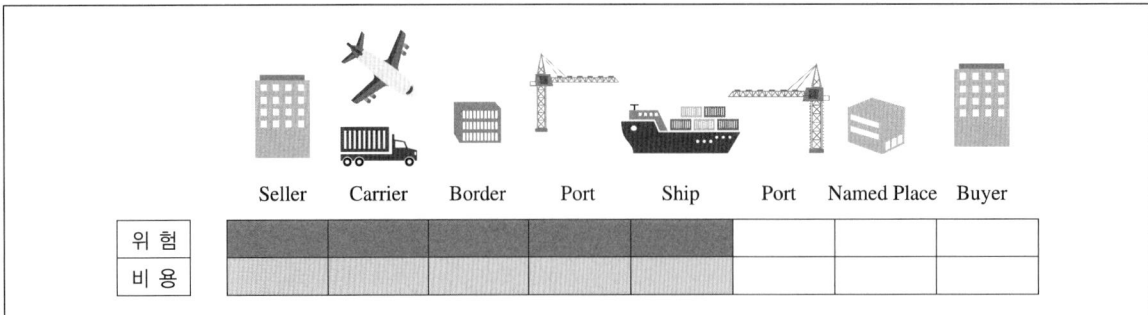

㉠ CIF조건과 함께 가장 많이 쓰이는 조건으로 현물매매 인도가격으로 볼 수 있음
㉡ 인도와 위험

> "Free On Board" means that the seller delivers the goods to the buyer on board the vessel nominated by the buyer at the named port of shipment or procures the goods already so delivered.
> The risk of loss of or damage to the goods transfers when the goods are on board the vessel, and the buyer bears all costs from that moment onwards.
>
> '본선인도'는 매도인이 지정선적항에서 매수인이 지정한 선박에 물품을 적재하거나 이미 그렇게 인도된 물품을 조달하여 매수인에게 인도하는 것을 의미한다.
> 물품의 멸실 또는 훼손의 위험은 물품이 선박에 적재된 때 매수인에게 이전되고, 그 시점 이후부터 매수인은 모든 비용을 부담한다.

㉢ 수출/수입통관

> FOB requires the seller to clear the goods for export, where applicable. However, the seller has no obligation to clear the goods for import or for transit through third countries, to pay any import duty or to carry out any import customs formalities.
>
> FOB에서는 해당하는 경우에 매도인이 물품의 수출통관을 하여야 한다. 그러나 매도인은 물품의 수입을 위한 또는 제3국 통과를 위한 통관을 하거나 수입관세를 납부하거나 수입통관절차를 수행할 의무가 없다.

㉣ 주요 의무

운송계약 의무	매수인
보험계약 의무	없음(매수인이 자신을 위해서 보험에 드는 것이 바람직)
수출통관 의무	매도인
수입통관 의무	매수인

(2) 해상운송과 내수로운송에 적용되는 규칙

① FAS(Free Alongside Ship, 선측인도) 기출▶ 24년/ 19년/ 17년/ 14년/ 10년

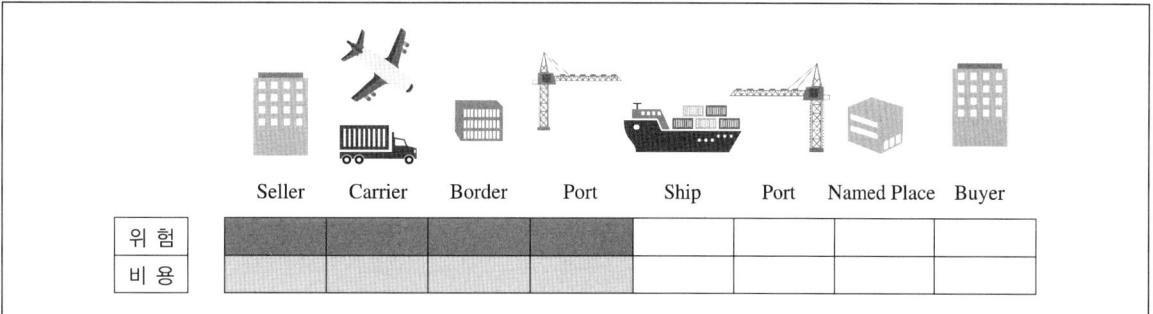

㉠ 인도와 위험

> "Free Alongside Ship" means that the seller delivers the goods to the buyer when the goods are placed alongside the ship (e.g. on a quay or a barge) nominated by the buyer at the named port of shipment or when the seller procures goods already so delivered.
> The risk of loss of or damage to the goods transfers when the goods are alongside the ship, and the buyer bears all costs from that moment onwards.

> '선측인도'는 지정선적항에서 매수인이 지정한 선박의 선측에(예컨대 부두 또는 바지(barge)에) 물품이 놓인 때 또는 이미 그렇게 인도된 물품을 조달한 때 매도인이 매수인에게 물품을 인도하는 것을 의미한다.
> 물품의 멸실 또는 훼손의 위험은 물품이 선측에 놓인 때 이전하고, 매수인은 그 순간부터 향후의 모든 비용을 부담한다.

㉡ 수출/수입통관

> FAS requires the seller to clear the goods for export, where applicable. However, the seller has no obligation to clear the goods for import or for transit through third countries, to pay any import duty or to carry out any import customs formalities.

> FAS에서는 해당되는 경우에 매도인이 물품의 수출통관을 하여야 한다. 그러나 매도인은 물품의 수입을 위한 또는 제3국 통과를 위한 통관을 하거나 수입관세를 납부하거나 수입통관절차를 수행할 의무가 없다.

㉢ 주요 의무

운송계약 의무	매수인
보험계약 의무	없음(매수인이 자신을 위해서 보험에 드는 것이 바람직)
수출통관 의무	매도인
수입통관 의무	매수인

ⓛ DPU는 목적국의 지정목적지에서 물품이 운송수단에서 양하된 상태로 매수인의 처분하에 물품을 놓아두거나 그렇게 인도된 물품을 조달한 때 위험이 매수인에게 이전됨
ⓒ 매도인이 목적지에서 물품을 양하해야 할 의무가 있는 유일한 인코텀즈 규칙
ⓔ 지정목적지에서 물품을 운송수단으로부터 양하하여 인도한다는 것을 제외하고 DAP와 동일함
ⓜ 주요 의무

운송계약 의무	매도인
보험계약 의무	없음(매도인이 자신을 위해서 보험에 드는 것이 바람직)
수출통관 의무	매도인
수입통관 의무	매수인

⑦ DDP(Delivered Duty Paid, 관세지급인도) 기출 19년/ 17년/ 13년/ 09년/ 08년

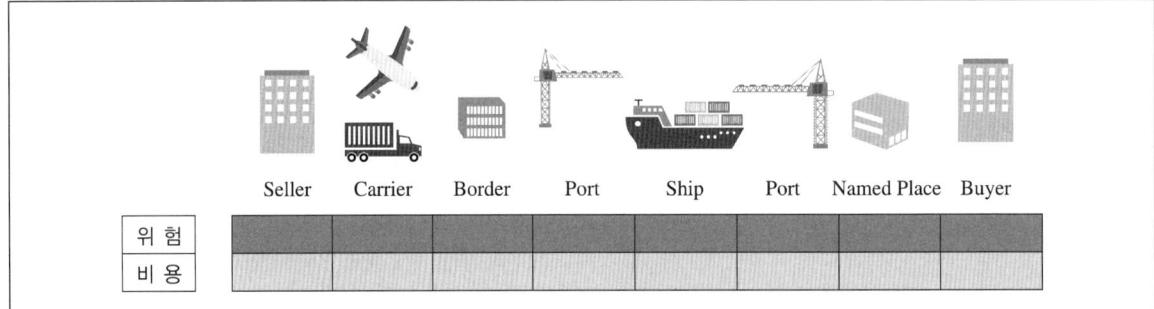

㉠ 인도와 위험

> "Delivered Duty Paid" means that the seller delivers the goods to the buyer when the goods are placed at the disposal of the buyer, cleared for import, on the arriving means of transport, ready for unloading, at the named place of destination or at the agreed point within that place, if any such point is agreed.
>
> '관세지급인도'는 물품이 지정목적지에서 또는 지정목적지 내의 어떠한 지점이 합의된 경우에는 그러한 지점에서 수입통관 후 도착운송수단에 실어둔 채 양하준비된 상태로 매수인의 처분 하에 놓인 때, 매도인이 매수인에게 물품을 인도하는 것을 의미한다.

ⓛ 매도인이 물품을 수입국의 지정목적지까지 또는 지정목적지 내의 합의된 지점까지 가져가는 데 수반되는 모든 위험을 부담하므로 인도와 목적지의 도착이 동일함
ⓒ DDP는 매도인에 대한 최대의무를 나타내는 것으로 매도인에게 가장 많은 비용과 위험이 부과됨
ⓔ 수입국의 지정목적지에서 물품을 운송수단으로부터 양하하지 않은 상태로 매수인의 처분에 두었을 때 매도인의 위험과 비용이 종료된다는 점을 주의
ⓜ 주요 의무

운송계약 의무	매도인
보험계약 의무	없음(매도인이 자신을 위해서 보험에 드는 것이 바람직)
수출통관 의무	매도인
수입통관 의무	매도인

㉠ 인도와 위험

> "Delivered at Place" means that the seller delivers the goods—and transfers risk—to the buyer when the goods are placed at the disposal of the buyer on the arriving means of transport ready for unloading at the named place of destination or at the agreed point within that place, if any such point is agreed.
>
> '도착지인도'는 물품이 지정목적지에서 또는 지정목적지 내에 어떤 지점이 합의된 경우에는 그 지점에서 도착운송수단에 실어둔 채 양하준비된 상태로 매수인의 처분하에 놓인 때, 매도인이 매수인에게 물품을 인도하고 위험을 이전하는 것을 의미한다.

㉡ 매도인은 물품을 지정목적지까지 또는 지정목적지 내의 합의된 지점까지 가져가는 데 수반되는 모든 위험을 부담
㉢ 매도인은 도착운송수단으로부터 물품을 양하할 필요가 없음
㉣ 매도인이 자신의 운송계약상 인도장소/목적지에서 양하에 관하여 비용이 발생한 경우 당사자 간에 달리 합의되지 않는 한, 매도인은 그 비용을 매수인으로부터 별도로 상환받을 권리가 없음
㉤ 매도인은 해당되는 경우에 물품의 수출통관을 하여야 하지만, 물품의 수입을 위한 또는 인도 후 제3국 통과를 위한 통관을 하거나 수입관세를 납부하거나 수입통관절차를 수행할 의무가 없음
㉥ 주요 의무

운송계약 의무	매도인
보험계약 의무	없음(매도인이 자신을 위해서 보험에 드는 것이 바람직)
수출통관 의무	매도인
수입통관 의무	매수인

⑥ DPU(Delivered At Place Unloaded, 도착지양하인도) 기출 25년/ 20년

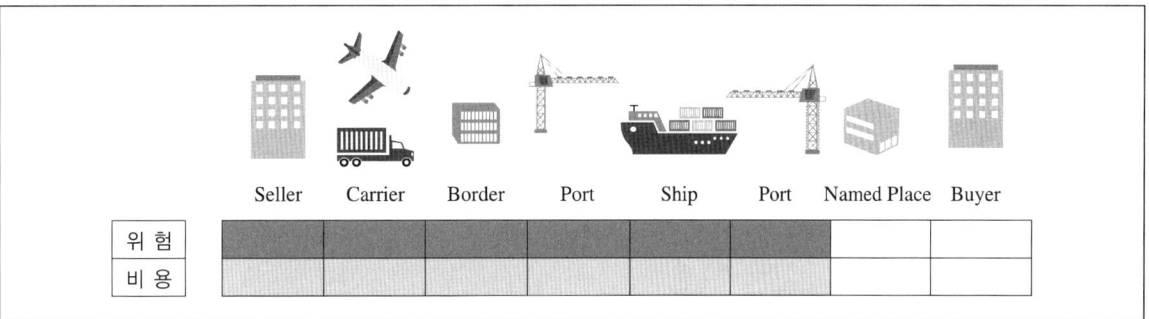

㉠ 인도와 위험

> "Delivered at Place Unloaded" means that the seller delivers the goods—and transfers risk—to the buyer when the goods, once unloaded from the arriving means of transport, are placed at the disposal of the buyer at a named place of destination or at the agreed point within that place, if any such point is agreed.
>
> '도착지양하인도'는 물품이 지정목적지에서 또는 지정목적지 내의 어떠한 지점이 합의된 경우에는 그 지점에서 도착운송 수단으로부터 양하된 상태로 매수인의 처분하에 놓인 때, 매도인이 매수인에게 물품을 인도하고 위험을 이전하는 것을 의미한다.

ⓒ 보험

> The seller must also contract for insurance cover against the buyer's risk of loss of or damage to the goods from the point of delivery to at least the point of destination. This may cause difficulty where the destination country requires insurance cover to be purchased locally : in this case the parties should consider selling and buying under CPT.

> 매도인은 인도지점부터 적어도 목적지점까지 매수인의 물품의 멸실 또는 훼손 위험에 대하여 보험계약을 체결해야 한다. 이는 목적지 국가가 자국의 보험자에게 부보하도록 요구하는 경우에는 어려움을 야기할 수 있다. 이런 경우 당사자들은 CPT로 매매하는 것을 고려해야 한다.

> The buyer should also note that under the CIP Incoterms® 2020 rule the seller is required to obtain extensive insurance cover complying with Institute Cargo Clauses (A) or similar clause, rather than with the more limited cover under Institute Cargo Clauses (C). It is, however, still open to the parties to agree on a lower level of cover.

> 또한 매수인은 인코텀즈 2020 CIP 하에서 매도인은 협회적하약관의 C 약관에 의한 제한적인 담보조건이 아니라 협회적하약관의 A 약관이나 그와 유사한 약관에 따른 광범위한 담보조건으로 부보해야 한다는 것을 유의해야 한다. 그러나 당사자들을 여전히 더 낮은 수준의 담보조건으로 부보하는 것을 합의할 수 있다(통상 송장금액의 110%로 부보).

ⓔ 위험 · 비용 분기점
- 위험 분기점 : 운송인에게 인도되는 지점
- 비용 분기점 : 수입국 내의 지정된 목적지
- 위험 · 비용 분기점이 다름

ⓜ 주요 의무

운송계약 의무	매도인
보험계약 의무	매도인(매수인이나 피보험이익을 가지는 3자가 보험회사에 청구할 수 있도록 함)
수출통관 의무	매도인
수입통관 의무	매수인

⑤ DAP(Delivered At Place, 도착지인도) 기출 ▶ 24년/ 22년/ 21년/ 20년/ 17년/ 13년/ 12년

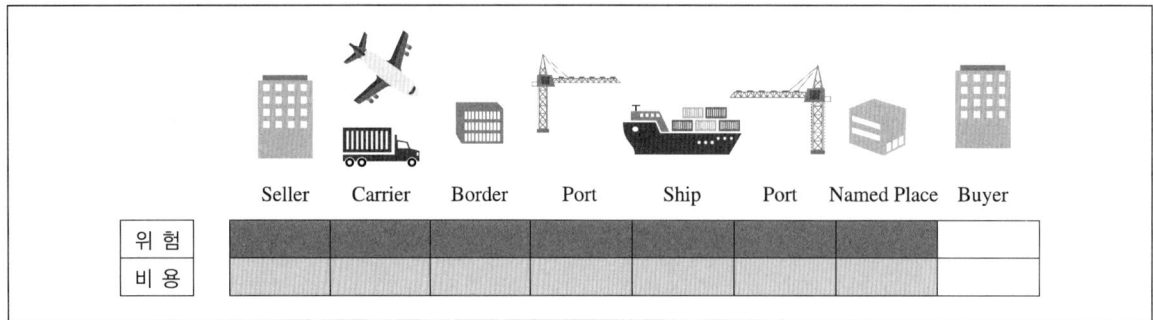

㉠ 인도와 위험

> "Carriage Paid To" means that the seller delivers the goods—and transfers the risk—to the buyer by handing them over to the carrier contracted by the seller or by procuring the goods so delivered. The seller may do so by giving the carrier physical possession of the goods in the manner and at the place appropriate to the means of transport used.
>
> '운송비지급인도'는 매도인이 매도인과 계약을 체결한 운송인에게 물품을 교부함으로써 또는 그렇게 인도된 물품을 조달함으로써 매수인에게 물품을 인도하고 위험을 이전하는 것을 의미한다. 매도인은 사용되는 운송수단에 적합한 방법으로 그에 적합한 장소에서 운송인에게 물품의 물리적 점유를 이전함으로써 물품을 인도할 수 있다.

㉡ 위험·비용 분기점
- 위험 분기점 : 운송인에게 인도되는 지점
- 비용 분기점 : 수입국 내의 지정된 목적지
- 위험·비용 분기점이 다름

㉢ 매도인이 지정목적지까지의 운송비를 부담하고 운송계약을 체결

㉣ 운송계약상 지정목적지에서 양하비용이 발생한 경우, 매도인은 달리 합의되지 않는 한 그 비용을 매수인으로부터 별도로 상환받을 권리가 없음

㉤ 주요 의무

운송계약 의무	매도인
보험계약 의무	없음(매수인이 자신을 위해서 보험에 드는 것이 바람직)
수출통관 의무	매도인
수입통관 의무	매수인

④ CIP(Carriage and Insurance Paid to, 운송비·보험료지급인도) 기출▶ 21년 / 18년/ 14년

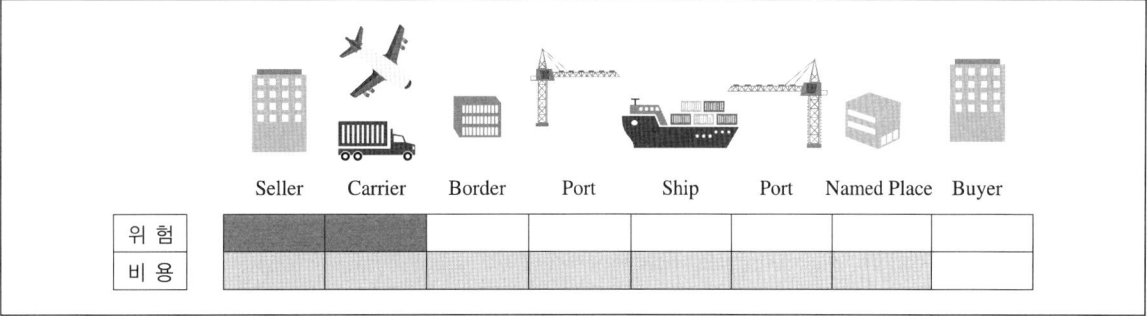

㉠ CPT 조건에 운송보험의 부보의무가 추가된 조건으로, CIF 조건과 마찬가지로 매도인이 보험계약 체결 및 목적지까지 발생되는 모든 비용을 부담

㉡ 인도와 위험

> "Carriage and Insurance Paid To" means that the seller delivers the goods—and transfers the risk—to the buyer by handing them over to the carrier contracted by the seller or by procuring the goods so delivered.
>
> '운송비·보험료지급인도'는 매도인이 매도인과 계약을 체결한 운송인에게 물품을 교부함으로써 또는 그렇게 인도된 물품을 조달함으로써 매수인에게 물품을 인도하는 것을 그리고 위험을 이전하는 것을 의미한다.

㉠ 인도와 위험

> "Free Carrier" means that the seller delivers the goods to the buyer in one or other of two ways.
> First, when the named place is the seller's premises, the goods are delivered when they are loaded on the means of transport arranged by the buyer.
> Second, when the named place is another place, the goods are delivered when, having been loaded on the seller's means of transport, they reach the named other place and are ready for unloading from that seller's means of transport and at the disposal of the carrier or of another person nominated by the buyer.
>
> '운송인인도'는 매도인이 물품을 매수인에게 다음 두 가지 방법 중 하나로 인도하는 것을 의미한다.
> 첫째, 지정장소가 매도인의 영업구내인 경우, 물품이 매수인이 마련한 운송수단에 적재된 때
> 둘째, 지정장소가 그 밖의 장소인 경우, 물품이 매도인의 운송수단에 적재되어 지정장소에 도착하고 매도인의 운송수단에 실린 채 양하준비된 상태로 매수인이 지정한 운송인이나 제3자의 처분하에 두는 때

㉡ 둘 중에 어떤 장소가 인도장소로 선택되든지, 그 장소는 위험이 매수인에게 이전되는 곳이고 비용이 매수인의 부담으로 되는 시점

㉢ 인도된 물품의 조달

> "or procure goods so delivered"—The reference to "procure" here caters for multiple sales down a chain (string sales), particularly, although not exclusively, common in the commodity trades.
>
> '또는 그렇게 인도된 물품을 조달한다'에서 '조달한다(procure)'라고 규정한 것은 꼭 이 분야에서 그런 것만은 아니지만 특히 일차산품거래(commodity trades)에서 일반적인 수차에 걸쳐 연속적으로 이루어지는 매매(연속매매, string sales)에 대응하기 위함이다.

㉣ 본선적재 선하증권 발행 : 의무사항은 아니지만 당사자 간에 합의가 있는 경우 매수인은 그의 운송인에게 본선적재 표기가 있는 선하증권을 매도인에게 발행하도록 지시해야 함

㉤ 주요 의무

운송계약 의무	매수인
보험계약 의무	없음(매수인이 자신을 위해서 보험에 드는 것이 바람직)
수출통관 의무	매도인
수입통관 의무	매수인

③ CPT(Carriage Paid To, 운송비지급인도) 기출 24년/ 16년/ 15년/ 08년

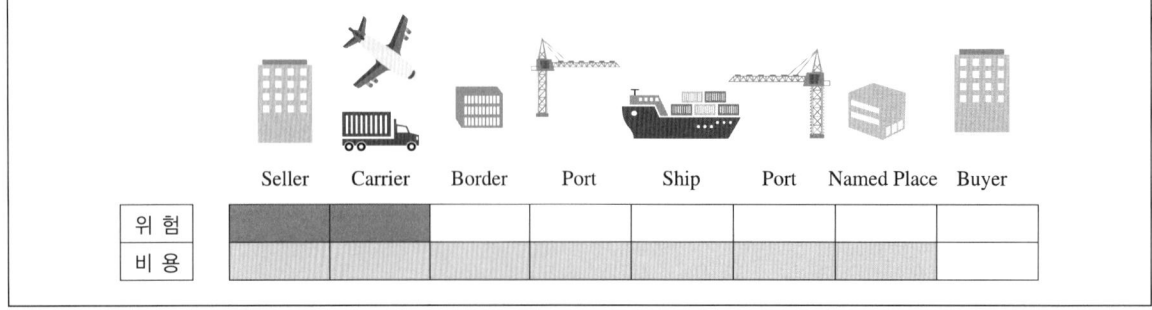

3. 인코텀즈 2020 규칙의 주요 내용

(1) 모든 운송방식에 적용되는 규칙

① EXW(EX Works, 공장인도) 기출▶ 25년/ 24년/ 22년/ 17년/ 14년

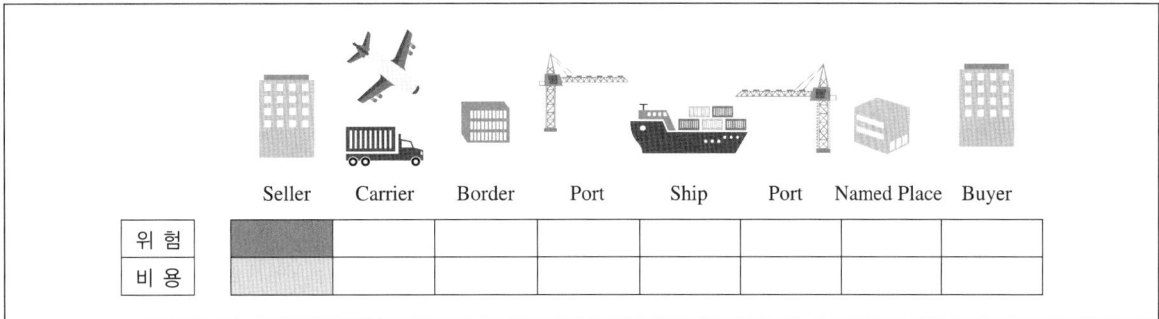

㉠ 인도와 위험

> "Ex Works" means that the seller delivers the goods to the buyer when it places the goods at the disposal of the buyer at a named place (like a factory or warehouse), and that named place may or may not be the seller's premises.
>
> '공장인도'는 매도인이 물품을 (공장이나 창고와 같은) 지정장소에서 매수인의 처분하에 두는 때 매수인에게 물품을 인도하는 것을 의미한다. 이때 지정장소는 매도인의 영업구내일 수도 있고 아닐 수도 있다.

㉡ EXW(공장인도)에서 매도인은 물품을 수취용 차량에 적재하거나 수출 물품에 대한 통관절차 의무가 없음

㉢ EXW는 매도인의 최소 의무를 나타내며, 매수인은 매도인의 영업소로부터 물품을 인수하는 데 수반되는 모든 비용과 위험을 부담

㉣ 주요 의무

운송계약 의무	매수인
보험계약 의무	없음(매수인이 자신을 위해서 보험에 드는 것이 바람직)
수출통관 의무	매수인
수입통관 의무	매수인

② FCA(Free CArrier, 운송인인도) 기출▶ 17년/ 15년/ 14년

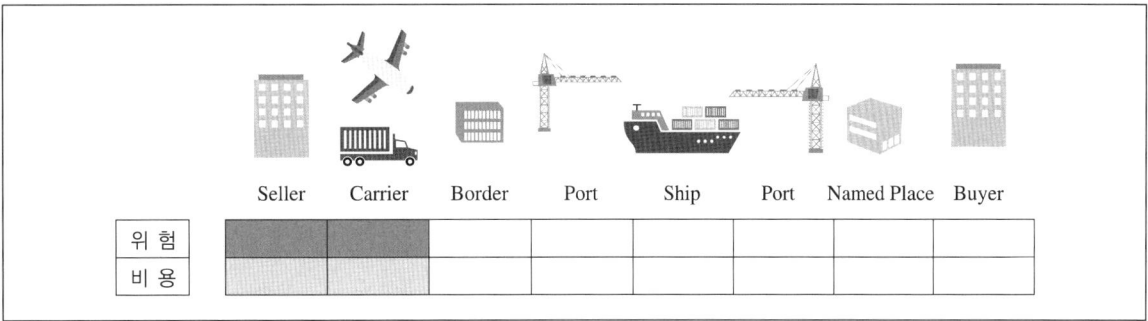

④ 인코텀즈 2020의 최종 구성

모든 운송방식에 적용되는 규칙(7가지)	EXW	EX-Works	공장 인도
	FCA	Free Carrier	운송인 인도
	CPT	Carriage Paid to	운송비지급 인도
	CIP	Carriage and Insurance Paid to	운송비·보험료지급 인도
	DAP	Delivered at Place	도착지 인도
	DPU	Delivered at Place Unloaded	도착지양하 인도
	DDP	Delivered Duty Paid	관세지급 인도
해상운송과 내수로운송에 적용되는 규칙(4가지) 기출▶ 24년	FAS	Free Alongside Ship	선측 인도
	FOB	Free On Board	본선 인도
	CFR	Cost and Freight	운임포함 인도
	CIF	Cost Insurance and Freight	운임·보험료포함 인도

⑤ 인코텀즈 2020 매도인과 매수인의 의무 기출▶ 25년

A. The seller's obligations(매도인의 의무)	B. The buyer's obligations(매수인의 의무)
A1. General obligations of the seller (매도인의 일반적 의무)	B1. General obligations of the buyer (매수인의 일반적 의무)
A2. Delivery(인도)	B2. Taking delivery(인도의 수령)
A3. Transfer of risks(위험 이전)	B3. Transfer of risks(위험 이전)
A4. Carriage(운송)	B4. Carriage(운송)
A5. Insurance(보험)	B5. Insurance(보험)
A6. Delivery/Transport document (인도/운송서류)	B6. Delivery/Transport document (인도/운송서류)
A7. Export/Import clearance(수출/수입통관)	B7. Export/Import clearance(수출/수입통관)
A8. Checking/Packaging/Marking (점검/포장/화인표시)	B8. Checking/Packaging/Marking (점검/포장/화인표시)
A9. Allocation of costs(비용분담)	B9. Allocation of costs(비용분담)
A10. Notices(통지)	B10. Notices(통지)

② 인코텀즈 규칙이 다루지 않는 사항 기출 24년/ 22년
  ㉠ 매매계약의 존부
  ㉡ 매매물품의 성상
  ㉢ 대금지급의 시기·장소·방법·통화
  ㉣ 매매계약 위반에 대하여 구할 수 있는 구제수단
  ㉤ 계약상 의무이행의 지체 및 그 밖의 위반의 효과
  ㉥ 제재의 효력
  ㉦ 관세 부과
  ㉧ 수출 또는 수입의 금지
  ㉨ 불가항력 또는 이행가혹
  ㉩ 지식재산권
  ㉪ 의무 위반의 경우 분쟁해결의 방법, 장소 또는 준거법
  ㉫ 매매물품의 소유권 이전, 물권의 이전

2. 인코텀즈 2020

(1) 인코텀즈 2020의 주요 개정사항 기출 25년/ 23년/ 21년/ 20년/ 19년

① 본선적재표기가 있는 선하증권과 인코텀즈 FCA 규칙
② 매도인과 매수인의 비용 조항에 대한 조항의 위치 변경 : A9, B9
③ CIF와 CIP 간 적하보험부보 범위의 차별화 기출 25년/ 23년/ 21년

조건	인코텀즈 2010	인코텀즈 2020
CIF	매도인의 최소부보 의무 ICC(C)	• 매도인의 최소부보 의무 ICC(C) • 높은 수준의 담보조건의 부보 합의 가능
CIP	매도인의 최소부보 의무 ICC(C)	• 매도인의 최대부보 의무 ICC(A) • 낮은 수준의 담보조건의 부보 합의 가능

④ FCA, DAP, DPU 및 DDP 규칙에서 매도인 또는 매수인 자신의 운송수단에 의한 운송을 허용함
⑤ DAT에서 DPU로의 명칭 변경 및 내용 수정(DAT 규칙 폐지)
⑥ 운송의무 및 비용 조항에 보안 관련 요건 삽입
⑦ 사용자를 위한 설명문

(2) Incoterms® 2020 개정의 특징 기출 25년/ 24년/ 20년

① Incoterms 규칙 그 자체는 매매계약이 아니며, 매매계약을 대체하지도 않는다. Incoterms는 이미 존재하는 매매계약에 편입된(incorporated) 때 그 매매계약의 일부가 됨
② 양극단(two extremes)의 E규칙과 D규칙 사이에, 3개의 F규칙(FCA, FAS, FOB)과 4개의 C규칙(CPT, CIP, CFR, CIF)이 있음
③ A1/B1에서 당사자의 기본적인 물품제공/대금지급의무를 규정하고, 이어 인도 조항과 위험이전 조항을 보다 두드러진 위치인 A2와 A3으로 각각 옮김

(11) 유효기일 또는 최종제시일 연장 : 제29조

제36조에 언급된 불가항력 이외의 사유로 서류의 제시를 받아야 하는 은행의 휴업일에 해당하는 경우에는 그 유효기일 또는 제시를 위한 최종일은 최초의 다음 은행영업일까지 연장되나, 선적을 위한 최종일은 연장되지 않음

(12) 신용장 금액, 수량, 단가의 과부족 : 제30조 기출 16년

① 신용장에 명기된 신용장 금액, 수량 또는 단가와 관련하여 사용된 about, approximately는 언급된 금액, 수량 또는 단가의 10%를 초과하지 않는 과부족을 허용하는 것으로 해석
② 신용장이 포장단위 또는 품목 수량을 명기하지 않고 어음발행의 총액이 신용장 금액을 초과하지 않는 경우, 물품 수량의 5%를 초과하지 않는 과부족은 허용됨
③ 분할선적이 허용되지 않는 경우도 신용장 금액의 5%를 초과하지 않는 과부족은 허용됨

CORE 03 인코텀즈(INCOTERMS)

1. Incoterms의 개요

(1) 인코텀즈의 개념

① 정식 명칭의 변천
  ㉠ International Rules for the Interpretation of Trade Terms(정형거래조건의 해석에 관한 국제규칙) : Incoterms 1936 ~ 2000년까지의 명칭
  ㉡ International Commercial Terms(국제무역규칙 / 국제상업거래조건) : Incoterms 2010, 2020의 명칭
② 1936년 국제상업회의소에서 제정 후 10년 단위로 개정하여 현재 2020년 1월 1일부터 발효된 Incoterms 2020이 사용
③ 매도인과 매수인의 의무, 위험의 이전, 비용에 대한 사항을 규정하는 규칙

(2) 인코텀즈 소개문 기출 23년/20년

① 인코텀즈 규칙의 역할
  ㉠ 기업 간 물품매매계약 상 거래관행을 반영하는 세 글자로 된 11개의 거래 조건
  ㉡ 의무 규정 : 매도인과 매수인 사이에 누가 무엇[물품의 운송 / 보험 부보 / 선적서류와 수출·수입허가 취득]을 하는지
  ㉢ 위험 규정 : 매도인은 어디서, 언제 물품을 인도*하는지(위험을 어디서 매도인으로부터 매수인에게 이전하는지) 기출 22년
    *인코텀즈에서는 물품인도와 함께 위험도 이전되는 것으로 해석함
  ㉣ 비용 규정 : 운송비용, 포장비용, 적재 또는 양하비용 및 점검 또는 보안 관련 비용에 관하여 누가 어떤 비용을 부담하는지 기출 21년
  ㉤ A1~A10 / B1~B10의 각 10개 조항*
    *A조항 : 매도인의 의무, B조항 : 매수인의 의무

⑧ 단일의 선하증권 원본 또는 원본이 한 통을 초과해서 발행된 경우 : 선하증권상에 표시된 대로 전통(full set)인 것이어야 함
⑨ 신용장이 환적을 금지하고 있는 경우에도 물품이 선하증권에 의하여 입증된 대로 컨테이너, 트레일러 또는 라쉬선에 적재된 경우에는 환적이 행해질 수 있다고 표시하고 있는 선하증권은 수리 가능

(9) 용선계약 선하증권 : 제22조 기출 23년

① 다음의 자에 의해 서명
  ㉠ 선장, 또는 선장을 대리하는 지명대리인
  ㉡ 선주, 또는 선주를 대리하는 지명대리인
  ㉢ 용선자, 또는 용선자를 대리하는 지명대리인
② 물품이 신용장에 기재된 선적항에서 기명된 선박에 본선적재되었다는 것을 다음 방법으로 명시
  ㉠ 미리 인쇄된 문구
  ㉡ 물품이 본선적재된 일자를 명시하는 본선적재표기
③ 선적일
  ㉠ 용선계약 선하증권이 선적일을 표시하는 본선적재표기를 포함하고 있지 않는 경우 : 용선계약 선하증권 발행일을 선적일로 간주
  ㉡ 용선계약 선하증권에 본선적재표기가 명시된 경우 : 명시된 일자를 선적일로 간주
④ 신용장에 기재된 선적항으로부터 하역항까지의 선적을 명시하여야 함
⑤ 단일의 용선계약 선하증권 원본이거나 원본이 한 통을 초과하여 발행되는 경우 용선계약 선하증권에 명시된 전통(full set)이어야 함
⑥ 은행은 비록 신용장의 조건에 의해 용선계약서의 제시가 요구되더라도 용선계약서를 심사하지 않음

(10) 항공운송서류 : 제23조 기출 23년/ 19년/ 13년

① 운송인의 이름을 명시하고 다음 해당자에 의해 서명
  ㉠ 운송인
  ㉡ 운송인을 대리하는 지명대리인
② 물품이 운송을 위해 인수되었다는 것을 명시
③ 발행일
  ㉠ 항공운송서류가 실제 선적일에 대한 특정 표기를 포함하고 있지 않는 경우 : 발행일을 선적일로 간주
  ㉡ 항공운송서류가 실제 선적일에 대한 특정 표기를 포함하는 경우 : 그 일자를 선적일로 간주
④ 신용장에 명시된 출발공항과 도착공항을 표시
⑤ 신용장이 원본의 전통(full set)을 규정하더라도 송하인 혹은 선적인용 원본이 되어야 함
⑥ 운송조건을 포함하거나 운송조건을 포함하는 다른 출처를 언급해야 함. 다만 운송조건의 내용은 심사되지 않음
⑦ 항공운송서류상 환적
  ㉠ 항공운송서류는 하나의 항공운송서류가 전체 화물을 취급한다는 전제하에 물품이 환적되거나 될 수 있다는 것을 명시할 수 있음
  ㉡ 환적이 행해지거나 행해질 수 있다는 것을 명시하는 항공운송서류는 신용장이 환적을 금지하더라도 수리 가능함
⑧ 항공운송서류 상에 나타나는 운항번호 또는 일자는 은행의 검토에서 제외

(6) 서류심사 기준 : 제14조
① 서류 제시기간 : 서류는 선적일 후 21일을 넘지 않게 개설은행 또는 확인은행에 제시되어야 하고, 어떠한 경우라도 신용장의 유효기간보다 늦지 않아야 함
② 서류 심사기간 : 개설은행 또는 확인은행은 제시일의 다음날로부터 최장 5영업일 안에 심사를 마쳐야 함

(7) 적어도 두 개 이상의 다른 운송방법을 포괄하는 운송서류 : 제19조 기출 21년/ 17년
① 복합운송서류
㉠ 운송인·선장 또는 운송인·선장을 대리하는 지명대리인의 명칭 표시 및 서명
㉡ 물품이 신용장에 명시된 장소에서 발송, 수탁 또는 본선적재되었다는 것을 미리 인쇄된 문구 또는 물품이 발송, 수탁 또는 본선 적재된 일자를 표시하는 스탬프 또는 부기 표시
㉢ 신용장에 기재된 발송지, 수탁지, 선적지와 최종목적지를 표시
㉣ 유일한 운송서류 원본 또는 원본이 한 통을 초과해서 발행되는 경우에는 운송서류상에 표시된 전통(full set)*일 것
*전통(full set) : 원본 B/L 3통 모두를 말함
㉤ 운송조건을 포함하거나 운송조건을 포함하는 다른 출처(약식 또는 뒷면이 백지식인 운송서류)를 언급
㉥ 용선계약에 따른다는 어떤 표시도 포함하지 않음
② 서류상 환적
㉠ 환적 : 신용장에 기재된 발송지, 수탁지 또는 선적지로부터 최종목적지까지의 운송 도중에 하나의 운송수단으로부터 양하되어 다른 운송수단으로 재적재되는 것
㉡ 운송수단이 다른지 여부는 상관없음
③ 운송서류의 환적표시
㉠ 전 운송이 동일한 운송서류에 의해 취급한다는 전제하에 물품이 환적되거나 될 수 있다는 것을 명시
㉡ 환적표시 운송서류는 신용장이 환적을 금지하더라도 수리 가능

(8) 선하증권 : 제20조 기출 20년/ 17년
① 운송인의 명칭을 표시하고 다음의 자에 의하여 서명
㉠ 운송인 또는 운송인을 대리하는 지명대리인
㉡ 선장 또는 선장을 대리하는 지명대리인
② 운송인, 선장 또는 대리인의 서명은 운송인, 선장 또는 대리인의 것이라고 확인되어야 함
③ 대리인의 서명은 해당 대리인이 운송인을 위해 또는 대신하여 서명하였는지 또는 선장을 위해 또는 대신하여 서명한 것인지 명시해야 함
④ 물품이 신용장에 명기된 선적항에서 지정 선박에 본선적재되었음을 아래 방법으로 명시
㉠ 사전에 인쇄되어진 문구
㉡ 물품이 본선적재된 일자를 명시하는 본선적재 표시
⑤ 선적일
㉠ 선하증권이 선적일을 표시하는 본선적재표기를 포함하고 있지 않은 경우 : 선하증권 발생일을 선적일로 간주
㉡ 선하증권에 본선적재표기가 명시된 경우 : 명시된 일자를 선적일로 간주
⑥ 용선계약에 따른다는 어떠한 표시도 포함하고 있지 않아야 함
⑦ 운송조건을 포함하거나 운송조건을 포함하는 다른 출처(약식 또는 뒷면이 백지인 선하증권)를 언급해야 하며, 운송조건의 내용은 심사되지 않음

ⓒ 선적기간을 정하기 위하여 'to', 'until', 'till', 'from', 'between'은 (기간에) 언급된 당해 일자를 포함하고, 'before', 'after'는 언급된 당해 일자를 제외
ⓒ 만기일 결정을 위해 사용된 'from'과 'after'는 언급된 당해 일자를 제외
ⓔ 'first half'는 그 해당 개월의 1일부터 15일까지, 'second half'는 그 개월의 16일부터 말일까지로 해석
ⓜ 초반(beginning), 중반(middle), 종반(end)은 각각 1일에서 10일, 11일에서 20일, 21일에서 해당 월의 마지막 날까지로 해석

⑥ 신용장으로 대금결제가 이루어지는 무역계약에서 선적조건의 예시 기출 ▶ 19년
ⓐ 'Shipment shall be made on or about May 10, 2019.'는 2019년 5월 5일에서 5월 15일까지의 기간에 선적 완료
ⓑ 'Shipment : Until May 10, 2019.'는 선적을 2019년 5월 10일까지 완료
ⓒ 'Shipment : Before May 10, 2019.'는 선적을 2019년 5월 9일까지 완료
ⓓ 선적시기와 관련한 'immediately, promptly, as soon as possible'이라는 표현은 무시
ⓔ 'Partial shipments are prohibited.'는 분할선적이 허용되지 않음을 의미

(4) 제2통지은행의 개념 신설 : 제9조
① 통지은행은 수익자에게 신용장 및 그 조건변경을 통지하기 위하여 다른 은행(제2통지은행)을 이용할 수 있음
② 제2통지은행은 신용장 또는 그 조건변경을 통지함으로써 신용장 또는 그 조건변경에 대한 외견상의 진정성이 충족된 다는 점과 그 통지가 송부받은 신용장 또는 그 조건변경의 조건들이 정확하게 반영됨을 표명
③ 신용장을 통지하기 위하여 통지은행 또는 제2통지은행을 이용하는 은행은 그 신용장의 조건변경을 통지하기 위하여 동일한 은행을 이용해야 함

(5) 연지급신용장 할인 허용에 대한 규정 신설 : 제12조 기출 ▶ 19년
① 환어음과 환어음이 발행되지 않는 연지급신용장*에 따라 수익자가 제시한 서류를 지정받은 은행(Nominated Bank) 이 할인해 신용장 대금을 지급할 수 있다는 규정을 신설하여 연지급신용장도 할인을 허용
*연지급신용장 : 어음을 요구하지 않는 기한부 신용장
② 연지급신용장의 경우도 만기일 전에 선지급 또는 구매할 수 있도록 허용

> **+ 더알아보기** 환어음(Bill of Exchange, Draft)
>
> - 환어음 : 일정한 형식을 갖춘 유가증권으로 어음발행인이 지급인에게 증권에 기재된 금액을 수취인, 소지인, 지시인 등에게 정해진 날짜에 일정 장소에서 지급하도록 위탁하는 증서
> - 환어음 당사자
>
> | 발행인
(Drawer) | • 환어음을 발행하는 자(예 수출상, 채권자)
• 유효한 환어음으로 발행되기 위해서는 발행인의 날인 또는 서명, 기명이 필요 |
> |---|---|
> | 지급인
(Drawee) | • 환어음을 일정 시기에 특정한 자에게 지급해야 할 채무를 지닌 자
• 신용장거래(L/C) : 개설은행 또는 지정은행
• 추심거래(D/A, D/P) : 수입자 |
> | 수취인
(Payee) | • 지급인으로부터 환어음에 기재된 금액을 받는 자
• 신용장거래(L/C) : 매입은행
• 추심거래(D/A, D/P) : 수출자 |

3. 신용장통일규칙(UCP 600)

(1) 신용장통일규칙(UCP 600)의 적용 : 제1조

> 2007년 개정 ICC 간행물 제600호인 신용장통일규칙(UCP 600)은 신용장의 문서에 이 규칙이 적용된다고 명시적으로 표현할 경우 모든 화환신용장(신용장, 모든 보증신용장 포함)에 적용된다. 이 규칙들은 신용장에서 명확하게 변경되거나 배제되지 않는 한 모든 당사자들을 구속한다.

(2) 개념의 정의(Definitions) : 제2조

① 통지은행(Advising Bank) : 개설은행의 요청에 따라 신용장을 통지하는 은행
② 개설의뢰인(Applicant) : 신용장이 발행되도록 요청하는 당사자
③ 은행영업일(Banking Day) : 이 규칙에 따른 업무장소에서 은행이 정상적으로 영업하는 일자
④ 수익자(Beneficiary) : 신용장 개설을 통하여 이익을 받는 당사자
⑤ 일치하는 제시(Complying Presentation) : 신용장 조건, 이 규칙의 적용가능한 조항, 국제표준은행 관행에 따른 제시
⑥ 확인(Confirmation) : 개설은행의 확약에 추가로 일치하는 제시를 지급이행 또는 매입할 확인은행의 확약
⑦ 확인은행(Confirming Bank) : 개설은행의 수권 또는 요청에 따라 신용장에 확인을 추가하는 은행
⑧ 신용장(Credit) : 명칭, 기술에 관계없이 취소불능이며, 일치하는 제시를 지급이행할 개설은행의 확약을 구성하는 모든 약정
⑨ 결제(Honor)
  ㉠ 신용장이 일람지급에 의해 사용될 수 있는 경우 일람불로 지급
  ㉡ 신용장이 연지급에 의해 사용될 수 있는 경우 연지급 확약의무를 부담하고 만기일에 지급
  ㉢ 신용장이 인수에 의해 사용될 수 있는 경우 수익자에 의해 발행된 환어음을 인수하고 만기일에 지급
⑩ 개설은행(Issuing Bank) : 발행의뢰인의 요청 혹은 그 대리인의 요청으로 신용장을 발행하는 은행
⑪ 매입(Negotiation) : 상환이 지정은행에 행해져야 할 은행영업일 또는 그 이전에 수익자에게 대금을 선지급하거나 또는 선지급을 약정함으로써 일치하는 제시에 따른 환어음 및 서류의 지정은행에 의한 구매
⑫ 지정은행(Nominated bank) : 신용장이 사용될 수 있는 은행, 모든 은행에서 사용될 수 있는 신용장의 경우는 모든 은행
⑬ 제시(Presentation) : 개설은행이나 지정은행에서 신용장에 의한 서류를 인도하는 행위 또는 인도된 서류
⑭ 제시인(Presenter) : 제시를 행하는 수익자, 은행, 기타 당사자

(3) 해석(Interpretations) : 제3조

① 적용 가능한 경우 단수 단어는 복수 단어를 포함하고 복수 단어는 단수 단어를 포함
② 신용장은 취소 불가능(Irrevocable)하다는 별도의 표기가 되어 있지 않아도 취소 불가능
③ 서류는 친필 사인, 팩시밀리 서명, 유공 서명, 스탬프, 상징 또는 다른 어떠한 기계식 혹은 인증 방식으로 서명될 수 있음
④ 다른 국가의 같은 은행 지점들은 서로 별개의 은행으로 취급
⑤ 기간계산에 대한 기준제시 기출▶ 20년/ 19년/ 13년
  ㉠ 'on or about'은 사건이 명시된 일자 이전의 5일부터 그 이후 5일까지의 기간 동안 발생한 약정으로 초일과 종료일을 포함
    예 Shipment should be effected on or about June 10, 2013.
      → 2013. 6. 5 ~ 2013. 6. 15

③ 양도가능 여부에 의한 신용장 기출 15년

양도가능신용장
(Transferable L/C)
	• '양도가능'이라고 특별히 명기한 신용장으로 반드시 'Transferable'이라고 특별히 명시한 경우만 양도 가능
	• 신용장의 원수익자가 신용장 금액의 전부 또는 일부를 제3자(제2의 수익자)에게 양도할 수 있는 권한을 부여
	• 1회에 한하여 양도가 허용되고, 분할선적*이 금지되어 있지 않는 한 최초의 수익자는 다수의 2차 수익자에게 분할양도* 가능
	  *분할선적 : 분할운송, 약정된 상품을 두 번 이상 나누어 선적하는 것
	  *분할양도 : 신용장 금액을 분할하여 여러 명의 수익자에게 나누어주는 것
	• 제2차 수익자인 양수인은 제3자에게 재양도를 금지하므로 양도권은 최초의 수익자만 가짐
	• 원칙적으로 신용장의 양도는 원신용장에 명시된 조건에 의해서만 가능
	• 양도와 관련하여 발생한 수수료, 요금, 비용, 지출금 같은 모든 경비는 제1수익자가 지급

양도불능신용장 (Non-Transferable L/C)	• 'Transferable'이란 문언이 없는 모든 신용장은 양도불능 신용장 • 수익자가 신용장을 제3자에게 양도할 수 없으며, 지정된 수익자만이 그 신용장을 사용할 권리를 가짐

④ 대금지급 시기에 따른 신용장

일람출급신용장 (Sight L/C)	신용장에 의거 발행한 환어음이 지급인에게 제시되면 즉시 대금이 지급되는 일람출급환어음(Sight Draft) 발행 조건의 신용장
기한부신용장 (Usance L/C)	• 신용장에 근거해 발행된 환어음의 기간이 기한부인 신용장 • 개설은행이 기한부 환어음과 선적서류의 제시를 받았을 때 수입자가 그 환어음을 인수하면 선적서류를 수입자에게 인도하고 신용장 조건에 따라 일정 기간 후에 만기일(Maturity Date)이 되면 환어음을 결제
선대신용장 (Red Clause L/C)	수출상이 물품을 선적하기 전에 매입대금의 일부 또는 전부를 미리 받을 수 있는 신용장
할부지급신용장 (Installment L/C)	발행의뢰인이 선적서류를 인도받을 때 대금의 일부를 지급하고 잔액은 정해진 시기에 나누어 상환하도록 하는 신용장

⑤ 구상무역*에 사용되는 신용장 기출 19년

동시개설신용장 (Back-to-Back L/C)	수입국에서 신용장을 개설할 때, 이에 상응하는 대응수출입에 관해 수출국에서 신용장을 동시에 개설하는 것을 조건으로 하는 신용장
기탁신용장 (Escrow L/C)	일반신용장 조건에 일치하는 서류와 환어음 제시는 동일하나, 매매대금을 수익자명의 상호 약정계좌에 기탁하게 명시된 신용장
토마스신용장 (Tomas Credit)	원신용장 개설 시 상대방이 일정기간 후 동액 신용장를 개설한다는 보증서를 첨부해야 원신용장이 유효하게 되는 신용장

*구상무역 : 무역 거래의 양국 간에 수출입의 균형 유지를 위해 환거래 금액과 대응 수출의무 등을 조정하는 무역

⑥ 그 외 신용장

회전신용장 (Revolving L/C)	일정한 기간 동안 일정한 금액의 범위 내에서 신용장 금액이 자동적으로 갱신되도록 되어 있는 신용장
보증신용장 (Stand-by L/C) 기출 16년	• 금융 또는 채권보증 등을 목적으로 발행되는 신용장 • 국내 상사의 해외지사 운영자금 또는 국제입찰의 참가에 수반되는 입찰보증, 계약이행보증, 선수금상환보증에 필요한 자금 등을 현지 은행에서 공급받는 경우 동 채권을 보증할 목적으로 국내 외국환은행이 해외은행 앞으로 발행
내국신용장 (Local L/C) 기출 16년	수출신용장을 가진 수출자가 국내에서 수출용 원자재나 완제품을 조달하기 위하여 국내 공급업자를 수혜자로 개설된 국내신용장

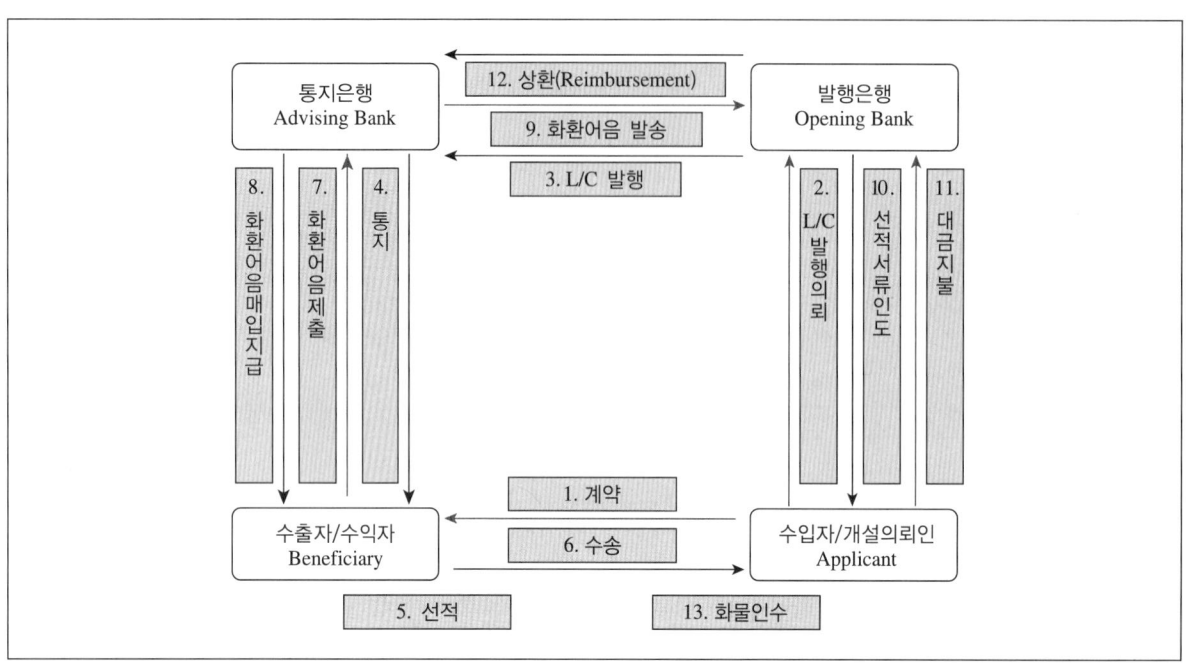

▲ 신용장(L/C) 당사자들 간의 거래흐름도

(4) 신용장의 종류

① 선적서류 제시 여부에 의한 신용장

화환신용장 (Documentary L/C)	수출자가 상품대금 회수를 위하여 발행한 환어음의 매입·인수·지급 시 선하증권, 상업송장 등 신용장에서 요구하는 선적서류(Shipping Documents)를 첨부하여 은행에 제시할 것을 요구하는 신용장
무화환신용장 (Clean L/C)	은행이 환어음의 매입·인수·지급 시 선적서류를 요구하지 않는 신용장

② 취소가능 여부에 의한 신용장 기출▶ 16년/ 19년

취소불능신용장 (Irrevocable L/C)	• 신용장 관계당사자 전원의 합의 없이는 신용장을 취소하거나 신용장의 조건변경이 불가능한 신용장 • 신용장상에 'Irrevocable'의 명시가 있거나 취소 여부에 대한 명시가 없는 신용장은 모두 취소불능신용장에 속하는 것으로 규정(UCP 600 제3조)
취소가능신용장 (Revocable L/C)	• 신용장상에 'Revocable'의 명시가 있는 신용장 • 신용장을 개설한 은행이 수익자에게 사전통지 없이 일방적으로 신용장 자체를 취소하거나 신용장의 내용을 변경할 수 있음 • 취소가능신용장도 취소나 조건변경의 통지가 은행에 접수되기 전에 원신용장 조건대로 지급·인수·매입이 이루어진 경우나 연지급(Deferred Payment)을 목적으로 서류를 인수한 은행에 대하여는 개설은행이 상환의무를 가짐

⑦ 지급은행(Paying Bank)
  ㉠ 지급신용장에 의거하여 지급을 위탁받은 은행
  ㉡ 지급은행의 지급행위는 통지은행과 같이 그 지급행위에 대해 아무런 책임을 부담하지 않고 단순히 대금지급 역할만 수행
  ㉢ 지급신용장(Straight Credit) : 신용장에서 매입은행에 의한 수출환어음의 매입을 인정하지 않고 특정 은행이 화환어음과 상환하여 수익자에게 지급할 것을 규정하고 있는 신용장
⑧ 인수은행(Accepting Bank)
  ㉠ 기한부신용장에 의거하여 발행된 기한부어음을 인수하는 은행
  ㉡ 인수은행은 어음의 만기일에 지급은행이 됨
  ㉢ 기한부신용장(Usance Credit) : 신용장에 의해 발행되는 어음이 기한부어음일 것을 조건으로 하는 신용장
⑨ 결제은행(Settling Bank) : 신용장의 결제통화가 제3국의 통화일 경우는 제3국에 있는 개설은행의 예치환거래은행이 결제은행(Settling Bank)이 되며, 상환은행(Reimbursing Bank)이라고도 함

+ 더알아보기 무역거래 관계에 따른 당사자의 명칭

구분	수출자(Exporter)	수입자(Importer)
신용장관계	수익자(Beneficiary)	개설의뢰인(Applicant)
매매계약관계	매도인(Seller)	매수인(Buyer)
화물관계	송화인(Shipper/Consignor)	수화인(Consignee)
환어음관계	환어음발행인(Drawer)	환어음지급인(Drawee)
계정관계	대금수령인(Accounter)	대금결제인(Accountee)

(3) 신용장 거래의 과정 기출 ▶ 08년
① 국내의 수입자가 외국의 수출자와 매매계약 체결 후 물품매도확약서를 받음
② 수입자는 외국환은행에 수입승인을 신청하여 수입승인서(I/L)를 받음
③ 수입자는 거래은행 신용장거래약정을 체결한 후 수입신용장 개설을 의뢰
④ 수입신용장(L/C) 개설을 의뢰받은 외국환은행은 L/C를 발행하여 수출자 소재 외국의 통지은행에 L/C 도착을 통지
⑤ 통지은행은 수출자에게 L/C 도착을 통지
⑥ L/C를 받은 수출자는 상품을 선적한 후 선하증권을 취득
⑦ 보험증권, 상업송장 등 L/C의 요구서류를 구비하여 매입은행에 화환어음 매입을 의뢰
⑧ 매입은행은 운송서류와 교환하여 수출자에게 환어음대금을 지급한다.
⑨ 매입은행은 수출자에게 지급한 어음대금을 결제받기 위해 L/C개설은행에 어음 및 운송서류를 송부
⑩ 매입은행은 어음대금을 개설은행 또는 상환은행에 상환을 청구
⑪ 개설은행은 매입은행으로부터 운송서류가 도착하면 수입자에게 운송서류 도착을 통지
⑫ 개설은행은 수입자가 수입대금을 결제하면 운송서류를 인도
⑬ 선박회사는 화물이 도착하면 수입자에게 화물의 도착을 통지
⑭ 화물도착 통지를 받은 수입자는 선박회사에 B/L을 제시하고 화물을 인도받음

(2) 신용장거래의 당사자

① 개설의뢰인(Applicant)
  ㉠ 거래계약의 당사자인 매수인은 자기 거래은행에 신용장 개설을 의뢰
  ㉡ 개설의뢰인은 원칙적으로 매수인이지만, 때로는 매수인의 거래처인 제3자가 되는 경우도 가능
  ㉢ 개설의뢰인은 화물의 수화인 동시에 환어음의 결제자
  ㉣ 개설의뢰인은 보는 각도와 기능에 따라 Importer(수입자), Opener(개설자), Buyer(구매자, 매수인), Accountee(대금결제인), Drawee(환어음지급인), Consignee(수화인), Accredited Buyer(수신매수인) 등이 됨

② 개설은행(Issuing Bank, Opening Bank)
  ㉠ 개설의뢰인의 요청과 지시에 따라 수출자 앞으로 신용장을 발행하는 은행(Credit Writing Bank, Grantor)
  ㉡ UCP 600은 지급, 인수 또는 매입은행이 있다 하더라도, 신용장의 개설은행이나 확인은행의 원칙적인 지급의무를 특히 강조

③ 수익자(Beneficiary)
  ㉠ 신용장의 수취인을 수익자(Beneficiary) 또는 수혜자라고도 하며, 신용장거래 시에 수익자는 수출자
  ㉡ 수익자는 그 기능과 보는 각도에 따라 Exporter(수출자), Shipper(화주), Drawer(환어음발행인), Payee(대금영수인), Accreditee(신용수령인), Addressee User(수신사용인) 등
  ㉢ 양도가능신용장에서는 제1수익자(원신용장의 수혜자), 제2수익자(양도받은 양수인)로 분류

④ 통지은행(Advising Bank, Notifying Bank)
  ㉠ 신용장 개설 시 그 사실과 내용을 수출자에게 통지하는 은행
  ㉡ 신용장 통지 방법
    • 통지 방법 : 수익자에게 직접 통지
    • 수익자 소재지에 있는 개설은행의 환거래은행을 통해 통지
    • 신용장 통지은행은 개설은행의 요청에 의하여 신용장 개설을 단순히 통지하며, 거래의 책임을 지거나 약정하지 않음

⑤ 확인은행(Confirming Bank) : 신용장 개설은행 이외에 제3은행이 그 신용장에 의해서 발행되는 어음을 지급·인수·매입할 것이라는 보증을 확인하는 은행

〈신용장 거래의 기본당사자〉

구분	내용
개설의뢰인	매수인으로서 수입지에서 신용장의 개설을 의뢰하는 자
수익자	매도인으로서 신용장 조건을 이행하고 대금을 인수하는 자
개설은행	수입자의 요청에 따라 신용장을 개설하고 대금지급을 확약하는 자
확인은행	개설은행이 신용이 불확실한 경우, 신용장 대금의 지급을 추가로 확약하는 당사자
통지은행	신용장의 기본 당사자는 아니지만 인수은행이나 지급은행 또는 확인은행을 겸하기도 함

⑥ 매입은행(Negotiating Bank)
  ㉠ 수익자가 요구하는 환어음의 매입은행
  ㉡ 수익자는 물품선적을 완료한 후 개설은행 앞으로 환어음을 발행하고 신용장에서 요구하는 운송서류를 첨부하여 자기의 거래은행에 환어음의 매입을 신청

② 송금결제방식(무어음 거래) 기출▶ 08년

수출상이 수입상에게 물품을 찾을 수 있는 서류를 제공한 후 별도의 대금청구를 하지 않더라도 수입상이 자진해서 대금을 보내주는 무역거래방식(예 CMO, CAD, COD, 청산계정 등)

③ 팩토링(Factoring)방식

공급자가 구매자에게 물품이나 서비스를 제공하고 발생하는 외상매출채권을 팩토링회사(Factor)에게 일괄 양도하고, 팩토링회사로부터 양도채권 금액 범위 내에서의 금융지원, 구매자에 관한 신용조사 및 신용위험인수, 채권의 관리 및 대금회수, 기타 사업처리대행 등의 서비스를 제공받는 금융기법

공급자 (Supplier)	• 물품이나 서비스를 수출하는 수출상 • 물품을 외상으로 수출하는 조건으로 계약물품을 선적하고 송장 및 선적서류를 수출팩터에게 양도하면서 전도금융을 제공받음
구매자 (Debtor)	수입상을 말하며, 수입팩터의 신용을 바탕으로 외상으로 물품을 수입하는 자
수출팩터	• 공급업자와 국제팩토링거래를 체결하는 당사자이며 국제팩토링의 주체 • 수출채권을 양도받은 후 전도금융을 제공하고 구매자(수입상)로부터 대금을 회수
수입팩터	• 구매자와 국제팩토링계약을 체결하고 수입상의 외상수입을 위해 신용조사 및 신용승인의 위험을 인수 • 수입상으로부터 수입대금을 회수한 후 수출팩터에게 대금을 송금하는 역할

2. 신용장(Letter of Credit : L/C)

(1) 신용장의 개요

① 신용장 : 개설은행이 수입자의 신용을 보증하고 수입자를 대신하여 조건부로 물품대금의 지급을 수출자(어음발행인) 및 매입은행(어음수취인)에 대하여 확약하는 증서(Document)

② 신용장방식 : 수출자가 신용장에서 요구하는 조건에 일치하는 서류를 약정 기간 내에 지정은행에 제시하면 개설은행이 개설의뢰인(수입자)을 대신하여 수익자(수출자)에게 대금지급을 조건부로 확약하는 취소불능(irrevocable) 결제방식

③ 신용장에 기재된 조건에 일치하는 서류가 제시되면 은행이 대금지급을 약속하고 있으므로 대금지급의 안정성이 보장됨

④ 신용장방식의 장·단점

장점	신용장 기본 당사자들의 동의 없이는 취소 불가능하므로 수출거래가 확정됨
단점	절차가 복잡하고 은행수수료가 높음

⑤ 신용장의 원칙

독립성 원칙	신용장은 물품매매계약과는 별도이며 독립된 계약이므로 매매계약의 내용에 구속되지 않고 별개의 법률관계를 형성
추상성 원칙	신용장 거래의 모든 당사자는 물품이 아닌 서류를 기초로 신용장 조건의 충족 여부를 심사하고 대금지급 여부를 결정
엄격일치 원칙	• 수익자가 제시한 서류와 신용장 조건과의 일치 여부에 관한 심사는 오로지 서류의 문면상으로 판단 • 은행은 신용장 조건에 엄밀히 일치하지 않는 서류를 거절할 수 있는 권리를 가짐

매도인의 의무	매수인의 의무
• 소유권 이전 의무 • 물품인도 의무 • 서류인도 의무 • 계약적합 의무	• 대금지급 의무 • 인도수령 의무 • 물품검사 및 하자(물품 부적합) 시 통지의무

CORE 02 무역대금의 결제방식과 신용장

1. 무역대금의 결제방식

(1) 신용장방식

① 개설은행이 수출업자에게는 대금의 지급을 확약하고, 수입업자에게는 신용장 조건 일치서류를 인도하여 상호 이해관계를 충족시키는 방식

② 일람불신용장(Sight L/C) : 운송서류 및 환어음을 인수은행에 제시하는 즉시, 수출대금을 지급받는 방식으로 은행이 지불보장

③ 기한부신용장(Usance L/C) : 운송서류 및 환어음을 인수은행에 제시한 이후 일정 기한이 지난 후에 대금을 지불하는 일종의 외상거래로 은행이 지불보장

(2) 무신용장방식

① 추심결제방식

D/P	• 지급인도조건(Document Against Payment) • 수출상이 선적서류와 환어음을 거래은행에 제시하고, 수입상이 대금을 지급해야만 운송서류를 받을 수 있는 결제방식 • 수입상은 이 선적서류가 있어야 물건을 찾을 수 있음
D/A	• 인수인도조건(Document Against Acceptance) • 선적서류 인도 시 인수의 의사표시인 Acceptance(승낙 또는 어음인수)를 서면 제출 시 바로 서류를 받을 수 있고, 물품대금은 계약에서 정한 일정한 기간 후에 일어나는 외상거래 예 D/A at 90 Days after Sight – 일람 후 90일째에 대금결제를 용인하는 외상거래

〈신용장과 추심결제방식의 비교〉

구분	신용장	D/P, D/A(추심결제방식)
환어음 지급인	개설은행	수입상
결제방식	매입(Negotiation)*에 의하여 사용 *매입 : 은행이 수출자가 제시한 서류를 구입하는 것	추심(Collection)*에 의하여 사용 *추심 : 은행이 여러 조건 확인 후 수출자에게 대금을 후불함
지급확약	개설은행의 지급확약 있음	은행의 지급확약 없음

(8) 보험조건(Terms of insurance)

① 보험금액의 결정 기출▶ 14년
  ㉠ 보험사고 또는 소정의 손해가 발생한 경우 보험자가 지급해야 하는 금액 또는 그 최고한도의 금액
  ㉡ 보험자와 피보험자 간에 상호 협의하여 정하고, 실무적으로는 상업송장 금액에 희망이익을 가산한 금액으로 정함
  ㉢ 해상적하보험에서 보험금액은 송장금액의 110%를 부보하는 것이며, 신용장에 아무런 언급이 없으면 부보금액은 최소한 물품의 CIF 또는 CIP 가격의 110%를 부보하는 것이 원칙(UCP 600 제28조)
  ㉣ 보험금액은 환어음 표시통화로 지급 표시

② 보험조건의 선택
  ㉠ 보험회사가 부보받는 보험조건과 손해보상의 범위에는 ICC(A), (B), (C) 등이 있는데, 이 중 어느 조건의 보험에 부보하며 부가위험과 전쟁위험에 대한 추가 부보를 어떻게 해야 할 것인가를 명확히 기재
  ㉡ 보험조건에 대해 아무런 언급이 없으면 정형무역거래조건(INCOTERMS) 규정상 ICC(FPA) 또는 ICC(C)로 부보

(9) 클레임조건(Terms of dispute)

① 분쟁이 발생한 경우 분쟁해결의 타협, 조정, 중재, 소송 등을 어떠한 방법으로 할 것인가를 협정하고 중재를 할 상사중재 기관명도 구체적으로 표시
② 클레임 협정 시 주의사항
  ㉠ 클레임 제기기간의 명시
  ㉡ 클레임의 해결방법으로서 중재조항의 삽입
  ㉢ 중재에 소요되는 비용의 부담방법 명시
  ㉣ 불가항력적인 사태에 대한 손해처리방법 및 소송 시를 대비하여 준거법 조항도 삽입

4. 매매계약의 이행

(1) 매도인의 의무

① 소유권 이전 의무 : 매수인이 매도인에게 물품 대금을 지급하면 매도인이 물품 소유권을 이전해야 하는 의무
② 물품인도 의무 : 계약이 성립되면 매도인이 매수인에게 계약물품의 점유를 이전해야 하는 의무
③ 서류인도 의무 : 물품 관련 서류를 교부해야 할 의무가 있는 경우는 매도인은 계약에서 요구된 시기, 장소, 방법에 따라 그 서류를 교부해야 함
④ 계약적합 의무 : 수량, 품질, 종류에 적합하고 계약에서 정한 방법으로 용기에 담거나 포장된 물품을 인도해야 하는 의무

(2) 매수인의 의무

① 대금지급 의무 : 매도인의 물품인도 의무와 매수인의 대금지급 의무는 동시이행 관계이므로 상대방이 대가적 채무를 이행하지 않았다면 당사자의 채무 역시 이행 거절할 수 있음
② 인도수령 의무 : 매수인은 매도인의 인도를 가능하게 하기 위해 매수인에게 합리적으로 기대될 수 있었던 모든 행위를 적기에 해야 함
③ 물품검사 및 하자(물품 부적합) 통지의무 : 매수인은 물품 부적합을 발견했어야 하는 때로부터 합리적인 기간 내에 부적합의 성질을 명확히 한 통지를 발송하지 않으면 부적합의 사실을 주장할 권리를 상실함

② 결제방법
  ㉠ 송금방식 결제 : 전신환(T/T)이나 우편환(M/T)에 의해서 송금함으로써 대금 결제
  ㉡ 추심방식 결제

무담보어음	• Clean Bill of Exchange • 수출업자가 선적 후 운송서류는 수입업자에게 직접 송부해주고 별도로 어음 하나만 작성하여 거래은행을 통하여 추심하여 결제받는 방식
화환어음	• Documentary Bill of Exchange • 수출업자가 상품선적 후 운송서류와 환어음을 발행하여 거래은행에 매입시키면 거래은행은 상환으로 대금을 지불함 • 수출지의 거래은행은 환어음과 운송서류를 수입지의 지점이나 거래은행에 송부하고 이 서류를 받은 수입지은행은 수입업자에게 이 환어음을 제시하는 방식

(7) 포장조건(Terms of packing)

① 포장
  ㉠ 개장(Unitary Packing) : 소매를 위하여 물품의 최소단위를 하나하나 포장하는 것
  ㉡ 내장(Interior Packing) : 개장된 물품을 수송 또는 취급하기 좋도록 적절한 재료로 싸거나 용기에 수용하는 것을 말하며, 이는 내용물이 수분·온기·광선·진동 등에 의하여 손상되지 않도록 외장의 내부에 판지·솜·플라스틱 등을 채우거나 칸막이를 하는 경우
  ㉢ 외장(Outer Packing) : 화물을 수송함에 있어 파손·변질·도난·분실 등을 방지하기 위하여 적절한 재료나 용기로 화물을 보호하기 위한 포장

② 화인(Shipping Marks, Cargo Marks) 기출 19년
  ㉠ 주화인(Main Mark) : 보통 외장면에 삼각형·다이아몬드형·정방형·마름모형·타원형 등의 표시를 하고 그 안에 상호의 약자를 써넣음
  ㉡ 부화인(Counter Mark) : 주화인의 보조로서 타 화물과의 식별을 쉽게 하기 위해 표시하는 것으로 부화인이 내용물의 품질 또는 등급을 표시할 경우에는 품질표시가 됨
  ㉢ 중량표시(Weight Mark) : 화물의 순중량과 총중량을 표시하고 필요한 경우 용적표시도 함
  ㉣ 목적항표시(Port Mark) : 목적항 또는 목적지를 표시하는 것으로, 'CHICAGO OVERLAND VIA SEATTLE(시애틀을 육로로 경유한 시카고행)'과 같이 경유지까지 표시하는 경우도 있음
  ㉤ 화물번호(Case Number) : 포장물이 여러 개인 경우 포장마다 총 개수 중에서 몇 번째 개수에 해당하는지를 일련번호로 표시
  ㉥ 원산지표시(Country of Origin Mark) : 'MADE IN KOREA'처럼 당해 화물의 원산지를 표시
  ㉦ 주의표시(Caution Mark, Care Mark) : 화물의 운송 또는 보관 시에 취급상 주의사항을 표시하는 것으로, 보통 포장의 측면에 표시되기 때문에 Side Mark라고도 함

④ 환적(Transshipment) : 선적항 또는 수탁지에서 도착항이나 목적항까지의 선적이나, 다른 운송수단에서 다른 선박 또는 운송수단으로 이적이나 재선적을 하는 것
⑤ 지연선적
  ㉠ 약정된 선적일 내에 선적되지 않은 경우이며, 지연선적이 매도인 귀책사유로 발생되면 계약위반으로 매수인은 계약해제 가능
  ㉡ 불가항력인 경우 매도인은 면책(실무적으로 3주 또는 1개월 동안 선적기일이 자동연장되는 것이 관례)됨
  ㉢ 자동연장은 매도인이 불가항력의 사실을 입증할 책임(상공회의소나 공인기관으로부터 문서로 확인받아 이를 매수인에게 통지)이 있음
⑥ 선적일의 증명
  ㉠ 선적일의 증명은 선하증권의 발행일을 기준으로 하며, 선적선하증권(Shipped Bill of Lading)의 경우 그 발행일이 선적일
  ㉡ 선적일자와 관련하여 선하증권에 선적일이 표시되지 않고 발행일만 표시된 경우에는 선하증권 발행일을 선적일자로 간주
  ㉢ 수취선하증권(Received Bill of Lading)의 경우 선하증권상의 본선적재일 표시(On Board Notation)를 선적일로 간주

(6) 결제조건(Terms of payment) 기출 14년

① 결제시기
  ㉠ 선지급조건(Advanced Payment) : 물품이 선적 또는 인도되기 전에 미리 그 대금을 지급하는 조건

CWO(Cash With Order)방식	주문과 동시에 수입상이 수입대금을 미리 지급함으로써 수출자의 물품 제조를 도모하는 방식으로 상품의 구매를 위한 주문과 동시에 현금결제가 이루어짐
단순송금방식	주문과 함께 T/T(Telegraphic Transfer : 전신환 송금) 등에 의해 송금
선대신용장방식(Red Clause L/C)	신용장의 수익자인 매도인의 신용장 수취와 함께 대금 지급

  ㉡ CAD(Cash Against Document)
    • 서류상환대금결제
    • 물품인도가 아닌 운송서류를 수입상에게 인도함으로써 대금결제를 받을 수 있는 일종의 직불방식
  ㉢ COD(Cash On Delivery)
    • 화물인도대금결제
    • 물품인도와 동시에 대금이 지불되는 직불방식으로, 은행이 대금 지급을 보증하지 않음
  ㉣ 후지급조건(Deferred Payment) : 후지급은 물품이나 운송서류의 인도가 있은 후에 일정한 기간이 경과해야 대금결제가 이루어지는 외상거래인 연불조건

단기 연지급	물품인도 후 또는 운송서류의 인도 후 1년 이내 결제
중장기 연지급	1년 초과, 10년 내지 20년 기간에 걸쳐 결제

  ㉤ 청산계정방식(Open Account) : 물품 및 운송서류를 수입상에게 인도한 이후에 대금이 지불되는 후불방식

ⓒ 일반화물의 개품운송인 정기선에 의한 경우 : Seller's Option*으로 하는 것이 원칙

*Seller's Option : 매도인이 자유로 선택할 수 있는 권한

ⓒ 대량화물의 용선운송*의 경우 : 과부족선택권이 본선에 주어져 용선계약서(C/P)에 ×% more or less at owner's option으로 표시

*용선운송 : 부정기선을 빌려서 하는 운송

(4) 가격조건(Terms of price)

① 거래통화 선정
  ㉠ 통화의 표시는 환위험을 회피하는 데 중요하므로 수출국의 통화, 수입국의 통화, 제3국의 통화를 계약서상에 명시
  ㉡ 일반적으로 통화결정은 안정성, 교환성, 유통성 등을 고려하여 결정

② 가격 선정
  ㉠ 물품가격 : '제조원가 + 물류비(운송비, 적하보험료, 하역비, 창고료 등) + 각종 수수료(통관비 등) + 희망이익 등 여러 부대비용이 합산'되어 결정
  ㉡ 매매가격에 영향을 미치는 매도인과 매수인의 비용 및 위험분담에 대하여 정형화된 거래조건(인코텀스, Incoterms)을 사용
  ㉢ 가격 선정요소

  > 포장비, 검사비, 수출국 내에서의 내륙운송비, 부두비용, 행정비, 선적비용, 해상운임, 해상보험료, 목적항에서의 양하비용, 목적항에서의 부두비용, 수입관세, 수입통관비용, 수입국 내에서의 내륙운송비, 각종 수수료, 기타 영업비용과 잡비

③ 가격조건의 정형조건(INCOTERMS)

선적지(적출지) 인도가격	EXW(공장인도), FCA(운송인인도), FAS(선측인도), FOB(본선인도), CFR(운임포함인도), CIF(운임·보험료포함인도)
도착지(양륙지) 인도가격	CPT(운송비지급인도), CIP(운송비·보험료 지급인도), DAP(도착지인도), DPU(도착지양하인도), DDP(관세지급인도)

(5) 선적조건(Terms of shipment)

① 선적시기의 결정방법

특정일 선적조건	무역에서 가장 많이 사용되고 있는 조건으로 신용장에 지시된 날짜까지 선적
특정월 선적조건	'March Shipment' 또는 'Shipment During March' → 매도인은 3월 1일부터 31일 사이에 계약상품을 1회 선적
즉시선적조건	특정 월이나 기일을 명시하지 않고 'Immediate Shipment, Prompt Shipment' 등과 같은 용어로 정하는 방법

② 분할선적(Partial Shipment) 기출 21년/ 15년
  ㉠ 거액거래이거나 수입상의 판매계획 또는 시황에 따라 주문된 물품을 둘 이상의 단위로 나눠 선적하는 것
  ㉡ 신용장거래에서는 신용장상에 분할선적을 금지하는 문언이 없는 한, 분할선적은 허용됨

③ 할부선적(Installment Shipment)
  ㉠ 특정 기간 동안 일정량의 화물을 수회에 걸쳐서 선적하는 것
  ㉡ 분할선적과 달리 할부선적은 계약에서 선적횟수와 선적수량을 구체적으로 나누어 약정함

(3) 수량조건(Terms of quantity)

① 수량 단위 : 무역거래에서 매매수량은 상품의 종류, 성질 및 관습 등에 따라 중량(Weight), 용적(Measurement), 개수(Piece), 포장단위(Package), 길이(Length), 면적(Square) 중 어느 하나에 의해 결정됨

㉠ 총중량조건(Gross Weight) : 속포장과 겉포장을 포함한 조건

㉡ 순중량조건(Net Weight) : 총중량조건에서 겉포장을 뺀 순중량 조건

㉢ 정미중량조건(Net Net Weight) : 속포장과 겉포장을 모두 뺀 내용물만의 중량

㉣ 물품과 수량단위 기출▶ 23년

물품	수량 단위
양곡, 철강	중량 – ton, pound, kilogram
유리, 합판, 타일	면적 – square meter
섬유류, 전선	길이 – meter, yard, inch
잡화, 기계류	개수 – piece, set, dozen
비료, 밀가루	포장 – bale, drum, case

② 수량 결정 시기

선적수량조건	• 선적 시의 수량에 의한 것으로 매도인에 유리 • 보통 감량의 우려가 없는 성질의 상품거래에 이용되며 CIF, FOB 등과 같은 선적지 인도조건인 경우 원칙적으로 이 조건에 한함
양륙수량조건	• 양륙항에서 화물양륙 당시의 수량을 대금계산의 기준으로 하는 것으로 운송 중에 파손·누손 등에 의해 감량이 많은 상품에 적용됨 • 수입항에서 양륙된 시점에 검량한 수량이 계약수량과 일치하여야 하며, 수송 중 감량이 생긴 경우에는 매도인이 부담함

③ 수량과부족에 관한 사항 기출▶ 17년

㉠ 신용장거래와 과부족용인 조건

- 물품의 수량에 대하여 '약'이라는 About, Circa, Approximately 등 이와 유사한 표현을 신용장 금액 또는 상품의 수량이나 단가 앞에 사용한 때에는 10%의 과부족을 허용
- 신용장에 금지문언이 삽입되지 않는 한 신용장 금액의 한도 내에서 5%의 과부족을 허용
- 과부족용인 조건 : 물리적으로 공급물량을 정확하게 맞추기 어려운 상품의 과부족을 인정하는 무역거래조건

㉡ 무신용장거래*의 과부족용인 조항

*무신용장거래 : 은행의 지급확약 없이 거래당사자 간의 신용을 근거로 대금결제가 이루어지는 거래방식

- 무신용장거래(D/A 또는 D/P) : 추심결제방식에 의한 수출입거래에서는 가급적 과부족용인조항(M/L Clause)을 설정하여 계약
- About, Circa 등의 표현을 쓰는 경우 : 과부족을 용인하도록 일반거래조건협정서에 포괄적으로 명시하거나 개별계약에서 명확한 규정을 하여야 함

④ 과부족용인의 선택권 기출▶ 20년/ 19년/ 14년

㉠ 과부족용인조건(More or Less Clause) : Bulk Cargo*에서와 같이 운송 중 수량의 변화가 예상되는 물품에 대해 약정된 허용 범위 내에서 과부족을 인정하는 조건

*Bulk Cargo : 광석 등과 같이 포장하지 않고 입자나 분말상태 그대로 선창에 싣는 화물

㉡ 과부족용인은 매도인을 위한 것으로 표시된 수량에서 더 인도하느냐 덜 인도하느냐는 매도인의 임의로 취급됨

3. 무역계약의 조건   기출 ▶ 23년/ 20년/ 19년/ 15년

(1) 개요
① 무역 관련 거래조건을 구체적으로 약정함으로써 조건해석에 대한 분쟁 및 무역 클레임 예방 가능
② 무역계약의 기본조건 : 품질조건, 수량조건, 가격조건, 포장조건, 선적조건, 결제조건, 보험조건, 클레임조건 등

(2) 품질조건(Terms of quality)   기출 ▶ 17년/ 16년/ 14년/ 13년

① 품질결정 방법에 따른 매매
  ㉠ 견본매매(Sales by Sample) : 거래상품의 품질을 제시된 견본에 의하여 약정하는 방법
  ㉡ 명세서매매(Sales by Specification) : 선박, 공작기계 또는 철도차량 등은 견본 제시가 불가능하므로 설계도나 청사진 등 규격서 또는 설명서로 물품의 품질을 약정하는 방법(예 선박, 의료기기 등)
  ㉢ 상표매매(Sales by Trade mark) : 국제적인 유명상표의 경우 품질기준을 견본 제공 없이 상표나 품명으로 결정(예 Coca-Cola, Rolex 등) → 품명매매(Sales by Brand)
  ㉣ 표준품매매(Sales by Standard) : 수확 예정인 농수산물이나 광물과 같이 매매계약 체결 시 존재하지 않는 자연산물 등의 경우 특정 연도와 계절의 표준품을 기준으로 등급(Grade)을 결정

평균중등품질(FAQ)	• Fair Average Quality • 상품거래 시 동종 상품의 평균 중등품을 품질인도조건으로 하는 방식(예 과일, 천연산물, 농산물 등)
적격품질(GMQ)	• Good Merchantable Quality • 인도상품의 품질이 상거래상 판매적격품임을 매도인이 보증하는 품질조건 방식
보통품질(USQ)	• Usual Standard Quality • 공인검사기관 혹은 공인기준에 의하여 보통품질을 표준품의 품질로 결정하는 방법

  ㉤ 규격매매(Sales by Type or Grades/Specification) : 물품의 규격이 국제적으로 특정되어 있거나 수출국의 공적 규정으로 정해져 있는 경우(예 국제표준화기구의 ISO, 한국의 KS 등)
  ㉥ 점검매매(Sales by Inspection) : 매수인이 현품을 직접 확인한 후 매매계약을 체결하는 경우의 품질약정방법

② 품질결정 시점과 책임한계
  ㉠ 시점에 따른 품질결정

선적품질조건 (Shipped Quality Terms)	인도된 물품의 품질이 선적시점에 약정된 품질과 일치하면 그 후의 변질에 대하여는 매도인이 책임지지 않는 조건
양륙품질조건 (Landed Quality Terms)	인도상품의 품질이 양륙 시에 계약품질과 일치한다는 것을 입증하는 조건으로 결정하는 방법

  ㉡ 책임한계에 따른 품질결정

RT(Rye Terms)	품질 기준이 양륙품질조건이 되며 수송 도중의 변질에 대해서는 매도인이 책임지는 거래로 호밀거래에 사용되었음
TQ(Tale Quale Terms)	곡물의 선적품질조건이 되며, 매도인은 선적 시의 품질은 보증하나 양륙 시의 품질상태에 대하여는 책임을 지지 않음
SD(Sea Damaged Terms)	선적품질조건이지만 운송 중의 품질 위험에 대하여는 해수에 의한 손해만을 매도인이 부담하는 조건

> **+ 더 알아보기** 승낙의 효력 발생시기
>
> - 발신주의(Post-Mail Rule) : 피청약자가 승낙의 의사표시를 발신했을 때 계약이 성립한다고 보는 입법주의
> - 도달주의(Receipt Rule) : 피청약자의 승낙 의사표시가 청약자에게 도달한 때에 계약이 성립한다고 보는 입법주의
> - 요지주의 : 단순히 물리적으로 승낙의 의사표시가 도달될 뿐만 아니라 현실적으로 청약자가 그 내용을 인지한 때에 계약이 성립한다고 보는 입법주의

⑤ 국제물품매매계약에 관한 UN 협약/비엔나협약(CISG : United Nations Convention on Contracts for the International Sale of Goods, 1980) 기출▶ 24년/ 22년/ 20년/ 15년/ 14년

㉠ 국제적으로 물품의 매매방식을 통일하기 위하여 국제물품매매계약에서의 청약과 승낙, 물품인도시기, 당사자의 의무 및 구제 등에 관하여 정하고 있음

㉡ 주요 내용

승낙의 효력	서신에서 지정한 승낙기간은 서신에 표시되어 있는 일자 또는 서신에 일자가 표시되지 아니한 경우에는 봉투에 표시된 일자로부터 계산
적용 제외 대상	경매에 의한 매매, 강제집행 또는 기타 법률상의 권한에 의한 매매, 주식, 지분, 투자증권, 유통증권 또는 통화의 매매, 선박, 항공기의 매매, 전기의 매매
매수인의 구제권리	대체품인도청구권, 하자보완청구권, 대금감액권, 조기이행거절권, 계약해제권, 손해배상청구권

(3) 무역계약의 성립절차

절차	참고사항
해외시장조사	• 상식적 판단 및 문헌을 통하여 자사 제품이 팔릴 수 있는 기후, 문화, 시장여건 등을 파악하여 판매 가능지역 선정 • 관련 기관 : 무역투자진흥공사, 무역협회
거래선 명단 입수	• 무역유관기관에 비치된 거래선 명부(Directory)를 조사하여 신뢰가 되는 거래선 명단 및 주소 입수 • 관련 기관 : 무역협회, 상공회의소, 무역투자진흥공사
자기소개서 발송	거래 상대방에게 자기소개서(Circular Letter) 발송
문의, 답신 (Inquiry)	자기소개서를 받고 답장을 보낸 거래선을 상대로 거래하고자 하는 품목에 관한 상세한 정보를 전달하여 구매 의욕 고취
신용조사 (Credit Inquiry)	• 계약 성사 가능한 거래선의 신용을 신용조사 전문기관에 의뢰하여 조사 • 관련 기관 : 수출보험공사, 무역투자진흥공사, 한국신용정보, Dun & Bradstreet Korea, SPC, 신용보증기금
거래제의 (Business Proposal)	신용조사 결과 거래가능업체로 판정된 상대방에게 구체적인 사항을 제시하여 거래 제의
청약 및 주문 (Offer and Order)	수출상이 수입상에게 판매조건을 서면으로 작성하여 제시(Selling Offer)하거나, 수입상이 수출상에게 구매조건을 서면으로 작성하여 제시(Buying Offer)
반대청약 (Counter Offer)	청약을 받은 자가 청약 제의자에게 청약사항을 일부 수정하여 다시 제의하는 것으로, 청약과 반대청약이 여러 번 되풀이되면서 거래조건에 대한 최종 합의에 이르게 됨
계약체결 (Contract)	거래조건에 대한 최종 합의가 이루어진 당사자 일방이 이를 서면으로 작성하여 당사자가 서명함

2. 무역계약

(1) 무역계약의 개요

① 수출업자와 수입업자 간의 합의한 내용을 문서화하는 것
② 법률적으로 명확히 하여 이행과정상의 불필요한 분쟁을 미연에 방지하며, 조속하고 합리적인 문제해결을 가능하게 함
③ 무역계약의 법률적 특성

합의 또는 낙성계약 (Consensual Contract)	계약조건의 청약(Offer)에 대한 청약조건의 승낙(Acceptance)에 의해 성립
쌍무계약 (Bilateral Contract)	쌍방이 채무를 부담하는 채무계약(예 매도인-물품인도의무, 매수인-대금지불의무)
유상계약 (Remunerative Contract)	채무의 이행, 매도인의 계약물품 인도에 대하여 매수인이 대금을 지급하는 것
불요식 계약 (Informal Contract)	계약형식에 제한이 없는 계약

④ 무역계약의 당사자

구분	수출	수입
매매 관계	매도인(seller)	매수인(buyer)
무역 관계	수출자(exporter)	수입자(importer)
운송 관계	송하인(consignor, shipper)	수하인(consignee)

(2) 무역계약의 성립

① 무역계약은 수입자의 주문에 수출자가 주문을 수락함으로써 성립
② 한쪽 당사자가 다른 쪽 당사자에 대하여 매매조건을 포함하는 계약체결을 제안하고 상대측의 승낙에 의해 매매계약이 성립
③ 매도인 입장에서는 수출계약이고, 매수인 입장에서는 수입계약
④ **청약(offer)과 승낙(acceptance)** : 청약과 승낙은 피청약자에게 도달하였을 때 효력이 발생 기출 25년/22년

청약	• 그 내용에 승낙기간이 정해진 경우 : 그 기간이 경과하면 효력이 소멸 • 승낙기간이 정해져 있지 않을 경우 : 상당한 기간이 경과하면 효력이 소멸
승낙	• 승낙의 내용은 청약의 내용과 일치해야 하며, 절대적이고 무조건적이어야 함 • 승낙은 특정의 청약에 대하여 행해져야 함 • 승낙을 의도하고 있으나, 추가, 제한 또는 기타 변경을 포함하고 있는 청약에 대한 회답은 청약의 거절이면서 또한 반대청약을 구성함(CISG 제19조) • 침묵 또는 부작위는 그 자체만으로 승낙이 되지 않음(CISG 제18조) • 지연된 승낙은 청약자가 지체 없이 피청약자에게 유효하다는 취지를 구두로 알리거나 그러한 취지의 통지를 발송하는 경우에는 승낙으로서의 효력이 생김(CISG 제21조) • 승낙기간 중의 공휴일 또는 비영업일은 기간의 계산에 산입한다. 단, 승낙기간의 말일이 청약자의 영업소 소재지에서 공휴일 또는 비영업일에 해당하여 승낙의 통지가 기간의 말일에 청약자에게 도달될 수 없을 경우 그 기간은 그 다음의 최초 영업일까지 연장됨(CISG 제20조)

CHAPTER 02 국제무역개론 및 무역실무

> **핵심 포인트**
> - ☑ 무역의 이해와 특성, 무역계약의 조건
> - ☑ 무역의 구분 및 대금결제별 무역형태
> - ☑ 다양한 무역거래 형태와 무역계약의 성립
> - ☑ 신용장(L/C)의 기능, 신용장의 종류
> - ☑ UCP 600 주요 개정내용
> - ☑ Incoterms 2020의 주요 개정과 조건별 특징
> - ☑ 수출통관과 수입통관, 보세구역과 보세운송
> - ☑ 무역클레임의 해결방법

CORE 01 무역계약

1. 무역 일반

(1) 무역의 개요

① 광의의 무역 : 국가 간에 행해지는 물품, 서비스, 자본, 노동, 기술 등을 국제적으로 거래하는 활동

② 협의의 무역 : 물품의 수출입으로서, 물품의 국제적 이동에 수반되는 매매거래

③ 대외무역법의 무역 : 무역이란 물품 등(물품, 대통령령으로 정하는 용역, 전자적 형태의 무체물)의 수출과 수입을 말함 (대외무역법 제2조)

④ 무역계약 : 수출자가 수입자에게 물품 등을 인도하고 소유권을 이전하며 수입자가 그에 대한 대금지급을 약정하는 법적 구속력을 가지는 국제물품매매계약

⑤ 국제물류 : 무역으로 인한 물자의 흐름을 담당하는 무역의 파생활동

(2) 물류와 무역 간의 관계 기출 19년

① 무역 수요는 물류 수요를 창출한다.

② 무역계약 조건은 국제운송계약에 영향을 미친다.

③ 물류비용 절감은 국제무역 확대발전으로 이어진다.

④ 물류기술 발전은 무역거래 비용의 절감으로 이어진다.

⑤ 무역규제 완화는 교역국 간의 관세 인하 등으로 인해 물류비용 절감으로 이어진다.

03 Incoterms® 2020 규칙의 적용범위에 해당하는 것은? 기출 24년

① 매매계약 위반에 대한 구제수단
② 소유권 이전
③ 국제분쟁과 중재방법, 장소 또는 준거법
④ 매도인과 매수인의 의무, 비용 및 위험
⑤ 매매대금 지급의 시기, 장소 및 방법

해설 ④ Incoterms® 2020 규칙은 매도인과 매수인의 의무, 비용 및 위험을 규정한다. 그러나 Incoterms® 2020 규칙은 매매계약 위반에 대한 구제수단, 매매계약에 따른 물품의 소유권 이전, 국제분쟁과 중재방법, 장소 또는 준거법, 매매대금 지급의 시기, 장소 및 방법 등에 대해서는 다루지 않는다.

기출문제 엿보기

- ☑ Incoterms 2020에 관한 설명으로 옳은 것은? 25년
- ☑ Incoterms 2020에 관한 설명으로 옳지 않은 것은? 24 · 21 · 20년
- ☑ Incoterms 2020의 주요 개정 내용을 모두 고른 것은? 25년
- ☑ Incoterms 2020 규칙에 관한 설명으로 옳지 않은 것은? 24년
- ☑ Incoterms 2020 규칙상 해상운송이나 내수로운송의 경우에만 사용되어야 하는 거래조건으로 옳은 것은? 24년
- ☑ Incoterms 2020 규칙의 내용이다. (   )에 들어갈 용어로 옳은 것은? 24년
- ☑ Incoterms 2020 규칙의 적용범위에 해당하는 것은? 24년

04 관세법에서 정의하고 있는 내국물품에 해당하지 않는 것은? 기출 24년

① 외국으로부터 우리나라에 도착한 물품으로 수입신고가 수리되기 전의 것
② 우리나라의 선박 등이 공해에서 채집하거나 포획한 수산물 등
③ 수입신고수리 전 반출승인을 받아 반출된 물품
④ 우리나라에 있는 물품으로서 외국물품이 아닌 것
⑤ 수입신고전 즉시반출신고를 하고 반출된 물품

해설 ① 관세법상 외국물품에 해당된다.
관세법상 외국물품(관세법 제2조 제4호)
- 외국으로부터 우리나라에 도착한 물품[외국의 선박 등이 공해에서 채집하거나 포획한 수산물 등을 포함]으로서 수입의 신고가 수리되기 전의 것
- 수출의 신고가 수리된 물품

기출문제 엿보기

- ☑ 관세법상 수입으로 보지 아니하는 소비 또는 사용에 해당하지 않는 것은? 25년
- ☑ 관세법에서 정의하고 있는 내국물품에 해당하지 않는 것은? 24년
- ☑ 관세법상 특허보세구역에 관한 설명으로 옳은 것은? 22년
- ☑ 관세법상 보세운송에 관한 설명으로 옳지 않은 것은? 25 · 21년

01 ② 02 ④ 03 ④ 04 ①

CHAPTER 02 시험에 꼭 나오는 필수문제

01 무역계약 조건 중 물품과 수량단위의 연결이 옳지 않은 것은? 기출 23년

① 양곡, 철강 – 중량 – ton, pound, kilogram
② 유리, 합판, 타일 – 용적 – CBM, barrel, bushel
③ 섬유류, 전선 – 길이 – meter, yard, inch
④ 잡화, 기계류 – 개수 – piece, set, dozen
⑤ 비료, 밀가루 – 포장 – bale, drum, case

해설 ② 유리, 합판, 타일 – 면적 – square meter

기출문제 엿보기

- ☑ 무역계약의 조건 중 ~ 에 관한 설명으로 옳지 않은 것은? 21·16년
- ☑ 무역계약의 주요 조건에 관한 설명으로 옳은 것은? 20·17년
- ☑ 무역계약의 기본조건에 관한 설명으로 옳지 않은 것은? 15년
- ☑ 무역계약 조건 중 물품과 수량단위의 연결이 옳지 않은 것은? 23년
- ☑ 청약(offer)에 대한 승낙(acceptance)의 설명으로 옳지 않은 것은? 25년

02 신용장통일규칙(UCP 600) 제23조에 규정된 항공운송서류의 수리요건이 아닌 것은? 기출 23년

① 운송인의 명칭이 표시되고, 운송인 또는 그 대리인에 의하여 서명되어야 한다.
② 물품이 운송을 위하여 인수되었음이 표시되어야 한다.
③ 신용장에 명기된 출발 공항과 목적 공항이 표시되어야 한다.
④ 항공운송서류는 항공화물운송장(AWB)의 명칭과 발행일이 표시되어야 한다.
⑤ 신용장에서 원본 전통이 요구되더라도, 송화인용 원본이 제시되어야 한다.

해설 ④ 항공운송서류의 명칭은 반드시 항공화물운송장(AWB)일 필요는 없다. 항공운송서류에는 운송인 또는 그의 지정대리인에 의한 서명이 있어야 하며, 발행일과 발행장소를 기재하여야 한다.

기출문제 엿보기

- ☑ 신용장통일규칙(UCP 600) 제23조에 규정된 항공운송서류의 수리요건이 아닌 것은? 23년
- ☑ 다음은 신용장통일규칙(UCP 600) 제22조 용선계약 선하증권 내용의 일부이다. ( )에 들어갈 내용을 올바르게 나열한 것은? 23년
- ☑ 신용장통일규칙(UCP 600) 제3조 내용의 일부이다. ( )에 들어갈 내용을 올바르게 나열한 것은? 20년
- ☑ 신용장통일규칙(UCP 600) 제20조의 선하증권 수리 요건에 관한 설명으로 옳지 않은 것은? 20년

20

다음 설명에 해당하는 국제물류시스템은? 기출 24년

> 국제물류기업들은 선박 및 항공기의 대형화에 따라 소수의 대규모 거점 항만 및 공항으로 기항지를 줄이고 물동량이 많지 않은 소규모 거점은 피더서비스를 통해 연결하여 운송빈도를 줄이고 운송단위를 늘려 물류비를 절감하고 있다.

① ERP
② POS
③ VMI
④ QR
⑤ Hub & Spoke

해설 ① ERP(Enterprise Resource Planning) : 기업 내 생산, 물류, 재무, 회계, 영업과 구매, 재고 등 경영 활동 프로세스들을 통합적으로 연계해 관리해 주며, 기업에서 발생하는 정보들을 서로 공유하고 새로운 정보의 생성과 빠른 의사결정을 도와주는 통합시스템을 말한다.
② POS(Point Of Sales) : 판매장의 판매시점에서 발생하는 판매정보를 컴퓨터로 자동 처리하는 시스템으로, 상품별 판매정보가 컴퓨터에 보관된 발주, 매입, 재고 등의 정보와 결합하여 필요한 부문에 활용된다.
③ VMI(Vendor Managed Inventory) : 공급업체가 주도적으로 재고를 관리하는 것으로, 유통업체에서 발생하는 재고를 제조업체가 전담해서 관리하는 방식이다.
④ QR(Quick Response) : 제조업체와 유통업체 간에 표준상품코드로 데이터베이스를 구축하고, 고객의 구매성향을 파악·공유하여 적절히 대응하는 전략이다.

18

국제물류시스템 중 통과시스템의 특징으로 옳은 것은?

기출 24년

① 혼재·대량수송을 통해 운송비용을 절감할 수 있다.
② 해외 자회사 창고는 보관기능보다 집하, 분류, 배송기능에 중점을 둔다.
③ 상품이 생산국에서 해외 중앙창고로 출하된 후 각국 자회사 창고 혹은 고객에게 수송된다.
④ 해외 자회사는 상거래 유통에는 관여하지만 물류에는 직접적으로 관여하지 않는다.
⑤ 수출입 통관수속을 고객이 직접 해야 하기 때문에 그만큼 고객 부담이 높아진다.

해설 ① 고전적 시스템에 대한 설명이다.
③ 다국행 창고시스템에 대한 설명이다.
④ 직송시스템에 대한 설명이다.
⑤ 직송시스템에 대한 설명이다.

통과시스템(Transit system)
• 자회사의 창고는 단지 통과센터로만 기능한다.
• 고전적 시스템보다 출하빈도가 훨씬 높아 자회사 차원에서의 보관비용이 줄어든다.
• 고전적 시스템의 서비스 및 시장도달 수준을 얻으려면 수송비용이 증가한다.

키워드 8 기타

19

국제운송시스템의 운영에 관한 설명으로 옳지 않은 것은?

기출 24년

① 운송수단을 선정할 때는 적합한 서비스 수준을 유지하면서 총비용을 최소화할 수 있도록 운송비뿐만 아니라 재고비용, 보관비용, 리드타임, 운송화물의 특성 등을 고려해야 한다.
② 항공운송을 이용하는 경우 해상운송에 비해 재고비용이나 보관비용을 절감할 수 있다.
③ 소량화물의 경우 혼재운송이나 공동 수·배송을 통해 적재효율을 높일 수 있다.
④ 해상운송을 이용하는 경우 대량운송을 통해 단위당 운송비를 절감할 수 있다.
⑤ 컨테이너를 이용한 단위화물은 개품화물(break bulk cargo)에 비해 하역기간이 늘어날 수 있다.

해설 ⑤ 컨테이너(Container)는 화물운송의 단위화(Unitarization)를 목적으로 하는 수송도구이며, 컨테이너를 이용한 단위화물은 신속하고 안전한 화물의 환적이 가능하다.

16

다음 설명에 해당하는 국제물류시스템은? 기출 20년

> ㄱ. 수출국 기업에서 해외의 자회사 창고로 상품을 출하한 후, 발주요청이 있을 때 해당 창고에서 최종 고객에게 배송하는 가장 보편적인 시스템
> ㄴ. 수출국의 공장 또는 배송센터로부터 해외 자회사의 고객 또는 최종 소비자나 판매점으로 상품을 직송하는 형태로, 해외 자회사는 상거래 유통에는 관여하지만 물류에는 직접적으로 관여하지 않는 시스템

① ㄱ : 통과 시스템, ㄴ : 다국적(행) 창고 시스템
② ㄱ : 고전적 시스템, ㄴ : 직송 시스템
③ ㄱ : 통과 시스템, ㄴ : 고전적 시스템
④ ㄱ : 고전적 시스템, ㄴ : 다국적(행) 창고 시스템
⑤ ㄱ : 통과 시스템, ㄴ : 직송 시스템

해설 ② 제시된 ㄱ은 고전적 시스템, ㄴ은 직송 시스템에 해당한다.

고전적 시스템	비교적 큰 보관시스템으로 자회사 창고를 통해 제품을 송부하고 주문하는 시스템
직송 시스템	제품이 생산된 국가의 공장으로부터 해외의 최종사용자 또는 회사 자회사의 고객에게 바로 배송되는 시스템

17

다음 설명에 해당하는 국제물류시스템의 내용으로 옳지 않은 것은? 기출 21년

> 다국적기업이 해외 각국에 여러 개의 현지 자회사를 가지고 있는 경우 어느 한 국가의 현지 자회사가 지역물류거점의 역할을 담당하여 인접국에 대한 상품공급에 유용한 허브창고를 갖고 상품을 분배하는 시스템

① 허브창고에서 수송거리가 먼 자회사가 존재하는 경우 수송비용증가 및 서비스수준 하락을 가져올 수 있다.
② 고전적 시스템보다 재고량이 감축되어 보관비가 절감된다.
③ 국내 생산공장에서 허브창고까지의 상품수송은 대량수송과 저빈도 수송형태이다.
④ 해당 물류시스템은 창고형뿐만 아니라 통과형으로도 사용가능하다.
⑤ 허브창고의 입지는 수송의 편리성이 아닌 지리적 서비스 범위로만 결정한다.

해설 ⑤ 다국행 창고시스템의 내용으로, 다국행 창고시스템에서 허브창고의 입지는 일반적으로 지리적 서비스 범위 이외에 수송의 편리성이 강조된다.

14

제3자 물류에 비해 제4자 물류가 갖는 특성에 관한 설명으로 옳지 않은 것은? 기출 17년

① 위탁받은 물류활동을 중심으로 하는 제3자 물류와는 달리 전문성을 가지고 물류 프로세스의 개선을 적극적으로 추구하여 세계수준의 전략, 기술, 경영관리를 제공하는 것을 목표로 한다.
② 전체 SCM상 다양한 물류서비스를 통합할 수 있는 최적의 위치에 있으므로 제3자 물류에 비해 SCM의 솔루션을 제시할 수 있고, 전체적인 공급사슬에 긍정적인 영향을 미칠 수 있다.
③ IT 기반 통합적 물류서비스 제공보다는 오프라인 중심의 개별적·선별적 서비스를 지향한다.
④ 제3자 물류와는 달리 물류전문업체, IT업체 및 물류컨설팅업체가 일련의 컨소시엄을 구성하여 가상물류 형태로 서비스를 제공한다.
⑤ 제3자 물류보다 광범위하고 종합적이며, 전문적인 물류서비스를 제공하여 더욱 높은 경쟁력을 확보할 수 있다.

해설 ③ 제4자 물류는 오프라인 중심의 개별적·선별적 서비스보다는 IT 기반의 통합적 물류서비스를 제공한다.

키워드 ❼ 국제물류시스템의 유형

15

국제물류시스템 중 고전적 시스템에 관한 내용으로 옳은 것은? 기출 22년

① 기업은 해외 자회사 창고까지 저속·대량운송수단을 이용하여 운임을 절감할 수 있다.
② 수출국 창고에 재고를 집중시켜 운영할 수 있기 때문에 다른 어떤 시스템보다 보관비가 절감된다.
③ 수출기업으로부터 해외 자회사 창고로의 출하 빈도가 높기 때문에 해외 자회사 창고의 보관비가 상대적으로 절감된다.
④ 해외 자회사 창고는 집하·분류·배송기능에 중점을 둔다.
⑤ 상품이 생산국 창고에서 출하되어 한 지역의 중심국에 있는 중앙창고로 수송된 후 각 자회사 창고 혹은 고객에게 수송된다.

해설 ② 직송시스템에 대한 설명이다.
③ 통과시스템에 대한 설명이다.
④ 통과시스템에 대한 설명이다.
⑤ 다국행 창고시스템에 대한 설명이다.

키워드 ❺ 글로벌 소싱

10
글로벌 소싱의 이유에 해당하지 않는 것은? 기출 21년

① 비용절감
② 상품개발과 생산기간 단축
③ 핵심역량에 집중
④ 조직효율성 개선
⑤ 인력증대

> 해설 ⑤ 다국적 기업의 글로벌 소싱은 핵심역량에 집중하고, 비용절감, 인건비 감소, 시설투입비용 감소, 기타 비부가가치 활동을 제거하려는 데 목적이 있다.

11
보호무역주의 확산이 글로벌생산업체에 미치는 영향으로 옳지 않은 것은? 기출 19년

① 현지국 내의 공급사슬관리 체제가 강화된다.
② 부품수입량이 감소하고 생산일정 관리가 어려워진다.
③ 지역별로 전개하는 글로벌 분업체제가 강화된다.
④ 연구개발 및 생산에서 규모의 경제가 약화된다.
⑤ 표준화된 글로벌 제품의 대량생산체제가 어려워진다.

> 해설 ③ 보호무역주의가 확산되면 소재-부품-완제품으로 이어졌던 기존 분업체제의 해외 의존도가 낮아지면서 점차 국산화로 전환하게 되어 글로벌 분업체제가 약화된다.

12
글로벌 소싱에 관한 설명으로 옳지 않은 것은? 기출 18년

① 기업들은 글로벌 소싱을 활용하여 공급사슬을 확대할 수 있다.
② 구매가격을 낮추기 위하여 외국의 공급자로부터 자재와 부품을 구매할 수 있다.
③ 글로벌 소싱은 품질과 납기 등을 개선시킬 기회가 될 수 있다.
④ 해외공급자 파악, 선정, 평가 등의 추가적인 노력이 요구된다.
⑤ 정보통신기술의 발달로 글로벌 구매 시 국내 구매와 동일한 절차로 자재를 획득할 수 있다.

> 해설 ⑤ 글로벌 소싱은 기업구매활동의 범위를 범세계적으로 확대하고, 외부 조달비용 절감을 시도하는 구매전략으로, 정보통신기술이 발달되었다 하더라도 글로벌 구매 시 통관절차 등의 과정이 추가되기 때문에 국내 구매와 동일한 절차로 자재를 획득할 수 없다.

키워드 ❻ 국제물류의 동향

13
국제물류의 동향으로 옳지 않은 것은? 기출 21년

① 선박대형화에 따른 항만효율화를 위해 Post Panamax Crane이 도입되었다.
② 선박대형화에 따라 항만의 수심이 깊어지고 있다.
③ 국제특송업체들은 항공화물운송 효율화를 위해 항공기 소형화를 추진하고 있다.
④ 글로벌 공급사슬 관점에서의 국제물류관리가 중요해지고 있다.
⑤ 정보통신기술의 발전으로 국제물류체계가 플랫폼화 및 고도화되고 있다.

> 해설 ③ 국제특송업체들은 항공화물운송 효율화를 위해 항공기 대형화를 추진하고 있다.

키워드 ④ 국제물류환경의 변화

07

최근 국제물류 환경변화로 옳지 않은 것은? 기출 21년

① 최적화를 위한 물류기능의 개별적 수행 추세
② 국제 물동량의 지속적인 증가 추세
③ 초대형 컨테이너 선박 증가에 따른 허브항만 경쟁심화 추세
④ 제3자 물류업체들의 국제물류시장 진입 활성화 추세
⑤ 생산시설의 글로벌화에 따른 글로벌 물류네트워크 구축 추세

해설 ① 물류관리에서 통합물류가 더욱 강조되고 있는 추세이다.

08

최근 국제물류의 환경변화에 관한 설명으로 옳지 않은 것은? 기출 20년

① 국내외 물류기업 활동의 글로벌화로 국제물류의 중요성이 증대되고 있다.
② IoT 등 정보통신기술의 발전으로 국내외 물류기업들은 국제물류체계를 플랫폼화 및 고도화하고 있다.
③ 컨테이너 선박이 대형화됨에 따라 항만도 점차 대형화되고 있다.
④ 국제물류시장의 치열한 경쟁상황은 국내외 물류기업들 간 전략적 제휴나 인수·합병을 가속화시키고 있다.
⑤ 국내외 화주기업들은 물류비 절감과 서비스 향상을 위해 물류전문업체를 활용하지 않고 있다.

해설 ⑤ 물류관리에서 통합물류가 더욱 강조되고 있기 때문에 국내외 화주기업들은 물류비 절감과 서비스 향상을 위해 물류전문업체를 활용하는 경향이 증대되고 있다.

09

최근 국제물류 환경변화에 관한 설명으로 옳지 않은 것은? 기출 23년

① 국제물류시장의 치열한 경쟁으로 물류기업 간 수평적 통합과 수직적 통합이 가속화되고 있다.
② 온실가스 감축을 위해 메탄올 연료를 사용하는 선박 건조가 증가하고 있다.
③ 4차 산업혁명 시대를 맞아 디지털 기술들을 활용하여 운영효율성과 고객만족을 제고하려는 물류기업들이 늘어나고 있다.
④ 기업경영의 글로벌화가 보편화되면서 글로벌 공급사슬에 대한 중요성이 증대되고 있다.
⑤ 코로나 팬데믹의 영향으로 전자상거래 비중이 감소하는 추세이다.

해설 ⑤ 코로나 팬데믹의 영향으로 전자상거래 비중이 증가하는 추세이다.

04

국제물류와 국내물류의 비교로 옳지 않은 것을 모두 고른 것은? 기출 23년

구분		국제물류	국내물류
ㄱ	운송 방법	주로 복합운송이 이용된다.	주로 공로운송이 이용된다.
ㄴ	재고 수준	짧은 리드타임으로 재고수준이 상대적으로 낮다.	주문시간이 길고, 운송 등의 불확실성으로 재고수준이 높다.
ㄷ	화물 위험	단기운송으로 위험이 낮다.	장기운송과 환적 등으로 위험이 높다.
ㄹ	서류 작업	구매주문서와 송장 정도로 서류 작업이 간단하다.	각종 무역운송서류가 필요하여 서류 작업이 복잡하다.
ㅁ	재무적 위험	환리스크로 인하여 재무적 위험이 높다.	환리스크가 없어 재무적 위험이 낮다.

① ㄱ, ㄴ, ㄷ
② ㄱ, ㄷ, ㅁ
③ ㄱ, ㄹ, ㅁ
④ ㄴ, ㄷ, ㄹ
⑤ ㄴ, ㄹ, ㅁ

해설

구분		국제물류	국내물류
ㄱ	운송 방법	주로 복합운송이 이용된다. (○)	주로 공로운송이 이용된다. (○)
ㄴ	재고 수준	주문시간이 길고, 운송 등의 불확실성으로 재고 수준이 높다.	짧은 리드타임으로 재고수준이 상대적으로 낮다.
ㄷ	화물 위험	장기운송과 환적 등으로 위험이 높다.	단기운송으로 위험이 낮다.
ㄹ	서류 작업	각종 무역운송서류가 필요하여 서류 작업이 복잡하다.	구매주문서와 송장 정도로 서류 작업이 간단하다.
ㅁ	재무적 위험	환리스크로 인하여 재무적 위험이 높다. (○)	환리스크가 없어 재무적 위험이 낮다. (○)

키워드 ❸ 국제물류관리체계

05

국제물류관리체계에 관한 설명으로 옳지 않은 것은? 기출 22년

① 현지물류체계는 본국 중심의 생산활동과 국제적으로 표준화된 판매활동이 이루어진다.
② 글로벌 SCM 네트워크 체계는 조달, 생산, 판매, 유통 등 기업 활동이 전(全)세계를 대상으로 진행된다.
③ 거점물류체계는 기업 활동의 전부 또는 일부를 특정 경제권의 투자가치가 높은 지역에 배치하고 해당 지역거점을 중심으로 이루어지는 물류관리체계이다.
④ 현지물류체계는 국가별 현지 자회사를 중심으로 물류 및 생산활동을 수행하는 체계로 현지국에 생산거점을 둔다.
⑤ 글로벌 SCM 네트워크 체계는 정보자원, 물류인프라, 비즈니스 프로세스를 국경을 초월해 통합적으로 관리하고 조정한다.

해설 ① 현지물류체계는 본국이 아닌 현지국에 생산거점을 두고, 국가별 현지회사를 중심으로 현지국의 수요에 맞춰 물류 및 생산활동을 수행하는 체계이다.

06

국제물류관리의 효율화 방안으로 옳지 않은 것은? 기출 16년

① 운송수단 내 적재효율을 높이고 운송경로는 최단거리를 선택한다.
② 포장은 견고하게 하되 과포장을 피한다.
③ 화물의 재고 현황을 파악하기 위해 POS 시스템과 같은 IT 기술을 활용한다.
④ 혼재를 통해 운송의 효율을 높인다.
⑤ 효율적인 하역작업을 위해 하역횟수를 늘리고 1회당 하역량을 줄인다.

해설 ⑤ 효율적인 하역작업을 위해 기계화·자동화, 수·배송의 합리화 등을 통하여 신속성을 향상함으로써 하역횟수를 줄이고 1회당 하역량을 늘려서 물류비용을 절감한다.

빈출키워드 기출유형문제

키워드 ❶ 국제물류의 특징과 기능

01
국제물류의 특징으로 옳지 않은 것은? 기출 21년

① 국제물동량은 지속적으로 증가하고 있다.
② 국제물류는 해외고객에 대한 서비스향상에 기여한다.
③ 국제물류는 국가 경제발전과 물가안정에 기여한다.
④ 국제물류는 국내물류에 비해 짧은 리드타임을 가지고 있다.
⑤ 국제물류는 제품 및 기업의 국제경쟁력에 기여한다.

해설 ④ 국제물류는 장거리 운송에 의한 환경적 부담이 있기 때문에 국내물류에 비해 긴 리드타임을 가지고 있다.

02
국제물류의 기능에 관한 설명으로 옳지 않은 것은? 기출 23년

① 정보의 비대칭성을 강화하여 생산자의 경쟁력을 제고하는 기능을 한다.
② 생산자와 소비자의 수급 불일치를 해소하는 기능을 한다.
③ 생산물품과 소비물품의 품질을 동일하게 유지하는 기능을 한다.
④ 재화의 생산시점과 소비시점의 불일치를 조정하는 기능을 한다.
⑤ 생산지와 소비지의 장소적, 거리적 격차를 단축시키는 기능을 한다.

해설 ① 국제물류는 정보의 비대칭성을 완화하여 물류비용을 줄이고 고객서비스를 향상시킨다.

키워드 ❷ 국제물류와 국내물류

03
국내물류와 구분되는 국제물류의 특성으로 옳지 않은 것은? 기출 24년

① 물류관리에 있어서 복잡성의 증가
② 물류관리와 관련된 거래비용의 감소
③ 리드타임 및 불확실성의 증가
④ 환율변동으로 인한 환위험 노출
⑤ 국가별 유통채널의 상이성

해설 ② 국제물류는 국내물류에 비해 대금결제, 통관, 선적 등의 여러 절차를 필요로 하므로 이에 수반되는 거래비용이 상승한다.

출제포인트 OX 문제

01 [O X] 국제물류는 국내물류에 비해 짧은 리드타임을 가지고 있다.

02 [O X] 국제물류는 생산지와 소비지의 장소적, 거리적 격차를 단축시키는 기능을 한다.

03 (　　) 는 국가별 현지 자회사를 중심으로 물류, 생산활동을 수행하는 단계이다.

04 (　　) 은 상품이 생산국에서 해외 거점창고로 운송된 후 각국의 자회사 창고나 고객에게 수송된다.

05 [O X] 최근 국제물류 환경 변화는 최적화를 위한 물류기능의 개별적 수행 추세이다.

06 [O X] 글로벌 물류정책으로 한국은 인천국제공항 확장과 배후단지를 개발하여 동북아 허브공항 육성전략을 실행하였다.

07 [O X] 최근 국제물류의 기능변화에 따라 공급사슬 전체를 관리하는 제3자 물류(3PL)업체들의 역할이 강화되고 있다.

08 [O X] 고전적 시스템에서 기업은 해외 자회사 창고까지 저속 · 대량운송수단을 이용하여 운임을 절감할 수 있다.

09 [O X] 통과시스템에서 해외 자회사 창고는 보관기능보다 집하, 분류, 배송기능에 중점을 둔다.

10 [O X] 제4자 물류는 IT 기반 통합적 물류서비스 제공보다는 오프라인 중심의 개별적 · 선별적 서비스를 지향한다.

11 (　　) 은/는 수출국 기업에서 해외의 자회사 창고로 상품을 출하한 후, 발주요청이 있을 때 해당 창고에서 최종 고객에게 배송하는 가장 보편적인 시스템이다.

12 (　　) 은/는 수출국의 공장 또는 배송센터로부터 해외 자회사의 고객 또는 최종 소비자나 판매점으로 상품을 직송하는 형태로, 해외 자회사는 상거래 유통에는 관여하지만 물류에는 직접적으로 관여하지 않는 시스템이다.

정답 및 해설

01 ✕ ▶ 국제물류는 장거리 운송에 의한 환경적 부담이 있기 때문에 국내물류에 비해 긴 리드타임을 가지고 있다.
02 ○
03 현지국 물류체계
04 다국행 창고시스템
05 ✕ ▶ 물류관리에서 통합물류가 더욱 강조되고 있는 추세이다.
06 ○
07 ○
08 ○
09 ○
10 ✕ ▶ 제4자 물류는 오프라인 중심의 개별적 · 선별적 서비스보다는 IT기반의 통합적 물류서비스를 제공한다.
11 고전적 시스템
12 직송시스템

ⓔ 제3자 물류와는 달리 물류전문업체, IT업체 및 물류 컨설팅업체가 일련의 컨소시엄을 구성하여 가상물류 형태로 서비스를 제공
ⓜ 제3자 물류보다 광범위하고 종합적이며, 전문적인 물류서비스를 제공하여 더욱 높은 경쟁력을 확보할 수 있음

(3) 제3자 물류와 제4자 물류의 차이점 기출 ▶ 17년

① 3자 물류가 창고나 수송 분야를 기본으로 특화된 서비스를 제공하는 수준인 것에 비하여, 4자 물류는 3자 물류 + 물류 컨설팅업체, IT업체가 결합된 형태로서 한 차원 높은 물류 서비스를 제공
② 4자 물류 서비스 제공자는 3자 물류보다 광범위하고, 종합적이며 전문적인 물류 서비스를 제공하여 비용 절감뿐만 아니라 서비스 제고에 주안점을 두어 경쟁력을 향상시킬 수 있음
③ 4자 물류 서비스 제공자는 3자 물류와는 달리 물류전문업체, IT업체 및 물류 컨설팅업체가 일련의 컨소시엄*을 구성하여 가상물류 형태로서 서비스를 제공
*컨소시엄 : 공통의 목적을 위한 협회나 조합
④ 4자 물류 서비스는 물류활동의 단순한 수행이 아니라 물류활동 업무 프로세스의 혁신을 우선적으로 기하고, 그 다음 단계로서 물류활동을 수행할 수 있음
⑤ e-Business 환경에 적응하여 인터넷 등의 최신정보기술 기반에서 e-SCM, e-CRM*, QR, ECR* 등의 물류 전략과 조화를 이루면서 서비스 제공이 가능
*CRM : 고객관계관리
*ECR : 효율적으로 소비자에 대응하는 관련 업체들의 공동전략

(4) EC(Electronic Commerce) 발전에 따른 제4자 물류의 영향

① 거래의 신속화
② 구매자 및 판매자 수의 증가
③ 정보 및 통신기술의 수요 증대
④ 기존 공급사슬의 전환
⑤ 전략적 제휴의 활성화
⑥ 새로운 물류서비스의 등장과 성장
⑦ 물류서비스의 성장 및 네트워크 확대
⑧ 유통정보 네트워크와 물류시스템 간 연계
⑨ 표준화 및 공동화의 추진

ⓒ 제3자 물류의 발전

자사물류 (First-Party Logistics : 1PL)	기업이 사내에 물류조직을 두고 물류업무를 직접 수행
자회사물류 (Second-Party Logistics : 2PL)	기업이 사내에 물류조직을 별도로 분류하여 자회사로 독립 운영
제3자 물류 (Third-Party Logistics : 3PL)	외부의 전문물류업체에게 물류업무를 아웃소싱*하는 경우 *아웃소싱 : 기업의 업무를 제3자에게 위탁해 처리하는 것

③ 제3자 물류의 기대효과 기출 17년

㉠ 물류비 관리의 명확성

㉡ 고품질 물류 서비스의 제공으로 제조기업의 경쟁력 강화

㉢ 종합물류서비스의 활성화 및 최적화

㉣ 공급사슬관리(SCM) 도입·확산의 촉진

㉤ 물류비용과 자본투자 절감 및 위험감소

㉥ 물류운영의 부담해소로 경영의 효율화 및 별도 예비인력의 확보

㉦ 전문기술·정보기술 활용, 물류생산성 제고

㉧ 핵심적 활동에서 조직자원 및 핵심 인력에 집중

㉨ 물류산업의 합리화·고도화에 의한 고물류비 구조혁신

㉩ 고정차량 부족 시에도 효율적인 물류업무 수행

(2) 제4자 물류(e-Logistics)

① 제4자 물류(e-Logistics)의 개요

㉠ IT(인터넷) 기반으로 관련 주체들 간의 모든 물류활동을 온라인상에서 구현하여 SCM 개념하에 물류 프로세스 수행을 효율적으로 지원하는 서비스

㉡ 인터넷을 통한 물류서비스는 대기업 중심의 시장접근성을 중소기업에게도 많이 제공하여 경쟁력 향상은 물론 다양한 상품·서비스를 통한 차별화 기회를 제공

㉢ 시간 절약과 각종 거래비용(예 탐색비용, 정보분석비용, 협상비용, 계약체결비용 등)을 절감

㉣ 공간적 거리 개념의 축소, 거래비용 절감 등 물류서비스의 수요와 공급 확대로 물류시장의 범위를 전 세계적으로 확대하고 물류상품 범위도 증가

㉤ 핵심역량을 갖춘 많은 기업들이 가상공간에서 정보를 교환하고 다양한 전략적 제휴를 유발하여 경쟁적 네트워크를 형성(화주와 직접 온라인 거래 가능)

㉥ 기존 물류서비스의 기능 강화 외에도 온라인상에서만 가능한 신종 서비스(예 온라인 물류서비스 가격비교, 화물경매 등)의 제공이 가능

② 제4자 물류의 특성 기출 17년

㉠ 위탁받은 물류활동을 중심으로 하는 제3자 물류와는 달리 전문성을 가지고 물류 프로세스의 개선을 적극적으로 추구하여 세계 수준의 전략, 기술, 경영관리 제공을 목표로 함

㉡ 전체 SCM 상 다양한 물류서비스를 통합할 수 있는 최적의 위치에 있으므로 제3자 물류에 비해 SCM의 솔루션을 제시할 수 있고, 전체적인 공급사슬에 긍정적인 영향을 미칠 수 있음

㉢ 오프라인 중심의 개별적·선별적 서비스보다는 IT 기반의 통합적 물류서비스를 제공

(4) 국제물류 정보기술 기출 24년/ 23년

① ITS(Intelligent Transport System) : 기본 교통체계의 구성요소에 전자, 제어, 통신 등의 첨단기술을 접목시켜 상호 유기적으로 작동하도록 하는 차세대 교통 시스템
② CVO(Commercial Vehicle Operation) : 사전·사후 배송 라우팅을 통한 자동배차 등의 효율적인 배송계획을 수립하여 배송차량의 실시간 위치관제 및 배송상태의 확인이 가능하게 함으로써 대리점과 고객에게 화물위치 추적 및 도착예정시간, 화물정보 검색 등의 다양한 기능을 제공하여 고객의 니즈(needs)에 부응하고자 만들어진 시스템
③ WMS(Warehouse Management System) : 제품의 입고, 집하, 적재, 출하의 작업과정과 관련 데이터의 자동처리 시스템
④ DPS(Digital Picking System) : 랙이나 보관구역에 신호장치가 설치되어 있어, 출고화물의 위치와 수량을 알려주는 시스템
⑤ GPS(Global Positioning System) : 화물 또는 차량의 자동식별과 위치추적의 신속·정확한 파악이 가능한 시스템

3. 제3자 물류와 제4자 물류(e-Logistics)

(1) 제3자 물류

① 제3자 물류의 개요
　㉠ 기업이 고객서비스 향상, 물류비 절감 등 물류활동을 효율화할 수 있도록 공급사슬(Supply Chain)상의 기능 전체 혹은 일부를 대행·수행하는 경영활동
　㉡ 화주가 제3자인 물류전문업체에게 물류서비스 레벨의 향상, 물류비 절감, 물류체계 개선 등의 목적으로 계약에 의해 아웃소싱하는 것
　㉢ 기업의 물류체계 단계

1단계	제1자 물류 : 자가 물류체계
2단계	제2자 물류 : 자회사 물류
3단계	제3자 물류 : 물류 아웃소싱체계

> **＋ 더알아보기** 　물류외주와 계약물류
>
> - **물류외주(Logistics Outsourcing)** : 화주기업과 서비스기업, 제3자 물류제공업체 간에 장기적 계약 또는 제휴로 정의되거나 예전에 내부적으로 수행되어 왔던 기능을 외부공급자에게로 이전하는 것
> - **계약물류(Contract Logistics)** : 기업이 다양한 목표를 가지고 보다 광범위한 범위에서 맞춤화된 장기적 계약관계를 토대로 외부전문 물류업체를 활용하는 것

② 제3자 물류의 발전
　㉠ 제3자 물류의 출현 배경
　　• 물류 효율화에 대한 시각 변화 : 통합물류관리 → 공급사슬관리
　　• 제3자 물류의 중요성 : 기업 외부환경 변화, 물류활동 광역화, 물류경로의 복잡성 가중시킴

② 통과시스템(Transit system) 기출▶ 24년
　㉠ 자회사 창고는 단지 통과센터로만 기능
　㉡ 고전적 시스템보다 출하빈도가 훨씬 높아 자회사 차원에서의 보관비용이 줄어듦
　㉢ 고전적 시스템의 서비스 및 시장도달 수준을 얻으려면 수송비용이 증가
　㉣ 해외 자회사 창고는 보관기능보다 집하, 분류, 배송기능에 중점을 둠
③ 직송시스템(Direct system)
　㉠ 제품이 생산된 국가의 공장으로부터 해외의 최종사용자 또는 자회사의 유통경로 안의 다음 중간상에게로 바로 배송
　㉡ 해외 자회사는 상거래 유통은 관여하지만, 물류는 직접 관여하지 않음
　㉢ 재고 전부를 출하국의 1개 장소에 집중시켜 보관비가 줄어듦
　㉣ 자회사 단계에서의 하역비, 창고비, 수송비와 자회사 창고와 고객사이의 수송비도 발생하지 않음
　㉤ 직송시스템의 단점

고출하 빈도	혼재수송 가능성 축소
고비용 수송	항공수송의 이용
통관절차와 관세	고객이 수입통관 절차를 하므로 번잡
제품의 품질검사, 표찰, 포장	본사에서 하므로 시설에 투자비용 소요
공급라인의 중단	파업 등으로 공급이 중단될 경우 대응이 어려움
충분한 인력과 대형 컴퓨터 필요	공장에서 여러 곳으로 직접 제품을 보내므로 충분한 인력과 대형 컴퓨터가 필요함

④ 다국행 창고시스템(Multi-country warehouse system) 기출▶ 25년/ 24년/ 23년
　㉠ 제품이 생산공장으로부터 중앙창고로 수송되고 거기에서 각국 자회사 창고 또는 고객에게 배송하는 형태
　㉡ 물류센터의 입지는 일반적으로 지리적 서비스 범위 이외에 수송의 편리성이 강조됨
　㉢ 세계 여러 나라에 자회사를 가지고 있는 글로벌 기업이 지역물류거점을 설치하여 동일 경제권 내 각국 자회사 창고 혹은 고객에게 상품을 분배하는 형태
　㉣ 유럽의 로테르담이나 동남아시아의 싱가포르 등 국제교통의 중심지에서 인접한 국가로 수·배송서비스를 제공하는 형태

(3) 국제통합물류시스템 구축 전략

제품의 가치밀도가 높은 경우	물류기능 및 재고를 집중시키고 주문 입고 시 고급 운송수단을 이용하여 신속히 배달
제품표준화의 수준이 낮은 경우	생산과 물류의 기능들을 분산하고 주문 및 수요에 관한 확실한 정보가 들어올 때까지 지리적 및 가치부가적 지연전략을 활용
총비용 중 운송비용이 많은 경우	생산시설을 분산시켜 고객과의 거리를 단축시킴
경쟁이 주로 가격 중심으로 이루어진 경우	생산과 물류를 집중시키고 화물통합을 위해 비용을 절감시킴
서비스를 위주로 한 경쟁인 경우	물류기능의 분산으로 고객 주문에 신속히 대응함
제품수명주기가 도입기 혹은 성장기인 경우	물류기능 분산 등을 통해 높은 수준의 고객서비스를 제공
제품수명주기가 성숙기 혹은 쇠퇴기인 경우	물류기능의 집중 및 화물통합을 통한 비용절감 전략을 이용

④ 수송분담률 변화
  ㉠ 화물수송량 : 경제상황, 경제규모, 산업입지 등의 영향을 받음
  ㉡ 수송량에 영향을 미치는 정도 : 항공화물수송이 경제활동에 민감하여 해운화물수송보다 큰 영향을 받음

(3) 국제물류관리가 필요한 이유 기출 16년
  ① 물류가 국내제품의 수출경쟁력 증가에 기여하기 때문
  ② 물류정보시스템이 발전하면 물류관리를 신속·정확하게 처리하고, 비능률적인 요소를 제거하여 효율성을 더욱 증대시키기 때문
  ③ 해외고객의 다양한 요구에 신속하고 정확하게 반응하기 위함
  ④ 제품의 수명주기가 짧아짐에 따라 국제물류의 신속성이 요구되기 때문
  ⑤ 해외거점 확대, 해외조달, 아웃소싱이 증가함에 따라 공급망이 국내에서 해외로 확장되기 때문

2. 국제물류시스템

(1) 국제물류관리의 단계별 발전 기출 25년/ 22년/ 09년

단계	물류체계	물류거점	특징
1단계	수출입중심 물류체계	자국	국내생산, 해외수출 중심의 물류활동(1970년대)
2단계	현지국 물류체계	현지	• 본국 중심의 생산활동과 자체적인 현지국 물류시스템을 이용한 판매활동(1980년대) • 현지 자회사를 중심으로 물류 및 생산활동을 수행하는 체계, 현지국에 생산거점을 둠
3단계	거점중심 물류체계	지역 거점	• Hub & Spoke 기반의 지역물류, 생산거점을 중심으로 지역 권역 전체를 담당하는 물류체계(1990년대) • 기업 활동의 전부 또는 일부를 특정 경제권의 투자가치가 높은 지역에 배치하고 해당 지역거점을 중심으로 이루어짐
4단계	글로벌 네트워크체계	글로벌 네트워크	• SCM 기반 글로벌 네트워크 구축, 전문화된 물류관리체계 수요 증대(3자 물류 & 4자 물류)(1990년대 후반) • 조달, 생산, 판매, 유통 등 기업 활동이 전세계를 대상으로 진행 • 정보자원, 물류 인프라, 비즈니스 프로세스를 국경을 초월해 통합적으로 관리하고 조정

(2) 국제물류시스템의 유형 기출 24년/ 23년/ 22년/ 21년/ 20년/ 17년/ 09년
  ① 고전적 시스템(Classical system)
    ㉠ 상품이 출하·선적되어 각국의 해외 판매지 창고로 대량 운송됨
    ㉡ 해외 자회사는 창고의 기능을 하며 다량의 재고를 유지하면서 현지 수요에 맞춰 배송함
    ㉢ 혼재·대량수송을 통해 운송비용을 절감할 수 있음
    ㉣ 비교적 큰 보관시스템으로 자회사 창고를 통해 제품 송부 및 주문을 하므로 보관비용이 많이 소요됨
    ㉤ 장점과 단점

장점	염가수송, 혼재수송, 서류작성 감소, 관세절감, 완충재고
단점	보관비용이 많이 소요됨

CORE 03 국제물류시스템

1. 국제물류의 동향

(1) 국제물류 동향의 개요 기출 23년/ 21년/ 15년

① 운송거점으로서의 허브항만이 지역경제 협력의 거점으로 다각화
② 전자상거래의 발전으로 온라인 정보망과 오프라인 물류망 간 동조화 강화
③ 재화의 소비 이후 재사용 및 폐기까지 환경유해요소를 최소화하는 환경물류의 중요성 증대
④ 국제물류의 기능변화에 따라 공급사슬 전체를 관리하는 제3자 물류(3PL)업체들의 역할 강화
⑤ 정보통신기술의 발전으로 국제물류체계가 플랫폼화 및 고도화
⑥ **지속적인 재고 절감 노력** : 물류 효율성을 가늠하는 주요한 지표는 매출액 대비 재고 비율
⑦ 무선주파수식별시스템(RFID)*과 같은 물류 신기술의 등장으로 시간과 비용이 절감됨
   *무선주파수식별시스템(RFID) : 각종 제품에 초소형 칩을 붙여 그 제품의 모든 정보를 무선주파수(전파 등)로 전송·처리하는 비접촉식 인식시스템
⑧ 국제물류 기업 간의 전략적 제휴나 M&A가 활발
⑨ 환경에 부응하기 위한 그린물류(Green Logistics)의 중요성 증가
⑩ 공급망 관리(SCM : Supply Chain Management)를 중시하는 경향
   ㉠ 물적 유통(Physical Distribution) : 제품 생산 후 소비자에게 전달되는 운송·보관 중심
   ㉡ 물류관리(Logistics) : 원재료 → 생산 → 소비자 전 과정의 흐름 관리
   ㉢ SCM(Supply Chain Management) : 공급망 전체를 최적화하여 수요 예측, 공급 계획, 협력사 관리, IT 시스템 활용, 글로벌 수준까지 확대
⑪ 틈새(Niche)물류 서비스 제공 기업의 성장
   ㉠ 리버스물류 : 다 쓴 제품을 회수, 재사용, 폐기하는 활동의 지원 물류
   ㉡ 부품물류 : 제품의 유지·보수(A/S)를 위한 예비 부품 공급망 관리

(2) 국제물류 발전에 영향을 주는 요인 기출 16년/ 15년/ 13년

① 다품종 소량 생산체계
   ㉠ 소비자 욕구의 개성화·다양화
   ㉡ 소비자 의식 변화로 인해 상품의 아이템 수 급증
   ㉢ 운송비 및 재고유지비 증가
② 제품 수명주기의 단축
   ㉠ 기업이 시장변화에 빠른 대응을 함
   ㉡ 전체 리드타임 단축을 위한 다각적인 노력이 필요함
   ㉢ 공적 물류 운영 관리를 위한 시간관리의 중요성이 증대됨
③ 글로벌 기업의 증가
   ㉠ 각 국가의 현지 공장과 상품 제조를 분담하고 있음
   ㉡ 원재료·부품·반제품의 조립에서 국제적인 조달망이 증가
   ㉢ 공장관리의 현지화 등으로 글로벌화되고 있음
   ㉣ 글로벌한 물류관리가 중요해지고 있음

④ 신흥시장의 중요성 : 아시아를 비롯한 신흥국 경제권 성장에 따른 신흥 국제물류시장의 중요성 부각
⑤ 전문 물류업체 증가
　㉠ 화주에게 맞춤형 서비스를 제공하기 위하여 전문 물류업체 수 증가
　㉡ 물류 서비스에 대한 수요의 고급화 · 다양화 · 개성화
　㉢ 물류의 신속 · 정확성 중시로 물류관리가 기업의 성패 요인으로 부각
⑥ 통합물류의 중요성 더욱 강조, 물류비 절감과 서비스 향상을 위한 물류전문업체 활용 증대
⑦ 글로벌 시장의 수평적 분업화로 다품종, 소량, 다빈도 생산의 변화 추세
⑧ 물류보안의 강화로 엄격한 통관기준이 적용되는 추세
⑨ 탄소배출권거래제도 참여 의무와 같은 환경장벽의 확대에 따라 국제운송비가 증가
⑩ 운하와 새로운 항로 개발

파나마 운하	파나마 지협을 횡단하여 태평양과 카리브해를 연결하는 인공 수로
수에즈 운하	아프리카대륙을 우회하지 않고 아시아와 유럽을 연결하는 통로 역할을 하는 세계 최대 운하
니카라과 운하	중앙아메리카의 니카라과를 가로지르는 태평양과 대서양을 잇는 운하로, 미국의 해상패권을 견제하기 위한 중국의 해상운송망 확보전략의 일환으로 건설됨
말라카 해협	중국의 전략적 해상운송로이며, 아시아와 유럽을 잇는 세계 주요 해상항로 중 하나
북극해 항로	극동과 유럽을 잇는 러시아 북쪽 해안을 따르는 항로로, 지구온난화로 빙하가 녹으면서 북극을 이용한 새로운 항로로 부각되지만, 쇄빙선 이용으로 인하여 운항비용이 높음

(4) 최근 국제물류환경의 변화 기출▶ 25년
① 녹색물류의 중요성 증대
② 물류기업 간의 전략적 제휴 및 인수합병 증가
③ 글로벌 공급망 관리와 통합물류서비스 강화
④ 물류 위험관리와 물류보안 강화

(5) 그린물류(Green Logistics) 기출▶ 15년
① 그린물류의 정의 : 원자재 조달부터 최종 소비자에 이르는 물류 전 과정에서 자원절약, 물자 재활용, 친환경 대체재 사용, 포장재 최소화, 이산화탄소 배출량 억제 등을 통해 환경오염을 줄이려는 물류활동
② 물류활동에서 발생하는 환경피해를 최소화하려는 그린물류의 중요성 증대
③ 그린물류의 실행방안
　㉠ 공차운행 억제, 운송수단 유해가스 배출억제, 공동수 · 배송 촉진, 모달 시프트* 촉진, 친환경적 역물류 촉진, 육상전원 공급장치* 사용 등이 있음
　　*모달 시프트(Modal Shift) : 기존에 도로(트럭)를 통해 운송하던 여객 또는 화물을 친환경 운송수단인 철도 또는 연안 해운으로 운송수단을 전환하는 것
　　*육상전원 공급장치(Onshore Power Supply) : 항만 대기오염 저감을 위한 육상전원 설비
　㉡ 청정개발체제(CDM : Clean Development Mechanism) : 교토의정서에서 도입한 탄소감축 제도로, 선진국(의무감축국)이 개발도상국에서 온실가스 감축 사업을 수행하면, 감축 실적을 자국의 감축의무 이행에 활용가능하도록 함
　㉢ 탄소배출권거래(ETS : Emissions Trading System) : 교토의정서에서 도입한 총량 제한 · 거래제 방식의 시장기반 온실가스 감축 제도로, 온실가스 배출량 한도를 넘은 국가가 배출량 한도에 미달한 다른 국가의 남은 배출권을 살 수 있도록 함

(2) 글로벌 소싱(Global Sourcing) 기출▶ 21년/ 18년

① 기업들은 글로벌 소싱을 활용하여 공급사슬을 확대할 수 있음
② 구매가격을 낮추기 위하여 외국의 공급자로부터 자재와 부품을 구매할 수 있음
③ 글로벌 소싱은 품질과 납기 등을 개선시킬 기회가 될 수 있음
④ 해외공급자 파악, 선정, 평가 등의 추가적인 노력이 요구됨
⑤ 글로벌 소싱의 이유
  ㉠ 인건비 및 시설투입비 등 비용 절감
  ㉡ 상품개발과 생산기간 단축
  ㉢ 핵심역량에 집중
  ㉣ 비부가가치 활동 제거 등을 통한 조직 효율성 개선

(3) 국제물류환경의 변화요인 기출▶ 23년/ 21년/ 20년/ 18년/ 17년/ 16년/ 15년/ 13년

① 효율적 SCM 중요성 확대
  ㉠ 글로벌 소싱이 강화되고 오프쇼어링이 늘어나서 효율적인 공급사슬관리(SCM)와 국제물류의 중요성이 확대됨
  ㉡ 글로벌 기업들은 재고관리, 구매, 생산 및 판매 등의 효율적 관리를 위해 정보기술을 활용한 JIT, SCM, QR 등 고도화된 글로벌 소싱과 물류전략을 구사함
  ㉢ IoT 등 정보통신 기술의 발전으로 국내외 물류기업들의 국제물류체계 플랫폼화 및 고도화

> **＋ 더알아보기** 글로벌 소싱과 오프쇼어링
>
> • **글로벌 소싱(Global Sourcing)** : 기업의 구매활동 범위를 범세계적으로 확대하고, 외부 조달 비용 절감을 시도하는 구매전략
> • **오프쇼어링(Offshoring)** : 보다 저렴한 노동력과 원자재 확보를 위해 생산시설을 해외로 이전하는 것

② 국제물류기업 및 선박, 항공기 대형화
  ㉠ 국제물류업체 간 인수·합병을 통한 물류기업 대형화 및 전략적 제휴 증가함
  ㉡ 운송 효율성을 높이기 위하여 선박이나 항공기의 고속화 및 대형화와 항공사 간의 제휴 증가
  ㉢ 온실가스 감축을 위해 메탄올 연료를 사용하는 선박 건조가 증가함
  ㉣ 해운 수요가 줄면서 해운동맹(shipping conference)의 기능이 축소되고 그 수가 점차 감소됨
  ㉤ 비용절감과 수송시간의 단축을 위하여 주요 거점항만 및 공항을 중심으로 Hub & Spoke 시스템 구축

> **＋ 더알아보기** Hub & Spoke 시스템 기출▶ 24년
>
> 국제물류기업들은 선박 및 항공기의 대형화에 따라 소수의 대규모 거점 항만 및 공항으로 기항지를 줄이고 물동량이 많지 않은 소규모 거점은 피더서비스를 통해 연결하여 운송빈도를 줄이고 운송단위를 늘려 물류비를 절감하고 있다.

③ 공항·항만의 환경변화 기출▶ 25년
  ㉠ 운송수단의 대형화로 인해 Hub & Spoke 전략이 확대
  ㉡ 권역 내 중심 공항·항만으로 발전하기 위해 터미널을 대형화하는 추세
  ㉢ 환적, 화물분류, 통관, 유통가공 등의 부가가치 물류활동이 이루어지는 장소로 변함
  ㉣ 항공기와 선박의 대형화로 인해 공항·항만 간 경쟁이 치열해짐
  ㉤ 공항·항만들은 경쟁력 확보를 위해 정기선사 또는 항공사와 글로벌 제휴를 확대

2. 국제물류환경의 변화

(1) 무역체제의 동향

① WTO(World Trade Organization, 세계무역기구) 체제 정착화

　㉠ GATT(General Agreement on Tariffs and Trade, 무역 및 관세에 관한 일반협정) 체제의 한계를 극복하고 새로운 국제 교역 질서를 위해 WTO 체제가 생김

　㉡ 회원국 간 무역격차의 발생과 이해관계의 충돌로 협정 체결 양자 간 관세 혜택을 제공하는 FTA(Free Trade Agreement, 자유무역협정) 체제가 확산

② 세계 경제의 블록화

　㉠ 3대 경제 블록

ASEAN+3	• 동남아시아국가연합 + 한·중·일 • ASEAN은 10개국(인도네시아, 말레이시아, 싱가포르, 태국, 필리핀, 브루나이, 미얀마, 베트남, 라오스, 캄보디아)으로 구성되어 있고 한국·중국·일본 정상들이 참석하기 때문에 '10+3 정상회의'로 약칭됨
NAFTA	• 북미자유무역협정 • 광범위한 자유무역을 추진하기 위해 체결한 다자간 FTA로 멕시코, 미국, 캐나다가 가입
EU	• 유럽연합 • 유럽지역 국가 간 경제협력체로 프랑스, 독일 등 27개국 가입(영국 제외)

　㉡ 지리적으로 인접하거나 경제적 상호 의존성이 높은 국가 간 지역무역협정(RTA : Regional Trade Agreement)*의 확산

　*지역무역협정(RTA : Regional Trade Agreement) : 한정된 품목에 대한 소폭의 관세 인하를 목표로 하는 PTA(Preferential Trade Arrangement)로부터 완전한 경제통합에 이르기까지 광범위한 의미로 사용되고 있으며, 일반적으로는 가장 전형적인 자유무역협정(Free Trade Agreement)과 관세동맹(Customs Union)을 의미

③ 기업의 글로벌화(Globalization)

　㉠ 원료, 부품, 반제품, 최종제품 등의 생산 및 판매와 관련된 기업활동이 해외로 이전되는 것

　㉡ 기업의 글로벌화 과정

단계	사업	기업	시장	단점
1단계	국내생산, 국내판매	국내기업	내국시장 지향	내국시장의 한계
2단계	국내생산, 해외판매	수출기업	해외시장 지향	수입규제
3단계	해외현지생산, 판매	다국적기업	현지시장 지향	세계적 경쟁 치열
4단계	다국 간 생산, 판매	세계기업	세계시장 지향	–

④ 주요국의 글로벌 물류정책 [기출] 18년

　㉠ 중국 : 일대일로(BRI : Belt and Road Initiative) 계획을 통해 해상·육상 실크로드를 구축하여 유라시아 국가들과의 경제협력을 추진

　㉡ 일본 : 해운조선 합리화 심의위원회에서 구조조정을 주도하면서 12개의 선사를 6개로 합병하고 민간금융기관들과 연결된 종합상사, 조선소 등을 포함시키는 통합정책을 실행

　㉢ 아랍에미리트 : DPW(Dubai Port World)를 설립하고 M&A를 통한 글로벌 터미널 운영전략을 실행

　㉣ 싱가포르 : 국영기업인 PSA(Port of Singapore Authority)를 통해 해외 항만개발 사업을 실행

CORE 02 국제물류환경

1. 국제물류환경의 개요

(1) 국제물류의 환경 여건

① 국제시장은 국내시장과 구별되는 경제적·사회적 요인과 다른 특수한 여건 등이 존재하고, 물류의 각 구성요소의 상대적 중요성도 각국의 시장마다 다양함
② 효율적인 국제물류 운용을 위해 각 시장별 특성, 관련 정부 규정, 국제물류환경 변화 등에 관한 정보의 분석·적용이 필요함
③ 물류담당자는 국제물류환경 통제불가요인의 존재로 인한 불확실성으로 트레이드오프(Trade-off)*·가격책정·고객서비스 수준 등에 대한 올바른 결정이 요구됨
  *트레이드오프(Trade-off) : 어떤 이익을 얻으려면 반드시 다른 하나를 희생해야 하는 경제 관계
④ 통제불가요인과 통제가능요인

통제불가요인	통제가능요인
• 사회적·문화적 요인 • 정치적·법적 요인 • 경제적 요인 • 상품경쟁 • 기술 • 지리적 요인	• 창고 이용과 저장 • 수송 • 포장 • 재고관리 • 소비자 서비스

(2) 국제물류환경의 특성별 문제

구분	국제물류의 중요한 문제	국제물류의 새로운 문제
지리적 특성	• 운송과 시간조정의 중요성 • 주문과 조달시간이 증가 • 의사소통 및 출장이 어려워짐 • 정보와 의사소통의 중요성	• 언어와 문화의 차이 • 환율, 관세, 보조금, 쿼터
시장 특성	• 복잡한 공급 네트워크 • 제품 디자인의 공통성 추구 • 다양한 시장에서의 경쟁	• 제품수명주기의 단축 • 다른 언어, 기호, 규제 • 환율, 거시경제*, 정부 정책 *거시경제 : 국민경제의 전체적인 현상을 경제의 연구대상으로 함 • 글로벌 마케팅 및 시장조사
생산입지 특성	복잡한 공급 네트워크	• 글로벌소싱 • 전 세계 24시간 업무처리 • 환율 • 글로벌 생산을 통한 위험 분산

3. 국제물류관리

(1) 국제물류관리의 개요 기출▶ 24년/ 22년/ 17년/ 16년

① 목표 : 고객서비스의 증대, 물류비용의 절감
② 국제물류의 통합적 관리
  ㉠ 총비용접근방식 : 개개 활동들의 비용을 분리하기보다는 물류의 총비용을 고려한 뒤 다양한 대안들의 비용 · 수익관계를 최적화하려는 것
  ㉡ 물류비의 구성요소 : 포장비용, 수송비용, 하역비용, 재고 · 보관비용, 정보 · 관리비용, 보험비용
  ㉢ 최소(포장비 + 수송비 + 하역료 + 재고 · 보관료 + 정보료 + 보험료)의 물류비 산정
③ 국제물류관리의 효율화 방안
  ㉠ 혼재를 통해 운송의 효율을 향상시킴
  ㉡ 과포장은 피하되, 포장은 견고하게 함
  ㉢ 운송수단 내 적재효율을 높이고 운송경로는 최단거리를 선택함
  ㉣ 화물의 재고 현황을 파악하기 위해 POS 시스템과 같은 IT 기술을 활용함
  ㉤ 효율적인 하역작업을 위해 기계화, 자동화, 수 · 배송의 합리화 등을 통한 신속성을 향상시킴
  ㉥ 하역횟수를 줄이고 회당 하역량을 증가시켜 물류비용을 절감시킴

(2) 국제물류관리의 필요성과 해외직접구매 기출▶ 16년

① 국제물류관리의 필요성
  ㉠ 물류가 국내제품의 수출경쟁력 증가에 기여
  ㉡ 물류정보시스템의 발전으로 물류관리를 신속 · 정확하게 처리하고, 비능률적인 요소를 제거하여 효율성을 더욱 증대
  ㉢ 해외고객의 다양한 요구에 신속하고 정확하게 반응
  ㉣ 제품의 수명주기가 짧아짐에 따라 국제물류의 신속성이 요구됨
  ㉤ 해외거점 확대, 해외조달, 아웃소싱이 증가함에 따라 공급망이 국내에서 해외로 확장
② 해외직접구매 확산의 영향
  ㉠ 물류정보시스템의 필요성 증가
  ㉡ 통관업무를 담당하는 전문 인력에 대한 수요 증가
  ㉢ 정확하고 체계적인 다빈도 소량 운송의 필요성 증가
  ㉣ 글로벌공급망관리의 필요성 증가
  ㉤ 국내 물류기업들의 국제운송 부분 물동량과 매출액 증가

(3) 국제물류관리의 기법

① JIT(Just In Time) : 재고를 남기지 않고 입하된 재료를 그대로 사용하는 상품관리방식(1950년대)
② CIM(Computer Integrated Manufacturing) : 제조, 개발, 판매의 정보 흐름을 컴퓨터 정보를 이용해 통합한 생산관리시스템(1970년대 초반)
③ CALS(Continuous Acquisition and Life-cycle Support) : 제품의 전 생산과정을 디지털화하여 기업경영의 혁신과 비용 절감, 생산성 향상을 도모한 공학적 정보화시스템(1987년)
④ SCM(Supply Chain Management) : 제품생산부터 유통과정까지 모든 공급망을 하나의 통합된 시스템으로 관리하는 공급사슬관리(1990년대 초반)

(4) 물류와 무역 간의 관계 기출 19년

① 무역 수요는 물류 수요를 창출
② 무역계약 조건은 국제운송계약에 영향을 미침
③ 물류비용 절감은 국제무역 확대발전으로 이어짐
④ 물류기술 발전은 무역거래 비용의 절감으로 이어짐
⑤ 무역규제 완화는 교역국 간의 관세 인하 등으로 인해 물류비용 절감으로 이어짐

2. 국제물류의 기능

(1) 국제물류 기능 기출 23년/ 20년/ 19년/ 12년

운송기능	• 항공기나 화물선으로 운송 또는 최적 운송을 위해 육·해·공을 복합하는 복합일관운송 • 최근 국제물류는 해상·항공운송의 합리화에 '문전까지' 배송하는 복합일관운송시스템이 주도적 역할 수행
하역기능	• 컨테이너 적입작업 과정부터 철도역·트럭터미널·공항·항만의 하역작업까지 각종 하역 차량 및 굴착기 이용 • 하역이 국내물류보다 그 중요성이 높으며, 하역의 합리화가 종합적인 물류합리화를 좌우
포장기능	• 원거리 운송과 해외시장 판촉을 위한 상품품질이나 가치보호의 관점에서 포장기능 수행 • 제품특성에 따라 생산성·편의성·경제성을 염두에 두고 판매와 판촉을 위한 미장(美裝)기능* 요구 *미장(美裝)기능 : 아름답게 꾸미는 기능
보관기능	• 보세구역*이나 이외의 지역에서 화물을 일시 보관하여 운송하는 것이 주기능 *보세구역 : 외국물품 등에 대해 관세부과가 유보되는 지역
정보기능	• 국제물류의 종합적인 기능화와 총체적인 활동의 원활한 추진을 위해 정보기능이 중요 • 전화, 팩시밀리, 컴퓨터 등의 온라인 시스템, 근거리정보통신망(LAN), 부가가치통신망(VAN) 등을 이용한 물류정보의 지시 및 통제가 이루어짐

(2) 국제물류의 기본적 기능 기출 23년/ 20년

① **수량적 기능** : 생산수량과 소비수량의 불일치를 집화, 중계, 배송 등을 통해 조정
② **품질적 기능** : 생산자가 제공하는 재화와 소비자가 소비하는 재화의 품질을 가공, 조립, 포장 등을 통해 조정
③ **가격적 기능** : 생산자와 소비자를 매개로 운송에서 정보활동에 이르기까지의 모든 비용을 조정
④ **시간적 기능** : 재화의 생산시기와 소비시기의 불일치를 조정
⑤ **장소적 기능** : 생산과 소비의 장소적 간격을 조정
⑥ **인적 기능** : 생산자와 소비자가 인적으로 다르고 분업으로 발생하는 복잡한 유통경제조직을 운송과 상거래로 조정

CHAPTER 01 국제물류관리

핵심 포인트

- ☑ 국제물류의 개념 및 환경
- ☑ 국내물류와 비교하여 국제물류의 특징과 중요성
- ☑ 국제물류관리의 발전단계
- ☑ 국제물류시스템의 종류
- ☑ 최근 국제물류 동향
- ☑ 제3자 물류와 제4자 물류

CORE 01 국제물류의 개요

1. 국제물류의 개념과 특성

(1) 국제물류의 개념

① 2개국 이상에서 생산과 소비의 시·공간적 차이를 극복하기 위한 유·무형 재화에 대한 물리적인 국제 경제활동
② 재화가 공급자에서 외국의 소비자에게 가장 효율적으로 전달되는 관련 활동으로 운송, 보관, 하역, 포장, 유통가공 등의 활동과 관련되는 정보활동을 포함함

(2) 국제물류의 특성 기출▶ 25년/ 21년/ 15년

복잡성	국제물류는 수출입수속, 통관절차, 운송방법의 다양화로 국내물류보다 훨씬 복잡함
전문적 지식	• 무역계약, 국내·국제 운송계약, 적하보험계약, 수출입통관절차, 대금결제 관련 서류 및 절차에 대한 전문지식이 필요함 • 선하증권, 항공화물운송장, 상업송장, 수출신고서 등 다양한 서류가 존재
환경적 제약	국제물류는 운송영역이 넓고 대량화물 장거리 운송에 의한 환경적 제약이 큼
물류시스템	국제물류의 합리화를 위해 다양한 물류 기능을 통합하여 각 기능의 상호작용이 효과적으로 이루어지도록 최적의 물류시스템 구축이 요구됨
국제물류주선자	화주를 대신하여 집화, 보관, 통관, 서류취급, 운송업자 선정 등 업무를 수행하는 국제물류주선자(Freight forwarder)가 필요함

(3) 국제물류와 국내물류 기출▶ 24년/ 23년/ 18년/ 14년/ 09년

구분	국제물류	국내물류
운송방법	주로 복합운송이 이용됨	주로 공로운송이 이용됨
재고수준	주문시간이 길고, 운송 등의 불확실성으로 재고 수준이 높음	짧은 리드타임으로 재고수준이 상대적으로 낮음
화물위험	장기운송과 환적 등으로 위험이 높음	단기운송으로 위험이 낮음
서류작업	각종 무역운송서류가 필요하여 서류 작업이 복잡함	구매주문서와 송장 정도로 서류 작업이 간단함
재무적 위험	환리스크로 인하여 재무적 위험이 높음	환리스크가 없어 재무적 위험이 낮음

03 국제물류의 동향에 관한 설명으로 옳지 않은 것은? 기출 23년

① 운송거점으로서의 허브항만이 지역경제 협력의 거점으로 다각화되고 있다.
② 전자상거래의 발전으로 온라인 정보망과 오프라인 물류망 간 동조화가 강화되고 있다.
③ 재화의 소비 이후 재사용 및 폐기까지 환경유해요소를 최소화하는 환경물류의 중요성이 증대되고 있다.
④ 국제물류의 기능변화에 따라 공급사슬 전체를 관리하는 제3자 물류(3PL)업체들의 역할이 강화되고 있다.
⑤ 국제물류기업은 항만이나 공항의 공용터미널을 지속적으로 활용하여 체선·체화를 감소시키고 있다.

해설 ⑤ 국제물류기업은 항만이나 공항 인근의 복합물류 터미널을 지속적으로 활용하여 정체 현상이 심한 항만, 공항의 체선·체화를 감소시킨다.

기출문제 엿보기

☑ 공항·항만의 환경변화에 관한 설명으로 옳지 않은 것은? 25년
☑ 국제물류의 동향에 관한 설명으로 옳지 않은 것은? 23년
☑ 국제물류의 동향으로 옳지 않은 것은? 21년
☑ 국제물류 시장의 발전과 성장에 영향을 준 요인이 아닌 것은? 13년

---

04 다음 설명에 해당하는 국제물류시스템 유형은? 기출 23년

- 세계 여러 나라에 자회사를 가지고 있는 글로벌기업이 지역물류거점을 설치하여 동일 경제권 내 각국 자회사 창고 혹은 고객에게 상품을 분배하는 형태
- 유럽의 로테르담이나 동남아시아의 싱가포르 등 국제교통의 중심지에서 인접국가로 수·배송서비스를 제공하는 형태

① Classical system
② Transit system
③ Direct system
④ Just In Time system
⑤ Multi-country warehouse system

해설 ⑤ Multi-country warehouse system(다국행 창고시스템)에 대한 설명이다.

Classical system	고전적 시스템. 비교적 큰 보관시스템으로 자회사 창고를 통해 제품 송부 및 주문을 하는 형태
Transit system	통과시스템. 자회사의 창고는 단지 통과센터의 기능만 하며, 고전적 시스템보다 출하빈도가 훨씬 높아 자회사 차원에서의 보관비용이 줄어듦
Direct system	직송시스템. 제품이 생산된 국가의 공장으로부터 해외의 최종사용자 또는 자회사의 유통경로 안의 다음 중간상에게로 바로 배송되는 형태
Just In Time system	JIT시스템. 재고를 남기지 않고 입하된 재료를 그대로 사용하는 상품관리방식

기출문제 엿보기

☑ 국제물류시스템 중 통과시스템의 특징으로 옳은 것은? 24년
☑ 국제물류시스템 중 고전적 시스템에 관한 내용으로 옳은 것은? 22년
☑ 국제물류서비스의 단계별 발전과정을 옳게 나열한 것은? 25년
☑ 다음 국제물류시스템의 유형 중 다국행 창고시스템에 관한 설명으로 옳은 것은? 25년

🔒 01 ② 02 ① 03 ⑤ 04 ⑤

CHAPTER 01 시험에 꼭 나오는 필수문제

01 국내물류와 구분되는 국제물류의 특성으로 옳지 않은 것은? 기출 24년

① 물류관리에 있어서 복잡성의 증가
② 물류관리와 관련된 거래비용의 감소
③ 리드타임 및 불확실성의 증가
④ 환율변동으로 인한 환위험 노출
⑤ 국가별 유통채널의 상이성

해설 ② 국제물류는 통관, 선적 등의 추가 절차가 필요하므로 이에 수반되는 거래비용이 상승한다.

구분	국제물류	국내물류
운송 방법	주로 복합운송이 이용된다.	주로 공로운송이 이용된다.
재고 수준	주문시간이 길고, 운송 등의 불확실성으로 재고 수준이 높다.	짧은 리드타임으로 재고수준이 상대적으로 낮다.
화물 위험	장기운송과 환적 등으로 위험이 높다.	단기운송으로 위험이 낮다.
서류 작업	각종 무역운송서류가 필요하여 서류 작업이 복잡하다.	구매주문서와 송장 정도로 서류 작업이 간단하다.
재무적 위험	환리스크로 인하여 재무적 위험이 높다.	환리스크가 없어 재무적 위험이 낮다.

기출문제 엿보기

☑ 국제물류의 기능에 관한 설명으로 옳지 않은 것은? 23·19년
☑ 국제물류의 기능에 관한 설명으로 옳은 것을 모두 고른 것은? 20년
☑ 국내물류와 비교한 국제물류의 특징으로 옳지 않은 것은? 25·24년

02 국제물류관리에 관한 설명으로 옳지 않은 것은? 기출 24년

① 국제물류활동에 따른 리드타임의 증가는 재고량 감소에 영향을 미친다.
② 운송거리, 수출입절차, 통관절차 등의 영향으로 국내물류에 비해 리드타임이 길다.
③ 조달, 생산, 판매 등 물류활동이 국경을 초월하여 이루어지기 때문에 국내물류에 비해 제도적·환경적 제약을 많이 받는다.
④ 국가 간 상이한 상관습, 제도, 유통채널 등 국가별 차이를 고려해야 한다.
⑤ 9·11테러 이후 국경 간 물자의 이동에 있어서 물류보안 제도의 중요성이 높아지고 있다.

해설 ① 국제물류는 주문시간이 길고, 운송 등의 불확실성으로 재고수준이 높다. 즉, 리드타임(제품의 발주부터 납입 및 사용 가능까지의 기간)의 증가는 재고량 증가에 영향을 미친다.

기출문제 엿보기

☑ 최근 국제물류 환경변화로 옳지 않은 것은? 21년
☑ 최근 국제물류의 환경변화에 관한 설명으로 옳지 않은 것은? 25·20년
☑ 국제물류관리에 대한 설명으로 옳지 않은 것은? 24년

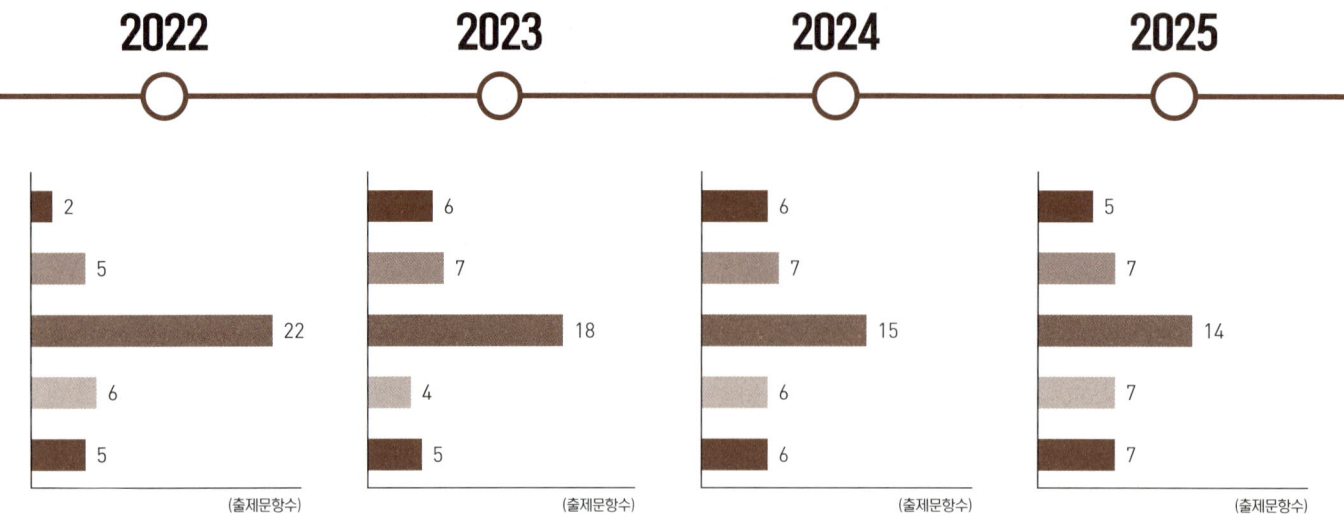

출제기준	유형 구분	중요도
CHAPTER 04 국제항공운송	Core 01 항공화물운송의 개요	★★
	Core 02 항공화물운송사업의 개요	★★
	Core 03 항공화물운송장	★★★
	Core 04 항공운송화물 사고처리 및 손해배상 청구	★★
	Core 05 국제조약 및 국제항공기구	★★★
CHAPTER 05 국제복합운송과 물류보안	Core 01 국제복합운송	★★★
	Core 02 국제물류보안	★★★

3 국제물류론

2021

- 국제물류관리
- 국제무역개론 및 무역실무
- 국제해상운송
- 국제항공운송
- 국제복합운송과 물류보안

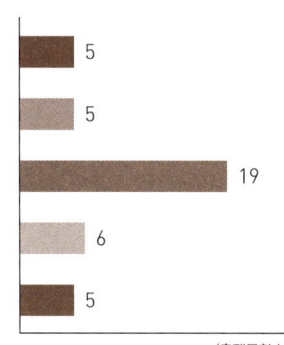

(출제문항수)

출제기준	유형 구분	중요도
CHAPTER 01 국제물류관리	Core 01 국제물류의 개요	★★
	Core 02 국제물류환경	★★
	Core 03 국제물류시스템	★★
CHAPTER 02 국제무역개론 및 무역실무	Core 01 무역계약	★★
	Core 02 무역대금의 결제방식과 신용장	★★
	Core 03 인코텀즈(INCOTERMS)	★★★
	Core 04 통관	★★
	Core 05 무역클레임	★★
CHAPTER 03 국제해상운송	Core 01 해상운송의 개요	★★
	Core 02 해상운송의 형식	★★★
	Core 03 해상운송 서류	★★★
	Core 04 해상운송보험	★★
	Core 05 해상운송 국제조약 및 국제기구	★★★

물류관리사 한권으로 끝내기
PART 3

국제물류론

CHAPTER 01 국제물류관리
CHAPTER 02 국제무역개론 및 무역실무
CHAPTER 03 국제해상운송
CHAPTER 04 국제항공운송
CHAPTER 05 국제복합운송과 물류보안

2025년 제29회 기출문제(3과목)

물류관리사 한권으로 끝내기

이 책의 차례 CONTENTS

CHAPTER 04 국제항공운송

- 시험에 꼭 나오는 필수문제 · · · · · · · · · · · · · · · · · 168
- Core 01 항공화물운송의 개요 · · · · · · · · · · · · · · 170
- Core 02 항공화물운송사업의 개요 · · · · · · · · · · · 174
- Core 03 항공화물운송장 · · · · · · · · · · · · · · · · · · 179
- Core 04 항공운송화물 사고처리 및 손해배상 청구 · · · · · 183
- Core 05 국제조약 및 국제항공기구 · · · · · · · · · · · 185
- 출제포인트 OX 문제 · 187
- 빈출키워드 기출유형문제 · · · · · · · · · · · · · · · · · 188

CHAPTER 05 국제복합운송과 물류보안

- 시험에 꼭 나오는 필수문제 · · · · · · · · · · · · · · · · · 194
- Core 01 국제복합운송 · · · · · · · · · · · · · · · · · · · 196
- Core 02 국제물류 보안 · · · · · · · · · · · · · · · · · · · 207
- 출제포인트 OX 문제 · 210
- 빈출키워드 기출유형문제 · · · · · · · · · · · · · · · · · 211

2025년 제29회 기출문제

- 3과목 국제물류론 · 224

물류관리사 한권으로 끝내기

이 책의 차례 CONTENTS

CHAPTER 01 국제물류관리

- 시험에 꼭 나오는 필수문제 · 04
- Core 01 국제물류의 개요 · 06
- Core 02 국제물류환경 · 09
- Core 03 국제물류시스템 · 13
- 출제포인트 OX 문제 · 19
- 빈출키워드 기출유형문제 · 20

CHAPTER 02 국제무역개론 및 무역실무

- 시험에 꼭 나오는 필수문제 · 28
- Core 01 무역계약 · 30
- Core 02 무역대금의 결제방식과 신용장 · 39
- Core 03 인코텀즈(INCOTERMS) · 49
- Core 04 통관 · 63
- Core 05 무역클레임 · 69
- 출제포인트 OX 문제 · 73
- 빈출키워드 기출유형문제 · 75

CHAPTER 03 국제해상운송

- 시험에 꼭 나오는 필수문제 · 90
- Core 01 해상운송의 개요 · 92
- Core 02 해상운송의 형식 · 103
- Core 03 해상운송 서류 · 122
- Core 04 해상운송보험 · 132
- Core 05 해상운송 국제조약 및 국제기구 · 144
- 출제포인트 OX 문제 · 147
- 빈출키워드 기출유형문제 · 149

물류관리사
한권으로 끝내기

Always **with you**

사람의 인연은 길에서 우연하게 만나거나 함께 살아가는 것만을 의미하지는 않습니다.
책을 펴내는 출판사와 그 책을 읽는 독자의 만남도 소중한 인연입니다.
시대에듀는 항상 독자의 마음을 헤아리기 위해 노력하고 있습니다. 늘 독자와 함께하겠습니다.

보다 깊이 있는 학습을 원하는 수험생들을 위한
시대에듀의 동영상 강의가 준비되어 있습니다.

www.sdedu.co.kr ➜ 회원가입(로그인) ➜ 물류관리사

물류관리사
한권으로 끝내기

3권 | 국제물류론

시대에듀

39 택배 표준약관(공정거래위원회 표준약관 제10026호)에서 정하고 있는 운송물의 수탁거절에 해당하는 것을 모두 고른 것은?

> ㄱ. 1포장의 가액이 300만원을 초과하는 경우
> ㄴ. 화약류, 인화물질 등 위험한 물건인 경우
> ㄷ. 재생 불가능한 계약서, 원고, 서류 등인 경우
> ㄹ. 살아 있는 동물, 동물사체 등인 경우
> ㅁ. 현금, 카드, 어음, 수표, 유가증권 등 현금화가 가능한 물건인 경우

① ㅁ
② ㄴ, ㄹ
③ ㄱ, ㄷ, ㅁ
④ ㄱ, ㄴ, ㄷ, ㄹ
⑤ ㄱ, ㄴ, ㄷ, ㄹ, ㅁ

해설
ㄱ. 택배 표준약관 제12조 제6호
ㄴ. 택배 표준약관 제12조 제8호
ㄷ. 택배 표준약관 제12조 제11호
ㄹ. 택배 표준약관 제12조 제12호
ㅁ. 택배 표준약관 제12조 제10호

40 생활물류서비스산업발전법상 택배서비스 운송 위탁계약의 해지에 관한 내용이다. ( )에 들어갈 내용으로 옳은 것은?

> 택배서비스사업자는 택배서비스종사자와의 택배서비스 운송 위탁계약을 해지하려는 경우에는 택배서비스종사자에게 (ㄱ)일 이상의 유예기간을 두고 계약의 위반 사실을 구체적으로 밝히고 이를 시정하지 아니하면 그 계약을 해지한다는 사실을 서면으로 (ㄴ)회 이상 통지하여야 한다. 다만, 대통령령으로 정하는 바에 따라 계약을 지속하기 어려운 중대한 사유가 있는 경우에는 그러하지 아니하다.

① ㄱ : 30, ㄴ : 1
② ㄱ : 30, ㄴ : 2
③ ㄱ : 60, ㄴ : 1
④ ㄱ : 60, ㄴ : 2
⑤ ㄱ : 90, ㄴ : 1

해설
택배서비스사업자는 택배서비스종사자와의 택배서비스 운송 위탁계약을 해지하려는 경우에는 택배서비스종사자에게 60일 이상의 유예기간을 두고 계약의 위반 사실을 구체적으로 밝히고 이를 시정하지 아니하면 그 계약을 해지한다는 사실을 서면으로 2회 이상 통지하여야 한다. 다만, 대통령령으로 정하는 바에 따라 계약을 지속하기 어려운 중대한 사유가 있는 경우에는 그러하지 아니하다(생활물류서비스산업발전법 제11조 제1항).

37 다음은 택배 표준약관(공정거래위원회 표준약관 제10026호)에서 인도할 수 없는 운송물의 처분에 관한 내용이다. ( )에 들어갈 내용으로 옳은 것은?

> 사업자는 고객(송화인)에게 (ㄱ) 이상의 기간을 정하여 그 기간 내에 운송물의 처분에 관한 지시가 없으면 경매한다는 뜻을 명시하여 운송물의 처분과 관련한 지시를 해 줄 것을 통지합니다. 다만, 고객(수화인)의 수령거절 또는 수령불능의 경우에는 먼저 고객(수화인)에게 (ㄴ) 이상의 기간을 정하여 수령을 요청하고 그 기간 내에도 수령하지 않는 때에 고객(송화인)에게 통지합니다.

① ㄱ : 1주일, ㄴ : 1주일
② ㄱ : 1주일, ㄴ : 2주일
③ ㄱ : 2주일, ㄴ : 3주일
④ ㄱ : 3주일, ㄴ : 1주일
⑤ ㄱ : 1개월, ㄴ : 1주일

해설 사업자는 고객(송화인)에게 1개월 이상의 기간을 정하여 그 기간 내에 운송물의 처분에 관한 지시가 없으면 경매한다는 뜻을 명시하여 운송물의 처분과 관련한 지시를 해 줄 것을 통지한다. 다만, 고객(수화인)의 수령거절 또는 수령불능의 경우에는 먼저 고객(수화인)에게 1주일 이상의 기간을 정하여 수령을 요청하고 그 기간 내에도 수령하지 않는 때에 고객(송화인)에게 통지한다(택배 표준약관 제16조 제2항).

38 다음에서 설명하고 있는 용선운송계약의 형태는?

> • 용선자(선박임차인)가 계약기간을 일정기간으로 정하여 기간에 따라 임차료를 계산하고 선박소유자로부터 선박 자체만을 임차하여 선장, 선원, 항비, 수선비 및 보험료 등 모두를 용선자가 부담하는 경우를 말한다.
> • 용선자는 선장과 선원에 대한 지휘 감독권이 있으며, 이들의 과실로 인해 발생한 책임을 모두 부담한다.

① 항해용선계약(Voyage Charter)
② 선복용선계약(Lump-sum Charter)
③ 나용선계약(Bareboat Charter)
④ 정기용선계약(Time Charter)
⑤ 일대용선계약(Daily Charter)

해설
① 어느 한 특정 항구에서 다른 특정 항구까지 한 번의 항해를 위해 화주와 선주 간에 체결되는 용선계약이다.
② 한 선박의 선복 전부를 한 선적으로 간주하고 운임총액을 정하여 실제 적재수량과 관계없이 정하는 방식이다.
④ 모든 장비를 갖추고, 선원이 승선해 있는 선박을 일정 기간 정하여 사용하는 조건으로 체결되는 용선계약이다.
⑤ 항해용선계약의 변형으로 화주에게 화물을 인도하기까지 하루 단위로 용선하는 계약이다.

35 화물의 가치가 높은 화물의 경우, 중량이나 용적이 아닌 가격을 기준으로 산정하는 항공화물 운임에 해당하는 것은?

① 단위탑재용기운임
② 종가운임
③ 무차별운임
④ 중량운임
⑤ 추가운임

해설 종가운임(Valuation Charge)
- 운송화물의 중량 또는 용적이 아닌 화물의 가격을 기준으로 부과하는 운임
- 항공사는 화물운송 도중 사고가 발생하여 배상해야 하는 때에는 일반적으로 IATA 규정에 따라 배상(책임제한)하지만, 화주가 고가의 화물에 대하여 정해진 배상기준금액을 초과하여 배상받고자 할 경우에는 항공사에 미리 그 가격을 신고하고, 일정률의 추가운임을 지불하는데 이를 종가운임이라 한다.
- 항공화물운송장(AWB)에 화물의 실제 가격이 기재된 경우에 부과되며, 종가운임이 부과되면 항공운송인(통상 항공사)의 책임제한이 적용되지 않고, 화주는 항공화물운송장에 기재된 가격 전액을 배상받을 수 있다.

36 택배 표준약관(공정거래위원회 표준약관 제10026호)에서 운임의 청구와 유치권에 관한 내용으로 옳지 않은 것은?

① 사업자는 고객(송화인)과의 합의에 따라 운송물을 인도할 때 운송물을 받는 자(수화인)에게 운임을 청구할 수 있다.
② 고객(송화인, 수화인)의 사유로 운송물을 돌려보내거나 도착지 주소지가 변경되는 경우에 사업자는 따로 추가 요금을 청구할 수 없다.
③ 사업자가 고객(송화인)과의 합의에 따라 운송물을 인도할 때, 운송물을 받는 자(수화인)가 운임을 지급하지 않는 경우에 사업자는 운송물을 유치할 수 있다.
④ 운송물이 포장당 50만원을 초과하거나 운송상 특별한 주의를 요하는 것일 때에는 사업자는 따로 할증요금을 청구할 수 있다.
⑤ 사업자는 운송물을 수탁할 때, 고객(송화인)에게 운임을 청구할 수 있다.

해설 고객(송화인, 수화인)의 사유로 운송물을 돌려보내거나, 도착지 주소지가 변경되는 경우, 사업자는 따로 추가 요금을 청구할 수 있다(택배 표준약관 제8조 제4항).

33 항공화물 운임산출의 일반적인 기준에 관한 내용으로 옳은 것은?

① 항공운임은 ICAO의 기준에 따르며 요금, 요율 및 그와 관련된 규정은 운송장 발행 이후 일주일의 기한을 두어 소급 적용한다.
② 화물요율의 설정은 공항에서 공항까지이며 부수적인 서비스 요금은 별도로 계산하지 않는다.
③ 화물의 요율은 출발지 국가의 현지 통화로 설정하며, 출발지로부터 목적지까지 한 방향으로 적용한다.
④ 모든 화물의 요율은 출발지 국가와 상관없이 kg당 요율로 설정한다.
⑤ 운임 산출 시 근거가 되었던 경로는 화물의 실제 운송경로와 반드시 일치하여야 한다.

해설
① 우리나라의 항공운임은 IATA에서 제정한 요율규정인 TACT(The Air Cargo Tariff) I & II 및 Tariff Coordinating Conference Regulation에 따라 산출하며, 요율, 요금 및 그와 관련된 규정의 적용은 항공화물운송장(AWB)의 발행 당일에 유효한 것을 적용한다.
② 항공화물 요율은 공항에서 공항까지의 운송만을 위해 설정되며, 부수적으로 발생되는 이적, 통관, 집화, 인도, 창고, 보관 혹은 그와 유사한 서비스에 대한 요금은 별도 계산한다.
④ 항공운임은 출발지에서의 중량(Chargeable Weight)에 kg/lb(파운드)당 적용요율을 곱하여 산출한다.
⑤ 운임 산출 시 근거가 되었던 경로는 화물의 실제 운송경로와 반드시 일치할 필요는 없다.

34 다음에서 설명하고 있는 해운동맹의 운영방법에 해당하는 것은?

> 각 동맹선사들이 일정기간 벌어들인 운임을 사전에 정한 배분율에 따라 배분하는 방법으로, 보통 일정 기간 내에 얻은 운임수입에서 소정의 비용을 공제한 금액의 전부 또는 일부를 계산하여 각사에 나누어 준다.

① 공동계산협정(Pooling Agreement)
② 대항선(Fighting Ship) 운영
③ 계약운임제(Contract Rate System)
④ 성실환급제(Fidelity Rebate System)
⑤ 이연환급제(Deferred Rebate System)

해설
② 맹외선(해운동맹 비회원 선사)의 시장 진입을 막기 위해 동맹 소속 선박 중 하나를 지정하여 맹외선 운항 스케줄과 동일한 시간대에 투입하고, 채산을 무시할 정도로 매우 낮은 운임을 적용하여 경쟁 선사를 해당 항로에서 철수시키도록 유도하는 것을 말한다.
③ 이중운임제라고도 하며, 동맹선에 모든 화물을 싣기로 한 계약 화주에게는 일정액 또는 일정률 할인된 계약운임을 적용하고, 동맹과 계약하지 않은 비계약 화주에게는 할인되지 않은 운임을 적용하는 제도이다.
④ 일정 기간 동안 자기 화물을 모두 동맹선에만 선적한 화주에 대해 운임이 선불이든 후불이든 관계없이 그 기간 내에 선박회사가 받은 운임의 일정 비율을 기간 경과 후에 환급하는 제도이다.
⑤ 일정 기간(통상 6개월) 동안 동맹선에만 선적한 화주에 대해 지급한 운임의 일부를 환급하는데, 환급함에 있어 그 기간에 이어 계속해서 일정 기간 동맹선에만 선적할 것을 조건으로 하여 그 계속되는 일정 기간이 경과된 후 환급되는 제도이다.

30 수송수요모형에 관한 설명으로 옳은 것은?

① 성장인자모형은 확률이론을 기반으로 단기적 효과를 확인하기에 용이한 수단분담모형이다.
② 회귀모형은 일정구역에서 화물의 공간적 분산정도가 극대화한다는 가정에 기초한 비집계자료활용모형이다.
③ 통행교차모형은 화물 발생량 및 도착량에 영향을 주는 다양한 변수 간의 상관관계에 대한 식을 도출하여 교차하는 화물량을 예측하는 화물분포모형이다.
④ 중력모형은 지역 간의 운송량이 경제규모에 비례하고 거리에 반비례한다는 가정에 의한 모형이다.
⑤ 스위프(Sweep)모형은 물동량 배분패턴이 장래에도 일정하게 유지된다는 가정하에 지역 간의 물동량을 예측하는 화물분포모형이다.

해설
① 확률이론을 기반으로 단기적 효과를 확인하기에 용이한 수단분담모형은 로짓모형이다.
② 일정구역에서 화물의 공간적 분산정도가 극대화한다는 가정에 기초한 비집계자료활용모형은 엔트로피 극대화모형이다.
③ 화물 발생량 및 도착량에 영향을 주는 다양한 변수 간의 상관관계에 대한 식을 도출하여 교차하는 화물량을 예측하는 것은 회귀모형으로, 화물발생모형에 해당한다.
⑤ 물동량 배분패턴이 장래에도 일정하게 유지된다는 가정하에 지역 간의 물동량을 예측하는 화물분포모형은 성장인자모형이다.

31 선박의 톤수에 관한 설명으로 옳은 것을 모두 고른 것은?

> ㄱ. 선박의 톤은 선박의 중량과 용적 단위로 나타낸다.
> ㄴ. 선박의 용적을 톤으로 표시하는 용적톤수에는 총톤수, 순톤수가 있다.
> ㄷ. 순톤수는 총톤수에서 기관실, 선원실 등 선박의 운항과 관련된 장소의 용적을 제외한 것이다.
> ㄹ. 배수톤수는 선박이 적재할 수 있는 화물의 최대허용중량을 의미한다.
> ㅁ. 재화중량톤수는 선체의 수면아래 부분의 용적에 상당하는 물의 중량을 의미한다.

① ㄱ, ㄴ, ㄷ
② ㄱ, ㄴ, ㅁ
③ ㄱ, ㄹ, ㅁ
④ ㄴ, ㄷ, ㄹ
⑤ ㄷ, ㄹ, ㅁ

해설
ㄹ. 배수톤수는 선체의 수면아래 부분의 용적에 상당하는 물의 중량을 의미한다.
ㅁ. 재화중량톤수는 선박이 적재할 수 있는 화물의 최대허용중량을 의미한다.

32 연안해상운송에 관한 설명으로 옳지 않은 것은?

① 해수면을 통해 화물을 선박으로 수송하는 것이다.
② 소량 다빈도 운송으로 문전수송(Door-to-Door)에 적합하다.
③ 도서지역 생필품의 안정적 공급 수단이 된다.
④ 철도 및 도로 운송의 대체수단으로 국내 항만을 오가는 운송이다.
⑤ 도로운송의 혼잡을 경감할 수 있는 친환경 운송수단의 특성이 있다.

해설
소량 다빈도 운송으로 문전수송(Door-to-Door)에 적합한 운송수단은 화물자동차이다. 해상운송은 대량화물 수송에 적합하며, 문전수송(Door-to-Door)이 불가능하여 항만에서 육상운송수단으로 환적해야 한다.

28 출발지에서 도착지까지 유류를 운송하는 파이프라인에서 c → b 구간의 폐쇄를 고려하고 있다. 각각의 파이프라인 (ㄱ), (ㄴ)에서 운송 가능한 최대 유량은? (단, 링크의 숫자는 인접한 노드 간의 용량을 나타내며, 화살표 방향으로만 이동 가능함)

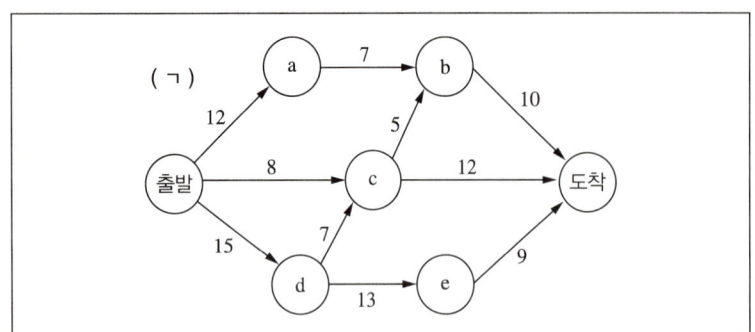

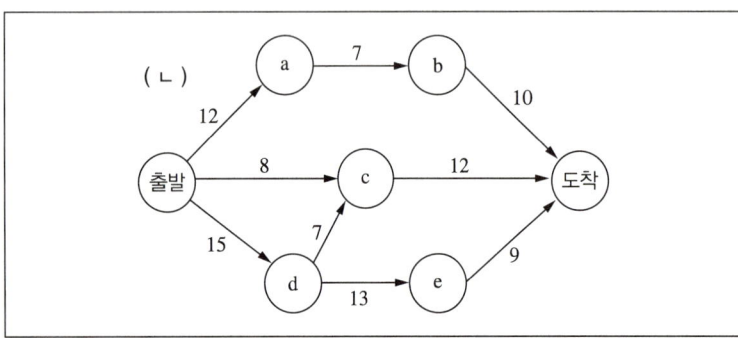

① ㄱ : 28, ㄴ : 27
② ㄱ : 28, ㄴ : 28
③ ㄱ : 30, ㄴ : 24
④ ㄱ : 30, ㄴ : 27
⑤ ㄱ : 30, ㄴ : 28

해설

(ㄱ)
- 출발지 → a → b → 도착지 : 7
- 출발지 → c → b → 도착지 : 3
- 출발지 → c → 도착지 : 5
- 출발지 → d → c → 도착지 : 7
- 출발지 → d → e → 도착지 : 8
- ∴ (ㄱ)에서 운송 가능한 최대 유량
  = 7 + 3 + 5 + 7 + 8 = 30

(ㄴ)
- 출발지 → a → b → 도착지 : 7
- 출발지 → c → 도착지 : 8
- 출발지 → d → c → 도착지 : 4
- 출발지 → d → e → 도착지 : 9
- ∴ (ㄴ)에서 운송 가능한 최대 유량
  = 7 + 8 + 4 + 9 = 28

29 허브 앤 스포크(Hub & Spoke) 시스템에 관한 내용으로 옳은 것을 모두 고른 것은?

> ㄱ. 모든 노선이 허브를 중심으로 구축된다.
> ㄴ. 대규모 분류능력을 갖춘 허브터미널이 필요하다.
> ㄷ. 운송노선이 다양하고 복잡해지기 때문에 전체 운송비용이 증가한다.
> ㄹ. 규모의 경제를 이루어 운송망 전체의 효율성이 높아진다.
> ㅁ. 셔틀노선의 증편이 용이하여 영업소 확대에 유리하다.

① ㄱ, ㄴ, ㄹ
② ㄱ, ㄴ, ㅁ
③ ㄱ, ㄷ, ㄹ
④ ㄴ, ㄷ, ㅁ
⑤ ㄷ, ㄹ, ㅁ

해설

ㄷ. 노선의 수가 적어 운송의 효율성이 높다.
ㅁ. 적은 노선 수로도 많은 지점에 연결망을 구축할 수 있기 때문에 셔틀노선의 증편은 불필요한 시스템이다.

26 각 지점 간 거리를 나타내는 거리행렬이 다음과 같을 때, 물류센터에서 3개의 수요처까지 개별 왕복 운송하는 방법에서 순회운송하는 방법으로 변경할 경우 감소되는 운송거리(km)는?

(단위 : km)

구분	물류센터	수요처1(S1)	수요처2(S2)	수요처3(S3)
물류센터	–	7	8	5
수요처1(S1)	7	–	2	6
수요처2(S2)	8	2	–	3
수요처3(S3)	5	6	3	–

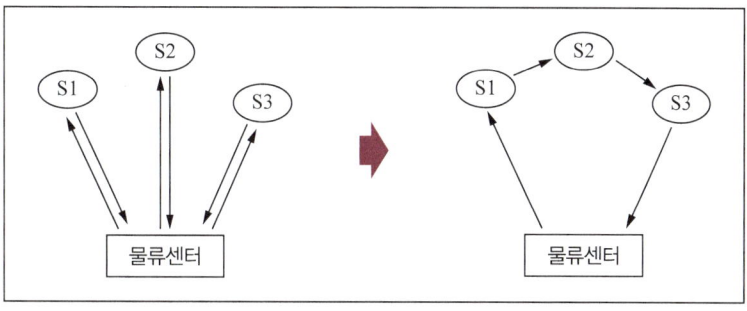

① 3
② 8
③ 14
④ 19
⑤ 23

해설
- 3개의 수요처를 개별 왕복운송하는 경우, 운송거리는 7 + 7 + 8 + 8 + 5 + 5 = 40km이다.
- 물류센터에서 3개의 수요처를 순회운송하는 경우, 운송거리는 7 + 2 + 3 + 5 = 17km이다.
- ∴ 개별 왕복운송하는 방법에서 순회운송하는 방법으로 변경할 경우 감소되는 운송거리는 40 − 17 = 23km이다.

27 수 · 배송시스템을 설계할 때 고려할 사항으로 옳지 않은 것은?

① 화물차의 적재율을 높일 수 있도록 설계한다.
② 중복수송, 편도수송이 많이 일어나도록 설계하여 수송비용을 최소화한다.
③ 동일지역에서 집화와 배송을 동시에 수행할 수 있게 설계하여 효율성을 높인다.
④ 배송경로는 가능한 상호 교차되지 않도록 설계한다.
⑤ 차량 운행대수, 수 · 배송비용 등을 고려하여 설계한다.

해설
중복수송, 편도수송이 적게 일어나도록 운송루트를 설계하여 수송비용을 최소화한다.

23 운송주선인에 관한 설명으로 옳지 않은 것은?

① 화물의 집화·분배 서비스 등을 제공한다.
② 수출입화물의 통관절차를 대행한다.
③ 화주를 대신하여 운송인과 운송계약을 체결한다.
④ 복합운송에서 전체 운송 구간의 운송책임을 부담한다.
⑤ 혼재운송을 하지 않고 단일 화주의 FCL 화물만을 취급하기 때문에 LCL 화물은 취급하지 않는다.

24 다음 (   )에 들어갈 Consolidation Service를 바르게 나열한 것은?

> (ㄱ)은 다수의 송화인(수출자)으로부터 화물을 혼재하여 한 사람의 수화인(수입자)에게 운송하는 형태이다.
> (ㄴ)은 다수의 송화인(수출자)으로부터 화물을 혼재하여 다수의 수화인(수입자)에게 운송하는 형태이다.

① ㄱ : Buyer's Consolidation, ㄴ : Shipper's Consolidation
② ㄱ : Shipper's Consolidation, ㄴ : Forwarder's Consolidation
③ ㄱ : Forwarder's Consolidation, ㄴ : Shipper's Consolidation
④ ㄱ : Buyer's Consolidation, ㄴ : Forwarder's Consolidation
⑤ ㄱ : Shipper's Consolidation, ㄴ : Buyer's Consolidation

25 다음 S에서 출발하여 F에 도착하는 운송네트워크의 최단경로 거리(km)는?
(단, 경로별 숫자는 km임)

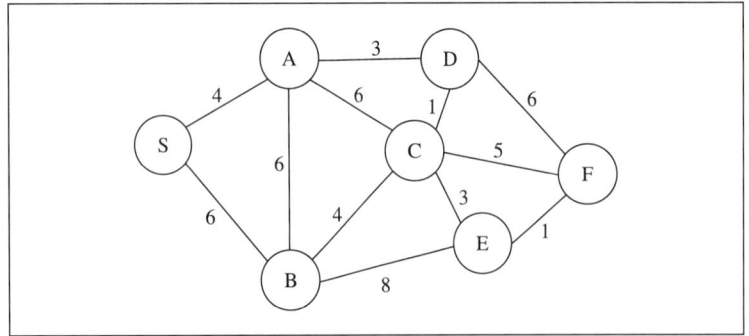

① 11　　② 12
③ 13　　④ 14
⑤ 15

21 3개의 공급지와 4개의 수요지에 대한 수송모형에서 공급지에서 수요지 간의 1단위 수송비용이 다음과 같을 때 총운송비용의 최소값을 구하기 위한 제약조건식으로 옳은 것은? (단, X_{ij}에서 X는 물량, i는 공급지, j는 수요지를 나타냄)

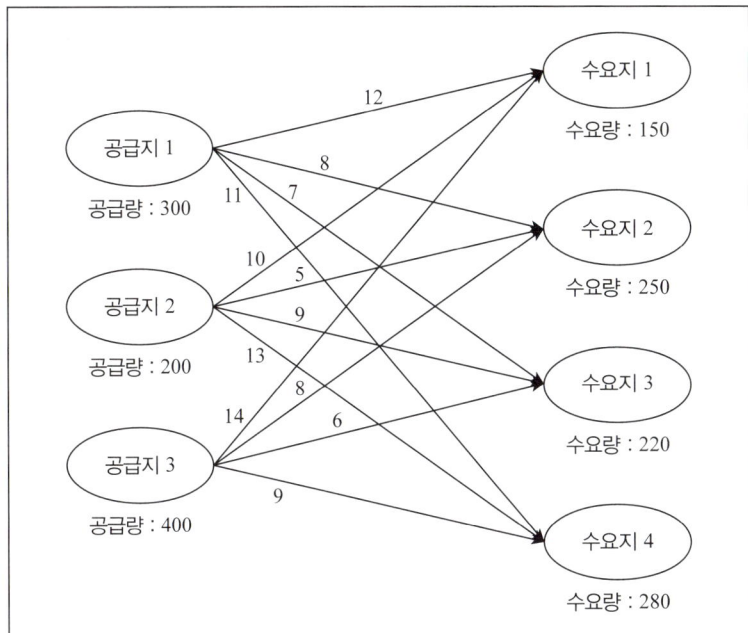

① $X_{12} + X_{22} + X_{32} = 150$
② $X_{13} + X_{23} + X_{33} = 300$
③ $X_{11} + X_{22} + X_{33} = 600$
④ $X_{21} + X_{22} + X_{23} + X_{24} = 200$
⑤ $X_{11} + X_{22} + X_{33} + X_{44} = 900$

☑ 확인 CHECK!

해설 표로 나타내면 다음과 같다.

수요지 공급지	수요지 1	수요지 2	수요지 3	수요지 4	공급량(톤)
공급지 1	12	8	7	11	300
공급지 2	10	5	9	13	200
공급지 3	14	8	6	9	400
수요량(톤)	150	250	220	280	900

따라서 총운송비용의 최소값을 구하기 위한 제약 조건식으로 옳은 것은 $X_{21} + X_{22} + X_{23} + X_{24} = 200$이다.

---

22 국제물류주선업의 기능에 해당하는 것으로 모두 고른 것은?

ㄱ. 화물의 집화·분배·혼재 서비스 제공
ㄴ. 운송계약의 체결
ㄷ. 운송수단, 화물의 포장형태 등 각종 국제 운송에 관한 조언
ㄹ. 선하증권 등 운송서류 작성
ㅁ. 선박의 감항능력 유지
ㅂ. 컨테이너 야드 보안관리

① ㄱ, ㄴ, ㄷ, ㄹ
② ㄱ, ㄴ, ㄹ, ㅂ
③ ㄱ, ㄷ, ㅁ, ㅂ
④ ㄴ, ㄷ, ㄹ, ㅁ
⑤ ㄷ, ㄹ, ㅁ, ㅂ

☑ 확인 CHECK!

해설
ㅁ. 선박의 감항능력, 즉 선박이 안전하게 항해를 감내할 수 있는 능력을 유지하는 것은 해상운송인의 의무이다.
ㅂ. 컨테이너 야드의 보안관리는 주로 선사가 관리한다.

19 화물자동차 운수사업법령상 화물자동차 운송가맹사업의 허가기준에 관한 내용으로 옳지 않은 것은?

① 화물자동차의 종류는 화물자동차 운수사업법 시행규칙 제3조에 따른 화물자동차(화물자동차를 직접 소유하는 경우만 해당한다)를 말한다.
② 그 밖의 운송시설로 화물정보망을 갖추어야 한다.
③ 사무실 및 영업소는 영업에 필요한 면적을 보유하여야 한다.
④ 최저보유차고면적은 화물자동차 1대당 그 화물자동차의 길이와 너비를 곱한 면적(화물자동차를 직접 소유하는 경우만 해당한다)이다.
⑤ 허가기준 대수는 50대 이상이며 운송사업자가 화물자동차 운송가맹사업 허가를 신청하는 경우 운송사업자의 지위에서 보유하고 있던 화물자동차 운송사업용 화물자동차는 화물자동차 운송가맹사업의 허가기준 대수로 겸용할 수 있다.

해설 허가기준 대수는 50대 이상이며 운송사업자가 화물자동차 운송가맹사업 허가를 신청하는 경우 운송사업자의 지위에서 보유하고 있던 화물자동차 운송사업용 화물자동차는 화물자동차 운송가맹사업의 허가기준 대수로 겸용할 수 없다(화물자동차 운수사업법 시행규칙 별표 5 참고).

20 다음 수송표에서 최소비용법과 보겔추정법을 적용하여 총운송비용을 구할 때 각각의 방식에 따라 산출된 총운송비용의 차이는? (단, 공급지에서 수요지까지의 톤당 운송비는 각 셀의 우측상단에 표시되어 있음)

(단위 : 천원)

수요지 공급지	D1	D2	D3	D4	공급량(톤)
S1	16	18	3	9	300
S2	8	14	7	12	120
S3	6	11	15	13	180
수요량(톤)	130	200	150	120	600

① 30,000원
② 60,000원
③ 120,000원
④ 180,000원
⑤ 240,000원

해설
- 최소비용법 총운송비용
 = (150×3) + (130×6)
 + (120×9) + (50×11)
 + (120×14) + (30×18)
 = 5,080천원
- 보겔추정법 총운송비용
 = (150×3) + (120×9)
 + (120×8) + (10×6)
 + (170×11) + (30×18)
 = 4,960천원
∴ 최소비용법 총운송비용과 보겔추정법 총운송비용의 차이
 = 5,080천원 − 4,960천원
 = 120,000원

17 철도화물 운임체계에 관한 설명으로 옳지 않은 것은?

① 철도화물의 운임체계는 일반화물과 컨테이너 화물로 구분된다.
② 화물운임의 할인종류에는 왕복수송 할인, 탄력할인 등이 있다.
③ 컨테이너화물의 최저기본운임은 규격별, 영·공별 컨테이너의 100km에 해당하는 운임이다.
④ 사유화차 할인은 고객이 화차를 제작하여 철도운송에 사용할 경우 투자비 보전을 위해 시행하는 할인으로 할인율은 화차제작 조건에 관계없이 동일하게 적용된다.
⑤ 화물운임의 할증종류에는 철도공사 직원이 감시인으로 승차하는 화물 할증, 열차 및 경로 지정 화물 할증 등이 있다.

해설: 사유화차 할인은 고객이 화차를 제작하여 철도운송에 사용할 경우 고객의 투자비를 보전하기 위해 시행하는 할인으로 할인율은 화차제작 조건을 따른다.

18 다음에서 설명하고 있는 철도운송 서비스 형태는?

- 비교적 짧은 구간에서 유용한 열차서비스의 형태임
- 철도역 또는 터미널에서 화차조성비용을 줄이기 위해 화차의 수와 타입이 고정됨
- 출발지 → 목적지 → 출발지를 연결하는 루프형 구간에서 서비스를 제공하는 열차 형태임

① Shuttle Train
② Block Train
③ Single Wagon Train
④ Liner Train
⑤ Coupling & Sharing Train

해설:
② 스위칭야드(Switching Yard)를 이용하지 않고 철도화물역 또는 터미널 간을 직행 운행하는 전용열차의 한 형태로 화차의 수와 타입이 고정되어 있지 않다.
③ 복수의 중간역 또는 터미널을 거치면서 운행하는 방식으로 목적지까지 열차운행을 위한 충분한 물량이 확보된 경우에만 운행한다.
④ 장거리구간에서 여러 개의 소규모터미널이 존재하는 경우 마치 여객열차와 같이 각 기차터미널에서 화차를 Pick up & Deliver하는 서비스 형태이다.
⑤ 기존 Single-Wagon Train의 개선 대안으로 제기된 열차형태이며, 중간역에서의 화차취급을 단순화해서 열차의 조성을 신속·정확하게 할 수 있다.

15 다음은 A기업의 1년간 화물자동차 운행실적이다. 운행실적을 통해 얻을 수 있는 운영지표의 값에 관한 설명으로 옳은 것은?

- 총 주행거리 : 80,000km
- 실제 적재 주행거리 : 72,000km
- 실제 가동 차량 수 : 300대
- 누적 실제 차량 수 : 360대
- 트럭의 적재 가능 총중량 : 10톤
- 트럭의 평균 적재 중량 : 8.2톤

① 가동률은 80%이다.
② 영차율은 90%이다.
③ 적재율은 85%이다.
④ 복화율은 75%이다.
⑤ 공차거리율은 20%이다.

해설

② 영차율
$= \dfrac{\text{실제 적재 주행거리}}{\text{총 주행거리}} \times 100$
$= \dfrac{72,000\text{km}}{80,000\text{km}} \times 100 = 90\%$

① 가동률
$= \dfrac{\text{실제 가동 차량 수}}{\text{누적 실제 차량 수}} \times 100$
$= \dfrac{300\text{대}}{360\text{대}} \times 100 ≒ 83.3\%$

③ 적재율
$= \dfrac{\text{평균 적재 중량}}{\text{적재 가능 총중량}} \times 100$
$= \dfrac{8.2\text{톤}}{10\text{톤}} \times 100 = 82\%$

④ 복화율은 편도운송을 한 후 귀로 시 화물운송을 얼마나 수행했는지를 나타내는 지표이다. 위에서 주어진 운행실적만으로 복화율을 구할 수 없다.

⑤ 공차거리율
$= \dfrac{\text{공차상태의 주행거리}}{\text{총 주행거리}} \times 100$
$= \dfrac{80,000\text{km} - 72,000\text{km}}{80,000\text{km}} \times 100$
$= 10\%$

16 철도화물운송용 화물차량에 관한 설명으로 옳지 않은 것은?

① 호퍼화차는 포대화물, 종이류 등을 수송하기 위한 차량으로 양측에 슬라이딩 도어를 구비하여 화물의 적하가 용이하도록 되어 있다.
② 곡물화차는 양곡, 사료 등 비포장 분말화물을 상부 해치를 통하여 적재하고 하부 호퍼를 통하여 하역할 수 있도록 되어 있다.
③ 무개화차는 지붕이 없는 화차로 석탄, 자갈 등 손상 염려가 없는 화물 수송에 이용된다.
④ 컨테이너 화차는 상면 위에 컨테이너를 적재할 수 있으며 고정 장치가 부착되어 있다.
⑤ 곡형평면화차는 특대형 화물 수송용 차량으로 중앙부 저상구조로 대형 변압기, 군장비 등을 적재한다.

해설

포대화물, 종이류 등을 수송하기 위한 차량으로 양측에 슬라이딩 도어를 구비하여 화물의 적하가 용이한 것은 유개화차이다. 호퍼화차는 밑 부분에는 중력양륙 또는 공기양륙 장치가 부착되어 화물을 싣고 내리는 작업이 가능한 구조로 곡물, 사료 등 입체화물을 운반하거나 석탄, 자갈 등 분체화물 운송에 적합하다.

12 다음과 같은 화물자동차 운송과 철도 운송 조건에서 채트반(Chatban) 공식을 이용한 두 수송수단 간 경제효용거리 분기점은?

- 철도 운송비 : 2,000원/ton · km
- 화물자동차 운송비 : 4,000원/ton · km
- 톤당 철도 부대비용(철도 발착비, 하역비 등) : 500,000원/ton

① 150km
② 200km
③ 225km
④ 250km
⑤ 275km

해설 경제효용거리 분기점
$$= \frac{\text{철도 부대비용}}{\text{화물자동차운송비} - \text{철도운송비}}$$
$$= \frac{500{,}000원}{4{,}000원 - 2{,}000원} = 250(km)$$

---

13 화물자동차운송시스템 전략으로 사용되는 원칙이 아닌 것은?

① 운송과 재고의 Trade-off 원칙
② 단일 원거리 운송의 원칙
③ 회전수 감소의 원칙
④ 수·배송 일원화의 원칙
⑤ 상하차 신속의 원칙

해설 회전수 감소는 차량이 운행하는 횟수를 줄여 운송 생산성을 저하한다. 그러므로 회전수를 증가시켜 운송 생산성을 향상할 수 있는 화물자동차운송시스템 전략을 사용해야 한다.

---

14 화물자동차 운송운임의 항목별 원가에서 고정비에 해당하는 것을 모두 고른 것은?

ㄱ. 감가상각비
ㄴ. 지급이자
ㄷ. 유류비
ㄹ. 타이어비
ㅁ. 시간외 수당

① ㄱ, ㄴ
② ㄱ, ㅁ
③ ㄴ, ㄷ
④ ㄷ, ㄹ
⑤ ㄹ, ㅁ

해설
ㄱ. 감가상각비 – 고정비
ㄴ. 지급이자 – 고정비
ㄷ. 유류비 – 변동비
ㄹ. 타이어비 – 변동비
ㅁ. 시간외 수당 – 변동비

09 운송수단의 특징에 관한 설명으로 옳지 않은 것은?

① 철도운송은 공로운송보다 대량화물 운송에 유리하다.
② 공로운송은 타 운송수단에 비해 단거리 운송에 유리하다.
③ 항공운송은 장거리 및 대용량·고중량 운송에 유리하다.
④ 해상화물은 화물의 크기나 무게에 대한 영향을 적게 받아 대용량 화물운송에 유리하다.
⑤ 파이프라인 운송은 초기 시설비가 많이 들지만 유지비용은 저렴하다.

> 해설: 항공운송은 소량 및 경량 물품의 원거리 운송에 유리하다.

10 화물자동차의 구조에 의한 분류에서 전용특장차에 해당하는 차량을 모두 고른 것은?

ㄱ. 냉동차
ㄴ. 액체 수송차(탱크로리)
ㄷ. 리프트게이트부착차량
ㄹ. 시스템 차량
ㅁ. 믹서트럭

① ㄱ, ㄴ, ㄷ
② ㄱ, ㄴ, ㅁ
③ ㄱ, ㄷ, ㄹ
④ ㄴ, ㄹ, ㅁ
⑤ ㄷ, ㄹ, ㅁ

> 해설:
> ㄱ. 냉동차 – 전용특장차
> ㄴ. 액체 수송차(탱크로리) – 전용특장차
> ㄷ. 리프트게이트부착차량 – 합리화 특장차
> ㄹ. 시스템 차량 – 합리화 특장차
> ㅁ. 믹서트럭 – 전용특장차

11 철도운송에 관한 설명으로 옳지 않은 것은?

① 철도화물운송형태에는 화차취급운송과 컨테이너취급운송 등이 있다.
② 철도운송은 타 교통수단과 비교할 때 기후에 크게 영향을 받지 않는다.
③ 전세열차란 고객이 특정 열차를 전용으로 사용하는 열차를 말한다.
④ 철도운송은 교통체증에 따른 영향이 적고 계획적으로 운행할 수 있다.
⑤ 국내의 수송수단별 화물수송 분담률에서 ton·km기준으로 철도운송이 공로운송보다 분담률이 높다.

> 해설: 국내의 수송수단별 화물수송 분담률에서 ton·km기준으로 철도운송이 공로(도로)운송보다 분담률이 낮다.

06 ① 07 ④ 08 ③ 09 ③ 10 ② 11 ⑤

06 화물운송시스템의 3대 구성요소에서 운송경로에 관한 설명으로 옳은 것은?

① 운송수단의 운행에 이용되는 통로로서 공로, 철도, 해상항로, 항공로 등이 있다.
② Mode라고 하며 복합운송의 역할이 중요시되고 있다.
③ 철도역, 배송센터, 물류터미널 등이 이에 해당된다.
④ 운송을 직접 담당하는 수단으로 자동차, 선박, 항공기, 철도 차량 등이 있다.
⑤ 운송을 위한 상품을 처리 및 보관하는 장소 또는 시설을 의미한다.

해설
②·④ : 운송방식(Mode)에 대한 설명이다.
③·⑤ : 운송연결점(Node)에 대한 설명이다.

07 다음과 같은 조건에서 운송수요의 운임탄력성 값은?

- 운송수요 변화량 : 5
- 운임 변화량 : 1
- 운송수요 수준 : 10
- 운임 수준 : 4

① 0.25
② 0.5
③ 1.25
④ 2
⑤ 4

해설
운송수요의 운임탄력성
$$= \frac{\frac{운송수요\ 변화량}{운송수요\ 수준}}{\frac{운임\ 변화량}{운임\ 수준}} = \frac{\frac{5}{10}}{\frac{1}{4}} = 2$$

08 운송서비스의 특징에 관한 설명으로 옳지 않은 것은?

① 상품이 생산된 장소와 소비되는 장소의 불일치를 조정하는 장소적 효용을 제공한다.
② 운송서비스는 상품의 일시적인 보관 기능을 제공하여 시간적 효용을 창출한다.
③ 운송서비스 수요는 상품 수요와 독립적으로 결정되는 특성을 가지고 있다.
④ 운송영역의 범위에 따라 국내운송과 국제운송으로 구분된다.
⑤ 운송의 발달로 인해 상품의 지역 간 이동을 유발하여 지역 간 상품 가격의 차이를 감소시키는 역할을 한다.

해설
운송서비스 수요는 상품의 수요에 따라 파생적으로 발생하는 특성이 있다. 즉, 운송수요는 생산과 소비에 종속적으로 발생하여 파생적이고 지원적인 성격을 가지고 있다.

03 화물운송의 효율화 방안으로 옳지 않은 것은?

① 공동수·배송 체계를 구축한다.
② 컨테이너 및 파렛트를 이용한 운송을 확대한다.
③ 교통정보시스템과 화물추적시스템의 연계를 도모한다.
④ 철도 및 연안운송 연계를 통해 화물운송시스템을 구축한다.
⑤ 적재율 증대와 비용감소를 위해 영업용보다는 자가용 화물차량을 사용한다.

☑ 확인 CHECK!

해설 적재율 증대와 비용감소를 위해 자가용 화물차량보다는 영업용 화물차량을 이용하는 것이 효과적이다.

04 화물차량의 중량에 관한 설명으로 옳은 것은?

① 최대적재량이 3톤 이상이거나 총중량이 10톤 이상인 화물자동차는 적재물배상보험에 가입하여야 한다.
② 차량 총중량은 차량중량과 화물적재량의 합에서 승차중량을 제외한 것이다.
③ 도로법령에 따르면 화물자동차의 총중량이 40톤을 초과할 경우에는 운행이 제한될 수 있다.
④ 2차축 차량의 축 화물중량은 공차 시 전축 중량과 영차 시 화중을 합산한 중량이다.
⑤ 공차중량은 화물을 적재하지 않고 연료, 냉각수, 윤활유 등을 채우지 않은 상태의 화물차량 중량을 말한다.

☑ 확인 CHECK!

해설
① 최대적재량이 5톤 이상이거나 총중량이 10톤 이상인 화물자동차는 적재물배상보험에 가입하여야 한다.
② 차량 총중량은 차량중량(공차중량), 화물적재중량 및 승차중량을 모두 합한 것이다.
④ 2차축 차량의 축 화물중량은 총중량을 각각의 축이 나누어 부담하는 중량을 말한다.
⑤ 공차중량은 화물을 적재하지 않고 연료, 냉각수, 윤활유 등 운행에 필요한 장비를 갖춘 상태의 중량을 말한다.

05 화물운송서비스 수요의 운임탄력성에 관한 설명으로 옳지 않은 것은?

① 대체 운송수단이 다양하게 존재하면 특정 운송수단의 수요에 대한 운임탄력성이 크다.
② 운임탄력성이 낮은 경우 운임이 변화하면 운송수요가 크게 변화한다.
③ 판매단가가 높은 상품은 운임부담력이 높기 때문에 운임이 상승하더라도 운송수요가 크게 감소하지 않는다.
④ 화물운송서비스의 수요에 대한 운임탄력성은 운임 외에도 운송에 소요되는 원가에도 영향을 받는다.
⑤ 대체되는 화물이 다양하게 존재하면 해당 화물에 대한 운송수요는 운임에 대해 탄력적이다.

☑ 확인 CHECK!

해설 운임탄력성이 낮은 경우 운임이 변화하면 운송수요의 변화가 크지 않으며, 운임탄력성이 높은 경우 운임이 변화하면 운송수요가 크게 변화한다.

🔒 01 ⑤ 02 ④ 03 ⑤ 04 ③ 05 ②

제29회 기출문제

2025년 7월 26일 시행

※ 본 문제를 풀면서 확인 CHECK를 이용하시면 문제이해에 보다 도움이 될 수 있습니다.

01 화물자동차 운수사업법상 화물자동차 운수사업에 관한 내용으로 옳지 않은 것은?

① 화물자동차 운수사업은 화물자동차 운송사업, 화물자동차 운송주선사업, 화물자동차 운송가맹사업으로 구분된다.
② 화물자동차 운송사업을 경영하려는 자는 국토교통부장관의 허가를 받아야 한다.
③ 화물자동차 운송사업은 일반화물자동차 운송사업과 개인화물자동차 운송사업으로 구분한다.
④ 개인화물자동차 운송사업은 화물자동차 1대를 사용하여 화물을 운송하는 사업으로서 대통령령으로 정하는 사업이다.
⑤ 제3자 물류 활성화를 위해 운송주선사업자는 자기 명의로 다른 사람에게 화물자동차 운송주선사업을 경영하게 할 수 있다.

☑ 확인 CHECK!

해설 | 운송주선사업자는 자기 명의로 다른 사람에게 화물자동차 운송주선사업을 경영하게 할 수 없다(화물자동차 운수사업법 제25조).

02 지붕구조의 덮개가 있는 화물 자동차에 해당하는 것은?

① 리치 스태커
② 스트래들 캐리어
③ 하이로더
④ 밴형 화물자동차
⑤ 포크리프트

☑ 확인 CHECK!

해설 | ④ 탑차(Top Car)라고 불리기도 하며, 일반화물자동차의 화물 적재 공간을 상부가 막힌 박스형(Box)으로 제작한 차량이다.
① 컨테이너 운반용으로 주로 사용되며 컨테이너의 적재 및 위치 이동, 교체 등에 사용되는 하역장비이다.
② 컨테이너 운반기구로 컨테이너를 마샬링 야드에서 에이프런 또는 CY에 운반·적재하는 데 사용하는 장비이다.
③ 항공화물을 여러 층으로 높게 적재하거나, 항공기 화물실에 화물을 탑재하는 항공기 전용 탑재기이다.
⑤ 중량물을 싣거나 내리는 하역전용의 특수자동차로 지게차라고도 한다.

35

유통센터에서 납품처 A, B까지의 배송시간은 각각 45분, 55분이며, 납품처 A에서 납품처 B까지의 배송시간은 25분이다. 기존의 방식은 유통센터에서 납품처 A를 갔다 온 후 다시 납품처 B까지 갔다오는 배송방식을 사용한다. 유통센터에서 납품처 A, B를 순차적으로 경유한 후 유통센터로 돌아오는 세이빙(Saving) 기법에 의한 배송 절약 시간은? 기출 18년

① 3시간 20분 ② 3시간
③ 2시간 5분 ④ 1시간 15분
⑤ 55분

해설 세이빙(Saving) 기법

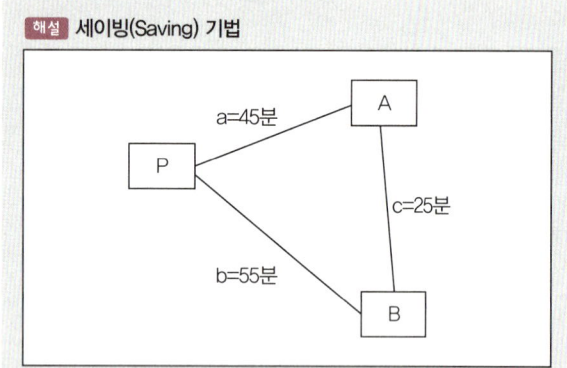

$2(a+b) - (a+b+c) = a+b-c = 45분 + 55분 - 25분 = 75분(= 1시간 15분)$

키워드 ⑭ 수송 제약조건

36

다음 수송문제의 모형에서 공급지 1, 2, 3의 공급량은 각각 250, 300, 150이고, 수요지 1, 2, 3, 4의 수요량은 각각 120, 200, 300, 80이다. 공급지에서 수요지 간의 1단위 수송비용이 그림과 같을 때 제약 조건식으로 옳지 않은 것은? (단, X_{ij}에서 X는 물량, i는 공급지, j는 수요지를 나타냄)

기출 23년

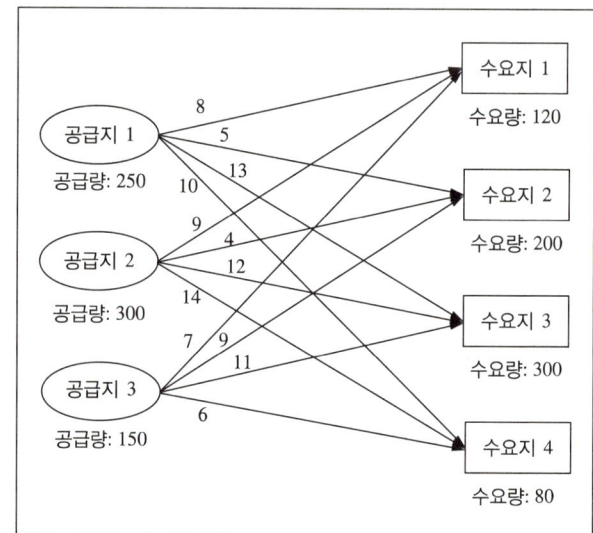

① $X_{11} + X_{21} + X_{31} = 120$
② $X_{13} + X_{23} + X_{33} = 300$
③ $X_{14} + X_{24} + X_{34} = 200$
④ $X_{11} + X_{12} + X_{13} + X_{14} = 250$
⑤ $X_{31} + X_{32} + X_{33} + X_{34} = 150$

해설 제시된 그림을 표로 나타내면 다음과 같다.

수요지 공급지	수요지 1	수요지 2	수요지 3	수요지 4	공급량 (톤)
공급지1	8	5	13	10	250
공급지2	9	4	12	14	300
공급지3	7	9	11	6	150
수요량(톤)	120	200	300	80	700

③ $X_{14} + X_{24} + X_{34} = 80$

키워드 ⑬ 세이빙(Saving) 기법

33

수·배송 계획에서 활용되는 세이빙(Saving)기법에 관한 설명으로 옳지 않은 것은? 기출 23년

① 모든 방문처를 경유해야 하는 차량수를 최소로 하면서 동시에 차량의 총 수송거리를 최소화하는 데 유용하다.
② 단축된 거리가 큰 순위부터 차량 운행경로를 편성한다.
③ 경로 편성 시 차량의 적재용량 등의 제약사항을 고려한다.
④ 배차되는 각 트럭의 용량의 합은 총수요 이상이고 특정 고객의 수요보다는 작아야 한다.
⑤ 배송센터에서 두 수요지까지의 거리를 각각 a, b라 하고 두 수요지 간의 거리를 c라고 할 때 단축 가능한 거리는 (a + b − c)가 된다.

> 해설 ④ 배차되는 각 트럭의 용량은 총수요보다는 작고 특정 고객의 수요보다는 커야 한다.

34

물류센터에서 배송처 A와 B를 순회 배송하는 방법(물류센터 → 배송처 A → 배송처 B → 물류센터)과 배송처 A와 B를 개별 배송하는 방법(물류센터 → 배송처 A → 물류센터, 물류센터 → 배송처 B → 물류센터) 간의 운송거리 차이는? 기출 20년

TO FROM	물류센터	배송처 A	배송처 B
물류센터	0	10	12
배송처 A	10	0	8
배송처 B	12	8	0

① 6km ② 8km
③ 10km ④ 12km
⑤ 14km

> 해설 각 배송방법 간 운송거리 차이를 묻고 있으므로 세이빙(Saving)법을 이용하며, 제시된 From/To-Chart는 다음과 같이 나타낼 수 있다.

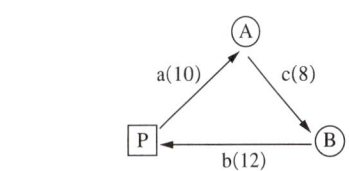

A와 B를 순회 배송하는 방법
a + b + c

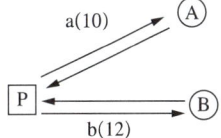

A와 B를 개별 배송하는 방법
2(a + b)

위 모식도에서와 같이 두 배송방식 간의 운송거리는 2(a + b) − (a + b + c) = a + b − c만큼 차이가 발생된다. 여기에 각각의 배송거리를 대입하여 계산하면 2(10 + 12) − (10 + 12 + 8) = 10 + 12 − 8 = 14이다.
따라서 두 배송방식 간 운송거리의 차이는 14km이다.

키워드 ⑫ 최소비용수송계획법

31

A 공장에서 B 물류창고까지 도로망을 이용하여 상품을 운송하려고 한다. 최소비용수송계획법에 의한 A 공장에서 B 물류창고까지의 총운송비용 및 총운송량은? (단, 링크의 첫째 숫자는 도로용량, 둘째 숫자는 톤당 단위운송비용임) 기출 19년

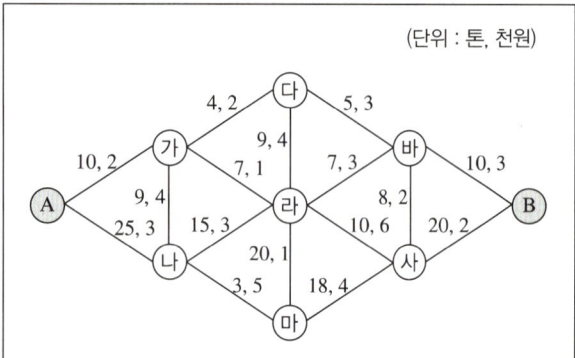

① 330,000원, 26톤
② 330,000원, 27톤
③ 330,000원, 28톤
④ 346,000원, 29톤
⑤ 346,000원, 30톤

해설

- 최소비용법과 최대수송량법을 혼합하여 계산하며, 먼저 가장 운송비용이 적은 경로부터 선택해 풀이해 나간다.

경로	단위당 비용	수송량	비용
A – 가 – 라 – 바 – B	9	7	63
A – 가 – 다 – 바 – B	10	3	30
A – 나 – 라 – 마 – 사 – B	13	15	195
A – 나 – 마 – 사 – B	14	3	42
A – 나 – 가 – 다 – 바 – 사 – B	16	1	16
합계		29	346

- 총운송비용
 = (7 × 9) + (3 × 10) + (15 × 13) + (3 × 14) + (1 × 16)
 = 63 + 30 + 195 + 42 + 16 = 346(천원)
- 총 최대운송량 = 7 + 3 + 15 + 3 + 1 = 29(톤)

32

서울에서 부산까지 화물운송을 위한 최대 운송가능량 및 운송비가 아래와 같이 주어질 경우, 최소비용운송계획법(Least Cost Flow Problem)에 따른 서울에서 부산까지의 최소 총운송비용은? (단, 각 경로에 표시된 숫자는 구간별 최대 운송가능량, (   )는 해당 경로의 단위당 운송비임) 기출 16년

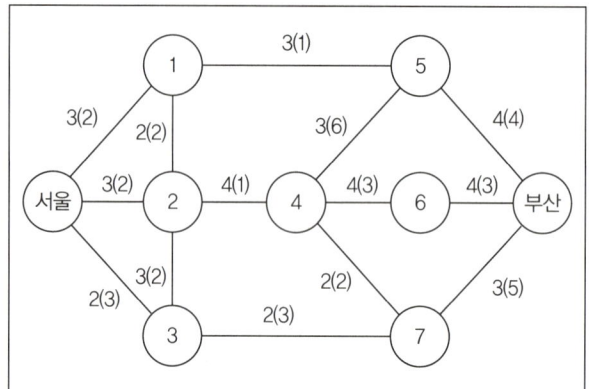

① 50
② 60
③ 70
④ 80
⑤ 90

해설

- 서울 – 1 – 5 – 부산 : 3(운송량) × 7(운송비) = 21
- 서울 – 2 – 4 – 6 – 부산 : 3(운송량) × 9(운송비) = 27
- 서울 – 3 – 7 – 부산 : 2(운송량) × 11(운송비) = 22
∴ 최소 총운송비용 = 21 + 27 + 22 = 70

29

출발지에서 도착지까지 파이프라인을 통해 가스를 보낼 경우 보낼 수 있는 최대 가스량(톤)은? (단, 구간별 숫자는 파이프라인의 용량(톤)이며, 링크의 화살표 방향으로만 가스를 보낼 수 있음) 기출 23년

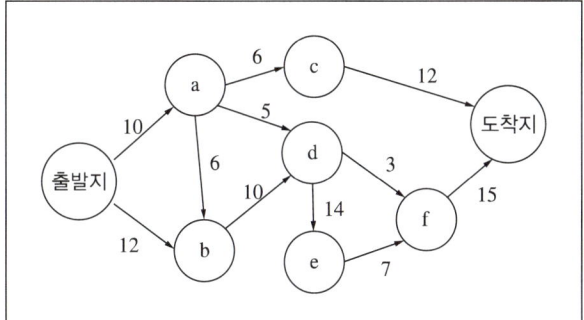

① 12
② 13
③ 15
④ 16
⑤ 18

해설
- 출발지 → a → c → 도착지 : 6
- 출발지 → a → d → f → 도착지 : 3
- 출발지 → b → d → e → f → 도착지 : 7
따라서 최대 가스량 = 6 + 3 + 7 = 16

30

다음 그림에서 숫자는 인접한 노드 간의 용량을 의미한다. 현재 노드 간(c → d)의 용량은 7이다. 만약, 노드 간(c → d)의 용량이 7에서 2로 감소한다고 가정할 때, S에서 F까지의 최대 유량의 감소분은? 기출 18년

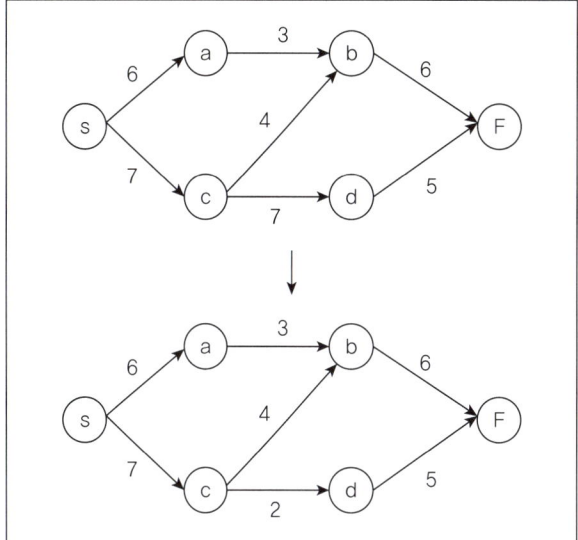

① 1
② 2
③ 3
④ 4
⑤ 5

해설 1. c → d 노드 간 용량이 7일 때 S → F의 최대 유량
- S → a → b → F : 3이고, S → c → b → F : 3이므로, S → c → d → F : 4가 된다.
∴ S → F의 최대 유량 : 3 + 3 + 4 = 10

2. c → d 노드 간 용량이 2로 감소할 때 S → F의 최대 유량
- S → a → b → F : 3이고, S → c → b → F : 3이므로, S → c → d → F : 2가 된다.
∴ S → F의 최대 유량 : 3 + 3 + 2 = 8
∴ S에서 F까지의 최대 유량의 감소분 = 10 - 8 = 2

27

산업단지 내에 있는 6개의 물류거점을 모두 연결하는 도로를 신설하려고 한다. 총도로연장을 최소화할 경우에 필요한 도로연장은? (단, 다음은 각 링크의 출발지 물류거점, 도착지 물류거점, 해당 링크 연장을 나타내고 '0'은 해당 링크가 없음을 나타냄) 기출 19년

(단위 : km)

도착지 출발지	A	B	C	D	E	F
A	0	3	5	4	5	0
B	3	0	6	5	0	0
C	5	6	0	4	3	5
D	4	5	4	0	2	4
E	5	0	3	2	0	3
F	0	0	5	4	3	0

① 14km ② 15km
③ 16km ④ 17km
⑤ 18km

해설
- A에서 출발하는 도로 중 다른 지역으로 가는 최단 거리는 B를 목적지로 하는 도로이다(AB : 3).
- A와 B에서 출발(AB 도로 제외)하며 C, D, E, F로 연결되는 도로 중 최단 도로는 A에서 D로 가는 도로이다(AD : 4).
- A, B, D에서 출발(AB, AD 제외)하며 C, E, F로 연결되는 도로 중 최단 도로는 D에서 E로 가는 도로이다(DE : 2).
- A, B, D, E에서 출발(AB, AD, DE 제외)하며 C, F로 연결되는 도로 중 최단 도로는 E에서 F로 가는 도로와 E에서 C로 가는 도로이다(EC : 3, EF : 3).
- ∴ AB, AD, DE, EF, EC로 도로를 연결할 경우 모든 지점이 연결되며 15가 된다.

키워드 ⑪ 최대수송량계획법

28

다음 그림에서 노드 간(c → b)의 용량이 3으로 새로 생성된다고 가정할 때, S에서 F까지의 최대 유량의 증가분은? (단, 링크의 숫자는 인접한 노드 간의 용량을 나타내며, 화살표 방향으로만 이동 가능함) 기출 24년

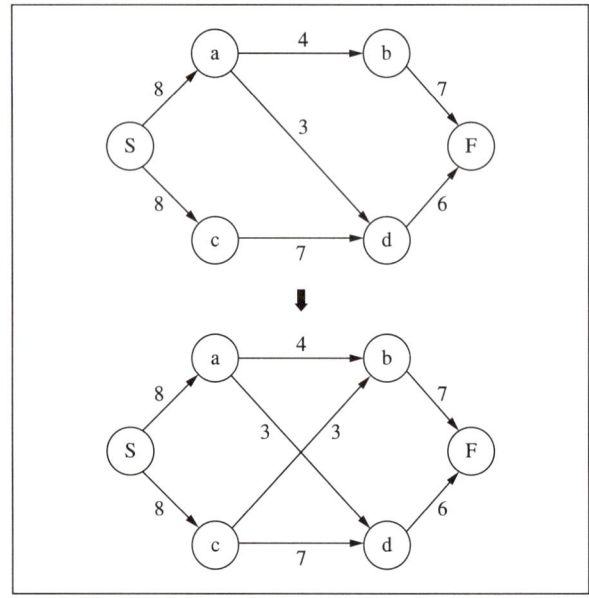

① 1 ② 2
③ 3 ④ 4
⑤ 5

해설

1. c → b 노드 간 용량 생성 이전의 S → F의 최대 유량
   - S → a → b → F : 4이다.
   - S → a → d : 3이고, S → c → d : 7이므로, S → c → d → F : 6이 된다.
   - ∴ S → F의 최대 유량 : 4 + 6 = 10

2. c → b 노드 간 용량이 3으로 새로 생성될 때 S → F의 최대 유량
   - S → a → b : 4이고, S → c → b : 3이므로, S → a → b → F : 4가 되고, S → c → b → F : 3이 된다.
   - S → a → d : 3이고, S → c → d : 5이므로, S → a → d → F : 3이 되고, S → c → d → F : 3이 된다.
   - ∴ S → F의 최대 유량 : 4 + 3 + 3 + 3 = 13
   - ∴ S에서 F까지의 최대 유량의 증가분 = 13 − 10 = 3

키워드 ⑩ 최단경로법

24
다음 네트워크에서 출발지 S로부터 도착지 F까지 최단경로의 거리는? (단, 경로별 숫자는 km임) 기출 24년

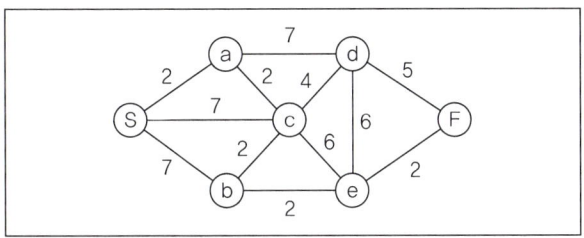

① 10   ② 11
③ 12   ④ 13
⑤ 14

[해설] 최단경로법은 각 운송구간별로 운송거리가 제시된 운송망(Network)이 있는 경우에 출발지와 도착지 간 등 그 운송망 위에 있는 두 교점(Node) 사이의 최단경로를 찾기 위한 방법이다. 따라서 출발지 S에서 도착지 F까지의 최단경로는 'S → a → c → b → e → F'이므로 2 + 2 + 2 + 2 + 2 = 10이다.

25
화물차량이 물류센터를 출발하여 배송지 1, 2, 3을 무순위로 모두 경유한 후, 물류센터로 되돌아가는데 소요되는 최소시간은? 기출 22년

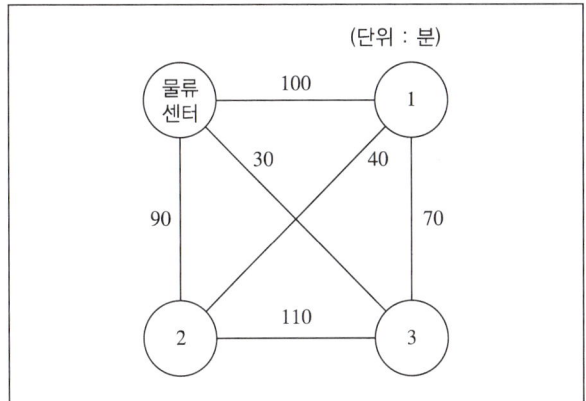

① 210분   ② 230분
③ 240분   ④ 260분
⑤ 280분

[해설] 물류센터 → 3 : 30분, 3 → 1 : 70분, 1 → 2 : 40분, 2 → 물류센터 : 90분
따라서 소요되는 최소시간은 30 + 70 + 40 + 90 = 230분

26
다음의 도로망을 이용하여 공장에서 물류센터까지 상품을 운송할 때 최단경로 산출거리(km)는? (단, 링크의 숫자는 거리이며 단위는 km임) 기출 21년

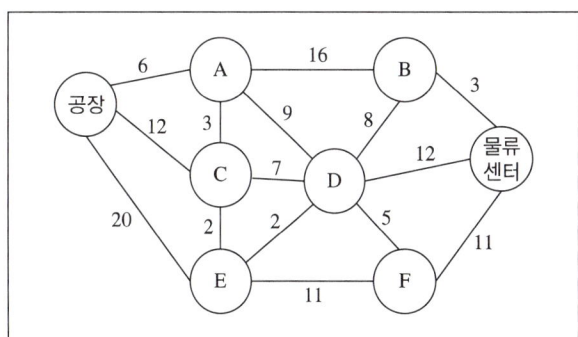

① 23   ② 24
③ 25   ④ 26
⑤ 27

[해설] 최단경로법은 각 운송구간별로 운송거리가 제시된 운송망(Network)이 있는 경우에 출발지와 도착지 간 등 그 운송망 위에 있는 두 교점(Node) 사이의 최단경로를 찾기 위한 방법이다. 따라서 공장에서 물류센터까지의 최단경로는 '공장 → A → C → E → D → B → 물류센터'이므로 6 + 3 + 2 + 2 + 8 + 3 = 24이다.

총운송비용 = (15 × 400) + (9 × 200) + (7 × 100) + (12 × 200)
= 10,900(천원) = 10,900,000원

2. 보겔추정법
기회비용의 개념을 활용하여 총운송비용이 최소가 되도록 공급량을 할당하는 기법이다.

수요지\공급지	D1	D2	D3	공급량(톤)	기회비용
S1	15	❺ 13 200	❹ 10 200	400	3 → 0
S2	❷ 8 100	❸ 9 100	13	200	1 → 4 → 0
S3	❶ 4 300	7	12	300	3 → 0
수요량(톤)	400	300	200	900	
기회비용	4 → 7 → 0	2 → 4 → 0	2 → 3 → 0		

총운송비용 = (4 × 300) + (8 × 100) + (9 × 100) + (10 × 200) + (13 × 200)
= 7,500(천원) = 7,500,000원

3. 총운송비용의 차이
10,900,000원 − 7,500,000원 = 3,400,000원

23

다음 수송표에서 최소비용법과 보겔추정법을 적용하여 총운송비용을 구할 때 각각의 방식에 따라 산출된 총운송비용의 차이는? (단, 공급지에서 수요지까지의 톤당 운송비는 각 칸의 우측 상단에 제시되어 있음) 기출 21년

(단위 : 천원, 톤)

수요지\공급지	D1	D2	D3	공급량(톤)
S1	12	15	9	400
S2	8	13	16	200
S3	4	6	10	200
수요량(톤)	300	300	200	800

① 300,000원 ② 400,000원
③ 500,000원 ④ 600,000원
⑤ 700,000원

해설 〈최소비용법〉

수요지\공급지	D1	D2	D3	공급량(톤)
S1	12	❺ 15 200	❸ 9 200	400
S2	❷ 8 100	❹ 13 100	16	200
S3	❶ 4 200	6	10	200
수요량(톤)	300	300	200	800

총운송비용
= (200 × 4) + (100 × 8) + (200 × 9) + (100 × 13) + (200 × 15)
= 7,700천원

〈보겔추정법〉

수요지\공급지	D1	D2	D3	공급량(톤)	기회비용
S1	❹ 12 100	❺ 15 100	❷ 9 200	400	3 → 0
S2	❸ 8 200	13	16	200	5 → 0
S3	4	❶ 6 200	10	200	2 → 0
수요량(톤)	300	300	200	800	
기회비용	4 → 0	7 → 2 → 0	1 → 7 → 0		

총운송비용
= (200 × 6) + (200 × 9) + (200 × 8) + (100 × 12) + (100 × 15)
= 7,300천원

∴ 최소비용법 총운송비용과 보겔추정법 총운송비용의 차이 =
7,700천원 − 7,300천원 = 400,000원

| 키워드 ❾ | 수·배송 최적화 해법 복합 문제 |

21

수·배송 계획을 위한 물동량 할당 또는 배송경로 해법에 관한 내용으로 옳지 않은 것은? 기출 21년

① 북서코너법(North-West Corner Method) : 수송계획표의 왼쪽상단인 북서쪽부터 물동량을 할당하며 시간, 거리, 위치를 모두 고려하는 방법
② 최소비용법(Least-Cost Method) : 수송계획표에서 단위당 수송비용이 가장 낮은 칸에 우선적으로 할당하는 방법
③ 보겔추정법(Vogel's Approximation Method) : 수송계획표에서 최적의 수송경로를 선택하지 못했을 때 발생하는 기회비용을 고려하여 물동량을 할당하는 방법
④ TSP(Travelling Salesman Problem) : 차량이 지역 배송을 위해 배송센터를 출발하여 되돌아오기까지 소요되는 시간 또는 거리를 최소화하기 위한 방법
⑤ 스위핑법(Sweeping Method) : 차고지에서 복수의 배송처에 선을 연결한 후 시계방향 또는 반시계방향으로 돌려가며 순차적으로 배송하는 방법

> 해설 ① 북서코너법은 수송표의 좌측 상단에서 출발하여 우측 하단까지 열과 행에 각각 나타나 있는 공급량과 수요량에 맞추어 수송량을 각 경로상에 계속적·단계적으로 배정하는 방법이다. 이 해법은 신속하게 최초의 실행가능한 해를 산출할 수 있다는 이점이 있으나 각 경로상의 운송비용을 전혀 고려하지 않기 때문에 총비용을 최소화하는 최적의 해는 산출하기 어렵다는 한계가 있고, 시간, 거리 등을 모두 고려할 수 있는 방법은 아니다.

22

다음 수송표에서 북서코너법과 보겔추정법을 적용한 총운송비용에 관한 내용으로 옳은 것은? (단, 공급지에서 수요지까지의 톤당 운송비는 각 칸의 우측 상단에 제시되어 있음)

기출 24년

(단위 : 천원)

수요지 / 공급지	D1	D2	D3	공급량(톤)
S1	15	13	10	400
S2	8	9	13	200
S3	4	7	12	300
수요량(톤)	400	300	200	900

① 북서코너법에 의해 산출된 총운송비용은 6,300,000원이다.
② 보겔추정법에 의해 산출된 총운송비용은 10,300,000원이다.
③ 보겔추정법에 의해 산출된 총운송비용과 북서코너법에 의해 산출된 총운송비용의 차이는 3,400,000원이다.
④ 북서코너법을 적용할 경우, S2-D2 셀(Cell)에 운송량이 할당되지 않는다.
⑤ 보겔추정법을 적용할 경우, S2-D2 셀(Cell)에 운송량이 할당되지 않는다.

> 해설 1. 북서코너법
> 단순히 왼쪽 상단으로부터 공급량과 수요량에 맞추어 수송량을 배정하는 방법이다.

수요지 / 공급지	D1	D2	D3	공급량(톤)
S1	❶ 15 / 400	13	10	400
S2	8	❷ 9 / 200	13	200
S3	4	❸ 7 / 100	❹ 12 / 200	300
수요량(톤)	400	300	200	900

19

다음과 같은 운송조건이 주어졌을 때 공급지 C의 공급량 20톤의 운송비용은? (단, 공급지와 수요지 간 비용은 톤당 단위운송비용이며, 운송비용은 보겔의 추정법을 사용하여 산출함)

기출 20년

수요지 공급지	X	Y	Z	공급량
A	10원	7원	8원	15톤
B	17원	10원	14원	15톤
C	5원	25원	12원	20톤
수요량	15톤	20톤	15톤	50톤

① 100원
② 135원
③ 240원
④ 260원
⑤ 500원

해설

수요지 공급지	X	Y	Z	공급량(톤)	기회비용
A	10	7	8	15	1
B	17	10	14	15	4
C	5 ❶ 15	25	12 ❷ 5	20 20→5→0	7 7→13→0
수요량(톤)	15 15→0	20	15	50 50	
기회비용	5 5→0	3	4		

∴ 공급지 C의 공급량 20톤의 운송비용 = (5×15) + (12×5) = 135원

20

3개의 공급지와 3개의 수요지를 지닌 수송문제를 보겔추정법을 적용하여 해결하려고 한다. 총운송비용과 공급지 B에서 수요지 Z까지의 운송량은? (단, 공급지와 수요지 간 톤당 단위운송비용은 셀의 우측 상단에 표시됨)

기출 19년

(단위 : 천원, 톤)

수요지 공급지	X	Y	Z	공급량
A	12	6	13	250
B	8	4	5	150
C	7	9	9	200
수요량	100	300	200	600

① 3,600,000원, 50톤
② 3,700,000원, 50톤
③ 3,700,000원, 100톤
④ 3,800,000원, 50톤
⑤ 3,800,000원, 100톤

해설

수요지 공급지	X	Y	Z	공급량
A	12	6 ❶ 250	13	250
B	8	4 ❷ 50	5 ❸ 100	150
C	7 ❹ 100	9	9 ❺ 100	200
수요량	100	300	200	600

- 보겔추정법에 의한 최소 총운송비용 : (250×6) + (50×4) + (100×5) + (100×7) + (100×9) = 3,800(천원) = 3,800,000원
- 보겔추정법에 의한 공급지 B에서 수요지 Z까지 운송량 : 100톤

17

운송회사는 공급지 A, B, C에서 수요지 W, X, Y, Z까지 화물을 운송하려고 한다. 최소비용법에 의한 총운송비용과 공급지 B에서 수요지 X까지의 운송량은? (단, 공급지와 수요지 간 톤당 단위운송 비용은 셀의 우측 상단에 표시됨) **기출 19년**

(단위 : 천원, 톤)

수요지 공급지	W	X	Y	Z	공급량
A	20	11	3	6	50
B	5	9	10	2	100
C	18	7	4	1	150
수요량	30	30	120	120	300

① 1,210,000원, 30톤
② 1,210,000원, 40톤
③ 1,210,000원, 50톤
④ 2,050,000원, 30톤
⑤ 2,050,000원, 40톤

해설 최소비용법은 운송표(수송표)상에서 운송비용(단가)이 낮은 셀에 우선적으로 할당하되 그 행의 공급능력과 그 열의 수요량을 비교하여 가능한 최대량을 할당하는 방법이다. 가장 낮은 비용 셀의 할당이 끝나면 순차적으로 그다음 낮은 셀에 할당한다.
- 총운송비용 = $(1 \times 120) + (3 \times 50) + (4 \times 30) + (5 \times 30) + (9 \times 30) + (10 \times 40) = 1,210$천원
- 공급지 B에서 수요지 X까지의 운송량은 단위운송비용 9에 할당된 30톤이다.

키워드 ⑧ 보겔추정법

18

공급지 A, B, C에서 수요지 W, X, Y, Z까지의 총운송비용 최소화 문제에 보겔추정법을 적용한다. 운송량이 전혀 할당되지 않는 셀(Cell)로만 구성된 것은? (단, 공급지와 수요지 간 톤당 단위운송비용은 셀의 우측 상단에 있음) **기출 22년**

(단위 : 천원)

수요지 공급지	W	X	Y	Z	공급량 (톤)
A	30	25	47	36	100
B	17	52	28	42	120
C	22	19	35	55	130
수요량(톤)	80	100	90	80	350

① A-X, B-Z, C-W
② A-X, B-W, C-Z
③ A-Z, B-X, C-Y
④ A-Y, B-W, C-Z
⑤ A-Y, B-X, C-W

해설

수요지 공급지	W	X	Y	Z	공급량 (톤)	기회비용
A	30	25	47 ❺ 20	36 ❺ 80	100	5 → 11 → 0
B	17 ❶ 80	52	28 ❹ 40	42	120	11 → 14 → 0
C	22	19 ❷ 100	35 ❸ 30	55	130	3 → 16 → 20 → 0
수요량(톤)	80	100	90	80	350	
기회비용	5 → 0	6 → 0	7 → 19 → 0	6 → 0		

1번째로 B-W에 80, 2번째로 C-X에 100, 3번째로 C-Y에 30, 4번째로 B-Y에 40, 5번째로 A-Z에 80, 6번째로 A-Y에 20이 할당된다. 따라서 운송량이 전혀 할당되지 않은 셀은 A-W, A-X, B-X, B-Z, C-W, C-Z이다.

키워드 ❼ 최소비용법

15

다음 수송표에서 최소비용법을 적용한 총운송비용에 관한 내용으로 옳은 것은? (단, 공급지에서 수요지까지의 톤당 운송비는 각 칸의 우측 상단에 제시되어 있음) 기출 24년

(단위: 천원)

수요지 공급지	D1	D2	D3	공급량(톤)
S1	14	12	9	500
S2	14	10	7	200
S3	10	13	15	300
수요량(톤)	400	300	300	1,000

① S1-D1 셀(Cell)에 운송량이 100톤 할당된다.
② S2-D2 셀(Cell)에 운송량이 100톤 할당된다.
③ S3-D3 셀(Cell)에 운송량이 200톤 할당된다.
④ 총운송비용은 10,500,000원보다 크다.
⑤ 총운송비용은 10,000,000원보다 작다.

해설

수요지 공급지	D1	D2	D3	공급량(톤)
S1	❺ 14 100	❹ 12 300	❷ 9 100	500
S2	14 ×	10 ×	❶ 7 200	200
S3	❸ 10 300	13 ×	15 ×	300
수요량(톤)	400	300	300	1,000

• S1-D1 셀(Cell)에 운송량이 100톤 할당된다.
• S2-D1, S2-D2, S3-D2, S3-D3 셀(Cell)에는 운송량이 할당되지 않는다.
• 총운송비용
 = (7×200) + (9×100) + (10×300) + (12×300) + (14×100)
 = 10,300천원 = 10,300,000원

16

공급지 1, 2에서 수요지 1, 2, 3까지의 수송문제를 최소비용법으로 해결하려 한다. 수요지 1, 수요지 2, 수요지 3의 미충족 수요량에 대한 톤당 패널티(penalty)는 각각 150,000원, 200,000원, 180,000원이다. 운송비용과 패널티의 합계는? (단, 공급지와 수요지 간 톤당 단위운송비용은 셀의 우측 상단에 있음) 기출 22년

(단위: 천원)

수요지 공급지	수요지 1	수요지 2	수요지 3	공급량(톤)
공급지 1	25,000	30,000	27,000	150
공급지 2	35,000	23,000	32,000	120
수요량(톤)	100	130	70	

① 10,890,000원
② 11,550,000원
③ 11,720,000원
④ 12,210,000원
⑤ 12,630,000원

해설

수요지 공급지	수요지 1	수요지 2	수요지 3	공급량(톤)
공급지 1	❷ 25,000 100	30,000 ×	❸ 27,000 50	150
공급지 2	35,000 ×	❶ 23,000 120	32,000 ×	120
수요량(톤)	100	130	70	

❶ → ❷ → ❸의 순서대로 할당하면 운송비용과 패널티는 다음과 같다.
• 운송비용: (23,000×120) + (25,000×100) + (27,000×50)
 = 6,610,000원
• 패널티: (150,000×0) + (200,000×10) + (180,000×20) = 5,600,000원
따라서 운송비용 + 패널티 = 6,610,000 + 5,600,000 = 12,210,000원

키워드 ❻ 북서코너법

13

다음 수송표의 수송문제에서 북서코너법을 적용할 때, 총운송비용과 공급지 2에서 수요지 2까지의 운송량은? (단, 공급지에서 수요지까지의 톤당 운송비는 각 칸의 우측 상단에 제시되어 있음) 기출 21년

(단위 : 천원)

수요지 공급지	수요지 1	수요지 2	수요지 3	공급량(톤)
공급지 1	8	5	7	300
공급지 2	9	12	11	400
공급지 3	4	10	6	300
수요량(톤)	400	500	100	1,000

① 9,300,000원, 200톤
② 9,300,000원, 300톤
③ 9,500,000원, 100톤
④ 9,500,000원, 300톤
⑤ 9,600,000원, 200톤

해설 (단위 : 천원)

수요지 공급지	수요지 1	수요지 2	수요지 3	공급량(톤)
공급지 1	8 300	5	7	300
공급지 2	↓9 100 →	12 300	11	400
공급지 3	4	↓10 200 →	6 100	300
수요량(톤)	400	500	100	1,000

따라서 총운송비용 = (300 × 8) + (100 × 9) + (300 × 12) + (200 × 10) + (100 × 6) = 9,500천원
공급지 2에서 수요지 2까지의 운송량 = 300톤

14

화물을 공급지 A, B, C에서 수요지 X, Y, Z까지 운송하려고 할 때 북서코너법에 의한 총운송비용은? (단, 공급지와 수요지 간 비용은 톤당 단위운송비용임) 기출 20년

수요지 공급지	X	Y	Z	공급량
A	4원	6원	5원	20톤
B	7원	4원	12원	17톤
C	12원	8원	6원	10톤
수요량	15톤	20톤	12톤	47톤

① 234원
② 244원
③ 254원
④ 264원
⑤ 274원

해설

수요지 공급지	X	Y	Z	공급량
A	4원 ❶ 15	6원 ❷ 5	5원 –	20톤 20 → 5 → 0
B	7원 –	4원 ❸ 15	12원 ❹ 2	17톤 17 → 2 → 0
C	12원 –	8원 –	6원 ❺ 10	10톤 10 → 0
수요량	15톤 15 → 0	20톤 20 → 15 → 0	12톤 12 → 10 → 0	47톤 47톤

∴ 총운송비용 = (4 × 15) + (6 × 5) + (4 × 15) + (12 × 2) + (6 × 10) = 234원

키워드 ❺ 수송모형

10

수송모형에 관한 설명으로 옳지 않은 것은? 기출 23년

① 회귀모형 : 화물의 수송량에 영향을 주는 다양한 변수 간의 상관관계에 대한 회귀식을 도출하여 장래 화물량을 예측하는 모형이다.
② 중력모형 : 지역 간의 운송량이 경제규모에 비례하고 거리에 반비례한다는 가정에 의한 화물분포모형으로 단일제약모형, 이중제약모형 등이 있다.
③ 통행교차모형 : 교통량을 교통수단과 교통망에 따라 시간, 비용 등을 고려하여 효율적으로 배분하는 화물분포모형으로 로짓모형, 카테고리 분석모형 등이 있다.
④ 성장인자모형 : 물동량 배분패턴이 장래에도 일정하게 유지된다는 가정하에 지역 간의 물동량을 예측하는 화물분포모형이다.
⑤ 엔트로피 극대화모형 : 제약조건하에서 지역 간 물동량의 공간적 분산 정도가 극대화된다는 가정에 기초한 화물분포모형이다.

> 해설 ③ 통행교차모형은 수송분담모형에 해당한다. 화물분포모형에는 중력모형, 성장인자모형, 엔트로피 극대화모형 등이 있으며, 회귀모형은 화물발생모형이다.

11

수송 수요분석에 사용하는 화물분포모형에 해당하는 것은? 기출 22년

① 성장인자법(Growth Factor Method)
② 회귀분석법(Regression Model)
③ 성장률법(Growth Rate Method)
④ 로짓모형(Logit Model)
⑤ 다이얼모형(Dial Model)

> 해설 ① 성장인자법(Growth Factor Method) : 화물분포모형
> ② 회귀분석법(Regression Model) : 화물발생모형
> ③ 성장률법(Growth Rate Method) : 화물발생모형
> ④ 로짓모형(Logit Model) : 수송분담모형
> ⑤ 다이얼모형(Dial Model) : 통행배정모형

12

수송수요모형에 관한 내용으로 옳은 것은? 기출 21년

① 중력모형 : 지역 간의 운송량은 경제규모에 비례하고 거리에 반비례한다는 가정에 의한 분석모형
② 통행교차모형 : 화물 발생량 및 도착량에 영향을 주는 다양한 변수 간의 상관관계에 대한 복수의 식을 도출하여, 교차하는 화물량을 예측하는 모형
③ 선형로짓모형 : 범주화한 운송수단을 대상으로 운송구간의 운송비용을 이용하여 구간별 통행량을 산출하는 모형
④ 회귀모형 : 일정구역에서 화물의 분산정도가 극대화한다는 가정을 바탕으로 분석한 모형
⑤ 성장인자모형 : 화물의 이동형태 변화를 기반으로 인구에 따른 화물 발생단위를 산출하고, 이를 통하여 장래의 수송수요를 예측하는 모형

> 해설 ② 통행교차모형 : 교통수단을 선택하는 유형의 하나로, 통행이 분배된 상태에서 교통수단의 서비스 특징에 따라 교통수단을 결정한다는 점을 전제하고 추측한 모형
> ③ 선형로짓모형 : 범주화한 운송수단을 대상으로 운송수단의 분담을 예측하는 모형
> ④ 회귀모형 : 화물 유출 및 유입량과 해당 지역의 사회경제적 특성을 나타내는 지표와의 관계식을 구하고 이로부터 장래 화물량을 분석하는 모형
> ⑤ 성장인자모형 : 물동량 배분 패턴이 장래에도 변하지 않는다는 가정을 두고, 장래의 지역 간 물동량을 예측하는 화물분포모형

08

배송방법에 관한 설명으로 옳은 것을 모두 고른 것은?

기출 21년

> ㄱ. 단일배송 : 하나의 배송처에 1대의 차량을 배차하는 방법으로 보통 주문자가 신속한 배송을 요구할 때 이용한다.
> ㄴ. 루트(Route)배송 : 일정한 배송경로를 반복적으로 배송하는 방법으로 비교적 광범위한 지역의 소량화물을 요구하는 다수의 고객을 대상으로 한다.
> ㄷ. 고정 다이어그램(Diagram)배송 : 배송할 물량을 기준으로 적합한 크기의 차량을 배차하는 방법으로 배송량이 고정되어 있다.
> ㄹ. 변동 다이어그램(Diagram)배송 : 배송처 및 배송물량의 변화에 따라 배송처, 방문순서, 방문시간 등이 변동되는 방법으로 배송 관련 기준 설정이 중요하다.

① ㄱ, ㄷ
② ㄴ, ㄷ
③ ㄴ, ㄹ
④ ㄱ, ㄴ, ㄹ
⑤ ㄱ, ㄷ, ㄹ

해설 ㄷ. 일정한 지역에 정기적으로 화물을 배송할 때, 과거의 통계치 또는 경험에 의해 주된 배송경로와 시각을 정해 두고 적재효율이 다소 저하되더라도 고객에 대한 적시배달과 업무의 간편성을 중시하여 배송차량을 고정적으로 운영하는 시스템이다.

09

수·배송시스템을 합리적으로 설계하기 위한 요건과 분석기법에 관한 설명으로 옳지 않은 것은? **기출** 18년

① 루트배송법은 다수의 소비자에게 소량 배송하기에 적합한 시스템으로 비교적 광범위한 지역을 대상으로 한다.
② TSP(Travelling Salesman Problem)는 차량이 지역 배송을 위해 배송센터를 출발하여 되돌아오기까지 소요되는 시간 또는 거리를 최소화하기 위한 기법이다.
③ 다이어그램 배송(Diagram Delivery)은 집배구역 내에서 차량의 효율적 이용을 위하여 배송화물의 양이나 배송처의 거리, 수량, 배송시각, 도로상황 등을 고려하여 미리 배송경로를 결정하여 배송하는 시스템이다.
④ 변동 다이어그램은 과거 통계 또는 경험에 의존하여 주된 배송경로와 시각을 정해 두고 적시배달을 중시하는 배송시스템이다.
⑤ 변동 다이어그램 방식으로 SWEEP, TSP, VSP 등이 있다.

해설 ④ 고정 다이어그램은 과거 통계 또는 경험에 의존하여 주된 배송경로와 시각을 정해 두고 적시배달을 중시하는 배송시스템이다. 변동 다이어그램은 계획시점에서의 물동량, 가용차량 수, 도로사정 등의 정보를 감안하여 컴퓨터로 가장 경제적인 배송경로를 도출해서 적재 및 운송지시를 내리는 배송시스템이다.

키워드 ❸ 수·배송시스템의 합리화

05
수·배송 계획 수립의 원칙으로 옳은 것은? 기출 20년

① 집화와 배송은 따로 이루어지도록 한다.
② 효율적인 수송경로는 대형 차량보다 소형 차량을 우선 배차한다.
③ 배송지역의 범위가 넓을 경우, 운행 경로 계획은 물류센터에서 가까운 지역부터 수립한다.
④ 배송날짜가 상이한 경우에는 경유지를 구분한다.
⑤ 배송경로는 상호 교차되도록 한다.

해설 ① 집화(Pick-up)와 배송은 함께 이루어지도록 하는 것이 효율적이다.
② 효율적인 수송경로는 소형 차량보다 대형 차량을 우선 배차한다.
③ 배송지역의 범위가 넓을 경우, 운행 경로 계획은 물류센터(Depot)에서 가장 먼 지역부터 수립한다.
⑤ 배송경로는 상호 교차되지 않도록 한다.

06
운송시스템의 합리화를 위하여 검토해야 할 사항으로 옳지 않은 것은? 기출 17년

① 트럭의 적재율을 향상시킨다.
② 공차율 극소화를 위하여 차량의 배송빈도를 높인다.
③ 최적 운송수단을 선택한다.
④ 최단 운송루트를 개발한다.
⑤ 물류기기를 개선하고 정보시스템을 정비한다.

해설 ② 공차율 극소화를 위해서는 차량의 배송빈도를 줄여야 한다. 따라서 운송효율을 높일 수 있는 방안을 검토해야 한다.

키워드 ❹ 배송 방법

07
다음에서 설명하고 있는 운송방식은? 기출 23년

- 배송에 관한 사항을 시간대별로 계획하고 표로 작성하여 운행
- 배송처 및 배송물량의 변화가 심할 때 방문하는 배송처, 방문순서, 방문시간 등을 매일 새롭게 설정하여 배송하는 운송방식

① 루트(Route) 배송
② 밀크런(Milk Run) 배송
③ 적합 배송
④ 단일 배송
⑤ 변동다이어그램 배송

해설 ① 루트(Route) 배송 : 일정한 배송경로를 반복적으로 배송하는 방법으로 비교적 광범위한 지역에 소량화물을 요구하는 다수의 고객을 대상으로 배송할 때 유리한 방법이며, 판매지역에 대하여 배송 담당자가 배송 트럭에 화물을 상·하차하고 화물을 수수함과 동시에 현금수수도 병행하는 방법이다.
② 밀크런(Milk Run) 배송 : 방문하는 장소와 시간을 정하여 매일같이 순회하는 운송방식이다.
③ 적합 배송 : 사전 설정된 경로에 배송할 물량, 즉 차량의 적재율을 기준으로 적합한 크기의 차량을 배차하여 배송하는 방법이다.
④ 단일 배송 : 하나의 배송처에 1대의 차량을 배차하여 배송하는 방법이다.

🔒 01 ③ 02 ③ 03 ④ 04 ⑤ 05 ④ 06 ② 07 ⑤

빈출키워드 기출유형문제

키워드 ❶ 공동 수·배송시스템

01
공동 수·배송시스템의 구축을 위한 전제조건이 아닌 것은? 기출 20년

① 물류표준화
② 유사한 배송 조건
③ 물류서비스 차별화 유지
④ 적합한 품목의 존재
⑤ 일정구역 내에 배송지역 분포

> 해설 ③ 물류서비스 차별화 유지는 공동 수·배송시스템의 구축을 어렵게 하는 장애요인에 해당한다.

02
공동 수·배송에 관한 설명으로 옳은 것은? 기출 20년

① 배송, 화물의 보관 및 집화 업무까지 공동화하는 방식을 공동납품대행형이라 한다.
② 크로스 도킹은 하나의 차량에 여러 화주들의 화물을 혼재하는 것이다.
③ 참여기업은 물류비 절감 효과를 기대할 수 있다.
④ 소량 다빈도 화물에 대한 운송요구가 감소함에 따라 그 필요성이 지속적으로 감소하고 있다.
⑤ 노선집화공동형은 백화점, 할인점 등에서 공동화하는 방식이다.

> 해설 ① 배송, 화물의 보관 및 집화 업무까지 공동화하는 방식은 집화배송공동형이다.
> ② 하나의 차량에 여러 화주들의 화물을 혼재하는 것은 혼재배송 방법이다.
> ④ 소량 다빈도 화물에 대한 운송요구가 증가함에 따라 그 필요성이 지속적으로 증가하고 있다.
> ⑤ 백화점, 할인점 등에서 공동화하는 방식은 공동납품대행형이다.

키워드 ❷ 수·배송시스템의 설계

03
수·배송시스템 설계 시 고려대상이 아닌 것은? 기출 24년

① 수·배송 비율
② 차량운행 대수
③ 차량의 적재율
④ 선하증권
⑤ 리드타임

> 해설 ④ 선하증권은 수·배송시스템 설계 시 고려대상에 해당하지 않는다.

04
수·배송시스템의 설계에 관한 설명으로 옳지 않은 것은? 기출 21년

① 화물에 대한 리드타임(lead time)을 고려하여 설계한다.
② 화물차의 적재율을 높일 수 있도록 설계한다.
③ 편도수송이나 중복수송을 피할 수 있도록 설계한다.
④ 차량의 회전율을 높일 수 있도록 설계한다.
⑤ 동일 지역에서의 집화와 배송은 별개로 이루어지도록 설계한다.

> 해설 ⑤ 동일 지역 내의 각 지점에 배송되는 화물은 같이 집화하여 보내도록 설계한다.

출제포인트 OX 문제

01 OX 공동 수·배송의 도입으로 물류센터나 창고 내 정보시스템의 효율적 사용이 가능하다.

02 공동 수·배송의 유형 중 배송은 공동화하고 화물 거점시설까지의 운송은 개별 화주가 행하는 것은 (　　)이라고 한다.

03 연속적으로 영차운행을 하여 최초의 출발지점까지 돌아오는 방법은 (　　)(으)로, 이러한 시스템은 운전기사가 귀가하는 데 장시간이 소요될 수 있다.

04 OX 수·배송시스템 설계 시 리드타임(lead time), 차량의 적재율 및 회전율, 차량운행 대수 등을 고려해야 한다.

05 OX 효율적인 운송시스템 설계를 위해서는 지정된 시간 외에도 화물을 목적지에 배송할 수 있어야 한다.

06 OX 운행경로는 차고지(Depot)에서 가장 가까운 지역부터 만들어간다.

07 OX 수송수요모형에서 화물 발생량 및 도착량에 영향을 주는 다양한 변수 간의 상관관계에 대한 식을 도출하여 장래 화물량을 예측하는 것은 회귀모형이다.

08 수송표의 좌측 상단에서 출발하여 우측 하단까지, 열과 행에 각각 나타나 있는 공급량과 수요량에 맞추어 수송량을 각 경로상에 계속적이고 또 단계적으로 배정하는 방법은 (　　)이다.

09 OX 수·배송 계획에서 활용되는 세이빙(Saving) 기법은 모든 방문처를 경유해야 하는 차량수를 최소로 하면서 동시에 차량의 총 수송거리를 최소화하는 데 유용하다.

정답 및 해설

01 ○
02 배송공동형
03 환결운송시스템
04 ○
05 × ▶ 지정된 시간 내에 화물을 목적지에 배송할 수 있어야 한다.
06 × ▶ 운행경로는 차고지(Depot)에서 가장 먼 지역부터 만들어간다.
07 ○
08 북서코너법
09 ○

1. 극좌표상의 한 지점을 선택하여 그 지점을 물류센터(P)인 기준점으로 선정한다.
2. 기준점과 방문지점을 연결한 선을 시계방향 또는 반시계방향으로 회전시킨다.
3. 선이 휩쓸고 지나간 지점들은 경로에 하나씩 추가되며, 그 경로에 포함된 거래선의 전체 물량이 차량의 적재용량을 초과하지 않을 때까지 경로는 이어진다.
4. 만약, 적재용량을 초과하면 맨 마지막에 추가된 거래선이 그 다음 경로의 기준점이 된다.

우선 물류센터 P를 원점으로 각 배송처를 1, 2, …, n 으로 좌표 위에 표시한다. ❶	r_i는 P와 i지점과의 직선거리를 나타내고, θ_i는 가로축과의 각도를 나타낸다. ❷
❸ θ_i가 작은 것부터 번호를 붙여 배송차 적재량의 제한범위까지 루트를 설계한다.	❹ 가장 적합한 배송루트를 선정한 후 배송루트와 교환하여 더 효율적인 배송루트를 발견할 수 있을지 검토하여 풀이를 개선해 간다.

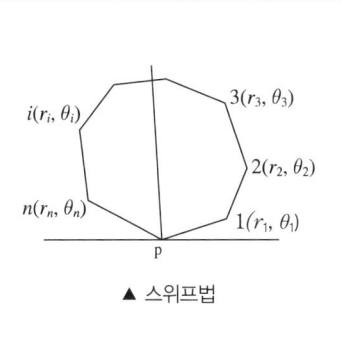

▲ 스위프법

연습 문제

다음 그림은 차고지 D와 방문지 위치를 표시하고 있다. 12톤을 적재한 트럭이 각 방문지마다 2톤씩 배달하는 차량경로계획을 수립하려고 한다. Sweep법의 극좌표 기준점을 차고지 D로 하고 12시 방향에서 시작하여 반시계방향으로 첫 번째 차량경로를 결정하려고 한다. 이때 최초의 방문지는 점 10이다. 그렇다면 첫 번째 차량경로의 마지막 방문지(차고지는 제외)는 몇 번인가?

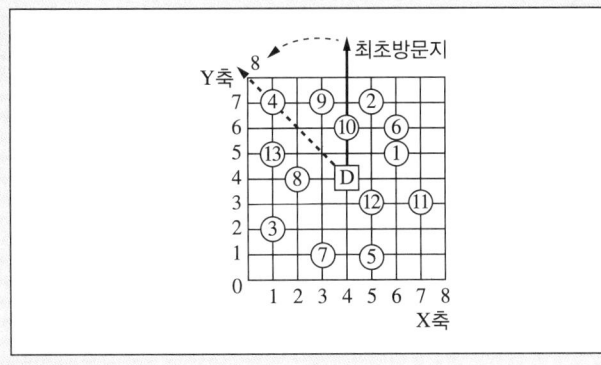

① 점 1
② 점 2
③ 점 3
④ 점 4
⑤ 점 5

해설

차량경로(12톤)
10(2톤) – 9(2톤) – 4(2톤) – 13(2톤) – 8(2톤) – 3(2톤)

정답 ③

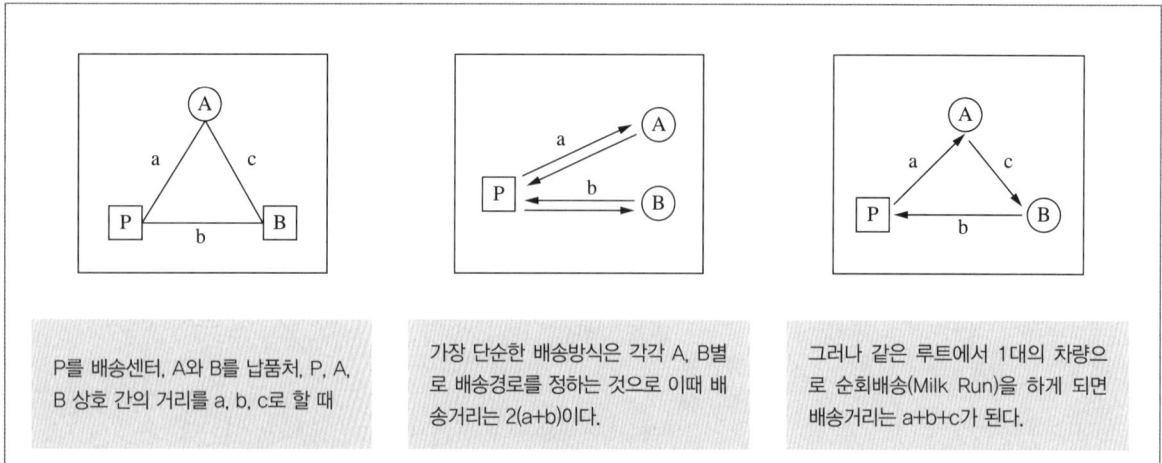

| P를 배송센터, A와 B를 납품처, P, A, B 상호 간의 거리를 a, b, c로 할 때 | 가장 단순한 배송방식은 각각 A, B별로 배송경로를 정하는 것으로 이때 배송거리는 2(a+b)이다. | 그러나 같은 루트에서 1대의 차량으로 순회배송(Milk Run)을 하게 되면 배송거리는 a+b+c가 된다. |

③ 위 그림에서와 같이 배송방식을 바꿀 경우 배송거리는 2(a + b) − (a + b + c) = a + b − c만큼 절약(Saving)하게 되는데, VSP기법(Saving기법)은 이러한 계산으로 다양한 연결조합을 만들어 탐색한 후 가장 효율적인 최적의 배송루트를 정함

연습 문제

물류센터(D)에서 A, B 납품처까지의 배송시간은 각각 25분, 50분이며, A 납품처에서 B 납품처까지의 배송시간은 15분이다. 물류센터(D)에서 A 납품처를 갔다 온 후 다시 B 납품처까지 갔다 오는 배송방식 대신 A, B 납품처를 순차적으로 경유한 후 물류센터(D)로 돌아오는 순회배송을 도입한다면 Saving법에 의해 단축되는 배송시간은?

① 20분 ② 30분
③ 40분 ④ 50분
⑤ 60분

해설

물류센터(D)와 납품처가 A, B 두 곳일 때, 세이빙 산출식은 2(a + b) − (a + b + c) = a + b − c이다. 여기에 각각의 배송시간을 대입하면, 2(25 + 50) − (25 + 50 + 15) = 25 + 50 − 15 = 60이다. 따라서 순회배송 도입 시 Saving법에 의해 단축되는 배송시간은 60분이다.

정답 ⑤

(3) TSP(Traveling Salesman Problem, 외판원 문제) 기법

차량이 지역배송을 위해 배송센터를 출발하여 되돌아오기까지 소요되는 시간 또는 거리를 최소화하기 위한 기법으로 휴리스틱 해법을 이용. 이때, 차량용량이 제약조건으로 작용하지 않음

(4) 스위프(Sweep) 기법

① 배송차량의 적재범위 내에서 배송루트가 교차하지 않고, 가능한 눈물방울형태의 배송루트가 설정될 수 있도록 배송거리와 물류센터로부터의 배송위치 각도를 이용하여 최적의 배송루트를 만들어가는 기법
② 이 기법은 차량을 목표 고객에 적절히 할당하여 전체배송거리나 총배송시간을 최소화하고, 일정한 구역 내에서 고객별 배송순서를 결정하는 기법으로 비교적 적용이 간편함

3. 그림에서 시작점부터 도착점까지의 경로 중 단위당 운송비용이 가장 적은 구간(최소비용경로)을 순차적으로 선택하고, 그 구간에서의 최대 운송량을 산출하여 최소비용을 구해간다.

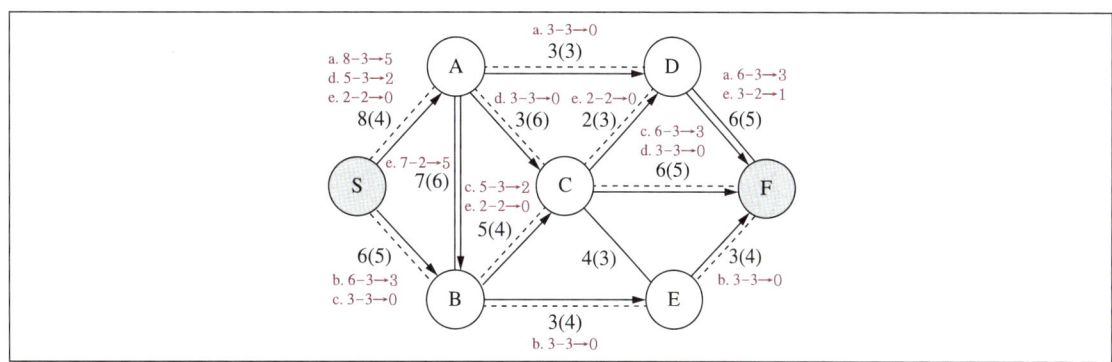

수송경로	최대 운송량	단위당 운송비용	총운송비용
a. S → A → D → F	3	4 + 3 + 5 = 12	3 × 12 = 36
b. S → B → E → F	3	5 + 4 + 4 = 13	3 × 13 = 39
c. S → B → C → F	3	5 + 4 + 5 = 14	3 × 14 = 42
d. S → A → C → F	3	4 + 6 + 5 = 15	3 × 15 = 45
e. S → A → B → C → D → F	2	4 + 6 + 4 + 3 + 5 = 22	2 × 22 = 44
합계	14	−	206

3. 다이어그램 시스템의 모형 기출 ▶ 25년/ 23년/ 21년/ 20년/ 18년/ 11년

(1) 다이어그램 시스템의 구분

① <u>고정다이어그램 시스템</u> : 일정한 지역에 정기적으로 화물을 배송할 때, 과거의 통계치 또는 경험에 의해 주된 배송경로와 시각을 정해 두고 적재효율이 다소 저하되더라도 고객에 대한 적시배달과 업무의 간편성을 중시하여 배송차량을 고정적으로 운영하는 시스템

② <u>변동다이어그램 시스템</u> : 계획시점에서의 물동량, 가용차량 수, 도로사정 등의 정보를 감안하여 컴퓨터로 가장 경제적인 배송경로를 도출해서 적재 및 운송지시를 내리는 방식을 채용하는 시스템으로서 VSP, SWEEP, TSP 기법 등이 있음

(2) VSP(Vehicle Scheduling Problem) 기법 : 세이빙(Saving)법

① 차량의 운행효율을 최대로 하는 배송루트와 필요차량의 대수를 계산하는 기법

② VSP의 알고리즘은 세이빙(Saving)이라는 개념을 기본으로 하는데, 여기서 세이빙이란 만일 어느 두 배송경로를 돌아야 하는 경우 각각의 경로를 따로 가지 않고, 같은 경로로 두 배송처를 순회함으로써 얻어지는 배송거리의 절약을 말함

연습 문제

다음 행렬의 셀 내의 숫자는 해당 두 지점 간의 최대 운송용량(톤)을 나타낸다(예 A – C 간은 운송로가 존재하고 최대 2톤의 운송이 가능하며, 숫자가 없는 셀은 운송로가 존재하지 않음을 의미함). 이 경우 출발지 S에서 목적지 F로 운송할 수 있는 최대 운송량은?

해설
- S → A → D → F : 2
- S → A → C → F : 2
- S → B → C → E → F : 1
- S → B → E → F : 2
∴ 2 + 2 + 1 + 2 = 7(톤)

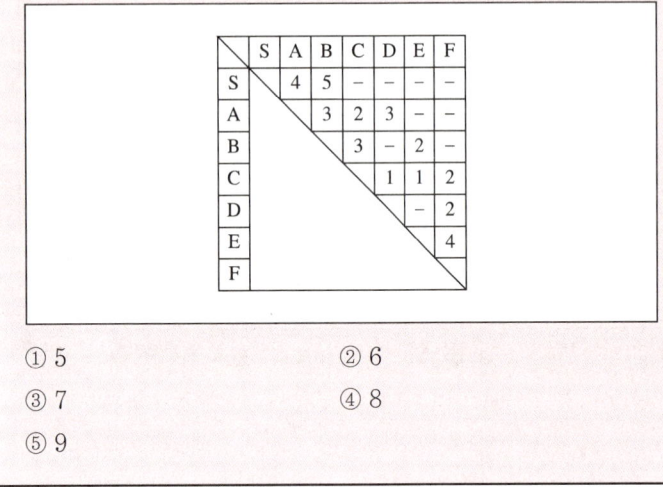

① 5   ② 6
③ 7   ④ 8
⑤ 9

정답 ③

(3) 최소비용수송계획법 기출 19년/ 16년

① 각 운송네트워크의 구간별 최대수송가능량과 단위당 수송비용 및 운송방향이 정해진 운송망이 있을 때, 출발지에서 도착지까지 임의의 두 교점 간 운송 시에 최소운송비용으로 가능한 최대한의 운송량을 파악하는 방법

② 최소비용수용계획법의 사례

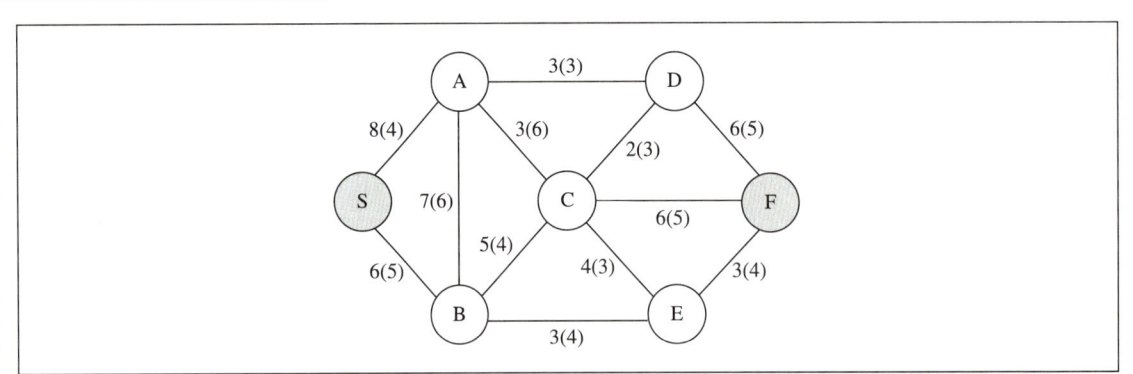

▲ Network

※ 비고 : 운송네트워크의 각 링크상에 표시된 괄호 밖의 숫자는 각 구간별 화물의 최대 운송량을 나타내며, 괄호 안의 숫자는 단위당 운송비용을 나타낸다.

1. 최대수송량계획법을 기본으로 하여 운송네트워크에서 최대운송량계획을 수립하고, 그 조건에서 최소의 운송비를 구한다.
2. 최대수송량계획법에 따른 최소 총운송비용은 두 교점 간 최대 운송량에 각각의 경로상 단위당 운송비용을 곱하여 구해진 결과값의 총합으로 산정한다.

- 다음으로 운송량이 남아 있는 경로를 선택하여 운송량을 계산한다. S → A → C → E → F 구간의 최대 운송량은 1이고, 각 구간에서 1만큼씩 차감해준다.
- 더 이상 시작점 S와 목표점 F를 이어주는 경로가 존재하지 않으므로 계산을 마치고, S점에서부터 F점까지의 최대 운송량을 구한다.

  S → A → D → F : 2
  S → B → E → F : 1
  S → B → C → F : 1
  S → A → C → E → F : 1

따라서 S – F의 최대 운송량은 2 + 1 + 1 + 1 = 5가 된다.

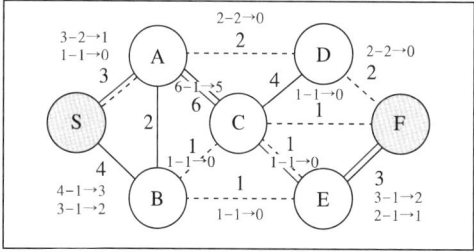

연습 문제

A 플랜트에서 B 지점까지 파이프라인을 통하여 가스를 보내려 한다. 보낼 수 있는 최대 가스량은? (단, 각 구간별 숫자는 파이프라인의 용량을 톤으로 나타냄)

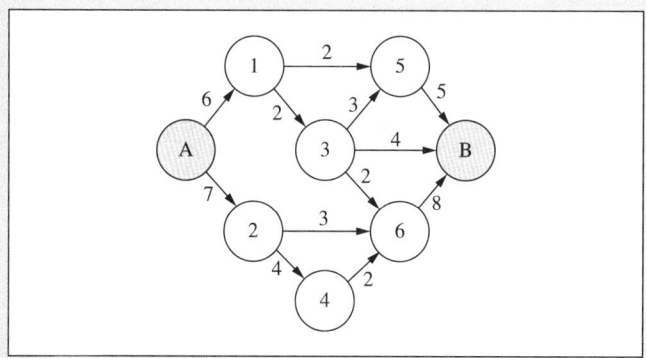

① 9톤 ② 10톤
③ 11톤 ④ 12톤
⑤ 13톤

해설

- A → 1 → 5 → B : 2
- A → 1 → 3 → B : 2
- A → 2 → 6 → B : 3
- A → 2 → 4 → 6 → B : 2

∴ 2 + 2 + 3 + 2 = 9톤

정답 ①

TO FROM	S	A	B	C	D	E	F
S	–	3	4	–	–	–	–
A	–	–	2	6	2	–	–
B	–	2	–	1	–	1	–
C	–	6	1	–	4	1	1
D	–	2	–	4	–	–	2
E	–	–	1	1	–	–	3
F	–	–	–	–	–	–	–

▲ From/to Chart(table)

1. 시작점에서부터 도착점까지 모든 구간에 보낼 수 있는 최대 운송량(가장 운송수용력이 약한 구간의 운송량)을 찾고, 각 구간에서 이를 차감한다. 이때 운송로를 통해 최대로 보낼 수 있는 운송량이 0이 되는 구간은 더 이상 사용할 수 없는 구간이 되며, 계산을 계속하다 더는 보낼 경로가 없으면 계산을 끝낸다.
2. 앞의 그림에서 시작점 S로부터 도착점 F까지의 경로에서 최대 운송량은 다음과 같이 구할 수 있다.

우선 임의로 선택 가능한 경로를 정하여 최대 운송량을 찾는다. S → A → D → F 구간의 최대 운송량은 'A – D', 'D – F'의 '2'이며, 각 구간에서 그만큼씩 차감하여 준다. 그 결과 S – A는 1이 남고, 'A – D', 'D – F'의 구간은 0이 된다. 0이 된 구간은 더 이상 사용할 수 없다. 다른 구간에 대해서도 동일한 방식으로 계산을 이어간다.

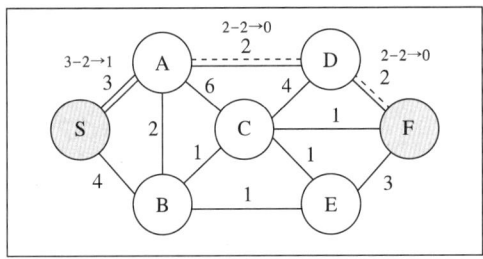

다른 경로 S → B → E → F 구간의 최대 운송량은 1이고, 각 구간에서 1만큼씩 차감해준다.

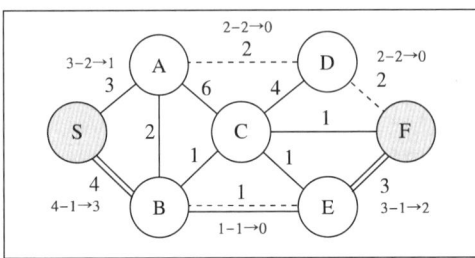

운송량이 남아 있는 다른 경로를 선택해 계속해서 계산한다. S → B → C → F 구간의 최대 운송량은 1이고, 각 구간에서 1만큼씩 차감해준다.

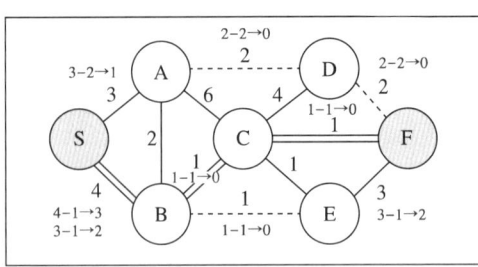

연습 문제

다음 네트워크모형에서 출발지 A에서 도착지 G까지 최단경로의 산출거리는 얼마인가?

TO FROM	A	B	C	D	E	F	G
A	–	15	10	8	–	–	–
B	–	–	–	–	2	–	–
C	–	–	–	–	7	6	–
D	–	–	–	–	8	3	–
E	–	–	–	–	–	–	1
F	–	–	–	–	1	–	3
G	–	–	–	–	–	–	–

① 12km ② 13km
③ 14km ④ 15km
⑤ 16km

해설

최단경로는 A – D – F – E – G이고, 최단거리는 각각의 숫자를 합산하여 얻어지는 결과 값으로 8+3+1+1=13km가 된다.

정답 ②

(2) 최대수송량계획법(Maximal Flow Problem) 〔기출〕 25년/ 24년/ 23년/ 21년/ 19년/ 18년/ 17년/ 15년/ 14년/ 13년

① 각 운송구간의 운송량 제한이 있을 때 전체구간에서의 총 운송량은 가장 운송수용력이 약한 구간의 운송량에 따라 제한됨. 따라서 출발지로부터 목적지로 운송할 수 있는 운송가능량은 총 운송경로의 수와 이들 경로가 가지는 각각의 운송가능량에 의하여 결정되므로 이를 최대화하고자 하는 것

② 최대수송량계획법의 사례

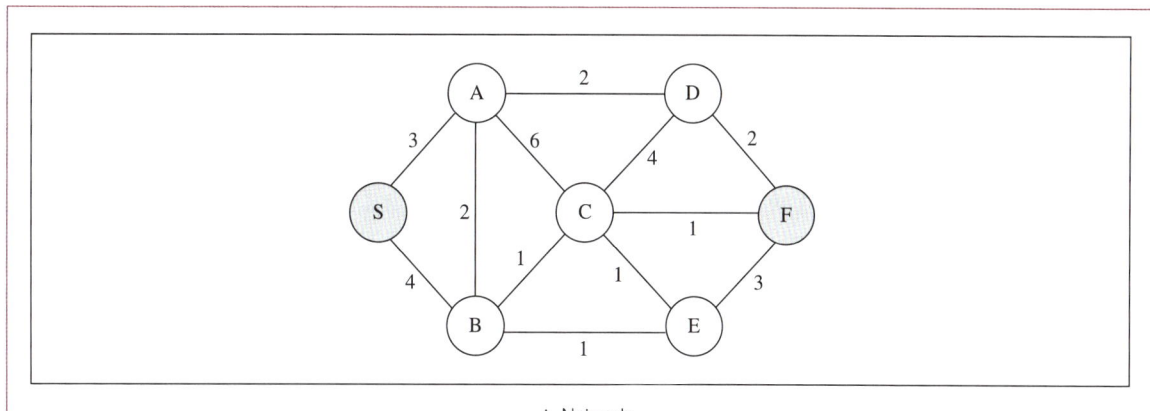

▲ Network

1. 시작점에서부터 다른 모든 정점까지의 거리를 비교하여 더 짧은 구간을 중심으로 운송망을 만들어간다.
2. 앞의 그림에서 시작점 S로부터 이동할 수 있는 A, B 중 S-A 간선의 거리가 S-B 것보다 더 짧으므로 S는 A를 가리키도록 한다. 이때, 각 A, B점에 시작점과 거리 값을 (S, 3), (S, 4)로 표시한다.
3. 이어서 A점에서 이동할 수 있는 B, C, D점에 S의 거리 값을 합산하여 표시[B(A, 8), C(A, 8), D(A, 5)]하고, B점과 연결되는 A, C, E점에도 마찬가지로 S와의 거리 값을 합산하여 표시[A(B, 9), C(B, 7), E(B, 11)]한다. 각각의 거리 값을 비교하여 더 작은 쪽을 가리키도록 하며, 여기서는 A-D를 향하도록 한다.
4. 다음으로 D점과 연결될 수 있는 C, F점까지의 거리를 같은 방식으로 계산하여 표기한다. 각각 (D, 6), (D, 10)이 되며, 가장 거리 값이 작은 구간은 C점이 된다. 이와 연결되는 E점과 F점까지의 거리를 반복하여 구한다.
5. C-E와 연결되는 접점은 F점이며, 거리 값은 9가 된다.
⇨ 종합해보면 시작점 S에서 목표점 F까지 최단거리의 접점은 S → A → D → C → E → F이며, 여기에 거리 값을 대입하면, 3 + 2 + 1 + 2 + 1 = 9로 총 최단거리는 9가 됨을 알 수 있다.

연습 문제

다음 네트워크모형에서 출발지 A에서 도착지 G까지 최단경로의 산출거리는 얼마인가?

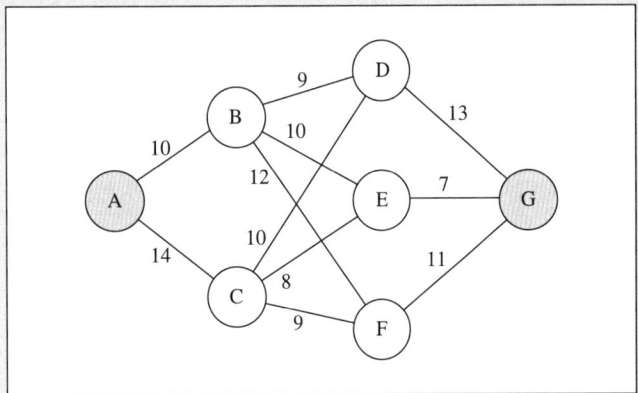

① 27km
② 29km
③ 32km
④ 33km
⑤ 37km

해설

최단경로는 A - B - E - G이다.
따라서 10 + 10 + 7 = 27km

정답 ①

2. 수·배송 네트워크(Network) 모형

2개 이상의 운송로가 존재하며 이들 경로상에 연결점들이 있고, 각 운송 구간별로 단위당 운송비 또는 운송량 등이 제시된 경우에 보다 효율적인 운송방법을 모색하기 위해 사용하는 방법이다. 네트워크 모형은 최근 들어 경영과학의 대표적인 분석기법으로 많이 활용되고 있으며, 주요 유형에는 최단경로법, 최대수송량계획법, 최소비용수송계획법 등이 있다.

(1) 최단경로법(Shortest Route Problem) 기출▶ 25년/ 24년/ 22년/ 21년/ 20년/ 19년/ 18년/ 17년/ 16년

① 각 운송구간별로 운송거리 또는 단위운송비용 등이 제시된 운송망(Network)이 있는 경우에 출발지와 도착지 간 등 그 운송망 위에 있는 두 교점(Node) 사이의 최단의 경로 또는 최소비용의 경로를 찾기 위한 방법

② 최단경로법의 사례

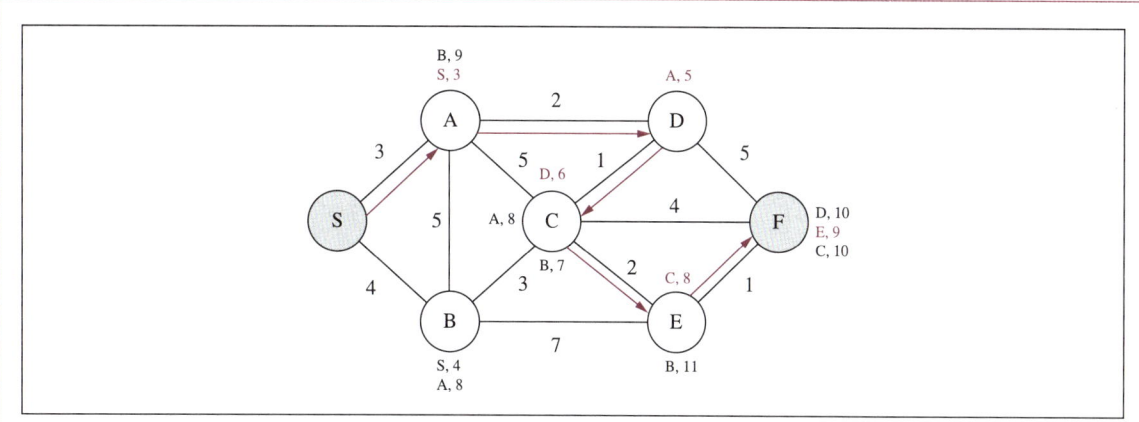

▲ Network

TO FROM	S	A	B	C	D	E	F
S	–	3	4	–	–	–	–
A	–	–	5	5	2	–	–
B	–	5	–	3	–	7	–
C	–	5	3	–	1	2	4
D	–	2	–	1	–	–	5
E	–	–	7	2	–	–	1
F	–	–	–	–	–	–	–

▲ From/to Chart(table)

연습 문제

수요지와 공급지 간의 비용이 아래와 같이 제시될 경우, 최소비용법(Least-Cost Method)과 보겔추정법(Vogel's Approximation Method)을 이용한 초기해 산출 값에 관한 설명으로 옳은 것은? (단위 : 원/톤, 공급지에서 수요지까지의 운송비는 운송표 각 칸의 우측 하단에 제시되어 있음)

수요지 공급지	X	Y	Z	공급량(톤)
A	11	19	20	300
B	6	13	15	100
C	12	10	14	200
수요량(톤)	300	200	100	600 / 600

① 최소비용법에 의한 최소 총운송비용은 6,700원이다.
② 보겔추정법에 의한 최소 총운송비용은 6,700원이다.
③ 최소비용법에 의한 공급지 A에서 수요지 X까지의 공급량은 300톤이다.
④ 보겔추정법에 의한 공급지 C에서 수요지 Y까지의 공급량은 100톤이다.
⑤ 보겔추정법에 의한 공급지 B에서 수요지 Z까지의 공급량은 100톤이다.

해설

〈최소비용법〉

수요지 공급지	X	Y	Z	공급량(톤)
A	200 / 11	– / 19	100 / 20	300
B	100 / 6	– / 13	– / 15	100
C	– / 12	200 / 10	– / 14	200
수요량(톤)	300	200	100	600 / 600

∴ 총 운송비 = (100 × 6) + (200 × 10) + (200 × 11) + (100 × 20) = 6,800원

〈보겔추정법〉

수요지 공급지	X	Y	Z	공급량(톤)
A	300 / 11	– / 19	– / 20	300
B	– / 6	– / 13	100 / 15	100
C	– / 12	200 / 10	– / 14	200
수요량(톤)	300	200	100	600 / 600

∴ 총 운송비 = (300 × 11) + (200 × 10) + (100 × 15) = 6,800원

⑤ 보겔추정법에 의한 공급지 B에서 수요지 Z까지의 공급량은 100톤이다.
① 최소비용법에 의한 최소 총운송비용은 (100 × 6) + (200 × 10) + (200 × 11) + (100 × 20) = 6,800원이다.
② 보겔추정법에 의한 최소 총운송비용은 (300 × 11) + (200 × 10) + (100 × 15) = 6,800원이다.
③ 최소비용법에 의한 공급지 A에서 수요지 X까지의 공급량은 200톤이다.
④ 보겔추정법에 의한 공급지 C에서 수요지 Y까지의 공급량은 200톤이다.

정답 ⑤

연습 문제

아래와 같이 공급지의 공급량과 수요지의 수요량이 각각 (100, 140, 80)과 (120, 100, 100)인 수송계획이 있다. 보겔의 추정법(Vogel's Approximation Method)을 적용하여 총 수송비용이 최소가 되도록 공급량을 할당한다면 총 수송비용은 얼마인가? (단, 공급지에서 수요지까지의 수송비는 수송표 각 셀의 좌측상단에 제시되어 있다)

[단위 : 천원]

수요지 공급지	1	2	3	공급량(톤)
1	9	5	15	100
2	12	12	10	140
3	15	10	12	80
수요량(톤)	120	100	100	320 / 320

① 3,000천원
② 3,100천원
③ 3,200천원
④ 3,300천원
⑤ 3,400천원

해설

보겔의 추정법(Vogel's Approximation Method)

수요지 공급지	1	2	3	공급량(톤)	기회비용
1	9	5 ❶ 100	15	100 100 → 0	4 4 → 0
2	12 ❷ 120	12	10 ❸ 20	140 140 → 20 → 0	2 2 → 0
3	15	10	12 ❹ 80	80 80 → 0	2 2 → 3 → 0
수요량(톤)	120 120 → 0	100 100 → 0	100 100 → 80 → 0	320 / 320	
기회비용	3 3 → 0	5 5 → 0	2 2 → 0		

∴ 총 수송비용
= (5 × 100) + (12 × 120) + (10 × 20) + (12 × 80)
= 3,100천원

정답 ②

③ 보겔추정법의 사례

수요지 공급지	공장1	공장2	공장3	공장4	공급량
산지 1	9	1	18	11	100
산지 2	12	8	10	19	110
산지 3	2	12	15	20	60
수요량	80	110	40	40	270 / 270

▲ 초기 운송표(단위 : 천원, 톤)

1. 각 행과 열별로 기회비용*을 구한다.
   *기회비용 : 가장 낮은 운송단가와 그 다음으로 낮은 운송단가의 차이
2. 기회비용이 가장 큰 행이나 열의 가장 낮은 단가에 배정 가능한 최대량을 배정하며, 크기의 순서대로 배정해 나간다.
3. 배정이 완료된 행이나 열은 제외시키고 남은 칸의 단가를 이용하여 재차 기회비용을 구하고, 이 기회비용들을 이용하여 순차적으로 가장 기회비용이 큰 칸을 찾아 최대량을 배정한다.
4. 모든 수송량의 배정이 끝날 때까지 반복한다. 이때, 기회비용이 같은 경우에는 임의로 배정한다.

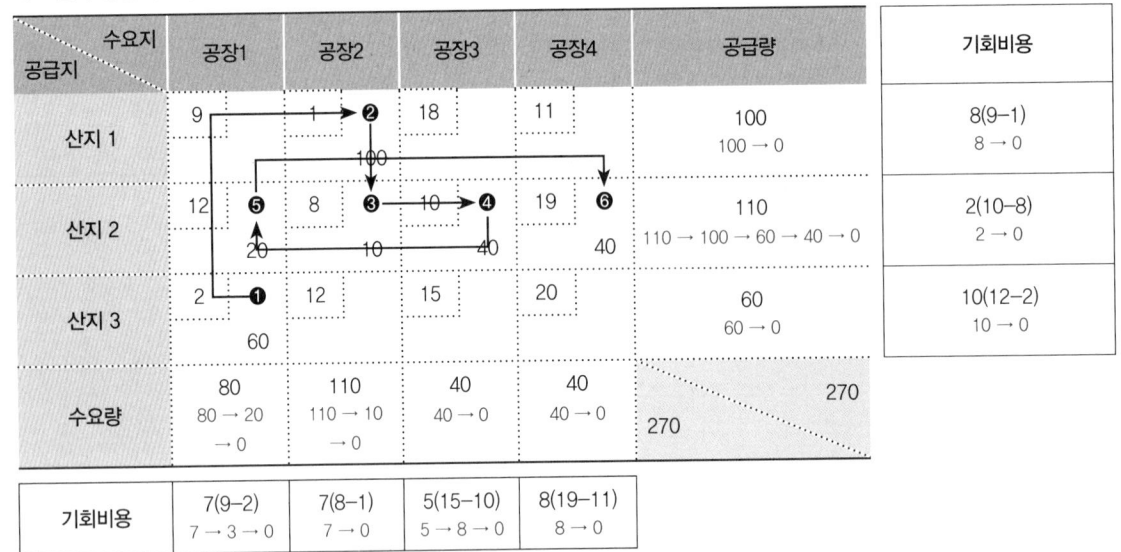

▲ 최종 운송표(단위 : 천원, 톤)

∴ 실행 가능한 초기 해의 총 운송비 = 각 운송비(운송단가 × 수송량)의 총합
= (2 × 60) + (1 × 100) + (8 × 10) + (10 × 40) + (12 × 20) + (19 × 40) = 1,700(천원)

연습 문제

화주 M사는 아래와 같은 운송조건에서 A(북서코너법, North-West Corner Method)와 B(최소비용법, Least-cost Method)를 이용하여 총 운송비를 계산하였다. 그 결과에 관한 설명으로 옳은 것은? (단, 공급지에서 수요지까지의 수송비는 수송표 각 셀의 중앙에 제시되어 있다)

[단위 : 만원, 톤]

공급지\수요지	D1	D2	D3	D4	D5	공급량
S1	10	26	14	8	24	(200)
S2	2	12	16	34	30	(160)
S3	28	6	20	26	14	(70)
S4	4	20	32	18	22	(130)
수요량	(90)	(170)	(150)	(40)	(110)	(560)

① B보다 A의 총 운송비가 더 저렴하다.
② A에 의한 총 운송비는 7,200만원이다.
③ B에 의한 총 운송비는 6,900만원이다.
④ A와 B의 운송비는 동일하다.
⑤ A와 B의 총 운송비의 차액은 2,480만원이다.

해설

〈A : 북서코너법〉

[단위 : 톤]

경로	유량	경로	유량
S1 → D1	90	S1 → D2	110
S2 → D2	60	S2 → D3	100
S3 → D3	50	S3 → D4	20
S4 → D4	20	S4 → D5	110

∴ 총 운송비 = (10×90) + (26×110) + (12×60) + (16×100) + (20×50) + (26×20) + (18×20) + (22×110) = 10,380만원

〈B : 최소비용법〉

[단위 : 톤]

경로	유량	경로	유량
S2 → D1	90	S3 → D2	70
S1 → D4	40	S2 → D2	70
S1 → D3	150	S4 → D2	30
S4 → D5	100	S1 → D5	10

∴ 총 운송비 = (2×90) + (6×70) + (8×40) + (12×70) + (14×150) + (20×30) + (22×100) + (24×10) = 6,900만원

① A보다 B의 총 운송비가 더 저렴하다.
②·④ A에 의한 총 운송비는 10,380만원이고, B에 의한 총 운송비는 6,900만원이다.
⑤ A와 B의 총 운송비의 차액은 3,480만원이다.

정답 ③

(3) 보겔추정법(Vogel's Approximation Method : VAM) 기출 25년/ 24년/ 23년/ 22년/ 21년/ 20년/ 19년/ 18년/ 17년

① 기회비용의 개념을 활용하여 총운송비용이 최소가 되도록 공급량을 할당하는 탐색적 방법
② 여기서 기회비용은 운송단가 간의 차이 값을 잘못 선택했을 때 치루어야 할 기회비용으로서 이 기회비용이 큰 행이나 열의 가장 낮은 단가에 최대한의 물량을 배정하는 것이 선택오류의 가능성을 최소화하는 방법에 해당

(2) 최소비용법(Minimum Cell Cost Method) 기출▶ 25년/ 24년/ 23년/ 22년/ 21년/ 20년/ 19년/ 18년/ 17년/ 15년/ 14년

① 수송표상에서 운송단가가 가장 낮은 칸에 우선적으로 수송량을 할당하되, 그 행의 공급량과 그 열의 수요량을 비교하여 가능한 한 최대량을 배정하는 방법
② 일반적으로 비용을 고려하지 않는 북서코너법보다 효과적인 해법이라 할 수 있으나 모든 경우에 적용되는 것은 아님
③ 최소비용법의 사례

공장\대리점	가	나	다	라	공급량
1	30	40	90	20	800
2	70	60	10	30	600
3	10 (운송단가)	50	40	80	400
수요량	700	500	400	200	1,800 / 1,800

▲ 초기 운송표(단위 : 천원, 톤)

1. 모든 칸들 중 단위당 운송비용이 가장 최소인 칸을 찾고, 그 칸이 포함된 행의 공급량과 열의 수요량을 감안하여 할당 가능한 최대 수송량을 배정한다.
2. 다음으로 남은 칸들 중에서 다시 단위수송비용이 최소인 칸을 찾고 그 칸에 할당이 가능한 최대량을 배정한다.
3. 이때, 각 공급량 또는 수요량이 충족된 행(→) 또는 열(↓)은 제외하며, 단계적으로 공급량과 수요량의 변동값을 업데이트 해준다.
4. 만약 같은 운송비용이 둘 이상일 때는 더 많은 양을 할당할 수 있는 칸에 우선적으로 할당한다.
5. 순차적으로 모든 공급량 또는 수요량이 충족될 때까지 위의 과정을 반복한다.

공장\대리점	가	나	다	라	공급량
1	30 / ❹ 300	40 → ❺ 300	90 / —	20 / ❸ 200	800 → 600 → 300 → 0
2	70 / —	60 / ❻ 200	10 / ❷ 400	30 / —	600 → 200 → 0
3	10 / ❶ 400	50 / —	40 / —	80 / —	400 → 0
수요량	700 → 300 → 0	500 → 200 → 0	400 → 0	200 → 0	1,800 / 1,800

▲ 최종 운송표(단위 : 천원, 톤)

∴ 실행 가능한 초기 해의 총운송비 = 각 운송비(운송단가 × 수송량)의 총합
= (10 × 400) + (10 × 400) + (20 × 200) + (30 × 300) + (40 × 300) + (60 × 200) = 45,000(천원)

② 이 해법은 신속하게 최초의 실행가능한 해를 산출할 수 있다는 이점이 있으나, 비용 측면을 고려하지 않기 때문에 초기 해를 개선할 여지가 있으며, 이는 디딤돌법(stepping Stone Method)에 의해 검증할 수 있음. 디딤돌법은 할당되지 않는 공란을 평가하는 방법 중 하나에 해당

③ 북서코너법의 사례

수요지 공급지	서울	전주	광주	대전	공급량
인천	18	2	36	22	100
목포	24	16	20	38	120
평택	4 (운송단가)	24	30	40	60
수요량	120	80	40	40	280 / 280

▲ 초기 운송표(단위 : 천원, 톤)

1. 수송표의 각 빈칸을 채우는 데 있어서 북서쪽에 있는 칸부터 가능한 한 최대의 양*을 할당한다.
   *공급량과 수요량을 비교하여 작은 값
2. 다음 행(→)으로 이동하기 전 각 행의 공급량을 모두 충족시킨다. 다음 열(↓)로 이동하는 경우에도 마찬가지로 각 열의 수요량을 모두 충족시키도록 한다. 이때, 단계적으로 공급량과 수요량의 변동 값을 업데이트 해준다.
3. 수송표의 수송량을 모두 소모하여 우측 하단에 도달할 때까지 각 행의 공급량과 열의 수요량을 계속적으로 충족시켜 나간 후, 공급량과 수요량이 모두 일치하는지를 확인하고 끝낸다.

수요지 공급지	서울	전주	광주	대전	공급량
인천	18 100↓	2	36	22	100 100 → 0
목포	24 20 →	16 80 →	20 20↓	38	120 120 → 100 → 20 → 0
평택	4	24	30 20 →	40 40	60 60 → 40 → 0
수요량	120 120 → 20 → 0	80 80 → 0	40 40 → 20 → 0	40 40 → 0	280 / 280

▲ 최종 운송표(단위 : 천원, 톤)

∴ 실행 가능한 초기 해의 총운송비 = 각 운송비(운송단가 × 수송량)의 총합
  = (18 × 100) + (24 × 20) + (16 × 80) + (20 × 20) + (30 × 20) + (40 × 40) = 6,160(천원)

④ **적합 배송 방법** : 사전 설정된 경로에 배송할 물량, 즉 차량의 적재율을 기준으로 적합한 크기의 차량을 배차하여 배송하는 방법
⑤ **단일 배송 방법** : 하나의 배송처에 1대의 차량을 배차하여 배송하는 방법으로, 보통 주문자가 신속한 배송을 요구할 때 사용

2. 수·배송 합리화 모형 기출▶ 25년/ 23년/ 22년/ 21년/ 19년/ 17년

(1) 수송수요 모형

수송수요 모형	세부모형의 종류
화물발생모형	회귀분석법, 원단위법, 카테고리분석법, 성장률법
화물분포모형	중력모형(단일제약모형, 이중제약모형), 성장인자법(평균인자법, 프래타법, 디트로이트법), 엔트로피 극대화모형 등
수송분담모형	통행교차모형(전환곡선법, 로짓모형, 프로빗 모형)
통행배정모형 (통행망의 교통량 추정)	• 용량비제약모형 : 전량배정법, 다이얼(Dial)모형 • 용량제약모형 : 반복배정법, 분할배정법, 수형 망단위 분할배정법, 교통망 평형배정법

(2) 주요 수송모형과 특징

① **회귀모형** : 화물의 수송량에 영향을 주는 다양한 변수 간의 상관관계에 대한 회귀식을 도출하여 장래 화물량을 예측하는 모형
② **카테고리분석법** : 범주화한 운송수단을 대상으로 운송구간의 운송비용을 이용하여 구간별 통행량을 산출하는 모형
③ **중력모형** : 지역 간의 운송량이 경제규모에 비례하고 거리에 반비례한다는 가정에 의한 화물 분포 모형으로, 단일제약모형, 이중제약모형 등이 있음
④ **성장인자모형** : 물동량 배분 패턴이 장래에도 일정하게 유지된다는 가정하에 지역 간의 물동량을 예측하는 화물분포 모형
⑤ **엔트로피 극대화모형** : 제약조건하에서 지역 간 물동량의 공간적 분산 정도가 극대화된다는 가정에 기초한 화물분포 모형
⑥ **통행교차모형** : 교통수단을 선택하는 유형의 하나로, 통행이 분배된 상태에서 교통수단의 서비스 특징에 따라 교통수단을 결정한다는 점을 전제하고 추측한 모형

CORE 04 수·배송 최적화 기법

1. 수·배송문제 해결 방법

(1) 북서코너법(North-West Corner Method) 기출▶ 24년/ 23년/ 21년/ 20년/ 18년/ 17년/ 15년/ 13년

① 수송표의 좌측 상단에서 출발하여 우측 하단까지, 열과 행에 각각 나타나 있는 공급량과 수요량에 맞추어 수송량을 각 경로상에 계속적이고 또 단계적으로 배정하는 방법

CORE 03 수·배송시스템의 합리화

1. 수·배송 계획 수립 원칙 및 고려사항

(1) 배송경로와 일정계획의 수립 원칙 기출 23년/ 20년/ 17년/ 12년/ 11년
① 가장 근접해 있는 지역의 물량을 함께 실을 것
② 배송날짜가 다른 경우에는 경유지를 엄격하게 구분
③ 운행경로 계획은 차고지(Depot)에서 가장 먼 지역부터 수립할 것
④ 출발지 인근지역부터 시작하여 출발지 인근지역에서 끝나도록 함(좁은 지역 배송)
⑤ 배송경로는 상호 교차되지 않도록 함
⑥ 차량경로상의 운행순서는 눈물방울형태로 만들어 갈 것
⑦ 가장 효율적인 경로는 이용할 수 있는 가장 큰 차량을 사용하여 만들 것
⑧ 집화(Pick-up)는 배송과 함께 이루어지도록 하는 것이 효율적임
⑨ 배송루트에서 벗어난 수요지는 별도의 차량을 이용
⑩ 너무 짧은 방문시간대는 피해야 함

(2) 수·배송 계획 입안 시의 고려사항 기출 15년
① 물류채널의 명확화 : 물류채널을 이해하고 그 순서도를 명확히 작성
② 화물특성의 명확화 : 화물에 대한 품명, 외장, 단위당 중량, 용적, 포장형태 등을 명확히 파악
③ 수·배송 단위(Lot)의 명확화 : 수·배송 지역별이나 제품별로 1일당 수·배송 단위가 어떻게 되는지를 명확히 파악
④ 수·배송량의 명확화 : 제품별, 수·배송 지역별로 수·배송하는 화물량을 1일간, 1주일간, 1개월간 혹은 연간단위를 명확히 함
⑤ 출하량 피크 시점의 명확화 : 1일간의 출하량이나 취급량의 시간적 움직임을 명확히 파악

(3) 수·배송시스템 배송계획의 종류 기출 23년/ 21년/ 18년/ 17년/ 13년
① 다이어그램 배송(Diagram System) 방법
   ㉠ 정시루트 배송시스템으로 집배구역 내에서 차량의 효율적인 이용을 도모하기 위해 배송처의 거리, 수량, 지정시간, 도로상황 등을 감안하여 여러 곳의 배송처를 묶어서 정시에 정해진 루트로 배송하는 방법
   ㉡ 이 방법은 시간과 루트를 기준으로 하며, 비교적 배송범위가 좁고 배송빈도가 높은 경우에 적용하는 방법으로, 고객에 대한 도착시간을 정시화하여 순회 서비스를 제공
   ㉢ 일반적으로 배송범위가 30km 이내, 배송빈도는 2회/일 또는 1.5회/일(30~60km)인 경우 주로 적용
② 루트 배송(Route System) 방법
   ㉠ 비교적 광범위한 지역에 소량화물을 요구하는 다수의 고객을 대상으로 배송할 때에 유리한 방법으로, 판매지역에 대하여 배송 담당자가 배송 트럭에 화물을 상·하차하고 화물을 수수함과 동시에 현금수수도 병행하는 방법
   ㉡ 일반적으로 배송범위가 60km 이상인 경우 주로 적용하며, 배송범위를 몇 가지 경로로 구분한 후 1회/일 배송을 원칙으로 배송차량의 크기와 출발시간을 정함
③ 혼재(Consolidation) 배송 방법 : 한 단위를 채우지 못하는 소량화물을 모아 혼합 적재함으로써 차량의 적재율을 높이기 위한 배송 방법

③ 적절한 유통재고량 유지를 위한 다이어그램 배송 등 체계적인 운송계획을 수립해야 함
④ 운송계획을 효율적으로 실시하기 위한 판매, 생산의 조정이 필요함
⑤ 수주에서 출하까지 작업의 표준화 및 효율화를 수행해야 함
⑥ 최저주문단위제의 도입 등 주문의 평준화가 필요함

(2) 수 · 배송시스템 설계 시 고려 요소
① 리드타임(Lead Time, 대기시간)
② 차량의 적재율 및 차량의 회전율
③ 수 · 배송에 필요한 적절한 차량운행 대수
④ 적합한 운송수단의 선택
⑤ 수 · 배송 범위 및 운송경로
⑥ 수 · 배송의 비율과 적기배송(JIT) 방문 스케줄 결정
⑦ 운임료 산정기준 및 고객서비스 수준

(3) 수 · 배송시스템 설계 포인트
① 운송 네트워크의 정비 : 물류센터의 수, 규모를 정비하여 재고관리와 운송비를 최적화
② 최적의 운송수단의 선택 : 운송비 절감과 물류서비스 수준을 감안하여 최적화
③ 운송(운영)의 효율성 향상 : 운송의 효율을 높이기 위한 다양한 방법을 고려(회전율, 적재율, 가동률, 영차율 등)
④ 공동운송의 실시 : 다른 기업의 화물과 공동운송을 실시
⑤ 수 · 배송의 합리화 수단 고려 : 수 · 배송의 계획화, 표준화, 시스템화가 가능하도록 함
⑥ 수 · 배송의 합리화를 위한 협력체계 구축 : 동종 또는 이종업체 간 다양한 협력체계를 구축
⑦ 제1차 운송과 제2차 운송의 연결 : 소량 다빈도 배송을 효율적으로 하기 위한 크로스 도킹, Meet Point System 등 대형운송과 소형운송을 효율적으로 연계

(4) 수 · 배송시스템의 설계를 위한 사전조사 내용
① 운송할 화물의 종류와 크기(부피, 중량)를 조사하여 적절한 운송수단을 준비
② 운송물량을 조사하여 이용차량을 적절하게 선택
③ 운송빈도 및 운송 로트사이즈(Lot Size)를 조사하여 운송주기를 설정
④ 운송지역의 교통여건을 조사하여 적절한 운송계획을 수립
⑤ 발착지의 상 · 하차장 작업여건을 조사하여 불필요한 대기상태가 발생하지 않도록 배차계획을 수립
⑥ 운송비 부담력을 조사하여 적합한 운송방법과 운송요율을 결정

(5) 수 · 배송시스템 설계 순서

❶ 운행하고자 하는 화물의 특성 파악 → ❷ 수 · 배송시스템의 목표설정 → ❸ 출하부문의 특성 파악 → ❹ 수요처별 특성 파악 → ❺ 수요처별 운행여건 파악 → ❻ 투입될 차종 판단 → ❼ 배차운영계획 → ❽ 귀로운행계획

(3) 공동 수 · 배송 추진의 장애요인

① 참여업체의 구성 문제
③ 기업 문화 및 업무체계 차이 문제
⑤ 물류서비스의 차별화 문제
⑦ 수송수요의 세분화 문제
⑨ 긴급대처능력의 결여 문제
② 참여기업 간의 의견 조정(불일치)문제
④ 회사의 기밀유지문제(정보공유의 기피)
⑥ 운임요금 문제
⑧ 리더 또는 조정자의 확보 문제
⑩ 상품에 대한 안전성 문제

CORE 02 수 · 배송시스템의 설계

1. 수 · 배송시스템의 개념 기출 ▶ 14년 / 10년

(1) 수 · 배송시스템의 의의

① 수 · 배송시스템은 생산업체에서 상품이 제조된 후 최종 수요자에게 전달되기까지의 운송과정을 보다 효율적으로 수행하기 위하여 화물의 취급방법 및 운송절차(Process) 등 전반적인 사항들에 대한 일련의 관리체계를 말함
② 여기서 수 · 배송이란 재화와 용역을 그 효용가치가 낮은 장소로부터 효용가치가 높은 장소로 이동시키는 행위로서 장소적 · 시간적 효용의 창출을 증대시키는 경제적 의미를 가지며, 수 · 배송 중 재화와 용역의 성질이 물리적 또는 화학적으로 변형되지 않는 것을 기초로 함

(2) 수 · 배송시스템의 종류

왕복운송시스템	화물을 운송하고 귀로에 공차로 돌아오는 과정에서 제조업체의 창고나 공장 등을 경유하여 화물을 싣고 오거나 그 지역의 물류터미널 또는 알선업체를 이용하여 귀로의 화물을 알선받아 싣고 오는 시스템
환결운송시스템	연속적으로 영차운행을 하여 최초의 출발지점까지 돌아오는 방법으로, 이러한 시스템은 운전기사가 귀가하는 데 장시간이 소요될 수 있음
1차량 2운전원 승무시스템	2명의 운전원을 동승시켜 운행하는 제도가 아니라 발지와 착지양단에 운전원을 한 명씩 배치하여 1차 수송이 완료되면 즉시 착지에 대기하고 있던 운전원이 차량을 인계받아 귀로운행을 하는 시스템
릴레이식 운송시스템	1회의 편도운송거리가 1일 이상 소요되는 운송이나 일정한 도시들을 순회하며 집화 · 배달을 하는 경우, 일정한 시간 운행 후에 운전사를 교대하여 차량을 계속 운행시킴으로써 차량의 가동시간을 최대화하고 화물의 인도시간을 신속하게 하는 시스템
중간환승운송시스템	주요 발지와 착지의 중간지점에 터미널을 설치하고 양단에서 도착된 차량을 서로 교체 승무하여 귀로하는 운행시스템
밀크런(Milk Run)운송시스템	방문하는 장소와 시간을 정하여 매일같이 순회하는 운송방식

2. 수 · 배송시스템의 설계 기출 ▶ 25년 / 24년 / 21년 / 18년 / 17년 / 16년 / 13년

(1) 수 · 배송시스템 설계를 위한 기본조건

① 지정된 시간 내에 화물을 목적지에 정확히 배송할 수 있어야 함
② 운송, 배송 및 배차계획 등을 조직적 · 체계적으로 실시해야 함

④ 대상 기업 간에 공동 수·배송에 대한 이해가 일치하여야 함
⑤ 공동 수·배송에 참여하는 기업 간의 경제성 및 물류서비스 수준의 향상이라는 목적이 일치해야 함(→ 개별 기업들의 다양한 목표 ×, 서비스 차별화 ×)
⑥ 배송지역이 일정구역 안에 분포되어야 하고, 대상화물은 공동화에 적합한 품목이 존재하여야 함
⑦ 공동 수·배송에 참여하는 기업 간의 배송조건·하역 및 보관특성, 정보시스템 등이 유사해야 함
⑧ 공동 수·배송에 참여하는 운송기업은 화물의 규격, 포장, 적재용기 등 표준화된 운송 프로세스가 있어야 함

2. 공동 수·배송의 유형·효과 및 장애요인 기출 24년/ 20년/ 15년/ 14년/ 13년

(1) 공동 수·배송의 유형

배송공동형	화물 거점시설까지의 운송은 개별 화주가 행하고, 배송만 공동화하는 방식
집화·배송공동형	물류센터에서의 배송뿐만 아니라 화물의 보관 및 집화업무까지 공동화하는 방식으로서 주문처리를 제외한 거의 모든 물류업무에 관해 협력하는 방식
공동수주·공동배송형	운송사업자가 협동조합을 설립하여 공동수주 및 공동배송하는 방식
노선집화공동형	노선의 집화망을 공동화하여 화주가 지정한 노선업자에게 화물을 인계하는 방식
공동납품대행형	주로 백화점, 할인점 등에서 화주의 주도로 공동화하는 유형으로서, 참가하는 도매업자가 선정한 운송사업자가 배송거점을 정하여 납품상품을 집화, 분류, 포장 및 레이블을 붙이는 작업 등을 한 후 배달·납품하는 방식

(2) 공동 수·배송의 도입 효과

① 물류서비스의 제고, 차량 적재효율의 향상, 공차율의 감소 및 수송비의 절감 등을 도모
② 기업 간 통합전산망 구축을 통한 출하작업의 시스템화로 수·배송 효율을 향상
③ 다양한 거래처에 대한 공동 수·배송을 실시함으로써 물동량의 계절적 수요변동에 대한 차량운영의 탄력성을 확보
④ 참여기업에 대한 통합된 수·배송 핵심성과지표(KPI : Key Performance Indicator)를 제공
⑤ 단독기업으로는 한계가 있는 물동량을 처리할 수 있어 고정비에 대한 규모의 경제를 달성
⑥ 각 가맹사들 간의 공동물류회계 및 화물정보시스템화를 촉진

화주 측면의 효과	운송업자 측면의 효과
• 운임부담의 경감 • 물류 인원의 절감 • 인력부족에 대처가능 • 소량물품의 집하배송 가능 • 물류 공간의 활용률 증가 • 물류서비스의 제고 • 전체적인 물류비용 절감 • 일관된 서비스 제공으로 신뢰성 제고 • 배송효율 증가로 개당 배송비용 감소 • 일괄납품으로 검사 등 일선 업무의 효율화 • 납품 빈도의 증가로 품목확보 • 신선 제품의 선도향상과 재고비용 감소	• 운송의 대형화로 적재효율 향상 • 계획적인 차량운용 가능 • 공차율의 감소와 수송효율 제고 • 필요차량의 감소 • 입고부문의 교통혼잡 완화 • 동일지역의 중복·교차배송 감소 • 차량의 주행거리, 시간, 횟수 단축 • 신규 화주의 개척이 용이
	사회적 측면의 효과
	• 차량감소에 따른 교통환경 개선 • 차량운행 횟수 감소로 환경오염 방지 • 혼잡도로로 인한 도로 파손 방지 • 에너지 절감 및 물류비 감소(→ 물가안정)

CHAPTER 08 수·배송시스템의 합리화

핵심 포인트
- ☑ 공동 수·배송시스템의 유형과 도입효과
- ☑ 수·배송시스템 설계를 위한 기본조건 및 고려 요소
- ☑ 수·배송시스템의 합리화
- ☑ 북서코너법, 최소비용법, 보겔추정법
- ☑ 최단경로법, 최대수송량계획법, 최소비용수송계획법
- ☑ 다이어그램 시스템의 구분과 종류

CORE 01 공동 수·배송시스템

1. 공동 수·배송의 의의 및 전제조건   기출▶ 20년/ 15년/ 12년/ 10년

(1) 공동 수·배송의 의의

① 하나의 차량에 다수 화주의 물품을 공동으로 혼재(consolidation)하여 수송하는 방식으로, 운송의 대형화 및 순회 집·배송에 의한 수송물류비용의 절감, 차량적재 효율의 향상을 도모하는 운송시스템

② 공동 수·배송 체제의 구축은 기업들의 물류공동화 방법 가운데 첫 번째 물류비 절감을 위한 물류합리화 방안으로, 시장범위의 결정, 생산결정, 판매결정, 가격결정, 시설의 입지선정 등의 기능을 수행

③ 공동 수·배송에 참여하는 기업들은 집하, 분류, 배송측면에서의 시너지 효과를 기대할 수 있고, 또한 경영자원을 보다 효율적으로 활용하게 됨으로써 물류비의 절감을 도모할 수 있음

④ 오늘날 공동 수·배송에는 동종업계와의 공동 수·배송, 지역 내 인근 회사와의 공동 수·배송 등 다양한 방식이 활용되고 있으며, 고객의 소량·다빈도 수·배송 등 다양한 요구로 인해 그 필요성이 증대되고 있음

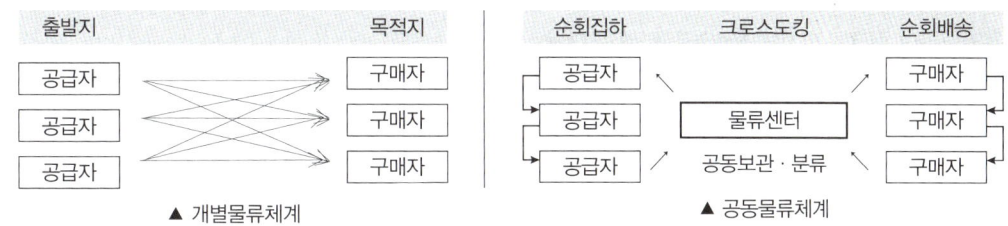

▲ 개별물류체계   ▲ 공동물류체계

(2) 공동 수·배송의 전제조건

① 필요한 화물을 수·배송할 수 있는 차량을 보유하여야 함
② 일정지역 내에 유사영업과 배송을 실시하는 다수의 업체가 존재하여야 함
③ 공동 수·배송을 주관하는 책임기업이 존재해야 함

03 수요지와 공급지 사이의 수송표가 아래와 같을 때 보겔추정법(Vogel's Approximation Method)을 적용하여 산출된 총 운송비용과 공급지 B에서 수요지 X까지의 운송량은? (단, 공급지에서 수요지까지의 톤당 운송비는 각 셀의 우측하단에 표시되어 있음) 기출 23년

(단위 : 천원)

수요지 공급지	X	Y	Z	공급량(톤)
A	10	12	16	200
B	5	8	20	400
C	14	11	7	200
수요량(톤)	500	200	100	800

① 6,000,000원, 300톤
② 6,000,000원, 400톤
③ 6,100,000원, 200톤
④ 6,100,000원, 300톤
⑤ 6,200,000원, 400톤

[해설] 보겔추정법 적용 과정

수요지 공급지	X	Y	Z	공급량(톤)	기회비용
A	100 ③ 10	100 ⑤ 12	− 16	200 →100 →0	2→0
B	400 ② 5	− 8	− 20	400 →0	3→0
C	− 14	100 ④ 11	100 ① 7	200 →100 →0	4→3 →0
수요량(톤)	500 →100 →0	200 →100 →0	100 →0	800	
기회비용	5→4 →0	3→1 →0	9→0		

총운송비용 = (100×7) + (400×5) + (100×10) + (100×11) + (100×12) = 6,000천원
공급지 B에서 수요지 X까지의 운송량 = 400톤

기출문제 엿보기

- ☑ 공급지 A, B, C에서 수요지 W, X, Y, Z까지의 총운송비용 최소화 문제에 보겔추정법을 적용한다. 운송량이 전혀 할당되지 않는 셀(Cell)로만 구성된 것은? 22년
- ☑ 다음과 같은 운송조건이 주어졌을 때 공급지 C의 공급량 20톤의 운송비용은? 20년
- ☑ 3개의 공급지와 3개의 수요지를 지닌 수송문제를 보겔추정법을 적용하여 해결하려고 한다. 총운송비용과 공급지 B에서 수요지 Z까지의 운송량은? 19년

04 송유관 네트워크로 A 공급지에서 F 수요지까지 최대의 유량을 보내려고 한다. 최대유량은? (단, 링크의 화살표 방향으로만 송유가능하며 링크의 숫자는 용량을 나타냄) 기출 19년

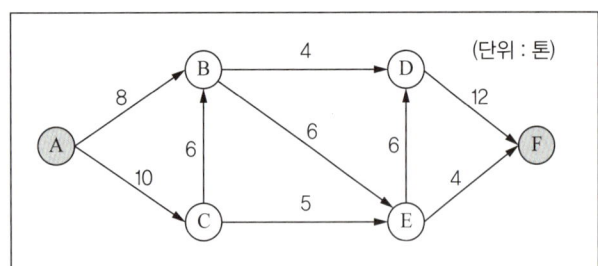

① 12톤　② 13톤
③ 14톤　④ 15톤
⑤ 16톤

[해설]
- A→B→D→F : 4
- A→C→E→F : 4
- A→C→B→E→D→F : 6
따라서 최대유량은 4 + 4 + 6 = 14

기출문제 엿보기

- ☑ 출발지에서 도착지까지 파이프라인을 통해 가스를 보낼 경우 보낼 수 있는 최대 가스량(톤)은? 23년
- ☑ 다음과 같은 파이프라인 네트워크에서 X지점에서 Y지점까지 유류를 보낼 때 최대유량(톤)은? 21년

CHAPTER 08 시험에 꼭 나오는 필수문제

01 공동 수·배송의 장점이 아닌 것은? 기출 24년

① 동일지역 및 동일수하처에 대한 중복교차배송의 배제
② 물류관리 제반 경비에 대한 규모의 경제
③ 적재율 향상
④ 물동량의 계절적 수요변동에 따른 차량운영의 탄력성 확보
⑤ 기업의 영업기밀 유지가 용이

해설 ⑤ 기업의 영업기밀 유지가 용이하지 않은 단점이 있다.

기출문제 엿보기
- ☑ 공동 수·배송에 관한 설명으로 옳은 것은? 20년
- ☑ 공동 수·배송시스템의 구축을 위한 전제조건이 아닌 것은? 20년
- ☑ 공동 수·배송의 도입 효과로 옳지 않은 것은? 15년
- ☑ 공동 수·배송에 관한 설명으로 옳지 않은 것은? 14년
- ☑ 공동 수·배송의 유형에 관한 설명으로 옳지 않은 것은? 13년

02 수·배송 합리화를 위한 계획 수립 시 고려사항으로 옳지 않은 것은? 기출 23년

① 최단 운송루트를 개발하고 최적 운송수단을 선택한다.
② 운송수단의 적재율 향상을 위한 방안을 마련한다.
③ 운송의 효율성을 높이기 위해 관련 정보시스템을 활용한다.
④ 배송경로는 상호 교차되도록 하여 운송루트에 다양성을 확보한다.
⑤ 운송수단의 회전율을 높일 수 있도록 계획한다.

해설 ④ 배송경로는 상호 교차되지 않도록 해야 한다.

기출문제 엿보기
- ☑ 수·배송 계획 수립의 원칙으로 옳은 것은? 20년
- ☑ 운송시스템의 합리화를 위하여 검토해야 할 사항으로 옳지 않은 것은? 17년
- ☑ 효율적인 수·배송계획을 입안할 때의 고려 사항에 관한 설명으로 옳지 않은 것은? 15년

키워드 ❹ 컨테이너 터미널

08

( )에 들어갈 컨테이너 터미널의 운영방식을 바르게 나열한 것은? 기출 20년

운영방식	야드면적	자본투자	컨테이너 양륙시간	하역장비 유지비용	자동화 가능성
(ㄱ)	소	소	장	소	고
(ㄴ)	중	중	중	대	중
(ㄷ)	대	대	단	소	저

① ㄱ : 샤시방식, ㄴ : 스트래들캐리어방식, ㄷ : 트랜스테이너방식
② ㄱ : 스트래들캐리어방식, ㄴ : 샤시방식, ㄷ : 트랜스테이너방식
③ ㄱ : 트랜스테이너방식, ㄴ : 스트래들캐리어방식, ㄷ : 샤시방식
④ ㄱ : 스트래들캐리어방식, ㄴ : 트랜스테이너방식, ㄷ : 샤시방식
⑤ ㄱ : 트랜스테이너방식, ㄴ : 샤시방식, ㄷ : 스트래들캐리어방식

> **해설** ㄱ. 트랜스테이너방식(Transtainer System) : 컨테이너선에서 야드 샤시에 탑재된 컨테이너를 마샬링 야드로 이동시켜 트랜스퍼 크레인에 의해 장치하는 방식이다.
> ㄴ. 스트래들캐리어방식(Straddle Carrier System) : 컨테이너선에서 크레인으로 에이프런에 직접 내리고 스트래들캐리어로 운반하는 하역방식이다.
> ㄷ. 샤시방식(Chassis System) : 육상이나 선상의 크레인으로 컨테이너선에서 직접 샤시상에 적재하므로 보조하역기기가 필요 없는 방식이다.

09

내륙컨테이너기지(Inland Container Depot)에 관한 설명으로 옳지 않은 것은? 기출 15년

① 항만과 거의 유사한 장치, 보관, 집화, 분류 등의 기능을 수행한다.
② 주로 항만터미널 및 내륙운송수단과 연계가 편리한 지역에 위치한다.
③ 내륙운송 연계시설과 컨테이너 야드(CY), 컨테이너 화물조작장(CFS) 등을 갖추고 있다.
④ 내륙에 위치하고 있어 바다와 접해 있는 항만처럼 통관이나 혼재의 기능은 수행할 수 없다.
⑤ 화물을 모아 한꺼번에 운송함으로써 물류비용을 절감할 수 있다.

> **해설** ④ 내륙컨테이너기지는 두 가지 의미로 사용되고 있는데 하나는 주로 항만터미널과 내륙운송수단과 연계가 편리한 산업지역에 위치한 컨테이너 장치장을 말하며, 다른 하나는 이들 컨테이너 화물에 통관기능까지 부여된 컨테이너통관기지를 말한다.

키워드 ③ 컨테이너 화물의 운송

04

컨테이너에 의한 위험물의 운송 시 위험물 수납에 관한 내용으로 옳지 않은 것은? 기출 22년

① 컨테이너는 위험물을 수납하기 전에 충분히 청소 및 건조되어야 한다.
② 위험물을 컨테이너에 수납할 경우에는 해당 위험물의 이동, 전도, 충격, 마찰, 압력손상 등으로 위험이 발생할 우려가 없도록 한다.
③ 위험물의 어느 부분도 외부로 돌출하지 않도록 수납한 후에 컨테이너의 문을 닫아야 한다.
④ 위험물을 컨테이너 일부에만 수납하는 경우에는 위험물을 컨테이너 문에서 먼 곳에 수납해야 한다.
⑤ 위험물이 수납된 컨테이너를 여닫는 문의 잠금장치 및 봉인은 비상시에 지체 없이 열 수 있는 구조이어야 한다.

해설 ④ 위험물을 컨테이너 일부에만 수납하는 경우에는 접근이 쉽도록 컨테이너 문 근처에 수납해야 한다.

05

컨테이너 화물의 총중량 검증(Verified Gross Mass of Container)제도에 관한 설명으로 옳지 않은 것은? 기출 20년

① 수출을 위하여 화물이 적재된 개별 컨테이너, 환적 컨테이너 및 공컨테이너를 대상으로 한다.
② '해상에서의 인명안전을 위한 국제협약(SOLAS)'에 따라 수출컨테이너의 총중량 검증 및 검증된 정보의 제공을 의무화하면서 도입되었다.
③ 화주는 수출하려는 컨테이너의 검증된 총중량 정보를 선장에게 제공하여야 한다.
④ 검증된 컨테이너 총중량 정보의 오차는 해당 컨테이너 총중량의 ± 5% 이내에서 인정된다.
⑤ 컨테이너 총중량은 컨테이너에 적재되는 화물, 해당 화물을 고정 및 보호하기 위한 장비, 컨테이너 자체 무게 등을 모두 합산한 중량을 의미한다.

해설 ① 총중량 검증 적용 대상은 수출을 위하여 화물이 적재된 개별 컨테이너로 환적 컨테이너 및 공컨테이너는 제외된다.

06

수출되는 FCL 화물의 해상운송 업무와 관련하여 필요한 서류들을 업무흐름의 순서대로 나열한 것은? 기출 17년

ㄱ. 선하증권	ㄴ. 기기수령증
ㄷ. 선적요청서	ㄹ. 본선수취증
ㅁ. 부두수취증	

① ㄴ - ㄷ - ㅁ - ㄹ - ㄱ
② ㄴ - ㄷ - ㄹ - ㄱ - ㅁ
③ ㄷ - ㅁ - ㄴ - ㄱ - ㄹ
④ ㄷ - ㄴ - ㄹ - ㄱ - ㅁ
⑤ ㄷ - ㄴ - ㅁ - ㄹ - ㄱ

해설 **수출 FCL 화물의 해상운송업무절차**
컨테이너 운송계약체결 → 선복신청(화물인수예약서) → 컨테이너 배치(기기수령증) → 화물의 적입 → 수출허가수득 → 해상보험가입 → 컨테이너 운송 → 부두수취증 수득 → 본선수취증 수득 → 선하증권(B/L) 수득 → 선적

07

국제 해상 컨테이너 화물운송에 관한 설명으로 옳지 않은 것은? 기출 15년

① 우리나라에서는 10feet 컨테이너가 가장 많이 사용된다.
② 표준화된 컨테이너를 사용함으로써 안전하게 운송할 수 있어 보험료를 절감할 수 있다.
③ 컨테이너 전용부두와 갠트리 크레인 등 전용장비를 활용하여 신속한 하역작업을 할 수 있어 작업시간의 단축이 가능하다.
④ 왕복항 간 물동량의 불균형으로 컨테이너선의 경우 벌크선과는 달리 공컨테이너 회수 문제가 발생한다.
⑤ 고정식 기계하역시설이 갖추어지지 않은 항만에도 이동식 장비로 하역작업이 가능하다.

해설 ① 우리나라에서는 20feet 컨테이너가 가장 많이 사용된다.

빈출키워드 기출유형문제

키워드 ❶ 단위적재운송시스템(ULS)

01
유닛로드시스템에 관한 설명으로 옳은 것을 모두 고른 것은? 기출 15년

> ㄱ. 기업의 특정기능을 외부의 전문사업자로 하여금 수행하게 하는 시스템이다.
> ㄴ. 하역 및 운반의 단위적재를 통하여 운송의 합리화를 추구하는 시스템이다.
> ㄷ. 화물을 일정한 표준의 중량과 용적으로 단위화시키는 시스템이다.
> ㄹ. 화물의 현재 위치나 상태 및 화물이 이동한 경로를 파악할 수 있는 시스템이다.

① ㄱ, ㄴ ② ㄱ, ㄷ
③ ㄴ, ㄷ ④ ㄴ, ㄹ
⑤ ㄷ, ㄹ

해설 ㄱ. 아웃소싱에 대한 설명이다.
ㄹ. 운송관리시스템(TMS : Transportation Management System)에 대한 설명이다.

키워드 ❷ 컨테이너

02
컨테이너를 이용한 운송의 장점으로 옳지 않은 것은? 기출 16년

① 운임 증가 ② 인건비 절감
③ 화물의 안전성 제고 ④ 신속한 하역
⑤ 정박기간의 단축

해설 ① 송하인의 문전에서 수하인의 문전까지 컨테이너에 적입된 내용물을 운송수단의 전환에도 불구하고 재적입이나 출함이 없이 운송함으로써 운임 및 물류비를 절감한다.

03
컨테이너 종류와 운반대상 화물이 옳게 짝지어진 것은? 기출 14년

① 탱크 컨테이너(Tank Container) : 목재, 기계류, 승용차
② 히티드 컨테이너(Heated Container) : 화학제품, 유류
③ 행거 컨테이너(Hanger Container) : 장치화물, 중량물, 기계류
④ 솔리드 벌크 컨테이너(Solid Bulk Container) : 소맥분, 가축사료
⑤ 오픈 탑 컨테이너(Open Top Container) : 과일, 채소, 냉동화물

해설 ① 탱크 컨테이너 : 화학약품 등 액체화물 수송
② 히티드 컨테이너(Heated Container) : 냉결방지나 보온이 필요한 화물 수송
③ 행거 컨테이너 : 양복 등의 피복류
⑤ 오픈 탑 컨테이너 : 중량 화물 및 장척화물 운송

01 ③ 02 ① 03 ④

출제포인트 OX 문제

01 ⭕❌ 단위적재운송시스템(ULS)은 넓은 작업공간의 확보가 요구된다.

02 ⭕❌ ULS가 성립되기 위해서는 화물운송용기(파렛트, 컨테이너 등), 운반 및 하역기기, 운송절차 등의 표준화가 전제되어야 한다.

03 ⭕❌ 냉결방지나 보온이 필요한 화물을 운송할 때 사용되는 컨테이너는 냉동 컨테이너(Reefer Container)이다.

04 곡물류나 가루형 화물 등 살화물 운송에 적합하도록 제작된 컨테이너로, 단열성과 기밀성을 갖춘 컨테이너를 (   )라고 한다.

05 ⭕❌ 크레인을 이용하여 컨테이너를 본선에 수직으로 적양하는 방식은 Roll On/Roll Off 방식(RORO 방식)이다.

06 ⭕❌ CY/CY 운송은 단일의 송화인과 단일의 수화인 관계에서 사용하는 방식으로, 컨테이너 운송의 장점을 최대한 살려 송화인의 공장이나 창고에서 컨테이너를 만재한 상태에서 수화인의 창고까지 운송하는 형태를 말한다.

07 ⭕❌ 컨테이너선이 안전하게 접안하여 하역작업이 이루어질 수 있도록 구축된 접안시설을 안벽(Berth, Pier)이라고 한다.

08 ⭕❌ 컨테이너 야드(CY : Container Yard)는 컨테이너 한 개를 채울 수 없는 소량화물(LCL화물)의 처리를 위한 기본적인 시설이다.

09 ⭕❌ 컨테이너를 이동시키는 데 없어서는 안 되는 중요한 피견인차는 샤시(Chassis)이다.

정답 및 해설

01 ⭕
02 ⭕
03 ❌ ▶ 냉결방지나 보온이 필요한 화물을 운송할 때 사용되는 컨테이너는 히티드 컨테이너(Heated Container)이다.
04 솔리드 벌크 컨테이너
05 ❌ ▶ 크레인을 이용하여 컨테이너를 본선에 수직으로 적양하는 방식은 Lift On/Lift Off 방식(LOLO 방식)이다.
06 ⭕
07 ⭕
08 ❌ ▶ 컨테이너 한 개를 채울 수 없는 소량화물(LCL화물)의 처리를 위한 기본적인 시설은 컨테이너 화물조작장(CFS : Container Freight Station)이다.
09 ⭕

⑤ **지게차를 이용하는 방식** : 탑 핸들러(Top Handler) 또는 리치스태커(Reach Stacker) 등의 대형 지게차를 이용하는 방식으로 장비의 특성상 융통성이 매우 좋음

〈컨테이너 터미널의 하역방식 요약〉 기출▶ 20년

운영방식	야드면적	자본투자	양륙시간	하역장비 유지비용	자동화 가능성
샤시 방식	대	대	단	소	저
스트래들캐리어 방식	중	중	중	대	중
트랜스테이너 방식	소	소	장	소	고

(2) 컨테이너 터미널의 적정 처리능력

① **컨테이너 터미널의 장치장 규모 산정** : 장치장의 규모는 우선 1TEU를 평면으로 적재할 수 있는 TGS(Twenty-Foot Ground Slot)를 산정한 후 전체 소요 TGS 규모를 수용할 수 있는 장치장 면적을 산출

② **일반적인 소요 TGS 산출방식**

$$\text{소요 TGS} = \frac{\text{연간처리대상물동량} \times \text{평균장치일수} \times \text{피크계수} \times \text{분리계수}}{\text{평균장치단수} \times \text{연간일수}}$$

$$\text{장치장 규모}(m^2) = \text{소요 TGS} \times \text{단위 TGS 면적} \div \text{토지이용률}$$

- **피크계수** : 일시적인 교통량, 화물량이 폭주하는 경우에 대비하여 여유 공간을 확보하여 효율적인 운영을 위해 고려되는 요소
- **분리계수** : 필요 컨테이너를 추출하기 위하여 필요한 하역작업 또는 여유 공간을 확보하기 위하여 고려되는 요소
- **TGS** : 20feet 컨테이너가 장치장에 장치될 때 요구되는 면적

(3) 컨테이너 취급장비 [기출] 21년/ 16년

갠트리 크레인 (Gantry Crane)	컨테이너선 하역용으로 특별히 설계·제작된 크레인으로서 에이프런에 부설된 레일을 따라 주행하고, 유압식 신축 스프레더에 의하여 훅(Hook)에 매달린 컨테이너를 감아 올려 적·양하 작업을 수행
윈치 크레인 (Winch Crane)	차체를 이동 및 회전시키면서 컨테이너 트럭이나 플랫카(Flat Car)로부터 컨테이너를 적·양하하는 하역장비
포크 리프트/탑 핸들러 (Fork Lift/Top Handler)	작업용 특수차량으로서 차체의 끝에 화물을 떠서 올리는 포크 또는 화물을 취급하는 부착장치와 승강마스트를 설치하여 화물을 운반 또는 적재할 수 있는 장비
트랜스테이너 (Transtainer)	컨테이너를 쌓거나 내리는 일 또는 샤시(Chassis)나 트레일러에 싣고 내리는 일을 하는 이동식 컨테이너 취급 장비
야드 트랙터 (Yard Tractor)	컨테이너 야드(CY) 내에서 트레일러를 견인 이동시키는 데 쓰이는 견인차량
스트래들 캐리어 (Straddle Carrier)	컨테이너 운반기구로 컨테이너를 마샬링 야드로부터 에이프런 또는 CY에 운반·적재하는 데 사용
리치 스태커 (Reach Stacker)	컨테이너 운반용으로 주로 사용되며, 컨테이너의 적재 및 위치이동, 교체 등에 사용되는 하역장비

2. 컨테이너 터미널의 운영 [기출] 20년

(1) 컨테이너 터미널의 하역방식

① 샤시 방식(Chassis System)
  ㉠ 육상이나 선상의 크레인으로 컨테이너선에서 직접 샤시상에 적재하므로 보조하역기기가 필요 없는 방식
  ㉡ 작업의 신속성과 조작비 절감, 컨테이너 파손율의 감소, 야드의 고정비 감소 등의 장점이 있으나, 넓은 컨테이너 장치장의 필요, 샤시 투자비용의 증대, 야드 내 내륙운송업자의 출입으로 사고발생 시 책임의 불명확화, 크레인 운용의 비효율 등의 한계점도 있음

② 스트래들캐리어 방식(Straddle Carrier System)
  ㉠ 컨테이너선에서 크레인으로 에이프런에 직접 내리고 스트래들캐리어로 운반하는 하역방식
  ㉡ 스트래들캐리어 방식은 컨테이너를 2~3단으로 적재할 수 있고 토지의 효율성이 높으며 작업량의 탄력성을 가지나, 장비와 컨테이너의 파손율이 높다는 단점이 있음

③ 트랜스테이너 방식(Transtainer System)
  ㉠ 컨테이너선에서 야드 샤시에 탑재된 컨테이너를 마샬링 야드로 이동시켜 트랜스퍼 크레인에 의해 장치하는 방식
  ㉡ 적은 면적의 야드를 가진 터미널에 적합한 방식으로 일정한 방향으로만 이동을 하기 때문에 컴퓨터 전산화에 의한 완전 자동화가 가능. 또한 트랙터와 트랜스퍼 크레인의 결합에 의하여 안전도가 높고 운행비가 스트래들 캐리어 방식에 비해 훨씬 적게 든다는 장점이 있으나, 작업량 증가 시에는 탄력적 대응이 어려워 대기시간이 길어진다는 단점이 있음

④ 혼합 방식(Mixed System)
  ㉠ 스트래들캐리어 방식과 트랜스테이너 방식을 혼합한 하역방식
  ㉡ 수입 컨테이너를 이동할 때는 스트래들캐리어 방식을 이용하고, 수출 컨테이너를 야드에서 선측까지 운반할 때는 트랜스테이너 방식을 이용하여 작업의 효율성을 높이고자 하는 방식

① 안벽(Berth, Pier) : 컨테이너선이 안전하게 접안하여 하역작업이 이루어질 수 있도록 구축된 접안시설. 선석이라고도 함
② 에이프론(Apron) : 안벽(선석)에 접한 야드 부분에 일정한 폭(약 30m)으로 나란히 뻗어있는 공간으로서 컨테이너의 적재와 양륙 작업을 위하여 임시로 하치하거나 갠트리 크레인(Gantry Crane)이 통과주행을 할 수 있도록 레일을 설치한 장소

▲ 에이프론

③ 마샬링 야드(MY : Marshalling Yard) : 에이프론과 인접하여 컨테이너선에서 하역하였거나 본선의 입항 전에 미리 입안된 선내 적치계획에 따라 선적예정인 컨테이너를 순서대로 쌓아 두기 위한 장소로, 컨테이너 터미널 운영에 있어 중심이 되는 중요한 장소
④ 컨테이너 야드(CY : Container Yard) : 적재된 컨테이너를 인수, 인도, 보관하고 공컨테이너도 같이 보관할 수 있는 야적장으로, FCL화물은 Container Yard에서 인수함. 컨테이너 터미널 내부에 있는 Container Yard를 On Dock CY(통상 CY)라고 하며, 항만 외부에 있는 Container Yard를 Off Dock CY(ODCY)라고 함
⑤ 컨테이너 화물조작장(CFS : Container Freight Station) : 컨테이너 한 개를 채울 수 없는 LCL화물의 처리를 위한 기본적인 시설로, 여러 송화인으로부터 화물을 인수하여 한 컨테이너에 적입, 보관하거나 반대로 반입된 혼재화물을 해체(Devanning)하여 여러 화주에게 분산, 인도하는 창고형 작업장
⑥ 통제소(Control Tower) : 컨테이너 야드의 본선 하역작업을 신속·정확하게 수행하도록 계획, 지시, 감독하는 곳
⑦ 정비소(Maintenance Shop) : 컨테이너 야드에 있는 여러 종류의 기기 및 비품 등을 점검·수리·정비하는 곳

더알아보기 내륙 컨테이너 기지(ICD : Inland Container Depot)

- 항만이나 공항이 아닌 내륙지역에 위치하며, 컨테이너 화물처리를 위한 시설을 갖춘 종합물류터미널의 기능을 수행하는 지역
- 가능한 컨테이너선 기항지 근처에 설치하며 단기간에 운송이 가능하고 통관, 컨테이너 화물의 인수, 인도, 공컨테이너의 회수, 일시 보관 및 수리 등을 수행

(2) 컨테이너 운송장비

① 견인차(Towing Car)
　㉠ 트랙터(Tractor) : 샤시, 트레일러, 로우베드 트레일러 등을 끌고 가는 견인차
　㉡ 오픈트럭(Open Truck) : 컨테이너를 곧바로 싣기도 하고, Bulk Cargo, LCL화물 등을 싣기도 하는 대형트럭
② 피견인차(Trailing Car)
　㉠ 샤시(Chassis) : 컨테이너를 이동시키는 데 없어서는 안 되는 중요한 피견인차
　㉡ 트레일러(Trailer) : 벌크화물, 중량화물을 운송하는 데 쓰이는 피견인차
　㉢ 로우 베드 트레일러(Low Bed Trailer) : 적재높이가 높은 화물을 운송하는 데 쓰이는 피견인차

③ ITI협약(Customs Convention on the International Transit of Goods, 국제통과화물에 관한 통관 협약)
  ㉠ 관세협력이사회가 1971년 신(新)국제도로운송통관조약 작성과 병행하여 새로 채택한 조약
  ㉡ TIR협약이 도로주행차량 또는 적재된 컨테이너의 도로운송을 대상으로 하고 있는 반면, ITI협약은 각종 운송기기에 의한 육상·해상·항공 모든 운송수단까지를 대상으로 함
④ CSC협약(International Convention for Safe Containers, 컨테이너안전협약) : UN이 IMO(국제해사기구)와 협동으로 1972년에 채택한 '안전한 컨테이너를 위한 국제협약(International Convention for Safe Containers)'. 이 협약은 컨테이너의 취급, 적취 및 수송에 있어서 컨테이너 구조상의 안전요건을 국제적으로 공통화하는 것을 목적으로 함
⑤ CSI협약(Container Security Initiative, 컨테이너안전협정) : 세계의 각 주요항구에 미국 세관원들을 파견하여 불법 물자 적재 여부를 당사국의 세관들과 함께 수시로 검색하는 정책으로, 우리나라의 경우 부산항에 미국 세관원이 상주하여 활동 중임
⑥ 위험물 컨테이너 점검제도(CIP : Container Inspection Program) : 위험물을 탑재한 해상운송 수입 컨테이너에 대해 국제해상위험물규칙(IMDG Code)의 준수여부를 확인 및 점검하고 위반사항에 대해서는 시정조치토록 계도하여 선박 및 항만의 안전을 도모하기 위한 제도

CORE 03 컨테이너 터미널

1. 컨테이너 터미널의 주요시설 및 장비 기출 21년/ 20년/ 16년/ 15년/ 10년

(1) 컨테이너 터미널의 구조도 및 주요시설

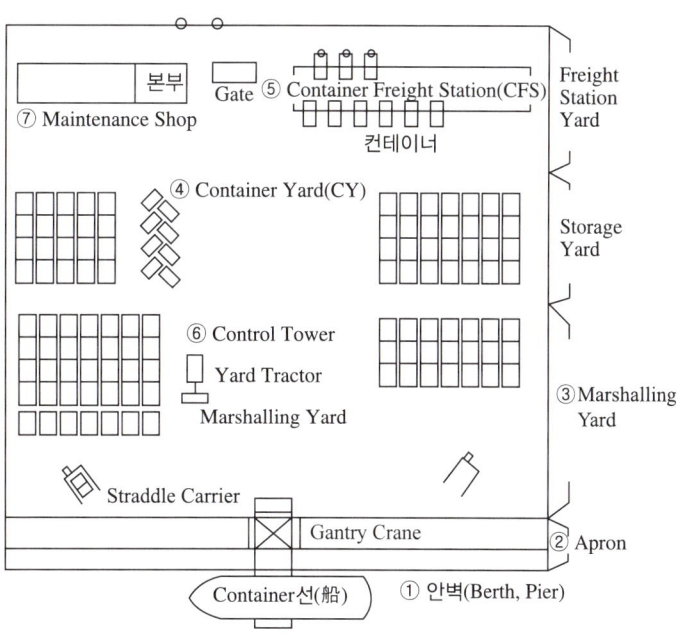

▲ 컨테이너 터미널 구조도

② 수입 절차(import procedure)

도착통지(Arrival Notice)	선사는 본선이 입항하면 선하증권(B/L)상 착화통지처(Notify Party)에 통지
선사에 B/L원본 제시	수화인은 은행에서 선하증권 원본을 수령하여 배서한 후 선박회사에 제출하고 운임을 지급
화물인도지시서의 발급	• 선사는 선하증권 원본을 수령하고 화물인도지시서(D/O : Delivery Order)를 교부 • 본선이 입항하면 FCL화물은 CY에 반입되고, LCL화물은 CFS로 이송되어 컨테이너에서 적출(devanning)하며, 수화인별로 화물을 분류하여 인도
D/O 및 수입신고필증의 제시	수화인은 선사로부터 발급받은 D/O 및 수입신고필증을 CY 또는 CFS에 제시하고 물품을 인수

③ LCL 화물 수출 시 내륙운송흐름
  ㉠ 화주로부터 CFS나 내륙 데포(Depot)까지 운송주문을 접수
  ㉡ 트럭회사는 화주와의 운송계약에 따라 발송지에서 화물을 적재
  ㉢ 트럭회사는 CFS 또는 내륙 데포까지 일반 트럭이나 트레일러로 운송
  ㉣ 내륙 데포(Depot)에 도착한 후 화물을 행선지별로 분류하여 공컨테이너에 적입
  ㉤ 이후 FCL 화물과 동일한 절차를 수행

④ FCL 화물 수입 시 내륙운송흐름
  ㉠ 선사는 화주 또는 포워더로부터 운송신청 접수
  ㉡ 트럭회사는 선박회사에 수입관계서류를 제시하고 기기인도지시서 1통을 교부받음
  ㉢ 컨테이너 및 섀시 등에 대한 컨테이너 터미널에서의 기기인도지시서를 제시
  ㉣ 터미널에서 기기수도증 1통을 수취하고, CY에서 반입컨테이너를 인수. 컨테이너를 도착지까지 운송
  ㉤ 컨테이너 터미널에 기기수도증 1통의 인도 및 검사 후 CY에 공컨테이너를 인도

(5) 컨테이너에 의한 위험물의 운송 시 위험물 수납 기출▶ 22년
  ① 컨테이너는 위험물을 수납하기 전에 충분히 청소 및 건조되어야 함
  ② 위험물을 컨테이너에 수납할 경우에는 해당 위험물의 이동, 전도, 충격, 마찰, 압력손상 등으로 위험이 발생할 우려가 없도록 해야 함
  ③ 위험물의 어느 부분도 외부로 돌출하지 않도록 수납한 후에 컨테이너의 문을 닫아야 함
  ④ 위험물을 컨테이너 일부에만 수납하는 경우에는 접근이 쉽도록 컨테이너 문 근처에 수납해야 함
  ⑤ 위험물이 수납된 컨테이너를 여닫는 문의 잠금장치 및 봉인은 비상시에 지체 없이 열 수 있는 구조이어야 함

(6) 컨테이너화물 관련 주요 국제협약 기출▶ 15년/ 10년
  ① CCC협약(Customs Convention on Container, 컨테이너 통관 협약) : 1956년 유럽경제위원회가 채택하고 우리나라가 1981년에 가입한 컨테이너 운송에 관한 국제협약. 컨테이너가 국경을 통과할 때 발생하는 당사국 간 관세와 통관문제의 해결을 위한 협약
  ② TIR협약(Customs Convention on the International Transport of goods under cover of TIR carnets, 국제 도로면세 통과증서의 담보하에 행하는 화물의 국제 운송에 관한 관세협약)
    ㉠ 1959년 유럽경제위원회에 의하여 채택되어 1981년에 국제적으로 발효되었으며, 우리나라도 1981년 9월에 가입한 국제협약으로 도로주행차량 또는 차량에 적재된 컨테이너를 도중에 환적하지 않고 국경을 통과하여 운송되는 운송화물의 관세취급에 관한 협약
    ㉡ CCC협약(컨테이너 통관 협약)이 컨테이너 자체를 그 대상으로 하고 있는 데 반해 TIR협약은 컨테이너에 적재된 화물을 그 대상으로 함

(3) 컨테이너 화물의 운송 형태

① CY/CY 운송(FCL → FCL : Door to Door Service)
  ㉠ 단일의 송화인과 단일의 수화인 관계에서 사용하는 방식으로 컨테이너 운송의 장점을 최대한 살려 송화인의 공장이나 창고에서 컨테이너를 만재한 상태에서 수화인의 창고까지 운송하는 형태
  ㉡ 복합운송의 가장 대표적인 운송형태로, Door-to-Door 운송이라고도 함

② CFS/CY 운송(LCL → FCL : Pier to Door Service)
  ㉠ 다수의 송화인과 한 명의 수화인 관계에서 사용하는 방식으로 Buyer's Consolidation이라고도 함
  ㉡ 지정된 선적항의 CFS에서 물품을 집화하여 컨테이너에 적입한 후 최종 목적지의 수화인 공장 또는 창고까지 운송하는 방식

③ CFS/CFS 운송(LCL → LCL : Pier to Pier Service)
  ㉠ 선적항에서 소량화물을 인수하여 혼재한 후 목적국까지 운송하여 해체작업을 한 뒤 여러 수화인에게 화물을 인도하는 방식으로 Forwarder's Consolidation이라고도 함
  ㉡ 선적항의 CFS로부터 목적항의 CFS까지 운송하는 방식

④ CY/CFS 운송(FCL → LCL : Door to Pier Service)
  ㉠ 한 명의 송화인과 다수의 수화인 관계에서 사용하는 방식으로, Shipper's 또는 Seller's Consolidation이라고도 함
  ㉡ 선적지에서 FCL 화물로 운송해 수입항 CFS에서 여러 수화인에게 화물을 인도하도록 하는 운송형태

(4) 컨테이너화물의 운송절차(수출입 절차)

① 수출 절차(export procedure)

인수기록의 작성	선박회사는 송화인 또는 포워더가 선박회사에 제출한 선복신청서(S/R : Shipping Request)를 근거로 선복예약서(B/N : Booking Note)를 작성하고, 화물인수목록(Booking List)을 관련 부서에 전달
공컨테이너 렌탈 및 적입작업(Stuffing) 준비	• CY Operator는 Booking Note를 기초로 FCL화물의 경우 송화인에게 공컨테이너를 제공하고, 송화인으로부터 기기수도증(E/R : Equipment Receipt)을 접수받음 • LCL화물인 경우 CFS Operator에게 필요한 만큼 공컨테이너 스페이스를 제공하여 적입작업을 대비
적입작업 후 인도	• FCL화물인 경우 수출자의 공장이나 창고로 공컨테이너를 보내 수출자의 책임으로 용적중량 검사를 한 후, 물품을 적입하여 봉인(Sealing)하고, 선적을 위하여 선적지 CY로 이동하여 CY Operator에게 인도 • LCL화물의 경우 수출자는 보세창고(CFS)로 물품을 반입하여 CFS Operator에게 인도. 여러 화주의 물품을 컨테이너에 혼재(Consolidation)하고 컨테이너 적입도(CLP : Container Load Plan)를 작성한 후 CY Operator에게 인도하여 선적
부두수령증의 교부	선사의 대리인인 CY Operator는 화주가 제출한 서류와 컨테이너 적입물품을 확인 후 부두수령증(D/R : Dock Receipt)을 발행하여 화주에게 제공
선박회사에 D/R 제공	수출자는 선사에 D/R을 제공하고 운임(선지급조건 C조건, D조건의 경우)을 선박회사에 지급
선하증권의 발급	• 선박회사는 D/R을 근거로 선하증권(B/L)을 수출자에게 발급 • 실제로 D/R을 교부한다기보다는 내부절차에 의해 확인 후 B/L을 발급

2. 컨테이너 화물의 운송 기출> 23년/ 22년/ 20년/ 17년/ 15년/ 12년

(1) 컨테이너선의 분류

① 선박 형태에 따른 분류

컨테이너 전용선 (Full-Container Ship)	갑판 및 선창이 컨테이너만을 적재할 수 있도록 설계된 선박으로, 일반적인 컨테이너선은 컨테이너 전용선을 의미
분재형 (Semi-Container Ship)	재래선 선창의 일부를 컨테이너 전용으로 만든 선박으로, 중앙이나 갑판에 컨테이너 전용장치를 설치

② 하역방식에 따른 분류

Lift On/Lift Off 방식 (LOLO 방식)	• 크레인을 이용하여 컨테이너를 본선에 수직으로 적양하는 방식으로, 일반 컨테이너 적재방식 • 우리나라에서도 이 방식을 채택
Roll On/Roll Off 방식 (RORO 방식)	• 선측, 선주 또는 선미의 경사로(Ramp Way)를 통하여 컨테이너 또는 트레일러를 수평으로 적양하는 방식 • 자동차 전용선과 훼리선이 있음
Float On/Float Off 방식 (FOFO 방식)	부선(Barge)에 화물을 적재하고, 본선에 설치된 크레인으로 양하하는 방식

(2) 컨테이너 화물의 구분

① 컨테이너화의 가능여부에 따른 구분

최적화물 (Prime Containerizable Cargo)	주류, 전자제품, 의약품, 시계, 피복류 등 대체로 고가의 운임부담력이 있는 화물
적합화물 (Suitable Containerizable Cargo)	최적화물보다는 저가이면서 적정 수준의 운임부담력이 있는 화물로 철제류, 피혁제품, 전선 와이어류, 포장용 백(bag)에 담은 원두, 소맥 등
한계화물 (Marginal Containerizable Cargo)	공(空)컨테이너로 회수하는 것보다는 경제적이며, 물리적으로 컨테이너에 적입할 수 있는 화물로 비교적 도난, 손상의 가능성이 적은 선철, 원목, 면화 등
부적합화물 (Unsuitable Containerizable Cargo)	그 외 운임부담력이 없거나 물리적으로 컨테이너에 적입하기에 부적합한 화물로 모래, 석탄, 철광석 및 원유, 가스 등 위험화물

② 컨테이너 한 단위(Unit) 화물 적입량에 따른 구분

FCL (Full Container Load) 화물	• 20ft, 40ft 등 하나의 컨테이너 용기를 가득 채우기에 충분한 양의 화물 • FCL 화물을 취급하는 장소 : CY(Container Yard)
LCL (Less than Container Load) 화물	• 컨테이너 용기 하나를 전부 채우기엔 부족한 소량화물 • LCL화물을 취급하는 장소 : CFS(Container Freight Station)

> **+ 더알아보기** 컨테이너 화물의 총중량 검증(Verified Gross Mass of Container) 제도 기출> 20년
>
> • 총중량 검증 적용 대상은 수출을 위하여 화물이 적재된 개별 컨테이너로, 환적 컨테이너 및 공컨테이너는 제외됨
> • '해상에서의 인명안전을 위한 국제협약(SOLAS)'에 따라 수출컨테이너의 총중량 검증 및 검증된 정보의 제공을 의무화하면서 도입됨
> • 화주는 수출하려는 컨테이너의 검증된 총중량 정보를 선장에게 제공하여야 함
> • 검증된 컨테이너 총중량 정보의 오차는 해당 컨테이너 총중량의 ± 5% 이내에서 인정됨
> • 컨테이너 총중량은 컨테이너에 적재되는 화물, 해당 화물을 고정 및 보호하기 위한 장비, 컨테이너 자체 무게 등을 모두 합산한 중량을 의미

(2) 컨테이너 운송의 장·단점

장점	단점
• 문전에서 문전까지 일관운송으로 적하시간과 비용이 감소 • 컨테이너 자체가 상품의 외장 역할을 하기 때문에 포장비 절감 • 컨테이너의 빠른 회전율 등으로 저율 운임의 적용이 가능하여 운임 절감 • 컨테이너가 별도의 창고역할을 수행하여 별도의 창고료가 발생하지 않으며, 크레인 등을 이용한 기계화로 하역비용이 저렴 • 크레인 등 기계화된 장비를 통해 신속한 적재 및 양륙작업이 가능 • 화물의 보관, 하역, 운송의 단계마다 화물관련 서류가 간소화되어 이에 따른 시간의 낭비를 막을 수 있음 • 컨테이너 자체의 견고성과 밀폐성으로 운송, 하역, 기후변화 등에도 안전하게 운송할 수 있어 보험료가 절감	• 컨테이너화에 대규모 자본투자가 필요 • 컨테이너 자체 및 하역 장비, 컨테이너 운반선 등은 고가이므로 초기 자본이 많이 필요 • 중량, 용적, 길이 등의 이유로 컨테이너 사용이 불가능한 물품이 존재 • 컨테이너선의 경우 갑판적이 허용되므로 갑판 적재화물에 대한 할증 보험료가 적용 • 해상 컨테이너 운송의 경우 운항관리와 경영이 일반 재래선에 비해 복잡하고, 고도의 전문적인 지식과 기술이 필요 • 컨테이너선의 경우 왕복항 간 물동량의 불균형으로 벌크선과는 달리 공컨테이너 회수문제가 발생

(3) 컨테이너의 구분

① 크기에 따른 분류

TEU(Twenty-foot Equivalent Unit)	• 국제표준(ISO)에서 정의한 규격의 컨테이너 중 20ft(피트) 컨테이너 규격을 의미 • 물동량의 산출이나 컨테이너 선박의 적재능력의 표시기준
FEU(Forty-foot Equivalent Unit)	국제표준화기구(ISO)에서 정의한 규격의 컨테이너 중 40ft(피트) 컨테이너 규격을 의미
40ft High Cubic Container	40feet보다 높이가 1feet 높은 컨테이너

② 용도에 따른 분류

건화물 컨테이너 (Dry Container)	온도조절이 필요 없는 일반 잡화 운송에 이용하는 것으로, 일반적인 컨테이너
냉동 컨테이너 (Reefer Container)	온도조절 장치가 부착되어 있어 육류, 어류 등 냉장이나 냉동이 필요한 화물을 운송하는 데 사용되는 컨테이너
히티드 컨테이너 (Heated Container)	냉결방지나 보온이 필요한 화물을 운송할 때 사용되는 컨테이너
펜 컨테이너 (Pen Container)	live stock container라고도 하며, 가축 또는 동물을 운송할 때 통풍이 잘 되고 먹이를 주기에 편리하도록 만들어진 컨테이너
오픈 탑 컨테이너 (Open Top Container)	길이가 길거나 기계류 등을 적재, 운송하기 편리하도록 천장이 개방되어 있는 컨테이너
플랫 랙 컨테이너 (Flat rack Container)	목재, 승용차, 기계류 등과 같은 중량화물을 운송하기 위해 사용되며, 건화물 컨테이너의 지붕과 벽을 제거하고 4개의 모서리에 기둥과 버팀대만 두어 전후, 좌우 및 위쪽에서 적재·하역할 수 있는 컨테이너
솔리드 벌크 컨테이너 (Solid bulk Container)	• 가축사료, 콩, 쌀, 보리 등 곡물류나 가루형 화물 등의 살화물 운송에 적합하도록 제작된 단열성과 기밀성(air tightness)을 갖춘 컨테이너 • 천장(지붕)과 문짝 밑 부분에는 화물을 적입하고 적출할 수 있도록 2~3개의 개구부(hatch)와 호퍼(hopper) 구멍이 설치되어 있음
탱크 컨테이너 (Tank Container)	유류, 술, 약품, 화학제품 등과 같은 액체 화물을 운송하기에 적합한 특수 컨테이너
행거 컨테이너 (Hanger Container)	의류를 운송할 때 구겨지지 않도록 옷걸이(Hanger)에 걸어 수입지에서 그대로 판매할 수 있도록 만들어진 컨테이너

③ 기계화(생력화) : 기계화, 자동화, 무인화를 통한 노동력의 절약이 필요

(2) 단위적재운송시스템의 형태

① 파렛트시스템
　㉠ 파렛트시스템은 1940년대 미국에서 작업장 내 운반합리화를 목적으로 지게차를 활용하던 것에서 파렛트 로드 상태로 일관운송하는 단계로 발전
　㉡ 파렛트시스템은 파렛트의 특성상 원거리 운송보다는 창고 또는 작업장 내 단거리 운송에 적합
　㉢ 파렛트시스템은 일반적으로 정육면체 또는 직육면체의 화물을 적재하기는 편리하지만, 분립제나 액체화물의 경우에는 적재가 곤란
　㉣ 파렛트시스템은 파렛트 운송 및 하역에 필요한 기기인 포크리프트, 파렛트 로더, 승강장치 등이 필요

② 컨테이너시스템
　㉠ 컨테이너시스템은 1920년대 미국 철도회사들이 컨테이너를 처음 활용한 이후 1956년 미국 Sea Land사가 컨테이너에 로드한 상태의 화물을 연안운송하던 것에서 현재는 트럭, 화차, 해상, 항공을 아우르는 일관운송 형태로 발전
　㉡ 컨테이너시스템은 주로 수출입 화물의 장거리 운송에 많이 이용되고 있음
　㉢ 컨테이너시스템은 운송용기로 개발되었기 때문에 각 운송수단 간의 중계를 원활하게 해주며, 물류부문의 전 과정을 가장 합리적으로 일관운송할 수 있음
　㉣ 컨테이너시스템은 장척화물이나 초과중량 화물 등과 같이 컨테이너에 적입하기 곤란한 화물을 제외하고는 거의 모든 화물을 적입하여 운송할 수 있음

CORE 02 　일관컨테이너화 운송시스템

1. 컨테이너 운송의 개요　기출▶ 22년/ 18년/ 16년/ 14년/ 12년

(1) 컨테이너 운송의 개념

① 여러 화물을 컨테이너라고 하는 국제표준규격 용기에 적재하여 운송하는 것
② 컨테이너 운송은 운송수단을 전환하는 경우에도 컨테이너에 적입된 내용물을 재적입이나 적출 없이 문전에서 문전까지 일관운송함으로써 총물류비를 절감하는 데 목적이 있음
③ 컨테이너화(Containerization)
　㉠ 컨테이너라는 매체를 이용하는 화물운송방식으로의 전환을 의미
　㉡ 포장, 운송, 하역, 보관 등 다양한 물류과정에서 기계화 · 자동화를 가능하게 하고, 각 운송기관에서 정형화된 화물을 대량으로 적재운송할 수 있도록 함으로써 규모의 경제를 실현할 수 있게 함
④ ISO가 정한 컨테이너의 구비 요건
　㉠ 일정기간 반복사용이 가능한 내구력을 갖출 것
　㉡ 운송 중 경로가 변경되는 경우 화물의 이적 없이 일괄적으로 운송할 수 있도록 설계될 것
　㉢ 화물 적재와 양륙이 편리하게 이루어지도록 설계될 것
　㉣ 내부면적이 $1m^3$(CBM) 이상일 것

CHAPTER 07 단위적재운송시스템(ULS)

핵심 포인트
- ☑ 단위적재운송시스템의 특징과 형태
- ☑ 컨테이너의 크기, 용도, 하역 방식 등에 따른 분류
- ☑ 컨테이너 화물의 운송 형태 및 운송 절차
- ☑ 컨테이너터미널의 주요시설과 장비
- ☑ 컨테이너터미널의 운영방식

CORE 01 단위적재운송시스템(ULS)의 개요

1. 단위적재운송시스템의 의의 및 장단점 기출▶ 15년/ 07년

(1) 단위적재운송시스템(ULS : Unit Load System)의 의의

① 화물을 일정한 표준의 중량과 용적으로 단위화(Unitization)하여 기계화된 하역작업 및 일관적인 운송을 가능하게 하는 물류시스템

② 단위적재시스템의 대표적인 형태에는 파렛트시스템과 컨테이너시스템 등이 있으며, ULS를 위한 기본적인 요건으로 단위규모의 적정화, 단위화 작업의 원활화, 협동운송체제의 확립 등이 필요

(2) 단위적재운송시스템(ULS)의 장·단점

장점	단점
• 화물의 파손, 오손, 분실 등을 방지 • 운송수단의 운용효율(회전율)이 높음 • 하역의 기계화에 의한 작업능률 향상 • 적재용기의 단위화로 인력 절약 • 포장의 단순화로 포장비 절감 • 물류작업의 시스템화(표준화) 용이 • 적재공간의 효율적 활용 가능	• 컨테이너와 파렛트 확보에 경비 소요 • 하역기기 등의 고정시설비 투자 필요 • 자재관리의 시간과 비용 추가 • 넓은 작업공간의 확보 요구 • 파렛트 로드의 경우 파렛트 자체나 공간이 적재효율을 저하시킴 • 액체, 분립체, 비포장화물은 적재 곤란

2. 단위적재운송시스템의 전제조건 및 형태 기출▶ 10년

(1) 단위적재운송시스템 성립을 위한 전제조건

① 표준화(Standardization) : ULS가 성립되기 위해서는 화물운송용기(파렛트, 컨테이너 등), 운반 및 하역기기, 운송절차 등의 표준화가 전제되어야 함

② 체계화(System) : 표준화를 통해 ULS 성립조건들이 구비된 경우, 이를 체계적으로 시스템화하기 위해서는 운송, 보관, 하역, 포장, 정보통신 등 물류의 5대 기능이 유기적으로 연계되어야 함

03 선박이 접안하는 부두 안벽에 접한 야드의 일부분으로 바다와 가장 가까이 접해 있으며 갠트리 크레인(Gantry Crane)이 설치되어 컨테이너의 적재와 양륙작업이 이루어지는 장소는? 기출 21년

① Berth
② Marshalling Yard
③ Apron
④ CY(Container Yard)
⑤ CFS(Container Freight Station)

해설 ① Berth(안벽) : 컨테이너선이 접안하여 하역작업이 이루어질 수 있도록 구축된 접안시설이다.
② Marshalling Yard(마샬링 야드) : 에이프론과 인접하여 컨테이너선에서 하역하였거나 본선의 입항 전에 미리 입안된 선내 적치계획에 따라 선적예정인 컨테이너를 순서대로 쌓아 두기 위한 장소이다.
④ CY(Container Yard) : 적재된 컨테이너를 인수, 인도, 보관하고 공컨테이너도 같이 보관할 수 있는 야적장으로, FCL 화물은 Container Yard에서 인수한다.
⑤ CFS(Container Freight Station) : 컨테이너 한 개를 채울 수 없는 소량화물(LCL화물)의 처리를 위한 기본적인 시설이다.

기출문제 엿보기
☑ ( )에 들어갈 컨테이너 터미널의 운영방식을 바르게 나열한 것은? 20년

04 컨테이너 터미널에서 컨테이너를 취급하는 운송장비에 관한 설명으로 옳지 않은 것은? 기출 16년

① 야드 트랙터(Yard Tractor)는 야드 내의 작업용 컨테이너 운반트럭이다.
② 지게차(Fork Lift)는 컨테이너터미널에서 컨테이너선에 양·적하하는 하역장비이다.
③ 윈치 크레인(Winch Crane)은 크레인 자체를 회전시키면서 컨테이너 트럭이나 무개화차로부터 컨테이너를 양·적하하는 하역장비이다.
④ 리치 스태커(Reach Stackers)는 컨테이너 운반용으로 주로 사용되며 컨테이너의 적재 및 위치이동, 교체 등에 사용되는 하역장비이다.
⑤ 섀시(Chassis)는 컨테이너를 탑재하여 운반하는 대차이다.

해설 ② 컨테이너터미널에서 컨테이너선에 양·적하하는 하역장비로는 갠트리 크레인(Gantry Crane), 윈치 크레인(Winch Crane), 포크 리프트/탑 핸들러(Fork Lift/Top Handler), 스트래들 캐리어(Straddle Carrier) 등이 있다.

기출문제 엿보기
☑ 내륙컨테이너기지(Inland Container Depot)에 관한 설명으로 옳지 않은 것은? 15년

CHAPTER 07 시험에 꼭 나오는 필수문제

01 컨테이너에 관한 설명으로 옳지 않은 것은? [기출 18년]

① 화물의 단위화를 목적으로 하는 운송용기로서 육상·해상·항공을 통한 화물운송에 있어 경제성, 신속성, 안정성의 이점을 갖고 있다.
② 물적유통 부문의 운송·보관·포장·하역 등의 전 과정을 일관운송할 수 있는 혁신적인 운송용기이다.
③ 반복사용이 가능한 운송용기로서 신속한 하역작업을 가능하게 하고 이종운송수단 간 접속을 원활하게 하기 위해 고안된 화물수송용기이다.
④ 화물을 운송하는 과정에서 재포장 없이 사용할 수 있도록 설계되어 취급이 용이하며, 해상운송방식에만 사용할 수 있도록 고안된 운송용기이다.
⑤ 환적작업이 신속하게 이루어질 수 있는 장치를 구비하여야 하며, 화물의 적입 및 적출이 용이하도록 설계된 1㎥ 이상의 용기이다.

해설 ④ 컨테이너는 해상운송뿐만 아니라 육상운송과 항공운송에서도 사용할 수 있도록 고안된 운송용기이다.

기출문제 엿보기
☑ 컨테이너를 이용한 운송의 장점으로 옳지 않은 것은? [16년]

02 목재, 강재, 승용차, 기계류 등과 같은 중량화물을 운송하기 위하여 지붕과 벽을 제거하고, 4개의 모서리에 기둥과 버팀대만 두어 전후, 좌우 및 위쪽에서 적재·하역할 수 있는 컨테이너는? [기출 22년]

① 건화물 컨테이너(Dry container)
② 오픈탑 컨테이너(Open top container)
③ 동물용 컨테이너(Live stock container)
④ 솔리드벌크 컨테이너(Solid bulk container)
⑤ 플랫래크 컨테이너(Flat rack container)

해설 ① 건화물 컨테이너(Dry container) : 온도조절이 필요 없는 일반적인 컨테이너이다.
② 오픈탑 컨테이너(Open top container) : 천장이 개방되어 있는 컨테이너이다.
③ 동물용 컨테이너(Live stock container) : 통풍이 잘되고, 먹이를 주기에 편리하게 제작된 컨테이너이다.
④ 솔리드벌크 컨테이너(Solid bulk container) : 가루형 화물 등의 살화물 운송에 적합하도록 제작된 단열성과 기밀성(air tightness)을 갖춘 컨테이너이다.

기출문제 엿보기
☑ 컨테이너 종류와 운반대상 화물이 옳게 짝지어진 것은? [14년]

07

다음에서 설명하고 있는 국제물류주선업자의 서비스 종류는? 기출 21년

> 여러 화주(송화인)의 소량 컨테이너화물(LCL)을 수출지의 CFS에서 혼재하여 FCL 단위화물로 선적 운송하고, 수입지에 도착한 후 CFS에서 컨테이너 화물을 분류하여 다수의 수입자들에게 인도해주는 서비스

① Buyer's Consolidation
② Forwarder's Consolidation
③ Master's Consolidation
④ Shipper's Consolidation
⑤ Seller's Consolidation

해설 ② Forwarder's Consolidation – CFS/CFS 운송
① Buyer's Consolidation – CFS/CY 운송 : 지정된 선적항의 CFS에서 물품을 집화하여 컨테이너에 적입한 후 최종 목적지의 수화인 공장 또는 창고까지 운송하는 방식
④ Shipper's Consolidation – CY/CFS 운송 : 선적지에서 FCL화물로 운송해 수입항 CFS에서 여러 수화인에게 화물을 인도하도록 하는 운송형태이다. Seller's Consolidation이라고도 한다.

키워드 ④ 복합운송경로

08

다음에서 설명하는 복합운송 서비스 형태는? 기출 24년

> 아시아 극동지역의 화물을 북미서부연안의 항만까지 해상운송을 실시하고, 철도 및 트럭을 이용하여 북미내륙지역까지 복합운송하는 서비스

① ALB(American Land Bridge)
② CLB(Canadian Land Bridge)
③ MLB(Mini Land Bridge)
④ IPI(Interior Point Intermodal)
⑤ RIPI(Reversed Interior Point Intermodal)

해설 ④ IPI는 아시아 극동지역의 화물을 북미서부연안의 항만까지 해상운송한 후, 철도 및 도로를 이용하여 로키산맥 동부의 내륙지점까지 운송하는 복합운송시스템이다.

04

운송주선인(Freight Forwarder)의 역할에 관한 설명으로 옳지 않은 것은? 기출 23년

① 운송계약의 주체가 되어 자신의 명의로 운송서류를 발행한다.
② 화물포장 및 보관 업무를 수행한다.
③ 수출화물을 본선에 인도하고 수입화물은 본선으로부터 인수한다.
④ 화물인도지시서(D/O)를 작성하여 선사에게 제출한다.
⑤ 화물의 집화, 분배, 통관업무 등을 수행한다.

> 해설 ④ 운송주선인(Freight Forwarder)은 Master B/L 원본을 수입지의 선사대리점에 제시하여 화물인도지시서(D/O)를 받고, 수입업자로부터 포워더 B/L 원본을 회수하여 화물인도지시서(D/O)를 인도한다.

05

국제물류주선업자의 기능으로 옳은 것을 모두 고른 것은? 기출 18년

> ㄱ. 선박의 감항능력 유지
> ㄴ. 혼재화물 취급업무
> ㄷ. 컨테이너 야드 관리
> ㄹ. 운송계약의 체결과 선복의 예약
> ㅁ. 운송서류 작성

① ㄱ, ㄴ, ㄷ
② ㄱ, ㄷ, ㅁ
③ ㄴ, ㄷ, ㄹ
④ ㄴ, ㄹ, ㅁ
⑤ ㄷ, ㄹ, ㅁ

> 해설 국제물류주선업자의 주요 업무는 운송계약의 체결과 선복의 예약, 운송서류 작성, 통관수속, 혼재화물 취급업무, 환적업무, 기타 운송서비스 등이다.
> ㄱ. 선박의 감항능력, 즉 선박이 안전하게 항해를 감내할 수 있는 능력을 유지하는 것은 해상운송인의 의무이다.
> ㄷ. 컨테이너 야드는 주로 선사가 관리한다.

키워드 ❸ 혼재운송

06

운송주선인(Freight Forwarder)의 혼재운송에 관한 설명으로 옳지 않은 것은? 기출 23년

① 혼재운송은 소량 컨테이너화물을 컨테이너단위 화물로 만들어 운송하는 것을 말한다.
② 혼재운송은 소량화물의 선적용이, 비용절감, 물량의 단위화로 취급상 용이하다.
③ Forwarder's consolidation은 단일 송화인의 화물을 다수의 수화인에게 운송하는 형태이다.
④ Buyer's consolidation은 다수의 송화인의 화물을 혼재하여 단일 수화인에게 운송하는 형태이다.
⑤ 혼재운송에서 운송주선인은 선박회사가 제공하지 않는 문전운송 서비스를 제공한다.

> 해설 ③ Forwarder's consolidation은 다수 송화인의 화물을 다수의 수화인에게 운송하는 형태이다.

빈출키워드 기출유형문제

키워드 ❶ 복합운송의 요건 및 유형

01

복합운송의 요건에 관한 설명으로 옳지 않은 것은? 기출 15년

① 단일운송계약 : 송하인은 각 구간운송인과 하청운송계약을 체결한다.
② 단일운임 : 전 운송구간에 대해 단일운임이 적용된다.
③ 단일책임 : 전 운송구간에 걸쳐 화주에게 단일책임을 진다.
④ 복합운송증권의 발행 : 화물을 인수한 경우 복합운송증권을 발행한다.
⑤ 운송수단의 다양성 : 서로 다른 2가지 이상의 운송수단에 의해 운송된다.

> 해설 ① 복합운송계약은 하나의 운송계약으로 전 운송에 대한 모든 책임이 복합운송인에게 집중되는 단일계약이다.

02

복합운송의 유형으로 옳지 않은 것은? 기출 24년

① Piggy Back System : 철도운송 + 화물자동차운송
② Birdy Back System : 항공운송 + 화물자동차운송
③ Fishy Back System : 해상운송 + 파이프라인운송
④ Train & Ship System : 철도운송 + 해상운송
⑤ Sea & Air System : 해상운송 + 항공운송

> 해설 ③ 피시 백 방식(Fishy Back System)은 '해상운송 + 화물자동차운송' 유형에 해당한다.

키워드 ❷ 복합운송주선인 역할 및 업무

03

복합운송인의 한 형태인 무선박운송인(NVOCC)에 관한 설명으로 옳지 않은 것은? 기출 24년

① 1984년 미국의 신해운법에 의해 법적 지위를 인정받았다.
② 화물운송을 위해 선박을 직접 보유하지 않는다.
③ 선박운송인(VOCC)에 대해 화주의 입장에서 계약을 체결한다.
④ 화주에 대해 선박운송인(VOCC)의 입장에서 계약을 체결한다.
⑤ 화주에게 NVOCC 자기명의로 B/L을 발행할 수 없다.

> 해설 ⑤ NVOCC(Non-vessel Operating Common Carrier, 무선박운송인)는 자체적으로 운송수단(선박, 항공기 등)을 보유하고 있지 않지만, 화주에 대해서 계약운송인(Contracting Carrier)의 입장에서 자기 명의의 복합운송증권(B/L)을 발행하고, 계약을 체결한다.

출제포인트 OX 문제

01 OX 복합운송계약은 하나의 운송계약으로 전 운송구간에 대한 책임이 복합운송인에게 집중되는 단일계약이다.

02 복합운송 유형 중 화물을 실은 트럭을 그대로 항공기에 적재하는 운송방식을 (　　　)(이)라고 한다.

03 OX 철도운송용 화차, 도로운송 차량, 컨테이너 등의 통과 서비스는 항구에서 신속한 환적을 어렵게 하여 재래수단에 의한 운송보다 화물할증료가 높다.

04 OX 프레이트 포워더(Freight Forwarder)는 운송관련 서류의 작성, 통관대행, 포장, 창고(보관), 보험수배(手配), 혼재업무 등 운송에 관한 총괄적인 업무를 대행한다.

05 OX 복합운송인의 유형 중 실제운송인(Actual Carrier)형은 자신이 직접 일부구간의 운송수단(선박, 항공기 등)을 보유하면서 복합운송인의 역할을 수행하는 실제 운송 주체를 통틀어 말한다.

06 OX 자체적으로 운송수단을 보유하고 있는 복합운송주선인을 NVOCC라 한다.

07 OX 운송주선인(Freight Forwarder)은 혼재운송은 하지 않고 단일 화주의 FCL 화물만을 취급한다.

08 OX 운송인이 여러 송화인(수출업자)들로부터 화물을 CFS에서 집하하여 목적지의 수입업자 창고 또는 공장까지 운송하는 것은 Forwarder's Consolidation 운송 방식이다.

09 OX 캐나다 항만까지 해상운송을 한 뒤 철도운송을 통해 육로운송을 하고 다시 해상운송을 통해 유럽의 항만까지 운송하는 복합운송형태는 CLB(Canadian Land Bridge)이다.

정답 및 해설

01 ○
02 버디 백 방식(Birdy-Back System)
03 × ▶ 철도운송용 화차, 도로운송 차량, 컨테이너 등의 통과 서비스는 항구에서 신속한 환적을 가능하게 하여 재래수단에 의한 운송보다 화물할증료가 낮다.
04 ○
05 ○
06 × ▶ 자체적으로 운송수단을 보유하고 있는 복합운송주선인은 VOCC이다.
07 × ▶ 운송주선인(복합운송인)은 소량의 화물(LCL)을 여러 화주로부터 인수받아 이를 동일한 목적지별로 분류하고, 컨테이너단위 화물(FCL)로 만들어 운송하는 혼재운송 업무를 수행한다.
08 × ▶ 운송인이 여러 송화인(수출업자)들로부터 화물을 CFS에서 집하하여 목적지의 수입업자 창고 또는 공장까지 운송하는 것은 Buyer's Consolidation이다.
09 ○

2. 복합운송증권 기출 15년/ 11년

(1) 복합운송증권의 의의
① 육상·해상·항공 운송 중 적어도 두 가지 이상의 상이한 운송형태(Different Modes)를 복합적으로 이용하며, 화물의 선적지와 도착지가 다른 경우 복합운송계약을 증명하기 위해 복합운송인 및 운송주선인이 발행하는 증권
② 운송물품의 인수에 의해 발행되는 서류로서, 현재 복합운송증권은 선하증권(B/L)의 형식으로 발행함
③ FIATA 복합운송증권은 복합운송선하증권 양식을 이용하며, 유통성을 지닌 유가증권으로 은행이 수리

(2) 복합운송증권의 특징
① 육상·해상 또는 항공운송이 결합된 복합운송이 상이한 운송형태로 이루어지더라도 복합운송증권은 처음부터 끝까지 전 운송구간을 책임짐
② 복합운송증권은 본선 적재 전에 복합운송인이 수탁 또는 수취한 상태에서 발행되는 서류임
③ 복합운송증권은 실제운송인(Actual Carrier)에 의해서만 발행되는 선하증권과는 달리 운송인뿐만 아니라 운송주선인(Freight Forwarder)에 의해서도 발행 가능

(3) FIATA 복합운송증권
① 복합운송에 관한 국제규칙인 UNCTAD/ICC 복합운송증권에 관한 통일규칙을 수용하여 국제운송주선인협회(FIATA)가 제정
② FIATA B/L 표준약관에서는 복합운송주선인의 책임기간, 추정과실주의 책임원칙 및 책임한도를 규정

(4) 복합운송증권과 선하증권의 비교

구분	복합운송증권	선하증권
증권발행	운송인과 운송주선인 모두 발행 가능	운송인만 발행 가능
운행구간	운송구간에 상관 없음	운송구간이 해상구간에 국한됨
증권의 형태	수취식 형태	선적선하증권 형태
운송서비스	선적항에서 양륙항까지의 화물운송서비스를 포함한 Door to Door 서비스 제공	선적항에서 양륙항까지의 화물운송서비스만 제공
발급증권	송화인이 화물을 컨테이너에 직접 적재하기 때문에 운송인은 컨테이너의 내용물의 상태를 확인할 수 없다 (said by shipper's to contain)는 조항이 첨부된 증권 발급	화물 외관의 양호사실을 나타내는 무사고 선하증권(Clean B/L) 발급

CORE 03 국제복합운송경로 및 복합운송증권

1. 국제복합운송경로의 유형 기출▶ 24년/ 22년/ 17년/ 15년/ 12년/ 11년

(1) 랜드브리지(Land Bridge)의 개념
① 육·해로상의 복합일관운송이 실현됨에 따라 해상–육상–해상으로 이어지는 복합운송경로로, 해상과 해상을 잇는 교량(Bridge)의 역할을 함
② 컨테이너 사용으로 국제운송루트가 다양해지면서, 해상운송과 육상운송을 연계하여 수송시간과 비용을 절감하기 위해 사용하고 있음

(2) 랜드브리지(Land Bridge)의 주요경로

아메리칸 랜드브리지 (ALB : American Land Bridge)	동아시아의 주요 항구로부터 북미지역 서해안의 주요 항구까지 해상으로 운송한 후, 북미 지역의 횡단철도를 통하여 북미지역의 동부 해안까지 운송하고, 다시 대서양을 해상운송으로 횡단하여 유럽지역의 항만 또는 유럽 내륙까지 일관 수송하는 운송경로
캐네디언 랜드브리지 (CLB : Canadian Land Bridge)	ALB와 유사하며, 밴쿠버 또는 시애틀까지 해상으로 운송하고, 캐나다의 철도를 이용하여 동해안의 몬트리올까지 운송한 후, 대서양의 해상운송을 통해 유럽의 항구로 운송하는 복합운송경로
시베리안 랜드브리지 (SLB : Siberian Land Bridge)	동아시아에서 선박으로 러시아의 극동항구인 나호트카나 보스토치니항으로 화물을 운송한 뒤, 시베리아철도로 시베리아를 횡단하여 시베리아의 서부 국경에서 유럽지역 또는 서아시아의 목적지로 운송하는 시스템
미니 랜드브리지 (MLB : Mini Land Bridge)	• 동아시아에서 태평양 연안까지 해상운송한 후, 미 동부해안이나 멕시코만 항구까지 철도로 운송하는 해륙복합운송형태 • ALB의 해상운송과 육상운송, 다시 해상운송으로 이어지는 형태와 차이가 있음
마이크로 랜드브리지 (IPI : Interior Point Intermodal, Micro Land Bridge)	아시아 극동지역의 화물을 북미서부연안의 항만까지 해상운송한 후, 철도 및 도로를 이용하여 로키산맥 동부의 내륙지점까지 운송하는 복합운송시스템
리버스 마이크로 랜드브리지 (RIPI : Reversed Interior Point Intermodal)	IPI 서비스에 대응하여 만들어진 서비스로, 아시아 극동지역의 화물을 파나마 운하를 경유하여 미국의 동해안 지역으로 해상운송한 후, 양륙된 화물을 철도 또는 트럭에 의해 내륙운송하고, 최종 목적지의 철도터미널 또는 트럭터미널에서 수화인에게 인도되는 방식
횡단철도시스템	• 중국횡단철도(TCR : Trans China Railway) : 중국의 횡단철도를 이용하는 복합 운송경로로, 러시아를 통과하여 암스테르담까지 연결하는 철도운송 경로 • 시베리아횡단철도(TSR : Trans Siberian Railway) : 시베리아의 횡단철도를 이용하는 복합 운송경로

⑤ **통관업무 및 유통업무의 대행** : 화주를 대신해서 통관에 필요한 업무를 대행. 수입화물에 대해 다수의 화주를 대상으로 물품의 직접 유통업무를 수행할 수도 있음
⑥ **화물의 집화·분류·혼재** : 운송화물이 LCL화물일 경우 소량의 화물을 여러 화주로부터 인수받아 이를 동일한 목적지별로 분류하고, FCL화물로 단위화하여 운송회사에 전달하는 혼재업무를 수행
⑦ **운임, 수수료와 기타 비용의 결제** : 포워더와 화주 간에 이미 거래관계가 확립되어 있는 경우 포워더는 화주를 대신하여 모든 비용을 선불하게 되는데, 이러한 비용은 나중에 화주에게 일괄적으로 결제하게 됨
⑧ **포장 및 창고보관** : 독자적인 포장시설을 소유하여 직접 포장 서비스를 제공하거나 포장 형태에 관해 운송수단, 화물의 성질 등에 맞춰 가장 적절한 것을 화주에게 조언. 또한, 자기 소유의 창고 또는 자체 CFS를 운영하거나 임차하여 운송과정에서 발생할 수 있는 화물의 손상, 분실 등을 방지하기 위한 단기적인 보관 서비스를 제공
⑨ **보험의 수배** : 가장 유리한 보험형태, 보험금액, 보험조건 등에 대해 화주에게 조언해 주거나 화주를 대신해서 화물의 운송에 따르는 보험을 처리해 줄 수 있으며, 운송화물의 사고 발생 시 화주를 효율적으로 보좌
⑩ **화물의 관리 및 인수·인도** : 포워더는 화물의 안전과 원활한 흐름을 도모하기 위해 화주를 대신해 이를 감시·통제하는 관리업자로서의 기능과 대량으로 수입되는 화물을 일괄적으로 통관한 뒤 각지에 흩어져 있는 수화인에게 배송, 인도하는 분배업자로서의 기능을 모두 가짐

2. 복합운송인의 혼재운송과 유형 기출▶ 25년/ 24년/ 23년/ 21년/ 19년/ 17년

(1) 혼재운송의 의의
① 소량 컨테이너화물(LCL)을 컨테이너단위 화물(FCL)로 만들어 운송하는 것을 말함
② 혼재운송은 소량화물의 선적용이, 비용절감, 물량의 단위화로 취급상 용이함
③ 혼재운송에서 운송주선인(복합운송인)은 선박회사가 제공하지 않는 문전운송 서비스(Door to Door Service)를 제공

(2) 혼재운송서비스의 유형
① **Forwarder's Consolidation(CFS/CFS 운송)**
   ㉠ 다수 송화인의 화물을 다수의 수화인에게 운송하는 형태
   ㉡ 다수 송화인(화주)의 소형 컨테이너화물(LCL)을 수출지의 CFS에서 혼재하여 컨테이너단위 화물(FCL)로 선적 운송하고, 수입지에 도착한 후 CFS에서 컨테이너 화물을 분류하여 다수의 수화인에게 인도해주는 형태
② **Buyer's Consolidation(CFS/CY 운송)**
   ㉠ 다수의 송화인의 화물을 혼재하여 단일 수화인에게 운송하는 형태
   ㉡ 한 포워더가 수화인(수입업자)에게 위탁을 받아 다수의 수출업자로부터 지정된 선적항의 CFS에서 물품을 집화하여 컨테이너에 적입한 후 최종 목적지의 수화인(수입업자) 공장 또는 창고까지 운송하는 형태
③ **Shipper's Consolidation(CY/CFS 운송)**
   ㉠ 단일 송화인의 화물을 다수의 수화인에게 운송하는 형태
   ㉡ 선적지에서 FCL화물로 운송해 수입항 CFS에서 여러 수화인에게 화물을 인도하도록 하는 운송 형태이며, Seller's Consolidation이라고도 함

CORE 02 복합운송인(Freight Forwarder)

1. 복합운송인의 개념과 역할 기출 25년/ 24년/ 23년/ 22년/ 20년/ 19년/ 18년/ 16년/ 15년/ 14년/ 13년

(1) 복합운송인의 의의
① 송화인(화주)의 대리인으로서 전 운송구간에 걸쳐 효율적인 운송수단을 선택하여 이들을 유기적으로 결합하고, 운송에 따르는 일체의 제반 업무를 처리해 주는 전통적인 운송주선인으로서의 역할을 담당
② 프레이트 포워더(Freight Forwarder)라고도 하며, 국제물류주선업자, 국제운송주선인, 복합운송주선인 등으로도 불림
③ 프레이트 포워더(Freight Forwarder)는 **운송관련 서류의 작성, 통관대행, 포장, 창고(보관), 보험수배(手配), 혼재업무 등 운송에 관한 총괄적인 업무를 대행**하며, 특히 오늘날 두 국가 간의 국제복합운송에 있어서는 상대방 국가의 주선업자와 제휴하여 전 운송구간에 걸쳐서 일괄적인 책임을 부담하는 운송계약 주체인 복합운송인으로서의 기능을 수행

(2) 복합운송인의 유형

구분	내용
실제운송인 (Actual Carrier)형	• 자신이 직접 일부구간의 운송수단(선박, 항공기 등)을 보유하면서 복합운송인의 역할을 수행하는 실제 운송 주체를 통틀어 말함 • 선박회사, 철도회사, 항공사 등이 이에 해당하며, 이 중 복합운송 구간에서 해상구간이 차지하는 비중을 비추어 볼 때 컨테이너 선박을 소유한 선박회사가 가장 전형적인 형태라 할 수 있음 • 선박회사의 경우, VOCC(Vessel Operating Common Carrier)라고도 함
계약운송인 (Contracting Carrier)형	• 운송수단은 직접 보유하지 않지만 운송에 있어서는 실제운송인과 마찬가지로 주체적인 지위를 갖고 제반 기능과 책임을 다하는 운송인을 말함 • 프레이트 포워더(freight forwarder)형 복합운송인이라고도 하며, 송화인(화주)에게는 실제운송인의 역할을, 또 실제운송인에게는 송화인의 역할을 수행 • 항공운송주선업자, 해상운송주선업자, 통관업자 등이 이에 해당하며, 이 중 해상운송주선업자가 가장 전형적인 형태
무선박운송인 (NVOCC : Non-Vessel Operating Common Carrier)	• 1984년 미국 신해운법(Shipping Act)에서 기존의 "프레이트 포워더형 복합운송인"을 "무선박운송인"이라는 형태로 법제화한 것 • NVOCC는 해상운송에 있어 선박을 직접 운항하지 않으면서 VOCC에 대해서는 화주의 입장이 되며, 화주에 대해서는 운송인의 기능을 하게 됨 • NVOCC는 자기명의로 서명하고, 선하증권(B/L)을 발행

(3) 복합운송인(프레이트 포워더)의 역할
① 운송업무에 대한 전문적 조언 : 화주에게 가장 적절한 운송경로를 제시. 또한 운송수단 및 경로를 바탕으로 화물의 포장상태 및 목적국의 각종 운송규칙을 알려주고, 운송서류의 작성을 용이하도록 하는 등 일체의 조언을 해줌
② 운송수단의 수배 : 화주를 대신하여 전 운송구간에 걸쳐 운송수단에 대한 필요한 공간을 확보하고, 이들 운송수단에 화물을 인도하거나 화물의 이동 상태를 점검
③ 운송계약의 체결 및 선복 예약 : 포워더는 자기의 명의로 운송계약을 체결할 수 있으나, 경우에 따라서는 특정 화주의 대리인으로서 운송계약을 체결하기도 함
④ 운송관련 서류의 작성 : 운송과 관련된 서류는 선하증권(B/L), 항공화물운송장(AWB) 또는 이와 유사한 화물증권 등이며, 이들 서류들을 포워더가 직접 작성하거나 화주가 작성 시 효율적인 작성방법에 대한 조언을 해줌

③ 단일계약 체결 : 복합운송계약은 하나의 운송계약으로 전 운송구간에 대한 책임이 복합운송인에게 집중되는 단일계약임
④ 단일운임 적용 : 복합운송은 운송서비스의 대가로 각 구간별로 분할된 운임이 아닌 전 운송구간에 대한 단일운임(Single Factor Through Rate)을 적용
⑤ 단일복합운송증권의 발행 : 복합운송인은 화주에 대하여 전 운송구간을 담당하는 한 장의 운송서류인 단일복합운송증권(Multimodal Transport Document)을 발행해야 함

2. 복합운송의 유형 및 효과 [기출] 24년/ 17년/ 15년/ 09년

(1) 복합운송의 유형

유형	내용
피기 백 방식 (Piggy-Back System)	• 철도와 화물자동차를 연계한 복합운송형태로, 컨테이너 화물을 실은 화물자동차를 그대로 철도 화차에 적재하여 일관운송하는 방식 • 화물자동차의 기동성과 철도운송의 중·장거리 운송에 있어서의 장점을 활용할 수 있으며, 상하역 시간의 절약과 화물보호에 장점이 있음
피시 백 방식 (Fishy-Back System)	• 해상운송수단과 화물자동차를 연계한 복합운송형태로, 컨테이너 화물을 실은 화물자동차를 그대로 선박에 태워 운송하는 방식 • 하역 시 별도의 장비가 필요 없고, 파도가 선박에 가하는 충격과 진동을 차량이 상당 부분 흡수해주기 때문에 충격과 진동에 민감한 설비화물이나 자동차를 수출입하는 경우에 주로 사용
버디 백 방식 (Birdy-Back System)	• 항공기와 화물자동차가 연계된 복합운송 방식 • 화물을 실은 트럭을 그대로 항공기에 적재하는 운송방식으로, 운송비용이 비쌈
트레인 쉽 방식 (Train-Ship System)	철도와 선박의 혼합 이용 방법으로, 대·중량화물과 저가품의 장거리 대량운송 시에 가장 경제적인 운송방식
씨 앤 에어 방식 (Sea-and-Air System)	해상운송의 저렴성과 항공운송의 신속성을 이용하는 해공 복합운송 방식으로, 운송비 절감, 운송시간 단축, 운송능률 증대 등의 이점이 있음
트럭 에어 방식 (Truck-air System)	트럭을 이용한 도로운송과 항공기를 활용한 항공운송의 혼합운송 방식으로 일반적으로 소형화물이나 고가의 제품 운송 시에 적합
쉽 바지 방식 (Ship-Barge System)	화물이 적재된 바지선을 원양선에 연계하여 운송하는 방식
카 페리 방식 (Car-ferry System)	주로 중국과 일본 등의 근거리 해상운송 시 화물이 적재된 차량(트레일러, 트레일러+트랙터)을 선박으로 운송하는 방식

(2) 복합운송의 효과

① 보다 안전한 상태로 화물이 운송되며, 에너지, 인건비 등을 절감시킴
② 철도운송용 화차, 도로운송 차량, 컨테이너 등의 통과 서비스는 항구에서 신속한 환적을 가능하게 하여 재래수단에 의한 운송보다 화물할증료가 낮음
③ 복합운송의 저렴한 운송비는 세계자원의 최적이용을 촉진시킴
④ 노동비와 자본비의 단계적 인상에도 불구하고 하부구조와 운송수단의 이용을 좋게 함
⑤ 통과화물기록, 통과운임 및 합동책임규약이 선하증권(B/L)의 발급으로 간편화됨
⑥ 복합운송의 발달은 국제적인 규칙·조약의 제정을 촉진시킴

CHAPTER 06 복합운송

> **핵심 포인트**
> - ☑ 복합운송의 의의와 기본 요건
> - ☑ 복합운송의 유형 및 효과
> - ☑ 복합운송인(프레이트 포워더)의 정의와 역할
> - ☑ 복합운송의 주요 경로별 특징
> - ☑ 복합운송증권의 특징과 형태

CORE 01 복합운송의 개요

1. 복합운송의 의의 및 특징 기출▶ 15년/ 14년/ 12년

(1) **복합운송(Multimodal Transport, Combined Transport)의 의의**
  ① 복합운송이란 특정화물의 운송에 있어서 육상·해상·항공 운송 중 적어도 두 가지 이상의 상이한 운송형태(Different Modes)를 복합적으로 이용하여, 어떤 국가의 일정 지점에서부터 다른 국가의 인도예정 지점까지 운송구간을 단일계약(single contract)에 의해 일관운송하는 체계를 의미
  ② 복합운송은 1970년 이후 국제해상운송에 있어서 본격적으로 컨테이너 운송이 활발해짐에 따라 발달하였는데, 오늘날 컨테이너화에 의한 화물복합운송은 교통기술의 발전으로 인하여 각 운송시스템 간의 연결시스템이 개발되면서 더욱 활발히 이루어지고 있음

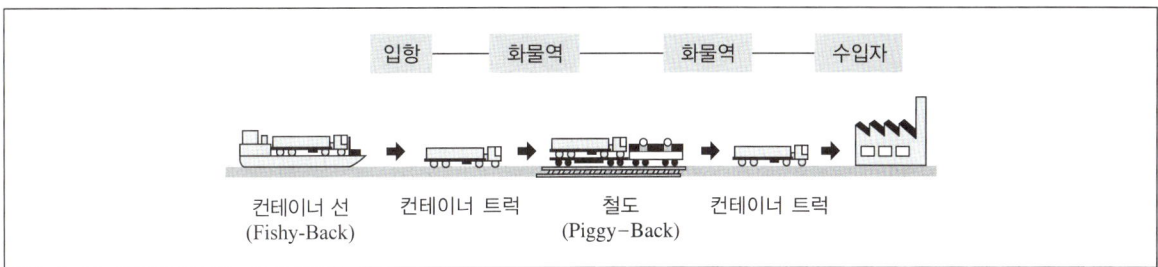

▲ 복합운송 흐름도

(2) **복합운송의 기본 요건(특징)**
  ① **복합운송 수단** : 복합운송은 서로 다른 두 가지 이상의 운송수단에 의해 이행되어야 함
  ② **단일책임 원칙** : 복합운송인은 자기의 명의와 계산으로 송화인(화주)을 상대로 복합운송계약을 체결한 계약당사자로 전체운송을 계획, 총괄, 조정하며, 전 운송구간에 대한 모든 책임이 집중되는 단일(일관)책임을 짐

03 다음에서 설명하는 혼재서비스(Consolidation Service)는?

기출 24년

> 다수의 송하인으로부터 운송 의뢰를 받은 LCL(Less than Container Load) 화물을 상대국의 자기 파트너 또는 대리점을 통하여 다수의 수하인에게 운송해 주는 형태이며, 주 수입원은 혼재에서 발생하는 운임차액이다.

① Buyer's Consolidation
② Forwarder's Consolidation
③ Shipper's Consolidation
④ Seller's Consolidation
⑤ Consigner's Consolidation

해설 ② 다수 송화인의 화물을 다수의 수화인에게 운송하는 형태는 Forwarder's Consolidation이다.

기출문제 엿보기

☑ 운송주선인(Freight Forwarder)의 혼재운송에 관한 설명으로 옳지 않은 것은? 23년
☑ 다음에서 설명하고 있는 국제물류주선업자의 서비스 종류는? 21년
☑ 다음 설명에 해당하는 혼재서비스(Consolidation Service) 형태는? 19년
☑ 한국 부산의 A 마트는 베트남 호치민의 B, C, D 업체로부터 매월 식품 및 식자재 약 30CBM을 컨테이너로 수입하고 있다. 이때 혼재방식과 운송형태가 바르게 짝지어진 것은? 17년

04 다음에서 설명하고 있는 대륙횡단 철도서비스 형태는? 기출 22년

> 아시아 극동지역의 화물을 파나마 운하를 경유하여 북미 동부 연안의 항만까지 해상운송을 실시하고, 철도 및 트럭을 이용하여 내륙지역까지 운송한다.

① ALB(American Land Bridge)
② MLB(Mini Land Bridge)
③ IPI(Interior Point Intermodal)
④ RIPI(Reversed Interior Point Intermodal)
⑤ CLB(Canadian Land Bridge)

해설 ④ RIPI(Reversed Interior Point Intermodal)에 대한 설명으로, IPI 서비스에 대응하여 만들어진 복합운송형태이다.

기출문제 엿보기

☑ 다음에서 설명하는 복합운송 서비스 형태는? 24년
☑ 국제복합운송에 관한 설명으로 옳은 것은? 15년
☑ 랜드브리지(Land Bridge)에 관한 설명으로 옳지 않은 것은? 12년
☑ 다음에서 설명하는 국제복합운송경로는 무엇인가? 11년

CHAPTER 06 시험에 꼭 나오는 필수문제

01 복합운송인에 관한 설명으로 옳지 않은 것은? `기출` 15년

① 복합운송인은 복합운송증권을 발행할 수 있으나, 운송주선인은 발행할 수 없다.
② 복합운송인은 실제 운송인일 수도 있고 계약운송인일 수도 있다.
③ 수출업자에게 바람직한 운송경로의 선택과 소요비용을 계산하여 제시한다.
④ 선적서류의 작성이나 신용장, 외환의 매매 등에 관한 은행업무를 대행한다.
⑤ 화물의 포장 및 보관서비스를 제공한다.

[해설] ① 복합운송증권은 선박, 철도, 항공기, 자동차 등 종류가 다른 운송 수단 중 두 가지 이상의 조합에 의해 이루어지는 운송에 대해 복합운송인이 발행하는 증권으로 선하증권과 달리 운송인뿐 아니라 운송주선인에 의해서도 발행된다.

기출문제 엿보기

- ☑ 복합운송주선인(Freight Forwarder)에 관한 설명으로 옳지 않은 것은? `14년`
- ☑ Freight Forwarder에 관한 설명으로 옳지 않은 것을 모두 고른 것은? `13년`

02 운송주선인(Freight Forwarder)의 역할 및 기능에 관한 내용으로 옳지 않은 것은? `기출` 24년

① 특정화주를 대신하여 화물인도지시서(D/O)를 작성하여 선사에 제출
② 특정화주를 대신하여 통관수속 진행
③ 운송수단, 화물의 포장형태 및 목적지의 각종 운송규칙, 운송서류 작성에 관한 조언
④ 화물의 집화·분배·혼재 서비스 제공
⑤ 특정화주의 대리인으로서 자기명의로 운송계약 체결

[해설] ① 운송주선인(Freight Forwarder)은 Master B/L 원본을 수입지의 선사대리점에 제시하여 화물인도지시서(D/O)를 받고, 수입업자로부터 포워더 B/L 원본을 회수하여 화물인도지시서(D/O)를 인도한다.

기출문제 엿보기

- ☑ 운송주선인(Freight Forwarder)의 역할에 관한 설명으로 옳지 않은 것은? `23년`
- ☑ 운송주선인의 역할로 옳지 않은 것은? `22년`
- ☑ 운송주선인의 기능에 관한 설명으로 옳은 것은? `20년`
- ☑ 국제물류주선업자의 기능으로 옳은 것을 모두 고른 것은? `18년`
- ☑ 운송주선인이 취급할 수 있는 업무에 관한 설명으로 옳지 않은 것은? `16년`

키워드 ❾ 항공관련 국제기구 및 조약

23
다음의 목적과 기능을 수행하는 국제항공기구는? 기출 24년

> ○ 국제민간항공운송에 종사하는 민간항공사들이 협력하여, 안전하고 경제적인 항공운송업의 발전과 항공교역의 육성 및 관련 운송상의 문제 해결
> ○ 표준운송약관, 항공화물운송장, 판매대리점과의 표준계약에 관한 표준방식을 설정하고, 항공운송에 관한 여객운임과 화물요율을 협의하여 결정

① 국제민간항공기구(ICAO)
② 국제항공운송협회(IATA)
③ 국제운송주선인협회연합회(FIATA)
④ 국제항공화물협회(TIACA)
⑤ 국제항공운송기구(IATO)

해설 ② 국제항공운송협회(IATA)는 세계항공운송에 관한 각종 절차와 규정을 심의하고 제정·결정하는 순수 민간의 국제협력단체로, 캐나다 몬트리올과 스위스 제네바에 본부를 두고 있다.

24
국제항공 협약과 협정에 관한 설명으로 옳지 않은 것은?

기출 20년

① 항공협정이란 항공협상의 산출물로서 항공운송협정 또는 항공서비스협정이라고 한다.
② 국제항공에 대한 규제 체계는 양자 간 규제와 다자간 규제로 나누어진다.
③ 항공협정은 '바젤 협정'을 표준으로 하여 정의 규정, 국내법 적용, 운임, 협정의 개정, 폐기에 관한 사항 등을 포함한다.
④ 상무협정은 항공사 간 체결한 협정으로 공동운항 협정, 수입금 공동배분 협정, 좌석 임대 협정, 보상금 지불 협정 등이 있다.
⑤ 하늘의 자유(Freedom of the Air)는 '시카고 조약'에서 처음으로 명시되어 국제항공 문제를 다루는 기틀이 되었다.

해설 ③ 항공협정은 '바젤 협정'이 아닌, '버뮤다 협정(Bermuda Agreement)'을 표준으로 하여 정의 규정, 국내법 적용, 운임, 협정의 개정, 폐기에 관한 사항 등을 포함한다. 바젤 협약(Basel Convention)은 1989년 유엔 환경계획(UNEP) 후원하에 스위스 바젤(Basel)에서 채택된 협약으로 유해폐기물의 국가 간 이동 및 교역을 규제하는 국제환경협약을 말한다.

19

항공화물운임에 관한 설명으로 옳지 않은 것은? 기출 20년

① 동물, 화폐, 보석류, 무기, 고가 예술품 등은 일반요율보다 높은 운송요율을 책정할 수 있다.
② 할인요율은 특정한 구간과 화물에 적용되는 요율로 일반요율보다 낮게 적용된다.
③ 표준 컨테이너요율은 대체로 일반요율보다 낮은 수준의 요율이 적용된다.
④ 화물의 특성상 특별한 취급과 주의를 필요로 하거나 우선적으로 운송되어야 하는 화물에는 별도의 요율을 부과할 수 있다.
⑤ 일반요율은 일반화물에 적용하는 요율로 중량만을 기준으로 운송요율을 책정한다.

해설 ⑤ 일반요율은 항공화물운송요금을 산정할 때 기본이 되는 요율로서 최저운임, 기본요율, 중량단계별 할인요율로 구성되며, 품목분류요율과 특정품목할인요율이 적용되는 화물을 제외한 화물운송에 적용된다.

20

다음 설명에 해당하는 항공운임은? 기출 19년

- 동일구간이나 동일상품이 계속적으로 반복하여 운송되는 상품에 대해 적용하는 운임이다.
- 일정 구간에 반복되어 운송되는 특정 물량에 대하여 항공 이용을 촉진·확대할 목적으로 적용하는 할인운임이다.

① General Cargo Rate
② Commodity Classification Rate
③ Specific Commodity Rate
④ Bulk Unitization Charge
⑤ Disbursement Amount

해설 ① 일반화물요율 : 품목분류요율 또는 특정품목할인요율의 적용을 받지 않는 모든 화물의 운임에 적용되는 요율
② 품목분류요율 : 몇 가지 특정 품목에만 적용되는 요율
④ 단위적재용기운임 : 단위적재용기별로 중량을 기준으로 적용되는 요금
⑤ 입체지불금

21

다음에서 설명하는 항공화물운임 산정 기준은? 기출 24년

> 실제화물의 중량 기준으로 운임을 산출하는 동시에 실제화물의 부피 기준으로도 운임을 산출하여, 각각 산출된 운임을 비교한 후 운송인에게 유리한 운임을 적용

① Chargeable Weight
② Gross Weight
③ Net Weight
④ Revenue Weight
⑤ Volume Weight

해설 ① 항공운임 산출중량(CW : Chargeable Weight)이다. 통상 항공운임 산출중량은 화물의 총중량(Gross Weight)과 용적중량(Volume Weight)을 비교해 둘 중 큰 숫자인 것을 적용한다.

키워드 ⑧ 항공운임 산출 방법

22

A사는 B항공사를 통해 서울에서 파리까지 화물을 항공운송하고자 한다. B항공사는 다음과 같은 요율 체계를 가지고 있으며, 중량과 용적중량 중 높은 중량을 요율로 적용하고 있다. A사의 중량 30kg, 최대길이(L) = 40cm, 최대 폭(W) = 50cm, 최대높이(H) = 60cm인 화물에 적용되는 운임은? (단, 용적중량은 1kg = 6,000cm^{3}를 적용하여 계산함) 기출 24년

지역	최저요율	kg당 일반요율	45kg 이상 kg당 중량요율
파리	100,000원	9,000원	8,000원

① 180,000원
② 270,000원
③ 280,000원
④ 360,000원
⑤ 370,000원

해설
- 실제 총중량(Gross Weight) = 30kg
- 용적중량(Volume Weight)
  = (40cm × 50cm × 60cm) ÷ 6,000
  = 20kg
- 실제 총중량과 용적중량 중 큰 중량을 요율로 적용하므로, 30kg × 9,000원 = 270,000원

16

항공화물운송장(AWB)과 선하증권(B/L)을 비교 설명한 것으로 옳지 않은 것은? 기출 13년

① 항공화물운송장은 화물수령증이고 선하증권은 권리증권의 성격을 가진다.
② 항공화물운송장은 송하인이 작성하는 것이 원칙이고 선하증권은 통상 운송인이 작성한다.
③ 항공화물운송장의 발행 시기는 화물인도시점이고 선하증권은 선적 후에 발행한다.
④ 항공화물운송장과 선하증권은 각각 원본 2장을 발행하는 것을 원칙으로 한다.
⑤ 항공화물운송장은 수하인을 기명식으로 기재하여 발행되고 선하증권은 통상 지시식으로 발행된다.

해설 ④ 항공화물운송장은 원본 3장, 부본 6장으로 구성되는 것이 원칙이며, 선하증권은 원본 1통으로 발행 가능하나 분실 등에 대비하여 일반적으로 3통을 한 세트(One Full Set)로 발행한다.

키워드 ⑦ 항공운임(Airfare)

17

항공화물 운임의 결정 원칙으로 옳지 않은 것은? 기출 22년

① 운임은 출발지의 중량에 kg 또는 lb당 적용요율을 곱하여 결정한다.
② 별도 규정의 경우를 제외하고는 요율과 요금은 가장 낮은 것을 적용한다.
③ 운임 및 종가 요금은 선불이거나 도착지 지불이어야 한다.
④ 화물의 실제 운송 경로는 운임 산출 시 근거 경로와 일치하여야만 한다.
⑤ 항공화물의 요율은 출발지국의 현지통화로 설정한다.

해설 ④ 화물의 실제 운송 경로는 운임 산출 시 근거로 한 경로와 반드시 일치할 필요는 없다.

18

다음에서 설명하고 있는 항공화물 운임 요율의 종류는? 기출 21년

> 항공화물운송의 요금을 산정할 때 기본이 되며, 특정품목 할인요율이나 품목분류요율을 적용받지 않는 모든 항공화물운송에 적용되는 요율이다.
> 최저운임(M), 기본요율(N), 중량단계별 할인요율(Q) 등으로 분류된다.

① GCR(General Cargo Rate)
② SCR(Specific Commodity Rate)
③ CCR(Commodity Classification Rate)
④ BUC(Bulk Unitization Charge)
⑤ CCF(Charge Collect Fee)

해설 ① GCR(General Cargo Rate), 즉 일반화물요율에 대한 설명이다.
② 특정품목할인요율 : 주로 해상운송화물을 항공운송으로 유치하기 위해 특정품목에 대하여 낮은 요율(할인운임)을 적용한 요율이다.
③ 품목분류요율 : 특정품목, 특정지역, 특정구간에 대해서 적용되는 할인이나 할증요율이다.
• 할인요율(R) : 신문, 잡지, 정기간행물, 서류, 카탈로그, 비동반 수하물 등에 적용
• 할증요율(S) : 금, 보석, 화폐, 증권, 자동차, 생동물 등에 적용
④ 단위적재용기운임 : 파렛트, 컨테이너 등 단위탑재용기(ULD)의 타입별로 한계중량을 설정한 후 미리 요금을 책정하여 지불하게 하는 요금방식이기 때문에 BUC는 탑재용기의 형태 및 크기에 따라 상이하게 적용된다.
⑤ 착지불수수료 : 항공에서 운임이 착지불될 시 대금 송금이나 환리스크 등을 보전하기 위하여 부과하는 환가료 개념이다. 일반적으로 항공운임, 부대비용 총액의 2~5%를 청구한다.

13

항공화물운송대리점(air cargo agent)과 항공운송주선인(air freight forwarder)에 관한 설명으로 옳은 것을 모두 고른 것은? 기출 16년

구분	항공화물운송대리점	항공운송주선인
ㄱ. 활동영역	주로 FCL 화물 취급	LCL 화물 취급
ㄴ. 운임률표(Tariff)	자체 운임률표 사용	항공사 운임률표 사용
ㄷ. 운송약관	항공사 약관 사용	자체약관 사용
ㄹ. 항공화물운송장	House Air Waybill 발행	Master Air Waybill 발행

① ㄱ, ㄴ
② ㄱ, ㄷ
③ ㄴ, ㄹ
④ ㄱ, ㄴ, ㄷ
⑤ ㄴ, ㄷ, ㄹ

해설 항공화물운송대리점과 항공운송주선인

구분	항공화물운송대리점	항공운송주선인
취급화물	국내 수출입과 관련된 컨테이너 만재화물 취급	국내외 수출입 컨테이너 미만 소화물 취급
운임요율표	항공사 운임률표 사용	자체 운임률표 사용
책임	항공사 책임	주선인 책임
운송약관	항공사 약관 사용	자체약관 사용
수화인	매 건당 수화인이 있음	항공운송주선업자가 수화인
수수료	IATA의 5% 수수료와 기타	IATA의 5% 수수료 외에 중량절감에 의한 수령운임과 지불운임과의 차액
화물운송장	항공사 Master Air Waybill 발행	자체 House Air Waybill 발행

키워드 ⑥ 항공화물운송장

14

항공화물운송장(AWB)에 관한 설명으로 옳지 않은 것은? 기출 24년

① 송하인과 항공사의 운송계약 체결을 증명하는 운송서류로 유가증권이 아닌 단순한 화물운송장의 기능만을 수행한다.
② 화물의 접수를 증명하는 영수증에 불과하며 유통이 불가능하다.
③ 수하인은 무기명식이 원칙이며, 항공기에 화물 탑재가 완료된 이후에 발행된다.
④ 통관 시 항공운임, 보험료의 증명자료로서 세관신고서의 기능을 가진다.
⑤ 항공사가 발행하는 Master AWB와 혼재업자가 개별화주에게 발행하는 House AWB로 구분하여 사용한다.

해설 ③ 항공화물운송장(AWB)은 수하인 기명식이 원칙이며, 운송계약 체결 및 화물 수취 시 발행된다.

15

항공화물운송장에 관한 설명으로 옳지 않은 것은? 기출 18년

① 운송 위탁된 화물을 접수했다는 수령증이다.
② 송화인과의 운송계약 체결에 대한 문서증명으로 사용할 수 없다.
③ 화물과 함께 목적지로 보내 수화인의 운임 및 요금 계산 근거를 제공한다.
④ 세관에 대한 수출입 신고자료 또는 통관자료로 사용된다.
⑤ 화물 취급, 중계, 배송과 같은 운송 지침의 기능도 수행한다.

해설 ② 항공화물운송장은 항공화물운송을 위한 가장 기본적인 서류로 송화인과 운송인(혼재업자도 계약운송인에 포함) 사이에 화물의 운송계약이 체결되었다는 것을 나타내는 증거서류이다.

키워드 ④ 항공화물의 운송절차

10

수입화물의 항공운송 취급 절차를 순서대로 옳게 나열한 것은? 기출 23년

> ㄱ. 전문접수 및 항공기 도착
> ㄴ. 창고분류 및 배정
> ㄷ. 서류 분류 및 검토
> ㄹ. 도착 통지
> ㅁ. 보세운송
> ㅂ. 화물분류 작업
> ㅅ. 운송장 인도

① ㄱ-ㄷ-ㄴ-ㅂ-ㄹ-ㅅ-ㅁ
② ㄱ-ㄷ-ㅅ-ㄹ-ㅁ-ㅂ-ㄴ
③ ㄱ-ㄹ-ㄴ-ㄷ-ㅁ-ㅂ-ㅅ
④ ㄹ-ㄱ-ㄷ-ㄴ-ㅂ-ㅁ-ㅅ
⑤ ㄹ-ㄴ-ㄷ-ㄱ-ㅂ-ㅅ-ㅁ

> **해설** 수입화물 항공운송 절차
> 전문접수 및 항공기 도착 → 서류 분류 및 검토 → 창고분류 및 배정 → 화물분류 작업 → 도착 통지 → 운송장 인도 → 보세운송

키워드 ⑤ 항공화물운송대리점과 항공운송주선인

11

항공운송 관련 사업에 관한 설명으로 옳지 않은 것은?

기출 19년

① 국제항공운송사업은 타인의 수요에 맞추어 항공기를 사용하여 유상으로 여객이나 화물을 운송하는 사업이다.
② 항공운송총대리점업은 항공운송사업자를 위하여 유상으로 항공기를 이용한 여객이나 화물의 국제운송계약 체결을 대리하는 사업이다.
③ 항공운송사업자는 국내항공운송사업자, 국제항공운송사업자 및 소형항공운송사업자를 말한다.
④ 국제물류주선업자(Freight Forwarder)는 항공기를 가지고 있지 않지만 독자적인 운송약관과 자체 운임요율표를 가지고 있으며 자체 운송장인 MAWB(Master Air Waybill)를 발행하는 자이다.
⑤ 상업서류송달업은 타인의 수요에 맞추어 유상으로 수출입 등에 관한 서류와 그에 딸린 견본품을 항공기를 이용하여 송달하는 사업이다.

> **해설** ④ 국제물류주선업자는 자체 운송장인 House AWB를 발행하는 사업자이다.

12

항공화물운송대리점의 업무에 해당하지 않는 것은? 기출 18년

① 수출입항공화물의 유치 및 계약체결
② 내륙운송주선
③ 항공운항 스케줄 관리
④ 수출입통관절차 대행
⑤ 항공화물 부보업무

> **해설** 항공운항 스케줄 관리는 항공화물운송사의 업무이다.
> ※ 항공화물운송대리점의 업무
> • 수출입항공화물의 유치 및 계약체결
> • 운송을 위한 준비 : 항공화물 운송장 작성, 운송서류준비, 포장, 포장별 확인작업, 포장별 레이블(labelling) 작업
> • 수출입통관절차 대행   • 내륙운송주선
> • 기타 항공화물 부보업무

키워드 ❸ 항공화물 적재방식과 지상조업장비

08

항공화물의 탑재방식에 관한 설명으로 옳지 않은 것은?

기출 21년

① Bulk Loading은 좁은 화물실과 한정된 공간에 탑재할 때 효율을 높일 수 있는 방식이다.
② Pallet Loading은 지상 체류시간의 단축에 기여하는 탑재방식이다.
③ Bulk Loading은 안정성과 하역작업의 기계화 측면에서 가장 효율적인 방식이다.
④ Pallet Loading은 파렛트를 굴림대 위로 굴려 항공기 내의 정위치에 고정시키는 방식이다.
⑤ Container Loading은 화물실에 적합한 항공화물 전용 용기를 사용하여 탑재하는 방식이다.

해설 ③ 살화물 적재방식(Bulk Loading)은 단위탑재용기(ULD)를 사용하지 않고 낱개 화물을 인력으로 직접 적재하는 가장 원시적인 방법이다.

09

항공화물 조업 장비에 관한 설명으로 바르게 연결된 것은?

기출 20년

> ㄱ. 화물을 운반하는 데 사용되는 작은 바퀴가 달린 무동력 장비
> ㄴ. 화물을 여러 층으로 높게 적재하거나 항공기에 화물을 탑재하는 장비
> ㄷ. 탑재용기에 적재된 화물을 운반할 수 있는 장비
> ㄹ. 화물 운반 또는 보관 작업을 하는 데 사용되는 장비

① ㄱ : Dolly, ㄴ : High Loader, ㄷ : Tug Car, ㄹ : Hand Lift Jack
② ㄱ : Dolly, ㄴ : Hand Lift Jack, ㄷ : Tug Car, ㄹ : High Loader
③ ㄱ : Dolly, ㄴ : Tug Car, ㄷ : High Loader, ㄹ : Hand Lift Jack
④ ㄱ : Tug Car, ㄴ : Hand Lift Jack, ㄷ : Dolly, ㄹ : High Loader
⑤ ㄱ : Tug Car, ㄴ : High Loader, ㄷ : Dolly, ㄹ : Hand Lift Jack

해설 ㄱ. 돌리(달리, Dolly) : 자체 동력원이 없는 무동력 장비로 견인차(Tug car)에 연결하여 사용한다.
ㄴ. 하이 로더(High Loader) : 항공화물을 여러 층으로 높게 적재하거나, 항공기 화물실에 화물을 탑재하는 항공기 전용탑재기이다.
ㄷ. 견인차(Tug Car) : 일반항공화물이나 ULD가 적재된 돌리(달리, Dolly)를 항공기로 이동시키는 지상조업장비로 동력원이 없어 스스로 움직이지 못하는 장비를 견인할 때에도 사용한다.
ㄹ. 핸드 리프트 잭(Hand Lift Jack) : 화물 운반 또는 보관 작업을 하는 데 사용되는 장비이다.

키워드 ❷ 항공기 및 단위탑재용기(ULD)

04

항공물류와 관련된 용어의 설명으로 옳지 않은 것은?

기출 24년

① Clearing House : 통관이 완료된 수출입화물이 일시 대기하는 보관 장소
② Cabotage : 외국 항공기에 대해서 자국 내의 일정 지점 간의 운행을 금지하는 것
③ Belly Cargo : 대형 비행기의 동체하부 화물실에 적재하는 화물
④ Pivot Weight : 각각의 ULD에 대해 마련되어 있는 정액한계중량
⑤ Apron : 공항에서 여객의 탑승 및 하기, 화물의 탑재 및 하역, 정비, 보급 등을 위하여 항공기가 대기하는 장소

해설 ① Clearing House는 항공 관련 대금을 정산하는 장소이다.

05

항공기에 관한 설명으로 옳지 않은 것은? 기출 21년

① High Capacity Aircraft는 소형기종의 항공기로서 데크(deck)에 의해 상부실 및 하부실로 구분되며 하부실은 구조상 ULD의 탑재가 불가능하다.
② 항공기는 국제민간항공조약에 의해 등록이 이루어진 국가의 국적을 보유하도록 되어 있다.
③ 여객기는 항공기의 상부 공간은 객실로 이용하고 하부 공간은 화물실로 이용한다.
④ Convertible Aircraft는 화물실과 여객실을 상호 전용할 수 있도록 제작된 항공기이다.
⑤ 항공기 블랙박스는 비행정보 기록장치와 음성 기록장치를 통칭하는 이름이다.

해설 ① High Capacity Aircraft는 대형기종의 항공기로서, 하부실의 구조상 ULD의 탑재가 가능하다.

06

항공기의 중량에 관한 설명으로 옳지 않은 것은? 기출 17년

① 자체중량(empty weight)은 기체구조, 엔진, 고정 장비 및 내부 장비 등의 중량이다.
② 운항중량(operating weight)은 승무원, 엔진의 윤활유, 여객 서비스용품, 식음료 등의 중량이다.
③ 유상중량(payload)은 항공기에 탑재한 유상 여객, 화물, 우편물 등의 중량이다.
④ 착륙중량(landing weight)은 이륙중량에서 비행 중에 소비된 식음료 중량을 뺀 중량이다.
⑤ 이륙중량(take-off weight)은 항공기가 이륙할 때 총중량으로 최대이륙중량을 초과할 수 없다.

해설 ④ 착륙중량은 이륙중량에서 비행 중 소비된 연료 중량을 뺀 나머지 중량이다.

07

단위탑재용기(ULD : Unit Load Device)에 관한 설명으로 옳은 것을 모두 고른 것은? 기출 22년

> ㄱ. 지상 조업시간이 단축된다.
> ㄴ. 전기종 간의 ULD 호환성이 높다.
> ㄷ. 냉장, 냉동화물 등 특수화물의 운송이 용이하다.
> ㄹ. 사용된 ULD는 전량 회수하여 사용한다.

① ㄱ
② ㄱ, ㄷ
③ ㄴ, ㄷ
④ ㄴ, ㄹ
⑤ ㄱ, ㄷ, ㄹ

해설 ㄴ. 전기종 간의 ULD 호환성이 낮다.
ㄹ. 사용된 ULD는 관리가 어려워 회수상의 문제가 발생한다.

빈출키워드 기출유형문제

키워드 ① 항공운송의 특성

01
항공운송사업에 관한 설명으로 옳지 않은 것은? 기출 17년

① 항공운송사업은 생산탄력성이 매우 높다.
② 항공운송사업은 고정자산이 많아 고정비가 차지하는 비율이 비교적 높다.
③ 항공운송사업은 고가의 항공기 구입 등 방대한 규모의 선행투자가 필요하다.
④ 항공운송사업의 운송 서비스는 재고로 저장할 수 없는 특성이 있다.
⑤ 항공운송사업은 조종사, 객실승무원, 정비사, 운항관리사 등 전문 인력이 필요하다.

해설 ① 항공운송사업은 운항횟수가 미리 정해져 있어서 단기적인 생산량을 수요에 맞추어 조절하기 어렵기 때문에 생산탄력성이 낮다.

02
항공화물운송의 특성으로 옳지 않은 것을 모두 고른 것은? 기출 16년

> ㄱ. 항공운송은 해상운송에 비해 신속하다.
> ㄴ. 항공운송은 정시성을 가진다.
> ㄷ. 항공운송은 운항시간의 단축으로 위험 발생률이 낮다.
> ㄹ. 항공화물은 대부분 주간에 집중되는 경향이 있다.
> ㅁ. 항공화물은 여객에 비해 계절에 대한 변동이 크다.

① ㄱ, ㄴ ② ㄱ, ㄷ
③ ㄴ, ㄹ ④ ㄷ, ㅁ
⑤ ㄹ, ㅁ

해설 ㄹ. 항공화물은 여객운송과는 달리 화물의 대부분이 야간에 집중된다.
ㅁ. 항공화물은 여객에 비해 계절에 대한 변동이 작다.

03
항공운송에 관한 설명으로 옳은 것을 모두 고른 것은? 기출 15년

> ㄱ. 긴급화물이나 계절적 유행상품의 운송에 적합하다.
> ㄴ. 주로 대형, 장척(Lengthy)화물의 운송에 적합하다.
> ㄷ. 생화, 동물, 영업 사무서류 운송에 적합하다.
> ㄹ. 반도체나 휴대폰과 같은 부가가치가 높은 품목의 운송에 적합하다.
> ㅁ. 기후의 영향을 받지 않는다.

① ㄱ, ㄴ, ㄷ ② ㄱ, ㄴ, ㄹ
③ ㄱ, ㄷ, ㄹ ④ ㄴ, ㄹ, ㅁ
⑤ ㄷ, ㄹ, ㅁ

해설 ㄴ, ㅁ은 철도운송에 관한 설명이다.

16 ⃞O⃞X 화물의 요율은 출발지 국가의 현지 통화로 설정하며, 출발지로부터 목적지까지 한 방향으로 적용한다.

17 화물의 가치가 높은 화물의 경우, 중량이나 용적이 아닌 가격을 기준으로 산정하는 항공화물 운임은 (   )이다.

18 ⃞O⃞X 통상 항공운임 산출중량은 화물의 실제 총중량과 용적중량을 비교해 둘 중 큰 숫자인 것을 적용한다.

19 ⃞O⃞X 항공화물운송장의 표준양식은 국제항공운송협회(IATA)에서 제정하고 있다.

20 ⃞O⃞X 국제항공의 안전성 확보와 항공질서감시를 위한 관리기구로서, 1947년 시카고조약에 의거하여 발족된 유엔전문기관은 국제운송주선인협회연맹(FIATA)이다.

정답 및 해설

- **01** ○
- **02** × ▶ 주로 대형, 장척(Lengthy) 화물의 운송에 적합한 것은 철도 화물운송이며, 항공화물운송은 주로 소형 경량의 고부가가치 화물 운송에 적합하다.
- **03** ○
- **04** 단위탑재용기(ULD)
- **05** × ▶ 단위탑재용기(ULD : Unit Load Device)는 전기종 간의 ULD 호환성이 낮다.
- **06** ○
- **07** ○
- **08** ○
- **09** ○
- **10** × ▶ 항공화물운송장은 원본 3장, 부본 6장으로 구성되는 것이 원칙이다.
- **11** ○
- **12** ○
- **13** × ▶ 기본요율은 45kg 미만의 화물에 적용되는 요율로 일반화물요율의 기준이 된다.
- **14** 특정품목할인요율(SCR)
- **15** ○
- **16** ○
- **17** 종가운임
- **18** ○
- **19** ○
- **20** × ▶ 국제항공의 안전성 확보와 항공질서감시를 위한 관리기구로서, 1947년 시카고조약에 의거하여 발족된 유엔전문기관은 국제민간항공기구(ICAO)이며, 현재 본부는 몬트리올에 있다.

출제포인트 OX 문제

01 [O X] 항공운송사업은 고정자산이 많아 고정비가 차지하는 비율이 비교적 높다.

02 [O X] 항공운송은 주로 대형, 장척(Lengthy)화물의 운송에 적합하다.

03 [O X] Convertible Aircraft는 화물실과 여객실을 상호 전용할 수 있도록 제작된 항공기이다.

04 (   )은/는 항공화물 운송에 사용되는 컨테이너, 파렛트, 이글루 등 항공화물 탑재용구의 총칭이다.

05 [O X] 단위탑재용기(ULD : Unit Load Device)는 전기종 간의 ULD 호환성이 높다.

06 [O X] 국제항공운송사업은 타인의 수요에 맞추어 항공기를 사용하여 유상으로 여객이나 화물을 운송하는 사업이다.

07 [O X] 항공화물운송대리점(Air Cargo Agent)은 항공사 또는 총대리점을 대리하여 항공사의 운송약관 및 운임요율(Tariff)에 따라 항공화물을 수집하고, 항공사의 운송계약서인 항공화물운송장(Master AWB)의 발행 및 이에 부수되는 업무를 수행한다.

08 [O X] 항공운송주선인은 독자적인 운송약관과 자체운임요율표에 따라 송화인과의 계약주체로서 활동하며, 자체 운송장인 House AWB를 발행한다.

09 [O X] 항공화물운송장은 운송 위탁된 화물을 접수했다는 수령증이다.

10 [O X] 항공화물운송장은 원본 2장을 발행하는 것을 원칙으로 한다.

11 [O X] 항공화물운송장은 송화인이 작성하는 것이 원칙이고 선하증권은 통상 운송인이 작성한다.

12 [O X] GCR(General Cargo Rate)은 항공화물운송의 요금을 산정할 때 기본이 되며, 특정품목 할인요율이나 품목분류요율을 적용받지 않는 모든 항공화물운송에 적용되는 요율이다.

13 [O X] 기본요율은 60kg 미만의 화물에 적용되는 요율로 일반화물 요율의 기준이 된다.

14 주로 해상운송화물을 항공운송으로 유치하기 위해 특정품목에 대하여 낮은 요율(할인운임)을 적용한 요율은 (   )이다.

15 [O X] 할인요율은 특정한 구간과 화물에 적용되는 요율로 일반요율보다 낮게 적용된다.

(3) 인도불능 선적의 처리방법

① 인도불능 선적의 주요 원인 : 지불방법의 상이로 인한 접수 거절, 요율을 잘못 적용, 주소의 오기 및 불명, 수화인의 도산 및 휴·폐업 등
② 인도불능 시 화물의 처리절차 : 1차 출발지에서 재확인 후 정확한 주소로 재송부한다. 이때 7일 간격으로 3차에 걸친 도착통지에 대해 응답이 없을 시 인도불능으로 취급하여 'Notice of Non-Delivery'를 작성한 후 출발지점 운송장발행 항공사 또는 취급대리점에게 송부

2. 항공운송과 보험

(1) 항공운송인의 책임과 책임보험

① 항공운송인의 책임
  ㉠ 항공운송인은 위탁받은 화물에 대하여 운송계약에 정해진 대로 고의나 과실에 의해서 화물이 멸실·훼손되었을 경우 화주·수화인·송화인 또는 기타 배상청구권자에게 책임을 져야 함
  ㉡ 과실손해의 경우에는 배상한도액은 항공화물운송장에 신고가격이 있으면 신고가격까지, 신고가격이 없으면 손해를 입는 화물 1kg당 250포앙카레 프랑(poincare franc, 약 US$20에 해당)으로 배상

② 항공운송인의 책임보험
  ㉠ 항공운송인은 위탁받은 화물을 운송약관에 따라 책임을 지기 위하여 책임보험에 부보하며, 이 보험을 화물배상책임보험이라고 함
  ㉡ 운송인이 부담할 배상책임액은 보험회사가 부담

(2) 항공화물보험(Insurance)

① 항공운송의 경우 사고가 발생하면 이를 담보하기 위하여 런던보험자협회(Institute of London Underwriters)의 협회 항공화물약관을 사용
② 해상화물의 경우 보험기간의 종료가 본선양하 후 60일로 되어 있는 것에 비하여 항공화물의 경우는 항공기로부터 하역 후 30일로 되어 있는 것이 특징

(3) 화주보험(Shipper's Interest Insurance)

① 스스로 보험을 수배할 능력이 없는 화주를 위하여 존재하는 보험제도
② 원칙적으로 모든 화물에 대하여 모든 위험상태를 조건으로 부보되며, 화물의 종류에 관계없이 담보조건이 같음
③ 지연, 역상품, 동물에 대한 한기·기압으로 인한 손해, 화물 고유의 성질 또는 하자로 인한 손해, 나포·억류·몰수·선매·징발 또는 국유화로 발생하는 손해 등은 면책
④ 보험금액은 화물 현실가격의 110%를 초과할 수 없음
⑤ 화주보험에서는 보험증권이 발행되지 않으며 요청이 있을 경우 보험증명서가 발행됨

CORE 07 항공운송화물 사고처리/항공운송과 보험

1. 항공운송화물 사고처리 기출> 14년/ 11년/ 09년

(1) 항공운송화물의 사고 유형

구분	내용
화물손상 (Damage)	• 운송도중 상품의 가치가 저하되는 상태의 변화를 의미 • Mortality : 수송 중 동물이 폐사되었거나 식물이 고사된 상태 • Spoiling : 내용물이 부패·변질되어 상품의 가치를 잃게 되는 경우 • Wet : 빗물에 노출, 또는 다른 습성화물과 접촉으로 젖은 상태 • Breakage : 외부의 충격으로 인하여 상품이 부서지거나 깨진 상태
인도지연 (Delay)	• Short-Shipped(SSPD) : 적하목록에는 기재되어 있으나 화물이 탑재되지 않은 경우 • Off-Loaded(OFLD) : 출발지나 경유지에서 선복부족으로 인하여 의도적(Planned Offload)이거나, 실수로 하역(Off Load by Error)한 경우 • Over-Carried(OVCD) : 예정된 목적지 또는 경유지를 지나서 화물이 수송되었거나 발송준비가 완료되지 않은 상태에서 화물이 실수로 발송된 경우 • Short-Landed(STLD) : 적하목록에는 기재되어 있으나 화물이 도착하지 않은 경우 • Cross Labeled : 실수로 인해서 라벨이 바뀌거나 운송장 번호, 목적지 등을 잘못 기재한 경우
분실 (Missing)	탑재 및 하역, 창고보관, 화물인수, 타 항공사 인계 시에 화물을 잃어버리게 된 경우
인도불능 (Non-Delivery)	수화주로부터 수취거절되거나 주소불명 등의 이유로 도착 후 14일 이내에 인도할 수 없게 된 경우

(2) 운송인에 대한 손해배상(Claim) 청구

① 클레임 제기 기간 : 클레임의 제기나 의사통보는 규정된 기간 내에 서면으로 제기
  ㉠ 화물파손 및 손상 : 화물을 인수한 날로부터 14일(2주) 이내
  ㉡ 인도지연 : 도착통지를 받아 물품이 인수권을 가진 사람의 처분하에 있는 날로부터 21일(3주) 이내
  ㉢ 분실 : 항공운송장 발행일로부터 120일(4개월) 이내
  ㉣ 제소기한 : 운송화물의 사고에 관한 소송을 제기할 수 있는 기한은 항공기 도착일 또는 항공기의 운송중지일로부터 2년 이내
② 클레임 제기에 필요한 서류
  ㉠ 항공운송장 원본 및 운송인발행 항공운송장
  ㉡ 상업송장 및 포장명세서
  ㉢ 검정증명서
  ㉣ 파손, 지연, 손실 계산서와 클레임이 청구된 총계
  ㉤ 지연으로 인한 손해비용 명세

> **더알아보기** 바르샤바 협약과 헤이그의정서상의 이의신청기간
>
> | 구분 | 바르샤바 협약 | 헤이그의정서 |
> |---|---|---|
> | 화물 훼손(Damage)의 경우 | 수취 후 7일 이내 | 수취 후 14일 이내 |
> | 화물 연착(Delay)의 경우 | 처분가능일 후 14일 이내 | 처분가능일 후 21일 이내 |

2. 항공관련 국제조약 기출 20년/ 12년/ 11년

(1) 바르샤바 협약(Warsaw Convention, 1929년)
① 제1차 세계대전 이후 급속도로 발달한 항공운송이 국제적으로 운송이 되고, 이에 따라 국제적 적용법규와 여객이나 운송인에 대한 최소한의 보장이 요청됨에 따라 1929년 10월 바르샤바(Warsaw)의 제2회 국제항공법회의에서 체결된 협약
② 국제항공운송인의 민사책임에 관한 통일법을 제정하여 동일 사건에 대한 각국법의 충돌을 방지하고, 국제항공운송인의 책임을 일정 한도로 제한하여 국제민간항공운송업을 발전하게 하는 데 목적이 있음

(2) 헤이그의정서(Hague Protocol, 1955년)
① 바르샤바 조약 체결 후 항공운송의 비약적인 발전으로 인해 바르샤바 조약의 목적 중 하나인 항공산업을 보호하여야 할 필요성이 크게 감소
② 항공운송인의 책임한도액이 비현실적이므로 1955년 국제항공법회의에서 헤이그의정서를 채택, 바르샤바 조약 중 일부 규칙을 개정
③ 운송인에 대한 책임한도액을 현실화하여 상향조정(US$20,000)

(3) 몬트리올 협정(Montreal Agreement, 1956년)
① 여객의 책임한도에 불만을 가진 미국의 탈퇴를 막고자, IATA가 미국을 출발, 도착, 경유하는 항공회사들과 몇 차례의 회의를 거쳐 1956년 5월 캐나다의 몬트리올에서 책임한도액 인상을 합의(1인당 US$75,000(소송비용 포함))
② 여객운송에 관한 규정만을 두고 있으며, 화물운송은 바르샤바 조약을 그대로 적용
③ 항공운송인의 책임에 대하여 바르샤바 협약 및 헤이그의정서는 과실책임주의를 원칙으로 하고, 몬트리올 협정은 절대책임주의를 원칙으로 하고 있음
④ 미국을 출발, 도착, 경유하는 국제운송에만 적용

> **+ 더알아보기** 국제항공 협약 및 협정
> - 항공협정이란 항공협상의 산출물로서, 항공운송협정 또는 항공서비스협정이라고 함
> - 국제항공에 대한 규제 체계는 양자 간 규제와 다자 간 규제로 나누어짐
> - 항공협정은 1946년 미국·영국 간에 체결된 버뮤다 협정(Bermuda Agreement)을 표준으로 하여 정의 규정, 국내법 적용, 운임, 협정의 개정, 폐기에 관한 사항 등을 포함
> - 상무협정은 항공사 간 체결한 협정으로, 공동운항 협정, 수입금 공동배분 협정, 좌석 임대 협정, 보상금 지불 협정 등이 있음
> - 하늘의 자유(Freedom of the Air)는 '시카고 조약'에서 처음으로 명시되어 국제항공 문제를 다루는 기틀이 됨

CORE 06 　항공관련 국제기구 및 조약

1. 항공관련 국제기구   기출 24년/12년

(1) 국제항공운송협회(IATA : International Air Transport Association)
   ① 설립 : 1945년 4월 쿠바의 하바나에서 국제선 정기항공회사가 설립한 순수한 민간단체로서 몬트리올 및 제네바에 본부를 두고 있음. 우리나라의 대한항공은 1989년 1월부터 회원사로 등록
   ② 설립목적 : 항공운송업의 발달과 항공교역의 육성 및 관련 운송상의 문제 해결, 국제민간항공운송에 관계되는 항공운송기업 간의 협력수단 제공, 국제민간항공기구 및 기타 국제기구와의 협력을 위해 설립
   ③ 활동내용
      ㉠ 표준운송약관, 화물운송장, 항공권, 복수항공기업의 연대운송에 관한 협정, 총대리점 및 판매대리점과의 표준계약, 운임수불제 등에 관한 각종 표준방식을 결정
      ㉡ 여객운임, 화물요율, 기타 항공운송업무의 운영에 필요한 중요사항을 협의하여 결정
      ㉢ 편의상 세계를 3개 지구로 나누고 지구 내 운임설정문제에 관해 협의(제1지구 : 아메리카 대륙, 제2지구 : 유럽·중동·아프리카, 제3지구 : 동남아시아, 오세아니아)

(2) 국제민간항공기구(ICAO : International Civil Aviation Organization)
   ① 설립 : 국제항공의 안전성 확보와 항공질서감시를 위한 관리기구로서, 1947년 시카고조약에 의거하여 발족된 유엔전문기관으로 현재 본부는 몬트리올에 있음
   ② 설립목적 : 국제민간항공의 발전 및 평화적 목적의 항공기 설계와 운항기술 장려, 공항 및 항공보안시설의 권장, 안전하고 정확하며 능률적인 경제적 항공운송 촉진, 과다경쟁 방지와 비행의 안전 증진, 국제민간항공의 전 분야에 대한 발전 촉진 등

(3) 국제운송주선인협회연맹(FIATA)
   ① 설립 : 1926년 3월 21일 설립되었고, 스위스 취리히에 본부를 두고 있는 전세계적인 운송주선인(Freight Forwarder)의 연합체임
   ② 설립목적 : 국가별 대리점협회와 개별 대리점으로 구성된 기구로서, 1926년 비엔나에서 국제적인 대리업의 확장에 따른 제반 문제점을 다루기 위해 설립

(4) 국제항공화물협회(TIACA)
   ① 설립 : 항공화물관련 국제협회로, 비영리법인이며 1990년에 설립. 항공사·공항·물류기업·지상조업사 등 약 600여 개의 항공물류 관련 회원사가 가입되어 있음
   ② 설립 목적 : 규제완화, 법령제안, 국제회의 등을 통해 항공운송 활성화에 기여하고자 설립

연습 문제

가로 150cm, 세로 120cm, 높이 30cm의 Box 4개가 있다. Box 한 개당 실제 총중량이 80kg일 때 Chargeable Weight을 구하면?

해설
- Gross Weight = 80kg × 4 = 320kg
- Volume Weight = (150cm × 120cm × 30cm) × 4 ÷ 6,000 = 360kg
- ∴ Gross Weight와 Volume Weight 중 큰 쪽을 청구하므로, Chargeable Weight = 360kg

정답 360kg

---

(2) 2단계 : 적용 가능한 요율을 결정

운송하고자 하는 화물의 품목 및 운송에 따른 적용 가능한 요율형태를 결정하고, 운임 산출중량에 해당하는 요율을 확인

(3) 3단계 : 항공운임을 산출

항공화물운임은 '운임 산출중량 × 적용요율'로 결정되며, 계산된 운임이 각 도시 간에 정해진 최저요금 미만일 경우에는 최저요금이 항공화물 운임이 됨

(4) 4단계 : 높은 중량단계에서 낮은 운임의 적용가능성 점검

높은 중량단계에서의 낮은 요율을 적용하여 운임이 더 낮아지는 경우 낮은 운임이 항공화물 운임이 됨(고중량 저운임 적용방법)

연습 문제

ABC무역주식회사는 플라즈마TV 핵심부품을 항공편으로 미국 뉴욕에 수출할 예정이다. 수출 시, 보험과 다른 수송비 등 여타조건은 무시하고 아래 사항만을 고려할 경우에 항공운임은 얼마인가?

1. 플라즈마TV 핵심부품이 내장되고 포장된 상자의 무게는 40kg이다.
2. 상기 상자의 용적은 가로 80cm, 세로 60cm, 높이 70cm인 직육면체이다.
3. 항공운임은 중량 또는 부피 중 큰 것을 적용하기로 한다.
4. 최저운임은 US$200이며, 50kg 미만은 US$17/kg, 50kg 이상~60kg 미만은 US$13/kg, 60kg 이상~80kg 미만은 US$10/kg, 80kg 이상~100kg 미만은 US$7/kg이다.

① US$315
② US$334
③ US$680
④ US$720
⑤ US$728

해설
항공운임의 산출방법
- 최대용적 : 80cm × 60cm × 70cm = 336,000cm³
- 화물의 용적중량 : 336,000cm³/6,000 = 56kg
- 실제 총중량과 비교 : 40kg < 56kg
- 요율의 결정 : 56kg이므로, 50kg 이상~60kg 미만 US$13/kg
- 항공운임의 산출 : 56kg × US$13/kg = US$728

정답 ⑤

② 종가운임(Valuation Charge)
  ㉠ 운송화물의 중량 또는 용적이 아닌 화물의 가격을 기준으로 부과하는 운임
  ㉡ 항공사는 화물운송 도중 사고가 발생하여 배상해야 하는 때에는 일반적으로 IATA 규정에 따라 배상(책임제한). 그러나 화주가 고가의 화물에 대하여 정해진 배상기준금액을 초과하여 배상받고자 할 경우에는 항공사에 미리 그 가격을 신고하고, 일정률의 추가운임을 지불하는데 이를 종가운임이라 함
  ㉢ 항공화물운송장(AWB)에 화물의 실제가격이 기재된 경우에 부과되며, 종가운임이 부과되면 항공운송인(통상 항공사)의 책임제한이 적용되지 않고, 화주는 항공화물운송장에 기재된 가격 전액을 배상받을 수 있음
③ 용적운임(Volume Charge) : 화물의 용적(부피)에 기초하여 산출한 운임이며, 6000cm³를 1kg으로 적용
④ 입체지불금(Disbursement) : 출발지에서 발생하는 육상운송료·보험료 등 각종 비용을 항공사, 송화인 또는 대리인이 선불한 뒤 수화인으로부터 징수하는 금액
⑤ 입체지불금수수료(Disbursement Fee) : 입체지불금에 대해 부과하는 수수료
⑥ 착지불수수료(Charge Collect Fee) : 착지불 운임 적용 시, 수하인으로부터의 운임 미수취 가능성 등 위험을 방지하고, 운송료 타국 통화 징수 시 환차손 등을 보존하기 위해 항공사가 화주에게 징수하는 수수료
⑦ 기타 부대비용 : 화물취급수수료(Handling Charge), Pick-up Service Charge, AWB Preparation Fee(항공운송장 발행료) 등이 있으며, 위험물인 경우에는 위험물취급수수료(Dangerous Goods Handling Fee)가 있음

3. 항공운임 산출 방법 기출 ▶ 24년/ 20년/ 17년/ 15년

(1) 1단계 : 항공운임 산출중량(CW : Chargeable Weight)의 계산
  ① 실제 총중량에 의한 방법(Actual Weight, Gross Weight)

0.5kg 미만의 화물	0.5kg으로 절상
0.5kg 이상 1.0kg 미만의 화물	1.0kg으로 절상
0.1lb 이상 1.0lb 미만의 화물	1.0lb로 절상

  ② 용적(부피) 중량에 의한 방법(Volume Weight)
    ㉠ 최대용적(가로 × 세로 × 높이)에 단위용적당 기준 중량을 곱하여 산출

> 용적중량 = 포장화물의 가로(cm) × 세로(cm) × 높이(cm) × 포장개수/6,000cm³

    ㉡ 계산 전 최대용적의 각 단위 치수는 소수점 첫째 자리에서 반올림(Round off)하여 정수로 만들고 계산
    ㉢ 용적중량을 운임 산출중량으로 환산하는 방법에 있어서 6,000cm³를 1kg으로 적용하는 문제는 국제항공운송협회(IATA)에서 규약한 것임
    ㉣ 직육면체 또는 정육면체가 아닌 경우에는 최대 가로 × 최대 세로 × 최대 높이로 산출
  ③ 통상 항공운임 산출중량은 화물의 실제 총중량(Gross Weight)과 용적 중량(Volume Weight)을 비교해 둘 중 큰 숫자인 것을 적용

2. 항공운송 운임요율 기출▶ 25년/ 23년/ 21년/ 20년/ 19년/ 18년/ 15년

항공운송의 요율은 일반화물요율(GCR : General Cargo Rate), 특정품목할인요율(SCR : Specific Commodity Rate), 품목분류요율(CCR : Commodity Classification Rate, Class Rate) 및 기타 항공운임 등으로 구분

(1) 일반화물요율(GCR : General Cargo Rate)

① 모든 항공화물 운송요금의 산정 시 기본이 되며, 특정품목할인요율(SCR) 및 품목분류요율(CCR)의 적용을 받지 않는 모든 화물운송에 적용하는 요율을 말하는 것으로 최저운임(M), 기본요율(N), 중량단계별 할인요율(Q)로 구성됨

② 일반화물요율의 분류

최저운임 (M : Minimum Rate)	• 한 건의 화물운송에 적용할 수 있는 가장 적은 운임으로, 화물의 중량운임이나 용적운임이 최저운임보다 낮은 경우에 적용 • 최저운임은 요율표에 "M"으로 표시
기본요율 (N : Normal Rate)	• 모든 화물의 기준이 되는 요율로, 한 건당 45kg 미만의 화물에 적용 • 기본요율은 요율표에 "N"으로 표시
중량단계별 할인요율 (Q : Quantity Rate)	• 화물이 45kg 이상인 경우 무게에 따라 다른 요율이 적용되며, 중량이 높아짐에 따라 kg당 요율이 더 낮게 적용되는 요율 • 운항구역 또는 구역 간에 대하여 45kg, 100kg, 200kg, 300kg, 500kg 이상 등 각종 중량단계별로 운임을 설정 • 중량단계별 할인요율은 요율표에 "Q"로 표시

(2) 특정품목할인요율(SCR : Specific Commodity Rate)

① 주로 해상운송화물을 항공운송으로 유치하기 위해 특정품목에 대하여 낮은 요율(할인운임)을 적용한 요율
② 특정운송구간에서 반복적으로 운송되는 특정품목에 대해 일반화물요율(GCR)보다 낮은 수준으로 설정되어 있으며, 반드시 최저중량을 제한하고 있음
③ 특정품목할인요율(SCR)은 품목분류요율(CCR)이나 일반화물요율(GCR)보다 우선하여 적용. 단, 품목분류요율(CCR) 또는 일반화물요율(GCR)을 적용하여 더 낮은 요율이 산출될 경우에는 그 낮은 요율의 적용이 가능

(3) 품목분류요율(CCR : Commodity Classification Rate, Class Rate)

할인요율(R)	신문, 잡지, 정기간행물, 서류, 카탈로그, 비동반 수하물 등에 적용
할증요율(S)	금, 보석, 화폐, 증권, 자동차, 생동물 등에 적용

① 특정품목, 특정지역, 특정구간에 대해서 적용되는 할인이나 할증요율
② 할인품목은 "R"로 표시되며, 할증품목은 "S"로 표시
③ 보통 일반화물요율에 대한 할인(R) 또는 할증(S)을 적용하며, 일반화물요율(GCR)에 비해 크건 작건 간에 관계없이 우선하여 적용. 즉 특정품목할인요율(SCR) - 품목분류요율(CCR) - 일반화물요율(GCR) 순으로 적용함

(4) 기타 항공운임

① 단위적재용기운임(BUC : Bulk Unitization Charge)
  ㉠ 파렛트(Pallet), 컨테이너(Container) 등 단위탑재용기(ULD)의 타입별로 한계중량을 설정한 후 미리 요금을 책정하여 지불하게 하는 요금방식. 따라서 BUC는 탑재용기의 형태 및 크기에 따라 상이하게 적용
  ㉡ 단위탑재용기의 단위운임은 기본운임과 초과중량요율로 구성되며, 기본운임을 초과 시 화물의 중량과 한계중량의 차액에 1kg당 요율로 표시된 초과중량요율을 곱한 운임을 기본운임에 가산

(2) 항공화물운송장(AWB)과 선하증권(B/L)의 비교

항공화물운송장(Air Waybill)	선하증권(Bill of Lading)
단순 수취증권	유가증권
비유통성(Non-Negotiable)	유통성(Negotiable)
기명식	지시식(무기명식)
수취식(항공화물을 창고에서 수취하고 항공화물운송장 발행)	선적식(화물을 본선에 선적한 후 선하증권 발행)
상환증권 ×	상환증권(수려증권)
송화인이 작성(실무에서는 운송인 대리 작성)	선박회사(운송인)가 작성

CORE 05 항공운임(Airfare)

1. 운임결정의 일반원칙 기출 ▶ 25년/ 24년/ 22년/ 20년/ 18년/ 15년

(1) 항공화물 요율(Tariff)의 개념
① 각 항공사에 의해 공시된 구간별 항공화물 요율 및 이와 관련된 규정을 포함하는 개념
② 우리나라의 항공운임은 IATA에서 제정한 요율규정인 TACT(The Air Cargo Tariff) I & II 및 Tariff Coordinating Conference Regulation에 따라 산출
③ 항공화물의 요율은 공항에서 공항까지의 운송만을 위하여 설정된 것이며, 부수적으로 발생되는 이적, 통관, 집화, 인도, 창고, 보관 혹은 그와 유사한 서비스에 대한 요금은 별도 계산
④ IATA Tariff Coordinating Conference에서 결의하는 각 구간별 요율은 해당 정부의 승인을 얻은 후에야 유효한 것으로 이용 가능

(2) 항공화물운임 적용 원칙
① 항공운임은 출발지에서의 중량(Chargeable Weight)에 kg/lb(파운드)당 적용요율을 곱하여 산출
② 요율, 요금 및 그와 관련된 규정의 적용은 항공화물운송장(AWB)의 발행 당일에 유효한 것을 적용
③ 항공화물의 요율은 출발지국의 현지통화로 설정하는 것이 원칙이며, 출발지로부터 목적지까지 한 방향으로만 적용
④ 운임 및 종가요금(Valuation Charge)은 두 가지가 함께 선불(Prepaid)이거나 도착지 지불(Charges Collect, 착불운임)이어야 함
⑤ 별도 규정이 설정되어 있는 경우를 제외하고는 요율과 요금은 가장 낮은 것으로 적용
⑥ 화물의 실제 운송경로는 운임산출 시 근거로 한 경로와 반드시 일치할 필요는 없음

④ 보험계약증서 : 송화인이 항공화물운송장에 보험금액 및 보험료를 기재한 화주보험(Air Waybill 보험)을 부보한 경우에는 항공화물운송장 원본 No.3가 보험계약증서가 됨
⑤ 운임 및 요금의 청구서 : 선불 운임의 송화인에 대한 청구서 자료 및 후불 운임의 수화인에 대한 청구서 자료로서 사용
⑥ 세관신고서의 기능 : 항공화물운송장에 따라 수출신고가 가능한 화물에 대하여는 수출신고서 또는 수입신고서로 사용 가능. 과세가격이 되는 CIF가격 중 항공운임, 보험료의 증명자료로서 운송장을 수입신고서에 첨부할 수 있음
⑦ 화물운송의 지침서의 기능 : 화물과 함께 보내져 화물의 출발지, 경유지, 목적지 등의 각 지점에서 화물이 적절하고 원활하게 취급, 인도, 정산되도록 필요한 모든 사항이 기재되어 운송 지침으로서의 기능을 수행
⑧ 사무정리용 서류 : 운송장의 발행회사(First Carrier), 제2운송회사(Second Carrier) 이후의 각 후속운인, 항공화물대리점에서의 운임 정산, 회계용 자료 등 사무정리용 서류로서 사용
⑨ 수화인에의 화물인도증서 : 도착지에서 화물이 수화인에게 인도되었을 때의 증명자료가 되며, 이때 수화인의 화물수령 서명 또는 날인을 받음

2. 항공화물운송장의 구성 기출 12년

(1) 항공화물운송장의 구성

① 1벌의 항공화물운송장은 원본(Original) 3통 및 부본(Copy) 6통 이상으로 구성되어 있고, 각 원본 및 부본에는 그 용도가 정해져 있으며 식별을 위해 색상용지를 사용함

② 원본(Original) 3통의 구성

원본1 (녹색)	• 운송인용, 발행항공사용 • 송화인이 서명, 운송계약서의 기능 • 운임이나 요금 등의 회계처리를 위해 사용
원본2 (적색)	• 수화인용 • 송화인 및 운송인이 서명 • 화물과 함께 목적지에 보내져 수화인에게 인도됨
원본3 (청색)	• 송화인용 • 운송인이 서명, 출발지에서 화물을 수취했다는 수령증

③ 부본(Copy) 6통의 구성

부본4	인도항공회사 화물인도용	운송인(인도항공회사비치용)이 도착지에서 수화인과 화물을 상환할 때 수화인이 이 부분에 서명하고 인도항공회사에 돌려주는 것으로서 화물인도증명서 및 운송계약이행의 증거서류가 됨
부본5	도착지 공항용	화물과 함께 도착지 공항에 보내져 세관통관용 기타 업무에 사용됨
부본6	도착지 공항용	운송에 참가한 항공회사가 운임정산에 사용함
부본7, 8	제2, 제3 항공회사용	운송에 참가한 항공회사가 운임정산에 사용함
부본9	발행대리점용	발행대리점의 보관용으로 사용함
부본10, 11, 12	예비용	필요에 따라 사용함

> **더 알아보기** 항공운송주선인의 법적 의의
>
> 우리나라는 1993년 항공법을 개정하면서 "항공운송주선업"에 대한 규정을 삭제하였음. 그러다 2007년 물류정책기본법(구 화물유통촉진법)에 규정된 "국제물류주선업"에 이를 포함시켰는데, 여기서 국제물류주선업이란 "타인의 수요에 따라 자기의 명의와 계산으로 타인의 물류시설과 장비 등을 이용하여 수출입화물의 물류를 주선하는 사업"을 말함. 따라서 오늘날 법적으로는 "항공운송주선인"은 존재하지 않고, "국제물류주선업자"만이 존재하지만 실무적으로는 항공운송주선인이 존재하고 있음

(3) 항공화물운송대리점과 항공운송주선인의 비교

구분	항공화물운송대리점	항공운송주선인
활동영역	주로 FCL 화물 취급	LCL 화물 취급
운임요율표	항공사 운임률표 사용	자체 운임률표 사용
화주에 대한 책임	항공사 책임	항공운송주선인 책임
운송약관	항공사의 약관 사용	항공운송주선인의 자체 약관 사용
수화인	매 건당 수화인이 있음	항공운송주선업자가 수화인
수수료	IATA의 5% 수수료와 기타	IATA의 5% 수수료 이외에 수취운임과 지급운임과의 차액
항공화물운송장	항공사 Master Air Waybill 발행	자체 House Air Waybill 발행

CORE 04 항공화물운송장(AWB : Air Waybill)

1. 항공화물운송장의 의의 기출▶ 24년/ 19년/ 18년/ 13년/ 12년

(1) 항공화물운송장의 개념
① 항공화물운송을 위한 가장 기본적인 서류에 해당
② IATA(국제항공운송협회)는 항공화물운송장의 통일된 표준양식을 제정하고 있으며, IATA의 비회원 항공회사도 IATA 항공회사와 연계운송을 하기 때문에 항공화물운송장의 양식은 IATA의 것과 동일한 디자인을 사용
③ 항공화물운송장(AWB)의 구분
  ㉠ MAWB(Master Air Waybill) : 항공사(Air Carrier)가 발행하는 항공화물운송장
  ㉡ HAWB(House Air Waybill) : 포워더 또는 혼재업자가 개별 송화인의 화물에 대해 발행하는 항공화물운송장

(2) 항공화물운송장의 기능 및 성격
① 운송계약증명서의 기능 : 송화인과 항공운송인 간의 항공화물운송계약의 성립을 입증하는 운송계약서의 기능을 가짐
② 화물수취증 : 항공운송인이 송화인으로부터 화물을 수취한 것을 증명하는 화물수령증의 성격을 가짐
③ 송장(Invoice) : 화물과 함께 목적지에 보내 수화인이 도착 화물 및 운임을 대조하고 검증하는 데 사용되는 통지장의 성격을 가짐

(2) 항공운송사업의 유형

① **국내항공운송사업** : 타인의 수요에 맞추어 항공기를 사용하여 유상으로 여객이나 화물을 운송하는 사업으로서 국토교통부령으로 정하는 일정 규모 이상의 항공기를 이용하여 다음의 어느 하나에 해당하는 운항을 하는 사업

국내 정기편 운항	국내공항과 국내공항 사이에 일정한 노선을 정하고 정기적인 운항계획에 따라 운항하는 항공기 운항
국내 부정기편 운항	국내에서 이루어지는 정기편 운항 외의 항공기 운항

② **국제항공운송사업** : 타인의 수요에 맞추어 항공기를 사용하여 유상으로 여객이나 화물을 운송하는 사업으로서 국토교통부령으로 정하는 일정 규모 이상의 항공기를 이용하여 다음의 어느 하나에 해당하는 운항을 하는 사업

국제 정기편 운항	국내공항과 외국공항 사이 또는 외국공항과 외국공항 사이에 일정한 노선을 정하고 정기적인 운항계획에 따라 운항하는 항공기 운항
국제 부정기편 운항	국내공항과 외국공항 사이 또는 외국공항과 외국공항 사이에 이루어지는 국제 정기편 외의 항공기 운항

③ **소형항공운송사업** : 타인의 수요에 맞추어 항공기를 사용하여 유상으로 여객이나 화물을 운송하는 사업으로서 국내항공운송사업 및 국제항공운송사업 외의 항공운송사업

④ **상업서류송달업(Courier)** : 타인의 수요에 맞추어 유상으로 「우편법」 제1조의2 제7호 단서에 해당하는 수출입 등에 관한 서류와 그에 딸린 견본품을 항공기를 이용하여 송달하는 사업

⑤ **항공운송총대리점업** : 항공운송사업자를 위하여 유상으로 항공기를 이용한 여객 또는 화물의 국제운송계약 체결을 대리(代理)[사증(査證)을 받는 절차의 대행은 제외]하는 사업

2. 항공운송사업의 주체   기출 ▶ 22년/ 18년/ 16년

(1) 항공화물운송대리점(Air Cargo Agent)

① **개념** : 항공사 또는 총대리점을 대리하여 항공사의 운송약관 및 운임요율(Tariff)에 따라 항공화물을 수집하고, 항공화물운송장(Master AWB)의 발행 및 이에 부수되는 업무수행으로 항공회사로부터 전체 항공운임의 일정 수수료(5%)를 대가로 받는 사업자에 해당

② **주요 업무** : 수출입화물의 유치 및 계약체결, 항공운송준비(항공화물운송장의 작성, 운송서류의 준비, 포장, 포장별 확인 작업, 포장별 레이블 작업), 수출입통관 수속 대행, 내륙운송주선, 기타 서비스 활동(수출입의 규정, 항공관련 전문지식 제공 등)

(2) 항공운송주선인(Air Freight Forwarder, Consolidator)

① **개념** : 타인의 수요에 응하여 유상으로 자기의 명의로써 독자적인 운송약관과 자체운임요율표에 따라 송화인과의 계약 주체로서 활동하며, 자체 운송장인 House AWB를 발행하는 사업자를 말함. 개개의 송화인과 운송계약을 체결하고 운송책임을 부담하지만, 항공기를 보유하거나 운항하지 않고 수탁한 화물을 하나의 화물(One Lot)로 모아서 본인이 스스로가 송화인이 되어 항공회사에 운송을 위탁함

② **주요 업무**
　㉠ **수출항공화물** : 화물의 혼적, 살화물을 파렛트 또는 컨테이너화하는 단위화물 작업, 화물의 출발·도착 등 화물 이동에 대한 추적
　㉡ **수입항공화물** : 통관과 문전서비스, 재수출상품의 제반 서류작성과 운송수단결정 및 운송의뢰, 국내보세운송, 수화인을 위한 수입통관 주선

(2) 항공화물 지상조업장비

장비	설명
돌리(달리, Dolly)	단위탑재용기를 터미널에서 항공기까지 견인차에 연결하여 수평 이동하는 무동력 장비
견인차(Tug car)	일반항공화물이나 ULD가 적재된 돌리(달리, Dolly)를 항공기로 이동시키는 지상조업장비로, 동력원이 없는 장비를 견인할 때에 사용
셀프 프로펠드 컨베이어 (Self Propelled Conveyor)	컨베이어 벨트가 장치되어 수하물 및 소형화물을 화물칸에 낱개 단위로 탑재할 때 사용하는 장비
하이 리프트 로더 (High Lift Loader)	ULD를 항공기에 탑재 및 내릴 때 사용하는 유압식 장비이며, 상하높이가 조절됨
트랜스포터 (Transporter)	적재작업이 완료된 ULD를 터미널에서 항공기까지 수평 이동시키는 자체 동력 장비
포크리프트 트럭 (Forklift Truck)	중량물을 싣거나 내리는 하역 전용의 특수 자동차로 지게차라고도 함
핸드 리프트 잭 (Hand Lift Jack)	화물 운반 또는 보관 작업을 하는 데 사용되는 장비
항공화물 계류장치 (Tie-Down Equipment)	항공화물을 고정시켜 움직임을 막는 장치(예 Net, Ring, Lashing Rope, Strap 등)

4. 항공화물의 운송절차 기출 23년/ 11년

(1) 수출화물 운송절차

> 수출화물 운송예약 → 보세 장치장 반입 및 수출통관 → 화물검사 및 AWB 발행 → 적재작업 → 계량 및 탑재작업 → 탑재내용의 통보

(2) 수입화물 운송절차

> 전문접수 및 항공기 도착 → 서류 분류 및 검토 → 창고분류 및 배정 → 화물분류 작업 → 도착 통지 → 운송장 인도 → 보세운송

CORE 03 항공운송사업

1. 항공운송사업(Air Carrier)의 개념 및 유형 기출 20년/ 19년/ 14년/ 13년

(1) 항공운송사업의 개념
① 학문상 정의 : 항공운송사업은 항공기를 소유하거나 임차한 운송사업자가 어느 한 지점에서 다른 한 지점으로 여객 또는 화물을 수송해 주고 그 대가로 항공운임을 받아 수익을 추구하는 사업을 말함
② 항공사업법상 정의 : 타인의 수요에 맞추어 항공기를 사용하여 유상으로 여객이나 화물을 운송하는 국내항공운송사업, 국제항공운송사업 및 소형항공운송사업을 말하며, 그 해당사업자를 국내항공운송사업자, 국제항공운송사업자 및 소형항공운송사업자라고 함

(3) ULD의 종류

항공화물용 컨테이너	항공기 화물실 동체 모양에 맞게 제작하여 화물실 공간을 최대로 활용할 수 있도록 만든 단위탑재용기
파렛트(Pallet)	• 알루미늄 합금으로 제작된 평판으로, 파렛트 위에 특정 항공기의 내부 모양과 일치하도록 적재한 후 이글루나 그물(Net), 띠(Strap) 등으로 계류(Tie-Down)시킬 수 있도록 한 장비 • 표준 규격은 88"×108"과 88"×125"로 두 종류가 있음
이글루(Igloo)	• 유리섬유 또는 알루미늄 등의 소재로 항공기의 내부 동체의 모양에 따라 제작된 항공화물용 특수덮개로, 파렛트와 함께 사용 • 공간을 최대한 활용할 수 있도록 하기 위해 고안된 장비이며, 표준 규격은 88"×108"과 88"×125"가 있음
특수 ULD	화물의 특성에 따라 달리 취급해야 하는 화물을 적재하기 위해 고안된 장비로 Car Transporter, Horse Stall, Cattle pen, Cool Tainer, GOH(Garment On Hanger) 등이 있음

▲ 항공화물용 컨테이너

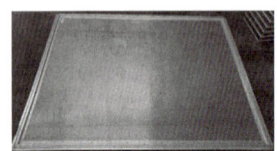
▲ 항공형 파렛트

▲ 이글루(Igloo)

▲ GOH(Garment On Hanger)

(4) ULD 이용의 장·단점

장점	단점
• 화물의 보호 • 신속한 작업 및 취급 • 특수화물의 운송 용이 • 조업시간 단축으로 항공기 가동률 제고	• 구매 및 비용 부담 • 화물 탑재량 제한 • ULD의 기종 간 호환성이 낮음 • ULD 관리의 어려움(사용 후 회수상 문제)

3. 항공화물 적재방식과 지상조업장비 기출 22년/ 21년/ 20년/ 17년

(1) 항공화물 적재방식

① 살화물 적재방식(Bulk Loading) : ULD를 사용하지 않고 벌크 화물을 인력으로 직접 적재하는 방법으로, 가장 원시적인 방법이지만 적재효율이 높음

② 파렛트 적재방식(Pallet Loading) : 파렛트 위에 화물을 쌓고 그물(Net)로 고정한 뒤 리프트 로더(Lift Loader)로 승강시킨 후, 화물실 바닥의 롤러를 통해 화물실로 이동하여 고정시키는 방식. 이 경우 화물실의 윤곽을 고려하여 이글루를 씌우기도 함

③ 컨테이너 적재방식(Container Loading) : 항공화물용 컨테이너를 화물실 입구의 작동콘솔을 조작하여 전동식 롤러를 통해 자동으로 적재하는 방식

(2) 항공기의 특징

① 항공기는 국제민간항공조약에 의해 등록이 이루어진 국가의 국적을 보유하도록 되어 있음
② Convertible Aircraft는 화물실과 여객실을 상호 전용할 수 있도록 제작된 항공기임
③ High Capacity Aircraft는 대형기종의 항공기로서, 데크(deck)에 의해 상부실 및 하부실로 구분되며, 하부실에는 ULD 탑재가 가능
④ 항공기 블랙박스는 비행정보 기록장치와 음성 기록장치를 통칭하는 이름임

(3) 항공기의 무게(중량)

① 자체중량(empty weight) : 기체구조, 엔진, 고정 장비 및 내부 장비 등의 중량
② 운항중량(operating weight) : 승무원, 엔진의 윤활유, 여객 서비스용품, 식음료 등의 중량
③ 유상중량(payload) : 항공기에 탑재한 유상 여객, 화물, 우편물 등의 중량
④ 착륙중량(landing weight) : 이륙중량에서 비행 중 소비된 연료 중량을 뺀 나머지 중량
⑤ 이륙중량(take-off weight) : 항공기가 이륙할 때 총중량으로, 최대이륙중량을 초과할 수 없음

> **+ 더알아보기** 항공물류 관련 용어 **기출** 24년
>
> - **Clearing House** : 항공 관련 대금을 정산하는 장소
> - **Cabotage** : 외국 항공기에 대해서 자국 내의 일정 지점 간의 운행을 금지하는 것
> - **Belly Cargo** : 대형 비행기의 동체하부 화물실에 적재하는 화물
> - **Pivot Weight** : 각각의 ULD에 대해 마련되어 있는 정액한계중량
> - **Apron** : 공항에서 여객의 탑승 및 하기, 화물의 탑재 및 하역, 정비, 보급 등을 위하여 항공기가 대기하는 장소

2. 단위탑재용기(Unit Load Device, ULD) 기출 22년/ 21년/ 13년/ 11년

(1) 항공 단위탑재용기(ULD)의 의의

항공화물운송에 사용되는 컨테이너, 파렛트, 이글루 등 항공화물 탑재용구의 총칭

(2) ULD의 특징

① ULD는 항공기의 적재 위치별로 내부공간에 맞추어 다양한 형태를 갖음
② 기종별 규격의 비표준화로 ULD의 기종 간 호환성이 낮음
③ 항공기종에 적합하게 제작되어야 하므로 초기 투자비용이 많이 발생
④ 항공기 간의 호환여부에 따라 Aircraft ULD와 Non-Aircraft ULD로 구분
⑤ 종류에는 파렛트, 컨테이너, 이글루, GOH(Garment On Hanger) 등이 있음
⑥ ULD의 외면표기(Markings)는 IATA의 규정에 의해 ULD Type Code, Maximum Gross Weight, The Actual Tare Weight를 반드시 표기하도록 하고 있음

④ 여객에 수반되는 품목 : 샘플, 애완동물, 이삿짐 등
⑤ 고가의 상품 : 미술품, 모피, 귀금속, 통신기기 등

(2) 항공화물운송의 증가 원인

① 소비구조의 고급화(소형화, 자동화)와 상품거래의 신속화
② 국제분업의 가속화와 이에 따른 필요 물품들의 항공운송 증대
③ 국제운송의 절대적 증가에 따른 항공운송 수요의 증대
④ 항공운송서비스의 질적 향상 및 이에 대한 마케팅의 강화
⑤ 항공기의 대형화로 인하여 적재량의 증가 및 운임 인하
⑥ 적시재고정책의 도입으로 필요한 물품의 적시 배송(Just-In-Time Delivery) 필요성의 증대
⑦ 화물전용기의 정기적 운항에 따른 운송의 계획성 확보
⑧ 항공화물터미널의 확충 및 전문성 고조

CORE 02 | 항공기, 단위탑재용기(ULD) 등

1. 항공기의 종류 및 중량 기출 ▶ 21년/ 17년

(1) 항공기(aircraft)의 종류

화물전용기	• 화물만을 운송하도록 불필요한 설치물(예 좌석 등)을 없애고 화물실의 구조를 넓힌 항공기로, 모든 내부공간에 화물 탑재가 가능 • 일반적으로 창문이 없고, 구조적으로 동체가 여객기보다 튼튼함 • 주로 대형·대량의 화물운송 시 사용되며, 여객기로의 전환이 불가능
여객기	• 여객 운송을 주목적으로 하는 항공기 • 하부 화물실에 ULD의 탑재 가능 여부에 따라 Wide-Body, Narrow-Body 여객기로 구분
화객혼용기	• Main Deck 공간의 일부(50~70%)는 여객을 탑승시키고, 나머지 공간은 화물 탑재가 가능하도록 공간을 분리한 항공기 • 필요시 여객기 또는 화물기로의 전환이 가능

> **+ 더알아보기** 화물기의 기본구조
>
> • **Deck** : 항공기 내부를 상하로 구분하는 바닥을 말함. 항공기의 바닥이 2개 이상인 경우에는 Deck에 의해 항공기 내부 공간이 Upper Deck, Main Deck, Lower Deck로 구분
> • **Hold** : 여객과 화물을 수송할 수 있는 내부 공간으로, 여러 개의 Compartments로 구성
> • **Compartments** : Hold 내에 ULD를 적재할 수 있는 Bay와 적재할 수 없는 Section으로 구분하여 지정된 공간을 말하며, Compartments를 합친 것을 Hold라고 함

CHAPTER 05 항공운송

> **핵심 포인트**
> - ☑ 항공화물운송의 특성
> - ☑ 단위탑재용기(ULD)의 특징과 종류
> - ☑ 항공운송사업의 유형과 주체별 업무
> - ☑ 항공운송의 운임체계와 운임산출방법
> - ☑ 항공화물운송장과 선하증권의 비교
> - ☑ 항공관련 국제기구와 국제조약별 특징

CORE 01 항공운송의 개요

1. 항공운송의 의의 및 특성 기출▶ 22년/ 20년/ 19년/ 18년/ 17년/ 16년/ 15년

(1) 항공운송의 의의

① 항공기에 여객 또는 우편 및 화물을 탑재하고, 공항에서 공로(air route)를 이용하여 다른 공항까지 운송하는 시스템
② 오늘날 국제운송 분야에서 취급과 보관 비용이 높은 소형 경량의 고부가가치 화물이 크게 증가하면서 항공운송 수요가 지속적으로 높아지고 있음

(2) 항공화물운송의 특성

신속성·정시성	운항속도가 가장 빠른 운송수단으로, 운송기간이 짧아 신속성과 발착의 정시성, 신뢰성이 강함
안전성	항공운송은 타 운송수단에 비해 운송시간이 짧고, 하역처리의 빈도가 낮기 때문에 도난, 파손 등 위험발생률이 적어 안전성이 높음
경제성	항공운송은 재고관련비용의 절감, 재고회전율 향상 등의 효과가 있음
비계절성	항공화물은 비교적 타 운송수단에 비해 계절적인 수요의 탄력성이 작음
편도성	항공화물은 해상운송과는 달리 왕복성이 적고 대부분이 편도성임
야행성	항공화물운송은 여객운송과 달리 화물 대부분이 야간에 집중

2. 항공화물의 주요품목 및 항공화물운송의 증가 원인 기출▶ 20년/ 15년/ 13년

(1) 항공화물의 주요품목

① 긴급 수요 품목 : 납기임박 화물, 계절적 유행상품, 긴급구호물자 등
② 단기운송 필요 품목 : 원고, 긴급서류, 영업 사무서류, 신선식료품, 생화(生花) 등
③ 부가가치가 높은 품목 : 반도체나 휴대폰, 전자기기, 컴퓨터기기, 정밀광학기기 등

03 항공화물운송주선업자에 관한 설명으로 옳지 않은 것은? 기출 22년

① 화주의 운송대리인이다.
② 전문혼재업자이다.
③ 송화인과 House Air Waybill을 이용하여 운송계약을 체결하는 업자이다.
④ 수출입 통관 및 보험에 관한 화주의 대리인이다.
⑤ CFS(Container Freight Station)업자이다.

> 해설 ⑤ 항공화물운송주선업자는 Consolidator(화물혼재업자)이다.

기출문제 엿보기

- ☑ 항공운송 관련 사업에 관한 설명으로 옳지 않은 것은? 19년
- ☑ 항공화물운송대리점의 업무에 해당하지 않는 것은? 18년
- ☑ 항공화물운송대리점(air cargo agent)과 항공운송주선인(air freight forwarder)에 관한 설명으로 옳은 것을 모두 고른 것은? 16년

04 항공운송의 운임에 관한 설명으로 옳지 않은 것은? 기출 23년

① 일반화물요율(GCR : General Cargo Rate)은 모든 항공화물 요금산정 시 기본이 된다.
② 일반화물요율의 최저운임은 "M"으로 표시한다.
③ 특정품목할인요율(SCR : Specific Commodity Rate)은 특정 대형화물에 대하여 운송구간 및 최저중량을 지정하여 적용되는 할인운임이다.
④ 품목별분류요율(CCR : Commodity Classification Rate)은 특정 품목에 대하여 적용하는 할인 또는 할증운임률이다.
⑤ 일반화물요율은 특정품목할인요율이나 품목별분류요율보다 우선하여 적용된다.

> 해설 ⑤ 특정품목할인요율(SCR) – 품목분류요율(CCR) – 일반화물요율(GCR) 순으로 우선하여 적용된다.

기출문제 엿보기

- ☑ 다음에서 설명하는 항공화물운임 산정 기준은? 24년
- ☑ 항공화물운임에 관한 설명으로 옳지 않은 것은? 20년
- ☑ 다음 설명에 해당하는 항공운임은? 19년
- ☑ 항공화물운송 운임에 관한 설명으로 옳은 것을 모두 고른 것은? 18년

CHAPTER 05 시험에 꼭 나오는 필수문제

01 항공화물의 특성으로 옳지 않은 것은? 기출 20년

① 취급과 보관비용이 낮은 화물
② 긴급한 수요와 납기가 임박한 화물
③ 중량이나 부피에 비해 고가인 화물
④ 시간의 흐름에 따라 가치가 변동되는 화물
⑤ 제품의 시장경쟁력 확보가 필요한 화물

해설 ① 항공운송은 신속성이 보장되는 운송수단이므로 취급과 보관비용이 낮은 화물보다는 높은 화물을 대상으로 하는 것이 물류비용의 감소 측면에서 더 유리하다.

기출문제 엿보기

☑ 항공운송사업에 관한 설명으로 옳지 않은 것은? 17년

☑ 항공화물운송의 특성으로 옳지 않은 것을 모두 고른 것은? 16년

☑ 항공운송에 관한 설명으로 옳은 것을 모두 고른 것은? 15년

☑ 항공화물운송에 관한 설명으로 옳은 것은? 14년

02 항공화물 운송에 필요한 지상조업장비의 하나로 적재작업이 완료된 항공화물의 단위탑재용기를 터미널에서 항공기까지 견인차에 연결하여 수평 이동하는 장비는? 기출 17년

① 하이 로더(high loader)
② 포크리프트 트럭(forklift truck)
③ 트랜스포터(transporter)
④ 달리(dolly)
⑤ 셀프 프로펠드 컨베이어(self propelled conveyor)

해설 ① 하이 로더(high loader) : 항공화물을 여러 층으로 높게 적재하거나, 항공기 화물실에 화물을 탑재하는 항공기 전용탑재기이다.
② 포크리프트 트럭(forklift truck) : 중량물을 싣거나 내리는 하역 전용의 특수 자동차로 지게차라고도 한다.
③ 트랜스포터(transporter) : 적재작업이 완료된 항공화물의 단위탑재용기(ULD)를 터미널에서 항공기까지 수평 이동시키는 자체 동력 장비이다.
⑤ 셀프 프로펠드 컨베이어(self propelled conveyor) : 컨베이어 벨트가 장치되어 수하물 및 소형화물을 화물칸에 낱개 단위로 탑재할 때 사용하는 장비이다.

기출문제 엿보기

☑ 항공화물의 탑재방식에 관한 설명으로 옳지 않은 것은? 21년

☑ 항공화물 조업 장비에 관한 설명으로 바르게 연결된 것은? 20년

21

선박톤수에 관한 설명으로 옳지 않은 것은? 기출 15년

① 순톤수(Net Tonnage) : 여객 및 화물의 적재 등 직접적인 상행위에 사용되는 용적이며, 총톤수에서 선박의 운항에 직접적으로 필요한 공간의 용적을 뺀 톤수이다.
② 총톤수(Gross Tonnage) : 실제 화물을 실을 수 있는 톤수를 의미하는 것으로서, 순재화중량 또는 운송능력이라고도 한다.
③ 재화중량톤수(Dead Weight Tonnage) : 공선상태로부터 만선이 될 때까지 실을 수 있는 화물, 여객, 연료, 식료, 음료수 등의 합계중량으로 상업상의 능력을 나타낸다.
④ 배수톤수(Displacement Tonnage) : 선체의 수면 아래에 있는 부분의 용적과 대등한 물의 중량을 나타내는 배수량을 말한다.
⑤ 재화용적톤수(Measurement Tonnage) : 선박에 적재할 수 있는 화물의 최대용적을 표시하는 톤수로서 최근에는 이 톤수는 거의 사용되지 않고 있다.

해설 ② 총톤수(Gross Tonnage)는 선박의 용적 100ft³를 1톤으로 표시(환산)하며, 선박의 안전과 위생에 사용되는 부분은 제외한 부분을 톤수로 환산한 수치를 말한다.

22

다음은 「선박법」에 의한 소형선박의 정의이다. ( )에 알맞은 숫자를 순서대로 나열한 것은? 기출 17년

> 「선박법」에서 "소형선박"이란 다음 각 호의 어느 하나에 해당하는 선박을 말한다.
> 1. 총톤수 ( )톤 미만인 기선 및 범선
> 2. 총톤수 ( )톤 미만인 부선

① 20, 50
② 20, 100
③ 20, 200
④ 40, 100
⑤ 40, 200

해설 소형선박의 정의(선박법 제1조의2 제2항)
소형선박이란 다음의 어느 하나에 해당하는 선박을 말한다.
• 총톤수 20톤 미만인 기선 및 범선
• 총톤수 100톤 미만인 부선

키워드 ⑩ 선박국적

23

선박의 국적(선적)에 관한 설명으로 옳지 않은 것은? 기출 22년

① 전통적인 선박의 국적 취득 요건은 자국민 소유, 자국건조, 자국민 승선이다.
② 편의치적제도를 활용하는 선사는 자국의 엄격한 선박운항기준과 안전기준에서 벗어날 수 있다.
③ 제2선적제도는 기존의 전통적 선적제도를 폐지하고, 역외등록제도와 국제선박등록제도를 신규로 도입한다.
④ 편의치적제도는 세제상의 혜택과 금융조달의 용이성으로 인해 세계적으로 확대되었다.
⑤ 우리나라는 제2선적제도를 시행하고 있다.

해설 ③ 제2선적제도는 한 나라의 특정 지역을 정하여 그 지역에 등록한 외항 선박에 대하여는 그 나라 국적선과는 달리 편의치적선에 준하는 선박관련세제 및 선원고용상의 특례를 부여하는 제도를 말한다.

24

선주가 속한 국가의 엄격한 요구조건과 의무부과를 피하기 위하여 자국이 아닌 파나마, 온두라스 등과 같은 국가의 선박 국적을 취하는 제도는? 기출 14년

① 톤세제도
② 제2치적제도
③ 편의치적제도
④ 선급제도
⑤ 공인경제운영인제도

해설 ① 톤세제도 : 해운업체의 소득을 계산할 때, 실제 영업상 이익이 아닌 선박의 톤수와 운항일수를 기준으로 산출한 "추정이익"을 적용, 세금 납부규모를 예측 가능하게 하는 제도
② 제2치적제도 : 한 나라의 특정지역을 지정, 그 곳에 등록한 외항선박에 대하여 편의치적에 준하는 세제 및 선원고용상 특례를 부여하는 제도
④ 선급제도 : 국가마다 선박이 다른 법규에 의해 제조되므로 선박의 감항성이 전문기관에 의해 전문적으로 판단되도록 하는 제도
⑤ 공인경제운영인제도 : 무역 공급망의 경제운영주체 중 세관이 정한 안정성 기준을 충족하는 업체를 지정해 통관간소화 등의 혜택을 부여하는 제도

키워드 8 선박관련 용어

18
외현 상부의 모양이 상갑판 부근에서 안쪽으로 굽어진 정도를 지칭하는 용어는? 기출 17년

① 텀블 홈(tumble home)
② 현호(sheer)
③ 플레어(flare)
④ 캠버(camber)
⑤ 선저경사(rise of floor)

> 해설 ② 현호(sheer) : 선체 중앙부에 있는 갑판의 최저점으로부터 전부갑판과 후부갑판의 세로 곡면부를 뜻한다.
> ③ 플레어(flare) : 텀블 홈의 반대의 경우로 선체 측면의 상부가 바깥쪽으로 굽은 상태를 뜻한다.
> ④ 캠버(camber) : 선체중심선(center line) 부분이 양현보다 높아 갑판이 위로 볼록하게 휘어진 형태를 말한다.
> ⑤ 선저경사(rise of floor) : 선저의 경사진 상태를 말하는 것으로 선저는 중심으로부터 선측으로 상향의 경사를 가지고 있다.

19
철광석, 석탄, 밀 등을 컨베이어벨트로 선박의 선창(船艙) 안으로 적재할 경우 화물이 선창(船艙) 가운데에만 쌓이게 된다. 이때 이 화물을 인력으로 편편하게 골라주는 선창 내 화물고르기 작업을 가리키는 용어로 옳은 것은? 기출 15년

① Loading
② Devanning
③ Stuffing
④ Trimming
⑤ Stowage

> 해설 ①·③ 선적 컨테이너에 화물을 싣는 작업
> ② 선적 컨테이너로부터 화물을 하역하는 작업
> ⑤ 선박의 선창 또는 객실에 화물을 쌓는 방법(적부)

키워드 9 선박톤수

20
선박의 항해에 필요한 연료유, 식수 등의 중량을 제외한 적재할 수 있는 화물의 최대 중량으로 용선료의 기준이 되는 선박톤수는? 기출 18년

① 총톤수(Gross Tonnage)
② 순톤수(Net Tonnage)
③ 재화중량톤수(Dead Weight Tonnage)
④ 배수톤수(Displacement Tonnage)
⑤ 재화용적톤수(Measurement Tonnage)

> 해설 ① 총톤수(Gross Tonnage)는 선박내부의 총용적량으로 상갑판 하부의 적량과 상갑판 상부의 밀폐된 장소의 적량을 모두 합한 것이다.
> ② 순톤수(Net Tonnage)는 총톤수에서 선원실, 해도실, 기관실, 밸러스트탱크 등을 빼고, 직접 화물과 여객의 수송에 제공되는 용적을 표시한 톤수이다.
> ④ 배수톤수(Displacement Tonnage)는 선박이 최대로 적재하고 안전하게 운항할 수 있는 만재흘수에서 수면 아래에 잠기는 부분의 용적에 상당하는 물의 중량과 같다.
> ⑤ 재화용적톤수(Measurement Tonnage)는 선박의 크기를 적재할 수 있는 화물의 용적으로 나타내는 톤수를 말한다.

키워드 ❼ 선박의 종류

16

선박의 종류에 관한 설명으로 옳지 않은 것은? 기출 19년

① LASH선은 부선(Barge)에 화물을 적재한 채로 본선에 적재 및 운송하는 선박이다.
② 전용선(Specialized Vessel)은 특정화물의 적재 및 운송에 적합한 구조와 설비를 갖춘 선박이다.
③ 로로선(RO-RO Vessel)은 경사판(Ramp)을 통하여 하역할 수 있는 선박이다.
④ 유조선(Tanker)은 원유, 액화가스, 화공약품 등 액상 화물의 운송에 적합한 선박이다.
⑤ 겸용선(Combination Carrier)은 부선(Barge)에 적재된 화물을 본선에 설치되어 있는 크레인으로 하역하는 선박이다.

> **해설** ⑤ 겸용선은 수송의 효율성을 최대한 높이기 위해 건화물(dry cargo)과 액체 화물(liquid cargo) 모두를 운송할 수 있도록 개발된 선박을 말한다.

17

다음 선박에 관한 설명으로 옳은 것은? 기출 16년

① WIG선 : 자항능력이 없는 선박으로서 예인선에 의해 예인되는 선박
② LASH선 : 화물이 적재된 부선을 본선에 적입 및 운송하는 특수선박
③ LOLO선 : 산화물의 운송을 위하여 제작된 선박
④ 산물선(Bulk Carrier) : 수면 위를 1~5m 높이로 낮게 떠서 운항할 수 있는 선박
⑤ Barge선 : 본선 또는 육상에 설치되어 있는 갠트리 크레인으로 컨테이너를 수직으로 들어 올려 적재, 양륙하는 방식의 선박

> **해설** ① WIG선 : 지면효과를 이용하여 수면 위를 1~5m 높이로 낮게 떠서 운항할 수 있는 선박
> ③ LOLO선 : 갠트리 크레인으로 컨테이너를 수직으로 들어 올려 적재, 양륙하는 방식의 선박
> ④ 산물선(Bulk Carrier) : 살물선이라고도 하며, 곡물이나 광석, 석탄 등을 비포장된 상태로 운송하는 선박
> ⑤ 바지선(barge) : 자항능력이 없어 예인선에 의해 예인되는 선박

키워드 ❻ 선하증권(선화증권)

13

선하증권(Bill of Lading : B/L)의 종류에 관한 설명으로 옳지 않은 것은? 기출 24년

① 선적 선하증권(Shipped B/L) : 화물이 선하증권에 명시된 본선에 선적되어 있음을 표시한 것으로 On Board B/L이라고 한다.
② 무사고 선하증권(Clean B/L) : 본선수취증의 비고란에 선적화물의 결함에 대한 기재사항이 없을 때 발행된다.
③ 기명식 선하증권(Straight B/L) : 선하증권의 수하인란에 수하인의 성명이 기입된 선하증권이다.
④ 스테일 선하증권(Stale B/L) : 선하증권이 발행된 후 은행 측에서 용인하는 허용 기간 내에 제시되지 못한 선하증권이다.
⑤ 적색 선하증권(Red B/L) : 2가지 이상의 운송수단이 결합되어 국제복합운송이 발생하였음을 증명하는 선하증권이다.

해설 ⑤ 적색 선하증권(Red B/L)은 보통의 선하증권과 보험증권이 결합한 것으로, 선하증권에 기재된 화물이 항해 중에 사고가 발생하면 이 사고에 대하여 선박회사가 보상한다.

14

선화증권에 관한 설명으로 옳지 않은 것은? 기출 18년

① 기명식 선화증권은 선화증권의 수화인란에 수화인의 성명이 기재되어 있는 선화증권을 말한다.
② 선화증권은 운송계약서는 아니지만 운송인과 송화인 간에 운송계약이 체결되었음을 추정하게 하는 증거증권의 기능을 가진다.
③ 기명식 선화증권은 화물의 전매나 유통이 자유롭다.
④ 지시식 선화증권은 선화증권의 수화인란에 수화인의 성명이 명시되어 있지 않고 'to order of'로 표시된 선화증권을 말한다.
⑤ 기명식 선화증권은 선화증권에 배서금지 문언이 없으면 배서양도는 가능하지만, 기명된 당사자만이 화물을 인수할 수 있다.

해설 ③ 기명식 선화증권은 화물에 대한 권리가 기재된 수화인에게 귀속되기 때문에 화물의 전매나 유통에 제한을 받는다.

15

선하증권 운송약관상의 운송인 면책 약관에 관한 설명으로 옳지 않은 것은? 기출 22년

① 잠재하자약관 : 화물의 고유한 성질에 의하여 발생하는 손실에 대해 운송인은 면책이다.
② 이로약관 : 항해 중에 인명, 재산의 구조, 구조와 관련한 상당한 이유로 예정항로 이외의 지역으로 항해한 경우, 발생하는 손실에 대해 운송인은 면책이다.
③ 부지약관 : 컨테이너 내에 반입된 화물은 화주의 책임 하에 있으며 발생하는 손실에 대해 운송인은 면책이다.
④ 과실약관 : 과실은 항해과실과 상업과실로 구분하며 상업과실일 경우, 운송인은 면책을 주장하지 못한다.
⑤ 고가품약관 : 송화인이 화물의 운임을 종가율에 의하지 않고 선적하였을 경우, 운송인은 일정금액의 한도 내에서 배상책임이 있다.

해설 ① 잠재하자약관은 잠재된 하자로 기인된 손해에 대해서 운송인의 면책 사항을 규정한 것이다.

키워드 ❺ 해상운임

10

해상운임에 관한 설명으로 옳지 않은 것은? 기출 19년

① Discrimination Rate는 화물, 장소, 화주에 따라 차별적으로 부과하는 운임이다.
② Freight Collect는 무역조건이 CFR계약이나 CIF계약으로 체결되는 경우에 적용되는 운임이다.
③ Optional Surcharge는 양륙항을 정하지 않은 상태에서 운송 도중에 양륙항이 정해지는 경우에 부과되는 할증운임이다.
④ Terminal Handling Charge는 화물이 CY에 입고된 순간부터 본선의 선측까지와 본선의 선측에서 CY 게이트를 통과하기까지의 화물 이동에 따른 비용으로 국가별로 그 명칭과 징수내용이 다소 상이하다.
⑤ Congestion Surcharge는 도착항의 항만이 혼잡할 경우에 부과되는 할증료이다.

해설 ② 후불운임(Freight Collect)은 무역조건이 FOB(Free On Board)계약으로 체결될 때 주로 적용되는 운임이다.

11

화물운송의 비용 및 운임에 관한 설명으로 옳지 않은 것은? 기출 18년

① 정기선운송 시 무차별운임은 화물이나 화주, 장소에 따라 차별하지 않고 화물의 중량이나 용적을 기준으로 일률적으로 부과하는 운임이다.
② 정기선운송 시 혼재운임은 여러 화주의 화물을 혼재하여 하나의 운송단위로 만들어 운송될 때 부과되는 운임이다.
③ 철도운송이나 해상운송의 경우, 대량화물을 운송할 때 단위비용이 낮아 항공운송이나 자동차운송보다 유리하다.
④ 운송수단의 선정 시 운송비용과 재고유지비용을 고려해야 한다.
⑤ 부정기선운송 시 부적운임은 선적하기로 계약했던 화물량보다 실선적량이 부족한 경우 용선인이 계약물량에 대해 지불하는 운임이다.

해설 ⑤ 부정기선운송 시 부적운임은 선적하기로 계약했던 화물량보다 실선적량이 부족한 경우 용선자(Charterer)인 화주가 그 부족분에 대해서도 지불하는 운임을 말한다.

12

선적 시 양하항을 복수로 선정하고 양하항 도착 전에 최종 양하항을 지정하는 경우 발생하는 비용은? 기출 20년

① 항구변경할증료
② 외항추가할증료
③ 환적할증료
④ 양하항선택할증료
⑤ 혼잡할증료

해설 ① 항구변경할증료(Diversion Charge) : 선적 시 지정했던 항구를 선적한 후에 변경하는 경우 부과하는 할증료이다.
② 외항추가할증료(Out Port Arbitrat) : 선박이 기항하는 항구(Base Port) 외의 지역행 화물에 적용하는 추가운임이다.
③ 환적할증료(Transshipment Charge) : 환적 작업으로 발생되는 추가비용을 보전하기 위해 부과되는 할증운임이다.
⑤ 혼잡할증료(Congestion Surcharge) : 도착항의 항만 사정으로 혼잡하여 선박이 대기할 경우 부과되는 할증료이다.

07

〈보기 1〉의 부정기선의 계약에 따른 운항형태에 대한 설명을 〈보기 2〉에서 찾아 모두 바르게 연결한 것은? 기출 18년

〈보기 1〉
ㄱ. 항해용선계약(Voyage Charter)
ㄴ. 선복용선계약(Lump Sum Charter)
ㄷ. 일대용선계약(Daily Charter)
ㄹ. 정기용선계약(Time Charter)
ㅁ. 나용선계약(Bare Boat Charter)

〈보기 2〉
a. 한 선박의 선복 전부를 하나의 선적으로 간주하여 운임액을 결정하는 용선계약
b. 한 항구에서 다른 항구까지 한 번의 항해를 위해 체결하는 운송계약
c. 하루 단위로 용선하는 용선계약
d. 선박만을 용선하여 인적 및 물적 요소 전체를 용선자가 부담하고 운항의 전 과정을 관리하는 계약
e. 모든 장비를 갖추고 선원이 승선해 있는 선박을 일정기간 정하여 사용하는 계약

① ㄱ – a, ㄴ – c, ㄷ – b, ㄹ – e, ㅁ – d
② ㄱ – a, ㄴ – b, ㄷ – c, ㄹ – e, ㅁ – d
③ ㄱ – b, ㄴ – a, ㄷ – c, ㄹ – e, ㅁ – d
④ ㄱ – b, ㄴ – c, ㄷ – a, ㄹ – d, ㅁ – e
⑤ ㄱ – b, ㄴ – c, ㄷ – e, ㄹ – a, ㅁ – d

해설
- ㄱ – b. 항해용선계약 : 한 항구에서 다른 항구까지 화물의 운송을 의뢰하는 화주와 선박회사 간의 용선계약을 말한다.
- ㄴ – a. 선복용선계약 : 한 선박의 선복 전부를 하나의 선적으로 간주하여 운임액을 정하는 용선계약을 말한다. 운임은 적재 수량과 관계없이 한 항해당 운임총액 얼마라고 포괄적으로 약정한다.
- ㄷ – c. 일대용선계약 : 계약지정 선적항에서 본선에 화물을 적재한 일부터 기산하여 계약지정 양륙항까지 운송하여 화물을 인도 완료할 때까지의 일시 사이에 1일(24시간)당 용선요율을 정해서 선복을 일대하는 계약을 말한다.
- ㄹ – e. 정기용선계약 : 선주는 선원을 승무시키고 항해 장비를 갖추는 등 감항능력을 갖춘 선박을 용선자에게 일정기간 항해에 사용할 것을 약정하고, 용선자는 이에 대하여 기간으로 정한 용선료를 지급할 것을 약정하는 계약을 말한다.
- ㅁ – d. 나용선계약 : 선박임대차계약의 일종으로, 선주가 선박 자체만을 일정기간 용선자에게 대여하고 임차인인 용선자가 선장 이하 전 선원의 임면·지휘·감독을 담당함으로써 선박을 점유하는 계약을 말한다.

키워드 ❹ 용선계약의 주요 조건

08

해상운임 중 Berth Term(Liner Term)에 관한 설명으로 옳은 것은? 기출 23년

① 선사(선주)가 선적항 선측에서 양하항 선측까지 발생하는 제반 비용과 위험을 모두 부담한다.
② 화물을 선측에서 선내까지 싣는 과정의 비용 및 위험부담은 화주의 책임이며, 양하항에 도착 후 본선에서 부두로 양하할 때의 비용과 위험은 선사가 부담한다.
③ 화물을 본선으로부터 양하하는 위험부담은 화주의 책임이며, 반대로 선사는 적하비용을 부담한다.
④ 화물의 본선 적하 및 양하와 관련된 모든 비용과 위험부담은 화주가 지며, 선사는 아무런 책임을 지지 않는다.
⑤ 품목에 관계없이 동일하게 적용되는 운임을 말한다.

해설 ① 선주부담조건(Berth/Liner Term)은 선적, 양하 시 선내 하역비용을 모두 선주가 부담하는 조건으로 대체로 정기선운송인 개품운송계약에서 사용하는 방법이다.

09

정박기간에 관한 설명으로 옳지 않은 것은? 기출 20년

① 정박기간은 Notice of Readiness 통지 후 일정기간이 경과되면 개시한다.
② SHEX는 일요일과 공휴일을 정박일수에 산입하지 않는 조건이다.
③ WWD는 하역 가능한 기상조건의 날짜만 정박기간에 산입하는 조건이다.
④ CQD는 해당 항구의 관습적 하역방법과 하역능력에 따라 할 수 있는 한 빨리 하역하는 조건이다.
⑤ Running Laydays는 불가항력을 제외한 하역 개시일부터 끝날 때까지의 모든 기간을 정박기간으로 계산하는 조건이다.

해설 ⑤ Running Laydays(연속 정박기간)는 일요일, 공휴일은 물론 불가항력을 포함하여 하역 개시일부터 끝날 때까지의 모든 기간을 정박기간으로 계산하는 조건이다.

04

정기선운송에 관한 서류와 설명이 옳게 연결된 것은?

기출 14년

> ㄱ. 컨테이너 및 섀시 등에 대한 터미널에서의 기기 인수인도 증명서
> ㄴ. 선적완료 후 선사가 작성하는 적하목록으로 목적지 항별로 작성하여 대리점에 통보
> ㄷ. 화주가 선사에 제출하는 운송의뢰서로서 운송화물의 명세가 기재되며 이것을 기초로 선적지시서, 선적계획, 선하증권 등을 발행
> ㄹ. 본선과 송하인 간에 화물의 수도가 이뤄진 사실을 증명하며, 본선에서의 화물 점유를 나타내는 우선적 증거

① ㄱ : Shipping Request, ㄴ : Dock Receipt
② ㄱ : Shipping Request, ㄴ : Arrival Notice
③ ㄴ : Dock Receipt, ㄷ : Arrival Notice
④ ㄴ : Dock Receipt, ㄹ : Mate's Receipt
⑤ ㄷ : Shipping Request, ㄹ : Mate's Receipt

해설
- Shipping Request(선적요청서, 선복요청서, 운송신청) : UN/EDIFACT(행정, 상업 및 운송부문의 전자문서교환표준) 및 KEDIFACT(한국의 전자문서교환표준)에 의한 선적요청 전자문서(SHPREQ)로 화주가 선적을 담당하는 선사 또는 포워더에게 선적예약을 하기 위한 전자문서
- Mate's Receipt(본선수취증) : 기재된 상태대로 화물을 수령하였음을 인정하는 증서로 본선에 적재한 화물을 수취했다는 증거로 일등항해사가 화주에게 발급하는 서류
- Dock Receipt(부두수취증) : 재래선의 본선수취증(Mate's Receipt)에 해당하는 서류로서 컨테이너운항선사가 화물의 수령증으로 발행하는 서류
- Arrival Notice(화물도착통지서) : 화물이 도착지에 도착하면 운송회사가 통지처로 기재된 자에게 화물의 도착을 알리는 통지서

키워드 ❸ 용선(운송)계약

05

용선계약 시 묵시적 확약이 아닌 것은? 기출 20년

① 휴항의 내용
② 신속한 항해 이행
③ 부당한 이로 불가
④ 위험물의 미적재
⑤ 내항성 있는 선박 제공

해설 묵시적 확약
용선계약 시 계약서상에 명시되어 있지는 않으나 당사자가 상대방에게 묵시적 확약으로서 인정하는 것을 말한다.
- 선주 측 : 내항성 선박의 제공, 신속한 항해 이행, 부당한 이로(deviation)의 불가 등
- 화주 측 : 위험물의 미적재 등

06

용선운송계약에 관한 설명으로 옳지 않은 것은? 기출 16년

① 전부용선계약(Whole charter party)은 선복(Ship's space)의 전부를 빌리는 것이다.
② 일부용선계약(Partial charter party)은 선복(Ship's space)의 일부를 빌리는 것이다.
③ 항해용선계약(Voyage charter party)은 특정항구에서 특정항구까지 선복(Ship's space)을 빌리는 것이다.
④ 기간용선계약(Time charter party)은 일정기간을 정하여 선복(Ship's space)을 빌리는 것이다.
⑤ 나용선계약(Bareboat charter party)은 용선자가 특정항구에서 특정항구까지 임차료를 계산하고, 선주로부터 선박 자체만을 임차하는 것이다.

해설 ⑤ 나용선계약은 선박만을 용선하여 용선자가 인적 및 물적 요소 전체를 부담하고 운항의 전 과정을 관리하는 용선계약을 말한다.

01 ③ 02 ③ 03 ① 04 ⑤ 05 ① 06 ⑤

빈출키워드 기출유형문제

키워드 ❶ 국제규칙

01

헤이그 규칙과 함부르크 규칙을 비교 설명한 것으로 옳지 않은 것은? 기출 20년

① 헤이그규칙에서는 운송인 면책이었던 항해 과실을 함부르크 규칙에서는 운송인 책임으로 규정하고 있다.
② 헤이그 규칙에서는 지연손해에 대한 명문 규정이 없으나 함부르크 규칙에서는 이를 명확히 규정하고 있다.
③ 헤이그 규칙에서는 운송책임 구간이 'from Receipt to Delivery'였으나 함부르크 규칙에서는 'from Tackle to Tackle'로 축소하였다.
④ 헤이그 규칙에서는 운송인의 책임 한도가 1포장당 또는 단위당 100파운드였으나 함부르크 규칙에서는 SDR을 사용하여 책임한도액을 인상하였다.
⑤ 헤이그 규칙에서는 선박화재가 면책이었으나 함부르크 규칙에서는 면책으로 규정하지 않았다.

> 해설 ③ 헤이그 규칙에서는 화물에 대한 운송인의 책임 범위를 선적 시로부터 양화 시까지(from Tackle to Tackle)로 하였으나 함부르크 규칙에서는 수취에서부터 운송까지(from Receipt to Delivery)로 확대하였다.

02

선하증권에 관한 국제규칙인 함부르크 규칙(Hamburg Rules, 1978)의 주요 내용으로 옳지 않은 것은? 기출 19년

① 선박의 감항능력(내항성) 담보에 관한 주의의무 규정의 삭제
② 화재면책의 폐지 및 운송인 책임한도액의 인상
③ 항해과실 면책조항의 신설
④ 면책 카탈로그(Catalogue)의 폐지
⑤ 지연손해에 관한 운송인 책임의 명문화

> 해설 ③ 함부르크 규칙에서는 운송인 면책이었던 항해과실을 운송인 책임으로 규정하였다.

키워드 ❷ 정기선운송과 부정기선운송

03

해상운송 중 부정기선 시장의 특징에 관한 설명으로 옳지 않은 것은? 기출 24년

① 항로별 운임요율표가 불특정 다수의 화주에게 제공된다.
② 화주가 요구하는 시기와 항로에 선복을 제공하여 화물을 운송한다.
③ 부정기선의 주요 대상 화물은 원자재, 연료, 곡물 등이다.
④ 운송계약의 형태에는 나용선, 항해용선, 정기용선이 있다.
⑤ 화물의 특성 또는 형태에 따라 특수 전용선이 도입되고 있다.

> 해설 ① 항로별 운임요율표가 불특정 다수의 화주에게 제공되는 것은 정기선 시장이다. 부정기선 시장의 운임은 수요와 공급에 따라 결정된다.

출제포인트 OX 문제

01 `O X` 해상운송은 다른 운송수단에 비해 물품 파손의 위험도가 낮고, 안전성이 높다.

02 선하증권에 관한 국제규칙인 (   )규칙에서는 항해과실을 운송인 책임으로 규정하였다.

03 `O X` 정기선운송은 개별 선사에 의한 수요의 독점이 가능하다.

04 고정된 항로를 규칙적으로 운항하므로 선적기일을 맞추는 데 적합한 운송 형태는 (   )운송 형태이다.

05 `O X` 항해용선계약은 특정항구에서 특정항구까지 선복을 빌리는 것이다.

06 나용선계약에서 (   )은/는 선장과 선원에 대한 지휘 감독권이 있으며, 이들의 과실로 인해 발생한 책임을 모두 부담한다.

07 `O X` 정기운송의 운임은 특정항로의 운임률표가 불특정 다수의 화주에게 공표되어 있다.

08 `O X` 정기선운임 중 종가운임은 귀금속 등 고가품의 가격을 기초로 하여 산출되는 운임이다.

09 무료장치기간(free time) 이내에 화물을 CY에서 반출하지 않을 경우 (   )이/가 부과된다.

10 `O X` 로로선(RO-RO Vessel)은 부선(Barge)에 화물을 적재한 채로 본선에 적재 및 운송하는 선박이다.

11 `O X` 흘수는 수면에서 선저의 최저부까지의 수직거리로서, 건현의 반대 개념이다.

12 선박이 적재할 수 있는 화물의 최대허용중량을 의미하며 선박의 매매의 기준이 되는 선박의 톤수는 (   )이다.

13 선주가 속한 국가의 엄격한 요구조건과 의무부과를 피하기 위하여 자국이 아닌 제3국가에 선박국적을 취하는 제도를 (   )(이)라고 한다.

정답 및 해설

01 × ▶ 해상운송은 물품의 파손, 분실, 사고발생의 위험도가 높고, 타 운송수단에 비해 안전성이 낮다.
02 함부르크
03 × ▶ 정기선운송은 불특정 다수의 운송 수요자가 존재함으로 인해 개별 선사에 의한 수요의 독점이 불가능하다.
04 정기선
05 ○
06 용선자(선박임차인)
07 ○
08 ○
09 체화료
10 × ▶ LASH선에 관한 설명이다. 로로선(RO-RO Vessel)은 경사판을 통하여 하역할 수 있는 선박이다.
11 ○
12 재화중량톤수
13 편의치적제도

CORE 06 선박의 국적과 연안해안

1. 선박의 국적과 선급제도

(1) 선박국적 기출▶ 22년/ 16년/ 14년

① 선박국적의 의미 : 선박을 어느 국가의 관할 아래 두어 귀속 여부를 외부에 나타내는 것
② 편의치적(FOC : Flag Of Convenience)제도 : 선주가 속한 국가의 엄격한 요구조건과 의무부과를 피하기 위하여 자국이 아닌 파나마, 온두라스 등과 같은 제3국가에서 선박국적을 취하는 제도
③ 제2치적제도(Secondary Registry) : 자국적을 유지하면서 편의치적 수준의 선원고용, 세제 등 혜택을 부여하는 제도

(2) 선급제도(Classification Societies)

국가마다 다른 법규에 의하여 선박이 제조됨에 따라 정상적인 항해가 가능한지 여부, 즉 감항성(Seaworthiness)에 대하여 전문기관에 의해 객관적으로 판단을 받기 위한 제도

2. 연안해운(내항운송)과 카페리 운송

(1) 연안해운

① 연안해운의 의미 : 선박을 이용한 국내항만 간 여객 및 화물의 해상운송을 지칭
② 연안해운의 특징 기출▶ 25년
  ㉠ 해수면을 통해 화물을 선박으로 수송
  ㉡ 도서지역 생필품을 안정적으로 공급하는 수단
  ㉢ 철도 및 도로운송의 대체수단으로 국내 항만을 오가는 운송수단
  ㉣ 도로운송의 혼잡을 경감할 수 있는 친환경 운송수단
③ 연안해운의 활성화 방안 기출▶ 17년
  ㉠ 선복량 과잉을 방지하고 적정 선박량 유지
  ㉡ 연안 선사를 위한 실효성 있는 선박금융기법을 개발해 경영합리화
  ㉢ 연안 해운은 육상운송수단에 비해 친환경적인 운송수단으로 세제상의 지원
  ㉣ 선사와 화주 간 지속적인 관계 개선 및 서비스 향상을 통한 장기용선계약 체결이 필요

(2) 카페리 운송 기출▶ 17년/ 13년

① 카페리 의미 : 육지와 도서지역 간 혹은 해안이 있는 육지 간에 선박과 육상 운송수단을 결합한 복합운송 시스템
② 카페리 운송의 장·단점

장점	• 인건비 및 화물차량 연료비 절감효과 • 육상의 도로혼잡 완화 및 사고 방지에 기여 • 생선, 식품, 기타 공산품 등의 산지직송 가능 • 불특정 다수를 대상으로 사람과 화물을 동시에 운송 • RO-RO선의 경우 하역작업에 한 명의 차량기사 외 추가인력 소요가 없음
단점	• 컨테이너선에 비해 운임비용이 비쌈 • 항만, 기타 창고의 영향이 큼 • 손해발생 시 책임소재가 불명확

(2) 중량톤수(Weight Tonnage, WT)

배수톤수 (Displacement Tonnage, DT)	• 선박의 중량은 선체의 수면 아랫부분인 배수용적에 상당하는 물의 중량과 같으며, 이 물의 중량을 배수량 또는 배수톤수라 함 • 보통 만재상태에 있어서의 선체의 중량을 말하며, 주로 군함의 크기를 나타낼 때 사용
재화중량톤수 (Dead Weight Tonnage, DWT)	• 선박이 적재할 수 있는 화물의 최대무게(중량)를 표시하는 톤수 • 만재배수톤수와 경하배수톤수(선박 자체의 중량)의 차이로 계산하며, 중량톤의 단위로는 국제적으로 Long Ton(LT)을 주로 사용 • 공선상태로부터 만선이 될 때까지 실을 수 있는 화물, 여객, 연료, 식료, 음료수, 승무원과 수집품 등의 합계중량으로 상업상의 능력을 나타냄 • 재화중량은 선박의 적재능력을 나타내는 데 가장 적절한 톤수이기 때문에 선박의 건조계약에서부터 선박의 매매, 용선료의 기준 등 거의 모든 해운 상거래에서 사용

(3) 운하톤수(Canal Tonnage)

① 특정 운하 통항 시 요금 산정의 기준이 되는 톤수
② 수에즈 운하 톤수, 파나마 운하 톤수 등

(4) 만재배수톤수와 경하배수톤수

① 만재배수톤수(Full Load Displacement Tonnage)
　㉠ 선박이 안전하게 물에 뜰 수 있는 최대중량
　㉡ 선박에 화물을 만재흘수선(Load Line)까지 가득 채웠을 때 선박이 밀어내는 배수량을 중량톤으로 나타낸 것
② 경하배수톤수(Light Load Displacement Tonnage)
　㉠ 선박에 화물, 연료 등을 적재하지 않고, 경하상태에서 물에 떠있을 때의 배수량을 중량톤으로 나타낸 것
　㉡ 경하상태(Light Condition)란 선체와 기관이 완성되어 법규에 의한 속구와 비품을 갖추고 보일러에만 항해상태의 물을 넣은 상태
　㉢ 만재배수량에 대한 경하배수량의 비는 약 30~40%

② 기관(Engine) : 원동기(동력발생장치) · 동력전달장치 · 보일러 · 압력용기 · 보조기관 등의 설비 및 이들의 제어장치로 구성되는 것
③ 기기(Machinery) : 선박의 주기관과 보일러를 제외한 조타장치, 해도나 레이더, 통신장비, 하역장비 등 갑판을 비롯한 선내에 설치된 모든 기계장치

(2) 선박의 주요 구성요소 기출▶ 14년/ 13년

① 앵커(Anchor, 닻) : 선박을 정박시킬 때 필수적인 장비로 정박 시 해표면에 내려 선박을 고정
② 발라스트(Ballast) : 선박의 안정성을 유지하기 위하여 선박하부에 적재하는 중량물을 말하며, 이전에는 모래, 자갈 등을 사용했으나 지금은 일반적으로 해수(海水)를 사용
③ 빌지(Bilges) : 선박의 운항과 관련하여 선내에서 발생하는 폐수나 기름찌꺼기 등의 혼합물
④ 더니지(Dunnage) : 나무조각이나 고무주머니 등 화물, 선체 간 충돌로 인한 화물 손상을 방지하기 위하여 적재된 화물 사이에 끼워 넣는 완충재
⑤ 대빗(Davit) : 선박 안과 밖에서 어떤 물체를 끌어올리거나 달아 내릴 때 사용하는 선박에 설치된 기중기(Crane)
⑥ 해도실(Chart room) : 항해지도가 비치되어 있는 방
⑦ 연돌(Funnel) : 연소(배기)가스 통풍구로 연도의 끝에 연결되어 상갑판에 설치
⑧ 창구(Hatch) : 선박 적재 창고의 입구
⑨ 키(Rudder) : 선박의 조종간으로 선박 운항 시 운항 방향을 결정하는 데 사용

4. 선박의 톤수 기출▶ 25년/ 19년/ 18년/ 15년/ 13년

(1) 용적톤수(Volume, Space Tonnage)

총톤수 (Gross Tonnage, GT)	• 선박내부의 총 용적량을 나타내는 톤수 • 상갑판 하부의 적량과 상갑판 상부의 밀폐된 장소의 적량을 모두 합한 것 • 선박의 안전과 위생에 이용되는 장소는 제외 • 각국의 해운력과 보유 선복량을 비교할 때 주로 이용 • 선박에 대한 관세, 등록세, 소득세, 도선료, 각종 검사료와 세금 및 수수료의 산정 기준 • **소형선박** : 총톤수 20톤 미만인 기선 및 범선, 총톤수 100톤 미만인 부선(「선박법」 제1조의2 제2항)
순톤수 (Net Tonnage, NT)	• 총톤수에서 기관실, 선원실 및 해도실 등의 선박의 운항에 직접적으로 필요한 공간의 용적을 뺀 톤수 • 순수하게 여객이나 화물의 적재 등 직접적인 상행위에 사용되는 용적 • 선박에 대한 항세, 톤세, 운하통과료, 등대사용료, 항만시설 사용료 등의 제세금과 수수료의 산출 기준
재화용적톤수 (Measurement Tonnage, MT)	• 선박에 적재할 수 있는 화물의 최대용적을 표시하는 톤수 • 최근에는 이 톤수는 거의 사용되지 않음

(2) 선박의 폭과 깊이

① 전폭(Extreme Breadth, Bex)
  ㉠ 선체의 가장 넓은 부분에서 측정하여 외판의 한쪽 외면에서 반대편 외면까지의 수평거리
  ㉡ 입거 및 선박 조종 등에 이용되는 폭

② 형폭(Moulded Breadth, B)
  ㉠ 선체의 가장 넓은 부분에서 측정하여 늑골(Frame)의 외면에서 맞은편 외면까지의 수평거리
  ㉡ 만재흘수선 규정, 강선구조 규정, 선박법 등에서 사용되는 폭

③ 선박의 깊이(Vertical Depth, D)
  ㉠ 형심(Moulded Depth)이라고도 하며, 선체의 중앙 상갑판 보(Beam)의 상단에서 선박 용골(Keel) 상단까지의 수직거리
  ㉡ 만재흘수선 규정, 강선구조 규정, 선박법 등에서 사용되는 깊이

④ 건현(Freeboard)
  ㉠ 배의 중앙부 현측에서 갑판 윗면으로부터 만재흘수선 마크 윗단까지의 수직거리
  ㉡ 건현의 높이가 높으면 예비부력(Reserve Buoyancy)이 커져 배의 안정성은 올라감

⑤ 흘수(Draft)
  ㉠ 수면에서 선저의 최저부까지의 수직거리
  ㉡ 선박이 수중에 떠있을 때 물속에 잠겨있는 부분의 깊이

⑥ 트림(Trim) : 선수흘수와 선미흘수의 차로 선박길이 방향의 경사

3. 선박의 주요 구조 및 구성요소 기출 17년/ 14년/ 13년/ 12년

(1) 선박의 주요 구조(형상)

① 선체(Hull) : 선박은 크게 선체(Hull), 기관(Engine), 기기(Machinery)의 세 부분으로 구분해 볼 수 있는데, 이 중 선체는 선박의 주요 부분 및 상부에 있는 구조물을 총칭하며, 인체의 등뼈인 용골(Keel)과 갈비뼈인 늑골(Frame), 선창 내부를 수직으로 분리해주는 격벽(Bulkhead)과 수평으로 분리해주는 갑판(Deck) 등으로 이루어짐
  ㉠ 용골(Keel) : 선체 최하부 중심선에 있는 종강력재로 선체를 구성하는 기초 부분
  ㉡ 늑골(Frame) : 선체의 좌우 선측을 구성하는 뼈대로 선체의 횡강도를 구성
  ㉢ 격벽(Bulkhead) : 수밀과 강도 유지를 위해 선창 내부를 수직으로 분리하는 구조물
  ㉣ 갑판(Deck) : 갑판보 위에 설치하여 선체의 수밀을 유지하는 수평의 구조물
  ㉤ 외판(Shell planting) : 선체 외곽을 구성하는 강판으로 종강력을 구성하는 요소
  ㉥ 보(Beam) : 횡방향의 수압과 갑판 위 무게를 지탱하고, 선체의 횡강력을 형성
  ㉦ 현호(Sheer) : 선체 중앙부에 있는 갑판의 최저점으로부터 전부갑판과 후부갑판의 세로 곡면부
  ㉧ 선저경사(Rise Of Floor) : 선저의 경사진 상태를 말하는 것으로 선저는 중심으로부터 선측으로 상향의 경사를 가짐
  ㉨ 캠버(Camber) : 선체중심선(Center Line) 부분이 양현보다 높아 갑판이 위로 볼록하게 휘어진 형태
  ㉩ 텀블 홈(Tumble Home) : 외현 상부의 모양이 상갑판 부근에서 안쪽으로 굽어진 정도
  ㉪ 플레어(Flare) : 텀블 홈의 반대의 경우로 선체 측면의 상부가 바깥쪽으로 굽은 상태

(2) 특수선박 기출▶ 20년/ 19년/ 16년/ 12년

LO-LO선 (Lift-on Lift-off Vessel)	갠트리 크레인(Gantry Crane)을 이용하여 컨테이너를 본선에 수직으로 적·양하하는 방식
RO-RO선 (Roll-on/Roll-off Vessel)	• 선박의 측면 또는 선미의 구조가 경사판(Ramp way)과 연결되어 있어 차량이나 지게차가 직접 선박 안으로 진입하는 방식 • 컨테이너를 수평으로 적·양하할 수 있는 선박 • 자동차 전용선, 카페리선 등
LASH선 (Light Aboard Ship)	• 컨테이너선의 변형으로 Float-On Float-Off 방식*에 특화된 선박 *Float-On Float-Off 방식 : 부선(Barge)에 화물을 적재하고 크레인으로 부선을 적재, 양하하는 방식 • 부선에 화물을 적재한 채로 본선에 적입하여 운항한 후, 본선을 부두에 직접 접안시키지 않고 자체크레인으로 부선만을 하역하여 부두까지 운송하는 선박 • 컨테이너 대신 규격화된 전용 선박을 운송단위로 사용
예인·바지선(부선) (Tug Boat · Barge)	• 바지선(Barge, 부선)은 항만 내부나 하구 등 비교적 짧은 거리에서 화물을 수송하는 자항능력이 없는 부선 • 바지선에는 동력장치가 없으므로 운항을 위해선 별도의 예인선(Tug Boat)이 필요
WIG선 (Wing In Ground)	지면효과(Ground Effect : 물과 가까워질수록 날개 효율이 향상됨)를 이용하여 수면 위를 1~5m 높이로 낮게 떠서 운항할 수 있는 선박

2. 선박의 주요 제원 기출▶ 14년/ 13년/ 12년

(1) 선박의 길이

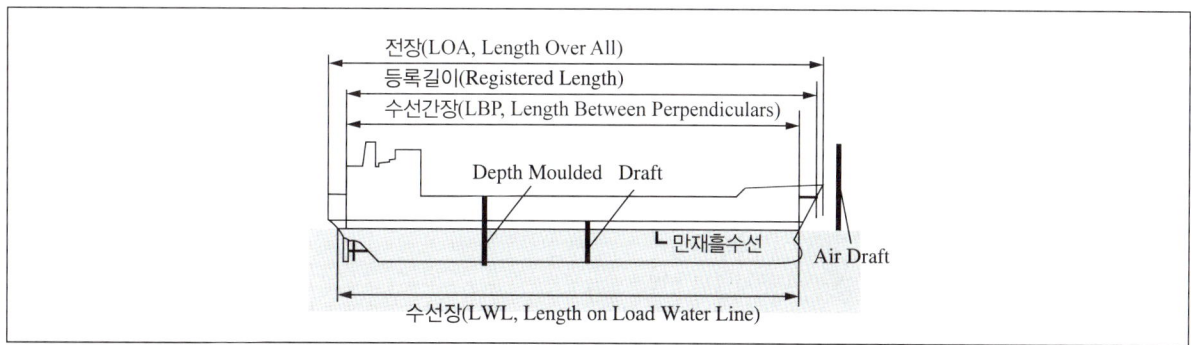

① 전장(Length Over All, LOA)
  ㉠ 선체에 고정적으로 붙어있는 모든 돌출물을 포함한 선수재의 맨 앞에서부터 선박의 맨 끝까지의 수평거리
  ㉡ 부두 접안(Berthing)이나 입거(Docking) 등의 조선상 사용되는 길이
② 등록길이(Registered Length)
  ㉠ 상갑판 보(Beam)상의 선수재 전면에서 선미재 후면까지 잰 수평거리
  ㉡ 선박원부 및 국적증서 등록 시에 기재하는 길이
③ 수선간장(Length Between Perpendiculars, LBP)
  ㉠ 계획만재흘수선상의 선수재의 전면으로부터 타주의 후면(타주가 없는 선박의 경우 타두재 중심선)까지의 수평거리
  ㉡ 통상 선박의 길이
④ 수선장(LWL : Length on Load Water Line)
  ㉠ 계획만재흘수선상에서 물에 잠긴 선체의 선수재 전면부터 선미 후단까지의 수평거리
  ㉡ 선박에 작용하는 저항(유체저항)과 추진력 계산 시 사용

CORE 05 선박(Ship, Vessel)

1. 선박의 종류 기출 ▶ 24년/ 19년/ 16년

(1) 상선(Merchant ship)

여객이나 화물의 수송을 통해 운임수익을 목적으로 운항하는 선박

① 화물선(Cargo Ship) : 화물의 운송을 목적으로 하여 화물 적재에 필요한 공간이 크고, 하역기능에 중점을 두어 일시에 대량의 화물을 안전하고 신속하게 운반할 수 있도록 설계된 선박

건화물선 (Dry Bulker)	살물선 (Bulk Carrier)	• 대량의 곡물이나 광석, 석탄 등을 비포장된 상태로 운송 • 비교적 단순한 선체 구조를 지니며, 가격도 저렴
	일반화물선 (General Cargo Carrier)	원재료나 완제품 등 여러 화물을 혼적하여 운송
	컨테이너선 (Container Ship)	컨테이너 화물의 운송에 적합하도록 설계된 구조와 설비를 갖춘 대형 고속화물선 • 풀컨테이너(full container)선 : 선박 건조 시 갑판과 선창에 컨테이너만을 적재하도록 설계 • 세미컨테이너(semi container)선 : 컨테이너와 일반화물을 혼재하여 적재하여 운송
	다목적 운반선 (Multi Purpose Cargo Carrier)	각종 건화물과 컨테이너를 함께 적재하여 운송
	유조선 (Tanker)	• 화물창을 여러 개의 구획으로 나누고, 각 구획의 배관을 통해 원유, 액화가스, 화공약품 등 액상화물을 저장·운송하는 선박 • 원유운반선, 정제유운반선, 화학제품운반선, (액화)가스운반선(예 LPG, 에틸렌, 액화암모니아) 등
	겸용선 (Combined Ship)	수송의 효율성을 최대한 높이기 위해 2~3종의 화물을 운송할 수 있도록 설계된 선박
	전용선 (Special Cargo Ship)	• 특정화물만 전문적으로 운반하기 위해 적합한 구조와 설비를 갖춘 선박 • LNG선, 냉장선, 자동차전용선, 컨테이너선 등

② 화객선(Cargo & Passenger Ship)
 ㉠ 여객과 화물을 같이 운반하기 위해 설계된 선박
 ㉡ 수면부분 이하의 화물창에는 화물을 적재하고, 그 이상의 갑판과 선루에는 선실을 설치하여 여객이 탑승
③ 여객선(Passenger Ship) : 정기항로에서 여객의 운송을 주목적으로 하는 선박으로, 선박안전법상 여객정원 13인 이상을 태울 수 있는 선박으로 규정

③ **추가요금(Additional Charge, 부대비용)** : 운송인 자신이 제공한 운송용역이 아닌 외부적 요인에 의해 추가적인 비용이 발생한 경우, 화주에게 부과되는 요금

부두사용료(Wharfage)	항만 당국이 부과하는 부두의 사용료
CFS 작업료 (CFS Charge)	LCL(Less than Container Load) 화물운송 시에 선적지 및 도착지의 CFS(Container Freight Station)에서 화물의 혼재·적입 또는 분류작업을 할 때 발생하는 요금
터미널화물처리비 (THC : Terminal Handling Charge)	화물이 CY(Container Yard)에 입고된 순간부터 선측까지, 반대로 본선의 선측에서 CY의 게이트를 통과하기까지 화물의 이동에 따르는 비용
도착지화물인도비용 (DDC : Destination Delivery Charge)	북미수출의 경우, 도착항에서 하역 및 터미널 작업비용을 해상운임과는 별도로 징수하는 비용
서류발급비 (Documentation Fee)	선사가 일반관리비의 보전을 위하여 수출 시에는 선하증권(B/L)을 발급해주는 때, 수입 시에는 화물인도지시서(D/O)를 발급해주는 때 징수하는 비용
지체료 (Detention Charge)	화주가 허용된 시간(Free Time) 이내에 반출해 간 컨테이너를 지정된 선사의 CY로 반환하지 않을 경우 부과하는 요금
체화료 (Demurrage Charge)	무료장치기간(free time) 이내에 화물을 CY에서 반출하지 않을 경우 부과하는 요금

3. 부정기선운임(Tramper Shipping Rate)

(1) 부정기선운임의 의의

① 운임은 선사와 화주 사이의 자유계약에 의해 결정되는 자유운임이 원칙
② 운임은 운송의 수요와 선복 공급의 영향을 받아 정기선운임에 비해 변동이 큼
③ 부정기선의 해상운임은 운송 수요측의 운임부담능력을 상한으로 함

(2) 부정기선운임의 구분 기출 23년/ 21년

① Spot 운임(Spot Rate) : 계약 직후 아주 짧은 기간 내에 선적이 개시될 수 있는 상황에서 지불되는 운임
② 선물운임(Forward Rate) : 용선계약으로부터 실제 적재시기까지 오랜 기간이 있는 조건의 운임으로 선주와 화주는 장래 시황을 예측하여 결정하는 운임
③ 장기계약운임(Long Term Contract Freight) : 장기간 반복되는 항해에 의하여 화물을 운송하는 계약의 운임
④ 연속항해운임(Consecutive Voyage Rate) : 어떤 특정 항로를 반복적으로 연속하여 항해하는 경우에 약정된 연속항해의 전부에 대하여 적용하는 운임
⑤ 부적운임(Dead Freight, 공적운임) : 화물의 실제 적재량이 계약량에 미달할 경우 그 부족분에 대해 지불하는 운임
⑥ 선복운임(Lump Sum Freight, 총괄운임) : 화물의 개수, 중량 혹은 용적과 관계없이 일항해(trip) 또는 본선의 선복을 단위로 하여 포괄적으로 정해지는 운임
⑦ 일대용선운임(Daily Charter Freight) : 본선이 지정선적항에서 화물을 적재한 날로부터 기산하여 지정양륙항까지 운송한 후 화물인도 완료시점까지의 1일(24시간)당 용선요율을 정하여 부과하는 운임

ⓢ 박스운임(Box Rate) : 화물의 종류, 중량에 관계없이 컨테이너당으로 정한 운임으로 종류에는 무차별운임, 등급운임, 품목별박스운임이 있음

무차별운임 (FAK : Freight All Kinds Rate)	화물의 종류나 내용과는 관계없이 중량과 용적에 따라 동일하게 부과하는 운임
등급운임 (Class Rate)	운임요율표에 화물을 종류, 성질, 형태별로 분류하여 적용하는 운임
품목별박스운임 (CBR : Commodity Box Rate)	화물의 품목별로 분류하여 적용하는 운임

ⓞ 비례운임(Pro Rate Freight) : 운송도중 불가항력 또는 기타 원인에 의해 운송을 계속할 수 없게 되어 중도에 화물을 인도할 경우, 그때까지 이행된 운송비율에 따라 지불하는 운임

ⓩ 반송운임(Back Freight) : 목적지에 도착한 후 인수거부, 인계불능 등에 의하여 반송조치하고 받는 운임

② 할증료(Surcharge) : 화물의 성질, 형상, 운송방법 등에 따라 기본운임만으로 불충분할 경우 부과하는 운임

유류할증료 (BAF : Bunker Adjustment Factor)	유가인상분에 대한 추가비용을 보전하기 위해 부과하는 할증료
통화할증료 (CAF : Currency Adjustment Factor)	화폐가치 변화에 의한 손실보존을 위해 부과하는 할증료
혼잡할증료 (Congestion Surcharge)	도착항의 항만사정이 혼잡하여 선박이 대기할 경우에 부과하는 할증료
특별운항할증료 (Special Operating Service Charge)	비상사태에 대비하여 부과하는 할증료
외항추가할증료 (Outport Surcharge)	선박이 기항하는 항구(Base Port) 외의 지역행 화물에 적용하는 추가운임
양하항선택할증료 (Optional Surcharge)	선적 시 양하항을 복수로 선정하고, 양하항 도착 전에 최종 양륙항을 지정하는 경우 부과하는 할증료
항구변경할증료 (Diversion Charge)	선적 시 지정했던 항구를 선적한 후 변경하는 경우 부과하는 할증료
환적할증료 (Transshipment Charge)	환적 작업으로 발생되는 추가비용을 보전하기 위해 부과하는 할증료

CORE 04 해상운임

1. 해상운임의 이해

(1) 운임의 정의
운송 용역의 가격으로, 사람 또는 재화를 운송해주는 대가로 지불·수취하는 화폐액

(2) 운임 수준에 영향을 미치는 요소 기출 13년
① 화물의 종류
② 화물의 운송거리
③ 화물의 포장상태
④ 화물의 중량 및 용적
⑤ 화물의 가치 등

2. 정기선운임(Liner Shipping Rate) 기출 23년/ 21년/ 19년/ 20년/ 17년/ 16년/ 15년/ 13년

(1) 정기선운임의 의의
① 특정항로의 운임요율표(Tariff)가 불특정 다수의 화주에게 공표되어 있으며, 공시된 운임요율표 범위 내에서 화주 및 화물에 차별을 두지 않고 운송서비스를 제공
② 운임은 해운동맹에 의해 협정되어 독점가격으로서의 성격을 가지고, 해운시황의 변화에 영향을 받지 않아 비교적 안정적
③ 정기선운송의 운임은 기본운임과 화물의 형상, 항만사정, 화물의 특수성의 사유에 따라 부과되는 할증료, 추가요금 등으로 구성

(2) 정기선운임의 구분
① 기본운임(Basic Rate) : 운임요율표(Tariff)에 명기된 품목별 운임으로 당해 운임톤(R/T)에 기본운임률을 곱하여 산정하고, 중량 또는 용적 단위로 표시
　㉠ 선불운임(Advance Freight, Prepaid Freight) : CIF 또는 CFR 조건의 경우 수출업자가 선적지에서 운임을 선불하는 경우
　㉡ 후불운임(Freight Collect) : FOB 조건의 경우 수입업자가 화물의 도착지에서 운임을 지급하는 경우
　㉢ 종가운임(Ad Valorem Freight) : 고가품(금, 은, 유가증권, 귀금속 등)의 송장 가격을 기초로 일정률로 산출되는 운임
　㉣ 최저운임(Minimum Rate) : 화물의 용적이나 중량이 이미 설정된 운임산출 톤 단위에 미달하는 경우 부과되는 운임
　㉤ 특별운임(Special Rate) : 수송조건과는 별개로 해운동맹 측이 비동맹선과 적취경쟁을 하게 되면 일정조건하에서 정상요율보다 인하한 특별요율을 적용하는 운임
　㉥ 차별운임(Discrimination Rate) : 화물, 장소 또는 화주에 따라 차별적으로 부과되는 운임

(2) 주요 선하증권 기출▶ 24년/ 12년

선적 선하증권 (Shipped B/L, On Board B/L)	화물이 선하증권에 명시된 본선에 선적한 후 발행하는 선하증권
수취 선하증권 (Received B/L)	선박이 화물을 적재하기 위하여 항내에 정박 중이거나 아직 입항하지 않은 경우 선박회사가 선적 전에 화물을 수령하고 발행하는 선하증권
무사고 선하증권 (Clean B/L)	• 선적화물의 상태가 양호하여 약정 수량의 전부가 그대로 선적되었을 때 발행하는 선하증권 • 본선수취증의 비고란에 선적화물의 결함에 대한 기재 없이 발행
사고부 선하증권 (Foul B/L, Dirty B/L)	선적된 화물의 포장상태 및 수량 또는 기타 화물 외견상 불완전한 상태라면 선박회사가 그 내용을 증권상에 표기하여 발행하는 증권
기명식 선하증권 (Straight B/L)	• 선화증권의 수하인란에 수하인의 성명이 기재된 선화증권 • 선하증권에 기재된 특정 수하인이 아니면 원칙적으로 화물을 수령할 수 없는 증권
지시식 선하증권 (Order B/L)	수하인란에 특정인을 기명하지 않고 'order', 'order of shipper', 'order of ○○ bank' 등으로 기재한 증권
스테일 선하증권 (Stale B/L)	• 선하증권이 발급된 날로부터 특정 기간이 경과한 선하증권 • 선적 후 21일이 경과하면 Stale B/L로 간주하여 수리가 거절된다고 신용장통일규칙에 명시
적색 선하증권 (Red B/L)	• 보통의 선하증권과 보험증권 결합 • 증권에 기재된 화물이 항해 중에 사고가 발생하면 이 사고에 대하여 선박회사가 보상해 주는 선하증권
제3자 선하증권 (Third Party B/L)	선하증권상에 L/C상의 수익자가 아닌 제3자가 송하인으로 표시되어 있는 선하증권

(3) 선하증권의 약관 기출▶ 22년

① 운송인의 면책에 관한 약관
  ㉠ 잠재하자약관 : 선박의 잠재된 하자로 기인된 손해에 대해서 운송인은 면책
  ㉡ 이로약관 : 항해 중에 인명, 재산의 구조, 구조와 관련한 상당한 이유로 예정항로 이외의 지역으로 항해한 경우, 발생하는 손실에 대해 운송인은 면책
  ㉢ 부지약관 : 컨테이너 내에 반입된 화물은 화주의 책임하에 있으며 발생하는 손실에 대해 운송인은 면책
  ㉣ 과실약관 : 과실은 항해과실과 상업과실로 구분하며 상업과실일 경우, 운송인은 면책을 주장하지 못함
  ㉤ 고가품약관 : 송화인이 화물의 운임을 종가율에 의하지 않고 선적하였을 경우, 운송인은 일정금액의 한도 내에서 배상책임이 있음

② 운송인의 배상책임 제한에 관한 약관
  ㉠ 화물이 멸실 또는 훼손되어 손해가 발생한 경우 운송인은 일정 한도로 그 책임액을 제한
  ㉡ 히말라야 약관(Himalaya Clause) : 운송인의 면책, 책임제한 규정은 그의 이행보조자에게 확장

(3) 정박기간(Laydays, Laytime, 정박일 계산조건) 기출▶ 20년

① 정의 : 화주가 계약화물의 전량을 적재 또는 양하하는 데 필요한 일수로 선주가 화주에게 부여한 기간을 의미
② 정박기간 약정 방법

CQD (Customary Quick Delivery, 관습적 조속하역)	• 관습적인 하역 능력에 따라 가능한 한 빨리 적재하고 양륙하는 조건을 의미 • 불가항력으로 인한 하역불능은 정박기간에서 공제 • 일요일, 공휴일 및 야간하역을 약정된 하역일에 포함시키는지의 여부는 특약이 없는 한 그 항구의 관습에 따름
WWD (Weather Working days, 청정하역일)	• 기상 조건이 양호하여 하역이 가능한 작업일만 정박기간에 산입하고, 악천후로 하역이 불가능한 기간은 정박기간에서 제외시키는 조건 • **일요일과 공휴일은 제외하는 경우**(SHEX : Sundays and Holidays Excepted)와 포함하는 경우(SHINC : Sundays and Holidays Included)가 있음
RLD(Running Laydays, 연속 정박기간)	• 하역개시일부터 종료일까지의 경과일수로 계산하는 방법 • 일요일, 공휴일은 물론 하역 불능(불가항력) 사태가 발생해도 모두 정박기간에 포함

③ 시기와 종기
　㉠ 기간의 시기 : 하역준비완료통지서(N/R : Notice of Readiness) 통지 후 일정기간이 경과되면 개시
　㉡ 기간의 종기 : 일반적으로 하역이 완료되는 때

(4) 묵시적 확약 기출▶ 20년

① 용선계약 시 계약서상에 명시되어 있지는 않으나 당사자가 상대방에게 묵시적 확약으로서 인정하는 것
② 선주 측과 화주 측

선주 측	내항성 선박의 제공, 신속한 항해 이행, 부당한 이로(deviation)의 불가 등
화주 측	위험물의 미적재 등

4. 선하증권 기출▶ 18년

(1) 선하증권(B/L : Bill of Lading)의 개념 및 기능

① 선하증권의 개념 : 화주로부터 운송인이 화물을 수령 또는 선적했음을 증명하고 화물을 도착항까지 운송하여 약속된 증권의 소지인에게 화물의 인도를 약속하는 유가증권
② 선하증권의 기능
　㉠ 권리증권 : 선하증권을 소지한 자는 화물을 청구할 수 있는 권리와 처분권을 가짐
　㉡ 운송계약의 증빙 : 운송계약서는 아니지만 운송인과 송화인 간에 운송계약 체결을 증빙
　㉢ 물품의 영수증 : 선하증권은 운송인이 선하증권에 기재된 물품과 물품의 수량이나 중량 및 물품의 상태와 똑같은 물품을 송하인으로부터 수령했다는 사실을 증빙

(2) 용선운송계약(Contract of Charter Party)

① 용선운송계약의 개념 : 선주가 용선자(화주)에게 선박의 전부 또는 일부의 선복(Ship's space)을 제공하여 적재된 물품을 운송할 것을 약정하고, 용선자는 이에 대한 반대급부로 운임(용선료)을 지급할 것을 약정하는 해상운송계약

② 용선운송계약의 특징 기출 16년

㉠ 주로 산적화물(Bulk Cargo)을 대상으로 하며 부정기선(Tramper)을 이용
㉡ 선주로부터 선복의 일부만을 빌려 사용하는 일부용선계약(Partial Charter Party) 또는 전부를 빌려 사용하는 전부용선계약(Whole Charter Party)으로 체결
㉢ 한 척의 선박에 만재할 수 있을 정도로 충분한 양의 대량 산화물을 보유한 화주에게 적합
㉣ 표준화된 용선계약서(C/P : Charter Party)를 작성

3. 용선계약의 주요 조건 기출 23년/ 20년/ 16년

(1) 운임의 지급

① 기간용선의 운임(용선료)은 계약기간에 대하여 지급되지만, 항해용선의 운임은 항해 단위나 적재량을 기준으로 산정하며, 경우에 따라서는 비율운임(pro-rate freight)을 적용하기도 함
② 선주는 선박운항의 원가에 변동이 생길 때를 대비하여 용선계약서에 에스컬레이션 조항(Escalation Clause)을 삽입함으로써 운임을 탄력적으로 적용
③ 운임의 지급 시기는 원칙적으로는 후불이지만 관습적으로 선불인 경우도 있음
④ 선불조건에는 선적완료불과 선하증권발행시불이 있으며, 후불에는 양륙지도착불과 양륙완료시불이 있음

(2) 하역비(Stevedorage)의 부담조건

항해용선계약을 체결할 때 선적비용과 양륙비용(선내 하역비용) 또는 항비를 누가 부담할 것인가에 대한 약정을 해야 함

선주부담조건 (Berth/Liner Terms)	• 선주가 선적, 양하 시 선내 하역비용을 모두 부담 • 정기선운송인 개품운송계약에서 보편적으로 사용
FI(Free In)	• 용선자가 선적 시 선내 하역비용을 부담 • 선주가 양하 시 선내 하역비용을 부담
FO(Free Out)	• 선주가 선적 시 선내 하역비용을 부담 • 용선자가 양하 시 선내 하역비용을 부담
FIO(Free In & Out)	용선자가 선적, 양하 시 선내 하역비용을 모두 부담
FIOST (Free In Out & Stowed and Trimmed)	용선자가 선적, 양하 시 선내 하역비용 및 적부비용, 화물 정리비용 등을 모두 부담
Gross Terms	선주가 항비, 하역비, 검수비 등 일체의 경비를 부담
Net Terms	용선자가 항비, 하역비, 검수비 등 일체의 경비를 부담

3. 정기선운송과 부정기선운송의 비교 기출 21년/ 18년/ 15년

구분	정기선운송(Liner Shipping)	부정기선운송(Tramper Shipping)
형태	불특정 화주의 화물운송	용선계약에 의한 화물운송
운송계약	선하증권(B/L)	용선계약서(C/P)
운임조건	Berth/Liner Term	FIO, FI, FO Term
운임결정	공표운임(Tariff)	수요·공급에 의한 시장운임
해운동맹	결성 및 가입	비결성, 비가입
운송인	공공 일반운송인	사적 계약운송인
화물 형태	• 이종화물 • 완제품 내지 반제품 등 2차 상품 • 고가의 화물이 주종	• 동종화물 • 대량의 벌크화물(Bulk cargo) • 저가의 화물이 주종

CORE 03 해상운송계약(Contract of Carriage by Sea)

1. 해상운송계약 의의 및 특징

(1) 해상운송계약 의의
① 운송인이 선박을 통하여 운송되는 물품들의 운송을 인수하는 계약
② 해상운송계약은 개품운송계약과 용선계약으로 나뉨

(2) 해상운송계약 특징
① 운송계약은 불요식계약으로 특정한 계약서가 필요 없음
② 정기선에 의한 개품운송계약은 송하인 또는 그 대리인이 선박회사에 화물의 운송을 신청하면 운송인은 이것을 승낙하여 화물을 예약(booking)함으로써 운송계약이 성립

2. 해상운송계약의 종류

(1) 개품운송계약(Carriage in A General Ship)
① 개품운송계약의 정의 : 운송인이 불특정 다수의 화주로부터 개개의 화물을 위탁받아 해상으로 선박을 이용하여 운송할 것을 인수하고, 송화인이 이에 대하여 운임을 지급하기로 약정하는 해상운송계약
② 개품운송계약의 특징
  ㉠ 운송인이 불특정 다수의 화주로부터 화물의 운송을 인수하여 화물을 혼적하므로, 일반적으로 개품운송계약은 정기선운송에서 많이 이용
  ㉡ 개품운송계약은 선하증권(B/L)의 약관에 의한 부합계약*의 방식으로 체결
    *부합계약 : 계약 당사자의 한쪽이 계약 내용을 미리 결정하여 다른 한쪽은 계약 내용을 결정할 자유가 없는 계약
  ㉢ 해상운송계약이 체결되면 계약물품을 본선에 적재하고 선박회사는 선적선하증권(Shipped B/L)을 발급

ⓔ 성실환급제(Fidelity Rebate System) : 일정 기간 동안 자기 화물을 모두 동맹선에만 선적한 화주에 대해 운임이 선불이든 후불이든 관계없이 그 기간 내에 선박회사가 받은 운임의 일정 비율을 기간 경과 후에 환급하는 제도
ⓜ 이연환급제(Deferred Rebate System) : 일정 기간(통상 6개월) 동안 동맹선에만 선적한 화주에 대해 지급한 운임의 일부를 환급하는데, 환급함에 있어 그 기간에 이어 계속해서 일정 기간 동맹선에만 선적할 것을 조건으로 하여 그 계속되는 일정 기간이 경과된 후 환급되는 제도

2. 부정기선운송(Tramper Shipping) 기출 24년

(1) 부정기선운송의 개념
일정한 항로나 화주를 한정하지 않고 화주가 요구하는 시기와 항로에 따라 선복을 제공하여 화물을 운송

(2) 부정기선운송의 특징
① 고정된 항로와 운항 일정이 없으므로 항로의 자유로운 선택이 가능
② 운송수요가 시간적 · 지역적으로 불규칙하고 불안정하여 수시로 항로를 바꾸어야 하기 때문에 전 세계가 활동 범위
③ 일반적으로 표준화된 용선계약서를 사용하여 용선계약을 체결
④ 운임은 정기선운송 운임보다 낮은 편이며, 수요 · 공급에 의해 결정
⑤ 정기선운송과 같은 해운동맹의 형성이 어려우며 단일시장에서의 자유경쟁으로 인해 운임과 용선료는 제반 요건의 영향을 많이 받음
⑥ 선복 공급이 물동량 변화에 대해 매우 비탄력적이기 때문에 선복 수급이 균형을 이루기가 어려움
⑦ 주로 대상 화물은 원자재, 연료, 곡류, 목재, 비료 등의 운임부담력이 상대적으로 약한 대량의 살화물(Bulk cargo)이나 컨테이너화가 불가능한 대량화물을 운송하는 데 많이 이용
⑧ 화물의 특성 또는 형태에 따라 특수 전용선이 도입
⑨ 부정기선운송은 계약운송인 또는 사설운송인에 의해 수행

(3) 부정기선 계약의 종류 기출 25년/ 23년/ 22년/ 19년/ 18년/ 16년

항해용선계약
(Voyage Charter)
	• 한 항구에서 다른 항구까지 한 번의 항해를 위해 체결하는 운송계약
	• 용선자는 선복을 이용하고 선주는 운송 행위를 책임
	  – 용선자 : 선주에게 운임 지급, 화주에 대한 내항성 담보책임 없음
	  – 선주 : 선박의 의장 및 항해에 대한 모든 책임과 비용 부담
	• 운임(운송료)은 화물운송량(실제 적재량)에 따라 톤당(적하톤당) 금액을 기준으로 책정

선복용선계약 (Lump Sum Charter)	• 항해용선계약의 변형된 형태 • 적재 수량과 관계없이 한 선박의 선복 전부를 하나의 선적으로 간주하여 운임액을 결정
일대용선계약 (Daily Charter)	• 항해용선계약의 변형된 형태 • 하루 단위로 용선하는 계약
정기(기간)용선계약 (Time Charter)	• 모든 장비를 갖추고, 선원이 승선해 있는 선박을 일정기간 정하여 사용하는 계약 • 용선료는 기간을 기준으로 결정

나용선계약
(Bare Boat Charter)
	• 선박만을 용선
	• 용선자가 인적 및 물적 요소를 부담하고 운항의 전 과정을 관리(선박임대차계약의 일종)
	• 용선자의 책임
	  – 일시적으로 선주 지위를 취득
	  – 선용품, 연료 등을 선박에 공급하고 선장 및 승무원을 고용
	  – 용선기간 중 운항에 관한 일체의 감독 및 관리권한을 행사

CORE 02 해상운송의 방식

1. 정기선운송(Liner Shipping)

(1) 정기선운송의 개념
미리 정해진 운항일정(Sailing Schedule)에 따라 항구를 규칙적으로 반복 운항하는 화물선 및 여객선의 운송

(2) 정기선운송의 기능
① 수출입 상품을 적기에 운송할 수 있는 교역의 편의를 제공
② 장기적으로 안정적인 운임을 화주에게 제공
③ 국가 간 긴급사태 발생 시 물자를 운송
④ 국가 간의 운송수단이므로 교역을 촉진하여 당사국 간의 경제발전에 기여

(3) 정기선운송의 특징
① 화물의 크기나 종류, 수량과 관계없이 표준화된 계약이 이루어짐
② 운송서비스의 수요는 불특정 다수의 개별수요이며, 화주가 다수이고, 운송 대상도 다수로 개별 선사에 의한 수요의 독점이 불가능
③ 고정된 항로를 규칙적으로 운항하므로 선적기일을 맞추는 데 적합한 운송 형태
④ 정기선의 운임은 운임요율표를 따르며, 고정비뿐 아니라 하역비까지 포함하고 있어 일반적으로 부정기선에 비해 고가
⑤ 정기선운송은 많은 선박과 광범위한 경영조직, 막대한 자본이 필요한 위험도가 높은 사업이지만, 시장과 선복의 수요량은 비교적 안정화되어 있는 편
⑥ 정기선운송은 일반적으로 일반운송인 또는 공중운송인에 의해 수행
⑦ 화물 또한 완제품 내지 반제품인 2차 상품이 주종을 이루기 때문에 운임 부담력이 높아 일반적으로 해운동맹에 가입

(4) 해운동맹 기출 23년
① 해운동맹은 두 개 이상의 정기선 운항업자가 특정 항로에서 과당경쟁을 피하고, 상호 간의 이익을 유지·증진하기 위하여 운임, 적취량, 기타 운송 조건에 관하여 협정 또는 계약을 체결한 국제 카르텔
② 동맹회원은 운임표를 준수해야 하지만, 항로 사정에 따라서 특정 화물에 대해서는 자유운임(Open Rate)이 가능
③ 해운동맹의 분류
   ㉠ 개방 동맹 : 일정 수준의 서비스 능력을 갖춘 선사는 자유롭게 가입이 가능한 동맹으로, 미국을 중심으로 북미 항로에서 주로 이용
   ㉡ 폐쇄 동맹 : 일정 자격과 실적이 있는 선사만 가입이 가능하며, 가입신청 시 가맹 선사의 전원 동의가 필요한 동맹으로, 영국 중심의 유럽 항로에서 주로 이용
④ 해운동맹의 운영 수단 기출 25년
   ㉠ 공동계산협정(Pooling Agreement) : 각 동맹선사들이 일정기간 벌어들인 운임을 사전에 정한 배분율에 따라 배분하는 방법
   ㉡ 대항선(Fighting Ship) 운영 : 맹외선사의 활동을 억제하기 위한 경쟁억압선 운영
   ㉢ 계약운임제(Contract Rate System, 이중운임제) : 동맹선에 모든 화물을 싣기로 한 계약 화주에게는 일정액 또는 일정률 할인된 계약운임을 적용하고, 동맹과 계약하지 않은 화주에게는 할인되지 않은 운임을 적용

2. 해상운송 관련 국제조약

(1) 헤이그 규칙(Hague Rules, 1924) 기출 20년
① 국제적으로 통용될 수 있는 해상운송에 관한 통일조약의 필요성이 대두되어, 선하증권 통일조약을 마련함
② 헤이그 규칙은 운송인의 최소한의 의무를 규정하는 동시에 최대한의 면책을 규정하는 조문으로 구성
③ 운송인의 책임을 상업상 과실과 항해상 과실 두 가지로 나누었으며, 상업 과실 및 선박의 감항성 확보 의무에 관해서는 운송인의 책임으로 하고, 항해 과실에 대해서는 운송인의 면책으로 하고 있음
④ 책임구간 : 선적 시로부터 양화 시까지(from Tackle to Tackle)

(2) 함부르크 규칙(Hamburg Rules, 1978) 기출 20년
① 개발도상국들이 화주들의 권익 보장을 UN 무역개발회의(UNCTAD)에서 주장하였고, 1978년 독일에서 'Hamburg Rules'이라 불리는 'UN 해상물품운송조약'이 채택
② 해상운송에서 약자의 위치에 있는 선박을 소유 내지 운영하고 있지 아니하는 개발도상국의 화주의 입장을 강화함으로써 운송인의 책임을 확대
③ 주요 내용 기출 19년
  ㉠ 선박의 감항능력(내항성) 담보에 관한 주의의무 규정의 삭제
  ㉡ 운송인 책임한도액의 인상(1포장당 또는 단위당 100파운드 → SDR도입)
  ㉢ 선박화재 면책의 폐지
  ㉣ 면책 카탈로그(Catalogue)의 폐지
  ㉤ 지연손해에 관한 운송인 책임의 명문화
  ㉥ 화재로 인한 손해에 대한 운송인의 책임 규정
  ㉦ 운송인 면책이었던 항해과실을 운송인 책임으로 규정
  ㉧ 책임구간을 수취에서부터 운송까지로 확대(from Receipt to Delivery)

(3) 국제해상위험물규칙(IMDG Code) 기출 17년
① 화물운송기구에 수납된 위험물을 해상으로 운송할 때 적용되는 국제규칙으로 국제해사기구(IMO)에서 매 2년마다 개정함
② 위험물
  ㉠ 정의 : 운송 중 건강, 안전, 재산 및 환경에 부당한 위해를 끼칠 수 있는 모든 물질 및 제품
  ㉡ 분류 : 모든 위험물은 분석을 통해 9가지 급(class)으로 분류
    • 제1급 화약류, 제2급 가스류, 제3급 인화성 액체, 제4급 가연성 고체, 자연발화성 물질, 물과 접촉 시 인화성 가스를 방출하는 물질, 제5급 산화성 물질 및 유기과산화물, 제6급 독성 물질 및 전염성 물질, 제7급 방사성 물질, 제8급 부식성 물질, 제9급 기타 위험 물질 및 제품 및 환경유해성 물질
  ㉢ 범위 : 이전의 위험화물을 담았던 세정되지 아니한 빈 포장용기도 포함
③ 위험물 선적 서류에 요구되는 위험물 명세정보에는 UN 번호, 적정선적명(PSN)*, 급 및 등급, 포장 등급이 포함
  *적정선적명(PSN) : UN 위험물 운송 전문가 소위원회(UNTDG)에서 통용되는 품명을 배정
④ IMDG 코드에 별도의 명문규정이 없는 한, 위험물이 충전된 모든 포장화물에는 해당 위험물의 적정선적명과 이에 상응하는 유엔 번호를 "UN"이라는 문자 뒤에 표시

CHAPTER 04 해상운송

> **핵심 포인트**
> - ☑ 해상운송의 특성
> - ☑ 해상운송 관련 국제조약
> - ☑ 정기선운송과 부정기선운송의 특징
> - ☑ 개품운송계약과 용선운송계약의 특징
> - ☑ 정기선운임과 부정기선운임의 구분
> - ☑ 선박의 주요 용어와 톤수

CORE 01 해상운송의 개요

1. 해상운송의 개념 및 특성

(1) 해상운송의 개념

① 인간 및 재화의 장소·공간 이전을 목적으로 선박을 이용하여 해상에서 행하는 서비스
② 해상운송은 수요자에게 해운 서비스를 제공하여 그 대가로 운임을 획득하는 상행위

(2) 해상운송의 특성 기출 23년

① 화물단위당 운송력이 뛰어나 대·중량 화물이나 살화물(bulk cargo)*의 장거리 운송에 가장 적합한 수단
　*살화물 : 일정한 형태의 개별 포장을 하지 않는 화물 예 곡류, 원유 등의 화물
② 국경을 달리하는 원격지 간에 선박 또는 대형선박을 이용한 원거리 운송 가능
③ 대량화물의 원거리 운송에 따른 단위비용이 다른 운송수단에 비해 저렴
④ 직간접적인 관련 산업 발전 및 지역경제 활성화와 국제수지 개선에 기여
⑤ 해상운송은 세계 각국을 그 대상으로 하므로 운송산업 중에서 가장 국제성이 높은 산업임
⑥ 해상운송의 운행속도는 일반적으로 다른 운송수단에 비해 느린 편으로, 운송 기간이 긴 편
⑦ 물품의 파손, 분실, 사고 발생의 위험도가 높고, 다른 운송수단에 비해 안전성이 낮음

03 선박에 관한 내용으로 옳지 않은 것은? [기출 24년]

① Barge Ship : 예인선(Tug Boat)에 의해 예인되는 무동력 선박
② Lighter Aboard Ship : Float-On Float-Off 방식에 특화된 선박
③ Full Container Ship : 선박 건조 시 갑판과 선창에 컨테이너를 적재하도록 설계된 선박
④ Lift-On Lift-Off Ship : 본선의 선수 또는 선미에서 트랙터 등에 의해 적·양하가 이루어지는 선박
⑤ Combination Ship : 공선항해를 감소시키기 위해 한 척의 선박에 2~3종의 화물을 겸용할 수 있는 선박

해설 ④ Roll-On Roll-Off Ship에 관한 설명이다. Lift-On Lift-Off Ship은 본선 또는 육상에 설치되어 있는 갠트리크레인(Gantry Crane) 등에 의하여 컨테이너를 본선에 수직으로 적·양하는 방식의 선박을 말한다.

기출문제 엿보기
☑ 다음 내용에 해당하는 선박은? [21년]
☑ 선박의 종류에 관한 설명으로 옳지 않은 것은? [19년]
☑ 다음 선박에 관한 설명으로 옳은 것은? [16년]

---

04 다음 설명에 해당하는 선박의 톤수는? [기출 19년]

- 선박내부의 총 용적량으로 상갑판 하부의 적량과 상갑판 상부의 밀폐된 장소의 적량을 모두 합한 것이다.
- 선박의 안전과 위생 등에 이용되는 장소는 제외된다.
- 각국의 해운력과 보유 선복량을 비교할 때 주로 이용한다.
- 관세, 등록세, 소득세, 도선료, 각종 검사료, 세금과 수수료의 산출기준이다.

① 총톤수(Gross Tonnage)
② 순톤수(Net Tonnage)
③ 중량톤수(Weight Tonnage)
④ 배수톤수(Displacement Tonnage)
⑤ 재화중량톤수(Dead Weight Tonnage)

해설 ② 순톤수(Net Tonnage) : 여객 및 화물의 적재 등 직접적인 상행위에 사용되는 용적이며, 총톤수에서 선박의 운항에 직접적으로 필요한 공간의 용적을 뺀 톤수이다.
③ 중량톤수(Weight Tonnage) : 선박의 크기 또는 화물 중량을 나타내는 단위이다.
④ 배수톤수(Displacement Tonnage) : 선체의 수면 아래에 있는 부분의 용적과 대등한 물의 중량을 나타내는 배수량을 말한다.
⑤ 재화중량톤수(Dead Weight Tonnage) : 선박에 적재할 수 있는 화물의 최대용적을 표시하는 톤수이다.

기출문제 엿보기
☑ 선박의 톤수에 관한 설명으로 옳은 것을 모두 고른 것은? [25년]
☑ 다음에서 설명하는 해상운임 산정 기준으로 옳은 것은? [22년]
☑ 선박의 항해에 필요한 연료유, 식수 등의 중량을 제외한 적재할 수 있는 화물의 최대 중량으로 용선료의 기준이 되는 선박 톤수는? [18년]
☑ 다음은 「선박법」에 의한 소형선박의 정의이다. ( )에 알맞은 숫자를 순서대로 나열한 것은? [17년]
☑ 선박톤수에 관한 설명으로 옳지 않은 것은? [15년]

01 ② 02 ③ 03 ④ 04 ①

CHAPTER 04 시험에 꼭 나오는 필수문제

01 부정기선 용선계약의 특징에 관한 설명으로 옳지 않은 것은?

기출 23년

① 항해용선(Voyage Charter)계약은 선주가 선장을 임명하고 지휘·감독한다.
② 항해용선계약의 특성상 용선자는 본선운항에 따른 모든 책임과 비용을 부담하여야 한다.
③ 정기용선(Time Charter)계약은 선주가 선장을 임명하고 지휘·감독한다.
④ 정기용선계약에서 용선자는 영업상 사정으로 본선이 운항하지 못한 경우에도 용선료를 지급하여야 한다.
⑤ 정기용선계약에서 용선료는 원칙적으로 기간에 따라 결정된다.

해설 ② 항해용선계약의 특성상 선주가 본선운항에 필요한 책임과 비용을 부담하며, 용선자가 이에 대하여 운임을 지급하기로 약정하는 계약이다.

기출문제 엿보기

- ☑ 다음에서 설명하고 있는 용선운송계약의 형태는? 25년
- ☑ 항해용선계약과 나용선계약을 구분한 것으로 옳지 않은 것은? 22년
- ☑ 다음에서 설명하고 있는 용선운송계약서의 조항은? 21년
- ☑ 용선계약 시 묵시적 확약이 아닌 것은? 20년
- ☑ 다음 설명에 해당하는 해상운송계약의 형태는? 19년
- ☑ 〈보기 1〉의 부정기선의 계약에 따른 운항형태에 대한 설명을 〈보기 2〉에서 찾아 모두 바르게 연결한 것은? 18년

02 해상운송에서 화주가 부담하는 할증운임(surcharge)에 관한 내용으로 옳지 않은 것은? 기출 21년

① Bunker Adjustment Factor는 선박의 주연료인 벙커유의 가격변동에 따른 손실을 보전하기 위한 할증료이다.
② Congestion Surcharge는 특정 항구의 하역능력 부족으로 인한 체선으로 장기간 정박을 요할 경우 해당 화물에 대한 할증료이다.
③ Outport Surcharge는 운송 도중에 당초 지정된 양륙항을 변경하는 화물에 대한 할증료이다.
④ Currency Adjustment Factor는 급격한 환율변동으로 선사가 입을 수 있는 환차손에 대한 할증료이다.
⑤ Transshipment Surcharge는 화물이 운송 도중 환적될 때 발생하는 추가비용을 보전하기 위한 할증료이다.

해설 ③ Outport Surcharge(외항추가운임)는 선박이 기항하는 항구(Base Port) 외의 지역행 화물에 적용하는 추가운임이다.

기출문제 엿보기

- ☑ 선적 시 양하항을 복수로 선정하고 양하항 도착 전에 최종 양하항을 지정하는 경우 발생하는 비용은? 20년
- ☑ 해상운임에 관한 설명으로 옳지 않은 것은? 19년
- ☑ 정기선운송의 할증료 및 추가운임에 관한 설명으로 옳지 않은 것은? 17년
- ☑ 정기선운임에 관한 설명으로 옳지 않은 것은? 16·13년
- ☑ 운임의 종류에 관한 설명으로 옳지 않은 것은? 15년
- ☑ 해상운송의 요율을 결정하는 요소가 아닌 것은? 13년

키워드 ❻ 철도화물의 운임체계

11
우리나라 철도화물의 운임체계에 관한 설명으로 옳지 않은 것은? 기출 22년

① 화차(차량)취급운임, 컨테이너 취급운임, 혼재운임으로 구성된다.
② 화차취급운임 중 특대화물, 위험화물, 귀중품의 운송은 할증이 적용된다.
③ 화차취급운임 중 정량화된 대량화물이나 파렛트 화물의 운송은 할인이 적용된다.
④ 냉동컨테이너의 운송은 할증이 적용된다.
⑤ 공컨테이너와 적컨테이너의 운송은 할증이 적용된다.

해설 ⑤ 공컨테이너의 운임은 규격별 영(적재)컨테이너 운임의 74%를 적용하여 계산한다.

12
국내 철도화물 운임체계에 관한 설명으로 옳은 것은? 기출 18년

① 철도화물 운임은 별도의 할인제도를 운영하고 있지 않다.
② 철도화물 운임체계는 일반화물, 특수화물로 구분하여 운영하고 있다.
③ 일반화물 운임은 운송거리(km) × 운임단가(운임/km) × 화물중량(톤)으로 산정한다.
④ 일반화물의 최저기본운임은 사용화차의 최대 적재중량에 대한 10km에 해당하는 운임이다.
⑤ 1km 미만의 거리와 1톤 미만의 일반화물은 실제 거리와 중량으로 계산한다.

해설 ① 철도화물 운임은 왕복수송 할인, 탄력할인(귀중품, 위험물, 특대화물 등) 등 할인제도를 운영하고 있다.
② 철도화물의 운임체계는 일반화물과 컨테이너 화물로 구분하여 운영하고 있다.
④ 일반화물의 최저기본운임은 사용화차의 최대 적재중량에 대한 100km에 해당하는 운임이다.
⑤ 1km 미만의 거리와 1톤 미만의 일반화물은 반올림하여 계산한다.

키워드 ❼ 우리나라 철도운송

13
우리나라 컨테이너 철도운송에 관한 설명으로 옳지 않은 것은? 기출 14년

① COFC(Container On Flat Car) 방식이 사용되고 있다.
② DST(Double Stack Train)는 활용되지 않고 있다.
③ 공로운송에 비해 친환경 물류정책에 부합하는 운송수단이다.
④ 철도 컨테이너운송에 있어서 하역은 RO-RO(Roll On-Roll Off) 방식으로 이루어지고 있다.
⑤ 의왕 ICD는 내륙컨테이너기지 및 내륙통관기지로서의 역할을 수행하고 있다.

해설 ④ 컨테이너 하역은 LO-LO 방식으로 이루어지고 있다.

14
우리나라 철도운송의 특징으로 옳지 않은 것은? 기출 14년

① 도로운송에 비해 전천후적인 운송수단으로 정시성 확보에 유리하다.
② 도로운송에 비해 탄력적인 운임체계를 갖고 있어 다양한 화물 취급에 유리하다.
③ 국내화물운송시장에서 철도운송은 도로운송에 비해 수송분담률이 낮다.
④ 도로의 인프라 투자에 비해 상대적으로 철도에 대한 투자가 미흡하여 관련 기반시설이 부족하다.
⑤ 철도운송은 문전에서 문전까지의 일관운송서비스를 제공할 수 없기 때문에 적재와 하역 시 많은 단계를 필요로 한다.

해설 ② 우리나라 철도운송은 비탄력적인 운임체계를 가지고 있으며, 중·장거리 대형화물운송에 적합하다.

08

철도운송 서비스 형태에 관한 설명으로 옳지 않은 것은?

기출 18년

① Block Train : 스위칭 야드(Switching Yard)를 이용하지 않고 철도화물역 또는 터미널 간을 직행 운행하는 방식이다.
② Shuttle Train : 철도역 또는 터미널에서의 화차조성비용을 줄이기 위해 화차의 수와 타입이 고정되며 출발지 → 목적지 → 출발지를 연결하는 루프형 구간에서 서비스를 제공하는 방식이다.
③ Single-Wagon Train : 복수의 중간역 또는 터미널을 거치면서 운행하는 방식이다.
④ Train Ferry : 중·단거리 수송이나 소규모 터미널에서 이용할 수 있는 소형 열차서비스 방식이다.
⑤ Y-Shuttle Train : 한 개의 중간터미널을 거치는 것을 제외하고는 셔틀트레인(Shuttle Train)과 같은 형태의 서비스를 제공하는 방식이다.

해설 ④ Train Ferry(열차 페리) : 열차 페리는 해상운송이 가지는 저렴성과 철도운송이 육상에서 가지는 대량성 및 저렴성을 효과적으로 접목시킨 복합일괄운송방식이다.

키워드 ❺ 철도화물 운송 방식

09

철도화물 운송 방식에 관한 설명으로 옳은 것은? 기출 18년

① Kangaroo : 철도의 일정구간을 정기적으로 고속운행하는 열차를 편성하여 운송하는 방식이다.
② TOFC : 화차에 컨테이너만을 적재하는 방식이다.
③ Freight Liner : 트레일러 바퀴가 화차에 접지되는 부분을 경사진 요철 형태로 만들어 적재높이가 낮아지도록 하여 운송하는 방식이다.
④ COFC : 화차 위에 컨테이너를 적재한 트레일러를 적재한 채로 운송을 한 후 목적지에 도착하여 트레일러를 견인장비로 견인, 하차한 후 트랙터와 연결하여 운송하는 방식이다.
⑤ Piggy Back : 화차 위에 화물을 적재한 트럭 등을 적재한 상태로 운송하는 방식이다.

해설 ① Freight Liner에 관한 설명이다.
② COFC에 관한 설명이다.
③ Kangaroo에 관한 설명이다.
④ TOFC에 관한 설명이다.

10

철도운송에 관한 설명으로 옳지 않은 것은? 기출 21년

① 국내화물운송시장에서 철도운송은 도로운송에 비해 수송분담률이 낮다.
② 철도화물 운송형태에는 화차취급운송, 컨테이너취급운송 등이 있다.
③ 컨테이너의 철도운송은 크게 TOFC 방식과 COFC 방식이 있다.
④ COFC 방식에는 피기백방식과 캥거루방식이 있다.
⑤ 철도운송은 기후 상황에 크게 영향을 받지 않으며 계획적인 운송이 가능하다.

해설 ④ TOFC 방식에는 피기백방식과 캥거루방식이 있고, COFC 방식에는 가로-세로 이동방식, 매달아 싣는 방식 등이 있다.

키워드 ❸ 철도화물 운송

05

철도화물을 운송할 경우 화차취급 운송에 관한 설명으로 옳지 않은 것은? 기출 17년

① 화물을 대절한 화차단위로 운송한다.
② 운임은 화차를 기준으로 정하여 부과한다.
③ 일반화물의 단거리 운송에 많이 이용한다.
④ 발·착역에서의 양·하역작업은 화주책임이다.
⑤ 특대화물, 위험물 등의 경우에는 할증제도가 있다.

해설 ③ 화차취급 운송은 대량화물과 장거리 운송에 적합하다.

06

철도화물 운송에 관한 설명으로 옳지 않은 것은? 기출 20년

① 차급운송이란 화물을 화차단위로 탁송하는 것을 말한다.
② 화차의 봉인은 내용물의 이상 유무를 검증하기 위한 것으로 철도운송인의 책임으로 하여야 한다.
③ 화약류 및 컨테이너 화물의 적하시간은 3시간이다.
④ 전세열차란 고객이 특정 열차를 전용으로 사용하는 열차를 말한다.
⑤ 열차·경로지정이란 고객이 특정열차나 수송경로로 운송을 요구하거나 철도공사가 안전수송을 위해 위험물 및 특대화물 등에 특정열차와 경로를 지정하는 경우를 말한다.

해설 ② 화차의 봉인은 봉인상태에 의하여 내용물의 도난, 변조 등 부정행위의 유무와 내용물의 이상 유무를 확인 또는 검증하기 위한 것으로 송화주의 책임으로 하여야 한다.

키워드 ❹ 철도운송 서비스

07

다음에서 설명하고 있는 철도운송 서비스 형태는? 기출 22년

- 철도화물역 또는 터미널 간을 직송 운행하는 전용열차
- 화차의 수와 타입이 고정되어 있지 않음
- 중간역을 거치지 않고 최초 출발역부터 최종 도착역까지 직송서비스 제공
- 철도-도로 복합운송에서 많이 사용되는 서비스

① Block Train
② Coupling & Sharing Train
③ Liner Train
④ Shuttle Train
⑤ Single Wagon Train

해설 ② Coupling & Sharing Train : 중·단거리 운송 및 소규모 터미널 등에서 사용할 수 있는 소형열차(Modular Train) 형태의 열차
③ Liner Train : 장거리 구간에 여러 개의 소규모 터미널이 존재하는 경우 마치 여객열차와 같이 각 기차터미널에서 화차를 Pick-Up & Delivery하는 서비스 형태
④ Shuttle Train : 출발지 → 목적지 → 출발지를 연결하는 루프형 구간에서 서비스를 제공하는 열차
⑤ Single Wagon Train : 여러 개의 중간역 내지 터미널을 거치면서 운행하는 열차

빈출키워드 기출유형문제

키워드 ❶ 철도운송의 특징

01
철도운송에 관한 내용으로 옳지 않은 것은? 기출 24년

① 초기 구축비용 등 고정비용이 많이 든다.
② km당 운임은 단거리일수록 비싸며, 장거리일수록 저렴해진다.
③ 공로운송보다 먼저 대량화물을 운송하였다.
④ 공로운송에 비해 기상의 영향을 받지 않는다.
⑤ 화차의 소재관리가 편리하여 열차편성을 신속히 할 수 있다.

해설 ⑤ 화차의 소재관리가 곤란하며, 적합차량을 적절한 시기에 배차하기 어렵다.

02
철도운송에 관한 설명으로 옳지 않은 것은? 기출 16년

① 초기 구축비용 등 고정비용이 많이 든다.
② 국제적으로 표준화된 Rail Gauge(철도 노선의 폭)를 사용하고 있다.
③ 대단위 화물을 육로를 통해 장거리 운송할 때 적합한 운송수단이다.
④ 터널과 다리 등을 통과하기 때문에 적재화물의 크기에 대한 제한이 있다.
⑤ 철도운송은 해상운송과 연계한 다양한 경로(Route)가 개발되어 있다.

해설 ② 철도의 궤간(Rail Gauge)은 폭에 따라 표준궤, 광궤, 협궤 등으로 구분되며 표준궤는 1,435mm이지만, 이미 건설된 각국의 선로는 쉽게 교체할 수 없으므로 국제적으로 표준화된 궤간이 사용되고 있지 않다.

키워드 ❷ 철도화차의 종류

03
컨테이너 전용 철도 무개화차의 종류에 해당하지 않는 것은? 기출 23년

① 오픈 톱 카(Open Top Car)
② 플랫카(Flat Car)
③ 컨테이너카(Container Car)
④ 더블스택카(Double Stack Car)
⑤ 탱크화차(Tank Car)

해설 ⑤ 탱크화차는 액체화물(원유 등)의 운반에 적합하도록 일체형으로 컨테이너 전용 철도 무개화차에 해당하지 않는다.

04
다음에서 각각 설명하는 철도화물 운송용 차량은? 기출 19년

> ㄱ : 포대화물(양회, 비료 등), 제지류 등을 수송하기 위한 차량으로 양측에 슬라이딩도어를 구비하여 화물하역이 용이하다.
> ㄴ : 중앙부 저상구조로 되어 있으며 대형변압기, 군장비 등의 특대형 화물수송에 적합하도록 제작되어 있다.

① ㄱ : 유개차, ㄴ : 곡형평판차
② ㄱ : 컨테이너차, ㄴ : 곡형평판차
③ ㄱ : 곡형평판차, ㄴ : 유개차
④ ㄱ : 곡형평판차, ㄴ : 컨테이너차
⑤ ㄱ : 무개차, ㄴ : 곡형평판차

해설 ㄱ. 유개차 : 상부에 지붕이 있고 적재실이 박스형 구조라 비에 젖지 않아야 하고 외부로부터 보호되어야 하는 화물(포대화물, 제지류 등) 수송에 적합하며 화차의 측면에 슬라이딩 도어가 있어 화물하역이 용이하다.
ㄴ. 곡형평판차 : 중앙부 저상구조로 특대형 화물(대형변압기, 군장비 등) 수송에 적합하다.

출제포인트 OX 문제

01 ⓞⓧ 철도운송은 도로운송에 비해 전천후적인 운송수단으로 정시성 확보에 유리하다.

02 ⓞⓧ 화차운송은 단거리·소량화물운송에 적합하다.

03 ⓞⓧ 국내의 수송수단별 화물수송 분담률에서 ton·km기준으로 철도운송이 공로운송보다 분담률이 높다.

04 (   )화차는 중앙부가 저상구조로, 대형변압기, 군장비 등의 특대형 화물수송에 적합한 화차이다.

05 ⓞⓧ 무개화차는 상부에 지붕이 있으며, 적재실이 박스형 구조로 설계된 화차이다.

06 ⓞⓧ 싱글웨곤 트레인(Single-Wagon Train)은 여러 개의 중간역 내지 터미널을 거치면서 운행하는 열차이다.

07 블록 트레인(Block Train)은 (   )을/를 이용하지 않고 철도화물역 또는 터미널 간을 직행 운영한다.

08 (   ) 방식은 화차 위에 화물을 적재한 트럭 등을 적재한 상태로 운송하는 것을 말한다.

09 ⓞⓧ 최저기본운임은 철도운송의 최저비용을 확보하기 위하여 약관으로 정한 운임이다.

10 ⓞⓧ 거리비례제는 운행구간이 멀어짐에 따라 체감률을 적용하는 운임제도이다.

11 철도운송의 일반화물 운임은 = (   )×운임단가(운임/km)×(   )(으)로 산정한다.

12 국내 철도화물 운임체계는 (   )취급운임과 (   )취급운임으로 구분하여 운영한다.

정답 및 해설

01 ○
02 × ▶ 화차운송은 장거리·대량화물운송에 적합하다.
03 × ▶ 국내의 수송수단별 화물수송 분담률에서 ton·km 기준으로 철도운송이 공로(도로)운송보다 분담률이 낮다.
04 곡형평판(곡형평면)
05 × ▶ 유개화차에 대한 설명이다. 무개화차는 상부에 지붕이 없으며 벽체구조가 있는 구조이다.
06 ○
07 스위칭 야드(Switching Yard)
08 TOFC
09 ○
10 × ▶ 거리체감제에 관한 내용이다. 거리비례제는 승객 또는 화물을 수송한 거리에 비례하여 같은 율로 운임을 계산한다.
11 운송거리(km), 화물중량(톤)
12 화차, 컨테이너

CORE 04 우리나라 철도운송

1. 우리나라 철도운송의 현황과 문제점

(1) 철도운송의 현황 기출▶ 14년
① 철도운송은 도로운송에 비하여 수송분담률이 낮음
② 컨테이너 운송은 철도에서 COFC 방식과 LO-LO 방식을 사용
③ 경부 간 컨테이너 철도운송을 위해 의왕과 양산 등에 내륙컨테이너기지(ICD) 준공
④ 철도에 의한 경부 간 컨테이너 화물운송은 주로 야간에 이용
⑤ 철도노선의 궤간은 폭에 따라 표준궤, 광궤, 협궤 등으로 구분되며, 우리나라에서는 표준궤(1,435mm)를 이용

(2) 철도운송의 문제점
① 철도운송 기반시설의 부족으로 화물열차 운행에 제한(융통성 결여)
② 화차의 부족으로 화차의 정시수급이 어려움
③ 철도와 관련되는 배후 도로망과의 연계 부족, 각 운송수단 간의 전환 추진이 미흡
④ 철도로 운송하기에는 대규모 화물수요지역 간의 운송거리가 짧은 편
⑤ 공로화물운송에 비해 운임체계가 경직적이고 운임의 융통성이 적음(운임의 비효율성)
⑥ 철도터미널의 기능이 부족하여 다양한 고객의 운송 요구에 신속한 대응이 어려움

2. 우리나라 철도운송의 개선 방안

(1) 철도운송의 효율화 방안
① 철도운송 기반시설(인프라)을 확충하고, 운송거점을 더욱 강화·확대
② 열차의 장대화를 통한 규모의 경제 실현
③ 철도운송 운임체계를 개편하고, 영업활동 강화
④ 철도화물정보시스템 및 일관운송체계 구축
⑤ 운송수단 간 전환을 적극적 추진
⑥ 이단적재차량(DST) 및 프레이트 라이너(Freight liner)* 도입
 *Freight Liner : 철도의 일정구간을 정기적으로 고속운행하는 열차를 편성하여 운송하는 방식
⑦ 철도화물역의 최적배치와 직행열차 강화
⑧ 철도경영의 합리화 및 운송의 현대화 추진
⑨ 남북철도 연결 및 대륙 간 철도를 연계하는 사업 추진

(2) 남북철도의 완전 개통 시 기대효과
① 한반도의 동북아 국제복합운송거점으로서의 발전 가능성
② 한국과 유럽 간 해상운송과 철도운송 간 경쟁증대
③ 한반도와 유럽 간 새로운 물류네트워크 구축을 통한 국제물류시스템의 개선
④ 시베리아횡단철도(TSR)와 중국횡단철도(TCR)와의 연계 가능성
⑤ 대륙철도와의 연계로 국내 항만의 물동량 증가

2. 철도화물 운임체계

(1) 일반화물운임(거리비례제) 기출▶ 23년/ 22년/ 21년/ 18년/ 16년/ 15년

① 기본운임
- ㉠ 일반화물 운임은 운송거리(km) × 운임단가(운임/km) × 화물중량(톤)으로 산정
- ㉡ 운임계산 중량은 화물의 실제중량에 의하되 1량의 최저중량에 미달된 경우에는 별도로 정한 중량(최저톤수)을 적용
- ㉢ 하중을 부담하지 않는 보조차와 갑종철도차량(차장차 포함)은 자중톤수를 적용
- ㉣ 운임계산 거리는 화물영업거리에 의해 운송 가능한 최단경로를 적용

② 최저기본운임
- ㉠ 일반화물의 화차 1량에 대한 최저운임은 사용화차의 최대 적재중량(화차표기하중톤수)에 대한 100km에 해당하는 운임
- ㉡ 하중을 부담하지 않는 보조차와 갑종철도차량은 자중톤수의 100km에 해당하는 운임
- ㉢ 기본운임이 최저기본운임에 미달할 경우에는 최저기본운임이 기본운임

(2) 컨테이너화물운임(규격별 거리비례제) 기출▶ 23년/ 22년/ 21년/ 16년/ 15년

① 기본운임
- ㉠ 컨테이너화물의 운임은 컨테이너 규격별(20ft, 40ft, 45ft) 운임단가(원) × 수송거리(km)로 산정
- ㉡ 운임계산 거리는 철도노선의 운송 가능한 최단경로 거리를 적용(단, 세칙에서 정한 경우에는 그 기준을 따름)
- ㉢ 공(空)컨테이너의 운임은 규격별 영(盈, 적재)컨테이너 운임의 74%를 적용하여 산정

② 최저기본운임
- ㉠ 컨테이너화물의 최저운임은 규격별, 영·공별 컨테이너의 100km에 해당하는 운임
- ㉡ 컨테이너화물의 기본운임이 최저기본운임에 미달할 경우에는 최저기본운임이 기본운임

(3) 철도화물 할인·할증운임제도 기출▶ 25년

① 할인운임
- ㉠ 사유화차할인 : 투자비 보전을 위해 시행하는 할인으로 할인율은 화차제작 조건을 따름
- ㉡ 왕복수송할인 : 2일 내 왕복수송 20%
- ㉢ 탄력할인 : 다른 교통수단과의 경쟁력 확보 및 탄력적인 시장 대응을 통한 철도화물 수입증대를 위해 필요할 경우 시행하며, 할인율은 그때마다 따로 정함

② 할증운임 : 귀중품(화폐류, 귀금속류, 골동품류), 위험물, 화물취급장소가 아닌 곳에서의 임시취급 화물, 선로차단 또는 전차선로의 단전·철거가 필요한 임시취급 화물, 특대화물, 속도제한 화물, 철도공사 직원이 감시인으로 승차하는 화물, 열차·경로지정 및 전세열차 화물, 컨테이너형 다목적용기 수송화물, 고객 요구에 따른 임시열차 운행화물, 위험물컨테이너

CORE 03 철도운송의 운임

1. 철도화물 운임

(1) 국내 철도화물 운임
① 국내 철도화물 운임체계는 화차취급운임과 컨테이너취급운임으로 구분하여 운영
② 국내 철도화물 운임의 종류

기본운임	할인 · 할증을 제외한 임률, 중량, 거리만으로 계산한 운임
최저기본운임	철도운송의 최저비용을 확보하기 위하여 약관으로 정한 운임
할인 및 할증운임	• 기본운임에서 각각의 할인, 할증을 적용한 운임 • 단, 사유화차 할인운임을 제외한 할인 운임은 최저기본운임 이하로 할 수 없음

(2) 철도화물 운임의 유형
① 거리비례제
  ㉠ 승객 또는 화물을 수송한 거리에 비례하여 같은 율로 운임을 계산
  ㉡ 형평성과 효율성의 측면에서 유리
② 거리체감제
  ㉠ 운행구간이 멀어짐에 따라 체감률을 적용하여 원거리수송이 단거리수송보다 유리하게 하는 운임제도
  ㉡ 운송거리에 관계없는 고정비용이 많은 경우와 원거리 간의 지역차를 해소하기 위한 관점에서 합리적인 제도
③ 구역운임제
  ㉠ 전 운행구간을 몇 개의 구역(Zone)으로 나누어 구역마다 단위운임을 정하여 통과하는 구역 수에 따라 운임을 정하는 제도
  ㉡ 구역의 규모와 형태의 결정이 중요하며 지역특성에 따라 동심원형, 격자형, 지리적 구역형(또는 행정구역형), 벌집형 등이 있음
④ 철도화물 운임의 유형별 장 · 단점

구분	거리비례제	거리체감제	구역운임제
장점	수송거리에 따라 비용을 지불하여 형평성 제고	철도의 장점에 부합하는 원거리 수송화물에 대한 경쟁력 증대	노선이 많지 않은 경우 실제 노선의 거리에 의하지 않고 지역 간 거리에 의하므로 형평성 측면에서 유리
단점	원거리 수송비용이 저렴한 철도의 장점을 살릴 수 없음	운임산정이 복잡하고 장거리 운임할인에 따른 운송수입 감소 우려	구역 경계점 인접거리 수송 간에 운임 격차 발생으로 인한 형평성 측면에서는 미흡함
적용제도	한국 및 독일 철도운임	일본 및 프랑스 철도운임, 한국 고속 · 시외버스	한국 지하철, 외국의 화물운임 등 다양하게 적용

3. 철도컨테이너 운송방법 기출▶ 23년/ 21년/ 19년/ 18년/ 16년/ 15년/ 14년/ 13년/ 12년

(1) TOFC(Trailer On Flat Car) 방식

① TOFC 방식의 의의
  ㉠ 철도역에 하역설비가 없는 경우, 컨테이너를 적재한 트레일러를 따로 분리시키지 않고, 트레일러와 결합된 상태로 화차에 직접 적재 · 양륙되어 운송
  ㉡ 철도운송과 도로운송을 결합한 복합운송시스템
  ㉢ 트레일러가 직접 적재되므로 적재효율은 낮지만, 하차 후 바로 움직일 수 있기 때문에 환적 시 발생되는 물류비용을 줄일 수 있어 효율적인 방식

② TOFC 방식의 종류

피기백 (Piggy-back) 방식	• 화물열차의 대차 위에 트레일러나 트럭에 적재된 컨테이너를 분리하지 않은 채로 경사로(Ramp) 또는 피기 패커(piggy packer) 등 하역장비를 이용해 함께 적재한 후 운송하는 방식 • 화물자동차의 기동성과 철도의 중 · 장거리 운송의 장점을 결합 • 화물의 적재단위가 클 경우에 매우 편리하게 이용이 가능하며 수송 경비, 하역비의 절감 효과를 가져오고, 별도의 분류 작업이 필요 없음
캥거루 (Kangaroo) 방식	• 피기백 방식과 유사하지만 트레일러 바퀴가 화차에 접지되는 부분을 경사진 요철 형태로 만들어 화물의 적재높이가 낮아지도록 하여 운송하는 형태라는 점에서 구분 • 차량 높이에 대한 제한이 있을 경우 피기백 방식보다 유리 • 장거리 정기노선에 있어 운송의 효율성을 높이고 트럭에 의해서 지역 간의 집화 및 인도를 신속히 하며, 정시인도와 열차배치의 규칙성, 하역기계의 불필요, 연료의 효율성 등의 장점

(2) COFC(Container On Flat Car) 방식 기출▶ 24년/ 19년

① COFC 방식의 의의
  ㉠ 철도화차에 컨테이너 자체만 상 · 하차하는 방식
  ㉡ 별도의 하역장비를 이용하여 트레일러로부터 컨테이너를 분리시키고, 철도의 화차대(Flat Car)에 적재하여 운송
  ㉢ 하역작업이 용이하고 화차중량이 가벼워 TOFC 방식보다 보편화
  ㉣ 일반적으로 TOFC에 비해 적재효율이 높고, 대량의 컨테이너를 신속히 취급 가능
  ㉤ 일반적으로 사용되고 있는 컨테이너 하역방법으로, 철도운송과 해상운송의 연계가 용이

② COFC 방식의 종류

가로-세로 이동방식	• 스프레드(Spread)지게차 또는 리치스태커(Reach stacker)를 이용하여 처리하는 방식 • 비교적 화물 취급량이 적은 경우에 사용
매달아 싣는 방식	• 트랜스퍼 크레인 또는 일반 크레인을 이용하여 처리하는 방식 • 지게차나 가로-세로 이동방식에 비해 시간당 처리하는 컨테이너 물동량이 많아 대량의 컨테이너를 신속히 처리해야 하는 경우에 사용
플렉시 밴 (Flexi-Van) 방식	트럭이 화물열차에 대해 직각으로 후진하여 화차에 컨테이너를 직접 적재하고 화차에 달린 회전판(턴테이블)을 이용하여 컨테이너를 90° 회전시켜 고정하는 방식

(3) Y-셔틀트레인(Y-Shuttle Train)

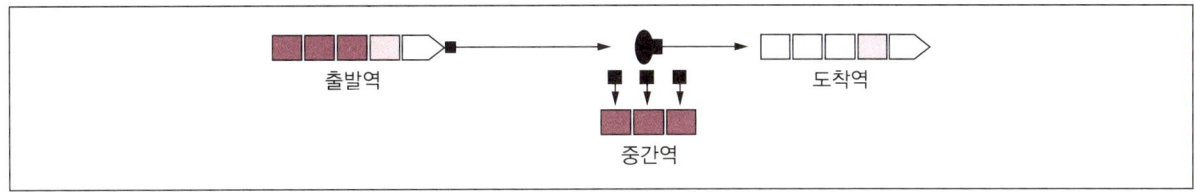

▲ Y-셔틀트레인의 개념도

① 한 개의 중간터미널을 경유하는 것 말고는 셔틀트레인과 동일한 형태의 서비스를 제공
② 셔틀트레인과 마찬가지로 화차의 수 및 타입 등이 고정

(4) 싱글웨곤 트레인(Single-Wagon Train) 기출▶ 24년/ 21년

① 복수의 중간역 또는 터미널을 거치면서 운행하는 열차서비스로 운송경로상의 모든 종류의 화차 및 화물을 운송
② 철도화물의 운송서비스부문에서 가장 높은 비중을 차지
③ 화주가 원하는 시간에 서비스를 제공하는 것이 아니라 열차편성이 가능한 물량이 확보된 경우에만 서비스 제공
④ 충분한 물량이 확보되어있을 경우에만 운행이 가능하므로 통상적으로 화물의 대기시간이 매우 긴 서비스 형태

(5) 커플링앤세어링 트레인(Coupling & Sharing Train)

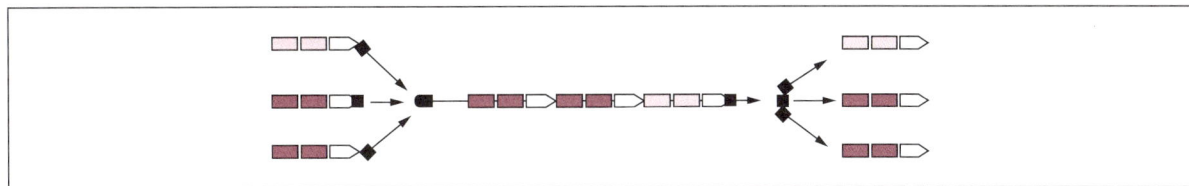

▲ Coupling & Sharing Train의 개념도

① 중·단거리 운송 및 소규모 터미널 등에서 사용할 수 있는 소형열차(Modular Train) 형태
② 기존 싱글웨곤 트레인(Single-Wagon Train)의 개선 대안으로 제기된 열차형태이며, 중간역에서의 화차취급을 단순화해서 열차의 조성을 신속·정확하게 할 수 있음

(6) 라이너 트레인(Liner Train)

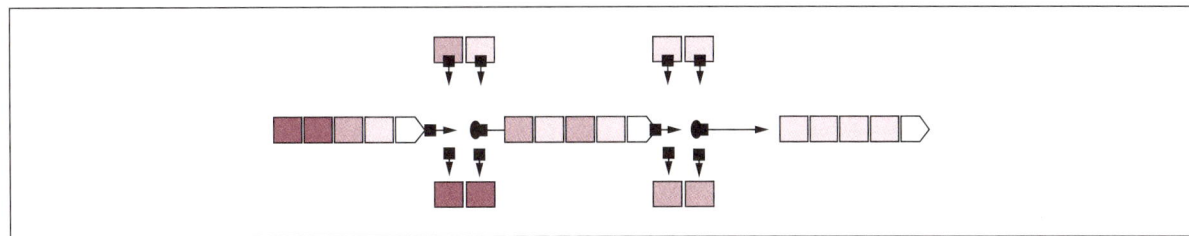

▲ Liner train의 개념도

① 싱글웨곤 트레인 서비스의 한 종류
② 장거리 구간에 여러 개의 소규모 터미널이 존재하는 경우 마치 여객열차와 같이 각 기차터미널에서 화차를 Pick-Up & Delivery하는 서비스 형태

② 컨테이너운송
  ㉠ 컨테이너 운송량이 많은 주요 항만과 ICD 간 간선운송 구간에서 출발역과 도착역 간을 컨테이너 전용열차로 직행 운송
  ㉡ 일반화물과 다른 적하 작업 방식과 운반차량 및 수송의 긴급성 등으로 인해 도입
③ **조차장*** 집결운송 : 조차장(Marshalling Yard) 근거리 내에 소화물 취급역이 존재하는 경우 화물이 적재된 화차를 조차장에 집결시켜 근거리에 있는 행선지별로 열차를 구분·편성한 다음, 도착역에서 가장 가까이에 있는 조차장까지 운반시킨 후 다시 소화물 도착역으로 운송
  *조차장 : 화차를 분류해서 동일 방향, 동일 목적지로 가는 열차에 편성하는 장소
④ 쾌속운송 : 차급운송*의 일종으로 지역별로 거점(중심)역을 정하고 그 거점역 간을 직통열차로 운송
  *차급운송 : 화물을 화차단위로 탁송하는 것

2. 전용열차에 따른 서비스의 형태 기출 25년/ 19년/ 18년/ 14년/ 13년/ 12년/ 11년

(1) 블록트레인(Block Train) 기출 23년/ 22년

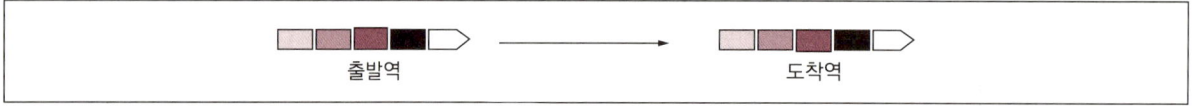

▲ 블록트레인의 개념도

① 블록트레인의 개념 : 스위칭 야드(Switching Yard)를 이용하지 않고 철도화물역 또는 터미널 간을 직행 운행하는 방식
② 블록트레인의 특징
  ㉠ 출발역에서 도착역까지 직송서비스를 제공하여 열차의 운송시간을 단축
  ㉡ 화차의 수와 타입이 고정되어 있지 않은 열차 형태
  ㉢ 철도-공로 복합운송에서 많이 이용되는 서비스
  ㉣ 운송물량이 충분하며, 조차장이 적은 철도망인 경우에 매우 효율적인 서비스형태
  ㉤ 운행의 경제적인 타당성을 갖추기 위해서는 열차용량의 60% 이상의 적재 물량이 존재해야 함

(2) 셔틀트레인(Shuttle Train)

① 셔틀트레인의 개념 : 철도역 또는 터미널에서의 화차조성비용을 줄이기 위하여 화차의 수와 타입이 고정되며, 출발지 → 목적지 → 출발지를 연결하는 루프형 구간에서 서비스를 제공하는 방식
② 셔틀트레인의 특징
  ㉠ 블록트레인을 보다 단순화한 열차로서, 화차의 수 및 형태·구성이 고정되어 있어 터미널에서의 화차취급비용을 절감할 수 있음
  ㉡ 일반적으로 블록트레인에 비해 15~20%의 화차취급비용을 줄일 수 있음
  ㉢ 철도역이나 두 터미널 간의 수송수요가 충분하고, 안정적이어야 한다는 제약으로 인해 대규모 물량이 고정적으로 확보된 비교적 짧은 구간에서 유용함

호퍼화차 (Hopper Car) 기출 22년/ 21년	• 개저식화차*로 천장 부분에 적용용 뚜껑의 부착 여부에 따라 오픈형(무개)과 덮개형(유개)으로 구분 　*개저식화차 : 밑바닥을 여닫을 수 있는 방식의 화차 • 밑 부분에는 중력양륙 또는 공기양륙 장치가 부착되어 화물을 싣고 내리는 작업의 합리화가 가능한 구조 • 곡물, 사료 등 입체화물을 운반하거나 석탄, 자갈 등 분체화물 운반
이단적재화차 (DST : Double Stack Car)	• 컨테이너화차의 일종으로 컨테이너를 이단 적재하여 운송할 수 있도록 설계 • 컨테이너 1개당 운송비용이 감소, 저렴한 연료비, 운송 중 충격으로 인한 화물의 보호 등이 장점
탱커화차 (Tanker Car)	원유 등과 같은 액체화물의 운반에 적합하도록 일체형으로 설계
벌크화차 (Bulk Car)	대차 위에 벌크화물 전용 탱크나 적재함이 설치

CORE 02　철도화물 운송

1. 철도화물 운송의 종류　기출 20년/ 17년/ 15년/ 12년

(1) 취급화물 형태에 따른 분류

① 화차취급(차급) 운송
　㉠ 화물을 대절한 화차 단위로 운송
　㉡ 운임은 화차를 기준으로 정하여 부과
　㉢ 대량화물의 장거리 운송에 적합
　㉣ 발·착역에서의 양·하역작업은 화주책임
　㉤ 특대화물, 위험물 등의 경우에는 할증제도가 있음

② 컨테이너취급 운송 : 대량운송을 위한 최적의 운송방법으로 형태·크기·중량이 다른 여러 가지 화물을 일정한 컨테이너 단위에 실은 다음 화차에 적재하여 운송

③ 혼재차취급 운송 : 통운업자가 불특정다수의 화주로부터 소량화물의 운송을 위탁받고 이를 행선지별로 화차나 컨테이너 단위로 재취합하여 철도의 화차취급이나 컨테이너취급으로 운송

④ 화물취급 운송 : 다수의 화주가 철도에 탁송하는 소량의 물품을 말하며, 객차편으로 운송하는 소화물취급*과 여객이 출발역에서 운송을 위탁하는 수화물취급이 있음

　*우리나라의 경우 2008년 철도화물수송 거점화 계획에 따라 소화물취급을 중지한 상태임

(2) 운송형태에 따른 분류

① 직행운송
　㉠ 특정 출발역과 도착역을 결정하고 그 구간을 직통으로 운송하는 방식(예 블록트레인)
　㉡ 철도역 간, 공장 간의 전용열차, 생산지와 소비지 간, 가공거점 간 직행운송 등이 이에 속함
　㉢ 운송 시간 단축과 화차의 운용 효율을 높일 수 있으며, 운송관리가 편리

(3) **철도운송의 특징** 기출 24년/ 17년/ 14년/ 13년/ 12년/ 11년

① 궤도수송(Guide Way)이기 때문에 사고율이 낮고 안전도가 높음
② 다른 운송수단에 비해 화물의 중량에 크게 영향을 받지 않음
③ 정시성 확보에 유리해 사전에 계획 운행이 가능
④ 대량화물을 중·장거리 운송할 경우 운송비가 저렴(단위당 운임은 거리에 반비례)
⑤ 대량의 화물을 동시에 효율적이고 안전하게 운송 가능
⑥ 배기가스나 소음이 적은 친환경적 운송
⑦ 전국적인 네트워크(철도운송망)를 보유
⑧ 다양한 운임할인제도 운영(예 왕복운송할인제도)
⑨ 전천후적인 운송수단으로 날씨의 영향이 적음
⑩ 객차 및 화차의 소재 관리가 곤란

(4) **도로운송과 비교 시 철도운송의 장·단점** 기출 25년/ 14년

장점	• 도로운송에 비해 기상의 영향을 받지 않음 • 도로운송에 비해 안전도가 높고, 규모의 경제효과가 높음 • 도로운송에 비해 화물의 중량에 크게 영향을 받지 않음 • 도로운송에 비해 전천후적인 운송수단으로 정시성 확보에 유리 • 도로운송에 비해 비탄력적인 운임체계를 갖고 있어 다양한 화물 취급보다는 중·장거리 대형, 장척(Lengthy)화물 취급에 적합
단점	• 국내 화물운송시장에서 도로운송에 비해 수송분담률 낮음 • 도로의 인프라 투자에 비해 철도에 대한 투자가 미흡하여 관련 기반시설 부족 • 문전에서 문전까지의 일관운송서비스를 제공할 수 없기 때문에 완결성 부족 • 적재와 하역 시 많은 단계가 필요

2. 철도화차의 종류 기출 25년/ 23년/ 21년/ 19년/ 16년/ 12년/ 11년

유개화차 (Box Car)	• 상부에 지붕이 있으며, 적재실이 박스형 구조로 설계 • 양측에 슬라이딩 도어가 있어 화물하역이 용이 • 비에 젖지 않아야 하고 외부로부터 보호되어야 하는 화물(양회, 비료, 제지류 등)을 수송 • 구조상 용적의 제한을 받으므로 장, 폭, 고 등에 관하여 따로 규정해야 함
무개화차 (Gondola Car) 기출 23년	• 상부에 지붕이 없으며, 벽체구조가 있는 구조 • 하차 시에는 기계를 이용하여 퍼내는 방식이나 측면 분출구를 이용 • 구조가 간단하여 비에 젖거나 인화의 우려가 없는 화물을 주로 운송 • 필요에 따라서는 컨테이너를 직접 적재하여 운송 • 적재가 비교적 용이하지만, 유개화차와 마찬가지로 용적의 제한을 받음
평판화차 (Flat Car)	• 화차의 상단이 평면으로 바닥판만 있는 화차 • 필요에 따라 상단에는 화물을 고정시킬 수 있는 체결장치(측면보, 돌기, 마운트, 로프 등)가 설치될 수 있는 구조가 있음 • 목재나 레일, 강관과 같은 장척화물 혹은 변압기나 기계류와 같은 대(大)중량 및 대(大)용적화물 등을 운송하는 데 적합
곡형평판화차	중앙부가 저상구조로, 대형변압기, 군장비 등의 특대형 화물수송에 적합하도록 설계
컨테이너화차 (Container Car)	• 컨테이너 수송에 적합한 평탄한 화차 • 평면의 철도화차 상단에 컨테이너를 고정하여 운송할 수 있는 장치를 장착한 컨테이너 전용화차 • 컨테이너는 일단 적재가 통상의 운용 방식이나, 철도선로의 노반이 튼튼하고, 허용 높이 내에서는 이단 적재도 가능

CHAPTER 03 철도운송

> **핵심 포인트**
> - ☑ 철도운송의 의의와 특징
> - ☑ 철도화차의 종류별 특징
> - ☑ 철도화물 운송 서비스의 형태
> - ☑ 철도컨테이너 운송 방식
> - ☑ 철도화물 운임의 유형 및 체계
> - ☑ 우리나라 철도운송의 현황 및 개선 방안

CORE 01 철도운송의 개요

1. 철도운송의 개념 및 특징

(1) 철도운송의 개념

① 송화인의 화물발송지부터 수화인의 배송지까지 철도와 기관차(화차)를 이용하여 화물 운송
② 초기 구축비용 등 대규모의 자본이 투입되고 투입 자본 대부분이 고정화되어 다른 산업으로 전업이 어려움

(2) 철도사업 관계법상 주요 용어 기출 17년

① **철도** : 여객 또는 화물을 운송하는 데 필요한 철도시설과 철도차량 및 이와 관련된 운영·지원체계가 유기적으로 구성된 운송체계
② **철도차량** : 선로를 운행할 목적으로 제작된 동력차·객차·화차 및 특수차
③ **선로** : 철도차량을 운행하기 위한 궤도와 이를 받치는 노반 또는 공작물로 구성된 시설
④ **철도사업** : 다른 사람의 수요에 응하여 철도차량을 사용하여 유상(有償)으로 여객이나 화물을 운송하는 사업
⑤ **철도산업** : 철도운송·철도시설·철도차량 관련산업과 철도기술개발관련산업 그 밖에 철도의 개발·이용·관리와 관련된 산업
⑥ **사업용철도** : 철도사업을 목적으로 설치하거나 운영하는 철도
⑦ **전용철도** : 다른 사람의 수요에 따른 영업을 목적으로 하지 아니하고 자신의 수요에 따라 특수 목적을 수행하기 위하여 설치하거나 운영하는 철도
⑧ **철도운수종사자** : 철도운송과 관련하여 승무(동력차 운전과 열차 내 승무) 및 역무서비스를 제공하는 직원
⑨ **철도사업자** : 한국철도공사 및 철도사업 면허를 받은 자

03 철도화물 운임 및 요금에 관한 설명으로 옳지 않은 것은?
기출 23년

① 화물운임의 할인종류에는 왕복수송 할인, 탄력할인, 사유화차 할인 등이 있다.
② 컨테이너의 크기, 적컨테이너, 공컨테이너 등에 따라 1km당 운임률은 달라진다.
③ 화차 1량에 대한 최저기본운임은 사용화차의 화차표기하중톤수의 200km에 해당하는 운임이다.
④ 일반화물의 기본운임은 1건마다 중량, 거리, 임률을 곱하여 계산한다. 이 경우 1건 기본운임이 최저기본운임에 미달할 경우에는 최저기본운임을 기본운임으로 한다.
⑤ 화물운임의 할증대상에는 귀중품, 위험물, 특대화물 등이 있다.

해설 ③ 화차 1량에 대한 최저운임은 사용화차의 최대적재중량(화차표기하중톤수)의 100km에 해당하는 운임이다.

기출문제 엿보기
- ☑ 철도화물의 운임체계에 관한 설명으로 옳지 않은 것은? 25·21년
- ☑ 우리나라 철도화물의 운임체계에 관한 설명으로 옳지 않은 것은? 22·15년
- ☑ 국내 철도화물 운임체계에 관한 설명으로 옳은 것은? 18년
- ☑ 우리나라 철도화물의 운임체계에 관한 설명으로 옳은 것은? 16년

04 다음에서 설명하는 철도하역방식은? 기출 24년

- 컨테이너 자체만 철도화차에 상차하거나 하차하는 방식이다.
- 하역작업이 용이하고 화차중량이 가벼워 보편화된 하역방식이다.
- 화차에 컨테이너를 상·하차하기 위하여 별도의 장비가 필요하다.

① COFC
② Kangaroo
③ Piggy Back
④ RORO
⑤ TOFC

해설 ① COFC는 화차에 컨테이너만을 적재하고 컨테이너를 트레일러로부터 분리하여 직접 플랫카에 적재하는 것으로 철도운송과 해상운송의 연계가 용이하다.

기출문제 엿보기
- ☑ 철도운송에 관한 설명으로 옳지 않은 것은? 21·15년
- ☑ 철도하역 방식인 COFC(Container on Flat Car)에 관한 설명으로 옳지 않은 것은? 19년
- ☑ 컨테이너를 철도로 운송하기 위하여 사용되는 적양방식의 하나로 철도역에 하역설비가 없는 경우, 컨테이너를 적재한 피견인차가 경사로를 통하여 적재 및 양륙되는 방식은? 16년
- ☑ 철도운송과 관련된 용어로 옳지 않은 것은? 14년

CHAPTER 03 시험에 꼭 나오는 필수문제

01 철도운송의 특징으로 옳지 않은 것은? 기출 22년

① 장거리 대량화물의 운송에 유리하다.
② 타 운송수단의 연계 없이 Door to Door 서비스가 가능하다.
③ 안전도가 높고 친환경적인 운송수단이다.
④ 전국적인 네트워크를 가지고 있다.
⑤ 계획적인 운송이 가능하다.

해설 ② 철도운송은 타 운송수단과의 연계 없이 문전에서 문전(Door to Door) 수송이 불가능하다.

기출문제 엿보기
- ☑ 철도운송에 관한 설명으로 옳지 않은 것은? 25 · 16년
- ☑ 철도운송의 장점이 아닌 것은? 20년
- ☑ 철도운송의 장점으로 옳지 않은 것은? 18년
- ☑ 철도운송의 특징으로 옳지 않은 것은? 17년
- ☑ 철도운송의 특성을 표시한 내용으로 옳지 않은 것을 모두 고른 것은? 13년

02 철도운송 서비스 형태에 관한 설명으로 옳지 않은 것은? 기출 23년

① Shuttle Train : 철도역 또는 터미널에서 화차조성비용을 줄이기 위해 화차의 수와 타입이 고정되며 출발지 → 목적지 → 출발지를 연결하는 루프형 서비스를 제공하는 열차 형태
② Block Train : 스위칭야드(Switching Yard)를 이용하지 않고 철도화물역 또는 터미널 간을 직행 운행하는 전용열차의 한 형태로 화차의 수와 타입이 고정되어 있음
③ Y-Shuttle Train : 한 개의 중간터미널을 거치는 것을 제외하고는 Shuttle Train과 같은 형태의 서비스를 제공하는 방식임
④ Single-Wagon Train : 복수의 중간역 또는 터미널을 거치면서 운행하는 방식으로 목적지까지 열차운행을 위한 충분한 물량이 확보된 경우에만 운행
⑤ Liner Train : 장거리구간에서 여러 개의 소규모터미널이 존재하는 경우 마치 여객열차와 같이 각 기차터미널에서 화차를 Pick up & Deliver하는 서비스 형태

해설 ② Block Train은 스위칭야드(Switching Yard)를 이용하지 않고 철도화물역 또는 터미널 간을 직행 운행하는 전용열차의 한 형태로 화차의 수와 타입이 고정되어 있지 않다.

기출문제 엿보기
- ☑ 다음에서 설명하고 있는 철도운송 서비스 형태는? 25 · 22 · 21년
- ☑ 다음에서 설명하는 전용열차의 종류는? 19년
- ☑ 철도운송 서비스 형태에 관한 설명으로 옳지 않은 것은? 18년

33

택배 표준약관(공정거래위원회 표준약관 제10026호)의 운송장에서 고객(송화인)이 사업자에게 교부해야 하는 사항으로 옳은 것을 모두 고른 것은? 기출 21년

> ㄱ. 문의처 전화번호
> ㄴ. 송화인의 주소, 이름(또는 상호) 및 전화번호
> ㄷ. 수화인의 주소, 이름(또는 상호) 및 전화번호
> ㄹ. 운송물의 종류(품명), 수량 및 가액
> ㅁ. 운송상의 특별한 주의사항
> ㅂ. 운송물의 중량 및 용적 구분

① ㄱ, ㄴ, ㄷ, ㅂ
② ㄱ, ㄷ, ㄹ, ㅁ
③ ㄱ, ㄹ, ㅁ, ㅂ
④ ㄴ, ㄷ, ㄹ, ㅁ
⑤ ㄴ, ㄷ, ㅁ, ㅂ

해설 운송장(택배 표준약관 제7조 제2항)
② 고객(송화인)은 제1항의 규정에 의하여 교부받은 운송장에 다음의 사항을 기재하고 기명날인 또는 서명하여 이를 다시 사업자에게 교부한다.
1. 송화인의 주소, 이름(또는 상호) 및 전화번호
2. 수화인의 주소, 이름(또는 상호) 및 전화번호
3. 운송물의 종류(품명), 수량 및 가액
4. 운송물의 인도예정장소 및 인도예정일(특정 일시에 수화인이 사용할 운송물의 경우에는 그 사용목적, 특정 일시 및 인도예정일시를 기재함)
5. 운송상의 특별한 주의사항(훼손, 변질, 부패 등 운송물의 특성구분과 기타 필요한 사항을 기재함)
6. 운송장의 작성연월일

34

다음과 같은 상황이 발생했을 때 택배 표준약관(공정거래위원회 표준약관 제10026호)에 근거한 보상내용으로 옳은 것은? 기출 19년

> • 홍길동은 설 명절에 해외 출장 때문에 고향에 가지 못하게 되었다.
> • 평소에 등산을 좋아하는 부모님을 위해서 설 명절 선물로 등산화 2켤레(110만원)를 구입하고 등산화 속에 60만원(10만원×6장)의 A 백화점 상품권을 넣었다.
> • B 택배 회사에 택배의뢰 시 운송물(등산화, 상품권) 금액에 대해서는 별도로 알리지 않고 등산화만 송장에 표기를 하고 부모님께 택배를 보냈다.
> • 그 다음날 택배회사로부터 해당 택배물품을 운송 중에 잃어버렸다는 통보를 받았다.

① 등산화 가격 110만원을 보상받는다.
② 등산화 가격 110만원과 A 백화점 상품권 60만원을 모두 보상받는다.
③ 등산화 가격 110만원과 A 백화점 상품권 60만원의 각각 50%까지 보상받는다.
④ A 백화점 상품권 60만원 중 40만원까지 보상받는다.
⑤ 등산화 가격 110만원 중 50만원까지 보상받는다.

해설 ⑤ 고객이 운송장에 운송물 가액을 기재하지 않은 경우 손해배상한도액은 50만원으로 하되, 운송물의 가액에 따라 할증요금 지급 시의 손해배상한도액은 각 운송가액 구간별 운송물의 최고가액으로 한다(택배 표준약관 제22조 제3항).

키워드 ⑪ 택배 표준약관

31

택배 표준약관(공정거래위원회 표준약관 제10026호)에 관한 내용으로 옳지 않은 것은? 기출 24년

① 고객(송화인)은 운송물을 성질, 중량, 용량에 따라 운송에 적합하도록 포장하여야 한다.
② 사업자는 운송물의 포장이 운송에 적합하지 아니한 때, 고객(송화인)의 승낙을 얻어 운송 중 발생될 수 있는 충격량을 고려하여 포장을 하여야 한다.
③ 사업자는 운송물을 수탁한 후 포장의 외부에 운송물의 종류와 수량, 인도예정일(시), 운송상의 특별한 주의사항을 표시한다.
④ 사업자가 운반하는 도중에 운송물의 포장이 훼손되어 재포장을 한 경우, 운송물을 인도한 후 고객(송화인)에게 그 사실을 알려야 한다.
⑤ 운송물이 포장당 50만원을 초과하거나 운송상 특별한 주의를 요하는 것일 때는 사업자는 별도 할증요금을 청구할 수 있다.

해설 ④ 사업자가 운송물을 운반하는 도중 운송물의 포장이 훼손되어 재포장을 한 경우에는 지체 없이 고객(송화인)에게 그 사실을 알려야 한다(택배 표준약관 제9조 제4항).

32

택배 표준약관(공정거래위원회 표준약관 제10026호)에 따른 용어의 정의로 옳지 않은 것은? 기출 21년

① '운송장'이라 함은 사업자와 고객(송화인) 간의 택배계약의 성립과 내용을 증명하기 위하여 사업자의 청구에 의하여 고객(송화인)이 발행한 문서를 말한다.
② '인도'라 함은 사업자가 고객(송화인)에게 운송장에 기재된 운송물을 넘겨주는 것을 말한다.
③ '수탁'이라 함은 사업자가 택배를 수행하기 위하여 고객(송화인)으로부터 운송물을 수령하는 것을 말한다.
④ '택배사업자'라 함은 택배를 영업으로 하며, 상호가 운송장에 기재된 운송사업자를 말한다.
⑤ '손해배상한도액'이라 함은 운송물의 멸실, 훼손 또는 연착 시에 사업자가 손해를 배상할 수 있는 최고 한도액을 말한다.

해설 ② '인도'라 함은 사업자가 고객(수화인)에게 운송장에 기재된 운송물을 넘겨주는 것을 말한다(택배 표준약관 제2조 제8항).

키워드 ⑩ 택배서비스

29

택배의 특성에 관한 설명으로 옳은 것을 모두 고른 것은?

기출 17년

> ㄱ. 개인화물부터 기업화물까지 불특정다수의 화물을 대상으로 한다.
> ㄴ. 물류기지, 집배차량, 자동분류기 등 대규모 투자가 필요하지 않다.
> ㄷ. 운송인은 일관된 책임운송서비스를 제공한다.
> ㄹ. 개별화물의 전산관리, 화물추적, 집배차량과의 통신 등이 접목되는 사업이다.
> ㅁ. 집하와 배송이 별개로 수행되는 운송사업이다.
> ㅂ. 택배사업은 매출액에 비해서 많은 노동력이 소요되는 사업이다.

① ㄱ, ㄷ, ㄹ
② ㄱ, ㄹ, ㅂ
③ ㄴ, ㄷ, ㅂ
④ ㄱ, ㄷ, ㄹ, ㅂ
⑤ ㄱ, ㄷ, ㄹ, ㅁ, ㅂ

해설 ㄴ. 물류기지, 집배차량, 자동분류기 등 대규모 투자가 필요하다.
ㅁ. 소화물의 집하, 포장, 운송, 배송에 이르기까지 포괄적인 일관 서비스를 제공한다.

30

다음과 같은 특징을 가진 택배운송시스템은? 기출 18년

> • 노선의 수가 적어 운송의 효율성이 높다.
> • 집배센터에 배달 물량이 집중되어 상·하차 여건 부족 시 배송 지연이 발생할 수 있다.
> • 모든 노선이 중심거점 위주로 구축된다.
> • 대규모의 분류능력을 갖춘 터미널이 필요하다.

① Milk Run 시스템
② Point to Point 시스템
③ Hub & Spoke 시스템
④ 절충형 혼합식 네트워크 방식
⑤ 프레이트 라이너 방식

해설 ① Milk Run 시스템 : 우유회사가 매일 축산 농가를 돌며 원유를 수거해온 데서 비롯된 방식으로 일명 '실시간조달체계'라고 불린다. 즉, 구입처가 여러 거래처를 돌면서 원재료를 모으는 물류시스템이다.
② Point to Point 시스템 : 어느 하나의 지역에서 집화한 화물을 그 지역의 터미널로 집결시킨 후 배달할 지역별로 구분하여 배달담당 터미널로 발송하는 택배운송시스템이다.
④ 절충형 혼합식 네트워크 방식 : Hub & Spoke 시스템과 Point to Point 시스템을 혼합운영하는 시스템이다.
⑤ 프레이트 라이너(Freight Liner) 방식 : 영국국철이 개발한 정기적 급행 컨테이너 수송방식을 말한다.

26

화물운임의 부과방법에 관한 설명으로 옳지 않은 것은? **기출 23년**

① 종가운임 : 운송되는 화물의 가격에 따라 운임의 수준이 달라지는 형태의 운임
② 최저운임 : 일정한 수준 이하의 운송량을 적재하거나 일정 거리 이하의 단거리운송 등으로 실운임이 일정수준 이하로 계산될 때 적용하는 최저 수준의 운임
③ 특별운임 : 운송거리, 서비스 수준, 운송량, 운송시간 등에 따라 운임 차이가 발생할 수 있음에도 불구하고 동일한 요율을 적용하는 형태의 운임
④ 품목별운임 : 운송하는 품목에 따라 요율을 달리하는 운임
⑤ 반송운임 : 목적지에 도착한 후 인수거부, 인계불능 등에 의하여 반송조치하고 받는 운임

해설 ③ 특별운임(Special Rate)은 주로 해상운송에서 수송조건과는 별개로 해운동맹 측이 비동맹선과 적취 경쟁을 하게 되면 일정 조건하에서 정상요율보다 인하한 특별요율을 적용하는 운임이다.

27

특수화물(special cargo)의 추가운임 부과에 관한 설명으로 옳지 않은 것은? **기출 15년**

① 특수화물은 취급에 특별한 장비 및 주의를 요하므로 추가운임이 부과된다.
② 유황, 독극물, 화약, 인화성 액체, 방사성 물질 등과 같은 위험물은 특별취급을 요하므로 사전에 운송인에게 신고해야 하고 추가운임이 부과된다.
③ 악취, 분진, 오염 등을 일으키는 원피, 아스팔트, 우지, 석탄, 고철 등의 기피화물은 신고를 하여야 하며, 종류에 따라 추가운임이 부과된다.
④ 보통의 적양기(winch, crane)로 적양할 수 없는 통상 3톤 이상의 중량화물과 철도레일, 전신주, 파이프 등의 장척화물의 경우 추가운임이 부과된다.
⑤ 생선, 야채 등의 변질물과 냉동품은 미리 운송인에게 특별히 신고를 할 필요가 없고, 다만 종류에 따라 추가운임만 부과된다.

해설 ⑤ 운송약관에 의하면, 생선, 야채 등의 변질되기 쉬운 특수화물은 미리 운송인에게 신고하여야 한다.

28

다음에서 설명하는 운임결정이론(Theory of Rate Making)은? **기출 20년**

- 운임의 최고한도는 화주의 운임부담능력이 되고, 최저한도는 운송인의 운송원가가 된다.
- 실제 운임의 결정은 운임부담능력과 운송원가 사이에서 결정된다.

① 용역가치설
② 운임부담력설
③ 생산비설
④ 절충설
⑤ 일반균형이론

해설 ④ 절충설 : 절충설은 생산비설과 부담능력설의 절충적 입장을 취하는 학설로 운임의 최고한도는 수요자측의 운임부담능력이 되고, 최저한도는 공급자의 운송원가가 된다.
① 용역가치설 : 용역제공으로 발생하는 부가가치에 따라 가격이 결정되며, 또한 수요자 측에서 주관적으로 인정하는 운송용역에 대한 가치평가에 따라 운임도 변화해야 한다고 보는 학설이다.
② 운임부담력설 : 운임을 특정 수송용역의 가치와 이용자측의 운임부담력을 한도로 하여 결정하여야 한다는 학설이다. 정기선의 운임은 운임부담력설에 근거한다.
③ 생산비설 : 운임의 결정은 최종적으로 생산비(운송원가)에 근거한다는 학설이다. 부정기선의 운임결정에 적합한 이론이다.
⑤ 일반균형이론 : 운임도 가격의 일종이기 때문에 일반상품의 가격과 동일선상에 두며, 운임이 최고운임의 범위 내에서 한 지역의 제품가격과 다른 지역의 가격이 상호 영향을 미치면서 결정된다고 보는 학설이다.

키워드 9　화물자동차의 운임

23

화물자동차 운임 결정 시 고려사항으로 옳지 않은 것은?

기출 19년

① 운송거리는 연료비, 수리비, 타이어비 등 변동비에 영향을 주는 중요한 요소이다.
② 밀도가 높은 화물은 동일한 용적을 갖는 용기에 많이 적재하여 운송할 수 있다.
③ 한 번에 운송되는 화물 단위가 클수록 대형차량을 이용하며 이 경우에 운송단위당 부담하는 고정비 및 일반관리비는 높아진다.
④ 화물형상의 비정형성은 적재작업을 어렵게 하고 적재공간의 효율성을 떨어지게 한다.
⑤ 운송 중 발생되는 화물의 파손, 부패, 폭발가능성 등에 따라 운임이 달라진다.

해설 ③ 한 번에 운송되는 화물의 단위가 클수록 대형차량을 이용하며, 이때 운송단위당 부담하는 고정비 및 일반관리비는 감소한다.

24

운임에 영향을 주는 요인으로 옳은 것을 모두 고른 것은?

기출 21년

| ㄱ. 화물의 중량 | ㄴ. 화물의 부피 |
| ㄷ. 운송 거리 | ㄹ. 화물의 개수 |

① ㄱ, ㄴ
② ㄷ, ㄹ
③ ㄱ, ㄴ, ㄷ
④ ㄴ, ㄷ, ㄹ
⑤ ㄱ, ㄴ, ㄷ, ㄹ

해설 운임의 결정요인
운송 거리, 운송되는 화물의 크기 및 개수, 화물의 밀도(일정한 부피에 대한 중량), 적재성, 취급의 용이성, 운송사업자의 화물관련 책임수준, 시장요인 등

25

운임의 종류에 관한 내용으로 옳은 것은?

기출 21년

① 공적운임 : 운송계약을 운송수단 단위 또는 일정한 용기 단위로 했을 때 실제로 적재능력만큼 운송하지 않았더라도 부담해야 하는 미적재 운송량에 대한 운임
② 무차별운임 : 일정 운송량, 운송거리의 하한선 이하로 운송될 경우 일괄 적용되는 운임
③ 혼재운임 : 단일화주의 화물을 운송수단의 적재능력만큼 적재 및 운송하고 적용하는 운임
④ 전액운임 : 운송거리에 비례하여 운임이 증가하는 형태의 운임
⑤ 거리체감운임 : 운송되는 화물의 가격에 따라 운임의 수준이 달라지는 형태의 운임

해설 ② 무차별운임 : 화물의 종류나 내용과는 관계없이 중량과 용적에 따라 동일하게 부과하는 운임
③ 혼재운임 : 여러 화주의 화물을 혼재하여 하나의 운송단위로 만들어 운송될 때 부과되는 운임
④ 전액운임 : 운송의 완성여부에 관계없이 전액을 지급하는 운임
⑤ 거리체감운임 : 거리의 증가에 따라 낮은 운임을 적용하여 원거리 운송이 단거리 운송보다 유리하게 하는 형태의 운임

21

H기업의 가구 제조공장에서 판매처까지의 거리가 총 100km이고, 운송량은 5톤이다. 아래와 같은 화물자동차운송과 철도운송 수단별 비용에 관한 설명으로 옳은 것은? (단, 기본운임은 거리 및 운송량에 상관없는 고정비임) 기출 16년

구분		화물자동차운송	철도운송
운임	기본운임	100,000원	300,000원
	톤·km당 추가비용	400원	200원
톤·km당 부대비용		100원	300원

① 철도운송 시 발생되는 추가비용과 부대비용은 서로 같다.
② 철도운송 시 발생되는 추가비용은 화물자동차운송 시 발생되는 추가비용보다 높다.
③ 철도운송 시 발생되는 총비용 중, 추가비용의 비중이 가장 높다.
④ 화물자동차운송 시 발생되는 총비용 중, 추가비용의 비중이 가장 높다.
⑤ 화물자동차운송 시 발생되는 총운송비가 철도운송 시 발생되는 총운송비보다 높다.

> **해설** ④ 화물자동차운송 시 발생되는 총비용 350,000원 중, 기본운임이 100,000원, 추가비용이 200,000원, 부대비용이 50,000원으로 추가비용의 비중이 가장 높다.
>
> **화물자동차운송과 철도운송의 추가비용, 부대비용, 총운송비**
> • 운송수단별 추가비용
>   – 화물자동차 : 400원/톤·km × 100km × 5톤 = 200,000원
>   – 철도 : 200원/톤·km × 100km × 5톤 = 100,000원
> • 운송수단별 부대비용
>   – 화물자동차 : 100원/톤·km × 100km × 5톤 = 50,000원
>   – 철도 : 300원/톤·km × 100km × 5톤 = 150,000원
> • 운송수단별 총운송비(기본운임 + 추가비용 + 부대비용)
>   – 화물자동차 : 350,000원
>   – 철도 : 550,000원

22

서울에서 대전까지 편도운송을 하는 K사의 화물차량 운행상황은 아래와 같다. 만약, 차량 1대당 1회 적재량을 1,000상자에서 1,200상자로 증가시켜 적재효율을 높였을 경우, K사의 1대당 1일 운송횟수와 월 운송비 절감액은? 기출 16년

구분	기존	개선 후
월 운행일수	30일	30일
차량 운행대수	4대	4대
1대당 1일 운행횟수	3회	?회
1대당 1회 운송비	150,000원	150,000원

① 2.0회, 6,000,000원
② 2.0회, 7,500,000원
③ 2.0회, 9,500,000원
④ 2.5회, 6,500,000원
⑤ 2.5회, 9,000,000원

> **해설** 기존
> • 월 운행비용 : 30일 × 4대 × 3회 × 150,000원 = 54,000,000원
> • 운행횟수 : 4대 × 3회/대 = 12회
> • 1일 운송량 : 12회 × 1,000상자 = 12,000상자
>
> 개선 후
> • 1,000상자에서 1,200상자로 차량 적재율을 높이면, 12,000상자/1,200상자 = 10회로 가능
> • 개선 후 1대당 1일 운송횟수 : 10회/4대 = 2.5회
> • 개선 후 월 운행비용 : 30일 × 10회 × 150,000원 = 45,000,000원
>
> **월 수송비 절감액**
> 54,000,000원(기존) − 45,000,000원(개선 후) = 9,000,000원

18

화물자동차 운영효율성 지표에 관한 설명으로 옳지 않은 것은? 기출 20년

① 영차율은 전체 운행거리 중 실제 화물을 적재하지 않고 운행한 비율을 나타낸다.
② 회전율은 차량이 일정한 시간 내에 화물을 운송한 횟수의 비율을 나타낸다.
③ 가동률은 일정기간 동안 화물을 운송하거나 운송을 위해 운행한 일수의 비율을 나타낸다.
④ 복화율은 편도 운송을 한 후 귀로에 화물운송을 어느 정도 수행했는지를 나타내는 지표이다.
⑤ 적재율은 차량의 적재정량 대비 실제 화물을 얼마나 적재하고 운행했는지를 나타내는 지표이다.

해설 ① 영차율은 전체 화물운송거리 중에서 실제로 얼마나 화물을 적재하고 운행했는지를 나타내는 지표로 적재거리를 총 운행거리로 나누어 산출한다.

19

적재중량 24톤 화물자동차가 다음과 같은 운송실적을 가질 때 연료소모량(L)은? (단, 영차(실차)운행 시에는 ton · km당 연료소모기준을 적용함) 기출 21년

- 운행실적 : 총 운행거리 36,000km, 영차(실차)운행거리 28,000km
- 평균 화물적재량 : 18ton
- 연료소모기준 : 공차운행 시 0.3L/km, 영차(실차)운행 시 0.5L/ton · km

① 234,000
② 252,000
③ 254,400
④ 256,800
⑤ 504,000

해설 영차(실차)운행 시 연료소모량 + 공차운행 시 연료소모량
= (28,000 × 18 × 0.5) + {(36,000 − 28,000) × 0.3}
= 252,000 + 2,400 = 254,400(L)

키워드 ⑧ 화물자동차의 운임원가

20

화물운송의 비용 및 운임에 관한 내용으로 옳지 않은 것은? 기출 24년

① 종가운임은 화물중량이 아닌 화물가격(송장가액)에 따라 운임의 수준이 달라지는 운임을 말한다.
② 양모, 면화 등 중량에 비해 부피가 큰 용적화물은 수량 기준으로 운임을 산정해야 한다.
③ 운송수단의 선정 시 운송비용은 중요한 기준이 된다.
④ 연료비, 수리비, 타이어비는 화물자동차운송 비용 중 변동비에 해당한다.
⑤ 수요자(화주)가 인지하는 서비스 가치에 기초하여 운임을 책정할 수 있다.

해설 ② 양모, 면화 등 중량에 비해 부피가 큰 용적화물은 용적기준으로 운임을 산정해야 한다.

16

다음에서 설명하는 화물운송관련 시스템은? 기출 24년

- 화물운송 시 수반되는 자료와 정보를 신속하게 수집하여 효율적으로 관리하는 시스템
- 수주과정에서 입력한 정보를 기초로 비용이 가장 적은 운송경로와 운송수단을 제공하는 시스템

① Cold Chain System
② Geographic Information System
③ Vanning Management System
④ Transportation Management System
⑤ Intelligent Transportation System

해설 ① 콜드체인시스템(Cold Chain System) : 온도관리가 필수적인 제품을 유통하는 데 있어 유통과정에서 저온 상태를 유지해 제품의 신선도와 품질을 보장하는 시스템이다.
② 지리정보시스템(GIS) : 어떤 지역에 지리적으로 참조가능한 모든 형태의 정보를 효과적으로 수집, 저장, 갱신, 분석, 표현할 수 있도록 디지털 지도를 작성한 시스템이다.
③ 적재관리시스템(VMS) : 화물의 특징에 따라 적정한 운송차량에 화물이 효율적으로 포장 및 적재될 수 있도록 차량의 소요, 배차, 적재위치 등을 지정해 주는 시스템이다.
⑤ 지능형교통시스템(ITS) : 도로와 차량, 사람과 화물을 정보네트워크로 연결하여 교통체증의 완화와 교통사고의 감소, 환경문제의 개선 등을 실현할 수 있는 시스템이다.

키워드 ❼ 운영관리지표

17

다음 A기업의 1년간 화물자동차 운행실적을 이용한 실차율은? 기출 24년

- 표준 영업일수 : 300일
- 실제가동 영업일수 : 240일
- 비영업일수 : 60일
- 총 주행거리 : 70,000km
- 실제 적재 주행거리 : 63,000km
- 트럭의 적재 가능 총 중량 : 10톤
- 트럭의 평균 적재 중량 : 8.5톤

① 20% ② 25%
③ 80% ④ 85%
⑤ 90%

해설

$$실차율 = \frac{실제\ 적재\ 주행거리}{총\ 주행거리} \times 100$$

$$= \frac{63,000km}{70,000km} \times 100$$

$$= 90(\%)$$

키워드 ❻ 운송정보시스템

14

TMS(Transportation Management System)에 관한 설명으로 옳지 않은 것은? 기출 20년

① 화물운송 시 수반되는 자료와 정보를 수집하여 효율적으로 관리하고, 수주과정에서 입력한 정보를 기초로 비용이 저렴한 수송경로와 수송수단을 제공하는 시스템이다.
② 화물이 입고되어 출고되기까지의 물류데이터를 자동 처리하는 시스템으로 입고와 피킹, 재고관리, 창고 공간 효율의 최적화 등을 지원하는 시스템이다.
③ 최적의 운송계획 및 차량의 일정을 관리하며 화물 추적, 운임 계산 자동화 등의 기능을 수행한다.
④ 고객의 다양한 요구를 수용하면서 수·배송비용, 재고비용 등 총비용을 절감할 수 있다.
⑤ 공급배송망 전반에 걸쳐 재고 및 운반비 절감, 대응력 개선, 공급업체와 필요부서 간의 적기 납품을 실현할 수 있다.

해설 ② 화물이 입고되어 출고되기까지의 물류데이터를 자동 처리하는 시스템으로 입고와 피킹, 재고관리, 창고 공간 효율의 최적화 등을 지원하는 시스템은 창고관리시스템(WMS : Warehouse Management System)이다.

15

화물자동차운송정보시스템에 관한 설명으로 옳지 않은 것은? 기출 17년

① ITS는 도로와 차량, 사람과 화물을 정보네트워크로 연결하여 교통체증의 완화와 교통사고의 감소, 환경문제의 개선 등을 실현할 수 있는 시스템이다.
② GIS-T는 디지털 지도에 각종 정보를 연결하여 관리하고 이를 분석, 응용하는 시스템의 통칭이다.
③ AVLS는 위성으로부터 받은 신호로 이동체의 위치 및 이동상태를 파악하여 차량의 최적 배치 및 파견, 실태파악 및 분석 안내, 통제, 운영할 수 있는 작업들을 지능화한 시스템이다.
④ TRS는 중계국에 할당된 다수의 주파수 채널을 여러 사용자들이 공유하여 사용하는 무선통신서비스이다.
⑤ VTS는 화물자동차의 최종 배송지에 대한 최적 운송경로를 검색하는 운송경로시스템이다.

해설 ⑤ VTS는 해상교통관제시스템으로 항만의 안전 또는 항만 운영 효율성을 제고하기 위해 실시하는 통항서비스를 제공한다.

10

다음은 트레일러 트럭(Trailer truck)에 관한 내용이다. (   )에 들어갈 내용으로 옳은 것은? 기출 24년

(ㄱ) 트레일러 트럭 : 트랙터에 턴테이블을 설치하고 트레일러를 연결한 후, 대형파이프 등 장척물의 수송에 사용한다.
(ㄴ) 트레일러 트럭 : 트랙터와 트레일러가 적재하중을 분담하는 트레일러를 말한다.
(ㄷ) 트레일러 트럭 : 트랙터와 트레일러가 완전히 분리되어 있고, 트랙터 자체도 바디(Body)를 가지고 있다.

① ㄱ : 폴(Pole), ㄴ : 더블(Double), ㄷ : 세미(Semi)
② ㄱ : 풀(Full), ㄴ : 폴(Pole), ㄷ : 스켈레탈(Skeletal)
③ ㄱ : 풀(Full), ㄴ : 세미(Semi), ㄷ : 더블(Double)
④ ㄱ : 폴(Pole), ㄴ : 세미(Semi), ㄷ : 풀(Full)
⑤ ㄱ : 세미(Semi), ㄴ : 스켈레탈(Skeletal), ㄷ : 풀(Full)

해설 ㄱ. 폴(Pole) 트레일러 트럭 : 트랙터에 턴테이블을 설치하고 트레일러를 연결한 후, 차량 한 대로 안전하게 운송하기 어려운 대형 목재, 대형 파이프, H형강 등의 장대화물을 안전하게 운송하기 위하여 이용된다.
ㄴ. 세미(Semi) 트레일러 트럭 : 트레일러의 일부 하중을 트랙터가 분담하는 트레일러를 말한다. 트레일러의 바퀴가 뒤쪽에만 설치되어 있고 앞쪽은 트랙터의 커플러에 연결되어 커플러를 통해서 하중이 트랙터에 전달되는 구조로 되어 있다.
ㄷ. 풀(Full) 트레일러 트럭 : 트랙터와 트레일러가 완전히 분리되어 있고 트랙터 자체도 보디를 가지고 있는 트레일러를 말한다. 이 트레일러는 자체의 바퀴에서 적재한 하중을 모두 부담하는 형태로 견인차량도 화물을 적재하고 운행할 수 있다.

11

화물자동차의 구조에 의한 분류 중 합리화 특장차는? 기출 23년

① 믹서트럭
② 분립체 운송차
③ 액체 운송차
④ 냉동차
⑤ 리프트게이트 부착차량

해설 ①·②·③·④는 전용 특장차에 해당한다.

12

특장차에 관한 설명으로 옳지 않은 것은? 기출 19년

① 특장차를 전용으로 이용할 경우에 화물의 포장비가 절감된다.
② 특장차는 신속한 상·하차가 가능하여 차량의 회전율을 향상시킨다.
③ 특장차는 복화화물을 확보하는 것이 어렵기 때문에 편도 공차운행을 해야 하는 비효율성이 있다.
④ 특장차는 운송화물의 특성에 맞춰 제작되기 때문에 차체의 무게가 가벼워진다.
⑤ 특장차는 다른 종류의 화물을 수송하기에 부적합하며 화물 부족 시 운영효율이 떨어진다.

해설 ④ 특장차는 특수한 용도로 장비를 갖추고 작업을 수행하기 위해 특수 설비와 구조를 갖춘 자동차이기 때문에 차체의 무게가 무거워진다.

13

전용특장차에 관한 설명으로 옳지 않은 것은? 기출 20년

① 덤프차량은 모래, 자갈 등의 적재물을 운송하고 적재함 높이를 경사지게 하여 양하하는 차량이다.
② 분립체수송차는 반도체 등을 진동 없이 운송하는 차량이다.
③ 액체수송차는 각종 액체를 수송하기 위해 탱크형식의 적재함을 장착한 차량이다.
④ 냉동차는 야채 등 온도관리가 필요한 화물운송에 사용된다.
⑤ 레미콘 믹서트럭은 적재함 위에 회전하는 드럼을 부착하고 드럼 속에 생콘크리트를 뒤섞으면서 운송하는 차량이다.

해설 ② 차량에 특수스프링을 장착해 반도체 등을 진동 없이 운송하는 차량은 무진동 차량이다. 분립체수송차는 시멘트, 곡물 등 가루나 작은 알갱이 형태의 화물을 자루에 담지 않고 산물상태로 운반하는 차량을 말한다.

키워드 ④ 화물자동차 제원

07
화물자동차의 운송능력에 관한 내용으로 옳은 것은? [기출 24년]

① 최대적재중량은 화물자동차 자체중량과 최대 승차중량을 합한 중량을 말한다.
② 자동차연결 총중량은 공차상태에서 트랙터와 트레일러까지 합산된 중량을 말한다.
③ 화물자동차의 운송능력은 공차중량에 자동차의 평균 용적을 곱하여 계산한다.
④ 최대접지압력은 공차상태에서 도로 지면 접지부에 미치는 압력의 정도를 말한다.
⑤ 공차중량은 화물을 적재하지 않고 연료, 냉각수, 윤활유 등을 가득 채운 상태의 중량을 말한다.

> **해설** ① 최대적재중량은 화물을 최대로 적재할 수 있도록 허용된 중량을 말한다.
> ② 자동차연결 총중량은 화물을 최대 적재된 상태의 트레일러와 트랙터의 무게를 합산한 중량을 말한다.
> ③ 화물자동차의 운송능력은 최대 적재중량에 자동차의 평균 속도를 곱하여 계산한다.
> ④ 최대접지압력은 화물의 최대 적재상태에서 도로 지면 접지부에 미치는 압력의 정도를 말한다.

08
화물자동차에 관한 설명으로 옳은 것을 모두 고른 것은? [기출 19년]

> ㄱ. 전장이 길수록 화물의 적재 부피가 증가한다.
> ㄴ. 전고의 크기는 지하도, 교량의 통과 높이에 영향을 준다.
> ㄷ. 전폭이 좁을수록 주행의 안전성이 향상된다.
> ㄹ. 하대높이는 화물적재의 안정성에 영향을 준다.
> ㅁ. 제1축간거리가 길수록 적재함 중량이 뒷바퀴에 많이 전달된다.

① ㄱ, ㄴ, ㄷ
② ㄱ, ㄴ, ㄹ
③ ㄴ, ㄷ, ㄹ
④ ㄴ, ㄹ, ㅁ
⑤ ㄷ, ㄹ, ㅁ

> **해설** ㄷ. 전폭이 넓을수록 주행의 안전성이 향상된다.
> ㅁ. 제1축간거리가 길수록 적재대의 길이가 커지거나 적재하중이 앞바퀴에 많이 전달된다.

키워드 ⑤ 화물자동차의 종류

09
일반 화물자동차의 화물 적재공간에 박스형 덮개를 고정적으로 설치한 차량은? [기출 23년]

① 밴형화물자동차
② 덤프트럭
③ 포크리프트
④ 평바디트럭
⑤ 리치스테커(Reach Stacker)

> **해설** ② 덤프트럭 : 화물적재함의 높이를 경사지게 함으로써 중력을 이용하여 적재물을 쏟아 내리는 차량 구조를 지닌다.
> ③ 포크리프트 : 중량물을 소형기의 동체(Belly)에 싣거나 단위탑재용기에 적재할 때 사용되는 장비이다.
> ④ 평바디트럭 : 지붕이 없고 짐받이가 평평한 타입으로 범용성이 높고 짐의 적재가 쉽다.
> ⑤ 리치스테커(Reach Stacker) : 대형지게차에 유압식 지브크레인이 설치된 형상으로 크레인 끝에 스프레더가 장착되어 컨테이너 운반 및 하역에 사용된다.

키워드 ❷ 화물자동차의 운송 형태

03

화물자동차운송의 분류에 관한 설명으로 옳은 것은? 기출 16년

① 자가운송 : 운송대가를 받기 위하여 운송업자가 화물자동차를 확보하고, 타인의 화물용역을 수탁받아 행하는 운송
② 트럭단위(Truck Load)운송 : 하나의 화물자동차에 다양한 화주의 화물을 함께 적재하여 행하는 운송
③ 집배운송 : 화물자동차를 이용하여 여러 화주를 순회하면서 화물을 집하 및 배송하는 운송
④ 영업운송 : 주로 대형차량을 이용하여 대량으로 자기화물을 터미널과 터미널 간에 행하는 운송
⑤ 혼재운송 : 단일 화주의 화물을 하나의 화물자동차에 적재하여 행하는 운송

해설 ③ 집배운송은 이원적 운송이나 복합운송을 위하여 화물을 화주에서 물류터미널, 터미널에서 화주문전까지 운송하는 형태이다.

04

화물자동차의 운송 형태에 관한 설명으로 적합하지 않은 것은? 기출 13년

① 집배운송은 주로 대형 트럭을 이용하여 장거리 운송하는 것이다.
② 간선운송은 대량의 화물을 취급하는 물류거점 간에 운송하는 것이다.
③ 자가운송은 화주가 직접 차량을 구입하고 그 차량을 이용하여 자신의 화물을 운송하는 것이다.
④ 지선운송은 물류거점과 소도시 또는 물류센터, 공장 등까지 운송하는 것이다.
⑤ 노선운송은 정해진 노선과 계획에 따라 운송하는 것이다.

해설 ① 집배운송은 터미널이나 철도역, 항만 등과 같이 화물의 집결지 또는 결절점(Node)으로 운송하거나 결절점에서 최종 수요지까지 배송하는 것으로 집화·배달운송을 말한다.

키워드 ❸ 화물자동차 운행의 안전기준과 제한

05

화물자동차의 운행제한 기준으로 옳은 것은? 기출 22년

① 축간 중량 5톤 초과
② 길이 13.7m 초과
③ 너비 2.0m 초과
④ 높이 3.5m 초과
⑤ 총중량 40톤 초과

해설 차량의 운행 제한 등(「도로법 시행령」 제79조 제2항)
② 도로관리청이 법 제77조 제1항에 따라 운행을 제한할 수 있는 차량은 다음과 같다.
1. 축하중(軸荷重)이 10톤을 초과하거나 총중량이 40톤을 초과하는 차량
2. 차량의 폭이 2.5미터, 높이가 4.0미터(도로 구조의 보전과 통행의 안전에 지장이 없다고 도로관리청이 인정하여 고시한 도로의 경우에는 4.2미터), 길이가 16.7미터를 초과하는 차량
3. 도로관리청이 특히 도로 구조의 보전과 통행의 안전에 지장이 있다고 인정하는 차량

06

화물자동차의 운행상 안전기준에 해당하는 것을 모두 고른 것은? 기출 23년

> ㄱ. 적재중량 : 구조 및 성능에 따르는 적재중량의 110% 이내일 것
> ㄴ. 길이 : 자동차 길이에 그 길이의 10분의 1을 더한 길이를 넘지 아니할 것
> ㄷ. 승차인원 : 승차정원의 110% 이내일 것
> ㄹ. 너비 : 자동차의 후사경(後寫鏡)으로 뒤쪽을 확인할 수 있는 범위(후사경의 높이보다 화물을 낮게 적재한 경우에는 그 화물을, 후사경의 높이보다 화물을 높게 적재한 경우에는 뒤쪽을 확인할 수 있는 범위를 말한다)의 너비를 넘지 아니할 것
> ㅁ. 높이 : 지상으로부터 4.5미터를 넘지 아니할 것

① ㄱ, ㄴ, ㄷ
② ㄱ, ㄴ, ㄹ
③ ㄴ, ㄷ, ㄹ
④ ㄱ, ㄴ, ㄷ, ㄹ
⑤ ㄱ, ㄷ, ㄹ, ㅁ

해설 ㄷ. 승차인원 : 승차정원 이내
ㅁ. 높이 : 지상으로부터 4미터 이내

빈출키워드 기출유형문제

키워드 ❶ 화물자동차운송의 특징

01

화물자동차운송의 특징에 관한 설명으로 옳은 것은? 기출 24년

① 운송단위가 작아서 장거리 대량화물 운송에 적합하다.
② 철도운송에 비해 사고율이 낮고 안전도가 높다.
③ 다른 운송수단과 연계하지 않고도 일관운송 서비스를 제공할 수 있다.
④ 운송화물의 중량에 제한이 없다.
⑤ 철도운송에 비해 정시성이 높다.

> **해설** ① 화물자동차운송은 근거리 소량화물 운송에 적합하다.
> ② 철도운송은 화물자동차에 비해 사고율이 낮고 안정성 측면에서 우수하다. 화물자동차운송은 도로혼잡, 교통사고 등의 문제가 발생할 수 있다.
> ④ 화물자동차는 다른 운송수단에 비해 적재중량에 제한이 많아 대량화물 운송에 부적합하다.
> ⑤ 철도운송은 화물자동차운송에 비해 전천후적인 운송수단으로 정시성 확보에 유리하다.

02

도로운송의 특성에 관한 설명으로 옳은 것을 모두 고른 것은? 기출 16년

> ㄱ. 타 운송수단에 비해 포장비가 저렴하고, 화물 손상률이 낮은 편이다.
> ㄴ. 장거리 대량 운송에 적합하다.
> ㄷ. 원하는 시기에 맞는 탄력적 배차가 용이하다.
> ㄹ. 타 운송수단에 비해 고정비보다는 변동비가 높은 편이다.
> ㅁ. 운송의 자기완결성이 부족한 편이다.

① ㄱ, ㄴ
② ㄱ, ㄹ
③ ㄴ, ㄷ
④ ㄷ, ㄹ
⑤ ㄹ, ㅁ

> **해설** ㄱ. 운송 시 진동으로 인한 화물의 손상률이 높은 편이다.
> ㄴ. 장거리 운송 시 운임이 높고 안정성이 떨어진다. 화물자동차운송은 근거리·소량화물의 운송에 적합하다.
> ㅁ. 운송의 자기완결성이 높은 운송수단이다.
>
> **도로운송의 특징**
> • 단위포장 시 파렛트 이용이 가능하다.
> • 필요시 언제나 즉시 배차가 가능하다.
> • 비교적 간단한 포장으로 운송이 가능하다.
> • 타 운송수단에 비해 변동비율이 높은 편이다.
> • 문전까지 일관수송이 가능하여 수취가 매우 편리하다.
> • 단거리 운송에 적합하고, 경제적이며, 운임은 탄력적으로 계산이 가능하다.

17 (　　)은/는 기업에서 기업 또는 거래처로 보내는 택배서비스 형태에 해당한다.

18 ⓄⓍ 택배서비스는 소품종 대량생산 체제로 전환되면서 운송단위가 대량화되고 있다.

19 택배 간선운송 중 (　　) 시스템은 모든 노선이 허브를 중심으로 구축되고 노선의 수가 적어 운송의 효율성이 높아진다.

20 ⓄⓍ Point to Point 시스템은 어느 하나의 지역에서 집화한 화물을 그 지역의 터미널로 집결시킨 후 배달할 지역별로 구분하여 배달담당 터미널로 발송한다.

21 ⓄⓍ 사업자가 운송물을 운반하는 도중 운송물의 포장이 훼손되어 재포장을 한 경우에는 지체 없이 고객(송화인)에게 그 사실을 알려야 한다.

22 사업자는 운송물 1포장의 가액이 (　　)원을 초과하는 경우에 운송물의 수탁을 거절할 수 있다.

23 ⓄⓍ 운송장에 인도예정일의 기재가 없는 도서 및 산간벽지의 경우 운송장에 기재된 운송물 수탁일로부터 2일 이내에 운송물을 인도한다.

24 고객이 운송장 운송물 가액을 기재하지 않은 경우 손해배상한도액은 (　　)만원으로 하되, 운송물의 가액에 따라 할증요금 지급 시의 손해배상한도액은 각 운송가액 구간별 운송물의 (　　)가액이다.

정답 및 해설

01 ○
02 간선
03 × ▶ 우리나라는 화물자동차의 폭이 2.5미터, 높이가 4.0미터를 초과하는 차량은 운행이 제한된다.
04 × ▶ 차량 총중량은 승차정원을 포함하여 화물 최대적재량 적재 시의 자동차 전체 중량이다.
05 ○
06 덤프트럭
07 슬라이딩도어
08 TMS(운송관리시스템)
09 × ▶ VMS(적재관리시스템)에 관한 설명이다. ITS는 도로와 차량, 사람과 화물을 정보네트워크로 연결하여 교통체증의 완화와 교통사고의 감소 등을 실현할 수 있는 시스템이다.
10 ○
11 영차율(실차율)
12 × ▶ 회전율은 총운송량을 평균 적재량으로 나누어 산출한다.
13 ○
14 고정비
15 × ▶ 운임결정이론 중 절충설에서 운임의 최고한도는 화주의 운임 부담능력이 되고, 최저한도는 송송인의 송송원가가 된다.
16 ○
17 B2B
18 × ▶ 택배서비스는 다품종 소량생산 체제로 전환되면서 주로 다품종 소형·소량화물의 다빈도 배송이 요구되고 있다.
19 허브 앤 스포크(Hub & Spoke)
20 ○
21 ○
22 300만
23 × ▶ 운송장에 인도예정일의 기재가 없는 도서 및 산간벽지의 경우 운송장에 기재된 운송물 수탁일로부터 3일 이내에 운송물을 인도한다.
24 50, 최고

출제포인트 OX 문제

01 ⊙⊗ 화물자동차운송은 문전에서 문전까지를 실현할 수 있는 중요한 연계 운송수단이다.

02 (   )운송은 대량의 화물을 취급하는 물류거점 간 운송형태를 말한다.

03 ⊙⊗ 우리나라 화물자동차 운행의 제한 기준은 차량의 폭이 2.0미터, 높이가 3.5미터 길이를 초과하는 차량이다.

04 ⊙⊗ 차량 총중량은 승차정원을 제외한 화물 최대적재량 적재 시의 자동차 전체 중량이다.

05 ⊙⊗ 밴형 화물자동차는 일반화물자동차의 화물 적재 공간에 박스형의 덮개를 고정적으로 설치한 차량이다.

06 (   )은/는 전용특장차로 화물대를 기울여 적재물을 중력으로 내리는 적재함 구조를 가진 차량이다.

07 측면의 문을 미닫이식으로 측면 전체의 개방이 가능하도록 제작된 차량은 (   ) 차량이다.

08 화물운송 시 수반되는 자료와 정보를 신속하게 수집하여 이를 효율적으로 관리하고 동시에 수주단계에서 입력한 정보를 기초로 속도, 비용 등의 측면에서 가장 효율적인 수송경로와 운송수단을 안내하는 정보체계를 (   )(이)라고 한다.

09 ⊙⊗ ITS(지능형교통시스템)는 화물의 특징에 따라 적정한 운송차량에 화물이 효율적으로 포장 및 적재될 수 있도록 차량의 소요, 배차, 적재위치 등을 지정해주는 시스템이다.

10 ⊙⊗ 복화율은 편도운송을 한 후 귀로에 화물운송을 어느 정도 수행했느냐를 나타내는 지표이다.

11 (   )은/는 전체 화물운송거리 중에서 실제로 얼마나 화물을 적재하고 운행했는지를 나타내는 지표로 적재거리를 총운행거리로 나누어 산출한다.

12 ⊙⊗ 회전율은 화물차량이 일정시간 내에 화물을 운송한 횟수를 말하는 지표로 평균 적재량을 총운송량으로 나누어 산출한다.

13 ⊙⊗ 변동비는 운송거리, 영차거리, 운송 및 적재량 등 매출액에 영향을 미치는 항목들의 증감에 따라 변동된다.

14 화물자동차 운영원가 중 (   )은/는 일정기간 동안 운행여부 및 운송량에 관계없이 일정하게 발생하는 비용을 말한다.

15 ⊙⊗ 운임결정이론 중 절충설에서 운임의 최저한도는 화주의 운임부담능력이 되고, 최고한도는 운송인의 운송원가가 된다.

16 ⊙⊗ 택배 운송장은 운송장에 인쇄된 바코드를 스캐닝함으로써 추적정보를 생성시켜 주는 역할을 한다.

(3) 사고발생 시의 운임 등의 환급과 청구(택배 표준약관 제23조)

① 운송물의 멸실, 현저한 훼손 또는 연착이 천재지변, 전쟁, 내란 기타 불가항력적인 사유 또는 고객(송화인, 수화인)의 책임 없는 사유로 인한 것인 때에는 다음과 같음
  ㉠ 사업자는 운임을 비롯하여 통지, 합의, 처분 등에 소요되는 비용을 고객에게 청구하지 못함
  ㉡ 사업자가 이미 운임이나 비용을 받은 때에는 고객에게 이를 환급
② 운송물의 멸실, 현저한 훼손 또는 연착이 운송물의 성질이나 하자 또는 고객(송화인, 수화인)의 과실로 인한 것인 때에는, 사업자는 운임 전액을 비롯하여 통지, 협의, 처분 등에 소요되는 비용을 청구할 수 있음

(4) 사업자의 면책(택배 표준약관 제24조)

사업자는 천재지변, 전쟁, 내란 기타 불가항력적인 사유에 의하여 발생한 운송물의 멸실, 훼손 또는 연착에 대해서는 손해배상책임을 지지 아니한다.

(5) 책임의 특별소멸 사유와 시효(택배 표준약관 제25조) 기출 22년/ 18년/ 17년/ 11년

① **책임의 특별소멸 사유** : 운송물의 일부 멸실 또는 훼손에 대한 사업자의 손해배상책임은 고객(수화인)이 운송물을 수령한 날로부터 14일 이내에 그 일부 멸실 또는 훼손에 대한 사실을 고객(송화인)이 사업자에게 통지를 발송하지 아니하면 소멸
② **책임의 시효기간**
  ㉠ 운송물의 일부 멸실, 훼손 또는 연착에 대한 사업자의 손해배상책임은 고객(수화인)이 운송물을 수령한 날로부터 1년이 경과하면 소멸
  ㉡ 다만, 운송물이 전부 멸실된 경우에는 그 인도예정일로부터 기산
③ **적용 예외(악의인 경우)**
  ㉠ ①과 ②의 규정은 사업자 또는 그 운송 위탁을 받은 자, 기타 운송을 위하여 관여된 자가 이 운송물의 일부 멸실 또는 훼손의 사실을 알면서 이를 숨기고 운송물을 인도한 경우에는 적용되지 아니함
  ㉡ 이 경우에는 사업자의 손해배상책임은 고객(수화인)이 운송물을 수령한 날로부터 5년간 존속

(6) 분쟁 해결(택배 표준약관 제26조)

① 이 계약에 명시되지 아니한 사항 또는 계약의 해석에 관하여 다툼이 있는 경우에는 사업자와 고객(송화인)이 합의하여 결정하되, 합의가 이루어지지 아니한 경우에는 관계법령 및 일반 관례에 따름
② ①의 규정에도 불구하고 법률상 분쟁이 발생한 경우에는 사업자 또는 고객(송화인)은 「소비자기본법」에 따른 분쟁조정 기구에 분쟁조정을 신청하거나 중재법 등 다른 법률에 따라 운영 중인 중재기관에 중재를 신청할 수 있음
③ 이 계약과 관련된 모든 분쟁은 민사소송법상의 관할법원을 전속관할로 함

② 손해에 따른 배상범위
  ㉠ 고객이 운송장에 운송물의 가액을 기재한 경우

손해 기준		배상 범위
전부·일부 멸실		운송장에 기재된 운송물의 가액을 기준으로 산정한 손해액 또는 고객(송화인)이 입증한 운송물의 손해액(영수증 등)
훼손	수선 가능	실수선 비용(A/S비용)
	수선 불가능	전부·일부 멸실에 준하여 배상
단순 연착	일반적 운송물	• 인도예정일을 초과한 일수에 사업자가 운송장에 기재한 운임액의 50%를 곱한 금액(초과일수 × 운송장 기재 운임액 × 50%) • 다만, 운송장 기재 운임액의 200%를 한도로 함
	특정 일시에 사용할 운송물	운송장 기재 운임액의 200%
연착되고 일부 멸실		전부·일부 멸실에 준하여 배상
연착되고 훼손	수선 가능	실수선 비용(A/S비용)
	수선 불가능	전부·일부 멸실에 준하여 배상

  ㉡ 고객이 운송장에 운송물의 가액을 기재하지 않은 경우 : 손해배상한도액은 50만원으로 하되, 운송물의 가액에 따라 할증요금을 지급하는 경우의 손해배상한도액은 각 운송가액 구간별 운송물의 최고가액으로 함

손해 기준		배상 범위
전부 멸실		인도예정일의 인도예정장소에서의 운송물 가액을 기준으로 산정한 손해액 또는 고객(송화인)이 입증한 운송물의 손해액(영수증 등)
일부 멸실		인도일의 인도장소에서의 운송물 가액을 기준으로 산정한 손해액 또는 고객(송화인)이 입증한 운송물의 손해액(영수증 등)
훼손	수선 가능	실수선 비용(A/S비용)
	수선 불가능	일부 멸실에 준하여 배상
단순 연착	일반적 운송물	• 인도예정일을 초과한 일수에 사업자가 운송장에 기재한 운임액의 50%를 곱한 금액(초과일수 × 운송장 기재 운임액 × 50%) • 다만, 운송장 기재 운임액의 200%를 한도로 함
	특정 일시에 사용할 운송물	운송장 기재 운임액의 200%
연착되고 일부 멸실		일부 멸실에 준하여 배상하되, '인도일'을 '인도예정일'로 함
연착되고 훼손	수선 가능	실수선 비용(A/S비용)
	수선 불가능	일부 멸실에 준하여 배상하되, '인도일'을 '인도예정일'로 함

  ㉢ 고의 또는 중대한 과실이 있는 경우 : 운송물의 멸실, 훼손 또는 연착이 사업자 또는 운송 위탁을 받은 자, 기타 운송을 위하여 관여된 자의 고의 또는 중대한 과실로 인하여 발생한 때에는, 사업자는 위의 규정에도 불구하고 모든 손해를 배상

③ 사업자 우선 배상 기출 22년
  ㉠ ①에 따른 손해에 대하여 사업자가 고객(송화인)으로부터 배상요청을 받은 경우 고객(송화인)이 영수증 등 손해입증서류를 제출한 날로부터 30일 이내에 사업자가 우선 배상
  ㉡ 단, 손해입증서류가 허위인 경우에는 적용되지 아니함

(2) 고객의 처분청구권(택배 표준약관 제17조)

① **처분청구권** : 고객(송화인)은 사업자에 대하여 운송의 중지, 운송물의 반환 등의 처분을 청구할 수 있음
② 처분청구권 수용의무
    ㉠ 사업자는 ①의 규정에 의한 고객(송화인)의 청구가 있는 때에는, 공동운송 또는 타 운송수단의 이용 등으로 인해 운송상 현저한 지장이 발생할 우려가 있는 경우를 제외하고는 이에 응해야 함
    ㉡ 이 경우에 이미 운송한 비율에 따른 운임과 운송물의 처분에 소요되는 비용은 고객(송화인)이 부담
③ **처분청구권의 소멸** : ①에 의한 고객(송화인)의 청구권은 고객(수화인)에게 운송물을 인도한 때에 소멸

5. 운송물의 사고

(1) 사고발생 시의 조치(택배 표준약관 제18조)

① **전부 멸실 시 조치** : 사업자는 운송물의 수탁 후부터 인도 전까지 전부 멸실을 발견한 때에는 지체 없이 그 사실을 고객(송화인)에게 통지
② 일부 멸실, 현저한 훼손, 인도 연착 시 조치
    ㉠ 사업자는 운송물의 수탁 후부터 인도 전까지 운송물의 일부 멸실이나 현저한 훼손을 발견하거나, 인도 예정일보다 현저하게 연착될 경우에는 지체 없이 그 사실을 고객(송화인)에게 통지하고, 일정 기간을 정하여 운송물의 처분 방법 및 일자 등에 관한 지시를 해 줄 것을 요청
    ㉡ 사업자는 고객(송화인)의 지시를 기다릴 여유가 없는 경우 또는 사업자가 정한 기간 내에 지시가 없을 경우에는 고객의 이익을 위하여 운송의 중지, 운송물의 반환 기타의 필요한 처분을 할 수 있다. 이 경우 사업자는 지체 없이 그 사실을 고객(송화인)에게 통지

(2) 사고증명서의 발행(택배 표준약관 제19조) 기출 ▶ 22년

사업자는 운송 중에 발생한 운송물의 멸실, 훼손 또는 연착에 대하여 고객(송화인)의 청구가 있으면 그 발생한 날로부터 1년에 한하여 사고증명서를 발행한다.

6. 사업자의 책임

(1) 사업자의 책임(택배 표준약관 제20조·제21조)

① **책임의 시작** : 운송물의 멸실, 훼손 또는 연착에 관한 사업자의 책임은 운송물을 고객(송화인)으로부터 수탁한 때로부터 시작
② **공동운송 또는 타 운송수단 이용 시 책임** : 사업자가 다른 운송사업자와 협정을 체결하여 공동으로 운송하거나 다른 운송사업자의 운송수단을 이용하여 운송한 운송물이 멸실, 훼손 또는 연착되는 때에는 이에 대한 책임은 사업자가 부담

(2) 손해배상(택배 표준약관 제22조) 기출 ▶ 18년/ 17년/ 13년

① **손해배상책임의 부담** : 사업자는 자기 또는 운송 위탁을 받은 자, 기타 운송을 위하여 관여된 자가 운송물의 수탁, 인도, 보관 및 운송에 관하여 주의를 태만히 하지 않았음을 증명하지 못하는 한, 운송물의 멸실, 훼손 또는 연착으로 인한 손해를 고객(송화인)에게 배상

(3) 수화인 부재 시의 조치(택배 표준약관 제15조)

① 운송물의 인도 시 조치 : 사업자는 운송물의 인도 시 고객(수화인)으로부터 인도확인을 받아야 하며, 고객(수화인)의 대리인에게 운송물을 인도하였을 경우에는 고객(수화인)에게 그 사실을 통지

② 수화인 부재로 인도할 수 없는 경우의 조치 : 사업자는 고객(수화인)의 부재로 인하여 운송물을 인도할 수 없는 경우에는 고객(송화인/수화인)과 협의하여 반송하거나, 고객(송화인/수화인)의 요청 시 고객(송화인/수화인)과 합의된 장소에 보관하게 할 수 있으며, 이 경우 고객(수화인)과 합의된 장소에 보관하는 때에는 고객(수화인)에 인도가 완료된 것으로 함

4. 운송물의 처분

(1) 인도할 수 없는 운송물의 처분(택배 표준약관 제16조)

① 운송물의 처분(공탁·경매) : 사업자는 고객(수화인)을 확인할 수 없거나(수화인 불명), 고객(수화인)이 운송물의 수령을 거절하거나(수령거절) 수령할 수 없는 경우(수령불능)에는, 운송물을 공탁하거나 ② 내지 ④의 규정에 의하여 경매할 수 있음

② **운송물 처분의 통지** 기출▶ 25년
  ㉠ 사업자는 고객(송화인)에게 1개월 이상의 기간을 정하여 그 기간 내에 운송물의 처분에 관한 지시가 없으면 경매한다는 뜻을 명시하여 운송물의 처분과 관련한 지시를 해 줄 것을 통지
  ㉡ 다만, 고객(수화인)의 수령거절 또는 수령불능의 경우에는 먼저 고객(수화인)에게 1주일 이상의 기간을 정하여 수령을 요청하고 그 기간 내에도 수령하지 않는 때에 고객(송화인)에게 통지

③ 운송물 경매처분
  ㉠ 사업자는 운송물 처분의 통지가 고객(송화인)에게 도달된 것으로 확인되는 경우에는, 그 도달일로부터 정한 기간 내에 지시가 없으면 운송물을 경매할 수 있음
  ㉡ 통지가 사업자의 과실 없이 고객(송화인)에게 도달된 것으로 확인될 수 없는 경우에는, 통지를 발송한 날로부터 3개월간 운송물을 보관한 후에 경매할 수 있음

④ 운송물 즉시경매 : 사업자는 운송물이 멸실 또는 훼손될 염려가 있는 경우에는, 고객(송화인, 수화인)의 이익을 위해 고객(송화인, 수화인)에 대한 통지 없이 즉시 경매할 수 있음

⑤ 사실의 통지 : 사업자가 운송물을 공탁 또는 경매한 때에는 지체 없이 그 사실을 고객(송화인)에게 통지

⑥ 운송물 처분비용
  ㉠ 운송물의 공탁·경매·보관, 통지, 고객(송화인)의 지시에 따른 운송물의 처분 등에 소요되는 비용은 고객(송화인)의 부담으로 하며, 사업자는 운임이 지급되지 않은 경우에는 고객(송화인)에게 운임을 청구할 수 있음
  ㉡ 사업자는 운송물을 경매한 때에는 그 대금을 운송물의 경매·보관, 통지 등에 소요되는 비용과 운임(운임이 지급되지 않은 경우에 한함)에 충당하고, 부족한 때에는 고객(송화인)에게 그 지급을 청구하며, 남는 때에는 고객(송화인)에게 반환
  ㉢ 고객(송화인)에게 반환해야 할 잔액을 고객(송화인)이 수령하지 않거나 수령할 수 없는 때에는, 공탁에 과다한 비용이 소요되지 않는 한, 그 금액을 공탁

(7) 운송물의 수탁거절(택배 표준약관 제12조) 기출▶ 25년/ 22년/ 21년/ 20년/ 19년/ 18년/ 16년/ 15년/ 14년

사업자는 다음 중 어느 하나에 해당하는 경우에 운송물의 수탁을 거절할 수 있다.
① 고객(송화인)이 운송장에 필요한 사항을 기재하지 아니한 경우
② 고객(송화인)이 포장의 청구나 승낙을 거절하여 운송에 적합한 포장이 되지 않은 경우
③ 고객(송화인)이 운송물의 확인을 거절하거나 운송물의 종류와 수량이 운송장에 기재된 것과 다른 경우
④ 운송물 1포장의 크기가 가로ㆍ세로ㆍ높이 세변의 합이 (   )cm를 초과하거나, 최장변이 (   )cm를 초과하는 경우
⑤ 운송물 1포장의 무게가 (   )kg를 초과하는 경우
⑥ 운송물 1포장의 가액이 300만원을 초과하는 경우
⑦ 운송물의 인도예정일(시)에 따른 운송이 불가능한 경우
⑧ 운송물이 화약류, 인화물질 등 위험한 물건인 경우
⑨ 운송물이 밀수품, 군수품, 부정임산물 등 관계기관으로부터 허가되지 않거나 위법한 물건인 경우
⑩ 운송물이 현금, 카드, 어음, 수표, 유가증권 등 현금화가 가능한 물건인 경우
⑪ 운송물이 재생 불가능한 계약서, 원고, 서류 등인 경우
⑫ 운송물이 살아 있는 동물, 동물사체 등인 경우
⑬ 운송이 법령, 사회질서 기타 선량한 풍속에 반하는 경우
⑭ 운송이 천재지변 기타 불가항력적인 사유로 불가능한 경우

3. 운송물의 인도

(1) 공동운송 또는 타 운송수단의 이용(택배 표준약관 제13조) 기출▶ 11년

사업자는 고객(송화인)의 이익을 해치지 않는 범위 내에서 수탁한 운송물을 다른 운송사업자와 협정을 체결하여 공동으로 운송하거나 다른 운송사업자의 운송수단을 이용하여 운송할 수 있다.

(2) 운송물의 인도일(택배 표준약관 제14조) 기출▶ 22년/ 18년/ 17년/ 13년

① 사업자는 다음의 인도예정일까지 운송물을 인도
　㉠ 운송장에 인도예정일의 기재가 있는 경우 : 그 기재된 날
　㉡ 운송장에 인도예정일의 기재가 없는 경우 : 운송장에 기재된 운송물의 수탁일로부터 인도예정장소에 따라 다음 일수에 해당하는 날

일반 지역	수탁일로부터 2일
도서, 산간벽지	수탁일로부터 3일

② 사업자는 수화인이 특정 일시에 사용할 운송물을 수탁한 경우에는 운송장에 기재된 인도예정일의 특정 시간까지 운송물을 인도
③ 사업자는 고객(수화인)에 인도 후 운송물 배송의 배송완료 일시, 송장번호 등을 고객(송화인)이 확인할 수 있도록 협력해야 함

고객 기재사항 (제2항)	고객(송화인)은 제1항의 규정에 의하여 교부받은 운송장에 다음의 사항을 기재하고 기명날인 또는 서명하여 이를 다시 사업자에게 교부 1. 송화인의 주소, 이름(또는 상호) 및 전화번호 2. 수화인의 주소, 이름(또는 상호) 및 전화번호 3. 운송물의 종류(품명), 수량 및 가액 고객(송화인)이 운송장에 운송물의 가액을 기재하면 사업자가 손해배상을 할 경우 이 가액이 손해배상액 산정의 기준이 된다는 점을 명시해 놓는다. 4. 운송물의 인도예정장소 및 인도예정일(특정 일시에 수화인이 사용할 운송물의 경우에는 그 사용목적, 특정 일시 및 인도예정일시를 기재함) 5. 운송상의 특별한 주의사항(훼손, 변질, 부패 등 운송물의 특성구분과 기타 필요한 사항을 기재함) 6. 운송장의 작성연월일

(4) 운임의 청구와 유치권(택배 표준약관 제8조) 기출▶ 25년/ 24년/ 18년/ 17년/ 16년/ 14년/ 13년

① 운임의 청구
  ㉠ 사업자는 운송물을 수탁할 때 고객(송화인)에게 운임을 청구할 수 있음
  ㉡ 다만, 고객(송화인)과의 합의에 따라 운송물을 인도할 때 운송물을 받는 자(수화인)에게 청구할 수도 있음
② 운송물 유치 : ① 단서의 경우 고객(수화인)이 운임을 지급하지 않는 때에는 사업자는 운송물을 유치할 수 있음
③ 할증요금의 청구 : 운송물이 포장당 50만원을 초과하거나 운송상 특별한 주의를 요하는 것일 때에는 사업자는 따로 할증요금을 청구할 수 있음
④ 추가요금의 청구 : 고객(송화인, 수화인)의 사유로 운송물을 돌려보내거나, 도착지 주소지가 변경되는 경우, 사업자는 따로 추가 요금을 청구할 수 있음
⑤ 별표 제시 및 운송장 기재 : 운임 및 할증요금은 미리 이 약관의 별표로 제시하고 운송장에 기재

(5) 운송물의 포장 및 외부표시(택배 표준약관 제9조·제10조) 기출▶ 24년/ 22년/ 13년

① 포장의 의무(고객) : 고객(송화인)은 운송물을 그 성질, 중량, 용적 등에 따라 운송에 적합하도록 포장해야 함
② 포장의 청구 등(사업자)
  ㉠ 사업자는 운송물의 포장이 운송에 적합하지 아니한 때에는 고객(송화인)에게 필요한 포장을 하도록 청구하거나, 고객(송화인)의 승낙을 얻어 운송 중 발생될 수 있는 충격량을 고려하여 포장해야 함
  ㉡ 다만, 이 과정에서 추가적인 포장비용이 발생할 경우에는 사업자는 고객(송화인)에게 추가 요금을 청구할 수 있음
③ 손해배상책임 : 사업자는 ②의 규정을 준수하지 아니하여 발생된 사고 시 고객(송화인)에게 손해배상을 해야 함
④ 재포장 통지의무 : 사업자가 운송물을 운반하는 도중 운송물의 포장이 훼손되어 재포장을 한 경우에는 지체 없이 고객(송화인)에게 그 사실을 알려야 함
⑤ 포장의 외부표시 : 사업자는 운송물을 수탁한 후 그 포장의 외부에 운송물의 종류·수량, 운송상의 특별한 주의사항, 인도예정일(시) 등의 필요한 사항을 표시

(6) 운송물의 확인(택배 표준약관 제11조)

① 사업자는 운송장에 기재된 운송물의 종류와 수량에 관하여 고객(송화인)의 동의를 얻어 그 참여하에 이를 확인할 수 있음
② 사업자가 운송물을 확인한 경우에 운송물의 종류와 수량이 고객(송화인)이 운송장에 기재한 것과 같은 때에는 사업자가 그로 인하여 발생한 비용 또는 손해를 부담하며, 다른 때에는 고객(송화인)이 이를 부담

(4) 적용법규 등(택배 표준약관 제4조)

　　이 약관에 규정되지 않은 사항에 대하여는 「화물자동차 운수사업법」, 「상법」 등의 법규와 공정한 일반관습에 따른다.

2. 운송물의 수탁

(1) **사업자의 의무**(택배 표준약관 제5조) 기출▶ 14년

　　① **정보제공의 의무** : 사업자는 택배를 이용하고자 하는 자에게 다음의 사항을 홈페이지 및 모바일 앱, 콜센터, 전화 등으로 알기 쉽게 제공해야 함
　　　　㉠ 택배의 접수방법, 취소, 환불, 변경방법
　　　　㉡ 택배사고 시 배상접수 방법 및 배상기준, 처리절차 등
　　　　㉢ 송장번호 입력란
　　　　㉣ 결제방법
　　　　㉤ 택배이용약관 또는 운송계약서
　　② **고객응대의 의무** : 사업자는 고객응대시스템(콜센터, 어플리케이션 등)을 설치, 운영하여야 하며 고객서비스 만족 수준을 제고시키기 위해 노력해야 함
　　③ **개인정보보호에 관한 의무** : 사업자는 업무상 알게 된 고객(송화인, 수화인)의 개인정보를 개인정보보호법 등 관계법령에 따라 관리하여야 하며, 고객(송화인, 수화인)의 동의 없이 택배업무와 관계없는 제3자에게 제공할 수 없음
　　④ **선량한 관리자로서의 주의와 의무** : 위 사항 이외에도 사업자는 대행 업무를 수행함에 있어 선량한 관리자로서의 주의와 의무를 다해야 함

(2) 송화인의 의무(택배 표준약관 제6조)

　　① **운송장의 정확한 작성 의무** : 고객(송화인)은 수화인의 주소, 전화번호, 성명, 운송물의 품명 및 표준가액 등을 운송장에 정확하게 작성해야 함
　　② **수탁거절대상 운송물의 위탁금지 의무** : 고객(송화인)은 제12조(운송물의 수탁거절)에 의한 규정에 따라 화약류, 인화물질, 밀수품, 군수품, 현금, 카드, 어음, 수표, 유가증권, 계약서, 원고, 서류, 동물, 동물사체 등의 운송물을 위탁하지 않아야 함

(3) **운송장**(택배 표준약관 제7조) 기출▶ 24년/ 23년/ 21년/ 20년/ 14년

| 사업자
기재사항
(제1항) | 사업자는 계약을 체결하는 때에 다음의 사항을 기재한 운송장을 마련하여 고객(송화인)에게 교부
1. 사업자의 상호, 대표자명, 주소 및 전화번호, 담당자(집화자) 이름, 운송장 번호
2. 운송물을 수탁한 당해 사업소(사업자의 본·지점, 출장소 등)의 상호, 대표자명, 주소 및 전화번호
3. 운송물의 중량 및 용적 구분
4. 운임 기타 운송에 관한 비용 및 지급방법
5. 손해배상한도액
　• 고객(송화인)이 운송장에 운송물의 가액을 기재하지 아니하면 제22조 제3항에 따라 사업자가 손해배상을 할 경우 손해배상한도액은 50만원이 적용된다.
　• 고객(송화인)이 운송물의 가액에 따라 할증요금을 지급하는 경우에는 각 운송가액 구간별 최고가액이 적용됨을 명시해 놓는다.
6. 문의처 전화번호
7. 운송물의 인도 예정 장소 및 인도 예정일
8. 기타 운송에 관하여 필요한 사항(특급배송, 신선식품 배송 등) |

CORE 06 택배 표준약관 〈공정거래위원회 표준약관 제10026호, 2020.6.5. 개정〉

1. 총칙

(1) 목적(택배 표준약관 제1조)

이 약관은 택배사업자와 고객(송화인) 간의 공정한 택배거래를 위하여 그 계약조건을 정함을 목적으로 한다.

(2) 용어의 정의(택배 표준약관 제2조) 기출 23년/ 21년/ 19년/ 14년/ 13년/ 12년

① 택배 : 고객의 요청에 따라 운송물을 고객(송화인)의 주택, 사무실 또는 기타의 장소에서 수탁하여 고객(수화인)의 주택, 사무실 또는 기타의 장소까지 운송하여 인도하는 것
② 택배사업자 : 택배를 영업으로 하며, 상호가 운송장에 기재된 운송사업자
③ 고객
  ㉠ 사업자에게 택배를 보내는 송화인과 받는 수화인
  ㉡ 다만, 「약관의 규제에 관한 법률」에 따른 '고객'은 '송화인'
④ 송화인 : 사업자와 택배계약을 체결한 자로 운송장에 '보내는 자'(또는 '보내는 분')로 명시되어 있는 자
⑤ 수화인 : 운송물을 수령하는 자로 운송장에 '받는 자'(또는 '받는 분')로 명시되어 있는 자
⑥ 운송장 : 사업자와 고객(송화인) 간의 택배계약의 성립과 내용을 증명하기 위하여 사업자의 청구에 의하여 고객(송화인)이 발행한 문서
⑦ 수탁 : 사업자가 택배를 수행하기 위하여 고객(송화인)으로부터 운송물을 수령하는 것
⑧ 인도 : 사업자가 고객(수화인)에게 운송장에 기재된 운송물을 넘겨주는 것
⑨ 손해배상한도액
  ㉠ 운송물의 멸실, 훼손 또는 연착 시에 사업자가 손해를 배상할 수 있는 최고 한도액
  ㉡ 다만, '손해배상한도액'은 고객(송화인)이 운송장에 운송물의 가액을 기재하지 아니한 경우에 한하여 적용되며, 사업자는 손해배상한도액을 미리 이 약관의 별표로 제시하고 운송장에 기재

(3) 약관의 명시 및 설명(택배 표준약관 제3조) 기출 21년

① 약관의 명시 : 사업자는 이 약관을 사업장에 게시하며, 택배 계약(이하 '계약'이라 함)을 체결하는 때에 고객(송화인, 수화인)의 요구가 있으면 이를 교부
② 약관의 설명 : 사업자는 계약을 체결하는 때에 고객(송화인)에게 다음의 사항을 설명
  ㉠ 고객(송화인)이 운송장에 운송물의 가액을 기재하면 사업자의 손해배상 시 그 가액이 손해배상액의 산정기준이 된다는 사항
  ㉡ 고객(송화인)이 운송장에 운송물의 가액을 기재하지 아니하면 사업자의 손해배상 시 제22조 제3항의 손해배상한도액 내에서만 손해배상을 한다는 사항
  ㉢ 운송물의 기본운임 정보, 품목별 할증운임 정보, 배송지역 특성에 따른 부가운임 정보 및 운송물 가액에 따른 손해배상한도액 정보 등에 대한 사항
③ 위반 시 불이익 : 사업자가 ① 및 ②의 규정에 위반하여 계약을 체결한 때에는 당해 약관규정을 계약의 내용으로 주장할 수 없음

⑤ 화물취급지시서 역할 : 운송장에는 화물이 도착되어야 할 지역정보, 취급주의사항, 배달약속 일자 등 화물을 어떻게 취급하고 배달해야 할지를 알 수 있게 하는 정보가 기록되어 있음
⑥ 배송에 대한 증빙 역할 : 배송완료 후 배송여부, 파손 등에 대한 책임소재를 확인해 줄 수 있는 증거서류
⑦ 요금청구서 역할 : 착불 또는 착지신용택배화물의 경우에는 운송장을 증빙으로 제시하여 수화인에게 요금을 청구
⑧ 수입금관리자료 역할 : 선불화물이나 착불화물의 경우 입금을 할 때 입금표와 수입금 및 운송장을 첨부하여 제출
⑨ 화물픽킹 및 팩킹지시서 역할 : B2C화물을 취급하는 기업의 경우 물류센터에서 수화인별로 픽킹 및 팩킹을 하게 되는데, 이때 운송장을 작업지시서로 활용

5. 국제택배서비스 기출 17년

(1) 국제택배서비스의 의의
① 국제적으로 국가 간 소형·경량 화물 및 상업서류를 집화하여 신속하게 문전배송하는 국제송달서비스
② 「항공사업법」에서 상업서류송달업은 타인의 수요에 맞추어 유상으로 「우편법」 제1조의2 제7호 단서에 해당하는 수출입 등에 관한 서류와 그에 딸린 견본품을 항공기를 이용하여 송달하는 사업

(2) 국제택배서비스의 특징
① 운임은 지상·항공·통관 부대비용을 포함
② 적용구간은 송하인과 수하인 간의 전체 요금
③ 운임수준이 항공화물보다 고가인 경우가 많음
④ 일반적으로 서류, 샘플류 및 개인 택배화물을 취급
⑤ 과세가격이 미화 250달러 이하인 물품으로서 견본품으로 사용될 것으로 인정되는 물품은 관세가 면제(관세법 시행규칙 제45조 제1항 제3호)

3. 택배서비스업의 유형

(1) 운송수단에 의한 분류 기출▶ 14년

일반택배 서비스업	송화인으로부터 소형·소량화물의 운송을 의뢰받아 화물이 대리점, 중앙분류센터, 지역별 대리점 등을 경유하여 수화인에게 배송되는 형태
노선화물	• 일정한 노선의 경유지인 영업소를 거쳐 장기적으로 운행하거나, 특정 노선별로 설치된 영업소를 거점으로 순회하는 운송방식 • 혼적을 허용하여 여러 화주의 화물을 운송
철도소화물	소화물이 승객이 아닌 일반인에 의해 탁송의뢰로 보내지는 화물로 소화물 일관운송의 대상이 되며, 철도운송이 이루어지므로 철도역에서만 취급이 이루어짐
우편소화물	• 근거리 소포의 경우는 자체 집배차량이 직접 운송하나, 지역 간 운송은 철도차량을 이용하는 방식 • 전국적으로 배송이 가능하며 화주는 개인과 법인 등으로 다양하게 구성
고속버스소화물	긴급한 화물의 운송 필요 시 화주가 직접 고속버스터미널에서 탁송하거나 고속버스로 도착한 화물을 찾는 형태의 운송방식
이륜오토바이(퀵서비스)	교통상황이 복잡한 도시 안에서 긴급한 상품, 서류 등을 오토바이를 이용하여 배송해 주는 형태
국내상업서류송달업 (파우치)	무역관련 서류, 주로 지역이 다른 본점과 지점 사이의 공문서 등을 신속하게 배송하는 서비스로 소화물 열차나 노선화물 편을 이용
메트로 서비스 (도보)	• 교통상황이 복잡한 도심지 안에서 긴급한 상품 및 서류 등을 지하철이나 대중교통수단(도보)을 이용하여 배송하는 형태 • 도심 지하철이 연결되는 범위 안에서 배송직원이 직접 방문접수와 배송을 함

(2) 기·종점 구간에 의한 분류 기출▶ 19년

① C2C(Customer to Customer) : 소량·소형화물이 개인에게서 집하되어 개인에게 보내는 택배(개인 대 개인)
② B2C(Business to Customer) : 기업에서 대량 출하된 화물을 개인들에게 배송하는 형태(기업 대 개인)
③ B2B(Business to Business) : 기업에서 기업 또는 거래처로 화물을 배송하는 형태(기업 대 기업)

4. 택배운송장

(1) 택배운송장의 개념

① 택배업체와 고객(송화인) 간의 택배계약의 성립과 내용을 증명하기 위한 문서
② 일반적으로 택배업체의 청구에 의하여 고객이 발행
③ 택배회사가 화물을 송화인으로부터 이상 없이 인수하였음을 증명하는 서류이면서 동시에 택배업체로부터 화물이 안전하게 수화인의 손에 전달될 수 있도록 안내하는 표시
④ 택배운송장에 기록된 요금의 종류에는 선불, 착불, 신용 등이 있음

(2) 택배운송장의 역할 기출▶ 21년/ 15년

① 계약서 역할 : 개인의 경우에는 택배업체가 정한 약관을 기준으로 거래가 이루어지며 운송장이 고객과 업체 간에 계약서 역할
② 택배요금 영수증 역할 : 선불로 요금을 지불한 경우에는 운송장을 영수증으로 사용
③ 화물인수증 역할 : 택배업체가 화물을 송화인으로부터 이상 없이 인수하였음을 증명
④ 정보처리자료 역할 : 운송장의 바코드를 스캐닝(scanning)함으로써 추적정보 생성

2. 택배운영시스템(간선운송시스템)

(1) Point to Point 시스템 기출 24년/ 13년

① Point to Point 시스템의 개념 : 하나의 터미널에서 다른 터미널로 운송할 화물을 각각의 터미널로 직접 발송하는 형태의 운송시스템

② Point to Point 시스템의 특징
   ㉠ 지역별로 대규모의 터미널 설치가 필요
   ㉡ 네트워크는 터미널과 영업소로 이루어짐
   ㉢ 운송노선의 수가 많고 분류작업의 인건비가 증가할 수 있는 방식
   ㉣ 여러 영업점을 순회하면서 화물을 운송하는 셔틀운송이 필요한 방식
   ㉤ 터미널 수가 많기 때문에 성수기의 물량 증가에 대한 대처가 양호한 방식

③ Point to Point 시스템의 장·단점

장점	단점
• 거점 간 직접적 간선운영 가능 • 터미널 과부하 시 물량 분산이 가능 • 셔틀운송으로 시간별 배송처리에 유리 • 수도권 과밀 물량에 대한 부분적 효율이 높음	• 많은 작업인력과 운송노선 필요 • 간선 비효율성 및 분류작업비 증가 • 화물 취급단계 증가로 사고율 증가 • 중복투자 우려 및 운영비용이 과다

(2) Hub & Spoke 시스템 기출 25년/ 24년/ 18년/ 13년

① Hub & Spoke 시스템의 개념 : 소형 터미널 또는 집배센터(Spokes)에서 집하한 화물을 하나의 대형 터미널(Hub)로 집결시킨 후 배송지를 구분·분류하는 간선운송시스템

② Hub & Spoke 시스템 특징
   ㉠ 대규모의 분류능력을 갖는 허브터미널이 필요
   ㉡ 규모의 경제를 이루어 운송망 전체의 효율성 제고
   ㉢ 기본적으로 셔틀(Shuttle)운송이 불필요
   ㉣ 집배센터에 배달 물량이 집중되어 상·하차 여건 부족 시 배송 지연이 발생할 수 있음
   ㉤ 모든 노선이 허브를 중심으로 구축되며, 노선의 수가 적어 운송의 효율성이 높음
   ㉥ 근거리 물량은 허브 경유로 인해 직송서비스 대비 운송거리와 운송 시간 증가

③ Hub & Spoke 시스템의 장·단점

장점	단점
• 적은 비용투자로 많은 연결 구축 가능 • 간선운행 설계 용이 • 물류 이동이 단순하며 높은 운송효율로 운송비 절감 • 전체적인 터미널 작업인력 수요 감소 • 분류작업비가 가장 적게 소요됨 • 허브의 단일중계로 사고율 낮음	• 물량성수기에 물량흡수능력이 떨어짐 • Hub가 Spokes의 수요를 감당하지 못할 경우 비효율 발생 → Hub 마비 시 전체 물류 마비 • 인접 Spoke 간 연결망이 없어 운행거리 비효율 발생 • 원거리 지역의 도달 늦음 • Hub 위치 선정 시 입지조건 제약이 큼

CORE 05 택배서비스

1. 택배의 개요

(1) 택배의 의의
① 불특정 다수의 화주로부터 운송요청에 의하여 소형·소량의 화물을 송화인의 문전에서 집하하여(Pick-up) 택배업체의 일관책임하에 수화인의 문전까지 신속하게 배달하는 소화물 운송서비스
② 택배서비스는 편리성·정확성·신속성에 입각하여 소비자에게 일관서비스를 제공하는 혁신적인 운송체계로 집하·배송·화물의 흐름을 언제 어디서나 확인 가능

(2) 택배서비스의 성장 배경
① 다품종 소량 생산체제의 확산과 다빈도 배송 요구 증대
② 재화 및 정보에 대한 신속한 전달요구 증대
③ 전자상거래의 확대 및 발전
④ 국민소득의 증가와 편리성 추구
⑤ 소비자 니즈의 다양화 및 고급화
⑥ 기업의 물류합리화(재고축소, 물류센터 통합 등)
⑦ 물류전문기업의 등장과 성장

(3) 택배서비스의 특징 기출 24년/ 22년/ 18년/ 17년/ 15년/ 13년
① 개인화물부터 기업화물까지 불특정 다수의 이용자가 요청하는 화물집화서비스 제공
② 주로 다품종 소형·소량화물 취급
③ 개별화물의 전산관리, 화물추적, 집배차량과의 통신 등이 접목되는 사업
④ 택배사업은 매출액에 비해서 많은 노동력이 소요되는 사업
⑤ 택배사업을 위해서는 물류기지, 집배차량, 자동분류기 등 대규모 투자가 필요
⑥ 운송인은 모든 운송상의 책임을 부담하는 일관된 책임운송서비스 제공
⑦ 송화주의 문전에서부터 수화주의 문전까지 편의위주의 운송체계
⑧ 복잡한 도시 내 집배송에 적합한 운송서비스 제공
⑨ 단일운임·요금체계로 경제성 있는 운송서비스 제공
⑩ 운송장 작성으로 화물의 분실 및 파손에 대한 손해배상제도 마련
⑪ 화물추적시스템에 의한 소화물의 배송 및 현재의 화물위치를 확인하여 줌으로써 안정성과 정확성 실현
⑫ 소형차량을 이용한 도시 내 권역별로 공동집하·배송체제의 유지로 교통혼잡, 환경오염, 교통사고 등의 부작용을 최소화한 운송체계

(4) 택배서비스 운송 위탁계약의 해지(「생활물류서비스산업발전법」 제11조 제1항) 기출 25년
① 택배서비스사업자는 택배서비스종사자에게 60일 이상의 유예기간을 두고 계약의 위반 사실을 구체적으로 밝히고 이를 시정하지 아니하면 그 계약을 해지한다는 사실을 서면으로 2회 이상 통지해야 함
② 다만, 대통령령으로 정하는 바에 따라 계약을 지속하기 어려운 중대한 사유가 있는 경우에는 그러하지 아니함

④ 적재성(Stowability)
  ㉠ 적재성은 화물규격이 운송수단의 적재공간의 활용에 영향을 주는 정도를 나타내는 것
  ㉡ 물류용기인 컨테이너나 파렛트의 사용은 이러한 적재성을 높여 운임을 낮추고, 적재효율성을 증가시키기 위한 것
  ㉢ 적재성이 좋지 않은 화물은 그렇지 않은 화물에 비해 운송량이 적어져 높은 수준의 운송임을 지불
  ㉣ 화물형상의 비정형성은 적재작업을 어렵게 하고 적재공간의 효율성이 떨어짐
⑤ 취급(Handling)
  ㉠ 취급은 화물을 차량에 싣고 내리거나 차량 내부에서 외부로 이동하는 행위
  ㉡ 화물의 상하차 시 인력 및 특수장비의 사용, 화물취급의 난이도, 시간의 소요 정도 등에 따라 운임은 변동
  ㉢ 취급이 용이한 화물의 경우에는 그렇지 않은 화물에 비해 낮은 수준에서 운임이 결정되고, 화물의 취급이 어려울수록 운임은 증가
  ㉣ 취급이 어려운 중량화물이나 장척화물의 경우 할증운임 부과
⑥ 책임성(Liability)
  ㉠ 운송사업자가 운송하는 화물과 관련하여 어떤 종류, 어느 정도 수준의 책임을 지고 그것이 경제적으로 어떤 영향을 미치는가를 나타내는 것으로 운송화물의 파손, 분실, 부패, 폭발 등 사고발생 가능성에 따라 운임이 변동
  ㉡ 가격이 높은 화물의 경우에는 파손이나 분실의 위험이, 그리고 운송 품질에 대한 책임이 높은 화물의 경우에는 변질의 위험이 높으면 운임도 높게 결정
⑦ 시장요인(Market Factor)
  ㉠ 시장에서 업체 간 경쟁상황이나 수요와 공급 상황에 따라 단가는 변동
  ㉡ 최종적으로 화물운임을 결정하는 요인

(5) 운임결정이론(Theory of Rate Making) 기출▶ 20년
  ① 생산비설(비용가격설, 원가주의이론)
    ㉠ 운임은 최종적으로 생산비에 근거하여 결정
    ㉡ 생산비란 경제학적 비용으로 회계적 비용에 기회비용과 사회일반의 평균이윤 혹은 정상이윤을 포함
  ② 용역가치설
    ㉠ 운임은 수요자가 운송용역에 대한 가치를 인정할 때 운임이 결정
    ㉡ 수요자가 부담할 수 있는 운임의 최고한도를 제시해줄 뿐이지 실제 운임수준은 운임부담력에 의해 결정
  ③ 운임부담력설
    ㉠ 운임은 수요자의 운임부담능력에 따라 결정
    ㉡ 차별운임(Differential Rate) 또는 등급운임(Class Rate)이 기준이 되며, 부담력에 따라 운임을 여러 등급으로 분류하고 높은 등급일수록 높은 운임을 부과
  ④ 절충설
    ㉠ 운임의 최고한도는 수요자의 운임부담능력이 되고, 최저한도는 공급자의 운송원가가 됨
    ㉡ 실제 운임은 운임부담능력과 운송원가 사이에서 결정
    ㉢ 생산비설과 부담능력설의 중간 입장
  ⑤ 일반균형이론 : 운임은 운송시장에서 수요와 공급의 균형에 의해 결정

(2) 화물운임의 종류

① **단일운임** : 지역 또는 운송거리에 관계없이 단일한 운임 적용
② **비례운임** : 거리에 비례해 지불하는 거리당 운임
③ **지역(구역)운임** : 일정한 지역(구역)별로 동일한 운임을 적용
④ **체감운임** : 운송거리가 증가할수록 운송단가가 감소되는 형태의 운임
⑤ **수요기준운임** : 화주 또는 운송자의 수요에 의해 특정 수송서비스의 가치가 결정되는 운임
⑥ **전액운임** : 운송의 완성여부에 관계없이 전액을 지급하는 운임
⑦ **공적운임** : 운송계약을 운송수단 단위 또는 일정한 용기단위로 했을 때 실제로 적재능력만큼 운송하지 않았더라도 부담해야 하는 미적재 운송량에 대한 운임
⑧ **무차별운임** : 화물의 종류나 내용과 관계없이 중량과 용적에 따라 동일하게 부과하는 운임
⑨ **혼재운임** : 여러 화주의 화물을 혼재하여 하나의 운송단위로 운송될 때 적용하는 운임
⑩ **거리체감운임** : 운송거리가 증가함에 따라 낮은 운임을 적용하는 운임

(3) 화물의 운임산정 기준 기출 ▶ 24년/ 22년/ 16년

① **종가기준** : 고가품에 대하여 제품가격을 기준으로 운임을 산정
② **개수기준** : 중량이나 부피보다는 개수를 기준으로 운임을 산정
③ **중량기준** : 부피에 비하여 시멘트, 철강과 같이 무거운 화물에 적용
④ **용적기준** : 중량에 비해서 양모, 면화, 목재 등과 같이 부피가 큰 화물에 적용
⑤ **표정기준** : 일정한 내용이나 형태를 가진 운송에 대하여 미리 일정한 양식의 일람 표지를 만들어 운임을 적용
⑥ **특수화물운임기준** : 화약과 같은 특수화물에 대하여 추가 또는 할증운임을 적용

(4) 화물자동차 운임의 결정요인 기출 ▶ 21년/ 20년

① **운송거리(Distance)**
   ㉠ 동일한 단위의 화물이라면 운송거리가 길어질수록 총 운송원가 증가
   ㉡ 운송거리가 길어질수록 ton · km당 운임은 낮아짐
   ㉢ 운송거리는 연료비, 수리비, 타이어비 등 변동비에 영향

② **운송되는 화물의 크기(Lot size)**
   ㉠ 운송되는 화물의 크기는 화물 낱개의 크기가 아닌 운송이 의뢰되는 화물의 로트 사이즈를 의미
   ㉡ 화물의 취급 단위가 클수록 대형차량을 이용하여 운송단위당 부담하는 고정비는 낮아짐

③ **밀도(Density)**
   ㉠ 밀도는 화물조직의 치밀함을 말하는 것으로서 일정한 부피에 대한 중량의 상대적 개념
   ㉡ 밀도가 낮으면 동일한 공간에 적은 양(중량기준)의 화물을 적재하기 때문에 밀도가 높은 동일한 중량의 화물에 비하여 운임이 높음
   ㉢ 동일한 중량이라면 부피나 면적이 적은 화물이 밀도가 높음
   ㉣ 화물의 밀도가 동일할지라도 적재율이 떨어지면 운송량이 적어져 단위당 운송비는 높은 수준에서 결정
   ㉤ 밀도가 높은 화물은 동일한 용적을 갖는 적재용기에 많이 적재하고 운송할 수 있게 되어, 밀도가 높을수록 단위당 운송비는 낮아짐

(6) 화물운송실적관리시스템 〔기출〕 18년

① 화물운송실적관리시스템의 정의 : 화물자동차 운수사업자를 대상으로 화물운송실적신고제에 따른 실적 신고 및 관리, 분석을 가능하게 하는 정보시스템
② 화물운송실적제도 : 화물자동차 운수사업자가 신고 대상 운송 또는 주선 실적을 정부에서 정한 일정 기준에 따라 의무적으로 관리하고 신고해야 하는 제도
③ 실적정보 신고 내용(「화물운송실적신고제 시행지침」 제2조 제1항)
  ㉠ 기본정보 : 신고자의 상호(개별사업자의 경우 성명), 법인등록번호, 사업자등록번호 및 차량번호
  ㉡ 운송의뢰자 정보 : 운송 또는 주선 의뢰자 사업자등록번호
  ㉢ 계약 내용 : 계약연월 및 계약금액
  ㉣ 배차 내용 : 차량번호, 운송완료연월, 운송료, 운송완료 횟수
  ㉤ 의뢰받은 화물을 재위탁한 경우 계약내용 : 위탁받은 운송업체의 사업자등록번호, 계약연월, 계약금액, 화물정보망 이용여부

CORE 04 화물자동차 운임

1. 화물자동차 운영원가 〔기출〕 25년/ 22년/ 20년/ 18년/ 17년/ 16년/ 14년/ 11년

(1) 고정비(Fixed Costs)
① 정의 : 일정기간 동안 운행여부 및 운송량에 관계없이 일정하게 발생하는 비용
② 항목 : 운전기사 인건비, 감가상각비, 복리후생비, 통신비, 세금과 공과금, 보험료, 지급이자 등
③ 기간총액으로는 고정적인 비용이지만, 운송단위당으로는 운송거리와 운송량에 따라 변동(반비례 증감)

(2) 변동비(Variable Costs)
① 정의 : 운송거리, 영차거리, 운송 및 적재량 등 매출액에 영향을 미치는 항목들의 증감에 따라 변동되는 원가
② 항목 : 연료비(유류비), 주차비, 차량수리비, 타이어비, 도로통행료, 출장여비, 작업비, 능률상여금, 시간외 수당 등
③ 특징
  ㉠ 고정비와 달리 차량이 운행하지 않으면 발생되지 않으며, 운전기사의 운전기량에 따라 차이 발생
  ㉡ 운행거리 및 서비스 생산량에 비례하여 발생하게 되는 비용이지만, 단위당 변동비는 일정(불변)

2. 화물자동차 운임 〔기출〕 20년/ 19년/ 18년/ 16년/ 15년/ 14년/ 13년

(1) 운임의 의미 및 단위
① 운임의 의미 : 화물운송서비스의 대가로 화주가 운송인에게 지불하는 화폐의 액수(보수)
② 운임의 단위
  ㉠ 화물의 종류, 중량, 용적, 가액 등에 따라 부과되나 기본적으로 화물의 무게와 부피가 운임계산의 기준
  ㉡ 고가품의 경우 가액(Value)이나 가격(Price)이 운임의 부과기준
  ㉢ 특수한 사정의 경우에는 추가운임(Additional Charge) 또는 추가할증료(Surcharge) 가산

③ **성능유지관리제도** : 차량 운행을 할 수 없는 상태가 되면 차량의 운휴뿐만 아니라 소속된 운전원까지 운휴하게 되어 비효율성이 커지므로 차량은 항상 운행이 가능한 상태로 잘 정비되어야 하며 성능유지가 잘될 수 있도록 관리
④ **안전관리시스템 구축** : 부주의한 운행으로 인한 사고가 발생하지 않도록 체계적인 안전관리시스템 마련
⑤ **운송물량의 확보** : 차량의 가동률을 높이려면 기본적으로 운송물량이 충분히 확보되어야 하며 물량이 부족하여 운휴를 하는 사태는 계속적으로 발생하므로 대비책 마련

(3) 회전율 향상 방안

① **상·하차 작업시간 감축** : 상·하차 작업의 기계화, 운송장비의 전용화, 차량의 합리화, 사전 상·하차작업 준비, 충분한 상·하차장 확보 등
② **상·하차 대기시간 감축** : 상차능력에 따른 시간대별 차량투입, 상·하차용 작업갱(Bay)수 확대, 사전 하역작업의 준비, 롤테이너 및 리프트게이트 트럭의 활용 등
③ **배차의 혼합** : 장·단거리 혼합배차, 사전 2배차제도의 시행, 현장배차제도 도입
④ **집하 또는 배송처 수의 단순화** : 격일제 집배송, 집배송처의 대규모화 등의 검토
⑤ **운송시스템의 효율화** : Multi-Trailer System, Unit Load System, Swap-body System, 중간환승시스템, 릴레이식 운송시스템, Meet Point System 등의 구축 및 운용

(4) 영차율(실차율) 향상 방안

① **환결운송시스템 활용** : 공차운행을 방지하기 위하여 최초의 출발지로의 운송물량이 확보될 때까지 타 지역의 물량 운송
② **지역별 영업소의 운영과 물량 확보** : 기본적으로 복화화물을 확보하기 위해서는 지역별로 운송물량 확보를 위한 영업소 운영
③ **기업 간 운송제휴** : 발지와 착지 간에 위치한 운송업체 간에 공차운행을 방지하기 위하여 상호 물량교환운송에 관한 협정을 체결하고 자차의 운행정보를 상대 운송회사에 제공하여 복화차량 이용
④ **화물운송정보시스템의 활용** : 화물차량에 운송물량에 대한 정보를 제공하고 화주에게는 공차정보 제공
⑤ **주선업체의 네트워크화** : 지역별로 다양한 운송주선업체와 협정 또는 계약을 체결하고 복화물량 확보
⑥ **화물자동차 운송가맹사업자의 활용** : 복화물량을 확보하기 위하여 화물자동차 운송가맹사업자의 가맹점으로 가입
⑦ **차량의 범용화** : 복화운송을 원활히 하기 위해서는 다양한 화물을 적재할 수 있는 범용적인 차량을 이용

(5) 적재율 향상 방안

① **차종의 선택** : 운송할 화물의 특성에 맞는 적절한 차종을 선택하여 운송
  ㉠ 부피화물은 밴형차량이나 장축차량을 이용하면 적재율을 높일 수 있음
  ㉡ 중량화물은 일반카고 트럭이나 단축차량을 이용하는 것이 좋음
  ㉢ 활대화물은 트레일러차량을 선택하는 것이 적재율 향상에 유리
② **적재방법의 개선** : 화물이 적재되는 위치에 따라 화물의 중량이 바퀴에 분산되는 비율이 달라지므로 올바른 적재를 통해 적재율을 높일 수 있음
  ㉠ 균등적재 : 부피화물은 적재함의 앞에서 뒷부분까지 균등하게 적재하여 화물의 적재위치가 편중되지 않도록 조정
  ㉡ 적재함 앞쪽 적재 : 중량화물은 화물을 앞쪽으로 당겨서 적재하면 전축으로 하중이 이동되어 적재량이 증가
③ **배차방법의 개선** : 배차관리자의 적절한 운송지시는 적재율 향상을 위해 필요

적재율	· 화물자동차의 적재량 대비 실제 얼마나 화물을 적재하고 운행했는지를 나타내는 지표 · 평균 적재중량을 적재 가능 총중량으로 나누어 산출 $$적재율 = \frac{평균\ 적재중량}{적재\ 가능\ 총중량} \times 100$$
공차거리율	· 전체 화물운송거리 중에서 실제로 화물을 싣고 운행하지 않았던 거리를 나타내는 지표 · 공차상태의 운행거리를 총운행거리로 나누어 산출 $$공차거리율 = \frac{공차상태의\ 운행거리}{총운행거리} \times 100$$

연습 문제

다음은 기업의 화물자동차 운행실적이다. 실차율, 적재율, 가동률은? (단, 소수점 둘째 자리에서 반올림)

- 누적 주행거리 : 60,000km
- 실제 적재 주행거리 : 52,000km
- 실제 가동 차량 수 : 300대
- 누적 실제 차량 수 : 360대
- 트럭의 적재 가능 총 중량 : 15톤
- 트럭의 적재 중량 : 12톤
- 트럭의 회전율 : 5회

해설

- 실차율 = $\frac{52,000km}{60,000km} \times 100 ≒ 86.7\%$
- 적재율 = $\frac{12톤}{15톤} \times 100 = 80.0\%$
- 가동률 = $\frac{300대}{360대} \times 100 ≒ 83.3\%$

정답 실차율 86.7%, 적재율 80.0%, 가동률 83.3%

3. 화물자동차 운영효율성 향상 방안 기출 21년/ 16년/ 14년/ 13년

(1) 수·배송 대형화 방안

① **운송물량의 대형화** : 운송물량은 가급적 대형차량을 이용하여 운송이 이루어지도록 대단위 묶음으로 하며, 이를 위해 출하단위와 출하처를 일정 이상이 되도록 조정
② **대형차량의 이용** : 가급적 대형차량을 확보하여 대량운송구축
③ **콘솔(Consolidation) 운송시스템의 구축** : 소량으로 운송되는 화물을 대량으로 운송하기 위해 콘솔 운송시스템 구축
④ **운송업체의 대형화 · 전문화** : 규모의 경제를 실현할 수 있는 기반 조성

(2) 가동률 향상 방안

① **1차량 2기사 승무제도** : 차량 1대에 2명의 운전기사를 승무시켜 차량을 24시간 운행할 수 있도록 하거나 장거리를 최단시간 내에 1회전 후 다음날은 다른 운전기사가 동일한 방법으로 운행
② **예비운전기사 운영** : 계획된 물량을 차질 없이 운송하기 위해서는 일정률의 예비운전원을 확보하고 운영

ton·km당 매출액	• 매출액을 총운송 ton·km 실적으로 나누어 산출한 지표 • 실질적인 생산단위당 매출액을 알 수 있음
영차거리당 매출액	• 매출액을 영차운행거리로 나누어 산출한 지표 • 차량이 화물을 적재하고 1km 운행하여 얼마의 매출을 올리는가를 알 수 있음
운행거리당 매출액	• 매출액을 총운행거리로 나누어 산출 • 공차운행거리를 포함하여 매출액을 관리

(2) 화물자동차 효율성지표

① 비용효율성지표

톤당 운송비	• 일정기간 동안 차량운영과 관련하여 발생한 비용(직접원가)을 운송한 화물량으로 나누어 산출 • 1톤(또는 다른 관리단위)운송에 얼마 정도의 비용을 사용하고 있는가를 파악하기 위한 지표
ton·km당 운송비	• 일정기간 동안 차량운영과 관련하여 발생한 비용을 총운송 ton·km로 나누어 산출 • 운송서비스 1단위를 생산하는 데 어느 정도의 비용을 사용하고 있는가를 파악하기 위한 지표
운행거리당 운송비	일정기간 동안의 차량운영과 관련한 비용을 총 운송거리로 나누어 산출
운행거리당 고정비	• 차량운영비용 중 고정비에 해당하는 비용을 운행거리로 나누어 산출 • 운행거리가 증가할수록 고정비(일반관리비, 감가상각비, 보험료, 제세공과금 등)는 낮아지고 효율성은 높아짐
운행거리당 변동비	• 일정기간 동안의 변동비를 운행거리 실적으로 나누어 산출 • 변동비 중 가장 큰 비중을 차지하는 연료비, 수리비, 타이어비 등이 관리의 효율성에 따라 차이가 많이 발생하기 때문에 별도로 운행거리당 비용을 산출하여 관리가 필요

② 운영효율성지표 기출 25년/ 24년/ 21년

가동률	• 일정 기간 동안 화물차량을 실제 운행한 시간(일수)과 목표 운행 시간(일수)과의 비율을 나타내는 지표 • 실제 운행일수를 목표 운행일수로 나누어 산출 $$\text{가동률} = \frac{\text{실제 운행시간(일수)}}{\text{목표 운행시간(일수)}} \times 100$$
회전율	• 일정 기간 내에 화물을 운송한 횟수를 나타내는 지표 • 총운송량을 평균 적재량으로 나누어 산출 $$\text{회전율} = \frac{\text{총운송량}}{\text{평균 적재량}} = \frac{\text{총영차거리}}{\text{평균 영차거리}} \times 100$$
영차율 (실차율) 기출 24년	• 전체 화물운송거리 중에서 실제로 얼마나 화물을 적재하고 운행했는지를 나타내는 지표 • 영차 운행거리를 총운행거리로 나누어 산출 $$\text{영차율} = \frac{\text{영차 운행거리}}{\text{총운행거리}} \times 100$$
복화율	• 편도운송을 한 후 귀로 시 화물운송을 얼마나 수행했는지를 나타내는 지표 • 귀로 시 영차 운행횟수를 편도 운행횟수로 나누어 산출 $$\text{복화율} = \frac{\text{귀로 시 영차 운행횟수}}{\text{편도 운행횟수}} \times 100$$

⑤ GIS(Geographic Information System, 지리정보시스템) : 어떤 지역에 지리적으로 참조 가능한 모든 형태의 정보를 효과적으로 수집, 저장, 갱신, 분석, 표현할 수 있도록 디지털 지도를 작성한 시스템
⑥ GIS-T(Geographical Information System for Transportation) : 교통부문에 도입한 지리정보시스템으로 디지털 지도에 각종 정보(교통계획, 교통관리, 도로관리, 도로건설, 교통영향평가 등)를 연결하여 관리하고 이를 분석, 응용하는 교통지리정보시스템의 통칭
⑦ AVLS(Automatic Vehicle Location System, 이동체 위치파악 시스템) : 위성으로부터 받은 신호를 차량, 선박, 항공에 장착된 GPS 수신기와 그 밖의 위치 센서의 정보로부터 이동체(트럭, 선반 등)의 현위치를 실시간으로 계산하여 차량의 최적배치 및 파견, 실태 파악 및 분석, 안내, 통제, 운영할 수 있는 일련의 작업들을 자동화한 시스템
⑧ TRS(Trunked Radio System, 주파수공용통신) : 중계국에 할당된 다수의 주파수 채널을 여러 사용자들이 공유하여 사용하는 무선통신서비스
⑨ LBS(Location Based Service, 위치기반 서비스) : GPS칩을 내장한 휴대폰이나 PDA단말기 이동체의 위치를 무선통신으로 위치확인서버에 제공하면 모든 이동체의 현황을 실시간으로 검색하는 기능을 갖춘 시스템
⑩ Routing System(경로배정 시스템) : 화물자동차의 최종 배송지에 대한 최적의 운송경로를 설정하여주는 운송경로 시스템으로 차량의 배송지점이 매일 변경되는 경우에 특히 효과적

2. 화물자동차 운영관리지표

(1) 화물자동차 생산성지표

① 운송서비스 생산성
  ㉠ 얼마의 화물(ton)을 몇 킬로미터(km) 운송했는가로 나타내며, ton · km를 기본단위로 표시
  ㉡ 운송서비스 생산성지표

ton · km	• 운송에 있어 가장 기본적인 생산단위 • 운송거리와 적재한 화물의 양(ton으로 환산)을 곱하여 산출한 지표 • 일정기간의 실적치로서 ton · km는 각 개별 운송 ton · km를 합산한 것
운송량	• 실제 적재하고 운송한 양 • 파렛트, 박스 등 다양한 단위로 계산 • 운송지역 및 거리가 동일한 구간을 운송하는 경우에는 ton · km를 계산할 필요 없이 얼마를 운송했느냐로도 관리
운행 km	일정기간(1일 또는 1개월) 동안 몇 km를 운행했는가에 대한 실적치
영차 km	일정기간 화물을 적재하고 운행한 거리가 몇 km인가를 나타내는 실적치

② 화물자동차 매출 생산성
  ㉠ 운송결과에 따른 매출액으로서 운송기업에서 관리하는 지표
  ㉡ 매출 생산성은 운송하는 화물의 운송단가 고저, 운송거리의 장단(長短), 전체적인 운송량 등에 의하여 결정
  ㉢ 화물자동차 매출 생산성지표

매출총액	• 일정기간 동안의 운송회사가 실현한 매출액 • 주로 목표대 실적달성률을 관리하기 위하여 산출하는 지표 • 차종별, 톤급별, 연식별, 개별 차량별로 구분하여 산출 및 관리
톤당 매출액	• 매출액을 운송한 양(ton)으로 나누어 산출한 지표 • 평균 운송단가수준을 알 수 있음

CORE 03 화물자동차운송 운영 및 운영관리

1. 운송관리시스템 〈기출〉 18년/ 17년/ 15년/ 14년/ 13년

(1) 운송관리시스템(TMS : Transportation Management System)의 개요

① 운송관리시스템의 개념 〈기출〉 24년
  ㉠ 화물운송 시 수반되는 자료와 정보를 신속하게 수집하여 이를 효율적으로 관리
  ㉡ 수주과정에서 입력한 정보를 기초로 가장 효율적인 수송경로와 운송수단 제공
② 운송관리시스템의 주요 기능 : 신속한 배송의뢰 주문처리 기능, 일일 배송계획 기능, 차량의 운행관리 기능, GPS를 이용한 화물추적 기능 등
③ 운송관리시스템의 구축 목적
  ㉠ 고객에 대한 차량소요계획, 배차, 출고작업, 수·배송의 연계로 고객서비스 향상
  ㉡ 내부 운송관리시스템의 기반 구축
  ㉢ 운송 프로세스에 있어서 고객과 파트너 간 협력체계 구축을 통한 업무효율 향상
  ㉣ 가용차량의 가시성(visibility) 향상으로 차량운영 효율 및 가동률 향상
  ㉤ 운송 과정에서의 이상발생에 대한 신속한 피드백(feedback) 및 대처
  ㉥ 다양한 고객을 위한 인터페이스 기반 구축
④ 운송관리시스템의 효과
  ㉠ 고객의 다양한 요구를 수용하면서 수·배송비용, 재고비용 등 총비용을 절감
  ㉡ 공급배송망 전반에 걸쳐 재고 및 운반비 절감, 대응력 개선 등

(2) 운송관리시스템(TMS)의 구성 〈기출〉 23년/ 22년/ 21년

① ITS(Intelligent Transport System, 지능형교통시스템) : 도로와 차량, 사람과 화물을 정보네트워크로 연결하여 교통체증의 완화와 교통사고의 감소, 환경문제의 개선 등을 실현할 수 있는 시스템
② CVO(Commercial Vehicle Operation, 상용차량 운행관리시스템/화물정보망)
  ㉠ 화주의 화물운송정보와 차주의 공차정보를 위성위치정보(GPS)·휴대폰 등 통신망을 이용하여 연결하는 서비스(정보플랫폼)
  ㉡ 화물차량의 위치, 적재화물의 종류, 운행상태, 노선상황, 화물알선정보 등을 실시간으로 파악하여 화물차량의 운행을 최적화하고, 관리를 효율화하기 위하여 지능형교통시스템(ITS)의 일환으로서 개발
  ㉢ 오늘날 화물정보망은 공차율의 감소, 운송시장의 투명성 제공, 운송효율의 제고 등의 역할 수행
③ VMS(Vanning Management System, 적재관리시스템) : 화물의 특징에 따라 적정한 운송차량에 화물이 효율적으로 포장 및 적재될 수 있도록 차량의 소요, 배차, 적재위치 등을 지정해주는 적재관리시스템
④ GPS(Global Positioning System, 인공위성 자동위치측정 시스템)
  ㉠ 이동체의 위치 및 상태를 인공위성과 무선통신망을 이용하여 관제실의 컴퓨터 모니터의 전자지도상에서 실시간으로 파악하며, 차량을 신속·정확하고 효율적으로 관리하는 시스템
  ㉡ 효율적인 배차관리로 공차 운행의 최소화 및 물류비용 절감 효과

(2) 피견인차량(Trailer, 트레일러) 기출 ▶ 18년/ 17년/ 14년/ 13년

① 트레일러의 개념 : 차체에 원동기가 부착되어 있지 않아 견인트럭에 의해 끌려가는 차량

② 트레일러의 장·단점

장점	단점
• 대량운송에 의하여 운송원가 절감 • 차량의 경량화가 가능하여 적재량이 증대 • 차량의 전용화 용이 • 운송의 시스템화 용이 • 창고(일시보관)역할의 수행 가능 • 운송업체의 영업력 강화	• 허용된 도로로 운행(제한적 이용) • 특수면허가 필요 • 운송물량이 소규모일 경우 비효율적이며, 복화물량이 적음 • 상하역 시 작업장과 주차장 등 넓은 공간 필요(공간적 비효율성) • 트레일러 확보를 위한 많은 자금이 소요 • 차량구입비가 높은 편

③ 트레일러의 종류

㉠ 연결형식에 의한 트레일러의 종류 기출 ▶ 24년

풀 트레일러 (Full Trailer)	• 트랙터와 트레일러가 완전히 분리되어 있고, 트랙터 자체도 바디(Body)가 있음 • 트레일러에 적재된 화물의 무게를 해당 트레일러가 100% 부담하여 운송 • 피견인차량의 앞부분과 뒷부분에 차량이 자체적으로 균형을 유지할 수 있도록 바퀴가 달려있는 형태의 트레일러 • 연결된 차량의 총중량 40톤 내에서 최대한의 적재가 가능
세미 트레일러 (Semi Trailer)	• 트랙터와 트레일러가 적재하중을 분담하는 트레일러 • 피견인차량에 적재된 화물의 중량이 견인차량에 분산되도록 설계된 트레일러 • 차량의 뒷부분에만 바퀴가 부착되어 있고, 앞부분은 주행 중에는 트랙터의 오륜(Coupler)에 결합되어 독립적으로 운휴 중일 때는 랜딩기어(일종의 아웃트리거)에 의하여 균형이 유지되는 형태 • 형상에 따라 다시 평상식 트레일러(강판, 코일 등을 운반)와 샤시 트레일러(컨테이너 운송 목적)로 나뉨
폴 트레일러 (Pole Trailer) 기출 ▶ 22년	• 트랙터에 턴테이블을 설치하고 트레일러를 연결한 후, 대형파이프 등 장척물의 수송에 사용 • 차량 한 대로 안전하게 운송하기 어려운 장대(長大)화물을 안전하게 운송하기 위하여 이용되는 차량 • 일반적으로 돌리(Dolly)라고 칭하며 견인차량과는 긴 Pole에 의해서 연결
더블 트레일러 (Double Trailer)	주로 미국에서 이용되고 있으며 세미 트레일러 2량을 연결한 것

㉡ 형상에 의한 트레일러의 종류 기출 ▶ 21년

평상식 트레일러 (Flat bed Trailer)	전장의 프레임 상면이 평면의 하대를 가진 구조로서 일반화물이나 강재 등의 수송에 적합
중저상식 트레일러 (Drop bed Trailer)	저상식 트레일러 가운데 프레임 중앙 하대부가 오목하게 낮은 트레일러로 중량 블록 화물 등 중량화물의 운반에 편리
스켈레탈식 트레일러 (Skeletal Trailer)	컨테이너 운송을 위해 제작된 전용 트레일러로 전·후단에 컨테이너 고정을 위한 콘(Cone)이 부착
저상식 트레일러 (Low bed Trailer)	대형기계 또는 불도저, 기중기 등 건설기계나 중기를 적재할 수 있도록 전고가 낮은 하대를 갖춘 트레일러
밴형 트레일러 (Van-type Trailer)	하대부분에 밴형의 보디가 장치된 트레일러로서 일반 잡화 및 냉동화물 등의 운반용으로 사용
오픈 탑 트레일러 (Open-top Trailer)	밴형 트레일러의 일종으로서 천정에 개구부가 있어 채광이 들어가게 되어 있는 고척화물 운반용으로 사용
특수용도 트레일러	덤프 트레일러, 탱크 트레일러, 자동차 운반용 트레일러, 캠핑카 트레일러 등

ⓒ 적재함 개폐 합리화차량

윙바디 (Wing Body) 차량	• 적재함의 상부를 새의 날개처럼 들어 올릴 수 있도록 한 차량 • 측면에서의 상하차 작업 가능
셔터도어 (Shutter Door) 차량	• 문을 상하로 개폐할 수 있는 셔터형으로 제작한 차량 • 개폐의 신속성, 차체 무게 도어의 경량화, 작업공간 확보 • 셔터의 측면 지지력이 약해 부피화물운송에 이용
컨버터블(Convertible) 적재함 차량	• 밴형차량의 적재함 덮개 전체 또는 측면부가 적재함에 설치된 레일을 따라 앞뒤로 개폐될 수 있도록 제작된 차량 • 화물을 상하차할 때는 덮개를 앞이나 뒤로 이동시킨 후 작업을 하고, 작업이 완료되면 원래대로 복귀시켜 밴형 화물차량과 같은 형태로 운송 가능
슬라이딩도어 (Sliding Door) 차량	• 측면의 문을 미닫이 식으로 설치하여 측면 전체의 개방이 가능하도록 제작된 차량 • 주로 무거운 화물(음료수 등)을 배송하는 중·소형 차량에 적용

ⓓ 시스템차량 : 적재한 화물을 이적하지 않은 상태에서 다른 차량을 이용하여 계속적인 연결 운송하거나 차량과 적재함을 분리하여 상하차 시간 및 대기시간 등을 단축할 수 있도록 제작된 차량

스왑바디(Swap Body) 차량	• 컨테이너형 적재함이 차체와 분리 및 장착이 가능하도록 만들어 화물을 싣거나 내릴 때는 대기 시간이 발생하지 않도록 고안된 차량 • 적재함에 4개의 랜딩 랙(Landing Leg)을 부착하여 수평으로 지면에 장치한 후 차체와 탈부착하는 방식
암롤(Arm Roll) 트럭	• 한번 적재한 화물을 적재함 채로 다른 차량으로 옮겨 싣거나 지면에 내려놓음으로써 신속한 일관운송이 이루어질 수 있도록 고안된 차량 • 적재함 자체를 지면에 내려놓은 후 차체에 설치된 적재함 견인용 암(Arm)과 차체에 설치된 가이드 장치를 이용해 끌어올리는 방식 • 적재함을 올리고 내릴 때 경사가 생기므로 파손염려가 없는 화물을 운송할 때 주로 사용(예 쓰레기 수거차량, 항만에서의 고철 또는 무연탄과 같이 산물로 운송되는 화물)

4. 분리형 화물자동차

(1) 견인차량

① 견인차량의 개념 : 피견인차량을 견인할 수 있는 장치와 피견인차량의 브레이크시스템 및 등화시스템을 작동시킬 수 있도록 제반 조건이 갖추어진 차량

② 견인차량의 종류

트랙터 (Tractor)	• 자신은 화물을 적재할 수 없는 상태에서 전문적으로 피견인차량(Trailer)만 견인을 하기 위한 차량 • 적재함과 분리되므로 상하차를 위해 현장에서 대기할 필요 없이 또 다른 운송업무를 수행 가능
풀-카고트럭 (Full-cargo Truck)	• 자신도 적재를 하면서 피견인차량을 견인할 수 있는 차량 • 일반카고 트럭형태로 제작되어 독자적으로 운송을 할 수도 있으며, 피견인차량을 견인하여 2대의 차량으로도 운송을 할 수 있도록 제작된 차량

(4) 합리화 특장차 기출 24년/ 18년

① **합리화차량의 개념** : 운송화물의 범용성을 유지하면서도 적재함 구조를 개선하고, 별도의 상·하역 조력장치 등을 부착함으로써 화물자동차에 화물을 싣고 내리는 하역작업을 효율적으로 수행하고, 운송화물의 안전성을 높일 목적으로 제작되는 차량

② **합리화차량의 장·단점**

장점	단점
• 상하차 작업이 기계화됨에 따라 인건비를 절감할 수 있고, 인력의 구인난 해소 • 하역작업 시 차량 대기시간 감소(높은 차량 회전율)	• 차량에 별도의 설비기기가 설치되므로 차량의 가격이 높은 편 • 파렛트를 사용하거나, 화물의 규격화 필요 • 각종 기계장치에 의해 차체 중량이 무거워져 화물의 적재량 감소 • 측면 전개차량이나 탈착식 바디차량 등은 상하차 장소에 제약

③ **합리화차량의 종류** 기출 23년

㉠ 상하역 합리화차량 : 화물의 상하차를 효율적으로 하기 위하여 차체 구조를 개선하거나 상·하역 조력장치를 부착한 차량

리프트게이트 부착차량	• 적재함 후문에 화물을 싣고 내릴 수 있는 리프트를 장착한 차량 • 인력으로 상하역이 곤란한 화물을 운송할 때 지게차 등 상하역 장비 없이도 용이하게 상하역이 가능
크레인 부착차량	• 트럭 적재함의 앞쪽 또는 뒷부분에 크레인을 장착하여 자신이 운송할 화물이나 다른 차량에 적재할 화물을 실어가거나 또는 내려주는 역할을 하는 차량 • 크레인에 너클장치나 후크를 부착하여 다양한 형태로 작업 가능
세이프 로더	적재함의 앞부분을 들어 올려 뒷부분이 지면에 닿도록 함으로써 차량 등이 직접 적재함에 올라갈 수 있게 하거나, 적재함 앞부분에 윈치를 부착하여 화물을 끌어 올릴 수 있도록 하여 중량물을 용이하게 상하역할 수 있도록 한 차량

㉡ 적재함 구조 합리화차량 : 적재함의 형태를 개선하여 화물을 보다 안전하고 효율적으로 적재하거나 적재함에 올려진 화물을 적재대 내에서 효율적으로 이동시키기 위해 장치를 한 차량

리프트플로어 장치차량 (Lift-floor Truck)	• 적재함의 바닥에 레일(Rail)형 전동리프트를 장착 • 싣거나 내릴 화물을 레일을 Pop-up시켜 앞 또는 뒤쪽으로 이동
롤러베드 장치차량 (Roller bed Truck)	• 적재함 바닥 전면에 롤러 또는 보울베어링을 설치한 차량 • 적재함의 모든 부분 및 방향에서도 화물을 용이하게 이동
롤러 컨베이어 장치차량 (Roller conveyer Truck)	• 적재함의 중앙에 롤러컨베이어를 장착한 차량 • 박스화된 화물을 롤러를 이용하여 앞뒤로 이동
파렛트 레일 장치차량	• 적재함에 바퀴가 달린 스케이트가 이동할 수 있는 홈을 설치하고 스케이트 위에 화물을 적재한 후 홈을 통해 앞뒤로 이동시킬 수 있도록 한 차량 • 화물의 이동이 끝나면 스케이트는 탈거
파렛트 슬라이더 장치차량	• 적재함 바닥에 파렛트를 적재하여 적재함의 앞뒤로 이동할 수 있는 슬라이더가 장착된 차량 • 슬라이더 위에 화물이 적재된 상태로 운송
기타	행거적재함트럭, 적재공간분리형트럭, 이동식막이트럭, 화물압착트럭, 스테빌라이저트럭, 워크쓰루밴트럭 등

② 밴형화물자동차의 장·단점

장점	단점
• 화물을 높게 적재할 수 있고 적재함의 내부구조를 다양한 형태로 효율화가 가능 • 화물을 결박할 필요가 없고 덮개를 씌울 필요도 없어 상하차 시간이 단축 • 화물의 낙하 사고 발생이 적어 화물운송 안전성이 향상	• 화물의 상하역이 뒷방향으로만 이루어져 상하역시간이 지연될 수 있음 • 적재함의 크기보다 폭이나 길이, 높이가 큰 화물은 운송이 곤란

(3) 전용특장차(Specialized Truck, 전문용도형 화물자동차) 기출 24년/ 20년/ 19년/ 18년/ 16년/ 11년

① 전용특장차의 개념 : 자체의 동력을 이용하여 장착된 기계장치를 직접 가동시켜 화물을 하역하거나 운반할 수 있도록 설계된 특수한 형태의 화물자동차

② 전용특장차의 장·단점

장점	단점
• 적재대 자체가 포장용기와 같은 역할을 하므로 산물상태로의 운송 가능(화물의 포장비 절감) • 산물상태로 하역하기 때문에 전문적인 상하역 설비가 필요하지만 취급수량이 많아지면 기계화·자동화에 의해 상하역 비용 감소 • 신속한 상하역으로 인해 차량의 회전율 향상 • 악천후에도 안전한 상하차가 가능하여 운송화물의 안전도 향상	• 운송되는 화물의 특성에 맞춰 제작되기 때문에 차체의 무게가 무거워짐(동일 톤급의 경우 밴형 차량보다도 적재량이 더 많이 감소) • 차량의 제작가격이 높은 편 • 해당 화물이 없을 때는 다른 화물의 운송 곤란 • 귀로 시의 복화물 확보가 어려워 편도 공차운행하는 비효율성 존재

③ 전용특장차의 종류 기출 25년/ 22년/ 20년/ 16년

덤프트럭	• 적재함 높이를 경사지게 하여 적재물을 하역하는 차량 구조 • 주로 흙이나 모래, 자갈 등을 운송하는 데 사용
액체 운송차 (탱크로리)	• 각종 액체 상태의 다양한 화물을 운송할 수 있도록 탱크 형식의 적재함을 장착한 차량 • 액체 화물들은 주로 화학물질이기 때문에 지정된 화물만 적재
믹서트럭 (레미콘 믹서트럭)	• 레미콘을 전문적으로 운송하기 위한 차량 • 레미콘이 응결되지 않도록 계속 적재함 위에 회전하는 드럼을 싣고 화물을 뒤섞으면서 운행
벌크 트럭 (분립체운송차)	• 가루나 작은 알갱이 형태의 화물을 전문적으로 운송하기 위한 차량 • 시멘트, 곡물, 사료 등 분립체를 자루에 담지 않고 산물상태로 운송 • 적재대는 원통형이나 박스형으로 제작되고 화물에 따라 상하차방식이 다르기 때문에 운송화물의 범용성이 떨어짐
냉동차	• 냉동·냉장화물을 전문적으로 운송하기 위한 차량 • 적재대의 벽체가 단열처리가 되고, 냉동기가 부착되어 있으며 적재대 내부가 냉기순환이 가능한 구조
중량물 운송 트럭 (모듈 트럭)	• 차체가 넓고 길며, 운송 중에 수평을 유지할 수 있도록 각 바퀴마다 독립현가장치 장착 • 한 대의 차량으로 운송하기 어려운 화물을 운송할 수 있도록 차량을 Back to Back 방식이나 Side by Side 방식으로 여러 대를 연결하여 하나의 차량처럼 운행
차량 운송용 트럭 (트랜스포터, 카캐리어)	• 차량만 전문적으로 운송할 수 있는 적재대를 갖춘 화물차량 • 통상 운송되는 차량이 직접 적재대에 올라갈 수 있는 장치와 적재대가 2층으로 되어 있어 한 번에 많은 차량을 적재할 수 있는 구조

2. 화물자동차의 형태

(1) 일체형화물차

① 차량을 움직이게 하는 원동기(엔진)와 화물적재대가 하나의 프레임 위에 설치된 차량
② 일반화물자동차, 밴형화물자동차, 전용특장차, 합리화차량 등
③ 일체형화물차의 장·단점

장점	단점
• 차량의 제작 가격이 분리형에 비해 낮음 • 차량의 제원(중량 및 길이)이 작아 소로의 통행, 좁은 작업장 등에서도 운행 가능 • 소량화물 운송에 적합	운전기사와 원동기·적재대 부분이 항상 같이 이동하므로 비효율적인 운송 상황 발생(예 상하차 대기, 공차 운행, 물량 부족, 운행 대기, 장척물 적재제한 등)

(2) 분리형화물차

① 원동기가 장치된 부분과 화물을 적재하는 부분이 서로 다른 프레임 위에 설치되고 각각의 차량으로서 제작·등록되는 차량
② 원동기가 설치된 차량은 트랙터(Tractor), 적재대가 설치된 차량은 트레일러(Trailer)
③ 분리형화물차의 장·단점

장점	단점
• 각각의 차량으로 제작되기 때문에 적재대의 길이 확대 가능 • 트랙터와 트레일러가 분리되어 운행되기 때문에 비효율적인 운송 상황 최소화 • 트랙터 1대에 다양한 전용트레일러의 운영 가능	차량의 제작가격이 상승하고 차체의 길이가 길어지기 때문에 이용하는 도로나 작업장의 여건에 따라 이용에 제한적

3. 일체형 화물자동차

(1) 일반화물자동차(General Cargo Truck) 기출▶ 14년

① 일반화물자동차의 개념 : 일반적인 화물자동차로서 적재대의 윗부분이 개방되어 있고 측면과 후면은 적재대 바닥과 힌지(Hinge)로 연결하여 개방할 수 있는 구조의 차량
② 일반화물자동차의 장·단점

장점	• 화물의 적재를 후면, 양 측면, 윗 방향에서도 할 수 있어 상하차가 신속 • 적재대에 별다른 장치가 없어 밴형이나 다른 전용차량들에 비해 적재량이 많음
단점	• 안전한 운송을 위하여 적재 화물을 결박해야 하고, 우천 시 덮개를 씌워야 하므로 신속한 운행을 저해함 • 적재대의 측면이 낮아 정형화된 화물이 아니면 높이 쌓기에 부적절(적재량 제한)

(2) 밴형화물자동차(Vantype Truck) 기출▶ 25년/ 23년

① 밴형화물자동차의 개념
  ㉠ 일반적으로 탑차(Top Car)라고 불리기도 하며, 일반화물자동차의 화물 적재 공간이 상부가 막힌 박스형(Box) 덮개가 있는 화물자동차
  ㉡ 탑의 무게로 인해 동급의 차량에 비하여 적재중량이 감소하여 중량화물보다는 부피화물을 운송할 때 주로 이용

② 전고(overall height)
  ㉠ 타이어 접지면에서부터 차량의 가장 높은 부분까지의 거리
  ㉡ 전고의 길이는 지하도, 교량의 통과 높이에 영향
③ 전폭(overall width)
  ㉠ 차량의 가로, 좌·우측 간의 가장 넓은 폭
  ㉡ 전폭이 넓을수록 주행의 안전성 향상
④ 하대길이
  ㉠ 화물적재대의 길이
  ㉡ 하대길이가 길수록 적재부피가 증가(동일 성능 시 적재중량 감소)
⑤ 하대폭
  ㉠ 화물적재대의 폭
  ㉡ 하대폭은 파렛트 적재 수와 컨테이너의 적재 여부에 영향(표준파렛트의 폭 1,100cm)
⑥ 하대높이 : 화물적재대의 높이로 화물적재의 안정성에 영향
⑦·⑧ 오버행 : 커브주행 시 안전에 영향
  ㉠ 앞바퀴의 중심에서 차량의 맨 앞부분까지의 거리(⑦ 전 오버행)
  ㉡ 뒷바퀴의 중심에서 차량의 맨 뒷부분까지의 거리(⑧ 후 오버행)
⑨ 제1축간거리 : 전축 중심에서 후축 중심 간의 거리로서 제1축간거리가 길수록 적재대의 길이가 길거나 적재하중이 앞바퀴에 많이 전달
⑩ 제2축간거리 : 제2축간거리의 크기는 앞축과 후축중심의 크기를 결정
⑪ 오프셋(off-set) : 하대중심과 후축중심 간의 거리로서 오프셋 값이 클수록 적재함 중량이 앞바퀴에 많이 전달

(2) 화물자동차의 중량 및 운송능력 기출 25년/ 24년/ 20년 19년/ 17년/ 14년

① 공차중량(Empty Vehicle Weight)
  ㉠ 차량의 순수한 기본무게
  ㉡ 화물을 적재하지 않고 연료, 냉각수, 윤활유 등 운행에 필요한 장비를 갖춘 상태의 중량
② 최대적재중량(Maximum Payload) : 화물을 최대로 적재할 수 있도록 허용된 중량
③ 차량 총중량(Gross Vehicle Weight)
  ㉠ 승차정원을 포함하여 화물 최대적재량 적재 시의 자동차 전체 중량
  ㉡ 공차중량(차량중량), 화물적재중량 및 승차 중량을 모두 합한 중량
④ 자동차 연결 총중량(Gross Combination Weight)
  ㉠ 차량에 트레일러를 연결한 경우의 차량 총중량
  ㉡ 화물이 최대 적재된 상태의 트레일러와 트랙터의 무게를 합한 중량
⑤ 축하중(Axle Weight) : 각각의 (전후)차축에 걸리는 전체 하중
⑥ 승차정원(Riding Capacity) : 운전자를 포함하여 승차가 가능한 최대 인원수
⑦ 최대접지압력 : 화물의 최대 적재상태에서 도로의 지면 접지부에 미치는 단위면적당 중량
⑧ 화물자동차의 운송능력 : 최대 적재중량에 자동차의 평균 속도를 곱하여 계산

3. 화물자동차 운행상 안전기준과 제한 기출▶ 23년/ 22년/ 19년/ 16년

(1) 화물자동차 운행상 안전기준(「도로교통법 시행령」 제22조)

① 승차인원 : 승차정원 이내
② 적재중량 : 구조 및 성능에 따르는 적재중량의 110% 이내
③ 적재용량

길이	자동차 길이에 그 길이의 10분의 1을 더한 길이를 넘지 아니할 것
너비	자동차의 후사경으로 뒤쪽을 확인할 수 있는 범위(후사경의 높이보다 화물을 낮게 적재한 경우에는 그 화물을, 후사경의 높이보다 화물을 높게 적재한 경우에는 뒤쪽을 확인할 수 있는 범위)의 너비를 넘지 아니할 것
높이	화물자동차는 지상으로부터 4미터(도로구조의 보전과 통행의 안전에 지장이 없다고 인정하여 고시한 도로노선의 경우에는 4미터 20센티미터)를 넘지 아니할 것

(2) 차량의 운행 제한(「도로법 시행령」 제79조 제2항, 「차량의 운행제한 규정」 제5조, 제11조) 기출▶ 25년

① 축하중 10톤, 총중량 40톤 중 어느 하나를 초과하는 차량 → 중량 측정계의 오차 10%를 감안하여 그 이상 시 고발 조치하고 벌금 부과
② 차량의 폭이 2.5미터, 높이가 4.0미터(도로 구조의 보전과 통행의 안전에 지장이 없다고 도로관리청이 인정하여 고시한 도로의 경우에는 4.2미터), 길이가 16.7미터를 초과하는 차량

CORE 02 화물자동차

1. 화물자동차의 제원

(1) 화물자동차 치수제원 기출▶ 19년/ 15년/ 14년

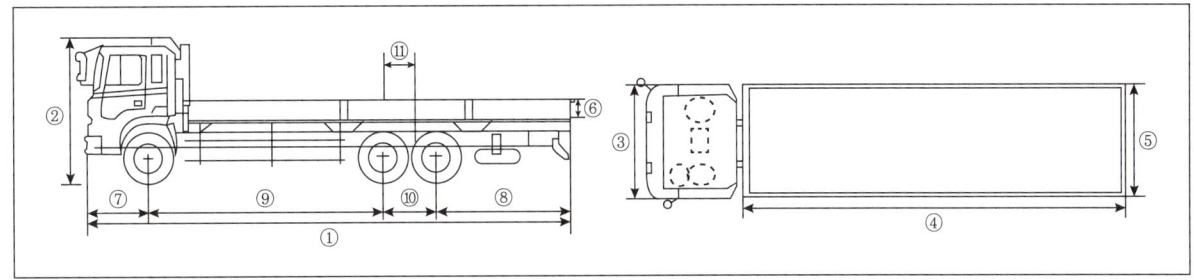

▲ 화물자동차 치수제원

① 전장(overall length)
  ㉠ 차량의 맨 앞에서부터 맨 끝부분까지의 수평거리
  ㉡ 전장이 길수록 화물의 적재부피가 증가(동일 성능 시 적재중량은 감소)

2. 화물자동차의 운송 형태 기출 16년/ 13년

(1) 운송거리에 따른 분류

① 근거리 운송 : 주로 100km 이내의 운송으로 소형차량 이용

② 중거리 운송 : 101~300km까지의 운송으로 중·소형차량 이용

③ 장거리 운송 : 301km 이상의 운송으로 대형차량(11톤 이상) 이용

(2) 운송형태에 따른 분류 기출 19년/ 16년/ 13년

① 간선운송 : 대량의 화물을 취급하는 물류 간 운송

② 지선운송 : 물류거점과 소도시 또는 물류센터, 공장 등까지 운송

③ 노선운송 : 정해진 노선과 계획에 따라 운송

④ 집배운송 : 화물자동차를 이용하여 여러 화주를 순회하면서 화물을 집하 및 배송하는 운송

⑤ 집화운송 : 화주문전 또는 생산 공장이나 물류센터에서 화물을 수집하여 물류거점까지의 운송

(3) 소유형태에 의한 분류

① 자가용(자차) 운송 : 화주가 직접 차량을 구입하여 자신의 화물을 운송

② 영업용(용차) 운송 : 운송대가를 받기 위하여 운송업자가 화물자동차를 확보하고, 타인의 화물용역을 수탁받아 운송

③ 자가용 운송과 영업용 운송의 장·단점

구분	자가용 운송	영업용 운송
장점	• 필요시 언제나 이용 가능 • 오지나 벽지에도 배송 가능 • 출발지 또는 목적지에 직접 연결 가능 • 화물추적정보시스템의 가동 가능 • 높은 신뢰성과 시스템의 일관성 유지 • 인적 교육이 가능하고 리스크 낮음 • 화물파손이나 도난 감소 • 유통비의 절감 효과	• 돌발적인 수요증가에 탄력적인 대응 가능 • 수송능력과 수송능률이 높음 • 차량에 대한 설비와 인력투자에 따른 고정비 절감 • 물류비의 절감 • 적재율 향상과 공차 회송률 감소(복화운송)
단점	• 급격한 운송량 변화에 신속한 대처 곤란 • 차종이나 차량의 보유대수의 한계 • 설비 및 인력의 과대투자로 고정비 증가 • 귀로(歸路) 시 운송화물 확보 곤란 • 운송물량의 부족 시 시휴	• 관리기능의 저하, 마케팅 사고 희박 • 운임 인상 시 대응이 곤란하고 일관운송시스템의 구축 곤란 • 기동성의 감소와 화물파손과 분실에 따른 클레임의 부담

(4) 취급화물의 형태에 따른 분류

① 일반화물운송 : 특수화물을 제외한 화물의 운송

② 특수화물운송 : 분립체와 액체, 위험물(석유류, 고압가스), 대·중량품, 냉동화물 운송 등

(5) 트럭운행 형태에 의한 분류

① 트럭 단독운행 : 생산지에서 소비지까지의 일관수송, 집배운송, 간선운송, 택배, 소량화물의 중계수송(본선운송+집배운송)

② 타 운송기관과의 협동운송 : 집하배달(집배)

CHAPTER 02 화물자동차(공로)운송

> **핵심 포인트**
> - ☑ 화물자동차의 제원에 관한 명칭
> - ☑ 화물자동차의 형태별 분류와 종류별 특징
> - ☑ 화물자동차의 운영효율성지표
> - ☑ 화물자동차 비용 및 운임
> - ☑ 운송관리시스템의 개념 및 구성
> - ☑ 택배서비스와 택배 표준약관의 주요 내용

CORE 01 화물자동차운송의 개요

1. 화물자동차운송의 개념 및 특징

(1) 화물자동차운송의 개념
① 육상의 공로를 이용하여 화물을 문전운송(Door to Door)하는 운송수단
② 공로망의 확충과 차량의 발전 및 대형화 추세에 따라 종합운송체제의 핵심적인 역할 수행
③ 국제복합운송에 있어 문전에서 문전까지를 실현할 수 있는 중요한 연계 운송수단

(2) 화물자동차운송의 특징
① 기동성과 신속한 배달이 가능하여 다빈도 소량배송에 가장 적합한 운송수단
② 차종, 차량이 풍부하여 고객의 다양한 욕구에 대응할 수 있어 운송서비스의 완결성이 좋음
③ 신속하고도 정확한 택배서비스(Door to Door Delivery) 실현
④ 비교적 운송 단위가 소량이며, 에너지 다소비형으로 에너지 효율과 운반생산성이 낮음

(3) 화물자동차운송 증가 요인
① **편리성** : 대규모의 고정자본을 투입하지 않고 문전까지 신속·정확하게 운송
② **소규모성** : 한 대씩 독립된 운송단위로 운영되기 때문에 운송사업에 대한 투입 용이
③ **경제성** : 철도보다 단거리 운송은 경제적이며, 수송량에 대한 부가가치가 상대적으로 높음
④ **투자의 용이성** : 규모의 경제에서 오는 이익과의 관계가 적어 투자가 용이
⑤ **안전성** : 단거리 문전운송이기 때문에 화물의 파손과 위험이 낮음
⑥ **기동성과 다양성** : 트럭의 종류가 많고 기동성이 높아 고객의 다양한 수요에 대응
⑦ **신속성** : 소량화물은 철도보다 신속하게 운송

03 다음은 A기업의 1년간 화물자동차 운행실적이다. 운행실적을 통해 얻을 수 있는 운영지표 값에 관한 내용으로 옳은 것은?

기출 21년

- 누적 실제 차량 수 : 300대
- 실제 가동 차량 수 : 270대
- 트럭의 적재 가능 총중량 : 5톤
- 트럭의 평균 적재 중량 : 4톤
- 누적 주행거리 : 30,000km
- 실제 적재 주행거리 : 21,000km

① 복화율은 90%이다.
② 영차율은 90%이다.
③ 적재율은 90%이다.
④ 가동률은 90%이다.
⑤ 공차거리율은 90%이다.

해설 ④ 가동률
$= \dfrac{270대}{300대} \times 100 = 90\%$

① 복화율 : 복화율은 편도운송을 한 후 귀로 시 화물운송을 얼마나 수행했는지를 나타내는 지표로 주어진 운행실적으로 복화율을 계산할 수 없다.

② 영차율
$= \dfrac{21{,}000km}{30{,}000km} \times 100 = 70\%$

③ 적재율
$= \dfrac{4톤}{5톤} \times 100 = 80\%$

⑤ 공차거리율
$= \dfrac{30{,}000km - 21{,}000km}{30{,}000km} \times 100 = 30\%$

기출문제 엿보기

- ☑ 화물자동차 운영효율성 지표에 관한 설명으로 옳지 않은 것은? 20년
- ☑ 다음은 B기업의 2018년도 화물자동차 운행실적이다. 실차율, 적재율, 가동률이 모두 옳은 것은? 18년
- ☑ 공로운송의 운영관리지표에 관한 설명으로 옳은 것은? 17년

04 택배 표준약관(공정거래위원회 표준약관 제10026호)에서 사업자가 운송물의 수탁을 거절할 수 있는 경우가 아닌 것은?

기출 21년

① 운송물의 인도예정일(시)에 따른 운송이 불가능한 경우
② 운송이 법령, 사회질서 기타 선량한 풍속에 반하는 경우
③ 운송물 1포장의 가액이 100만원 이하인 경우
④ 운송물이 살아 있는 동물, 동물사체 등인 경우
⑤ 고객(송화인)이 운송장에 필요한 사항을 기재하지 아니한 경우

해설 ③ 운송물 1포장의 가액이 300만원을 초과하는 경우 사업자가 운송물의 수탁을 거절할 수 있다(택배 표준약관 제12조 제6호).

기출문제 엿보기

- ☑ 택배 표준약관에서 정하고 있는 운송물의 수탁거절에 해당하는 것을 모두 고른 것은? 25년
- ☑ 택배사업자가 택배 표준약관에 근거하여 운송물의 수탁을 거절할 수 있는 경우가 아닌 것은? 19년
- ☑ 택배 표준약관의 운송물의 수탁거절 사유로 옳지 않은 것은? 18년
- ☑ 택배사업에서 사업자의 운송물 수탁거절 사유에 해당되지 않는 것은? 16년

01 ② 02 ④ 03 ④ 04 ③

(7) SLB(Siberian Land Bridge) 기출▶ 20년/10년

① 시베리아를 육상 가교(Land Bridge)로 하여 극동지역, 동남아, 호주 등과 유럽대륙, 스칸디나비아반도를 연결하는 복합운송형태
② SLB는 부산~보스토치니(Vostochny) 사이를 컨테이너선으로 해상수송하고, 시베리아철도의 컨테이너전용열차(Block Train)로 러시아의 유럽국경 역까지 운송한 후 철도, 트럭, 선박 등을 이용하여 유럽지역으로 컨테이너화물을 복합일관운송하는 것

(8) OCP(Overland Common Point) 기출▶ 25년

극동에서 미 내륙공통 운송지점(미국 서해안에서 사우스다코타주와 노스다코타주·네브래스카주·콜로라도주·뉴멕시코주 등 로키산맥 동쪽의 멀리 떨어진 여러 지역)으로 운송되는 복합운송 화물의 해상운임을 특별히 할인하는 것을 말함

(9) 시베리아횡단철도(TSR : Trans Siberian Railway) 기출▶ 18년

극동지역의 주요항구와 러시아의 컨테이너 전용항구인 보스토치니 간의 해상운송경로와 시베리아횡단철도 및 유럽 또는 서남아시아의 내륙운송로가 연결된 복합운송경로

(10) 중국횡단철도(TCR : Trans China Railway) 기출▶ 16년/15년/09년

① 극동지역을 기점으로 중국의 연운항까지 해상운송한 후 철도로 중국을 횡단하여 러시아를 경유, 로테르담까지 연결하는 철도
② 시베리아횡단철도보다 거리는 2,000km 이상, 수송기간은 약 10일 이상 단축

(11) 아시아횡단철도(TAR : Trans Asian Railway) 기출▶ 15년

유럽과 아시아를 가로지르는 완전한 철도망을 만들기 위한 국제연합 아시아태평양경제사회위원회(UNESCAP) 프로젝트

5. 복합운송 관련 국제규칙

(1) UN국제물품복합운송조약(1980) 기출▶ 24년

① 손해발생구간이 판명된 때에는 국내법, 국제조약 또는 본 조약상의 책임한도액 중 가장 높은 금액으로 하고, 불명손해에 대해서는 해상구간이 포함되면 함부르크 규칙의 110%를, 해상구간이 포함되지 않으면 8.33SDR/ha(CMR) 적용
② 복합운송에서 발생한 물품의 손해에 대하여 단일운송계약을 지배하는 국제조약에 비해 매우 엄격한 책임을 운송인에게 부과하며, 그 손해 발생에 대하여 복합운송인이 과실이 없음을 입증하지 못하면 책임을 면할 수 없음
③ 물품의 멸실·훼손에 대한 복합운송인의 책임제한에 관해 포장물 또는 적재단위당 920SDR과 1kg당 2.75SDR로 산정하여 헤이그규칙보다도 10% 높은데, 이는 비스비규칙 이후의 계속적인 인플레이션이 반영된 것임
④ UN국제물품복합운송조약은 복합운송서류를 'Multimodal Transport Document'라고 함
⑤ 복합운송인의 책임체계는 절충식 책임체계를 따름
⑥ 복합운송인의 책임기간은 화물을 인수한 때부터 인도할 때까지로 함
⑦ 송하인은 위험물에 관하여 적절한 방법으로 위험성이 있다는 표식(mark)을 하거나 꼬리표(label)를 붙여야 함
⑧ 법적 절차 또는 중재 절차가 2년 내 제기되지 않으면 어떠한 소송도 무효가 됨

(2) UNCTAD/ICC 복합운송증권규칙 기출 22년/ 16년/ 15년/ 12년

① UNCTAD/ICC 합동위원회가 헤이그규칙, 헤이그-비스비규칙, 복합운송증권통일규칙 등을 기초로, 1991년 11월 파리의 ICC이사회에서 제정
② 복합운송계약의 관습적인 일부분만을 적용
③ 복합운송인은 복합운송증권을 발행하고 전 운송구간에 대해 책임지며, Modified Uniform System을 채택하여 손해 발생구간이 판명된 경우와 판명되지 않은 경우를 구분하여 규제
④ 복합운송서류는 복합운송계약을 증빙하는 서류이며, 유통성 또는 비유통성 서식으로 발행할 수 있다고 규정

(3) 컨테이너 및 복합운송 관련 국제협약

① CCC협약(Customs Convention on Container) 기출 22년/ 18년
  ㉠ 1956년 유럽경제위원회의 채택으로 생겨난 것
  ㉡ 컨테이너 자체가 관세선, 즉 국경을 통과할 때 관세 및 통관방법 등을 협약해야 할 필요성으로 만들어진 협약
② TIR협약 기출 25년/ 22년/ 18년
  ㉠ 유럽경제위원회에서 채택한 국제협약
  ㉡ 컨테이너 속에 내장된 화물이 특정 국가를 통하여 도로운송 차량으로 목적지까지 수송함에 따른 관세법상의 특례 규정
  ㉢ 체약국은 도로 주행 차량에 의해 운송되는 봉인된 컨테이너 내의 화물에 대해서는 경유지 세관에서의 수입세나 수출세의 납부 및 공탁을 면제하고 원칙적으로 경유지 세관에서의 세관검사가 면제되는 것을 규정함
③ 신CCC협약과 신TIR협약
  ㉠ CCC협약과 TIR협약은 1950년대에 만들어진 협약이므로, 1960년대 후반부터 국제운송체제가 비약적으로 발전하여 개정의 필요성이 제기
  ㉡ 기존 CCC협약과 TIR협약에 유럽경제위원회가 새롭게 결의한 내용을 포함하여 각각 1975년과 1978년에 발효
  ㉢ 우리나라는 1981년 10월에 국회의 비준동의를 받았음
④ ITI협약 기출 22년/ 18년
  관세협력위원회가 채택한 협약으로, 컨테이너 속에 내장된 화물이 육·해·공을 포함하는 국제운송 시 어떤 국가를 지나 목적지까지 갈 때 적용하는 관세법상 특례를 규정함
⑤ CSC협약 기출 23년/ 22년/ 20년/ 18년/ 11년
  컨테이너의 구조상 안전요건을 국제적으로 통일하기 위하여 1972년에 UN(국제연합)과 IMO(국제해사기구)가 공동으로 채택한 국제협약

> **+ 더알아보기** 운송수단별 국제규칙 기출 21년/ 16년/ 09년/ 08년
>
> - 항공운송 : 바르샤바조약(Warsaw Convention), 몬트리올협약(Montreal Convention)
> - 도로운송 : 국제도로물품운송조약(CMR)
> - 해상운송 : 선하증권통일조약(Hague Rules)
> - 복합운송 : UN복합운송조약(UNCTAD/ICC)
> - 철도운송 : 국제철도물품운송조약(CIM)

CORE 02 국제물류 보안

1. 물류보안의 의의

(1) 최근의 물류보안 추세 `기출` 13년

① 물류보안 인증제도 시행
② 컨테이너 화물의 사전검색 강화
③ 컨테이너 전자봉인장치 도입
④ 선박 및 항만 시설에 대한 보안 강화
⑤ 화물 정보의 사전신고제도 시행

(2) 우리나라의 주요 물류정보시스템

① 한국전자무역센터(KTNET : Korea Trade Network)
② 한국물류정보통신(KL-Net : Korea Logistics Network)
③ 해운항만물류정보센터(SP-IDC : Shipping & Port Internet Data Center)
④ 항만물류정보시스템(Port-MIS : Port Management Information System)
⑤ 항공물류정보시스템(AIRCIS : Air Cargo Information System)

2. 물류보안제도 `기출` 25년

(1) CSI `기출` 22년

① 미국 세관직원이 수출국 항구에 파견되어 수출국 세관직원과 합동으로 미국으로 향하는 컨테이너 화물 중 위험요소가 큰 컨테이너 화물을 선별하여 선적 전에 미리 화물 검사를 시행하게 하는 컨테이너 보안 협정
② 테러 사용 물품이 선박 컨테이너에 숨겨져 미국에 몰래 반입되는 것을 차단하기 위해 도입된 제도
③ 2001년 미국에서 발생한 9 · 11 테러사건으로 물류부분에서도 안전 · 보안의 중요성이 대두되면서 2002년부터 미국 관세청이 국토안보정책의 일환으로 컨테이너 보안협정인 CSI(Container Security Initiative)를 추진해 왔으며, 테러 방지를 위한 민관협력프로그램인 C-TPAT(Customs-Trade Partnership Against Terrorism)를 시행

(2) C-TPAT `기출` 20년

① 국제운송 전체의 보안성과 안전성을 제고하여 테러 위협에 대항하기 위해 미국 관세청이 만든 임의참가 형식의 보안프로그램
② 미국으로 화물을 수출하는 모든 제조업자, 화주, 선사 등에게 화물의 공급사슬 전반에 걸쳐 보안성을 확보하도록 하는 것
③ 미국의 CBP와 국제 화물 공급망의 이해관계자들이 상호 협력으로 화물보안을 위해 구성한 관세 · 무역 파트너십 프로그램
④ 프로그램에 참여하여 인증을 받은 업체에는 세관검사 축소 등 통관상의 혜택이 주어짐

(3) ISO 28000 기출▶ 21년

① 공급사슬 전반에 걸친 보안을 보장하기 위하여 제조업자뿐만 아니라 창고보관업자, 운송업자, 서비스업자 등 공급사슬에 참여하는 모든 조직의 보안 사항을 심사하여 인증하는 물류보안 인증 제도
② 보안 심사 내용은 일반사항, 보안경영방침, 보안위험평가 및 기획·실행·운영, 점검 및 시정조치, 경영검토 그리고 지속적인 개선 등 6가지임

(4) AEO 기출▶ 25년/ 24년/ 18년/ 17년

① 세계관세기구의 수출입 공급망 안전관리 기준 또는 이와 동등한 기준을 준수하여 자국 세관으로부터 인증을 받은 국제수출입공급망의 개별당사자
② 세계적인 물류보안 강화 조치로 인한 무역원활화를 저해하는 문제점을 해소하고자 각국 세관이 수출업자, 수입업자, 제조업자, 관세사, 운송사, 창고업자, 하역업자 등을 대상으로 적정성 여부를 심사하여 우수업체로 공인해 줌으로써 통관상의 혜택을 부여하는 제도
③ 9·11테러 이후 통관이 지연되자 세계관세기구(WCO)에서 도입한 것으로 세관에서 일정기준을 갖춘 수출기업의 통관을 간소화해주는 제도
④ 수출입업체, 운송인, 창고업자, 관세사 등 무역과 관련된 업체들 중 관세당국이 법규준수, 안전관리 수준 등에 대한 심사를 실시하고 공인한 업체

> **➕ 더알아보기** 공인부문(수출입 안전관리 우수업체 공인 및 운영에 관한 고시 제3조)
>
> ① 수출입 안전관리 우수업체(AEO : Authorized Economic Operator)로 공인을 신청할 수 있는 자는 다음과 같다.
> 1. 수출자(수출부문)
> 2. 수입자(수입부문)
> 3. 통관업을 하는 자(관세사 부문)
> 4. 운영인 또는 지정장치장의 화물을 관리하는 자(보세구역운영인부문)
> 5. 보세운송업자(보세운송업부문)
> 6. 화물운송주선업자 및 국제무역선·국제무역기 또는 국경출입차량을 이용하여 상업서류나 그 밖의 견본품 등을 송달하는 것을 업으로 하는 자(화물운송주선업부문)
> 7. 국제무역선·국제무역기 또는 국경출입차량에 물품을 하역하는 것을 업으로 하는 자(하역업부문)
> 8. 국제무역선을 소유하거나 운항하여 보세화물을 취급하는 자(선박회사부문)
> 9. 국제무역기를 소유하거나 운항하여 보세화물을 취급하는 자(항공사부문)

(5) 24-hour rule

미국으로 수출하는 모든 운송인에게 컨테이너 화물을 선박에 적재하기 24시간 전에 컨테이너 화물에 대한 세부정보를 미국 관세청(세관)에 신고하도록 한 규정

(6) 10 + 2 rule 기출 17년/ 15년/ 11년
① 미국으로 향하는 화물에 대해 보안 강화를 위하여 선적지로부터 출항 24시간 전, 미국세관에 수입업자와 운송업자가 신고해야 할 각각의 사항들을 전자적으로 전송하도록 한 제도
② 미국에 도착하는 화물의 수입업자 보안 신고 및 추가 운송업체 요구사항(ISF : Importer Security Filing)규칙
③ 운송인은 미국으로 향하는 선박에 적재된 컨테이너에 관한 내용과 선박 적부계획을 제출하여야 함
④ 수입자가 신고해야 할 사항이 10가지, 운송사가 신고할 사항이 2가지로 되어 있어 10 + 2 Rule이라 불림

(7) ISPS Code
① 선박과 항만시설에 대한 국제보안코드(International Code for the Security of Ships and of Port Facilities)로서 주요 내용으로는 선박 보안, 회사의 의무, 당사국 정부의 책임, 항만 시설 보안, 선박의 심사 및 증서 발급에 관한 사항 등이 있음
② IMO(국제해사기구)에서 선박, 항구, 선원 및 정부기관의 안전 등의 해상테러 가능성을 대비하기 위하여 채택한 보안코드의 하나

(8) PIP
캐나다의 자발적인 물류보안 강화 프로그램으로 국경보안 강화, 세관의 법규준수 관련 문제에 대한 자각성 제고, 금지물품의 밀수출입 예방, 조직적인 범죄 및 테러리즘 대응을 위해서 BSA(소프트웨어연합)와 무역거래에 종사하는 민간부문의 기업들 사이에 자발적인 MOU를 토대로 이행되는 프로그램

(9) Trade Act of 2002 Final Rule 기출 24년
① 해상뿐만 아니라 항공, 철도, 트럭 등의 운송수단을 통해 미국으로 수입되는 화물에 대한 정보를 미국 관세청(세관)에 제출하게 하는 규정
② 이 규정을 통해 항공, 철도, 트럭운송을 통한 화물에 대한 사전정보도 확보할 수 있게 됨

(10) 세이프 프레임워크(SAFE Framework)
① 9 · 11테러 이후 세계관세기구(WCO)에서 채택된 것
② 세관에서 정한 일정한 기준을 충족하여 물류안전에 관한 공인인증을 받는 사업자의 통관절차를 간소화하여 공정무역을 촉진
③ 위험이 높은 부분은 통관을 엄격히 시행

출제포인트 OX 문제

01 [OX] UNCTAD/ICC규칙(1991)상 복합운송증권은 유통성으로만 발행하여야 한다.

02 [OX] 일관운임(through rate)은 국제복합운송의 기본요건이다.

03 [OX] 무과실책임(liability without negligence)은 복합운송인의 과실여부와 면책사유를 불문하고 운송기간에 발생한 모든 손해의 결과를 책임지는 원칙이다.

04 복합운송인 책임체계 중 손해발생구간을 판명·불명으로 나누어 각각 다른 책임체계를 적용하는 방식은 (   )이다.

05 (   )은/는 극동지역에서 북미 서해안까지 해상운송을 통해 화물을 운송한 후 북미 지역 내에서 공통운임이 부과되는 로키산맥 동부 지역까지만 철도운송으로 화물을 운송하는 형태이다.

06 [OX] AEO는 미국 세관 직원이 수출국 항구에 파견되어 수출국 세관 직원과 합동으로 미국으로 향하는 컨테이너 화물 중 위험요소가 큰 컨테이너 화물을 선별하여 선적 전에 미리 화물 검사를 시행하게 하는 컨테이너 보안 협정이다.

07 [OX] 24-hour rule은 미국으로 수출하는 모든 운송인에게 컨테이너 화물을 선박에 적재하기 24시간 전에 컨테이너 화물에 대한 세부정보를 미국 관세청(세관)에 신고하도록 한 규정이다.

08 (   )은/는 공급사슬 전반에 걸친 보안을 보장하기 위하여 제조업자뿐만 아니라 창고보관업자, 운송업자, 서비스 업자 등 공급사슬에 참여하는 모든 조직의 보안 사항을 심사하여 인증하는 제도이다.

09 (   )은/는 국제운송 전체의 보안성과 안전성을 제고하여 테러 위협에 대항하기 위해 미국 관세청이 만든 임의참가 형식의 보안프로그램이다.

정답 및 해설

01 × ▶ UNCTAD/ICC규칙(1991)상 복합운송증권은 유통성 또는 비유통성으로 발행할 수 있다.

02 ○

03 × ▶ 무과실책임(liability without negligence)은 운송인의 과실 여부에 불문하고 배상책임을 지는 원칙으로 불가항력, 화물 고유의 성질, 통상의 소모 또는 누손 등으로 인한 손해에 대해서는 면책을 인정한다.

04 network liability system

05 OCP(Overland Common Point)

06 × ▶ CSI에 대한 설명이다. AEO는 각국 세관이 수출업자, 수입업자, 제조업자, 관세사, 운송사, 창고업자, 하역업자 등을 대상으로 적정성 여부를 심사하여 우수업체로 공인해 줌으로써 통관상의 혜택을 부여하는 제도이다.

07 ○

08 ISO 28000

09 C-TPAT

빈출키워드 기출유형문제

키워드 ❶ 국제복합운송의 의의

01

국제복합운송에 관한 설명으로 옳지 않은 것은? 기출 22년

① 하나의 계약으로 운송의 시작부터 종료까지 전(全)과정에 걸쳐, 운송물을 적어도 2가지 이상의 서로 다른 운송수단으로 운송하는 것을 말한다.
② 각 구간별로 분할된 운임이 아닌 전(全)구간에 대한 일관운임(through rate)을 특징으로 한다.
③ 1인의 계약운송인이 누가 운송을 실행하느냐에 관계없이 운송 전체에 대해 단일운송인책임(single carrier's liability)을 진다.
④ 하나의 운송수단에서 다른 운송수단으로 신속하게 환적할 수 있는 컨테이너 운송의 개시와 함께 비약적으로 발달하였다.
⑤ NVOCC는 자신이 직접 선박을 소유하고 화주와 운송계약을 체결하며 일관선하증권(through B/L)을 발행한다.

해설 ⑤ NVOCC는 직접 선박을 소유하지는 않으나 화주에 대해 일반적인 운송인으로서 운송계약을 체결한다.

02

국제복합운송에 관한 설명으로 옳은 것은? 기출 21년

① 국제복합운송이라는 용어는 대표적인 국제복합운송 관련 조약인 바르샤바조약(1929)에서 처음 사용되었다.
② 국제복합운송의 요건으로 하나의 운송계약, 하나의 책임주체, 단일의 운임, 단일의 운송수단 등을 들 수 있다.
③ 국제복합운송이란 국가 간 두 가지 이상의 동일한 운송수단을 이용하여 운송하는 것이다.
④ 컨테이너운송의 발달은 국제복합운송 발달의 계기가 되었다.
⑤ 복합운송 시에는 운송 중 물품 매각이 불필요하기 때문에 복합운송증권은 비유통성 기명식으로 발행되는 것이 일반적이다.

해설 ① 복합운송이라는 용어는 대표적인 항공운송 관련 조약인 바르샤바조약(1929)에서 출발하여, 1956년 4월 해륙복합운송용 컨테이너가 개발되면서 실질적인 개념으로 발전하였다.
② 국제복합운송의 요건으로 하나의 운송계약, 하나의 책임주체, 단일의 운임, 운송수단의 다양성 등을 들 수 있다.
③ 국제복합운송이란 국가 간 두 가지 이상의 이질적인 운송수단을 이용하여 운송하는 것이다.
⑤ 복합운송증권은 유통성 무기명식 또는 지시식으로 발행되는 것이 일반적이다.

키워드 ❷ 복합운송인의 책임 및 책임체계

03

국제복합운송인에 관한 설명이다. (   )에 들어갈 용어를 올바르게 나열한 것은? 기출 23년

- (ㄱ)는 자신이 직접 운송수단을 보유하고 복합운송인으로서 역할을 수행하는 운송인
- (ㄴ)는 해상운송에서 선박을 직접 소유하지 않으면서 해상운송인에 대하여 화주의 입장, 화주에게는 운송인의 입장에서 운송을 수행하는 자

① ㄱ : Actual carrier
　ㄴ : NVOCC
② ㄱ : Contracting carrier
　ㄴ : NVOCC
③ ㄱ : NVOCC
　ㄴ : Ocean freight forwarder
④ ㄱ : Actual carrier
　ㄴ : VOCC
⑤ ㄱ : Contracting carrier
　ㄴ : VOCC

> 해설 ㄱ : Actual carrier – 자신이 직접 운송수단을 보유하고 복합운송인으로서 역할을 수행하는 실제 운송인
> ㄴ : NVOCC – 해상운송에 있어서 선박을 직접 소유하지 않으면서 해상운송인에 대해서는 화주의 입장, 화주에게는 운송인의 입장이 되는 것

04

복합운송인의 책임 및 책임체계에 관한 설명으로 옳지 않은 것은? 기출 23년

① 단일책임체계(uniform liability system)는 복합운송인이 운송물의 손해에 대하여 사고발생 구간에 관계없이 동일한 기준으로 책임을 지는 체계이다.
② 무과실책임(liability without negligence)은 복합운송인의 과실여부와 면책사유를 불문하고 운송기간에 발생한 모든 손해의 결과를 책임지는 원칙이다.
③ 이종책임체계(network liability system)는 손해발생구간이 확인된 경우 해당 구간의 국내법 및 국제조약이 적용되는 체계이다.
④ 과실책임(liability for negligence)은 복합운송인이 선량한 관리자로서 적절한 주의의무를 다하지 못한 손해에 대하여 책임을 지는 원칙이다.
⑤ 절충식책임체계(modified uniform liability system)는 단일책임체계와 이종책임체계를 절충하는 방식으로 UN 국제복합운송조약이 채택한 책임체계이다.

> 해설 ② 무과실책임(liability without negligence)은 운송인의 과실 여부에 불문하고 배상책임을 지는 원칙으로 불가항력, 화물고유의 성질, 통상의 소모 또는 누손 등으로 인한 손해에 대해서는 면책을 인정한다.

05

다음 설명에 해당하는 복합운송인 책임체계는? 기출 22년

- 손해발생구간을 판명·불명으로 나누어 각각 다른 책임체계를 적용하는 방식
- 손해발생구간을 아는 경우 운송인의 책임은 운송물의 멸실 또는 훼손이 생긴 운송구간에 적용될 국제조약 또는 강행적인 국내법에 따라 결정됨
- 기존의 운송조약과 조화가 잘되어서 복합운송 규칙과 기존의 다른 운송방식에 적용되는 규칙 간의 충돌 방지가 가능함

① strict liability
② uniform liability system
③ network liability system
④ liability for negligence
⑤ modified liability system

해설 ① strict liability(엄격책임) : 불가항력 등의 면책을 인정하지 않으며, 화물 손해에 대한 절대적 책임을 지는 것을 말한다.
② uniform liability system(단일책임체계) : 화주에 대해 운송계약의 체결자인 복합운송인이 전 운송구간에 걸쳐서 전적으로 동일내용의 책임을 부담하는 책임체계이다.
④ liability for negligence(과실책임) : 선량한 관리자로서 복합운송인의 적절한 주의의무를 다하지 못한 경우 화물에 발생한 손해에 대해서만 책임을 지는 것을 말한다.
⑤ modified liability system(변형통합책임체계) : 단일책임체계와 이종책임체계의 절충방식으로, UN 국제물품복합운송협약에서는 손해발생구간의 확인 여부에 관계없이 동일한 책임원칙을 적용하지만, 손해발생구간 책임한도액이 UN 협약의 책임한도액보다 높을 경우는 높은 한도액을 적용한다.

키워드 ③ 복합운송주선인

06

복합운송주선인(Forwarder)에 관한 설명으로 옳지 않은 것은? 기출 21년

① 송화인으로부터 화물을 인수하여 수화인에게 인도할 때까지 화물의 적재, 운송, 보관 등의 업무를 주선한다.
② 우리나라에서 복합운송주선인은 해상화물은 물론 항공화물도 주선할 수 있다.
③ 복합운송주선인 스스로는 운송계약의 주체가 될 수 없으며, 송화인의 주선인으로서 활동한다.
④ 복합운송주선인의 주요 업무는 화물의 집화, 분류, 수·배송 및 혼재작업 등이다.
⑤ 복합운송주선인은 화주를 대신하여 보험계약을 체결하기도 한다.

해설 ③ 운송계약 체결 시 특정 운송수단을 예약하기 위하여 특정화주의 대리인으로서 자신의 명의로 운송계약을 체결한다.

07

복합운송주선인의 업무 또는 기능으로 옳지 않은 것은? 기출 19년

① 화물의 혼재·분배
② 보험금 지급
③ 보관업무 수행
④ 운송의 자문·수배
⑤ 운송관련 서류작성

해설 복합운송주선인의 주요업무
- 화주에 대한 전문적 조언자
- 운송수단의 수배
- 화물 집화·분류·혼재(Consolidation)
- House B/L 발행
- Co-Loading(소량화물 공동집화)
- 화물 Pick-up
- 선복예약 및 운송계약의 체결
- 운송서류의 작성 및 적재업무
- 보험의 수배
- 운임 및 기타 운송관련 비용의 견적
- 포장 및 보관
- 통관 및 유통
- 해외시장조사

키워드 ❹ 복합운송증권의 특징

08
복합운송증권의 특징으로 옳은 것은? 기출 21년

① 복합운송증권은 운송인이 송화인으로부터 화물을 인수한 시점에 발행된다.
② 복합운송증권은 운송주선인이 발행할 수 없다.
③ 복합운송증권상의 복합운송인의 책임구간은 화물 선적부터 최종 목적지에서 양륙할 때까지이다.
④ 복합운송증권상의 복합운송인은 화주에 대해서 구간별 분할책임을 진다.
⑤ 복합운송증권은 양도가능 형식으로만 발행된다.

> 해설 ② 복합운송증권은 운송인뿐만 아니라 운송주선인(Freight Forwarder)에 의해서도 발행될 수 있다.
> ③ 도로 · 철도 · 내수로 · 해상 또는 항공운송이 결합된 복합운송이 상이한 운송인에 의하여 이루어지더라도 복합운송증권은 처음부터 끝까지 전 운송구간을 커버한다.
> ④ 복합운송증권상의 복합운송인은 화주에 대해서 통운송(Through Transport)의 전체적인 책임을 진다.
> ⑤ 복합운송증권은 대부분 유통성으로 발행되며, 비유통성으로도 발행 가능하다.

09
복합운송증권에 관한 설명으로 옳지 않은 것은? 기출 18년

① 복합운송증권이 비유통성증권으로 발행된 경우에는 지명된 수화인을 증권에 기재하여야 한다.
② UN 국제물품복합운송조약에서는 복합운송서류를 'Multimodal Transport Document'라고 한다.
③ 복합운송인이 화주에게 발행하며, 계약의 내용이나 운송조건 및 운송화물의 수령을 증명하는 서류이다.
④ 컨테이너 화물에 대한 복합운송증권은 FIATA의 표준양식을 사용하여 발행될 수 없다.
⑤ 유통성 복합운송증권은 수하인이 배서 또는 교부하여 화물을 처분할 수 있는 권리가 부여된 유가증권이다.

> 해설 ④ 복합운송증권은 발행인의 특별한 제한이 없어 FIATA B/L에 한해서는 운송주선업자도 가능하다. 국제운송주선인협회연맹 복합운송선하증권(FIATA FBL)은 복합운송선하증권양식을 이용하며, FIATA운송주선인 화물운송증권과 FIATA운송주선인화물수령증은 비유통성서류로 신용장에 별도 허용 시 수리 가능하다.

키워드 ❺ 복합운송증권(FIATA FBL)의 약관

10
복합운송증권(FIATA FBL) 이면 약관상 정의와 관련된 용어가 옳게 나열된 것은? 기출 22년

> • (ㄱ) means the Multimodal Transport Operator who issues this FBL and is named on the face of it and assumes liability for the performance of the multimodal transport contract as a carrier.
> • (ㄴ) means and includes the Shipper, the Consignor, the Holder of this FBL, the Receiver and the Owner of the Goods.

① ㄱ : Freight Forwarder, ㄴ : Merchant
② ㄱ : Freight Forwarder, ㄴ : Shipowner
③ ㄱ : NVOCC, ㄴ : Merchant
④ ㄱ : NVOCC, ㄴ : Shipowner
⑤ ㄱ : VOCC, ㄴ : Merchant

> 해설 ㄱ : Freight Forwarder(운송주선인) – 복합운송증권을 발행하고 그 표면에 운송인으로 표기된 자로서 화주와 복합운송계약을 체결하고 그 계약이행의 책임을 지는 사람을 말한다.
> ㄴ : Merchant(화주) – 본 운송증권의 소지인을 의미하며, 송화인, 수화인, 물품의 소유자와 수령인을 포함한다.

11

복합운송증권(FIATA FBL)의 약관 중 다음 내용이 포함되어 있는 약관은? 기출 17년

- 본 약관은 본 FBL이 증명하는 운송계약에 적용되는 국제조약 또는 국내법에 저촉되지 않는 범위 내에서만 효력을 갖는다.
- 1924년 제정된 헤이그규칙 또는 1968년 제정된 헤이그-비스비규칙이 선적국에서 법제화되어 이미 발효 중인 나라에서는 헤이그-비스비규칙이 모든 해상 물품운송과 내수로 물품운송에도 적용되고, 또 그러한 규정은 갑판적이든, 창내적이든 불문하고 모든 물품운송에 적용된다.

① Limitation of Freight Forwarder's Liability
② Partial Invalidity
③ Lien
④ Paramount Clause
⑤ Jurisdiction and Applicable Law

해설 ④ 제시문의 내용이 포함된 약관은 Paramount Clause(지상약관)이다. 이 약관은 본 FBL(운송주선인발행선하증권)이 증명하는 운송계약에 적용되는 국제조약 또는 국내법에 저촉되지 않는 범위 내에서만 효력을 가진다.

12

복합운송증권(FIATA FBL)의 이면약관 내용으로 옳은 것은? 기출 24년

① 운송주선인의 책임 : 인도일 경과 후 연속 일수 60일 이내에 인도되지 않을 경우 손해배상 청구자는 물품이 멸실된 것으로 간주한다.
② 물품의 명세 : 증권표면에 기재된 모든 사항에 대한 정확성은 운송주선인이 책임을 진다.
③ 불법행위에 대한 적용 : 계약이행과 관련하여 운송주선인을 상대로 한 불법행위를 포함한 모든 손해배상청구에 적용한다.
④ 운송주선인의 책임 : 운송주선인의 이행보조자를 상대로 제기된 경우에는 이 약관이 적용되지 않는다.
⑤ 제소기한 : 수하인은 물품이 멸실된 것으로 간주할 수 있는 권리를 가지게 된 날로부터 3개월 이내에 소송을 제기하지 아니하고 다른 방법에 의해 명확히 합의되지 않는 한 운송주선인은 모든 책임으로부터 면제된다.

해설 ① 인도일 경과 후 연속 일수 90일 이내에 인도되지 않을 경우 손해배상 청구자는 물품이 멸실된 것으로 간주한다.
② 증권표면에 기재된 모든 사항에 대한 정확성은 운송주선인이 책임지지 않는다.
④ 운송주선인의 이행보조자에 대해서도 이 약관이 적용된다.
⑤ 수하인은 물품이 멸실된 것으로 간주할 수 있는 권리를 가지게 된 날로부터 9개월 이내에 소송을 제기하지 아니하고 다른 방법에 의해 명확히 합의되지 않는 한 운송주선인은 모든 책임으로부터 면제된다.

키워드 ❻ 복합운송경로

13

해륙복합운송 경로에 관한 설명으로 옳지 않은 것은?

기출 22년

① SLB(Siberia Land Bridge)는 한국, 일본 등 극동지역의 화물을 해상운송한 후 시베리아 대륙횡단철도를 이용하여 유럽이나 중동까지 운송하는 방식이다.
② CLB(China Land Bridge)는 한국, 일본 등 극동지역의 화물을 해상운송한 후 중국대륙철도와 실크로드를 이용하여 유럽까지 운송하는 방식이다.
③ IPI(Interior Point Intermodal)는 한국, 일본 등 극동지역의 화물을 해상운송한 후 캐나다 대륙횡단철도를 이용하여 캐나다의 동해안 항만까지 운송하는 방식이다.
④ ALB(America Land Bridge)는 한국, 일본 등 극동지역의 화물을 해상운송한 후 미국대륙을 철도로 횡단하고 유럽지역까지 다시 해상운송하는 방식이다.
⑤ MLB(Mini Land Bridge)는 한국, 일본 등 극동지역의 화물을 해상운송한 후 철도와 트럭을 이용하여 미국 동해안이나 미국 멕시코만 지역의 항만까지 운송하는 방식이다.

해설 ③ IPI(Interior Point Intermodal)는 미국 내륙지점으로부터 최소한 2개의 운송수단을 이용한 일관된 복합운송서비스로, 극동지역의 항만에서 북미의 서해안 항만까지 해상운송한 후, 북미 대륙의 횡단철도를 이용하여 화물을 인도한다.

14

다음 설명에 해당하는 복합운송 경로는? 기출 21년

극동아시아에서 미국의 서부연안까지 해상운송이 이루어지고 미국 서해안에서 철도에 환적된 다음 미국 대서양 연안 및 걸프지역 항만까지 운송하는 복합운송 서비스

① America Land Bridge
② Reverse Interior Point Intermodal
③ Overland Common Point
④ Mini Land Bridge
⑤ Micro Land Bridge

해설 ① America Land Bridge : 1972년에 Seatrain사가 유럽·북미행 화물의 루트로 개발한 것으로 극동·일본에서 유럽행 화물을 운반한다.
② Reverse Interior Point Intermodal : 극동 아시아를 출항하여 파나마 운하를 경유해서 미국 동 안(東岸) 또는 걸프만 지역의 항까지 해상운송한 후 그곳에서 미국의 내륙지역(중계지 경유 포함)까지 철도나 트럭으로 복합운송하는 방식이다.
③ Overland Common Point : 미국 대륙에서 해상운임을 할인하는 지역으로, 미국 서해안에서 사우스다코타주와 노스다코타주·네브래스카주·콜로라도주·뉴멕시코주 등 로키산맥 동쪽의 멀리 떨어진 여러 지역으로 운송되는 복합운송 화물의 해상운임을 특별히 할인하는 것을 말한다.
⑤ Micro Land Bridge : 국제무역에서 선박과 철도를 이용하여 화물을 운송하는 복합운송 경로이다. 육로를 마치 해상과 해상을 잇는 육교처럼 이용하는 랜드브리지(land bridge)의 일종으로, 1개 항구만 거친다는 점에서 미니랜드브리지와 다르다.

15

TSR(Trans Siberian Railway)에 관한 설명으로 옳지 않은 것은? 기출 18년

① 이 서비스를 이용할 경우 부산에서 로테르담까지의 운송 거리가 수에즈운하를 경유하는 올 워터 서비스(All Water Service)에 비해 단축될 수 있다.
② 우즈베키스탄, 투르크메니스탄 등 항만이 없는 내륙국가 와의 국제운송에도 유용하다.
③ SLB(Siberian Land Bridge)라고도 불리며, 한국을 비롯한 극동지역과 유럽대륙 간의 Sea & Air 복합운송시스템이다.
④ 극동지역과 유럽 간의 대외교역 불균형에 따른 컨테이너 수급문제와 동절기의 결빙문제가 발전에 걸림돌이 되고 있다.
⑤ 러시아 철도의 궤도 폭과 유럽 철도의 궤도 폭이 달라 환적해야 하는 불편이 있다.

해설 **시베리아 대륙횡단철도망(TSR : Trans Siberian Railway)**
극동지역의 주요항구와 러시아의 컨테이너 전용항구인 보스토치니 간의 해상운송경로와 시베리아 대륙 철도망 및 유럽 또는 서남아시아의 내륙운송로가 연결된 복합운송경로

16

다음 그림에 제시된 복합운송 경로는? 기출 17년

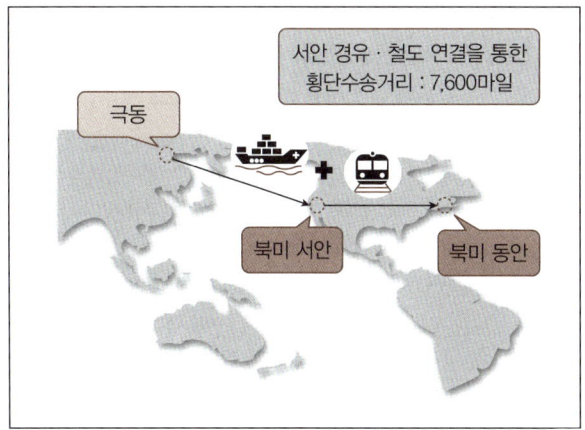

① American Land Bridge(ALB)
② Mini Land Bridge(MLB)
③ Canadian Land Bridge(CLB)
④ Interior Point Intermodal(IPI)
⑤ Overland Common Point(OCP)

해설 ① American Land Bridge(ALB) : 극동에서 미국 대륙을 거쳐 유럽으로 화물을 운송하는 경로
② Mini Land Bridge(MLB) : 극동아시아에서 미국의 서부연안까지 해상운송이 이루어지고 미국 서해안에서 철도에 환적된 다음 미국 대서양 연안 및 걸프지역 항만까지 운송하는 복합운송 서비스
③ Canadian Land Bridge(CLB) : 극동에서 해상운송으로 캐나다로 운송한 후 철도로 몬트리올까지 대륙횡단한 후 다시 해상운송을 통해 유럽으로 화물을 운송하는 경로
④ Interior Point Intermodal(IPI) : 미국내륙지점으로부터 최소한 2개의 운송수단을 이용한 일관된 복합운송
⑤ Overland Common Point(OCP) : 미국 대륙에서 해상운임을 할인하는 지역

키워드 ❼ UNCTAD/ICC 복합운송증권규칙

17

UNCTAD/ICC 복합운송증권에 관한 국제규칙(1992)의 내용이다. ( )에 들어갈 숫자로 옳은 것은? 기출 16년

- Where the loss or damage is not apparent, the same prima facie effect shall apply if notice in writing is not given within (ㄱ) consecutive days after the day when the goods were handed over the consignee.
- The MTO shall, unless otherwise expressly agreed, be discharged of all liability under these Rules unless suit is brought within (ㄴ) months after the delivery of the goods, or the date when the goods should have been delivered, or the date when in accordance with Rule 5.3(Conversion of delay into final loss), failure to deliver the goods would give the consignee the right to treat the goods as lost.

① ㄱ : 6, ㄴ : 9
② ㄱ : 6, ㄴ : 12
③ ㄱ : 7, ㄴ : 15
④ ㄱ : 7, ㄴ : 18
⑤ ㄱ : 9, ㄴ : 24

해설
- 손실이나 손상이 명확하지 않을 때, 물품이 수화인에게 양도된 날로부터 (6)일 이내 서면 통지가 없으면 동일한 추정적 효력(물품이 손상이 없고 완전한 것)이 적용된다.
- 명시적으로 달리 합의되지 않는 한, 물품이 인도된 날이나 인도되었어야 할 날, 또는 제5.3조(지연이 최종 멸실로 전환)에 따라 물품이 인도되지 않은 것이 수화인으로 하여금 그 물품을 멸실된 것으로 간주할 권리를 갖게 되는 날로부터 (9)개월 이내에 소송이 제기되지 않으면, 복합운송인(MTO)은 본 규정에 따른 모든 책임에서 면책된다.

18

복합운송서류에 관한 UNCTAD/ICC 규칙의 내용에 관한 설명으로 옳지 않은 것은? 기출 15년

① 복합운송서류는 유통가능한 형식으로 발행된 복합운송계약을 증명하는 서류이며, 전자자료교환(EDI) 통신문으로 대체할 수 없다.
② 화물이 정해진 인도 기일로부터 90일 내에 인도되지 아니한 경우에는, 청구권자는 반증이 없는 한 그 화물을 멸실된 것으로 취급할 수 있다.
③ 화물의 멸실 또는 손상에 대한 배상액은 화물이 수하인에게 인도되는 장소와 시간 또는 화물을 계약에 따라 인도하여야 할 장소와 시간의 화물 가액에 의하여 산정하여야 한다.
④ 송하인이라 함은 복합운송인과 복합운송계약을 체결하는 자를 의미한다.
⑤ 국제복합운송인의 종합적인 책임에 대한 총액은 화물 전손 시 발생하는 책임한도를 초과하지 못한다.

해설 ① UNCTAD/ICC 복합운송증권규칙 제2조 제6항은 "복합운송증권(MTD)은 유통 가능한 형식 또는 특정 수하인이 지정된 유통 불가능한 형식으로 발행된 복합운송계약을 증명하는 증권"이라고 정의하며, 이는 관련법규가 허용하는 경우 전자자료교환 통신문(Electronic Data Interchange messages)으로 대체할 수 있다고 규정하였다.

키워드 ⑧ 컨테이너 운송 관련 국제협약

19
다음 설명에 해당하는 컨테이너 화물운송과 관련된 국제협약은? 기출 23년

> 컨테이너의 구조상 안전요건을 국제적으로 통일하기 위하여 1972년에 UN(국제연합)과 IMO(국제해사기구)가 공동으로 채택한 국제협약

① ITI(Customs Convention on the International Transit of Goods, 1971)
② CCC(Customs Convention on Container, 1956)
③ CSC(International Convention for Safe Container, 1972)
④ TIR(Transport International Routiere, 1959)
⑤ MIA(Marine Insurance Act, 1906)

해설 ① ITI(Customs Convention on the International Transit of Goods, 1971) : 관세협력위원회가 채택한 협약으로, 컨테이너 속에 내장된 화물이 육·해·공을 포함하는 국제운송 시 어떤 국가를 지나 목적지까지 갈 때 적용하는 관세법상 특례를 규정하였다.
② CCC(Customs Convention on Container, 1956) : 컨테이너 자체가 관세선, 즉 국경을 통과할 때 관세 및 통관방법 등을 협약해야 할 필요성으로 만들어진 협약이다.
③ CSC(International Convention for Safe Container, 1972) : 컨테이너안전협약
④ TIR(Transport International Routiere, 1959) : 유럽경제위원회에서 채택한 국제협약으로 체약국은 도로 주행차량에 의해 운송되는 봉인된 컨테이너 내의 화물에 대해서는 경유지 세관에서의 수입세나 수출세의 납부 및 공탁을 면제하고 원칙적으로 경유지 세관에서의 세관검사가 면제되는 것을 규정한다.
⑤ MIA(Marine Insurance Act, 1906) : 영국해상보험법으로, 해상보험계약은 그 계약에 의해 합의한 방법과 범위 내에서 해상손해, 즉 해상사업과 수반하는 손해를 보험자가 피보험자에게 보상할 것을 인수하는 계약이다.

20
컨테이너운송에 관한 국제협약이 아닌 것은? 기출 22년

① CCC(Customs Convention on Container, 1956)
② TIR(Transport International Routiere, 1959)
③ ITI(Customs Convention on the International Transit of Goods, 1971)
④ CSC(International Convention for Safe Container, 1972)
⑤ YAR(York - Antwerp Rules, 2004)

해설 ① CCC(Customs Convention on Container, 1956) : 1956년 유럽경제위원회의 채택으로 생겨난 것으로 컨테이너 자체가 관세선, 즉 국경을 통과할 때 관세 및 통관방법 등을 협약해야 할 필요성으로 만들어진 협약이다.
② TIR(Transport International Routiere, 1959) : 유럽경제위원회에서 채택한 국제협약으로 체약국은 도로 주행차량에 의해 운송되는 봉인된 컨테이너 내의 화물에 대해서는 경유지 세관에서의 수입세나 수출세의 납부 및 공탁을 면제하고 원칙적으로 경유지 세관에서의 세관검사가 면제되는 것을 규정한다.
③ ITI(Customs Convention on the International Transit of Goods, 1971) : 관세협력위원회가 채택한 협약으로, 컨테이너 속에 내장된 화물이 육·해·공을 포함하는 국제운송 시 어떤 국가를 지나 목적지까지 갈 때 적용하는 관세법상 특례를 규정하였다.
④ CSC(International Convention for Safe Container, 1972) : 컨테이너의 구조상 안전요건을 국제적으로 통일하기 위하여 1972년에 UN(국제연합)과 IMO(국제해사기구)가 공동으로 채택한 국제협약이다.
⑤ YAR(York - Antwerp Rules, 2004) : 공동해손이 발생한 경우 손해 및 비용의 처리를 위해 사용되는 국제규칙으로, 공동해손에 관한 국제적 통일규정이 필요하게 되어 1890년에 제정되었다.

21

다음은 CSC(1972) Annex 1 SERIOUS STRUCTURAL DEFICIENCIES IN CONTAINERS 내용의 일부이다. ( )에 들어갈 용어로 옳은 것은? 기출 20년

STRUCTURALLY SENSITIVE COMPONENT	SERIOUS STRUCTURAL DEFICIENCY
( )	Local deformation perpendicular to the rail in excess of 100mm or in the rail's material in excess of 75mm

① Top Rail
② Bottom Rail
③ Corner Posts
④ Corner and intermediate Fittings
⑤ Understructure

해설 ① SERIOUS STRUCTURAL DEFICIENCY : Local deformation to the rail in excess of 60mm in the rail material in excess of 45mm
② SERIOUS STRUCTURAL DEFICIENCY는 컨테이너의 심각한 구조적 결함을 설명하고 있는 것으로 보기에서 설명하고 있는 심각한 구조적 결함이라 보는 것은 Bottom Rail에 대한 것이다.
③ SERIOUS STRUCTURAL DEFICIENCY : Local deformation to the post exceeding 50mm or tears or cracks in excess of 50mm in length
④ SERIOUS STRUCTURAL DEFICIENCY : Missing corner fittings, any through cracks or tears in the fitting, any deformation of the fitting that precludes full engagement of securing or lifting fittings, any deformation of the fitting beyond 5mm from its original plane, any aperture width greater than 66.0mm, any aperture length greater than 127.0mm, any reduction in thickness of the plate containing the top aperture that makes it less than 23.0mm thick or any weld separation of adjoining components in excess of 50mm in length.
⑤ SERIOUS STRUCTURAL DEFICIENCY : No more than two adjacent cross members missing or detached from the side rails

22

컨테이너 운송과 관련된 국제협약이 옳게 연결된 것은? 기출 18년

ㄱ. 1971년 관세협력위원회에 의하여 채택되었으며, 각종 운송기기에 의한 육·해·공의 모든 운송수단을 대상으로 하고 있다.
ㄴ. 컨테이너 국제 운송 시 컨테이너 취급, 적재 또는 수송 도중 일어나는 인명의 안전을 확보하기 위하여 컨테이너의 기준을 국제적으로 규정하기 위해 채택되었다.
ㄷ. 1959년 유럽경제위원회가 도로운송차량에 의한 화물의 국제운송을 용이하게 하기 위한 목적으로 채택하였다.
ㄹ. 컨테이너 자체가 국경을 통과함에 따라 당사국 간의 관세 및 통관방법 등을 협약·시행할 필요성이 있어, 1956년 유럽경제위원회에 의해 채택되었다.

① ㄱ : CCC협약, ㄴ : TIR협약, ㄷ : ITI협약, ㄹ : CSC협약
② ㄱ : TIR협약, ㄴ : CCC협약, ㄷ : CSC협약, ㄹ : ITI협약
③ ㄱ : ITI협약, ㄴ : CSC협약, ㄷ : CCC협약, ㄹ : TIR협약
④ ㄱ : TIR협약, ㄴ : CSC협약, ㄷ : CCC협약, ㄹ : ITI협약
⑤ ㄱ : ITI협약, ㄴ : CSC협약, ㄷ : TIR협약, ㄹ : CCC협약

해설
- ITI협약 : 관세협력위원회가 채택한 협약으로, 컨테이너 속에 내장된 화물이 육·해·공을 포함하는 국제운송 시 어떤 국가를 지나 목적지까지 갈 때 적용하는 관세법상 특례를 규정하였다.
- CSC협약 : 컨테이너의 구조상 안전요건을 국제적으로 통일하기 위하여 1972년에 UN(국제연합)과 IMO(국제해사기구)가 공동으로 채택한 국제협약이다.
- TIR협약 : 유럽경제위원회에서 채택한 국제협약으로 체약국은 도로 주행차량에 의해 운송되는 봉인된 컨테이너 내의 화물에 대해서는 경유지 세관에서의 수입세나 수출세의 납부 및 공탁을 면제하고 원칙적으로 경유지 세관에서의 세관검사가 면제되는 것을 규정한다.
- CCC협약 : 1956년 유럽경제위원회의 채택으로 생겨난 것으로 컨테이너 자체가 관세선, 즉, 국경을 통과할 때 관세 및 통관방법 등을 협약해야 할 필요성으로 만들어진 협약이다.

키워드 ❾ 물류보안 제도

23
다음에서 설명하는 물류보안 제도는? 기출 22년

> 미국 세관직원이 수출국 항구에 파견되어 수출국 세관직원과 합동으로 미국으로 향하는 컨테이너 화물 중 위험요소가 큰 컨테이너 화물을 선별하여 선적 전에 미리 화물 검사를 시행하게 하는 컨테이너 보안 협정

① 10 + 2 rule
② CSI
③ ISPS Code
④ AEO
⑤ ISO 28000

해설 ① 10 + 2 rule : 미국으로 향하는 화물에 대해 보안 강화를 위하여 선적지로부터 출항 24시간 전, 미국세관에 수입업자와 운송업자가 신고해야 할 각각의 사항들을 전자적으로 전송하도록 한 제도이다.
③ ISPS Code : 선박과 항만시설에 대한 국제보안코드(International Code for the Security of Ships and of Port Facilities)로서 주요 내용은 선박 보안, 회사의 의무, 당사국 정부의 책임, 항만 시설 보안, 선박의 심사 및 증서 발급에 관한 사항 등이 있다.
④ AEO : 9·11테러 이후 통관이 지연되자 세계관세기구(WCO)에서 도입한 것으로 세관에서 일정기준을 갖춘 수출기업의 통관을 간소화해주는 제도이다.
⑤ ISO 28000 : 공급사슬 전반에 걸친 보안을 보장하기 위하여 제조업자뿐만 아니라 창고보관업자, 운송업자, 서비스업자 등 공급사슬에 참여하는 모든 조직의 보안 사항을 심사하여 인증하는 제도이다.

24
다음에서 설명하는 물류보안 제도는? 기출 21년

> - 공급사슬 전반에 걸친 보안을 보장하기 위하여 제조업자뿐만 아니라 창고보관업자, 운송업자, 서비스업자 등 공급사슬에 참여하는 모든 조직의 보안 사항을 심사하여 인증하는 제도
> - 보안 심사 내용은 일반사항, 보안경영방침, 보안위험평가 및 기획·실행·운영, 점검 및 시정조치, 경영검토 그리고 지속적인 개선 등 6가지임

① CSI
② C-TPAT
③ ISPS CODE
④ ISO 28000
⑤ AEO

해설 ① CSI : 미국 세관 직원이 수출국 항구에 파견되어 수출국 세관 직원과 합동으로 미국으로 향하는 컨테이너 화물 중 위험요소가 큰 컨테이너 화물을 선별하여 선적 전에 미리 화물 검사를 시행하게 하는 컨테이너 보안 협정이다.
② C-TPAT : 2002년 미국 세관이 도입한 민관협력 프로그램으로 수입업자와 선사, 운송회사, 관세사 등 공급사슬의 당사자들이 적용대상이며 프로그램에 참여하여 인증을 받은 업체에는 세관검사 축소 등 통관상의 혜택이 주어진다.
③ ISPS CODE : 선박과 항만시설에 대한 국제보안코드(International Code for the Security of Ships and of Port Facilities)로서 주요 내용은 선박 보안, 회사의 의무, 당사국 정부의 책임, 항만 시설 보안, 선박의 심사 및 증서 발급에 관한 사항 등
⑤ AEO : 9·11테러 이후 통관이 지연되자 세계관세기구(WCO)에서 도입한 것으로 세관에서 일정기준을 갖춘 수출기업의 통관을 간소화해주는 제도

🔒 21 ② 22 ⑤ 23 ② 24 ④

25

다음에서 설명하는 물류보안 관련 용어는? 기출 20년

- 국제운송 전체의 보안성과 안전성을 제고하여 테러 위협에 대항하기 위해 미국 관세청이 만든 임의참가 형식의 보안프로그램
- 미국으로 화물을 수출하는 모든 제조업자, 화주, 선사 등에게 화물의 공급사슬 전반에 걸쳐 보안성을 확보하도록 하는 것

① CSI
② ISF
③ C-TPAT
④ PIP
⑤ 24-Hour Rule

해설 ① CSI : 미국 세관 직원이 수출국 항구에 파견되어 수출국 세관 직원과 합동으로 미국으로 향하는 컨테이너 화물 중 위험요소가 큰 컨테이너 화물을 선별하여 선적 전에 미리 화물 검사를 시행하게 하는 컨테이너 보안 협정을 의미한다.
② ISF : 미국에 도착하는 화물의 수입업자 보안 신고 및 추가 운송업체 요구사항(Importer Security Filing) 규칙으로, 10+2 rule이라고도 한다.
④ PIP : 캐나다의 자발적인 물류보안 강화 프로그램으로 국경보안 강화, 세관의 법규준수 관련 문제에 대한 자각성 제고, 금지물품의 밀수출입 예방, 조직적인 범죄 및 테러리즘 대응을 위해서 BSA(소프트웨어연합)와 무역거래에 종사하는 민간부문의 기업들 사이에 자발적인 MOU를 토대로 이행되는 프로그램이다.
⑤ 24-Hour Rule : 미국으로 수출하는 모든 운송인에게 컨테이너 화물을 선박에 적재하기 24시간 전에 컨테이너 화물에 대한 세부정보를 미국 관세청(세관)에 신고하도록 한 규정이다.

26

( )에 해당하는 물류보안제도는? 기출 18년

( )은/는 세계적인 물류보안 강화 조치로 인한 무역원활화를 저해하는 문제점을 해소하고자 각국 세관이 수출업자, 수입업자, 제조업자, 관세사, 운송사, 창고업자, 하역업자 등을 대상으로 적정성 여부를 심사하여 우수업체로 공인해 줌으로써 통관상의 혜택을 부여하는 제도이다.

① ISPS Code
② CSI
③ C-TPAT
④ ISO 28000
⑤ AEO

해설 ① ISPS Code : 선박과 항만시설에 대한 국제보안코드로서 주요 내용은 선박 보안, 회사의 의무, 당사국 정부의 책임, 항만시설 보안, 선박의 심사 및 증서 발급에 관한 사항 등이 있다.
② CSI : 미국 세관 직원이 수출국 항구에 파견되어 수출국 세관 직원과 합동으로 미국으로 향하는 컨테이너 화물 중 위험요소가 큰 컨테이너 화물을 선별하여 선적 전에 미리 화물 검사를 시행하게 하는 컨테이너 보안 협정을 의미한다.
③ C-TPAT : 2002년 미국 세관이 도입한 민관협력 프로그램으로 수입업자와 선사, 운송회사, 관세사 등 공급사슬의 당사자들이 적용대상이며 프로그램에 참여하여 인증을 받은 업체에는 세관검사 축소 등 통관상의 혜택이 주어진다.
④ ISO 28000 : 공급사슬 전반에 걸친 보안을 보장하기 위하여 제조업자뿐만 아니라 창고보관업자, 운송업자, 서비스업자 등 공급사슬에 참여하는 모든 조직의 보안 사항을 심사하여 인증하는 제도

27

물류보안과 관련한 다음 설명에 해당하는 것은? 기출 17년

- 테러에 사용되는 물품이 선박의 컨테이너에 숨겨져 미국에 몰래 반입되는 것을 근본적으로 차단하기 위해 도입
- 미국 관세청 직원을 해외항구에 파견, 위험성이 높은 화물을 미리 검사함으로써 미국행 화물의 안전도를 높이기 위한 조치

① Container Security Initiative
② ISPS Code
③ C-TPAT
④ AEO
⑤ 10+2 rule

해설 ② ISPS Code : IMO(국제해사기구)에서 선박, 항구, 선원 및 정부기관의 안전 등의 해상테러 가능성을 대비하기 위하여 채택한 보안코드의 하나이다.
③ C-TPAT : 2002년 미국 세관이 도입한 민관협력 프로그램으로 수입업자와 선사, 운송회사, 관세사 등 공급사슬의 당사자들이 적용대상이며 프로그램에 참여하여 인증을 받은 업체에는 세관검사 축소 등 통관상의 혜택이 주어진다.
④ AEO : 수출입업체, 운송인, 창고업자, 관세사 등 무역과 관련된 업체들 중 관세당국이 법규준수, 안전관리 수준 등에 대한 심사를 실시하고 공인한 업체이다.
⑤ 10+2 rule : 보안과 수입자의 책임을 강화하기 위해 선적지에서 출항 24시간 전, 미국 세관에 온라인으로 신고하도록 한 제도로 수입자 신고 사항이 10가지, 운송사 신고 사항이 2가지로 되어 있어 10+2 Rule이라 불리며, ISF(Importer Security Filing)라고도 한다.

키워드 ⑩ 기타

28
다음에서 설명하는 국제운송의 형태는? 기출 20년

> 천연가스, 원유 등 에너지 자원의 수송에 이용되며, 구축을 위해서는 대규모 자본투자가 필요하나, 일단 구축되면 이를 운영하기 위한 변동비용은 그다지 크지 않고 인적 노동력이 거의 필요하지 않은 운송

① 도로운송
② 철도운송
③ 항공운송
④ 해상운송
⑤ 파이프라인운송

해설 ① 도로운송 : 세계적으로 가장 널리 이용되는 운송형태로 근거리 운송에 있어서 다른 운송수단에 비해 비교우위를 가지고 있고, 취급품목이 다양하다는 특징이 있으며 운송의 탄력성과 완결성이 가장 높다는 장점이 있다.
② 철도운송 : 철로와 화차를 이용한 운송이다. 화물의 중량이 무겁거나 중장거리 운송일 경우에 가장 적합한 수단으로 비교적 비용이 저렴하다.
③ 항공운송 : 일정한 항공로와 항공기를 이용하여 운송의 신속성과 안전성을 최대의 장점으로 하는 고가의 운송수단이다.
④ 해상운송 : 해로 및 내수면로 위를 운항할 수 있는 선박을 이용한다. 다른 운송수단에 비해 이용상 많은 제약이 있으나 컨테이너의 발달로 대량화물의 장거리 운송이 가능해지면서 높은 운송 효율성으로 가장 널리 이용되고 있다.
⑤ 파이프라인운송 : 석유류·가스제품 운송 등에 이용되는 운송으로 이용제품이 한정적이고 운송경로에 대한 제약이 크기 때문에 다른 운송수단과 연계하여 활용하는 데 한계가 있다.

29
컨테이너운송과 복합운송에 관한 설명으로 옳지 않은 것은? 기출 16년

① 복합운송은 하나의 운송수단에서 다른 운송수단으로 신속하게 환적할 수 있는 새로운 운송기술의 개발에 힘입어 활성화되었다.
② 컨테이너운송의 장점은 화물의 신속하고 안전한 환적이 가능하며, 하역의 기계화로 시간과 비용을 절감할 수 있다는 것이다.
③ 컨테이너운송은 일관운송을 제공하는 복합운송을 실현하는 데 적합하다.
④ 컨테이너운송과 복합운송을 동일시해도 무리가 없다.
⑤ 북미 및 시베리아 횡단철도와 해상운송을 연계하는 복합운송 경로의 개척에 힘입어 해륙복합운송이 발달하였다.

해설 ④ 복합운송은 적어도 두 가지 이상의 서로 다른 운송수단에 의해 운송되는 것을 말하며, 컨테이너운송은 컨테이너라는 하나의 용기에 적재시켜 운송하는 방식이다. 복합운송은 컨테이너를 이용하여 '문전인수로부터 문전인도까지(Door to Door)'의 일관운송을 가능하게 하였다.

제29회 기출문제

2025년 7월 26일 시행

※ 본 문제를 풀면서 확인 CHECK를 이용하시면 문제이해에 보다 도움이 될 수 있습니다.

01 최근 국제물류환경의 변화에 관한 설명으로 옳지 않은 것은?

① 녹색물류의 중요성 증대
② 물류기업 간의 전략적 제휴 및 인수합병 증가
③ 물류기업에 대한 시장진입 규제강화
④ 글로벌 공급망 관리와 통합물류서비스 강화
⑤ 물류 위험관리와 물류보안 강화

해설 규제 완화로 제3자 물류업체들의 국제물류시장 진입이 활성화되는 추세이다.

02 국내물류와 비교한 국제물류의 특징으로 옳지 않은 것은?

① 선화증권, 항공화물운송장, 상업송장, 수출신고서 등 다양한 서류가 존재한다.
② 화물운송주선인, 통관업자 등 여러 중개인이 존재한다.
③ 주문절차와 주문처리가 복잡하다.
④ 화물운송 과정에 수출입 통관을 거치게 된다.
⑤ 해상 또는 항공운송으로 이루어지므로 운송관리가 비교적 용이하다.

해설 국제물류는 국내물류에 비해 대금결제, 통관, 선적 등의 여러 절차를 필요로 하므로 이에 수반되는 거래비용이 상승하고 물류관리의 복잡성이 증가한다.

03 다음 국제물류시스템의 유형 중 다국행 창고시스템(multi-country warehouse system)에 관한 설명으로 옳은 것은?

① 해외 자회사 창고는 보관 기능보다는 유통기능 및 통과센터로서의 기능이 강하다.
② 상품이 생산국에서 해외 거점창고로 운송된 후 각국의 자회사 창고나 고객에게 수송된다.
③ 생산국의 창고에서 재고를 집중시켜 운영하므로 해외 자회사에서 보관비가 절감된다.
④ 해외 자회사는 상거래 유통에는 관여하지만 물류에는 직접적으로 관여하지 않는다.
⑤ 다빈도 출하가 이루어져 출하비, 운송비, 통관비 등이 증가할 수 있다.

해설 ①·⑤ 통과 시스템에 관한 설명이다.
③·④ 직송 시스템에 관한 설명이다.

04 국제물류서비스의 단계별 발전과정을 옳게 나열한 것은?

ㄱ. 현지국 물류체계 : 국가별 현지 자회사를 중심으로 물류, 생산활동을 수행하는 단계
ㄴ. 수출입 물류체계 : 수출입을 중심으로 이루어지는 일련의 물류활동을 관리하는 단계
ㄷ. 글로벌 공급망 네트워크 체계 : 공급망 기반 글로벌 네트워크 구축으로 조달, 생산, 물류, 판매 등 전 경영체계의 글로벌화 실현
ㄹ. 거점 물류체계 : 지역물류, 생산거점을 중심으로 지역 경제권 전체를 담당하는 물류 체계

① ㄱ → ㄴ → ㄷ → ㄹ
② ㄱ → ㄹ → ㄷ → ㄴ
③ ㄴ → ㄱ → ㄹ → ㄷ
④ ㄴ → ㄷ → ㄱ → ㄹ
⑤ ㄹ → ㄱ → ㄴ → ㄷ

해설
- 1단계(수출입 물류체계) : 국내생산, 해외수출 중심의 물류활동(1970년대)
- 2단계(현지국 물류체계) : 국가별 현지 자회사 중심의 생산·물류활동(1980년대)
- 3단계(거점 물류체계) : Hub & Spoke 기반의 지역물류, 생산거점을 중심으로 지역권역 전체를 담당하는 물류체계(1990년대)
- 4단계(글로벌 공급망 네트워크 체계) : SCM 기반 글로벌 네트워크 구축, 전문화된 물류관리체계 수요증대(3자물류 & 4자물류)(1990년대 후반)

05 항공화물의 사고 유형에 관한 내용 중 옳은 것을 모두 고른 것은?

ㄱ. STLD(Short-Landed) : 적하목록에는 기재되어 있으나 도착지 공항에 화물이 도착하지 않은 경우
ㄴ. SSPD(Short-Shipped) : 수화인으로부터 화물이 수취 거절당하거나 수입통관 문제로 수화인에게 인도가 불가능한 경우
ㄷ. MSLB(Miss-Labelled) : 실제 적하목록에 기재된 항공화물운송장 번호와 다른 라벨이 붙어있는 경우
ㄹ. OVCD(Over-Carried) : 출발지나 경유지에서 항공기의 안전 확보 또는 업무 착오로 화물을 내린 경우

① ㄱ, ㄴ
② ㄱ, ㄷ
③ ㄴ, ㄹ
④ ㄱ, ㄴ, ㄹ
⑤ ㄴ, ㄷ, ㄹ

해설
- ㄴ. SSPD(Short-Shipped) : 적하목록에는 기재되어 있으나 화물이 탑재되지 않은 경우
- ㄹ. OVCD(Over-Carried) : 예정된 목적지 또는 경유지를 지나서 화물이 수송되었거나 발송준비가 완료되지 않은 상태에서 화물이 실수로 발송된 경우

06 IATA(International Air Transport Association)에 관한 설명으로 옳지 않은 것은?

① 정부 간 국제협력기구로서 UN 산하의 전문기관이다.
② 항공권의 약관을 포함한 항공권의 규격 및 발권절차 등의 통일을 도모한다.
③ 항공사 간 과당경쟁을 방지하기 위해 운임협정 및 서비스 내용을 다룬다.
④ 항공운송장의 표준서식 및 약관을 제정하고 있다.
⑤ 각국 항공사들의 대표가 참석하며, ICAO의 협력기구이다.

> IATA(International Air Transport Association, 국제항공운송협회)는 세계 항공운송에 관한 각종 절차와 규정을 심의하고 제정·결정하는 순수 민간의 국제협력단체이다.

07 항공화물운송장 작성에 관한 내용으로 옳지 않은 것은?

① Declared Value for Carriage란은 송화인의 운송신고가격을 기재하며, 무가격신고는 NCV라고 기재한다.
② Amount of Insurance란은 화주가 보험에 가입하는 경우 보험금액을 기재한다.
③ Chargeable Weight란은 화물의 실제중량과 부피중량 중 높은 쪽의 중량을 기재하며, 최저운임이 적용될 경우 기재할 필요가 없다.
④ Declared Value for Customs란은 세관통관 목적을 위해 송화인의 세관신고가격을 기재한다.
⑤ Currency란은 AWB 발행국의 화폐단위 코드를 기재한다.

> Declared Value for Carriage란은 송화인의 운송신고가격을 기재하며, 무가격신고는 NVD(No Value Declared)라고 기재한다.

08 인천-뉴욕 구간의 전자제품 2,500kg을 Type 2H 컨테이너에 탑재하였을 경우, 다음 조건에서 팔레트-컨테이너 운임(Bulk Unitization Charge)은 얼마인가?

- Pivot Weight : 2,400kg
- Pivot Charge : US$ 9,000
- Over Pivot Charge : US$ 4.00/kg

① US$ 9,000　　② US$ 9,100
③ US$ 9,200　　④ US$ 9,300
⑤ US$ 9,400

> 팔레트-컨테이너 운임[Bulk Unitization Charge, 단위탑재용기 요금(BUC)]
> = Pivot Charge(최저요금) + Over Pivot Charge(최저중량 초과요금)
> • Pivot Charge(최저요금) = $ 9,000
> • Over Pivot Charge(최저중량 초과요금) = [탑재 물품의 중량 − Pivot Weight(정액한계중량) × 1kg당 Over Pivot Charge] = [(2,500 − 2,400) × 4.00] = $ 400
> 따라서 $ 9,000 + $ 400 = US$ 9,400

09 항공운송에서 위험화물(Dangerous Goods)에 관한 설명으로 옳지 않은 것은?

① 위험화물은 항공운송 중 발생하는 기압, 온도의 변화, 기체의 흔들림 등으로 항공기, 인명, 인접 화물 등에 피해를 줄 우려가 있는 화물을 의미한다.
② IATA의 위험물 취급규정(DGR)에 수송여부 및 제한 사항이 규정되어 있다.
③ IATA DGR의 위험품목은 9개 부류(9 class)로 구분하고 송화인의 책임을 규정하고 있다.
④ 화주신고서(shipper's declaration for dangerous goods)에 대한 작성 및 서명은 항공사가 한다.
⑤ 송화인은 IATA DGR에 명시된 절차에 따라 분류, 인식, 포장, 마킹, 라벨링 작업을 하고, 서류를 작성하여야 한다.

> 화주신고서(shipper's declaration for dangerous goods)에 대한 작성 및 서명은 화주(송화인)가 한다.

10 다음 설명에 해당하는 컨테이너 화물운송과 관련된 국제협약은?

> 유럽경제위원회에서 채택한 국제협약으로 체약국은 도로 주행차량에 의해 운송되는 봉인된 컨테이너 내의 화물에 대해서는 경유지 세관에서의 수입세나 수출세의 납부 및 공탁을 면제하고 원칙적으로 경유지 세관에서의 세관검사가 면제되는 것을 규정함

① CCC(Customs Convention on Container, 1956)
② TIR(Transport International Routiere, 1959)
③ CSC(International Convention for Safe Containers, 1972)
④ CMR(Convention Relative au Contract de Transport International de Marchandises par Route, 1956)
⑤ ITI(Customs Convention on the International Transit of Goods, 1971)

> ② 국제도로 면세통과 증서의 담보하에 행하는 화물의 국제운송에 관한 관세협약
> ① 컨테이너 자체가 관세선, 즉 국경을 통과할 때 관세 및 통관방법 등을 협약해야 할 필요성으로 만들어진 협약이다.
> ③ 컨테이너의 구조상 안전요건을 국제적으로 통일하기 위하여 1972년에 UN(국제연합)과 IMO(국제해사기구)가 공동으로 채택한 국제협약이다.
> ④ 국제도로물품운송조약
> ⑤ 관세협력위원회가 채택한 협약으로, 컨테이너 속에 내장된 화물이 육·해·공을 포함하는 국제운송 시 어떤 국가를 지나 목적지까지 갈 때 적용하는 관세법상 특례를 규정하였다.

11 국제복합운송인에 관한 설명으로 옳지 않은 것은?

① 실제운송인형 복합운송인은 직접 운송수단을 보유하고 복합운송인의 역할과 책임을 수행한다.
② 계약운송인형 복합운송인은 운송수단을 보유하지 않고 운송주체자로서의 역할과 책임을 수행한다.
③ NVOCC는 미국의 신해운법에서 포워더형 복합운송인을 법제화시킨 개념이다.
④ NVOCC는 자체 Tariff를 가질 수 있으나 자기 명의로 B/L을 발행할 수 없다.
⑤ NVOCC는 화주와 운송인 사이에서 화주에게는 운송인의 입장이 되고, 운송인에게는 화주의 입장이 된다.

해설: NVOCC(Non-Vessel Operating Common Carrier, 무선박 운송인)는 해상운송에서 선박을 직접 소유하지 않으면서 해상운송인에 대하여 화주의 입장, 화주에게는 운송인의 입장에서 운송을 수행하는 자를 말한다. NVOCC는 자체 Tariff(자체 운임률표)를 가질 수 있고 자기 명의로 B/L(선하증권)을 발행할 수 있다.

12 복합운송증권의 법적 성질에 관한 설명으로 옳지 않은 것은?

① 상환증권 : 증권과 상환으로 물품의 인도를 청구할 수 있다.
② 요식증권 : 법률에 의해 일정한 화물 및 운송에 대한 기재사항이 요구되는 증권이다.
③ 지시증권 : 증권이 지시식으로 발행된 경우 배서에 의해 양도가 가능하다.
④ 요인증권 : 선적 화물의 수령을 전제로 증권이 발행된다.
⑤ 문언증권 : 증권에 기재가 없는 사항에 대해서 책임을 부담한다.

해설: 문언증권이란 해상운송계약에 따른 선박회사와 화주의 의무이행이나 권리 주장이 증권상에 기재된 문언에 따르게 되는 증권을 말한다. 따라서 증권에 기재가 없는 사항에 대해서 책임을 부담하지 않는다.

13 국제복합운송에 관한 설명으로 옳지 않은 것은?

① 복합운송의 기본 요건으로 단일 운송책임, 단일 운송계약, 단일 운임, 이종의 복수 운송수단, 복합운송증권 발행 등이 있다.
② 북미 및 시베리아 횡단철도와 해상운송을 연계하는 복합운송경로의 개척에 힘입어 해륙복합운송이 발달하였다.
③ 컨테이너 복합운송은 재래식 운송방식에 비해 하역비, 포장비, 보관비 등에서 경제적 효과가 있다.
④ 복합운송인은 FCL화물을 집화 · 분류 · 혼재한 후 Master B/L을 발행한다.
⑤ 화물 트럭이나 트레일러를 철도 화차에 적재하여 운송하는 방식을 Piggy-Back 방식이라고 한다.

해설: 복합운송인은 LCL화물을 집화 · 분류 · 혼재한 후 House B/L을 발행한다.

14 다음 책임한도에 해당하는 복합운송인 책임 체계와 국제조약이 바르게 연결된 것은?

> • 1포장당 666.67SDR 또는 1kg당 2SDR 중에서 높은 금액 적용
> • 해상구간이 없는 경우, 1kg당 8.33SDR 적용

① 단일책임체계 – UN 국제물품복합운송조약(1980)
② 이종책임체계 – 함부르크규칙(1978)
③ 이종책임체계 – UNCTAD/ICC 복합운송증권통일규칙(1992)
④ 변형단일책임체계 – UN 국제물품복합운송조약(1980)
⑤ 변형단일책임체계 – UNCTAD/ICC 복합운송증권통일규칙(1992)

해설

UNCTAD/ICC 복합운송증권통일규칙(1992)
- 복합운송인의 책임제한액 : 화물의 멸실 또는 훼손 손해의 경우 1포장당 666.67SDR 또는 1kg당 2SDR 중에서 높은 금액으로 제한하고, 해상이나 내수로 운송이 포함되지 않은 경우에는 훼손된 화물의 무게를 기준으로 1kg당 8.33SDR로 제한한다.
- 복합운송인의 책임체계 : 단일책임체계와 이종책임체계의 절충방식인 변형단일책임체계를 채택하고 있다. 단일책임체계는 복합운송인이 전 운송구간에 걸쳐 전적으로 동일 내용의 책임을 부담하고, 이종책임체계는 구간별 운송 관련 법률 또는 협약에 따라 책임을 부담한다.
- 복합운송인의 책임원칙 : 운송인이 무과실을 입증하지 못했을 때 책임을 진다.

15 다음에서 설명하는 복합운송경로는?

> 극동지역에서 북미 서해안까지 해상운송을 통해 화물을 운송한 후 북미지역 내에서 공통운임이 부과되는 로키산맥 동부 지역까지만 철도운송으로 화물을 운송하는 형태

① American Land Bridge
② Overland Common Point
③ Mini Land Bridge
④ Canadian Land Bridge
⑤ Reverse Interior Point Intermodal

해설

① 극동에서 선적한 화물을 미국 태평양 연안의 오클랜드나 로스앤젤레스 등의 항구로 해상운송한 후, 미국 동부의 대서양 연안이나 멕시코만의 항구까지 철도로 운송하여 이곳에서 다른 선박에 환적하여 유럽의 앤트워프, 함부르크, 로테르담, 브레멘 등 각 항구까지 해상운송하는 형태(극동 → 미국 → 유럽)이다.
③ 극동아시아에서 미국의 서부 연안까지 해상운송이 이루어지고 미국 서해안에서 철도에 환적된 다음 미국 대서양 연안 및 걸프지역 항만까지 운송하는 복합운송 서비스 형태이다.
④ 1979년 일본의 포워더가 개발한 루트로 극동에서 캐나다를 거쳐 유럽으로 운송하는 형태이다.
⑤ 극동 아시아 출항, 파나마 운하 경유, 미국 동안(東岸) 또는 걸프 지역의 항까지 해상운송한 후 그곳에서 미국 내륙지역(중계지 경유 포함)까지 철도나 트럭으로 복합운송하는 형태이다.

16 컨테이너 화물의 운송형태에 관한 설명으로 옳지 않은 것은?

① CY/CY는 수출지 CY에서 수입지 CY까지 FCL형태로 운송된다.
② CY/CY는 컨테이너 장점을 최대로 살릴 수 있는 방식으로 Door to Door 서비스가 가능하다.
③ CFS/CFS는 LCL화물을 수출지 CFS에서 혼재하여 FCL화물로 만들어 수입지 CFS까지 운송된다.
④ CFS/CY는 단일 수입상이 다수의 수출상으로부터 물품을 수입할 때 이용된다.
⑤ CY/CFS는 실무에서 가장 많이 이용되는 방식이다.

해설
CY/CFS는 선적항 CY에서 목적항 CFS까지 컨테이너에 의해서 운송되는 방법으로, 선적지에서 수출업자가 FCL화물로 선적하고, 목적지의 CFS에서 컨테이너를 개봉하여 화물을 분류한 후 여러 수입업자에게 인도하는 방식이다. 한 수출업자가 수입국의 여러 수입업자에게 일시에 화물을 운송하고자 할 때 많이 이용한다.

17 정기선 할증운임에 관한 설명으로 옳지 않은 것은?

① "Terminal Handling Charge"는 장척화물이나 벌크화물에 대해 부과되는 운임이다.
② "Heavy Cargo Surcharge"는 초과 중량에 따라 기본운임에 가산하여 부과된다.
③ "Congestion Surcharge"는 양륙항의 체선이 심해 장기간의 정박이 요구되어 선사에 손해가 발생할 때 부과된다.
④ "Bunker Adjustment Factor"는 선박의 연료인 벙커유 가격 인상에 따른 손실을 보전하기 위해 부과된다.
⑤ "Currency Adjustment Factor"는 환율변동에 따른 환차손을 보전하기 위해 부과된다.

해설
터미널화물처리비(THC : Terminal Handling Charge)는 화물이 컨테이너 터미널에 입고된 순간부터 본선의 선측까지, 반대로 본선 선측에서 CY의 게이트를 통과하기까지 화물의 이동 비용으로 부대비용 중 하나이다. 장척화물이나 벌크화물에 대해 부과되는 운임은 용적 및 장척할증료(Bulky/Lengthy Surcharge)이다.

18 다음 설명에 해당하는 부정기선 운임은?

> 용선자가 계약한 화물량보다 적은 화물량을 선적하였을 때 선적하지 않은 화물량에 대하여 선주에게 지급하는 운임

① Lump Sum Freight
② Pro Rate Freight
③ Dead Freight
④ Advance Freight
⑤ Back Freight

19 해상운송관련 국제협약이 아닌 것은?

① Rotterdam Rules
② Hamburg Rules
③ Hague Protocol
④ Hague Visby Rules
⑤ UNCTAD Liner Code

20 국제해상운송의 특징을 모두 고른 것은?

> ㄱ. 대량화물의 장거리 수송
> ㄴ. 저렴한 운송비용
> ㄷ. 문전수송
> ㄹ. 자유로운 운송로
> ㅁ. 전천후 운송수단

① ㄱ, ㄴ, ㄷ
② ㄱ, ㄴ, ㄹ
③ ㄴ, ㄷ, ㄹ
④ ㄴ, ㄷ, ㅁ
⑤ ㄷ, ㄹ, ㅁ

해설
ㄷ. 국제해상운송은 항구와 항구를 연결하는 것이어서 최종 목적지까지는 육상운송을 이용해야 하므로 문전수송(문전에서 문전까지 일괄운송)은 불가능하다.
ㅁ. 국제해상운송은 날씨의 변화에 영향을 받기 때문에 계획운송이 곤란하여 전천후 운송수단이라 볼 수 없다.

21 용선자가 선적항과 양하항에서의 하역비용을 모두 부담하는 하역비 운임조건은?

① Berth Term
② Free In
③ Free Out
④ Free In and Out
⑤ Liner Term

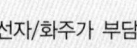

해설
④ 적·양하 모두 용선자/화주가 부담하는 조건이다.
①·⑤ 적·양하 모두 선주가 부담하는 조건(정기선의 하역비 부담조건)이다.
② 적하 시는 용선자/화주가, 양하 시는 선주가 부담하는 조건이다.
③ 적하 시는 선주가 부담하고 양하 시는 용선자/화주가 부담하는 조건이다.

22 개품운송계약에 관한 설명으로 옳지 않은 것은?

① 주로 단위화된 화물을 운송할 때 사용하는 방식이다.
② 고정된 운항일정과 항로가 없어 항로의 선택이 자유롭다.
③ 불특정 다수의 화주로부터 화물을 집화하여 혼재운송한다.
④ 일반적으로 컨테이너 해운에서 사용되는 운송계약형태이다.
⑤ 별도의 운송계약서는 작성하지 아니하고 선하증권을 발급한다.

해설
개품운송계약은 운송 일정 및 운임률표 공시, 화물의 다소에 관계없이 고정 항로로써 규칙 운항을 하는 정기선을 이용하는 계약이다. 따라서 항로의 선택이 자유롭지 않다.

23 국제해사관련기구와 역할이 옳지 않은 것은?

① IMO(International Maritime Organization) – 해사안전 및 해양오염방지
② ICS(International Chamber of Shipping) – 선주들의 권익보호와 상호협력
③ CMI(Committee Maritime International) – 해사산업 근로자의 권익보호
④ P&I(Protection & Indemnity) Club – 선박 사고에 대한 선주책임 상호보험
⑤ BIMCO(Baltic and International Maritime Council) – 해운정보 제공 및 자료발간

해설
CMI(Committee Maritime International, 국제해사법위원회) : 해상법(海商法)·해사 관련 관습·관행 및 해상실무 통일화

24 정기선운송과 부정기선운송의 비교로 옳지 않은 것은?

구분	정기선운송	부정기선운송
(ㄱ) 선박	컨테이너선	벌크운반선
(ㄴ) 조직	대형조직	소형조직
(ㄷ) 운임	Freight Rate	Tariff
(ㄹ) 화물	소량화물	대량화물
(ㅁ) 운송계약	B/L	Charter Party

① ㄱ
② ㄴ
③ ㄷ
④ ㄹ
⑤ ㅁ

해설

구분	정기선운송	부정기선운송
(ㄷ) 운임	Freight Rate (×) → Tariff	Tariff(×) → 별도 운임률표 없음

25 용선계약에 관한 설명으로 옳지 않은 것은?

① "Contract of Affreightment"는 계약조항 및 조건에 있어서 1항차 항해용선계약 내용의 대부분을 그대로 유지하는 계약이다.
② "Gross Term Charter"는 선주가 하역비와 항비 일체를 부담하는 계약이다.
③ "Bareboat Charter"는 선박 자체만을 용선하고 용선자가 선장 이하 선원을 고용하는 계약이다.
④ "Time Charter"는 일정기간 동안 용선자가 선주로부터 선박운항권을 양도받고 그에 대한 급부로서 용선료를 지불하는 계약이다.
⑤ "Voyage Charter"는 특정항구에서 다른 항구까지 화물운송을 위한 용선자와 선주 간에 체결되는 계약이다.

해설 "Contract of Affreightment(개품운송계약)"는 운송회사가 다수의 수출상으로부터 물품을 인수하여 이를 목적항 및 물품의 특성에 따라 분류한 뒤 선박에 적재하여 운송하기로 하는 계약으로 일반적으로 정기선(Liner)을 이용한다. 계약조항 및 조건에 있어서 1항차 항해용선계약 내용의 대부분을 그대로 유지하는 계약은 연속항해용선계약(Consecutive Voyage Charter)이다.

26 공항 · 항만의 환경변화에 관한 설명으로 옳지 않은 것은?

① 운송수단의 대형화로 인해 지점-지점(point to point) 전략이 확대되고 있다.
② 권역 내 중심 공항 · 항만으로 발전하기 위해 터미널을 대형화하는 추세이다.
③ 환적, 화물분류, 통관, 유통가공 등의 부가가치 물류활동이 이루어지는 장소로 변하고 있다.
④ 항공기와 선박의 대형화로 인해 공항 · 항만 간 경쟁이 치열해지고 있다.
⑤ 공항 · 항만들은 경쟁력 확보를 위해 정기선사 또는 항공사와 글로벌 제휴를 확대하고 있다.

해설 운송수단의 대형화로 인해 주요 거점 항만 및 공항을 중심으로 Hub & Spoke 전략이 강화되고 있다.

27 항공화물운송장에 관한 설명으로 옳은 것은?

① House AWB는 항공사가 혼재화물에 대하여 발행하는 항공화물운송장이다.
② 원본 3통, 부본 6통으로 발행하는 것이 원칙이며, 추가 부본을 발행할 수 없다.
③ Master AWB는 항공화물 운송주선업자가 혼재화물을 구성하는 개별 화주에게 발행하는 운송장이다.
④ 항공화물운송장은 항공사나 항공사의 위임을 받은 대리점이 작성한다.
⑤ 항공화물운송장은 기명식으로 발행되기 때문에 기재되어 있는 수화인이 아니면 화물을 인수할 수 없다.

해설
① House AWB(House Air Waybill)는 혼재업자가 발행하는 항공화물운송장이다. 항공사가 발행하는 항공화물운송장은 Master Air Waybill이다.
② 원본 3통, 부본 6통으로 발행하는 것이 원칙이며, 추가 부본을 5장까지 발행할 수 있다.
③ Master AWB(Master Air Waybill)는 항공사가 발행하는 항공화물운송장이다.
④ 항공화물운송장은 화주(송화인)가 작성, 제출해야 함이 원칙이나 항공사나 항공사의 권한을 위임받은 대리점에 의해 이행되는 것이 통례이다.

28 국제물류 보안에 관한 설명으로 옳지 않은 것은?

① CSI는 위험성이 높은 미국행 컨테이너 화물을 선별하여 선적 전에 검사하는 컨테이너 보안 협정이다.
② AEO는 WTO에서 무역안전과 원활화에 관한 국제규범의 일환으로 고안한 제도이다.
③ ISO 28000은 물류보안 인증제도이며 보안심사의 내용은 보안경영방침, 보안위험 평가 및 기획·실행·운영, 점검 및 시정조치, 경영검토 등이다.
④ 24-Hour Rule은 미국으로 수출하는 적하목록을 적재 24시간 전에 미국 관세청에 신고하도록 한 규정이다.
⑤ C-TPAT 프로그램에 참여하여 인증을 받은 업체에게는 세관검사 축소 등 통관상의 혜택이 주어진다.

해설
AEO(Authorized Economic Operator, 수출입 안전관리 우수업체)는 세계적인 물류보안 강화 조치로 인한 무역 원활화를 저해하는 문제점을 해소하고자 각국 세관이 수출업자, 수입업자, 제조업자, 관세사, 운송사, 창고업자, 하역업자 등을 대상으로 적정성 여부를 심사하여 우수업체로 공인해 줌으로써 통관상의 혜택을 부여하는 제도이다.

29 다음 중 선하증권의 임의 기재사항을 모두 고른 것은?

> ㄱ. 선박명
> ㄴ. 면책조항
> ㄷ. 송화인
> ㄹ. 선하증권 번호

① ㄱ, ㄴ   ② ㄱ, ㄷ
③ ㄴ, ㄷ   ④ ㄴ, ㄹ
⑤ ㄷ, ㄹ

해설 ㄱ, ㄷ. 선하증권의 법정 기재사항이다.

30 복합운송증권의 발행에 관한 설명으로 옳지 않은 것은?

① 유통성으로 발행된 경우에는 배서·교부함으로써 양도가 가능하다.
② 본선 적재 전에 화물을 수취·인수한 상태에서 발행된다.
③ FIATA B/L이 널리 사용되고 있고 대부분 비유통성으로 발행된다.
④ 비유통성으로 발행된 경우에는 지명된 수화인을 증권에 기재하여야 한다.
⑤ UCP 600에 의하면, 은행은 상품의 발송, 수취 또는 선적이 명시되어 있고 복합운송인 또는 그 대리인이 발행한 운송서류를 수리할 수 있다.

해설 FIATA B/L이 널리 사용되고 있고 유통식과 비유통식 중에서 선택할 수 있다.

31 내륙컨테이너기지(ICD)의 기능으로 옳지 않은 것은?

① 본선 선적 및 양하기능
② 적입 및 적출기능
③ 장치보관기능
④ 집화분류기능
⑤ 통관기능

해설 본선 선적 및 양하는 컨테이너터미널(Container Terminal)의 기능이다. 컨테이너터미널은 컨테이너선에 화물적재 및 하역을 신속하고 원활하게 할 수 있는 유통작업 장소 및 설비 전체를 가리킨다.

32 관세법상 "수입으로 보지 아니하는 소비 또는 사용"에 해당하지 않는 것은?

① 선용품·기용품 또는 차량용품을 운송수단 안에서 그 용도에 따라 소비 또는 사용하는 경우

② 선용품·기용품 또는 차량용품을 관세청장이 정하는 지정보세구역에서 출입국관리법에 따라 출국심사를 마친 자에게 제공하여 그 용도에 따라 소비 또는 사용하는 경우

③ 선용품·기용품 또는 차량용품을 관세청장이 정하는 지정보세구역에서 출입국관리법에 따라 우리나라에 입국하지 아니하고 우리나라를 경유하여 제3국으로 출발하려는 자에게 제공하여 그 용도에 따라 소비 또는 사용하는 경우

④ 여행자가 휴대품을 운송수단 또는 관세통로에서 소비 또는 사용하는 경우

⑤ 관세법에 의하여 매각된 물품을 그 용도에 따라 소비 또는 사용하는 경우

관세법상 수입으로 보지 아니하는 소비 또는 사용(관세법 제239조)

- 선박용품·항공기용품 또는 차량용품을 운송수단 안에서 그 용도에 따라 소비하거나 사용하는 경우
- 선박용품·항공기용품 또는 차량용품을 세관장이 정하는 지정보세구역에서 출입국관리법에 따라 출국심사를 마치거나 우리나라에 입국하지 아니하고 우리나라를 경유하여 제3국으로 출발하려는 자에게 제공하여 그 용도에 따라 소비하거나 사용하는 경우
- 여행자가 휴대품을 운송수단 또는 관세통로에서 소비하거나 사용하는 경우
- 이 법에서 인정하는 바에 따라 소비하거나 사용하는 경우

33 신협회적하약관 ICC(C) 조건에서 보험자가 담보하지 않는 위험은?

① 선박·부선의 좌초·교사·침몰·전복

② 육상운송용구의 전복·탈선

③ 지진·화산의 분화·낙뢰

④ 공동해손희생

⑤ 피난항에서 화물의 양륙

ICC(B) 조건에서 보험자가 담보하는 위험이다. ICC(C) 조건에서는 ICC(B)의 위험 가운데 지진·화산의 분화·낙뢰 및 갑판유실, 선박·부선·선창·운송용구·컨테이너·지게차 또는 보관장소에 해수 또는 호수·강물의 유입, 추락손 등은 담보되지 않는다.

34 상사중재의 절차로 옳은 것은?

ㄱ. 중재비용을 선납한다.
ㄴ. 선정된 중재인은 당사자들의 주장과 증거에 입각하여 양 당사자를 심문하고 판정한다.
ㄷ. 분쟁의 당사자들은 중재계약에 따라 중재기관에 중재신청을 한다.
ㄹ. 중재기관은 신청인과 피신청인에게 각각 등록통지를 한다.
ㅁ. 중재기관은 먼저 조정의 절차를 거치며, 실패 시에는 중재장소를 합의하고 중재인을 선정한다.

① ㄱ → ㄷ → ㄴ → ㄹ → ㅁ
② ㄱ → ㄷ → ㄹ → ㅁ → ㄴ
③ ㄷ → ㄱ → ㄹ → ㄴ → ㅁ
④ ㄷ → ㄱ → ㄹ → ㅁ → ㄴ
⑤ ㄷ → ㄹ → ㄱ → ㅁ → ㄴ

> **해설**
> 상사중재의 절차 : 중재계약 → 중재신청(ㄷ) → 중재비용 선납(ㄱ) → 등록통지(ㄹ) → 중재인 선정(ㅁ) → 심리 및 판정(ㄴ)

35 청약(offer)에 대한 승낙(acceptance)의 설명으로 옳지 않은 것은?

① 승낙의 내용은 청약의 내용과 일치하여야 한다.
② 승낙은 절대적이고 무조건적이어야 한다.
③ 승낙은 유효기간 내에 행해져야 한다.
④ 승낙은 특정의 청약에 대하여 행해져야 한다.
⑤ 승낙은 문서로만 행해져야 한다.

> **해설**
> 승낙의 선언 또는 기타의 의사표시는 상대방에게 구두로 통보되거나 기타의 방법으로 상대방의 영업소나 우편송부처에 전달된 때, 상대방이 영업소나 우편송부처를 가지지 않은 경우에는 그의 일상적인 거주지에 전달되었을 때 상대방에게 도달한 것으로 본다(CISG 제24조).

36 보세운송에 관한 설명으로 옳지 않은 것은?

① 외국물품의 보세운송 목적지는 개항, 보세구역, 보세구역 외 장치장, 세관관서 등으로 지정되어 있다.
② 보세운송을 하려는 자는 관세청장이 정하는 바에 따라 세관장에게 보세운송의 신고를 하여야 한다.
③ 보세운송을 신고 또는 승인 신청할 수 있는 자는 화주, 보세운송업자, 관세사 등이다.
④ 보세운송 중에는 세관의 감시·단속을 일시 벗어나게 되므로 운송통로와 운송기간을 제한하지 않고 있다.
⑤ 수출신고가 수리된 물품은 관세청장이 따로 정하는 것을 제외하고는 보세운송 절차를 생략한다.

> **해설**
> 세관장은 보세운송물품의 감시·단속을 위하여 필요하다고 인정될 때에는 관세청장이 정하는 바에 따라 운송통로를 제한할 수 있으며, 보세운송은 관세청장이 정하는 기간 내에 끝내야 한다(관세법 제216조).

37 Incoterms® 2020에 관한 설명으로 옳은 것은?

① 2그룹 11개의 거래규칙으로 구성되어 있다.
② 매도인의 의무사항 A1-A10을 먼저 나열한 후 매수인의 의무사항 B1-B10을 열거하고 있다.
③ EXW 규칙은 매도인이 자신의 영업장 또는 합의된 장소에서 매수인이 지정한 운송인이나 제3자의 처분하에 놓인 때에 인도하는 것을 의미한다.
④ DPU 규칙은 지정목적지에서, 물품을 도착한 운송수단에서 양하준비된 상태로 매수인의 처분하에 놓인 때 인도되는 것을 의미한다.
⑤ FOB 규칙은 지정선적항에서 매수인이 지정한 선박의 선측에 물품이 놓인 때 인도되는 것을 의미한다.

해설

② 매도인의 의무(A1) / 매수인의 의무(B1)의 순서로 열거하고 있다.
③ FCA(Free CArrier, 운송인인도)에 해당한다. EXW 규칙은 매도인이 물품을 (공장이나 창고와 같은) 지정장소에서 매수인의 처분하에 두는 때 물품을 인도하는 것을 의미한다. 즉, 운송인에게 넘겨줄 의무가 없다.
④ DAP(Delivered At Place, 도착지인도)에 해당한다. DPU 규칙은 물품이 지정목적지에서 도착운송수단으로부터 양하된 상태로 매수인의 처분하에 놓인 때 매도인이 매수인에게 물품을 인도하고 위험을 이전하는 것을 의미한다.
⑤ FAS(Free Alongside Ship, 선측인도)에 해당한다. FOB 규칙은 지정선적항에서 매수인이 지정한 선박에 물품을 적재하거나 이미 그렇게 인도된 물품을 조달하여 매수인에게 인도하는 것을 의미한다.

38 해상보험의 용어에 관한 설명 중 옳지 않은 것은?

① 보험료(Insurance Premium)는 보험자의 위험부담에 대해 보험계약자가 지급하는 보수를 말한다.
② 피보험자(Insured)는 피보험이익의 주체로서 보험사고의 발생으로 인하여 손해를 입은 경우 보상받을 권리를 갖는 자를 말한다.
③ 피보험이익(Insurable Interest)은 보험의 목적이 멸실 또는 손상됨으로써 경제적 손해를 입게 되는 피보험자와 그 보험의 목적 사이에 존재하는 이해관계를 말한다.
④ 보험가액(Insurable Value)은 피보험이익의 평가액으로서 피보험이익에 대하여 발생할 수 있는 경제적 손해의 최고한도액을 말한다.
⑤ 보험금(Claim Amount)은 실제로 보험에 가입한 금액을 말하며 보험자가 보험 계약상 부담하는 손해배상책임의 최고한도액을 말한다.

해설

보험금(Claim Amount)은 실질적인 보상금액을 말한다. 실제로 보험에 가입한 금액을 가리키는 용어는 보험료(Insurance Premium)이며, 보험자가 보험 계약상 부담하는 손해배상책임의 최고한도액을 가리키는 용어는 보험금액이다.

39 (주)신라상사가 중국의 (주)난징상사와 수입계약을 체결하였다. 다음과 같은 조건일 때, 매수인 (주)신라상사가 지불해야 하는 수입가격은?

- 계약조건 : CIF Busan Incoterms®2020
- 출발항 : 중국 상하이항(Shanghai Port)
- 도착항 : 한국 부산항(Busan Port)
- 비용내역
  - FOB Shanghai Incoterms®2020 : US$ 10,000
  - 난징공장에서 상하이항까지 내륙운송비 : US$ 70
  - 상하이항에서 부산항까지 해상운임 : US$ 500
  - 상하이항에서 부산항까지 해상보험료 : US$ 100
  - 부산항 수입통관비 : US$ 20
  - 부산항에서 양산 ICD 보세운송료 : US$ 100

① US$ 10,570
② US$ 10,600
③ US$ 10,670
④ US$ 10,690
⑤ US$ 10,790

해설 CIF Busan Incoterms®2020 조건에서 매수인인 (주)신라상사가 지불하는 수입가격은 US$ 10,000(FOB Shanghai Incoterms®2020) + US$ 500(상하이항에서 부산항까지 해상운임) + US$ 100(상하이항에서 부산항까지 해상보험료) = US$ 10,600

40 Incoterms®2020의 주요 개정 내용을 모두 고른 것은?

ㄱ. FCA, DAP, DPU, DDP 규칙에서 매수인 또는 매도인 자신의 운송수단 사용 허용
ㄴ. FCA 규칙에서 본선적재 표기가 있는 선하증권 발행 신설
ㄷ. 수평적 체제(Horizontal Format)를 도입한 당사자 의무규정
ㄹ. DAF 규칙에서 DPU 규칙으로 명칭 변경
ㅁ. CIF 규칙은 최대담보조건으로 부보하고, CIP 규칙은 최소담보조건으로 부보

① ㄱ, ㄴ, ㄷ
② ㄱ, ㄴ, ㄹ
③ ㄱ, ㄷ, ㅁ
④ ㄴ, ㄷ, ㄹ
⑤ ㄴ, ㄹ, ㅁ

해설
ㄹ. DAT 규칙에서 DPU 규칙으로 명칭 및 내용 변경(DAT 규칙 폐지)
ㅁ. CIF 규칙은 매도인의 최소담보조건으로 부보하고, CIP 규칙은 매도인의 최대담보조건으로 부보

33.38%

2025년 물류관리사 합격률

CBT 모의고사로 최종 합격 점검!

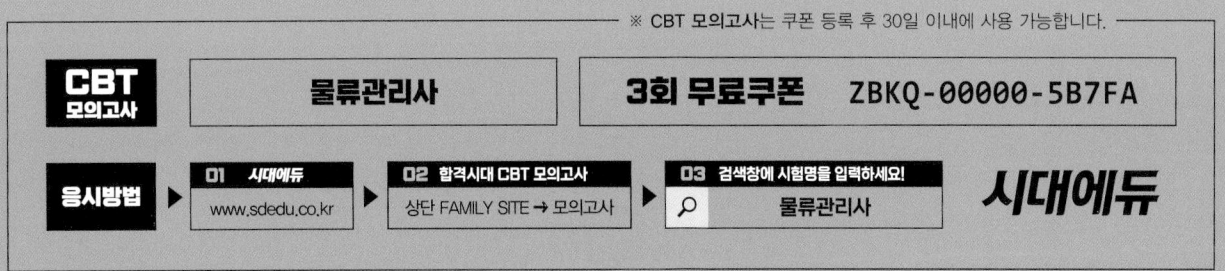

NEXT STEP
THE NEXT STEP IN SUCCESS

물류관리사
한권으로 끝내기

[판매량] YES24 "물류관리사" 부문 월별/주별 베스트셀러 1위
08년 12월 / 09년 7,8,10~12월 / 10년 1~3,7,11,12월 / 11년 1,11,12월 / 12년 1월 1주 / 13년 1월 3,4주, 2월 2주, 6월 1,4주, 8월 2주, 12월 4,5주 /
14년 1,11,12월 / 15년 1,12월 / 16년 1~3,9,12월 / 17년 1월 / 18년 2,5,10~12월 / 19년 1~9월 / 20년 1월, 2월 4주, 6월 4주, 7월 2,3주, 8월 3주 /
21년 2~6월 / 22년 1월 2~3주, 2월 2주, 8월 2~3,5주, 9월 1~2,4주, 10월 1~3주, 11월 4주 / 23년 8월 3주, 10월 3~4주 /
24년 11월 2,4~5주, 12월 1~3주 / 25년 7월 3주

[선호도] 물류관리사 시리즈, 22년간 15만 부 판매

시대에듀

발행일 2026년 1월 5일 | **발행인** 박영일 | **책임편집** 이해욱
편저 황사빈 · 이영표 · 유범진 | **발행처** (주)시대고시기획
등록번호 제10-1521호 | **대표전화** 1600-3600 | **팩스** (02)701-8823
주소 서울시 마포구 큰우물로 75 [도화동 538 성지B/D] 9F
학습문의 www.sdedu.co.kr

NEXT STEP

THE NEXT STEP IN SUCCESS
성공의 다음 단계, 시대에듀와 함께라면 가능합니다.

물류관리사 부문
베스트셀러 1위
산출근거 후면표기

편저 황사빈 · 이영표 · 유범진

◀ 온라인 동영상 강의

2026

출제경향을 반영한 이론 및 문제 구성
2025년 최신 기출 수록
빈출키워드 소책자 제공
편리한 휴대를 위한 분권형 구조

물류관리사
한권으로 끝내기

4권 | 보관하역론

CBT 모의고사
3회 무료쿠폰 제공

시대에듀

물류관리사
한권으로 끝내기

4권 | 보관하역론

시대에듀

물류관리사
한권으로 끝내기

Always **with you**

사람의 인연은 길에서 우연하게 만나거나 함께 살아가는 것만을 의미하지는 않습니다.
책을 펴내는 출판사와 그 책을 읽는 독자의 만남도 소중한 인연입니다.
시대에듀는 항상 독자의 마음을 헤아리기 위해 노력하고 있습니다. 늘 독자와 함께하겠습니다.

보다 깊이 있는 학습을 원하는 수험생들을 위한
시대에듀의 동영상 강의가 준비되어 있습니다.
www.sdedu.co.kr ➔ 회원가입(로그인) ➔ 물류관리사

물류관리사 한권으로 끝내기

이 책의 차례 CONTENTS

CHAPTER 01 보관 및 창고

- 시험에 꼭 나오는 필수문제 · 04
- Core 01 보관(Storage) · 06
- Core 02 창고 · 11
- 출제포인트 OX 문제 · 18
- 빈출키워드 기출유형문제 · 19

CHAPTER 02 물류 운영

- 시험에 꼭 나오는 필수문제 · 38
- Core 01 물류시설과 투자 타당성 분석기법 · · · · · · · · · · · · · · · · · 40
- Core 02 물류센터의 건립 및 운영 · 47
- 출제포인트 OX 문제 · 50
- 빈출키워드 기출유형문제 · 51

CHAPTER 03 하역론

- 시험에 꼭 나오는 필수문제 · 74
- Core 01 하역의 개요 · 76
- Core 02 파렛트 · 80
- Core 03 컨테이너 · 82
- Core 04 하역기기(지게차, 크레인, 컨베이어) · · · · · · · · · · · · · · · · 84
- Core 05 분류시스템과 기타 하역기기 · 90
- Core 06 물류장소별 하역작업 · 93
- Core 07 유닛로드시스템 · 97
- Core 08 포장물류론 · 100
- 출제포인트 OX 문제 · 104
- 빈출키워드 기출유형문제 · 106

물류관리사 한권으로 끝내기

이 책의 차례 CONTENTS

CHAPTER 04 재고관리

시험에 꼭 나오는 필수문제	122
Core 01 구매관리	124
Core 02 재고관리	126
Core 03 재고관리시스템의 구성	128
Core 04 재고모형	130
Core 05 재고관리기법	133
Core 06 수요예측기법	136
Core 07 주요 자재관리 기법	138
출제포인트 OX 문제	142
빈출키워드 기출유형문제	144

2025년 제29회 기출문제

4과목 보관하역론 · · · · · · · · · · · · 156

물류관리사 한권으로 끝내기
PART 4

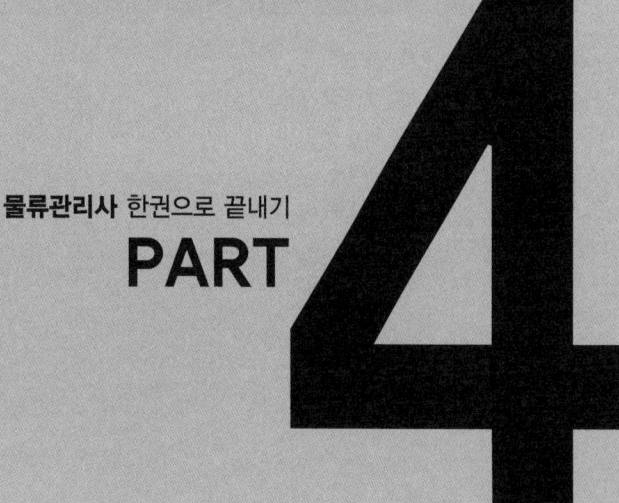

보관하역론

CHAPTER 01 보관 및 창고

CHAPTER 02 물류 운영

CHAPTER 03 하역론

CHAPTER 04 재고관리

2025년 제29회 기출문제(4과목)

4 보관하역론

- 보관 및 창고
- 물류 운영
- 하역론
- 재고관리

2021

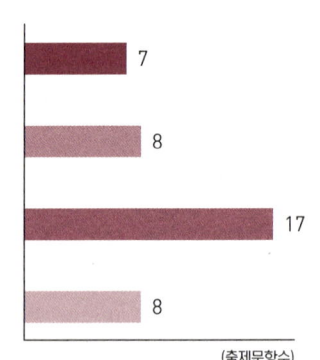

- 7
- 8
- 17
- 8

(출제문항수)

출제기준	유형 구분	중요도
CHAPTER 01 보관 및 창고	Core 01 보관(Storage)	★★★
	Core 02 창고	★★★
CHAPTER 02 물류 운영	Core 01 물류시설과 투자 타당성 분석기법	★★★
	Core 02 물류센터의 건립 및 운영	★★
CHAPTER 03 하역론	Core 01 하역의 개요	★★★
	Core 02 파렛트	★★★
	Core 03 컨테이너	★★
	Core 04 하역기기(지게차, 크레인, 컨베이어)	★★★
	Core 05 분류시스템과 기타 하역기기	★★
	Core 06 물류장소별 하역작업	★★
	Core 07 유닛로드시스템	★★★
	Core 08 포장물류론	★★★

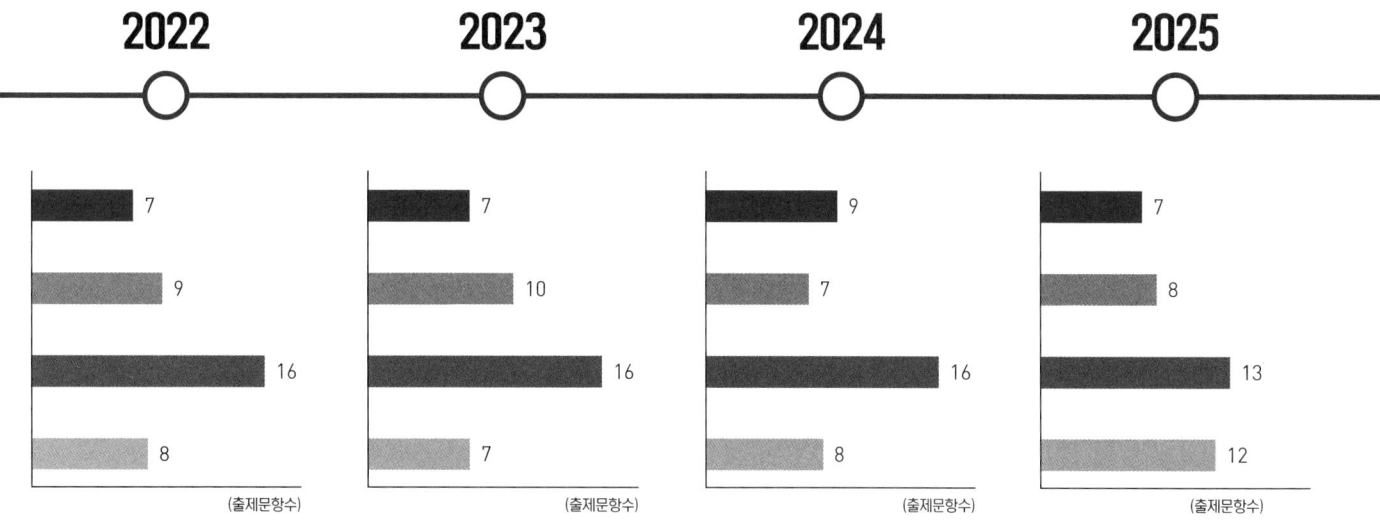

출제기준	유형 구분	중요도
CHAPTER 04 재고관리	Core 01 구매관리	★★
	Core 02 재고관리	★★★
	Core 03 재고관리시스템의 구성	★★
	Core 04 재고모형	★★★
	Core 05 재고관리기법	★★★
	Core 06 수요예측기법	★★★
	Core 07 주요 자재관리 기법	★★★

CHAPTER 01 시험에 꼭 나오는 필수문제

01 보관품목수, 보관수량, 회전율에 따른 보관유형을 올바르게 표시한 것은? 기출 24년

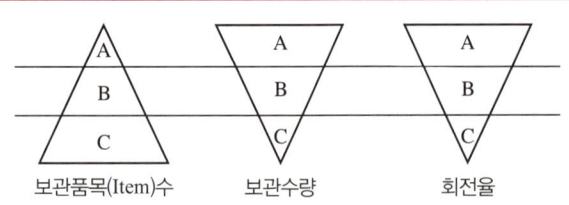

- ㄱ : 보관품목수는 매우 적지만 보관수량이 매우 많고 회전율이 매우 높은 특징을 갖는다.
- ㄴ : 보관품목수와 보관수량이 매우 많고, 회전율이 매우 높으며, 관리가 복잡하여 자동화 방식이 적합하다.

① ㄱ : A–A–A, ㄴ : C–C–A
② ㄱ : A–A–A, ㄴ : C–A–A
③ ㄱ : A–C–C, ㄴ : C–C–A
④ ㄱ : C–A–A, ㄴ : A–C–C
⑤ ㄱ : C–A–A, ㄴ : A–C–A

해설
- A–A–A : 맥주, 청량음료, 사탕, 시멘트 등 입·출고가 빠른 물품으로 보관품목(Item)수는 적지만 보관 수량이 많고 회전율이 높음
- C–A–A : 보관품목(Item)수, 보관수량이 많고 회전율이 높으며, 관리가 복잡하여 자동화 방식이 적합한 형태

기출문제 엿보기
- ☐ 시중에서 유통되는 '콜라'의 물류특성(보관점수는 적고, 보관수량과 회전수는 많음)을 아래 그림의 보관유형으로 나타낼 때 순서대로 옳게 나타낸 것은? 21년
- ☐ 다음의 보관시스템의 주요 형태를 순서대로 옳게 나열한 것은? 16년
- ☐ 보관시스템의 주요 형태에 관한 설명으로 옳은 것은? 12년

02 다음에서 설명하는 보관의 원칙은? 기출 23년

- 물품의 입·출고 빈도에 따라 보관장소를 결정한다.
- 출입구가 동일한 창고의 경우 입·출고 빈도가 높은 물품을 출입구 근처에 보관하며, 낮은 물품은 출입구로부터 먼 장소에 보관한다.

① 회전대응의 원칙
② 선입선출의 원칙
③ 통로 대면의 원칙
④ 보관 위치 명확화의 원칙
⑤ 유사자재 관리의 원칙

해설
② FIFO(First In First Out)란 먼저 보관한 물품을 먼저 출고하는 것이다.
③ 물품의 입·출고를 용이하게 하고 효율적으로 보관하기 위해 통로면에 보관하는 것이다.
④ 보관품의 장소와 선반 번호 등의 위치를 표시함으로써 업무의 효율화를 증대시킬 수 있다는 원칙이다.
⑤ 유사품은 근처 가까운 장소에 보관해야 한다는 원칙이다.

기출문제 엿보기
- ☐ 보관의 원칙에 관한 설명으로 옳지 않은 것은? 25·24·22·13년
- ☐ 보관의 원칙에 관한 내용이다. ( )에 들어갈 알맞은 내용은? 21년
- ☐ 보관의 원칙에 관한 설명으로 옳은 것을 모두 고른 것은? 20·15년
- ☐ 제품의 물리적 성질에 근거한 보관 원칙으로 옳은 것을 모두 고른 것은? 18년

03 모빌 랙(Mobile Rack)에 관한 설명으로 옳지 않은 것은?

기출 23년

① 파렛트가 랙 내에서 경사면을 이용하여 이동하는 방식으로 선입선출이 요구되는 제품에 적합하다.
② 필요한 통로만을 열어 사용하고 불필요한 통로를 최대한 제거하기 때문에 면적효율이 높다.
③ 바닥면의 효과적인 사용과 용적 효율이 높다.
④ 공간 효율이 높기 때문에 작업공간이 넓어지고 물품보관이 용이하다.
⑤ 동시작업을 위한 복수통로의 설정이 가능하여 작업효율이 증대된다.

해설 ① 파렛트가 랙 내에서 경사면을 이용하여 이동하는 방식으로 선입선출이 요구되는 제품에 적합한 것은 슬라이딩 랙(Sliding Rack)이다.

기출문제 엿보기

- ☑ 랙(Rack)에 관한 설명으로 옳은 것은 모두 몇 개인가? 25년
- ☑ 적층랙(mezzanine rack)에 관한 설명으로 옳은 것은? 24년
- ☑ 보관 설비에 관한 설명으로 옳지 않은 것은? 22년
- ☑ 랙(Rack)에 관한 설명으로 옳지 않은 것은? 21·19·18·15년
- ☑ 물류센터의 보관 방식에 관한 설명으로 옳지 않은 것은? 20년
- ☑ 물류센터 설계 시에는 랙(Rack)의 1개 선반당 적재하중 기준을 고려해야 한다. 이 기준에 맞게 화물을 적재한 것은? 18년

04 창고 유형과 특징에 관한 설명으로 옳지 않은 것은? 기출 23년

① 자가창고는 창고의 입지, 시설, 장비를 자사의 물류시스템에 적합하도록 설계, 운영할 수 있다.
② 영업창고 이용자는 초기에 창고건설 및 설비투자와 관련하여 고정비용이 발생한다.
③ 임대창고는 시장환경의 변화에 따라 보관장소를 탄력적으로 운영하기 어렵다.
④ 유통창고는 생산된 제품의 집하 및 배송 기능을 갖춘 창고로 화물의 보관, 가공, 재포장 등의 활동을 수행한다.
⑤ 보세창고는 관세법에 근거하여 세관장의 허가를 얻어 수출입화물을 취급하는 창고를 의미한다.

해설 ② 자가창고 이용자가 초기에 창고건설 및 설비투자와 관련한 고정비용이 발생한다.

기출문제 엿보기

- ☑ 창고에 관한 설명으로 옳지 않은 것은? 25·24·18년
- ☑ 창고에 관한 설명으로 옳은 것은? 22년
- ☑ 유통창고에 관한 설명으로 옳지 않은 것은? 18년
- ☑ 창고 운영형태에 관한 설명으로 옳지 않은 것은? 16년
- ☑ 자가창고와 영업창고를 비교하여 설명한 것 중 옳지 않은 것은? 15년
- ☑ 화주의 측면에서 자가창고와 비교하여 영업창고의 장점만 모두 고른 것은? 14년

01 ② 02 ① 03 ① 04 ②

CHAPTER 01 보관 및 창고

> **핵심 포인트**
> - ☑ 보관의 기능
> - ☑ 보관의 원칙
> - ☑ 랙(Rack)의 개념 및 종류와 특성
> - ☑ 보관시스템(유형)
> - ☑ 창고의 입지선정 시 고려사항
> - ☑ 창고의 기능
> - ☑ 분류에 의한 창고별 특징, 자가창고와 영업창고의 장·단점 비교
> - ☑ 자동화 창고의 개념과 구성요소
> - ☑ 창고 레이아웃 및 바닥 면적 산정법
> - ☑ 창고관리시스템(WMS)의 개념과 기능

CORE 01 보관(Storage)

1. 보관의 기능 및 원칙

(1) 보관의 개념 및 기능

① 보관의 개념 [기출] 10년 : 물품의 생산과 소비의 시간적 거리를 조정하여 시간적 효용을 창출하는 것으로, 재화를 비교적 단기간 보존하고 관리하는 것

② 보관의 기능 [기출] 25년/23년/22년/21년/20년/18년/17년/16년/13년/12년/08년

  ㉠ 고객 서비스의 최전선 기능 : 고객의 주문에 대해 효율적인 재고관리를 하여 신속·정확하게 주문품을 인도

  ㉡ 운송과 배송 간의 윤활유 기능
  - 다품종 소량화, 소량 다빈도화, 리드타임 단축 등 시장환경 변화에 신속하게 대응하기 위해 공장에서 수송된 대량 로트를 소량 로트로 나누어 배송하는 중간 기지의 역할
  - 물류 정보시스템을 사용하여 운영 효율성 향상

  ㉢ 생산과 판매 간의 조정 또는 완충 기능
  - 재고관리 기능을 통해 생산과 판매 사이에서 발생하는 시간적·공간적인 갭을 메꾸는 기능
  - 생산품에 세금이 부과되는 경우 판매 때까지 상품을 보관하여 기업은 상품이 팔릴 때까지 상품에 대한 세금 납부를 연기할 수 있음

  ㉣ 유통가공 기능 : 물품의 분류와 혼재, 집산, 조합, 검사의 장소적 기능 등도 수행

  ㉤ 제품의 물리적 보존과 관리 기능 : 제품을 물리적으로 보존하고 관리하는 기능을 수행

(2) 보관의 원칙 〔기출〕 25년/ 24년/ 23년/ 22년/ 21년/ 20년/ 19년/ 18년/ 17년/ 15년/ 14년/ 13년/ 12년/ 10년/ 09년

① 회전 대응 보관의 원칙
  ㉠ 보관할 물품의 장소를 회전 정도에 따라 정하는 것
  ㉡ 입·출하 빈도의 정도에 따라 보관장소를 결정하는 것
② 선입선출의 원칙 : FIFO(First In First Out)란 먼저 보관한 물품을 먼저 출고하는 것(상품형식 변경이 잦은 것, 상품 수명주기가 짧은 것, 파손·감모가 생기기 쉬운 것)
③ 통로 대면 보관의 원칙 : 물품의 입·출고를 용이하게 하고 효율적으로 보관하기 위해 통로 면에 보관하는 것
④ 명료성의 원칙 : 시각적으로 보관품을 용이하게 식별할 수 있도록 보관하는 것
⑤ 동일성·유사성의 원칙 : 동일 품종은 동일 장소에 보관하고, 유사품은 근처 가까운 장소에 보관해야 한다는 것
⑥ 높이 쌓기의 원칙
  ㉠ 물품을 고층으로 적재하는 것
  ㉡ 평적보다 파렛트 등을 이용하여 용적 효율을 향상하는 것
⑦ 중량특성의 원칙
  ㉠ 제품의 물리적 성질에 근거한 보관 원칙
  ㉡ 중량에 따라 보관장소나 높낮이를 결정해야 한다는 것으로 중량이 무거울수록 하층부에 보관
⑧ 형상특성의 원칙
  ㉠ 제품의 물리적 성질에 근거한 보관 원칙
  ㉡ 표준품은 랙(Rack)에 보관하고 비표준품은 그 형상에 맞게 보관 기기나 설비를 사용하여 보관하는 것
⑨ 위치표시의 원칙 : 보관품의 장소와 선반 번호 등의 위치를 표시함으로써 업무의 효율화를 증대시킬 수 있다는 원칙
⑩ 네트워크 보관의 원칙 : 관련 품목을 한 장소에 모아서 보관하는 것

2. 보관기기 및 시스템

(1) 보관기기(랙)

① 랙(Rack)의 개념 : 창고 등에서 보관을 효율적으로 하기 위해 기둥과 선반으로 구성된 보관 설비
② 랙의 종류와 특성 〔기출〕 25년/ 24년/ 23년/ 22년/ 21년/ 20년/ 19년/ 18년/ 17년/ 16년/ 15년/ 13년/ 11년/ 10년
  ㉠ 파렛트 랙(Pallet Rack)
    • 파렛트에 쌓아 올린 물품의 보관에 이용되는 랙
    • 포크리프트를 사용하여 파렛트 단위 혹은 선반 단위로 셀마다 격납 보관하는 설비
    • 범용성이 있는 형태이며 화물의 종류가 여러 가지라도 유연하게 보관이 가능
    • 용적 효율이 낮고 바닥 면적 활용이 비효율적
  ㉡ 드라이브 인 랙(Drive-in Rack)
    • 파렛트에 적재된 물품의 보관에 이용되고 한쪽에 출입구를 두며 지게차를 이용하여 실어 나르는 데 사용하는 랙으로 지게차가 한쪽에서 2개 이상의 깊이로 된 랙으로 들어가 화물을 보관 및 반출할 수 있음
    • Load Beam을 제거하여 포크리프트가 랙 안으로 진입할 수 있도록 한 것으로 포크리프트 통로 면적이 절감되며 보관 효율이 높은 편
    • 소품종 다량 또는 로트(Lot) 단위로 입·출고될 수 있는 화물과 계절적인 수요가 있는 화물의 보관에 경제적인 랙
    • 랙 내부에 가드레일을 설치하여 지게차와 랙의 충돌을 방지

ⓒ 드라이브 스루 랙(Drive-through Rack) : 지게차가 랙의 한 방향으로 진입해서 반대 방향으로 퇴출할 수 있는 랙
ⓔ 적층 랙(Mezzanine Rack)
- 천정이 높은 단층 창고 등의 경우, 현재 사용하고 있는 높이에서 천장까지의 사이를 이용하기 위해 설치한 보관설비
- 통로와 선반을 다층식으로 겹쳐 쌓은 랙
- 상면 면적 효율과 공간 활용이 좋으며 입·출고작업과 재고관리가 용이
- 최소의 통로로 최대로 높게 쌓을 수 있어 경제적

ⓜ 유동 랙(Flow Rack)
- 격납 부분에 레일을 달아 전체가 비스듬히 기울어지게 만든 설비
- 화물의 중력에 의하여 입고 측에서 출고 측으로 롤러를 타고 스스로 흘러 들어가는 방식으로 입·출고가 자유로운 랙
- 적입과 인출이 반대 방향에서 이루어지는 선입선출이 효율적인 랙
- 재고관리가 쉽고 화물의 파손을 방지할 수 있으며, 다품종 소량의 물품 보관에 적합

ⓑ 슬라이딩 랙(Sliding Rack)
- 선반이 앞 방향 또는 앞뒤 방향으로 꺼내지는 기구를 가진 랙
- 파렛트가 랙에서 미끄러져 움직이며 한쪽에서 입고하고 다른 한쪽에서 출고되는 이상적인 선입선출 방법
- 상면 면적 효율이나 용적 효율도 양호
- 다품종 소량에는 부적합하며 랙 설치비용이 많이 듦

ⓢ 이동 랙(Mobile Rack)
- 레일 등을 이용하여 직선적으로 수평 이동되는 랙으로서 수동식, 전동식, 수압식, 핸들식 등이 있음
- 한정된 공간을 최대로 사용하며 통로가 대폭 절약됨
- 다품종 소량의 보관에 적합한 보관 형태
- 상면 면적률, 용적률의 효율이 높음

ⓞ 암 랙(Arm Rack) / 외팔 걸이 랙(Cantilever Rack)
- 외팔 지주 거리 구조로 된 랙
- 긴 철재나 목재의 보관에 효율적인 랙
- 기본 프레임에 암(Arm, 외팔 걸이)을 결착하여 화물을 보관하는 랙
- 장척물의 보관에 적합하며 전면에 기둥이 없으므로 공간 낭비 없이 화물을 보관할 수 있음

ⓩ 회전 랙(Carousel Rack)
- 피킹 시 피커를 고정하고, 랙 자체를 회전시켜 저장 및 반출하는 장치
- 수평 또는 수직으로 순환하여 소정의 입·출고 장소로 이동이 가능

ⓒ 하이스택 랙(High Stack Rack)
- 좁은 통로에 높게 적재했기 때문에 바닥 면의 효과적인 사용과 공간 활용이 좋고, 입·출고도 임의로 할 수 있으며, 재고관리도 용이한 편
- 최소의 통로를 최대로 높게 쌓을 수 있어 경제적
- 상품을 대량으로 취급하는 경우 건물의 층고에 여유가 있으면 하이스택 랙을 설치하는 것이 바람직

ⓚ 특수 랙 : 타이어, 유리 등 형태가 특수한 것 또는 조심스럽게 다루어야 하는 물품의 전용 보관 랙

③ 적재하중 기준 랙의 구분 기출 18년
  ㉠ 중량급 랙 : 한 선반당 적재하중이 500kg을 초과하는 랙
  ㉡ 중간급 랙 : 한 선반당 적재하중이 500kg 이하인 랙
  ㉢ 경량급 랙 : 한 선반당 적재하중이 150kg 이하인 랙

(2) 보관시스템
  ① 보관 품목의 배치(ABC 분석방법) 기출 20년/ 12년
    ㉠ ABC 분석의 개념
      • 통계적 방법에 의해 관리해야 할 대상을 A그룹, B그룹, C그룹으로 나누고, 먼저 A그룹을 최중점 관리 대상으로 선정하여 관리 노력을 집중함으로써 관리효과를 높이려는 분석 방법
      • 소수 대형 매출상품의 집단을 A그룹, 다수 소형 매출상품의 집단을 C그룹, 그 중간적 성격을 갖는 그룹을 B그룹으로 분류

A그룹	정밀한 재고관리 시스템을 적용하여 수시로 재고를 파악하고 보충해야 하므로 발주 간격이 짧은 정기 발주시스템을 이용하는 것이 일반적
B그룹	A그룹보다 수량 또는 매출액이 비교적 적고, 품종은 다소 많으므로 발주점 방식에 의한 정량발주 시스템을 적용하는 것이 일반적
C그룹	• 품종이 다양하고 각각의 수량 또는 매출액은 극히 적어서 C그룹 전체의 매출액의 10% 이하인 경우가 많음 • 정량발주 시스템의 변형인 투빈 시스템을 적용하는 경우가 많고, 수량이 더 적은 경우에는 아예 관리하지 않거나 재고를 두지 않고 있다가 필요시 필요한 수량만큼 구매하는 JIT(Just In Time) 방식을 적용하기도 함

    ㉡ ABC 분석의 방법
      • 품목별로 수량 또는 매출액 산출
      • ABC 분석표에 수량 또는 금액이 큰 순서대로 기재
      • 품목 순으로 수량 또는 매출액의 백분율을 기재
      • 누계 백분율 기재
      • 각 품목을 가로축(X축)에 놓고 수량 또는 매출액의 백분율을 세로축(Y축)에 놓아 막대그래프 작성
      • 품목별 누계 백분율을 세로축에 놓고 각 점을 선으로 이어 파렛트 곡선 작성
      • 분류 기준에 따라 ABC 3등급으로 분류
  ② 보관시스템의 형태별 분류 기출 24년/ 21년/ 16년/ 12년

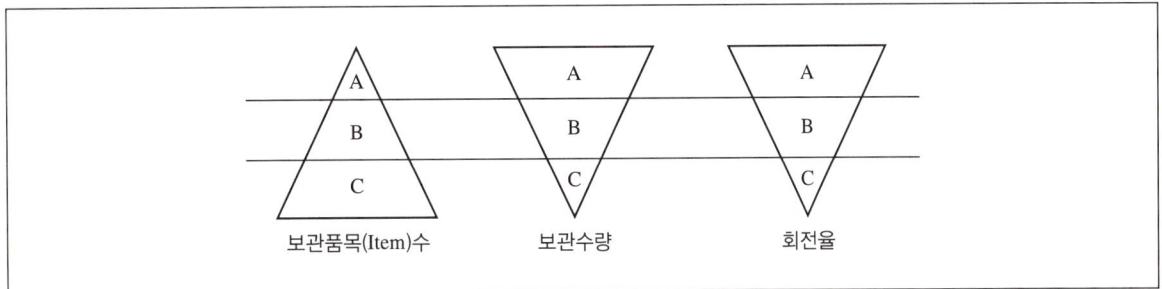

⊙ 파렛트 보관 형태

A-A-A	• 맥주, 청량음료, 사탕, 시멘트 등 입·출고가 빠른 물품으로 보관 품목(Item) 수는 적지만 보관 수량이 많고 회전율이 높음 • 보관 설비는 플로우 랙과 대차 랙을 많이 이용하며, 단시간에 대량 처리가 가능하여 편리
A-A-C	불량제품, 계절 변동형 제품 등으로 고정설비인 유닛형 랙이나 플로우 랙을 이용
A-C-A	• 회전율만 높은 제품 • 보관기능이 미약하여 주로 임시 출고-피킹-재출고 형태로 많이 이용
A-C-C	보관 품목(Item) 수, 보관 수량, 회전율이 모두 적어 파렛트를 직접 쌓을 수 있어서 파렛트 직접 쌓기나 파렛트 랙의 하역 기기로 지게차 이용
B-B-B	• 일반적 형태로 설비가 간단하여 이동이 편리하고 레이아웃의 변경도 용이 • 포니 스태커 시스템과 제트 랙 시스템을 이용
C-C-C	관리가 어려운 방식으로서 파렛트를 직접 쌓는 것이 유리하며, 이동식 랙 시스템을 주로 이용
C-A-A	• 보관 품목(Item) 수, 보관 수량이 많고 회전율이 높으며, 관리가 매우 복잡한 형태 • 고층 랙과 모노레일 스태커크레인의 조합을 통해 리모트 컨트롤과 컴퓨터 컨트롤 방식을 사용 • I형 배치, U형 배치, L형 배치, I형 변형 배치, U형 변형 배치
C-C-A	• 보관 품목(Item) 수는 많으나, 보관 수량은 적고, 입·출고 빈도가 높아 보관은 주로 고층 랙을 사용 • 개별 출고 방식에서 패키지 단위의 오더피킹 머신 또는 모노레일 스태커에서 수동 피킹을 할 때도 있음
C-A-C	보관 수량은 많지만, 회전율이 적어 자동화 창고의 고층 랙에 모노레일 스태커크레인을 이용하며 선회식 크레인, 파렛트 직접 쌓기 및 트래버스 방식 등도 이용

ⓒ 골판지 케이스 보관 형태

A-A-A	플로우 랙과 파렛트 직접 쌓기로 보관
A-A-C	데크형 랙을 사용하며, 계절변동형 제품을 보관
A-C-A	플로우형 랙이나 보관 컨베이어를 이용하여 자동화
A-C-C	가벼운 랙을 사용하며, 경사 랙에 끈을 달아서 보관
B-B-B	고정배치하여 배치번호를 이용하며, 하역기기는 포크리프트와 랙을 조합하여 사용
C-C-C	경량 랙이나 이동 랙 시스템을 이용
C-A-A C-A-C	고층 랙에 모노레일 스태커크레인을 이용
C-C-A	A-C-A와 동일한 시스템을 사용하고, 투 플로우 시스템을 이용하며, 평면 스페이스를 넓게 잡음

CORE 02 창고

1. 창고의 의의 및 기능

(1) 창고의 의의
① 창고의 개념 : 건축물이나 공작물 등 제품이나 상품의 보관장소
② 창고의 입지선정 시 고려해야 할 사항 [기출] 16년
  ㉠ 화물(Material or Product)
  ㉡ 수량(Quantity)
  ㉢ 경로(Route)
  ㉣ 서비스(Service)
  ㉤ 시간(Time)
③ 창고 내 로케이션(Location) 관리 [기출] 16년
  ㉠ 로케이션의 개념 : 배치된 지역 및 위치에 주소를 부여하는 것
  ㉡ 로케이션의 유형

Fixed Location	• 선반 번호별로 보관하는 품목의 위치를 고정하여 보관하는 방법 • 회전율이 높은 물품에 적합
Free Location	• 품목과 보관하는 랙 상호 간에 특별한 연관 관계를 정하지 않는 보관 방법 • 자동창고시스템에 많이 이용
Zone Location	일정 품목군에 대하여 일정한 보관 구역을 설정하지만, 그 범위 내에서는 Free Location을 채택하는 방법
Free & Fixed Location	일부는 Free Location으로, 일부는 Fixed Location으로 운영하는 절충 혼합형 로케이션

(2) 창고의 기능 [기출] 24년/ 23년/ 22년/ 19년/ 15년/ 11년/ 10년

① 보관기능 : 품질 특성이나 영업 전략에 따른 보관기능
② 수급 조정기능 : 물품의 생산과 소비의 시간적 간격을 조절하여 시간가치 창출
③ 가격 조정기능 : 물품의 수요와 공급을 조정하여 가격안정을 도모하는 기능
④ 물류비의 관리 기능 : 창고 업무와 관련된 물류비의 절감
⑤ 재고관리 기능 : 불필요한 재고 감축과 품절을 방지하여 신용을 증대시키는 역할 수행
⑥ 수·배송과의 연계 기능 : 정보시스템을 바탕으로 한 거점의 기능
⑦ 유통가공 기능 : 포장, 검품 등의 재가공 기능
⑧ 물류 환경변화에 대한 대응 기능
  ㉠ 다품종 소량화, 경박단소화에 대한 대응
  ㉡ 소량 주문과 다빈도 배송에 대한 대응
  ㉢ 물류의 빠른 유통에 대한 대응

2. 창고의 분류

(1) 운영형태에 의한 분류

① 자가창고 기출▶ 24년

　㉠ 직접 소유하고 자기의 물품을 보관하기 위한 창고
　㉡ 임대창고와 비교할 때 보다 효율적인 관리가 가능하고 높은 유연성을 가지는 장점이 있으며 특히 수요가 안정적인 경우나 특수한 창고보관 기술을 필요로 하는 경우에는 그 장점을 극대화할 수 있음

② 영업창고

　㉠ 다른 사람이 기탁한 물품을 보관하고, 그 대가로 보관료를 받는 창고
　㉡ 창고료는 보관료와 하역료로 구성

〈자가창고와 영업창고의 장·단점〉 기출▶ 25년/ 23년/ 22년/ 16년/ 15년/ 14년/ 13년/ 11년

구분	자가창고	영업창고
장점	• 기계에 의한 합리화 및 생산화 가능 • 기업에서 취급하는 상품에 알맞은 최적의 보관 • 하역설비의 설계 가능 • 노하우 축적 가능 • 수주 및 출하의 일관화	• 필요로 하는 공간을 언제 어디서든지 이용 가능 • 전문업자로서의 전문적 관리 운용 • 설비투자가 불필요함 • 보상 제도의 확립(파손 시) • 비용, 지출의 명확화
단점	• 토지 구입 및 설비투자 비용 발생 등과 창고 규모의 고정적 배치에 의한 인건비, 관리비 부담 • 계절변동에 비탄력적 • 재고품의 관리가 소홀해짐	• 시설 변경의 탄력성이 적음 • 토털 시스템과의 연결이 약함 • 치밀한 고객 서비스가 어려움 • 자가 목적에 맞는 창고 설계가 어려움

③ 리스(임대) 창고 기출▶ 24년/ 22년/ 18년

　㉠ 기업이 보관 공간을 리스하는 것은 영업창고의 단기적 임대와 자가창고의 장기적 계약 사이의 중간적인 선택
　㉡ 장·단점

장점	• 낮은 임대 요금으로 보관 공간을 확보 • 임대 기간에 따라 사용자가 보관 공간이나 그와 관련된 제반 운영을 직접 통제
단점	임대계약을 통해 특정 기간 공간 임대료를 지급할 것을 보증하기 때문에 영업창고처럼 시장환경의 변화에 따라 보관장소를 탄력적으로 옮기는 것이 불가능

④ 자동(화)창고 기출▶ 24년/ 23년/ 22년/ 21년/ 20년/ 19년/ 17년/ 16년/ 15년/ 13년

　㉠ 의의 및 특징

　　• 단순 저장 기능에서 유통가공 기능을 추가한 창고로, 화물의 입·출고, 저장, 피킹, 분류 등 모든 작업이 기계화·전산화되어 자동화 시스템에 의해 운영되는 창고
　　• 컴퓨터에 의한 정보처리시스템과 입·출고 시스템(AS/RS : Automated Storage/Retrieval System)이 짝을 이루어 운영
　　• 설비투자에 자금이 소요되므로 신중한 준비와 계획이 필요하며 물류의 흐름에 중점을 두고 설계해야 함
　　• 화물 입·출고 정보에 기초하여 재고량을 효율적으로 조정하고 자동주문시스템과 연결
　　• 무인 작업장과 중앙통제센터(관리 유지를 위한 최소한의 인원만 배치)로 구성
　　• 고단 적재가 가능한 구조로 설계되어 한정된 공간에서 최대한 많은 보관량을 확보할 수 있음

ⓛ 구성요소

랙(Rack)	• 화물 보관을 위한 구조물 • 빌딩 랙(Building Rack)과 유닛 랙(Unit Rack) 등이 있음
스태커크레인 (Stacker Crane)	• 랙과 랙 사이를 왕복하면서 보관품을 입·출고시키는 핵심 기기 • 승강장치와 포크 장치를 이용하여 수평 방향과 수직 방향으로 움직이면서 화물을 고층 선반에 넣거나 고층 선반에서 꺼내는 입·출고 작업을 하며 승강장치, 주행 장치, 포크 장치로 구분
대기점(Home Position)	스태커크레인의 대기 장소
트래버서(Traverser)	화물을 지정된 입·출고 지점까지 수평으로 옮기는 장치
무인반송차 (AGV : Automatic Guided Vehicle)	무인으로 물품을 운반 및 이동하는 장비
파렛트(Pallet)	화물의 보관, 운반을 효율적으로 행하기 위한 받침대
보관 단위(Unit)	파렛트형, 버킷형, 레인형, 셀형 등이 있음
버킷(Bucket)	화물의 입·출고 및 보관에 사용되는 상자
셀(Cell)	랙 속에 화물이 저장되는 단위 공간
컨베이어(Conveyor)	보관품의 입·출고 시 작업장부터 랙까지 연결해 주는 반송 장치

ⓒ 명령과 저장 방식

단일 명령(Single Command) 방식	1회 운행으로 저장 또는 반출 중 한 가지만 수행하는 방식
이중 명령(Dual Command) 방식	1회 운행으로 저장과 반출을 동시에 수행하는 방식
임의 위치저장 (Randomized Storage) 방식	• 일반적으로 전체 보관소요 공간을 적게 차지 • 물품의 입·출고 빈도에 상관없이 저장 위치를 임의로 결정하는 방식 • 대표적 유형 : 근거리 우선 보관(Closest Open Location Storage) 방식
지정 위치저장 (Dedicated Storage) 방식	• 일반적으로 전체 보관소요 공간을 많이 차지 • 창고에 도착한 물품의 크기 및 공간사용 정도를 기준으로 사전에 지정된 위치에 저장하는 방식으로, 제품별 최대 저장공간의 합산으로 산출
등급별 보관 (Class-based Storage) 방식	• 보관 품목의 입·출고 빈도 등을 기준으로 등급을 설정 • 동일 등급 내에서는 임의 보관하는 방식으로 보관 위치를 결정

ⓔ S/R(Storage and Retrieval) 기계의 평균 이용률

- 단위 시간당 S/R 기계의 작업 수 : $n = \dfrac{ST}{N}$ (ST : 시스템처리량, N : S/R 기계 수)

- S/R 기계의 부하(총작업 시간) : $L = anT_{sc} + b(\dfrac{n}{2})T_{dc}$

  (a : 단일 명령 작업비율, b : 이중 명령 작업비율, T_{sc} : 단일 명령 수행주기 시간, T_{dc} : 이중 명령 수행주기 시간)

- S/R 기계의 평균 가동률(이용률) : $\dfrac{L}{60} \times 100$

⑤ 공공(공익)창고
  ㉠ 의의 : 관공서나 공공단체가 공익을 목적으로 소유·운영하는 창고
  ㉡ 종류

공립창고	정부 및 지방자치단체가 항만지대에 건설해 민간 위탁
관설보세창고	「관세법」에 따라 창고업자가 세관의 허가를 받아 세관의 감독하에 관세 미납화물을 보관하는 창고
관설상옥	정부 및 지방자치단체가 육·해 연결 화물 판매 용도로써 부두 또는 안벽에 상층을 설치하고 민간업체나 일반에 제공

(2) 기능에 의한 분류 기출▶ 22년/ 20년/ 19년/ 18년
  ① 보관창고 : 판매지원형의 창고로 유통경로의 단축, 판매의 확대, 서비스의 향상, 물류비의 절감 효과가 있음
  ② 유통창고
    ㉠ 창고의 기능과 운수의 기능을 겸비하여 물품이 유통·보관되는 창고
    ㉡ 상품을 원활하게 배급하기 위해 소비 지역에 두는 저장 창고이기 때문에 최종재가 주요 대상 화물
  ③ 보세창고
    ㉠ 「관세법」에 근거를 두고 세관장의 허가를 받아 수출입화물을 취급하는 창고
    ㉡ 수출입세, 소비세 미납화물 등을 보관하는 창고

(3) 보관 물품의 종류에 따른 분류 기출▶ 24년

야적창고	항구 등에서 철재, 동판, 컨테이너 등의 물품을 보관
수면창고	항만 등에서 수면(水面)에 원목 등의 물품을 보관
위험물창고	가스 등 위험물 보관

(4) 저장 중심형과 집배 중심형 창고
  ① 저장 중심형 창고 기출▶ 18년
    ㉠ 개념 : 물품을 비교적 장기간 저장하는 창고
    ㉡ 특징
      • 유닛로드 형태 그대로 격납되기 때문에 입고 시의 흐름이 간단하여 횟수가 적음
      • 충전율을 고려하여 통로 면적을 최대한 축소할 때는 카운터 밸런스형 포크리프트가 적합

ⓒ 격납장 내의 화물의 흐름 유형

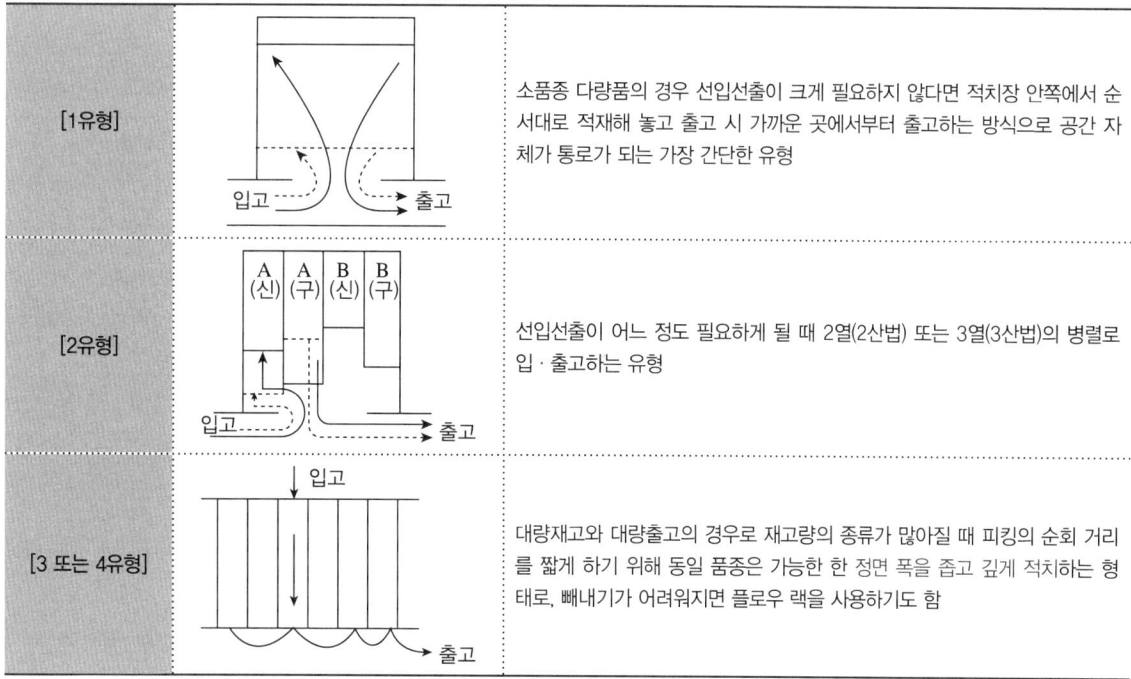

[1유형]	소품종 다량품의 경우 선입선출이 크게 필요하지 않다면 적치장 안쪽에서 순서대로 적재해 놓고 출고 시 가까운 곳에서부터 출고하는 방식으로 공간 자체가 통로가 되는 가장 간단한 유형
[2유형]	선입선출이 어느 정도 필요하게 될 때 2열(2산법) 또는 3열(3산법)의 병렬로 입·출고하는 유형
[3 또는 4유형]	대량재고와 대량출고의 경우로 재고량의 종류가 많아질 때 피킹의 순회 거리를 짧게 하기 위해 동일 품종은 가능한 한 정면 폭을 좁고 깊게 적치하는 형태로, 빼내기가 어려워지면 플로우 랙을 사용하기도 함

② 집배 중심형 창고 : 입·출고 기능

하드웨어적인 방법	• **수평 이동에 운반 차량 이용** : 손수레, 돌리, 파렛트 리프트, 포크리프트 트럭 등 • 수직 이동에 엘리베이터, 컨베이어 이용 • **중량물 입·출고 시 하역기기 사용** : 스태커크레인 • **간접설비의 이용** : 창고 바닥의 높이와 도크의 형태 등
소프트웨어적인 방법	• 보관품의 손쉬운 검색을 위해 체계적인 로케이션 관리를 실시 • 유닛로드시스템으로 물품의 활성도를 높임 • 창고 내에서 입·출고, 반품 처리 등의 작업 시간대가 중복되지 않도록 함 • 물품의 이동라인을 단축하여 낭비를 없앰

3. 창고 레이아웃 및 관리시스템

(1) 창고 레이아웃 및 바닥 면적 산정법

① 창고 레이아웃의 기본 원칙 기출▶ 25년/ 20년/ 16년/ 14년/ 13년

직진성의 원칙	물품, 통로, 운반기기 및 사람 등의 흐름 방향에 있어 항상 직진성에 중점을 두어야 한다는 원칙
역행교차 회피의 원칙	물품, 운반기기 및 사람의 역행교차는 피해야 한다는 원칙
물품 취급 횟수 최소화의 원칙	물품의 취급 횟수를 줄여야 한다는 원칙
물품 이동 간 고저 간격 축소의 원칙	물품의 흐름 과정에서 높낮이 차이의 크기와 횟수를 감소시켜야 한다는 원칙
모듈화의 원칙	화차, 운반기기, 랙, 통로 입구 및 기둥 간격의 모듈화를 시도하고, 여분의 공간을 감소시키기 위해서는 디멘션(Dimension)의 배수 관계를 잘 고려해야 한다는 원칙

② 바닥 면적 산정법 기출▶ 20년

㉠ (필요한) 파렛트 개수 = $\dfrac{제품수량}{제품적재수량}$

㉡ 창고의 바닥 면적 = $\dfrac{파렛트\ 갯수 \times 파렛트의\ 면적}{창고적재율}$

(2) 창고관리시스템(WMS : Warehouse Management System) 기출▶ 25년/ 24년/ 23년/ 21년/ 20년/ 19년/ 17년/ 16년/ 14년/ 11년/ 10년

① 개념
  ㉠ 제품이 입고되어 적재되는 것으로부터 선택되어 출하되는 모든 작업 과정과 그 과정상에서 발생하는 물류 데이터를 자동으로 처리하는 시스템
  ㉡ 화물의 입·출고관리, 재고관리, 보관위치관리시스템, 출고지시시스템과 피킹시스템(Digital Picking System, Digital Picker System, Auto Picking System), 택배 인터페이스(Interface System) 등으로 구성
  ㉢ 물류센터를 효과적으로 운영하기 위해 자동화, 정보화, 지능화가 요구되고 있으며, 컴퓨터 통합관리 창고의 등장과 정보기술의 발달로 창고관리시스템(WMS)이 등장

② 창고관리시스템 도입 시 효과

증가 효과	감소 효과
• 재고 정확도, 공간·설비 활용도 • 제품 처리능력 • 재고 회전율 • 고객 서비스 • 노동·설비 생산성 • 공급사슬의 효율	• 화물파손에 대한 위험성 • 보관 위치 오류 • 직·간접비용 • 서류·전표 작업 축소에 따른 업무량 • 입고와 피킹에 필요한 시간과 작업 인원

③ WMS의 주요 기능
  ㉠ 재고 관련 기능 : 입고관리, 보관관리(크로스 도킹 지원, 선입선출관리), 재고관리
  ㉡ 주문 관련 기능 : 피킹관리, 주문진척관리
  ㉢ 출고 관련 기능 : 출고관리, 수·배송 관리
  ㉣ 관리 관련 기능 : 인력관리, 물류센터 지표 관리
  ㉤ Interface 기능 : 무선통신, 자동인식, 자동화 설비 제어

④ 오더피킹(Order Picking) `기출` ▶ 25년/ 24년/ 22년/ 21년/ 19년/ 18년/ 17년/ 15년
  ㉠ 개념
    - 저장 중인 창고의 재고에서 수주받은 물품을 주문별로 골라내어 출하하는 과정
    - 수주라고 하는 상적 활동의 하나로서 상적 정보를 토대로 한 주문서, 출하 전표, 납품확인서, 송장, 포장 지시서 및 불출 지시서 등의 정보처리와 불출 지시서에 의해 불출된 물품의 흐름을 파악하는 것
  ㉡ 분류
    - 작업형태별
      – 존 피킹(Zone Picking) : 전표 내에서 작업자의 구역(Zone)에 보관 중인 물품만을 피킹하는 방법
      – 릴레이 피킹(Relay Picking) : 여러 Picker가 각각 자기가 분담하는 종류나 선반의 작업 범위를 정해 두고서 피킹 전표 속에서 자기가 맡은 종류의 물품만을 피킹해서 릴레이식으로 다음의 Picker에게 넘겨주는 방법
      – 캐러셀(Carousel) : 피킹 시 피커를 고정하고 랙 자체가 회전하는 형태
      – 차량탑승피킹 : 사람이 운반기기에 탑승하여 개별 품목 단위로 피킹하는 방법으로, 공간활용도가 높은 편
    - 주문형태별
      – 1인 1건 피킹(오더 단위) : 1인의 Picker가 1건의 주문표로 요구되는 물품을 피킹하는 방법
      – 싱글 오더피킹 : 1건의 주문마다 물품의 피킹을 집계하는 방법으로 1인 1건이나 릴레이 방법으로도 실시할 수 있으며 주문처의 한 오더마다 주문 상품(Item)을 집품하여 주문품의 품목을 갖추는 방법
      – 총량 오더피킹 : 일정 기간의 주문 전표를 한데 모아서 피킹하는 방법으로서 여러 건의 주문 전표를 한데 모아 한꺼번에 피킹하므로 주문별로 분류할 필요가 있는 방법
  ㉢ 출고형태

출고형태	보관 단위 → 피킹 단위	적재방법	
제1형태	파렛트 → 파렛트 (P → P)	적재기기	Pallet Rack, Pallet Sliding Rack, Carousel Rack, Trans Robo System, Drive-in Rack, High Rack, Mobile Rack, 무인 대차
		운반기기	포크리프트, 무인 포크리프트, 스태커크레인, 피킹 크레인
제2형태	파렛트 → 파렛트 + 케이스	무인화, 자동화 창고의 재입고, 자동화 창고와 파렛트 컨베이어	
제3형태	파렛트 → 케이스	무인화, 자동창고의 재입고, 입체 창고와 피킹 크레인, 피킹 크레인과 컨베이어, 랙과 Picking 포크리프트 트럭, Pallet Sliding Rack과 컨베이어, Picking Packing Machine, Carousel Rack	
제4형태	케이스 → 케이스 (C → C)	Sliding Rack(유동 선반), Automatic Sliding Rack, Mobile Rack, Carousel Rack, Mini Stacker Crane, 중층랙과 피킹 크레인, 선반과 손수레 대차	
제5형태	케이스 → 케이스 + 단품	제4형태와 제6형태를 조합해서 만든 패턴	
제6형태	케이스 → 단품	단품(Split Case : 형상, 크기 및 무게 등이 다양하여 자동화가 거의 불가능)을 피킹하는 경우에는 수작업과 기계를 적절히 조화하여 작업능률을 향상하는 것이 바람직	
제7형태	단품 → 단품	다품종 소량 피킹의 대표적 방식으로서 화장품, 약품 및 전기부품 등과 같은 단품의 피킹에 주로 사용되지만, 자동화가 어려운 패턴	

출제포인트 OX 문제

01 [OX] 물품의 거리적·장소적 효용을 창출하는 것은 보관의 기능에 해당한다.

02 (   )의 원칙은 표준품은 랙(Rack)에 보관하고 비표준품은 그 형상에 맞게 보관 기기나 설비를 사용하여 보관하는 것이다.

03 [OX] 회전 대응보관의 원칙은 입·출고 빈도의 정도에 따라 제품의 보관장소를 결정하는 것으로 입·출고 빈도가 낮은 제품을 출입구에서 가까운 장소에 보관하는 원칙을 말한다.

04 지게차가 랙의 한 방향으로 진입해서 반대 방향으로 퇴출할 수 있는 랙은 (   )이다.

05 [OX] 중간급 랙은 한 선반당 적재하중이 500kg 이하인 랙이다.

06 [OX] 맥주, 청량음료, 사탕, 시멘트 등 입·출고가 빠른 물품으로 보관점(Item)수는 적지만 보관 수량이 많고 회전수가 큰 파렛트 보관 형태는 A-A-A이다.

07 [OX] 유통창고는 원자재와 중간재가 주요 대상 화물이다.

08 [OX] 보세창고는 지방자치단체장의 허가를 받은 경우에는 통관되지 않은 내국 물품도 장치할 수 있다.

09 [OX] 구역 로케이션(Zone Location)은 특정 품목군을 일정한 범위 내로 한정하여 보관하고, 그 범위 내에서 특정 위치를 고정하는 방법이다.

10 승강장치와 포크 장치를 이용하여 수평 방향과 수직 방향으로 움직이면서 화물을 고층 선반에 넣거나 고층 선반에서 꺼내는 입·출고 작업을 하며 승강장치, 주행 장치, 포크 장치로 구분된 기기는 (   )이다.

11 [OX] 자동 슬라이딩 랙(Automatic Sliding Rack)은 오더 피킹의 출고형태 중 케이스 단위로 입고 및 보관하다 케이스 단위로 출고되는 제4형태(C → C)의 적재방식에 활용되는 장비이다.

정답 및 해설

01 × ▶ 물품의 거리적·장소적 효용을 창출하는 것은 운송의 기능에 해당한다.

02 형상특성

03 × ▶ 회전 대응보관의 원칙은 입·출고 빈도의 정도에 따라 제품의 보관장소를 결정하는 것으로 입·출고 빈도가 높은 제품을 출입구에서 가까운 장소에 보관하는 원칙을 말한다.

04 드라이브 스루 랙(Drive Through Rack)

05 ○

06 ○

07 × ▶ 유통창고는 창고의 기능과 운수의 기능을 겸비하여 물품이 유통·보관되는 창고로 상품을 원활하게 배급하기 위해 소비지역에 두는 저장 창고이기 때문에 최종재가 주요 대상 화물이다.

08 × ▶ 보세창고는 「관세법」에 근거를 두고 세관장의 허가를 받아 수출입 화물을 취급하는 창고를 말하며 수출입세, 소비세 미납화물을 보관하는 창고이다.

09 × ▶ 구역 로케이션(Zone Location)은 일정 품목군에 대하여 일정한 보관 구역을 설정하지만, 그 범위 내에서는 Free Location을 채택하는 방법으로서, 일반적으로 널리 이용되고 있다.

10 스태커크레인

11 ○

빈출키워드 기출유형문제

키워드 ❶ 보관의 기능

01
보관의 기능에 해당하는 것을 모두 고른 것은? 기출 22년

> ㄱ. 제품의 시간적 효용 창출
> ㄴ. 제품의 공간적 효용 창출
> ㄷ. 생산과 판매와의 물량 조정 및 완충
> ㄹ. 재고를 보유하여 고객 수요 니즈에 대응
> ㅁ. 수송과 배송의 연계

① ㄱ, ㄴ, ㄹ
② ㄴ, ㄷ, ㅁ
③ ㄱ, ㄴ, ㄷ, ㄹ
④ ㄱ, ㄷ, ㄹ, ㅁ
⑤ ㄴ, ㄷ, ㄹ, ㅁ

해설 ㄴ. 제품의 공간적 효용 창출은 보관의 기능이 아닌 운송의 기능이다.

02
보관의 기능에 관한 설명으로 옳지 않은 것은? 기출 21년

① 시간적 효용을 창출한다.
② 운송과 배송을 원활하게 연계한다.
③ 제품에 대한 장소적 효용을 창출한다.
④ 생산의 평준화와 안정화를 지원한다.
⑤ 재고를 보유하여 고객 수요에 대응한다.

해설 ③ 장소적 효용 창출은 운송의 기능이다.

03
보관의 기능에 관한 설명으로 옳지 않은 것은? 기출 20년

① 재화의 물리적 보존과 관리 기능
② 제품의 거리적, 장소적 효용을 높이는 기능
③ 운송과 배송을 원활하게 하는 기능
④ 생산과 판매와의 조정 또는 완충 기능
⑤ 집산, 분류, 구분, 조합, 검사의 장소적 기능

해설 ② 생산지와 소비지의 공간적 거리의 격차를 해소하여 거리적·장소적 효용을 창출하는 것은 운송의 기능이다. 보관은 생산 시점과 소비 시점의 격차를 조정하는 시간적 효용을 창출하는 기능이 있다.

04
보관에 관한 설명으로 옳지 않은 것은? 기출 13년

① 단순 저장기능 중심에서 라벨링, 재포장 등 유통 지원기능이 강화되고 있다.
② 생산과 판매의 조정 및 완충기능을 수행한다.
③ 수요변동의 폭이 적은 물품에 대해 안전재고 수준을 높이고 있다.
④ 운영효율성을 향상시키기 위해 물류정보시스템의 사용이 증가하고 있다.
⑤ 다품종 소량화, 소량 다빈도화, 리드타임 단축 등 시장 환경 변화에 신속하게 대응해야 한다.

해설 ③ 수요변동의 폭이 높은 물품에 대해 안전재고 수준을 높여야 한다.

01 ④ 02 ③ 03 ② 04 ③

키워드 ❷ 보관의 원칙

05

보관의 원칙에 관한 설명으로 옳지 않은 것은? 기출 22년

① 선입선출의 원칙 : 먼저 입고하여 보관한 물품을 먼저 출고하는 원칙이다.
② 회전대응의 원칙 : 입·출고 빈도에 따라 보관 위치를 달리하는 원칙으로 입·출고 빈도가 높은 화물은 출입구 가까운 장소에 보관한다.
③ 유사성의 원칙 : 연대출고가 예상되는 관련 품목을 출하가 용이하도록 모아서 보관하는 원칙이다.
④ 위치표시의 원칙 : 보관된 물품의 장소와 선반번호의 위치를 표시하여 입·출고 작업의 효율성을 높이는 원칙이다.
⑤ 중량특성의 원칙 : 중량에 따라 보관 장소의 높이를 결정하는 원칙으로 중량이 무거운 물품은 하층부에 보관한다.

해설 ③ 관련 품목을 한 장소에 모아서 보관하는 것은 네트워크 보관의 원칙이다. 동일성·유사성의 원칙은 동일 품종은 동일 장소에 보관하고, 유사품은 근처 가까운 장소에 보관해야 한다는 원칙이다.

06

보관의 원칙에 관한 설명으로 옳지 않은 것은? 기출 24년

① 네트워크 보관의 원칙 : 입·출고 빈도에 따라 보관할 물품의 위치를 달리하는 원칙으로 빈도가 높은 물품은 출입구 가까운 위치에 보관한다.
② 중량특성 보관의 원칙 : 물품의 중량에 따라 보관 위치를 결정하는 원칙으로 중량이 무거울수록 하층부에 보관한다.
③ 위치표시 보관의 원칙 : 보관된 물품의 장소와 선반 번호의 위치를 표시하여 작업효율성을 높이는 원칙으로 입·출고 시 불필요한 작업이나 실수를 줄일 수 있다.
④ 유사성 보관의 원칙 : 유사품은 가까운 장소에 모아서 보관하는 원칙으로 관리효율 향상을 기대할 수 있다.
⑤ 통로대면 보관의 원칙 : 입·출고 용이성 및 보관의 효율성을 위해 물품을 가능한 통로에 접하여 보관하는 것으로 화물의 원활한 흐름과 활성화를 위한 원칙이다.

해설 ① 회전 대응보관의 원칙에 대한 설명으로, 네트워크 보관의 원칙은 관련 품목을 한 장소에 모아서 보관하는 것이다.

07

보관의 원칙에 관한 내용이다. (　)에 들어갈 알맞은 내용은? 기출 21년

(ㄱ) : 보관 및 적재된 제품의 장소, 선반 번호의 위치를 표시하여 입·출고와 재고 작업의 효율화를 높이는 원칙
(ㄴ) : 입·출고 빈도가 높은 화물은 출입구 가까운 장소에, 낮은 화물은 출입구로부터 먼 장소에 보관하는 원칙
(ㄷ) : 관련 품목을 한 장소에 모아서 계통적으로 분리하여 보관하는 원칙

① ㄱ : 위치표시의 원칙, ㄴ : 형상 특성의 원칙,
　ㄷ : 네트워크보관의 원칙
② ㄱ : 선입선출의 원칙, ㄴ : 동일성·유사성의 원칙,
　ㄷ : 형상 특성의 원칙
③ ㄱ : 위치표시의 원칙, ㄴ : 회전대응보관의 원칙,
　ㄷ : 네트워크보관의 원칙
④ ㄱ : 선입선출의 원칙, ㄴ : 중량특성의 원칙,
　ㄷ : 위치표시의 원칙
⑤ ㄱ : 회전대응보관의 원칙, ㄴ : 중량특성의 원칙,
　ㄷ : 선입선출의 원칙

해설 (ㄱ : 위치표시의 원칙) – 보관 및 적재된 제품의 장소, 선반 번호의 위치를 표시하여 입·출고와 재고 작업의 효율화를 높이는 원칙
(ㄴ : 회전대응보관의 원칙) – 입·출고 빈도가 높은 화물은 출입구 가까운 장소에, 낮은 화물은 출입구로부터 먼 장소에 보관하는 원칙
(ㄷ : 네트워크보관의 원칙) – 관련 품목을 한 장소에 모아서 계통적으로 분리하여 보관하는 원칙

08

보관의 원칙에 관한 설명으로 옳은 것을 모두 고른 것은? 기출 20년

> ㄱ. 회전대응의 원칙 : 보관할 물품의 위치를 입·출고 빈도에 따라 달리하며 빈도가 높은 물품은 출입구 가까이에 보관한다.
> ㄴ. 중량특성의 원칙 : 중량에 따라 보관장소를 하층부와 상층부로 나누어 보관한다.
> ㄷ. 형상특성의 원칙 : 동일 품목은 동일 장소에, 유사품은 인접장소에 보관한다.
> ㄹ. 통로대면의 원칙 : 작업의 효율성을 위하여 보관물품의 장소와 선반번호 등 위치를 표시하여 보관한다.
> ㅁ. 네트워크 보관의 원칙 : 연대출고가 예상되는 관련품목을 출하가 용이하도록 모아서 보관한다.

① ㄱ, ㄴ, ㄷ ② ㄱ, ㄴ, ㄹ
③ ㄱ, ㄴ, ㅁ ④ ㄴ, ㄷ, ㅁ
⑤ ㄷ, ㄹ, ㅁ

해설 ㄷ. 동일성·유사성의 원칙
ㄹ. 위치표시의 원칙

09

제품의 물리적 성질에 근거한 보관 원칙으로 옳은 것을 모두 고른 것은? 기출 18년

> ㄱ. 통로대면의 원칙   ㄴ. 회전대응의 원칙
> ㄷ. 높이쌓기의 원칙   ㄹ. 형상특성의 원칙
> ㅁ. 중량특성의 원칙   ㅂ. 위치표시의 원칙

① ㄱ, ㄴ ② ㄴ, ㄷ
③ ㄷ, ㄹ ④ ㄹ, ㅁ
⑤ ㅁ, ㅂ

해설 ㄹ. 형상특성의 원칙 : 형상에 따라 보관 방법을 변경하며 형상 특성에 부응하여 보관하는 것
ㅁ. 중량특성의 원칙 : 중량에 따라 보관장소나 높낮이를 결정해야 한다는 것

키워드 ❸ 랙(Rack)

10

보관 설비에 관한 설명으로 옳지 않은 것은? 기출 22년

① 캔틸레버 랙(Cantilever Rack) : 긴 철재나 목재의 보관에 효율적인 랙이다.
② 드라이브 인 랙(Drive in Rack) : 지게차가 한쪽 방향에서 2개 이상의 깊이로 된 랙으로 들어가 화물을 보관 및 반출할 수 있다.
③ 파렛트 랙(Pallet Rack) : 파렛트 화물을 한쪽 방향에서 넣으면 중력에 의해 미끄러져 인출할 때는 반대방향에서 화물을 반출할 수 있다.
④ 적층 랙(Mezzanine Rack) : 천장이 높은 창고에서 저장 공간을 복층구조로 설치하여 공간 활용도가 높다.
⑤ 캐러셀(Carousel) : 랙 자체를 회전시켜 저장 및 반출하는 장치이다.

해설 ③ 파렛트 화물을 한쪽 방향에서 넣으면 중력에 의해 미끄러져 인출할 때는 반대 방향에서 화물을 반출할 수 있는 보관 설비는 유동 랙(Flow Rack)이다. 파렛트 랙(Pallet Rack)은 파렛트에 쌓아 올린 물품의 보관에 이용되는 랙이다.

11

랙(Rack)에 관한 설명으로 옳지 않은 것은? 기출 21년

① 드라이브스루랙(Drive-through Rack) : 지게차가 랙의 한 방향으로 진입해서 반대방향으로 퇴출할 수 있는 랙이다.
② 캔틸레버랙(Cantilever Rack) : 긴 철재나 목재의 보관에 효율적인 랙이다.
③ 적층랙(Mezzanine Rack) : 천정이 높은 창고의 공간 활용도를 높이기 위한 복층구조의 랙이다.
④ 실렉티브랙(Selective Rack) : 경량 다품종 물품의 입·출고에 적합한 수평 또는 수직의 회전랙이다.
⑤ 플로우랙(Flow Rack) : 적입과 인출이 반대 방향에서 이루어지는 선입선출이 효율적인 랙이다.

해설 ④ 실렉티브랙(Selective Rack) : 수평 또는 수직으로 순환되고 다품종 소량·경량 물품의 입·출고에 적합한 것은 케로셀랙(Carousel Rack)이다.

05 ③ 06 ① 07 ③ 08 ③ 09 ④ 10 ③ 11 ④

12

물류센터의 보관 방식에 관한 설명으로 옳지 않은 것은?

기출 20년

① 평치저장(Block Storage) : 창고 바닥에 화물을 보관하는 방법으로 소품종 다량물품 입·출고에 적합하며, 공간 활용도가 우수하다.
② 드라이브인랙(Drive-in Rack) : 소품종 다량 물품 보관에 적합하고 적재공간이 지게차 통로로 활용되어 선입선출(先入先出)이 어렵다.
③ 회전랙(Carousel Rack) : 랙 자체가 수평 또는 수직으로 회전하며, 중량이 가벼운 다품종 소량의 물품 입·출고에 적합하다.
④ 이동랙(Mobile Rack) : 수동식 및 자동식이 있으며 다품종 소량 물품 보관에 적합하고 통로 공간을 활용하므로 보관효율이 높다.
⑤ 적층랙(Mezzanine Rack) : 천정이 높은 창고에 복층구조로 겹쳐 쌓는 방식으로 물품의 보관효율과 공간 활용도가 높다.

> **해설** ① 평치저장(Block Storage) : 랙보다 공간활용도가 낮고 이동통로의 확보가 어렵기 때문에 공간활용도와 효율성을 높이기 위해 랙을 이용하여 보관한다.
> ② 드라이브인랙(Drive-in Rack) : 한쪽에 출입구를 두고 지게차를 이용하여 실어 나르는 데 활용되는 랙으로, 양쪽에 출입구를 두면 드라이브스루 랙(Drive Through Rack)이 된다.
> ③ 회전랙(Carousel Rack) : 피킹 시 피커를 고정하고 랙 자체가 회전하는 형태로, 수평 또는 수직으로 순환한다.
> ④ 이동랙(Mobile Rack) : 레일 등을 이용하여 직선적으로 수평 이동되는 랙으로, 한정된 공간을 최대로 사용한다.
> ⑤ 적층랙(Mezzanine Rack) : 최소의 통로로 최대한 높게 쌓을 수 있어 경제적이며, 상면 면적효율과 공간 활용이 좋다.

13

물류센터 설계 시에는 랙(Rack)의 1개 선반당 적재하중기준을 고려해야 한다. 이 기준에 맞게 화물을 적재한 것은?

기출 18년

	중량 랙	중간 랙	경량 랙
①	700kg	400kg	180kg
②	600kg	350kg	140kg
③	500kg	200kg	160kg
④	400kg	300kg	200kg
⑤	300kg	200kg	170kg

> **해설** 적재하중 기준 랙의 구분
> • 중량급 랙 : 한 선반당 적재하중이 500kg을 초과하는 랙
> • 중간급 랙 : 한 선반당 적재하중이 500kg 이하인 랙
> • 경량급 랙 : 한 선반당 적재하중이 150kg 이하인 랙

14

적층랙(mezzanine rack)에 관한 설명으로 옳은 것은?

기출 24년

① 천장이 높은 단층창고 등에서 창고의 화물적재 높이와 천장 사이 공간을 활용하는 데 효과적이다.
② 직선으로 수평 이동하는 랙이며, 도서관 등에서 통로면적을 절약하는 데 효과적이다.
③ 선입선출의 목적으로 격납 부분에 롤러, 휠 등을 장착하여 반입과 반출이 반대방향에서 이루어진다.
④ 랙 자체가 수평 또는 수직방향으로 회전하여 저장 위치가 지정된 입·출고장소로 이동 가능한 랙이며, 가벼운 다품종 소량품에 많이 적용된다.
⑤ 파이프, 목재 등의 장척물 보관에 적합하도록 랙 구조물에 암(arm)이 설치되어 있다.

> **해설** ② 모빌랙(Mobile Rack, 이동랙)에 대한 설명으로 레일을 이용하여 직선적으로 수평 이동되는 랙으로 통로를 대폭 절약할 수 있어 다품종 소량의 보관에 적합하다.
> ③ 플로우랙(Flow Rack, 유동랙)에 대한 설명으로 재고관리가 쉽고 화물의 파손을 방지할 수 있으며, 다품종 소량의 물품 보관에 적합하다.
> ④ 캐러셀랙(Carousel Rack, 회전랙)에 대한 설명으로 피킹 시 피커를 고정하고, 랙 자체를 회전시켜 저장 및 반출하는 장치이다.
> ⑤ 암랙(Arm Rack)에 대한 설명으로 외팔 지주 거리 구조로 된 랙이다.

키워드 ④ 보관시스템

15
시중에서 유통되는 '콜라'의 물류특성(보관점수는 적고, 보관수량과 회전수는 많음)을 아래 그림의 보관유형으로 나타낼 때 순서대로 옳게 나타낸 것은? 기출 21년

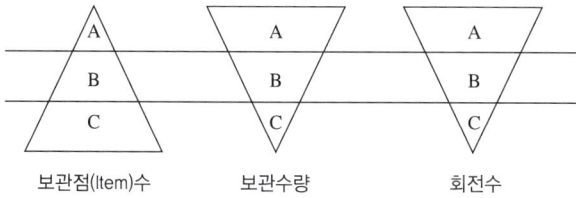

① A – A – A
② A – B – C
③ C – A – A
④ C – B – A
⑤ C – C – C

[해설] ① A – A – A : 맥주, 청량음료, 사탕, 시멘트 등 입·출고가 빠른 품목으로, 보관 설비는 플로우 랙과 대차 랙을 많이 이용하며 단시간에 대량 처리가 가능하여 편리하다.

16
ABC(Activity Based Costing)에 관한 설명으로 옳지 않은 것을 모두 고른 것은? 기출 20년

ㄱ. 재고의 입·출고가 활발한 상품을 파악하여 중점적으로 관리하기 위한 기법이다.
ㄴ. 서비스 다양화에 맞추어 보다 정확한 코스트를 파악하려는 원가계산 기법이다.
ㄷ. 물류활동의 실태를 물류 원가에 반영하는 것을 목적으로 하고 있다.
ㄹ. 물류활동 또는 작업내용으로 구분하고, 이 활동마다 단가를 산정하여 물류서비스 코스트를 산출한다.
ㅁ. 품목수가 적으나 매출액 구성비가 높은 상품을 A그룹, 품목수는 많으나 매출액 구성비가 낮은 상품을 C그룹으로 관리한다.

① ㄱ, ㅁ
② ㄱ, ㄷ, ㄹ
③ ㄱ, ㄷ, ㅁ
④ ㄴ, ㄷ, ㅁ
⑤ ㄴ, ㄹ, ㅁ

[해설] ABC(Activity Based Costing)는 활동기준원가계산 기법이고 ㄱ, ㅁ은 재고관리 기법인 ABC 분석에 대한 설명이다.
• ABC(Activity Based Costing) : 수익 창출 과정에서 원가가 발생하는 원인을 체계적으로 분석하여 자원과 활동 및 제품 사이의 인과관계에 따라 원가를 배분함으로써 개별 제품의 정확한 원가를 계산하는 방법이다.
• ABC 분석(ABC Analysis) : 재고관리 기법에 해당하는 것으로, 통계적 방법에 의해 관리해야 할 대상을 A그룹, B그룹, C그룹으로 나누고, 먼저 A그룹을 최중점 관리 대상으로 선정하여 관리 노력을 집중함으로써 관리 효과를 높이려는 분석방법이다.

키워드 ❺ 창고의 입지 및 로케이션

17
창고의 입지 선정 시 고려해야 할 사항으로 옳지 않은 것은? 기출 16년

① 물품(Product)
② 품질(Quality)
③ 경로(Route)
④ 서비스(Service)
⑤ 시간(Time)

> **해설** 창고의 입지 결정 사항 : 화물(Material or Product), 수량(Quantity), 경로(Route), 서비스(Service), 시간(Time)

18
창고 내 로케이션(Location) 관리에 관한 설명으로 옳지 않은 것은? 기출 16년

① 로케이션(Location) : 배치된 지역 및 위치에 주소를 부여하는 것을 말한다.
② 고정 로케이션(Fixed Location) : 선반 번호별로 보관하는 품목의 위치를 고정하여 보관하는 방법이다.
③ 프리 로케이션(Free Location) : 품목과 보관하는 랙 상호 간에 특별한 연관관계를 정하지 않는 보관방법이다.
④ 구역 로케이션(Zone Location) : 특정 품목군을 일정한 범위 내로 한정하여 보관하고, 그 범위 내에서 특정 위치를 고정하는 방법이다.
⑤ 고정 로케이션(Fixed Location) : 수작업으로 관리하는 경우가 많고, 선반 꼬리표 방식과 병행해서 사용하는 경우도 있다.

> **해설** ④ 구역 로케이션(Zone Location) : 일정 품목군에 대하여 일정한 보관 구역을 설정하지만, 그 범위 내에서는 Free Location을 채택하는 방법으로서, 일반적으로 널리 이용되고 있다.

키워드 ❻ 창고의 기능

19
창고의 기능에 관한 설명으로 옳지 않은 것은? 기출 23년

① 물품을 안전하게 보관하거나 현상을 유지하는 역할을 수행한다.
② 물품의 생산과 소비의 시간적 간격을 조절하여 시간가치를 창출한다.
③ 물품의 수요와 공급을 조정하여 가격안정을 도모하는 역할을 수행한다.
④ 물품을 한 장소에서 다른 장소로 이동시키는 물리적 행위를 통해 장소적 효용을 창출한다.
⑤ 창고에 물품을 보관하여 안전재고를 확보함으로써 품절을 방지하여 기업 신용을 증대시킨다.

> **해설** ④ 물품을 한 장소에서 다른 장소로 이동시키는 물리적 행위를 통해 장소적 효용을 창출하는 것은 운송의 기능에 대한 설명이다.

20

다음이 설명하는 창고의 기능은? 기출 22년

> ㄱ. 물품 생산과 소비의 시간적 간격을 조정하여 일정량의 화물이 체류하도록 한다.
> ㄴ. 물품의 수급을 조정하여 가격안정을 도모한다.
> ㄷ. 물류활동을 연결시키는 터미널로서의 기능을 수행한다.
> ㄹ. 창고에 물품을 보관하여 재고를 확보함으로써 품절을 방지하여 신용을 증대시키는 역할을 수행한다.

① ㄱ : 가격조정기능, ㄴ : 수급조정기능, ㄷ : 연결기능, ㄹ : 매매기관적 기능
② ㄱ : 수급조정기능, ㄴ : 가격조정기능, ㄷ : 매매기관적 기능, ㄹ : 신용기관적 기능
③ ㄱ : 연결기능, ㄴ : 가격조정기능, ㄷ : 수급조정기능, ㄹ : 판매전진기지적 기능
④ ㄱ : 수급조정기능, ㄴ : 가격조정기능, ㄷ : 연결기능, ㄹ : 신용기관적 기능
⑤ ㄱ : 연결기능, ㄴ : 판매전진기지적 기능, ㄷ : 가격조정기능, ㄹ : 수급조정기능

해설 ㄱ. 수급조정기능 : 물품의 생산과 소비의 시간적 간격을 조절하여 시간가치 창출
ㄴ. 가격조정기능 : 물품의 수요와 공급을 조정하여 가격안정을 도모하는 기능
ㄷ. 연결기능 : 수·배송과의 연계 기능
ㄹ. 신용기관적 기능 : 불필요한 재고 감축과 품절을 방지하여 신용을 증대시키는 역할

21

창고의 기능으로 옳은 것은 모두 몇 개인가? 기출 24년

> • 품질 특성이나 영업 전략에 따른 보관 기능
> • 품절을 예방하는 기능
> • 포장, 라벨 부착, 검품 등의 기능
> • 운송기능과의 연계 기능

① 0개 ② 1개
③ 2개 ④ 3개
⑤ 4개

해설 1. 품질 특성이나 영업 전략에 따른 보관 기능 : 보관 기능
2. 품절을 예방하는 기능 : 재고관리 기능
3. 포장, 라벨 부착, 검품 등의 기능 : 유통가공 기능
4. 운송기능과의 연계 기능 : 수·배송과의 연계 기능

22

보관과 창고에 관한 설명으로 옳지 않은 것은? 기출 15년

① 보관은 재화를 물리적으로 보존하고 관리하는 것으로 물품의 생산과 소비의 시간적 거리를 조정한다.
② 보관은 생산과 판매의 조정 및 완충기능을 수행한다.
③ 창고에 재고를 보관함으로써 대량의 화물을 운송하게 되어 수송비가 증가한다.
④ 수요의 변동폭이 클수록 창고의 안전재고수준이 증가한다.
⑤ 창고는 단순한 저장 기능뿐만 아니라 분류, 유통가공, 재포장 등의 역할도 수행한다.

해설 ③ 재고를 보관함으로써 기업의 물류비용을 증가시키지만, 수송과 생산의 효율성을 높여서 수송비와 생산비용을 감소시킨다.

키워드 ❼ 창고 유형(분류)

23
창고에 관한 설명으로 옳은 것은? 기출 22년

① 보세창고는 지방자치단체장의 허가를 받은 경우에는 통관되지 않은 내국물품도 장치할 수 있다.
② 영업창고는 임대료를 획득하기 위해 건립되므로 자가창고에 비해 화주 입장의 창고설계 최적화가 가능하다.
③ 자가창고는 영업창고에 비해 창고 확보와 운영에 소요되는 비용 및 인력문제와 화물량 변동에 탄력적으로 대응할 수 있다.
④ 임대창고는 특정 보관시설을 임대하거나 리스(Lease)하여 물품을 보관하는 창고형태이다.
⑤ 공공창고는 특정 보관시설을 임대하여 물품을 보관하는 창고형태로 민간이 설치 및 운영한다.

해설 ① 보세창고는 「관세법」에 근거를 두고 세관장의 허가를 받아 수출입 화물을 취급하는 창고를 말하며 수출입세, 소비세 미납 화물을 보관하는 창고이다.
② 영업창고는 자가창고에 비해 화주 입장에 최적화된 창고설계가 어렵다.
③ 영업창고가 자가창고에 비해 창고 확보와 운영에 소요되는 비용 및 인력문제와 화물량 변동에 탄력적으로 대응할 수 있다.
⑤ 공공창고는 국가 기관이나 관청이 공공의 이익을 위하여 설치하고 관리하는 창고이다.

24
유통창고에 관한 설명으로 옳지 않은 것은? 기출 18년

① 유통창고는 원자재와 중간재가 주요 대상 화물이다.
② 유통창고는 자가창고에서 시작하여 공동창고나 배송센터로 발전하고 있다.
③ 유통창고는 수송면에서 정형적 계획수송이 가능하다.
④ 유통창고는 도매업 및 대중 양판점의 창고가 대표적이다.
⑤ 유통창고는 신속한 배송과 대량생산체제에 대응할 수 있다.

해설 ① 유통창고는 창고의 기능과 운수의 기능을 겸비하여 물품이 유통·보관되는 창고로 상품을 원활하게 배급하기 위해 소비지역에 두는 저장 창고이기 때문에 최종재가 주요 대상 화물이다.

25
다음 그림에 해당하는 저장 중심형 창고 내 흐름 유형에 관한 설명으로 옳은 것은? 기출 18년

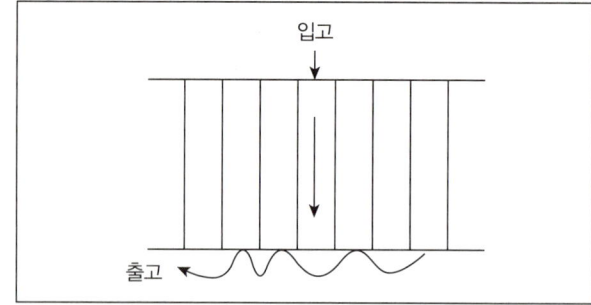

① 재고 종류가 많아질 때, 피킹 순회거리를 짧게 하기 위해 동일품목을 폭은 좁게, 깊이는 깊게 적치하는 유형
② 선입선출이 많지 않은 소품종다량품의 경우, 적치장 안쪽에서 순서대로 적치해놓고 출고 시 가까운 곳에서부터 출고하는 유형
③ 선입선출이 필요하게 될 때, 2열 또는 3열의 병렬로 정리하여 입·출고하는 유형
④ 물품을 대량으로 쌓아두면 피킹의 순회거리가 길어지므로 피킹장과 격납장을 분리하여 2단으로 적치하는 유형
⑤ 피킹용 선반 상단부에 예비물품을 파렛트로 적치해두었다가, 선반 하단부가 비게 되면 상단부의 파렛트를 하단부로 옮겨놓고 상단부에 새 파렛트를 보충하는 유형

해설 ① 제시된 그림에 해당하는 유형은 대량재고와 대량출고의 경우이다. 재고량의 종류가 많아질 때 피킹의 순회 거리를 짧게 하기 위해 동일 품종은 가능한 한 정면 폭을 좁게 그리고 깊게 적치하는 형태로, 빼내기가 어려워지면 플로우 랙을 사용하기도 한다.

26
창고에 관한 설명으로 옳지 않은 것은? 기출 24년

① 야적창고 : 물품을 노지에 보관하는 창고
② 수면창고 : 하천이나 해수면을 이용하여 물품을 보관하는 창고
③ 리스창고 : 자기의 화물을 보관하기 위해 설치한 창고
④ 위험물창고 : 고압가스 및 유독성 물질 등을 보관하는 창고
⑤ 영업창고 : 타인의 화물을 보관하는 창고

해설 ③ 리스창고는 기업이 보관 공간을 리스하는 것으로 영업창고의 단기적 임대와 자가창고의 장기적 계약 사이의 중간적인 형태의 창고이며, 자기의 화물을 보관하기 위해 설치한 창고는 자가창고이다.

27
자가창고와 영업창고를 비교하여 설명한 것 중 옳지 않은 것은? 기출 15년

① 영업창고는 자가창고에 비해 입지선정이 용이하다.
② 자가창고는 영업창고에 비해 자사의 특수 물품에 적합한 구조와 하역설비를 갖출 수 있다.
③ 영업창고는 자가창고에 비해 보관 관련 비용에 대한 지출을 명확히 알 수 있는 장점이 있다.
④ 영업창고는 자가창고에 비해 계절적 수요변동에 탄력적으로 대응할 수 있어 비수기에도 효율적인 운영이 가능하다.
⑤ 자가창고는 영업창고에 비해 낮은 고정비를 갖기 때문에 재무유동성이 향상된다.

해설 ⑤ 자가창고는 영업창고에 비해 높은 고정비를 갖기 때문에 재무유동성이 악화된다.

28
화주의 측면에서 자가창고와 비교하여 영업창고의 장점만 모두 고른 것은? 기출 14년

㉠ 전문적 관리 운영이 가능하다.
㉡ 설비투자가 불필요하다.
㉢ 시설변경의 탄력성이 높다.
㉣ 대고객 서비스를 치밀하게 할 수 있다.

① ㉠, ㉡
② ㉠, ㉣
③ ㉢, ㉣
④ ㉠, ㉡, ㉢
⑤ ㉠, ㉡, ㉢, ㉣

해설 **영업창고의 장·단점**

장점	단점
• 필요로 하는 공간을 언제 어디서든지 이용 가능 • 전문업자로서의 전문적 관리 운용 • 설비투자가 불필요 • 보상 제도의 확립(파손 시) • 비용, 지출의 명확화	• 시설 변경의 탄력성이 적음 • 치밀한 고객 서비스가 어려움 • 토털 시스템과의 연결이 약함 • 자가 목적에 맞는 창고 설계가 어려움

키워드 8 자동창고

29

3개의 제품(A~C)을 취급하는 1개의 창고에서 기간별 사용공간이 다음 표와 같다. (ㄱ) 임의위치저장(Randomized Storage) 방식과 (ㄴ) 지정위치저장(Dedicated Storage) 방식으로 각각 산정된 창고의 저장소요공간(m^2)은? 기출 22년

기간	제품별 사용공간(m^2)		
	A	B	C
1주	14	17	20
2주	15	23	35
3주	34	25	17
4주	18	19	20
5주	15	17	21
6주	34	21	34

① ㄱ : 51, ㄴ : 51
② ㄱ : 51, ㄴ : 67
③ ㄱ : 67, ㄴ : 89
④ ㄱ : 89, ㄴ : 94
⑤ ㄱ : 94, ㄴ : 89

해설

기간	제품별 사용공간(m^2)			
	A	B	C	소계
1주	14	17	20	51
2주	15	23	35	73
3주	34	25	17	76
4주	18	19	20	57
5주	15	17	21	53
6주	34	21	34	89

(ㄱ) 임의위치저장 방식 : 물품의 입·출고 빈도에 상관없이 저장위치를 임의로 결정하는 방식으로, 기간별 저장 공간의 합산이 최대인 값으로 산출된다. 따라서 각 기간의 저장 공간을 합산해 보면, 1주는 51, 2주는 73, 3주는 76, 4주는 57, 5주는 53, 6주는 89이므로 가장 최댓값인 89가 된다.
(ㄴ) 지정위치저장 방식 : 창고에 도착한 물품의 크기 및 공간사용 정도를 기준으로 사전에 지정된 위치에 저장하는 방식으로, 제품별 최대 저장 공간의 합산으로 산출된다. 따라서 각 제품의 최대 저장 공간을 합산해 보면, 34 + 25 + 35 = 94가 된다.

30

자동창고(AS/RS)에 관한 설명으로 옳은 것은? 기출 21년

① 스태커크레인(Stacker Crane) : 창고의 통로 공간을 수평 방향으로만 움직이는 저장/반출 기기이다.
② 단일명령(Single Command) 방식 : 1회 운행으로 저장과 반출 작업을 동시에 수행하는 방식이다.
③ 이중명령(Dual Command) 방식 : 2회 운행으로 저장과 반출 작업을 순차적으로 모두 수행하는 방식이다.
④ 임의위치저장(Randomized Storage) 방식 : 물품의 입·출고 빈도에 상관없이 저장위치를 임의로 결정하는 방식이다.
⑤ 지정위치저장(Dedicated Storage) 방식 : 물품의 입·출고 빈도를 기준으로 저장위치를 등급(Class)으로 나누고 등급별로 저장위치를 결정하는 방식이다.

해설 ① 스태커크레인(Stacker Crane) : 랙과 랙 사이를 왕복하면서 보관품을 입·출고시키는 핵심 기기로 승강장치와 포크 장치를 이용하여 수평 방향과 수직 방향으로 움직이면서 화물을 고층 선반에 넣거나 고층 선반에서 꺼내는 입·출고작업을 한다.
② 단일명령(Single Command) 방식 : 1회 운행으로 저장 또는 반출 중 한 가지만 수행하는 방식이다.
③ 이중명령(Dual Command) 방식 : 1회 운행으로 저장과 반출을 동시에 수행하는 방식이다.
⑤ 지정위치저장(Dedicated Storage) 방식 : 창고에 도착한 물품의 크기 및 공간사용 정도를 기준으로 사전에 지정된 위치에 저장하는 방식이다.

31

자동화창고에 관한 설명으로 옳지 않은 것은? 기출 20년

① 단위화 및 규격화된 물품 보관으로 효율적인 재고관리가 가능하다.
② 물류의 흐름보다는 보관에 중점을 두고 설계해야 한다.
③ 고단적재가 가능하여 단위면적당 보관효율이 좋다.
④ 자동화시스템으로 운영되므로 생산성과 효율성을 개선할 수 있다.
⑤ 설비투자에 자금이 소요되므로 신중한 준비와 계획이 필요하다.

해설 ② 단순 저장 기능에서 유통가공 기능을 추가한 창고로, 물류의 흐름에 중점을 두고 설계해야 한다.

32

자동화창고의 구성요소에 관한 설명으로 옳지 않은 것은? 기출 20년

① 버킷(Bucket)은 화물의 입·출고 및 보관에 사용되는 상자이다.
② 셀(Cell)은 랙 속에 화물이 저장되는 단위공간을 의미한다.
③ 스태커크레인(Stacker Crane)은 승강장치, 주행장치, 포크장치로 구분된다.
④ 이중명령(Dual Command) 시 스태커크레인은 입고작업과 출고작업을 동시에 실행한다.
⑤ 트래버서(Traverser)는 화물을 지정된 입·출고 지점까지 수직으로 이동시키는 자동 주행장치이다.

해설 ⑤ 트래버서는 화물을 지정된 입·출고 지점까지 수평으로 이동시키는 장치이다.

33

4가지 제품을 보관하는 창고의 기간별 저장소요공간이 다음 표와 같을 때, (ㄱ) 임의위치저장(Randomized Storage) 방식과 (ㄴ) 지정위치저장(Dedicated Storage) 방식으로 각각 산정된 창고의 저장소요공간은? 기출 20년

기간	제품별 저장공간			
	A	B	C	D
1월	27	21	16	16
2월	14	15	20	17
3월	19	12	13	23
4월	15	19	11	20
5월	18	22	18	19

① (ㄱ) 74, (ㄴ) 92
② (ㄱ) 80, (ㄴ) 80
③ (ㄱ) 80, (ㄴ) 86
④ (ㄱ) 80, (ㄴ) 92
⑤ (ㄱ) 92, (ㄴ) 80

해설

기간	제품별 저장공간				
	A	B	C	D	소계
1월	27	21	16	16	80
2월	14	15	20	17	66
3월	19	12	13	23	67
4월	15	19	11	20	65
5월	18	22	18	19	77

(ㄱ) 임의위치저장 방식은 기간별 저장 공간의 합산이 최대인 값으로 산출한다. 따라서 기간별 저장 공간을 합산하면 1월 80, 2월 66, 3월 67, 4월 65, 5월 77이므로 가장 저장 공간이 큰 1월의 80이 산출된다.
(ㄴ) 지정위치저장 방식은 제품별 최대 저장 공간의 합산으로 산출된다. 따라서 27(A), 22(B), 20(C), 23(D)이므로 각 값을 합산하면 27 + 22 + 20 + 23 = 92가 산출된다.

34

자동화창고에서 물품의 보관위치를 결정하는 방식에 관한 설명으로 옳지 않은 것은? 기출 19년

① 지정 위치보관(Dedicated Storage) 방식은 일반적으로 전체 보관소요 공간을 많이 차지한다.
② 지정 위치보관(Dedicated Storage) 방식은 일반적으로 품목별 보관소요 공간과 단위 시간당 평균 입·출고 횟수를 고려하여 보관 위치를 사전 지정하여 운영한다.
③ 임의 위치보관(Randomized Storage) 방식은 일반적으로 전체 보관소요 공간을 적게 차지한다.
④ 등급별 보관(Class-based Storage) 방식은 보관 품목의 입·출고 빈도 등을 기준으로 등급을 설정하고, 동일 등급 내에서는 임의 보관하는 방식으로 보관 위치를 결정한다.
⑤ 근거리 우선 보관(Closest Open Location Storage) 방식은 지정 위치보관 방식의 대표적 유형이다.

해설 ⑤ 근거리 우선 보관(Closest Open Location Storage) 방식은 임의 위치보관 방식의 대표적 유형이다.

35

자동창고시스템에서 수직과 수평 방향으로 동시에 이동 가능하고, 수평으로 초당 2m, 수직으로 초당 1m의 속도로 움직이는 스태커크레인(Stacker Crane)을 활용한다. 이 스태커크레인이 지점 A(60, 15)에서 지점 B(20, 25)로 이동할 때 소요되는 시간은? (단, (X, Y)는 원점으로부터의 거리(m)를 나타낸다.) 기출 19년

① 10초
② 15초
③ 20초
④ 25초
⑤ 30초

해설 지점 A(60, 15)에서 지점 B(20, 25)까지 수평으로 60 − 20 = 40(m), 수직으로 25 − 15 = 10(m) 이동하였으므로 수평으로 40(m) ÷ 2(m/s) = 20(초), 수직으로 10(m) ÷ 1(m/s) = 10(초)가 걸린다. 따라서 스태커크레인은 수직과 수평 방향으로 동시에 이동할 수 있으므로 20초가 소요된다.

36

창고의 저장위치 할당 방법에 관한 설명으로 옳지 않은 것은? 기출 24년

① 임의저장(randomized storage)방식은 저장위치를 임의로 결정한다.
② 지정위치저장(dedicated storage)방식은 품목별 입·출고 빈도수를 고려하여 저장위치를 지정한다.
③ 지정위치저장(dedicated storage)방식의 저장공간이 임의저장 방식의 저장 공간보다 크거나 같다.
④ 등급별저장(class-based storage)방식은 보관품목의 단위당 경제적 가치를 기준으로 등급을 설정한다.
⑤ 등급별저장(class-based storage)방식에서 동일 등급 내에서의 저장위치는 임의저장방식으로 결정된다.

해설 ④ 등급별 저장 방식은 보관 품목의 단위당 경제적 가치가 아닌, 입·출고 빈도 등을 기준으로 등급을 설정한다.

37

자동창고시스템이 시간당 300번의 저장 및 출고 작업을 수행할 수 있다. 10개의 통로와 각 통로에는 한 대씩의 S/R(Storage and Retrieval)기계가 작업을 수행한다. 수행작업 40%는 단일명령에 의해서 수행되며, 나머지는 이중명령에 의해서 수행된다. S/R기계의 평균이용률은? (단, 단일명령수행 주기시간 : 2분, 이중명령수행 주기시간 : 3분) 기출 17년

① 65%
② 82.5%
③ 85%
④ 90%
⑤ 95%

해설
- 단위 시간당 S/R 기계의 작업 수(n) : $\frac{ST}{N} = \frac{300}{10} = 30$
  (ST : 시스템처리량, N : S/R 기계 수)
- S/R 기계의 부하(L) : $anT_{sc} + b(\frac{n}{2})T_{dc}$ = (0.4 × 30 × 2분) + (0.6 × 15 × 3분) = 51
  (a : 단일 명령 작업비율, b : 이중 명령 작업비율, T_{sc} : 단일 명령 수행주기 시간, T_{dc} : 이중 명령 수행주기 시간)
- S/R 기계의 평균 이용률 : $\frac{L}{60} \times 100 = \frac{51}{60} \times 100 = 85\%$

38

자동창고시스템(AS/RS)에서 단위화물을 처리하는 S/R (Storage/Retrieval)장비의 단일명령(single command) 수행시간(cycle time)은 3분, 이중명령(dual command) 수행시간은 5분이다. 이 AS/RS에서 1시간 동안 처리해야 할 저장(storage)과 반출(retrieval) 지시가 각각 10건씩 발생하며, 그중에서 이중명령으로 60%가 우선 수행되고 나머지는 단일명령으로 수행된다고 할 때, S/R 장비의 평균가동률은?

기출 24년

① 84%　　　　② 86%
③ 88%　　　　④ 90%
⑤ 92%

해설

평균가동률 : $\dfrac{총\ 작업시간}{60} \times 100 = \dfrac{54}{60} \times 100 = 90\%$

단일 명령의 작업시간	20건(저장과 반출 지시의 합) × 0.4 × 3분 = 24분
이중 명령의 작업시간	10건 × 0.6 × 5분 = 30분
총 작업시간	24분 + 30분 = 54분

39

4가지 제품(A~D)을 보관하는 창고의 기간별 파렛트 저장소요공간이 다음 표와 같다. 현재 지정위치저장(Dedicated storage)방식으로 창고의 저장소요공간을 산정하였다. 만약, 임의위치저장(Randomized storage) 방식으로 산정한다면 창고의 저장소요공간은 지정위치저장 방식의 산정값에 비해 어떻게 변하는가? (단, 소수점 셋째자리에서 반올림한다.)

기출 16년

기간	제품별 파렛트 수(개)			
	A	B	C	D
1월	16	18	17	22
2월	15	15	20	18
3월	19	13	15	23
4월	17	20	16	21
5월	18	22	18	19

① 8% 감소　　　② 5% 감소
③ 변화 없음　　　④ 5% 증가
⑤ 9% 증가

해설

기간	제품별 파렛트 수(개)				소계
	A	B	C	D	
1월	16	18	17	22	73
2월	15	15	20	18	68
3월	19	13	15	23	70
4월	17	20	16	21	74
5월	18	22	18	19	77

지정위치저장 방식	제품별 최대 저장 공간의 합산을 계산하면, 19(A) + 22(B) + 20(C) + 23(D) = 84
임의위치저장 방식	임의로 저장 위치를 정하므로, 기간별 저장소요공간 중 5월에 최대 18 + 22 + 18 + 19 = 77로 산출된다.

$\dfrac{지정위치저장\ 방식의\ 저장소요공간\ -\ 임의위치저장\ 방식의\ 저장소요공간}{지정위치저장\ 방식의\ 저장소요공간}$

$\times 100 = \dfrac{7}{84} \times 100 = 8.33\%$

∴ 임의위치저장 방식으로 산정한다면 창고의 저장소요공간은 지정위치저장 방식의 산정값에 비해 약 8% 감소된다.

34 ⑤　35 ③　36 ④　37 ③　38 ④　39 ①

40

3가지 제품을 보관하는 창고의 기간별 파렛트(Pallet) 저장소요공간이 다음 표와 같을 때, (ㄱ) 임의위치저장(Randomized storage) 방식과 (ㄴ) 지정위치저장(Dedicated storage) 방식으로 각각 산정된 창고의 저장소요공간을 차례대로 나열한 것은? 기출 15년

기간	제품		
	A	B	C
1	25	11	22
2	22	15	17
3	19	21	17
4	23	24	26
5	26	23	16
6	28	18	25

① ㄱ : 63, ㄴ : 64
② ㄱ : 63, ㄴ : 78
③ ㄱ : 73, ㄴ : 78
④ ㄱ : 78, ㄴ : 64
⑤ ㄱ : 78, ㄴ : 73

해설

기간	제품별 사용공간(m²)			
	A	B	C	소계
1	25	11	22	58
2	22	15	17	54
3	19	21	17	57
4	23	24	26	73
5	26	23	16	65
6	28	18	25	71

- 임의위치저장 방식 : 임의로 저장 위치를 정하므로, 기간별 저장소요 공간 중 4기간에서 최대 23 + 24 + 26 = 73으로 산출된다.
- 지정위치저장 방식 : 제품별 최대 저장 공간의 합산을 계산하면, 28(A) + 24(B) + 26(C) = 78이 된다.

41

자동창고시스템에서 단위화물을 처리하는 S/R(Storage/Retrieval) 장비의 단일명령(Single Command) 수행시간은 2분, 이중명령(Dual Command) 수행시간은 3.2분이다. 평균 가동률은 84%이고, 단일명령 횟수가 이중명령 횟수의 2배라면 S/R 장비 1대의 시간당 처리 개수는? (단, 소수점 첫째자리에서 반올림하시오) 기출 13년

① 14개
② 21개
③ 28개
④ 35개
⑤ 42개

해설

단일명령 시간당 처리개수	$\frac{60분}{2분} = 30$
이중명령 시간당 처리개수	$\frac{60분}{3.2분} \times 2(왕복) = 38$
S/R 장비 1대의 시간당 처리개수	$(30 \times \frac{2}{3} + 38 \times \frac{1}{3}) \times 0.84 = 28$개

42

3가지 품목의 제품을 보관하고자 하는 창고의 향후 6개월간 품목별 월평균 소요 단위공간이 다음 표와 같이 예상된다. 지정저장(Dedicated Storage) 방식과 임의저장(Randomized Storage) 방식으로 산정된 소요공간에 관한 설명으로 옳은 것은? 기출 13년

월	품목		
	A	B	C
1	22	18	23
2	25	19	13
3	30	23	15
4	27	17	23
5	28	22	22
6	23	20	18

① 임의저장방식이 지정저장방식보다 4 단위공간만큼 적게 소요된다.
② 지정저장방식이 임의저장방식보다 4 단위공간만큼 적게 소요된다.
③ 임의저장방식이 지정저장방식보다 5 단위공간만큼 적게 소요된다.
④ 지정저장방식이 임의저장방식보다 5 단위공간만큼 적게 소요된다.
⑤ 임의저장방식과 지정저장방식의 소요공간은 동일하다.

해설

월	품목			
	A	B	C	소계
1	22	18	23	63
2	25	19	13	57
3	30	23	15	68
4	27	17	23	67
5	28	22	22	72
6	23	20	18	61

- 지정저장 = 품목 중 가장 큰 공간의 합산
  A = 30, B = 23, C = 23
  30 + 23 + 23 = 76
- 임의저장 = 월별 저장소요공간 중 가장 큰 공간
  5월이 가장 큰 28 + 22 + 22 = 72의 공간이 필요하므로 지정저장(76) − 임의저장(72) = 4로 임의저장방식이 지정저장방식보다 4단위 공간만큼 적게 소요된다.

키워드 ❾ 창고 레이아웃

43

창고설계의 기본원칙이 아닌 것은? 기출 20년

① 직진성의 원칙
② 모듈화의 원칙
③ 역행교차 회피의 원칙
④ 물품 취급 횟수 최소화의 원칙
⑤ 물품이동 간 고저간격 최대화의 원칙

해설 ⑤ 물품이동 간 고저간격 축소의 원칙 : 물품 흐름 과정에서 높낮이 차의 크기와 횟수를 감소시킨다.
① 직진성의 원칙 : 물품, 통로, 운반기기, 사람 등의 흐름 방향은 직진성에 중점을 둔다.
② 모듈화의 원칙 : 화물형태, 운반기기, 랙, 통로 입구, 기둥 간격의 모듈화를 시도한다.
③ 역행 교차 회피의 원칙 : 물품, 운반기기, 사람의 역행 교차는 피한다.
④ 물품 취급 횟수 최소화의 원칙 : 화물의 취급과 운반을 집합화·공동화하여 물품의 취급 횟수를 최소화한다.

44

물류센터의 레이아웃(Layout) 설계 시 고려할 내용으로 옳지 않은 것은? 기출 14년

① 물품의 취급 횟수를 감소시킨다.
② 물품, 운반기기 및 작업자의 역행·교차는 피한다.
③ 물품의 흐름 과정에서 높낮이 차이의 크기와 횟수를 줄인다.
④ 운반기기, 랙, 통로입구 및 기둥간격의 모듈화는 피한다.
⑤ 물품, 통로, 운반기기 및 작업자 등의 흐름에 있어 가능한 한 직진성에 중점을 둔다.

> **해설** 물류센터(창고) 레이아웃(Layout)의 기본원칙
> • 흐름의 직진성에 중점을 둔다.
> • 화물의 역행, 교차는 피한다.
> • 화물의 취급 횟수를 감소시킨다.
> • 흐름 과정에서 높낮이 차이의 크기와 횟수를 줄인다.
> • 운반기기, 랙, 통로 입구 및 기둥 간격의 모듈화를 고려한다.

45

다음과 같은 조건에서 제품을 보관하기 위해 필요한 창고의 바닥 면적(m²)은? 기출 14년

- 파렛트 적재 단수 : 1단
- 파렛트당 제품 적재수량 : 200Box
- 제품 수량 : 100,000Box
- 파렛트의 면적 : 1.2m²
- 창고 적재율 : 30%

① 500
② 600
③ 750
④ 1,000
⑤ 2,000

> **해설**
> • 필요한 파렛트 개수 = $\dfrac{\text{제품수량}}{\text{제품적재수량}} = \dfrac{100{,}000}{200} = 500$개
> • 파렛트의 면적이 1.2m²이고 창고 적재율이 30%이므로, 창고의 바닥 면적은 $\dfrac{\text{파렛트 개수} \times \text{파렛트 면적}}{\text{창고적재율}} = \dfrac{500 \times 1.2\text{m}^2}{0.3} = 2{,}000\text{m}^2$

키워드 ⑩ 창고관리시스템

46

창고관리시스템(WMS : Warehouse Management System)의 특성에 관한 설명으로 옳지 않은 것은? 기출 23년

① 창고 내의 랙(Rack)과 셀(Cell)별 재고를 실시간으로 관리할 수 있다.
② 정확한 위치정보를 기반으로 창고 내 피킹, 포장작업 등을 지원하여 효율적인 물류작업이 가능하다.
③ 입고 후 창고에 재고를 보관할 때, 보관의 원칙에 따라 최적의 장소를 선정하여 저장할 수 있다.
④ 창고 내 물동량의 증감에 따라 작업자의 인력계획을 수립하며 모니터링 기능도 지원한다.
⑤ 고객 주문 내용상의 운송수단을 고려한 최적의 경로를 설정하여 비용과 시간을 절감하도록 지원한다.

> **해설** ⑤ 고객 주문 내용상의 운송수단을 고려한 최적의 경로를 설정하여 비용과 시간을 절감하도록 지원하는 것은 운송관리시스템의 특성에 관한 설명이다.

47

창고관리시스템(WMS)을 자체 개발이 아닌, 기성제품(패키지)을 구매할 경우 고려해야 할 요인이 아닌 것은? 기출 21년

① 커스터마이징(customizing) 용이성
② 기성제품(패키지)의 개발 배경
③ 초기투자비용
④ 기존 자사 물류정보시스템과의 연계성
⑤ 유지보수비용

> **해설** ② 이미 개발되어 판매 중인 기성제품을 구매하는 것이기 때문에 구매하는 기성 제품의 개발 배경은 고려할 필요가 없다.

48

창고관리시스템(WMS : Warehouse Management System)의 도입효과에 관한 설명으로 옳지 않은 것은? 기출 20년

① 입고관리, 출고관리, 재고관리 등의 업무를 효율적으로 지원한다.
② 설비 활용도와 노동 생산성을 높이며, 재고량과 재고 관련비용을 증가시킨다.
③ 재고 투명성을 높여 공급사슬의 효율을 높여준다.
④ 수작업으로 수행되는 입·출고 업무를 시스템화하여 작업시간과 인력이 절감된다.
⑤ 전사적자원관리시스템(ERP : Enterprise Resource Planning)과 연계하여 정보화의 범위를 확대할 수 있다.

> 해설 ② 창고관리시스템의 도입 시 최소의 비용으로 창고의 면적, 작업자 및 하역설비 등의 경영자원을 유효하게 활용하고, 재고를 실시간으로 확인·관리하여 상품의 재고량을 적정상태에서 유지할 수 있다.

49

창고관리시스템(WMS : Warehouse Management System)에 관한 설명으로 옳지 않은 것은? 기출 19년

① 다품종 소량생산 품목보다 소품종 대량생산 품목의 창고관리에 더 효과적이다.
② RFID/Barcode 등과 같은 자동인식 장치, 무선통신, 자동 제어 방식 등의 기술을 활용한다.
③ 재고 정확도, 공간·설비 활용도, 제품처리능력, 재고회전률, 고객서비스, 노동·설비 생산성 등이 향상된다.
④ 입하, 피킹, 출하 등의 창고 업무 프로세스를 효율적으로 관리하는 데 사용되는 시스템이다.
⑤ 자동발주, 주문 진척관리, 창고 물류장비의 생산성 분석 등에 효과적이다.

> 해설 ① 소품종 대량생산 품목보다 다품종 소량생산 품목의 창고관리에 더 효과적이다.

50

창고관리시스템(WMS : Warehouse Management System)의 특성에 관한 설명으로 옳지 않은 것은? 기출 17년

① 물품의 입하, 격납, 피킹, 출하 및 재고사이클카운트의 창고활동을 효율적으로 관리하는 시스템이다.
② RFID, 바코드시스템 및 무선자동인식시스템을 통해 물품취급을 최소화한다.
③ 재고정확도, 설비활용도, 고객서비스율이 향상된다.
④ 피킹관리, 주문진척관리 및 자동발주시스템과 같은 주문 관련 기능을 수행한다.
⑤ 출고관리, 선입선출관리, 수·배송 관리, 크로스 도킹과 같은 출고 관련 기능을 수행한다.

> 해설 ⑤ 선입선출관리와 크로스 도킹은 재고 관련 기능 중 보관관리와 관련이 있다.
> **WMS의 주요 기능**
> - 재고 관련 기능 : 입고관리, 보관관리(선입선출관리, 크로스 도킹 지원), 재고관리
> - 주문 관련 기능 : 피킹관리, 주문진척관리
> - 출고 관련 기능 : 출고관리, 수·배송 관리
> - 관리 관련 기능 : 인력관리, 물류센터 지표 관리
> - Interface 기능 : 무선통신, 자동인식, 자동화 설비 제어

51

공급사슬 협업에 있는 A사, B사, C사가 있다. 100단위의 완성품을 C사가 도매상에게 공급하기 위해 A사가 B사에 공급해야 할 단위수량은? (단, B사와 C사는 각각 3%, 5%의 손실률을 가진다.) 기출 17년

① 106개 ② 110개
③ 116개 ④ 118개
⑤ 120개

해설 ② C사가 100단위의 완성품을 도매상에게 공급하는 데 손실률이 5%이므로 B사가 C사에 공급해야 할 단위 수량 = 100 ÷ (1 − 0.05) ≒ 105.3 ≒ 106개
따라서, A사가 B사에 공급해야 할 단위 수량 = 106 ÷ (1 − 0.03) ≒ 109.3 ≒ 110개

52

창고관리시스템(WMS : Warehouse Management System)에 관한 설명으로 옳지 않은 것은? 기출 24년

① 화물파손에 대한 위험성이 높아진다.
② 운송수단과의 연계가 쉬워진다.
③ 피킹, 출하의 효율성이 높아진다.
④ 입하, 검품 등이 용이해진다.
⑤ 창고 내의 화물 로케이션관리가 용이해진다.

해설 ① 창고관리시스템 도입 시 화물파손에 대한 위험성이 낮아진다.

키워드 ⑪ 오더피킹(Order Picking)

53

오더피킹의 출고형태 중 파렛트 단위로 보관하다가 파렛트 단위로 출고되는 제1형태(P → P)의 적재방식에 활용되는 장비가 아닌 것은? 기출 22년

① 트랜스 로보 시스템(Trans Robo System)
② 암 랙(Arm Rack)
③ 파렛트 랙(Pallet Rack)
④ 드라이브 인 랙(Drive in Rack)
⑤ 고층 랙(High Rack)

해설 제1형태(P → P)의 적재방식에 활용되는 적재기기 : Trans Robo System, Pallet Rack, Drive−in Rack, High Rack, Mobile Rack, Pallet Sliding Rack, Carousel Rack, 무인 대차

54

피킹 방식에 관한 설명으로 옳지 않은 것은? 기출 21년

① 디지털 피킹(Digital Picking) : 피킹 물품을 전표 없이 피킹하는 방식으로 다품종 소량, 다빈도 피킹작업에 효과적이다.
② 차량탑승피킹 : 파렛트 단위로 피킹하는 유닛로드시스템(Unit Load System)이며, 피킹트럭에 탑승하여 피킹함으로써 보관시설의 공간활용도가 낮다.
③ 존 피킹(Zone Picking) : 여러 피커가 피킹 작업범위를 정해두고, 본인 담당구역의 물품을 골라서 피킹하는 방식이다.
④ 일괄피킹 : 여러 건의 주문을 모아서 일괄적으로 피킹하는 방식이다.
⑤ 릴레이 피킹(Relay Picking) : 피킹 전표에서 해당 피커가 담당하는 품목만을 피킹하고, 다음 피커에게 넘겨주는 방식이다.

해설 ② 차량탑승피킹 : 사람이 운반기기에 탑승하여 개별 품목 단위로 피킹하는 방법으로, 공간활용도가 높은 편이다.

55

스태커크레인(Stacker Crane)에 적합한 오더피킹(Order Picking)의 출고형태(보관단위-피킹단위)는? 기출 17년

① 파렛트-파렛트 ② 파렛트-케이스
③ 케이스-케이스 ④ 케이스-단품
⑤ 단품-단품

해설

출고 형태	보관 단위 → 피킹 단위	적재방법	
제1	파렛트 → 파렛트 (P → P)	적재 기기	Pallet Rack, Pallet Sliding Rack, Carousel Rack, Trans Robo System, Drive-in Rack, High Rack, Mobile Rack, 무인 대차
		운반 기기	포크리프트, 무인 포크리프트, 스태커크레인, 피킹 크레인
제2	파렛트 → 파렛트 + 케이스		무인화, 자동화 창고의 재입고, 자동화 창고와 파렛트 컨베이어
제3	파렛트 → 케이스		무인화, 자동창고의 재입고, 입체 창고와 피킹 크레인, 피킹 크레인과 컨베이어, 랙과 Picking 포크리프트 트럭, Pallet Sliding Rack과 컨베이어, Picking Packing Machine, Carousel Rack
제4	케이스 → 케이스 (C → C)		Sliding Rack(유동 선반), Automatic Sliding Rack, Mobile Rack, Carousel Rack, Mini Stacker Crane, 중층랙과 피킹 크레인, 선반과 손수레 대차
제5	케이스 → 케이스 + 단품		제4형태와 제6형태를 조합해서 만든 패턴
제6	케이스 → 단품		단품(Split Case : 형상, 크기 및 무게 등이 다양하여 자동화가 거의 불가능)을 피킹하는 경우에는 수작업과 기계를 적절히 조화하여 작업능률을 향상하는 것이 바람직
제7	단품 → 단품		다품종 소량 피킹의 대표적 방식으로서 화장품, 약품 및 전기부품 등과 같은 단품의 피킹에 주로 사용되지만, 자동화가 어려운 패턴

56

오더 피킹에 관한 설명으로 옳지 않은 것은? 기출 24년

① 1인 1건 피킹 : 피커(picker)가 1건의 주문 전표에서 요구되는 물품을 모두 피킹하는 방법
② 총량 오더 피킹 : 1건의 주문마다 물품을 피킹해서 모으는 방법
③ 일괄 오더 피킹 : 여러 건의 주문 전표를 한데 모아 한꺼번에 피킹하는 방법
④ 존(zone) 피킹 : 자기가 분담하는 선반의 작업범위를 정해 두고, 주문 전표에서 자기가 맡은 종류의 물품만을 피킹하는 방법
⑤ 릴레이(relay) 피킹 : 주문 전표에서 해당 피커가 담당하는 품목만을 피킹하고, 다음 피커에게 넘겨주는 방법

해설 ② 총량 오더피킹 방법은 일정 기간의 주문 전표를 모아서 피킹하는 방법이다. 1건의 주문마다 물품을 피킹해서 모으는 방법은 싱글 오더피킹 방식이다.

CHAPTER 02 시험에 꼭 나오는 필수문제

01 물류거점 입지선정 방법에 관한 설명으로 옳지 않은 것은? 기출 24년

① 요인평정법(가중점수법)은 접근성, 지역환경, 노동력 등의 입지요인별로 가중치를 부여하고 가중치를 고려한 요인별 평가점수를 통해 입지후보지를 선택하는 방법이다.
② 브라운 & 깁슨법은 입지에 영향을 주는 요인을 필수적 요인, 객관적 요인, 주관적 요인으로 구분하여 평가하는 방법이다.
③ 총비용 비교법은 입지거점 대안별로 예상비용을 산출하고, 총비용이 최소가 되는 대안을 선택하는 방법이다.
④ 손익분기 도표법은 예상 물동량에 대한 고정비와 변동비를 산출하고 그 합을 비교하여 물동량에 따른 총비용이 최소가 되는 대안을 선택하는 방법이다.
⑤ 톤-킬로법은 물동량의 무게와 거리를 고려한 방법으로 입지 제약, 환경 제약 등의 주관적 요인을 반영할 수 있는 방법이다.

해설 ⑤ 톤-킬로법은 각 수요처와 배송센터까지의 거리와 수요처까지의 운송량에 대하여 운송 수량(톤) × 거리(km)에 의해 평가, 그 총계가 가장 적은 곳에 배송센터를 설치하는 방법이다.

기출문제 엿보기

☑ 물류거점 입지선정 방법에 관한 설명으로 옳은 것은? 25년
☑ K기업이 수요지에 제품 공급을 원활하게 하기 위한 신규 물류창고를 운영하고자 한다. 수요량은 수요지 A가 50ton/월, 수요지 B가 40ton/월, 수요지 C가 100ton/월이라고 할 때, 무게중심법을 이용한 최적입지 좌표(X, Y)는? 23년
☑ 시장 및 생산공장의 위치와 수요량이 아래 표와 같다. 무게중심법에 따라 산출된 유통센터의 입지 좌표(X, Y)는? 22년
☑ 다음이 설명하는 물류센터 입지결정 방법은? 21년

02 복합 물류터미널에 관한 설명으로 옳지 않은 것은? 기출 22년

① 화물의 혼재기능을 수행한다.
② 환적기능을 구비하여 터미널 기능을 실현한다.
③ 장기보관 위주의 보관 기능을 강화한 시설이다.
④ 수요단위에 적합하게 재포장하는 기능을 수행한다.
⑤ 화물 정보센터의 기능을 강화하여 화물 운송 및 재고 정보 등을 제공한다.

해설 ③ 물품의 장기적 및 일시적 보관을 통하여 공급과 수요의 완충 및 조정의 역할을 한다.

기출문제 엿보기

☑ 복합물류터미널에 관한 설명으로 옳은 것을 모두 고른 것은? 25년
☑ 복합화물터미널에 관한 설명으로 옳지 않은 것은? 24·21년
☑ 복합화물터미널에 관한 설명으로 옳은 것을 모두 고른 것은? 20년
☑ 다음의 설명에 해당하는 물류시설은? 18년

03 물류단지시설에 관한 설명으로 옳지 않은 것은? 기출 23년

① 물류터미널은 화물의 집하, 하역, 분류, 포장, 보관, 가공, 조립 등의 기능을 갖춘 시설이다.
② 공동집배송센터는 참여업체들이 공동으로 사용할 수 있도록 집배송 시설 및 부대업무 시설이 설치되어 있다.
③ 지정보세구역은 지정장치장 및 세관검사장이 있다.
④ 특허보세구역은 보세창고, 보세공장, 보세건설장, 보세판매장, 보세전시장이 있다.
⑤ 배송센터는 장치보관, 수출입 통관, 선박의 적하 및 양하 기능을 수행하는 육상운송수단과의 연계 지원시설이다.

해설 ⑤ 배송센터는 관할지역 내의 소매점 및 소비자에 대한 배송 기능을 주로 하는 물류거점으로 물류센터보다 소규모이고 기능이 단순하다.

기출문제 엿보기

☑ 배송센터 구축의 이점으로 옳지 않은 것은? 18년
☑ 배송센터를 구축할 경우 좋은 점을 모두 고른 것은? 14년

04 ICD(Inland Container Depot)에 관한 설명으로 옳은 것을 모두 고른 것은? 기출 22년

ㄱ. 항만지역과 비교하여 창고 보관 시설용 토지 매입이 어렵다.
ㄴ. 화물의 소단위화로 운송의 비효율이 발생한다.
ㄷ. 다양한 교통수단의 높은 연계성이 입지조건의 하나이다.
ㄹ. 통관의 신속화로 통관비가 절감된다.
ㅁ. 통관검사 후 재포장이 필요한 경우 ICD 자체 보유 포장시설을 이용할 수 있다.

① ㄱ, ㄴ, ㄷ
② ㄱ, ㄷ, ㄹ
③ ㄴ, ㄷ, ㄹ
④ ㄴ, ㄹ, ㅁ
⑤ ㄷ, ㄹ, ㅁ

해설 ㄱ. 항만 지역과 비교하여 창고 · 보관시설용 토지 취득이 쉽다.
ㄴ. 화물의 대단위화에 따른 운송 효율의 향상과 교통혼잡 회피로 운송비가 절감된다.

기출문제 엿보기

☑ 물류시설에 관한 설명으로 옳은 것을 모두 고른 것은? 25년
☑ 다음이 설명하는 물류시설은? 21년
☑ ICD(Inland Container Depot)에서 수행하는 기능이 아닌 것으로만 짝지어진 것은? 20년
☑ ICD(Inland Container Depot)에 관한 설명으로 옳지 않은 것은? 18년
☑ 내륙 컨테이너기지(ICD : Inland Container Depot)에 관한 내용으로 옳은 것을 모두 고른 것은? 17년

CHAPTER 02 물류 운영

> **핵심 포인트**
> - ☑ 물류거점의 입지 분석기법
> - ☑ 물류(거점) 시설의 종류별 주요 업무
> - ☑ 물류거점 내의 트럭도크수 소요 개수 계산
> - ☑ 물류시설의 투자 타당성 분석기법
> - ☑ 물류센터의 개념과 기능
> - ☑ 물류센터의 건립 단계
> - ☑ 물류센터의 운영 방식

CORE 01 물류시설과 투자 타당성 분석기법

1. 물류시설의 의의 및 종류

(1) 물류시설의 의의

① **물류(物流)**: 재화가 공급자로부터 조달·생산되어 수요자에게 전달되거나 소비자로부터 회수되어 폐기될 때까지 이루어지는 운송·보관·하역(荷役) 등과 이에 부가되어 가치를 창출하는 가공·조립·분류·수리·포장·상표부착·판매·정보통신 등

② **물류(거점)시설**
   ㉠ 화물의 운송·보관·하역을 위한 시설
   ㉡ 화물의 운송·보관·하역 등에 부가되는 가공·조립·분류·수리·포장·상표부착·판매·정보통신 등을 위한 시설
   ㉢ 물류의 공동화·자동화 및 정보화를 위한 시설
   ㉣ ㉠부터 ㉢까지의 시설이 모여 있는 물류 터미널 및 물류단지

③ **물류거점(Node)** 기출 17년
   ㉠ 화물역, 항만, 트럭터미널과 같이 사회간접자본에 의해서 건립되는 것
   ㉡ 공장 창고, 배송센터, 물류센터와 같이 민간기업에 의해 건립되고 운영되는 것
   ㉢ 물류거점 계획을 위한 기본조건 기출 13년

수요조건	고객의 분포, 장래 고객의 예측, 매출 신장 여부, 배송 가능지역 등을 고려
법규제 조건	관련 법령을 고려하여 정부의 용지지역 지정 가능지역의 검토
배송서비스 조건	고객까지 도착 시각, 배송 빈도, 리드타임, 배송 거리 등을 고려
운송조건	각종 터미널(트럭, 항만, 공항, 역)의 운송 거점과 근접성, 운송 노선별 소요 시간/비용 등을 고려
용지조건	토지의 이용 문제(기존 토지와 신규 취득), 지가, 소요 자금 내에서 가능한 용지 취급의 범위

관리 및 정보기능 조건	본사 영업부와 중앙전산실과의 거리
유통 가능 조건	상류와 물류와의 구분, 유통가공시설의 필요성, 작업원의 확보와 통근 가능 여부
기타	품질 유지를 위한 특수 시설(냉동물, 보온물, 위험물)과 공해방지시설의 설치 여부

ⓔ 물류거점의 입지 분석기법
- 총비용 비교법 : 대안별로 관리 비용을 산출하고, 총비용이 최소가 되는 대안을 선택하여 입지를 결정하는 방법
- 손익분기 도표법 기출▶ 23년/ 18년/ 13년 : 일정한 물동량, 즉 입고량 또는 출고량을 전제로 하여 고정비와 변동비의 합을 비교 후 물동량에 따른 총비용이 최소가 되는 대안을 선택하는 방법
- 무게 중심법 기출▶ 25년/ 24년/ 23년/ 22년/ 21년/ 20년/ 19년/ 18년/ 16년/ 15년/ 13년/ 11년/ 10년/ 08년
  - 공급지 및 수요지의 위치가 고정되어 있고 각 공급지로부터 단일의 물류센터로 반입되는 물량과 그 물류센터로부터 각 수요지로 반출되는 물량이 정해져 있을 때, 물류센터로 반입 및 반출되는 각 지점과 물류센터와의 거리에 거리당 운임과 물동량을 곱하여, 각 지점과 물류센터 간의 수송비를 산출하여 모든 지점에 대해서 적용하여 합산하면 총수송비가 결정되고 그 합이 최소가 되는 지점을 구하는 것
  - 두 지점 간의 물자 이동이 직선거리를 따라 이루어진다면, 단일 물류센터의 최적 입지는 입지를 나타내는 좌표에 대한 두 개의 방정식을 통해서 구할 수 있는데, 이것을 최적 무게 중심법이라고 함
- 톤–킬로법 기출▶ 24년/ 17년/ 15년/ 13년 : 각 수요처와 배송센터까지의 거리와 수요처까지의 운송량에 대하여 운송 수량(톤) × 거리(km)에 의해 평가, 그 총계가 가장 적은 곳에 배송센터를 설치하는 방법
- 요인 평정법(요소분석법, 가중 점수법) : 입지에 관련된 요인(접근성, 지역 환경, 노동력 등)에 주관적으로 가중치를 설정하여 각 요인의 평가점수를 합산하는 방법
- 양 & 질적 요인 분석법(Brown–Gibson Model) 기출▶ 25년/ 16년
  - 입지 결정에 있어서 양적 요인과 질적 요인을 함께 고려할 수 있는 복수공장의 입지 분석모형이 1972년 브라운과 깁슨에 의해 제시
  - 요인 평가 기준

필수적 기준 (Critical Criteria)	특정 시스템의 장소적 적합성 판정 시의 필수적 기준 (예 맥주 공장 – 수질, 수량 / 연탄공장 – 석탄)
객관적 기준 (Objective Criteria)	화폐가치로 평가될 수 있는 경제적 기준 (예 인건비, 원재료비, 용수비, 세금 등)
주관적 기준 (Subjective Criteria)	평가자의 주관에 의해 가늠되는 기준 (예 근로자의 성실성, 지역주민의 민심 등)

- PERT/CPM(Program Evaluation and Review Technique/Critical Path Method) 기출▶ 14년
  - 전체 프로젝트의 진도를 효율적으로 관리할 수 있는 네트워크 계획 및 통제기법
  - 각 작업의 소요 기간과 착수, 종료 시점 등 시간적인 측면의 관리와 작업 비용의 시간적 측면인 예산편성 및 조정 그리고 현황 보고의 기능을 갖추고 있으며 신항만 배후단지 등에 적합

(2) 물류(거점) 시설의 종류

① **물류단지** 기출 23년

　㉠ 개념 : 물류단지 시설과 지원시설을 집단적으로 설치·육성하기 위하여 관련 법에 따라 지정·개발하는 일단(一團)의 토지

　㉡ 분류

- **(복합)물류터미널** 기출 25년/ 24년/ 23년/ 22년/ 21년/ 20년/ 18년/ 14년

개념	• 화물의 집하, 하역, 분류, 포장, 보관 또는 통관에 필요한 시설을 갖춘 화물 유통의 중심 장소 • 두 종류 이상 운송수단 간의 연계수송을 할 수 있는 규모와 시설을 갖춘 물류 터미널
기능	• 창고단지, 유통가공시설, 물류 사업자의 업무용 시설 등을 결합하여 종합 물류기지 기능을 수행 • 환적 기능 위주로 운영되어 터미널 기능을 실현하며, 화물의 보관 업무까지도 수행 • 수요단위에 적합하게 재포장하는 기능 • 화물의 혼재 기능 • 화물 정보센터의 기능을 강화하여 화물 운송 및 재고 정보 등을 제공

- **공동집배송센터** 기출 25년/ 23년/ 19년/ 09년

개념	• 유사한 업종의 제품 유통을 위해서 대규모 단지를 조성하고, 도매·검수·포장 등과 같은 가공 기능과 정보처리시설 등을 갖추어 체계적으로 공동관리하는 물류단지(예 가락동 농수산물시장, 노량진 수산시장 등) • 여러 유통사업자 또는 제조업자가 공동으로 사용할 수 있도록 집배송 시설과 부대 업무시설이 설치되어 있는 지역 및 시설물
공동 집배송의 도입 효과	• 다수 업체가 배송센터를 한 곳의 대단위 단지에 집결시킴으로써 배송물량의 지역별·업체별 계획배송 및 혼재 배송으로 인한 차량 적재율의 증가로 공차율이 감소함 • 작업을 공동으로 수행하므로 상품 흐름의 원활화, 인력의 공동 활용, 공간효용의 극대화를 통해 업체별 보관 공간 및 관리 비용이 감소 • 배송물량을 통합하여 배송함으로써 차량의 적재효율을 높일 수 있음 • 공동집배송단지를 사용하는 업체들의 공동 참여를 통해 대량 구매 및 계획 매입이 가능 • 물류 작업의 공동화를 통해 물류비 절감 효과가 있음

② **물류센터** 기출 20년/ 19년/ 14년

　㉠ 개념 기출 09년

- 대규모의 물류단지에 복합터미널과 같이 자동화된 시설을 갖추고 운영되는 거대하고 방대한 단지
- 다품종 대량의 물품을 공급받아 분류, 보관, 포장, 유통가공, 정보처리 등을 수행하여 다수의 수요자에게 적기에 배송하기 위한 시설

> **+ 더알아보기　스마트물류센터** 기출 25년/ 24년
>
> 첨단 물류설비, 운영시스템 등을 도입하여 저비용, 고효율, 친환경성 등에서 우수한 성능을 발휘할 수 있는 물류창고

　㉡ 기능 기출 21년/ 19년/ 16년/ 14년

- 일시적 또는 장기적 물품 보관을 통하여 공급과 수요의 완충적인 기능을 수행
- 품절을 방지하기 위한 제품 확보 기능
- 신속한 배송 체제 구축에 의한 기업의 판매력 강화
- 수급 조절 기능과 입·출고를 원활하게 하기 위한 오더피킹

ⓒ 분류
- 배송센터(집배송센터/집배 센터/유통센터) 기출▶ 23년/ 18년/ 14년

개념	• 관할지역 내의 소매점 및 소비자에 대한 배송 기능을 주로 하는 물류거점으로 물류센터보다 소규모이고 기능이 단순 • **협의** : 개별기업의 배송센터 • **광의** : 복합물류터미널과 같은 대규모 유통업무단지 자체를 지칭
배송센터 구축의 이점	• 수송비 절감 • 배송 서비스율 향상 • 상물분리 실시 • 교차수송 감소 • 납품작업 합리화 • 고객 서비스의 향상

- 스톡 포인트(SP : Stock Point, 보관센터) 기출▶ 23년/ 17년
  - 보통 재고품의 보관 거점으로서 상품의 배송 거점인 동시에 예상 수요에 대한 보관 거점
  - 배송센터와 비교하면 정태적 의미의 유통창고
  - 물품 보관에 주력하는 보관장소이며 제조업체들이 원료나 완성품, 폐기물을 쌓아두는 경우가 많음
  - 유통업체인 경우 배송시키기 위한 전 단계로 재고품을 비축하거나 다음 단계의 배송센터로 상품을 이전시키기 위해 일시 보관하는 곳
- 데포(DP : Depot, 통과센터) 기출▶ 15년/ 13년
  - SP(스톡 포인트)보다 작은 국내용 2차 창고, 또는 수출 상품을 집화·분류·수송하기 위한 내륙 CFS
  - 수송을 효율적으로 하기 위해서 갖추어진 집배 중계 및 배송처
  - 컨테이너가 CY에 반입되기 전에 야적된 상태에서 컨테이너를 적재시키는 장소
  - 생산지에서 소비지까지 배송할 때 각지의 데포까지는 하나로 통합하여 수송
  - 수송비의 절감과 고객 서비스의 향상에 기여

ⓔ 작업 공정 순서 기출▶ 17년/ 15년/ 13년

입하	• 도착한 상품이 입하 예정 및 납품 전표와 틀림없는지를 점검 • 상품을 랙(Rack) 설비 등이 있는 보관 지역에 적재 • 물류센터 내의 해당 부서, 생산공장 또는 공동물류센터 내의 참여기업 등에 통지하여 적재 정보를 공유
보관	• 상품의 품질을 유지하면서 저장, 보관하며 상품별로 보관하는 것보다 포장 형태별로 보관하는 것이 입고나 집품작업에 더 효율적 • 선입선출이 가능하도록 저장 • 공간을 효율적으로 이용하기 위해 고층 선반을 사용하는 것이 바람직하고, 불량재고는 정해진 방법과 순서에 따라 정기적으로 처분
피킹	• 주문에 의거해 보관장소에서 상품을 꺼내는 집품작업(Order Picking)을 할 때는 가능한 한 동선을 짧게 하고 아울러 교차하지 않도록 정해진 집품작업 순서를 준수 • 출고지시에 따라 파렛트, 박스, 낱개 단위별로 이루어지며 일괄 피킹, 순차 피킹 등의 방법이 있음
유통가공	가격표 부착, 바코드 부착, 포장 등의 유통가공은 출하 시기를 기준으로 작업 계획을 수립하고 시간대별로 작업량이 불규칙하지 않도록 평준화
분류	• 종래의 판매선별 및 상품별 수송 방식을 공동수·배송 방식으로 변경하여 수송 효율을 극대화하고 배송 시간을 단축하도록 하며 파렛트, 박스, 낱개 단위별로 피킹된 제품을 배송처별로 구분하는 활동 • 자동컨베이어, DPS(Digital Picking System), 분류 자동화 기기 등의 설비를 이용

ⓜ 물류센터의 작업 계획 수립 시 세부 고려 사항 〈기출〉 22년
- 보관 방식 : 평치, 선반 및 특수 시설의 사용 여부
- 화물 형태 : 화물의 포장 여부, 포장방법 및 소요 설비
- 하역 방식 : 하역 자동화 수준, 하역설비의 종류 및 규격
- 검수 방식 : 검수 기준, 검수 작업 방법 및 소요 설비
- 피킹 및 분류 : 피킹 기준, 피킹 방법 및 소팅 설비

ⓑ DPS와 DAS 〈기출〉 23년/ 19년/ 17년/ 13년
- DPS(Digital Picking System)
  - 랙이나 보관 구역에 라이트 모듈(Light Module)이라는 신호 장치가 설치되어 출고시킬 화물이 보관된 지역을 알려줌과 동시에 출고 화물이 몇 개인지를 알려주는 시스템
  - 물품 보관셀에 표시기(display)를 설치하고 피킹 작업자가 방문하여 표시량만큼을 피킹하는 시스템
  - 피킹 물품을 전표 없이 피킹 가능한 시스템으로 다품종 소량, 다빈도 피킹 및 분배 작업에 사용
  - 주문별로 피킹하는 채취식으로 품목 증가 및 변경에도 정확히 피킹 가능
  - 작동방식에 따라 초기 설치비가 가장 적게 소요되는 대차식, 구동 컨베이어식, 무구동 컨베이어식으로 구분
- DAS(Digital Assort System)
  - 분배된 물품의 순서에 따라 작업자에게 분류 정보를 제공하여 신속한 분배를 지원하는 시스템
  - 물품을 주문별로 분배하는 파종식
  - 멀티 분배 DAS 방식 : 고객별 주문상품을 합포장하기에 적합한 분배시스템
  - 멀티 다품종 분배 DAS 방식 : 아이템 수가 많은 의류업 품목처럼 많은 고객에게 배송 시 분배를 지원하는 방식으로 합포장할 때 적합한 시스템
  - 멀티 릴레이 DAS 방식 : 입고 수량을 1차는 통로별, 2차는 점포별로 분배하는 방식으로 냉장·신선식품의 통과형 물류단지 또는 도시락, 가공생산하는 물류센터에 적합
  - 보관장소와 주문별 분배 장소가 별도로 필요

ⓢ ASN(Advanced Shipping Notification, 사전선적통보) 〈기출〉 20년
- 물류센터 입고 상품의 수량과 내역이 사전에 물류센터로 송달되어 오는 정보
- 물류센터에서는 이 정보를 활용하여 신속하고 정확하게 검품 및 적재업무 수행

ⓞ KPI(Key Performance Indicator, 핵심성과지표) 〈기출〉 20년
- 환경 KPI : CO_2 절감 등 환경 측면의 공헌도를 관리하기 위한 지표
- 생산성 KPI : 작업인력과 시간당 생산성을 파악하여 작업을 개선하기 위한 지표
- 납기 KPI : 수주부터 납품까지의 기간을 측정하여 리드타임을 감소시키기 위한 지표
- 품질 KPI : 오납률과 사고율 등 물류 품질의 수준을 파악하여 고객 서비스 수준을 높이기 위한 지표
- 비용 KPI : 작업마다 비용을 파악하여 물류센터의 물류비용을 감소시키기 위한 지표

ⓩ 라인밸런싱 〈기출〉 15년

개념	각 작업공정과 작업자 사이의 작업량을 균등하게 할당해 주어 작업시간을 평준화하는 것
목적	• 작업공정 내의 재공품 감소 • 가동률 향상 • 리드타임(Lead Time) 향상 • 애로 공정 개선으로 생산성 향상

ⓩ 공정효율(Balance Efficiency, Line Of Balance) 기출 16년/ 15년
- 둘 이상의 공정이 연속적으로 연결되어 사람이나 설비가 작업할 경우 공정별 작업량의 균형 및 분배의 효율성을 의미
- 공정효율(%) = $\dfrac{\text{전체 작업공정시간 합계}}{\text{최대 공정시간(애로공정시간)} \times \text{공정수}} \times 100$

㉠ 도크 기출 19년/ 13년

트럭 도크의 수	• 각 트럭의 총 작업시간을 연간 작업시간으로 나누어 계산하고, 여기에 안전계수(트럭의 입출에 따른 시간적 차이 및 서류처리 시간 등)를 고려한 값을 더하여 계산 • $\dfrac{\text{연간 트럭출입 대수} \times \text{1일 대당 작업시간} \times (1+\text{안전계수})}{\text{연간 작업일수} \times \text{1일 작업시간}}$
출하 도크 길이	$\dfrac{\text{필요 트럭수} \times \text{트럭 대당 도크점유길이}}{\text{출고회전수}}$

㉡ 크로스 도킹(Cross Docking) 기출 25년/ 24년/ 20년/ 18년/ 17년
- 개념 : 창고나 물류센터로 입고되는 상품을 보관하는 것이 아니라 즉시 배송할 준비를 하는 물류시스템
- 특징
  - 배달된 상품을 수령하는 즉시 중간 저장 단계가 거의 없거나 전혀 없이 배송 지점으로 배송
  - 제품의 수요가 일정하고 안정적이며, 재고수준을 감소시켜 물류센터의 무재고를 달성할 수 있음
- 유형

사전 분류된 파렛트 크로스 도킹	• 사전에 제조업체가 상품을 피킹 및 분류하여 납품할 각각의 점포별로 파렛트에 적재해 배송하는 형태 • 제조업체가 각각의 점포별 주문 사항에 대한 정보를 사전에 알고 있어야 하므로 제조업체에 추가적인 비용 발생
파렛트 크로스 도킹	한 종류의 상품이 적재된 파렛트별로 입고되고 소매점포로 직접 배송되는 형태로, 가장 단순한 형태의 크로스 도킹이며, 양이 아주 많은 상품에 적합
케이스 크로스 도킹	한 종류의 상품이 적재된 파렛트 단위로 소매업체의 물류센터로 입고되고, 입고된 상품은 각각의 소매점포별로 주문 수량에 따라 피킹되며, 파렛트에 남은 상품은 다음 납품을 위해 잠시 보관

③ ICD(Inland Container Depot) 기출 24년/ 22년/ 21년/ 20년/ 18년/ 17년/ 12년
  ㉠ 개념
  - 공장단지와 수출지 항만과의 사이를 연결하여 화물의 유통을 신속·원활히 하기 위한 대규모 물류단지
  - 트럭회사, 포워더(Forwarder) 등을 유치하여 운영하므로 내륙 항만이라고도 부름
  - 항만 또는 공항이 아닌 내륙시설로서 공적 권한을 가지고 있음
  ㉡ 기능
  - 항만 내에서 이루어져야 할 본선 작업과 마샬링 기능을 제외한 장치보관 기능
  - 집하 분류 기능
  - 수출 컨테이너 화물에 대한 통관기능
  ㉢ 이점 : 시설비·운송비·포장비·통관비 절감, 노동 생산성 향상

④ CFS(컨테이너 화물취급장) in CY 기출▶ 25년/ 24년/ 19년/ 14년
  ㉠ CY(Container Yard)
    - 선박에 언제든지 실릴 수 있도록 만들어진 FCL 화물만을 쌓아두는 야외공간
    - 공컨테이너 또는 풀 컨테이너에 이를 넘겨주고 넘겨받아 보관할 수 있는 넓은 장소
    - 넓게는 CFS, Marshalling Yard(부두의 선적대기장), 에이프런(Apron), 샤시, 트랙터 장치장까지도 포함
  ㉡ CFS(Container Freight Station)
    - LCL 화물을 모아서 FCL 화물로 만드는 LCL 화물 정거장으로 컨테이너에 LCL 화물을 넣고 꺼내는 작업을 하는 시설과 장소
    - 부두 외부에도 위치할 수 있음

> **＋ 더알아보기   FCL 화물 vs LCL 화물**
>
> - FCL 화물(Full Container Load)
>   - 컨테이너를 단위로 하여 운송할 수 있는 대량화물
>   - 1개 컨테이너에 1개 회사의 화물이 적재되는 경우를 말하며, CY(Container Yard)로 입고
> - LCL 화물(Less than Container Load)
>   - 화물량이 적어서 컨테이너 한 개를 채울 수 없는 소량화물
>   - 1개 컨테이너에 여러 개 회사의 화물을 혼적(Consolidation)하여 싣게 되는데 CFS(Container Freight Station)에 반입되어 목적지별, 화물 종류별로 분류되어 하나의 컨테이너에 적재

⑤ 보세구역 기출▶ 25년/ 22년/ 18년
  ㉠ 개념 : 효율적인 화물관리와 관세행정의 필요성에 의하여 세관장이 지정하거나 특허한 장소로서, 사내 창고나 물류센터에서 출고된 수출품의 선적을 위해 거치게 되는 곳
  ㉡ 구분

지정보세구역	• 국가 또는 지방자치단체 등의 공공시설이나 장소 등의 일정 구역을 세관장이 지정하고 물품 장치기간은 6개월 범위 안에서 관세청장이 정하며 내국화물의 경우 세관장의 허가로 10일 이내 반출할 수 있음 • 지정장치장(통관하고자 하는 물품을 일시 장치하기 위해 세관장이 지정하는 구역)과 세관검사장이 있음
특허보세구역	• 일반 개인이 신청하면 세관장이 특허해 주는 보세구역 • 특허 보세창고, 보세공장, 보세건설장, 보세전시장, 보세판매장 등이 있음
종합보세구역	동일 장소에서 기존 특허보세구역의 모든 기능, 즉 장치, 보관, 제조, 가공, 전시, 판매를 복합적으로 수행할 수 있음

2. 물류시설의 투자 타당성 분석기법 기출▶ 22년/ 16년

내부수익률법	물류센터 투자 타당성을 분석할 때 편익의 현재가치 합계와 비용의 현재가치 합계가 동일하게 되는 수준의 할인율을 의미하며, 높은 내부수익률이 산출되는 대안일수록 수익성이 좋다고 판단하는 기법
순현재가치법	자본예산편성과 관련하여 투자안의 가치를 평가하는 기법의 하나로, 투자로 인해 발생하는 현금흐름의 총유입액 현재가치에서 총유출액 현재가치를 차감한 가치를 순현가 이용을 통해 투자안을 평가하는 것
비용 편익 (B/C : Benefit/Cost ratio)비율법	편익을 비용으로 나눈 비율을 뜻하며, 비용편익비가 클수록 높은 투자 타당성을 가짐

CORE 02 물류센터의 건립 및 운영

1. 물류센터의 건립 단계 기출▶ 22년/ 21년/ 19년/ 15년

(1) 물류거점 분석

① 입지 분석 : 토지 구입 가격, 해당 지역의 세금 정책 및 유틸리티(전기, 상하수도, 가스 등) 비용, 해당 지역의 가용노동 인구 및 평균 임금수준 등 지역분석, 시장 분석, 각종 법적 규제 사항이나 정책 및 거시환경 분석, SWOT 분석을 수행
② 물류거점 기능 분석 : 취급 물품의 특성을 감안하여 물류센터 기능을 분석
③ 투자 효과 분석 : 시설 규모 및 운영 방식, 경제적 측면의 투자 타당성이나 수익성 등을 분석

(2) 물류센터 설계

① 기본 설계 : 물동량계획 · 동선계획 · 운영계획과 배치도 설계 등을 수행
② 상세 설계 : 구체적인 레이아웃과 작업방식, 물류비용 정산방법 등을 설계
③ 물류센터 설계 시 기본방침
  ㉠ 배송센터의 부지, 건물의 형식 · 규모 · 구조
  ㉡ 운반과 보관 방식 및 작업의 흐름 결정
  ㉢ 취급품의 운영 방식과 보관 방식의 조합 중에서 가장 효율적인 시설과 적합한 기기 선택
  ㉣ 상품의 특성에 따라 차량의 크기와 대수, 주차 공간, 부대 작업공간과 이용 기기의 선정
  ㉤ 작업과 시설배치의 적합성을 위한 레이아웃 결정
  ㉥ 건축법과 소방법 등의 법적 규제와 주변 여건
  ㉦ 서비스의 레벨, 필요 자금, 작업 비용 등에 대한 종합적인 평가 수행
④ 물류센터 설계 시 고려 사항 기출▶ 22년/ 21년/ 16년
  ㉠ 입하능력의 평준화
  ㉡ 입하 시간의 규제
  ㉢ 출하시간의 단축
  ㉣ 물품 취급 횟수의 최소화
  ㉤ 보관 면적
⑤ 물류센터의 규모 계획 시 순서 기출▶ 14년 : 서비스 수준의 결정 → 제품별 재고량 결정 → 보관량 및 보관용적의 산정 → 하역 작업방식과 설비의 결정 → 총면적 산출
⑥ 물류센터의 규모 결정에 영향을 미치는 요인 기출▶ 23년
  ㉠ 자재 취급 시스템의 형태
  ㉡ 통로 요구조건
  ㉢ 재고관리
  ㉣ 현재 및 미래의 제품 출하량
  ㉤ 사무실 공간
  ㉥ 목표 재고량
  ㉦ 리드타임, 주문 마감 시간, 납품 빈도나 시간, 주문 단위 등의 서비스 수준

⑦ 물류센터 구조 및 설계 특성(요인) `기출` ▶ 25년/ 24년/ 23년/ 17년
  ㉠ 제품(화물) 특성 : 크기, 무게, 용량, 가격, 포장 등
  ㉡ 주문 특성 : 주문 건수 및 빈도, 주문량, 처리 속도
  ㉢ 관리 특성 : 재고 정책, 고객 서비스 목표, 투자 및 운영 비용
  ㉣ 환경 특성 : 지리적 위치, 입지 제약, 환경 제약
  ㉤ 설비 특성 : 설비 종류, 운영 방안, 자동화 수준
  ㉥ 운영 특성 : 입·출고 방법, 보관방법, 피킹 및 분류 방법, 배송 방법
⑧ 물류센터 수가 증가함에 따라 발생하는 관리 요소의 변화 `기출` ▶ 19년/ 15년/ 14년
  ㉠ 시설 투자비용 및 창고고정비 증가
  ㉡ 납기준수율과 총 안전재고량 및 수송 비용 증가
  ㉢ 고객 접근성 및 고객 서비스 증가
  ㉣ 배송비 감소
  ㉤ 배송권역 축소

(3) 시공 및 운영

① 자금 조달
② 민간 투자 방식 결정 `기출` ▶ 23년/ 15년
  ㉠ BTO(Build Transfer Operate) : 민간이 시설을 준공해 정부에 소유권을 양도한 뒤 일정 기간 직접 운영하면서 사용자로부터 이용료를 받아 투자비를 회수하는 방식
  ㉡ BTL(Build Transfer Lease) : 사회기반시설의 준공(Build)과 동시에 당해 시설의 소유권은 국가 또는 지방자치단체에 귀속(Transfer)되나, 사업 시행자에게 시설 관리운영권(사용권)을 인정하여 그 시설 관리운영권을 국가 또는 지방자치단체 등이 협약에서 정한 기간에 다시 임차(Lease)하여 사용·수익하는 방식
  ㉢ BLT(Build Lease Transfer) : 사업 시행자가 사회기반시설을 준공한 후 일정 기간 동안 타인에게 임대하고 임대 기간 종료 후에 시설물을 국가 또는 지방자치단체로 이전하는 민간자본 활용 방식
  ㉣ BOT(Build Operate Transfer) : 수입을 수반하는 공공 프로젝트에 대하여 시공자가 자금 조달·설계·건설하고, 완성 후 시설을 운영하여 수입에서 투자자금을 규정 연한 내에 회수한 다음 발주자인 국가에 시설을 넘기는 방식
  ㉤ BOO(Build Own Operate) : 준공 이후에도 사업 시행자가 계속 소유·운영하는 방식
  ㉥ BOL(Build Own Lease) : 준공 이후 소유권을 갖고 국가에 임대하여 임대료를 받는 방식
③ 시공 : 하역 장비 설치 등 토목과 건축이 이루어지고 WMS 구축 시공
④ 완공 후 운영관리 : 완공·준공 테스트 보완 후 작업 배치, 교육·훈련, 사후 운영 관리

2. 물류센터의 운영 방식

(1) 쌍자분산형 `기출` 13년

① 개념 : 창고 간에 품종구성이 같은 배치

② 장점
- ㉠ 한 곳에 모든 품목의 집화 가능
- ㉡ 고객과의 거리가 가까워 서비스에 유리
- ㉢ 긴급한 출고에 대한 신속 대응 가능
- ㉣ 집중형에 비해 개개의 창고 크기가 작기 때문에 창고 내 운반 거리가 짧음

③ 단점
- ㉠ 기계화의 생력화가 곤란
- ㉡ 관리 요원의 과다로 효율성 저하
- ㉢ 재고와 현품과의 대응 관계가 나쁨
- ㉣ 집중형에 비해 재고량이 많지 않으면 품절 손실이 증가
- ㉤ 생산공장에서 각 창고까지 운송 거리의 합이 증가

(2) 친자분산형

① 개념 : 창고 간 품종구성이 다른 배치

② 장점
- ㉠ 창고 내의 품종이 적어 관리가 쉬운 동시에 유닛화가 용이
- ㉡ 설비(운반, 하역, 보관) 기능의 단순화로 경제적
- ㉢ 생산공장에서 창고까지의 운송 거리 단축

③ 단점
- ㉠ 수요 발생 시 여러 창고에서 집화하여야 함
- ㉡ 공정관리가 어려움
- ㉢ 고객과의 거리가 멀고 납품에 시간이 걸려 서비스의 질이 떨어짐

(3) 집중형

① 장점
- ㉠ 관리공간이 한 곳에 있기 때문에 정보와 현품의 대응이 용이
- ㉡ 수요에 대한 품목, 수량을 모두 구비 가능
- ㉢ 배송센터 규모의 출하 시설운영이 가능
- ㉣ 안전재고 수준이 분산형에 비해 낮음

② 단점
- ㉠ 창고의 대형화로 창고 내 운반 거리 증가
- ㉡ 작업자 개인의 책임추적 곤란

출제포인트 OX 문제

01 [O X] 복합물류터미널은 환적기능보다는 보관기능 위주로 운영되며 보안상 물류 정보의 기능은 포함하지 않는다.

02 두 지점 간의 물자 이동이 직선거리를 따라 이루어진다면, 단일 물류센터의 최적 입지는 입지를 나타내는 좌표에 대한 두 개의 방정식을 통해서 구할 수 있는데, 이것을 최적 (　　)(이)라고 한다.

03 [O X] 물품을 주문별로 분배하는 파종식은 DPS(Digital Picking System)이다.

04 첨단 물류설비, 운영시스템 등을 도입하여 저비용, 고효율, 친환경성 등에서 우수한 성능을 발휘할 수 있는 물류창고는 (　　)이다.

05 [O X] CFS(Container Freight Station)는 LCL 화물을 모아서 FCL 화물로 만드는 LCL 화물 정거장으로 부두 외부에도 위치할 수 있다.

06 물류센터의 투자 타당성을 분석할 때 편익의 현재가치 합계와 비용의 현재가치 합계가 동일하게 되는 수준의 할인율을 활용하는 기법은 (　　)이다.

07 [O X] 물류거점 분석 단계에서 하역 장비를 설치한다.

08 [O X] 물류센터 내부 레이아웃은 설립을 위한 입지 결정 이후에 고려해야 할 사항이다.

09 [O X] 물류센터 구조와 설비 결정 요소 중 운영 특성은 입고, 보관, 피킹, 배송 방법을 반영한다.

10 민간이 시설을 준공해 정부에 소유권을 양도한 뒤 일정 기간을 직접 운영하면서 사용자로부터 이용료를 받아 투자비를 회수하는 공공 물류시설의 민간 투자사업 방식은 (　　)이다.

11 [O X] 수요지 인근에 단일 대규모 물류센터를 운영하는 집중형 방식은 생산지에서 수요지까지의 총운송비용이 적다는 특징이 있다.

정답 및 해설

01 × ▶ 복합물류터미널은 환적기능 위주로 운영되어 터미널 기능을 실현하며, 화물의 보관 업무까지도 수행하고 화물 정보센터의 기능을 강화하여 화물 운송 및 재고 정보 등을 제공한다.
02 무게중심법
03 × ▶ 물품을 주문별로 분배하는 파종식은 DAS(Digital Assort System)이다.
04 스마트물류센터
05 ○
06 내부수익률법
07 × ▶ 하역 장비 설치는 시공 및 운영 단계에서 수행하는 활동이다.
08 ○
09 ○
10 이전 후 운영 방식(BTO : Build Transfer Operate)
11 ○

빈출키워드 기출유형문제

키워드 ❶ 물류거점

01

수·배송 네트워크에서 물류거점(Node) 수의 증가로 나타나는 현상이 아닌 것은? 기출 17년

① 재고비용은 증가한다.
② 배송리드타임은 증가한다.
③ 시설투자비용은 증가한다.
④ 관리비용은 증가한다.
⑤ 총비용은 낮아지다가 일정 수 이상이 넘으면 점차 증가한다.

해설 ② 물류거점(Node : 역, 항만, 창고, 물류센터 등) 수가 증가하면 고객에게 상품을 더욱 신속하게 전달할 수 있어서 배송 리드타임은 감소한다.

02

물류거점 계획을 위한 기본조건에 관한 설명으로 옳은 것을 모두 고른 것은? 기출 13년

> ㉠ 수요조건은 고객의 분포, 잠재고객의 예측, 매출 증감, 배송 가능지역 등을 고려한다.
> ㉡ 법규제 조건은 토지의 이용문제(기존 토지와 신규 취득), 지가, 소요자금 내 가능한 용지 취득의 범위 등을 고려한다.
> ㉢ 배송서비스 조건은 고객에 대한 도착시간, 배송빈도, 리드타임, 거리 등을 고려한다.
> ㉣ 운송조건은 각종 운송거점 및 영업용 운송사업자 사업장과의 근접도 등을 고려한다.

① ㉠, ㉡, ㉢
② ㉠, ㉡, ㉢, ㉣
③ ㉠, ㉡, ㉣
④ ㉠, ㉢, ㉣
⑤ ㉡, ㉢, ㉣

해설 ㉡ 법규제 조건이 아니라 '용지조건'에 해당한다.
물류거점 계획을 위한 기본조건
• 수요조건 : 고객의 분포, 장래 고객의 예측, 매출 신장 여부, 배송 가능지역 등을 고려
• 법규제 조건 : 관련 법령 고려
• 배송서비스 조건 : 도착시간, 배송 빈도, 리드타임, 배송 거리 등을 고려
• 운송조건 : 각종 터미널(트럭, 항만, 공항, 역)의 운송거점과 근접성, 운송노선별 소요시간/비용 등을 고려
• 용지조건 : 이용할 수 있는 토지, 허용 지가 등을 고려

🔒 01 ② 02 ④

키워드 ❷ 손익분기 도표법

03

다음에서 설명한 물류단지의 입지결정 방법은? 기출 23년

- 일정한 물동량(입고량 또는 출고량)의 고정비와 변동비를 산출한다.
- 물동량에 따른 총비용을 비교하여 대안을 선택하는 방법이다.

① 체크리스트법
② 톤-킬로법
③ 무게 중심법
④ 손익분기 도표법
⑤ 브라운 & 깁슨법

해설 ① 체크리스트법 : 입지요인에 대한 평점을 부여하여 종합 점수가 가장 높은 지역을 물류단지 입지로 선택하는 방법이다.
② 톤-킬로법 : 각 수요처와 배송센터까지의 거리와 수요처까지의 운송량에 대하여 운송 수량(톤) × 거리(km)에 의해 평가하여 그 총 계가 가장 적은 곳에 배송센터를 설치하는 방법이다.
③ 무게중심법 : 물류센터로 반입 및 반출되는 각 지점과 물류센터와의 거리에 거리당 운임과 물동량을 곱하여 각 지점과 물류센터 간의 수송비를 산출한 후 그 합이 최소가 되는 지점을 구하는 방법이다.
⑤ 브라운&깁슨법 : 입지 결정에 있어서 양적 요인과 질적 요인을 함께 고려할 수 있는 복수공장의 입지 분석모형이다.

04

다음은 연간 처리물동량 1만톤 기준, 물류시설 A, B, C 세 곳의 연간 고정비와 변동비의 소요 예산이다. 물류시설 입지 선정에 관한 설명으로 옳은 것은? 기출 18년

구분		A	B	C
고정비	연간 자본비	5,000,000원	4,800,000원	4,900,000원
	연간 연료비	250,000원	270,000원	300,000원
	연간 용수비	50,000원	60,000원	55,000원
	연간 세금	250,000원	400,000원	400,000원
변동비	단위당 하역비	520,000원	500,000원	500,000원
	단위당 재고비	850,000원	900,000원	800,000원
	단위당 운송비	420,000원	350,000원	400,000원

① 연간 처리물동량 1만톤일 때, 총비용면에서 가장 경제적인 물류시설은 C이다.
② 연간 처리물동량 2만톤일 때, 총비용면에서 가장 경제적인 물류시설은 B이다.
③ 연간 처리물동량 3만톤일 때, 총비용면에서 가장 경제적인 물류시설은 A이다.
④ 연간 처리물동량이 증가할수록, 총비용면에서 가장 경제적인 물류시설은 A이다.
⑤ 연간 처리물동량이 1만톤일 때는 고정비만 비교하여 물류시설 입지를 선정한다.

해설 손익분기 도표법

일정한 물동량, 즉 입고량 또는 출고량을 전제로 하고 고정비와 변동비의 합을 비교하여 물동량에 따른 총비용이 최소가 되는 대안을 선택한다.

구분		A	B	C
고정비	연간 자본비	5,000,000원	4,800,000원	4,900,000원
	연간 연료비	250,000원	270,000원	300,000원
	연간 용수비	50,000원	60,000원	55,000원
	연간 세금	250,000원	400,000원	400,000원
	소계	5,550,000원	5,530,000원	5,655,000원
변동비	단위당 하역비	520,000원	500,000원	500,000원
	단위당 재고비	850,000원	900,000원	800,000원
	단위당 운송비	420,000원	350,000원	400,000원
	소계	1,790,000원	1,750,000원	1,700,000원

- A의 총비용 = 5,550,000원 + 1,790,000원 = 7,340,000원
- B의 총비용 = 5,530,000원 + 1,750,000원 = 7,280,000원
- C의 총비용 = 5,655,000원 + 1,700,000원 = 7,355,000원

일정한 물동량을 전제로 할 때 고정비와 변동비의 합은 B시설이 최소이므로 가장 경제적인 물류 시설은 B이다.

키워드 ③ 무게중심법

05

K기업이 수요지에 제품 공급을 원활하게 하기 위한 신규 물류창고를 운영하고자 한다. 수요량은 수요지 A가 50ton/월, 수요지 B가 40ton/월, 수요지 C가 100ton/월이라고 할 때, 무게중심법을 이용한 최적입지 좌표(X, Y)는? (단, 소수점 둘째 자리에서 반올림한다.) 기출 23년

구분	X좌표	Y좌표
수요지 A	10	20
수요지 B	20	30
수요지 C	30	40
공장	50	50

① X = 21.5, Y = 32.1
② X = 25.3, Y = 39.1
③ X = 36.3, Y = 41.3
④ X = 39.7, Y = 53.3
⑤ X = 43.2, Y = 61.5

해설

$$X = \frac{(50 \times 10)+(40 \times 20)+(100 \times 30)+(190 \times 50)}{50+40+100+190} ≒ 36.3$$

$$Y = \frac{(50 \times 20)+(40 \times 30)+(100 \times 40)+(190 \times 50)}{50+40+100+190} ≒ 41.3$$

03 ④ 04 ② 05 ③

06

수요지에 제품을 공급하기 위한 물류센터와 각 수요지의 위치 좌표(X, Y), 그리고 일별 배송횟수가 다음의 표와 같이 주어져 있다. 물류센터와 수요지 간 일별 총이동거리를 계산한 결과는? (단, 이동거리는 직각거리(rectilinear distance)로 계산한다.) 기출 21년

구분	위치 좌표(단위 : km)		배송횟수(회/일)
	X	Y	
물류센터	6	4	
수요지 1	3	8	2
수요지 2	8	2	3
수요지 3	2	5	2

① 28km
② 36km
③ 38km
④ 42km
⑤ 46km

해설 이동 거리는 직각 거리이므로 물류센터에서 각 수요지까지의 거리는 물류센터의 X좌표에서 각 수요지 X좌표의 거리와 물류센터의 Y좌표에서 각 수요지 Y좌표의 거리를 합산한 후 배송 횟수를 곱한다.
- 물류센터 → 수요지 1 : (3km + 4km) × 2회 = 14km
- 물류센터 → 수요지 2 : (2km + 2km) × 3회 = 12km
- 물류센터 → 수요지 3 : (4km + 1km) × 2회 = 10km

따라서 총이동 거리 = 14km + 12km + 10km = 36km

07

A사는 현재 2곳의 공장에서 다른 제품을 생산하여 3곳의 수요처에 각각 제품을 공급하고 있다. 물류센터 한 곳을 신축하여 각 공장에서는 물류센터로 운송하고, 물류센터에서 3곳의 수요처로 운송할 계획이다. 물류센터와 기존시설과의 예상되는 1일 운송빈도는 아래 표와 같으며, 거리는 직각거리(Rectilinear Distance)로 가정한다. 총 이동거리($\sum_{i=1}^{n} W_i \times \{|x-a_i| + |y-b_i|\}$)를 최소화시키는 신규 물류센터의 최적 위치는? 기출 19년

물류센터의 위치	기존시설			
	i	시설명	위치(a_i, b_i)	물류센터와의 1일 운송빈도(W_i)
(x, y)	1	공장1	(2, 1)	6
	2	공장2	(12, 7)	5
	3	수요처1	(4, 5)	2
	4	수요처2	(7, 8)	4
	5	수요처3	(10, 2)	6

① (x, y) = (6.0, 4.0)
② (x, y) = (6.2, 3.6)
③ (x, y) = (7.0, 2.0)
④ (x, y) = (7.0, 5.0)
⑤ (x, y) = (7.8, 3.7)

해설

③ $\sum_{i=1}^{n} W_i \times \{|x-a_i|+|y-b_i|\}$에 (x, y) = (7.0, 2.0)을 대입하면
$[6 \times \{|7-2|+|2-1|\}] + [5 \times \{|7-12|+|2-7|\}] +$
$[2 \times \{|7-4|+|2-5|\}] + [4 \times \{|7-7|+|2-8|\}] +$
$[6 \times \{|7-10|+|2-2|\}] = 36 + 50 + 12 + 24 + 18 = 140$

① $\sum_{i=1}^{n} W_i \times \{|x-a_i|+|y-b_i|\}$에 (x, y) = (6.0, 4.0)을 대입하면
$[6 \times \{|6-2|+|4-1|\}] + [5 \times \{|6-12|+|4-7|\}] +$
$[2 \times \{|6-4|+|4-5|\}] + [4 \times \{|6-7|+|4-8|\}] +$
$[6 \times \{|6-10|+|4-2|\}] = 42 + 45 + 6 + 20 + 36 = 149$

② $\sum_{i=1}^{n} W_i \times \{|x-a_i|+|y-b_i|\}$에 (x, y) = (6.2, 3.6)을 대입하면
$[6 \times \{|6.2-2|+|3.6-1|\}] + [5 \times \{|6.2-12|+|3.6-7|\}] +$
$[2 \times \{|6.2-4|+|3.6-5|\}] + [4 \times \{|6.2-7|+|3.6-8|\}] +$
$[6 \times \{|6.2-10|+|3.6-2|\}]$
$= 40.8 + 46 + 7.2 + 20.8 + 32.4 = 147.2$

④ $\sum_{i=1}^{n} W_i \times \{|x-a_i|+|y-b_i|\}$에 (x, y) = (7.0, 5.0)을 대입하면
$[6 \times \{|7-2|+|5-1|\}] + [5 \times \{|7-12|+|5-7|\}] +$
$[2 \times \{|7-4|+|5-5|\}] + [4 \times \{|7-7|+|5-8|\}] +$
$[6 \times \{|7-10|+|5-2|\}] = 54 + 35 + 6 + 12 + 36 = 143$

⑤ $\sum_{i=1}^{n} W_i \times \{|x-a_i|+|y-b_i|\}$에 (x, y) = (7.8, 3.7)을 대입하면
$[6 \times \{|7.8-2|+|3.7-1|\}] + [5 \times \{|7.8-12|+|3.7-7|\}] +$
$[2 \times \{|7.8-4|+|3.7-5|\}] + [4 \times \{|7.8-7|+|3.7-8|\}] +$
$[6 \times \{|7.8-10|+|3.7-2|\}]$
$= 51 + 37.5 + 10.2 + 20.4 + 23.4 = 142.5$

이므로 이동 거리를 최소화하는 최적의 위치는 ③이다.

08

새로운 물류센터를 건설하고자 한다. 다음 그림에서 A, B는 화물의 공급지로 공급량은 각각 100톤/월, 400톤/월이며, C, D는 수요지로 수요량은 각각 200톤/월, 300톤/월이다. 무게중심법에 의한 신규 물류센터의 최적 입지좌표(X, Y)는?

기출 15년

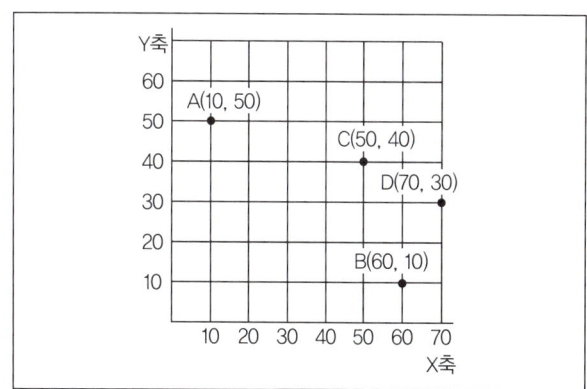

① (56, 26)　　　　② (56, 32)
③ (61, 26)　　　　④ (61, 32)
⑤ (62, 32)

해설 무게중심법에 따른 입지좌표

$X = \dfrac{100 \times 10 + 400 \times 60 + 200 \times 50 + 300 \times 70}{100 + 400 + 200 + 300} = 56$

$Y = \dfrac{100 \times 50 + 400 \times 10 + 200 \times 40 + 300 \times 30}{100 + 400 + 200 + 300} = 26$

09

다음은 각 수요지의 수요량과 위치좌표를 나타낸 것이다. 무게중심법에 의한 신규 배송센터의 최적의 입지좌표는? (단, 배송센터로의 공급은 고려하지 않음) 기출 24년

구분	X좌표	Y좌표	수요량(톤/월)
수요지 1	20	40	200
수요지 2	60	20	100
수요지 3	80	50	200
수요지 4	120	100	500

① X : 52, Y : 40
② X : 72, Y : 52
③ X : 80, Y : 72
④ X : 86, Y : 70
⑤ X : 92, Y : 86

해설 **무게중심법에 따른 입지좌표**

$$X = \frac{200 \times 20 + 100 \times 60 + 200 \times 80 + 500 \times 120}{200 + 100 + 200 + 500} = 86$$

$$Y = \frac{200 \times 40 + 100 \times 20 + 200 \times 50 + 500 \times 100}{200 + 100 + 200 + 500} = 70$$

키워드 ④ 톤-킬로법

10

물류단지의 입지결정 방법에 관한 설명으로 옳지 않은 것은? 기출 17년

① 총비용 비교법 : 각 대안별로 관리비용을 산출하고, 총비용이 최소가 되는 대안을 선택하는 방법이다.
② 무게중심법 : 물류센터를 기준으로 고정된 공급지(공장 등)에서 물류센터까지의 수송비와 물류센터에서 수요지(배송처 등)까지의 수송비를 구하여 그 합이 최소가 되는 입지를 선택하는 방법이다.
③ 톤-킬로법 : 입지에 관련된 요인(접근성, 지역환경, 노동력 등)에 주관적으로 가중치를 설정하여 각 요인의 평가점수를 합산하는 방법이다.
④ 브라운깁슨법 : 입지에 영향을 주는 인자들을 필수적 요인, 객관적 요인, 주관적 요인으로 구분하여 평가하는 방법이다.
⑤ 손익분기 도표법 : 일정한 물동량(입고량 또는 출고량)의 고정비와 변동비를 산출하고 그 합을 비교하여 물동량에 따른 총비용이 최소가 되는 대안을 선택하는 방법이다.

해설 ③은 요인평정법에 대한 설명이다.
톤-킬로법
각 수요처와 배송센터까지의 거리와 수요처까지의 운송량에 대하여 운송 수량(톤) × 거리(km)에 의해 평가, 그 총계가 가장 적은 곳에 배송센터를 설치하는 방법이다.

11

서울, 대전, 부산에 수요지를 가진 X회사가 두 곳의 입지 중 한 곳에 물류센터를 건설할 계획이다. 서울의 수송량이 500톤/월, 대전의 수송량이 300톤/월, 부산의 수송량이 200톤/월이고 거리 및 톤 킬로(ton-km)당 수송비가 다음과 같을 때, 거리 및 수송량을 고려한 최적 입지와 총 수송비용으로 옳은 것은? 기출 15년

수요지 입지	서울		대전		부산	
	거리(Km)	수송비(원)	거리(Km)	수송비(원)	거리(Km)	수송비(원)
A	250	1.0	40	1.5	300	1.0
B	300	2.0	100	1.0	80	2.0

① A - 177,500원
② A - 203,000원
③ A - 362,000원
④ B - 203,000원
⑤ B - 362,000원

해설
- A 입지 = 500톤/월 × (250km × 1.0) + 300톤/월 × (40km × 1.5) + 200톤/월 × (300km × 1.0) = 203,000원
- B 입지 = 500톤/월 × (300km × 2.0) + 300톤/월 × (100km × 1.0) + 200톤/월 × (80km × 2.0) = 362,000원

톤-킬로법은 각 수요처와 배송센터까지의 거리와 수요처까지의 운송량에 대하여 운송 수량(톤) × 거리(km)에 의해 평가하고, 그 총계가 가장 적은 곳에 배송센터를 설치하는 방법으로 A 입지가 총계가 적으므로 최적 입지이다.

키워드 ❺ 기타 입지결정 기법

12

다음에서 설명한 물류센터 입지결정의 방법은? 기출 16년

> 양적 요인과 질적 요인을 모두 고려할 수 있도록 평가기준을 필수적 기준, 객관적 기준, 주관적 기준으로 구분하여 입지평가지표를 계산 후 평가하는 방법이다.

① 총비용 비교법
② 톤-킬로법
③ 브라운&깁슨법
④ 무게중심법
⑤ 요소분석법

해설 브라운&깁슨법(양&질적 요인 분석법)
- 입지 결정에 있어서 양적 요인과 질적 요인을 함께 고려할 수 있는 복수공장의 입지 분석모형이 1972년 브라운과 깁슨에 의해 제시되었다.
- 요인평가 기준
  - 필수적 기준(Critical Criteria) : 특정 시스템의 장소적 적합성 판정 시의 필수적 기준(예 맥주 공장 - 수질, 수량 / 연탄공장 - 석탄)
  - 객관적 기준(Objective Criteria) : 화폐가치로 평가될 수 있는 경제적 기준(예 인건비, 원재료비, 용수비, 세금 등)
  - 주관적 기준(Subjective Criteria) : 평가자의 주관에 의해 가늠되는 기준(예 근로자의 성실성, 지역주민의 민심 등)

13

컨테이너 항만이 건설되면 물동량 증가를 대비하기 위해 항만배후단지를 건설하고 다양한 제조업체와 물류업체를 유치한다. 신항만 배후단지에 부지를 분양받은 A업체가 물류창고 건설 일정계획을 수립할 때 사용되는 가장 적합한 기법은? 기출 14년

① 무게중심법
② 총비용 비교법
③ 손익분기 도표법
④ 체크리스트를 이용한 요소분석법
⑤ PERT/CPM(Program Evaluation and Review Technique/Critical Path Method)

> 해설 PERT/CPM 기법
> • 전체 프로젝트의 진도를 효율적으로 관리할 수 있는 네트워크 계획 및 통제기법이다.
> • 각 작업의 소요 기간과 착수, 종료 시점 등 시간적인 측면의 관리와 작업 비용의 시간적 측면인 예산편성 및 조정 그리고 현황 보고의 기능을 갖추고 있다.

키워드 6 공동집배송단지

14

공동집배송단지의 운영효과에 관한 설명으로 옳지 않은 것은? 기출 19년

① 배송물량을 통합하여 계획 배송하므로 차량의 적재 효율을 높일 수 있다.
② 공동집배송단지를 사용하는 업체들의 공동 참여를 통해 대량 구매 및 계획 매입이 가능하다.
③ 보관 수요를 통합 관리함으로써 업체별 보관 공간 및 관리 비용의 절감이 가능하다.
④ 혼합배송이 가능하여 차량의 공차율이 증가한다.
⑤ 물류 작업의 공동화를 통해 물류비 절감 효과가 있다.

> 해설 ④ 공동집배송은 다수 업체가 배송센터를 한 곳의 대단위 단지에 집결시킴으로써 배송물량의 지역별 · 업체별 계획배송 및 혼재(혼합) 배송으로 인한 차량 적재율의 증가로 공차율이 감소하고, 물류비를 절감시키는 효과를 가져온다.

15

공동집배송단지의 도입 효과에 관한 설명으로 옳은 것을 모두 고른 것은? 기출 23년

> ㄱ. 배송물량을 통합하여 계획 배송함으로써 차량의 적재 효율을 높일 수 있다.
> ㄴ. 혼합배송이 가능하여 차량의 공차율이 증가한다.
> ㄷ. 공동집배송단지를 사용하는 업체들의 공동 참여를 통해 대량 구매 및 계획 매입이 가능하다.
> ㄹ. 보관 수요를 통합 관리함으로써 업체별 보관 공간 및 관리 비용이 증가한다.
> ㅁ. 물류 작업의 공동화를 통해 물류비 절감 효과가 있다.

① ㄱ, ㄴ, ㄹ
② ㄱ, ㄴ, ㅁ
③ ㄱ, ㄷ, ㅁ
④ ㄴ, ㄷ, ㄹ
⑤ ㄷ, ㄹ, ㅁ

> 해설 ㄴ(×). 공동집배송은 다수 업체가 배송센터를 한 곳의 대단위 단지에 집결시킴으로써 배송물량의 지역별 · 업체별 계획배송 및 혼재 배송에 의해 차량 적재율의 증가로 공차율이 감소한다.
> ㄹ(×). 공동집배송은 작업을 공동으로 수행하므로 상품 흐름의 원활화, 인력의 공동 활용, 공간효용의 극대화를 통해 업체별 보관 공간 및 관리 비용이 감소한다.

키워드 ❼ 복합화물터미널 및 물류터미널

16
복합화물터미널에 관한 설명으로 옳지 않은 것은? 기출 21년

① 마샬링(Marshalling) 기능과 선박의 양하 작업을 수행한다.
② 운송화물을 발송지 및 화주별로 혼재 처리하여 운송 효율을 높인다.
③ 두 종류 이상의 운송수단을 연계하여 화물을 운송한다.
④ 창고, 유통가공시설 등의 다양한 물류기능을 수행하는 시설이 있다.
⑤ 운송수단 예약, 화물의 운행 및 도착 정보를 제공하는 화물정보센터로서의 역할을 한다.

해설 ① 복합화물터미널은 환적 기능 위주로 운영되며, 선박의 양하는 항만 내에서 수행하는 작업이다.

17
복합물류터미널에 관한 설명으로 옳지 않은 것은? 기출 24년

① 두 종류 이상의 운송수단을 연계할 수 있는 규모 및 시설을 갖춘 화물터미널이다.
② 보관기능 위주로 운영되는 물류시설로 환적물량은 취급하지 않는다.
③ 조립·가공 등의 기능을 수행하기 위한 유통가공 시설을 보유할 수 있다.
④ 배송센터 기능과 더불어 화물정보센터의 기능도 수행한다.
⑤ 화물의 집화·하역 및 이와 관련된 분류·포장 등에 필요한 기능을 갖춘 물류시설이다.

해설 ② 복합물류터미널은 환적 기능 위주로 운영되어 터미널 기능을 실현하며, 화물의 보관 업무까지도 수행한다.

키워드 ❽ 물류센터의 기능

18
물류센터의 기능을 모두 고른 것은? 기출 21년

ㄱ. 조립 및 유통 가공
ㄴ. 상품의 보호를 위한 포장
ㄷ. 입·출고를 원활하게 하기 위한 오더피킹

① ㄱ
② ㄴ
③ ㄱ, ㄴ
④ ㄴ, ㄷ
⑤ ㄱ, ㄴ, ㄷ

해설 물류센터의 기능
• 환적, 보관, 분류, 유통 가공, 조립, 포장
• 원활한 입·출고를 위한 오더피킹
• 공장과 물류센터 간 대량·정형적인 계획수송으로 인한 수송비 절감
• 물류센터 정보망을 통한 신속·정확한 재고 파악

19
물류센터의 기능 및 역할에 관한 설명으로 옳지 않은 것은? 기출 19년

① 공급자와 수요자의 중간에 위치하여 수요와 공급을 통합하고 계획하여 효율화를 높이는 시설이다.
② 물류센터의 규모는 목표 재고량을 우선 산정한 후 서비스 수준에 따라서 결정된다.
③ 물류센터의 설계 시 제품의 특성, 주문 특성, 설비 특성 등이 고려되어야 한다.
④ 물류센터의 입지선정 시 경제적, 자연적, 입지적 요인 등을 고려해야 한다.
⑤ 물류센터 입지의 결정에 있어서 관련 비용의 최소화를 고려해야 한다.

해설 ② 목표 재고량을 우선 산정하는 것이 아니라 신속·정확한 재고 파악으로 과잉재고 및 재고편재를 방지하고, 판매 정보의 조기 파악 후 조달 및 생산계획을 반영하여 물류센터의 규모를 결정해야 한다.

키워드 9 | 배송센터 구축의 이점

20
배송센터 구축의 이점으로 옳지 않은 것은? 기출 18년

① 수송비 절감 : 수요지에 가까운 배송센터까지 대형차로 수송하고 고객에게는 소형차로 배송하므로 비용이 절감된다.
② 배송 서비스율 향상 : 배송센터에서 고객에게 배송하는 것이 공장에서 고객에게 배송하는 것보다 리드타임이 단축된다.
③ 납품작업의 합리화 : 백화점이나 양판점은 배송센터를 통해 납품작업을 합리화시킨다.
④ 교차수송의 발생 : 각각의 공장에서 제품을 소비지까지 개별 수송하므로 손상, 분실, 오배송이 감소한다.
⑤ 상물분리의 실시 : 배송센터를 활용함으로써 각 영업지점은 상류 활동에 전념할 수 있다.

해설 배송센터 구축의 이점
- 수송비 절감
- 배송 서비스율 향상
- 납품작업 합리화
- 교차수송 감소
- 상물분리 실시

21
배송센터를 구축할 경우 좋은 점을 모두 고른 것은? 기출 14년

㉠ 상물(商物)의 일치	㉡ 배송 서비스율 향상
㉢ 수송비의 절감	㉣ 교차수송의 감소
㉤ 납품작업의 효율화	㉥ 고객서비스의 향상

① ㉠, ㉢, ㉤
② ㉡, ㉣, ㉥
③ ㉠, ㉡, ㉢
④ ㉡, ㉢, ㉣, ㉤
⑤ ㉡, ㉢, ㉣, ㉤, ㉥

해설 배송센터를 구축할 경우 상물(商物) 분리가 되는 이점이 있다. 기업활동을 활성화하기 위해서는 상류와 물류의 흐름을 분리해 지점이나 영업소 등에서 처리하고 있던 물류활동은 배송센터나 공장의 직배송 등을 통하여 수행하는 것이 효과적이다.

키워드 10 | 스톡 포인트

22
다음에서 설명하는 물류시설은? 기출 23년

> ㄱ. LCL(Less than Container Load) 화물을 특정 장소에 집적하였다가 목적지별로 선별하여 하나의 컨테이너에 적입하는 장소
> ㄴ. 복수의 운송수단 간 연계를 할 수 있는 규모 및 시설을 갖춘 장소
> ㄷ. 재고품의 임시 보관 거점으로 상품의 배송 거점인 동시에 예상 수요에 대한 보관 장소

① ㄱ : CY(Container Yard), ㄴ : 복합물류터미널, ㄷ : 스톡 포인트(Stock Point)
② ㄱ : CY(Container Yard), ㄴ : 복합물류터미널, ㄷ : 데포(Depot)
③ ㄱ : CFS(Container Freight Station), ㄴ : 복합물류터미널, ㄷ : 스톡 포인트(Stock Point)
④ ㄱ : CFS(Container Freight Station), ㄴ : 공동집배송단지, ㄷ : 스톡 포인트(Stock Point)
⑤ ㄱ : CFS(Container Freight Station), ㄴ : 공동집배송단지, ㄷ : 데포(Depot)

해설 ㄱ : CFS – LCL 화물을 모아서 FCL 화물로 만드는 LCL 화물 정거장으로 부두 외부에도 위치할 수 있다.
ㄴ : 복합물류터미널 – 우리나라의 복합물류터미널은 「물류시설의 개발 및 운영에 관한 법률」에 근거하며, 화물의 집하, 하역, 분류, 포장, 보관 또는 통관에 필요한 시설을 갖춘 화물 유통의 중심 장소로서 두 종류 이상 운송수단 간의 연계수송을 할 수 있는 규모와 시설을 갖춘 물류 터미널이다.
ㄷ : 스톡 포인트 – 보통 재고품의 보관 거점으로서 상품의 배송 거점인 동시에 예상 수요에 대한 보관 거점을 의미한다. 물품 보관에 주력하는 보관장소이며 제조업체들이 원료나 완성품, 폐기물을 쌓아두는 경우가 많다.

23

다음의 설명에 해당되는 물류시설은? 기출 17년

- 재고품의 임시보관거점으로 상품의 배송거점인 동시에 예상 수요에 대한 보관거점이다.
- 대도시, 지방중소도시에 합리적인 배송을 실시할 목적으로 운영되는 유통의 중계기지이다.
- 일종의 하치장으로 제조업체들은 원료, 완성품, 폐기물들을 쌓아두는 경우가 많다.

① 데포(Depot)
② 물류센터
③ 복합화물터미널
④ 스톡 포인트(Stock Point)
⑤ CFS(Container Freight Station)

해설 ① 데포(Depot) : 스톡 포인트보다 작은 국내용 2차 창고, 또는 수출 상품을 집화, 분류, 수송하기 위한 내륙 CFS로 화물 체류 시간이 짧다.
② 물류센터 : 대규모의 물류단지에 복합터미널과 같이 자동화된 시설을 갖추고 운영되는 거대하고 방대한 단지로 다품종 대량의 물품을 공급받아 분류, 보관, 포장, 유통가공, 정보처리 등을 수행하여 다수의 수요자에게 적기에 배송하기 위한 시설이다.
③ 복합화물터미널 : 화물의 집하, 하역, 분류, 포장, 보관 또는 통관에 필요한 시설을 갖춘 화물 유통의 중심 장소로서 두 종류 이상 운송수단 간의 연계수송을 할 수 있는 규모와 시설을 갖춘 물류 터미널이다.
⑤ CFS : LCL 화물을 모아서 FCL 화물로 만드는 LCL 화물 정거장을 말한다.

키워드 ⑪ 데포

24

효율적인 수송을 위해 갖추어진 집배중계 및 배송처에 컨테이너가 CY(Container Yard)에 반입되기 전 야적된 상태에서 컨테이너를 적재시키는 장소는? 기출 15년

① 데포(Depot)
② 스톡 포인트(Stock point)
③ CFS(Container Freight Station)
④ 복합물류터미널
⑤ 집배송센터

해설 ② 대도시, 지방 중소도시에 합리적인 배송을 할 것을 목적으로 설립된 유통의 중계기지로 배송센터와 창고의 중간적인 기능을 갖춘 설비이다.
③ 컨테이너 1개를 채울 수 없는 소량화물의 인수, 인도, 보관 또는 LCL 화물을 컨테이너 안에 적입하거나 끄집어내는 작업을 하는 장소이다.
④ 화물의 집화(集貨)·하역(荷役) 및 이와 관련된 분류·포장·보관·가공·조립 또는 통관 등에 필요한 기능을 갖춘 시설물을 말한다.
⑤ 담당 지역 내의 소매점이나 소비자에 대한 배송 기능을 주로 하는 물류거점으로 물류센터보다는 소규모 시설물이다.

25

물류단지시설에 관한 설명으로 옳지 않은 것은? 기출 13년

① 데포(Depot)는 제조업체가 원료나 완성품을 쌓아 두거나 유통업체가 배송 전 단계로 재고품을 비축 또는 다음 단계의 배송센터로 제품을 이전시키기 전에 일시 보관하는 시설이다.
② 물류터미널은 화물의 집하, 하역 및 이와 관련된 분류, 포장, 보관, 가공, 조립 또는 통관 등에 필요한 기능을 갖춘 시설이다.
③ 복합물류터미널은 두 종류 이상의 운송수단 간의 연계운송을 수행할 수 있는 시설이다.
④ 공동집배송센터는 여러 유통사업자 또는 제조업자가 공동으로 사용할 수 있도록 집배송시설 및 부대업무시설이 설치되어 있는 시설이다.
⑤ 내륙컨테이너기지(ICD)는 주로 항만터미널과 내륙운송수단과의 연계가 편리한 산업지역에 위치한 컨테이너 장치장으로 컨테이너 화물의 통관기능까지 갖춘 시설이다.

해설 ①은 스톡 포인트(Stock Point)에 대한 설명이다.
데포(Depot)
화물을 보관, 저장하는 장소를 말한다. 즉 생산지로부터 소비지까지 배송할 경우 화물을 기지의 데포까지 수송하여 모은 후 이곳에서 소정의 작업을 통해 최종소비자에게 전달된다.

키워드 ⑫ 물류센터의 작업

26

물류센터의 작업 계획 수립 시 세부 고려사항으로 옳지 않은 것은? 기출 22년

① 출하 차량 동선 – 평치, 선반 및 특수 시설의 사용 여부
② 화물 형태 – 화물의 포장 여부, 포장 방법 및 소요 설비
③ 하역 방식 – 하역 자동화 수준, 하역 설비의 종류 및 규격
④ 검수 방식 – 검수 기준, 검수 작업 방법 및 소요 설비
⑤ 피킹 및 분류 – 피킹 기준, 피킹 방법 및 소팅 설비

해설 ① 평치, 선반 및 특수 시설의 사용 여부는 보관 방식의 세부 고려 사항에 해당한다.

27

일반적인 물류센터의 작업 공정 순서는? 기출 17년

① 입하 → 피킹 → 검품 → 보관 → 격납 → 포장 → 출하
② 입하 → 피킹 → 보관 → 격납 → 검품 → 포장 → 출하
③ 입하 → 격납 → 보관 → 피킹 → 검품 → 포장 → 출하
④ 입하 → 격납 → 포장 → 보관 → 피킹 → 검품 → 출하
⑤ 입하 → 포장 → 격납 → 보관 → 피킹 → 검품 → 출하

해설 물류센터 내의 작업 흐름
입차 및 입하 → 격납 → 보관 → 피킹 → 유통가공 → 검품 → 포장 → 방향별 분류 → 상차 및 출하

키워드 ⓭ DPS와 DAS & ASN

28

DPS(Digital Picking System)와 DAS(Digital Assorting System)의 특성에 관한 설명으로 옳지 않은 것은? 기출 23년

① DPS는 피킹 대상품목 수를 디지털 기기로 표시하여 피킹하도록 지원하는 시스템이다.
② DAS는 분배된 물품의 순서에 따라 작업자에게 분류정보를 제공하여 신속한 분배를 지원하는 시스템이다.
③ DPS는 작동방식에 따라 대차식, 구동 컨베이어식, 무구동 컨베이어식으로 구분할 수 있다.
④ 멀티 릴레이 DAS는 주문 단위로 출하박스를 투입하여 피킹하는 방식으로 작업자의 이동이 최소화된다.
⑤ 멀티 다품종 DAS는 많은 고객에게 배송하기 위한 분배과정을 지원하는 방식으로 합포장을 할 때 적합하다.

해설 ④ 멀티 릴레이 DAS는 입고 수량을 1차를 통로별, 2차를 점포별로 분배하는 방식으로 냉장·신선식품의 통과형 물류단지 또는 도시락, 가공생산하는 물류센터에 적합하다.

29

디지털 피킹시스템(DPS : Digital Picking System)과 디지털 어소팅시스템(DAS : Digital Assorting System)의 특성에 관한 설명으로 옳지 않은 것은? 기출 17년

① DPS는 피킹 물품을 전표 없이 피킹가능한 시스템으로 다품종 소량, 다빈도 피킹 및 분배작업에 사용된다.
② DPS는 대차식 DPS, 구동컨베이어 DPS, 자동컨베이어 DPS로 분류되며, 대차식 DPS의 초기 설치비가 가장 많이 소요된다.
③ DAS는 적은 인원으로 빠른 분배작업이 가능하여 물류비용을 절감할 수 있다.
④ 멀티 분배 DAS방식은 고객별 주문상품을 합포장하기에 적합한 분배시스템이다.
⑤ 멀티 다품종 분배 DAS방식은 아이템 수가 많은 의류업 품목에 적합한 시스템이다.

해설 ② DPS는 대차식 DPS, 구동컨베이어 DPS, (무구동+구동)컨베이어 DPS로 분류되며, 대차식 DPS의 초기 설치비가 가장 적게 소요된다.

30

물류 모듈화의 대상에 관한 설명으로 옳지 않은 것은? 기출 15년

① 파렛트(Pallet)는 유닛로드(Unit load)를 구성하는 물품 적재용기이며, 파렛트에 포장화물을 적재하기 위하여 파렛타이저(Palletizer)가 사용되기도 한다.
② 보관 랙(Rack)은 모듈화된 화물의 보관을 위한 장치로 사용된다.
③ 집합포장기기는 유닛로드를 구성하는 포장화물의 일체화와 화물 무너짐 방지를 하기 위한 기기를 말한다.
④ 물류정보시스템은 물류 기능들을 유기적으로 결합하여 조정역할을 하며, 고객서비스 향상과 물류비절감 등의 물류합리화를 지원할 수 있다.
⑤ DAS(Digital Assorting System)는 운반기기로서 항만에서의 중량화물을 운반하는 데 사용된다.

해설 ⑤ DAS(Digital Assorting System)는 분배된 물품의 순서에 따라 작업자에게 분류 정보를 제공하여 신속한 분배를 지원하는 디지털 분배시스템이다.

31

다음이 설명하는 물류관련 용어는? 기출 20년

- 물류센터 입고 상품의 수량과 내역이 사전에 물류센터로 송달되어 오는 정보를 말한다.
- 물류센터에서는 이 정보를 활용하여 신속하고 정확하게 검품 및 적재업무를 수행할 수 있다.

① ASN(Advanced Shipping Notification)
② ATP(Available To Promise)
③ EOQ(Economic Order Quantity)
④ BOM(Bill Of Material)
⑤ POS(Point Of Sale)

해설 ② ATP(약속가능수량) : 총괄생산계획 중 주생산 일정에 관련된 것으로 영업 부서에서 고객에게 특정한 기간 내에 최종 생산품을 몇 개나 납품할 수 있는지 납품 가능 수량을 약속하는 것을 말한다.
③ EOQ(경제적 주문량) : 자재나 제품의 구입에 따르는 제비용과 재고 유지비 등을 고려해 가장 경제적이라고 판단되는 자재 또는 제품의 주문량으로, 주문 비용과 단위당 재고 유지비용의 합계가 최저로 되는 점(주문량)이다.
④ BOM(자재명세서) : 모든 품목에 대해 상위 품목과 부품의 관계와 사용량, 단위 등을 표시한 list, 도표, 또는 그림을 말한다.
⑤ POS(판매 시점정보관리) : 금전등록기와 컴퓨터 단말기의 기능을 결합한 시스템으로 매상 금액을 정산해 줄 뿐만 아니라 동시에 소매경영에 필요한 각종 정보와 자료를 수집·처리해 주는 시스템이다.

키워드 ⑭ KPI & 라인밸런싱

32

물류센터 KPI(Key Performance Indicator)에 관한 설명으로 옳지 않은 것은? 기출 20년

① 환경 KPI는 CO_2 절감 등 환경측면의 공헌도를 관리하기 위한 지표이다.
② 생산성 KPI는 작업인력과 시간당 생산성을 파악하여 작업을 개선하기 위한 지표이다.
③ 납기 KPI는 수주부터 납품까지의 기간을 측정하여 리드타임을 증가시키기 위한 지표이다.
④ 품질 KPI는 오납률과 사고율 등 물류품질의 수준을 파악하여 고객서비스 수준을 향상시키기 위한 지표이다.
⑤ 비용 KPI는 작업마다 비용을 파악하여 물류센터의 물류비용을 감소시키기 위한 지표이다.

해설 ③ 납기 KPI는 수주부터 납품까지의 기간을 측정하여 리드타임을 감소시키기 위한 지표이다.

33

물류센터 작업의 효율화를 위한 라인밸런싱(Line balancing)의 목적으로 옳지 않은 것은? 기출 15년

① 장비고장 발생 및 오작동 감소
② 작업공정 내의 재공품 감소
③ 가동률 향상
④ 리드타임(Lead time) 향상
⑤ 애로공정 개선으로 생산성 향상

해설 ① 공정의 불균형을 해소하기 위해서는 생산공정의 Layout을 어떻게 배치하며 공정 내의 병목 구간을 어떻게 풀어주느냐가 중요한 해결책이라 할 수 있다. 라인밸런싱의 목적은 공정별 사이클 타임을 최소화하고, 병목이 되는 공정을 없애는 것으로 장비 고장 발생이나 오작동 감소가 직접적 목적은 아니다.

키워드 ⑮ 공정효율

34

연속된 5개의 화물분류 공정별(A~E) 공정시간은 아래 표와 같다. 이 중 공정 1개의 공정시간을 변경하였을 때 공정효율(Balance Efficiency)이 80%가 되는 공정명과 공정시간은?

기출 16년

공정명	A	B	C	D	E
공정시간(분)	10	12	13	9	11

① 공정 A, 9분
② 공정 B, 10분
③ 공정 C, 11분
④ 공정 D, 8분
⑤ 공정 E, 8분

해설

⑤ 공정효율 80%가 되는 전체 작업 공정시간을 구하면

$$공정효율(\%) = \frac{전체\ 작업공정시간\ 합계}{최대\ 공정시간 \times 공정수} \times 100$$

$$= \frac{전체\ 작업공정시간\ 합계}{13분(C) \times 5} \times 100 = 80\%$$

전체 작업 공정시간 합계 = 52분
따라서 전체 작업시간 55분 중 3분을 줄인 공정 E가 공정효율(Balance Efficiency)이 80%이다.

35

연속된 4개의 화물 분류 작업장별 사이클 타임(Cycle time)이 다음과 같을 때 공정효율(Balance efficiency)은?

기출 15년

작업장	A	B	C	D
사이클 타임	13분	25분	17분	21분

① 65%
② 68%
③ 71%
④ 76%
⑤ 79%

해설

$$공정효율(\%) = \frac{전체\ 작업공정시간\ 합계}{최대\ 공정시간 \times 공정수} \times 100$$

$$= \frac{13분 + 25분 + 17분 + 21분}{25분(B) \times 4} \times 100$$

$$= 76\%$$

키워드 ⑯ 도크

36

24시간 운영하는 물류센터에 들어오는 트럭은 1일 평균 240대로 도착시간 간격은 평균 6분으로 예상하고 있다. 트럭이 물류센터에서 상·하차 작업을 하는 데 소요되는 시간은 평균 3시간이다. 물류센터에 트럭이 도착했을 때 가용한 도크가 없다면 트럭은 빈 도크가 나올 때까지 주차장에서 대기해야 하는데 고객서비스 차원에서 도착 즉시 도크를 사용할 수 있는 확률을 80% 이상으로 유지하려고 한다. 이에 관한 내용으로 옳지 않은 것은? 기출 19년

① 트럭의 도착시간 간격이 정확히 6분(상수)이고, 차량당 상·하차 시간이 정확히 3시간(상수) 걸린다면 이론적으로 필요한 도크의 수는 30개로 안전계수를 고려할 필요가 없다.

② 상·하차 시간은 3시간(상수)이지만 도착시간 간격이 평균 6분, 표준편차가 1분인 확률분포를 따른다면 도크의 수는 30개보다 커야 한다.

③ 상·하차 시간은 3시간(상수)이지만 도착시간 간격이 평균 6분, 표준편차가 0.1분인 확률분포를 따른다면 도크의 수는 30개보다 작아도 된다.

④ 도착시간 간격이 평균 6분인 확률분포를 따르고 상·하차 시간도 평균 3시간인 확률분포를 따른다면 도크의 수는 30개보다 커야 한다.

⑤ 도착시간 간격은 6분(상수)을 유지한 상황에서 상·하차 시간을 2.5시간(상수)으로 감소시킬 수 있다면 도크의 수는 30개보다 작아도 된다.

해설 ③

$$표준정규분포의\ 확률변수: Z = \frac{X - \mu}{\sigma}$$

(X = 측정값, μ = 분포의 평균, σ = 분포의 표준편차)

도착시간 간격이 평균 6분, 표준편차가 0.1분인 확률분포를 따를 때, 도크의 수 30개를 공식에 대입해 보면 $Z = \frac{X - \mu}{\sigma} = \frac{30 - 6}{0.1}$ = 240대가 된다. 따라서 도크의 수가 30개보다 작으면 1일 평균 240대보다 더 작은 대수가 들어와야 하므로 30개보다 작으면 안 된다.

37

다음 작업조건의 물류센터에서 필요한 출하도크의 길이는? (단, 소수점 첫째자리에서 반올림하시오.) 기출 13년

1일 평균 출고 물동량	7,280박스
트럭 1대당 도크의 점유 길이	3.0m
트럭 1대당 유효 적재량	280박스
출고 회전수(계획 출고)	2회전

① 3m ② 26m
③ 39m ④ 52m
⑤ 78m

> **해설**
> - 일일 필요한 트럭 수
>   : $\frac{7,280박스}{280박스} = 26대$
> - 출하 도크 길이
>   : $\frac{필요 트럭수 \times 트럭 대당 도크점유길이}{출고회전수} = \frac{26대 \times 3.0m}{2회전} = 39m$

키워드 ⑰ 크로스 도킹

38

크로스 도킹(Cross Docking)에 관한 설명으로 옳지 않은 것은? 기출 20년

① 물류센터를 화물의 흐름 중심으로 운영할 수 있다.
② 물류센터의 재고관리비용은 낮추면서 재고수준을 증가시킬 수 있다.
③ 배송리드타임을 줄일 수 있어서 공급사슬 효율성을 높일 수 있다.
④ 기본적으로 즉시 출고될 물량을 입고하여 보관하지 않고 출고하는 방식으로 운영한다.
⑤ 공급업체가 미리 분류·포장하는 기포장방식과 물류센터에서 분류·출고하는 중간 처리방식으로 운영한다.

> **해설** ② 크로스 도킹은 창고에 입고되는 상품을 보관하는 것이 아니라 분류 또는 재포장을 거쳐 곧바로 소매점포에 배송하므로 보관 단계를 제거하고 체류 시간을 줄여 배송기간 단축은 물론 재고관리 비용 절감과 물류센터의 무(無)재고를 달성하는 개념이다.

39

기존 물류센터에서 크로스 도킹(cross docking)을 도입할 때, 이에 관한 설명으로 옳지 않은 것은? 기출 24년

① 기계설비 보강과 정보기술도입 등 추가 투자가 필요할 수 있다.
② 물류센터의 재고 회전율이 감소한다.
③ 물류센터의 재고수준이 감소한다.
④ 장기적으로 물류센터의 물리적 저장 공간을 줄일 수 있다.
⑤ 입고되는 품목의 출하지가 알려져 있는 경우에 더 효과적이다.

> **해설** ② 크로스 도킹은 창고나 물류센터로 입고되는 상품을 보관하는 것이 아니라 즉시 배송할 준비를 하는 물류시스템으로, 도입 시 물류센터의 재고 회전율이 증가한다.

키워드 18 ICD 및 CFS

40
다음이 설명하는 물류시설은? 기출 21년

> 수출입 통관업무, 집하 및 분류 기능을 수행하며 트럭회사, 포워더(Forwarder) 등을 유치하여 운영하므로 내륙 항만이라고도 부른다.

① ICD(Inland Container Depot)
② CY(Container Yard)
③ 지정장치장
④ 보세장치장
⑤ CFS(Container Freight Station)

해설 ② CY(Container Yard) : 수출입용 컨테이너를 보관·취급하는 장소로 공컨테이너 또는 풀 컨테이너에 이를 넘겨주고 넘겨받아 보관할 수 있는 넓은 장소를 말한다.
③ 지정장치장 : 통관하고자 하는 물품을 일시 장치하기 위해 세관장이 지정하는 구역이다.
④ 보세장치장 : 양하된 외국 물품 또는 보세화물(수입 통관 미필 화물)을 반출·반입하여 일시 장치할 수 있는 장소를 말한다. 보세장치장은 특정무역업자를 위하여 그에게 편리한 장소로 보세화물의 반출·반입이나 장치를 할 수 있는 시설을 허가한 것으로 지정 보세지역의 보완적 역할을 한다.
⑤ CFS(Container Freight Station) : LCL 화물을 모아서 FCL 화물로 만드는 LCL 화물 집거장으로 부두 외부에도 위치할 수 있다.

41
ICD(Inland Container Depot)에서 수행하는 기능이 아닌 것으로만 짝지어진 것은? 기출 20년

① 마샬링(Marshalling), 본선 선적 및 양하
② 마샬링(Marshalling), 통관
③ 본선 선적 및 양하, 장치보관
④ 장치보관, 집화분류
⑤ 집화분류, 통관

해설 ① 내륙통관기지로서의 ICD는 항만 내에서 이루어져야 할 본선 작업과 마샬링 기능을 제외한 장치 보관 기능, 집화 분류 기능, 수출 컨테이너 화물에 대한 통관 기능 등 전통적인 항만의 기능과 서비스 일부를 수행함으로써 신속한 화물 유통을 가능하게 하고 있다.
② 마샬링(Marshalling) 기능은 수행하지 않는다.
③ 본선 선적 작업은 수행하지 않는다.
④ 장치보관(○), 집화분류(○)
⑤ 집화분류(○), 통관(○)

42
다음이 설명하는 물류시설은? 기출 19년

> • 수출 시, LCL(Less than Container Load) 화물을 특정 장소에 집적하였다가 목적지별로 선별하여 하나의 컨테이너에 적입함
> • 수입 시, 혼재화물을 컨테이너로부터 인출하고 목적지별로 선별하여 수화인에게 인도함

① CFS(Container Freight Station)
② 스톡 포인트(Stock Point)
③ 보세구역
④ 데포(Depot)
⑤ ICD(Inland Container Depot)

해설 ② 보통 재고품의 보관 거점으로서 상품의 배송 거점인 동시에 예상 수요에 대한 보관 거점을 의미한다.
③ 효율적인 화물관리와 관세행정의 필요성에 의하여 세관장이 지정하거나 특허한 장소로서, 사내 창고나 물류센터에서 출고된 수출품의 선적을 위해 거치게 되는 곳이다.
④ SP(스톡 포인트)보다 작은 국내용 2차 창고, 또는 수출 상품을 집화, 분류, 수송하기 위한 내륙 CFS를 데포라 한다. 단말배송소라고도 하며, 화물 체류 시간은 짧다.
⑤ 공장단지와 수출지 항만과의 사이를 연결하여 화물의 유통을 신속·원활히 하기 위한 대규모 물류단지이다.

키워드 ⑲ 보세구역

43

물류시설 및 물류단지에 관한 설명으로 옳지 않은 것은?

기출 20년

① CY(Container Yard)는 수출입용 컨테이너를 보관·취급하는 장소이다.
② CFS(Container Freight Station)는 컨테이너에 LCL(Less than Container Load)화물을 넣고 꺼내는 작업을 하는 시설과 장소이다.
③ 지정장치장은 통관하고자 하는 물품을 일시 장치하기 위해 세관장이 지정하는 구역이다.
④ 통관을 하지 않은 내국물품을 보세창고에 장치하기 위해서는 항만법에 근거하여 해당 지방자치단체장의 허가를 받아야 한다.
⑤ CFS(Container Freight Station)와 CY(Container Yard)는 부두 외부에도 위치할 수 있다.

> **해설** ④ 보세창고는 「관세법」에 근거를 두고 세관장의 허가를 받아 수출입화물을 취급하는 창고이다.

44

보세구역에 관한 설명으로 옳지 않은 것은? 기출 18년

① 보세구역은 '세금이 보류된 구역'으로 수출입 화물의 관세를 지불하지 않고 운영되는 특별지역이다.
② 보세장치장은 '항만법'에 근거하며, 외국화물을 취급하는 장소이다.
③ 보세창고는 외국물품을 장치하기 위한 구역으로 세관장의 허가를 받은 경우에는 통관되지 않은 내국물품도 장치가 가능하다.
④ 보세장치장에서는 특정무역상을 위해 외국화물을 양륙하여 반출, 반입, 장치할 수 있다.
⑤ 보세구역은 수출입화물의 집화, 분류, 보관, 운송을 위해 세관장이 지정하거나 특허한 장소이다.

> **해설** ② 보세구역은 외국 물건 또는 일정한 내국 물건에 대하여 「관세법」에 의하여 관세의 부과가 유보되는 지역이며, 보세장치장은 이러한 보세구역의 하나로 통관하려고 하는 물품을 장치하기 위한 구역을 말한다. 통관 목적이 아닌 물품은 원칙적으로 장치되지 않는 곳으로서 그 장치기간이 비교적 짧다.

키워드 ⑳ 내부수익률법

45

물류센터 투자 타당성을 분석할 때 편익의 현재가치 합계와 비용의 현재가치 합계가 동일하게 되는 수준의 할인율을 활용하는 기법은? 기출 22년

① 순현재가치법
② 내부수익률법
③ 브라운깁슨법
④ 손익분기점법
⑤ 자본회수기간법

> **해설** ① 순현재가치법 : 자본예산편성과 관련하여 투자안의 가치를 평가하는 기법의 하나로, 투자로 인해 발생하는 현금흐름의 총유입액 현재가치에서 총유출액 현재가치를 차감한 가치를 순현가를 이용하여 투자안을 평가하는 것이다.
> ③ 브라운깁슨법 : 입지 결정에 있어서 양적 요인과 질적 요인을 함께 고려할 수 있는 복수공장의 입지 분석모형이다.
> ④ 손익분기점법 : 일정한 물동량, 즉 입고량 또는 출고량을 전제로 하여 고정비와 변동비의 합을 비교하여 물동량에 따른 총비용이 최소가 되는 대안을 선택하는 방법이다.
> ⑤ 자본회수기간법 : 여러 투자 대안을 비교하여 평가하는 방법의 하나로, 각 투자안의 자본회수기간을 비교하여 회수 기간이 가장 빠른 대안에 우선순위를 두어 평가하는 방법이다.

46

물류시설 투자타당성 분석에 관한 설명으로 옳지 않은 것은? 기출 16년

① 물류시설 투자타당성 분석에서 편익은 운송비용절감, 보관·하역비용절감 등이며, 비용은 토지구입비, 건설비, 운영 및 유지관리비 등으로 볼 수 있다.
② 순현재가치(NPV : Net Present Value)는 사업의 경제성을 평가하는 척도 중 하나로 현재가치로 환산된 장래의 연차별 기대현금유입의 합계에서 현재가치로 환산된 장래의 연차별 기대현금유출의 합계를 뺀 값을 의미한다.
③ 투자이익률(ROI : Return On Investment)은 순이익을 투자액으로 나눈 것으로 투자이익률이 클수록 높은 투자타당성을 갖는다.
④ 비용편익비(B/C : Benefit/Cost ratio)는 편익을 비용으로 나눈 비율을 뜻하며 비용편익비가 클수록 높은 투자타당성을 갖는다.
⑤ 내부수익률(IRR : Internal Rate of Return)은 기대현금유입과 기대현금유출의 현재가치 합계가 동일하게 되는 수준의 할인율을 의미하며, 낮은 내부수익률이 산출되는 대안일수록 수익성이 좋다고 판단할 수 있다.

> **해설** ⑤ 높은 내부수익률이 산출되는 대안일수록 수익성이 좋다고 판단할 수 있다. 즉 내부수익률법에 의한 투자의 결정은 투자안의 내부수익률과 투자안의 자본비용 또는 할인율을 비교하여, 내부수익률이 자본비용보다 큰 투자안을 채택하고 내부수익률이 자본비용보다 작은 투자안을 기각하는 것이다. 또한, 상호배타적인 투자안들을 평가할 때는 자본비용보다 큰 내부수익률을 갖는 투자안 중에서 가장 큰 내부수익률을 갖는 투자안을 선택하는 것이다.

키워드 21 물류센터 건립 및 설계

47
물류센터 건설의 업무 절차를 물류거점 분석, 물류센터 설계 그리고 시공 및 운영 등 단계별로 시행하려고 한다. 물류거점 분석 단계에서 수행하는 활동이 아닌 것은? 기출 22년

① 지역 분석
② 하역 장비 설치
③ 수익성 분석
④ 투자 효과 분석
⑤ 거시환경 분석

> 해설 ② 하역 장비 설치는 시공 및 운영 단계에서 수행하는 활동이다.

48
물류센터의 일반적인 입지선정에 관한 설명으로 옳지 않은 것은? 기출 22년

① 수요와 공급을 효율적으로 연계할 수 있는 지역을 선정한다.
② 노동력 확보가 가능한 지역을 선정한다.
③ 경제적, 자연적, 지리적 요인 등을 고려해야 한다.
④ 운송수단의 연계가 용이한 지역에 입지한다.
⑤ 토지 가격이 저렴한 지역을 최우선 선정조건으로 고려한다.

> 해설 ⑤ 토지 가격이 저렴한 지역을 최우선 선정조건으로 고려하여 외곽지역에 입지를 결정하게 되면 거리상 불편하고 운송비가 많이 소요될 수 있다.

49
물류센터 건립 단계에 관한 설명으로 옳지 않은 것은? 기출 21년

① 입지분석단계 : 지역분석, 시장분석, 정책 및 환경 분석, SWOT 분석을 수행한다.
② 기능분석단계 : 취급 물품의 특성을 감안하여 물류센터 기능을 분석한다.
③ 투자효과분석단계 : 시설 규모 및 운영 방식, 경제적 측면의 투자 타당성을 분석한다.
④ 기본설계단계 : 구체적인 레이아웃과 작업방식, 물류비용 정산방법을 설계한다.
⑤ 시공운영단계 : 토목과 건축 시공이 이루어지고 테스트와 보완 후 운영한다.

> 해설 ④ 구체적인 레이아웃과 작업방식, 물류비용 정산방법을 설계하는 것은 상세 설계단계에 해당한다. 기본 설계단계에서는 물동량계획·동선계획·운영계획과 배치도 설계 등을 수행한다.

50
물류센터를 설계할 때 고려할 요인을 모두 고른 것은? 기출 21년

| ㄱ. 입하능력 | ㄴ. 출하시간 |
| ㄷ. 물품 취급횟수 | ㄹ. 보관 면적 |

① ㄱ, ㄴ
② ㄱ, ㄷ
③ ㄷ, ㄹ
④ ㄴ, ㄷ, ㄹ
⑤ ㄱ, ㄴ, ㄷ, ㄹ

> 해설 **물류센터 설계 시 고려 사항**
> • 입하 능력의 평준화
> • 출하 시간의 단축
> • 물품 취급 횟수의 최소화
> • 보관 면적
> • 입하 시간의 규제

키워드 ㉒ 물류센터의 규모와 수

51

물류센터의 규모 결정에 영향을 미치는 요인을 모두 고른 것은? 기출 23년

> ㄱ. 자재취급시스템의 형태
> ㄴ. 통로요구조건
> ㄷ. 재고배치
> ㄹ. 현재 및 미래의 제품 출하량
> ㅁ. 사무실 공간

① ㄱ, ㄹ
② ㄷ, ㄹ, ㅁ
③ ㄱ, ㄴ, ㄷ, ㄹ
④ ㄱ, ㄴ, ㄷ, ㅁ
⑤ ㄱ, ㄴ, ㄷ, ㄹ, ㅁ

해설 ⑤ 보기에 제시된 요인 모두가 물류센터 규모 결정에 영향을 미치는 요인에 해당한다. 이 외에도 목표 재고량, 리드타임, 주문 마감 시간, 납품 빈도, 주문 단위 등의 서비스 수준이 물류센터 규모 산정 시 고려 대상에 해당한다.

52

일반적으로 물류센터의 규모를 계획할 경우 순서를 옳게 나열한 것은? 기출 14년

> ㉠ 총면적의 산출
> ㉡ 제품별 재고량 결정
> ㉢ 하역작업 방식과 설비의 결정
> ㉣ 보관량 및 보관용적의 산정
> ㉤ 서비스 수준의 결정

① ㉡ → ㉤ → ㉢ → ㉣ → ㉠
② ㉡ → ㉤ → ㉣ → ㉢ → ㉠
③ ㉣ → ㉢ → ㉤ → ㉡ → ㉠
④ ㉤ → ㉡ → ㉣ → ㉢ → ㉠
⑤ ㉤ → ㉣ → ㉢ → ㉠ → ㉡

해설 물류센터의 규모 계획 시 순서
서비스 수준의 결정 → 제품별 재고량 결정 → 보관량 및 보관용적의 산정 → 하역 작업방식과 설비의 결정 → 총면적 산출

53

물류센터 수가 증가함에 따라 발생하는 관리 요소의 변화로 옳지 않은 것은? 기출 19년

① 시설투자비용은 지속적으로 증가한다.
② 납기준수율이 증가한다.
③ 수송 비용은 증가한다.
④ 배송의 횟수가 증가하므로 배송 비용은 증가한다.
⑤ 물류센터 수가 증가하므로 총 안전재고량은 증가한다.

해설 ④ 물류센터를 근거리에 배치함으로써 배송 거리가 단축되어 배송 비용은 감소할 수 있다.

키워드 23 물류센터의 구조 및 설계 특성

54

물류센터 구조와 설비 결정 요소에 관한 설명으로 옳지 않은 것은? 기출 23년

① 운영 특성은 입고, 보관, 피킹, 배송방법을 반영한다.
② 물품 특성은 제품의 크기, 무게, 가격을 반영한다.
③ 주문 특성은 재고정책, 고객서비스 목표, 투자 및 운영 비용을 반영한다.
④ 환경 특성은 지리적 위치, 입지 제약, 환경 제약을 반영한다.
⑤ 설비 특성은 설비종류, 자동화 수준을 반영한다.

해설 ③ 재고 정책, 고객 서비스 목표, 투자 및 운영 비용을 반영하는 것은 관리 특성에 해당한다.
물류센터 구조 및 설계 특성
- 제품(화물) 특성 : 크기, 무게, 용량, 가격, 포장 등
- 주문 특성 : 주문 건수 및 빈도, 주문량, 처리 속도
- 관리 특성 : 재고 정책, 고객 서비스 목표, 투자 및 운영 비용
- 환경 특성 : 지리적 위치, 입지 제약, 환경 제약
- 설비 특성 : 설비종류, 운영 방안, 자동화 수준
- 운영 특성 : 입·출고 방법, 보관 방법, 피킹 및 분류 방법, 배송 방법

55

물류센터 규모 및 내부 설계 시 고려해야 할 사항으로 옳지 않은 것은? 기출 24년

① 입·출고, 피킹, 보관, 배송 등에 관한 운영 특성을 고려한다.
② 자동화 수준, 설비 종류 등 설비 특성을 고려한다.
③ 화물보험 가입 용이성, 신용장 개설 편의성 등 보험·금융 회사 접근 특성을 고려한다.
④ 주문건수, 주문빈도, 주문크기 등의 주문 특성을 고려한다.
⑤ 화물의 크기, 무게, 가격 등 화물 특성을 고려한다.

해설 ③ 보험·금융 회사 접근 특성은 물류센터 규모 및 내부 설계 시 고려해야 할 사항에 해당하지 않는다.

키워드 24 · 민간투자사업 방식 및 물류센터 운영 방식

56
다음에서 설명하는 공공 물류시설의 민간투자사업 방식은?

기출 23년

> ㄱ. 민간 사업자가 건설 후, 소유권을 국가 또는 지방자치단체에 양도하고 일정기간 그 시설물을 운영한 수익으로 투자비를 회수하는 방식
> ㄴ. 민간 사업자가 건설 후, 투자비용을 회수할 때까지 관리·운영한 후 계약기간 종료 시 국가에 양도하는 방식
> ㄷ. 민간 사업자가 건설 후, 일정기간 동안 국가 또는 지방자치단체에 임대하여 투자비를 회수하고 임대기간 종료 후에 소유권을 국가 또는 지방자치단체에 양도하는 방식

① ㄱ : BTO(Build Transfer Operate), ㄴ : BOO(Build Own Operate), ㄷ : BLT(Build Lease Transfer)
② ㄱ : BTO(Build Transfer Operate), ㄴ : BOT(Build Operate Transfer), ㄷ : BLT(Build Lease Transfer)
③ ㄱ : BOT(Build Operate Transfer), ㄴ : BTO(Build Transfer Operate), ㄷ : BLT(Build Lease Transfer)
④ ㄱ : BOT(Build Operate Transfer), ㄴ : BOO(Build Own Operate), ㄷ : BLT(Build Lease Transfer)
⑤ ㄱ : BOO(Build Own Operate), ㄴ : BOT(Build Operate Transfer), ㄷ : BTO(Build Transfer Operate)

> **해설** ㄱ : BTO(Build Transfer Operate) – 민간이 시설을 준공(Build)해 정부에 소유권을 양도(Transfer)한 뒤 일정 기간 직접 운영(Operate)하면서 사용자로부터 이용료를 받아 투자비를 회수하는 방식이다.
> ㄴ : BOT(Build Operate Transfer) – 수입을 수반하는 공공 프로젝트에 대하여 시공자가 자금 조달, 설계, 건설(Build) 후 시설 운영(Operate)을 하여 수입에서 투자 자금을 규정 연한 내에 회수한 다음 발주자인 국가에 시설을 넘기는(Transfer) 방식이다.
> ㄷ : BLT(Build Lease Transfer) – 사업 시행자가 사회 기반 시설을 준공(Build)한 후 일정 기간 타인에게 임대(Lease)하고 임대 기간 종료 후에 시설물을 국가 또는 지방자치단체로 이전(Transfer)하는 민간 자본 활용 방식이다.

57
물류센터 운영에 관한 설명으로 옳지 않은 것은? 기출 24년

① 상품의 리드타임 단축을 통해 고객 만족도를 높일 수 있다.
② 각각의 공장에서 소비지까지 제품을 개별 수송하므로 손상, 분실, 오배송이 감소한다.
③ 적절한 재고량을 유지하면서 고객니즈에 부합하는 서비스를 제공한다.
④ 물류센터 수가 증가하면 총 안전재고량과 납기준수율이 모두 증가한다.
⑤ 물류센터 운영 전에 비해 상대적으로 공차율이 감소한다.

> **해설** ② 물류센터를 운영하면 각각의 공장에서 소비지까지 제품을 개별 수송하는 것이 아닌, 여러 공장에서 생산된 제품을 물류센터로 모아서 다시 각 고객에게 배송한다.

54 ③ 55 ③ 56 ② 57 ②

CHAPTER 03 시험에 꼭 나오는 필수문제

01 하역합리화의 기본원칙에 관한 설명으로 옳지 않은 것은?

기출 23년

① 하역작업의 이동거리를 최소화한다.
② 불필요한 하역작업을 줄인다.
③ 운반활성지수를 최소화한다.
④ 화물을 중량 또는 용적으로 단위화한다.
⑤ 파손과 오손, 분실을 최소화한다.

해설 ③ 운반활성지수를 최대화한다. 운반활성화의 원칙은 화물의 이동 용이성을 지수로 하여 이 지수의 최대화를 지향하는 것으로, 관련 작업을 조합하여 화물 하역작업의 효율성을 높이는 것을 목적으로 한다.

기출문제 엿보기

☑ 하역 원칙에 관한 설명으로 옳은 것은? 25년
☑ 하역의 원칙이 아닌 것은? 24년
☑ 다음이 설명하는 하역합리화의 원칙은? 22년
☑ 하역합리화를 위한 활성화의 원칙에서 활성지수가 '3'인 화물의 상태는? (단, 활성지수는 0~4이다.) 22년
☑ 하역합리화의 수평직선 원칙에 해당하는 것은? 21년

02 하역작업과 관련된 용어에 관한 설명으로 옳지 않은 것은?

기출 23년

① 디배닝(Devanning) : 컨테이너에서 화물을 내리는 작업
② 래싱(Lashing) : 운송수단에 실린 화물이 움직이지 않도록 화물을 고정시키는 작업
③ 피킹(Picking) : 보관 장소에서 화물을 꺼내는 작업
④ 소팅(Sorting) : 화물을 품종별, 발송지별, 고객별로 분류하는 작업
⑤ 스태킹(Stacking) : 화물이 손상, 파손되지 않도록 화물의 밑바닥이나 틈 사이에 물건을 깔거나 끼우는 작업

해설 ⑤ 스태킹(Stacking)은 하역작업 중 물품 또는 포장화물을 규칙적으로 쌓아 올리는 작업이다.

기출문제 엿보기

☑ 하역의 구성요소를 모두 고른 것은? 24년
☑ 하역의 요소에 관한 내용이다. ( )에 들어갈 용어로 옳은 것은? 22년
☑ 하역작업과 관련된 용어의 설명으로 옳지 않은 것은? 21년

03 파렛트의 화물적재방법에 관한 설명으로 옳은 것은? 기출 23년

① 블록쌓기는 맨 아래에서 상단까지 일렬로 쌓는 방법으로 작업효율성이 높고 무너질 염려가 없어 안정성이 높다.
② 교호열쌓기는 짝수층과 홀수층을 180도 회전시켜 쌓는 방식으로 화물의 규격이 일정하지 않아도 적용이 가능한 방식이다.
③ 벽돌쌓기는 벽돌을 쌓듯이 가로와 세로를 조합하여 1단을 쌓고 홀수층과 짝수층을 180도 회전시켜 쌓는 방식이다.
④ 핀휠(Pinwheel)쌓기는 비규격화물이나 정방형 파렛트가 아닌 경우에 이용하는 방식으로 다양한 화물의 적재에 이용된다.
⑤ 스플릿(Split)쌓기는 중앙에 공간을 두고 풍차형으로 쌓는 방식으로 적재효율이 높고 안정적인 적재방식이다.

해설 ① 블록쌓기는 홀수단과 짝수단 모두 같은 방향으로 적재하는 패턴이다. 이 방법은 각각의 종 1열이 독립한 '봉'이 되어 나열한 것과 같은 것으로 상단의 붕괴가 쉽게 나타난다.
② 교호열쌓기는 한단에는 블록형 적재와 같은 모양과 방향으로 물건을 나열하고, 다음 단에는 90° 회전시켜 홀수단과 짝수단을 교차적으로 적재하는 것이다.
④ 핀휠(Pinwheel)쌓기는 파렛트 중앙부에 공간을 만드는 형태로 이 공간을 감싸듯 풍차형으로 화물을 적재하는 패턴이다. 홀수단과 짝수단의 방향을 바꾸어 적재한다.
⑤ 스플릿(Split)쌓기는 벽돌 적재를 하는 경우에 화물과 파렛트의 치수가 일치하지 않는 경우 물건 사이에 부분적으로 공간을 만드는 패턴이다.

기출문제 엿보기
☑ 다음 설명에 해당하는 포장화물의 파렛트 적재 형태는? 22년
☑ 다음이 설명하는 파렛트 적재방식은? 21년
☑ 파렛트 집합적재방식에 관한 설명으로 옳지 않은 것을 모두 고른 것은? 20년

04 자동분류장치의 종류에 관한 설명으로 옳지 않은 것은? 기출 23년

① 팝업 방식(Pop-Up Type)은 컨베이어의 아래에서 분기장치가 튀어나와 물품을 분류한다.
② 푸시 오프 방식(Push-Off Type)은 화물의 분류지점에 직각방향으로 암(Arm)을 설치하여 밀어내는 방식이다.
③ 슬라이딩 슈 방식(Sliding-Shoe Type)은 반송면의 아래부분에 슈(Shoe)가 장착되어 단위화물과 함께 이동하면서 압출하는 분류방식이다.
④ 크로스 벨트 방식(Cross Belt Type)은 레일을 주행하는 연속된 캐리어에 장착된 소형 컨베이어를 구동시켜 물품을 분류한다.
⑤ 틸팅 방식(Tilting Type)은 벨트, 트레이, 슬라이드 등의 바닥면을 개방하여 물품을 분류한다.

해설 ⑤ 틸팅 방식(Tilting Type)은 레일을 주행하는 트레이, 슬라이드의 일부 등을 경사지게 하여 단위화물을 활강시키는 소팅컨베이어이다. 화물의 형상, 두께 등에 따라 폭넓게 대응하므로 각종 배송센터에서 이용되고 있다.

기출문제 엿보기
☑ 자동분류(Sorting)방식 중 동작에 의한 분류방식을 모두 고른 것은? 25년
☑ 다음의 자동분류장치의 설명과 종류의 연결로 옳은 것은? 25년
☑ 분류(sorting)방식 중 동작에 의한 분류 방식이 아닌 것은? 24년
☑ 자동분류시스템의 소팅 방식에 관한 설명으로 옳은 것은? 22년
☑ 자동분류시스템에 관한 설명으로 옳지 않은 것은? 21년

CHAPTER 03 하역론

핵심 포인트

- ☑ 하역의 개념과 하역 관련 용어, 하역합리화 원칙과 활성지수
- ☑ 파렛트의 종류별 특성, 표준파렛트의 규격과 파렛트 적재방법
- ☑ 지게차의 종류별 특성, 크레인의 종류별 특성, 컨베이어의 종류별 특성
- ☑ 분류시스템의 종류별 특성, 물류장소별 하역장비의 구분
- ☑ 유닛로드시스템의 개념과 효과
- ☑ 파렛트 풀 시스템의 필요성 및 운영방식의 종류
- ☑ 철도·항공·항만 하역방식의 종류와 특성
- ☑ 포장기법의 종류별 특성과 화인표시방법

CORE 01 하역의 개요

1. 하역의 의의 기출▶ 24년/ 23년/ 21년/ 20년/ 18년/ 15년/ 14년

(1) 하역의 개념

① 화물을 운반기구나 설비에 싣고 내리는 것과 운반하고, 쌓아 넣고, 꺼내고, 나누고, 상품 구색을 갖추는 등의 작업 및 이에 부수적인 작업
② 하역은 자동차, 철도화차, 선박, 항공기 등의 운송기관에서의 화물의 상·하차작업, 운송기관 상호 간의 중계작업, 창고에서의 입·출고작업 등 범위가 매우 넓음
③ 협의의 하역은 사내하역만을 의미하나 광의의 하역은 수출기업의 수출품 선적을 위한 항만하역까지 포함
④ 최근 배송 속도가 중요한 전자상거래 시대에 하역의 중요성이 더욱 부각되고 있음
⑤ 하역활동 : 보관을 위한 입·출고, 적재·적하, 물품나누기 등

(2) 하역의 기능

① 수송·보관을 연결하고, 화물에 대한 시간적·장소적 효용 창출을 지원
② 각종 수송기관에서 화물의 상하차 작업 또는 수송기관 상호 간의 중계작업
③ 내용물의 보호를 위한 포장물류에 영향

(3) 하역에 관한 구성 및 관련 용어 기출▶ 25년/ 24년/ 23년/ 22년/ 21년/ 20년/ 18년/ 17년/ 16년/ 15년/ 13년/ 10년

① 하역의 구성요소

적하 (Loading&Unloading)	물품을 운송기기 등으로 싣고 내리는 작업
배닝(Vanning)	컨테이너에 물품을 실어 넣는 작업
디배닝(Devanning)	컨테이너에서 화물을 내리는 작업

스태킹(Stacking)	물품 또는 포장화물을 규칙적으로 쌓아 올리는 작업	
반출(Picking)	물품을 보관 장소에서 꺼내는 작업	
분류(Sorting)	물품을 품목별·발송지별·고객별 등으로 나누는 작업	
정돈(Tidying)	출하할 물품을 운송기기에 즉시 적입할 수 있도록 정리정돈하는 작업	
운반	공장과 창고 내에서 물품을 비교적 짧은 거리로 이동시키는 것	

② 하역 관련 용어

더니징(Dunnaging)	운송기기에 실려진 화물이 손상, 파손되지 않도록 화물 밑바닥이나 틈 사이에 물건을 깔거나 끼우는 마무리 작업
래싱(Lashing)	운송기기에 실려진 화물을 움직이지 않도록 줄로 묶는 작업
쇼링(Shoring)	각목 등을 이용하여 화물을 고정시키는 작업
초킹(Chocking)	화물 간 또는 화물과 컨테이너 벽면 사이를 지주를 이용하여 수평으로 고정시키는 작업

(4) 하역의 분류 기출▶ 17년

하역의 분류		내용
하역장소에 의한 분류	납품하역	물류거점에 가져온 것을 차에서 내려 받아들이는 작업
	운반하역	물류거점 내에서의 이동
	납품구색하역	출하를 위해 상품 구색을 갖추는 작업
	출하하역	수송·배송을 위하여 차량에 적재하는 작업
작업 주체에 의한 분류	인력하역	사람의 손에 의한 하역 또는 간단한 보조기구를 사람이 사용하는 하역
	기계하역	컨베이어나 지게차 등의 기기를 사용하는 하역
	자동하역	기계나 컴퓨터가 중심이 되어 이루어지는 하역
하역기기에 의한 분류	연속운반방식	컨베이어 등
	일괄운반방식	포크리프트 트럭 등
	보조 하역기기	겹사다리 등
	시스템화 하역기기	자동분류기 등
	차량·시설의 일부가 되는 하역기기	독 레벨러(Dock Leveller) 또는 돌리(Dolly) 등
운송수단에 의한 분류	운송수단	트럭하역, 화차하역, 선박하역, 항공기하역
화물형태에 의한 분류	개별하역	상자, 대(袋) 등 포장형태의 하역 또는 대형화물의 명칭을 사용하는 하역
	유닛로드하역	파렛트, 컨테이너 등 유닛(Unit)화하기 위해 사용된 기재의 명칭, 또는 집합포장 등의 상태를 가리키는 하역
	무포장 화물하역	분립체, 액체 등 물품을 수송수단, 화물탑재설비 또는 저장설비에 직접 적재, 입·출고하는 하역
시설(장소)에 따른 분류	자가용 시설 하역	공장, 자가용 창고, 배송센터 등 화물의 출하·수하시설 장소에서의 하역
	사업용 물류시설 하역	복합(트럭)터미널, 항만, 공항, 보세창고, 역 등에서의 하역

2. 하역의 기계화

(1) 하역 기계화의 필요성 [기출] 22년/ 21년/ 20년
① 중량화물, 많은 인력이 요구되거나 인력으로는 시간을 맞추기 어려운 화물
② 액체, 분립체 등 인력으로 취급하기 곤란한 화물 및 혹서·혹한기의 작업장
③ 작업장 위치가 높거나 낮아서 상하차작업이 곤란한 화물
④ 인적 접근이 곤란하거나 수동화하기 어려운 화물
⑤ 하역의 기계화·표준화를 위한 고려사항 : 환경영향, 물류합리화, 안전성, 생산자·제조업자·물류업자와 관련 당사자의 상호협력

(2) 하역기기 선정기준 [기출] 25년/ 21년/ 15년
① 화물의 특성 : 비포장물의 입자 분포·비중·성상 등과 포장물의 형상·크기·중량 등
② 작업환경의 특성 : 작업창고의 전용·공용·자사용 여부, 물건 흐름, 시설배치, 건물구조 등
③ 작업의 특성 : 작업량, 계절변동의 유동성, 취급품목 종류, 운반거리 및 범위, 통로의 크기, 수송기관의 종류 등
④ 경제성(채산성) : 한 가지의 안보다 복수의 대체안을 고려
⑤ 하역기기의 특성 : 안전성, 신뢰성, 성능, 탄력성, 기동성, 재생에너지성, 에너지 효율성, 소음, 공해

3. 하역합리화의 원칙

(1) 하역합리화의 8대 원칙 [기출] 25년/ 24년/ 23년/ 22년/ 20년/ 19년/ 18년/ 16년/ 15년/ 10년/ 09년
① **하역 경제성의 원칙** : 하역작업의 횟수 감소(0에 근접), 화물의 파손·오손·분실의 최소화, 중량×이동거리(ton/km)의 최소화, 하역 투자의 최소화 등을 목적으로 하는 원칙
② **이동거리 및 시간 최소화의 원칙** : 하역작업을 수행하는 과정에서 발생하는 화물의 이동거리(시간)를 최소화, 이동량×이동거리(시간)의 값을 최소화하는 원칙
③ **운반활성화의 원칙** [기출] 24년/ 22년/ 17년/ 10년
  ㉠ 운반활성화지수의 최대화를 지향하는 것으로 관련 작업을 조합하여 하역작업의 효율성을 높이고자 하는 원칙
  ㉡ 활성지수

물건을 놓아둔 상태	활성지수
화물이 바닥에 놓여있을 때	0
상자 속에 들어 있을 때	1
파렛트나 스키드(Skid) 위에 놓여있을 때	2
대차 위에 놓여있을 때	3
컨베이어 위에 놓여있을 때	4

④ **화물 단위화 원칙(Unit화 원칙)** : 화물을 유닛화하여 파렛트, 컨테이너와 조합함으로써 화물의 손상·파손·분실을 없애고 하역작업을 능률화 또는 합리화하는 원칙
⑤ **기계화 원칙** : 인력작업을 기계화 작업으로 대체함으로써 효율성을 높이는 원칙
⑥ **인터페이스(Interface)의 원칙** : 하역작업 공정 간의 계면 또는 접점을 원활히 하는 원칙으로 파렛트 단위로 반출시킨 화물을 인력에만 의존하지 않고 도크 레벨러 등을 사용하여 트럭에 싣는 것

⑦ 중력이용의 원칙 : 힘은 위에서 아래로 움직이는 것이 경제적이라는 중력의 법칙에 따라 경사면을 이용한 플로우랙(Flow Rack) 등을 이용하는 것
⑧ 시스템화 원칙 : 개개의 하역 활동을 유기체적인 활동으로 간주하는 원칙으로 종합적인 관점에서 보았을 때 시스템 전체의 균형을 고려하여 시너지를 올리는 것

(2) 하역합리화의 보조원칙 기출 ▶ 21년/ 20년/ 19년/ 18년

① 유닛로드 원칙 : 취급화물을 한 개씩 취급하지 않고 일정한 중량과 용적의 표준량으로 단위화하여 수송 도중에 형태와 양이 허물어지지 않도록 하역하는 수송 방법의 원칙
② 장비유지의 원칙 : 거액의 자본금이 고정 투입된 기계의 회전 또는 운반의 흐름을 중지시키는 것을 방지하고, 항상 회전하는 상태를 유지함으로써 자금이 회전될 수 있도록 하는 원칙
③ 취급균형의 원칙 : 하역작업 중 한 과정에만 지나친 작업부하가 걸리거나 병목현상이 생기지 않도록 전 과정에 작업량을 고르게 배분해야 한다는 원칙
④ 흐름의 원칙 : 하역작업의 흐름 과정에서 정체가 발생하면 물류 중단 및 재이동에 따른 불필요한 하역작업이 이루어져 비경제적이므로 연속적인 물류의 흐름을 유지해야 한다는 원칙
⑤ 설비계획의 원칙 : 기계나 설비의 배치와 통로의 이용방법 등 레이아웃을 적절히 설계하여 불필요한 반송설비의 사용을 줄임으로써 하역을 합리화해야 한다는 원칙
⑥ 표준화의 원칙 : 작업방법, 설비, 치수 등을 표준화하면 공정 간의 운반설비를 공동으로 이용할 수 있고 작업도 단순화되어 하역의 효율성이 증가할 수 있다는 원칙
⑦ 사중체감의 원칙 : 유임하중(Pay Load)에 대한 사중(Dead Weight)의 비율을 줄여서 운임효율을 높이는 원칙
⑧ 수평직선의 원칙 : 운반의 흐름이 교차, 지그재그, 왕복흐름일 경우 동선의 낭비 및 운반이 혼잡하므로 운반거리가 짧은 직선으로 유지하는 원칙
⑨ 운반속도의 원칙 : 하역물품에 불필요한 중량이나 용적이 발생하지 않도록 쓸모없는 과대포장이나 내용물을 줄여 낭비를 없애도록 하는 원칙
⑩ 탄력성의 원칙 : 하역기기나 설비를 다양한 하역작업에 맞추어 탄력성 있게 이용하는 원칙
⑪ 공간활용의 원칙 : 평면적인 공간뿐만 아니라 입체적인 공간도 활용해야 한다는 원칙
⑫ 최소취급의 원칙 : 하역작업의 필요를 근본적으로 최소화한다는 원칙
⑬ 안전의 원칙 : 작업환경의 안전성을 높임으로써 작업 능률 향상 및 비용절감 효과를 올릴 수 있다는 원칙
⑭ 예방정비의 원칙 : 운반설비나 기기는 사전에 정비하여 고장을 예방해야 한다는 원칙
⑮ 폐기의 원칙 : 하역기기나 설비는 일정한 내구연수가 있으므로 사용기간이 지나면 폐기해야 한다는 원칙

CORE 02 파렛트

1. 파렛트의 개요

(1) 파렛트의 의의
① 정의 : 물품을 한 곳에 모아서 쌓을 수 있는 적재면을 가진 견고한 수평 받침대
② 파렛트 대차, 지게차 등 관련 장비의 하역에 적합
③ 화물 하역을 위한 기초로 사용되며, 단위화물 체계에서 특히 중요
④ 상부 구조물과 일체형으로 제작·부착되어 사용 가능

(2) 표준파렛트 규격
① 국내 표준파렛트 규격

일관수송용 파렛트	내수용 파렛트
1,100mm × 1,100mm(T-11형) 1,200mm × 1,000mm(T-12형)	• 800mm × 1,100mm • 900mm × 1,100mm • 1,100mm × 1,300mm • 1,100mm × 1,400mm • 1,200mm × 800mm • 1,200mm × 1,000mm

② 국제 표준파렛트 규격(ISO 6780) 기출 22년

정사각형(단위 mm)	직사각형(단위 mm)
• 1,140 × 1,140(호주) • 1,100 × 1,100(아시아·태평양, 한국) • 1,067(42") × 1,067(42")	• 1,200 × 800(유럽) • 1,200 × 1,000(한국, 독일, 네덜란드) • 1,219(48") × 1,016(40") (미국)

③ 파렛트 적재율 기출 21년/ 19년/ 18년/ 15년
㉠ 적재율 : 실을 수 있는 짐의 분량에 대하여 실제 실은 짐의 비율 또는 적재정량에 대하여 실제로 실은 짐의 비율
㉡ 파렛트 적재율 구하기

$$바닥면적적재율 = \frac{제품가로규격 \times 세로규격 \times 바닥적재수량}{파렛트가로규격 \times 세로규격} \times 100$$

(3) 파렛트 하역의 장점 기출 24년/ 12년

① 하역작업의 효율 증대(작업시간 단축으로 인한 인건비 절감)와 수송비 절감
② 제한된 공간의 최대 이용 및 수송기구의 회전기간 단축
③ 창고 환경개선, 도난과 파손의 감소 및 화물 적재효율의 향상
④ 재고 조사의 편의성과 제 서류의 간소화
⑤ 여러 형태의 수송수단에 적응성이 큼(항공화물 적재공간을 고려하여 항공파렛트를 망, 띠로 묶을 수 있음)
⑥ 단위포장에 의한 포장 용적 감소, 과잉포장 방지 및 제품에 미치는 습기 방지

(4) 자사파렛트와 임대파렛트의 비교 [기출] 16년

구분	장점	단점
자사 파렛트	• 필요로 할 때 편리하게 사용 가능 • 자체 내 파렛트 풀 도입이 용이 • 자사에서 필요한 규격을 임의 선택·도입 가능	• 비용이 많이 듦 • 공 파렛트 회수가 어려움 • 성수기, 비수기의 양적 조정이 어려움 • 규격 파렛트 보급이 어려움
임대 파렛트	• 공 파렛트의 회수 불필요 • 성수기, 비수기의 양적 조정 가능 • 표준 파렛트 도입 용이 • 경비 절감	• 긴급 시 공급의 어려움 • 회사 간 이동 시 회수 힘듦 • 임대파렛트에 포장단위를 맞춰야 함

2. 파렛트의 종류 및 적재방법

(1) 파렛트의 종류 [기출] 25년/ 24년/ 23년/ 16년

① 형태에 따른 분류

　㉠ 기둥(Post) 파렛트 : 상부에 고정식, 조립식, 접철식, 연결 테두리식 기둥이 있음

　㉡ 롤(Roll) 파렛트 : 파렛트 바닥면에 바퀴가 달려있어 자체적으로 밀어서 움직일 수 있음

　㉢ 롤 상자형(Roll Box) 파렛트 : 상부구조는 박스인 파렛트로, 받침대 밑면에는 바퀴가 달려 있으며 최근에는 배송용으로도 많이 사용됨

　㉣ 사일로(Silo) 파렛트 : 주로 분말, 압축화물에 사용되고, 측면이 밀폐되어 있고 뚜껑이 있으며 하부에 개폐장치가 있는 상자형 파렛트

　㉤ 시트(Sheet) 파렛트 : 1회용 파렛트로 목재나 플라스틱으로 제작되어 가격이 저렴하고 가벼우나 하역을 위하여 푸시풀(Push-Pull) 장치를 부착한 포크리프트가 필요함

　㉥ 스키드(Skid) 파렛트 : 포크리프트, 핸드리프트로 하역할 수 있게 만든 단면형 파렛트

　㉦ 탱크(Tank) 파렛트 : 주로 오일, 액체, 유류 운반 및 적재용으로 사용되는 파렛트

② 재질에 따른 분류

　㉠ 목재 파렛트 : 가격이 저렴하고 가벼워서 사용이 편리하나 파손되기 쉽고 습기에 약함

　㉡ 합판제 파렛트 : 처리가공에 따라 난연성, 방부성, 방충성을 줄 수 있으며, 적재 하역 시 손상을 방지하고 기타 접착 방법이 가능

　㉢ 철제 파렛트 : 최근 수요가 급속히 늘고 있으며, 강도, 내구성, 조형의 자립성 등이 강해 중량물 하역에 많이 사용되나 보수가 어렵고 중량이 무거우며 하역 시 미끄러지기 쉬움

　㉣ 알루미늄제 파렛트 : 가볍고 가공성이 좋지만 비쌈

　㉤ 지제(종이) 파렛트 : 1회 사용하고 폐기하며 강도가 약함

　㉥ 플라스틱 파렛트 : 가볍고 색채도 아름다우며 적재나 하역 시 많이 이용

(2) 파렛트의 화물적재방법 [기출] 23년/ 22년/ 21년/ 20년/ 18년

① **블록형 적재** : 홀수단, 짝수단을 같은 방향으로 적재하고 각각의 종 1열이 독립한 '봉'이 되도록 나열하나, 상단 붕괴가 쉬우므로 밴드를 걸고 스트레치 포장을 하여 붕괴를 방지

② **교호열 적재** : 한 단에는 블록형 적재처럼 나열하고, 다음 단에는 방향을 90° 바꾸어 홀수단과 짝수단을 교차적으로 적재

③ 벽돌형 적재 : 한 단은 화물의 종방향, 횡방향을 조합하여 적재하고, 다음 단은 방향을 180° 바꾸어 홀수단, 짝수단을 교차적으로 적재
④ 핀홀 적재 : 파렛트 중앙부에 공간을 만드는 형태로 이 공간을 감싸듯 풍차형으로 화물을 적재
⑤ 스플릿 적재 : 벽돌형 적재 시 화물과 파렛트 치수가 일치하지 않으면 물건 사이에 부분적으로 공간을 만들어 적재

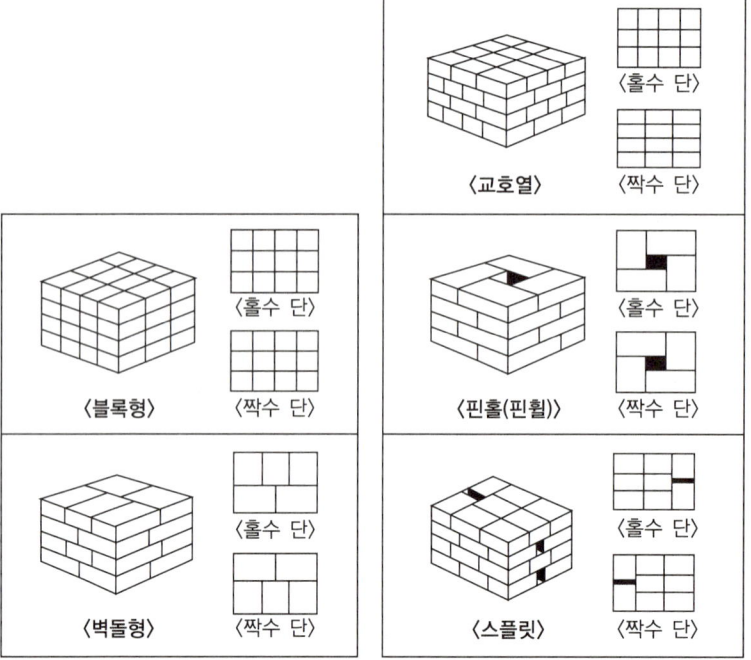

CORE 03 컨테이너

1. 컨테이너의 개념 및 요건

(1) 컨테이너의 개념
① 물건을 수용하는 모든 용기로 우리나라에서는 대부분 수송용 컨테이너를 뜻함
② 골판지제의 작은 상자, 여러 모양을 가진 상품 상자, 하송 상자 등
③ 짐 꾸리기가 편하고 운반이 쉬우며, 안에 들어 있는 화물을 보호할 수 있음
④ 화물수송에 주로 쓰이는 쇠로 만들어진 큰 상자
⑤ 영어로 Freight Container, Van Container 등으로 호칭

(2) 컨테이너의 구비 요건(ISO 규격 기준안)
① 화물수송용의 용기로 내구성과 반복사용에 적합한 강도일 것
② 상품수송을 단일 또는 다수의 수송방식에 의해서 도중에 다시 채우지 않고 용이하게 수송할 수 있도록 특별히 설계되어 있을 것

③ 다른 수송방식으로 환적할 경우 쉽게 하역이 가능한 장치가 붙어 있을 것
④ 내용적이 1㎥ 이상일 것, 넣고 꺼내는 것이 쉽게 설계되어 있을 것

(3) 컨테이너 이용의 장·단점

장점	단점
• 포장비, 운송비, 보험료의 절약 • 신속한 선하증권의 발급으로 금리 절약 • 생산능률 향상 • 항만하역비 절약 및 안전한 수송	• 선박컨테이너 터미널기지 등 설비투자가 큼 • 재래화물은 20피트 컨테이너 이하의 양이 많으므로 빈 컨테이너 회송 혹은 컨테이너 보관장소에 문제가 있음

2. 컨테이너의 분류 기출▶ 18년/ 14년

(1) 크기에 따른 분류

구분	20ft 컨테이너	40ft 컨테이너
외부규격	길이 6,058mm / 폭 2,438mm / 높이 2,591mm	길이 12,192mm / 폭 2,438mm / 높이 2,591mm
내부규격	길이 5,898mm / 폭 2,350mm / 높이 2,390mm	길이 12,032mm / 폭 2,350mm / 높이 2,390mm

(2) 용도에 따른 분류

① 일반 컨테이너(Dry Container) : 일반화물 수송이 주목적이고 1개 이상의 끝 벽에 문이 있으며 강성이 있는 비바람 기밀구조의 육면체 컨테이너
② 통기·환기 컨테이너(Ventilated Container) : 통풍이 필요한 수분성 화물, 생피 등을 수송
③ 드라이 벌크 컨테이너(Dry Bulk Container) : 사료, 곡물 등 분립체의 벌크화물을 수송하며 천장에 적부용 해치가 있고 아랫부분에 꺼내는 문이 있음
④ 특정 화물컨테이너 : 가축용 컨테이너, 자동차용 컨테이너 등
⑤ 서멀 컨테이너(Thermal Container) : 온도관리가 필요한 화물 등 특수화물을 수송
⑥ 오픈 탑 컨테이너(Open Top Container) : 파이프처럼 긴 장척화물, 중량물, 기계류 등을 수송하며 화물을 컨테이너 윗부분으로 하역이 가능
⑦ 플랫폼 컨테이너(Platform Container) : 기둥이나 벽이 없고 모서리 쇠와 바닥만으로 구성되어 중량물이나 부피가 큰 화물을 운송
⑧ 사이드 오픈 컨테이너(Side Open Container) : 옆면이 개방되는 컨테이너
⑨ 플랫 랙 컨테이너(Flat Rack Container) : 목재, 승용차, 기계류 등의 중량화물을 운송하며 지붕과 벽을 제거하고 기둥과 버팀대만 두어 전후좌우 및 쌍방에서 하역이 가능
⑩ 탱크 컨테이너(Tank Container) : 식용유, 술, 장류 등의 식품, 유류, 화공약품 등과 같은 액체상태의 화물을 운송하기 위해 특별히 고안된 컨테이너로 드럼형 탱크를 장착
⑪ 행거 컨테이너(Hanger Container) : 가죽, 모피와 같은 의류를 운송하기 위한 컨테이너

(3) 컨테이너 화물(Cargos)의 4가지 종류

① 최적(Prime Containerizable)화물 : 전자제품, 피복류, 시계, 의약품, 주류 등 대체로 고가이며 해상운임이 비교적 높은 화물
② 적합(Suitable Containerizable)화물 : 철제류, 피혁제품, 철판, 철사, 전선, 포대커피, 포대소맥 등 최적화물보다 저가이고 해상운임률이 저가인 일반화물
③ 한계(Marginal Containerizable)화물 : 선철, 잉곳(Ingot), 원목 등 컨테이너에 적재할 수 있으나 도난, 손상 가능성이 거의 없는 저가의 화물로 컨테이너화의 장점이 별로 없는 화물
④ 부적합(Unsuitable Containerizable)화물 : 경제적 측면에서 컨테이너에 부적합한 석탄, 광석, 골재 등의 화물, 물리적으로 컨테이너 적재가 어려운 대형터빈, 철탑, 교량 등의 화물, 원유, 액화가스 등 위험물, 다른 화물을 오손시키거나 강한 악취를 풍기는 등 전문적인 운송시설이 필요한 화물

CORE 04 하역기기(지게차, 크레인, 컨베이어)

1. 지게차(Forklift)

(1) 지게차의 개념

① 파렛트 화물, 중량 화물의 하역에 사용되며, 화물 운반 작업에서 빠질 수 없는 필수장비
② 포크를 상하로 움직일 수 있는 마스트를 갖추고 있으며, 하역작업 중 내리고 싣고 꺼내고 집어넣고 운반하는 등의 복합작업이 가능한 대표적인 하역기계

(2) 지게차의 유형 기출 ▶ 22년/ 14년/ 08년

① 카운터 밸런스형(Counter Balance) : 포크 등 승강 장치가 차체 앞에 있고, 하중능력은 0.5톤~30톤까지 다양하며, 내연식 · 전동식이 있음
② 스트래들 리치형(Straddle Reach) : 차체 전방에 주행차량이 붙은 2개의 아웃리거(Outrigger)를 수평으로 매달아 그 안에 포크가 전후로 움직임
③ 사이드 포크형(Side Fork) : 포크 승강 장치를 차체의 옆쪽에 설치한 것으로서 하역 시에는 차체 측면으로 아웃리거를 대서 포크 승강 장치를 접근시켜 화물을 승강함

▲ 카운터 밸런스형

▲ 스트래들 리치형

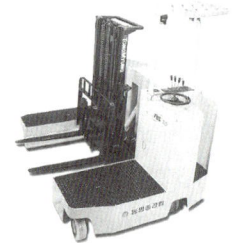
▲ 사이드 포크형

(3) 지게차의 종류 기출 25년/ 24년/ 23년/ 22년/ 17년/ 14년/ 13년

① **카운터밸런스 포크리프트** : 가장 널리 이용되는 형태로 포크 및 상하 이동 마스트를 차체 전방에 갖추고 차체 후방에 카운터웨이트를 설치한 포크리프트
② **스트래들 포크리프트** : 차체 전방으로 뻗어 나온 주행이 가능한 아웃리거에 의하여 차체의 안정을 유지하고, 포크가 양쪽의 아웃리거 사이에 내려지는 포크리프트
③ **파렛트 스태킹 트럭** : 차체 전방으로 뻗어 나온 주행 가능한 아웃리거에 의해 차체의 안정을 유지하고, 포크가 아웃리거 위로 뻗어있는 형태의 포크리프트
④ **사이드 포크리프트 트럭** : 포크와 이를 승강시키는 마스트를 차체 옆쪽에 설치한 것으로 하역 시 차체 측면으로 아웃리거를 대서 측면으로 포크 승강장치를 접근시켜 화물을 승강함
⑤ **리치 포크리프트 트럭** : 마스트 또는 포크가 전후로 이동할 수 있고, 포크에 가위형 부착물이 있어서 4피트 이상 내뻗을 수 있으며, 2파렛트 깊이로 적재하여 통로공간을 50% 정도 줄일 수 있음
⑥ **오더피킹 트럭** : 하역장치와 함께 움직이는 운전대에서 운전자가 조종하는 포크리프트로 랙창고에 사용되며, 포크면의 높이에 운전대를 설치하여 임의의 높이에서 작업 가능
⑦ **워키형(Walkie)** : 탑승 설비가 없이 작업자가 지게차를 가동시킨 상태에서 걸어 다니며 작업하는 형태로 주로 소형 작업장에서 이용
⑧ **탑 핸들러** : 작업용 특수차량으로서 차체의 끝에 화물을 떠서 올리는 포크 또는 화물을 취급하는 부착장치와 승강마스트를 설치하여 화물을 운반 또는 적재할 수 있는 장비
⑨ **리치스태커(Reach Stacker)** : 대형지게차에 유압식 지브크레인이 설치된 형태로, 크레인 끝에 스프레더가 장착되어 컨테이너 운반 및 적재에 사용되며, 철도터미널에서 화차의 컨테이너 상·하차 작업, CY 내에서 긴 붐을 이용한 풀 컨테이너 이동에 주로 사용

(4) 어태치먼트(Attachment) 기출 15년/ 13년

① **정의** : 포크리프트의 하역장치에 추가·대체되어 작업에 맞도록 보통 포크와 교환하는 부속장치
② **종류**
　㉠ 램(Ram) : 화물의 구멍에 삽입하는 막대모양의 부속장치로 속이 빈 화물을 효과적으로 하역함
　㉡ 크래인 암(Crane Arm) : 크레인 작업을 위한 부속장치
　㉢ 힌지드 포크(Hinged Fork) : 포크를 상하로 이동시켜 원추형 화물의 운반, 적재에 사용
　㉣ 덤핑 포크(Dumping Fork) : 백 레스트와 함께 포크를 상하방향으로 기울일 수 있는 부속장치

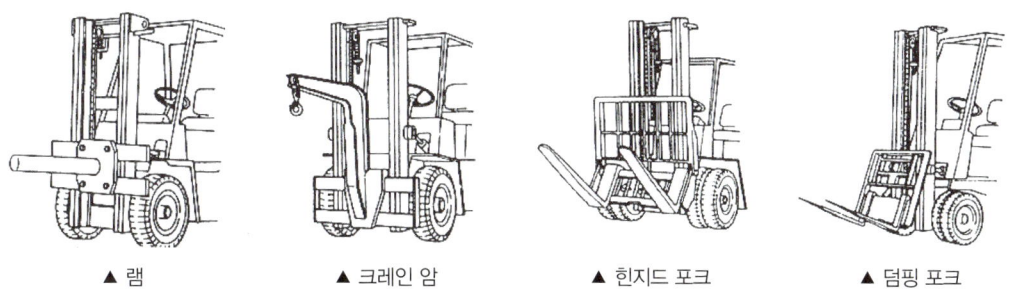

▲ 램　　▲ 크레인 암　　▲ 힌지드 포크　　▲ 덤핑 포크

　㉤ 리치 포크(Reach Fork) : 마스트로부터 포크가 전후로 이동할 수 있는 부속장치
　㉥ 푸셔(Pusher) : 포크 위의 화물을 밀어내기 위한 부속장치
　㉦ 클램프(Clamp) : 화물을 사이에 끼우는 부속장치(Grab) - 원통형 드럼 하역

ⓞ 회전 클램프(Rotating Clamp) : 수직면 내에서 회전할 수 있는 장치를 가진 클램프

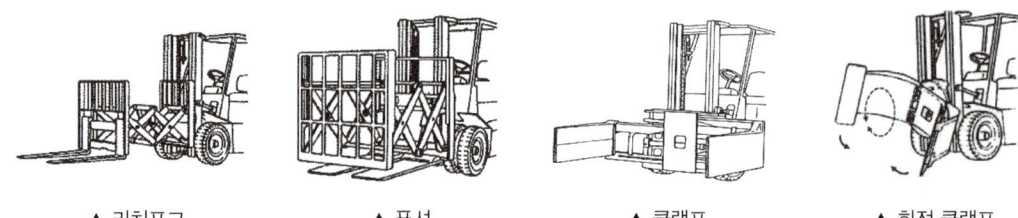

▲ 리치포크 ▲ 푸셔 ▲ 클램프 ▲ 회전 클램프

ⓩ 로드 스태빌라이저(Load Stabilizer) : 상부의 압력판과 포크로 구성되며 유압조절장치로 부서지기 쉽거나 불안정한 화물의 떨어뜨림 방지

ⓩ 퍼니스 차저(Furnace Charger) : 원료를 밀어넣거나 원료 용해에 사용하는 부속장치

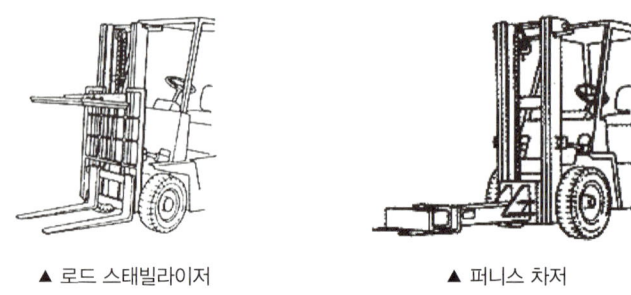

▲ 로드 스태빌라이저 ▲ 퍼니스 차저

ⓚ 훅(Hook) : 포크 또는 램 등에 부착하여 화물을 달아 올리기 위한 부속장치

ⓔ 사이드 쉬프터(Side Shifter) : 포크를 장착하는 캐리지로 몸체가 좌우 방향으로 이동할 수 있는 부속장치

ⓟ 포크 포지셔너(Fork Positioner) : 포크의 간격을 조정할 수 있는 부속장치

ⓗ 스프레더(Spreader) : 컨테이너 등을 달아 올리기 위한 부속장치

(5) 최소 지게차 수의 계산 기출 16년

① 필요한 포크리프트의 수 = $\dfrac{\text{연간목표 처리량}}{\text{실제 작업량}}$

② 실제 작업량 = 정상작업량 × 장비가동률

2. 크레인(Crane)

(1) 크레인의 개념 기출 20년/ 17년

① 화물을 동력이나 인력으로 달아 올리고 상하·전후·좌우로 운반하는 기계로, 컨테이너의 선박 및 하역속도는 선박의 취급속도와 부두 전체 화물의 처리능력의 한계를 결정

② 컨테이너크레인은 격자 구조의 Boom이 있는 Box Girder의 전형적인 A-Frame으로 선박과 부두 사이로 컨테이너를 싣고 부리는 가장 핵심적인 하역장비

> **+ 더알아보기** 컨테이너크레인 용어 기출▶ 20년
>
> - **아웃리치(Out-reach)** : 스프레더가 바다 쪽으로 최대로 진행되었을 때, 바다 측 레일의 중심에서 스프레더 중심까지의 거리
> - **백리치(Back-reach)** : 트롤리가 육지 측으로 최대로 나갔을 때, 육지 측 레일의 중심에서 스프레더 중심까지의 거리
> - **호이스트(Hoist)** : 스프레더가 최대로 올라갔을 때 지상에서 스프레더 컨테이너 코너 구멍 접촉면까지의 거리
> - **헤드블록(Head Block)** : 스프레더를 달아매는 리프팅 빔으로서 아랫면에는 스프레더 소켓을 잡는 수동식 연결핀이 있고 윗면에는 스프레더 급전용 케이블이 연결되어 있는 것
> - **타이다운(Tie-down)** : 수송 중에 적하물이 움직이는 것을 방지하기 위하여 밧줄, 케이블 등으로 적하물을 운반기에 고정시키거나 잡아매는 것

(2) 크레인의 종류 기출▶ 25년/ 24년/ 20년/ 19년/ 18년/ 17년/ 16년

① **지브크레인(Jib Crane)** : 지브의 끝에서 화물을 매달아 올리는 지브붙이 크레인으로, 항만이나 선박에 부착하여 화물 및 해치를 운반

② **지주크레인(Mobile Crane)** : 지브크레인에 차륜, 크로울러를 구비하여 레일에 의하지 않고 스스로 주행할 수 있는 지브붙이 크레인으로, 차륜식(트럭), 크로울러식이 있음

③ **천정크레인** : 고가 주행궤도를 따라 주행하는 거더에 트롤리를 가진 크레인으로, 호이스트식 천정크레인, 로우프트롤리식 천정크레인, 특수 천정크레인 등이 있음

④ **케이블크레인** : 서로 마주보는 탑 사이에 건 로프를 궤도로 하여 트롤리가 가로 주행하는 크레인으로, 고정크레인과 주행크레인이 있음

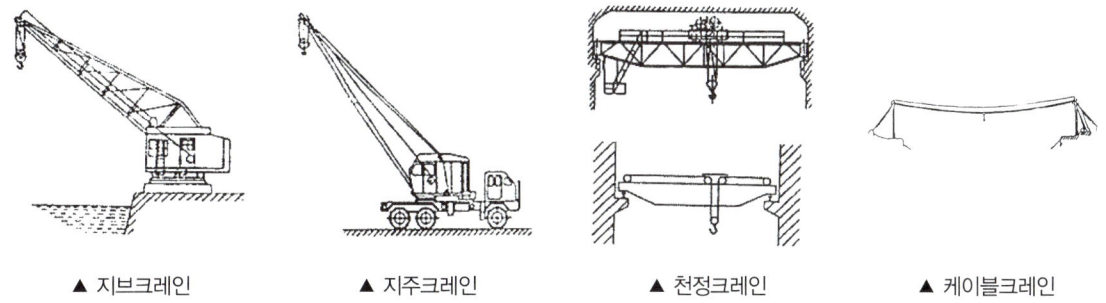

▲ 지브크레인　　▲ 지주크레인　　▲ 천정크레인　　▲ 케이블크레인

⑤ **갠트리크레인(Gantry Crane)** : 레일 위를 주행하는 다리를 가진 거더에 트롤리 또는 지브붙이크레인을 가진 크레인으로, 항만에서 안벽을 따라 설치된 레일 위를 주행하면서 선박에 컨테이너를 적재·하역하는 대표적 하역기기

⑥ **언로더(Unloader)** : 호퍼, 피더, 컨베이어 등을 가진 양륙 전용 크레인으로 선박에서 화물 적재 시 사용

⑦ **데릭(Derrick)** : 상단이 지지된 마스트를 가지며 마스트 또는 붐(Boom) 위 끝에서 화물을 달아 올리는 지브붙이크레인

⑧ **교형크레인** : 컨테이너의 정렬 및 적재 시 사용되는 크레인으로 궤도(Rail)에 설치되거나 타이어가 부착되어 있으며 스팬이 길게 걸쳐 있음

⑨ **트랜스퍼크레인** : 야드에 이동한 컨테이너를 컨테이너 장치장에 내리거나 올려주며, 화물 보관 시 사용

⑩ **Over Head Bridge Crane(OHBC)** : 야드에 교량형식의 구조물에 크레인을 설치하여 컨테이너를 적·양하하는 장비

⑪ **Rail-Mounted Gantry Crane(RMGC)** : 레일 위에 고정되어 컨테이너의 적재블록을 자유롭게 바꿀 수는 없으나 주행·정지를 정확하게 할 수 있고, 고속으로 생산성이 높으며, 다열다단적으로 장치능력을 증대시킬 수 있음

⑫ **Rubber-Tired Gantry Crane(RTGC)** : 고무바퀴가 장착된 야드크레인으로, 스팬이 6개의 컨테이너열과 1개의 트럭차선에 이르며, 4단 혹은 5단 장치작업이 가능하고 기동성이 뛰어나 적재장소가 산재해 있을 경우 이용하기 적당하며, 물동량 증가에 따라 추가투입이 가능

⑬ 윈치 크레인(Winch Crane) : 크레인 자체를 회전시키면서 컨테이너 트럭이나 무개화차로부터 컨테이너를 적·양하하는 하역장비

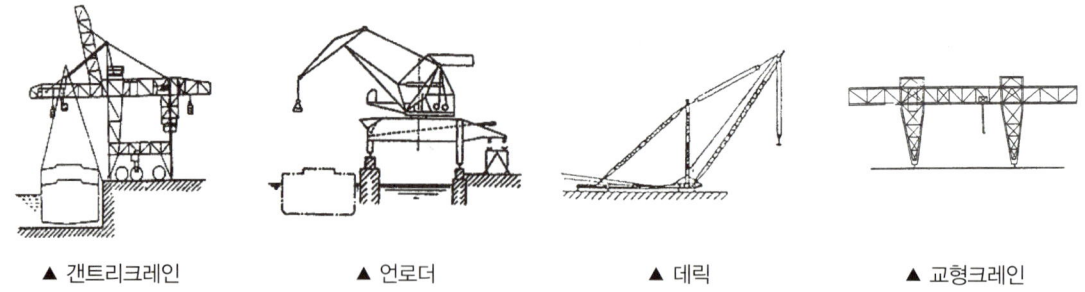

▲ 갠트리크레인　　▲ 언로더　　▲ 데릭　　▲ 교형크레인

> **＋ 더 알아보기**　　**스태커크레인(Stacker Crane)**　기출 24년/ 20년/ 16년/ 09년
>
> • 입체자동화창고의 대표적인 운반기기로 컴퓨터를 활용하여 화물을 저장(Storage), 반출(Retrieval)하며, 고층랙 창고 선반에 화물을 입·출고시키는 크레인
> • 밑에 주행레일이 있고 위에 가이드레일이 있는 통로 안에서 주행장치로 주행하며, 승강장치와 포크장치를 이용해 입·출고 작업을 수행하고, 화물을 보관하는 선반(Rack) 간 통로에서 수직·수평으로 동시에 움직일 수 있음

3. 컨베이어(Conveyer)

(1) 컨베이어의 개요 　기출 14년

① 개념 : 화물을 연속적으로 운반하는 기계로 화물의 형상·용도에 따라 다양하며 간단한 하역작업, 단거리 이동, 고정된 장소에서 하역 기계화와 자동화가 가능한 경우에 사용

② 장점과 단점

장점	단점
• 좁은 장소에서 작업 가능 • 노면에 상관없이 설치 가능 • 타 기기와 연계, 원격조정, 자동제어 가능 • 중력을 이용한 운반, 비포장 물품 운반 가능 • 운반 거리가 작업능률에 영향을 주지 않음 • 자동 운반하므로 운반인력이 불필요 • 라인 중에서도 검사, 작업 가능	• 속도 제한으로 인한 하역 작업시간이 소요되고, 양단에 인력이 필요함 • 높이 쌓기에 부적당하고 단시간에 대량화물의 운반이 불가능함 • 기동성이 적고 사용 방법에 탄력성이 없음 • 일단 설치 시 라인 이동이 곤란함 • 고장 시 라인 전체가 정지하고 작업의 흐름에 영향을 미침

(2) 컨베이어의 종류 　기출 24년/ 18년/ 09년

① 벨트 컨베이어 : 수평면이나 경사면에서 화물을 싣고 운반하고 댐이나 대형토공에서 시멘트, 골재, 토사의 운반 및 소규모 공사의 정력운반에 사용

② 체인 컨베이어 : 체인 또는 체인에 슬랫(Slat), 버켓(Bucket) 등을 부착하여 화물을 운반하며, 시멘트, 골재, 토사의 운반에 사용

③ 슬라이드 컨베이어(Sliding Chain Conveyor) : 어태치먼트를 부착하지 않은 1줄 또는 여러 줄의 체인 위에 직접 하물을 얹어 운반하는 체인 컨베이어

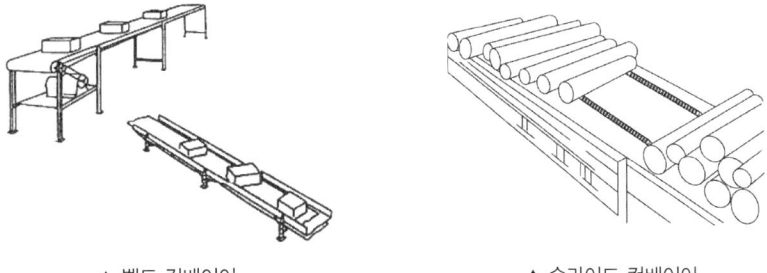

▲ 벨트 컨베이어   ▲ 슬라이드 컨베이어

④ 플랫탑 컨베이어(Flat Top Conveyor) : 체인에 윗면이 평평한 어태치먼트를 붙인 체인 컨베이어
⑤ 슬랫 컨베이어(Slat Conveyor) : 체인에 부착된 폭이 좁은 목재 또는 금속 슬랫(얇은 널빤지)을 연속 부착한 체인 컨베이어로 표면이 거칠어 벨트를 손상시킬 위험이 있는 무거운 물품을 운반하는 데 사용

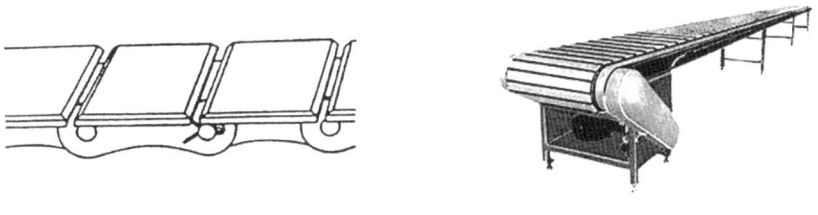

▲ 플랫탑 컨베이어   ▲ 슬랫 컨베이어

⑥ 에이프런 컨베이어(Apron Conveyor) : 여러 줄의 체인에 에이프런을 겹쳐 연속적으로 부착한 체인 컨베이어
⑦ 팬 컨베이어(Pan Conveyor) : 에이프런 컨베이어의 에이프런 대신에 팬을 부착한 체인 컨베이어

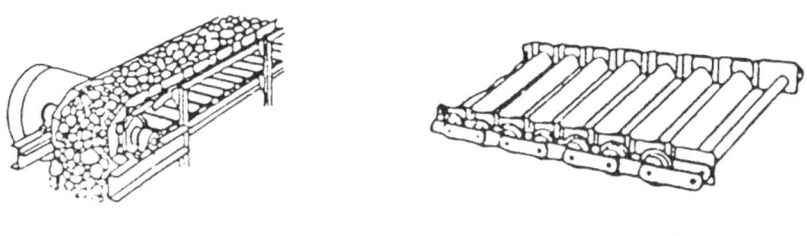

▲ 에이프런 컨베이어   ▲ 팬 컨베이어

⑧ 버켓 컨베이어(Bucket Conveyor) : 체인에 핀으로 지지된 버켓을 연속적으로 부착한 체인 컨베이어
⑨ 플로우 컨베이어(Flow Conveyor, Continuous Stream Conveyor) : 밀폐된 상태로 체인이나 케이블로 이동시키는 특수 컨베이어로 주로 가루 입자 사이의 마찰을 이용하여 연속된 흐름으로 운반하며, 운반이 곤란한 물질을 운반하는 특수 체인 컨베이어

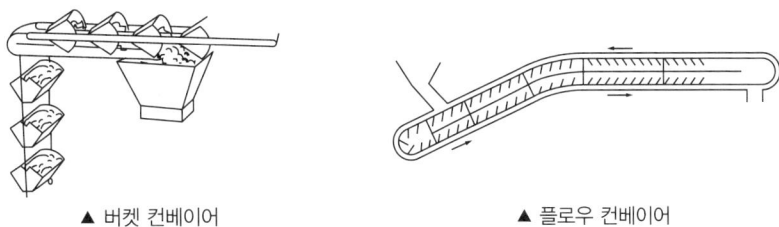

▲ 버켓 컨베이어   ▲ 플로우 컨베이어

⑩ 트롤리 컨베이어(Trolley Conveyor) : 폐쇄형 천장 트랙에 동일 간격으로 매달려 있는 운반기에 화물을 탑재하여 운반하며, 가공, 조립, 포장, 보관작업 등에 사용
⑪ 토우 컨베이어(Tow Conveyor) : 체인에 대차의 토우핀을 거는 어태치먼트를 부착한 체인 컨베이어

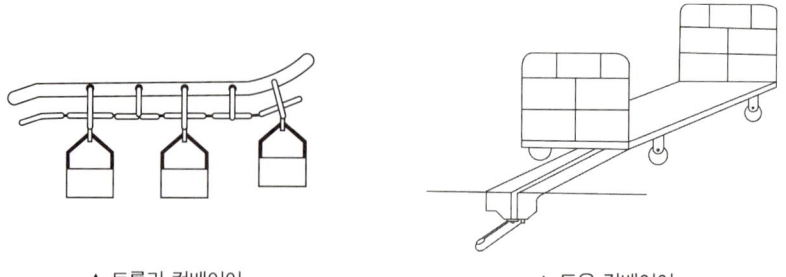

▲ 트롤리 컨베이어   ▲ 토우 컨베이어

⑫ 롤러 컨베이어(Roller Conveyor) : 롤러 또는 휠(Wheel)을 많이 배열하고 화물을 운반하며 시멘트 소이동에 사용되는 컨베이어
⑬ 스크류 컨베이어(Screw Conveyor) : 관 속 화물을 스크류에 의하여 운반하며 시멘트 운반에 사용되는 컨베이어
⑭ 유체 컨베이어(Fluid Conveyor) : 관 속 유체의 흐름을 이용하여 자갈, 석탄, 광석 등 알이 굵은 고체를 운반
⑮ 공기 컨베이어(Air Conveyor) : 공기를 매체로 하는 유체 컨베이어로서 주로 분립체를 운반
⑯ 엘리베이팅 컨베이어(Elevating Conveyor) : 급경사 또는 수직으로 화물을 운반하며 시멘트, 골재 운반에 사용되는 컨베이어

CORE 05 분류시스템과 기타 하역기기

1. 분류시스템

(1) 분류시스템(Sorting System)의 개요 기출▶ 25년/ 24년/ 23년/ 22년/ 21년/ 20년/ 17년/ 16년/ 13년

① 분류(소팅 : Sorting) : 물류거점에서 화물을 목적지별로 분류하는 것
② 분류시스템 : 자동 소팅 및 반송을 위한 설비시스템

(2) 종류

팝업 방식 (Pop-up Type)	컨베이어 반송면의 아랫방향에서 벨트, 롤러, 휠, 핀 등의 분기장치가 튀어나와 단위화물을 내보내는 방식
틸팅 방식 (Tilting Type)	레일을 주행하는 트레이, 슬라이드의 일부 등을 경사지게 하여 화물을 활강시키는 방식(신문사, 우체국 등에 많이 사용)
밀어내기 방식 (Pusher Type)	암(Arm)을 이용하여 컨베이어가 흐르는 방향에 대해 직각 방향으로 화물을 밀어내는 방식
다이버터 방식 (Diverter Type)	외부에 설치된 안내판을 회전시켜 반송 경로상에 가이드벽을 만들어 단위화물을 가이드벽을 따라 이동시키는 방식
경사벨트 방식	경사진 컨베이어의 측판을 개폐하고 단위화물을 활강시키는 방식
크로스벨트 방식 (Cross Belt Type)	레일을 주행하는 연속된 캐리어상의 소형벨트컨베이어를 레일과 교차하는 방향에 구동시켜 단위화물을 내보내는 방식

슬라이딩 슈 방식 (Sliding-shoe Type)	반송면에 튀어나온 기구를 넣어 단위화물을 이동시키면서 압출하는 방식(충격이 적어 정밀기기, 깨지기 쉬운 물건, 자루 포장물 등에 사용)
연속 컨베이어 방식	연속하는 컨베이어의 일부를 각 소팅방향으로 전환하여 단위화물을 내보내는 방식
오버헤드 방식	오버헤드 컨베이어에서 단위화물을 분기 또는 낙하시키는 방식

2. 기타 하역기기

(1) 무인반송차량(AGV : Automated Guided Vehicle)

① 개념 : 차체에 수동 또는 자동으로 화물을 적재하고 지시된 장소까지 레이저로 유도되는 형태로 자동주행하는 무궤도 차량

② 무인반송차량의 특징
  ㉠ 원격자동제어로 화물의 착오 운반 등이 없고, 제어실에서 각 차량의 작업내용 집중관리가 가능
  ㉡ 다른 차량의 통로와 겸용할 수 있으며 레이아웃 변경이 수월
  ㉢ 운행 중 발생되는 실수는 중앙통제실에 보고되므로 즉각적인 조치 가능
  ㉣ 동력원인 배터리는 수시 충전과 24시간 가동이 가능
  ㉤ 인간이 근무하기 어려운 작업조건(악취, 고온, 저온, 소음 등) 가능

③ 무인반송차량의 유도 · 제어방식 기출▶ 19년
  ㉠ 광학적 인도방식(Optical Guidance Method) : 바닥의 페인트 선이나 테이프를 광학센서로 식별하여 진로 결정
  ㉡ 자기 인도방식(Magnetic Guidance Method) : 바닥에 매설된 저주파의 동선을 따라 탐지용 코일로 탐지하여 자동주행
  ㉢ 자기 코딩방식(Magnetic Coding Method) : 트레이에 자기로 코드화한 철판을 붙여 자기 판독 헤드로 읽어서 컴퓨터에 정보를 전달하고 제어하는 방식
  ㉣ 전자기계 코딩방식(Electro Mechanical Coding Method)
  ㉤ 레이저 스캐닝방식(Lazer Scanning Method)
  ㉥ 무선제어방식(Radio Guidance Method)
  ㉦ 역반사 코딩방식(Re-Reflective Coding Method)
  ㉧ 전기 스위치방식(Electronical Switching Method)

(2) 호이스트(Hoist)

① 정의 : 화물의 권상, 권하, 횡방향 끌기, 견인 등을 목적으로 사용하는 장치

② 종류 기출▶ 16년
  ㉠ 체인블록 : 감속기구와 제어기구로 핸드체인 기어를 조작하여 화물을 권상 · 권하는 장치
  ㉡ 체인 레버 호이스트 : 링크체인 또는 롤러체인이 로드체인으로 사용되며, 레버의 반복조작에 의해 화물을 권상 · 권하, 견인하는 장치
  ㉢ 와이어식 레버 호이스트 : 수동 또는 동력에 의한 레버의 반복조작에 의해 와이어로프를 사용
  ㉣ 전기 체인블록 : 로드체인이 맞물고 있는 로드시브를 전동기로 감속 회전시켜 사용
  ㉤ 전기 호이스트 : 와이어로프를 감고 있는 드럼을 전동기로 감속 회전시켜 사용
  ㉥ 전동 윈치 : 와이어로프를 감고 있는 드럼을 전동기로 감속 회전시켜 사용
  ㉦ 공기체인 호이스트 : 로드체인이 맞물고 있는 로드시브를 에어모터로 감속 회전시켜 사용

(3) 파렛타이저(Palletizer) 기출▶ 16년/ 11년

① 정의 : 파렛트에 쌓여진 물품을 내리는 기계(한국산업규격 KS A 0013)
② 파렛타이저 표준화 대상 : 용어, 기호, 안전장치, 호환성 등
③ 종류

고상식	높은 곳에 적재 장치를 구비하고 일정한 적재 위치에서 파렛트를 내리면서 물품을 적재
저상식	파렛트를 낮은 장소에 놓고 적재장치를 오르내리면서 물품을 적재
로봇식	산업용 로봇에 매니퓰레이터를 장착하여 물품을 자동 적재하며 저속처리가 가능
기계식	캐리지, 클램프 또는 푸셔 등의 적재장치를 사용하여 파렛트에 물품을 자동으로 적재

(4) 기타 하역기기 기출▶ 23년/ 08년

① 손수레(Hand Truck) : 흔히 '대차'라 부르며 무동력에 경량 화물을 운반
② 핸드리프트 트럭 : 스키드에 적재된 화물을 스키드와 함께 이송
③ 핸드리프터(스태커) : 마스트에 안내되어 승강하는 포크를 통해 하역하고 인력으로 운반하는 기기
④ 리프팅 테이블붙이 핸드트럭 : 오르내림이 가능한 테이블을 갖추고 이동도 가능한 기기
⑤ 파렛트 트럭 : 파렛트 화물을 운송하거나 홈에서 화물을 트럭에 적재하는 운반기기로 수평이동만 가능
⑥ 테이블 리프터(Table Lifter) : 유압장치로 링크기를 장치하여 하대를 승강시키는 장치
⑦ 파렛트 로더(Pallet Loader) : 트럭이나 컨테이너 하대 위로 파렛타이저드 화물을 이동시키는 기구
⑧ 입출하 도크 : 플러쉬 도크, 드라이브인 도크, 드라이브스루 도크, 핑거 도크 등
⑨ 도크레벨러 : 트럭의 하대 높이와 홈의 높이 차이를 조절해서 적재함이나 포크리프트, 파렛트 트럭 등에서 용이하게 하역할 수 있도록 한 시설
⑩ 호퍼(Hopper) : 원료, 연료, 화물을 컨베이어나 기계로 이송하는 깔때기 모양의 장비
⑪ 리프트 게이트 : 하역장에 도크가 설치되어 있지 않을 때 트럭이 자체적으로 화물을 상하차시킬 수 있도록 차체에 부착하여 사용하는 하역장비
⑫ 도크보드 : 화물차의 하대와 도크 높이에서 차이가 발생할 경우 하역하기 좋게 연결하는 장치

CORE 06 물류장소별 하역작업

1. 철도역의 컨테이너 하역방식

(1) TOFC(Trailer On Flat Car) 방식 〔기출〕 20년/ 16년

① 정의 : 화물을 실은 대형 트레일러를 바로 화차에 실어 철도로 수송하는 방법
② 종류

피기백 방식 (Piggy Back)	• 화물운송 도중 화물열차의 대차 위에 트레일러나 트럭을 화물과 함께 실어 운송하는 방법 • 화물 적재단위가 크면 편리하나 하대가 평판이므로 세로 방향의 홈과 피기 패커(Piggy Packer) 등의 하역기계가 필요함
캥거루 방식 (Kangaroo)	• 장거리 정기노선에서 운송 효율성을 높이고 트럭으로 지역 간의 집하·인도를 신속히 하고자 두 운송업체가 결합한 형태 • 트럭이나 트레일러의 바퀴가 화차 하대 밑으로 낙하되어 높이에 제한이 있을 때 유리하며, 정시인도, 열차배차의 규칙성, 하역기계의 불필요, 연료의 효율성 등이 장점
프레이트라이너 방식 (Freight Liner)	대형컨테이너를 적재하고 터미널 사이를 고속의 고정편성으로 정기적으로 운행하는 화물컨테이너 운송 방법

(2) COFC(Container On Flat Car) 방식 〔기출〕 20년

① 정의 : 컨테이너만을 화차에 싣는 방식으로 국내에서 많이 이용하며, 철도의 화차대(Flat Car), 즉 컨테이너 전용화차에 적재하여 수송
② 종류
  ㉠ 지게차에 의한 방식 : 탑 핸들러, 리치스태커, 지게차를 이용하는 방식
  ㉡ 매달아 싣는 방식 : 트랜스퍼 크레인 또는 일반 크레인을 이용하여 컨테이너를 신속히 처리하는 방식
  ㉢ 플랙시 밴(Flexi-Van) : 트럭이 화물열차에 대해 직각으로 후진하여 무개화차에 컨테이너를 바로 싣는 방식

▲ TOFC(피기백) 방식　　　　　▲ COFC 방식

> **＋ 더알아보기**　TOFC와 COFC의 비교
>
> • TOFC는 다단 적재는 불가하나 컨테이너를 적재한 트레일러 자체를 화차에 싣게 되므로 하역 장비와 시간이 절약됨
> • COFC는 여러 단의 적재가 가능하여 적재효율이 TOFC보다 높고 보편화되어 있음

2. 항공의 컨테이너 하역방식

(1) 항공하역 단위탑재용기(Unit Load Device) 기출▶ 25년/ 24년

① 개념 : 대량의 항공화물 운송 시 화물 보호, 신속한 작업 및 취급, 특수화물 운송, 지상조업시간 단축에 따른 항공기 가동률을 높이기 위해 사용하는 용기류

② 종류
- ㉠ 파렛트 : 알루미늄 합금으로 만들어진 평판이며, 이 위에 화물을 적재 작업한 후 네트(Net)나 스트랩(Strap)으로 묶을 수 있도록 고안한 장비
- ㉡ 컨테이너 : 항공기 화물실에 탑재·고정할 수 있도록 제작된 것으로, 파렛트를 고정하는 장치와 동일한 방법으로 항공기에 고정
- ㉢ 이글루 : 비구조적 이글루는 밑바닥이 없이 파이버글라스나 알루미늄 재질로 항공기 동체 모양에 따라 둥근 형태로 되어 있고, 구조적 이글루는 비구조적 이글루를 파렛트에 고정시켜 적재화물을 네트 없이 고정시킬 수 있음

③ 특징 : 항공기의 안전을 위해 국제항공운송협회(IATA)의 검증을 거쳐 제작된 단위탑재 용기도 있으며, 항공기 기종별 규격이 달라 단위탑재용기 간의 호환성은 낮음

(2) 항공하역 장비 기출▶ 25년/ 24년/ 23년/ 21년/ 20년/ 18년/ 16년

① 파렛트 적재용 장비
- ㉠ 파렛트 스케일(Pallet Scale) : 적재가 끝난 파렛트를 계량하기 위하여 계량기를 랙 또는 트레일러에 조립시켜 놓은 계량장치
- ㉡ 돌리(Dolly) : 파렛트를 올려놓고 운반하기 위한 차대로서 사방에 파렛트가 미끄러지지 않도록 스토퍼(Stopper)를 부착하고 있음. 로울러베드로 전후 방향으로만 움직일 수 있고 자체의 기동력이 없으며 터그 카(Tug Car)에 연결되어 사용
- ㉢ 트랜스포터(Transporter) : 하역작업이 완료된 단위적재용기를 터미널에서 항공기까지 수평이동에 사용하는 장비로서 파렛트를 올려놓은 차량에 엔진을 장착하여 자주식으로 운행되는 차량
- ㉣ 리프트 로더(Lift Loader) : 파렛트를 항공기 화물실 밑바닥 높이까지 들어 올려 기내에 탑재하기 위한 기기
- ㉤ 파렛트 랙(Pallet Rack) : 파렛트를 올려놓는 판, 즉 파렛트 설치 장소
- ㉥ 컨투어 게이지(Contour Gauge) : 파렛트에 적재된 화물의 형상을 측정하기 위한 계측도구
- ㉦ 셀프 프로펠드 컨베이어(Self-Propelled Conveyor) : 낱개 단위로 탑재·하역하는 장비
- ㉧ 터그 카(Tug Car) : Dolly를 연결하여 이동하는 차량으로 트랙터(Tractor)라고도 함

② 터미널 장비
- ㉠ 스태커 : 화물의 입체장치방식으로, 1.0m × 1.5m × 1.2m 크기의 화물보관상자를 수용하는 고층의 거대한 선반 배열과 이 선반 사이를 왕복, 상하로 움직이는 기중기로 구성된 장치
- ㉡ 도어 카트(Door Cart) : 소형화물을 터미널 내로 운반하기 위한 운반기기로, 체인이나 전동장치에 의하여 정해진 코스를 왕복 운행
- ㉢ 소터(Sorter) : 소형화물을 선행지별·인도지별로 구분하는 장치로, 벨트 컨베이어나 롤러 컨베이어 등과 제어장치를 합쳐서 조립한 기기
- ㉣ 오더 피커(Order Picker) : 소형화물을 선반 위에 정리·보관하고, 크레인 등으로 화물의 반출입 작업을 신속하게 하는 시스템

3. 항만하역

(1) 항만하역의 개요

① 개념 : 항만에서 화물을 선박으로부터 양하·인수하거나 선박에 적하·인도하는 작업, 창고 또는 하역장(옥상시설 포함)에 반입·반출하거나 일정거리를 운송(이송)하는 작업

② 작업 구분 : 장치, 검사, 처리, 운반, 선적, 양륙, 적부

③ 품목별 하역작업 기출▶ 19년

  ㉠ 일반 잡화 : 파렛트, 컨테이너 등 규격화되어 있어 취급이 용이한 규격화물과 일반 포장되어 있고 중량 50kg 이하는 인력, 대중량은 포크리프트로 하역하는 정량화물이 있음
  ㉡ 산화물(散貨物, Bulk Cargo) : 포장하지 않고 적양하며 주로 특수설비를 갖춘 전용부두에서 하역하는 것으로 양곡하역, 석탄 및 광석하역, 고철하역이 있음
  ㉢ 특수화물 : 특별한 취급과 주의를 요하는 냉동화물, 중량화물, 용적화물 등
  ㉣ 컨테이너 : 전용부두 내 CY/CFS에서 나온 컨테이너는 마샬링 야드에서 선적 대기 후 선내작업하고, 일반 부두에서는 Off-Dock CY에 반입 후 직상차되어 부두의 크레인을 통하여 선내 작업함

(2) 항만하역사업(항만운송사업법 제2조 참조) 기출▶ 22년

① 선박을 이용하여 운송된 화물을 화물주(貨物主) 또는 선박운항업자의 위탁을 받아 항만에서 선박으로부터 인수하거나 화물주에게 인도하는 행위

② 선박을 이용하여 운송될 화물을 화물주 또는 선박운항업자의 위탁을 받아 항만에서 화물주로부터 인수하거나 선박에 인도하는 행위

③ ① 또는 ②의 행위에 선행하거나 후속하여 ④부터 ⑬까지의 행위를 하나로 연결하여 하는 행위

④ 항만에서 화물을 선박에 싣거나 선박으로부터 내리는 일

⑤ 항만에서 선박 또는 부선(艀船)을 이용하여 화물을 운송하는 행위, 해양수산부령으로 정하는 항만과 항만 외의 장소와의 사이(이하 "지정구간")에서 부선 또는 범선을 이용하여 화물을 운송하는 행위와 항만 또는 지정구간에서 부선 또는 뗏목을 예인선(曳引船)으로 끌고 항해하는 행위

⑥ 항만에서 선박 또는 부선을 이용하여 운송된 화물을 창고 또는 하역장에 들여놓는 행위

⑦ 항만에서 선박 또는 부선을 이용하여 운송될 화물을 하역장에서 내가는 행위

⑧ 항만에서 ⑥ 또는 ⑦에 따른 화물을 하역장에서 싣거나 내리거나 보관하는 행위

⑨ 항만에서 ⑥ 또는 ⑦에 따른 화물을 부선에 싣거나 부선으로부터 내리는 행위

⑩ 항만이나 지정구간에서 목재를 뗏목으로 편성하여 운송하는 행위

⑪ 항만에서 뗏목으로 편성하여 운송된 목재를 수면 목재저장소에 들여놓는 행위나, 선박 또는 부선을 이용하여 운송된 목재를 수면 목재저장소에 들여놓는 행위

⑫ 항만에서 뗏목으로 편성하여 운송될 목재를 수면 목재저장소로부터 내가는 행위나, 선박 또는 부선을 이용하여 운송될 목재를 수면 목재저장소로부터 내가는 행위

⑬ 항만에서 ⑪ 또는 ⑫에 따른 목재를 수면 목재저장소에서 싣거나 내리거나 보관하는 행위

(3) 항만하역 작업방식 〔기출〕 24년

① LO – LO(Lift on – Lift off) 방식 : 크레인을 이용하여 컨테이너를 본선에 수직으로 적양하는 방식으로 우리나라도 이 방식을 사용함
② RO – RO(Roll on – Roll off) 방식 : 선측이나 선미의 경사판을 거쳐 견인차를 이용하여 컨테이너 또는 트레일러를 수평으로 적양하는 방식으로 자동차 전용선과 페리선이 있음
③ FO – FO(Float on – Float off) 방식 : 부선(Barge)에 화물을 적재하고 크레인으로 부선을 적재·양하하는 방식

(4) 항만 컨테이너 터미널 시설 〔기출〕 24년/ 21년/ 20년/ 19년

① 마샬링 야드(Marshalling Yard) : 컨테이너 선적 전에 대기하는 장소로, 컨테이너선에 선적하거나 양하하기 위해 컨테이너를 정렬시켜 놓은 공간
② 게이트(Gate) : 컨테이너 터미널의 화물 출입통로
③ 메인트넌스 숍(Maintenance Shop) : 컨테이너 자체의 검사, 보수, 사용 전후 청소 수행
④ 선석(Berth) : 항구에 컨테이너선이 접안해서 컨테이너 용기를 선적 또는 양하하기 위해 설치된 접안시설
⑤ 에이프런(Apron) : 안벽에 접한 야드 부분에 일정한 폭으로 나란히 뻗어있는 공간으로, 컨테이너 적재와 양륙작업을 위해 임시로 하치하거나 크레인이 통과주행할 수 있도록 레일을 설치한 곳
⑥ 위생검사소 : 부패성 화물, 음식물 등 위생상 위험이 초래될 가능성이 있는 화물에 대한 검사를 위해 설치
⑦ CY(Container Yard) : 수출입용 컨테이너를 보관·취급하는 장소로 공컨테이너 또는 풀컨테이너에 이를 넘겨주고 넘겨받아 보관할 수 있는 넓은 장소
⑧ CFS(Container Freight Station) : LCL 화물을 모아서 FCL 화물로 만드는 LCL 화물 정거장으로 부두 외부에도 위치할 수 있음

(5) 항만하역기기 〔기출〕 22년/ 19년

① 재래선의 하역설비 : 화물을 운반하는 하역용구, 해치 및 마스트와 데릭 등으로 구성되며, 지브 크레인, 선상의 갠트리 크레인을 사용함
② 육상하역설비 : 육상의 일반 또는 전용선 하역설비로 그랩, 슈터, 벨트컨베이어 등이 있음
③ 컨테이너터미널 하역설비 : 컨테이너 전용부두에는 리치스태커, 탑 핸들러, 갠트리 크레인, 트랜스퍼 크레인, 스트래들 캐리어, 야드 트랙터, 윈치 크레인, 포크리프트 등의 설비가 장비되어 있음

> **＋ 더 알아보기** 기타 항만하역기기 종류
>
> • 스트래들 캐리어(Straddle Carrier)
>   컨테이너터미널 내에서 컨테이너를 양각 사이에 두고 하역을 담당하는 운전기계로, 컨테이너를 상하로 들고 내릴 수 있고, 기동성이 뛰어나 사방으로 자유롭게 움직일 수 있으며, 컨테이너 야드 내에 쌓아놓은 컨테이너를 자유롭게 이동시킬 수 있음
> • 로딩 암(Loading Arm)
>   대량의 액체 화물을 운반선에 선적·하역 시 사용하는 굴절형 팔 형태의 항만하역장비
> • 야드 트랙터(Yard Tractor)
>   컨테이너 야드(CY) 내에서 트레일러를 이동하는 데 쓰이는 견인차량

(6) 컨테이너 터미널의 하역방식 〔기출〕 21년/ 19년/ 16년

① **샤시 방식(Chassis System)**
   ㉠ 항만 내에서 컨테이너 크레인, 도로용 컨테이너 운송차량인 로드트랙터와 로드샤시를 이용하여 화물을 처리하며, 화물 취급량이 적은 소규모 항만, 컨테이너 야드 면적이 넓은 미국의 일부 항만에서 주로 사용함. 별도의 야드 장비가 필요하지 않기 때문에 비교적 단순하나 컨테이너를 적재상태로 보관할 많은 수량의 로드 샤시와 비어있는 샤시 보관장소가 필요함
   ㉡ 하역 시에는 로드트랙터, 로드샤시를 이용해 안벽의 컨테이너 크레인으로부터 컨테이너를 적재하여 컨테이너 야드에 장치·보관 또는 직접 외부로 반출하고, 선적 시에는 하역과 역순으로 외부에서 반입한 컨테이너를 적재상태로 야드에 보관하였다가 선박이 입항하면 선적스케줄에 따라 선적함

② **스트래들 캐리어 방식(Straddle Carrier System)**
   ㉠ 스트래들 캐리어를 이용하여 안벽과 컨테이너 야드 간 컨테이너를 직접 운송하거나 야드에서 외부 반·출입 차량과의 컨테이너 적·하차 작업을 수행하는 방식
   ㉡ 컨테이너를 길이 방향 한 줄로 2~3단 적재보관하고, 부두외부 반·출입 시에는 도로 운송용 차량을 이용함

③ **트랜스테이너 방식(Transtaniner System)**
   ㉠ 야드의 샤시에 탑재한 컨테이너를 마샬링 야드에 이동시켜 트랜스퍼 크레인으로 장치하는 방식
   ㉡ 자동화가 가능하고 좁은 면적의 야드를 가진 터미널에 가장 적합하며 국내에서 주로 사용

④ **혼합 방식(Mixed System)** : 수입컨테이너를 이동할 때는 스트래들 캐리어 방식을 이용하고, 수출컨테이너를 야드에서 선측까지 운반할 때는 트랜스테이너 방식을 이용하여 작업의 효율성을 높이고자 하는 방식

CORE 07 유닛로드시스템

1. 유닛로드시스템(ULS : Unit Load System)

(1) 유닛로드시스템의 의의 〔기출〕 24년/ 22년/ 21년/ 20년/ 18년/ 14년

① **개념** : 유닛로드시스템은 화물을 일정한 표준의 중량이나 부피로 단위화하여 기계적인 힘으로 일괄하역하거나 수송하는 물류시스템을 말하고, 유닛로드화는 하역을 기계화하고 수송·보관 등을 일괄하여 합리적으로 시스템화하는 것을 말함

② **유닛로드시스템의 합리화 대상**
   ㉠ 화물의 중량, 용량, 포장, 형태의 통일성 추구
   ㉡ 제품의 종류가 다양하고 단품(單品)을 취급하는 경우
   ㉢ 비교적 1회당의 단위가 소량이고 발송지가 복잡한 경우

③ **유닛로드시스템 도입의 선결과제** : 수송장비 적재함의 규격 표준화, 포장단위 치수 표준화, 파렛트 표준화, 운반하역장비 표준화, 창고보관설비 표준화, 거래단위의 표준화 〔기출〕 22년

④ 유닛로드시스템의 장 · 단점 기출▶ 24년/ 23년

장점	단점
• 파손 · 분실 위험 감소	• 컨테이너, 파렛트 확보에 경비 소요
• 운송수단의 운용효율이 높음	• 하역기기 등 고정시설비 투자 증가
• 하역의 기계화 촉진 및 보관효율 향상	• 포크리프트 등을 사용하기 위한 공간 필요
• 시스템화, 재고파악 용이	• 파렛트 자체 공간으로 인한 적재효율 저하

(2) 유닛로드시스템화의 방법

① 파렛트의 이용

㉠ 파렛트 로드(Pallet Load) 상태로 일관하여 수송하는 단계가 가능

㉡ 포장 표준화에 따른 포장비 절감 및 화물파손 감소 등

㉢ 파렛트 로더를 사용하여 생산라인에서부터 파렛트에 적재하여 창고보관, 출하까지 합리화

㉣ 일관파렛트화로서 발화주부터 착화주까지 수송, 하역, 보관 등 전 공정을 통하여 파렛트화

② 컨테이너의 이용

㉠ 수송이 능률적으로 이루어지며 수송 중 외부의 충격에도 견딜 수 있는 구조

㉡ 수송 능률향상과 수송기관과의 연결의 원활성 확보로 일관수송 가능

㉢ 육상운송(대형트럭), 철도운송(컨테이너 전용화차), 해상운송(세미 컨테이너 또는 풀 컨테이너선), 항공운송(대형화물 전용기) 사용 등 국제 규격화

(3) 유닛로드시스템 구축의 효과

① 보관, 적재, 하역, 수송 등의 작업 평준화로 인한 물류작업의 효율적 수행

② 파렛트를 포함한 관련 시설, 설비 표준화로 인한 제조비용 절감

③ 포장비 간소화, 포장인력 감축으로 인한 포장비용 절감

④ 관련업계의 호환성 확대로 인한 표준화의 확대

⑤ 수송기관의 유닛로드 구축에 따른 국가 단위의 낭비 감소

⑥ 전체 물류흐름이 빨라지고, 입체보관으로 창고 공간 이용률 향상

⑦ 운반활성 향상 및 작업 표준화로 인한 기계화 작업가능 → 하역의 합리화 가능

2. 일관파렛트화 기출▶ 22년/ 20년/ 19년/ 17년

(1) 일관파렛트화(Through Transit Palletization)의 개념

① 발송지로부터 최종 도착지까지 파렛트에 적재된 상태로 화물을 운송, 하역, 보관하는 것

② 일관파렛트화는 생산자에서부터 소비자에게 이르기까지 유닛화된 화물이 일관해서 흐를 수 있는 유닛로드시스템의 기본이 됨

(2) 일관파렛트화의 장 · 단점 기출▶ 24년

① 제한된 공간을 최대한 이용할 수 있어 보관능력 향상

② 신속한 적재로 차량 회전율을 높일 수 있음

③ 작업대기시간을 단축시켜 수송장비의 운행효율 향상

④ 상하차작업의 표준화 · 기계화로 노동인력과 시간 절약

⑤ 하역작업 혼잡 최소화 및 화물 도난 감소
⑥ 창고에서의 물품 운반 · 관리, 물품검수 용이
⑦ 파렛트에 적합한 운송수단의 사용으로 화물 파손 감소
⑧ 파렛트 자체의 체적과 중량만큼 적재량이 줄어듦

3. 파렛트 풀 시스템(Pallet Pool System) 기출 23년/ 21년/ 19년/ 17년/ 16년/ 13년

(1) 파렛트 풀 시스템의 개념

① 파렛트의 규격을 표준화하여 상호교환성을 확보한 후 이를 서로 풀(Pool)로 연결해 공동화함으로써 물류를 합리화하는 시스템
② 파렛트의 규격을 표준화하여 물류관련 요소 표준화를 촉진하고 비용 절감 가능
③ 파렛트 풀 시스템의 선결조건
  ㉠ 파렛트 규격 표준화 · 통일화
  ㉡ 표준 파렛트에 대한 포장 모듈화
  ㉢ 화물붕괴방지책 및 거래단위의 Unit화
④ 파렛트 풀 시스템의 특징
  ㉠ 일관 수송 후 공파렛트 회수문제를 해결(회송 불필요)
  ㉡ 일관파렛트화 실현으로 최소한의 파렛트로 업종 · 업계를 넘어서 일관수송이 가능
  ㉢ 업종 간에 파렛트 공동 이용으로 최소한의 파렛트로 물동량 변동에 따른 파렛트의 수요조정이 가능
  ㉣ 표준 파렛트로 통일되어 관리 불필요, 파렛트 보수 불필요
  ㉤ 전국적인 네트워크(Network)로 1매 단위의 회수도 가능
  ㉥ 파렛트 필요시 언제 어디서나 이용 가능
  ㉦ 고품질의 파렛트로 기업 이미지 향상

(2) 파렛트 풀 시스템의 운영방식 기출 25년/ 24년/ 23년/ 22년/ 18년/ 14년

① 교환방식(유럽방식)
  ㉠ 유럽 각국의 국영철도에서 송화주가 국철에 파렛트 형태로 운송하면, 국철에서는 이와 동수의 파렛트로 교환하는 방식
  ㉡ 장점 : 즉시교환사용의 원칙으로 파렛트 분실 우려 없음
  ㉢ 단점 : 교환 가능한 파렛트의 준비 및 파렛트 정비상태의 꾸준한 관리 필요
② 리스 · 렌탈 방식(한국, 일본, 호주 등)
  ㉠ 개별기업이 파렛트를 보유하지 않고 파렛트 풀 회사에서 일정규격의 파렛트를 일정기간 동안 임대하여 사용하는 방식
  ㉡ 장점 : 운영 파렛트의 개수를 최소화할 수 있고, 파렛트의 품질유지 · 보수가 용이하며, 수급파동에 탄력적인 대응 가능
  ㉢ 단점 : 파렛트 편재(쏠림현상) 발생으로 인한 렌탈회사의 부담 발생
③ 교환리스병용(영국) : 교환방식과 렌탈방식의 결점을 보완한 것이나 관리 운영상의 어려움으로 활성화되지 못함
④ 대차결제방식(스웨덴)
  ㉠ 즉시교환방식의 단점을 개선하여 현장에서 즉시 교환하지 않고 일정시간 내에 국철역에 동수로 반환하는 방식
  ㉡ 장점 : 파렛트를 돌려받지 못하는 상황을 방지할 수 있음
  ㉢ 단점 : 책임소재를 명확히 해야 함

CORE 08 포장물류론

1. 포장

(1) 포장의 정의
① 물류의 수송, 보관, 거래, 사용 등에 있어 그 가치 및 상태를 유지하기 위한 적절한 재료, 용기 등을 이용하여 보호하는 기술 및 상태
② 포장은 생산의 마지막 단계이며, 물류의 시작 단계임

(2) 포장의 분류 기출▶ 23년/ 19년/ 18년/ 15년/ 14년/ 11년

① 한국공업규격(KS)의 분류

낱포장 (단위포장)	물품 개개의 포장을 말하며, 물품의 상품가치를 높이거나 물품 개개를 보호하기 위하여 적절한 재료 및 용기 등으로 물품을 포장하는 방법 및 상태
속포장 (내부포장)	포장된 화물의 내부포장을 말하며, 물품에 가해지는 수분, 습기, 광열, 충격 등을 방지하기 위하여 적합한 재료·용기로 물품을 포장하는 방법 및 상태
겉포장 (외부포장)	화물 외부의 포장을 말하며, 물품을 상자, 자루, 나무통, 금속 등의 용기에 넣거나 용기 없이 그대로 묶어서 기호 또는 표식을 나타내는 포장

② 공업포장과 상업포장

공업포장	• 주기능은 보호기능, 수송하역의 편의기능이며 특히 보호기능이 제1의 목적 • 물품의 성질과 유통환경에 따라 포장기법이 여러 가지로 적용되며, 보호기능을 만족시키는 범위 내에서 적정포장이 중요 ※ 적정포장 : 상품의 품질보전, 취급의 편의성, 판매촉진, 안정성 등 기본적인 포장의 기능을 만족시키는 가장 경제적인 포장
상업포장	• 주기능은 수송하역의 편의기능, 판매촉진기능이며 특히 판매촉진기능이 제1의 목적 • 상거래 과정에서 상품의 일부로서 또는 상품을 한 단위로 취급하기 위해 시행하며 판매를 촉진시킨다면 포장비용의 상승도 무방 • 최종 소비자 손에 들어가는 포장을 의미하여 소비자 포장이라 함

③ 포장재료의 재질에 따른 분류

강성포장	금속, 유리, 캔, 나무 및 금속제 상자 등 강성을 가진 포장으로 유연재 포장과 대응
반강성포장	강성을 가진 포장 중 약간 유연성을 가지는 포장재료로 구성되는 골판지, 접음상자, 플라스틱병 등
유연포장	종이, 플라스틱 필름, 알루미늄박, 면포 등 유연성을 가진 재료로 구성

④ 중량에 의한 분류

경포장(輕包裝)	내용물의 중량이 50kg 미만의 것
중포장(中包裝)	내용물의 중량이 50~200kg의 것
중포장(重包裝)	내용물의 중량이 200kg을 초과하는 것

⑤ 포장방법별 분류

방수포장	물이 스며들지 못하게 함
방습포장	습기가 차지 않도록 함
방청포장	녹 발생 방지
완충포장	충격으로 인한 물품의 파손을 방지
진공포장	포장 내부를 진공상태로 한 후 밀봉
압축포장	상품을 압축하여 용적을 줄임

⑥ 포장기법의 종류에 의한 분류 기출▶ 17년

방습포장기법	물류과정에서 습기가 상품에 스며들지 않도록 방지하는 포장기법
녹방지포장기법	물류과정에서 금속제품은 녹슬 우려가 있으므로 이를 방지할 목적으로 녹의 생성을 조장하는 산소, 습기 등이 금속과 접촉하지 못하도록 하는 것
완충포장기법	물품이 물류과정에서 파손되는 주원인인 운송 중 진동이나 하역의 충격 등으로 인한 외력(外力)이 가해지지 않도록 완충 처리하여 파손을 막는 것
집합포장기법	하역, 수송, 보관 등 각 단계에서 복수의 물품 또는 수송 포장을 한데 모은 집합체를 취급하며 이 집합체가 충분히 보호될 수 있도록 하는 것
가스치환포장	밀봉포장 용기에서 공기를 빼고 대신 질소, 이산화탄소 같은 불활성 가스로 치환하여 물품의 변질 등을 방지하는 것

(3) 포장의 기능 기출▶ 24년/ 12년

① **보호성** : 상품 본래의 품질보존과 외력으로부터의 품질보호 → 공업포장의 본질은 내용물을 보호하는 기능을 하며, 품질유지를 위해서는 불가결한 요소
② **정량성(하역성)** : 물품을 일정한 단위로 정리하는 기능 → 파렛트, 컨테이너, 트럭, 화차, 기타 운송기관과의 관계를 고려하여 표준규격에 맞게 하역이 이루어지도록 함
③ **표시성** : 화물취급 및 분류에 필요한 사항을 포장에 인쇄·라벨 등으로 표시함으로써 하역활동을 용이하게 하는 것 → 하역의 자동화와 컨베이어 및 분류기 등의 채택이 용이하며, 액체, 입체 등 표시가 어려운 것은 포장하여 표시를 용이하게 함
④ **작업성(효율성)** : 포장작업이 기계화, 시스템화, 자동화되면서 복합재료의 사용이 늘어나고 포장공정 시 일관 작업 및 자동화 작업이 이뤄짐
⑤ **편리성** : 물품의 이용·진열·수송·하역·보관작업이 용이할 것
⑥ **수송성** : 하역작업이 원활하고 능률적으로 이루어질 수 있도록 포장되어야 하며, 수송포장을 보다 큰 단위로 종합한 유닛로드 형태로 이루어지는 것이 바람직함
⑦ **사회성** : 포장재료·용기의 내용물에 대한 안전성이 점검되어야 하며, 포장의 공해문제, 재활용의 문제 등이 있음
⑧ **판매촉진성** : 판매의욕을 환기시킴과 동시에 광고성이 많이 주어지는 것이 좋음
⑨ **경제성** : 포장은 물류를 위해 필요한 최소한도의 적정포장을 통하여 비용을 최소할 수 있도록 체적의 최소화, 중량의 감소화, 수량의 축소화, 대량화물의 일관화가 이루어지도록 함

(4) 집합포장방법 기출 25년/ 22년/ 19년/ 16년

① **밴드결속방법** : 집합포장에서 가장 많이 사용되는 방법으로, 종이, 플라스틱, 나일론, 금속밴드 등을 사용하며, 코너패드를 보호재로 사용하여 수평 또는 수직으로 묶는 방법
② **테이핑(Taping)** : 용기의 견고성을 유지하기 위해서 접착테이프 사용
③ **슬리브(Sleeve)** : 종이나 필름천을 이용하여 수직으로 4면을 감거나 싸는 방법
④ **꺽쇠 · 물림쇠** : 주로 칸막이 상자 등에 상자가 고정되도록 사용하는 방법
⑤ **틀** : 주로 수평이동을 위 · 아래의 틀로 고정하는 방법
⑥ **대형 골판지 상자**

용도	작은 부품 등을 꾸러미로 묶지 않고 담을 때 사용
종류	• 골심지의 한쪽에만 라이너를 붙인 편면 골판지(주로 내장용) • 골심지 양쪽에 라이너를 붙여 상자용으로 많이 사용하는 양면 골판지 • 양면 골판지에 단면 골판지를 덧붙여 무겁거나 수분이 있는 청과물 등에 사용하는 이중양면 골판지 • 초중량물 수송에 사용하는 삼중 골판지

⑦ **쉬링크(Shrink) 포장** : 열수축성 플라스틱 필름을 파렛트 화물에 씌우고 쉬링크 터널을 통과시킬 때 가열하여 필름을 수축시켜서 파렛트와 밀착시키는 방법
⑧ **스트레치(Stretch) 포장** : 스트레치 포장기를 사용하여 플라스틱 필름을 화물에 감아서 움직이지 않게 하는 방법으로, 쉬링크 방식과는 달리 열처리하지 않고 통기성은 없음
⑨ **접착** : 풀(도포와 점적방법), 접착테이프 등의 접착제 이용

(5) 포장 합리화의 원칙 기출 25년/ 21년

① **대량화 및 대형화의 원칙** : 포장의 크기를 대형화할 수 있는지 검토하고, 다수의 업체와 거래하고 있는 경우에는 대량화를 통하여 물류비를 절감할 수 있도록 하는 원칙
② **집중화 및 집약화의 원칙** : 집중화와 집약화를 통하여 물류비를 절감하고 관리수준을 향상시킴과 동시에 대량화의 추진이 가능하도록 하는 원칙
③ **규격화 및 표준화의 원칙** : 1회당 발주단위가 커지고 규모의 이익 실현이 가능하며 포장용기 규격을 표준화하여 유통의 합리화를 도모
④ **사양변경의 원칙** : 포장의 보호성에서 벗어나지 않는 범위 내에서 사양의 변경을 통한 비용절감이 이루어질 수 있도록 하는 원칙
⑤ **재질변경의 원칙** : 재질의 변경을 통하여 비용절감이 가능하므로 재질을 한 등급 낮출 수 있도록 하는 원칙
⑥ **시스템화 및 단위화의 원칙**
  ㉠ 파렛트화나 컨테이너화를 효과적으로 실시하기 위해서는 파렛트 · 컨테이너의 규격, 구조, 품질 등을 공동으로 사용할 수 있도록 표준화하고, 운송, 배송, 보관, 하역 등 물류활동이 유기적으로 연결되도록 시스템화하여야 함
  ㉡ 단위화의 형태는 파렛트류, 컨테이너류 등의 기재를 사용하지 않고 포장화물 자체를 결속자재 등을 사용하여 단위화하는 집합포장, 파렛트류를 사용하는 파렛트화물, 컨테이너류를 사용하는 컨테이너화물의 3가지 형태로 분류할 수 있음
  ㉢ 운송, 보관, 하역 시 파렛트 화물의 형태로 실시하는 방식을 파렛트화, 컨테이너화물의 형태로 실시하는 방식을 컨테이너화라 함

2. 화인(Case Mark)

(1) 화인(화물취급표시)의 개념
① 정의 : 포장화물의 표면에 기입하는 특정한 기호, 번호, 목적지, 취급상의 문구 등
② 목적 : 운송관계자나 수입업자가 다른 물건과 구분하여 쉽게 식별하게 하고, 매수인의 사용 편의 및 선적서류와 물품의 대조를 편하게 함

(2) 화인표시의 종류 기출▶ 25년/ 23년/ 21년/ 20년/ 14년
① 주표시(주화인 : Main Mark)
  ㉠ 화인 중 가장 중요한 표시로서 타 상품과 식별을 용이하게 하는 기호
  ㉡ 수입업자 화인으로 일반적으로 수입업자의 전체 주소, 성명을 문자로 기입하지 않고, 도형 속에 머리글자를 표기함
② 부표시(부화인 : Counter Mark)
  ㉠ 대조번호 화인으로서 생산자 또는 공급자의 약호를 붙여야 하는 경우에 표기
  ㉡ 주화인의 위쪽 또는 밑쪽에 기재하게 되나 기재되지 않는 경우도 있음
③ 품질표시 : 내용품의 품질, 등급 등을 표시하여 송하인과 수하인 당사자만 알 수 있도록 사용하는 마크로서 주표시의 위쪽이나 밑에 기재
④ 목적지표시 : 최종 도착하는 목적지를 표시하는 것으로 선박운송의 경우에는 항구명 기재
⑤ 수량표시 : 두 개 이상일 경우에는 한 개씩 순서에 따라 포장에 번호를 붙여야 함
⑥ 취급주의표시(취급주의화인 : Care Mark) : 내용품의 성격, 품질, 형상 등에 따라 취급·운송·적재요령상의 주의를 붉은색 문자나 그림으로 표시
⑦ 원산지표시 : 정상 절차에 의한 모든 수출품은 관세법규 규정에 따라 원산지명을 표시

(3) 화인표시 방법 기출▶ 25년/ 23년/ 19년/ 17년/ 16년
① 스티커(Sticker) : 못으로 박거나 혹은 특정 방법에 의하여 고착시키는 것
② 스탬핑(또는 프린트) : 화인할 장소에 고무인이나 프레스기 등을 사용하여 찍는 것(종이상자, 자루, Iron Sheet, 골판지상자에 적용)
③ 태그(Tag) : 종이나 직포 또는 양철, 알루미늄, 플라스틱판 등에 일정한 표시내용을 기재한 다음 다시 철사나 기타 다른 적절한 방법으로 상품에 매는 방법
④ 레이블링(Labelling) : 견고한 종이나 직포에 필요한 표시를 미리 인쇄해 두었다가 일정한 장소에 붙이는 것
⑤ 스텐실(Stencil) : 기름기가 많은 두꺼운 종이나 셀룰로이드판, 플라스틱판, 알루미늄판 등의 시트(Sheet)에 글자를 파 두었다가 잉크나 페인트 등을 붓이나 스프레이를 사용하여 칠하는 방법
⑥ 카빙(또는 엠보싱) : 직접 내용상품에 쇠로 된 인각을 찍거나 주물의 경우 주물을 주입할 때 미리 화인을 해두어 제품완성 시 화인이 나타나도록 하는 방법

출제포인트 OX 문제

01 OX 스태킹(Stacking)이란 화물이 손상, 파손되지 않도록 화물의 밑바닥이나 틈 사이에 물건을 깔거나 끼우는 작업을 말한다.

02 "하역작업을 수행하는 과정에서 발생하는 화물의 이동거리(시간)를 최소화한다"는 하역합리화의 기본 원칙 중 (　　) 원칙에 관한 설명이다.

03 OX 블록쌓기는 맨 아래에서 상단까지 일렬로 쌓는 방법으로 작업효율성이 높고 무너질 염려가 없어 안정성이 높다.

04 OX 사일로(Silo) 파렛트는 액체를 담는 용도로 사용되며 밀폐를 위한 뚜껑이 있다.

05 OX 카운터 밸런스형 지게차는 차체의 측면에 포크와 마스트가 장착된 지게차이다.

06 (　　)은/는 컨테이너나 파렛트 1개분으로 화물을 단위화하여 이 단위를 유지하는 것을 말한다.

07 OX 리치스태커는 장비의 회전 없이 붐에 달린 스프레더만을 회전하여 컨테이너를 이적 또는 하역하는 장비이다.

08 (　　)은/는 컨테이너선 하역용으로 특별히 설계·제작된 크레인으로 에이프런에 부설된 레일을 따라 주행하고, 유압식 신축 스프레더에 의하여 훅에 매달린 컨테이너를 감아 올려 적·양하 작업을 하는 대표적인 하역기기이다.

09 OX 돌리(Dolly)는 해상 컨테이너를 적재하거나 다른 장소로 이송·반출하는 데 사용하는 장비이다.

10 분류시스템 중 (　　)은/는 레일을 주행하는 트레이, 슬라이드의 일부 등을 경사지게 하여 단위화물을 활강시켜 분류하는 방식으로, 화물의 형상에 따라 폭넓게 대응하므로 각종 배송센터에서 이용된다.

11 OX 항공화물의 단위탑재용기(Unit Load Device)는 모든 기종의 항공기에 호환사용이 가능하다.

12 항공운송용 하역장비 중 (　　)은/는 파렛트를 항공기 적재공간 밑바닥 높이까지 들어 올려 기내에 탑재하기 위한 기기이다.

13 OX 스트레치(Stretch)는 생선, 청과물 등의 포장에 스트레치 필름의 접착성을 이용하는 집합포장방법이다.

14 (　　) 방식은 파렛트 풀 회사에서 일정규격의 파렛트를 필요에 따라 임대해 주는 방식이기 때문에 파렛트 이용자가 교환을 위한 동일한 수량의 파렛트를 준비해 놓을 필요가 없다.

15 ⓞⓧ 공업포장은 물품 개개의 단위포장으로 판매촉진이 주목적이다.

16 (   )은/는 대조번호 화인으로서 생산자 또는 공급자의 약호를 붙여야 하는 경우에 표기한다.

정답 및 해설

01 ✕ ▶ 스태킹(Stacking)은 하역작업 중 물품 또는 포장화물을 규칙적으로 쌓아 올리는 작업이다.
02 이동거리(시간) 최소화
03 ✕ ▶ 블록쌓기는 홀수단과 짝수단 모두 같은 방향으로 적재하는 방식으로, 각각의 종1열이 독립한 '봉'이 되어 나열한 모양이 되어 상단의 붕괴가 쉽게 나타난다.
04 ✕ ▶ 사일로(Silo) 파렛트는 주로 분말, 압축화물 처리에 사용되는 파렛트로서, 측면이 밀폐되어 있고 뚜껑이 있으며 하부에 개폐장치가 있는 상자형 파렛트를 말한다.
05 ✕ ▶ 사이드 포크형 지게차에 대한 설명이다. 카운터 밸런스형 지게차는 포크와 마스트를 전방에 장착하고 후방에 웨이트를 설치한 지게차이다.
06 유닛로드시스템
07 ◯
08 갠트리크레인
09 ✕ ▶ 돌리는 파렛트를 올려놓고 운반하기 위한 차대로서 트랜스포터와 동일한 역할을 하나 자체 구동력은 없고 터그 카와 연결되어 사용된다. 사방에 파렛트가 미끄러지지 않도록 스토퍼를 부착하고 있다.
10 틸팅 방식
11 ✕ ▶ 단위탑재용기(Unit Load Device)는 항공기 기종별 규격이 각각 다르므로 항공 단위탑재용기 간의 호환성이 낮다.
12 리프트로더
13 ◯
14 리스 · 렌탈
15 ✕ ▶ 상업포장은 물품 개개의 단위포장으로 판매촉진이 주목적이다.
16 부화인

빈출키워드 기출유형문제

키워드 ❶ 하역

01
하역에 관한 설명으로 옳지 않은 것은? 기출 23년

① 운송 및 보관에 수반하여 발생한다.
② 적하, 운반, 적재, 반출, 분류 및 정돈으로 구성된다.
③ 시간, 장소 및 형태 효용을 창출한다.
④ 생산에서 소비에 이르는 전 유통과정에서 행해진다.
⑤ 무인화와 자동화가 빠르게 진행되고 있다.

> 해설 ③ 하역은 화물에 대한 시간적 효용과 장소적 효용 창출을 지원한다.

02
하역의 구성 요소를 모두 고른 것은? 기출 24년

ㄱ. 쌓기	ㄴ. 내리기
ㄷ. 반출	ㄹ. 꺼내기
ㅁ. 운반	ㅂ. 통관

① ㄱ, ㄴ, ㄷ
② ㄴ, ㄷ, ㅂ
③ ㄱ, ㄹ, ㅁ, ㅂ
④ ㄷ, ㄹ, ㅁ, ㅂ
⑤ ㄱ, ㄴ, ㄷ, ㄹ, ㅁ

> 해설 ㄱ. 쌓기 : 물품 또는 포장화물을 규칙적으로 쌓아 올리는 작업
> ㄴ. 내리기 : 컨테이너에서 화물을 내리는 작업
> ㄷ. 반출 : 물품을 보관장소에서 꺼내는 작업
> ㄹ. 꺼내기 : 컨테이너에서 화물을 꺼내는 작업
> ㅁ. 운반 : 공장과 창고 내에서 물품을 비교적 짧은 거리로 이동시키는 것

03
하역작업과 관련된 용어의 설명으로 옳지 않은 것은? 기출 21년

① 더니지(Dunnage) : 운송기기에 실려진 화물이 손상, 파손되지 않도록 밑바닥에 까는 물건을 말한다.
② 래싱(Lashing) : 운송기기에 실려진 화물을 줄로 고정시키는 작업을 말한다.
③ 스태킹(Stacking) : 화물을 보관시설 또는 장소에 쌓는 작업을 말한다.
④ 피킹(Picking) : 보관 장소에서 화물을 꺼내는 작업을 말한다.
⑤ 배닝(Vanning) : 파렛트에 화물을 쌓는 작업을 말한다.

> 해설 ⑤ 배닝(Vanning) : 컨테이너에 물품을 실어 넣는 작업을 말한다.

04
보관장소에 따른 하역의 분류가 아닌 것은? 기출 17년

① 액체화물 하역
② 터미널 하역
③ 항만 하역
④ 창고 하역
⑤ 배송센터 하역

> 해설 ①은 화물형태에 의한 분류이다.

키워드 ❷ 하역합리화의 원칙

05

〈보기〉의 화물 상태별 운반활성지수를 모두 합한 것은?

기출 24년

- 물류센터에 입고된 화물을 컨베이어벨트 위에 놓아두었다.
- 물류센터에 입고된 화물을 바닥에 놓아두었다.
- 물류센터에 입고된 화물을 대차에 실어두었다.
- 물류센터에 입고된 여러 화물을 한 개의 상자로 재포장하였다.

① 4
② 5
③ 6
④ 7
⑤ 8

해설
- 물류센터에 입고된 화물을 컨베이어벨트 위에 놓아두었다. → 활성지수 4
- 물류센터에 입고된 화물을 바닥에 놓아두었다. → 활성지수 0
- 물류센터에 입고된 화물을 대차에 실어두었다. → 활성지수 3
- 물류센터에 입고된 여러 화물을 한 개의 상자로 재포장하였다. → 활성지수 1

06

다음이 설명하는 하역합리화의 원칙은? 기출 22년

ㄱ. 화물의 이동 용이성을 지수로 하여 이 지수의 최대화를 지향하는 원칙으로 관련 작업을 조합하여 화물 하역작업의 효율성을 높이는 것을 목적으로 한다.
ㄴ. 불필요한 하역작업의 생략을 통해 작업능률을 높이고, 화물의 파손 및 분실 등을 최소화하는 것을 목적으로 한다.
ㄷ. 하역작업 시 화물의 이동거리를 최소화하는 것을 목적으로 한다.

① ㄱ : 시스템화의 원칙, ㄴ : 하역 경제성의 원칙, ㄷ : 거리 최소화의 원칙
② ㄱ : 운반 활성화의 원칙, ㄴ : 화물 단위화의 원칙, ㄷ : 인터페이스의 원칙
③ ㄱ : 화물 단위화의 원칙, ㄴ : 거리 최소화의 원칙, ㄷ : 하역 경제성의 원칙
④ ㄱ : 운반 활성화의 원칙, ㄴ : 하역 경제성의 원칙, ㄷ : 거리 최소화의 원칙
⑤ ㄱ : 하역 경제성의 원칙, ㄴ : 운반 활성화의 원칙, ㄷ : 거리 최소화의 원칙

해설 ④ ㄱ : 운반 활성화의 원칙, ㄴ : 하역 경제성의 원칙, ㄷ : 거리 최소화의 원칙에 대한 설명이다.
- 시스템화의 원칙 : 개개의 하역 활동을 유기체적인 활동으로 간주하는 원칙이다.
- 화물 단위화의 원칙 : 화물을 유닛화하여 파렛트 및 컨테이너와 조합함으로써 화물의 손상·파손·분실을 없애고 하역작업을 능률화 또는 합리화하는 원칙이다.
- 인터페이스의 원칙 : 하역작업 공정 간의 계면 또는 접점을 원활히 하는 원칙으로 화물을 트럭에 실을 때 인력에만 의존하지 않고 자동적재장치를 사용하는 것 등이다.

07

하역합리화의 수평직선 원칙에 해당하는 것은? 기출 21년

① 하역기기를 탄력적으로 운영하여야 한다.
② 운반의 혼잡을 초래하는 요인을 제거하여 하역작업의 톤·킬로를 최소화하여야 한다.
③ 불필요한 물품의 취급을 최소화하여야 한다.
④ 하역작업을 표준화하여 효율성을 추구하여야 한다.
⑤ 복잡한 시설과 하역체계를 단순화하여야 한다.

> **해설** ① 하역기기를 탄력적으로 운영하여야 한다. → 탄력성의 원칙
> ③ 불필요한 물품의 취급을 최소화하여야 한다. → 최소취급의 원칙
> ④ 하역작업을 표준화하여 효율성을 추구하여야 한다. → 표준화의 원칙
> ⑤ 복잡한 시설과 하역체계를 단순화하여야 한다. → 표준화의 원칙

08

하역의 원칙이 아닌 것은? 기출 24년

① 경제성 원칙
② 이동거리 최소화 원칙
③ 동일성 원칙
④ 단위화 원칙
⑤ 운반 활성화 원칙

> **해설** ③ 동일성 원칙은 동일품종은 동일장소에 보관한다는 보관의 원칙에 관한 내용이다.

키워드 ❸ 하역의 기계화와 표준화

09

하역의 표준화에 관한 설명으로 옳지 않은 것은? 기출 23년

① 생산의 마지막 단계로 치수, 강도, 재질, 기법 등의 표준화로 구성된다.
② 운송, 보관, 포장, 정보 등 물류활동 간의 상호 호환성과 연계성을 고려하여 추진되어야 한다.
③ 환경과 안전을 고려하여야 한다.
④ 유닛로드 시스템에 적합한 하역·운반 장비의 표준화가 필요하다.
⑤ 표준규격을 만들고 일관성 있게 추진되어야 한다.

> **해설** ① 생산의 마지막 단계로 치수, 강도, 재질, 기법 등의 표준화로 구성되는 것은 포장 표준화에 관한 설명이다.

10

하역시스템에 관한 설명으로 옳지 않은 것은? 기출 23년

① 물품을 자동차에 상하차하고 창고에서 상하좌우로 운반하거나 입고 또는 반출하는 시스템이다.
② 필요한 원재료·반제품·제품 등의 최적 보유량을 계획하고 조직하고 통제하는 기능을 한다.
③ 하역작업 장소에 따라 사내하역, 항만하역, 항공하역시스템 등으로 구분할 수 있다.
④ 하역시스템의 기계화 및 자동화는 하역작업환경을 개선하는 데 기여할 수 있다.
⑤ 효율적인 하역시스템 설계 및 구축을 통해 에너지 및 자원을 절약할 수 있다.

> **해설** ② 필요한 원재료·반제품·제품 등의 최적 보유량을 계획하고 조직하고 통제하는 기능은 재고관리에 관한 설명이다.

11

하역의 기계화가 필요한 화물에 해당하는 것은 몇 개인가?

기출 22년

- 액체 및 분립체로 인하여 인력으로 취급하기 곤란한 화물
- 많은 인적 노력이 요구되는 화물
- 작업장의 위치가 높고 낮음으로 인해 상하차작업이 곤란한 화물
- 인력으로는 시간(Timing)을 맞추기 어려운 화물

① 0개
② 1개
③ 2개
④ 3개
⑤ 4개

> 해설 하역 기계화의 필요성
> - 중량화물, 많은 인력이 요구되거나 인력으로는 시간을 맞추기 어려운 화물
> - 액체, 분립체 등 인력으로 취급하기 곤란한 화물 및 혹서·혹한기의 작업장
> - 작업장 위치가 높거나 낮아서 상하차작업이 곤란한 화물
> - 인적 접근이 곤란하거나 수동화하기 어려운 화물

12

하역의 기계화와 표준화를 위해 고려해야 할 사항이 아닌 것은? 기출 21년

① 환경영향을 고려해야 한다.
② 물류합리화의 관점에서 추진되어야 한다.
③ 안전성을 고려하여 추진되어야 한다.
④ 특정 화주의 화물을 대상으로 추진되어야 한다.
⑤ 생산자, 제조업자, 물류업자와 관련 당사자의 상호협력을 고려하여야 한다.

> 해설 ④ 인력작업을 기계작업으로 대체하고, 표준적인 하역작업으로 하역의 효율성을 추구하기 위해서는 특정 화주가 아닌 전반적인 주요 화주의 화물을 대상으로 추진되어야 한다.

13

하역에 관한 설명으로 옳은 것은? 기출 21년

① 제품에 대한 형태효용을 창출한다.
② 운반활성화 지수를 최소화해야 한다.
③ 적하, 운반, 적재, 반출 및 분류로 구성된다.
④ 화물에 대한 제조공정과 검사공정을 포함한다.
⑤ 기계화와 자동화를 통한 하역생산성 향상이 어렵다.

> 해설 ① 제품에 대한 시간적 효용과 장소적 효용의 창출을 지원한다.
> ② 운반활성화 지수를 최대화해야 한다.
> ④ 하역은 보관을 위한 입·출고, 적재, 적하, 물품나누기 등의 활동이며, 제조공정과 검사공정은 포함하지 않는다.
> ⑤ 기계화와 자동화를 통한 하역생산성 향상이 용이하다.

키워드 ❹ 파렛트

14

파렛트(Pallet)의 종류에 관한 설명으로 옳은 것은? 기출 23년

① 롤 파렛트(Roll Pallet)는 파렛트 바닥면에 바퀴가 달려 있어 자체적으로 밀어서 움직일 수 있다.
② 시트 파렛트(Sheet Pallet)는 핸드리프트 등으로 움직일 수 있도록 만들어진 상자형 파렛트이다.
③ 스키드 파렛트(Skid Pallet)는 상부구조물이 적어도 3면의 수직측판을 가진 상자형 파렛트이다.
④ 사일로 파렛트(Silo Pallet)는 파렛트 상단에 기둥이 설치된 형태로 기둥을 접거나 연결하는 방식으로 사용한다.
⑤ 탱크 파렛트는(Tank Pallet)는 주로 분말체의 보관과 운송에 이용하는 1회용 파렛트이다.

> **해설** ② 시트 파렛트(Sheet Pallet)는 1회용 파렛트로 목재나 플라스틱으로 제작되어 가격이 저렴하고 가벼우나 하역을 위하여 Push-Pull 장치를 부착한 포크리프트가 필요하다.
> ③ 스키드 파렛트(Skid Pallet)는 포크리프트나 핸드리프트로 하역할 수 있도록 만들어진 단면형 파렛트이다.
> ④ 사일로 파렛트(Silo Pallet)는 주로 분말, 압축화물 처리에 사용되는 파렛트로서, 측면이 밀폐되어 있고 뚜껑이 있으며 하부에 개폐장치가 있는 상자형 파렛트를 말한다.
> ⑤ 탱크 파렛트(Tank Pallet)는 주로 오일, 액체, 유류 운반 및 적재용으로 사용되는 파렛트이다.

15

국가별 파렛트 표준규격의 연결이 옳은 것은? 기출 22년

국가	파렛트 규격
ㄱ. 한국	A. 800 × 1,200mm
ㄴ. 일본	B. 1,100 × 1,100mm
ㄷ. 영국	C. 1,100 × 1,200mm
ㄹ. 미국	D. 1,219 × 1,016mm

① ㄱ-B, ㄴ-A, ㄷ-C, ㄹ-D
② ㄱ-B, ㄴ-B, ㄷ-A, ㄹ-D
③ ㄱ-B, ㄴ-C, ㄷ-C, ㄹ-A
④ ㄱ-C, ㄴ-A, ㄷ-B, ㄹ-B
⑤ ㄱ-C, ㄴ-B, ㄷ-D, ㄹ-A

> **해설** ㄱ. 한국 1,100 × 1,100mm
> ㄴ. 일본 1,100 × 1,100mm
> ㄷ. 영국 800 × 1,200mm(유럽표준규격)
> ㄹ. 미국 1,219 × 1,016mm

16

파렛트 집합적재방식에 관한 설명으로 옳지 않은 것을 모두 고른 것은? 기출 20년

> ㄱ. 블록쌓기는 아래에서 위까지 동일한 방식으로 쌓는 가장 단순한 방식으로 작업효율성이 높고 무너질 염려가 없어 안정성이 높다.
> ㄴ. 교호열쌓기는 블록쌓기의 짝수층과 홀수층을 90도 회전시켜 교대로 쌓는 방법으로 정방형의 파렛트에서만 적용할 수 있다.
> ㄷ. 벽돌쌓기는 벽돌을 쌓듯이 가로와 세로를 조합하여 배열하고, 이후부터는 홀수층과 짝수층을 180도 회전시켜 교대로 쌓는 방법을 말한다.
> ㄹ. 스플릿(Split)쌓기는 벽돌쌓기의 변형으로 가로와 세로를 배열할 때 크기의 차이에서 오는 홀수층과 짝수층의 빈 공간이 서로 마주보게 쌓는 방법이다.
> ㅁ. 장방형 파렛트에는 블록쌓기, 벽돌쌓기 및 핀휠(Pinwheel)쌓기 방식이 적용된다.

① ㄱ, ㄴ
② ㄱ, ㄹ
③ ㄱ, ㅁ
④ ㄴ, ㄷ
⑤ ㄴ, ㅁ

> **해설** ㄱ(×). 블록쌓기는 상단의 붕괴가 쉽게 나타나기 때문에 이를 방지하기 위해서 밴드를 걸고 스트레치 포장을 실시하는 경우가 많다.
> ㅁ(×). 장방형(직사각형) 파렛트에는 주로 블록쌓기, 벽돌쌓기, 스플릿쌓기 방식이 적용되며, 정방형(정사각형) 파렛트에는 블록쌓기, 교호열쌓기, 핀휠쌓기, 스플릿쌓기 방식이 적용된다.

17

ISO의 국제표준규격 20ft와 40ft 컨테이너 내부에 각 1단으로 적재할 수 있는 T-11형 표준 파렛트 최대 개수의 합은?

기출 18년

① 24매 ② 30매
③ 36매 ④ 42매
⑤ 48매

해설 20ft 컨테이너의 최대 길이 × 너비 = 5,898mm × 2,350mm 이므로, 최대 길이 = 5매, 최대 너비 = 2매를 적재할 수 있다.
∴ 5매 × 2매 = 10매
40ft 컨테이너의 최대 길이 × 너비 = 12,032mm × 2,350mm이므로, 최대 길이 = 10매, 최대 너비 = 2매를 적재할 수 있다.
∴ 10매 × 2매 = 20매
따라서, 10매 + 20매 = 30매

18

1,100mm × 1,100mm의 표준파렛트에 가로 20cm, 세로 30cm, 높이 15cm의 동일한 종이박스를 적재하려고 한다. 만일 파렛트의 적재 높이를 17cm 이하로 유지해야 한다고 할 때, 최대 몇 개의 종이박스를 적재할 수 있는가? 기출 19년

① 18개 ② 19개
③ 20개 ④ 21개
⑤ 22개

해설
$$\frac{1,100 \times 1,100}{200 \times 300} = \frac{1,210,000}{60,000} ≒ 20.17$$
적재 높이를 17cm 이하로 유지해야 한다고 할 때, 종이박스 높이가 15cm이므로 1단으로 적재해야 한다. 따라서 최대 20개의 종이박스를 적재할 수 있다.

키워드 ❺ 하역기기(지게차, 크레인, 컨베이어)

19

포크 리프트(지게차)에 관한 설명으로 옳은 것은? 기출 22년

① 스트래들(Straddle)형은 전방이 아닌 차체의 측면에 포크와 마스트가 장착된 지게차이다.
② 디젤엔진식은 유해 배기가스와 소음이 적어 실내작업에 적합한 환경친화형 장비이다.
③ 워키(Walkie)형은 스프레더를 장착하고 항만 컨테이너 야드 등 주로 넓은 공간에서 사용된다.
④ 3방향 작동형은 포크와 캐리지의 회전이 가능하므로 진행방향의 변경 없이 작업할 수 있다.
⑤ 사이드 포크형은 차체전방에 아웃리거를 설치하고 그 사이에 포크를 위치시켜 안정성을 향상시킨 지게차이다.

해설 ① 스트래들(Straddle)형은 차체전방에 주행차량이 붙은 2개의 아웃리거(Outrigger)를 수평으로 매달아 그 안에 포크가 전후로 움직이는 구조이다.
② 디젤엔진식은 배기가스가 분출되며 소음이 상대적으로 크기 때문에 점차 전동식으로 대체되고 있다.
③ 워키(Walkie)형은 작업자의 탑승설비가 없으며, 작업자가 지게차를 가동시킨 상태에서 걸어 다니며 작업을 하는 형태로 주로 소형 작업장에서 이용된다.
⑤ 사이드 포크형은 포크의 승강 장치를 차체 옆쪽에 설치한 것으로서 하역할 때는 차체 측면으로 아웃리거를 대서 차체 폭 방향으로 포크 승강 장치를 접근시켜 화물을 승강한다.

20

하역기기 선정기준으로 옳지 않은 것은? 기출 21년

① 에너지 효율성
② 하역기기의 안전성
③ 작업량과 작업 특성
④ 하역물품의 원산지
⑤ 취급 품목의 종류

해설 하역기기 선정기준
하역물품의 특성, 작업환경의 특성, 작업의 특성, 경제성(채산성), 하역기기의 특성 등이 있다.

21

크레인에 관한 설명으로 옳지 않은 것은? 기출 20년

① 크레인은 천정크레인(Ceiling Crane), 갠트리크레인(Gantry Crane), 집크레인(Jib Crane), 기타 크레인 등으로 구분된다.
② 갠트리크레인은 레일 위를 주행하는 방식이 일반적이나, 레일 대신 타이어로 주행하는 크레인도 있다.
③ 스태커크레인(Stacker Crane)은 고층랙 창고 선반에 화물을 넣고 꺼내는 크레인의 총칭이다.
④ 언로더(Unloader)는 천정에 설치된 에이치빔(H-beam)의 밑 플랜지에 전동 체인블록 등을 매단 구조이며, 소규모 하역작업에 널리 이용되고 있다.
⑤ 집크레인은 고정식과 주행식이 있으며, 아파트 등의 건설공사에도 많이 쓰이고 수평방향으로 더 넓은 범위 안에서 작업할 수 있다.

> **해설** ④ 호이스트(hoist)에 대한 설명이다. 언로더는 석탄이나 광석과 같이 벌크로 들여오는 화물을 배에서 육지로 옮기는 데 사용하는 크레인으로, 제철소, 화력발전소, 가스회사 등의 대규모적인 원료를 수입하는 부두에 설치되고 있다.

22

하역에 활용되는 장비에 관한 설명으로 옳지 않은 것은? 기출 24년

① AGV(Automated Guided Vehicle)는 화물의 이동을 위해 지정된 장소까지 자동 주행할 수 있는 장비이다.
② 사이드 포크형 지게차는 차체의 측면에 포크와 마스트가 장착된 지게차이다.
③ 카운터 밸런스형 지게차는 포크와 마스트를 전방에 장착하고 후방에 웨이트를 설치한 지게차이다.
④ 트롤리 컨베이어는 로울러 또는 휠을 배열하여 화물을 운반하는 컨베이어이다.
⑤ 벨트 컨베이어는 연속적으로 움직이는 벨트를 사용하여 화물을 운반하는 컨베이어이다.

> **해설** ④ 트롤리 컨베이어는 폐쇄형 천장 트랙에 동일 간격으로 매달려 있는 운반기에 화물을 탑재하여 운반하며, 가공, 조립, 포장, 보관작업 등에 사용되는 컨베이어이다.

키워드 ⑥ 분류시스템

23

자동분류시스템의 소팅방식에 관한 설명으로 옳은 것은? 기출 22년

① 크로스벨트(Cross belt) 방식 : 컨베이어 반송면의 아래 방향에서 벨트 등의 분기장치가 나오는 방식으로 하부면의 손상 및 충격에 취약한 화물에는 적합하지 않다.
② 팝업(Pop-up) 방식 : 레일을 주행하는 연속된 캐리어상의 소형벨트 컨베이어를 레일과 교차하는 방향으로 구동시켜 단위화물을 내보내는 방식이다.
③ 틸팅(Tilting) 방식 : 반송면에 튀어나온 기구를 넣어 단위화물을 함께 이동시키면서 압출하는 방식이다.
④ 슬라이딩슈(Sliding-shoe) 방식 : 여러 형상의 화물을 수직으로 나누어 강제적으로 분류하므로 충격에 취약한 정밀기기나 깨지기 쉬운 물건은 피해야 한다.
⑤ 다이버터(Diverter) 방식 : 외부에 설치된 안내판을 회전시켜 반송경로상에 가이드벽을 만들어 단위화물을 가이드벽에 따라 이동시키므로 다양한 형상의 화물분류가 가능하다.

> **해설** ① 크로스벨트(Cross belt) 방식 : 레일을 주행하는 연속된 캐리어상의 소형벨트컨베이어를 레일과 교차하는 방향에 구동시켜 단위화물을 내보내는 소팅컨베이어이다.
> ② 팝업(Pop-up) 방식 : 컨베이어 반송면의 아랫방향에서 벨트, 로울러, 휠, 핀 등의 분기장치가 튀어나와 단위화물을 내보내는 방식의 소팅시스템이다.
> ③ 틸팅(Tilting) 방식 : 레일을 주행하는 트레이, 슬라이드의 일부 등을 경사지게 하여 단위화물을 활강시키는 소팅컨베이어로, 화물의 형상, 두께 등에 따라 폭넓게 대응하므로 각종 배송센터에서 이용되고 있다.
> ④ 슬라이딩슈(Sliding-shoe) 방식 : 반송면에 튀어나온 기구를 넣어 단위화물을 함께 이동시키면서 압출하는 소팅컨베이어이다.

24

분류(sorting)방식 중 동작에 의한 분류 방식이 아닌 것은?

<small>기출 24년</small>

① 밀어내는 방식
② 다이버트 방식
③ 바코드 방식
④ 이송 방식
⑤ 틸트 방식

> **해설** ③ 바코드 방식 : 상자에 붙어 있는 바코드 라벨을 정 위치에서 스캐너로 판독하고 컴퓨터에 정보를 전달하여 제어하는 무인운반기기 제어방식이다(기술을 통한 분류).
> ① 밀어내는 방식 : 화물의 분류지점에 직각 방향으로 암(Arm)을 설치하여 밀어내는 방식이다.
> ② 다이버트 방식 : 외부에 설치된 안내판을 회전시켜 반송 경로상에 가이드벽을 만들어 단위화물을 가이드벽을 따라 이동시키는 방식이다.
> ⑤ 틸트 방식 : 레일을 주행하는 트레이, 슬라이드의 일부 등을 경사지게 하여 단위화물을 활강시키는 방식이다.

키워드 ❼ 기타 하역기기

25

하역기기에 관한 설명으로 옳은 것은? <small>기출 23년</small>

① 탑 핸들러(Top Handler) : 본선과 터미널 간 액체화물 이송 작업 시 연결되는 육상터미널 측 이송장비
② 로딩 암(Loading Arm) : 부두에서 본선으로 석탄, 광석의 벌크화물을 선적하는 데 사용하는 장비
③ 돌리(Dolly) : 해상 컨테이너를 적재하거나 다른 장소로 이송, 반출하는 데 사용하는 장비
④ 호퍼(Hopper) : 원료나 연료, 화물을 컨베이어나 기계로 이송하는 깔때기 모양의 장비
⑤ 스트래들 캐리어(Straddle Carrier) : 부두의 안벽에 설치되어 선박에 컨테이너를 선적하거나 하역하는 데 사용하는 장비

> **해설** ① 탑 핸들러(Top Handler) : 컨테이너 모서리쇠를 잡는 스프레더(Spreader) 또는 체결 고리가 달린 팔과 마스트를 갖추고 야드 내의 공컨테이너(Empty Container)를 적치 또는 하역하는 장비로서 대형지게차와 유사하다.
> ② 로딩 암(Loading Arm) : 대량의 액체 화물을 운반선에 선적 또는 하역할 때 사용하는 굴절형 팔 형태의 항만하역 장비이다.
> ③ 돌리(Dolly) : 트랜스포터와 동일한 역할을 하나 자체 구동력은 없고 터그카와 연결되어 사용된다. 파렛트를 올려놓고 운반하기 위한 차대로서 사방에 파렛트가 미끄러지지 않도록 스토퍼를 부착하고 있다.
> ⑤ 스트래들 캐리어(Straddle Carrier) : 컨테이너터미널에서 컨테이너를 마샬링 야드로부터 에이프런 또는 CY지역으로 운반 및 적재할 경우에 사용되는 장비이다.

26

무인 운반기기의 제어방식에 따른 유형으로 옳은 것은?

① 자기 인도방식(Magnetic Guidance Method)은 자동 주행하는 운반기기의 경로를 제어하는 방식으로 바닥에 테이프나 페인트 선을 그려 페인트와 테이프를 광학센서로 식별하여 진로를 결정하는 방식이다.
② 광학식 인도방식(Optical Guidance Method)은 인도용 동선이 바닥에 매설되어 있어서 저주파가 흐르는 동선을 따라 2개의 탐지용 코일로 탐지하여 자동 주행하는 방식이다.
③ 전자기계 코딩방식(Electro Mechanical Coding Method)은 트레이에 자기로 코드화한 철판을 붙이고 이를 자기 판독 헤드로 읽게 함으로써 컴퓨터에 정보를 전달하여 제어하는 방식이다.
④ 레이저 스캐닝방식(Laser Scanning Method)은 상자에 붙어 있는 바코드 라벨을 정 위치에서 스캐너로 판독하고 컴퓨터에 정보를 전달하여 제어하는 방식이다.
⑤ 자기 코딩방식(Magnetic Coding Method)은 카드 삽입구에 행동지시용 카드를 먼저 삽입, 컴퓨터에 정보를 제공하여 제어하는 방식이다.

> **해설** ① 광학식 인도방식에 대한 설명이다.
> ② 자기 인도방식에 대한 설명이다.
> ③ 자기 코딩방식에 대한 설명이다.
> ⑤ 전자기계 코딩방식에 대한 설명이다.

27

하역장비에 관한 설명으로 옳지 않은 것은?

① 언로우더(Unloader) : 철광석, 석탄 및 석회석과 같은 벌크(Bulk) 화물을 하역하는 데 사용된다.
② 톱 핸들러(Top Handler) : 공(empty) 컨테이너를 적치하는 데 사용된다.
③ 스트래들 캐리어(Straddle Carrier) : 부두의 안벽에 설치되어 선박에 컨테이너를 선적하거나 하역하는 데 사용된다.
④ 트랜스퍼 크레인(Transfer Crane) : 컨테이너를 적재하거나 다른 장소로 이송 및 반출하는 데 사용된다.
⑤ 천정 크레인(Overhead Travelling Crane) : 크레인 본체가 천장을 주행하며 화물을 상하로 들어 올려 수평 이동하는 데 사용된다.

> **해설** ③ 스트래들 캐리어는 컨테이너 운반기구로 컨테이너를 마샬링 야드로부터 에이프런 또는 CY에 운반·적재하는 데 사용된다.

키워드 ❽ 철도하역과 항공하역

28
철도하역 방식에 관한 설명으로 옳지 않은 것은? 기출 23년

① TOFC(Trailer on Flat Car) 방식 : 컨테이너가 적재된 트레일러를 철도화차 위에 적재하여 운송하는 방식
② COFC(Container on Flat Car) 방식 : 철도화차 위에 컨테이너만을 적재하여 운송하는 방식
③ Piggy Back 방식 : 화물열차의 대차 위에 트레일러나 트럭을 컨테이너 등의 화물과 함께 실어 운송하는 방식
④ Kangaroo 방식 : 철도화차에 트레일러 차량의 바퀴가 들어갈 수 있는 홈이 있어 적재높이를 낮게 하여 운송할 수 있는 방식
⑤ Freight Liner 방식 : 트럭이 화물열차에 대해 직각으로 후진하여 무개화차에 컨테이너를 바로 실어 운송하는 방식

해설 ⑤ Freight Liner 방식 : 철도의 일정구간을 정기적으로 고속 운행하는 열차를 편성하여 화물을 문전에서 문전(Door to door)으로 수송하기 위해 영국의 국유철도에서 개발한 철도운송 방식으로, 화물자동차와 철도운송을 결합한 운송방식이라는 점에서 TOFC 방식의 하나로 분류된다.

29
항공운송에서 사용되는 하역장비에 관한 설명으로 옳지 않은 것은? 기출 21년

① 리프트로더(Lift Loader) : 파렛트를 항공기 적재공간 밑바닥 높이까지 들어 올려 기내에 탑재하기 위한 기기이다.
② 소터(Sorter) : 비교적 소형화물을 행선지별, 인도지별로 구분하는 장치로서 통상 컨베이어와 제어장치 등으로 구성된다.
③ 돌리(Dolly) : 파렛트를 운반하기 위한 차대로서 자체 기동력은 없고 Tug Car에 연결되어 사용된다.
④ 트랜스포터(Transporter) : 항공기에서 내린 ULD(Unit Load Device)를 터미널까지 수평 이동하는 데 사용하는 장비이다.
⑤ 컨투어게이지(Contour Gauge) : 파렛트에 적재가 끝난 후 적재된 파렛트의 무게를 계량하기 위하여 트레일러에 조립시켜 놓은 장치이다.

해설 ⑤ 컨투어게이지(Contour Gauge)는 파렛트에 적재된 화물의 형상을 측정하기 위한 계측 도구이다. 파렛트에 적재가 끝난 후 적재된 파렛트의 무게를 계량하기 위하여 트레일러에 조립시켜 놓은 장치는 파렛트 스케일(Pallet Scale)이다.

30
항공화물 탑재방식에 관한 설명으로 옳지 않은 것은? 기출 20년

① 살화물 탑재방식은 개별화물을 항공전용 컨테이너에 넣은 후 언로더(Unloader)를 이용하여 탑재하는 방식이다.
② 살화물 탑재방식은 단시간에 집중적으로 작업해야 하는 화물탑재에 적합한 방식이다.
③ 살화물 탑재방식에서는 트랙터(Tractor)와 카고 카트(Cargo Cart)가 주로 사용된다.
④ 파렛트 탑재방식은 기본적인 항공화물 취급 방법이며, 파렛트화된 화물을 이글루(Igloo)로 씌워서 탑재하는 방식이다.
⑤ 컨테이너 탑재방식은 항공기 내부구조에 적합한 컨테이너를 이용하여 탑재하는 방식이다.

해설 ① 살화물(Bulk cargo : 곡물, 석탄, 원유 등과 같이 포장을 하지 않은 화물) 탑재방식은 인력에 의하여 개별화물을 직접 적재하는 방식이다. 언로더는 양륙 전용 크레인으로 항만이나 운하에서 화물을 적재할 때 사용하는 기계장치이다.

31
항공화물 탑재용기에 관한 설명으로 옳지 않은 것은? 기출 18년

① 항공파렛트는 1인치 이하의 알루미늄 합금으로 만들어진 평판이다.
② 항공파렛트는 화물을 특정 항공기의 내부모양과 일치하도록 탑재 후 망(net)이나 띠(strap)로 묶을 수 있도록 고안된 장비이다.
③ 항공컨테이너는 별도의 보조장비 없이 항공기 화물실에 탑재 및 고정이 가능하도록 제작된 용기이다.
④ 항공컨테이너는 탑재된 화물의 하중을 견딜 수 있는 강도로 제작되고 기체에 손상을 주지 않아야 한다.
⑤ 항공컨테이너와 해상컨테이너는 호환 탑재가 가능하다.

해설 ⑤ 항공컨테이너와 해상컨테이너는 호환 탑재가 불가능하다.

키워드 ❾ 항만하역

32
다음에서 설명하는 항만하역 작업방식은? 기출 23년

> 선측이나 선미의 경사판을 거쳐 견인차를 이용하여 수평으로 적재, 양륙하는 방식으로 페리(Ferry) 선박에서 전통적으로 사용해 온 방식이다. 선측이나 선미의 경사판을 거쳐 견인차를 이용하여 수평으로 적재, 양륙하는 방식으로 페리(Ferry) 선박에서 전통적으로 사용해 온 방식이다.

① LO – LO(Lift on – Lift off) 방식
② RO – RO(Roll on – Roll off) 방식
③ FO – FO(Float on – Float off) 방식
④ FI – FO(Free in – Free out) 방식
⑤ LASH(Lighter Aboard Ship) 방식

해설 **항만하역 작업방식**
- LO – LO(Lift on – Lift off) 방식 : 크레인을 이용하여 컨테이너를 본선에 수직으로 적양하는 방식으로 일반 컨테이너 적재방식을 말하며, 우리나라에서도 이 방식을 채택하고 있다.
- RO – RO(Roll on – Roll off) 방식 : 선측, 선주 또는 선미의 경사로(Ramp Way)를 통하여 컨테이너 또는 트레일러를 수평으로 적양하는 방식으로 자동차전용선과 훼리선이 있다.
- FO – FO(Float on – Float off) 방식 : 부선(Barge)에 화물을 적재하고 크레인으로 부선을 적재, 양하하는 방식이다.

33

항만하역기기 중 컨테이너터미널에서 사용하는 하역기기가 아닌 것은? **기출** 22년

① 리치 스태커(Reach Stacker)
② 야드 트랙터(Yard Tractor)
③ 트랜스퍼 크레인(Transfer Crane)
④ 탑 핸들러(Top Handler)
⑤ 호퍼(Hopper)

> **해설** ⑤ 호퍼(Hopper)는 철도차량에 주로 사용하는 것으로 시멘트·곡물, 사료 등 입체화물을 운반하는 호퍼차와 석탄, 자갈 등 분체화물을 운반하는 호퍼차가 있다.
> ① 리치 스태커(Reach Stacker)는 장비의 회전 없이 붐에 달린 스프레더만을 회전하여 컨테이너를 이적 또는 하역하는 장비이다.
> ② 야드 트랙터(Yard Tractor)는 컨테이너 야드(CY) 내에서 트레일러를 이동하는 데 쓰이는 견인차량이다.
> ③ 트랜스퍼 크레인(Transfer Crane)은 컨테이너를 적재하거나 다른 장소로 이송 및 반출하는 데 사용된다.
> ④ 탑 핸들러(Top Handler)는 공(empty) 컨테이너를 적치하는 데 사용된다.

34

항만운송 사업 중 타인의 수요에 응하여 하는 행위로서 항만하역사업에 해당하는 것은? **기출** 22년

① 선적화물(船積貨物)을 싣거나 내릴 때 그 화물의 개수를 계산하는 행위
② 선적화물 및 선박(부선을 포함한다)에 관련된 증명·조사·감정을 하는 행위
③ 선적화물을 싣거나 내릴 때 그 화물의 인도·인수를 증명하는 행위
④ 선박을 이용하여 운송된 화물을 화물주(貨物主) 또는 선박운항사업자의 위탁을 받아 항만에서 선박으로부터 인수하거나 화물주에게 인도하는 행위
⑤ 선적화물을 싣거나 내릴 때 그 화물의 용적 또는 중량을 계산하거나 증명하는 행위

> **해설** ④ 항만하역사업에 해당한다.
> ①·③ 검수사업에 해당한다.
> ② 감정사업에 해당한다.
> ⑤ 검량사업에 해당한다.

35

컨테이너터미널 운영방식에 관한 설명으로 옳은 것을 모두 고른 것은? **기출** 21년

> ㄱ. 새시 방식(Chassis System) : 컨테이너를 새시 위에 적재한 상태로, 필요할 때 이송하는 방식이다.
> ㄴ. 트랜스테이너 방식(Transtainer System) : 트랜스퍼 크레인(Transfer Crane)을 활용하여 컨테이너를 이동하는 방식으로 자동화가 어렵다.
> ㄷ. 스트래들 캐리어 방식(Straddle Carrier System) : 컨테이너를 스트래들 캐리어의 양다리 사이에 끼우고 자유로이 운반하는 방식이다.

① ㄱ
② ㄴ
③ ㄱ, ㄴ
④ ㄱ, ㄷ
⑤ ㄱ, ㄴ, ㄷ

> **해설** ㄴ(×). 트랜스테이너 방식(Transtainer System) : 야드의 샤시에 탑재한 컨테이너를 마샬링야드에 이동시켜 트랜스퍼 크레인으로 장치하는 방식으로 자동화가 가능하다.

36

전용부두에 접안하여 언로더(Unloader)나 그래브(Grab), 컨베이어벨트를 통해 야적장에 야적되며, 스태커(Stacker) 또는 리클레이머(Reclaimer), 트랙호퍼(Track Hopper) 등을 이용하여 상차 및 반출되는 화물은? **기출** 19년

① 고 철
② 석탄 및 광석
③ 양회(시멘트)
④ 원 목
⑤ 철재 및 기계류

> **해설** ② 포장하지 않고 그대로 적·양하하는 산화물은 주로 특수설비를 갖춘 전용부두에서 하역이 이루어진다.

키워드 ⑩ 유닛로드 시스템

37

유닛로드 시스템(Unit Load System)의 장점에 관한 설명으로 옳지 않은 것은? 기출 23년

① 상·하역 또는 보관 시에 기계화된 물류작업으로 인건비를 절감할 수 있다.
② 운송차량의 적재함과 창고 랙을 표준화된 단위규격을 사용하여 적재공간의 효율성을 향상시킨다.
③ 운송과정 중 수작업을 최소화하여 파손 및 분실을 방지할 수 있다.
④ 하역기기 등에 관한 고정투자비용이 발생하지 않기 때문에 대규모 자본투자가 필요 없다.
⑤ 단위 포장용기의 사용으로 포장업무가 단순해지고 포장비가 절감된다.

> 해설 ④ 유닛로드 시스템은 하역기기 등 고정시설비 투자가 증가한다는 단점이 있다.

38

유닛로드 시스템(Unit Load System)의 선결과제에 해당하는 것을 모두 고른 것은? 기출 22년

ㄱ. 운송 표준화	ㄴ. 장비 표준화
ㄷ. 생산 자동화	ㄹ. 하역 기계화
ㅁ. 무인 자동화	

① ㄱ, ㄴ, ㄹ
② ㄱ, ㄴ, ㅁ
③ ㄱ, ㄷ, ㅁ
④ ㄴ, ㄷ, ㄹ
⑤ ㄴ, ㄹ, ㅁ

> 해설 유닛로드 시스템 도입의 선결과제 : 수송장비 적재함의 규격 표준화, 포장단위 치수 표준화, 파렛트 표준화, 운반하역장비 표준화, 창고보관설비 표준화, 거래단위의 표준화

39

유닛로드(Unit Load)와 관련이 없는 것은? 기출 20년

① 일관파렛트화(Palletization)
② 프레이트 라이너(Freight Liner)
③ 호퍼(Hopper)
④ 컨테이너화(Containerization)
⑤ 협동일관운송(Intermodal Transportation)

> 해설 ③ 호퍼(Hopper) : 원료 또는 제품을 일정량 저장하였다가 아래로 내려보내는 역할을 하는 V자형 용기로 유닛로드와 관련이 없다.
> ① 일관파렛트화(Palletization) : 생산자에서부터 소비자에게 이르기까지 유닛화된 화물이 일관해서 흐를 수 있는 유닛로드시스템의 기본이 된다.
> ② 프레이트 라이너(Freight Liner) : 대형 트레일러로 컨테이너 미널까지 운반된 화물을 목적지로 운송하는 고속열차이다. 대체로 컨테이너화(유닛로드 방식의 대표적 형태)된 화물을 취급하며 터미널에서 터미널까지 화물을 논스톱으로 수송한다.
> ④ 컨테이너화(Containerization) : 화물을 컨테이너에 적재하여 이를 화물운송 단위로 하는 것으로, 유닛로드(단위적재) 방식의 대표적 형태이며, 통합운송을 가능하게 해주는 이상적인 운송방식이다.
> ⑤ 협동일관운송(Intermodal Transportation) : 유닛로드시스템의 핵심이 되고 있는 일관파렛트 적재와 일관컨테이너 적재를 이용한 것으로, 선박과 철도, 철도와 항공과 같이 서로 다른 둘 이상의 운송 수단을 유기적으로 결합한 방식이다.

40

유닛로드시스템(ULS)에 관한 설명으로 옳지 않은 것은?

기출 24년

① 유닛로드시스템으로 운송의 편의성이 떨어졌고, 트럭 회전율 또한 감소하였다.
② 유닛로드시스템으로 하역의 기계화가 촉진되고 보관효율이 향상되었다.
③ 유닛로드시스템으로 재고파악이 용이해졌다.
④ 유닛로드시스템이란 컨테이너나 파렛트 1개분으로 화물을 단위화하여 이 단위를 유지하는 것을 말한다.
⑤ 빈 파렛트나 빈 컨테이너 회수가 원활하지 못하면 운송 및 하역 작업이 지연될 수 있다.

해설 ① 유닛로드시스템은 협동일관수송의 전형적인 수송시스템으로, 하역작업의 기계화 및 작업화, 화물 파손 방지, 적재의 신속화, 운송의 편의성, 차량 회전율의 향상 등을 통해 물류비를 절감하는 방법이다.

키워드 ⑪ 일관파렛트화와 파렛트 풀 시스템

41

일관파렛트화(Palletization)의 경제적 효과가 아닌 것은?

기출 22년

① 포장의 간소화로 포장비 절감
② 작업 능률의 향상
③ 화물 파손의 감소
④ 운임 및 부대비용 절감
⑤ 제품의 과잉생산 방지

해설 일관파렛트화(Palletization)의 경제적 효과
• 보관능력 향상과 물품 운반 관리의 용이
• 신속한 적재로 차량의 회전율 증가
• 작업 대기시간 단축으로 수송 장비의 운행효율 향상
• 노동인력, 노동시간 감축 및 하역작업의 혼잡 감소
• 파손 및 손실 감소, 포장비 감소

42

물류모듈화를 위해 파렛트화 된 화물과 정합성을 고려할 필요가 없는 것은?

기출 24년

① 랙(rack)
② 해상용 갠트리 크레인(gantry crane)
③ 파렛트 트럭
④ 컨테이너(container)
⑤ 운반승강기

해설 ② 해상용 갠트리 크레인(gantry crane)은 컨테이너 전용부두에 설치되어 컨테이너를 옮기기 위해 레일을 따라 움직이거나 타이어로 움직이는 크레인이며, 파렛트화된 화물과의 정합성을 고려할 필요는 없다.

43

파렛트 풀 시스템(Pallet Pool System)의 운영형태에 관한 설명으로 옳은 것을 모두 고른 것은?

기출 23년

ㄱ. 교환방식은 동일한 규격의 예비 파렛트 확보를 위하여 추가비용이 발생한다.
ㄴ. 리스·렌탈방식은 개별 기업이 파렛트를 임대하여 사용하는 방식으로 파렛트의 품질유지나 보수가 용이하다.
ㄷ. 대차결제방식은 운송업체가 파렛트로 화물을 인도하는 시점에 동일한 수의 파렛트를 즉시 인수하는 방식이다.
ㄹ. 교환·리스병용방식은 대차결제방식의 단점을 보완하기 위하여 개발된 방식이다.

① ㄱ, ㄴ
② ㄱ, ㄷ
③ ㄴ, ㄷ
④ ㄴ, ㄹ
⑤ ㄷ, ㄹ

해설 ㄷ(×). 대차결제방식은 교환방식의 단점을 개선하여 현장에서 즉시 교환하지 않고 일정시간 내에 국철역에 동수로 반환하는 방식이다.
ㄹ(×). 교환·리스병용방식은 교환방식과 렌탈방식의 결점을 보완한 것으로 관리 운영상 어려움이 많아 활성화되지 못한 방식이다.

44
파렛트 풀(Pallet Pool)에 관한 설명으로 옳지 않은 것은? 기출 21년

① 물류합리화와 물류비 절감이 가능하다.
② 비수기에 불필요한 파렛트 비용을 절감할 수 있다.
③ 파렛트 회수관리의 일원화에 어려움이 있다.
④ 파렛트 규격의 표준화가 필요하다.
⑤ 지역적, 계절적 수요 변동에 대응이 가능하다.

해설 ③ 일관 수송 후 공파렛트의 회수 및 관리가 불필요하기 때문에 파렛트 회수관리의 일원화가 수월하다.

키워드 ⓬ 포장과 화인

45
포장에 관한 설명으로 옳지 않은 것은? 기출 23년

① 소비자들의 관심을 유발시키는 판매물류의 시작이다.
② 물품의 가치를 높이거나 보호한다.
③ 공업포장은 물품 개개의 단위포장으로 판매촉진이 주목적이다.
④ 겉포장은 화물 외부의 포장을 말한다.
⑤ 기능에 따라 공업포장과 상업포장으로 분류한다.

해설 ③ 상업포장은 물품 개개의 단위포장으로 판매촉진이 주목적이다.

46
주요 포장기법 중 금속의 부식을 방지하기 위한 포장 기술은? 기출 22년

① 방청 포장
② 방수 포장
③ 방습 포장
④ 진공 포장
⑤ 완충 포장

해설 ② 방수 포장 : 물이 스며들지 못하게 하는 포장 기술
③ 방습 포장 : 습기가 차지 않도록 하는 포장 기술
④ 진공 포장 : 포장 내부를 진공상태로 한 후 밀봉하는 포장 기술
⑤ 완충 포장 : 충격으로 인한 물품의 파손을 방지하는 포장 기술

47
포장 결속 방법으로 옳지 않은 것은? 기출 22년

① 밴드결속 – 플라스틱, 나일론, 금속 등의 재질로 된 밴드를 사용한다.
② 꺽쇠 물림쇠 – 주로 칸막이 상자 등에서 상자가 고정되도록 사용하는 방법이다.
③ 테이핑 – 용기의 견고성을 유지하기 위해 접착테이프를 사용한다.
④ 대형 골판지 상자 – 작은 부품 등을 꾸러미로 묶지 않고 담을 때 사용한다.
⑤ 슬리브 – 열수축성 플라스틱 필름을 화물에 씌우고 터널을 통과시킬 때 가열하여 필름을 수축시키는 방법이다.

해설 ⑤ 슬리브는 종이나 필름천을 이용하여 수직으로 네 표면에 감거나 싸는 방법이다. 열수축성 플라스틱 필름을 화물에 씌우고 터널을 통과시킬 때 가열하여 필름을 수축시키는 방법은 쉬링크(Shrink) 포장이다.

48

다음 중 포장의 기능이 아닌 것은? 기출 24년

① 판매촉진성
② 표시성
③ 상품 수요 예측의 정확성
④ 취급의 편리성
⑤ 보호성

해설 ③ 상품 수요 예측의 정확성은 포장의 기능에 해당되지 않는다.
① 판매의욕을 환기시킴과 동시에 광고성이 많이 주어지는 것이 좋다.
② 화물취급 및 분류에 필요한 사항을 포장에 인쇄·라벨 등으로 표시함으로써 하역활동을 용이하게 한다.
④ 물품의 이용·진열·수송·하역·보관작업이 용이하다.
⑤ 상품 본래의 품질을 보존하고 외력으로부터 품질을 보호한다.

49

화인(Shipping Mark)에 관한 설명으로 옳지 않은 것은? 기출 23년

① 기본화인, 정보화인, 취급주의 화인으로 구성되며, 포장화물의 외장에 표시한다.
② 주화인 표시(Main Mark)는 타 상품과 식별을 용이하게 하는 기호이다.
③ 부화인 표시(Counter Mark)는 유통업자나 수입 대행사의 약호를 표시하는 기호이다.
④ 품질 표시(Quality Mark)는 내용물품의 품질이나 등급을 표시하는 기호이다.
⑤ 취급주의 표시(Care Mark)는 내용물품의 취급, 운송, 적재요령을 나타내는 기호이다.

해설 부화인 표시(Counter Mark)는 내용물품의 직접 생산자나 혹은 수출 대행사 등이 붙이는 기호로서 주마크의 위쪽이나 밑쪽에 기재하게 되나 기재되지 않는 경우도 있다.

50

다음의 화물 취급표시가 의미하는 것은? 기출 18년

① Stacking Limitation
② Protect from Heat
③ Unstable
④ Center of Gravity
⑤ Do Not Roll

해설 ④ Center of Gravity(무게중심 위치) : 화물의 무게중심 위치 표시

①  ②  ③  ⑤

CHAPTER 04 시험에 꼭 나오는 필수문제

01 분산구매방식과 비교한 집중구매방식(Centralized Purchasing Method)에 관한 설명으로 옳은 것은? 기출 22년

① 일반적으로 대량구매가 이루어지기 때문에 수요량이 많은 품목에 적합하다.
② 사업장별 다양한 요구를 반영하여 구매하기에 용이하다.
③ 사업장별 독립적 구매에 유리하나 수량할인이 있는 품목에는 불리하다.
④ 전사적으로 집중구매하기 때문에 가격 및 거래조건이 불리하다.
⑤ 구매절차의 표준화가 가능하여 긴급조달이 필요한 자재의 구매에 유리하다.

해설 ② 분산구매방식에 관한 설명이다.
③ 분산구매방식에 관한 설명이다.
④ 전사적으로 집중구매하기 때문에 가격 및 거래조건이 유리하다.
⑤ 구매절차의 표준화는 가능하지만 자재의 긴급조달이 어렵다.

기출문제 엿보기
- ☑ 집중구매방식과 분산구매방식의 비교 설명으로 옳지 않은 것은? 24년
- ☑ 구매방식에 관한 설명으로 옳은 것은? 21년
- ☑ 집중구매방식과 분산구매방식에 관한 설명으로 옳지 않은 것은? 17년

02 재고관리 지표에 관한 설명으로 옳지 않은 것은? 기출 23년

① 서비스율은 전체 수주량에 대한 납기 내 납품량의 비율을 나타낸다.
② 백오더율은 전체 수주량에 대한 납기 내 결품량의 비율을 나타낸다.
③ 재고회전율은 연간 매출액을 평균재고액으로 나눈 비율을 나타낸다.
④ 재고회전기간은 수요대상 기간을 재고 회전율로 나눈값이다.
⑤ 평균재고액은 기말재고액에서 기초재고액을 뺀 값이다.

해설 ⑤ 평균재고액 = $\dfrac{(기초재고액 + 기말재고액)}{2}$

기출문제 엿보기
- ☑ 재고관리에 관한 설명과 용어의 연결로 옳은 것은? 25년
- ☑ K기업이 판매하는 B제품의 지난해 총매출액은 300억원, 순이익률은 5%, 연간 재고유지비용은 6억원, 연간 평균 재고액은 60억원이었을 때 지난해 재고회전율은? 25년
- ☑ K기업은 A제품의 안전재고를 300개에서 400개로 늘리면서 새로운 재주문점을 고려하고 있다. A제품의 1일 평균수요량은 200개, 주문 리드타임은 3일이었다. 이때 새롭게 설정된 재주문점(개)은? 25년
- ☑ A제품을 취급하는 K물류센터의 정보가 아래와 같을 때, 이 물류센터의 연간 재고유지비용(원)은? 25년

03 K 기업의 A제품 생산을 위해 소모되는 B부품의 연간 수요량이 20,000개이고 주문비용이 80,000원, 단위당 단가가 4,000원, 재고유지비율이 20%라고 할 때, 경제적 주문량(EOQ)은? `기출 23년`

① 2,000개　　② 4,000개
③ 6,000개　　④ 8,000개
⑤ 10,000개

> **해설** 경제적 주문량(EOQ)
> $$= \sqrt{\frac{2 \times 1회\ 주문비용 \times 연간\ 수요량}{연간단위당\ 재고유지비}}$$
> $$= \sqrt{\frac{2 \times 1회\ 주문비용 \times 연간\ 수요량}{자재구매단가 \times 재고유지비율}}$$
> $$= \sqrt{\frac{2 \times 80,000 \times 20,000}{4,000 \times 0.2}}$$
> $$= \sqrt{4,000,000} = 2,000개$$

기출문제 엿보기

- ☑ 경제적 주문량(EOQ) 모형의 전제조건(가정)이 아닌 것은? `25·24년`
- ☑ A 제품의 재고관리 환경이 EPQ(Economic Production Quantity) 가정과 일치하며, A의 연간 수요량이 2,700톤, 하루 생산량이 12톤, 일일 소비량이 9톤이다. A제품의 생산가동 준비비용(setup cost)은 1회당 400,000원이고, 톤당 연간 재고유지비용이 13,500원이라고 할 때, 경제적 생산량(EPQ)은? `24년`
- ☑ 제품 B를 취급하는 K물류센터는 경제적 주문량(EOQ)에 따라 재고를 관리하고 있다. 재고관리에 관한 자료가 아래와 같을 때 (ㄱ) 연간 총 재고비용과 (ㄴ) 연간 발주횟수는 각각 얼마인가? `22년`
- ☑ 경제적 주문량(EOQ) 모형에 관한 설명으로 옳은 것은? `22년`

04 6월의 판매 예측량은 110,000개이고, 실제 판매량은 100,000개이다. 지수평활법을 이용한 7월의 판매 예측량(개)은? (단, 평활상수(α)는 0.2를 사용한다.) `기출 24년`

① 105,000　　② 106,000
③ 107,000　　④ 108,000
⑤ 109,000

> **해설** 7월의 판매 예측량 = 110,000 + 0.2(100,000 − 110,000) = 108,000

기출문제 엿보기

- ☑ K기업은 제품 판매량을 예측하기 위하여 지수평활법을 사용하고 있다. 6월 제품 판매량은 94,000개로 예측하였으나 실제 판매량은 98,000개이었고, 7월 실제 판매량은 92,000개이었다. 8월의 제품 판매량 예측치(개)는? `25년`
- ☑ 수요예측방법에 관한 설명으로 옳지 않은 것은? `25·23년`
- ☑ 다음은 L사의 연도별 휴대전화 판매량을 나타낸 것이다. 2021년 휴대전화 수요를 예측한 값으로 옳은 것은? `21년`
- ☑ 정성적 수요예측기법이 아닌 것은? `21년`

01 ①　02 ⑤　03 ①　04 ④

CHAPTER 04 재고관리

> **핵심 포인트**
> - ☑ 집중구매와 분산구매의 특징과 장·단점
> - ☑ 재고의 역할과 종류, 재고관리의 목적과 기능, 재고비용의 종류
> - ☑ 서비스율, 백오더율, 재고회전율 등 재고관리지표의 계산공식
> - ☑ EOQ, EPQ 모형의 전제조건과 계산공식
> - ☑ 정량발주법, 정기발주법, ABC 분석기법, 기준재고시스템
> - ☑ 정성적 수요예측기법과 정량적 수요예측기법의 종류별 특징
> - ☑ JIT, MRP 시스템의 개념, 특징 및 비교

CORE 01 구매관리

1. 구매관리의 이해

(1) 구매와 구매관리의 개념

① 구매 : 유형·무형의 제품을 생산하기 위하여 필요한 재화나 용역을 대가를 지불하고 이용하는 것
② 구매관리 : 자재를 최적으로 구매하기 위해 계획, 실행, 통제, 평가하는 일련의 과정
③ 기업 관점에서의 구매관리 : 생산활동의 흐름 속에서 생산계획을 달성할 수 있도록 생산에 필요한 자재를 양호한 거래선으로부터 적정한 품질을 확보하여 적절한 시기에 필요한 수량만을 최소의 비용으로 입수하기 위한 관리 활동

(2) 구매의 방법

① 장기계약구매 : 계약구매 또는 예정계약구매 시 계약이 장기에 걸치는 것
② 일괄구매 : 사용량은 적지만 품종이 많은 소모품 등의 구매 시 일정한 품종 그룹으로 공급처를 선정하여 일괄 구매하는 것
③ 투기구매 : 시장상황이 유리한 시점에서 구매를 행하는 것으로, 이 경우 제조용의 자재 구입보다는 상품으로서의 구입이 이뤄짐
④ 시장구매 : 명백한 시장상황에서 볼 때 유리한 구매가 가능한 경우에 제조계획의 구체적 수립을 기다리지 않고 행하는 구매

(3) 계약처의 선정방법 기출 ▶ 21년

① 입찰에 의한 방법(일반 경쟁방식)
  ㉠ 일정한 자격을 가진 불특정 다수인의 입찰 희망자를 경쟁에 참가토록 하는 방법
  ㉡ 미리 정한 제한가격(예정가격)의 범위 내에서 가장 유리한 가격으로 입찰한 자를 선정하여 계약을 체결하는 방법

② 지명 경쟁에 의한 방법
  ㉠ 기술력, 신용 등이 적당하다고 인정되는 특정 다수의 경쟁참가자를 지명하여 입찰하게 하는 방법
  ㉡ 입찰업체 지명기준에 대한 논란 등 특혜 의혹, 오해 소지가 많음
③ 제한 경쟁에 의한 방법 : 계약의 목적, 성질 등에 비추어 필요한 경우 입찰참가자의 자격을 일정한 기준에 의하여 제한하는 방법으로 실적제한, 지역제한 등의 형태가 있음
④ 협의에 의한 방법
  ㉠ 물품이나 용역계약의 특수성, 긴급성, 기타 국가안보목적 등의 이유로 필요하다고 인정되는 경우에 사용되는 방법
  ㉡ 다수의 공급자들로부터 제안서를 제출받아 평가한 후 협상절차를 통해 국가에 가장 유리하다고 인정되는 자와 계약을 체결하는 제도
⑤ 수의계약에 의한 방법
  ㉠ 특정 업자와의 계약이 유리하다고 판단될 경우 경쟁적인 방법이 아니라 계약내용을 이행할 자격을 갖춘 특정인과 계약을 체결하는 방법
  ㉡ 기술·품질·구조·가격·납기 등에서 현저하게 유리할 때, 긴급구매, 기밀을 요할 때, 소액 구매, 추가구매의 경우 주로 이용

2. 집중구매와 분산구매

(1) **집중구매** 기출 22년/ 20년
  ① 개념 : 본사에서 자재를 집중적으로 구매하는 방법
  ② 집중구매 품목
    ㉠ 금액중요도가 높고 대량으로 사용되는 품목
    ㉡ 전사적 공통품목·표준품목, 수요량·수요빈도가 높은 품목
    ㉢ 수입자재 등 구매절차가 까다롭거나 구매량에 따라 가격차가 있는 품목

(2) **분산구매** 기출 20년
  ① 개념 : 본사 외의 여러 군데의 사업소(공장, 지점)에서 개별적으로 구매하는 방법
  ② 분산구매 품목 : 시장성 품목, 소량·소액품목, 사무용 소모품 및 수리부속품, 구매지역에 따라 가격의 차이가 없는 품목

(3) **집중구매와 분산구매의 비교** 기출 24년/ 22년/ 21년/ 20년/ 15년

구분	장점	단점
집중구매	• 대량구매로 가격, 거래조건이 유리하고 구매업무를 한꺼번에 하여 비용 절감 • 공통자재의 표준화, 단순화가 쉽고 재고량 절감에 도움이 됨 • 구입절차를 통일하기 쉽고, 자재수입 등 복잡한 구매에 유리 • 시장조사, 거래처조사, 구매효과 측정 등에 유리	• 자주적 구매 불가 및 자재 긴급조달, 각 공장의 재고상황 파악이 어려움 • 구매절차가 복잡하고 사무처리에 시간이 걸림 • 납품업자가 멀리 떨어져 있는 경우 조달기간과 운임이 증가됨
분산구매	• 자주적 구매 가능 및 사업장 특수요구가 반영됨 • 긴급수요에 유리하고 구매수속 신속 • 구입처가 가까우면 운임이 저렴해지고 납입 서비스에 유리	• 본사 방침과 다른 자재를 구입할 경우가 발생 • 구입경비소요 많고 구입단가가 높아짐 • 구입처가 멀면 적절한 자재 구입이 힘들고 원가 의식이 낮아질 수 있음

CORE 02 재고관리

1. 재고

(1) 재고의 개념
① 제품 · 반제품 · 재료 등의 형태로 보관하거나 수송하는 중의 자산을 의미
② 경제적 가치를 지닌 유휴상태의 자원 또는 미래에 사용하기 위하여 기업이 준비하여 보관하고 있는 유휴의 재화, 원자재 또는 자산
③ 생산에서 판매까지의 유통단계에 대한 유통재고, 공장에서의 생산재고, 비축을 위한 재고 등이 있음

(2) 재고의 역할 기출▶ 23년
① 생산량과 수요 사이의 완충 역할
② 구매와 수송 활동의 경쟁력 확보
③ 가격상승에 따른 투자효과 기대
④ 원활한 생산공정의 지원 및 긴급상황에 대비

(3) 재고의 기능
① 고객 요구 납기에 신속하게 대응 : 예상되는 고객의 수요를 만족시키기 위한 재고의 유지
② 대내 · 외 여건변동에 따른 충격 흡수 : 가격인상, 물량변동, 납기변경, 기계고장, 불량, 결근 등에 대비한 사전 재고 비축
③ 생산계획의 신축적 기능 : 완제품에 대한 적절한 재고수준 유지는 생산계획 수립 시 평준화된 생산량을 부하시킴으로써 생산계획을 효율적으로 운영할 수 있고, 경제적인 생산로트(Lot)로 비용 절감 가능
④ 주문 기간 대응 기능 : 공급자로부터 배달 지연이 발생하는 경우를 대비한 안전재고를 마련하여 전 생산활동이 마비되는 것을 미연에 방지

(4) 재고의 종류 기출▶ 25년
① 수송 중 재고(Pipeline Stock) : 원부자재 공급자에서부터 생산자의 자재창고까지의 이동 중인 재고, 생산자의 공장창고에서 물류거점까지의 이동 중인 재고 등
② 투기성 재고 : 일부분을 차지하는 것으로 물류관리보다는 재무관리에 집중되며, 비용절감이나 투기를 목적으로 가격이 낮을 때 매입하는 재고
③ 순환재고(Cycle Inventory)
  ㉠ 연속적인 재고 보충 시점 간의 평균수요 충족에 필요한 재고를 말하는 것으로, 주기재고라고도 하며, 연간 주문횟수를 줄여서 주문비용을 절감하기 위한 활동에서 발생
  ㉡ 결정 요인 : 제품 로트 크기, 경제적 선적량, 저장공간의 한도, 조달기간, 할인조건, 재고 유지비용
④ 안전재고(수요 및 조달기간 대응을 위한 재고) : 수요 변동 범위와 재고 이용 가능성 수준과 연관되며, 정확한 예측은 안전재고 수준을 최소화하는 데 필수적으로 조달기간과 수요를 100% 정확하게 예측할 수 있다면 안전재고는 불필요
⑤ 불용재고 : 재고기간 동안 손상, 분실, 사용 및 판매 중지된 재고. 고가제품, 냉동 · 냉장 제품, 파손되기 쉬운 제품, 생산중단 제품과 관련된 원부자재 등이며 이를 최소화하기 위한 특별한 예비책이 필요
⑥ 공급자관리재고(VMI : Vendor Managed Inventory) : 공급사슬 상에서 상호 전략적인 제휴를 통해 생산자(공급자)가 납품대상업체(주문자)의 재고량을 유지, 관리하는 방식
⑦ 예비재고(Anticipation Stock) : 계절적으로 수요의 증가를 예상하거나, 계획적으로 공장가동 중단을 대비해 사전에 준비하는 재고

2. 재고관리

(1) 재고관리의 개념
생산을 용이하게 하거나 고객으로부터의 수요를 만족시키기 위하여 유지하는 원자재, 재공품, 완제품, 부품 등의 재고를 최적상태로 관리하는 절차

(2) 재고관리의 목표 기출▶ 24년
① 재고의 적정화에 의해 재고투자 및 재고관련 비용의 절감
② 서비스율 증대와 제품의 품절방지
③ 재고관리에 의한 생산 및 판매활동의 안정화 도모
④ 과학적이고 혁신적인 재고관리에 의거하여 업무효율화 및 간소화 추진

(3) 재고관리의 과제
① 1회 주문량을 "얼마"로 하여야 하는가? → 경제적 발주량(EOQ) 결정의 문제
② "언제" 주문하여야 하는가? → 발주시기 내지 발주점의 문제
③ "어느 정도"의 재고수준을 유지해야 하는가? → 적정재고 수준이나 안전재고 수준의 문제

(4) 재고관리의 기능 기출▶ 21년/ 19년
① 수급적합 기능 : 품절로 인한 판매 기회의 상실을 방지하기 위한 것으로 생산과 판매의 완충이라는 재고 본래의 기능
② 생산의 계획·평준화 기능 : 재고를 통해 수요 변동을 완충하는 것으로 불규칙적이고 비정기적인 주문의 경우에 재고를 통해 계획적인 생산의 실시와 조업도의 평준화를 유지하게 하고, 제조원가 안정과 가격 인하에 기여하는 기능
③ 경제적 발주 기능 : 발주정책 수립 시 재고 관련 비용을 최소화하는 경제적 발주량 또는 로트량을 구하고, 이를 발주정책에 이용함으로써 긴급 발주 등에 따른 추가 비용을 방지하고 최소화하는 기능
④ 수송합리화 기능 : 어떤 재고를 어떤 장소에 보관할 것인가에 따라 수송의 합리화가 결정된다는 것으로, 물류거점별로 소비자의 요구에 부응하는 형태별 분류 및 배송을 가능하게 해주는 기능
⑤ 유통가공 기능 : 다양한 소비자의 요구에 대처하기 위해 제조과정에서 모든 것을 충족시키는 것이 아니라 유통과정에서 일부 조립, 포장 등의 기능을 담당하는 것

(5) 재고관리 비용
① 발주비용 : 필요한 자재나 부품을 외부에서 구입할 때 구매 및 조달에 수반되어 발생되는 비용으로 주문발송비, 통신료, 물품수송비, 통관료, 하역비, 검사비, 입고비, 관계자 임금 등이 포함
② 준비비용 : 재고품을 외부로부터 구매하지 않고 회사 자체 내에서 생산할 때 발생하는 제비용으로 준비요원의 노무비, 필요한 자재나 공구의 교체, 원료의 준비비용으로 주문비용과 대등함
③ 재고유지비용 : 재고유지와 관련된 비용으로 자본의 기회비용(자본비용), 저장비용(광열비, 냉동비), 자재취급비용, 정보화비용, 보험료, 세금, 진부화에 따른 손실비용, 도난·파손에 의한 손실비용 등이며, 재고량에 비례
④ 재고부족비용 : 품절, 즉 재고가 부족하여 발생하는 비용(일종의 기회비용)으로 판매기회의 손실도 크지만 고객에 대한 신용의 저하가 가장 큰 손실이며, 이는 고객서비스에 해당되므로 고객 수요를 잘 파악하여 대처해야 함
⑤ 총재고비용 : 총재고비용이 최소로 되는 수준에서 재고정책 결정 기출▶ 22년

> 총재고비용 = 주문비용(생산준비비용) + 재고유지비용 + 재고부족비용

3. 자재관리

(1) 개요

① **자재** : 원자재, 소모품, 공구, 연료, 부품, 재공품*, 반제품*, 제품, 상품 등 회계학상의 재고자산을 모두 포함함

*재공품(Work in Process) : 제조부 내에서 실시하는 공정관리의 대상이 되는 가공중의 자재 기출▶ 25년

*반제품(Semi-Finished Assemblies) : 원재료를 가공 또는 조립한 중간제품

② **자재관리**

㉠ 개념 : 적정한 자재를 적량, 적절한 가격, 적시에 구입하여 필요 부서에 조달하는 기능

협의의 자재관리	구매 요구에서 발주, 입고한 후 생산 전 단계까지
광의의 자재관리	조사, 계획단계에서 폐기에 이르기까지의 모든 단계

㉡ 자재관리의 주요 기능 : 기업은 원료비 절감의 중요한 기능을 담당하고 있는 자재관리를 합리화함으로써 기업이익을 크게 개선할 수 있으며, 자재관리의 주요 기능을 분석하면 구매, 공급체인에 대한 통제, 생산품의 재고통제, 인수, 운반 등이 있음

(2) 자재관리의 기본적인 역할

① **자본회전율 제고** : 재고를 최소화하고 매출을 극대화하여 목표 달성
② **매출이익률 제고** : 양질의 자재를 저가에 구매하여 생산원가를 낮춤으로써 목표 달성
③ **자본이익률 제고**
  ㉠ 자본이익률 = 자본회전율 × 매출이익률
  ㉡ 자본이익률 = 이익/총자본
  ㉢ 자본회전율 = 매출액/총자본
  ㉣ 매출이익률 = 이익/매출액

(3) 자재관리의 경제적·기능적 효과

① 입고품목의 질과 양을 주문서 사양과 체크하여 손실 방지
② 자재의 도난, 파손, 소화 등의 방지에 의한 손실 감소
③ 창고 면적의 효율적 이용

CORE 03 재고관리시스템의 구성

1. 서비스율과 백오더율 기출▶ 25년/ 23년/ 15년

(1) 서비스율(Service Rate)

① 고객에 대한 서비스율을 100%로 유지하기 위해서는 모든 상품의 재고를 충분히 보유해야 하며, 그러기 위해서는 보관비, 관리비, 인건비 등 막대한 재고유지비용이 들어 총 재고비용은 증가
② 기업 측면에서는 고객에게 제공하여야 할 적정 서비스율을 결정해야 함

③ 서비스율은 가지고 있는 재고로부터 고객의 수요를 얼마나 충족시켰는가를 나타내는 척도 **예** 연간 총수요가 5,000개이며, 제품의 연간 평균품절개수가 300개이면, 이때 서비스율은 94%임

$$\text{서비스율} = \frac{\text{출하량(액)}}{\text{수주량(액)}} \times 100 = \frac{\text{납기 내 납품량(액)}}{\text{수주량(액)}} \times 100$$

※ 납품량 = 주문량 − 결품, 불량수량

(2) 백오더율(Back Order Rate)

① 납기 내에 납품되지 못한 주문에 대한 결품비율
② 서비스율 + 백오더율 = 100%

$$\text{백오더율} = \frac{\text{납기 내 결품량(액)}}{\text{수주량(액)}} \times 100 = 1 - \text{서비스율}$$

2. 재고회전율

(1) 재고회전율(Turn-over Rate)의 개념

① 재고의 평균 회전 속도를 말하며, 재고자산에 투자한 자금을 신속하게 회수하여 재투자하였는가를 측정
② 동일한 자금을 투자해도 회수 기간이 짧을수록 재투자에 대한 이익이 증대되는 것이며, 이는 재고자산에도 적용됨

(2) 재고회전율의 산정 기출▶ 25년/ 23년

① 재고량과 회전율 : 서로 반비례의 관계로, 회전율이 높으면 품절 현상을 초래할 위험이 있고, 회전율이 낮으면 불필요하게 과다한 재고량을 보유함으로써 보관비용의 증대 초래
② 수요량과 회전율 : 서로 정비례의 관계로, 수요량이 적으면 재고 보충을 멈추고, 수요량이 급격히 증가하면 재고 보충을 증가시켜 적정재고 회전율에 도달할 수 있도록 회전율 향상에 노력해야 함
③ 재고회전율 산정식

- 재고회전율(R) = $\dfrac{\text{총매출액}(S)}{\text{평균재고액}(I)} = \dfrac{\text{출고량}}{\text{평균재고량}}$
- 평균재고량(액) = $\dfrac{\text{기초재고수량(액)} + \text{기말재고수량(액)}}{2}$

④ 재고회전기간 : 재고를 모두 소진하기 위해서 걸리는 시간

$$\text{재고회전기간(P)} = \frac{\text{수요대상기간}(T)}{\text{재고회전율}(R)}$$

⑤ 적정재고 수준 : 수요를 가장 경제적으로 충족시킬 수 있는 재고량

$$\text{적정재고} = \text{운영재고} + \text{안전재고}$$

⑥ 재고일수와 평균재고

$$재고일수 = \frac{현재\ 재고수량(액)}{월평균출하량(액)} \times 30일$$

3. 안전재고량 기출▶ 25년/ 22년/ 20년/ 19년/ 14년/ 11년/ 09년

(1) 안전재고량의 개념

① 안전재고(Safety Stock) : 수요, 자재 조달, 수송 지연 등으로 결품이 발생하는 경우 지속적인 공급중단 사태를 방지하기 위해 항시 보유해야 하는 재고를 의미
② 수요는 확정적으로 발생하고, 부품공급업자가 부품을 납품하는 데 소요되는 기간(조달기간)이 확률적으로 변할 때, 조달기간의 평균이 길어지더라도 조달기간에 대한 편차가 같다면 부품공급업자와 생산공장 사이의 안전재고량은 변동이 없음
③ 안전재고량은 안전계수와 수요의 표준편차에 비례

$$안전재고 = 안전계수(k) \times 수요의\ 표준편차(S) \times \sqrt{조달기간(리드타임)}$$

④ 고객의 수요가 확률적으로 변동한다고 할 때, 수요변동의 분산이 작아지면 완제품에 대한 안전재고량은 감소
⑤ 생산자의 생산수량의 변동폭이 작아지면 부품공급업자와 생산공장 사이의 안전재고량은 감소
⑥ 부품공급업자가 부품을 납품하는 데 소요되는 기간의 분산이 작아지면 부품공급업자와 생산공장 사이의 안전재고량은 감소하고, 분산이 커지면 안전재고량은 증가
⑦ 안전재고는 재고유지비의 부담을 가중시키므로 적정수준으로 관리해야 함

(2) 안전계수의 이해

높은 안전계수	낮은 안전계수
• 품절이 발생되면 상품 입수가 힘들고 손해를 주는 상품 • 수요 변동폭이 큰 상품	• 품절이 발생되어도 상품 입수가 쉬운 상품 • 재고가 남을 시 큰 손해가 나는 상품 • 수요 변동폭이 작고 재고유지비용이 큰 상품

CORE 04 재고모형

1. 경제적 주문량(EOQ) 모형 기출▶ 25년/ 22년/ 21년/ 20년/ 19년/ 13년/ 12년

(1) 경제적 주문량(EOQ : Economic Order Quantity) 모형의 개념

① 경제적 발주란 자재부문에서 예측된 수요량을 통해 일정기간 중에 필요한 소요량이 예측되어 확정되면 이를 몇 번에 나누어서 조달하는 것이 재고관리 비용을 최소화하는 발주량인지를 결정하는 것이고, 이때 1회 발주량을 경제적 주문량(EOQ)이라고 함

② 경제적 주문량(EOQ) 모형에 의하여 재고를 얼마만큼 주문할지 결정
③ EOQ 모형은 주문크기의 변화에 따른 재고비용의 합을 최소화하는 관점에서 최적주문량을 구하는 것임
④ 재고유지비용과 주문비용이 같고 총비용이 최소가 되는 지점 → 재고 관리를 위한 최적의 주문량

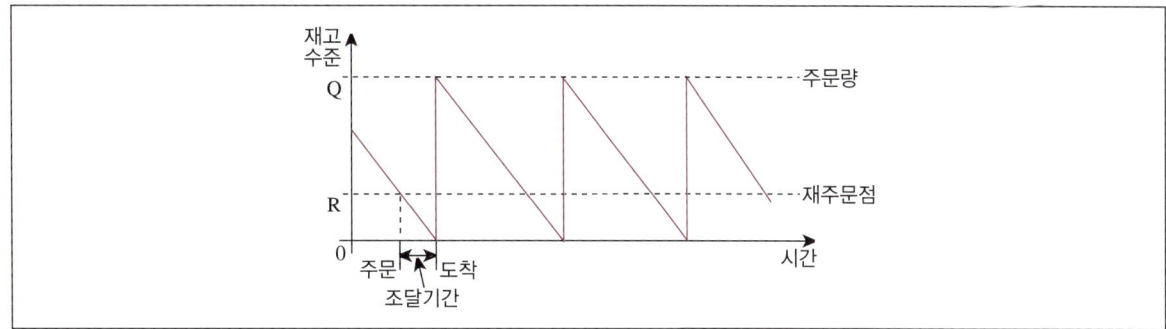

▲ EOQ 모형

(2) EOQ 모형의 의의

① EOQ 모형의 장점
　㉠ 즉각적인 서비스 제공과 자금의 유휴화 방지
　㉡ 저장공간의 효율적인 사용 및 행정업무의 간소화
　㉢ 수송력의 적절한 사용

② EOQ 모형의 전제조건 기출 25년/ 24년
　㉠ 단일품목에 대해서만 고려하고 주문량은 전부 동시에 도착함
　㉡ 연간수요량은 알려져 있으며 항상 일정함
　㉢ 주문비용과 단가는 주문량에 관계없이 일정함
　㉣ 주문량이 다량일 경우에도 할인이 인정되지 않음
　㉤ 조달기간(Lead Time)은 일정하고 재고부족은 허용되지 않음
　㉥ 재고유지비는 평균재고량에 비례함(단위당 재고유지비용 일정)

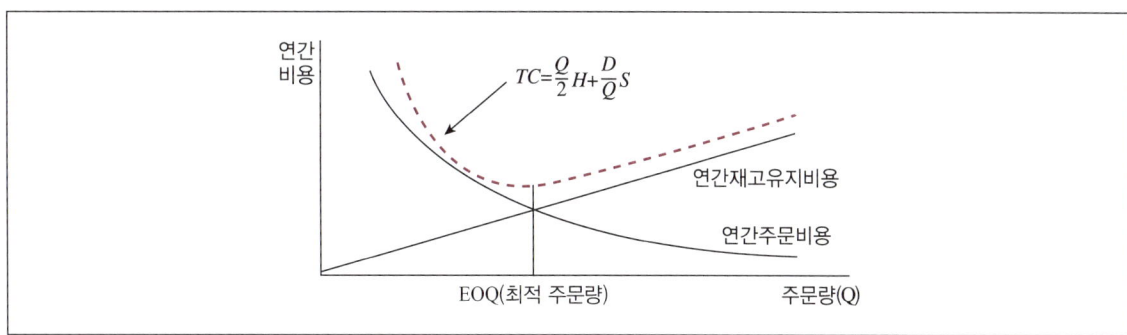

▲ 경제적 발주량의 결정

③ EOQ 계산 공식

$$EOQ = \sqrt{\frac{2SD}{H}}$$

- S : 1회 생산준비비용(발주비용 또는 주문비용)
- D : 연간 수요량
- H : 연간 단위당 재고유지비용(자재구매단가 × 재고유지비율)

+ 더알아보기 경제적 주문량 모형 관련 계산 공식 정리 기출 25년/ 23년/ 22년/ 21년/ 20년/ 15년/ 13년/ 10년

- 재주문점(ROP) = (리드타임 × 1일 평균수요량) + 안전재고
- 안전재고 = 안전계수 × 조달기간 동안 수요의 표준편차 × $\sqrt{\text{조달기간}}$
- 연간 단위당 재고유지비 = 단가 × 연간 재고유지비율
- 연간 최적 주문횟수 = 연간 수요량/EOQ
- 주문주기일 = 365일/주문횟수
- 연간 주문비용 = 연간 주문횟수 × 1회 주문비용 = (D/Q) × S
- 연간 총비용 = 연간 재고유지비용 + 연간 주문비용 = (Q/2) × H + (D/Q) × S

2. 경제적 생산량(EPQ) 모형 기출 24년/ 13년

(1) 경제적 생산량(EPQ : Economic Production Quantity) 모형의 개념

① 자체 생산, 조달하는 품목의 총 재고비용이 최소가 되는 1회당 경제적 생산량
② 일정량의 생산이 진행되는 동안 생산되는 품목이 재고에 더해짐과 동시에 소비가 일어나서 재고가 감소하는 경우 최적 1회 생산량을 결정하는 모형

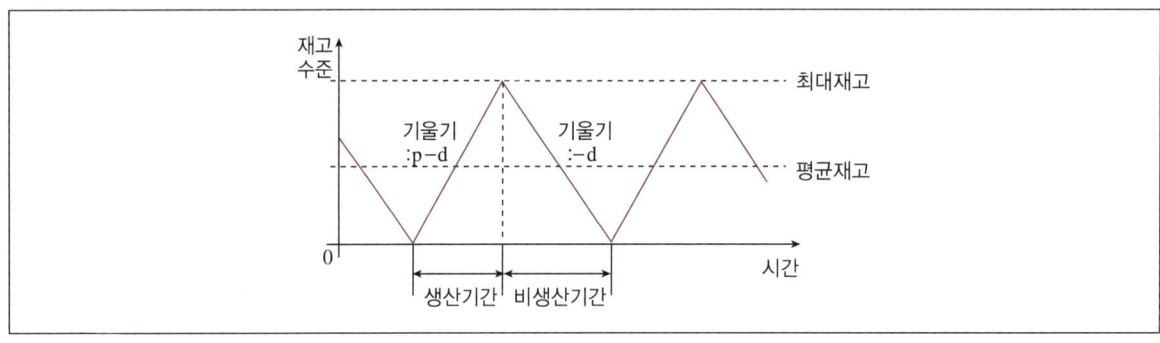

▲ EPQ 모형

(2) EPQ 모형의 의의

① EPQ 모형의 기본가정
  ㉠ 재고준비비는 생산량의 크기와 관계없이 로트마다 일정
  ㉡ 재고유지비는 생산량의 크기에 정비례하여 증가
  ㉢ 생산단가는 생산량의 크기와 관계없이 일정
  ㉣ 수요량(d)과 생산율(p)이 일정한 확정적 모델임. 단, 생산율(p)은 수요율(d)보다 큼
  ㉤ 생산품은 생산기간 중에 점진적으로 생산 · 입고되고, 출고(소비)는 기간에 계속됨

② EPQ 계산 공식

$$EPQ = \sqrt{\frac{2SD}{H} \cdot \frac{p}{p-d}}$$

- p : 1일 생산율
- d : 1일 수요율(사용률)

+ 더알아보기 경제적 생산량 모형 관련 계산 공식 정리 기출 25년

- 연간 생산능력 = 일일 생산량 × 연간 작업일수
- 연간 관리비용 = 단위당 재고유지비용 × 평균재고량
- 생산주기 = 경제적 생산량/일 사용량
- 생산기간 = 경제적 생산량/일 생산량

CORE 05 재고관리기법

1. 정량발주법(Fixed Order Quantity System) 기출 24년/ 13년

(1) 정량발주법의 의의

① 정량발주법의 개념
　㉠ 재고량이 일정한 재고수준(발주점)까지 내려가면 일정량을 주문하여 재고관리하는 경제적 발주량 주문방식. 주문량이 일정하므로 Q 시스템이라고도 함
　㉡ 발주점에 도착한 품목만 자동 발주하므로 관리가 쉽고 초보자의 발주 업무 수행도 가능
　㉢ 발주점 발주로트를 고정화시키면 관리가 쉽고 확실하므로 다품목 관리 가능
　㉣ 수량관리를 철저히 하고 재고조사 시점에서 차이를 조정하면 주문량이 일정하므로 수입, 검품, 보관, 불출 등이 쉽고 작업 비용이 저렴
　㉤ 경제로트 사이즈를 이용할 수 있으므로 재고비용 최소화
　㉥ 재고수준을 연속적으로 검토하므로 연속점검시스템이라고도 함

② 정량발주법의 적용
　㉠ 로트 보충의 경우 및 수요예측이 어려운 경우
　㉡ 품목이 많고 관리하기 어려운 경우
　㉢ 수요량의 합계로서는 수요가 안정되어 있는 경우
　㉣ 소비 예정량의 계산이 복잡하고 계산의 확실성이 애매한 경우
　㉤ 현물관리가 나쁘고 재고차이가 심한 경우
　㉥ 주문과 생산이 그다지 관계가 없는 경우, 고가 상품
　㉦ 주문이 납입자 또는 자사의 생산능력의 일부밖에는 차지하지 않는 경우

(2) 재주문점(ROP : Re-order Point)의 계산 기출 25년/ 22년/ 20년/ 19년/ 15년

① 수요와 조달기간이 일정한 경우

> ROP = 1일 수요량 × 조달기간

② 수요와 조달기간이 다양한 경우

> ROP = 조달기간 동안의 평균수요 + 안전재고
> = (1일 평균수요량 × 조달기간) + (표준편차 × $\sqrt{조달기간}$ × 안전계수)

2. 정기발주법(Ordering Cycle System) 기출 25년/ 24년/ 13년

(1) 정기발주법의 의의

① 정기발주법의 개념
  ㉠ 주문 기간의 사이가 일정하고 주문량이 변동됨
  ㉡ 정기적으로 재고량을 파악하고 최대재고수준을 결정하여 부족한 부분만큼 주문
  ㉢ 정량주문의 경우보다 안전재고수준 및 재고유지비용이 높음
  ㉣ 수요가 일정한 재고에 대하여 특히 유용

② 정기발주법의 적용
  ㉠ 설계변경이 많거나 유행을 타는 품목
  ㉡ 처리량이 불규칙하게 변하는 경우, 정확한 구입
  ㉢ 저가의 상품이나 예산을 세울 필요가 있는 품목
  ㉣ 소비량이 큰 주요 원자재 등의 품목
  ㉤ 운용의 형식이 획일적이고 개개의 품목 특성에 의한 재고관리가 쉬운 것

(2) 정기발주법과 정량발주법의 비교

구분	정기발주법	정량발주법
소비금액	저가의 물품	고가의 물품
재고유지수준	더 많은 안전재고 유지	일정량 재고 유지
수요예측	특히 필요	과거의 실적이 있으면 수요의 기준이 됨
발주시기	일정	일정하지 않음
수주량	변경 가능	고정
품목수	적을수록 좋음	많아도 좋음
표준성	표준보다 전용부품이 좋음	표준인 편이 좋음

3. Two-Bin 시스템 기출 19년/ 13년

(1) 개념
① 부품의 재고관리에 많이 사용되는 재고관리기법
② 두 개의 상자에 부품을 보관하여 필요시 하나의 상자에서 계속 부품을 꺼내어 사용하다가 처음의 상자가 바닥이 나면 두 번째 상자의 부품을 사용하면서 동시에 발주를 시켜 바닥난 상자를 채우는 방법

(2) 특징
① 가장 오래된 재고관리 기법 중의 하나로 가격이 저렴하고 사용빈도가 높음
② 조달기간이 짧은 자재에 대하여 주로 적용하는 간편한 방식
③ 발주점법의 변형으로 저가 품목에 주로 적용
④ 재고수준을 계속 조사할 필요가 없음

4. ABC 분석기법 기출 20년/ 13년

(1) 개념
① 관리품목수가 많은 경우 유용하게 사용되는 기법
② 경제학자 파레토는 인구의 20%가 총 자산의 80%를 가지고 있음을 발견하였는데, 이를 파레토 법칙이라고 부르며, 이를 이용한 재고관리가 ABC 분석기법임
   ㉠ A등급 : 전체 품목의 10~20%를 차지하며, 매출의 70~80%를 차지하는 품목(중점 관리)
   ㉡ B등급 : 전체 품목의 30~40%를 차지하며, 매출의 15~20%를 차지하는 품목(그룹 관리)
   ㉢ C등급 : 전체 품목의 40~50%를 차지하며, 매출의 5~10%를 차지하는 품목(샘플 관리)

(2) ABC 분석절차
① 모든 제품들의 단가와 월평균 판매량을 나열
② 각 제품의 단가와 월평균 판매량을 곱하여 월판매액 계산
③ 월판매액이 큰 순서로 제품들을 열거
④ 월판매액의 합계액(총판매액)을 계산하고, 총판매액의 누적값 계산
⑤ 누적판매액을 총판매액으로 나누어 누적판매율을 계산

(3) 활동기준원가계산(ABC : Activity Based Costing) 기출 22년/ 21년/ 20년
① 개념
   ㉠ 업무를 활동단위로 세분하여 원가를 산출하는 방식
   ㉡ 물류활동 또는 작업내용으로 구분하고, 이 활동마다 단가를 산정하여 물류서비스 코스트를 산출
   ㉢ 서비스 다양화에 맞추어 보다 정확한 코스트를 파악하려는 원가계산 기법
② 목적과 효과
   ㉠ 물류활동의 실태를 물류 원가에 반영하는 것을 목표로 함
   ㉡ 산정원가를 바탕으로 원가유발 요인분석과 성과측정을 할 수 있음
   ㉢ 활동별 원가 분석을 하므로 낭비요인이 있는 물류업무영역을 파악할 수 있음
   ㉣ 물류서비스별, 활동별, 고객별, 유통경로별, 프로세스별 수익성 분석 가능

5. 기준재고시스템 기출▶ 24년

(1) 개념
① 기업에서 가장 일반적으로 이용되는 재고관리시스템
② 정량재고시스템과 정기재고시스템의 혼합방식으로 두 시스템의 장점을 유지하도록 고안된 것이며, s-S 재고시스템 또는 Mini-Max 재고시스템 등으로도 불림
③ 보유재고량이 s보다 적어지면 최대재고량인 S에 도달하도록 발주량을 정함

(2) 특징
① 기준재고시스템을 취하면 주문의 횟수는 줄어들게 되고 주문량이 다소 많아지게 되어 많은 안전재고를 갖게 됨
② 기준재고시스템에서는 조사시점에서만 재고상태를 파악하게 되므로 수요가 재고조사 직후 갑자기 증가할 경우 다음 조사시점까지 파악될 수 없게 됨

CORE 06 수요예측기법

1. 수요예측

(1) 개념
수요예측은 기업의 활동과 관련된 여러 가지 유형의 장단기 계획을 수립하는 데 필수적인 기초자료를 제공

(2) 수요에 영향을 미치는 주요 원인
① 경기변동
② 제품수명주기
③ 광고 및 판매활동, 품질, 경쟁업체의 가격, 고객의 신뢰와 태도 등

(3) 예측방법의 분류
① 예측기간에 따른 분류
  ㉠ 단기예측 : 6개월 이내의 월별, 주별, 일별 예측
  ㉡ 중기예측 : 보통 6개월 ~ 2년 이내 기간을 대상으로 하는 예측
  ㉢ 장기예측 : 2년 이상 기간을 대상으로 하는 예측
② 예측기법에 따른 분류
  ㉠ 정량적 기법 : 과거 시장자료에 대한 통계적 분석을 통하여 미래의 수요패턴을 예측
  ㉡ 정성적 기법 : 과거 시장자료가 존재하지 않거나 존재하더라도 이에 대한 수리적 모형화가 불가능한 상황에서, 일반 소비자의 선호도 혹은 전문가의 지식과 의견을 바탕으로 미래의 수요를 예측하는 기법

2. 수요예측기법

(1) 정성적 예측기법 기출▶ 25년/ 23년/ 22년/ 21년/ 18년

① **델파이기법(Delphi Method)** : 전문가들의 예측치 및 견해를 우편을 통하여 수집·정리하여 다시 배포·회수하는 과정을 반복하여 일치된 예측치를 획득
② **소비자조사법(구매의도조사법)** : 특정 제품에 대한 소비자의 선호나 구매의사를 직접 조사하여 미래 수요 예측
③ **판매원의견 통합법** : 판매원들이 담당 지역의 판매를 예측하게 한 후 통합하여 산출
④ **전문가 조사법** : 해당 분야의 전문가(기술담당자, 마케팅 실무자, 관련 기관 전문가 등) 의견을 수집·분석·종합·정리하여 수요를 예측하는 방법으로, 타협이나 절충에 의해 예측 정확도가 낮을 수 있음
⑤ **비교유추법** : 예측하려는 제품의 과거 시장자료가 존재하지 않을 경우, 유사 제품의 수요패턴이나 보급 상황, 선진국 사례와의 비교 유추를 통해 신제품의 미래수요 예측
⑥ **역사적 유추법** : 기존 제품과 관련된 과거 자료를 분석하여 신제품의 미래수요를 정성적으로 예측하는 방법
⑦ **시장 조사법** : 설문지, 현장인터뷰 등을 통해 소비자들로부터 자료를 수집·분석하여 가설을 검증하는 방법

(2) 정량적 예측기법 기출▶ 25년/ 24년/ 22년/ 21년/ 20년/ 16년

① **시계열분석법**

㉠ 과거의 시계열 자료의 구조나 양상이 미래에도 지속될 것으로 보고, 판매량, 생산량, 매출 등 과거의 수치 자료를 시간 순으로 배열해 추세, 계절성 등을 분석하여 미래 수요를 정량적으로 예측하는 방법

㉡ 이동평균법, 지수평활법, 시계열분해법, 박스젠킨스법(Box-Jenkins Model) 등

이동평균법	단순이동평균법과 가중이동평균법이 있는데, 최신의 자료와 오래된 자료가 똑같은 영향력을 끼치게 되는 단순이동평균법의 문제점을 해결하기 위해 직전 N기간의 자료치에 합이 1이 되는 가중치를 부여한 다음, 가중 합계치를 예측치로 사용하는 방법이 가중이동평균법임
지수평활법	가장 최근 데이터에 가장 큰 가중치가 주어지고 자료가 오래될수록 가중치가 기하학적으로 감소되는 가중치 이동평균 예측기법의 하나로, 가장 최근의 예측 데이터와 주요 판매 데이터 간의 차이에 적합한 평활상수를 사용함으로써 과거의 데이터를 유지할 필요성을 갖지 않음

> **+ 더알아보기 지수평활법에 따른 수요예측 계산** 기출▶ 25년/ 24년/ 22년/ 21년/ 20년/ 18년/ 17년/ 16년/ 15년
>
> 차기예측치 = 당기 판매예측치 + (당기 판매실적치 − 당기 판매예측치) × 평활상수(α)

㉢ 시계열의 구성요소
- 추세변동(T : Trend Movement) : 장기변동의 전반적인 추세를 나타냄
- 순환변동(C : Cyclical Fluctuation) : 일정한 주기가 없이 사이클 현상으로 반복되는 변동
- 계절변동(S : Seasonal Variation) : 1년 주기로 계절에 따라 되풀이되는 변동
- 불규칙변동(R : Irregular Movement) : 돌발적인 원인이나 불명의 원인에 의해서 일어나는 우연변동으로서 자료의 행태(Pattern)를 인식할 수 없는 것

② 인과형 분석
　　㉠ 변수 간의 상호관계를 모형화하여 예측하는 기법
　　㉡ 회귀모형(Regression Model), 계량경제모형(Econometrics Model), 투입-산출모형(Input-Output Model) 등이 있음
　　㉢ 계량경제모형은 예측하고자 하는 시장수요와 이에 영향을 미칠 것으로 판단되는 경제변수들 간의 상호 관계를 수식화하여 회귀(Regression)하는 방법

> **+ 더알아보기   회귀방정식** 기출▶ 18년
>
> - 개념 : 원인과 결과 관계를 가지는 두 요소의 과거 실제 변화량의 관계를 분석하여 함수식화한 예측방법
> - 공식
> $\hat{y} = a + bx$
>   ▶ x값이 주어졌을 때 y값에 대한 최적의 추정
>   ▶ $a = \overline{Y} - b\overline{X}$
>   ▶ $b = \dfrac{\sum(x_i - \overline{X})(y_i - \overline{Y})}{\sum(x_i - \overline{X})^2} = r\dfrac{S_y}{S_x}$
>   ▶ $\overline{X}, \overline{Y}$: 표본평균, S_x, S_y : 표준편차, r : 상관관계

③ 성장곡선모형 : 시간에 대한 신제품의 누적 수요량의 궤적이 성장곡선과 유사한 완만한 S자형 곡선을 보인다는 경험적 사실에 근거하여 예측하는 방법

CORE 07　주요 자재관리 기법

1. JIT(Just In Time) 시스템　기출▶ 25년/ 21년/ 19년/ 18년/ 17년/ 14년/ 13년

(1) JIT의 개념

① 제품생산에 요구되는 부품을 필요한 시기에 필요한 수량만큼 생산함으로써 낭비 요소를 제거하려는 생산관리시스템
② 필요한 상품이 필요한 시기에 즉시 도착하기 때문에 재고를 유지할 필요가 없거나 극소량의 재고를 유지함으로써 재고관리비용을 획기적으로 줄일 수 있는 시스템
③ 일본 도요타자동차 회사에서 1970년대 중반 개발 및 사용
④ 무재고, 동시생산, 린(Lean)생산방식, 재고 없는 생산, 필요한 만큼의 자재, 연속적 흐름생산 등의 여러 가지 이름으로 알려져 있음

(2) JIT 시스템의 의의

① JIT의 특성　기출▶ 25년
　　㉠ 다양한 기술의 융통성 있는 노동력
　　㉡ 작업준비시간과 로트 크기를 최소화
　　㉢ 안정된 일정계획에 따른 작업을 진행

ⓔ 적시에 무결점의 자재와 재공품을 조달
ⓜ 필요한 재고의 청구를 위해 간판시스템(청구식 발주시스템)을 이용
ⓑ 품질, 예방조치, 생산자의 상호 신뢰를 강조
ⓢ 수요변화에 유연한 대처가 가능

② JIT의 목표
㉠ 제조준비시간의 단축과 수요변화에 대한 신속한 대응
㉡ 재고투자의 극소화와 리드타임의 단축, 자재 취급 노력 경감
㉢ 불량품 최소화, 품질 향상, 생산성과 마케팅의 향상

③ JIT Ⅱ시스템 기출▶ 13년
㉠ JIT의 개념을 납품업체에서 유통업체까지의 전체가치사슬로 확장함으로써 공급사슬 전반에 걸쳐 재고수준을 낮추고 성과를 개선하기 위한 시스템
㉡ JIT Ⅱ는 JIT와 기본적으로 같으나 공급업체와 계약관계가 아닌 상호 협력관계를 전제

2. MRP(Material Requirements Planning) 시스템 기출▶ 25년/ 24년/ 18년/ 13년/ 10년

(1) MRP의 개념
① 제품 생산수량 및 주생산계획을 토대로 완제품 생산에 필요한 원자재, 부분품, 공산품, 조립품 등 모든 자재의 소요량 및 소요시기를 역산하여 자재조달계획을 수립하고 일정관리를 겸하여 효율적인 재고관리를 모색하는 시스템
② 독립수요와 종속수요도 관리할 수 있도록 고안

더알아보기 독립수요와 종속수요의 비교

독립수요	종속수요
생산통제 밖에 있는 시장 조건에 의해 영향을 받기 때문에 생산과 독립적임	다른 품목의 수요와 관련되어 발생하며 시장에서 독립적으로 결정되지 않음
자동차 수요 → 시장에 영향받음 (자동차 수요 = 독립 수요)	자동차 타이어 수요 → 자동차의 수요에 의해 결정됨 (자동차 타이어 수요 = 종속 수요)
시장의 영향을 받는 형태	로트 단위로 생산이 계획되기 때문에 일정하고 반복적인 수요 형태
재고관리에 있어서 보충의 개념	재고관리에 있어서 소요의 개념

(2) MRP의 특징

① MRP 시스템의 주요 기능
㉠ 필요한 물자를 언제, 얼마의 수량을 발주할 것인가를 알려줌
㉡ 발주 또는 제조지시를 하기에 앞서 경영자가 계획을 사전에 검토할 수 있음
㉢ 언제 발주를 독촉하고 늦출 것인지를 알려줌
㉣ 상황변화에 따라서 주문의 변경을 가능하게 하고 능력계획에 도움을 줌
㉤ 상황의 완급도에 따라 우선순위를 조절하여 자재조달 및 생산작업을 적절히 진행시킴

② MRP 시스템의 구성요소 `기출` 15년/ 14년
  ㉠ 주생산일정(MPS : Master Production Schedule) : 최종 품목을 언제, 얼마를 생산할 것인지에 대한 생산계획
  ㉡ 자재명세서(BOM : Bill of Materials) : 체계적인 부품목록, 최종 품목을 생산하는 데 필요한 원자재, 부품, 중간 조립품 등의 조립순서가 나타나 있는 것
  ㉢ 재고기록 파일(Inventory Records File) : 재고로 유지되고 있는 모든 품목의 상태에 대한 정보를 기록한 것
  ㉣ 품목별, 업체별 Lead-Time 및 생산 Lot-Size와 MRP 프로그램
  ㉤ 용량계획(Capacity Planning)의 목적은 주생산 일정의 타당성을 체크하는 것

③ MRP의 장점
  ㉠ 종속수요품 각각에 대해서 수요예측을 별도로 행할 필요가 없음
  ㉡ 공정품을 포함한 종속수요품의 평균재고 감소
  ㉢ 부품 및 자재부족현상의 최소화, 적절한 납기 이행
  ㉣ 상황변화에 따른 생산일정 및 자재계획의 변경용이

④ MRP 운영상 고려사항
  ㉠ 일정계획과 MRP계획의 수정
  ㉡ 안전재고 보유 및 필요추가 부품 수 파악
  ㉢ 발주 로트(Lot)의 크기, 기록의 정확성 유지 문제

(3) MRP II 시스템 `기출` 13년
① MRP II는 재고관리, 생산현장관리, 자재소요량관리 등의 생산자원계획과 통제과정에 있는 기능들이 단일시스템에 통합되어 생산관련 자원투입의 최적화를 통한 생산성 향상을 목적으로 하며, 제조자원계획이라고도 함
② MRP II는 '제조자원이 한정되어 있다는 상황'을 생산계획의 수립에 반영할 수 있도록 한 시스템이며, 원가관리·회계·재고관리·수주관리 등의 기능이 추가되거나 대폭 개선됨으로써 생산·판매·물류의 3부분의 연계를 가능하게 함
③ MRP II는 제조활동의 계획관리뿐만 아니라 재무·마케팅에서의 계획과 관리를 포괄한 시스템으로 기업에서의 모든 자원을 관리하는 전사적 정보시스템으로 확장된다는 점에서 MRP와 차이가 있음
④ 생산·구매·마케팅·재무·기술부서의 경영자들이 이용하며, 전반적 사업계획에 의거한 판매목표나 생산능력 및 현금흐름 제약을 인식시켜 줌

(4) ERP(Enterprise Resource Planning, 전사적 자원관리)
① ERP는 경영활동을 수행하기 위한 기업의 여러 시스템, 즉 생산, 판매, 인사, 회계, 자금, 원가, 고정자산 등의 운영시스템을 통합적으로 재구축함으로써 생산성을 극대화하려는 통합정보시스템을 의미
② 기존 정보시스템이 각 부문별 최적화에 초점을 두었다면, ERP는 물류, 제품 개발, 회계정보시스템 등 기업 전반에 걸쳐 모든 영역의 실시간 연동이 가능하도록 설계

(5) DRP(Distribution Resource Planning, 유통망관리) `기출` 11년
① DRP는 고객과 가장 가까운 곳에서 수요데이터를 얻어 생산계획 수립에 재빨리 반영하고, 제조업체의 완제품창고 이후 소매점(도매점)에 이르는 유통상의 재고를 줄이고자 함
② MRP가 제품생산과 관련된 원재료나 부품 등에 관한 생산관리시스템이라면, DRP는 생산 완료된 제품에 대한 판매관리시스템임

➕ 더 알아보기   JIT와 MRP 시스템의 비교

구분		JIT 시스템	MRP 시스템
재고 개념		(주문이나 요구에 대한)소요개념	(계획에 대한)소요개념
목표		낭비제거(최소의 재고)	계획수행(필요시 필요량 확보)
전략		요구(주문)에 따라가는 Pull 시스템	계획대로 추진하는 Push 시스템
관리방식		눈으로 보는 관리(칸반방식)	컴퓨터 처리
수요변화적응		생산율, 잔업, 생산능력조절	자재소요계획(MRP) 갱신
생산시스템		생산 사이클타임 중심	MRP(주 일정계획) 중심
생산계획		안정된 MRP 필요	변경이 잦은 MRP 수용
계획집행	생산계획	생산칸반	작업전표 · 생산지령서
	자재계획	인수(외주)칸반	발주서
계획 우선순위		평준화생산을 기초로 한 품목별 일차 적용	MRP에 기초한 필요 품목중심의 일정계획
통제 우선순위		칸반의 도착순서	작업배정에 의거
발주(생산)로트		준비비 축소에 의한 소로트화	준비비 + 재고유지비의 경제적 로트
재고 수준		최소한의 재고(재고는 부채)	조달기간 중 재고(재고는 자산)
공급업자와의 관계		구성원 입장에서의 장기거래	경제적 구매위주의 거래
품질		100% 양질추구, 품질문제는 현장에서 근원적으로 해결	약간의 불량은 인정, 품질문제는 품질담당요원에 의해 규명
적용분야		반복생산의 일정 및 재고관리	비반복생산의 재고관리(업종제한 없음)

출제포인트 OX 문제

01 ⓞⓧ 안전재고(Safety Stock)는 재고유지비의 부담을 가중시키므로 적정수준으로 관리해야 한다.

02 "사업장별 다양한 요구를 반영하여 구매하기에 용이하다"는 구매방식 중 (　　)구매방식에 관한 설명이다.

03 ⓞⓧ 기술력 향상 및 생산공정의 자동화 도입 촉진을 위해 재고를 보유한다.

04 (　　)은/는 결품이 발생하는 경우 지속적인 공급중단 사태를 방지하기 위해 항시 보유해야 하는 재고를 의미한다.

05 ⓞⓧ 재고관리지표 중 서비스율은 수주량에 대한 납기 내 납품량의 비율을 나타낸다.

06 1에서 서비스율을 뺀 값은 (　　)이다.

07 ⓞⓧ 경제적 주문량 모형의 전제조건으로는 조달기간이 일정하고, 주문량은 전량 일시에 입고된다.

08 EOQ 모형에서는 주문량이 한번에 모두 도착하는 것을 전제로 하나 기업이 공장에서 생산하면서 동시에 소비하는 경우에 재고는 일정한 생산기간 동안 점진적으로 쌓이게 된다. 이때 비용을 최소화하는 생산량을 (　　)(이)라고 한다.

09 ⓞⓧ 투빈시스템은 계속적인 재고수준 조사를 통하여 리드타임 기간의 수요변동에 대비해야 한다.

10 (　　)은/는 재고수준을 계속적으로 관찰하는 것이 아니라 정기적으로 재고량을 파악하고 최대재고수준을 결정하여 부족한 부분만큼 주문하는 재고관리기법이다.

11 ⓞⓧ 지수평활법은 기존 제품과 관련된 과거의 자료를 분석하여 신제품의 미래수요를 정성적으로 예측하는 방법이다.

12 재고 품목수와 매출액에 따라 품목을 특정 그룹별로 구분하여 집중적으로 관리한다면 업무 효율화가 더 용이하다는 전제로 기업에서 보편적으로 사용되고 있는 분석기법은 (　　)이다.

13 ⓞⓧ JIT 시스템은 효과적인 Push 시스템을 구현할 수 있다.

14 ⓞⓧ MRP를 실행하기 위해서는 필요 부품과 수량이 정해진 자재명세서와 재고정보가 필요하다.

15 (　　)(이)란 공급사슬상에서 상호 전략적인 제휴를 통해 생산자(공급자)가 납품대상업체(주문자)의 재고량을 유지, 관리하는 방식을 말한다.

16 (　　) 시스템의 도입은 제조준비시간의 단축, 재고량의 감축, 리드타임의 단축, 불량품의 최소화를 목표로 한다.

17 [O X] 시계열 분석법에는 이동평균법, 가중이동평균법, 지수평활법 등이 있다.

18 (　　)구매방식은 대량구매가 가능하며, 가격과 거래조건이 유리하다.

정답 및 해설

01 ○
02 분산
03 × ▶ 재고 보유의 역할에 해당되지 않는다.
04 안전재고
05 ○
06 백오더율
07 ○
08 경제적 생산량
09 × ▶ 투빈시스템은 재고수준을 계속 조사할 필요가 없고, 두 개의 상자 중 한 개의 상자에서 계속 부품을 꺼내어 사용하다가 처음의 상자가 바닥나면 두 번째 상자의 부품을 사용하면서 동시에 발주를 시켜 바닥난 상자를 채우는 방법이다.
10 정기발주법
11 × ▶ 지수평활법은 관찰된 실제수요와 이전 예측치에 상대적인 가중치를 두어 새로운 예측치를 구하는 방법이다.
12 ABC분석
13 × ▶ MRP 시스템은 계획대로 추진하는 Push 시스템을 구현할 수 있고, JIT 시스템은 요구(주문)에 따라가는 Pull 시스템을 구현할 수 있다.
14 ○
15 공급자관리재고(VMI)
16 JIT
17 ○
18 집중

빈출키워드 기출유형문제

키워드 ❶ 구매방식(집중구매, 분산구매)

01
구매방식에 관한 설명으로 옳은 것은? **기출 21년**

① 분산구매방식은 본사의 공통품목을 일괄적으로 구매하기에 적합하다.
② 집중구매방식은 분산구매방식보다 사업장별 독립적 구매가 가능하다.
③ 분산구매방식은 구매량에 따라 가격차가 큰 품목의 대량구매에 적합하다.
④ 집중구매방식은 수요량이 많은 품목에 적합하다.
⑤ 분산구매방식은 집중구매방식보다 대량 구매가 이루어지기 때문에 가격 및 거래조건이 유리하다.

> **해설** ① 집중구매방식은 본사의 공통품목을 일괄적으로 구매하기에 적합하다.
> ② 분산구매방식은 집중구매방식보다 사업장별 독립적 구매가 가능하다.
> ③ 집중구매방식은 구매량에 따라 가격차가 큰 품목의 대량 구매에 적합하다.
> ⑤ 집중구매방식은 분산구매방식보다 대량 구매가 이루어지기 때문에 가격 및 거래조건이 유리하다.

02
구매방식에 관한 설명으로 옳지 않은 것은? **기출 20년**

① 집중구매방식(Centralized Purchasing Method)은 일반적으로 대량구매가 이루어지기 때문에 가격 및 거래조건이 유리하다.
② 분산구매방식(Decentralized Purchasing Method)은 사업장별 구매가 가능하여 각 사업장의 다양한 요구를 반영하기 쉽다.
③ 집중구매방식(Centralized Purchasing Method)은 구매절차 표준화가 용이하며, 자재의 긴급조달에 유리하다.
④ 분산구매방식(Decentralized Purchasing Method)은 주로 사무용 소모품과 같이 구매지역에 따라 가격 차이가 없는 품목의 구매에 이용된다.
⑤ 집중구매방식(Centralized Purchasing Method)은 절차가 복잡한 수입물자 구매 등에 이용된다.

> **해설** ③ 자재의 긴급조달에 유리한 방식은 분산구매방식이다. 집중구매방식은 공통자재를 일괄구매하므로 구매절차의 단순화·표준화가 용이하지만, 긴급한 경우에는 시간을 맞출 수 없을 때가 많다.

03
집중구매방식과 분산구매방식의 비교 설명으로 옳지 않은 것은? **기출 24년**

① 집중구매방식은 대량구매가 가능하며, 가격과 거래조건이 유리하다.
② 집중구매방식은 구입 절차를 표준화하기 쉽다.
③ 집중구매방식은 공통자재의 표준화, 단순화가 가능하다.
④ 분산구매방식은 구매요청 사업장의 특수한 요구가 반영되기 쉽다.
⑤ 분산구매방식은 긴급수요에 대처하기 불리하다.

> **해설** ⑤ 분산구매방식은 긴급조달이 필요한 자재의 구매에 유리하다.

키워드 ❷ 재고관리

04
재고 보유의 역할이 아닌 것은? **기출 23년**

① 원재료 부족으로 인한 생산중단을 피하기 위해 일정량의 재고를 보유한다.
② 작업준비 시간이나 비용이 많이 드는 경우 생산 일정 계획을 유연성 있게 수립하기 위하여 재고를 보유한다.
③ 미래에 발생할 수 있는 위험회피를 위해 재고를 보유한다.
④ 계절적으로 집중 출하되는 제품은 미리 확보하여 판매기회를 놓치지 않기 위해 재고를 보유한다.
⑤ 기술력 향상 및 생산공정의 자동화 도입 촉진을 위해 재고를 보유한다.

해설 재고 보유의 역할
- 고객 요구 납기에 신속하게 대응 : 예상되는 고객 수요를 만족시키기 위함
- 대내·대외 여건변동에 따른 충격 흡수 : 가격인상, 물량변동, 납기변경, 기계고장, 불량, 결근 등에 대비
- 생산계획 신축적 기능 : 생산계획 수립 시 평준화된 생산량을 부하시킴으로써 생산계획을 효율적으로 운영할 수 있고, 경제적인 생산 로트(Lot)로 비용절감이 가능
- 주문기간 대응 기능 : 공급자로부터의 배달지연이 발생할 가능성에 대비하여 판매기회 상실을 미연에 방지

05
A상품의 연간 평균재고는 10,000개, 구매단가는 5,000원, 단위당 재고유지비는 구매단가의 5%를 차지한다고 할 때, A상품의 연간 재고유지비는? (단, 수요는 일정하고, 재고 보충은 없음) **기출 23년**

① 12,500원 ② 25,000원
③ 1,000,000원 ④ 2,500,000원
⑤ 10,000,000원

해설 A상품의 연간 재고유지비
= 단위당 재고유지비 × 연간 평균재고
= 5,000원 × 0.05 × 10,000개
= 2,500,000원

06
재고에 관한 설명으로 옳지 않은 것은? **기출 22년**

① 고객으로부터 발생하는 제품이나 서비스의 요구에 적절히 대응할 수 있게 한다.
② 안전재고는 재고를 품목별로 일정한 로트(Lot) 단위로 조달하기 때문에 발생한다.
③ 공급사슬에서 발생하는 수요나 공급의 다양한 변동과 불확실성에 대한 완충역할을 수행한다.
④ 재고를 필요이상으로 보유하게 되면 과도한 재고비용이 발생하게 된다.
⑤ 재고관리는 제품, 반제품, 원재료, 상품 등의 재화를 합리적·경제적으로 유지하기 위한 활동이다.

해설 안전재고는 수요와 공급의 변동에 따른 불균형을 방지하기 위해 유지하는 계획된 재고 수량으로, 서비스의 표준레벨, 수요예측에 대한 오차확률과 리드타임 등의 여러 가지 요인을 포함해서 안전재고량을 정한다. 즉, 수요가 예상을 넘었다고 해도 표준적인 레벨에서 보증할 수 있는 예비 재고를 의미한다.

07
재고관리의 장점이 아닌 것은? **기출 21년**

① 실제 재고량 파악
② 불확실성에 대한 대비
③ 상품 공급의 지연(delay)
④ 가용제품 확대를 통한 고객서비스 달성
⑤ 수요와 공급의 변동성 대응

해설 ③ 상품 공급을 원활하게 하여 품절로 인한 판매기회의 상실을 방지한다.

08
재고관리의 목표가 아닌 것은? [기출 24년]

① 서비스율 증대
② 백오더(back order)율 증대
③ 재고회전율 증대
④ 재고품의 손상률 감소
⑤ 보관비용 감소

해설 ② 백오더(back order)율은 납기 내에 납품되지 못한 결품량의 비율을 나타내는 것으로, 재고관리는 백오더율의 감소를 목표로 한다.

09
재고의사결정과 관련된 비용 중 재고유지비용에 해당되는 항목의 개수는? [기출 17년]

• 자본비용	• 저장비용
• 진부화비용	• 품절비용
• 도난 및 파손 비용	• 주문비용

① 2개   ② 3개
③ 4개   ④ 5개
⑤ 6개

해설 재고유지비용은 재고유지와 관련된 비용으로 자본의 기회비용(자본비용), 저장비용(광열비, 냉동비), 진부화에 따른 손실비용, 도난·파손에 의한 손실비용, 보험료 비용 등이 포함된다. 품절비용은 재고부족비용이고, 주문비용은 준비비용에 해당한다.

키워드 ③ 재고관리지표

10
안전재고에 관한 설명으로 옳지 않은 것은? [기출 20년]

① 안전재고는 품절예방, 납기준수 및 고객서비스 향상을 위해 필요하다.
② 안전재고 수준을 높이면 재고유지비의 부담이 커진다.
③ 공급업자가 제품을 납품하는 조달기간이 길어지면 안전재고량이 증가하게 된다.
④ 고객수요가 임의의 확률분포를 따를 때 수요변동의 표준편차가 작아지면 제품의 안전재고량이 증가한다.
⑤ 수요와 고객서비스를 고려하여 적정수준의 안전재고를 유지하면 재고비용이 과다하게 소요되는 것을 막을 수 있다.

해설 ④ 고객의 수요가 확률적으로 변동한다고 할 때, 수요변동의 표준편차가 작아지면 제품의 안전재고량은 감소한다.

11
A소매점에서의 제품판매에 관한 정보가 아래와 같을 때 가장 합리적인 안전재고 수준은? (단, Z(0.90) = 1.282, Z(0.95) = 1.645이며, 답은 소수점 둘째자리에서 반올림함) [기출 20년]

- 연간 수요 : 6,000개
- 연간 최대 허용 품절량 : 300개
- 제품 판매량의 표준편차 : 20
- 제품 조달기간 : 4일
- 연간 판매일 : 300일

① 51.3   ② 65.8
③ 84.8   ④ 102.6
⑤ 131.6

해설
안전계수 = 고객 서비스레벨 = 납기 준수율 = 1 − 300/6,000 = 1 − 0.05 = 0.95, Z(0.95) = 1.645이므로,
안전재고 = 안전계수 × 수요의 표준편차 × $\sqrt{조달기간}$ = 1.645 × 20 × $\sqrt{4}$ = 65.8

12

K사에서 30일이 지난 후 철도차량 정비품 A의 1일 수요의 표준편차와 조달기간을 조사해 보니 이전보다 표준편차는 8에서 4로 감소되었고, 조달기간은 4일에서 9일로 증가되었다. 정비품 A의 안전재고수준은 어떻게 변동되는가? (단, 다른 조건은 동일하다.) 기출 19년

① 기존대비 75% 감소
② 기존대비 25% 감소
③ 변동 없음
④ 기존대비 25% 증가
⑤ 기존대비 75% 증가

해설

안전재고 = 안전계수 × 수요의 표준편차 × $\sqrt{조달기간}$

안전계수는 같고, 표준편차는 8에서 4로 1/2배, $\sqrt{조달기간}$ 은 $\sqrt{4}$ = 2에서 $\sqrt{9}$ = 3으로 3/2배로 변동되었다. 따라서 안전재고는 1/2 × 3/2 = 3/4, 즉 이전의 3/4 수준으로 변동되었으므로 기존대비 25% 감소한다.

13

어느 신문판매점에서 신문을 주문하려 한다. 주문은 일일 1회만 주문이 가능하고 10부 단위로 주문해야 한다. 신문 1부의 판매가격은 630원, 구매가격은 500원, 판매하지 못한 신문은 1부당 100원을 받고 처분된다. 합리적 주문량과 이때의 서비스수준을 순서대로 옳게 나열한 것은? (단, 신문판매점이 추정한 수요분포는 다음과 같다.) 기출 16년

수요	확률
10부	0.2
20부	0.1
30부	0.2
40부	0.3
50부	0.2

① 10부, 20%
② 20부, 24.5%
③ 20부, 75.5%
④ 40부, 24.5%
⑤ 40부, 75.5%

해설

단위당 재고부족비용(C_s) = 판매가격 − 구매원가 = 630원 − 500원 = 130원

단위당 재고잉여비용(C_e) = 단위당 원래가치 − 단위당 잔여가치 = 500원 − 100원 = 400원

서비스수준 = $\dfrac{C_s}{C_s + C_e}$ = $\dfrac{130}{(130+400)}$ = 0.24528(≒ 24.5%)

서비스수준 24.5%는 다음 표에서 수요량 20에 위치하므로 최적주문량은 20이 된다.

수요	확률(%)	누적확률(%)
10부	20	20
20부	10	30
30부	20	50
40부	30	80
50부	20	100

14
재고관리 지표에 관한 설명으로 옳지 않은 것은? 기출 15년

① 서비스율(%) = (납기 내 출하금액 ÷ 수주금액) × 100
② 백오더율(%) = (요구량 ÷ 결품량) × 100
③ 연간 재고회전율(회) = 연간 총 매출액 ÷ 연간 평균재고액
④ 원가절감비율(%) = (원가절감액 ÷ 구매예산) × 100
⑤ 재고율(%) = (입고금액 ÷ 출고금액) × 100

> 해설 ② 백오더율(%) = (결품량 ÷ 요구량) × 100

키워드 ④ 경제적 주문량(EOQ)과 경제적 생산량(EPQ)

15
경제적 주문량(EOQ) 모형에 관한 설명으로 옳은 것은? 기출 22년

① 주문량이 커질수록 할인율이 높아지기 때문에 가능한 많은 주문량을 설정하는 것이 유리하다.
② 조달기간이 일정하며, 주문량은 전량 일시에 입고된다.
③ 재고유지비용은 평균재고량에 반비례한다.
④ 재고부족에 대응하기 위한 안전재고가 필요하다.
⑤ 수요가 불확실하기 때문에 주문량과 주문간격이 달라진다.

> 해설
> ① 주문량이 다량일 경우에도 할인이 인정되지 않는다.
> ③ 재고유지비용은 평균재고량에 비례한다.
> ④ 재고부족현상이 일어나지 않는다.
> ⑤ 수요는 일정하며 연속적이고, 주문량은 전부 동시에 도착한다.

16
A제품의 재고관리 환경이 EPQ(Economic Production Quantity) 가정과 일치하며, A의 연간 수요량이 2,700톤, 하루 생산량이 12톤, 일일 소비량이 9톤이다. A제품의 생산가동 준비비용(setup cost)은 1회당 400,000원이고, 톤당 연간 재고유지비용이 13,500원이라고 할 때, 경제적 생산량(EPQ)은? 기출 24년

① 400톤　② 500톤
③ 600톤　④ 700톤
⑤ 800톤

> 해설
> 경제적 생산량(EPQ) = EOQ × $\sqrt{\dfrac{p}{p-d}}$
>
> = $\sqrt{\dfrac{2 \times 1회\ 주문비용 \times 연간\ 수요량}{연간\ 단위당\ 재고유지비}} \times \sqrt{\dfrac{1일\ 생산율}{(1일\ 생산율 - 1일\ 수요율)}}$
>
> 이므로,
>
> • $\sqrt{\dfrac{2 \times 1회\ 주문비용 \times 연간\ 수요량}{연간\ 단위당\ 재고유지비}} = \sqrt{\dfrac{2 \times 400,000 \times 2,700}{13,500}}$
>
> = $\sqrt{160,000} = 400$
>
> • $400 \times \sqrt{\dfrac{12}{(12-9)}} = 800$

17

S업체는 경제적 주문량(EOQ : Economic Order Quantity) 모형을 이용하여 발주량을 결정하고자 한다. 아래와 같이 연간 수요량이 60% 증가하고, 연간단위당 재고유지비용이 20% 감소한다고 할 때, 증감하기 전과 비교하여 EOQ는 얼마나 변동되는가? (단, $\sqrt{2}=1.414$, $\sqrt{4}=1.732$, $\sqrt{5}=2.236$ 이며, 계산한 값은 소수점 첫째자리에서 반올림한다.) 기출 21년

- 연간 수요량 : 4,000개
- 1회 주문비용 : 400원
- 연간 단위당 재고유지비용 : 75원

① 14% 증가 ② 24% 증가
③ 41% 증가 ④ 73% 증가
⑤ 124% 증가

해설
- 증감하기 전 EOQ
$$= \sqrt{\frac{2 \times 1회\ 주문비용 \times 연간\ 수요량}{연간\ 단위당\ 재고\ 유지비용}}$$

- 증감한 후 EOQ
$$= \sqrt{\frac{2 \times 1회\ 주문비용 \times 연간\ 수요량 \times 1.6}{연간\ 단위당\ 재고\ 유지비용 \times 0.8}}$$

$$= \sqrt{\frac{2 \times 1회\ 주문비용 \times 연간\ 수요량 \times 2}{연간\ 단위당\ 재고\ 유지비용}}$$

$$= \sqrt{\frac{2 \times 1회\ 주문비용 \times 연간\ 수요량}{연간\ 단위당\ 재고\ 유지비용}} \times \sqrt{2}$$

$$= \sqrt{\frac{2 \times 1회\ 주문비용 \times 연간\ 수요량}{연간\ 단위당\ 재고\ 유지비용}} \times 1.414$$

따라서 1.414 − 1 = 0.414 = 41.4%이므로 소수점 첫째자리에서 반올림하면 약 41%가 증가하였다.

18

어느 도매상점의 제품 A의 연간 수요량이 2,000개이고 제품당 단가는 1,000원이며, 연간 재고유지비용은 제품단가의 10%이다. 1회 주문비용이 4,000원일 때 경제적 주문량을 고려한 연간 총 재고비용은? (단, 총 재고비용은 재고 유지비용과 주문비용만을 고려함) 기출 20년

① 40,000원 ② 50,000원
③ 60,000원 ④ 70,000원
⑤ 80,000원

해설

경제적 주문량(EOQ) $= \sqrt{\dfrac{2 \times 4,000 \times 2,000}{100}}$

$= \sqrt{160,000} = 400$

경제적 주문량을 고려한 연간 총 재고비용
= 400 × 100원 = 40,000원

19

경제적 주문량(EOQ) 모형의 전제조건(가정)이 아닌 것은? 기출 24년

① 주문비용과 단가는 주문량에 관계없이 일정하다.
② 재고유지비용은 주문량에 반비례한다.
③ 단일 품목이며, 주문량은 한번에 입고된다.
④ 리드타임(lead time)은 일정하다.
⑤ 재고부족은 허용되지 않는다.

해설 ② 재고유지비용은 주문량에 비례한다.

20

어느 상점에서 판매되는 제품과 관련된 자료는 아래와 같다. 경제적 주문량 모형(EOQ)에 의한 정량발주 재고정책을 취할 때 연간 최적 주문주기는? (단, 1년은 365일로 계산한다.)

기출 19년

- 연간 수요 : 2,000단위
- 연간 단위당 재고유지비용 : 200원
- 1회 주문비용 : 2,000원

① 32.5일　　　　② 36.5일
③ 40.5일　　　　④ 44.5일
⑤ 48.5일

해설

$$EOQ = \sqrt{\frac{2 \times 1회\ 주문비용 \times 연간\ 수요량}{제품당\ 연간\ 재고유지비용}}$$

$$= \sqrt{\frac{2 \times 2,000 \times 2,000}{200}} = 200$$

연간 수요 2,000단위를 200단위씩 10회에 걸쳐 주문하면 된다. 따라서 연간 최적 주문주기는 365 ÷ 10 = 36.5(일)이다.

키워드 ⑤ 재고관리기법

21

재주문점의 주문관리 기법이 아닌 것은? 기출 23년

① 정량발주법　　② 델파이법
③ Two - Bin법　　④ 기준재고법
⑤ 정기발주법

해설 ② 델파이법은 적절한 해답이 알려져 있지 않거나 일정한 합의점에 도달하지 못한 문제에 대하여 다수의 전문가를 대상으로 설문조사나 우편조사로 수차례에 걸쳐 피드백하면서 그들의 의견을 수렴하고 집단적 합의를 도출해 내는 조사방법으로 수요예측방법의 하나이다.

22

C도매상의 제품판매정보가 아래와 같을 때 최적의 재주문점은? (단, 소수점 첫째자리에서 반올림한다.) 기출 22년

- 연간수요 : 14,000 Box
- 서비스 수 : 90%, Z(0.90) = 1.282
- 제품 판매량의 표준편차 : 20
- 제품 조달기간 : 9일
- 연간 판매일 : 350일

① 77　　　　② 360
③ 386　　　　④ 437
⑤ 590

해설 재주문점(ROP) = 조달기간 동안의 평균수요 + 안전재고
= (1일 평균수요량 × 조달기간) + (표준편차 × $\sqrt{조달기간}$ × 안전계수)
= (14,000/350 × 9) + (20 × $\sqrt{9}$ × 1.282)
= 360 + 76.92
= 436.92
따라서 소수점 첫째자리에서 반올림하면 약 437이 된다.

23

연간 영업일이 300일인 K도매상은 A제품의 안전재고를 250개에서 400개로 늘리면서 새로운 재주문점을 고려하고 있다. A제품의 연간수요는 60,000개이며 주문 리드타임은 3일이었다. 이때 새롭게 설정된 재주문점은? 기출 20년

① 400
② 600
③ 900
④ 1,000
⑤ 1,200

해설 재주문점(ROP) = 조달기간 동안의 평균수요 + 안전재고
= (1일 평균수요량 × 리드타임) + 안전재고
= $\left(\dfrac{60,000}{300} \times 3\right) + 400 = 600 + 400 = 1,000$

24

재고관리에서 재고 품목수와 매출액에 따라 품목을 특정 그룹별로 구분하여 집중적으로 관리한다면 업무 효율화가 보다 더 용이하다는 전제로 기업에서 보편적으로 사용되고 있는 분석기법은? 기출 19년

① ABC분석
② PQ분석
③ DEA분석
④ VE분석
⑤ AHP분석

해설 ① ABC분석 : 소수대형매출상품의 집단을 A그룹(집중적 관리대상), 다수소형매출상품의 집단을 C그룹, 그 중간적 성격을 갖는 그룹을 B그룹으로 분류한다.
② PQ(Product Quantity)분석 : 제품(가로축)과 생산량(세로축)의 관계를 나타낸 도표로, 생산형태(다품종 소량생산·소품종 대량생산)의 실태를 파악하여 효과적인 생산시스템을 구상할 수 있도록 해주는 분석기법이다.
③ DEA(자료포락분석법 : Data Envelopment Analysis) : 생산효율성을 측정하는 방법 중의 하나로, 선형계획법을 기반으로 의사결정단위 사이의 상대적인 효율성을 비교하는 분석기법이다.
④ VE분석(가치공학 : Value Engineering) : 최저의 생애주기 비용으로 최상의 가치를 얻기 위한 목적으로 수행되는 프로젝트 또는 제품의 기능분석을 통해 대안을 창출하는 노력으로서, 여러 전문분야의 협력을 통하여 수행되는 체계적인 프로세스이다.
⑤ AHP분석(계층화분석 : Analytic Hierarchy Process) : 의사결정의 계층구조를 구성하고 있는 요소들 간의 쌍대비교를 통해 계량적 기준과 계량화가 불가능한 인간의 주관적 판단을 합리적으로 종합할 수 있는 의사결정 방법이다.

25

재고관리시스템에서 재주문점(Reorder Point)을 관리하는 방식이 아닌 것은? 기출 19년

① MRP 시스템
② s-S 재고시스템
③ 정량발주시스템
④ 투빈시스템(Two Bin System)
⑤ 미니맥스시스템(Mini-Max System)

해설 ① 재주문점은 재고관리기법에서 관리하는 방식이고, MRP 시스템은 자재관리기법에 해당한다.
② s-S 재고시스템 : 기준재고시스템
③ 정량발주시스템 : 경제적 발주량 주문방식
④ 투빈시스템(Two-Bin System) : 부품의 재고관리에 많이 사용되는 재고관리기법
⑤ 미니맥스시스템(Mini-Max System) : 기준재고시스템

26

재고관리시스템에 관한 설명으로 옳지 않은 것은? 기출 24년

① 정량발주시스템 : 연속적으로 재고수준을 검토하므로 연속점검시스템(continuous review system)이라고도 한다.
② 정량발주시스템 : 주문량이 일정하므로 Q시스템이라고도 한다.
③ 정기발주시스템 : 재고수준 파악과 발주를 정기적으로 하고, 재고가 목표수준에 도달하도록 발주량을 정한다.
④ 정기발주시스템 : 통상 정량발주시스템에 비하여 적은 안전재고량을 갖는다.
⑤ 기준재고시스템 : 일명 s-S재고시스템이라고 하며 보유 재고량이 s보다 적어지면 최대재고량인 S에 도달하도록 발주량을 정한다.

해설 ④ 정기발주시스템은 정기적으로 재고량을 파악하고 재고량이 특정수준에 이르도록 적정량을 일정기간마다 재주문하는 방법으로, 정량발주시스템의 경우보다 안전재고 수준이 더 높다.

키워드 ❻ 수요예측방법

27

수요예측방법에 관한 설명으로 옳지 않은 것은? 기출 23년

① 정성적 수요예측방법은 시장조사법, 역사적 유추법 등이 있다.
② 정량적 수요예측방법은 단순이동평균법, 가중이동평균법, 지수평활법 등이 있다.
③ 가중이동평균법은 예측기간이 먼 과거일수록 낮은 가중치를 부여하고, 가까울수록 더 큰 가중치를 주어 예측하는 방법이다.
④ 시장조사법은 신제품 및 현재 시판중인 제품이 새로운 시장에 소개될 때 많이 활용된다.
⑤ 지수평활법은 예측하고자 하는 기간의 직전 일정 기간의 시계열 평균값을 활용하여 산출하는 방법이다.

해설 ⑤ 지수평활법은 가장 최근 데이터에 가장 큰 가중치가 주어지고 자료가 오래될수록 가중치가 기하학적으로 감소되는 가중치 이동 평균 예측 기법의 하나로, 가장 최근의 예측 데이터와 주요 판매 데이터 간의 차이에 적합한 평활 상수를 사용함으로써 과거의 데이터를 유지할 필요성을 갖지 않는다.

28

생수를 판매하는 P사는 지수평활법을 이용하여 8월 판매량을 55,400병으로 예측하였으나, 실제 판매량은 56,900병이었다. 지수평활법에 의한 9월의 생수판매량 예측치는? (단, 평활상수(α)는 0.6을 적용한다.) 기출 21년

① 54,200병
② 54,900병
③ 55,400병
④ 55,800병
⑤ 56,300병

해설
차기예측치 = 당기 판매예측치 + α(당기 판매실적치 − 당기 판매예측치)
= 55,400 + 0.6(56,900 − 55,400)
= 55,400 + 900 = 56,300

29

다음은 L사의 연도별 휴대전화 판매량을 나타낸 것이다. 2021년 휴대전화 수요를 예측한 값으로 옳은 것은? (단, 단순이동평균법의 경우 이동기간(n)은 3년 적용, 가중이동평균법의 경우 가중치는 최근 연도로부터 0.5, 0.3, 0.2를 적용, 지수평활법의 경우 평활상수(α)는 0.4를 적용, 모든 예측치는 소수점 둘째자리에서 반올림한다.) 기출 21년

연도	판매량(만대)	수요예측치(만대)		
		단순이동평균법	가중이동평균법	지수평활법
2018	36			
2019	34			
2020	37			39
2021		(ㄱ)	(ㄴ)	(ㄷ)

① ㄱ : 32.7, ㄴ : 34.4, ㄷ : 38.2
② ㄱ : 34.9, ㄴ : 34.4, ㄷ : 37.2
③ ㄱ : 35.7, ㄴ : 34.9, ㄷ : 38.2
④ ㄱ : 35.7, ㄴ : 35.9, ㄷ : 36.9
⑤ ㄱ : 35.7, ㄴ : 35.9, ㄷ : 38.2

해설 (ㄱ) 단순이동평균법 = (36 + 34 + 37) / 3 ≒ 35.67 = 35.7
(ㄴ) 가중이동평균법 = (0.2 × 36) + (0.3 × 34) + (0.5 × 37) = 7.2 + 10.2 + 18.5 = 35.9
(ㄷ) 지수평활법 = 전기예측치 + α(전기실제치−전기예측치) = 39 + 0.4(37 − 39) = 39 − 0.8 = 38.2

30

정성적 수요예측기법이 아닌 것은? 기출 21년

① 델파이법
② 시장조사법
③ 회귀분석법
④ 역사적 유추법
⑤ 패널조사법

해설 ③ 회귀분석법 : 통계적으로 변수들 사이의 관계를 추정하는 분석방법으로, 독립변수(independent variable)가 종속변수(dependent variable)에 미치는 영향을 확인하고자 사용하는 정량적 수요예측기법
① 델파이법 : 전문가들의 예측치 및 견해를 우편을 통하여 수집·정리하여 다시 배포하고 회수하는 과정의 반복으로 일치된 예측치를 획득하는 정성적 수요예측기법
② 시장조사법 : 실제 시장에 대해 조사하려는 내용에 대한 가설을 세우고 설문지, 직접 인터뷰, 전화 조사 등을 통해 설정한 가설을 검증하는 정성적 수요예측기법
④ 역사적 유추법 : 과거 유사한 제품의 패턴을 바탕으로 유추하는 기법
⑤ 패널조사법 : 동일한 대상자에 대하여 동일한 질문을 반복하여 의견이 어떻게 변하였는지를 연구함으로써 여론의 형성과 변동을 정확하게 파악하려는 정성적 수요예측기법

31

채찍효과(Bullwhip Effect)의 해소방안이 아닌 것은? 기출 21년

① 리드타임을 길게 설정
② 공급사슬 주체 간 실시간 정보공유
③ VMI(Vendor Managed Inventory)의 사용
④ EDLP(Every Day Low Pricing)의 적용
⑤ 협력계획, 예측 및 보충(CPFR : Collaborative Planning, Forecasting, and Replenishment)의 적용

> 해설 ① 리드타임을 단축시키는 것이 채찍효과의 해소방안이다.
> ② 공급사슬 내 정보의 공유를 위해 많은 전략적 파트너십에 참여하여 공급망 관점의 재고관리를 강화시킨다.
> ③ VMI는 공급업체가 주도적으로 재고를 관리하는 것으로, 유통업체에서 발생하는 재고를 제조업체가 전담해서 관리하기 때문에 정보왜곡을 줄여 불필요한 주문 변동이 감소한다.
> ④ 상시저가전략(EDLP)의 가격안정화 정책을 도입하여 가격의 변동 폭을 줄임으로써 수요의 변동을 감소시킨다.
> ⑤ CPFR은 유통업체와 공급업체가 긴밀한 협업을 통해 판매계획을 수립하고, 수요예측 및 재고관리를 공동으로 진행하는 프로세스를 의미하는 것으로, 수요 불확실성을 줄이고 채찍효과를 해소할 수 있다.

32

시계열 분석법에 관한 설명으로 옳지 않은 것은? 기출 24년

① 시계열 분석법에는 이동평균법, 가중이동평균법, 지수평활법 등이 있다.
② 수준(level)은 추세, 계절적, 순환적, 무작위적 요인을 제외한 평균적 수요량을 의미한다.
③ 추세(trend)는 수요가 계속적으로 증가하거나 감소하는 경향을 말한다.
④ 계절적(seasonal) 요인은 수요의 변화가 규칙적으로 반복하는 현상을 말한다.
⑤ 순환적(cyclical) 요인은 단기간에 발생하는 불규칙한 수요변화이다.

> 해설 ⑤ 순환적(cyclical) 요인은 일정한 주기없이 중장기적으로 반복되는 현상을 말한다. 예를 들면 불황과 호황이 반복되는 경기 흐름 등이 있다.

키워드 ❼ 자재관리기법(JIT, MRP)

33

JIT(Just In Time) 시스템에 관한 설명으로 옳지 않은 것은? 기출 22년

① 반복적인 생산에 적합하다.
② 효과적인 Pull 시스템을 구현할 수 있다.
③ 공급업체의 안정적인 자재공급과 엄격한 품질관리가 이루어져야 효과성을 높일 수 있다.
④ 제조준비시간 및 리드타임을 단축할 수 있다.
⑤ 충분한 안전재고를 확보하여 품절에 대비하기 때문에 공급업체와 생산업체의 상호협력 없이도 시스템 운영이 가능하다.

> 해설 ⑤ JIT 시스템은 자재소요와 재고를 거의 없앰으로써 낭비적인 요소를 제거하려는 생산관리시스템으로, 공급업체와 생산업체의 상호협력 및 신뢰가 강조된다.

34

JIT를 도입하여 운영 중인 공장 내부의 A작업장에서 가공된 M부품은 B작업장으로 보내져 여기서 또 다른 공정을 거친다. B작업장은 시간당 300개의 M부품을 필요로 한다. 용기 하나에는 10개의 M부품을 담을 수 있다. 용기의 1회 순회시간은 0.7시간이다. 물류담당자는 시스템 내의 불확실성으로 인해 20%의 안전재고가 필요하다고 판단하였다. 작업장 A와 B 간에 필요한 부품용기의 수는 최소 몇 개인가? 기출 19년

① 21개 ② 23개
③ 26개 ④ 30개
⑤ 34개

> 해설 용기 하나에 10개의 부품을 담을 수 있으므로 $300 \div 10 = 30$(개)의 용기가 필요하다. 용기 1회의 순회시간은 0.7시간이므로 $30 \times 0.7 = 21$(개)의 용기가 사용되며, 20%의 안전재고가 필요하므로 $21 \times 1.2 = 25.2$(개)이다. 따라서 부품용기는 최소 26개가 필요하다.

35

K사의 B자재에 대한 소요량을 MRP시스템에 의해 산출한 결과, 필요량이 12개로 계산되었다. 주문 Lot Size가 10개이고 불량률을 20%로 가정할 때, 순소요량(Net Requirement)과 계획오더량(Planned Order)은 각각 얼마인가? 기출 19년

① 12개, 12개
② 12개, 20개
③ 15개, 15개
④ 15개, 20개
⑤ 15개, 30개

해설 순소요량 × (1 − 불량률 0.2) = 필요량 12개
순소요량 = 12 ÷ 0.8 = 15
순소요량이 15개이지만 Lot Size가 10개 단위이므로 계획오더량은 20개이다.

36

MRP(Material Requirements Planning)에 관한 설명으로 옳지 않은 것은? 기출 24년

① MRP는 주생산계획을 기초로 완제품 생산에 필요한 자재 및 구성부품의 종류, 수량, 시기 등을 계획한다.
② MRP 시스템은 주생산계획, 자재명세서와 재고기록파일을 이용한다.
③ MRP는 재고수준의 최대화를 목표로 한다.
④ MRP는 소요자재를 언제 발주할 것인지를 알려준다.
⑤ MRP를 확장하여 사업계획과 각 부문별 계획을 연결시키는 계획을 제조자원계획(manufacturing resource planning)이라고 부른다.

해설 MRP는 전산화된 프로그램을 이용하여 재고관리와 생산일정을 계획하고 통제함으로써 과잉재고나 재고부족현상을 최소화한다.

제29회 기출문제
2025년 7월 26일 시행

※ 본 문제를 풀면서 확인 CHECK를 이용하시면 문제이해에 보다 도움이 될 수 있습니다.

01 보관의 원칙에 관한 설명으로 옳지 않은 것은?

① 중량특성의 원칙 : 중량에 따라 보관장소를 하층부와 상층부로 나누어 보관한다.
② 회전대응의 원칙 : 입·출하 빈도가 높은 물품은 출입구 가까이에 보관한다.
③ 동일성·유사성의 원칙 : 동일 품종은 동일 장소에 보관하며, 유사품은 인접 장소에 보관한다.
④ 통로대면의 원칙 : 작업의 효율성을 위하여 보관 물품의 장소와 선반 번호 위치를 표시하여 보관한다.
⑤ 선입선출의 원칙 : 먼저 입고한 것을 먼저 출고한다.

☑ 확인 CHECK!

 ④ 위치표시의 원칙에 관한 설명이다. 통로대면의 원칙은 물품의 입·출고를 용이하게 하고 효율적으로 보관하기 위해 통로면에 보관하는 것을 말한다.

02 물류센터 설계 시 고려되는 요인의 예로 옳지 않은 것을 모두 고른 것은?

ㄱ. 운영 요인 : 지리적 위치, 입지 제약, 인구 등
ㄴ. 제품 요인 : 크기, 무게, 가격 등
ㄷ. 주문 요인 : 주문건수, 주문빈도, 주문의 크기 등
ㄹ. 환경 요인 : 입고 방법, 보관 방법, 피킹 방법 등
ㅁ. 설비 요인 : 자동화 수준, 설비 종류 등

① ㄱ, ㄴ
② ㄱ, ㄹ
③ ㄴ, ㅁ
④ ㄷ, ㄹ
⑤ ㄷ, ㅁ

☑ 확인 CHECK!

 ㄱ. 운영 요인 : 입·출고 방법, 보관 방법, 피킹 및 분류 방법, 배송 방법
ㄹ. 환경 요인 : 지리적 위치, 입지 제약, 환경 제약

03 복합물류터미널에 관한 설명으로 옳은 것을 모두 고른 것은?

ㄱ. 창고단지, 유통가공시설, 물류사업자의 업무용 시설 등을 결합하여 종합물류기지 역할을 한다.
ㄴ. 복수의 운송수단 간 연계를 할 수 있는 규모와 시설을 갖춘 장소이다.
ㄷ. 화물자동차 및 철도화차의 공차율이 증가하는 역효과가 상존한다.
ㄹ. 운송수단 간의 연계시설, 화물취급장, 창고시설 및 관련 편의시설 등이 있다.
ㅁ. 환적기능보다는 보관기능 위주로 운영되며 보안상 물류정보의 기능은 포함하지 않는다.

① ㄱ, ㄴ, ㄷ
② ㄱ, ㄴ, ㄹ
③ ㄱ, ㄷ, ㅁ
④ ㄴ, ㄹ, ㅁ
⑤ ㄷ, ㄹ, ㅁ

해설
ㄷ. 배송물량의 지역별·업체별 계획배송 및 혼재 배송으로 차량 적재율이 증가하여 공차율이 감소한다.
ㅁ. 환적기능 위주로 운영되어 터미널 기능을 실현하며, 화물의 보관 업무까지도 수행하고 화물 정보센터의 기능을 강화하여 화물 운송 및 재고 정보 등을 제공한다.

04 보관의 기능이 아닌 것은?

① 고객 서비스의 접점 기능
② 재화의 물리적 보존과 관리 기능
③ 제품에 대한 시간적 효용 창출 기능
④ 물품의 수급 조정 기능
⑤ 제품의 판매촉진을 위한 장소적 효용 창출 기능

해설
제품의 장소적 효용을 창출하는 것은 운송의 기능에 해당한다.

05 물류시설에 관한 설명으로 옳은 것을 모두 고른 것은?

ㄱ. 공동집배송센터 : 여러 유통사업자 또는 제조업자가 공동으로 사용할 수 있도록 집배송시설 및 부대업무시설을 갖춘 시설
ㄴ. 물류터미널 : 화물의 집하·하역 및 이와 관련된 분류·포장·보관·가공·조립 등에 필요한 기능을 갖춘 시설
ㄷ. 스마트물류센터 : 수출입컨테이너를 취급하는 컨테이너 내륙 통관기지로서 항만터미널과 유사한 기능을 수행하는 물류거점 시설
ㄹ. 스톡 포인트(Stock Point) : 대도시, 지방 중소도시에 효율적인 배송을 실시할 목적으로 설립된 유통의 중계시설

① ㄱ, ㄴ, ㄷ
② ㄱ, ㄴ, ㄹ
③ ㄱ, ㄷ, ㄹ
④ ㄴ, ㄷ, ㄹ
⑤ ㄱ, ㄴ, ㄷ, ㄹ

해설
ㄷ. ICD(Inland Container Depot)에 관한 설명이다. 스마트물류센터는 첨단 물류설비, 운영시스템 등을 도입하여 저비용, 고효율, 친환경성 등에서 우수한 성능을 발휘할 수 있는 물류창고이다.

06 다음이 설명하는 컨테이너터미널의 시설은?

> 컨테이너 1개에 미달하는 소량화물(Less than Container Load)의 수출을 위하여 특정 장소나 시설에 화물을 집적하였다가 목적지별로 화물을 선별하여 컨테이너에 적입하거나 분리작업을 할 수 있는 시설

① Container Yard
② Control Center
③ Marshalling Yard
④ Apron
⑤ Container Freight Station

해설
① 선박에 언제든지 실릴 수 있도록 만들어진 FCL(Full Container Load) 화물만을 쌓아두는 야외공간이다.
② 본선 하역작업이나 야드의 컨테이너 배치를 계획하고 통제·감독하는 시설이다.
③ 컨테이너 선적 전에 대기하는 장소로, 컨테이너선에 선적하거나 양하하기 위해 컨테이너를 정렬시켜 놓은 공간이다.
④ 안벽에 접한 야드 부분에 일정한 폭으로 나란히 뻗어있는 공간으로, 컨테이너 적재와 양륙 작업을 위해 임시로 하치하거나 크레인이 통과 주행할 수 있도록 레일을 설치한 곳이다.

07 보세구역에 관한 설명으로 옳지 않은 것은?

① 보세공장 : 가공무역의 활성화 및 관세행정 편의를 위해 설치된 장소
② 지정장치장 : 통관을 위한 물품을 일시 장치하기 위한 장소
③ 세관검사장 : 통관을 위한 물품을 반입하여 세관검사를 받도록 한 장소
④ 특허보세구역 : 일반 개인이 신청을 하면 지방자치단체장이 특허해 주는 보세구역
⑤ 종합보세구역 : 동일 장소에서 기존 특허보세구역의 기능을 복합적으로 수행하는 장소

해설
특허보세구역은 일반 개인이 신청하면 지방자치단체장이 아닌 세관장이 특허해 주는 보세구역이다.

08 A회사의 공급지와 수요지 1, 2, 3의 위치를 나타낸 것이다. 수요지 1, 2, 3의 수요량은 각각 100대/월, 200대/월, 200대/월이다. 무게중심법을 이용한 신규물류센터의 최적 입지좌표(X, Y)는?

구분	X좌표	Y좌표
수요지 1	30	20
수요지 2	10	50
수요지 3	20	40
공급지	40	70

① X : 29, Y : 55
② X : 31, Y : 55
③ X : 31, Y : 61
④ X : 55, Y : 29
⑤ X : 61, Y : 31

해설
$$X = \frac{100 \times 30 + 200 \times 10 + 200 \times 20 + 500 \times 40}{100 + 200 + 200 + 500}$$
$$= 29$$
$$Y = \frac{100 \times 20 + 200 \times 50 + 200 \times 40 + 500 \times 70}{100 + 200 + 200 + 500}$$
$$= 55$$

09 물류거점 입지선정 방법에 관한 설명으로 옳은 것은?

① 톤-킬로법 : 입지거점 대안별로 예상비용을 산출하고, 총비용이 최소가 되는 대안을 선택하는 방법
② 브라운 & 깁슨법 : 입지에 영향을 주는 요인을 필수적 요인, 객관적 요인, 주관적 요인으로 구분하여 평가하는 방법
③ 총비용 비교법 : 고려하고 있는 입지요인(접근성, 지역환경, 노동력 등)에 주관적으로 가중치를 설정하여 각 요인을 평가하는 방법
④ 요소분석법 : 예상 물동량에 대한 고정비와 변동비를 산출하고 그 합을 비교하여 물동량에 따른 총비용이 최소가 되는 대안을 선택하는 방법
⑤ 손익분기 도표법 : 각 수요처와 배송센터까지의 거리와 운송량을 평가하여 입지를 선택하는 방법

해설
① 총비용 비교법에 관한 설명이다. 톤-킬로법은 각 수요처와 배송센터까지의 거리와 수요처까지의 운송량에 대하여 운송 수량(톤) × 거리(km)에 의해 평가하여 그 총계가 가장 적은 곳에 배송센터를 설치하는 방법이다.
③ 요소분석법에 관한 설명이다. 총비용 비교법은 입지거점 대안별로 관리 비용을 산출하고, 총비용이 최소가 되는 대안을 선택하여 입지를 결정하는 방법이다.
④ 손익분기 도표법에 관한 설명이다. 요소분석법은 입지에 관련된 요소(접근성, 지역 환경, 노동력 등)에 주관적으로 가중치를 설정하여 각 요인의 평가점수를 합산하는 방법이다.
⑤ 톤-킬로법에 관한 설명이다. 손익분기 도표법은 일정한 물동량, 즉 입고량 또는 출고량을 전제로 하여 고정비와 변동비의 합을 비교 후 물동량에 따른 총비용이 최소가 되는 대안을 선택하는 방법이다.

10 창고설계의 기본원칙에 관한 설명으로 옳지 않은 것은?

① 직진성의 원칙 : 물품, 통로, 운반기기, 사람 등의 흐름 방향을 직진성에 중점을 두고 설계
② 모듈화의 원칙 : 화물형태, 운반기기, 랙, 통로입구, 기둥간격 등을 모듈화되도록 설계
③ 물품취급 횟수 최소화의 원칙 : 화물의 취급과 운반을 집합화, 공동화하여 물품취급 횟수를 감소하도록 설계
④ 물품이동 간 고저간격의 축소 원칙 : 물품 흐름과정에서 높낮이 차의 크기와 횟수를 감소하도록 설계
⑤ 역행교차 회피의 원칙 : 물품, 운반기기, 사람의 흐름 배치는 서로 교차하거나 역주행이 가능하도록 설계

해설
역행교차 회피의 원칙은 물품, 운반기기, 사람의 흐름 배치는 서로 교차하거나, 역주행이 가능하지 않도록 역행교차를 회피하도록 설계해야 한다는 원칙이다.

11 크로스 도킹(Cross Docking)에 관한 설명으로 옳은 것을 모두 고른 것은?

> ㄱ. 파렛트 크로스 도킹은 기계설비와 정보기술의 적용이 필요하다.
> ㄴ. 효율적인 운영을 위해 공급처와 수요처의 정보공유가 필요하다.
> ㄷ. 일일 처리량이 적을 때 적합한 방식은 파렛트 크로스 도킹이다.
> ㄹ. 유통업체에서 발생할 수 있는 불필요한 재고를 줄일 수 있다.
> ㅁ. 물류센터의 재고회전율과 리드타임을 감소시키는 효과가 있다.

① ㄱ, ㄴ, ㄹ
② ㄱ, ㄴ, ㅁ
③ ㄱ, ㄷ, ㄹ
④ ㄴ, ㄷ, ㅁ
⑤ ㄷ, ㄹ, ㅁ

해설
ㄷ. 파렛트 크로스 도킹은 가장 단순한 형태의 크로스 도킹이며, 양이 아주 많은 상품에 적합한 방식이다.
ㅁ. 크로스 도킹은 제품이 분배 센터를 빠르게 통과하여 물류센터의 재고 회전율을 촉진하는 효과가 있다.

12 창고에 관한 설명으로 옳지 않은 것은?

① 임대창고 : 시장환경에 따라 보관장소를 탄력적으로 운영하기 어렵다.
② 자가창고 : 취급하는 물품의 특성에 따라 최적의 창고 설계가 가능하다.
③ 자동화창고 : 입하에서 출하까지 자동화되고, 유닛로드로 처리되는 창고이다.
④ 보세창고 : 관세법에 근거하여 수출입화물을 취급하는 창고이다.
⑤ 영업창고 : 비용지출이 명확하고 초기 창고건설 및 설비투자 비용이 발생한다.

해설
영업창고는 비용지출이 명확하나 자가창고와는 달리 초기 창고건설 및 설비투자가 불필요하다.

13 다음의 자동분류장치의 설명과 종류의 연결로 옳은 것은?

> ㄱ. 컨베이어 반송면에 벨트, 롤러, 휠 등의 분류장치를 두어 단위화물과 함께 이동하면서 압출하는 방식
> ㄴ. 레일을 이용한 트레이(Tray), 슬라이드(Slide)의 일부 등을 경사지게 하여 화물을 떨어뜨려 분류하는 방식

A. 팝업 방식(Pop-up Type)
B. 슬라이딩 슈 방식(Sliding-shoe Type)
C. 다이버터 방식(Diverter Type)
D. 틸팅 방식(Tilting Type)

① ㄱ - A, ㄴ - B
② ㄱ - A, ㄴ - C
③ ㄱ - B, ㄴ - C
④ ㄱ - B, ㄴ - D
⑤ ㄱ - C, ㄴ - D

해설
A. 컨베이어 반송면의 아래에서 벨트, 롤러, 휠, 핀 등의 분기장치가 튀어나와 단위화물을 내보내는 방식
C. 외부에 설치된 안내판을 회전시켜 반송 경로상에 가이드벽을 만들어 단위화물을 가이드벽을 따라 이동시키는 방식

14 창고관리시스템(Warehouse Management System)의 특성으로 옳지 않은 것은?

① 입고관리, 위치관리, 재고관리, 출고관리 등의 기능을 수행한다.
② 전사적 자원관리시스템과 상호 연계하여 자동화의 범위를 확대하고 정보의 가용성을 높인다.
③ 피킹관리, 주문진척관리 및 자동발주시스템과 같은 주문관련 기능을 수행한다.
④ 물류센터 시설운영의 효율적인 관리와 공간 및 설비의 활용도가 향상된다.
⑤ 기존의 독립된 구매관리시스템, 생산관리시스템, 인사관리시스템 및 영업관리시스템을 통합하여 관리한다.

> **해설**
> 기존의 독립된 구매관리시스템, 생산관리시스템, 인사관리시스템 및 영업관리시스템을 통합하여 관리하는 것은 ERP(Enterprise Resource Planning, 전사적 자원관리)이다.

15 랙(Rack)에 관한 설명으로 옳은 것은 모두 몇 개인가?

- 플로우 랙(Flow Rack) – 적입과 인출이 반대방향에서 이루어지는 선입선출이 효율적인 랙이다.
- 캔틸레버 랙(Cantilever Rack) – 긴 철재나 목재의 보관에 효율적인 랙이다.
- 드라이브스루 랙(Drive-through Rack) – 천정이 높은 창고의 공간 활용도를 높이기 위한 복층구조의 랙이다.
- 적층 랙(Mazzanine Rack) – 지게차가 랙의 한 방향으로 진입해서 반대 방향으로 퇴출할 수 있는 랙이다.
- 모빌 랙(Mobile Rack) – 필요한 통로만을 열어 사용하고 불필요한 통로를 최대한 제거하기 때문에 면적 효율이 높다.

① 1개 ② 2개
③ 3개 ④ 4개
⑤ 5개

> **해설**
> • 드라이브스루 랙은 지게차가 랙의 한 방향으로 진입해서 반대 방향으로 퇴출할 수 있는 랙이다.
> • 적층 랙은 천정이 높은 창고의 공간 활용도를 높이기 위한 복층구조의 랙이다.

16 자재소요계획(MRP : Material Requirement Planning)에 관한 설명으로 옳은 것을 모두 고른 것은?

> ㄱ. 원자재, 반제품 등 모든 자재의 소요량을 산정하여 조달계획을 수립한다.
> ㄴ. 기업 내 모든 인적, 물적 자원을 통합관리하여 기업의 경쟁력을 강화하기 위한 목적으로 사용한다.
> ㄷ. MRP를 실행하기 위해서는 필요 부품과 수량이 정해진 자재명세서와 재고정보가 필요하다.
> ㄹ. 낭비적 요인을 제거하고, 직장 개선풍토를 위해 정리, 정돈, 청소, 청결, 습관화를 추진한다.
> ㅁ. 주생산일정(Master Production Schedule)을 기초로 하여 계획한다.

① ㄱ, ㄴ, ㄷ
② ㄱ, ㄴ, ㄹ
③ ㄱ, ㄷ, ㅁ
④ ㄴ, ㄹ, ㅁ
⑤ ㄷ, ㄹ, ㅁ

[해설]
ㄴ. 전사적 자원관리(ERP : Enterprise Resource Planning)에 관한 설명이다. ERP는 생산, 판매, 인사, 회계, 자금, 원가, 고정자산 등 기업의 여러 운영시스템을 통합적으로 재구축하여 생산성을 극대화하려는 통합정보시스템을 의미한다.
ㄹ. 5S 관리기법이다. 정리·정돈·청소·청결·습관화의 5가지 활동을 통해 정리된 상태를 지속적으로 유지하는 것을 목표로 한다.

17 경제적 주문량(Economic Order Quantity) 모형의 전제조건으로 옳은 것을 모두 고른 것은?

> ㄱ. 재고유지에 소요되는 비용은 평균재고량에 반비례한다.
> ㄴ. 조달기간과 리드타임은 모두 일정하다.
> ㄷ. 주문량이 다량일 경우에는 할인율을 적용한다.
> ㄹ. 재고부족은 허용되지 않고 주문량은 일시에 입고되어야 한다.
> ㅁ. 1회 주문당 비용은 주문량에 비례하여 증가한다.

① ㄱ, ㄷ
② ㄱ, ㅁ
③ ㄴ, ㄷ
④ ㄴ, ㄹ
⑤ ㄹ, ㅁ

[해설]
ㄱ. 재고유지비는 평균재고량에 비례한다(단위당 재고유지비용 일정).
ㄷ. 주문량이 다량일 경우에도 할인이 인정되지 않는다.
ㅁ. 주문비용과 단가는 주문량에 관계없이 일정하다.

18 재고관리에 관한 설명으로 옳지 않은 것은?

① 주기재고(Cycle Inventory)는 연간 주문횟수를 줄여서 주문비용을 절감하기 위한 활동에서 발생한다.
② 안전재고(Safety Stock)는 재고유지비의 부담을 가중시키므로 적정수준으로 관리해야 한다.
③ 서비스율은 수주량에 대한 납기 내 납품량의 비율을 나타낸다.
④ 백오더(Back Order)율은 수주량에 대한 납기 내 결품량의 비율로 나타낸다.
⑤ 정기발주법은 연속적으로 재고수준을 점검하므로 연속점검시스템(Continuous Review System)이라 한다.

> **해설**
> ⑤ 정량발주법에 관한 설명이다. 정기발주법은 정기적으로 재고량을 파악하고 최대재고수준을 결정하여 부족한 부분만큼 주문하는 재고관리기법이다.

19 수요예측에 관한 설명으로 옳지 않은 것은?

① 시계열분석법은 기존 제품과 관련된 과거의 자료를 분석하여 신제품의 미래수요를 정성적으로 예측하는 방법이다.
② 가중이동평균법은 각 실적치에 동일한 가중치를 부여하지 않고, 과거의 실적치에 더 낮은 가중치를 부여한다.
③ 지수평활법은 관찰된 실제수요와 이전 예측치에 상대적인 가중치를 두어 새로운 예측치를 구한다.
④ 시장조사법은 설문지, 현장인터뷰 등을 통해 소비자들로부터 자료를 수집·분석하여 가설을 검증하는 방법이다.
⑤ 전문가조사법을 활용할 경우, 타협이나 절충에 의해 예측 정확도가 낮을 수 있다.

> **해설**
> ① 역사적 유추법에 관한 설명이다. 시계열분석법은 과거의 시계열 자료의 구조나 양상이 미래에도 지속될 것으로 보고, 판매량, 생산량, 매출 등 과거의 수치 자료를 시간순으로 배열해 추세, 계절성 등을 분석하여 미래 수요를 정량적으로 예측하는 방법이다.

20 JIT(Just In Time) 시스템에 관한 설명으로 옳지 않은 것을 모두 고른 것은?

ㄱ. 다품종 소량생산과 소량다빈도 배송에 따라 운송비가 절감된다.
ㄴ. 로트(Lot) 크기를 줄이고 제조준비시간을 단축시킬 수 있다.
ㄷ. 자재를 거점창고에 통합하여 보관하므로 재고비용 절감뿐만 아니라 자재 취급, 이동 및 검사가 용이하다.
ㄹ. 낭비적 요인을 제거함으로써 효과적인 Push 시스템을 구현할 수 있다.
ㅁ. 필요한 시기와 양만큼의 자재를 조달할 수 있어서 수요변화에 유연한 대처가 가능하다.

① ㄱ, ㄴ, ㅁ
② ㄱ, ㄷ, ㄹ
③ ㄱ, ㄷ, ㅁ
④ ㄴ, ㄷ, ㄹ
⑤ ㄴ, ㄹ, ㅁ

21 재고관리에 관한 설명과 용어의 연결로 옳은 것은?

ㄱ. 공급사슬 상에서 상호 전략적인 제휴를 통해 생산자(공급자)가 납품대상업체(주문자)의 재고량을 유지, 관리하는 방식을 말한다.
ㄴ. 제조부 내에서 실시하는 공정관리의 대상이 되는 가공중의 자재를 의미하며, 통상 생산현장에 놓여 있다.
ㄷ. 계절적으로 수요의 증가를 예상하거나, 계획적으로 공장가동 중단을 대비해 사전에 준비하는 재고를 의미한다.

A. 공급자관리재고(VMI)
B. 운송 중 재고(Pipeline Stock)
C. 완충재고(Buffer Stock)
D. 재공품(Work In Process)
E. 예비재고(Anticipation Stock)
F. 로트사이즈 재고(Lot-size Stock)

① ㄱ - A, ㄴ - B, ㄷ - C
② ㄱ - A, ㄴ - D, ㄷ - E
③ ㄱ - C, ㄴ - E, ㄷ - F
④ ㄱ - E, ㄴ - B, ㄷ - D
⑤ ㄱ - F, ㄴ - D, ㄷ - E

22 K기업이 판매하는 B제품의 지난해 총매출액은 300억원, 순이익률은 5%, 연간 재고유지비용은 6억원, 연간 평균 재고액은 60억원이었다. 이 기업의 지난해 재고회전율은?

① 4
② 5
③ 6
④ 7
⑤ 8

해설
재고회전율(R)
$= \dfrac{\text{총매출액}}{\text{평균 재고액}} = \dfrac{300억원}{60억원} = 5$

23 K기업은 A제품의 안전재고를 300개에서 400개로 늘리면서 새로운 재주문점을 고려하고 있다. A제품의 1일 평균수요량은 200개, 주문 리드타임은 3일이었다. 이때 새롭게 설정된 재주문점(개)은?

① 700
② 800
③ 900
④ 1,000
⑤ 1,100

해설
재주문점(ROP)
= 조달 기간의 평균수요 + 안전재고
= (리드타임 × 1일 평균수요량) + 안전재고
= (3 × 200) + 400 = 1,000

24 A제품을 취급하는 K물류센터의 정보가 아래와 같을 때, 이 물류센터의 연간 재고유지비용(원)은? (단, 재고 보충은 없으며, 수요는 일정하다.)

- 제품의 연간 평균재고 : 1,000개
- 제품단가 : 3,000원
- 제품당 연간 재고유지비용 : 제품단가의 4%

① 120,000
② 140,000
③ 160,000
④ 180,000
⑤ 200,000

해설
A제품의 연간 재고유지비
= 단위당 재고유지비 × 연간 평균재고
= 3,000원 × 0.04 × 1,000개
= 120,000원

25 K기업의 A제품의 연간 수요량이 1,200개, 1회 주문비용이 60,000원, 연간 단위당 재고유지비용이 900원일 때, 경제적 주문량(EOQ)은?

① 250 ② 300
③ 350 ④ 400
⑤ 450

해설

경제적 주문량(EOQ)

$= \sqrt{\dfrac{2 \times 1회\ 주문비용 \times 연간\ 수요량}{연간\ 단위당\ 재고유지비}}$

$= \sqrt{\dfrac{2 \times 60,000 \times 1,200}{900}}$

$= \sqrt{160,000} = 400$

26 다음은 K기업의 A제품의 자재소요계획(Material Requirement Planning)에 관한 정보이다. 부품 X와 Y의 순 소요량은?

- A제품의 총 소요량 : 60개
- 부품 X 예정 입고량 : 20개, 가용재고 : 10개
- 부품 Y 예정 입고량 : 30개, 가용재고 : 없음
- A제품은 3개의 X부품과 4개의 Y부품으로 구성

① X : 150, Y : 210
② X : 160, Y : 210
③ X : 180, Y : 240
④ X : 210, Y : 150
⑤ X : 240, Y : 180

해설

순 소요량 = 총 소요량 − 현 재고 − 예정된 입고량
따라서 부품 X의 순 소요량
= (60 × 3) − 10 − 20 = 150개,
부품 Y의 순 소요량
= (60 × 4) − 0 − 30 = 210개

27 K기업은 제품 판매량을 예측하기 위하여 지수평활법을 사용하고 있다. 6월 제품 판매량은 94,000개로 예측하였으나 실제 판매량은 98,000개이었고, 7월 실제 판매량은 92,000개이었다. 8월의 제품 판매량 예측치(개)는? (단, 평활상수(α)는 0.3을 사용한다.)

① 93,880 ② 94,000
③ 94,240 ④ 95,200
⑤ 96,160

해설

지수평활법에 의하면,
차기예측치 = 당기 판매예측치 + α(당기 판매실적치 − 당기 판매예측치)이므로
7월의 판매 예측치
= 94,000 + 0.3(98,000 − 94,000)
= 95,200
따라서 8월의 판매 예측치
= 95,200 + 0.3(92,000 − 95,200)
= 94,240

28 하역 원칙에 관한 설명으로 옳은 것은?

① 경제성 원칙 : 하역작업의 횟수를 증가시켜 비용을 최대화한다.
② 운반활성화 원칙 : 운반활성화 지수를 최소화한다.
③ 화물 단위화의 원칙 : 다품종 소량운송을 위해 화물을 개별화하여 하역한다.
④ 거리(시간) 최소화 원칙 : 하역작업을 수행하는 과정에서 발생하는 화물의 이동 거리(시간)를 최소화한다.
⑤ 화물유동화 원칙 : 화물의 손상, 분실 등을 최소화하기 위하여 하역공정을 멈추고 불량 검사를 한다.

해설
① 경제성의 원칙은 불필요한 하역작업의 생략을 통해 작업능률을 높이고, 화물의 파손 및 분실 등을 최소화하는 것을 목적으로 한다.
② 운반활성화의 원칙은 화물의 이동 용이성을 지수로 하여 이 지수의 최대화를 지향하는 것으로, 관련 작업을 조합하여 화물 하역작업의 효율성을 높이는 것을 목적으로 한다.
③ 화물 단위화의 원칙은 화물을 유닛화하여 파렛트 및 컨테이너와 조합함으로써 화물의 손상·파손·분실을 없애고 하역작업을 능률화 또는 합리화하는 원칙이다.
⑤ 화물유동화의 원칙은 화물이 정체되지 않도록 하역작업 공정 간의 연계를 원활히 하는 것이다.

29 사내하역에서 하역기기 선정 시 고려기준이 아닌 것은?

① 취급화물의 중량과 종류
② 하역기기의 안전성
③ 건물구조와 시설배치
④ 하역기기의 경제성
⑤ 취급화물의 원산지와 목적지

해설
하역기기 선정기준
- 화물의 특성 : 비포장물의 입자 분포·비중·성상 등과 포장물의 형상·크기·중량 등
- 작업환경의 특성 : 작업창고의 전용·공용·자사용 여부, 물건 흐름, 시설배치, 건물구조 등
- 작업의 특성 : 작업량, 계절변동의 유동성, 취급품목 종류, 운반거리 및 범위, 통로의 크기, 수송기관의 종류 등
- 경제성(채산성) : 한 가지의 안보다 복수의 대체안을 고려
- 하역기기의 특성 : 안전성, 신뢰성, 성능, 탄력성, 기동성, 재생에너지성, 에너지 효율성, 소음, 공해

30 다음 용어에 관한 설명으로 옳은 것은?

① 디배닝(Devanning) : 컨테이너에 화물을 싣는 작업
② 피킹(Picking) : 화물을 유형별, 고객별, 도착지별로 분류하는 작업
③ 스태킹(Stacking) : 화물 손상을 방지하기 위해 화물의 밑바닥이나 틈 사이에 물건을 깔거나 끼우는 작업
④ 래싱(Lashing) : 운송수단에 적재된 화물이 움직이지 않도록 화물을 고정시키는 작업
⑤ 분류(Sorting) : 출하하는 화물을 수송기기에 바로 실을 수 있도록 정돈하는 작업

해설
① 디배닝은 컨테이너에서 화물을 꺼내는 작업, 배닝은 컨테이너에 화물을 싣는 작업을 말한다.
② 보관장소에서 화물을 꺼내는 작업이다.
③ 화물을 규칙적으로 쌓아 올리는 작업이다.
⑤ 화물을 품목별·발송지별·고객별 등으로 나누는 작업이다.

31 오더피킹의 출고형태 중 케이스 단위로 입고 및 보관하다 케이스 단위로 출고되는 제4형태(C → C)의 적재방식에 활용되는 장비가 아닌 것은?

① 암 랙(Arm Rack)
② 자동 슬라이딩 랙(Automatic Sliding Rack)
③ 슬라이딩 랙(Sliding Rack)
④ 캐로셀 랙(Carrousel Rack)
⑤ 모빌 랙(Mobile Rack)

해설
제4형태(C → C)에 사용되는 장비로는 Automatic Sliding Rack, Sliding Rack, Carrousel Rack, Mobile Rack, 미니 스태커크레인, 중층랙과 피킹 크레인, 선반과 손수레 대차 등이 있다.

32 다음이 설명하는 파렛트 풀(pool) 시스템은?

- 운영 파렛트의 개수를 최소화할 수 있는 장점이 있다.
- 파렛트의 품질유지나 보수가 용이하며, 수급파동에 탄력적으로 대응할 수 있다.
- 개별기업이 파렛트를 보유하지 않고 파렛트 풀 회사에서 일정기간 동안 임대하여 사용하는 시스템이다.

① 교환방식
② 리스·렌탈방식
③ 교환·리스병용방식
④ 대차결제방식
⑤ 임차결제병용방식

해설
① 유럽 각국의 국영철도에서 송화주가 국철에 파렛트 로드 형태로 운송하면 국철에서는 이와 동수의 파렛트로 교환하는 방식으로, 언제나 교환에 응할 수 있도록 파렛트를 준비해 놓는다.
③ 교환방식과 렌탈방식의 결점을 보완한 방식으로 관리 운영상 어려움이 많아 활성화되지 못했다.
④ 교환방식의 단점을 개선하여 현장에서 즉시 교환하지 않고 일정시간 내에 국철역에 동수로 반환하는 방식이다.

33 롤 상자형 파렛트(Roll Box Pallet)에 관한 설명으로 옳은 것은?

① 1회용 파렛트로 Push-Pull 장치를 부착한 지게차로 취급된다.
② 주로 액체화물 취급 시 사용되고 밀폐용 커버를 가지며 상부 또는 하부에 개폐장치가 있다.
③ 주로 분말화물 취급 시 사용되고 밀폐용 커버를 가지며 하부에 개폐장치가 있다.
④ 상부구조는 박스인 파렛트로, 받침대 밑면에는 바퀴가 달려 있으며 최근에는 배송용으로도 많이 사용된다.
⑤ 핸드 리프트로 하역할 수 있도록 만들어진 단면형 및 양면형 파렛트이다.

해설

① 시트 파렛트(Sheet Pallet)에 관한 설명이다. 시트 파렛트는 1회용 파렛트로 목재나 플라스틱으로 제작되어 가격이 저렴하고 가벼우나, 하역을 위하여 Push-Pull 장치를 부착한 포크리프트가 필요하다.
② 탱크 파렛트(Tank Pallet)에 관한 설명이다. 탱크 파렛트는 주로 오일, 액체, 유류 운반 및 적재용으로 사용된다.
③ 사일로 파렛트(Silo Pallet)에 관한 설명이다. 사일로 파렛트는 주로 분말, 압축화물 처리에 사용되며, 측면이 밀폐되어 있고 뚜껑이 있으며 하부에 개폐장치가 있는 상자형 파렛트를 말한다.
⑤ 롤 상자형 파렛트(Roll Box Pallet)는 바퀴가 있어 핸드 리프트의 포크가 들어가기 어려워 핸드 리프트로 하역하기 어렵다. 핸드 리프트로 하역할 수 있는 것은 스키드 파렛트 등이 있다.

34 자동분류(Sorting)방식 중 동작에 의한 분류방식을 모두 고른 것은?

ㄱ. 밀어내는 방식
ㄴ. 바코드 방식
ㄷ. 다이버트 방식
ㄹ. 이송 방식

① ㄱ, ㄴ
② ㄴ, ㄷ
③ ㄱ, ㄷ, ㄹ
④ ㄴ, ㄷ, ㄹ
⑤ ㄱ, ㄴ, ㄷ, ㄹ

해설

ㄱ. 화물의 분류지점에 직각 방향으로 암(Arm)을 설치하여 밀어내는 방식이다.
ㄷ. 외부에 설치된 안내판을 회전시켜 반송 경로상에 가이드벽을 만들어 단위화물을 가이드벽을 따라 이동시키는 방식이다.
ㄹ. 운송 장치의 이송 경로를 전환하거나 분기시켜, 화물을 목적지별로 자동 분류하는 방식이다.
ㄴ. 상자에 붙어 있는 바코드 라벨을 정위치에서 스캐너로 판독하고 컴퓨터에 정보를 전달하여 제어하는 무인 운반기기 제어방식으로, 기술을 통한 분류방식이다.

35 항공하역 장비에 해당하는 것을 모두 고른 것은?

ㄱ. 돌리(Dolly)
ㄴ. 로딩 암(Loading Arm)
ㄷ. 스트래들 캐리어(Straddle Carrier)
ㄹ. 탑 핸들러(Top Handler)
ㅁ. 트랜스포터(Transporter)
ㅂ. 터그 카(Tug Car)

① ㄱ, ㄴ, ㄹ
② ㄱ, ㄷ, ㅁ
③ ㄱ, ㅁ, ㅂ
④ ㄴ, ㄷ, ㄹ
⑤ ㄴ, ㅁ, ㅂ

해설

ㄱ. 파렛트를 올려놓고 운반하기 위한 차대로서 사방에 파렛트가 미끄러지지 않도록 스토퍼를 부착하고 있다. 트랜스포터와 동일한 역할을 하나 자체 구동력은 없고 터그 카와 연결되어 사용된다.
ㅁ. 하역작업이 완료된 단위적재용기를 터미널에서 항공기까지 수평 이동하는 데 사용하는 장비로서, 파렛트를 올려놓은 차량에 엔진을 장착하여 자주식으로 운행되는 차량이다.
ㅂ. 일반항공화물이나 단위탑재용기(ULD)가 적재된 돌리를 항공기로 이동시키는 지상조업장비로, 동력원이 없어 스스로 움직이지 못하는 장비를 견인할 때에도 사용한다.
ㄴ. 대량의 액체 화물을 운반선에 선적 또는 하역할 때 사용하는 굴절형 팔 형태의 항만하역장비이다.
ㄷ. 컨테이너터미널에서 컨테이너를 마샬링 야드로부터 에이프런 또는 CY 지역으로 운반 및 적재할 경우에 사용되는 장비이다.
ㄹ. 컨테이너 모서리쇠를 잡는 스프레더(Spreader) 또는 체결 고리가 달린 팔과 마스트를 갖추고 야드 내의 공컨테이너(Empty Container)를 적치 또는 하역하는 장비로서 대형지게차와 유사하다.

36 다음이 설명하는 하역장비는?

- 철도터미널에서 화차의 컨테이너 상·하차 작업에 사용
- 스프레더가 장착되어 컨테이너의 운반, 적재 등에 주로 사용
- 긴 붐(boom)을 이용하여 풀 컨테이너(full container)의 CY 내 이동에 주로 사용

① Over Head Bridge Crane
② Rail-Mounted Gantry Crane
③ Reach Stacker
④ Rubber-Tired Gantry Crane
⑤ Yard Tractor

해설
① 야드에서 교량형식의 구조물에 Crane을 설치하여 컨테이너를 적·양하하는 장비이다.
② 레일 위에 고정되어 있어 컨테이너의 적재블록을 자유로이 바꿀 수가 없으나, 주행 및 정지를 정확하게 할 수 있고, 고속으로 생산성이 높으며, 다열다단적으로 장치능력을 증대시킬 수 있다.
④ 고무바퀴가 장착된 야드크레인으로 스팬이 6개의 컨테이너열과 1개의 트럭차선에 이르며, 4단 혹은 5단 장치작업이 가능하고 기동성이 뛰어나 적재장소가 산재해 있을 경우 이용하기 적당하며, 물동량 증가에 따라 추가투입이 가능하다.
⑤ 컨테이너 야드(CY) 내에서 트레일러를 이동하는 데 쓰이는 견인차량이다.

37 항공화물의 탑재와 하기에 사용되는 단위탑재용기(Unit Load Device)에 관한 설명으로 옳지 않은 것은?

① 지상조업시간의 단축에 따른 항공기 가동률을 증가시킬 수 있다.
② 항공기의 모든 기종에 호환사용이 가능하여 사용회전율을 증가시킬 수 있다.
③ 악천후, 도난, 파손으로부터 화물을 보호할 수 있다.
④ 형태에 따라 파렛트류, 컨테이너류 등으로 구분할 수 있다.
⑤ 항공기의 안전을 위하여 국제항공운송협회(IATA)의 검증을 거쳐 제작된 단위탑재용기도 있다.

해설
단위탑재용기(Unit Load Device)는 항공기 기종별 규격이 각각 다르므로 항공 단위탑재용기 간의 호환성이 낮다.

38 화인에 관한 설명으로 옳지 않은 것은?

① 부화인(Counter Mark) : 대조번호 화인으로서 생산자 또는 공급자의 약호를 붙여야 하는 경우에 표기한다.
② 취급주의 화인(Care Mark) : 화물의 취급, 운송, 적재요령을 나타내는 주의표시를 의미한다.
③ 레이블링(Labeling) 방법 : 종이, 알루미늄 등의 판에 표시내용을 기재한 다음 철사나 끈 등으로 적절히 매는 방법이다.
④ 주화인(Main Mark) : 수입업자 화인으로 수입업자의 전체 주소, 성명을 문자로 기입하지 않고, 일반적으로 도형 속에 머리글자를 표기한다.
⑤ 스텐실(Stencil) 방법 : 기름기가 많은 종이나 셀룰로이드판 등의 시트에 문자를 파 두었다가 붓, 스프레이를 사용하여 칠하는 방법이다.

③ 태그(Tag)에 관한 설명이다. 레이블링(Labeling) 방법은 종이나 직포에 필요한 표시를 미리 인쇄해 두었다가 일정한 위치에 붙이는 방법이다.

39 화물 포장과 관련된 원칙으로 옳지 않은 것은?

① 대량화·대형화의 원칙 : 포장의 대형화 및 대량화를 통해 물류비를 절감한다.
② 집중화·집약화의 원칙 : 물량을 집중 및 집약시켜 물류비를 절감한다.
③ 심미성우선의 원칙 : 과잉포장 배제를 통해 심미성을 화물보호보다 우선한다.
④ 사양변경의 원칙 : 사양변경을 통해 물류비를 절감한다.
⑤ 재질변경의 원칙 : 내용품의 보호에 지장이 없는 범위 내에서 재질을 변경한다.

심미성우선의 원칙은 제품의 시각적·미적 가치 향상을 위해 포장 디자인과 재질, 색채 등을 고려하여 설계하는 원칙을 말하는 것으로, 화물보호보다 우선하는 것이 아니라 화물보호 기능을 해치지 않는 범위 내에서 심미성을 추구한다.

40 집합포장방법에 관한 설명으로 옳지 않은 것은?

① 쉬링크(Shrink)는 위/아래의 틀로 고정하는 방법으로 적어도 4개 정도의 밴드를 사용한다.
② 밴드결속은 종이, 플라스틱 및 금속밴드를 이용하며, 코너패드를 보호재로 사용하여 수평 또는 수직으로 묶는다.
③ 슬리브(Sleeve)는 필름의 열 수축력에 의해서 파렛트와 그 위의 적재된 포장화물을 집합하는 방법이다.
④ 스트레치(Stretch)는 생선, 청과물 등의 포장에 스트레치 필름의 접착성을 이용하는 방법이다.
⑤ 꺾쇠·물림쇠는 칸막이 상자 등에서 상자가 고정되도록 사용하는 방법이다.

① 쉬링크(Shrink)는 열수축성 플라스틱 필름을 파렛트 화물에 씌우고 터널을 통과시킬 때 가열하여 필름을 수축시켜서 파렛트와 밀착시키는 포장방법이다.
③ 슬리브(Sleeve)는 종이나 필름천을 이용하여 수직으로 4면을 감거나 싸는 방법이다.

33.38%

2025년 물류관리사 합격률

CBT 모의고사로 최종 합격 점검!

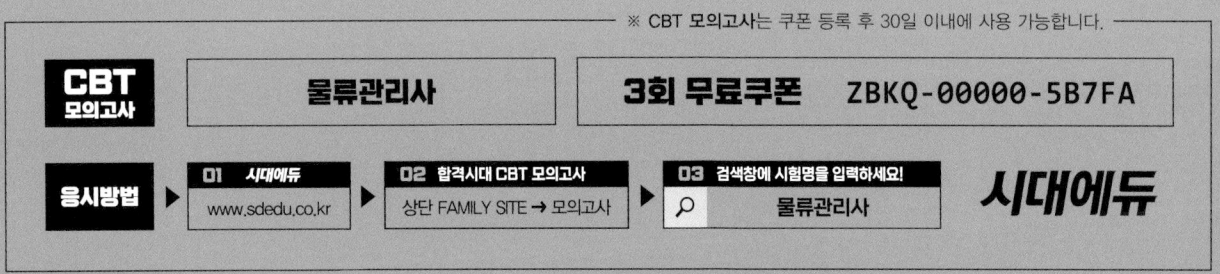

NEXT STEP
THE NEXT STEP IN SUCCESS
성공의 다음단계, 시대에듀와 함께라면 가능합니다.

물류관리사
한권으로 끝내기

[판매량] YES24 "물류관리사" 부문 월별/주별 베스트셀러 1위
08년 12월 / 09년 7,8,10~12월 / 10년 1~3,7,11,12월 / 11년 1,11,12월 / 12년 1월 1주 / 13년 1월 3,4주, 2월 2주, 6월 1,4주, 8월 2주, 12월 4,5주 / 14년 1,11,12월 / 15년 1,12월 / 16년 1~3,9,12월 / 17년 1월 / 18년 2,5,10~12월 / 19년 1~9월 / 20년 1월, 2월 4주, 6월 4주, 7월 2,3주, 8월 3주 / 21년 2~6월 / 22년 1월 2~3주, 2월 2주, 8월 2~3,5주, 9월 1~2,4주, 10월 1~3주, 11월 4주 / 23년 8월 3주, 10월 3~4주 / 24년 11월 2,4~5주, 12월 1~3주 / 25년 7월 3주

[선호도] 물류관리사 시리즈, 22년간 15만 부 판매

시대에듀

발행일 2026년 1월 5일 | **발행인** 박영일 | **책임편집** 이해욱
편저 황사빈 · 이영표 · 유범진 | **발행처** (주)시대고시기획
등록번호 제10-1521호 | **대표전화** 1600-3600 | **팩스** (02)701-8823
주소 서울시 마포구 큰우물로 75 [도화동 538 성지B/D] 9F
학습문의 www.sdedu.co.kr

※ 이 책은 저작권법에 의해 보호를 받는 저작물이므로 동영상 제작 및 무단전재와 복제를 금합니다.

NEXT STEP

THE NEXT STEP IN SUCCESS
성공의 다음 단계, 시대에듀와 함께라면 가능합니다.

물류관리사 부문
베스트셀러
1위
산출근거 후면표기

편저
황사빈 · 이영표 · 유범진

◀ 온라인
동영상 강의

2026

출제경향을 반영한 이론 및 문제 구성
2025년 최신 기출 수록
빈출키워드 소책자 제공
편리한 휴대를 위한 분권형 구조

물류관리사
한권으로 끝내기

5권 | 물류관련법규

CBT 모의고사
3회 무료쿠폰 제공

시대에듀

물류관리사

한권으로 끝내기

5권 | 물류관련법규

시대에듀

물류관리사
한권으로 끝내기

Always with you

사람의 인연은 길에서 우연하게 만나거나 함께 살아가는 것만을 의미하지는 않습니다.
책을 펴내는 출판사와 그 책을 읽는 독자의 만남도 소중한 인연입니다.
시대에듀는 항상 독자의 마음을 헤아리기 위해 노력하고 있습니다. 늘 독자와 함께하겠습니다.

합격의 공식 ▶ 온라인 강의

보다 깊이 있는 학습을 원하는 수험생들을 위한
시대에듀의 동영상 강의가 준비되어 있습니다.
www.sdedu.co.kr ➔ 회원가입(로그인) ➔ 물류관리사

이 책의 차례 CONTENTS

CHAPTER 01 물류정책기본법
시험에 꼭 나오는 필수문제 · 04
Core 01 총칙 · 06
Core 02 물류정책의 종합·조정 · · · · · · · · · · · · · · · · · · 08
Core 03 물류정책위원회 · 13
Core 04 물류체계의 효율화 · 14
Core 05 물류산업의 경쟁력 강화 · · · · · · · · · · · · · · · · 22
Core 06 물류의 선진화 및 국제화 · · · · · · · · · · · · · · · 31
Core 07 보칙 및 벌칙 · 35
출제포인트 OX 문제 · 39
빈출키워드 기출유형문제 · 41

CHAPTER 02 물류시설의 개발 및 운영에 관한 법률
시험에 꼭 나오는 필수문제 · 56
Core 01 총칙 · 58
Core 02 물류시설개발종합계획의 수립 · · · · · · · · · · 62
Core 03 물류터미널사업 · 64
Core 04 물류창고업 · 68
Core 05 물류단지의 개발 및 운영 · · · · · · · · · · · · · · · 71
Core 06 물류 교통·환경 정비사업 · · · · · · · · · · · · · · · 88
Core 07 보칙 및 벌칙 · 90
출제포인트 OX 문제 · 92
빈출키워드 기출유형문제 · 94

CHAPTER 03 화물자동차 운수사업법
시험에 꼭 나오는 필수문제 · 116
Core 01 총칙 · 118
Core 02 화물자동차 운송사업 · · · · · · · · · · · · · · · · · · 120
Core 03 화물자동차 운송주선사업 · · · · · · · · · · · · · · 137
Core 04 화물자동차 운송가맹사업 및 화물정보망 · · 139
Core 05 적재물배상보험등의 가입 등 · · · · · · · · · · · 143
Core 06 경영의 합리화 등 · 144
Core 07 사업자단체 · 152
Core 08 자가용 화물자동차의 사용 · · · · · · · · · · · · 155
Core 09 보칙 및 벌칙 · 156
출제포인트 OX 문제 · 159
빈출키워드 기출유형문제 · 161

CHAPTER 04 항만운송사업법
시험에 꼭 나오는 필수문제 · 184
Core 01 총칙 · 186
Core 02 항만운송사업 · 188
Core 03 항만운송관련사업 · 193
Core 04 부두운영회사의 운영 등 · · · · · · · · · · · · · · · 195

Core 05 보칙 및 벌칙 · 197
출제포인트 OX 문제 · 202
빈출키워드 기출유형문제 · 204

CHAPTER 05 유통산업발전법
시험에 꼭 나오는 필수문제 · 210
Core 01 총칙 · 212
Core 02 유통산업발전계획 등 · 215
Core 03 대규모점포 등 · 218
Core 04 유통산업의 경쟁력 강화 · 224
Core 05 유통산업발전기반의 조성 · 227
Core 06 유통기능의 효율화 · 229
Core 07 상거래질서의 확립 · 233
Core 08 보칙 및 벌칙 · 235
출제포인트 OX 문제 · 238
빈출키워드 기출유형문제 · 240

CHAPTER 06 철도사업법
시험에 꼭 나오는 필수문제 · 252
Core 01 총칙 · 254
Core 02 철도사업의 관리 · 255
Core 03 민자철도 운영의 감독·관리 등 · 263
Core 04 철도서비스 향상 등 · 265
Core 05 전용철도 · 268
Core 06 국유철도시설의 활용·지원 등 · 270
Core 07 보칙 및 벌칙 · 272
출제포인트 OX 문제 · 274
빈출키워드 기출유형문제 · 276

CHAPTER 07 농수산물 유통 및 가격안정에 관한 법률
시험에 꼭 나오는 필수문제 · 286
Core 01 총칙 · 288
Core 02 농수산물의 생산조정 및 출하조절 · 289
Core 03 농수산물도매시장 · 293
Core 04 중도매업과 경매사, 산지유통인 및 시장도매인 · 296
Core 05 농수산물공판장 및 민영농수산물도매시장 등 · 300
Core 06 농산물가격안정기금 및 유통기구의 정비 · 302
Core 07 보칙 · 307
출제포인트 OX 문제 · 309
빈출키워드 기출유형문제 · 311

2025년 제29회 기출문제
5과목 물류관련법규 · 316

물류관리사 한권으로 끝내기
PART 5

물류관련법규

CHAPTER 01 물류정책기본법
CHAPTER 02 물류시설의 개발 및 운영에 관한 법률
CHAPTER 03 화물자동차 운수사업법
CHAPTER 04 항만운송사업법
CHAPTER 05 유통산업발전법
CHAPTER 06 철도사업법
CHAPTER 07 농수산물 유통 및 가격안정에 관한 법률

2025년 제29회 기출문제(5과목)

5 물류관련법규

2021

- 물류정책기본법
- 물류시설의 개발 및 운영에 관한 법률
- 화물자동차 운수사업법
- 항만운송사업법
- 유통산업발전법
- 철도사업법
- 농수산물 유통 및 가격안정에 관한 법률

출제문항수: 8, 8, 10, 3, 5, 4, 2

출제기준	유형 구분	중요도
CHAPTER 01 물류정책기본법	Core 01 총칙	★★
	Core 02 물류정책의 종합·조정	★★
	Core 03 물류정책위원회	★
	Core 04 물류체계의 효율화	★★
	Core 05 물류산업의 경쟁력 강화	★★★
	Core 06 물류의 선진화 및 국제화	★★
	Core 07 보칙 및 벌칙	★★★
CHAPTER 02 물류시설의 개발 및 운영에 관한 법률	Core 01 총칙	★★★
	Core 02 물류시설개발종합계획의 수립	★★★
	Core 03 물류터미널사업	★★★
	Core 04 물류창고업	★★
	Core 05 물류단지의 개발 및 운영	★★★
	Core 06 물류 교통·환경 정비사업	★
	Core 07 보칙 및 벌칙	★★
CHAPTER 03 화물자동차 운수사업법	Core 01 총칙	★★★
	Core 02 화물자동차 운송사업	★★★
	Core 03 화물자동차 운송주선사업	★★★
	Core 04 화물자동차 운송가맹사업 및 화물정보망	★★★
	Core 05 적재물배상보험등의 가입 등	★★★
	Core 06 경영의 합리화 등	★★★
	Core 07 사업자단체	★★
	Core 08 자가용 화물자동차의 사용	★★
	Core 09 보칙 및 벌칙	★★

*2025년 정부조직법 개정으로 인해 산업통상자원부는 '산업통상부'로, 환경부는 '기후에너지환경부'로, 기획재정부는 '재정경제부'로 표기하였습니다.

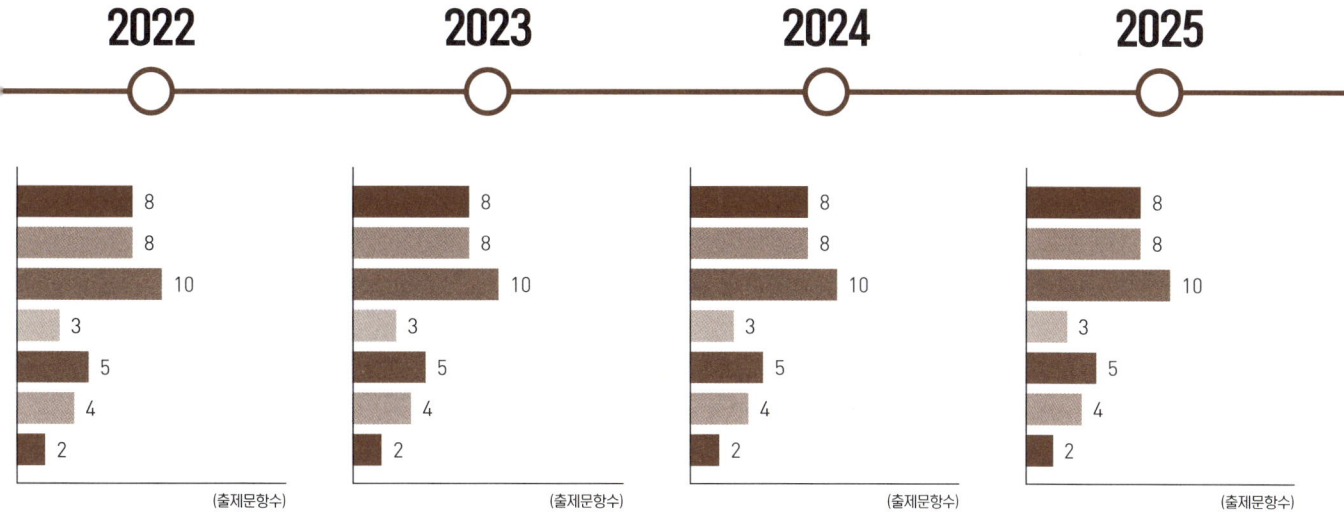

출제기준	유형 구분	중요도
CHAPTER 04 항만운송사업법	Core 01 총칙	★★★
	Core 02 항만운송사업	★★★
	Core 03 항만운송관련사업	★★
	Core 04 부두운영회사의 운영 등	★
	Core 05 보칙 및 벌칙	★★
CHAPTER 05 유통산업발전법	Core 01 총칙	★★
	Core 02 유통산업발전계획 등	★★★
	Core 03 대규모점포 등	★★★
	Core 04 유통산업의 경쟁력 강화	★★★
	Core 05 유통산업발전기반의 조성	★
	Core 06 유통기능의 효율화	★★★
	Core 07 상거래질서의 확립	★★★
	Core 08 보칙 및 벌칙	★★
CHAPTER 06 철도사업법	Core 01 총칙	★
	Core 02 철도사업의 관리	★★★
	Core 03 민자철도 운영의 감독·관리 등	★★
	Core 04 철도서비스 향상 등	★★
	Core 05 전용철도	★★★
	Core 06 국유철도시설의 활용·지원 등	★★
	Core 07 보칙 및 벌칙	★
CHAPTER 07 농수산물 유통 및 가격안정에 관한 법률	Core 01 총칙	★★
	Core 02 농수산물의 생산조정 및 출하조절	★★
	Core 03 농수산물도매시장	★★★
	Core 04 중도매업과 경매사, 산지유통인 및 시장도매인	★★
	Core 05 농수산물공판장 및 민영농수산물도매시장 등	★★
	Core 06 농산물가격안정기금 및 유통기구의 정비	★
	Core 07 보칙	★

CHAPTER 01 시험에 꼭 나오는 필수문제

01 물류정책기본법상 물류계획의 수립에 관한 설명으로 옳지 않은 것은? `기출 23년`

① 국토교통부장관 및 해양수산부장관은 국가물류정책의 기본방향을 설정하는 10년 단위의 국가물류기본계획을 5년마다 공동으로 수립하여야 한다.
② 국가물류기본계획에는 국가물류정보화사업에 관한 사항이 포함되어야 한다.
③ 국토교통부장관은 국가물류기본계획을 수립하거나 변경한 때에는 이를 관보에 고시하고, 관계 중앙행정기관의 장 및 시·도지사에게 통보하여야 한다.
④ 특별시장 및 광역시장은 지역물류정책의 기본방향을 설정하는 5년 단위의 지역물류기본계획을 3년마다 수립하여야 한다.
⑤ 지역물류기본계획은 국가물류기본계획에 배치되지 아니하여야 한다.

[해설] ④ 특별시장 및 광역시장은 지역물류정책의 기본방향을 설정하는 10년 단위의 지역물류기본계획을 5년마다 수립하여야 한다(법 제14조 제1항).

기출문제 엿보기

☑ 물류정책기본법상 물류계획의 수립·시행에 관한 설명으로 옳지 않은 것은? `25년`
☑ 물류정책기본법상 물류계획에 관한 설명으로 옳지 않은 것은? `22년`
☑ 물류정책기본법상 국가물류기본계획에 포함되어야 할 사항으로 명시되지 않은 것은? `21년`

02 물류정책기본법상 국제물류주선업의 등록에 관한 설명이다. ( )에 들어갈 내용을 바르게 나열한 것은? `기출 24년`

- 국제물류주선업을 경영하려는 자는 국토교통부령으로 정하는 바에 따라 (ㄱ)에게 등록하여야 한다.
- 국제물류주선업의 등록을 하려는 자는 (ㄴ) 이상의 자본금(법인이 아닌 경우에는 6억원 이상의 자산평가액을 말한다)을 보유하고 그 밖에 대통령령으로 정하는 기준을 충족하여야 한다.

① ㄱ : 시·도지사   ㄴ : 3억원
② ㄱ : 시·도지사   ㄴ : 4억원
③ ㄱ : 국토교통부장관   ㄴ : 3억원
④ ㄱ : 국토교통부장관   ㄴ : 4억원
⑤ ㄱ : 국토교통부장관   ㄴ : 5억원

[해설]
- 국제물류주선업을 경영하려는 자는 국토교통부령으로 정하는 바에 따라 (ㄱ : 시·도지사)에게 등록하여야 한다(법 제43조 제1항).
- 국제물류주선업의 등록을 하려는 자는 (ㄴ : 3억원) 이상의 자본금(법인이 아닌 경우에는 6억원 이상의 자산평가액을 말한다)을 보유하고 그 밖에 대통령령으로 정하는 기준을 충족하여야 한다(법 제43조 제3항).

기출문제 엿보기

☑ 물류정책기본법령상 국제물류주선업에 관한 설명으로 옳은 것은? `25·22년`
☑ 물류정책기본법상 국제물류주선업에 관한 설명으로 옳은 것은? `21·20년`

03 물류정책기본법상 물류현황조사에 관한 설명으로 옳지 않은 것은? 기출 23년

① 국토교통부장관은 물류에 관한 정책의 수립을 위하여 필요하다고 판단될 때에는 관계 행정기관의 장과 미리 협의한 후 물동량의 발생현황과 이동경로 등에 관하여 조사할 수 있다.
② 국토교통부장관은 물류현황조사를 위한 조사지침을 작성하려는 경우에는 미리 시·도지사와 협의하여야 한다.
③ 도지사는 지역물류에 관한 정책의 수립을 위하여 필요한 경우에는 해당 행정구역의 물동량 현황과 이동경로, 물류시설·장비의 현황과 이용실태 등에 관하여 조사할 수 있다.
④ 해양수산부장관은 물류현황조사를 효율적으로 수행하기 위하여 필요한 경우에는 물류현황조사의 전부 또는 일부를 전문기관으로 하여금 수행하게 할 수 있다.
⑤ 도지사는 관할 군의 군수에게 지역물류현황조사를 요청하는 경우에는 효율적인 지역물류현황조사를 위하여 조사의 시기, 종류 및 방법 등에 관하여 해당 도의 조례로 정하는 바에 따라 조사지침을 작성하여 통보할 수 있다.

해설 ② 국토교통부장관은 물류현황조사를 위한 조사지침을 작성하려는 경우에는 미리 관계 중앙행정기관의 장과 협의하여야 한다(법 제8조 제2항).
① 법 제7조 제1항
③ 법 제9조 제1항
④ 법 제7조 제3항
⑤ 법 제9조 제4항

기출문제 엿보기
- ☑ 물류정책기본법령상 물류현황조사지침에 포함되어야 하는 사항에 해당하는 것을 모두 고른 것은? 18년
- ☑ 물류정책기본법령상 물류현황조사에 관한 내용이다. ( ) 안에 들어갈 용어가 순서대로 옳은 것은? 15년
- ☑ 물류정책기본법령상 물류현황조사에 관한 설명으로 옳은 것은? 14년

04 물류정책기본법령상 국토교통부장관이 행정적·재정적 지원을 할 수 있는 환경친화적 물류활동을 위하여 하는 활동에 해당하는 것을 모두 고른 것은? 기출 22년

ㄱ. 환경친화적인 운송수단 또는 포장재료의 사용
ㄴ. 기존 물류장비를 환경친화적인 물류장비로 변경
ㄷ. 환경친화적인 물류시스템의 도입 및 개발
ㄹ. 물류활동에 따른 폐기물 감량

① ㄱ, ㄷ
② ㄱ, ㄹ
③ ㄴ, ㄷ
④ ㄴ, ㄷ, ㄹ
⑤ ㄱ, ㄴ, ㄷ, ㄹ

해설 ㄱ. 환경친화적인 운송수단 또는 포장재료의 사용(법 제59조 제2항 제1호)
ㄴ. 기존 물류장비를 환경친화적인 물류장비로 변경(법 제59조 제2항 제2호)
ㄷ. 환경친화적인 물류시스템의 도입 및 개발(영 제47조 제1호)
ㄹ. 물류활동에 따른 폐기물 감량(영 제47조 제2호)

기출문제 엿보기
- ☑ 물류정책기본법령상 환경친화적 물류의 촉진에 관한 설명으로 옳지 않은 것은? 24·21년
- ☑ 물류정책기본법령상 물류기업이 환경친화적 물류활동을 위하여 행정적·재정적 지원을 받을 수 있는 활동에 해당하지 않는 것은? 17년
- ☑ 물류정책기본법령상 국토교통부장관·해양수산부장관 또는 시·도지사가 물류기업 및 화주기업에 대하여 권고·지원할 수 있는 환경친화적 운송수단으로의 전환 지원 대상에 해당하지 않는 것은? 16년

CHAPTER 01 물류정책기본법

〈법률 제21065호, 2025. 10. 1. 타법개정, 2025. 10. 1. 시행〉

핵심 포인트
- ☑ 물류사업의 범위
- ☑ 물류계획의 수립
- ☑ 국가물류정책위원회
- ☑ 물류정보화
- ☑ 물류현황조사
- ☑ 환경친화적 물류활동
- ☑ 국제물류주선업

CORE 01 총칙

1. 물류정책기본법의 목적과 정의

(1) 목적(법 제1조) → 유통체계의 효율화(×)

이 법은 **물류체계의 효율화**, 물류산업의 경쟁력 강화 및 물류의 선진화 · 국제화를 위하여 국내외 물류정책 · 계획의 수립 · 시행 및 지원에 관한 기본적인 사항을 정함으로써 국민경제의 발전에 이바지함을 목적으로 한다.

(2) 용어의 정의(법 제2조) 기출▶ 21년/ 19년/ 17년/ 15년/ 14년

① 물류 : 재화가 공급자로부터 조달 · 생산되어 수요자에게 전달되거나 소비자로부터 회수되어 폐기될 때까지 이루어지는 운송 · 보관 · 하역 등과 이에 부가되어 가치를 창출하는 **가공 · 조립 · 분류 · 수리 · 포장 · 상표부착 · 판매 · 정보통신 등**을 말한다.
　→ 체계(×), 제조(×)　　→ 상표부착은 포함하지 않는다(×)

② 물류사업 : 화주의 수요에 따라 유상(有償)으로 물류활동을 영위하는 것을 업으로 하는 것으로 다음의 사업을 말한다.

> 1. 화물운송업 : 자동차 · 철도차량 · 선박 · 항공기 또는 파이프라인 등의 운송수단을 통하여 화물을 운송하는 업
> 2. 물류시설운영업 : 물류터미널이나 창고 등의 물류시설을 운영
> 3. 물류서비스업 : 화물운송의 주선, 물류장비의 임대, 물류정보의 처리 또는 물류컨설팅 등의 업무
> 4. 종합물류서비스업 : 1부터 3까지의 물류사업을 종합적 · 복합적으로 영위하는 업

+ 더알아보기 물류사업의 구체적 범위(영 별표1) 기출▶ 25년/ 21년/ 20년/ 15년/ 14년/ 11년

대분류	세분류 및 세세분류
화물운송업	• **육상화물운송업** : 화물자동차운송사업, 화물자동차운송가맹사업, 철도사업 • **해상화물운송업** : 외항정기화물운송사업, 외항부정기화물운송사업, 내항화물운송사업 • **항공화물운송업** : 정기항공운송사업, 부정기항공운송사업, 상업서류송달업 • **파이프라인운송업** : 파이프라인운송업
물류시설운영업	• **창고업(공동집배송센터운영업 포함)** : 일반창고업, 냉장 및 냉동 창고업, 농·수산물 창고업, 위험물품보관업, 그 밖의 창고업 • **물류터미널운영업** : 복합물류터미널, 일반물류터미널, 해상터미널, 공항화물터미널, 화물차전용터미널, 컨테이너화물조작장(CFS), 컨테이너장치장(CY), 물류단지, 집배송단지 등 물류시설의 운영업
물류서비스업	• **화물취급업(하역업 포함)** : 화물의 하역, 포장, 가공, 조립, 상표부착, 프로그램 설치, 품질검사 등 부가적인 물류업 • **화물주선업** : 국제물류주선업, 화물자동차운송주선사업 • **물류장비임대업** : 운송장비임대업, 산업용 기계·장비 임대업, 운반용기 임대업, 화물자동차임대업, 화물선박임대업, 화물항공기임대업, 운반·적치·하역장비 임대업, 컨테이너·파렛트 등 포장용기 임대업, 선박대여업 • **물류정보처리업** : 물류정보 데이터베이스 구축, 물류지원 소프트웨어 개발·운영, 물류 관련 전자문서 처리업 • **물류컨설팅업** : 물류 관련 업무프로세스 개선 관련 컨설팅, 자동창고, 물류자동화 설비 등 도입 관련 컨설팅, 물류 관련 정보시스템 도입 관련 컨설팅 • **해운부대사업** : 해운대리점업, 해운중개업, 선박관리업 • **항만운송관련업** : 항만용역업, 선용품공급업, 선박연료공급업, 선박수리업, 컨테이너 수리업, 예선업 • **항만운송사업** : 항만하역사업, 검수사업, 감정사업, 검량사업
종합물류서비스업	종합물류서비스업

③ **물류체계** : 효율적인 물류활동을 위하여 시설·장비·정보·조직 및 인력 등이 서로 유기적으로 기능을 발휘할 수 있도록 연계된 집합체를 말한다.
④ **물류시설** : 물류에 필요한 다음의 시설을 말한다.
  ㉠ 화물의 운송·보관·하역을 위한 시설
  ㉡ 화물의 운송·보관·하역 등에 부가되는 가공·조립·분류·수리·포장·상표부착·판매·정보통신 등을 위한 시설
  ㉢ 물류의 공동화·자동화 및 정보화를 위한 시설
  ㉣ ㉠부터 ㉢까지의 시설이 모여 있는 물류터미널 및 물류단지
⑤ **물류공동화**
  ㉠ 물류기업이나 화주기업들이 물류활동의 효율성을 높이기 위하여 물류에 필요한 시설·장비·인력·조직·정보망 등을 공동으로 이용하는 것을 말한다.
  ㉡ 다만, 「독점규제 및 공정거래에 관한 법률」에서 정한 부당한 공동행위 및 사업자단체의 금지행위에 해당하는 경우를 제외한다(공정거래위원회의 인가를 받은 경우는 제외함).
⑥ **국가물류정보화사업** : 국가, 지방자치단체 및 물류관련기관이 정보통신기술과 정보가공기술을 이용하여 물류관련 정보를 생산·수집·가공·축적·연계·활용하는 물류정보화사업을 말한다.

2. 물류정책의 기본이념과 책무 등

(1) 물류정책의 기본이념(법 제3조)
① 물류정책은 물류가 국가 경제활동의 중요한 원동력임을 인식하고, 신속·정확하면서도 편리하고 안전한 물류활동을 촉진한다.
② 정부의 물류 관련 정책이 서로 조화롭게 연계되도록 하여 물류산업이 체계적으로 발전하게 하는 것이다.

(2) 국가 및 지방자치단체의 책무(법 제4조)
① 국가는 물류활동을 원활히 하고 물류체계의 효율성을 높이기 위하여 국가 전체의 물류와 관련된 정책 및 계획을 수립하고 시행하여야 한다. [지방자치단체(×)]
② 국가는 물류산업이 건전하고 고르게 발전할 수 있도록 육성하여야 한다.
③ 지방자치단체는 국가의 물류정책 및 계획과 조화를 이루면서 지역적 특성을 고려하여 지역물류에 관한 정책 및 계획을 수립하고 시행하여야 한다. [국가는 지역물류에 관한 정책 및 계획을 수립·시행하여야 한다(×)]

(3) 물류기업 및 화주의 책무(법 제5조)
물류기업 및 화주는 물류사업을 원활히 하고 물류체계의 효율성을 증진시키기 위하여 노력하고, 국가 또는 지방자치단체의 물류정책 및 계획의 수립·시행에 적극 협력하여야 한다.

(4) 다른 법률과의 관계(법 제6조)
① 물류에 관한 다른 법률을 제정하거나 개정하는 경우에는 이 법의 목적과 물류정책의 기본이념에 맞도록 하여야 한다. [국토기본법(×)]
② 이 법에 규정된 것 외의 물류시설의 개발 및 운영, 물류사업의 관리와 육성 등에 관하여는 따로 법률로 정한다. [대통령령(×)]

CORE 02 물류정책의 종합·조정

1. 물류현황조사

(1) 물류현황조사(법 제7조) 기출▶ 23년/ 21년/ 15년/ 14년/ 13년
① 주체 : 국토교통부장관 또는 해양수산부장관
② 내용 : 국토교통부장관 또는 해양수산부장관은 물류에 관한 정책 또는 계획의 수립·변경을 위하여 필요하다고 판단될 때에는 관계 행정기관의 장과 미리 협의한 후 물동량의 발생현황과 이동경로, 물류시설·장비의 현황과 이용실태, 물류인력과 물류체계의 현황, 물류비, 물류산업과 국제물류의 현황 등에 관하여 조사할 수 있다. 이 경우 「국가통합교통체계효율화법」에 따른 국가교통조사와 중복되지 아니하도록 하여야 한다. [물류관련단체(×)] [중복되게 할 수 있다(×)]

③ **자료제출 또는 직접 조사 요청 등** : 국토교통부장관 또는 해양수산부장관은 다음의 자에게 물류현황조사에 필요한 자료의 제출을 요청하거나 그 일부에 대하여 직접 조사하도록 요청할 수 있다. 이 경우 협조를 요청받은 자는 <mark>특별한 사정이 없으면 요청에 따라야 한다.</mark> → 특별한 사정의 유무에 관계없이 반드시 이에 따라야 한다(×)
㉠ 관계 중앙행정기관의 장
㉡ 특별시장·광역시장·특별자치시장·도지사 및 특별자치도지사(이하 시·도지사)
㉢ 물류기업 및 이 법에 따라 지원을 받는 기업·단체 등

(2) 물류현황조사지침(법 제8조) 기출 23년/14년

① **조사지침 작성·통보** : 국토교통부장관은 물류현황조사를 요청하는 경우에는 효율적인 물류현황조사를 위하여 조사의 시기, 종류 및 방법 등에 관하여 대통령령으로 정하는 바에 따라 조사지침을 작성하여 통보할 수 있다. 조사지침에는 다음의 사항이 포함되어야 한다.
㉠ <mark>조사의 종류 및 항목</mark> → 조사기관·조사자·조사경로(×)
㉡ 조사의 대상·방법 및 절차
㉢ 조사의 체계
㉣ 조사의 시기 및 지역
㉤ 조사결과의 집계·분석 및 관리
㉥ 그 밖에 효율적인 물류현황조사를 위하여 필요한 사항
→ 시·도지사(×)
② **조사지침 작성 전 협의** : 국토교통부장관은 지침을 작성하려는 경우에는 <mark>미리 관계 중앙행정기관의 장</mark>과 협의하여야 한다.

(3) 지역물류현황조사 등(법 제9조) 기출 23년/21년/19년/14년

① **주체 및 협의 등** : 시·도지사는 지역물류에 관한 정책 또는 계획의 수립·변경을 위하여 필요한 경우에는 해당 행정구역의 물동량 현황과 이동경로, 물류시설·장비의 현황과 이용실태, 물류산업의 현황 등에 관하여 <mark>조사할 수 있다.</mark> 이 경우 「국가통합교통체계효율화법」에 따른 국가교통조사와 중복되지 아니하도록 하여야 한다.
↑ 물류현황조사와 별도로 시·도지사가 지역물류현황조사를 실시할 수 없다(×)
② **자료제출요청** : 시·도지사는 관할 시·군 및 구의 시장·군수 및 구청장, 물류기업 및 이 법에 따라 지원을 받는 기업·단체 등에게 지역물류현황조사에 필요한 자료를 제출하도록 요청하거나 그 일부에 대하여 직접 조사하도록 요청할 수 있다. 이 경우 협조를 요청받은 자는 특별한 사정이 없는 한 이에 따라야 한다.
→ 국토교통부장관 또는 해양수산부장관(×)
③ **전문기관에 위탁** : <mark>시·도지사</mark>는 지역물류현황조사의 효율적인 수행을 위하여 필요한 경우에는 지역물류현황조사의 전부 또는 일부를 전문기관으로 하여금 수행하게 할 수 있다.
→ 시장·군수·구청장(×)
④ **지역물류현황조사 요청** : <mark>시·도지사</mark>는 지역물류현황조사를 요청하는 경우에는 효율적인 지역물류현황조사를 위하여 조사의 시기, 종류 및 방법 등에 관하여 해당 특별시·광역시·특별자치시·도 및 특별자치도(시·도)의 <mark>조례</mark>로 정하는 바에 따라 <mark>조사지침을 작성</mark>하여 통보할 수 <mark>있다</mark>.
→ 조사현황, 조사내용(×) → 없다(×) 규칙(×) ←

(4) 물류개선조치의 요청(법 제10조) 기출▶ 08년

① 물류개선조치
  ㉠ 국토교통부장관 또는 해양수산부장관은 물류현황조사 등을 통하여 물류수요가 특정 물류시설이나 특정 운송수단에 치우쳐 효율적인 물류체계 운용을 해치거나 관계 중앙행정기관의 장 또는 시·도지사의 물류 관련 정책 또는 계획이 국가물류기본계획에 위배된다고 판단될 때에는 해당 중앙행정기관의 장이나 시·도지사에게 이를 개선하기 위한 조치를 하도록 요청할 수 있다.
  ㉡ 이 경우 국토교통부장관 또는 해양수산부장관은 미리 해당 중앙행정기관의 장 또는 시·도지사와 개선조치에 대하여 협의하여야 한다.
② 물류개선조치 강구 : 개선조치를 요청받은 관계 중앙행정기관의 장이나 해당 시·도지사는 특별한 사유가 없는 한 이를 개선하기 위한 조치를 강구하여야 한다.
③ 개선조치의 요청 : 관계 중앙행정기관의 장이나 시·도지사는 개선조치의 요청에 이의가 있는 경우에는 **국가물류정책위원회**에 조정을 요청할 수 있다.
  └ 지역물류정책위원회(×)

2. 물류계획의 수립 및 시행

(1) 국가물류기본계획의 수립(법 제11조) 기출▶ 25년/ 23년/ 22년/ 21년/ 18년/ 14년/ 13년/ 10년

① 국가물류기본계획수립의 주체와 기간
  국토교통부장관 및 해양수산부장관은 **국가물류정책**의 기본방향을 설정하는 10년 단위의 국가물류기본계획을 5년마다 공동으로 수립하여야 한다.
  └ 지역물류정책(×)

② 국가물류기본계획의 내용

> 1. 국내외 물류환경의 변화와 전망
> 2. 국가물류정책의 목표와 전략 및 단계별 추진계획
> 3. 국가물류정보화사업에 관한 사항
> 4. 운송·보관·하역·포장 등 물류기능별 물류정책 및 도로·철도·해운·항공 등 운송수단별 물류정책의 종합·조정에 관한 사항
> 5. 물류시설·장비의 수급·배치 및 투자 우선순위에 관한 사항
> 6. 연계물류체계의 구축과 개선에 관한 사항
> 7. 물류 표준화·공동화 등 물류체계의 효율화에 관한 사항
> 8. 물류보안에 관한 사항
> 9. 물류산업의 경쟁력 강화에 관한 사항
> 10. 물류인력의 양성 및 물류기술의 개발에 관한 사항
> 11. **국제물류**의 촉진·지원에 관한 사항
>   └ 지역물류의 촉진·지원에 관한 사항(×)
> 12. 환경친화적 물류활동의 촉진·지원에 관한 사항
> 13. 그 밖에 물류체계의 개선을 위하여 필요한 사항

③ 기초자료제출요청 : 국토교통부장관 및 해양수산부장관은 관계중앙행정기관의 장, 시·도지사, **물류기업** 및 이 법에 따라 지원을 받는 기업·단체 등에 대하여 국가물류기본계획의 수립·변경을 위한 관련 기초자료의 제출을 요청할 수 있다. 이 경우 협조를 요청받은 자는 특별한 사정이 없는 한 이에 따라야 한다. [비(非)물류기업(×)]

④ 국가물류기본계획의 수립 및 변경절차 : 국토교통부장관 및 해양수산부장관은 국가물류기본계획을 수립하거나 대통령령으로 정하는 중요한 사항을 변경하려는 경우에는 관계 중앙행정기관의 장 및 시·도지사와 협의한 후 **국가물류정책위원회의 심의**를 거쳐야 한다. [국무회의의 심의(×), 관보에 고시(×)]

> **+ 더알아보기** 대통령령으로 정하는 중요한 사항(영 제5조)
> 1. 국가물류정책의 목표와 주요 추진전략에 관한 사항
> 2. 물류시설·장비의 투자 우선순위에 관한 사항
> 3. 국제물류의 촉진·지원에 관한 기본적인 사항
> 4. 그 밖에 국가물류정책위원회의 심의가 필요하다고 인정하는 사항

(2) 다른 계획과의 관계(법 제12조) 기출▶ 25년/22년/14년/13년/10년

① 국가물류기본계획은 국토종합계획 및 **국가기간교통망계획과 조화를 이루어야 한다.**
   [우선하며 그 계획의 기본이 된다(×), 국토기본법과 관련이 없다(×)]
   [국가기간교통망계획에 우선한다(×)]

② 국가물류기본계획은 다른 법령에 따라 수립되는 물류에 관한 계획에 우선하며 그 계획의 기본이 된다.

(3) 연도별시행계획의 수립(법 제13조) 기출▶ 20년/14년

① **계획수립** : 국토교통부장관 및 해양수산부장관은 국가물류기본계획을 시행하기 위하여 연도별 시행계획을 매년 공동으로 수립하여야 한다.

② **자료제출요청** : 국토교통부장관 및 해양수산부장관은 관계 중앙행정기관의 장, 시·도지사, 물류기업 및 이 법에 따라 지원을 받는 기업·단체 등에 대하여 연도별 시행계획의 수립·변경을 위한 관련 기초자료의 제출을 요청할 수 있다.

③ 연도별시행계획의 수립 등(영 제6조)
   ㉠ **수립절차** : 국토교통부장관 및 해양수산부장관은 국가물류기본계획의 연도별시행계획을 수립하려는 경우에는 미리 관계 중앙행정기관의 장, 특별시장·광역시장·특별자치시장·도지사 및 특별자치도지사(이하 시·도지사)와 협의한 후 물류정책분과위원회의 심의를 거쳐야 한다.
   ㉡ **계획의 통보 및 협조** : 국토교통부장관은 수립된 연도별시행계획을 관계 행정기관의 장에게 통보하여야 하며, 관계 행정기관의 장은 연도별시행계획의 원활한 시행을 위하여 적극 협조하여야 한다.
   ㉢ **시행계획 제출** : 관계 행정기관의 장은 전년도의 연도별시행계획의 추진실적과 해당 연도의 시행계획을 매년 2월 말까지 국토교통부장관 및 해양수산부장관에게 제출하여야 한다.

(4) 지역물류기본계획의 수립(법 제14조) 기출▶ 25년/23년/22년/20년/18년/14년

① 지역물류기본계획 수립의 주체와 기간 등
   ㉠ **특별시장 및 광역시장**은 지역물류정책의 기본방향을 설정하는 **10년** 단위의 지역물류기본계획을 **5년**마다 수립하여야 한다. [시장·군수·구청장(×)] [5년(×)] [3년(×)]
   ㉡ 특별자치시장·도지사 및 특별자치도지사는 지역물류체계의 효율화를 위하여 필요한 경우에는 지역물류기본계획을 수립할 수 있다.

② **지역물류기본계획의 포함사항** : 지역물류기본계획은 국가물류기본계획에 배치되지 아니하여야 한다.

> 1. 지역물류환경의 변화와 전망
> 2. 지역물류정책의 목표 · 전략 및 단계별 추진계획
> 3. 운송 · 보관 · 하역 · 포장 등 물류기능별 지역물류정책 및 도로 · 철도 · 해운 · 항공 등 운송수단별 지역물류정책에 관한 사항
> 4. 지역의 물류시설 · 장비의 수급 · 배치 및 투자 우선순위에 관한 사항
>   └→ 지역 물류시설의 수요예측(×)
> 5. 지역의 연계물류체계의 구축 및 개선에 관한 사항
> 6. 지역의 물류 공동화 및 정보화 등 물류체계의 효율화에 관한 사항
>   └→ 지역의 물류 표준화 및 정보화(×)
> 7. 지역 물류산업의 경쟁력 강화에 관한 사항
> 8. 지역 물류인력의 양성 및 물류기술의 개발 · 보급에 관한 사항
> 9. 지역차원의 국제물류의 촉진 · 지원에 관한 사항
> 10. 지역의 환경친화적 물류활동의 촉진 · 지원에 관한 사항
> 11. 그 밖에 지역물류체계의 개선을 위하여 필요한 사항

③ **지역물류기본계획의 수립방법 및 기준 등의 지침**
  ㉠ 국토교통부장관 및 해양수산부장관은 지역물류기본계획의 수립방법 및 기준 등에 관한 지침을 공동으로 작성하여야 한다.
  ㉡ 국토교통부장관은 ㉠에 따라 지침을 작성한 경우 특별시장 및 광역시장(지역물류기본계획을 수립하는 특별자치시장 · 도지사 및 특별자치도지사를 포함, 이하 제15조 및 제16조에서 같다)에게 통보하여야 한다.

(5) 지역물류기본계획의 수립절차(법 제15조) 기출▶ 18년/ 09년

① **기초자료제출요청** : 특별시장 및 광역시장은 다음의 자에 대하여 지역물류기본계획의 수립 · 변경을 위한 관련 기초자료의 제출을 요청할 수 있다. 이 경우 협조를 요청받은 자는 특별한 사정이 없는 한 이에 따라야 한다.
  ㉠ 인접한 시 · 도의 시 · 도지사
  ㉡ 관할 시 · 군 · 구의 시장 · 군수 · 구청장
  ㉢ 이 법에 따라 해당 시 · 도의 지원을 받는 기업 · 단체 등

② **지역물류기본계획의 심의 및 승인 등**
  ㉠ 심의 및 승인 : 특별시장 및 광역시장이 지역물류기본계획을 수립하거나 대통령령이 정하는 중요한 사항을 변경하려는 경우에는 미리 해당 시 · 도에 인접한 시 · 도의 시 · 도지사와 협의한 후 지역물류정책위원회의 심의를 거쳐야 한다. 이 경우 특별시장 및 광역시장은 수립하거나 변경한 지역물류기본계획을 **국토교통부장관 및 해양수산부장관에게 통보하여야 한다.** → 종전의 국토교통부장관의 승인 규정은 삭제됨 ⟨2020.10.20⟩

> **➕ 더알아보기** 지역물류기본계획의 중요한 사항의 변경(영 제7조)
>
> 1. 지역물류정책의 목표와 주요 추진전략에 관한 사항
> 2. 지역의 물류시설 · 장비의 투자 우선순위에 관한 사항
> 3. 지역 차원의 국제물류의 촉진 · 지원에 관한 기본적인 사항
> 4. 그 밖에 지역물류정책위원회의 심의가 필요하다고 인정하는 사항

ⓒ 수립·변경 공고 및 통보 : 특별시장 및 광역시장은 지역물류기본계획을 수립하거나 변경한 때에는 이를 공고하고, 인접한 시·도의 시·도지사, 관할 시·군·구의 시장·군수·구청장 및 이 법에 따라 해당 시·도의 지원을 받는 기업 및 단체 등에 이를 통보하여야 한다.

ⓒ 지역물류기본계획 심의절차 : 국토교통부장관 또는 해양수산부장관은 ⓒ의 후단에 따라 통보받은 지역물류기본계획에 대하여 필요한 경우 관계 중앙행정기관의 장과 협의한 후 **물류정책분과위원회**의 심의를 거쳐 변경을 요구할 수 있다.
　　↳ 지역물류정책위원회(×)

(6) 지역물류기본계획의 연도별 시행계획의 수립(법 제16조)

① 지역물류기본계획을 수립한 특별시장 및 광역시장은 그 계획을 시행하기 위하여 연도별 시행계획(이하 지역물류시행계획)을 **매년** 수립하여야 한다.
　　↳ 3년마다(×)

② 지역물류시행계획의 수립·변경을 위한 자료제출의 요청 등에 관하여는 제15조 제1항을 준용한다.

CORE 03 물류정책위원회

1. 국가물류정책위원회

(1) 국가물류정책위원회의 설치 및 기능(법 제17조) 기출▶ 25년/ 24년/ 22년/ 20년/ 16년

① 국가정책위원회의 설치 : 국가물류정책에 관한 주요 사항을 심의하기 위하여 국토교통부장관 소속으로 국가물류정책위원회를 둔다.

② 국가물류정책위원회의 기능(심의·조정사항)
　ⓐ 국가물류체계의 효율화에 관한 중요 정책 사항
　ⓑ 물류시설의 종합적인 개발계획의 수립에 관한 사항
　ⓒ 물류산업의 육성·발전에 관한 중요 정책 사항
　　↳ 물류 표준화·공동화(×)
　ⓓ **물류보안**에 관한 중요 정책 사항
　　　↳ 환경친화적 물류활동 규제에 관한 중요 정책사항(×)
　ⓔ **국제물류의 촉진·지원**에 관한 중요 정책 사항
　ⓕ 이 법 또는 다른 법률에서 국가물류정책위원회의 심의를 거치도록 한 사항
　ⓖ 그 밖에 국가물류체계 및 물류산업에 관한 중요한 사항으로서 위원장이 회의에 부치는 사항

(2) 국가물류정책위원회의 구성 등(법 제18조) 기출▶ 25년/ 22년/ 20년/ 17년

① 국가물류정책위원회는 위원장을 **포함한 23명 이내의 위원**으로 구성한다.
　　　　　　　　↳ 제외한 20명 이내의 위원(×)

② 국가물류정책위원회의 위원장은 국토교통부장관이 된다.

③ 국가물류정책위원회의 사무를 처리하기 위하여 간사 1명을 두되, 간사는 국토교통부 소속공무원 중에서 위원장이 지명하는 자가 된다.
　　　　　　　　　　↳ 없다(×)

④ 공무원이 아닌 위원의 임기는 2년으로 하되, 연임할 수 **있다**.

⑤ 국가물류정책위원회의 구성 및 운영에 관하여 필요한 사항은 대통령령으로 정한다.

2. 그 외 위원회 등

(1) 분과위원회(법 제19조) 기출 24년/ 22년/ 20년/ 17년

① 국가물류정책위원회의 업무를 효율적으로 추진하기 위하여 물류정책분과위원회, 물류시설분과위원회, 국제물류분과위원회를 둘 수 있다. _{물류보안분과위원회(×)}

② 각 분과위원회별 세부 심의·조정사항(영 제13조 제1항)
  ㉠ 물류정책분과위원회 : 중장기 물류정책의 수립·조정, 물류산업 및 물류기업의 육성·지원, 물류인력의 양성에 관한 사항과 물류시설분과위원회 및 국제물류분과위원회의 소관에 속하지 아니하는 사항
  ㉡ 물류시설분과위원회 : 물류의 공동화·표준화·정보화 및 자동화, 물류시설·장비 및 프로그램의 개발에 관한 사항
  ㉢ 국제물류분과위원회 : 국제물류협력체계 구축, 국내물류기업의 해외진출, 해외물류기업의 유치 및 환적화물의 유치, 해외물류시설 투자 등 국제물류의 촉진 및 지원에 관한 사항

③ 분과위원회가 다음 사항을 심의·조정한 때에는 분과위원회의 심의·조정을 국가물류정책위원회의 심의·조정으로 본다.
  ㉠ 국가물류정책위원회에서 위임한 사항
  ㉡ 이 법 또는 다른 법률에서 분과위원회의 심의·조정을 거치도록 한 사항

④ 각 분과위원회의 위원장은 해당 분과위원회의 위원 중에서 국토교통부장관(물류정책분과위원회 및 물류시설분과위원회의 경우로 한정) 또는 해양수산부장관(국제물류분과위원회의 경우로 한정)이 지명하는 사람으로 한다.

⑤ 분과위원회의 위원 중 공무원이 아닌 위원의 임기는 2년으로 하되, 연임할 수 있다.

(2) 전문위원회(법 제19조2) 기출 24년

국가물류정책위원회의 업무를 효율적으로 수행하기 위하여 국가물류정책위원회에 녹색물류전문위원회, 생활물류전문위원회를 둘 수 있다.

(3) 지역물류정책위원회(법 제20조) 기출 24년

① 지역물류정책에 관한 주요 사항을 심의하기 위하여 시·도지사 소속으로 지역물류정책위원회를 둔다. _{국토교통부장관(×)}

② 지역물류정책위원회는 위원장을 포함한 20명 이내의 위원으로 구성한다(영 제16조 제1항).

CORE 04 물류체계의 효율화

1. 물류시설·장비의 확충 등

(1) 물류시설·장비의 확충(법 제21조) 기출 24년/ 20년

① 확충의 권고 및 행정적·재정적 지원 : 국토교통부장관·해양수산부장관 또는 산업통상부장관은 효율적인 물류활동을 위하여 필요한 물류시설 및 장비를 확충할 것을 물류기업에 권고할 수 있으며, 이에 필요한 행정적·재정적 지원을 할 수 있다. _{명할 수 있다(×)}

② 필요한 지원의 요청 : 국토교통부장관·해양수산부장관 또는 산업통상부장관은 물류시설 및 장비를 원활하게 확충하기 위하여 필요하다고 인정되는 경우 관계 행정기관의 장에게 필요한 지원을 요청할 수 있다.

(2) 물류시설 간의 연계와 조화(법 제22조) 기출 ▶ 25년 / 11년

국가, 지방자치단체, 대통령으로 정하는 물류관련기관 및 물류기업 등이 새로운 물류시설을 건설하거나 기존 물류시설을 정비할 때에는 다음의 사항을 고려하여야 한다.

① 주요 물류거점시설 및 운송수단과의 연계성
② 주변 물류시설과의 기능중복 여부
   └→「철도산업발전기본법」에 따른 철도시설(×)
③ 다음의 **공항 · 항만 또는 산업단지**의 경우 적정한 규모 및 기능을 가진 배후 물류시설 부지의 확보 여부
   ㉠ 공항 중 화물의 운송을 위한 시설을 갖춘 공항
   ㉡ 항만 중 화물의 운송을 위한 시설을 갖춘 항만
   ㉢ 국가산업단지

(3) 물류공동화 · 자동화 촉진(법 제23조) 기출 ▶ 25년 / 24년 / 23년 / 22년 / 20년 / 18년 / 14년

① 물류공동화 촉진을 위한 필요한 자금의 지원 : 국토교통부장관 · 해양수산부장관 · 산업통상부장관 또는 시 · 도지사는 물류공동화를 추진하는 물류기업이나 화주기업 또는 물류 관련 단체에 대하여 예산의 범위에서 필요한 자금을 지원할 수 있다.

② 화주기업 대상 공동추진의 권고 및 우선적 지원 : 국토교통부장관 · 해양수산부장관 · 산업통상부장관 또는 시 · 도지사는 **화주기업**이 물류공동화를 추진하는 경우에는 물류기업이나 물류 관련 단체와 공동으로 추진하도록 **권고할 수**
   └→ 물류기업(×)   명할 수 있다(×) ←┘
있으며, 권고를 이행하는 경우에 우선적으로 필요한 자금을 지원할 수 있다.

③ 물류기업 대상 우선적 지원 : 국토교통부장관 · 해양수산부장관 · 산업통상부장관 또는 시 · 도지사는 물류기업이 다음에 해당하는 경우 우선적으로 필요한 자금을 지원할 수 있다.

> 1.「클라우드컴퓨팅 발전 및 이용자 보호에 관한 법률」에 따른 클라우드컴퓨팅 등 정보통신기술을 활용하여 물류공동화를 추진하는 경우
> 2. 다음에 해당하는 품목을 그에 적합한 온도를 유지하여 운송(이하 정온물류)하기 위하여 물류공동화를 추진하는 경우
>   •「농업 · 농촌 및 식품산업 기본법」에 따른 농수산물 및 식품
>   •「약사법」에 따른 의약품
>   • 그 밖에 첨단전자 부품 등 대통령령으로 정하는 품목

                                                        ┌→ 자치구 구청장(×), 관세청장(×)
④ 시범지역의 운영 : **국토교통부장관 · 해양수산부장관 · 산업통상부장관 또는 시 · 도지사**는 물류공동화를 확산하기 위하여 필요한 경우에는 시범지역을 지정하거나 시범사업을 선정하여 운영할 수 있다.

⑤ 물류기업 대상 물류자동화 촉진을 위한 필요한 자금의 지원 : 국토교통부장관 · 해양수산부장관 또는 산업통상부장관은 물류기업이 물류자동화를 위하여 물류시설 및 장비를 확충하거나 교체하려는 경우에는 필요한 자금을 **지원할 수 있다.**

⑥ 중복방지를 위한 사전 협의 등 기출 ▶ 20년 / 18년   지원하여야 한다(×) ←┘
   ㉠ 국토교통부장관 · 해양수산부장관 또는 산업통상부장관은 ①부터 ⑤까지의 조치를 하려는 경우에는 중복을 방지하기 위하여 **미리 협의하여야 한다.** → 협의 없이 지원조치를 마련할 수 있다(×)
   ㉡ 시 · 도지사는 ①부터 ④까지의 조치를 하려는 경우에는 중복을 방지하기 위하여 미리 해당 조치와 관련하여 국토교통부장관 · 해양수산부장관 또는 산업통상부장관과 협의하고, 그 내용을 **지역물류기본계획과 지역물류시행계획에 반영하여야 한다.** → 국가물류기본계획에 반영하여야 한다(×)

2. 물류표준화

(1) 물류표준의 정의(법 제2조)

① 물류표준 : 「산업표준화법」에 따른 한국산업표준 중 물류활동과 관련된 것을 말한다.
② 물류표준화 : 원활한 물류를 위한 다음의 사항을 물류표준으로 통일하고 단순화하는 것을 말한다.
  ㉠ 시설 및 장비의 종류·형상·치수 및 구조
  ㉡ 포장의 종류·형상·치수·구조 및 방법
  ㉢ 물류용어, 물류회계 및 물류 관련 전자문서 등 물류체계의 효율화에 필요한 사항

(2) 물류표준의 보급촉진 등(법 제24조) 기출▶ 25년/24년/14년/13년

① 물류표준화 규정의 제·개정 또는 폐지 : 국토교통부장관 또는 해양수산부장관은 물류표준화에 관한 업무를 효과적으로 추진하기 위하여 필요하다고 인정하는 경우에는 산업통상부장관에게 「산업표준화법」에 따른 한국산업표준의 제·개정 또는 폐지를 요청할 수 있다.
  └▶ 국토교통부장관(×), 물류시설분과위원회의 심의(×) 통계청장(×)
② 물류표준장비의 제조·사용 및 포장의 요청 및 권고 : 국토교통부장관·해양수산부장관 또는 산업통상부장관은 물류표준의 보급을 촉진하기 위하여 필요한 경우에는 관계 행정기관, 「공공기관의 운영에 관한 법률」에 따른 공공기관, 물류기업, 물류에 관련된 장비의 사용자 및 제조업자에게 물류표준에 맞는 장비(이하 물류표준장비)를 제조·사용하게 하거나 물류표준에 맞는 규격으로 포장을 하도록 요청하거나 권고할 수 있다.

(3) 물류표준장비의 사용자 등에 대한 우대조치(법 제25조) 기출▶ 16년/14년

┌▶ 재정경제부장관(×)
① 우대조치의 요청 및 권고 : 국토교통부장관·해양수산부장관 또는 산업통상부장관은 관계 행정기관, 공공기관 및 물류기업 등에게 물류표준장비의 사용자 또는 물류표준에 맞는 규격으로 재화를 포장하는 자에 대하여 운임·하역료·보관료의 할인 및 우선구매 등의 우대조치를 할 것을 요청하거나 권고할 수 있다.
② 재정지원 : 국토교통부장관·해양수산부장관 또는 산업통상부장관은 물류표준장비의 보급 확대를 위하여 물류기업, 물류표준장비의 사용자 또는 물류표준에 맞는 규격으로 재화를 포장하는 자 등에 대하여 소요자금의 융자 등 필요한 재정지원을 할 수 있다.

(4) 물류회계의 표준화(법 제26조) 기출▶ 25년/23년/18년/14년/13년

┌▶ 시·도지사(×)
① 기업물류비 산정지침 작성·고시 : 국토교통부장관은 해양수산부장관 및 산업통상부장관과 협의하여 물류기업 및 화주기업의 물류비 산정기준 및 방법 등을 표준화하기 위하여 대통령령으로 정하는 기준에 따라 기업물류비 산정지침을 작성하여 고시하여야 한다.

> **+ 더알아보기** 기업물류비 산정지침(영 제18조) 기출▶ 25년/23년
>
> 1. 물류비 관련 용어 및 개념에 대한 정의
> 2. 영역별·기능별 및 자가·위탁별 물류비의 분류
> 3. 물류비의 계산 기준 및 계산 방법
> 4. 물류비 계산서의 표준 서식

② **물류비관리 권고** : 국토교통부장관은 물류기업 및 화주기업이 기업물류비 산정지침에 따라 물류비를 관리하도록 권고할 수 있다.
　　└→ 해양수산부장관(×)　　　　　　　　　　　　　　　　　　　　　　　　의무를 부과(×)

③ **행정적 · 재정적 지원** : 국토교통부장관은 해양수산부장관 및 산업통상부장관과 협의하여 기업물류비 산정지침에 따라 물류비를 계산 · 관리하는 물류기업 및 화주기업에 대하여는 필요한 행정적 · 재정적 지원을 할 수 있다.
　　　　　　　　　　　　　　　　　　　　　　　　└→ 산업통상부장관은 국토교통부장관과 협의하여(×)
　　　　　　　　　　　　　　　　　　　　　　　　　　　　　　　　　　　　할 수 없다(×)

3. 물류정보화

(1) 물류정보화의 촉진(법 제27조) 기출 24년

① **필요한 시책의 강구** : 국토교통부장관 · 해양수산부장관 · 산업통상부장관 또는 관세청장은 물류정보화를 통한 물류체계의 효율화를 위하여 필요한 시책을 강구하여야 한다.

② **물류정보화 시책의 포함사항(영 제19조)**

> 1. 물류정보의 표준에 관한 사항
> 2. 물류분야 정보통신기술의 도입 및 확산에 관한 사항
> 3. 물류정보의 연계 및 공동활용에 관한 사항
> 4. 물류정보의 보안에 관한 사항
> 5. 그 밖에 물류효율의 향상을 위하여 필요한 사항 → 물류환경의 변화와 전망에 관한 사항(×)

③ **개발 · 운용비용의 지원** : 국토교통부장관 · 해양수산부장관 · 산업통상부장관 또는 관세청장은 물류정보화를 촉진하기 위하여 필요한 경우에는 예산의 범위에서 물류기업 또는 물류관련단체에 대하여 물류정보화에 관련된 설비 또는 프로그램의 개발 · 운용비용의 일부를 지원할 수 있다.
　　　　　　　　└→ 재정경제부장관(×), 시 · 도지사(×)

(2) 단위물류정보망의 구축(법 제28조) 기출 23년/ 20년/ 16년/ 15년

① **단위물류정보망** : 기능별 또는 지역별로 관련 행정기관, 물류기업 및 그 거래처를 연결하는 일련의 물류정보체계를 말한다(법 제2조).

② **구축 · 운영** : 관계 행정기관 및 물류관련기관은 소관 물류정보의 수집 · 분석 · 가공 및 유통 등을 촉진하기 위하여 필요한 때에는 단위물류정보망을 구축 · 운영할 수 있다. 이 경우 관계 행정기관은 전담기관을 지정하여 단위물류정보망을 구축 · 운영할 수 있다.

③ **예산지원** : 관계 행정기관이 전담기관을 지정하여 단위물류정보망을 구축 · 운영하는 경우에는 소요비용의 전부 또는 일부를 예산의 범위에서 지원할 수 있다. → 지원하여야 한다(×)

④ **연계체계구축** : 단위물류정보망을 구축하는 행정기관 및 물류관련기관은 소관 단위물류정보망과 국가물류통합정보센터 또는 다른 단위물류정보망 간의 연계체계를 구축하여야 한다.

⑤ **연계요청** : 단위물류정보망을 운영하고 있는 관계 행정기관 및 물류관련기관은 국가물류통합정보센터 및 다른 단위물류정보망을 운영하고 있는 행정기관 또는 물류관련기관이 연계를 요청하는 경우에는 상호 협의를 거쳐 특별한 사정이 없으면 이에 협조하여야 한다.

⑥ **연계 또는 연계체계 조정 요청** : 단위물류정보망을 구축 · 운영하는 관계 행정기관의 장은 국가물류통합정보센터 또는 단위물류정보망 간의 연계체계를 구축하기 위하여 필요한 때에는 국토교통부장관과 협의를 거쳐 물류시설분과위원회에 따른 국가물류통합정보센터와의 연계 또는 단위물류정보망 간의 연계체계의 조정을 요청할 수 있다.

⑦ **전담기관의 지정** : 관계 행정기관은 다음의 대통령령으로 정하는 공공기관 또는 물류정보의 수집 · 분석 · 가공 · 유통과 관련한 적절한 시설장비와 인력을 갖춘 자 중에서 단위물류정보망 전담기관을 지정한다.

1. 「인천국제공항공사법」에 따른 인천국제공항공사
2. 「한국공항공사법」에 따른 한국공항공사
3. 「한국도로공사법」에 따른 한국도로공사
4. 「한국철도공사법」에 따른 한국철도공사
5. 「한국토지주택공사법」에 따른 한국토지주택공사
6. 「항만공사법」에 따른 항만공사 → 「한국수자원공사법」에 따른 한국수자원공사(×)
7. 위의 규정한 기관 외에 국토교통부장관이 지정하여 고시하는 공공기관

⑧ 전담기관의 지정 기준 등 : 단위물류정보망 전담기관의 지정에 필요한 시설장비와 인력 등의 기준과 지정절차는 다음(대통령령)으로 정한다.

1. 시설장비
   - 물류정보 및 이와 관련된 전자문서의 송신·수신·중계 및 보관 시설장비
   - 단위물류정보망을 안전하게 운영하기 위한 보호 시설장비
   - 단위물류정보망의 정보시스템 관리 및 복제·저장 시설장비
   - 단위물류정보망에 보관된 물류정보와 전자문서의 송신·수신의 일자·시각 및 자취 등을 기록·관리하는 시설장비
   - 다른 단위물류정보망 및 국가물류통합정보센터와의 정보 연계에 필요한 시설장비
2. 인력
   - 「국가기술자격법」에 따른 정보통신기사·정보처리기사 또는 전자계산기조직응용기사 이상의 국가기술자격이나 이와 동등한 자격이 있다고 국토교통부장관이 정하여 고시하는 사람 2명 이상
   - 「국가기술자격법」에 따른 정보통신분야(기술·기능 분야)에서 3년 이상 근무한 경력이 있는 사람 1명 이상
     → 1억원 이상(×)   물류관리사 1명 이상(×) ←
3. 자본금이 2억원 이상인 「상법」에 따른 주식회사일 것

⑨ 전담기관의 지정 취소 : 전담기관을 지정하여 단위물류정보망을 구축·운영하는 관계 행정기관은 단위물류정보망 전담기관이 다음에 해당하는 경우에는 그 지정을 취소할 수 있다. 다만, ㉠에 해당하는 경우에는 지정을 취소하여야 한다.
   ㉠ 거짓이나 그 밖의 부정한 방법으로 지정을 받은 경우
   ㉡ 지정기준에 미달하게 된 경우

(3) 위험물질운송안전관리센터의 설치·운영(법 제29조) 기출▶ 25년/ 23년/ 21년

① 설치·운영 : 국토교통부장관은 위험물질(예 위험물, 허가물질, 제한물질, 금지물질 및 유해화학물질, 고압가스, 방사성폐기물, 지정폐기물, 농약과 원제 그 외 위험물질 등)의 안전한 도로운송을 위하여 위험물질을 운송하는 차량을 통합적으로 관리하는 센터(위험물질운송안전관리센터)를 설치·운영한다.
② 대행 : 국토교통부장관은 한국교통안전공단에 위험물질운송안전관리센터의 설치·운영을 대행하게 할 수 있다.
   └→ 한국도로공사(×)   └→ 대행하게 한다(×)

+ 더알아보기   관리대상인 위험물질   기출▶ 21년

1. 「위험물안전관리법」에 따른 위험물
2. 「화학물질관리법」에 따른 허가물질, 제한물질, 금지물질 및 유해화학물질
3. 「고압가스 안전관리법」에 따른 고압가스
4. 「원자력안전법」에 따른 방사성폐기물
5. 「폐기물관리법」에 따른 지정폐기물
6. 「농약관리법」에 따른 농약과 원제
7. 그 밖에 대통령령으로 정하는 물질

③ 주요업무
- ㉠ 위험물질 운송차량의 소유자 및 운전자 정보, 운행정보, 사고발생 시 대응 정보 등 위험물질운송안전관리센터 운영에 필요한 정보의 수집 및 관리
- ㉡ 단말장치의 장착·운용 및 운송계획정보의 입력 등에 관한 교육
- ㉢ 위험물질운송안전관리센터의 업무 수행을 지원하기 위한 전자정보시스템의 구축·운영
- ㉣ 위험물질 운송차량의 사고 관련 상황 감시 및 사고발생 시 사고 정보 전파
- ㉤ 각 시·도 경찰청장이 공고하는 통행 금지 및 제한 구간, 상수원보호구역 등 통행제한 구간, 그 밖에 통행제한구간에 진입한 위험물질 운송차량에 대한 통행금지 알림 및 관계 기관 등에 해당 위험물질 운송차량의 통행제한구간 진입 사실 전파
- ㉥ 관계 행정기관과의 위험물질운송안전관리시스템 공동 활용 체계 구축
- ㉦ 그 밖에 위험물질 운송차량의 사고예방 및 사고발생 시 신속한 방재 지원에 필요한 사항

④ 예산 지원 : 국토교통부장관은 예산의 범위에서 위험물질운송안전관리센터의 설치 및 운영을 대행하는 데 필요한 예산을 지원할 수 있다.

⑤ 정보 활용 : 관계 행정기관의 장은 위험물질운송안전관리시스템을 통하여 위험물질운송안전관리센터가 수집·관리하는 정보를 공동으로 활용할 수 있다.

(4) 위험물질 운송차량의 소유자 등의 의무 등(법 제29조의2) 기출 ▶ 25년/ 23년

① 이동통신단말장치의 장착 : 도로운송 시 위험물질운송안전관리센터의 감시가 필요한 위험물질을 운송하는 위험물질 운송차량 중 최대적재량이 일정 기준 이상인 차량의 소유자(자동차등록원부에 기재된 자동차 소유자)는 위험물질운송안전관리시스템과 무선통신이 가능하고 위험물질 운송차량의 위치정보의 수집 등이 가능한 이동통신단말장치를 차량에 장착하여야 한다.

② 단말장치의 관리·유지 : 단말장치를 장착한 위험물질 운송차량의 소유자는 단말장치의 정상적인 작동 여부를 점검·관리하여야 하며, 단말장치 장착차량의 운전자는 위험물질을 운송하는 동안 단말장치의 작동을 유지하여야 한다.

③ 비용의 지원 : 국토교통부장관은 위험물질 운송차량의 소유자가 단말장치를 장착·운용하는 데 필요한 비용의 전부 또는 일부를 지원할 수 있다.

④ 운송계획정보 : 단말장치 장착차량의 소유자는 위험물질을 운송하려는 경우 사전에 해당 차량의 운전자 정보, 운송하는 위험물질의 종류, 출발지 및 목적지 등 운송계획에 관한 정보를 위험물질운송안전관리시스템에 입력하여야 한다.

⑤ 관계인의 출입·조사 : 국토교통부장관은 단말장치의 장착·운용 및 운송계획정보의 입력에 대한 위반 여부를 확인하기 위하여 관계공무원 또는 위험물질운송단속원으로 하여금 위험물질 운송차량을 조사하게 하거나 위험물질 운송차량의 사업장에 출입하여 관련 서류 등을 조사하게 할 수 있다.

(5) 국가물류통합데이터베이스의 구축(법 제30조) 기출 ▶ 23년

① 국토교통부장관은 해양수산부장관·산업통상부장관 및 관세청장과 협의하여 관계 행정기관, 물류관련기관 또는 물류기업 등이 구축한 단위물류정보망으로부터 필요한 정보를 제공받거나 물류현황조사에 따라 수집된 정보를 가공·분석하여 물류 관련 자료를 총괄하는 국가물류통합데이터베이스를 구축할 수 있다.

② 국토교통부장관은 국가물류통합데이터베이스의 구축을 위하여 필요한 경우 관계 행정기관, 지방자치단체, 물류관련기관 또는 물류기업 등에 대하여 자료의 제공을 요청할 수 있다.

(6) 국가물류통합정보센터의 설치·운영(법 제30조의2) 기출▶ 24년/ 23년/ 15년

① 설치·운영 : 국토교통부장관은 국가물류통합데이터베이스를 구축하고 물류정보를 가공·축적·제공하기 위한 통합정보체계를 갖추기 위하여 국가물류통합정보센터를 설치·운영할 수 있다.

② 운영자 지정 : 국토교통부장관은 다음에 해당하는 자를 국가물류통합정보센터의 운영자로 지정할 수 있다.
  ㉠ 중앙행정기관
  ㉡ 대통령령으로 정하는 공공기관 : 인천국제공항공사, 한국공항공사, 한국도로공사, 한국철도공사, 한국토지주택공사, 항만공사, 그 밖에 국토교통부장관이 지정하여 고시하는 공공기관
  ㉢ 정부출연연구기관
  ㉣ 물류관련협회 → 1억원(×)
  ㉤ 그 밖에 자본금 **2억원** 이상, 업무능력 등 다음의 기준과 자격을 갖춘 「상법」상의 주식회사

> 1. 자본금이 2억원 이상일 것
> 2. 다음의 시설장비를 갖출 것
>   - 물류정보 및 이와 관련된 전자문서의 송신·수신·중계 및 보관 시설장비
>   - 국가물류통합정보센터를 안전하게 운영하기 위한 보호 시설장비
>   - 국가물류통합정보센터의 정보시스템 관리 및 복제·저장 시설장비
>   - 국가물류통합정보센터에 보관된 물류정보와 전자문서의 송신·수신의 일자·시각 및 자취 등을 기록·관리하는 시설장비
>   - 단위물류정보망 및 외국의 물류정보망과의 정보연계에 필요한 시설장비
> 3. 다음의 인력을 보유할 것
>   - 물류관리사 1명 이상
>   - 「국가기술자격법」에 따른 정보통신기사·정보처리기사 또는 전자계산기조직응용기사 이상의 국가기술자격이나 이와 동등한 자격이 있다고 국토교통부장관이 정하여 고시하는 사람 1명 이상
>   - 「국가기술자격법」에 따른 정보통신분야(기술·기능 분야)에서 3년 이상 근무한 경력이 있는 사람 1명 이상
>   - 물류정보의 처리·보관 및 전송 등을 위한 표준전자문서의 개발 또는 전자문서의 송신·수신 및 중계방식과 관련된 기술분야에서 3년 이상 근무한 경력이 있는 사람 1명 이상
>   - 국가물류통합정보센터의 시스템을 운영하고, 국가물류통합정보센터가 제공하는 물류정보의 이용자에 대한 상담이 가능한 전문요원 1명 이상

③ 국토교통부장관은 해양수산부장관·산업통상부장관 및 관세청장과 협의하여 국가물류통합정보센터의 효율적인 운영을 위하여 지정된 자(국가물류통합정보센터운영자)에게 필요한 지원을 할 수 있다.

단위물류정보망 전담기관의 지정의 경우 심의 無, 물류정책분과위원회의 심의(×) ←

④ 국토교통부장관은 국가물류통합정보센터의 전부 또는 일부를 운영하는 자를 지정하려는 경우에는 미리 **물류시설분과위원회의 심의**를 거쳐 신청방법 등을 정하여 **30일 이상** 관보 또는 인터넷 홈페이지에 이를 공고하여야 한다.
  └ 20일 이상(×)

⑤ 국가물류통합정보센터운영자로 지정받으려는 자는 공고가 있는 때에 국토교통부령으로 정하는 지정신청서에 첨부서류를 갖추어 국토교통부장관에게 제출하여야 한다.

(7) 지정의 취소 등(법 제31조) 기출▶ 24년

국토교통부장관은 국가물류통합정보센터운영자가 다음에 해당하는 경우에는 그 지정을 취소할 수 있다. 다만 ①에 해당하는 경우에는 지정을 취소하여야 한다.
① 거짓이나 그 밖의 부정한 방법으로 지정을 받은 경우
② 지정기준에 미달하게 된 경우
③ 국가물류통합정보센터운영자가 국가물류통합데이터베이스의 물류정보를 영리를 목적으로 사용한 경우

(8) 전자문서의 이용 · 개발(법 제32조) 기출▶ 18년/ 13년

① 전자문서 이용 : 물류기업, 물류관련기관 및 물류 관련 단체가 대통령령으로 정하는 물류에 관한 업무를 전자문서로 처리하려는 경우에는 국토교통부령으로 정하는 전자문서를 이용하여야 한다.
② 표준전자문서의 개발 · 보급계획 수립 : 국토교통부장관은 해양수산부장관 및 산업통상부장관과 협의하여 표준전자문서의 개발 · 보급계획을 수립하여야 한다. ↳ 산업통상부장관(×)

(9) 전자문서 및 물류정보의 보안(법 제33조) 기출▶ 25년/ 24년/ 18년/ 16년/ 13년

① 누구든지 단위물류정보망 또는 전자문서를 위작 또는 변작(變作)하거나 위작 또는 변작된 전자문서를 행사하여서는 아니 된다.
  변작하려는 자는 국토교통부장관의 허가를 받아야 한다(×)
② 누구든지 국가물류통합정보센터 또는 단위물류정보망에서 처리 · 보관 또는 전송되는 물류정보를 훼손하거나 그 비밀을 침해 · 도용 또는 누설하여서는 아니 된다.
③ 국가물류통합정보센터운영자 또는 단위물류정보망 전담기관은 전자문서 및 정보처리장치의 파일에 기록되어 있는 물류정보를 대통령령으로 정하는 기간(2년) 동안 보관하여야 한다.
  ↳ 1년, 3년, 5년(×)
④ 국가물류통합정보센터운영자 또는 단위물류정보망 전담기관은 전자문서 및 물류정보의 보안에 필요한 보호조치를 강구하여야 한다.
⑤ 누구든지 불법 또는 부당한 방법으로 보호조치를 침해하거나 훼손하여서는 아니 된다.

(10) 전자문서 및 물류정보의 공개(법 제34조) 기출▶ 18년/ 16년/ 13년
↳ 어떠한 경우에도 공개할 수 없다(×)

① 국가물류통합정보센터운영자 또는 단위물류정보망 전담기관은 대통령령으로 정하는 경우를 제외하고는 전자문서 또는 물류정보를 공개하여서는 아니 된다(비공개 원칙).
  ↳ 위반 시 3천만원 이하 벌금

> 1. "대통령령으로 정하는 경우"란 국가의 안전보장에 위해가 없고 기업의 영업비밀을 침해하지 아니하는 경우로서 다음에 해당하는 경우를 말한다.
>   • 관계 중앙행정기관 또는 지방자치단체가 행정목적상의 필요에 따라 신청하는 경우
>   • 수사기관이 수사목적상의 필요에 따라 신청하는 경우
>   • 법원의 제출명령에 따른 경우
>   • 다른 법률에 따라 공개하도록 되어 있는 경우
>   • 그 밖에 국가물류통합정보센터운영자 또는 단위물류정보망 전담기관의 요청에 따라 국토교통부장관이 공개할 필요가 있다고 인정하는 경우 → 국토교통부장관이 요청하여 운영자 · 전담기관이 인정하는 경우(×)
> 2. 국가물류통합정보센터운영자 또는 단위물류정보망 전담기관은 전자문서 또는 물류정보를 공개하려는 때에는 신청 등이 있은 날부터 60일 이내에 서면(전자문서를 포함)으로 이해관계인의 동의를 받아야 한다.

② 국가물류통합정보센터운영자 또는 단위물류정보망 전담기관이 전자문서 또는 물류정보를 공개하려는 때에는 미리 **대통령령으로 정하는 이해관계인의 동의**(공개하려는 전자문서 또는 물류정보에 대하여 직접적인 이해관계를 가진 자)를 받아야 한다. → 이해관계를 가진 자가 동의하는 경우에는 언제든지 물류정보를 공개할 수 있다(×)

4. 국가물류보안시책의 수립 및 지원 등

(1) 국가물류보안시책의 수립 및 지원(법 제35조의2) 기출 19년/15년

국토교통부장관은 관계 중앙행정기관의 장과 협의하여 국가 물류보안 수준을 향상시키기 위하여 물류보안 관련 제도 및 물류보안 기술의 표준을 마련하는 등 국가 물류보안 시책을 수립·시행하여야 하며, 물류기업 또는 화주기업이 다음의 활동을 하는 경우에는 행정적·재정적 지원을 할 수 있다.

1. 물류보안 관련 시설·장비의 개발·도입
2. 물류보안 관련 제도·표준 등 국가 물류보안 **시책의 준수** → 시책의 수립(×)
3. 물류보안 관련 교육 및 프로그램의 운영
4. 물류보안 관련 시설·장비의 유지·관리
5. 물류보안 사고 발생에 따른 **사후복구조치** → 물류보안사고 발생의 예방조치(×)
6. 그 밖에 국토교통부장관이 정하여 고시하는 활동

(2) 물류보안 관련 국제협력 증진(법 제35조의3)

① 국토교통부장관은 관계 중앙행정기관의 장과 협의하여 물류보안 관련 국제협력의 증진을 위한 시책을 수립·시행하여야 한다.
② 물류보안 관련 국제협력을 위한 외국 및 국제기구와의 물류보안 관련 공동연구, 전문인력의 상호파견, 물류보안 기술개발 정보의 공유 등 물류보안 관련 국제협력을 위하여 필요한 사항은 대통령령으로 정한다.

CORE 05 물류산업의 경쟁력 강화

1. 물류산업의 육성

(1) 물류산업의 육성 등(법 제36조) 기출 13년

① 경쟁력 강화시책 강구 : 국토교통부장관 및 해양수산부장관은 화주기업에 대하여 운송·보관·하역 등의 물류서비스를 일관되고 통합된 형태로 제공하는 물류기업을 우선적으로 육성하는 등 물류산업의 경쟁력을 강화하는 시책을 강구하여야 한다.
② 물류기업의 육성조치 : 국토교통부장관·해양수산부장관 또는 산업통상부장관은 물류기업의 육성을 위하여 다음의 조치를 할 수 있다.
  ㉠ 이 법 또는 대통령령으로 정하는 물류 관련 법률에 따라 국가 또는 지방자치단체의 지원을 받는 물류시설에의 우선 입주를 위한 지원
  ㉡ 물류시설·장비 확충, 물류표준화·정보화 등 물류효율화에 필요한 자금의 원활한 조달을 위해 필요한 지원

(2) 제3자물류의 촉진(법 제37조) 기출▶ 13년

① 제3자물류 : 화주가 그와 대통령령으로 정하는 특수관계에 있지 아니한 물류기업에 물류활동의 일부 또는 전부를 위탁하는 것을 말한다(법 제2조).
② 제3자물류의 수립·시행 : 국토교통부장관은 해양수산부장관 및 산업통상부장관과 협의하여 화주기업과 물류기업의 제3자물류 촉진을 위한 시책을 수립·시행하고 지원하여야 한다.
　↳ 3자물류를 자가물류로 전환하도록 유도하기 위한 시책(×)
③ 제3자물류의 지원 : 국토교통부장관은 해양수산부장관 및 산업통상부장관과 협의하여 화주기업 또는 물류기업이 다음의 활동을 하는 때에는 행정적·재정적 지원을 할 수 있다.
　㉠ 제3자물류를 활용하기 위한 목적으로 화주기업이 물류시설을 매각·처분하거나 물류기업이 물류시설을 인수·확충하려는 경우
　㉡ 제3자물류를 활용하기 위한 목적으로 물류컨설팅을 받으려는 경우
　㉢ 그 밖에 제3자물류 촉진을 위하여 필요하다고 인정하는 경우
④ 국토교통부장관은 해양수산부장관 및 산업통상부장관과 협의하여 제3자물류 활용을 촉진하기 위하여 제3자물류 활용의 우수사례를 발굴하고 홍보할 수 있다.

(3) 물류신고센터의 설치 등(법 제37조의2·제37조의3) 기출▶ 21년/19년

① 국토교통부장관 또는 해양수산부장관은 물류시장의 건전한 거래질서를 조성하기 위하여 물류신고센터를 설치·운영할 수 있다.
② 누구든지 물류시장의 건전한 거래질서를 해치는 행위로 분쟁 발생 시 그 사실을 물류신고센터에 신고할 수 있다.
　　　　　　　　　　　　　　　　　　　　　　　　　　　　　　　　　　　　　신고할 수 없다(×) ↵

> 1. 화물의 운송·보관·하역 등에 관해 체결된 계약을 정당한 사유 없이 이행하지 않거나 일방적으로 계약을 변경하는 행위
> 2. 화물의 운송·보관·하역 등의 단가를 인하하기 위해 고의로 재입찰하거나 계약단가정보를 노출하는 행위
> 3. 화물의 운송·보관·하역 등에 관해 체결된 계약 범위를 벗어나 과적·금전 등을 제공토록 강요하는 행위
> 4. 화물의 운송·보관·하역 등에 관하여 유류비의 급격한 상승 등 비용 증가분을 계약단가에 반영하는 것을 지속적으로 회피하는 행위

③ 국토교통부장관 또는 해양수산부장관은 물류신고센터의 신고의 내용이 타인이나 국가 또는 지역 경제에 피해를 발생시키거나 발생시킬 우려가 있다고 인정하는 때에는 다음의 국토교통부령 또는 해양수산부령으로 정하는 바에 따라 해당 화주기업 또는 물류기업 등 이해관계인에게 조정을 권고(서면 통지)할 수 있다.

> 1. 신고의 주요내용
> 2. 조정권고 내용
> 3. 조정권고에 대한 수락 여부 통보기한
> 4. 향후 신고 처리에 관한 사항

2. 우수물류기업의 인증

(1) 우수물류기업의 인증 등(법 제38조) 기출▶ 25년/ 24년/ 22년/ 18년/ 13년

① 국토교통부장관 및 해양수산부장관은 물류기업의 육성과 물류산업 발전을 위하여 소관 물류기업을 각각 우수물류기업으로 인증할 수 있다.

② 우수물류기업의 인증은 물류사업별로 운영할 수 있으며, 각 사업별 인증의 주체와 대상 등에 필요한 사항은 대통령령으로 정한다.

+ 더알아보기 사업별 우수물류기업 인증의 주체와 대상(영 별표1의2) 기출▶ 25년/ 22년

물류사업	인증대상물류기업	인증주체
1. 화물운송업	화물자동차운송기업	국토교통부장관
2. 물류시설운영업	물류창고기업	국토교통부장관 또는 해양수산부장관(「항만법」에 따른 항만구역에 있는 창고를 운영하는 기업의 경우만 해당함)
3. 물류서비스업	국제물류주선기업	국토교통부장관
	화물정보망기업	**국토교통부장관** → 국토교통부장관·해양수산부장관 공동(×)
4. 종합물류서비스업	종합물류서비스기업	국토교통부장관·해양수산부장관 공동

③ 국토교통부장관 또는 해양수산부장관은 인증을 받은 자(이하 인증우수물류기업)가 ④의 요건을 유지하는지의 여부를 대통령령으로 정하는 바에 따라 점검할 수 있다.

④ 우수물류기업 선정을 위한 인증의 기준·절차·방법·점검 및 인증표시의 방법 등에 필요한 사항은 국토교통부와 해양수산부의 공동부령으로 정한다.

⑤ 국토교통부장관 또는 해양수산부장관은 우수물류기업으로 인증을 받은 자가 법으로 정한 요건을 유지하는지에 대하여 국토교통부와 해양수산부의 공동부령으로 정하는 바에 따라 **3년마다** 점검하여야 한다.
  └→ 2년마다(×)

⑥ 국토교통부장관 또는 해양수산부장관은 인증우수물류기업이 법으로 정한 요건을 유지하지 못한다고 판단되는 경우에는 공동부령으로 정하는 바에 따라 별도의 점검을 할 수 있다.

⑦ 국토교통부장관 또는 해양수산부장관은 공동부령으로 정하는 바에 따라 우수물류기업 인증심사 대행기관(이하 심사대행기관)으로 하여금 ⑤, ⑥에 따른 **점검을 하게 할 수 있다.** → 점검하게 할 수 없다(×)

(2) 인증우수물류기업 인증의 취소 등(법 제39조) 기출▶ 25년/ 24년/ 23년/ 22년/ 16년/ 12년/ 10년

① 국토교통부장관 또는 해양수산부장관은 소관 인증우수물류기업이 다음의 어느 하나에 해당하는 경우에는 그 인증을 취소할 수 있다. 다만, ㉠에 해당하는 때에는 인증을 취소하여야 한다.
  ㉠ 거짓이나 그 밖의 부정한 방법으로 인증을 받은 경우
  ㉡ 물류사업으로 인하여 공정거래위원회로부터 시정조치 또는 과징금 부과 처분을 받은 경우
  ㉢ 인증우수물류기업 요건 유지 점검을 정당한 사유 없이 3회 이상 거부한 경우
  ㉣ 인증우수물류기업의 인증기준에 맞지 아니하게 된 경우
  ㉤ 다른 사람에게 자기의 성명 또는 상호를 사용하여 영업을 하게 하거나 인증서를 대여한 때

② 인증우수물류기업은 우수물류기업의 인증이 취소된 경우에는 인증서를 반납하고, 인증마크의 사용을 중지하여야 한다.

(3) 인증심사대행기관(법 제40조) 기출▶ 25년/ 24년/ 22년/ 18년/ 13년/ 12년/ 11년/ 09년

① 국토교통부장관 및 해양수산부장관은 우수물류기업의 인증과 관련하여 우수물류기업 인증심사 대행기관을 공동으로 지정하여 **다음의 업무를 하게 할 수 있다.** → 우수물류기업 인증요건의 충족여부를 심사하게 할 수 없다(×)
  ㉠ 인증신청의 접수
  ㉡ 인증요건에 맞는지에 대한 심사
  ㉢ 인증요건 점검의 대행
  ㉣ 그 밖에 인증업무를 원활히 수행하기 위하여 대통령령으로 정하는 지원업무
② 심사대행기관은 대통령령으로 정하는 바에 따라 다음에 해당하는 기관 중에서 지정한다.
  ㉠ **공공기관**
  ㉡ 정부출연연구기관
③ 심사대행기관의 장은 업무를 수행할 때 필요한 경우에는 관계 행정기관 또는 관련 있는 기관에 협조를 요청할 수 있다.
④ 심사대행기관의 조직 및 운영 등에 필요한 사항은 **공동부령**으로 정한다. → 국토교통부령(×)
⑤ 국토교통부장관 및 해양수산부장관은 심사대행기관을 지도·감독하고, 그 운영비의 **일부**를 지원할 수 있다. → 전부(×)

(4) 심사대행기관의 지정취소(법 제40조의2) 기출▶ 25년

국토교통부장관 및 해양수산부장관은 심사대행기관이 다음에 해당하는 경우에는 공동으로 그 지정을 취소할 수 있다. 다만, ①에 해당하는 경우에는 지정을 취소하여야 한다.
① 거짓 또는 부정한 방법으로 지정을 받은 경우
② 고의 또는 중대한 과실로 인증 기준 및 절차를 위반한 경우
③ **정당한 사유 없이 인증업무를 거부한 경우**

(5) 인증서와 인증마크(법 제41조) 기출▶ 18년/ 11년/ 10년

① 국토교통부장관 또는 해양수산부장관은 소관 인증우수물류기업에 대하여 인증서를 교부하고, 인증을 나타내는 표시(이하 인증마크)를 제정하여 인증우수물류기업이 사용하게 할 수 있다.
② 인증마크의 도안 및 표시방법 등에 대하여는 **공동부령으로 정하는 바에 따라 국토교통부장관 및 해양수산부장관이 공동으로 정하여 고시**한다. → 산업통상부장관이 고시한다(×)
③ 인증우수물류기업이 아닌 자는 거짓의 인증마크를 제작·사용하거나 그 밖의 방법으로 인증우수물류기업임을 사칭하여서는 아니 된다.

(6) 인증우수물류기업 및 우수녹색물류실천기업에 대한 지원(법 제42조) 기출▶ 18년/ 14년/ 13년/ 12년

① 국가·지방자치단체 또는 공공기관은 **인증우수물류기업 또는 우수녹색물류실천기업**에 대하여 대통령령으로 정하는 바에 따라 행정적·재정적 지원을 할 수 있다. → 인증우수물류기업(×)
② 국가·지방자치단체 또는 공공기관은 스스로 운영·관리하는 다음의 시설에 물류시설 우선입주대상자나 그 밖의 자보다 인증우수물류기업 또는 우수녹색물류실천기업을 우선 입주하게 할 수 있다.

> 1. 「물류시설의 개발 및 운영에 관한 법률」에 따른 복합물류터미널·일반물류터미널 또는 물류단지
> 2. 「항만법」에 따른 항만배후단지 중 물류시설
> 3. 「산업입지 및 개발에 관한 법률」에 따른 산업단지 중 물류시설
> 4. 「철도산업발전기본법」에 따른 철도시설 중 물류시설 및 그 부대시설
> 5. 「공항시설법」에 따른 공항시설 중 공항구역 안에 있는 화물의 운송을 위한 시설과 그 부대시설 및 지원시설
> 6. 「유통산업발전법」에 따른 집배송시설 및 공동집배송센터
> 7. 그 밖에 국토교통부장관과 해양수산부장관이 관계 중앙행정기관의 장과 협의하여 공동으로 고시하는 물류 관련 시설

③ 국가 또는 지방자치단체는 ②의 시설을 운영·관리하는 자에 대하여 물류시설 우선입주대상자나 그 밖의 자보다 인증우수물류기업 또는 우수녹색물류실천기업을 우선 입주하게 할 것을 권고할 수 있다.

④ 국가 또는 지방자치단체는 인증우수물류기업이 다음의 사업을 수행하는 경우에는 다른 물류기업에 우선하여 소요 자금의 일부를 융자하거나 부지의 확보를 위한 지원 등을 할 수 있다.

> 1. 물류시설의 확충 → 물류시설의 무상임대(×)
> 2. 물류정보화·표준화 또는 공동화 → 다른 기업과 인수·합병 및 전략적 제휴(×)
> 3. 첨단물류기술의 개발 및 적용
> 4. 환경친화적 물류활동
> 5. 그 밖에 물류사업을 효율적으로 운영하기 위하여 필요한 사항으로서 공동부령으로 정하는 사항

⑤ 국가 또는 지방자치단체는 인증우수물류기업이 해외시장을 개척하는 경우에는 ④에 따른 지원 외에 다음의 사항을 우선적으로 지원할 수 있다.

> 1. 국제물류주선업자에 대한 자금 지원
> 2. 해외시장 개척에 소요되는 비용 지원

⑥ 국가 또는 지방자치단체는 인증우수물류기업에 대하여 자금을 우선적으로 지원할 수 있다.

3. 국제물류주선업

(1) 국제물류주선업의 정의 기출▶ 17년

국제물류주선업은 타인의 수요에 따라 **자기의 명의와 계산**으로 타인의 물류시설·장비 등을 소유하여(×) **이용하여** 수출입화물의 물류를 주선하는 사업이다(법 제2조). ← 타인의 명의와 계산(×)

(2) 국제물류주선업의 등록(법 제43조) 기출▶ 25년/24년/22년/21년/20년/17년/16년/13년/08년

시·도지사의 허가(×), 국토교통부장관에게 등록(×), 해양수산부장관에게 등록(×), 국토교통부장관의 허가(×) ←

① 등록신청 : 국제물류주선업을 경영하려는 자는 국토교통부령으로 정하는 바에 따라 **시·도지사**에게 등록하여야 한다. 등록신청서에는 다음의 서류(전자문서를 포함)를 첨부하여야 하며, 첨부할 서류는 신청일 전 1개월 이내에 발행되거나 작성된 것이어야 한다(시행규칙 제5조).
   ㉠ 등록기준에 적합함을 증명하는 서류
   ㉡ 자기 명의로 발행한 한글 또는 영문으로 작성된 선하증권 및 항공화물운송장의 양식·약관에 관한 서류

ⓒ 신청인이 외국인(법인인 경우에는 임원이 외국인인 경우를 말함)인 경우, 등록결격사유의 어느 하나에 해당하지 아니함을 확인할 수 있는 서류
ⓓ **외국인투자기업**인 경우에는 외국인 투자를 증명할 수 있는 서류
   └→ 외국인(×)

② **변경등록** : 국제물류주선업을 등록한 자가 등록한 사항 중 다음의 국토교통부령으로 정하는 중요한 사항을 변경하려는 경우에는 국토교통부령으로 정하는 바에 따라 **변경등록을 하여야 한다**. 이 경우 그 변경사유가 발생한 날부터 **60일 이내**
   └→ 변경등록을 하지 않아도 된다(×)   30일 이내(×) ←┘
에 국제물류주선업 등록 · 변경등록 신청서에 변경 사실을 증명하는 서류를 첨부하여 시 · 도지사에게 제출하여야 한다.

   1. 다음 사항을 변경하려는 경우
      • 상호
      • 성명(법인인 경우에는 임원의 성명) 및 주민등록번호(법인인 경우에는 **법인등록번호**)
      • 주사무소 소재지   └→ 사업자등록번호(×)
      • 국적 또는 소속 국가명
   2. **자본금 또는 자산평가액이 감소되는 경우**

                                          ┌→ 6억원 이상(×)
③ **등록기준** : 등록을 하려는 자는 법인인 경우에는 **3억원 이상**의 자본금, 법인이 아닌 개인의 경우에는 6억원 이상의 자산평가액을 보유하고, 다음에 해당하는 경우를 제외하고 1억원 이상의 보증보험에 가입하여야 한다.

   1. 자본금 또는 자산평가액이 **10억원 이상**인 경우
                              └→ 5억원 이상인 경우(×)
   2. 컨테이너장치장을 소유하고 있는 경우
   3. 은행으로부터 1억원 이상의 지급보증을 받은 경우
   4. 1억원 이상의 화물배상책임보험에 가입한 경우

④ **등록기준에 관한 사항의 신고의무** : 국제물류주선업자는 등록기준에 관한 사항을 **3년이 경과할 때마다** 국토교통부령으로 정하는 바에 따라 신고하여야 한다.
                                                          └→ 5년(×)

(3) 국제물류주선업 등록의 결격사유(법 제44조) 기출 25년/ 21년/ 19년/ 11년/ 07년/ 06년

다음에 해당하는 자는 국제물류주선업의 등록을 할 수 없으며, 외국인 또는 외국의 법령에 따라 설립된 법인의 경우에는 해당 국가의 법령에 따라 다음에 해당하는 경우에도 또한 같다.

   1. 피성년후견인 또는 **피한정후견인** → 파산자(×)
   2. **이 법, 「화물자동차 운수사업법」, 「항공사업법」, 「항공안전법」, 「공항시설법」 또는 「해운법」**을 위반하여 금고 이상의 실형을 선고받고 그 집행이 종료(집행이 종료된 것으로 보는 경우를 포함)되거나 집행이 면제된 날부터 2년이 지나지 아니한 자
   3. **이 법, 「화물자동차 운수사업법」, 「항공사업법」, 「항공안전법」, 「공항시설법」 또는 「해운법」**을 위반하여 금고 이상의 형의 집행유예를 선고받고 그 유예기간 중에 있는 자 └→ 유통산업발전법을 위반하여(×)
   4. 이 법, 「화물자동차 운수사업법」, 「항공사업법」, 「항공안전법」, 「공항시설법」 또는 **「해운법」을 위반하여 벌금형을 선고받고 2년이 지나지 아니한 자**
   5. 등록이 취소(피성년후견인 또는 피한정후견인에 해당하여 등록이 취소된 경우는 제외)된 후 2년이 지나지 아니한 자
   6. 법인으로서 대표자가 1부터 5까지의 어느 하나에 해당하는 경우
   7. 법인으로서 대표자가 아닌 임원 중에 2부터 5까지의 어느 하나에 해당하는 사람이 있는 경우

(4) 사업의 승계(법 제45조) 기출> 25년/ 21년/ 20년/ 16년

① 국제물류주선업자가 그 사업을 양도하거나 사망한 때 또는 법인이 합병한 때에는 그 양수인·상속인 또는 합병 후 존속하는 법인이나 합병으로 설립되는 법인은 국제물류주선업의 등록에 따른 권리·의무를 승계한다. → 승계하지 아니한다(×)
② 국제물류주선업의 등록에 따른 권리·의무를 승계한 자는 국토교통부령으로 정하는 바에 따라 시·도지사에게 신고하여야 한다.
　국토교통부장관에게 등록하여야 한다(×)
③ 승계받은 자의 결격사유에 관하여는 등록의 결격사유를 준용한다.
④ 국제물류주선업의 사업승계신고 사유별 신고서(전자문서로 된 신고서 포함)에 그 권리·의무를 승계한 날부터 30일 이내에 시·도지사에게 제출하여야 한다.

(5) 사업의 휴업·폐업 관련 정보의 제공 요청(법 제46조) 기출> 22년/ 13년

└ 해양수산부장관(×)　　　　　　　　　　　　　　　　관세청장(×), 국세청장(×)
시·도지사는 국제물류주선업자의 휴업·폐업 사실을 확인하기 위하여 필요한 경우에는 관할 세무서의 장에게 대통령령으로 정하는 바에 따라 휴업·폐업에 관한 과세정보의 제공을 요청할 수 있다. 이 경우 요청을 받은 세무서의 장은 정당한 사유가 없으면 그 요청에 따라야 한다.

(6) 등록의 취소 등(법 제47조) 기출> 25년/ 21년/ 20년/ 17년

① 시·도지사는 국제물류주선업자가 다음에 해당하는 경우에는 등록을 취소하거나 6개월 이내의 기간을 정하여 사업의 전부 또는 일부의 정지를 명할 수 있다. 다만, 1·4·5에 해당하는 경우에는 등록을 취소하여야 한다.
　　　　　　　　　　　　　　　　　　　　　　　└ 허가를 취소할 수 있다(×)

> 1. 거짓이나 그 밖의 부정한 방법으로 등록을 한 경우 → 사업의 일부의 정지(×)
> 2. 국제물류주선업의 등록기준에 못 미치게 된 경우
> 3. 국제물류주선업의 등록기준에 관한 신고규정을 위반하여 신고를 하지 아니하거나 거짓으로 신고한 경우
> 4. 등록의 결격사유에 해당하게 된 경우. 다만, 그 지위를 승계받은 상속인이 결격사유에 해당하는 경우에 상속일부터 3개월 이내에 그 사업을 다른 사람에게 양도한 경우와 법인이 그 사유가 발생한 날부터 3개월 이내에 해당 임원을 개임한 경우에는 그러하지 아니하다.
> 5. 등록증 대여 등의 금지 규정을 위반하여 다른 사람에게 자기의 성명 또는 상호를 사용하여 영업을 하게 하거나 등록증을 대여한 경우 → 사업의 전부의 정지(×)

② 처분의 구체적인 기준과 그 밖에 필요한 사항은 국토교통부령으로 정한다.
③ 시·도지사는 등록을 취소하는 경우에는 그 내용을 공보 또는 인터넷 홈페이지에 20일 이상 공고하여야 한다.

(7) 자금의 지원(법 제49조) 기출> 15년

국가는 국제물류주선업의 육성을 위하여 필요하다고 인정하는 경우에는 국제물류주선업자에게 그 사업에 필요한 소요자금의 융자 등 필요한 지원을 할 수 있다.

4. 물류인력의 양성

(1) 물류인력의 양성(법 제50조) 기출 22년/ 18년/ 13년/ 12년

① **물류인력 양성사업의 종류** : 국토교통부장관 · 해양수산부장관 또는 시 · 도지사는 대통령령으로 정하는 물류분야의 기능인력 및 전문인력을 양성하기 위하여 다음의 사업을 할 수 있다.
  ㉠ 화주기업 및 물류기업에 종사하는 물류인력의 역량강화를 위한 교육 · 연수
  ㉡ 물류체계 효율화 및 국제물류 활성화를 위한 선진기법, 교육프로그램 및 교육교재의 개발 · 보급
  ㉢ 외국 물류대학의 국내유치활동 지원 및 국내대학과 외국대학 간의 물류교육 프로그램의 공동 개발활동 지원
  → 국내물류기업의 해외진출 및 해외물류기업의 국내 투자유치 지원(×)
  ㉣ 물류시설의 운영과 물류장비의 조작을 담당하는 기능인력의 양성 · 교육
  ㉤ 그 밖에 신규 물류인력 양성, 물류관리사 재교육 또는 외국인 물류인력 교육을 위하여 필요한 사업

② **물류인력 양성사업의 경비지원 및 대상** : 국토교통부장관 · 해양수산부장관 또는 시 · 도지사는 다음에 해당하는 자가 물류인력 양성사업을 하는 경우에는 예산의 범위에서 사업수행에 필요한 경비의 전부나 일부를 지원할 수 있다.
  ㉠ 정부출연연구기관
  ㉡ 대학이나 대학원
  ㉢ 그 밖에 국토교통부령 또는 해양수산부령으로 정하는 물류연수기관

> **더알아보기** 물류연수기관(규칙 제11조) 기출 22년
>
> ① 물류관련협회 또는 물류관련협회가 설립한 교육 · 훈련기관, ② 물류지원센터, ③ 화물자동차운수사업자가 설립한 협회 또는 연합회와 화물자동차운수사업자가 설립한 협회 또는 연합회가 설립한 교육 · 훈련기관, ④ 대한무역투자진흥공사, ⑤ 물류와 관련된 비영리법인, ⑥ 그 밖에 국토교통부장관 및 해양수산부장관이 지정 · 고시하는 기관, ⑦ 한국해양수산연수원, ⑧ 해양수산부장관의 설립인가를 받아 설립된 교육훈련기관 → 국제물류주선업자의 사내연수원(×)

③ **일부 사업의 전문교육기관 위탁** : 국토교통부장관 · 해양수산부장관 또는 시 · 도지사는 필요한 경우 국토교통부령 또는 해양수산부령으로 정하는 바에 따라 ①의 ㉠ 및 ㉣의 사업을 전문교육기관에 위탁하여 실시할 수 있다.

(2) 물류관리사 자격시험(법 제51조) 기출 22년/ 17년/ 09년

① 물류관리사는 물류관리에 관한 전문지식을 가진 자로서 법으로 정한 물류관리사 자격시험에 합격하여 자격을 취득한 자를 말한다(법 제2조).
② 물류관리사가 되려는 자는 국토교통부장관이 실시하는 시험에 합격하여야 한다.
③ 시험에 응시하여 부정행위를 한 자에 대하여는 그 시험을 무효로 한다.
④ 시험무효 처분을 받은 자와 물류관리사 자격이 취소된 자는 그 처분을 받은 날 또는 자격이 취소된 날부터 3년간 시험에 응시할 수 없다.
⑤ 시험의 시기, 절차, 방법, 시험과목, 출제, 응시자격 및 자격증 발급 등에 필요한 사항은 대통령령으로 정한다.
⑥ 국토교통부장관은 시험의 관리 및 자격증 발급 등에 관한 업무를 대통령령으로 정하는 바에 따라 능력이 있다고 인정되는 관계 전문기관 및 단체에 위탁할 수 있다.

(3) 물류관리사의 직무(법 제52조) 및 자격의 취소(법 제53조) 기출▶ 22년/ 17년/ 12년

① 물류관리사 직무 : 물류관리사는 물류활동과 관련하여 전문지식이 필요한 사항에 대하여 계획·조사·연구·진단 및 평가 또는 이에 관한 상담·자문, 그 밖에 물류관리에 필요한 직무를 수행한다.
② 물류관리사 자격의 취소 : 국토교통부장관은 물류관리사가 다음에 해당하는 때에는 그 자격을 취소하여야 한다.
  ㉠ 자격을 부정한 방법으로 취득한 때
  ㉡ 다른 사람에게 자기의 성명을 사용하여 영업을 하게 하거나 자격증을 대여한 때
  ㉢ 물류관리사의 성명의 사용이나 물류관리사 자격증 대여를 알선한 때

(4) 물류관리사 고용사업자에 대한 우선지원(법 제54조) 기출▶ 22년/ 17년/ 13년/ 12년

① 국토교통부장관 또는 시·도지사는 **물류관리사를 고용**한 물류관련 사업자에 대하여 다른 사업자보다 우선하여 행정적·재정적 지원을 할 수 있다. └→ 경영지도사의 고용(×)
② 시·도지사는 지원을 하려는 경우에는 중복을 방지하기 위하여 미리 국토교통부장관과 협의하여야 한다.

5. 물류 관련 단체의 육성

(1) 물류관련협회 등(법 제55조) 기출▶ 24년/ 21년/ 20년

① 협회설립 : 물류기업, 화주기업, 그 밖에 물류활동과 관련된 자는 물류체계를 효율화하고 업계의 건전한 발전 및 공동이익을 도모하기 위하여 필요할 경우 대통령령으로 정하는 바에 따라 협회(이하 물류관련협회)를 설립할 수 있다. 다만, 다른 법률에서 달리 정하고 있는 경우는 제외한다.
② 협회 설립인가 : 물류관련협회를 설립하려는 경우에는 해당 협회의 회원이 될 자격이 있는 기업 100개 이상이 발기인으로 정관을 작성하여 해당 협회의 회원이 될 자격이 있는 기업 **200개** 이상이 참여한 창립총회의 의결을 거친 후 소관 └→ 150개(×)
에 따라 국토교통부장관 또는 해양수산부장관의 설립인가를 받아야 한다.
③ 협회 설립등기 : 물류관련협회는 설립인가를 받아 설립등기를 함으로써 성립한다.
④ 사단법인 : 물류관련협회는 법인으로 하고, 물류관련협회에 관하여 이 법에 규정한 것 외에는 「민법」 중 사단법인에 관한 규정을 준용한다.
⑤ 행정적·재정적 지원 : 국토교통부장관 및 해양수산부장관은 물류관련협회의 발전을 위하여 필요한 경우에는 물류관련협회를 행정적·재정적으로 지원할 수 있다.
⑥ 업무 및 정관 등 : 물류관련협회의 업무 및 정관 등에 필요한 사항은 **대통령령**으로 정한다. └→ 국토교통부령(×)

➕ 더알아보기 물류관련협회의 업무(영 제43조) 기출▶ 24년

1. 해당 사업의 건전한 발전과 해당 사업자의 공동이익을 도모하는 사업
2. 해당 사업의 진흥·발전에 필요한 통계의 작성·관리와 외국자료의 수집·조사·연구사업
3. 경영자와 종업원의 교육·훈련
4. 해당 사업의 경영개선에 관한 지도
5. 국토교통부장관 또는 해양수산부장관으로부터 위탁받은 업무
6. 위의 업무에 부수되는 업무

(2) 민·관 합동 물류지원센터(법 제56조) 기출▶ 24년/ 12년

① **물류지원센터 설치·운영** : 국토교통부장관·해양수산부장관·산업통상부장관 및 대통령령으로 정하는 물류관련협회 및 물류관련 전문기관·단체는 공동으로 물류체계 효율화를 통한 국가경쟁력을 강화하고 국제물류사업을 효과적으로 추진하기 위하여 물류지원센터를 설치·운영할 수 있다.

② **물류지원센터의 업무**
  ㉠ 국내물류기업의 해외진출 및 해외물류기업의 국내투자유치 지원
  ㉡ 물류산업의 육성·발전을 위한 조사·연구
  ㉢ 그 밖에 물류 공동화 및 정보화 지원 등 물류체계 효율화를 위하여 필요한 업무

③ **사업계획 수립과 사무처리** : 물류지원센터의 장은 매 **연도별**(→3년마다(×))로 사업계획을 수립하고, 물류지원센터의 조직·인사·복무·보수·회계·물품·문서의 처리에 관한 규정을 정한 후, 이에 따라 사무를 처리하여야 한다.

④ **행정적·재정적 지원** : 국토교통부장관·해양수산부장관 또는 산업통상부장관은 물류지원센터를 효율적으로 운영하기 위하여 필요한 경우 행정적·재정적인 지원을 할 수 있다.

CORE 06 물류의 선진화 및 국제화

1. 물류 관련 연구개발

(1) 물류 관련 신기술·기법의 연구개발 및 보급촉진(법 제57조) 기출▶ 13년/ 12년

① 국토교통부장관·해양수산부장관 또는 시·도지사는 첨단화물운송체계·클라우드컴퓨팅·무선주파수인식 및 정온(定溫)물류 등 물류 관련 신기술·기법(이하 물류신기술)의 연구개발 및 이를 통한 첨단 물류시설·장비·운송수단(이하 첨단물류시설등)의 보급·촉진을 위한 시책을 마련하여야 한다.

② 국토교통부장관·해양수산부장관 또는 시·도지사는 물류기업이 다음의 활동을 하는 경우에는 이에 필요한 행정적·재정적 지원을 할 수 있다.

> 1. 물류신기술을 연구개발하는 경우
> 2. 기존 물류시설·장비·운송수단을 첨단물류시설등으로 전환하거나 첨단물류시설등을 새롭게 도입하는 경우
> 3. 그 밖에 물류신기술 및 첨단물류시설등의 개발·보급을 위하여 대통령령으로 정하는 사항

③ 국토교통부장관 또는 해양수산부장관은 물류신기술·첨단물류시설등 중 성능 또는 품질이 우수하다고 인정되는 경우 우수한 물류신기술·첨단물류시설등으로 지정하여 이의 보급·활용에 필요한 행정적·재정적 지원을 할 수 있다.

④ 시·도지사는 ① 또는 ②의 조치를 하려는 경우에는 중복을 방지하기 위하여 미리 국토교통부장관 및 해양수산부장관과 협의하고, 그 내용을 지역물류기본계획과 지역물류시행계획에 반영하여야 한다.

(2) 물류 관련 연구기관 및 단체의 육성 등(법 제58조) 기출▶ 13년

① **연구기관 및 단체지도 · 육성** : 국토교통부장관 · 해양수산부장관 또는 시 · 도지사는 물류 관련 기술의 진흥 및 물류신기술의 연구개발을 위하여 관련 연구기관 및 단체를 지도 · 육성하여야 한다.

② **투자 및 출연의 권고** : 국토교통부장관 · 해양수산부장관 또는 시 · 도지사는 물류 관련 기술의 진흥 및 물류신기술의 연구개발을 위하여 필요하다고 인정하는 경우에는 공공기관 등으로 하여금 물류기술의 연구 · 개발에 투자하게 하거나 연구기관 및 단체에 출연하도록 권고할 수 있다.

③ **물류분야에 대한 포상** : 국토교통부장관 · 해양수산부장관 또는 시 · 도지사는 물류분야의 연구나 물류기술의 진흥 등에 현저한 기여를 했다고 인정되는 공공기관 · 물류기업 또는 개인 등에게 포상할 수 있다.

2. 환경친화적 물류 및 우수녹색물류실천기업

(1) 환경친화적 물류의 촉진(법 제59조) 기출▶ 24년/ 22년/ 17년/ 14년/ 12년/ 09년

① **환경친화적 시책마련** : 국토교통부장관 · 해양수산부장관 또는 시 · 도지사는 물류활동이 환경친화적으로 추진될 수 있도록 관련 시책을 마련하여야 한다.

② **환경친화적 물류활동 지원** : 국토교통부장관 · 해양수산부장관 또는 시 · 도지사는 물류기업, 화주기업 또는 개인 운송사업자가 환경친화적 물류활동을 위하여 다음의 활동을 하는 경우에는 행정적 · 재정적 지원을 할 수 있다.

> 1. 환경친화적인 운송수단 또는 포장재료의 사용
> 2. 기존 물류시설 · 장비 · 운송수단을 환경친화적인 물류시설 · 장비 · 운송수단으로 변경
> 3. 환경친화적인 물류시스템의 도입 및 개발
> 4. 물류활동에 따른 **폐기물 감량** → 증량(×)   ┌ 기후에너지환경부장관(×)
> 5. 그 밖에 물류자원을 절약하고 재활용하는 활동으로서 **국토교통부장관 및 해양수산부장관**이 정하여 고시하는 사항

③ **지역물류에 반영** : 시 · 도지사는 ① 또는 ②의 조치를 하려는 경우에는 중복을 방지하기 위하여 미리 국토교통부장관 및 해양수산부장관과 협의하고, 그 내용을 지역물류기본계획과 지역물류시행계획에 반영하여야 한다.

(2) 환경친화적 운송수단으로의 전환촉진(법 제60조) 기출▶ 24년/ 21년/ 18년/ 16년/ 14년/ 13년/ 09년

① **환경친화적 운송수단으로 전환 권고 · 지원** : 국토교통부장관 · 해양수산부장관 또는 시 · 도지사는 물류기업 및 화주기업에 대하여 환경친화적인 운송수단으로의 전환을 권고하고 지원할 수 있으며, 지원대상의 세부적인 기준 및 지원내용에 필요한 사항은 대통령령으로 정한다.

지원 대상	• 화물자동차 · 철도차량 · 선박 · 항공기 등의 배출가스를 저감하거나 배출가스를 저감할 수 있는 운송수단으로 전환하는 경우 및 이를 위한 **시설 · 장비투자를 하는 경우** → 친환경적 물류시스템을 도입하는 경우(×) • 환경친화적인 연료를 사용하는 운송수단으로 전환하는 경우 및 이를 위한 시설 · 장비투자를 하는 경우
지원 내용	• 환경친화적 운송수단으로의 전환에 필요한 자금의 보조 · 융자 및 융자 알선 • 환경친화적 운송수단으로의 전환에 필요한 교육, 컨설팅 및 정보의 제공 • 그 밖에 환경친화적 운송수단으로의 전환을 지원하기 위하여 국토교통부장관이 해양수산부장관 및 관계 행정기관의 장과 협의하여 고시하는 사항

② **지역물류에 반영** : 시 · 도지사는 위의 조치를 하려는 경우에는 중복을 방지하기 위하여 미리 국토교통부장관 및 해양수산부장관과 협의하고, 그 내용을 지역물류기본계획과 지역물류시행계획에 반영하여야 한다.

(3) 환경친화적 물류활동 우수기업 지정(법 제60조의3) 기출▶ 24년/ 14년

① 국토교통부장관은 환경친화적 물류활동을 모범적으로 하는 물류기업과 화주기업을 우수기업으로 지정할 수 있다.
② 우수기업으로 지정받으려는 자는 환경친화적 물류활동의 실적 등 국토교통부령으로 정하는 지정기준을 충족하여야 한다.
③ 국토교통부장관은 ①의 지정을 받은 자(이하 우수녹색물류실천기업)가 ②의 요건을 유지하는지에 대하여 국토교통부령으로 정하는 바에 따라 점검을 할 수 있다.

(4) 우수녹색물류실천기업 지정증과 지정표시(법 제60조의4) 기출▶ 14년

① 국토교통부장관은 우수녹색물류실천기업에 지정증을 발급하고, 지정을 나타내는 표시(이하 지정표시)를 정하여 우수녹색물류실천기업이 사용하게 할 수 있다.
② 지정표시의 도안 및 표시 방법 등에 대해서는 국토교통부장관이 정하여 고시한다.
③ 우수녹색물류실천기업이 아닌 자는 지정표시나 이와 유사한 표시를 하여서는 아니 된다.

(5) 우수녹색물류실천기업의 지정취소 등(법 제60조의6)

① **국토교통부장관**은 우수녹색물류실천기업이 다음에 해당하는 경우에는 그 지정을 취소할 수 있다. 다만, ㉠에 해당할 때에는 지정을 취소하여야 한다. (→ 해양수산부장관(×))
  ㉠ 거짓이나 그 밖의 부정한 방법으로 지정을 받은 경우
  ㉡ 우수녹색물류실천기업 지정 요건을 충족하지 아니하게 된 경우
  ㉢ 우수녹색물류실천기업의 요건 유지 점검을 정당한 사유 없이 3회 이상 거부한 경우
② 우수녹색물류실천기업은 지정이 취소된 경우에는 지정증을 반납하고, 지정표시의 사용을 중지하여야 한다.

(6) 우수녹색물류실천기업 지정심사대행기관(법 제60조의7) 기출▶ 24년

① **지정심사대행기관의 업무** : 국토교통부장관은 우수녹색물류실천기업 지정과 관련하여 우수녹색물류실천기업 지정심사대행기관(이하 지정심사대행기관)을 지정하여 다음의 업무를 하게 할 수 있다.

> 1. 우수녹색물류실천기업 지정신청의 접수
> 2. 우수녹색물류실천기업의 지정기준에 충족하는지에 대한 심사
> 3. 우수녹색물류실천기업에 대한 점검
> 4. 그 밖에 지정업무를 원활히 수행하기 위하여 대통령령으로 정하는 지원업무(→ 우수녹색물류실천기업에 대한 홍보)

② **지정심사대행기관** : 우수녹색물류실천기업 지정심사대행기관은 공공기관, 정부출연연구기관 중에서 지정한다. 국토교통부장관은 지정심사대행기관을 지정하였을 때에는 그 사실을 관보에 공고하여야 한다.

(7) 지정심사대행기관의 지정취소(법 제60조의8) 기출▶ 24년

국토교통부장관은 지정심사대행기관이 다음에 해당하는 경우에는 그 지정을 취소할 수 있다. 다만, ①에 해당하는 경우에는 지정을 취소하여야 한다.
① 거짓 또는 부정한 방법으로 지정을 받은 경우
② 고의 또는 중대한 과실로 지정 기준 및 절차를 위반한 경우
③ 정당한 사유 없이 지정업무를 거부한 경우

3. 국제물류의 촉진·지원 및 공동투자유치

(1) 국제물류사업의 촉진 및 지원(법 제61조) 기출 18년/ 15년/ 13년/ 12년

① **국제물류사업 촉진** : 국토교통부장관·해양수산부장관 또는 시·도지사는 국제물류협력체계 구축, 국내 물류기업의 해외진출, 해외 물류기업의 유치 및 환적화물의 유치 등 국제물류 촉진을 위한 시책을 마련해야 한다.
  └→ 특수한 사정 등으로 인하여 다른 항구에서 다른 선박으로 옮겨 실어야 하는 화물

② **국제물류사업 지원** : 국토교통부장관·해양수산부장관 또는 시·도지사는 대통령령으로 정하는 물류기업 또는 관련 전문기관·단체가 추진하는 다음의 국제물류사업에 대하여 행정적인 지원을 하거나 예산의 범위에서 필요한 경비의 전부나 일부를 지원할 수 있다.

> 1. 물류 관련 정보·기술·인력의 국제교류
> 2. 물류 관련 국제 표준화, 공동조사, 연구 및 기술협력
> 3. 물류 관련 국제학술대회, 국제박람회 등의 개최
> 4. 해외 물류시장의 조사·분석 및 수집정보의 체계적인 배분
> 5. 국가 간 물류활동을 촉진하기 위한 지원기구의 설립
> 6. 외국 물류기업의 유치
> 7. 국내 물류기업의 해외 물류기업 인수 및 해외 물류 인프라 구축
> 8. 그 밖에 국제물류사업의 촉진 및 지원을 위하여 필요하다고 인정되는 사항

③ **국가물류정책위원회의 심의** : 국토교통부장관 및 해양수산부장관은 범정부차원의 지원이 필요한 국가 간 물류협력체의 구성 또는 정부간 협정의 체결 등에 관하여는 미리 국가물류정책위원회의 심의를 거쳐야 한다.
  └→ 재정경제부장관 및 외교부장관과 협의하여야 한다(×)

④ **국제물류활동 촉진** : 국토교통부장관·해양수산부장관 또는 시·도지사는 물류기업 및 국제물류관련 기관·단체의 국제물류활동을 촉진하기 위하여 필요한 행정적·재정적 지원을 할 수 있다.

⑤ **지역물류에 반영** : 시·도지사는 ①·② 또는 ④의 조치를 하려는 경우에는 중복을 방지하기 위하여 미리 국토교통부장관 및 해양수산부장관과 협의하고, 그 내용을 지역물류기본계획과 지역물류시행계획에 반영하여야 한다.
  └→ 국토교통부장관 및 해양수산부장관은 시·도지사와 협의하여야 한다(×)

(2) 공동투자유치 활동(법 제62조) 기출 18년/ 15년/ 13년/ 11년

① **공동투자유치 활동수행** : 국토교통부장관·해양수산부장관 또는 시·도지사는 물류시설에 외국인투자기업 및 환적화물을 효과적으로 유치하기 위하여 필요한 경우에는 해당 물류시설관리자(공항·항만 등 물류시설의 소유권 또는 개별 법령에 따른 관리·운영권을 인정받은 자) 또는 국제물류 관련 기관·단체와 공동으로 투자유치 활동을 수행할 수 있다.

② **공동투자 유치활동에 대한 협조** : 물류시설관리자와 국제물류 관련 기관·단체는 공동투자 유치활동에 대하여 특별한 사유가 없는 한 적극 협조하여야 한다.

③ **관련 기관·단체에 협조 요청** : 국토교통부장관·해양수산부장관 또는 시·도지사는 효율적인 투자유치를 위하여 필요하다고 인정되는 경우에는 재외공관 등 관계 행정기관 및 대한무역투자진흥공사 등 관련 기관·단체에 협조를 요청할 수 있다.

④ **시·도지사의 협의 의무** : 시·도지사는 ① 또는 ③의 조치를 하려는 경우에는 중복을 방지하기 위하여 미리 국토교통부장관 및 해양수산부장관과 협의하여야 한다.

(3) 투자유치활동 평가(법 제63조) 기출▶ 13년/ 11년

① 국토교통부장관 및 해양수산부장관은 물류시설관리자의 외국인투자기업 및 환적화물에 대한 적극적인 유치활동을 촉진하기 위하여 필요한 경우에는 해당 물류시설관리자의 투자유치활동에 대한 평가를 할 수 있다.
② 국토교통부장관 및 해양수산부장관은 다음의 물류시설에 대한 소유권 또는 관리 · 운영권을 인정받은 자에 대하여 투자유치활동에 대한 평가를 할 수 있다.
　㉠「공항시설법」에 따른 공항 중 국제공항 및 그 배후지에 위치한 물류시설
　㉡「항만법」에 따른 무역항 및 그 배후지에 위치한 물류시설
③ 국토교통부장관 및 해양수산부장관은 평가를 위하여 필요한 경우에는 평가대상기관에 대하여 관련 자료의 제출을 요청할 수 있다.
④ 평가에 필요한 기준과 방법은 국토교통부장관 및 해양수산부장관이 협의하여 정하되, 평가대상기관의 사업내용 및 특성, 투자유치 목표의 달성 정도와 능률성을 객관적으로 측정할 수 있도록 하여야 한다.
⑤ 국토교통부장관 및 해양수산부장관은 평가대상기관에 대하여 그 평가결과에 따라 행정적 · 재정적 지원을 달리 할 수 있다.
　　평가결과에 관계없이 동일하게 행정적 · 재정적 지원을 할 수 있다(×)

CORE 07 보칙 및 벌칙

1. 보칙

(1) 업무소관의 조정(법 제64조) 기출▶ 20년

이 법에 따른 국토교통부장관 · 해양수산부장관 및 산업통상부장관의 업무소관이 중복되는 경우에는 서로 협의하여 업무소관을 조정한다.

(2) 권한의 위임 및 사무의 위탁(법 제65조) 기출▶ 15년

① 이 법에 따른 국토교통부장관 · 해양수산부장관 및 산업통상부장관의 권한은 그 일부를 대통령령으로 정하는 바에 따라 소속 기관의 장 또는 시 · 도지사에게 위임할 수 있다.
② 이 법에 따른 국토교통부장관 · 해양수산부장관 · 산업통상부장관 또는 시 · 도지사의 업무는 대통령령으로 정하는 바에 따라 그 일부를 관계 기관 · 단체 또는 법인에 위탁할 수 있다.

(3) 등록증 대여 등의 금지(법 제66조) 기출▶ 19년

인증우수물류기업 · 국제물류주선업자 및 우수녹색물류실천기업은 다른 사람에게 자기의 성명 또는 상호를 사용하여 사업을 하게 하거나 그 인증서 · 등록증 또는 지정증을 대여하여서는 아니 된다.

(4) 물류관리사 자격증 대여 금지 등(법 제66조의2)

① 물류관리사는 다른 사람에게 자기의 성명을 사용하여 사업을 하게 하거나 물류관리사 자격증을 대여하여서는 아니 된다.
② 누구든지 물류관리사로부터 그 성명을 빌려 사업을 하거나 물류관리사 자격증을 대여받아서는 아니 되며, 이를 알선하여서도 아니 된다.

(5) 과징금(법 제67조) 기출 20년/ 17년/ 16년/ 11년

① **과징금의 부과 요건**: 시·도지사는 국제물류주선업자에게 <u>사업의 정지</u>를 명하여야 하는 경우로서 그 사업의 정지가 해당 사업의 이용자 등에게 심한 불편을 주는 경우에는 그 사업정지 처분을 갈음하여 1천만원 이하의 과징금을 부과할 수 있다. → 사업의 취소(×)

② **과징금을 부과하는 위반행위 등**: 과징금을 부과하는 위반행위의 종별 및 그 정도에 따른 과징금의 금액, 그 밖에 필요한 사항은 대통령령으로 정한다.

③ **과징금의 징수**: 과징금을 기한 내에 납부하지 아니한 때에는 시·도지사는 <u>「지방행정제재·부과금의 징수 등에 관한 법률」</u>에 따라 징수한다. ← 「지방재정법」(×)

④ **위반행위의 종별과 과징금의 금액(영 별표 3)**

위반행위	과징금 금액	
	2차 위반	3차 위반
1. 국제물류주선업을 등록하기 위한 자본금의 등록기준에 못 미치게 된 경우	100만원	200만원
2. 국제물류주선업의 등록기준을 위반하여 신고를 하지 않거나 거짓으로 신고한 경우	100만원	200만원

⑤ **과징금 총액제한 등**
   시·도지사는 국제물류주선업자의 사업규모, 사업지역의 특수성, 위반행위의 정도 및 횟수 등을 고려하여 과징금의 금액의 <u>2분의 1의 범위</u>에서 이를 늘리거나 줄일 수 있다. 이 경우 과징금을 늘리더라도 과징금의 총액은 1천만원을 초과할 수 없다. → 3분의 1의 범위(×)

⑥ **과징금의 부과 및 납부(시행령 제53조)**
   ㉠ 시·도지사는 위반행위를 한 자에 대하여 과징금을 부과하려는 경우에는 해당 위반행위를 조사·확인한 후 위반사실·이의방법·이의기간 등을 서면으로 명시하여 이를 낼 것을 과징금 부과대상자에게 통지하여야 한다.
   ㉡ 통지를 받은 자는 통지를 받은 날부터 20일 이내에 시·도지사가 정하는 수납기관에 과징금을 내야 한다.
   ㉢ 과징금의 납부를 받은 수납기관은 그 납부자에게 영수증을 교부하여야 한다.
   ㉣ 과징금의 수납기관은 과징금영수증을 교부한 때에는 <u>시·도지사</u>에게 영수필통지서를 송부하여야 한다. → 국토교통부장관(×), 재정경제부장관(×)

(6) 청문(법 제68조) 기출 22년/ 20년/ 17년/ 12년/ 09년

국토교통부장관, 해양수산부장관, 시·도지사 및 행정기관은 다음에 해당하는 취소를 하려면 청문을 하여야 한다.

> 1. 단위물류정보망 전담기관에 대한 지정의 취소
> 2. 국가물류통합정보센터운영자에 대한 지정의 취소
> 3. 인증우수물류기업에 대한 인증의 취소
> 4. 심사대행기관 지정의 취소
> 5. 국제물류주선업자에 대한 <u>등록의 취소</u> → 사업의 전부정지(×)
> 6. 물류관리사 자격의 취소
> 7. 우수녹색물류실천기업의 지정취소
> 8. 지정심사대행기관의 지정취소

(7) 벌칙 적용에서의 공무원 의제(법 제70조) 기출▶ 20년

한국교통안전공단의 임직원, 위험물질운송단속원, 심사대행기관의 임직원, 지정심사대행기관의 임직원은 「형법」 제129조부터 제132조까지(수뢰·사전수뢰, 제3자뇌물제공, 수뢰후부정처사·사후수뢰, 알선수뢰)의 규정에 따른 벌칙의 적용에서는 공무원으로 본다.

2. 벌칙

(1) 벌칙(법 제71조) 기출▶ 20년/ 12년

위법행위	벌칙
전자문서를 위작 또는 변작하거나 그 사정을 알면서 위작 또는 변작된 전자문서를 행사한 자 ※ 미수범은 본죄에 준하여 처벌함	10년 이하의 징역 또는 1억원 이하의 벌금
국가물류통합정보센터 또는 단위물류정보망에 의하여 처리·보관 또는 전송되는 물류정보를 훼손하거나 그 비밀을 침해·도용 또는 누설한 자	5년 이하의 징역 또는 5천만원 이하의 벌금
국가물류통합정보센터 또는 단위물류정보망의 보호조치를 침해하거나 훼손한 자	3년 이하의 징역 또는 3천만원 이하의 벌금
1. 위험물질운송안전관리센터의 운영에 필요한 정보를 목적 외의 용도로 사용한 자 2. 전자문서 또는 물류정보를 대통령령으로 정하는 기간(2년) 동안 보관하지 아니한 자 3. 국제물류주선업의 등록을 하지 아니하고 국제물류주선업을 경영한 자 4. 자신의 성명을 사용하여 사업을 하게 하거나 물류관리사 자격증을 대여한 자 5. 물류관리사로부터 그 성명을 빌려 사업을 하거나 물류관리사 자격증을 대여받은 자 또는 이를 알선한 자	1년 이하의 징역 또는 1천만원 이하의 벌금
1. 전자문서 또는 물류정보를 공개한 자 2. 거짓의 인증마크를 제작·사용하거나 그 밖의 방법으로 인증받은 기업임을 사칭한 자	3천만원 이하의 벌금
1. 위험물질 운송차량의 운행중지 명령에 따르지 아니한 자 2. 분쟁조정의 권고를 위한 자료 제출 및 보고를 하지 아니하거나 거짓으로 한 자 3. 분쟁조정의 권고를 위한 조사를 거부·방해 또는 기피한 자 4. 우수녹색물류실천기업 지정을 받지 아니하고 지정표시 또는 이와 유사한 표시를 사용한 자 5. 성명 또는 상호를 다른 사람에게 사용하게 하거나 인증서·등록증 또는 지정증을 대여한 자	1천만원 이하의 벌금

(2) 양벌규정(법 제72조)

① 원칙 : 법인의 대표자나 법인·개인의 대리인, 사용인, 그 밖의 종업원이 그 법인 또는 개인의 업무에 관하여 이 법에 따른 벌칙규정(제71조)의 위반행위를 하면 그 행위자를 벌하는 외에 그 법인 또는 개인에게도 해당 조문의 벌금형을 과(科)한다.

② 예외 : 다만, 법인 또는 개인이 그 위반행위를 방지하기 위하여 해당 업무에 관하여 상당한 주의와 감독을 게을리하지 아니한 경우에는 그러하지 아니하다.

(3) 과태료(법 제73조) 기출▶ 12년

① 과태료 부과 : 다음에 해당하는 자에게는 200만원 이하의 과태료를 부과한다.
  ㉠ 물류현황조사, 국가물류기본계획의 수립·변경(연도별시행계획의 수립에서 준용하는 경우를 포함) 또는 지역물류기본계획의 수립(지역물류시행계획의 수립·변경에서 준용하는 경우를 포함)에 따른 자료를 제출하지 아니하거나 거짓의 자료를 제출한 자
  ㉡ 국제물류주선업의 변경등록을 하지 아니한 자

ⓒ 국제물류주선업자의 사업승계 신고를 하지 아니한 자 → 1차 위반 50만원, 2차 위반 100만원, 3차 위반 200만원(×)
ⓔ 인증우수물류기업의 인증이 취소된 경우 **규정을 위반하여 인증마크를 계속 사용한 자**
ⓜ 우수녹색물류실천기업의 지정이 취소된 경우 규정을 위반하여 지정표시를 계속 사용한 자
ⓗ 위험물질 운송차량으로 단말장치를 장착하지 아니한 자
ⓢ 위험물질 운송차량으로 단말장치를 점검·관리하지 아니하거나 단말장치의 작동을 유지하지 아니한 자
ⓞ 위험물질 운송차량이 운송계획정보를 입력하지 아니하거나 거짓으로 입력한 자
ⓩ 위험물질 운송차량의 소유자 등이 정당한 사유 없이 출입·조사를 거부·방해 또는 기피한 자

② **과태료의 부과 징수** : 과태료는 대통령령으로 정하는 바에 따라 국토교통부장관, 해양수산부장관 또는 시·도지사가 부과·징수한다.

출제포인트 OX 문제

01 물류사업의 범위에서 물류단지의 운영업은 (　　)에 해당한다.

02 O X 물류사업은 화주의 수요에 따라 유상으로 물류활동을 영위하는 것을 업으로 하는 것이다.

03 O X 시 · 도지사는 지역물류현황조사의 효율적인 수행을 위하여 필요한 경우에는 지역물류현황조사의 일부만을 전문기관으로 하여금 수행하게 할 수 있다.

04 (　　)은/는 물류현황조사를 요청하는 경우에는 효율적인 물류현황조사를 위하여 조사의 시기, 종류 및 방법 등에 관하여 대통령령으로 정하는 바에 따라 조사지침을 작성하여 통보할 수 있다.

05 O X 특별시장 및 광역시장은 지역물류정책의 기본방향을 설정하는 10년 단위의 지역 물류기본계획을 5년마다 수립하여야 한다.

06 O X 국가물류정책위원회는 국가물류체계의 효율화에 관한 중요 정책 사항을 심의 · 조정한다.

07 국가물류정책위원회의 업무를 효율적으로 추진하기 위하여 물류정책분과위원회, 물류시설분과위원회, (　　)을/를 둘 수 있다.

08 O X 직무와 관련 없는 비위사실이 있는 경우는 국가물류정책위원회 위원의 해촉사유가 된다.

09 O X 국토교통부장관 · 해양수산부장관 또는 산업통상부장관은 효율적인 물류활동을 위하여 필요한 물류시설 및 장비를 확충할 것을 물류기업에 명할 수 있다.

10 국토교통부장관은 물류기업 및 화주기업의 물류비 산정기준 및 방법 등을 (　　)하기 위하여 기업물류비 산정지침을 작성하여 고시하여야 한다.

11 유해화학물질을 운송하는 차량의 최대 적재량 기준은 (　　) 이상이다.

12 O X 국제물류주선업을 경영하려는 자는 국토교통부령으로 정하는 바에 따라 시 · 도지사에게 등록하여야 한다.

13 O X 국제물류주선업의 등록을 하려는 법인이 아닌 개인은 5억원 이상의 자산평가액을 보유하고 그 밖에 대통령령으로 정하는 기준을 충족하여야 한다.

14 (　　)은/는 물류활동과 관련하여 전문지식이 필요한 사항에 대하여 계획 · 조사 · 연구 · 진단 및 평가 또는 이에 관한 상담 · 자문, 그 밖에 물류관리에 필요한 직무를 수행한다.

15 O X 화물자동차의 배출가스를 저감하기 위한 장비투자를 하는 경우는 지원의 대상이 된다.

16 ⃞O⃞X⃞ 국토교통부장관 및 해양수산부장관은 우수물류기업 인증심사 대행기관이 정당한 사유 없이 인증업무를 거부한 경우에는 공동으로 그 지정을 취소할 수 있다.

17 환경친화적인 연료를 사용하는 운송수단으로 전환하는 경우 및 이를 위한 시설·장비투자를 하는 경우는 환경친화적 운송수단으로의 전환의 지원대상이 될 수 있다.

18 국가물류통합정보센터운영자 또는 단위물류정보망 전담기관은 전자문서 및 정보처리장치의 파일에 기록되어 있는 물류정보를 (   ) 동안 보관하여야 한다.

19 ⃞O⃞X⃞ 우수물류기업의 인증이 취소되었음에도 인증마크를 계속 사용한 자는 200만원 이하의 과태료를 부과한다.

20 ⃞O⃞X⃞ 과징금을 기한 내에 납부하지 아니한 때에는 시·도지사는 「지방재정법」에 따라 징수한다.

정답 및 해설

01 물류터미널운영업
02 ○
03 × ▶ 지역물류현황조사의 전부 또는 일부를 전문기관으로 하여금 수행하게 할 수 있다.
04 국토교통부장관
05 ○
06 ○
07 국제물류분과위원회
08 × ▶ 직무와 관련된 비위사실이 있는 경우가 국가물류정책위원회 위원의 해촉사유가 된다.
09 × ▶ 국토교통부장관·해양수산부장관 또는 산업통상부장관은 효율적인 물류활동을 위하여 필요한 물류시설 및 장비를 확충할 것을 물류기업에 권고할 수 있다.
10 표준화
11 5,000킬로그램
12 ○
13 × ▶ 국제물류주선업 등록을 하려는 자는 3억원 이상의 자본금(법인이 아닌 경우에는 6억원 이상의 자산평가액)을 보유하고 그 밖에 대통령령으로 정하는 기준을 충족하여야 한다.
14 물류관리사
15 ○
16 ○
17 ○
18 2년
19 ○
20 × ▶ 과징금을 기한 내에 납부하지 아니한 때에는 시·도지사는 「지방행정제재·부과금의 징수 등에 관한 법률」에 따라 징수한다.

빈출키워드 기출유형문제

키워드 ❶ 물류사업&정의

01

물류정책기본법상 화주의 수요에 따라 유상으로 물류활동을 영위하는 것을 업으로 하는 물류사업으로 명시되지 않은 것은? 기출 21년

① 물류장비의 폐기물을 처리하는 물류서비스업
② 물류터미널을 운영하는 물류시설운영업
③ 물류컨설팅의 업무를 하는 물류서비스업
④ 파이프라인을 통하여 화물을 운송하는 화물운송업
⑤ 창고를 운영하는 물류시설운영업

해설 물류서비스업에는 화물취급업, 화물주선업, 물류장비임대업, 물류정보처리업, 물류컨설팅업, 해운부대사업, 항만운송관련업, 항만운송사업이 있다(영 별표 1).

02

물류정책기본법령상 물류사업의 범위에 관한 대분류와 세분류의 연결이 옳지 않은 것은? 기출 19년

① 화물운송업 – 파이프라인운송업
② 물류시설운영업 – 창고업
③ 물류서비스업 – 화물주선업
④ 물류시설운영업 – 물류터미널운영업
⑤ 화물운송업 – 항만운송사업

해설 화물운송업은 육상화물운송업, 해상화물운송업, 항공화물운송업, 파이프라인운송업으로 세분된다. 항만운송사업으로 세분될 수 있는 것은 물류서비스업이다(영 별표1).

03

다음은 「물류정책기본법」의 규정 내용이다. ( )에 들어갈 수 있는 것으로 옳지 않은 것은? 기출 17년

> 제2조(정의) ① 이 법에서 사용하는 용어의 정의는 다음과 같다.
> 1. "물류(物流)"란 재화가 공급자로부터 조달·생산되어 수요자에게 전달되거나 소비자로부터 회수되어 폐기될 때까지 이루어지는 운송·보관·하역(荷役) 등과 이에 부가되어 가치를 창출하는 ( ) 등을 말한다.

① 분류　　　　　　② 수리
③ 체계　　　　　　④ 상표부착
⑤ 정보통신

해설 "물류(物流)"란 재화가 공급자로부터 조달·생산되어 수요자에게 전달되거나 소비자로부터 회수되어 폐기될 때까지 이루어지는 운송·보관·하역(荷役) 등과 이에 부가되어 가치를 창출하는 가공·조립·분류·수리·포장·상표부착·판매·정보통신 등을 말한다(법 제2조 제1항 제1호).

🔒 01 ① 02 ⑤ 03 ③

키워드 ❷ 물류현황조사

04

물류정책기본법상 물류현황조사에 관한 설명으로 옳지 않은 것은? 기출 21년

① 해양수산부장관은 물류현황조사의 결과에 따라 물류비 등 물류지표를 설정하여 물류정책의 수립 및 평가에 활용할 수 있다.
② 시·도지사는 지역물류현황조사의 효율적인 수행을 위하여 필요한 경우에는 지역물류현황조사의 일부를 전문기관으로 하여금 수행하게 할 수 있다.
③ 시·도지사는 물류기업 등에게 지역물류현황조사를 요청하는 경우 조례로 정하는 바에 따라 조사지침을 작성·통보할 수 없고, 국토교통부장관의 물류현황조사지침을 따르도록 해야 한다.
④ 국토교통부장관은 물류기업에게 물류현황조사에 필요한 자료의 제출을 요청할 수 있다.
⑤ 지역물류현황조사는 「국가통합교통체계효율화법」에 따른 국가교통조사와 중복되지 아니하도록 하여야 한다.

> **해설** 시·도지사는 지역물류현황조사를 요청하는 경우에는 효율적인 지역물류현황조사를 위하여 조사의 시기, 종류 및 방법 등에 관하여 해당 특별시·광역시·특별자치시·도 및 특별자치도의 조례로 정하는 바에 따라 조사지침을 작성하여 통보할 수 있다(법 제9조 제4항).
> ① 법 제7조 제4항
> ② 법 제9조 제3항
> ④ 법 제7조 제2항
> ⑤ 법 제9조 제1항 후단

05

물류정책기본법상 지역물류현황조사에 관한 설명이다. ( )에 들어갈 내용을 바르게 나열한 것은? 기출 19년

> • 시·도지사는 지역물류현황조사의 효율적인 수행을 위하여 필요한 경우에는 지역물류현황조사의 (ㄱ)를 전문기관으로 하여금 수행하게 할 수 있다.
> • 시·도지사가 지역물류현황조사를 시장·군수·구청장에게 요청하는 경우에는 효율적인 지역물류현황조사를 위하여 조사의 시기, 종류 및 방법 등에 관하여 해당 시·도의 (ㄴ)(으)로 정하는 바에 따라 (ㄷ)을 작성하여 통보할 수 있다.

① ㄱ : 전부, ㄴ : 조례, ㄷ : 조사현황
② ㄱ : 전부 또는 일부, ㄴ : 조례, ㄷ : 조사지침
③ ㄱ : 일부, ㄴ : 규칙, ㄷ : 조사지침
④ ㄱ : 전부 또는 일부, ㄴ : 규칙, ㄷ : 조사현황
⑤ ㄱ : 일부, ㄴ : 조례, ㄷ : 조사내용

> **해설**
> • 시·도지사는 지역물류현황조사의 효율적인 수행을 위하여 필요한 경우에는 지역물류현황조사의 전부 또는 일부를 전문기관으로 하여금 수행하게 할 수 있다(법 제9조 제3항).
> • 시·도지사는 지역물류현황조사를 시장·군수·구청장에게 요청하는 경우에는 효율적인 지역물류현황조사를 위하여 조사의 시기, 종류 및 방법 등에 관하여 해당 특별시·광역시·특별자치시·도 및 특별자치도의 조례로 정하는 바에 따라 조사지침을 작성하여 통보할 수 있다(법 제9조 제4항).

키워드 ❸ 물류계획의 수립

06
물류정책기본법상 물류계획에 관한 설명으로 옳지 않은 것은? 기출 22년

① 특별시장 및 광역시장은 지역물류정책의 기본방향을 설정하는 10년 단위의 지역물류기본계획을 5년마다 수립하여야 한다.
② 국가물류기본계획에는 국가물류정보화사업에 관한 사항이 포함되어야 한다.
③ 국가물류기본계획은 「국토기본법」에 따라 수립된 국토종합계획 및 「국가통합교통체계효율화법」에 따라 수립된 국가기간교통망계획과 조화를 이루어야 한다.
④ 지역물류기본계획은 국가물류기본계획에 배치되지 아니하여야 한다.
⑤ 해양수산부장관은 국가물류기본계획을 수립한 때에는 이를 관보에 고시하여야 한다.

해설 국토교통부장관은 국가물류기본계획을 수립하거나 변경한 때에는 이를 관보에 고시하고, 관계 중앙행정기관의 장 및 시·도지사에게 통보하여야 한다(법 제11조 제5항).

07
물류정책기본법상 국가물류기본계획에 포함되어야 할 사항으로 명시되지 않은 것은? 기출 21년

① 물류관련 행정소송전략에 관한 사항
② 물류보안에 관한 사항
③ 국가물류정보화사업에 관한 사항
④ 물류시설·장비의 수급·배치 및 투자 우선순위에 관한 사항
⑤ 환경친화적 물류활동의 촉진·지원에 관한 사항

해설 ② 법 제11조 제2항 제6의2호
③ 법 제11조 제2항 제2의2호
④ 법 제11조 제2항 제4호
⑤ 법 제11조 제2항 제9의2호

08
물류정책기본법상 물류계획의 수립·시행에 관한 설명으로 옳지 않은 것은? 기출 20년

① 국토교통부장관 및 해양수산부장관은 국가물류정책의 기본방향을 설정하는 10년 단위의 국가물류기본계획을 5년마다 공동으로 수립하여야 한다.
② 국가물류기본계획에는 국가물류정보화사업에 관한 사항이 포함되어야 한다.
③ 국토교통부장관은 국가물류기본계획을 수립하거나 변경한 때에는 관계 중앙행정기관의 장에게 통보하며, 관계 중앙행정기관의 장은 이를 시·도지사에게 통보하여야 한다.
④ 국토교통부장관 및 해양수산부장관은 국가물류기본계획을 시행하기 위하여 연도별 시행계획을 매년 공동으로 수립하여야 한다.
⑤ 특별시장 및 광역시장은 지역물류정책의 기본방향을 설정하는 10년 단위의 지역 물류기본계획을 5년마다 수립하여야 한다.

해설 ③ 국토교통부장관은 국가물류기본계획을 수립하거나 변경한 때에는 이를 관보에 고시하고, 관계 중앙행정기관의 장 및 시·도지사에게 통보하여야 한다(법 제11조 제5항).

키워드 ④ 국가물류정책위원회

09
물류정책기본법령상 국가물류정책위원회에 관한 설명으로 옳지 않은 것은? 기출 22년

① 국가물류정책위원회는 국가물류체계의 효율화에 관한 중요 정책 사항을 심의·조정한다.
② 국가물류정책위원회의 위원 중 공무원이 아닌 위원의 임기는 2년으로 하되, 연임할 수 있다.
③ 위원장이 사고로 인하여 회의에 참석하지 못하는 경우에는 위원장이 미리 지명한 위원이 그 직무를 대행한다.
④ 국가물류정책위원회의 업무를 효율적으로 추진하기 위하여 물류정책분과위원회, 물류시설분과위원회, 국제물류분과위원회를 둘 수 있다.
⑤ 물류시설분과위원회의 위원장은 해당 분과위원회의 위원 중에서 해양수산부장관이 지명하는 사람으로 한다.

> **해설** 각 분과위원회의 위원장은 해당 분과위원회의 위원 중에서 국토교통부장관(물류정책분과위원회 및 물류시설분과위원회의 경우로 한정) 또는 해양수산부장관(국제물류분과위원회의 경우로 한정)이 지명하는 사람으로 한다(영 제13조 제2항).

10
물류정책기본법령상 물류정책위원회에 관한 설명으로 옳지 않은 것은? 기출 24년

① 물류보안에 관한 중요 정책 사항은 국가물류정책위원회의 심의·조정 사항에 포함된다.
② 국가물류정책위원회의 분과위원회가 국가물류정책위원회에서 위임한 사항을 심의·조정한 때에는 분과위원회의 심의·조정을 국가물류정책위원회의 심의·조정으로 본다.
③ 국가물류정책위원회에 둘 수 있는 전문위원회는 녹색물류전문위원회와 생활물류전문위원회이다.
④ 지역물류정책에 관한 주요 사항을 심의하기 위하여 국토교통부장관 소속으로 지역물류정책위원회를 둘 수 있다.
⑤ 지역물류정책위원회는 위원장을 포함한 20명 이내의 위원으로 구성한다.

> **해설** 지역물류정책에 관한 주요 사항을 심의하기 위하여 시·도지사 소속으로 지역물류정책위원회를 둔다(법 제20조 제1항).

11
물류정책기본법령상 국가물류정책위원회 위원의 해촉사유에 해당하지 않는 것은? 기출 19년

① 심신쇠약 등으로 직무를 수행할 수 없게 된 경우
② 직무와 관련 없는 비위사실이 있는 경우
③ 직무태만으로 인하여 위원으로 적합하지 아니하다고 인정되는 경우
④ 품위손상으로 인하여 위원으로 적합하지 아니하다고 인정되는 경우
⑤ 위원 스스로 직무를 수행하는 것이 곤란하다고 의사를 밝히는 경우

> **해설** 국가물류정책위원회 위원의 해촉(영 제10조의2 제1항)
> - 심신쇠약 등으로 직무를 수행할 수 없게 된 경우
> - 직무와 관련된 비위사실이 있는 경우
> - 직무태만, 품위손상이나 그 밖의 사유로 인하여 위원으로 적합하지 않다고 인정되는 경우
> - 위원 스스로 직무를 수행하는 것이 곤란하다고 의사를 밝히는 경우

12
「물류정책기본법」상 국가물류정책위원회의 분과위원회로 규정되어 있는 것을 모두 고른 것은? 기출 17년

```
ㄱ. 물류정책분과위원회
ㄴ. 물류시설분과위원회
ㄷ. 물류보안분과위원회
ㄹ. 국제물류분과위원회
```

① ㄱ, ㄴ, ㄷ
② ㄱ, ㄴ, ㄹ
③ ㄱ, ㄷ, ㄹ
④ ㄴ, ㄷ, ㄹ
⑤ ㄱ, ㄴ, ㄷ, ㄹ

> **해설** 국가물류정책위원회의 분과위원회(법 제19조 제1항): 물류정책분과위원회, 물류시설분과위원회, 국제물류분과위원회

키워드 ❺ 물류회계의 표준화

13

물류정책기본법령상 물류회계의 표준화를 위한 기업물류비 산정지침에 포함되어야 하는 사항으로 명시되지 않은 것은? 기출 23년

① 물류비 관련 용어 및 개념에 대한 정의
② 우수물류기업 선정을 위한 프로그램 개발비의 상한
③ 영역별·기능별 및 자가·위탁별 물류비의 분류
④ 물류비의 계산 기준 및 계산 방법
⑤ 물류비 계산서의 표준 서식

> 해설 기업물류비 산정지침 포함사항(영 제18조)
> • 물류비 관련 용어 및 개념에 대한 정의
> • 영역별·기능별 및 자가·위탁별 물류비의 분류
> • 물류비의 계산 기준 및 계산 방법
> • 물류비 계산서의 표준 서식

14

물류정책기본법령상 물류회계의 표준화에 관한 설명으로 옳은 것은? 기출 18년

① 국토교통부장관은 물류기업 및 화주기업의 물류비 산정 기준 및 방법 등을 표준화하기 위하여 기업물류비 산정 지침을 작성하여 고시하여야 한다.
② 해양수산부장관은 화주기업이 기업물류비 산정지침에 따라 물류비를 관리하도록 하는 의무를 부과할 수 있다.
③ 산업통상부장관은 국토교통부장관과 협의하여 기업물류비 산정지침에 따라 물류비를 계산·관리하는 물류기업에 대하여는 필요한 행정적 지원을 하여야 한다.
④ 국토교통부장관은 기업물류비 산정지침에 따라 물류비를 계산·관리하는 화주기업에 대하여 재정적 지원을 할 수는 없다.
⑤ 물류비 관련 용어 및 개념에 대한 정의는 기업물류비 산정지침에 포함되어야 하는 사항이 아니다.

해설 ② 국토교통부장관은 물류기업 및 화주기업이 기업물류비 산정지침에 따라 물류비를 관리하도록 권고할 수 있다(법 제26조 제2항).
③·④ 국토교통부장관은 해양수산부장관 및 산업통상부장관과 협의하여 기업물류비 산정지침에 따라 물류비를 계산·관리하는 물류기업 및 화주기업에 대하여는 필요한 행정적·재정적 지원을 할 수 있다(법 제26조 제3항).
⑤ 물류비 관련 용어 및 개념에 대한 정의는 기업물류비 산정지침에 포함되어야 한다(영 제18조 제1호).

키워드 ❻ 물류공동화 및 자동화

15

물류정책기본법상 물류공동화 및 자동화 촉진에 관한 설명으로 옳은 것을 모두 고른 것은? 기출 23년

> ㄱ. 해양수산부장관은 물류공동화를 추진하는 물류기업에 대하여 예산의 범위에서 필요한 자금을 지원할 수 있다.
> ㄴ. 국토교통부장관은 화주기업이 물류공동화를 추진하는 경우에는 물류기업이나 물류 관련 단체와 공동으로 추진하도록 권고할 수 있다.
> ㄷ. 자치구 구청장은 물류공동화를 확산하기 위하여 필요한 경우에는 시범지역을 지정하거나 시범사업을 선정하여 운영할 수 있다.
> ㄹ. 산업통상부장관은 물류기업이 물류자동화를 위하여 물류시설 및 장비를 확충하거나 교체하려는 경우에는 필요한 자금을 지원할 수 있다.

① ㄱ, ㄷ
② ㄱ, ㄹ
③ ㄴ, ㄷ
④ ㄱ, ㄴ, ㄹ
⑤ ㄴ, ㄷ, ㄹ

해설 ㄷ(×). 국토교통부장관·해양수산부장관·산업통상부장관 또는 시·도지사는 물류공동화를 확산하기 위하여 필요한 경우에는 시범지역을 지정하거나 시범사업을 선정하여 운영할 수 있다(법 제23조 제4항).

16

물류정책기본법령상 물류 공동화·자동화 촉진에 관한 설명으로 옳은 것을 모두 고른 것은? [기출 22년]

> ㄱ. 시·도지사는 화주기업이 물류공동화를 추진하는 경우에는 물류기업과 공동으로 추진하도록 권고할 수 있다.
> ㄴ. 시·도지사는 물류기업이 정보통신기술을 활용하여 물류공동화를 추진하는 경우 우선적으로 예산의 범위에서 필요한 자금을 지원할 수 있다.
> ㄷ. 국토교통부장관·해양수산부장관 또는 산업통상부장관은 물류기업이 물류자동화를 위하여 물류시설 및 장비를 확충하거나 교체하려는 경우에는 필요한 자금을 지원할 수 있다.

① ㄱ
② ㄷ
③ ㄱ, ㄴ
④ ㄴ, ㄷ
⑤ ㄱ, ㄴ, ㄷ

해설 ㄱ. 법 제23조 제2항
ㄴ. 법 제23조 제3항
ㄷ. 법 제23조 제5항

키워드 ❼ 단위물류정보망 전담기관

17

물류정책기본법령상 단위물류정보망 전담기관으로 지정될 수 없는 것은? (단, 고시는 고려하지 않음) [기출 23년]

① 「한국자산관리공사 설립 등에 관한 법률」에 따른 한국자산관리공사
② 「인천국제공항공사법」에 따른 인천국제공항공사
③ 「한국공항공사법」에 따른 한국공항공사
④ 「한국도로공사법」에 따른 한국도로공사
⑤ 「항만공사법」에 따른 항만공사

해설 전담기관의 지정(법 제28조 제6항, 영 제20조 제5항)
관계 행정기관은 다음의 대통령령으로 정하는 공공기관 또는 물류정보의 수집·분석·가공·유통과 관련한 적절한 시설장비와 인력을 갖춘 자 중에서 단위물류정보망 전담기관을 지정한다.
- 「인천국제공항공사법」에 따른 인천국제공항공사
- 「한국공항공사법」에 따른 한국공항공사
- 「한국도로공사법」에 따른 한국도로공사
- 「한국철도공사법」에 따른 한국철도공사
- 「한국토지주택공사법」에 따른 한국토지주택공사
- 「항만공사법」에 따른 항만공사

18

물류정책기본법령상 공공기관이 아닌 자로서 단위물류정보망 전담기관으로 지정받을 수 있는 자의 시설장비와 인력 등의 기준에 해당하지 않는 것은? [기출 15년]

① 물류관리사 1명 이상을 보유할 것
② 자본금이 2억원 이상인 「상법」에 따른 주식회사일 것
③ 「국가기술자격법」에 따른 정보통신분야(기술·기능 분야)에서 3년 이상 근무한 경력이 있는 사람 1명 이상을 보유할 것
④ 물류정보 및 이와 관련된 전자문서의 송신·수신·중계 및 보관 시설장비를 갖출 것
⑤ 단위물류정보망을 안전하게 운영하기 위한 보호시설장비를 갖출 것

해설 인력 기준에 '물류관리사 1명 이상을 보유할 것'이라는 규정은 없다(영 제20조 제6항).

키워드 ⑧ 물류정보화

19

물류정책기본법령상 물류정보화에 관한 설명으로 옳지 않은 것은? 기출 20년

① 국토교통부장관·해양수산부장관·산업통상부장관 또는 관세청장은 물류정보화를 통한 물류체계의 효율화를 위하여 필요한 시책을 강구하여야 한다.
② 단위물류정보망은 물류정보의 수집·분석·가공 및 유통 등을 촉진하기 위하여 구축·운영된다.
③ 「한국토지주택공사법」에 따른 한국토지주택공사는 단위물류정보망 전담기관으로 지정될 수 있다.
④ 국토교통부장관, 해양수산부장관, 시·도지사 및 행정기관은 단위물류정보망 전담기관에 대한 지정을 취소하려면 청문을 하여야 한다.
⑤ 단위물류정보망 전담기관이 시설장비와 인력 등의 지정기준에 미달하게 된 경우에는 그 지정을 취소하여야 한다.

해설 전담기관을 지정하여 단위물류정보망을 구축·운영하는 관계 행정기관은 단위물류정보망 전담기관이 시설장비와 인력 등의 지정기준에 미달하게 된 경우에는 그 지정을 취소할 수 있다. 다만, 거짓이나 그 밖의 부정한 방법으로 지정을 받은 경우에는 지정을 취소하여야 한다(법 제28조 제8항).

20

「물류정책기본법」상 물류기업에 대하여 물류정보화에 관련된 프로그램의 개발비용의 일부를 지원할 수 있는 자가 아닌 것은? (단, 권한위임·위탁에 관한 규정은 고려하지 않음)

기출 17년

① 국토교통부장관 ② 해양수산부장관
③ 산업통상부장관 ④ 시·도지사
⑤ 관세청장

해설 국토교통부장관·해양수산부장관·산업통상부장관 또는 관세청장은 물류정보화를 촉진하기 위하여 필요한 경우에는 예산의 범위에서 물류기업 또는 물류관련단체에 대하여 물류정보화에 관련된 설비 또는 프로그램의 개발·운용비용의 일부를 지원할 수 있다(법 제27조 제2항).

키워드 ⑨ 위험물질운송안전관리센터 등

21

물류정책기본법령상 도로운송 시 위험물질운송안전관리센터의 감시가 필요한 위험물질을 운송하는 차량의 최대 적재량 기준에 관한 설명이다. ( )에 들어갈 내용은? 기출 23년

- 「위험물안전관리법」 제2조 제1항 제1호에 따른 위험물을 운송하는 차량 : (ㄱ)리터 이상
- 「화학물질관리법」 제2조 제7호에 따른 유해화학물질을 운송하는 차량 : (ㄴ)킬로그램 이상

① ㄱ : 5,000, ㄴ : 5,000
② ㄱ : 5,000, ㄴ : 10,000
③ ㄱ : 10,000, ㄴ : 5,000
④ ㄱ : 10,000, ㄴ : 10,000
⑤ ㄱ : 10,000, ㄴ : 20,000

해설 위험물질 운송차량의 최대 적재량 기준(규칙 제2조의2)
1. 「위험물안전관리법」 제2조 제1항 제1호에 따른 위험물을 운송하는 차량 : 10,000리터 이상
2. 「폐기물관리법」 제2조 제4호에 따른 지정폐기물을 운송하는 차량 : 10,000킬로그램 이상
3. 「화학물질관리법」 제2조 제7호에 따른 유해화학물질을 운송하는 차량 : 5,000킬로그램 이상
4. 「고압가스 안전관리법 시행규칙」 제2조 제1항 제1호에 따른 가연성가스를 운송하는 차량 : 6,000킬로그램 이상
5. 「고압가스 안전관리법 시행규칙」 제2조 제1항 제2호에 따른 독성가스를 운송하는 차량 : 2,000킬로그램 이상

22

물류정책기본법상 위험물질운송안전관리센터의 관리대상으로 명시된 위험물질을 모두 고른 것은? 기출 21년

ㄱ. 「위험물안전관리법」에 따른 위험물
ㄴ. 「화학물질관리법」에 따른 유해화학물질
ㄷ. 「폐기물관리법」에 따른 생활폐기물
ㄹ. 「고압가스 안전관리법」에 따른 고압가스
ㅁ. 「총포·도검·화약류 등 단속법」에 따른 화약류

① ㄱ, ㄴ, ㄷ ② ㄱ, ㄴ, ㄹ
③ ㄱ, ㄷ, ㅁ ④ ㄴ, ㄹ, ㅁ
⑤ ㄷ, ㄹ, ㅁ

해설 ㄱ. 법 제29조 제1항 제1호
ㄴ. 법 제29조 제1항 제2호
ㄹ. 법 제29조 제1항 제3호

키워드 ⑩ 물류체계의 효율화

23

물류정책기본법령상 물류정보화를 통한 물류체계의 효율화 시책에 포함되어야 할 사항에 해당하지 않는 것은? 기출 19년

① 물류환경의 변화와 전망에 관한 사항
② 물류정보의 연계 및 공동활용에 관한 사항
③ 물류정보의 표준에 관한 사항
④ 물류정보의 보안에 관한 사항
⑤ 물류분야 정보통신기술의 도입 및 확산에 관한 사항

해설 물류환경의 변화와 전망에 관한 사항은 물류정보화를 통한 물류체계의 효율화 시책을 강구할 때 포함되어야 할 사항에는 해당하지 않는다(영 제19조 제1항).

24

물류정책기본법상 물류체계의 효율화에 관한 설명으로 옳지 않은 것은? 기출 24년

① 국토교통부장관·해양수산부장관 또는 산업통상부장관은 효율적인 물류활동을 위하여 필요한 물류시설 및 장비를 확충할 것을 물류기업에 권고할 수 있다.
② 국토교통부장관·해양수산부장관·산업통상부장관 또는 시·도지사는 물류공동화를 추진하는 물류기업이나 화주기업 또는 물류 관련 단체에 대하여 예산의 범위에서 필요한 자금을 지원할 수 있다.
③ 국토교통부장관·해양수산부장관 또는 산업통상부장관은 물류기업이 물류자동화를 위하여 물류시설 및 장비를 확충하거나 교체하려는 경우에는 필요한 자금을 지원할 수 있다.
④ 국토교통부장관 또는 해양수산부장관은 물류표준화에 관한 업무를 효과적으로 추진하기 위하여 필요하다고 인정하는 경우에는 통계청장에게 「산업표준화법」에 따른 한국산업표준의 제정·개정 또는 폐지를 요청하여야 한다.
⑤ 국토교통부장관·해양수산부장관·산업통상부장관 또는 관세청장은 물류정보화를 통한 물류체계의 효율화를 위하여 필요한 시책을 강구하여야 한다.

해설 국토교통부장관 또는 해양수산부장관은 물류표준화에 관한 업무를 효과적으로 추진하기 위하여 필요하다고 인정하는 경우에는 산업통상부장관에게 「산업표준화법」에 따른 한국산업표준의 제정·개정 또는 폐지를 요청할 수 있다(법 제24조 제1항).

키워드 ⑪ 국가물류통합정보센터의 운영자

25

물류정책기본법령상 국가물류통합정보센터의 운영자로 지정될 수 없는 자는? `기출 23년`

① 중앙행정기관
② 「한국토지주택공사법」에 따른 한국토지주택공사
③ 「과학기술분야 정부출연연구기관 등의 설립·운영 및 육성에 관한 법률」에 따른 정부출연연구기관
④ 자본금 1억원인 「상법」상 주식회사
⑤ 「물류정책기본법」에 따라 설립된 물류관련협회

> **해설** 국토교통부장관은 다음에 해당하는 자를 국가물류통합정보센터의 운영자로 지정할 수 있다(법 제30조의2 제2항).
> • 중앙행정기관
> • 대통령령으로 정하는 공공기관 : 인천국제공항공사, 한국공항공사, 한국도로공사, 한국철도공사, 한국토지주택공사, 항만공사
> • 정부출연연구기관
> • 물류관련협회
> • 그 밖에 자본금 2억원 이상, 업무능력 등 정하는 기준과 자격을 갖춘 「상법」상의 주식회사

26

물류정책기본법령상 국가물류통합정보센터에 관한 설명으로 옳지 않은 것은? `기출 24년`

① 국토교통부장관은 국가물류통합정보센터를 설치·운영할 수 있다.
② 국토교통부장관은 자본금 2억원 이상, 업무능력 등 대통령령으로 정하는 기준과 자격을 갖춘 「상법」상의 주식회사를 국가물류통합정보센터의 운영자로 지정할 수 있다.
③ 국토교통부장관은 국가물류통합정보센터운영자를 지정하려는 경우에는 미리 물류정책분과위원회의 심의를 거쳐 신청방법 등을 정하여 30일 이상 관보 또는 인터넷 홈페이지에 이를 공고하여야 한다.
④ 국토교통부장관은 국가물류통합정보센터운영자가 국가물류통합데이터베이스의 물류정보를 영리를 목적으로 사용한 경우에는 그 지정을 취소할 수 있다.
⑤ 국토교통부장관은 해양수산부장관·산업통상부장관 및 관세청장과 협의하여 국가물류통합정보센터운영자에게 필요한 지원을 할 수 있다.

> **해설** 국토교통부장관은 국가물류통합정보센터운영자를 지정하려는 경우에는 미리 물류시설분과위원회의 심의를 거쳐 신청방법 등을 정하여 30일 이상 관보 또는 인터넷 홈페이지에 이를 공고하여야 한다(영 제22조 제1항).

키워드 ⑫ 물류보안 관련 활동

27
물류정책기본법령상 국토교통부장관으로부터 물류기업이 행정적·재정적 지원을 받을 수 있는 물류 보안 관련 활동에 해당하지 않는 것은? 기출 19년

① 물류보안 관련 시설·장비의 개발·도입
② 물류보안 관련 제도·표준 등 국가물류보안 시책의 수립
③ 물류보안 관련 교육 및 프로그램의 운영
④ 물류보안 관련 시설·장비의 유지·관리
⑤ 물류보안 사고 발생에 따른 사후복구조치

> 해설 ② 물류보안 관련 제도·표준 등 국가 물류보안 시책의 준수이다(법 제35조의2 제2항 제2호).

28
물류정책기본법령상 국토교통부장관이 관계 중앙행정기관의 장과 협의하여 물류기업 또는 화주기업에 대해 행정적·재정적 지원을 할 수 있는 물류 보안 활동으로 명시되지 않은 것은? 기출 15년

① 물류보안 관련 시설 유지
② 물류보안 관련 장비의 개발·도입
③ 물류보안 관련 프로그램의 운영
④ 물류보안 사고 발생의 예방조치
⑤ 물류보안 관련 제도·표준 등 국가 물류보안 시책의 준수

> 해설 국토교통부장관은 관계 중앙행정기관의 장과 협의하여 물류기업 또는 화주기업이 다음에 해당하는 활동을 하는 경우에는 행정적·재정적 지원을 할 수 있다(법 제35조의2 제2항, 영 제26조의2).
> 1. 물류보안 관련 시설·장비의 개발·도입
> 2. 물류보안 관련 제도·표준 등 국가 물류보안 시책의 준수
> 3. 물류보안 관련 교육 및 프로그램의 운영
> 4. 물류보안 관련 시설·장비의 유지·관리
> 5. 물류보안 사고 발생에 따른 사후복구조치
> 6. 그 밖에 국토교통부장관이 정하여 고시하는 활동

키워드 ⑬ 국제물류주선업

29
물류정책기본법상 국제물류주선업에 관한 설명으로 옳은 것은? 기출 21년

① 국제물류주선업을 경영하려는 자는 국토교통부장관에게 등록하여야 한다.
② 피한정후견인은 국제물류주선업의 등록을 할 수 있다.
③ 국제물류주선업자가 사망한 때에는 그 상속인은 국제물류주선업의 등록에 따른 권리·의무를 승계한다.
④ 등록증 대여 등의 금지규정에 위반하여 다른 사람에게 등록증을 대여한 경우에는 시·도지사는 사업의 전부의 정지를 명할 수 있다.
⑤ 시·도지사는 국제물류주선업자가 거짓이나 그 밖의 부정한 방법으로 등록을 한 경우에는 사업의 일부의 정지를 명할 수 있다.

> 해설 ① 국제물류주선업을 경영하려는 자는 국토교통부령으로 정하는 바에 따라 시·도지사에게 등록하여야 한다(법 제43조 제1항).
> ② 피한정후견인은 국제물류주선업의 등록을 할 수 없다(법 제44조 제1호).
> ④ 등록증 대여 등의 금지규정에 위반하여 다른 사람에게 등록증을 대여한 경우에는 시·도지사는 등록을 취소하여야 한다(법 제47조 제1항 제5호).
> ⑤ 시·도지사는 국제물류주선업자가 거짓이나 그 밖의 부정한 방법으로 등록을 한 경우에는 등록을 취소하여야 한다(법 제47조 제1항 제1호).

30

물류정책기본법상 국제물류주선업에 관한 설명으로 옳은 것은? 기출 20년

① 국제물류주선업을 경영하려는 자는 국토교통부령으로 정하는 바에 따라 시·도지사에게 등록하여야 한다.
② 국제물류주선업 등록을 하려는 자는 2억원 이상의 자본금(법인이 아닌 경우에는 4억원 이상의 자산평가액을 말한다)을 보유하여야 한다.
③ 거짓이나 그 밖의 부정한 방법으로 등록을 한 경우에는 국제물류주선업 등록을 취소하거나 6개월 이내의 기간을 정하여 사업의 전부 또는 일부의 정지를 명할 수 있다.
④ 국제물류주선업자가 사망한 때 상속인에게는 국제물류주선업의 등록에 따른 권리·의무가 승계되지 않는다.
⑤ 국제물류주선업의 등록에 따른 권리·의무를 승계하려는 자는 국토교통부장관의 허가를 얻어야 한다.

해설 ② 국제물류주선업 등록을 하려는 자는 3억원 이상의 자본금(법인이 아닌 경우에는 6억원 이상의 자산평가액을 말한다)을 보유하고 그 밖에 대통령령으로 정하는 기준을 충족하여야 한다(법 제43조 제3항).
③ 거짓이나 그 밖의 부정한 방법으로 등록을 한 경우에는 국제물류주선업 등록을 취소하여야 한다(법 제47조 제1항 단서).
④ 국제물류주선업자가 그 사업을 양도하거나 사망한 때 또는 법인이 합병한 때에는 그 양수인·상속인 또는 합병 후 존속하는 법인이나 합병으로 설립되는 법인은 국제물류주선업의 등록에 따른 권리·의무를 승계한다(법 제45조 제1항).
⑤ 국제물류주선업의 등록에 따른 권리·의무를 승계한 자는 국토교통부령으로 정하는 바에 따라 시·도지사에게 신고하여야 한다(법 제45조 제2항).

31

물류정책기본법상 국제물류주선업의 등록을 할 수 있는 자는? 기출 19년

① 피한정후견인
② 「물류정책기본법」을 위반하여 금고 이상의 실형을 선고받고 그 집행이 종료되거나 집행이 면제된 날부터 2년이 지나지 아니한 자
③ 「유통산업발전법」을 위반하여 금고 이상의 형의 집행유예를 선고받고 그 유예기간 중에 있는 자
④ 「화물자동차 운수사업법」을 위반하여 벌금형을 선고받고 2년이 지나지 아니한 자
⑤ 대표자가 피성년후견인인 법인

해설 ①·⑤ 법 제44조 제1호, ② 법 제44조 제2호, ④ 법 제44조 제4호

키워드 ⓴ 물류인력의 양성 및 물류관리사

32

물류정책기본법령상 물류인력의 양성 및 물류관리사에 관한 설명으로 옳지 않은 것은? 기출 22년

① 「대한무역투자진흥공사법」에 따른 대한무역투자진흥공사는 물류연수기관이 될 수 없다.
② 물류관리사는 물류활동과 관련하여 전문지식이 필요한 사항에 대하여 계획·조사·연구·진단 및 평가 또는 이에 관한 상담·자문, 그 밖에 물류관리에 필요한 직무를 수행한다.
③ 국토교통부장관은 물류관리사를 고용한 물류관련 사업자에 대하여 다른 사업자보다 우선하여 행정적·재정적 지원을 할 수 있다.
④ 물류관리사는 다른 사람에게 자격증을 대여하여서는 아니된다.
⑤ 물류관리사 자격의 취소를 하려면 청문을 하여야 한다.

해설 ① 「대한무역투자진흥공사법」에 따른 대한무역투자진흥공사는 물류연수기관이 될 수 있다(규칙 제11조 제5호).

33

물류정책기본법령상 물류관리사에 관한 설명으로 옳지 않은 것은? 기출 17년

① 물류관리사는 물류활동과 관련하여 전문지식이 필요한 사항에 대하여 계획·조사·연구·진단 및 평가 또는 이에 관한 상담·자문, 그 밖에 물류관리에 필요한 직무를 수행한다.
② 물류관리사 자격시험은 필기의 방식으로 실시하고, 선택형을 원칙으로 하되 기입형을 가미할 수 있다.
③ 물류관리사가 그 자격을 부정한 방법으로 취득한 때에는 국토교통부장관은 그 자격을 취소하여야 한다.
④ 물류관리사가 다른 사람에게 자기의 성명을 사용하여 영업을 하게 한 때에는 국토교통부장관은 그 자격을 취소하여야 한다.
⑤ 국토교통부장관은 물류관리사를 고용한 물류관련 사업자에 대하여 다른 사업자보다 우선하여 재정적 지원을 하려는 경우 미리 시·도지사와 협의하여야 한다.

> **해설** ⑤ 국토교통부장관 또는 시·도지사는 물류관리사를 고용한 물류관련 사업자에 대하여 다른 사업자보다 우선하여 행정적·재정적 지원을 할 수 있으며, 시·도지사는 지원을 하려는 경우에는 중복을 방지하기 위하여 미리 국토교통부장관과 협의하여야 한다(법 제54조).

키워드 ⑮ 우수물류기업의 인증

34

물류정책기본법령상 우수물류기업의 인증에 관한 설명으로 옳지 않은 것은? 기출 24년

① 국토교통부장관 및 해양수산부장관은 물류기업의 육성과 물류산업 발전을 위하여 소관 물류기업을 각각 우수물류기업으로 인증할 수 있다.
② 우수물류기업의 인증은 물류사업별로 운영할 수 있다.
③ 국토교통부장관 또는 해양수산부장관은 인증우수물류기업이 해당 요건을 유지하는지에 대하여 국토교통부와 해양수산부의 공동부령으로 정하는 바에 따라 2년마다 점검하여야 한다.
④ 국토교통부장관 또는 해양수산부장관은 소관 인증우수물류기업이 물류사업으로 인하여 공정거래위원회로부터 시정조치를 받은 경우에는 그 인증을 취소할 수 있다.
⑤ 국토교통부장관 및 해양수산부장관은 우수물류기업의 인증과 관련하여 우수물류기업 인증심사대행기관을 공동으로 지정하여 인증신청의 접수를 하게 할 수 있다.

> **해설** 국토교통부장관 또는 해양수산부장관은 우수물류기업이 우수물류기업인증 등에 필요한 요건을 유지하는지에 대하여 국토교통부와 해양수산부의 공동부령으로 정하는 바에 따라 3년마다 점검하여야 한다(영 제28조 제1항).

35

물류정책기본법상 국토교통부장관 또는 해양수산부장관이 소관 인증우수물류기업의 인증을 취소하여야 하는 경우는? 기출 23년

① 거짓이나 그 밖의 부정한 방법으로 인증을 받은 경우
② 물류사업으로 인하여 공정거래위원회로부터 과징금 부과 처분을 받은 경우
③ 인증요건의 유지여부 점검을 정당한 사유 없이 3회 이상 거부한 경우
④ 우수물류기업의 인증기준에 맞지 아니하게 된 경우
⑤ 다른 사람에게 자기의 성명 또는 상호를 사용하여 영업을 하게 하거나 인증서를 대여한 때

해설 ① 국토교통부장관 또는 해양수산부장관은 소관 인증우수물류기업이 거짓이나 그 밖의 부정한 방법으로 인증을 받은 경우에는 인증을 취소하여야 한다(법 제39조 제1항).

키워드 16   물류산업의 경쟁력 강화&물류신고센터

36

물류정책기본법령상 물류신고센터에 관한 설명으로 옳은 것은? 기출 21년

① 물류신고센터는 신고 내용이 명백히 거짓인 경우 접수된 신고를 종결할 수 있으며, 이 경우 종결사유를 신고자에게 통보할 필요가 없다.
② 물류신고센터의 장은 산업통상부장관이 지명하는 사람이 된다.
③ 화물운송의 단가를 인하하기 위한 고의적 재입찰 행위로 발생한 분쟁에 대해서는 물류신고센터에 신고할 수 없다.
④ 물류신고센터는 신고 내용이 이미 수사나 감사 중에 있다는 이유로 접수된 신고를 종결할 수 없다.
⑤ 물류신고센터가 조정을 권고하는 경우에는 신고의 주요내용, 조정권고 내용, 조정권고에 대한 수락 여부 통보기한, 향후 신고 처리에 관한 사항을 명시하여 서면으로 통지해야 한다.

해설 ① 물류신고센터는 신고 내용이 명백히 거짓인 경우 접수된 신고를 종결할 수 있으며, 이 경우 종결 사실과 사유를 신고자에게 서면 등의 방법으로 통보해야 한다(규칙 제4조의3 제1호).
② 물류신고센터의 장은 국토교통부 또는 해양수산부의 물류정책을 총괄하는 부서의 장으로서 국토교통부장관 또는 해양수산부장관이 지명하는 사람이 된다(영 제27조의2 제2항).
③ 화물운송의 단가를 인하하기 위한 고의적 재입찰 행위로 발생한 분쟁에 대해서는 물류신고센터에 신고할 수 있다(법 제37조의2 제2항 제2호).
④ 물류신고센터는 신고 내용이 이미 수사나 감사 중에 있는 경우 접수된 신고를 종결할 수 있다(규칙 제4조의3 제5호).

37

물류정책기본법령상 물류신고센터가 화주기업 또는 물류기업 등 이해관계인에게 조정을 권고하는 경우 서면으로 통지하여야 하는 사항을 모두 고른 것은? 기출 19년

ㄱ. 신고의 주요내용
ㄴ. 조정권고 내용
ㄷ. 조정권고에 대한 수락 여부 통보기한
ㄹ. 향후 신고 처리에 관한 사항
ㅁ. 그 밖에 물류신고센터의 장이 인정하는 사항

① ㄱ, ㄴ
② ㄴ, ㄷ, ㅁ
③ ㄱ, ㄴ, ㄷ, ㄹ
④ ㄱ, ㄷ, ㄹ, ㅁ
⑤ ㄴ, ㄷ, ㄹ, ㅁ

해설 조정의 권고(규칙 제4조의5)
• 신고의 주요내용
• 조정권고에 대한 수락 여부 통보기한
• 조정권고 내용
• 향후 신고 처리에 관한 사항

키워드 17   물류관련협회

38

물류정책기본법령상 물류관련협회 및 민·관 합동 물류지원센터에 관한 설명으로 옳지 않은 것은? 기출 24년

① 국토교통부장관 또는 해양수산부장관은 물류관련협회 설립의 인가권자이다.
② 물류관련협회는 법인으로 한다.
③ 물류관련협회는 해당 사업의 진흥·발전에 필요한 통계의 작성·관리와 외국자료의 수집·조사·연구사업을 수행한다.
④ 국토교통부장관·해양수산부장관·산업통상부장관 및 대통령령으로 정하는 물류관련협회 및 물류관련 전문기관·단체는 공동으로 물류지원센터를 설치·운영할 수 있다.
⑤ 민·관 합동 물류지원센터의 장은 3년마다 사업계획을 수립한다.

해설 ⑤ 민·관 합동 물류지원센터의 장은 매 연도별로 사업계획을 수립한다(영 제46조 제2항 전단).

39

물류정책기본법상 물류관련협회에 관한 설명으로 옳지 않은 것은? 기출 21년

① 물류관련협회를 설립하려는 경우에는 해당 협회의 회원이 될 자격이 있는 기업 100개 이상이 발기인으로 정관을 작성하여야 한다.
② 물류관련협회를 설립하려는 경우에는 해당 협회의 회원이 될 자격이 있는 기업 150개 이상이 참여한 창립총회의 의결을 거쳐야 한다.
③ 물류관련협회를 설립하려는 경우에는 소관에 따라 국토교통부장관 또는 해양수산부장관의 설립인가를 받아야 한다.
④ 물류관련협회는 설립인가를 받아 설립등기를 함으로써 성립한다.
⑤ 물류관련협회는 법인으로 한다.

해설 ② 물류관련협회를 설립하려는 경우에는 해당 협회의 회원이 될 자격이 있는 기업 200개 이상이 참여한 창립총회의 의결을 거쳐야 한다(법 제55조 제2항).

키워드 18 환경친화적 물류

40

물류정책기본법령상 환경친화적 물류의 촉진에 관한 설명으로 옳지 않은 것은? 기출 21년

① 환경친화적인 연료를 사용하는 운송수단으로 전환하는 경우는 지원의 대상이 된다.
② 시·도지사는 물류기업이 환경친화적인 포장재료를 사용하는 경우 행정적·재정적 지원을 할 수 있다.
③ 화물자동차의 배출가스를 저감하기 위한 장비투자를 하는 경우는 지원의 대상이 된다.
④ 선박의 배출가스를 저감하기 위한 시설투자를 하는 경우는 지원의 대상이 된다.
⑤ 시·도지사는 환경친화적 물류활동을 모범적으로 하는 물류기업을 우수기업으로 지정할 수 있다.

해설 ⑤ 국토교통부장관은 환경친화적 물류활동을 모범적으로 하는 물류기업과 화주기업을 우수기업으로 지정할 수 있다(법 제60조의3 제1항).

41

물류정책기본법상 환경친화적 물류의 촉진에 관한 설명으로 옳지 않은 것은? 기출 24년

① 국토교통부장관·해양수산부장관 또는 시·도지사는 물류활동이 환경친화적으로 추진될 수 있도록 관련 시책을 마련하여야 한다.
② 국토교통부장관·해양수산부장관 또는 시·도지사는 물류기업 및 화주기업에 대하여 환경친화적인 운송수단으로의 전환을 권고하고 지원할 수 있다.
③ 국토교통부장관은 환경친화적 물류활동을 모범적으로 하는 물류기업과 화주기업을 우수기업으로 지정할 수 있다.
④ 국토교통부장관은 우수녹색물류실천기업 지정심사대행기관이 고의 또는 중대한 과실로 지정기준 및 절차를 위반한 경우에는 그 지정을 취소하여야 한다.
⑤ 우수녹색물류실천기업 지정심사대행기관은 공공기관 또는 정부출연연구기관 중에서 지정한다.

해설 ④ 국토교통부장관은 지정심사대행기관이 고의 또는 중대한 과실로 지정 기준 및 절차를 위반한 경우에는 그 지정을 취소할 수 있다(법 제60조의8 제2호).

키워드 ⑲ 국제물류사업의 촉진 및 지원

42

「물류정책기본법」상 국제물류사업의 촉진 및 지원에 관한 조문의 일부이다. ( )에 들어갈 내용을 바르게 나열한 것은? 기출 18년

- 국토교통부장관·해양수산부장관 또는 시·도지사는 (ㄱ), 국내 물류기업의 해외진출, 해외 물류기업의 유치 및 (ㄴ)의 유치 등 국제물류 촉진을 위한 시책을 마련하여야 한다.
- 국토교통부장관 및 해양수산부장관은 범정부차원의 지원이 필요한 국가 간 물류협력체의 구성 또는 정부 간 협정의 체결 등에 관하여는 미리 (ㄷ)의 심의를 거쳐야 한다.

① ㄱ: 국제물류협력체계 구축, ㄴ: 국제물류사업,
  ㄷ: 국가물류정책위원회
② ㄱ: 국제물류협력체계 구축, ㄴ: 환적(換積)화물,
  ㄷ: 국가물류정책위원회
③ ㄱ: 국제물류협력체계 구축, ㄴ: 환적(換積)화물,
  ㄷ: 국무회의
④ ㄱ: 물류 관련 국제표준화, ㄴ: 환적(換積)화물,
  ㄷ: 국가물류정책위원회
⑤ ㄱ: 물류 관련 국제표준화, ㄴ: 국제물류사업,
  ㄷ: 국무회의

해설
- 국토교통부장관·해양수산부장관 또는 시·도지사는 국제물류협력체계 구축, 국내 물류기업의 해외진출, 해외물류기업의 유치 및 환적(換積)화물의 유치 등 국제물류 촉진을 위한 시책을 마련하여야 한다(법 제61조 제1항).
- 국토교통부장관 및 해양수산부장관은 범정부차원의 지원이 필요한 국가 간 물류협력체의 구성 또는 정부 간 협정의 체결 등에 관하여는 미리 국가물류정책위원회의 심의를 거쳐야 한다(법 제61조 제3항).

키워드 ⑳ 벌칙 혹은 과태료 등

43

물류정책기본법상 위반행위자에 대한 벌칙 혹은 과태료의 상한이 중한 것부터 경한 순서로 바르게 나열한 것은? 기출 20년

- ㄱ. 국가물류통합정보센터 또는 단위물류정보망에 의하여 처리·보관 또는 전송되는 물류정보를 훼손한 자
- ㄴ. 우수물류기업의 인증이 취소되었음에도 인증마크를 계속 사용한 자
- ㄷ. 단말장치의 장착명령에 위반했음을 이유로 하여 내린 위험물질 운송차량의 운행중지 명령에 따르지 아니한 자
- ㄹ. 국제물류주선업의 등록을 하지 아니하고 국제물류주선업을 경영한 자

① ㄱ - ㄷ - ㄴ - ㄹ
② ㄱ - ㄹ - ㄷ - ㄴ
③ ㄷ - ㄱ - ㄹ - ㄴ
④ ㄹ - ㄱ - ㄴ - ㄷ
⑤ ㄹ - ㄷ - ㄴ - ㄱ

해설 ㄱ. 5년 이하의 징역 또는 5천만원 이하의 벌금(법 제71조 제2항)
ㄴ. 200만원 이하의 과태료(법 제73조 제1항 제3호)
ㄷ. 1천만원 이하의 벌금(법 제71조 제7항 제1호)
ㄹ. 1년 이하의 징역 또는 1천만원 이하의 벌금(법 제71조 제4항 제2호)

CHAPTER 02 시험에 꼭 나오는 필수문제

01 물류시설의 개발 및 운영에 관한 법령상 물류단지의 개발 및 운영에 관한 설명으로 옳은 것은? 기출 22년

① 도시첨단물류단지개발사업의 경우에는 물류단지 실수요 검증을 실수요검증위원회의 자문으로 갈음할 수 없다.
② 물류단지개발지침의 내용 중 토지가격의 안정을 위하여 필요한 사항을 변경할 때에는 시·도지사의 의견을 듣고 관계 중앙행정기관의 장과 협의한 후 물류시설분과위원회의 심의를 거쳐야 한다.
③ 국가정책사업으로 물류단지를 개발하는 경우 일반물류단지의 지정권자는 시·도지사가 된다.
④ 도시첨단물류단지개발사업의 시행자는 「공공주택 특별법」 제2조 제2호에 따른 공공주택지구내 사업에 따른 시설과 도시첨단물류단지개발사업에 따른 시설을 일단의 건물로 조성할 수 있다.
⑤ 공고된 물류단지개발계획안의 내용에 대하여 의견이 있는 자는 그 열람기간 내에 물류단지지정권자에게 의견서를 제출할 수 있다.

해설 ① 도시첨단물류단지개발사업의 경우에는 물류단지 실수요 검증을 실수요검증위원회의 자문으로 갈음할 수 있다(법 제22조의7 제3항).
② 국토교통부장관은 물류단지개발지침을 작성할 때에는 미리 시·도지사의 의견을 듣고 관계 중앙행정기관의 장과 협의한 후 「물류정책기본법」에 따른 물류시설분과위원회의 심의를 거쳐야 한다. 물류단지개발지침을 변경할 때[국토교통부령으로 정하는 경미한 사항(토지가격의 안정을 위하여 필요한 사항)을 변경할 때는 제외]에도 또한 같다(법 제22조의6 제2항, 영 제15조 제1항 제6호, 규칙 제16조).
③ 국가정책사업으로 물류단지를 개발하는 경우 일반물류단지의 지정권자는 국토교통부장관이 된다(법 제22조 제1항 제1호).
⑤ 공고된 물류단지개발계획안의 내용에 대하여 의견이 있는 자는 그 열람기간 내에 해당 시장·군수·구청장에게 의견서를 제출할 수 있다(영 제17조 제2항).

기출문제 엿보기

☑ 물류시설의 개발 및 운영에 관한 법률상 물류단지의 개발 및 운영에 관한 설명으로 옳은 것은? 25·18·17·16년
☑ 물류시설의 개발 및 운영에 관한 법령상 물류단지의 개발 및 운영에 관한 설명으로 옳지 않은 것은? 21·15년

02 물류시설의 개발 및 운영에 관한 법률상 복합물류터미널사업의 등록을 할 수 없는 결격사유에 해당하는 것은? 기출 24년

① 「물류시설의 개발 및 운영에 관한 법률」을 위반하여 벌금형을 선고받은 후 3년이 된 자
② 「물류시설의 개발 및 운영에 관한 법률」을 위반하여 금고형을 선고받은 후 1년이 된 자
③ 「물류시설의 개발 및 운영에 관한 법률」을 위반하여 징역형을 선고받은 후 2년 6개월이 된 자
④ 법인으로서 그 임원이 아닌 직원 중에 파산선고를 받고 복권되지 아니한 자가 있는 경우
⑤ 법인으로서 그 임원 중에 「물류시설의 개발 및 운영에 관한 법률」을 위반하여 금고형의 집행유예를 선고받고 그 유예기간 종료 후 1년이 된 자가 있는 경우

해설 ② 「물류시설의 개발 및 운영에 관한 법률」을 위반하여 금고 이상의 실형을 선고받고 그 집행이 종료(집행이 종료된 것으로 보는 경우를 포함)되거나 집행이 면제된 날부터 2년이 지나지 아니한 자(법 제8조 제3호 나목)

기출문제 엿보기

☑ 물류시설의 개발 및 운영에 관한 법률상 복합물류터미널사업의 등록에 관한 설명으로 옳지 않은 것은? 23·21년

☑ 물류시설의 개발 및 운영에 관한 법률상 국토교통부장관이 복합물류터미널사업자의 등록을 취소하여야 하는 것을 모두 고른 것은? 20년

03 물류시설의 개발 및 운영에 관한 법령상 용어의 설명으로 옳지 않은 것은? 기출 21년

① 「철도사업법」에 따른 철도사업자가 그 사업에 사용하는 화물운송·하역 및 보관 시설은 일반물류단지 안에 설치하더라도 일반물류단지시설에 해당하지 않는다.
② 「유통산업발전법」에 따른 공동집배송센터를 경영하는 사업은 물류터미널사업에서 제외된다.
③ 「주차장법」에 따른 주차장에서 자동차를 보관하는 사업은 물류창고업에서 제외된다.
④ 화물의 집화·하역과 관련된 가공·조립 시설의 전체 바닥면적 합계가 물류터미널의 전체 바닥면적 합계의 4분의 1을 넘는 경우에는 물류터미널에 해당하지 않는다.
⑤ 물류단지시설의 운영을 효율적으로 지원하기 위하여 물류단지 안에 설치되는 금융·보험·의료시설은 지원시설에 해당된다.

해설 ① 「철도사업법」에 따른 철도사업자가 그 사업에 사용하는 화물운송·하역 및 보관 시설은 일반물류단지시설에 해당한다(법 제2조 제7호 자목, 영 제2조 제2항 제5호).

기출문제 엿보기

☑ 물류시설의 개발 및 운영에 관한 법률상 용어의 정의에 관한 설명으로 옳지 않은 것은? 25년

☑ 물류시설의 개발 및 운영에 관한 법령상 용어에 관한 설명으로 옳은 것은? 18년

☑ 물류시설의 개발 및 운영에 관한 법령상 용어에 관한 설명으로 옳지 않은 것은? 17·15·13년

CHAPTER 02 물류시설의 개발 및 운영에 관한 법률

〈법률 제21065호, 2025. 10. 1. 타법개정, 2025. 10. 1. 시행〉

핵심 포인트
- ☑ 용어의 정의
- ☑ 복합물류터미널사업
- ☑ 물류단지의 개발 및 운영
- ☑ 물류단지 개발사업 시행자
- ☑ 물류시설개발종합계획
- ☑ 물류창고업
- ☑ 물류단지개발사업

CORE 01 총칙

1. 법의 목적 및 용어

(1) 법의 목적(법 제1조)

이 법은 물류시설을 합리적으로 배치·운영하고 물류시설 용지를 원활히 공급하여 물류산업의 발전을 촉진함으로써 국가경쟁력을 강화하고 국토의 균형 있는 발전과 국민경제의 발전에 이바지함을 목적으로 한다.

(2) 용어의 정의(법 제2조)

① 물류시설 [기출] 25년/ 18년/ 17년/ 13년/ 12년
  ㉠ 화물의 운송·보관·하역을 위한 시설
  ㉡ 화물의 운송·보관·하역과 관련된 가공·조립·분류·수리·포장·상표부착·판매·정보통신 등의 활동을 위한 시설
    →물류의 공동화·자동화 및 정보화를 위한 시설은 물류시설에 속하지 않는다(×)
  ㉢ **물류의 공동화·자동화 및 정보화를 위한 시설**
  ㉣ ㉠~㉢의 시설이 모여 있는 물류터미널 및 물류단지

② 물류터미널 [기출] 21년/ 18년/ 16년/ 15년/ 12년
  ㉠ 화물의 집화·하역 및 이와 관련된 분류·포장·보관·가공·조립 또는 통관 등에 필요한 기능을 갖춘 시설물을 말한다.
    1/5인 경우는 물류터미널에 속하지 않는다(×)
  ㉡ 다만, **가공·조립 시설**은 전체 바닥면적의 합계가 물류터미널의 전체 바닥면적 합계의 **4분의1 이하**의 규모이어야 한다.
    →가공·통관 시설(×)

③ **물류터미널사업** 기출▶ 25년/ 18년/ 17년/ 15년/ 14년/ 13년/ 12년

물류터미널을 경영하는 사업으로서 복합물류터미널사업과 일반물류터미널사업을 말한다. 다만, 다음의 시설물을 경영하는 사업은 제외한다. → 포함한다(×)

> 1. 「항만법」에 의한 항만시설 중 항만구역 안에 있는 화물하역시설 및 화물보관 · 처리 시설
> 2. 「공항시설법」에 의한 공항시설 중 공항구역 안에 있는 화물운송을 위한 시설과 그 부대시설 및 지원시설
> 3. 「철도사업법」에 따른 철도사업자가 그 사업에 사용하는 화물운송 · 하역 및 보관 시설
>   └→ 「유통산업발전법」상 집배송시설 및 공동집배송센터를 경영하는 사업은 복합물류터미널사업에 속한다(×)
> 4. 「유통산업발전법」에 의한 집배송시설 및 공동집배송센터

④ **복합물류터미널사업** 기출▶ 22년/ 19년/ 17년/ 16년/ 15년/ 14년

두 종류 이상의 운송수단 간의 연계운송을 할 수 있는 규모 및 시설을 갖춘 물류터미널사업을 말한다.
　└→ 세 종류 이상(×)

⑤ **일반물류터미널사업** : 물류터미널사업 중 복합물류터미널사업을 제외한 것을 말한다.

⑥ **물류창고** 기출▶ 16년/ 15년

화물의 저장 · 관리, 집화 · 배송 및 수급조정 등을 위한 보관시설(주문 수요를 예측하여 소형 · 경량 위주의 화물을 미리 보관하고 소비자의 주문에 대응하여 즉시 배송하기 위한 주문배송시설을 포함) · 보관장소 또는 이와 관련된 하역 · 분류 · 포장 · 상표부착 등에 필요한 기능을 갖춘 시설을 말한다.

⑦ **물류창고업** 기출▶ 25년/ 21년/ 17년/ 15년/ 13년

화주의 수요에 따라 유상으로 물류창고에 화물을 보관하거나 이와 관련된 하역 · 분류 · 포장 · 상표부착 등을 하는 사업을 말한다. 다만, 다음에 해당하는 것은 제외한다.

> 1. 「주차장법」에 따른 주차장에서 자동차의 보관, 「자전거 이용 활성화에 관한 법률」에 따른 자전거 주차장에서 자전거의 보관
> 2. 「철도사업법」에 따른 철도사업자가 여객의 수하물 또는 소화물을 보관하는 것
> 3. 그 밖에 「위험물안전관리법」에 따른 위험물저장소에 보관하는 것 등 국토교통부와 해양수산부의 공동부령으로 정하는 것 : **위험물 저장소, 고압가스 저장소, 도시가스 저장시설, 석유저장시설, 액화석유가스 저장소, 화약류 저장소)**
>   └→ 「물류창고업 등록에 관한 규칙」 제2조 참조

⑧ **스마트물류센터** : 첨단물류시설 및 설비, 운영시스템 등을 도입하여 저비용 · 고효율 · 안전성 · 친환경성 등에서 우수한 성능을 발휘할 수 있는 물류창고로서 국토교통부장관의 인증을 받은 물류창고를 말한다.
　　　　　　　　　　　　　└→ 공공시설(×)

⑨ **물류단지** : 물류단지시설과 **지원시설**을 집단적으로 설치 · 육성하기 위하여 규정에 따라 지정 · 개발하는 일단의 토지 및 시설로서 도시첨단물류단지와 일반물류단지를 말한다.

⑩ **도시첨단물류단지** 기출▶ 25년 : 도시 내 물류를 지원하고 물류 · 유통산업 및 물류 · 유통과 관련된 산업의 육성과 개발을 촉진하려는 목적으로 도시첨단물류단지시설과 지원시설을 집단적으로 설치하기 위하여 도시지역에 지정 · 개발하는 일단의 토지 및 시설을 **말한다**.
　　　　　　　　　└→ 스마트물류단지와 일반물류단지로 구분된다(×)

⑪ **일반물류단지시설** 기출▶ 23년/ 21년/ 19년/ 18년/ 17년/ 13년/ 10년

화물의 운송·집화·하역·분류·포장·가공·조립·통관·보관·판매·정보처리 등을 위하여 일반물류단지 안에 설치되는 다음의 시설을 말한다.

> 1. 물류터미널 및 창고
> 2. 「유통산업발전법」의 규정에 의한 대규모점포·전문상가단지·공동집배송센터 및 중소유통공동도매물류센터
> 3. 「농수산물유통 및 가격안정에 관한 법률」의 규정에 의한 농수산물도매시장·농수산물공판장 및 농수산물종합유통센터 → 농수산물산지유통센터(×)
> 4. 「궤도운송법」에 따른 궤도사업을 경영하는 자가 그 사업에 사용하는 화물의 운송·하역 및 보관 시설
> 5. 「축산물위생관리법」의 규정에 의한 작업장 → 지원시설에 해당(×)
> 6. 「농업협동조합법」·「수산업협동조합법」·「산림조합법」·「중소기업협동조합법」 또는 「협동조합 기본법」에 따른 조합 또는 그 중앙회(연합회를 포함)가 설치하는 구매사업 또는 판매사업 관련 시설
> 7. 「화물자동차 운수사업법」의 규정에 의한 화물자동차운수사업에 이용되는 차고, 화물취급소, 그 밖에 화물의 처리를 위한 시설
> 8. 「약사법」의 규정에 의한 의약품 도매상의 창고 및 영업소시설
> 9. 그 밖에 물류기능을 가진 시설로서 대통령령으로 정하는 시설
>   • 「관세법」에 따른 보세창고   → 냉동·냉장업 시설 제외(×)
>   • 「수산식품산업의 육성 및 지원에 관한 법률」에 따른 수산물가공업시설(냉동·냉장업 시설만 해당)
>   • 「항만법」의 항만시설 중 항만구역에 있는 화물하역시설 및 화물보관·처리 시설
>   • 「공항시설법」의 공항시설 중 공항구역에 있는 화물운송을 위한 시설과 그 부대시설 및 지원시설
>   • 「철도사업법」에 따른 철도사업자가 그 사업에 사용하는 화물운송·하역 및 보관 시설 → 일반물류단지시설에 해당하지 않는다(×)
>   • 그 밖에 물류기능을 가진 시설로서 국토교통부령으로 정하는 시설 : 「자동차관리법」에 따른 자동차매매업을 영위하려는 자 또는 자동차매매업자가 공동으로 사용하려는 사업장 및 자동차경매장
> 10. 1부터 9까지의 시설에 딸린 시설

⑫ **도시첨단물류단지시설**

도시 내 물류를 지원하고 물류·유통산업 및 물류·유통과 관련된 산업의 육성과 개발을 목적으로 도시첨단물류단지 안에 설치되는 다음의 시설을 말한다.

> 1. 일반물류단지시설 중에서 도시 내 물류·유통기능 증진을 위한 시설
> 2. 「산업입지 및 개발에 관한 법률」에 따른 공장, 지식산업 관련 시설, 정보통신산업 관련 시설, 교육·연구시설 중 첨단산업과 관련된 시설로서 국토교통부령으로 정하는 물류·유통 관련 시설
> 3. 그 밖에 도시 내 물류·유통기능 증진을 위한 시설로서 대통령령으로 정하는 시설
> 4. 위 1~3까지의 시설에 딸린 시설

⑬ **복합용지** : 도시첨단물류단지시설, 지원시설, 물류단지개발사업의 ⓒ에서 ⓜ까지의 시설을 하나의 용지에 전부 또는 일부 설치하기 위한 용지를 말한다.

⑭ **지원시설** 기출▶ 25년/ 21년/ 20년/ 19년/ 17년/ 16년/ 14년/ 10년

물류단지시설의 운영을 효율적으로 지원하기 위하여 물류단지 안에 설치되는 다음의 시설을 말한다. 다만, 1 또는 2의 시설로서 일반물류단지시설의 1부터 9까지의 시설과 동일한 건축물에 설치되는 시설은 제외한다.

> 1. 대통령령으로 정하는 다음의 가공·제조 시설 ─→ 일반물류단지시설에 해당(×), 지원시설에 해당(○)
>   - 「농수산물유통 및 가격안정에 관한 법률」에 따른 농수산물산지유통센터(축산물의 도축·가공·보관 등을 하는 축산물 종합처리시설을 포함)
>   - 「산업집적활성화 및 공장설립에 관한 법률」에 따른 공장
>   - 「수산식품산업의 육성 및 지원에 관한 법률」에 따른 수산가공품 생산공장 및 수산물가공업시설(냉동·냉장업 시설 및 선상가공업시설은 제외) ← 선상수산물가공업시설을 포함한다(×)
>   - 「양곡관리법」에 따라 농업협동조합 등이 설치하는 미곡의 건조·보관·가공시설
> 2. 정보처리시설
> 3. 금융·보험·의료·교육·연구·업무시설
> 4. 물류단지의 종사자 및 이용자의 생활과 편의를 위한 시설
> 5. 그 밖에 물류단지의 기능 증진을 위한 시설로서 대통령령으로 정하는 시설
>   - 「건축법 시행령 별표1」에 따른 문화 및 집회시설
>   - 입주기업체 및 지원기관에서 발생하는 폐기물의 처리를 위한 시설(재활용시설을 포함)
>   - 물류단지의 종사자 및 이용자의 주거를 위한 단독주택, 공동주택 등의 시설
>   - 그 밖에 물류단지의 기능 증진을 위한 시설로서 국토교통부령으로 정하는 시설 : 단독주택·공동주택·숙박시설·운동시설·위락시설 및 근린생활시설

⑮ **물류단지개발사업** 기출▶ 18년/ 13년

물류단지를 조성하기 위하여 시행하는 다음의 사업으로서 도시첨단물류단지개발사업과 일반물류단지개발사업을 말한다.

㉠ 물류단지시설 및 지원시설의 용지조성사업과 건축사업
㉡ 도로·철도·궤도·항만 또는 공항 시설 등의 건설사업
㉢ 전기·가스·용수 등의 공급시설과 전기통신설비의 건설사업
㉣ 하수도, 폐기물처리시설, 그 밖의 환경오염방지시설 등의 건설사업
㉤ 그 밖에 ㉠부터 ㉣까지의 사업에 딸린 사업

⑯ **도시첨단물류단지개발사업** : 물류단지개발사업 중 도시첨단물류단지를 조성하기 위하여 시행하는 사업을 말한다.
⑰ **일반물류단지개발사업** : 물류단지개발사업 중 도시첨단물류단지사업을 제외한 것을 말한다.

2. 다른 법률과의 관계

다른 법률에서 물류터미널 및 물류단지 외의 물류시설의 개발·관리 및 운영 등에 관하여 규정하고 있는 경우에는 그 법률로 정하는 바에 따른다. 물류 교통·환경 정비사업과 관련된 사항에 대하여는 다른 법률에 우선하여 이 법을 적용한다(법 제3조).

CORE 02 물류시설개발종합계획의 수립

1. 물류시설개발종합계획의 수립과 절차

(1) 물류시설개발종합계획의 수립(법 제4조)

① 물류시설종합계획 수립의 주체 및 시기 기출 ▶ 24년/ 20년/ 18년/ 12년

국토교통부장관은 물류시설의 합리적 개발·배치 및 물류체계의 효율화 등을 위하여 물류시설의 개발에 관한 종합계획을 5년 단위로 수립하여야 한다.
　↳ 10년 단위(×)

② 물류시설계획 수립 시 원칙 기출 ▶ 24년/ 22년/ 15년/ 09년

물류시설개발종합계획은 물류시설을 다음의 기능별 분류에 따라 체계적으로 수립한다. 이 경우 다음의 물류시설의 기능이 서로 관련되어 있는 때에는 이를 고려하여 수립하여야 한다.

단위물류시설	창고 및 집배송센터 등 물류활동을 개별적으로 수행하는 최소 단위의 물류시설 → 집적[클러스터(Cluster)]물류시설(×)
집적[클러스터(Cluster)] 물류시설 → 연계물류시설(×)	물류터미널 및 물류단지 등 둘 이상의 단위물류시설 등이 함께 설치된 물류시설
연계물류시설	물류시설 상호 간의 화물운송이 원활히 이루어지도록 제공되는 도로 및 철도 등 교통시설

③ 물류시설개발종합계획에 포함되어야 할 사항 기출 ▶ 24년/ 22년/ 20년/ 19년/ 18년/ 16년/ 09년/ 08년

> 1. 물류시설의 장래수요에 관한 사항
> 2. 물류시설의 공급정책 등에 관한 사항
> 3. 물류시설의 지정·개발에 관한 사항
> 4. 물류시설의 지역별·규모별·연도별 배치 및 우선순위에 관한 사항
> 5. 물류시설의 기능개선 및 효율화에 관한 사항
> 6. 물류시설의 공동화·집단화에 관한 사항
> 　　　　　↳ 개별화·정보화(×)
> 7. 물류시설의 국내 및 국제 연계수송망 구축에 관한 사항
> 8. 물류시설의 환경보전·관리에 관한 사항
> 9. 도심지에 위치한 물류시설의 정비와 교외이전에 관한 사항
> 10. 용수·에너지·통신시설 등 기반시설에 관한 사항

(2) 물류시설개발종합계획의 수립절차(법 제5조) 기출 ▶ 24년/ 20년/ 18년/ 16년/ 15년/ 12년/ 11년/ 10년

① 물류시설개발종합계획의 수립 및 변경절차

㉠ 국토교통부장관은 물류시설개발종합계획을 수립하는 때에는 관계행정기관의 장으로부터 소관별 계획을 제출받아 이를 기초로 물류시설개발종합계획안을 작성하여 특별시장·광역시장·특별자치시장·도지사 또는 특별자치도지사(이하 시·도지사)의 의견을 듣고 관계 중앙행정기관의 장과 협의한 후 「물류정책기본법」의 규정에 의한 물류시설분과위원회의 심의를 거쳐야 한다.
　　　　　　　　　　　　　　　　　　　　　100분의 5 이상(×), 100분의 20만큼(○) ↲
㉡ 물류시설개발종합계획 중 대통령령으로 정하는 사항을 변경하려는 때(물류시설별 물류시설용지면적의 100분의 10 이상으로 물류시설의 수요·공급계획을 변경한 때)에도 또한 같다.

② **물류시설개발종합계획의 고시** : 국토교통부장관은 ①에 따라 물류시설개발종합계획을 수립하거나 변경한 때에는 이를 관보에 고시하여야 한다. → 시·도지사(×)
③ **물류시설개발종합계획의 변경 요청** : 관계 중앙행정기관의 장은 필요한 경우 국토교통부장관에게 물류시설개발종합계획을 변경하도록 요청할 수 있다. 해양수산부장관(×)
④ **자료제출요청** : 국토교통부장관은 대통령령으로 정하는 바에 따라 관계기관에 물류시설개발종합계획을 수립하거나 변경하는 데에 필요한 자료의 제출을 요구하거나 협조를 요청할 수 있으며, 그 요구나 요청을 받은 관계기관은 정당한 사유가 없으면 이에 따라야 한다.
⑤ **효율적인 계획을 위한 조사** : 국토교통부장관은 물류시설개발종합계획을 효율적으로 수립하기 위하여 필요하다고 인정하는 때에는 물류시설에 대하여 조사할 수 있다. 이 경우 물류시설의 조사에 관하여는 물류정책기본법 제7조를 준용한다.

> **+ 더알아보기** 물류시설개발종합계획의 수립절차
>
> 소관별 계획 제출(관계 행정기관장) → 물류시설개발종합계획안 작성(국토교통부장관) → 의견청취(시·도지사) → 협의(관계 중앙행정기관장) → 심의(물류시설분과위원회) → (계획수립 또는 변경) 관보 고시

2. 다른 계획과의 관계

(1) **물류시설개발종합계획과 다른 계획과의 관계(법 제6조)** 기출 16년/15년/14년/12년
국토종합계획(×)
① **국가물류기본계획의 조화** : 물류시설개발종합계획은 「물류정책기본법」의 규정에 의한 국가물류기본계획과 조화를 이루어야 한다. → 「국토기본법」(×)
② **상충 또는 중복의 금지** : 국토교통부장관, 관계 중앙행정기관의 장 또는 시·도지사는 물류시설을 지정 또는 개발하거나 인·허가를 할 때 이 법에 따라 수립된 물류시설개발종합계획과 상충되거나 중복되지 아니하도록 하여야 한다.

(2) **변경 및 조정의 요청**
그 계획을 변경하여야 한다(×)
국토교통부장관, 관계 중앙행정기관의 장 또는 시·도지사는 다음에 해당하는 경우에는 그 계획을 변경하도록 요청할 수 있다. 이 경우 조정이 필요하면 물류정책기본법 규정에 의한 물류시설분과위원회에 조정을 요청할 수 있다.
① 다른 행정기관이 직접 지정·개발하려는 물류시설개발계획이 물류시설개발종합계획과 상충되거나 중복된다고 인정하는 경우
② 다른 행정기관이 인·허가를 하려는 물류시설개발계획이 물류시설개발종합계획과 상충되거나 중복된다고 인정하는 경우

CORE 03 물류터미널사업

1. 복합물류터미널사업의 등록 등

(1) 복합물류터미널사업의 등록(법 제7조)

① **복합물류터미널사업의 등록기관** 기출▶ 19년/ 18년/ 11년/ 10년

복합물류터미널사업을 경영하려는 자는 국토교통부령으로 정하는 바에 따라 국토교통부장관에게 등록하여야 한다.

② **복합물류터미널사업의 등록을 할 수 있는 자** 기출▶ 22년/ 21년/ 20년/ 18년/ 17년

> 1. 국가 또는 지방자치단체 → 국가의 직접 경영(○)
> 2. 대통령령으로 정하는 공공기관 : 한국철도공사, 한국토지주택공사, 한국도로공사, 한국수자원공사, 한국농어촌공사, 항만공사
> 3. 「지방공기업법」에 따른 지방공사
> 4. 「특별법」에 따라 설립된 법인
> 5. 「민법」 또는 「상법」에 따라 설립된 법인

③ **복합물류터미널사업 등록사항의 변경 등** 기출▶ 18년/ 16년

복합물류터미널사업의 등록을 한 자(이하 복합물류터미널사업자)가 그 등록한 사항 중 다음 외의 사항을 변경하려는 경우에는 대통령령으로 정하는 바에 따라 변경등록을 하여야 한다.

㉠ 복합물류터미널의 부지 면적의 변경(변경 횟수에 불구하고 통산하여 부지 면적의 **10분의 1 미만**의 변경만 해당)
　　　　　　　　　　　　　　　　　　　　　　　　　　　　10분의 1 이상의 변경(×)
㉡ 복합물류터미널의 구조 또는 설비의 변경
㉢ 영업소의 명칭 또는 위치의 변경

> **+ 더 알아보기** 변경등록의 신청(영 제4조 제3항, 규칙 제6조) 기출▶ 23년
>
> 복합물류터미널사업자는 등록사항을 변경하려는 경우에는 다음의 서류를 갖추어 국토교통부장관에게 변경등록신청을 하여야 한다.
> 1. 복합물류터미널사업자가 변경등록신청을 하려는 때에는 변경등록신청서에 변경사실을 증명하는 서류를 첨부하여 국토교통부장관에게 제출하여야 한다.
> 2. 국토교통부장관은 변경등록신청을 받은 경우 등록기준에 적합한지 여부와 등록의 결격사유에 해당하는지 여부를 심사한 후 그 신청내용이 적합하다고 인정할 때에는 지체없이 변경등록을 하여야 한다.

④ **복합물류터미널사업의 등록기준** 기출▶ 21년/ 18년/ 17년/ 12년/ 10년

㉠ 복합물류터미널이 해당 지역 운송망의 중심지에 위치하여 다른 교통수단과 쉽게 연계될 것
㉡ 부지 면적이 **3만 3천 제곱미터 이상**일 것
　　　↳ 3천 3백 제곱미터(×), 100만 제곱미터(×), 10,000 제곱미터(×), 3만 제곱미터(×)
㉢ 주차장, 화물취급장, 창고 또는 배송센터를 갖출 것
㉣ 물류시설개발종합계획 및 「물류정책기본법」의 규정에 의한 국가물류기본계획상의 물류터미널의 개발 및 정비계획 등에 배치되지 아니할 것

(2) 복합물류터미널사업 등록의 결격사유(법 제8조) 기출▶ 24년/ 23년/ 22년/ 21년/ 17년/ 15년/ 14년/ 12년/ 10년

> 1. 벌금형 : 이 법을 위반하여 벌금형 이상을 선고받은 후 **2년**이 지나지 아니한 자
>   └ 1년(×)   └ 1년(×)
> 2. 등록취소 : 복합물류터미널사업 **등록이 취소**된 후 **2년**이 지나지 아니한 자
>   └ 3의 가에 해당하여 법 제17조 제1항 제4호에 따라 등록이 취소된 경우는 제외함
> 3. 법인의 임원 : 법인으로서 그 임원 중에 위의 1 또는 다음에 해당하는 자가 있는 경우
>   가. 피성년후견인 또는 **파산선고를 받고 복권되지 아니한 자** → 복권된 자(×)
>   나. 이 법을 위반하여 금고 이상의 실형을 선고받고 그 집행이 종료(집행이 종료된 것으로 보는 경우를 포함)되거나 집행이 면제된 날부터 **2년이 지나지 아니한 자** → 3년이 된 자(×)
>   └ 선고유예(×)
>   다. 이 법을 위반하여 금고 이상의 **형의 집행유예**를 선고받고 그 유예기간 중에 있는 자

2. 복합물류터미널사업의 공사시행

(1) 복합물류터미널사업 공사시행의 인가(법 제9조)

① 물류터미널 공사시행의 인가기관 등 기출▶ 22년/ 20년/ 19년/ 15년/ 13년

   ┌ 일반물류터미널사업자(×)
   ㉠ 복합물류터미널사업자 : **복합물류터미널사업자**는 건설하려는 물류터미널의 구조 및 설비 등에 관한 공사계획을 수립하여 국토교통부장관의 공사시행인가를 받아야 한다.
   ㉡ 일반물류터미널사업을 경영하려는 자 : 일반물류터미널사업을 경영하려는 자는 물류터미널 건설에 관하여 필요한 경우 시·도지사의 공사시행인가를 받을 수 있다.
   ㉢ 공사계획 변경인가 : 인가받은 공사계획 중 대통령령으로 정하는 사항을 변경하는 경우와 복합물류터미널사업자가 「산업집적활성화 및 공장설립에 관한 법률」에 따른 제조시설 및 그 부대시설과 「유통산업발전법」에 따른 대규모점포 및 준대규모점포의 매장과 그 매장에 포함되는 용역의 제공장소(이하 점포등)를 설치하는 경우에는 해당 인가권자의 변경인가를 받아야 한다.

> 1. 공사의 기간을 변경하는 경우
> 2. 물류터미널의 부지 면적을 변경하는 경우(부지 면적의 10분의 1 이상을 변경하는 경우만 해당)
> 3. 물류터미널 안의 건축물의 연면적(하나의 건축물의 각 층의 바닥면적의 합계)을 변경하는 경우(연면적의 10분의 1 이상을 변경하는 경우만 해당)
> 4. 물류터미널 안의 공공시설 중 도로·철도·광장·녹지나 주차장, 상수도, 하수도, 유수지, 운하, 부두, 오·폐수시설 및 공동구를 변경하는 경우

② 의견수렴 : 국토교통부장관 또는 시·도지사는 공사시행인가 또는 변경인가를 하려는 때에는 관할 특별자치시장·특별자치도지사·시장·군수 또는 자치구의 구청장(이하 시장·군수·구청장)의 의견을 들어야 한다.
③ 인가의 수리 : 국토교통부장관 또는 시·도지사는 공사계획이 국토교통부령으로 정하는 구조 및 설비기준에 적합한 경우에는 인가를 하여야 한다.
④ 인가 등 사항의 고시 : 국토교통부장관 또는 시·도지사는 공사시행인가 또는 변경인가를 한 때에는 국토교통부령으로 정하는 바에 따라 고시하여야 한다.

(2) 토지 등의 수용·사용(법 제10조) 기출▶ 12년

① 공사시행인가를 받은 자(이하 물류터미널사업자)가 물류터미널을 건설하는 경우에는 이에 필요한 토지·건축물 또는 토지에 정착한 물건과 이에 관한 소유권 외의 권리, 광업권·어업권·양식업권 및 물의 사용에 관한 권리(이하 토지 등)를 수용하거나 사용할 수 있다.
② 다만, 다음에 해당하지 아니하는 자가 토지등을 수용하거나 사용하려면 사업대상 토지(국유지·공유지는 제외)면적의 3분의 2 이상에 해당하는 토지를 소유하고, 토지소유자 총수의 2분의 1 이상에 해당하는 자의 동의를 받아야 한다.
  ㉠ 국가 또는 지방자치단체
  ㉡ 대통령령으로 정하는 공공기관(한국농어촌공사, 한국도로공사, 한국수자원공사, 한국철도공사, 한국토지주택공사, 항만공사)
  ㉢ 지방공사, 특별법에 따라 설립된 특수법인

(3) 토지 출입 등(법 제12조) 기출▶ 12년

물류터미널사업자는 물류터미널의 건설을 위하여 필요한 때에는 다른 사람의 토지에 출입하거나 이를 일시 사용할 수 있으며, 나무, 토석, 그 밖의 장애물을 변경하거나 **제거할 수 있다.** → 제거할 수 없다(×)

(4) 국·공유지의 처분제한(법 제13조) 기출▶ 12년

① 물류터미널을 건설하기 위한 부지 안에 있는 국가 또는 지방자치단체 소유의 토지로서 물류터미널 건설사업에 필요한 토지는 해당 물류터미널 건설사업 목적이 아닌 다른 목적으로 매각하거나 양도할 수 없다.
② 물류터미널을 건설하기 위한 부지 안에 있는 국가 또는 지방자치단체 소유의 재산은 물류터미널사업자에게 수의계약으로 매각할 수 있다.
③ 행정재산의 용도폐지 및 매각의 협의요청이 있은 때에는 관계 행정기관의 장은 그 요청을 받은 날부터 30일 이내에 용도폐지 및 매각, 그 밖에 필요한 조치를 하여야 한다.
④ 물류터미널사업자에게 매각하려는 재산 중 관리청이 불분명한 재산은 다른 법령에도 불구하고 재정경제부장관이 이를 관리하거나 처분한다.

3. 복합물류터미널사업의 승계 등

(1) 사업의 승계(법 제14조) 기출▶ 19년

① 복합물류터미널사업자가 그 사업을 양도하거나 법인이 합병한 때에는 그 양수인 또는 합병 후 존속하는 법인이나 합병에 의하여 설립되는 법인은 복합물류터미널사업의 등록에 따른 권리·의무를 승계한다.
② 복합물류터미널사업의 등록에 따른 권리·의무를 승계한 자는 국토교통부장관에게 신고하여야 한다.
③ 국토교통부장관은 ②의 신고를 받은 날부터 10일 이내에 신고수리 여부를 신고인에게 통지하여야 한다.
④ 국토교통부장관이 ③에서 정한 기간(10일) 내에 신고수리 여부 또는 민원 처리 관련 법령에 따른 처리기간의 연장을 신고인에게 통지하지 아니하면 그 기간이 끝난 날의 다음 날에 신고를 수리한 것으로 본다.

(2) 사업의 휴업·폐업(법 제15조) 기출▶ 23년/ 19년/ 18년

① 복합물류터미널사업자는 복합물류터미널사업의 전부 또는 일부를 휴업하거나 폐업하려는 때에는 미리 국토교통부장관에게 신고하여야 한다.

② 복합물류터미널사업자인 법인이 합병 외의 사유로 해산한 경우에는 그 청산인(파산에 따라 해산한 경우에는 파산관재인을 말함)은 지체 없이 그 사실을 국토교통부장관에게 신고하여야 한다.
③ 휴업기간은 6개월을 초과할 수 없다.
④ 복합물류터미널사업자가 사업의 전부 또는 일부를 휴업하거나 폐업하려는 때에는 미리 그 취지를 영업소나 그 밖에 일반 공중이 보기 쉬운 곳에 게시하여야 한다.

(3) 등록증대여 등의 금지(법 제16조) 기출▶ 16년

복합물류터미널사업자는 다른 사람에게 자기의 성명 또는 상호를 사용하여 사업을 하게 하거나 그 등록증을 대여하여서는 아니 된다.

(4) 등록의 취소 등(법 제17조) 기출▶ 20년/19년/16년/12년/11년

국토교통부장관은 복합물류터미널사업자가 다음에 해당하는 때에는 그 등록을 취소하거나 6개월 이내의 기간을 정하여 사업의 정지를 명할 수 있다. 다만, 1·4·7·8에 해당하는 때에는 등록을 취소하여야 한다.

> 1. 거짓이나 그 밖의 부정한 방법으로 등록을 한 때
> 2. 변경등록을 하지 아니하고 등록사항을 변경한 때
> 3. 등록기준에 맞지 아니하게 된 때. 다만, 3개월 이내에 그 기준을 충족시킨 때에는 그러하지 아니하다.
> 4. 등록의 결격사유에 해당하게 된 때. 다만, 3개월 이내에 해당 임원을 개임(改任)한 경우에는 그러하지 아니하다.
> 5. 인가 또는 변경인가를 받지 아니하고 공사를 시행하거나 변경한 때
> 6. 사업의 전부 또는 일부를 휴업한 후 정당한 사유 없이 신고한 휴업기간이 지난 후에도 사업을 재개하지 아니한 때
> 7. 다른 사람에게 자기의 성명 또는 상호를 사용하여 사업을 하게 하거나 등록증을 대여한 때
> 8. 이 조에 따른 사업정지명령을 위반하여 그 사업정지기간 중에 영업을 한 때

(5) 과징금(법 제18조)

① 국토교통부장관은 복합물류터미널사업자가 등록 취소사유에 해당하여 사업의 정지를 명하여야 하는 경우로서 그 사업의 정지가 그 사업의 이용자 등에게 심한 불편을 주는 경우에는 그 사업정지처분을 갈음하여 5천만원 이하의 과징금을 부과할 수 있다.
② 과징금을 부과하는 위반행위의 종류와 그 정도에 따른 과징금의 금액, 그 밖에 필요한 사항은 대통령령으로 정한다.
③ 국토교통부장관은 과징금을 내야 할 자가 납부기한까지 과징금을 내지 아니하면 대통령령으로 정하는 바에 따라 국세강제징수의 예에 따라 징수한다.

4. 물류터미널사업협회 등

(1) 물류터미널사업협회(법 제19조) 기출▶ 22년

① 복합물류터미널사업자 및 일반물류터미널을 경영하는 자는 물류터미널사업의 건전한 발전과 사업자의 공동이익을 도모하기 위하여 사업자협회(이하 물류터미널사업협회)를 설립할 수 있다.
② 물류터미널사업협회를 설립하려는 경우에는 해당 협회의 회원의 자격이 있는 자 중 5분의 1 이상의 발기인이 정관을 작성하여 해당 협회의 회원자격이 있는 자의 3분의 1 이상이 출석한 창립총회의 의결을 거친 후 국토교통부장관의 설립인가를 받아야 한다.
③ 물류터미널사업협회는 설립인가를 받아 설립등기를 함으로써 성립한다.

④ 물류터미널사업협회는 법인으로 한다.
⑤ 물류터미널사업협회에 관하여 이 법에서 규정한 것 외에는 「민법」 중 사단법인에 관한 규정을 준용한다.

(2) 물류터미널 개발의 지원(법 제20조) 기출▶ 22년/ 18년/ 14년/ 12년

① 국가 또는 지방자치단체는 물류터미널사업자가 다음의 사업을 수행하는 경우에는 소요자금의 **일부**를 융자하거나 **부지의 확보를 위한 지원**을 할 수 있다. → 지분의 50% 이상을 확보하는 조건으로(×) / 전액(×)
  ㉠ 물류터미널의 건설
  ㉡ 물류터미널 위치의 변경
  ㉢ 물류터미널의 규모·구조 및 설비의 확충 또는 개선
② 국가 또는 지방자치단체는 물류터미널사업자가 설치한 물류터미널의 원활한 운영에 필요한 도로·철도·용수시설 등 기반시설(도로, 철도, 수도시설, 수질오염방지시설)의 설치 또는 개량에 **필요한 예산을 지원할 수 있다.** → 예산을 전액 부담하여야 한다(×)
③ 국토교통부장관은 ①의 사업 또는 ②의 운영을 위하여 필요하다고 인정하는 경우에는 시·도지사에게 부지의 확보 및 도시·군계획시설의 설치 등에 관한 협조를 요청할 수 있다.

CORE 04 물류창고업

1. 물류창고업의 등록

(1) 물류창고업의 등록(법 제21조의2) 기출▶ 25년/ 23년/ 21년/ 16년/ 14년/ 13년

① **물류창고업의 등록기관** : 다음에 해당하는 물류창고를 소유 또는 임차하여 물류창고업을 경영하려는 자는 **국토교통부장관**(항만구역은 제외), 해양수산부장관(항만구역 중 국가관리무역항 및 국가관리연안항 구역만 해당) 또는 시·도지사(항만구역 중 지방관리무역항 및 지방관리연안항 구역만 해당)에게 등록하여야 한다. → 산업통상부장관(×)
  ㉠ 전체 바닥면적의 합계가 1천제곱미터 이상인 보관시설
  ㉡ 전체면적의 합계가 **4천500제곱미터** 이상인 보관장소 → 2천500제곱미터(×)
② **물류창고업 등록사항의 변경 등** : 물류창고업의 등록을 한 자(이하 물류창고업자)가 그 등록한 사항 중 다음의 사항을 변경하려는 경우에는 변경등록의 사유가 발생한 날부터 30일 이내에 변경등록을 하여야 한다.
  ㉠ 물류창고업자의 성명(법인인 경우 그 대표자의 성명) 및 상호
  ㉡ 물류창고의 소재지
  ㉢ 물류창고 면적의 100분의 10 이상의 증감
③ **물류창고업의 등록기준** : 물류창고의 구조, 설비 또는 입지기준 등 물류창고업의 등록기준에 필요한 사항은 국토교통부와 해양수산부의 공동부령으로 정한다.
④ **등록 또는 변경등록의 의제** : 물류창고를 갖추고 그 전부를 다음의 어느 하나의 용도로만 사용하며 해당 법률에 따라 해당 영업의 허가·변경허가를 받거나 등록·변경등록 또는 신고·변경신고를 한 때에는 물류창고업의 등록 또는 변경등록을 한 것으로 본다.
  ㉠ 「관세법」에 따른 보세창고의 설치·운영
  ㉡ 「화학물질관리법」에 따른 유해화학물질 보관·저장업

ⓒ 「식품위생법」에 따른 식품보존업 중 식품냉동·냉장업, 「축산물 위생관리법」에 따른 축산물보관업 및 「수산식품산업의 육성 및 지원에 관한 법률」에 따른 수산물가공업 중 냉동·냉장업
⑤ ④에 해당하는 영업의 현황을 관리하는 행정기관은 그 보관업의 허가·변경허가, 등록·변경등록 등으로 그 현황이 변경될 경우에는 국토교통부장관, 해양수산부장관 또는 시·도지사에게 통보하여야 한다.

(2) 물류창고 내 시설에 대한 내진설계 기준(법 제21조의3)

국토교통부장관은 화물을 쌓아놓기 위한 선반 등 물류창고 내 시설에 대하여 내진설계 기준을 정하는 등 지진에 따른 피해를 최소화하기 위하여 필요한 시책을 강구하여야 한다.

2. 스마트물류센터

(1) 스마트물류센터의 인증 등(법 제21조의4) 기출 24년/21년

① 인증 및 유효기간 : **국토교통부장관**은 스마트물류센터의 보급을 촉진하기 위하여 스마트물류센터를 인증할 수 있다. 이 경우 인증의 유효기간은 인증을 받은 날부터 **3년**으로 한다.
  → 국토교통부장관과 해양수산부장관이 공동(×)
  → 5년(×)

+ 더알아보기 예비인증의 신청 등(규칙 제13조의5) 기출 21년

스마트물류센터를 소유하려는 자 또는 임차하여 운영하려는 자가 행정적·재정적 지원을 받기 위하여 필요하면 스마트물류센터인증(본인증)에 앞서 건축물 설계에 반영된 내용을 대상으로 스마트물류센터 예비인증을 받을 수 있다.

② 스마트물류센터 인증기준(규칙 제13조의2)
  ㉠ 입고·보관·분류 등 물류처리 기능영역의 첨단화·자동화 수준이 우수할 것
  ㉡ 시설의 구조적 성능, 창고관리 시스템 등 기반영역의 효율성·안전성·친환경성 수준이 우수할 것
③ 인증기관의 지정 : 국토교통부장관은 스마트물류센터의 인증 및 점검업무를 수행하기 위하여 인증기관을 지정할 수 있다.
④ 인증신청 : 스마트물류센터의 인증을 받으려는 자는 인증기관에 신청하여야 한다.
⑤ 인증서 교부·인증마크 : 국토교통부장관은 스마트물류센터의 인증을 신청한 자가 그 인증을 받은 경우 인증서를 교부하고, 인증을 나타내는 표시(이하 인증마크)를 사용하게 할 수 있다.
⑥ 거짓인증·사칭의 금지 : 인증을 받지 않은 자는 거짓의 인증마크를 제작·사용하거나 스마트물류센터임을 **사칭해서는 아니 된다.** → 위반 시 3천만원 이하의 벌금
⑦ 인증기준 유지 여부의 점검
  ㉠ 국토교통부장관은 인증을 받은 자가 인증의 기준을 유지하는지 여부를 점검할 수 있다.
  ㉡ 인증기관의 장은 인증한 날을 기준으로 **3년마다** 정기 점검을 실시해야 한다.
    → 5년마다(×)
  ㉢ 인증기관의 장은 스마트물류센터가 인증기준을 유지하지 못한다고 판단되는 경우에는 수시점검을 실시할 수 있다.
  ㉣ 인증기관의 장은 점검 결과 스마트물류센터가 인증기준을 유지하고 있다고 판단하는 경우에는 인증의 유효기간을 **3년의** 범위 내에서 연장할 수 있다.
    → 5년의(×)
⑧ 지정인증기관에 대한 감독 및 지원 : 국토교통부장관은 인증기관을 지도·감독하고, 인증 및 점검업무에 소요되는 비용의 일부를 지원할 수 있다.

(2) 스마트물류센터의 인증 취소(법 제21조의5) 기출▶ 24년

① 국토교통부장관은 인증을 받은 자가 다음에 해당하는 경우에는 그 인증을 취소할 수 있다. 다만, ㉠에 해당하는 경우 그 인증을 취소하여야 한다.
  ㉠ 거짓이나 그 밖의 부정한 방법으로 인증을 받은 경우
  ㉡ 인증의 전제나 근거가 되는 중대한 사실이 변경된 경우
  ㉢ 인증 점검을 정당한 사유 없이 3회 이상 거부한 경우
  ㉣ 인증 기준에 맞지 아니하게 된 경우
  ㉤ 인증받은 자가 인증서를 반납하는 경우
② 스마트물류센터의 소유자 또는 대표자는 인증이 취소된 경우 인증서를 반납하고, 인증마크의 사용을 중지하여야 한다.

(3) 인증기관의 지정 취소(법 제21조의6)

국토교통부장관은 지정된 인증기관이 다음에 해당하면 인증기관의 지정을 취소하거나 1년 이내의 기간을 정하여 업무의 전부 또는 일부를 정지하도록 명할 수 있다. 다만, ①에 해당하는 경우에는 그 지정을 취소하여야 한다.
① 거짓이나 부정한 방법으로 지정을 받은 경우
② 지정 기준에 적합하지 아니하게 된 경우
③ 고의 또는 중대한 과실로 인증 기준 및 절차를 위반한 경우
④ 정당한 사유 없이 인증 및 점검업무를 거부한 경우
⑤ 정당한 사유 없이 지정받은 날부터 2년 이상 계속하여 인증 및 점검업무를 수행하지 아니한 경우
⑥ 그 밖에 인증기관으로서 업무를 수행할 수 없게 된 경우

3. 물류창고업의 지원 등

(1) 재정지원 등(법 제21조의7) 기출▶ 25년/ 16년/ 14년

① 국가 또는 지방자치단체는 물류창고업자 또는 그 사업자단체가 다음에 해당하는 사업을 수행하는 경우로서 재정적 지원이 필요하다고 인정하면 자금의 일부를 보조 또는 융자할 수 있다. → 보조 또는 융자하여야 한다(×)
  └ 자금의 전부(×)
  ㉠ 물류창고의 건설
  ㉡ 물류창고의 보수·개조 또는 개량
  ㉢ 물류장비의 투자
  ㉣ 물류창고 관련 기술의 개발
  ㉤ 그 밖에 물류창고업의 경영합리화를 위한 사항으로서 국토교통부령으로 정하는 사항
② 국가·지방자치단체 또는 공공기관은 스마트물류센터에 대하여 공공기관 등이 운영하는 기금·자금의 우대 조치 등 대통령령으로 정하는 바에 따라 행정적·재정적으로 우선 지원할 수 있다.

(2) 보조금 등의 사용 등(법 제21조의8) 기출▶ 14년/ 11년

① 보조금 또는 융자금 등은 보조 또는 융자받은 목적 외의 용도로 사용하여서는 아니 된다.
② 국토교통부장관·해양수산부장관 또는 지방자치단체의 장은 보조 또는 융자 등을 받은 자가 그 자금을 적정하게 사용하도록 지도·감독하여야 한다.
③ 국토교통부장관·해양수산부장관 또는 지방자치단체의 장은 다음에 해당하는 경우 물류창고업자 또는 그 사업자단체

에 보조금이나 융자금의 반환을 명하여야 하며 이에 따르지 아니하면 국세강제징수의 예 또는 「지방행정제재·부과금의 징수 등에 관한 법률」에 따라 회수할 수 있다.
  ㉠ 거짓이나 부정한 방법으로 보조금 또는 융자금을 교부받은 경우
  ㉡ 보조금 또는 융자금을 목적 외의 용도로 사용한 경우

(3) 과징금(법 제21조의9) 기출▶ 25년

① 국토교통부장관, 해양수산부장관 또는 시·도지사는 물류창고업자가 물류터미널사업 등록의 취소(1·4·7·8은 제외)에 해당하여 사업의 정지를 명하여야 하는 경우로서 그 사업의 정지가 그 사업의 이용자 등에게 심한 불편을 주는 경우에는 그 사업정지처분을 갈음하여 1천만원 이하의 과징금을 부과할 수 있다.

② 국토교통부장관, 해양수산부장관 또는 시·도지사는 과징금을 내야 할 자가 납부기한까지 과징금을 내지 아니하면 대통령령으로 정하는 바에 따라 국세강제징수의 예 또는 「지방행정제재·부과금의 징수 등에 관한 법률」에 따라 징수한다.

CORE 05 물류단지의 개발 및 운영

1. 일반물류단지와 도시첨단물류단지의 지정 등

(1) 일반물류단지의 지정(법 제22조) 기출▶ 25년/ 24년/ 22년/ 20년/ 19년/ 18년/ 17년/ 16년/ 13년

① 일반물류단지의 지정권자 : 일반물류단지는 다음의 구분에 따른 자가 지정한다.
  ㉠ 국가정책사업으로 물류단지를 개발하거나 물류단지 개발사업의 대상지역이 2개 이상의 특별시·광역시·특별자치시·도 또는 특별자치도(이하 시·도)에 걸쳐 있는 경우 : **국토교통부장관** → 시·도지사(×)
    → 기초자치단체인 시·군·구(×)
  ㉡ ㉠ 외의 경우 : 시·도지사

② 일반물류단지의 지정절차 등
    → 시·도지사(×)
  ㉠ **국토교통부장관** : 일반물류단지를 지정하려는 때에는 일반물류단지개발계획을 수립하여 관할 시·도지사 및 **시장·군수·구청장의 의견을 듣고** 관계 중앙행정기관의 장과 협의한 후 「물류정책기본법」의 규정에 의한 물류시설분
    → 시장·군수·구청장의 신청(×)
    과위원회의 심의를 거쳐야 한다. 일반물류단지개발계획 중 대통령령으로 정하는 중요 사항을 변경하려는 때에도 또한 같다.
  ㉡ 시·도지사 : 일반물류단지를 지정하려는 때에는 일반물류단지개발계획을 수립하여 관계 행정기관의 장과 협의한 후 「물류정책기본법」의 규정에 의한 지역물류정책위원회의 심의를 거쳐야 한다. 일반물류단지개발계획 중 대통령령으로 정하는 중요 사항을 변경하려는 때에도 또한 같다.

> **➕ 더알아보기** 대통령령으로 정하는 중요 사항을 변경하려는 때(영 제13조)
>
> 1. 일반물류단지지정 면적의 변경(10분의 1 이상의 면적을 변경하는 경우만 해당)
> 2. 일반물류단지시설용지 면적의 변경(10분의 1 이상의 면적을 변경하는 경우만 해당) 또는 일반물류단지시설용지의 용도 변경
> 3. 기반시설(구거를 포함)의 부지 면적의 변경(10분의 1 이상의 면적을 변경하는 경우만 해당) 또는 그 시설의 위치 변경
> 4. 일반물류단지개발사업 시행자의 변경
>   → 국토교통부장관이 일반물류단지개발계획 중 일반물류단지개발사업 시행자를 변경하려는 경우 관할 시·도지사의 의견을 들어야 한다(○)

ⓒ 일반물류단지 지정 시 고려사항 : 국토교통부장관 또는 시·도지사는 일반물류단지를 지정할 때에는 **일반물류단지 개발계획과 물류단지개발지침**에 적합한 경우에만 일반물류단지를 지정하여야 한다.
  └→ 국토종합계획(×)

③ **일반물류단지의 지정요청** : 관계 행정기관의 장과 다음의 일반물류단지의 지정을 요청할 수 있는 자는 일반물류단지의 지정이 필요하다고 인정하는 때에는 대상지역을 정하여 국토교통부장관 또는 시·도지사에게 일반물류단지의 지정을 요청할 수 있다. 이 경우 **중앙행정기관의 장 이외의 자는 일반물류단지개발계획안을 작성하여 제출**하여야 한다.
  └→ 중앙행정기관의 장(×)

> **＋ 더알아보기** 일반물류단지의 지정을 요청할 수 있는 자
>
> 1. 대통령령으로 정하는 공공기관(한국토지주택공사, 한국도로공사, 한국수자원공사, 한국농어촌공사, 항만공사)
> 2. 「지방공기업법」에 따른 지방공사
> 3. 특별법에 따라 설립된 법인
> 4. 「민법」 또는 「상법」에 따라 설립된 법인
> 5. 물류단지 예정지역의 토지소유자 또는 그 토지소유자가 물류단지개발을 위하여 설립한 조합

④ **일반물류단지개발계획의 포함사항** : 일반물류단지개발계획에는 다음의 사항이 포함되어야 한다. 다만, 일반물류단지개발계획을 수립할 때까지 시행자가 확정되지 아니하였거나 세부목록의 작성이 곤란한 경우에는 일반물류단지의 지정 후에 이를 일반물류단지개발계획에 포함시킬 수 있다.

> 1. 일반물류단지의 명칭·위치 및 면적
> 2. 일반물류단지의 지정목적
> 3. 일반물류단지개발사업의 시행자
> 4. 일반물류단지개발사업의 시행기간 및 시행방법
> 5. 토지이용계획 및 주요 기반시설계획
> 6. 주요 유치시설 및 그 설치기준에 관한 사항
> 7. 재원조달계획
> 8. 수용하거나 사용할 토지, 건축물, 그 밖의 물건이나 권리가 있는 경우에는 그 세부목록
> 9. 일반물류단지의 개발을 위한 주요시설의 지원계획
> 10. 환지의 필요성이 있는 경우 그 환지계획

(2) 도시첨단물류단지의 지정 등(법 제22조의2) 기출 ▶ 24년/ 21년/ 19년/ 17년

① **도시첨단물류단지의 지정** : 도시첨단물류단지는 국토교통부장관 또는 시·도지사가 다음에 해당하는 지역에 지정하며, **시·도지사**(특별자치도지사는 제외)가 지정하는 경우에는 **시장·군수·구청장**의 신청을 받아 **지정할 수 있다.**
  └→ 국토교통부장관(×)   └→ 시·도지사(×)   지정해서는 안 된다(×)┘

  ㉠ 노후화된 일반물류터미널 부지 및 인근 지역
  ㉡ 노후화된 유통업무설비 부지 및 인근 지역
  ㉢ 그 밖에 국토교통부장관이 필요하다고 인정하는 지역

② **지정 신청 시 계획안의 제출** : 시장·군수·구청장은 시·도지사에게 도시첨단물류단지의 지정을 신청하려는 경우에는 도시첨단물류단지개발 계획안을 작성하여 제출하여야 한다.

③ **지정 절차 및 개발계획의 준용** : 도시첨단물류단지의 지정 절차 및 개발계획에 관하여는 일반물류단지의 규정을 준용한다. 다만, 도시첨단물류단지개발계획에는 층별·시설별 용도, 바닥면적 등 건축계획 및 복합용지이용계획(복합용지를 계획하는 경우에 한정)이 포함되어야 한다.

④ 도시첨단물류단지개발사업 시행자 분담 : 도시첨단물류단지개발사업의 시행자는 대상 부지 토지가액의 100분의 40의 범위에서 다음에 해당하는 시설 또는 그 운영비용의 일부를 국가나 지방자치단체에 제공하여야 한다. 다만, 「개발이익 환수에 관한 법률」에 따라 개발부담금이 부과·징수되는 경우에는 대상 부지의 토지가액에서 개발부담금에 상당하는 금액은 제외한다.
  ㉠ 물류산업 창업보육센터 등 해당 도시첨단물류단지를 활용한 일자리 창출을 위한 시설
  ㉡ 해당 도시첨단물류단지에서 공동으로 사용하는 물류시설
  ㉢ 해당 도시첨단물류단지의 물류산업 활성화를 위한 연구시설
  ㉣ 그 밖에 ㉠부터 ㉢까지의 시설에 준하는 시설로서 대통령령으로 정하는 공익시설(공공시설, 공공·문화체육시설, 보건위생시설 중 종합의료시설, 환경기초시설 중 폐기물처리시설, 공공주택)
⑤ 도시첨단물류단지개발사업의 시행자가 ④의 국가나 지방자치단체에 제공하여야 하는 시설 또는 그 운영비용은 대상 부지 토지가액의 100분의 25의 범위에서 국토교통부장관이 정하여 고시하는 기준에 따라 산정한 금액으로 한다.

(3) 토지소유자 등의 동의(법 제22조의3) 기출▶ 25년/ 19년/ 17년

국토교통부장관 또는 시·도지사는 **도시첨단물류단지**를 지정하려면 도시첨단물류단지 예정지역 토지면적의 **2분의 1 이상**에 해당하는 토지소유자의 동의와 토지소유자 총수 및 건축물 소유자 총수 각 2분의 1 이상의 동의를 받아야 한다.
  → 일반물류단지(×)
  → 5분의 4 이상(×)

(4) 지원단지의 조성 등의 특례(법 제22조의4)

도시첨단물류단지개발사업의 시행자는 도시첨단물류단지 내 또는 도시첨단물류단지 인근지역에 입주기업 종사자 등을 위하여 주거·문화·복지·교육 시설 등을 포함한 지원단지를 조성할 수 있으며, 지원단지의 조성은 도시첨단물류단지개발사업으로 할 수 있다.

(5) 다른 지구와의 입체개발(법 제22조의5) 기출▶ 22년

국토교통부장관 또는 시·도지사는 「공공주택 특별법」의 공공주택지구 등 대통령령으로 정하는 지구의 지정권자와 협의하여 도시첨단물류단지와 동일한 부지에 해당 지구를 함께 지정하여 도시첨단물류단지개발사업으로 할 수 있다.

(6) 물류단지개발지침(법 제22조의6) 기출▶ 22년/ 21년/ 20년/ 19년/ 18년/ 15년/ 11년/ 10년

① 국토교통부장관은 물류단지의 개발에 관한 기본지침(이하 물류단지개발지침)을 작성하여 관보에 고시하여야 한다.
② 물류단지개발지침의 포함사항(영 제15조)

> 1. 물류단지의 계획적·체계적 개발에 관한 사항
> 2. 물류단지의 지정·개발·지원에 관한 사항
> 3. 「환경영향평가법」에 따른 전략환경영향평가, 소규모 환경영향평가 및 환경영향평가 등 환경보전에 관한 사항
> 4. **지역 간의 균형발전을 위하여 고려할 사항** → 지역별·규모별·연도별 배치 및 우선순위에 관한 사항(×)
> 5. **국가유산의 보존을 위하여 고려할 사항** → 문화재 보존을 위하여 고려할 사항이 포함되지 않는다(×)
> 6. 토지가격의 안정을 위하여 필요한 사항
> 7. 분양가격의 결정에 관한 사항
> 8. 토지·시설 등의 공급에 관한 사항

③ 국토교통부장관은 물류단지개발지침을 작성할 때에는 미리 시·도지사의 의견을 듣고 관계 중앙행정기관의 장과 협의한 후 물류시설분과위원회의 심의를 거쳐야 한다. 물류단지개발지침을 변경할 때[국토교통부령으로 정하는 경미한 사항(토지가격의 안정을 위하여 필요한 사항)을 변경할 때는 제외]에도 또한 같다.

(7) 물류단지 실수요 검증(법 제22조의7) 기출▶ 22년/21년/18년

① 물류단지를 지정하는 국토교통부장관 또는 시·도지사(이하 물류단지지정권자)는 무분별한 물류단지 개발을 방지하고 국토의 효율적 이용을 위하여 **물류단지 지정 전**에 물류단지 실수요 검증을 **실시하여야 한다.** 이 경우 물류단지지정권자는 실수요 검증 대상사업에 대하여 관계 행정기관과 협의하여야 한다.
　　↳ 물류단지 지정 후 1년 이내(×)　　　실수요 검증을 실시할 수 있다(×)
　　　　　　　　　　　　　　　　　　　　※ 실수요 검증은 종전 임의규정에서 강행규정으로 개정되었다.
② 물류단지지정권자는 실수요 검증을 실시하기 위하여 필요한 경우 실수요검증위원회를 구성·운영할 수 있다.
③ 도시첨단물류단지개발사업은 실수요 검증을 실수요검증위원회의 자문으로 갈음할 수 **있다.** → 없다(×)
④ 물류단지지정권자는 실수요검증위원회의 구성 목적을 달성하였다고 인정하는 경우에는 실수요검증위원회를 해산할 수 있다.

(8) 물류단지지정의 고시 등(법 제23조, 영 제16조 제1항)

① 물류단지지정권자가 물류단지를 지정하거나 지정내용을 변경한 때에는 다음의 사항을 관보 또는 시·도의 공보에 고시하고, 관계서류의 사본을 관할 시장·군수·구청장에게 보내야 한다.

> 1. 물류단지의 명칭·위치 및 면적
> 2. 물류단지의 지정 목적
> 3. 물류단지개발사업의 시행자
> 4. 물류단지의 개발기간 및 개발방법
> 5. 토지이용계획 및 주요 기반시설계획
> 6. 건축계획 및 복합용지이용계획(도시첨단물류단지를 지정하거나 그 지정내용을 변경하는 경우에만 해당)
> 7. 주요 유치업종 및 유치업종배치계획(물류단지지정권자와 물류단지 입주희망 기업이 입주협약을 체결한 경우에는 그 기업의 배치계획을 포함)
> 8. 수용 또는 사용의 대상이 되는 토지, 건축물 또는 토지에 정착한 물건과 이에 관한 소유권 외의 권리, 광업권·어업권 및 물의 사용에 관한 권리(이하 토지등)가 있는 경우에는 그 세목과 소유자 및 「공익사업을 위한 토지 등의 취득 및 보상에 관한 법률」에 따른 관계인의 성명 및 주소
> 9. 물류단지의 개발을 위한 주요시설지원계획
> 10. 종전 토지소유자에 대한 환지계획
> 11. 「공유수면 관리 및 매립에 관한 법률」에 따른 공유수면매립 기본계획
> 12. 「국토의 계획 및 이용에 관한 법률」에 따른 도시·군관리계획
> 13. 「토지이용규제 기본법」에 따른 지형도면등
> 14. 관계 도서의 열람방법

② 물류단지로 지정되는 지역에 수용하거나 사용할 토지, 건축물, 그 밖의 물건이나 권리가 있는 경우에는 고시내용에 그 토지 등의 세부목록을 포함시켜야 한다.
③ ①의 관계서류를 받은 시장·군수·구청장은 이를 14일 이상 일반인이 열람할 수 있도록 하여야 한다.

(9) 주민 등의 의견청취(법 제24조, 영 제17조) 기출▶ 17년/ 15년

① 물류단지지정권자는 물류단지를 지정하려는 때에는 주민 및 관계 전문가의 의견을 들어야 하고 타당하다고 인정하는 때에는 그 의견을 반영하여야 한다. 다만, 국방상 기밀사항이거나 경미한 사항인 경우에는 의견 청취를 생략할 수 있다.
② 물류단지지정권자는 주민 및 관계 전문가의 의견청취를 생략하려는 경우에는 미리 관계행정기관의 장과 협의하여야 한다.
③ 물류단지지정권자는 물류단지의 지정에 관하여 주민 및 관계 전문가의 의견을 들으려는 경우에는 물류단지개발계획안의 내용을 해당 물류단지의 소재지를 관할하는 특별자치시장·특별자치도지사·시장·군수 또는 구청장에게 보내야 하며, 이를 받은 시장·군수·구청장은 그 주요 내용을 해당 지방에서 발간되는 일간신문, 공보, 인터넷 홈페이지 또는 방송 등을 통하여 공고하고 14일 이상 일반에게 열람하게 해야 한다.
④ 공고된 물류단지개발계획안의 내용에 대하여 의견이 있는 자는 그 열람기간 내에 해당 시장·군수·구청장에게 의견서를 제출할 수 있다.
⑤ 시장·군수·구청장은 제출된 의견에 대한 검토의견을 물류단지지정권자에게 제출하여야 한다.

(10) 행위제한 등(법 제25조) 기출▶ 24년/ 21년/ 17년/ 16년/ 14년/ 13년

① **허가사항** : 물류단지 안에서 건축물의 건축, 공작물의 설치, 토지의 형질변경, 토석의 채취, 토지분할, 물건을 쌓아놓는 행위 등을 하려는 자는 **시장·군수·구청장의 허가**를 받아야 한다. 허가받은 사항을 변경하려는 때에도 또한 같다.
  └→ 국토교통부장관 또는 시·도지사의 허가(×)

② **허가없이 할 수 있는 행위** 기출▶ 25년

> 1. 재해복구 또는 재난수습에 필요한 응급조치를 위하여 하는 행위
> 2. 농림수산물의 생산에 직접 이용되는 것으로서 국토교통부령으로 정하는 간이공작물의 설치(비닐하우스, 양잠장, 버섯재배사, 고추 등 건조장, 종묘배양장 등)
> 3. 경작을 위한 토지의 형질변경
> 4. 물류단지의 개발에 지장을 주지 아니하고 자연경관을 손상하지 아니하는 범위에서의 토석의 채취
> 5. **물류단지에 존치하기로 결정된 대지 안에서 물건을 쌓아놓는 행위**
>   └→ 경작지에서의 임시 식재는 시장·군수·구청장의 허가를 받아야 하는 행위에 해당한다(○)
> 6. 관상용 죽목의 임시 식재(경작지에서의 임시 식재는 제외)

③ **예외사항** : 허가를 받아야 하는 행위로서 물류단지의 지정 및 고시 당시 이미 관계 법령에 따라 행위허가를 받았거나 허가를 받을 필요가 없는 행위에 관하여 그 공사 또는 사업에 착수한 자는 대통령령으로 정하는 바에 따라 시장·군수·구청장에게 **신고한 후 이를 계속 시행할 수 있다.** → 이 법령에 따른 허가를 받은 것으로 본다(×)
④ **위반 시 조치** : 시장·군수·구청장은 허가사항을 위반한 자에게 원상회복을 명할 수 있다. 이 경우 명령을 받은 자가 그 의무를 이행하지 아니하면 시장·군수·구청장은 「행정대집행법」에 따라 대집행할 수 있다.

(11) 물류단지지정의 해제(법 제26조) 기출▶ 16년/ 15년/ 13년/ 10년

┌→ 3년 이내(×)

① 물류단지로 지정·고시된 날부터 대통령령으로 정하는 기간(5년 이내)에 그 물류단지의 전부 또는 일부에 대하여 물류단지개발실시계획의 승인을 신청하지 아니하면 그 기간이 지난 다음 날 해당지역에 대한 물류단지의 지정이 해제된 것으로 본다.
② 물류단지지정권자는 다음에 해당하는 경우에는 해당 지역에 대한 물류단지 지정의 전부 또는 일부를 해제할 수 있다.
  ㉠ 물류단지의 전부 또는 일부에 대한 개발 전망이 없게 된 경우

ⓒ 개발이 완료된 물류단지가 준공(부분 준공을 포함)된 지 20년 이상된 것으로서 주변상황과 물류산업여건이 변화되어 물류단지재정비사업을 하더라도 물류단지 기능수행이 어려울 것으로 판단되는 경우

③ 물류단지의 지정이 해제된 것으로 보거나 해제된 경우 해당 물류단지지정권자는 그 사실을 관계 중앙행정기관의 장 및 시·도지사에게 통보하고 고시하여야 하며, 통보를 받은 시·도지사는 지체 없이 시장·군수·구청장으로 하여금 이를 14일 이상 일반인이 열람할 수 있도록 하여야 한다.

④ 물류단지의 지정으로 「국토의 계획 및 이용에 관한 법률」에 따른 용도지역이 변경·결정된 후 해당 물류단지의 지정이 해제된 경우에는 같은 법의 규정에도 불구하고 해당 물류단지에 대한 용도지역은 변경·결정되기 전의 용도지역으로 환원된 것으로 본다.

⑤ 다만, 물류단지의 개발이 완료되어 물류단지의 지정이 해제된 경우에는 변경·결정되기 전의 용도지역으로 **환원되지 아니한다.** → 변경·결정되기 전의 용도지역으로 환원된다(×)

⑥ 시장·군수·구청장은 용도지역이 환원된 경우에는 즉시 그 사실을 고시하여야 한다.

2. 물류단지개발사업의 시행

(1) 물류단지개발사업의 시행자(법 제27조, 영 제20조)

① 시행자의 지정 기출▶ 19년/ 13년

 ㉠ 물류단지개발사업을 시행하려는 자는 대통령령으로 정하는 바에 따라 물류단지지정권자로부터 시행자 지정을 받아야 한다.
 ㉡ 물류단지지정권자는 시행자를 지정할 때에는 사업계획의 타당성 및 재원조달능력과 다른 법률에 따라 수립된 개발계획과의 관계 등을 고려하여야 한다.

② 시행자로 지정받을 수 있는 자 기출▶ 24년/ 14년/ 13년

> 1. **국가 또는 지방자치단체** → 지방자치단체도 물류단지개발사업의 시행자로 지정받을 수 있다(○)
> 2. 대통령령으로 정하는 다음의 공공기관(한국토지주택공사, 한국도로공사, 한국수자원공사, 한국농어촌공사, 항만공사)
> 3. 「지방공기업법」에 따른 지방공사
> 4. 「특별법」에 따라 설립된 법인
> 5. **「민법」 또는 「상법」에 따라 설립된 법인** → 시행에 충분한 자금을 확보한 자연인(×)
> 6. 물류단지 예정지역의 토지소유자 또는 그 토지소유자가 물류단지개발을 위하여 설립한 조합

③ 물류단지개발사업의 시행자로 지정받으려는 자는 대통령령으로 정하는 바에 따라 물류단지지정권자에게 시행자 지정을 신청하여야 한다.

④ 물류단지지정권자는 물류단지개발사업의 시행자 중 「민법」 또는 「상법」에 따라 설립된 법인 또는 물류단지 예정지역의 토지소유자 또는 그 토지소유자가 물류단지개발을 위하여 설립한 조합에 해당하는 자가 승인을 받은 물류단지개발 실시계획에서 정하여진 기간 내에 물류단지개발사업을 완료하지 아니하면 물류단지개발사업의 시행자 중에서 다른 시행자를 지정하여 그 시행자에게 해당 물류단지개발사업을 시행하게 할 수 있다.

⑤ 시행자(국가, 지방자치단체, 공공기관, 지방공사, 「특별법」에 따라 설립된 법인)는 물류단지개발사업을 효율적으로 시행하기 위하여 필요하다고 인정하는 경우에는 해당 물류단지에 입주하거나 입주하려는 물류시설의 운영자(이하 입주기업체) 및 지원시설의 운영자(이하 지원기관)에게 물류단지개발사업의 일부를 대행하게 할 수 있다.

(2) 물류단지개발실시계획의 승인(법 제28조, 영 제22조) 기출▶ 19년/ 15년/ 13년/ 07년

① 실시계획의 수립 및 승인 : 물류단지개발사업의 시행자는 **물류단지개발실시계획**(이하 실시계획)을 수립하여 물류단지지 →물류단지개발계획(×) 정권자의 승인을 받아야 한다. 승인을 받은 사항 중 대통령령으로 정하는 중요 사항을 변경하려는 경우에도 또한 같다.

+ 더알아보기 대통령령으로 정하는 중요 사항 외의 사항

1. 시행자의 주소 변경
2. 법인인 시행자의 대표자 변경
3. 사업시행지역의 변동이 없는 범위에서의 착오 등에 따른 시행면적의 정정
4. 사업시행 면적을 초과하지 아니하는 범위에서 사업을 분할하여 시행하는 경우의 면적 변경
   → 이 경우 물류단지지정권자로부터 승인을 받아야 한다(×)
5. 사업시행 면적의 100분의 10 범위에서의 면적의 감소
6. 사업비의 100분의 10 범위에서의 사업비의 증감
7. 「공간정보의 구축 및 관리 등에 관한 법률」에 따른 지적확정측량의 결과에 따른 부지 면적의 변경

② 실시계획의 포함사항 : 실시계획에는 개발한 토지·시설 등의 처분에 관한 사항이 포함되어야 한다.

(3) 실시계획승인의 고시(법 제29조, 영 제23조) 기출▶ 15년/ 11년

① 물류단지지정권자는 실시계획을 승인하거나 승인한 사항을 변경승인한 때에는 다음의 사항을 관보 또는 시·도의 공보에 고시하고, 관계 서류의 사본을 관할 시장·군수·구청장에게 보내야 한다.

1. 사업의 명칭
2. 시행자의 성명(법인인 경우에는 그 명칭 및 대표자의 성명)
3. 사업의 목적 및 개요
4. **사업시행지역의 위치 및 면적** → 사업시행지역의 토지 이용현황(×)
5. 사업시행기간(착공 및 준공예정일을 포함)
6. 도시·군계획시설에 대한 「국토의 계획 및 이용에 관한 법률 시행령」제25조 제6항 각 호의 사항

② 관계서류의 사본을 받은 시장·군수·구청장은 이를 14일 이상 일반인이 열람할 수 있도록 하여야 한다.
③ 관계서류의 사본을 받은 시장·군수·구청장은 실시계획에 도시·군관리계획 결정사항이 포함되어 있으면 「국토의 계획 및 이용에 관한 법률」에 따라 지형도면의 고시 등에 필요한 절차를 취하여야 한다. 이 경우 시행자는 도시·군관리계획에 관한 지형도면의 고시 등에 필요한 서류를 작성하여 시장·군수·구청장에게 제출하여야 한다.

(4) 물류단지개발사업의 위탁시행(법 제31조) 기출▶ 19년/ 16년/ 13년

① 물류단지개발사업의 시행자는 물류단지개발사업 중 항만, 용수시설, 그 밖에 대통령령으로 정하는 공공시설의 건설과 공유수면의 매립에 관한 사항을 국가·지방자치단체 또는 **대통령령으로 정하는 공공기관**(한국토지주택공사, 한국도로공사, 한국수자원공사, 한국농어촌공사, 항만공사)에 위탁하여 시행할 수 있다. → 지방자치단체에 위탁하여 시행할 수 없다(×)
② 물류단지개발사업을 위한 토지매수업무 등의 위탁에 관하여는 물류터미널사업자의 토지매수업무 등의 위탁을 준용한다. 이 경우 "물류터미널사업자"는 "시행자"로, "물류터미널"은 "물류단지"로 본다.
③ 시행자는 물류단지지정권자의 승인을 받아 부동산신탁업자와 물류단지 개발을 목적으로 하는 신탁계약을 체결하여 물류단지개발사업을 시행할 수 있다.
④ 신탁계약을 체결한 부동산신탁업자는 종전의 시행자의 권리·의무를 포괄적으로 승계한다.

3. 물류단지개발에 필요한 토지 등의 수용·사용, 환지

(1) 토지 등의 수용·사용(법 제32조) 기출▶ 25년/21년/19년/17년/16년/15년/14년

① 물류단지개발사업의 시행자(물류단지 예정지역의 토지소유자 또는 그 토지소유자가 물류단지개발을 위하여 설립한 조합의 시행자는 제외)는 물류단지개발사업에 필요한 토지등을 수용하거나 사용할 수 있다.
　└▶「지방공기업법」에 따른 지방공사(×)　　　　　　　　　　　　　　2분의 1 이상(×) ◀┐
② 다만, 「민법」 또는 「상법」에 따라 설립된 법인이 물류단지개발사업의 시행자인 경우에는 사업대상 토지면적의 3분의 2 이상을 매입하여야 토지등을 수용하거나 사용할 수 있다.
③ 물류단지개발사업에 필요한 토지등을 수용하거나 사용하는 경우에 물류단지 지정 고시를 한 때에는 「공익사업을 위한 토지 등의 취득 및 보상에 관한 법률」 규정에 따른 사업인정 및 그 고시를 한 것으로 본다. →사업인정 및 그 고시가 있어야 한다(×)
④ 국토교통부장관이 지정하는 물류단지 안의 토지등에 대한 재결은 중앙토지수용위원회가 관장하고, 시·도지사가 지정하는 물류단지 안의 토지등에 대한 재결은 관할 지방토지수용위원회가 관장한다. 이 경우 재결의 신청은 「공익사업을 위한 토지 등의 취득 및 보상에 관한 법률」에도 불구하고 물류단지개발계획에서 정하는 사업시행기간 내에 할 수 있다.

(2) 토지소유자에 대한 환지(법 제34조, 영 제25조) 기출▶ 14년

① 시행자는 물류단지 안의 토지를 소유하고 있는 자가 물류단지개발계획에서 정한 물류단지시설 또는 대통령령으로 정하는 지원시설을 운영하려는 경우에는 그 토지를 포함하여 물류단지개발사업을 시행할 수 있으며, 해당 사업이 완료된 후 해당 토지소유자에게 환지(換地)하여 줄 수 있다.
② 환지를 받을 수 있는 토지소유자는 물류단지의 지정·고시일 현재 물류단지 안에 물류단지개발계획에서 정한 최소공급면적 이상의 토지를 소유한 자로 한다.　　　　　　　전체공급면적 3분의 2 이상(×) ◀┘
③ 환지신청은 시행자가 해당 물류단지에 관한 보상공고에서 정한 협의기간에 하여야 한다.
④ 시행자(법 제27조 제2항 제6호 시행자는 제외)는 다음의 기준에 따라 환지의 방법 및 절차 등을 물류단지개발계획에서 정하여야 한다.

> 1. 환지의 대상이 되는 종전 토지의 가액은 보상공고 시 시행자가 제시한 협의를 위한 보상금액으로 하고, 환지의 가액은 해당 물류단지의 용지별 분양가격을 기준으로 한다.
> 　└▶물류단지시설용지의 공시지가를 기준(×)
> 2. 환지면적은 종전의 토지면적을 기준으로 하되, 지역 여건 및 물류단지의 수급 상황 등을 고려하여 그 면적을 늘리거나 줄일 수 있다.
> 3. 종전의 토지가액과 환지가액과의 차액은 현금으로 정산하여야 한다.

(3) 토지 출입 등(법 제35조) 기출▶ 13년

시행자는 물류단지의 건설을 위하여 필요한 때에는 다른 사람의 토지에 출입하거나 이를 일시 사용할 수 있으며, 나무, 토석, 그 밖의 장애물을 변경하거나 제거할 수 있다. →변경하거나 제거할 수 없다(×)

(4) 공공시설 및 토지 등의 귀속(법 제36조) 기출▶ 25년/20년/18년/15년/11년

┌▶국가 또는 지방자치단체, 대통령령으로 정하는 공공기관, 「지방공기업법」에 따른 지방공사, 특별법에 따라 설립된 법인
① 국가등 공공의 시행자가 물류단지개발사업의 시행으로 새로 공공시설을 설치하거나 기존의 공공시설에 대체되는 공공시설을 설치한 경우 「국유재산법」 및 「공유재산 및 물품 관리법」에도 불구하고 종래의 공공시설은 시행자에게 무상으로
　　　　　　　　　　　　　　　　　　　　　　국가 또는 지방자치단체에게 무상으로 귀속된다(×) ◀┐
귀속되고, 새로 설치된 공공시설은 그 시설을 관리할 국가 또는 지방자치단체에 무상으로 귀속된다.

② **그 외 민간**의 시행자가 물류단지개발사업의 시행으로 새로 설치한 공공시설은 그 시설을 관리할 국가 또는 지방자치단체에 무상으로 귀속된다.
　→「민법」또는「상법」에 따라 설립된 법인 또는 물류단지 예정지역의 토지소유자 또는 그 토지소유자

③ 물류단지개발사업의 시행으로 인하여 용도가 폐지되는 국가 또는 지방자치단체 소유의 재산은 새로 설치한 공공시설의 설치비용에 상당하는 범위에서 그 시행자에게 무상으로 양도할 수 있다.

④ 물류단지지정권자는 공공시설의 귀속 및 양도에 관한 사항이 포함된 실시계획을 승인하려는 때에는 미리 그 공공시설을 관리하는 기관(이하 관리청)의 의견을 들어야 하며, 실시계획을 변경하려는 때에도 또한 같다.

⑤ 시행자는 국가 또는 지방자치단체에 귀속될 공공시설과 시행자에게 귀속되거나 양도될 재산의 종류와 토지의 세부목록을 그 물류단지개발사업의 준공 전에 관리청에 통지하여야 한다.

⑥ 해당 공공시설과 재산은 그 사업이 준공되어 규정에 따라 시행자에게 준공인가통지를 한 때에 국가 또는 지방자치단체에 귀속되거나 시행자에게 귀속 또는 양도된 것으로 본다.

⑦ 무상으로 귀속되는 공공시설의 범위(영 제26조) 기출 20년/18년

공공시설은 다음의 시설을 말한다. 이때 "주차장"과 "운동장"은 국가 또는 지방자치단체가 설치한 것만 해당하고, "수도"는 한국수자원공사가 설치하는 수도의 경우에는 관로만 해당한다.

| • 도 로 | • 공 원 | • 광 장 | • 주차장 | • 철 도 | • 하 천 | • 녹 지 |
| • 운동장 | • 공공공지 | • 수 도 | • 하수도 | • 공동구 | • 유수지시설 | • 구 거 |

　　　　　　　　　　　　　　　　　　　　　　　　　　　　　　→방풍설비(×)

(5) 국·공유지의 처분제한(법 제37조) 기출 13년

① 물류단지 안에 있는 국가 또는 지방자치단체 소유의 토지로서 물류단지개발사업에 필요한 토지는 해당 물류단지개발사업 목적이 아닌 다른 목적으로 매각하거나 양도할 수 없다.

② 물류단지 안에 있는 국가 또는 지방자치단체 소유의 재산은 시행자·입주기업체 또는 지원기관에게 **수의계약으로 매각할 수 있다**. 이 경우 그 재산의 용도폐지 및 매각에 관하여는 물류단지지정권자가 미리 관계행정기관의 장과 협의하여야 한다.
　　　　　　　　　　　　　　　　　수의계약으로 매각하는 것은 허용되지 않는다(×)←

③ 협의요청이 있은 때에는 관계행정기관의 장은 그 요청을 받은 날부터 30일 이내에 용도폐지 및 매각, 그 밖에 필요한 조치를 하여야 한다.

④ 시행자·입주기업체 또는 지원기관에게 매각하려는 재산 중 관리청이 불분명한 재산은 다른 법령에도 불구하고 재정경제부장관이 이를 관리하거나 처분한다.

4. 물류단지개발사업의 비용 등

(1) 물류단지개발사업의 비용(법 제38조) 기출 15년/13년/08년

① 비용 부담의 주체 : 물류단지개발사업에 필요한 비용은 시행자가 부담한다.

② 대상 및 범위 : 물류단지에 필요한 전기시설·전기통신설비·가스공급시설 또는 지역난방시설은 해당 지역에 전기·전기통신·가스 또는 난방을 공급하는 자가 비용을 부담하여 설치하여야 한다.

③ 다만, 물류단지개발사업의 시행자·입주기업·지방자치단체 등의 요청에 따라 전기간선시설을 땅 속에 설치하는 경우에는 전기를 공급하는 자와 땅 속에 설치할 것을 요청하는 자가 각각 100분의 50의 비율로 **그 설치비용을 부담한다**.
　　　　　　　　　　　　　　　　　　　설치비용 전부를 부담한다(×)←

(2) 물류단지개발사업의 지원(법 제39조) 기출▶ 23년/ 21년/ 19년/ 17년/ 15년/ 13년/ 08년

① 국가 또는 지방자치단체는 물류단지개발사업에 필요한 다음에 해당하는 **비용의 일부를 보조하거나 융자**할 수 있다(영 제28조). → 전부를 보조하거나 융자(×)

> 1. **물류단지의 간선도로의 건설비** → 물류단지의 진입도로의 건설비(×)
> 2. **물류단지의 녹지의 건설비** → 물류단지의 하천의 건설비(×)
> 3. 이주대책사업비
> 4. 물류단지시설용지와 지원시설용지의 조성비 및 매입비
> 5. **용수공급시설·하수도 및 공공폐수처리시설의 건설비** → 물류단지 밖에 설치되는 매연저감시설 설치비(×)
> 6. 국가유산 조사비
> 7. 그 밖에 지방자치단체가 보조 또는 융자하는 경우로서 물류단지개발사업에 관하여 해당 지방자치단체의 조례로 정하는 비용

② 국가 또는 지방자치단체는 물류단지의 원활한 개발을 위하여 필요한 도로·철도·항만·용수시설 등 다음에 해당하는 기반시설의 설치를 우선적으로 지원하여야 한다(영 제29조).

> 1. 도로·철도 및 항만시설
> 2. 용수공급시설 및 통신시설
> 3. 하수도시설 및 폐기물처리시설
> 4. **물류단지 안의 공동구** → 물류단지 안의 산업시설(×)
> 5. 집단에너지공급시설
> 6. **유수지 및 광장** → 녹지(×)

(3) 물류단지개발특별회계의 설치(법 제40조) 기출▶ 23년/ 19년/ 17년/ 16년

① 물류단지개발특별회계 설치의 주체 : 시·도지사 또는 시장·군수는 물류단지개발사업을 촉진하기 위하여 지방자치단체에 물류단지개발특별회계(이하 특별회계)를 설치할 수 있다.

② 물류단지개발특별회계 재원

> 1. 해당 지방자치단체의 일반회계로부터의 전입금
> 2. 정부의 보조금
> 3. 이 법에 따라 부과·징수된 과태료
> 4. 「개발이익환수에 관한 법률」에 따라 지방자치단체에 귀속되는 개발부담금 중 해당 지방자치단체의 조례로 정하는 비율의 금액
> 5. 「국토의 계획 및 이용에 관한 법률」에 따라 행정청에 귀속된 공공시설의 처분으로 인한 수익금
> 6. 「지방세법」에 따라 부과·징수되는 재산세의 징수액 중 대통령령으로 정하는 비율(**10퍼센트**)의 금액
> 7. 차입금 → 15퍼센트(×)
> 8. 해당 특별회계자금의 융자회수금·이자수입금 및 그 밖의 수익금

(4) 특별회계의 운용(법 제41조, 영 제32조) 기출▶ 16년

① 특별회계의 용도

> 1. 물류단지개발사업의 시행자에 대한 공사비의 보조 또는 융자
> 2. 물류단지개발사업에 따른 도시·군계획시설사업에 관한 보조 또는 융자
> 3. 지방자치단체가 시행하는 물류단지개발사업에 따른 도시·군계획시설의 설치사업비
> 4. 물류단지지정, 물류시설의 개발계획수립 및 제도발전을 위한 조사·연구비
> 5. 차입금의 원리금 상환
> 6. 특별회계의 조성·운용 및 관리를 위한 경비
> 7. 지방자치단체가 시행하는 물류단지개발사업의 사업비
> 8. 해당 지방자치단체의 조례로 정하는 사항

② 물류단지개발특별회계에서 보조할 수 있는 범위
  ㉠ 해당 지방자치단체의 장이 시행하는 물류단지개발사업의 공사비, 물류단지개발사업과 관련된 「국토의 계획 및 이용에 관한 법률」에 따른 도시·군계획시설사업의 공사비 및 사유대지의 보상비
  ㉡ 해당 지방자치단체의 장 외의 자가 시행하는 물류단지개발사업 중 도시·군계획시설의 설치에 필요한 공사비, 물류단지개발사업 관련 「국토의 계획 및 이용에 관한 법률」에 따른 도시·군계획시설사업의 공사비, 물류단지지정, 물류시설의 개발계획수립 및 제도발전을 위한 조사·연구비, 특별회계의 조성·운용 및 관리를 위한 경비 등 사업비의 2분의 1 이하

③ 물류단지개발특별회계에서 융자할 수 있는 범위
  ㉠ 물류단지개발사업과 관련된 해당 지방자치단체의 장이 시행하는 「국토의 계획 및 이용에 관한 법률」에 따른 도시·군계획시설사업의 **공사비의 2분의 1 이하** → 공사비의 2분의 1 이하 융자(O)
  ㉡ 물류단지개발사업과 관련된 해당 지방자치단체의 장 외의 자가 시행하는 물류단지개발사업 중 도시·군계획시설의 설치에 필요한 공사비, 물류단지개발사업과 관련된 「국토의 계획 및 이용에 관한 법률」에 따른 도시·군계획시설사업의 공사비 등 사업비의 3분의 1 이하

(5) 선수금(법 제43조, 영 제33조) 기출▶ 19년/10년

① 선수금 : 시행자는 그가 조성하는 용지를 분양·임대받거나 시설을 이용하려는 자로부터 대통령령으로 정하는 바에 따라 대금의 전부 또는 일부를 미리 받을 수 있다.

② 선수금을 받기 위한 요건

시행자	시행요건
국가 또는 지방자치단체, 공공기관, 지방공사	실시계획 승인을 받을 것
특별법에 따라 설립된 법인, 「민법」 또는 「상법」에 따라 설립된 법인	가. 실시계획 승인을 받을 것 나. 분양하려는 토지에 대한 소유권을 확보하고 해당 토지에 설정된 저당권을 말소하였을 것 다. 분양하려는 토지에 대한 개발사업의 공사 진척률이 100분의 10 이상에 달하였을 것 라. 분양계약을 이행하지 아니하는 경우 선수금의 환불을 담보하기 위하여 보증서 등을 물류단지지정권자에게 제출할 것

(6) 시설부담금(법 제44조, 영 제34조) 기출▶ 19년/ 13년

물류단지지정권자는 시행자에게 도로, 공원, 녹지, 그 밖에 대통령령으로 정하는 다음의 공공시설을 설치하게 하거나 기존의 공원 및 녹지를 보존하게 할 수 있다.

> - 물류단지의 진입도로 및 간선도로
> - 물류단지의 공원 및 녹지(도시·군계획시설로 결정된 공원 및 녹지)
> - 용수공급시설·하수도시설·전기통신시설 및 폐기물처리시설
> - 국가나 지방자치단체에 무상으로 귀속되는 공공시설

(7) 이주대책 등(법 제45조) 기출▶ 22년/ 15년

① 시행자는 「공익사업을 위한 토지 등의 취득 및 보상에 관한 법률」로 정하는 바에 따라 물류단지개발사업으로 인하여 생활의 근거를 상실하게 되는 자(이하 이주자)에 대한 이주대책 등을 수립·시행하여야 한다.
② <mark>입주기업체 및 지원기관</mark>은 특별한 사유가 없으면 이주자 또는 인근지역의 주민을 우선적으로 고용하여야 한다.
   └ 물류단지개발사업의 시행자(×)

(8) 물류단지개발사업의 준공인가(법 제46조) 기출▶ 15년

① 시행자는 물류단지개발사업의 전부 또는 일부를 완료하면 물류단지지정권자의 준공인가를 받아야 한다.
② 시행자가 준공인가를 신청한 경우에 물류단지지정권자는 관계 중앙행정기관, 지방자치단체 또는 대통령령으로 정하는 공공기관, 연구기관, 그 밖의 전문기관의 장에게 준공인가에 필요한 검사를 의뢰할 수 있다. 이 경우 공공시설에 대한 검사는 원칙적으로 그 시설을 관리할 국가 또는 지방자치단체에 의뢰하여야 한다.
③ 물류단지지정권자는 준공검사를 한 결과 실시계획대로 완료된 경우에는 준공인가를 하고 이를 공고한 후 시행자 및 관리청에 통지하여야 하며, 실시계획대로 완료되지 아니한 경우에는 지체없이 보완시공 등 필요한 조치를 명하여야 한다.
④ 시행자가 준공인가를 받은 때에는 실시계획승인으로 의제되는 인·허가 등에 따른 해당 사업의 준공에 관한 검사·인가·신고·확인 등을 받은 것으로 본다.
⑤ 준공인가 전에는 물류단지개발사업으로 개발된 토지나 설치된 시설을 사용할 수 없다.
⑥ 물류단지지정권자는 사용허가의 신청을 받은 날부터 15일 이내에 허가 여부를 신청인에게 통지하여야 한다.

(9) 관계서류 등의 열람(법 제47조) 기출▶ 15년

① 시행자는 물류단지개발사업을 시행할 때 필요하면 국가 또는 지방자치단체에 서류의 열람 또는 등사를 하거나 그 등본 또는 초본의 교부를 청구할 수 있다.
② 국가 또는 지방자치단체는 발급하는 서류에 대하여는 수수료를 부과하지 아니한다.

5. 개발한 토지·시설 등의 처분 및 이행강제금

(1) 개발한 토지·시설 등의 처분(법 제50조, 영 제39조) 기출▶ 13년/ 11년/ 10년/ 09년

① 시행자는 물류단지개발사업에 따라 개발한 토지·시설 등을 분양 또는 임대할 수 있다. 토지·시설 등의 처분방법·절차·가격기준 등에 관하여 필요한 사항은 대통령령으로 정한다.

② 분양가격의 결정 등
  ㉠ 시행자가 개발한 토지ㆍ시설 등을 물류단지시설용지 또는 도시첨단물류단지시설로서 분양하는 경우 그 분양가격은 조성원가에 적정이윤을 합한 금액으로 한다. 다만, 시행자가 필요하다고 인정하는 경우에는 분양가격을 그 이하의 금액으로 할 수 있다.
  부동산 가격공시 및 감정평가에 관한 법률(×)
  ㉡ 시행자는 대규모점포, 전문상가단지 등 판매를 목적으로 사용될 토지ㆍ시설 등의 분양가격은 **「감정평가 및 감정평가사에 관한 법률」**에 따른 **감정평가액**을 예정가격으로 하여 실시한 경쟁입찰에 따라 정할 수 있다.
  → 표준공시지가(×)
③ 조성원가
  ㉠ 산정한 용지비, 용지부담금, 조성비, 기반시설 설치비, 직접인건비, 이주대책비, 판매비, 일반관리비, 자본비용 및 그 밖의 비용을 합산한 금액으로 한다.
  ㉡ 물류단지 조성원가 산정표(영 별표2)

조성원가항목	내역
용지비	용지매입비, 지장물 등 보상비, 조사비, 등기비 및 그 부대비용
용지부담금	토지 등의 취득과 관련하여 부담하는 각종 부담금
조성비	해당 물류단지 조성에 들어간 직접비로서 조성공사비ㆍ설계비 및 그 부대비용
기반시설 설치비	해당 물류단지 조성에 필요한 기반시설 설치비용(다른 법령이나 인ㆍ허가조건에 따라 국가 또는 지방자치단체에 납부하는 부담금 및 공공시설설치비 등을 포함)
직접인건비	해당 사업을 직접 수행하거나 지원하는 직원의 인건비 및 복리후생비
이주대책비	이주대책의 시행에 따른 비용 및 손실액
판매비	광고선전비 그 밖에 판매에 들어간 비용
일반관리비	인건비, 임차료, 연구개발비, 훈련비, 그 밖에 일반관리에 들어간 비용(직접인건비에 포함된 금액은 제외하되, 일반관리비의 비율은 「국가를 당사자로 하는 계약에 관한 법률 시행령」 제9조에 따른 공사에 관한 비율을 초과할 수 없다)
자본비용	물류단지개발사업의 시행을 위하여 필요한 사업비의 조달에 들어간 비용으로서 최초 실시계획에서 정하여진 사업기간(정부지원계획에 차질이 있거나 그 밖에 국토교통부령으로 정하는 불가피한 사유로 실시계획기간을 연장한 경우 같은 기간을 포함)까지의 비용
그 밖의 비용	「산업재해보상보험법」에 따른 보험료 및 천재지변으로 인하여 발생하는 피해액 등 물류단지개발사업과 관련하여 발생하는 비용으로서 위의 항목에 포함되지 아니하는 비용

→ 포함한 금액(×)
④ 적정이윤 : 산정한 조성원가에서 자본비용, 개발사업대행비용, 선수금을 각각 **제외한 금액**의 100분의 5를 초과하지 아니하는 범위에서 해당 물류단지의 입주 수요와 지역 간 균형발전의 촉진 등 지역 여건을 고려하여 시행자가 정한다.
⑤ 준공인가 전 분양
  ㉠ 시행자는 준공인가 전에 물류단지시설용지 또는 도시첨단물류단지시설로서 국토교통부장관이 정하는 시설을 분양한 경우에는 해당 물류단지개발사업을 위하여 투입된 총사업비 및 적정이윤을 기준으로 준공인가 후에 분양가격을 정산할 수 있다.
  ㉡ 선수금을 낸 자에 대하여 정산을 하는 경우에는 선수금 납부일부터 정산일까지의 시중은행의 1년 만기 정기예금 이자율에 해당하는 금액을 정산금에서 빼야 한다.
⑥ 국토교통부장관이 정하는 시설 외의 용도로 공급하는 토지ㆍ시설 등의 분양가격
  ㉠ 물류단지시설용지 또는 도시첨단물류단지시설로서 국토교통부장관이 정하는 시설 외의 용도로 공급하는 토지ㆍ시설 등의 분양가격은 감정평가액을 기준으로 결정하되, 시행자가 필요하다고 인정하는 경우에는 그 이하의 금액으로 할 수 있다.

ⓒ 시행자는 민간건설임대주택 또는 공공건설임대주택의 건설을 위한 용도로 토지를 공급하는 경우 그 분양가격은 조성원가에 적정이윤을 합한 금액으로 한다.

(2) 임대료의 산정기준(영 제40조)

시행자가 물류단지개발사업으로 개발한 토지·시설 등을 임대하는 경우 그 임대료의 산정기준은 다음과 같다. 다만, 시행자가 필요하다고 인정하는 경우에는 그 이하의 금액으로 할 수 있다.

임대하려는 토지·시설 등의 최초의 임대료		분양가격의 결정 등에 따라 산정한 분양가격에 국토교통부령으로 정하는 임대요율(100분의 3)을 곱한 금액
임대기간의 만료 등으로 인하여 재계약을 하는 경우의 임대료	토지만을 임대하는 경우	개별공시지가 × 국토교통부령으로 정하는 임대요율(100분의 3)
	토지와 시설 등을 함께 임대하거나 시설 등만을 임대하는 경우	감정평가액 × 국토교통부령으로 정하는 임대요율(100분의 3)

(3) 토지·시설 등의 공급방법(영 제41조) 기출▶ 17년 /11년

시행자는 다음의 경우에는 수의계약의 방법으로 토지·시설 등을 공급할 수 있다.

1. 학교용지·공공청사용지 등 일반에게 분양할 수 없는 공공시설용지를 국가·지방자치단체나 그 밖에 관계 법령에 따라 해당 공공시설을 설치할 수 있는 자에게 공급하는 경우
2. 고시한 실시계획에 따라 존치하는 시설물의 유지·관리에 필요한 최소한의 토지를 공급하는 경우
3. 「공익사업을 위한 토지 등의 취득 및 보상에 관한 법률」에 따른 협의에 응하여 자신이 소유하는 물류단지의 토지 등의 전부를 시행자에게 양도한 자에게 국토교통부령으로 정하는 기준에 따라 토지를 공급하는 경우
4. 토지상환채권에 따라 토지를 상환하는 경우
5. 토지의 규모 및 형상, 입지조건 등에 비추어 토지의 이용가치가 현저히 낮은 토지로서 인접 토지소유자 등에게 공급하는 것이 불가피하다고 인정되는 경우
6. 공공시행자(국가 또는 지방자치단체, 대통령령으로 정하는 공공기관, 지방공사)가 물류산업의 발전을 위하여 물류단지에서 복합적이고 입체적인 개발이 필요하여 국토교통부령으로 정하는 절차와 방법에 따라 선정된 자에게 토지를 공급하는 경우
7. 고시된 사항 중 유치업종배치계획에 포함된 기업에 대하여 물류단지지정권자와 협의하여 그 기업이 직접 사용할 물류시설(판매시설은 제외) 용지를 공급하는 경우
8. 그 밖에 관계 법령에 따라 수의계약으로 공급할 수 있는 경우

(4) 물류단지시설 등의 건설공사 착수 등(법 제50조의2) 기출▶ 12년

입주기업체 또는 지원기관은 시행자와 분양계약을 체결한 날부터 국토교통부령으로 정하는 기간(4년) 안에 그 물류단지시설 또는 지원시설의 건설공사에 착수하거나 토지·시설 등을 처분하여야 한다. 다만, 국토교통부령으로 정하는 정당한 사유가 있는 경우에는 그러하지 아니하다.

(5) 이행강제금(법 제50조의3) 기출▶ 24년/ 12년

① 물류단지지정권자는 물류단지시설 등의 건설공사 착수 의무를 이행하지 아니한 자에 대하여 의무이행기간이 끝난 날부터 6개월이 경과한 날까지 그 의무를 이행할 것을 명하여야 하며, 그 기한까지 의무를 이행하지 아니하면 해당 토지·시설 등 재산가액(감정평가액)의 100분의 20에 해당하는 금액의 이행강제금을 부과할 수 있다.
② 물류단지지정권자는 이행강제금을 부과하기 전 이행강제금을 부과하고 징수한다는 뜻을 미리 문서로 알려야 한다.

③ 물류단지지정권자는 이행강제금을 부과하려는 경우에는 이행강제금의 금액, 부과 사유, 납부기한, 수납기관, 이의제기 방법 및 이의제기기관 등을 명시한 문서로써 하여야 한다.
④ 물류단지지정권자는 정한 기간이 만료한 다음 날을 기준으로 하여 매년 1회 그 의무가 이행될 때까지 반복하여 이행강제금을 부과하고 징수할 수 있다.
⑤ 물류단지지정권자는 물류단지시설 등의 건설공사 착수 의무가 있는 자가 그 의무를 이행한 경우에는 새로운 이행강제금의 부과를 중지하되, 이미 부과된 **이행강제금은 징수**하여야 한다.
　　→ 이행강제금 처분을 취소(×)

6. 물류단지의 재정비 및 지정 취소

(1) 물류단지의 재정비(법 제52조의2) 기출▶ 25년/ 21년/ 11년

① 물류단지 재정비의 필요성 등
　㉠ 물류단지지정권자는 준공(부분준공 포함)된 날부터 20년이 지나서 물류산업구조의 변화 및 물류시설의 노후화 등으로 물류단지를 재정비할 필요가 있는 경우에는 직접 또는 관계 중앙행정기관의 장이나 시장·군수·구청장의 요청에 따라 물류단지를 재정비하는 사업(이하 물류단지재정비사업)을 할 수 있다.
　㉡ 다만, 준공된 날부터 20년이 지나지 아니한 물류단지에 대하여도 업종의 재배치 등이 필요한 경우에는 물류단지재정비사업을 할 수 있다.

② 물류단지재정비사업의 구분
　㉠ 전부 재정비사업 : 토지이용계획 및 주요 기반시설계획의 변경을 수반하는 경우로서 지정된 물류단지 면적의 100분의 50 이상을 재정비(단계적 재정비 포함)하는 사업
　㉡ 부분 재정비사업 : **전부** 재정비사업 이외의 물류단지재정비사업
　　　　→ 지정된 물류단지 면적의 3분의 2 미만(×)

③ 물류단지재정비계획의 수립·고시
　　　　　　　　　　　　　　　　　　　　　　　　　→ 입주업체 2분의 1 이상의 동의(×)
　물류단지지정권자는 물류단지재정비사업을 하려는 경우에는 **입주업체와 관계 지방자치단체의 장의 의견을 듣고** 관계 행정기관의 장과 협의하여 물류단지재정비계획(이하 재정비계획)을 수립·고시하되, 부분 재정비사업인 경우에는 재정비계획 고시를 생략할 수 있다. 재정비계획을 변경할 때(대통령령으로 정하는 경미한 사항을 변경할 때는 제외)에도 또한 같다.

④ 재정비계획에 포함되어야 하는 사항

> 1. 물류단지의 명칭·위치 및 면적
> 2. 물류단지재정비사업의 목적
> 3. 물류단지재정비사업의 시행자
> 4. 물류단지재정비사업의 시행방법
> 5. 주요 유치시설 및 그 설치기준에 관한 사항
> 6. 당초 토지이용계획 및 주요 기반시설의 변경계획
> 7. 재원조달방안
> 8. 그 밖에 대통령령으로 정하는 사항 : 물류단지재정비사업의 시행기간, 지원시설의 확충 계획, 입주수요에 대한 조사자료, 물류단지재정비계획에 포함된 토지의 세목과 소유자 및 관계인의 성명 및 주소

⑤ 물류단지재정비시행계획의 수립 및 승인 : 물류단지재정비사업의 시행자로 지정받은 자는 물류단지재정비시행계획을 수립하여 물류단지지정권자의 승인을 받아야 한다. 승인을 받은 사항을 변경할 때에도 또한 같다.
⑥ 승인절차 : 물류단지지정권자는 재정비시행계획을 승인하려면 미리 입주업체 및 관계 지방자치단체의 장의 의견을 듣고 관계 행정기관의 장과 협의하여야 한다.
⑦ 사업의 실시요청 : 관계 중앙행정기관의 장 또는 시장·군수·구청장이 물류단지지정권자에게 물류단지재정비사업의 실시를 요청할 때에는 물류단지재정비사업의 기본방향 및 재원조달방안 등을 제출하여야 한다.
⑧ 재정비계획의 제출 : 물류단지 지정을 요청할 수 있는 자는 물류단지지정권자에게 물류단지재정비사업의 실시를 요청할 수 있다. 이 경우 물류단지 전부에 대한 재정비사업의 실시를 요청하려면 재정비계획을 작성하여 제출하여야 한다.

(2) 지정·승인·인가의 취소 등(법 제52조의3) 기출 25년/09년

국토교통부장관 또는 시·도지사는 시행자가 다음의 경우에는 이 법에 따른 지정·승인 또는 인가를 취소하거나 공사의 중지, 공작물의 개축, 이전, 그 밖에 필요한 조치를 할 수 있다. 다만, 1부터 5까지의 경우에는 그 지정·승인 또는 인가를 취소하여야 한다.

1. 거짓이나 그 밖의 부정한 방법으로 물류단지의 지정을 받은 경우
2. 거짓이나 그 밖의 부정한 방법으로 시행자의 지정을 받은 경우
3. 거짓이나 그 밖의 부정한 방법으로 실시계획의 승인을 받은 경우
4. 거짓이나 그 밖의 부정한 방법으로 준공인가를 받은 경우
5. 거짓이나 그 밖의 부정한 방법으로 재정비시행계획의 승인을 받은 경우
6. 사정이 변경되어 물류단지개발사업을 계속 시행하는 것이 불가능하게 된 경우 → 승인을 취소하여야 한다(×)

7. 물류단지의 관리

(1) 물류단지의 관리기관(법 제53조) 기출 25년/24년/10년/07년

① 물류단지지정권자는 효율적인 관리를 위하여 대통령령으로 정하는 관리기구 또는 입주기업체가 자율적으로 구성한 협의회(이하 입주기업체협의회)에 물류단지를 관리하도록 하여야 한다. → 한국철도공사(×)
② 물류단지의 관리기구 : 한국토지주택공사, 한국도로공사, 한국수자원공사, 한국농어촌공사, 항만공사, 지방공사
③ 입주기업체협의회의 구성과 운영(영 제43조의2) 기출 23년
  ㉠ 입주기업체협의회는 그 구성 당시에 해당 물류단지 입주기업체의 75퍼센트 이상이 회원으로 가입되어 있어야 한다. → 3분의2 이상(×)
  ㉡ 입주기업체협의회는 일반회원과 특별회원으로 구성한다.
  ㉢ 입주기업체협의회의 일반회원은 입주기업체의 대표자로 하고, 특별회원은 일반회원 외의 자 중에서 정하되 회원자격은 입주기업체협의회의 정관으로 정하는 바에 따른다.
  ㉣ 입주기업체협의회는 매 사업연도 개시일부터 2개월 이내에 정기총회를 개최하여야 하며, 필요한 경우에는 임시총회를 개최할 수 있다. → 3개월 이내(×)
  ㉤ 입주기업체협의회의 회의는 정관에 다른 규정이 있는 경우를 제외하고는 회원 과반수의 출석과 출석회원 과반수의 찬성으로 의결한다.

(2) 물류단지의 관리지침(법 제54조)

① 국토교통부장관은 물류단지의 관리에 관한 지침(이하 물류단지관리지침)을 작성하여 관보에 고시하여야 한다.
② 국토교통부장관은 물류단지관리지침을 작성하려는 때에는 시·도지사의 의견을 듣고 관계 중앙행정기관의 장과 협의한 후 「물류정책기본법」의 물류시설분과위원회의 심의를 거쳐야 한다.
③ 물류단지관리지침 포함사항(영 제44조)

> 1. 물류단지관리계획의 수립에 관한 사항
> 2. 물류단지의 유치업종 및 기준에 관한 사항
>   → 시설만을 유지·보수·개량하는 등(×)
> 3. 물류단지의 용지 및 시설을 유지·보수·개량하는 등의 물류단지관리업무에 필요한 사항

(3) 물류단지관리계획(법 제55조)

① 물류단지 관리기관은 물류단지관리계획을 수립하여 물류단지지정권자에게 제출하여야 한다.
② 물류단지관리계획 포함사항

> 1. 관리할 물류단지의 면적 및 범위에 관한 사항
> 2. 물류단지시설과 지원시설의 설치·운영에 관한 사항
> 3. 그 밖에 물류단지의 관리에 필요한 사항

(4) 공동부담금(법 제56조)

① 물류단지 관리기관은 물류단지 안의 폐기물처리장, 가로등, 단지의 도로, 수질오염방지시설 등의 공동시설의 설치·유지 및 보수를 위하여 필요하면 입주기업체 및 지원기관으로부터 **공동부담금**을 받을 수 있다.
   → 시설부담금(×)
② 공동부담금에 관한 기준 및 방법 등에 필요한 사항은 대통령령으로 정한다.
   ㉠ 관리기관은 공동시설의 공동부담금을 입주기업체 및 지원기관의 공동시설 사용에 따른 수익의 정도에 따라 징수한다.
   ㉡ 다만, 그 수익의 정도를 산출하기 어려울 때에는 그 비용 전체를 입주기업체 및 지원기관의 용지면적·건축연면적 및 종업원 수에 따라 산출한 부담비율에 따라 징수한다.
   ㉢ 관리기관은 공동부담금을 물류단지의 운영상황에 따라 매월 또는 매 분기별로 징수할 수 있다.

(5) 조세 등의 감면 및 자금지원 등(법 제58조·제59조·제59조의3)

① 조세 등의 감면(법 제58조) : 국가 또는 지방자치단체는 물류단지의 원활한 개발 및 입주기업체의 유치를 위하여 **지방세, 농지보전부담금, 대체산림자원조성비, 개발부담금 또는 과밀부담금 등을 감면**할 수 있다.
   → 국세·공동부담금의 감면(×)
② 자금지원(법 제59조) : 국가 또는 지방자치단체는 물류단지의 원활한 개발 및 입주기업체의 유치를 위하여 자금지원에 대한 필요한 조치를 할 수 있다.
③ 물류단지 안의 조경의무 면제(법 제59조의3) : 입주기업체에 대해서는 해당 입주기업체 부지 안의 조경 의무를 면제한다.

CORE 06 　 물류 교통·환경 정비사업

1. 물류 교통·환경 정비지구의 지정 및 해제

(1) 물류 교통·환경 정비지구의 지정 신청(법 제59조의4) 기출▶ 25년

① **정비지구의 지정 신청** : 시장·군수·구청장은 물류시설의 밀집으로 도로 등 기반시설의 정비와 소음·진동·미세먼지 저감 등 생활환경의 개선이 필요한 경우로서 대통령령으로 정하는 요건에 해당하는 경우 시·도지사에게 물류교통·환경 정비지구(이하 정비지구)의 지정을 신청할 수 있다. 정비지구를 변경하려는 경우에도 또한 같다.

② **정비지구의 지정 신청을 할 수 있는 지역 요건(영 제46조의2)**

물류 교통·환경 정비지구의 지정을 신청할 수 있는 지역은 다음의 요건을 모두 충족하는 지역으로 한다.

> 1. 물류시설의 밀집으로 도로의 신설·확장·개량 및 보수 등 기반시설의 정비가 필요하거나 소음·진동 방지, 미세먼지 저감 등 생활환경의 개선이 필요한 지역일 것
>   ┌ 50만 제곱미터 이상(×)
> 2. 정비지구로 지정하려는 지역의 면적이 **30만 제곱미터 이상**일 것
> 3. 물류시설 총부지면적이 정비지구로 지정하려는 지역의 면적의 100분의 30 이상일 것

③ **정비계획의 수립·제출** : 정비지구의 지정 또는 변경을 신청하려는 시장·군수·구청장은 다음 사항을 포함한 물류 교통·환경 정비계획(이하 정비계획)을 수립하여 시·도지사에게 제출하여야 한다. 이 경우 정비지구가 둘 이상의 시·군·구의 관할지역에 걸쳐있는 경우에는 **관할 시장·군수·구청장**이 공동으로 이를 수립·제출한다.
                                                               └ 시·도지사(×)

> 1. 위치·면적·정비기간 등 정비계획의 개요
> 2. 정비지구의 현황(인구수, 물류시설의 수와 면적·교통량·물동량 등)
> 3. 도로의 신설·확장·개량 및 보수 등 교통정비계획
> 4. 소음·진동 방지, 대기오염 저감 등 환경정비계획
> 5. 물류 교통·환경 정비사업의 비용분담계획
> 6. 물류시설의 체계적 개발 및 정비 등에 관한 사항
> 7. 정비사업을 통해 예상되는 교통·환경 개선 효과
> 8. 「국토의 계획 및 이용에 관한 법률」에 따른 도시·군관리계획의 수립 또는 변경에 관한 사항
> 9. 그 밖에 시·도지사가 물류 교통·환경 정비에 필요하다고 인정하여 포함하도록 요청하는 사항

④ **정비지구의 지정 신청 절차**

  ㉠ 시장·군수·구청장은 정비지구의 지정 또는 변경을 신청하려는 경우에는 주민설명회를 열고, 그 내용을 14일 이상 주민에게 공람하여 의견을 들어야 하며, 지방의회의 의견을 들은 후 그 의견을 첨부하여 신청하여야 한다.

  ㉡ 이 경우 지방의회는 시장·군수·구청장이 정비지구의 지정 또는 변경 신청서를 통지한 날부터 60일 이내에 의견을 제시하여야 하며, 의견제시 없이 60일이 지난 때에는 이의가 없는 것으로 본다.

  ㉢ 다만, 다음의 경미한 사항의 변경을 신청하려는 경우에는 주민설명회, 주민공람, 주민의 의견청취 및 지방의회의 의견청취 절차를 거치지 아니할 수 있다.
                                         ┌ 100분의 10 미만(×)
    • 정비지구의 면적 또는 정비사업의 비용의 **100분의 5 미만의 변경**
    • 계산착오, 오기, 누락 또는 이에 준하는 명백한 오류의 수정

(2) 물류 교통·환경 정비지구의 지정(법 제59조의5) 기출▶ 25년

① **정비지구의 지정을 위한 협의 및 공동심의** : 시·도지사는 정비지구의 지정을 신청받은 경우에는 관계 행정기관의 장과 협의하고 대통령령으로 정하는 바에 따라 **물류단지계획심의위원회**와 지방도시계획위원회가 공동으로 하는 심의를 거쳐 정비지구를 지정한다. 정비지구의 지정을 변경하려는 경우에도 또한 같다.
　　→ 지역물류정책위원회(×)

② **의견 제시 기한** : 협의를 요청받은 관계 행정기관의 장은 특별한 사유가 없으면 그 요청을 받은 날부터 30일 이내에 의견을 제시하여야 한다.

③ **지정에 대한 고시** : 시·도지사는 정비지구를 지정하거나 변경할 때에는 그 내용을 지체 없이 해당 지방자치단체의 공보에 고시하여야 한다.

④ **지정에 대한 보고** : 시·도지사가 정비지구를 지정하거나 변경하였을 때에는 국토교통부장관에게 보고하여야 한다.

(3) 물류 교통·환경 정비지구 지정의 해제(법 제59조의6)

① **정비지구 지정의 해제** : 시·도지사는 물류 교통·환경 정비사업의 추진 상황으로 보아 정비지구의 지정 목적을 달성하였거나 달성할 수 없다고 인정하는 경우에는 물류단지계획심의위원회와 지방도시계획위원회가 공동으로 하는 심의를 거쳐 정비지구의 지정을 해제할 수 있다.

② **정비지구 지정해제 절차**

　㉠ 정비지구의 지정을 해제하려는 시·도지사는 물류단지계획심의위원회와 지방도시계획위원회가 공동으로 하는 심의 전에 주민설명회를 열고, 그 내용을 14일 이상 주민에게 공람하여 의견을 들어야 하며, 지방의회의 의견을 들어야 한다.

　㉡ 이 경우 지방의회는 의견을 요청받은 날부터 60일 이내에 의견을 제시하여야 하며, 의견제시 없이 60일이 지난 때에는 이의가 없는 것으로 본다.

③ **지정해제에 대한 고시** : 시·도지사는 정비지구의 지정을 해제할 때에는 그 내용을 지체 없이 해당 지방자치단체의 공보에 고시하여야 한다.

④ **지정해제에 대한 보고** : 시·도지사가 정비지구의 지정을 해제하였을 때에는 국토교통부장관에게 보고하여야 한다.

(4) 물류 교통·환경 정비사업의 지원(제59조의7) 기출▶ 25년/21년

국가 또는 시·도지사는 지정된 정비지구에서 시장·군수·구청장에게 다음의 사업에 대한 행정적·재정적 지원을 할 수 있다.

> 1. 도로 등 기반시설의 신설·확장·개량 및 보수
> 2. 「화물자동차 운수사업법」에 따른 공영차고지 및 화물자동차 휴게소의 설치
> 3. 「소음·진동관리법」에 따른 방음·방진시설의 설치
> 4. 그 밖에 정비지구의 교통·환경 정비를 위하여 「환경친화적 자동차의 개발 및 보급 촉진에 관한 법률」에 따른 전기자동차의 충전시설 및 수소연료공급시설을 설치·정비 또는 개량하는 사업

CORE 07 보칙 및 벌칙

1. 보칙

(1) 보고(법 제61조)

① **복합물류터미널 건설**: 국토교통부장관은 복합물류터미널사업자에게 복합물류터미널의 건설에 관하여 필요한 보고를 하게 하거나 자료의 제출을 명할 수 있으며 소속 공무원에게 복합물류터미널의 건설에 관한 업무를 검사하게 할 수 있다.

② **물류창고의 운영**: 국토교통부장관, 해양수산부장관 또는 시·도지사는 물류창고업자에게 물류창고의 운영에 관하여 보고를 하게 하거나 자료의 제출을 명할 수 있으며, 소속 공무원에게 물류창고의 운영에 관한 업무를 검사하게 할 수 있다.

③ **물류단지의 개발**: 국토교통부장관 또는 시·도지사는 시행자에게 물류단지의 개발에 관하여 필요한 보고를 하게 하거나 자료의 제출을 명할 수 있으며 소속 공무원에게 물류단지의 개발에 관한 업무를 검사하게 할 수 있다.

④ **물류단지의 관리**: 국토교통부장관 또는 시·도지사는 물류단지의 관리기관·입주기업체 및 지원기관에 물류단지의 관리에 관하여 필요한 보고를 하게 하거나 자료의 제출을 명할 수 있으며, 소속 공무원에게 물류단지의 관리에 관한 업무를 검사하게 할 수 있다.

(2) 청문(법 제62조)

국토교통부장관·해양수산부장관 또는 시·도지사는 다음의 경우에는 청문을 실시하여야 한다.

① 복합물류터미널사업 등록의 취소 또는 물류창고업 등록의 취소
② 스마트물류센터 인증의 취소 또는 스마트물류센터 인증기관 지정의 취소
③ 물류단지의 지정·승인 또는 인가의 취소

(3) 수수료(법 제63조) 기출▶ 25년/ 24년

① **복합물류터미널사업의 등록신청** 및 변경등록의 신청
  └▶ 도시첨단물류단지의 지정의 신청(×)
② 물류터미널의 구조 및 설비 등에 관한 공사시행인가와 변경인가의 신청
③ 물류창고업의 등록 및 변경등록
④ 스마트물류센터 인증의 신청

2. 벌칙

(1) 형벌규정(법 제65조) 기출▶ 25년/ 24년/ 21년/ 17년/ 16년

① 1년 이하의 징역 또는 1천만원 이하의 벌금

다만, 다음의 7에 해당하는 자로서 그 처분행위로 얻은 이익이 3천만원 이상인 경우에는 1년 이하의 징역 또는 그 이익에 상당하는 금액 이하의 벌금에 처한다.

> 1. 등록을 하지 아니하고 복합물류터미널사업을 경영한 자
> 2. 공사시행인가 또는 변경인가를 받지 아니하고 공사를 시행한 자
> 3. 성명 또는 상호를 다른 사람에게 사용하게 하거나 등록증을 대여한 자
> 4. 등록을 하지 아니하고 물류창고업을 경영한 자. 다만, 제21조의2 제4항(보세창고의 설치·운영, 유해화학물질 보관·저장업, 식품보존업 중 식품냉동·냉장업, 축산물보관업 및 수산물가공업 중 냉동·냉장업)의 어느 하나에 해당하는 물류창고업을 경영한 자는 제외한다.
> 5. 허가를 받지 아니하고 물류단지 안에서 건축물의 건축 등을 한 자
> 6. 거짓이나 그 밖의 부정한 방법으로 물류단지개발사업의 시행자 또는 물류단지개발실시계획에 따른 지정 또는 승인을 받은 자
> 7. 개발한 토지·시설 등의 처분제한 규정을 위반하여 토지 또는 시설을 처분한 자

② 3천만원 이하의 벌금

거짓의 인증마크를 제작·사용하거나 스마트물류센터임을 사칭한 자는 **3천만원 이하의 벌금에 처한다.**
↳ 과태료를 부과한다(×)

(2) 양벌규정(법 제66조)

① 법인의 대표자나 법인 또는 개인의 대리인, 사용인, 그 밖의 종업원이 그 법인 또는 개인의 업무에 관하여 위반행위를 하면 그 행위자를 벌하는 외에 그 법인 또는 개인에게도 해당 조문의 벌금형을 과한다.
② 다만, 법인 또는 개인이 그 위반행위를 방지하기 위하여 해당 업무에 관하여 상당한 주의와 감독을 게을리하지 아니한 경우에는 그러하지 아니하다.

(3) 과태료(법 제67조) 기출▶ 25년/ 17년

① 300만원 이하의 과태료
  ㉠ 보고 또는 자료제출을 하지 아니하거나 거짓 보고 또는 거짓 자료를 제출한 자
  ㉡ 검사를 방해·거부한 자
② 200만원 이하의 과태료
  ㉠ 승계의 신고를 하지 아니한 자
  ㉡ 취소된 인증마크를 계속 사용한 자
③ 과태료는 국토교통부장관·해양수산부장관 또는 시·도지사가 부과·징수한다.

출제포인트 OX 문제

01 **OX** 두 종류 이상의 운송수단 간 연계운송을 할 수 있는 규모 및 시설을 갖춘 물류터미널 사업은 '일반물류터미널사업'에 해당한다.

02 (   )은 물류단지시설의 운영을 효율적으로 지원하기 위하여 물류단지 안에 설치되는 물류단지 종사자 및 이용자의 생활과 편의를 위한 시설 등을 말한다.

03 **OX** 화물의 집화·하역과 관련된 가공·조립시설로 그 시설의 바닥면적 합계가 물류터미널의 전체 바닥면적 합계의 3분의 1인 경우 물류터미널에 해당한다.

04 물류시설개발종합계획에서 물류시설별 물류시설용지면적의 (   ) 이상으로 물류시설의 수요·공급계획을 변경하려는 때에는 물류시설분과위원회의 심의를 거쳐야 한다.

05 **OX** 물류시설의 지역별·규모별·연도별 배치 및 우선순위에 관한 사항은 물류시설종합계획에 포함된다.

06 **OX** 복합물류터미널사업 등록의 취소처분을 받은 후 2년이 지나지 아니한 자는 복합물류터미널사업의 등록을 할 수 없다.

07 복합물류터미널사업자가 영업소의 명칭 또는 위치의 변경 외의 사항을 변경하려는 경우에는 (   )을 하여야 한다.

08 **OX** 복합물류터미널사업의 등록신청을 하려는 자는 복합물류터미널의 부지 및 설비의 배치를 표시한 축척 400분의 1인 평면도를 제출하여야 한다.

09 물류터미널을 건설하기 위한 부지 안에 있는 국가 또는 지방자치단체 소유의 재산은 물류터미널사업자에게 (   )으로 매각할 수 있다.

10 **OX** 보관장소 전체면적의 합계가 4천500제곱미터 이상인 물류창고를 소유 또는 임차하여 물류창고업을 경영하려는 자는 물류창고업의 등록을 하여야 한다.

11 **OX** 물류창고를 소유 또는 임차하여 물류창고업을 경영하려는 자는 산업통상부장관에게 등록하여야 한다.

12 **OX** 물류창고를 갖추고 그 전부를 보세창고의 설치·운영의 용도로만 사용하며 해당 법률에 따라 해당 영업의 허가·변경허가를 받거나 등록·변경등록 또는 신고·변경신고를 한 때에는 물류창고업의 등록 또는 변경등록을 한 것으로 본다.

13 **OX** 시·도지사는 도시첨단물류단지를 지정하려면 도시첨단물류단지 예정지역 토지면적의 5분의 4 이상에 해당하는 토지소유자의 동의를 받아야 한다.

14 ⓞⓧ 물류단지개발사업의 시행자가 물류단지 예정지역의 토지소유자가 설립한 조합인 경우 시행자는 물류단지개발사업에 필요한 토지 등을 수용하거나 사용할 수 없다.

15 ⓞⓧ 국가 또는 지방자치단체는 물류단지의 원활한 개발을 위하여 필요한 도로·철도·항만·용수시설 등의 기반시설 설치를 우선적으로 지원하여야 한다.

16 물류단지개발사업과 관련된 해당 지방자치단체의 장이 시행하는 도시·군계획시설사업의 경우, 물류단지개발특별회계에서 물류단지개발사업의 시행자에게 융자할 수 있는 범위는 공사비의 (   ) 이하이다.

17 (   )는 준공된 날부터 20년이 지나서 물류산업구조의 변화 및 물류시설의 노후화 등으로 물류단지를 재정비할 필요가 있는 경우에는 물류단지재정비사업을 할 수 있다.

18 정비지구의 지정을 해제하려는 시·도지사는 물류단지계획심의위원회와 지방도시계획위원회가 공동으로 하는 심의 전에 주민설명회를 열고, 그 내용을 (   ) 이상 주민에게 공람하여 의견을 들어야 하며, 지방의회의 의견을 들어야 한다.

19 ⓞⓧ 거짓의 인증마크를 제작·사용하거나 스마트물류센터임을 사칭한 자는 과태료를 부과한다.

20 (   )은 복합물류터미널사업자에게 복합물류터미널의 건설에 관하여 필요한 보고를 하게 하거나 자료의 제출을 명할 수 있으며, 소속 공무원에게 복합물류터미널의 건설에 관한 업무를 검사하게 할 수 있다.

정답 및 해설

01 ✕ ▶ 두 종류 이상의 운송수단 간 연계운송을 할 수 있는 규모 및 시설을 갖춘 물류터미널사업은 '복합물류터미널사업'에 해당한다.
02 지원시설
03 ✕ ▶ 가공·조립 시설의 전체 바닥면적 합계가 물류터미널의 전체 바닥면적 합계의 4분의 1 이하인 경우 물류터미널에 해당한다.
04 100분의 10
05 ○
06 ○
07 변경등록
08 ✕ ▶ 복합물류터미널의 부지 및 설비의 배치를 표시한 축척 500분의 1 이상의 평면도를 제출해야 한다.
09 수의계약
10 ○
11 ✕ ▶ 물류창고를 소유 또는 임차하여 물류창고업을 경영하려는 자는 국토교통부장관, 해양수산부장관 또는 시·도지사에게 등록하여야 한다.
12 ○
13 ✕ ▶ 도시첨단물류단지 예정지역 토지면적의 2분의 1 이상에 해당하는 토지소유자의 동의를 받아야 한다.
14 ○
15 ○
16 2분의 1
17 물류단지지정권자
18 14일
19 ✕ ▶ 거짓의 인증마크를 제작·사용하거나 스마트물류센터임을 사칭한 자는 3천만원 이하의 벌금에 처한다.
20 국토교통부장관

빈출키워드 기출유형문제

키워드 ❶ 용어의 정의

01

물류시설의 개발 및 운영에 관한 법령상 용어에 관한 설명으로 옳은 것은? 기출 18년

① 물류의 공동화 · 자동화 및 정보화를 위한 시설은 물류시설에 속하지 않는다.
② 「유통산업발전법」상 집배송시설 및 공동집배송센터를 경영하는 사업은 복합물류터미널사업에 속한다.
③ 화물의 운송 · 포장 · 보관 · 판매 · 정보처리 등을 위하여 일반물류단지 안에 설치되는 「약사법」상 의약품 도매상의 창고 및 영업소시설은 일반물류단지시설에 속한다.
④ 화물의 집화 · 하역 및 이와 관련된 분류 · 포장 · 보관 · 가공 · 조립 또는 통관 등에 필요한 기능을 갖춘 시설물이지만 가공 · 조립시설의 전체 바닥면적 합계가 물류터미널의 전체 바닥면적 합계의 5분의 1인 경우에는 물류터미널에 속하지 않는다.
⑤ 도시첨단물류단지를 조성하기 위하여 시행하는 하수도의 건설사업은 물류단지개발사업에 속하지 않는다.

> **해설** ① 물류시설 : 물류의 공동화 · 자동화 및 정보화를 위한 시설(법 제2조 제1호 다목)
> ② 물류터미널사업 : 「유통산업발전법」의 집배송시설 및 공동집배송센터(법 제2조 제3호 라목)
> ④ 물류터미널 : 가공 · 조립 시설의 전체 바닥면적 합계가 물류터미널의 전체 바닥면적 합계의 4분의 1 이하인 것(법 제2조 제2호 단서)
> ⑤ 물류단지개발사업 : 하수도, 폐기물처리시설, 그 밖의 환경오염방지시설 등의 건설사업(법 제2조 제9호 라목)

02

물류시설의 개발 및 운영에 관한 법령상 용어에 관한 설명으로 옳지 않은 것은? 기출 17년

① 물류시설에는 화물의 운송과 관련된 가공 · 조립 · 포장 · 판매 등의 활동을 위한 시설도 포함된다.
② 물류터미널사업에는 「항만법」 제2조 제5호의 항만시설 중 항만구역 안에 있는 화물하역시설 및 화물보관 · 처리 시설물을 경영하는 사업도 포함된다.
③ 「철도사업법」에 따른 철도사업자가 여객의 수하물 또는 소화물을 보관하는 것은 물류창고업에 해당하지 않는다.
④ 복합물류터미널사업이란 두 종류 이상의 운송수단 간의 연계운송을 할 수 있는 규모 및 시설을 갖춘 물류터미널사업을 말한다.
⑤ 일반물류단지란 물류단지 중 도시첨단물류단지를 제외한 것을 말한다.

> **해설** ② 물류터미널사업에는 「항만법」 제2조 제5호의 항만시설 중 항만구역 안에 있는 화물하역시설 및 화물보관 · 처리 시설물을 경영하는 사업을 제외한다(법 제2조 제3호 가목).

03

물류시설의 개발 및 운영에 관한 법령상 용어의 정의에 관한 설명으로 옳은 것은? 기출 16년

① '물류터미널'이란 화물의 저장·관리, 집화·배송 및 수급조정 등을 위한 보관시설·보관장소 또는 이와 관련된 하역·분류·포장·상표부착 등에 필요한 기능을 갖춘 시설을 말한다.
② 화물의 집화·하역과 관련된 가공·조립시설로 그 시설의 바닥면적 합계가 물류터미널의 전체 바닥면적 합계의 3분의 1인 경우 '물류터미널'에 해당한다.
③ 물류단지시설의 운영을 효율적으로 지원하기 위하여 물류단지 안에 설치되는 시설로 입주기업체 및 지원기관에서 발생하는 폐기물의 재활용시설은 '지원시설'에 해당한다.
④ 세 종류의 운송수단 간 연계운송을 할 수 있는 규모 및 시설을 갖춘 물류터미널 사업은 '일반물류터미널사업'에 해당한다.
⑤ 물류단지 안에 설치되는 시설로 「철도사업법」에 따른 철도사업자가 그 사업에 사용하는 화물운송시설은 '물류단지시설'에 해당하지 않는다.

해설 ① "물류터미널"이란 화물의 집화·하역 및 이와 관련된 분류·포장·보관·가공·조립 또는 통관 등에 필요한 기능을 갖춘 시설물을 말한다(법 제2조 제2호).
② 가공·조립시설의 전체 바닥면적 합계가 물류터미널의 전체 바닥면적 합계의 4분의 1 이하인 것을 말한다(영 제2조 제1항).
④ 두 종류 이상의 운송수단 간 연계운송을 할 수 있는 규모 및 시설을 갖춘 물류터미널사업은 '복합물류터미널사업'에 해당한다(법 제2조 제4호).
⑤ 「철도사업법」에 따른 철도사업자가 그 사업에 사용하는 화물운송시설은 '물류터미널사업'에 해당하지 않는다(법 제2조 제3호 단서).

키워드 ❷ 일반물류단지시설

04

물류시설의 개발 및 운영에 관한 법령상 일반물류단지시설에 해당할 수 없는 것은? 기출 23년

① 물류터미널 및 창고
② 「수산식품산업의 육성 및 지원에 관한 법률」에 따른 수산물가공업시설(냉동·냉장업 시설은 제외한다)
③ 「유통산업발전법」에 따른 전문상가단지
④ 「농수산물유통 및 가격안정에 관한 법률」에 따른 농수산물도매시장
⑤ 「자동차관리법」에 따른 자동차경매장

해설 ② 「수산식품산업의 육성 및 지원에 관한 법률」에 따른 수산물가공업시설(냉동·냉장업 시설만 해당한다)(영 제2조 제2항 제2호)

05

물류시설의 개발 및 운영에 관한 법령상 화물의 운송·집화·하역·분류·포장·가공·조립·통관·보관·판매·정보처리 등을 위하여 일반물류단지 안에 설치되는 일반물류단지시설에 해당하지 않는 것은? 기출 19년

① 「유통산업발전법」에 따른 공동집배송센터
② 「농수산물유통 및 가격안정에 관한 법률」에 따른 농수산물산지유통센터
③ 「화물자동차 운수사업법」에 따른 화물자동차운수사업에 이용되는 차고
④ 「철도사업법」에 따른 철도사업자가 그 사업에 사용하는 화물운송·하역 및 보관시설
⑤ 「궤도운송법」에 따른 궤도사업을 경영하는 자가 그 사업에 사용하는 화물운송·하역 및 보관시설

해설 ② 「농수산물유통 및 가격안정에 관한 법률」에 따른 농수산물도매시장·농수산물공판장·농수산물종합유통센터(법 제2조 제7호)

키워드 ❸ 지원시설

06

물류시설의 개발 및 운영에 관한 법령상 지원시설에 해당하지 않는 것은? 기출 20년

① 교육 · 연구 시설
② 선상수산물가공업시설
③ 단독주택 · 공동주택 및 근린생활시설
④ 물류단지의 종사자의 생활과 편의를 위한 시설
⑤ 「건축법 시행령」 별표 1 제5호에 따른 문화 및 집회시설

해설 ② 수산가공품 생산공장 및 냉동 · 냉장업 시설 및 선상수산물가공업시설은 제외한 수산물가공업시설(법 제2조 제8호, 영 제2조 제3항 제4호)

07

물류시설의 개발 및 운영에 관한 법령상 "지원시설"에 해당하지 않는 것은? 기출 17년

① 금융 · 보험시설
② 의료시설
③ 물류단지 종사자의 주거를 위한 공동주택
④ 「농업협동조합법」에 따른 조합이 설치하는 구매사업 또는 판매사업 관련 시설
⑤ 입주기업체에서 발생하는 폐기물의 처리를 위한 시설(재활용시설 포함)

해설 ④는 일반물류단지시설에 해당한다(법 제2조 제7호 바목).

키워드 ❹ 물류시설개발종합계획

08

물류시설의 개발 및 운영에 관한 법률상 물류시설개발종합계획에 관한 설명으로 옳지 않은 것은? 기출 22년

① 국토교통부장관은 물류시설개발종합계획을 5년 단위로 수립하여야 한다.
② 국토교통부장관은 물류시설개발종합계획을 효율적으로 수립하기 위하여 필요하다고 인정하는 때에는 물류시설에 대하여 조사할 수 있다.
③ 집적[클러스터(cluster)]물류시설은 창고 및 집배송센터 등 물류활동을 개별적으로 수행하는 최소 단위의 물류시설을 말한다.
④ 물류시설개발종합계획은 「물류정책기본법」에 따른 국가물류기본계획과 조화를 이루어야 한다.
⑤ 관계 중앙행정기관의 장은 필요한 경우 국토교통부장관에게 물류시설개발종합계획을 변경하도록 요청할 수 있다.

해설 ③ 집적[클러스터(cluster)]물류시설은 물류터미널 및 물류단지 등 둘 이상의 단위물류시설 등이 함께 설치된 물류시설을 말한다. 창고 및 집배송센터 등 물류활동을 개별적으로 수행하는 최소 단위의 물류시설은 '단위물류시설'이다(법 제4조 제2항).

09

물류시설의 개발 및 운영에 관한 법령상 물류시설개발종합계획에 관한 설명으로 옳지 않은 것은? 기출 18년

① 국토교통부장관은 물류시설개발종합계획을 5년 단위로 수립하여야 한다.
② 용수·에너지·통신시설 등 기반시설에 관한 사항도 물류시설개발종합계획에 포함되어야 한다.
③ 물류시설개발종합계획에서 물류시설별 물류시설용지면적의 100분의 10 이상으로 물류시설의 수요·공급계획을 변경하려는 때에는 물류시설분과위원회의 심의를 거쳐야 한다.
④ 국토교통부장관은 물류시설개발종합계획을 수립한 때에는 이를 관보에 고시하여야 한다.
⑤ 시·도지사는 해양수산부장관에게 물류시설개발종합계획의 변경을 청구할 수 있다.

해설 ⑤ 관계 중앙행정기관의 장은 필요한 경우 국토교통부장관에게 물류시설개발종합계획을 변경하도록 요청할 수 있다(법 제5조 제3항).

10

물류시설의 개발 및 운영에 관한 법령상 물류시설개발종합계획에 관한 설명으로 옳지 않은 것은? 기출 16년

① 용수·에너지·통신시설 등 기반시설에 관한 사항은 물류시설개발종합계획에 포함되어야 한다.
② 국토교통부장관은 물류시설개발종합계획을 수립하거나 변경한 때에는 이를 관보에 고시하여야 한다.
③ 관계 행정기관의 장은 필요한 경우 국토교통부장관에게 물류시설개발종합계획을 변경하도록 요청할 수 있다.
④ 국토교통부장관은 물류시설개발종합계획과 다른 행정기관이 직접 지정·개발하려는 물류시설 개발계획이 상충되거나 중복된다고 인정하는 경우, 물류시설개발 종합계획을 변경하여야 한다.
⑤ 물류시설개발종합계획 중 물류시설의 수요·공급계획을 물류시설별 물류시설용지면적의 100분의 20만큼 변경하는 것은 「물류정책기본법」상 물류시설분과위원회의 심의를 거쳐야 하는 사항이다.

해설 국토교통부장관, 관계 중앙행정기관의 장 또는 시·도지사는 물류시설개발종합계획과 다른 행정기관이 직접 지정·개발하려는 물류시설 개발계획이 상충되거나 중복된다고 인정하는 경우, 그 계획을 변경하도록 요청할 수 있다(법 제6조 제3항 제1호).

키워드 ❺ 물류시설개발종합계획의 포함사항 및 수립

11

물류시설의 개발 및 운영에 관한 법률상 물류시설개발종합계획에 포함되어야 하는 사항으로 옳은 것을 모두 고른 것은? 기출 22년

> ㄱ. 물류시설의 지역별·규모별·연도별 배치 및 우선순위에 관한 사항
> ㄴ. 물류시설의 환경보전·관리에 관한 사항
> ㄷ. 도심지에 위치한 물류시설의 정비와 교외이전에 관한 사항
> ㄹ. 물류보안에 관한 사항

① ㄱ, ㄴ
② ㄷ, ㄹ
③ ㄱ, ㄴ, ㄷ
④ ㄴ, ㄷ, ㄹ
⑤ ㄱ, ㄴ, ㄷ, ㄹ

해설 **물류시설개발종합계획 포함사항(법 제4조 제3항)**
1. 물류시설의 장래 수요에 관한 사항
2. 물류시설의 공급정책 등에 관한 사항
3. 물류시설의 지정·개발에 관한 사항
4. 물류시설의 지역별·규모별·연도별 배치 및 우선순위에 관한 사항
5. 물류시설의 기능개선 및 효율화에 관한 사항
6. 물류시설의 공동화·집단화에 관한 사항
7. 물류시설의 국내 및 국제 연계수송망 구축에 관한 사항
8. 물류시설의 환경보전·관리에 관한 사항
9. 도심지에 위치한 물류시설의 정비와 교외이전에 관한 사항
10. 용수·에너지·통신시설 등 기반시설에 관한 사항

06 ② 07 ④ 08 ③ 09 ⑤ 10 ④ 11 ③

12

물류시설의 개발 및 운영에 관한 법률상 물류시설개발종합계획의 수립에 관한 설명으로 옳지 않은 것은? 기출 24년

① 국토교통부장관은 물류시설개발종합계획을 5년 단위로 수립하여야 한다.
② 연계물류시설은 물류터미널 및 물류단지 등 둘 이상의 단위물류시설 등이 함께 설치된 물류시설이다.
③ 물류시설의 기능개선 및 효율화에 관한 사항은 물류시설개발종합계획에 포함되어야 한다.
④ 물류시설개발종합계획의 수립은 「물류정책기본법」에 따른 물류시설분과위원회의 심의를 거쳐야 한다.
⑤ 국토교통부장관은 물류시설개발종합계획을 수립한 때에는 이를 관보에 고시하여야 한다.

해설 ② 물류터미널 및 물류단지 등 둘 이상의 단위물류시설 등이 함께 설치된 물류시설은 집적[클러스터(Cluster)]물류시설이다(법 제4조 제2항 제2호). 연계물류시설은 물류시설 상호 간의 화물운송이 원활히 이루어지도록 제공되는 도로 및 철도 등 교통시설을 말한다(법 제4조 제2항 제3호).

13

물류시설의 개발 및 운영에 관한 법령상 물류시설개발종합계획의 수립에 관한 설명으로 옳은 것은? 기출 20년

① 국토교통부장관은 물류시설개발종합계획을 10년 단위로 수립하여야 한다.
② 물류시설개발종합계획에는 용수·에너지·통신시설 등 기반시설에 관한 사항이 포함되어야 하는 것은 아니다.
③ 국토교통부장관은 물류시설개발종합계획 중 물류시설별 물류시설용지면적의 100분의 5 이상으로 물류시설의 수요·공급계획을 변경하려는 때에는 물류시설분과 위원회의 심의를 거쳐야 한다.
④ 국토교통부장관은 관계 기관에 물류시설개발종합계획을 수립하는 데에 필요한 자료의 제출을 요구할 수 있으나, 물류시설에 대하여 조사할 수는 없다.
⑤ 관계 중앙행정기관의 장이 물류시설개발종합계획의 변경을 요청할 때에는 물류시설개발종합계획의 주요 변경 내용에 관한 대비표를 국토교통부장관에게 제출하여야 한다.

해설 ① 국토교통부장관은 물류시설개발종합계획을 5년 단위로 수립하여야 한다(법 제4조 제1항).
② 물류시설개발종합계획에는 용수·에너지·통신시설 등 기반시설에 관한 사항이 포함되어야 한다(영 제3조 제1항).
③ 국토교통부장관은 물류시설개발종합계획 중 물류시설별 물류시설용지면적의 100분의 10 이상으로 물류시설의 수요·공급계획을 변경하려는 때에는 물류시설분과 위원회의 심의를 거쳐야 한다(법 제5조 제1항 후단, 영 제3조 제2항).
④ 국토교통부장관은 관계 기관에 물류시설개발종합계획을 수립하는 데에 필요한 자료의 제출을 요구하거나 협조를 요청할 수 있으며, 물류시설에 대하여 조사할 수 있다(법 제5조 제4항·제5항).

키워드 ❻ 복합물류터미널사업의 등록

14

물류시설의 개발 및 운영에 관한 법률상 복합물류터미널사업의 등록에 관한 설명으로 옳지 않은 것은? 기출 21년

① 「민법」 또는 「상법」에 따라 설립된 법인은 국토교통부장관에게 등록하여 복합물류터미널사업을 경영할 수 있다.
② 복합물류터미널사업의 등록을 하려면 부지 면적이 10,000제곱미터 이상이어야 한다.
③ 복합물류터미널사업의 등록을 하려면 물류시설개발종합계획에 배치되지 않아야 한다.
④ 임원 중에 파산선고를 받고 복권되지 아니한 자가 있는 법인은 복합물류터미널사업을 등록할 수 없다.
⑤ 물류시설의 개발 및 운영에 관한 법률을 위반하여 벌금형 이상을 선고받은 후 2년이 지나지 아니한 자는 등록을 할 수 없다.

해설 ② 복합물류터미널사업의 등록을 하려면 부지 면적이 3만 3천제곱미터 이상이어야 한다(법 제7조 제4항 제2호).

15

물류시설의 개발 및 운영에 관한 법률상 국토교통부장관이 복합물류터미널사업자의 등록을 취소하여야 하는 것을 모두 고른 것은? 기출 20년

> ㄱ. 거짓이나 그 밖의 부정한 방법으로 제7조 제1항에 따른 등록을 한 때
> ㄴ. 제7조 제3항에 따른 변경등록을 하지 아니하고 등록사항을 변경한 때
> ㄷ. 제16조를 위반하여 다른 사람에게 등록증을 대여한 때
> ㄹ. 제17조에 따른 사업정지명령을 위반하여 그 사업정지기간 중에 영업을 한 때

① ㄱ, ㄹ
② ㄴ, ㄷ
③ ㄱ, ㄴ, ㄷ
④ ㄱ, ㄷ, ㄹ
⑤ ㄴ, ㄷ, ㄹ

해설 ④ 복합물류터미널사업자가 ㄱ, ㄷ, ㄹ의 사유에 해당하게 된 때, 국토교통부장관은 복합물류터미널사업자의 등록을 필요적으로 취소하여야 한다(법 제17조 제1항 참조).

16

물류시설의 개발 및 운영에 관한 법령상 복합물류터미널 사업의 등록에 관한 설명으로 옳은 것을 모두 고른 것은? 기출 17년

> ㄱ. 「한국토지주택공사법」에 따른 한국토지주택공사는 복합물류터미널 사업의 등록을 할 수 있다.
> ㄴ. 지방자치단체는 복합물류터미널 사업의 등록을 할 수 없다.
> ㄷ. 복합물류터미널 사업을 등록하기 위해서는 부지면적이 3만 3천 제곱미터 이상이어야 한다.
> ㄹ. 복합물류터미널 사업을 등록하기 위해서는 '주차장'과 '화물취급장', '창고 또는 배송센터'를 갖추어야 한다.
> ㅁ. 법인의 임원 중에 「물류시설의 개발 및 운영에 관한 법률」을 위반하여 금고 이상의 실형을 선고받고 그 집행이 종료된 날부터 3년이 된 자가 있는 법인은 복합물류터미널 사업의 등록을 할 수 없다.

① ㄱ, ㄴ
② ㄱ, ㄷ, ㄹ
③ ㄱ, ㄷ, ㅁ
④ ㄴ, ㄹ, ㅁ
⑤ ㄷ, ㄹ, ㅁ

해설 ㄴ. 지방자치단체는 복합물류터미널 사업의 등록을 할 수 있다(법 제7조 제2항 제1호).
ㅁ. 법인의 임원 중에 「물류시설의 개발 및 운영에 관한 법률」을 위반하여 금고 이상의 실형을 선고받고 그 집행이 종료되거나 집행이 면제된 날부터 2년이 지나지 않은 자가 있는 법인은 복합물류터미널 사업의 등록을 할 수 없다(법 제8조 제3호 나목).

키워드 ❼ 복합물류터미널사업

17

물류시설의 개발 및 운영에 관한 법령상 복합물류터미널사업에 관한 설명으로 옳은 것은? 기출 22년

① 복합물류터미널사업이란 두 종류 이상의 운송수단 간의 연계운송을 할 수 있는 규모 및 시설을 갖춘 물류터미널사업을 말한다.
② 「항만공사법」에 따른 항만공사는 복합물류터미널사업의 등록을 할 수 있는 자에 해당하지 않는다.
③ 「물류시설의 개발 및 운영에 관한 법률」을 위반하여 벌금형을 선고받은 후 1년이 지난 자는 복합물류터미널사업의 등록을 할 수 있다.
④ 부지 면적이 3만 제곱미터인 경우는 복합물류터미널사업의 등록기준 중 부지 면적 기준을 충족한다.
⑤ 복합물류터미널사업자가 그 등록한 사항 중 영업소의 명칭을 변경하려는 경우에는 변경등록을 하여야 한다.

> **해설** ② 「항만공사법」에 따른 항만공사는 복합물류터미널사업의 등록을 할 수 있는 자에 해당한다(영 제4조 제1항 제7호).
> ③ 「물류시설의 개발 및 운영에 관한 법률」을 위반하여 벌금형을 선고받은 후 2년이 지나지 아니한 자는 복합물류터미널사업의 등록을 할 수 없다(법 제8조 제1호).
> ④ 부지 면적이 3만3천 제곱미터 이상이어야 한다(법 제7조 제4항 제2호).
> ⑤ 영업소의 명칭 또는 위치의 변경 외의 사항을 변경하려는 경우에는 변경등록을 하여야 한다(법 제7조 제3항, 영 제4조 제2항 제3호).

18

물류시설의 개발 및 운영에 관한 법령상 복합물류터미널사업에 대한 설명으로 옳지 않은 것은? 기출 19년

① 복합물류터미널사업이란 두 종류 이상의 운송수단 간의 연계운송을 할 수 있는 규모 및 시설을 갖춘 물류터미널사업을 말한다.
② 복합물류터미널사업을 경영하려는 자는 국토교통부령으로 정하는 바에 따라 국토교통부장관의 인가를 받아야 한다.
③ 복합물류터미널사업의 등록에 따른 권리·의무를 승계한 자는 국토교통부령으로 정하는 바에 따라 국토교통부장관에게 신고하여야 한다.
④ 복합물류터미널사업자는 복합물류터미널사업의 전부 또는 일부를 휴업하거나 폐업하려는 때에는 미리 국토교통부장관에게 신고하여야 한다.
⑤ 국토교통부장관은 복합물류터미널사업자가 다른 사람에게 등록증을 대여한 때에는 등록을 취소하여야 한다.

> **해설** ② 복합물류터미널사업을 경영하려는 자는 국토교통부령으로 정하는 바에 따라 국토교통부장관에게 등록하여야 한다(법 제7조 제1항).

19

물류시설의 개발 및 운영에 관한 법령상 복합물류터미널사업에 관한 설명으로 옳은 것은? 기출 18년

① 특별법에 따라 설립된 법인은 복합물류터미널사업을 경영할 수 없다.
② 국가가 직접 복합물류터미널사업을 경영할 수는 없다.
③ 「상법」에 따라 설립된 법인의 임원이 외국인인 경우 그 법인은 복합물류터미널사업자의 등록을 할 수 없다.
④ 등록신청을 하려는 자는 복합물류터미널의 부지 및 설비의 배치를 표시한 축척 1000분의 1인 평면도를 제출하여야 한다.
⑤ 복합물류터미널사업의 등록기준이 되는 부지 면적은 3만3천제곱미터 이상이다.

> 해설 ① 특별법에 따라 설립된 법인은 복합물류터미널사업에 등록할 수 있다(법 제7조 제2항 제4호).
> ② 국가가 직접 복합물류터미널사업을 경영할 수 있다(법 제7조 제2항 제1호).
> ③ 「상법」에 따라 설립된 법인의 임원이 외국인인 경우에도 복합물류터미널사업자의 등록을 할 수 있다(규칙 제4조 제3호).
> ④ 복합물류터미널의 부지 및 설비의 배치를 표시한 축척 500분의 1 이상의 평면도(규칙 제4조 제2호)

키워드 ❽ 물류터미널사업

20

물류시설의 개발 및 운영에 관한 법률상 물류터미널사업에 관한 설명으로 옳지 않은 것은? (단, 물류터미널은 「국토의 계획 및 이용에 관한 법률」에 따른 도시·군계획시설에 해당하는 물류터미널에 한정한다) 기출 22년

① 물류터미널사업자는 물류터미널의 건설을 위하여 필요한 때에는 다른 사람의 토지에 출입하거나 이를 일시 사용할 수 있다.
② 물류터미널을 건설하기 위한 부지 안에 있는 국가 소유의 토지로서 물류터미널 건설사업에 필요한 토지는 해당 물류터미널 건설사업 목적이 아닌 다른 목적으로 매각하거나 양도할 수 없다.
③ 복합물류터미널사업자는 복합물류터미널사업의 전부 또는 일부를 휴업하거나 폐업하려는 때에는 미리 국토교통부장관에게 신고하여야 한다.
④ 일반물류터미널사업자는 건설하려는 물류터미널의 구조 및 설비 등에 관한 공사계획을 수립하여 국토교통부장관의 공사시행인가를 받아야 한다.
⑤ 물류터미널을 건설하기 위한 부지 안에 있는 국가 또는 지방자치단체 소유의 재산은 「국유재산법」, 「공유재산 및 물품 관리법」, 그 밖의 다른 법령에도 불구하고 물류터미널사업자에게 수의계약으로 매각할 수 있다.

> 해설 ④ 복합물류터미널사업자는 건설하려는 물류터미널의 구조 및 설비 등에 관한 공사계획을 수립하여 국토교통부장관의 공사시행인가를 받아야 한다(법 제9조 제1항).

21

물류시설의 개발 및 운영에 관한 법령상 물류터미널사업에 관한 설명으로 옳지 않은 것은? 기출 20년

① 「한국농어촌공사 및 농지관리기금법」에 따른 한국농어촌공사는 복합물류터미널사업의 등록을 할 수 있는 자에 해당한다.
② 일반물류터미널사업을 경영하려는 자는 물류터미널 건설에 관하여 필요한 경우 국토교통부장관의 공사시행인가를 받아야 한다.
③ 물류터미널 안의 공공시설 중 오·폐수시설 및 공동구를 변경하는 경우에는 인가권자의 변경인가를 받아야 한다.
④ 복합물류터미널사업자는 복합물류터미널사업의 일부를 휴업하려는 때에는 미리 국토교통부장관에게 신고하여야 하며, 그 휴업기간은 6개월을 초과할 수 없다.
⑤ 물류터미널을 건설하기 위한 부지 안에 있는 국가 또는 지방자치단체 소유의 토지로서 물류터미널 건설사업에 필요한 토지는 해당 물류터미널 건설사업 목적이 아닌 다른 목적으로 매각하거나 양도할 수 없다.

해설 ② 일반물류터미널사업을 경영하려는 자는 물류터미널 건설에 관하여 필요한 경우 시·도지사의 공사시행인가를 받을 수 있다(법 제9조 제1항).

키워드 ❾ 공사계획에 대한 변경인가

22

물류시설의 개발 및 운영에 관한 법령상 물류터미널 사업자가 물류터미널 공사시행인가를 받은 공사계획에 대해 인가권자의 변경인가를 받아야 하는 경우를 모두 고른 것은? 기출 19년

ㄱ. 공사기간을 변경하는 경우
ㄴ. 물류터미널 부지 면적의 3분의 1을 변경하는 경우
ㄷ. 물류터미널 안의 건축물의 연면적(하나의 건축물의 각 층의 바닥면적의 합계)의 2분의 1을 변경하는 경우
ㄹ. 물류터미널 안의 공공시설 중 주차장, 상수도, 하수도, 유수지, 운하, 부두, 오·폐수시설 및 공동구를 변경하는 경우

① ㄱ, ㄴ
② ㄷ, ㄹ
③ ㄱ, ㄴ, ㄷ
④ ㄴ, ㄷ, ㄹ
⑤ ㄱ, ㄴ, ㄷ, ㄹ

해설 공사계획 변경인가(영 5조 제2항, 규칙 제8조 제3항)
1. 공사의 기간을 변경하는 경우
2. 물류터미널의 부지 면적을 변경하는 경우(부지 면적의 10분의 1 이상을 변경하는 경우만 해당)
3. 물류터미널 안의 건축물의 연면적(하나의 건축물의 각 층의 바닥면적의 합계)을 변경하는 경우(연면적의 10분의 1 이상을 변경하는 경우만 해당)
4. 물류터미널 안의 공공시설 중 도로·철도·광장·녹지나 주차장, 상수도, 하수도, 유수지, 운하, 부두, 오·폐수시설 및 공동구를 변경하는 경우

23

물류시설의 개발 및 운영에 관한 법령상 물류터미널사업자가 물류터미널 건설을 위하여 인가받은 공사계획을 변경함에 있어 변경인가를 받아야 하는 경우에 해당하지 않는 것은? 기출 15년

① 공사의 기간을 변경하는 경우
② 물류터미널의 부지 면적을 10분의 1 이상 변경하는 경우
③ 물류터미널 안의 건축물의 연면적을 10분의 1 이상 변경하는 경우
④ 공사비의 총액을 10분의 1 이상 변경하는 경우
⑤ 물류터미널 안의 공공시설 중 도로·철도·광장·녹지를 변경하는 경우

해설 공사비의 총액에 대한 규정은 없다(영 제5조 제2항 참조).

키워드 ⑩ 물류터미널 운영에 필요한 기반시설

24

물류시설의 개발 및 운영에 관한 법률상 국가 또는 지방자치단체는 물류터미널사업자가 설치한 물류터미널의 원활한 운영에 필요한 기반시설의 설치 또는 개량에 필요한 예산을 지원할 수 있다. 이러한 기반시설에 해당하지 않는 것은? 기출 22년

① 「도로법」 제2조 제1호에 따른 도로
② 「철도산업발전기본법」 제3조 제1호에 따른 철도
③ 「수도법」 제3조 제17호에 따른 수도시설
④ 「국토의 계획 및 이용에 관한 법률 시행령」 제2조 제1항 제6호에 따른 보건위생시설 중 종합의료시설
⑤ 「물환경보전법」 제2조 제12호에 따른 수질오염방지시설

해설 국가 또는 지방자치단체는 물류터미널사업자가 설치한 물류터미널의 원활한 운영에 필요한 도로·철도·용수시설(수도시설, 수질오염방지시설)의 설치 또는 개량에 필요한 예산을 지원할 수 있다(법 제20조 제2항, 영 제12조의2).

25

물류시설의 개발 및 운영에 관한 법령상 물류터미널사업자가 설치한 물류터미널의 원활한 운영에 필요한 기반시설의 설치에 필요한 예산을 지방자치단체가 지원할 수 없는 경우는? 기출 18년

① 「도로법」 제2조 제1호에 따른 도로의 설치
② 「철도산업발전기본법」 제3조 제1호에 따른 철도의 설치
③ 「수도법」 제3조 제17호에 따른 수도시설의 설치
④ 「폐기물관리법」 제2조 제8호에 따른 폐기물처리시설의 설치
⑤ 「물환경보전법」 제2조 제12호에 따른 수질오염방지시설의 설치

해설 ①·②·③·⑤는 예산 지원 가능한 기반시설이다(영 제12조의2).

키워드 ⑪ 물류터미널사업자의 변경등록

26

물류시설의 개발 및 운영에 관한 법령상 복합물류터미널사업자가 등록한 사항에 대하여 변경등록을 하여야 하는 경우는? 기출 18년

① 영업소 명칭의 변경
② 영업소 위치의 변경
③ 복합물류터미널 설비의 변경
④ 복합물류터미널 구조의 변경
⑤ 복합물류터미널 부지 면적의 10분의 1의 변경

해설 복합물류터미널의 부지 면적의 변경(변경 횟수에 불구하고 통산하여 부지 면적의 10분의 1 미만의 변경만 해당)은 복합물류터미널사업자의 변경등록 사항이 아니다(영 제4조 제2항 제1호).

27

물류시설의 개발 및 운영에 관한 법령상 복합물류터미널사업자에 관한 설명으로 옳고(○), 그름(×)이 순서대로 바르게 나열된 것은? 기출 16년

- 복합물류터미널사업자가 그 등록한 사항 중 복합물류터미널 부지면적의 10분의 1 이상을 변경한 때에는 이를 변경등록 하여야 한다.
- 복합물류터미널사업자가 복합물류터미널 등록기준에 맞지 않게 된 후 6개월이 지나서야 그 기준을 충족시킨 경우 복합물류터미널사업의 등록을 취소하여야 한다.
- 복합물류터미널사업자가 다른 사람에게 등록증을 대여한 때에는 그 등록을 취소하거나 6개월 이내의 기간을 정하여 사업정지를 명할 수 있다.
- 국토교통부장관은 과징금의 납부통지를 받은 자가 납부기한까지 과징금을 내지 아니한 경우에는 납부기한이 지난 날부터 10일 이내에 독촉장을 보내야 한다.

① ○, ○, ○, ○
② ○, ○, ×, ○
③ ○, ×, ×, ×
④ ×, ×, ○, ×
⑤ ×, ×, ×, ×

해설
- 복합물류터미널사업자가 그 등록한 사항 중 복합물류터미널 부지면적의 10분의 1 미만을 변경한 때에는 이를 변경등록 하여야 한다(영 제4조 제2항).
- 복합물류터미널사업자가 복합물류터미널 등록기준에 맞지 않게 된 후 6개월이 지나서야 그 기준을 충족시킨 경우 복합물류터미널사업의 등록을 취소하거나 6개월 이내의 기간을 정하여 사업의 정지를 명할 수 있다(법 제17조 제1항).
- 복합물류터미널사업자가 다른 사람에게 등록증을 대여한 때에는 등록을 취소하여야 한다(법 제17조 제1항).
- 국토교통부장관은 법 제18조 제3항에 따라 과징금의 납부통지를 받은 자가 납부기한까지 과징금을 내지 아니한 경우에는 납부기한이 지난 날부터 7일 이내에 독촉장을 보내야 한다(영 제9조 제1항).

키워드 ⑫ 물류터미널사업협회 및 휴·폐업

28

물류시설의 개발 및 운영에 관한 법률상 물류터미널사업협회에 관한 설명이다. ( )에 들어갈 내용을 바르게 나열한 것은? 기출 22년

물류터미널사업협회를 설립하려는 경우에는 해당 협회의 회원의 자격이 있는 자 중 (ㄱ) 이상의 발기인이 정관을 작성하여 해당 협회의 회원자격이 있는 자의 (ㄴ) 이상이 출석한 창립총회의 의결을 거친 후 국토교통부장관의 설립인가를 받아야 한다.

① ㄱ : 2분의 1, ㄴ : 3분의 1
② ㄱ : 3분의 1, ㄴ : 3분의 1
③ ㄱ : 3분의 1, ㄴ : 2분의 1
④ ㄱ : 5분의 1, ㄴ : 3분의 1
⑤ ㄱ : 5분의 1, ㄴ : 4분의 1

해설 ④ 물류터미널사업협회를 설립하려는 경우에는 해당 협회의 회원의 자격이 있는 자 중 5분의 1 이상의 발기인이 정관을 작성하여 해당 협회의 회원자격이 있는 자의 3분의 1 이상이 출석한 창립총회의 의결을 거친 후 국토교통부장관의 설립인가를 받아야 한다(법 제19조 제2항).

29

물류시설의 개발 및 운영에 관한 법령상 사업의 휴업·폐업에 관한 설명으로 옳은 것은? 기출 18년

① 복합물류터미널사업자가 그 사업의 전부를 폐업하려는 때에는 국토교통부장관의 허가를 받아야 한다.
② 복합물류터미널사업자인 법인이 합병의 사유로 해산하는 경우에는 그 청산인은 미리 그 사실을 국토교통부장관에게 신고하여야 한다.
③ 복합물류터미널사업의 일부를 휴업하는 경우 그 휴업기간은 1년을 초과할 수 없다.
④ 복합물류터미널사업자가 폐업하려는 때에는 미리 그 취지를 영업소나 그 밖에 일반 공중이 보기 쉬운 곳에 게시하여야 한다.
⑤ 복합물류터미널사업의 전부를 휴업하려는 자는 휴업하려는 날로부터 7일 이전에 신고서를 국토교통부장관에게 제출하여야 한다.

> **해설** ① 사업의 전부를 폐업하려는 때에는 미리 국토교통부장관에게 신고하여야 한다(법 제15조 제1항).
> ② 법인이 합병 외의 사유로 해산한 경우에 그 청산인은 지체없이 그 사실을 국토교통부장관에게 신고하여야 한다(법 제15조 제2항).
> ③ 휴업기간은 6개월을 초과할 수 없다(법 제15조 제3항).
> ⑤ 휴업·폐업 또는 해산한 날부터 7일 이내에 신고서를 국토교통부장관에게 제출하여야 한다(규칙 제12조 제1항).

키워드 ⑬ 물류창고업 및 스마트물류센터

30

물류시설의 개발 및 운영에 관한 법령상 물류창고업의 등록에 관한 설명이다. ( )에 들어갈 내용은? 기출 23년

> 물류창고업의 등록을 한 자가 물류창고 면적의 (ㄱ) 이상을 증감하려는 경우에는 국토교통부와 해양수산부의 공동부령으로 정하는 바에 따라 변경등록의 사유가 발생한 날부터 (ㄴ)일 이내에 변경등록을 하여야 한다.

① ㄱ : 100분의 5, ㄴ : 10
② ㄱ : 100분의 5, ㄴ : 30
③ ㄱ : 100분의 10, ㄴ : 10
④ ㄱ : 100분의 10, ㄴ : 30
⑤ ㄱ : 100분의 10, ㄴ : 60

> **해설** ④ ㄱ : 100분의 10, ㄴ : 30
> 물류창고업의 등록을 한 자가 그 등록한 사항 중 물류창고 면적의 100분의 10 이상의 증감을 변경하려는 경우에는 국토교통부와 해양수산부의 공동부령으로 정하는 바에 따라 변경등록의 사유가 발생한 날부터 30일 이내에 변경등록을 하여야 한다(법 제21조의2 제2항, 영 제12조의3 제3호).

31

물류시설의 개발 및 운영에 관한 법률상 물류창고업의 등록에 관한 설명이다. ( )에 들어갈 숫자를 바르게 나열한 것은? 기출 21년

> 보관시설의 전체 바닥면적의 합계가 (ㄱ)제곱미터 이상이거나 보관장소의 전체면적의 합계가 (ㄴ)제곱미터 이상인 물류창고를 소유 또는 임차하여 물류창고업을 경영하려는 자는 관할 행정청에게 등록하여야 한다.

① ㄱ : 500, ㄴ : 2,500
② ㄱ : 1,000, ㄴ : 2,500
③ ㄱ : 1,000, ㄴ : 4,500
④ ㄱ : 2,000, ㄴ : 2,500
⑤ ㄱ : 2,000, ㄴ : 4,500

해설 물류창고업의 등록(법 제21조의2 제1항)
다음에 해당하는 물류창고를 소유 또는 임차하여 물류창고업을 경영하려는 자는 국토교통부와 해양수산부의 공동부령으로 정하는 바에 따라 국토교통부장관, 해양수산부장관 또는 시·도지사에게 등록하여야 한다.
1. 전체 바닥면적의 합계가 1천제곱미터 이상인 보관시설
2. 전체면적의 합계가 4천500제곱미터 이상인 보관장소

32

물류시설의 개발 및 운영에 관한 법령상 스마트물류센터의 인증에 관한 설명으로 옳은 것은? 기출 24년

① 스마트물류센터 인증은 국토교통부장관과 해양수산부장관이 공동으로 한다.
② 스마트물류센터 인증의 유효기간은 인증을 받은 날부터 5년으로 한다.
③ 인증받은 자가 인증서를 반납하는 경우는 인증을 취소할 수 있는 사유에 해당한다.
④ 스마트물류센터 인증에 대한 정기 점검은 인증한 날을 기준으로 5년마다 한다.
⑤ 인증기관의 장은 점검 결과 스마트물류센터가 인증기준을 유지하고 있다고 판단하는 경우에는 인증의 유효기간을 5년의 범위 내에서 연장할 수 있다.

해설 ① 국토교통부장관은 스마트물류센터의 보급을 촉진하기 위하여 스마트물류센터를 인증할 수 있다(법 제21조의4 제1항).
② 스마트물류센터 인증의 유효기간은 인증을 받은 날부터 3년으로 한다(법 제21조의4 제1항 후단).
④ 스마트물류센터 인증기관의 장은 인증한 날을 기준으로 3년마다 정기점검을 실시해야 한다(규칙 제13조의8 제1항).
⑤ 인증기관의 장은 점검 결과 스마트물류센터가 인증기준을 유지하고 있다고 판단하는 경우에는 인증의 유효기간을 3년의 범위 내에서 연장할 수 있다(규칙 제13조의8 제3항).

키워드 14 물류단지의 개발 및 운영

33

물류시설의 개발 및 운영에 관한 법령상 물류단지의 개발 및 운영에 관한 설명으로 옳지 않은 것은? 기출 21년

① 국토교통부장관은 노후화된 일반물류터미널 부지 및 인근 지역에 도시첨단물류단지를 지정할 수 있다.
② 시장·군수·구청장은 시·도지사에게 도시첨단물류단지 지정을 신청할 수 있다.
③ 국토교통부장관은 물류단지의 개발에 관한 기본지침을 작성하여 관보에 고시하여야 한다.
④ 물류단지지정권자는 도시첨단물류단지를 지정한 후 1년 이내에 물류단지 실수요검증을 실시하여야 한다.
⑤ 도시첨단물류단지 안에서「건축법」에 따른 건축물의 용도변경을 하려는 자는 시장·군수·구청장의 허가를 받아야 한다.

해설 ④ 물류단지를 지정하는 국토교통부장관 또는 시·도지사(이하 물류단지지정권자)는 무분별한 물류단지 개발을 방지하고 국토의 효율적 이용을 위하여 물류단지 지정 전에 물류단지 실수요 검증을 실시하여야 한다. 이 경우 물류단지지정권자는 실수요 검증 대상사업에 대하여 관계 행정기관과 협의하여야 한다(법 제22조의7 제1항).

34

물류시설의 개발 및 운영에 관한 법령상 물류단지의 개발 및 운영에 관한 설명으로 옳은 것은? 기출 18년

① 국가정책사업으로 물류단지를 개발하는 경우 일반물류단지의 지정권자는 시·도지사이다.
② 일반물류단지개발계획을 수립할 때까지 일반물류단지개발사업 시행자가 확정되지 아니하였다면 일반물류단지를 지정할 수 없다.
③ 국토교통부장관이 일반물류단지개발계획 중 일반물류단지개발사업 시행자를 변경하려는 경우 관할 시·도지사의 의견을 들어야 한다.
④ 물류단지개발지침의 내용에는 '국가유산의 보존을 위하여 고려할 사항'이 포함되지 않는다.
⑤ 국토교통부장관은 무분별한 물류단지 개발을 방지하고 국토의 효율적 이용을 위하여 시·도지사와 협의하여 물류단지 실수요 검증을 실시하여야 하고 실수요검증위원회의 자문을 받아야 한다.

> **해설** ① 국가정책사업으로 물류단지를 개발하거나 물류단지 개발사업의 대상지역이 2개 이상의 특별시·광역시·특별자치시·도 또는 특별자치도에 걸쳐 있는 경우에는 일반물류단지의 지정권자는 국토교통부장관이다(법 제22조 제1항).
> ② 일반물류단지개발계획을 수립할 때까지 시행자가 확정되지 아니하였다면 일반물류단지의 지정 후에 이를 일반물류단지개발계획에 포함시킬 수 있다(법 제22조 제5항).
> ④ 물류단지개발지침의 내용에는 '국가유산의 보존을 위하여 고려할 사항'이 포함되어야 한다(영 제15조 제1항 제5호).
> ⑤ 물류단지를 지정하는 국토교통부장관 또는 시·도지사(이하 물류단지지정권자)는 무분별한 물류단지 개발을 방지하고 국토의 효율적 이용을 위하여 물류단지 지정 전에 물류단지 실수요 검증을 실시하여야 한다. 이 경우 물류단지지정권자는 실수요 검증 대상사업에 대하여 관계 행정기관과 협의하여야 한다(법 제22조의7 제1항).

35

물류시설의 개발 및 운영에 관한 법률상 물류단지의 개발 및 운영에 관한 설명으로 옳은 것은? 기출 24년

① 일반물류단지는 물류단지 개발사업의 대상지역이 2개 이상의 시·도에 걸쳐 있는 경우 시·도지사가 협의하여 지정한다.
② 시·도지사는 일반물류단지를 지정하려는 때에는 「물류정책기본법」에 따른 물류시설분과위원회의 심의를 거쳐야 한다.
③ 국토교통부장관은 시장·군수·구청장의 신청을 받아 도시첨단물류단지를 지정한다.
④ 「민법」에 따라 설립된 법인은 물류단지개발사업의 시행자로 지정받을 수 없다.
⑤ 물류단지 안에서 토지분할을 하려는 자는 시장·군수·구청장의 허가를 받아야 한다.

> **해설** ① 일반물류단지는 물류단지 개발사업의 대상지역이 2개 이상의 시·도에 걸쳐 있는 경우에는 국토교통부장관이 지정한다(법 제22조 제1항 제1호).
> ② 국토교통부장관은 일반물류단지를 지정하려는 때에는 일반물류단지개발계획을 수립하여 관할 시·도지사 및 시장·군수·구청장의 의견을 듣고 관계 중앙행정기관의 장과 협의한 후 물류시설분과위원회의 심의를 거쳐야 한다(법 제22조 제2항).
> ③ 도시첨단물류단지는 국토교통부장관 또는 시·도지사가 지정하며, 시·도지사(특별자치도지사는 제외)가 지정하는 경우에는 시장·군수·구청장의 신청을 받아 지정할 수 있다(법 제22조의2 제1항).
> ④ 「민법」에 따라 설립된 법인은 물류단지개발사업의 시행자로 지정받을 수 있다(법 제27조 제2항 제5호).

키워드 ⓯ 물류단지개발사업

36

물류시설의 개발 및 운영에 관한 법령상 물류단지개발사업에 관한 설명으로 옳지 않은 것은? 기출 22년

① 물류단지지정권자는 준공검사를 한 결과 실시계획대로 완료되지 아니한 경우에는 지체 없이 보완시공 등 필요한 조치를 명하여야 한다.
② 물류단지개발사업의 시행자는 특별한 사유가 없으면 이주자 또는 인근지역의 주민을 우선적으로 고용하여야 한다.
③ 물류단지지정권자는 물류단지개발사업의 시행자에게 물류단지의 진입도로 및 간선도로를 설치하게 할 수 있다.
④ 시·도지사 또는 시장·군수는 물류단지개발사업을 촉진하기 위하여 지방자치단체에 물류단지개발특별회계를 설치할 수 있다.
⑤ 물류단지개발사업의 시행자는 물류단지 안에 있는 기존의 시설을 철거하지 아니하여도 물류단지개발사업에 지장이 없다고 인정하는 때에는 이를 남겨두게 할 수 있다.

> **해설** ② 입주기업체 및 지원기관은 특별한 사유가 없으면 이주자 또는 인근지역의 주민을 우선적으로 고용하여야 한다(법 제45조 제2항).

37

물류시설의 개발 및 운영에 관한 법령상 물류단지개발사업에 관한 설명으로 옳지 않은 것은? 기출 21년

① 「상법」에 따라 설립된 법인이 물류단지개발사업을 시행하는 경우에는 사업대상 토지면적의 3분의 2 이상을 매입하여야 토지등을 수용하거나 사용할 수 있다.
② 물류단지개발사업에 필요한 토지등을 수용하려면 물류단지 지정 고시가 있은 후 「공익사업을 위한 토지 등의 취득 및 보상에 관한 법률」에 따른 사업인정 및 그 고시가 있어야 한다.
③ 물류단지개발사업에 필요한 토지등의 수용 재결의 신청은 물류단지개발계획에서 정하는 사업시행기간 내에 할 수 있다.
④ 국가 또는 지방자치단체는 물류단지개발사업에 필요한 이주대책사업비의 일부를 보조하거나 융자할 수 있다.
⑤ 물류단지개발사업을 시행하는 지방자치단체는 해당 물류단지의 입주기업체 및 지원기관에게 물류단지개발사업의 일부를 대행하게 할 수 있다.

> **해설** ② 물류단지개발사업에 필요한 토지등을 수용하거나 사용하는 경우 물류단지 지정 고시를 한 때에는 「공익사업을 위한 토지 등의 취득 및 보상에 관한 법률」에 따른 사업인정 및 그 고시를 한 것으로 본다(법 제32조 제2항).

38

물류시설의 개발 및 운영에 관한 법령상 물류단지개발사업에 관한 설명으로 옳지 않은 것은? 기출 16년

① 물류단지개발사업의 시행자인 「민법」에 따라 설립된 법인은 사업대상 토지면적의 2분의 1 이상을 매입하여야 토지 등을 수용할 수 있다.
② 물류단지개발사업의 일부를 국가·지방자치단체 또는 공공기관에 위탁하여 시행하려는 경우, 위험부담에 관한 사항은 이를 위탁받아 시행할 자와 협의하여야 한다.
③ 물류단지개발사업의 시행자인 「지방공기업법」에 따른 지방공사는 물류단지개발사업에 필요한 토지 등을 수용할 수 있다.
④ 물류단지개발사업의 시행자는 물류단지개발사업 중 공유수면의 매립에 관한 사항을 국가에 위탁하여 시행할 수 있다.
⑤ 일반물류단지개발사업의 시행자는 일반물류단지개발계획에 포함되어야 하는 사항이다.

해설 물류단지개발사업의 시행자인 「민법」에 따라 설립된 법인은 사업대상 토지면적의 3분의 2 이상을 매입하여야 토지 등을 수용할 수 있다(법 제32조 제1항).

키워드 16 물류단지개발사업의 시행자

39

물류시설의 개발 및 운영에 관한 법령상 물류단지개발사업의 시행자에 대한 설명으로 옳지 않은 것은? 기출 19년

① 물류단지개발사업의 시행자로 지정받은 「민법」 또는 「상법」에 따라 설립된 법인은 사업대상 토지면적의 2분의 1 이상을 매입하여야 토지 등을 수용하거나 사용할 수 있다.
② 물류단지개발사업의 시행자는 물류단지개발실시계획을 수립하여 물류단지지정권자의 승인을 받아야 한다.
③ 물류단지지정권자가 물류단지개발사업의 시행자를 지정할 때에는 사업계획의 타당성 및 재원조달능력과 다른 법률에 따라 수립된 개발계획과의 관계 등을 고려하여야 한다.
④ 물류단지개발사업의 시행자는 물류단지개발사업 중 용수시설의 건설을 대통령령으로 정하는 바에 따라 지방자치단체에 위탁하여 시행할 수 있다.
⑤ 「한국도로공사법」에 따른 한국도로공사는 물류단지개발사업의 시행자로 지정받을 수 있다.

해설 ① 「민법」 또는 「상법」에 따라 설립된 법인의 시행자인 경우에는 사업대상 토지면적의 3분의 2 이상을 매입하여야 토지 등을 수용하거나 사용할 수 있다(법 제32조 제1항 단서).

40

물류시설의 개발 및 운영에 관한 법령상 물류단지개발사업의 시행자에 관한 설명으로 옳지 않은 것은? 기출 15년

① 시행자는 물류단지개발실시계획을 수립하여 승인을 받은 사항 중 대통령령으로 정하는 중요 사항을 변경하려는 경우에는 물류단지지정권자의 승인을 받아야 한다.
② 시행자는 물류단지개발사업을 시행할 때 필요하면 국가 또는 지방자치단체에 서류의 열람 또는 등사를 하거나 그 등본 또는 초본의 교부를 청구할 수 있다.
③ 시행자는 물류단지개발사업의 시행으로 국가 또는 지방자치단체에 귀속될 공공시설과 시행자에게 귀속되거나 양도될 재산의 종류와 토지의 세부목록을 그 물류단지개발사업의 준공 후 지체 없이 관리청에 통지하여야 한다.
④ 시행자는 물류단지개발사업의 전부 또는 일부를 완료하여 물류단지지정권자의 준공인가를 받은 때에는 실시계획승인으로 의제되는 인·허가등에 따른 해당 사업의 준공에 관한 검사·인가·신고·확인 등을 받은 것으로 본다.
⑤ 시행자는 「공익사업을 위한 토지 등의 취득 및 보상에 관한 법률」로 정하는 바에 따라 물류단지개발사업으로 인하여 생활의 근거를 상실하게 되는 자에 대한 이주대책 등을 수립·시행하여야 한다.

해설 ③ 준공 전에 관리청에 통지하여야 한다(법 제36조 제4항).

키워드 ⑰ 우선적 지원 기반시설

41

물류시설의 개발 및 운영에 관한 법령상 국가 또는 지방자치단체가 우선적으로 지원하여야 하는 기반시설로 명시된 것을 모두 고른 것은? 기출 23년

ㄱ. 하수도시설 및 폐기물처리시설
ㄴ. 보건위생시설
ㄷ. 집단에너지공급시설
ㄹ. 물류단지 안의 공동구

① ㄱ
② ㄴ, ㄹ
③ ㄱ, ㄴ, ㄷ
④ ㄱ, ㄷ, ㄹ
⑤ ㄴ, ㄷ, ㄹ

해설 국가 또는 지방자치단체는 물류단지의 원활한 개발을 위하여 필요한 도로·철도·항만·용수시설 등 다음의 기반시설 설치를 우선적으로 지원하여야 한다(법 제39조 제2항, 영 제29조).
• 도로·철도 및 항만시설
• 용수공급시설 및 통신시설
• 하수도시설 및 폐기물처리시설
• 물류단지 안의 공동구
• 집단에너지공급시설
• 유수지 및 광장

42

물류시설의 개발 및 운영에 관한 법령상 물류단지의 원활한 개발을 위하여 국가나 지방자치단체가 설치를 우선적으로 지원하여야 하는 기반시설에 해당하는 것을 모두 고른 것은? 기출 20년

ㄱ. 물류단지 안의 공동구
ㄴ. 유수지 및 광장
ㄷ. 보건위생시설
ㄹ. 집단에너지공급시설

① ㄱ, ㄴ
② ㄱ, ㄴ, ㄹ
③ ㄱ, ㄷ, ㄹ
④ ㄴ, ㄷ, ㄹ
⑤ ㄱ, ㄴ, ㄷ, ㄹ

해설 국가나 지방자치단체가 설치를 우선적으로 지원하여야 하는 기반시설은 물류단지 안의 공동구, 유수지 및 광장, 집단에너지공급시설 등 시설을 말하며, ⓒ 보건위생시설은 이에 해당하지 않는다 (영 제29조, 규칙 제20조).

키워드 ⑱ 물류단지의 지정

43

물류시설의 개발 및 운영에 관한 법령상 일반물류단지의 지정에 관한 설명으로 옳지 않은 것은? 기출 20년

① 일반물류단지는 국가정책사업으로 물류단지를 개발하거나 물류단지 개발사업의 대상지역이 2개 이상의 시·도에 걸쳐 있는 경우에는 국토교통부장관이 지정하지만, 그 외의 경우에는 시·도지사가 지정한다.
② 시·도지사는 일반물류단지를 지정하려는 때에는 일반물류단지개발계획을 수립하여 관계 행정기관의 장과 협의한 후 지역물류정책위원회의 심의를 거쳐야 한다.
③ 시·도지사는 일반물류단지를 지정할 때에는 일반물류단지개발계획과 물류단지 개발지침에 적합한 경우에만 일반물류단지를 지정하여야 한다.
④ 일반물류단지개발계획에는 일반물류단지의 개발을 위한 주요시설의 지원계획이 포함되어야 한다.
⑤ 중앙행정기관의 장은 일반물류단지의 지정이 필요하다고 인정하는 때에는 대상지역을 정하여 국토교통부장관에게 일반물류단지의 지정을 요청할 수 있으며, 이 경우 일반물류단지개발계획안을 작성하여 제출하여야 한다.

해설 ⑤ 관계 행정기관의 장은 일반물류단지의 지정이 필요하다고 인정하는 때에는 대상지역을 정하여 국토교통부장관 또는 시·도지사에게 일반물류단지의 지정을 요청할 수 있다. 이 경우 중앙행정기관의 장 이외의 자는 일반물류단지개발계획안을 작성하여 제출하여야 한다(법 제22조 제4항).

44

물류시설의 개발 및 운영에 관한 법령상 물류단지의 지정에 대한 설명으로 옳은 것은? 기출 19년

① 일반물류단지는 물류단지 개발사업의 대상지역이 2개 이상의 특별시·광역시·특별자치시·도 또는 특별자치도에 걸쳐 있는 경우에는 시·도지사가 지정한다.
② 시·도지사는 일반물류단지를 지정하려는 때에는 일반물류단지개발계획을 수립하여 관계 행정기관의 장과 협의한 후 물류시설분과위원회의 심의를 거쳐야 한다.
③ 국토교통부장관이 노후화된 유통업무설비 부지 및 인근 지역에 도시첨단물류단지를 지정하려면 시·도지사의 신청을 받아야 한다.
④ 국토교통부장관 또는 시·도지사가 일반물류단지를 지정하려면 일반물류단지 예정지역 토지면적의 2분의 1 이상에 해당하는 토지소유자의 동의와 토지소유자의 총수 및 건축물 소유자 총수 각 2분의 1 이상의 동의를 받아야 한다.
⑤ 시·도지사가 일반물류단지개발계획을 수립할 때까지 일반물류단지개발사업의 시행자가 확정되지 아니한 경우에는 일반물류단지의 지정 후에 이를 일반물류단지개발계획에 포함시킬 수 있다.

해설 ① 일반물류단지는 국가정책사업으로 물류단지를 개발하거나 물류단지 개발사업의 대상지역이 2개 이상의 특별시·광역시·특별자치시·도 또는 특별자치도에 걸쳐 있는 경우 국토교통부장관이 지정하고, 그 외의 경우 시·도지사가 지정한다(법 제22조 제1항).
② 시·도지사는 일반물류단지를 지정하려는 때에는 일반물류단지개발계획을 수립하여 관계 행정기관의 장과 협의한 후 지역물류정책위원회의 심의를 거쳐야 한다(법 제22조 제3항).
③ 시·도지사가 노후화된 유통업무설비 부지 및 인근 지역에 도시첨단물류단지를 지정하는 경우에는 시장·군수·구청장의 신청을 받아 지정할 수 있다(법 제22조의2 제1항 후단 및 동항 제2호).
④ 국토교통부장관 또는 시·도지사가 도시첨단물류단지를 지정하려면 도시첨단물류단지 예정지역 토지면적의 2분의 1 이상에 해당하는 토지소유자의 동의와 토지소유자의 총수 및 건축물 소유자 총수 각 2분의 1 이상의 동의를 받아야 한다(법 제22조의3 제1항).

키워드 ⑲ 물류단지개발지침

45

물류시설의 개발 및 운영에 관한 법령상 물류단지개발지침에 관한 설명으로 옳지 않은 것은? 기출 20년

① 국토교통부장관은 물류단지개발지침을 작성하여 관보에 고시하여야 한다.
② 물류단지개발지침에는 국가유산의 보존을 위하여 고려할 사항이 포함되어야 한다.
③ 국토교통부장관은 물류단지개발지침을 작성할 때에는 미리 시·도지사의 의견을 듣고 관계 중앙행정기관의 장과 협의한 후 물류시설분과위원회의 심의를 거쳐야 한다.
④ 국토교통부장관은 물류단지개발지침에 포함되어 있는 토지가격의 안정을 위하여 필요한 사항을 변경할 때에는 물류시설분과위원회의 심의를 거쳐야 한다.
⑤ 물류단지개발지침은 지역 간의 균형 있는 발전을 위하여 물류단지시설용지의 배분이 적정하게 이루어지도록 작성되어야 한다.

해설 ④ 국토교통부장관은 물류단지개발지침에 포함되어 있는 토지가격의 안정을 위하여 필요한 사항을 변경할 때에는 물류시설분과위원회의 심의를 거치지 않아도 된다(법 제22조의6 및 규칙 제16조).

46

물류시설의 개발 및 운영에 관한 법령상에 관한 기본지침에 포함되어야 할 사항이 아닌 것은? 기출 19년

① 물류단지의 지정·개발·지원에 관한 사항
② 「환경영향평가법」에 따른 전략환경영향평가, 소규모 환경영향평가 및 환경영향평가 등 환경보전에 관한 사항
③ 국가유산의 보존을 위하여 고려할 사항
④ 물류단지의 지역별·규모별·연도별 배치 및 우선순위에 관한 사항
⑤ 분양가격의 결정에 관한 사항

해설 물류단지개발지침 포함 사항은 ①, ②, ③, ⑤ 외에 물류단지의 계획적·체계적 개발에 관한 사항, 지역 간의 균형발전을 위하여 고려할 사항, 토지가격의 안정을 위하여 필요한 사항, 토지·시설 등의 공급에 관한 사항이 있다(영 제15조 제1항).

키워드 ⑳ 무상 귀속 공공시설

47

물류시설의 개발 및 운영에 관한 법령상 특별법에 따라 설립된 법인인 시행자가 물류단지개발사업의 시행으로 새로 공공시설을 설치한 경우에는 종래의 공공시설은 시행자에게 무상으로 귀속되고 새로 설치된 공공시설은 그 시설을 관리할 국가 또는 지방자치단체에 무상으로 귀속되는 바, 이러한 공공시설에 해당하지 않는 것은? 기출 20년

① 방풍설비
② 공원
③ 철도
④ 녹지
⑤ 공동구

해설 공공시설 범위(영 제26조)
도로, 공원, 광장, 주차장(국가 또는 지방자치단체가 설치한 것만 해당), 철도, 하천, 녹지, 운동장(국가 또는 지방자치단체가 설치한 것만 해당), 공공공지, 수도(한국수자원공사가 설치하는 수도의 경우에는 관로만 해당), 하수도, 공동구, 유수지시설, 구거

48

물류시설의 개발 및 운영에 관한 법령상 공공기관이 시행자로서 새로이 설치한 공공시설 중 그 시설을 관리할 국가 또는 지방자치단체에게 무상 귀속되는 시설로 옳은 것을 모두 고른 것은? 기출 18년

> ㄱ. 한국토지주택공사가 설치하는 광장
> ㄴ. 한국도로공사가 설치하는 주차장
> ㄷ. 항만공사가 설치하는 운동장
> ㄹ. 한국농어촌공사가 설치하는 녹지
> ㅁ. 한국수자원공사가 설치하는 수도의 관로

① ㄱ, ㅁ
② ㄴ, ㄷ
③ ㄱ, ㄹ, ㅁ
④ ㄴ, ㄷ, ㄹ, ㅁ
⑤ ㄱ, ㄴ, ㄷ, ㄹ, ㅁ

해설 **무상으로 귀속되는 공공시설의 범위(영 제26조)**
도로, 공원, 광장, 주차장(국가 또는 지방자치단체가 설치한 것만 해당), 철도, 하천, 녹지, 운동장(국가 또는 지방자치단체가 설치한 것만 해당), 공공공지, 수도(한국수자원공사가 설치하는 수도의 경우에는 관로만 해당), 하수도, 공동구, 유수지시설, 구거

키워드 21 물류단지개발특별회계

49

물류시설의 개발 및 운영에 관한 법령상 물류단지개발특별회계 조성의 재원을 모두 고른 것은? (단, 조례는 고려하지 않음) 기출 23년

> ㄱ. 차입금
> ㄴ. 정부의 보조금
> ㄷ. 해당 지방자치단체의 일반회계로부터의 전입금
> ㄹ. 「지방세법」에 따라 부과·징수되는 재산세의 징수액 중 15퍼센트의 금액

① ㄱ, ㄴ
② ㄴ, ㄹ
③ ㄷ, ㄹ
④ ㄱ, ㄴ, ㄷ
⑤ ㄱ, ㄴ, ㄷ, ㄹ

해설 **특별회계의 재원 조성(법 제40조 제2항)**
- 차입금
- 정부의 보조금
- 해당 지방자치단체의 일반회계로부터의 전입금
- 「지방세법」에 따라 부과·징수되는 재산세의 징수액 중 대통령령으로 정하는 비율(10퍼센트)의 금액
- 해당 특별회계자금의 융자회수금·이자수입금 및 그 밖의 수익금

50

물류시설의 개발 및 운영에 관한 법령상 물류단지개발특별회계에 관한 내용으로 (   ) 안에 들어갈 사항이 순서대로 바르게 나열된 것은? 기출 16년

> • 「지방세법」제112조 제1항(같은 항 제1호는 제외한다) 및 같은 조 제2항에 따라 부과·징수되는 재산세의 징수액 중 (   )퍼센트의 금액은 물류단지개발특별회계의 재원이 된다(다만, 해당 지방자치단체의 조례에서는 이에 관하여 법령과 다르게 정한 바 없다고 가정한다).
> • 물류단지개발사업과 관련된 해당 지방자치단체의 장이 시행하는 「국토의 계획 및 이용에 관한 법률」제2조 제10호에 따른 도시·군계획시설사업의 경우, 물류단지개발특별회계에서 물류단지개발사업의 시행자에게 융자할 수 있는 범위는 공사비의 (   ) 이하이다.

① 10, 3분의 1
② 10, 2분의 1
③ 20, 3분의 1
④ 20, 2분의 1
⑤ 30, 2분의 1

해설
- 「지방세법」제112조 제1항(같은 항 제1호는 제외) 및 같은 조 제2항에 따라 부과·징수되는 재산세의 징수액 중 10퍼센트의 금액은 물류단지개발특별회계의 재원이 된다(법 제40조 제2항, 영 제30조).
- 물류단지개발사업과 관련된 해당 지방자치단체의 장이 시행하는 「국토의 계획 및 이용에 관한 법률」제2조 제10호에 따른 도시·군계획시설사업의 경우, 물류단지개발특별회계에서 물류단지개발사업의 시행자에게 융자할 수 있는 범위는 공사비의 2분의 1 이하이다(영 제32조 제2항 제1호).

45 ④ 46 ④ 47 ① 48 ③ 49 ④ 50 ②

키워드 ㉒ 그 외

51

물류시설의 개발 및 운영에 관한 법령상 물류단지 실수요 검증에 관한 설명으로 옳지 않은 것은? 기출 23년

① 물류단지지정권자는 실수요 검증을 실시하기 위하여 필요한 경우 실수요검증위원회를 구성·운영할 수 있다.
② 도시첨단물류단지개발사업의 경우에는 실수요 검증을 실수요검증위원회의 자문으로 갈음할 수 있다.
③ 실수요검증위원회의 위원장 및 부위원장은 공무원이 아닌 위원 중에서 각각 호선(互選)한다.
④ 실수요검증위원회의 심의결과는 심의·의결을 마친 날부터 14일 이내에 물류단지 지정요청자등에게 서면으로 알려야 한다.
⑤ 실수요검증위원회의 회의는 분기별로 2회 이상 개최하여야 한다.

해설 ⑤ 실수요검증위원회의 회의는 국토교통부장관 또는 위원장이 필요하다고 인정되는 경우에는 국토교통부장관 또는 위원장이 수시로 소집할 수 있다(규칙 제16조의8 제1항).

52

물류시설의 개발 및 운영에 관한 법령상 입주기업체협의회에 관한 설명으로 옳지 않은 것은? 기출 23년

① 입주기업체협의회는 그 구성 당시에 해당 물류단지 입주기업체의 75퍼센트 이상이 회원으로 가입되어 있어야 한다.
② 입주기업체협의회의 회의는 정관에 다른 규정이 있는 경우를 제외하고는 회원 과반수의 출석과 출석회원 과반수의 찬성으로 의결한다.
③ 입주기업체협의회의 일반회원은 입주기업체의 대표자로 한다.
④ 입주기업체협의회의 특별회원은 일반회원 외의 자 중에서 정하되 회원자격은 입주기업체협의회의 정관으로 정하는 바에 따른다.
⑤ 입주기업체협의회는 매 사업연도 개시일부터 3개월 이내에 정기총회를 개최하여야 한다.

해설 ⑤ 입주기업체협의회는 매 사업연도 개시일부터 2개월 이내에 정기총회를 개최하여야 한다(영 제43조의2 제4항).

53

물류시설의 개발 및 운영에 관한 법령상 물류 교통·환경 정비지구에서 국가 또는 시·도지사가 시장·군수·구청장에게 행정적·재정적 지원을 할 수 있는 사업이 아닌 것은? 기출 21년

① 「화학물질관리법」에 따른 유독물 보관·저장시설의 보수·개조 또는 개량
② 도로 등 기반시설의 신설·확장·개량 및 보수
③ 「소음·진동관리법」에 따른 방음·방진시설의 설치
④ 「화물자동차 운수사업법」에 따른 공영차고지 및 화물자동차 휴게소의 설치
⑤ 「환경친화적 자동차의 개발 및 보급 촉진에 관한 법률」에 따른 전기자동차의 충전시설의 설치·정비 또는 개량

> **해설** 물류 교통·환경 정비사업의 지원(법 제59조의7)
> - 도로 등 기반시설의 신설·확장·개량 및 보수
> - 「화물자동차 운수사업법」에 따른 공영차고지 및 화물자동차 휴게소의 설치
> - 「소음·진동관리법」에 따른 방음·방진시설의 설치
> - 그 밖에 정비지구의 교통·환경 정비를 위하여 「환경친화적 자동차의 개발 및 보급 촉진에 관한 법률」에 따른 전기자동차의 충전시설 및 수소연료공급시설을 설치·정비 또는 개량하는 사업

54

물류시설의 개발 및 운영에 관한 법령상 물류단지재정비사업에 관한 설명으로 옳지 않은 것은? 기출 21년

① 물류단지의 부분 재정비사업은 지정된 물류단지 면적의 3분의 2 미만을 재정비하는 사업을 말한다.
② 물류단지지정권자는 준공된 날부터 20년이 지나서 물류산업구조의 변화 및 물류시설의 노후화 등으로 물류단지를 재정비할 필요가 있는 경우에는 물류단지재정비사업을 할 수 있다.
③ 물류단지의 부분 재정비사업에서는 물류단지재정비계획 고시를 생략할 수 있다.
④ 물류단지지정권자는 물류단지재정비시행계획을 승인하려면 미리 입주업체 및 관계 지방자치단체의 장의 의견을 듣고 관계 행정기관의 장과 협의하여야 한다.
⑤ 승인받은 재정비시행계획에서 사업비의 100분의 10을 넘는 사업비 증감을 하고자 하면 그에 대하여 물류단지지정권자의 승인을 받아야 한다.

> **해설** ① 물류단지의 부분 재정비사업은 물류단지의 전부 재정비사업(물류단지 면적의 100분의 50 이상을 재정비) 이외의 물류단지재정비사업이므로, 물류단지 면적의 2분의 1 미만을 재정비하는 사업을 말한다(법 제52조의2 제2항, 영 제42조의2 제2항).

55

물류시설의 개발 및 운영에 관한 법령상 물류단지의 개발에 대한 설명으로 옳지 않은 것은? 기출 19년

① 국가 또는 지방자치단체는 물류단지시설용지와 지원시설용지의 조성비 및 매입비의 전부를 보조하거나 융자할 수 있다.
② 국가 또는 지방자치단체는 물류단지의 원활한 개발을 위하여 물류단지 안의 공동구 등 기반시설의 설치를 우선적으로 지원하여야 한다.
③ 시·도지사 또는 시장·군수는 물류단지개발사업을 촉진하기 위하여 지방자치단체에 물류단지개발특별회계를 설치할 수 있다.
④ 물류단지개발사업의 시행자인 지방자치단체가 실시계획 승인을 받은 경우 그가 조성하는 용지를 분양·임대받거나 시설을 이용하려는 자로부터 대금의 전부 또는 일부를 미리 받을 수 있다.
⑤ 물류단지지정권자는 물류단지개발사업의 시행자에게 용수공급시설·하수도시설·전기통신시설 및 폐기물처리시설을 설치하게 할 수 있다.

> **해설** ① 국가 또는 지방자치단체는 물류단지시설용지와 지원시설용지의 조성비 및 매입비의 일부를 보조하거나 융자할 수 있다(법 제39조 제1항, 영 제28조).

CHAPTER 03 시험에 꼭 나오는 필수문제

01 화물자동차 운수사업법상 적재물배상보험등의 의무 가입에 관한 설명이다. ( )에 들어갈 내용을 바르게 나열한 것은? 기출 24년

> 최대 적재량이 (ㄱ)톤 이상이거나 총 중량이 (ㄴ)톤 이상인 화물자동차 중 국토교통부령으로 정하는 화물자동차를 소유하고 있는 운송사업자는 적재물사고로 발생한 손해배상 책임을 이행하기 위하여 대통령령으로 정하는 바에 따라 적재물배상 책임보험 또는 공제에 가입하여야 한다.

① ㄱ : 2.5 ㄴ : 2.5
② ㄱ : 2.5 ㄴ : 5
③ ㄱ : 2.5 ㄴ : 7
④ ㄱ : 3   ㄴ : 5
⑤ ㄱ : 5   ㄴ : 10

해설 ⑤ 최대 적재량이 (ㄱ : 5)톤 이상이거나 총 중량이 (ㄴ : 10)톤 이상인 화물자동차 중 국토교통부령으로 정하는 화물자동차를 소유하고 있는 운송사업자는 적재물사고로 발생한 손해배상 책임을 이행하기 위하여 대통령령으로 정하는 바에 따라 적재물배상 책임보험 또는 공제에 가입하여야 한다(법 제35조 제1호).

기출문제 엿보기

☑ 화물자동차 운수사업법령상 적재물배상보험등에 관한 설명으로 옳지 않은 것은? 25·20·19년

☑ 화물자동차 운수사업법령상 적재물배상보험등에 관한 설명으로 옳은 것은? 22·21·18·17년

02 화물자동차 운수사업법상 위·수탁계약의 갱신에 관한 설명이다. ( )에 들어갈 내용을 바르게 나열한 것은? 기출 24년

> 운송사업자가 위·수탁계약기간 만료 전 (ㄱ)일부터 (ㄴ)일까지 사이에 위·수탁차주에게 계약 조건의 변경에 대한 통지나 위·수탁계약을 갱신하지 아니한다는 사실의 통지를 서면으로 하지 아니한 경우에는 계약만료 전의 위·수탁계약과 같은 조건으로 다시 위·수탁계약을 체결한 것으로 본다. 다만, 위·수탁차주가 계약이 만료되는 날부터 30일 전까지 이의를 제기하거나 운송사업자나 위·수탁차주에게 천재지변이나 그 밖에 대통령령으로 정하는 부득이한 사유가 있는 경우에는 그러하지 아니하다.

① ㄱ : 150 ㄴ : 20
② ㄱ : 150 ㄴ : 30
③ ㄱ : 150 ㄴ : 60
④ ㄱ : 180 ㄴ : 60
⑤ ㄱ : 180 ㄴ : 90

해설 ③ 운송사업자가 거절 통지를 하지 아니하거나 위·수탁계약기간 만료 전 (ㄱ : 150)일부터 (ㄴ : 60)일까지 사이에 위·수탁차주에게 계약 조건의 변경에 대한 통지나 위·수탁계약을 갱신하지 아니한다는 사실의 통지를 서면으로 하지 아니한 경우에는 계약 만료 전의 위·수탁계약과 같은 조건으로 다시 위·수탁계약을 체결한 것으로 본다. 다만, 위·수탁차주가 계약이 만료되는 날부터 30일 전까지 이의를 제기하거나 운송사업자나 위·수탁차주에게 천재지변이나 그 밖에 대통령령으로 정하는 부득이한 사유가 있는 경우에는 그러하지 아니하다(법 제40조의2 제3항).

기출문제 엿보기

☑ 화물자동차 운수사업법령상 경영의 위탁에 관한 설명으로 옳은 것은? 25·21년

☑ 화물자동차 운수사업법령상 위·수탁계약에 관한 설명으로 옳은 것을 모두 고른 것은? 22년

☑ 화물자동차 운수사업법상 위·수탁계약에 관한 설명으로 옳은 것은? 20년

03 화물자동차 운수사업법령상 화물자동차 운송사업의 허가에 관한 설명으로 옳은 것은? `기출 22년`

① 화물자동차 운송사업자가 감차 조치 명령을 받은 후 6개월이 지났다면 증차를 수반하는 허가사항을 변경할 수 있다.
② 화물자동차 운송사업자는 허가받은 날부터 3년마다 허가기준에 관한 사항을 신고하여야 한다.
③ 국토교통부장관은 운송사업자가 사업정지처분을 받은 경우 주사무소를 이전하는 변경허가를 할 수 있다.
④ 화물자동차 운송사업의 허가에는 기한을 붙일 수 없다.
⑤ 화물자동차 운송사업자가 상호를 변경하려면 국토교통부장관에게 신고하여야 한다.

해설 ① 운송사업자는 감차 조치 명령을 받은 후 1년이 지나지 아니하면 증차를 수반하는 허가사항을 변경할 수 없다(법 제3조 제8항 제2호).
② 화물자동차 운송사업자는 허가받은 날부터 5년의 범위에서 대통령령으로 정하는 기간(5년을 말함)마다 허가기준에 관한 사항을 신고하여야 한다(법 제3조 제9항).
③ 국토교통부장관은 운송사업자가 사업정지처분을 받은 경우에는 주사무소를 이전하는 변경허가를 하여서는 아니 된다(법 제3조 제15항).
④ 국토교통부장관은 화물자동차 운수사업의 질서를 확립하기 위하여 화물자동차 운송사업의 허가 또는 증차를 수반하는 변경허가에 조건 또는 기한을 붙일 수 있다(법 제3조 제14항).

기출문제 엿보기
☑ 화물자동차 운수사업법령상 화물자동차 운송사업의 허가 등에 관한 설명으로 옳은 것은? `25년`
☑ 화물자동차 운수사업법령상 화물자동차 운송사업의 허가에 관한 설명으로 옳지 않은 것은? `21·19년`

04 화물자동차 운수사업법령상 자가용 화물자동차에 관한 설명으로 옳지 않은 것은? `기출 22년`

① 자가용 화물자동차로서 대통령령으로 정하는 화물자동차로 사용하려는 자는 국토교통부령으로 정하는 기준에 따라 시·도지사의 허가를 받아야 한다.
② 천재지변으로 인하여 수송력 공급을 긴급히 증가시킬 필요가 있는 경우, 자가용 화물자동차의 소유자는 시·도지사의 허가를 받으면 자가용 화물자동차를 유상으로 화물운송용으로 임대할 수 있다.
③ 자가용 화물자동차를 사용하여 화물자동차 운송사업을 경영한 경우 시·도지사는 6개월 이내의 기간을 정하여 그 자동차의 사용을 제한하거나 금지할 수 있다.
④ 자가용 화물자동차의 소유자가 자가용 화물자동차를 사용하여 화물자동차 운송사업을 경영하였음을 이유로 시·도지사가 사용을 금지한 자가용 화물자동차의 소유자는 해당 화물자동차의 자동차등록증과 자동차등록번호판을 반납하여야 한다.
⑤ 「화물자동차 운수사업법」을 위반하여 자가용 화물자동차를 유상으로 화물운송용으로 제공한 자는 형벌 부과 대상이다.

해설 ① 자가용 화물자동차로서 대통령령으로 정하는 화물자동차로 사용하려는 자는 국토교통부령으로 정하는 사항을 시·도지사에게 신고하여야 한다(법 제55조 제1항).

기출문제 엿보기
☑ 화물자동차 운수사업법령상 자가용 화물자동차의 사용에 관한 설명으로 옳은 것은? `20·18·17년`
☑ 화물자동차 운수사업법령상 화물자동차 운송사업과 화물자동차 운송가맹사업에 이용되지 아니하고 자가용으로 사용되는 '자가용 화물자동차'의 사용에 관한 설명으로 옳지 않은 것은? `16년`

01 ⑤ 02 ③ 03 ⑤ 04 ①

CHAPTER 03 화물자동차 운수사업법

〈법률 제21025호, 2025. 8. 14. 일부개정 2026. 1. 1. 시행〉

핵심 포인트

- ☑ 화물의 기준
- ☑ 운송사업자의 책임
- ☑ 운송사업자 준수사항
- ☑ 화물자동차 운송가맹사업
- ☑ 위·수탁계약
- ☑ 자가용 화물자동차
- ☑ 운송사업자의 직접운송의무
- ☑ 운송사업 허가 및 신고
- ☑ 운송주선사업
- ☑ 적재물배상보험등
- ☑ 휴게소 종합계획

CORE 01 총칙

1. 법의 목적과 정의

(1) 목적(법 제1조)

이 법은 화물자동차 운수사업을 효율적으로 관리하고 건전하게 육성하여 화물의 원활한 운송을 도모함으로써 공공복리의 증진에 기여함을 목적으로 한다.

(2) 정의(법 제2조) 기출▶ 24년/ 23년/ 19년/ 18년/ 17년/ 16년/ 15년

① 화물자동차 : 「자동차관리법」에 따른 화물자동차 및 특수자동차로서 국토교통부령으로 정하는 자동차(일반형·덤프형·밴형 및 특수용도형 화물자동차와 견인형·구난형 및 특수용도형 특수자동차)를 말한다.

② 화물자동차 운수사업 : 화물자동차 운송사업, 화물자동차 운송주선사업 및 화물자동차 운송가맹사업을 말한다.
　↳ 일반화물자동차·개별화물자동차 운송사업(○)　↳ 화물자동차 대여사업(×)

③ 화물자동차 운송사업

㉠ 다른 사람의 요구에 응하여 화물자동차를 사용하여 화물을 유상으로 운송하는 사업을 말한다.

㉡ 이 경우 화주가 화물자동차에 함께 탈 때의 화물은 중량, 용적, 형상 등이 여객자동차 운송사업용 자동차에 싣기 부적합한 것으로서 그 기준과 대상차량 등은 국토교통부령으로 정한다.

➕ 더 알아보기 화물의 기준 및 대상차량(규칙 제3조의2) 기출▶ 25년/ 19년/ 18년/ 16년/ 15년

1. 화물의 기준
   - 화주 1명당 화물의 중량이 20킬로그램 이상일 것 → 10킬로그램 이상(×)
   - 화주 1명당 화물의 용적이 4만 세제곱센티미터 이상일 것 → 3만·2만 세제곱센티미터 이상(×)
   - 화물이 불결하거나 악취가 나는 농산물·수산물 또는 축산물, 혐오감을 주는 동물 또는 식물, 기계·기구류 등 공산품, 합판·각목 등 건축기자재, 폭발성·인화성 또는 부식성 물품 중 어느 하나에 해당하는 것
2. 대상차량 : 대상차량은 밴형 화물자동차로 한다.

> **더알아보기** 화물자동차 운수사업 관할관청(규칙 제4조) 기출▶ 19년
>
> 1. 화물자동차 운수사업은 주사무소 소재지를 관할하는 시·도지사가 관장한다.
> 2. 화물운송 종사자격의 취소 또는 효력정지 처분은 처분 대상자의 주소지를 관할하는 시·도지사가 관장한다.

④ **화물자동차 운송주선사업**

다른 사람의 요구에 응하여 유상으로 화물운송계약을 중개·대리하거나 화물자동차 운송사업 또는 화물자동차 운송가맹사업을 경영하는 자의 화물 운송수단을 이용하여 **자기 명의와 계산**으로 화물을 운송하는 사업(화물이 이사화물인 경우에는 포장 및 보관 등 부대서비스를 함께 제공하는 사업을 포함)을 말한다.
→ 타인의 명의와 계산(×)

⑤ **화물자동차 운송가맹사업**   → 타인의 화물자동차 사용(×)   → 화물자동차 운송가맹사업에 해당하지 않는다(×)

다른 사람의 요구에 응하여 **자기 화물자동차를 사용**하여 유상으로 **화물을 운송**하거나 화물정보망을 통하여 소속 화물자동차 운송가맹점(운송사업자 및 화물자동차 운송사업의 경영의 일부를 위탁받은 사람인 운송가맹점만을 말함)에 의뢰하여 화물을 운송하게 하는 사업을 말한다.

⑥ **화물자동차 운송가맹사업자** : 화물자동차 운송가맹사업의 허가를 받은 자를 말한다.

⑦ **화물자동차 운송가맹점** : 화물자동차 운송가맹사업자의 운송가맹점으로 가입한 자로서 다음에 해당하는 자를 말한다.

> 1. 운송가맹사업자의 화물정보망을 이용하여 운송 화물을 배정받아 화물을 운송하는 운송사업자
> 2. 운송가맹사업자의 화물운송계약을 중개·대리하는 운송주선사업자
> 3. 운송가맹사업자의 화물정보망을 이용하여 운송 화물을 배정받아 화물을 운송하는 자로서 화물자동차 운송사업의 경영의 일부를 위탁받은 사람. 다만, 경영의 일부를 위탁한 운송사업자가 화물자동차 운송가맹점으로 가입한 경우는 제외함

⑧ **영업소** : 주사무소 외의 장소에서 다음에 해당하는 사업을 영위하는 곳을 말한다.
  ㉠ 화물자동차 운송사업의 허가를 받은 자 또는 화물자동차 운송가맹사업자가 화물자동차를 배치하여 그 지역의 화물을 운송하는 사업
  ㉡ 화물자동차 운송주선사업의 허가를 받은 자가 화물운송을 주선하는 사업

⑨ **운수종사자** : 화물자동차의 운전자, 화물의 운송 또는 운송주선에 관한 사무를 취급하는 사무원 및 이를 보조하는 보조원, 그 밖에 화물자동차 운수사업에 종사하는 자를 말한다.

⑩ **공영차고지** : 화물자동차 운수사업에 제공되는 차고지로서 다음에 해당하는 자가 설치한 것
  ㉠ 특별시장·광역시장·특별자치시장·도지사·특별자치도지사(이하 시·도지사)
  ㉡ 시장·군수·구청장(자치구의 구청장)   → 한국가스공사(×)
  ㉢ 공공기관 중 **대통령령으로 정하는 공공기관**(인천국제공항공사, 한국공항공사, 한국도로공사, 한국철도공사, 한국토지주택공사, 항만공사)
       → 공영차고지 설치 및 직접운영 가능(○)
  ㉣ 「지방공기업법」에 따른 지방공사

⑪ **화물자동차 휴게소** : 화물자동차의 운전자가 화물의 운송 중 휴식을 취하거나 화물의 하역을 위하여 대기할 수 있도록 도로 등 화물의 운송경로나 물류시설 등 물류거점에 휴게시설과 차량의 주차·정비·주유 등 화물운송에 필요한 기능을 제공하기 위하여 건설하는 시설물

⑫ **화물차주** : 화물을 직접 운송하는 자로서 다음에 해당하는 자를 말한다.
  ㉠ 개인화물자동차 운송사업의 허가를 받은 자(이하 개인 운송사업자)
  ㉡ 경영의 일부를 위탁받은 사람(이하 위·수탁차주)

⑬ **화물자동차 안전운송원가** : 화물차주에 대한 적정한 운임의 보장을 통하여 과로, 과속, 과적 운행을 방지하는 등 교통안전을 확보하기 위하여 화주, 운송사업자, 운송주선사업자 등이 화물운송의 운임을 산정할 때에 참고할 수 있는 운송원가로서 화물자동차 안전운임위원회의 심의·의결을 거쳐 국토교통부장관이 공표한 원가를 말한다.
⑭ **화물자동차 안전운임** : 화물차주에 대한 적정한 운임의 보장을 통하여 과로, 과속, 과적 운행을 방지하는 등 교통안전을 확보하기 위하여 필요한 최소한의 운임으로서 화물자동차 안전운송원가에 적정 이윤을 더하여 화물자동차 안전운임위원회의 심의·의결을 거쳐 국토교통부장관이 공표한 운임을 말하며 다음으로 구분한다.
  ㉠ 화물자동차 안전운송운임 : 화주가 운송사업자, 운송주선사업자 및 운송가맹사업자(이하 운수사업자) 또는 화물차주에게 지급하여야 하는 최소한의 운임
  ㉡ 화물자동차 안전위탁운임 : 운수사업자가 화물차주에게 지급하여야 하는 최소한의 운임

CORE 02 | 화물자동차 운송사업

1. 운송사업의 허가 및 허가 제한 사유

(1) 화물자동차 운송사업의 허가 등(법 제3조) 기출▶ 21년/ 19년/ 18년/ 17년/ 16년/ 14년/ 11년

① **화물자동차 운송사업의 구분 및 허가권자** : 화물자동차 운송사업을 경영하려는 자는 다음의 구분에 따라 국토교통부장관의 허가를 받아야 한다.

> 1. 일반화물자동차 운송사업 : 20대 이상의 화물자동차를 사용하여 화물을 운송하는 사업
> 2. 개인화물자동차 운송사업 : 화물자동차 1대를 사용해 화물을 운송하는 사업

② 화물자동차 운송가맹사업의 허가를 받은 자는 운송사업의 허가를 받지 아니한다.
③ **허가신청 및 절차(규칙 제6조, 제7조)**
  ㉠ 화물자동차 운송사업의 허가를 받으려는 자는 화물자동차 운송사업 허가신청서를 관할관청에 제출하여야 한다.
  ㉡ 관할관청은 화물자동차 운송사업의 허가신청을 받았을 때에는 서류가 구비되었는지와 공급기준에 맞는지를 심사한 후 화물자동차 운송사업 예비허가증을 발급하여야 한다.
  ㉢ 관할관청은 화물자동차 운송사업 예비허가증을 발급하였을 때에는 신청일부터 20일 이내에 결격사유의 유무, 화물자동차의 등록 여부, 차고지 설치 여부 등 허가기준에 맞는지 여부, 적재물배상 책임보험 또는 공제의 가입 여부, 화물자동차 운전업무에 종사하는 자의 화물운송 종사자격 보유 여부을 확인한 후 화물자동차 운송사업 허가증을 발급하여야 한다.
  ㉣ 관할관청은 화물자동차 운송사업 허가증을 발급하였을 때에는 그 사실을 협회에 통지하고 화물자동차 운송사업 허가대장에 기록하여 관리하여야 한다.

(2) 변경허가 및 신고등

① **화물자동차 운송사업의 변경허가 및 신고** 기출▶ 25년/ 23년/ 21년/ 20년/ 19년/ 18년/ 17년/ 16년/ 12년/ 11년
  화물자동차 운송사업의 허가를 받은 자가 허가사항을 변경하려면 국토교통부장관의 변경허가를 받아야 한다. 다만, 대통령령으로 정하는 다음의 **경미한 사항**을 변경하려면 국토교통부장관에게 **신고하여야 한다.**
  ↳ 중요한 사항(×) ↳ 변경허가(×)

> 1. 상호의 변경 → 변경허가 대상(×) 신고대상(○)
> 2. 대표자의 변경(법인인 경우만 해당) → 변경허가 대상(×)
> 3. 화물취급소의 설치 또는 폐지 → 변경허가 대상(×)
> 4. 화물자동차의 대폐차(代廢車)* → 증차(×), 감차(×)
>   *대폐차(代廢車) : 차령(車齡)이 만료되거나 운행거리를 초과한 차량 등을 기존에 부여된 차량번호는 그대로 유지하면서 차량만을 다른 차량으로 대체하는 것을 말한다.
> 5. 주사무소·영업소 및 화물취급소의 이전. 다만, 주사무소 이전의 경우에는 관할관청의 **행정구역 내에서의 이전**만 해당한다. → 행정구역 밖으로 이전(×)

② 화물자동차 운송사업의 변경신고 통지 기한 등 `기출` 18년

㉠ 국토교통부장관은 변경신고를 받은 날부터 3일 이내에 신고수리 여부를 신고인에게 통지하여야 한다.

㉡ 국토교통부장관이 정한 기간 내에 신고수리 여부 또는 민원 처리 관련 법령에 따른 처리기간의 연장 여부를 신고인에게 통지하지 아니하면 그 기간이 **끝난 날의 다음 날**에 신고를 수리한 것으로 본다.
→ 끝난 날(×)

③ 허가 또는 증차(增車)를 수반하는 변경허가의 기준

> 1. 국토교통부장관이 화물의 운송 수요를 고려하여 업종별로 고시하는 공급기준에 맞아야 한다. 다만, 다음의 경우는 제외한다.
>   • 임시허가에 따라 6개월 이내로 기간을 한정하여 허가를 하는 경우
>   • 임시허가 만료에 따라 다시 허가를 신청하는 경우
>   → 예외적 허가 대상 차량
>   • **전기자동차 또는 수소전기자동차로서 최대 적재량 1.5톤 미만 이하인 화물자동차**에 대하여 해당 차량과 그 경영을 다른 사람에게 위탁하지 아니하는 것을 조건으로 변경허가를 신청하는 경우
> 2. 화물자동차의 대수, 차고지 등 운송시설, 그 밖에 국토교통부령으로 정하는 기준에 맞을 것

④ 차고지의 설치 의무(규칙 제5조 제1항) `기출` 17년/ 14년

화물자동차 운송사업의 허가를 받으려는 자는 주사무소 또는 영업소가 있는 특별시·광역시·특별자치시·특별자치도·시·군(광역시의 군은 제외) 또는 같은 도 내에 있는 이에 맞닿은 시·군에 차고지를 설치하여야 한다. 다만, 다음에 해당하는 경우에는 그러하지 아니하다.

> 1. 주사무소 또는 영업소가 특별시·광역시·특별자치시에 있는 경우 그 특별시·광역시·특별자치시와 맞닿은 특별시·광역시·특별자치시 또는 도에 있는 공동차고지, 공영차고지, 화물자동차 휴게소, 화물터미널 또는 지방자치단체의 조례로 정한 시설을 차고지로 이용하는 경우
> 2. 주사무소 또는 영업소가 시·군에 있는 경우 그 시·군이 속하는 도에 있는 공동차고지, 공영차고지, 화물자동차 휴게소, 화물터미널 또는 지방자치단체의 조례로 정한 시설을 차고지로 이용하는 경우
> 3. 주사무소 또는 영업소가 시·군에 있는 경우 그 시·군이 속하는 도와 맞닿은 특별시·광역시·특별자치시 또는 도에 있는 공동차고지, 공영차고지, 화물자동차 휴게소, 화물터미널 또는 지방자치단체의 조례로 정한 시설을 차고지로 이용하는 경우

⑤ **증차를 수반한 허가사항의 변경금지** : 운송사업자는 다음에 해당하면 증차를 수반하는 허가사항을 변경할 수 없다. `기출` 22년

㉠ 개선명령을 받고 이를 이행하지 아니한 경우

㉡ 감차(減車) 조치 명령을 받은 후 **1년이 지나지 아니한 경우** → 2년이 지나지 않은 경우(×)

⑥ 신고기간 및 신고의무이행 기출▶ 22년
　㉠ 운송사업자는 허가받은 날부터 5년의 범위에서 대통령령으로 정하는 기간(**5년**)마다 허가기준에 관한 사항을 국토교통부장관에게 신고하여야 한다. → 2년(×), 3년(×)
　㉡ 허가기준 신고가 신고서의 기재사항 및 첨부서류에 흠이 없고, 법령 등에 규정된 형식상의 요건을 충족하는 경우에는 신고서가 접수기관에 도달된 때에 신고 의무가 이행된 것으로 본다.

⑦ 주사무소 외 장소의 상주(常住) 영업 기출▶ 25년/ 21년
　→ 개인운송사업자(×)
　운송사업자는 주사무소 외의 장소에서 상주하여 영업하려면 국토교통부장관의 허가를 받아 영업소를 설치하여야 한다. 다만, 개인운송사업자의 경우에는 그러하지 아니하다.

⑧ 임시허가 등 기출▶ 25년/ 24년/ 21년/ 20년/ 19년/ 18년
　㉠ 국토교통부장관은 해지된 위·수탁계약의 위·수탁차주였던 자가 허가취소 또는 감차 조치가 있는 날부터 3개월 내에 화물자동차 운송사업의 허가를 신청하는 경우 **6개월 이내로 기간을 한정**하여 임시허가를 할 수 있다. 다만, 운송사업자의 허가취소 또는 감차 조치의 사유와 직접 관련이 있는 화물자동차의 위·수탁차주였던 자는 **제외한다**.
　　→ 3개월 이내로 기간을 한정(×)
　　→ 임기허가를 할 수 있다(×)
　㉡ 임시허가를 받은 자가 허가 기간 내에 다른 운송사업자와 위·수탁계약을 체결하지 못하고 임시허가 기간이 만료된 경우에는 **3개월 내**에 화물자동차 운송사업의 허가를 신청할 수 있다.
　　→ 6개월 내(×)
　㉢ 관할관청은 화물자동차 운송사업의 허가신청을 받았을 때에는 신청일부터 10일 이내에 다음 사항을 확인한 후 화물자동차 운송사업 임시허가증을 발급하여야 한다(규칙 제7조의2).

　　1. 화물자동차의 등록 여부
　　2. 차고지 설치 여부 등 허가기준에 맞는지 여부
　　3. 화물운송 종사자격 보유 여부
　　4. 적재물배상보험등의 가입 여부

　㉣ 관할관청은 예비변경허가를 하였을 때에는 신청일부터 20일 이내에 다음의 사항을 확인한 후 변경허가를 하여야 한다(규칙 제9조).

　　1. 결격사유의 유무
　　2. 화물자동차의 등록 여부
　　3. 차고지 설치 여부 등 허가기준에 맞는지 여부
　　4. 적재물배상보험등의 가입 여부
　　5. 화물자동차 운전업무에 종사하는 자의 화물운송 종사자격 보유 여부(증차를 수반하는 변경허가신청의 경우만 해당)

⑨ 조건 또는 기한 기출▶ 25년
　국토교통부장관은 화물자동차 운수사업의 질서를 확립하기 위하여 화물자동차 운송사업의 허가 또는 증차를 수반하는 변경허가에 조건 또는 기한을 붙일 수 **있다**. → 없다(×)

⑩ 변경허가가 금지되는 경우 기출▶ 25년/ 22년
　국토교통부장관은 운송사업자가 사업정지처분을 받은 경우에는 주사무소를 이전하는 변경허가를 **하여서는 아니 된다**.
　　→ 할 수 있다(×)

(3) 화물자동차 운송사업의 결격사유(법 제4조) 기출 ▶ 25년/ 20년/ 19년/ 16년

다음의 어느 하나에 해당하는 자는 화물자동차 운송사업의 허가를 받을 수 없다. 법인의 경우 그 임원 중 다음에 해당하는 자가 있는 경우에도 또한 같다.

① **피성년후견인 또는 피한정후견인** → 미성년자(×)
② 파산선고를 받고 복권되지 아니한 자
③ 이 법을 위반하여 징역 이상의 실형을 선고받고 그 집행이 끝나거나(집행이 끝난 것으로 보는 경우를 포함) 집행이 면제된 날부터 2년이 지나지 아니한 자
④ 이 법을 위반하여 징역 이상의 형의 집행유예를 선고받고 **그 유예기간 중에 있는 자** → 그 유예기간이 지난 자(×)
⑤ 화물자동차 운송사업 허가가 취소된 후 **2년이 지나지 아니한 자** → 3년이 지난 자(×)
⑥ 부정한 방법으로 화물자동차 운송사업 허가·변경허가를 받은 경우 등에 해당하여 허가가 취소된 후 5년이 지나지 아니한 자

2. 운임 및 요금 및 운송약관

(1) 운임 및 요금 등(법 제5조) 기출 ▶ 22년/ 21년/ 17년

① 운임 및 요금의 신고 : **운송사업자**는 운임과 요금을 정하여 미리 국토교통부장관에게 **신고하여야 한다.** 이를 변경하려는 때에도 또한 같다.
  → 인가를 받아야 한다(×)
  → 운송주선사업자(×) 운송가맹사업자(○)
② 운임·요금 신고 의무자의 범위 : 운임과 요금을 신고하여야 하는 운송사업자의 범위는 대통령령으로 정한다. 이에 따라 운임 및 요금을 신고하여야 하는 자는 다음에 해당하는 운송사업자 또는 운송가맹사업자(화물자동차를 직접 소유한 운송가맹사업자만 해당)를 말한다.
  ㉠ 구난형 특수자동차를 사용하여 고장차량·사고차량 등을 운송하는 운송사업자 또는 운송가맹사업자
  ㉡ 밴형 화물자동차를 사용하여 화주와 화물을 함께 운송하는 운송사업자 및 운송가맹사업자
③ 신고수리 여부의 통지 : 국토교통부장관은 신고 또는 변경신고를 받은 날부터 **14일 이내**에 신고수리 여부를 신고인에게 통지하여야 한다.
  → 30일 이내(×)
④ 신고수리 기한의 연장 등 : 국토교통부장관이 정한 기간 내에 신고수리 여부 또는 민원 처리 관련 법령에 따른 처리기간의 연장 여부를 신고인에게 통지하지 아니하면 **그 기간이 끝난 날의 다음 날**에 신고를 수리한 것으로 본다.
  → 끝난 날(×)
⑤ 운임·요금의 신고절차(규칙 제15조)
  ㉠ 운송사업자는 화물자동차 운송사업의 운임 및 요금을 신고하거나 변경신고할 때에는 운송사업 운임 및 요금신고서를 국토교통부장관에게 제출하여야 한다.
  ㉡ 운임 및 요금의 신고 또는 변경신고는 연합회로 하여금 대리하게 할 수 있다.

(2) 화물자동차 안전운임위원회의 설치 등(법 제5조의9) 기출 ▶ 22년/ 21년

① 위원회 설치 및 기능 : 다음의 사항을 심의·의결하기 위하여 국토교통부장관 소속으로 화물자동차 안전운임위원회(이하 "위원회")를 둔다.

> 1. 화물자동차 안전운송원가 및 화물자동차 안전운임의 결정 및 조정에 관한 사항
> 2. 화물자동차 안전운송원가 및 화물자동차 안전운임이 적용되는 운품품목 및 차량의 종류 등에 관한 사항
> 3. 화물자동차 안전운임제도의 발전을 위한 연구 및 건의에 관한 사항
> 4. 그 밖에 화물자동차 안전운임에 관한 중요 사항으로서 국토교통부장관이 회의에 부치는 사항

② 위원회의 구성 등
　㉠ 위원회는 위원장을 포함하여 15명 이내의 범위에서 화물차주를 대표하는 위원 3명, 운수사업자를 대표하는 위원 3명, 화주를 대표하는 위원 3명, 공익을 대표하는 위원 4명으로 구성하며, 위원장은 공익을 대표하는 위원 중에서 위원회가 선출한다.
　㉡ 위원회에는 ②의 위원 외에 관계 행정기관의 공무원으로 구성된 3명 이내의 특별위원을 둘 수 있고, 특별위원은 위원회의 회의에 출석하여 발언할 수 있다.
③ 전문위원회 및 사무위임
　㉠ 화물자동차 안전운송원가 산정 등 위원회 업무에 관한 자문이나 위원회 심의·의결사항에 관한 사전검토 등을 위하여 위원회에 해당 분야 전문가로 구성된 전문위원회를 둔다. 이 경우 위원회는 전문위원회에 위원회 사무 중 일부를 위임할 수 있다.
　㉡ 위에서 규정한 사항 외에 위원회의 구성 및 운영, 특별위원의 자격 및 위촉, 전문위원회의 구성 및 운영 등에 필요한 사항은 대통령령으로 정한다.

(3) 화물자동차 안전운송원가 및 화물자동차 안전운임의 심의기준(법 제5조의10) 기출▶ 22년

① 위원회는 다음의 사항을 고려하여 화물자동차 안전운송원가를 심의·의결한다.

> 1. 인건비, 감가상각비 등 고정비용
> 2. 유류비, 부품비 등 변동비용
> 3. 그 밖에 상·하차 대기료, 운송사업자의 운송서비스 수준 등 평균적인 영업조건을 고려하여 대통령령으로 정하는 사항

② 위원회는 화물자동차 안전운송원가에 적정 이윤을 더하여 화물자동차 안전운임을 심의·의결한다. 이 경우 적정 이윤의 산정에 필요한 사항은 대통령령으로 정한다.

(4) 화물자동차 안전운송원가 및 화물자동차 안전운임의 공표(법 제5조의11)

① 국토교통부장관은 매년 10월 31일까지 위원회의 심의·의결을 거쳐 대통령령으로 정하는 운송품목에 대하여 다음 연도에 적용할 화물자동차 안전운송원가를 공표하여야 한다.
② 국토교통부장관은 매년 10월 31일까지 위원회의 심의·의결을 거쳐 다음의 운송품목에 대하여 다음 연도에 적용할 화물자동차 안전운임을 공표하여야 한다.
　㉠ 특수자동차로 운송되는 수출입 컨테이너
　㉡ 특수자동차로 운송되는 시멘트
③ 화물자동차 안전운송원가 및 화물자동차 안전운임의 공표 방법 및 절차 등에 필요한 사항은 대통령령으로 정한다.

(5) 화물자동차 안전운임의 효력(법 제5조의12) 기출▶ 22년/21년

① 화주는 운수사업자 또는 화물차주에게 화물자동차 안전운송운임 이상의 운임을 지급하여야 한다.
② 운수사업자는 화물차주에게 화물자동차 안전위탁운임 이상의 운임을 지급하여야 한다.
③ 화물운송계약 중 화물자동차 안전운임에 미치지 못하는 금액을 운임으로 정한 부분은 무효로 하며, 해당 부분은 화물자동차 안전운임과 동일한 운임을 지급하기로 한 것으로 본다.
④ 화주와 운수사업자·화물차주는 운임 지급과 관련하여 서로 부정한 금품을 주고받아서는 아니 된다.

(6) 화물자동차 안전운임의 주지 의무(법 제5조의13) 기출▶ 21년

화물자동차 안전운임의 적용을 받는 화주와 운수사업자는 대통령령으로 정하는 바에 따라 해당 화물자동차 안전운임을 게시하거나 그 밖에 적당한 방법으로 운수사업자와 화물차주에게 알려야 한다.

(7) 화물자동차 안전운임신고센터(법 제5조의14)

① 국토교통부장관은 화물자동차 안전운임에 미치지 못하는 운임의 지급에 대한 신고를 위하여 화물자동차 안전운임신고센터를 설치·운영하여야 한다.
② 화물자동차 안전운임신고센터의 설치 및 운영에 필요한 사항은 대통령령으로 정한다.

(8) 운송비용 등 조사(법 제5조의15)

① 국토교통부장관은 화물자동차 안전운송원가 및 화물자동차 안전운임의 효율적인 심의를 위하여 화물운송에 소요되는 비용 등을 주기적으로 조사하여야 한다.
② 조사 방법 및 주기 등은 국토교통부령으로 정한다.

[법률 제21025호(2025. 8. 14.) 제5조의9부터 제5조의15까지의 개정규정 중 화물자동차 안전운임에 관한 부분은 같은 법 부칙 제2조의 규정에 의하여 2028년 12월 31일까지 유효함]

(9) 운송약관(법 제6조) 기출▶ 25년/ 21년/ 18년/ 17년/ 13년

① 운송약관의 신고
  ㉠ 운송사업자는 운송약관을 정하여 국토교통부장관에게 신고하여야 한다. 이를 변경하려는 때에도 또한 같다.
  ㉡ 국토교통부장관은 신고 또는 변경신고를 받은 날부터 3일 이내에 신고수리 여부를 신고인에게 통지하여야 한다.
    └→ 시·도지사(×)

② 운송약관의 기재사항(규칙 제16조) 기출▶ 25년

  ┌───┐
  │ 1. 사업의 종류   │
  │ 2. 운임 및 요금의 수수 또는 환급에 관한 사항   │
  │ 3. 화물의 인도·인수·보관 및 취급에 관한 사항   │
  │ 4. 운송책임이 시작되는 시기 및 끝나는 시기   │
  │ 5. 손해배상 및 면책에 관한 사항   │
  │   └→ 책임보험계약에 관한 사항(×)   │
  │ 6. 그 밖에 화물자동차 운송사업을 경영하는 데에 필요한 사항   │
  └───┘

③ 신고수리 기간의 연장 등 : 국토교통부장관이 정한 기간 내에 신고수리 여부 또는 민원 처리 관련 법령에 따른 처리기간의 연장 여부를 신고인에게 통지하지 아니하면 그 기간이 끝난 날의 다음 날에 신고를 수리한 것으로 본다.
   └→ 그 기간이 끝난 날(×)

④ 표준약관의 권장 기출▶ 25년
  ㉠ 국토교통부장관은 협회 또는 연합회가 작성한 것으로서 「약관의 규제에 관한 법률」에 따라 공정거래위원회의 심사
    └→ 공정거래위원회(×)   └→ 의무화하여야 한다(×)
    를 거친 화물운송에 관한 표준이 되는 표준약관이 있으면 운송사업자에게 그 사용을 권장할 수 있다.
  ㉡ 운송약관신고의 의제 : 운송사업자가 화물자동차 운송사업의 허가·변경허가를 받는 때에 표준약관의 사용에 동의하면 신고한 것으로 본다.

⑤ 운송약관 신고의 대리 기출▶ 25년
  운송약관의 신고 또는 변경신고는 협회로 하여금 대리하게 할 수 있다.

3. 운송사업자 및 운수종사자

(1) 운송사업자의 책임(법 제7조) 기출▶ 25년/ 23년/ 21년/ 16년/ 13년/ 12년

① 화물의 손해배상
- ㉠ 화물의 멸실·훼손 또는 인도의 지연(이하 적재물사고)으로 발생한 운송사업자의 손해배상 책임에 관하여는 **「상법」 제135조를 준용한다.** → 「민법」 제135조를 준용한다(×)
- ㉡ 화물의 멸실 등으로 발생한 운송사업자의 손해배상 책임을 적용할 때 화물이 인도기한이 지난 후 **3개월 이내**에 인도되지 아니하면 그 화물은 멸실된 것으로 본다. → 30일(×), 1개월(×)

② 분쟁조정
- ㉠ 국토교통부장관은 멸실이나 훼손 등으로 발생한 운송사업자의 손해배상에 관하여 화주가 요청하면 국토교통부령으로 정하는 바에 따라 이에 관한 분쟁을 조정할 수 있다.
- ㉡ 국토교통부장관은 화주가 분쟁조정을 요청하면 **지체 없이** 그 사실을 확인하고 손해내용을 조사한 후 조정안을 작성하여야 한다. → 1개월 이내의 기간을 정하여(×)
- ㉢ 당사자 쌍방이 조정안을 수락하면 당사자 간에 조정안과 동일한 합의가 성립된 것으로 본다.
- ㉣ 국토교통부장관은 분쟁조정 업무를 한국소비자원 또는 소비자단체에 위탁할 수 있다.

(2) 화물자동차 운수사업의 운전업무 종사자격(법 제8조) 기출▶ 19년

① 운전업무 종사자격 요건
화물자동차 운수사업의 운전업무에 종사하려는 자는 ㉠ 및 ㉡의 요건을 갖춘 후, ㉢ 또는 ㉣의 요건을 갖추어야 한다.
- ㉠ 국토교통부령으로 정하는 연령·운전경력 등 운전업무에 필요한 요건을 갖출 것
- ㉡ 운전적성에 대한 정밀검사기준에 맞을 것. 이 경우 운전적성에 대한 정밀검사는 국토교통부장관이 시행한다.
- ㉢ 화물자동차 운수사업법령, 화물취급요령 등에 관하여 국토교통부장관이 시행하는 시험에 합격하고 정하여진 교육을 받을 것
- ㉣ 「교통안전법」에 따른 교통안전체험에 관한 연구·교육시설에서 교통안전체험, 화물취급요령 및 화물자동차 운수사업법령 등에 관하여 국토교통부장관이 실시하는 이론 및 실기 교육을 이수할 것

② 국토교통부장관은 요건을 갖춘 자에게 화물자동차 운수사업의 운전업무에 종사할 수 있음을 표시하는 화물운송 종사자격증을 내주어야 한다.

> **+ 더알아보기** 화물자동차 운전자의 연령·운전경력 등의 요건(규칙 제18조)
>
> 1. 화물자동차를 운전하기에 적합한 운전면허를 가지고 있을 것
> 2. 20세 이상일 것 → 종전 21세 이상이던 것에서 변경됨(2015. 5. 26)
> 3. 운전경력이 2년 이상일 것. 다만, 여객자동차 운수사업용 자동차 또는 화물자동차 운수사업용 자동차를 운전한 경력이 있는 경우에는 그 운전경력이 1년 이상이어야 한다. → 2년 이상이어야 한다(×)

(3) 화물운송 종사자격의 결격사유(법 제9조) 기출▶ 19년

① 「화물자동차 운수사업법」을 위반하여 징역 이상의 실형(實刑)을 선고받고 그 집행이 끝나거나 집행이 면제된 날부터 2년이 지나지 아니한 자
② 「화물자동차 운수사업법」을 위반하여 징역 이상의 형(刑)의 집행유예를 선고받고 그 유예기간 중에 있는 자

③ 화물운송 종사자격이 취소(화물운송 종사자격을 취득한 자가 피성년후견인 또는 피한정후견인에 해당하여 결격사유에 따라 허가가 취소된 경우는 제외)된 날부터 2년이 지나지 아니한 자
④ 운전업무 종사자격 시험일 전 또는 이론 및 실기 교육일 전 5년간 다음에 해당하는 사람
  ㉠ 운전면허가 취소된 사람
  ㉡ 운전면허를 받지 아니하거나 운전면허의 효력이 정지된 상태로 자동차등을 운전하여 벌금형 이상의 형을 선고받거나 운전면허가 취소된 사람
  ㉢ 운전 중 고의 또는 과실로 3명 이상이 사망(사고발생일부터 30일 이내에 사망한 경우 포함)하거나 20명 이상의 사상자가 발생한 교통사고를 일으켜 운전면허가 취소된 사람
⑤ 운전업무 종사자격 시험일 전 또는 이론 및 실기 교육일 전 3년간 공동 위험행위 및 난폭운전을 한 경우에 해당하여 운전면허가 취소된 사람

(4) 화물자동차 운수사업의 운전업무 종사의 제한(법 제9조의2)

① 다음에 해당하는 사람은 화물운송 종사자격의 취득에도 불구하고 택배서비스사업의 운전업무에는 종사할 수 없다.
  ㉠ 다음에 해당하는 죄를 범하여 금고 이상의 실형을 선고받고 그 집행이 끝나거나(집행이 끝난 것으로 보는 경우를 포함) 면제된 날부터 최대 20년의 범위에서 범죄의 종류, 죄질, 형기의 장단 및 재범위험성 등을 고려하여 대통령령으로 정하는 기간이 지나지 아니한 사람
    • 「특정강력범죄의 처벌에 관한 특례법」에 따른 특정강력범죄에 따른 죄
    • 「특정범죄 가중처벌 등에 관한 법률」에 따른 약취·유인죄의 가중처벌, 상습 강도·절도죄 등의 가중처벌, 강도상해 등 재범자의 가중처벌, 보복범죄의 가중처벌 등 및 마약사범 등의 가중처벌에 해당하는 죄
    • 「마약류 관리에 관한 법률」에 따른 죄
    • 「성폭력범죄의 처벌 등에 관한 특례법」에 따른 죄
    • 「아동·청소년 성보호에 관한 법률」에 따른 아동·청소년대상 성범죄
  ㉡ ㉠에 따른 죄를 범하여 금고 이상의 형의 집행유예를 선고받고 그 유예기간 중에 있는 사람
② 국토교통부장관 또는 시·도지사는 ①의 범죄경력을 확인하기 위하여 필요한 정보에 한정하여 경찰청장에게 범죄경력자료의 조회를 요청할 수 있다.

(5) 화물자동차운전자 채용기록의 관리(법 제10조) 기출▶ 14년

① 운송사업자는 화물자동차의 운전자를 채용할 때에는 근무기간 등 운전경력증명서의 발급을 위하여 필요한 사항을 기록·관리하여야 한다.
② 이 법에 따라 설립된 협회 및 연합회(이하 사업자단체)는 근무기간 등을 기록·관리하는 일 등에 필요한 업무를 국토교통부령으로 정하는 바에 따라 행할 수 있다.

(6) 화물자동차 운전자의 교통안전 기록·관리(법 제10조의2) 기출▶ 19년

┌→ 운송사업자(×)
국토교통부장관은 화물자동차의 안전운전을 확보하기 위하여 화물자동차 운전자의 교통사고, 교통법규 위반사항 및 범죄경력을 기록·관리하여야 한다. 이 경우 국토교통부장관은 경찰청장에게 필요한 자료의 제공 등 협조를 요청할 수 있다.

(7) 운송사업자 준수사항(법 제11조) 기출▶ 25년/ 24년/ 21년/ 15년/ 13년/ 11년

① 운송사업자는 허가받은 사항의 범위에서 사업을 성실하게 수행하여야 하며, 부당한 운송조건을 제시하거나 정당한 사유 없이 운송계약의 인수를 거부하거나 그 밖에 화물운송 질서를 현저하게 해치는 행위를 하여서는 아니 된다.

② 운송사업자는 화물자동차운전자의 과로를 방지하고 안전운행을 확보하기 위하여 운전자를 과도하게 승차근무하게 하여서는 아니 된다.
③ 운송사업자는 화물의 기준에 맞지 아니하는 화물을 운송하여서는 아니 된다.
④ 운송사업자는 고장 및 사고차량 등 화물의 운송과 관련하여 자동차관리사업자와 부정한 금품을 주고받아서는 아니 된다.
⑤ 운송사업자는 해당 화물자동차운송사업에 종사하는 운수종사자가 준수사항을 성실히 이행하도록 지도·감독하여야 한다.
⑥ 운송사업자는 화물운송의 대가로 받은 운임 및 요금의 전부 또는 일부에 해당하는 금액을 부당하게 화주, 다른 운송사업자 또는 화물자동차 운송주선사업을 경영하는 자에게 되돌려주는 행위를 하여서는 아니 된다.
⑦ 운송사업자는 택시 요금미터기의 장착 등 국토교통부령으로 정하는 택시유사표시행위를 하여서는 아니 된다.
⑧ 운송사업자는 운임 및 요금과 운송약관을 영업소 또는 화물자동차에 갖추어 두고 이용자가 요구하면 이를 내보여야 한다.
⑨ 위·수탁차주나 개인 운송사업자에게 화물운송을 위탁한 운송사업자는 해당 위·수탁차주나 개인 운송사업자가 요구하면 화물적재요청자와 화물의 종류·중량 및 운임 등 국토교통부령으로 정하는 사항을 적은 화물위탁증을 내주어야 한다. 다만, 운송사업자가 최대 적재량 1.5톤 이상의「자동차관리법」에 따른 화물자동차를 소유한 위·수탁차주나 개인 운송사업자에게 화물운송을 위탁하는 경우 국토교통부령으로 정하는 화물을 제외하고는 화물위탁증을 발급하여야 하며, 위·수탁차주나 개인 운송사업자는 화물위탁증을 수령하여야 한다.
⑩ 운송사업자는 화물자동차 운송사업을 양도·양수하는 경우에는 양도·양수에 소요되는 비용을 위·수탁차주에게 부담시켜서는 아니 된다.
⑪ 운송사업자는 위·수탁차주가 현물출자한 차량을 위·수탁차주의 동의 없이 타인에게 매도하거나 저당권을 설정하여서는 아니 된다. 다만, 보험료 납부, 차량 할부금 상환 등 위·수탁차주가 이행하여야 하는 차량관리 의무의 해태로 인하여 운송사업자의 채무가 발생하였을 경우에는 위·수탁차주에게 저당권을 설정한다는 사실을 사전에 통지하고 **그 채무액을 넘지 아니하는 범위**에서 저당권을 설정할 수 있다.
→ 그 채무액을 초과하여(×)
⑫ 운송사업자는 위·수탁계약으로 차량을 현물출자 받은 경우에는 위·수탁차주를 자동차등록원부에 현물출자자로 기재하여야 한다.
⑬ 운송사업자는 위·수탁차주가 다른 운송사업자와 동시에 1년 이상의 운송계약을 체결하는 것을 제한하거나 이를 이유로 불이익을 주어서는 아니 된다.
⑭ 운송사업자는 화물운송을 위탁하는 경우「도로법」또는「도로교통법」에 따른 기준을 위반하는 화물의 운송을 위탁하여서는 아니 된다.
⑮ 운송사업자는 운송가맹사업자의 화물정보망이나「물류정책기본법」에 따라 인증받은 화물정보망을 통하여 위탁받은 물량을 재위탁하는 등 화물운송질서를 문란하게 하는 행위를 하여서는 아니 된다.
⑯ 운송사업자는 적재된 화물이 떨어지지 아니하도록 국토교통부령으로 정하는 기준 및 방법에 따라 덮개·포장·고정장치 등 필요한 조치를 하여야 한다.
⑰ 허가 또는 변경허가를 받은 운송사업자는 허가 또는 변경허가의 조건을 위반하여 다른 사람에게 차량이나 그 경영을 위탁하여서는 아니 된다.
⑱ 운송사업자는 화물자동차의 운전업무에 종사하는 운수종사자가 교육을 받는 데에 필요한 조치를 하여야 하며, 그 교육을 받지 아니한 화물자동차의 운전업무에 종사하는 운수종사자를 화물자동차 운수사업에 종사하게 하여서는 아니 된다.
⑲ 운송사업자는 전기·전자장치(최고속도제한장치에 한정)를 무단으로 해체하거나 조작해서는 아니 된다.

⑳ 국토교통부장관은 위의 준수사항 외에 다음의 사항을 국토교통부령으로 정할 수 있다.
  ㉠ 화물자동차 운송사업의 차고지 이용과 운송시설에 관한 사항
  ㉡ 그 밖에 수송의 안전과 화주의 편의를 도모하기 위하여 운송사업자가 지켜야 할 사항

운송사업자 준수사항(규칙 제21조)

1. 개인화물자동차 운송사업자의 경우 주사무소가 있는 특별시·광역시·특별자치시 또는 도와 이와 맞닿은 특별시·광역시·특별자치시 또는 도 외의 지역에 상주하여 화물자동차 운송사업을 경영하지 아니할 것
2. 밤샘주차(0시부터 4시까지 사이에 하는 1시간 이상의 주차)하는 경우에는 다음에 해당하는 시설 및 장소에서만 **할 것**
   할 수 없다(×)
   • 해당 운송사업자의 차고지
   • 다른 운송사업자의 차고지
   • 공영차고지
   • 화물자동차 휴게소
   • 화물터미널
   • 그 밖에 지방자치단체의 조례로 정하는 시설 또는 장소
3. 최대적재량 1.5톤 이하의 화물자동차의 경우에는 주차장, 차고지 또는 지방자치단체의 조례로 정하는 시설 및 장소에서만 밤샘주차할 것
4. 신고한 운임 및 요금 또는 화주와 합의된 운임 및 요금이 아닌 부당한 운임 및 요금을 받지 아니할 것
5. 화주로부터 부당한 운임 및 요금의 환급을 요구받았을 때에는 환급할 것
6. 신고한 운송약관을 준수할 것
7. 사업용 화물자동차의 바깥쪽에 다음의 구분에 따라 일반인이 알아보기 쉽도록 사업용 화물자동차임을 표시할 것. 다만, 국토교통부장관이 화물의 원활한 운송을 위하여 필요하다고 인정하여 공고하는 경우에는 일시적으로 이를 표시하지 않을 수 있다.
   • 일반화물자동차 운송사업자의 경우 : 해당 운송사업자의 명칭을 표시할 것
   • 개인화물자동차 운송사업자의 경우 : "개인화물"을 표시할 것
   • 「자동차관리법 시행규칙」 별표 1에 따른 밴형 화물자동차를 사용해서 화주와 화물을 함께 운송하는 운송사업자의 경우 : 사업용 화물자동차임을 표시하고 추가로 "화물"을 한국어, 영어, 중국어 및 일본어로 표시할 것
8. 화물자동차 운전자의 취업 현황 및 퇴직 현황을 보고하지 아니하거나 거짓으로 보고하지 아니할 것
9. 교통사고로 인한 손해배상을 위한 대인보험이나 공제사업에 가입하지 아니한 상태로 화물자동차를 운행하거나 그 가입이 실효된 상태로 화물자동차를 운행하지 아니할 것
10. 적재물배상보험등에 가입하지 아니한 상태로 화물자동차를 운행하거나 그 가입이 실효된 상태로 화물자동차를 운행하지 아니할 것
11. 화물자동차(영 제5조의2에 따른 차령(13년) 이상의 화물자동차는 제외)를 「자동차관리법」에 따른 정기검사 또는 같은 법에 따른 자동차종합검사를 받지 않은 상태로 운행하거나 운행하게 하지 않을 것
12. 화물자동차 운전자에게 차 안에 화물운송 종사자격증명을 게시하고 운행하도록 할 것
13. 화물자동차 운전자에게 「자동차 및 자동차부품의 성능과 기준에 관한 규칙」에 따른 운행기록장치가 설치된 운송사업용 화물자동차를 그 장치 또는 기기가 정상적으로 작동되는 상태에서 운행하도록 할 것
14. 개인화물자동차 운송사업자는 자기 명의로 운송계약을 체결한 화물에 대하여 다른 운송사업자에게 수수료나 그 밖의 대가를 받고 그 운송을 위탁하거나 대행하게 하는 등 화물운송 질서를 문란하게 하는 행위를 하지 말 것
15. 제6조 제3항에 따라 허가를 받은 자는 집화등 외의 운송을 하지 말 것
16. 「자동차관리법 시행규칙」 별표 1에 따른 구난형 특수자동차를 사용하여 고장·사고차량을 운송하는 운송사업자의 경우 고장·사고차량 소유자 또는 운전자의 의사에 반하여 구난을 지시하거나 구난하지 아니할 것. 다만, 다음에 해당하는 경우는 제외한다.
   • 고장·사고차량 소유자 또는 운전자가 사망·중상 등으로 의사를 표현할 수 없는 경우
   • 교통의 원활한 흐름 또는 안전 등을 위하여 경찰공무원이 차량의 이동을 명한 경우

17. 「자동차관리법 시행규칙」 별표 1에 따른 구난형 특수자동차를 사용하여 고장·사고차량을 운송하는 운송사업자는 차량의 소유자 또는 운전자로부터 최종 목적지까지의 총 운임·요금에 대하여 별지 제15호 서식에 따른 구난동의를 받은 후 운송을 시작하고, 운수종사자로 하여금 운송하게 하는 경우에는 구난동의를 받은 후 운송을 시작하도록 지시할 것. 다만, 다음에 따른 특별한 사정이 있는 경우에는 다음에서 정하는 기준에 따른다.
    - 고장·사고차량이 주·정차 금지구역에 있는 경우 : 다음의 순서에 따른 통지 및 구난동의를 받을 것
        - 운송을 시작하기 전에 주·정차 가능 구역까지의 운임·요금에 대해 차량의 소유자 또는 운전자에게 구두 또는 서면으로 통지할 것
        - 주·정차 가능 구역에서 1)에 따른 운임·요금을 포함한 최종 목적지까지의 총 운임·요금에 대하여 별지 제15호서식에 따른 구난동의를 받을 것
    - 고장·사고차량의 소유자 또는 운전자의 사망·중상 등 부득이한 사유가 있는 경우 : 구난동의 및 통지 생략 가능
18. 「자동차관리법 시행규칙」 별표 1에 따른 밴형 화물자동차를 사용하여 화주와 화물을 함께 운송하는 운송사업자는 운송을 시작하기 전에 화주에게 구두 또는 서면으로 총 운임·요금을 통지하거나 소속 운수종사자로 하여금 통지하도록 지시할 것
19. 휴게시간 없이 2시간 연속운전한 운수종사자에게 15분 이상의 휴게시간을 보장할 것. 다만, 다음의 어느 하나에 해당하는 경우에는 1시간까지 연장운행을 하게 할 수 있으며 운행 후 30분 이상의 휴게시간을 보장해야 한다.
    - 운송사업자 소유의 다른 화물자동차가 교통사고, 차량고장 등의 사유로 운행이 불가능하여 이를 일시적으로 대체하기 위하여 수송력 공급이 긴급히 필요한 경우
    - 천재지변이나 이에 준하는 비상사태로 인하여 수송력 공급을 긴급히 증가할 필요가 있는 경우
    - 교통사고, 차량고장 또는 교통정체 등 불가피한 사유로 2시간 연속운전 후 휴게시간 확보가 불가능한 경우
20. 화물자동차 운전자가 「도로교통법」을 위반해서 난폭운전을 하지 않도록 운행관리를 할 것
21. 「자동차관리법 시행규칙」 별표 1에 따른 밴형 화물자동차를 사용해 화주와 화물을 함께 운송하는 사업자는 법 제12조 제1항 제5호의 행위를 하거나 소속 운수종사자로 하여금 같은 호의 행위를 하도록 지시하지 말 것
22. 위·수탁계약서에 명시된 금전 외의 금전을 위·수탁차주에게 요구하지 않을 것

(8) 운송사업자의 직접운송 의무 등(법 제11조의2, 규칙 제21조의5) 기출 ▶ 23년/ 19년/ 17년/ 15년/ 14년

① 운송사업자의 직접운송의 의무

㉠ 일반화물자동차 운송사업자는 화주와 운송계약을 체결한 화물에 대하여 연간 운송계약 화물의 100분의 50 이상을 해당 운송사업자에게 소속된 차량으로 직접 운송하여야 한다.

㉡ 사업기간이 1년 미만인 경우에는 신규허가를 받은 날 또는 휴업 후 사업개시일부터 그 해의 12월 31일까지의 운송계약화물을 기준으로 한다.

㉢ 다만, 국토교통부령으로 정하는 차량으로 운송하는 경우에는 이를 직접 운송한 것으로 본다(규칙 제21조의5).

기출 ▶ 24년/ 19년/ 13년

1. 일반화물자동차 운송사업자와 1년 이상 운송계약을 체결하고 그 계약에 따른 운송횟수(화물운송실적관리시스템에 입력된 운송완료 횟수를 말하되, 1일 1회 이상인 경우에는 1일 1회로 계산)가 연간 96회 이상인 다른 운송사업자 소속의 화물자동차
   → 6개월 이상 운송계약(×)
2. 일반화물자동차 운송사업자와 1년 이상 운송계약을 체결하였으나 다음에 해당하는 사유로 인하여 그 계약에 따른 운송횟수가 연간 96회 미만인 다른 운송사업자 소속의 화물자동차
   - 화물자동차의 운전자가 사망·질병 또는 국외 체류 등의 사유로 화물운송을 할 수 없는 경우
   - 천재지변, 화재 또는 그 밖에 불가항력적인 사유로 화물운송을 할 수 없는 경우

② 운송주선사업을 동시에 영위하는 운송사업자 : 연간 운송계약 및 운송주선계약 화물의 100분의 30 이상을 직접 운송하여야 한다.
③ 화물운송의 위탁이 가능한 운송사업자 : 운송사업자는 직접 운송하는 화물 이외의 화물에 대하여 다른 운송사업자나 다른 운송사업자에게 소속된 위·수탁차주 외의 자에게 운송을 위탁하여서는 아니 된다.
④ 다른 사업자로부터 화물운송을 위탁받은 운송사업자 : 다른 운송사업자나 운송주선사업자로부터 화물운송을 위탁받은 운송사업자와 운송가맹사업자로부터 화물운송을 위탁받은 운송사업자(운송가맹점인 운송사업자만 해당함)는 해당 운송사업자에게 소속된 차량으로 직접 화물을 운송하여야 한다. 다만, 다른 운송사업자나 운송주선사업자로부터 화물운송을 위탁받은 운송사업자가 국토교통부령으로 정하는 차량으로 운송하는 경우에는 이를 직접 운송한 것으로 본다.
⑤ 화물정보망을 이용한 운송의 위탁
  ㉠ 운송사업자가 운송가맹사업자의 화물정보망이나 「물류정책기본법」에 따라 인증받은 화물정보망을 이용하여 운송을 위탁하면 직접 운송한 것으로 본다.
  ㉡ 직접운송의 인정기준은 위탁운송 화물의 **100분의 80에서 100분의 100의 범위**에서 국토교통부장관이 정하여 고시하는 기준에 따른다. → 100분의 50 이상(×)

(9) 운수종사자의 준수사항(법 제12조) 기출 25년/ 19년/ 12년

① 화물자동차 운송사업에 종사하는 운수종사자는 다음에 해당하는 행위를 하여서는 아니 된다.
  ㉠ 정당한 사유 없이 화물을 중도에서 내리게 하는 행위
  ㉡ 정당한 사유 없이 화물의 운송을 거부하는 행위
  ㉢ 부당한 운임 또는 요금을 요구하거나 받는 행위
  ㉣ 고장 및 사고차량 등 화물의 운송과 관련하여 자동차관리사업자와 부정한 금품을 주고받는 행위
  ㉤ 일정한 장소에 오랜 시간 정차하여 화주를 호객(呼客)하는 행위
  ㉥ 문을 완전히 닫지 아니한 상태에서 자동차를 출발시키거나 운행하는 행위
  ㉦ 택시 요금미터기의 장착 등 국토교통부령으로 정하는 택시 유사표시행위
  ㉧ 적재된 화물의 덮개·포장·고정장치 등 필요한 조치를 하지 아니하고 화물자동차를 운행하는 행위
  ㉨ 전기·전자장치(최고속도제한장치에 한정)를 무단으로 해체하거나 조작하는 행위
② 국토교통부장관은 준수사항 외에 안전운행을 확보하고 화주의 편의를 도모하기 위하여 운수종사자가 지켜야 할 사항을 국토교통부령으로 정할 수 있다.

(10) 운행 중인 화물자동차에 대한 조사(법 제12조의2)

국토교통부장관은 공공의 안전 유지 및 교통사고의 예방을 위하여 필요하다고 인정되는 경우에는 다음의 사항을 확인하기 위하여 관계 공무원, 자동차안전단속원 또는 운행제한단속원(이하 관계공무원등)에게 운행 중인 화물자동차를 조사하게 할 수 있다.
① 운수종사자 준수사항을 위반하여 덮개·포장·고정장치 등 필요한 조치를 하지 아니하였는지 여부
② 운수종사자 준수사항을 위반하여 전기·전자장치(최고속도제한장치에 한정)를 무단으로 해체하거나 조작하였는지 여부

4. 개선명령과 업무개시명령

(1) 운송사업자에 대한 개선명령(법 제13조) 기출▶ 25년

국토교통부장관은 안전운행을 확보하고, 운송 질서를 확립하며, 화주의 편의를 도모하기 위하여 필요하다고 인정되면 운송사업자에게 다음의 사항을 명할 수 있다.

> 1. 운송약관의 변경
> 2. 화물자동차의 구조변경 및 운송시설의 개선
> 3. 화물의 안전운송을 위한 조치
> 4. 적재물배상보험등의 가입과 「자동차손해배상 보장법」에 따라 운송사업자가 의무적으로 가입하여야 하는 보험·공제에 가입
> 5. 위·수탁계약에 따라 운송사업자 명의로 등록된 차량의 자동차등록번호판이 훼손 또는 분실된 경우 위·수탁차주의 요청을 받은 즉시 등록번호판의 부착 및 봉인을 신청하는 등 운행이 가능하도록 조치
> 6. 위·수탁계약에 따라 운송사업자 명의로 등록된 차량의 노후, 교통사고 등으로 대폐차가 필요한 경우 위·수탁차주의 요청을 받은 즉시 운송사업자가 대폐차 신고 등 절차를 진행하도록 조치
> 7. 위·수탁계약에 따라 운송사업자 명의로 등록된 차량의 사용본거지를 다른 시·도로 변경하는 경우 즉시 자동차 등록번호판의 교체 및 봉인을 신청하는 등 운행이 가능하도록 조치
> 8. 그 밖에 화물자동차 운송사업의 개선을 위하여 필요한 사항으로 대통령령으로 정하는 사항

(2) 업무개시명령(법 제14조) 기출▶ 19년

① 국토교통부장관은 운송사업자나 운수종사자가 정당한 사유 없이 집단으로 화물운송을 거부하여 화물운송에 커다란 지장을 주어 국가경제에 매우 심각한 위기를 초래하거나 초래할 우려가 있다고 인정할 만한 상당한 이유가 있으면 **그 운송사업자 또는 운수종사자**에게 업무개시를 명할 수 있다.
  └→ 운송주선사업자(×)
② 국토교통부장관은 운송사업자 또는 운수종사자에게 업무개시를 명하려면 국무회의의 심의를 거쳐야 한다.
③ 국토교통부장관은 업무개시를 명한 때에는 구체적 이유 및 향후 대책을 국회 소관 상임위원회에 보고하여야 한다.
④ 운송사업자 또는 운수종사자는 정당한 사유 없이 국토교통부장관의 업무개시명령을 거부할 수 없으며, 정당한 사유없이 거부 시 3년 이하의 징역 또는 3천만원 이하의 벌금에 처한다.

5. 화물자동차 운송사업의 양도 등

(1) 화물자동차 운송사업의 양도·양수 등(법 제16조) 기출▶ 17년/ 16년/ 14년/ 13년/ 12년/ 10년

① 양도·양수의 경우 : 화물자동차 운송사업을 양도·양수하려는 경우에는 국토교통부령으로 정하는 바에 따라 **양수인**은 국토교통부장관에게 신고하여야 한다.
  양도인(×) ←┘
② 법인의 합병의 경우 : 운송사업자인 법인이 서로 합병하려는 경우(운송사업자인 법인이 운송사업자가 아닌 법인을 흡수 합병하는 경우는 제외)에는 국토교통부령으로 정하는 바에 따라 합병으로 존속하거나 신설되는 법인은 국토교통부장관에게 신고하여야 한다.
③ 신고수리 여부의 통지 : 국토교통부장관은 위의 신고를 받은 날부터 **5일 이내**에 신고수리 여부를 신고인에게 통지하여야 한다.
  └→ 10일 이내(×)
④ 양도·양수 및 합병의 제한 : 국토교통부장관은 화물자동차의 지역 간 수급균형과 화물운송시장의 안정과 질서유지를 위하여 국토교통부령으로 정하는 바에 따라 화물자동차 운송사업의 양도·양수와 합병을 **제한할 수 있다.**
  제한할 수 없다(×) ←┘

⑤ 양도·양수 및 합병 신고의 효력   → 합병등기를 마친 때(×)
  ㉠ 양도·양수 또는 법인합병의 신고가 있으면 화물자동차 운송사업을 양수한 자는 화물자동차 운송사업을 양도한 자의 운송사업자로서의 지위를 승계(承繼)하며, 합병으로 설립되거나 존속되는 법인은 합병으로 소멸되는 법인의 운송사업자로서의 지위를 승계한다.
    └→ 신규로 설립되는 법인만(×)
  ㉡ 양수인, 합병으로 존속하거나 신설되는 법인의 결격사유에 관하여는 이 법 제4조를 준용한다.
  ㉢ 신고가 있으면 화물자동차 운송사업을 양도한 자와 위·수탁계약을 체결한 위·수탁차주는 그 동일한 내용의 위·수탁계약을 화물자동차 운송사업을 양수한 자와 체결한 것으로 보며, 합병으로 소멸되는 법인과 위·수탁계약을 체결한 위·수탁차주는 그 동일한 내용의 위·수탁계약을 합병으로 존속하거나 신설되는 법인과 체결한 것으로 본다.
⑥ 양도가 금지되는 사업자 : 다음에 해당하는 운송사업자는 그 사업을 양도할 수 없다.
  ㉠ 임시허가를 받은 화물자동차 운송사업자가 허가기간 내에 다른 운송사업자와 위·수탁계약을 체결하지 못하고 임시허가 기간이 만료된 경우 3개월 내에 허가를 받은 운송사업자
  ㉡ 전기자동차 또는 수소전기자동차로서 국토교통부령으로 정하는 최대 적재량 이하인 화물자동차에 대하여 해당 차량과 그 경영을 다른 사람에게 위탁하지 아니하는 것을 조건으로 화물자동차 운송사업의 허가 또는 변경허가를 받은 운송사업자

(2) 화물자동차 운송사업의 상속(법 제17조) 기출▶ 22년/ 17년/ 14년/ 12년/ 10년

① 상속신고의 기한 : 운송사업자가 사망한 경우 상속인이 그 화물자동차 운송사업을 계속하려면 피상속인이 사망한 후
  └→ 시·도지사(×)
  90일 이내에 **국토교통부장관**에게 **신고하여야 한다.** → 허가를 얻어야 한다(×)
    └→ 30일 이내(×), 6개월 이내(×)
② 상속신고 수리여부의 통지 : 국토교통부장관은 신고를 받은 날부터 **5일 이내**에 신고수리 여부를 신고인에게 통지하여야 한다.
    └→ 14일 이내(×)
③ 수리기한의 연장 등 : 국토교통부장관이 정한 기간 내에 신고수리 여부 또는 민원 처리 관련 법령에 따른 처리기간의 연장 여부를 신고인에게 통지하지 아니하면 그 기간이 **끝난 날의 다음 날**에 신고를 수리한 것으로 본다.
    └→ 끝난 날(×)
④ 상속신고의 효력
  ㉠ 상속인이 상속신고를 하면 피상속인이 사망한 날부터 신고한 날까지 피상속인에 대한 화물자동차 운송사업의 허가는 상속인에 대한 허가로 본다.
  ㉡ 신고한 상속인은 피상속인의 운송사업자로서의 지위를 승계한다.
  ㉢ 상속인의 결격사유에 관하여는 제4조를 준용한다. 다만, 상속인이 피상속인의 사망일부터 3개월 이내에 그 화물자동차 운송사업을 다른 사람에게 양도하면 피상속인의 사망일부터 양도일까지 피상속인에 대한 화물자동차 운송사업의 허가는 상속인에 대한 허가로 본다.

6. 화물자동차 운송사업의 휴·폐업 및 허가취소

(1) 화물자동차 운송사업의 휴업 및 폐업 신고(법 제18조) 기출▶ 22년/ 19년/ 12년

① 사업의 휴업·폐업 신고 : 운송사업자가 화물자동차 운송사업의 전부 또는 일부를 휴업하거나 화물자동차 운송사업의 **전부**를 폐업하려면 미리 국토교통부장관에게 신고하여야 한다.
    └→ 일부를 폐업(×)
② 휴업·폐업신고 방법 : 화물자동차 운송사업의 휴업 또는 폐업 신고를 하려는 자는 사업 휴업 또는 폐업 신고서를 관할관청에 제출하여야 한다. 이 경우 관할관청은 화물자동차 운송사업의 휴업 또는 폐업 신고를 받은 경우 그 사실을 관할 협회에 통지하여야 한다.

③ 신고 의무의 이행 시기 : 신고가 신고서의 기재사항 및 첨부서류에 흠이 없고, 법령 등에 규정된 형식상의 요건을 충족하는 경우에는 <u>신고서가 접수기관에 도달된 때</u>에 신고 의무가 이행된 것으로 본다.
　　↳ 신고에 대한 수리 여부가 신고인에게 통지된 때(×)

④ 휴업·폐업사실의 사전 공지 : 운송사업자가 화물자동차 운송사업의 전부 또는 일부를 휴업하거나 화물자동차 운송사업의 전부를 폐업하려면 미리 그 취지를 영업소나 그 밖에 일반 공중이 보기 쉬운 곳에 게시하여야 한다.

⑤ 화물운송 종사자격증명의 반납(규칙 제18조의10) 기출▶ 19년

> 1. 운송사업자는 다음의 경우에는 **협회**에 화물운송 종사자격증명을 반납하여야 한다.
>   　　↳ 관할관청(×)
>   - 퇴직한 화물자동차 운전자의 명단을 제출하는 경우
>   - 화물자동차 운송사업의 휴업 또는 폐업 신고를 하는 경우
> 2. 운송사업자는 다음의 경우에는 관할관청에 화물운송 종사자격증명을 반납하여야 한다.
>   - 사업의 양도 신고를 하는 경우
>   - 화물자동차 운전자의 화물운송 종사자격이 취소되거나 효력이 정지된 경우

(2) 화물자동차 운송사업의 허가취소 등(법 제19조) 기출▶ 20년/ 18년/ 16년/ 14년/ 13년

① 허가취소 : 국토교통부장관은 운송사업자가 다음에 해당하면 그 허가를 취소하거나 6개월 이내의 기간을 정하여 그 사업의 전부 또는 일부의 정지를 명령하거나 감차조치를 명할 수 있다. 다만, 1과 8 또는 21의 경우에는 그 허가를 취소하여야 한다.

> 1. 부정한 방법으로 허가를 받은 경우
> 2. 허가를 받은 후 6개월간의 운송실적이 국토교통부령[국토교통부장관이 매년 고시하는 연간 시장평균운송매출액(화물자동차의 종류별 연평균 운송매출액의 합계액)의 100분의 5 이상에 해당하는 운송매출액]으로 정하는 기준에 미달한 경우
> 3. 부정한 방법으로 변경허가를 받거나, 변경허가를 받지 아니하고 허가사항을 변경한 경우
> 4. 화물자동차 운송사업의 허가 또는 증차(增車)를 수반하는 변경허가의 기준을 충족하지 못하게 된 경우
> 5. 화물자동차 운송사업의 허가 등에 따른 신고를 하지 아니하였거나 거짓으로 신고한 경우
> 6. 화물자동차 소유 대수가 2대 이상인 운송사업자가 영업소 설치 허가를 받지 아니하고 주사무소 외의 장소에서 상주하여 영업한 경우
> 7. 화물자동차 운송사업의 허가 또는 증차를 수반하는 변경허가에 따른 조건 또는 기한을 위반한 경우
> 8. 화물자동차 운송사업의 결격사유에 해당하게 된 경우. 다만, 법인의 임원 중 결격사유에 해당하는 자가 있는 경우에 3개월 이내에 그 임원을 개임(改任)하면 허가를 취소하지 아니한다.
> 9. 화물운송 종사자격이 없는 자에게 화물을 운송하게 한 경우
> 10. 운송사업자의 준수사항을 위반한 경우
> 11. 운송사업자의 직접운송 의무 등을 위반한 경우
> 12. 1대의 화물자동차를 본인이 직접 운전하는 운송사업자, 운송사업자가 채용한 운수종사자 또는 위·수탁차주가 일정한 장소에 오랜 시간 정차하여 화주를 호객하는 행위를 위반하여 과태료 처분을 1년 동안 3회 이상 받은 경우
> 13. 정당한 사유 없이 개선명령을 이행하지 아니한 경우
> 14. 정당한 사유 없이 업무개시명령을 이행하지 아니한 경우
> 15. 제16조 제9항을 위반하여 사업을 양도한 경우
> 16. 화물자동차 운송사업의 허가취소 등에 따른 사업정지처분 또는 감차조치명령을 위반한 경우

17. 중대한 교통사고 또는 빈번한 교통사고로 1명 이상의 사상자를 발생하게 한 경우
18. 보조금의 지급이 정지된 자가 그 날부터 5년 이내에 다시 보조금 지급 정지사유에 해당하게 된 경우
19. 실적신고 및 관리에 따른 신고를 하지 아니하였거나 거짓으로 신고한 경우
20. 실적신고 및 관리에 따른 기준을 충족하지 못하게 된 경우
21. 화물자동차 교통사고와 관련하여 거짓이나 그 밖의 부정한 방법으로 보험금을 청구하여 금고 이상의 형을 선고받고 그 형이 확정된 경우
22. 대통령령으로 정하는 연한 이상의 화물자동차를 정기검사 또는 자동차종합검사를 받지 아니한 상태로 운행하거나 운행하게 한 경우

② 처분의 가중 또는 경감(영 별표1)

국토교통부장관은 공공복리의 침해 정도, 교통사고로 인한 피해의 정도, 위반행위의 내용·횟수 등을 고려하여 개별기준에 따른 처분기준을 다음의 구분에 따라 늘리거나 줄일 수 있다.

1. 사업 전부정지, 사업 일부정지 또는 위반차량 운행정지의 경우에는 처분기준 일수의 2분의 1의 범위에서 그 기간을 늘리거나 줄인다. 다만, 늘리는 경우에도 그 기간은 **6개월**을 초과할 수 없다. → 3개월(×)
2. 부정한 방법에 의한 사업허가 또는 허가의 결격사유에 해당하는 경우 이외의 원인에 따른 허가취소를 경감하는 경우에는 2대 이상의 화물자동차에 대한 감차조치로 할 것
3. 2대 이상의 화물자동차에 대한 감차 조치를 가중하는 경우에는 허가취소로 하고, 경감하는 경우에는 90일 이상의 사업 전부정지 또는 사업 일부정지로 한다.
4. 위반차량 감차 조치를 경감하는 경우에는 90일 이상의 위반차량 운행정지로 한다.

③ 허가취소 등의 방법 및 절차(규칙 제28조)
  ㉠ 관할관청은 위반행위를 적발하였을 때에는 특별한 사유가 없으면 적발한 날부터 30일 이내에 처분을 하여야 한다.
  ㉡ 관할관청은 허가취소, 감차조치, 사업 전부정지, 사업 일부정지 또는 위반차량 운행정지 처분을 하였을 때에는 그 사실을 연합회에 통지하여야 하며, 화물자동차 행정처분 기록카드에 그 사실을 기록하여 **5년간 보존**하여야 한다.
  → 3년간 보존(×)

(3) 자동차 사용의 정지(법 제20조) 기출▶ 19년

① 운송사업자는 다음에 해당하면 해당 화물자동차의 자동차등록증과 자동차등록번호판을 국토교통부장관에게 반납하여야 한다.
  ㉠ 화물자동차 운송사업의 휴업·폐업신고를 한 경우
  ㉡ 허가취소 또는 사업정지처분을 받은 경우
  ㉢ 감차를 목적으로 허가사항을 변경한 경우(감차 조치 명령에 따른 경우를 포함)
  ㉣ 임시허가 기간이 만료된 경우
② 신고한 휴업기간이나 사업정지기간이 끝나 자동차등록번호판을 되돌려 받은 운송사업자는 이를 해당 화물자동차에 달고 시·도지사의 봉인(封印)을 받아야 한다.

7. 과징금 및 청문 등

(1) 과징금의 부과(법 제21조) 기출▶ 20년/ 13년/ 10년/ 09년

① **과징금 부과 요건 및 기준금액**: 국토교통부장관은 운송사업자가 화물자동차 운송사업의 허가취소 사유에 해당하여 사업정지처분을 하여야 하는 경우로서 그 사업정지처분이 해당 화물자동차 운송사업의 이용자에게 심한 불편을 주거나 그 밖에 공익을 해칠 우려가 있으면 사업정지처분을 갈음하여 2천만원 이하의 과징금을 부과·징수할 수 있다.

② **과징금의 납부방법**: 국토교통부장관은 위반행위를 한 자에게 과징금을 부과하려면 그 위반행위의 종류와 해당 과징금의 금액을 명시하여 이를 낼 것을 서면으로 통지(과징금 부과대상자가 원하는 경우 전자문서의 통지 포함)하여야 한다.

③ **납부기한**: 통지를 받은 자는 수납기관에 납부통지일부터 **30일 이내**에 과징금을 내야 한다. → 20일 이내(×)

④ **과징금 미납 시 처리**: 국토교통부장관은 과징금 부과처분을 받은 자가 과징금을 정한 기한에 내지 아니하면 **국세체납처분의 예**에 따라 징수한다. 지방세체납처분의 예(×)

⑤ **징수된 과징금의 사용**: 징수한 과징금은 다음 외의 용도로는 사용할 수 없다.

> 1. **화물 터미널의 건설과 확충** → 물류단지의 건설과 확충(×)
> 2. 공동차고지의 건설과 확충
> 3. 경영개선이나 그 밖에 화물에 대한 정보 제공사업 등 화물자동차 운수사업의 발전을 위하여 필요한 사업(공영차고지의 설치·운영사업, 운수종사자의 **교육시설**에 대한 비용의 보조사업, 교육훈련 사업) → 복지시설(×)
> 4. 신고포상금의 지급

⑥ **과징금 운용계획 수립 등(규칙 제33조)**
  ㉠ 국토교통부장관 또는 관할관청은 매년 10월 31일까지 다음 해의 과징금운용계획을 수립하여 시행해야 한다.
  ㉡ 시·도지사는 전년도의 과징금 부과 실적, 징수 실적 및 사용 실적을 매년 3월 31일까지 국토교통부장관에게 제출해야 한다.

(2) 청문(법 제22조) 기출▶ 19년/ 12년

국토교통부장관은 다음에 해당하는 처분을 하려면 청문을 하여야 한다.
① 화물자동차 운송사업의 허가취소
② 화물운송 종사자격의 취소(화물자동차 운전면허의 취소에 따른 취소는 제외)
③ 화물자동차 운송주선사업의 허가취소
④ **화물자동차 운송가맹사업의 허가취소** → 우수업체 인증의 취소(×), 화물자동차 운수사업자가 설립한 공제조합의 인가취소(×)

(3) 화물운송 종사자격의 취소(법 제23조) 기출▶ 19년

① 국토교통부장관은 화물운송 종사자격을 취득한 자가 다음에 해당하면 그 자격을 취소하거나 6개월 이내의 기간을 정하여 그 자격의 효력을 정지시킬 수 있다. 다만, 1·2·5·6·7·10 및 11의 경우에는 그 자격을 취소하여야 한다.

> 1. 결격사유(법 제4조)의 어느 하나에 해당하게 된 경우
> 2. 거짓이나 그 밖의 부정한 방법으로 화물운송 종사자격을 취득한 경우
> 3. 정당한 사유 없이 업무개시 명령을 거부할 수 없음에도 이를 위반한 경우
> 4. 화물운송 중에 고의나 과실로 교통사고를 일으켜 사람을 사망하게 하거나 다치게 한 경우

5. 화물운송 종사자격증을 다른 사람에게 빌려준 경우
6. 화물운송 종사자격 정지기간 중에 화물자동차 운수사업의 운전 업무에 종사한 경우
7. 화물자동차를 운전할 수 있는 「도로교통법」에 따른 운전면허가 취소된 경우
8. 난폭운전 금지 위반으로 화물자동차를 운전할 수 있는 운전면허가 정지된 경우
9. 부당한 운임 또는 요금을 요구하거나 받는 행위, 택시 요금미터기의 장착 등 택시 유사표시행위, 「자동차관리법」을 위반하여 전기·전자장치(최고속도제한장치에 한정)를 무단으로 해체하거나 조작하는 행위 등 운수종사자의 준수사항을 위반한 경우
10. 화물자동차 교통사고와 관련하여 거짓이나 그 밖의 부정한 방법으로 보험금을 청구하여 금고 이상의 형을 선고받고 그 형이 확정된 경우
11. 제9조의2 제1항(화물자동차 운수사업의 운전업무 종사의 제한)을 위반한 경우

② 관할관청은 화물운송 종사자격의 효력정지 처분을 하는 경우에는 위반행위의 동기·횟수 등을 고려하여 처분기준 일수의 2분의 1의 범위에서 줄이거나 늘릴 수 있다. 다만, 늘리는 경우에는 위반행위를 한 날을 기준으로 최근 1년 이내에 같은 위반행위를 2회 이상 한 경우만 해당한다.

CORE 03 화물자동차 운송주선사업

1. 화물자동차 운송주선사업의 허가 등

(1) 화물자동차 운송주선사업의 허가(법 제24조) 기출▶ 25년/24년/22년/19년/18년/17년/16년/15년

① 화물자동차 운송주선사업을 경영하려는 자는 국토교통부장관의 허가를 받아야 한다. 다만, 화물자동차 운송가맹사업의 허가를 받은 자는 **허가를 받지 아니한다.** → 허가를 받아야(×)
② 운송주선사업의 허가기준
  ㉠ 국토교통부장관이 화물의 운송주선 수요를 고려하여 고시하는 공급기준에 맞을 것
  ㉡ 사무실의 면적(영업에 필요한 면적) 등 국토교통부령으로 정하는 기준에 맞을 것

(2) 운송주선사업의 허가 절차(규칙 제34조·제35조) 기출▶ 24년

① 화물자동차 운송주선사업의 허가를 받으려는 자는 화물자동차 운송주선사업 허가신청서(주사무소·영업소 및 화물취급소의 명칭·위치 및 규모를 적은 서류를 첨부)를 관할관청에 제출하여야 한다.
② 관할관청은 화물자동차 운송주선사업의 허가신청을 받았을 때에는 첨부서류를 갖추었는지와 공급기준에 맞는지를 심사한 후 화물자동차 운송주선사업 예비허가증을 발급하여야 한다.
③ 관할관청은 화물자동차 운송주선사업 예비허가증을 발급하였을 때에는 신청일부터 20일 이내에 허가의 결격사유가 있는지, 허가기준에 맞는지와 적재물배상보험등에 가입하였는지를 확인한 후 화물자동차 운송주선사업 허가증을 발급하여야 한다.
④ 관할관청은 화물자동차 운송주선사업 허가증을 발급하였을 때에는 그 사실을 협회에 통지하고 화물자동차 운송주선사업 허가대장에 기록하여 관리하여야 한다.
⑤ 화물자동차 운송주선사업 허가대장은 전자적 처리가 불가능한 특별한 사유가 없으면 전자적 처리가 가능한 방법으로 작성하여 관리하여야 한다.

(3) 허가기준의 신고

운송주선사업자는 허가받은 날부터 5년마다 허가기준에 관한 사항을 국토교통부장관에게 신고하여야 한다.
→ 2년마다(×)

(4) 영업소의 설치 기출▶ 25년

운송주선사업자는 주사무소 외의 장소에서 상주하여 영업하려면 국토교통부장관의 허가를 받아 영업소를 설치하여야 한다.
→ 국토교통부장관에게 신고(×)

(5) 허가사항의 변경신고

① 운송주선사업자가 허가사항을 변경하려면 국토교통부장관에게 신고하여야 한다.
→ 시·도지사(×) → 변경허가(×)

② 운송주선사업자는 허가사항의 변경신고(영업소의 허가사항을 변경하는 경우를 포함)를 하려면 화물자동차 운송주선사업 허가사항 변경신고서를 협회에 제출하여야 한다.

③ 국토교통부장관은 변경신고를 받은 날부터 5일 이내에 신고수리 여부를 신고인에게 통지하여야 한다.
→ 7일 이내(×)

2. 운송주선사업자의 준수사항 등

(1) 운송주선사업자의 명의이용 금지(법 제25조) 기출▶ 25년/ 18년/ 17년

운송주선사업자는 자기 명의로 다른 사람에게 화물자동차 운송주선사업을 경영하게 할 수 없다. → 할 수 있다(×)
→ 자기의 자회사에게(×)

(2) 운송주선사업자의 준수사항(법 제26조) 기출▶ 25년/ 24년/ 22년/ 19년/ 17년/ 14년/ 13년

① 운송주선사업자는 자기의 명의로 운송계약을 체결한 화물에 대하여 그 계약금액 중 일부를 제외한 나머지 금액으로 다른 운송주선사업자와 재계약하여 이를 운송하도록 하여서는 아니 된다. 다만, 화물운송을 효율적으로 수행할 수 있도록 위·수탁차주나 개인 운송사업자에게 화물운송을 직접 위탁하기 위하여 다른 운송주선사업자에게 중개 또는 대리를 의뢰하는 때에는 그러하지 아니하다.
→ 운송가맹자(×)

② 운송주선사업자는 화주로부터 중개 또는 대리를 의뢰받은 화물에 대하여 다른 운송주선사업자에게 수수료나 그 밖의 대가를 받고 중개 또는 대리를 의뢰하여서는 아니 된다. → 의뢰할 수 있다(×)

③ 운송주선사업자는 신고하는 운송주선약관에 중개·대리서비스의 수수료 부과기준 등 국토교통부령으로 정하는 사항을 포함하여야 한다.

④ 운송주선사업자는 운송사업자에게 화물의 종류·무게 및 부피 등을 거짓으로 통보하거나 「도로법」 또는 「도로교통법」에 따른 기준을 위반하는 화물의 운송을 주선하여서는 아니 된다.
본다(×)↱

⑤ 운송주선사업자가 운송가맹사업자에게 화물의 운송을 주선하는 행위는 재계약·중개 또는 대리로 보지 아니한다.

⑥ 운송주선사업자의 준수사항 : ①부터 ④까지 규정사항 외 화물운송 질서의 확립 및 화주의 편의를 위하여 운송주선사업자가 준수하여야 할 사항은 다음과 같다.

> 1. 신고한 운송주선약관을 준수할 것
> 2. 적재물배상보험 등에 가입한 상태에서 운송주선사업을 영위할 것
> 3. 자가용 화물자동차의 소유자 또는 사용자에게 화물운송을 주선하지 아니할 것
> 4. 허가증에 기재된 상호만 사용할 것

5. 운송주선사업자가 이사화물운송을 주선하는 경우 화물운송을 시작하기 전에 다음의 사항이 포함된 견적서 또는 계약서(전자문서를 포함)를 화주에게 발급할 것. 다만, 화주가 견적서 또는 계약서의 발급을 원하지 아니하는 경우는 제외한다.
- 운송주선사업자의 성명 및 연락처
- 화주의 성명 및 연락처
- 화물의 인수 및 인도 일시, 출발지 및 도착지
- 화물의 종류, 수량
- 운송 화물자동차의 종류 및 대수, 작업인원, 포장 및 정리 여부, 장비사용 내역
- 운임 및 그 세부내역(포장 및 보관 등 부대서비스 이용 시 해당 부대서비스의 내용 및 가격을 포함)

6. 운송주선사업자가 이사화물 운송을 주선하는 경우에 포장 및 운송 등 이사 과정에서 화물의 멸실, 훼손 또는 연착에 대한 사고확인서를 발급할 것(화물의 멸실, 훼손 또는 연착에 대하여 사업자가 고의 또는 과실이 없음을 증명하지 못한 경우로 한정)

(3) 국제물류주선업자에 대한 운송주선사업자의 준수사항 등 적용(법 제26조의2)

「물류정책기본법」에 따라 국제물류주선업을 등록한 자가 수출입화물의 국내 운송을 위하여 화물자동차 운송을 주선하는 때에는 운송주선사업자의 준수사항을 적용한다.

3. 화물자동차 운송주선사업의 허가취소 등

(1) 허가취소 사유(법 제27조) 기출▶ 21년

국토교통부장관은 운송주선사업자가 다음에 해당하면 그 허가를 취소하거나 6개월 이내의 기간을 정하여 그 사업의 정지를 명할 수 있다. 다만, 1·2 및 11의 경우에는 그 허가를 취소하여야 한다.

1. 결격사유에 해당하게 된 경우. 다만, 법인의 임원 중 결격사유에 해당하는 자가 있는 경우 3개월 이내에 그 임원을 개임한 경우에는 취소하지 아니한다.
2. 거짓이나 그 밖의 부정한 방법으로 허가를 받은 경우
3. **허가기준을 충족하지 못하게 된 경우** → 허가를 반드시 취소하여야 하는 경우(×)
4. 허가기준에 관한 신고를 하지 아니하거나 거짓으로 신고한 경우
5. 영업소 설치 허가를 받지 아니하고 주사무소 외의 장소에서 상주하여 영업한 경우
6. 운송주선사업자의 명의이용 금지를 위반한 경우
7. 운송주선사업자의 준수사항을 위반한 경우
8. 제28조에서 준용하는 운송사업자(같은 조 제3항·제4항·제7항·제14항부터 제18항까지 및 제20항부터 제24항까지는 제외)에 따른 준수사항을 위반한 경우
9. 개선명령을 이행하지 아니한 경우
10. 실적 신고 및 관리 등에 따른 신고를 하지 아니하였거나 거짓으로 신고한 경우
11. 허가취소에 따른 사업정지명령을 위반하여 그 사업정지기간 중에 사업을 한 경우

(2) 허가취소 등의 절차(규칙 제39조의2) 기출▶ 24년

① 관할관청은 위반행위를 적발하였을 때에는 특별한 사유가 없으면 적발한 날부터 30일 이내에 처분을 하여야 한다.
② 관할관청은 허가취소 또는 사업 정지처분을 하였을 때에는 그 사실을 연합회에 통지해야 하며, 화물자동차 운송주선사업 허가대장에 기록하여 5년간 보존해야 한다.

CORE 04 화물자동차 운송가맹사업 및 화물정보망

1. 화물자동차 운송가맹사업의 허가 등

(1) 운송가맹사업의 허가(법 제29조) 기출▶ 25년/ 24년/ 21년/ 19년/ 16년/ 13년/ 12년/ 11년/ 10년

① **사업의 허가** : 화물자동차 운송가맹사업을 경영하려는 자는 국토교통부장관에게 허가를 받아야 한다. 운송가맹사업의 허가를 받은 자는 화물자동차 운송사업 또는 운송주선사업의 **허가를 받지 아니한다**. → 별도의 허가를 받아야 한다(×)

② **사업의 변경 허가 및 신고** : 허가를 받은 운송가맹사업자는 허가사항을 변경하려면 국토교통부장관의 변경허가를 받아야 한다. 다만, 대통령령으로 정하는 다음의 **경미한 사항을 변경**하려면 국토교통부령으로 정하는 바에 따라 국토교통부장관에게 신고하여야 한다. → 중요한 사항의 변경(×)

> 1. **대표자의 변경(법인인 경우만 해당)** → 상호의 변경(×)
> 2. 화물취급소의 설치 및 폐지
> 3. 화물자동차의 대폐차(화물자동차를 직접 소유한 운송가맹사업자만 해당)
> 4. 주사무소·영업소 및 화물취급소의 이전
> 5. 화물자동차 운송가맹계약의 체결 또는 해제·해지

③ **허가 또는 증차를 수반하는 변경허가의 기준** 기출▶ 25년
  ㉠ 국토교통부장관이 화물의 운송수요를 고려하여 고시하는 공급기준에 맞을 것
  ㉡ 화물자동차의 대수(운송가맹점이 보유하는 화물자동차의 대수를 포함), 운송시설, 그 밖에 국토교통부령으로 정하는 기준에 맞을 것 기출▶ 12년/ 11년/ 10년

항목	허가기준
허가기준 대수	50대 이상(운송가맹점이 소유하는 화물자동차 대수를 포함하되, 8개 이상의 시·도에 각각 5대 이상 분포되어야 한다)
사무실 및 영업소	영업에 필요한 면적
최저보유차고 면적	화물자동차 1대당 그 화물자동차의 길이와 너비를 곱한 면적(화물자동차를 직접 소유하는 경우만 해당)
화물자동차의 종류	규칙 제3조에 따른 화물자동차(화물자동차를 직접 소유하는 경우만 해당)
그 밖의 운송시설	화물전산망을 갖출 것

  ㉢ 화물전산망은 운송가맹사업자와 운송가맹점이 그 전산망을 통하여 물량배정 여부, 공차 위치 등을 확인할 수 있어야 하며, 운임 지급 등의 결제시스템이 구축되어야 한다.
  ㉣ 운송사업자가 화물자동차 운송가맹사업 허가를 신청하는 경우 운송사업자의 지위에서 보유하고 있던 화물자동차 운송사업용 화물자동차는 화물자동차 운송가맹사업의 허가기준 대수로 **겸용할 수 없다**. → 겸용할 수 있다(×)

④ **신고기간 및 신고의무이행** : 운송가맹사업자는 허가받은 날부터 5년마다 국토교통부령으로 정하는 바에 따라 허가기준에 관한 사항을 국토교통부장관에게 신고하여야 한다.

⑤ **영업소 설치** : 운송가맹사업자는 주사무소 외의 장소에서 상주하여 영업하려면 국토교통부령으로 정하는 바에 따라 국토교통부장관의 허가를 받아 영업소를 설치하여야 한다.

⑥ **허가 또는 신고수리 여부의 통지** : 국토교통부장관은 허가·변경허가의 신청을 받거나 변경신고를 받은 날부터 20일 이내에 허가 또는 신고수리 여부를 신청인에게 통지하여야 한다.

⑦ 신고수리 기한의 연장 등 : 국토교통부장관이 정한 기간 내에 허가 또는 신고수리 여부나 민원 처리 관련 법령에 따른 처리기간의 연장 여부를 신청인에게 통지하지 아니하면 그 기간이 끝난 날의 다음 날에 허가 또는 신고수리를 한 것으로 본다.

(2) 화물자동차 운송가맹사업의 허가취소 등(법 제32조) 기출▶ 24년

① 국토교통부장관은 운송가맹사업자가 다음에 해당하면 그 허가를 취소하거나 6개월 이내의 기간을 정하여 그 사업의 전부 또는 일부의 정지를 명하거나 감차조치를 명할 수 있다. 다만, 1 및 4의 경우에는 그 **허가를 취소하여야 한다**.

6개월 이내의 기간을 정하여 그 사업의 전부 또는 일부의 정지를 명할 수 있다(×)↵

> 1. 본 규정에서 준용하는 결격사유에 해당하게 된 경우. 다만, 법인의 임원 중 결격사유에 해당하는 자가 있는 경우 3개월 이내에 그 임원을 개임하면 취소하지 아니한다.
> 2. 화물운송 종사자격이 없는 자에게 화물을 운송하게 한 경우
> 3. 업무개시 명령을 정당한 사유 없이 이행하지 아니한 경우
> 4. 거짓이나 그 밖의 부정한 방법으로 허가를 받은 경우
> 5. 거짓이나 그 밖의 부정한 방법으로 변경허가를 받은 경우
> 6. 운송가맹사업 허가 또는 변경허가의 기준을 충족하지 못하게 된 경우
> 7. 운송가맹사업자의 허가기준에 관한 사항의 신고를 하지 아니하였거나 거짓으로 신고한 경우
> 8. 영업소 설치허가를 받지 아니하고 주사무소 외의 장소에서 상주하여 영업한 경우
> 9. 정당한 사유 없이 개선명령을 이행하지 아니한 경우
> 10. 제33조에서 준용하는 운송사업자의 준수사항 및 운송주선사업자의 명의이용 금지(소속 운송가맹점에 자기의 영업표지를 사용하게 하는 경우는 제외)를 위반한 경우
> 11. 제34조에서 준용하는 「가맹사업거래의 공정화에 관한 법률」 제7조(정보공개서의 제공의무 등), 제9조(허위ㆍ과장된 정보제공 등의 금지), 제10조(가맹금의 반환), 제11조(가맹계약서의 기재사항 등)와 제13조(가맹계약의 갱신 등) 및 제14조(가맹계약해지의 제한)를 위반한 경우(개선명령을 받은 경우는 제외)
> 12. 사업정지명령 또는 감차 조치 명령을 위반한 경우
> 13. 중대한 교통사고 또는 빈번한 교통사고로 1명 이상의 사상자를 발생하게 한 경우
> 14. 보조금 지급이 정지된 자가 그 날부터 5년 이내에 다시 보조금지급정지 사유의 어느 하나에 해당하게 된 경우
> 15. 실적 신고 및 관리 등에 따른 신고를 하지 아니하였거나 거짓으로 신고한 경우
> 16. 대통령령으로 정하는 연한 이상의 화물자동차를 정기검사 또는 자동차종합검사를 받지 아니한 상태로 운행하거나 운행하게 한 경우

② 감차 조치, 사업 전부정지 또는 사업 일부정지의 대상이 되는 화물자동차가 2대 이상인 경우에는 화물운송에 미치는 영향을 고려하여 해당 처분을 분할하여 집행할 수 있다(영 별표4).

2. 운송가맹사업자 · 운송가맹점의 역할 및 개선명령

(1) 운송가맹사업자 및 운송가맹점의 역할 등(법 제30조) 기출▶ 21년/ 15년/ 12년

① 운송가맹사업자의 역할 : **운송가맹사업자**는 화물자동차운송가맹사업의 원활한 수행을 위하여 다음의 사항을 성실히 이행하여야 한다.
  ↳ 운송가맹점(×)

  ㉠ 운송가맹사업자의 직접운송물량과 운송가맹점의 운송물량의 공정한 배정
  ㉡ 효율적인 운송기법의 개발과 보급
  ㉢ 화물의 원활한 운송을 위한 **화물정보망의 설치ㆍ운영** → 공동전산망(×), 공동차고지(×)

② **운송가맹점의 역할** : 운송가맹점은 화물자동차 운송가맹사업의 원활한 수행을 위하여 다음의 사항을 성실히 이행하여야 한다.
  ㉠ 운송가맹사업자가 정한 기준에 맞는 운송서비스의 제공(운송사업자 및 위·수탁차주인 운송가맹점만 해당)
  ㉡ 화물의 원활한 운송을 위한 차량 위치의 통지(운송사업자 및 위·수탁차주인 운송가맹점만 해당)
  ㉢ 운송가맹사업자에 대한 운송화물의 확보·공급(**운송주선사업자인 운송가맹점만 해당**) ↳ 운송사업자인 운송가맹점(×)
③ **분쟁 발생 시 조정**
  ㉠ 국토교통부장관은 손해배상에 관하여 운송가맹사업자 또는 운송가맹점이 요청하면 분쟁을 조정(調停)할 수 있다.
  ㉡ 국토교통부장관은 운송가맹사업자 또는 운송가맹점이 분쟁조정을 요청하면 지체 없이 그 사실을 확인하고 손해내용을 조사한 후 조정안을 작성하여야 한다.
  ㉢ 당사자 쌍방이 조정안을 수락하면 당사자 간에 조정안과 동일한 합의가 성립된 것으로 본다.

(2) 개선명령(법 제31조) 기출▶ 21년/ 18년
→ 시장·군수·구청장(×)
국토교통부장관은 안전운행의 확보, 운송질서의 확립 및 화주의 편의를 도모하기 위하여 필요하다고 인정하면 운송가맹사업자에게 다음의 사항을 명할 수 있다.

> 1. **운송약관의 변경** → 감차 조치(×)
> 2. 화물자동차의 구조변경 및 운송시설의 개선
> 3. 화물의 안전운송을 위한 조치
> 4. 「가맹사업거래의 공정화에 관한 법률」에 따른 정보공개서의 제공의무 등, 가맹금의 반환, 가맹계약서의 기재사항 등, 가맹계약의 갱신 등의 통지
> 5. 적재물배상보험등과 「자동차손해배상보장법」에 따라 운송가맹사업자가 의무적으로 가입하여야 하는 보험·공제의 가입
> 6. 그 밖에 화물자동차운송가맹사업의 개선을 위하여 필요한 사항으로서 대통령령으로 정하는 사항

(3) 화물정보망의 이용(제34조의4) 기출▶ 24년/ 22년/ 20년/ 13년
① 운송사업자가 다른 운송사업자나 다른 운송사업자에게 소속된 위·수탁차주에게 화물운송을 위탁하는 경우에는 운송가맹사업자의 화물정보망이나 「물류정책기본법」 제38조(우수물류기업의 인증)에 따라 인증받은 화물정보망을 이용할 수 있다.
② **운송주선업자의 화물운송 위탁**
  운송주선사업자가 운송사업자나 위·수탁차주에게 화물운송을 위탁하는 경우에는 운송가맹사업자의 화물정보망이나 「물류정책기본법」 제38조(우수물류기업의 인증)에 따라 인증받은 화물정보망을 **이용할 수 있다.** → 이용할 수 없다(×)

CORE 05 적재물배상보험등의 가입 등

1. 적재물배상보험등의 가입

(1) 의무가입(법 제35조) 기출▶ 25년/ 24년/ 22년/ 21년/ 20년/ 19년/ 18년/ 17년/ 13년

① 적재물배상보험등의 의무가입 : 다음에 해당하는 자는 손해배상책임을 이행하기 위하여 적재물배상보험등에 가입하여야 한다.
  → 최대 적재량이 3톤이고 총 중량이 5톤 이상(×)
  ㉠ **최대 적재량이 5톤 이상이거나 총 중량이 10톤 이상**인 화물자동차 중 일반형·밴형 및 특수용도형 화물차, 견인형 특수자동차를 소유하고 있는 운송사업자
  ㉡ 이사화물을 취급하는 운송주선사업자
  ㉢ 운송가맹사업자

② 가입제외 대상(규칙 제41조의13)
  ㉠ 건축폐기물·쓰레기 등 경제적 가치가 없는 화물을 운송하는 차량으로서 국토교통부장관이 정하여 고시하는 화물자동차
  ㉡ 「대기환경보전법」상 배출가스저감장치를 차체에 부착함에 따라 총중량이 10톤 이상이 된 화물자동차 중 최대 적재량이 5톤 미만인 화물자동차
  ㉢ 특수용도형 화물자동차 중 「자동차관리법」에 따른 **피견인자동차** → 피견인자동차는 제외(○)

③ 적재물배상 책임보험등의 가입 범위(영 제9조의7) : 적재물배상보험등에 가입하려는 자는 다음의 구분에 따라 사고 건당 2천만원(운송주선사업자가 이사화물운송만을 주선하는 경우에는 **500만원**) 이상의 금액을 지급할 책임을 지는 적재물배상보험등에 가입하여야 한다.
  3천만원(×), 2천만원(×) ←
  ㉠ 운송사업자 : **각 화물자동차별로 가입** → 각 사업자별로 가입(×)
  ㉡ 운송주선사업자 : **각 사업자별로 가입** → 각 화물자동차별로 가입(×)
  ㉢ 운송가맹사업자 : 화물자동차를 직접 소유한 자는 각 화물자동차별 및 각 사업자별로, 그 외의 자는 각 사업자별로 가입

(2) 적재물배상보험등 계약의 체결 의무(법 제36조) 기출▶ 20년/ 19년/ 18년/ 17년/ 16년/ 14년

① 책임보험계약등의 계약의 체결 의무 : 보험회사는 적재물배상보험등에 가입하여야 하는 자(이하 보험등 의무가입자)가 적재물배상보험등에 가입하려고 하면 대통령령으로 정하는 사유가 있는 경우 외에는 책임보험계약등의 체결을 거부할 수 없다.

② 책임보험계약등 다수 공동 계약 : 보험등 의무가입자가 적재물사고를 일으킬 개연성이 높은 경우 등 다음에 해당하면 ①에도 불구하고 다수의 보험회사등이 공동으로 책임보험계약등을 체결할 수 있다.

> 1. 운송사업자의 화물자동차 운전자가 그 운송사업자의 사업용 화물자동차를 운전하여 **과거 2년 동안** 다음에 해당하는 사항을 2회 이상 위반한 경력이 있는 경우
>   과거 2년 동안 1회 이상(×), 4회 이상(×) ←
>   • 무면허운전 등의 금지
>   • 술에 취한 상태에서의 운전금지
>   • **사고발생 시 조치의무** → 위험방지 등의 조치의무(×)
> 2. 보험회사가 「보험업법」에 따라 허가를 받거나 신고한 적재물배상보험요율과 책임준비금 산출기준에 따라 손해배상책임을 담보하는 것이 **현저히** 곤란하다고 판단한 경우

2. 책임보험계약등의 해제

(1) 책임보험계약등의 해제 · 해지 사유(법 제37조) 기출▶ 22년/ 21년/ 20년/ 18년/ 17년/ 16년/ 14년/ 11년

보험 등 의무가입자 및 보험회사 등은 다음에 해당하는 경우 외에는 책임보험계약등의 전부 또는 일부를 해제하거나 해지하여서는 아니 된다.

> 1. 화물자동차 운송사업의 허가사항이 변경(감차만을 말함)된 경우 → 증차(×)
> 2. 화물자동차 운송사업을 휴업하거나 폐업한 경우
> 3. 화물자동차 운송사업의 허가가 취소되거나 감차 조치 명령을 받은 경우
> 4. 화물자동차 운송주선사업의 허가가 취소된 경우
> 5. 화물자동차 운송가맹사업의 허가사항이 변경(감차만을 말함)된 경우
> 6. 화물자동차 운송가맹사업의 허가가 취소되거나 감차 조치 명령을 받은 경우
> 7. 적재물배상보험등에 이중으로 가입되어 하나의 책임보험계약등을 해제하거나 해지하려는 경우
> 8. 보험회사등이 파산 등의 사유로 영업을 계속할 수 없는 경우
> 9. 그 밖에 위의 규정에 준하는 경우로서 대통령령으로 정하는 경우

(2) 책임보험계약등의 계약 종료일 통지 등(법 제38조) 기출▶ 25년/ 18년/ 17년/ 16년

① 보험회사등은 자기와 책임보험계약등을 체결하고 있는 보험등 의무가입자에게 그 계약종료일 **30일 전까지** 그 계약이 끝난다는 사실을 알려야 한다. ← 50일 전까지(×)

② 보험회사등은 자기와 책임보험계약등을 체결한 보험등 의무가입자가 그 계약이 끝난 후 새로운 계약을 체결하지 아니하면 그 사실을 지체 없이 국토교통부장관에게 알려야 한다.

CORE 06 경영의 합리화 등

1. 경영의 위탁 · 수탁계약 등

(1) 경영합리화 등의 노력(법 제39조)

운수사업자는 화물운송질서의 확립, 경영관리의 건전화, 화물운송기법의 개발 등 경영합리화와 수송서비스 향상을 위하여 노력하여야 한다.

(2) 경영의 위탁(법 제40조) 기출▶ 25년/ 23년/ 22년/ 21년/ 20년/ 17년/ 16년/ 15년/ 13년

① 경영의 일부 위탁 : 운송사업자는 화물자동차 운송사업의 효율적인 수행을 위하여 필요하면 다른 사람(운송사업자를 제외한 개인)에게 차량과 그 경영의 일부를 위탁하거나 차량을 현물출자한 사람에게 그 경영의 **일부**를 위탁할 수 있다. ← 전부를 위탁(×)

② 경영위탁의 제한 : 국토교통부장관은 화물운송시장의 질서유지 및 운송사업자의 운송서비스 향상을 유도하기 위하여 필요한 경우 경영의 위탁을 **제한할 수 있다.** → 제한할 수 없다(×)

③ 위·수탁계약 체결 : 운송사업자와 위·수탁차주는 대등한 입장에서 합의에 따라 공정하게 위·수탁계약을 체결하고, 신의에 따라 성실하게 계약을 이행하여야 한다.

④ 계약서 작성 등 : 계약의 당사자는 그 계약을 체결하는 경우 차량소유자·계약기간, 그 밖에 국토교통부령으로 정하는 사항을 계약서에 명시하여야 하며, 서명날인한 계약서를 서로 교부하여 보관하여야 한다. 이 경우 국토교통부장관은 건전한 거래질서의 확립과 공정한 계약의 정착을 위하여 표준 위·수탁계약서를 고시하여야 하고, 이를 우선적으로 사용하도록 권고할 수 있다.

⑤ 위·수탁계약의 기간 : <u>2년</u> 이상으로 하여야 한다.
  └→ 3년(×)

⑥ 분쟁조정협의회의 설치·운영 기출▶ 13년

  ㉠ 시·도지사는 위·수탁계약의 체결·이행으로 발생하는 분쟁의 해결을 지원하기 위하여 화물운송사업분쟁조정협의회를 설치·운영할 수 있다.

  ㉡ 분쟁조정협의회 심의·조정사항(영 제9조의9)

  > 1. 운송사업자와 위·수탁차주 간 금전지급에 관한 분쟁
  > 2. 운송사업자와 위·수탁차주 간 차량의 소유권에 관한 분쟁
  > 3. 운송사업자와 위·수탁차주 간 차량의 대폐차에 관한 분쟁
  > 4. 운송사업자와 위·수탁차주 간 화물자동차 운송사업의 양도·양수에 관한 분쟁
  > 5. 그 밖에 분쟁의 성격·빈도 및 중요성 등을 고려하여 국토교통부장관이 정하여 고시하는 사항에 관한 분쟁

  ㉢ 협의회는 위원장 1명을 포함하여 5명 이상 10명 이내의 위원으로 구성한다.

  ㉣ 협의회는 매월 1회 개최한다. 다만, 시·도지사가 분쟁의 신속한 해결을 위하여 협의회의 개최를 요청하는 경우에는 수시로 개최할 수 있다.

  ㉤ 협의회는 심의 결과 조정안을 작성하여 분쟁당사자에게 권고할 수 있다. 다만, 분쟁의 성격·빈도 및 중요성 등을 고려하여 필요하다고 인정하는 경우에는 분쟁당사자 간의 자율적인 분쟁해결을 권고할 수 있다.

⑦ 위·수탁계약의 무효   전부 무효로 한다(×) ←┐
위·수탁계약의 내용이 당사자 일방에게 현저하게 불공정한 경우로서 다음의 경우에는 **그 부분에 한정하여 무효로 한다.**

> 1. 운송계약의 형태·내용 등 관련된 모든 사정에 비추어 계약체결 당시 예상하기 어려운 내용에 대하여 상대방에게 책임을 떠넘기는 경우
> 2. 계약내용에 대하여 구체적인 정함이 없거나 당사자 간 이견이 있는 경우 계약내용을 일방의 의사에 따라 정함으로써 상대방의 정당한 이익을 침해한 경우
> 3. 계약불이행에 따른 당사자의 손해배상책임을 과도하게 경감하거나 가중하여 정함으로써 상대방의 정당한 이익을 침해한 경우
> 4. 「민법」 및 이 법 등 관계 법령에서 인정하는 상대방의 권리를 상당한 이유 없이 배제 또는 제한하는 경우
> 5. 그 밖에 위·수탁계약의 내용 중 일부가 당사자 일방에게 현저하게 불공정하여 해당 부분을 무효로 할 필요가 있는 경우로서 대통령령으로 정하는 경우

(3) 위·수탁계약의 갱신 등(법 제40조의2) 기출▶ 24년/ 21년/ 18년/ 16년/ 15년

① 갱신 요구의 기한 및 거절사유 : 운송사업자는 위·수탁차주가 위·수탁계약기간 만료 전 150일부터 60일까지 사이에 위·수탁계약의 갱신을 요구하는 때에는 다음에 해당하는 경우를 제외하고는 이를 거절할 수 없다.

  ㉠ 최초 위·수탁계약기간을 포함한 전체 위·수탁계약기간이 6년 이하인 경우로서 다음에 해당하는 경우
  • 위·수탁차주가 거짓이나 그 밖의 부정한 방법으로 위·수탁계약을 체결한 경우
  • 그 밖에 운송사업자가 위·수탁계약을 갱신하기 어려운 중대한 사유로서 대통령령으로 정하는 사유에 해당하는 경우

ⓒ 최초 위·수탁계약기간을 포함한 전체 위·수탁계약기간이 6년을 초과하는 경우로서 다음에 해당하는 경우
- 위 ㉠의 어느 하나에 해당하는 경우
- 위·수탁차주가 운송사업자에게 지급하기로 한 위·수탁계약상의 월지급액을 6회 이상 지급하지 아니한 경우
- 표준 위·수탁계약서에 기재된 계약 조건을 위·수탁차주가 준수하지 아니한 경우
- 운송사업자가 운송사업의 전부를 폐업하는 경우

② 갱신요구 거절의 통지 : 운송사업자가 갱신 요구를 거절하는 경우에는 그 요구를 받은 날부터 **15일 이내**에 위·수탁차주에게 거절 사유를 적어 서면으로 통지하여야 한다. (30일 이내(×))

③ 위·수탁계약의 갱신의 의제
㉠ 운송사업자가 거절 통지를 하지 아니하거나 위·수탁계약기간 만료 전 150일부터 60일까지 사이에 위·수탁차주에게 계약 조건의 변경에 대한 통지나 위·수탁계약을 갱신하지 아니한다는 사실의 통지를 서면으로 하지 아니한 경우에는 계약 만료 전의 위·수탁계약과 같은 조건으로 다시 위·수탁계약을 체결한 것으로 본다.
㉡ 다만, 위·수탁차주가 계약이 만료되는 날부터 30일 전까지 이의를 제기하거나 운송사업자나 위·수탁차주에게 천재지변이나 그 밖에 대통령령으로 정하는 다음의 부득이한 사유가 있는 경우에는 그러하지 아니하다.

(4) 위·수탁계약의 해지 등(법 제40조의3) 기출 21년/ 19년/ 16년/ 15년

① 위·수탁계약의 해지 : 운송사업자는 위·수탁계약을 해지하려는 경우에는 위·수탁차주에게 **2개월 이상**의 유예기간을 두고 계약의 위반 사실을 구체적으로 밝히고 이를 시정하지 아니하면 그 계약을 해지한다는 사실을 서면으로 2회 이상 통지하여야 한다. 다만, 대통령령으로 정하는 위·수탁계약을 지속하기 어려운 중대한 사유가 있는 경우에는 그러하지 아니하다. (1개월 이상(×))

② 위·수탁계약 해지 절차의 예외

> 1. 위·수탁차주가 화물운송 종사자격을 갖추지 아니한 경우
> 2. 위·수탁차주가 계약기간 동안 운수종사자의 준수사항을 위반하여 처벌 또는 과태료 처분을 받은 경우
> 3. 위·수탁차주가 계약기간 동안 화물운송 종사자격의 취소 처분을 받은 경우
> 4. 위·수탁차주가 사고·질병 또는 국외 이주 등 일신상의 사유로 더 이상 위탁받은 운송사업을 경영할 수 없게 된 경우

③ 위·수탁계약의 해지에 따른 절차를 거치지 아니한 위·수탁계약의 해지는 그 효력이 없다.

④ 운송사업자의 귀책사유에 의한 위·수탁계약 해지 기출 19년
운송사업자가 다음에 해당하는 사유로 허가취소 또는 감차 조치(위·수탁차주의 화물자동차가 감차 조치의 대상이 된 경우만 해당)를 받은 경우 해당 운송사업자와 위·수탁차주의 위·수탁계약은 해지된 것으로 본다.

> 1. **부정한 방법으로 허가를 받은 경우** → 직접운송 의무를 위반한 경우(×)
> 2. 부정한 방법으로 변경허가를 받거나, 변경허가를 받지 아니하고 허가사항을 변경한 경우
> 3. 화물자동차 운송사업의 허가 또는 증차를 수반하는 변경허가의 기준을 충족하지 못하게 된 경우
> 4. 결격사유에 해당하게 된 경우. 다만, 법인의 임원 중 결격사유에 해당하는 자가 있는 경우에 3개월 이내에 그 임원을 개임(改任)하면 허가를 취소하지 아니한다.
> 5. 그 밖에 운송사업자의 귀책사유(위·수탁차주의 고의에 의하여 허가취소 또는 감차 조치될 수 있는 경우는 제외)로 허가취소 또는 감차 조치되는 경우로서 대통령령으로 정하는 경우

⑤ 위·수탁차주에 대한 지원 : 국토교통부장관 또는 연합회는 해지된 위·수탁계약의 위·수탁차주였던 자가 다른 운송사업자와 위·수탁계약을 체결할 수 있도록 지원하여야 한다. 이 경우 해당 위·수탁차주였던 자와 위·수탁계약을 체결한 운송사업자는 위·수탁계약의 체결을 명목으로 부당한 금전지급을 요구하여서는 아니 된다.

(5) 위·수탁계약의 양도·양수(법 제40조의4) 기출▶ 22년

① **위·수탁계약의 양도 및 거절** : 위·수탁차주는 운송사업자의 동의를 받아 위·수탁계약상의 지위를 타인에게 양도할 수 있다. 다만, 다음에 해당하는 사유가 발생하는 경우에는 운송사업자는 양수인이 화물운송 종사자격을 갖추지 못한 경우 등 대통령령으로 정하는 경우를 제외하고는 위·수탁계약의 양도에 대한 동의를 거절할 수 없다.
  ㉠ 업무상 부상 또는 질병의 발생 등으로 자신이 위탁받은 경영의 일부를 수행할 수 없는 경우
  ㉡ 그 밖에 위·수탁차주에게 부득이한 사유가 발생하는 경우로서 대통령령으로 정하는 경우
② **양도의 효력** : 위·수탁계약상의 지위를 양수한 자는 양도인의 위·수탁계약상 권리와 의무를 승계한다.
③ **양도사실의 통지** : 위·수탁계약상의 지위를 양도하는 경우 위·수탁차주는 운송사업자에게 양도 사실을 서면으로 통지하여야 한다.
④ **통지의 효력** : 통지가 있은 날부터 1개월 이내에 운송사업자가 양도에 대한 동의를 거절하지 아니하는 경우에는 운송사업자가 양도에 동의한 것으로 본다.

(6) 위·수탁계약의 실태조사 등(법 제40조의5) 기출▶ 25년/ 16년

① **실태조사** : 국토교통부장관 또는 시·도지사는 정기적으로 위·수탁계약서의 작성 여부에 대한 실태조사를 할 수 있다.
② **자료요청** : 국토교통부장관 또는 시·도지사는 위·수탁계약의 당사자에게 계약과 관련된 자료를 요청할 수 있다. 이 경우 자료를 요청받은 계약의 당사자는 특별한 사정이 없으면 요청에 따라야 한다.
③ **위·수탁조사의 실태조사 시기·범위(영 제9조의12)**
  ㉠ 실태조사의 시기 : 위·수탁계약서의 작성 여부에 대한 실태조사는 **매년 1회 이상** 실시한다. → 격년으로(×), 매년 2회(×)
  ㉡ 실태조사의 범위 : 위·수탁계약서의 작성 여부에 관한 사항, 표준 위·수탁계약서의 사용에 관한 사항, 위·수탁계약 내용의 불공정성에 관한 사항, 위·수탁계약의 체결 절차·과정에 관한 사항, 그 밖에 화물운송시장의 질서 확립 및 건전한 발전을 위하여 조사가 필요한 사항

2. 경영지도 및 재정지원

(1) 경영지도(법 제41조)

① 국토교통부장관 또는 시·도지사는 화물자동차 운수사업의 경영개선 또는 운송서비스의 향상을 위하여 다음에 해당하는 경우 운수사업자를 지도할 수 있다.
  ㉠ 운수사업자의 준수사항에 대한 지도가 필요한 경우
  ㉡ 과로, 과속, 과적 운행의 예방 등 안전한 수송을 위한 지도가 필요한 경우
  ㉢ 그 밖에 화물자동차의 운송에 따른 안전 확보 및 운송서비스 향상에 필요한 경우
② 국토교통부장관 또는 시·도지사는 재무관리 및 사업관리 등 경영실태가 부실하다고 인정되는 운수사업자에게는 경영개선에 관한 권고를 할 수 있으며, 필요하면 경영개선에 관한 중·장기 또는 연차별 계획 등을 제출하게 할 수 있다.
③ 국토교통부장관 또는 시·도지사는 운수사업자가 제출한 경영개선에 관한 계획 등이 불합리하다고 인정되면 변경할 것을 권고할 수 있다.

(2) 재정지원(법 제43조) 기출▶ 24년/ 23년/ 15년/ 11년

① 국가 지원 : 국가는 지방자치단체, 대통령령으로 정하는 공공기관, 지방공사, 사업자단체 또는 운수사업자가 다음에 해당하는 사업을 수행하는 경우로서 재정적 지원이 필요하다고 인정되면 대통령령으로 정하는 바에 따라 소요자금의 일부를 보조하거나 융자할 수 있다.

> 1. 공동차고지 및 공영차고지 건설
> 2. 화물자동차 운수사업의 정보화
> 3. 낡은 차량의 대체
> 4. 연료비가 절감되거나 환경친화적인 화물자동차 등으로의 전환 및 이를 위한 시설·장비의 투자
> 5. 화물자동차 휴게소의 건설
> 6. 화물자동차 운수사업의 서비스 향상을 위한 시설·장비의 확충과 개선
> 7. 화물자동차의 감차
> 8. 그 밖에 긴급한 공익적 목적을 위하여 일시적으로 화물운송에 대체 사용된 차량에 대한 피해의 보상

② 자치단체장 지원
  ㉠ 특별시장·광역시장·특별자치시장·특별자치도지사·시장 또는 군수(광역시의 군수를 포함)는 운송사업자, 운송가맹사업자 및 화물자동차 운수사업을 위탁받은 자에게 유류(油類)에 부과되는 세액 등의 인상액에 상당하는 금액의 전부 또는 일부를 보조할 수 있다.
  ㉡ 특별시장·광역시장·특별자치시장·특별자치도지사·시장 또는 군수는 운송사업자등이 수소전기자동차를 운행하기 위하여 수소를 구매하는 경우 그 비용의 전부 또는 일부를 대통령령으로 정하는 바에 따라 보조할 수 있다.

(3) 보조금의 사용 등(법 제44조)

① 보조 또는 융자받은 자는 그 자금을 보조 또는 융자받은 목적 외의 용도로 사용하여서는 아니 된다.
② 국토교통부장관·특별시장·광역시장·특별자치시장·특별자치도지사·시장 또는 군수는 보조 또는 융자를 받은 자가 그 자금을 적정하게 사용하도록 지도·감독하여야 한다.
③ 국토교통부장관·특별시장·광역시장·특별자치시장·특별자치도지사·시장 또는 군수는 거짓이나 부정한 방법으로 보조금이나 융자금을 교부받은 사업자단체 또는 운송사업자등에게 보조금이나 융자금의 반환을 명하여야 하며, 이에 따르지 아니하면 국세 또는 지방세 체납처분의 예에 따라 회수할 수 있다.

(4) 보조금의 지급정지 등(법 제44조의2) 기출▶ 15년

① 보조금의 지급정지 사유 : 특별시장·광역시장·특별자치시장·특별자치도지사·시장 또는 군수는 운송사업자등이 다음에 해당하면 5년의 범위에서 보조금의 지급을 정지하여야 한다.

> 1. 석유판매업자, 액화석유가스 충전사업자 또는 수소판매사업자(이하 주유업자 등)로부터 세금계산서를 거짓으로 발급받아 보조금을 지급받은 경우
> 2. 주유업자등으로부터 유류 또는 수소의 구매를 가장하거나 실제 구매금액을 초과하여 신용카드, 직불카드, 선불카드 등으로서 보조금의 신청에 사용되는 카드(이하 유류구매카드)로 거래를 하거나 이를 대행하게 하여 보조금을 지급받은 경우
> 3. 화물자동차 운수사업이 아닌 다른 목적에 사용한 유류분 또는 수소구매분에 대하여 보조금을 지급받은 경우
> 4. 다른 운송사업자등이 구입한 유류 또는 수소 사용량을 자기가 사용한 것으로 위장하여 보조금을 지급받은 경우
> 5. 그 밖에 대통령령으로 정하는 사항을 위반하여 거짓이나 부정한 방법으로 보조금을 지급받은 경우
> 6. 소명서 및 증거자료의 제출요구에 따르지 아니하거나, 같은 항에 따른 검사나 조사를 거부·기피 또는 방해한 경우

② 유류구매카드의 거래기능 정지
- ㉠ 특별시장·광역시장·특별자치시장·특별자치도지사·시장 또는 군수는 주유업자등이 ①의 어느 하나에 해당하는 행위에 가담하였거나 이를 공모한 경우 5년의 범위에서 해당 사업소에 대한 유류구매카드의 거래기능을 정지하여야 한다.
- ㉡ 다만, 주유업자등이 유류구매카드의 거래기능이 정지된 날부터 5년 이내에 다시 ①의 어느 하나에 해당하는 행위에 가담하였거나 이를 공모한 경우에는 유류구매카드의 거래기능을 영구적으로 정지하여야 한다.

3. 공영차고지 및 화물자동차 휴게소

(1) 공영차고지의 설치(법 제45조) 기출 23년/19년

① 시·도지사, 시장·군수·구청장, 대통령령으로 정하는 공공기관, 지방공사(제2조 제9호)는 공영차고지를 설치하여 직접 운영하거나 사업자단체·운송사업자·운송가맹사업자·운송사업자로 구성된 협동조합에게 임대(운영의 위탁을 포함)할 수 있다.
② 공영차고지를 설치한 자(이하 차고지설치자)는 공영차고지를 설치하려면 공영차고지의 설치·운영에 관한 계획(이하 설치·운영계획)을 수립하여야 한다. 신고(×)
③ 시·도지사를 제외한 차고지설치자가 설치·운영계획을 수립하는 경우에는 미리 시·도지사의 **인가**를 받아야 한다. 인가받은 계획을 변경하려는 경우에도 또한 같다.
④ 차고지설치자가 설치·운영계획을 수립·변경하는 경우 공영차고지의 설치·변경이 학생의 통학안전에 미치는 영향에 대하여 특별시·광역시·특별자치시·도·특별자치도(이하 시·도)의 교육감과 협의하여야 한다.

(2) 화물자동차 휴게소의 확충(법 제46조의2) 기출 22년/20년/16년

① 휴게소 종합계획의 수립 : 국토교통부장관은 화물자동차 운전자의 근로여건을 개선하고 화물의 원활한 운송을 도모하기 위하여 운송경로 및 주요 물류거점에 화물자동차 휴게소를 확충하기 위한 휴게소 종합계획을 **5년 단위**로 수립하여야 한다. 10년 단위(×)
② 휴게소 종합계획 포함 사항

> 1. 화물자동차 휴게소의 현황 및 장래수요에 관한 사항
> 2. 화물자동차 휴게소의 계획적 공급에 관한 사항
> 3. 화물자동차 휴게소의 연도별·지역별 배치에 관한 사항
> 4. 화물자동차 휴게소의 기능 개선 및 효율화에 관한 사항
> 5. 국내 주요 물류시설의 현황 및 건설계획에 관한 사항
> 6. 화물자동차의 운행실태에 관한 사항
> 7. 화물자동차 교통량의 연구분석 및 변동예측에 관한 사항

③ 휴게소 종합계획의 절차 : 국토교통부장관은 휴게소 종합계획을 수립하거나 다음의 사항을 변경하려는 경우 미리 시·도지사의 의견을 듣고 관계 중앙행정기관의 장과 협의하여야 한다.
- ㉠ 화물자동차 휴게소의 계획적 공급에 관한 사항
- ㉡ 화물자동차 휴게소의 연도별·지역별 배치에 관한 사항
④ 종합계획의 고시 : 국토교통부장관은 휴게소 종합계획을 수립하거나 변경한 때에는 이를 관보에 고시하여야 한다.
⑤ 종합계획 변경요청 : 사업시행자는 필요한 경우 국토교통부장관에게 휴게소 종합계획을 변경하도록 요청할 수 있다.

⑥ 자료제출 및 협력 요청(영 제9조의18)
  ㉠ 국토교통부장관은 사업시행자가 휴게소 종합계획의 변경을 요청하는 경우에는 해당 사업시행자에게 그 변경에 관련된 자료의 제출이나 그 밖의 필요한 협력을 요청할 수 있다.
  ㉡ 국토교통부장관은 휴게소 종합계획의 수립이나 변경을 위하여 필요하다고 인정하는 경우에는 물류 관련 기관이나 단체 또는 전문가 등에 대하여 의견 및 자료제출 또는 그 밖의 필요한 협력을 요청할 수 있다.

(3) 화물자동차 휴게소의 건설사업 시행 등(법 제46조의3) 기출▶ 22년/ 20년/ 14년

① 화물자동차 휴게소 건설사업을 할 수 있는 자

> 1. 국가 또는 지방자치단체
> 2. 「공공기관의 운영에 관한 법률」에 따른 공공기관 중 대통령령으로 정하는 공공기관 : 한국철도공사, 한국농어촌공사, 한국교통안전공단, 한국토지주택공사, 항만공사, 국가철도공단, 한국도로공사, 인천국제공항공사, 한국수자원공사, 한국공항공사
> 3. 지방공사
> 4. 대통령령으로 정하는 바에 따라 1~3의 자로부터 지정을 받은 법인

② 건설계획 수립 : 화물자동차 휴게소 건설사업을 시행하려는 자(이하 사업시행자)는 사업의 명칭·목적, 사업을 시행하려는 위치와 면적 등 다음의 사항이 포함된 화물자동차 휴게소 건설에 관한 계획을 수립하여야 한다.

> 1. 사업의 명칭 및 목적
> 2. 사업시행지의 위치와 면적
> 3. 사업 시행시기 및 시행방법
> 4. 사업에 대한 자금조달계획
> 5. 수용 또는 사용할 토지 또는 건물 등에 관한 사항
> 6. 설치 또는 폐지되는 공공시설 등에 관한 사항
> 7. 그 밖에 사업의 원활한 시행을 위하여 국토교통부장관이 정하여 고시하는 사항

③ 화물자동차 휴게소의 건설 대상지역 기출▶ 22년

> 1. 항만 또는 산업단지 등이 위치한 지역으로서 화물자동차의 일일 평균 왕복 교통량이 1만5천대 이상인 지역
> 2. 국가관리항이 위치한 지역
> 3. 물류단지 중 면적이 50만 제곱미터 이상인 물류단지가 위치한 지역
> 4. 고속국도, 일반국도, 지방도 또는 국가지원지방도에 인접한 지역으로서 화물자동차의 일일 평균 편도 교통량이 3천500대 이상인 지역

④ 건설계획의 공고 : 사업시행자는 건설계획을 수립한 때에는 이를 공고하고, 관계 서류의 사본을 **20일 이상** 일반인이 열람할 수 있도록 하여야 한다. (10일 이상(×))

⑤ 건설계획의 승인 및 변경승인
  ㉠ 사업시행자는 공고 및 열람을 마친 후 그 건설계획에 대하여 시·도지사의 승인을 받아야 한다. 다만, 국가, 대통령령으로 정하는 공공기관에 해당하는 사업시행자 및 국가 또는 대통령령으로 정하는 공공기관으로부터 지정을 받은 자는 국토교통부장관의 승인을 받아야 한다.
  ㉡ 승인을 받은 사업시행자는 승인받은 건설계획 중 사업을 시행하려는 위치와 면적 등 대통령령으로 정하는 사항을 변경하려면 해당 승인권자의 변경승인을 받아야 한다.

ⓒ 국토교통부장관 또는 시·도지사는 건설계획의 승인 또는 변경승인의 신청을 받은 경우에는 특별한 사유가 없으면 승인 또는 변경승인 신청을 받은 날부터 60일 이내에 승인 또는 변경승인 여부를 결정하여야 하며, 건설계획의 승인 또는 변경승인을 한 경우에는 이를 고시하여야 한다.

(4) 화물자동차 휴게소 운영의 위탁(법 제46조의6)

사업시행자는 화물자동차 휴게소의 운영을 사업자단체 등 대통령령으로 정하는 다음의 자에게 위탁할 수 있다. 다만, 2의 경우에는 국가 또는 지방자치단체가 위탁하는 경우만 해당한다(영 제9조의20).

> 1. 연합회 또는 협회
> 2. 공공기관(한국철도공사, 한국농어촌공사, 한국교통안전공단, 한국토지주택공사, 항만공사, 국가철도공단, 한국도로공사, 인천국제공항공사, 한국수자원공사, 한국공항공사) 또는 지방공기업
> 3. 「민법」 또는 「상법」에 따라 설립된 법인으로서 그 설립목적이 화물운수와 관련이 있는 법인

4. 화물운송의 실적관리

(1) 실적 신고 및 관리 등(법 제47조의2) 기출 23년

① **실적 신고와 관리** : 운송사업자(개인운송사업자는 제외), 운송주선사업자 및 운송가맹사업자는 운송 또는 주선 실적을 관리하고 이를 국토교통부장관에게 신고하여야 한다.

> 1. 운수사업자가 화주와 계약한 실적
> 2. 운수사업자가 다른 운수사업자와 계약한 실적
> 3. 운수사업자가 다른 운수사업자 소속의 위·수탁차주와 계약한 실적
> 4. 운송가맹사업자가 소속 운송가맹점과 계약한 실적
> 5. 운수사업자가 직접 운송한 실적

② **직접운송 의무 기준** : 직접운송 의무가 있는 운송사업자는 국토교통부령으로 정하는 기준 이상으로 화물을 운송하여야 한다.

> 국토교통부장관이 매년 고시하는 연간 시장평균운송매출액(종류별·톤급별 화물자동차 1대당 연간 평균운송매출액)에 소속 화물자동차의 대수를 각각 곱하여 산출한 금액의 합계액의 100분의 20 이상에 해당하는 운송매출액을 말한다.

(2) 화물운송실적관리시스템

① 화물운송실적관리시스템의 구축·운영
  ⊙ 국토교통부장관은 운송 또는 주선 실적 등 화물운송정보를 체계적으로 관리하기 위한 화물운송실적관리시스템을 구축·운영할 수 있다.
  ⓒ 국토교통부장관은 화물운송실적관리시스템을 이용하여 우수물류기업의 인증, 직접운송기준의 준수여부, 연간 시장평균운송매출액의 산정, 직접운송기준의 준수 여부, 화물운수 통계관리 등 국토교통부장관이 정하여 고시하는 업무를 수행하거나 보조할 수 있다(규칙 제44조의3).

② 화물운송실적관리시스템 운영의 위탁
  국토교통부장관은 화물운송실적관리시스템의 운영을 국토교통부령으로 정하는 자에게 위탁할 수 있으며, 필요한 비용을 지원할 수 있다.

CORE 07 사업자단체

1. 협회

(1) 협회의 설립(법 제48조)

① 협회설립의 인가권자 등 : 운수사업자는 화물자동차 운수사업의 건전한 발전과 운수사업자의 공동이익을 도모하기 위하여 국토교통부장관의 인가를 받아 화물자동차 운송사업, 화물자동차 운송주선사업 및 화물자동차 운송가맹사업의 종류별 또는 시·도별로 협회를 설립할 수 있다.
② 협회의 주체와 성립 : 협회는 법인으로 하며, 주된 사무소의 소재지에서 설립등기를 함으로써 성립한다.
③ 협회설립의 절차 : 협회를 설립하려면 해당 협회의 회원 자격이 있는 자의 5분의 1 이상이 발기하고, 회원 자격이 있는 자의 3분의 1 이상의 동의를 받아 창립총회에서 정관을 작성한 후 국토교통부장관에게 인가를 신청하여야 한다.
④ 협회의 가입 : 운수사업자는 정관으로 정하는 바에 따라 협회에 가입할 수 있다.
⑤ 협회구성 : 회원의 자격, 임원의 정수 및 선출방법, 그 밖에 협회의 운영에 필요한 사항은 정관으로 정한다.
⑥ 정관의 변경 : 국토교통부장관의 인가를 받아야 한다.

(2) 협회의 사업(법 제49조)

① 화물자동차 운수사업의 건전한 발전과 운수사업자의 공동이익을 도모하는 사업
② 화물자동차 운수사업의 진흥 및 발전에 필요한 통계의 작성 및 관리, 외국 자료의 수집·조사 및 연구사업
③ 경영자와 운수종사자의 교육훈련
④ 화물자동차 운수사업의 경영개선을 위한 지도
⑤ 이 법에서 협회의 업무로 정한 사항
⑥ 국가나 지방자치단체로부터 위탁받은 업무
⑦ ①부터 ⑤까지의 사업에 따르는 업무

(3) 연합회(법 제50조) 기출 18년

① 연합회 설립 : 운송사업자로 구성된 협회, 운송주선사업자로 구성된 협회 및 운송가맹사업자로 구성된 협회는 그 공동목적을 달성하기 위하여 국토교통부령으로 정하는 바에 따라 각각 연합회를 설립할 수 있다.
② 연합회 회원 : 운송사업자로 구성된 협회, 운송주선사업자로 구성된 협회 및 운송가맹사업자로 구성된 협회는 각각 그 연합회의 회원이 된다.

2. 공제조합

(1) 공제사업(법 제51조, 영 제10조) 기출 23년/18년

① 공제사업의 허가
  ㉠ 운수사업자가 설립한 협회의 연합회는 국토교통부장관의 허가를 받아 운수사업자의 자동차 사고로 인한 손해배상책임의 보장사업 및 적재물배상 공제사업 등을 할 수 있다.
  ㉡ 연합회는 공제사업의 허가를 신청할 때에는 허가신청서에 공제규정, 사업계획서, 수지계산서를 첨부하여 국토교통부장관에게 제출하여야 한다.
② 공제사업의 회계 : 공제사업에 관한 회계는 다른 사업에 관한 회계와 구분하여 경리하여야 한다.

(2) 공제조합의 설립 등(법 제51조의2, 영 제11조의2) 기출▶ 24년/ 16년

① **공제조합의 설립인가** : 운수사업자는 상호 간의 협동조직을 통하여 조합원이 자주적인 경제활동을 영위할 수 있도록 지원하고 조합원의 자동차 사고로 인한 손해배상책임의 보장사업 및 적재물배상 공제사업을 하기 위하여 국토교통부장관의 인가를 받아 공제조합을 설립할 수 있다.
② **공제조합의 성립** : 공제조합은 법인으로 하며, 주된 사무소의 소재지에 설립등기를 함으로써 성립된다.
③ **공제조합의 정관** : 운수사업자는 정관으로 정하는 바에 따라 공제조합에 가입할 수 있다.
④ **분담금** : 공제조합의 조합원은 공제사업에 필요한 분담금을 부담하여야 한다.
⑤ **연합회별 공제조합 인가** : 국토교통부장관은 연합회(연합회가 설립되지 아니한 경우에는 그 업종)별로 하나의 공제조합만을 인가하여야 한다.

(3) 공제조합의 설립인가 절차 등(법 제51조의3) 기출▶ 24년/ 20년/ 18년

① 공제조합을 설립하려면 공제조합의 조합원 자격이 있는 자의 10분의 1 이상이 발기하고, 조합원 자격이 있는 자 200인 이상의 동의를 받아 창립총회에서 정관을 작성한 후 국토교통부장관에게 인가를 신청하여야 한다.
② 국토교통부장관은 인가를 한 경우 이를 공고하여야 한다.

(4) 공제조합의 운영위원회(법 제51조의4) 기출▶ 24년/ 18년

① 공제조합은 공제조합사업에 따른 공제사업에 관한 사항을 심의·의결하고 그 업무집행을 감독하기 위하여 운영위원회를 둔다.
② 운영위원회 위원은 조합원, 운수사업·금융·보험·회계·법률 분야 전문가, 관계 공무원 및 그 밖에 화물자동차 운수사업 관련 이해관계자로 구성하되, 그 수는 25명 이내로 한다. 다만, 공제사업 규정에 따라 연합회가 공제사업을 하는 경우의 운영위원회 위원은 시·도별 협회의 대표 전원을 포함하여 **37명 이내**로 한다.
↳ 25명 이내(×)

(5) 운영위원회 위원의 결격사유(법 제51조의5) 기출▶ 18년

① 미성년자, 피성년후견인 또는 피한정후견인
② 파산선고를 받고 **복권되지 아니한 사람** → 복권된 사람(×)
③ 이 법 또는 「보험업법」 등 대통령령으로 정하는 금융 관련 법률을 위반하여 금고 이상의 형의 집행유예를 선고받고 그 유예기간 중에 있는 사람
④ 이 법 또는 「보험업법」 등 대통령령으로 정하는 금융 관련 법률을 위반하여 벌금 이상의 실형을 선고받고 그 집행이 끝나거나(집행이 끝난 것으로 보는 경우를 포함) 집행이 면제된 날부터 5년이 지나지 아니한 사람
⑤ 이 법에 따른 공제조합의 업무와 관련하여 벌금 이상의 형을 선고받고 그 집행이 끝나거나(집행이 끝난 것으로 보는 경우를 포함) 집행이 면제된 날부터 5년이 지나지 아니한 사람
⑥ 징계·해임의 요구 중에 있거나 징계·해임의 처분을 받은 후 3년이 지나지 아니한 사람

(6) 공제조합사업(법 제51조의6) 기출▶ 24년/ 18년/ 15년/ 14년

① 공제조합의 사업

> 1. 조합원의 **사업용 자동차의 사고로 생긴 배상 책임** 및 적재물배상에 대한 공제
> ↳ 비사업용 자동차(×)
> 2. 조합원이 사업용 자동차를 소유·사용·관리하는 동안 발생한 사고로 그 자동차에 생긴 손해에 대한 공제
> 3. 운수종사자가 조합원의 사업용 자동차를 소유·사용·관리하는 동안에 발생한 사고로 입은 자기 신체의 손해에 대한 공제

> 4. 공제조합에 고용된 자의 업무상 재해로 인한 손실을 보상하기 위한 공제
> 5. 공동이용시설의 설치·운영 및 관리, 그 밖에 조합원의 편의 및 복지 증진을 위한 사업
> 6. 화물자동차 운수사업의 경영개선을 위한 조사·연구사업
> 7. 1부터 6까지의 사업에 딸린 사업으로서 정관으로 정하는 사업

② **공제규정의 인가** : 공제조합은 위의 1부터 4까지의 규정에 따른 공제사업을 하려면 공제규정을 정하여 국토교통부장관의 인가를 받아야 한다. 인가받은 사항을 변경하려는 경우에도 또한 같다.
③ **공제규정에 포함될 내용** : 공제규정에는 공제사업의 범위, 공제계약의 내용과 분담금, 공제금, 공제금에 충당하기 위한 책임준비금, 지급준비금의 계상 및 적립 등 공제사업의 운영에 필요한 사항이 포함되어야 한다.
④ **책임준비금 및 지급준비금의 적립** : 공제조합은 결산기마다 그 사업의 종류에 따라 책임준비금 및 지급준비금을 계상하고 이를 적립하여야 한다.
⑤ **적용 제외** : ①의 1부터 4까지의 규정에 따른 공제사업에는 「보험업법」을 적용하지 아니한다.

(7) 공제조합업무의 개선명령(법 제51조의8)

국토교통부장관은 공제조합의 업무운영이 적정하지 아니하거나 자산상황이 불량하여 교통사고 피해자 및 공제 가입자 등의 권익을 해칠 우려가 있다고 인정하면 다음의 조치를 명할 수 있다.
① 업무집행방법의 변경
② 자산예탁기관의 변경
③ 자산의 장부가격의 변경
④ 불건전한 자산에 대한 적립금의 보유
⑤ 가치가 없다고 인정되는 자산의 손실 처리

(8) 재무건전성의 유지(법 제51조의10) 기출▶ 14년

① **재무건전성 유지 대상** : 공제조합은 공제금 지급능력과 경영의 건전성을 확보하기 위하여 다음의 재무건전성 기준을 지켜야 한다.
  ㉠ 자본의 적정성에 관한 사항
  ㉡ 자산의 건전성에 관한 사항
  ㉢ 유동성의 확보에 관한 사항
② **공제조합이 준수하여야 하는 재무건전성 기준(영 제11조의6)**
  ┌→ 100분의 50 이상(×)
  ㉠ 지급여력비율은 **100분의 100 이상**을 유지할 것
  ㉡ 구상채권 등 보유자산의 건전성을 정기적으로 분류하고 대손충당금을 적립할 것

(9) 분쟁조정의 신청(법 제52조)

공제사업을 할 때 공제계약 및 공제금의 지급 등에 관하여 분쟁이 있으면 분쟁 당사자는 「자동차손해배상 보장법」에 따른 자동차손해배상보장위원회에 조정(調停)을 신청할 수 있다.

CORE 08 자가용 화물자동차의 사용

1. 사용신고 및 유상운송의 금지

(1) 자가용 화물자동차 사용신고(법 제55조) 기출 22년/ 17년/ 16년

① **사용신고 대상 및 신고기관** : 화물자동차 운송사업과 화물자동차 운송가맹사업에 이용되지 아니하고 자가용으로 사용되는 화물자동차(이하 자가용 화물자동차)로서 대통령령으로 정하는 화물자동차로 사용하려는 자는 **시·도지사에게 신고**하여야 한다. 신고한 사항을 변경하려는 때에도 또한 같다.
  └→ 시·도지사의 허가(×)

② **대통령령으로 정하는 화물자동차** : 국토교통부령으로 정하는 특수자동차, 특수자동차를 제외한 화물자동차로서 최대 적재량이 **2.5톤 이상**인 화물자동차를 말한다.
  └→ 1.5톤 이상(×)

③ **신고수리 여부의 통지** : 시·도지사는 신고 또는 **변경신고**를 받은 날부터 10일 이내에 신고수리 여부를 신고인에게 통지하여야 한다.
  └→ 허가신청(×)

(2) 유상운송의 금지(법 제56조) 기출 18년/ 17년/ 14년

① **유상운송 금지** : 자가용 화물자동차의 소유자 또는 사용자는 자가용 화물자동차를 유상(그 자동차의 운행에 필요한 경비를 포함)으로 화물운송용으로 제공하거나 임대하여서는 아니 된다.

② **유상운송 허가 사유** : 다음의 경우로서 시·도지사의 허가를 받으면 화물운송용으로 제공하거나 임대할 수 있다.

> 1. 천재지변이나 이에 준하는 비상사태로 인하여 수송력 공급을 긴급히 증가시킬 필요가 있는 경우
> 2. 사업용 화물자동차·철도 등 화물운송수단의 운행이 불가능하여 이를 일시적으로 대체하기 위한 수송력 공급이 긴급히 필요한 경우
> 3. 「농어업경영체 육성 및 지원에 관한 법률」에 따라 설립된 영농조합법인이 그 사업을 위하여 화물자동차를 직접 소유·운영하는 경우

③ **유상운송의 허가조건** : 시·도지사는 영농조합법인에 대하여 자가용 화물자동차의 유상운송을 허가하려는 경우에는 다음의 조건을 붙여야 한다.

> 1. 자동차의 운행으로 사람이 사망하거나 부상한 경우의 손해배상책임을 보장하는 보험에 계속 가입할 것
> 2. 차량안전점검과 정비를 철저히 하고 각종 교통 관련 법규를 성실히 준수할 것

④ **유상운송의 허가기간**
  5년(×), 2년(×) ←┐
  ㉠ 영농조합법인이 소유하는 자가용 화물자동차에 대한 유상운송 허가기간은 **3년 이내**로 하여야 한다.
  연장을 허가할 수 없다(×) ←┐
  ㉡ 시·도지사는 영농조합법인의 신청에 의하여 유상운송 허가기간의 **연장을 허가할 수 있다**. 이 경우 영농조합법인은 허가기간 만료일 30일 전까지 시·도지사에게 유상운송 허가기간의 연장을 신청하여야 한다.

2. 사용의 제한·금지 및 차량충당조건

(1) 자가용 화물자동차 사용의 제한 또는 금지(법 제56조의2) 기출▶ 18년/17년

시·도지사는 자가용 화물자동차의 소유자 또는 사용자가 다음에 해당하면 6개월 이내의 기간을 정하여 그 자동차의 사용을 제한하거나 금지할 수 있다. (12개월 이내(×))
① 자가용 화물자동차를 사용하여 화물자동차 운송사업을 경영한 경우
② 허가를 받지 아니하고 자가용 화물자동차를 유상으로 운송에 제공하거나 임대한 경우

(2) 차량충당조건(법 제57조, 영 제13조)

① 화물자동차 운송사업 및 화물자동차 운송가맹사업의 신규등록, 증차 또는 대폐차(차령이 만료된 차량 등을 다른 차량으로 대체하는 것)에 충당되는 화물자동차는 차령이 3년의 범위에서 대통령령으로 정하는 연한 이내여야 한다.
② 화물자동차 운송사업 및 화물자동차 운송가맹사업에 충당되는 화물자동차는 차령 3년 이내의 차량으로 한다.

CORE 09 보칙 및 벌칙

1. 보칙

(1) 압류금지(법 제58조) 기출▶ 11년

위·수탁 계약으로 운송사업자에게 현물출자된 차량 및 지급된 금품과 이를 받을 권리는 압류하지 못한다. 다만, 현물출자된 차량에 대한 세금 또는 벌금·과태료 미납 및 저당권의 설정으로 인하여 해당 차량을 압류하는 경우에는 그러하지 아니하다.

(2) 운수종사자의 교육 등(법 제59조) 기출▶ 24년

① 화물자동차의 운전업무에 종사하는 운수종사자는 시·도지사가 실시하는 화물자동차 운수사업 관계 법령 및 도로교통 관계 법령, 교통안전에 관한 사항, 화물운수와 관련한 업무수행에 필요한 사항, 그 밖에 화물운수 서비스 증진 등을 위하여 필요한 사항에 관한 교육을 매년 1회 이상 받아야 한다.
② 시·도지사는 운수종사자 교육을 효율적으로 실시하기 위하여 필요하면 그 시·도의 조례로 정하는 바에 따라 운수종사자 연수기관을 직접 설립·운영하거나 이를 지정할 수 있으며, 운수종사자 연수기관의 운영에 필요한 비용을 지원할 수 있다.
③ 운수종사자 연수기관은 운수종사자 교육을 받은 운수종사자의 현황을 시·도지사에게 제출하여야 하고, 시·도지사는 이를 취합하여 매년 국토교통부장관에게 제출하여야 한다.
④ 교육현황의 제출 시기 및 방법(규칙 제53조)
  ㉠ 관할관청은 운수종사자 교육을 실시하는 때에는 운수종사자 교육계획을 수립하여 운수사업자에게 교육을 시작하기 1개월 전까지 통지하여야 한다.
  ㉡ ㉠에 따른 운수종사자 교육의 교육시간은 4시간으로 한다. 다만, 다음에 해당하는 사람의 교육시간은 8시간으로 한다.

> 1. 운수종사자 준수사항을 위반하여 벌칙 또는 과태료 부과처분을 받은 사람
> 2. 특별검사 대상자
> 3. 「물류정책기본법」에 따라 이동통신단말장치를 장착해야 하는 위험물질 운송차량을 운전하는 사람

ⓒ 운수종사자 교육은 교육을 실시하는 해의 전년도 10월 31일을 기준으로 「도로교통법」에 따른 무사고 · 무벌점 기간이 10년 미만인 운수종사자를 대상으로 한다.

ⓒ 교육을 실시할 때에 교육방법 및 절차 등 교육 실시에 필요한 사항은 **관할관청**이 정한다. ← 한국교통안전공단 이사장(×)

ⓒ 운수종사자 연수기관은 운수종사자 교육 현황을 매달 20일까지 시 · 도지사에게 제출하여야 하며, 시 · 도지사는 이를 분기별로 취합하여 매 분기의 다음 달 10일까지 국토교통부장관에게 제출하거나 화물자동차 운전자의 교통안전관리전산망에 입력해야 한다.

(3) 신고포상금 지급 등(법 제60조의2) 기출▶ 20년

시 · 도지사(5의 경우는 특별시장 · 광역시장 · 특별자치시장 · 특별자치도지사 · 시장 또는 군수)는 다음에 해당하는 자를 시 · 도지사나 수사기관에 신고 또는 고발한 자에 대하여 대통령령으로 정하는 바에 따라 포상금을 지급할 수 있다.

> 1. 자가용 화물자동차를 유상으로 화물운송용으로 제공하거나 임대한 자
> 2. 고장 및 사고차량의 운송과 관련하여 자동차관리사업자와 부정한 금품을 주고 받은 운송사업자 또는 운수종사자
> 3. 덮개 · 포장 · 고정장치 등 필요한 조치를 하지 아니한 운송사업자 · 화물자동차 운수종사자
> 4. 운송사업자의 직접운송의무, 운송주선사업자의 준수사항을 위반한 자
> 5. 거짓이나 부정한 방법으로 보조금을 지급받은 자
> 6. 허가 또는 변경허가를 받지 아니하거나 거짓이나 그 밖의 부정한 방법으로 허가 또는 변경허가를 받고 화물자동차 운송사업을 경영한 자

(4) 권한의 위임(법 제63조) 기출▶ 19년/ 17년

① 국토교통부장관 본래의 권한 : 국토교통부장관은 이 법에 따른 권한의 일부를 시 · 도지사에게 위임할 수 있다.
② 권한 일부의 재위임 : 시 · 도지사는 국토교통부장관으로부터 위임받은 권한의 일부를 국토교통부장관의 승인을 받아 시장 · 군수 또는 구청장에게 재위임할 수 있다.
③ 시 · 도지사 본래의 권한 : 시 · 도지사는 이 법에 따른 권한의 일부를 시 · 도의 조례로 정하는 바에 따라 시장 · 군수 또는 구청장에게 위임할 수 있다.

(5) 권한의 위탁 등(법 제64조) 기출▶ 19년/ 17년/ 13년

① 권한의 위탁 대상 : 국토교통부장관 또는 시 · 도지사는 이 법에 따른 권한의 일부를 협회 · 연합회, 한국교통안전공단, 자동차손해배상진흥원 또는 대통령령으로 정하는 전문기관에 위탁할 수 있다. 이 경우 시 · 도지사가 업무를 위탁하는 경우에는 미리 국토교통부장관의 승인을 받아야 한다.
② 벌칙 적용에서 공무원 의제 : 위탁받은 업무에 종사하는 협회 · 연합회, 한국교통안전공단, 자동차손해배상진흥원 또는 전문기관의 임원과 직원은 「형법」의 규정에 따른 벌칙을 적용할 때에는 공무원으로 본다.

2. 벌칙

(1) 형벌

① 5년 이하의 징역 또는 2천만원 이하의 벌금(법 제66조)
- ㉠ 적재된 화물이 떨어지지 아니하도록 덮개·포장·고정장치 등에 필요한 조치를 하지 아니하여 사람을 상해 또는 사망에 이르게 한 운송사업자
- ㉡ 적재된 화물이 떨어지지 아니하도록 덮개·포장·고정장치 등 필요한 조치를 하지 아니하고 화물자동차를 운행하여 사람을 상해 또는 사망에 이르게 한 운수종사자

② 3년 이하의 징역 또는 3천만원 이하의 벌금(법 제66조의2)
- ㉠ 운송사업자 또는 운수종사자가 정당한 사유 없이 업무개시명령을 거부한 경우
- ㉡ 거짓이나 부정한 방법으로 보조금을 교부받은 자
- ㉢ 보조금의 지급 정지사유에 해당하는 행위에 가담하였거나 이를 공모한 주유업자등

③ 2년 이하의 징역 또는 2천만원 이하의 벌금(법 제67조)
- ㉠ 허가를 받지 아니하거나 거짓이나 그 밖의 부정한 방법으로 허가를 받고 화물자동차 운송사업을 경영한 자
- ㉡ 화주와 운송사업자·화물차주가 운임 지급과 관련하여 서로 부정한 금품을 주고받은 자
- ㉢ 운송사업자의 준수사항 중 고장 및 사고차량 등 화물의 운송과 관련하여 자동차관리사업자와 부정한 금품을 주고받은 운송사업자
- ㉣ 운수종사자의 준수사항 중 고장 및 사고차량 등 화물의 운송과 관련하여 자동차관리사업자와 부정한 금품을 주고받은 운수종사자
- ㉤ 차량등록번호판의 부착 및 교체, 봉인 신청 등에 따른 개선명령을 이행하지 아니한 자
- ㉥ 제16조 제9항을 위반하여 사업을 양도한 자
- ㉦ 허가를 받지 아니하거나 거짓이나 그 밖의 **부정한 방법으로 허가를 받고 화물자동차 운송주선사업을 경영한 자** → 과태료 부과 대상(×)
- ㉧ 명의이용 금지 의무를 위반한 자
- ㉨ 허가를 받지 아니하거나 거짓이나 그 밖의 부정한 방법으로 허가를 받고 화물자동차 운송가맹사업을 경영한 자
- ㉩ 화물운송실적관리시스템의 정보를 변경, 삭제하거나 그 밖의 방법으로 이용할 수 없게 한 자 또는 권한 없이 정보를 검색, 복제하거나 그 밖의 방법으로 이용한 자
- ㉪ 직무와 관련하여 알게 된 화물운송실적관리자료를 다른 사람에게 제공 또는 누설하거나 그 목적 외의 용도로 사용한 자
- ㉫ 자가용 화물자동차를 유상으로 화물운송용으로 제공하거나 임대한 자

  [법률 제21025호(2025. 8. 14.) 제67조 제1호의3 개정규정은 같은 법 부칙 제2조의 규정에 의하여 2028년 12월 31일까지 유효함]

④ 1년 이하의 징역 또는 1천만원 이하의 벌금(법 제68조)
- ㉠ 다른 사람에게 자신의 화물운송 종사자격증을 빌려 준 사람
- ㉡ 다른 사람의 화물운송 종사자격증을 빌린 사람
- ㉢ 위의 ㉠, ㉡에서 금지하는 행위를 알선한 사람

(2) 양벌규정(법 제69조)

① 법인의 대표자, 대리인, 사용인, 그 밖의 종업원이 그 법인의 업무에 관하여 벌칙규정의 위반행위를 하면 그 행위자를 벌할 뿐만 아니라 그 법인에도 해당 조문의 벌금형을 과한다.
② 개인의 대리인, 사용인, 그 밖의 종업원이 그 개인의 업무에 관하여 제67조(벌칙규정)의 위반행위를 하면 그 행위자를 벌할 뿐만 아니라 그 개인에게도 해당 조문의 벌금형을 과한다.

출제포인트 OX 문제

01 화주 1명당 화물의 용적이 (   ) 세제곱센티미터 이상인 화물은 여객자동차 운송사업용 자동차에 싣기 부적합한 화물의 기준이다.

02 다른 사람의 요구에 응하여 화물자동차 운송가맹사업을 경영하는 자의 화물 운송수단을 이용하여 자기 명의와 계산으로 화물을 운송하는 사업은 (   )에 해당한다.

03 O X 운송약관 변경신고가 있는 경우 그 변경신고를 받은 날부터 3일 이내에 신고수리 여부가 신고인에게 통지되어야 한다.

04 O X 화물의 멸실로 발생한 운송사업자의 손해배상 책임을 적용할 때 화물이 인도기한이 지난 후 1개월 이내에 인도되지 아니하면 그 화물은 멸실된 것으로 본다.

05 O X 운송사업자가 화물자동차 운송사업의 전부를 폐업하려면 미리 신고하여야 한다.

06 O X 부정한 방법으로 화물자동차 운송주선사업의 허가를 받고 화물자동차 운송주선사업을 경영한 자는 과태료 부과 대상이다.

07 O X 운송주선사업자는 주사무소 외의 장소에서 상주하여 영업하려면 국토교통부령으로 정하는 바에 따라 국토교통부장관의 허가를 받아 영업소를 설치하여야 한다.

08 O X 화물자동차 운송주선사업자가 허가사항을 변경하려면 국토교통부령으로 정하는 바에 따라 국토교통부장관에게 신고하여야 한다.

09 O X 국토교통부장관은 운송가맹사업자가 거짓으로 허가를 받은 경우 6개월 이내의 기간을 정하여 사업의 전부의 정지를 명할 수 있다.

10 국토교통부장관은 운송가맹사업자가 화물운송 종사자격이 없는 자에게 화물을 운송하게 한 경우에는 그 허가를 취소(   ).

11 O X 적재물배상보험등에 가입하려는 자가 운송주선사업자인 경우 각 화물자동차별로 가입하여야 한다.

12 적재물배상보험 등에 가입하려는 운송사업자는 사고 건당 (   ) 이상의 금액을 지급할 책임을 지는 적재물배상보험등에 가입하여야 한다.

13 O X 배출가스저감장치를 차체에 부착함에 따라 총중량이 10톤 이상이 된 화물자동차 중 최대 적재량이 5톤 미만인 일반형 화물자동차는 적재물배상보험 등의 의무 가입 대상차량이 아니다.

14 ⓞⓧ 국가는 운수사업자가 낡은 차량의 대체사업을 수행하는 경우로서 재정적 지원이 필요하다고 인정되면 소요자금의 일부를 보조하거나 융자할 수 있다.

15 ⓞⓧ 운송사업자는 화물자동차 운송사업의 효율적인 수행을 위하여 필요하면 다른 사람에게 차량과 그 경영의 전부를 위탁할 수 있다.

16 ⓞⓧ 시·도지사는 위·수탁계약서의 작성 여부에 대한 실태조사는 매년 1회 이상 실시한다.

17 ⓞⓧ 화물자동차 휴게소 건설사업 시행자는 그 건설계획을 수립하면 이를 공고하고, 관계 서류의 사본을 10일 이상 일반인이 열람할 수 있도록 하여야 한다.

18 ⓞⓧ 화물자동차 휴게소 사업시행자는 화물자동차 휴게소의 운영을 협회에게 위탁할 수 있다.

19 공제조합이 조합에 고용된 자의 업무상 재해로 인한 손실을 보상하기 위한 공제사업을 하려면 공제규정을 정하여 국토교통부장관의 (   )를 받아야 한다.

20 자가용 화물자동차를 사용하여 화물자동차 운송사업을 경영한 경우 (   )의 기간을 정하여 그 자동차의 사용을 제한하거나 금지할 수 있다.

정답 및 해설

01 4만
02 화물자동차 운송주선사업
03 ○
04 × ▶ 화물의 멸실로 발생한 운송사업자의 손해배상 책임을 적용할 때 화물이 인도기한이 지난 후 3개월 이내에 인도되지 아니하면 그 화물은 멸실된 것으로 본다.
05 ○
06 × ▶ 부정한 방법으로 화물자동차 운송주선사업의 허가를 받고 화물자동차 운송주선사업을 경영한 자는 2년 이하의 징역 또는 2천만원 이하의 벌금에 처한다.
07 ○
08 ○
09 × ▶ 국토교통부장관은 운송가맹사업자가 거짓으로 허가를 받은 경우 그 허가를 취소하여야 한다.
10 할 수 있다.
11 × ▶ 적재물배상보험등에 가입하려는 자가 운송주선사업자인 경우 각 사업자별로 가입하여야 한다.
12 2천만원
13 ○
14 ○
15 × ▶ 운송사업자는 필요하면 다른 사람에게 차량과 그 경영의 일부를 위탁하거나 차량을 현물출자한 사람에게 그 경영의 일부를 위탁할 수 있다.
16 ○
17 × ▶ 휴게소 건설사업 시행자는 그 건설계획을 수립하면 이를 공고하고, 관계 서류의 사본을 20일 이상 일반인이 열람할 수 있도록 하여야 한다.
18 ○
19 인가
20 6개월 이내

빈출키워드 기출유형문제

키워드 ❶ 화물기준 및 용어의 정의

01

화물자동차 운수사업법령상 화물자동차 운송사업에서 여객자동차 운송사업용 자동차에 싣기 부적합하여 화주가 밴형 화물자동차에 탈 때 함께 실을 수 있는 화물의 기준으로 옳은 것을 모두 고른 것은? 기출 18년

ㄱ. 합판·각목 등 건축기자재
ㄴ. 혐오감을 주는 동물 또는 식물
ㄷ. 화주 1명당 화물의 중량이 20킬로그램 이상일 것
ㄹ. 화주 1명당 화물의 용적이 2만 세제곱센티미터 이상일 것

① ㄱ, ㄴ
② ㄴ, ㄹ
③ ㄷ, ㄹ
④ ㄱ, ㄴ, ㄷ
⑤ ㄱ, ㄷ, ㄹ

해설 화물의 기준 및 대상차량(법 제2조 제3호 후단, 규칙 제3조의2)
1. 화주(貨主) 1명당 화물의 중량이 20킬로그램 이상일 것
2. 화주 1명당 화물의 용적이 4만 세제곱센티미터 이상일 것
3. 화물이 다음 각 목의 어느 하나에 해당하는 물품일 것
  • 불결하거나 악취가 나는 농산물·수산물 또는 축산물
  • 혐오감을 주는 동물 또는 식물
  • 기계·기구류 등 공산품
  • 합판·각목 등 건축기자재
  • 폭발성·인화성 또는 부식성 물품

02

화물자동차 운수사업법령상 화물자동차 운송사업에서 화주가 밴형 화물자동차에 함께 탈 때의 화물로서 그 중량, 용적, 형상 등이 여객자동차 운송사업용 자동차에 싣기에 부적합한 기준에 해당하는 것은? 기출 16년

① 화주 1명당 화물의 중량이 15킬로그램 이상인 화물
② 화주 1명당 화물의 용적이 3만 세제곱센티미터 이상인 화물
③ 불결하거나 악취가 나지 않는 농산물·수산물 또는 축산물
④ 기계·기구류 등 공산품
⑤ 타인에게 혐오감을 주는 예술작품

해설 ① 화주(貨主) 1명당 화물의 중량이 20킬로그램 이상일 것
② 화주 1명당 화물의 용적이 4만 세제곱센티미터 이상일 것
③ 불결하거나 악취가 나는 농산물·수산물 또는 축산물
⑤ 혐오감을 주는 동물 또는 식물

01 ④ 02 ④

키워드 ❷ 운송사업의 허가등

03

화물자동차 운수사업법령상 사업 허가 또는 신고에 관한 설명으로 옳은 것은? 기출 23년

① 운송사업자는 관할 관청의 행정구역 내에서 주사무소를 이전하려면 국토교통부장관의 변경허가를 받아야 한다.
② 운송사업자는 허가받은 날부터 5년마다 허가기준에 관한 사항을 신고하여야 한다.
③ 국토교통부장관은 운송사업자가 사업정지처분을 받은 경우에도 주사무소를 이전하는 변경허가를 할 수 있다.
④ 운송주선사업자가 허가사항을 변경하려면 국토교통부장관의 변경허가를 받아야 한다.
⑤ 운송가맹사업자가 화물취급소를 설치하거나 폐지하려면 국토교통부장관의 변경허가를 받아야 한다.

> **해설** ① 운송사업자는 관할 관청의 행정구역 내에서 주사무소를 이전하려면 국토교통부장관에게 신고하여야 한다(법 제3조 제3항, 영 제3조 제2항 제5호).
> ③ 국토교통부장관은 운송사업자가 사업정지처분을 받은 경우에는 주사무소를 이전하는 변경허가를 하여서는 아니된다(법 제3조 제15항).
> ④ 운송사업자가 허가사항을 변경하려면 국토교통부령으로 정하는 바에 따라 국토교통부장관의 변경허가를 받아야 한다(법 제3조 제3항 전단).
> ⑤ 운송사업자가 화물취급소를 설치하거나 폐지하려면 국토교통부장관에게 신고하여야 한다(법 제3조 제3항, 영 제3조 제2항 제3호).

04

화물자동차 운수사업법상 화물자동차 운송사업의 허가를 받을 수 없는 자는? 기출 22년

① 「화물자동차 운수사업법」을 위반하여 징역 이상의 실형을 선고받고 그 집행이 면제된 날부터 3년이 지난 자
② 「화물자동차 운수사업법」을 위반하여 징역 이상의 형의 집행유예를 선고받고 그 유예기간이 종료된 후 1년이 지난 자
③ 부정한 방법으로 화물자동차 운송사업의 허가를 받아 그 허가가 취소된 후 3년이 지난 자
④ 「화물자동차 운수사업법」 제11조에 따른 운송사업자의 준수사항을 위반하여 화물자동차 운송사업의 허가가 취소된 후 3년이 지난 자
⑤ 파산선고를 받고 복권된 자

> **해설** ③ 부정한 방법으로 화물자동차 운송사업 허가·변경허가를 받은 경우 등에 해당하여 허가가 취소된 후 5년이 지나지 아니한 자는 화물자동차 운송사업의 허가를 받을 수 없다(법 제4조 제6호).

05

화물자동차 운수사업법령상 화물자동차 운송사업의 허가에 관한 설명으로 옳지 않은 것은? 기출 21년

① 30대의 화물자동차를 사용하여 화물을 운송하는 사업을 경영하려는 자는 일반화물자동차 운송사업의 허가를 받아야 한다.
② 화물자동차 운송사업의 허가에는 조건을 붙일 수 있다.
③ 화물자동차 운송사업자가 법인인 경우 대표자를 변경하려면 변경허가를 받아야 한다.
④ 화물자동차 운송사업자가 운송약관의 변경명령을 받고 이를 이행하지 아니한 경우 증차를 수반하는 허가사항을 변경할 수 없다.
⑤ 운송사업자가 사업정지처분을 받은 경우에는 주사무소를 이전하는 변경허가를 받을 수 없다.

> **해설** ③ 화물자동차 운송사업자가 법인인 경우 대표자를 변경하려면 국토교통부장관에게 신고하여야 한다(법 제3조 제3항, 영 제3조 제2항 제2호).

06

화물자동차 운수사업법상 화물자동차 운송사업의 허가를 받을 수 없는 결격사유가 있는 자에 해당하는 것을 모두 고른 것은? 기출 20년

> ㄱ. 이 법을 위반하여 징역 이상의 형(刑)의 집행유예를 선고받고 그 유예기간이 지난 후 1년이 지난 자
> ㄴ. 이 법을 위반하여 징역 이상의 실형(實刑)을 선고받고 그 집행이 면제된 날부터 1년이 지난 자
> ㄷ. 부정한 방법으로 화물자동차 운송사업의 허가를 받아 허가가 취소된 후 3년이 지난 자
> ㄹ. 화물운송 종사자격이 없는 자에게 화물을 운송하게 하여 허가가 취소된 후 3년이 지난 자

① ㄴ
② ㄱ, ㄷ
③ ㄴ, ㄷ
④ ㄱ, ㄴ, ㄹ
⑤ ㄴ, ㄷ, ㄹ

> **해설** ㄱ(×). 화물자동차 운수사업법을 위반하여 징역 이상의 형(刑)의 집행유예를 선고받고 그 유예기간이 이미 경과하였으므로 결격사유가 해소된 자에 해당한다(법 제4조 제4호).
> ㄹ(×). 화물운송 종사자격이 없는 자에게 화물을 운송하게 하여 허가가 취소된 경우 결격사유의 해소기간은 2년이 지난 때부터이다. 따라서 3년이 지난 자의 경우에는 결격사유가 없는 자에 해당한다(법 제4조 제5호 및 동법 제19조 제1항 제6호).

키워드 ❸ 운송사업자의 운임·요금·운송약관

07

화물자동차 운수사업법령상 운임 및 요금 등에 관한 설명으로 옳은 것은? 기출 22년

① 운송사업자는 운임과 요금을 정하여 미리 신고하여야 하며, 신고를 받은 국토교통부장관은 30일 이내에 신고수리 여부를 신고인에게 통지하여야 한다.
② 화물자동차 안전운임위원회 위원의 임기는 2년으로 하되, 연임할 수 있다.
③ 화물자동차 안전운임위원회에는 재정경제부, 고용노동부의 3급 또는 4급 공무원으로 구성된 특별위원을 둘 수 있다.
④ 화물운송계약 중 화물자동차 안전운임에 미치지 못하는 금액을 운임으로 정한 부분은 무효로 하며, 당사자는 운임을 다시 정하여야 한다.
⑤ 화물자동차 안전운임위원회는 안전운송원가를 심의·의결함에 있어 운송사업자의 운송서비스 수준을 고려하여야 한다.

> **해설** ① 운송사업자는 운임과 요금을 정하여 미리 신고하여야 하며, 신고를 받은 국토교통부장관은 14일 이내에 신고수리 여부를 신고인에게 통지하여야 한다(법 제5조 제1항·3항).
> ② 화물자동차 안전운임위원회 위원의 임기는 1년으로 하되, 연임할 수 있다. 다만, 위원의 사임 등으로 새로 위촉된 위원의 임기는 전임 위원의 잔여임기로 한다(영 제4조의2 제3항).
> ③ 특별위원은 산업통상부, 국토교통부, 해양수산부의 관계 행정기관의 3급 또는 4급 공무원이나 고위공무원단에 속하는 공무원 중에서 국토교통부장관이 위촉하거나 임명한다(영 제4조의3).
> ④ 화물운송계약 중 화물자동차 안전운임에 미치지 못하는 금액을 운임으로 정한 부분은 무효로 하며, 해당 부분은 화물자동차 안전운임과 동일한 운임을 지급하기로 한 것으로 본다(법 제5조의5 제3항).

08

화물자동차 운수사업법령상 운임 및 요금에 관한 설명으로 옳지 않은 것은? 기출 21년

① 운송사업자는 운임과 요금을 정하여 미리 국토교통부장관에게 신고하여야 한다.
② 화물자동차 안전운임의 적용을 받는 화주와 운수사업자는 해당 화물자동차 안전운임을 게시하거나 그 밖에 적당한 방법으로 운수사업자와 화물차주에게 알려야 한다.
③ 화주는 운수사업자에게 화물자동차 안전운송운임 이상의 운임을 지급하여야 한다.
④ 화물운송계약 중 화물자동차 안전운임에 미치지 못하는 금액을 운임으로 정한 경우 그 부분은 취소하고 새로 계약하여야 한다.
⑤ 화물자동차 운송사업의 운임 및 요금의 신고는 운송사업자로 구성된 협회가 설립한 연합회로 하여금 대리하게 할 수 있다.

해설 ④ 화물운송계약 중 화물자동차 안전운임에 미치지 못하는 금액을 운임으로 정한 부분은 무효로 하며, 해당 부분은 화물자동차 안전운임과 동일한 운임을 지급하기로 한 것으로 본다(법 제5조의5 제3항).

09

화물자동차 운수사업법령상 운송약관에 관한 설명으로 옳은 것은? 기출 21년

① 운송약관을 신고할 때에는 신고서에 적재물배상보험계약서를 첨부하여야 한다.
② 운송사업자는 운송약관의 신고를 협회로 하여금 대리하게 할 수 없다.
③ 시·도지사가 화물자동차 운수사업법령에서 정한 기간 내에 신고수리 여부를 신고인에게 통지하지 아니하면 그 기간이 끝난 날에 신고를 수리한 것으로 본다.
④ 공정거래위원회는 표준약관을 작성하여 운송사업자에게 그 사용을 권장할 수 있다.
⑤ 운송사업자가 화물자동차운송사업의 허가를 받는 때에 표준약관의 사용에 동의하면 운송약관을 신고한 것으로 본다.

해설 ① 운송약관 신고서에는 운송약관과 운송약관의 신·구대비표(변경신고인 경우만 해당)를 첨부하여야 한다(규칙 제16조 제2항).
② 운송약관의 신고 또는 변경신고는 협회로 하여금 대리하게 할 수 있다(규칙 제16조 제4항).
③ 국토교통부장관이 정한 기간 내에 신고수리 여부 또는 민원 처리 관련 법령에 따른 처리기간의 연장 여부를 신고인에게 통지하지 아니하면 그 기간이 끝난 날의 다음 날에 신고를 수리한 것으로 본다(법 제6조 제3항).
④ 국토교통부장관은 설립된 협회 또는 연합회가 작성한 것으로서 「약관의 규제에 관한 법률」에 따라 공정거래위원회의 심사를 거친 화물운송에 관한 표준이 되는 약관(이하 "표준약관"이라 한다)이 있으면 운송사업자에게 그 사용을 권장할 수 있다(법 제6조 제4항).

10

화물자동차 운수사업법령상 운송약관에 관한 설명으로 옳지 않은 것은? 기출 18년

① 운송약관의 변경신고에 대한 수리 여부는 변경신고를 받은 날부터 3일 이내에 신고인에게 통지되어야 한다.
② 국토교통부장관이 수리기간 내에 운송약관 신고수리 여부를 신고인에게 통지하지 아니하면 수리기간이 끝난 날에 신고를 수리한 것으로 본다.
③ 운송약관의 신고 또는 변경신고는 이 법 제48조에 따른 협회로 하여금 대리하게 할 수 있다.
④ 운송약관에는 손해배상 및 면책에 관한 사항을 적어야 한다.
⑤ 운송사업자가 화물자동차 운송사업의 허가를 받는 때에 표준약관의 사용에 동의하면 운송약관을 신고한 것으로 본다.

해설 ② 국토교통부장관이 정한 기간 내에 신고수리 여부를 신고인에게 통지하지 아니하면 그 기간이 끝난 날의 다음 날에 신고를 수리한 것으로 본다(법 제3조 제5항).

키워드 ④ 직접운송의무

11

화물자동차 운수사업법령상 운송사업자의 직접운송의무에 관한 설명이다. ( )에 들어갈 내용은? (단, 사업기간은 1년 이상임) 기출 23년

- 일반화물자동차 운송사업자는 연간 운송계약 화물의 (ㄱ) 이상을 직접 운송하여야 한다.
- 운송사업자가 운송주선사업을 동시에 영위하는 경우에는 연간 운송계약 및 운송주선계약 화물의 (ㄴ) 이상을 직접 운송하여야 한다.

① ㄱ : 3분의 2, ㄴ : 3분의 1
② ㄱ : 100분의 30, ㄴ : 100분의 20
③ ㄱ : 100분의 30, ㄴ : 100분의 30
④ ㄱ : 100분의 50, ㄴ : 100분의 20
⑤ ㄱ : 100분의 50, ㄴ : 100분의 30

해설
- 일반화물자동차 운송사업자는 연간 운송계약 화물의 100분의 50 이상을 직접 운송하여야 한다. 다만, 사업기간이 1년 미만인 경우에는 신규허가를 받은 날 또는 휴업 후 사업개시일부터 그 해의 12월 31일까지의 운송계약 화물을 기준으로 한다(규칙 제21조의5 제1항).
- 운송사업자가 운송주선사업을 동시에 영위하는 경우에는 연간 운송계약 및 운송주선계약 화물의 100분의 30 이상을 직접 운송하여야 한다. 다만, 사업기간이 1년 미만인 경우는 제1항 단서를 준용한다(규칙 제21조의5 제3항).

12

화물자동차 운수사업법령상 운송사업자의 직접운송의무 등에 관한 설명으로 옳지 않은 것은? 기출 17년

① 일반화물자동차 운송사업자는 연간 운송계약 화물의 100분의 50 이상을 직접 운송하여야 한다.
② 일반화물자동차 운송사업자가 운송주선사업을 동시에 영위하는 경우, 그 운송사업자는 연간 운송계약 및 운송주선계약 화물의 100분의 30 이상을 직접 운송하여야 한다.
③ 운송가맹사업자로부터 화물운송을 위탁받은 운송가맹점인 운송사업자는 해당 운송사업자에게 소속되지 않은 차량으로만 화물을 운송하여야 한다.
④ 운송사업자는 직접 운송하는 화물 이외의 화물에 대하여 다른 운송사업자 또는 다른 운송사업자에게 소속된 위·수탁차주 외의 자에게 운송을 위탁하여서는 아니 된다.
⑤ 운송사업자가 국토교통부령으로 정하는 바에 따라 운송가맹사업자의 화물정보망을 이용하여 운송을 위탁하면 직접 운송한 것으로 본다.

해설 ③ 운송가맹사업자로부터 화물운송을 위탁받은 운송사업자(운송가맹점인 운송사업자만 해당)는 해당 운송사업자에게 소속된 차량으로 직접 화물을 운송하여야 한다(법 제11조의2 제3항).

키워드 ❺ 운송사업자의 책임

13

화물자동차 운수사업법상 화물의 멸실·훼손 또는 인도의 지연으로 발생한 운송사업자의 손해배상책임에 관한 설명으로 옳지 않은 것은? 기출 23년

① 손해배상 책임에 관하여「상법」을 준용할 때 화물이 인도기한이 지난 후 1개월 이내에 인도되지 아니하면 그 화물은 멸실된 것으로 본다.
② 국토교통부장관은 화주가 요청하면 운송사업자의 손해배상 책임에 관한 분쟁을 조정할 수 있다.
③ 국토교통부장관은 화주가 분쟁조정을 요청하면 지체 없이 그 사실을 확인하고 손해내용을 조사한 후 조정안을 작성하여야 한다.
④ 화주와 운송사업자 쌍방이 조정안을 수락하면 당사자 간에 조정안과 동일한 합의가 성립된 것으로 본다.
⑤ 국토교통부장관은 분쟁조정 업무를「소비자기본법」에 따라 등록한 소비자단체에 위탁할 수 있다.

해설 ① 손해배상 책임에 관하여「상법」을 준용할 때 화물이 인도기한이 지난 후 3개월 이내에 인도되지 아니하면 그 화물은 멸실된 것으로 본다(법 제7조 제2항).

14

화물자동차 운수사업법상 운송사업자의 책임에 관한 설명으로 옳은 것을 모두 고른 것은? 기출 21년

ㄱ. 적재물사고로 발생한 운송사업자의 손해배상에 관하여 화주가 요청하면 국토교통부장관은 이에 관한 분쟁을 조정(調停)할 수 있다.
ㄴ. 국토교통부장관은 운송사업자의 손해배상책임에 관한 분쟁의 조정 업무를「소비자기본법」에 따른 한국소비자원에 위탁할 수 있다.
ㄷ. 화물이 인도기한이 지난 후 3개월 이내에 인도되지 아니하면 그 화물은 멸실된 것으로 본다.

① ㄱ
② ㄷ
③ ㄱ, ㄴ
④ ㄴ, ㄷ
⑤ ㄱ, ㄴ, ㄷ

해설 ㄱ(○). 적재물사고로 발생한 운송사업자의 손해배상에 관하여 화주가 요청하면 국토교통부장관은 이에 관한 분쟁을 조정(調停)할 수 있다(법 제7조 제3항).
ㄴ(○). 국토교통부장관은 운송사업자의 손해배상책임에 관한 분쟁의 조정 업무를「소비자기본법」에 따른 한국소비자원에 위탁할 수 있다(법 제7조 제6항).
ㄷ(○). 화물이 인도기한이 지난 후 3개월 이내에 인도되지 아니하면 그 화물은 멸실된 것으로 본다(법 제7조 제2항).

키워드 ❻ 운송사업자·운수종사자의 준수사항

15

화물자동차 운수사업법령상 운송사업자의 준수사항에 관한 설명으로 옳지 않은 것은? 기출 21년

① 운송사업자는 택시 요금미터기의 장착을 하여서는 아니 된다.
② 운송사업자는 화물자동차 운송사업을 양도·양수하는 경우에 양도·양수에 소요되는 비용을 위·수탁차주에게 부담시켜서는 아니 된다.
③ 최대적재량 1.5톤을 초과하는 화물자동차를 밤샘주차하는 경우 차고지에서만 하여야 한다.
④ 화주로부터 부당한 운임 및 요금의 환급을 요구받았을 때에는 환급하여야 한다.
⑤ 밴형 화물자동차를 사용해서 화주와 화물을 함께 운송하는 사업자는 화물자동차 바깥쪽에 "화물"이라는 표기를 한국어 및 외국어(영어, 중국어 및 일어)로 표시하여야 한다.

> 해설 ③ 최대적재량 1.5톤 이하의 화물자동차의 경우에는 주차장, 차고지 또는 지방자치단체의 조례로 정하는 시설 및 장소에서만 밤샘주차하여야 한다(규칙 제21조 제4호).

16

화물자동차 운수사업법령상 운송사업자의 준수사항에 관한 설명으로 옳지 않은 것은? 기출 20년

① 최대적재량 1.5톤 이하의 화물자동차의 경우에는 주차장, 차고지 또는 지방자치단체의 조례로 정하는 시설 및 장소에서만 밤샘주차할 것
② 화주로부터 부당한 운임 및 요금의 환급을 요구받았을 때에는 환급할 것
③ 「자동차관리법」에 따른 검사를 받지 아니하고 화물자동차를 운행하지 아니할 것
④ 개인화물자동차 운송사업자의 경우 주사무소가 있는 특별시·광역시·특별자치시 또는 도와 맞닿은 특별시·광역시·특별자치시 또는 도에 상주하여 화물자동차 운송사업을 경영하지 아니할 것
⑤ 화물자동차 운전자가 「도로교통법」을 위반해서 난폭운전을 하지 않도록 운행관리를 할 것

> 해설 ④ 개인화물자동차 운송사업자의 경우 주사무소가 있는 특별시·광역시·특별자치시 또는 도와 이와 맞닿은 특별시·광역시·특별자치시 또는 도 외의 지역에 상주하여 화물자동차 운송사업을 경영하지 아니할 것(규칙 제21조 제2호)

13 ① 14 ⑤ 15 ③ 16 ④

17

화물자동차 운수사업법상 운수종사자의 준수사항이 아닌 것은? 기출 19년

① 운송사업자에게 화물의 종류·무게 및 부피 등을 거짓으로 통보하는 행위를 하여서는 아니 된다.
② 고장 및 사고차량 등 화물의 운송과 관련하여 자동차관리사업자와 부정한 금품을 주고받는 행위를 하여서는 아니 된다.
③ 일정한 장소에 오랜 시간 정차하여 화주를 호객(呼客)하는 행위를 하여서는 아니 된다.
④ 문을 완전히 닫지 아니한 상태에서 자동차를 출발시키거나 운행하는 행위를 하여서는 아니 된다.
⑤ 택시 요금미터기의 장착 등 국토교통부령으로 정하는 택시 유사표시행위를 하여서는 아니 된다.

해설 ①은 운송주선사업자의 준수사항 위반사항이다(법 제26조 제4항).

키워드 ❼ 운송사업의 양도·양수·합병·상속

18

화물자동차 운수사업법상 화물자동차 운송사업의 상속 및 그 신고에 관한 설명으로 옳은 것은? 기출 22년

① 운송사업자가 사망한 경우 상속인이 그 운송사업을 계속하려면 피상속인이 사망한 후 6개월 이내에 국토교통부장관에게 신고하여야 한다.
② 국토교통부장관은 신고를 받은 날부터 14일 이내에 신고수리 여부를 신고인에게 통지하여야 한다.
③ 국토교통부장관이 「화물자동차 운수사업법」에서 정한 기간 내에 신고수리 여부를 신고인에게 통지하지 아니하면 그 기간이 끝난 날에 신고를 수리한 것으로 본다.
④ 상속인이 상속신고를 하면 피상속인이 사망한 날부터 신고한 날까지 피상속인에 대한 화물자동차 운송사업의 허가는 상속인에 대한 허가로 본다.
⑤ 상속인이 피상속인의 화물자동차 운송사업을 다른 사람에게 양도하려면 국토교통부장관의 승인을 받아야 한다.

해설 ① 운송사업자가 사망한 경우 상속인이 그 화물자동차 운송사업을 계속하려면 피상속인이 사망한 후 90일 이내에 국토교통부장관에게 신고하여야 한다(법 제17조 제1항).
② 국토교통부장관은 신고를 받은 날부터 5일 이내에 신고수리 여부를 신고인에게 통지하여야 한다(법 제17조 제2항).
③ 국토교통부장관이 정한 기간 내에 신고수리 여부를 신고인에게 통지하지 아니하면 그 기간이 끝난 날의 다음 날에 신고를 수리한 것으로 본다(법 제17조 제3항).
⑤ 양수인의 지위를 얻은 상속인이 양도를 하기 위해서는 국토교통부장관에게 신고하여야 한다(법 제16조 제1항).

19

「화물자동차 운수사업법」상 화물자동차 운송사업의 상속, 양도·양수 등에 관한 설명으로 옳은 것은? 기출 17년

① 화물자동차 운송사업을 양도·양수하는 경우 양수인은 국토교통부장관으로부터 허가를 얻어야 한다.
② 운송사업자인 법인이 운송사업자가 아닌 법인을 흡수 합병하는 경우 합병으로 존속하는 법인은 국토교통부장관에게 신고하여야 한다.
③ 국토교통부장관은 화물자동차의 지역 간 수급균형과 화물운송시장의 안정과 질서유지를 위하여 국토교통부령으로 정하는 바에 따라 화물자동차 운송사업의 양도·양수와 합병을 제한할 수 있다.
④ 운송사업자가 사망한 경우 상속인이 그 화물자동차 운송사업을 계속하려면 사망한 후 90일 이내에 국토교통부장관으로부터 허가를 얻어야 한다.
⑤ 상속인이 피상속인의 화물자동차 운송사업을 다른 사람에게 양도하기 위해서는 상속인이 국토교통부장관으로부터 허가를 얻어야 한다.

해설 ① 화물자동차 운송사업을 양도·양수하려는 경우에는 양수인은 국토교통부장관에게 신고하여야 한다(법 제16조 제1항).
② 운송사업자인 법인이 운송사업자가 아닌 법인을 흡수 합병하는 경우는 신고 제외사항이다(법 제16조 제2항).
④ 상속인이 그 화물자동차 운송사업을 계속하려면 피상속인이 사망한 후 90일 이내에 국토교통부장관에게 신고하여야 한다(법 제17조 제1항).
⑤ 양수인의 지위를 얻은 상속인이 양도를 하기 위해서는 국토교통부장관에게 신고하여야 한다(법 제16조 제1항).

키워드 ⑧ 운송사업자

20

화물자동차 운수사업법령상 화물자동차 운송사업자에 관한 설명으로 옳은 것은? 기출 19년

① 운송사업자는 감차(減車) 조치 명령을 받은 후 2년이 지나지 아니하면 증차를 수반하는 허가사항을 변경할 수 없다.
② 밴형 화물자동차를 사용하여 화주와 화물을 함께 운송하는 운송사업자 및 운송가맹사업자는 운임과 요금을 정하여 미리 국토교통부장관의 인가를 받아야 한다.
③ 운송사업자는 화물자동차의 안전운전을 확보하기 위하여 화물자동차 운전자의 교통사고, 교통법규 위반사항 및 범죄경력을 기록·관리하여야 한다.
④ 일반화물자동차 소유 대수가 1대인 운송사업자는 연간 운송계약 화물의 100분의 50 이상을 직접 운송하여야 한다.
⑤ 국토교통부장관은 운송사업자가 정당한 사유 없이 집단으로 화물운송을 거부하여 화물운송에 커다란 지장을 주어 국가경제에 매우 심각한 위기를 초래하면 국무회의의 심의를 거쳐 그 운송사업자에게 업무개시를 명할 수 있다.

해설 ① 운송사업자는 감차(減車) 조치 명령을 받은 후 1년이 지나지 아니하면 증차를 수반하는 허가사항을 변경할 수 없다(법 제3조 제8항 제2호).
② 밴형 화물자동차를 사용하여 화주와 화물을 함께 운송하는 운송사업자 및 운송가맹사업자는 운임과 요금을 정하여 미리 국토교통부장관의 신고를 하여야 한다(법 제5조 제1항, 영 제4조).
③ 국토교통부장관은 화물자동차의 안전운전을 확보하기 위하여 화물자동차 운전자의 교통사고, 교통법규 위반사항 및 범죄경력을 기록·관리하여야 한다(법 제10조의2 제1항).
④ 자동차 소유 대수와 관계없이 일반화물자동차 운송사업자는 연간 운송계약 화물의 100분의 50 이상을 직접 운송하여야 한다(규칙 제21조의5 제1항).

21

화물자동차 운수사업법령상 화물자동차 운송사업자에 관한 설명으로 옳지 않은 것은? 기출 13년

① 운송사업자가 화물자동차 운송사업의 허가를 받는 때에 표준약관의 사용에 동의하면 운송약관의 신고를 한 것으로 본다.
② 운송약관의 신고는 운송사업자가 하여야 하며 협회가 대리할 수 없다.
③ 운송사업자의 손해배상책임과 관련하여 화물이 인도기한이 지난 후 3개월 이내에 인도되지 아니하면 그 화물은 멸실된 것으로 본다.
④ 운송사업자는 운임 및 요금과 운송약관을 영업소 또는 화물자동차에 갖추어 두고 이용자가 요구하면 이를 내보여야 한다.
⑤ 운송사업자는 고장 및 사고차량 등 화물의 운송과 관련하여 「자동차관리법」에 따른 자동차관리사업자와 부정한 금품을 주고받아서는 아니 된다.

해설 운송약관의 신고 또는 변경신고는 협회로 하여금 대리하게 할 수 있다(규칙 제16조 제4항).

키워드 ❾ 운송사업의 폐업

22

화물자동차 운수사업법령상 화물자동차 운송사업의 폐업에 관한 설명으로 옳지 않은 것은? 기출 22년

① 운송사업자가 화물자동차 운송사업의 전부를 폐업하려면 미리 신고하여야 한다.
② 폐업 신고의 의무는 신고에 대한 수리 여부가 신고인에게 통지된 때에 이행된 것으로 본다.
③ 운송사업자가 화물자동차 운송사업의 전부를 폐업하려면 미리 그 취지를 영업소나 그 밖에 일반 공중이 보기 쉬운 곳에 게시하여야 한다.
④ 화물자동차 운송사업의 폐업 신고를 한 운송사업자는 해당 화물자동차의 자동차등록증과 자동차등록번호판을 반납하여야 한다.
⑤ 화물자동차 운송사업의 폐업 신고를 받은 관할관청은 그 사실을 관할 협회에 통지하여야 한다.

> 해설 ② 폐업 신고가 신고서의 기재사항 및 첨부서류에 흠이 없고, 법령 등에 규정된 형식상의 요건을 충족하는 경우에는 신고서가 접수기관에 도달된 때에 신고 의무가 이행된 것으로 본다(법 제18조 제2항).

23

화물자동차 운수사업법령상 화물자동차 운송사업의 폐업에 관한 설명으로 옳지 않은 것은? 기출 19년

① 운송사업자가 화물자동차 운송사업의 전부를 폐업하려면 국토교통부령으로 정하는 바에 따라 미리 신고하여야 한다.
② 운송사업자가 화물자동차 운송사업의 전부를 폐업하려면 미리 그 취지를 영업소나 그 밖에 일반 공중(公衆)이 보기 쉬운 곳에 게시하여야 한다.
③ 운송사업자가 화물자동차 운송사업의 폐업신고를 한 경우 해당 화물자동차의 자동차등록증과 자동차등록번호판을 반납하여야 한다.
④ 운송사업자가 화물자동차 운송사업의 폐업신고를 하는 경우 관할관청에 화물운송 종사자격증명을 반납하여야 한다.
⑤ 국토교통부장관은 화물자동차 운송사업의 전부 폐업신고에 관한 권한을 시·도지사에게 위임한다.

> 해설 ④ 운송사업자가 화물자동차 운송사업의 휴업 또는 폐업신고를 하는 경우 협회에 화물운송 종사자격증명을 반납하여야 한다(규칙 제18조의10 제2항).

키워드 ⑩ 과징금

24

화물자동차 운수사업법상 과징금에 관한 설명으로 옳지 않은 것은? (단, 권한위임에 관한 규정은 고려하지 않음) 기출 20년

① 국토교통부장관은 운송사업자에게 이 법에 의한 감차 조치를 명하여야 하는 경우에는 이를 갈음하여 과징금을 부과할 수 없다.
② 과징금을 부과하는 경우 그 액수는 총액이 1천만원 이하여야 한다.
③ 과징금을 부과하려면 사업정지처분이 해당 화물자동차 운송사업의 이용자에게 심한 불편을 주거나 그 밖에 공익을 해칠 우려가 있어야 한다.
④ 국토교통부장관은 과징금 부과처분을 받은 자가 과징금을 정한 기한에 내지 아니하면 국세 체납처분의 예에 따라 징수한다.
⑤ 징수한 과징금은 법에서 정한 외의 용도로는 사용할 수 없다.

> 해설 ② 과징금을 부과하는 경우 그 액수는 총액이 2천만원을 넘을 수 없다(법 제21조 제1항 및 영 [별표2] 제1호 다목).

25

화물자동차 운수사업법령상 위반행위에 관한 (   ) 안의 과징금의 금액기준이 옳게 연결된 것은? (단, 과징금의 가감은 고려하지 않음) 기출 13년

(단위 : 만원)

위반행위	처분내용		
	화물자동차운송사업		화물자동차 운송 가맹사업
	일반	개인	
화물운송 종사자격이 없는 자에게 화물을 운송하게 한 경우	㉠	㉡	㉢

① ㉠ : 30, ㉡ : 30, ㉢ : 30
② ㉠ : 60, ㉡ : 30, ㉢ : 0
③ ㉠ : 60, ㉡ : 30, ㉢ : 30
④ ㉠ : 60, ㉡ : 60, ㉢ : 60
⑤ ㉠ : 90, ㉡ : 60, ㉢ : 60

> 해설 화물운송 종사자격이 없는 자에게 화물을 운송하게 한 경우 화물자동차운송사업(일반, 개인)과 화물자동차운송가맹사업 모두 60만원씩의 과징금을 부과한다(화물자동차 운수사업법 시행령 별표 2).

키워드 ⑪ 운전업무 종사자격 외

26

화물자동차 운수사업법령상 화물자동차 운수사업의 운전업무 종사자격에 관한 설명으로 옳은 것은? 기출 19년

① 여객자동차 운수사업용 자동차를 운전한 경력이 있는 자가 화물자동차 운수사업의 운전업무에 종사하려면 그 운전경력이 2년 이상이어야 한다.
② 파산선고를 받고 복권되지 아니한 자는 화물운송 종사자격을 취득할 수 없다.
③ 화물운송 종사자격이 취소된 자에게는 500만원 이하의 과태료를 부과한다.
④ 국토교통부장관은 화물운송 종사자격을 취득한 자가 화물운송 중에 고의나 과실로 교통사고를 일으켜 사람을 사망하게 한 경우 화물운송 종사자격을 취소하여야 한다.
⑤ 화물운송 종사자격의 효력정지 처분은 처분 대상자의 주소지를 관할하는 시·도지사가 관장한다.

> **해설** ① 여객자동차 운수사업용 자동차를 운전한 경력이 있는 자가 화물자동차 운수사업의 운전업무에 종사하려면 그 운전경력이 1년 이상이어야 한다(규칙 제18조 제3호).
> ② 파산선고를 받고 복권되지 아니한 자는 화물자동차 운송사업의 허가를 취득할 수 없다(법 제4조).
> ③ 화물운송 종사자격 취득의 결격사유가 아니다(법 제9조 참조).
> ④ 국토교통부장관은 화물운송 종사자격을 취득한 자가 화물운송 중에 고의나 과실로 교통사고를 일으켜 사람을 사망하게 한 경우 그 자격을 취소하거나 6개월 이내의 기간을 정하여 그 자격의 효력을 정지시킬 수 있다(법 제23조 제1항).

27

화물자동차 운수사업법령상 화물자동차 운전자의 채용 및 교통안전의 기록·관리에 관한 설명으로 옳지 않은 것은?

기출 14년

① 운송사업자는 폐업을 하게 되었을 때에는 화물자동차 운전자의 경력에 관한 기록 등 관련 서류를 교통안전공단에 이관하여야 한다.
② 운송사업자는 화물자동차의 운전자를 채용할 때에는 근무기간 등 운전경력증명서의 발급을 위하여 필요한 사항을 기록·관리하여야 한다.
③ 교통안전공단은 화물자동차 운전자의 교통사고 및 교통법규 위반사항의 기록·관리를 위하여 국토교통부장관이 정하여 고시하는 바에 따라 화물자동차 운전자의 교통안전 관리전산망을 구축·운영할 수 있다.
④ 국토교통부장관은 화물자동차 운수사업의 운전업무종사자격을 갖추지 아니한 사람이 운송사업자의 화물을 운송하다가 발생한 인명사상사고에 대하여는 해당 시·도지사 및 사업자단체에게 그 내용을 제공하여야 한다.
⑤ 운송사업자는 화물자동차 운전자를 채용하거나 채용된 화물자동차 운전자가 퇴직하였을 때에는 그 명단을 화물자동차 운수사업법에 따라 설립된 협회에 제출하여야 한다.

> **해설** ① 운송사업자는 폐업을 하게 되었을 때에는 화물자동차 운전자의 경력에 관한 기록 등 관련 서류를 협회에 이관하여야 한다(화물자동차 운수사업법 시행규칙 제19조 제3항).

키워드 ⑫ 운송주선사업

28
화물자동차 운수사업법상 화물자동차 운송주선사업에 관한 설명으로 옳은 것은? 기출 23년

① 운송주선사업자는 자기 명의로 다른 사람에게 화물자동차 운송주선사업을 경영하게 할 수 있다.
② 운송주선사업자는 화주로부터 중개 또는 대리를 의뢰받은 화물에 대하여 다른 운송주선사업자에게 수수료나 그 밖의 대가를 받고 중개 또는 대리를 의뢰할 수 있다.
③ 운송가맹사업자의 화물운송계약을 중개·대리하는 운송주선사업자는 화물자동차 운송가맹점이 될 수 있다.
④ 국토교통부장관은 운수종사자의 집단적 화물운송 거부로 국가경제에 매우 심각한 위기를 초래할 우려가 있다고 인정할만한 상당한 이유가 있으면 운송주선사업자에게 업무개시를 명할 수 있다.
⑤ 운송주선사업자는 공영차고지를 임대받아 운영할 수 있다.

해설 ① 운송주선사업자는 자기 명의로 다른 사람에게 화물자동차 운송주선사업을 경영하게 할 수 없다(법 제25조).
② 운송주선사업자는 화주로부터 중개 또는 대리를 의뢰받은 화물에 대하여 다른 운송주선사업자에게 수수료나 그 밖의 대가를 받고 중개 또는 대리를 의뢰하여서는 아니 된다(법 제26조 제2항).
④ 국토교통부장관은 운송사업자나 운수종사자가 정당한 사유 없이 집단으로 화물운송을 거부하여 화물운송에 커다란 지장을 주어 국가경제에 매우 심각한 위기를 초래하거나 초래할 우려가 있다고 인정할 만한 상당한 이유가 있으면 그 운송사업자 또는 운수종사자에게 업무개시를 명할 수 있다(법 제14조 제1항).
⑤ 사업자단체, 운송사업자, 운송가맹사업자, 운송사업자로 구성된 협동조합은 공영차고지를 임대받아 운영할 수 있다(법 제45조 제1항).

29
화물자동차 운수사업법령상 화물자동차 운송주선사업에 관한 설명으로 옳지 않은 것은? 기출 24년

① 국토교통부장관은 화물자동차 운송주선사업의 허가사항 변경신고를 받은 경우 그 신고를 받은 날부터 7일 이내에 신고수리 여부를 신고인에게 통지하여야 한다.
② 운송주선사업자는 자기 명의로 다른 사람에게 화물자동차 운송주선사업을 경영하게 할 수 없다.
③ 관할관청은 화물자동차 운송주선사업 허가증을 발급하였을 때에는 그 사실을 협회에 통지하고 화물자동차 운송주선사업 허가대장에 기록하여 관리하여야 한다.
④ 화물자동차 운송주선사업 허가대장은 전자적 처리가 불가능한 특별한 사유가 없으면 전자적 처리가 가능한 방법으로 작성하여 관리하여야 한다.
⑤ 관할관청은 운송주선사업자가 허가기준을 충족하지 못한 사실을 적발하였을 때에는 특별한 사유가 없으면 적발한 날부터 30일 이내에 처분을 하여야 한다.

해설 ① 국토교통부장관은 화물자동차 운송주선사업의 허가사항 변경신고를 받은 날부터 5일 이내에 신고수리 여부를 신고인에게 통지하여야 한다(법 제24조 제3항).

키워드 ⑬ 운송주선사업자

30

화물자동차 운수사업법상 화물자동차 운송주선사업자에 관한 설명으로 옳은 것은? 기출 22년

① 운송주선사업자가 허가사항을 변경하려면 국토교통부장관에게 신고하여야 한다.
② 운송주선사업자는 주사무소 외의 장소에서 상주하여 영업하려면 국토교통부장관에게 신고하여야 한다.
③ 운송주선사업자는 화주로부터 중개를 의뢰받은 화물에 대하여 다른 운송주선사업자에게 수수료를 받고 중개를 의뢰할 수 있다.
④ 운송주선사업자가 운송사업자에게 화물운송을 위탁하는 경우에는 운송가맹사업자의 화물정보망을 이용할 수 없다.
⑤ 부정한 방법으로 화물자동차 운송주선사업의 허가를 받고 화물자동차 운송주선사업을 경영한 자는 과태료 부과 대상이다.

> 해설 ② 운송주선사업자는 주사무소 외의 장소에서 상주하여 영업하려면 국토교통부장관의 허가를 받아 영업소를 설치하여야 한다(법 제24조 제8항).
> ③ 운송주선사업자는 화주로부터 중개 또는 대리를 의뢰받은 화물에 대하여 다른 운송주선사업자에게 수수료나 그 밖의 대가를 받고 중개 또는 대리를 의뢰하여서는 아니 된다(법 제26조 제2항).
> ④ 운송주선사업자가 운송사업자나 위·수탁차주에게 화물운송을 위탁하는 경우에는 운송가맹사업자의 화물정보망이나 「물류정책기본법」에 따라 인증받은 화물정보망을 이용할 수 있다(법 제34조의4 제2항).
> ⑤ 부정한 방법으로 화물자동차 운송주선사업의 허가를 받고 화물자동차 운송주선사업을 경영한 자는 2년 이하의 징역 또는 2천만원 이하의 벌금에 처한다(법 제67조 제4호).

31

화물자동차 운수사업법상 운송주선사업자에 관한 설명으로 옳은 것은? 기출 20년

① 운송주선사업자는 운송 또는 주선 실적을 관리하고 국토교통부령으로 정하는 바에 따라 국토교통부장관의 승인을 받아야 한다.
② 운송주선사업자가 위·수탁차주에게 화물운송을 위탁하는 경우에는 운송가맹사업자의 화물정보망을 이용할 수 있다.
③ 운송사업자로 구성된 협회, 운송주선사업자로 구성된 협회 및 운송가맹사업자로 구성된 협회는 그 공동목적을 달성하기 위하여 국토교통부령으로 정하는 바에 따라 공동으로 연합회를 설립하여야 한다.
④ 부정한 방법으로 허가를 받고 화물자동차 운송주선사업을 경영한 자에 대하여는 500만원 이하의 과태료를 부과한다.
⑤ 운송주선사업자는 주사무소 외의 장소에서 상주하여 영업하려면 국토교통부령으로 정하는 바에 따라 국토교통부장관에게 신고하고 영업소를 설치하여야 한다.

> 해설 ① 운송사업자(개인 운송사업자는 제외), 운송주선사업자 및 운송가맹사업자는 국토교통부령으로 정하는 바에 따라 운송 또는 주선 실적을 관리하고 이를 국토교통부장관에게 신고하여야 한다(법 제47조의2 제1항).
> ③ 운송사업자로 구성된 협회, 운송주선사업자로 구성된 협회 및 운송가맹사업자로 구성된 협회는 그 공동목적을 달성하기 위하여 국토교통부령으로 정하는 바에 따라 각각 연합회를 설립할 수 있다(법 제50조 제1항 전단).
> ④ 부정한 방법으로 허가를 받고 화물자동차 운송주선사업을 경영한 자에 대하여는 2년 이하의 징역 또는 2천만원 이하의 벌금에 처한다(법 제67조 제4호).
> ⑤ 운송주선사업자는 주사무소 외의 장소에서 상주하여 영업하려면 국토교통부령으로 정하는 바에 따라 국토교통부장관의 허가를 받아 영업소를 설치하여야 한다(법 제24조 제8항).

키워드 ⑭ 운송가맹사업

32

화물자동차 운수사업법상 화물자동차 운송가맹사업에 관한 설명으로 옳지 않은 것은? 기출 23년

① 다른 사람의 요구에 응하여 자기 화물자동차를 사용하여 유상으로 화물을 운송하는 사업은 화물자동차 운송가맹사업에 해당하지 않는다.
② 화물자동차 운송가맹사업의 허가를 받은 자는 화물자동차 운송주선사업의 허가를 받지 아니한다.
③ 화물자동차 운송가맹사업의 허가를 받은 자는 화물자동차 운송사업의 허가를 받지 아니한다.
④ 운송가맹사업자는 적재물배상 책임보험 또는 공제에 가입하여야 한다.
⑤ 운송가맹사업자의 화물정보망은 운송사업자가 다른 운송사업자나 다른 운송사업자에게 소속된 위·수탁차주에게 화물운송을 위탁하는 경우에도 이용될 수 있다.

해설 ① 다른 사람의 요구에 응하여 자기 화물자동차를 사용하여 유상으로 화물을 운송하는 사업은 화물자동차 운송가맹사업에 해당한다(법 제2조 제5호).

33

화물자동차 운수사업법령상 화물자동차 운송가맹사업 등에 관한 설명으로 옳지 않은 것은? 기출 24년

① 운송사업자가 국토교통부령으로 정하는 바에 따라 운송가맹사업자의 화물정보망을 이용하여 운송을 위탁하면 직접 운송한 것으로 본다.
② 국토교통부장관은 운송가맹사업자가 거짓이나 그 밖의 부정한 방법으로 화물자동차 운송가맹사업 허가를 받은 경우 6개월 이내의 기간을 정하여 그 사업의 전부 또는 일부의 정지를 명할 수 있다.
③ 화물취급소의 설치 및 폐지는 운송가맹사업자의 허가사항 변경신고의 대상이다.
④ 운송사업자가 다른 운송사업자나 다른 운송사업자에게 소속된 위·수탁차주에게 화물운송을 위탁하는 경우에는 운송가맹사업자의 화물정보망을 이용할 수 있다.
⑤ 감차 조치, 사업 전부정지 또는 사업 일부정지의 대상이 되는 화물자동차가 2대 이상인 경우에는 화물운송에 미치는 영향을 고려하여 해당 처분을 분할하여 집행할 수 있다.

해설 ② 국토교통부장관은 운송가맹사업자가 거짓이나 그 밖의 부정한 방법으로 허가를 받은 경우에는 그 허가를 취소하여야 한다(법 제32조 제1항 제4호).

키워드 15 운송가맹사업자에 대한 개선명령

34
화물자동차 운수사업법령상 안전운행의 확보, 운송질서의 확립 및 화주의 편의를 도모하기 위하여 필요하다고 인정될 경우 운송가맹사업자에 대하여 발령될 수 있는 개선명령에 해당하지 않는 것은? 기출 18년

① 감차 조치
② 화물자동차의 구조변경
③ 운송시설의 개선
④ 운송약관의 변경
⑤ 화물의 안전운송을 위한 조치

> **해설** 운송가맹사업자에 대한 개선명령(법 제31조)
> - 운송약관의 변경
> - 화물자동차의 구조변경 및 운송시설의 개선
> - 화물의 안전운송을 위한 조치
> - 「가맹사업거래의 공정화에 관한 법률」에 따른 정보공개서의 제공의무 등, 가맹금의 반환, 가맹계약서의 기재사항 등, 가맹계약의 갱신 등의 통지
> - 적재물배상보험등과 운송가맹사업자가 의무적으로 가입하여야 하는 보험 · 공제의 가입
> - 그 밖에 화물자동차 운송가맹사업의 개선을 위하여 필요한 사항으로서 대통령령으로 정하는 사항

35
화물자동차 운수사업법령상 화물자동차 운송가맹사업자가 허가받은 사항을 변경하는 경우 변경허가를 받지 않고 국토교통부장관에게 신고하는 경미한 사항에 해당하는 것을 모두 고른 것은? 기출 16년

> ㄱ. 법인인 경우 대표자의 변경
> ㄴ. 운송가맹사업자가 직접 소유한 화물자동차의 대폐차
> ㄷ. 주사무소 · 영업소 및 화물취급소의 이전
> ㄹ. 화물자동차의 증차

① ㄱ, ㄴ
② ㄴ, ㄷ
③ ㄱ, ㄴ, ㄷ
④ ㄱ, ㄷ, ㄹ
⑤ ㄴ, ㄷ, ㄹ

> **해설** 화물자동차 운송사업의 허가사항 변경신고의 대상(영 제9조의2)
> 1. 대표자의 변경(법인인 경우만 해당한다)
> 2. 화물취급소의 설치 및 폐지
> 3. 화물자동차의 대폐차(화물자동차를 직접 소유한 운송가맹사업자만 해당한다)
> 4. 주사무소 · 영업소 및 화물취급소의 이전
> 5. 화물자동차 운송가맹계약의 체결 또는 해제 · 해지

키워드 ⑯ 적재물배상보험

36

화물자동차 운수사업법령상 적재물배상보험등에 관한 설명으로 옳은 것은? 기출 21년

① 특수용도형 화물자동차 중 「자동차관리법」에 따른 피견인자동차를 소유하고 있는 운송사업자는 적재물배상보험등의 의무가입 대상이다.
② 이사화물을 취급하는 운송주선사업자는 적재물배상보험등의 의무가입 대상이다.
③ 적재물배상보험등에 가입하려는 자가 운송사업자인 경우 각 사업자별로 가입하여야 한다.
④ 중대한 교통사고로 감차 조치 명령을 받은 경우에도 책임보험계약등을 해제하거나 해지하여서는 아니 된다.
⑤ 적재물배상보험등에 가입하려는 자가 운송주선사업자인 경우 각 화물자동차별로 가입하여야 한다.

해설 ① 특수용도형 화물자동차 중 「자동차관리법」에 따른 피견인자동차를 소유하고 있는 운송사업자는 적재물배상보험등의 의무가입 대상에서 제외한다(규칙 제41조의13 제1항 제3호).
③ 적재물배상보험등에 가입하려는 자가 운송사업자인 경우 각 화물자동차별로 가입하여야 한다(영 제9조의7 제1호).
④ 중대한 교통사고로 감차 조치 명령을 받은 경우는 책임보험계약등을 해제하거나 해지하여서는 아니 되는 경우에 해당하지 않는다(법 제37조).
⑤ 적재물배상보험등에 가입하려는 자가 운송주선사업자인 경우 각 사업자별로 가입하여야 한다(영 9조의7 제2호).

37

화물자동차 운수사업법령상 적재물배상보험 등에 관한 설명으로 옳지 않은 것은? 기출 20년

① 이사화물을 취급하는 운송주선사업자는 적재물배상보험 등에 가입하여야 한다.
② 건축폐기물·쓰레기 등 경제적 가치가 없는 화물을 운송하는 차량으로서 국토교통부장관이 정하여 고시하는 화물자동차는 적재물배상보험 등의 가입 대상에서 제외된다.
③ 운송주선사업자의 경우 각 화물자동차별로 적재물배상보험 등에 가입하여야 한다.
④ 보험회사 등은 적재물배상보험 등에 가입하여야 하는 자가 적재물배상보험등에 가입하려고 하면 대통령령으로 정하는 사유가 있는 경우 외에는 적재물배상보험 등의 계약의 체결을 거부할 수 없다.
⑤ 이 법에 따라 화물자동차 운송사업을 휴업한 경우 보험회사 등은 책임보험계약 등의 전부 또는 일부를 해제하거나 해지할 수 있다.

해설 ③ 운송주선사업자의 경우 각 사업자별로 적재물배상보험 등에 가입하여야 한다(법 제36조 제1항 및 영 제9조의7 제2호).

38

화물자동차 운수사업법령상 적재물배상보험 등에 관한 설명으로 옳지 않은 것은? 기출 19년

① 적재물배상보험등에 가입하려는 이사화물운송주선사업자는 사고 건당 500만원 이상의 금액을 지급할 책임을 지는 적재물배상보험 등에 가입하여야 한다.
② 적재물배상보험등에 가입하려는 운송사업자는 사고 건당 2천만원 이상의 금액을 지급할 책임을 지는 적재물배상보험 등에 가입하여야 한다.
③ 최대 적재량이 5톤 이상인 특수용도형 화물자동차 중 「자동차관리법」에 따른 피견인자동차를 소유하고 있는 운송사업자는 적재물배상보험 등에 가입하여야 한다.
④ 총 중량이 10톤 이상인 화물자동차 중 국토교통부령으로 정하는 화물자동차를 직접 소유하고 있는 운송가맹사업자는 각 화물자동차별 및 각 사업자별로 사고 건당 2천만원 이상의 금액을 지급할 책임을 지는 적재물배상보험등에 가입하여야 한다.
⑤ 보험회사가 「보험업법」에 따라 허가를 받거나 신고한 적재물배상보험요율과 책임준비금 산출기준에 따라 손해배상책임을 담보하는 것이 현저히 곤란하다고 판단한 경우에는 다수의 보험회사 등이 공동으로 책임보험계약 등을 체결할 수 있다.

해설 ③ 최대 적재량이 5톤 이상인 특수용도형 화물자동차 중 「자동차관리법」에 따른 피견인자동차를 소유하고 있는 운송사업자는 적재물배상보험 등의 가입의 대상차량에서 제외한다(법 제35조, 규칙 제41조의13).

키워드 17 국가의 재정지원

39

화물자동차 운수사업법상 국가가 그 소요자금의 일부를 보조하거나 융자할 수 있는 사업이 아닌 것은? 기출 23년

① 낡은 차량의 대체
② 화물자동차 휴게소의 건설
③ 공동차고지 및 공영차고지 건설
④ 운수사업자의 자동차 사고로 인한 손해배상 책임의 보장
⑤ 화물자동차 운수사업의 서비스 향상을 위한 시설·장비의 확충과 개선

해설 국가는 지방자치단체, 공공기관 중 대통령령으로 정하는 공공기관, 지방공사, 사업자단체 또는 운수사업자가 다음에 해당하는 사업을 수행하는 경우로서 재정적 지원이 필요하다고 인정되면 소요자금의 일부를 보조하거나 융자할 수 있다(법 제43조 제1항).
• 공동차고지 및 공영차고지 건설
• 화물자동차 운수사업의 정보화
• 낡은 차량의 대체
• 연료비가 절감되거나 환경친화적인 화물자동차 등으로의 전환 및 이를 위한 시설·장비의 투자
• 화물자동차 휴게소의 건설
• 화물자동차 운수사업의 서비스 향상을 위한 시설·장비의 확충과 개선
• 그 밖에 화물자동차 운수사업의 경영합리화를 위한 사항으로서 국토교통부령으로 정하는 사항(화물자동차의 감차, 그 밖에 긴급한 공익적 목적을 위하여 일시적으로 화물운송에 대체 사용된 차량에 대한 피해의 보상)

40

화물자동차 운수사업법상 운수사업자 등이 국가로부터 재정지원을 받을 수 있는 사업에 해당하지 않는 것은? 기출 24년

① 공동차고지 및 공영차고지 건설
② 화물자동차 운수사업의 정보화
③ 낡은 차량의 대체
④ 화물자동차 휴게소의 건설
⑤ 화물자동차 운수사업에 대한 홍보

> **해설** 재정지원(법 제43조 제1항, 규칙 제43조)
> 국가는 지방자치단체, 대통령령으로 정하는 공공기관, 지방공사, 사업자단체 또는 운수사업자가 다음에 해당하는 사업을 수행하는 경우로서 재정적 지원이 필요하다고 인정되면 소요자금의 일부를 보조하거나 융자할 수 있다.
> 1. 공동차고지 및 공영차고지 건설
> 2. 화물자동차 운수사업의 정보화
> 3. 낡은 차량의 대체
> 4. 연료비가 절감되거나 환경친화적인 화물자동차 등으로의 전환 및 이를 위한 시설·장비의 투자
> 5. 화물자동차 휴게소의 건설
> 6. 화물자동차 운수사업의 서비스 향상을 위한 시설·장비의 확충과 개선
> 7. 화물자동차의 감차
> 8. 그 밖에 긴급한 공익적 목적을 위하여 일시적으로 화물운송에 대체 사용된 차량에 대한 피해의 보상

키워드 18 공영차고지

41

화물자동차 운수사업법령상 공영차고지를 설치하여 직접 운영할 수 있는 자가 아닌 것은? 기출 23년

① 도지사
② 자치구의 구청장
③ 「지방공기업법」에 따른 지방공사
④ 「한국토지주택공사법」에 따른 한국토지주택공사
⑤ 「한국농수산식품유통공사법」에 따른 한국농수산식품유통공사

> **해설** 공영차고지 설치·운영(법 제45조)
> • 특별시장·광역시장·특별자치시장·도지사·특별자치도지사
> • 시장·군수·구청장(자치구의 구청장)
> • 공공기관 중 대통령령으로 정하는 공공기관 : 인천국제공항공사, 한국공항공사, 한국도로공사, 한국철도공사, 한국토지주택공사, 항만공사
> • 「지방공기업법」에 따른 지방공사

42

화물자동차 운수사업법상 공영차고지에 관한 설명으로 옳지 않은 것은? 기출 19년

① 「공공기관의 운영에 관한 법률」에 따른 공공기관 중 대통령령으로 정하는 공공기관은 공영차고지를 설치하여 직접 운영할 수 있다.
② 도지사는 공영차고지를 설치하여 운송사업자에게 운영을 위탁할 수 있다.
③ 군수는 공영차고지를 설치하여 운송가맹사업자에게 임대할 수 있다.
④ 「지방공기업법」에 따른 지방공사가 공영차고지의 설치·운영에 관한 계획을 수립하는 경우에는 미리 시·도지사의 인가를 받아야 한다.
⑤ 시·도지사를 제외한 차고지설치자가 인가받은 공영차고지의 설치·운영에 관한 계획을 변경하려면 미리 시·도지사에게 신고하여야 한다.

> **해설** ⑤ 시·도지사를 제외한 차고지설치자가 설치·운영계획을 수립하는 경우에는 미리 시·도지사의 인가를 받아야 한다. 인가받은 계획을 변경하려는 경우에도 또한 같다(법 제45조 제3항).

키워드 ⑲ 경영의 위·수탁

43

화물자동차 운수사업법령상 위·수탁계약에 관한 설명으로 옳은 것을 모두 고른 것은? 기출 22년

> ㄱ. 위·수탁차주가 화물운송 종사자격을 갖추지 아니한 경우는 위·수탁계약을 지속하기 어려운 중대한 사유가 있는 경우에 해당한다.
> ㄴ. 국토교통부장관이 공정거래위원회와 협의하여 표준 위·수탁계약서를 고시한 경우, 위·수탁계약의 당사자는 이를 사용하여야 한다.
> ㄷ. 위·수탁계약의 내용이 당사자 일방에게 현저하게 불공정한 경우로서 계약불이행에 따른 당사자의 손해배상책임을 과도하게 경감하여 정함으로써 상대방의 정당한 이익을 침해한 경우 그 부분에 한정하여 무효로 한다.

① ㄱ
② ㄴ
③ ㄱ, ㄷ
④ ㄴ, ㄷ
⑤ ㄱ, ㄴ, ㄷ

해설 ㄴ. 국토교통부장관은 건전한 거래질서의 확립과 공정한 계약의 정착을 위하여 표준 위·수탁계약서를 고시하여야 하고, 이를 우선적으로 사용하도록 권고할 수 있다(법 제40조 제4항).

44

화물자동차 운수사업법상 위·수탁계약의 해지 등에 관한 조문의 일부이다. ( )에 들어갈 숫자를 바르게 나열한 것은? 기출 21년

> 운송사업자는 위·수탁계약을 해지하려는 경우에는 위·수탁차주에게 (ㄱ)개월 이상의 유예기간을 두고 계약의 위반 사실을 구체적으로 밝히고 이를 시정하지 아니하면 그 계약을 해지한다는 사실을 서면으로 (ㄴ)회 이상 통지하여야 한다. 다만, 대통령령으로 정하는 바에 따라 위·수탁계약을 지속하기 어려운 중대한 사유가 있는 경우에는 그러하지 아니하다.

① ㄱ : 1, ㄴ : 1
② ㄱ : 2, ㄴ : 2
③ ㄱ : 2, ㄴ : 3
④ ㄱ : 3, ㄴ : 2
⑤ ㄱ : 3, ㄴ : 3

해설 ② 운송사업자는 위·수탁계약을 해지하려는 경우에는 위·수탁차주에게 2개월 이상의 유예기간을 두고 계약의 위반사실을 구체적으로 밝히고 이를 시정하지 아니하면 그 계약을 해지한다는 사실을 서면으로 2회 이상 통지하여야 한다. 다만, 대통령령으로 정하는 바에 따라 위·수탁계약을 지속하기 어려운 중대한 사유가 있는 경우에는 그러하지 아니하다(법 제40조의3 제1항).

45

화물자동차 운수사업법령상 경영의 위·수탁에 관한 설명으로 옳은 것은? 기출 21년

① 운송사업자는 필요한 경우 다른 사람에게 차량과 그 경영의 전부를 위탁할 수 있다.
② 위·수탁계약의 기간은 2년 이상으로 하여야 한다.
③ 위·수탁계약의 내용이 계약불이행에 따른 당사자의 손해배상책임을 과도하게 가중하여 정함으로써 상대방의 정당한 이익을 침해한 경우에는 위·수탁계약 전부를 무효로 한다.
④ 화물운송사업분쟁조정협의회가 위·수탁계약의 분쟁을 심의한 결과 조정안을 작성하여 분쟁당사자에게 제시하면 분쟁당사자는 이에 따라야 한다.
⑤ 운송사업자가 위·수탁계약의 갱신 요구를 거절하는 경우에는 그 요구를 받은 날부터 30일 이내에 위·수탁차주에게 거절 사유를 적어 서면으로 통지하여야 한다.

해설 ① 운송사업자는 화물자동차 운송사업의 효율적인 수행을 위하여 필요하면 다른 사람(운송사업자를 제외한 개인을 말한다)에게 차량과 그 경영의 일부를 위탁하거나 차량을 현물출자한 사람에게 그 경영의 일부를 위탁할 수 있다(법 제40조 제1항).
③ 위·수탁계약의 내용이 계약불이행에 따른 당사자의 손해배상책임을 과도하게 경감하거나 가중하여 정함으로써 상대방의 정당한 이익을 침해한 경우에는 그 부분에 한정하여 무효로 한다(법 제40조 제7항 제3호).
④ 협의회는 심의 결과 조정안을 작성하여 분쟁당사자에게 권고할 수 있다. 다만, 분쟁의 성격·빈도 및 중요성 등을 고려하여 필요하다고 인정하는 경우에는 분쟁당사자 간의 자율적인 분쟁해결을 권고할 수 있다(영 9조의9 제5항).
⑤ 운송사업자가 위·수탁계약의 갱신 요구를 거절하는 경우에는 그 요구를 받은 날부터 15일 이내에 위·수탁차주에게 거절 사유를 적어 서면으로 통지하여야 한다(법 제40조의2 제2항).

키워드 20 화물자동차 휴게소

46

화물자동차 운수사업법령상 화물자동차 휴게소에 관한 설명으로 옳은 것은? 기출 22년

① 국토교통부장관은 휴게소 종합계획을 10년 단위로 수립하여야 한다.
② 국토교통부장관은 휴게소 종합계획을 수립하는 경우 미리 시·도지사의 의견을 듣고 관계 중앙행정기관의 장과 협의하여야 한다.
③ 「한국공항공사법」에 따른 한국공항공사는 화물자동차 휴게소 건설사업을 할 수 있는 공공기관에 해당하지 않는다.
④ 휴게소 건설사업 시행자는 그 건설계획을 수립하면 이를 공고하고, 관계 서류의 사본을 10일 이상 일반인이 열람할 수 있도록 하여야 한다.
⑤ 「항만법」에 따른 항만이 위치한 지역으로서 화물자동차의 일일 평균 왕복 교통량이 1만5천대인 지역은 화물자동차 휴게소의 건설 대상지역에 해당하지 않는다.

해설 ① 국토교통부장관은 휴게소 종합계획을 5년 단위로 수립하여야 한다(법 제46조의2 제1항).
③ 한국공항공사는 화물자동차 휴게소 건설사업을 할 수 있는 공공기관에 해당한다(법 제46조의3 제1항 제2호, 영 제9조의19 제8호).
④ 휴게소 건설사업 시행자는 그 건설계획을 수립하면 이를 공고하고, 관계 서류의 사본을 20일 이상 일반인이 열람할 수 있도록 하여야 한다(법 제46조의3 제4항).
⑤ 「항만법」에 따른 항만 또는 「산업입지 및 개발에 관한 법률」에 따른 산업단지 등이 위치한 지역으로서 화물자동차의 일일 평균 교통량이 1만5천대 이상인 지역은 화물자동차 휴게소의 건설 대상지역에 해당한다(규칙 제43조의3 제1항).

키워드 ㉑ 공제조합

47

화물자동차 운수사업법령상 공제조합에 관한 설명으로 옳지 않은 것은? 기출 24년

① 공제조합을 설립하려면 공제조합의 조합원 자격이 있는 자의 10분의 1 이상이 발기하고, 조합원 자격이 있는 자 200인 이상의 동의를 받아 창립총회에서 정관을 작성한 후 국토교통부장관에게 인가를 신청하여야 한다.
② 공제조합은 공제사업에 관한 사항을 심의·의결하고 그 업무집행을 감독하기 위하여 운영위원회를 둔다.
③ 국토교통부장관은 운송사업자로 구성된 협회 등이 각각 연합회를 설립하는 경우, 연합회(연합회가 설립되지 아니한 경우에는 그 업종을 말함)별로 하나의 공제조합만을 인가하여야 한다.
④ 연합회가 공제사업을 하는 경우의 운영위원회 위원은 시·도별 협회의 대표 전원을 포함하여 25명 이내로 한다.
⑤ 공제조합은 결산기마다 그 사업의 종류에 따라 공제금에 충당하기 위한 책임준비금 및 지급준비금을 계상하고 이를 적립하여야 한다.

해설 ④ 연합회가 공제사업을 하는 경우의 운영위원회 위원은 시·도별 협회의 대표 전원을 포함하여 37명 이내로 한다(법 제51조의4 제2항).

48

화물자동차 운수사업법상 공제조합에 관한 규정 내용이다. ( )에 들어갈 내용을 바르게 나열한 것은? 기출 20년

> 공제조합을 설립하려면 공제조합의 조합원 자격이 있는 자의 (ㄱ) 이상이 발기하고, 조합원 자격이 있는 자 (ㄴ)인 이상의 동의를 받아 창립총회에서 정관을 작성한 후 국토교통부장관에게 인가를 신청하여야 한다.

① ㄱ : 5분의 1, ㄴ : 50
② ㄱ : 5분의 1, ㄴ : 100
③ ㄱ : 5분의 1, ㄴ : 200
④ ㄱ : 10분의 1, ㄴ : 100
⑤ ㄱ : 10분의 1, ㄴ : 200

해설 ⑤ 공제조합을 설립하려면 공제조합의 조합원 자격이 있는 자의 10분의 1 이상이 발기하고, 조합원 자격이 있는 자 200인 이상의 동의를 받아 창립총회에서 정관을 작성한 후 국토교통부장관에게 인가를 신청하여야 한다(법 제51조의3 제1항).

키워드 ㉒ 사업자단체

49

화물자동차 운수사업법령상 사업자단체에 관한 설명으로 옳지 않은 것은? (단, 협회는 화물자동차 운수사업법 제48조의 협회로 함) 기출 23년

① 운수사업자의 협회 설립은 화물자동차 운송사업, 화물자동차 운송주선사업 및 화물자동차 운송가맹사업의 종류별 또는 시·도별로 할 수 있다.
② 협회는 개인화물자동차 운송사업자의 화물자동차를 운전하는 사람에 대한 경력증명서 발급에 필요한 사항을 기록·관리하고, 운송사업자로부터 경력증명서 발급을 요청받은 경우 경력증명서를 발급해야 한다.
③ 협회의 사업에는 국가나 지방자치단체로부터 위탁받은 업무가 포함된다.
④ 협회는 국토교통부장관의 허가를 받아 적재물배상 공제사업 등을 할 수 있다.
⑤ 화물자동차 휴게소 사업시행자는 화물자동차 휴게소의 운영을 협회에게 위탁할 수 있다.

> **해설** ④ 운수사업자가 설립한 협회의 연합회는 국토교통부장관의 허가를 받아 운수사업자의 자동차 사고로 인한 손해배상 책임의 보장사업 및 적재물배상 공제사업 등을 할 수 있다(법 제51조 제1항).

키워드 ㉓ 자가용 화물자동차 등

50

화물자동차 운수사업법령상 자가용 화물자동차의 사용에 관한 설명으로 옳은 것은? 기출 20년

① 특수자동차를 제외한 화물자동차로서 최대 적재량이 2.5톤 이상인 자가용 화물자동차는 사용신고대상이다.
② 자가용 화물자동차를 사용하여 화물자동차 운송사업을 경영한 경우 국토교통부장관은 6개월 이내의 기간을 정하여 그 자동차의 사용을 제한하거나 금지할 수 있다.
③ 이 법을 위반하여 자가용 화물자동차를 유상으로 화물운송용으로 제공하거나 임대한 자에게는 1천만원 이하의 과태료를 부과한다.
④ 시·도지사는 자가용 화물자동차를 무상으로 화물운송용으로 제공한 자를 수사기관에 신고한 자에 대하여 대통령령으로 정하는 바에 따라 포상금을 지급할 수 있다.
⑤ 자가용 화물자동차로서 대통령령으로 정하는 화물자동차로 사용하려는 자는 국토교통부령으로 정하는 기준에 따라 시·도지사의 허가를 받아야 한다.

> **해설** ② 자가용 화물자동차를 사용하여 화물자동차 운송사업을 경영한 경우 시·도지사는 6개월 이내의 기간을 정하여 그 자동차의 사용을 제한하거나 금지할 수 있다(법 제56조의2 제1항).
> ③ 이 법을 위반하여 자가용 화물자동차를 유상으로 화물운송용으로 제공하거나 임대한 자에게는 500만원 이하의 과태료를 부과한다(법 제70조 제2항 제23의2호).
> ④ 시·도지사는 자가용 화물자동차를 유상으로 화물운송용으로 제공한 자를 시·도지사나 수사기관에 신고 또는 고발한 자에 대하여 대통령령으로 정하는 바에 따라 포상금을 지급할 수 있다(법 제60조의2 제1항 제1호).
> ⑤ 자가용 화물자동차로서 대통령령으로 정하는 화물자동차로 사용하려는 자는 국토교통부령으로 정하는 사항을 시·도지사에게 신고하여야 한다(법 제55조 제1항 전단).

CHAPTER 04 시험에 꼭 나오는 필수문제

01 항만운송사업법상 항만운송에 해당하지 않는 것은? 기출 22년

① 타인의 수요에 응하여 하는 행위로서 「해운법」에 따른 해상화물운송사업자가 하는 운송
② 타인의 수요에 응하여 하는 행위로서 항만에서 뗏목으로 편성하여 운송된 목재를 수면 목재저장소에 들여놓는 행위
③ 타인의 수요에 응하여 하는 행위로서 항만에서 화물을 선박에 싣거나 선박으로부터 내리는 일
④ 타인의 수요에 응하여 하는 행위로서 항만에서 선박 또는 부선을 이용하여 운송될 화물을 하역장에서 내가는 행위
⑤ 타인의 수요에 응하여 하는 행위로서 항만이나 지정구간에서 목재를 뗏목으로 편성하여 운송하는 행위

해설 다음의 어느 하나에 해당하는 운송은 항만운송으로 보지 않는다(법 제2조 제5호).
- 「해운법」에 따른 해상화물운송사업자가 하는 운송
- 「해운법」에 따른 해상여객운송사업자가 여객선을 이용하여 하는 여객운송에 수반되는 화물운송
- 해양수산부령으로 정하는 운송

기출문제 엿보기
- ☑ 항만운송사업법령상 항만운송의 유형으로 분류할 수 없는 것은? 21년
- ☑ 항만운송사업법령상 타인의 수요에 응하여 하는 행위로서 항만운송에 해당하는 것은? 20년
- ☑ 항만운송사업법령상 "항만운송"에 해당하지 않는 것은? 17년
- ☑ 항만운송사업법령상 항만운송에서 제외되는 운송을 모두 고른 것은? 15년

02 항만운송사업법령상 항만운송사업에 관한 설명으로 옳지 않은 것은? 기출 23년

① 항만하역사업의 등록신청서에 첨부하여야 하는 사업계획에는 사업에 제공될 수면 목재저장소의 수, 위치 및 면적이 포함되어야 한다.
② 항만운송사업의 등록을 신청하려는 자가 법인인 경우 등록신청서에 정관을 첨부하여야 한다.
③ 검수사의 자격이 취소된 날부터 2년이 지나지 아니한 사람은 검수사의 자격을 취득할 수 없다.
④ 「민사집행법」에 따른 경매에 따라 항만운송사업의 시설·장비 전부를 인수한 자는 종전의 항만운송사업자의 권리·의무를 승계한다.
⑤ 항만하역사업의 등록을 한 자는 컨테이너 전용 부두에서 취급하는 컨테이너 화물에 대하여 그 운임과 요금을 정하여 관리청의 인가를 받아야 한다.

해설 ⑤ 항만하역사업의 등록을 한 자는 컨테이너 전용 부두에서 취급하는 컨테이너 화물에 대하여 그 운임과 요금을 정하여 관리청에 신고하여야 한다(법 제10조 제2항, 규칙 제15조의2 제2항).
① 법 제5조 제1항, 규칙 제5조 제5호 아목
② 법 제5조 제1항, 규칙 제4조 제1항 제1호 가목
③ 법 제8조 제5호
④ 법 제23조 제2항 제1호

기출문제 엿보기
- ☑ 항만운송사업법령상 항만운송사업에 관한 설명으로 옳은 것은? 22·14년
- ☑ 항만운송사업법상 항만운송사업의 등록에 관한 설명으로 옳지 않은 것은? 19년
- ☑ 항만운송사업법령상 항만운송사업의 운임 및 요금에 관한 설명으로 옳지 않은 것은? 19년
- ☑ 항만운송사업법상 항만운송사업에 관한 설명으로 옳지 않은 것은? 15년

03 항만운송사업법령상 항만용역업의 내용에 해당하지 않는 것은? 기출 23년

① 통선(通船)으로 본선(本船)과 육지 사이에서 사람이나 문서 등을 운송하는 행위를 하는 사업
② 본선을 경비(警備)하는 행위나 본선의 이안(離岸) 및 접안(接岸)을 보조하기 위하여 줄잡이 역무(役務)를 제공하는 행위를 하는 사업
③ 선박의 청소[유창(油艙) 청소는 제외한다], 오물 제거, 소독, 폐기물의 수집·운반, 화물 고정, 칠 등을 하는 행위를 하는 사업
④ 선박에 음료, 식품, 소모품, 밧줄, 수리용 예비부분품 및 부속품, 집기, 그 밖에 이와 유사한 선용품을 공급하는 행위를 하는 사업
⑤ 선박에서 사용하는 맑은 물을 공급하는 행위를 하는 사업

해설 ④ 선박에 음료, 식품, 소모품, 밧줄, 수리용 예비부분품 및 부속품, 집기, 그 밖에 이와 유사한 선용품을 공급하는 행위를 하는 사업은 선용품공급업에 해당한다(영 제2조 제2호).

기출문제 엿보기

☑ 항만운송사업법령상 항만운송관련사업에 관한 설명으로 옳은 것은? 18년
☑ 항만운송사업법령상 항만용역업에 속하지 않는 것은? 18년
☑ 항만운송사업법령상 항만운송관련사업에 관한 설명으로 ( )에 들어갈 내용을 바르게 나열한 것은? 16년
☑ 항만운송사업법령상 항만운송관련사업의 종류 중 항만용역업의 내용에 해당되지 않는 것은? 15년
☑ 항만운송사업법령상 항만운송관련사업에 관한 설명으로 옳지 않은 것은? 14년

04 항만운송사업법령상 감정사업의 등록을 한 자가 요금의 변경신고를 할 경우 제출 서류에 기재하여야 하는 사항을 모두 고른 것은? 기출 21년

> ㄱ. 사업의 종류
> ㄴ. 취급화물의 종류
> ㄷ. 항만명
> ㄹ. 변경하려는 요금의 적용방법

① ㄱ, ㄴ
② ㄷ, ㄹ
③ ㄱ, ㄴ, ㄹ
④ ㄴ, ㄷ, ㄹ
⑤ ㄱ, ㄴ, ㄷ, ㄹ

해설 항만명은 검수사업 요금의 설정신고 또는 변경신고할 때에만 기재한다. 감정사업, 검량사업에는 기재할 사항이 아니다(규칙 제15조 제3항).

기출문제 엿보기

☑ 「항만운송사업법」상 검수사 등에 관한 조문의 일부이다. ( )에 들어갈 것을 바르게 나열한 것은? 18년
☑ 항만운송사업법령상 검수사업·감정사업 및 검량사업의 등록기준에 관한 설명으로 옳은 것은? 16년

01 ① 02 ⑤ 03 ④ 04 ③

CHAPTER 04 항만운송사업법

〈법률 제19501호, 2023. 6. 20. 일부개정, 2023. 12. 21. 시행〉

핵심 포인트
- ☑ 항만운송의 정의와 제외 운송
- ☑ 항만운송사업과 항만운송관련사업의 종류
- ☑ 항만운송사업의 등록 및 신청
- ☑ 검수사등의 자격 및 등록
- ☑ 항만운송관련사업의 등록 및 신청
- ☑ 부두운영회사의 운영 등

CORE 01 총칙

1. 법의 목적과 용어의 정의

(1) 법의 목적(법 제1조)

이 법은 항만운송에 관한 질서를 확립하고, 항만운송사업의 건전한 발전을 도모하여 공공의 복리를 증진함을 목적으로 한다.

(2) 용어의 정의(법 제2조) 기출▶ 25년/ 22년/ 21년/ 20년/ 17년/ 15년/ 14년/ 13년

① 항만운송 : 타인의 수요에 응하여 하는 행위로서 다음의 어느 하나에 해당하는 것을 말한다.
  ㉠ 선박을 이용하여 운송된 화물을 화물주 또는 선박운항업자의 위탁을 받아 항만에서 선박으로부터 인수하거나 화물주에게 인도하는 행위
  ㉡ 선박을 이용하여 운송될 화물을 화물주 또는 선박운항업자의 위탁을 받아 항만에서 화물주로부터 인수하거나 선박에 인도하는 행위
  ㉢ ㉠ 또는 ㉡의 행위에 선행하거나 후속하여 ㉣부터 ㉤까지의 행위를 하나로 연결하여 하는 행위
  ㉣ 항만에서 화물을 선박에 싣거나 선박으로부터 내리는 일
  ㉤ 항만에서 선박 또는 부선을 이용하여 화물을 운송하는 행위, 해양수산부령으로 정하는 항만과 항만 외의 장소와의 사이(이하 "지정구간")에서 부선 또는 범선을 이용하여 화물을 운송하는 행위와 항만 또는 지정구간에서 부선 또는 뗏목을 예인선으로 끌고 항해하는 행위. 다만, 다음의 어느 하나에 해당하는 운송은 제외한다.

> 1. 「해운법」에 따른 해상화물운송사업자가 하는 운송
> 2. 「해운법」에 따른 해상여객운송사업자가 여객선을 이용하여 하는 여객운송에 수반되는 화물 운송
> 3. 선박에서 사용하는 물품을 공급하기 위한 운송
> 4. 선박에서 발생하는 분뇨 및 폐기물의 운송
> 5. 탱커선 또는 어획물운반선(어업장에서부터 양륙지까지 어획물 또는 그 제품을 운반하는 선박)에 의한 운송

ⓑ 항만에서 선박 또는 부선을 이용하여 운송된 화물을 창고 또는 하역장(수면 목재저장소는 제외)에 들여놓는 행위

ⓢ 항만에서 선박 또는 부선을 이용하여 운송될 화물을 하역장에서 내가는 행위

ⓞ 항만에서 화물을 하역장에서 싣거나 내리거나 보관하는 행위

ⓩ 항만에서 화물을 부선에 싣거나 부선으로부터 내리는 행위

ⓒ 항만이나 지정구간에서 목재를 뗏목으로 편성하여 운송하는 행위

㉠ 항만에서 뗏목으로 편성하여 운송된 목재를 수면 목재저장소에 들여놓는 행위나, 선박 또는 부선을 이용하여 운송된 목재를 수면 목재저장소에 들여놓는 행위

㉡ 항만에서 뗏목으로 편성하여 운송될 목재를 수면 목재저장소로부터 내가는 행위나, 선박 또는 부선을 이용하여 운송될 목재를 수면 목재저장소로부터 내가는 행위

㉣ 항만에서 목재를 수면 목재저장소에서 싣거나 내리거나 보관하는 행위

ⓗ 선적화물을 싣거나 내릴 때 그 화물의 개수를 계산하거나 그 화물의 인도·인수를 증명하는 일(이하 검수)

㉮ 선적화물 및 선박(부선 포함)에 관련된 증명·조사·감정을 하는 일(이하 감정)

㉯ 선적화물을 싣거나 내릴 때 그 화물의 용적 또는 중량을 계산하거나 증명하는 일(이하 검량)

② **항만** : "항만"이란 다음의 어느 하나에 해당하는 것을 말한다.

㉠ 「항만법」에 따른 항만 중 해양수산부령으로 지정하는 항만(항만시설을 포함)

㉡ 「항만법」에 따른 항만 외의 항만으로서 해양수산부령으로 수역을 정하여 지정하는 항만(항만시설을 포함)

㉢ 「항만법」에 따라 해양수산부장관이 지정·고시한 항만시설

③ **부두운영회사** : 항만하역사업 및 그 부대사업을 수행하기 위하여 항만시설운영자 또는 항만공사(이하 항만시설운영자 등)와 부두운영계약을 체결하고, 항만시설 및 그 항만시설의 운영에 필요한 장비·부대시설 등을 일괄적으로 임차하여 사용하는 자를 말한다. 다만, 다음의 어느 하나에 해당하는 자는 제외한다.

㉠ 항만공사와 임대차계약을 체결하고, 해양수산부장관이 컨테이너 부두로 정하여 고시한 항만시설을 임차하여 사용하는 자

㉡ 그 밖에 특정 화물에 대하여 전용 사용되는 등 해양수산부장관이 부두운영회사가 운영하기에 적합하지 아니하다고 인정하여 고시한 항만시설을 임차하여 사용하는 자

④ **관리청** : 항만운송사업·항만운송관련사업 및 항만종합서비스업의 등록, 신고 및 관리 등에 관한 행정업무를 수행하는 다음의 구분에 따른 행정관청을 말한다.

㉠ 국가관리무역항 및 국가관리연안항 : 해양수산부장관

㉡ 지방관리무역항 및 지방관리연안항 : 특별시장·광역시장·도지사 또는 특별자치도지사(이하 시·도지사)

⑤ **항만종합서비스업** : 항만용역업(이안 및 접안을 보조하기 위하여 줄잡이 역무를 제공하는 행위 및 화물 고정 행위가 포함)과 검수사업·감정사업 및 검량사업 중 1개 이상의 사업을 포함하는 내용의 사업을 말한다.

2. 사업의 종류

(1) 항만운송사업 기출 22년/ 14년/ 13년

① 정의 : 영리를 목적으로 하는지 여부에 관계없이 항만운송을 하는 사업을 말한다(법 제2조 제2항).
② 사업의 종류(법 제3조)

> 1. 항만하역사업(항만운송의 행위를 하는 사업)
> 2. 검수사업(검수의 행위를 하는 사업)
> 3. 감정사업(감정을 하는 사업)
> 4. 검량사업(검량의 행위를 하는 사업)

(2) 항만운송관련사업 기출 25년/ 23년/ 20년/ 18년/ 15년/ 14년

① 정의 : 항만에서 선박에 물품이나 역무를 제공하는 항만용역업 · 선용품공급업 · 선박연료공급업 · 선박수리업 및 컨테이너수리업을 말하며, 업종별 사업의 내용은 대통령령으로 정한다. 이 경우 선용품공급업은 건조 중인 선박 또는 해상구조물 등에 선용품을 공급하는 경우를 포함한다(법 제2조 제4항).
② 사업의 종류(영 제2조)

항만용역업	• 통선으로 본선과 육지 사이에서 사람이나 문서 등을 운송하는 행위 • 본선을 경비하는 행위나 본선의 이안 및 접안을 보조하기 위하여 줄잡이 역무를 제공하는 행위 • 선박의 청소[유창 청소는 제외], 오물 제거, 소독, 폐기물의 수집 · 운반, 화물 고정, 칠 등을 하는 행위 • 선박에서 사용하는 맑은 물을 공급하는 행위
선용품공급업	선박(건조 중인 선박 및 해양구조물 등을 포함한다)에 음료, 식품, 소모품, 밧줄, 수리용 예비부분품 및 부속품, 집기, 그 밖에 이와 유사한 선용품을 공급하는 사업
선박연료공급업	선박용 연료를 공급하는 사업
선박수리업	선체, 기관 등 선박시설 및 설비를 수리, 교체 또는 도색하는 사업
컨테이너수리업	컨테이너를 수리하는 사업

CORE 02 항만운송사업

1. 항만운송사업의 등록

(1) 사업의 등록(법 제4조) 기출 22년/ 21년/ 19년/ 15년/ 14년/ 13년

① 등록관청 : 항만운송사업을 하려는 자는 항만하역사업, 감정사업, 검수사업, 검량사업의 **종류별**로 관리청에 등록하여야 한다. ← 항만별(×)
② 사업의 등록 : 항만하역사업과 검수사업은 항만별로 등록한다.
③ 항만하역사업의 등록구분 : 항만하역사업의 등록은 이용자별 · 취급화물별 또는 「항만법」의 항만시설별로 등록하는 한정하역사업과 그 외의 일반하역사업으로 구분하여 행한다.

(2) 등록의 신청(법 제5조) 기출▶ 23년/19년/13년

① 등록신청 방법
  ㉠ 항만운송사업의 등록을 신청하려는 자는 해양수산부령으로 정하는 바에 따라 사업계획을 첨부한 등록신청서를 관리청에 제출하여야 한다.
  ㉡ 항만운송사업의 등록을 신청하려는 자는 항만운송사업 등록신청서(전자문서로 된 신청서 포함)에 사업계획서와 다음에 따른 서류를 첨부하여 지방해양수산청장 또는 특별시장·광역시장·도지사·특별자치도지사(이하 시·도지사)에게 제출하여야 한다(규칙 제4조 제1항).

> 1. 신청인이 법인인 경우 : 정관, 직전 사업연도의 재무제표(기존의 법인만 제출)
> 2. 신청인이 개인인 경우 : 재산 상태를 기재한 서류

② 등록증 발급 : 관리청은 항만운송사업의 등록신청을 받으면 사업계획과 등록기준을 검토한 후 등록요건을 모두 갖추었다고 인정하는 경우에는 해양수산부령으로 정하는 바에 따라 등록증을 발급하여야 한다.

(3) 등록기준(법 제6조) 기출▶ 21년/ 16년

① 등록에 필요한 시설·자본금·노동력 등에 관한 기준은 대통령령으로 정한다. 다만, 관리청은 한정하역사업에 대하여는 이용자·취급화물 또는 항만시설의 특성을 고려하여 그 등록기준을 완화할 수 있다.

② 항만하역사업의 등록기준(영 별표 1)

구분	사업종류 항만별 / 내용	일반하역사업 1급지 (부산항, 인천항, 울산항, 포항항, 광양항)	2급지 (여수항, 마산항, 동해·묵호항, 군산항, 평택·당진항)	3급지 (1급지와 2급지를 제외한 항)	한정하역사업
1. 시설	시설평가액 (해양수산부령으로 정하는 하역장비의 평가액이 총시설평가액의 3분의 2 이상이어야 한다)	10억원 이상	5억원 이상	1억원 이상	일반하역사업의 등록기준을 적용하되, 관리청은 이용자, 취급화물 또는 항만시설의 특성을 고려하여 그 등록기준을 완화할 수 있다.
2. 자본금		2억원 이상	1억원 이상	5천만원 이상	

③ 검수사업 · 감정사업 및 검량사업의 등록기준(영 별표 2)

구분	검수사업			감정사업	검량사업
	1급지 (부산항, 인천항, 울산항, 포항항, 광양항)	2급지 (마산항, 군산항)	3급지 (1급지와 2급지를 제외한 항)		
1. 자본금	5천만원 이상	5천만원 이상	5천만원 이상	5천만원 이상	5천만원 이상
2. 검수사	가. 부산항 : 40명 이상 나. 인천항 : 25명 이상 다. 울산항, 포항항, 광양항 : 7명 이상	3명 이상	2명 이상		
3. 감정사				6명 이상	
4. 검량사					6명 이상

(4) 검수사등의 자격 및 등록 기출 23년/ 22년/ 18년/ 17년

① 검수사등의 등록(법 제7조)
  ㉠ 검수사 · 감정사 또는 검량사(이하 검수사등)가 되려는 자는 해양수산부장관이 실시하는 자격시험에 합격한 후 해양수산부령으로 정하는 바에 따라 해양수산부장관에게 등록하여야 한다.
  ㉡ 검수사등 자격시험의 시행일을 기준으로 결격사유에 해당하는 사람은 검수사등 자격시험에 응시할 수 없다.

② 부정행위자에 대한 제재(법 제7조의2)
  ㉠ 해양수산부장관은 검수사등의 자격시험에서 부정행위를 한 응시자에 대하여 그 시험을 정지 또는 무효로 하고, 그 시험을 정지하거나 무효로 한 날부터 3년간 같은 종류의 자격시험 응시자격을 정지한다.
  ㉡ 해양수산부장관은 처분을 하려는 경우에는 미리 그 처분 내용과 사유를 부정행위를 한 응시자에게 통지하여 소명할 기회를 주어야 한다.

③ 검수사등의 결격사유(법 제8조)
  다음의 어느 하나에 해당하는 사람은 검수사등의 자격을 취득할 수 없다.

> 1. 미성년자
> 2. 피성년후견인 또는 피한정후견인 → 파산선고를 받은 사람(×)
> 3. 이 법 또는 「관세법」에 따른 죄를 범하여 금고 이상의 형의 선고를 받고 그 집행이 끝나거나(집행이 끝난 것으로 보는 경우를 포함한다) 집행이 면제된 날부터 3년이 지나지 아니한 사람
> 4. 이 법 또는 「관세법」에 따른 죄를 범하여 금고 이상의 형의 집행유예를 선고받고 그 유예기간 중에 있는 사람
> 5. 검수사등의 자격이 취소된 날부터 2년이 지나지 아니한 사람 → 검수사등의 자격이 취소된 날부터 3년이 지난 사람(×)

④ 자격증 대여 등의 금지(법 제8조의2)
  ㉠ 검수사등은 다른 사람에게 자기의 성명을 사용하여 검수사등의 업무를 하게 하거나 자기의 검수사등의 자격증을 양도 또는 대여하여서는 아니 된다.
  ㉡ 누구든지 다른 사람의 검수사등의 자격증을 양수하거나 대여받아 사용하여서는 아니 된다.
  ㉢ 누구든지 다른 사람의 검수사등의 자격증의 양도 · 양수 또는 대여를 알선해서는 아니 된다.

⑤ 자격의 취소 등(법 제8조의3)
  ㉠ 취소권자 : 해양수산부장관
  ㉡ 취소 사유

> 1. 거짓이나 그 밖의 부정한 방법으로 검수사등의 자격을 취득한 경우
> 2. 다른 사람에게 자기의 성명을 사용하여 검수사등의 업무를 하게 하거나 검수사등의 자격증을 다른 사람에게 양도 또는 대여한 경우

⑥ 등록의 말소(법 제9조)
  ㉠ 말소권자 : 해양수산부장관
  ㉡ 등록 말소 사유 : 업무를 폐지한 경우, 사망한 경우

2. 운임 및 요금, 권리·의무의 승계, 등록 취소 등

(1) 운임 및 요금(법 제10조, 규칙 제15조의2) 기출▶ 23년/ 21년/ 19년/ 15년/ 13년

① 항만하역운임 및 요금의 인가·변경인가 : 항만하역사업의 등록을 한 자는 해양수산부령으로 정하는 바에 따라 운임과 요금을 정하여 관리청의 인가를 받아야 한다. 이를 변경할 때에도 또한 같다.

② 항만하역운임 및 요금의 신고·변경신고 : ①에도 불구하고 해양수산부령으로 정하는 항만시설에서 하역하는 화물 또는 해양수산부령으로 정하는 품목에 해당하는 화물에 대하여는 해양수산부령으로 정하는 바에 따라 그 운임과 요금을 정하여 **관리청에 신고**하여야 한다. 이를 변경할 때에도 또한 같다.
  └▸ 관리청에 인가(×)

> 1. 해양수산부령으로 정하는 항만시설 : 특정 화물주(貨物主)의 화물만을 취급하는 항만시설 또는 「항만법」에 따라 항만개발사업 시행허가를 받은 비관리청이나 「신항만건설촉진법」 또는 「사회기반시설에 대한 민간투자법」에 따라 지정된 사업시행자가 설치한 항만시설
> 2. 해양수산부령으로 정하는 품목에 해당하는 화물 : 컨테이너 전용 부두에서 취급하는 컨테이너 화물

③ 검수사업등 요금의 설정신고·변경신고
  ㉠ 검수사업·감정사업 또는 검량사업의 등록을 한 자는 해양수산부령으로 정하는 바에 따라 요금을 정하여 관리청에 미리 **신고**하여야 한다. 이를 변경할 때에도 또한 같다.
    └▸ 인가(×)
  ㉡ 검수사업·감정사업 또는 검량사업의 등록을 한 자는 요금의 설정신고 또는 변경신고를 할 때에는 다음의 사항을 기재한 서류(전자문서 포함)를 해양수산부장관, 지방해양수산청장 또는 시·도지사에게 제출하여야 한다(규칙 제15조 제3항).

> 1. 상호
> 2. 성명 및 주소
> 3. 사업의 종류
> 4. 취급화물의 종류
> 5. 항만명(검수사업만 해당)
> 6. 변경 전후의 요금 비교, 변경 사유와 변경 예정일(요금을 변경하는 경우만 해당)
> 7. 설정하거나 변경하려는 요금의 적용방법

④ 신고수리 여부의 통지 : 관리청은 ②에 따른 신고를 받은 경우 신고를 받은 날부터 30일 이내에, ③에 따른 신고를 받은 경우 신고를 받은 날부터 14일 이내에 신고수리 여부를 신고인에게 통지하여야 한다.

⑤ 신고수리 기한의 연장 등 : 관리청이 ④에서 정한 기간 내에 신고수리 여부 또는 민원 처리 관련 법령에 따른 처리기간의 연장을 신고인에게 통지하지 아니하면 그 기간(민원 처리 관련 법령에 따라 처리기간이 연장 또는 재연장된 경우에는 해당 처리기간)이 끝난 날의 다음 날에 신고를 수리한 것으로 본다.
↳ 끝난 날(×)

⑥ 표준운임 산출 등을 위한 협의체의 구성 및 운영 : 관리청은 인가에 필요한 경우 표준운임 산출 및 표준요금의 산정을 위하여 선박운항업자, 부두운영회사 등 이해관계자들이 참여하는 협의체를 구성·운영할 수 있다.

⑦ 신고된 운임 및 요금에 대한 조치 명령 : 관리청은 신고된 운임 및 요금에 대하여 항만운송사업의 건전한 발전과 공공복리의 증진을 위하여 필요하다고 인정할 때에는 이 운임 및 요금의 변경 또는 조정에 필요한 조치를 명할 수 있다.

(2) 권리·의무의 승계(법 제23조) 기출▶ 23년/ 21년/ 15년/ 14년

① 항만운송사업자의 등록에 따른 권리·의무 승계

다음의 어느 하나에 해당하는 자는 항만운송사업자의 등록에 따른 권리·의무를 승계한다.

> 1. 항만운송사업자가 사망한 경우 그 상속인
> 2. 항만운송사업자가 그 사업을 양도한 경우 그 양수인
> 3. 법인인 항만운송사업자가 합병한 경우 합병 후 존속하는 법인이나 합병으로 설립되는 법인

② 항만운송사업의 시설·장비 전부를 인수한 자의 권리·의무 승계

다음의 어느 하나에 해당하는 절차에 따라 항만운송사업의 시설·장비 전부를 인수한 자는 종전의 항만운송사업자의 권리·의무를 승계한다.

> 1. 「민사집행법」에 따른 경매
> 2. 「채무자 회생 및 파산에 관한 법률」에 따른 환가(換價)
> 3. 「국세징수법」, 「관세법」 또는 「지방세징수법」에 따른 압류재산의 매각
> 4. 그 밖에 1부터 3까지의 규정에 준하는 절차

(3) 사업의 정지 및 등록의 취소(법 제26조) 기출▶ 22년/ 18년/ 15년/ 14년

관리청은 항만운송사업자가 다음의 어느 하나에 해당하면 그 등록을 취소하거나 6개월 이내의 기간을 정하여 그 항만운송사업의 정지를 명할 수 있다. 다만, 5 또는 6에 해당하는 경우에는 그 등록을 취소하여야 한다.

> 1. 정당한 사유 없이 운임 및 요금을 인가·신고된 운임 및 요금과 다르게 받은 경우
> 2. 등록기준에 미달하게 된 경우
> 3. 항만운송사업자 또는 그 대표자가 「관세법」 제269조부터 제271조까지에 규정된 죄[밀수출입죄 및 관세포탈죄(미수범 포함, 가격조작죄)] 중 어느 하나의 죄를 범하여 공소가 제기되거나 통고처분을 받은 경우
> 4. 사업수행실적이 1년 이상 없는 경우
> 5. 부정한 방법으로 사업을 등록한 경우
> 6. 사업정지명령을 위반하여 그 정지기간에 사업을 계속한 경우 → 등록을 취소할 수 있다(×). 정지사유에 해당한다(×).

(4) 항만종합서비스업의 등록 등(법 제26조의2)

① 항만종합서비스업을 하려는 자는 대통령령으로 정하는 자본금, 노동력 등에 관한 기준을 갖추어 관리청에 등록하여야 한다.
② 항만종합서비스업의 등록을 신청하려는 자는 해양수산부령으로 정하는 바에 따라 사업계획을 첨부한 등록신청서를 관리청에 제출하여야 한다. 이 경우 등록증 발급에 관하여는 제5조 제2항을 준용한다.
③ 항만종합서비스업의 등록을 한 자(이하 항만종합서비스업자)는 항만종합서비스업의 각각의 사업의 등록을 한 자로 본다.
④ 항만종합서비스업자의 권리 · 의무의 승계, 사업의 정지 및 등록의 취소 등에 대하여는 제23조 및 제26조를 준용한다. 이 경우 "항만운송사업자"는 "항만종합서비스업자"로 본다.

CORE 03 항만운송관련사업

1. 항만운송관련사업의 등록 등

(1) 사업의 등록(법 제26조의3) 기출▶ 21년/ 18년/ 16년/ 11년

① 항만운송관련사업을 하려는 자는 항만별 · 업종별로 해양수산부령으로 정하는 바에 따라 관리청에 등록하여야 한다. 다만, 선용품공급업을 하려는 자는 해양수산부령으로 정하는 바에 따라 해양수산부장관에게 신고하여야 한다.
② 항만운송관련사업의 등록을 하려는 자는 해양수산부령으로 정하는 바에 따라 등록신청서에 사용하려는 장비의 목록이 포함된 사업계획서 등을 첨부하여 관리청에 제출하여야 한다.
③ 항만운송관련사업 중 선박연료공급업을 등록한 자는 사용하려는 장비를 추가하거나 그 밖에 사업계획 중 해양수산부령으로 정하는 사항을 변경하려는 경우 해양수산부령으로 정하는 바에 따라 관리청에 **사업계획 변경신고를 하여야 한다.** → 사업계획 변경신고를 하지 않아도 된다(×)
④ 관리청은 ① 단서에 따른 신고를 받은 경우 신고를 받은 날부터 6일 이내에, ③에 따른 신고를 받은 경우 신고를 받은 날부터 5일 이내에 신고수리 여부를 신고인에게 통지하여야 한다.
⑤ 관리청이 ④에서 정한 기간 내에 신고수리 여부 또는 민원 처리 관련 법령에 따른 처리기간의 연장을 신고인에게 통지하지 아니하면 그 기간(민원 처리 관련 법령에 따라 처리기간이 연장 또는 재연장된 경우에는 해당 처리기간)이 끝난 날의 다음 날에 신고를 수리한 것으로 본다.
⑥ 선박수리업과 선용품공급업의 영업구역은 이 법에서 정한 항만시설로 하고, 「해운법」에 따라 내항 화물운송사업 등록을 한 선박연료공급선(운항구간의 제한을 받지 아니하는 선박에 한정)은 영업구역의 제한을 받지 아니한다.

(2) 사업의 등록 신청 및 신고(규칙 제26조) 기출▶ 18년

① 항만운송관련사업의 등록을 신청하거나 신고를 하려는 자는 항만운송관련사업(항만용역업 · 선박연료공급업 · 선박수리업 · 컨테이너수리업) 등록신청서(전자문서 신청서 포함) 또는 선용품공급업 신고서(전자문서 신고서 포함)에 사업계획서(물품공급업 제외)와 다음의 서류를 첨부하여 지방해양수산청장 또는 시 · 도지사에게 제출하여야 한다.

> 1. 정관(법인인 경우에만 제출)
> 2. 재산 상태를 기재한 서류   항만용역업(×)
> 3. 부두시설 등 항만시설을 사용하는 경우에는 해당 항만시설의 사용허가서 사본(선박수리업 및 컨테이너수리업의 경우에만 제출)

② 신청서 또는 신고서를 제출받은 지방해양수산청장 또는 시·도지사는 「전자정부법」에 따른 행정정보의 공동이용을 통하여 법인 등기사항증명서(법인인 경우만 해당) 또는 주민등록표 초본(개인인 경우만 해당)을 확인하여야 한다. 다만, 주민등록표 초본의 경우 신청인 또는 신고인이 확인에 동의하지 아니하면 이를 첨부하게 하여야 한다.

③ 사업계획서에는 다음의 사항이 포함되어야 한다.

> 1. 사업의 개요
> 2. 종사자의 현황
> 3. 보유 시설 및 장비의 목록과 현황
> 4. 사업개시 예정일

2. 권리·의무의 승계, 등록의 취소 등

(1) 권리·의무의 승계(법 제26조의4)

다음의 어느 하나에 해당하는 자는 항만운송관련사업의 등록 또는 신고를 한 자(이하 항만운송관련사업자)의 등록 또는 신고에 따른 권리·의무를 승계한다.

> 1. 항만운송관련사업자가 사망한 경우 그 상속인
> 2. 항만운송관련사업자가 그 사업을 양도한 경우 그 양수인
> 3. 법인인 항만운송관련사업자가 합병한 경우 합병 후 존속하는 법인이나 합병으로 설립되는 법인

(2) 등록의 취소(법 제26조의5) 기출▶ 13년

관리청은 항만운송관련사업자가 다음의 어느 하나에 해당하면 그 등록을 취소하거나 6개월 이내의 기간을 정하여 그 사업의 전부 또는 일부의 정지를 명할 수 있다. 다만, 4 또는 6에 해당하는 경우에는 그 등록을 취소하여야 한다.

> 1. 항만운송사업자 또는 그 대표자가 「관세법」 제269조부터 제271조까지에 규정된 죄 중 어느 하나의 죄를 범하여 공소가 제기되거나 통고처분을 받은 경우
> 2. 선박연료공급업을 등록한 자가 변경신고를 하지 아니하고 장비를 추가하거나 그 밖에 사업계획 중 해양수산부령으로 정하는 사항을 변경한 경우
> 3. 사업의 등록 또는 신고의 기준에 미달하게 된 경우
> 4. 부정한 방법으로 사업의 등록 또는 신고를 한 경우
> 5. 사업 수행 실적이 1년 이상 없는 경우
> 6. 사업정지명령을 위반하여 그 정지기간에 사업을 계속한 경우

CORE 04 부두운영회사의 운영 등

1. 부두운영계약

(1) 부두운영계약의 체결 등(법 제26조의6) 기출 23년/19년

① **부두운영계약체결**: 항만시설운영자등은 항만 운영의 효율성 및 항만운송사업의 생산성 향상을 위하여 필요한 경우에는 해양수산부령으로 정하는 기준에 적합한 자를 선정하여 부두운영계약을 체결할 수 있다.

② **부두운영계약 포함 사항**

> 1. 부두운영회사가 부두운영계약으로 임차·사용하려는 항만시설 및 그 밖의 장비·부대시설 등(이하 항만시설등)의 범위
> 2. 부두운영회사가 부두운영계약 기간 동안 항만시설등의 임차·사용을 통하여 달성하려는 화물유치·투자 계획과 해당 화물유치·투자 계획을 이행하지 못하는 경우에 부두운영회사가 부담하여야 하는 위약금에 관한 사항
> 3. 해양수산부령으로 정하는 기준에 따른 항만시설등의 임대료에 관한 사항
> 4. 계약기간
> 5. 그 밖에 부두운영회사의 항만시설등의 사용 및 운영 등과 관련하여 다음(해양수산부령)에 해당하는 사항
>   - 부두운영회사의 항만시설등의 안전관리에 관한 사항
>   - 부두운영회사의 항만시설등의 분할 운영 금지 등 금지행위 및 위반시 책임에 관한 사항
>   - 항만시설등의 효율적인 사용 및 운영 등을 위하여 항만시설운영자등과 해양수산부장관이 협의한 사항

③ **부두운영회사의 선정기준(규칙 제27조)**

> 1. 임대료 및 그 밖에 부두운영회사가 항만시설운영자 또는 항만공사에 내야 하는 비용의 지급 능력
> 2. 화물의 유치 능력 및 부두운영계약으로 임차·사용하려는 항만시설 및 그 밖의 장비·부대시설 등에 대한 투자 능력
> 3. 재무구조의 건전성

(2) 부두운영회사의 선정 절차(규칙 제29조의2) 기출 23년

① 항만시설운영자등이 부두운영계약을 체결하려는 경우에는 다음의 사항을 포함한 부두운영회사 선정계획을 수립하여 항만시설을 개장하기 6개월 전까지 이를 공고하여야 한다.

> 1. 계약 대상 항만시설등
> 2. 계약기간 및 임대료
> 3. 계약 참여 방법
> 4. 부두운영회사의 선정기준

② 항만시설운영자등은 항만시설등의 효율적인 사용 및 운영 등을 위하여 필요하다고 인정하는 경우에는 그 공고기간을 줄이거나 공고 없이 부두운영계약을 체결할 수 있다. 이 경우 항만시설운영자등은 해양수산부장관과 미리 협의할 수 있다.

③ 항만시설운영자등은 부두운영계약을 체결하기 전에 부두운영계약을 체결하려는 자가 부두운영회사의 선정기준에 적합한지 여부 등에 대하여 해양수산부장관과 미리 협의할 수 있다.

(3) 부두운영계약의 갱신(규칙 제29조의3) 기출▶ 25년/ 23년

① 부두운영회사가 계약기간을 연장하려는 경우에는 그 계약기간이 만료되기 **6개월** 전까지 항만시설운영자등에게 부두운영계약의 갱신을 신청하여야 한다.
  ↳ 3개월(×)

② 항만시설운영자등은 부두운영회사로부터 부두운영계약의 갱신 신청을 받은 경우에는 부두운영회사의 선정기준에 적합한지 여부 및 다음의 사항을 검토하여야 한다.

> 1. 임대료의 연체 여부
> 2. 화물유치 또는 투자 계획의 이행 여부
> 3. 부두운영회사의 항만시설등의 분할 운영 여부 등 금지행위 위반 여부
> 4. 그 밖의 부두운영계약의 이행 여부

③ 항만시설운영자등은 검토 결과 부두운영계약을 갱신하려는 경우에는 갱신 계약기간이 시작되기 7일 전까지 해당 부두운영회사와 갱신계약을 체결하여야 한다.

(4) 부두운영계약의 해지(법 제26조의9, 규칙 제29조의5) 기출▶ 25년/ 19년

① 항만시설운영자등은 다음의 어느 하나에 해당하는 사유가 있으면 부두운영계약을 해지할 수 있다.

> 1. 항만재개발사업의 시행 등 공공의 목적을 위하여 항만시설등을 부두운영회사에 계속 임대하기 어려운 경우
> 2. 부두운영회사가 항만시설등의 임대료를 **3개월** 이상 연체한 경우
>   ↳ 2개월(×)
> 3. 항만시설등이 멸실되어 부두운영계약을 계속 유지할 수 없는 경우
> 4. 부두운영회사가 부두운영계약 기간 동안 자기의 귀책사유로 투자 계획을 이행하지 못한 경우
> 5. 부두운영회사가 항만시설등의 분할 운영 금지 등 금지행위를 한 경우
> 6. 부두운영회사가 항만시설등의 효율적인 사용 및 운영 등을 위하여 항만시설운영자 등과 해양수산부장관이 협의한 사항을 정당한 사유 없이 이행하지 아니한 경우

② 항만시설운영자등은 부두운영계약을 해지하려면 서면으로 그 뜻을 부두운영회사에 통지하여야 한다.

2. 부두운영회사의 위약금과 운영 평가

(1) 화물유치 계획 등의 미이행에 따른 위약금 부과(법 제26조의7, 규칙 제29조의4) 기출▶ 25년/ 23년

① 항만시설운영자등은 화물유치 또는 투자계획을 이행하지 못한 부두운영회사에 대하여 위약금을 부과할 수 있다. 다만, 부두운영회사가 화물유치 또는 투자계획을 이행하지 못하는 데 **귀책사유가 없는 경우에는 위약금을 부과하지 아니한다.**
  귀책사유를 불문하고 위약금을 부과할 수 있다(×)

② 위약금은 부두운영회사가 부두운영계약 기간 동안의 총 화물유치 또는 투자 계획을 이행하지 못한 경우에 부과한다. 이 경우 위약금은 **연도별**로 산정하여 합산한다.
  ↳ 분기별(×)

③ 항만시설운영자등은 다음의 어느 하나에 해당하는 경우에는 위약금의 전부 또는 일부를 감면한다. 이 경우 항만시설운영자등은 해양수산부장관과 미리 협의할 수 있다.

> 1. 정부의 항만 개발에 관한 계획 등이 미이행되거나 연기되어 부두운영회사가 화물유치 또는 투자 계획을 이행하지 못한 경우
> 2. 천재지변 등 부두운영회사에게 책임이 없는 불가항력적인 사유로 정상적인 경영이 불가능하다고 항만시설운영자등이 인정하는 경우

(2) 부두운영회사 운영성과의 평가(법 제26조의8) 기출▶ 25년

① 해양수산부장관은 항만 운영의 효율성을 높이기 위하여 매년 부두운영회사의 운영성과에 대하여 평가를 실시할 수 있다.
② 항만시설운영자등은 제1항에 따른 평가 결과에 따라 부두운영회사에 대하여 항만시설등의 **임대료를 감면**하거나 그 밖에 필요한 조치를 할 수 있다.
　　　　　　　　　　　　　　　　　　　　　　　　　　　　└→ 감면할 수 없다(×)

(3) 부두운영회사의 항만시설 사용(법 제26조의10) 기출▶ 23년

이 법에서 정한 것 외에 부두운영회사의 항만시설 사용에 대해서는 **「항만법」 또는 「항만공사법」**에 따른다.
　　　　　　　　　　　　　　　　　　　　　　　└→ 「국유재산법」 또는 「지방재정법」(×)

CORE 05　보칙 및 벌칙

1. 미등록 항만 영업행위, 교육훈련, 과징금

(1) 미등록 항만에서의 일시적 영업행위(법 제27조의2, 영 제14조) 기출▶ 20년

① 항만운송사업자 또는 항만운송관련사업자는 아래와 같은 부득이한 사유로 등록을 하지 아니한 항만에서 일시적으로 영업행위를 하려는 경우에는 미리 관리청에 신고하여야 한다.

> 1. 같은 사업을 하는 사업자가 해당 항만에 없거나 행정처분 등으로 일시적으로 사업을 할 수 없게 된 경우
> 2. 사업의 성질상 해당 항만의 사업자가 그 사업을 할 수 없는 경우

② 관리청은 일시적으로 영업행위의 신고를 받은 날부터 3일 이내에 신고수리 여부를 신고인에게 통지하여야 한다.
③ 항만운송사업자 또는 항만운송관련사업자가 등록하지 아니한 항만에서 일시적 영업행위의 신고를 할 때에는 해양수산부령으로 정하는 바에 따라 영업기간 등을 구체적으로 밝힌 서면으로 하여야 한다.
④ 등록을 하지 아니한 항만에서 일시적으로 영업행위를 하기 위하여 신고한 항만운송사업자 또는 항만운송관련사업자는 그 신고한 내용에 맞게 영업행위를 하여야 한다.
⑤ 관리청이 정한 기간 내에 신고수리 여부 또는 민원 처리 관련 법령에 따른 처리기간의 연장을 신고인에게 통지하지 아니하면 그 기간(민원 처리 관련 법령에 따라 처리기간이 연장 또는 재연장된 경우에는 해당 처리기간)이 끝난 날의 다음 날에 신고를 수리한 것으로 본다.

(2) 항만운송 종사자 등에 대한 교육훈련(법 제27조의3, 규칙 제30조의2) 기출▶ 20년

① 항만운송사업 또는 항만운송관련사업에 종사하는 사람 중 항만하역사업, 줄잡이 항만용역업, 화물고정 항만용역업 등 안전사고가 발생할 우려가 높은 작업에 종사하는 사람은 해양수산부장관이 실시하는 교육훈련을 받아야 한다.
② 작업에 종사하는 사람은 교육훈련기관이 실시하는 교육훈련을 다음의 구분에 따라 받아야 한다.
　㉠ 신규자 교육훈련 : 작업에 채용된 날부터 6개월 이내에 실시하는 교육훈련
　㉡ 재직자 교육훈련 : 교육훈련을 받은 연도의 다음 연도 및 그 후 매 2년마다 실시하는 교육훈련
③ 해양수산부장관은 교육훈련을 받지 아니한 사람에 대하여 해양수산부령으로 정하는 바에 따라 항만운송사업 또는 항만운송관련사업 중 해양수산부령으로 정하는 작업에 종사하는 것을 제한하여야 한다. 다만, 다음(해양수산부령)으로 정하는 정당한 사유로 교육훈련을 받지 못한 경우에는 그러하지 아니하다.

> 1. 교육훈련 수요의 급격한 증가에 따라 교육훈련기관이 그 수요를 충족하지 못하는 경우
> 2. 항만하역사업, 줄잡이 항만용역업, 화물 고정 항만용역업의 작업에 종사하는 사람의 귀책사유 없이 교육훈련을 받지 못한 경우

(3) 교육훈련기관의 설립(법 제27조의4, 영 제18조) 기출▶ 24년

① 항만운송사업자 또는 항만운송관련사업자에게 고용되거나 역무를 제공하는 자에 대하여 항만운송·항만안전 등에 관한 교육훈련을 하기 위하여 교육훈련기관을 설립할 수 있다.

② 교육훈련기관을 설립하려는 자는 교육훈련기관 설립인가신청서에 다음의 서류를 첨부하여 해양수산부장관에게 제출하여야 한다(영 제15조, 규칙 제31조).

> 1. 설립취지서
> 2. 정관
> 3. 설립자의 성명, 주소 및 약력(설립자가 법인인 경우에는 그 명칭, 정관, 주된 사무소의 소재지 및 대표자의 성명·주소)을 기재한 서류
> 4. 사업계획서 및 수입·지출 예산서
> 5. 재산목록 및 재산 출연을 증명할 수 있는 서류

③ 교육훈련기관은 법인으로 하고 해양수산부장관의 설립인가를 받아 그 주된 사무소의 소재지에서 설립등기를 함으로써 성립한다.

④ 해양수산부장관은 교육훈련기관의 설립을 인가하였을 때에는 교육훈련기관 설립인가증을 발급하여야 한다.

⑤ 교육훈련기관의 운영에 필요한 경비는 항만운송사업자, 항만운송관련사업자 및 해당 교육훈련을 받는 자가 부담한다.

⑥ 교육훈련기관은 다음 해의 사업계획 및 예산안을 매년 11월 30일까지 해양수산부장관에게 제출하여야 한다.

⑦ 교육훈련기관은 매 사업연도의 세입·세출결산서를 다음 해 3월 31일까지 해양수산부장관에게 제출하여야 한다.

(4) 표준계약서의 보급 등(법 제27조의5)

해양수산부장관은 항만운송사업·항만운송관련사업 및 항만종합서비스업의 공정한 거래질서 확립을 위하여 표준계약서를 작성·보급하고, 그 사용을 권장할 수 있다.

(5) 과징금(법 제27조의6, 영 제25조) 기출▶ 16년

① 관리청은 항만운송사업자 또는 항만운송관련사업자가 사업정지처분을 하여야 하는 경우로서 그 사업의 정지가 그 사업의 이용자 등에게 심한 불편을 주거나 공익을 해칠 우려가 있는 경우에는 사업정지처분을 갈음하여 500만원 이하의 과징금을 부과할 수 있다.

② 관리청은 과징금을 부과하려는 경우에는 위반행위의 종류와 과징금의 금액 등을 구체적으로 밝혀 이를 낼 것을 서면으로 통지해야 한다.

③ 통지를 받은 자는 통지를 받은 날부터 20일 이내에 과징금을 관리청이 정하는 수납기관에 내야 한다.

④ 과징금을 받은 수납기관은 납부자에게 영수증을 발급하여야 한다.

⑤ 과징금의 수납기관은 과징금을 수납했을 때에는 지체 없이 그 사실을 관리청에 통보해야 한다.

⑥ 관리청은 과징금을 내야 할 자가 납부기한까지 과징금을 내지 아니하면 국세 체납처분의 예 또는 「지방행정제재·부과금의 징수 등에 관한 법률」에 따라 징수한다.

2. 항만인력 수급관리협의회 및 항만운송 분쟁회의회 등

(1) 항만인력 수급관리협의회(법 제27조의7)

① **협의회 구성 및 운영** : 항만운송사업자 또는 항만운송관련사업자가 구성한 단체(항만운송사업자 단체), 항만운송사업자 또는 항만운송관련사업자에게 고용되거나 역무를 제공하는 자가 구성한 단체(항만운송근로자 단체) 및 그 밖에 대통령령으로 정하는 자는 항만별로 항만인력 수급관리협의회를 구성·운영할 수 있다.

> **+ 더알아보기** 대통령령으로 정하는 자(영 제26조의2)
>
> 항만운송사업에 종사하는 인력의 수급 관련 업무를 담당하는 공무원 중에서 해당 항만을 관할하는 지방해양수산청장 또는 시·도지사가 지명하는 사람

② **협의회 구성** : 위원장 1명을 포함하여 7명의 위원으로 구성하되, 수급관리협의회의 위원장은 위원 중에서 호선(互選)한다(영 제26조의2 제2항).

③ **협의회의 운영(영 제26조의3)**
  ㉠ 수급관리협의회의 위원장은 수급관리협의회를 대표하고, 그 업무를 총괄한다.
  ㉡ 수급관리협의회의 회의는 수급관리협의회의 위원장이 필요하다고 인정하거나 재적위원 과반수의 요청이 있는 경우에 소집한다.
  ㉢ 수급관리협의회의 회의는 재적위원 3분의 2 이상의 출석으로 개의(開議)하고, 출석위원 3분의 2 이상의 찬성으로 의결한다.
  ㉣ 규정한 사항 외에 수급관리협의회의 운영에 필요한 사항은 수급관리협의회의 의결을 거쳐 수급관리협의회의 위원장이 정한다.

④ **협의회의 협의사항(영 제26조의4)**
  ㉠ 항만운송사업에 필요한 적정한 근로자의 수 산정에 관한 사항
  ㉡ 항만운송사업에 종사하는 인력의 채용기준 및 교육훈련 등 인사관리에 관한 사항
  ㉢ 그 밖에 수급관리협의회의 위원장이 항만운송사업에 종사하는 인력의 원활한 수급 및 효율적인 관리 등에 필요하다고 인정하여 회의에 부치는 사항

(2) 항만운송 분쟁회의회 등(법 제27조의8, 영 제26조의5~7) 기출 ▶ 24년/ 22년/ 20년

① **분쟁협의회의 구성 및 운영** : 항만운송사업자 단체, 항만운송근로자 단체 및 그 밖에 대통령령으로 정하는 자는 항만운송과 관련된 분쟁의 해소 등에 필요한 사항을 협의하기 위하여 **항만별**로 항만운송 분쟁협의회를 구성·운영할 수 있다.
  ↳ 취급화물별(×), 사업의 종류별(×)

> **+ 더알아보기** 대통령령으로 정하는 자(영 제26조의5 제1항)
>
> 항만운송사업의 분쟁 관련 업무를 담당하는 공무원 중에서 해당 항만을 관할하는 지방해양수산청장 또는 시·도지사가 지명하는 사람

㉠ 위원회의 구성 : 위원장 1명을 포함하여 7명의 위원으로 구성하되, 분쟁협의회의 위원장은 위원 중에서 호선한다.
㉡ 분쟁협의회의 위원

> 1. 해당 항만의 항만운송사업자가 구성한 단체가 추천하는 사람 3명. 다만, 해당 단체가 2개 이상 있는 경우에는 단체 간 상호 협의하여 추천하는 사람이 된다.
> 2. 해당 항만의 항만운송사업자에게 고용되거나 역무를 제공하는 자가 구성한 단체가 추천하는 사람 3명. 다만, 해당 단체가 2개 이상 있는 경우에는 단체 간 상호 협의하여 추천하는 사람이 된다.
> 3. 항만운송사업의 분쟁 관련 업무를 담당하는 공무원 중에서 해당 항만을 관할하는 지방해양수산청장 또는 시·도지사가 지명하는 사람 1명

㉢ 위원장의 임무 : 분쟁협의회의 위원장은 분쟁협의회를 대표하고, 그 업무를 총괄한다.
㉣ 회의의 소집 : 분쟁협의회의 회의는 분쟁협의회의 위원장이 필요하다고 인정하거나 재적위원 **과반수**의 요청이 있는 경우에 소집한다. 〔3분의 1 이상(×)〕
㉤ 의결 정족수 : 분쟁협의회의 회의는 **재적위원 3분의 2 이상의 출석으로 개의하고, 출석위원 3분의 2 이상의 찬성**으로 의결한다. 〔재적위원 과반수의 출석으로 개의하고, 출석위원 과반수의 찬성(×)〕
㉥ 분쟁당사자의 출석 진술권 및 자료제출권 : 분쟁당사자는 분쟁협의회의 회의에 출석하여 의견을 진술하거나 관계 자료 등을 제출할 수 있다.
㉦ 그 밖에 필요한 사항 : 위에서 규정한 사항 외에 분쟁협의회의 운영에 필요한 사항은 분쟁협의회의 의결을 거쳐 분쟁협의회의 위원장이 정한다.

② **분쟁협의회 심의·의결사항** : 분쟁협의회는 다음의 사항을 심의·의결한다.
 ㉠ 항만운송과 관련된 노사 간 분쟁의 해소에 관한 사항
 ㉡ 그 밖에 분쟁협의회의 위원장이 항만운송 관련 분쟁의 예방 등에 필요하다고 인정하여 회의에 부치는 사항

③ **분쟁해결을 위한 노력** : 항만운송사업자 단체와 항만운송근로자 단체는 항만운송과 관련된 분쟁이 발생한 경우 항만운송 분쟁협의회를 통하여 분쟁이 원만하게 해결되고, 분쟁기간 동안 항만운송이 원활하게 이루어질 수 있도록 노력하여야 한다.

④ **그 밖의 필요한 사항** : 항만운송 분쟁협의회의 구성·운영 및 협의사항 등에 관하여 필요한 사항은 대통령령으로 정한다.

3. 청문 및 벌칙

(1) 청문(법 제29조의3) 기출▶ 17년

관리청은 다음의 어느 하나에 해당하는 처분을 하려면 청문을 하여야 한다.

> 1. 제8조의3 제1항에 따른 검수사 등의 자격취소
>   - 거짓이나 그 밖의 부정한 방법으로 검수사 등의 자격을 취득한 경우
>   - 다른 사람에게 자기의 성명을 사용하여 검수사 등의 업무를 하게 하거나 검수사 등의 자격증을 다른 사람에게 양도 또는 대여한 경우
> 2. 제26조에 따른 항만운송사업자의 등록취소
>   - 부정한 방법으로 사업을 등록한 경우
>   - 사업정지명령을 위반하여 그 정지기간에 사업을 계속한 경우
> 3. 제26조의5 제1항에 따른 항만운송관련사업자의 등록 취소
>   - 부정한 방법으로 사업의 등록 또는 신고를 한 경우
>   - 사업정지명령을 위반하여 그 정지기간에 사업을 계속한 경우

(2) 벌칙

① 형벌규정 기출▶ 18년/24년

1년 이하의 징역 또는 1천만원 이하의 벌금 (법 제30조)	• 등록을 하지 아니하고 항만운송사업을 한 자 • 다른 사람에게 자기의 성명을 사용하여 검수사 등의 업무를 하게 하거나 검수사 등의 자격증을 양도ㆍ대여한 사람, 다른 사람의 검수사등의 자격증을 양수ㆍ대여받은 사람 또는 다른 사람의 검수사등의 자격증의 양도ㆍ양수 또는 대여를 알선한 사람 • 등록 또는 신고를 하지 아니하고 항만운송관련사업을 한 자
500만원 이하의 벌금 (법 제31조)	• 등록 또는 신고한 사항을 위반하여 항만운송사업 또는 항만운송관련사업을 한 자 • 변경신고를 하지 아니하고 장비를 추가하거나 그 밖에 사업계획 중 해양수산부령으로 정하는 사항을 변경하여 선박연료공급업을 한 자 • 신고를 하지 아니하고 일시적 영업행위를 한 자
300만원 이하의 벌금 (법 제32조)	• 검수사등의 자격 등록을 하지 아니하고 검수ㆍ감정 또는 검량 업무에 종사한 자 • 거짓이나 그 밖의 부정한 방법으로 검수사등의 자격시험에 합격한 사람 • 운임 및 요금에 관한 인가나 변경인가를 받지 아니한 자 또는 신고나 변경신고를 하지 아니하거나 거짓으로 신고를 한 자 • 항만운송 또는 항만운송관련사업에 대한 사업정지처분을 위반한 자

② 과태료(법 제34조) 기출▶ 24년

200만원 이하의 과태료 부과	• 보고 또는 자료제출을 하지 아니하거나 거짓으로 한 자 • 관계 공무원의 출입, 검사 또는 질문을 거부ㆍ방해하거나 기피한 자
과태료의 부과ㆍ징수권자	과태료는 대통령령으로 정하는 바에 따라 관리청이 부과ㆍ징수한다.

출제포인트 OX 문제

01 OX 타인의 수요에 응하여 하는 행위로서 「해운법」에 따른 해상화물운송사업자가 하는 운송은 항만운송사업법상 항만운송에 해당한다.

02 OX 항만운송관련사업이란 항만에서 선박에 물품이나 역무(役務)를 제공하는 항만용역업 · 선용품공급업 · 선박연료공급업 · 선박수리업 및 컨테이너수리업을 말한다.

03 OX 선적화물을 싣거나 내릴 때 그 화물의 용적 또는 중량을 계산하거나 증명하는 일은 항만운송에 해당한다.

04 OX 항만운송사업을 하려는 자는 항만하역사업, 감정사업, 검수사업, 검량사업의 종류별로 관리청에 등록하여야 한다.

05 항만하역사업과 검수사업은 (　　)(으)로 등록한다.

06 OX 항만에서 선박 또는 부선을 이용하여 운송될 화물을 하역장에서 내가는 행위는 항만운송에 포함된다.

07 OX 항만운송사업자가 사업정지명령을 위반하여 그 정지기간에 사업을 계속한 경우는 항만운송사업의 정지사유에 해당한다.

08 OX 항만운송관련사업을 하려는 자는 항만별 · 업종별로 해양수산부령으로 정하는 바에 따라 관리청에 등록하여야 한다.

09 선용품공급업을 하려는 자는 해양수산부령으로 정하는 바에 따라 해양수산부장관에게 (　　)하여야 한다.

10 OX 항만용역업의 등록을 신청하려는 자는 부두시설 등 항만시설을 사용하는 경우에는 해당 항만시설의 사용허가서 사본을 제출하여야 한다.

11 OX 항만시설운영자등은 부두운영회사가 항만시설등의 임대료를 3개월 이상 연체한 경우 부두운영계약을 해지할 수 있다.

12 분쟁협의회의 회의는 재적위원 (　　) 이상의 출석으로 개의하고, 출석위원 (　　) 이상의 찬성으로 의결한다.

13 OX 분쟁협의회는 항만운송과 관련된 노사 간 분쟁의 해소에 관한 사항을 심의 · 의결한다.

14 OX 과징금을 통지 받은 사람은 통지를 받은 날부터 20일 이내에 관리청이 정하는 수납기관에 내야 한다.

15 ⃞O⃞X⃞ 부두운영회사가 부두운영 계약기간을 연장하려는 경우에는 그 계약기간이 만료되기 3개월 전까지 부두운영계약의 갱신을 신청하여야 한다.

16 ⃞O⃞X⃞ 검수사 등의 자격이 취소된 날부터 2년이 지나지 아니한 사람은 검수사 등의 자격취득에 관한 결격사유에 해당한다.

17 ⃞O⃞X⃞ 항만운송사업법에서 정한 것 외에 부두운영회사의 항만시설 사용에 대해서는 「국유재산법」 또는 「지방재정법」에 따른다.

정답 및 해설

1 × ▶「해운법」에 따른 해상화물운송사업자가 하는 운송은 항만운송으로 보지 않는다.
2 ○
3 ○
4 ○
5 항만별
6 ○
7 × ▶ 등록 취소사유에 해당한다.
8 ○
9 신고
10 × ▶ 선박수리업 및 컨테이너수리업의 경우에만 해당 항만시설의 사용허가서 사본을 제출한다.
11 ○
12 3분의 2, 3분의 2
13 ○
14 ○
15 × ▶ 6개월 전까지 부두운영계약의 갱신을 신청하여야 한다.
16 ○
17 × ▶「항만법」 또는 「항만공사법」에 따른다.

빈출키워드 기출유형문제

키워드 ❶ 항만운송

01

항만운송사업법령상 항만운송의 유형으로 분류할 수 없는 것은? 기출 21년

① 선적화물을 실을 때 그 화물의 개수를 계산하는 일
② 통선(通船)으로 본선(本船)과 육지 사이에서 사람이나 문서 등을 운송하는 행위
③ 항만에서 선박 또는 부선(艀船)을 이용하여 운송될 화물을 하역장[수면(水面) 목재저장소는 제외]에서 내가는 행위
④ 선박을 이용하여 운송될 화물을 화물주의 위탁을 받아 항만에서 화물주로부터 인수하는 행위
⑤ 선적화물 및 선박에 관련된 증명·조사·감정을 하는 일

> 해설 통선으로 본선과 육지 사이에서 사람이나 문서 등을 운송하는 행위는 항만운송관련사업 중 항만용역업에 해당한다(영 제2조 제1호 가목).

02

항만운송사업법령상 타인의 수요에 응하여 하는 행위로서 항만운송에 해당하는 것은? 기출 20년

① 선박에서 발생하는 분뇨 및 폐기물의 운송
② 탱커선에 의한 운송
③ 선박에서 사용하는 물품을 공급하기 위한 운송
④ 선적화물을 싣거나 내릴 때 그 화물의 용적 또는 중량을 계산하거나 증명하는 일
⑤ 「해운법」에 따른 해상여객운송사업자가 여객선을 이용하여 하는 여객운송에 수반되는 화물운송

> 해설 선적화물을 싣거나 내릴 때 그 화물의 용적 또는 중량을 계산하거나 증명하는 일은 검량으로 항만운송에 해당한다(법 제2조 제1항 제16호). 나머지는 항만운송 제외대상이다.

03

항만운송사업법령 상의 "항만운송"에 해당하지 않는 것은? 기출 17년

① 선박에서 발생하는 폐기물의 운송
② 항만에서 목재를 뗏목으로 편성하여 운송하는 행위
③ 선적화물을 내릴 때 그 화물의 중량을 계산하는 일
④ 선적화물에 관련된 조사를 하는 일
⑤ 선적화물을 내릴 때 그 화물의 인수를 증명하는 일

> 해설 선박에서 발생하는 폐기물의 운송은 항만운송에서 제외되는 운송이다(규칙 제2조).

키워드 ❷ 항만운송사업

04
항만운송사업법령상 항만운송사업에 관한 설명으로 옳은 것은? 기출 22년

① 항만운송사업의 종류는 항만하역사업, 검수사업, 감정사업, 검량사업으로 구분된다.
② 항만운송사업의 등록신청인이 법인인 경우 그 법인의 정관은 등록신청 시 제출하여야 하는 서류에 포함되지 않는다.
③ 검수사등의 자격이 취소된 날부터 3년이 지난 사람은 검수사등의 자격을 취득할 수 없다.
④ 항만운송사업을 하려는 자는 항만별로 관리청에 등록하여야 한다.
⑤ 항만운송사업자가 사업정지명령을 위반하여 그 정지기간에 사업을 계속한 경우는 항만운송사업의 정지사유에 해당한다.

> 해설 ② 항만운송사업의 등록신청인이 법인인 경우 그 법인의 정관은 등록신청 시 제출하여야 하는 서류에 포함된다(규칙 제4조 제1항 제1호 가목).
> ③ 검수사등의 자격이 취소된 날부터 2년이 지나지 아니한 사람은 검수사등의 자격을 취득할 수 없다(법 제8조 제5호).
> ④ 항만운송사업을 하려는 자는 사업의 종류별로 관리청에 등록하여야 한다(법 제4조 제1항).
> ⑤ 항만운송사업자가 사업정지명령을 위반하여 그 정지기간에 사업을 계속한 경우에는 그 등록을 취소하여야 한다(법 제26조 제1항 제6호).

05
항만운송사업법상 항만운송사업의 등록에 관한 설명으로 옳지 않은 것은? 기출 19년

① 항만운송사업을 하려는 자는 항만하역사업, 감정사업, 검수사업, 검량사업의 종류별로 등록하여야 한다.
② 항만하역사업과 감정사업은 항만별로 등록한다.
③ 항만하역사업의 등록은 이용자별·취급화물별 또는 「항만법」 제2조 제5호의 항만시설별로 등록하는 한정하역사업과 그 외의 일반하역사업으로 구분하여 행한다.
④ 항만운송사업의 등록을 신청하려는 자는 해양수산부령으로 정하는 바에 따라 사업계획을 첨부한 등록 신청서를 제출하여야 한다.
⑤ 관리청은 감정사업의 등록신청을 받으면 사업계획과 감정사업의 등록기준을 검토한 후 등록 요건을 모두 갖추었다고 인정하는 경우에는 해양수산부령으로 정하는 바에 따라 등록증을 발급하여야 한다.

> 해설 항만하역사업과 검수사업은 항만별로 등록한다(법 제4조 제2항).

06

항만운송사업법령상 항만운송사업의 운임 및 요금에 관한 설명으로 옳지 않은 것은? 기출 19년

① 검량사업의 등록을 한 자는 해양수산부령으로 정하는 바에 따라 요금을 정하여 관리청에 미리 신고하여야 한다.
② 항만하역사업의 등록을 한 자는 해양수산부령으로 정하는 항만시설에서 하역하는 화물에 대하여 해양수산부령으로 정하는 바에 따라 그 운임과 요금을 정하여 신고하여야 한다.
③ 항만하역사업의 등록을 한 자는 해양수산부령으로 정하는 항만시설에서 해양수산부령으로 정하는 품목에 해당하는 화물에 대하여 신고한 운임과 요금을 변경할 때에는 변경신고를 하여야 한다.
④ 관리청은 해양수산부령으로 정하는 품목에 해당하는 화물에 대하여 항만하역사업을 등록한 자로부터 운임 및 요금의 설정 신고를 받은 경우 신고를 받은 날부터 30일 이내에 신고수리 여부를 신고인에게 통지하여야 한다.
⑤ 관리청이 운임 및 요금의 신고인에게 신고수리 여부 통지기간 내에 신고수리 여부를 통지하지 아니하면 그 기간이 끝난 날에 신고를 수리한 것으로 본다.

> 해설 관리청이 정한 기간 내에 신고수리 여부 또는 민원 처리 관련 법령에 따른 처리기간의 연장을 신고인에게 통지하지 아니하면 그 기간이 끝난 날의 다음 날에 신고를 수리한 것으로 본다(법 제10조 제5항).

키워드 ❸ 검수·감정사업

07

「항만운송사업법」상 검수사 등에 관한 조문의 일부이다. ( )에 들어갈 것을 바르게 나열한 것은? 기출 18년

- 제7조의2(부정행위자에 대한 제재) ① 해양수산부장관은 제7조 제1항에 따른 검수사 등의 자격시험에서 부정행위를 한 응시자에 대하여 그 시험을 정지 또는 무효로 하고, 그 시험을 정지하거나 무효로 한 날부터 (ㄱ)간 같은 종류의 자격시험 응시자격을 정지한다.
- 제8조(결격사유) 다음 각 호의 어느 하나에 해당하는 사람은 검수사등의 자격을 취득할 수 없다.
  5. 검수사 등의 자격이 취소된 날부터 (ㄴ)이 지나지 아니한 사람

① ㄱ : 2년, ㄴ : 2년
② ㄱ : 2년, ㄴ : 3년
③ ㄱ : 3년, ㄴ : 2년
④ ㄱ : 3년, ㄴ : 3년
⑤ ㄱ : 5년, ㄴ : 3년

> 해설
> - 해양수산부장관은 검수사 등의 자격시험에서 부정행위를 한 응시자에 대하여 그 시험을 정지 또는 무효로 하고, 그 시험을 정지하거나 무효로 한 날부터 3년간 같은 종류의 자격시험 응시자격을 정지한다(법 제7조의2 제1항).
> - 검수사 등의 자격이 취소된 날부터 2년이 지나지 아니한 사람은 검수사 등의 자격을 취득할 수 없다(법 제8조 제5호).

08

항만운송사업법령상 검수사업·감정사업 및 검량사업의 등록기준에 관한 설명으로 옳은 것은? 기출 16년

① 1급지인 광양항의 검수사의 수는 7명 이상이어야 한다.
② 2급지인 마산항의 검수사의 수는 2명 이상이어야 한다.
③ 3급지인 대천항의 검수사의 수는 1명 이상이어야 한다.
④ 감정사업의 등록을 위한 감정사의 수는 3명 이상이어야 한다.
⑤ 검량사업의 등록을 위한 검량사의 수는 2명 이상이어야 한다.

해설 ② 2급지인 마산항의 검수사의 수는 3명 이상이어야 한다(영 별표2).
③ 3급지인 대천항의 검수사의 수는 2명 이상이어야 한다.
④ 감정사업의 등록을 위한 감정사의 수는 6명 이상이어야 한다.
⑤ 검량사업의 등록을 위한 검량사의 수는 6명 이상이어야 한다.

키워드 ④ 항만운송관련사업

09

항만운송사업법령상 항만운송관련사업에 관한 설명으로 옳은 것은? 기출 18년

① 선용품공급업을 하려는 자는 해양수산부장관에게 등록하여야 한다.
② 선체, 기관 등 선박시설 및 설비를 수리, 교체 또는 도색하는 사업은 항만운송관련사업에 속한다.
③ 항만용역업의 등록을 신청하려는 자는 부두시설 등 항만시설을 사용하는 경우에는 해당 항만시설의 사용허가서 사본을 제출하여야 한다.
④ 해양수산부장관은 항만운송관련사업의 등록을 취소하는 경우 500만원 이하의 과징금을 병과할 수 있다.
⑤ 항만운송관련사업자가 사업정지명령을 위반하여 그 정지기간에 사업을 계속한 경우에는 청문을 실시하지 않고 항만운송관련사업의 등록을 취소할 수 있다.

해설 ① 선용품공급업을 하려는 자는 해양수산부장관에게 신고하여야 한다(법 제26조의3 제1항 단서).
③ 선박수리업 및 컨테이너수리업의 경우에만 해당 항만시설의 사용허가서 사본을 제출한다(규칙 제26조 제1항 제4호).
④ 관리청은 항만운송사업자 또는 항만운송관련사업자가 사업정지처분을 하여야 하는 경우로서 그 사업의 정지가 그 사업의 이용자 등에게 심한 불편을 주거나 공익을 해칠 우려가 있는 경우에는 사업정지처분을 갈음하여 500만원 이하의 과징금을 부과할 수 있다(법 제27조의6 제1항).
⑤ 사업정지명령을 위반하여 그 정지기간에 사업을 계속한 경우에는 그 등록을 취소하여야 한다(법 제26조의5 제1항 제5호).

10

항만운송사업법령상 항만운송관련사업에 관한 설명으로 ( ) 안에 들어갈 내용을 바르게 나열한 것은? (단, 권한위임에 관한 규정은 고려하지 않음) 기출 16년

> 항만운송관련사업을 하려는 자는 항만별 · 업종별로 해양수산부령으로 정하는 바에 따라 (ㄱ)에 (ㄴ)하여야 한다. 다만, 선용품공급업을 하려는 자는 해양수산부령으로 정하는 바에 따라 (ㄷ)에게 (ㄹ)하여야 한다.

① ㄱ : 해양수산부장관, ㄴ : 등록, ㄷ : 관리청, ㄹ : 신고
② ㄱ : 해양수산부장관, ㄴ : 신고, ㄷ : 해양수산부장관, ㄹ : 등록
③ ㄱ : 관리청, ㄴ : 등록, ㄷ : 해양수산부장관, ㄹ : 신고
④ ㄱ : 지방해양항만청장, ㄴ : 신고, ㄷ : 해양수산부장관, ㄹ : 등록
⑤ ㄱ : 관리청, ㄴ : 신고, ㄷ : 해양수산부장관, ㄹ : 등록

해설 ③ 항만운송관련사업을 하려는 자는 항만별 · 업종별로 관리청에 등록하여야 하고, 선용품공급업을 하려는 자는 해양수산부장관에게 신고하여야 한다(법 제26조의3 제1항).

11

항만운송사업법령상 항만운송관련사업의 종류 중 항만용역업의 내용에 해당되지 않는 것은? 기출 15년

① 선박의 폐기물의 수집 · 운반을 하는 행위
② 선박의 유창(油艙) 청소를 하는 행위
③ 선박에서 사용하는 맑은 물을 공급하는 행위
④ 선박의 오물 제거를 하는 행위
⑤ 본선의 이안(離岸) 및 접안(接岸)을 보조하기 위하여 줄잡이 역무(役務)를 제공하는 행위

해설 ② 선박의 청소에서 유창(油艙) 청소는 제외한다(영 제2조 제1호 다목).

키워드 ❺ 부두운영회사의 운영

12
항만운송사업법령상 부두운영회사의 운영 등에 관한 설명으로 옳은 것은? 기출 23년

① 항만시설운영자등은 항만시설등의 효율적인 사용 및 운영 등을 위하여 필요하다고 인정하는 경우에는 부두운영회사 선정계획의 공고 없이 부두운영계약을 체결할 수 있다.
② 부두운영회사의 금지행위 위반시 책임에 관한 사항은 부두운영계약에 포함되지 않아도 된다.
③ 부두운영회사가 부두운영 계약기간을 연장하려는 경우에는 그 계약기간이 만료되기 3개월 전까지 부두운영계약의 갱신을 신청하여야 한다.
④ 화물유치 또는 투자 계획을 이행하지 못한 부두운영회사에 대하여 부과하는 위약금은 분기별로 산정하여 합산한다.
⑤ 항만운송사업법에서 정한 것 외에 부두운영회사의 항만시설 사용에 대해서는 「국유재산법」 또는 「지방재정법」에 따른다.

해설 ② 부두운영회사의 금지행위 위반시 책임에 관한 사항은 부두운영계약에 포함되어야 한다(법 제26조의6 제2항 제5호, 규칙 제29조 제2호).
③ 부두운영회사가 계약기간을 연장하려는 경우에는 그 계약기간이 만료되기 6개월 전까지 항만시설운영자등에게 부두운영계약의 갱신을 신청하여야 한다(규칙 제29조의3 제1항).
④ 화물유치 또는 투자 계획을 이행하지 못한 부두운영회사에 대하여 부과하는 위약금은 연도별로 산정하여 합산한다(규칙 제29조의4 제1항).
⑤ 항만운송사업법에서 정한 것 외에 부두운영회사의 항만시설 사용에 대해서는 「항만법」 또는 「항만공사법」에 따른다(법 제26조의10).

13
항만운송사업법령상 항만시설운영자 등이 부두운영계약을 해지할 수 있는 사유로 옳지 않은 것은? 기출 19년

① 「항만재개발법」에 따른 항만재개발사업의 시행 등 공공의 목적을 위하여 항만시설 등을 부두운영회사에 계속 임대하기 어려운 경우
② 항만시설 등이 멸실되어 부두운영계약을 계속 유지할 수 없는 경우
③ 부두운영회사가 항만시설 등의 임대료를 2개월 이상 연체한 경우
④ 부두운영회사가 항만시설 등의 분할 운영 금지 등 금지행위를 하여 부두운영계약을 계속 유지할 수 없는 경우
⑤ 부두운영회사가 항만시설 등의 효율적인 사용 및 운영 등을 위하여 항만시설운영자 등과 해양수산부장관이 협의한 사항을 정당한 사유 없이 이행하지 아니하여 부두운영계약을 계속 유지할 수 없는 경우

해설 ③ 부두운영회사가 항만시설 등의 임대료를 3개월 이상 연체한 경우에 부두운영계약을 해지할 수 있다(법 제26조의9 제1항 제2호).

키워드 ❻ 항만운송 분쟁협의회

14

항만운송사업법령상 항만운송 분쟁협의회에 관한 설명으로 옳은 것은? 기출 22년

① 항만운송 분쟁협의회는 사업의 종류별로 구성한다.
② 항만운송근로자 단체는 항만운송 분쟁협의회 구성에 참여할 수 있다.
③ 항만운송 분쟁협의회의 회의는 분쟁협의회의 위원장이 필요하다고 인정하거나 재적위원 3분의 1 이상의 요청이 있는 경우에 소집한다.
④ 항만운송 분쟁협의회의 회의는 재적위원 과반수의 출석으로 개의하고, 출석위원 과반수의 찬성으로 의결한다.
⑤ 항만운송과 관련된 노사 간 분쟁의 해소에 관한 사항은 항만운송 분쟁협의회의 심의·의결사항에 포함되지 않는다.

> **해설** ① 항만운송 분쟁협의회는 항만별로 구성한다(법 제27조의8 제1항).
> ③ 분쟁협의회의 회의는 분쟁협의회의 위원장이 필요하다고 인정하거나 재적위원 과반수의 요청이 있는 경우에 소집한다(영 제26조의6 제2항).
> ④ 분쟁협의회의 회의는 재적위원 3분의 2 이상의 출석으로 개의하고, 출석위원 3분의 2 이상의 찬성으로 의결한다(영 제26조의6 제3항).
> ⑤ 항만운송과 관련된 노사 간 분쟁의 해소에 관한 사항은 항만운송 분쟁협의회의 심의·의결사항에 포함된다(영 제26조의7 제1호).

15

항만운송사업법령상 항만운송 분쟁협의회에 관한 설명이다. ( )에 들어갈 내용을 바르게 나열한 것은? 기출 24년

> • 항만운송사업자 단체, 항만운송근로자 단체 및 그 밖에 대통령령으로 정하는 자는 항만운송과 관련된 분쟁의 해소 등에 필요한 사항을 협의하기 위하여 (ㄱ)로 항만운송 분쟁협의회를 구성·운영할 수 있다.
> • 항만운송 분쟁협의회의 회의는 재적위원 (ㄴ)의 출석으로 개의하고, 출석위원 (ㄷ)의 찬성으로 의결한다.

① ㄱ: 업종별 ㄴ: 과반수 ㄷ: 과반수
② ㄱ: 업종별 ㄴ: 과반수 ㄷ: 3분의 2 이상
③ ㄱ: 업종별 ㄴ: 3분의 2 이상 ㄷ: 3분의 2 이상
④ ㄱ: 항만별 ㄴ: 과반수 ㄷ: 3분의 2 이상
⑤ ㄱ: 항만별 ㄴ: 3분의 2 이상 ㄷ: 3분의 2 이상

> **해설**
> • 항만운송사업자 단체, 항만운송근로자 단체 및 그 밖에 대통령령으로 정하는 자는 항만운송과 관련된 분쟁의 해소 등에 필요한 사항을 협의하기 위하여 (ㄱ: 항만별)로 항만운송 분쟁협의회를 구성·운영할 수 있다(법 제27조의8 제1항).
> • 분쟁협의회의 회의는 재적위원 (ㄴ: 3분의 2 이상)의 출석으로 개의하고, 출석위원 (ㄷ: 3분의 2 이상)의 찬성으로 의결한다(영 제26조의6 제3항).

CHAPTER 05 시험에 꼭 나오는 필수문제

01 유통산업발전법상 용어의 정의에 관한 설명으로 옳지 않은 것은? 기출 23년

① "임시시장"이란 다수의 수요자와 공급자가 일정한 기간 동안 상품을 매매하거나 용역을 제공하는 일정한 장소를 말한다.
② "상점가"란 같은 업종을 경영하는 여러 도매업자 또는 소매업자가 일정 지역에 점포 및 부대시설등을 집단으로 설치하여 만든 상가단지를 말한다.
③ "무점포판매"란 상시 운영되는 매장을 가진 점포를 두지 아니하고 상품을 판매하는 것으로서 산업통상부령으로 정하는 것을 말한다.
④ "물류설비"란 화물의 수송·포장·하역·운반과 이를 관리하는 물류정보처리활동에 사용되는 물품·기계·장치 등의 설비를 말한다.
⑤ "공동집배송센터"란 여러 유통사업자 또는 제조업자가 공동으로 사용할 수 있도록 집배송시설 및 부대업무시설이 설치되어 있는 지역 및 시설물을 말한다.

[해설] ② "상점가"란 일정 범위의 가로(街路) 또는 지하도에 대통령령으로 정하는 수 이상의 도매점포·소매점포 또는 용역점포가 밀집하여 있는 지구를 말한다(법 제2조 제7호).

기출문제 엿보기
☑ 유통산업발전법상 정의에 관한 설명이다. ( )에 들어갈 내용을 바르게 나열한 것은? 21년
☑ 유통산업발전법령상 용어의 정의에 관한 설명으로 옳지 않은 것은? 19년

02 유통산업발전법상 유통산업의 경쟁력 강화에 관한 설명으로 옳은 것은? 기출 23년

① 체인사업자는 체인점포의 경영을 개선하기 위하여 유통관리사의 고용 촉진을 추진하여야 한다.
② 지방자치단체의 장은 자신이 건립한 중소유통공동도매물류센터의 운영을 중소유통기업자단체에 위탁할 수 없다.
③ 상점가진흥조합은 협동조합으로 설립하여야 하고 사업조합의 형식으로는 설립할 수 없다.
④ 지방자치단체의 장은 상점가진흥조합이 조합원의 판매촉진을 위한 공동사업을 하는 경우에는 필요한 자금을 지원할 수 없다.
⑤ 상점가진흥조합의 구역은 다른 상점가진흥조합 구역의 5분의 1 이하의 범위에서 그 다른 상점가진흥조합의 구역과 중복되어 지정할 수 있다.

[해설] ② 지방자치단체의 장은 자신이 건립한 중소유통공동도매물류센터의 운영을 중소유통기업자단체에 위탁할 수 있다(법 제17조의2 제2항 제1호).
③ 상점가진흥조합은 협동조합 또는 사업조합으로 설립한다(법 제18조 제4항).
④ 지방자치단체의 장은 상점가진흥조합이 조합원의 판매촉진을 위한 공동사업을 하는 경우에는 필요한 자금을 지원할 수 있다(법 제19조 제4호).
⑤ 상점가진흥조합의 구역은 다른 상점가진흥조합의 구역과 중복되어서는 아니 된다(법 제18조 제5항).

기출문제 엿보기
☑ 유통산업발전법상 유통산업의 경쟁력 강화에 관한 설명으로 옳은 것은? 23·22·18년
☑ 유통산업발전법상 유통산업의 경쟁력 강화에 관한 설명으로 옳은 것을 모두 고른 것은? 21년

03 유통산업발전법상 대규모점포등을 등록하는 경우 의제되는 허가등에 해당하지 않는 것은? 기출 24년

① 「담배사업법」에 따른 소매인의 지정
② 「식품위생법」에 따른 집단급식소 설치·운영의 신고
③ 「대기환경보전법」에 따른 배출시설 설치의 허가 또는 신고
④ 「평생교육법」에 따른 평생교육시설 설치의 신고
⑤ 「외국환거래법」에 따른 외국환업무의 등록

해설 ③ 「물환경보전법」에 따른 배출시설 설치의 허가 또는 신고(법 제9조 제1항 제14호)

기출문제 엿보기

☑ 유통산업발전법상 대규모점포등에 관한 설명으로 옳은 것은? 23년
☑ 유통산업발전법령상 대규모점포의 등록에 관한 설명으로 옳은 것을 모두 고른 것은? 22년
☑ 유통산업발전법상 대규모점포등관리자의 회계감사에 관한 설명이다. ( )에 들어갈 내용을 바르게 나열한 것은? 22년
☑ 유통산업발전법령상 대규모점포등의 관리규정에 관한 설명으로 옳은 것을 모두 고른 것은? 21년
☑ 유통산업발전법상 대규모점포의 등록결격사유가 있는 자로 옳지 않은 것은? 20년
☑ 유통산업발전법령상 대규모점포를 구성하는 매장에 관한 설명으로 옳지 않은 것은? 19년
☑ 유통산업발전법령상 대규모점포 등의 개설등록에 관한 설명으로 옳지 않은 것은? 19년

04 유통산업발전법령상 공동집배송센터의 지정취소사유에 해당하는 것을 모두 고른 것은? 기출 24년

ㄱ. 공동집배송센터의 지정을 받은 날부터 정당한 사유 없이 3년 이내에 시공을 하지 아니하는 경우
ㄴ. 공동집배송센터사업자가 파산한 경우
ㄷ. 공동집배송센터의 시공 후 공사가 6월 이상 중단된 경우
ㄹ. 공동집배송센터의 지정을 받은 날부터 5년 이내에 준공되지 아니한 경우

① ㄱ, ㄴ
② ㄷ, ㄹ
③ ㄱ, ㄴ, ㄷ
④ ㄴ, ㄷ, ㄹ
⑤ ㄱ, ㄴ, ㄷ, ㄹ

해설 공동집배송센터의 지정취소사유(법 제33조 제2항, 영 제15조)
1. 거짓이나 그 밖의 부정한 방법으로 공동집배송센터의 지정을 받은 경우(반드시 취소)
2. 공동집배송센터의 지정을 받은 날부터 정당한 사유 없이 3년 이내에 시공을 하지 아니하는 경우
3. 시정명령을 이행하지 아니하는 경우
4. 공동집배송센터사업자의 파산 등 다음(대통령령)으로 정하는 사유로 정상적인 사업추진이 곤란하다고 인정되는 경우
   • 공동집배송센터사업자가 파산한 경우
   • 공동집배송센터사업자인 법인, 조합 등이 해산된 경우
   • 공동집배송센터의 시공후 공사가 6월 이상 중단된 경우
   • 공동집배송센터의 지정을 받은 날부터 5년 이내에 준공되지 아니한 경우

기출문제 엿보기

☑ 유통산업발전법령상 공동집배송센터에 관한 설명으로 옳지 않은 것은? 23·16년
☑ 유통산업발전법령상 공동집배송센터에 관한 설명으로 옳은 것은? 21·18년
☑ 유통산업발전법령상 공동집배송센터의 지정에 관한 설명으로 옳지 않은 것은? 17년

01 ② 02 ① 03 ③ 04 ⑤

CHAPTER 05 유통산업발전법

〈법률 제21065호, 2025. 10. 1. 타법개정, 2025. 10. 1. 시행〉

핵심 포인트
- ☑ 용어의 정의
- ☑ 유통산업발전기본계획 및 시행계획
- ☑ 대규모점포 등의 개설 · 등록 · 운영
- ☑ 공동집배송센터
- ☑ 유통산업발전계획
- ☑ 유통업상생발전협의회

CORE 01 총칙

1. 법의 목적 및 용어의 정의

(1) 법의 목적(법 제1조)

이 법은 유통산업의 효율적인 진흥과 균형 있는 발전을 꾀하고, 건전한 상거래질서를 세움으로써 소비자를 보호하고 국민경제의 발전에 이바지함을 목적으로 한다.

(2) 용어의 정의(법 제2조) 기출▶ 23년/ 21년/ 19년/ 12년

① **유통산업** : 농산물 · 임산물 · 축산물 · 수산물(가공물 및 조리물 포함) 및 공산품의 도매 · 소매 및 이를 경영하기 위한 보관 · 배송 · 포장과 이와 관련된 정보 · 용역의 제공 등을 목적으로 하는 산업이다.

② **매장** : 상품의 판매와 이를 지원하는 용역의 제공에 직접 사용되는 장소로 매장에 포함되는 제공장소는 제1종 · 제2종 근린생활시설, 문화 및 집회시설, 운동시설, 일반업무시설(오피스텔 제외)을 말한다.

③ **대규모점포** : 다음의 요건을 모두 갖춘 매장을 보유한 점포의 집단으로서 [별표]에 규정된 것을 말한다.
　└▶ 어느 한 가지만 갖춘 경우(×)

> 1. 하나 또는 대통령령으로 정하는 둘 이상의 연접되어 있는 건물 안에 하나 또는 여러 개로 나누어 설치되는 매장일 것
> 2. 상시 운영되는 매장일 것
> 3. 매장면적의 합계가 3천제곱미터 이상일 것

＋ 더알아보기 대규모점포의 종류(법 제2조 제3호 관련 별표)

종류	정의
대형마트	대통령령으로 정하는 용역의 제공장소를 제외한 매장면적의 합계가 3천제곱미터 이상인 점포의 집단으로서 식품·가전 및 생활용품을 중심으로 점원의 도움 없이 소비자에게 소매하는 점포의 집단
전문점	용역의 제공장소를 제외한 매장면적의 합계가 3천제곱미터 이상인 점포의 집단으로서 의류·가전 또는 가정용품 등 특정 품목에 특화한 점포의 집단
백화점	용역의 제공장소를 제외한 매장면적의 합계가 3천제곱미터 이상인 점포의 집단으로서 다양한 상품을 구매할 수 있도록 현대적 판매시설과 소비자 편익시설이 설치된 점포로서 직영의 비율이 30퍼센트 이상인 점포의 집단
쇼핑센터	용역의 제공장소를 제외한 매장면적의 합계가 3천제곱미터 이상인 점포의 집단으로서 다수의 대규모점포 또는 소매점포와 각종 편의시설이 일체적으로 설치된 점포로서 직영 또는 임대의 형태로 운영되는 점포의 집단
복합쇼핑몰	용역의 제공장소를 제외한 매장면적의 합계가 3천제곱미터 이상인 점포의 집단으로서 쇼핑, 오락 및 업무 기능 등이 한 곳에 집적되고, 문화·관광 시설로서의 역할을 하며, 1개의 업체가 개발·관리 및 운영하는 점포의 집단
그 밖의 대규모점포	위 규정에 해당하지 아니하는 점포의 집단으로서 다음의 어느 하나에 해당하는 것 • 용역의 제공장소를 제외한 매장면적의 합계가 3천제곱미터 이상인 점포의 집단 • 용역의 제공장소를 포함하여 매장면적의 합계가 3천제곱미터 이상인 점포의 집단으로서 용역의 제공장소를 제외한 매장면적의 합계가 전체 매장면적의 100분의 50 이상을 차지하는 점포의 집단. 다만, 시장·군수 또는 구청장이 지역경제의 활성화를 위하여 필요하다고 인정하는 경우에는 매장면적의 100분의 10의 범위에서 용역의 제공장소를 제외한 매장의 면적 비율을 조정할 수 있다.

④ **임시시장** : 다수의 수요자와 공급자가 일정한 기간 동안 상품을 매매하거나 용역을 제공하는 일정한 장소를 말한다.

　　　　　　　　　　↱ 업종이 다른 경우 해당(×)
⑤ **체인사업** : 같은 업종의 여러 소매점포를 직영(자기가 소유하거나 임차한 매장에서 자기의 책임과 계산하에 직접 매장을 운영하는 것)하거나 같은 업종의 여러 소매점포에 대하여 계속적으로 경영을 지도하고 상품·원재료 또는 용역을 공급하는 다음의 어느 하나에 해당하는 사업

> 1. 직영점형 체인사업 : 체인본부가 주로 소매점포를 직영하되, 가맹계약을 체결한 일부 소매점포(가맹점)에 대하여 상품의 공급 및 경영지도를 계속하는 형태의 체인사업
> 2. 프랜차이즈형 체인사업 : 독자적 상품 또는 판매·경영 기법을 개발한 체인본부가 상호·판매방법·매장운영 및 광고방법 등을 결정하고 가맹점으로 하여금 그 결정과 지도에 따라 운영하도록 하는 형태의 체인사업
> 　　↱ 프랜차이즈형 체인사업(×)
> 3. **임의가맹점형 체인사업** : 체인본부의 계속적인 경영지도 및 체인본부와 가맹점 간의 협업에 의하여 가맹점의 취급품목·영업방식 등의 표준화사업과 공동구매·공동판매·공동시설활용 등 공동사업을 수행하는 형태의 체인사업
> 4. 조합형 체인사업 : 같은 업종의 소매점들이 「중소기업협동조합법」에 따른 중소기업협동조합, 「협동조합기본법」에 따른 협동조합, 협동조합연합회, 사회적협동조합 또는 사회적협동조합연합회를 설립하여 공동구매·공동판매·공동시설활용 등 사업을 수행하는 형태의 체인사업

⑥ **상점가** : 일정 범위의 가로(街路) 또는 지하도에 대통령령(영 제5조)으로 정하는 수 이상의 도매점포·소매점포 또는 용역점포가 밀집하여 있는 지구를 말한다.

⑦ **전문상가단지** : 같은 업종을 경영하는 여러 도매업자 또는 소매업자가 일정 지역에 점포 및 부대시설 등을 집단으로 설치하여 만든 상가단지를 말한다.

⑧ **무점포판매** : 상시 운영되는 매장을 가진 점포를 두지 아니하고, 상품을 판매하는 것으로서 다음(산업통상부령)으로 정하는 것을 말한다.

> - 방문판매 및 가정 내 진열판매
> - 전화권유판매
> - 텔레비전홈쇼핑
> - 인터넷쇼핑몰 또는 사이버몰 등 전자상거래
> - 이동통신기기를 이용한 판매
> - 다단계판매
> - 카탈로그판매
> - 인터넷 멀티미디어 방송(IPTV)을 통한 상거래
> - 온라인 오픈마켓 등 전자상거래중개
> - 자동판매기를 통한 판매

⑨ **유통표준코드** : 상품 · 상품포장 · 포장용기 또는 운반용기의 표면에 표준화된 체계에 따라 표기된 숫자와 바코드 등으로서 다음(산업통상부령)으로 정하는 것을 말한다.

> - 공통상품코드용 바코드심벌(KS X 6703)
> - 유통상품코드용 바코드심벌(KS X 6704)
> - 물류정보시스템용 응용식별자와 UCC/EAN-128바코드심벌(KS X 6705)

⑩ **유통표준전자문서** : 전자문서 중 유통부문에 관하여 표준화되어 있는 것으로서 산업통상부장관이 전자문서 및 전자거래 기본법에 따른 정보통신산업진흥원과 협의를 거쳐 유통표준문서로 정하여 고시한 전자문서를 말한다.

⑪ **판매시점 정보관리시스템** : 상품을 판매할 때 활용하는 시스템으로서 광학적 자동판독방식에 따라 상품의 판매 · 매입 또는 배송 등에 관한 정보가 수록된 것을 말한다.

⑫ **물류설비** : 화물의 수송 · 포장 · 하역 · 운반과 이를 관리하는 물류정보처리활동에 사용되는 물품 · 기계 · 장치 등의 설비를 말한다.

⑬ **도매배송서비스** : 집배송시설을 이용하여 자기의 계산으로 매입한 상품을 도매하거나 위탁받은 상품을 화물자동차 운수사업법에 따른 허가를 받은 자가 수수료를 받고 도매점포 또는 소매점포에 공급하는 것을 말한다.

⑭ **집배송시설** : 상품의 주문처리 · 재고관리 · 수송 · 보관 · 하역 · 포장 · 가공 등 집하(集荷) 및 배송에 관한 활동과 이를 유기적으로 조정하거나 지원하는 정보처리활동에 사용되는 기계 · 장치 등의 일련의 시설을 말한다.

⑮ **공동집배송센터** : 여러 유통사업자 또는 제조업자가 공동으로 사용할 수 있도록 집배송시설 및 부대업무시설이 설치되어 있는 지역 및 시설물을 말한다.

2. 유통산업시책 기본방향 및 법의 적용 배제

(1) 유통산업시책의 기본방향(법 제3조)

정부는 이 법의 목적을 달성하기 위하여 다음의 시책을 마련하여야 한다.
① 유통구조의 선진화 및 유통기능의 효율화 촉진
② 유통산업에서의 소비자 편익의 증진
③ 유통산업의 지역별 균형발전의 도모
④ 유통산업의 종류별 균형발전의 도모
⑤ **중소유통기업**의 구조개선 및 경쟁력 강화
　　　↳ 대규모유통기업(×)
⑥ 유통산업의 **국제경쟁력 제고** → 지역경쟁력 제고(×)

⑦ 유통산업에서의 건전한 상거래질서의 확립 및 공정한 경쟁여건의 조성
⑧ 그 밖에 유통산업의 발전을 촉진하기 위하여 필요한 사항

(2) 적용 배제(법 제4조) 기출 23년/ 19년/ 15년

다음의 시장·사업장 및 매장에 대하여는 「유통산업발전법」을 적용하지 아니한다.
① 「농수산물유통 및 가격안정에 관한 법률」에 따른 **농수산물도매시장**·농수산물공판장·민영농수산물도매시장 및 농수산물종합유통센터
   └→ 지방도매시장(×)
② **「축산법」**에 따른 가축시장
   └→ 「전통시장 및 상점가 육성을 위한 특별법」에 따른 전통시장(×)

CORE 02 유통산업발전계획 등

1. 유통산업발전기본계획 및 시행계획

(1) 기본계획의 수립·시행 등(법 제5조, 영 제6조) 기출 21년/ 17년/ 16년/ 13년/ 11년
                                                           → 10년마다(×)
① **기본계획의 수립·시행** : 산업통상부장관은 유통산업의 발전을 위하여 **5년마다 유통산업발전기본계획**(이하 기본계획)
  을 관계중앙행정기관의 장과 협의를 거쳐 세우고 시행하여야 한다.   시행계획(×) ←┘
② **기본계획 포함사항** : 기본계획에는 다음의 사항이 포함되어야 한다.

> 1. 유통산업발전의 기본방향
> 2. 유통산업의 국내외 여건 변화 전망
> 3. 유통산업의 현황 및 평가
> 4. 유통산업의 지역별·종류별 발전방안
> 5. 산업별·지역별 유통기능의 효율화·고도화 방안
> 6. 유통전문인력·부지 및 시설 등의 수급(需給) 변화에 대한 전망
> 7. 중소유통기업의 구조개선 및 경쟁력 강화 방안
> 8. 대규모점포와 중소유통기업 및 중소제조업체 사이의 건전한 상거래질서의 유지방안
> 9. 그 밖에 유통산업의 규제완화 및 제도개선 등 유통산업의 발전을 촉진하기 위하여 필요한 사항

③ **자료의 제출 요청**
   ㉠ 산업통상부장관은 기본계획을 세우기 위하여 필요하다고 인정하는 경우에는 관계중앙행정기관의 장에게 필요한 자료를 요청할 수 있다. 이 경우 자료를 요청받은 관계중앙행정기관의 장은 특별한 사정이 없으면 요청에 따라야 한다.
   ㉡ 산업통상부장관은 관계 중앙행정기관의 장에게 기본계획의 수립을 위하여 필요한 자료를 해당 기본계획 개시연도의 전년도 10월 말일까지 제출하여 줄 것을 요청할 수 있다.
④ **기본계획의 통지** : 산업통상부장관은 기본계획을 특별시장·광역시장·특별자치시장·도지사·특별자치도지사(이하 **시·도지사**)에게 알려야 한다.
                └→ 시장·군수·구청장(×)

(2) 시행계획의 수립·시행 등(법 제6조, 영 제6조) 기출 ▶ 21년/ 17년/ 11년

① **시행계획의 수립·시행** : 산업통상부장관은 기본계획에 따라 매년 유통산업발전시행계획(이하 시행계획)을 관계중앙행정기관의 장과 협의를 거쳐 세워야 한다.

② **자료의 제출 요청**

㉠ 산업통상부장관은 시행계획을 세우기 위하여 필요하다고 인정하는 경우에는 관계중앙행정기관의 장에게 필요한 자료를 요청할 수 있다. 이 경우 자료를 요청받은 관계중앙행정기관의 장은 특별한 사정이 없으면 요청에 따라야 한다.

㉡ 산업통상부장관은 관계 중앙행정기관의 장에게 시행계획의 수립을 위하여 필요한 다음의 사항이 포함된 자료를 매년 3월 말일까지 제출하여 줄 것을 요청할 수 있다.

> 1. 유통산업발전시책의 기본방향
> 2. 사업주체 및 내용
> 3. 필요한 자금과 그 조달방안
> 4. 사업의 시행방법
> 5. 그 밖에 시행계획의 수립에 필요한 사항

③ **시행계획의 시행 및 재원확보** : 산업통상부장관 및 관계중앙행정기관의 장은 시행계획 중 소관사항을 시행하고 이에 필요한 재원을 확보하기 위하여 노력하여야 한다.

④ **시행계획의 통지** : 산업통상부장관은 시행계획을 시·도지사에게 알려야 한다.

⑤ **집행실적 제출** : 관계 중앙행정기관의 장은 시행계획의 집행실적을 다음 연도 **2월 말일**까지 산업통상부장관에게 제출하여야 한다.
└▶ 1월 말일(×)

(3) 지방자치단체의 사업시행 등(법 제7조) 기출 ▶ 21년/ 17년/ 16년/ 12년

┌▶ 시장·군수·구청장(×)

① **지역별 시행계획의 수립·시행** : **시·도지사**는 기본계획 및 시행계획에 따라 다음의 사항을 포함하는 지역별 시행계획을 세우고 시행하여야 한다. 이 경우 시·도지사(특별자치시장은 제외)는 미리 시장(「제주특별자치도 설치 및 국제자유도시 조성을 위한 특별법」에 따른 행정시장을 포함)·군수·구청장(자치구의 구청장)의 의견을 들어야 한다.

> 1. 지역유통산업 발전의 기본방향
> 2. 지역유통산업의 여건 변화 전망
> 3. 지역유통산업의 현황 및 평가
> 4. 지역유통산업의 종류별 발전 방안
> 5. 지역유통기능의 효율화·고도화 방안
> 6. 유통전문인력·부지 및 시설 등의 수급 방안
> 7. 지역중소유통기업의 구조개선 및 경쟁력 강화 방안
> 8. 그 밖에 지역유통산업의 규제완화 및 제도개선 등 지역유통산업의 발전을 촉진하기 위하여 필요한 사항

② **필요한 조치의 요청** : 관계중앙행정기관의 장은 유통산업의 발전을 위하여 필요하다고 인정하는 경우에는 시·도지사 또는 시장·군수·구청장에게 지역별 시행계획의 시행에 필요한 조치를 할 것을 요청할 수 있다.

2. 유통산업의 실태조사 및 협의회 구성

(1) 유통산업의 실태조사(법 제7조의4, 영 제6조의4) 기출▶ 12년/ 10년

① **유통산업의 실태조사** : 산업통상부장관은 기본계획 및 시행계획 등을 효율적으로 수립·추진하기 위하여 유통산업에 대한 실태조사를 할 수 있다.

② **유통산업 실태조사의 범위**
  ㉠ 대규모점포, 무점포판매 및 도·소매점포의 현황, 영업환경, 물품구매, 영업실태 및 사업체 특성 등에 관한 사항
  ㉡ 지역별·업태별 유통기능효율화를 위한 물류표준화·정보화 및 물류공동화에 관한 사항
  ㉢ 그 밖에 산업통상부장관이 유통산업발전 정책수립을 위하여 실태조사가 필요하다고 인정하는 사항

③ **실태조사의 구분 실시** : 산업통상부장관은 실태조사를 다음의 구분에 따라 실시한다.
  ㉠ 정기조사 : 유통산업에 관한 계획 및 정책수립과 집행에 활용하기 위하여 3년마다 실시하는 조사
  ㉡ 수시조사 : 산업통상부장관이 기본계획 및 시행계획 등의 효율적인 수립을 위하여 필요하다고 인정하는 경우 특정 업태 및 부문 등을 대상으로 실시하는 조사

(2) 유통업상생발전협의회(법 제7조의5) 기출▶ 25년/ 24년/ 18년/ 17년/ 14년

① **협의회의 설치 등**
  ㉠ 대규모점포 및 준대규모점포(이하 대규모점포등)와 지역중소유통기업의 균형발전을 협의하기 위하여 특별자치시장·시장·군수·구청장 소속으로 유통업상생발전협의회(이하 협의회)를 둔다.
  ㉡ 협의회의 구성 및 운영 등에 필요한 사항은 **산업통상부령**으로 정한다.
  └▶ 해당 지방자치단체의 조례(×), 대통령령(×)

② **협의회의 구성(규칙 제4조의2)**
  ㉠ 협의회 구성 : 협의회는 성별 및 분야별 대표성 등을 고려하여 회장 1명을 포함한 **11명 이내**의 위원으로 구성하며, 회장은 **부시장(특별자치시의 경우 행정부시장)·부군수·부구청장**이 된다.
  └▶ 특별자치시장·시장·군수·구청장(×)   └▶ 10명 이내(×)
  ㉡ 협의회 위원 : 위원은 특별자치시장·시장(제주특별자치도 설치 및 국제자유도시 조성을 위한 특별법에 따른 행정시장을 포함)·군수·구청장(자치구의 구청장)이 임명하거나 위촉하는 다음의 자가 된다.

  > 1. 해당 지역에 대규모점포 등을 개설하였거나 개설하려는 대형유통기업의 대표 3명
  > 2. 해당 지역의 전통시장, 슈퍼마켓, 상가 등 중소유통기업의 대표 3명
  > 3. 다음의 어느 하나에 해당하는 자
  >   • 해당 지역의 소비자단체의 대표 또는 주민단체의 대표
  >   • 해당 지역의 유통산업분야에 관한 학식과 경험이 풍부한 자
  >   • 그 밖에 대·중소유통 협력업체·납품업체·농어업인 등 이해관계자
  > 4. 해당 특별자치시·시·군·구의 유통업무를 담당하는 과장급 공무원

  ㉢ 위원의 임기 : 위원의 임기는 **2년**으로 한다.
  └▶ 1년(×)
  ㉣ 위원의 해촉 : 특별자치시장·시장·군수·구청장은 ㉡의 1·2 및 3의 위원이 다음의 어느 하나에 해당하는 경우에는 해당 위원을 **해촉할 수 있다.** → 해촉하여야 한다(×)

  > 1. 금고 이상의 형을 선고받은 경우
  > 2. 직무와 관련된 비위사실이 있는 경우

3. 위원이 6개월 이상 장기 출타 또는 심신장애로 인하여 직무를 수행하기 어려운 경우
4. 직무태만, 품위 손상 또는 그 밖의 사유로 인하여 위원으로 적합하지 아니하다고 인정되는 경우

ⓜ 그 밖의 필요한 사항 : 위에서 규정한 사항 외에 협의회의 구성 등에 필요한 사항은 협의회의 의결을 거쳐 회장이 정한다.

③ 협의회의 운영 등(규칙 제4조의3) 기출▶ 25년
  ㉠ 의결 정족수 : 협의회의 회의는 **재적위원 3분의 2 이상**의 출석으로 개의하고, 출석위원 3분의 2 이상의 찬성으로 의결한다.
    ↳ 재적위원 과반수(×)
  ㉡ 회의의 소집 : 회장은 회의를 소집하려는 경우에는 회의 개최일 5일 전까지 회의의 날짜·시간·장소 및 심의 안건을 각 위원에게 통지하여야 한다(긴급하거나 부득이한 사유의 경우 제외).
  ㉢ 사무처리 : 협의회 사무를 처리하기 위해 간사 1명을 두되, 간사는 유통업무를 담당하는 공무원으로 한다.
  ㉣ 회의 개최 주기 : 협의회는 **분기별로 1회 이상** 개최하는 것을 원칙으로 하되, 회장은 필요에 따라 그 개최 주기를 달리할 수 있다.
    ↳ 매월 1회 이상(×)
  ㉤ 의견 제시 : 협의회는 대형유통기업과 지역중소유통기업의 균형발전을 촉진하기 위하여 특별자치시장·시장·군수·구청장에게 의견을 제시할 수 있다.
  ㉥ 그 밖의 필요한 사항 등 : 규정한 사항 외에 협의회의 운영 등에 필요한 사항은 협의회의 의결을 거쳐 회장이 정한다.

CORE 03 대규모점포 등

1. 대규모점포 등의 개설 및 등록

(1) 대규모점포 등의 개설등록 및 변경등록(법 제8조, 규칙 제5조) 기출▶ 25년/ 19년/ 18년/ 15년/ 14년

① 대규모점포 등의 개설등록 및 변경등록 사항
  ㉠ 대규모점포를 개설하거나 전통상업보존구역에 준대규모점포를 개설하려는 자는 영업을 시작하기 전에 산업통상부령으로 정하는 바에 따라 상권영향평가서 및 지역협력계획서를 첨부하여 **특별자치시장·시장·군수·구청장**에게
    ↳ 신고(×)   시·도지사(×) ↲
    등록하여야 한다. 등록한 내용을 변경하려는 경우에도 또한 같다.

> **상권영향평가서 첨부서류(규칙 제5조 제1항 제2호)**
> 요약문, 사업의 개요, 상권영향분석의 범위, 상권의 특성, 기존 사업자 현황 분석, 상권영향기술서

  ㉡ 변경등록을 하여야 하는 사항은 다음과 같다.

> 1. 법인의 명칭, 개인 또는 법인 대표자의 성명, 개인 또는 법인의 주소
> 2. 개설등록(매장면적을 변경등록한 경우에는 변경등록) 당시 매장면적의 10분의 1 이상의 변경
> 3. 업태 변경(대규모점포만 해당)
> 4. 점포의 소재지·상호

② 첨부서류 제출 및 보완 요청
  ㉠ 대규모점포 및 준대규모점포(이하 대규모점포등)의 개설등록을 하려는 자는 대규모점포등개설등록신청서에 서류를 첨부하여 특별자치시장·시장·군수 또는 구청장에게 제출하여야 한다.
  ㉡ 특별자치시장·시장·군수·구청장은 제출받은 상권영향평가서 및 지역협력계획서가 미진하다고 판단하는 경우에는 제출받은 날부터 30일 이내(토요일 및 공휴일은 산입하지 않음)에 그 사유를 명시하여 보완을 요청할 수 있다.
③ 등록의 제한 및 조건 : 특별자치시장·시장·군수·구청장은 개설등록 또는 변경등록[점포의 소재지를 변경하거나 매장면적이 개설등록(매장면적을 변경등록한 경우에는 변경등록) 당시의 매장면적보다 10분의 1이상 증가하는 경우로 한정함]을 하려는 대규모점포등의 위치가 전통상업보존구역에 있을 때에는 등록을 제한하거나 조건을 붙일 수 있다. 이 경우 등록 제한 및 조건에 관한 세부 사항은 해당 지방자치단체의 조례로 정한다.
④ 등록신청 사실의 통보 : 특별자치시장·시장·군수·구청장은 개설등록 또는 변경등록을 하려는 점포의 소재지로부터 다음(산업통상부령)으로 정하는 거리 이내의 범위 일부가 인접 특별자치시·시·군·구(자치구를 말함)에 속하여 있는 경우 인접지역의 특별자치시장·시장·군수·구청장에게 개설등록 또는 변경등록을 신청 받은 사실을 통보하여야 한다.

> 1. 대규모점포의 경우 점포의 경계로부터 반경 3킬로미터
> 2. 매장면적 330제곱미터 이상인 준대규모점포의 경우 점포의 경계로부터 반경 500미터
> 3. 매장면적 330제곱미터 미만인 준대규모점포의 경우 점포의 경계로부터 반경 300미터

⑤ 의견의 제시 : 신청 사실을 통보받은 인접지역의 특별자치시장·시장·군수·구청장은 신청 사실을 통보받은 날로부터 20일 이내에 개설등록 또는 변경등록에 대한 의견을 제시할 수 있다.
⑥ 협의회의 의견청취 등 : 특별자치시장·시장·군수·구청장은 제출받은 상권영향평가서 및 지역협력계획서를 검토하는 경우 협의회의 의견을 청취하여야 하며, 필요한 때에는 대통령령으로 정하는 전문기관(대한상공회의소 또는 산업연구원)에 이에 대한 조사를 하게 할 수 있다.
[제48조의2의 규정에 의해 위의 ① 및 ② 중 준대규모점포와 관련된 부분, 위의 ③의 개정 규정은 2025년 11월 23일까지 유효함]

(2) 대규모점포등의 개설계획 예고(법 제8조의3) 기출 23년/ 15년

대규모점포를 개설하려는 자는 영업을 개시하기 60일 전까지, 준대규모점포를 개설하려는 자는 영업을 시작하기 30일 전까지 산업통상부령으로 정하는 바에 따라 개설 지역 및 시기 등을 포함한 개설계획을 예고하여야 한다.

(3) 허가등의 의제 등(법 제9조) 기출 24년

① 대규모점포등을 등록하는 경우 다음의 신고·지정·등록 또는 허가(이하 허가등)에 관하여 특별자치시장·시장·군수·구청장이 다른 행정기관의 장과 협의를 한 사항에 대하여는 해당 허가등을 받은 것으로 본다.

> 1. 「영화 및 비디오물의 진흥에 관한 법률」에 따른 비디오물제작업·비디오물배급업, 「게임산업진흥에 관한 법률」에 따른 게임제작업·게임배급업·게임제공업 또는 「음악산업진흥에 관한 법률」에 따른 음반·음악영상물제작업 및 음반·음악영상물배급업의 신고 또는 등록
> 2. 「담배사업법」에 따른 소매인의 지정
> 3. 「식품위생법」에 따른 식품의 제조업·가공업·판매업 또는 식품접객업의 허가 또는 신고로서 대통령령으로 정하는 것
> 4. 「식품위생법」에 따른 집단급식소 설치·운영의 신고
> 5. 「관광진흥법」에 따른 테마파크업의 신고

6. 「평생교육법」에 따른 평생교육시설 설치의 신고
7. 「체육시설의 설치·이용에 관한 법률」에 따른 체육시설업의 신고
8. 「전자상거래 등에서의 소비자보호에 관한 법률」에 따른 통신판매업자의 신고
9. 「공연법」에 따른 공연장의 등록
10. 「옥외광고물 등의 관리와 옥외광고산업 진흥에 관한 법률」에 따른 광고물 또는 게시시설의 허가 또는 신고
11. 「외국환거래법」에 따른 외국환업무의 등록
12. 「주류 면허 등에 관한 법률」에 따른 주류 판매업면허 승계의 신고
13. 「축산물 위생관리법」에 따른 축산물판매업의 신고
14. 「물환경보전법」에 따른 배출시설 설치의 허가 또는 신고
15. 「폐기물관리법」에 따른 사업장폐기물배출자의 신고
16. 「약사법」에 따른 약국 개설의 등록
17. 「의료기사 등에 관한 법률」에 따른 안경업소개설의 등록

② 허가등의 의제(擬制)를 받으려는 자는 대규모점포등의 개설등록 신청 시에 허가등에 필요한 서류를 함께 제출하여야 한다.

③ 특별자치시장·시장·군수·구청장은 대규모점포등의 등록신청 서류와 ②에 따른 서류를 받은 경우에 ①의 각 호의 어느 하나에 해당하는 사항이 다른 행정기관의 권한에 속하는 경우에는 미리 그 다른 행정기관의 장과 협의하여야 한다.

(4) 등록의 결격사유(법 제10조) 기출▶ 23년/ 20년/ 12년/ 09년/ 07년

다음의 어느 하나에 해당하는 자는 대규모점포등의 등록을 할 수 없다.

> 1. 피성년후견인 또는 미성년자
> 2. 파산선고를 받고 복권되지 아니한 자
> 3. 이 법을 위반하여 징역의 실형을 선고받고 그 집행이 끝나거나(집행이 끝난 것으로 보는 경우를 포함) 집행이 면제된 날부터 1년이 지나지 아니한 사람
> 4. 이 법을 위반하여 징역형의 집행유예선고를 받고 그 유예기간 중에 있는 사람
> 5. 등록이 취소(제1호 또는 제2호에 해당하여 등록이 취소된 경우 제외)된 후 1년이 지나지 아니한 자
> 6. 대표자가 제1호부터 제5호까지의 어느 하나에 해당하는 법인

(5) 등록의 취소(법 제11조) 기출▶ 18년/ 15년/ 11년/ 10년/ 09년

① 등록취소의 사유 : 특별자치시장·시장·군수·구청장은 대규모점포등의 개설등록을 한 자(이하 대규모점포등개설자)가 다음의 어느 하나에 해당하는 경우에는 그 등록을 취소하여야 한다. 이 경우 특별자치시장·시장·군수·구청장은 허가등의 의제등(제9조 제1항 각 호)의 어느 하나에 해당하는 사항과 관련되는 행정기관의 장에게 등록의 취소에 관한 사항을 지체 없이 알려야 한다.

> 1. 대규모점포등 개설자가 정당한 사유 없이 1년 이내에 영업을 시작하지 아니한 경우. 이 경우 대규모점포등의 건축에 정상적으로 소요되는 기간은 산입하지 아니한다. →6개월간(×)
> 2. 대규모점포등의 영업을 정당한 사유 없이 1년 이상 계속하여 휴업한 경우
> 3. 등록결격사유의 어느 하나에 해당하게 된 경우
> 4. 대규모점포등의 등록제한이나 조건부 등록에 따른 조건을 이행하지 아니한 경우

② **등록취소의 유예** : 다음 어느 하나에 해당하는 경우에는 대표자가 결격사유에 해당하게 된 날 또는 상속을 개시한 날부터 6개월이 지난 날까지는 등록의 취소규정을 적용하지 아니한다.

> 1. 법인의 대표자가 결격사유에 해당하게 된 경우
> 2. 대규모점포등 개설자의 지위를 승계한 상속인이 결격사유에 해당하는 경우

2. 대규모점포 등의 운영

(1) 대규모점포 등 개설자의 업무 등(법 제12조) 기출▶ 22년/ 15년/ 10년

① 대규모점포 등 개설자의 업무 수행
   ㉠ 상거래질서의 확립
   ㉡ 소비자의 안전유지와 소비자 및 인근 지역주민의 피해 · 불만의 신속한 처리
   ㉢ 그 밖에 대규모점포 등을 유지 · 관리하기 위하여 필요한 업무

② 대규모점포 등 개설자의 업무를 수행하는 자 : 매장이 분양된 대규모점포 및 등록 준대규모점포에서는 다음의 어느 하나에 해당하는 자(이하 대규모점포등관리자)가 위의 업무를 수행한다.

> 1. 매장면적의 2분의 1 이상을 직영하는 자가 있는 경우에는 그 직영하는 자
> 2. 매장면적의 2분의 1 이상을 직영하는 자가 없는 경우
>   • 해당 대규모점포 또는 등록 준대규모점포에 입점하여 영업을 하는 상인 3분의 2 이상이 동의(동의를 얻은 입점상인(入店商人)이 운영하는 매장면적의 합은 전체 매장면적의 2분의 1 이상이어야 함)하여 설립한 「민법」 또는 「상법」에 따른 법인
>   • 입점상인 3분의 2 이상이 동의하여 설립한 「중소기업협동조합법」에 따른 협동조합 또는 사업협동조합(이하 사업조합)
>   • 입점상인 3분의 2 이상이 동의하여 조직한 자치관리단체. 이 경우 6개월 이내에 법인 · 협동조합 또는 사업조합의 자격을 갖추어야 한다.
>   • 위의 법인 · 협동조합 또는 사업조합에 해당하는 자가 없는 경우에는 입점상인 2분의 1 이상이 동의하여 지정하는 자. 이 경우 6개월 이내에 법인 · 협동조합 또는 사업조합을 설립하여야 한다.

③ 대규모점포 등 관리자는 산업통상부령으로 정하는 바에 따라 특별자치시장 · 시장 · 군수 · 구청장에게 신고를 하여야 한다. 신고한 사항을 변경하려는 경우에도 또한 같다.

④ 매장이 분양된 대규모점포 및 등록 준대규모점포에서는 대규모점포 등 개설자의 업무 중 구분소유와 관련된 사항에 대하여는 「집합건물의 소유 및 관리에 관한 법률」에 따른다.

⑤ 입점상인의 동의자 수 산정방법과 그 밖에 필요한 사항은 대통령령으로 정한다.

(2) 대규모점포 등에 대한 영업시간의 제한 등(법 제12조의2) 기출▶ 23년/ 19년/ 16년

① **영업시간의 제한 등** : 특별자치시장 · 시장 · 군수 · 구청장은 건전한 유통질서확립, 근로자의 건강권 및 대규모점포 등과 중소유통업의 상생발전을 위하여 필요하다고 인정하는 경우 대형마트(대규모점포에 개설된 점포로서 대형마트의 요건을 갖춘 점포를 포함)와 준대규모점포에 대하여 다음의 영업시간 제한을 명하거나 의무휴업일을 지정하여 의무휴업을 <u>명할 수 있다</u>. 다만, 연간 총매출액 중 「농수산물 유통 및 가격안정에 관한 법률」에 따른 농수산물의 매출액 비중
  └→ 명하여야 한다(×)

이 55퍼센트 이상인 대규모점포 등으로 해당 지방자치단체의 조례로 정하는 대규모점포 등에 대하여는 그러하지 아니하다.

㉠ 영업시간 제한 : 오전 0시부터 오전 10시까지의 범위 이내
㉡ 의무휴업일 지정 : 매월 이틀을 공휴일 중에서 지정하되, 이해당사자와 합의를 거쳐 공휴일이 아닌 날을 의무휴업일로 **지정할 수 있다.** → 지정할 수 없다(×)
② 그 밖의 필요한 사항 : 영업시간 제한 및 의무휴업일 지정에 필요한 사항은 해당 지방자치단체의 조례로 정한다.

(3) 대규모점포 등 관리자의 회계감사(법 제12조의5) 기출▶ 22년

① 대규모점포 등 관리자는 감사인의 회계감사를 매년 1회 이상 받아야 한다. 다만 입점상인의 3분의 2 이상이 서면으로 회계감사를 받지 아니하는 데 동의한 연도에는 회계감사를 받지 아니할 수 있다.
② 대규모점포 등 관리자는 회계감사결과를 제출받은 날부터 1개월 이내에 대규모점포 등의 인터넷 홈페이지에 그 결과를 공개하여야 한다.
③ 대규모점포 등 관리자는 특별자치시장·시장·군수·구청장 또는 한국공인회계사회에 감사인의 추천을 의뢰할 수 있다.
④ 회계감사를 받는 대규모점포 등 관리자는 다음에 해당하는 행위를 하여서는 아니 된다.

> 1. 정당한 사유 없이 감사인의 자료 열람·등사·제출 요구 또는 조사를 거부·방해·기피하는 행위
> 2. 감사인에게 거짓 자료를 제출하는 등 부정한 방법으로 회계감사를 방해하는 행위

(4) 관리규정(법 제12조의6, 영 제7조의7) 기출▶ 23년/ 21년/ 18년

① 대규모점포 등 관리자는 대규모점포 등의 관리 또는 사용에 관하여 입점상인의 3분의 2 이상의 동의를 얻어 관리규정을 제정하여야 하며 관리규정에 따라 대규모점포 등을 관리하여야 한다.
② 관리규정을 제정·개정하는 방법 등에 필요한 사항은 다음(대통령령)으로 정한다.

> 1. 관리규정을 제정하려는 대규모점포 등 관리자는 신고를 한 날부터 3개월 이내에 표준관리규정을 참조하여 관리규정을 제정하여야 한다.
> 2. 대규모점포 등 관리자는 관리규정을 개정하려는 경우 제안내용에 개정안, 개정 목적, 현행의 관리규정과 달라진 내용, 표준관리규정과 다른 내용에 관한 사항을 적어 입점상인의 3분의 2 이상의 동의를 얻어야 한다.
> 3. 대규모점포 등 관리자는 관리규정을 제정하거나 개정하려는 경우 해당 대규모점포 등 인터넷 홈페이지에 제안내용을 공고하고 입점상인들에게 개별적으로 통지하여야 한다.

③ 대규모점포 등 관리자는 입점상인이 관리규정의 열람이나 복사를 요구하는 때에는 이에 응하여야 한다.
④ 시·도지사는 이 법을 적용받는 대규모점포 등의 효율적이고 공정한 관리를 위하여 대통령령으로 정하는 바에 따라 표준관리규정을 마련하여 보급하여야 한다.

(5) 대규모점포 등 개설자의 지위승계(법 제13조) 기출▶ 16년/ 15년/ 12년

① 다음의 어느 하나에 해당하는 자는 종전의 대규모점포 등 개설자의 지위를 승계한다.

> 1. 대규모점포 등 개설자가 사망한 경우 그 상속인
> 2. 대규모점포 등 개설자가 대규모점포 등을 양도한 경우 그 양수인
> 3. 법인인 대규모점포 등 개설자가 다른 법인과 합병한 경우 합병 후 존속하는 법인이나 합병으로 설립되는 법인

② 지위를 승계한 자에 대하여는 등록의 결격사유(제10조)를 준용한다.

(6) **대규모점포 등의 휴업 · 폐업 신고(법 제13조의2, 규칙 제6조의2)** 기출▶ 23년

① 대규모점포 등 개설자(신고한 자를 포함)가 대규모점포 등을 휴업하거나 폐업하려는 경우에는 산업통상부령으로 정하는 바에 따라 특별자치시장 · 시장 · 군수 · 구청장에게 **신고를 하여야 한다.** → 허가를 받아야 한다(×)

② 대규모점포 등의 개설등록을 한 자 또는 대규모점포 등 관리자가 대규모점포 등의 영업을 휴업하거나 폐업하려는 때에는 대규모점포 등 휴업 · 폐업신고서를 특별자치시장 · 시장 · 군수 또는 구청장에게 제출하여야 한다.

③ 특별자치시장 · 시장 · 군수 또는 구청장은 신고사항을 대규모점포 등 개설(변경)등록관리대장에 기록 · 관리하되, 대규모점포 안에 위치하는 준대규모점포의 영업을 휴업하거나 폐업하려는 신고가 있는 경우에는 해당 대규모점포의 대규모점포 등 개설(변경)등록관리대장에도 그 사실을 덧붙여 적어야 한다.

(7) **대규모점포 등의 영업정지(법 제13조의4)** 기출▶ 16년/ 11년

특별자치시장 · 시장 · 군수 · 구청장은 다음의 어느 하나에 해당하는 경우에는 1개월 이내의 기간을 정하여 영업의 정지를 명할 수 있다.

> 1. 영업시간제한에 따른 명령을 1년 이내에 3회 이상 위반하여 영업을 한 자 또는 의무휴업일 지정 명령을 1년 이내에 3회 이상 위반하여 영업을 한 자(명령위반의 횟수는 합산)
> 2. 영업정지명령을 위반하여 영업정지기간 중 영업을 한 자 → 반드시 취소하여야 한다(×)

3. 전통상업보존구역 지정 및 임시시장 개설

(1) **전통상업보존구역의 지정(법 제13조의3)** 기출▶ 12년/ 11년

① 특별자치시장 · 시장 · 군수 · 구청장은 지역유통산업의 전통과 역사를 보존하기 위하여 전통시장이나 중소벤처기업부장관이 정하는 전통상점가(이하 전통시장등)의 경계로부터 1킬로미터 이내의 범위에서 해당 지방자치단체의 조례로 정하는 지역을 전통상업보존구역으로 지정할 수 있다.

② 전통상업보존구역을 지정하려는 특별자치시장 · 시장 · 군수 · 구청장은 관할구역 전통시장 등의 경계로부터 1킬로미터 이내의 범위 일부가 인접 특별자치시 · 시 · 군 · 구에 속해 있는 경우에는 인접지역의 특별자치시장 · 시장 · 군수 · 구청장에게 해당 지역을 전통상업보존구역으로 지정할 것을 요청할 수 있다.

[제48조의2의 규정에 의해 본조의 개정 규정은 2025년 11월 23일까지 유효함]

(2) **임시시장의 개설 등(법 제14조)**

① 임시시장의 개설방법 · 시설기준과 그 밖에 임시시장의 운영 · 관리에 관한 사항은 특별자치시 · 시 · 군 · 구의 조례로 정한다.

② 지방자치단체의 장은 임시시장의 활성화를 위하여 임시시장을 체계적으로 육성 · 지원하여야 한다.

CORE 04 유통산업의 경쟁력 강화

1. 유통산업 경쟁력 강화를 위한 시책 및 지원

(1) 분야별 발전시책(법 제15조) 기출 20년

① **시책의 수립·시행** : 산업통상부장관은 유통산업의 경쟁력을 강화하기 위하여 다음의 시책을 수립·시행할 수 있다.

> 1. 체인사업의 발전시책
> 2. 무점포판매업의 발전시책
> 3. 그 밖에 유통산업의 분야별 경쟁력 강화를 위하여 필요한 시책

② **시책수립 시 포함되어야 할 사항** : 시책에는 다음 사항이 포함되어야 한다.
  ㉠ 국내외 사업현황
  ㉡ 산업별·유형별 발전전략에 관한 사항
  ㉢ 유통산업에 대한 인식의 제고에 관한 사항
  ㉣ 전문인력의 양성에 관한 사항
  ㉤ 관련 정보의 원활한 유통에 관한 사항
  ㉥ 그 밖에 유통산업의 분야별 발전 또는 경쟁력 강화를 위하여 필요한 사항

③ **재래시장의 지원** : 정부는 재래시장의 활성화에 필요한 시책을 수립·시행하여야 하고, 정부 또는 지방자치단체의 장은 이에 필요한 행정적·재정적 지원을 할 수 있다.

④ **중소유통기업의 지원** : 정부 또는 지방자치단체의 장은 다음의 사항이 포함된 중소유통기업의 구조개선 및 경쟁력 강화에 필요한 시책을 수립·시행할 수 있고, 이에 필요한 행정적·재정적 지원을 할 수 있다.

> 1. 중소유통기업의 창업을 지원하기 위한 사항
> 2. 중소유통기업에 대한 자금·경영·정보·기술·인력의 지원에 관한 사항
> 3. 선진유통기법의 도입·보급 등을 위한 중소유통기업자의 교육·연수의 지원에 관한 사항
> 4. 중소유통공동도매물류센터의 설립·운영 등 중소유통기업의 공동협력사업 지원에 관한 사항
> 5. 그 밖에 중소유통기업의 구조개선을 촉진하기 위해 필요하다고 인정되는 사항으로 대통령령으로 정하는 사항

(2) 체인사업자의 경영개선사항 등(법 제16조) 기출 23년/18년

① **체인점포의 경영개선** : 체인사업자는 직영하거나 체인에 가입되어 있는 점포(체인점포)의 경영을 개선하기 위하여 다음의 사항을 추진하여야 한다.

> 1. 체인점포의 시설현대화
> 2. 체인점포에 대한 원재료·상품 또는 용역 등의 원활한 공급
> 3. 체인점포에 대한 점포관리·품질관리·판매촉진 등 경영활동 및 영업활동에 관한 지도
> 4. 체인점포 종사자에 대한 유통교육·훈련의 실시
> 5. 체인사업자와 체인점포 간의 유통정보시스템의 구축

6. 집배송시설의 설치 및 공동물류사업의 추진
7. 공동브랜드 또는 자기부착상표의 개발·보급
8. 유통관리사의 고용촉진 → 산업통상부장관(×)
9. 그 밖에 **중소벤처기업부장관**이 체인사업의 경영개선을 위하여 필요하다고 인정하는 사항

② 자금 등 지원 : 산업통상부장관·중소벤처기업부장관 또는 지방자치단체의 장은 체인사업자 또는 체인사업자단체가 위의 사업을 추진하는 경우에는 예산의 범위에서 필요한 자금 등을 지원할 수 있다.

(3) 중소유통공동도매물류센터에 대한 지원(법 제17조의2) 기출 23년/22년/21년/20년/17년/13년/12년

① 지원대상 등 : 산업통상부장관, 중소벤처기업부장관 또는 지방자치단체의 장은 중소기업기본법에 따른 중소기업자 중 대통령령으로 정하는 소매업자 50인 또는 도매업자 10인 이상의 자(이하 중소유통기업자단체)가 공동으로 중소유통기업의 경쟁력 향상을 위하여 다음의 사업을 하는 물류센터(이하 중소유통공동도매 물류센터)를 건립하거나 운영하는 경우에는 필요한 행정적·재정적 지원을 할 수 있다.

1. 상품의 보관·배송·포장 등 공동물류사업
2. 상품의 전시
3. 유통·물류정보시스템을 이용한 정보의 수집·가공·제공
4. 중소유통공동도매물류센터를 이용하는 중소유통기업의 서비스능력 향상을 위한 교육 및 연수
5. 그 밖에 중소유통공동도매물류센터 운영의 고도화를 위하여 산업통상부장관이 필요하다고 인정하여 공정거래위원회와 협의를 거친 사업

② 운영의 위탁 : **지방자치단체의 장**은 중소유통공동도매물류센터를 건립하여 다음의 단체 또는 법인에 그 운영을 위탁할 수 **있다**. → 없다(×)
  산업통상부장관(×)
  ㉠ 중소유통기업자단체
  ㉡ 중소유통공동도매물류센터를 운영하기 위하여 지방자치단체와 중소유통기업자단체가 출자하여 설립한 법인

③ 유지·관리 등 비용의 충당 : 지방자치단체가 중소유통공동도매물류센터를 건립하여 운영을 위탁하는 경우에는 운영주체와 협의하여 해당 중소유통공동도매물류센터의 매출액의 1천분의 5 이내에서 시설 및 장비의 이용료를 징수하여 시설물 및 장비의 유지·관리 등에 드는 비용에 충당할 수 있다.

④ 그 밖의 필요한 사항 : 중소유통공동도매물류센터의 건립, 운영 및 관리 등에 필요한 사항은 중소벤처기업부장관이 정하여 고시한다.

2. 상점가진흥조합 및 전문상가단지 건립

(1) 상점가진흥조합(법 제18조) 기출 25년/23년/22년/21년/18년/16년/12년

① 상점가진흥조합의 결성 : 상점가에서 도매업·소매업·용역업이나 그 밖의 영업을 하는 자는 해당 상점가의 진흥을 위하여 상점가진흥조합을 결성할 수 있다.

② 조합원의 자격 : 상점가진흥조합의 조합원이 될 수 있는 자는 ①의 자로서 중소기업기본법에 따른 **중소기업자에 해당하는 자**로 한다.
  중소기업자가 아닌 자(×), 조합원이 될 수 없다(×)

③ 결성 요건 : 상점가진흥조합은 조합원의 자격이 있는 자의 3분의 2 이상의 동의를 받아 결성한다. 다만, 조합원의 자격이 있는 자 중 같은 업종을 경영하는 자가 2분의 1 이상인 경우에는 그 같은 업종을 경영하는 자의 5분의 3 이상의 동의를 받아 결성할 수 있다.

④ 설립 : 상점가진흥조합은 협동조합 또는 **사업조합으로 설립한다.** → 설립할 수 없다(×)

⑤ 구역중복의 금지 : 상점가진흥조합의 구역은 다른 상점가진흥조합의 구역과 **중복되어서는 아니된다.**
중복되어 지정할 수 있다(×), 중복될 수 있다(×)

(2) 상점가진흥조합에 대한 지원(법 제19조) 기출 > 13년

지방자치단체의 장은 상점가진흥조합이 다음의 사업을 하는 경우에는 예산의 범위에서 필요한 자금을 지원할 수 있다.

> 1. 점포시설의 표준화 및 현대화
> 2. 상품의 매매·보관·수송·검사 등을 위한 공동시설의 설치
> 3. **주차장·휴게소 등 공공시설의 설치** → 자금 지원할 수 없는 사업(×)
> 4. 조합원의 판매촉진을 위한 공동사업
> 5. 가격표시 등 상거래질서의 확립
> 6. 조합원과 그 종사자의 자질향상을 위한 연수사업 및 정보제공
> 7. 그 밖에 지방자치단체의 장이 상점가 진흥을 위하여 필요하다고 인정하는 사업

(3) 전문상가단지 건립의 지원 등(법 제20조, 규칙 제8조) 기출 > 22년/ 11년

① 산업통상부장관, 관계 중앙행정기관의 장 또는 지방자치단체의 장은 다음의 어느 하나에 해당하는 자가 전문상가단지를 세우려는 경우에는 필요한 행정적·재정적 지원을 할 수 있다.

㉠ 도매업자 또는 소매업자로 구성되는 「중소기업협동조합법」에 규정된 협동조합·사업협동조합·협동조합연합회 또는 중소기업중앙회로서 다음(산업통상부령)으로 정하는 다음 기준에 해당하는 자

> 1. 5천제곱미터 이상의 부지를 확보하고 있을 것
> 2. 단지 내에 입주하는 조합원이 50인 이상일 것

㉡ ㉠에 해당하는 자와 신탁계약을 체결한 「자본시장과 금융투자업에 관한 법률」에 따른 신탁업자로서 자본금 또는 연간 매출액이 산업통상부령으로 정하는 금액 100억원 이상인 자

② 지원을 받으려는 자는 전문상가단지조성사업계획을 작성하여 산업통상부장관, 관계 중앙행정기관의 장 또는 지방자치단체의 장에게 제출하여야 한다.

> **+ 더알아보기** 「유통산업발전법」상 지방자치단체의 장의 행정적·재정적 지원 대상
>
> - 재래시장의 활성화(법 제15조 제3항)
> - 전문상가단지의 건립(법 제20조 제1항)
> - 중소유통공동도매물류센터의 건립 및 운영(법 제17조의2 제1항)
> - 다음이 포함된 중소유통기업의 구조개선 및 경쟁력 강화(법 제15조 제4항)
>   - 중소유통기업의 창업을 지원하기 위한 사항
>   - 중소유통기업에 대한 자금·경영·정보·기술·인력의 지원에 관한 사항
>   - 선진유통기법의 도입·보급 등을 위한 중소유통기업자의 교육·연수의 지원에 관한 사항
>   - 중소유통공동도매물류센터의 설립·운영 등 중소유통기업의 공동협력사업 지원에 관한 사항
>   - 그 밖에 중소유통기업의 구조개선을 촉진하기 위하여 필요하다고 인정되는 사항으로서 대통령령으로 정하는 사항

CORE 05 유통산업발전기반의 조성

1. 유통기능 효율화 시책 및 유통정보 보안

(1) 유통정보화시책 등(법 제21조, 규칙 제9조) 기출▶ 13년

① 산업통상부장관은 유통정보화의 촉진 및 유통부문의 전자거래기반을 넓히기 위하여 다음의 사항이 포함된 유통정보화시책을 세우고 시행하여야 한다.
  ㉠ 유통표준코드의 보급
  ㉡ 유통표준전자문서의 보급
  ㉢ 판매시점 정보관리시스템의 보급
  ㉣ 점포관리의 효율화를 위한 재고관리시스템·매장관리시스템 등의 보급
  ㉤ 상품의 전자적 거래를 위한 전자장터 등의 시스템의 구축 및 보급
  ㉥ 다수의 유통·물류기업 간 기업정보시스템의 연동을 위한 시스템의 구축 및 보급
  ㉦ 유통·물류의 효율적 관리를 위한 무선주파수 인식시스템의 적용 및 실용화 촉진
  ㉧ 유통정보 또는 유통정보시스템의 표준화 촉진
  ㉨ 그 밖에 유통정보화를 촉진하기 위하여 필요하다고 인정되는 다음의 사항

> 1. 상품의 전자적 거래를 위한 전자장터 등의 시스템의 구축
> 2. 다수의 유통물류기업간 기업정보시스템의 연동을 위한 시스템의 구축

② 산업통상부장관은 유통정보화에 관한 시책을 세우기 위하여 필요하다고 인정하는 경우에는 과학기술정보통신부장관에게 유통정보화서비스를 제공하는 전기통신사업자에 관한 자료를 요청할 수 있다.

③ 산업통상부장관은 유통사업자·제조업자 또는 유통관련단체가 유통정보화 사업을 추진하는 경우에는 예산의 범위에서 필요한 자금을 지원할 수 있다.

(2) 유통표준전자문서 및 유통정보의 보안 등(법 제22조, 영 제8조) 기출▶ 11년

① 누구든지 유통표준전자문서를 위작 또는 변작하거나 위작 또는 변작된 전자문서를 사용하거나 유통시켜서는 아니 된다.

② 유통정보화서비스를 제공하는 자는 유통표준전자문서 또는 컴퓨터 등 정보처리조직의 파일에 기록된 유통정보를 공개하여서는 아니 된다. 다만, 국가의 안전보장에 위해(危害)가 없고 타인의 비밀을 침해할 우려가 없는 정보로서 다음(대통령령)으로 정하는 것은 그러하지 아니하다.

> 1. 관계행정기관의 장, 특별시장·광역시장·도지사 또는 특별자치도지사가 행정목적상 필요에 의하여 신청하는 정보
> 2. 수사기관이 수사목적상 필요에 의하여 신청하는 정보
> 3. 법원이 제출을 명하는 정보

③ 유통정보화서비스를 제공하는 자는 유통표준전자문서를 3년 기간 동안 보관하여야 한다.

2. 유통전문인력의 양성 및 유통산업의 국제화 촉진

(1) 유통전문인력의 양성(법 제23조)

① **양성사업의 시행** : 산업통상부장관 또는 중소벤처기업부장관은 유통전문인력을 양성하기 위하여 다음의 사업을 할 수 있다.
  ㉠ 유통산업에 종사하는 사람의 자질 향상을 위한 교육·연수
  ㉡ 유통산업에 종사하려는 사람의 취업·재취업 또는 창업의 촉진을 위한 교육·연수
  ㉢ 선진유통기법의 개발·보급
  ㉣ 그 밖에 유통전문인력을 양성하기 위하여 필요하다고 인정되는 사업

② **양성사업의 지원 및 대상** : 산업통상부장관 또는 중소벤처기업부장관은 정부출연연구기관, 대학 또는 대학원, 유통연수기관이 양성사업을 하는 경우에는 예산의 범위에서 그 사업에 필요한 경비의 전부 또는 일부를 지원할 수 있다.

③ **유통연수기관** : 유통연수기관이란 다음의 어느 하나에 해당하는 기관을 말한다.
  ㉠ 「상공회의소법」에 따른 대한상공회의소
  ㉡ 「산업발전법」에 따른 한국생산성본부
  ㉢ 유통인력 양성을 위한 대통령령으로 정하는 시설·인력 및 연수실적의 기준에 적합한 법인(유통연수기관의 지정기준을 갖춘 법인)으로서 산업통상부장관이 지정하는 기관

④ **유통연수기관의 지정 취소** : 산업통상부장관은 지정유통연수기관이 거짓이나 그 밖의 부정한 방법으로 지정받은 경우에는 그 지정을 취소하여야 하고, 지정기준에 적합하지 아니한 경우에는 그 지정을 취소하거나 3개월 이내의 기간을 정하여 지정의 효력을 정지할 수 있다.

(2) 유통연수기관의 지정기준(영 별표2의2) 기출▶ 24년

구분	구비요건	
시설기준	• 강의실 면적 : 100㎡ 이상 • 사무실 면적 : 16㎡ 이상 • 휴게실 면적 : 10㎡ 이상	
	전임강사(1명 이상)	**시간강사(3명 이상)**
강사기준	• 석사 학위 이상의 학력 소지자로서 전문대학, 대학 또는 대학원에서 유통관련 과목을 2년 이상 강의한 경력이 있는 사람 • 학사 학위 이상의 학력 소지자로서 유통관리사 1급 또는 2급 자격을 획득하고 유통관련 법인 또는 단체에서 7년 이상 근무한 사람 • 5급 이상의 공무원으로서 유통관련 부서에서 3년 이상 근무한 사람 • 1급 또는 2급 유통관리사 자격을 획득하고 유통관련 법인 또는 단체에서 10년 이상 근무한 사람	• 석사 학위 이상의 학력 소지자로서 고등학교·전문대학·대학 또는 대학원에서 유통관련 과목을 6월 이상 강의한 경력이 있는 사람 • 유통관련 법인 또는 단체에서 부장 이상으로 근무한 경력이 있는 사람 • 학사 학위 이상의 학력 소지자로서 유통관련 법인 또는 단체에서 5년 이상 근무한 사람 • 5급 이상의 공무원으로 유통관련 부서에서 근무한 경력이 있는 사람 • 1급 또는 2급 유통관리사, 물류관리사 또는 경영지도사(유통분야만 해당한다)의 자격증 소지자
연수실적	지정신청일 기준으로 1년 이내에 2회(1회당 20시간 이상) 이상의 유통연수강좌를 실시한 실적이 있을 것	

(3) 유통산업의 국제화 촉진(법 제25조) 기출▶ 08년

산업통상부장관은 유통사업자 또는 유통사업자단체가 다음의 사업을 추진하는 경우에는 예산의 범위에서 필요한 경비의 전부 또는 일부를 지원할 수 있다.

> 1. 유통 관련 정보·기술·인력의 국제교류
> 2. 유통 관련 국제 표준화·공동조사·연구·기술 협력
> 3. 유통 관련 국제학술대회·국제박람회 등의 개최
> 4. 해외유통시장의 조사·분석 및 수집정보의 체계적인 유통
> 5. 해외유통시장에 공동으로 진출하기 위한 공동구매·공동판매망의 구축 등 공동협력사업
> 6. 그 밖에 유통산업의 국제화를 위하여 필요하다고 인정되는 사업

CORE 06 유통기능의 효율화

1. 유통기능 효율화 시책 및 국·공유재산 매각

(1) 유통기능 효율화 시책(법 제26조) 기출▶ 16년

① 산업통상부장관은 유통기능을 효율화하기 위하여 다음의 사항에 관한 시책을 마련하여야 한다.

> 1. 물류표준화의 촉진
> 2. 물류정보화 기반의 확충
> 3. 물류공동화의 촉진
> 4. 물류기능의 외부위탁 촉진
> 5. 물류기술·기법의 고도화 및 선진화
> 6. 집배송시설 및 공동집배송센터의 확충 및 효율적 배치
> 7. 그 밖에 유통기능의 효율화를 촉진하기 위하여 필요하다고 인정되는 사항

② 산업통상부장관은 물류기술·기법의 고도화 및 선진화를 위하여 다음의 사업을 할 수 있다.

> 1. 국내외 물류기술 수준의 조사
> 2. 물류기술·기법의 연구개발 및 개발된 물류기술·기법의 활용
> 3. 물류에 관한 기술협력·기술지도 및 기술이전
> 4. 그 밖에 물류기술·기법의 개발 및 그 수준의 향상을 위하여 필요하다고 인정되는 사업

③ 산업통상부장관은 유통사업자·제조업자·물류사업자 또는 관련 단체가 ①·②의 사업을 하는 경우에는 산업통상부령으로 정하는 바에 따라 예산의 범위에서 필요한 자금을 지원할 수 있다.

(2) 국유재산·공유재산의 매각 등(법 제35조의2)
① 국가 또는 지방자치단체는 대규모점포의 개설과 중소유통공동도매물류센터의 건립을 위하여 필요한 경우로서 대통령령으로 정하는 경우에는 「국유재산법」 또는 「공유재산 및 물품관리법」에도 불구하고 국·공유재산을 수의계약으로 매각할 수 있다. 이 경우 국·공유재산의 매각의 내용 및 조건에 관하여는 「국유재산법」 또는 「공유재산 및 물품관리법」에서 정하는 바에 따른다.
② 대규모점포를 개설하려는 자 또는 중소유통공동도매물류센터를 건립하려는 자는 도로의 개설에 관한 업무를 대통령령으로 정하는 바에 따라 국가기관 또는 지방자치단체에 위탁하여 시행할 수 있다.
③ 대규모점포를 개설하려는 자 또는 중소유통공동도매물류센터를 건립하려는 자가 도로의 개설에 관한 업무를 국가기관 또는 지방자치단체에 위탁하여 시행하는 경우에는 산업통상부령으로 정하는 요율의 위탁수수료를 지급하여야 한다.

2. 공동집배송센터

(1) 공동집배송센터의 지정 등(법 제29조) 기출 25년/ 23년/ 22년/ 18년/ 17년/ 16년/ 12년/ 11년

① 공동집배송센터의 지정 : **산업통상부장관**은 물류공동화를 촉진하기 위하여 필요한 경우에는 **시·도지사**의 추천을 받아 부지 면적, 시설 면적 및 유통시설로의 접근성 등 다음(규칙 제19조)으로 정하는 요건에 해당하는 지역 및 시설물을 공동집배송센터로 지정할 수 있다. (시·도지사(×), 시장·군수·구청장(×))

> 1. 부지면적이 3만제곱미터 이상(「국토의 계획 및 이용에 관한 법률」 제36조에 따른 상업지역 또는 공업지역의 경우에는 2만제곱미터 이상)이고, 집배송시설면적이 1만제곱미터 이상일 것
> 2. 도시내 유통시설로의 접근성이 우수하여 집배송기능이 효율적으로 이루어질 수 있는 지역 및 시설물

② 지정추천의 신청 및 서류 제출
  ㉠ 지정추천의 신청 : 공동집배송센터의 지정을 받으려는 자는 산업통상부령(규칙 제20조)으로 정하는 바에 따라 공동집배송센터의 조성·운영에 관한 사업계획을 첨부하여 **시·도지사**에게 공동집배송센터 지정추천을 신청하여야 한다. (산업통상부장관(×))
  ㉡ 서류 제출 : 공동집배송센터의 지정을 추천받고자 하는 자는 공동집배송센터지정신청서에 다음의 서류를 첨부하여 특별시장·광역시장·도지사 또는 특별자치도지사(이하 시·도지사)에게 제출하여야 한다(규칙 제20조).

> 1. 사업계획서
> 2. 부지 및 시설배치를 표시한 축척 2만5천분의 1 이상의 평면도
> 3. 부지매입관련 서류
> 4. 조합 설립 인가증 사본(조합인 경우에 한함)

③ 타당성 검토 : 추천 신청을 받은 시·도지사는 그 사업의 타당성 등을 검토한 결과 해당 지역 집배송체계의 효율화를 위하여 필요하다고 인정하는 경우에는 추천사유서와 산업통상부령으로 정하는 서류를 산업통상부장관에게 제출하여야 한다.

④ 공동집배송센터의 변경지정
　㉠ 지정받은 공동집배송센터를 조성·운영하려는 자(이하 공동집배송센터사업자)는 지정받은 사항 중 산업통상부령으로 정하는 중요 사항을 변경하려면 **산업통상부장관의 변경지정**을 받아야 한다.
　　　　　　　　　　　　　　　　　　　　↳ 시·도지사에게 제출(×), 변경신고(×), 시·도지사의 변경지정(×)
　㉡ 산업통상부장관은 공동집배송센터를 지정하거나 변경지정하려면 미리 관계 중앙행정기관의 장과 협의하여야 한다.
⑤ 지정사실의 고시
　　　　　　　　　　　　　　　　　　　　통지하여야 한다(×)←
　㉠ 산업통상부장관은 공동집배송센터를 지정하였을 때에는 산업통상부령으로 정하는 바에 따라 **고시하여야 한다.**
　㉡ 산업통상부장관은 공동집배송센터의 지정을 고시하고자 하는 경우에는 다음의 사항을 포함하여야 한다(규칙 제22조).

> 1. 공동집배송센터의 명칭·위치 및 면적
> 2. 공동집배송센터사업자(법인 또는 조합에 한함)의 명칭 및 대표자의 성명
> 3. 사업시행기간(착공 및 준공예정일 포함)
> 4. 센터의 배치계획 및 주요시설의 설치계획

⑥ 시설기준 및 운영기준 등 : 공동집배송센터사업자는 산업통상부령(규칙 제23조)으로 정하는 시설기준 및 운영 기준에 따라 공동집배송센터를 설치하고 운영하여야 한다.

➕ 더알아보기 　공동집배송센터의 시설기준(규칙 별표6) 기출▶ 18년/ 12년

구분	내용
주요시설	다음에 해당하는 집배송시설을 갖추어야 하며, 그 연면적이 공동집배송센터 전체 연면적의 100분의 50 이상이 되도록 하여야 한다. • **보관·하역시설** : 창고·하역장 또는 이와 유사한 것, 화물적치용 건조물 또는 이와 유사한 것, 보관·하역 관련 물류자동화설비 • **분류·포장 및 가공시설** : 공장(제조에 사용되는 시설을 제외) 또는 이와 유사한 것, 분류·포장 관련 물류자동화설비 • **수송·배송시설** : 상품의 입하·출하시설 또는 이와 유사한 시설, 수송·배송 관련 물류자동화설비 • **정보 및 주문처리시설** : 전자주문시스템(EOS), 전자문서교환(EDI), 판매시점관리시스템(POS) 등 집배송시설 이용 상품의 흐름 및 거래업체간 상품의 주문, 수주·발주 활동을 자동적으로 파악·처리할 수 있는 정보화 시설
부대시설	집배송시설의 기능을 원활히 하기 위한 다음에 해당하는 시설이 우선적으로 설치·운영되도록 노력하여야 한다. • 소매점 및 휴게음식점, 전시장, 도매시장, 소매시장, 상점, 일반업무시설, 그 밖의 후생복리시설 • 일반음식점, 휴게음식점, 금융업소, 사무소, 부동산중개업소, 결혼상담소 등 소개업소, 출판사, 제조업소, 수리점, 세탁소 또는 이와 유사한 것

(2) 공동집배송센터의 지원(법 제31조) 기출▶ 17년/ 16년

① 산업통상부장관은 지정받은 공동집배송센터의 조성에 필요한 자금 등을 지원할 수 있다.
② 산업통상부장관은 공동집배송센터의 조성을 위하여 필요하다고 인정하는 경우에는 부지의 확보, 도시·군계획의 변경 또는 도시·군계획시설의 설치 등에 관하여 시·도지사에게 협조를 요청할 수 있다.

(3) 공동집배송센터의 신탁개발(법 제32조) 기출▶ 18년/ 12년

① 공동집배송센터사업자는 「자본시장과 금융투자업에 관한 법률」에 따른 신탁업자와 신탁계약을 체결하여 공동집배송센터를 신탁개발할 수 있다.
② 신탁계약을 체결한 신탁업자는 공동집배송센터사업자의 지위를 **승계한다**. → 승계하지 않는다(×) 이 경우 공동집배송센터사업자는 계약체결일부터 14일 이내에 신탁계약서 **사본**을 산업통상부장관에게 제출하여야 한다.
　↳ 원본(×)

(4) 시정명령 및 지정취소(법 제33조, 영 제15조) 기출▶ 24년/ 22년/ 21년/ 15년/ 12년/ 11년

① 산업통상부장관은 공동집배송센터의 지정요건 및 시설·운영 기준에 미달하는 경우에는 산업통상부령으로 정하는 바에 따라 공동집배송센터사업자에 대하여 시정명령을 할 수 있다.
② 산업통상부장관은 다음에 해당하는 경우에는 공동집배송센터의 지정을 취소할 수 있다. 다만, 1에 해당하는 경우에는 그 **지정을 취소하여야 한다**. → 지정을 취소할 수 있다(×)

> 1. 거짓이나 그 밖의 부정한 방법으로 공동집배송센터의 지정을 받은 경우
> 2. 공동집배송센터의 지정을 받은 날부터 정당한 사유 없이 3년 이내에 시공을 하지 아니하는 경우
> 3. 시정명령을 이행하지 아니하는 경우
> 4. 공동집배송센터사업자의 파산 등 다음(대통령령)으로 정하는 사유로 정상적인 사업추진이 곤란하다고 인정되는 경우
>   - 공동집배송센터사업자가 파산한 경우
>   - 공동집배송센터사업자인 법인, 조합 등이 해산된 경우
>   - 공동집배송센터의 시공 후 공사가 6월 이상 중단된 경우
>   - 공동집배송센터의 지정을 받은 날부터 5년 이내에 준공되지 아니한 경우

(5) 공동집배송센터 개발촉진지구의 지정 등 기출▶ 22년/ 21년/ 18년/ 14년/ 12년

① 촉진지구의 지정 절차(법 제34조)
　↳ 관계 중앙행정기관의 장(×)
㉠ **시·도지사**는 집배송시설의 집단적 설치를 촉진하고 집배송시설의 효율적 배치를 위하여 공동집배송센터 개발촉진지구(이하 촉진지구)의 지정을 산업통상부장관에게 요청할 수 있다. 이 경우 지정을 요청하고자 하는 시·도지사는 다음의 서류를 산업통상부장관에게 제출하여야 한다(규칙 제24조 제1항).

> 1. 촉진지구사업계획서(촉진지구의 명칭·위치 및 면적, 개발주체 및 개발방식, 센터의 배치계획 및 주요시설의 설치계획을 포함)
> 2. 부지 및 시설배치를 표시한 축척 2만5천분의 1 이상 평면도

㉡ 산업통상부장관은 시·도지사가 요청한 지역이 산업통상부령으로 정하는 요건에 적합하다고 판단하는 경우에는 촉진지구로 지정하고, 그 내용을 산업통상부령으로 정하는 바에 따라 고시하여야 한다.
㉢ 산업통상부장관은 촉진지구를 지정하려면 미리 관계 중앙행정기관의 장과 협의하여야 한다.

② 촉진지구의 지정요건(규칙 제24조 제2항)

> 1. 부지의 면적이 10만제곱미터 이상일 것
> 2. 외국인투자지역, 자유무역지역, 경제자유구역, 물류단지, 국가산업단지, 일반산업단지 및 도시첨단산업단지, 공항 및 배후지, 항만 및 배후지의 어느 하나에 해당하는 지역일 것
> 3. 집배송시설 또는 공동집배송센터가 2 이상 설치되어 있을 것

③ 촉진지구에 대한 지원(법 제35조)
  ㉠ 산업통상부장관 또는 시·도지사는 촉진지구의 개발을 활성화하기 위하여 촉진지구에 설치되거나 촉진지구로 이전하는 집배송시설에 대하여 자금이나 그 밖에 필요한 사항을 지원할 수 있다.
  ㉡ 산업통상부장관은 촉진지구의 집배송시설에 대하여는 시·도지사의 추천이 없더라도 공동집배송센터로 지정할 수 있다.

CORE 07 상거래질서의 확립

1. 유통분쟁의 조정 및 절차

(1) 유통분쟁조정위원회(법 제36조) 기출▶ 25년/ 20년/ 17년/ 16년

① 위원회 설치 목적 : 유통에 관한 다음의 분쟁을 조정하기 위하여 특별시·광역시·특별자치시·도·특별자치도(이하 시·도) 및 시(행정시를 포함)·군·구에 각각 유통분쟁조정위원회를 둘 수 있다.

> 1. 등록된 대규모점포 등과 인근 지역의 도매업자·소매업자 사이의 영업활동에 관한 분쟁. 다만,「독점규제 및 공정거래에 관한 법률」을 적용받는 사항은 제외한다.
> 2. 등록된 대규모점포 등과 중소제조업체 사이의 영업활동에 관한 사항. 다만, 「독점규제 및 공정거래에 관한 법률」을 적용받는 사항은 제외한다. → 적용을 받는다(×)
> 3. 등록된 대규모점포 등과 인근 지역의 주민 사이의 생활환경에 관한 분쟁
> 4. 대규모점포 등 개설자 업무 수행과 관련한 분쟁
>   • 상거래질서의 확립
>   • 소비자의 안전유지와 소비자 및 인근 지역주민의 피해·불만의 신속한 처리
>   • 그 밖에 대규모점포등을 유지·관리하기 위하여 필요한 업무

② 위원회 구성
  ㉠ 위원회는 위원장 1명을 포함하여 11명 이상 15명 이하의 위원으로 구성한다.
  ㉡ 위원회의 위원장은 위원 중에서 호선(互選)한다.
  ㉢ 공무원이 아닌 위원의 임기는 2년으로 한다.
  ㉣ 위원의 자격

> 1. 다음의 어느 하나에 해당하는 사람으로서 해당 지방자치단체의 장이 위촉하는 사람
>   • 판사·검사 또는 변호사의 자격이 있는 사람
>   • 대한상공회의소의 임원 또는 직원
>   • 소비자단체의 대표
>   • 유통산업 분야에 관한 학식과 경험이 풍부한 사람
>   • 해당 지방자치단체에 거주하는 소비자
> 2. 해당 지방자치단체의 도·소매업에 관한 업무를 담당하는 공무원으로 그 지방자치단체의 장이 지명하는 사람

③ 대규모점포등, 영업활동 및 생활환경 분쟁의 범위(영 제15조의4)

> 1. 대규모점포등의 개설로 인한 인근지역의 교통 혼잡
> 2. 대규모점포등의 개설로 인한 인근지역의 소음, 진동 및 악취
> 3. 대규모점포등의 개설로 인한 인근지역의 대기오염, 토양오염, 수질오염 및 해양오염
> 4. 그 밖에 대규모점포등의 개설로 인하여 발생하는 인근지역 주민의 생활 불편

④ 위에서 규정한 사항 외에 위원회의 조직 및 운영 등에 필요한 사항은 해당 지방자치단체의 조례로 정한다.

(2) 분쟁의 조정(법 제37조) 기출▶ 24년

① **대규모점포 등과 관련된 분쟁의 조정을 원하는 자**는 특별자치시·시·군·구의 위원회에 분쟁의 조정을 신청할 수 있다. ↳ 대규모점포 등과 관련된 「독점규제 및 공정거래에 관한 법률」을 적용받는 사항의 조정을 원하는 자(×)
② 분쟁의 조정신청을 받은 위원회는 신청을 받은 날부터 60일 이내에 이를 심사하여 조정안을 작성하여야 한다. 다만, 부득이한 사정이 있는 경우에는 위원회의 의결로 그 기간을 연장할 수 있다.
③ 시(특별자치시는 제외)·군·구의 위원회의 조정안에 불복하는 자는 조정안을 제시받은 날부터 15일 이내에 시·도의 위원회에 조정을 신청할 수 있다.
④ 조정신청을 받은 시·도의 위원회는 그 신청 내용을 시·군·구의 위원회 및 신청인 외의 당사자에게 통지하고, 조정신청을 받은 날부터 30일 이내에 이를 심사하여 조정안을 작성하여야 한다. 다만, 부득이한 사정이 있는 경우에는 위원회의 의결로 그 기간을 연장할 수 있다.
⑤ 위원회는 기간을 연장하는 경우에는 기간을 연장하게 된 사유 등을 당사자에게 통보하여야 한다.

(3) 분쟁조정의 효력(법 제39조) 기출▶ 20년/17년/16년/11년/10년

① 조정안 제시 : 위원회는 분쟁 조정안을 작성하였을 때에는 지체 없이 조정안을 각 당사자에게 제시하여야 한다.
② 조정안 통보 : 조정안을 제시받은 당사자는 그 제시를 받은 날부터 15일 이내에 그 수락 여부를 위원회에 통보하여야 한다.
③ 조정서 작성 : 당사자가 조정안을 수락하였을 때에는 위원회는 즉시 조정서를 작성하여야 하며, 위원장 및 각 당사자는 조정서에 기명날인하거나 서명하여야 한다.
   ┌ 위원장 및 각 위원이 조정안 수락(×)
④ 합의의 성립 : **당사자가 조정안을 수락**하고 조정서에 기명날인하거나 서명하였을 때에는 당사자 간에 조정서와 동일한 내용의 **합의가 성립된 것으로 본다.** → 화해가 성립된 것으로 본다(×)

(4) 조정의 거부 및 중지(법 제40조) 기출▶ 24년/11년

① 조정의 거부 : 위원회는 분쟁의 성질상 위원회에서 조정함이 적합하지 아니하다고 인정하거나 부정한 목적으로 신청되었다고 인정하는 경우에는 조정을 거부할 수 있다. 이 경우 조정거부의 사유 등을 당사자에게 통보하여야 한다.
② 조정의 정지 : 위원회는 신청된 조정사건에 대한 처리절차의 진행 중에 한쪽 당사자가 소(訴)를 제기한 때에는 그 조정의 처리를 중지하고 그 사실을 당사자에게 통보하여야 한다.

2. 비영리법인에 대한 권고 및 상거래의 투명화

(1) 비영리법인에 대한 권고(법 제42조)

① 지방자치단체의 장은 「민법」이나 그 밖의 법률에 따라 설립된 비영리법인이 판매사업을 할 때 그 법인의 목적사업의 범위를 벗어남으로써 인근 지역의 도매업자 또는 소매업자의 이익을 현저히 해치고 있다고 인정하는 경우에는 해당 법인에 대하여 목적사업의 범위를 벗어난 판매사업을 중단하도록 권고할 수 있다.

② 지방자치단체의 장은 ①에 해당하는 비영리법인에 대하여 판매사업에 관한 현황 등의 자료를 제공하여 줄 것을 요청할 수 있다.

(2) 상거래의 투명화

정부는 유통부문에서 공정하고 투명한 상거래가 이루어질 수 있도록 노력하여야 한다.

CORE 08 보칙 및 벌칙

1. 보칙

(1) 청문(법 제44조) 기출▶ 13년/ 09년

산업통상부장관, 중소벤처기업부장관 또는 특별자치시장·시장·군수·구청장은 다음에 해당하는 처분을 하려면 청문을 하여야 한다.

> 1. 대규모점포 등 개설등록의 취소
> 2. 지정유통연수기관의 취소
> 3. **유통관리사 자격의 취소** → 유통관리사 자격의 정지(×)
> 4. **공동집배송센터 지정의 취소** → 전통상업보존구역 지정의 취소(×), 공동집배송센터 개발촉진지구 지정의 취소(×)

(2) 통보 등(법 제45조) 기출▶ 11년

① 시·도지사 또는 시장·군수·구청장은 산업통상부령으로 정하는 바에 따라 다음의 사항을 산업통상부장관에게 통보하여야 한다.

> 1. 지역별 유통산업발전 시행계획 및 추진 실적
> 2. 대규모점포 등 개설등록·취소 및 대규모점포 등 개설자의 업무를 수행하는 자의 신고현황
> 3. 유통분쟁의 조정 실적
> 4. 비영리법인에 대한 권고 실적

② 산업통상부장관, 중소벤처기업부장관 또는 지방자치단체의 장은 이 법에 따른 자금 등의 지원을 위하여 특히 필요하다고 인정하는 경우에는 다음에 해당하는 자에 대하여 사업실적 등 산업통상부령으로 정하는 사항(공동집배송센터사업자의 경우 공동집배송센터의 운영실적)을 보고하게 할 수 있다.

> 1. 중소유통공동도매물류센터운영자 또는 공동집배송센터사업시행자
> 2. 유통사업자단체
> 3. 유통연수기관

(3) 권한 또는 업무의 위임·위탁(법 제46조) 기출▶ 09년

① 이 법에 따른 산업통상부장관의 권한은 대통령령으로 정하는 바에 따라 그 일부를 국가기술표준원장에게 위임할 수 있다.
② 이 법에 따른 산업통상부장관 또는 중소벤처기업부장관의 권한은 대통령령으로 정하는 바에 따라 그 일부를 시·도지사에게 위임할 수 있다.
③ 이 법에 따른 산업통상부장관의 권한은 대통령령으로 정하는 바에 따라 그 일부를 중소벤처기업부장관에게 위탁할 수 있다.
④ 산업통상부장관은 유통관리사 자격시험의 실시에 관한 업무를 대통령령으로 정하는 바에 따라 대한상공회의소에 위탁할 수 있다.
⑤ 산업통상부장관은 유통산업의 실태조사에 관한 업무를 「통계법」에 따른 통계작성지정기관에 위탁할 수 있다.

2. 벌칙

(1) 형벌규정(법 제49조·제50조) 기출▶ 18년

① 10년 이하의 징역 또는 1억원 이하의 벌금 : 유통표준전자문서를 위작 또는 변작하거나 위작 또는 변작된 전자문서를 사용하거나 유통시킨 자(미수범은 처벌함)
② 1년 이하의 징역 또는 3천만원 이하의 벌금
  ㉠ 등록을 하지 아니하고 대규모점포 등을 개설하거나 거짓이나 그 밖의 부정한 방법으로 대규모점포 등의 개설등록을 한 자
  ㉡ 신고를 하지 아니하고 대규모점포 등 개설자의 업무를 수행하거나 거짓이나 그 밖의 부정한 방법으로 대규모점포 등 개설자의 업무수행신고를 한 자
③ 1년 이하의 징역 또는 1천만원 이하의 벌금 : 유통표준전자문서를 의무기간 3년 동안 보관하지 아니한 자
④ 1천만원 이하의 벌금 : 유통표준전자문서 또는 컴퓨터 등 정보처리조직의 파일에 기록된 유통정보를 공개한 자

(2) 과태료(법 제52조)

과태료 금액	처분행위
1억원 이하의 과태료	• 명령을 위반하여 대규모점포 등에 대한 영업제한시간에 영업을 한 자 • 대규모점포 등의 의무휴업 명령을 위반한 자
1천만원 이하의 과태료	• 회계감사를 받지 아니하거나 부정한 방법으로 받은 자 • 회계감사를 방해하는 등에 해당하는 행위를 한 자
500만원 이하의 과태료	• 대규모점포 등의 변경등록을 하지 아니하거나 거짓이나 그 밖의 부정한 방법으로 변경등록을 한 자 • 대규모점포 등 개설자의 업무를 수행하지 아니한 자 • 관리비등의 내역을 공개하지 아니하거나 거짓으로 공개한 자 • 입찰방식 계약을 위반하여 계약을 체결한 자 • 계약서를 공개하지 아니하거나 거짓으로 공개한 자 • 장부 및 증빙서류를 작성 또는 보관하지 아니하거나 거짓으로 작성한 자 • 매장면적의 2분의 1 이상의 점포를 직영하는 대규모점포 등 관리자가 고유재산과 분리하지 않고 회계처리를 한 자 • 장부나 증빙서류 등의 정보에 대한 열람, 복사의 요구에 응하지 아니하거나 거짓으로 응한 자 • 회계감사의 결과를 공개하지 아니하거나 거짓으로 공개한 자 • 관리규정에 대한 열람이나 복사의 요구에 응하지 아니하거나 거짓으로 응한 자 • 임시시장을 개설한 자 • 변경지정을 받지 아니한 자 • 시정명령을 이행하지 아니한 공동집배송센터 사업자 • 보고를 거짓으로 한 자

출제포인트 OX 문제

01 (   )(이)란 일정 범위의 가로(街路) 또는 지하도에 대통령령으로 정하는 수 이상의 도매점포·소매점포 또는 용역점포가 밀집하여 있는 지구를 말한다.

02 OX 대규모점포는 연접되어 있는 건물 안에 하나 또는 여러 개로 나누어 설치되는 매장이어야 하고, 상시 운영되어야 하며, 매장면적의 합계가 3천제곱미터 이상이어야 한다.

03 OX 체인본부의 계속적인 경영지도 및 체인본부와 가맹점 간의 협업에 의하여 가맹점의 취급품목·영업방식 등의 표준화사업과 공동구매·공동판매·공동시설활용 등 공동사업을 수행하는 형태의 체인사업을 프랜차이즈형 체인사업이라고 한다.

04 OX 산업통상부장관은 10년마다 유통산업발전기본계획을 수립하여야 한다.

05 대규모점포등과 지역중소유통기업의 균형발전을 협의하기 위하여 특별자치시장·시장·군수·구청장 소속으로 (   )을/를 둔다.

06 OX 해당 지역의 주민단체의 대표는 유통업상생발전협의회 위원으로 위촉될 수 있다.

07 OX 대규모점포를 개설하려는 자는 영업을 개시하기 30일 전까지 개설 지역 및 시기 등을 포함한 개설계획을 예고하여야 한다.

08 OX 특별자치시장·시장·군수 또는 구청장은 대규모점포 등의 개설등록을 한 때에는 그 신청인에게 대규모점포등개설등록증을 교부하여야 한다.

09 OX 대규모점포등개설등록신청서에 첨부하여야 하는 상권영향평가서에는 요약문이 포함된다.

10 OX 체인사업자는 체인점포의 경영을 개선하기 위하여 유통관리사의 고용 촉진을 추진하여야 한다.

11 OX 산업통상부장관은 중소유통공동도매물류센터를 건립하여 중소유통기업자단체에 그 운영을 위탁할 수 있다.

12 OX 상점가진흥조합은 협동조합으로 설립하여야 하고 사업조합의 형식으로는 설립할 수 없다.

13 OX 공동집배송센터 개발촉진지구의 집배송시설에 대하여는 시·도지사가 공동집배송센터로 지정할 수 있다.

14 OX 공동집배송센터를 신탁개발하는 경우 신탁계약을 체결한 신탁업자는 공동집배송센터사업자의 지위를 승계한다.

15 ⓞⓧ 상업지역 내의 부지면적이 2만제곱미터 이상이고, 집배송시설면적이 1만제곱미터 이상인 경우 공동집배송센터로 지정할 수 있다.

16 공동집배송센터의 시설기준으로서 주요시설의 연면적은 공동집배송센터 전체 연면적의 (   ) 이상이 되어야 한다.

17 ⓞⓧ 유통분쟁조정위원회는 등록된 대규모점포등과 인근 주민 사이의 생활환경에 대한 분쟁을 조정한다.

18 분쟁 조정안을 제시받은 당사자는 그 제시를 받은 날부터 (   ) 이내에 그 수락 여부를 유통분쟁조정위원회에 통보하여야 한다.

19 ⓞⓧ 전통상업보존구역 지정의 취소는 유통산업발전법령상 청문을 필요로 하는 처분에 해당한다.

정답 및 해설

1 상점가
2 ○
3 × ▶ 임의가맹점형 체인사업에 대한 정의이다.
4 × ▶ 5년마다 유통산업발전기본계획을 수립하여야 한다.
5 유통업상생발전협의회
6 ○
7 × ▶ 대규모점포를 개설하려는 자는 영업을 개시하기 60일 전까지 개설계획을 예고하여야 한다.
8 ○
9 ○
10 ○
11 × ▶ 지방자치단체의 장이 운영을 위탁할 수 있다.
12 × ▶ 상점가진흥조합은 협동조합 또는 사업조합으로 설립한다.
13 × ▶ 시 · 도지사는 공동집배송센터 개발촉진지구의 지정을 산업통상부장관에게 요청할 수 있을 뿐이다.
14 ○
15 ○
16 100분의 50
17 ○
18 15일
19 × ▶ 청문을 필요로 하는 처분에 해당하지 않는다.

빈출키워드 기출유형문제

키워드 ❶ 용어 및 적용배제

01

유통산업발전법상 정의에 관한 설명이다. (   )에 들어갈 내용을 바르게 나열한 것은? 기출 21년

- (ㄱ) : 다수의 수요자와 공급자가 일정한 기간 동안 상품을 매매하거나 용역을 제공하는 일정한 장소
- (ㄴ) 체인사업 : 체인본부의 계속적인 경영지도 및 체인본부와 가맹점 간의 협업에 의하여 가맹점의 취급품목·영업방식 등의 표준화사업과 공동구매·공동판매·공동시설활용 등 공동사업을 수행하는 형태의 체인사업

① ㄱ : 상점가, ㄴ : 조합형
② ㄱ : 상점가, ㄴ : 임의가맹점형
③ ㄱ : 임시시장, ㄴ : 조합형
④ ㄱ : 임시시장, ㄴ : 임의가맹점형
⑤ ㄱ : 임시시장, ㄴ : 프랜차이즈형

> **해설**
> - 임시시장(법 제2조 제5호)
> - 임의가맹점형 체인사업(법 제2조 제6호 다목)

02

유통산업발전법의 적용이 배제되는 시장·사업장 및 매장을 모두 고른 것은? 기출 23년

ㄱ. 「농수산물 유통 및 가격안정에 관한 법률」에 따른 농수산물공판장
ㄴ. 「농수산물 유통 및 가격안정에 관한 법률」에 따른 민영농수산물도매시장
ㄷ. 「농수산물 유통 및 가격안정에 관한 법률」에 따른 농수산물종합유통센터
ㄹ. 「축산법」에 따른 가축시장

① ㄹ
② ㄱ, ㄷ
③ ㄴ, ㄹ
④ ㄱ, ㄴ, ㄷ
⑤ ㄱ, ㄴ, ㄷ, ㄹ

> **해설** 적용배제(법 제4조)
> 다음의 시장·사업장 및 매장에 대하여는 이 법을 적용하지 아니한다.
> - 「농수산물 유통 및 가격안정에 관한 법률」에 따른 농수산물도매시장·농수산물공판장·민영농수산물도매시장 및 농수산물종합유통센터
> - 「축산법」에 따른 가축시장

키워드 ❷ 유통산업발전계획

03

유통산업발전법령상 유통산업발전계획에 관한 설명으로 옳은 것은? 기출 21년

① 산업통상부장관은 10년마다 유통산업발전기본계획을 수립하여야 한다.
② 유통산업발전기본계획에는 유통산업의 지역별·종류별 발전방안이 포함되지 않아도 된다.
③ 시·도지사는 유통산업발전기본계획에 따라 2년마다 유통산업발전시행계획을 수립하여야 한다.
④ 시·도지사는 유통산업발전시행계획의 집행실적을 다음 연도 1월 말일까지 산업통상부장관에게 제출하여야 한다.
⑤ 지역별 유통산업발전시행계획은 유통전문인력·부지 및 시설 등의 수급방안을 포함하여야 한다.

> **해설** ① 산업통상부장관은 유통산업의 발전을 위하여 5년마다 유통산업발전기본계획을 관계 중앙행정기관의 장과 협의를 거쳐 세우고 시행하여야 한다(법 제5조 제1항).
> ② 유통산업발전기본계획에는 유통산업의 지역별·종류별 발전방안이 포함되어야 한다(법 제5조 제2항 제4호).
> ③ 산업통상부장관은 기본계획에 따라 매년 유통산업발전시행계획을 관계 중앙행정기관의 장과 협의를 거쳐 세워야 한다(법 제6조 제1항).
> ④ 관계 중앙행정기관의 장은 시행계획의 집행실적을 다음 연도 2월 말일까지 산업통상부장관에게 제출하여야 한다(영 제6조 제3항).

04

유통산업발전법령상 시·도지사가 유통산업발전 기본계획 및 시행계획에 따라 수립·시행하는 지역별 시행계획에 포함되어야 할 사항이 아닌 것은? 기출 16년

① 지역유통산업 발전의 기본방향
② 지역유통산업의 종류별 발전 방안
③ 지역유통기능의 효율화·고도화 방안
④ 유통전문인력·부지 및 시설 등의 수급 방안
⑤ 대규모점포와 지역 중소유통기업 및 중소제조업체 사이의 건전한 상거래질서의 유지 방안

> **해설** 지역별 시행계획의 포함사항(법 제7조)
> 1. **지역유통산업** 발전의 기본방향
> 2. **지역유통산업의** 여건 변화 전망
> 3. **지역유통산업의** 현황 및 평가
> 4. **지역유통산업의** 종류별 발전 방안
> 5. **지역유통기능의** 효율화·고도화 방안
> 6. **유통전문인력**·부지 및 시설 등의 수급 방안
> 7. **지역중소유통기업의** 구조개선 및 경쟁력 강화 방안
> 8. 그 밖에 지역유통산업의 규제완화 및 제도개선 등 지역유통산업의 발전을 촉진하기 위하여 필요한 사항

01 ④ 02 ⑤ 03 ⑤ 04 ⑤

키워드 ❸ 유통업상생발전협의회

05

유통산업발전법령상 유통업상생발전협의회(이하 "협의회"라 함)에 관한 설명으로 옳은 것은? 기출 20년

① 협의회는 회장 1명을 포함한 9명 이내의 위원으로 구성한다.
② 해당 지역의 대·중소유통 협력업체·납품업체 등 이해관계자는 협의회의 위원이 될 수 없다.
③ 협의회 위원의 임기는 3년으로 한다.
④ 협의회의 회의는 재적위원 3분의 1 이상의 출석으로 개의하고, 출석위원 과반수 이상의 찬성으로 의결한다.
⑤ 협의회는 분기별로 1회 이상 개최하는 것을 원칙으로 한다.

해설 ① 협의회는 회장 1명을 포함한 11명 이내의 위원으로 구성한다(규칙 제4조의2 제1항).
② 해당 지역의 대·중소유통 협력업체·납품업체 등 이해관계자는 협의회의 위원이 될 수 있다(규칙 제4조의2 제2항 제3호 다목).
③ 협의회 위원의 임기는 2년으로 한다(규칙 제4조의2 제3항).
④ 협의회의 회의는 재적위원 3분의 2 이상의 출석으로 개의하고, 출석위원 3분의 2 이상의 찬성으로 의결한다(규칙 제4조의3 제1항).

06

유통산업발전법령상 유통업상생발전협의회(이하 "협의회"라 함)에 관한 설명으로 옳지 않은 것은? 기출 18년

① 협의회는 회장 1명을 포함한 11명 이내의 위원으로 구성한다.
② 해당 지역의 소비자단체의 대표 또는 주민단체의 대표는 협의회의 위원이 될 수 있다.
③ 협의회 위원의 임기는 2년으로 한다.
④ 협의회의 회의는 재적위원 3분의 2 이상의 출석으로 개의하고, 출석위원 과반수의 찬성으로 의결한다.
⑤ 협의회는 분기별로 1회 이상 개최하는 것을 원칙으로 한다.

해설 ④ 협의회의 회의는 재적위원 3분의 2 이상의 출석으로 개의하고, 출석위원 3분의 2 이상의 찬성으로 의결한다(규칙 제4조의3 제1항).

07

유통산업발전법령상 유통업상생발전협의회(이하 '협의회'라 함)에 관한 설명으로 옳지 않은 것은? 기출 24년

① 대규모점포 및 준대규모점포와 지역중소유통기업의 균형발전을 협의하기 위하여 특별자치시장·시장·군수·구청장 소속으로 협의회를 둔다.
② 협의회의 회의는 재적위원 과반수의 출석으로 개의하고, 출석위원 3분의 2 이상의 찬성으로 의결한다.
③ 회장은 회의를 소집하려는 경우에는 긴급한 경우나 부득이한 사유가 있는 경우를 제외하고 회의 개최일 5일 전까지 회의의 날짜·시간·장소 및 심의 안건을 각 위원에게 통지하여야 한다.
④ 협의회의 사무를 처리하기 위하여 간사 1명을 두되, 간사는 유통업무를 담당하는 공무원으로 한다.
⑤ 협의회는 대형유통기업과 지역중소유통기업의 균형발전을 촉진하기 위하여 대규모점포 및 준대규모점포에 대한 영업시간의 제한 등에 관한 사항에 대해 특별자치시장·시장·군수·구청장에게 의견을 제시할 수 있다.

해설 ② 협의회의 회의는 재적위원 3분의 2 이상의 출석으로 개의하고, 출석위원 3분의 2 이상의 찬성으로 의결한다(규칙 제4조의3 제1항).

키워드 ❹ 대규모점포

08

유통산업발전법상 대규모점포등에 관한 설명으로 옳은 것은? 기출 23년

① 대규모점포를 개설하려는 자는 영업을 개시하기 30일 전까지 개설 지역 및 시기 등을 포함한 개설계획을 예고하여야 한다.
② 유통산업발전법을 위반하여 징역의 실형을 선고받고 그 집행이 면제된 날부터 6월이 지난 사람은 대규모점포 등의 등록을 할 수 있다.
③ 대형마트의 영업시간을 제한하는 경우 조례로 달리 정하지 않는 한 오전 0시부터 오전 11시까지의 범위에서 영업시간을 제한할 수 있다.
④ 대규모점포등관리자는 대규모점포등의 관리 또는 사용에 관하여 입점상인의 3분의2 이상의 동의를 얻어 관리규정을 제정하여야 한다.
⑤ 대규모점포등개설자가 대규모점포등을 폐업하려는 경우에는 특별자치시장·시장·군수·구청장의 허가를 받아야 한다.

해설 ① 대규모점포를 개설하려는 자는 영업을 개시하기 60일 전까지, 준대규모점포를 개설하려는 자는 영업을 시작하기 30일 전까지 개설 지역 및 시기 등을 포함한 개설계획을 예고하여야 한다(법 제8조의3).
② 유통산업발전법을 위반하여 징역의 실형을 선고받고 그 집행이 면제된 날부터 1년이 지나지 아니한 사람은 대규모점포 등의 등록을 할 수 없다(법 제10조 제3호).
③ 대형마트의 영업시간을 제한하는 경우 조례로 달리 정하지 않는 한 오전 0시부터 오전 10시까지의 범위에서 영업시간을 제한할 수 있다(법 제12조의2 제2항).
⑤ 대규모점포등개설자가 대규모점포등을 휴업하거나 폐업하려는 경우에는 산업통상부령으로 정하는 바에 따라 특별자치시장·시장·군수·구청장에게 신고를 하여야 한다(법 제13조의2).

09

유통산업발전법령상 대규모점포의 등록에 관한 설명으로 옳은 것을 모두 고른 것은? 기출 22년

> ㄱ. 전통상업보존구역에 대규모점포를 개설하려는 자는 상권영향평가서 및 지역협력계획서를 첨부하여 시·도지사에게 등록하여야 한다.
> ㄴ. 대규모점포의 매장면적이 개설등록 당시의 매장면적보다 20분의 1이 증가한 경우 변경등록을 하여야 한다.
> ㄷ. 매장이 분양된 대규모점포에서는 매장면적의 2분의 1 이상을 직영하는 자가 있는 경우에는 그 직영하는 자가 대규모점포등개설자의 업무를 수행한다.

① ㄱ
② ㄷ
③ ㄱ, ㄴ
④ ㄴ, ㄷ
⑤ ㄱ, ㄴ, ㄷ

해설 ㄱ. 대규모점포를 개설하거나 전통상업보존구역에 준대규모점포를 개설하려는 자는 영업을 시작하기 전에 산업통상부령으로 정하는 바에 따라 상권영향평가서 및 지역협력계획서를 첨부하여 특별자치시장·시장·군수·구청장에게 등록하여야 한다(법 제8조 제1항).
ㄴ. 개설등록(매장면적을 변경등록한 경우 변경등록) 당시 매장면적의 10분의 1 이상의 변경인 경우가 변경등록사항이다(법 제8조 제3항).

10

유통산업발전법상 대규모점포등관리자의 회계감사에 관한 설명이다. ( )에 들어갈 내용을 바르게 나열한 것은? 기출 22년

> 대규모점포등관리자는 대통령령으로 정하는 바에 따라 「주식회사의 외부감사에 관한 법률」 제3조 제1항에 따른 감사인의 회계감사를 매년 (ㄱ)회 이상 받아야 한다. 다만 입점상인의 (ㄴ)이(가) 서면으로 회계감사를 받지 아니하는 데 동의한 연도에는 회계감사를 받지 아니할 수 있다.

① ㄱ : 1, ㄴ : 과반수
② ㄱ : 1, ㄴ : 3분의 2 이상
③ ㄱ : 2, ㄴ : 과반수
④ ㄱ : 2, ㄴ : 3분의 2 이상
⑤ ㄱ : 2, ㄴ : 5분의 3 이상

[해설] 대규모점포 등 관리자는 회계감사를 매년 1회 이상 받아야 한다. 다만 입점상인의 3분의 2 이상이 서면으로 회계감사를 받지 아니하는 데 동의한 연도에는 회계감사를 받지 아니할 수 있다(법 제12조의5 제1항).

11

유통산업발전법령상 대규모점포등의 관리규정에 관한 설명으로 옳은 것을 모두 고른 것은? 기출 21년

> ㄱ. 관리규정을 제정하기 위해서는 입점상인의 4분의 3 이상의 동의를 얻어야 한다.
> ㄴ. 대규모점포등관리자는 대규모점포등관리자신고를 한 날부터 1개월 이내에 관리규정을 제정하여야 한다.
> ㄷ. 시·도지사는 대규모점포등의 효율적이고 공정한 관리를 위하여 표준관리규정을 마련하여 보급하여야 한다.
> ㄹ. 대규모점포등관리자는 입점상인의 3분의 2 이상의 동의를 얻어 관리규정을 개정할 수 있다.

① ㄱ, ㄴ
② ㄱ, ㄷ
③ ㄴ, ㄷ
④ ㄴ, ㄹ
⑤ ㄷ, ㄹ

[해설] ㄱ. 대규모점포등관리자는 대규모점포등의 관리 또는 사용에 관하여 입점상인의 3분의 2 이상의 동의를 얻어 관리규정을 제정하여야 한다(법 제12조의6 제1항).
ㄴ. 관리규정을 제정하려는 대규모점포등관리자는 신고를 한 날부터 3개월 이내에 표준관리규정을 참조하여 관리규정을 제정하여야 한다(영 제7조의7 제1항).

12

유통산업발전법령상 대규모점포를 구성하는 매장에 관한 설명으로 옳지 않은 것은? 기출 19년

① 매장이란 상품의 판매와 이를 지원하는 용역의 제공에 직접 사용되는 장소를 말한다.
② 하나 또는 대통령령으로 정하는 둘 이상의 연접되어 있는 건물 안에 하나 또는 여러 개로 나누어 설치되는 매장이어야 한다.
③ 상시 운영되는 매장이어야 한다.
④ 매장면적의 합계가 2천제곱미터 이상이어야 한다.
⑤ 개설등록 당시 매장면적의 10분의 1 이상을 변경할 경우 변경등록을 하여야 한다.

[해설] ④ 매장면적의 합계가 3천제곱미터 이상이어야 한다(법 제2조 제3호 다목).

13

유통산업발전법령상 대규모점포 등의 개설등록에 관한 설명으로 옳지 않은 것은? 기출 19년

① 대규모점포를 개설하려는 자는 영업을 시작하기 전에 산업통상부령으로 정하는 바에 따라 상권영향평가서 및 지역협력계획서를 첨부하여 특별자치시장·시장·군수·구청장에게 등록하여야 한다.
② 특별자치시장·시장·군수·구청장은 개설등록을 하려는 대규모점포 등의 위치가 전통상업보존구역에 있을 때에는 등록을 제한하거나 조건을 붙일 수 있다.
③ 특별자치시장·시장·군수·구청장은 개설등록하려는 점포의 소재지로부터 산업통상부령으로 정하는 거리 이내의 범위 일부가 인접 특별자치시·시·군·구에 속하여 있는 경우 인접지역의 특별자치시장·시장·군수·구청장에게 개설등록을 신청 받은 사실을 통보하여야 한다.
④ 대규모점포 등 개설등록신청서를 제출받은 특별자치시장·시장·군수 또는 구청장은 별도의 서류확인절차 없이 그 신청에 따라 등록하여야 한다.
⑤ 특별자치시장·시장·군수 또는 구청장은 대규모점포 등의 개설등록을 한 때에는 그 신청인에게 대규모점포 등 개설등록증을 교부하여야 한다.

> **해설** ④ 대규모점포 등 개설등록신청서를 제출받은 특별자치시장·시장·군수 또는 구청장은 행정정보의 공동이용을 통하여 법인 등기사항증명서(법인 해당), 주민등록표 초본, 토지 등기사항증명서, 건물 등기사항증명서, 건축물의 건축 또는 용도변경 등에 관한 허가서 또는 신고필증을 확인하여야 한다(규칙 제5조 제7항).

14

유통산업발전법상 대규모점포 등에 대한 영업시간의 제한 등에 관한 설명으로 옳은 것은? 기출 19년

① 특별자치시장·시장·군수·구청장은 건전한 유통질서 확립, 근로자의 건강권 및 대규모점포 등과 중소유통업의 상생발전을 위하여 필요하다고 인정하는 경우 대형마트와 준대규모점포에 대하여 영업시간제한 또는 의무휴업을 명하여야 한다.
② 연간 총매출액 중 「농수산물 유통 및 가격안정에 관한 법률」에 따른 농수산물의 매출액 비중이 50퍼센트 이상인 대규모점포 등으로서 해당 지방자치단체의 조례로 정하는 대규모점포 등에 대하여는 영업시간제한 또는 의무휴업을 명하여서는 아니 된다.
③ 특별자치시장·시장·군수·구청장은 영업시간을 제한할 경우 오전 0시부터 오전 11시까지의 범위에서 제한할 수 있다.
④ 특별자치시장·시장·군수·구청장은 의무휴업일을 지정할 경우 매월 이틀을 지정하여야 한다.
⑤ 특별자치시장·시장·군수·구청장은 의무휴업일을 지정할 경우 공휴일 중에서 지정하여야 하고, 이해당사자와 합의를 거치더라도 공휴일이 아닌 날을 의무휴업일로 지정할 수는 없다.

> **해설** ① 특별자치시장·시장·군수·구청장은 건전한 유통질서 확립, 근로자의 건강권 및 대규모점포 등과 중소유통업의 상생발전을 위하여 필요하다고 인정하는 경우 대형마트와 준대규모점포에 대하여 영업시간제한을 명하거나 의무휴업일을 지정하여 의무휴업을 명할 수 있다(법 제12조의2 제1항).
> ② 연간 총매출액 중 「농수산물 유통 및 가격안정에 관한 법률」에 따른 농수산물의 매출액 비중이 55퍼센트 이상인 대규모점포 등으로서 해당 지방자치단체의 조례로 정하는 대규모점포 등에 대하여는 영업시간제한 또는 의무휴업을 명해서는 아니 된다(법 제12조의2 제1항 단서).
> ③ 특별자치시장·시장·군수·구청장은 오전 0시부터 오전 10시까지의 범위에서 영업시간을 제한할 수 있다(법 제12조의2 제2항).
> ⑤ 특별자치시장·시장·군수·구청장은 매월 이틀을 의무휴업일로 지정하여야 한다. 이 경우 의무휴업일은 공휴일 중에서 지정하되, 이해당사자와 합의를 거쳐 공휴일이 아닌 날을 의무휴업일로 지정할 수 있다(법 제12조의2 제3항).

15

유통산업발전법령상 대규모점포 개설등록 내용의 변경등록 사항이 아닌 것은? 기출 18년

① 종사자수 등 인력관리계획의 변경
② 법인 명칭의 변경
③ 법인 주소의 변경
④ 업태 변경
⑤ 개설등록(매장면적을 변경등록한 경우에는 변경등록) 당시 매장면적의 10분의 1 이상의 변경

> **해설** 대규모점포 개설등록 내용 변경등록 사항(규칙 제5조 제4항)
> 1. 법인의 명칭, 개인 또는 법인 대표자의 성명, 개인 또는 법인의 주소
> 2. 개설등록(매장면적을 변경등록한 경우에는 변경등록) 당시 매장면적의 10분의 1 이상의 변경
> 3. 업태 변경(대규모점포만 해당)
> 4. 점포의 소재지·상호

키워드 ⑤ 유통산업의 경쟁력 강화

16

유통산업발전법상 유통산업의 경쟁력 강화에 관한 설명으로 옳은 것은? 기출 22년

① 산업통상부장관은 「중소기업기본법」 제2조에 따른 중소기업자 중 대통령령으로 정하는 소매업자 30인이 공동으로 중소유통공동도매물류센터를 건립하는 경우 필요한 행정적·재정적 지원을 할 수 있다.
② 산업통상부장관은 중소유통공동도매물류센터를 건립하여 중소유통기업자단체에 그 운영을 위탁할 수 있다.
③ 지방자치단체의 장은 상점가진흥조합이 주차장·휴게소 등 공공시설의 설치 사업을 하는 경우에는 예산의 범위에서 필요한 자금을 지원할 수 있다.
④ 상점가진흥조합은 조합원의 자격이 있는 자의 과반수의 동의를 받아 결성한다.
⑤ 상점가진흥조합의 조합원은 상점가에서 도매업·소매업·용역업이나 그 밖의 영업을 하는 모든 자로 한다.

> **해설** ① 산업통상부장관은 「중소기업기본법」 제2조에 따른 중소기업자 중 대통령령으로 정하는 소매업자 50인 또는 도매업자 10인 이상의 자가 공동으로 중소유통공동도매물류센터를 건립하거나 운영하는 경우에는 필요한 행정적·재정적 지원을 할 수 있다(유통산업발전법 제17조의2 제1항).
> ② 지방자치단체의 장은 중소유통공동도매물류센터를 건립하여 중소유통기업자단체에 그 운영을 위탁할 수 있다(법 제17조의2 제2항 제1호).
> ④ 상점가진흥조합은 조합원의 자격이 있는 자의 3분의 2 이상의 동의를 받아 결성한다(법 제18조 제3항).
> ⑤ 상점가진흥조합의 조합원이 될 수 있는 자는 상점가에서 도매업·소매업·용역업이나 그 밖의 영업을 하는 자로서 중소기업기본법에 따른 중소기업자에 해당하는 자로 한다(법 제18조 제2항).

17

유통산업발전법상 유통산업의 경쟁력 강화에 관한 설명으로 옳은 것을 모두 고른 것은? 기출 21년

> ㄱ. 상점가진흥조합은 협동조합 또는 사업조합으로 설립한다.
> ㄴ. 상점가진흥조합의 구역은 다른 상점가진흥조합의 구역과 중복될 수 있다.
> ㄷ. 지방자치단체의 장은 중소유통공동도매물류센터를 건립하여 중소유통기업자단체에 그 운영을 위탁할 수 있다.
> ㄹ. 중소유통공동도매물류센터의 건립, 운영 및 관리 등에 관하여 필요한 사항은 산업통상부장관이 정하여 고시한다.

① ㄱ, ㄷ
② ㄴ, ㄷ
③ ㄴ, ㄹ
④ ㄱ, ㄴ, ㄹ
⑤ ㄱ, ㄷ, ㄹ

> **해설** ㄴ. 상점가진흥조합의 구역은 다른 상점가진흥조합의 구역과 중복되어서는 아니 된다(법 제18조 제5항).
> ㄹ. 중소유통공동도매물류센터의 건립, 운영 및 관리 등에 필요한 사항은 중소벤처기업부장관이 정하여 고시한다(법 제17조의2 제4항).

키워드 ⑥ 상점가진흥조합

18

유통산업발전법령상 상점가의 진흥을 위하여 결성하는 상점가진흥조합에 관한 설명으로 옳은 것은? 기출 16년

① 도·소매업을 영위하는 자에 한하여 상점가진흥조합을 결성할 수 있다.
② 상점가진흥조합의 조합원은 「중소기업기본법」 제2조의 규정에 의한 중소기업자가 전체의 5분의 4 이상 되어야 한다.
③ 상점가진흥조합의 구역은 다른 상점가진흥조합의 구역과 중복되어서는 아니 된다.
④ 상점가진흥조합은 조합원의 자격이 있는 자 중 같은 업종을 경영하는 자가 3분의 1인 경우에는 그 같은 업종을 경영하는 자의 5분의 3 이상의 동의를 받아 결성할 수 있다.
⑤ 상점가진흥조합은 산업통상부장관의 설립인가를 받아 그 주된 사무소의 소재지에서 설립등기를 함으로써 성립한다.

> **해설** ① 상점가에서 도매업·소매업·용역업이나 그 밖의 영업을 하는 자는 해당 상점가의 진흥을 위하여 상점가진흥조합을 결성할 수 있다(법 제18조 제1항).
> ② 상점가진흥조합의 조합원은 「중소기업기본법」 제2조의 규정에 의한 중소기업자가 전체의 3분의 2 이상 되어야 한다(법 제18조 제3항).
> ④ 상점가진흥조합은 조합원의 자격이 있는 자 중 같은 업종을 경영하는 자가 2분의 1 이상인 경우에는 그 같은 업종을 경영하는 자의 5분의 3 이상의 동의를 받아 결성할 수 있다(법 제18조 제3항).
> ⑤ 상점가진흥조합은 협동조합 또는 사업조합으로 설립한다(법 제18조 제4항).

19

유통산업발전법령상 지방자치단체의 장이 자금지원을 할 수 있는 상점가진흥조합의 사업에 해당하지 않는 것은? 기출 13년

① 점포시설의 표준화 및 현대화
② 상품의 매매·보관·수송·검사 등을 위한 공동시설의 설치
③ 조합원의 판매촉진을 위한 공동사업
④ 조합원과 그 종사자의 자질향상을 위한 연수사업 및 정보제공
⑤ 유통·물류정보시스템을 이용한 정보의 수집·가공·제공

> **해설** 상점가진흥조합에 대한 지원(법 제19조)
> 지방자치단체의 장은 상점가진흥조합이 다음의 사업을 하는 경우에는 예산의 범위에서 필요한 자금을 지원할 수 있다.
> 1. 점포시설의 표준화 및 현대화
> 2. 상품의 매매·보관·수송·검사 등을 위한 공동시설의 설치
> 3. 주차장·휴게소 등 공공시설의 설치
> 4. 조합원의 판매촉진을 위한 공동사업
> 5. 가격표시 등 상거래질서의 확립
> 6. 조합원과 그 종사자의 자질향상을 위한 연수사업 및 정보제공
> 7. 그 밖에 지방자치단체의 장이 상점가 진흥을 위하여 필요하다고 인정하는 사업

키워드 ❼ 중소유통공동도매물류센터

20

유통산업발전법상 중소유통공동도매물류센터에 대한 지원에 관한 설명이다. ( )에 들어갈 수 있는 내용을 바르게 나열한 것은? 기출 20년

- (ㄱ)은 「중소기업기본법」 제2조에 따른 중소기업자 중 대통령령으로 정하는 소매업자 50인 또는 도매업자 10인이 공동으로 중소유통기업의 경쟁력 향상을 위하여 상품의 보관·배송·포장 등 공동 물류사업 등을 하는 물류센터를 건립하거나 운영하는 경우에는 필요한 행정적·재정적 지원을 할 수 있다.
- 중소유통공동도매물류센터의 건립, 운영 및 관리 등에 필요한 사항은 (ㄴ)이 정하여 고시한다.

① ㄱ: 재정경제부장관, ㄴ: 산업통상부장관
② ㄱ: 산업통상부장관, ㄴ: 지방자치단체의 장
③ ㄱ: 지방자치단체의 장, ㄴ: 중소벤처기업부장관
④ ㄱ: 중소벤처기업부장관, ㄴ: 재정경제부장관
⑤ ㄱ: 재정경제부장관, ㄴ: 중소벤처기업부장관

해설 (ㄱ)에는 산업통상부장관, 중소벤처기업부장관 또는 지방자치단체의 장이 들어갈 수 있고, (ㄴ)에는 중소벤처기업부장관이 들어가야 한다(법 제17조의2 제1항, 제4항).

21

「유통산업발전법」상 중소유통공동도매물류센터에 대한 지원에 관한 설명으로 ( ) 안에 들어갈 수 있는 것을 바르게 나열한 것은? (단, 권한위임에 관한 규정은 고려하지 않음) 기출 17년

(ㄱ)은 「중소기업기본법」 제2조에 따른 중소기업자 중 대통령령으로 정하는 (ㄴ)이 공동으로 중소유통기업의 경쟁력 향상을 위하여 상품의 보관·배송·포장 등 공동물류사업 등을 하는 물류센터를 건립하거나 운영하는 경우에는 필요한 행정적·재정적 지원을 할 수 있다.

① ㄱ: 재정경제부장관, ㄴ: 소매업자 30인
② ㄱ: 산업통상부장관, ㄴ: 소매업자 40인
③ ㄱ: 지방자치단체의 장, ㄴ: 소매업자 50인
④ ㄱ: 중소벤처기업부장관, ㄴ: 도매업자 5인
⑤ ㄱ: 재정경제부장관, ㄴ: 도매업자 10인

해설 산업통상부장관, 중소벤처기업부장관 또는 지방자치단체의 장은 「중소기업기본법」 제2조에 따른 중소기업자 중 대통령령으로 정하는 소매업자 50인 또는 도매업자 10인 이상의 자가 공동으로 중소유통기업의 경쟁력 향상을 위하여 상품의 보관·배송·포장 등 공동물류사업 등을 하는 물류센터를 건립하거나 운영하는 경우에는 필요한 행정적·재정적 지원을 할 수 있다(법 제17조의2 제1항).

키워드 ❽ 공동집배송센터

22
유통산업발전법상 공동집배송센터에 관한 설명으로 옳은 것은? 기출 22년

① 시·도지사는 물류공동화를 촉진하기 위하여 필요한 경우에는 시장·군수·구청장의 추천을 받아 산업통상부령으로 정하는 요건에 해당하는 지역 및 시설물을 공동집배송센터로 지정할 수 있다.
② 공동집배송센터사업자는 지정받은 사항 중 산업통상부령으로 정하는 중요사항을 변경하려면 시·도지사의 변경지정을 받아야 한다.
③ 공동집배송센터의 지정을 받은 날부터 정당한 사유 없이 2년 이내에 시공을 하지 아니하는 경우에는 공동집배송센터의 지정이 취소될 수 있다.
④ 거짓으로 공동집배송센터의 지정을 받은 경우는 공동집배송센터의 지정을 취소할 수 있는 사유에 해당한다.
⑤ 시·도지사는 집배송시설의 집단적 설치를 촉진하고 집배송시설의 효율적 배치를 위하여 공동집배송센터 개발촉진지구의 지정을 산업통상부장관에게 요청할 수 있다.

> **해설** ① 산업통상부장관은 물류공동화를 촉진하기 위하여 필요한 경우에는 시·도지사의 추천을 받아 부지 면적, 시설 면적 및 유통시설로의 접근성 등 산업통상부령으로 정하는 요건에 해당하는 지역 및 시설물을 공동집배송센터로 지정할 수 있다(법 제29조 제1항).
> ② 공동집배송센터사업자는 지정받은 사항 중 산업통상부령으로 정하는 중요 사항을 변경하려면 산업통상부장관의 변경지정을 받아야 한다(법 제29조 제4항).
> ③ 공동집배송센터의 지정을 받은 날부터 정당한 사유 없이 3년 이내에 시공을 하지 아니하는 경우에는 공동집배송센터의 지정이 취소될 수 있다(법 제33조 제2항 제2호).
> ④ 거짓으로 공동집배송센터의 지정을 받은 경우는 공동집배송센터의 지정을 취소해야 한다(법 제33조 제2항 제1호).

23
유통산업발전법령상 공동집배송센터에 관한 설명으로 옳은 것은? 기출 21년

① 상업지역 내에서 부지면적이 1만제곱미터이고, 집배송시설면적이 5천제곱미터인 지역 및 시설물은 공동집배송센터로 지정할 수 있다.
② 공동집배송센터의 지정을 받은 날부터 정당한 사유 없이 3년 이내에 시공을 하지 아니하는 경우 산업통상부장관은 그 지정을 취소할 수 있다.
③ 공동집배송센터를 신탁개발하는 경우 신탁계약을 체결한 신탁업자는 공동집배송센터사업자의 지위를 승계하지 않는다.
④ 관계 중앙행정기관의 장은 집배송시설의 효율적 배치를 위하여 공동집배송센터 개발촉진지구의 지정을 산업통상부장관에게 요청할 수 있다.
⑤ 공동집배송센터 개발촉진지구의 집배송시설에 대하여는 시·도지사가 공동집배송센터로 지정할 수 있다.

> **해설** ① 부지면적이 3만제곱미터 이상(상업지역 또는 공업지역의 경우 2만제곱미터 이상)이고, 집배송시설면적이 1만제곱미터 이상일 것(규칙 제19조 제1호)
> ③ 공동집배송센터를 신탁개발하는 경우 신탁계약을 체결한 신탁업자는 공동집배송센터사업자의 지위를 승계한다. 이 경우 공동집배송센터사업자는 계약체결일부터 14일 이내에 신탁계약서 사본을 산업통상부장관에게 제출하여야 한다(법 제32조 제2항).
> ④ 시·도지사는 집배송시설의 집단적 설치를 촉진하고 집배송시설의 효율적 배치를 위하여 공동집배송센터 개발촉진지구의 지정을 산업통상부장관에게 요청할 수 있다(법 제34조 제1항).
> ⑤ 산업통상부장관은 촉진지구의 집배송시설에 대하여는 시·도지사의 추천이 없더라도 공동집배송센터로 지정할 수 있다(법 제35조 제2항).

24

유통산업발전법령상 공동집배송센터에 관한 설명으로 옳은 것을 모두 고른 것은? 기출 18년

> ㄱ. 공동집배송센터의 시설기준으로서 주요시설의 연면적은 공동집배송센터 전체 연면적의 100분의 50 이상이 되어야 한다.
> ㄴ. 공동집배송센터의 시설기준으로서의 전자주문시스템(EOS)은 집배송시설 기능의 원활화를 위하여 우선적으로 설치되도록 노력하여야 하는 부대시설에 해당한다.
> ㄷ. 부지의 면적이 8만제곱미터인 지역은 공동집배송센터개발촉진지구로 지정할 수 없다.
> ㄹ. 공동집배송센터의 신탁개발을 위하여 신탁계약을 체결한 경우 신탁업자는 계약 체결일부터 10일 이내에 신탁계약서 사본을 산업통상부장관에게 제출하여야 한다.

① ㄱ, ㄴ
② ㄱ, ㄷ
③ ㄴ, ㄷ
④ ㄷ, ㄹ
⑤ ㄱ, ㄴ, ㄹ

해설 ㄱ. 공동집배송센터의 시설기준(규칙 별표6)
ㄷ. 공동집배송센터개발촉진지구의 지정요건 : 부지의 면적은 10만제곱미터 이상일 것(규칙 제24조 제2항 제1호)
ㄴ. 전자주문시스템(EOS)은 주요시설 중 정보 및 주문처리시설에 해당한다(규칙 별표6).
ㄹ. 신탁계약을 체결한 신탁업자는 계약체결일부터 14일 이내에 신탁계약서 사본을 산업통상부장관에게 제출하여야 한다(법 제32조 제2항).

키워드 ❾ 유통분쟁 및 조정위원회

25

유통산업발전법령상 대규모점포등과 관련한 유통분쟁조정위원회(이하 '위원회'라 함)의 분쟁 조정에 관한 설명으로 옳지 않은 것은? 기출 24년

① 대규모점포등과 관련한 분쟁의 조정신청을 받은 특별자치시·시·군·구의 위원회는 부득이한 사정이 없으면 신청을 받은 날부터 60일 이내에 이를 심사하여 조정안을 작성하여야 한다.
② 시(특별자치시는 제외)·군·구의 위원회의 조정안에 불복하는 자는 조정안을 제시받은 날부터 15일 이내에 시·도의 위원회에 조정을 신청할 수 있다.
③ 위원회는 동일한 시기에 동일한 사안에 대하여 다수의 분쟁조정이 신청된 경우에는 그 다수의 분쟁조정신청을 통합하여 조정할 수 있다.
④ 위원회는 유통분쟁조정신청을 받은 경우 신청일부터 10일 이내에 신청인 외의 관련 당사자에게 분쟁의 조정신청에 관한 사실과 그 내용을 통보하여야 한다.
⑤ 위원회는 분쟁의 성질상 위원회에서 조정함이 적합하지 아니하다고 인정하거나 부정한 목적으로 신청되었다고 인정하는 경우에는 조정을 거부할 수 있다.

해설 ④ 유통분쟁조정위원회는 유통분쟁조정신청을 받은 경우 신청일부터 3일 이내에 신청인 외의 관련 당사자에게 분쟁의 조정신청에 관한 사실과 그 내용을 통보하여야 한다(영 제16조 제1항).

26

유통산업발전법령상 유통분쟁조정위원회(이하 "위원회"라 함)에 관한 설명으로 옳지 않은 것은? 기출 20년

① 위원회는 위원장 1명을 포함하여 11명 이상 15명 이하의 위원으로 구성한다.
② 유통분쟁조정신청을 받은 위원회는 신청일부터 7일 이내에 신청인 외의 관련 당사자에게 분쟁의 조정신청에 관한 사실과 그 내용을 통보하여야 한다.
③ 분쟁의 조정신청을 받은 위원회는 원칙적으로 조정신청을 받은 날부터 60일 이내에 이를 심사하여 조정안을 작성하여야 한다.
④ 당사자가 조정안을 수락하고 조정서에 기명날인하거나 서명하였을 때에는 당사자 간에 조정서와 동일한 내용의 합의가 성립된 것으로 본다.
⑤ 위원회는 동일한 시기에 동일한 사안에 대하여 다수의 분쟁조정이 신청된 경우에는 그 다수의 분쟁조정신청을 통합하여 조정할 수 있다.

> 해설 ② 유통분쟁조정위원회는 유통분쟁조정신청을 받은 경우 신청일부터 3일 이내에 신청인 외의 관련 당사자에게 분쟁의 조정신청에 관한 사실과 그 내용을 통보하여야 한다(영 제16조 제1항).

키워드 ⑩ 기타

27

유통산업발전법상 형벌 부과 대상에 해당하지 않는 것은? 기출 22년

① 유통표준전자문서를 위작하는 죄의 미수범
② 대규모점포를 개설하려는 자로서 부정한 방법으로 대규모점포의 개설등록을 한 자
③ 대규모점포등관리자로서 부정한 방법으로 회계감사를 받은 자
④ 유통정보화서비스를 제공하는 자로서 「유통산업발전법령」으로 정하는 유통표준전자문서 보관기간을 준수하지 아니한 자
⑤ 대규모점포등관리자로서 신고를 하지 아니하고 대규모점포등개설자의 업무를 수행한 자

> 해설 ③ 회계감사를 받지 아니하거나 부정한 방법으로 받은 자는 1천만원 이하의 과태료 부과 대상이다(법 제52조 제2항 제1호).

28

유통산업발전법상 지방자치단체의 장이 행정적·재정적 지원을 할 수 있는 대상으로 옳지 않은 것은? 기출 20년

① 재래시장의 활성화
② 전문상가단지의 건립
③ 비영리법인의 판매사업 활성화
④ 중소유통공동도매물류센터의 건립 및 운영
⑤ 중소유통기업의 창업 지원 등 중소유통기업의 구조개선 및 경쟁력 강화

> 해설 ① 재래시장의 활성화(법 제15조 제3항)
> ② 전문상가단지의 건립(법 제20조 제1항)
> ④ 중소유통공동도매물류센터의 건립 및 운영(법 제17조의2 제1항)
> ⑤ 중소유통기업의 창업 지원 등 중소유통기업의 구조개선 및 경쟁력 강화(법 제15조 제4항)

CHAPTER 06 시험에 꼭 나오는 필수문제

01 철도사업법상 철도사업의 관리에 관한 설명으로 옳지 않은 것은? `기출 22년`

① 철도사업자는 그 철도사업을 양도·양수하려는 경우에는 국토교통부장관의 인가를 받아야 한다.
② 철도시설의 개량을 사유로 하는 경우 휴업기간은 6개월을 넘을 수 없다.
③ 철도사업자가 선로 또는 교량의 파괴로 휴업하는 경우에는 국토교통부장관에게 신고하여야 한다.
④ 국토교통부장관은 철도사업자가 거짓이나 그 밖의 부정한 방법으로 철도사업의 면허를 받은 경우에는 면허를 취소하여야 한다.
⑤ 국토교통부장관은 과징금으로 징수한 금액의 운용계획을 수립하여 시행하여야 한다.

해설 ② 휴업기간은 6개월을 넘을 수 없다. 다만, 선로 또는 교량의 파괴, 철도시설의 개량, 그 밖의 정당한 사유로 휴업하는 경우에는 예외로 한다(법 제15조 제2항).

기출문제 엿보기

- ☑ 철도사업법령상 철도사업의 면허에 관한 설명으로 옳지 않은 것은? `23년`
- ☑ 철도사업법령상 철도사업의 관리에 관한 설명으로 옳지 않은 것은? `18년`
- ☑ 철도사업법상 철도사업의 면허취득에 관한 결격사유가 있는 법인으로 옳지 않은 것은? `17년`
- ☑ 철도사업법령상 철도사업의 휴업 또는 폐업에 관한 설명으로 옳지 않은 것은? `14년`

02 철도사업법령상 철도사업자에 관한 설명으로 옳지 않은 것은? `기출 22년`

① 철도사업을 경영하려는 자는 지정·고시된 사업용철도노선을 정하여 국토교통부장관의 면허를 받아야 한다.
② 천재지변으로 철도사업자가 국토교통부장관이 지정하는 날에 운송을 시작할 수 없는 경우에는 국토교통부장관의 승인을 받아 날짜를 연기할 수 있다.
③ 철도사업의 면허를 받을 수 있는 자는 법인으로 한다.
④ 철도사업자는 여객에 대한 운임을 변경하려는 경우 국토교통부장관의 허가를 받아야 한다.
⑤ 철도사업자는 사업계획 중 여객열차의 운행구간을 변경하려는 경우 국토교통부장관의 인가를 받아야 한다.

해설 ④ 철도사업자는 여객에 대한 운임을 변경하려는 경우 국토교통부장관에게 신고하여야 한다(법 제9조 제1항).

기출문제 엿보기

- ☑ 철도사업법상 철도사업자에 관한 설명으로 옳지 않은 것은? `21년`
- ☑ 철도사업법령상 국토교통부장관이 철도사업자에 대하여 사업의 일부정지를 명할 수 있는 경우는? `19년`
- ☑ 철도사업법상 철도사업자의 준수사항으로 옳지 않은 것은? `17년`
- ☑ 철도사업법령상 철도사업자가 철도사업약관에 기재하여 신고하여야 할 사항으로 명시되지 않은 것은? `15년`
- ☑ 철도사업법령상 국토교통부장관이 철도사업자의 면허를 반드시 취소하여야 하는 경우는? `14년`
- ☑ 철도사업법령상 철도사업자의 의무에 관한 설명으로 옳지 않은 것은? `13년`

03 철도사업법령상 전용철도 등록사항의 경미한 변경에 해당하지 않는 것은? 기출 23년

① 운행시간을 단축한 경우
② 배차간격을 연장한 경우
③ 철도차량 대수를 10분의 2의 범위 안에서 변경한 경우
④ 전용철도를 운영하는 법인의 임원을 변경한 경우
⑤ 전용철도 건설기간을 6월의 범위 안에서 조정한 경우

해설 ③ 전용철도 등록사항의 경미한 변경에 해당하는 것은 10분의 1의 범위 안에서 철도차량 대수를 변경한 경우이다(영 제12조 제1항 제3호).

기출문제 엿보기

☑ 철도사업법령상 전용철도에 관한 설명이다. ( )에 들어갈 내용을 바르게 나열한 것은? 22년
☑ 철도사업법령상 전용철도를 운영하는 자가 등록사항의 변경을 등록하지 않아도 되는 사유에 해당하는 것을 모두 고른 것은? 20년
☑ 철도사업법령상 전용철도에 관한 설명으로 옳은 것은? 18·15년
☑ 철도사업법령상 다른 사람의 수요에 따른 영업을 목적으로 하지 아니하고 자신의 수요에 따라 특수목적을 수행하기 위하여 설치하거나 운영하는 전용철도의 등록 취소·정지에 관한 설명으로 ( ) 안에 들어갈 내용을 바르게 나열한 것은? 16년
☑ 철도사업법령상 전용철도의 등록 등에 관한 설명으로 옳지 않은 것은? 13년

04 철도사업법상 국토교통부장관이 철도시설물의 점용허가를 취소할 수 있는 경우가 아닌 것은? 기출 24년

① 점용허가를 받은 자가 점용허가 목적과 다른 목적으로 철도시설을 점용한 경우
② 시설물의 종류와 경영하는 사업이 철도사업에 지장을 주게 된 경우
③ 점용허가를 받은 자가 점용허가를 받은 날부터 6개월 이내에 해당 점용허가의 목적이 된 공사에 착수하지 아니한 경우
④ 점용허가를 받은 자가 점용료를 납부하지 아니하는 경우
⑤ 점용허가를 받은 자가 스스로 점용허가의 취소를 신청하는 경우

해설 ③ 점용허가를 받은 자가 점용허가를 받은 날부터 1년 이내에 해당 점용허가의 목적이 된 공사에 착수하지 아니한 경우. 다만, 정당한 사유가 있는 경우에는 1년의 범위에서 공사의 착수기간을 연장할 수 있다(법 제42조의2 제1항 제3호).

기출문제 엿보기

☑ 철도사업법령상 국유철도시설의 점용허가에 관한 설명으로 옳지 않은 것은? 23년
☑ 철도사업법령상 국유철도시설의 점용허가에 관한 설명으로 옳은 것은? 22·18년
☑ 철도사업법령상 점용허가를 받은 자가 납부해야 할 점용료에 관한 설명으로 옳지 않은 것은? 16년

01 ② 02 ④ 03 ③ 04 ③

CHAPTER 06 철도사업법

〈법률 제20702호, 2025.1.21. 일부개정, 2025. 1. 21. 시행〉

핵심 포인트
- ☑ 철도사업의 면허, 여객운임·요금, 사업계획
- ☑ 철도사업의 양도·양수, 휴·폐업, 과징금
- ☑ 민자철도 운영의 감독·관리
- ☑ 철도서비스의 품질평가 및 우수철도서비스 인증
- ☑ 전용철도의 등록 및 운영
- ☑ 국유철도시설의 점용허가 및 점용료

CORE 01 총칙

1. 법의 목적과 용어의 정의

(1) 법의 목적(법 제1조)

이 법은 철도사업에 관한 질서를 확립하고 효율적인 운영 여건을 조성함으로써 철도사업의 건전한 발전과 철도 이용자의 편의를 도모하여 국민경제의 발전에 이바지함을 목적으로 한다.

(2) 용어의 정의(법 제2조)

① 철도 : 여객 또는 화물을 운송하는 데 필요한 철도시설과 철도차량 및 이와 관련된 운영·지원체계가 유기적으로 구성된 운송체계를 말한다.
② 철도사업 : 다른 사람의 수요에 응하여 철도차량을 사용하여 유상으로 여객이나 화물을 운송하는 사업을 말한다.
③ 전용철도 : 다른 사람의 수요에 따른 영업을 목적으로 하지 아니하고 자신의 수요에 따라 특수목적을 수행하기 위하여 설치하거나 운영하는 철도를 말한다.
④ 철도사업자 : 「한국철도공사법」에 따라 설립된 한국철도공사 및 「철도사업법」에 따라 철도사업 면허를 받은 자를 말한다.
⑤ 전용철도운영자 : 철도사업법에 따라 전용철도 등록을 한 자를 말한다.
⑥ 철도운수종사자 : 철도운송과 관련하여 승무(동력차 운전과 열차 내 승무) 및 역무서비스를 제공하는 직원을 말한다.

2. 다른 법률 및 조약과의 관계

(1) 다른 법률과의 관계(법 제3조)

철도사업에 관하여 다른 법률에 특별한 규정이 있는 경우를 제외하고는 철도사업법에서 정하는 바에 따른다.

(2) 조약과의 관계(법 제3조의2)

국제철도(대한민국을 포함한 둘 이상의 국가에 걸쳐 운행되는 철도)를 이용한 화물 및 여객 운송에 관하여 대한민국과 외국 간 체결된 조약에 이 법과 다른 규정이 있는 때에는 그 조약의 규정에 따른다.

CORE 02 철도사업의 관리

1. 사업용 철도노선 및 철도차량의 분류

(1) 사업용 철도노선의 고시 등(법 제4조)

① 사업용 철도노선의 지정·고시 : 국토교통부장관은 사업용 철도노선의 노선번호, 노선명, 기점, 종점, 중요 경과지(정차역을 포함)와 그 밖에 필요한 사항을 국토교통부령으로 정하는 바에 따라 지정·고시하여야 한다.

② 사업용 철도노선의 구분 : 국토교통부장관은 사업용철도노선을 지정·고시하는 경우 사업용 철도노선을 다음의 구분에 따라 분류할 수 있다.

> 1. 운행지역과 운행거리에 따른 분류 : 간선철도, 지선철도
> 2. 운행속도에 따른 분류 : 고속철도노선, 준고속철도노선, 일반철도노선

③ 그 밖의 필요한 사항 등 : 사업용 철도노선 분류의 기준이 되는 운행지역, 운행거리 및 운행속도는 국토교통부령으로 정한다.

(2) 철도차량의 유형 분류(법 제4조의2, 규칙 제2조의3)

국토교통부장관은 철도 운임 상한의 산정, 철도차량의 효율적인 관리 등을 위하여 철도차량을 국토교통부령으로 정하는 운행속도에 따라 다음의 구분에 따른 유형으로 분류할 수 있다.

> 1. 고속철도차량 : 최고속도 300km/h 이상
> 2. 준고속철도차량 : 최고속도 200km/h 이상 300km/h 미만
> 3. 일반철도차량 : 최고속도 200km/h 미만

2. 철도사업의 면허 및 결격사유

(1) 철도사업의 면허 등(법 제5조, 규칙 제3조) 기출 ▶ 23년/ 22년/ 18년/ 11년

① 철도사업을 경영하려는 자는 지정·고시된 사업용철도노선을 정하여 국토교통부장관의 면허를 받아야 한다. 이 경우 국토교통부장관은 철도의 공공성과 안전을 강화하고 이용자 편의를 증진시키기 위하여 국토교통부령으로 정하는 바에 따라 필요한 부담을 붙일 수 있다.

② 철도사업의 면허를 받으려는 자는 국토교통부령으로 정하는 바에 따라 사업계획서를 첨부한 면허신청서를 국토교통부장관에게 제출하여야 한다.

　㉠ 신청서 및 첨부서류 : 철도사업면허신청서, 사업계획서, 법인설립계획서(설립예정법인인 경우에 한함), 당해 철도사업을 경영하고자 하는 취지를 설명하는 서류, 신청인이 결격사유에 해당하지 아니함을 증명하는 서류

> **더알아보기** 사업계획서 포함 사항(규칙 제3조 제2항)
>
> 1. 운행구간의 기점·종점·정차역
> 2. 여객운송·화물운송 등 철도서비스의 종류
> 3. 사용할 철도차량의 대수·형식 및 확보계획
> 4. 운행횟수, 운행시간계획 및 선로용량 사용계획
> 5. 당해 철도사업을 위하여 필요한 자금의 내역과 조달방법(공익서비스비용 및 철도시설 사용료의 수준을 포함)
> 6. 철도역·철도차량정비시설 등 운영시설 개요
> 7. 철도운수종사자의 자격사항 및 확보방안
> 8. 여객·화물의 취급예정수량 및 그 산출의 기초와 예상 사업수지

　　ⓒ 심사 및 면허증 교부 : 국토교통부장관은 면허신청을 받은 경우에는 면허기준에의 적합 여부, 결격사유의 유무 및 사업계획서의 타당성 여부 등을 종합적으로 심사하여 신청인에게 철도사업의 면허를 하기로 결정한 경우 신청인에게 철도사업면허증을 교부하여야 한다.

　　ⓒ 철도사업면허대장 : 국토교통부장관은 철도사업면허증을 교부한 때에는 철도사업면허대장에 이를 기재·관리하여야 한다.

　③ 철도사업의 면허를 받을 수 있는 자는 **법인**으로 한다. → 법인이 아닌 자(×)

(2) 철도사업의 면허의 기준(법 제6조) 기출 23년

철도사업의 면허기준은 다음과 같다.

> 1. 해당 사업의 시작으로 철도교통의 안전에 지장을 줄 염려가 없을 것
> 2. 해당 사업의 운행계획이 그 운행 구간의 철도 수송 수요와 수송력 공급 및 이용자의 편의에 적합할 것
> 3. 신청자가 해당 사업을 수행할 수 있는 재정적 능력이 있을 것
> 4. 해당 사업에 사용할 철도차량의 대수(臺數), 사용연한 및 규격이 국토교통부령으로 정하는 기준에 맞을 것

(3) 철도사업 면허의 결격사유(법 제7조) 기출 19년/18년/17년/11년

다음의 어느 하나에 해당하는 법인은 철도사업의 면허를 받을 수 없다.

① 법인의 임원 중 다음의 어느 하나에 해당하는 사람이 있는 법인

> 1. 피성년후견인 또는 피한정후견인
> 2. 파산선고를 받고 복권되지 아니한 사람
> 3. 이 법 또는 대통령령으로 정하는 철도 관계 법령(「철도산업발전기본법」,「철도안전법」,「도시철도법」,「국가철도공단법」,「한국철도공사법」)을 위반하여 금고 이상의 실형을 선고받고 그 집행이 끝나거나(끝난 것으로 보는 경우를 포함) 면제된 날부터 **2년이 지나지 아니한 사람** → 3년이 지나지 아니한 사람(×) → 철도물류산업의 육성 및 지원에 관한 법률(×)
> 4. 이 법 또는 대통령령으로 정하는 철도 관계 법령을 위반하여 금고 이상의 형의 집행유예를 선고받고 그 유예 기간 중에 있는 사람

② 철도사업의 면허가 취소된 후 그 취소일부터 2년이 지나지 아니한 법인. 다만, 피성년후견인 또는 피한정후견인, 파산선고를 받고 복권되지 아니한 사람에 해당하여 철도사업의 면허가 취소된 경우는 제외한다.

(4) 운송 시작의 의무(법 제8조) 기출 18년/ 12년

철도사업자는 국토교통부장관이 지정하는 날 또는 기간에 운송을 시작하여야 한다. 다만, 천재지변이나 그 밖의 불가피한 사유로 철도사업자가 국토교통부장관이 지정하는 날 또는 기간에 운송을 시작할 수 없는 경우에는 국토교통부장관의 승인을 받아 날짜를 연기하거나 기간을 연장할 수 있다.

3. 철도사업의 운임·요금 및 약관 등 기출 22년/ 21년/ 18년/ 15년/ 12년

(1) 여객 운임·요금의 신고 등(법 제9조)
① 철도사업자는 여객에 대한 운임(여객운송에 대한 직접적인 대가를 말하며, 여객운송과 관련된 설비·용역에 대한 대가는 제외)·요금을 **국토교통부장관에게 신고**하여야 한다. 이를 변경하려는 경우에도 같다.
  → 국토교통부장관의 허가(×)
② 철도사업자는 여객 운임·요금을 정하거나 변경하는 경우에는 원가(原價)와 버스 등 다른 교통수단의 여객 운임·요금과의 형평성 등을 고려하여야 한다. 이 경우 여객에 대한 운임은 사업용철도노선의 분류, 철도차량의 유형 등을 고려하여 국토교통부장관이 지정·고시한 상한을 초과하여서는 아니 된다.
③ 국토교통부장관은 여객 운임의 상한을 지정하려면 미리 재정경제부장관과 협의하여야 한다.
④ 국토교통부장관은 신고 또는 변경신고를 받은 날부터 3일 이내에 신고수리 여부를 신고인에게 통지하여야 한다.
⑤ 철도사업자는 신고 또는 변경신고를 한 여객 운임·요금을 그 시행 1주일 이전에 인터넷 홈페이지, 관계 역·영업소 및 사업소 등 일반인이 잘 볼 수 있는 곳에 게시하여야 한다.

(2) 여객 운임·요금의 감면(법 제9조의2) 기출 23년/ 18년/ 15년/ 12년
① 철도사업자는 재해복구를 위한 긴급지원, 여객 유치를 위한 기념행사, 그 밖에 철도사업의 경영상 필요하다고 인정되는 경우에는 일정한 기간과 대상을 정하여 신고한 여객 운임·요금을 **감면할 수 있다**. → 감면할 수 없다(×)
② 철도사업자는 여객 운임·요금을 감면하는 경우에는 그 시행 3일 이전에 감면 사항을 인터넷 홈페이지, 관계 역·영업소 및 사업소 등 일반인이 잘 볼 수 있는 곳에 게시하여야 한다. 다만, 긴급한 경우에는 미리 게시하지 아니할 수 있다.

(3) 부가 운임의 징수(법 제10조) 기출 25년/ 23년/ 15년/ 11년/ 09년
① 철도사업자는 열차를 이용하는 여객이 정당한 운임·요금을 지급하지 아니하고 열차를 이용한 경우에는 승차 구간에 해당하는 운임 외에 그의 **30배의 범위**에서 부가 운임을 징수할 수 있다.
  → 50배의 범위(×)
② 철도사업자는 송하인이 운송장에 적은 화물의 품명·중량·용적 또는 개수에 따라 계산한 운임이 정당한 사유 없이 정상 운임보다 적은 경우에는 송하인에게 그 부족 운임 외에 그 부족 운임의 5배의 범위에서 부가 운임을 징수할 수 있다.
③ 철도사업자는 부가 운임을 징수하려는 경우에는 사전에 부가 운임의 징수 대상 행위, 열차의 종류 및 운행구간 등에 따른 부가 운임 산정기준을 정하고 철도사업약관에 포함하여 국토교통부장관에게 신고하여야 한다.
④ 국토교통부장관은 신고를 받은 날부터 3일 이내에 신고수리 여부를 신고인에게 통지하여야 한다.
⑤ 부가 운임의 징수 대상자는 이를 성실하게 납부하여야 한다.

(4) 철도사업약관(법 제11조, 규칙 제7조) 기출▶ 21년/ 18년/ 15년/ 14년/ 12년/ 11년

① 철도사업자는 철도사업약관을 정하여 국토교통부장관에게 **신고**하여야 한다. 이를 변경하려는 경우에도 같다.
　　　　　　　　　　　　　　　　　　　　　　　　└→ 인가를 받아야 한다(×), 허가를 받아야 한다(×)

② 철도사업자가 철도사업약관을 신고 또는 변경신고를 하고자 하는 때에는 철도사업약관신고(변경신고)서에 철도사업약관과 철도사업약관 신·구대비표 및 변경사유서(변경신고의 경우 한함)를 첨부하여 국토교통부장관에게 제출하여야 한다.

③ 철도사업약관의 기재 사항은 다음과 같다.

> 1. 철도사업약관의 적용범위
> 2. 여객 운임·요금의 수수 또는 환급에 관한 사항
> 3. 부가운임에 관한 사항
> 4. 운송책임 및 배상에 관한 사항
> 5. 면책에 관한 사항
> 6. 여객의 금지행위에 관한 사항
> 7. 화물의 인도·인수·보관 및 취급에 관한 사항
> 8. 그 밖에 이용자의 보호 등을 위하여 필요한 사항

④ 국토교통부장관은 신고 또는 변경신고를 받은 날부터 **3일** 이내에 신고수리 여부를 신고인에게 통지하여야 한다.
　　　　　　　　　　　　　　　　　　　└→ 10일(×)

(5) 사업계획의 변경(법 제12조, 영 제5조) 기출▶ 25년/ 22년/ 21년/ 20년/ 19년/ 18년/ 14년/ 12년/ 11년/ 10년

① 사업계획의 변경신고(원칙)·변경인가(예외)

　㉠ 철도사업자는 사업계획을 변경하려는 경우에는 국토교통부장관에게 신고하여야 한다. 다만, 다음(대통령령으로 정하는 중요 사항을 변경하려는 경우)은 국토교통부장관의 인가를 받아야 한다.

> 1. 철도이용수요가 적어 수지균형의 확보가 극히 곤란한 벽지 노선으로서 「철도산업발전기본법」에 따라 공익서비스비용의 보상에 관한 계약이 체결된 노선의 철도운송서비스(철도여객운송서비스 또는 철도화물운송서비스)의 종류를 변경하거나 다른 종류의 철도운송서비스를 추가하는 경우
> 2. 여객열차 운행구간의 변경
> 3. 사업용철도노선별로 여객열차의 정차역을 신설 또는 폐지하거나 10분의 2 이상 변경하는 경우
> 4. 사업용철도노선별로 10분의 1 이상의 운행횟수의 변경(여객열차의 경우에 한함). 다만, 공휴일·방학기간 등 수송수요와 열차운행계획상의 수송력과 현저한 차이가 있는 경우로서 3월 이내의 기간동안 운행횟수를 변경하는 경우를 **제외한다**.
> 　　　　　　　　　　　　　　　　　　　　　　　　　　　　　포함한다(×) ←┘

　㉡ 철도사업자는 사업계획을 변경하려는 때에는 사업계획을 변경하려는 날 1개월 전까지(변경하려는 사항이 인가사항인 경우에는 2개월 전까지) 사업계획변경신고서 또는 사업계획변경인가신청서에 다음의 서류를 첨부하여 국토교통부장관에게 제출하여야 한다(규칙 제8조).

> 1. 신·구 사업계획을 대비한 서류 또는 도면
> 2. 철도안전 확보 계획
> 3. 사업계획 변경 후의 예상 사업수지 계산서

② **사업계획의 변경 제한** : 국토교통부장관은 철도사업자가 다음의 어느 하나에 해당하는 경우에는 사업계획의 변경을 제한할 수 있다.

> 1. 국토교통부장관이 지정한 날 또는 기간에 운송을 시작하지 아니한 경우
> 2. 노선 운행중지, 운행제한, 감차(減車) 등을 수반하는 사업계획 변경명령을 받은 후 1년이 지나지 아니한 경우
> 3. 개선명령을 받고 이행하지 아니한 경우
> 4. 철도사고의 규모 또는 발생 빈도가 대통령령으로 정하는 기준 이상인 경우

③ 국토교통부장관은 신고를 받은 날부터 3일 이내에 신고수리 여부를 신고인에게 통지하여야 한다.

(6) 공동운수협정(법 제13조, 규칙 제9조) 기출 ▶ 25년 / 19년 / 18년 / 14년

① 철도사업자는 다른 철도사업자와 공동경영에 관한 계약이나 그 밖의 운수에 관한 협정(이하 공동운수협정)을 체결하거나 변경하려는 경우에는 국토교통부령으로 정하는 바에 따라 국토교통부장관의 **인가**를 받아야 한다. 다만, 다음(국토교통부령으로 정하는 경미한 사항)을 변경하려는 경우에는 국토교통부령으로 정하는 바에 따라 국토교통부장관에게 **신고**하여야 한다.
　→ 신고(×)
　→ 변경인가(×)

> 1. 철도사업자가 여객 운임 · 요금의 변경신고를 한 경우 이를 반영하기 위한 사항
> 2. 철도사업자가 사업계획변경을 신고하거나 사업계획변경의 인가를 받은 때에는 이를 반영하기 위한 사항
> 3. 공동운수협정에 따른 운행구간별 열차 운행횟수의 **10분의 1 이내에서의 변경**
> 　→ 5분의 1(×)
> 4. 그 밖에 법에 의하여 신고 또는 인가 · 허가 등을 받은 사항을 반영하기 위한 사항

② 국토교통부장관은 공동운수협정을 인가하려면 미리 공정거래위원회와 협의하여야 한다.
③ 국토교통부장관은 신고를 받은 날부터 3일 이내에 신고수리 여부를 신고인에게 통지하여야 한다.
④ 철도사업자는 공동운수협정을 체결하거나 인가받은 사항을 변경하고자 하는 때에는 다른 철도사업자와 공동으로 공동운수협정(변경)인가신청서에 필요한 서류를 첨부하여 국토교통부장관에게 제출하여야 한다.
⑤ 국토교통부장관은 공동운수협정에 대한 인가신청 또는 변경인가신청을 받은 경우에는 다음의 사항을 검토한 후 인가 또는 변경인가여부를 결정하여야 한다.
　㉠ 공동운수협정의 체결 또는 변경으로 인하여 철도서비스의 질적 저하가 발생하는지의 여부
　㉡ 공동운수협정의 체결 또는 변경으로 인하여 철도수송수요와 수송력 공급 및 이용자의 편의에 지장을 초래하는지의 여부
　㉢ 공동운수협정의 체결 또는 변경내용에 선로 · 역시설 · 물류시설 · 차량정비기지 및 차량유치시설 등 운송시설의 공동사용에 관한 내용이 있는 경우에는 당해 운송시설의 공동사용으로 인하여 철도사업의 원활한 운영과 여객의 이용편의에 지장을 초래하는지의 여부
　㉣ 공동운수협정의 체결 또는 변경이 수송력공급의 증가를 목적으로 하는 경우에는 주말 · 연휴 등 일시적으로 유발되는 수송수요에 효율적으로 대응할 수 있는지의 여부
　㉤ 공동운수협정의 체결 또는 변경에 따른 운임 · 요금이 적정한지의 여부
　㉥ 공동운수협정을 체결 또는 변경하는 철도사업자간 수입 · 비용의 배분이 적정한지의 여부
　㉦ 공동운수협정의 체결 또는 변경으로 인하여 철도안전에 지장을 초래하는지의 여부

4. 철도사업의 양도·양수 및 휴·폐업

(1) 사업의 양도 · 양수 등(법 제14조) 기출▶ 25년/ 22년/ 21년/ 19년/ 18년/ 14년

① 철도사업자는 그 철도사업을 양도·양수하려는 경우에는 국토교통부장관의 인가를 받아야 한다.
② 철도사업자는 다른 철도사업자 또는 철도사업 외의 사업을 경영하는 자와 합병하려는 경우에는 국토교통부장관의 인가를 받아야 한다.
③ 인가를 받은 경우 철도사업을 양수한 자는 철도사업을 양도한 자의 철도사업자로서의 지위를 승계한다.
④ 인가를 받은 경우 합병으로 설립되거나 존속하는 법인은 합병으로 소멸되는 법인의 철도사업자로서의 지위를 승계한다.

(2) 사업의 휴업 · 폐업(법 제15조) 기출▶ 25년/ 22년/ 21년/ 14년/ 12년

① 철도사업자가 그 사업의 전부 또는 일부를 휴업 또는 폐업하려는 경우에는 국토교통부령으로 정하는 바에 따라 국토교통부장관의 허가를 받아야 한다. 다만, 선로 또는 교량의 파괴, 철도시설의 개량, 그 밖의 정당한 사유로 휴업하는 경우에는 국토교통부령으로 정하는 바에 따라 국토교통부장관에게 신고하여야 한다.
② 휴업기간은 6개월을 넘을 수 없다(단, ①의 단서에 해당하는 휴업의 경우 예외).
③ 허가를 받거나 신고한 휴업기간 중이라도 휴업 사유가 소멸된 경우에는 국토교통부장관에게 신고하고 사업을 재개할 수 있다.
④ 국토교통부장관은 신고를 받은 날부터 60일 이내에 신고수리 여부를 신고인에게 통지하여야 한다.
⑤ 철도사업자는 철도사업의 전부 또는 일부를 휴업 또는 폐업하려는 경우에는 대통령령으로 정하는 바에 따라 휴업 또는 폐업하는 사업의 내용과 그 기간 등을 인터넷 홈페이지, 관계 역·영업소 및 사업소 등 일반인이 잘 볼 수 있는 곳에 게시하여야 한다.

5. 행정처분 및 과징금 등

(1) 면허취소 등(법 제16조) 기출▶ 22년/ 19년/ 15년/ 14년/ 12년

국토교통부장관은 철도사업자가 다음의 어느 하나에 해당하는 경우에는 면허를 취소하거나, 6개월 이내의 기간을 정하여 사업의 전부 또는 일부의 정지를 명하거나, 노선 운행중지·운행제한·감차 등을 수반하는 사업계획의 변경을 명할 수 있다. 다만, 4 및 7의 경우에는 면허를 취소하여야 한다.

> 1. 면허받은 사항을 정당한 사유 없이 시행하지 아니한 경우
> 2. 사업 경영의 불확실 또는 자산상태의 현저한 불량이나 그 밖의 사유로 사업을 계속하는 것이 적합하지 아니할 경우
> 3. 고의 또는 중대한 과실에 의한 철도사고로 대통령령으로 정하는 다수의 사상자가 발생한 경우(1회 철도사고로 사망자 5명 이상이 발생하게 된 경우)
> 4. 거짓이나 그 밖의 부정한 방법으로 철도사업의 면허를 받은 경우 → 반드시 취소
> 5. 면허에 붙인 부담을 위반한 경우
> 6. 철도사업의 면허기준에 미달하게 된 경우(단, 3개월 이내에 그 기준을 충족시킨 경우 예외)
> 7. 철도사업자의 임원 중 결격사유에 해당하게 된 사람이 있는 경우(단, 3개월 이내에 그 임원을 바꾸어 임명한 경우 예외) → 반드시 취소
> 8. 국토교통부장관이 지정한 날 또는 기간에 운송을 시작하지 아니한 경우
> 9. 휴업 또는 폐업의 허가를 받지 아니하거나 신고를 하지 아니하고 영업을 하지 아니한 경우
> 10. 준수사항을 1년 이내에 3회 이상 위반한 경우
> 11. 개선명령과 명의 대여 금지를 위반한 경우

(2) 과징금처분(법 제17조, 영 제10조) [기출] 22년/ 21년/ 20년/ 19년/ 13년

① 과징금 부과 요건 및 미납 처리
  ㉠ 국토교통부장관은 철도사업자에게 **사업정지처분**을 하여야 하는 경우(요건 ❶)로서 그 사업정지처분이 그 철도사업자가 제공하는 철도서비스의 이용자에게 심한 불편을 주거나 그 밖에 공익을 해칠 우려(요건 ❷)가 있을 때에는 그 사업정지처분을 갈음하여 1억원 이하의 **과징금**을 부과·징수할 수 있다.
  → 면허취소처분(×)
  → 과태료(×), 벌금(×)
  ㉡ 국토교통부장관은 과징금 부과처분을 받은 자가 납부기한까지 과징금을 내지 아니하면 국세 체납처분의 예에 따라 징수한다.

② 과징금 처분
  ㉠ 과징금을 부과하고자 하는 때에는 그 위반행위의 종별과 해당 과징금의 금액 등을 명시하여 이를 납부할 것을 서면으로 통지하여야 한다.
  ㉡ 통지를 받은 자는 20일 이내에 과징금을 국토교통부장관이 지정한 수납기관에 납부해야 한다.
  ㉢ 과징금의 납부를 받은 수납기관은 납부자에게 영수증을 교부하여야 한다.
  ㉣ 과징금의 수납기관은 과징금을 수납한 때에는 지체 없이 그 사실을 국토교통부장관에게 통보하여야 한다.

③ 징수한 과징금의 용도
  → 복지향상(×)
  ㉠ 철도사업 종사자의 양성·교육훈련이나 그 밖에 **자질향상**을 위한 시설 및 철도사업 종사자에 대한 지도업무의 수행을 위한 시설의 건설·운영
  ㉡ 철도사업의 경영개선이나 그 밖에 철도사업의 발전을 위하여 필요한 사업
  ㉢ ㉠ 및 ㉡의 목적을 위한 보조 또는 융자

④ 과징금 운용계획 수립
  ㉠ 국토교통부장관은 과징금으로 징수한 금액의 운용계획을 수립하여 시행하여야 한다.
  ㉡ 국토교통부장관은 매년 10월 31일까지 다음 연도의 과징금 운용계획을 수립하여 시행하여야 한다(규칙 제13조).

(3) 철도차량 표시와 우편물 등의 운송(법 제18조, 제19조) [기출] 17년/ 13년/ 12년

① 철도사업자는 철도사업에 사용되는 철도차량에 철도사업자의 명칭과 그 밖에 국토교통부령으로 정하는 사항(철도차량 외부에서 철도사업자를 식별할 수 있는 도안 또는 문자)을 표시하여야 한다.
② 철도사업자는 여객 또는 화물 운송에 부수(附隨)하여 우편물과 신문 등을 운송할 수 있다.

6. 철도사업자 및 철도운수종사자의 준수사항 등

(1) 철도사업자의 명의대여 금지 및 준수사항(법 제20조, 제23조) [기출] 21년/ 17년/ 13년

① 명의대여 금지 : 철도사업자는 타인에게 자신의 성명·상호를 사용하여 철도사업을 **경영하게 하여서는 아니 된다.**
  경영하게 할 수 있다(×) ←
② 준수사항
  ㉠ 철도사업자는 「철도안전법」 제21조에 따른 요건을 갖추지 아니한 사람을 운전업무에 종사하게 하여서는 아니 된다.
  ㉡ 철도사업자는 사업계획을 성실하게 이행하여야 하며, 부당한 운송 조건을 제시하거나 정당한 사유 없이 운송계약의 체결을 거부하는 등 철도운송 질서를 해치는 행위를 하여서는 아니 된다.
  ㉢ 철도사업자는 여객 운임표, 여객 요금표, 감면 사항 및 철도사업약관을 인터넷 홈페이지에 게시하고 관계 역·영업소 및 사업소 등에 갖추어 두어야 하며, 이용자가 요구하는 경우에는 제시하여야 한다.
  ㉣ 준수사항 외에 운송의 안전과 여객 및 화주(貨主)의 편의를 위하여 철도사업자가 준수하여야 할 사항은 국토교통부령으로 정한다.

(2) 사업의 개선명령(법 제21조) 기출▶ 12년

국토교통부장관은 원활한 철도운송, 서비스의 개선 및 운송의 안전과 그 밖에 공공복리의 증진을 위하여 필요하다고 인정하는 경우에는 철도사업자에게 다음의 사항을 명할 수 있다.

1. 사업계획의 변경
2. 철도차량 및 운송 관련 장비·시설의 개선
3. 운임·요금 징수 방식의 개선
4. 철도사업약관의 변경
5. 공동운수협정의 체결
6. 철도차량 및 철도사고에 관한 손해배상을 위한 보험에의 가입
7. 안전운송의 확보 및 서비스의 향상을 위하여 필요한 조치
8. 철도운수종사자의 양성 및 자질향상을 위한 교육

(3) 철도운수종사자의 준수사항(법 제22조)

철도사업에 종사하는 철도운수종사자는 다음의 어느 하나에 해당하는 행위를 하여서는 아니 된다.

1. 정당한 사유 없이 여객 또는 화물의 운송을 거부하거나 여객 또는 화물을 중도에서 내리게 하는 행위
2. 부당한 운임 또는 요금을 요구하거나 받는 행위
3. 그 밖에 안전운행과 여객 및 화주의 편의를 위하여 철도운수종사자가 준수하여야 할 사항으로서 국토교통부령으로 정하는 사항을 위반하는 행위

(4) 철도화물 운송에 관한 책임(법 제24조) 기출▶ 21년/ 17년

① 철도사업자의 화물의 멸실·훼손 또는 인도(引導)의 지연에 대한 손해배상책임에 관하여는 「상법」 제135조를 준용한다.
② ①을 적용할 때에 화물이 인도 기한을 지난 후 3개월 이내에 인도되지 아니한 경우에는 그 화물은 멸실된 것으로 본다.

> **더알아보기   손해배상책임(상법 제135조)**
>
> 운송인은 자기 또는 운송주선인이나 사용인, 그 밖에 운송을 위하여 사용한 자가 운송물의 수령, 인도, 보관 및 운송에 관하여 주의를 게을리하지 아니하였음을 증명하지 아니하면 운송물의 멸실, 훼손 또는 연착으로 인한 손해를 배상할 책임이 있다. → 책임이 없다(×)

CORE 03 민자철도 운영의 감독·관리 등

1. 민자철도의 유지·관리 및 운영 등

(1) 민자철도의 유지·관리 및 운영에 관한 기준 등(법 제25조) 기출▶ 24년

① 국토교통부장관은 「철도의 건설 및 철도시설 유지관리에 관한 법률」에 따른 고속철도, 광역철도 및 일반철도로서 「사회기반시설에 대한 민간투자법」에 따른 민간투자사업으로 건설된 철도(이하 민자철도)의 관리운영권을 「사회기반시설에 대한 민간투자법」에 따라 설정받은 자(이하 민자철도사업자)가 해당 민자철도를 안전하고 효율적으로 유지·관리할 수 있도록 민자철도의 유지·관리 및 운영에 관한 기준을 정하여 고시하여야 한다.
② 민자철도사업자는 민자철도의 안전하고 효율적인 유지·관리와 이용자 편의를 도모하기 위하여 고시된 기준을 준수하여야 한다.
③ 국토교통부장관은 민자철도의 유지·관리 및 운영에 관한 기준에 따라 매년 소관 민자철도에 대하여 운영평가를 실시하여야 한다.
④ 국토교통부장관은 운영평가 결과에 따라 민자철도에 관한 유지·관리 및 체계 개선 등 필요한 조치를 민자철도사업자에게 명할 수 있다.
⑤ 민자철도사업자는 ④에 따른 명령을 이행하고 그 결과를 국토교통부장관에게 보고하여야 한다.
⑥ 운영평가의 절차, 방법 및 그 밖에 필요한 사항은 국토교통부령으로 정한다.

(2) 민자철도의 운영평가 방법 등(규칙 제17조) 기출▶ 24년

① 국토교통부장관은 소관 민자철도(전년도 1월 1일 이후 개통된 민자철도 제외)의 전년도 1월 1일부터 12월 31일까지의 운영에 대하여 다음의 항목을 포함하여 국토교통부장관이 정하여 고시한 운영평가 기준에 따라 운영평가를 실시해야 한다.

> 1. 철도의 안전성
> 2. 이용자의 편의성
> 3. 민자철도 운영의 효율성

② 국토교통부장관은 운영평가를 실시하려면 매년 3월 31일까지 소관 민자철도에 대한 평가일정, 평가방법 등을 포함한 운영평가계획을 수립한 후 평가를 실시하기 2주 전까지 민자철도사업자에게 통보해야 한다.
③ 국토교통부장관은 운영평가를 위하여 필요한 경우에는 관계 공무원, 철도 관련 전문가 등으로 민자철도 운영 평가단을 구성·운영할 수 있다.
④ 국토교통부장관이 민자철도사업자에게 필요한 조치를 명한 경우 해당 민자철도사업자는 **30일** 이내에 조치계획을 마련하여 국토교통부장관에게 제출해야 한다. 15일(×)
⑤ 위에서 정한 사항 외에 민자철도의 운영평가에 관한 세부사항은 국토교통부장관이 정하여 고시한다.

(3) 민자철도사업자에 대한 과징금 처분(법 제25조의2)

① 국토교통부장관은 민자철도사업자가 다음의 어느 하나에 해당하는 경우에는 1억원 이하의 과징금을 부과·징수할 수 있다.

> 1. 민자철도의 유지·관리 및 운영에 관한 기준을 준수하지 아니한 경우
> 2. 민자철도의 운영평가 결과에 따라 국토교통부장관이 민자철도사업자에게 내린 명령을 이행하지 아니하거나 그 결과를 보고하지 아니한 경우

② 과징금을 부과하는 위반행위의 종류와 위반 정도 등에 따른 과징금의 금액 및 징수방법 등에 필요한 사항은 대통령령으로 정한다.
③ 국토교통부장관은 과징금 부과처분을 받은 자가 납부기한까지 과징금을 내지 아니하면 국세강제징수의 예에 따라 징수한다.
④ 징수한 과징금의 용도 등에 관하여는 철도사업자에 대한 과징금의 용도를 준용한다.

(4) 사정변경 등에 따른 실시협약의 변경 요구 등(법 제25조의3)

① 국토교통부장관은 중대한 사정변경 또는 민자철도사업자의 위법한 행위 등 다음의 어느 하나에 해당하는 사유가 발생한 경우 민자철도사업자에게 그 사유를 소명하거나 해소 대책을 수립할 것을 요구할 수 있다.

> 1. 민자철도사업자가 「사회기반시설에 대한 민간투자법」에 따른 실시협약에서 정한 자기자본의 비율을 대통령령으로 정하는 기준 미만으로 변경한 경우(다만, 주무관청의 승인을 받아 변경한 경우는 제외)
> 2. 민자철도사업자가 대통령령으로 정하는 기준을 초과한 이자율로 자금을 차입한 경우
> 3. 교통여건이 현저히 변화되는 등 실시협약의 기초가 되는 사실 또는 상황에 중대한 변경이 생긴 경우로서 대통령령으로 정하는 경우

② 요구를 받은 민자철도사업자는 국토교통부장관이 요구한 날부터 30일 이내에 그 사유를 소명하거나 해소 대책을 수립하여야 한다.
③ 국토교통부장관은 다음의 어느 하나에 해당하는 경우 민자철도 관리지원센터의 자문을 거쳐 실시협약의 변경 등을 요구할 수 있다.

> 1. 민자철도사업자가 소명을 하지 아니하거나 그 소명이 충분하지 아니한 경우
> 2. 민자철도사업자가 해소 대책을 수립하지 아니한 경우
> 3. 해소 대책으로는 사유를 해소할 수 없거나 해소하기 곤란하다고 판단되는 경우

④ 국토교통부장관은 민자철도사업자가 요구에 따르지 아니하는 경우 정부지급금, 실시협약에 따른 보조금 및 재정지원금의 전부 또는 일부를 지급하지 아니할 수 있다.

2. 민자철도에 대한 지원 등

(1) 민자철도사업자에 대한 지원(법 제25조의4)

국토교통부장관은 정책의 변경 또는 법령의 개정 등으로 인하여 민자철도사업자가 부담하여야 하는 비용이 추가로 발생하는 경우 그 비용의 전부 또는 일부를 지원할 수 있다.

(2) 민자철도 관리지원센터의 지정 등(법 제25조의5)

① 국토교통부장관은 민자철도에 대한 감독 업무를 효율적으로 수행하기 위하여 정부출연연구기관과 공공기관을 민자철도에 대한 전문성을 고려하여 민자철도 관리지원센터(이하 관리지원센터)로 지정할 수 있다.

② 관리지원센터는 다음의 업무를 수행한다.

> 1. 민자철도의 교통수요 예측, 적정 요금 또는 운임 및 운영비 산출과 관련한 자문 및 지원
> 2. 민자철도의 유지·관리 및 운영에 관한 기준과 관련한 자문 및 지원
> 3. 민자철도의 운영평가와 관련한 자문 및 지원
> 4. 실시협약 변경 등의 요구와 관련한 자문 및 지원
> 5. 국토교통부장관이 위탁하는 업무
> 6. 그 밖에 이 법에 따른 민자철도에 관한 감독 지원을 위하여 국토교통부령으로 정하는 업무(민자철도 관련 연구의 수행, 민자철도 관련 전자정보 수집 및 관리 시스템의 구축, 민자철도 관련 정책 수립·조정에 대한 지원, 민자철도 관련 지표의 개발)

③ 국토교통부장관은 관리지원센터가 업무를 수행하는 데에 필요한 비용을 예산의 범위에서 지원할 수 있다.

④ 국토교통부장관은 관리지원센터가 다음의 어느 하나에 해당하는 경우에는 지정을 취소할 수 있다. 다만, 제1호에 해당하는 경우에는 지정을 취소하여야 한다.

> 1. 거짓이나 그 밖의 부정한 방법으로 지정을 받은 경우
> 2. 지정받은 사항을 위반하여 업무를 수행한 경우

⑤ 국토교통부장관은 민자철도와 관련하여 이 법과 「사회기반시설에 대한 민간투자법」에 따른 업무로서 국토교통부령으로 정하는 업무를 관리지원센터에 위탁할 수 있다.

(3) 국회에 대한 보고 등(법 제25조의6)

① 국토교통부장관은 「사회기반시설에 대한 민간투자법」에 따라 국가가 재정을 지원한 민자철도의 건설 및 유지·관리 현황에 관한 보고서를 작성하여 매년 5월 31일까지 국회 소관 상임위원회에 제출하여야 한다.

② 국토교통부장관은 보고서를 작성하기 위하여 민자철도사업자에게 필요한 자료의 제출을 요구할 수 있다.

CORE 04 철도서비스 향상 등

1. 철도서비스의 품질평가 및 우수철도서비스 인증

(1) 철도서비스의 품질평가 등(법 제26조, 규칙 제19조) 기출 17년/ 16년

① 철도서비스의 품질평가 : 국토교통부장관은 공공복리의 증진과 철도서비스 이용자의 권익보호를 위하여 철도사업자가 제공하는 철도서비스에 대하여 적정한 철도서비스 기준을 정하고, 그에 따라 철도사업자가 제공하는 철도서비스의 품질을 평가하여야 한다.

② 철도서비스의 기준
  ㉠ 철도의 시설·환경관리 등이 이용자의 편의와 공익적 목적에 부합할 것
  ㉡ 열차가 정시에 목적지까지 도착하도록 하는 등 철도이용자의 편의를 도모할 수 있도록 할 것

ⓒ 예·매표의 이용편리성, 역 시설의 이용편리성, 고객을 상대로 승무 또는 역무서비스를 제공하는 종사원의 친절도, 열차의 쾌적성 등을 제고하여 철도이용자의 만족도를 높일 수 있을 것
ⓓ 철도사고와 운행장애를 최소화하는 등 철도에서의 안전이 확보되도록 할 것

③ 품질평가 실시

ⓐ 국토교통부장관은 철도사업자에 대하여 2년마다 철도서비스의 품질평가를 실시하여야 한다. 다만, 국토교통부장관이 필요하다고 인정하는 경우에는 수시로 품질평가를 실시할 수 있다.
ⓑ 국토교통부장관은 품질평가를 실시하고자 하는 때에는 철도서비스 기준의 세부내역, 품질평가의 항목 등이 포함된 철도서비스품질평가실시계획(이하 품질평가실시계획)을 수립하여야 한다.
ⓒ 국토교통부장관은 품질평가를 하고자 하는 경우 품질평가를 개시하는 날 2주 전까지 철도사업자에게 품질평가실시계획, 품질평가의 기간 등을 통보하여야 한다.
ⓓ 국토교통부장관은 품질평가의 공정하고 객관적인 실시를 위하여 서비스 평가 등에 관한 전문지식과 경험이 풍부한 자가 포함된 품질평가단을 구성·운영할 수 있다.

(2) 평가 결과의 공표 및 활용(법 제27조) 기출▶ 17년

① 국토교통부장관은 철도서비스의 품질을 평가한 경우에는 그 평가 결과를 대통령령으로 정하는 바에 따라 신문 등 대중매체를 통하여 **공표하여야 한다.** → 공표하는 것은 아니다(×)
② 국토교통부장관은 철도서비스의 품질평가 결과에 따라 사업 개선명령 등 필요한 조치를 할 수 있다.

(3) 우수 철도서비스 인증(법 제28조, 규칙 제20조~제22조) 기출▶ 20년/ 17년/ 16년/ 13년

① 인증의 내용

ⓐ 국토교통부장관은 공정거래위원회와 협의하여 철도사업자 간 경쟁을 제한하지 아니하는 범위에서 철도서비스의 질적 향상을 촉진하기 위하여 우수 철도서비스에 대한 인증을 할 수 있다.
ⓑ 인증을 받은 철도사업자는 그 인증의 내용을 나타내는 표지(이하 우수서비스마크)를 철도차량, 역 시설 또는 철도 용품 등에 붙이거나 인증 사실을 홍보할 수 있다.
ⓒ 인증을 받은 자가 아니면 우수서비스마크 또는 이와 유사한 표지를 철도차량, 역 시설 또는 철도 용품 등에 붙이거나 인증 사실을 홍보하여서는 아니 된다.

② 인증절차

ⓐ 국토교통부장관은 품질평가결과가 우수한 철도서비스에 대하여 직권으로 또는 철도사업자의 신청에 의하여 우수철도서비스에 대한 인증(이하 우수철도서비스인증)을 할 수 있다.
ⓑ 우수철도서비스인증을 받고자 하는 철도사업자는 우수철도서비스인증신청서에 당해 철도서비스가 우수철도서비스임을 입증 또는 설명할 수 있는 자료를 첨부하여 국토교통부장관에게 제출하여야 한다.
ⓒ 철도사업자의 신청에 의하여 우수철도서비스인증을 하는 경우에는 그에 소요되는 비용은 당해 철도사업자가 부담한다.

③ 인증기준

> 1. 당해 철도서비스의 종류와 내용이 철도이용자의 이용편의를 제고하는 것일 것
> 2. 당해 철도서비스의 종류와 내용이 공익적 목적에 부합될 것
> 3. 당해 철도서비스로 인하여 철도의 안전확보에 지장을 주지 아니할 것
> 4. 그 밖에 국토교통부장관이 정하는 인증기준에 적합할 것

④ 우수서비스마크 : 우수서비스마크는 우수철도서비스의 종류 및 내용에 따라 그 모양, 표시방법 등을 달리 정할 수 있으며, 우수서비스마크의 모양 등에 관하여 필요한 세부적인 사항은 국토교통부장관이 따로 정한다.
⑤ 사후관리 : 국토교통부장관은 우수철도서비스인증을 받은 철도사업자가 다음의 어느 하나에 해당되는 경우 당해 철도사업자에 대하여 철도서비스의 실태조사 등 필요한 사후관리를 할 수 있다.

> 1. 철도사고를 발생시키는 등 사회적 물의를 야기한 경우
> 2. 소비자 불만신고가 현저히 많이 접수된 경우
> 3. 민간단체 · 관계기관 등의 요구가 있는 경우
> 4. 그 밖에 국토교통부장관이 사후관리가 필요하다고 인정하는 경우

⑥ 보완의 요구 등 : 국토교통부장관은 우수철도서비스인증을 받은 철도사업자에 대한 사후관리 결과 당해 철도서비스의 제공 및 관리실태가 미흡하거나 당해 철도서비스가 우수철도서비스인증기준에 미달되는 경우에는 이의 시정 · 보완의 요구 등 필요한 조치를 할 수 있다.

(4) 평가업무위탁 및 자료요청(법 제29조 · 제30조) 기출▶ 20년

① 평가업무 등의 위탁 : 국토교통부장관은 효율적인 철도 서비스 품질평가 체제를 구축하기 위하여 필요한 경우에는 관계 전문기관 등에 철도서비스 품질에 대한 조사 · 평가 · 연구 등의 업무와 우수 철도서비스 인증에 필요한 심사업무를 위탁할 수 있다.
② 자료 등의 요청 : 국토교통부장관이나 평가업무 등을 위탁받은 자는 철도서비스의 평가 등을 할 때 철도사업자에게 관련 자료 또는 의견 제출 등을 요구하거나 철도서비스에 대한 실지조사를 할 수 있다. 이 경우 자료 또는 의견 제출 등을 요구받은 관련 철도사업자는 특별한 사유가 없으면 이에 따라야 한다.

2. 철도시설의 공동 활용 및 회계의 구분

(1) 철도시설의 공동 활용(법 제31조) 기출▶ 24년

공공교통을 목적으로 하는 선로 및 다음의 공동 사용시설을 관리하는 자는 철도사업자가 그 시설의 공동 활용에 관한 요청을 하는 경우 협정을 체결하여 이용할 수 있게 하여야 한다.

> 1. 철도역 및 역 시설(물류시설, 환승시설 및 편의시설 등을 포함)
> 2. 철도차량의 정비 · 검사 · 점검 · 보관 등 유지관리를 위한 시설
> 3. 사고의 복구 및 구조 · 피난을 위한 설비
> 4. 열차의 조성 또는 분리 등을 위한 시설
> 5. 철도 운영에 필요한 정보통신 설비

(2) 회계의 구분(법 제32조) 기출▶ 17년/ 15년

① 철도사업자는 철도사업 외의 사업을 경영하는 경우에는 철도사업에 관한 회계와 철도사업 외의 사업에 관한 회계를 구분하여 경리하여야 한다.
② 철도사업자는 철도운영의 효율화와 회계처리의 투명성을 제고하기 위하여 국토교통부령으로 정하는 바에 따라 철도사업의 종류별 · 노선별로 회계를 구분하여 경리하여야 한다.

CORE 05 전용철도

1. 전용철도의 등록 및 결격사유

(1) 전용철도의 등록(법 제34조, 영 제12조) 기출▶ 24년/ 23년/ 21년/ 18년/ 13년

① 전용철도를 운영하려는 자는 국토교통부령으로 정하는 바에 따라 전용철도의 건설·운전·보안 및 운송에 관한 사항이 포함된 운영계획서를 첨부하여 국토교통부장관에게 등록을 하여야 한다. 등록사항을 변경하려는 경우에도 같다. 다만, 다음(대통령령으로 정하는 경미한 변경의 경우)은 예외로 한다.
→ 면허를 받아야 한다(×)

> 1. 운행시간을 연장 또는 단축한 경우
> 2. 배차간격 또는 운행횟수를 단축 또는 연장한 경우
> 3. 10분의 1의 범위 안에서 철도차량 대수를 변경한 경우
>   → 10분의 2 범위(×)
> 4. 주사무소·철도차량기지를 제외한 운송관련 부대시설을 변경한 경우
> 5. 임원을 변경한 경우(법인에 한함)
> 6. 6월의 범위 안에서 전용철도 건설기간을 조정한 경우

② 전용철도의 등록기준과 등록절차 등에 관하여 필요한 사항은 국토교통부령으로 정한다.
③ 국토교통부장관은 등록기준을 적용할 때에 환경오염, 주변 여건 등 지역적 특성을 고려할 필요가 있거나 그 밖에 공익상 필요하다고 인정하는 경우에는 등록을 제한하거나 부담을 붙일 수 있다. → 부담을 붙일 수 없다(×)

(2) 전용철도 등록의 결격사유(법 제35조) 기출▶ 18년/ 13년

다음의 어느 하나에 해당하는 자는 전용철도를 등록할 수 없다. 법인인 경우 그 임원 중에 다음의 어느 하나에 해당하는 자가 있는 경우에도 같다.

> 1. 다음 철도사업자의 결격사유의 어느 하나에 해당하는 사람
>   • 피성년후견인 또는 피한정후견인 → 미성년자(×)
>   • 파산선고를 받고 복권되지 아니한 사람
>   • 이 법 또는 대통령령으로 정하는 철도 관계 법령을 위반하여 금고 이상의 실형을 선고받고 그 집행이 끝나거나(끝난 것으로 보는 경우 포함) 면제된 날부터 2년이 지나지 아니한 사람
>   • 이 법 또는 대통령령으로 정하는 철도 관계 법령을 위반하여 금고 이상의 형의 집행유예를 선고받고 그 유예기간 중에 있는 사람   6개월(×) ←
> 2. 이 법에 따라 전용철도의 등록이 취소된 후 그 취소일부터 1년이 지나지 아니한 자

2. 전용철도 운영 등

(1) 전용철도 운영의 양도·양수 등(법 제36조) 기출▶ 25년/ 19년/ 18년/ 15년/ 14년/ 13년

① 양도·양수 및 합병 신고
양도·양수한 날부터 3개월 이내에 국토교통부장관의 허가(×) ←
㉠ 전용철도의 운영을 양도·양수하려는 자는 국토교통부령으로 정하는 바에 따라 국토교통부장관에게 신고하여야 한다.

ⓒ 전용철도의 등록을 한 법인이 합병하려는 경우에는 국토교통부령(규칙 제25조)으로 정하는 바에 따라 국토교통부장관에게 신고하여야 한다.
② 국토교통부장관은 신고를 받은 날부터 30일 이내에 신고수리 여부를 신고인에게 통지하여야 한다.
③ 양도·양수 및 합병 신고의 효력 : 신고가 수리된 경우 전용철도의 운영을 양수한 자는 전용철도의 운영을 양도한 자의 전용철도운영자로서의 지위를 승계하며, 합병으로 설립되거나 존속하는 법인은 합병으로 소멸되는 법인의 전용철도운영자로서의 지위를 승계한다.

(2) 전용철도 운영의 상속(법 제37조) 기출▶ 25년/ 22년/ 18년/ 15년

① 전용철도운영자가 사망한 경우 상속인이 그 전용철도의 운영을 계속하려는 경우에는 피상속인이 사망한 날부터 3개월 이내에 국토교통부장관에게 **신고**하여야 한다.
→ 등록(×)
② 국토교통부장관은 상속 신고를 받은 날부터 10일 이내에 신고수리 여부를 신고인에게 통지하여야 한다.
③ 상속 신고가 수리된 경우 상속인은 피상속인의 전용철도운영자로서의 지위를 승계하며, 피상속인이 사망한 날부터 신고가 수리된 날까지의 기간 동안은 피상속인의 전용철도 등록은 상속인의 등록으로 본다.
④ 상속신고에 관하여는 제35조(전용철도 등록의 결격사유)를 준용한다. 다만, 결격사유에 해당하는 상속인이 피상속인이 사망한 날부터 3개월 이내에 그 전용철도의 운영을 다른 사람에게 양도한 경우 피상속인의 사망일부터 양도일까지의 기간에 있어서 피상속인의 전용철도 등록은 상속인의 등록으로 본다.

(3) 전용철도 운영의 휴업·폐업(법 제38조) 기출▶ 25년/ 22년/ 21년/ 18년/ 15년/ 13년

전용철도운영자가 그 운영의 전부 또는 일부를 휴업 또는 폐업한 경우에는 **1개월** 이내에 국토교통부장관에게 신고하여야 한다.
→ 3개월(×)

(4) 전용철도 운영의 개선명령(법 제39조) 기출▶ 15년

국토교통부장관은 전용철도 운영의 건전한 발전을 위하여 필요하다고 인정하는 경우에는 전용철도운영자에게 다음의 사항을 명할 수 있다.

> 1. 사업장의 이전
> 2. 시설 또는 운영의 개선

(5) 전용철도 등록의 취소·정지(법 제40조) 기출▶ 16년

6개월(×) ↰
국토교통부장관은 전용철도운영자가 다음의 어느 하나에 해당하는 경우에는 그 등록을 취소하거나 **1년** 이내의 기간을 정하여 그 운영의 전부 또는 일부의 정지를 명할 수 있다. 다만, 1에 해당하는 경우에는 등록을 취소하여야 한다.

> 1. 거짓이나 그 밖의 부정한 방법으로 전용철도의 등록을 한 경우
> 2. 등록기준에 미달하거나 부담을 이행하지 아니한 경우
> 3. 휴업신고나 폐업신고를 하지 아니하고 3개월 이상 전용철도를 운영하지 아니한 경우

CORE 06 국유철도시설의 활용·지원 등

1. 국유철도시설의 점용허가 및 취소

(1) 점용허가(법 제42조, 제43조) 기출▶ 22년
① 국토교통부장관은 국가가 소유·관리하는 철도시설에 건물이나 그 밖의 시설물(이하 시설물)을 설치하려는 자에게 시설물의 종류 및 기간 등을 정하여 점용허가를 할 수 있다.
② 점용허가는 철도사업자와 철도사업자가 출자·보조 또는 출연한 사업을 경영하는 자에게만 하며, 시설물의 종류와 경영하려는 사업이 철도사업에 지장을 주지 아니하여야 한다.
③ 국토교통부장관은 점용허가를 받은 자가 설치하려는 시설물의 전부 또는 일부가 철도시설 관리에 관계되는 경우에는 점용허가를 받은 자의 부담으로 그의 위탁을 받아 시설물을 직접 설치하거나 국가철도공단으로 하여금 설치하게 할 수 있다.

(2) 점용허가 신청 및 기간(영 제13조) 기출▶ 22년
① 점용허가의 신청 : 국가가 소유·관리하는 철도시설의 점용허가를 받고자 하는 자는 국토교통부령이 정하는 점용허가 신청서에 서류를 첨부하여 국토교통부장관에게 제출하여야 한다. 이 경우 국토교통부장관은 「전자정부법」에 따른 행정정보의 공동이용을 통하여 법인 등기사항증명서(법인인 경우로 한정)를 확인하여야 한다.
② 점용허가기간 : 국토교통부장관은 국가가 소유·관리하는 철도시설에 대한 점용허가를 하고자 하는 때에는 다음의 기간을 초과하여서는 아니된다. 다만, 건물 그 밖의 시설물을 설치하는 경우 그 공사에 소요되는 기간은 이를 산입하지 아니한다. → 산입한다(×)

> 1. 철골조·철근콘크리트조·석조 또는 이와 유사한 견고한 건물의 축조를 목적으로 하는 경우에는 50년 → 20년(×)
> 2. 제1호 외의 건물의 축조를 목적으로 하는 경우에는 15년
> 3. 건물 외의 공작물의 축조를 목적으로 하는 경우에는 5년

(3) 점용허가의 취소(법 제42조의2) 기출▶ 24년
① 국토교통부장관은 점용허가를 받은 자가 다음의 어느 하나에 해당하면 그 점용허가를 취소할 수 있다.
　㉠ 점용허가 목적과 다른 목적으로 철도시설을 점용한 경우
　㉡ 시설물의 종류와 경영하는 사업이 철도사업에 지장을 주게 된 경우
　　　　　　　　　　　→ 6월(×)
　㉢ 점용허가를 받은 날부터 1년 이내에 해당 점용허가의 목적이 된 공사에 착수하지 아니한 경우. 다만, 정당한 사유가 있는 경우에는 1년의 범위에서 공사의 착수기간을 연장할 수 있다.
　㉣ 점용료를 납부하지 아니하는 경우
　㉤ 점용허가를 받은 자가 스스로 점용허가의 취소를 신청하는 경우
② 점용허가 취소의 절차 및 방법은 국토교통부령으로 정한다.

2. 국유철도시설의 점용료 등

(1) 점용료(법 제44조, 영 제14조) 기출▶ 23년/ 22년/ 18년/ 16년

① 점용료 부과
  ㉠ 국토교통부장관은 대통령령으로 정하는 바에 따라 점용허가를 받은 자에게 점용료를 부과한다.
  ㉡ 점용료는 점용허가를 할 철도시설의 가액과 점용허가를 받아 행하는 사업의 매출액을 기준으로 하여 산출하되, 구체적인 점용료 산정기준에 대하여는 국토교통부장관이 정한다.
  ㉢ 점용료는 매년 1월말까지 당해연도 해당분을 선납하여야 한다. 다만, 국토교통부장관은 부득이한 사유로 선납이 곤란하다고 인정하는 경우에는 그 납부기한을 따로 정할 수 있다.

② 점용료의 감면 : 점용허가를 받은 자가 다음에 해당하는 경우에는 점용료를 **감면할 수 있고**, 점용료의 감면은 다음의 구분에 따른다.
<점용료 감면대상이 될 수 없다(×)>

> 1. 국가에 무상으로 양도하거나 제공하기 위한 시설물을 설치하기 위하여 점용허가를 받은 경우와 시설물을 설치하기 위한 경우로서 공사기간 중에 점용허가를 받거나 임시 시설물을 설치하기 위하여 점용허가를 받은 경우 : 전체 시설물 중 국가에 무상으로 양도하거나 제공하기 위한 시설물의 비율에 해당하는 점용료를 감면
> 2. 「공공주택 특별법」에 따른 공공주택을 건설하기 위하여 점용허가를 받은 경우 : 해당 철도시설의 부지에 대하여 국토교통부령으로 정하는 기준에 따른 점용료를 감면
> 3. 재해, 그 밖의 특별한 사정으로 본래의 철도 점용 목적을 달성할 수 없는 경우
>   • 점용허가를 받은 시설의 전부를 사용하지 못한 경우: 해당 기간의 점용료 전액을 감면
>   • 점용허가를 받은 시설의 일부를 사용하지 못한 경우: 전체 점용허가 면적에서 사용하지 못한 시설의 면적 비율에 따라 해당 기간 동안의 점용료를 감면
> 4. 국민경제에 중대한 영향을 미치는 공익사업으로서 대통령령으로 정하는 사업을 위하여 점용허가를 받은 경우

③ 점용료 징수의 위탁 : 국토교통부장관이 「철도산업발전기본법」에 따라 철도시설의 건설 및 관리 등에 관한 업무의 일부를 「국가철도공단법」에 따른 국가철도공단으로 하여금 대행하게 한 경우 점용료 징수에 관한 업무를 위탁할 수 있다.

④ 점용료 미납 시 처리 : 국토교통부장관은 점용허가를 받은 자가 점용료를 내지 아니하면 국세 체납처분의 예에 따라 징수한다.

(2) 변상금의 징수(법 제44조의2) 기출▶ 25년/ 22년

<100분의 150(×)>
국토교통부장관은 점용허가를 받지 아니하고 철도시설을 점용한 자에 대하여 점용료의 **100분의 120**에 해당하는 금액을 변상금으로 징수할 수 있다. 이 경우 변상금의 징수에 관하여는 점용료 징수의 위탁 규정을 준용한다.

(3) 권리와 의무의 이전(법 제45조, 영 제15조) 기출▶ 25년/ 23년/ 22년/ 19년/ 18년

① 점용허가로 인하여 발생한 권리와 의무를 이전하려는 경우에는 대통령령으로 정하는 바에 따라 **국토교통부장관의 인가**를 받아야 한다.
<한국철도공사 사장의 허가(×), 국토교통부장관에게 신고(×)>

② 점용허가를 받은 자가 그 권리와 의무의 이전에 대하여 인가를 받고자 하는 때에는 국토교통부령이 정하는 신청서에 이전계약서 사본과 이전가격의 명세서를 첨부하여 권리와 의무를 이전하고자 하는 날 3월 전까지 국토교통부장관에게 제출하여야 한다.

(4) 원상회복의무(법 제46조) 기출> 23년/18년

① 점용허가를 받은 자는 점용허가기간이 만료되거나 점용허가가 취소된 경우에는 점용허가된 철도 재산을 원상(原狀)으로 회복하여야 한다. 다만, 국토교통부장관은 원상으로 회복할 수 없거나 원상회복이 부적당하다고 인정하는 경우에는 원상회복의무를 면제할 수 있다.
② 국토교통부장관은 점용허가를 받은 자가 원상회복을 하지 아니하는 경우에는 「행정대집행법」에 따라 시설물을 철거하거나 그 밖에 필요한 조치를 할 수 있다. 「민사집행법」(×)
③ 국토교통부장관은 원상회복의무를 면제하는 경우에는 해당 철도 재산에 설치된 시설물 등의 무상 국가귀속을 조건으로 할 수 있다.

CORE 07 보칙 및 벌칙

1. 보칙

(1) 보고 · 검사 등(법 제47조)

① **보고 및 서류제출**: 국토교통부장관은 필요하다고 인정하면 철도사업자와 전용철도운영자에게 해당 철도사업 또는 전용철도의 운영에 관한 사항이나 철도차량의 소유 또는 사용에 관한 사항에 대하여 보고나 서류 제출을 명할 수 있다.
② **검사**: 국토교통부장관은 필요하다고 인정하면 소속 공무원으로 하여금 철도사업자 및 전용철도운영자의 장부, 서류, 시설 또는 그 밖의 물건을 검사하게 할 수 있다.
③ **증표의 제시**: 검사를 하는 공무원은 그 권한을 표시하는 증표를 지니고 이를 관계인에게 보여 주어야 한다. 이 경우 증표에 관하여 필요한 사항은 국토교통부령으로 정한다.

(2) 정보 제공 요청(법 제47조의2)

① 국토교통부장관은 승차권 등 부정판매의 금지를 위하여 필요한 경우 관계 중앙행정기관의 장, 지방자치단체의 장, 「공공기관의 운영에 관한 법률」에 따른 공공기관의 장, 법인·단체의 장, 개인에게 승차권 등 부정판매의 금지 의무를 위반하였거나, 위반하였다고 의심할만한 상당한 이유가 있는 자에 대한 다음의 정보 제공을 요청할 수 있다.
   ㉠ 성명, 주민등록번호, 주소 및 전화번호(휴대전화번호를 포함) 등 인적사항
   ㉡ 승차권 구매이력
② 정보 제공 요청을 받은 자는 정당한 사유가 없으면 이에 따라야 한다.

(3) 수수료 및 규제의 재검토(법 제48조, 제48조의2)

① **수수료**: 이 법에 따른 면허·인가를 받으려는 자, 등록·신고를 하려는 자, 면허증·인가서·등록증·인증서 또는 허가서의 재발급을 신청하는 자는 국토교통부령으로 정하는 수수료를 내야 한다.
② **규제의 재검토**: 국토교통부장관은 여객 운임·요금의 신고 등, 부가 운임의 상한, 사업의 개선명령, 전용철도 운영의 개선명령에 관한 사항에 대하여 2014년 1월 1일을 기준으로 3년마다(매 3년이 되는 해의 기준일과 같은 날 전까지를 말함) 그 타당성을 검토하여 개선 등의 조치를 하여야 한다.

2. 벌칙

(1) 행정형벌(법 제49조)

2년 이하의 징역 또는 2천만원 이하의 벌금	• 철도사업 면허를 받지 아니하고 철도사업을 경영한 자 • 거짓이나 그 밖의 부정한 방법으로 철도사업의 면허를 받은 자 • 사업정지처분기간 중에 철도사업을 경영한 자 • 사업계획의 변경명령을 위반한 자 • 타인에게 자기의 성명 또는 상호를 대여하여 철도사업을 경영하게 한 자 • 철도사업자의 공동 활용에 관한 요청을 정당한 사유 없이 거부한 자
1년 이하의 징역 또는 1천만원 이하의 벌금	• 등록을 하지 아니하고 전용철도를 운영한 자 • 거짓이나 그 밖의 부정한 방법으로 전용철도의 등록을 한 자
1천만원 이하의 벌금	• 국토교통부장관의 인가를 받지 아니하고 공동운수협정을 체결하거나 변경한 자 • 인증을 받지 아니하고 우수서비스마크 또는 이와 유사한 표지를 철도차량 등에 붙이거나 인증 사실을 홍보한 자

(2) 과태료(법 제51조)

과태료는 대통령령으로 정하는 바에 따라 국토교통부장관이 부과·징수한다.

1천만원 이하의 과태료	• 여객 운임·요금의 신고를 하지 아니한 자 • 철도사업약관을 신고하지 아니하거나 신고한 철도사업약관을 이행하지 아니한 자 • 인가를 받지 아니하거나 신고를 하지 아니하고 사업계획을 변경한 자 • 상습 또는 영업으로 승차권 또는 이에 준하는 증서를 자신이 구입한 가격을 초과한 금액으로 다른 사람에게 판매하거나 알선한 자
500만원 이하의 과태료	• 사업용 철도차량의 표시를 하지 아니한 철도사업자 • 회계를 구분하여 경리하지 아니한 자 • 정당한 사유 없이 명령을 이행하지 아니하거나 검사를 거부·방해 또는 기피한 자
100만원 이하의 과태료	철도사업자의 준수사항을 위반한 자
50만원 이하의 과태료	철도운수종사자의 준수사항을 위반한 철도운수종사자 및 그가 소속된 철도사업자

출제포인트 OX 문제

01 다른 사람의 수요에 응하여 철도차량을 사용하여 유상으로 여객이나 화물을 운송하는 사업을 (　　　)(이)라 한다.

02 철도사업을 경영하려는 자는 지정·고시된 사업용철도노선을 정하여 국토교통부장관의 (　　　)을/를 받아야 한다.

03 O X 국토교통부장관이 철도사업의 면허를 발급하는 경우에는 철도의 공공성과 안전을 강화하고 이용자 편의를 증진시키기 위하여 필요한 부담을 붙일 수 있다.

04 O X 철도사업자가 선로 또는 교량의 파괴, 철도시설의 개량, 그 밖의 정당한 사유로 휴업하는 경우에는 국토교통부장관에게 신고하여야 한다.

05 O X 철도사업자는 다른 철도사업자와 공동경영에 관한 계약이나 그 밖의 운수에 관한 협정을 체결하려는 경우에는 국토교통부령으로 정하는 바에 따라 국토교통부장관에게 신고하여야 한다.

06 O X 철도사업자는 사업용철도노선별로 여객열차의 정차역의 10분의 2를 변경하는 경우 국토교통부장관에게 신고하여야 한다.

07 O X 법인이 아닌 자도 철도사업의 면허를 받을 수 있다.

08 철도사업자는 열차를 이용하는 여객이 정당한 운임·요금을 지급하지 아니하고 열차를 이용한 경우에는 승차 구간에 해당하는 운임 외에 그의 (　　　)배의 범위에서 부가 운임을 징수할 수 있다.

09 O X 철도사업자는 국토교통부장관에게 신고 또는 변경신고를 한 운임·요금을 그 시행 1주일 이전에 인터넷 홈페이지, 관계 역·영업소 및 사업소 등 일반인이 잘 볼 수 있는 곳에 게시하여야 한다.

10 O X 국토교통부장관은 과징금으로 징수한 금액의 운용계획을 수립하여 시행하여야 한다.

11 O X 철도사업자가 인가받은 공동운수협정에 따른 운행구간별 열차 운행횟수를 10분의 1 이내에서 변경하려는 경우에는 국토교통부장관의 신고를 하여야 한다.

12 O X 국토교통부장관은 민자철도의 유지·관리 및 운영에 관한 기준에 따라 매년 소관 민자철도에 대하여 운영평가를 실시하여야 한다.

13 O X 국토교통부장관은 국가가 재정을 지원한 민자철도의 건설 및 유지·관리 현황에 관한 보고서를 작성하여 매년 6월 30일까지 국회 소관 상임위원회에 제출하여야 한다.

14 국토교통부장관은 철도서비스의 품질평가를 하고자 하는 경우 품질평가를 개시하는 날 (　　　) 전까지 철도사업자에게 품질평가실시계획, 품질평가의 기간 등을 통보하여야 한다.

15 O X 전용철도운영자가 그 운영의 일부를 휴업한 경우에는 1개월 이내에 국토교통부장관에게 신고하여야 한다.

16 O X 국토교통부장관은 공정거래위원회와 협의하여 철도사업자 간 경쟁을 제한하지 아니하는 범위에서 우수 철도서비스에 대한 인증을 할 수 있다.

17 O X 철도사업자의 신청에 의하여 우수철도서비스인증을 하는 경우에는 그에 소요되는 비용은 예산의 범위 안에서 국토교통부가 부담한다.

18 O X 철도사업법에 따라 전용철도의 등록이 취소된 후 그 취소일부터 1년이 지나지 아니한 자는 전용철도를 등록할 수 없다.

19 O X 철골조 건물의 축조를 목적으로 하는 경우에는 점용허가기간은 20년을 초과하여서는 아니된다.

20 국토교통부장관은 점용허가를 받지 아니하고 철도시설을 점용한 자에 대하여 점용료의 (   )에 해당하는 금액을 변상금으로 징수할 수 있다.

정답 및 해설

1 철도사업
2 면허
3 O
4 O
5 × ▶ 인가를 받아야 한다.
6 × ▶ 국토교통부장관의 인가를 받아야 한다.
7 × ▶ 철도사업의 면허를 받을 수 있는 자는 법인으로 한다.
8 30
9 O
10 O
11 O
12 O
13 × ▶ 매년 5월 31일까지 국회 소관 상임위원회에 제출하여야 한다.
14 2주
15 O
16 O
17 × ▶ 당해 철도사업자가 부담한다.
18 O
19 × ▶ 50년을 초과하여서는 아니된다.
20 100분의 120

빈출키워드 기출유형문제

키워드 ❶ 철도사업의 관리

01

철도사업법령상 철도사업의 관리에 관한 설명으로 옳지 않은 것은? 기출 18년

① 철도사업의 면허가 취소된 후 그 취소일부터 2년이 지나지 아니한 법인은 철도사업의 면허를 받을 수 없다.
② 철도사업자는 여객유치를 위한 기념행사의 경우에는 여객운임·요금을 감면할 수 없다.
③ 국토교통부장관은 여객 운임의 상한을 지정하려면 미리 재정경제부장관과 협의하여야 한다.
④ 철도사업자는 국토교통부장관이 지정하는 날 또는 기간에 운송을 시작하여야 하지만, 천재지변으로 운송을 시작할 수 없는 경우에는 국토교통부장관의 승인을 받아 날짜를 연기하거나 기간을 연장할 수 있다.
⑤ 국토교통부장관이 철도사업의 면허를 발급하는 경우에는 철도의 공공성과 안전을 강화하고 이용자 편의를 증진시키기 위하여 필요한 부담을 붙일 수 있다.

> **해설** ② 철도사업자는 재해복구를 위한 긴급지원, 여객 유치를 위한 기념행사, 그 밖에 철도사업의 경영상 필요하다고 인정되는 경우에는 일정한 기간과 대상을 정하여 신고한 여객운임·요금을 감면할 수 있다(법 제9조의2 제1항).

02

철도사업법령상 철도사업의 휴업 또는 폐업에 관한 설명으로 옳지 않은 것은? 기출 14년

① 철도사업자가 그 사업의 전부를 폐업하려는 경우에는 국토교통부장관의 허가를 받아야 한다.
② 철도사업자가 선로 또는 교량의 파괴, 철도시설의 개량, 그 밖의 정당한 사유로 휴업하는 경우에는 국토교통부장관에게 신고하여야 한다.
③ 철도사업자의 휴업기간은 선로 또는 교량의 파괴, 철도시설의 개량, 그 밖의 정당한 사유로 휴업하는 경우를 제외하고는 3개월을 넘을 수 없다.
④ 철도사업자는 그 사업의 일부를 휴업하려는 경우에는 휴업하는 사업의 내용과 그 기간 등을 인터넷 홈페이지, 관계 역·영업소 및 사업소 등 일반인이 잘 볼 수 있는 곳에 게시하여야 한다.
⑤ 철도사업자가 휴업에 대하여 허가를 받거나 신고한 휴업기간 중이라도 휴업 사유가 소멸된 경우에는 국토교통부장관에게 신고하고 사업을 재개할 수 있다.

> **해설** ③ 선로 또는 교량의 파괴, 철도시설의 개량, 그 밖의 정당한 사유로 휴업하는 경우를 제외하고는 6개월을 넘을 수 없다(철도사업법 제15조 제2항).

키워드 ❷ 철도사업의 면허

03

철도사업법령상 철도사업의 면허에 관한 설명으로 옳지 않은 것은? 기출 23년

① 철도사업을 경영하려는 자는 지정·고시된 사업용철도 노선을 정하여 국토교통부장관의 면허를 받아야 한다.
② 국토교통부장관은 면허를 하는 경우 철도의 공공성과 안전을 강화하고 이용자 편의를 증진시키기 위하여 필요한 부담을 붙일 수 있다.
③ 법인이 아닌 자도 철도사업의 면허를 받을 수 있다.
④ 철도사업의 면허를 받기 위한 사업계획서에는 사용할 철도차량의 대수·형식 및 확보계획이 포함되어야 한다.
⑤ 신청자가 해당 사업을 수행할 수 있는 재정적 능력이 있어야 한다는 것은 면허기준에 포함된다.

> 해설 ③ 철도사업의 면허를 받을 수 있는 자는 법인으로 한다(법 제5조 제3항).

04

「철도사업법」상 철도사업의 면허취득에 관한 결격사유가 있는 법인으로 옳지 않은 것은? 기출 17년

① 법인의 임원 중에 피한정후견인이 있는 법인
② 법인의 임원 중에 「철도사업법」을 위반하여 금고 이상의 실형을 선고받고 그 집행이 끝나거나(끝난 것으로 보는 경우 포함) 면제된 날부터 2년이 지나지 아니한 사람이 있는 법인
③ 법인의 임원 중에 파산선고를 받고 복권되지 아니한 사람이 있는 법인
④ 법인의 임원 중에 「철도사업법」을 위반하여 금고 이상의 형의 집행유예를 선고받고 그 유예 기간 중에 있는 사람이 있는 법인
⑤ 「철도사업법」에 따라 철도사업의 면허가 취소된 후 그 취소일부터 2년이 지난 법인

> 해설 ⑤ 「철도사업법」에 따라 철도사업의 면허가 취소된 후 그 취소일부터 2년이 지나지 않은 법인(법 제7조 제2호)

05

철도사업법령상 국토교통부장관이 철도사업자에 대하여 사업의 일부정지를 명할 수 있는 경우는? 기출 19년

① 거짓이나 그 밖의 부정한 방법으로 철도사업의 면허를 받은 경우
② 중대한 과실에 의한 1회의 철도사고로 3명의 사망자가 발생한 경우
③ 사업 경영의 불확실로 인하여 사업을 계속하는 것이 적합하지 아니할 경우
④ 철도사업의 면허기준에 미달하게 되었으나 3개월 이내에 그 기준을 충족시킨 경우
⑤ 「철도안전법」 제21조에 따른 요건을 갖추지 아니한 사람을 1년 이내에 2회 운전업무에 종사하게 한 경우

> 해설 ① 면허를 취소하여야 한다(법 제16조 제1항 제4호).
> ② 중대한 과실에 의한 1회의 철도사고로 5명의 사망자가 발생한 경우 사업의 일부정지를 명할 수 있다(법 제16조 제1항 제3호).
> ④ 철도사업의 면허기준에 미달하게 된 경우 사업의 일부정지를 명할 수 있으나 3개월 이내에 그 기준을 충족시킨 경우 예외이다(법 제16조 제1항 제6호).
> ⑤ 철도사업자의 준수사항을 1년 이내에 3회 이상 위반한 경우 사업의 일부정지를 명할 수 있다(법 제16조 제1항 제10호).

키워드 ❸ 철도사업자

06
철도사업법령상 철도사업자에 관한 설명으로 옳지 않은 것은? 기출 22년

① 철도사업을 경영하려는 자는 지정·고시된 사업용철도 노선을 정하여 국토교통부장관의 면허를 받아야 한다.
② 천재지변으로 철도사업자가 국토교통부장관이 지정하는 날에 운송을 시작할 수 없는 경우에는 국토교통부장관의 승인을 받아 날짜를 연기할 수 있다.
③ 철도사업의 면허를 받을 수 있는 자는 법인으로 한다.
④ 철도사업자는 여객에 대한 운임을 변경하려는 경우 국토교통부장관의 허가를 받아야 한다.
⑤ 철도사업자는 사업계획 중 여객열차의 운행구간을 변경하려는 경우 국토교통부장관의 인가를 받아야 한다.

해설 ④ 철도사업자는 여객에 대한 운임을 변경하려는 경우 국토교통부장관에게 신고를 하여야 한다(법 제9조 제1항).

07
철도사업법상 철도사업자에 관한 설명으로 옳지 않은 것은? 기출 21년

① 철도사업자는 여객에 대한 운임을 변경하려는 경우 국토교통부장관에게 신고하여야 한다.
② 철도사업자는 철도사업을 양도·양수하려는 경우에는 국토교통부장관의 인가를 받아야 한다.
③ 철도사업자가 국토교통부장관의 허가를 받아 그 사업의 전부 또는 일부를 휴업하는 경우 휴업기간은 6개월을 넘을 수 없다.
④ 철도사업자의 화물의 멸실·훼손에 대한 손해배상책임에 관하여는 「상법」 제135조(손해배상책임)를 준용하지 않는다.
⑤ 철도사업자는 타인에게 자기의 성명 또는 상호를 사용하여 철도사업을 경영하게 하여서는 아니된다.

해설 ④ 철도사업자의 화물의 멸실·훼손 또는 인도(引導)의 지연에 대한 손해배상책임에 관하여는 「상법」 제135조를 준용한다(법 제24조 제1항).

08
「철도사업법」상 철도사업자의 '철도화물 운송에 관한 책임'에 대한 설명으로 옳지 않은 것은? 기출 17년

① 철도사업자의 화물의 멸실·훼손 또는 인도의 지연에 대한 손해배상책임에 관하여는 「상법」 제135조를 준용한다.
② 철도사업자가 화물의 인도에 관한 주의를 게을리하여 화물이 멸실된 경우에 철도사업자는 그에 대한 손해를 배상할 책임이 있다.
③ 철도사업자가 화물의 수령에 관한 주의를 게을리하여 화물이 훼손된 경우에 철도사업자는 그에 대한 손해를 배상할 책임이 있다.
④ 철도사업자의 사용인이 화물의 보관에 관한 주의를 게을리하여 화물이 훼손된 경우에 철도사업자는 그에 대한 손해를 배상할 책임이 없다.
⑤ 철도사업자의 손해배상책임에 관한 규정을 적용할 때에 화물이 인도 기한을 지난 후 3개월 이내에 인도되지 아니한 경우에는 그 화물은 멸실된 것으로 본다.

해설 ④ 철도사업자의 화물의 멸실·훼손 또는 인도의 지연에 대한 손해배상책임에 관하여는 「상법」 제135조를 준용한다(법 제24조 제1항). 운송인은 자기 또는 운송주선인이나 사용인, 그 밖에 운송을 위하여 사용한 자가 운송물의 수령, 인도, 보관 및 운송에 관하여 주의를 게을리하지 아니하였음을 증명하지 아니하면 운송물의 멸실, 훼손 또는 연착으로 인한 손해를 배상할 책임이 있다(상법 제135조).

09

「철도사업법」상 철도사업자의 준수사항으로 옳지 않은 것은? 기출 17년

① 철도사업자는 「철도안전법」 제21조에 따른 요건을 갖추지 아니한 사람을 운전업무에 종사하게 하여서는 아니 된다.
② 철도사업자는 여객 또는 화물 운송에 부수(附隨)하여 우편물과 신문 등을 운송하여서는 아니 된다.
③ 철도사업자는 사업계획을 성실하게 이행하여야 한다.
④ 철도사업자는 여객 운임표, 여객 요금표, 감면 사항 및 철도사업약관을 인터넷 홈페이지에 게시하고 관계 역·영업소 및 사업소 등에 갖추어 두어야 하며, 이용자가 요구하는 경우에는 제시하여야 한다.
⑤ 철도사업자는 부당한 운송 조건을 제시하거나 정당한 사유 없이 운송계약의 체결을 거부하는 등 철도 운송 질서를 해치는 행위를 하여서는 아니 된다.

해설 ② 철도사업자는 여객 또는 화물 운송에 부수(附隨)하여 우편물과 신문 등을 운송할 수 있다(법 제19조).

키워드 ④ 철도사업의 여객 운임

10

철도사업법상 여객 운임에 관한 설명으로 옳지 않은 것은? 기출 23년

① 철도사업자는 재해복구를 위한 긴급지원이 필요하다고 인정되는 경우에는 일정한 기간과 대상을 정하여 여객 운임·요금을 감면할 수 있다.
② 철도사업자는 여객 운임·요금을 감면하는 경우에는 그 시행 3일 이전에 감면사항을 인터넷 홈페이지 등 일반인이 잘 볼 수 있는 곳에 게시하여야 하며, 긴급한 경우에는 미리 게시하지 아니할 수 있다.
③ 철도사업자는 열차를 이용하는 여객이 정당한 운임·요금을 지급하지 아니하고 열차를 이용한 경우에는 승차 구간에 해당하는 운임 외에 그의 50배의 범위에서 부가 운임을 징수할 수 있다.
④ 철도사업자는 송하인(送荷人)이 운송장에 적은 화물의 품명·중량·용적 또는 개수에 따라 계산한 운임이 정당한 사유 없이 정상 운임보다 적은 경우에는 송하인에게 그 부족 운임 외에 그 부족 운임의 5배의 범위에서 부가 운임을 징수할 수 있다.
⑤ 철도사업자는 부가 운임을 징수하려는 경우에는 사전에 부가 운임의 징수 대상 행위, 열차의 종류 및 운행 구간 등에 따른 부가 운임 산정기준을 정하고 철도사업약관에 포함하여 국토교통부 장관에게 신고하여야 한다.

해설 ③ 30배의 범위에서 부가 운임을 징수할 수 있다(법 제10조 제1항).

11

철도사업법상 운임 · 요금에 관한 설명으로 옳지 않은 것은? 기출 15년

① 철도사업자는 운임 · 요금을 국토교통부장관에게 신고하여야 하고, 이를 변경하려는 경우 변경신고를 하여야 한다.
② 여객 운임은 여객운송에 대한 직접적인 대가와 여객운송과 관련된 설비 · 용역에 대한 대가를 포함한다.
③ 국토교통부장관은 여객 운임의 상한을 지정하려면 미리 재정경제부장관과 협의하여야 한다.
④ 철도사업자는 국토교통부장관에게 신고 또는 변경신고를 한 여객 운임 · 요금을 그 시행 1주일 이전에 인터넷 홈페이지, 관계 역 · 영업소 및 사업소 등 일반인이 잘 볼 수 있는 곳에 게시하여야 한다.
⑤ 철도사업자는 열차를 이용하는 여객이 정당한 운임요금을 지급하지 아니하고 열차를 이용한 경우에는 승차 구간에 해당하는 운임 외에 그의 30배의 범위에서 부가 운임을 징수할 수 있다.

해설 ② 여객 운임은 여객운송에 대한 직접적인 대가를 말하며, 여객운송과 관련된 설비 · 용역에 대한 대가는 제외한다(철도사업법 제9조 제1항).

키워드 ❺ 철도사업자의 사업계획

12

철도사업법령상 철도사업약관 및 사업계획에 관한 설명으로 옳은 것은? 기출 21년

① 철도사업자는 철도사업약관을 정하여 국토교통부장관의 허가를 받아야 한다.
② 국토교통부장관은 철도사업약관의 변경신고를 받은 날부터 10일 이내에 신고수리 여부를 신고인에게 통지하여야 한다.
③ 철도사업자는 여객열차의 운행구간을 변경하려는 경우 국토교통부장관의 인가를 받아야 한다.
④ 철도사업자는 사업용철도노선별로 여객열차의 정차역의 10분의 2를 변경하는 경우 국토교통부장관에게 신고하여야 한다.
⑤ 철도사업자가 사업계획 중 인가사항을 변경하려는 경우에는 사업계획을 변경하려는 날 1개월 전까지 사업계획변경인가신청서를 제출하여야 한다.

해설 ① 철도사업자는 철도사업약관을 정하여 국토교통부장관에게 신고하여야 한다. 이를 변경하려는 경우에도 같다(법 제11조 제1항).
② 국토교통부장관은 철도사업약관의 신고 또는 변경신고를 받은 날부터 3일 이내에 신고수리 여부를 신고인에게 통지하여야 한다(법 제11조 제3항).
④ 철도사업자는 사업용철도노선별로 여객열차의 정차역의 10분의 2를 변경하는 경우 국토교통부장관의 인가를 받아야 한다(법 제12조 제1항, 영 제5조 제3호).
⑤ 철도사업자는 사업계획을 변경하려는 때에는 사업계획을 변경하려는 날 1개월 전까지(변경하려는 사항이 인가사항인 경우에는 2개월 전까지) 사업계획변경신고서 또는 사업계획변경인가신청서에 신 · 구 사업계획을 대비한 서류 또는 도면, 철도안전 확보 계획, 사업계획 변경 후의 예상 사업수지 계산서의 서류를 첨부하여 국토교통부장관에게 제출하여야 한다(규칙 제8조 제1항).

13

철도사업법령상 철도사업자의 사업계획 변경에 관한 설명으로 옳지 않은 것은? 기출 20년

① 철도사업자는 여객열차의 운행구간을 변경하려는 경우에는 국토교통부장관에게 신고하여야 한다.
② 철도사업자는 사업용철도노선별로 여객열차의 정차역을 10분의 2 이상 변경하려는 경우에는 국토교통부장관의 인가를 받아야 한다.
③ 국토교통부장관은 노선 운행중지, 감차 등을 수반하는 사업계획 변경명령을 받은 후 1년이 지나지 아니한 철도사업자의 사업계획 변경을 제한할 수 있다.
④ 국토교통부장관은 사업의 개선명령을 받고 이를 이행하지 아니한 철도사업자의 사업계획 변경을 제한할 수 있다.
⑤ 국토교통부장관이 지정한 날 또는 기간에 운송을 시작하지 아니한 철도사업자의 사업계획 변경에 대하여 국토교통부장관은 이를 제한할 수 있다.

해설 ① 철도사업자는 여객열차의 운행구간을 변경하려는 경우에는 국토교통부장관의 인가를 받아야 한다(법 제12조 제1항 단서 및 영 제5조 제2호).

키워드 ❻ 과징금

14

철도사업법령상 과징금에 관한 설명으로 옳지 않은 것은? 기출 21년

① 징수한 과징금은 철도사업 종사자의 양성을 위한 시설 운영의 용도로 사용할 수 있다.
② 과징금 부과처분을 받은 자가 납부기한까지 과징금을 내지 아니하면 국세 체납처분의 예에 따라 징수한다.
③ 과징금은 분할하여 납부할 수 없다.
④ 하나의 위반행위에 대하여 사업정지처분과 과징금처분을 함께 부과할 수 없다.
⑤ 국토교통부장관은 과징금으로 징수한 금액의 운용계획을 수립하여 시행하여야 한다.

해설 ③ 법 영 제10조 제5항 '과징금은 분할하여 납부할 수 없다'는 조항이 2021년 9월 24일에 삭제되었다. 따라서 과징금은 분할하여 납부할 수 있다.

15

철도사업법상 제재수단에 관한 설명이다. ( )에 들어갈 내용을 바르게 나열한 것은? 기출 19년

> 국토교통부장관이 철도사업자에게 (ㄱ)처분을 하여야 하는 경우로서 그 (ㄱ)처분이 그 철도사업자가 제공하는 철도서비스의 이용자에게 심한 불편을 주거나 그 밖에 공익을 해칠 우려가 있을 때에는 그 (ㄱ)처분을 갈음하여 1억원 이하의 (ㄴ) (을)를 부과·징수할 수 있다.

① ㄱ : 사업정지, ㄴ : 과태료
② ㄱ : 사업정지, ㄴ : 과징금
③ ㄱ : 면허취소, ㄴ : 과태료
④ ㄱ : 면허취소, ㄴ : 과징금
⑤ ㄱ : 사업정지 또는 면허취소, ㄴ : 벌금

해설 국토교통부장관은 철도사업자에게 사업정지처분을 하여야 하는 경우로서 그 사업정지처분이 그 철도사업자가 제공하는 철도서비스의 이용자에게 심한 불편을 주거나 그 밖에 공익을 해칠 우려가 있을 때에는 그 사업정지처분을 갈음하여 1억원 이하의 과징금을 부과·징수할 수 있다(법 제17조 제1항).

키워드 7 국토교통부장관의 인가

16
철도사업법령상 국토교통부장관의 인가를 받아야 하는 경우가 아닌 것은? 기출 19년

① 전용철도의 등록을 한 법인이 합병하려는 경우
② 철도사업자가 사업계획 중 여객열차의 운행구간을 변경하려는 경우
③ 철도사업자가 공동운수협정에 따른 운행구간별 열차 운행횟수의 5분의 1을 변경하려는 경우
④ 철도사업자가 그 철도사업을 양도·양수하려는 경우
⑤ 국가가 소유·관리하는 철도시설에 건물을 설치하기 위해 국토교통부장관으로부터 점용허가를 받은 자가 그 점용허가로 인하여 발생한 권리와 의무를 이전하려는 경우

해설 ① 전용철도의 등록을 한 법인이 합병하려는 경우에는 국토교통부령으로 정하는 바에 따라 국토교통부장관에게 신고하여야 한다(법 제36조 제2항).

17
철도사업법령상 국토교통부장관의 인가를 받아야 하는 사항을 모두 고른 것은? 기출 18년

ㄱ. 철도사업약관의 변경
ㄴ. 철도사업자의 사업계획의 중요 사항의 변경
ㄷ. 철도사업자의 철도사업의 양도·양수
ㄹ. 공동운수협정의 경미한 사항의 변경

① ㄱ, ㄴ ② ㄱ, ㄷ
③ ㄴ, ㄷ ④ ㄷ, ㄹ
⑤ ㄱ, ㄴ, ㄹ

해설 ㄴ. 사업계획의 중요 사항을 변경하려는 경우에는 국토교통부장관의 인가를 받아야 한다(법 제12조 제1항).
ㄷ. 철도사업자는 그 철도사업을 양도·양수하려는 경우에는 국토교통부장관의 인가를 받아야 한다(법 제14조 제1항).
ㄱ. 철도사업약관을 변경하려는 경우에도 국토교통부장관에게 신고하여야 한다(법 제11조 제1항).
ㄹ. 공동운수협정의 경미한 사항의 변경은 국토교통부장관에게 신고하여야 한다(법 제13조 제1항 단서).

키워드 8 철도서비스 향상

18
철도사업법령상 철도서비스 향상 등에 관한 설명으로 옳지 않은 것은? 기출 20년

① 국토교통부장관은 공정거래위원회와 협의하여 철도사업자 간 경쟁을 제한하지 아니하는 범위에서 우수 철도서비스에 대한 인증을 할 수 있다.
② 철도사업자의 신청에 의하여 우수철도서비스인증을 하는 경우에 그에 소요되는 비용은 예산의 범위 안에서 국토교통부가 부담한다.
③ 철도서비스 평가업무 등을 위탁받은 자는 철도서비스의 평가 등을 할 때 철도사업자에게 관련 자료 또는 의견 제출 등을 요구할 수 있다.
④ 철도사업자는 철도사업 외의 사업을 경영하는 경우에는 철도사업에 관한 회계와 철도사업 외의 사업에 관한 회계를 구분하여 경리하여야 한다.
⑤ 철도사업자는 관련 법령에 따라 산출된 영업수익 및 비용의 결과를 회계법인의 확인을 거쳐 회계연도 종료 후 4개월 이내에 국토교통부장관에게 제출하여야 한다.

해설 ② 철도사업자의 신청에 의하여 우수 철도서비스 인증을 하는 경우에 그에 소요되는 비용은 당해 철도사업자가 부담한다(규칙 제20조 제3항).

19

「철도사업법」상 철도서비스 향상 등에 관한 설명으로 옳지 않은 것은? 기출 17년

① 국토교통부장관은 공정거래위원회와 협의하여 철도사업자 간 경쟁을 제한하지 아니하는 범위에서 철도서비스의 질적 향상을 촉진하기 위하여 우수 철도서비스에 대한 인증을 할 수 있다.
② 철도사업자는 철도사업 외의 사업을 경영하는 경우에는 철도사업에 관한 회계와 철도사업 외의 사업에 관한 회계를 구분하여 경리하여야 한다.
③ 국토교통부장관으로부터 우수 철도서비스에 대한 인증을 받은 자가 아니면 우수서비스마크 또는 이와 유사한 표지를 철도차량, 역 시설 또는 철도 용품 등에 붙이거나 인증 사실을 홍보하여서는 아니 된다.
④ 국토교통부장관은 「철도사업법」에 따른 철도서비스의 품질을 평가하였더라도 그 평가 결과를 신문 등 대중매체를 통하여 공표해야 하는 것은 아니다.
⑤ 국토교통부장관은 공공복리의 증진과 철도서비스 이용자의 권익보호를 위하여 철도사업자가 제공하는 철도서비스에 대하여 적정한 철도서비스 기준을 정하고, 그에 따라 철도사업자가 제공하는 철도서비스의 품질을 평가하여야 한다.

해설 ④ 국토교통부장관은 철도서비스의 품질을 평가한 경우에는 그 평가 결과를 대통령령으로 정하는 바에 따라 신문 등 대중매체를 통하여 공표하여야 한다(법 제27조 제1항).

키워드 ❾ 전용철도

20

철도사업법령상 전용철도를 운영하는 자가 등록사항을 변경하려는 경우 국토교통부장관에게 등록을 하지 않아도 되는 경미한 변경에 해당하지 않는 것은? 기출 24년

① 운행시간을 연장한 경우
② 운행횟수를 단축한 경우
③ 10분의 1의 범위 안에서 철도차량 대수를 변경한 경우
④ 주사무소·철도차량기지를 제외한 운송관련 부대시설을 변경한 경우
⑤ 9월의 범위 안에서 전용철도 건설기간을 조정한 경우

해설 ⑤ 6월의 범위 안에서 전용철도 건설기간을 조정한 경우(영 제12조 제1항 제6호)

21

철도사업법령상 전용철도에 관한 설명이다. ( )에 들어갈 내용을 바르게 나열한 것은? 기출 22년

- 전용철도운영자가 사망한 경우 상속인이 그 전용철도의 운영을 계속하려는 경우에는 피상속인이 사망한 날부터 (ㄱ) 이내에 국토교통부장관에게 신고하여야 한다.
- 전용철도운영자가 그 운영의 전부 또는 일부를 휴업한 경우에는 (ㄴ) 이내에 국토교통부장관에게 신고하여야 한다.

① ㄱ : 1개월, ㄴ : 1개월
② ㄱ : 1개월, ㄴ : 2개월
③ ㄱ : 2개월, ㄴ : 3개월
④ ㄱ : 3개월, ㄴ : 1개월
⑤ ㄱ : 3개월, ㄴ : 3개월

해설
- 전용철도운영자가 사망한 경우 상속인이 그 전용철도의 운영을 계속하려는 경우에는 피상속인이 사망한 날부터 3개월 이내에 국토교통부장관에게 신고하여야 한다(법 제37조 제1항).
- 전용철도운영자가 그 운영의 전부 또는 일부를 휴업 또는 폐업한 경우에는 1개월 이내에 국토교통부장관에게 신고하여야 한다(법 제38조).

22

철도사업법령상 전용철도에 관한 설명이다. ( )에 들어갈 내용을 바르게 나열한 것은? 기출 21년

- 전용철도를 운영하려는 자는 전용철도 건설기간을 1년 연장한 경우 국토교통부장관에게 (ㄱ)을(를) 하여야 한다.
- 전용철도운영자가 그 운영의 일부를 폐업한 경우에는 (ㄴ) 이내에 국토교통부장관에게 (ㄷ)하여야 한다.

① ㄱ : 신고, ㄴ : 15일, ㄷ : 등록
② ㄱ : 신고, ㄴ : 1개월, ㄷ : 등록
③ ㄱ : 등록, ㄴ : 15일, ㄷ : 신고
④ ㄱ : 등록, ㄴ : 1개월, ㄷ : 신고
⑤ ㄱ : 등록, ㄴ : 3개월, ㄷ : 신고

해설
- 6개월의 범위 안에서 전용철도 건설기간을 조정한 경우 경미한 변경 사항에 해당하므로 등록하지 않는다(법 제34조 제1항, 영 제12조 제1항 제6호 단서). 그러므로 1년 연장한 경우는 변경사항을 등록하여야 한다.
- 전용철도운영자가 그 운영의 일부를 폐업한 경우에는 1개월 이내에 국토교통부장관에게 신고하여야 한다(법 제38조).

23

철도사업법령상 전용철도를 운영하는 자가 등록사항의 변경을 등록하지 않아도 되는 사유에 해당하는 것을 모두 고른 것은? 기출 20년

ㄱ. 운행시간을 연장한 경우
ㄴ. 운행횟수를 단축한 경우
ㄷ. 전용철도 건설기간을 4월 조정한 경우
ㄹ. 주사무소·철도차량기지를 제외한 운송관련 부대시설을 변경한 경우

① ㄱ, ㄴ
② ㄷ, ㄹ
③ ㄱ, ㄴ, ㄷ
④ ㄴ, ㄷ, ㄹ
⑤ ㄱ, ㄴ, ㄷ, ㄹ

해설 전용철도 등록에 관한 의무 규정인 제34조 제1항 전단에도 불구하고, 단서조항에서는 대통령령으로 정하는 경미한 변경의 경우에는 그 등록을 생략할 수 있도록 예외를 두고 있는데 위 제시문의 내용 ㄱ, ㄴ, ㄷ, ㄹ은 모두 그러한 사유에 해당한다. 따라서 별도 등록사항의 변경에 대한 등록을 요하지 않는다(법 제34조 제1항 및 영 제12조 제1항).

24

철도사업법령상 전용철도에 관한 설명으로 옳은 것은? 기출 18년

① 전용철도를 운영하려는 자는 전용철도의 건설·운전·보안 및 운송에 관한 사항이 포함된 운영계획서를 첨부하여 국토교통부장관의 면허를 받아야 한다.
② 전용철도의 운영을 양수하려는 자는 국토교통부령이 정하는 바에 따라 국토교통부장관의 인가를 받아야 한다.
③ 전용철도운영자가 그 운영의 전부 또는 일부를 휴업한 경우에는 1개월 이내에 국토교통부장관에게 신고하여야 한다.
④ 전용철도운영자가 사망한 경우 상속인이 그 전용철도의 운영을 계속하려는 경우에는 피상속인이 사망한 날부터 2개월 이내에 국토교통부장관에게 등록하여야 한다.
⑤ 이 법에 따라 전용철도 등록이 취소된 자는 취소일부터 6개월 이내에 전용철도를 등록할 수 있다.

해설 ① 운영계획서를 첨부하여 국토교통부장관에게 등록을 하여야 한다(법 제34조 제1항).
② 양수하려는 자는 국토교통부장관에게 신고하여야 한다(법 제36조 제1항).
④ 피상속인이 사망한 날부터 3개월 이내에 국토교통부장관에게 신고하여야 한다(법 제37조 제1항).
⑤ 전용철도의 등록이 취소된 후 그 취소일부터 1년이 지나지 아니한 자는 전용철도를 등록할 수 없다(법 제35조).

키워드 ⑩ 국유철도시설의 점용허가

25
철도사업법령상 국유철도시설의 점용허가에 관한 설명으로 옳지 않은 것은? 기출 23년

① 국유철도시설의 점용허가는 철도사업자와 철도사업자가 출자·보조 또는 출연한 사업을 경영하는 자에게만 하여야 한다.
② 국유철도시설의 점용허가를 받은 자는 부득이한 사유가 없는 한 매년 1월 15일까지 당해연도의 점용료 해당분을 선납하여야 한다.
③ 국유철도시설의 점용허가로 인하여 발생한 권리와 의무를 이전하려는 경우에는 국토교통부장관의 인가를 받아야 한다.
④ 국토교통부장관은 점용허가를 받은 자가 「공공주택 특별법」에 따른 공공주택을 건설하기 위하여 점용허가를 받은 경우 점용료를 감면할 수 있다.
⑤ 국토교통부장관은 점용허가기간이 만료된 철도 재산의 원상회복의무를 면제하는 경우에 해당 철도 재산에 설치된 시설물 등의 무상 국가귀속을 조건으로 할 수 있다.

> **해설** ② 점용료는 매년 1월말까지 당해연도 해당분을 선납하여야 한다. 다만, 국토교통부장관은 부득이한 사유로 선납이 곤란하다고 인정하는 경우에는 그 납부기한을 따로 정할 수 있다(영 제14조 제4항).

26
철도사업법령상 국유철도시설의 점용허가에 관한 설명으로 옳은 것은? 기출 22년

① 점용허가는 철도사업자와 철도사업자가 출자·보조 또는 출연한 사업을 경영하는 자에게만 한다.
② 철골조 건물의 축조를 목적으로 하는 경우에는 점용허가 기간은 20년을 초과하여서는 아니된다.
③ 점용허가를 받은 자가 「공공주택 특별법」에 따른 공공주택을 건설하기 위하여 점용허가를 받은 경우에 해당할 때에는 점용료 감면대상이 될 수 없다.
④ 국토교통부장관은 점용허가를 받지 아니하고 철도시설을 점용한 자에 대하여 점용료의 100분의 150에 해당하는 금액을 변상금으로 징수할 수 있다.
⑤ 점용허가로 인하여 발생한 권리와 의무를 이전하려는 경우에는 국토교통부장관에게 신고하여야 한다.

> **해설** ② 철골조 건물의 축조를 목적으로 하는 경우에는 점용허가 기간은 50년을 초과하여서는 아니된다(영 제13조 제2항 제1호).
> ③ 점용허가를 받은 자가 「공공주택 특별법」에 따른 공공주택을 건설하기 위하여 점용허가를 받은 경우에 해당할 때에는 점용료를 감면할 수 있다(법 제44조 제2항 제3호).
> ④ 국토교통부장관은 점용허가를 받지 아니하고 철도시설을 점용한 자에 대하여 점용료의 100분의 120에 해당하는 금액을 변상금으로 징수할 수 있다(법 제44조의2).
> ⑤ 점용허가로 인하여 발생한 권리와 의무를 이전하려는 경우에는 대통령령으로 정하는 바에 따라 국토교통부장관의 인가를 받아야 한다(법 제45조).

CHAPTER 07 시험에 꼭 나오는 필수문제

01 농수산물 유통 및 가격 안정에 관한 법률상 농수산물도매시장에 관한 설명으로 옳은 것은? 기출 22년

① 도매시장은 중앙도매시장의 경우에는 시·도가 개설하고, 지방도매시장의 경우에는 시·군·구가 개설한다.
② 중앙도매시장의 개설자가 업무규정을 변경하는 때에는 농림축산식품부장관 또는 산업통상부장관의 승인을 받아야 한다.
③ 도매시장법인은 도매시장 개설자가 부류별로 지정하되, 3년 이상 10년 이하의 범위에서 지정유효기간을 설정할 수 있다.
④ 상품성 향상을 위한 규격화는 도매시장 개설자의 의무사항에 포함된다.
⑤ 도매시장법인이 다른 도매시장법인을 인수하거나 합병하는 경우에는 해당 도매시장 개설자에게 신고하여야 한다.

해설 ① 도매시장은 중앙도매시장의 경우에는 특별시·광역시·특별자치시 또는 특별자치도가 개설하고, 지방도매시장의 경우에는 특별시·광역시·특별자치시·특별자치도 또는 시가 개설한다(법 제17조 제1항).
② 농림축산식품부장관 또는 해양수산부장관의 승인을 받아야 한다(법 제17조 제5항).
③ 5년 이상 10년 이하의 범위에서 지정 유효기간을 설정할 수 있다(법 제23조 제1항).
⑤ 해당 도매시장 개설자의 승인을 받아야 한다(법 제23조의2 제1항).

기출문제 엿보기

☑ 농수산물 유통 및 가격안정에 관한 법령상 농수산물도매시장에 관한 설명으로 옳지 않은 것은? 25년
☑ 농수산물 유통 및 가격안정에 관한 법령상 도매시장법인에 관한 설명이다. ( )에 들어갈 내용은? 23년
☑ 농수산물 유통 및 가격안정에 관한 법령상 농수산물도매시장의 개설·폐쇄에 관한 설명으로 옳지 않은 것은? 21년

02 농수산물 유통 및 가격안정에 관한 법령상 농수산물의 생산조정 및 출하조절에 관한 설명으로 옳지 않은 것은? 기출 18년

① 농림축산식품부장관은 쌀과 보리를 제외한 농산물의 수급조절과 가격안정을 위하여 필요하다고 인정할 때에는 농산물가격안정기금으로 농산물을 비축할 수 있다.
② 수입이익금을 정하여진 기한까지 내지 아니하면 국세 체납처분의 예에 따라 징수할 수 있다.
③ 재정경제부장관은 주요 농수산물의 수급조절과 가격안정을 위하여 필요하다고 인정할 때에는 해당 농산물의 파종기 이전에 예시가격을 결정할 수 있고, 이 경우 미리 농림축산식품부장관과 협의하여야 한다.
④ 농림축산식품부장관은 국내 농산물 시장의 수급안정 및 거래질서 확립을 위하여 「관세법」에 따라 몰수되거나 국고에 귀속된 농산물을 이관받을 수 있다.
⑤ 비축사업 등의 실시과정에서 발생한 농산물의 감모(減耗)에 대해서는 농림축산식품부장관이 정하는 한도에서 비용으로 처리한다.

해설 ③ 농림축산식품부장관 또는 해양수산부장관은 농림축산식품부령 또는 해양수산부령으로 정하는 주요 농수산물의 수급조절과 가격안정을 위하여 필요하다고 인정할 때에는 해당 농산물의 파종기 이전에 예시가격을 결정할 수 있고, 이 경우 미리 재정경제부장관과 협의하여야 한다(법 제8조 제1항·제3항).

기출문제 엿보기

☑ 농수산물 유통 및 가격안정에 관한 법령상 농림축산식품부장관이 농산물의 비축사업 또는 출하조절 사업을 위탁할 수 있는 자를 모두 고른 것은? 17년
☑ 농수산물 유통 및 가격안정에 관한 법령상 농수산물의 생산조정 및 출하조절에 관한 설명으로 옳지 않은 것은? 15년

03 농수산물 유통 및 가격안정에 관한 법령상 농수산물공판장(이하 '공판장'이라 함)에 관한 설명으로 옳지 않은 것은? 기출 24년

① 농림수협등, 생산자단체 또는 공익법인이 공판장의 개설승인을 받으려면 공판장 개설승인 신청서에 업무규정과 운영관리계획서 등 승인에 필요한 서류를 첨부하여 시·도지사에게 제출하여야 한다.
② 공판장 개설자가 업무규정을 변경한 경우에는 이를 시·도지사에게 보고하여야 한다.
③ 생산자단체가 구성원의 농수산물을 공판장에 출하하는 경우 공판장의 개설자에게 산지유통인으로 등록하여야 한다.
④ 공판장의 경매사는 공판장의 개설자가 임면한다.
⑤ 공판장의 중도매인은 공판장의 개설자가 지정한다.

해설 ③ 생산자단체가 구성원의 농수산물을 공판장에 출하하는 경우 공판장의 개설자에게 산지유통인으로 등록할 수 없다(법 제44조 제3항, 법 제29조 제1항 제1호).

기출문제 엿보기

- ☑ 농수산물 유통 및 가격안정에 관한 법령상 민영도매시장에 관한 설명으로 옳은 것은? 23년
- ☑ 농수산물 유통 및 가격안정에 관한 법령상 농수산물공판장에 관한 설명으로 옳지 않은 것은? 21년
- ☑ 농수산물 유통 및 가격안정에 관한 법령상 민영도매시장에 관한 설명으로 옳지 않은 것은? 15년

04 농수산물 유통 및 가격 안정에 관한 법령상 농산물가격안정기금에 관한 설명으로 옳은 것은? 기출 22년

① 다른 기금으로부터의 출연금은 농산물가격안정기금의 재원으로 할 수 없다.
② 농산물의 수출 촉진사업을 위하여 농산물가격안정기금을 대출할 수 없다.
③ 농산물가격안정기금의 여유자금은 「자본시장과 금융투자업에 관한 법률」 제4조에 따른 증권의 매입의 방법으로 운용할 수 있다.
④ 농림축산식품부장관은 농산물가격안정기금의 여유자금의 운용에 관한 업무를 농업정책보험금융원의 장에게 위탁한다.
⑤ 농림축산식품부장관은 농산물가격안정기금의 수입과 지출을 명확히 하기 위하여 농협은행에 기금계정을 설치하여야 한다.

해설 ① 기금은 정부의 출연금, 기금 운용에 따른 수익금, 몰수농산물 등의 처분으로 발생하는 비용 또는 매각·공매대금, 수입이익금 및 다른 법률의 규정에 따라 납입되는 금액, 다른 기금으로부터의 출연금의 재원으로 조성한다(법 제55조 제1항).
② 농산물의 수출 촉진사업을 위하여 농산물가격안정기금을 융자 또는 대출할 수 있다(법 제57조 제2호).
④ 농림축산식품부장관은 농산물가격안정기금의 여유자금의 운용에 관한 업무를 한국농수산식품유통공사의 장에게 위탁한다(영 제22조 제2항 제3호).
⑤ 농림축산식품부장관은 농산물가격안정기금의 수입과 지출을 명확히 하기 위하여 한국은행에 기금계정을 설치하여야 한다(영 제21조).

기출문제 엿보기

- ☑ 농수산물 유통 및 가격안정에 관한 법령상 농산물(축산물 및 임산물을 포함)의 원활한 수급과 가격안정을 도모하고 유통구조의 개선을 촉진하기 위하여 설치한 농산물가격안정기금에서 지출할 수 있는 대상사업에 해당하지 않는 것은? 16년

CHAPTER 07 농수산물 유통 및 가격안정에 관한 법률

〈법률 제21065호, 2025. 10. 1. 타법개정, 2025. 10. 1. 시행〉

핵심 포인트
- ☑ 법의 제정 목적과 용어의 정의
- ☑ 농수산물의 생산조정 및 출하조절
- ☑ 농수산물도매시장
- ☑ 중도매업과 경매사
- ☑ 산지유통인 및 시장도매인
- ☑ 농수산물공판장 및 민영농수산물도매시장
- ☑ 농산물가격안정기금 및 유통기구정비

CORE 01 총칙

1. 법의 제정 목적과 용어의 정의

(1) 법의 목적(법 제1조)

이 법은 농수산물의 유통을 원활하게 하고 가격안정을 도모함으로써 생산자와 소비자의 이익을 보호하고 국민생활의 안정에 이바지함을 목적으로 한다.

(2) 주요 용어의 정의(법 제2조) 기출▶ 16년/ 12년/ 10년

① **농수산물** : 농산물·축산물·수산물 및 임산물 중 농림축산식품부령 또는 해양수산부령으로 정하는 것
② **농수산물도매시장** : 특별시·광역시·특별자치시·특별자치도 또는 시가 양곡류·청과류·화훼류·조수육류·어류·조개류·갑각류·해조류 및 임산물 등 대통령령으로 정하는 품목의 전부 또는 일부를 도매하게 하기 위하여 관할구역에 개설하는 시장
③ **중앙도매시장** : 특별시·광역시·특별자치시 또는 특별자치도가 개설한 농수산물도매시장 중 해당 관할구역 및 그 인접지역에서 도매의 중심이 되는 농수산물도매시장으로서 농림축산식품부령 또는 해양수산부령으로 정하는 것
④ **지방도매시장** : 중앙도매시장 외의 농수산물도매시장
⑤ **농수산물공판장** : 농림수협등(지역농업협동조합, 지역축산업협동조합, 품목별·업종별 협동조합, 조합공동사업법인, 품목조합연합회, 산림조합 및 수산업협동조합과 그 중앙회, 농업경제지주회사 포함), 생산자 관련 단체(영농조합법인 및 영어조합법인, 농업회사법인 및 어업회사법인, 농협경제지주회사의 자회사), 공익법인(한국농수산식품유통공사)이 농수산물을 도매하기 위해 시·도지사의 승인을 받아 개설·운영하는 사업장
⑥ **민영농수산물도매시장** : 국가, 지방자치단체 및 농수산물공판장을 개설할 수 있는 자 외의 자(이하 민간인등)가 농수산물을 도매하기 위해 시·도지사의 허가를 받아 특별시·광역시·특별자치시·특별자치도 또는 시 지역에 개설하는 시장
⑦ **도매시장법인** : 농수산물도매시장의 개설자로부터 지정을 받고 농수산물을 위탁받아 상장하여 도매하거나 이를 매수하여 도매하는 법인(도매시장법인의 지정을 받은 것으로 보는 공공출자법인을 포함)

⑧ 시장도매인 : 농수산물도매시장 또는 민영농수산물도매시장의 개설자로부터 지정을 받고 농수산물을 매수 또는 위탁받아 도매하거나 매매를 중개하는 영업을 하는 법인
⑨ 중도매인 : 농수산물도매시장·농수산물공판장 또는 민영농수산물도매시장의 개설자의 허가 또는 지정을 받아 상장된 농수산물을 매수하여 도매하거나 매매를 중개하는 영업과 개설자로부터 허가를 받은 비상장 농수산물을 매수 또는 위탁받아 도매하거나 매매를 중개하는 영업
⑩ 매매참가인 : 농수산물도매시장·농수산물공판장 또는 민영농수산물도매시장의 개설자에게 신고를 하고, 농수산물도매시장·농수산물공판장 또는 민영농수산물도매시장에 상장된 농수산물을 직접 매수하는 자로서 중도매인이 아닌 가공업자·소매업자·수출업자 및 소비자단체 등 농수산물의 수요자
⑪ 산지유통인 : 농수산물도매시장·농수산물공판장 또는 민영농수산물도매시장의 개설자에게 등록하고, 농수산물을 수집하여 농수산물도매시장·농수산물공판장 또는 민영농수산물도매시장에 출하(出荷)하는 영업을 하는 자(법인을 포함)
⑫ 농수산물종합유통센터 : 국가 또는 지방자치단체가 설치하거나 국가 또는 지방자치단체의 지원을 받아 설치된 것으로 농수산물 출하 경로를 다원화하고 물류비용을 절감하기 위해 농수산물의 수집·포장·가공·보관·수송·판매 및 그 정보처리 등 농수산물의 물류활동에 필요한 시설과 이와 관련된 업무시설을 갖춘 사업장
⑬ 경매사(競賣士) : 도매시장법인의 임명을 받거나 농수산물공판장·민영농수산물도매시장 개설자의 임명을 받아, 상장된 농수산물의 가격평가 및 경락자 결정 등의 업무를 수행하는 자

2. 다른 법률의 적용 배제(법 제3조)

이 법에 따른 농수산물도매시장(이하 도매시장), 농수산물공판장(이하 공판장), 민영농수산물도매시장(이하 민영도매시장) 및 농수산물종합유통센터(이하 종합유통센터)에 대하여는 「유통산업발전법」의 규정을 적용하지 아니한다.

CORE 02 농수산물의 생산조정 및 출하조절

1. 주산지의 지정 및 해제

(1) 주산지의 지정 및 해제 등(법 제4조) 기출 15년/ 14년

① 시·도지사는 농수산물의 경쟁력 제고 또는 수급을 조절하기 위하여 생산 및 출하를 촉진 또는 조절할 필요가 있다고 인정할 때에는 주요 농수산물의 생산지역이나 생산수면(이하 주산지)을 지정하고 그 주산지에서 주요 농수산물을 생산하는 자에 대하여 생산자금의 융자 및 기술지도 등 필요한 지원을 할 수 있다.
② 주요 농수산물은 국내 농수산물의 생산에서 차지하는 비중이 크거나 생산·출하의 조절이 필요한 것으로서 농림축산식품부장관 또는 해양수산부장관이 지정하는 품목으로 한다.
③ 주산지는 다음의 요건을 갖춘 지역 또는 수면(水面) 중에서 구역을 정하여 지정한다.

> 1. 주요 농수산물의 재배면적 또는 양식면적이 농림축산식품부장관 또는 해양수산부장관이 고시하는 면적 이상일 것
> 2. 주요 농수산물의 출하량이 농림축산식품부장관 또는 해양수산부장관이 고시하는 수량 이상일 것

④ 시·도지사는 지정된 주산지가 지정요건에 적합하지 아니하게 되었을 때에는 **그 지정을 변경하거나 해제할 수 있다.** 〔그 지정을 취소·해지하여야 한다(×)〕
⑤ 주산지의 지정, 주요 농수산물 품목의 지정 및 주산지의 변경·해제에 필요한 사항은 대통령령으로 정한다.

(2) 주산지의 지정·변경 및 해제(영 제4조)
① 주요 농수산물의 생산지역이나 생산수면(이하 주산지)의 지정은 읍·면·동 또는 시·군·구 단위로 한다.
② 특별시장·광역시장·특별자치시장·도지사 또는 특별자치도지사(이하 시·도지사)는 주산지를 지정하였을 때에는 이를 고시하고 농림축산식품부장관 또는 해양수산부장관에게 통지하여야 한다.
③ 주산지 지정의 변경 또는 해제에 관하여는 ① 및 ②를 준용한다.

2. 가격예시와 몰수농산물등의 이관

(1) 가격예시(법 제8조) 기출 ▶ 18년/ 15년/ 14년
① 예시가격 : 농림축산식품부장관 또는 해양수산부장관은 농림축산식품부령 또는 해양수산부령으로 정하는 주요 농수산물의 수급조절과 가격안정을 위하여 필요하다고 인정할 때에는 해당 농산물의 파종기 또는 수산물의 종자입식 시기 이전에 생산자를 보호하기 위한 하한가격(이하 예시가격)을 예시할 수 있다.
② 예시가격 결정 시 고려사항 : 농림축산식품부장관 또는 해양수산부장관은 예시가격을 결정할 때에는 해당 농산물의 농림업관측, 주요 곡물의 국제곡물관측 또는 「수산물 유통의 관리 및 지원에 관한 법률」에 따른 수산업관측(이하 수산업관측) 결과, 예상 경영비, 지역별 예상 생산량, 예상 수급상황 등을 고려하여야 한다.
③ 예시가격 결정 전 협의 : **농림축산식품부장관 또는 해양수산부장관**은 예시가격을 결정할 때에는 미리 **재정경제부장관**과 협의하여야 한다. 〔재정경제부장관(×)〕 〔농림축산식품부장관(×)〕
④ 예시가격 지지를 위한 시책의 추진 : 농림축산식품부장관 또는 해양수산부장관은 가격을 예시한 경우에는 예시가격을 지지(支持)하기 위하여 다음의 사항 등을 연계하여 적절한 시책을 추진하여야 한다.

> 1. 농림업관측·국제곡물관측 또는 수산업관측의 지속적 실시
> 2. 계약생산 또는 계약출하의 장려
> 3. 과잉생산 시의 생산자 보호에 따른 수매 및 처분
> 4. 유통협약 및 유통조절명령
> 5. 비축사업

(2) 몰수농산물등의 이관(법 제9조의2) 기출 ▶ 18년/ 15년
① 농림축산식품부장관은 국내 농산물 시장의 수급안정 및 거래질서 확립을 위하여 몰수되거나 국고에 귀속된 농산물(이하 몰수농산물등)을 이관받을 수 있다.
② 농림축산식품부장관은 이관받은 몰수농산물 등을 매각·공매·기부 또는 소각하거나 그 밖의 방법으로 처분할 수 있다.
③ 몰수농산물등의 처분으로 발생하는 비용 또는 매각·공매대금은 농산물가격안정기금으로 지출 또는 납입하여야 한다.
④ 농림축산식품부장관은 몰수농산물 등의 처분업무를 농업협동조합중앙회 또는 한국농수산식품유통공사 중에서 지정하여 대행하게 할 수 있다.
⑤ 몰수농산물등의 처분절차 등에 관하여 필요한 사항은 농림축산식품부령으로 정한다.

3. 유통협약 및 유통명령

(1) 유통협약 및 유통조절명령(법 제10조, 영 제11조) 기출▶ 17년

① **유통협약** : 주요 농수산물의 생산자, 산지유통인, 저장업자, 도매업자·소매업자 및 소비자 등(이하 생산자등)의 대표는 해당 농수산물의 자율적인 수급조절과 품질향상을 위하여 생산조정 또는 출하조절을 위한 협약(이하 유통협약)을 체결할 수 있다.

② **유통명령** : 농림축산식품부장관 또는 해양수산부장관은 부패하거나 변질되기 쉬운 농수산물로서 농림축산식품부령 또는 해양수산부령으로 정하는 농수산물에 대하여 현저한 수급 불안정을 해소하기 위하여 특히 필요하다고 인정되고 농림축산식품부령 또는 해양수산부령으로 정하는 생산자등 또는 생산자단체가 요청할 때에는 **공정거래위원회**와 협의를
시·도지사(×)
거쳐 일정 기간 동안 일정 지역의 해당 농수산물의 생산자등에게 생산조정 또는 출하조절을 하도록 하는 유통조절명령(이하 유통명령)을 할 수 있다.

③ **유통명령의 포함사항** : 유통명령에는 유통명령을 하는 이유(수급·가격·소득의 분석 자료 포함), 대상 품목, 대상자, 유통조절방법, 기간, 지역, 명령이행 확인 방법 및 명령 위반자 제재조치, 사후관리 등의 사항이 포함되어야 한다.

④ **유통명령의 요청 절차** : 생산자등 또는 생산자단체가 유통명령을 요청하려는 경우에는 ③의 내용이 포함된 요청서를 작성하여 이해관계인·유통전문가의 의견수렴 절차를 거치고, 해당 농수산물의 생산자등의 대표나 해당 생산자단체의 재적회원 3분의 2 이상의 찬성을 받아야 한다.

(2) 유통명령의 집행(법 제11조) 기출▶ 17년/15년

① **유통명령 집행업무** : 농림축산식품부장관 또는 해양수산부장관은 유통명령이 이행될 수 있도록 유통명령의 내용에 관한 홍보, 유통명령 위반자에 대한 제재 등 필요한 조치를 하여야 한다.

② **유통명령 집행업무의 대행** : 농림축산식품부장관 또는 해양수산부장관은 필요하다고 인정하는 경우에는 지방자치단체의 장, 해당 농수산물의 생산자등의 조직 또는 생산자단체로 하여금 유통명령 집행업무의 일부를 수행하게 할 수 있다.

(3) 유통명령 이행자에 대한 지원 등(법 제12조)

① **생산자등에 대한 손실보전** : 농림축산식품부장관 또는 해양수산부장관은 유통협약 또는 유통명령을 이행한 생산자등이 그 유통협약이나 유통명령을 이행함에 따라 발생하는 손실에 대하여는 농산물가격안정기금 또는 수산발전기금으로 그 손실을 보전하게 할 수 있다.

② **유통명령 집행업무 대행자에 대한 지원** : 농림축산식품부장관 또는 해양수산부장관은 유통명령 집행업무의 일부를 수행하는 생산자등의 조직이나 생산자단체에 필요한 지원을 할 수 있다.

4. 비축사업

(1) 비축사업 등(법 제13조) 기출▶ 18년/17년

① **비축사업 및 출하조절사업** : 농림축산식품부장관은 농산물(쌀과 보리 제외)의 수급조절과 가격안정을 위하여 필요하다고 인정할 때에는 농산물가격안정기금으로 농산물을 비축하거나 농산물의 출하를 약정하는 생산자에게 그 대금의 일부를 미리 지급하여 출하를 조절할 수 있다.

② **비축용 농산물의 수매** : 비축용 농산물은 생산자 및 생산자단체로부터 수매하여야 한다. 다만, 가격안정을 위하여 특히 필요하다고 인정할 때에는 도매시장 또는 공판장에서 수매하거나 수입할 수 있다.

③ 선물거래 : 농림축산식품부장관은 비축용 농산물을 수입하는 경우 국제가격의 급격한 변동에 대비하여야 할 필요가 있다고 인정할 때에는 선물거래를 할 수 있다.

④ 비축사업의 위탁(영 제12조)

㉠ 농림축산식품부장관은 다음에 해당하는 농산물의 비축사업 또는 출하조절사업(이하 비축사업등)을 농업협동조합중앙회 · 농협경제지주회사 · 산림조합중앙회 또는 한국농수산식품유통공사에 위탁하여 실시한다.

> 1. 비축용 농산물의 수매 · 수입 · 포장 · 수송 · 보관 및 판매
> 2. 비축용 농산물을 확보하기 위한 재배 · 양식 · 선매 계약의 체결
> 3. 농산물의 출하약정 및 선급금(先給金)의 지급
> 4. 위의 규정에 따른 사업의 정산

㉡ 농림축산식품부장관은 농산물의 비축사업등을 위탁할 때에는 다음의 사항을 정하여 위탁하여야 한다.

> 1. 대상농산물의 품목 및 수량
> 2. 대상농산물의 품질 · 규격 및 가격
> 3. 대상농산물의 안전성 확인 방법
> 4. 대상농산물의 판매방법 · 수매 또는 수입시기 등 사업실시에 필요한 사항

(2) 비축사업등의 비용처리(영 제14조) [기출▶ 18년]

① 비축사업등자금을 사용함에 있어서 그 경비를 산정하기 어려운 수매 · 판매 등에 관한 사업관리비와 비축사업등을 위탁한 경우 비축사업실시기관에 지급하는 비축사업등자금의 관리비는 농림축산식품부장관이 정하는 기준에 따라 산정되는 금액으로 한다.

② 비축사업등의 실시과정에서 발생한 농산물의 감모에 대해서는 농림축산식품부장관이 정하는 한도에서 비용으로 처리한다.

③ 화재 · 도난 · 침수 등의 사고로 인하여 비축한 농산물이 멸실 · 훼손 · 부패 또는 변질된 경우의 피해에 대해서는 비축사업실시기관이 변상한다. 다만, 그 사고가 불가항력으로 인한 것인 경우에는 기금에서 손비로 처리한다.

5. 농산물의 수입 추천과 이익금 징수

(1) 농산물의 수입 추천 등(법 제15조, 규칙 제13조)

① 수입 추천 : 「세계무역기구 설립을 위한 마라케쉬협정」에 따른 대한민국 양허표상의 시장접근물량에 적용되는 양허세율로 수입하는 농산물 중 다른 법률에서 달리 정하지 아니한 농산물을 수입하려는 자는 농림축산식품부장관의 추천을 받아야 한다.

② 추천업무의 대행 : 농림축산식품부장관은 농산물의 수입에 대한 추천업무를 농림축산식품부장관이 지정하는 비영리법인으로 하여금 대행하게 할 수 있다. 이 경우 품목별 추천물량 및 추천기준과 그 밖에 필요한 사항은 농림축산식품부장관이 정한다.

③ 추천신청 : 농산물을 수입하려는 자는 사용용도와 관세 · 통계통합품목분류표상의 품목번호, 품명, 수량, 총금액을 적어 수입 추천신청을 하여야 한다.

④ 추천 대상 농산물의 수입·판매 : 농림축산식품부장관은 필요하다고 인정할 때에는 추천 대상 농산물 중 농림축산식품부령으로 정하는 다음 품목의 농산물을 비축용 농산물로 수입하거나 생산자단체를 지정하여 수입하여 판매하게 할 수 있다.

> 1. 비축용 농산물로 수입·판매하게 할 수 있는 품목 : 고추·마늘·양파·생강·참깨
> 2. 생산자단체를 지정하여 수입·판매하게 할 수 있는 품목 : 오렌지·감귤류

(2) 수입이익금의 징수 등(법 제16조) 기출▶ 18년

① **수입이익금의 부과·징수** : 농림축산식품부장관은 추천을 받아 농산물을 수입하는 자 중 농림축산식품부령으로 정하는 품목의 농산물을 수입하는 자에 대하여 농림축산식품부령으로 정하는 바에 따라 국내가격과 수입가격 간의 차액의 범위에서 수입이익금을 부과·징수할 수 있다.

② 징수된 수입이익금 납입
  ㉠ 징수된 수입이익금은 농림축산식품부령으로 정하는 바에 따라 농산물가격안정기금에 납입하여야 한다.
  ㉡ 수입이익금을 납부하여야 하는 자는 수입이익금을 농림축산식품부장관이 고지하는 기한까지 기금에 납입하여야 한다. 이 경우 수입이익금이 1천만원 이하인 경우에는 신용카드, 직불카드 등으로 납입할 수 있다.

③ **미납 시 처리** : 수입이익금을 정하여진 기한까지 내지 아니하면 국세 체납처분의 예에 따라 징수할 수 있다.

④ **환급** : 농림축산식품부장관은 징수한 수입이익금이 과오납되는 등의 사유로 환급이 필요한 경우에는 농림축산식품부령으로 정하는 바에 따라 환급하여야 한다.

CORE 03 　농수산물도매시장

1. 농수산물도매시장의 개설

(1) 도매시장의 개설 등(법 제17조) 기출▶ 25년/ 22년/ 21년/ 19년/ 18년/ 11년/ 10년

① 도매시장의 개설
  ㉠ 도매시장은 대통령령으로 정하는 바에 따라 부류(部類)별로 또는 둘 이상의 부류를 종합하여 중앙도매시장의 경우에는 **특별시·광역시·특별자치시 또는 특별자치도가 개설**하고, 지방도매시장의 경우에는 **특별시·광역시·특별자치시·특별자치도 또는 시가 개설**한다. 다만, 시가 지방도매시장을 개설하려면 도지사의 **허가**를 받아야 한다.
  　　　　　　↳ 시·도가 개설(×)　　　　　　　　　　　　　　　시·군·구가 개설(×) ←┘
  　　　　　　　　　　　　　　　　　　　　　　　　　　　　　　　　　　　　　신고(×) ←┘

  ㉡ 시가 지방도매시장의 개설허가를 받으려면 농림축산식품부령 또는 해양수산부령으로 정하는 바에 따라 지방도매시장 개설허가 신청서에 업무규정과 운영관리계획서를 첨부하여 도지사에게 제출하여야 한다.

  ㉢ 특별시·광역시·특별자치시 또는 특별자치도가 도매시장을 개설하려면 미리 업무규정과 운영관리계획서를 작성하여야 하며, 중앙도매시장의 업무규정은 농림축산식품부장관 또는 해양수산부장관의 승인을 받아야 한다.
  　　　　　　　　　　　　　　　　　　　　　　　　　　　　　　　　　산업통상부장관(×) ←┘

  ㉣ 중앙도매시장의 개설자가 업무규정을 변경하는 때에는 농림축산식품부장관 또는 **해양수산부장관**의 승인을 받아야 하며, 지방도매시장의 개설자(시가 개설자인 경우만 해당)가 업무규정을 변경하는 때에는 **도지사**의 승인을 받아야 한다.
  　　　　　　　　　　　　　　　　　　　　　　　　　　　　　　　　　농림축산식품부(×) ←┘

② 도매시장 폐쇄
　㉠ 시가 지방도매시장을 폐쇄하려면 그 3개월 전에 도지사의 허가를 받아야 한다.
　㉡ 다만, 특별시·광역시·특별자치시 및 특별자치도가 도매시장을 폐쇄하는 경우에는 그 3개월 전에 이를 공고하여야 한다.

(2) 개설구역(법 제18조) 기출▶ 25년/ 15년
① 도매시장의 개설구역은 도매시장이 개설되는 특별시·광역시·특별자치시·특별자치도 또는 시의 관할구역으로 한다.
② 농림축산식품부장관 또는 해양수산부장관은 해당 지역에서의 농수산물의 원활한 유통을 위하여 필요하다고 인정할 때에는 도매시장의 개설구역에 인접한 일정 구역을 그 도매시장의 개설구역으로 편입하게 할 수 있다. 다만, 시가 개설하는 지방도매시장의 개설구역에 인접한 구역으로서 그 지방도매시장이 속한 도의 일정 구역에 대하여는 해당 도지사가 그 지방도매시장의 개설구역으로 편입하게 할 수 있다.

(3) 도매시장 개설자의 의무(법 제20조) 기출▶ 22년/ 13년/ 09년
　　　　　　　　　　　　　　　　　　　　　　→ 농수산물의 가격안정을 위한 비축용 농수산물의 수매(×)
① 도매시장 개설자는 거래 관계자의 편익과 소비자 보호를 위하여 다음의 사항을 이행하여야 한다.

> 1. 도매시장 시설의 정비·개선과 합리적인 관리
> 2. 경쟁 촉진과 공정한 거래질서의 확립 및 환경 개선
> 3. 상품성 향상을 위한 규격화, 포장 개선 및 선도(鮮度) 유지의 촉진

② 도매시장 개설자는 위의 사항을 효과적으로 이행하기 위하여 이에 대한 투자계획 및 거래제도 개선방안 등을 포함한 대책을 수립·시행하여야 한다.

2. 농수산물도매시장의 관리 및 운영

(1) 도매시장의 허가기준 등(법 제19조) 기출▶ 10년
① 도매시장의 허가기준 : 도지사는 시가 개설자인 경우로서 지방도매시장 허가신청의 내용이 다음의 요건을 갖춘 경우에는 이를 허가한다.

> 1. 도매시장을 개설하려는 장소가 농수산물 거래의 중심지로서 적절한 위치에 있을 것
> 2. 도매시장이 보유하여야 하는 시설의 기준에 적합한 시설을 갖추고 있을 것
> 3. 운영관리계획서의 내용이 충실하고 그 실현이 확실하다고 인정되는 것일 것

② 조건부 개설허가 : 도지사는 ①의 2에 따라 요구되는 시설이 갖추어지지 아니한 경우에는 일정한 기간 내에 해당 시설을 갖출 것을 조건으로 개설허가를 할 수 있다.
③ 도매시장의 직접개설 : 특별시·광역시·특별자치시 또는 특별자치도가 도매시장을 개설하려면 위의 요건을 모두 갖추어 개설하여야 한다.

(2) 도매시장의 관리(법 제21조) 기출▶ 15년
　　　　　　　　　　　　　　　　　　　　　　　　　　　　　농림수협중앙회(×) ←┐
① 도매시장 개설자는 소속 공무원으로 구성된 도매시장 관리사무소(이하 관리사무소)를 두거나 「지방공기업법」에 따른 지방공사(이하 관리공사), 공공출자법인 또는 한국농수산식품유통공사 중에서 시장관리자를 지정할 수 있다.

② 도매시장 개설자는 관리사무소 또는 시장관리자로 하여금 시설물관리, 거래질서 유지, 유통 종사자에 대한 지도·감독 등에 관한 업무 범위를 정하여 해당 도매시장 또는 그 개설구역에 있는 도매시장의 관리업무를 수행하게 할 수 있다.

(3) 도매시장의 운영 등(법 제22조) 기출▶ 25년/ 23년/ 19년

도매시장 개설자는 도매시장에 그 시설규모·거래액 등을 고려하여 적정 수의 도매시장법인·시장도매인 또는 중도매인을 두어 이를 운영하게 하여야 한다. 다만, 중앙도매시장의 개설자는 농림축산식품부령 또는 해양수산부령으로 정하는 부류(**청과부류**와 수산부류)에 대하여는 도매시장법인을 두어야 한다.
　↳ 양곡부류(×)

3. 도매시장법인

(1) 도매시장법인의 지정(법 제23조) 기출▶ 23년/ 22년/ 19년/ 15년/ 10년

① 도매시장법인의 지정 및 유효기간의 설정
　㉠ 도매시장법인은 도매시장 개설자가 부류별로 지정하되, 중앙도매시장에 두는 도매시장법인의 경우에는 **농림축산식품부장관 또는 해양수산부장관과 협의하여 지정한다**. → 도매시장개설자와 협의하여 지정한다(×)
　㉡ ㉠의 후단에 따라 협의하여 지정하는 중앙도매시장에 두는 도매시장법인의 경우에는 5년 이상 10년 이하의 범위에서 지정 유효기간을 설정할 수 있다.

② 도매시장법인의 주주 및 임직원의 사업제한
　㉠ 원칙 : 도매시장법인의 주주 및 임직원은 해당 도매시장법인의 업무와 경합되는 도매업 또는 중도매업을 하여서는 아니 된다.
　㉡ 예외 : 도매시장법인이 다른 도매시장법인의 주식 또는 지분을 과반수 이상 양수(이하 인수)하고 양수법인의 주주 또는 임직원이 양도법인의 주주 또는 임직원의 지위를 겸하게 된 경우 그러하지 아니하다.

③ 도매시장법인의 요건 : 도매시장법인이 될 수 있는 자는 다음의 요건을 갖춘 법인이어야 한다.

> 1. 해당 부류의 도매업무를 효과적으로 수행할 수 있는 지식과 도매시장 또는 공판장 업무에 2년 이상 종사한 경험이 있는 업무집행 담당 임원이 2명 이상 있을 것
> 2. 임원 중 이 법을 위반하여 금고 이상의 실형을 선고받고 그 형의 집행이 끝나거나(집행이 끝난 것으로 보는 경우를 포함) 집행이 면제된 후 2년이 지나지 아니한 사람이 없을 것
> 3. 임원 중 파산선고를 받고 복권되지 아니한 사람이나 피성년후견인 또는 피한정후견인이 없을 것
> 4. 임원 중 도매시장법인의 지정취소처분의 원인이 되는 사항에 관련된 사람이 없을 것
> 5. 거래규모, 순자산액 비율 및 거래보증금 등 도매시장 개설자가 업무규정으로 정하는 일정 요건을 갖출 것

④ 일부 요건 미비 시 유예기간 : 도매시장법인이 지정된 후 ③의 1에 해당하는 요건을 갖추지 아니하게 되었을 때에는 3개월 이내에 해당 요건을 갖추어야 한다.

⑤ 임원의 해임 : 도매시장법인은 해당 임원이 ③의 2부터 ④까지의 어느 하나에 해당하는 요건을 갖추지 아니하게 되었을 때에는 그 임원을 지체 없이 해임하여야 한다.

⑥ 그 밖의 필요한 사항 : 도매시장법인의 지정절차와 그 밖에 지정에 필요한 사항은 대통령령으로 정한다.

(2) 도매시장법인의 인수·합병(법 제23조의2) 기출▶ 25년/ 22년/ 19년/ 15년

① 도매시장법인의 인수·합병 승인 : 도매시장법인이 다른 도매시장법인을 인수하거나 합병하는 경우에는 해당 **도매시장 개설자의 승인을 받아야 한다**. → 도매시장 개설자에게 신고해야 한다(×)

② **인수·합병 승인 거부의 금지** : 도매시장 개설자는 다음의 어느 하나에 해당하는 경우를 제외하고는 인수 또는 합병을 승인하여야 한다.

> 1. 인수 또는 합병의 당사자인 도매시장법인이 갖춰야 할 요건을 갖추지 못한 경우
> 2. 그 밖에 이 법 또는 다른 법령에 따른 제한에 위반되는 경우

③ **인수·합병의 효력** : 합병을 승인하는 경우 합병을 하는 도매시장법인은 합병이 되는 도매시장법인의 지위를 승계한다.
④ **그 밖의 필요한 사항** : 도매시장법인의 인수·합병승인절차 등에 관하여 필요한 사항은 농림축산식품부령 또는 해양수산부령으로 정한다.

(3) 도매시장법인의 영업제한 및 공시(법 제35조, 제35조의2) 기출▶ 10년

① **도매시장법인의 영업제한** : 도매시장법인은 도매시장 외의 장소에서 농수산물의 판매업무를 하지 못한다.
② **도매시장 반입 불가능 거래물품** : 도매시장법인은 다음의 어느 하나에 해당하는 경우에는 해당 거래물품을 도매시장으로 반입하지 아니할 수 있다.

> 1. 도매시장 개설자의 사전승인을 받아 전자거래 방식으로 하는 경우(온라인에서 경매 방식으로 거래하는 경우를 포함)
> 2. 농림축산식품부령 또는 해양수산부령으로 정하는 일정 기준 이상의 시설에 보관·저장 중인 거래 대상 농수산물의 견본을 도매시장에 반입하여 거래하는 것에 대하여 도매시장 개설자가 승인한 경우

③ **사업 겸영 금지 및 제한**
　㉠ 도매시장법인은 농수산물 판매업무 외의 사업을 겸영하지 못한다. 다만, 농수산물의 선별·포장·가공·제빙·보관·후숙·저장·수출입 등의 사업은 농림축산식품부령 또는 해양수산부령으로 정하는 바에 따라 겸영할 수 있다.
　㉡ 도매시장 개설자는 산지 출하자와의 업무 경합 또는 과도한 겸영사업으로 인하여 도매시장법인의 도매업무가 약화될 우려가 있는 경우에는 대통령령으로 정하는 바에 따라 겸영사업을 1년 이내의 범위에서 제한할 수 있다.
④ **도매시장법인 등의 공시** : 도매시장법인 또는 시장도매인은 출하자와 소비자의 권익보호를 위하여 거래물량, 가격정보 및 재무상황 등을 공시하여야 한다.

CORE 04 중도매업과 경매사, 산지유통인 및 시장도매인

1. 중도매업과 경매사

(1) 중도매업의 허가(법 제25조, 규칙 제19조) 기출▶ 24년/ 20년

① **중도매업의 허가**
　㉠ 중도매인의 업무를 하려는 자는 부류별로 해당 도매시장 개설자의 허가를 받아야 한다.
　㉡ 도매시장 개설자는 허가의 결격사유에 해당하는 경우와 이 법 또는 다른 법령에 따른 제한에 위반되는 경우를 제외하고는 허가 및 갱신허가를 하여야 한다.
② **허가의 결격사유** : 다음의 어느 하나에 해당하는 자는 중도매업의 허가를 받을 수 없다.

> 1. 파산선고를 받고 복권되지 아니한 사람이나 피성년후견인
> 2. 이 법을 위반하여 금고 이상의 실형을 선고받고 그 형의 집행이 끝나거나(집행이 끝난 것으로 보는 경우를 포함) 면제되지 아니한 사람
> 3. 중도매업의 허가가 취소(파산선고를 받고 복권되지 아니한 사람이나 피성년후견인에 해당하여 취소된 경우는 제외)된 날부터 2년이 지나지 아니한 자
> 4. 도매시장법인의 주주 및 임직원으로서 해당 도매시장법인의 업무와 경합되는 중도매업을 하려는 자
> 5. 임원 중에 1부터 4까지의 어느 하나에 해당하는 사람이 있는 법인
> 6. 최저거래금액 및 거래대금의 지급보증을 위한 보증금 등 도매시장 개설자가 업무규정으로 정한 허가조건을 갖추지 못한 자

③ 임원의 해임 : 법인인 중도매인은 임원이 위의 ② 5에 해당하게 되었을 때는 그 임원을 지체 없이 해임하여야 한다.
④ 중도매인의 금지 행위 : 중도매인은 다음의 행위를 하여서는 아니 된다.

> 1. 다른 중도매인 또는 매매참가인의 거래 참가를 방해하는 행위를 하거나 집단적으로 농수산물의 경매 또는 입찰에 불참하는 행위
> 2. 다른 사람에게 자기의 성명이나 상호를 사용하여 중도매업을 하게 하거나 그 허가증을 빌려 주는 행위

⑤ 허가 유효기간의 설정 : 도매시장 개설자는 중도매업의 허가를 하는 경우 5년 이상 10년 이하의 범위에서 허가 유효기간을 설정할 수 있다. 다만, **법인이 아닌 중도매인**은 3년 이상 10년 이하의 범위에서 허가 유효기간을 설정할 수 있다.
　　　↳ 법인인 중도매인(×)
⑥ 갱신허가
　㉠ 허가 유효기간이 만료된 후 계속하여 중도매업을 하려는 자는 갱신허가를 받아야 한다.
　㉡ 중도매업의 갱신허가를 받으려는 자는 허가의 유효기간이 만료되기 30일 전까지 도매시장의 개설자가 정하는 갱신허가신청서에 다음의 서류를 첨부하여 도매시장의 개설자에게 제출해야 한다.

> 1. 허가증 원본
> 2. 개인의 경우 : 은행의 잔액증명서
> 3. 법인의 경우
>   • 주주명부(변경사항이 있는 경우에만 해당)
>   • 해당 법인의 직전 회계연도의 재무제표 및 그 부속서류

　㉢ 도매시장의 개설자는 갱신허가를 한 경우에는 유효기간이 만료되는 허가증을 회수한 후 새로운 허가증을 발급하여야 한다.
⑦ 중도매인의 업무 범위 등의 특례 : 허가를 받은 중도매인은 도매시장에 설치된 공판장(이하 도매시장공판장)에서도 그 업무를 할 수 있다(법 제26조).

(2) 매매참가인의 신고(법 제25조의3) 기출▶ 16년

매매참가인의 업무를 하려는 자는 농림축산식품부령 또는 해양수산부령으로 정하는 바에 따라 도매시장·공판장 또는 민영도매시장의 개설자에게 매매참가인으로 신고하여야 한다.

(3) 경매사의 임면(법 제27조, 규칙 제20조) 기출▶ 20년/ 18년

① 경매사의 확보 : 도매시장법인은 도매시장에서의 공정하고 신속한 거래를 위하여 일정 수 이상의 경매사(2명 이상으로 하되, 도매시장법인별 연간 거래물량 등을 고려하여 업무규정으로 그 수를 정함)를 두어야 한다.

② **경매사 임명 및 결격사유** : 경매사는 경매사 자격시험에 합격한 사람으로서 다음의 어느 하나에 해당하지 아니한 사람 중에서 임명하여야 한다.

> 1. 피성년후견인 또는 피한정후견인
> 2. 이 법 또는 「형법」 제129조부터 제132조까지의 죄(수뢰·사전수뢰, 제삼자 뇌물제공, 수뢰 후 부정 처사·사후수뢰, 알선수뢰) 중 어느 하나에 해당하는 죄를 범하여 금고 이상의 실형을 선고받고 그 형의 집행이 끝나거나(집행이 끝난 것으로 보는 경우를 포함) 집행이 면제된 후 2년이 지나지 아니한 사람
> 3. 이 법 또는 「형법」 제129조부터 제132조까지의 죄 중 어느 하나에 해당하는 죄를 범하여 금고 이상의 형의 집행유예를 선고받거나 선고유예를 받고 그 유예기간 중에 있는 사람
> 4. 해당 도매시장의 시장도매인, 중도매인, 산지유통인 또는 그 임직원
> 5. 면직된 후 2년이 지나지 아니한 사람
> 6. 업무정지기간 중에 있는 사람

③ **경매사의 면직** : 도매시장법인은 경매사가 ②의 1부터 4까지의 어느 하나에 해당하는 경우에는 그 **경매사를 면직**하여야 한다.

> 경매사가 해당 도매시장의 산지유통인이 된 경우 면직하여야 한다(○)

④ **경매사 임면사실의 신고 및 게시**
  ㉠ 도매시장법인이 경매사를 임면(任免)하였을 때에는 임면한 날부터 30일 이내에 도매시장 개설자에게 신고하여야 한다.
  ㉡ 도매시장 개설자는 농림축산식품부장관 또는 해양수산부장관이 지정하여 고시한 인터넷 홈페이지에 그 내용을 게시하여야 한다.

(4) 경매사의 업무 등(법 제28조)

① 경매사는 다음의 업무를 수행한다.
  ㉠ 도매시장법인이 상장한 농수산물에 대한 경매 우선순위의 결정
  ㉡ 도매시장법인이 상장한 농수산물에 대한 가격평가
  ㉢ 도매시장법인이 상장한 농수산물에 대한 경락자의 결정
  ㉣ 도매시장법인이 상장한 농수산물의 정가매매·수의매매에 대한 협상 및 중재
② 경매사는 「형법」 제129조부터 제132조까지의 규정을 적용할 때에는 공무원으로 본다.

2. 산지유통인 및 시장도매인

(1) 산지유통인의 등록(법 제29조) 기출▶ 12년

① **산지유통인의 등록 등** : 농수산물을 수집하여 도매시장에 출하하려는 자는 농림축산식품부령 또는 해양수산부령으로 정하는 바에 따라 부류별로 도매시장 개설자에게 등록하여야 한다. 다만, 다음의 어느 하나에 해당하는 경우에는 그러하지 아니하다.

> 1. 생산자단체가 구성원의 생산물을 출하하는 경우
> 2. 도매시장법인이 해당 규정(법 제31조 제1항 단서)에 따라 직접 매수한 농수산물을 상장하는 경우
> 3. 중도매인이 해당 규정(제31조 제2항 단서)에 따라 비상장 농수산물을 매매하는 경우
> 4. 시장도매인이 해당 규정(제37조)에 따라 매매하는 경우
> 5. 그 밖에 농림축산식품부령 또는 해양수산부령으로 정하는 경우

② 산지유통인 업무의 금지 : 도매시장법인, 중도매인 및 이들의 주주 또는 임직원은 해당 도매시장에서 산지유통인의 업무를 하여서는 아니 된다.

③ 등록의 결격사유 : 도매시장 개설자는 이 법 또는 다른 법령에 따른 제한에 위반되는 경우를 제외하고는 등록을 하여 주어야 한다.

④ 산지유통인에게 금지되는 업무 : 산지유통인은 등록된 도매시장에서 농수산물의 출하업무 외의 **판매 · 매수 또는 중개 업무를 하여서는 아니 된다.** → 중개업무를 병행할 수 있다(×)

⑤ 미등록자에 대한 조치 : 도매시장 개설자는 등록을 하여야 하는 자가 등록을 하지 아니하고 산지유통인의 업무를 하는 경우에는 도매시장에의 출입을 금지 · 제한하거나 그 밖에 필요한 조치를 할 수 있다.

⑥ 공정거래 촉진을 위한 지원 : 국가나 지방자치단체는 산지유통인의 공정한 거래를 촉진하기 위하여 필요한 지원을 할 수 있다.

(2) 수탁판매의 원칙(법 제31조) 기출▶ 20년/ 12년

① 도매시장에서 도매시장법인이 하는 도매는 출하자로부터 위탁을 받아서 하여야 한다. 다만, 농림축산식품부령 또는 해양수산부령으로 정하는 특별한 사유가 있는 경우에는 매수하여 도매할 수 있다.

② 중도매인은 도매시장법인이 상장한 농수산물 외의 농수산물은 거래할 수 없다. 다만, 농림축산식품부령 또는 해양수산부령으로 정하는 도매시장법인이 상장하기에 적합하지 아니한 농수산물과 그 밖에 이에 준하는 농수산물로서 그 품목과 기간을 정하여 도매시장 개설자로부터 허가를 받은 농수산물의 경우에는 그러하지 아니하다.

③ 중도매인이 ② 단서에 해당하는 물품을 농수산물 전자거래소에서 거래하는 경우에는 그 물품을 도매시장으로 반입하지 아니할 수 있다.

④ 중도매인은 도매시장법인이 상장한 농수산물을 농림축산식품부령 또는 해양수산부령으로 정하는 연간 거래액의 범위에서 해당 도매시장의 다른 중도매인과 거래하는 경우를 제외하고는 다른 중도매인과 농수산물을 거래할 수 없다.

⑤ 중도매인 간 거래액은 최저거래금액 산정 시 포함하지 아니한다.

⑥ 해당 도매시장의 다른 중도매인과 농수산물을 거래한 중도매인은 농림축산식품부령 또는 해양수산부령으로 정하는 바에 따라 그 거래 내역을 도매시장 개설자에게 통보하여야 한다.

(3) 시장도매인의 지정(법 제36조) 기출▶ 19년

① 시장도매인의 지정 및 유효기간의 설정 : 시장도매인은 도매시장 개설자가 부류별로 지정한다. 이 경우 5년 이상 10년 이하의 범위에서 지정 유효기간을 설정할 수 있다.

② 시장도매인의 지정 요건 : 시장도매인이 될 수 있는 자는 다음의 요건을 갖춘 법인이어야 한다.

> 1. 임원 중 이 법을 위반하여 금고 이상의 실형을 선고받고 그 형의 집행이 끝나거나(집행이 끝난 것으로 보는 경우를 포함) 집행이 면제된 후 2년이 지나지 아니한 사람이 없을 것
> 2. 임원 중 해당 도매시장에서 시장도매인의 업무와 경합되는 도매업 또는 중도매업을 하는 사람이 없을 것
> 3. 임원 중 파산선고를 받고 복권되지 아니한 사람이나 피성년후견인 또는 피한정후견인이 없을 것
> 4. 임원 중 시장도매인의 지정취소처분의 원인이 되는 사항에 관련된 사람이 없을 것
> 5. 거래규모, 순자산액 비율 및 거래보증금 등 도매시장 개설자가 업무규정으로 정하는 일정 요건을 갖출 것

③ 임원의 해임 : 시장도매인은 해당 임원이 ②의 1부터 4까지의 어느 하나에 해당하는 요건을 갖추지 아니하게 되었을 때에는 그 임원을 지체 없이 해임하여야 한다.

④ 그 밖의 필요한 사항 : 시장도매인의 지정절차와 그 밖에 지정에 필요한 사항은 대통령령으로 정한다.

(4) 시장도매인의 영업(법 제37조) 기출▶ 19년/ 12년

① 시장도매인은 도매시장에서 농수산물을 매수 또는 위탁받아 도매하거나 매매를 중개할 수 있다(원칙). 다만, 도매시장 개설자는 거래질서의 유지를 위하여 필요하다고 인정하는 경우 등 농림축산식품부령 또는 해양수산부령으로 정하는 경우에는 품목과 기간을 정하여 시장도매인이 농수산물을 위탁받아 도매하는 것을 제한 또는 금지할 수 있다(예외).
② 시장도매인은 해당 도매시장의 도매시장법인·중도매인에게 농수산물을 판매하지 못한다.

CORE 05 농수산물공판장 및 민영농수산물도매시장 등

1. 공판장과 민영도매시장의 개설

(1) 공판장의 개설(법 제43조, 규칙 제40조) 기출▶ 25년/ 24년/ 21년

① 공판장 개설승인 : 농림수협등, 생산자단체 또는 공익법인이 공판장을 개설하려면 시·도지사의 승인을 받아야 한다.
② 공판장의 개설승인 절차
  ㉠ 서류의 제출 : 농림수협등, 생산자단체 또는 공익법인이 공판장의 개설승인을 받으려면 공판장 개설승인 신청서에 업무규정과 운영관리계획서 등 승인에 필요한 다음의 서류를 첨부하여 시·도지사에게 제출하여야 한다.

> 1. 공판장의 업무규정(단, 도매시장의 업무규정에서 이를 정하는 도매시장공판장의 경우는 제외)
> 2. 운영관리계획서

  ㉡ 업무규정 변경 보고 : 공판장 개설자가 업무규정을 변경한 경우에는 이를 특별시장·광역시장·특별자치시장·도지사 또는 특별자치도지사(이하 시·도지사)에게 보고하여야 한다.
③ 개설승인 제외사항 : 시·도지사는 신청이 다음의 어느 하나에 해당하는 경우를 제외하고는 승인을 하여야 한다.

> 1. 공판장을 개설하려는 장소가 교통체증을 유발할 수 있는 위치에 있는 경우
> 2. 공판장의 시설이 기준에 적합하지 아니한 경우
> 3. 운영관리계획서의 내용이 실현 가능하지 아니한 경우
> 4. 그 밖에 이 법 또는 다른 법령에 따른 제한에 위반되는 경우

(2) 공판장의 거래 관계자(법 제44조) 기출▶ 25년/ 24년/ 21년

① 공판장에는 중도매인, 매매참가인, 산지유통인 및 경매사를 둘 수 있다.
② 공판장의 중도매인은 공판장의 개설자가 지정한다.
③ 농수산물을 수집하여 공판장에 출하하려는 자는 공판장의 개설자에게 산지유통인으로 등록하여야 한다.
④ 공판장의 경매사는 공판장의 개설자가 임면한다.

(3) 도매시장공판장의 운영 등에 관한 특례(법 제46조) 기출▶ 25년

도매시장공판장은 농림수협등의 유통자회사(流通子會社)로 하여금 **운영하게 할 수 있다.**
↳ 운영할 수 없다(×)

(4) 민영도매시장의 개설(법 제47조) 기출▶ 23년/ 16년

① **민영도매시장의 개설허가** : 민간인등이 특별시 · 광역시 · 특별자치시 · 특별자치도 또는 시 지역에 민영도매시장을 개설하려면 시 · 도지사의 허가를 받아야 한다.
　↳ 농림축산식품부장관의 허가(×)

② **서류의 제출** : 민간인등이 민영도매시장의 개설허가를 받으려면 농림축산식품부령 또는 해양수산부령으로 정하는 바에 따라 민영도매시장 개설허가 신청서에 업무규정과 운영관리계획서를 첨부하여 시 · 도지사에게 제출하여야 한다.

③ **개설허가의 결격사유** : 시 · 도지사는 다음의 어느 하나에 해당하는 경우를 제외하고는 허가하여야 한다.

> 1. 민영도매시장을 개설하려는 장소가 교통체증을 유발할 수 있는 위치에 있는 경우
> 2. 민영도매시장의 시설이 기준에 적합하지 아니한 경우
> 3. 운영관리계획서의 내용이 실현 가능하지 아니한 경우
> 4. 그 밖에 이 법 또는 다른 법령에 따른 제한에 위반되는 경우

④ **개설허가 처리기한**
　㉠ 시 · 도지사는 민영도매시장 개설허가의 신청을 받은 경우 신청서를 받은 날부터 30일 이내에 허가 여부 또는 허가 처리 지연 사유를 신청인에게 통보하여야 한다.
　㉡ 이 경우 허가 처리기간에 허가 여부 또는 허가처리 지연 사유를 통보하지 아니하면 허가 처리기간의 마지막 날의 다음 날에 허가를 한 것으로 본다.　마지막 날(×)

⑤ **허가 처리기한의 연장** : 시 · 도지사는 허가처리 지연 사유를 통보하는 경우에는 허가 처리기간을 10일 범위에서 한 번만 연장할 수 있다.

(5) 민영도매시장의 운영 등(법 제48조) 기출▶ 23년/ 16년

① 민영도매시장의 개설자는 중도매인, 매매참가인, 산지유통인 및 경매사를 두어 직접 운영하거나 시장도매인을 두어 이를 운영하게 할 수 있다.
② 민영도매시장의 중도매인은 민영도매시장의 개설자가 지정한다.
③ 농수산물을 수집하여 민영도매시장에 출하하려는 자는 민영도매시장의 개설자에게 산지유통인으로 등록하여야 한다.
④ 민영도매시장의 경매사는 민영도매시장의 개설자가 임면한다.
⑤ 민영도매시장의 시장도매인은 민영도매시장의 개설자가 지정한다.

2. 산지판매제도, 농수산물집하장 등

(1) 산지판매제도의 확립(법 제49조)

① 농림수협등 또는 공익법인은 생산지에서 출하되는 주요 품목의 농수산물에 대하여 산지경매제를 실시하거나 계통 출하를 확대하는 등 생산자 보호를 위한 판매대책 및 선별 · 포장 · 저장 시설의 확충 등 산지 유통대책을 수립 · 시행하여야 한다.
② 농림수협등 또는 공익법인은 경매 또는 입찰의 방법으로 창고경매, 포전경매 또는 선상경매 등을 할 수 있다.

(2) 농수산물집하장의 설치 · 운영(법 제50조, 영 제20조) 기출▶ 14년

① 생산자단체 또는 공익법인은 농수산물을 대량 소비지에 직접 출하할 수 있는 유통체제를 확립하기 위하여 필요한 경우에는 농수산물집하장을 설치 · 운영할 수 있다.

② 국가와 지방자치단체는 농수산물집하장의 효과적인 운영과 생산자의 출하편의를 도모할 수 있도록 그 입지 선정과 도로망의 개설에 협조하여야 한다.

③ 생산자단체 또는 공익법인은 운영하고 있는 농수산물집하장 중 공판장의 시설기준을 갖춘 집하장을 시·도지사의 승인을 받아 공판장으로 운영할 수 있다.

④ 지역농업협동조합, 지역축산업협동조합, 품목별·업종별협동조합, 조합공동사업법인, 품목조합연합회, 산림조합 및 수산업협동조합과 그 중앙회(농협경제지주회사 포함)나 생산자 관련 단체 또는 공익법인이 농수산물집하장을 설치·운영하려는 경우에는 농수산물의 출하 및 판매를 위하여 필요한 적정 시설을 갖추어야 한다.

⑤ 농업협동조합중앙회·산림조합중앙회·수산업협동조합중앙회의 장 및 농협경제지주회사의 대표이사는 농수산물집하장의 설치와 운영에 필요한 기준을 정하여야 한다.

(3) 농수산물산지유통센터의 설치·운영(법 제51조)

① 국가나 지방자치단체는 농수산물의 선별·포장·규격출하·가공·판매 등을 촉진하기 위하여 농수산물산지유통센터를 설치하여 운영하거나 이를 설치하려는 자에게 부지 확보 또는 시설물 설치 등에 필요한 지원을 할 수 있다.

② 국가나 지방자치단체는 농수산물산지유통센터의 운영을 생산자단체 또는 전문유통업체에 위탁할 수 있다.

(4) 포전매매의 계약(법 제53조) 기출 10년

① **포전매매 계약 방식** : 농림축산식품부장관이 정하는 채소류 등 저장성이 없는 농산물의 포전매매(생산자가 수확하기 이전의 경작상태에서 면적단위 또는 수량단위로 매매하는 것을 말함)의 계약은 서면에 의한 방식으로 하여야 한다.

② **포전매매 계약 해제** : 농산물의 포전매매의 계약은 특약이 없으면 매수인이 그 농산물을 계약서에 적힌 반출 약정일부터 10일 이내에 반출하지 아니한 경우에는 그 기간이 지난날에 계약이 해제된 것으로 본다. 다만, 매수인이 반출약정일이 지나기 전에 반출 지연 사유와 반출 예정일을 서면으로 통지한 경우에는 그러하지 아니하다.

③ **표준계약서에 의한 계약** : 농림축산식품부장관은 포전매매의 계약에 필요한 표준계약서를 정하여 보급하고 그 사용을 권장할 수 있으며, 계약당사자는 표준계약서에 준하여 계약하여야 한다.

④ **포전매매 계약의 신고** : 농림축산식품부장관과 지방자치단체의 장은 생산자 및 소비자의 보호나 농산물의 가격 및 수급의 안정을 위하여 특히 필요하다고 인정할 때에는 대상 품목, 대상 지역 및 신고기간 등을 정하여 계약 당사자에게 포전매매 계약의 내용을 신고하도록 할 수 있다.

CORE 06 농산물가격안정기금 및 유통기구의 정비

1. 농산물가격안정기금

(1) 기금의 설치와 조성(법 제54조, 제55조, 제56조)

① **기금의 설치** : 정부는 농산물(축산물 및 임산물을 포함)의 원활한 수급과 가격안정을 도모하고 유통구조의 개선을 촉진하기 위한 재원을 확보하기 위하여 농산물가격안정기금(이하 기금)을 설치한다.

② **기금의 조성**

㉠ 기금은 정부의 출연금, 기금 운용에 따른 수익금, 몰수농산물 등의 처분으로 발생하는 비용 또는 매각·공매 대금, 수입이익금 및 다른 법률의 규정에 따라 납입되는 금액, 다른 기금으로부터의 출연금의 재원으로 조성한다.

ⓒ 농림축산식품부장관은 기금의 운영에 필요하다고 인정할 때에는 기금의 부담으로 한국은행 또는 다른 기금으로부터 자금을 차입할 수 있다.

③ 기금의 운용·관리
㉠ 기금은 국가회계원칙에 따라 농림축산식품부장관이 운용·관리한다.
㉡ 기금의 운용·관리에 관한 농림축산식품부장관의 업무는 대통령령으로 정하는 바에 따라 그 일부를 국립종자원장과 한국농수산식품유통공사의 장에게 위임 또는 위탁할 수 있다.

(2) 기금의 용도(법 제57조, 영 제23조) 기출▶ 22년/ 16년

① 기금은 다음의 사업을 위하여 필요한 경우에 융자 또는 대출할 수 있다.

> 1. 농산물의 가격조절과 생산·출하의 장려 또는 조절
> 2. **농산물의 수출 촉진** → 대출할 수 없다(×)
> 3. 농산물의 보관·관리 및 가공
> 4. 도매시장, 공판장, 민영도매시장 및 경매식 집하장(농수산물집하장 중 경매 또는 입찰의 방법으로 농수산물을 판매하는 집하장을 말함)의 출하촉진·거래대금정산·운영 및 시설설치
> 5. 농산물의 상품성 향상
> 6. 그 밖에 농림축산식품부장관이 농산물의 유통구조 개선, 가격안정 및 종자산업의 진흥을 위하여 필요하다고 인정하는 사업

② 기금은 다음의 사업을 위하여 지출한다.

> 1. 「농수산자조금의 조성 및 운용에 관한 법률」에 따른 농수산자조금에 대한 출연 및 지원
> 2. 과잉생산 시의 생산자 보호, 몰수농산물 등의 이관, 비축사업 등 및 「종자산업법」의 품종목록 등재품종 등의 종자 생산에 따른 사업 및 그 사업의 관리
> 3. 유통명령 이행자에 대한 지원
> 4. 기금이 관리하는 유통시설의 설치·취득 및 운영
> 5. 도매시장 시설현대화 사업 지원
> 6. 그 밖에 대통령령으로 정하는 농산물의 유통구조 개선 및 가격안정과 종자산업의 진흥을 위하여 필요한 사업

> **대통령령으로 정하는 기금의 지출대상사업(영 제23조)**
> 1. 농산물의 가공·포장 및 저장기술의 개발, 브랜드 육성, 저온유통, 유통정보화 및 물류 표준화의 촉진
> 2. 농산물의 유통구조 개선 및 가격안정사업과 관련된 조사·연구·홍보·지도·교육훈련 및 해외시장개척
> 3. 종자산업의 진흥과 관련된 우수 종자의 품종육성·개발, 우수 유전자원의 수집 및 조사·연구
> 4. **식량작물과 축산물을 제외한** 농산물의 유통구조 개선을 위한 생산자의 공동이용시설에 대한 지원
>   → 식량작물과 축산물의(×)
> 5. 농산물 가격안정을 위한 안전성 강화와 관련된 조사·연구·홍보·지도·교육훈련 및 검사·분석시설 지원

③ 기금의 융자를 받을 수 있는 자는 농업협동조합중앙회(농협경제지주회사 및 그 자회사를 포함), 산림조합중앙회 및 한국농수산식품유통공사로 한다.
④ 대출을 받을 수 있는 자는 농림축산식품부장관이 사업을 효율적으로 시행할 수 있다고 인정하는 자로 한다.
⑤ 기금의 대출에 관한 농림축산식품부장관의 업무는 기금의 융자를 받을 수 있는 자에게 위탁할 수 있다.
⑥ 기금을 융자받거나 대출받은 자는 융자 또는 대출을 할 때에 지정한 목적 외의 목적에 그 융자금 또는 대출금을 사용할 수 없다.

2. 농수산물 유통기구의 정비

(1) 정비 기본방침 등(법 제62조, 제63조) 기출▶ 13년/11년

① 정비 기본방침 수립·고시 : 농림축산식품부장관 또는 해양수산부장관은 농수산물의 원활한 수급과 유통질서를 확립하기 위하여 필요한 경우에는 다음의 사항을 포함한 농수산물 유통기구 정비기본방침(이하 기본방침)을 수립하여 고시할 수 있다.

> 1. 시설기준에 미달하거나 거래물량에 비하여 시설이 부족하다고 인정되는 도매시장·공판장 및 민영도매시장의 시설 정비에 관한 사항
> 2. 도매시장·공판장 및 민영도매시장 시설의 바꿈 및 이전에 관한 사항
> 3. 중도매인 및 경매사의 가격조작 방지에 관한 사항
> 4. 생산자와 소비자 보호를 위한 유통기구의 봉사(奉仕) 경쟁체제의 확립과 유통 경로의 단축에 관한 사항
> 5. 운영 실적이 부진하거나 휴업 중인 도매시장의 정비 및 도매시장법인이나 시장도매인의 교체에 관한 사항
> 6. 소매상의 시설 개선에 관한 사항

② 지역별 정비계획
  ㉠ 시·도지사는 기본방침이 고시되었을 때에는 그 기본방침에 따라 지역별 정비계획을 수립하고 농림축산식품부장관 또는 해양수산부장관의 승인을 받아 그 계획을 시행하여야 한다.
  ㉡ 농림축산식품부장관 또는 해양수산부장관은 지역별 정비계획의 내용이 기본방침에 부합되지 아니하거나 사정의 변경 등으로 실효성이 없다고 인정하는 경우에는 그 일부를 수정 또는 보완하여 승인할 수 있다.

(2) 유사 도매시장의 정비(법 제64조, 규칙 제43조) 기출▶ 11년

① 유사 도매시장 정비계획 수립·시행
  ㉠ 시·도지사는 농수산물의 공정거래질서 확립을 위하여 필요한 경우에는 농수산물도매시장과 유사한 형태의 시장을 정비하기 위하여 유사 도매시장구역을 지정한다.
  ㉡ 시·도지사는 농림축산식품부령 또는 해양수산부령으로 정하는 바에 따라 지정한 유사 도매시장 구역의 농수산물도매업자의 거래방법 개선, 시설 개선, 이전대책 등에 관한 정비계획을 수립·시행할 수 있다.
  ㉢ 시·도지사는 다음의 지역에 있는 유사 도매시장의 정비계획을 수립하여야 한다.

> 1. 특별시·광역시
> 2. 국고 지원으로 도매시장을 건설하는 지역
> 3. 그 밖에 시·도지사가 농수산물의 공공거래질서 확립을 위하여 특히 필요하다고 인정하는 지역

② 유사 도매시장 정비 계획 운영
  ㉠ 특별시·광역시·특별자치시·특별자치도 또는 시는 정비계획에 따라 유사 도매시장구역에 도매시장을 개설하고, 그 구역의 농수산물도매업자를 도매시장법인 또는 시장도매인으로 지정하여 운영하게 할 수 있다.
  ㉡ 농림축산식품부장관 또는 해양수산부장관은 시·도지사로 하여금 정비계획의 내용을 수정 또는 보완하게 할 수 있으며, 정비계획의 추진에 필요한 지원을 할 수 있다.

ⓒ 유사 도매시장의 정비계획에 포함되어야 할 사항은 다음과 같다.

> 1. 유사 도매시장구역으로 지정하려는 구체적인 지역의 범위
> 2. 1의 지역에 있는 농수산물도매업자의 거래방법의 개선방안
> 3. 유사 도매시장의 시설 개선 및 이전대책
> 4. 3에 따른 대책을 시행하는 경우의 대상자 선발기준

(3) 시장의 개설 · 정비 명령(법 제65조, 영 제33조) 기출▶ 11년

① **통합 · 이전 또는 폐쇄 명령**
ⓐ 농림축산식품부장관 또는 해양수산부장관은 기본방침을 효과적으로 수행하기 위하여 필요하다고 인정할 때에는 도매시장 · 공판장 및 민영도매시장의 개설자에 대하여 대통령령으로 정하는 바에 따라 도매시장 · 공판장 및 민영도매시장의 통합 · 이전 또는 폐쇄를 명할 수 있다.
ⓑ 농림축산식품부장관 또는 해양수산부장관이 도매시장, 농수산물공판장 및 민영농수산물도매시장의 통합 · 이전 또는 폐쇄를 명령하려는 경우에는 그에 필요한 적정한 기간을 두어야 하며, 다음의 사항을 비교 · 검토하여 조건이 불리한 시장을 통합 · 이전 또는 폐쇄하도록 해야 한다.

> 1. 최근 2년간의 거래 실적과 거래 추세
> 2. 입지조건
> 3. 시설현황
> 4. 통합 · 이전 또는 폐쇄로 인하여 당사자가 입게 될 손실의 정도

ⓒ 농림축산식품부장관 또는 해양수산부장관은 도매시장 · 공판장 및 민영도매시장의 통합 · 이전 또는 폐쇄를 명령하려는 경우에는 미리 관계인에게 위의 사항에 대하여 소명을 하거나 의견을 진술할 수 있는 기회를 주어야 한다.

② **시장의 개설 및 제한 권고** : 농림축산식품부장관 또는 해양수산부장관은 농수산물을 원활하게 수급하기 위하여 특정한 지역에 도매시장이나 공판장을 개설하거나 제한할 필요가 있다고 인정할 때에는 그 지역을 관할하는 특별시 · 광역시 · 특별자치시 · 특별자치도 또는 시나 농림수협등 또는 공익법인에 대하여 도매시장이나 공판장을 개설하거나 제한하도록 권고할 수 있다.

③ **명령으로 인한 보상**
ⓐ 정부는 명령으로 인하여 발생한 도매시장 · 공판장 및 민영도매시장의 개설자 또는 도매시장법인의 손실에 관하여는 대통령령으로 정하는 바에 따라 정당한 보상을 하여야 한다.
ⓑ 농림축산식품부장관 또는 해양수산부장관은 명령으로 인하여 발생한 손실에 대한 보상을 하려는 경우에는 미리 관계인과 협의를 하여야 한다.

(4) 종합유통센터의 설치(법 제69조) 기출▶ 19년

① 국가나 지방자치단체는 종합유통센터를 설치하여 생산자단체 또는 전문유통업체에 그 운영을 위탁할 수 있다.
② 국가나 지방자치단체는 종합유통센터를 설치하려는 자에게 부지 확보 또는 시설물 설치 등에 필요한 지원을 할 수 있다.
③ 농림축산식품부장관, 해양수산부장관 또는 지방자치단체의 장은 종합유통센터가 효율적으로 그 기능을 수행할 수 있도록 종합유통센터를 운영하는 자 또는 이를 이용하는 자에게 그 운영방법 및 출하 농어가에 대한 서비스의 개선 또는 이용방법의 준수 등 필요한 권고를 할 수 있다.

④ 농림축산식품부장관, 해양수산부장관 또는 지방자치단체의 장은 종합유통센터를 운영하는 자 및 지원을 받아 종합유통센터를 운영하는 자가 권고를 이행하지 아니하는 경우에는 일정한 기간을 정하여 운영방법 및 출하 농어가에 대한 서비스의 개선 등 필요한 조치를 할 것을 명할 수 있다.
⑤ 종합유통센터의 설치, 시설 및 운영에 관하여 필요한 사항은 농림축산식품부령 또는 해양수산부령으로 정한다.

> **+ 더알아보기** 농수산물종합유통센터의 시설기준(규칙 별표3)
>
> | 구분 | 시설기준 | |
> |---|---|---|
> | 부지 | 20,000㎡ 이상 | |
> | 건물 | 10,000㎡ 이상 | |
> | 시설 | 필수시설 | 편의시설 |
> | | • 농수산물 처리를 위한 집하 · 배송시설
• 포장 · 가공시설
• 저온저장고
• 사무실 · 전산실
• 농산물품질관리실
• 거래처주재원실 및 출하주대기실
• 오수 · 폐수시설
• 주차시설 | • 직판장
• 수출지원실
• 휴게실
• 식당
• 금융회사 등의 점포
• 그 밖에 이용자의 편의를 위하여 필요한 시설 |
>
> ※ 비고
> 1. 편의시설은 지역 여건에 따라 보유하지 않을 수 있다.
> 2. 부지 및 건물 면적은 취급 물량과 소비 여건을 고려하여 기준면적에서 50퍼센트까지 낮추어 적용할 수 있다.

3. 농수산물 전자거래

(1) 농수산물 전자거래의 촉진 등(법 제70조의2)

① 농림축산식품부장관 또는 해양수산부장관은 농수산물 전자거래를 촉진하기 위하여 한국농수산식품유통공사 및 농수산물 거래와 관련된 업무경험 및 전문성을 갖춘 기관으로서 대통령령으로 정하는 기관에 다음의 업무를 수행하게 할 수 있다.

> 1. 농수산물 전자거래소(농수산물 전자거래장치와 그에 수반되는 물류센터 등의 부대시설을 포함한다)의 설치 및 운영 · 관리
> 2. 농수산물 전자거래 참여 판매자 및 구매자의 등록 · 심사 및 관리
> 3. 농수산물 전자거래 분쟁조정위원회에 대한 운영 지원
> 4. 대금결제 지원을 위한 정산소(精算所)의 운영 · 관리
> 5. 농수산물 전자거래에 관한 유통정보 서비스 제공
> 6. 그 밖에 농수산물 전자거래에 필요한 업무

② 농림축산식품부장관 또는 해양수산부장관은 농수산물 전자거래를 활성화하기 위하여 예산의 범위에서 필요한 지원을 할 수 있다.
③ 위에서 규정한 사항 외에 거래품목, 거래수수료 및 결제방법 등 농수산물 전자거래에 필요한 사항은 농림축산식품 부령 또는 해양수산부령으로 정한다.

(2) 농수산물 전자거래 분쟁조정위원회의 설치(법 제70조의3)

① 설치 : 농수산물 전자거래에 관한 분쟁을 조정하기 위하여 한국농수산식품유통공사와 기관에 농수산물 전자거래 분쟁조정위원회를 둔다.
② 위원의 임명 : 분쟁조정위원회는 위원장 1명을 포함하여 9명 이내의 위원으로 구성하고, 위원은 농림축산식품부장관 또는 해양수산부장관이 임명하거나 위촉하며, 위원장은 위원 중에서 호선(互選)한다.
③ 분쟁조정위원회의 구성(영 제35조)
  ㉠ 농수산물전자거래분쟁조정위원회의 위원은 다음 어느 하나에 해당하는 사람으로 한다.

> 1. 판사 · 검사 또는 변호사의 자격이 있는 사람
> 2. 학교에서 법률학을 가르치는 부교수급 이상의 직에 있거나 있었던 사람
> 3. 농업, 식품산업, 수산업 분야의 법인, 단체 또는 기관 등에서 10년 이상의 근무경력이 있는 사람
> 4. 비영리민간단체에서 추천한 사람
> 5. 그 밖에 농수산물의 유통과 전자거래, 분쟁조정 등에 관하여 학식과 경험이 풍부하다고 인정되는 사람

  ㉡ 분쟁조정위원회 위원의 임기는 2년으로 하며, 한 차례만 연임할 수 있다.

CORE 07 보칙

1. 보고 및 명령

(1) 보고(법 제79조)

① 농림축산식품부장관, 해양수산부장관 또는 시 · 도지사는 도매시장 · 공판장 및 민영도매시장의 개설자로 하여금 그 재산 및 업무집행 상황을 보고하게 할 수 있으며, 농수산물의 가격 및 수급 안정을 위하여 특히 필요하다고 인정할 때에는 도매시장법인 · 시장도매인 또는 도매시장공판장의 개설자(이하 도매시장법인등)로 하여금 그 재산 및 업무집행 상황을 보고하게 할 수 있다.
② 도매시장 · 공판장 및 민영도매시장의 개설자는 도매시장법인 등으로 하여금 기장사항, 거래명세 등을 보고하게 할 수 있으며, 농수산물의 가격 및 수급 안정을 위하여 특히 필요하다고 인정할 때에는 중도매인 또는 산지유통인으로 하여금 업무집행 상황을 보고하게 할 수 있다.

(2) 명령(법 제81조)

① 농림축산식품부장관, 해양수산부장관 또는 시 · 도지사는 도매시장 · 공판장 및 민영도매시장의 적정한 운영을 위하여 필요하다고 인정할 때에는 도매시장 · 공판장 및 민영도매시장의 개설자에 대하여 업무규정의 변경, 업무처리의 개선, 그 밖에 필요한 조치를 명할 수 있다.
② 농림축산식품부장관, 해양수산부장관 또는 도매시장 개설자는 도매시장법인 · 시장도매인 및 도매시장공판장의 개설자에 대하여 업무처리의 개선 및 시장질서 유지를 위하여 필요한 조치를 명할 수 있다.
③ 농림축산식품부장관은 기금에서 융자 또는 대출받은 자에 대하여 감독상 필요한 조치를 명할 수 있다.

2. 과징금 및 청문

(1) 과징금(법 제83조)

① 농림축산식품부장관, 해양수산부장관, 시·도지사 또는 도매시장 개설자는 도매시장법인등이 업무 정지, 지정 또는 승인 취소(법 제82조 제2항)에 해당하거나 중도매인이 업무 정지, 중도매업의 허가 또는 등록 취소(법 제82조 제5항)에 해당하여 업무정지를 명하려는 경우, 그 업무의 정지가 해당 업무의 이용자 등에게 심한 불편을 주거나 공익을 해칠 우려가 있을 때에는 업무의 정지를 갈음하여 도매시장법인등에는 1억원 이하, 중도매인에게는 1천만원 이하의 과징금을 부과할 수 있다.
② 과징금을 부과하는 경우에는 위반행위의 내용·정도·기간·횟수·취득한 이익의 규모의 사항을 고려하여야 한다.
③ 과징금의 부과기준은 대통령령으로 정한다.
④ 농림축산식품부장관, 해양수산부장관, 시·도지사 또는 도매시장 개설자는 과징금을 내야 할 자가 납부기한까지 내지 아니하면 납부기한이 지난 후 15일 이내에 10일 이상 15일 이내의 납부기한을 정하여 독촉장을 발부하여야 한다.
⑤ 농림축산식품부장관, 해양수산부장관, 시·도지사 또는 도매시장 개설자는 독촉을 받은 자가 그 납부기한까지 과징금을 내지 아니하면 과징금 부과처분을 취소하고 업무정지처분을 하거나 국세 체납처분의 예 또는 「지방행정제재·부과금의 징수 등에 관한 법률」에 따라 과징금을 징수한다.

(2) 청문(법 제84조)

농림축산식품부장관, 해양수산부장관, 시·도지사 또는 도매시장 개설자는 다음의 어느 하나에 해당하는 처분을 하려면 청문을 하여야 한다.
① 도매시장법인등의 지정취소 또는 승인취소
② 중도매업의 허가취소 또는 산지유통인의 등록취소

출제포인트 OX 문제

01 OX 중도매인은 상장 또는 비상장 농수산물을 매수하여 도매하거나 매매를 중개하는 영업을 할 수 있다.

02 (   )(이)란 농수산물도매시장 또는 민영농수산물도매시장의 개설자로부터 지정을 받고 농수산물을 매수 또는 위탁받아 도매하거나 매매를 중개하는 영업을 하는 법인을 말한다.

03 OX 농림축산식품부장관 또는 해양수산부장관은 예시가격을 결정할 때에는 미리 농림축산식품부장관과 협의하여야 한다.

04 농림축산식품부장관 또는 해양수산부장관은 (   )과/와 협의를 거쳐 일정 기간 동안 일정 지역의 해당 농수산물의 생산자 등에게 생산조정 또는 출하조절을 하도록 하는 유통조절명령을 할 수 있다.

05 OX 지방도매시장의 개설자인 시가 업무규정을 변경하는 때에는 도지사의 승인을 받아야 한다.

06 OX 특별시·광역시·특별자치시 또는 특별자치도가 도매시장을 개설하려면 미리 업무규정과 운영관리계획서를 작성하여야 한다.

07 중앙도매시장의 개설자는 (   )에 대하여는 도매시장법인을 두어야 한다.

08 OX 중도매인의 업무를 하려는 자는 부류별로 해당 도매시장 개설자의 허가를 받아야 한다.

09 OX 공판장을 개설하려는 장소가 교통체증을 유발할 수 있는 위치에 있는 경우는 공판장 개설승인 제한사유이다.

10 도매시장법인은 (   ) 이상의 경매사를 두어야 한다.

11 OX 도매시장법인은 경매사가 해당 도매시장의 산지유통인이 된 경우 그 경매사를 면직하여야 한다.

12 OX 도매시장 개설자는 법인이 아닌 자를 시장도매인으로 지정할 수 있다.

13 OX 농림수협등, 생산자단체 또는 공익법인이 공판장을 개설하려면 시·도지사의 승인을 받아야 한다.

14 OX 공판장에는 중도매인, 매매참가인, 산지유통인 및 경매사를 둘 수 있다.

15 OX 다른 기금으로부터의 출연금은 농산물가격안정기금의 재원으로 할 수 있다.

16 정부는 농산물의 원활한 수급과 가격안정을 도모하고 유통구조의 개선을 촉진하기 위한 재원확보를 위해 (   )을/를 설치한다.

17 ⓞⓧ 농수산물종합유통센터의 시설기준 중 직판장은 필수시설에 해당한다.

18 ⓞⓧ 시가 개설하는 지방도매시장의 개설구역에 인접한 구역으로서 그 지방도매시장이 속한 도의 일정 구역에 대하여는 해당 도지사가 그 지방도매시장의 개설구역으로 편입하게 할 수 있다.

정답 및 해설

01 ○
02 시장도매인
03 × ▶ 재정경제부장관과 협의하여야 한다.
04 공정거래위원회
05 ○
06 ○
07 청과부류와 수산부류
08 ○
09 ○
10 2명
11 ○
12 × ▶ 지정할 수 없다.
13 ○
14 ○
15 ○
16 농산물가격안정기금
17 × ▶ 직판장은 편의시설에 해당한다.
18 ○

빈출키워드 기출유형문제

키워드 ❶ 농수산물도매시장

01

농수산물 유통 및 가격안정에 관한 법령상 도매시장법인에 관한 설명이다. ( )에 들어갈 내용은? 기출 23년

> - 도매시장 개설자는 도매시장에 그 시설규모·거래액 등을 고려하여 적정수의 도매시장법인·시장도매인 또는 중도매인을 두어 이를 운영하게 하여야 한다. 다만, 중앙도매시장의 개설자는 (ㄱ)와 수산부류에 대하여는 도매시장법인을 두어야 한다.
> - 도매시장법인은 도매시장 개설자가 부류별로 지정하되, 중앙도매시장에 두는 도매시장법인의 경우에는 농림축산식품부장관 또는 해양수산부장관과 협의하여 지정한다. 이 경우 (ㄴ) 이상 10년 이하의 범위에서 지정 유효기간을 설정할 수 있다.

① ㄱ : 청과부류, ㄴ : 3년
② ㄱ : 양곡부류, ㄴ : 3년
③ ㄱ : 청과부류, ㄴ : 5년
④ ㄱ : 양곡부류, ㄴ : 5년
⑤ ㄱ : 축산부류, ㄴ : 5년

해설
- 중앙도매시장의 개설자는 청과부류와 수산부류에 대하여는 도매시장법인을 두어야 한다(법 제22조, 규칙 제18조의2 제1항).
- 중앙도매시장에 두는 도매시장법인을 지정하는 경우 5년 이상 10년 이하의 범위에서 지정 유효기간을 설정할 수 있다(법 제23조 제1항).

02

농수산물 유통 및 가격안정에 관한 법령상 농수산물도매시장의 개설·폐쇄에 관한 설명으로 옳지 않은 것은? 기출 21년

① 시가 지방도매시장을 개설하려면 도지사에게 신고하여야 한다.
② 특별시·광역시·특별자치시 및 특별자치도가 도매시장을 폐쇄하는 경우 그 3개월 전에 이를 공고하여야 한다.
③ 특별시·광역시·특별자치시 또는 특별자치도가 도매시장을 개설하려면 미리 업무규정과 운영관리계획서를 작성하여야 한다.
④ 도매시장은 양곡부류·청과부류·축산부류·수산부류·화훼부류 및 약용작물 부류별로 개설하거나 둘 이상의 부류를 종합하여 개설한다.
⑤ 도매시장의 명칭에는 그 도매시장을 개설한 지방자치단체의 명칭이 포함되어야 한다.

해설 ① 시가 지방도매시장을 개설하려면 도지사의 허가를 받아야 한다(법 제17조 제1항 단서).

03

농수산물 유통 및 가격안정에 관한 법령상 농수산물도매시장에 대한 설명으로 옳지 않은 것은? 기출 19년

① 시(市)가 지방도매시장을 개설하려면 도지사의 허가를 받아야 한다.
② 중앙도매시장의 개설자는 청과부류와 수산부류에 대하여는 도매시장법인을 두어야 한다.
③ 도매시장 개설자는 법인이 아닌 자를 시장도매인으로 지정할 수 없다.
④ 중앙도매시장에 두는 도매시장법인은 농림축산식품부장관 또는 해양수산부장관이 도매시장 개설자와 협의하여 지정한다.
⑤ 시장도매인은 해당 도매시장의 도매시장법인·중도매인에게 농수산물을 판매하지 못한다.

해설 ④ 도매시장법인은 도매시장 개설자가 부류별로 지정하되, 중앙도매시장에 두는 도매시장법인의 경우에는 농림축산식품부장관 또는 해양수산부장관과 협의하여 지정한다(법 제23조 제1항).
⑤ 법 제37조 제2항 단서이나, 법 제34조 거래의 특례에 따라 시장도매인의 경우에는 도매시장법인·중도매인에게 판매할 수 있다.

키워드 ❷ 출하조절

04

농수산물 유통 및 가격안정에 관한 법령상 농림축산식품부장관이 농산물의 비축사업 또는 출하조절 사업을 위탁할 수 있는 자를 모두 고른 것은? 기출 17년

```
ㄱ. 농업협동조합중앙회
ㄴ. 산림조합중앙회
ㄷ. 축산업협동조합중앙회
ㄹ. 영농조합법인
ㅁ. 한국농수산식품유통공사
```

① ㄱ, ㄴ, ㄷ
② ㄱ, ㄴ, ㅁ
③ ㄱ, ㄹ, ㅁ
④ ㄴ, ㄷ, ㄹ
⑤ ㄷ, ㄹ, ㅁ

해설 ② 농림축산식품부장관은 농산물의 비축사업 또는 출하조절 사업을 농업협동조합중앙회·농협경제지주회사·산림조합중앙회 또는 한국농수산식품유통공사에 위탁하여 실시한다(영 제12조 제1항).

05

농수산물 유통 및 가격안정에 관한 법령상 농수산물의 생산조정 및 출하조절에 관한 설명으로 옳지 않은 것은? 기출 15년

① 주산지의 지정은 시·도 단위로 한다.
② 시·도지사는 지정된 주산지가 지정요건에 적합하지 아니하게 되었을 때에는 그 지정을 변경하거나 해제할 수 있다.
③ 농림축산식품부장관 또는 해양수산부장관은 예시가격(豫示價格)을 결정할 때에는 미리 재정경제부장관과 협의하여야 한다.
④ 농림축산식품부장관은 몰수농산물 등의 처분업무를 농업협동조합중앙회 또는 한국농수산식품유통공사 중에서 지정하여 대행하게 할 수 있다.
⑤ 농림축산식품부장관 또는 해양수산부장관은 유통명령이 이행될 수 있도록 유통명령의 내용에 관한 홍보, 유통명령 위반자에 대한 제재 등 필요한 조치를 하여야 한다.

해설 ① 주요 농수산물의 생산지역이나 생산수면(이하 "주산지"라 한다)의 지정은 읍·면·동 또는 시·군·구 단위로 한다(영 제4조 제1항).

키워드 ❸ 중도매인과 경매사

06

농수산물 유통 및 가격안정에 관한 법령상 중도매인(仲都賣人)에 관한 설명으로 옳지 않은 것은? 기출 20년

① 중도매인의 업무를 하려는 자는 부류별로 해당 도매시장 개설자의 허가를 받아야 한다.
② 도매시장 개설자는 법인이 아닌 중도매인에게 중도매업의 허가를 하는 경우 3년 이상 10년 이하의 범위에서 허가 유효기간을 설정할 수 있다.
③ 중도매업의 허가를 받은 중도매인은 도매시장에 설치된 공판장에서는 그 업무를 할 수 없다.
④ 해당 도매시장의 다른 중도매인과 농수산물을 거래한 중도매인은 농림축산식품부령 또는 해양수산부령으로 정하는 바에 따라 그 거래 내역을 도매시장 개설자에게 통보하여야 한다.
⑤ 부류를 기준으로 연간 반입물량 누적비율이 하위 3퍼센트 미만에 해당하는 소량 품목의 경우 중도매인은 도매시장 개설자의 허가를 받아 도매시장법인이 상장하지 아니한 농수산물을 거래할 수 있다.

> 해설 ③ 중도매인업 허가를 받은 중도매인이 도매시장에 설치된 공판장에서도 영업이 가능하도록 중도매인의 업무범위에 관한 특례를 인정하고 있다(법 제26조 참조).

07

농수산물 유통 및 가격안정에 관한 법령상 경매사에 관한 설명으로 옳지 않은 것은? 기출 20년

① 도매시장법인은 2명 이상의 경매사를 두어야 한다.
② 경매사는 경매사 자격시험에 합격한 자 중에서 임명한다.
③ 도매시장법인은 경매사가 해당 도매시장의 산지유통인이 된 경우 그 경매사를 면직하여야 한다.
④ 도매시장법인이 경매사를 임면하면 도매시장 개설자에게 신고하여야 한다.
⑤ 도매시장 개설자는 경매사의 임면 내용을 전국을 보급지역으로 하는 일간신문 또는 지정 · 고시된 인터넷 홈페이지에 게시하여야 한다.

> 해설 ⑤ 도매시장법인이 경매사를 임면(任免)하였을 때에는 농림축산식품부령 또는 해양수산부령으로 정하는 바에 따라 그 내용을 도매시장 개설자에게 신고하여야 하며, 도매시장 개설자는 농림축산식품부장관 또는 해양수산부장관이 지정하여 고시한 인터넷 홈페이지에 그 내용을 게시하여야 한다(법 제27조 제4항).

키워드 ❹ 공판장 및 민영도매시장

08

농수산물 유통 및 가격안정에 관한 법령상 농수산물공판장에 관한 설명으로 옳지 않은 것은? 기출 21년

① 농림수협등, 생산자단체 또는 공익법인이 공판장을 개설하려면 시 · 도지사의 승인을 받아야 한다.
② 공판장에는 중도매인, 매매참가인, 산지유통인 및 경매사를 둘 수 있다.
③ 공판장의 경매사는 공판장의 개설자가 임면한다.
④ 공판장의 중도매인은 공판장의 개설자가 지정한다.
⑤ 공익법인이 운영하는 공판장의 개설승인 신청서에는 해당 공판장의 소재지를 관할하는 시장 또는 자치구의 구청장의 의견서를 첨부하여야 한다.

> 해설 ⑤ 농림수협등, 생산자단체 또는 공익법인이 공판장의 개설승인을 받으려면 농림축산식품부령 또는 해양수산부령으로 정하는 바에 따라 공판장 개설승인 신청서에 공판장의 업무규정(단, 도매시장의 업무규정에서 이를 정하는 도매시장공판장의 경우 제외)과 운영관리계획서 등 승인에 필요한 서류를 첨부하여 시 · 도지사에게 제출하여야 한다(법 제43조 제2항, 규칙 제40조).

09

농수산물 유통 및 가격안정에 관한 법령상 민영도매시장에 관한 설명으로 옳지 않은 것은? 기출 16년

① 민간인 등이 특별시·광역시·특별자치시·특별자치도 또는 시 지역에 민영도매시장을 개설하려면 시·도지사의 허가를 받아야 한다.
② 민영도매시장에서 매매참가인의 업무를 하려는 자는 민영도매시장의 개설자에게 매매참가인으로 신고하여야 한다.
③ 민영도매시장을 개설하려는 장소가 교통체증을 유발할 수 있는 위치에 있는 경우 시·도지사는 허가하지 않을 수 있다.
④ 「농수산물 유통 및 가격안정에 관한 법률」에 따른 민영도매시장에 대하여는 「유통산업발전법」의 규정을 적용하지 아니한다.
⑤ 민영도매시장의 시장도매인은 농수산물을 매수 또는 위탁받아 도매하거나 매매를 중개하는 영업을 하는 법인으로 농림축산식품부장관 또는 해양수산부장관이 지정한다.

해설 ⑤ 민영도매시장의 시장도매인은 민영도매시장의 개설자가 지정한다(법 제48조 제5항).

키워드 ❺ 농산물가격안정기금과 유통기구정비

10

농수산물 유통 및 가격안정에 관한 법령상 농산물(축산물 및 임산물을 포함)의 원활한 수급과 가격안정을 도모하고 유통구조의 개선을 촉진하기 위하여 설치한 농산물가격안정기금에서 지출할 수 있는 대상 사업에 해당하지 않는 것은? 기출 16년

① 식량작물과 축산물의 유통구조 개선을 위한 생산자의 공동이용시설에 대한 지원
② 종자산업의 진흥과 관련된 우수 종자의 품종육성·개발, 우수 유전자원의 수집 및 조사·연구
③ 농산물의 가공·포장 및 저장기술의 개발, 브랜드 육성, 저온유통, 유통정보화 및 물류 표준화의 촉진
④ 농산물의 유통구조 개선 및 가격안정사업과 관련된 조사·연구·홍보·지도·교육훈련 및 해외시장 개척
⑤ 농산물 가격안정을 위한 안전성 강화와 관련된 조사·연구·홍보·지도·교육훈련 및 검사·분석시설 지원

해설 기금의 지출 대상사업(영 제23조)
1. 농산물의 가공·포장 및 저장기술의 개발, 브랜드 육성, 저온유통, 유통정보화 및 물류 표준화의 촉진
2. 농산물의 유통구조 개선 및 가격안정사업과 관련된 조사·연구·홍보·지도·교육훈련 및 해외시장개척
3. 종자산업의 진흥과 관련된 우수 종자의 품종육성·개발, 우수 유전자원의 수집 및 조사·연구
4. 식량작물과 축산물을 제외한 농산물의 유통구조 개선을 위한 생산자의 공동이용시설에 대한 지원
5. 농산물 가격안정을 위한 안전성 강화와 관련된 조사·연구·홍보·지도·교육훈련 및 검사·분석시설 지원

11

농수산물 유통 및 가격안정에 관한 법령상 유통기구정비 기본방침에 포함되어야 하는 사항이 아닌 것은? 기출 13년

① 도매시장·공판장 및 민영도매시장 시설의 바꿈 및 이전에 관한 사항
② 중도매인 및 경매사의 가격조작 방지에 관한 사항
③ 생산자와 소비자 보호를 위한 유통기구의 봉사 경쟁체제의 확립과 유통 경로의 단축에 관한 사항
④ 운영 실적이 부진하거나 휴업 중인 도매시장의 정비 및 도매시장법인이나 시장도매인의 교체에 관한 사항
⑤ 도매상의 시설 개선에 관한 사항

해설 ⑤ 도매상의 시설 개선에 관한 사항이 아닌 소매상의 시설 개선에 관한 사항이다(법 제62조 제6호).

키워드 ❻ 기타

12

농수산물 유통 및 가격안정에 관한 법령상 농림축산식품부장관의 권한에 해당하는 것은? 기출 18년

① 양곡부류와 청과부류를 종합한 중앙도매시장의 개설
② 시(市)가 개설자인 지방도매시장의 업무규정 변경에 대한 승인
③ 경매사의 임면
④ 수입이익금의 부과·징수
⑤ 농수산물집하장의 설치·운영

해설 ④ 농림축산식품부장관은 수입이익금을 부과·징수할 수 있다(법 제16조).
① 특별시·광역시·특별자치시 또는 특별자치도가 개설(법 제17조 제1항)
② 도지사의 승인(법 제17조 제5항)
③ 도매시장법인(법 제27조), 공판장의 경매사는 공판장의 개설자가 임면(법 제44조), 민영도매시장의 경매사는 민영도매시장의 개설자가 임면(법 제48조)
⑤ 생산자단체 또는 공익법인(법 제50조)

13

농수산물 유통 및 가격안정에 관한 법령상 중도매업의 허가에 관한 설명으로 옳지 않은 것은? 기출 24년

① 도매시장법인의 주주 및 임직원으로서 해당 도매시장법인의 업무와 경합되는 중도매업을 하려는 자는 중도매업의 허가를 받을 수 없다.
② 최저거래금액 및 거래대금의 지급보증을 위한 보증금 등 도매시장 개설자가 업무규정으로 정한 허가조건을 갖추지 못한 자는 중도매업의 허가를 받을 수 없다.
③ 법인인 중도매인은 임원이 파산선고를 받고 복권되지 아니한 때에는 그 임원을 지체 없이 해임하여야 한다.
④ 도매시장 개설자는 법인인 중도매인에게 중도매업의 허가를 하는 경우 3년 이상 10년 이하의 범위에서 허가 유효기간을 설정할 수 있다.
⑤ 도매시장의 개설자는 갱신허가를 한 경우에는 유효기간이 만료되는 허가증을 회수한 후 새로운 허가증을 발급하여야 한다.

해설 ④ 도매시장 개설자는 중도매업의 허가를 하는 경우 5년 이상 10년 이하의 범위에서 허가 유효기간을 설정할 수 있다. 다만, 법인이 아닌 중도매인은 3년 이상 10년 이하의 범위에서 허가 유효기간을 설정할 수 있다(법 제25조 제6항).

제29회 기출문제

2025년 7월 26일 시행

※ 본 문제를 풀면서 확인 CHECK를 이용하시면 문제이해에 보다 도움이 될 수 있습니다.

01 물류정책기본법령상 물류사업의 범위에 관한 대분류 · 세분류 · 세세분류의 연결이 옳지 않은 것은?

① 종합물류서비스업 – 종합물류서비스업 – 종합물류서비스업
② 화물운송업 – 항공화물운송업 – 상업서류송달업
③ 물류시설운영업 – 창고업 – 위험물품보관업
④ 물류서비스업 – 해운부대사업 – 선박관리업
⑤ 화물운송업 – 항만운송관련업 – 운반 · 적치 · 하역장비 임대업

✔ 확인 CHECK!

해설

운반 · 적치 · 하역장비 임대업은 물류서비스업(대분류)과 물류장비임대업(세분류)의 세세분류에 해당하고, 항만운송관련업은 물류서비스업(대분류)의 세분류에 해당한다(영 별표 1).

02 물류정책기본법상 물류계획의 수립 · 시행에 관한 설명으로 옳지 않은 것은?

① 특별자치시장 · 도지사 및 특별자치도지사는 지역물류체계의 효율화를 위하여 필요한 경우에는 지역물류기본계획을 수립할 수 있다.
② 특별시장 및 광역시장은 지역물류정책의 기본방향을 설정하는 10년 단위의 지역물류기본계획을 5년마다 수립하여야 한다.
③ 국가물류기본계획에는 물류보안에 관한 사항이 포함되어야 한다.
④ 국가물류기본계획은「국토기본법」에 따라 수립된 국토종합계획 및「국가통합교통체계효율화법」에 따라 수립된 국가기간교통망계획에 우선한다.
⑤ 국토교통부장관 및 해양수산부장관은 국가물류정책의 기본방향을 설정하는 10년 단위의 국가물류기본계획을 5년마다 공동으로 수립하여야 한다.

✔ 확인 CHECK!

해설

④ 국가물류기본계획은「국토기본법」에 따라 수립된 국토종합계획 및「국가통합교통체계효율화법」에 따라 수립된 국가기간교통망계획과 조화를 이루어야 한다(법 제12조 제1항).
① 법 제14조 제2항
② 법 제14조 제1항
③ 법 제11조 제2항 제6의2호
⑤ 법 제11조 제1항

03 물류정책기본법령상 국가물류정책위원회에 관한 설명으로 옳지 않은 것은?

① 국가물류정책위원회의 위원장은 국토교통부장관이 된다.
② 국가물류정책위원회는 위원장을 제외한 20명 이내의 위원으로 구성하고, 위원은 연임할 수 없다.
③ 국가물류정책위원회는 국가물류체계의 효율화에 관한 중요 정책 사항을 심의·조정한다.
④ 국가물류정책위원회의 회의는 재적위원 과반수의 출석으로 개의하고, 출석위원 과반수의 찬성으로 의결한다.
⑤ 국가물류정책에 관한 주요 사항을 심의하기 위하여 국토교통부장관 소속으로 국가물류정책위원회를 둔다.

해설
② 국가물류정책위원회는 위원장을 포함한 23명 이내의 위원으로 구성하고, 위원은 연임할 수 있다(법 제18조 제1항, 제4항 참조).
① 법 제18조 제2항
③ 법 제17조 제2항 제1호
④ 영 제11조 제3항
⑤ 법 제17조 제1항

04 물류정책기본법령상 우수물류기업의 인증에 관한 설명으로 옳지 않은 것은?

① 화물정보망기업에 대한 우수물류기업 인증의 주체는 국토교통부장관·해양수산부장관 공동이다.
② 국토교통부장관 및 해양수산부장관은 우수물류기업 인증심사 대행기관이 정당한 사유 없이 인증업무를 거부한 경우에는 공동으로 그 지정을 취소할 수 있다.
③ 국토교통부장관 및 해양수산부장관은 「공공기관의 운영에 관한 법률」에 따른 공공기관을 우수물류기업 인증심사 대행기관으로 공동으로 지정하여 인증신청의 접수 업무를 하게 할 수 있다.
④ 국토교통부장관 및 해양수산부장관은 물류기업의 육성과 물류산업 발전을 위하여 소관 물류기업을 각각 우수물류기업으로 인증할 수 있다.
⑤ 국토교통부장관 또는 해양수산부장관은 소관 인증우수물류기업이 물류사업으로 인하여 공정거래위원회로부터 시정조치를 받은 경우에는 그 인증을 취소할 수 있다.

해설
① 화물정보망기업에 대한 우수물류기업 인증의 주체는 국토교통부장관이다(영 별표1의 2).
② 법 제40조의2 제3호
③ 법 제40조 제1항 제1호, 제2항 제1호
④ 법 제38조 제1항
⑤ 법 제39조 제1항 제2호

05 물류정책기본법령상 국제물류주선업에 관한 설명으로 옳은 것은?

① 국제물류주선업을 경영하려는 자는 국토교통부장관의 허가를 받아야 한다.
② 국제물류주선업자가 그 사업을 양도하거나 사망한 때에는 그 양수인·상속인은 국제물류주선업의 등록에 따른 권리·의무를 승계하지 아니한다.
③ 「공항시설법」 또는 「해운법」을 위반하여 벌금형을 선고받고 2년이 지나지 아니한 자는 국제물류주선업의 등록을 할 수 없다.
④ 국제물류주선업자가 등록한 사항 중 자본금이 감소되는 경우에는 변경등록을 하지 않아도 된다.
⑤ 국토교통부장관은 국제물류주선업자가 거짓이나 그 밖의 부정한 방법으로 허가를 받은 경우에는 허가를 취소할 수 있다.

해설

③ 「물류정책기본법」, 「화물자동차 운수사업법」, 「항공사업법」, 「항공안전법」, 「공항시설법」 또는 「해운법」을 위반하여 벌금형을 선고받고 2년이 지나지 아니한 자는 국제물류주선업의 등록을 할 수 없다(법 제44조 제4호).
① 국제물류주선업을 경영하려는 자는 국토교통부령으로 정하는 바에 따라 시·도지사에게 등록하여야 한다(법 제43조 제1항).
② 국제물류주선업자가 그 사업을 양도하거나 사망한 때에는 그 양수인·상속인은 국제물류주선업의 등록에 따른 권리·의무를 승계한다(법 제45조 제1항).
④ 국제물류주선업을 등록한 자가 등록한 사항 중 자본금이 감소되는 경우에는 국토교통부령으로 정하는 바에 따라 변경등록을 하여야 한다(법 제43조 제2항, 규칙 제7조 제1항 제2호).
⑤ 시·도지사는 국제물류주선업자가 거짓이나 그 밖의 부정한 방법으로 등록을 한 경우에는 등록을 취소하여야 한다(법 제47조 제1항 제1호)

06 물류정책기본법령상 과태료 부과의 개별기준에 관한 내용이다. ( )에 들어갈 숫자를 바르게 나열한 것은? (단, 과태료의 가중 및 감경은 고려하지 않음)

위반행위	과태료 금액		
	1차 위반	2차 위반	3차 이상 위반
물류정책기본법 제39조 (인증우수물류기업 인증의 취소 등) 제2항을 위반하여 인증마크를 계속 사용한 경우	(ㄱ)만원	(ㄴ)만원	(ㄷ)만원

① ㄱ : 50, ㄴ : 100, ㄷ : 150
② ㄱ : 50, ㄴ : 100, ㄷ : 200
③ ㄱ : 100, ㄴ : 150, ㄷ : 200
④ ㄱ : 100, ㄴ : 150, ㄷ : 300
⑤ ㄱ : 100, ㄴ : 200, ㄷ : 300

해설

② 인증이 취소된 우수물류기업이 법 제39조 제2항을 위반하여 인증마크를 계속 사용한 경우에는 1차 위반 시 50만원, 2차 위반 시 100만원, 3차 위반 시 200만원의 과태료 금액이 부과된다(영 별표4).

07 물류정책기본법령상 물류체계의 효율화에 관한 설명으로 옳지 않은 것은?

① 국토교통부장관은 물류기업 및 화주기업이 기업물류비 산정지침에 따라 물류비를 관리하도록 권고할 수 있다.
② 국토교통부장관 또는 해양수산부장관은 물류표준화에 관한 업무를 효과적으로 추진하기 위하여 필요하다고 인정하는 경우에는 산업통상부장관에게 「산업표준화법」에 따른 한국산업표준의 제정·개정 또는 폐지를 요청할 수 있다.
③ 국토교통부장관·해양수산부장관·산업통상부장관 또는 관세청장은 물류공동화를 확산하기 위하여 필요한 경우에는 시범사업을 선정하여 운영할 수 있다.
④ 「민법」 제32조에 따라 설립된 물류와 관련된 비영리법인이 기존 물류시설을 정비할 때에는 주변 물류시설과의 기능중복 여부를 고려하여야 한다.
⑤ 기업물류비 산정지침에는 물류비 계산서의 표준 서식이 포함되어야 한다.

해설
③ 국토교통부장관·해양수산부장관·산업통상부장관 또는 시·도지사는 물류공동화를 확산하기 위하여 필요한 경우에는 시범지역을 지정하거나 시범사업을 선정하여 운영할 수 있다(법 제23조 제4항).
① 법 제26조 제2항
② 법 제24조 제1항
④ 법 제22조 제2호, 영 제17조 제1항 제3호
⑤ 영 제18조 제4호

08 물류정책기본법령상 물류정보화에 관한 설명으로 옳은 것을 모두 고른 것은?

ㄱ. 도로운송 시 위험물질운송안전관리센터의 감시가 필요한 「화학물질관리법」 제2조 제7호에 따른 유해화학물질을 운송하는 차량의 최대 적재량 기준은 10,000리터 이상이다.
ㄴ. 국가물류통합정보센터운영자 또는 단위물류정보망 전담기관은 전자문서 및 정보처리장치의 파일에 기록되어 있는 물류정보를 2년 동안 보관하여야 한다.
ㄷ. 국토교통부장관은 위험물질운송안전관리센터의 설치·운영을 「한국도로공사법」에 따른 한국도로공사가 대행하게 한다.

① ㄴ
② ㄱ, ㄴ
③ ㄱ, ㄷ
④ ㄴ, ㄷ
⑤ ㄱ, ㄴ, ㄷ

해설
ㄴ. 법 제33조 제3항, 영 제25조
ㄱ. 도로운송 시 위험물질운송안전관리센터의 감시가 필요한 「화학물질관리법」 제2조 제7호에 따른 유해화학물질을 운송하는 차량의 최대 적재량 기준은 5,000킬로그램 이상이다(법 제29조의2 제1항, 규칙 제2조의2 제1항 제3호, 제2항 제3호).
ㄷ. 국토교통부장관은 「한국교통안전공단법」에 따른 한국교통안전공단에 위험물질운송안전관리센터의 설치·운영을 대행하게 할 수 있다(법 제29조 제1항 후단).

05 ③ 06 ② 07 ③ 08 ①

09 물류시설의 개발 및 운영에 관한 법률상 용어의 정의에 관한 설명으로 옳지 않은 것은?

① 물류의 공동화·자동화 및 정보화를 위한 시설은 "물류시설"에 해당한다.
② 「유통산업발전법」에 따른 집배송시설을 경영하는 사업은 "물류터미널사업"에서 제외된다.
③ 「철도사업법」에 따른 철도사업자가 여객의 수하물 또는 소화물을 보관하는 것은 "물류창고업"에서 제외된다.
④ "도시첨단물류단지"란 도시 내 물류를 지원하기 위하여 지정·개발하는 일단의 토지 및 시설로서 스마트물류단지와 일반물류단지로 구분된다.
⑤ 물류단지시설의 운영을 효율적으로 지원하기 위하여 물류단지 안에 설치되는 물류단지 종사자 및 이용자의 생활과 편의를 위한 시설은 "지원시설"에 해당한다.

해설
④ "도시첨단물류단지"란 도시 내 물류를 지원하고 물류·유통산업 및 물류·유통과 관련된 산업의 육성과 개발을 촉진하려는 목적으로 도시첨단물류단지시설과 지원시설을 집단적으로 설치하기 위하여 「국토의 계획 및 이용에 관한 법률」에 따른 도시지역에 제22조의2에 따라 지정·개발하는 일단의 토지 및 시설을 말한다(법 제2조 제6의2호).
① 법 제2조 제1호 다목
② 법 제2조 제3호 라목
③ 법 제2조 제5의3호 나목
⑤ 법 제2조 제8호 라목

10 물류시설의 개발 및 운영에 관한 법령상 물류창고업에 관한 설명으로 옳지 않은 것은?

① 물류창고 면적의 100분의 10 이상의 증감이 있는 경우 물류창고업자는 그 사유가 발생한 날부터 30일 이내에 변경등록을 하여야 한다.
② 보관장소 전체면적의 합계가 2천500제곱미터 이상인 물류창고를 소유 또는 임차하여 물류창고업을 경영하려는 자는 물류창고업의 등록을 하여야 한다.
③ 물류창고업자의 사업자단체가 수행하는 물류창고업자 및 관련 종사자에 대한 교육·훈련 사업은 국가 또는 지방자치단체의 재정적 지원 대상이 될 수 있다.
④ 물류창고업의 등록 및 변경등록 신청을 하려는 자는 국토교통부령으로 정하는 바에 따라 수수료를 내야 한다.
⑤ 물류창고업 등록을 취소하여야 하는 경우로서 그 등록의 취소로써 그 사업의 이용자 등에게 심한 불편을 주는 경우에도 그 등록취소처분을 갈음하여 과징금을 부과할 수 없다.

해설
② 전체면적의 합계가 4천500제곱미터 이상인 보관장소에 해당하는 물류창고를 소유 또는 임차하여 물류창고업을 경영하려는 자는 국토교통부와 해양수산부의 공동부령으로 정하는 바에 따라 국토교통부장관, 해양수산부장관 또는 시·도지사에게 등록하여야 한다(법 제21조의2 제1항 제2호).
① 법 제21조의2 제2항, 영 제12조의3 제3호
③ 법 제21조의7 제1항 제5호, 규칙 제13조의10 제3호
④ 법 제63조 제3호
⑤ 물류창고업 등록을 취소하여야 하는 경우(법 제17조 제1항 제1호·제4호·제7호, 제8호)는 과징금 부과의 제외사항에 해당한다(법 제21조의9 제1항, 제21조의10 준용).

11 물류시설의 개발 및 운영에 관한 법률상 도시첨단물류단지의 지정을 위한 토지소유자 등의 동의에 관한 조문의 일부이다. (   )에 들어갈 내용은?

> 국토교통부장관 또는 시·도지사는 도시첨단물류단지를 지정하려면 도시첨단물류단지 예정지역 토지 면적의 (ㄱ) 이상에 해당하는 토지소유자의 동의와 토지소유자 총수(그 지상권자를 포함하며, 1필지의 토지를 여러 명이 공유하는 경우 그 여러 명은 1인으로 본다) 및 건축물 소유자 총수(집합건물의 경우 각 구분소유자 각자를 1인의 소유자로 본다) 각 (ㄴ) 이상의 동의를 받아야 한다.

① ㄱ: 2분의 1, ㄴ: 2분의 1
② ㄱ: 2분의 1, ㄴ: 3분의 2
③ ㄱ: 3분의 2, ㄴ: 2분의 1
④ ㄱ: 3분의 2, ㄴ: 4분의 3
⑤ ㄱ: 4분의 3, ㄴ: 4분의 3

해설

① 국토교통부장관 또는 시·도지사는 도시첨단물류단지를 지정하려면 도시첨단물류단지 예정지역 토지면적의 (ㄱ: 2분의 1) 이상에 해당하는 토지소유자의 동의와 토지소유자 총수(그 지상권자를 포함하며, 1필지의 토지를 여러 명이 공유하는 경우 그 여러 명은 1인으로 본다) 및 건축물 소유자 총수(집합건물의 경우 각 구분소유자 각자를 1인의 소유자로 본다) 각 (ㄴ: 2분의 1) 이상의 동의를 받아야 한다(법 제22조의3 제1항).

12 물류시설의 개발 및 운영에 관한 법률상 물류단지의 개발 및 운영에 관한 설명으로 옳은 것은?

① 시·도지사가 일반물류단지를 지정할 때에는 시장·군수·구청장의 신청이 있어야 한다.
② 물류단지개발사업의 시행자가 물류단지 예정지역의 토지소유자가 설립한 조합인 경우 시행자는 물류단지개발사업에 필요한 토지등을 수용하거나 사용할 수 없다.
③ 「지방공기업법」에 따른 지방공사가 물류단지개발사업의 시행으로 기존의 공공시설에 대체되는 공공시설을 설치한 경우에는 종래의 공공시설은 그 시설을 관리할 지방자치단체에 무상으로 귀속된다.
④ 물류단지지정권자가 물류단지재정비사업을 하려는 경우에는 입주업체 2분의 1 이상의 동의가 있어야 한다.
⑤ 물류단지개발실시계획의 승인을 한 물류단지지정권자는 시행자가 사정이 변경되어 물류단지개발사업을 계속 시행하는 것이 불가능하게 된 경우 그 승인을 취소하여야 한다.

해설

② 물류단지 예정지역의 토지소유자 또는 그 토지소유자가 물류단지개발을 위하여 설립한 조합을 제외한 물류단지개발사업에 필요한 토지등을 수용하거나 사용할 수 있다(법 제27조 제2항 제6호, 제32조 제1항 전단).
① 시·도지사는 일반물류단지를 지정하려는 때에는 일반물류단지개발계획을 수립하여 관계 행정기관의 장과 협의한 후 지역물류정책위원회의 심의를 거쳐야 한다(법 제22조 제3항). 시·도지사가 시장·군수·구청장의 신청을 받아 지정할 수 있는 경우는 도시첨단물류단지의 지정이다(법 제22조의2 제1항).
③ 「지방공기업법」에 따른 지방공사의 시행자가 물류단지개발사업의 시행으로 기존의 공공시설에 대체되는 공공시설을 설치한 경우에는 종래의 공공시설은 시행자에게 무상으로 귀속된다(법 제36조 제1항).
④ 물류단지지정권자는 물류단지재정비사업을 하려는 경우에는 입주업체와 관계 지방자치단체의 장의 의견을 듣고 관계 행정기관의 장과 협의하여 물류단지재정비계획(이하 "재정비계획"이라 한다)을 수립·고시하되, 부분 재정비사업인 경우에는 재정비계획 고시를 생략할 수 있다(법 제52조의2 제3항 전단).
⑤ 물류단지개발실시계획의 승인을 한 물류단지지정권자는 시행자가 사정이 변경되어 물류단지개발사업을 계속 시행하는 것이 불가능하게 된 경우에는 물류시설의 개발 및 운영에 관한 법률에 따른 지정·승인 또는 인가를 취소하거나 공사의 중지, 공작물의 개축, 이전, 그 밖에 필요한 조치를 할 수 있다(법 제52조의3 제1항 제6호).

13 물류시설의 개발 및 운영에 관한 법령상 물류단지 안에서 시장·군수·구청장의 허가를 받지 아니하고 할 수 있는 행위는? (단, 국토의 계획 및 이용에 관한 법률은 고려하지 않고, 재해복구 또는 재난수습에 필요한 응급조치를 위하여 하는 행위는 제외함)

① 토지분할
② 죽목의 벌채
③ 「건축법」에 따른 가설건축물의 건축
④ 「건축법」에 따른 건축물의 용도변경
⑤ 물류단지에 존치하기로 결정된 대지 안에서 물건을 쌓아놓는 행위

해설

⑤ 물류단지 안에서 허가받지 않고 할 수 있는 행위(법 제25조 제2항 제2호, 영 제18조 제3항)
1. 농림수산물의 생산에 직접 이용되는 것으로서 국토교통부령으로 정하는 간이공작물의 설치
2. 경작을 위한 토지의 형질변경
3. 물류단지의 개발에 지장을 주지 아니하고 자연경관을 손상하지 아니하는 범위에서의 토석의 채취
4. 물류단지에 존치하기로 결정된 대지 안에서 물건을 쌓아놓는 행위
5. 관상용 죽목의 임시 식재(경작지에서의 임시 식재는 제외한다)

14 물류시설의 개발 및 운영에 관한 법령상 물류단지의 관리기구에 해당하지 않는 자는?

① 「한국토지주택공사법」에 따른 한국토지주택공사
② 「한국철도공사법」에 따른 한국철도공사
③ 「한국도로공사법」에 따른 한국도로공사
④ 「항만공사법」에 따른 항만공사
⑤ 「지방공기업법」에 따른 지방공사

해설

② 물류단지의 관리기구(법 제53조 제1항, 영 제43조)
1. 「한국토지주택공사법」에 따른 한국토지주택공사
2. 「한국도로공사법」에 따른 한국도로공사
3. 「한국수자원공사법」에 따른 한국수자원공사
4. 「한국농어촌공사 및 농지관리기금법」에 따른 한국농어촌공사
5. 「항만공사법」에 따른 항만공사
6. 「지방공기업법」에 따른 지방공사

15 물류시설의 개발 및 운영에 관한 법률상 과태료 부과대상은?

① 공사시행인가를 받지 아니하고 공사를 시행한 복합물류터미널사업자
② 등록증을 대여한 물류창고업자
③ 부정한 방법으로 물류단지개발사업의 시행자로 지정을 받은 자
④ 시·도지사가 소속 공무원에게 물류단지의 관리에 관한 관리기관의 업무를 검사하게 한 경우 그 검사를 방해·거부한 자
⑤ 물류단지시설의 설치를 완료하기 전에 분양받은 토지 또는 시설을 시행자 또는 관리기관에 양도하지 아니하고 처분한 입주기업체

해설
④ 시·도지사는 물류단지의 관리에 관한 업무 검사를 방해·거부한 자에게는 300만원 이하의 과태료를 부과한다(법 제67조 제1항, 법 제61조 제4항).
① 1년 이하의 징역 또는 1천만원 이하의 벌금에 처한다(법 제65조 제1항 제3호).
② 1년 이하의 징역 또는 1천만원 이하의 벌금에 처한다(법 제65조 제1항 제4호).
③ 1년 이하의 징역 또는 1천만원 이하의 벌금에 처한다(법 제65조 제1항 제6호).
⑤ 1년 이하의 징역 또는 1천만원 이하의 벌금에 처한다(법 제65조 제1항 제7호).

16 물류시설의 개발 및 운영에 관한 법령상 물류 교통·환경 정비지구(이하 '정비지구'라 함)에 관한 설명으로 옳은 것은?

① 정비지구의 지정을 신청하려면 해당 지역의 면적이 50만 제곱미터 이상이어야 한다.
② 정비지구가 둘 이상의 시·군·구의 관할지역에 걸쳐있는 경우에는 시·도지사가 물류 교통·환경 정비계획을 수립한다.
③ 정비지구 면적의 100분의 10 미만의 변경을 신청하는 경우에는 주민의 의견청취 절차를 거치지 아니할 수 있다.
④ 정비지구를 지정하려면 지역물류정책위원회와 「국토의 계획 및 이용에 관한 법률」에 따른 지방도시계획위원회가 공동으로 하는 심의를 거쳐야 한다.
⑤ 국가는 시·도지사가 지정한 정비지구에서 시장·군수·구청장에게 「화물자동차 운수사업법」에 따른 공영차고지 및 화물자동차 휴게소의 설치사업에 대하여 행정적·재정적 지원을 할 수 있다.

해설
⑤ 법 제59조의7 제2호
① 정비지구로 지정하려는 지역의 면적이 30만 제곱미터 이상이어야 한다는 요건을 충족해야 한다(법 제59조의4 제1항, 영 제46조의2 제1항 제2호 참조).
② 정비지구가 둘 이상의 시·군·구의 관할지역에 걸쳐 있는 경우에는 관할 시장·군수·구청장이 공동으로 이를 수립·제출한다(법 제59조의4 제2항 후단).
③ 정비지구의 면적의 100분의 5 미만의 변경을 신청하려는 경우에는 주민의 의견청취 절차를 거치지 아니할 수 있다(법 제59조의4 제3항 단서, 영 제46조의4 제1호).
④ 시·도지사는 정비지구의 지정을 신청받은 경우에는 관계 행정기관의 장과 협의하고 대통령령으로 정하는 바에 따라 물류단지계획심의위원회와 「국토의 계획 및 이용에 관한 법률」에 따른 지방도시계획위원회가 공동으로 하는 심의를 거쳐 정비지구를 지정한다(법 제59조의5 제1항).

17 화물자동차 운수사업법령상 화물자동차 운송사업에서 여객자동차 운송사업용 자동차에 싣기 부적합한 것으로서 화주가 밴형 화물자동차에 함께 탈 때 실을 수 있는 화물의 기준으로 옳지 않은 것은?

① 화주 1명당 화물의 중량이 10킬로그램 이상일 것
② 화주 1명당 화물의 용적이 4만 세제곱센티미터 이상일 것
③ 화물이 기계·기구류 등 공산품에 해당하는 물품일 것
④ 화물이 합판·각목 등 건축기자재에 해당하는 물품일 것
⑤ 화물이 혐오감을 주는 식물에 해당하는 물품일 것

해설

① 여객자동차 운송사업용 자동차에 싣기 부적합한 화물의 기준(법 제2조 제3호 후단, 규칙 제3조의2 제1항)
1. 화주(貨主) 1명당 화물의 중량이 20킬로그램 이상일 것
2. 화주 1명당 화물의 용적이 4만 세제곱센티미터 이상일 것
3. 화물이 다음 각 목의 어느 하나에 해당하는 물품일 것
   가. 불결하거나 악취가 나는 농산물·수산물 또는 축산물
   나. 혐오감을 주는 동물 또는 식물
   다. 기계·기구류 등 공산품
   라. 합판·각목 등 건축기자재
   마. 폭발성·인화성 또는 부식성 물품

18 화물자동차 운수사업법령상 화물자동차 운송사업의 허가 등에 관한 설명으로 옳은 것은?

① 운송사업자가 화물자동차의 대폐차에 관한 사항을 변경하려면 국토교통부장관의 변경허가를 받아야 한다.
② 개인 운송사업자는 주사무소 외의 장소에서 상주하여 영업하려면 국토교통부장관의 허가를 받아 영업소를 설치하여야 한다.
③ 임시허가를 받은 자가 허가 기간 내에 다른 운송사업자와 위·수탁계약을 체결하지 못하고 임시 허가 기간이 만료된 경우 3개월 내에 화물자동차 운송사업허가를 신청할 수 있다.
④ 화물자동차 운송사업의 증차를 수반하는 변경허가에는 조건 또는 기한을 붙일 수 없다.
⑤ 국토교통부장관은 운송사업자가 사업정지처분을 받은 경우에도 주사무소를 이전하는 변경허가를 할 수 있다.

해설

③ 법 제3조 제13항
① 화물자동차의 대폐차는 국토교통부장관에게 신고를 하여야 한다(법 제3조 제3항 단서, 영 제3조 제2항 제4호).
② 운송사업자는 주사무소 외의 장소에서 상주(常住)하여 영업하려면 국토교통부령으로 정하는 바에 따라 국토교통부장관의 허가를 받아 영업소를 설치하여야 한다. 다만, 개인 운송사업자의 경우에는 그러하지 아니하다(법 제3조 제11항).
④ 국토교통부장관은 화물자동차 운수사업의 질서를 확립하기 위하여 화물자동차 운송사업의 허가 또는 증차를 수반하는 변경허가에 조건 또는 기한을 붙일 수 있다(법 제3조 제14항).
⑤ 국토교통부장관은 운송사업자가 사업정지처분을 받은 경우에는 주사무소를 이전하는 변경허가를 하여서는 아니 된다(법 제3조 제15항).

19 화물자동차 운수사업법령상 운송사업자의 운송약관에 관한 설명으로 옳지 않은 것은?

① 운송약관 변경신고가 있는 경우 그 변경신고를 받은 날부터 3일 이내에 신고수리 여부가 신고인에게 통지되어야 한다.
② 운송사업자는 운송약관을 영업소 또는 화물자동차에 갖추어 두고 이용자가 요구하면 이를 내보여야 한다.
③ 운송약관에는 운송책임이 시작되는 시기 및 끝나는 시기를 적어야 한다.
④ 공정거래위원회는 화물운송에 관한 표준이 되는 약관을 작성하여 운송사업자에게 그 사용을 권장할 수 있다.
⑤ 운송약관의 신고는 「화물자동차 운수사업법」에 따라 설립된 협회로 하여금 대리하게 할 수 있다.

해설
④ 국토교통부장관은 협회 또는 연합회가 작성한 것으로서 「약관의 규제에 관한 법률」에 따라 공정거래위원회의 심사를 거친 화물운송에 관한 표준이 되는 약관(이하 "표준약관"이라 한다)이 있으면 운송사업자에게 그 사용을 권장할 수 있다(법 제6조 제4항).
① 법 제6조 제2항
② 법 제11조 제8항
③ 규칙 제16조 제3항 제4호
⑤ 규칙 제16조 제4항

20 화물자동차 운수사업법상 화물자동차 운송사업의 허가를 받을 수 없는 자가 아닌 것은?

① 임원 중 「화물자동차 운수사업법」을 위반하여 징역 이상의 형의 집행유예를 선고받고 그 유예기간 중에 있는 자가 있는 법인
② 임원 중 파산선고를 받고 복권되지 아니한 자가 있는 법인
③ 부정한 방법으로 화물자동차 운송사업의 허가를 받아 허가가 취소된 후 3년이 지난 자
④ 부정한 방법으로 화물자동차 운송사업의 변경허가를 받아 변경허가가 취소된 후 3년이 지난 자
⑤ 빈번한 교통사고로 1명 이상의 사상자를 발생하게 하여 화물자동차 운송사업의 허가가 취소된 후 3년이 지난 자

해설
⑤ 빈번한 교통사고로 1명 이상의 사상자를 발생하게 한 경우에 따라 허가가 취소된 후 2년이 지나지 아니한 자는 화물자동차 운송사업의 허가를 받을 수 없다(법 제4조 제5호, 제19조 제1항 제11호). 따라서 3년이 지난 자는 운송사업의 허가를 받을 수 있다.
① 법 제4조 제4호
② 법 제4조 제2호
③ 법 제4조 제6호, 제19조 제1항 제1호
④ 법 제4조 제6호, 제19조 제1항 제2호

21 화물자동차 운수사업법상 화물자동차 운송주선사업에 관한 설명으로 옳은 것은?

① 화물의 멸실·훼손 또는 인도의 지연으로 발생한 운송주선사업자의 손해배상책임에 관하여는 「상법」 제135조(손해배상책임)를 준용한다.
② 화물자동차 운송가맹사업의 허가를 받은 자는 화물자동차 운송주선사업의 허가를 받아야 화물자동차 운송주선사업을 경영할 수 있다.
③ 운송주선사업자는 주사무소 외의 장소에서 상주하여 영업하려면 미리 국토교통부장관에게 신고하여야 한다.
④ 운송주선사업자는 필요한 경우 자기 명의로 다른 사람에게 화물자동차 운송주선사업을 경영하게 할 수 있다.
⑤ 운송주선사업자는 화주로부터 중개를 의뢰받은 화물에 대하여 운송가맹사업자에게 수수료를 받고 화물의 운송을 주선하는 행위를 할 수 없다.

22 화물자동차 운수사업법령상 운송가맹사업자의 허가사항 변경신고의 대상을 모두 고른 것은?

ㄱ. 상호의 변경
ㄴ. 화물취급소의 설치 및 폐지
ㄷ. 주사무소의 이전
ㄹ. 화물자동차 운송가맹계약의 해지

① ㄱ, ㄹ
② ㄴ, ㄷ
③ ㄱ, ㄴ, ㄷ
④ ㄴ, ㄷ, ㄹ
⑤ ㄱ, ㄴ, ㄷ, ㄹ

23 화물자동차 운수사업법상 운송사업자에게 할 수 있는 개선명령 사항에 해당하지 않는 것은?

① 화물자동차의 구조변경
② 운송시설의 개선
③ 화물의 안전운송을 위한 조치
④ 「자동차손해배상 보장법」에 따라 운송사업자가 의무적으로 가입하여야 하는 보험·공제에 가입
⑤ 「가맹사업거래의 공정화에 관한 법률」에 따른 정보공개서 제공의무의 통지

해설
⑤ 개선명령(법 제13조)
1. 운송약관의 변경
2. 화물자동차의 구조변경 및 운송시설의 개선
3. 화물의 안전운송을 위한 조치
4. 적재물배상보험등의 가입과 「자동차손해배상 보장법」에 따라 운송사업자가 의무적으로 가입하여야 하는 보험·공제에 가입
5. 위·수탁계약에 따라 운송사업자 명의로 등록된 차량의 자동차등록번호판이 훼손 또는 분실된 경우 위·수탁차주의 요청을 받은 즉시 「자동차관리법」에 따른 등록번호판의 부착 및 봉인을 신청하는 등 운행이 가능하도록 조치
6. 위·수탁계약에 따라 운송사업자 명의로 등록된 차량의 노후, 교통사고 등으로 대폐차가 필요한 경우 위·수탁차주의 요청을 받은 즉시 운송사업자가 대폐차 신고 등 절차를 진행하도록 조치
7. 위·수탁계약에 따라 운송사업자 명의로 등록된 차량의 사용본거지를 다른 시·도로 변경하는 경우 즉시 자동차등록번호판의 교체 및 봉인을 신청하는 등 운행이 가능하도록 조치
8. 그 밖에 화물자동차 운송사업의 개선을 위하여 필요한 사항으로 대통령령으로 정하는 사항

24 화물자동차 운수사업법령상 적재물배상보험등에 관한 설명으로 옳지 않은 것은?

① 운송사업자는 각 사업자별로 사고 건당 2천만원 이상의 금액을 지급할 책임을 지는 적재물배상보험등에 가입하여야 한다.
② 운송가맹사업자는 적재물배상보험등에 가입하여야 한다.
③ 이사화물을 취급하는 운송주선사업자는 적재물배상보험등에 가입하여야 한다.
④ 책임보험계약등의 계약 종료사실 통지에는 계약기간이 종료된 후 적재물배상보험등에 가입하지 아니하는 경우에는 500만원 이하의 과태료가 부과된다는 사실에 관한 안내가 포함되어야 한다.
⑤ 보험회사등은 자기와 책임보험계약등을 체결한 보험등 의무가입자가 그 계약이 끝난 후 새로운 계약을 체결하지 아니하면 그 사실을 지체 없이 국토교통부장관에게 알려야 한다.

해설
① 운송사업자는 각 화물자동차별로 사고 건당 2천만원 이상의 금액을 지급할 책임을 지는 적재물배상보험등에 가입하여야 한다(영 제9조의7 제1호).
② 법 제35조 제3호
③ 영 제9조의7
④ 규칙 제41조의15 제2항
⑤ 법 제38조 제2항

25 화물자동차 운수사업법령상 경영의 위탁에 관한 설명으로 옳은 것은?

① 운송사업자는 화물자동차 운송사업의 효율적인 수행을 위하여 필요하면 다른 사람에게 경영의 전부를 위탁할 수 있다.
② 화물자동차 운송사업의 허가권자는 경영의 위탁을 제한할 수 없다.
③ 위·수탁계약을 체결하는 경우 운수종사자 교육에 관한 사항을 계약서에 명시하여야 한다.
④ 위·수탁계약의 기간은 3년 이상으로 하여야 한다.
⑤ 시장·군수·구청장은 위·수탁계약서의 작성 여부에 대한 실태조사를 매년 2회 이상 실시한다.

해설
③ 법 제40조 제4항 전단, 규칙 제41조의16 제8호
① 운송사업자는 화물자동차 운송사업의 효율적인 수행을 위하여 필요하면 다른 사람(운송사업자를 제외한 개인을 말한다)에게 차량과 그 경영의 일부를 위탁하거나 차량을 현물출자한 사람에게 그 경영의 일부를 위탁할 수 있다(법 제40조 제1항).
② 국토교통부장관은 화물운송시장의 질서유지 및 운송사업자의 운송서비스 향상을 유도하기 위하여 필요한 경우 경영의 위탁을 제한할 수 있다(법 제40조 제2항).
④ 위·수탁계약의 기간은 2년 이상으로 하여야 한다(법 제40조 제5항).
⑤ 국토교통부장관 또는 시·도지사는 위·수탁계약서의 작성 여부에 대한 실태조사(이하 "실태조사"라 한다)는 매년 1회 이상 실시한다(법 제40조의5 제1항, 영 제9조의12 제1항).

26 화물자동차 운수사업법령상 화물자동차 운송사업에 종사하는 운수종사자의 준수사항이 아닌 것은?

① 고장 및 사고차량 등 화물의 운송과 관련하여 자동차관리사업자와 부정한 금품을 주고받는 행위를 하여서는 아니 된다.
② 적재된 화물이 떨어지지 아니하도록 국토교통부령으로 정하는 기준 및 방법에 따라 덮개·포장·고정장치 등 필요한 조치를 하지 아니하고 화물자동차를 운행하는 행위를 하여서는 아니 된다.
③ 택시 요금미터기의 장착 등 국토교통부령으로 정하는 택시 유사표시행위를 하여서는 아니 된다.
④ 「자동차관리법」에 따른 승인을 받지 않고 튜닝된 화물자동차를 운행하는 행위를 하여서는 아니 된다.
⑤ 일정한 장소에 오랜 시간 정차하여 화주를 호객하는 행위를 하여서는 아니 된다.

해설
④ 운수종사자의 준수사항(법 제12조)
1. 정당한 사유 없이 화물을 중도에서 내리게 하는 행위
2. 정당한 사유 없이 화물의 운송을 거부하는 행위
3. 부당한 운임 또는 요금을 요구하거나 받는 행위
4. 고장 및 사고차량 등 화물의 운송과 관련하여 자동차관리사업자와 부정한 금품을 주고받는 행위
5. 일정한 장소에 오랜 시간 정차하여 화주를 호객(呼客)하는 행위
6. 문을 완전히 닫지 아니한 상태에서 자동차를 출발시키거나 운행하는 행위
7. 택시 요금미터기의 장착 등 국토교통부령으로 정하는 택시 유사표시행위
8. 덮개·포장·고정장치 등 필요한 조치를 하지 아니하고 화물자동차를 운행하는 행위
9. 「자동차관리법」 제35조를 위반하여 전기·전자장치(최고속도제한장치에 한정한다)를 무단으로 해체하거나 조작하는 행위

27 유통산업발전법령상 유통업상생발전협의회(이하 '협의회'라 함)에 관한 설명으로 옳은 것은?

① 협의회 위원의 임기는 1년으로 한다.
② 성별 및 분야별 대표성 등을 고려하여 회장 1명을 포함한 10명 이내의 위원으로 구성한다.
③ 회장은 해당 지역의 시장·군수·구청장이 된다.
④ 협의회는 매월 1회 이상 개최하는 것을 원칙으로 하되, 회장은 필요에 따라 그 개최 주기를 달리 할 수 있다.
⑤ 해당 지역의 주민단체의 대표는 협의회 위원으로 위촉될 수 있다.

해설
⑤ 규칙 제4조의2 제2항 제3호 가목
① 위원의 임기는 2년으로 한다(규칙 제4조의2 제3항).
② 유통업상생발전협의회(이하 "협의회"라 한다)는 성별 및 분야별 대표성 등을 고려하여 회장 1명을 포함한 11명 이내의 위원으로 구성한다(규칙 제4조의2 제1항).
③ 회장은 부시장(특별자치시의 경우 행정부시장을 말한다)·부군수·부구청장이 된다(규칙 제4조의2 제2항 전단).
④ 협의회는 분기별로 1회 이상 개최하는 것을 원칙으로 하되, 회장은 필요에 따라 그 개최 주기를 달리할 수 있다(규칙 제4의3 제4항).

28 유통산업발전법령상 공동집배송센터의 지정요건에 관한 설명이다. ( )에 들어갈 숫자를 바르게 나열한 것은?

○ 부지면적이 (ㄱ)만제곱미터 이상(「국토의 계획 및 이용에 관한 법률」 제36조에 따른 상업지역 또는 공업지역의 경우에는 (ㄴ)만제곱미터 이상)이고, 집배송시설면적이 (ㄷ)만제곱미터 이상일 것
○ 도시 내 유통시설로의 접근성이 우수하여 집배송기능이 효율적으로 이루어질 수 있는 지역 및 시설물

① ㄱ : 2, ㄴ : 1, ㄷ : 1
② ㄱ : 3, ㄴ : 2, ㄷ : 1
③ ㄱ : 3, ㄴ : 2, ㄷ : 2
④ ㄱ : 5, ㄴ : 3, ㄷ : 2
⑤ ㄱ : 5, ㄴ : 3, ㄷ : 3

해설
② 공동집배송센터의 지정요건(규칙 제19조)
1. 부지면적이 (ㄱ : 3)만제곱미터 이상(「국토의 계획 및 이용에 관한 법률」 제36조에 따른 상업지역 또는 공업지역의 경우에는 (ㄴ : 2)만제곱미터 이상)이고, 집배송시설면적이 (ㄷ : 1)만제곱미터 이상일 것
2. 도시 내 유통시설로의 접근성이 우수하여 집배송기능이 효율적으로 이루어질 수 있는 지역 및 시설물

29 유통산업발전법령상 유통분쟁조정위원회의 분쟁조정 대상이 아닌 것은?

① 등록된 대규모점포등과 중소제조업체 사이의 「독점규제 및 공정거래에 관한 법률」을 적용받는 영업활동에 관한 분쟁
② 대규모점포등개설자의 인근 지역주민 피해·불만의 신속한 처리와 관련한 분쟁
③ 등록된 대규모점포등과 인근 지역의 주민 사이의 대규모점포등의 개설로 인한 인근 지역의 대기오염, 토양오염, 수질오염 및 해양오염에 관한 분쟁
④ 대규모점포등개설자의 상거래질서 확립 업무 수행과 관련한 분쟁
⑤ 대규모점포등개설자의 소비자 안전유지와 관련한 분쟁

해설
① 유통분쟁조정위원회의 유통분쟁 조정대상(법 제36조 제1항)
1. 등록된 대규모점포등과 인근 지역의 도매업자·소매업자 사이의 영업활동에 관한 분쟁. 다만, 「독점규제 및 공정거래에 관한 법률」을 적용받는 사항은 제외한다.
2. 등록된 대규모점포등과 중소제조업체 사이의 영업활동에 관한 사항. 다만, 「독점규제 및 공정거래에 관한 법률」을 적용받는 사항은 제외한다.
3. 등록된 대규모점포등과 인근 지역의 주민 사이의 생활환경에 관한 분쟁
4. 대규모점포등개설자의 업무 수행(법 제12조 제1항)과 관련한 분쟁

30 유통산업발전법령상 대규모점포등개설등록신청서에 첨부하여야 하는 상권영향평가서에 포함되는 사항이 아닌 것은?

① 상권영향분석의 범위
② 상권의 특성
③ 재무구조
④ 요약문
⑤ 기존 사업자 현황 분석

해설
③ 상권영향평가서 포함항목(규칙 제5조 제1항 제2호)
• 요약문, 사업의 개요, 상권영향분석의 범위, 상권의 특성, 기존 사업자 현황 분석, 상권영향기술서

31 유통산업발전법상 상점가진흥조합에 관한 설명으로 옳은 것은?

① 「중소기업기본법」에 따른 중소기업자는 조합원이 될 수 없다.
② 상점가진흥조합은 협동조합으로 설립하여야 하고 사업조합의 형식으로는 설립할 수 없다.
③ 조합원의 자격이 있는 자 중 같은 업종을 경영하는 자가 2분의 1 이상인 경우에는 그 같은 업종을 경영하는 자의 5분의 3 이상의 동의를 받아 결성할 수 있다.
④ 다른 상점가진흥조합의 구역과 중복되어 구역을 지정할 수 있다.
⑤ 상점가진흥조합의 주차장·휴게소 등 공공시설 설치사업은 지방자치단체의 장이 필요한 자금을 지원할 수 있는 사업에 해당하지 않는다.

해설
③ 법 제18조 제3항 단서
① 상점가진흥조합의 조합원이 될 수 있는 자는 제1항의 자로서 「중소기업기본법」 제2조에 따른 중소기업자에 해당하는 자로 한다(법 제18조 제2항).
② 상점가진흥조합은 협동조합 또는 사업조합으로 설립한다(법 제18조 제4항).
④ 상점가진흥조합의 구역은 다른 상점가진흥조합의 구역과 중복되어서는 아니 된다(법 제18조 제5항).
⑤ 지방자치단체의 장은 상점가진흥조합이 주차장·휴게소 등 공공시설의 설치사업을 하는 경우에는 예산의 범위에서 필요한 자금을 지원할 수 있다(법 제19조 제3호).

32 항만운송사업법령상 항만운송관련사업에 해당하지 않는 것은?

① 항만용역업
② 선용품공급업
③ 선박연료공급업
④ 컨테이너수리업
⑤ 선적화물검수업

✅ 확인 CHECK!

해설
⑤ "항만운송관련사업"이란 항만에서 선박에 물품이나 역무(役務)를 제공하는 항만용역업·선용품공급업·선박연료공급업·선박수리업 및 컨테이너수리업을 말한다(법 제2조 제4항 전단).

33 항만운송사업법령상 부두운영회사에 관한 설명으로 옳은 것은?

① 항만시설운영자등은 부두운영회사의 운영성과 평가 결과에 따라 부두운영회사에 대하여 항만시설등의 임대료를 감면할 수는 없다.
② 항만시설등의 임대료를 2개월 이상 연체한 경우 항만시설운영자등은 부두운영계약을 해지하고, 위약금을 부과한다.
③ 부두운영회사가 부두운영계약의 계약기간을 연장하려는 경우 그 계약기간이 만료되기 3개월 전까지 항만시설운영자등에게 부두운영계약의 갱신을 신청하여야 한다.
④ 항만시설운영자등은 화물유치 또는 투자계획을 이행하지 못한 부두운영회사에 대하여 그 귀책사유를 불문하고 위약금을 부과할 수 있다.
⑤ 「항만공사법」에 따른 항만공사와 임대차계약을 체결하고, 해양수산부장관이 컨테이너 부두로 정하여 고시한 항만시설을 임차하여 사용하는 자는 부두운영회사에 해당하지 않는다.

✅ 확인 CHECK!
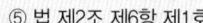

해설
⑤ 법 제2조 제6항 제1호
① 항만시설운영자등은 부두운영회사 운영성과의 평가 결과에 따라 부두운영회사에 대하여 항만시설등의 임대료를 감면하거나 그 밖에 필요한 조치를 할 수 있다(법 제26조의8 제2항).
② 항만시설운영자등은 부두운영회사가 항만시설등의 임대료를 3개월 이상 연체한 경우 부두운영계약을 해지할 수 있다(법 제26조의9 제1항 제2호).
③ 부두운영회사가 부두운영 계약기간을 연장하려는 경우에는 그 계약기간이 만료되기 6개월 전까지 항만시설운영자등에게 부두운영계약의 갱신을 신청하여야 한다(규칙 제29조의3 제1항).
④ 항만시설운영자등은 화물유치 또는 투자계획을 이행하지 못한 부두운영회사에 대하여 위약금을 부과할 수 있다. 다만, 부두운영회사가 화물유치 또는 투자계획을 이행하지 못하는 데 귀책사유가 없는 경우에는 위약금을 부과하지 아니한다(법 제26조의7 제1항).

34 항만운송사업법령상 타인의 수요에 응하여 하는 행위로서 항만운송에 해당하지 않는 것은?

① 선박을 이용하여 운송될 화물을 화물주 또는 선박운항업자의 위탁을 받아 항만에서 화물주로부터 인수하거나 선박에 인도하는 행위
② 항만에서 선박 또는 부선(艀船)을 이용하여 선박에서 사용하는 물품을 공급하기 위하여 운송하는 행위
③ 항만에서 선박 또는 부선을 이용하여 운송될 화물을 하역장에서 내가는 행위
④ 항만에서 목재를 뗏목으로 편성하여 운송하는 행위
⑤ 항만에서 뗏목으로 편성하여 운송된 목재를 수면 목재저장소에 들여놓는 행위

해설
② 항만에서 선박 또는 부선(艀船)을 이용하여 선박에서 사용하는 물품을 공급하기 위하여 운송하는 행위는 항만운송에서 제외된다(법 제2조 제1항 제5호 다목, 규칙 제2조 제1호).
① 법 제2조 제1항 제2호
③ 법 제2조 제1항 제7호
④ 법 제2조 제1항 제10호
⑤ 법 제2조 제1항 제11호

35 철도사업법상 부가 운임의 징수에 관한 내용이다. ( )에 들어갈 숫자를 바르게 나열한 것은?

○ 철도사업자는 열차를 이용하는 여객이 정당한 운임·요금을 지급하지 아니하고 열차를 이용한 경우에는 승차 구간에 해당하는 운임 외에 그의 (ㄱ)배의 범위에서 부가 운임을 징수할 수 있다.
○ 철도사업자는 송하인(送荷人)이 운송장에 적은 화물의 품명·중량·용적 또는 개수에 따라 계산한 운임이 정당한 사유 없이 정상 운임보다 적은 경우에는 송하인에게 그 부족 운임 외에 그 부족 운임의 (ㄴ)배의 범위에서 부가 운임을 징수할 수 있다.

① ㄱ : 20, ㄴ : 5
② ㄱ : 20, ㄴ : 10
③ ㄱ : 30, ㄴ : 5
④ ㄱ : 30, ㄴ : 10
⑤ ㄱ : 30, ㄴ : 15

해설
③ 부가운임의 징수(법 제10조)
1. 철도사업자는 열차를 이용하는 여객이 정당한 운임·요금을 지급하지 아니하고 열차를 이용한 경우에는 승차 구간에 해당하는 운임 외에 그의 (ㄱ : 30)배의 범위에서 부가 운임을 징수할 수 있다.
2. 철도사업자는 송하인(送荷人)이 운송장에 적은 화물의 품명·중량·용적 또는 개수에 따라 계산한 운임이 정당한 사유 없이 정상 운임보다 적은 경우에는 송하인에게 그 부족 운임 외에 그 부족 운임의 (ㄴ : 5)배의 범위에서 부가 운임을 징수할 수 있다.

36 철도사업법령상 철도사업의 관리에 관한 설명으로 옳지 않은 것은?

① 철도사업자가 인가받은 공동운수협정에 따른 운행구간별 열차 운행횟수를 10분의 1 이내에서 변경하려는 경우에는 국토교통부장관의 변경인가를 받아야 한다.
② 국토교통부장관은 공동운수협정을 인가하려면 미리 공정거래위원회와 협의하여야 한다.
③ 철도사업자는 다른 철도사업자 또는 철도사업 외의 사업을 경영하는 자와 합병하려는 경우에는 국토교통부장관의 인가를 받아야 한다.
④ 철도사업자가 사업계획 중 여객열차의 운행구간을 변경하려는 경우에는 국토교통부장관의 인가를 받아야 한다.
⑤ 철도사업자가 선로 또는 교량의 파괴로 휴업하려는 경우에는 국토교통부장관에게 신고하여야 하고, 그 휴업기간은 6개월을 넘을 수 없다.

해설
① 철도사업자는 공동운수협정을 체결하거나 변경하려는 경우에는 국토교통부장관의 인가를 받아야 한다. 다만, 국토교통부령으로 정하는 공동운수협정에 따른 운행구간별 열차 운행횟수의 10분의 1 이내에서 변경하려는 경우에는 국토교통부령으로 정하는 바에 따라 국토교통부장관에게 신고하여야 한다(법 제13조 제1항 단서, 규칙 제9조 제3항 제3호).
② 법 제13조 제2항
③ 법 제14조 제2항
④ 법 제12조 제1항 단서, 영 제5조 제2호
⑤ 법 제15조 제1항 단서, 제2항 단서

37 철도사업법상 신고하여야 하는 경우를 모두 고른 것은?

ㄱ. 전용철도의 운영을 양도·양수하려는 경우
ㄴ. 전용철도운영자가 그 운영의 일부를 휴업한 경우
ㄷ. 전용철도운영자가 그 운영의 전부를 폐업한 경우
ㄹ. 사망한 전용철도운영자의 상속인이 그 전용철도의 운영을 계속하려는 경우
ㅁ. 국유철도시설의 점용허가로 인하여 발생한 권리와 의무를 이전하려는 경우

① ㄱ, ㄷ
② ㄴ, ㅁ
③ ㄷ, ㄹ, ㅁ
④ ㄱ, ㄴ, ㄷ, ㄹ
⑤ ㄱ, ㄴ, ㄷ, ㄹ, ㅁ

해설
ㄱ. 법 제36조 제1항
ㄴ. 법 제38조
ㄷ. 법 제38조
ㄹ. 법 제37조 제1항
ㅁ. 점용허가로 인하여 발생한 권리와 의무를 이전하려는 경우에는 대통령령으로 정하는 바에 따라 국토교통부장관의 인가를 받아야 한다(법 제45조).

38 철도사업법상 점용허가를 받지 아니하고 국유철도시설을 점용한 자에 대하여 국토교통부장관이 징수할 수 있는 것은?

① 과태료
② 점용료
③ 변상금
④ 과징금
⑤ 이행강제금

해설
③ 국토교통부장관은 점용허가를 받지 아니하고 철도시설을 점용한 자에 대하여 점용료의 100분의 120에 해당하는 금액을 변상금으로 징수할 수 있다(법 제44조의2 전단).

39 농수산물 유통 및 가격안정에 관한 법령상 농수산물도매시장에 관한 설명으로 옳지 않은 것은?

① 시가 지방도매시장을 개설하려면 도지사의 허가를 받아야 한다.
② 도매시장법인이 다른 도매시장법인을 인수하거나 합병하는 경우에는 해당 도매시장 개설자의 승인을 받아야 한다.
③ 중앙도매시장의 개설자는 양곡부류와 수산부류에 대하여는 도매시장법인을 두어야 한다.
④ 시가 개설하는 지방도매시장의 개설구역에 인접한 구역으로서 그 지방도매시장이 속한 도의 일정 구역에 대하여는 해당 도지사가 그 지방도매시장의 개설구역으로 편입하게 할 수 있다.
⑤ 지방도매시장의 개설자인 시가 업무규정을 변경하는 때에는 도지사의 승인을 받아야 한다.

 확인 CHECK!

해설
③ 중앙도매시장의 개설자는 청과부류와 수산부류에 대하여는 도매시장법인을 두어야 한다(법 제22조 단서, 규칙 제18조의2 제1항).
① 법 제17조 제1항 단서
② 법 제23조의2 제1항
④ 법 제18조 제2항 단서
⑤ 법 제17조 제5항 후단

40 농수산물 유통 및 가격안정에 관한 법률상 농수산물공판장(이하 '공판장'이라 함)에 관한 설명으로 옳지 않은 것은?

① 공익법인이 공판장을 개설하려면 시·도지사의 승인을 받아야 한다.
② 공판장을 개설하려는 장소가 교통체증을 유발할 수 있는 위치에 있는 경우는 공판장 개설승인 제한사유이다.
③ 공판장의 중도매인은 공판장의 개설자가 지정한다.
④ 공판장에는 중도매인, 매매참가인, 산지유통인 및 경매사를 둘 수 있다.
⑤ 농림수협등의 유통자회사(流通子會社)는 도매시장공판장을 운영할 수 없다.

 확인 CHECK!

해설
⑤ 도매시장공판장은 농림수협등의 유통자회사(流通子會社)로 하여금 운영하게 할 수 있다(법 제46조 제5항).
① 법 제43조 제1항
② 법 제43조 제4항 제1호
③ 법 제44조 제2항
④ 법 제44조 제1항

좋은 책을 만드는 길, 독자님과 함께 하겠습니다.

2026 시대에듀 물류관리사 한권으로 끝내기

개정24판1쇄 발행	2026년 01월 05일 (인쇄 2025년 10월 29일)
초 판 발 행	2002년 07월 05일 (인쇄 2002년 05월 25일)
발 행 인	박영일
책 임 편 집	이해욱
편 저	황사빈 · 이영표 · 유범진
편 집 진 행	김준일 · 남민우 · 우지영
표지디자인	김도연
편집디자인	신지연 · 하한우
발 행 처	(주)시대고시기획
출 판 등 록	제10-1521호
주 소	서울시 마포구 큰우물로 75 [도화동 538 성지 B/D] 9F
전 화	1600-3600
팩 스	02-701-8823
홈 페 이 지	www.sdedu.co.kr
I S B N	979-11-383-9452-9 (13320)
정 가	42,000원

※ 이 책은 저작권법의 보호를 받는 저작물이므로 동영상 제작 및 무단전재와 배포를 금합니다.
※ 잘못된 책은 구입하신 서점에서 바꾸어 드립니다.

유통·물류관리사 관련 수험서 SERIES

유통관리사 1급	유통관리사 1급 한권으로 끝내기(전2권)	4×6배판	45,000원
	유통관리사 1급 기출문제해설	4×6배판	25,000원
유통관리사 2급	유통관리사 2급 한권으로 끝내기(필수암기 필기노트)	210×260	34,000원
	유통관리사 2급 단기완성	4×6배판	25,000원
	유통관리사 2급 5개년 기출문제해설	4×6배판	26,000원
유통관리사 3급	유통관리사 3급 한권으로 끝내기	4×6배판	32,000원
	유통관리사 3급 10개년 기출문제해설	4×6배판	24,000원
물류관리사	물류관리사 한권으로 끝내기(전5권)	210×260	42,000원
	물류관리사 5개년 첨삭식 기출문제해설(전2권)	4×6배판	26,000원
	물류관리사 단기완성 핵심요약집	210×260	23,000원

유통관리사 2급
합격을 꿈꾸는 수험생에게

정성을 다해 만든 유통관리사 2급 도서들을
꿈을 향해 도전하는 수험생 여러분들께 드립니다.

P.S. 단계별 교재를 선택하기 위한 팁!

한권으로 끝내기
시험의 중요개념과 핵심 이론을 파악하고 기초를 잡고 싶은 수험생

시험에 출제되는 핵심이론부터 필수기출문제, 시험장에서 보는 최빈출 필기노트까지 한권에 담았습니다.

동영상 강의 교재

▶

단기완성
시험에 자주 출제된 필수 이론 위주로 학습하고 싶은 수험생!

실제 기출문제 출제경향을 완벽 분석하여 엄선한 핵심 유형이론과 유형별 기출문제를 담았습니다.

▶

기출문제해설
최근 기출문제와 상세한 해설을 통해 학습내용을 확인하고 실전감각을 키우고 싶은 수험생!

시험 준비 마무리 단계에서 알찬 해설을 통해 중요개념 정리부터 공부 방향까지 한 번에 잡을 수 있습니다.

유통관리사 합격!
시대에듀와 함께라면 문제없습니다.

빈출키워드 요약집

제1과목	물류관리론
제2과목	화물운송론
제3과목	국제물류론
제4과목	보관하역론
제5과목	물류관련법규

1과목 물류관리론

01 물류의 개념
① 물적유통(Physical Distribution)의 줄임말로 생산에서 소비에 이르는 물자의 흐름
② 전통적 개념 : 사물의 흐름과 관련된 시간적, 공간적 효용을 창출하는 경영활동
③ 군사용어인 '병참', 즉 로지스틱스(logistics)라는 개념 도입으로 판매물류뿐만 아니라 조달물류, 생산물류, 회수물류를 포함한 총체적인 물자의 흐름으로 확대
↳ 조달부문을 제외한 모든 활동(×) 기출▶ 16년

02 물류활동의 기능별 분류

운송활동	물자를 효용가치가 낮은 장소에서 높은 장소로 이동시켜 물자의 효용가치를 증대시키기 위한 물류활동 → 소량화물의 단거리 이동(×) 기출▶ 21년
보관활동	물품 저장을 통해 생산과 소비의 시간적 간격을 해소시켜 시간적 효용을 창출하는 활동 ↳ 물자를 수요가 낮은 국가에서 높은 국가로 이동(×) 기출▶ 24년
포장활동	물자의 수·배송, 보관, 거래, 사용 등에 있어서 그 가치 및 상태를 유지하기 위해 적절한 재료, 용기 등을 사용하여 보호하는 물류활동
하역활동	물류센터 내에서 일어나는 활동 중 보관, 포장, 유통가공을 제외한 나머지 인력에 의해서 피킹, 분배, 분류, 상하차 등의 제품을 취급하는 모든 활동
물류정보활동	물류활동에 관련된 정보를 제공하여 운송, 보관, 포장, 하역 등의 모든 기능을 전자적인 수단으로 연결시켜 종합적인 물류관리의 효율을 향상시키는 활동
유통가공활동	물자의 유통과정에서 이루어지는 제품의 단순 가공, 재포장, 조립, 절단 등의 물류활동

03 물류활동의 영역별 분류 : 순물류(Forward Logistics)와 역물류(Reverse Logistics)

순물류	개념	· 원산지부터 소비지까지 원자재·재공품·완성품 및 관련 정보의 흐름을 효율적, 비용면에서 효과적으로 계획·실행·관리하는 과정 · 물류계획의 수립 및 실행 용이, 재고관리 편리
	종류	조달물류	물자가 조달처로부터 운송되어 매입자의 보관창고에 입고·보관되었다가 생산공정에 투입될 때까지의 물류활동
		생산물류	물자가 생산공정에 투입되어 제품으로 만들어지기까지의 물류활동
		사내물류	제조업체에서 생산된 완제품의 출하에서 물류센터의 보관창고에 이르기까지의 물류활동
		판매물류	제품이 소비자에게 전달되는 과정과 관련된 활동으로, 완제품의 판매를 위하여 출고할 때부터 고객에게 인도될 때까지의 물류활동

역물류	개념	• 물류활동을 통해 소비자에게 전달된 제품이 고객에게 더 이상 필요로 하지 않는 상황이 발생했을 때, 그 제품을 회수하여 상태에 따라 최적의 처리를 수행하는 과정 → 순물류와 반대 방향으로 이동 • 회수되는 화물 추적 및 가시성 확보가 어렵고 반환되는 화물 수량을 정확히 예측할 수 없음 ↳ 발생 장소, 수량 측면에서 가시성 확보가 가능함 기출▶16년
	종류	폐기물류	원자재와 제품의 포장재 및 수·배송 용기 등의 폐기물을 처분하기 위한 물류활동
		반품물류	고객에게 판매된 제품이 제품상의 하자 등의 이유로 교환되거나 공장으로 되돌아올 때까지의 물류활동
		회수물류	제품의 가치를 살리거나 창출하기 위한 목적으로 소비지를 시작점으로 하여 최종 목적지에 이르기까지의 물류활동

04 물류아웃소싱, 3자물류, 4자물류

물류아웃소싱	• 물류활동의 일부 또는 전부를 외부 물류전문업자에게 위탁하는 물류 전략 • 주로 보관, 하역, 수송, 창고관리 등 아웃소싱
3자물류	• 물류활동을 외부 전문업체에 위탁하여 자사의 물류 효율화 • 외주물류는 원가절감 목표의 단기적 관계, 3자물류는 원가절감과 경쟁우위 확보 목표의 중장기적 협력 관계를 기반으로 운영 ↳ 외주물류는 중장기적 협력 관계, 3자물류는 단기적 관계를 기반(×) 기출▶23년
4자물류	• 3자물류가 더욱 발전된 개념 → 3자물류 + 솔루션 제공 능력 • 다양한 기업이 파트너로 참여하는 혼합조직 형태로 상호 보완관계의 IT업체, 운송업체 등 타 물류업체와 연합 → 상하계약관계(×) 기출▶21년 • 네트워크형 물류조직

05 물류환경 변화

기업 물류환경 변화	• 고객 니즈 다양화 • 전자상거래 확대, 최종 사용자 중심 물류 등장 • 정보기술을 활용한 물류관리체계 기법 도입(CRM, SCM 등) • 공급사슬의 복잡화와 아웃소싱 확산 • 유통마케팅 전략의 변화(싱글채널 → 다채널 → 옴니채널) ↳ 옴니채널(omni channel)에서 다채널로 전환(×) 기출▶17년
글로벌 물류환경 변화	• 세계 경제의 빠른 국제화로 국내물류와 국제물류의 구분 모호 • 국제물류수요 증가, 물류기업의 전략적 제휴 확산 • 인터넷, 모바일, RFID 등 IT 기술 발전 • 국제적으로 자국 물류정책에 녹색물류 적극 반영, 친환경 물류환경 증가
기타	• 정보통신기술 발달로 물류정보시스템 고도화 • 다품종 소량화의 소비행태 변화 확산으로 물류비 상승 ↳ 소품종, 대량화(×) 기출▶23년 • 물류센터 기능 전환(보관시설 → 유통창고) • 제품기술 발달 및 소비자 구매욕구 다양화로 제품수명주기 점차 단축

06 7R 원칙

적절한 상품(Right Commodity), 적절한 품질(Right Quality), 적절한 수량(Right Quantity), 적절한 시기(Right Time), 적절한 장소(Right Place), 좋은 인상(Right Impression), 적정한 가격(Right Price)
　↳ Right Safety(×)　기출 ▶ 23년

07 물류의 의사결정 계획

운영적 계획	주 단위, 일 단위의 단기계획	• 일상 운영에서 실행하는 구체적인 계획 • 주문처리, 제품 포장, 주문품 발송 등
전술적 계획	1년 이내의 중기계획	• 전략을 조직의 각 부문에서 실행할 수 있도록 구체화 • 마케팅 전략, 고객서비스 요구사항, 재고통제, 창고관리 등 　↳ 마케팅 전략, 고객서비스 요구사항 등은 운영적 의사결정(×)　기출 ▶ 19년
전략적 계획	1년 이상의 장기계획	• CEO와 같은 가장 높은 차원에서 실시하는 계획 • 시설 입지계획, 창고입지 결정, 수송수단 선택 등

08 물류보안 관련 제도

컨테이너 안전 협정 (CSI)	• 외국항만에 미국 세관원을 파견하여 미국으로 수출할 컨테이너화물에 대한 위험도를 사전에 평가하는 컨테이너 보안협정 • 미국 세관·국경보호국(CBP : Customs and Border Protection)이 9·11테러 이후 반 테러 프로그램의 일환으로 도입
대 테러 세관 무역업자 간 파트너십 (C-TPAT)	세관·국경보호국(CBP : Customs and Border Protection)이 도입한 반 테러 민·관 파트너십제도
국제선박 및 항만시설 보안규칙 (ISPS Code)	해상에서의 테러를 예방하기 위해 각국 정부와 항만관리당국 및 선사들이 갖춰야 할 보안 관련 조건들을 명시하고, 보안사고 예방에 대한 가이드라인 제시
위험물 컨테이너 점검 (CIP)	컨테이너에 적재된 해상운송 위험물에 대한 사고를 예방하기 위해 수입되는 위험물 컨테이너에 대한 국제해상위험물규칙(IMDG Code)의 준수여부를 점검하고 위반사항에 대하여는 시정조치토록 계도하여 선박 및 항만의 안전 확보 및 해양환경을 보호하기 위한 제도
항만보안법 (SPA : SAFE Port Act)	• 미국에서 해상 공급망 보안을 강화하기 위하여 제정한 물류 보안법으로, CSI, SFI, C-TPAT 등에 법적인 근거 부여 • 미국 세관·국경보호국(CBP)이 컨테이너 운송 과정에서 일어날 수 있는 테러 방지를 위해 미국 외부 주요 항만에 세관원을 파견하여 위험도가 높은 컨테이너를 사전 검사하는 제도
수출입안전관리우수공인업체 (AEO)	↱ 미국 국방부가 관리·운영(×)　기출 ▶ 15년 • 세계관세기구(WCO)가 무역의 안전 및 원활화를 조화시키는 표준협력 제도로서 도입 • 세관에서 물류기업이 일정 수준 이상의 기준을 충족하면 통관절차 등을 간소화시켜주는 제도
물류보안경영시스템 (ISO 28000)	공급망을 위한 보안관리시스템(SMS : Security Management System)의 요구사항에 관한 국제표준 ※ ISO 9000 : 품질경영시스템, ISO 14000 : 국제 환경경영시스템

09 물류조직의 형태

직능형(기능형)	라인부문과 스태프부문이 분리되지 않은(미분화된) 조직형태 → 기업규모가 커지고 최고경영자가 모든 업무를 관리하기 어려울 때 적합(×) 기출 19년
라인&스태프형	직능형 조직의 단점 보완을 위해 라인과 스태프의 기능을 세분화한 형태
사업부형	• 가장 일반적인 물류조직 형태로, 기업 규모가 커지면서 각 사업단위의 성과를 극대화하기 위해 생긴 조직 • 수직적 조직으로, 사업부 간 인력 및 정보교류 경직 → 사업부 간 횡적 교류가 활발(×) 기출 20년
그리드형	다국적 기업에서 많이 볼 수 있는 조직형태로, 모회사의 스태프 부문이 자회사의 해당 물류부문 관리 및 지원(모회사의 권한을 자회사에 이양)
매트릭스형	• 물류담당자들이 평상시에는 자기 부서에서 근무하다가 필요시 해당부서의 인원들과 함께 문제를 해결하기 위해 구성된 조직 • 항공우주산업, 물류정보시스템 개발처럼 복잡성이 높은 첨단기술 분야에 효과적
네트워크형	• 기업의 내부영역과 외부영역이 네트워크로 연결된 조직 • 상황 혹은 목적에 따라 조직의 구성 및 해체가 유연하며 수평적 관계
프로그램형	물류를 하나의 프로그램으로 보고 기업전체가 물류관리에 참여하는 형태

10 물류와 마케팅의 관계

① 물류는 포괄적인 마케팅 개념에 속하며, 마케팅 믹스(4P) 중 Place, 즉 유통채널과 관련 깊음
   물류는 마케팅 믹스의 4P 중 제품(product)과 가장 밀접한 관계(×) 기출 25년
② 기술혁신으로 품질과 가격 평준화가 이루어진 상태에서는 고객서비스가 마케팅에서 중요한 비중 차지
③ 고객만족을 위한 물류서비스 수준과 물류비 간에는 상충관계가 있음

11 제품수명주기

도입기	• 수요와 공급이 불확실하며, 이익은 낮거나 손실이 발생하는 단계 • 판매망이 소수의 지점에 집중되고 제품의 가용성은 제한
성장기	• 제품에 대한 고객들의 관심이 높아지면서 제품가용성을 넓은 지역에 걸쳐 증가시키게 되는 단계 • 장기적인 수요에 대비한 유통망 확대가 필요하나 물류센터 수와 재고수준을 정하는 데 필요한 정보 부족으로 물류계획 수립이 어려움 → 물류관리자의 판단에 따른 물류계획 필요
성숙기	• 제품이 일반화되고 수요증대에 맞추어 가격은 하향 조정되기 시작하며, 수익은 평준화되다가 감소하기 시작하는 단계 → 성장기는 제품의 유통지역이 가장 광범위(×) 기출 18년 • 제품의 유통지역이 가장 광범위해지며, 시장에서 제품가용성을 높이기 위해 많은 수의 재고거점이 필요한 시기
쇠퇴기	• 가격이 평준화되고 판매량은 감소하며, 이익도 감소하기 시작하는 단계 • 재고보유 거점 수가 줄어들어 제품의 재고가 소수 지점에 집중

12 수요예측기법

정성적 기법	델파이법	전문가들의 예측치 및 견해를 질의서를 통해 취합하는 과정을 반복하여 중기 또는 장기 수요의 종합적인 예측결과를 도출해 내는 기법 ↳ 두 요소의 과거 변화량에 대한 인과관계를 분석한 방법(×) 기출▶22년
	시장조사법	제품과 서비스에 대하여 고객의 심리, 선호도, 구매동기 등을 조사하는 기법
	판매원이용법	자사의 소속된 판매원들로 하여금 각 담당지역의 판매예측을 산출하게 한 다음 이를 모두 합산하여 회사 전체의 판매예측액을 산출하는 방법
	패널동의법	경영자, 판매원, 소비자 등으로 패널을 구성하여 자유롭게 의견을 제시하게 함으로써 예측치를 구하는 방법
	역사적 유추법	신제품과 같이 과거자료가 없는 경우에 이와 비슷한 기존 제품이 과거에 시장에서 어떻게 도입기, 성장기, 성숙기를 거치면서 수요가 변화해 왔는지에 입각하여 예측
정량적 기법	시계열 분석 — 이동평균법	• 단순이동평균법 : 예측하고자 하는 기간의 직전 일정기간(N)의 실제 판매량들의 단순 평균치를 구하는 방법 • 가중이동평균법 : 직전 N기간의 자료에 합이 1이 되는 가중치를 부여한 다음, 가중 합계치를 예측치로 사용하는 방법
	시계열 분석 — 지수평활법	과거 수요에 입각하여 미래 수요를 예측하는 방법으로 시간에 따라 변화하는 현상을 일정한 간격으로 관찰할 때 얻어지는 관측치 사용
	인과형 분석 — 회귀분석모형	한 변수 혹은 여러 변수가 다른 변수에 미치는 영향력의 크기를 회귀방정식으로 추정하고 분석하는 통계적 분석방법
	인과형 분석 — 계량경제모형	각 경제변수에 수치를 주어 정량화하고 변수 간에 관계를 설정한 후 경기예측모형을 만들어 경기를 예측하는 방법
	인과형 분석 — 투입/산출모형	산업부문 간의 상호의존관계를 파악하여 투입변수와 산출변수 간의 관계를 분석하는 방법

13 소매상의 종류

카테고리 킬러 (Category Killer)	주로 선매품(shopping goods)을 취급 기출▶16년 특정 상품계열에 대하여 전문점과 같이 다양하고 풍부한 구색을 갖추고 낮은 가격에 판매하는 소매형태(할인형 전문점)
아웃렛(Outlet Store)	이월상품, 잔품(재고품) 등을 할인가격으로 판매
편의점 (Convenience Store)	• 24시간 운영, 프랜차이즈 시스템 형태, 소규모 소매형태 • 시간 편의성, 접근이 쉬운 공간 편의성, 다품종 소량 상품을 취급하는 상품 편의성
하이퍼마켓 (HM : Hyper Market)	대형가격할인 슈퍼마켓으로, 주로 교외에 위치
백화점 (Department Store)	상품 계열별로 부문 조직화된 대규모 소매상

회원제 창고형 할인점	매장을 창고형으로 단순화하고 일정회원을 대상으로 회전율이 높은 상품만을 집중 판매하는 신종 유통업태
무점포 소매상 (non-store retailer)	시간과 장소의 제한을 받지 않고 이용할 수 있는 소매상 형태
기업형 슈퍼마켓 (Super SuperMarket)	기존의 동네 슈퍼보다는 크고 할인점보다는 작지만 개인이 아닌 기업이 체인 형태로 운영하는 슈퍼마켓

14 전통적, 수직적, 수평적 유통경로시스템

전통적 유통경로	제조업자가 독립적인 유통업자인 도매상과 소매상을 통해 상품을 유통시키는 일반적인 유통방법으로, 주어진 마케팅 기능만 수행
수직적 유통경로 (VMS)	• 상이한 단계에서 활동하는 경로구성원들을 중앙(본부)에서 전문적으로 관리·통제하는 네트워크 형태의 경로조직으로 통합된 체계 유지 • 경로구성원에 대한 통합 또는 통제력 강도 　회사형 VMS > 계약형 VMS > 관리형 VMS > 동맹형 VMS 　　↳ 통합 또는 통제 정도가 　　　가장 강한 시스템(×) 기출▶20년
수평적 유통경로	동일한 경로단계에 있는 두 개 이상의 기업이 대등한 입장에서 자원과 프로그램을 결합하여 일종의 연맹체를 구성하고 공생·공영하는 시스템

15 고객서비스 요소

거래(시행) 전 요소	고객서비스에 관한 기업의 정책과 연관 예 명시된 회사 정책, 회사에 대한 고객의 평가, 회사 조직, 목표배송일, 시스템의 유연성 등
거래(시행) 중 요소	고객에게 제품을 인도하는 데 직접 관련된 서비스 요소 예 재고품절 수준, 백오더 이용가능성, 주문정보, 주문주기의 일관성, 주문의 편리성, 시스템의 정확성, 제품 대체성 등
거래(시행) 후 요소	제품보증, 부품 및 수리 서비스, 고객의 불만에 대한 처리절차 및 제품의 교환 등 예 설치·보증·변경·수리·부품, 제품추적, 고객 클레임, 제품포장 등

16 주문시간주기 구성요소

주문전달시간	주문을 주고받는 판매 사원, 우편, 전화, 전자송달(컴퓨터 등)에 사용되는 시간 　↳ 적재서류 준비, 재고기록 갱신, 　　신용장 처리작업, 주문확인 등의 활동(×) 기출▶18년
주문처리시간	적재서류의 준비, 재고기록의 갱신, 신용장의 처리작업, 주문확인, 주문정보를 생산·판매·회계부서 등에 전달하는 활동에 소요되는 시간
오더 어셈블리(주문조립) 시간	받은 주문 정보를 발송부서나 창고에 전달한 후부터 제품의 발송을 준비하는 데 걸리는 시간
재고가용성 확보 시간	창고에 재고가 없을 때 생산지 재고로부터 보충하는 데 소요되는 시간
주문인도	주문품을 재고지점에서 고객에게 전달하는 활동

17 물류표준화의 대상

소프트웨어 부분	물류용어 표준화, 거래단위 표준화, 포장치수 표준화, 표준코드 사용
하드웨어 부분	파렛트 표준화, 내수용 컨테이너 표준화, 물류시설(랙, 건물사양 등) 표준화, 장비(지게차, 트럭적재함 등) 표준화

18 국가별 표준 파렛트 규격

└→ 모든 국가에서 사용하는 표준 파렛트의 종류와 규격은 동일(×) 기출▶ 19년

우리나라	• T-11형 : 1,100 × 1,100mm • T-12형 : 1,200 × 1,000mm
미국	1,200 × 1,000mm
유럽	1,200 × 800mm

19 물류모듈시스템(배수치수, 분할치수)

분할치수모듈	실제물동량의 평면 치수인 NULS(Net Unit Load Size) 1,100 × 1,100mm 정방형 규격을 기준으로 한 치수
배수치수모듈	• PVS(Plan View Size) 1,140 × 1,140mm를 기준으로 한 치수 • 최대 허용공차 −40mm를 인정 └→ −80mm(×) 기출▶ 22년

20 공동수·배송 도입의 기대효과

① 설비 및 **차량의 가동률과 적재효율 향상** → 운송차량의 공차율 증가(×) 기출▶ 22년
② 중복·교차수송의 배제로 물류비 절감과 **교통체증 완화**, 환경오염 감소
③ 운송수단의 활용도를 높여 차량 운행효율 향상 └→ 교통혼잡 증가(×) 기출▶ 18년
④ 화물량의 안정적인 확보
⑤ 물류 아웃소싱을 통한 핵심역량 집중 가능
⑥ 소량화물 혼적으로 규모의 경제효과 추구

21 기업물류비 분류체계

영역별	조달물류비, 생산물류비, 사내물류비, 판매물류비, 리버스물류비(역물류비 : 반품, 회수, 폐기) → 영역별로 조달, 생산, 포장, 판매, 회수, 폐기 활동으로 구분된 비용(×) 기출▶ 20년
기능별	운송비, 보관비, 포장비, 하역비(유통가공비 포함), 물류정보·관리비
지급형태별	자가물류비, 위탁물류비(2PL, 3PL)
세목별	재료비, 노무비, 경비, 이자
관리항목별	제품별, 지역별, 고객별, 조직별, 운송수단별
조업도별	물류고정비, 물류변동비

22 손익분기점(BEP : Break Even Point)

개념	총수익과 총비용이 일치하게 되는 판매수량 혹은 매출액
공식	• 손익분기점 판매량 = $\dfrac{\text{고정비}}{\text{단위당 판매가격}-\text{단위당 변동비}}$ • 목표이익을 달성하기 위한 판매량 = $\dfrac{\text{고정비}+\text{목표이익}}{\text{단위당 판매가격}-\text{단위당 변동비}}$

23 물류정보시스템

EOS	• 자동발주시스템(EOS : Electronic Ordering System) • 매장의 재고관리를 지원하는 시스템으로, 재고량이 재주문점에 도달하게 되면 자동발주가 이루어지는 시스템
DPS	• 디지털피킹시스템(DPS : Digital Picking System) • 고객의 발주 내역에 따라 출고품목 종류 및 수량을 표시하여 창고 작업자가 신속·정확하게 집품하여 납품을 준비하도록 지원하는 반자동화 시스템
POS	• 판매시점정보관리시스템(POS : Point Of Sales) • 판매장의 판매시점에서 발생하는 판매정보를 컴퓨터로 자동 처리하는 시스템 • 판매정보의 입력을 쉽게 하기 위해 상품포장지에 고유 마크나 바코드를 인쇄 또는 부착시켜 스캐너를 통과할 때 해당 상품의 각종 정보가 자동으로 입력
CVO	• 첨단화물운송시스템(CVO : Commercial Vehicle Operation) ↳ CVO는 Carrier Vehicle Operations의 약어(×) 기출 20년 • 화물 및 화물차량에 대한 위치를 실시간으로 추적·관리하여 각종 부가정보를 제공하는 시스템
TMS	• 운송(수·배송)관리시스템(TMS : Transportation Management System) • 화물자동차의 운영 및 관리를 위해 활용되는 물류정보시스템
KROIS	• 철도운영정보시스템(KROIS : Korean Railroad Operating Information System) • 1996년부터 운영되어 왔으며, 2011년 말 차세대 철도운영정보시스템으로 발전 • KL-Net(한국물류정보통신)과 연계되어 EDI로 운용
EDI	• 전자문서교환(EDI : Electronic Data Interchange) • 거래업체 간 상호 합의된 전자문서 표준 이용, 컴퓨터 간 구조화된 데이터 교환 EDI는 제한되고 지리적으로 인접한 영역 내에 설치된 고속통신망(×) 기출 13년
TRS	• 주파수 공용통신시스템(TRS : Trunked Radio System) • 중계국에 할당된 여러 개의 채널을 공동으로 사용하는 무선통신시스템
GPS	• 위성추적시스템(GPS : Global Positioning System) • 미국 정부가 군사용으로 개발한 항법지원시스템으로, 화물 또는 차량의 자동식별과 위치추적을 위해 사용하는 방식
VAN	• 부가가치통신망(VAN : Value Added Network) • 회선을 직접 보유하거나 통신사업자의 회선을 임차 혹은 이용하여 단순한 전송 기능 이상의 부가가치를 부여한 음성·데이터 등을 정보로 제공하는 광범위·복합적 서비스의 집합 한정된 지역의 분산된 장치들을 연결(×) 기출 21년
블록체인	다수의 상대방과 거래할 때 데이터를 중앙 서버가 아니라 사용자들의 개인 디지털 장비에 분산·저장하여 공동으로 관리하는 분산형 정보기술, 분산원장

24 2차원 바코드

개념	• 점자식, 모자이크식 정사각형 모양의 코드(예 QR코드) • 데이터 구성방법에 따라 다층형과 매트릭스형으로 구분
특징	• 가로와 세로 방향 모두 정보를 표현하여 1차원 바코드보다 고밀도 정보 저장 • 바코드 자체로 파일 역할을 수행하여 데이터베이스와 연동 없이도 정보 파악 가능 • 오류 정정 기능이 내장되어 정보가 훼손돼도 상당부분 복구 가능 • 문자, 숫자 등 텍스트뿐 아니라 사진, 그래픽 등 다양한 데이터 수록 가능

25 국제표준바코드

UPC (Universal Product Code)	• 북미지역에서 개발된 체계로 미국과 캐나다에서만 사용 • 제조업체코드 5자리는 UPC 코드의 관리기관인 UCC에서 부여
EAN (European Article Number)	• 유럽에서 1976년 채택한 코드, 북미를 제외한 세계 전 지역 사용 • 한국은 국제상품코드관리협회로부터 국가번호 '880'을 부여받아 KAN(Korean Article Number)으로 사용되고 있음 – KAN-13 표준형(A) : 의류 등 다품목 취급업체에 부여, 국가식별코드(3) + 제조업체코드(4) + 상품품목코드(5) + 체크디지트(1) ↳ 상품품목코드는 3자리(×) 기출▶ 22년 • 국내 표준형 바코드 KAN-13(EAN-13)은 2005년 코드관리기관 EAN과 UCC의 통합으로 GS1(Global Standards One)이라는 통합명칭이 사용되어 최근에는 GS1-13으로 부름
물류식별코드 (EAN-14 = ITF-14)	• 주로 골판지 박스에 사용되는 국제표준 물류바코드로, 생산공장·물류센터·유통센터 등의 입·출하 시점에서 판독되는 표준바코드 • GTIN-14(표준물류 식별코드)를 나타내기 위해 사용
ISBN (International Standard Book Number)	┌→ 물류단위 중 박스에 사용되는 국제표준 물류바코드(×) 기출▶ 15년 국제적으로 통합된 표준도서번호를 각 출판사가 펴낸 도서에 각각 부여하여 국제간 서지정보와 서적유통업무 효율성을 높이기 위함

26 RFID 장점과 한계점

장점	한계점

• 바코드와 달리 접촉 없이 인식
• 장거리 정보의 송·수신 가능
• 고속이동 시 인식 가능
• 여러 개 정보를 동시에 판독·수정 가능
  복수의 태그 판독 불가능(×) 기출▶ 22년 ←
• 장애물(나무·직물·플라스틱) 투과 가능
  ↳ 나무, 직물, 플라스틱 등을
     투과하지 못하므로(×) 기출▶ 14년
• 태그에 대용량 데이터 반복적 저장 가능
• 태그를 다양한 형태·크기로 제조 가능
	• 비싼 가격(경제적 문제)
	• 정보 노출 위험성 존재(보안상 문제)
	• 인식의 한계(기술적 문제)
	• 전파가 인체에 유해할 가능성(안전성 문제)
	• 금속, 액체 등의 전파장애 가능성
	           ↳ 전파장애가 발생하지 않음(×) 기출▶ 15년
	• RFID 확산의 법적 대응책 필요
	• 국가별 주파수 대역, 국제적 표준화 문제
	         ↳ 국가별로 사용하는 주파수가 동일(×) 기출▶ 21년

27 RFID 태그의 전원공급 여부에 따른 분류

수동형 (Passive Type)	→ 배터리를 통해 전력을 공급받음(×) 기출 23년 전지가 없어 자신의 전파를 송신하지 못하기 때문에 수신된 전파를 통해 유도 전류를 생성하여 수동적으로 송신
반수동형 (Semi-passive Type)	배터리를 내장하고 있지만, 판독기로부터 신호를 받을 때까지는 작동하지 않아 오랜 시간 동안 사용 가능
능동형 (Active Type)	• 자체적으로 전지 및 전력공급을 받아 전파를 송신하여 동작시간에 상대적으로 제한이 있음　반영구적으로 사용 가능(×) 기출 23년 • 3m 이상의 장거리 전송이 가능하고, 센서와 결합 가능

28 채찍효과

개념	최종 고객(공급사슬 하류)으로부터 공급망의 상류로 갈수록 판매예측정보가 왜곡되는 현상
발생원인	• 실제 수요가 아닌 거래선의 주문량에 근거한 부정확한 수요예측 • 제조업자 · 유통업자 · 고객 사이의 제품거래 정보 불일치 • 가격정책 영향으로 제품가격 변동 심화 • 과도한 통제로 리드타임 증가 → 리드타임 단축(×) 기출 23년 • 각각 단계에서 주문의 일괄처리
해결방안	• 전략적 파트너십으로 공급망 관점 재고관리 강화 　　→ 전략적 파트너십보다 단순 계약 관계의 구축(×) 기출 15년 • 공급망 전반에 걸친 수요정보 집중화 및 상호공유로 불확실성 최소화 • 가격안정화정책 도입으로 가격변동 폭을 줄여 수요변동 최소화 • EDI를 이용하여 제품공급 리드타임 단축

29 SCM의 응용기법

ECR	• 효율적 고객대응(ECR : Efficient Consumer Response) • 소비자에게 보다 나은 가치를 제공하기 위해 유통업체와 공급업체들이 밀접하게 협력하는 식료품업계의 전략
QR	• QR(Quick Response) • 기업 간의 정보공유를 통한 신속 · 정확한 납품, 생산 · 유통기간의 단축, 재고감축, 반품 로스 감소 등을 실현하는 의류분야의 신속대응시스템 　　→ 미국 식료품업계에서 개발(×) 기출 15년
VMI	• 공급자 주도형 재고관리(VMI : Vendor Managed Inventory) 　　→ 유통업체와 제조업체가 공동으로 재고 관리(×) 기출 23년 • 공급체(제조업체)가 주도적으로 재고를 관리하는 것으로, 유통업체에서 발생하는 재고를 제조업체가 전담해서 관리하는 방식
CMI	• 공동재고관리(CMI : Co-Managed Inventory) • VMI에서 한 단계 더 보완된 것으로, 유통업체와 공급업체 간 협업을 통해 공동으로 재고를 관리하는 것

CRP	• 지속적인 상품보충 혹은 자동재고보충프로그램(CRP : Continuous Replenishment Process) • 제조업체나 물류센터의 보충발주를 자동화하는 시스템으로 피앤지(P&G)와 월마켓(Wall-Market)이 공동으로 개발
CPFR	• 협력적 예측, 보충 시스템(CPFR : Collaborative Planning Forecasting and Replenishment) • 유통업체인 Walmart와 Warner-Lambert사 사이에 처음 시도 • 유통업체와 공급업체가 긴밀한 협업을 통해 판매계획을 수립하고, 수요예측 및 재고관리를 공동으로 진행하는 프로세스 　└ 출하데이터를 근거로 재고를 즉시 보충하는 시스템(×) 기출 14년
크로스 도킹 (Cross Docking)	• 미국의 월마트에서 도입한 공급망 관리 기법 　└ Amazon.com에서 최초로 개발(×) 기출 18년 • 제품이동시간 단축을 위해 창고·물류센터에서 수령한 상품을 재고로 보관하지 않고 입고와 동시에 출고하여 바로 배송할 수 있도록 하는 시스템
대량고객화 (Mass Customization)	대규모 고객집단의 개별적 요구에 맞춰 대응하는 개념으로, 가능한 한 다양한 수요를 충족시키는 대량생산 방식
DRP	• 유통망관리(DRP : Distribution Resource Planning) • 생산이 완료된 제품에 대한 판매관리시스템
ERP	• 전사적자원관리(ERP : Enterprise Resource Planning) • 정보기술을 활용하는 경영전략의 하나로, 기업 활동에 필요한 모든 자원을 하나의 체계로 통합하여 운영
전자조달 (e-Procurement)	• 개념 : 구매 요청, 승인, 입찰, 계약에 이르는 일련의 프로세스를 대면방식이 아닌 인터넷을 기반으로 수행하는 비대면방식의 시스템 • 장점 : 구매업무 처리시간 절감, 실시간 정보로 재고 및 예산 관리, 프로세스 자동화로 조달가격과 운영비용 절감 및 조달효율성 개선, 문서처리 비용 감소 등 • 단점 : 데이터 유출, 해킹 등으로 신용정보 및 거래정보 유출 가능성, 비대면 시스템으로 구매자와 판매자 간 밀접한 관계 구축 어려움

30 SCM 전략

효율적 공급사슬과 대응적 공급사슬	• 효율적 공급사슬(Efficient Supply Chain) : 수요가 안정적이고 예측가능한 경우 자재와 서비스 흐름의 적절한 조화로 재고 최소화 및 비용 절감을 이루고, 공급사슬상에서 기업의 효율을 극대화하는 것 • 대응적 공급사슬(Responsive Supply Chain) : 불확실한 수요에 대비할 수 있게 재고와 생산 능력을 적절히 조절하여 시장 수요에 신속히 대응하게 하는 것 　리드타임 단축보다 비용최소화에 초점(×) 기출 22년
리스크풀링 (Risk Pooling)	• 기업 내 분산한 불확실성을 하나로 모아 기업 전체의 불확실성에 효율적으로 대처하는 기법 → 여러 지역의 수요를 통합하면 수요변동성 감소 • 분산 운영되던 물류거점의 통합 관리를 통해 적은 양의 재고로 수요의 불확실성을 대처할 수 있어 안전재고 감소 및 물류비 절감 효과
지연전략 (Postponement)	• 제품 생산공정을 전공정과 후공정으로 나누고, 마지막까지 최대한 전공정을 지연시키는 전략으로 차별화 지연(Delayed Differentiation)이라고도 함 • 최종 제품 조립 시점을 최대한 고객 가까이 가져가 소비자의 다양한 수요를 만족시킴

31 제약이론

개념	• 골드렛(Biyahu M. Goldratt)이 제안한 개념으로, 기업의 여러 가지 활동 중 취약한 활동요인의 효율성을 제고함으로써 기업의 성과를 극대화한다는 것 ┌→ 모토로라에서 처음 시행(×) 기출 16년 • 제약요인인 병목공정이 전체 생산량을 결정하므로 병목공정을 집중관리하여 병목의 생산성(처리량)을 증대시키는 것이 생산성 증대 핵심
구성요소	현금창출공헌이익(Throughput), 재고(Inventory), 운영비용(Operating Expense)
DBR	• DBR(Drum, Buffer, Rope) 프로세스 └→ DMAIC 프로세스 활용(×) 기출 22년 • 전체 공정 중 가장 약한 것을 찾아 능력제약자원으로 두고, 이 부분이 최대한 100% 가동될 수 있도록 공정 속도를 조절하여 흐름을 관리 • 프로세스 전체의 흐름에서 병목은 드럼을 두드려 속도를 결정하고(D : Drum), 병목 앞 공정은 병목이 쉬지 않도록 버퍼를 형성하며(B : Buffer), 병목 이후의 공정은 병목과 일정한 속도를 맞추어 흐름이 이어지도록 하여(R : Rope), 프로세스 전체를 최적화하는 것

32 6-시그마

개념	• 모토롤라의 해리(M. Harry)가 창안하였으며, 고객에게 인도되는 제품뿐 아니라 회사 내 전 분야에 걸쳐 발생되는 불량의 원인을 찾아 제거하고 품질을 향상시키는 경영 기법 • 규격상한과 하한이 목표 품질 중심으로부터 6 시그마 이내에 있도록 하는 것 • 프로세스 중시형 접근방식 → 제품 혹은 프로세스 100만개 중 허용되는 불량 또는 오류 수가 3.4개로, 거의 제로 수준으로 제품 공정을 혁신하자는 것 └→ 6회 정도 오류가 나는 수준(×) 기출 18년
DMAIC	• 정의(Define) : 문제를 명확히 하고 문제 범위를 좁히는 단계 • 측정(Measure) : 현재 불량수준을 측정하여 수치화하는 단계 • 분석(Analyze) : 불량 발생 원인 파악 및 개선대상 선정 단계 • 개선(Improve) : 개선과제를 선정하고 실제 개선작업을 수행하는 단계 • 관리(Control) : 개선결과를 유지하고 새로운 목표를 설정하는 단계

33 적시생산시스템(JIT : Just In Time)

① 단위 시간당 필요한 자재를 소요량만큼만 조달하여 재고 최소화, 다양한 재고감소 활동 전개로 비용절감, 품질개선, 작업능률 향상 등을 통해 생산성을 높이는 생산시스템
② 도요타(Toyota)식 생산방식, 칸반(Kanban) 방식, 린(Lean) 생산방식
  └→ 미국 보스(Bose)사에서 처음 도입(×) 기출 15년
③ 재고 최소화를 위해 눈으로 보는 관리방식 채용, 요구량만 확보 → Pull 시스템

2과목 화물운송론

01 운송의 3요소
① 운송방식(Mode) : 운송을 직접 담당하는 수단 예 화물자동차
② 운송경로(Link) : 운송수단의 운행에 이용되는 운송경로(통로) 예 공로
③ 운송연결점(Node) : 화물을 효율적으로 처리하기 위한 장소나 시설 예 물류센터

02 운송수단별 특징

운송수단	장점	단점
화물자동차	• 근거리 · 소량 화물 운송 유리 • 일관운송 가능 • 문전운송(Door to Door) 가능 • 배차의 탄력성이 높음	• 장거리 운송 부적합 • 교통체증에 취약 • 공해 문제로 환경오염 우려 • 적재중량에 제한(대량화물 부적합)
철도	┌ 단거리(×) 기출▶ 24년 • 장거리 · 대량화물 운송 유리 • 정시성 확보(계획운송 가능) • 전천후 운송수단 • 사고율이 낮고 안전성이 우수	• 객차 및 대차의 소재 관리 곤란 • 초기 구축비용 등 고정비 많음 • 문전운송 어려움 → 가능(×) 기출▶ 22년 • 적재중량당 용적량 매우 적음
선박	• 대량화물의 운송 용이 • 장거리 운송 적합 • 환경 측면 우수 • 대량화물 · 장거리 운송 운임 저렴	• 기후에 민감 • 하역비 비쌈 • 운송의 완결성 낮음 • 위험도 높고, 안전성 낮음
항공기	소량 · 고가화물 운송 적합	대형화물 운송 부적합
파이프라인	• 유지비 저렴 • 연속 대량운송 가능 • 높은 안전성(운행 중 사고가 적음)	• 이용제품 한정(유류, 가스) • 특정장소 한정(송유관 설치지역) • 초기 시설투자비 많음

03 채트반(Chatban) 공식
① 화물자동차의 경쟁 가능거리의 한계점(분기점)을 비용요소로 이용해 계산
② 채트반 공식

$$L = \frac{D}{T-R}$$

- L : 화물자동차의 한계 경제효용거리(분기점)
- D : 톤당 추가되는 철도운송 비용(철도발착비, 배송비, 하역비 등)
- T : 화물자동차의 톤 · km당 운송비
- R : 철도의 톤 · km당 운송비

04 화물운송서비스 수요의 (운임)탄력성

① 운임의 변화율에 대한 운송수요의 변화율의 비
② 운임에 가장 많이 영향을 받으며, 운임의 비중이 클수록 운송수요의 탄력성은 탄력적
③ 대체 화물이나 운송수단이 다양하게 존재하면, 운송수요는 운임에 대해 탄력적

05 운송수단의 운영 효율화 방안

① 가동률 최대화
② 영차율 **최대화** → 최소화(×) 기출 21년
③ 회전율 최대화
④ 적재율 최대화
⑤ 공차율 **최소화** → 극대화(×) 기출 24·14년
⑥ 수송의 대형화

06 전용특장차의 종류

① 덤프트럭 : 화물대를 기울여 적재물을 중력으로 내리는 적재함 구조의 차량
② 액체 운송차(탱크로리) : 각종 액체를 운송하기 위한 차량
③ 믹서트럭(레미콘 믹서트럭) : 콘크리트를 뒤섞으면서 토목건설 현장 등으로 운송
④ 분립체운송차(벌크 트럭) : 시멘트, 곡물 등을 자루에 담지 않고 산물상태로 운반
⑤ 냉동차 : 냉동식품이나 야채 등 온도관리가 필요한 화물 운송

07 트레일러의 종류

① 풀 트레일러(Full Trailer) : 트랙터와 트레일러가 완전히 분리되어 있고, 트랙터 자체도 바디(Body)가 있음
② 세미 트레일러(Semi Trailer) : 트랙터와 트레일러가 적재하중을 분담하는 트레일러
③ 폴 트레일러(Pole Trailer) : 트랙터에 턴테이블을 설치하고 트레일러를 연결한 후, 대형파이프 등 장척물 수송

08 화물자동차 운영효율성지표

① 가동률 $= \dfrac{\text{실제 운행일수(시간)}}{\text{목표 운행일수(시간)}} \times 100$

② 영차율 $= \dfrac{\text{영차 운행거리}}{\text{총운행거리}} \times 100$

③ 복화율 $= \dfrac{\text{귀로 시 영차 운행횟수}}{\text{편도 운행횟수}} \times 100$

④ 적재율 $= \dfrac{\text{평균 적재중량}}{\text{적재 가능 총중량}} \times 100$

⑤ 공차거리율 $= \dfrac{\text{공차상태의 운행거리}}{\text{총운행거리}} \times 100$

09 화물자동차 운영원가

① **고정비** : 운행여부 및 운송량에 관계없이 일정하게 발생하는 비용
　　예 운전기사 인건비, 감가상각비, 세금과 공과금 등
② **변동비** : 매출액에 영향을 미치는 항목들의 증감에 따라 변동되는 비용
　　예 연료비(유류비), 주차비, 차량수리비, 시간외 수당 등

10 택배서비스의 특징

① 운송업자의 책임하에 이루어지는 일관책임체계
② 물류거점, 물류정보시스템, 운송네트워크 등이 요구되는 산업
③ 소화물을 송화인의 문전에서 수화인의 문전까지 배송하는 door-to-door 서비스
④ 전자상거래의 확산에 따른 다빈도 배송 수요의 영향으로 택배 관련 산업이 성장
⑤ 택배 서비스 제공업체, 수화인의 지역, 화물의 규격과 중량 등에 따라 상이한 요금 적용
⑥ 차량, 터미널, 분류기기 등의 장비와 시설에 대한 대규모 투자가 필요
⑦ 사업구역 내에 적절한 집배를 위한 적정 수의 영업소(네트워크)를 설치하고 운영해야 함

11 택배운영시스템

Point to Point 시스템	하나의 터미널에서 다른 터미널로 운송할 화물을 각각의 터미널로 직접 발송하는 형태의 운송시스템
Hub & Spoke 시스템	소형 터미널 또는 집배센터에서 집하한 화물을 대형 터미널(Hub)로 집결 후 배송지를 구분·분류하는 운송시스템

12 운송장에 고객이 사업자에게 교부해야 하는 사항(택배 표준약관 제7조 제2항)

① 송화인의 주소, 이름(또는 상호) 및 전화번호
② 수화인의 주소, 이름(또는 상호) 및 전화번호
③ 운송물의 종류(품명), 수량 및 가액
④ 운송물의 인도예정장소 및 인도예정일(특정 일시에 수화인이 사용할 운송물의 경우에는 그 사용목적, 특정 일시 및 인도예정일시를 기재함)
⑤ 운송상의 특별한 주의사항(훼손, 변질, 부패 등 운송물의 특성구분과 기타 필요한 사항을 기재함)
⑥ 운송장의 작성연월일

13 사업자의 운송물 수탁 거절 사유(택배 표준약관 제12조)

① 고객이 운송장에 필요한 사항을 기재하지 아니한 경우
② 고객이 포장의 청구나 승낙을 거절하여 운송에 적합한 포장이 되지 않은 경우
③ 고객이 운송물의 확인을 거절하거나 운송물의 종류와 수량이 운송장에 기재된 것과 다른 경우
④ 운송물 1포장의 가액이 **300만원을 초과**하는 경우
　↳ 100만원 이하(×) **기출** 21년, 300만원 미만(×) **기출** 15년
⑤ 운송물의 인도예정일(시)에 따른 운송이 불가능한 경우
⑥ 운송물이 현금, 카드, 어음, 수표, 유가증권 등 현금화가 가능한 물건인 경우
⑦ 운송물이 재생 불가능한 계약서, 원고, 서류 등인 경우
⑧ 운송물이 살아있는 동물, 동물사체 등인 경우
⑨ 운송이 법령, 사회질서 기타 선량한 풍속에 반하는 경우
⑩ 운송이 천재지변, 기타 불가항력적인 사유로 불가능한 경우
⑪ 운송물이 재생 불가능한 계약서, 원고, 서류 등인 경우
⑫ 운송물이 살아 있는 동물, 동물사체 등인 경우
⑬ 운송이 법령, 사회질서 기타 선량한 풍속에 반하는 경우
⑭ 운송이 천재, 지변 기타 불가항력적인 사유로 불가능한 경우

14 철도화차의 종류

① 유개화차 : 적재실 상부에 지붕이 있는 박스형 구조로 양측에 슬라이딩도어가 있음
② 무개화차 : 지붕이 없는 화차로 석탄, 자갈 등 손상 염려가 없는 화물 수송에 이용
③ 호퍼화차 : 밑 부분에는 중력양륙 장치가 부착되어 화물을 싣고 내리는 작업이 가능
④ 곡형평판화차 : 특대형 화물 수송용 차량으로 중앙부 저상구조로 대형 변압기 등을 적재
⑤ 벌크화차 : 대차 위에 벌크 화물 전용 탱크나 적재함이 설치
⑥ 컨테이너 화차 : 상면 위에 컨테이너를 적재할 수 있으며 고정 장치가 부착

15 철도운송 서비스 형태

블록트레인 (Block Train)	스위칭 야드(Switching Yard)를 이용하지 않고 철도화물역 또는 터미널 간을 직행 운행하는 방식
셔틀트레인 (Shuttle Train)	화차의 수와 타입이 고정되며, 출발지 → 목적지 → 출발지를 연결하는 루프형 구간에서 서비스를 제공
Y-셔틀트레인 (Y-Shuttle Train)	한 개의 중간터미널을 경유하는 것 말고는 셔틀트레인과 동일한 형태의 서비스를 제공
싱글웨곤 트레인 (Single-Wagon Train)	복수의 중간역 또는 터미널을 거치면서 운행하는 열차서비스로 운송 경로상의 화차 및 화물을 운송

16 철도화물의 운임체계

① **일반화물운임** : 운송거리(km) × 운임단가(원/km) × 화물중량(톤)으로 산정
② **컨테이너화물 최저기본운임** : 규격별 컨테이너의 100km에 해당하는 운임
　　　　↳ 80km(×) 기출▶ 16년
③ **컨테이너화물 운임** : 컨테이너 규격별 운임단가(원/km) × 운송거리(km)로 산정
④ **공컨테이너 운임** : 규격별 영(적재)컨테이너 운임의 74%를 적용하여 계산
　　할증(×) 기출▶ 22년, 50%(×) 기출▶ 21년
⑤ 사유화차로 운송되는 경우 할인율을 화차제작 조건에 따라 적용
　　　　↳ 화차제작 조건에 관계없이 동일하게 적용(×) 기출▶ 25년

17 해상운송 방식

구분	정기선운송(Liner Shipping)	부정기선운송(Tramper Shipping)
형태	불특정 화주의 화물운송	용선계약에 의한 화물운송
운송계약	선하증권(B/L)	용선계약서(C/P)
운임조건	Berth/Liner Term	FIO, FI, FO Term
운임결정	공표운임(Tariff)	수요·공급에 의한 시장운임
해운동맹	결성 및 가입	비결성, 비가입
운송인	공공 일반운송인	사적 계약운송인
화물형태	• 이종화물 • 완제품 내지 반제품 등 2차 상품 • 고가의 화물이 주종	• 동종화물 • 대량의 벌크화물(Bulk cargo) • 저가의 화물이 주종

18 부정기선의 계약의 종류

① **항해용선계약** : 한 항구에서 다른 항구까지 한 번의 항해를 위해 체결하는 운송계약
② **선복용선계약** : 한 선박의 선복 전부를 하나의 선적으로 간주하여 운임액을 결정하는 용선계약
③ **일대용선계약** : 하루 단위로 용선하는 용선계약
④ **정기용선계약** : 모든 장비를 갖추고 선원이 승선해 있는 선박을 일정기간 정하여 사용하는 계약
⑤ **나용선계약** : 선박만을 용선하여 인적 및 물적 요소 전체를 용선자가 부담하고 운항의 전 과정을 관리하는 계약

19 선박의 주요 톤수

① 용적톤수

총톤수	선박내부의 총 용적량으로 상갑판 하부의 적량과 상갑판 상부의 밀폐된 장소의 적량을 모두 합한 것
순톤수	총톤수에서 기관실, 선원실 등 선박의 운항과 관련된 장소의 용적을 제외한 것
재화용적톤수	선박에 적재할 수 있는 화물의 최대용적을 표시하는 톤수로서 최근에는 이 톤수는 거의 사용되지 않음

② 중량톤수

배수톤수	선체의 수면아래 부분의 용적에 상당하는 물의 중량
재화중량톤수	공선상태로부터 만선이 될 때까지 선박이 적재할 수 있는 화물의 최대허용중량

20 항공화물의 특성

→ 낮은(×) 기출 20년
① 취급과 보관비용이 높은 화물
② 긴급한 수요와 납기가 임박한 화물
③ 중량이나 부피에 비해 고가인 화물
④ 시간의 흐름에 따라 가치가 변동되는 화물
⑤ 제품의 시장경쟁력 확보가 필요한 화물

21 항공화물운송대리점과 항공운송주선인의 비교

구분	항공화물운송대리점	항공운송주선인 → 화주의 운송대리인, 전문혼재업자 기출 22년
활동영역	주로 FCL 화물 취급	LCL 화물 취급
운임요율표	항공사 운임률표 사용	자체 운임률표 사용
화주에 대한 책임	항공사 책임	항공운송주선인 책임
운송약관	항공사의 약관 사용	항공운송주선인의 자체 약관 사용
수화인	매 건당 수화인이 있음	항공운송주선업자가 수화인
수수료	IATA의 5% 수수료와 기타	IATA의 5% 수수료 이외에 수취운임과 지급운임과의 차액
항공화물운송장	항공사 Master Air Waybill 발행	자체 House Air Waybill 발행

22 항공화물 운임산출의 일반원칙

① 우리나라의 항공운임은 IATA에서 제정한 요율규정에 따라 산출
② 요율 및 그와 관련된 규정의 적용은 항공화물운송장(AWB)의 발행 당일에 유효한 것을 적용
③ 화물의 요율은 출발지 국가의 현지 통화로 설정하며, 출발지로부터 목적지까지 한 방향으로 적용
④ 항공화물의 요율은 공항에서 공항까지의 운송만을 위하여 설정된 것이며, 부수적으로 발생되는 서비스(이적, 통관, 집화 등)에 대한 요금은 별도 계산
⑤ 항공운임은 출발지에서의 중량에 kg/lb당 적용요율을 곱하여 산출
⑥ 운임 산출 시 근거가 되었던 경로는 화물의 실제 운송경로와 반드시 일치할 필요는 없음 → 반드시 일치하여야 한다(×) 기출 25년

23 항공운송 운임요율

① 일반화물요율(GCR : General Cargo Rate) : 모든 항공화물 운송요금의 산정 시 기본이 되며, 최저운임(M), 기본요율(N), 중량단계별 할인요율(Q)로 구성
② 특정품목할인요율(SCR : Specific Commodity Rate) : 특정운송구간에서 반복적으로 운송되는 특정품목에 대해 일반화물요율(GCR)보다 낮은 수준으로 설정되어 있으며, 반드시 최저중량을 제한하고 있음
③ 품목분류요율(CCR : Commodity Classification Rate, Class Rate) : 특정품목, 특정지역, 특정구간에 대해서 적용되는 할인이나 할증요율

할인요율(R)	신문, 잡지, 정기간행물, 서류, 카탈로그, 비동반 수하물 등에 적용
할증요율(S)	금, 보석, 화폐, 증권, 자동차, 생동물 등에 적용

보통 일반화물요율에 대한 할인(R) 또는 할증(S)을 적용하며, 일반화물요율(GCR)에 비해 크건 작건 간에 관계없이 우선하여 적용. 즉 특정품목할인요율(SCR)-품목분류요율(CCR)-일반화물요율(GCR) 순으로 적용함 → 일반화물요율이 우선 적용(×) 기출 23년

24 복합운송의 기본 요건

┌ 송하인이 각 구간운송인과 하청운송계약을 체결(×) 기출 15년
① 단일운송계약 : 복합운송계약은 하나의 운송계약으로 전 운송구간에 대한 책임이 복합운송인에게 집중되는 단일계약이다.
② 단일운임 : 전 운송구간에 대해 단일운임이 적용된다.
③ 단일책임 : 전 운송구간에 걸쳐 화주에게 단일책임을 진다.
④ 복합운송증권의 발행 : 화물을 인수한 경우 복합운송증권을 발행한다.
⑤ 운송수단의 다양성 : 서로 다른 2가지 이상의 운송수단에 의해 운송된다.
└ 단일운송 수단(×) 기출 12년

25 복합운송의 유형

① Piggy Back System : 철도운송 + 화물자동차운송
② Fishy Back System : **해상운송 + 화물자동차운송** → 해상운송+파이프라인운송(×) 기출▶ 24년
③ Birdy Back System : 항공운송 + 화물자동차운송
④ Train & Ship System : 철도운송 + 해상운송
⑤ Sea & Air System : 해상운송 + 항공운송

26 복합운송인(프레이트 포워더)의 역할

① 운송업무에 대한 전문적 조언
② **운송수단의 수배** → NVOCC(무선박운송인)는 운송수단(선박, 항공기 등)을 직접 보유하지 않음 기출▶ 24년
③ **운송계약의 체결 및 선복 예약** → 운송계약의 주체가 되어 자신의 명의로 운송서류를 발행 기출▶ 23년
④ 운송관련 서류의 작성
⑤ 통관업무 및 유통업무의 대행
⑥ **화물의 집화 · 분류 · 혼재** → 혼재운송을 하지 않고 단일 화주의 FCL 화물만을 취급(×) 기출▶ 25년
⑦ 운임, 수수료와 기타 비용의 결제
⑧ 포장 및 창고 보관
⑨ **보험의 수배** → 보험 업무를 대리하지 않는다(×) 기출▶ 20년
⑩ 화물의 관리 및 인수 · 인도

27 혼재운송서비스의 유형

① Forwarder's Consolidation(CFS/CFS 운송)
  ㉠ **다수 송화인의 화물**을 다수의 수화인에게 운송하는 형태
    └ 단일 송화인의 화물(×) 기출▶ 23년
  ㉡ 다수 송화인(화주)의 소형 컨테이너화물(LCL)을 수출지의 CFS에서 혼재하여 컨테이너단위 화물(FCL)로 선적 운송하고, 수입지에 도착한 후 CFS에서 컨테이너 화물을 분류하여 다수의 수화인에게 인도해주는 형태
② **Buyer's Consolidation**(CFS/CY 운송)
    └ 수입화물이 소량(LCL)이고 여러 수출자로부터 수입이 이루어지는 경우에 활용 기출▶ 19년
  ㉠ 다수의 송화인의 화물을 혼재하여 단일 수화인에게 운송하는 형태
  ㉡ 한 포워더가 수화인(수입업자)에게 위탁을 받아 다수의 수출업자로부터 지정된 선적항의 CFS에서 물품을 집화하여 컨테이너에 적입한 후 최종 목적지의 수화인(수입업자) 공장 또는 창고까지 운송하는 형태
③ Shipper's Consolidation(CY/CFS 운송)
  ㉠ 단일 송화인의 화물을 다수의 수화인에게 운송하는 형태
  ㉡ 선적지에서 FCL화물로 운송해 수입항 CFS에서 여러 수화인에게 화물을 인도하도록 하는 운송 형태이며, Seller's Consolidation이라고도 함

28 공동 수·배송 유형

① 배송공동형 : 배송은 공동화하고 화물 거점시설까지의 운송은 개별 화주가 행하는 것
② 집화·배송공동형 : 집화와 배송을 공동화하는 것
③ 공동수주 공동배송형 : 운송업체가 협동조합을 결성하여 공동수주와 공동배송하는 방식이다.
  └→ 화주가 협동조합 결성(×) 기출 13년
④ 노선집화공동형 : 노선의 집화망을 공동화하여 화주가 지정한 노선업자에게 화물을 넘기는 것
  → 백화점, 할인점 등에서 공동화하는 방식 기출 20년
⑤ 공동납품 대행형 : 화주의 주도로 공동화하는 것으로 납품상품을 집화, 분류, 포장 등을 한 후 납품을 대행하는 것

29 공동 수·배송의 도입 효과

① 동일지역 및 동일수하처에 대한 중복교차배송의 배제
② 물류관리 제반 경비에 대한 규모의 경제
③ 적재율 향상
④ 물동량의 계절적 수요변동에 따른 차량운영의 탄력성 확보
  └→ 중복수송, 편도수송이 많이 일어나도록 설계(×) 기출 25년

30 수·배송 계획 수립 시 고려사항

① 최단 운송루트를 개발하고 최적 운송수단을 선택한다.
  └→ 중복수송, 편도수송이 많이 일어나도록 설계(×) 기출 25년
② 운송수단의 적재율 향상을 위한 방안을 마련한다.
③ 운송의 효율성을 높이기 위해 관련 정보시스템을 활용한다.
④ 배송경로는 상호 교차되지 않도록 운송루트에 다양성을 확보한다.
  └→ 상호 교차되도록 한다(×) 기출 23·20년
⑤ 운송수단의 회전율을 높일 수 있도록 계획한다.

31 배송 방법의 유형

① 고정 다이어그램(Diagram) 배송 : 일정한 지역에 정기적으로 화물을 배송할 때, 과거의 통계치 또는 경험에 의해 주된 배송경로와 시각을 정해 두고 적재효율이 다소 저
  └→ 배송량 고정(×),
    배송처에 대한 도착 및 출발시간을 고정시키지 않고(×) 기출 21·17년
하되더라도 고객에 대한 적시배달과 업무의 간편성을 중시하여 배송차량을 고정적으로 운영하는 시스템
② 변동 다이어그램(Diagram) 배송 : 배송처 및 배송물량의 변화에 따라 배송처, 방문순서, 방문시간 등이 변동되는 방법으로 배송 관련 기준 설정이 중요함
  └→ 주된 배송경로와 시각을 정해 두고(×) 기출 18년
③ 루트(Route) 배송 : 비교적 광범위한 지역에 소량화물을 요구하는 다수의 고객을 대상으로 배송할 때에 유리한 방법으로 판매지역에 대하여 배송 담당자가 배송 트럭에 화물을 상·하차하고 화물을 수수함과 동시에 현금수수도 병행하는 방법

④ 밀크런(Milk Run) 배송 : 방문하는 장소와 시간을 정하여 매일같이 순회하는 운송방식
⑤ 적합 배송 : 사전 설정된 경로에 배송할 물량, 즉 차량의 적재율을 기준으로 적합한 크기의 차량을 배차하여 배송하는 방법
⑥ 단일 배송 : 하나의 배송처에 1대의 차량을 배차하여 배송하는 방법

32 수송수요 모형

수송수요 모형	세부모형의 종류
화물발생모형	회귀분석법, 원단위법, 카테고리분석법, 성장률법
화물분포모형	중력모형(단일제약모형, 이중제약모형), 성장인자법(평균인자법, 프래타법, 디트로이트법), 엔트로피 극대화 모형 등
수송분담모형	통행교차모형(전환곡선법, 로짓모형, 프로빗 모형)
통행배정모형 (통행망의 교통량 추정)	• 용량비제약모형 : 전량배정법, 다이얼(Dial)모형 • 용량제약모형 : 반복배정법, 분할배정법, 수형 망단위 분할배정법, 교통망 평행배정법

33 주요 수송모형과 특징

① 회귀모형 : 화물의 수송량에 영향을 주는 다양한 변수 간의 상관관계에 대한 회귀식을 도출하여 장래 화물량을 예측하는 모형
② 카테고리분석법 : 범주화한 운송수단을 대상으로 운송구간의 운송비용을 이용하여 구간별 통행량을 산출하는 모형
③ 중력모형 : 지역 간의 운송량이 경제규모에 비례하고 거리에 반비례한다는 가정에 의한 화물 분포 모형으로, 단일제약모형, 이중제약모형 등이 있음
④ 성장인자모형 : 물동량 배분 패턴이 장래에도 일정하게 유지된다는 가정 하에 지역 간의 물동량을 예측하는 화물분포모형
⑤ 엔트로피 극대화모형 : 제약조건하에서 지역 간 물동량의 공간적 분산 정도가 극대화된다는 가정에 기초한 화물분포모형
⑥ 통행교차모형 : 교통수단을 선택하는 유형의 하나로, 통행이 분배된 상태에서 교통수단의 서비스 특징에 따라 교통수단을 결정한다는 점을 전제하고 추측한 수송분담모형 → 화물분포모형(×) 기출 23년

34 수·배송 최적화 해법

① **북서코너법** : 수송표의 좌측 상단에서 출발하여 우측 하단까지, 열과 행에 각각 나타나 있는 공급량과 수요량에 맞추어 수송량을 각 경로상에 계속적이고 또 단계적으로 배정하는 방법으로, 신속하게 최초의 실행가능한 해를 산출할 수 있다는 이점이 있으나 각 경로상의 운송비용을 전혀 고려하지 않기 때문에 총비용을 최소화하는 최적의 해는 산출이 어렵다는 한계가 있음
↳ 시간, 거리, 위치를 모두 고려하는 방법(×) 기출 21년

② **최소비용법** : 수송표상에서 운송단가가 가장 낮은 칸에 우선적으로 수송량을 할당하되, 그 행의 공급량과 그 열의 수요량을 비교하여 가능한 한 최대량을 배정하는 방법

③ **보겔추정법** : 기회비용의 개념을 활용하여 총운송비용이 최소가 되도록 공급량을 할당하는 탐색적 방법으로, 여기서 기회비용은 운송단가 간의 차이 값을 잘못 선택했을 때 치루어야 할 기회비용을 의미함

35 배송 네트워크(Network) 모형

① 2개 이상의 운송로가 존재하며 이들 경로상에 연결점들이 있고, 각 운송 구간별로 단위당 운송비 또는 운송량 등이 제시된 경우에 보다 효율적인 운송방법을 모색하기 위해 사용하는 방법

② 주요 유형에는 최단경로법, 최대수송량계획법, 최소비용수송계획법이 있음

36 세이빙(Saving)기법

① 모든 방문처를 경유해야 하는 차량수를 최소로 하면서 동시에 차량의 총 수송거리를 최소화하는 데 유용함

② 배송센터에서 두 수요지까지의 거리를 각각 a, b라 하고 두 수요지 간의 거리를 c라고 할 때, 단축 가능한 거리는 (a + b − c)가 됨
↳ $2(a+b) - (a+b+c) = a+b-c$ 기출 23·20·18년

3과목 국제물류론

01 최근 국제물류 환경의 변화
① 녹색물류의 중요성 증대
② 물류기업 간의 전략적 제휴 및 인수합병 증가
③ 제3자 물류업체들의 국제물류시장 진입이 활성화
　　↳ 물류기업에 대한 시장진입 규제강화(×) 기출▶ 25년
④ 글로벌 공급망 관리와 통합물류서비스 강화
⑤ 물류 위험관리와 물류보안 강화
⑥ 국제물류시장의 치열한 경쟁으로 물류기업 간 수평적 통합과 수직적 통합이 가속화
⑦ 온실가스 감축을 위해 메탄올 연료를 사용하는 선박 건조가 증가
⑧ 4차 산업혁명 시대를 맞아 디지털 기술들을 활용하여 운영효율성과 고객만족을 제고하려는 물류기업들이 늘어남
⑨ 기업경영의 글로벌화가 보편화되면서 글로벌 공급사슬에 대한 중요성이 증대

02 국제물류의 특징
① 선하증권, 항공화물운송장, 상업송장, 수출신고서 등 다양한 서류가 존재
② 화물운송주선인, 통관업자 등 여러 중개인이 존재
③ 주문절차와 주문처리가 복잡함
④ 화물운송 과정에 수출입 통관을 거침
⑤ 대금결제, 통관, 선적 등 여러 절차로 인해 거래비용이 상승하고 물류관리가 복잡함
　　해상 또는 항공운송으로 이루어지므로 운송관리가 비교적 용이(×) 기출▶ 25년

03 국제물류시스템의 유형 기출▶ 25 · 24년

Classical system (고전적 시스템)	비교적 큰 보관시스템으로 자회사 창고를 통해 제품 송부 및 주문을 하는 형태
Transit system (통과시스템)	자회사의 창고는 단지 통과센터의 기능만 하며, 고전적 시스템보다 출하빈도가 훨씬 높아 자회사 차원에서의 보관비용이 줄어듦
Direct system (직송시스템)	제품이 생산된 국가의 공장으로부터 해외의 최종사용자 또는 자회사의 유통경로 안의 다음 중간상에게로 바로 배송되는 형태
Just In Time system (JIT시스템)	재고를 남기지 않고 입하된 재료를 그대로 사용하는 상품관리방식
Multi-country warehouse system (다국행 창고시스템)	• 상품이 생산국에서 해외 거점창고로 운송된 후 각국의 자회사 창고나 고객에게 수송됨 • 유럽의 로테르담이나 동남아시아의 싱가포르 등 국제교통의 중심지에서 인접국가로 수 · 배송서비스를 제공하는 형태

04 무역계약의 조건

① 표준품매매(Sales by Standard) : 수확예정인 농수산물이나 광물과 같은 1차 산품의 경우에는 특정 연도와 계절의 표준품을 기준으로 등급(Grade)을 결정
  ㉠ 평균중등품질(Fair Average Quality) : 해당 연도의 출하품 가운데 평균적인 중등품질을 표준으로 하여 거래목적물의 품질이 결정되는 조건(예 과일, 천연산물, 농산물 등)
  ㉡ 적격품질(Good Merchantable Quality) : 인도상품의 품질이 상거래상 판매적격품임을 매도인이 보증하는 품질조건
  ㉢ 보통품질(Usual Standard Quality) : 공인검사기관 혹은 공인기준에 의하여 보통품질을 표준품의 품질로 결정하는 방법
② 곡물의 품질 결정시기 : Tale Quale의 조건은 곡물의 선적품질조건으로, 매도인은 선적 시의 품질은 보증하나 양륙 시의 품질상태에 대해서는 책임을 지지 않음
  → Tale Quale의 조건은 인도물품의 품질이 계약과 일치하는지의 여부를 목적항에서 물품을 양륙한 시점에 판정하는 조건(×) 기출 17년
③ 과부족 용인조건 : 신용장 방식에 의한 거래에서 벌크 화물(bulk cargo)에 관하여 과부족을 금지하는 문언이 없는 한, 5%까지의 과부족이 용인됨 기출 20년

05 신용장통일규칙(UCP 600)

① 해석(Interpretations) : 제3조
  ㉠ 선적일자의 표기에서 to, until, till, between, from은 당해 일자가 포함되지만 after, before는 당해 일자가 제외됨
    → 선적일자의 표기에서 to, from, after는 당해 일자를 포함함(×) 기출 16·19년
  ㉡ 만기일 결정을 위해 사용된 'from'과 'after'는 언급된 당해 일자를 제외
  ㉢ 'first half'는 그 해당 개월의 1일부터 15일까지, 'second half'는 그 개월의 16일부터 말일까지로 해석
  ㉣ 'on or about'은 사건이 명시된 일자 이전의 5일부터 그 이후 5일까지의 기간 동안 발생한 약정으로 초일과 종료일을 포함
② 적어도 두 개 이상의 다른 운송방법을 포괄하는 운송서류 : 제19조
  환적은 신용장에 기재된 발송지, 수탁지 또는 선적지로부터 최종목적지까지의 운송 도중에 하나의 운송수단으로부터 양하되어 다른 운송수단으로 재적재되는 것을 의미 기출 21년
③ 선하증권 : 제20조
  ㉠ 운송인의 이름을 표시하고, 운송인 또는 운송인을 대리하는 지정대리인, 선장 또는 선장을 대리하는 지정대리인에 의해 서명된 것(UCP 600 제20조 a항 i호)
    → 선장의 이름을 표시하고 선장 또는 선장을 대리하는 지정대리인에 의하여 서명되어야 함(×) 기출 20·17년
  ㉡ 물품이 신용장에서 명기된 선적항에서 지정된 선박에 본선적재 되었다는 것을 사전에 인쇄된 문언이나 본선적재필 부기로 명시한 것(UCP 600 제20조 a항 ii호)

ⓒ 운송조건을 포함하거나 운송조건을 포함하는 다른 자료(약식 또는 뒷면이 백지인 선하증권)를 참조하고 있는 것, 다만 운송조건의 내용은 심사되지 않음(UCP 600 제20조 a항 v호)
　　② 선하증권상 용선계약에 따른다는 어떤 표시도 포함하지 않아야 함(UCP 600 제20조 a항 vi호)　　→ 용선계약에 따른다는 표시를 포함하고 있는 것(×) 기출 20년
　　ⓜ 단일의 선하증권 원본 또는 원본이 한 통을 초과해서 발행된 경우에는, 선하증권상에 표시된 대로 전통인 것(UCP 600 제20조 a항 iv호)
④ 항공운송서류 : 제23조
　　⊙ 운송인의 명칭을 표시하고 운송인 또는 운송인을 대리하는 기명대리인의 서명
　　ⓒ 물품이 운송을 위해 수리된 것을 표시
　　ⓒ 발행일을 표시
　　② 신용장에 기재된 출발공항과 도착공항을 표시
　　ⓜ 신용장이 원본 전통(Full Set)을 규정하더라도 송화인 또는 선적인용 원본이어야 함
　　ⓑ 운송조건은 언급하여야 하며, 운송조건의 내용은 심사되지 않음
⑤ 신용장금액, 수량, 단가의 과부족 : 제30조
　　⊙ 신용장에 명시된 금액, 수량, 단가와 관련된 '약(about)' 또는 '대략(approximately)'은 10%를 초과하지 않는 범위 내에서 많거나 적은 편차를 허용
　　ⓒ 신용장이 포장단위 또는 품목 수량을 명기하지 않고 어음발행의 총액이 신용장금액을 초과하지 않는 경우, 물품수량이 5%를 초과하지 않는 범위 내의 많거나 적은 편차는 허용됨
　　ⓒ 분할선적이 허용되지 않는 경우도 신용장금액의 5% 이내의 편차는 허용됨

06 인코텀즈 2020의 주요 개정
① FCA에서 본선적재 선하증권에 관한 옵션 규정을 신설
② 매도인과 매수인의 비용 조항에 대한 조항의 위치가 변경됨
③ CIF규칙은 최소담보조건, CIP규칙은 최대담보조건으로 보험에 부보하도록 개정
　　→ CIF규칙은 최대담보조건, CIP규칙은 최소담보조건으로 보험에 부보하도록 개정(×) 기출 25·23년
④ FCA, DAP, DPU 및 DDP 규칙에서 매도인 또는 매수인 자신의 운송수단에 의한 운송을 허용함
⑤ DAT 규칙에서 DPU 규칙으로 명칭 및 내용 변경(DAT 규칙 폐지)
　　→ DAF 규칙에서 DPU 규칙으로 명칭 변경(×) 기출 25년
⑥ 인코텀즈 규칙에 대한 사용지침(Guidance Note)을 설명문(Explanatory Note)으로 변경하여 구체화함
⑦ 운송의무 및 비용 조항에 보안관련 요건 삽입

07 인코텀즈 2020의 최종 구성

모든 운송방식에 적용되는 규칙 (7가지)	EXW	EX-Works	공장 인도
	FCA	Free Carrier	운송인 인도
	CPT	Carriage Paid to	운송비지급 인도
	CIP	Carriage and Insurance Paid to	운송비·보험료지급 인도
	DAP	Delivered at Place	도착지 인도
	DPU	Delivered at Place Unloaded	도착지양하 인도
	DDP	Delivered Duty Paid	관세지급 인도
해상운송과 내수로 운송에 적용되는 규칙 (4가지)	FAS	Free Alongside Ship	선측 인도
	FOB	Free On Board	본선 인도
	CFR	Cost and Freight	운임포함 인도
	CIF	Cost, Insurance and Freight	운임, 보험료포함 인도

08 Incoterms® 2020 규칙이 다루고 있지 않은 사항   기출 25·24·23·22년

① 매매계약의 존부
② 매매물품의 성상
③ 대금지급의 시기·장소·방법·통화
④ 매매계약 위반에 대하여 구할 수 있는 구제수단
⑤ 계약상 의무이행의 지체 및 그 밖의 위반의 효과
⑥ 제재의 효력
⑦ 관세 부과
⑧ 수출 또는 수입의 금지
⑨ 불가항력 또는 이행가혹
⑩ 지식재산권
⑪ 의무 위반의 경우 분쟁해결의 방법, 장소 또는 준거법
⑫ 매매물품의 소유권 이전, 물권의 이전

09 Incoterms 2020에서 물품의 양륙

① FCA 규칙에서 매도인의 구내가 아닌 그 밖의 장소에서 물품의 인도가 이루어지는 경우 매도인은 도착하는 운송수단으로부터 물품을 양륙할 의무가 없음
② FOB 규칙에서 목적항에서 물품의 양륙비용은 매수인이 지급함
③ CPT 규칙에서 목적지에서 물품의 양륙비용을 운송계약에서 매도인이 부담하기로 한 경우에는 매도인이 이를 부담
④ **DAP 규칙에서 당사자 간에 별도의 합의가 없는 경우 매도인이 양륙비용을 부담했다면 그러한 비용을 매수인으로부터 상환받을 권리가 없음**
　　↳ DAP 규칙에서 매도인이 운송계약에 따라 목적지에서 물품의 양륙비용을 부담한 경우 별도의 합의가 없다면 매수인으로부터 그 양륙비용을 회수할 수 있음(×) 기출 21년
⑤ DPU 규칙에서 목적지에서 물품의 양륙비용은 매도인이 부담

10 통관

① 관세법상 수출입통관
- ㉠ 물품을 수출입 또는 반송하고자 할 때에는 당해 물품의 품명·규격·수량 및 가격 등 기타 대통령령이 정하는 사항을 세관장에게 신고
- ㉡ 당해 물품을 적재한 선박 또는 항공기가 입항하기 전에 수입신고
- ㉢ 세관장은 수출입 또는 반송에 관한 신고서의 기재사항이 갖추어지지 아니한 경우에는 이를 보완하게 할 수 있음
- ㉣ 관세청장은 수입하려는 물품에 대하여 검사대상, 검사범위, 검사방법 등에 관하여 필요한 기준을 정함
- ㉤ **수출·수입 또는 반송의 신고는 화주 또는 관세사 등의 명의로 하여야 함. 다만, 수출신고의 경우에는 화주에게 해당 수출물품을 제조하여 공급한 자의 명의로 할 수 있음**(관세법 제242조)
  → 수입신고와 반송신고는 물품의 화주 또는 완제품공급자나 이들을 대리한 관세사 등의 명의로 함(×) **기출 23년**

② 관세법상 내국물품(관세법 제2조 제5호)
- ㉠ **우리나라에 있는 물품으로서 외국물품이 아닌 것**
  → 보세공장에서 내국물품과 외국물품을 원재료로 하여 만든 물품(×) **기출 23년**
- ㉡ 우리나라의 선박 등이 공해에서 채집하거나 포획한 수산물 등
- ㉢ 입항전수입신고가 수리된 물품
- ㉣ 수입신고수리 전 반출승인을 받아 반출된 물품
- ㉤ 수입신고 전 즉시반출신고를 하고 반출된 물품

③ 관세법상 수입으로 보지 아니하는 소비 또는 사용(관세법 제239조)
- ㉠ 선용품·기용품 또는 차량용품을 운송수단 안에서 그 용도에 따라 소비 또는 사용하는 경우
- ㉡ 선용품·기용품 또는 차량용품을 관세청장이 정하는 지정보세구역에서 출입국관리법에 따라 출국심사를 마친 자에게 제공하여 그 용도에 따라 소비 또는 사용하는 경우
- ㉢ 선용품·기용품 또는 차량용품을 관세청장이 정하는 지정보세구역에서 출입국관리법에 따라 우리나라에 입국하지 아니하고 우리나라를 경유하여 제3국으로 출발하려는 자에게 제공하여 그 용도에 따라 소비 또는 사용하는 경우
- ㉣ 여행자가 휴대품을 운송수단 또는 관세통로에서 소비 또는 사용하는 경우
- ㉤ **관세법에서 인정하는 바에 따라 소비하거나 사용하는 경우**
  → 관세법에 의하여 매각된 물품을 그 용도에 따라 소비 또는 사용하는 경우(×) **기출 25년**

11 무역클레임

① 무역분쟁 해결

소송	국가공권력(사법재판)에 의한 분쟁해결 방법
중재	당사자 간의 중재합의로 그 분쟁을 중재인에게 맡기고, 중재인의 판단에 양 당사자가 절대 복종함으로써 최종적으로 해결하는 방법
조정	분쟁의 자치적 해결방법 중의 하나로 중재절차에 의한 판정을 거치지 않고, 당사자 합의하에 조정인을 개입시켜 분쟁을 해결하는 방식

② 상사중재
  ㉠ **중재인은 해당분야 전문가인 민간인으로서 법원이 인정하지 않고 중재계약에 따라 사적으로 임명됨** → 중재인은 해당분야 전문가인 민간인으로서 법원이 임명(×) 기출▶ 22년
  ㉡ 비공개로 진행되어 사업상의 비밀을 그대로 유지할 수 있음
  ㉢ 중재합의는 분쟁발생 전후를 기준으로 사전합의방식과 사후합의방식이 있음
  ㉣ 뉴욕협약(1958)에 가입된 국가 간에는 중재판정의 승인 및 집행이 보장됨
  ㉤ 중재판정은 법원의 확정판결과 동일한 효력을 가지며 중재인은 자기가 내린 판결을 철회하거나 변경할 수 없음
③ 상사중재의 절차 기출▶ 25년
  ㉠ 분쟁의 당사자들은 중재계약에 따라 중재기관에 중재신청
  ㉡ 중재비용을 선납
  ㉢ 중재기관은 신청인과 피신청인에게 각각 등록통지
  ㉣ 중재기관은 먼저 조정의 절차를 거치며, 실패 시에는 중재장소를 합의하고 중재인을 선정
  ㉤ 선정된 중재인은 당사자들의 주장과 증거에 입각하여 양 당사자를 심문하고 판정

12 최근 정기선 시장의 변화
① 항로안정화협정 또는 협의협정체결 증가
② 선사 간 전략적 제휴 증가
③ 선박의 대형화
④ 글로벌 공급망 확대에 따른 서비스 범위의 **확대** → 축소(×) 기출▶ 22년
⑤ 해운관련 기업에서 블록체인 등 디지털 기술의 도입

13 편의치적
① 세금부담 경감, 인건비 절감 등을 위해 소유 선박을 자국이 아닌 국적 부여조건이 엄격하지 않은 외국에 등록하는 제도
② 선주가 선박 운항에 관한 자국의 엄격한 규제, 세금 등을 회피할 목적으로 파나마, 리베리아, 온두라스, 오만 등과 같은 조세 도피지 국가에 선적을 둔 선박을 가리킴

14 선급제도(Ship's Classification)
① 선박의 감항성(seaworthiness)에 관한 객관적·전문적 판단을 위해 생긴 제도
② 선박이 특정 선급을 얻기 위해서는 선급검사관(surveyor)의 엄격한 감독하에 동 선급 규칙에 맞춰 건조되어야 함
③ 로이드 선급(LR)은 최대 업무 규모의 **비영리 선급협회로, 주요 업무는 선박의 선급 관리임** → 보험인수여부 및 보험료 산정을 위해 만든 선박등록부(×) 기출▶ 24년
④ 한국선급협회는 국제선급협회의 정회원으로 가입되어 있음
⑤ 한국선급협회는 영국 적하보험 선급약관에 등재되어 있음

15 컨테이너터미널의 주요 시설 및 장비

주요시설	선석(Berth)	선박이 접안하여 화물의 하역작업이 이루어질 수 있도록 구축된 구조물
	에이프런(Apron)	안벽에 접한 야드 부분에 위치한 하역작업을 위한 공간
	마샬링 야드 (M/Y : Marshalling Yard)	선적해야 할 컨테이너를 하역 순서대로 정렬해 두는 넓은 장소
장비	갠트리 크레인 (Gantry Crane, Wharf Crane)	컨테이너선에 컨테이너를 선적하거나 양륙하기 위한 전용 크레인
	스트래들 캐리어 (Straddle Carrier)	컨테이너 야적장에서 컨테이너를 양각 사이에 끼우고 운반하는 차량으로서 기동성이 좋은 대형 하역기기

16 내륙컨테이너기지(ICD)

① 개념 ┌→ 내륙의 공항 내(×) 기출▶ 21년
  ㉠ 항만 또는 공항이 아닌 **내륙**에 설치된 컨테이너 운송 관련 시설
  ㉡ 통관절차를 내륙으로 이동함으로써 내륙통관기지의 역할 수행
  ㉢ 내륙통관기지에서 컨테이너화의 확산으로 내륙컨테이너기지로 성장
  ㉣ 화물의 일시적 저장과 취급에 대한 서비스 제공

② 장점
  ㉠ 고정설비를 갖추고 있음
  ㉡ 화물의 대단위에 의한 운송효율의 향상
  ㉢ 대량운송을 통한 운송비 절감 가능
  ㉣ 항만 지역의 교통 혼잡을 줄일 수 있음

③ 기능
  ㉠ 수출입 화주의 유통센터 또는 창고 기능
  ㉡ 소량 화물의 혼재와 분류작업을 수행하는 공간
  ㉢ 철도와 도로가 연결되는 복합운송거점의 기능
  ㉣ 적입 및 적출 기능, 장치·보관 기능, 집화 분류 기능, 통관 기능, 배송 기능

17 정기선운송과 부정기선운송의 비교

구분	선박	조직	운임	화물	운송계약
정기선운송	컨테이너선	대형	Tariff → Freight Rate(×) 기출▶ 25년	소량	B/L
부정기선운송	벌크운반선	소형	운임률표 없음 → Tariff(×) 기출▶ 25년	대량	Charter Party

18 개품운송계약(Contract of Affreightment)

① 불특정 다수의 화주로부터 개별적으로 요청을 받아 화물을 집화 · 혼재 · 운송하는 방식
② 주로 단위화된 화물을 운송할 때 사용하는 방식
③ 별도의 운송계약서는 작성하지 아니하고 선하증권을 발급함
④ 해상운임은 운임률표에 의거하여 부과
⑤ 일반적으로 컨테이너 해운에서 사용되는 운송계약형태
⑥ 운송 일정 및 운임률표 공시, 화물의 다소에 관계없이 고정 항로로써 규칙 운항하는 정기선을 이용하는 계약이므로 **항로의 선택이 자유롭지 않음**
　　　　　　　　　　　　　　　　　　　　　↳ 항로의 선택이 자유로움(×) 기출▶ 25년

19 정기(기간)용선계약의 중요 조항

Employment and Indemnity Clause (사용약관과 보상약관)	선장은 본선의 사용, 대리점업무 등에 관여하여 용선자의 명령과 지시에 따라야 하는 의무가 있는데, 이것 때문에 발생한 모든 결과 또는 손해에 대하여 용선자가 선주에게 보상하는 것을 약정한 약관
Off hire Clause (휴항 조항)	용선 기간 중 용선자의 귀책 사유가 아닌, 선체의 고장이나 해난 등의 불가항력과 같은 특정한 사유로 선박의 이용이 방해되는 기간에는 용선자의 용선료 지급의무를 중단하도록 하는 조항

20 항해용선계약

① 어느 항구에서 어느 항구까지의 일 항 차 또는 수 개항 차에 걸쳐 용선자인 화주와 선박회사 사이에 체결되는 운송계약
② 용선자는 용선주에게 운임 지급, 용선주는 선박 운항에 따른 비용 부담
③ 용선자는 선복만을 이용하고, 일정한 항해를 기초로 용선료를 부담한다는 점에서 정기(기간)용선계약이나 나용선계약과 구별됨
④ 화주가 용선주에게 지급하는 용선료는 항차 단위로 화물 운송량에 따른 톤당 금액 기준
⑤ 다양한 항해용선계약서가 있으나 보편적으로 'Gencon C/P' 서식 사용

21 컨테이너의 특수용도에 따른 분류

분체용 벌크 컨테이너	가축 사료, 콩, 쌀, 보리 등 곡물류나 가루형 화물 등의 산화물 운송에 적합하도록 제작된 단열성과 기밀성(air tightness)을 갖춘 컨테이너
액체용 벌크 컨테이너	위험물, 석유화학제품, 화공약품, 유류, 술 등의 액체화물을 운송하기 위하여 내부에 원통형의 탱크(Tank), 외부에 철재 프레임으로 고정한 컨테이너
의류 운송용 컨테이너	정장의류 및 실크 · 밍크 등 고급의류를 옷걸이에 걸어 구겨지지 않게 운송하여 다림질(ironing)하지 않고 진열 · 판매할 수 있도록 한 컨테이너
탱크 컨테이너	액체상태의 화물을 운반하는 유조 형태의 컨테이너
천장 개방형 컨테이너	기계류, 철강제품, 판유리 등의 중량화물이나 장척화물을 크레인을 사용하여 컨테이너의 위쪽으로부터 적재 및 하역할 수 있는 컨테이너로, 천장은 캔버스 재질의 덮개를 사용하여 방수 기능이 있음

하드 탑 컨테이너	캔버스 덮개를 방수가 되는 패널로 대체한 컨테이너
사이드 오픈 컨테이너	컨테이너의 후미 부분만 개방할 수 있었던 기존 컨테이너와 달리 측면을 개방할 수 있도록 만든 컨테이너
하이드 컨테이너	동물의 피혁 등과 같이 악취가 나는 화물을 운송하기 위해 통풍장치를 설치한 컨테이너

22 정기선 할증운임

Terminal Handling Charge	수출화물이 CY에 입고된 시점부터 선측까지 그리고 수입 화물이 본선선측에서 CY 게이트를 통과하기까지 화물의 처리 및 이동에 따르는 비용
Heavy Cargo Surcharge	초과 중량에 따라 기본운임에 가산하여 부과됨
Bulky/Lengthy Surcharge	장척화물이나 벌크화물에 대해 부과되는 운임
Congestion Surcharge	양륙항의 체선이 심해 장기간의 정박이 요구되어 선사에 손해가 발생할 때 부과됨
Bunker Adjustment Factor	선박의 연료인 벙커유 가격 인상에 따른 손실을 보전하기 위해 부과됨
Currency Adjustment Factor	환율변동에 따른 환차손을 보전하기 위해 부과됨

23 부정기선 운임의 종류

Lump Sum Freight (선복운임)	선복(ship's space)이나 항해(trip)를 단위로 지급되는 운임, 즉 화물의 개수·중량·용적을 기준으로 하는 경우와 화물의 양(量)과 관계없이 항해(trip)·선복(ship's space)을 단위로 운임을 계산하는 경우, 항해·선복 단위의 용선계약 시 지급하는 부정기선 운임
Dead Freight (부적운임/공적운임)	용선자가 계약한 화물량보다 적은 화물량을 선적하였을 때 선적하지 않은 화물량에 대하여 선주에게 지급하는 부정기선 운임
Advance Freight (선급운임)	선적과 동시에 송화인이 지급하는 운임으로, 실무상 대부분 선하증권이나 용선계약서에는 "운임은 선적 시에 지급해야 하며 운송 중 화물이 상실되어도 전액 받을 수 있는 것으로 간주한다"고 기재되어 있으므로 선급이 원칙인 부정기선 운임
Consecutive Voyage Freight (연속항해운임)	어느 특정 항로를 반복·연속하여 항해하는 경우에 약정한 연속 항해의 전부에 적용하는 부정기선 운임
Long Term Contract Freight (장기운송계약운임)	원유, 철광석 등 대량화물의 운송 수요를 가진 대기업과 선사 간에 장기간 반복되는 항해에 적용되는 운임으로, 특정 선박으로 연속하여 항해를 되풀이하는 부정기선 운임(연속항해운임과 유사)

24 정박기간(Laytime)

약정방법	내용
WWD	하역이 가능한 기상조건의 작업일만 정박기간에 포함
WWDSHEX	일요일과 공휴일에 작업하면 정박기간에서 제외
WWDSHEXUU	일요일과 공휴일에 작업하면 정박기간에 포함
Running Laydays	하역이 시작된 날로부터 종료 시까지를 정박기간으로 산정하며, 특약이 없는 한 일요일과 공휴일에 작업하면 모두 정박기간에 포함
CQD (관습적 조속하역조건)	항구의 관습적 하역방법·능력 등에 따라 가능한 한 빨리 하역하도록 약정하는 방법으로, 정박기간을 한정하지 않음 → 일요일과 공휴일에 작업하면 모두 정박기간에서 제외(×) 기출 ▶ 24년

25 선하증권의 종류

① Stale B/L : 선적일로부터 21일이 경과한 선하증권
② Order B/L : 수화인란에 특정 수화인명이 기재되지 않고, 단순히 "to order", "to the order of xx Bank" 등으로 기재된 선하증권
③ Third Party B/L : 선하증권상에 표시되는 송화인은 통상 신용장의 수익자이지만, 수출입거래의 매매당사자가 아닌 제3자가 송화인이 되는 경우에 발행되는 선하증권
④ Red B/L : 선하증권 면에 보험 부보 내용이 표시되어, 항해 중 해상사고로 입은 화물의 손해를 선박회사가 보상해 주는데, 이러한 문구들이 적색으로 표기되어 있는 선하증권
⑤ Clean B/L : 물품의 본선 적재 시에 물품의 상태가 양호할 때 발행되는 선하증권
⑥ House B/L : 무선박운송인(NVOCC) 또는 복합운송인이 화주에게 발행하는 선하증권
⑦ Switch B/L : 중계무역에서 중계무역업자가 실공급자와 실수요자를 모르게 하기 위하여 사용하는 선하증권
⑧ Groupage B/L : 여러 개의 소량 화물을 모아 하나의 그룹으로 만들어 선적할 때 발행하는 선하증권

26 선하증권의 기재사항

① 법정 기재사항(상법 제853조 제1항)

- 선박의 명칭·국적 및 톤수
- 송하인이 서면으로 통지한 운송물의 종류, 중량 또는 용적, 포장의 종별, 개수와 기호
- 운송물의 외관상태
- 용선자 또는 송하인의 성명·상호
- 수하인 또는 통지수령인의 성명·상호
- 선적항
- 양륙항

- 운임
- 발행지와 그 발행연월일
- 수통의 선하증권을 발행한 때에는 그 수
- 운송인의 성명 또는 상호
- 운송인의 주된 영업소 소재지

② 임의 기재사항

- 통지처(Notify Party)
- 본선의 항차 번호(Voyage No.)
- 운임의 지불지 및 환율
- 선하증권번호(B/L No.)
- 일반약관(General Clause) 또는 면책약관(Exceptions)
- 스탬프약관(Stamp Clause)
- 비고(Remark)

③ 헤이그 규칙상의 법정기재사항(제3조 제3항)

- 물품의 동일성 표시에 필요한 주요한 화인
- 송화인이 서면으로 제출한 포장 물품의 개수, 수량 또는 중량
- 물품의 외관상태

27 해운동맹(Shipping Conference)

① 해운동맹의 개념 : 특정 정기항로에 배선한 선박회사들이 국제카르텔(Cartel)을 형성하여 운송 협정을 맺은 것으로, 운임동맹(Freight Conference) 또는 항로동맹이라고도 함
② 동맹의 내부규제 : 운임협정, 배선협정, 공동계산협정, 공동운항, 중립감시기구
③ 동맹의 외부규제 : 계약운임제, 운임할려제, 운임연환불제, 경쟁억압선

28 위부(Abandonment)

① 피보험자가 잔존물에 대한 모든 권리를 보험자에게 이전하고 전손보험금을 청구하는 행위
② 위부의 통지는 피보험자가 손해를 추정전손으로 처리하겠다는 의사표시임
③ 위부 통지를 보험자가 수락하면 잔존물에 대한 일체의 권리는 보험자에게 이전됨
④ 피보험자가 위부 통지를 하지 않으면 손해는 분손으로 처리됨
⑤ 보험목적물이 현실적으로 전멸되거나 그 손해 정도가 상품 가치를 완전히 상실하여 회복할 수 없는 경우, 즉 현실전손의 경우에는 **위부를 통지할 필요가 없음**
  ↳ 위부를 통지하여야 함(×) 기출 21년

29 해상보험의 피보험이익(Insurable Interest)

① 보험의 목적이 멸실 또는 손상됨으로써 경제적 손해를 입게 되는 피보험자와 그 보험의 목적 사이에 존재하는 이해관계를 말함
② 해상보험계약에서 보호되는 것은 피보험목적물이 아니라 피보험이익이라 할 수 있음
③ 피보험이익은 적어도 보험사고가 발생할 때까지는 확정할 수 있어야 함
　　↳ 보험계약 체결 당시 반드시 확정(×) 기출 17년
④ 피보험이익은 적법하여야 하고 경제적 이익, 즉 금전으로 산정할 수 있어야 함

30 해상손해의 종류 중 물적손해

① 보험목적물의 완전한 파손 또는 멸실로 피보험자가 입는 손해로, 직접손해라고도 함
② 보험목적물 일부에 발생하는 손해로서 피보험자 단독으로 입은 손해를 말함
③ 전손(현실전손, 추정전손)과 분손(단독해손, 공동해손)으로 나눔
④ 공동해손은 보험목적물이 공동의 안전을 위해 희생되었을 때 이해관계자들이 공동으로 분담하는 손해임
⑤ 선박의 수리비가 수리 후의 선박 가액을 초과하는 경우도 해당함

31 ICC(A)(2009)의 면책위험

① 보험목적물의 고유의 하자 또는 성질로 인하여 발생한 손상
② 포획, 나포, 강류, 억지 또는 억류(해적행위 제외) 및 이러한 행위의 결과로 발생한 손상
③ 피보험자가 피보험목적물을 적재할 때 알고 있는 선박 또는 부선의 불감항으로 생긴 손상
④ 동맹파업자, 직장폐쇄노동자 또는 노동쟁의, 소요 또는 폭동에 가담한 자에 의하여 발생한 손상

32 국제 해사 관련 기구

기구	특징	
IMO	해사안전 및 해양오염방지 ↳ 국제무역과 경제발전(×) 기출 20년	국제연합의 산하기관(정부 간 기구) ↳ 국제연합의 전문기구(×) 기출 20년
ICS	선주들의 권익보호와 상호협력	각국 선주협회들이 설립한 민간기구
IACS	선급 간 협력 및 기술 규칙 통일 ↳ 국제적 대리업 확장 문제를 다룸(×) 기출 20년	세계 주요 선급들이 조직된 모임 ↳ 운송주선인의 민간기구(×) 기출 20년
CMI	해상실무 통일화	민간국제기구(우리나라는 1981년 가입)
BIMCO	해운정보 제공 및 자료발간	발틱해와 백해 지역(러시아) 선주들의 이익을 위하여 창설된 순수 민간단체

33 항공화물운송의 특성

① 항공화물운송장은 유가증권이 아닌 단순한 비유통성 화물운송장임
② 신문, 잡지, 정기간행물 등과 같이 판매 시기가 한정된 품목도 주요 대상
③ 단위 탑재 용기를 터미널에서 항공기까지 이동시키거나 단위 탑재 용기를 탑재 또는 하역할 때 사용하는 지상조업 설비 및 적하를 위하여 숙련된 지상 작업 필요
④ 야간운송에 집중되는 경향이 있음
⑤ 신속성을 바탕으로 정시 서비스가 가능하고, 화물의 파손율도 낮은 편임
⑥ 화물추적, 특수화물의 안정성, 보험이나 클레임에 대한 서비스가 우수함
⑦ 항공여객운송에 비해 계절적 변동이 적음(계절에 따른 운송수요의 탄력성이 적음)
⑧ 항공여객운송에 비해 **편도운송의 비중이 높음** → 왕복 운송의 비중이 높음(×) 기출 20년

34 항공운송과 해상운송의 장·단점 비교

구분	항공운송	해상운송
운임	해상운임의 20배이며 비탄력적	장거리 수송 중에는 가장 저렴하며 비교적 탄력
중량	중량 제한을 많이 받음	중량 제한을 완전히 받지 않음
안전성	안전도가 비교적 높음	안전도가 비교적 높지 않음
신속성	해상운송보다 수십 배 빠름	수송시간이 상당히 소요
경제성	포장비 저렴, 보험료 낮음, 운임 외 부대비용 낮음	포장비 높음, 보험요율 높음, 장기운송에 따른 기타 변동비가 추가 발생
수송화물	중·소량, 고부가가치 화물	대·중량화물

35 공항터미널 조업장비

① High Loader(하이 로더) : 항공화물을 여러 층으로 높게 적재하거나, 항공기 화물실에 화물을 탑재하는 항공기 전용 탑재기
② Transporter(트랜스포터) : 적재작업이 완료된 항공화물의 단위탑재용기(ULD)를 터미널에서 항공기까지 수평 이동시키는 자체동력 장비
③ Tug Car(견인차) : 파렛트 트레일러를 연결하여 이동하는 차량이며, 일반항공화물이나 ULD가 적재된 Dolly를 항공기로 이동시키는 지상조업장비로 동력원이 없어 스스로 움직이지 못하는 장비를 견인할 때에도 사용함
④ Dolly(달리) : Transporter(트랜스포터)와 동일한 작업 기능을 수행하나 자체 동력원이 없는 무동력 장비로 견인차(Tug car)에 연결하여 사용하는 장비

36 항공화물운송장

① 원본은 적색, 청색, 녹색 3통 발행
② 원본 2는 적색으로 발행되며, 수화인용임
　　　　　　　　　　　　↳ 송화인용(×) 기출 21년
③ 원본 3은 화물수취증의 기능을 가짐
④ 사본 4는 수화인의 화물수령 증거가 됨
⑤ 수출입신고 및 통관자료로 사용될 수 있음
⑥ 기명식으로 발행되기 때문에 기재되어 있는 수화인이 아니면 화물을 인수할 수 없음

37 항공화물운송장 작성

작성란	내용
Declared Value for Carriage란	• 송화인의 운송신고가격 기재 • 무가격 신고는 NVD(No Value Declared)라고 기재 　↳ NCV(×) 기출 25년
Amount of Insurance란	• 화주가 보험에 가입하는 경우 보험금액을 기재 • 보험에 부보하지 않을 때는 공백으로 둠
Chargeable Weight란	• 화물의 실제 중량과 부피 중량 중 높은 쪽 중량 기재 • 최저운임이 적용될 경우 기재할 필요가 없음
Declared Value for Customs란	세관통관 목적을 위해 송화인의 세관 신고 가격을 기재
Currency란	• AWB 발행국의 화폐단위 코드를 기재 • 모든 금액은 AWB에 표시되는 화폐단위와 일치
Consignment Details and Rating란	화물요금과 관련된 세부사항 기재

38 항공화물운송장과 선하증권 비교

구분	항공화물운송장	선하증권
주요 기능	화물수취증	유가증권
유통 여부	비유통성	유통성
발행 형식	기명식	지시식(무기명식)
작성 주체	송화인	운송인

39 항공운송 운임요율

Commodity Classification Rate (CCR : 품목별 분류 운임률)	할인운임(R)	신문 · 잡지 · 정기간행물 · 서류 · 카탈로그 등
	할증운임(S)	금 · 보석 · 화폐 · 증권 등
Specific Commodity Rate (SCR : 특정 품목 할인요율)	특정 대형화물에 대하여 운송구간 및 최저중량을 지정하여 적용되는 할인운임	

Bulk Unitization Charge (단위탑재용기요금)	파렛트, 컨테이너 등 단위탑재용기(ULD)별로, 중량을 기준으로 요금을 미리 정해놓고 부과하는 방식
General Cargo Rate(일반화물요율)	모든 항공화물 요금산정 시 기본이 됨
Valuation Charge(종가운임)	화물의 가격을 기준으로 일정률을 운임으로 부과하는 방식

40 항공화물의 사고 유형

사고 유형	내용
Mortality	수송 중 동물이 폐사되었거나 식물이 고사된 상태
Spoiling	내용물이 부패/변질되어 상품 가치를 잃게 되는 경우
SSPD(Short-Shipped)	적하목록에는 기재되어 있으나 화물이 탑재되지 않은 경우
OFLD(Off-Load)	출발지나 경유지에서 탑재공간 부족으로 인하여 의도적이거나, 실수로 화물을 내린 경우
OVCD(Over-Carried)	화물이 하기되어야 할 지점을 지나서 내려진 경우
STLD(Short-Landed)	적하목록에는 기재되어 있으나 도착지 공항에 화물이 도착하지 않은 경우
MSLB(Miss-Labelled)	실제 적하목록에 기재된 항공화물운송장 번호와 다른 라벨이 붙어있는 경우
Cross Labelled	라벨이 바뀌거나, 운송장 번호, 목적지 등을 잘못 기재한 경우
MSCN(Miss-connected)	화물이 다른 곳으로 발송된 경우
Missing	탑재 및 하역·창고보관·화물인수·타 항공사 인계 시 분실된 경우

41 항공운송인의 책임을 규정한 국제조약

국제조약	연도	내용
Warsaw Convention	1929년	국제항공운송인의 책임과 의무를 규정한 최초의 조약
Hague Protocol	1955년	여객에 대한 운송인의 보상 책임한도액을 인상
Montreal Agreement	1966년	여객에 대한 운송인의 보상 책임한도액을 인상 ↳ 화물(×) 기출▶ 20년
Guatemala Protocol	1971년	운송인의 절대책임 강조

42 국제복합운송

① 하나의 계약으로 운송의 시작부터 종료까지 전(全)과정에 걸쳐, 운송물을 적어도 2가지 이상의 서로 다른 운송수단으로 운송하는 것을 말함
② 구간별로 분할된 운임이 아닌 전(全)구간에 대한 일관운임(through rate)을 특징으로 함
③ 1인의 계약운송인이 누가 운송을 실행하느냐에 관계없이 운송 전체에 대해 단일운송인책임(single carrier's liability)을 짐

④ 하나의 운송수단에서 다른 운송수단으로 신속하게 환적할 수 있는 컨테이너 운송의 개시와 함께 비약적으로 발달
⑤ NVOCC는 선박을 소유하지는 않으나 화주에 대해 일반적인 운송인으로서 운송계약 체결
  └ 직접 선박을 소유(×) 기출▶ 22년

43 복합운송인의 책임 원칙

① 과실책임(liability for negligence)원칙 : 선량한 관리자로서 복합운송인의 적절한 주의의무를 다하지 못한 경우 화물에 발생한 손해에 대해서만 책임을 지는 것
② 무과실책임(liability without negligence)원칙 : 운송인의 과실 여부 불문 배상책임을 지는 원칙으로 불가항력, 화물 고유의 성질, 통상의 소모 또는 누손 등으로 인한 손해에 대해서는 면책 인정 → 면책 사유 불문 운송 기간에 발생한 모든 손해의 결과를 책임지는 원칙(×) 기출▶ 23년
③ 엄격책임(strict liability)원칙 : 불가항력 등의 면책을 인정하지 않는다는 원칙으로, 화물 손해에 대한 절대적 책임을 지는 것

44 복합운송인의 책임체계

① 단일책임체계(uniform liability system) : 복합운송인이 운송물의 손해에 대하여 사고 발생 구간에 관계없이 동일한 기준으로 책임을 지는 체계
② 이종책임체계(network liability system) : 손해발생 구간이 확인된 경우 해당 구간의 국내법 및 국제조약이 적용되는 체계
③ 절충식책임체계(modified uniform liability system) : 단일책임체계와 이종책임체계를 절충하는 방식으로 UN국제복합운송조약이 채택한 책임체계

45 복합운송증권의 기능

① 물품 수령증
② 운송계약의 증거
③ 수령지로부터 최종인도지까지 전(全)운송구간을 운송인이 인수하였음을 증명
④ 지시식 복합운송증권은 배서·교부로 양도 가능
⑤ UNCTAD/ICC규칙(1991)상 유통성 또는 비유통성으로 발행 가능
  └ 유통성으로만 발행 가능(×) 기출▶ 22년

46 해륙복합운송 경로

SLB (Siberia Land Bridge)	한국, 일본 등 극동 지역 화물을 해상운송한 후 시베리아 대륙횡단철도를 이용하여 유럽이나 중동까지 운송하는 형태
CLB (China Land Bridge)	한국, 일본 등 극동 지역 화물을 해상운송한 후 중국 대륙철도와 실크로드를 이용하여 유럽까지 운송하는 형태
IPI/MLB (Interior Point Intermodal) (Micro Land Bridge)	극동에서 미국 서부지역으로 화물을 해상운송한 후 트럭이나 철도로 미국 내륙까지 운송하는 형태 └ 캐나다 대륙횡단철도를 이용하여 캐나다의 동해안 항만까지 운송(×) 기출▶ 22년

ALB (America Land Bridge)	한국, 일본 등 극동지역의 화물을 해상운송한 후 미국대륙을 철도로 횡단하고 유럽지역까지 다시 해상운송하는 형태
MLB (Mini Land Bridge)	한국, 일본 등 극동지역의 화물을 해상운송한 후 철도와 트럭을 이용하여 미국 동해안이나 미국 멕시코만 지역의 항만까지 운송하는 형태
OCP (Overland Common Point)	극동지역에서 북미 서해안까지 해상운송을 통해 화물을 운송한 후 북미 지역 내에서 공통운임이 부과되는 로키산맥 동부 지역까지만 철도운송으로 화물을 운송하는 형태
CLB (Canadian Land Bridge)	극동에서 캐나다를 거쳐 유럽으로 운송하는 형태
RIPI (Reverse Interior Point Intermodal)	극동에서 출항, 파나마 운하 경유, 미국 동부 또는 걸프 지역의 항까지 해상운송한 후 거기서 미국 내륙지역(중계지 경유 포함)까지 철도나 트럭으로 운송하는 형태

47 물류보안제도

10+2 rule (Importer Security Filing)	보안과 수입자의 책임을 강화하기 위해 선적지에서 출항 24시간 전, 미국 세관에 온라인으로 신고하도록 한 제도로 수입자 신고 사항 10가지, 운송사 신고 사항 2가지로 되어 있어 10+2 Rule이라 불리며, ISF(Importer Security Filing)라고도 함
CSI (Container Security Initiative)	미국 세관 직원이 수출국 항구에 파견되어 수출국 세관 직원과 합동으로 미국으로 향하는 컨테이너 화물 중 위험요소가 큰 컨테이너 화물을 선별하여 선적 전에 미리 화물 검사를 시행하게 하는 컨테이너 보안 협정
C-TPAT	2002년 미국 세관이 도입한 민관협력 프로그램으로, 수입업자와 선사, 운송회사, 관세사 등 공급사슬의 당사자들이 적용대상이며, 미국 세관이 제시하는 보안기준 충족 시 통관절차 간소화 등의 혜택이 주어짐
ISPS Code	선박과 항만시설에 대한 국제보안코드(International Code for the Security of Ships and of Port Facilities)로 선박 보안, 회사의 의무, 당사국 정부의 책임, 항만 시설 보안, 선박의 심사 및 증서 발급에 관한 사항 등이 있음
AEO (Authorized Economic Operator)	세계적인 물류보안 강화 조치로 인한 무역 원활화를 저해하는 문제점을 해소하고자 각국 세관이 수출업자, 수입업자, 제조업자, 관세사, 운송사, 창고업자, 하역업자 등을 대상으로 적정성 여부를 심사하여 우수업체로 공인함으로써 통관상 혜택을 부여하는 제도
ISO 28000	공급사슬 전반에 걸친 보안을 보장하기 위해 공급사슬에 참여하는 모든 조직의 보안 사항을 심사하여 인증하는 물류보안 인증제도로, 심사 내용은 보안경영방침, 보안위험 평가 및 기획·실행·운영, 점검 및 시정조치, 경영검토 등
24-Hour Rule	미국으로 수출하는 적하목록을 적재 24시간 전에 미국 관세청에 신고하도록 한 규정

4과목 보관하역론

01 보관

① **정의** : 물품의 생산과 소비의 시간적 거리를 조정하여 시간적 효용을 창출하는 것으로, 재화를 비교적 단기간 보존하고 관리하는 것 〔공간적, 장소적(×) 기출▶ 22·21년〕
② **기능** : 고객 서비스의 최전선 기능, 운송과 배송 간의 윤활유 기능, 생산과 판매 간의 조정 또는 완충 기능, 유통가공 기능, 제품의 물리적 보존과 관리 기능
③ **원칙** : 회전대응 보관의 원칙, 선입선출의 원칙, 명료성의 원칙, 동일성·유사성의 원칙, 높이 쌓기의 원칙, 중량특성의 원칙, 형상 특성의 원칙, 위치표시의 원칙, 네트워크 보관의 원칙, 통로 대면 보관의 원칙
④ **보관기기(랙)/보관 설비**
  ㉠ 랙(Rack)의 개념 : 창고 등에서 효율적 보관을 위해 기둥과 선반으로 구성한 보관 설비
  ㉡ 랙의 종류 : 파렛트 랙, 드라이브인 랙, 드라이브스루 랙, 적층 랙, 유동 랙, 슬라이딩 랙, 이동 랙, 암 랙/외팔걸이 랙, 회전 랙, 하이스택 랙, 특수 랙
  ㉢ 적재하중 기준 랙의 구분

중량급 랙	한 선반당 적재하중이 500kg을 초과하는 랙
중간급 랙	한 선반당 적재하중이 500kg 이하인 랙
경량급 랙	한 선반당 적재하중이 150kg 이하인 랙

⑤ **보관시스템**
  ㉠ 보관 품목의 배치(ABC 분석) → ABC(Activity Based Costing, 활동기준원가계산)(×) 기출▶ 20년

A그룹	정밀한 재고관리 시스템을 적용하여 수시로 재고를 파악하고 보충해야 하므로 발주 간격이 짧은 정기 발주시스템을 이용하는 것이 일반적
B그룹	A그룹에 비하여 수량 또는 매출액이 비교적 적고, 품종은 다소 많으므로 발주점 방식에 의한 정량발주 시스템을 적용하는 것이 일반적
C그룹	• 품종이 다양하고 각각의 수량 또는 매출액은 극히 적어서 C그룹 전체 매출액의 10% 이하인 경우가 많음 • 투빈시스템을 적용하는 경우가 많고, 필요시 JIT 방식을 적용하기도 함

  ㉡ 보관시스템의 형태별 분류

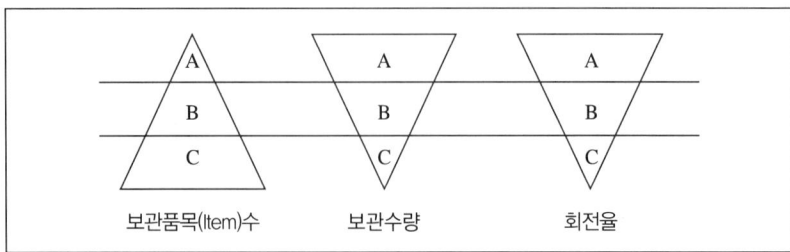

• 파렛트 보관 형태

A-A-A	• 맥주, 청량음료, 사탕, 시멘트 등 입·출고가 빠른 물품으로 보관 품목(Item) 수는 적지만 보관 수량이 많고 회전율이 높음 • 보관 설비는 플로우 랙과 대차 랙을 많이 이용하며, 단시간에 대량 처리가 가능
A-A-C	불량제품, 계절변동형 제품 등으로 고정설비인 유닛형 랙이나 플로우 랙을 이용
A-C-A	• 회전율만 높은 제품 • 보관기능이 미약하여 주로 임시 출고-피킹-재출고 형태로 많이 이용
A-C-C	보관 품목 수, 보관 수량, 회전율이 모두 낮아 파렛트를 직접 쌓을 수 있어서 파렛트 직접 쌓기나 파렛트 랙의 하역기기로 지게차 이용
B-B-B	• 일반적 형태로 설비가 간단하여 이동이 편리하고 레이아웃의 변경도 용이 • 포니 스태커 시스템과 제트 랙 시스템을 이용
C-C-C	어려운 관리방식으로 파렛트를 쌓는 것이 유리하며, 이동식 랙 시스템을 주로 이용
C-A-A	• 보관 품목 수, 보관 수량이 많고 회전율이 높으며, 관리가 매우 복잡 • 고층랙과 모노레일 스태커크레인의 조합으로 리모트와 컴퓨터컨트롤 방식 사용 • I형 배치, U형 배치, L형 배치, I형 변형 배치, U형 변형 배치
C-C-A	보관 수량은 적으나, 보관 품목 수와 입·출고 빈도가 높아 주로 고층랙 사용
C-A-C	보관 수량은 많지만, 회전율이 낮아 자동화 창고의 고층랙에 모노레일 스태커크레인을 이용하며 선회식 크레인, 파렛트 직접 쌓기나 트래버스 방식 등도 이용

02 창고

① **정의** : 건축물이나 공작물 등 제품이나 상품의 보관장소
② **기능** : 보관 기능, 수급 조정 기능, 가격 조정 기능, 물류비의 관리 기능, 재고관리 기능, 수·배송과의 연계 기능, 유통가공 기능, 물류 환경 변화에 대한 대응 기능
③ **분류**
  ㉠ 자가창고와 영업창고

구분	자가창고	영업창고
장점	• 기계에 의한 합리화 및 생산화 가능 • 상품에 알맞은 최적 보관 가능 • 하역설비의 설계 가능 • 노하우 축적 가능 • 수주 및 출하의 일관화	• 필요로 하는 공간을 항시 이용 가능 • 전문업자로서의 전문적 관리 운용 • 설비투자가 불필요함 ↳ 발생(×) 기출 25년 • 파손 시 보상 제도의 확립 • 비용, 지출의 명확화

단점	• 토지 구입 및 설비투자 비용 발생 등과 창고 규모의 고정적 배치에 의한 인건비, 관리비 부담
	• 계절 변동에 비탄력적
	• 재고품의 관리가 소홀해짐
		• 시설 변경의 탄력성이 적음
		  높음(×) 기출 14·13년
		• 토털 시스템과의 연결이 약함
		• 치밀한 고객 서비스가 어려움
		  용이(×) 기출 14년
		• 자가 목적에 맞는 창고 설계가 어려움

ⓛ 저장중심형 창고
- 격납장 내의 화물의 흐름 유형

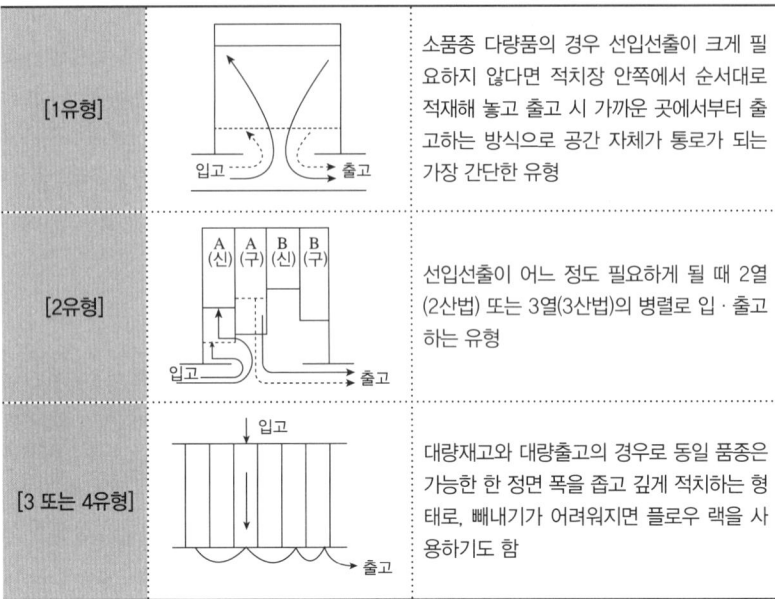

[1유형]	입고 → 출고	소품종 다량품의 경우 선입선출이 크게 필요하지 않다면 적치장 안쪽에서 순서대로 적재해 놓고 출고 시 가까운 곳에서부터 출고하는 방식으로 공간 자체가 통로가 되는 가장 간단한 유형
[2유형]	A(신) A(구) B(신) B(구) 입고 → 출고	선입선출이 어느 정도 필요하게 될 때 2열(2산법) 또는 3열(3산법)의 병렬로 입·출고하는 유형
[3 또는 4유형]	입고 ↓ 출고	대량재고와 대량출고의 경우로 동일 품종은 가능한 한 정면 폭을 좁고 깊게 적치하는 형태로, 빼내기가 어려워지면 플로우 랙을 사용하기도 함

ⓒ 자동(화)창고 : 단순 저장기능에서 유통가공 기능을 추가한 창고로, 물류의 흐름에 중점을 두고 설계해야 함
  보관(×) 기출▶ 20·16년

- 구성요소

랙	• 화물 보관을 위한 구조물 • 빌딩랙과 유닛랙 등이 있음
스태커크레인	• 랙과 랙 사이를 왕복하면서 보관품을 입·출고시키는 핵심 기기 • 승강장치와 포크 장치를 이용하여 수평 방향과 수직 방향으로 움직이며 승강장치, 주행 장치, 포크 장치로 구분
대기점	스태커크레인의 대기 장소
트래버서	화물을 지정된 입·출고 지점까지 수평으로 옮기는 장치 → 수직(×) 기출▶ 20년
무인반송차	무인으로 물품을 운반·이동하는 장비
파렛트	화물의 보관, 운반을 효율적으로 행하기 위한 받침대
보관 단위	파렛트형, 버킷형, 레인형, 셀형 등
버킷	화물의 입·출고 및 보관에 사용되는 상자
셀	랙 속에 화물이 저장되는 단위 공간
컨베이어	보관품의 입·출고 시 작업장부터 랙까지 연결해 주는 반송 장치

• 명령과 저장 방식

단일 명령 방식	1회 운행으로 저장 또는 반출 중 한 가지만 수행하는 방식
이중 명령 방식	1회 운행으로 저장과 반출을 동시에 수행하는 방식
임의 →지정(×) 기출▶19년 위치저장 방식	• 대표적 유형은 근거리 우선 보관 방식으로 보관 소요공간을 적게 차지 • 물품의 입·출고 빈도에 상관없이 저장 위치를 임의로 결정
지정 위치저장 방식	• 전체 보관소요 공간을 많이 차지 • 물품의 크기 및 공간사용 정도를 기준으로 사전에 지정된 위치에 저장하는 방식으로, 제품별 최대 저장공간의 합산으로 산출
등급별 보관 방식	• 보관 품목의 입·출고 빈도 기준으로 등급 설정 　　└ 경제적 가치(×) 기출▶24년 • 동일 등급 내에서는 임의 보관하는 방식으로 보관 위치를 결정

• S/R(Storage and Retrieval) 기계의 평균 이용률

- 단위 시간당 S/R 기계의 작업 수 : $n = \dfrac{ST}{N}$ (ST : 시스템처리량, N : S/R 기계 수)
- S/R 기계의 부하(총작업 시간) : $L = anT_{sc} + b(\dfrac{n}{2})T_{dc}$
  (a : 단일 명령 작업 비율, b : 이중 명령 작업 비율, T_{sc} : 단일 명령 수행주기 시간, T_{dc} : 이중 명령 수행주기 시간)
- S/R 기계의 평균가동률(이용률) : $\dfrac{L}{60} \times 100$

　　　　　　　　　　　　┌ 국가 및 지방자치단체(×) 기출▶18년
ⓔ 리스(임대) 창고 : 기업이 보관 공간을 임대하는 것으로, 영업창고의 단기적 임대와 자가창고의 장기적 계약 사이의 중간적 선택

ⓜ 기능에 의한 분류

보관창고	판매지원형의 창고
유통창고	창고의 기능과 운수의 기능을 겸비하여 물품이 유통·보관되는 창고
보세창고	「관세법」에 근거를 두고 세관장의 허가를 받아 수출입화물을 취급하는 창고 　└ 「항만법」(×) 기출▶20·18년

④ 창고 내 로케이션(Location) 관리

㉠ Fixed Location : 선반 번호별로 품목 위치를 고정하여 보관하며 회전율이 높은 물품에 적합

㉡ Free Location : 품목과 보관하는 랙 간에 특별한 연관 관계를 정하지 않음

㉢ Zone Location : 일정 품목군에 대하여 일정한 보관 구역을 설정하지만, 그 범위 내에서는 Free Location을 채택하는 방법
　　　　　　　　　└ 고정(×) 기출▶16년

㉣ Free & Fixed Location : 일부는 Free Location으로, 일부는 Fixed Location으로 운영하는 절충 혼합형 로케이션

⑤ 창고의 입지선정 시 고려해야 할 사항 : 화물(Material or Product), **수량(Quantity)**, 경로(Route), 서비스(Service), 시간(Time) 품질(Quality)(×) 기출 16년
⑥ 창고 레이아웃의 기본원칙 : **직진**성의 원칙(회전(×) 기출 16년), 역행교차 회피의 원칙, 물품 취급횟수 **최소**화의 원칙(최대(×) 기출 13년), 물품 이동 간 고저 간격 축소의 원칙, 모듈화의 원칙
⑦ 창고 바닥 면적 산정법

- (필요한) 파렛트 개수 = $\dfrac{\text{제품수량}}{\text{제품적재수량}}$
- 창고의 바닥 면적 = $\dfrac{\text{파렛트 개수} \times \text{파렛트의 면적}}{\text{창고적재율}}$

⑧ 창고관리시스템(WMS : Warehouse Management System)의 주요 기능
  ㉠ **재고** 관련 기능 : 입고관리, 보관관리(선입선출관리, 크로스 도킹 지원), 재고관리 → 출고(×) 기출 17년
  ㉡ 주문 관련 기능 : 피킹관리, 주문진척관리
  ㉢ 출고 관련 기능 : 출고관리, 수·배송관리
  ㉣ 관리 관련 기능 : 인력관리, 물류센터 지표 관리
  ㉤ Interface 기능 : 무선통신, 자동인식, 자동화 설비 제어

03 오더피킹

① 개념
  ㉠ 저장 중인 창고의 재고에서 수주받은 물품을 주문별로 골라내어 출하하는 과정
  ㉡ 상적 정보를 토대로 한 주문서, 출하 전표, 납품확인서, 송장, 포장 지시서 및 불출 지시서 등의 정보처리와 불출 지시서에 의해 불출된 물품의 흐름을 파악하는 것

② 분류
  ㉠ 작업형태별
    - 존 피킹 : 전표 내에서 작업자의 구역(Zone)에 보관 중인 물품만을 피킹
    - 릴레이 피킹 : 여러 사람의 Picker가 각각 자기가 분담하는 종류나 선반의 작업 범위를 정해 두고서 피킹 전표 속에서 자기가 맡은 종류의 물품만을 피킹해서 릴레이식으로 다음의 Picker에게 넘겨주는 방법
    - 캐러셀 : 피킹 시 피커를 고정하고 랙 자체가 회전하는 형태
    - 차량탑승피킹 : 사람이 운반기기에 탑승하여 개별 품목 단위로 피킹하는 방법으로, 공간활용도가 **높은 편** → 낮은 편(×) 기출 21년
  ㉡ 주문형태별
    - 1인 1건 피킹(오더 단위) : 1인의 Picker가 1건의 주문표로 요구되는 물품을 피킹하는 방법
      → 일괄(×) 기출 19년
    - **싱글** 오더피킹 : 1건의 주문마다 물품의 피킹을 집계하는 방법으로 1인 1건이나 릴레이 방법으로도 실시할 수 있으며 주문처의 한 오더마다 주문 상품(Item)을 집품하여 주문품의 품목을 갖추는 방법

- 총량 오더피킹 : 일정기간의 주문 전표를 한데 모아서 피킹하는 방법으로서 여러 건의 주문 전표를 한데 모아 한꺼번에 피킹하므로 주문별로 분류할 필요가 있는 방법

③ 출고형태

출고형태	보관 단위 → 피킹 단위	적재방법	
제1형태	파렛트 → 파렛트 (P → P)	적재기기	Pallet Rack, Pallet Sliding Rack, Carousel Rack, Trans Robo System, Drive-in Rack, High Rack, Mobile Rack, 무인 대차
		운반기기	포크리프트, 무인 포크리프트, 스태커크레인, 피킹 크레인
제2형태	파렛트 → 파렛트 + 케이스	무인화, 자동화 창고의 재입고, 자동화 창고와 파렛트 컨베이어	
제3형태	파렛트 → 케이스	무인화, 자동창고의 재입고, 입체 창고와 피킹 크레인, 피킹 크레인과 컨베이어, 랙과 Picking 포크리프트 트럭, Pallet Sliding Rack과 컨베이어, Picking Packing Machine, Carousel Rack	
제4형태	케이스 → 케이스 (C → C)	Sliding Rack(유동 선반), Automatic Sliding Rack, Mobile Rack, Carousel Rack, Mini Stacker Crane, 중층랙과 피킹 크레인, 선반과 손수레 대차	
제5형태	케이스 → 케이스 + 단품	제4형태와 제6형태를 조합해서 만든 패턴	
제6형태	케이스 → 단품	단품(Split Case : 형상, 크기 및 무게 등이 다양하여 자동화가 거의 불가능)을 피킹하는 경우에는 수작업과 기계를 적절히 조화하여 작업능률을 향상하는 것이 바람직	
제7형태	단품 → 단품	다품종 소량 피킹의 대표적 방식으로서 화장품, 약품 및 전기부품 등과 같은 단품의 피킹에 주로 사용되지만, 자동화가 어려운 패턴	

04 물류거점의 입지 분석기법

① **총비용 비교법** : 입지거점 대안별로 관리 비용을 산출하고, 총비용이 최소가 되는 대안을 선택하여 입지를 결정하는 방법 (→ 톤-킬로법(×) 기출 25년)

② **손익분기 도표법** : 입고량 또는 출고량을 전제로 하여 고정비와 변동비의 합을 비교하여 물동량에 따른 총비용이 최소가 되는 대안을 선택하는 방법 (→ 요소분석법(×) 기출 25·13년)

③ 무게 중심법
   ㉠ 물류센터로 반입 및 반출되는 각 지점과 물류센터와의 거리에 거리당 운임과 물동량을 곱하여, 각 지점과 물류센터 간의 수송비를 산출한 후 모든 지점에 대해서 적용하여 합산하면 총수송비가 결정되고 그 합이 최소가 되는 지점을 구하는 것
   ㉡ 두 지점 간의 물자 이동이 직선거리를 따라 이루어진다면, 단일 물류센터의 최적 입지는 두 개의 방정식을 통해서 구할 수 있는데, 이것을 최적 무게 중심법이라고 함

④ 톤 · 킬로(부하 거리)법 : 각 수요처와 배송센터까지의 거리와 수요처까지의 운송량에 대하여 운송 수량(톤) × 거리(km)에 의해 평가, 그 총계가 가장 적은 곳에 배송센터를 설치하는 방법

┌→ 총비용 비교법(×) 기출▶ 25년
⑤ <u>요인 평정법</u>(요소분석법, 가중 점수법) : 입지에 관련된 요인(접근성, 지역 환경, 노동력 등)에 주관적으로 가중치를 설정하여 각 요인의 평가점수를 합산하는 방법
⑥ 양 & 질적 요인 분석법(Brown–Gibson Model)의 요인 평가 기준

필수적 기준 (Critical Criteria)	특정 시스템의 장소적 적합성 판정 시의 필수적 기준 (예) 맥주 공장 – 수질, 수량 / 연탄공장 – 석탄)
객관적 기준 (Objective Criteria)	화폐가치로 평가될 수 있는 경제적 기준 (예) 인건비, 원재료비, 용수비, 세금 등)
주관적 기준 (Subjective Criteria)	평가자의 주관에 의해 가늠되는 기준 (예) 근로자의 성실성, 지역주민의 민심 등)

⑦ PERT/CPM(Program Evaluation and Review Technique/Critical Path Method)
  ㉠ 전체 프로젝트의 진도를 효율적으로 관리할 수 있는 네트워크 계획 및 통제기법
  ㉡ 각 작업의 소요 기간과 착수, 종료 시점 등 시간적인 측면의 관리와 작업 비용의 시간적 측면인 예산편성 및 조정 그리고 현황 보고의 기능을 갖추고 있으며 신항만 배후단지 등에 적합

05 물류(거점) 시설의 종류

① 물류단지
  ㉠ 개념 : 물류단지 시설과 지원시설을 집단적으로 설치 · 육성하기 위하여 관련 법에 따라 지정 · 개발하는 일단(一團)의 토지
  ㉡ 분류
  • (복합)물류터미널

개념	• 화물의 집하, 하역, 분류, 포장, 보관 또는 통관에 필요한 시설을 갖춘 화물 유통의 중심 장소 • 운송수단 간의 연계수송을 할 수 있는 규모와 시설을 갖춘 물류터미널
기능	• 창고단지, 유통가공시설, 물류 사업자의 업무용 시설 등을 결합하여 종합 물류기지 기능을 수행 ┌→ 보관(×) 기출▶ 25 · 24년 • <u>환적</u> 기능 위주로 운영되어 터미널 기능을 실현하며, 화물의 보관 업무까지도 수행 • 수요 단위에 적합하게 재포장하는 기능 • 화물의 혼재 기능 • 화물 정보센터의 기능을 강화하여 화물 운송 및 재고 정보 등을 제공

- 공동집배송센터

개념	• 유사한 업종의 제품 유통을 위해서 대규모 단지를 조성하고, 도매 · 검수 · 포장 등과 같은 가공 기능과 정보처리시설 등을 갖추어 체계적으로 공동관리하는 물류단지(예 가락동 농수산물시장, 노량진 수산시장 등) • 여러 유통사업자 또는 제조업자가 공동으로 사용할 수 있도록 집배송 시설과 부대 업무시설이 설치되어 있는 지역 및 시설물
공동집배송의 도입 효과	• 다수 업체가 배송센터를 한 곳의 대단위 단지에 집결시킴으로써 배송물량의 지역별 · 업체별 계획배송 및 혼재 배송으로 차량 적재율의 증가, 횟수의 감소 및 운송거리의 단축을 통하여 공차율이 감소함 • 작업을 공동으로 수행하므로 상품 흐름의 원활화, 인력의 공동 활용, 공간 효용의 극대화를 통해 업체별 보관 공간 및 관리 비용이 감소 • 배송물량을 통합하여 배송함으로써 차량의 적재효율을 높일 수 있음 • 업체들의 공동 참여를 통해 대량 구매 및 계획매입이 가능 • 물류 작업의 공동화를 통해 물류비 절감 효과가 있음

② 물류센터
　㉠ 개념
　　• 대규모의 물류단지에 복합터미널과 같이 자동화된 시설을 갖추고 운영되는 방대한 단지
　　• 다품종 대량의 물품을 공급받아 분류, 보관, 포장, 유통가공, 정보처리 등을 수행하여 다수의 수요자에게 적기에 배송하기 위한 시설
　　• 스마트물류센터 : 첨단 물류설비, 운영시스템 등을 도입하여 저비용, 고효율, 친환경성 등에서 우수한 성능을 발휘할 수 있는 물류창고
　㉡ 기능 : 공급과 수요의 완충적 기능 수행, 품절 방지를 위한 제품 확보 기능, 신속한 배송 체제 구축에 의한 기업의 판매력 강화, 수급 조절 기능과 입 · 출고를 원활하게 하기 위한 오더피킹
　㉢ 분류
　　• 배송센터(집배송센터/집배 센터/유통센터)

개념	• 관할지역 내의 소매점 및 소비자에 대한 배송 기능을 주로 하는 물류거점으로 물류센터보다 소규모이고 기능이 단순 • 협의 : 개별 기업의 배송센터 • 광의 : 복합물류터미널과 같은 대규모 유통업무단지 자체를 지칭
배송센터 구축의 이점	• 수송비 절감 • 배송 서비스율 향상 　┌ 일치(×) 기출 14년 • 상물분리 실시 • 교차수송 감소 → 발생(×) 기출 18년 • 납품작업 합리화

- 스톡 포인트(SP : Stock Point, 보관센터) → 데포(×) 기출 13년
  - 보통 재고품의 보관 거점으로서 상품의 배송 거점인 동시에 예상 수요에 대한 보관 거점
  - 배송센터와 비교하면 정태적 의미의 유통창고
  - 보관장소이며 제조업체들이 원료나 완성품, 폐기물을 쌓아두는 경우가 많음
  - 유통업체인 경우 배송시키기 위한 전 단계로 재고품을 비축하거나 다음 단계의 배송센터로 상품을 이전시키기 위해 일시 보관하는 곳
- 데포(DP : Depot, 통과센터)
  - SP보다 작은 국내용 2차 창고, 또는 수출 상품을 집화·분류·수송하기 위한 내륙 CFS
  - 수송을 효율적으로 하기 위해서 갖추어진 집배 중계 및 배송처
  - 생산지에서 소비지까지 배송할 때 각지의 데포까지는 하나로 통합하여 수송
  - 수송비의 절감과 고객 서비스의 향상에 기여

㉣ 작업공정 순서

입하	• 도착한 상품이 입하 예정 및 납품 전표와 틀림없는지를 점검 • 상품을 랙(Rack) 설비 등이 있는 보관 지역에 적재 • 물류센터 내의 해당 부서, 생산공장 또는 공동물류센터 내의 참여기업 등에 통지하여 적재 정보를 공유
보관	• 상품의 품질을 유지하면서 저장, 보관하며 상품별로 보관하는 것보다 포장형태별로 보관하는 것이 입고나 집품작업에 더 효율적 • 선입선출이 가능하도록 저장 • 공간을 효율적으로 이용하기 위해 고층 선반을 사용하는 것이 바람직하고, 불량재고는 정해진 방법과 순서에 따라 정기적으로 처분
피킹	• 주문에 집품작업(Order Picking)을 할 때는 가능한 한 동선을 짧게 하고 교차하지 않도록 정해진 집품작업 순서를 준수 • 출고지시에 따라 파렛트, 박스, 낱개 단위별로 이루어지며 일괄 피킹, 순차 피킹 등의 방법이 있음
유통가공	가격표 부착, 바코드 부착, 포장 등의 유통가공은 출하 시기를 기준으로 작업 계획을 수립하고 시간대별로 작업량이 불규칙하지 않도록 평준화
분류	• 종래의 판매선별 및 상품별 수송 방식을 공동수·배송 방식으로 변경하여 수송 효율을 극대화하고 배송 시간을 단축하도록 하며 파렛트, 박스, 낱개 단위별로 피킹된 제품을 배송처별로 구분하는 활동 • 자동 컨베이어, DPS, 분류 자동화 기기 등의 설비를 이용

㉤ 물류센터의 작업 계획 수립 시 세부 고려 사항 : **보관 방식**, 화물 형태, 하역방식, 검수 방식, 피킹 및 분류 → 출하 차량 동선(×) 기출 22년

㉥ DPS와 DAS
- DPS(Digital Picking System)
  - 랙이나 보관 구역에 라이트 모듈(Light Module)이라는 신호 장치가 설치되어 출고시킬 화물이 보관된 지역을 알려줌과 동시에 출고 화물이 몇 개인지를 알려주는 시스템

- 물품을 전표 없이 피킹 가능한 시스템으로 **다품종 소량**, 다빈도 피킹과 분배 작업에 사용 → 소품종 대량화물(×) 기출 13년
- 주문별로 피킹하는 채취식으로 정확히 피킹 가능
- 초기 설치비가 가장 **적게** 소요되는 대차식, 구동 컨베이어식, 무구동 컨베이어식으로 구분 → 많이(×) 기출 17년

• DAS(Digital Assort System)
- 분배된 물품의 순서에 따라 작업자에게 분류 정보를 제공하여 신속한 분배를 지원하는 시스템
- 물품을 주문별로 분배하는 파종식
- 멀티 분배 DAS 방식 : 고객별 주문 상품을 합포장하기에 적합한 분배시스템
- 멀티 다품종 분배 DAS 방식 : 아이템 수가 많은 의류업 품목처럼 많은 고객에게 배송 시 분배를 지원하는 방식으로 합포장할 때 적합한 시스템
- 멀티 릴레이 DAS 방식 : 입고 수량을 1차는 통로별, 2차는 점포별로 분배하는 방식으로 냉장·신선식품의 통과형 물류단지 또는 도시락, 가공생산하는 물류센터에 적합
- 보관장소와 주문별 분배 장소가 별도로 필요

ⓐ ASN(Advanced Shipping Notification, 사전선적통보)
• 물류센터 입고 상품의 수량과 내역이 사전에 물류센터로 송달되어 오는 정보
• 물류센터에서는 이 정보를 활용하여 신속하고 정확하게 검품 및 적재 업무 수행

ⓞ KPI(Key Performance Indicator, 핵심성과지표)
• 환경 KPI : CO_2 절감 등 환경 측면의 공헌도를 관리하기 위한 지표
• 생산성 KPI : 작업인력과 시간당 생산성을 파악하여 작업을 개선하기 위한 지표
• 납기 KPI : 납품까지의 기간을 측정하여 리드타임을 **감소**시키기 위한 지표 → 증가(×) 기출 20년
• 품질 KPI : 물류 품질의 수준을 파악하여 고객 서비스 수준을 높이기 위한 지표
• 비용 KPI : 작업마다 비용을 파악하여 물류센터의 물류비용을 감소시키기 위한 지표

ⓩ 라인밸런싱

개념	작업공정과 작업자 간 작업량을 균등하게 할당해 주어 작업시간을 평준화하는 것
목적	• 작업공정 내의 재공품 감소 • 가동률, 리드타임(Lead time) 및 애로 공정 개선으로 생산성 향상

ⓩ 공정효율(Balance Efficiency, Line Of Balance) : 둘 이상의 공정이 연속적으로 연결되어 사람이나 설비가 작업할 경우 공정별 작업량의 균형 및 분배의 효율성을 의미

$$공정효율(\%) = \frac{전체\ 작업공정시간\ 합계}{최대\ 공정시간 \times 공정수} \times 100$$

ㄱ) 도크

트럭 도크의 수	• 각 트럭의 총 작업시간을 연간 작업시간으로 나누어 계산하고, 여기에 안전계수(트럭의 입출에 따른 시간적 차이 및 서류처리 시간 등)를 고려한 값을 더하여 계산 • $\dfrac{\text{연간 트럭출입 대수} \times \text{1일 대당 작업시간} \times (1+\text{안전계수})}{\text{연간 작업일수} \times \text{1일 작업시간}}$
출하 도크 길이	$\dfrac{\text{필요 트럭수} \times \text{트럭 대당 도크점유길이}}{\text{출고회전수}}$

ㅌ) 크로스 도킹(Cross Docking)
- 개념 : 창고나 물류센터로 입고되는 상품을 보관하는 것이 아니라 즉시 배송할 준비를 하는 물류시스템
- 특징
  - 배달된 상품을 수령하는 즉시 중간 저장 단계가 거의 없이 배송 지점으로 배송
  - 제품의 수요가 일정하고 안정적이며, 리드타임 및 재고수준을 감소시켜 물류센터의 무재고를 달성할 수 있음   증대(×) 기출 17년
- 유형

사전 분류된 파렛트 크로스 도킹	• 사전에 제조업체가 상품을 피킹 및 분류하여 납품할 각각의 점포별로 파렛트에 적재해 배송하는 형태 • 제조업체가 각각의 점포별 주문 사항에 대한 정보를 사전에 알고 있어야 하므로 제조업체에 추가적인 비용 발생
파렛트 크로스 도킹	한 종류의 상품이 적재된 파렛트별로 입고되고 소매점포로 직접 배송되는 형태로, 가장 단순한 형태의 크로스 도킹이며, 양이 아주 많은 상품에 적합 적은(×) 기출 25 · 18년
케이스 크로스 도킹	한 종류의 상품이 적재된 파렛트 단위로 소매업체의 물류센터로 입고되고, 입고된 상품은 각각의 소매점포별 주문 수량에 따라 피킹되며, 파렛트에 남은 상품은 다음 납품을 위해 잠시 보관

→ 스마트 물류센터(×) 기출 25년

③ ICD(Inland Container Depot)

개념	• 공장단지와 수출지 항만과의 사이를 연결하여 화물의 유통을 신속 · 원활히 하기 위한 대규모 물류단지 • 트럭회사, 포워더(Forwarder) 등을 유치하여 운영하므로 내륙 항만이라고도 부름 • 항만 또는 공항이 아닌 내륙시설로서 공적 권한을 가지고 있음
기능	• 항만 내에서 이루어져야 할 본선 작업과 마샬링 기능을 제외한 장치 보관기능 • 집하 분류 기능 포함(×) 기출 24 · 20년 • 수출 컨테이너 화물에 대한 통관 기능
장점	• 시설비 및 운송비 절감 : 항만 지역과 비교하여 창고 · 보관시설용 토지 취득이 쉽고 시설비가 절감되어 창고보관료가 저렴하고 화물의 대단위화에 따른 운송 효율의 향상과 교통혼잡 회피로 운송비가 절감 • 노동생산성 향상 : 노동력의 안정적 확보와 기계화로 노동생산성이 향상 • 포장비 절감 : 통관검사 후 재포장의 용이함으로 포장비가 절감 • 통관비 절감 : 통관의 신속화로 통관비가 절감

④ CFS(Container Freight Station, 컨테이너 화물취급장) in CY(Container Yard)

CY	• FCL 화물만을 쌓아두는 야외공간으로, 공컨테이너 또는 풀컨테이너에 이를 넘겨주고 넘겨받아 보관할 수 있는 넓은 장소 • 넓게는 CFS, Marshalling Yard(부두의 선적대기장), 에이프런(Apron), 샤시, 트랙터 장치장까지도 포함
CFS → CY(×) 기출 24년	• LCL(Less than Container Load) 화물을 모아서 FCL(Full Container Load) 화물로 만드는 LCL 화물 정거장으로 컨테이너에 LCL 화물을 넣고 꺼내는 작업을 하는 시설과 장소 • 부두 외부에도 위치할 수 있음

⑤ 보세구역
  ㉠ 개념 : 효율적인 화물관리와 관세행정의 필요성에 의하여 세관장이 지정하거나 특허한 장소로서, 사내 창고나 물류센터에서 출고된 수출품의 선적을 위해 거치게 되는 곳
  ㉡ 구분

지정보세구역	• 일정 구역을 세관장이 지정하고 물품 장치기간은 6개월 내에서 관세청장이 정하며 내국화물의 경우 세관장의 허가로 10일 이내 반출할 수 있음 • 지정장치장(일시 장치를 위해 세관장이 지정)과 세관검사장이 있음
특허보세구역	• 일반 개인이 신청하면 세관장이 특허해 주는 보세구역 　　　　　　　　　└→ 지방자치단체장(×) 기출 25년 • 특허 보세창고, 보세공장, 보세건설장, 보세전시장, 보세판매장 등이 있음
종합보세구역	동일 장소에서 기존 특허보세구역의 모든 기능, 즉 장치, 보관, 제조, 가공, 전시, 판매를 복합적으로 수행할 수 있음

06 물류시설의 투자 타당성 분석기법

① 내부수익률법 : 편익의 현재가치 합계와 비용의 현재가치 합계가 동일하게 되는 수준의 할인율로, 높은 내부수익률이 산출되는 대안일수록 수익성이 좋다고 판단
　└→ 낮은(×) 기출 16년
② 순현재가치법 : 투자로 인해 발생하는 현금흐름의 총유입액 현재가치에서 총유출액 현재가치를 차감한 가치를 순현가를 이용하여 투자안을 평가하는 것
③ 비용 편익(B/C : Benefit/Cost ratio)비율법 : 편익을 비용으로 나눈 비율

07 공공 물류시설의 민간 투자사업 방식

① BTO(Build Transfer Operate) : 민간이 시설을 준공해 정부에 소유권을 양도한 뒤 일정 기간 직접 운영하면서 사용자로부터 이용료를 받아 투자비를 회수하는 방식
② BTL(Build Transfer Lease) : 사회기반시설의 준공과 동시에 당해 시설의 소유권은 국가나 지방자치단체에 귀속되나, 사업 시행자에게 사용권을 인정하여 그 시설 관리 운영권을 국가 또는 지방자치단체 등이 협약에서 정한 기간 다시 임차하여 사용·수익하는 방식

③ BLT(Build Lease Transfer) : 사업 시행자가 시설을 준공한 후 일정 기간 타인에게 임대하고 임대 기간 종료 후에 시설물을 국가나 지방자치단체로 이전하는 민간 자본 활용 방식
④ BOT(Build Operate Transfer) : 공공 프로젝트에 대하여 시공자가 완공 후 시설을 운영하여 수입에서 투자 자금을 규정 연한 내에 회수한 다음 발주자인 국가에 시설을 넘기는 방식
⑤ BOO(Build Own Operate) : 준공 이후에도 사업 시행자가 계속 소유·운영하는 방식
⑥ BOL(Build Own Lease) : 준공 이후 소유권을 갖고 국가에 임대하여 임대료를 받는 방식

08 물류센터 구조 및 설계 특성

① 제품(화물) 특성 : 크기, 무게, 용량, 가격, 포장 등
② **주문** 특성 : 주문 건수 및 빈도, 주문량, 처리 속도
　　└→ 관리(×) 기출 23년
③ 관리 특성 : 재고 정책, 고객 서비스 목표, 투자 및 운영 비용
④ **환경** 특성 : 지리적 위치, 입지 제약, 환경 제약
　　└→ 운영(×) 기출 25년
⑤ 설비 특성 : 설비 종류, 운영 방안, 자동화 수준
⑥ **운영** 특성 : 입·출고 방법, 보관 방법, 피킹 및 분류 방법, 배송 방법
　　└→ 환경(×) 기출 25년

09 물류센터 수가 증가함에 따라 발생하는 관리 요소의 변화

① 시설 투자비용 및 창고고정비 증가
② 납기 준수율과 총 안전재고량 및 수송 비용 증가
③ 고객 접근성 및 고객 서비스 증가
④ 배송 리드타임 **감소** → 증가(×) 기출 17년

10 하역의 구성요소

① 하역 : 보관을 위한 입·출고, 적재·적하, 물품나누기 등의 활동
② 하역에 관한 용어

적하(Loading&Unloading)	물품을 운송기기 등에 싣고 내리는 작업
배닝(Vanning)	컨테이너에 물품을 실어 넣는 작업
디배닝(Devanning)	컨테이너에서 화물을 **꺼내는** 작업 　└→ 싣는(×) 기출 25년
스태킹(Stacking)	물품 또는 포장화물을 규칙적으로 쌓아 올리는(적재) 작업
반출(Picking)	물품을 보관장소에서 꺼내는 작업
분류(Sorting)	물품을 품목별·발송지별·고객별 등으로 나누는 작업

정돈(Tidying)	출하할 물품을 정리정돈하는 작업
운반	공장과 창고 내에서 물품을 비교적 짧은 거리로 이동시키는 것 → 물류센터 내에서 물품의 짧은 거리 이동은 하역의 범위에 포함되지 않음(×) 기출 24년
더니징(Dunnaging)	화물이 손상되지 않게 틈 사이나 바닥에 물건을 깔거나 끼우는 작업
래싱(Lashing)	운송기기에 실려진 화물을 움직이지 않도록 줄로 묶는 작업
쇼링(Shoring)	각목 등을 이용하여 화물을 고정시키는 작업
초킹(Chocking)	지주를 이용하여 화물 사이를 수평으로 고정시키는 작업

→ 취급화물의 원산지와 목적지(×) 기출 25년

③ **하역기기 선정기준** : 화물의 특성(중량, 종류 등), 작업환경의 특성(건물구조, 시설배치 등), 작업의 특성(작업량, 운반거리 등), 경제성, 하역기기의 특성(안전성, 성능 등)

11 하역합리화의 기본 원칙

→ 증가(×) 기출 25년

① 경제성 원칙 : 하역작업 횟수 **감소**, 화물의 파손·오손·분실을 최소화하는 원칙
② 이동거리 및 시간 **최소화**의 원칙 : 하역작업 시 화물의 이동거리(시간)를 최소화하는 원칙
　　　　　　└→ 최대화(×) 기출 20년
③ 운반활성화 원칙 : 운반활성화지수를 **최대화**하는 원칙
　　　　　　　　　└→ 최소화(×) 기출 25·23년

물건을 놓아둔 상태	활성지수
화물이 바닥에 놓인 상태	0
상자 안에 넣은 상태	1
파렛트나 스키드(Skid) 위에 놓인 상태	2
대차에 실어 놓은 상태	3
컨베이어 위에 놓인 상태	4

→ 다품종 소량운송을 위해 화물을 개별화(×) 기출 25년

④ 화물 단위화 원칙 : **유닛화**하여 파렛트, 컨테이너와 조합하여 능률화하는 원칙
⑤ 기계화 원칙 : 인력작업을 기계화 작업으로 대체함으로써 효율성을 높이는 원칙
⑥ 인터페이스의 원칙 : 공정 간의 접점을 원활히 하는 원칙
⑦ 중력이용의 원칙 : 경사면을 이용하는 등 중력의 원리를 이용하는 원칙
⑧ 시스템화 원칙 : 개개의 하역 활동을 유기체적인 활동으로 간주하는 원칙

12 파렛트의 종류

① 기둥 파렛트(Post Pallet) : 상부에 기둥이 있는 파렛트
② 롤 파렛트(Roll Pallet) : 파렛트 바닥면에 바퀴가 달려있어 밀어서 움직일 수 있음
③ 롤 상자형 파렛트(Roll Box Pallet) : 상부구조는 박스이고, 받침대 밑면에는 바퀴가 달려 있으며 최근에는 배송용으로도 많이 사용됨

④ 사일로 파렛트(Silo Pallet) : 주로 **분말, 압축화물에 사용**되고 뚜껑과 개폐장치가 있음
　　↳ 액체를 담는 용도로 사용(×) 기출▶ 24년
⑤ 시트 파렛트(Sheet Pallet) : 저렴하고 가볍지만 푸시풀(Push-Pull) 장치가 있는 포크리프트가 필요함
⑥ 스키드 파렛트(Skid Pallet) : 포크리프트, 핸드리프트로 하역 가능한 단면형 파렛트
⑦ 탱크 파렛트(Tank Pallet) : 주로 오일, 액체, 유류 운반 및 적재용으로 사용

13 파렛트 적재방법

① 블록쌓기 : **홀수단과 짝수단을 같은 방향으로 적재하되, 포장 시 밴드를 걸어 붕괴 방지**
　　↳ 맨 아래에서 상단까지 일렬로 쌓는 방법으로 무너질 염려가 없어 안정성이 높다(×) 기출▶ 23년
② 교호열쌓기 : 한 단은 블록형, 다음 단은 90도 회전시켜 홀수단과 짝수단을 교차 적재
③ 벽돌형쌓기 : 벽돌을 쌓듯이 가로와 세로를 조합하여 1단을 쌓고 홀수층과 짝수층을 180도 회전시켜 적재
④ 핀휠쌓기 : 파렛트 중앙에 공간을 만드는 형태로 이 공간을 감싸듯 풍차형으로 화물 적재
⑤ 스플릿 쌓기 : 벽돌형 적재 시 화물과 파렛트 치수가 일치하지 않으면 물건 사이에 부분적으로 공간을 만들어 적재

14 지게차의 종류와 특성

① 카운터밸런스 포크리프트 : 전방에 포크, 상하 이동 마스트를 갖춘 널리 이용되는 형태
② 스트래들 포크리프트 : **포크가 양쪽 아웃리거 사이에 내려지는 형태**
　　↳ 전방이 아닌 차체의 측면에 포크와 마스트가 장착된 지게차(×) 기출▶ 22년
③ 파렛트 스태킹 트럭 : 포크가 아웃리거 위로 뻗어있는 형태
④ 사이드 포크리프트 트럭 : 차체 측면으로 포크 승강장치를 접근시켜 화물을 승강함
⑤ 리치 포크리프트 트럭 : 마스트 또는 포크가 전후로 이동 가능함
⑥ 오더피킹 트럭 : 하역장치와 함께 움직이는 운전대에서 운전자가 조종하는 포크리프트
⑦ 워키형(Walkie) : 작업자가 지게차를 가동시킨 상태에서 걸어 다니며 작업하는 형태로 주로 **소형 작업장**에서 이용
　　↳ 넓은 공간(×) 기출▶ 22년
⑧ 탑 핸들러 : 작업용 특수차량으로서 차체의 끝에 화물을 떠서 올리는 포크 또는 화물을 취급하는 부착장치와 승강마스트를 설치하여 화물을 운반 또는 적재할 수 있는 장비
⑨ 리치스태커 : 대형지게차에 유압식 지브크레인이 설치된 형태로, 크레인 끝에 스프레더가 장착되어 컨테이너 운반 및 적재에 사용

15 크레인의 종류와 특성

① **지브크레인** : 항만이나 선박에 부착하여 화물 및 해치를 운반
② **지주크레인** : 지브크레인에 차륜, 크로울러를 구비하여 스스로 주행할 수 있음
③ **천정크레인** : 고가 주행궤도를 따라 주행하는 거더에 트롤리를 가진 크레인
④ **케이블크레인** : 마주보는 탑 사이의 로프를 궤도로 하여 트롤리가 가로 주행하는 크레인
⑤ **갠트리크레인** : 항만에서 안벽을 따라 설치된 레일 위를 주행하면서 선박에 컨테이너를 적재·하역하는 대표적 하역기기
⑥ **언로더(Unloader)** : 호퍼, 피더, 컨베이어 등을 가진 양륙 전용 크레인으로 선박에서 **벌크화물 적재** 시 사용
    └ 소규모 하역작업(×) 기출 ▶ 20년
⑦ **데릭(Derrick)** : 마스트 또는 붐(Boom) 위 끝에서 화물을 달아 올리는 지브붙이크레인
⑧ **트랜스퍼크레인** : 야드에 이동한 컨테이너를 컨테이너 장치장에 내리거나 올려주며, 화물 보관 시 사용

16 컨베이어의 종류와 특성

① **벨트 컨베이어** : 수평면이나 경사면에서 화물을 싣고 운반하며 댐, 대형토공에서 시멘트, 골재 운반, 소규모 공사의 정력운반에 사용
② **체인 컨베이어** : 체인 또는 체인에 슬랫, 버켓 등을 부착하여 시멘트, 골재 등 운반
③ **슬라이드 컨베이어** : 어태치먼트를 부착하지 않은 체인 위에 직접 화물을 얹어 운반
④ **플랫탑 컨베이어** : 체인에 윗면이 평평한 어태치먼트를 붙인 체인 컨베이어
⑤ **슬랫 컨베이어** : 체인에 폭이 좁은 목재나 금속 슬랫을 연속으로 부착한 체인 컨베이어
⑥ **에이프런 컨베이어** : 여러 줄의 체인에 에이프런을 겹쳐 연속으로 부착한 체인 컨베이어
⑦ **팬 컨베이어** : 에이프런 대신 팬을 부착한 체인 컨베이어
⑧ **버켓 컨베이어** : 체인에 핀으로 지지된 버켓을 연속적으로 부착한 체인 컨베이어
⑨ **플로우 컨베이어** : 밀폐 상태로 체인이나 케이블로 이동시키는 특수 컨베이어로 주로 분립체(시멘트 등)를 운반
⑩ **트롤리 컨베이어** : **폐쇄형 천장 트랙에 매달려 있는 동일 간격의 운반기에 탑재하여 운반** → 롤러 또는 휠을 배열하여 화물을 운반(×) 기출 ▶ 24년
⑪ **토우 컨베이어** : 체인에 대차의 토우핀을 거는 어태치먼트를 부착한 체인 컨베이어
⑫ **롤러 컨베이어** : 롤러나 휠을 배열하고 화물을 운반하며 시멘트 소이동에 사용
⑬ **스크류 컨베이어** : 스크류에 의해 운반하며 시멘트 운반에 사용
⑭ **유체 컨베이어** : 관 속 유체 흐름을 이용하여 자갈, 석탄, 광석 등 알이 굵은 고체를 운반

┌→ 동작에 의한 분류방식 : 바코드 방식(×) 기출▶ 25년

17 분류시스템의 종류와 특성

① 팝업 방식 : 컨베이어 반송면의 아랫방향에서 벨트, 롤러, 휠, 핀 등의 분기장치가 튀어나와 단위화물을 내보냄

　　　　　　　　　　벨트, 트레이, 슬라이드 등의 바닥면을 개방하여 물품을 분류(×) 기출▶ 23년 ←┐

② 틸팅 방식 : 레일을 주행하는 트레이, 슬라이드의 일부 등을 **경사지게 하여 화물을 활강시키는** 방식으로, 화물 형상, 두께 등에 따라 폭넓게 대응하여 신문사, 우체국 등에 많이 사용

③ 밀어내기 방식 : 암(Arm)을 이용하여 컨베이어가 흐르는 방향에 대해 직각 방향으로 화물을 밀어냄

④ 다이버터(Diverter) 방식 : 외부에 설치된 안내판을 회전시켜 반송 경로상에 가이드벽을 만들어 단위화물을 가이드벽을 따라 이동시키는 방식

⑤ 경사벨트 방식 : 경사진 컨베이어의 측판을 개폐하고 단위화물을 활강시키는 방식

⑥ 크로스벨트 방식 : 레일을 주행하는 연속된 캐리어상의 소형벨트컨베이어를 레일과 교차하는 방향에 구동시켜 단위화물을 내보내는 방식

⑦ 슬라이딩슈 방식 : 반송면에 튀어나온 기구를 넣어 단위화물을 함께 이동시키면서 압출하는 방식. **충격이 없으므로** 정밀기기, 깨지기 쉬운 물건, 자루 포장물, 장착물 등에 사용
　　　　　　　　└→ 충격에 취약한 정밀기기나 깨지기 쉬운 물건은 피해야 함(×) 기출▶ 22년

⑧ 연속 컨베이어 방식 : 컨베이어 일부를 각 소팅 방향으로 전환하여 단위화물을 내보냄

⑨ 오버헤드 방식 : 오버헤드 컨베이어에서 단위화물을 분기 또는 낙하시킴

18 기타 하역기기의 종류와 특성

① 무인반송차량(AGV : Automated Guided Vehicle) : 차체에 수동 또는 자동으로 화물을 적재하고 지시된 장소까지 레이저로 유도되어 자동주행하는 무궤도차량

② 호이스트(Hoist) : 화물의 권상, 권하, 횡방향 끌기, 견인 등을 목적으로 사용하는 장치

③ 핸드리프터(스태커) : 창고 등에서 마스트에 안내되어 승강하는 포크를 통해 하역하고 인력으로 운반하는 기기

④ 파렛트 트럭 : 파렛트 화물을 운송하거나 홈에서 화물을 트럭에 적재하는 운반기기로 수평이동만 가능

⑤ 도크레벨러(Dock Leveller) : 트럭의 하대 높이와 홈의 높이 차이를 조절해서 적재함이나 포크리프트, 파렛트 트럭 등에서 용이하게 하역할 수 있도록 한 시설

⑥ 리프트 게이트(Lift Gate) : 하역장에 도크가 설치되어 있지 않은 경우에 트럭이 자체적으로 화물을 상하차시킬 수 있도록 차체에 부착하여 사용하는 하역장비

19 철도역의 컨테이너 하역방식의 종류

① TOFC(Trailer On Flat Car) 방식 : 화물을 실은 대형 트레일러를 바로 화차에 실어 철도로 수송하는 방식으로 피기백 방식, 캥거루 방식, 프레이트라이너 방식 등이 있음
② COFC(Container On Flat Car) 방식 : 컨테이너만을 화차에 싣는 방식으로 국내에서 많이 이용하며, 여러 단의 적재가 가능하여 적재효율이 TOFC보다 높음. 화물의 상하차 작업방식에 따라 가로-세로 이동방식, 매달아 싣는 방식, 플랙스 밴(Flexi-Van) 방식 등이 있음

20 항공하역 장비

① 단위탑재용기(Unit Load Device) : 화물 보호, 지상 조업시간 단축에 따른 항공기 가동률 증가
　↳ 항공기 전 기종에 호환사용 가능(×) 기출▶ 25년
　㉠ 파렛트 : 알루미늄 합금으로 만들어진 평판으로 이 위에 화물을 적재함
　㉡ 컨테이너 : 항공기 화물실에 탑재, 고정할 수 있도록 제작된 것
　　↳ 항공컨테이너와 해상컨테이너는 호환 탑재가 가능(×) 기출▶ 18년
　㉢ 이글루 : 파이버글라스나 알루미늄 등의 재질로 항공기 동체 모양에 따라 만들어진 항공화물을 넣는 특수한 덮개
② 파렛트 스케일(Pallet Scale) : 적재가 끝난 파렛트의 무게를 계량하기 위해 트레일러에 조립시켜 놓은 장치
③ 돌리(Dolly) : 파렛트를 올려놓고 운반하기 위한 차대
④ 리프트로더(Lift Loader) : 파렛트를 항공기 화물실 바닥 높이까지 들어 올려 기내에 탑재하기 위한 기기
⑤ 컨투어 게이지(Contour Gauge) : 파렛트에 적재된 화물의 형상을 측정하기 위한 계측도구
⑥ Self-Propelled Conveyor : 낱개 단위로 탑재 하역하는 장비
⑦ 터그 카(Tug Car) : Dolly를 연결하여 이동하는 차량으로 Tractor라고도 함
⑧ 트랜스포터(Transporter) : 하역작업이 완료된 단위적재용기를 터미널에서 항공기까지 수평이동에 사용하는 장비

21 항만하역 작업방식과 하역기기

① 작업방식
　㉠ LO - LO(Lift on - Lift off) : 크레인을 이용하여 컨테이너를 본선에 수직으로 적양하는 방식으로 우리나라도 이를 사용함
　㉡ RO - RO(Roll on - Roll off) : 선측이나 선미의 경사판을 거쳐 견인차를 이용하여 컨테이너 또는 트레일러를 수평으로 적양하는 방식으로 자동차전용선과 페리선이 있음
　㉢ FO - FO(Float on - Float off) : 부선(Barge)에 화물을 적재하고 크레인으로 부선을 적재, 양하함

② 항만하역기기
　㉠ 재래선 하역설비 : 화물을 운반하는 하역용구, 해치 및 마스트와 데릭 등으로 구성되며, 지브 크레인, 갠트리 크레인을 사용
　㉡ 육상하역설비 : 육상의 일반 또는 전용선 하역설비로 그랩, 슈터, 벨트컨베이어 등
　　→ 항만하역기기 중 컨테이너터미널에서 사용하는 기기 : 호퍼(×) 기출 22년
　㉢ **컨테이너터미널 하역설비** : 컨테이너 전용부두의 리치 스태커, 탑 핸들러, 갠트리 크레인, 트랜스퍼크레인, 스트래들 캐리어, 야드 트랙터, 윈치 크레인, 포크리프트 등

22 유닛로드시스템의 장단점

장점	• 운송과정 중 수작업을 최소화하여 파손 및 분실 방지 • 운송수단의 운용효율이 높음 • 하역 기계화 촉진 및 보관효율 향상 • 시스템화, 재고파악이 용이
단점	• 하역기기 등 **고정시설비 투자의 증가** → 대규모 자본투자가 필요 없다(×) 기출 23년 • 하역기기 사용을 위한 넓은 공간 필요, 적재효율 저하 • 공파렛트, 공컨테이너 회수가 원활하지 못할 시 운송·하역작업 지연 가능 • 이동관리, 지역별 소요량 조정 등 온라인시스템의 구축에 따른 비용 증가

① 유닛로드시스템 도입의 선결과제 : 운송 표준화, 장비 표준화, 하역 기계화
② 일관파렛트화(Through Transit Palletization) : 발송지로부터 도착지까지 파렛트에 적재된 상태로 화물을 운송, 하역, 보관하는 것을 말하며, 유닛화된 화물이 일관해서 흐를 수 있는 유닛로드시스템의 기본이 됨

23 파렛트 풀 시스템 운영방식

① 교환방식 : 유럽 각국의 국영철도에서 송화주가 국철에 파렛트 형태로 운송하면 국철에서 동수의 파렛트로 교환하는 방식. 동일 규격의 예비 파렛트 확보를 위한 추가비용 발생
② 리스·렌탈방식 : 개별 기업이 파렛트를 임대하여 사용하는 방식으로 파렛트 품질유지 및 보수가 용이하고, 수급파동에 탄력적인 대응 가능, 운영 파렛트 개수의 최소화 가능
③ 교환리스병용 : 관리 운영상의 어려움으로 활성화되지 못함
④ 대차결제방식 : 현장에서 **즉시 교환하지 않고 일정시간 내에** 동수로 반환하는 방식
　→ 화물을 인도하는 시점에 동일한 수의 파렛트를 즉시 인수(×) 기출 23년

24 포장의 분류

① 공업포장과 상업포장

공업포장	보호기능이 우선시되며 만족시키는 범위 내에서 적정포장이 중요 ↳ 물품 개개의 단위포장으로 판매촉진이 주목적(×) 기출▶ 23년
상업포장	판매촉진이 주목적이며 물품 개개의 단위포장

② 포장재질별 분류 : 강성포장, 반강성포장, 유연포장
③ 포장방법별 분류 : 방수포장, 방습포장, 완충포장, 진공포장, 압축포장, 방청포장
④ 집합포장방법 : 밴드결속, 테이핑, 스트레치, 슬리브(필름으로 4면을 감싸는 방법), 쉬링크포장(수축필름의 열수축에 의해 파렛트와 밀착시키는 방법), 꺽쇠·물림쇠
   ↳ 위/아래의 틀로 고정(×) 기출▶ 25년

25 화인(Case Mark)

① 화인표시의 종류
   ㉠ 주화인(Main Mark) : 수입업자 화인으로, 전체 주소, 성명 대신 보통 도형 속에 머리글자를 표기
   ㉡ 부화인(Counter Mark) : 대조번호 화인으로서 생산자 또는 공급자의 약호를 붙여야 하는 경우에 표기
   ㉢ 취급주의화인(Care Mark) : 취급·운송·적재요령상의 주의를 붉은색 문자나 그림으로 표시
   → 레이블링(×) 기출▶ 25년
② 화인표시 방법 : 스티커, 스탬핑(또는 프린트), 태그(종이 등에 표시내용을 기재하고 철사, 끈 등으로 매는 것), 레이블링(종이 등에 표시·인쇄한 후 붙이는 것), 스텐실(시트에 글자를 파고 잉크로 칠하는 것), 카빙(인각을 상품에 찍는 것)

26 집중구매와 분산구매의 비교

구분	장점	단점
집중구매	• 대량구매로 가격, 거래조건 유리 • 공통자재의 표준화, 단순화 용이 • 자재수입 등 복잡한 구매에 유리 • 구입절차 통일, 구매비용 절감 • 시장·거래처조사, 구매효과 측정 유리	• 구매의 자주성이 없어지고 수속이 복잡함 • 자재의 긴급조달, 각 공장의 재고상황파악이 어려움 • 납품업자가 멀리 떨어져 있는 경우 조달기간과 운임 증가
분산구매	• 자주적 구매 가능 • 사업장 특수요구의 반영 • 긴급수요에 대처하기 유리 불리(×) 기출▶ 24년 • 구매수속의 신속함 • 납품업자가 공장과 가까운 곳에 있을 때 운임이 저렴함	• 본사 방침과 다른 자재를 구입할 경우가 생김 • 구입경비, 구입단가가 높아짐 • 구입처와 멀리 떨어진 공장은 적절한 자재구입 불가능 • 원가 의식이 낮아질 수 있음

27 재고관리의 기능과 장점

기능	장점
• 수급적합 기능 • 생산의 계획·평준화 기능 • 경제적 발주 기능 • 수송합리화 기능 • 유통가공 기능	• 실제 재고량 파악 • 불확실성에 대한 대비 • 상품 공급 원활 → 지연(delay)(×) 기출 21년 • 가용 제품 확대를 통한 고객서비스 달성 • 수요와 공급의 변동성 대응

28 재고관리지표 계산

① 서비스율 = 출하량(액)/수주량(액) × 100 = 납기 내 납품량(액)/수주량(액) × 100

② 백오더율 = 납기 내 결품량(액)/수주량(액) × 100 = 1 − 서비스율
　　　　　　↳ (요구량 ÷ 결품량)(×) 기출 15년

③ 재고회전율 = 출고량/평균재고량

④ 평균재고량(액) = $\dfrac{기초재고수량(액) + 기말재고수량(액)}{2}$

⑤ 안전재고 = 안전계수(k) × 수요의 표준편차(S) × $\sqrt{조달기간(리드타임)}$

29 경제적 주문량(EOQ)의 전제조건과 계산

① EOQ : 재고관리 비용을 최소화하는 1회 발주량
② EOQ 모형의 전제조건
　㉠ 단일품목에 대해서만 고려하고, 주문량은 전부 동시에 도착함
　㉡ 수요율이 일정하고, 연간수요량이 알려져 있음
　㉢ 주문비용과 단가는 주문량에 관계없이 일정함
　㉣ 주문량이 다량일 경우에도 할인이 인정되지 않음
　　　　　　　　↳ 주문량이 다량일 경우에는 할인율을 적용(×) 기출 25·22년
　㉤ 조달기간은 일정하고, 재고부족은 허용되지 않음
　㉥ 재고유지비는 평균재고량에 비례함 → 반비례(×) 기출 25·24·19년
③ EOQ 모형 관련 계산 공식 정리

> • 재주문점(ROP) = (리드타임 × 1일 평균수요량) + 안전재고
> • 연간 단위당 재고유지비 = 단가 × 연간 재고유지비율
> • 연간 최적 주문횟수 = 연간 수요량/EOQ
> • EOQ = $\sqrt{\dfrac{2 \times 1회\ 주문비용 \times 연간수요량}{연간\ 단위당\ 재고유지비}}$

30 경제적 생산량(EPQ)의 계산

① EPQ : 일정한 생산기간 동안 점진적으로 쌓인 재고 비용을 최소화하는 생산량
② EPQ 모형 관련 계산 공식 정리

$$Q_P = \sqrt{\frac{2SD}{H} \cdot \frac{p}{p-d}}$$

(p: 1일 생산율, d: 1일 수요율, S: 1회 발주비용, D: 연간수요량, H: 연간 단위당 재고유지비용)
- 연간 생산능력 = 일일 생산량 × 연간 작업일수
- 연간 관리비용 = 단위당 재고유지비용 × 평균재고량
- 생산주기 = 경제적 생산량/일 사용량
- 생산기간 = 경제적 생산량/일 생산량

31 재고관리기법의 종류와 특징

① 정량발주법 : 재고량이 일정한 수준까지 내려가면 일정량을 주문하는 것으로 발주점에 도착한 품목만을 자동 발주하므로 수입, 검품, 보관, 불출 등이 쉽고, 작업 코스트가 저렴
　　　　　　　　　　　　　　　　　　　　　┌ 연속적(×) 기출 25년
② 정기발주법 : 재고수준 파악과 발주를 정기적으로 하고, 재고가 목표수준에 도달하도록 발주량을 정하는 것으로 정량발주법보다 안전재고수준은 높음
③ 투빈(Two-Bin) 시스템 : 부품의 재고관리에 많이 사용되는 재고관리기법으로, 두 개의 상자에 부품을 보관하여 필요시 하나의 상자에서 계속 부품을 꺼내어 사용하다가 처음의 상자가 바닥이 나면 발주를 시켜 바닥난 상자를 채우는 방법
④ ABC 분석기법 : 매출액, 회전율 등을 기준으로 품목을 A, B, C등급으로 분류, 관리하는 방식
⑤ 기준재고시스템(s-S재고시스템) : 보유재고량이 s보다 적어지면 최대재고량인 S에 도달하도록 발주량을 정하는 것으로 기업에서 가장 일반적으로 이용되며, 주문 횟수는 줄어들고 주문량이 많아져 많은 안전재고를 갖게 됨

32 수요예측기법의 종류와 특징

① 정성적 기법 : 델파이기법, 소비자조사법, 판매원의견 통합법, 주관적 예측법, 비교유추법, 시장조사법
　　　　┌ 정량적 수요예측방법(×) 기출 22년
㉠ 델파이기법 : 우편을 통하여 전문가들의 예측치를 수집 · 정리, 재배포 · 회수하는 과정을 반복하여 일치된 예측치를 획득
㉡ 시장조사법 : 실제 시장에 대하여 조사하려는 내용에 대한 가설을 세우고 설문지, 직접 인터뷰, 전화 조사 등을 통해 설정한 가설을 검증하는 예측기법

② **정량적 기법** : 시계열분석법, 인과형 분석, 성장곡선모형
  ㉠ 시계열분석법 : 단순이동평균법, 가중이동평균법, 지수평활법, 시계열분해법, 박스젠킨스법 등이 있음
  ㉡ 지수평활법 : 가장 최근 데이터에 가장 큰 가중치가 주어지고 시간이 지남에 따라 가중치가 기하학적으로 감소되는 가중치 이동 평균 예측 기법

> **지수평활법에 따른 수요 예측 계산**
> 차기예측치 = 당기 판매예측치 + (당기 판매실적치 − 당기 판매예측치) × 평활상수(α)

33 MRP(Material Requirements Planning) 시스템의 특징
① 필요 물자의 발주 시기, 발주량을 알려주고, 발주 전 경영자의 계획 사전검토가 가능함
② 주생산계획을 토대로 완제품 생산에 필요한 자재, 부품 종류, 수량, 시기를 계획
③ **구성요소** : 주생산일정, 자재명세서, 재고기록 파일
    ┌→ 재고수준의 최대화를 목표(×) 기출▶ 24년
④ **장점** : 평균재고 감소, 부품 부족현상 최소화, 상황변화 시 생산일정·자재계획 변경 용이, 적절한 납기이행

34 JIT(Just In Time) 시스템의 특징
① 필요한 부품을 필요한 수량으로 필요시 생산하여 낭비적인 요소의 제거를 목표로 함
② 다양한 기술의 융통성 있는 노동력
③ 작업준비시간과 로트 크기 최소화, 리드타임 단축
④ 안정된 일정계획에 따른 작업 진행
⑤ 품질, 예방조치, 생산자의 상호협력 및 신뢰 강조
    └→ 공급업체, 생산업체의 상호협력 없이도 시스템 운영이 가능(×) 기출▶ 22년

5과목 물류관련법규

1 물류정책기본법

01 물류사업의 범위

화주의 수요로 유상으로 물류활동을 영위하는 것을 업으로 하는 것

화물운송업	육상화물운송업, 해상화물운송업, 항공화물운송업, 파이프라인운송업
물류시설운영업	창고업(공동집배송센터운영업), 물류터미널운영업
물류서비스업 → 물류장비의 폐기물 처리(×) 기출▶ 21년	화물취급업(하역업), 화물주선업, 물류장비임대업, 물류정보처리업, 물류컨설팅업, 해운부대사업, 항만운송관련업, 항만운송사업 → 운반·적치·하역장비 임대업 기출▶ 25년
종합물류서비스업	종합물류서비스업

02 물류현황조사

주체	국토교통부장관 또는 해양수산부장관
내용	물동량의 발생현황과 이동경로, 물류시설·장비의 현황과 이용실태, 물류인력과 물류체계의 현황, 물류비, 물류산업과 국제물류의 현황 등에 관하여 조사
자료제출 요구	관계중앙행정기관의 장, 시·도지사, 물류기업 등에 물류현황조사에 필요한 자료 제출 및 직접 조사하도록 요청 → 물류현황조사지침을 따르도록 해야 함(×) 기출▶ 21년

03 지역물류현황조사

① 시·도지사는 지역물류현황조사의 효율적인 수행을 위하여 필요한 경우에는 지역물류현황조사의 전부 또는 일부를 전문기관으로 하여금 수행하게 할 수 있다.
② 특별시장 및 광역시장은 지역물류정책의 기본방향을 설정하는 **10년 단위**의 지역물류기본계획을 **5년마다** 수립하여야 한다.   5년 단위(×) 기출▶ 23년
   └→ 3년마다(×) 기출▶ 23년

04 국가물류기본계획 포함 사항

① 국내외 물류환경의 변화와 전망
② 국가물류정책의 목표와 전략 및 단계별 추진계획
③ 국가물류정보화사업에 관한 사항
④ 운송·보관·하역·포장 등 물류기능별 물류정책 및 도로·철도·해운·항공 등 운송수단별 물류정책의 종합·조정에 관한 사항
⑤ 물류시설·장비의 수급·배치 및 투자 우선순위에 관한 사항
⑥ 연계물류체계의 구축과 개선에 관한 사항
⑦ 물류 표준화·공동화 등 물류체계의 효율화에 관한 사항

⑧ 물류보안에 관한 사항
⑨ 물류산업의 경쟁력 강화에 관한 사항
⑩ 물류인력의 양성 및 물류기술의 개발에 관한 사항
⑪ 국제물류의 촉진·지원에 관한 사항
⑫ 환경친화적 물류활동의 촉진·지원에 관한 사항
⑬ 그 밖에 물류체계의 개선을 위하여 필요한 사항

05 국가물류정책위원회

① 국가물류정책위원회는 국가물류체계의 효율화에 관한 중요 정책 사항을 심의·조정한다.
② 국가물류정책위원회의 위원 중 공무원이 아닌 위원의 임기는 2년으로 하되, 연임할 수 있다.
③ 국가물류정책위원회의 업무를 효율적으로 추진하기 위하여 물류정책분과위원회, 물류시설분과위원회, **국제물류분과위원회**를 둘 수 있다.
  └→ 물류보안분과위원회(×) 기출▶ 17년
④ 각 분과위원회의 위원장은 해당 분과위원회의 위원 중에서 국토교통부장관 또는 해양수산부장관이 지명하는 사람으로 한다.

06 국가물류보안시책의 활동

① 물류보안 관련시설·장비의 개발·도입
② 물류보안 관련제도·표준 등 국가 물류보안 **시책의 준수** → 시책의 수립(×) 기출▶ 19년
③ 물류보안 관련교육 및 프로그램의 운영
④ 물류보안 관련시설·장비의 유지·관리
⑤ 물류보안 사고 발생에 따른 **사후복구조치** → 물류보안사고 발생의 예방조치(×) 기출▶ 19년
⑥ 그 밖에 국토교통부장관이 정하여 고시하는 활동

07 우수물류기업 인증

① 국토교통부장관 및 해양수산부장관은 물류기업의 육성과 물류산업 발전을 위하여 소관 물류기업을 각각 우수물류기업으로 인증할 수 있다.
  국토교통부장관·해양수산부장관 공동(×) 기출▶ 25년
② 국제물류주선기업에 대한 우수물류기업 인증의 주체는 **국토교통부장관**이다.
③ 인증우수물류기업은 우수물류기업의 인증이 취소된 경우에는 인증서를 반납하고, 인증마크의 사용을 중지하여야 한다.
④ 국가 또는 지방자치단체는 인증우수물류기업이 해외시장을 개척하는 경우에는 해외시장 개척에 소요되는 비용을 우선적으로 지원할 수 있다.
⑤ 국토교통부장관 및 해양수산부장관은 우수물류기업의 인증과 관련하여 우수물류기업 인증심사대행기관을 공동으로 지정하여 인증신청의 접수 업무를 하게 할 수 있다.

08 국제물류주선업

① 국제물류주선업을 경영하려는 자는 국토교통부령으로 정하는 바에 따라 시·도지사에게 등록하여야 한다. 　국토교통부장관(×) 기출▶ 25년
② 등록을 하려는 자는 법인인 경우에는 **3억원** 이상의 자본금, 법인이 아닌 개인의 경우에는 **6억원** 이상의 자산평가액을 보유해야 한다. → 2억원(×) 기출▶ 20년 　→ 4억원(×) 기출▶ 20년
③ 국제물류주선업자가 사망한 때에는 그 상속인은 국제물류주선업의 등록에 따른 권리·의무를 **승계한다**. → 승계하지 않는다(×) 기출▶ 25년
④ 등록증 대여 등의 금지 규정에 위반하여 다른 사람에게 등록증을 대여한 경우에는 시·도지사는 등록을 취소하여야 한다.
⑤ 시·도지사는 국제물류주선업자가 거짓이나 그 밖의 부정한 방법으로 등록을 한 경우에는 등록을 취소하여야 한다.

09 물류신고센터

① 물류신고센터는 신고 내용이 명백히 거짓인 경우 접수된 신고를 종결할 수 있으며, 이 경우 종결 사실과 사유를 신고자에게 서면 등의 방법으로 **통보해야 한다**. 　통보할 필요가 없다(×) 기출▶ 21년
② 물류신고센터의 장은 국토교통부 또는 해양수산부의 물류정책을 총괄하는 부서의 장으로서 **국토교통부장관 또는 해양수산부장관**이 지명하는 사람이 된다. → 산업통상부장관(×) 기출▶ 21년
③ 화물운송의 단가를 인하하기 위한 고의적 재입찰 행위로 발생한 분쟁에 대해서는 물류신고센터에 **신고할 수 있다**. → 신고할 수 없다(×) 기출▶ 21년
④ 물류신고센터는 신고 내용이 이미 수사나 감사 중에 있는 경우 접수된 신고를 **종결할 수 있다**. → 종결할 수 없다(×) 기출▶ 21년
⑤ 물류신고센터가 조정을 권고하는 경우에는 신고의 주요내용, 조정권고 내용, 조정권고에 대한 수락 여부 통보기한, 향후 신고 처리에 관한 사항을 명시하여 서면으로 통지해야 한다.

10 환경친화적 물류의 촉진

① 환경친화적인 연료를 사용하는 운송수단으로 전환하는 경우는 지원의 대상이 된다.
② **국토교통부장관**은 환경친화적 물류활동을 모범적으로 하는 물류기업과 화주기업을 우수기업으로 지정할 수 있다. → 시·도지사(×) 기출▶ 21년
③ 국토교통부장관은 우수녹색물류실천기업에 지정증을 발급하고, 지정을 나타내는 표시(지정표시)를 정하여 우수녹색물류실천기업이 사용하게 할 수 있다.
④ 국토교통부장관은 우수녹색물류실천기업이 거짓이나 그 밖의 부정한 방법으로 지정을 받은 경우 그 지정을 취소하여야 한다.
⑤ 국토교통부장관은 지정심사대행기관이 고의 또는 중대한 과실로 지정 기준 및 절차를 위반한 경우에는 그 지정을 취소할 수 있다.

11 물류관련협회

① 물류관련협회를 설립하려는 경우에는 해당 협회의 회원이 될 자격이 있는 기업 100개 이상이 발기인으로 정관을 작성하여야 한다. 150개(×) 기출▶21년
② 물류관련협회를 설립하려는 경우에는 해당 협회의 회원이 될 자격이 있는 기업 **200개** 이상이 참여한 창립총회의 의결을 거쳐야 한다.
③ 물류관련협회를 설립하려는 경우에는 소관에 따라 국토교통부장관 또는 해양수산부장관의 설립인가를 받아야 한다.
④ 물류관련협회는 설립인가를 받아 설립등기를 함으로써 성립한다.
⑤ 물류관련협회는 법인으로 한다.

2 물류시설의 개발 및 운영에 관한 법률

12 용어의 정의
물류시설에 속하지 않는다(×) 기출▶25·18년
① 물류의 공동화·자동화 및 정보화를 위한 시설은 **물류시설이다.**
② 화물의 집화·하역과 관련된 가공·조립 시설의 전체 바닥면적 합계가 물류터미널의 전체 바닥면적 합계의 **4분의 1**을 넘는 경우에는 물류터미널에 해당하지 않는다.
  ↳ 5분의 1(×) 기출▶18년
③ 「유통산업발전법」 규정에 의한 집배송시설 및 공동집배송센터는 물류터미널사업에서 제외된다. → 기출▶25년
④ 「주차장법」에 따른 주차장에서 자동차를 보관하는 사업은 물류창고업에서 제외된다.
⑤ 물류단지시설의 운영을 효율적으로 지원하기 위하여 물류단지 안에 설치되는 금융·보험·의료 시설은 지원시설에 해당된다.
⑥ 하수도, 폐기물처리시설, 그 밖의 환경오염방지시설 등의 건설사업은 물류단지를 조성하기 위한 물류단지개발사업에 해당한다.

13 일반물류단지시설

① 물류터미널 및 창고
② 「수산업협동조합법」에 따른 조합 또는 그 중앙회가 설치하는 구매사업
③ 「유통산업발전법」에 따른 전문상가단지
④ 「농수산물유통 및 가격안정에 관한 법률」에 따른 **농수산물도매시장**
  ↳ 농수산물산지유통센터(×) 기출▶19년
⑤ 「자동차관리법」에 따른 자동차경매장

14 물류시설개발종합계획

① 국토교통부장관은 물류시설개발종합계획을 5년 단위로 수립하여야 한다.
② 국토교통부장관은 물류시설개발종합계획을 효율적으로 수립하기 위하여 필요하다고 인정하는 때에는 물류시설에 대하여 조사할 수 있다.
③ 집적[클러스터(cluster)] 물류시설은 **물류터미널 및 물류단지 등 둘 이상의 단위물류시설 등이 함께 설치된 물류시설**을 말한다. → 창고 및 집배송센터 등 물류활동을 개별적으로 수행하는 최소 단위의 물류시설(×) 기출▶22년
④ 물류시설개발종합계획은 「물류정책기본법」에 따른 국가물류기본계획과 조화를 이루어야 한다.
⑤ 관계 중앙행정기관의 장은 필요한 경우 국토교통부장관에게 물류시설개발종합계획을 변경하도록 요청할 수 있다.

15 물류시설종합계획의 포함사항

① 물류시설의 장래수요에 관한 사항
② 물류시설의 공급정책 등에 관한 사항
③ 물류시설의 지정·개발에 관한 사항
④ 물류시설의 지역별·규모별·연도별 배치 및 우선순위에 관한 사항
⑤ 물류시설의 기능개선 및 효율화에 관한 사항
⑥ 물류시설의 **공동화·집단화에 관한 사항** → 개별화·정보화에 관한 사항(×) 기출▶19년
⑦ 물류시설의 국내 및 국제 연계수송망 구축에 관한 사항
⑧ 물류시설의 환경보전·관리에 관한 사항
⑨ 도심지에 위치한 물류시설의 정비와 교외이전(郊外移轉)에 관한 사항
⑩ 용수·에너지·통신시설 등 기반시설에 관한 사항

16 복합물류터미널사업의 등록

① 「민법」 또는 「상법」에 따라 설립된 법인은 국토교통부장관에게 등록하여 복합물류터미널사업을 경영할 수 있다.
② 복합물류터미널사업의 등록을 하려면 부지 면적이 **3만3천제곱미터** 이상이어야 한다. → 10,000제곱미터(×) 기출▶21년
③ 복합물류터미널사업의 등록을 하려면 물류시설개발종합계획에 배치되지 않아야 한다.
④ 임원 중에 파산선고를 받고 복권되지 아니한 자가 있는 법인은 복합물류터미널사업을 등록할 수 없다.
⑤ 「물류시설의 개발 및 운영에 관한 법률」을 위반하여 벌금형 이상을 선고받은 후 2년이 지나지 아니한 자는 등록을 할 수 없다.

17 복합물류터미널사업

① 복합물류터미널사업이란 두 종류 이상의 운송수단 간의 연계운송을 할 수 있는 규모 및 시설을 갖춘 물류터미널사업을 말한다.
② 「항만공사법」에 따른 항만공사는 복합물류터미널사업의 등록을 할 수 있다.
③ 복합물류터미널사업을 경영하려는 자는 국토교통부령으로 정하는 바에 따라 국토교통부장관에게 **등록하여야** 한다.
　↳ 인가를 받아야(×) 기출▶ 19년
④ 복합물류터미널사업의 등록기준이 되는 부지 면적은 3만3천제곱미터 이상이다.
⑤ 복합물류터미널사업자가 그 등록한 사항 중 영업소의 명칭 또는 위치의 변경 외의 사항을 변경하려는 경우에는 변경등록을 하여야 한다.
⑥ 복합물류터미널사업의 등록에 따른 권리·의무를 승계한 자는 국토교통부령으로 정하는 바에 따라 국토교통부장관에게 신고하여야 한다.

18 물류터미널 개발의 지원이 필요한 기반시설

① 「도로법」에 따른 도로
② 「철도산업발전기본법」에 따른 철도
③ 「수도법」에 따른 수도시설
④ 「물환경보전법」에 따른 수질오염방지시설

19 물류단지의 개발 및 운영

① 국토교통부장관은 노후화된 일반물류터미널 부지 및 인근 지역에 도시첨단물류단지를 지정할 수 있다.
② 시장·군수·구청장은 시·도지사에게 도시첨단물류단지 지정을 신청할 수 있다.
③ 국토교통부장관은 물류단지의 개발에 관한 기본지침을 작성하여 관보에 고시하여야 한다.
④ 물류단지를 지정하는 국토교통부장관 또는 시·도지사(물류단지지정권자)는 무분별한 물류단지 개발을 방지하고 국토의 효율적 이용을 위하여 **물류단지 지정 전**에 물류단지 실수요 검증을 실시하여야 한다.
　도시첨단물류단지를 지정한 후 1년 이내(×) 기출▶ 21년
⑤ 도시첨단물류단지 안에서 「건축법」에 따른 건축물의 용도변경을 하려는 자는 시장·군수·구청장의 허가를 받아야 한다.

20 물류창고업의 등록

　　　　　　　　　　　　　　　　↱ 100분의 5(×) 기출▶ 25·23년
물류창고업의 등록을 한 자가 물류창고 면적의 **100분의 10** 이상을 증감하려는 경우에는 국토교통부와 해양수산부의 공동부령으로 정하는 바에 따라 변경등록의 사유가 발생한 날부터 **30일** 이내에 변경등록을 하여야 한다.
　↳ 10일(×), 60일(×) 기출▶ 25·23년

21 스마트물류센터
↳ 국가 또는 지방자치단체(×) 기출 21년

① **신용보증기금 및 기술보증기금**은 스마트물류센터의 구축 및 운영에 필요한 자금의 대출 등으로 인한 금전채무의 보증한도, 보증료 등 보증조건을 우대할 수 있다.
② 국토교통부장관은 스마트물류센터의 보급을 촉진하기 위하여 스마트물류센터를 인증할 수 있다. 이 경우 인증의 유효기간은 인증을 받은 날부터 **3년**으로 한다.
③ 스마트물류센터 인증의 등급은 **5등급**으로 구분한다. ↳ 5년(×) 기출 21년
   ↳ 3등급(×) 기출 21년
④ 스마트물류센터 예비인증은 본(本)인증에 앞서 건축물 설계에 반영된 내용을 대상으로 한다.
   과태료(×) 기출 21년
⑤ 거짓의 인증마크를 제작·사용하거나 스마트물류센터임을 사칭한 자는 **3천만원 이하의 벌금**에 처한다.

22 물류단지개발사업

① 「민법」 또는 「상법」에 따라 설립된 법인이 물류단지개발사업을 시행하는 경우에는 사업대상 토지면적의 3분의 2 이상을 매입하여야 토지등을 수용하거나 사용할 수 있다.
② 물류단지개발사업에 필요한 토지등을 수용하거나 사용하는 경우 물류단지 지정 고시를 한 때에는 「공익사업을 위한 토지 등의 취득 및 보상에 관한 법률」에 따른 **사업인정 및 그 고시를 한 것으로 본다.** → 사업인정 및 그 고시가 있어야 한다(×) 기출 21년
③ 물류단지개발사업에 필요한 토지등의 수용 재결의 신청은 물류단지개발계획에서 정하는 사업시행기간 내에 할 수 있다.
④ 국가 또는 지방자치단체는 물류단지개발사업에 필요한 이주대책사업비의 일부를 보조하거나 융자할 수 있다.
⑤ 물류단지개발사업을 시행하는 지방자치단체는 해당 물류단지의 입주기업체 및 지원기관에게 물류단지개발사업의 일부를 대행하게 할 수 있다.

23 물류단지개발사업의 시행자

① 물류단지개발사업의 시행자는 물류단지개발실시계획을 수립하여 물류단지지정권자의 승인을 받아야 한다.
② 물류단지지정권자가 물류단지개발사업의 시행자를 지정할 때에는 사업계획의 타당성 및 재원조달능력과 다른 법률에 따라 수립된 개발계획과의 관계 등을 고려하여야 한다.
③ 물류단지개발사업의 시행자는 물류단지개발사업 중 용수시설의 건설을 대통령령으로 정하는 바에 따라 지방자치단체에 위탁하여 시행할 수 있다.
④ 「한국도로공사법」에 따른 한국도로공사는 물류단지개발사업의 시행자로 지정받을 수 있다.
⑤ 「민법」 또는 「상법」에 따라 설립된 법인의 시행자인 경우에는 사업대상 토지면적의 **3분의 2 이상**을 매입하여야 토지 등을 수용하거나 사용할 수 있다.
   ↳ 2분의 1 이상(×) 기출 19년

24 국가나 지방자치단체가 지원하는 우선적 기반시설
① 도로·철도 및 항만시설
② 용수공급시설 및 통신시설
③ 하수도시설 및 폐기물처리시설
④ 물류단지 안의 공동구
⑤ 집단에너지공급시설
⑥ 유수지 및 광장

25 물류단지개발특별회계의 재원
① 해당 지방자치단체의 일반회계로부터의 전입금, 정부의 보조금, 차입금, 과태료
② 「개발이익환수에 관한 법률」에 따라 지방자치단체에 귀속되는 개발부담금 중 해당 지방자치단체의 조례로 정하는 비율의 금액
③ 「국토의 계획 및 이용에 관한 법률」에 따라 행정청에 귀속된 공공시설의 처분으로 인한 수익금
④ 「지방세법」에 따라 부과·징수되는 재산세의 징수액 중 대통령령으로 정하는 비율(10퍼센트를 말함. 다만, 조례가 10퍼센트 이상으로 정하는 경우에는 그 비율)의 금액
    └→ 15퍼센트(×) 기출▶ 23년
⑤ 해당 특별회계자금의 융자회수금·이자수입금 및 그 밖의 수익금

3 화물자동차 운수사업법

26 화물자동차 운송사업의 허가
① 운송사업자는 관할 관청의 행정구역 내에서 주사무소를 이전하려면 국토교통부장관에게 신고하여야 한다.
    └→ 변경허가를 받아야(×) 기출▶ 23년
② 운송사업자는 허가받은 날부터 5년마다 허가기준에 관한 사항을 신고하여야 한다.
③ 화물자동차 운송사업자가 법인인 경우 대표자를 변경하려면 국토교통부장관에게 신고하여야 한다.
    └→ 변경허가를 받아야(×) 기출▶ 21년
④ 국토교통부장관은 해지된 위·수탁계약의 위·수탁차주였던 자가 허가취소 또는 감차 조치가 있는 날로부터 3개월 내에 허가를 신청하는 경우 6개월 이내로 기간을 한정하여 임시허가를 할 수 있다.

27 운송사업자의 운임·요금
① 운송사업자는 운임과 요금을 정하여 미리 국토교통부장관에게 신고하여야 한다.
② 운임·요금의 신고를 받은 국토교통부장관은 14일 이내에 신고수리 여부를 신고인에게 통지하여야 한다.
    └→ 30일 이내(×) 기출▶ 22년

③ 특별위원은 **산업통상부, 국토교통부, 해양수산부**의 관계 행정기관의 3급 또는 4급 공무원이나 고위공무원단에 속하는 공무원 중에서 국토교통부장관이 위촉하거나 임명한다.
　└→ 재정경제부, 고용노동부(×) 기출▶ 22년
④ 화물운송계약 중 화물자동차 안전운임에 미치지 못하는 금액을 운임으로 정한 부분은 무효로 하며, **해당 부분은 화물자동차 안전운임과 동일한 운임을 지급하기로 한 것으로 본다.** → 당사자는 운임을 다시 정하여야 한다(×) 기출▶ 22년
⑤ 화물자동차 안전운임위원회는 안전운임원가를 심의·의결함에 있어 운송사업자의 운송서비스 수준을 고려하여야 한다.

28 운송약관

① 운송약관 신고서에는 **운송약관과 운송약관의 신구대비표**(변경신고인 경우에만 해당)를 첨부하여야 한다.
　　　　　　　└→ 적재물배상보험계약서(×) 기출▶ 21년
② 운송약관의 신고 또는 변경신고는 협회로 하여금 대리하게 **할 수 있다.**
　　　　　　　　　　　　　　　　　　할 수 없다(×) 기출▶ 25·21년
③ 국토교통부장관이 정한 기간 내에 신고수리 여부 또는 민원 처리 관련 법령에 따른 처리기간의 연장 여부를 신고인에게 통지하지 아니하면 **그 기간이 끝난 날의 다음 날**에 신고를 수리한 것으로 본다.　그 기간이 끝난 날(×) 기출▶ 21년
④ **국토교통부장관**은 설립된 협회 또는 연합회가 작성한 것으로서 「약관의 규제에 관한 법률」에 따라 공정거래위원회의 심사를 거친 표준약관이 있으면 운송사업자에게 그 사용을 권장할 수 있다.
　└→ 공정거래위원회(×) 기출▶ 25·21년
⑤ 운송사업자가 화물자동차운송사업의 허가를 받는 때에 표준약관의 사용에 동의하면 운송약관을 신고한 것으로 본다.

29 운송사업자의 준수사항

① 운송사업자는 택시 요금미터기의 장착을 하여서는 아니 된다.
② 운송사업자는 화물자동차 운송사업을 양도·양수하는 경우에 양도·양수에 소요되는 비용을 위·수탁차주에게 부담시켜서는 아니 된다.
③ 최대적재량 **1.5톤 이하**의 화물자동차의 경우에는 **주차장, 차고지 또는 지방자치단체의 조례로 정하는 시설 및 장소에서만** 밤샘주차 하여야 한다.
　　　　└→ 1.5톤 초과(×) 기출▶ 21년　　차고지에서만(×) 기출▶ 21년
④ 밴형 화물자동차를 사용해서 화주와 화물을 함께 운송하는 사업자는 화물자동차 바깥쪽에 "화물"이라는 표기를 한국어 및 외국어로 표시하여야 한다.

30 운송주선사업

① 운송주선사업자는 자기 명의로 다른 사람에게 화물자동차 운송주선사업을 경영하게 할 수 없다. → 할 수 있다(×) 기출 25·23년
② 운송주선사업자는 운송주선사업의 허가를 받은 날부터 5년마다 법령상의 허가기준에 관한 사항을 신고하여야 한다.
③ 운송가맹사업자의 화물운송계약을 중개·대리하는 운송주선사업자는 화물자동차 운송가맹점이 될 수 있다. → 운송주선사업자(×) 기출 23년
④ 사업자단체, 운송사업자, 운송가맹사업자, 운송사업자로 구성된 협동조합은 공영차고지를 임대받아 운영할 수 있다.

31 운송가맹사업

① 다른 사람의 요구에 응하여 자기 화물자동차를 사용하여 유상으로 화물을 운송하는 사업은 화물자동차 운송가맹사업에 해당한다. → 해당하지 않는다(×) 기출 23년
② 화물자동차 운송가맹사업의 허가를 받은 자는 화물자동차 운송주선사업의 허가를 받지 아니한다.
③ 운송가맹사업자의 화물정보망은 운송사업자가 다른 운송사업자나 다른 운송사업자에게 소속된 위·수탁차주에게 화물운송을 위탁하는 경우에도 이용될 수 있다.
④ 운송가맹사업자는 적재물배상 책임보험 또는 공제에 가입하여야 한다.

32 적재물배상보험등

① 보험등 의무가입자인 화물자동차 운송주선사업자는 각 사업자별로 적재물배상보험 등에 가입하여야 한다. 각 화물자동차별(×) 기출 22년
② 운송주선사업자가 이사화물운송만을 주선하는 경우에는 500만원 이상의 금액을 지급할 책임을 지는 적재물배상보험등에 가입하여야 한다. 사고 건당 2천만원 이상(×) 기출 25·22년
③ 보험등 의무가입자 및 보험회사등은 화물자동차 운송사업의 허가가 취소된 경우 외에는 책임보험계약등을 해제하거나 해지하여서는 아니 된다. 취소된 경우(×) 기출 22년
④ 적재물배상보험등에 가입하지 아니한 자는 500만원 이하의 과태료 부과 대상이다. 형벌 부과 대상(×) 기출 25·22년

33 경영의 위·수탁

① 운송사업자는 화물자동차 운송사업의 효율적인 수행을 위하여 필요하면 다른 사람에게 차량과 그 경영의 일부를 위탁하거나 차량을 현물출자한 사람에게 그 경영의 일부를 위탁할 수 있다. → 전부를 위탁(×) 기출 25·21년
② 위·수탁계약의 기간은 2년 이상으로 하여야 한다. → 3년(×) 기출 25년
③ 위·수탁계약의 내용이 계약불이행에 따른 당사자의 손해배상책임을 과도하게 가중하여 정함으로써 상대방의 정당한 이익을 침해한 경우에는 그 부분에 한정하여 무효로 한다. 위·수탁계약 전부를(×) 기출 21년

④ 협의회는 심의 결과 조정안을 작성하여 분쟁당사자에게 **권고할 수 있다.**
　　　　　　　　　　　　　　　제시하면 따라야 한다(×) **기출▶** 21년
⑤ 운송사업자가 위·수탁계약의 갱신 요구를 거절하는 경우에는 그 요구를 받은 날부터 **15일 이내**에 위·수탁차주에게 거절 사유를 적어 서면으로 통지하여야 한다.
　└→ 30일 이내(×) **기출▶** 21년

4 항만운송사업법

34 항만운송의 정의

타인의 수요에 응하여 하는 행위로서 다음의 어느 하나에 해당하는 것
① 선박을 이용하여 운송된 화물을 화물주 또는 선박운항업자의 위탁을 받아 항만에서 선박으로부터 인수하거나 화물주에게 인도하는 행위
② 선박을 이용하여 운송될 화물을 화물주 또는 선박운항업자의 위탁을 받아 항만에서 화물주로부터 인수하거나 선박에 인도하는 행위
③ 항만에서 화물을 선박에 싣거나 선박으로부터 내리는 일
④ 항만에서 선박 또는 부선을 이용하여 화물을 운송하는 행위, 해양수산부령으로 정하는 항만과 지정구간에서 부선 또는 범선을 이용하여 화물을 운송하는 행위와 항만 또는 지정구간에서 부선 또는 뗏목을 예인선(曳引船)으로 끌고 항해하는 행위. 다만, 다음의 어느 하나에 해당하는 운송은 제외

> 1. 「해운법」에 따른 해상화물운송사업자가 하는 운송
> 2. 「해운법」에 따른 해상여객운송사업자가 여객선을 이용하여 하는 여객운송에 수반되는 화물 운송
> 3. 해양수산부령으로 정하는 다음의 운송
>   • 선박에서 사용하는 물품을 공급하기 위한 운송
>   • 선박에서 발생하는 분뇨 및 폐기물의 운송
>   • 탱커선 또는 어획물운반선[어업장에서부터 양륙지(揚陸地)까지 어획물 또는 그 제품을 운반하는 선박을 말한다]에 의한 운송

⑤ 항만에서 선박 또는 부선을 이용하여 운송된 화물을 창고 또는 하역장(수면 목재저장소는 제외)에 들여놓는 행위
⑥ 항만에서 선박 또는 부선을 이용하여 운송될 화물을 하역장에서 내가는 행위
⑦ 항만에서 화물을 하역장에서 싣거나 내리거나 보관하는 행위
⑧ 항만에서 화물을 부선에 싣거나 부선으로부터 내리는 행위
⑨ 항만이나 지정구간에서 목재를 뗏목으로 편성하여 운송하는 행위
⑩ 항만에서 뗏목으로 편성하여 운송된 목재를 수면 목재저장소에 들여놓는 행위나, 선박 또는 부선을 이용하여 운송된 목재를 수면 목재저장소에 들여놓는 행위
⑪ 항만에서 뗏목으로 편성하여 운송될 목재를 수면 목재저장소로부터 내가는 행위나, 선박 또는 부선을 이용하여 운송될 목재를 수면 목재저장소로부터 내가는 행위
⑫ 항만에서 목재를 수면 목재저장소에서 싣거나 내리거나 보관하는 행위

⑬ 선적화물을 싣거나 내릴 때 그 화물의 개수를 계산하거나 그 화물의 인도·인수를 증명하는 일(검수)
⑭ 선적화물 및 선박(부선 포함)에 관련된 증명·조사·감정을 하는 일(감정)
⑮ 선적화물을 싣거나 내릴 때 그 화물의 용적 또는 중량을 계산하거나 증명하는 일(검량)

35 항만용역업의 종류
① 통선으로 본선과 육지 사이에서 사람이나 문서 등을 운송하는 행위
② 본선을 경비하는 행위나 본선의 이안 및 접안을 보조하기 위하여 줄잡이 역무를 제공하는 행위
③ **선박의 청소[유창 청소는 제외]**, 오물 제거, 소독, 폐기물의 수집·운반, 화물 고정, 칠 등을 하는 행위 └→ 유창 청소를 하는 행위(×) 기출▶15년
④ 선박에서 사용하는 맑은 물을 공급하는 행위

36 항만운송사업
① 항만운송사업의 종류는 항만하역사업, 검수사업, 감정사업, 검량사업으로 구분된다.
② 항만운송사업을 하려는 자는 항만하역사업, 감정사업, 검수사업, 검량사업의 **종류별**로 관리청에 등록하여야 한다. 항만별(×) 기출▶22년
③ 항만하역사업과 **검수사업**은 항만별로 등록한다. └→ 감정사업(×) 기출▶19년
④ 항만하역사업의 등록은 이용자별·취급화물별 또는 「항만법」의 항만시설별로 등록하는 한정하역사업과 그 외의 일반하역사업으로 구분하여 행한다.
⑤ 항만운송사업의 등록을 신청하려는 자가 법인인 경우 등록신청서에 **정관을 첨부**하여야 한다. 포함되지 않는다(×) 기출▶22년

37 항만운송 분쟁협의회
① 항만운송사업자 단체, 항만운송근로자 단체 및 그 밖에 대통령령으로 정하는 자는 항만운송과 관련된 분쟁의 해소 등에 필요한 사항을 협의하기 위하여 **항만별**로 항만운송 분쟁협의회를 구성·운영할 수 있다.
   취급화물별(×) 기출▶20년, 사업의 종류별(×) 기출▶22년
② 위원장 1명을 포함하여 7명의 위원으로 구성하되, 분쟁협의회의 위원장은 위원 중에서 호선한다.
③ 분쟁협의회의 위원장은 분쟁협의회를 대표하고, 그 업무를 총괄한다.
④ 분쟁협의회의 회의는 분쟁협의회의 위원장이 필요하다고 인정하거나 재적위원 **과반수**의 요청이 있는 경우에 소집한다. 3분의 1 이상(×) 기출▶22년
⑤ 분쟁협의회의 회의는 **재적위원 3분의 2 이상의 출석으로 개의하고, 출석위원 3분의 2 이상의 찬성**으로 의결한다.
   └→ 재적위원 과반수의 출석으로 개의하고, 출석위원 과반수의 찬성(×) 기출▶22년

⑥ 분쟁당사자의 출석 진술권 및 자료제출권 : 분쟁당사자는 분쟁협의회의 회의에 출석하여 의견을 진술하거나 관계 자료 등을 제출할 수 있다.

5 유통산업발전법

38 용어의 정의

① 임시시장 : 다수의 수요자와 공급자가 일정한 기간 동안 상품을 매매하거나 용역을 제공하는 일정한 장소를 말한다.
　　└→ 프랜차이즈형 체인사업(×) 기출▶ 19년
② **임의가맹점형 체인사업** : 체인본부의 계속적인 경영지도 및 체인본부와 가맹점 간의 협업에 의하여 가맹점의 취급품목·영업방식 등의 표준화사업과 공동구매·공동판매·공동시설활용 등 공동사업을 수행하는 형태의 체인사업을 말한다.
　　└→ 상점가(×) 기출▶ 23년
③ **전문상가단지** : 같은 업종을 경영하는 여러 도매업자 또는 소매업자가 일정 지역에 점포 및 부대시설 등을 집단으로 설치하여 만든 상가단지를 말한다.

39 유통산업발전 기본계획 및 시행계획

유통산업발전 기본계획	유통산업발전 시행계획
• 산업통상부장관은 유통산업의 발전을 위하여 **5년마다** 유통산업발전기본계획(기본계획)을 관계 　└→ 10년마다(×) 기출▶ 21년 중앙행정기관의 장과 협의를 거쳐 세우고 시행하여야 한다. • 산업통상부장관은 기본계획을 특별시장·광역시장·특별자치시장·도지사·특별자치도지사(이하 "**시·도지사**")에게 알려야 한다. 　└→ 시장·군수·구청장(×) 기출▶ 17년	2년마다(×) 기출▶ 21년 • 산업통상부장관은 기본계획에 따라 **매년** 유통산업발전시행계획을 관계 중앙행정기관의 장과 협의를 거쳐 세워야 한다. • 산업통상부장관은 관계 중앙행정기관의 장에게 시행계획의 수립을 위하여 자료를 매년 3월 말일까지 제출하여 줄 것을 요청할 수 있다. • 관계 중앙행정기관의 장은 시행계획의 집행실적을 다음 연도 **2월** 말일까지 산업통상부장관에게 　└→ 1월 말일(×) 기출▶ 21년 제출하여야 한다.

40 유통업상생발전협의회

① 대규모점포등과 지역중소유통기업의 균형발전을 협의하기 위하여 특별자치시장·시장·군수·구청장 소속으로 유통업상생발전협의회를 둔다.
② 협의회의 구성 및 운영 등에 필요한 사항은 **산업통상부령**으로 정한다.
　　해당 지방자치단체의 조례(×) 기출▶ 17년　　└→ 10명(×) 기출▶ 25년
③ 성별 및 분야별 대표성 등을 고려하여 회장 1명을 포함한 **11명** 이내의 위원으로 구성하며, 회장은 **부시장(특별자치시의 경우 행정부시장)·부군수·부구청장**이 된다.
④ 위원의 임기는 **2년**으로 한다.　　└→ 특별자치시장·시장·군수·구청장(×) 기출▶ 25·17년
　　└→ 1년(×) 기출▶ 25년

⑤ 협의회의 회의는 재적위원 3분의 2 이상의 출석으로 개의하고, 출석위원 3분의 2 이상의 찬성으로 의결한다. → 재적위원 과반수(×) 기출▶ 24년
⑥ 회장은 회의를 소집하려는 경우에는 회의 개최일 5일 전까지 회의의 날짜·시간·장소 및 심의 안건을 각 위원에게 통지하여야 한다. 다만, 긴급한 경우나 부득이한 사유가 있는 경우에는 그러하지 아니하다.
⑦ 협의회 사무를 처리하기 위해 간사 1명을 두되, 간사는 유통업무를 담당하는 공무원으로 한다.
⑧ 협의회는 분기별로 1회 이상 개최하는 것을 원칙으로 하되, 회장은 필요에 따라 그 개최 주기를 달리할 수 있다. → 매월(×) 기출▶ 25년

41 대규모점포등의 관리규정

① 대규모점포등관리자는 대규모점포등의 관리 또는 사용에 관하여 입점상인의 3분의 2 이상의 동의를 얻어 관리규정을 제정하여야 하며 관리규정에 따라 대규모점포 등을 관리하여야 한다. → 4분의 3(×) 기출▶ 21년
② 관리규정을 제정하려는 대규모점포등관리자는 신고를 한 날부터 3개월 이내에 표준관리규정을 참조하여 관리규정을 제정하여야 한다. → 1개월(×) 기출▶ 21년
③ 대규모점포등관리자는 관리규정을 개정하려는 경우 제안내용에 개정안, 개정 목적, 현행의 관리규정과 달라진 내용, 표준관리규정과 다른 내용을 적어 입점상인의 3분의 2 이상의 동의를 얻어야 한다.
④ 시·도지사는 대규모점포등의 효율적이고 공정한 관리를 위하여 표준관리규정을 마련하여 보급하여야 한다.

42 공동집배송센터의 지정

① 산업통상부장관은 물류공동화를 촉진하기 위하여 필요한 경우에는 시·도지사의 추천을 받아 부지 면적, 시설 면적 및 유통시설로의 접근성 등 산업통상부령으로 정하는 요건에 해당하는 지역 및 시설물을 공동집배송센터로 지정할 수 있다. → 시·도지사(×) 기출▶ 22년
② 공동집배송센터의 지정을 받으려는 자는 산업통상부령으로 정하는 바에 따라 공동집배송센터의 조성·운영에 관한 사업계획을 첨부하여 시·도지사에게 공동집배송센터 지정 추천을 신청하여야 한다. → 산업통상부장관(×) 기출▶ 16년
③ 추천 신청을 받은 시·도지사는 그 사업의 타당성 등을 검토한 결과 해당 지역 집배송체계의 효율화를 위하여 필요하다고 인정하는 경우에는 추천 사유서와 산업통상부령으로 정하는 서류를 산업통상부장관에게 제출하여야 한다.
④ 공동집배송센터사업자는 지정받은 사항 중 산업통상부령으로 정하는 중요 사항을 변경하려면 산업통상부장관의 변경지정을 받아야 한다. → 시·도지사(×) 기출▶ 22년
⑤ 산업통상부장관은 공동집배송센터를 지정하거나 변경지정하려면 미리 관계 중앙행정기관의 장과 협의하여야 한다.

⑥ 산업통상부장관은 공동집배송센터를 지정하였을 때에는 산업통상부령으로 정하는 바에 따라 고시하여야 한다.
⑦ 공동집배송센터사업자는 산업통상부령으로 정하는 시설기준 및 운영기준에 따라 공동집배송센터를 설치하고 운영하여야 한다.
⑧ 산업통상부장관은 지정받은 공동집배송센터의 조성에 필요한 자금 등을 지원할 수 있다.

6 철도사업법

43 철도사업약관 및 사업계획

① 철도사업자는 철도사업약관을 정하여 국토교통부장관에게 신고하여야 한다. 이를 변경하려는 경우에도 같다. ┗ 허가(×) 기출 21년
② 국토교통부장관은 철도사업약관의 신고 또는 변경신고를 받은 날부터 3일 이내에 신고수리 여부를 신고인에게 통지하여야 한다. ┗ 10일(×) 기출 21년
③ 철도사업자는 사업계획을 변경하려는 경우에는 국토교통부장관에게 신고하여야 하며, 여객열차의 운행구간을 변경하려는 경우 국토교통부장관의 인가를 받아야 한다.
④ 철도사업자는 사업용철도노선별로 여객열차의 정차역의 10분의 2 이상을 변경하는 경우 국토교통부장관의 인가를 받아야 한다.
   ┗ 신고(×) 기출 21년
⑤ 철도사업자는 사업계획을 변경하려는 때에는 사업계획을 변경하려는 날 1개월 전까지(변경하려는 사항이 인가사항인 경우에는 2개월 전까지) 사업계획변경신고서 또는
   ┗ 1개월(×) 기출 21년
사업계획변경인가신청서에 신·구 사업계획을 대비한 서류 또는 도면, 철도안전확보계획, 사업계획 변경 후의 예상 사업수지 계산서의 서류를 첨부하여 국토교통부장관에게 제출하여야 한다.

44 철도사업자

① 철도사업을 경영하려는 자는 지정·고시된 사업용철도노선을 정하여 국토교통부장관의 면허를 받아야 한다. ┗ 법인이 아닌 자도 철도사업의 면허를 받을 수 있다(×) 기출 23년
② **철도사업의 면허를 받을 수 있는 자는 법인으로 한다.**
③ 철도사업자는 국토교통부장관이 지정하는 날 또는 기간에 운송을 시작하여야 한다.
④ 천재지변이나 그 밖의 불가피한 사유로 철도사업자가 국토교통부장관이 지정하는 날 또는 기간에 운송을 시작할 수 없는 경우에는 국토교통부장관의 승인을 받아 날짜를 연기하거나 기간을 연장할 수 있다.
⑤ 철도사업자는 여객에 대한 운임(여객운송에 대한 직접적인 대가를 말하며, 여객운송과 관련된 설비·용역에 대한 대가는 제외)·요금을 국토교통부장관에게 신고하여야 한다. 이를 변경하려는 경우에도 같다.
   ┗ 국토교통부장관의 허가(×) 기출 22년

⑥ 철도사업자는 철도사업을 양도·양수하려는 경우에는 국토교통부장관의 인가를 받아야 한다.
⑦ 철도사업자는 타인에게 자기의 성명 또는 상호를 사용하여 철도사업을 경영하게 하여서는 아니된다.
⑧ 철도사업자는 열차를 이용하는 여객이 정당한 운임·요금을 지급하지 아니하고 열차를 이용한 경우에는 승차 구간에 해당하는 운임 외에 그의 **30배의 범위**에서 부가 운임을 징수할 수 있다.
  └ 50배의 범위(×) 기출▶ 25·23년

45 민자철도의 운영평가 방법
① 국토교통부장관은 민자철도의 유지·관리 및 운영에 관한 기준에 따라 매년 소관 민자철도에 대하여 운영평가를 실시하여야 한다.
② 국토교통부장관은 운영평가 결과에 따라 민자철도에 관한 유지·관리 및 체계 개선 등 필요한 조치를 민자철도사업자에게 명할 수 있다.
③ 국토교통부장관이 민자철도사업자에게 필요한 조치를 명한 경우 해당 민자철도사업자는 **30일** 이내에 조치계획을 마련하여 국토교통부장관에게 제출해야 한다.
  └ 15일(×) 기출▶ 24년
④ 국토교통부장관은 운영평가를 실시하려면 매년 3월 31일까지 소관 민자철도에 대한 평가일정, 평가방법 등을 포함한 운영평가계획을 수립한 후 평가를 실시하기 2주 전까지 민자철도사업자에게 통보해야 한다.
⑤ 국토교통부장관은 운영평가를 위하여 필요한 경우에는 관계 공무원, 철도 관련 전문가 등으로 민자철도 운영 평가단을 구성·운영할 수 있다.
⑥ 국토교통부장관이 정하여 고시하는 민자철도 운영평가 기준에는 철도의 안전성, 이용자의 편의성, 민자철도 운영의 효율성이 포함되어야 한다.

46 전용철도의 등록
① 전용철도를 운영하려는 자는 국토교통부령으로 정하는 바에 따라 전용철도의 건설·운전·보안 및 운송에 관한 사항이 포함된 운영계획서를 첨부하여 국토교통부장관에게 **등록을 하여야 한다**. 등록사항을 변경하려는 경우에도 같다. 다만, 다음(대통령령으로 정하는 경미한 변경의 경우)은 예외로 한다.
  └ 면허를 받아야 한다(×) 기출▶ 18년

- 운행시간을 연장 또는 단축한 경우
- 배차간격 또는 운행횟수를 단축 또는 연장한 경우
- **10분의 1의 범위** 안에서 철도차량 대수를 변경한 경우
  └ 10분의 2 범위(×) 기출▶ 23년
- 주사무소·철도차량기지를 제외한 운송관련 부대시설을 변경한 경우
- 임원을 변경한 경우(법인에 한함)
- 6월의 범위 안에서 전용철도 건설기간을 조정한 경우

② 전용철도의 등록기준과 등록절차 등에 관하여 필요한 사항은 국토교통부령으로 정한다.
③ 국토교통부장관은 등록기준을 적용할 때에 환경오염, 주변 여건 등 지역적 특성을 고려할 필요가 있거나 그 밖에 공익상 필요하다고 인정하는 경우에는 등록을 제한하거나 부담을 붙일 수 있다. → 부담을 붙일 수 없다(×) 기출 13년

7 농수산물 유통 및 가격안정에 관한 법률

47 도매시장의 개설

① 도매시장은 대통령령으로 정하는 바에 따라 부류(部類)별로 또는 둘 이상의 부류를 종합하여 중앙도매시장의 경우에는 특별시·광역시·특별자치시 또는 특별자치도가 개설하고, 지방도매시장의 경우에는 특별시·광역시·특별자치시·특별자치도 또는
  └ 시·도가 개설(×) 기출 22년   시·군·구가 개설(×) 기출 22년
시가 개설한다. 다만, 시가 지방도매시장을 개설하려면 도지사의 허가를 받아야 한다.
                                                신고(×) 기출 25·19년
② 중앙도매시장의 개설자는 청과부류와 수산부류에 대하여는 도매시장법인을 두어야 한다.
              └ 양곡부류(×) 기출 25년
③ 특별시·광역시·특별자치시 또는 특별자치도가 도매시장을 개설하려면 미리 업무규정과 운영관리계획서를 작성하여야 하며, 중앙도매시장의 업무규정은 농림축산식품부장관 또는 해양수산부장관의 승인을 받아야 한다.
④ 중앙도매시장의 개설자가 업무규정을 변경하는 때에는 농림축산식품부장관 또는 해양수산부장관의 승인을 받아야 하며, 지방도매시장의 개설자(시가 개설자인 경우만
  └ 산업통상부장관(×) 기출 22년
해당)가 업무규정을 변경하는 때에는 도지사의 승인을 받아야 한다.
                          └ 기출 25년

48 도매시장법인의 지정

① 도매시장법인은 도매시장 개설자가 부류별로 지정하되, 중앙도매시장에 두는 도매시장법인의 경우에는 농림축산식품부장관 또는 해양수산부장관과 협의하여 지정한다.
          └ 도매시장개설자와 협의하여 지정한다(×) 기출 19년
② 협의하여 지정하는 중앙도매시장에 두는 도매시장법인의 경우에는 5년 이상 10년 이하의 범위에서 지정 유효기간을 설정할 수 있다. 3년 이상 10년 이하(×) 기출 22년
③ 도매시장법인의 주주 및 임직원은 해당 도매시장법인의 업무와 경합되는 도매업 또는 중도매업을 하여서는 아니 된다.
④ 도매시장법인이 다른 도매시장법인의 주식 또는 지분을 과반수 이상 양수(이하 "인수")하고 양수법인의 주주 또는 임직원이 양도법인의 주주 또는 임직원의 지위를 겸하게 된 경우 그러하지 아니하다.
⑤ 도매시장법인이 될 수 있는 자는 요건을 갖춘 법인이어야 한다.

⑥ 도매시장법인이 지정된 후 요건(해당 부류의 도매업무를 효과적으로 수행할 수 있는 지식과 도매시장 또는 공판장 업무에 2년 이상 종사한 경험이 있는 업무집행 담당 임원이 2명 이상 있을 것)을 갖추지 아니하게 되었을 때에는 3개월 이내에 해당 요건을 갖추어야 한다.
⑦ 도매시장법인은 해당 임원이 요건을 갖추지 아니하게 되었을 때에는 그 임원을 지체 없이 해임하여야 한다.
⑧ 도매시장법인이 다른 도매시장법인을 인수하거나 합병하는 경우에는 해당 도매시장 개설자의 승인을 받아야 한다.
  └→ 개설자에게 신고(×) 기출▶ 22년

49 농수산물공판장

① 공판장의 중도매인은 공판장의 개설자가 지정한다.
② 공익법인이 공판장을 개설하려면 시·도지사의 승인을 받아야 한다.
③ 공판장에는 중도매인, 매매참가인, 산지유통인 및 경매사를 둘 수 있다.
④ 도매시장공판장은 농림수협등의 유통자회사(流通子會社)로 하여금 운영하게 할 수 있다.
⑤ 공익법인이 공판장의 개설승인을 받으려면 공판장 개설승인 신청서에 업무규정과 운영관리계획서 등 승인에 필요한 서류를 첨부하여 시·도지사에게 제출하여야 한다.
⑥ 생산자단체가 구성원의 생산물을 공판장에 출하하는 경우 공판장의 개설자에게 산지유통인으로 등록할 수 없다. → 등록하여야 한다.(×) 기출▶ 24년

50 중도매업 허가

① 도매시장법인의 주주 및 임직원으로서 해당 도매시장법인의 업무와 경합되는 중도매업을 하려는 자는 중도매업의 허가를 받을 수 없다.
② 최저거래금액 및 거래대금의 지급보증을 위한 보증금 등 도매시장 개설자가 업무규정으로 정한 허가조건을 갖추지 못한 자는 중도매업의 허가를 받을 수 없다.
   ┌→ 법인인(×) 기출▶ 25년
③ 도매시장 개설자는 법인이 아닌 중도매인에게 3년 이상 10년 이하의 범위에서 허가 유효기간을 설정할 수 있다.
④ 도매시장의 개설자는 갱신허가를 한 경우에는 유효기간이 만료되는 허가증을 회수한 후 새로운 허가증을 발급하여야 한다.

훌륭한 가정만한 학교가 없고,
덕이 있는 부모만한 스승은 없다.
-마하트마 간디-

물류관리사
합격을 꿈꾸는 수험생에게

물류관리사 자격시험의 합격을 위해 정성을 다해 만든 물류관리사 도서들을
꿈을 향해 도전하는 수험생 여러분들께 드립니다.

P.S. 단계별 교재를 선택하기 위한 팁!

한권으로 끝내기

이론 파악으로
기본다지기

핵심이론부터 실전문제까지
차근차근 학습하며
기초를 잡고 싶은 수험생

시험에 출제되는 핵심이론부터
키워드별 필수 기출문제와 최근에
시행된 기출문제까지 한권에 담았
습니다.

동영상 강의 교재

▶

5개년 첨삭식 기출문제해설

기출문제 정복으로
실력다지기

최신 기출문제와 상세한 첨삭식
해설을 통해 학습내용을 확인하고
실전감각을 키우고 싶은 수험생

최근 5개년 기출문제를 상세한
첨삭식 해설과 함께 한권에 담았
습니다.

▶

단기완성 핵심요약집

초단기
합격 PROJECT

시험에 출제된 필수 핵심이론을
테마별로 체계적으로 정리하여
단기간에 합격하고 싶은 수험생

실제 시험에 출제된 중요이론을
압축하여 테마별로 수록하였습니다.

물류관리사 합격!
시대에듀와 함께라면 문제없습니다.

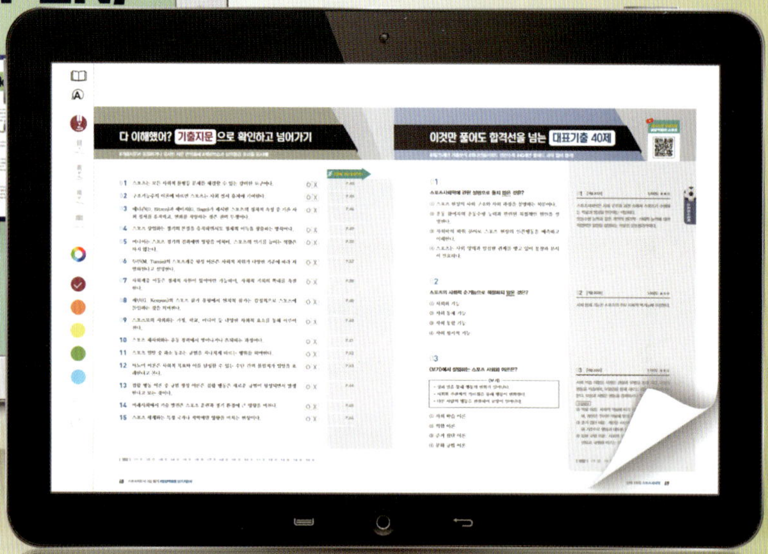